Hirt/Maisack/Moritz

Tierschutzgesetz

Tierschutzgesetz

Kommentar

von

Almuth Hirt
Vorsitzende Richterin am Obersten Landesgericht a. D.

Dr. Christoph Maisack
Richter am Landgericht Waldshut

Dr. med. vet. Johanna Moritz
Veterinärdirektorin am Landesamt für Gesundheit und Lebensmittelsicherheit, Oberschleißheim

Verlag Franz Vahlen München 2007

Verlag Franz Vahlen im Internet:
beck.de

ISBN 9783800632305

Wilhelmstraße 9, 80801 München
Druck: Druckhaus „Thomas Müntzer" GmbH
Neustädter Str. 1–4, 99947 Bad Langensalza

Satz: Druckerei C. H. Beck, Nördlingen
(Adresse wie Verlag)

Gedruckt auf säurefreiem, alterungsbeständigem Papier
(hergestellt aus chlorfrei gebleichtem Zellstoff)

Vorwort zur zweiten Auflage

Auf dem Gebiet des Tierschutzes schreiten nicht nur die Rechtsentwicklung, sondern auch der wissenschaftliche Erkenntnisgewinn ständig fort. Für den Einzelnen wird es immer schwieriger, das ganze Gebiet zu überblicken und neue Entwicklungen möglichst lückenlos und zeitnah in die tägliche praktische Arbeit umzusetzen. Aus diesem Grund haben wir für die Neuauflage des Kommentars Tierärztinnen und Tierärzte, die mit der jeweiligen Materie besonders befasst sind, gebeten, die ihr Spezialgebiet betreffenden Kommentarteile und insbesondere die Anhänge zu § 2 Tierschutzgesetz kritisch durchzusehen.

Wir danken Herrn Dr. Hans-Heinrich Fiedler (Veterinärinstitut Oldenburg im Niedersächsischen Landesamt für Verbraucherschutz und Lebensmittelsicherheit – Puten), Herrn Prof. Dr. Rudolf Hoffmann (Ludwig-Maximilians-Universität München – Fische), Frau Dr. Michaele Knoll-Sauer (Landesamt für Gesundheit und Lebensmittelsicherheit Oberschleißheim – Strauße, Tauben), Frau Dr. Maja Kuenz (Veterinäramt Rosenheim – Schweine), Frau Dr. Madeleine Martin (Hessisches Ministerium für Umwelt, Ländlichen Raum und Verbraucherschutz – Zirkustiere), Frau Dr. Bettina Maurer (Landesamt für Gesundheit und Lebensmittelsicherheit Oberschleißheim – Rinder, Geflügel), Frau Dr. Ursula Pollmann (Chemisches und Veterinäruntersuchungsamt Freiburg – Pferde), Herrn Dr. Peter Scheibl (Veterinäramt Weißenburg – Schafe), Frau Dr. Sandra Schönreiter (Landesamt für Gesundheit und Lebensmittelsicherheit Oberschleißheim – Hunde) und Frau Dr. Britta Wirrer (Regierung von Oberbayern – Versuchstiere und Tierversuche) für ihre wertvollen Beiträge. Wir hoffen, dass der Kommentar dadurch an Praxistauglichkeit und Ausgewogenheit gewonnen hat und dem Anwender von Nutzen sein wird.

München/Bad Säckingen, Februar 2007

Almuth Hirt, Christoph Maisack, Johanna Moritz

Geleitwort zur ersten Auflage

Dieser Kommentar schafft in bestechender Weise die Voraussetzungen, das zu Recht beklagte Vollzugsdefizit auf dem Gebiet des Tierschutzes zu verringern. Er beantwortet Fragen, die sich vor allem bei der praktischen Umsetzung des Tierschutzgesetzes stellen. Neben der Darstellung aller rechtlichen Voraussetzungen für ein behördliches Eingreifen finden sich beispielsweise detaillierte Beschreibungen der Verhaltensbedürfnisse aller üblichen Nutztiere.

Ohne detaillierte Kenntnis der Verhaltensbedürfnisse kann die vom Gesetz geforderte und vom Bundesverfassungsgericht im Käfighennenurteil 1999 bestätigte *„verhaltensgerechte Unterbringung“* kaum realisiert werden. Damit trägt der Kommentar zu einem effektiven Tierschutz bei: War behördliches Eingreifen zu Gunsten unserer Nutztiere bislang vielfach abhängig von der Feststellung physischer Schäden, kann Tierschutz jetzt schon bei einem Verstoß gegen die vom Gesetz verlangten Haltungsanforderungen konkret einsetzen. Der Kommentar schließt weitgehend auch die vielfach gegebenen Lücken, die noch durch Tierschutzhaltungsverordnungen ausgefüllt werden sollten.

Dieser Kommentar beeindruckt nicht nur mit seinen Ausführungen zur Nutztierhaltung. Es werden neben dem Tierschutzgesetz auch alle wichtigen Tierschutz-Rechtsverordnungen detailliert und praxisnah erläutert. Hervorheben möchte ich die rechtsdogmatisch überzeugenden, gleichwohl auch für den Nichtjuristen gut verständlichen Ausführungen zum Schächten, zu den Zulässigkeitsvoraussetzungen für Tierversuche und zum „vernünftigen Grund“.

Ich wünsche diesem Werk, das durch die gelungene Zusammenarbeit von Veterinären und Juristen eine Sonderstellung einnimmt, im Interesse einer korrekten Rechtsanwendung und damit im Interesse unserer Mitgeschöpfe eine optimale Verbreitung.

München, Juni 2003

Hans Hinrich Sambraus

Prof. Dr. Dr. Sambraus ist Tierarzt und Zoologe, Fachtierarzt für Verhaltenskunde und Fachtierarzt für Tierschutz, war fast 20 Jahre Leiter des Lehrgebietes für Tierhaltung und Verhaltenskunde der Technischen Universität München und ist Mitbegründer der Internationalen Gesellschaft für Nutztierhaltung (IGN). Er hat die Entwicklung der Nutztierethologie in den letzten Jahrzehnten entscheidend beeinflusst.

Inhaltsverzeichnis

Inhaltsverzeichnis

Abkürzungen

aA	anderer Ansicht
aaO	am angegebenen Ort
ABl.	Amtsblatt
ABl. EG	Amtsblatt der Europäischen Gemeinschaften
Abs.	Absatz
abw.	abweichend
ÄndG	Änderungsgesetz
aE	am Ende
aF	alte Fassung
AG	Amtsgericht
AGKT	Arbeitsgemeinschaft kritische Tiermedizin
AgrarR	Agrarrecht
AHAW	s. SCAHAW
AID	Auswertungs- und Informationsdienst Verbraucherschutz, Ernährung Landwirtschaft e. V.
AKUT	Aktion Kirche und Tiere e. V.
allg.	allgemein
Alt.	Alternative
ALTEX	Alternativen zu Tierexperimenten (Zeitschrift)
aM	anderer Meinung
AMG	Arzneimittelgesetz
amtl.	amtlich
Anh.	Anhang
Anm.	Anmerkung
Arch.Geflügelk.	Archiv Geflügelkunde (Zeitschrift)
ArgeVet	Arbeitsgemeinschaft der Leitenden Veterinärbeamtinnen und -beamten der Länder
Art.	Artikel
AtD	Amtstierärztlicher Dienst (Zeitschrift)
ATLA	Alternatives to Laboratory Animals (Zeitschrift)
Aufl.	Auflage
AUR	Agrar- und Umweltrecht (Zeitschrift; früher Agrarrecht)
AusfVO	Ausführungsverordnung
AVV	Allgemeine Verwaltungsvorschrift
Az.	Aktenzeichen
BAH	Biologische Anstalt Helgoland
BAnz.	Bundesanzeiger
BauGB	Baugesetzbuch
Bay	Bayerisch
BayObLG	Bayerisches Oberstes Landesgericht
BayObLGStr	Entscheidungen des Bayerischen Obersten Landesgerichts in Strafsachen
BayVBl.	Bayerische Verwaltungsblätter (Zeitschrift)
BayVerfGH	Bayerischer Verfassungsgerichtshof
BbT	Bundesverband der beamteten Tierärzte
Bd.	Band
BDSG	Bundesdatenschutzgesetz
Begr.	Begründung
Beschl.	Beschluss
BGB	Bürgerliches Gesetzbuch
BGBl.	Bundesgesetzblatt

Abkürzungen

BGH	Bundesgerichtshof
BGHSt.	Entscheidungen des Bundesgerichtshofes in Strafsachen
BGHZ	Entscheidungen des Bundesgerichtshofes in Zivilsachen
BgVV	Bundesinstitut für gesundheitlichen Verbraucherschutz und Veterinärmedizin
BfR	Bundesamt für Risikobewertung
BImSchG	Bundes-Immissionsschutzgesetz
BJagdG	Bundesjagdgesetz
BLE	Bundesanstalt für Landwirtschaft und Ernährung
BML	Bundesministerium für Landwirtschaft (jetzt BMELV)
BMELV	Bundesministerium für Ernährung, Verbraucherschutz und Landwirtschaft (früher auch: BML, BMELF, BMVEL)
BNA	Bundesverband für fachgerechten Natur- und Artenschutz e.V.
BNatschG	Bundesnaturschutzgesetz
BR-Drucks.	Bundesrats-Drucksache
BRRG	Beamtenrechtsrahmengesetz
BSE	Bovine Spongiforme Enzephalopathie
BSG	Bundessozialgericht
BSGE	Entscheidungen des Bundessozialgerichts
BSeuchG	Bundesseuchengesetz (jetzt Infektionsschutzgesetz)
BSI	Beratungs- und Schulungsinstitut für schonenden Umgang mit Zucht- und Schlachttieren (Schwarzenbek)
BT-Drucks.	Bundestags-Drucksache
BTK	Bundestierärztekammer
BVerfG	Bundesverfassungsgericht
BVerfGE	Entscheidungen des Bundesverfassungsgerichts
BVerfGG	Gesetz über das Bundesverfassungsgericht
BVerwG	Bundesverwaltungsgericht
BVerwGE	Entscheidungen des Bundesverwaltungsgerichts
BVet	Bundesamt für Veterinärwesen (Bern, Schweiz)
BWildSchV	Bundeswildschutzverordnung
bzw.	beziehungsweise
CITES	Convention on International Trade in Endangered Species of wild fauna and flora
DB	Der Betrieb (Zeitschrift)
ders.	derselbe
DGVZ	Deutsche Gerichtsvollzieher-Zeitung
dies.	dieselbe(n)
DIMDI	Deutsches Institut für medizinische Dokumentation und Information
Diss.	Dissertation
d. h.	das heißt
DLG	Deutsche Landwirtschaftsgesellschaft e. V.
DNA	Desoxyribonucleinsäure
DÖV	Die öffentliche Verwaltung
DpT	Der praktische Tierarzt (Zeitschrift)
DR	Deutsches Recht
DTB	Deutscher Tierschutzbund e. V.
DTBl.	Deutsches Tierärzteblatt (Zeitschrift)
DtW	Deutsche tierärztliche Wochenschrift (Zeitschrift)
DudT	Du und das Tier (hrsg. v. Deutschen Tierschutzbund e. V.)
DVBl.	Deutsches Verwaltungsblatt (Zeitschrift)
DVG	Deutsche Veterinärmedizinische Gesellschaft
DVO	Durchführungsverordnung
E	Entscheidungssammlung, Entwurf
ECVAM	European Centre for the Validation of Alternative Methods

EFSA	European Food Safety Authority (Europ. Lebensmittelsicherheitsbehörde)
EG	Europäische Gemeinschaft
EGBGB	Einführungsgesetz zum Bürgerlichen Gesetzbuche
EGV	EG-Vertrag
Einf.	Einführung
EJS	Entscheidungen in Jagdsachen
et al	et alii (und andere)
ETÜ	Europäisches Tierhaltungsübereinkommen
EU	Europäische Union
EUV	EU-Vertrag (Vertrag zur Gründung der Europäischen Union)
EÜV	Europäisches Übereinkommen zum Schutz der für Versuche und andere wissenschaftliche Zwecke verwendeten Wirbeltiere
EuGH	Europäischer Gerichtshof
EuZW	Europäische Zeitschrift für Wirtschaftsrecht
f.	folgend
FAL	Bundesforschungsanstalt für Landwirtschaft
FAZ	Frankfurter Allgemeine Zeitung
ff.	folgende
FlHG	Fleischhygienegesetz
Fn.	Fußnote
FS	Festschrift
FVE	Federation of Veterinarians of Europe (Föderation Europ. Tierärzte)
GATT	General Agreement on Tariffs and Trade (Allgemeines Zoll- und Handelsabkommen)
GBl.	Gesetzblatt
GE	Das Grundeigentum (Zeitschrift)
GenTG	Gentechnikgesetz
GewO	Gewerbeordnung
GG	Grundgesetz für die Bundesrepublik Deutschland
ggf.	gegebenenfalls
GRUR	Gewerblicher Rechtsschutz und Urheberrecht (Zeitschrift)
GVBl.	Gesetz- und Verordnungsblatt
GV-SOLAS	Gesellschaft für Versuchstierkunde
Halbs.	Halbsatz
HausratsVO	Hausratsverordnung
Hess.	hessisch
HGB	Handelsgesetzbuch
HhVO	Hennenhaltungsverordnung vom 10. 12. 1987
hL	herrschende Lehre
hM	herrschende Meinung
Hrsg.	Herausgeber
idF	in der Fassung
idR	in der Regel
ieS	im engeren Sinne
IfSG	Infektionsschutzgesetz
iS	im Sinne (von)
iÜ	im Übrigen
i. V. m.	in Verbindung mit
iwS	im weiteren Sinne
JA	Juristische Arbeitsblätter (Zeitschrift)
JGG	Jugendgerichtsgesetz
JMBl. NRW	Justizministerialblatt des Landes Nordrhein-Westfalen

Abkürzungen

JR	Juristische Rundschau
JuS	Juristische Schulung (Zeitschrift)
JW	Juristische Wochenschrift
JZ	Juristenzeitung (Zeitschrift)
KälberVO	Kälberhaltungsverordnung vom 22. 12. 1997
KG	Kammergericht
KrW-/AbfG	Kreislaufwirtschafts- und Abfallgesetz
LAGV	Länderarbeitsgemeinschaft gesundheitlicher Verbraucherschutz
LG	Landgericht
LK	Leipziger Kommentar zum Strafgesetzbuch
L/M	Lorz/Metzger, Tierschutzgesetz, Kommentar, München 1999
LMBG	Lebensmittel- und Bedarfsgegenständegesetz
LTK	Landestierärztekammer
MDR	Monatsschrift für Deutsches Recht
MedR	Medizinrecht
MünchKommBGB	Münchener Kommentar zum BGB
mwN	mit weiteren Nachweisen
NEK	Nordelbische Evangelisch-Lutherische Kirche
nF	neue Fassung
NJW	Neue Juristische Wochenschrift
NJW-RR	Neue Juristische Wochenschrift Rechtsprechungs-Report
Nr.	Nummer
NStE	Neue Entscheidungssammlung für Strafrecht
NStZ	Neue Strafrechtszeitschrift
NStZ-RR	Neue Strafrechtszeitschrift Rechtsprechungsreport
NuL	Natur und Landschaft
NuR	Natur und Recht
NVwZ	Neue Zeitschrift für Verwaltungsrecht
NVwZ-RR	Neue Zeitschrift für Verwaltungsrecht Rechtsprechungs-Report
oÄ	oder Ähnliches
o. e.	oben erwähnte(n)
OECD	Organisation für wirtschaftliche Zusammenarbeit und Entwicklung
OLG	Oberlandesgericht
OLGSt.	Entscheidungen der Oberlandesgerichte in Strafsachen
OLGZ	Entscheidungen der Oberlandesgerichte in Zivilsachen
OWiG	Gesetz über Ordnungswidrigkeiten
PflSchG	Pflanzenschutzgesetz
RdL	Recht der Landwirtschaft
RFL	Rundschau für Fleischhygiene und Lebensmittelüberwachung
RG	Reichsgericht
RGBl.	Reichsgesetzblatt
RGSt	Entscheidungen des Reichsgerichts in Strafsachen
RiStBV	Richtlinien für das Straf- und das Bußgeldverfahren
RL	Richtlinie
Rn.	Randnummer
Rpfleger	Der deutsche Rechtspfleger (Zeitschrift)
Rspr.	Rechtsprechung
RTierSchG	Reichs-Tierschutzgesetz
S.	Satz, Seite
SATIS	Studentische Arbeitsgruppe gegen Tiermissbrauch im Studium

SCAHAW	Scientific Committee on Animal Health and Animal Welfare
SchweineVO	Schweinehaltungsverordnung v. 18. 2. 1994
s.	siehe
Slg	Sammlung der Rechtsprechung des Gerichtshofes und des Gerichtes 1. Instanz der Europäischen Union
sog.	sogenannt
StA	Staatsanwaltschaft
StGB	Strafgesetzbuch
StPO	Strafprozeßordnung
str.	streitig
StrEG	Gesetz über die Entschädigung für Strafverfolgungsmaßnahmen
StVG	Straßenverkehrsgesetz
StVO	Straßenverkehrsordnung
StVZO	Straßenverkehrszulassungsordnung
s. u.	siehe unten
Tierärztl. Prax.	Tierärztliche Praxis (Zeitschrift)
TierSchG	Tierschutzgesetz
TierSchHundeV	Tierschutz-Hundeverordnung
TierSchNutztV	Tierschutz-Nutztierhaltungsverordnung
TierSchlV	Tierschutz-Schlachtverordnung
TierSchTrV	Tierschutztransportverordnung
TierSG	Tierseuchengesetz
TierZG	Tierzuchtgesetz
TSchV	Tierschutzverordnung der Schweiz
TU	Tierärztliche Umschau (Zeitschrift)
TVT	Tierärztliche Vereinigung für Tierschutz e.V.
u. a.	unter anderem
u.a.m.	und anderes mehr
uÄ	und Ähnliches
Urt.	Urteil
usw.	und so weiter
UWG	Gesetz gegen den unlauteren Wettbewerb
uU	unter Umständen
v.	vom
VA	Verwaltungsakt
VDH	Verband für das Deutsche Hundewesen e. V.
VersR	Versicherungsrecht (Zeitschrift)
Verw	Die Verwaltung (Zeitschrift für Verwaltungswissenschaft)
VG	Verwaltungsgericht
VGH	Verwaltungsgerichtshof
vgl.	vergleiche
VO	Verordnung
Vorb.	Vorbemerkung
VRspr.	Verwaltungsrechtsprechung
VRS	Verkehrsrechtssammlung (Zeitschrift)
VV	Verwaltungsvorschrift
VVG	Versicherungsvertragsgesetz
VwGO	Verwaltungsgerichtsordnung
VwVG	Verwaltungsvollstreckungsgesetz
VwVfG	Verwaltungsverfahrensgesetz
VwZG	Verwaltungszustellungsgesetz
WaffG	Waffengesetz
WHG	Wasserhaushaltsgesetz
Wistra	Zeitschrift für Wirtschaft, Steuer, Strafrecht
WM	Wohnungswirtschaft und Mietrecht (Zeitschrift)

Abkürzungen

WRV	Weimarer Reichsverfassung
WTO	World Trade Organization (Welthandelsorganisation)
WuM	Wohnungswirtschaft und Mietrecht (Zeitschrift)
zB	zum Beispiel
ZDG	Zentralverband der Deutschen Geflügelwirtschaft e.V.
ZEBET	Zentralstelle zur Erfassung und Bewertung von Ersatz- und Ergänzungsmethoden zum Tierversuch im BfR
Ziff.	Ziffer
ZIP	Zeitschrift für Wirtschaftsrecht
zit.	zitiert
ZMR	Zeitschrift für Miet- und Raumrecht
ZNS	Zentrales Nervensystem
ZollVG	Zollverwaltungsgesetz
ZPO	Zivilprozessordnung
ZRP	Zeitschrift für Rechtspolitik
zT	zum Teil
ZUR	Zeitschrift für Umweltrecht
zw	zweifelhaft
ZZF	Zentralverband Zoologischer Fachbetriebe Deutschlands e.V.

Literatur

Adams, Die Kennzeichnung lebender Wirbeltierarten nach der EG-Durchführungsverordnung, NuR 1998, 14

Addicks, Behandlung der Anträge auf Durchführung des Schächtens (Spannungsfeld des Amtstierarztes zwischen fachlichen Ansprüchen und rechtlichen Möglichkeiten), juristische Betrachtung, DtW 2004, 98 ff.

Ärzte gegen Tierversuche e. V., In-vitro-Methoden für eine Forschung ohne Tierversuche, Frankfurt/M 2001. Zitierweise: *Ärzte*

AGKT (Arbeitsgemeinschaft Kritische Tiermedizin), Anforderungen an die artgemäße Haltung landwirtschaftlicher Nutztiere, Möhrendorf 1991

agu (Arbeitsgemeinschaft der Umweltbeauftragten der Gliedkirchen in der Evangelischen Kirche in Deutschland), „Mitgeschöpf Tier“, aus der Reihe „Bewahrung der Schöpfung - praktisch“. Hrsg.: Geschäftsstelle der agu, Hans Böckler Str. 7, 40476 Düsseldorf

AHAW (Scientific Panel on Animal Health and Welfare), Opinion on a request from the Commission related to the welfare aspects of various systems of keeping laying hens, adopted by the Panel on 10th and 11th November 2004

Akademie für Tiergesundheit (AfT), Zur Sicherheit von Lebensmitteln tierischen Ursprungs - Bericht vom Symposium am 6./7. 3. 2003, TU 2003, 662–664

AKUT (Aktion Kirche und Tiere e. V.), Den Mund auftun für die Stummen – Kirchenworte zur Mitgeschöpflichkeit der Tiere, AKUT-Texte Nr. 4, Bochum 1999

Akyüz/Wiesmüller, Beweis des Wirkungsprinzips: Nachweis genotoxischer Aktivitäten mit einem Fluoreszenz-basierten Rekombinationstest in Säugerzellen, ALTEX 20, 2003, 77–84

Alboga, Schächten: Tiergerechtes Schlachten und Tierschutz im Islam, DtW 2003, 189–192

Albus, Statement für die Arbeitsgruppe III: Verringerung der Zahl der für Versuchszwecke gezüchteten und gehaltenen Tiere und Verbesserungsmöglichkeiten für ihr Wohlbefinden. In: *Evang. Akademie Bad Boll,* Tierversuche und Tierschutz, Tagungsbericht 23.–25. 3. 2001, Protokolldienst 26/01

Allianz für Tiere in der Landwirtschaft (BUND e.V., DTB e. V., Schweisfurth-Stiftung, Verbraucherzentrale Bundesverband e. V.), Den Tieren gerecht werden – Eckpunkte für die Etablierung eines bundeseinheitlichen Prüf- und Zulassungsverfahrens, Berlin-Bonn-München 2004

Altmann, Tiertransporte – Ein Erfahrungsbericht aus der Sicht der Ortsinstanz, AtD 2000, 292 ff.

Andelewski, Der Tierschutz im Straßenverkehr, NZV 2001, 61 ff.

Andelshauser, Schlachten im Einklang mit der Scharia. Die Schlachtung von Tieren nach islamischem Recht im Lichte moderner Verhältnisse, Sinzheim 1996

Apel, Exotische Irrwege, DudT 3/2001, 16 f.

Apel, Deutscher Bundestag beschließt Staatsziel Tierschutz, DudT 3/2002, 6

Apel, Klagerecht im Namen der Tiere, DudT 5/2002, 12 f.

Arbeitsgruppe Stadttauben Esslingen, Tierschutzgerechtes Stadttauben-Regulierungs-Konzept in Esslingen a. N. Hrsg.: Stadt Esslingen a. N. (Dagmar.Jansen@esslingen.de)

Arlinghaus, Argumente für ‚Catch & Release' bei der Angelfischerei in Deutschland, AUR 2003, 367 ff.

Asche, Zur Zulässigkeit des Totalabschusses von Rotwild in Rotwildfreigebieten – Anm. zu OVG Koblenz, Urt. v. 30. 10. 2002, in: NuR 2003, 407 ff.

Ast et al., Standardisierung des isolierten Schweineherzens für elektrophysiologische Messungen mit dem Schwerpunkt QT-Intervallmessung, ALTEX 19, 2002, 3 ff. und ALTEX 19, Supplement 2002, 87

Bäumer et al., Der isoliert perfundierte Rinderuterus als Modell für Schleimhautirritationen und Entzündung, ALTEX 19, 2002, 57–62

Baden-Württembergisches Ministerium für Ernährung und Ländlichen Raum, Empfehlungen für alternative Legehennenhaltungssysteme, Stuttgart 2000

Baden-Württembergisches Ministerium für Ernährung und Ländlichen Raum, Landesbeirat für Tierschutz, Empfehlungen zur Regulierung der Taubenpopulation in Städten, DTBl. 2005, 1044, 1045

Bahramsoltani/Plendl, Ein neues in vitro Modell zur Quantifizierung der Angiogenese, ALTEX 21, 2004, 227–244

Literatur

Baker, Experiments on the humane killing of crabs, J. Mar. Biol. As. UK 34 (1955), 15–24

Bako/Bilkei, Tierschutzgerechte Ferkelkastration in Neuroleptanalgesie, TU 2004, 340 ff.

Bammert/Birmelin et al., Bedarfsdeckung und Schadensvermeidung – Ein ethologisches Konzept und seine Anwendung für Tierschutzfragen, TU 1993, 269 ff.

Baranzke, Würde der Kreatur? Königshausen & Neumann 2002

Bartels/Brinkmeier et al., Voruntersuchungen zur Auswirkung des Rassemerkmals Haube auf die Schädel- und Hirnstruktur bei Hausenten, in: *DVG,* Tierschutz und Tierzucht, Nürtingen 1997

Bartels/Wegner, Fehlentwicklungen in der Haustierzucht, Zuchtextreme und Zuchtdefekte bei Nutz- und Hobbytieren, Stuttgart 1998

Barth Karl, Kirchliche Dogmatik Bd. 3: Die Lehre von der Schöpfung. Tl. 1. Zollikon-Zürich, Evang. Verl. 1948

Barton/Gade/von Holleben/von Wenzlawowicz, Fakten sprechen für die Gasbetäubung, Fleischwirtschaft 11/2001, 22 ff. und 12/2001, 26 ff.

Basikow/Struwe, Fortnahme von Tieren auf der Grundlage des § 16 a, AtD 2002, 31 ff.

Baum/Bernauer-Münz/Buchholtz et al., Workshop der Internationalen Gesellschaft für Nutztierhaltung (IGN) zum Thema Leiden vom 30. 1.–1. 2. 1998 in Marburg, Der Tierschutzbeauftragte 2/98, 3 ff.

Baumann/Weber/Mitsch, Strafrecht Allgemeiner Teil, Lehrbuch, Bielefeld 2003

Baumgartner, Zur Entwicklung der Praxis der Tierversuche in Deutschland. In: *Caspar/Koch* (Hrsg.), Tierschutz für Versuchstiere – Ein Widerspruch in sich? Baden-Baden 1998

Baumgartner/Rißmann, Schutz von Legehennen bei Käfighaltung, RdL 1988, 57

Bayerisches Landesamt für Gesundheit und Lebensmittelsicherheit, Anforderungen an die Straußenhaltung, Oberschleißheim 2006

BbT (Bundesverband der beamteten Tierärzte), Stellungnahme zum Thema „Internationale Schlachttiertransporte", AtD 1996, 293 ff.

BbT (Bundesverband der beamteten Tierärzte), Internationale Schlachttiertransporte in der Diskussion, AtD 1997, 79

BbT (Bundesverband der beamteten Tierärzte), Mindestanforderungen an die Sport- und Freizeitpferdehaltung unter Tierschutzgesichtspunkten, AtD 1998, 166 ff.

Beck, Wegnahme von Tieren, AtD 1997, 283 ff.

Beck, Veräußerung von Tieren nach Wegnahme oder Tierhaltungsverbot, AtD 1999, 297 ff.

Beduhn, Hundehaltungsverordnung und Hundehalterverordnung, AtD 2000, 103 ff.

Belgard, Abschuss von verwilderten Haustauben, RdL 1983, 146

Benda, Zur gesellschaftlichen Akzeptanz verwaltungs- und verfassungsgerichtlicher Entscheidungen, DÖV 1983, 305 ff.

Benda, Konsens, Meinungsforschung und Verfassung, DÖV 1982, 877 ff.

Benda/Klein, Lehrbuch des Verfassungsprozessrechts, Heidelberg 1991

Beratung artgerechte Tierhaltung e. V. BAT und Gesamthochschule Kassel (Hrsg.): Ökologische Geflügelhaltung, Witzenhausen 1995

Berk, Einfluss der Besatzdichte auf Leistung und Verhalten beim Mastgeflügel, in: DVG, Tierschutzrecht und Tierzucht, Erbpathologie und Haustiergenetik, Nürtingen 2003

Bernatzky, Schmerz bei Tieren, in: *Sambraus/Steiger* (Hrsg.), Das Buch vom Tierschutz, Stuttgart 1997

Bernatzky, Physiologische und pathophysiologische Grundlagen über Schmerz bei Mensch und Tier. Der Tierschutzbeauftragte 1/2001, 8 ff.

Bernsdorff, Positivierung des Umweltschutzes im Grundgesetz (Art. 20 a GG), NuR 1997, 328 ff.

Bertram/Herrmann, Konzept der freiwilligen DLG-Prüfung in Deutschland, in: KTBL-Schrift 377, Darmstadt 1998

Bessei, Das Verhalten von Mastputen – Literaturübersicht, Archiv Geflügelkunde 63 (1999), 45 ff.

Bettermann, Rechtsfragen des Tierschutzes, Rechtsgutachten zu § 13 Abs. 1 und zu den Straf- und Bußgeldvorschriften des Tierschutzgesetzes, erstattet für den Zentralverband der Deutschen Geflügelwirtschaft, Stuttgart 1980 (Teil 1) und 1981 (Teil 2)

Betz, Jenseits der Schlagzeilen – Wege zu besserem Tierschutz, DudT 1/1998, 7 ff.

Betz, Kleine Erfolge – große Chancen, DudT 2/1999, 7 ff.

Beyer, Aus für die Anbindehaltung, AtD 2002, 283 ff.

Bezirksregierung Weser-Ems, Empfehlungen für die ganzjährige Weidehaltung von Schafen, Oldenburg 1996

Bickhardt, Zuchtbedingte Krankheiten und Todesfälle beim Schwein, in: *DVG,* Tierschutz und Tierzucht, Nürtingen 1997

Bickhardt, Belastungsmyopathie und Osteochondrose beim Schwein, TU 1998, 129ff.

Bierwirth-Wiest, Erfahrungen mit Anträgen zur Erteilung einer Ausnahmegenehmigung zum Schlachten ohne Betäubung (Schächten), AtD 2003, 342 ff.

Bierwirth-Wiest, Behandlung der Anträge auf Durchführung des Schächtens (Spannungsfeld des Amtstierarztes zwischen fachlichen Ansprüchen und rechtlichen Möglichkeiten), fachliche Betrachtung, DtW 2004, 102ff.

Binder, Das Österreichische Tierschutzgesetz, Wien 2005

Biologische Anstalt Helgoland (BAH), Tierschutzrechtliche Problematik des traditionellen Taschenkrebsfanges bei Helgoland; Stellungnahme vom 2. 12. 2002 an das Ministerium für ländliche Räume, Landwirtschaft, Ernährung und Tourismus, Kiel

Bircher/Schlup, Das Verhalten von Truten eines Bauernschlages unter naturnahen Haltungsbedingungen (Teil 1), Schlussbericht z. Hd. Bundesamt für Veterinärwesen, Bern 1991

Bircher/Schlup, Ethologische Indikatoren zur Beurteilung der Tiergerechtheit von Trutenmastsystemen (Teil 2), Schlussbericht z. Hd. Bundesamt für Veterinärwesen, Bern 1991

Birnbacher (Hrsg.), Ökologie und Ethik, Stuttgart 1980

Blank, Mietrecht von A – Z, dtv 2003

Blanke, Fritz, Unsere Verantwortlichkeit gegenüber der Schöpfung, in: *Vogelsanger* (Hrsg.), Festschrift für Emil Brunner: Der Auftrag der Kirchen in der modernen Welt, Zürich 1959, S. 193–198

Blankenagel, Klagefähige Rechtspositionen im Umweltrecht, Verw 26 (1993), 1ff.

Bleckmann, Europarecht, 6. Aufl. Köln-Berlin-Bonn-München 1997

BMELV (Bundesministerium für Ernährung, Landwirtschaft und Verbraucherschutz), Gutachten über tierschutzgerechte Haltung von Nutzgeflügel in neuzeitlichen Haltungssystemen (Teil I) vom 10. 7. 1974; Ergänzung aus der Sicht der Verhaltenswissenschaft (Teil II) vom 10. 7. 1974. – *BMELV,* Durchführung von Tierversuchen, Rechtliche, biometrische und ethische Voraussetzungen, Bericht über ein Seminar zur Anwendung der Richtlinie 86/609/EWG in den neuen Bundesländern, Erfurt 3./4. 12. 1991. – *BMELV,* Bundeseinheitliche Eckwerte für eine freiwillige Vereinbarung zur Haltung von Jungmasthühnern (Broiler, Masthähnchen) und Mastputen. – *BMELV,* Gutachten: Gutachten über Mindestanforderungen an die Haltung von Papageien, 1995. Gutachten über Mindestanforderungen an die Haltung von Kleinvögeln, Teil 1, Körnerfresser, 1996. Gutachten über Mindestanforderungen an die Haltung von Säugetieren, 1996. Gutachten über Mindestanforderungen an die Haltung von Straußenvögeln, außer Kiwis, 1997. Gutachten über Mindestanforderungen an die Haltung von Reptilien, 1998. Gutachten über Mindestanforderungen an die Haltung von Greifvögeln und Eulen, 1999. Gutachten über Mindestanforderungen an die Haltung von Zierfischen (Süßwasser), 1999. Gutachten zur Auslegung von § 11b des Tierschutzgesetzes (Verbot von Qualzüchtungen), 2000. – *BMELV,* Maßnahmen zur Verminderung überhandnehmender freilebender Säugetiere und Vögel. Bestandsaufnahme, Berechtigung und tierschutzrechtliche Bewertung; Zitierweise: *BMELV*-Schädlingsgutachten. – *BMELV,* Leitlinien: Leitlinien Tierschutz im Pferdesport, 1992. Leitlinien zur Beurteilung von Pferdehaltungen unter Tierschutzgesichtspunkten, 1995. Leitlinien für eine tierschutzgerechte Haltung von Wild in Gehegen, 1998. Leitlinien für die Haltung, Ausbildung und Nutzung von Tieren in Zirkusbetrieben oder ähnlichen Einrichtungen, 2000. Leitlinien zur Ausrichtung von Tierbörsen unter Tierschutzgesichtspunkten, 2006. – *BMELV,* Tierschutzberichte der Bundesregierung 1995, 1997, 1999, 2001, 2003 und 2005.

Boehncke, Wende in der Nutztierzucht – Ökologische Gründe, TU 1998, 63ff.

Bogner, Tierschutzaspekte in der Rinderhaltung. In: *Fölsch/Nabholz* (Hrsg.), Tierhaltung Bd. 13, Basel-Boston-Stuttgart 1982

Bogner/Grauvogl, Verhalten landwirtschaftlicher Nutztiere, Stuttgart 1984

Bohn, Artgemäße Putenhaltung, in: DVG, Fachgruppe Angewandte Ethologie, „Ethologie und Tierschutz", München 2003

Bohnet/Düe/Esser/Franzky/Pollmann/Zeitler-Feicht, Positionspapier der TVT 2004 zu den BMELV-Leitlinien zur Pferdehaltung von 1995

Bolliger, Europäisches Tierschutzrecht – Tierschutzbestimmungen des Europarats und der Europäischen Union (mit einer ergänzenden Darstellung des schweizerischen Rechts), Zürich 2000

Bonner Kommentar zum Grundgesetz (BK), Loseblattsammlung, Heidelberg

Bootz/Sieber, Ersatzmethode für den Maus/Ratte-Antikörper-Produktions-Test, ALTEX 19, Supplement 2002, 76–86

Literatur

Bothe, Bedeutung von Tierversuchen in der Neurobionik. In: *Caspar/Koch* (Hrsg.), Tierschutz für Versuchstiere – Ein Widerspruch in sich? Baden-Baden 1998

Box, Ersatz des Hundes bei der Zulassungsprüfung für Pflanzenschutzmittel, ALTEX 23, 2006, 24–27

Brade, Neue Haltungssysteme für Legehennen, TU 2000, 185 ff.

Brade, Verhaltensgenetik und Wohlbefinden von Hühnern und Wachteln, TU 2002, 325 ff.

Brandhuber, Tiertötungen zu Ausbildungszwecken im Spannungsfeld von Tierschutz, Gewissens- und Lehrfreiheit, NVwZ 1993, 642

Brandhuber, Die Problematik des Schächtens im Lichte der aktuellen Rechtsprechung, NVwZ 1994, 561

Brandt/Behrens, Auswirkungen von Staatszielbestimmungen ... am Beispiel der Aufnahme des Tierschutzes in Art. 20 a GG, Gutachterliche Stellungnahme, Universität Lüneburg 2002

Brantner, Quehenberger et al., Der HET-CAM Assay als in vitro Alternative zum Crotonöl-Test zur Untersuchung der antiinflammatorischen Wirkung von steroiden und nicht-steroiden Verbindungen, ALTEX 19, 2002, 51–56

Braun, Anmerkung zum Beschluss des OLG Karlsruhe vom 4. 12. 1996, JZ 1997, 574 ff.

Braun S. Tierschutz in der Verfassung – und was nun? Die Bedeutung des neuen Art. 20 a GG. DöV 2003, 488 ff.

Braunbeck, Der Fischeitest als Alternative zum Fischtest – Entwicklung, Einsatz als Routinetest und weitere Anwendungsmöglichkeiten, ALTEX 21, 2004, 144, 145

Bregenzer, Thier-Ethik, Darstellung der sittlichen und rechtlichen Beziehungen zwischen Mensch und Tier, Bamberg 1894

Breitsamer, Kampfhunde – Gefährliche Hunde, DtW 2001, 102 ff.

Briese, Beurteilung neuer elektrischer Betäubungsverfahren für Schweine, in: DVG, Töten von Tieren und Kennzeichnung von Tieren, Nürtingen 1996

Briese/von Mickwitz, Ohne Tierschutz keine optimale Fleischqualität – Problembereiche im Umgang mit Schlachttieren am Schlachthof lassen sich lösen, afz-markt, Monatsjournal der Allgemeinen Fleischer-Zeitung, Frankfurt/M, Nr. 5 und Nr. 6 1994

Briese/von Holleben/Dayen, Der Tierschutzpreis 1996 des Landes Niedersachsen – Ergebnisse des Landeswettbewerbs zur Förderung einer tierschonenden Behandlung von Schweinen im Schlachtbetrieb, Teil 2, Fleischwirtschaft 1997, 721 ff.

Briese/Sewerin/Hartung/Knierim, Ergebnisse videogestützter Verhaltensbeobachtungen an Lohmann-Silver-Legehennen im AVIPLUS-Käfig-System in: DVG, Tierschutzrecht und Tierzucht, Erbpathologie und Haustiergenetik, Nürtingen 2004

Brockhaus, Lexikon 2006

Brockhaus, Naturwissenschaft und Technik, Lexikon 2002

BTK (Bundestierärztekammer), Stellungnahme an das BML zum Entwurf einer Verordnung zum Schutz landwirtschaftlicher Nutztiere, Stand 15. 11. 2000

BTK (Bundestierärztekammer), Heute Pitbulls, morgen Schäferhunde, übermorgen ... Tierärzte fordern dauerhaft wirksame Lösungen für das „Kampfhunde-Problem", DtW 2000, 383

BTK (Bundestierärztekammer), Stellungnahme an das BML v. 17. 8. 2000 zu dem Entwurf einer Tierschutz-Hundeverordnung v. 21. 7. 2000

BTK (Bundestierärztekammer), „Pelz ist peinlich", DTBl. 2003, 699

BTK (Bundestierärztekammer), Tierärzte lehnen Schächten ab, DTBl. 2003, 250

BTK (Bundestierärztekammer), Positionspapier der Ausschüsse für Geflügel und Tierschutz zu Anforderungen an Putenhaltungen, 9. 4. 2002; zit. n. *Krautwald-Junghanns,* DTBl. 2003, 4–8

BTK (Bundestierärztekammer), Offener Brief an Roland Koch zur Tötung von Hunden in Hessen, DTBl. 2004, 365

BTK (Bundestierärztekammer), Pressemitteilung zum Urteil des Bundesverfassungsgerichts in dem Beschwerde-Verfahren „Kampfhunde", DTBl. 2004, 488

BTK (Bundestierärztekammer), Tierärzte lehnen Schächten ab, DTBl. 2004, 261, 262

BTK (Bundestierärztekammer), Stellungnahme zum Entwurf eines Gesetzes zur Ablösung des Tierzuchtgesetzes, DTBl. 2005, 1000

Bub/Treier, Handbuch der Geschäfts- und Wohnraummiete, München 1999

Buchenauer, Schaf, in: *Sambraus/Steiger* (Hrsg.), Das Buch vom Tierschutz, Stuttgart 1997

Buchenauer, Ziege, in: *Sambraus/Steiger* (Hrsg.), Das Buch vom Tierschutz, Stuttgart 1997

Buchenauer, Biologische Grundlagen des Verhaltens in: KTBL-Schrift 377, Darmstadt 1998

Buchholtz, Verhaltensstörungen bei Versuchstieren als Ausdruck schlechter Befindlichkeit, TU 49 (1994), 532ff.
Buchholtz/Boehncke, Stellungnahme der Internationalen Gesellschaft für Nutztierhaltung (IGN) zu der von Prof. Dr. K.E. Heller, Institute of Population Biology, Universität Kopenhagen formulierten wissenschaftlichen Darlegung über das Wohlbefinden von Farmpelztieren unter konventionellen Haltungsbedingungen, Witzenhausen 1994
Buchholtz/Fölsch/Martin, Ethologisches Gutachten zur Beurteilung der Käfighaltung von Legehennen im Hinblick auf Verhalten, Befinden und Gesundheit v. 31. 3. 1999, vorgelegt und erläutert im Verfahren 2 BvF 3/90 vor dem Bundesverfassungsgericht (vgl. BVerfGE 101, 1, 29)
Buchholtz/Lambooij/Maisack et al., Ethologische und neurophysiologische Kriterien für Leiden unter besonderer Berücksichtigung des Hausschweins, Der Tierschutzbeauftragte 2/01, 83ff.
Buchholtz/Troltenier, Philipps-Universität Marburg/Fachbereich Biologie-Zoologie, Stellungnahme zur Haltung von Pelztieren, 1990
Büge, Rechtsprechung zum Themenkreis BSE, AgrarR 2000, 159
Büge/Tünnesen-Harmes, BSE-Schutzverordnung – nur wegen formellen Mangels nichtig?, NVwZ 1997, 564ff.
Büge/Tünnesen-Harmes, BSE-Bekämpfung in Deutschland durch tierseuchenrechtliche Maßregelung von Importrindern, AgrarR 1998, 1ff.
Buesen/Visan et al., Verbesserung des Embryonalen Stammzelltests (EST) I: Etablierung molekularer Endpunkte für die Entwicklung in Herzmuskelzellen, ALTEX 20, 2003, 164
Bundesgesundheitsamt, Merkblatt zum Problem der verwilderten Haustauben, Berlin 1994
Burbach/Mindermann, Der Vertrag von Amsterdam – Neuerungen für das europäische Agrarrecht, AgrarR 1998, 293
Burbach/List, Auswirkungen des Vertrages über eine Verfassung für Europa auf die Gemeinsame Agrar- und Fischereipolitik, AUR 2006, 1ff.
Burdick/Witthöft-Mühlmann/Ganzert, Leitlinien und Wege für einen Schutz von Nutztieren in Europa, Studie des Wuppertal-Instituts für Klima, Umwelt, Energie GmbH im Auftrag des Ministeriums für Umwelt und Forsten des Landes Rheinland-Pfalz, 1999
Busch, Tierschutzprobleme auch in der Rassekaninchenzucht? In: DVG, Tierschutz und Tierzucht, Nürtingen 1997
Busch, Immobilisation von Wild- und Haustieren durch Laien – was ist ein berechtigter Grund?, AtD 2002, 121ff.
Busch, Gibt es Alternativen zur betäubungslosen Ferkelkastration? In: DVG, Fachgruppen Tierschutzrecht und Tierzucht, Erbpathologie und Haustiergenetik, „Tierschutz und Agrarwende", Nürtingen 2002; AtD 2002, 126ff.
Busch, Tierschutz – Spannungsfeld zwischen Gesetz und Ermessensspielraum für den Amtstierarzt, AtD 2005, 244f.
Cardoso/Teixeira et al., Evaluierung von Serum- und Tierprotein-freien Medien für die Vermehrung eines Infektiösen Bronchitis Virus (M41) Stamms in einer permanenten Zelllinie, ALTEX 22, 2005, 152–156
Caspar, Der vernünftige Grund im Tierschutzgesetz, NuR 1997, 577ff.
Caspar, Freiheit des Gewissens oder Freiheit der Lehre? Zur Tierversuchsproblematik im Studium. NVwZ 1998, 814ff.
Caspar, Tierschutz in die Verfassung? Gründe, Gegengründe und Perspektiven für einen Artikel 20b GG. ZRP 1998, 441ff.
Caspar, Zur Operationalisierbarkeit des Begriffs der ethischen Vertretbarkeit im Tierversuchsrecht. In: *Caspar/Koch* (Hrsg.), Tierschutz für Versuchstiere – Ein Widerspruch in sich? Baden-Baden 1998
Caspar, Tierschutz im Recht der modernen Industriegesellschaft, Baden-Baden 1999. Zitierweise: *Caspar* Tierschutz
Caspar, Die neuen Regelungen des Bundes und der Länder zum Schutz vor gefährlichen Hunden, DVBl. 2000, 1580ff.
Caspar, Zur Stellung des Tieres im Gemeinschaftsrecht, Baden-Baden 2001
Caspar, Verfassungs- und verwaltungsrechtliche Aspekte des Schächtens, NuR 2002, 402ff.
Caspar/Cirsovius, Bestandsschutz für Legebatterien? NuR 2002, 22ff.
Caspar/Geissen, Das neue Staatsziel „Tierschutz" in Art. 20a GG, NVwZ 2002, 913ff.
Caspar/Koch (Hrsg.), Tierschutz für Versuchstiere – Ein Widerspruch in sich? Baden-Baden 1998
Caspar/Schröter, Das Staatsziel Tierschutz in Art. 20a GG, Bonn 2003

Christensen/Barton/Gade, Neue Entwicklungen beim Handling von Schweinen in Schlachtbetrieben, Fleischwirtschaft 1997, 604 ff.

Cipolla/Cordeviola et al., Campylobacter fetus Diagnostik: Vergleich der Effektivität von fluoreszenzmarkierten Huhn-(IgY) und Kaninchen-(IgG)Antikörpern im direkten Immunfluoreszenztest, ALTEX 18, 2001, 165–170

Cirsovius, Zur Frage, ob Studenten die Teilnahme an Tierversuchen oder Versuchen an sogenannten frischtoten Tieren verweigern können, NuR 1992, 65 ff.

Cirsovius, Die Verwendung von Tieren zu Lehrzwecken – historische, verfassungs- und verwaltungsrechtliche Untersuchung, Baden-Baden 2001

Cirsovius, Art. 5 Abs. 3 GG als Abwehrrecht des Staates gegen den Bürger? NVwZ 2002, 39 ff.

Cirsovius, Geschäftsführung ohne Auftrag zur Sicherstellung des Tierschutzes – ein praktikabler Weg zur Entlastung der Exekutive. AUR 2005, 152 ff.

Cravener et al., Broiler production under varying population densities, Poultry Science 71 (1992), 427 ff.

Cußler/Grune-Wolff, Ersatzmethoden zu Tierversuchen in der mikrobiologischen Diagnostik. In: *Gruber/Spielmann* (Hrsg.), Alternativen zu Tierexperimenten, Berlin-Heidelberg-Oxford 1996

Cußler/Hendriksen, Stand der Entwicklung von Alternativen bei der Prüfung immunologischer Arzneimittel. In: *Gruber/Spielmann* (Hrsg.), Alternativen zu Tierexperimenten, Berlin-Heidelberg-Oxford 1996

Czybulka, Reformnotwendigkeiten des Jagdrechts aus Sicht einer Harmonisierung mit dem europäischen und internationalen Recht der Biodiversität und dem Artenschutzrecht, NuR 2006, 7 ff.

Damme, Faustzahlen zur Betriebswirtschaft, in: Jahrbuch für die Geflügelwirtschaft, herausgegeben für den Zentralverband der Deutschen Geflügelwirtschaft e. V. und seine Mitgliedsverbände, Ulmer 2005

Dayen/Fiedler, Intensivhaltung von Moschusenten, DtW 1990, 149 ff.

Dechsling, Das Verhältnismäßigkeitsgebot – Eine Bestandsaufnahme der Literatur zur Verhältnismäßigkeit staatlichen Handelns, München 1989

Deininger/Friedli/Troxler: Können aggressive Auseinandersetzungen beim Gruppieren von abgesetzten Sauen vermindert werden? In: DVG, Fachgruppen Tierschutzrecht und Tierzucht, Erbpathologie und Haustiergenetik, „Tierschutz und Agrarwende", Nürtingen 2002

Deininger/Friedli/Troxler, Gruppieren von Sauen nach dem Absetzen, TU 2002, 234 ff.

Depner/Hoffmann/Beer et al., Paradigmenwechsel in der Schweinepestbekämpfung bei Hausschweinen, DTBl. 2005, 399 ff.

Deselaers, Die Rechtssicherheit im Bereich des Tierschutzes, AgrarR 1979, 209 ff.

DLG (Deutsche Landwirtschafts-Gesellschaft e. V.), Merkblatt 321, Tiergerechtheit auf dem Prüfstand – Anforderungen an freiwillige Prüfverfahren gemäß § 13 a TierSchG

DVG (Deutsche Veterinärmedizinische Gesellschaft e. V.), Fachgruppe Verhaltensforschung, „Bedarfsdeckung und Schadensvermeidung", Freiburg 1987 – *DVG,* Tötung von Tieren und Kennzeichnung von Tieren, Nürtingen 1996 – *DVG,* Tierschutz und Tierzucht, Nürtingen 1997 – *DVG,* Tierschutz und Nutztierhaltung, Nürtingen 1998 – *DVG,* Tierschutz und amtstierärztliche Praxis sowie Tierschutz und Management bei Tierhaltung und Tierzucht, 2000 – *DVG,* Ethologie und Tierschutz, Weihenstephan 2000 – *DVG,* Zum aktuellen MKS-Geschehen, Stellungnahme der Fachgruppe „Virologie und Viruskrankheiten", DTBl. 2001, 582 – *DVG,* Tierschutz und Ethik; Tierhaltung, Jagd und Fischerei, Nürtingen 2001 – *DVG,* Tierschutz und Agrarwende; Tierschutz und Heimtiere, Nürtingen 2002 – *DVG,* Ethologie und Tierschutz, München 2003 – *DVG,* Tagung der Fachgruppen „Tierschutzrecht" und „Tierzucht, Erbpathologie und Haustiergenetik", Nürtingen 2004

Deutscher Mieterbund, Das Mieterlexikon, Köln 2000

Dietlein, Angelfischerei zwischen Tierquälerei und sozialer Adäquanz, NStZ 1993, 21

Dietz, Inhalt und Bestandskraft der Erlaubnis nach § 11 des Tierschutzgesetzes, NuR 1999, 681 ff.

Dietz, Zur Neufassung der Allgemeinen Verwaltungsvorschrift zur Durchführung des Tierschutzgesetzes, NuR 2001, 73 ff.

Dietz, Ausnahmegenehmigungen zum Schächten aufgrund § 4a TierSchG, NuR 2003, 477 ff.

Dietz, Neuere Rechtsprechung zum Schächten aufgrund § 4 a TierSchG, NuR 2004, 359 ff.

Dimigen, Der Tierschutzbeauftragte: Instrument eigenverantwortlicher Durchführung des Tierschutzgesetzes oder betriebsinterne Rechtfertigungsinstanz? In: *Caspar/Koch* (Hrsg.), Tierschutz für Versuchstiere - Ein Widerspruch in sich? Baden-Baden 1998

Ditscherlein, Norwegische Krähenmassenfallen und Nebelkrähenfallen, NuR 2003, 530 ff.

Ditscherlein, Zur landesrechtlichen Aufhebung von Jagdzeiten, NuR 2006, 285 ff.
Döring-Schätzl, Zur Bedeutung des Auslaufs für Hunde, AtD 2002, 264 ff.
Döring-Schätzl, Artgemäße Haltung von Laborhunden, in: DVG, Fachgruppe Angewandte Ethologie, „Ethologie und Tierschutz", München 2003
Döring/Erhard, Verbleib von überzähligen und überlebenden Versuchstieren, ALTEX 22, 2005, 7–11
Drawer, Tierschutz in Deutschland, 1980
Drawer/Ennulat, Tierschutzpraxis, Stuttgart-New York 1977
Dreier, Forschungsbegrenzung als verfassungsrechtliches Problem, DVBl. 1980, 471 ff.
Dreier(Hrsg), Grundgesetz, 2. Aufl., Tübingen 2006
Dreier/Starck, Tierschutz als Schranke der Wissenschaftsfreiheit, in: *Händel,* Tierschutz – Testfall unserer Menschlichkeit, Frankfurt/M 1984
Drescher, Zusammenfassende Betrachtung über den Einfluss unterschiedlicher Haltungsverfahren auf die Fitness von Versuchs- und Fleischkaninchen, TU 1993, 72 ff.
Drescher, Tiergerechte Kaninchenhaltung in der landwirtschaftlich-kommerziellen sowie in der privaten Hobbytierhaltung. In: DVG, Ethologie und Tierschutz, Weihenstephan/Gießen 2000
Drossé H., Die Sportfischerei und das Tierschutzrecht – eine strafrechtliche Untersuchung, MDR 1986, 711
Drossé H., Tierquälerei beim Wettangeln, AgrarR 1989, 257
Drossé H., Anm. zu AG Düsseldorf, NStZ 1991, 192
Drossé H., Tierquälerei beim Angeln – Anm. zum „Setzkescher-Urteil" des Amtsgerichts Rinteln, in: AgrarR 2000, 354 ff.
Drossé H., Thesen für die Arbeitsgruppe IV, „Fische im Sport", in: *Evang. Akademie Bad Boll,* Tiere im Sport, Tagungsbericht 7.–9. 4. 2000, Protokolldienst 17/00
Drossé H., Catch & Release – eine angelfischereirechtliche Tierquälerei, AgrarR 2002, 111 ff.
Drossé H., Replik und mehr (zu *Arlinghaus* AUR 2003, 367 ff.), AUR 2003, 370 ff.
Drossé I., Ende der Zwangsmast?, DudT 2/1999, 15
Drossé I., Schnabelkürzen verbieten – Landestierärztekammer Hessen wehrt sich gegen Schnabelverstümmelung bei Nutzgeflügel, DudT 5/1999, 36
Drossé I., 100 Stunden Qual und Todesangst – Tiertransporte in der EU, DudT 4/1999, 6 ff.
Drossé I., Das Leben der Weihnachtsgänse, DudT 6/2003, 12 f.
DTB (Deutscher Tierschutzbund e. V.), Stellungnahme an das BML v. 14. 8. 2000 zum Entwurf einer Tierschutz-Hundeverordnung v. 21. 7. 2000
Eberle, Das neue Tierschutzgesetz, NJW 1973, 1405
Eder/Schwarz et al., Die isoliert perfundierte menschliche Nabelschnurvene als in vitro Toxizitätsmodell, ALTEX 20, 2003, 166, 167
EFSA (European Food Safety Authority), Scientific Report "Welfare aspects of various systems for keeping laying hens", EFSA-Q-2003-92, accepted by the AHAW Panel on 14th and 15th September 2004.
EFSA (European Food Safety Authority), Welfare aspects of animal stunning and killing methods – Scientific Report of the Scientific Panel for Animal Health and Welfare on a request from the Commission related to welfare aspects of animal stunning and killing methods (Question No EFSA-Q-2003-093), Accepted on the 15th of June 2004
EFSA (European Food Safety Authority)-AHAW panel, Scientific Report: "The welfare aspects of the main systems of stunning and killing applied to commercially farmed deer, goats, rabbits, ostriches, ducks, geese and quail". (Question No EFSA-Q-200-005), Adopted by the AHAW panel on 13th February 2006
Ehrlich/Majer et al., Einsatz einer humanen Leberzelllinie (HepG2) als Alternative zu Tierexperimenten in der genetischen Toxikologie, ALTEX 21, 2004, 150
Eichelberg, Kampfhunde – gefährliche Hunde, DtW 2000, 91 ff.
Ekesbo/van der Weghe, Genehmigungsverfahren und Prüfung neuer Technik und Methoden in der landwirtschaftlichen Tierhaltung in Schweden, in: KTBL-Schrift 377, Darmstadt 1998
Ellerbrock/Petermann/Knierim, Welchen Flächenbedarf haben Putenhähne in der Langmast?, Tagungsband zum 3. Tierschutzsymposium in Oldenburg 2000, Niedersächsisches Ministerium für Ernährung, Landwirtschaft und Forsten
Engisch, Einführung in das juristische Denken, Stuttgart-Berlin-Köln 1997
Ennulat/Zoebe, Das Tier im neuen Recht – Kommentar zum Tierschutzgesetz, Stuttgart/Berlin/Köln/Mainz 1972
Erbel, Rechtsschutz für Tiere, DVBl 1986, 1235 ff.

Literatur

Erbel, Staatlich verordnete Tierquälerei?, DÖV 1989, 338ff.
Erbs/Kohlhaas, Strafrechtliche Nebengesetze, Loseblatt-Kommentar, München
Ergebnisse des 2. Paul-Ehrlich-Seminars über Tierschutzaspekte bei der Zulassung und Prüfung von immunologischen Arzneimitteln, ALTEX Suppl. 1998
Erlebach, Untersuchung über die lokomotorischen Aktivitäten von Farmnerzen unter verschiedenen Haltungsbedingungen, Dipl.-Arbeit Kiel 1989
Erman, Bürgerliches Gesetzbuch (BGB), Köln 2004
Etscheidt, Kampfhunde und gefährliche Hunde, Tierärztl. Prax. 2001; 29 (K): 152–163
EU-Kommission, Mitteilung vom 15. 12. 1995 über den Schutz von Kälbern, KOM (95) 711 endg.; Zitierweise: EU-Kälbermitteilung.– *EU-Kommission,* Vorschlag für eine Entscheidung des Rates über den Abschluss des Europäischen Übereinkommens zum Schutz der für Versuchszwecke verwendeten Wirbeltiere, KOM 96, 293 endg., CNS 198 – *EU-Kommission,* Mitteilung vom 11. 3. 1998 über den Schutz von Legehennen in verschiedenen Haltungssystemen, KOM (1998) 135 endg., 98/0092 (CNS); vgl. auch BT-Drucks. 13/11371 S. 5ff. Zitierweise: EU-Legehennenmitteilung – *EU-Kommission,* Mitteilung über bestimmte Aspekte des Schutzes von Schweinen in Intensivhaltung, 2001 – *EU-Kommission,* Bericht vom 6. 12. 2000 über die Erfahrungen, die von den Mitgliedstaaten seit der Umsetzung der Tiertransportrichtlinie über den Schutz von Tieren beim Transport gesammelt wurden, KOM (2000) 809 endg.; Zitierweise: EU-Tiertransportbericht – *EU-Kommission,* Mitteilung vom 16. 7. 2003 über den Schutz von Tieren beim Transport und Vorschlag für eine Verordnung des Rates über den Schutz von Tieren beim Transport und allen damit zusammenhängenden Vorgängen, KOM (2003) 425 endg., 2003/0171 (CNS) – *EU-Kommission,* Scientific Veterinary Committee, Animal Welfare Section, Report on the Welfare of Calves, Brüssel 9. 11. 1995. Zitierweise: EU-SVC-Report Kälber – *EU-Kommission,* Scientific Veterinary Committee, Animal Welfare Section, Report on the Welfare of Laying hens, Brüssel 30. 10. 1996. Zitierweise: EU-SVC-Report Legehennen – *EU-Kommission,* Scientific Veterinary Committee, Animal Welfare Section, Report on the Welfare of intensively kept pigs, Brüssel 30. 9. 1997. Zitierweise: EU-SVC-Report Schweine – *EU-Kommission,* Scientific Committee on Animal Health and Animal Welfare, Welfare Aspects of the Production of Foie Gras in Ducks and Geese, Brüssel 16. 12. 1998 – *EU-Kommission,* Scientific Committee on Animal Health and Animal Welfare, The Welfare of Chickens Kept for Meat Production (Broilers), Brüssel 21. 3. 2000. Zitierweise: EU-SCAHAW-Report Masthühner – *EU-Kommission,* Scientific Committee on Animal Health and Animal Welfare, The Welfare of Animals Kept for Fur Production, Brüssel 12./13. 12. 2001. Zitierweise: EU-SCAHAW-Report Pelztiere – *EU-Kommission,* Scientific Committee on Animal Health and Animal Welfare, Report on the welfare of animals during transport (details for horses, pigs, sheep and cattle) Brüssel, 11. 3. 2002. Zitierweise: EU-SCAHAW-Report Tiertransporte
Europäisches Parlament, Schutz von Tieren beim Transport – Legislative Entschließung v. 30. 3. 2004 zu dem Vorschlag für eine Verordnung des Rates über den Schutz von Tieren beim Transport – C5-0438/2003 – 2003/0171 (CNS). P5_TA(2004)0222.
Evang. Akademie Bad Boll, Tierarzt, Berufener Tierschützer, Konsultation 1992 – *Evang. Akademie Bad Boll,* Tierschutz vor Gericht, Tagungsbericht 7.–9. 3.1997, Protokolldienst 1/98. – *Evang. Akademie Bad Boll,* Tiere im Sport, Tagungsbericht 7.–9. 4. 2000, Protokolldienst 17/00 – *Evang. Akademie Bad Boll,* Tierversuche und Tierschutz, Tagungsbericht 23.–25. 3. 2001, Protokolldienst 26/01
Evang. Kirche in Deutschland, EKD-Texte 41, Zur Verantwortung des Menschen für das Tier als Mitgeschöpf, 2. Aufl. Hannover 1991
Exner, Hunde – kaputtgezüchtet, DudT 3/1996, 12
Eyrich, Untersuchung über den Einfluss des Kuhtrainers auf die Brunst von Milchkühen, Diss. München 1988
Fader/Sambraus, Das Ruheverhalten von Pferden in Offenlaufställen, TU 2004, 320ff.
FAL (Bundesforschungsanstalt für Landwirtschaft), Stellungnahme zu den Ergebnissen des Modellvorhabens im Lichte des Urteils des Bundesverfassungsgerichtes vom 6. 7. 1999 zur Hennenhaltungsverordnung (alt), Celle 2004
Feddersen-Petersen, Vergleichende Aspekte der Verhaltensentwicklung von Wölfen und Haushunden: neue Ergebnisse zur Domestikation und Züchtung im ethischen Argument. In: TU 1994, 527–531
Feddersen-Petersen, Hund, in: *Sambraus/Steiger* (Hrsg.), Das Buch vom Tierschutz, Stuttgart 1997
Feddersen-Petersen, Hundesport und Ausbildung von Hunden, in: *Sambraus/Steiger* (Hrsg.), Das Buch vom Tierschutz, Stuttgart 1997

Feddersen-Petersen, Ethologisches Gutachten zur Verwendung von Elektroreizgeräten bei der Ausbildung von Hunden, in: VDH, Grundlagen einer tierschutzgerechten Ausbildung von Hunden, Dortmund 1999

Feddersen-Petersen, Zur Biologie der Aggression des Hundes, DtW 2001, 94 ff.

Feddersen-Petersen, Sexueller Missbrauch von Tieren – Der Hund als Missbrauchsopfer, in: *Schröder (Hrsg.),* Verschwiegenes Tierleid – sexueller Missbrauch an Tieren, Elz 2006, S. 122 ff.

Fellmer/Brückner, Der Tierarzt als gerichtlicher und außergerichtlicher Sachverständiger, Tierärztl. Prax. 2004, 174 ff.

Fiedler, Schnabelkürzen bei Puten, DtW 2006, 110–112

Fiedler/König, Tierschutzrechtl. Bewertung der Schnabelkürzung bei Puteneintagsküken durch Einsatz eines Infrarotstrahls, Arch.Geflügelk., 6/2006, 241–249

Fikuart/v. Holleben/Kuhn, Hygiene der Tiertransporte, Jena/Stuttgart 1995

Fikuart, Tiertransporte, in: *Sambraus/Steiger* (Hrsg.), Das Buch vom Tierschutz, Stuttgart 1997

Fikuart, Zum tierschutzgerechten Umgang mit kranken oder verletzten Tieren, AtD 1997, 184 ff.

Fikuart, Mängel des Tierschutzrechts bei Anwendung und Vollzug, AtD 1998, 37 ff.

Fikuart, Verstoß gegen die Tierschutztransportverordnung, AtD 1999, 165 f.

Fikuart, Änderung der Tierschutz-Transportverordnung, DTBl. 1999, 470 f.

Fikuart, Gilt die Transportzeitbegrenzung (29-Stunden-Frist) für internationale Rindertransporte im Lkw nicht mehr?, TVT-Nachrichten 2/2001, 8 f.

Fikuart, Die gesellschaftliche Realität der Tötung von Tieren, DTBl. 2002, 492 ff.

Fikuart, Schmerzempfinden bei Fischen nachgewiesen, AtD 2003, 180

Fincke, Schwanzamputation bei Milchkühen, AtD 2004, 181 ff.

Finking et al., In-vitro-Modell zur Untersuchung von Östrogenen auf die Neointimabildung nach Endothelverletzung an der Kaninchenaorta, ALTEX 17 (2000), 11 ff.

Flury, Sind operative Eingriffe in Gehirne lebender Primaten in der Grundlagenforschung moralisch vertretbar? ALTEX 16, 1999, 267–270

Föderation Europäischer Tierärzte (FVE), Schächten: Positionspapier. AtD 2004, 129, 130

Fölsch, Die Legeleistung – kein zuverlässiger Indikator für den Gesundheitszustand bei Hennen mit äußeren Verletzungen, Tierärztl. Praxis 5 (1977), 69 ff.

Fölsch/Nabholz (Hrsg.), Tierhaltung Bd. 13, Ethologische Aussagen zur artgerechten Nutztierhaltung, Basel-Boston-Stuttgart 1982

Fölsch/Nabholz (Hrsg.), Tierhaltung Bd. 15, Intensivhaltung von Nutztieren aus ethischer, ethologischer und rechtlicher Sicht, Basel-Boston-Stuttgart 1985

Fölsch/Simantke/Hörning, Zur Tierschutzrelevanz der Mast von Pekingenten auf perforierten Böden, Gutachten im Auftrag des Niedersächsischen Ministeriums für Ernährung, Landwirtschaft und Forsten, Witzenhausen 1996

Förster, Tierschutzvereine und Veterinärbehörden – Ist eine Zusammenarbeit möglich? DtW 2003, 199–205

Frank, Tierschutz im Zusammenhang mit ethischen und rechtlichen Fragen bei der Jagd, in: DVG, Fachgruppen Tierschutzrecht und Tierzucht, Erbpathologie und Haustiergenetik, „Tierschutz und Ethik, Tierhaltung, Jagd und Fischerei“, Nürtingen 2001

Franz, Nachbars Katze und wilde Katzen im Nachbarrecht, AgrarR 1999, 269 ff.

Franzky, Pferdesportveranstaltungen aus amtstierärztlicher Sicht. In: *Evang. Akademie Bad Boll,* Tiere im Sport, Tagungsbericht 7.–9. 4. 2000, Protokolldienst 17/00

Franzky, Vielseitigkeitsreiten und Tierschutz, AtD 2001, 21 ff.

Franzky/Bohnet/Kuhne/Luy, Tierschutzrechtliche Aspekte bei Rodeo-Veranstaltungen, DtW 2005, 92–94

De Frenne, Europäische Kommission legt Entwurf zur Neuregelung des Tierschutzes auf dem Transport vor, AtD 2003, 272 ff.

Frerking, Unfruchtbarkeit ist immer noch die Hauptabgangsursache bei Hochleistungskühen, TU 2003, 352 f.

Frey, Erfahrungen und Erkenntnisse durch das Internetprojekt „Verschwiegenes Tierleid Online“ in: *Schröder (Hrsg.),* Verschwiegenes Tierleid – sexueller Missbrauch an Tieren, Elz 2006, S. 213 ff

Frisch von Hoeßlin, Die Rolle des Tierschutzes im Rahmen der medikamentellen Immobilisation von Tieren, AtD 2000, 32 ff.

Fröhlich/Oester, Vom Batteriekäfig zur Volière: 20 Jahre Schweizer Erfahrung, in: DVG, Fachgruppe Angewandte Ethologie, „Ethologie und Tierschutz“, München 2003

Literatur

Fröhlich/Oster, Vom Batteriekäfig zur Volière: 20 Jahre Schweizer Erfahrung, in: Schweizer Tierschutz (STS), Referate Runder Tisch „Schweizer Erfahrungen mit alternativen Haltungssystemen für Legehennen", Basel 2004

Fuhrer, Strauße – die großen Renner?. In: DVG, Tierschutzrecht und Tierzucht, Erbpathologie und Haustiergenetik, Nürtingen 2003

Ganter, Tierschutzaspekte bei der Schafhaltung, DtW 2004, 123 ff.

Gardner, Options for humanely immobilizing and killing crabs, J. Shellfish Res. 16 (1997), 219–224

Gassner, Ethische Aspekte des Tier- und Naturschutzrechts, NuR 1987, 97 ff.

Geißler, Die Unterbringung unversorgter Haustiere in der Räumungsvollstreckung, DGVZ 1995, 145 ff.

Geiger, Veterinärmedizin und Landwirtschaft vor gemeinsamen Herausforderungen durch den Tierschutz

Geldermann, Möglichkeiten und Grenzen bei der Anwendung biotechnologischer Verfahren in der Tierzucht, in: *DVG,* Tierschutz und Tierzucht, Nürtingen 1997

Gerdes, Tierschutzrelevante Sachverhalte bei der Tötung von Geflügel im Seuchenfall, DtW 2004, 113 ff.

Gericke/Rambeck, Die neue Datenbank Tierversuche, Tierrechte 2/01, 21

Gericke, Hürde Validierung, Tierrechte 2/02, 14 f.

Gerken, Zusammenhänge zwischen der Selektion auf Leistungsmerkmale und Tierschutzproblemen beim Geflügel. In: *DVG,* Tierschutz und Tierzucht, Nürtingen 1997

Gerold, Tierschutz, Frankfurt/M 1972

Gerweck, Ein Blick auf den Status der Tierärzte in der Lebensmittelüberwachung und Tierseuchenbekämpfung, TU 2003, 40 ff.

Gessler/Behrens et al., Entwicklung eines in vitro Tests zum Botulinum-Toxinnachweis – erste Ergebnisse, ALTEX 15, Supplement 1998, 62–64

Gnekow-Metz, Agrarindustrie in Deutschland, Legehennenhaltung (Teil A), Recherche im Auftrag des Bund für Umwelt und Naturschutz Deutschland (BUND), Bonn 1998

Göhler, Gesetz über Ordnungswidrigkeiten, München 2006

Goetschel, Kommentar zum Eidgenössischen Tierschutzgesetz, Bern-Stuttgart 1986

Goetschel, Tierschutzrecht im Wandel, in: *Sambraus/Steiger* (Hrsg.), Das Buch vom Tierschutz, Stuttgart 1997

Goetschel/Rebsamen-Albisser, Das „unerlässliche Maß" an Tierversuchen aus juristischer Sicht, in: Vereinigung ‚Ärzte gegen Tierversuche', Unerlässlich? Die Bewilligungspraxis für Tierversuche unter der Lupe. Zürich 1996

Goldhorn, Tierproduktion in der Sackgasse?, TU 1998, 72 ff.

Gottwald, Geschöpfe wie wir. – Zur Verantwortung des Menschen für die Nutztiere – Kirchliche Positionen, München 2004

Gräßer, Zum Thema Tierversuch. In: Praktische Theologie 72/1983, 466–478

Grahwit, Töten kleiner Nagetiere – Anlässe, Methoden und tierschutzgemäße Bewertung, DtW 2005, 95–97

Grauvogl u.a., Artgemäße und rentable Nutztierhaltung – Rinder, Schweine, Pferde, Geflügel, 1997

Grauvogl, Artgemäße und rentable Nutztierhaltung bei Rindern und Schweinen, AtD 1998, 51 ff. und 157 ff.

Groeben (Hrsg.), Kommentar zum EU/EG-Vertrag, Baden-Baden 1999

Grünwoldt, Veterinärverwaltung 2000 - betrachtet von der Vollzugsebene, TU 2000, 10 ff.

Grosse, Christliche Verantwortung und experimentelle Medizin, ALTEX 19, 2002, 195–202

Grosse, Xenotransplantation aus christlich-ethischer Sicht, ALTEX 20, 2003, 259–269

Grosse-Siestrup et al., Multiorganentnahme von Schlachthausorganen für Modelle isoliertperfundierter Schweineorgansysteme, ALTEX 19 (2002), 9 ff.

Gruber, Möglichkeiten, die Zahl für Versuchszwecke gezüchteter und gehaltener Tiere zu verringern und ihr Wohlbefinden zu verbessern, in: Evang. Akademie Bad Boll, Tierversuche und Tierschutz, 2001

Gruber/Spielmann (Hrsg.), Alternativen zu Tierexperimenten, Berlin-Heidelberg-Oxford 1996

Gruber/Baumans et al., Die Gewinnung von fötalem bovinen Serum – kann ein Leiden der Föten ausgeschlossen werden? ALTEX 20, 2003, 172, 173

Gruber/Hartung, Alternativen zu Tierexperimenten in der Grundlagenforschung, ALTEX 21, Supplement 2004, 3–31

Gruber/Dewhurst, Alternativmethoden in der biomedizinischen Ausbildung, ALTEX 21, Supplement 2004, 33–48
Grüneberg, Haftungsquoten bei Verkehrsunfällen – eine systematische Zusammenstellung veröffentlichter Entscheidungen nach dem StVG, München 1999
Gstraunthaler, Alternativen zur Verwendung von fötalem Kälberserum: die serum-freie Zellkultur, ALTEX 20, 2003, 275–281
Gündisch, Verfassungsrechtliche Probleme im Tierschutz, AgrarR 1978, 91 ff.
Guesdon/Leterrier et al., Humerusqualität und Nebennierenreaktion von Legehennen aus Aufzuchten in Standard- oder bereicherten Käfigen, Nutztierhaltung 4/2004, 11, 12
Gut/Laube/Fehlhaber, Verbesserung eines konventionellen Haltungssystems in der Schweinemast im Zuge gesetzlicher Neuordnungen mittels Liegematten, in: DVG, Fachgruppen Tierschutzrecht und Tierzucht, Erbpathologie und Haustiergenetik, „Tierschutz und Agrarwende“, Nürtingen 2002
Gutiérrez Calzado / Cruz Mario et al., Gewinnung eines monospezifischen Coombs-Reagens aus dem Hühnerei, ALTEX 20, 2003, 21–25
Gysler et al., Dreidimensionale Hautmodelle zur Erfassung der perkutanen Resorption, ALTEX 16 (1999), 67 ff.
Haag-Wackernagel, Bestandsregulierung bei Straßentauben, in: *Sambraus/Steiger* (Hrsg.), Das Buch vom Tierschutz, Stuttgart 1997
Hackbarth/Lückert, Tierschutzrecht – praxisorientierter Leitfaden, München, Berlin 2000
Händel, Tierschutz, Testfall unserer Menschlichkeit, Frankfurt/M 1984
Händel, Chancen und Risiken einer Novellierung des Tierschutzgesetzes, ZRP 1996, 137 ff.
Häne, Legehennenhaltung in der Schweiz. Zentrum für tiergerechte Haltung Geflügel und Kaninchen, CH-3052 Zollikofen, 1999
Hässy, Tierschutz im Grundgesetz: Notwendig, überflüssig oder bedeutungslos? BayVBl. 2002, 202 ff.
Haferbeck, Pelztierzucht – das sinnlose Sterben, Göttingen 1990
Hager/Schöffl et al., Reduktion von Tierversuchen in der mikrochirurgischen Ausbildung: Ein Erfahrungsbericht über 10 Jahre, ALTEX 20, 2003, 174, 175
Hahn, Qualität toxikologischer Daten aus menschlichen Vergiftungsfällen. In: *Gruber/Spielmann* (Hrsg.), Alternativen zu Tierexperimenten, Berlin-Heidelberg-Oxford 1996
Haiger, Wende in der Nutztierzucht, TU 1998, 67 ff.
Hain/Unruh, Neue Wege in der Grundrechtsdogmatik? Anmerkungen zum Schächt-Urteil des BVerfG nach Änderung des Art. 20a GG, DöV 2003, 147 ff.
Halder, Das 3R Potenzial bei der Entwicklung und Qualitätskontrolle von Immunobiologika, ALTEX 18, Supplement 2001, 14–46
Halle/Liebsch, Renaissance der Zytotoxizitätsprüfung als Ersatzmethode zur LD50, ALTEX 18/2001, 183, 184
Hammer, Xenotransplantation in Deutschland – mögliche physiologische und anatomische Hindernisse, in: Neue Perspektiven, S. 131, 140
Hamscher/Sczesny et al., Nachweis von Tetracyclinen in güllegedüngten Böden, DtW 2000, 332 ff.
Harrer, Die Regelungen der EU auf dem Gebiet des Tierversuchsrechts. In: *Caspar/Koch* (Hrsg.), Tierschutz für Versuchstiere – Ein Widerspruch in sich? Baden-Baden 1998
Harrer, Kurzgutachten zum rechtmäßigen Pflegeaufwand in der Käfighaltung vom 12. 10. 1998, vorgelegt am 6. 4. 1999 im Verfahren 2 BvF 3/90 vor dem Bundesverfassungsgericht
Harrer/Graf (Hrsg.), Tierschutz und Recht, Wien 1994
Harrison, Geleitwort zu *Sambraus/Steiger* (Hrsg.), Das Buch vom Tierschutz, Stuttgart 1997
Hartmann/Adrian/Dimigen/Krug/Leipner/Richter, Tierschutz für Jäger in: DVG, Fachgruppen Tierschutzrecht und Tierzucht, Erbpathologie und Haustiergenetik, „Tierschutz und Ethik, Tierhaltung, Jagd und Fischerei“, Nürtingen 2001
Hartmann/Kummerfeld/Richter, Methoden, Zwecke und Auswirkungen der Kennzeichnung warmblütiger Tiere, AtD 1997, 259 ff.
Hartung J., Haltungsformen in der Rinderhaltung, TU 2000, 445 ff.
Hartung J., Stiftung Tierärztliche Hochschule Hannover, Verbandsklage Tierschutz – Stellungnahme zum Gesetz zur Einführung von Mitwirkungsrechten für Tierschutzvereine in Nordrhein-Westfalen (Drucks. 14/1432) zur Anhörung im Landtag am 16. 10. 2006
Hartung T., Das 3R Potenzial bei der Entwicklung und Qualitätskontrolle von Arzneimitteln, ALTEX 18, Supplement 2001, 3–11

Literatur

Hartung T./Spielmann, Der lange Weg zur validierten Ersatzmethode, ALTEX 12 (1995), 98ff.
Hartung T./Wendel, Die Erfassung von Pyrogenen in einem humanen Vollblutmodell, ALTEX 12 (1995), 70ff.
Hartung T./Fennrich et al., Entwicklung und Evaluierung eines Pyrogentests mit menschlichem Blut, ALTEX 15, Supplement 1998, 9–10
Haut, Tierbörsen aus der Sicht des BNA, in: *TVT,* Tierschutz bei Tierbörsen, Tagungsband 1999
Hecking-Veltman/Tenter/Daugschies, Studien zur Parasitenfauna bei streunenden Katzen im Raum Mönchengladbach, Der praktische Tierarzt 82: 8, 563ff. (2001)
Heinrich, Bewegungsjagd und Wildbretqualität, AtD 2003, 12ff.
Heister, Tierschutzgesetz – Sachkundenachweis, ein ewiges Missverständnis? AtD 2004, 93 ff.
Heldmaier, Statement für die Arbeitsgruppe II, „Alternative Methoden zum Tierversuch". In: *Evang. Akademie Bad Boll,* Tierversuche und Tierschutz, Tagungsbericht 23.–25. 3. 2001, Protokolldienst 26/01
Hentschel/Floegel, Straßenverkehrsrecht, München 2005
Herling, Jagd und Tierschutz, DtW 1993, 156ff.
Herling/Herzog/Krug, Jagd, in: *Sambraus/Steiger,* Das Buch vom Tierschutz, Stuttgart 1997
Herre/Röhrs, Haustiere – zoologisch gesehen, 2. Aufl. Stuttgart 1990
Herrenalber Protokolle 88, Das Tier als Mitgeschöpf – Leerformel oder Leitgedanke im Tierschutzrecht?, Beiträge einer Tagung der Evang. Akademie Baden 21.–23. Juni 1991 Bad Herrenalb
Herrmann/Müller, Obligatorisches Zulassungsverfahren von Stalleinrichtungen und Haltungssystemen für Legehennen, in: DVG, Tierschutzrecht und Tierzucht, Erbpathologie und Haustiergenetik, Nürtingen 2003
Herzog, Tiergerechte und tierschutzgemäße Zucht, Aufzucht, Haltung, Ausbildung, Prüfung und Führung von Jagdgebrauchshunden, AtD 1997, 40ff.
Herzog, Abschließende Betrachtung zum Thema Tierschutz und Tierzucht, in: *DVG,* Tierschutz und Tierzucht, Nürtingen 1997
Herzog, Interview zu Fragen der Qualzucht bei Nutztieren anl. des 23. Deutschen Tierärztetags in Magdeburg, DTBl. 2004, 356
Hess, Damit Tauben in Frieden leben können, Tierrechte 1/01, 28
Hesse, Grundzüge des Verfassungsrechts der Bundesrepublik Deutschland, Heidelberg/Karlsruhe 1995
Hesse/Knierim/Borell et al., Freiwilliges Prüfverfahren für Stalleinrichtungen entsprechend dem novellierten Tierschutzgesetz von 1998, DtW 106 (1999), 138ff.
Hessisches Ministerium für Frauen, Arbeit und Sozialordnung, Erlass v. 27. 11. 1996 zur Haltung von Pelztieren, die der Pelzgewinnung dienen
Hessisches Zirkus-Handbuch s. *Landesbeauftragte für Angelegenheiten des Tierschutzes*
von Heydebrand u. d. Lasa/Gruber, Tierversuche und Forschungsfreiheit, ZRP 1986, 115
Heyn/Damme/Ahrens et al., Vergleichende Untersuchungen zur Aufzucht von Masthähnchenelterntieren der Rasse Cobb und Ross unter Berücksichtigung verschiedener Fütterungsvarianten; Institut für Tierschutz, Verhaltenskunde und Tierhygiene der LMU München und Landesanstalt für Landwirtschaft, Arbeitsbereich Geflügel und Kleintiere, Kitzingen, 2006
Heyn/Damme/Manz et al., Wasserversorgung von Pekingenten – Badeersatzmöglichkeiten, DtW 2006, 90–93
Hillmer, Auswirkungen einer Staatszielbestimmung „Tierschutz" im GG, insbesondere auf die Forschungsfreiheit, Diss. Göttingen 2000
Hinrichs/Becker/Haack, Alternativen zur tierquälerischen Käfighaltung – Artgerechte Hennenhaltung wirtschaftlich machbar; Gutachten, erstellt vom Verein gegen tierquälerische Massentierhaltung e.V. im Auftrag der Bundestagsfraktion Bündnis 90/Die Grünen, Heikendorf 1997
Hirt A., Der vernünftige Grund, Vortragsmanuskript zu „Haltung und Nutzung des Pferdes aus der Sicht des Tierschutzes", Seminar der Arbeitsgemeinschaft „Pferdeschutz im Pferdesport" der TVT am 27. 5. 1992 in München
Hirt A., Doping im Tierschutzrecht – Die Verantwortung des Tierarztes, Tierärztliche Praxis 1997, 244
Hirt A., Das Gebot der artgerechten Tierhaltung nach § 2 Tierschutzgesetz und die rechtlichen Möglichkeiten seiner Umsetzung, in: DVG, Fachgruppe Angewandte Ethologie, „Ethologie und Tierschutz", München 2003
Hirt A./Schmid/Walter/Maisack, Kritische Anmerkungen zum Rechtsgutachten von Prof. Dr. Löwer vom 4. 9. 2001, beziehbar über: Albert Schweitzer Stiftung, Wessobrunner Str. 33, 81 377 München

Hirt H., Zuchtbedingte Haltungsprobleme am Beispiel der Mastputen, TU 1998, 137 ff.
Höffe, Ethische Grenzen der Tierversuche in: *Händel* (Hrsg.), Tierschutz – Testfall unserer Menschlichkeit, Frankfurt/M 1984
Höffe, Lexikon der Ethik, 4. Aufl. München 1992
Höffner, Joseph Kardinal, „Mit Tieren darf man nicht beliebig experimentieren", Weltbild 8/83
Hölzel, Quälerei ohne Ende – Jagdhundeausbildung an lebenden Enten, DudT 3/1999, 32 f.
Hörning und Beratung Artgerechte Tierhaltung e. V., Artgemäße Schweinehaltung, Karlsruhe 1992
Hörning, Probleme der intensiven Hähnchenproduktion und Möglichkeiten für eine artgemäße und ökologische Hähnchenmast, Schriften der Beratung Artgerechte Tierhaltung e. V. BAT, Witzenhausen 1994
Hörning, Welfare of laying hens in furnished cages, in: *Martin G./Sambraus/Steiger*, Welfare of Laying Hens in Europe – Reports, Analyses and Conclusions. Verlag Universität Kassel, Tierhaltung Bd. 28, 2005 (Zusammenfassung in deutscher Sprache in: Nutztierhaltung 4/2005, 3–13)
Hörning/Fölsch, Bewertung „ausgestalteter" Käfige für die Legehennenhaltung unter Tierschutzgesichtspunkten, AtD 2000, 296 ff.
Hörning/Fölsch, Gutachten im Auftrag der Hessischen Landestierschutzbeauftragten zur Bewertung „ausgestalteter" Käfige, Witzenhausen 1999
Hoeßlin, Die Rolle des Tierschutzes im Rahmen der medikamentellen Immobilisation von Tieren, AtD 2000, 32 ff.
Hoffmann, Fischkrankheiten, Stuttgart 2005
Hoffmann/Oidtmann in: Evang. Akademie Bad Boll, Tiere im Sport, Tagungsbericht 7.–9. 4. 2000, Protokolldienst 17/00, S. 208 ff.
Hoffmann R./Oidtmann, Süßwasserfischproduktion – Angelteiche und „Kaiserschnitt". DtW 2003, 208–211
Hoffmann/Peters et al., Advanced-Skin-Test 2000 (AST-2000). Rekonstituierte Haut als Werkzeug in der pharmako-toxikologischen und dermatologischen Forschung, ALTEX 20, 2003, 176
Hoffmann/Heisler et al., Bestimmung korrosiver Substanzen mit Epidermal Skin Test 1000 (EST-1000) – einer neuen, rekonstituierten, humanen Epidermis, ALTEX 21, 2004, 160
von Holleben, Angewandter Tierschutz in Schlachtbetrieben, DtW 1996, 55 ff.
von Holleben, Richtwerte für die tierschutzgerechte Durchführung der CO2-Betäubung, Schwarzenbek 2002
von Holleben/von Wenzlawowicz, Transport und Schlachtung, Freiland-Journal 5/95, 10 ff.
von Holleben/von Wenzlawowicz, Tierschutzgerechtes Töten von Tieren in landwirtschaftlichen Betrieben, DtW 1999, 163 ff.
von Holleben/von Wenzlawowicz, Tierschutz im Schlachtbetrieb, Kongressband zum Symposium „Angewandte Qualitätssicherung in der Fleischerzeugung" am 25. 2. 1999 in Graz, Hrsg. Amt der Steiermärkischen Landesregierung, Fachabteilung für das Veterinärwesen, S. 33 ff.
von Holleben/von Wenzlawowicz Umsetzung der Sachkundenachweise nach § 4 Tierschutz-Schlachtverordnung und § 13 Tierschutztransportverordnung; bsi, 21487 Schwarzenbek, Postfach 1469
von Holleben/Schütte/von Wenzlawowicz, Tierärztlicher Handlungsbedarf am Schlachthof – Missstände bei der CO2-Betäubung von Schweinen und der Bolzenschussbetäubung von Rindern, DTBl. 2002, 372 f.
von Holleben/Henke/Schmidt, Auswirkungen der Transportzeit bei Rindertransporten bis 8 Stunden auf physiologische und biochemische Belastungsindikatoren sowie die Schlachtkörper- und Fleischqualität in: DVG, Tierschutzrecht und Tierzucht, Erbpathologie und Haustiergenetik, Nürtingen 2004
Holste, „ ... und die Tiere" – Das Staatsziel Tierschutz in Art. 20a GG. JA 2002, 907 ff.
Homma/Geiter, Studie zur „Ökologie ausgewählter Wasservogelarten (Gänse/Schwäne) in Bayern" im Auftrag des LfU sowie Studie über „freilebende Gänse in der Stadt München (Bestand, Wanderung, Auswirkungen, Managementvorschläge insbesondere im Hinblick auf die Problematik der Graugänse unter Berücksichtigung der Schwäne und der Kanadagänse)" im Auftrag der Stadt München; Kavelstorf 2003
Hoppe, Prüf- und Zulassungsverfahren für Haltungssysteme auf Basis des Tierschutzgesetzes. Masterarbeit im wissenschaftlichen Studiengang Agrarwissenschaften an der Universität Göttingen 2005
Horanyi, Das Schächtverbot zwischen Tierschutz und Religionsfreiheit, Basler Studien zur Rechtswissenschaft, Basel/Genf/München 2004
Horn, Strafbares Fehlverhalten von Genehmigungs- und Aufsichtsbehörden? NJW 1981, 1 ff.

Horn/Hoyer, Rechtsprechungsübersicht zum Umweltstrafrecht, JZ 1991, 703ff.
van Horne/van Niekerk, Volièren- und Käfighaltung im Vergleich, DGS Magazin 6/98 S. 14ff.
Horst O., Zusätzliche tierschutzrechtliche Regelungen für den Polosport, AtD 2006, 102
Horst M., Derzeit angewandte Haltungssysteme von Hausgans und Hausente unter besonderer Berücksichtigung ihrer Tiergerechtheit. Diplomarbeit, Universität Göttingen, FB Agrarwissenschaften, 1992
Hoy, Zum Tierschutz für die deutsche Schweinehaltung, AtD 2002, 307ff.
Hoy, Zu den Anforderungen von Mastschweinen an die Buchtenfläche, TU 2004, 576ff.
Hügli/Lübcke, Philosophielexikon, Reinbek 1991
Huggins, Alternativen zu Tierversuchen: Forschung, Trends Validierung, Akzeptanz auf behördlicher Ebene. ALTEX 20, Supplement 1/2003, 3–61
Huster, Gehört der Tierschutz ins Grundgesetz? ZRP 1993, 326
Iburg, Praktische Probleme im Tierschutzstrafrecht, DtW 2000, 88ff.
Iburg, Zur Unterlassungstäterschaft des Amtstierarztes bei Nichteinschreiten gegen Tiermisshandlungen, NuR 2001, 77ff.
Iburg, Zur Anwendbarkeit des § 323 c StGB bei verletzten oder gefährdeten Tieren, NuR 2004, 155f.
Idel, Gen-manipulierte Tiere, TU 1998, 83ff.
Idel, Tierversuche und Gentechnik – Die gentechnische Manipulation von Tieren und ihre rechtliche Ausgestaltung. In: *Caspar/Koch* (Hrsg.), Tierschutz für Versuchstiere – Ein Widerspruch in sich? Baden-Baden 1998
IGN (Internationale Gesellschaft für Nutztierhaltung), Stellungnahme zum Zwischenbericht zur „EpiLeg-Untersuchung“ der Tierärztlichen Hochschule Hannover, 19. 11. 2003 (www.ign-nutztierhaltung.ch)
IGN (Internationale Gesellschaft für Nutztierhaltung), Stellungnahme zum Entwurf der Schweinehaltungsverordnung vom 13. 8. 2003 (www.ign-nutztierhaltung.ch)
IGN (Internationale Gesellschaft für Nutztierhaltung), Stellungnahme vom 8. 12. 2005 zum Entwurf vom 9. 11. 2005 für eine dritte Verordnung zur Änderung der Tierschutz-Nutztierhaltungsverordnung (Schweinehaltung) (www.ign-nutztierhaltung.ch)
IGN (Internationale Gesellschaft für Nutztierhaltung), Stellungnahme zu „ausgestalteten Käfigen“ für Legehennen, 30. 1. 2006 (www.ign-nutztierhaltung.ch)
IGN (Internationale Gesellschaft für Nutztierhaltung), Zur „Stellungnahme der Stiftung Tierärztliche Hochschule Hannover zur Legehennenhaltung“ vom März 2006, 3. 4. 2006 (www.ign-nutztierhaltung.ch)
Ihnen, Grundzüge des Europarechts, München 1995
Jahrbuch für die Geflügelwirtschaft, herausgegeben für den Zentralverband der Deutschen Geflügelwirtschaft e. V. und seine Mitgliedsverbände (jährliches Erscheinen im Verlag Ulmer, Stuttgart)
Jarass, Kommentar zum Bundesimmissionsschutzgesetz, München 2005
Jarass/Beljin, Die Bedeutung von Vorrang und Durchführung des EG-Rechts für die nationale Rechtssetzung und Rechtsanwendung, NVwZ 2004, 1 ff.
Jarass/Pieroth, Grundgesetz für die Bundesrepublik Deutschland, München 2006
Jonas, Das Prinzip Verantwortung. Versuch einer Ethik für die technische Zivilisation. Frankfurt/M 1984
Jugl, Tierschutzwidrige Pferdehaltung vor Gericht, AtD 2005, 91ff.
Kästner, Das tierschutzrechtliche Verbot des Schächtens aus der Sicht des Bundesverfassungsgerichts, JZ 2002, 491ff.
Kaleta/Redmann/Zech, Impfungen von Hausgeflügel gegen ‚Vogelgrippe'? DTBl. 2005, 1350ff.
Kallweit/Ellendorf/Daly/Smidt, Physiologische Reaktionen bei der Schlachtung von Rindern und Schafen mit und ohne Betäubung, DtW 1989, 89ff.
Kalteis/Guggler et al., Gewebetoxizität antiseptischer Spüllösungen, ALTEX 20, 2003, 177
Kalteis/Guggler et al., In vivo Untersuchung zur Gewebeverträglichkeit von PMMA-Knochenzementen, ALTEX 20, 2003, 177, 178
Kamphues, DtW 1998, 117ff.
Karremann/Schnelting, Tiere als Ware, Frankfurt/M 1992
Kaul/Nübling et al., Entwicklung von molekularbiologischen Alternativmethoden für die Prüfung von Poliomyelitis-Impfstoffen, ALTEX 15, Supplement 1998, 18–20
Keiter/Kosmehl et al., In vitro Untersuchungen von Sediment-, Schwebstoff- und Wasserproben zur Erklärung des Fischrückgangs in der Donau, ALTEX 21, 2004, 161
Kimpfel-Neumaier, Hunde- und Katzenhaltung in einer Tierhandlung, AtD 1998, 48ff.

Kimpfel-Neumaier, Europäische Kommission rügt tierschutzrechtliche Mängel bei der Erteilung von Transportgenehmigungen durch deutsche Veterinäre, AtD 1999, 42 ff.
Kimpfel-Neumaier, Qualzuchten beim Geflügel. Aus der Rechtsprechung: Verbot der Zucht von Landenten mit Haube. DTBl. 2004, 362 f.; AtD 2003, 155 f.
Kintzel/Herrmann, Tiere auf Messen – Vorgaben und kritische Betrachtung, AtD 2004, 173 ff.
Kirchenleitung der Nordelbischen Evangelisch-Lutherischen Kirche, „Für ein Ethos der Mitgeschöpflichkeit“, 4. Oktober 1998, zit. n.: *AKUT (Aktion Kirche und Tiere e. V.),* Den Mund auftun für die Stummen – Kirchenworte zur Mitgeschöpflichkeit der Tiere, AKUT-Texte Nr. 4, Bochum 1999
Kirchenleitung der Nordelbischen Evangelisch-Lutherischen Kirche, „Zum verantwortlichen Umgang mit Tieren – Auf dem Weg zu einem Ethos der Mitgeschöpflichkeit, Kiel 2005
Kirmair, Hinweise zur amtstierärztlichen Überprüfung von Reptilienhaltungen, AtD 1998, 42 ff.
Kistner/Braun, Anforderungen an die Haltung von Straußen in Deutschland – Erfahrungen eines Praktikers, in: DVG, Tierschutzrecht und Tierzucht, Erbpathologie und Haustiergenetik, Nürtingen 2003
Klein/Förster/Hansen/Hiegemann, Rechtliche Würdigung des Einsatzes von Elektroreizgeräten beim Hund, AtD 2005, 95 ff.
Kleingeld, Tierschutzaspekte in der Nutzfischhaltung in: DVG, Tierschutzrecht und Tierzucht, Erbpathologie und Haustiergenetik, Nürtingen 2004
Kleingeld, Tierschutzaspekte bei der Produktion von Nutzfischen in Aquakultursystemen, DtW 2005, 100–103
Kleinjohann, Elektroreizgerät und Tierschutzrecht, AtD 2000, 190 ff.
Klemm/Reiter/Pingel, Untersuchungen zum Federpicken bei Moschusenten, Archiv für Geflügelkunde 59 (1995), 99 ff.
Klemm M./Schrattenholz, Rahmenbedingungen zur Verwendung humaner embryonaler Stammzellen (hES) in der Industrieforschung – Identifikation humaner Neurotoxizitätsmarker mit einem in vitro hES-Zellscreeningsystem, ALTEX 20, 2003, 179, 180
Klindt, Aggressionen, Aggressionszucht und -ausbildung bei Hunden, NuR 1996, 571 ff.
Kloepfer, Rechtsprobleme der Käfighaltung von Legehennen, AgrarR 1986, 33 ff.
Kloepfer, Umweltrecht, München 2004
Kloepfer/Rossi, Tierschutz in das Grundgesetz? JZ 1998, 369 ff.
Kloepfer/Rossi, Verfassungsrechtliche Überlegungen zur Tierschutz-Hundeverordnung, NuR 2002, 133 ff.
Kluge, Grundrechtlicher Freiraum des Forschers und ethischer Tierschutz, NVwZ 1994, 869
Kluge, Anwendung des § 16 a TierSchG, DtW 2001, 90 ff.
Kluge, (Hrsg.), Kommentar zum Tierschutzgesetz, Stuttgart-Berlin-Köln 2002
Kluge, Staatsziel Tierschutz, ZRP 2004, 10 ff.
Kluge, Das Schächten als Testfall des Staatszieles Tierschutz, NVwZ 2006, 650 ff.
Knierim, Wissenschaftliche Untersuchungsmethoden zur Beurteilung der Tiergerechtheit. In: KTBL-Schrift 377, Darmstadt 1998
Knierim/Bulheller/Kuhnt/Briese/Hartung, Wasserangebot für Enten bei Stallhaltung – ein Überblick aufgrund der Literatur und eigener Erfahrungen, DtW 2004, 115 ff.
von Knorre, Tierschutz als Staatsziel – Bedeutung der Grundgesetzänderung für die Landwirtschaft, AgrarR 2002, 378 ff.
Kobilke/Krejci et al., Die IgY-Technologie: Nutzbarkeit und Chancen für Diagnostik und (Immun-) Therapien bei Mensch und Tier – aktuelle Anwendungen und Projekte, ALTEX 20, 2003, 182
Köhler, Aufzucht von Wachtelküken – Welche Besatzdichte optimal ist, DGS-Magazin 27/97, 40 ff.
Köhler P., ARD-Ratgeber Recht, „Haustiere“, München/Baden-Baden 2003
Kölle/Hoffmann, Qualzuchten bei Zierfischen, in: *DVG,* Tierschutz und Tierzucht, Nürtingen 1997
Kölle/Moritz, Tierschutzrechtliche Aspekte im Zusammenhang mit Haltung, Transport und Verfütterung von Futtertieren in der Terraristik, AtD 2006, 103 ff.
Körner, Widerruf und Rücknahme einer Erlaubnis nach § 11 Tierschutzgesetz, AtD 2001, 302 ff.
Köstlin, Geschichte der Ethik Bd. 1: Die Ethik des classischen Alterthums, Tübingen 1887
Kohli, Auswirkungen des Kuh-Trainers auf das Verhalten von Milchvieh, Prakt. Tierarzt 68 (1987), 34 ff.
Kolar, Die Abwägung der ethischen Vertretbarkeit von Tierversuchen: Theorie und Praxis, ALTEX 17, 2000, 227–234

Literatur

Koopmann/Knierim, Die Moschusente (Cairina moschata dom.) in der Intensivhaltung, AtD 1998, 175ff.

Kopp/Ramsauer, Verwaltungsverfahrensgesetz, München 2005

Korbel/Kösters, Einige von Tierhaltern geforderte oder durchgeführte Operationen an gesunden Vögeln unter tierschutzrechtlichen Aspekten, Tierärztl. Praxis 17 (1989), 380ff.

Korbun/Steinfeldt u. a., Was kostet ein Schnitzel wirklich? Ökologisch-ökonomischer Vergleich der konventionellen und der ökologischen Produktion von Schweinefleisch in Deutschland. Schriftenreihe des Instituts für ökologische Wirtschaftsforschung (IÖW) 171/2004

Korff/Beck/Mikat, Lexikon der Bioethik, Gütersloh 1998

Kramer U., Wirksamkeit der Hennenhaltungsverordnung – BVerfGE 101, 1, JuS 2001, 962ff.

Kramer M., Gegenwärtige Strategien der Tierseuchenbekämpfung in der EU und mögliche Varianten, in: DVG, Tierschutzrecht und Tierzucht, Erbpathologie und Haustiergenetik, Nürtingen 2004

Krause, Das System der Rechtsphilosophie, Vorlesungen für Gebildete aus allen Ständen, hrsg. von *Röder*, Tübingen 1874

Krautwald-Junghanns, Putenproduktion in Deutschland: Ansätze für eine tierschutzgerechtere Haltung. DTBl. 2003, 4–8

Kreienbrock/Schäl et al., Orientierende epidemiologische Untersuchung zum Leistungsniveau und Gesundheitsstatus in Legehennenhaltungen verschiedener Haltungssysteme (EpiLeg), Tierärztliche Hochschule Hannover, Zwischenbericht 2003/Abschlussbericht 2004

Kreja/Finking, Etablierung eines in vitro Modells zur Untersuchung von oxidativen DNA-Schädigungen in menschlichen koronaren glatten Muskelzellen, ALTEX 19, 2002, 123–129

Kreja/Schochat/Finking, Etablierung eines in vitro Modells zur Untersuchung oxidativer DNA Schäden in menschlichen koronaren Endothelzellen, ALTEX 20, 2003, 71–76

Krewer/Seilmeier, BLV-Jagdlexikon, 6. Aufl. 1994

Kriele, Gesetzliche Regelung von Tierversuchen und Wissenschaftsfreiheit, in: *Händel,* Tierschutz – Testfall unserer Menschlichkeit, Frankfurt/M 1984

Krieter in: AfT-Symposium, „Stand und Perspektiven von Tierzucht und Tierhaltung bei landwirtschaftlichen Nutztieren“, TU 2005, 389, 391

Kröger/Fella et al., Toxikoproteomics: Erste Erfahrungen in einer Fallstudie. ALTEX 20, 2003, 184

Krüger, Ein ernstes Problem in der Junghühnermast: Tiefe Dermatitis. TU 2005, 377ff.

Krug, Jagd - Tierschutz - Wildbretqualität, AtD 1996, 134ff.

Krug, Das Töten von Wild, AtD 1998, 238ff.

Krug/König, Der Fang von Wirbeltieren aus tierschutzrechtlicher Sicht, TVT-Merkblatt Nr. 34

Krug M./Hausleithner et al., Serologische Testmethoden als Ersatz für Infektionsversuche an Ferkeln bei E.coli-Muttertierimpfstoffen, ALTEX 21, 2004, 164

KTBL (Kuratorium für Technik und Bauwesen in der Landwirtschaft), Aktuelle Arbeiten zur artgemäßen Tierhaltung, Schrift 281, Darmstadt 1981; Schrift 299, Darmstadt 1984; Schrift 307, Darmstadt 1984; Schrift 319, Darmstadt 1986; Schrift 342, Darmstadt 1989; Schrift 344, Darmstadt 1991; Schrift 351, Darmstadt 1992; Schrift 370, Darmstadt 1995; Schrift 373, Darmstadt 1996; Schrift 377, Darmstadt 1998

Küttler, Klassische Schweinepest, Zum Pro und Contra der Impfung, TU 1999, 119ff.

Kuhl/Unruh, Tierschutz und Religionsfreiheit am Beispiel des Schächtens, DÖV 1991, 94

Kuhlmann, Der Mitweltschutz im gesamtdeutschen Grundgesetz, NuR 1995, 1ff.

Kuhlmann, Neue höchstrichterliche Impulse zum Legehennen-Schutz, NuR 1997, 133

Kuhlmann I., Tierschutzrelevanz der Avertin-Narkose bei Versuchstieren, AtD 2004, 25ff.

Kummerfeld, Ziervögel, in: *Sambraus/Steiger* (Hrsg.), Das Buch vom Tierschutz, Stuttgart 1997

Kummerfeld, Tauben tiergerecht halten, AtD 2003, 266 ff.

Kunkel, Eine Analyse des Schächtproblems unter Berücksichtigung religiöser, physiologischer und technischer Fragen mit dem Versuch, Möglichkeiten einer Lösung aufzuzeigen. Diss. med. vet. Hannover 1962

Kurtz/Pollmann/Schnitzer/Zeeb, Gruppenhaltung von Pferden – Eingliederung fremder Pferde in bestehende Gruppen, Chemisches und Veterinäruntersuchungsamt Freiburg, Fachbereich Ethologie und Tierschutz, 2000

Labahn, Realisierung und Resultate von genehmigten Tierversuchsvorhaben – Eine retrospektive Untersuchung. Der Tierschutzbeauftragte 1/2003, 30ff.

Lackner/Kühl, Strafgesetzbuch, München 2001

Lahrmann/Bremermann/Kaufmann/Dahms, Gesundheit, Mastleistung und Fleischqualität von Schweinen in der Stall- und Freilandhaltung – ein kontrollierter Feldversuch, DtW 2004, 205ff.

Landbauforschung Völkenrode, Legehennenhaltung – Bericht zum FAL-Forschungsschwerpunkt Tierschutz in der landwirtschaftlichen Nutztierhaltung, Sonderheft 60/1981
Landesbeauftragte für Angelegenheiten des Tierschutzes, Hessisches Ministerium für Umwelt, ländlichen Raum und Verbraucherschutz, „Kostengünstige Möglichkeiten zur Verbesserung von Gehegen für Säugetiere", Vorschläge der Universities Federation for Animal Welfare, Wiesbaden 1997
Landesbeauftragte für Angelegenheiten des Tierschutzes, Hessisches Ministerium für Umwelt, ländlichen Raum und Verbraucherschutz, Hessisches Zirkus-Handbuch für den tierschutzrechtlichen Vollzug, Wiesbaden 2005
Landestierärztekammer Hessen, Resolution zur Haltung von Nutztieren, DTBl. 2002, 55 f.
Landestierärztekammer Hessen, Resolution zur Haltung von Legehennen, DTBl. 2004, 71
Landestierärztekammer Hessen, Petition zur Aufhebung der Rasseliste eingereicht; Statistik belegt: Von gelisteten Hunderassen geht weniger Gefahr aus als von nicht gelisteten Rassen. In: DTBl. 2005, 924
Landestierärztekammer Hessen, Kongressband zur Fortbildung am 6. 5. 2006
Landestierärztekammer Niedersachsen, Resolution zur Rutenkürzung bei Jagdhunden nach § 6 Abs. 1 S. 2 Nr. 1 b TierSchG, DTBl. 1999, 307 f.
Landestierärztekammer Niedersachsen, Resolution zum betäubungslosen Tätowieren von Hundewelpen, DTBl. 2000, 437 (mit Antwortschreiben des BMELV)
Landestierschutzbeauftragter Niedersachsen, „Aspekte der Weiterentwicklung der Tierhaltung in Tierparks", Beiträge des Fachgespräches 1997 im Jagdschloss Nienover/Bodenfelde, Hannover 1997
Landmann/Rohmer, Umweltrecht, Loseblattsammlung
Lauven, Verstößt die Ausbildung und Prüfung von Jagdhunden im Wasser hinter der ausgesetzten Ente gegen das Tierschutzgesetz? AgrarR 1989, 264
Leeb, Tierschutzrelevante Aspekte der Tierseuchenbekämpfung in Großbritannien. In: DVG, Tierschutzrecht und Tierzucht, Erbpathologie und Haustiergenetik, Nürtingen 2003
Leipziger Kommentar zum Strafgesetzbuch, herausgegeben von *Jähnke, Laufhütte, Oderski,* Berlin 2006
Leondarakis, Ethik im Recht am Beispiel des Tatbestandsmerkmals der „ethischen Vertretbarkeit" im Tierschutzgesetz, Baden-Baden 2001
Leondarakis, Die Bewertung der Zeit eines Tiertransports auf Ro-Ro-Schiffen, Gutachten, Göttingen 2005
Leondarakis, Menschenrecht „Tierschutz" – Die Verletzung von Menschenrechten durch die Verletzung von Belangen von Tieren, Baden-Baden 2006
von Lersner, Gibt es Eigenrechte der Natur?, NVwZ 1988, 988 ff.
Leube, Tierschutz als Staatsziel – Gesetzlicher Unfallversicherungsschutz bei Rettung von Tieren im Straßenverkehr? NZV 2002, 545 ff.
Levinger, Schechita im Lichte des Jahres 2000, Bonn-Jerusalem 1996
Leyhausen, Käfighaltung von Legehennen in sog. Legebatterien, NJW 1981, 1308 f.
Liedke, Tier-Ethik – biblische Perspektiven, Zeitschrift für Evangelische Ethik (ZEE) 29 (1985), 160–173
Lienemann, Zur Ethik der Tierversuche. In: *Evang. Akademie Bad Boll,* Tierversuche und Tierschutz, Tagungsbericht 23.–25. 3. 2001, Protokolldienst 26/01
Lindl/Weichenmeier et al., Evaluation von genehmigten tierexperimentellen Versuchsvorhaben in Bezug auf das Forschungsziel, den wissenschaftlichen Nutzen und die medizinische Relevanz, ALTEX 18, 2001, 171–178
Lindl/Schmitt/Völkel, Tierversuche in der Wissenschaft: Sadistischer Unsinn oder Notwendigkeit? ALTEX 19, 2002, 227–229
Lindl/Völkel et al., Tierversuche in der biomedizinischen Forschung – Eine Bestandsaufnahme der klinischen Relevanz von genehmigten Tierversuchsvorhaben: Nach 10 Jahren keine Umsetzung in der Humanmedizin nachweisbar. ALTEX 22, 2005, 143–151
L/M s. Lorz/Metzger
Loeffler/Drescher/Schulze, Einfluss unterschiedlicher Haltungsverfahren auf das Verhalten von Versuchs- und Fleischkaninchen, TU 1991, 471 ff.
Löhnert et al., Ergebnisse der pathologisch-anatomischen Befunderhebung an Gliedmaßen und Wirbelsäule bei unterschiedlicher Broilerhaltung, DtW 103 (1996), 92 ff.
von Loeper, Zur neueren Entwicklung im Recht der Tierhaltung, AgrarR 1980, 233 ff.

von Loeper, Massentierhaltung und Tierschutzrecht, AgrarR 1981, 29
von Loeper, Neuere Gerichtsentscheidungen zur Intensivhaltung von Legehennen, AgrarR 1985, 349
von Loeper, Haltung von Legehennen in Käfigbatterien, Anm. zu BGH NJW 1987, 1833ff., NStZ 1987, 512f.
von Loeper, Zu neueren Entwicklungen im Recht der Tierhaltung, AgrarR 1988, 233
von Loeper, Studentische Gewissensfreiheit und mitgeschöpfliche Sozialbindung, ZRP 1991, 224
von Loeper, Tierschutz ins Grundgesetz, ZRP 1996, 143ff.
von Loeper, Das Hennen-Urteil – ein großer Erfolg, Tierrechte 3/99, 7
von Loeper, Feststellungen und Folgerungen aus dem „Hennen-Urteil" des Bundesverfassungsgerichts, DÖV 2001, 370ff.
von Loeper/Martin/Müller et al., Intensivhaltung von Nutztieren aus ethischer, ethologischer und rechtlicher Sicht, Tierhaltung Bd. 15, Basel-Boston-Stuttgart 1985
von Loeper/Leondarakis, Tierschutz im Grundgesetz – eine Zäsur in der Frage der Schächtgenehmigung nach § 4a Abs. 2 Nr. 2 TierSchG, AtD 2002, 211ff.
von Loeper/Reyer, Das Tier und sein rechtlicher Status, ZRP 1984, 205ff.
Löwer, Rechtsfragen eines Verbots der Batteriekäfighaltung von Legehennen. Rechtsgutachten auf Ersuchen des Zentralverbandes der deutschen Geflügelwirtschaft e. V., Bonn 2001
Lorz, Tierschutzgesetz, 2. Aufl. München 1979
Lorz, Das Recht der Massentierhaltung (Intensivtierhaltung), NuR 1986, 237ff.
Lorz, Das neue Tierschutzrecht, NJW 1987, 2049
Lorz, Haltung von Legehennen in Käfigbatterien, Anm. zu BGH NJW 1987, 1833ff., NStZ 1987, 511f.
Lorz, Das Tierschutzrecht und die Ausbildung des Jagdhundes an der lebenden Ente, NuR 1991, 207
Lorz, Die Rechtsordnung und das Töten von Tieren, NuR 1992, 401ff.
Lorz, Tierschutzgesetz, 4. Aufl. München 1992
Lorz, Die Rechtsordnung als Hilfe für das Tier, NuR 1994, 473
Lorz, Rechtsvorschriften zum Schutz landwirtschaftlicher Nutztiere, RdL 1994, 225ff.
Lorz/Metzger, Tierschutzgesetz, 5. Aufl. München 1999. Zitierweise: *L/M*
Lorz/Metzger/Stöckel, Jagdrecht – Fischereirecht, München 1998
Lorz/Müller/Stöckel, Naturschutzrecht, München 2003
Lotthammer, Beziehungen zwischen Leistungsniveau, Gesundheit, Fruchtbarkeit und Nutzungsdauer bei Milchrindern, TU 1999, 544ff.
Louis, Möglichkeiten einer Verbandsklage im Tierschutzrecht, DtW 2004, 91ff.
Lübbe, Hat der Tierschutz Verfassungsrang? NuR 1994, 469ff.
Ludwig/Kugelschafter, Beurteilung der Haltungsbedingungen von Amerikanischen Nerzen in Pelztierfarmen, im Auftrag der Hessischen Tierschutzbeauftragten, Gießen 1994
Mädrich, Forschungsfreiheit und Tierschutz im Spiegel des Verfassungsrechts, Diss. Freiburg 1988
Maisack, Die Käfighaltung von Legehennen im Licht des Tierschutz- und des Grundgesetzes, NVwZ 1997, 761ff.
Maisack, Wirtschaftlicher Wettbewerb in Europa und Tierschutz. In: *Martin M./Meilinger,* Rechtsschutz für Tiere – Tagung des Hessischen Ministeriums der Justiz und für Europaangelegenheiten in Zusammenarbeit mit der Landesbeauftragten für Tierschutz in Hessen vom 29. September bis 3. Oktober 1997 in der Deutschen Richterakademie Trier
Maisack, Rechtspolitische Konsequenzen aus dem Legehennenurteil des BVerfG, ZRP 2001, 198ff.
Maisack, Staatsziel Tierschutz: Der Umgang mit Wildtieren muss sich ändern. In: Nationalpark 1/2004, 29 ff.
Maisack, Legehennenhaltung in Deutschland – aktuelle Situation. In: RFL 2004, 1
Maisack, Sexuelle Handlungen mit Tieren im Licht von Straf- und Ordnungswidrigkeitenrecht, in: *Schröder (Hrsg.),* Verschwiegenes Tierleid – sexueller Missbrauch an Tieren, Elz 2006, S. 165 ff.
Maisack, Zum Begriff des vernünftigen Grundes im Tierschutzrecht, Baden-Baden 2007
Mandt, Über die in § 7 Abs. 3 TierSchG geforderte Abwägung ethischer Vertretbarkeit von Tierversuchen, Der Tierschutzbeauftragte 1995, 229
von Mangoldt/Klein/Starck, Das Bonner Grundgesetz (GG), Kommentar, München 2005
Manß, Umweltprobleme der Tierhaltung im Bereich des Europarechts, RdL 1993, 115ff.
Manß, Umweltprobleme der Tierhaltung im Bereich des deutschen Rechts, RdL 1993, 199ff.
Manß, Tierschutzrechtsvorschriften für Intensivhaltung, RdL 1993, 227
Manssen, Staatsrecht II (Grundrechte), München 2005

Martens, Möglichkeiten und Grenzen des Erkenntnisgewinns aus Tierversuchen. In: *Evang. Akademie Bad Boll,* Tierversuche und Tierschutz, Tagungsbericht 23.–25. 3. 2001, Protokolldienst 26/01

Martin G., Nahrungssuch- und Nahrungsaufnahmeverhalten von Legehennen in Bodenhaltung. In: KTBL-Schrift 299, Darmstadt 1984

Martin G., Tiergerechte Hühnerhaltung: Erkenntnisgewinnung und Beurteilung der Ergebnisse. In: *von Loeper, Martin, Müller* et al., Tierhaltung Bd. 15, Basel-Boston-Stuttgart 1985

Martin G., Federpickhäufigkeit in Abhängigkeit von Draht- und Einstreuboden sowie von der Lichtintensität. In: KTBL-Schrift 342, Darmstadt 1989

Martin G./Fölsch (Hrsg.), Tierhaltung Bd. 19 – Artgemäße Nutztierhaltung und ökologisch orientierte Landwirtschaft, Basel-Boston-Berlin 1989

Martin G./Sambraus/Steiger, Welfare of Laying Hens in Europe – Reports, Analyses and Conclusions. Verlag Universität Kassel, Tierhaltung Bd. 28, 2005 (Zusammenfassung in deutscher Sprache in: Nutztierhaltung 4/2005, 3–13

Martin G./Maisack, Tierschutzrechtlicher Rückschritt in Deutschland. In: Nutztierhaltung 2/2006, 4–6

Martin M., Zirkus-Datei und andere Maßnahmen zur Unterstützung des Vollzugs des Tierschutzgesetzes im wandernden Zirkus als auch Tierschau, AtD 1998, 338 ff.

Martin M./Meilinger, Rechtsschutz für Tiere – Tagung des Hessischen Ministeriums der Justiz und für Europaangelegenheiten in Zusammenarbeit mit der Landesbeauftragten für Tierschutz in Hessen vom 29. September bis 3. Oktober 1997 in der Deutschen Richterakademie Trier

Marx, Stand und Weiterentwicklung von Zellkulturmethoden. In: *Gruber/Spielmann* (Hrsg.), Alternativen zu Tierexperimenten, Berlin-Heidelberg-Oxford 1996

Marx et al., Monoclonal antibody production. The report and recommendations of ECVAM workshop 23, ATLA 25 (1997), 121 ff.

Mason, Age and context affect the stereotypes of caged minks, Behaviour 127 (1993), 191 ff.

Maunz/Dürig, Grundgesetz, Kommentar, Loseblatt-Sammlung, München

Maunz/Schmidt-Bleibtreu/Klein/Ulsamer, Bundesverfassungsgerichtsgesetz, Kommentar, Loseblatt-Sammlung München

Maurach/Zipf, Strafrecht Allgemeiner Teil, Heidelberg 1992

Maurer, Allgemeines Verwaltungsrecht, München 1999

Maurer/Forster, Töten von Rindern mittels Strom; Landesamt für Gesundheit und Lebensmittelsicherheit (LGL), Oberschleißheim

Mayer, Religionsfreiheit und Schächtverbot, NVwZ 1997, 561 ff.

Mayer/Schrader/Fietz/Schulze-Westerath, Tierschutzprobleme in der Rindviehmast – Vergleich verschiedener Haltungssysteme, in: DVG, Fachgruppen Tierschutzrecht und Tierzucht, Erbpathologie und Haustiergenetik, „Tierschutz und Agrarwende", Nürtingen 2002

Mayr, Der Sachverständige vor Gericht, in: DVG, Fachgruppe Angewandte Ethologie, „Ethologie und Tierschutz", München 2003

Menke/Hörning/Waiblinger, Zur Notwendigkeit der Prüfung von Stallanlagen und Stalleinrichtungen auf Tiergerechtheit, TU 2002, 210 ff.

Mehrkens, Schadensersatz bei Verletzung oder Tötung von Hunden im Jagdrevier, RdL 1984, 281 ff.

Meier/Lang et al., Training von Mikrogefäßanastomosen an Polyurethangefäßen zur Reduktion von Tierversuchen, ALTEX 21, 2004, 135–138

Menke/Waiblinger/Fölsch, Einflussfaktoren auf das Sozialverhalten von behornten Milchkühen im Laufstall. KTBL-Schrift 370 (1995), 107–116

Menke/Hörning/Waiblinger, Zur Notwendigkeit der Prüfung von Stallanlagen und Stalleinrichtungen auf Tiergerechtheit, TU 2002, 210–216

Mertens, Katze, in: *Sambraus/Steiger* (Hrsg.), Das Buch vom Tierschutz, Stuttgart 1997

Metzger, Generelles Verbot der Elektroreizgeräte für die Hundeerziehung (Anm. z. Urteil des BVerwG v. 23. 2. 2006, NuR 2006, 706), NuR 2006, 693 ff.

Meyer, H., Die belastenden Befindlichkeiten der Tiere, in: DVG, Fachgruppe Angewandte Ethologie, „Ethologie und Tierschutz", München 2003

Meyer/Fiedler, Betäubung von Wasserbüffeln vor der Schlachtung, AtD 2005, 20 ff.

Meyer-Goßner, Strafprozessordnung, München 2006

Meyer-Ravenstein, Jagd und Tierschutz, MDR 1990, 864 ff.

Meyer-Ravenstein, Abfischen von „Weißfischen" unter Wettbewerbsbedingungen, NuR 1993, 152 ff.

Meyer-Röhrs (Hrsg.), Studium generale, Tierärztliche Hochschule Hannover, Vorträge zum Thema ‚Mensch und Tier', Bd. 1, Hannover 1984

Meyn, Praktische Probleme im Tierverkehr, TU 2000, 438 ff.

Literatur

von Mickwitz/Schütte/von Wenzlawowicz, Der Umgang mit Tieren vor der Schlachtung und die Fleischqualität, Schweinezucht u. Schweinmast 41 (1993), 28 ff.
Miethe/Sponer, Die Entwicklung und behördliche Akzeptanz von Alternativ-Methoden zu Bioassays bei der Qualitätskontrolle von Arzneimitteln – Eine Herausforderung für Industrie und Zulassungsbehörden. ALTEX 19, 2002, 115–121
Mittelstraß (Hrsg.), Enzyklopädie Philosophie und Wissenschaftstheorie, Stuttgart-Weimar 1996
Mitzschke/Schäfer, Kommentar zum Bundesjagdgesetz, Hamburg/Berlin 1982
Möbius, Qualzucht – wie im Horror-Kabinett, DudT 5/1998, 22 f.
Moritz, Rechtsgrundlagen bei der Abhaltung von Tierbörsen, in: *TVT,* Tierschutz bei Tierbörsen, Tagungsband 1999
Moritz, Vollzug des Tierschutzgesetzes in einem Zoofachgeschäft, AtD 2000, 28 ff.
Moritz, Tierbörsen: Erlaubniserteilung und Überwachung, DtW 2000, 109 ff.
Moritz, Anforderungen an die Haltung gefährlicher Tiere, DtW 2003, 224–226
Moritz/Knoll-Sauer, Gutachten zum Töten von Tieren im Zoofachhandel und zum Umgang mit Fundtieren in der Terraristik, Bayerisches Landesamt für Gesundheit und Lebensmittelsicherheit, Oberschleißheim 2006
Morre/Ralph, A test of effectiveness of courseware in a college biology class, Journal of Educational Technology Systems 21 (1992), 79 ff.
Moser, Philosophie der Tierseuchenbekämpfung in der EU – mechanistisch oder biologisch? TU 2004, 646 ff.
Müller H., Tierschutzaspekte bei der industriellen Aalschlachtung in Bremerhaven, in: DVG, Tierschutz und Ethik; Tierhaltung, Jagd und Fischerei. Nürtingen 2001
Müller J., Nabholz, van Putten et al., Tierschutzbestimmungen für die Schweinehaltung. In: *von Loeper/Martin/Müller* et al., Tierhaltung Bd. 15, Basel-Boston-Stuttgart 1985
Müllers, Puten – Chronischer Stress, DudT 3/1996, 29 ff.
von Münch/Kunig, Grundgesetz – Kommentar (GGK), München 2001
Münchener Kommentar zum Bürgerlichen Gesetzbuch, 4. Aufl. München 2000 ff., 5. Aufl. München 2006 ff.
Münchener Kommentar zum StGB, Bd. 5, Nebenstrafrecht, München 2007
Näckel/Wasiliewski, Verbandsklage im Tierschutz – ein Plädoyer, DtW 2005, 113–117
Nau, TiHo forscht für Reduzierung von Tierversuchen, AtD 2004, 259
Nentwich, Die Bedeutung des EG-Rechts für den Tierschutz. In: *Harrer/Graf* (Hrsg.), Tierschutz und Recht, Wien 1994
Neuhäusler, Grundbegriffe der philosophischen Sprache, München 1963
Niedersächsisches Ministerium für Ernährung, Landwirtschaft und Forsten/Bezirksregierung Weser-Ems/Tierschutzdienst Niedersachsen, Empfehlungen zur Freilandhaltung von Pferden, Hannover, Oldenburg 1999
Niedersächsisches Ministerium für Ernährung, Landwirtschaft und Forsten, Handbuch Tiertransporte, Hannover 2002
Niehaus, Zur Strafbarkeit des Zurücksetzens lebender Fische (sog. Catch & Release), AUR 2005, 387 ff.
Nierhaus, Beweismaß und Beweislast: Untersuchungsgrundsatz und Beteiligtenmitwirkung im Verwaltungsprozess. München 1989
Nilz, Vorstellung von Haltungssystemen in der Aquakultur, in: DVG, Tierschutzrecht und Tierzucht, Erbpathologie und Haustiergenetik, Nürtingen 2004
Nogueira et al., Die isoliert normotherm hämoperfundierte Schweineextremität als Modell für pharmakologische und toxikologische Untersuchungen, ALTEX 16 (1999), 90 ff.
Nordrhein-Westfälisches Ministerium für Umwelt und Naturschutz, Landwirtschaft und Verbraucherschutz: Tauben in unseren Städten – Konzept einer tierschutzgerechten und ökologisch sinnvollen Bestandskontrolle der Stadttaube, Düsseldorf
Obergfell, Wissenschaftsfreiheit und Tierschutz – Zur Wertigkeit des Tierschutzes im deutschen Verfassungsrechtssystem, ZRP 2001, 193 ff.
Obergfell, Ethischer Tierschutz mit Verfassungsrang – Zur Ergänzung des Art. 20 a GG um „drei magische Worte“, NJW 2002, 2296 ff.
Oberth, Gift im Braten – 500 Tonnen Bleischrot pro Jahr, DudT 3/1996, 32 ff.
O'Donoghue, The accommodation of laboratory animals in accordance with animal welfare requirements. Proceedings of an International Workshop held at the Bundesgesundheitsamt, Berlin, 17–19 May 1993

Oebbecke, Islamisches Schlachten und Tierschutz, NVwZ 2002, 302 f.
Oester/Fröhlich/Hirt H., Wirtschaftsgeflügel, in: *Sambraus/Steiger* (Hrsg.), Das Buch vom Tierschutz, Stuttgart 1997
Oester/Troxler, Die „Praktische Prüfung" auf Tiergerechtheit im Rahmen des Genehmigungsverfahrens in der Schweiz, in: KTBL-Schrift 377, Darmstadt 1998
Oidtmann/Hoffmann, Tierschutz bei Nutzfischen, in: DVG, Fachgruppe Angewandte Ethologie, „Ethologie und Tierschutz", München 2003
Ofensberger/Martin M./Goetschel, Instrumente zur effizienteren Durchsetzung des Tierschutzes. In: *Martin M./Meilinger*, Rechtsschutz für Tiere – Tagung des Hessischen Ministeriums der Justiz und für Europaangelegenheiten in Zusammenarbeit mit der Landesbeauftragten für Tierschutz in Hessen vom 29. September bis 3. Oktober 1997 in der Deutschen Richterakademie Trier
Ofensberger, Mängel des Tierschutzrechtes bei der Anwendung und beim Vollzug. In: *Evang. Akademie Bad Boll*, Tierschutz vor Gericht, Tagungsbericht 7.–9. 3. 1997, Protokolldienst 1/98
Ofensberger, Freibrief zum Schächten?, DudT 1/2002, 6 f.
Ofensberger, Rechtliche Betrachtung zur Behandlung herrenloser, beschlagnahmter und aufgefundener Tiere, DtW 2005, 107–111
Olpe/Haas, Der Hippocampus in vitro im Dienste der Epilepsieforschung, ALTEX Nr. 2 1985, 5 ff.
Orban, Vollzug des Tierschutzgesetzes bei Wanderzirkusunternehmen, AtD 2001, 34 ff.
Ort, Tierarzt als Gutachter vor Gericht, DtW 2004, 94 ff.
Otto, Gutachterliche Stellungnahme zur Abfertigung von Tiertransporten vor dem Hintergrund der verfassungsrechtlich garantierten Gewissensfreiheit und des Dienstrechts in der deutschen Verwaltung, AtD 1996, 294 ff.
Otto, Der Amtstierarzt im Spannungsfeld von Beamtenrecht und Tierschutz. In: *Martin M./Meilinger*, Rechtsschutz für Tiere – Tagung des Hessischen Ministeriums der Justiz und für Europaangelegenheiten in Zusammenarbeit mit der Landesbeauftragten für Tierschutz in Hessen vom 29. September bis 3. Oktober 1997 in der Deutschen Richterakademie Trier
Pape, Vergleichende Literaturübersicht zum Einsatz elektrisierender Geräte beim Hund, AtD 2000, 107 ff.
Papier, Genehmigung von Tierversuchen, NuR 1991, 162 ff.
Pereira/Tettamanti, Ahimsa und Alternativen – das Konzept des 4. R. ALTEX 22, 2005, 3–6
Pestalozza, Verfassungsprozeßrecht, München 1991
Pestalozza, Hund und Bund im Visier des Bundesverfassungsgerichts, Besprechung des BVerfG-Urteils v. 16. 3. 2004, NJW 2006, 1840 ff.
Petermann, Zurücklassen eines Hundes im Auto bei hochsommerlichen Temperaturen, AtD 1997, 36 ff.
Petermann, Einziehen von Rüsselringen oder Rüsselklammern bei Schweinen in Freilandhaltung, AtD 1999, 34 ff.
Petermann, Aktuelle Entwicklung in der Legehennenhaltung, AtD 2001, 136 ff.
Petermann, Tierschutzrechtliche Anforderungen an die intensive Schweinehaltung – derzeitige Genehmigungspraxis in Niedersachsen, in: DVG, Fachgruppen Tierschutzrecht und Tierzucht, Erbpathologie und Haustiergenetik, „Tierschutz und Agrarwende", Nürtingen 2002; AtD 2002, 130 ff.
Petermann, Aspekte zur Sohlenbeschaffenheit von Broilern, AtD 2004, 27 ff.
Petermann/Fiedler, Eingriffe am Schnabel von Wirtschaftsgeflügel, TU 1999, 8 ff.
Pfeiffer, Vorschriften, Empfehlungen und tierschutzrechtliche Aspekte bei der Haltung von afrikanischen Straußen, Rundschau für Fleischhygiene und Lebensmittelüberwachung (RFL) 3/2002, 52 ff.; AtD 2002, 214 ff.
Pfeiffer, Praktische Probleme beim Vollzug des Tierschutzgesetzes in Zirkusbetrieben, dargestellt an Fallbeispielen, AtD 2002, 267 ff.
Pfeiffer, Amtstierärztliche Genehmigungs- und Überwachungspraxis von Straußenhaltungen in landwirtschaftlichen Betrieben, AtD 2003, 166 ff.
Pfeiffer, Anforderungen an Tiergehege unter tierschutzrechtlichen Gesichtspunkten, AtD 2005, 170 ff.
Pfohl, Strafbarkeit von Amtsträgern wegen Duldung unzureichender Abwasserreinigungsanlagen, NJW 1994, 418 ff.
Pfohl, Tierschutzstrafrecht aus staatsanwaltschaftlicher Sicht. In: *Martin M./Meilinger*, Rechtsschutz für Tiere – Tagung des Hessischen Ministeriums der Justiz und für Europaangelegenheiten in Zusammenarbeit mit der Landesbeauftragten für Tierschutz in Hessen vom 29. September bis 3. Oktober 1997 in der Deutschen Richterakademie Trier

Literatur

Pick, Ausrüstungen, Zwangsmaßnahmen und sonstige Hilfsmittel im Galopprennsport, DtW 1999, 179 ff.

Pick, Tierschutz in der Vielseitigkeitsprüfung, AtD 2000, 195 ff.

Pick, Tierschutz im Galopprennsport, AtD 2005, 86 ff.

Pluta, Ersatz des akuten Fischtests durch den Fischei-Test, ALTEX 19 (2002), 28 f.

Pollmann, Kennzeichnung von Fohlen mit Transponder – eine Alternative zum Heißbrand? TU 1998, 183–186

Pollmann, Anforderungen von Nutztieren an die Haltungsbedingungen – Pferde. Chemisches und Veterinäruntersuchungsamt Freiburg, Fachbereich Ethologie und Tierschutz, 2001

Pollmann, Anforderungen von Nutztieren an die Haltungsbedingungen – Rinder. Chemisches und Veterinäruntersuchungsamt Freiburg, Fachbereich Ethologie und Tierschutz, 2001

Pollmann, Einfluss der Strukturierung des Liegebereichs einer Gruppenauslaufhaltung auf das Verhalten der Pferde, in: DVG, Tierschutzrecht und Tierzucht, Erbpathologie und Haustiergenetik, Nürtingen 2002

Pollmann/Franzky, Kenntnisstand zur Gewinnung von Stutenmilch unter Tierschutzgesichtspunkten, AtD 2004, 186 ff.

Pollmann/Tschanz, Leiden – ein Begriff aus dem Tierschutzrecht, AtD 2006, 234 ff.

Pieroth/Görisch, Was ist eine ‚Religionsgemeinschaft'? JuS 2002, 937 ff.

Piontkowski/Leyk, Schweinepest in NRW und in der Bundesrepublik, AtD 1998, 179 ff.

von Pückler, Die Ausbildung von Jagdhunden hinter der lebenden Ente und das TierSchG, AgrarR 1992, 7 ff.

Puljic/Pahl, Veränderung in der Genexpression epithelialer Zellen durch Rauch: Entwicklung eines in vitro Modells für COPD, ALTEX 21, 2004, 3–7

van Putten, Verhalten als möglicher Indikator von Schmerz bei Ferkeln. In: KTBL-Schrift 319 S. 120–134, Darmstadt 1987

van Putten, Beitrag zur artgerechten Haltung von Schweinen anlässlich der Sitzung der Arbeitsgruppe „Schweinehaltung" des Landesbeirats für Tierschutz im Ministerium für Ernährung und Ländlichen Raum Baden-Württemberg am 27. 5. 2002

Qualzuchtgutachten s. *BMELV,* Gutachten zur Auslegung von § 11 b des Tierschutzgesetzes (Verbot von Qualzüchtungen), 2000

Rademacher/Friedrich/Eberhardt/Klee, Möglichkeiten zur Verbesserung der Tiergesundheit, des Tierschutzes und der Wirtschaftlichkeit in der Rinderhaltung, TU 2004, 195 ff.

Raj and Whittington, Euthanasia of day-old chicks with carbon dioxide and argon. In: The Veterinary Record 136 (1995), 292–294

Ramsauer, Die Zweitanmelderregelung – Zwischen Tierschutz und Patentrecht. In: *Caspar/Koch* (Hrsg.), Tierschutz für Versuchstiere – Ein Widerspruch in sich? Baden-Baden 1998

Randl, Der Schutz von Tieren beim Transport, Baden-Baden 2003

Rath/Kluge, Von Affenstühlen, Knock-out-Mäusen und Taubenpillen, von Angelzirkussen, Schlachtopfern und Happenings – Reibungen des Tierschutzrechts in Verwaltungsvollzug und Rechtsprechung. In: *Martin M./Meilinger,* Rechtsschutz für Tiere – Tagung des Hessischen Ministeriums der Justiz und für Europaangelegenheiten in Zusammenarbeit mit der Landesbeauftragten für Tierschutz in Hessen vom 29. September bis 3. Oktober 1997 in der Deutschen Richterakademie Trier

Rebsamen-Albisser/Goetschel, Verankerung von Alternativmethoden in der Gesetzgebung und ihre Anwendung im Vollzug. In: *Gruber/Spielmann* (Hrsg.), Alternativen zu Tierexperimenten, Berlin-Heidelberg-Oxford 1996

Reiter/Bessei, Aspekte der Prophylaxe gegen Beinschäden bei Broilern und Puten, in: DVG, Tierschutz und Tierzucht, Nürtingen 1997

Renner, Erlaubniserteilung für Zoofachgeschäfte, AtD 1998, 225 ff.

Reuthebuch/Schmidt et al., Vollsynthetisches Trainingsmodell für die Koronarchirurgie: die Abkehr von Tierversuchen? ALTEX 20, 2003, 17–20

Rheinz, Zur Psychodynamik der sexuellen Ausbeutung von Tieren, in: *Schröder (Hrsg.),* Verschwiegenes Tierleid – sexueller Missbrauch an Tieren, Elz 2006, S. 42 ff.

Richter, Artenschutz und Tierschutz bei Wirbellosen, in: *Sambraus/Steiger* (Hrsg.), Das Buch vom Tierschutz, Stuttgart 1997

Rietze, Tierschutzgerechte Durchführung von Vogelbörsen und Vogelausstellungen, in: *TVT,* Tierschutz bei Tierbörsen, Tagungsband 1999

Rietze, Erlaubnisse nach § 11 TierSchG für Reptilienbörsen, DTBl. 2003, 896

Rietze, Richtlinien für Vogelbörsen, AtD 2004, 19ff.
Rist/Schragel, Artgemäße Rinderhaltung, Grundlagen und Beispiele aus der Praxis, Karlsruhe 1992
Ritter/Gründer/Gabriel, Historisches Wörterbuch der Philosophie, Darmstadt 2001
Robbers, Rechtliche Anforderungen an Übergangsfristen in der Legehennenhaltung, Studie im Auftrag des BMELV, Bonn 2001
Roche, Lexikon Medizin, München-Wien-Baltimore
van Rooijen, Dust bathing and other comfort behaviours of domestic hens, in: *Martin G./Sambraus/Steiger,* Welfare of Laying Hens in Europe – Reports, Analyses and Conclusions. Verlag Universität Kassel, Tierhaltung Bd. 28, 2005 (Zusammenfassung in deutscher Sprache in: Nutztierhaltung 4/2005, 3–13
Rosskopf, Ersatz des in vivo Neutralisationstests bei der Wirksamkeitsprüfung von Tetanusimpfstoffen ad us. vet. im Rahmen der Zulassung, ALTEX 21, 2004, 171, 172
Rosskopf/Noeske/Werner, Ersatz des in vivo Neutralisationstests zum Wirksamkeitsnachweis von Tetanusimpfstoffen ad us. vet., ALTEX 22, 2005, 169–174
Rossi-Broy, Gefährliche Hunde: Abgleich, Anwendung und Bewertung der Ländervorschriften, DtW 2000, 94ff.
Rühling/Selle, Das Bundesjagdgesetz, Loseblatt-Kommentar
Ruhdel, Über Tierversuche zum faltenfreien Gesicht, ALTEX 21, 2004, 23–25
Ruhdel, Studie belegt: Kein medizinischer Fortschritt durch Tierversuche, DudT 2/2005, 38 f.
Ruhdel/Sauer, Primatenbericht – Bericht über die Verwendung von Primaten zu wissenschaftlichen Versuchszwecken in der EU und über deren Herkunft und Haltung. Deutscher Tierschutzbund e.V./Akademie für Tierschutz, 1998
Rusche, Die EU hält an Käfigen fest, DudT 4/1999, 33
Rusche, Grenzfälle im Sport mit Tieren aus Sicht des Tierschutzes, in: Evang. Akademie Bad Boll, Tiere im Sport, 2000
Rusche/Apel, Nerv getroffen – Ein Jahrzehnt Hirnforschung an der Universität Bremen – Forschungsaussagen: Ethische Bewertung, Realität. Deutscher Tierschutzbund e. V. und Bremer Tierschutzverein e. V., 2001
Rusche/Sauer, Tierverbrauchsfreie Verfahren in der Ausbildung von Biologen, Medizinern und Veterinärmedizinern. In: *Gruber/Spielmann* (Hrsg.), Alternativen zu Tierexperimenten, Berlin-Heidelberg-Oxford 1996
Russell/Burch, The Principles of Humane Experimental Technique, London 1959
Sachs (Hrsg.), Grundgesetz, 3. Aufl. München 2002
Sadler, Verwaltungsvollstreckungsgesetz, Heidelberg 1992
Sailer, Straffreie Qualzucht für Feinschmecker? NuR 2005, 507ff.
Sailer, Kein Pardon für Jagdgegner? NVwZ 2006, 174ff.
Sailer, Das neue Staatsziel und die alte Jagd, NuR 2006, 271ff.
Sambraus, Maßstäbe für den Tierschutz aus ethologischer Sicht. In: *Evang. Akademie Bad Boll,* Tierarzt, Berufener Tierschützer, Konsultation 1992
Sambraus, Komfortverhalten beim Afrikanischen Strauß, DtW 1994, 307–308
Sambraus, Geschichte des Tierschutzes, in: *Sambraus/Steiger* (Hrsg.), Das Buch vom Tierschutz, Stuttgart 1997
Sambraus, Grundbegriffe im Tierschutz, in: *Sambraus/Steiger* (Hrsg.), Das Buch vom Tierschutz, Stuttgart 1997
Sambraus, Normalverhalten und Verhaltensstörungen, in: *Sambraus/Steiger* (Hrsg.), Das Buch vom Tierschutz, Stuttgart 1997
Sambraus, Rind, in: *Sambraus/Steiger* (Hrsg.), Das Buch vom Tierschutz, Stuttgart 1997
Sambraus, Strauße, in: *Sambraus/Steiger* (Hrsg.), Das Buch vom Tierschutz, Stuttgart 1997
Sambraus, Verhaltensgerechte Haltung von Straußen, in: DVG, Tierschutzrecht und Tierzucht, Erbpathologie und Haustiergenetik, Nürtingen 2003
Sambraus/Steiger (Hrsg.), Das Buch vom Tierschutz, Stuttgart 1997
Samsel/Schmidt/Hall et al., Cardiovascular physiology teaching. Computer simulations vs. Animal demonstrations, Advances in Physiology Education 11 (1994), 36ff.
Sandhühler (Hrsg.), Europäische Enzyklopädie zu Philosophie und Wissenschaften, Hamburg 1990
Sanotra et al., The Influence of Stocking Density on Tonic Immobility, Lameness and Tibia Dyschondroplasia in Broilers. Journal of Applied Animal Welfare Science, Vol. 4, 2001

Satis (Studentische Arbeitsgruppe gegen Tiermissbrauch im Studium), Hrsg., Tiermissbrauch im Studium – eine kritische Betrachtung, Aachen 2001
Sauer, Aktivitäten in der Europäischen Union zum Ersatz von Tierversuchen zur Bestimmung von Muscheltoxinen aus der Sicht des Deutschen Tierschutzbundes, ALTEX 22, 2005, 19–24
Sauer, Alternativen gibt es genügend, DudT 5/2002, 37ff.
Sauer/Kolar/Rusche, Die Verwendung transgener Tiere in der biomedizinischen Forschung in Deutschland, ALTEX 22, 2005, 233–257 und ALTEX 23, 2006, 3–16
Sauer, Menschliche Hornhautzellen im Reagenzglas – Neue Hoffnung für gequälte Kaninchen, DudT 2/2005, 39
Schädlingsgutachten s. *BMELV*, Maßnahmen zur Verminderung überhandnehmender freilebender Säugetiere und Vögel. Bestandsaufnahme, Berechtigung und tierschutzrechtliche Bewertung
Schäfer, Die Erlaubnis des Schächtens als Konflikt zwischen Tierschutz und Religionsfreiheit, NuR 1996, 576ff.
Scharmann, Der Tierversuch aus ethischer Sicht, TU 1981, 819–824
Scharmann, Porters Punktesystem zur ethischen Abwägung von Tierversuchen, ALTEX 19, 1993, 20ff.
Scharmann, Tiergerechte Haltung von Legehennen unter Laborbedingungen, ALTEX 13, 1996, 136ff.
Scharmann, Versuchstiere, in: *Sambraus/Steiger* (Hrsg.), Das Buch vom Tierschutz, Stuttgart 1997
Scharmann, Die Haltung von Versuchstieren – ein noch ungelöstes Problem, DTBl. 2005, 870, 871
Scharmann/Teutsch, Zur ethischen Abwägung von Tierversuchen, ALTEX 11, 1994, 191–198
Schatz, Präsenz und Probleme der Muslime in der Schweiz, in: *Pahud de Mortanges/Tanner*, Muslime und schweizerische Rechtsordnung, Fribourg 2002
Schatzmann, Schmerzhafte Eingriffe an Tieren, in: *Sambraus/Steiger* (Hrsg.), Das Buch vom Tierschutz, Stuttgart 1997
Schatzmann, Das Töten von Tieren, in: *Sambraus/Steiger* (Hrsg.), Das Buch vom Tierschutz, Stuttgart 1997
Schawalder-Schönenberger, Tierschutzrelevanz von Bewegungs- und Nachtjagd sowie Nachsuche in: DVG, Fachgruppen Tierschutzrecht und Tierzucht, Erbpathologie und Haustiergenetik, „Tierschutz und Ethik, Tierhaltung, Jagd und Fischerei“, Nürtingen 2001
Schelling, Tierversuche und medizinische Forschungsfreiheit – Zur Notwendigkeit einer Staatszielbestimmung zum Tierschutz, NuR 2000, 188ff.
Schimanski: Ist das Amputieren des Schwanzes bei Jagdhundwelpen de facto noch zulässig? AtD 2005, 99f.
Schimmel, Und Muhammad ist Sein Prophet, München 1995
Schindler S./Bristow et al., Vergleich der Reaktionsfähigkeit von Kaninchen- und Human-Blut auf Pyrogene, ALTEX 20, 2003, 59–63
Schindler W., Die Henne, das Ei und die europäische Kulturordnung, NJW 1996, 1802ff.
Schindler W., Strafbarkeit der Käfigbatteriehaltung von Legehennen nach dem Urteil des BVerfG, NStZ 2001, 124ff.
Schiwy, Tierschutzrecht, Kommentar zum Tierschutzgesetz und Sammlung deutscher und internationaler Bestimmungen, Loseblatt-Sammlung Starnberg
Schlacke, Rechtsschutz durch Verbandsklage – Zum Fortentwicklungsbedarf des umweltbezogenen Rechtsschutzsystems, NuR 2004, 629ff.
Schlaich/Korioth, Das Bundesverfassungsgericht. Stellung, Verfahren, Entscheidungen, München 2001
Schleger/Platz, Ein in vitro Modell an humanen Endothelzellen zur Abschätzung der lokalen Verträglichkeit nach intravenöser Gabe, ALTEX 20, 2003, 197
Schleswig-Holsteinisches Ministerium für Umwelt, Natur und Forsten: Erlass v. 18. 7. 2001 über Kriterien für die Haltung von Tieren, die der Pelzgewinnung dienen – Erlaubniserteilung nach § 11 Abs. 1 Nr. 3 a des Tierschutzgesetzes
Schlup, Nutzfische – total ausgenutzt? Tierschutzaspekte im Zusammenhang Fischfang und Fischzucht. In: DVG, Tierschutzrecht und Tierzucht, Erbpathologie und Haustiergenetik, Nürtingen 2004
Schmalz, Allgemeines Verwaltungsrecht und Grundlagen des Verwaltungsrechtsschutzes, Baden Baden 1998
Schmeel/Fibi, Ersatz des Neurovirulenztests (NVT) an Primaten zur Sicherheitsprüfung von Polioimpfviruschargen: In vivo Methode „NVT an transgenen Mäusen“. ALTEX 15, Supplement 1998, 22

Schmid T., Tiermehl auf dem Prüfstand – Gefahr aus dem Futter, DudT 5/1999, 38 f.
Schmidbauer, Forderungen des BNA einer Anerkennung bestimmter Zuchtformen von Aquarienfischen als Qualzuchten im Sinne von § 11 b des Tierschutzgesetzes. In: BNA-aktuell 1+2 2006
Schmidinger, Die aktuelle Gesetzgebung zur Schweinehaltung in einigen ausgewählten Mitgliedstaaten der Europäischen Union, Vier Pfoten e. V. Hamburg 1999
Schmidt H., Groß- und Wassergeflügel – Puten, Perlhühner, Gänse, Enten. 2. Aufl., Stuttgart
Schmidt T., Vogeljagd in Deutschland, DudT 2/2001, 38 f.
Schmidt-Futterer, Mietrecht Kommentar, München 1999
Schmidt/Jasper, Agrarwende oder die Zukunft unserer Ernährung, München 2001
Schmidt-Bleibtreu/Klein, Kommentar zum Grundgesetz, Neuwied-Kriftel-Berlin 1998
Schmidt/Schischkoff, Philosophisches Wörterbuch, Stuttgart 1974
Schmidt/Zschiesche, Die Effizienz der naturschutzrechtlichen Verbands- oder Vereinsklage, NuR 2003, 16 ff.
Schmitz, Anmerkungen zur erforderlichen Überarbeitung der Zirkus-Leitlinien zur Neuorientierung im Tier-Zirkus, AtD 1999, 206 ff.
Schmitz, Die Haltung afrikanischer Strauße unter hessischen Klimabedingungen, DtW 2000, 276 ff.
Schmitz, Zur Notwendigkeit eines Verbots bestimmter Tierarten im Zirkus, AtD 2002, 110 ff.
Schmitz, Zirkuszentralregister auf Bundesebene – nach wie vor dringend notwendig, AtD 2003, 348 ff.
Schmitz, Umsetzung des § 11 b TierSchG auf der Grundlage des sog. „Qualzucht"-Gutachtens, DtW 2004, 118 ff.
Schneider, Die Gänsemast – zukunftsträchtige und umweltorientierte Produktionslücke, Unser Land 12/1993, 8–10
Schneider/Golze/Klemm, Grünlandnutzung in der Gänsemast – Sie suchen sich ihr Futter gern selbst. DGS-Magazin Woche 5/2002, 20–24
Schoch/Schmidt-Aßmann/Pietzner, Kommentar zur VwGO, Loseblattsammlung
Schönke/Schröder, Strafgesetzbuch – Kommentar, München 2006
Schopenhauer, Sämtliche Werke in fünf Bänden, Leipzig, Insel-Verlag (o. J.)
Schreckenbach/Wedekind, Tierschutz- und praxisgerechte Bewirtschaftung von Angelteichen, AtD 2003, 20 ff.
Schröder B. (Hrsg.), Verschwiegenes Tierleid – sexueller Missbrauch an Tieren, Elz 2006
Schröder T., Interview, Vet-Impulse, 15. Jahrg. Heft 12 S. 2
Schrömbges, Neuere Entwicklungen im Marktordnungsrecht, insbesondere bei den Ausfuhrerstattungen, AgrarR 1998, 261
Schröter, Agrarmarkt ohne Tierschutz? NuR 2002, 18, 19
Schüle, Tierärztliche Betreuung und Überwachung von Pferdesportveranstaltungen, DtW 2000, 107 ff.
Schütte, BMELV-Forschungsauftrag 97HS032, Statuserhebung zur Effektivität der CO2-Betäubung von Schlachtschweinen in der BRD gemäß der derzeit gültigen Tierschutz-Schlachtverordnung. Zusammenfassung der Forschungsarbeiten im Zeitraum Dezember 1998 bis November 2000.
Schütte/von Wenzlawowicz/von Mickwitz, Tiertransport und Fleischqualität bei Schweinen, Fleischwirtschaft 74 (1994), 126 ff.
Schultze-Petzold, Zu den Grundlagen der Tierschutzrechtssetzung, DtW 1978, 330 f.
Schultze-Petzold, Zu den gesellschaftspolitischen und wissenschaftlichen Leitlinien eines neuzeitlichen Tierschutzrechtes, in: *Fölsch/Nabholz* (Hrsg.), Tierhaltung Bd. 13, Basel-Boston-Stuttgart 1982
Schwabenbauer, Der vernünftige Grund im Sinne des § 17 Nr. 1 des Tierschutzgesetzes, DtW 1992, 8, 9
Schwanig, Ersatzmethoden zum Tierversuch. Der lange Weg von der Entwicklung bis zur Arzneibuchmethode. ALTEX 15, Supplement 1998, 6–9
Schwarze (Hrsg.), EU-Kommentar, Baden-Baden 2000
Schweitzer, Albert, Gesammelte Werke in fünf Bänden, München 1974
Schweizer Richtlinie zur Haltung von Straußenvögeln in landwirtschaftlichen und privaten Haltungen, Bundesamt für Veterinärwesen, Bern 2004
Schweizerische Akademie der Medizinischen Wissenschaften und Schweizerische Akademie der Naturwissenschaften, Ethische Grundsätze und Richtlinien für wissenschaftliche Tierversuche, ALTEX 13, 1996, 3 ff.

Seiferle, Der Standpunkt des Veterinärmediziners und Tierpsychologen, in: Das sogenannte Schächtverbot, Nr. 6 der Schriftenreihe des Schweizerischen Tierschutzverbandes, Basel 1971

Seifert/Hömig, Grundgesetz für die Bundesrepublik Deutschland, 7. Aufl. Baden-Baden

Seiler/Visan et al., Etablierung molekularer Endpunkte zur Weiterentwicklung des Embryonalen Stammzelltests (EST) mit embryonalen Stammzellen der Maus (Zelllinie D3), ALTEX 19, Supplement 2002, 55–63

Sellenschlo, Unsachgemäßes Töten von Mäusen und Ratten, AtD 2005, 180 ff.

Sewerin, Beurteilung der Tiergerechtheit des angereicherten Käfigtyps „Aviplus“ unter besonderer Berücksichtigung ethologischer und gesundheitlicher Aspekte bei Lohmann Silver Legehennen, Dissertation, Tierärztliche Hochschule Hannover 2002

Siegel, Die Gesetzgebungskompetenz im Tierschutz, NuR 2004, 513 ff.

Siegel-Axel et al., Fortschritte bei der Austestung antiarteriosklerotischer Pharmaka in Transfilter-Co-Kulturen mit humanen vaskulären Zellen, ALTEX 16 (1999), 117 ff.

Simantke/Fölsch, Ethologische Begründung des Wasserbedarfes von Pekingenten bei der Stallmast, Gutachten im Auftrag von „Vier Pfoten e. V.“ Hamburg, Witzenhausen 2002

Soergel, Bürgerliches Gesetzbuch mit Einführungsgesetz und Nebengesetzen, München 2000

Sojka, Beurteilung der Käfighaltung von Legehennen, RdL 1979, 256 ff.

Sojka, Fasanen aus Massenerzeugung, RdL 1984, 283 ff.

Sojka, Wettkämpfe mit Pferden, AgrarR 1989, 267

Sojka, Tierschutzwidrige Ausbildung von Jagdhunden, MDR 1990, 380 f.

Sojka, Fallen- und Beizjagd, RdL 1992, 31 f.

Sojka, Ausbildung und Prüfung von Jagdhunden an lebenden Tieren (Anm. zu OLG Celle 2 Ss 147/93), AgrarR 1994, 376 f.

Sojka, Haltungsbedingte Qualitätsunterschiede bei Hühnereiern, TU 1998, 173

Sommer, Zerrbild unserer Kultur – der unmögliche Umgang mit unseren Nutztieren, DudT 1/1994, 26 ff.

Sommer, Leistungsgrenzen bei Rind, Schwein und Pferd, in: DVG, Tierschutz und Tierzucht, Nürtingen 1997

Spaemann, Tierschutz und Menschenwürde in: *Händel* (Hrsg.), Tierschutz – Testfall unserer Menschlichkeit, Frankfurt/M 1984

Spielmann, Alternativen in der Toxikologie. In: *Gruber/Spielmann* (Hrsg.), Alternativen zu Tierexperimenten, Berlin-Heidelberg-Oxford 1996

Spielmann, Validierung von Alternativmethoden zum Tierversuch. In: *Gruber/Spielmann* (Hrsg.), Alternativen zu Tierexperimenten, Berlin-Heidelberg-Oxford 1996

Spielmann, ZEBET und die Suche nach Alternativen für das Tiermodell – Möglichkeiten und Grenzen von Alternativmethoden. In: *Caspar/Koch* (Hrsg.), Tierschutz für Versuchstiere – Ein Widerspruch in sich? Baden-Baden 1998

Spielmann, Diskussionsbeitrag, in: *Evang. Akademie Bad Boll,* Tierversuche und Tierschutz, Tagungsbericht 23.–25. 3. 2001, Protokolldienst 26/01

Spielmann, Alternative Testverfahren und intelligente Teststrategien, ALTEX 22, 2005, 163

Spranger, Auswirkungen einer Staatszielbestimmung „Tierschutz“ auf die Forschungs- und Wissenschaftsfreiheit, ZRP 2000, 285 ff.

Sponer, Tierexperimentelle Untersuchungen im Rahmen der Qualitätskontrolle von Arzneimitteln – Durchsicht des Europäischen Arzneibuches 4. Ausgabe 2002, ALTEX 21, 2004, 73–80

Staack/Knierim, Studie zur Tiergerechtheit von Haltungssystemen für Legehennen, im Auftrag des Bund für Umwelt und Naturschutz Deutschland e. V. (BUND), Universität Kassel 2003

Stabenow, Mehr Bewegung für säugende Sauen in Scan-Abferkelbuchten, TU 2001, 528 ff.

Stabenow, Tiergerechte Haltung säugender Sauen in Scan-Bewegungsbuchten, in: DVG, Fachgruppen Tierschutzrecht und Tierzucht, Erbpathologie und Haustiergenetik, „Tierschutz und Agrarwende“, Nürtingen 2002

Stapenhorst, Unliebsame Betrachtungen zur Transplantationsmedizin, Göttingen 1999

Stauffacher, Verhaltensontogenese und Verhaltensstörungen. In: KTBL-Schrift 344, Darmstadt 1991

Stauffacher, Kaninchen, in: *Sambraus/Steiger* (Hrsg.), Das Buch vom Tierschutz, Stuttgart 1997

Stegen, Genehmigungsverfahren und Durchführung des Schächtens nach dem Urteil des Bundesverfassungsgerichtes Karlsruhe, DtW 2003, 193–196

Steiger/Gruber, Tierversuche und Alternativmethoden, in: *Sambraus/Steiger* (Hrsg.), Das Buch vom Tierschutz, Stuttgart 1997

Steinigeweg, TVT fordert ein Ende des tierquälerischen Brennens der Pferde, AtD 1998, 174

Stelkens, Erweitert das neue Staatsziel „Tierschutz“ die behördliche Prüfdichte bei der Genehmigung von Tierversuchen? NuR 2003, 401 ff.
Sternel, Mietrecht, 3. Aufl. Köln
Sternel, Mietrecht aktuell, Köln 2001
Stiftung Tierärztliche Hochschule Hannover, Stellungnahme zur Legehennenhaltung (veröffentlicht im internet, März 2006)
Stober, Verfassungsfragen der Käfighaltung, Köln 1990
Strasser, Pferdezucht, Pferdekrankheiten, Tierschutz. In: DVG, Tierschutz und Tierzucht, Nürtingen 1997
Styrie, Die Schweinerei mit den Schweinen in: Das Recht der Tiere 4/2000 4 ff.
Sundrum (Hrsg.), Tiergerechtheitsindex – 200, Bonn 1994
Taschke/Fölsch, Kritische Bewertung der thermischen Enthornung von Kälbern. Untersuchung des Verhaltens, des Cortisols im Speichel und der Innervation der Hornanlage. In: KTBL-Schrift 370 (1995), 52–62
Taschke/Fölsch, Ethologische, physiologische und histologische Untersuchungen zur Schmerzbelastung der Rinder bei der Enthornung, Tierärztliche Praxis 1997, 19
Teutsch, Mensch und Tier – Lexikon der Tierschutzethik, Göttingen 1987. Zitierweise: *Teutsch,* Lexikon
Teutsch, Tierversuche und Tierschutz, München 1983
Teutsch, Die Würde der Kreatur, Bern-Stuttgart-Wien 1995. Zitierweise: *Teutsch* Würde
Teutsch/von Loeper u. a., Tierhaltung Bd. 8, Intensivhaltung von Nutztieren aus ethischer, rechtlicher und ethologischer Sicht, Basel-Boston-Stuttgart 1979
Thüsing, Das Leiden eines Tieres – eine Gefahr im ordnungsrechtlichen Sinne?, NVwZ 1997, 563 f.
Thum, Giftspinnen, Schlangen und andere gefährliche Tiere aus tierschutz-, sicherheits- und artenschutzrechtlicher Sicht, NuR 2001, 558 ff.
Thum, Rechtliche Instrumente zur Lösung von Konflikten zwischen Artenschutz und wirtschaftlicher Nutzung natürlicher Ressourcen durch den Menschen am Beispiel Kormoranschutz und Teichwirtschaft, NuR 2004, 580 ff.
Thum, Zur Rechtmäßigkeit so genannter Kormoranverordnungen, AUR 2005, 148 ff.
Tillmanns, Die Prüfung von Rechtsverordnungen des Bundes am Maßstab des einfachgesetzlichen Bundesrechts im Verfahren der abstrakten Normenkontrolle, DöV 2001, 728 ff.
Tillmanns, Tierschutz im Grundgesetz, NJW-Editorial Heft 32/2002
Tillmanns, Tierschutz durch Rechtsverordnung – Die Hennenhaltungsverordnung auf dem Prüfstand des BVerfG. NVwZ 2002, 1466 ff.
Tillmanns, Die Erteilung von Ausnahmegenehmigungen zum betäubungslosen Schlachten nach § 4 a Abs. 2 Nr. 2 TierSchG, NuR 2002, 578 ff.
Tödtmann/Zillmann, Tierschutz quo vadis – Tierschutz als Verfassungsziel?, ZRP 1993, 324
Troeger, Schlachten von Tieren, in: *Sambraus/Steiger* (Hrsg.), Das Buch vom Tierschutz, Stuttgart 1997
Tröndle/Fischer, Strafgesetzbuch und Nebengesetze, München 2006
Troxler/Putz, Haltungsbedingte Schäden bei Ferkeln und Muttersauen: Ergebnisse einer Untersuchung auf Praxisbetrieben in Österreich, in: DVG, Fachgruppe Angewandte Ethologie, „Ethologie und Tierschutz“, München 2003
Tschanz, Zusammenfassende Betrachtung der im Kolloquium dargestellten Ergebnisse aus tierschutzrelevanter und ethologischer Sicht, in: Landbauforschung Völkenrode, Sonderheft 60/1981, Legehennenhaltung
Tschanz, Verhalten, Bedarfsdeckung und Bedarf bei Nutztieren in: KTBL-Schrift 281, Darmstadt 1981
Tschanz. Normalverhalten bei Wild- und Haustieren. In: KTBL-Schrift 307, Darmstadt 1984
Tschanz, Ethologie und Tierschutz. In: *von Loeper, Martin, Müller* et al., Tierhaltung Bd. 15, Basel-Boston-Stuttgart 1985
Tschanz, Erkennen und Beurteilen von Verhaltensstörungen mit Bezugnahme auf das Bedarfs-Konzept. In: *Buchholtz/Goetschel et al.,* Tierhaltung Bd. 23, Basel-Boston-Berlin 1993
Tschanz/Bammert/Löffler/Pollmann et al., Feststellbarkeit psychischer Vorgänge beim Tier aus Sicht der Ethologie, DTBl. 2001, 730 ff.
TVT (Tierärztliche Vereinigung für Tierschutz e. V.), Merkblätter zur tierschutzgerechten Haltung von Versuchstieren: Merkblatt Nr. 18 (Ratte und Maus und Hamster), Merkblatt Nr. 30 (Schwein),

Nr. 31 (Legehennen), Nr. 38 (Meerschweinchen), Nr. 42 (Schafe und Ziegen), Nr. 55 (Kaninchen), Nr. 60 (Rhesusaffen). Merkblatt ohne Nr.: Hund und Katze. – *TVT*, Merkblätter: Nr. 13 (Zur Problematik des Enthornens bei Rindern), Nr. 19 (Neurektomie und Tierschutz), Nr. 29 (Empfehlung zur Hälterung von Speisefischen im Einzelhandel), Nr. 32 (Schmerz beim Versuchstier), Nr. 34 (Der Fang von Wirbeltieren aus tierschutzrechtlicher Sicht), Nr. 37 (Checkliste zur Überprüfung von Zierfischhaltungen im Zoofachhandel), Nr. 43 (Empfehlung zur Haltung von Hauskatzen), Nr. 44 (Checkliste zur Überprüfung von Vogelhaltungen im Zoofachhandel), Nr. 46 (Checkliste zur Überprüfung der Kleinsäugerhaltung im Zoofachhandel), Nr. 47 (Checkliste für die Beurteilung von Terrarienabteilungen im Zoofachhandel: Reptilien), Nr. 49 (Empfehlungen zum tierschutzgerechten Transport von Heimtieren), Nr. 50 (Empfehlung zur ethischen Abwägung bei der Planung von Tierversuchen), Nr. 51 (Zur Anwendung von elektrischen Hunde-Erziehungsgeräten, zB Teletakt), Nr. 53 (Checkliste für die Beurteilung von Terrarienabteilungen im Zoofachhandel: Amphibien), Nr. 54 (Empfehlungen zur Haltung von Hunden und Katzen im Zoofachhandel), Nr. 63 (Zum Verbot des Kupierens der Hunderute), Nr. 66 (Haltung von Vogelspinnen im Zoofachhandel), Nr. 71 (Maulkorbgewöhnung beim Hund), Nr. 75 (Tötung von Nutztieren durch Halter oder Betreuer), Nr. 78 (Kaninchenhaltung), Nr. 92 (Frettchenhaltung im Zoofachhandel), Nr. 93 (artgerechte Ziegenhaltung), Nr. 96 (artgemäße nutztierartige Straußenhaltung). – *TVT*, Tierschutz bei Tierbörsen, Tagungsband 1999 – *TVT*, Richtlinien für Börsen, Nr. 67 (Vögel), Nr. 68 (Fische), Nr. 69 (Reptilien), Nr. 87 (Kleintiermärkte) – *TVT*, Merkblatt Nr. 39 (Zirkustiere, Loseblattsammlung für die tierschutzrechtliche Überprüfung)

TVT (Tierärztliche Vereinigung für Tierschutz e. V.), Stellungnahme an das BML v. 16. 8. 2000 zum Entwurf einer Tierschutz-Hundeverordnung v. 21. 7. 2000

TVT (Tierärztliche Vereinigung für Tierschutz e. V.), Tierschutzgerecht transportieren – Eine Anleitung zum tierschutzgerechten Transport landwirtschaftlicher Nutztiere, Bonn 2000

TVT (Tierärztliche Vereinigung für Tierschutz e. V.), Stellungnahme v. 20. 6. 2001 zu Missständen im Zusammenhang mit der Bolzenschussbetäubung bei Rindern

TVT (Tierärztliche Vereinigung für Tierschutz e. V.), Stellungnahme zur Verordnung des Rates über den Schutz von Tieren beim Transport und allen damit zusammenhängenden Vorgängen

TVT (Tierärztliche Vereinigung für Tierschutz e. V.), Einführung eines Prüf- und Zulassungsverfahrens auch für Betäubungsanlagen an Schlachthöfen! AtD 2004, 83

TVT (Tierärztliche Vereinigung für Tierschutz e. V.), Positionspapier von *Bohnet/Düe/Esser/Franzky/Pollmann/Zeitler-Feicht* 2004 zu den BMELV-Leitlinien zur Pferdehaltung von 1995

TVT (Tierärztliche Vereinigung für Tierschutz e. V.), Gutachten zu Rodeoveranstaltungen in der Bundesrepublik Deutschland unter rechtlichen, ethologischen und ethischen Gesichtspunkten, 2005

TVT (Tierärztliche Vereinigung für Tierschutz e. V.), Die Zukunft der Überwachung des Tierschutzes am Schlachthof, DTBl. 2005, 870

TVT (Tierärztliche Vereinigung für Tierschutz e. V.), Bohnet, Anlage zum Gutachten zu Rodeoveranstaltungen, 2006

TVT (Tierärztliche Vereinigung für Tierschutz e. V.), Stellungnahme zum Einsatz von Teletaktgeräten in der Hundesausbildung, DTBl. 2006, 5

Umbach/Clemens Grundgesetz, Heidelberg 2002

Unruh, Tierschutz mit Verfassungsrang – Auswirkungen auf Gesetzgebung, Vollzug und Gerichtsbarkeit, DtW 2003, 183–186

Unshelm/Rehm/Heidenberger, Zum Problem der Gefährlichkeit von Hunden; eine Untersuchung von Vorfällen mit Hunden in einer Großstadt, DtW 1993, 383 ff.

VDH (Verband für das Deutsche Hundewesen e. V.), Grundlagen einer tierschutzgerechten Ausbildung von Hunden – Gutachten zur Verwendung von Elektroreizgeräten bei der Ausbildung von Hunden aus ethischer und ethologischer Sicht, Dortmund 1999

VDH (Verband für das Deutsche Hundewesen e. V.), Stellungnahme an das BML v. 15. 8. 2000 zum Entwurf einer Tierschutz-Hundeverordnung v. 21. 7. 2000

Vedani/Dobler/Lill, In silico Tests zur Voraussage rezeptor-vermittelter Toxizität von Arzneistoffen und Chemikalien, ALTEX 22, 2005, 123–134

Volkmann, Anm. zu BVerfG v. 15. 1. 2002, DVBl. 2002, 332 ff.

Wagner, Europäischer Umweltschutz im Lichte des Amsterdamer Vertrags, Recht der Umwelt (RdU) 2000, 50

Wagner/Nogueira/Klug/Christ, Die isoliert perfundierte Schweineextremität als standardisiertes Testsystem für nicht-invasive Applikationssysteme, ALTEX 18, 2001, 210

Wandel/Jungbluth, Der Einfluss weich-elastischer Bodenbeläge beim Liegen und Laufen auf das Verhalten und die Gesundheit von Milchkühen, in: DVG, Tierschutzrecht und Tierzucht, Erbpathologie und Haustiergenetik, Nürtingen 2004
Weber (Redaktion), Tiergerechte Haltungssysteme für landwirtschaftliche Nutztiere, Wiss. Tagung v. 23.–25. 10. 1997 in Tänikon an der Eidgenössischen Forschungsanstalt für Agrarwirtschaft und Landtechnik
Wechsler, Zur Genese von Verhaltensstörungen. In: KTBL-Schrift 351, Darmstadt 1992
Wechsler, Schwein, in: *Sambraus/Steiger* (Hrsg.), Das Buch vom Tierschutz, Stuttgart 1997
van de Weerd et al., Effects of environmental enrichment for mice: variation in experimental results, in: Journal of Applied Animal Welfare Science 5/2 (2002), 87–109
Wegner, Tierschutzaspekte in der Tierzucht, in: *Sambraus/Steiger,* Das Buch vom Tierschutz, Stuttgart 1997
Wegner, Urteil des Hessischen Verwaltungsgerichtshofs zum Verbot der Zucht von Haubenenten, TU 2004, 394 ff.
Weidt, Situation und Zukunft des Jagdhundewesens, in: Der Jagdgebrauchshund 21 (1985), 49–55
Weins, Tierschutzgerechte Durchführung von Fischbörsen, in: TVT, Tierschutz bei Tierbörsen, Tagungsband 1999
Wendel, Brauchen wir einen Lehrstuhl für Alternativmethoden? Und wenn ja: wo? ALTEX 19, 2002, 64–68
Wendland, Töten von Tieren/moralisch-ethische Verantwortung des Tierarztes, DTBl. 2003, 799 ff.
Wendt u. a., Zuchtprobleme bei Schweinen unter Tierschutzaspekten, AtD 2001, 131 ff.
Wendt, Erbdefekte und unerwünschte Selektionsfolgen – Tierschutzrechtlich relevante Probleme in der Schweinezucht, DTBl. 2004, 356 ff.
Wendt, R./Elicker, Die Reform der Gemeinsamen Agrarpolitik und ihre Umsetzung in der Bundesrepublik Deutschland, DVBl. 2004, 665 ff.
von Wenzlawowicz, Schweinetransporte ohne Fleischqualitätsverluste, Der fortschrittliche Landwirt Heft 12/1996, 5 ff.
von Wenzlawowicz, Problematik des Schächtens (moslemischer Ritus und jüdischer Ritus) in: DVG, Tötung von Tieren und Kennzeichnung von Tieren, Nürtingen 1996
von Wenzlawowicz, Entwicklung der Schweinezucht, TU 1998, 122 ff.
von Wenzlawowicz, Betäubungsloses Schlachten (Schächten), RFL 2002, 78
von Wenzlawowicz/von Holleben/Briese/Heuking, Tierschutz am Schlachthof, Berl.Münch.Tierärztl. Wochenschrift 107 (1994), 237 ff.
von Wenzlawowicz/von Holleben, Anforderungen an das Treiben von Rindern und Schweinen zur Verladung am landwirtschaftlichen Betrieb, auf Viehhöfen und in Schlachtbetrieben, Rundschau für Fleischhygiene und Lebensmittelüberwachung (RFL) 1995, 121 ff. und 145 ff.
von Wenzlawowicz/Briese/von Holleben/von Mickwitz, Fixierung von Schlachtschweinen bei der elektrischen Betäubung, Fleischwirtschaft 76 (1996), 1108 ff.
von Wenzlawowicz/von Holleben, Stellungnahme zur Fixierung von Rindern vor dem Schächtschnitt im Weinberg'schen Apparat, Beratungs- und Schulungsinstitut für schonenden Umgang mit Zucht- und Schlachttieren (bsi), Schwarzenbek 1999
von Wenzlawowicz/von Holleben/Bostelmann, CO2-Betäubung von Broilern und Puten, DtW 2000, 116 ff.
von Wenzlawowicz/von Holleben, Evaluation of animal welfare during Controlled Atmosphere Stunning (CAS) of broilers under practical conditions. Proceedings of the 77th European Symposium on Poultry Welfare (WPSA, Working Group Poultry Welfare) 15.–19. June 2005, Lubmin Agricultural University, Poland
von Wenzlawowicz/von Holleben, Erfahrungen mit der Aufzeichnung und Auswertung von Stromstärke und Stromflussdauer bei der elektrischen Betäubung von Schlachttieren sowie Nutzungsmöglichkeiten von Erfassungsgeräten zur Messung von Betäubungsströmen, RFL 5/2005, 99–102
von Wenzlawowicz/Boosen et al., Geflügel (Hühner) in kleinen Schlachtbetrieben – Zur Eignung von Geräten zur elektrischen Betäubung, DTBl. 2006, 554–558
Wiepkema/de Jonge, Pelztiere (Nerz und Fuchs), in : *Sambraus/Steiger* (Hrsg.), Das Buch vom Tierschutz, Stuttgart 1997
Wiesner/Rau, Zur Haltung des afrikanischen Straußes – gutachterliche Stellungnahme v. 12. 8. 1993, Münchner Tierpark Hellabrunn
Wiesner/Ribbeck, Lexikon der Veterinärmedizin, 4. Aufl. Stuttgart 2000
Winckler/Breves, Grenzen der Milchleistungszucht aus physiologischer Sicht, TU 1998, 119 ff.

Literatur

Winkelbauer, Anm. zu BGH, Beschl. v. 15. 7. 1986 – 4 StR 301/86, JZ 1986, 1119ff.

Wohn, Tierschutzaspekte bei der Bewegungsjagd, AtD 1996, 231ff.

Wolf J. C., Tierethik, Freiburg/Schweiz 1992

Wolf U., Das Tier in der Moral, Frankfurt/M 1990

Wolff/Bachof/Stober, Verwaltungsrecht Bd. 1, 11. Aufl. München 1999

Wollenteit, Auf den Hund gekommen: Gefahrenabwehr im Zeitalter des Medienspektakels, NuR 2001, 620ff.

Wollenteit, Rechtliche Aspekte eines Pelztierhaltungsverbots, ZRP 2002, 199ff.

Wollenteit, Rechtsgutachten zur Verfassungsmäßigkeit sowie zur Europarechtskonformität eines generellen Verbotes der Pelztierzucht in der Bundesrepublik Deutschland, erstellt im Auftrag von Vier Pfoten e. V., Hamburg 2001

Wünnemann, Environmental Enrichment – alt, neu, gut, nötig? AtD 2002, 281 ff.

Würbel, Tierschutz und Ethologie in: *Landestierärztekammer Hessen,* Kongressband zur Fortbildung am 6. 5. 2006

Würbel/Stauffacher, Stereotypien bei Labormäusen – Ursprung und Ontogenese, in: KTBL-Schrift 370, Darmstadt 1995

Würtenberger, Zeitgeist und Recht, Tübingen 1991

Yuan/Liu et al., Induktion, Expression und Erhaltung von Cytochrom P450 Isoformen in Langzeitkulturen primärer humaner Hepatozyten, ALTEX 21, Supplement 2004, 3–11

Zechmeister/Farnleitner et al., PCR und ELISA – Alternativen zum Maustest für die Analyse des Botulinum-Neurotoxin-C1 Giftbildungspotentiales in Umweltproben? ALTEX 19, Supplement 2002, 49–54

Zechmeister/Kirschner et al., Vorkommen des Botulinum Neurotoxins C1 und des korrespondierenden Gens in Umweltproben von Gebieten mit hoher sowie geringer Wahrscheinlichkeit eines Vogelbotulismus-Ausbruchs, ALTEX 22, 2005, 185–195

Zeeb, Praktische Anwendung des Bedarfsdeckungs- und Schadensvermeidungskonzeptes, TU 1993, 280ff.

Zeeb, Pferde, in: *Sambraus/Steiger* (Hrsg.), Das Buch vom Tierschutz, Stuttgart 1997

Zeitler-Feicht, Kritische Betrachtung der „Leitlinien zur Beurteilung von Pferdehaltungen" und Winteraußenhaltung von Pferden, DtW 2004, 120ff.

Zeitler-Feicht, Artgemäße Pferdehaltung, AtD 2004, 12ff.

Zeitler-Feicht/Buschmann, Überprüfung der dauerhaften Anbindehaltung von Pferden auf Tiergerechtheit unter ethologischen Gesichtspunkten, AtD 2003, 262ff.

Zeitler-Feicht/Buschmann, Verhaltensstörungen von Pferden in Ständerhaltung, Tierärztl. Prax. 2004; 32 (G) 169ff.

Zellner/Körner, Gibt es rechtliche Möglichkeiten, Tierschutz auf Tierbörsen zu gewährleisten?, AtD 1999, 284ff.

Zenger, Das „unerlässliche Maß" an Tierversuchen: Ergebnisse und Grenzen der juristischen Interpretation eines unbestimmten Rechtsbegriffs, Basel-Frankfurt/M 1989

Zentralverband Deutscher Schweinehalter (ZDS), Thesenpapier vom 18. 12. 2001 zur tiergerechten Schweinehaltung. (www.schweine.net/aktuell/ak482.htm)

Ziekow, Tierschutz im Schnittfeld von nationalem und internationalem Recht, Schriftenreihe der Hochschule Speyer Bd. 135, Berlin 1999

Ziekow, Tierschutzgesetz und gemeinschaftsrechtliche Warenverkehrsfreiheit, NuR 1999, 674ff.

Zippelius, Einführung in die Juristische Methodenlehre, 6. Aufl. München 1994

Zippelius, Rechtsphilosophie, München 1994

Zippelius, Rechtsphilosophie, München 1994

Zorn-Kruppa/Tykhonova et al., Vergleichende Zytotoxizitätstests an menschlichen Korneazellkulturen, ALTEX 21, 2004, 129– 134

Zwingmann, Die Maul- und Klauenseuche (MKS) – Überlegungen zur Epidemiologie, Seuchenabwehr und Seuchenbekämpfung, AtD 2002, 218ff.

Einführung

Übersicht

I. Geschichtliche Entwicklung des Tierschutzrechts

Als **ältestes Gesetzeswerk,** das Regelungen zum Umgang mit (Haus-)Tieren enthält, wird der Codex des babylonischen Königs Hammurabi (2000 v. Chr.) angesehen. Im römischen Reich wurden die Tiere mit den „Ädilischen Edikten" zu Sachen erklärt; für die damalige Zeit bedeutete dies eine Aufwertung, waren sie doch dadurch zu Objekten der Rechtsordnung geworden, was wenigstens einen Schutz vor Beeinträchtigungen durch Nicht-Eigentümer zur Folge hatte. 1

Das erste moderne Tierschutzgesetz der **Neuzeit** ist der englische „Martin's Act" von 1822, mit dem jede mutwillige und grausame Tiermisshandlung von Nutztieren für strafbar erklärt wurde. Dazu wird Folgendes berichtet: Als der Ire Richard Martin den Gesetzentwurf 1821 zum wiederholten Male dem Parlament vorlegte, betrachtete es das 2

Haus wie einen ungeheuren Spaß, und als jemand den Schutz auf die vielen Lastesel ausdehnen wollte, brach ein solches Gelächter los, dass der Berichterstatter Martins Antwort nicht verstehen konnte (vgl. *Teutsch,* Lexikon „gesetzlicher Tierschutz“). – Im deutschen Königreich Sachsen wurde 1838 das „boshafte oder mutwillige Quälen von Tieren“ erstmals unter Kriminalstrafe gestellt. Die übrigen deutschen Länder folgten, wobei allerdings ein Teil die Strafbarkeit davon abhängig machte, dass die Tat öffentlich (so zB Preußen) oder in Ärgernis erregender Weise (so zB Württemberg) geschah (vgl. *Erbel* DVBl. 1986, 1235, 1245). – Durch § 360 Nr. 13 des Reichsstrafgesetzbuchs von 1871 wurde zwar das boshafte Quälen oder rohe Misshandeln von Tieren mit Übertretungsstrafe bedroht, jedoch nur, wenn dies „öffentlich oder in Ärgernis erregender Weise“ geschah (RGBl. S. 127). Strafgrund war damit nicht die Tiermisshandlung als solche, sondern die Verletzung des menschlichen Empfindens, das sich im Mitgefühl für die Tiere äußert (anthropozentrischer, ästhetischer Tierschutz, vgl. *Lorz* in: *Händel* Tierschutz S. 129).

3 Mit § 145b StGB vom 26. 5. 1933 (RGBl. I S. 295) wurde jedes rohe Misshandeln oder absichtliche Quälen von Tieren unter Strafe gestellt – erstmals ohne dass es darauf ankam, ob die Tat öffentlich oder in Ärgernis erregender Form geschah. Durch das **Reichstierschutzgesetz** vom 24. 11. 1933 (RGBl. I S. 987) wurde dann das Tierschutzrecht aus dem Strafgesetzbuch herausgelöst. Durch § 1 Abs. 1 wurde verboten und unter Strafe gestellt, „ein Tier unnötig zu quälen oder roh zu misshandeln“. Nach der amtlichen Begründung fand darin „der Gedanke Raum, dass das Tier des Tieres wegen geschützt werden muss“ (Deutscher Reichsanzeiger 1933 Nr. 281). Geschützt sein sollte nicht allein das allgemeine Gefühl des Mitleids, sondern auch und in erster Linie die sittliche Ordnung in den Beziehungen zwischen Mensch und Tier als soziales Anliegen (*Lorz* aaO S. 133). In § 2 (Vorläufernorm zum heutigen § 3) wurden einige spezielle Verbote aufgenommen. § 5 enthielt ein grundsätzliches Verbot schmerzhafter oder schädigender Tierversuche. Ausnahmen hiervon ergaben sich aus den §§ 6 bis 8: Danach war eine Erlaubnis notwendig, die an Institute vergeben werden konnte; Versuche zu Forschungszwecken mussten einen bisher von der Wissenschaft noch nicht bestätigten Erfolg erwarten lassen oder zur Klärung bisher ungelöster Fragen dienen; die Versuche durften nur unter Vermeidung jeder für den Zweck entbehrlichen Schmerzerregung vorgenommen werden; es galt der Grundsatz des Betäubungszwangs; Tierversuche zu Lehrzwecken waren nur gestattet, wenn andere Lehrmittel, zB Bild, Präparat, Modell oder Film, nicht ausreichten. – Dass durch dieses Gesetz erstmals in Deutschland der Übergang zum ethischen Tierschutz durchgesetzt wurde (in England schon 1822, s. Rn. 2), hat nichts mit dem Nationalsozialismus zu tun, sondern steht in der Kontinuität mit einem sich zeitgleich im gesamten nördlichen Europa durchsetzenden Tierschutzgedanken (vgl. OLG Hamm Rpfleger 1950, 35). Durch zahllose Eingaben und Anträge war bereits während der vorausgegangenen sechs Jahrzehnte immer wieder versucht worden, den § 360 Nr. 13 Reichsstrafgesetzbuch (RStGB) entsprechend zu ändern (vgl. u. a. den Vorentwurf zu einem neuen RStGB von 1909, Abschnitt 7 VII, § 146; Begr. S. 501). Schon 1927 war im Reichstag mehrfach über ein eigenständiges Tierschutzgesetz beraten worden. Der Entwurf zu dem neuen Gesetz lag schon vor 1933 „fertig in der Schublade“ (vgl. *Schröder,* Das Tierschutzgesetz von 1933, vet.-med.-Diss. Berlin 1970). Er ist Teil einer europäischen Kulturbewegung, deren Vordenker bereits im 18. und 19. Jahrhundert entsprechende Forderungen erhoben hatten (s. Rn. 9, 16).

4 Unter dem Eindruck der **Verhältnisse in der industriellen Massentierhaltung,** die sich in den 50er und 60er Jahren in ganz Europa auszubreiten begann, veröffentlichte *Ruth Harrison* 1964 ihr berühmt gewordenes Buch „Tiermaschinen“. Dort weist sie, ergänzend zu umfangreichen Tatsachenberichten, auch auf den Zusammenhang von Tierschutz und Menschenwürde hin: „Wenn das Tier auf so entsetzliche Weise erniedrigt und gezwungen wird, ein kümmerliches Dasein zu fristen, muss das die Selbstachtung des Menschen erschüttern und sich letzten Endes auch auf die Art auswirken, wie er seine Mitmenschen behandelt.“ Am Ende des Buches finden sich einige Sätze, die sich auch

noch auf die heutige Situation übertragen lassen: „An Beteuerungen, dass in der Welt der Tiere, die man in der Landwirtschaft hält, alles in Ordnung sei, wird es auch in Zukunft nicht mangeln. In der heutigen Zeit sind immer Leute da, die uns von Berufs wegen und von offizieller Seite beschwichtigen: Wir sollten doch überzeugt sein, dass mit der intensiven Aufzucht keinerlei Tierquälerei verbunden sei ... und dass die Erzeugnisse der Industrie besser und nahrhafter seien, als sie es jemals waren. Man wird uns zu verstehen geben, dass jene Leute, die von heimlichem Misstrauen erfüllt sind, es könnte nicht alles in Ordnung sein, eine ausgesprochene Minderheit darstellen, dass sie Sonderlinge sind und dass Leute, die noch fanatischere Ansichten über diese Dinge hegen, völlig verschrobene Menschen sind. Einschmeichelnde Gesichter werden dauernd auf unseren Fernsehschirmen erscheinen, gerüstet mit gewichtigem ‚Wenn und Aber' und mit entwaffnendem Lächeln, um jede Erscheinung, die vielleicht Unruhe verursachen könnte, mit einem beruhigenden Wortschwall zu verschleiern" (zitiert nach *Sambraus* in: *Sambraus/Steiger* S. 10). Der *Brambell-Report,* der 1965 unter dem Eindruck dieses Buches und nach starkem öffentlichen Druck von einer in Großbritannien eingesetzten Kommission erstellt wurde, nannte als Mindestbedingungen für intensiv gehaltene Tiere u. a.: zumindest so viel Bewegungsfreiheit, dass sie ohne Schwierigkeiten in der Lage sind, sich umzudrehen, Körperpflege zu treiben, aufzustehen, sich hinzulegen und die Gliedmaßen zu strecken; Haltung aller Nutztiere mit ausgeprägtem Bedürfnis nach Sozialkontakt in Familienverbänden oder Herden (vgl. *Sambraus* aaO S. 11).

Das **Tierschutzgesetz vom 24. 7. 1972** (BGBl. I S. 1277) beruht auf der Grundkonzep- 5
tion eines ethisch ausgerichteten Tierschutzes und ist Ausdruck einer artübergreifenden Humanität (vgl. MdB *Löffler* im Bundestag am 21. 6. 1972, zitiert nach *Gerold* S. 252: „Niemand wird bestreiten können, dass die humane Qualität der Beziehungen innerhalb einer Gesellschaft auch daran abzulesen ist, welches Verhältnis die Menschen dieser Gesellschaft zum Tier gefunden haben."). Über das Interesse des Tieres an seinem Wohlbefinden wird erstmals auch das Leben als solches geschützt (vgl. §§ 1 und 17 Nr. 1). In § 2 findet sich „die Magna Charta für all jene Tiere, die sich in der Hand des Menschen befinden" (*Lorz* aaO S. 137). Die frühe Erwähnung des Gebots zu verhaltensgerechter Unterbringung macht deutlich, wie wichtig dieser Aspekt dem Gesetzgeber war. Auf detaillierte gesetzliche Regelungen zu einzelnen Formen der Massentierhaltung wurde dennoch verzichtet, wohl auch deswegen, weil die hier zu erwartenden Auseinandersetzungen die Verabschiedung des Gesetzes in der zu Ende gehenden Legislaturperiode unmöglich gemacht hätten. Im Bereich der Tierversuche wurde das bisherige Modell einer institutsbezogenen Genehmigung durch ein Genehmigungserfordernis für die einzelnen Versuchsreihen ersetzt; zahlreiche Versuche wurden jedoch einer bloßen Anzeigepflicht unterstellt. Mit § 4 nahm der Gesetzgeber erstmals das Schlachtrecht in das Tierschutzgesetz auf. – Zwei Bestimmungen des Gesetzes sind vom BVerfG in der Folgezeit für verfassungswidrig erklärt worden: Das in § 3 Nr. 9 ausgesprochene absolute Verbot des Nachnahmeversands lebender Tiere (vgl. BVerfGE 36, 47; s. jetzt § 19 TierSchTrV), und § 8 Abs. 2 S. 1, soweit dort Tierversuche mit operativen Eingriffen nur solchen Biologen gestattet waren, die an staatlichen wissenschaftlichen Einrichtungen tätig waren (vgl. BVerfGE 48, 376; s. jetzt § 9 Abs. 1 S. 3).

Mit dem **Ersten Gesetz zur Änderung des Tierschutzgesetzes vom 12. 8. 1986** (ÄndG 6
1986, BGBl. I S. 1320) wollte der Gesetzgeber „vor allem für die Bereiche der Tierversuche und des gewerblichen Tierhandels, aber auch der Tierhaltung und des Schlachtens" eine „Verbesserung, vornehmlich durch Verschärfung sowie durch Konkretisierung dessen was gewollt ist", erreichen (amtl. Begr., BT-Drucks. 10/3158 S. 16); die Zielvorstellungen von 1972 seien hier bisher nicht voll verwirklicht worden (amtl. Begr. aaO). An der ethischen Ausrichtung wurde festgehalten; sie wurde durch Änderung der Zielbestimmung des § 1 noch verstärkt. Die angestrebte Einschränkung der Tierversuche sollte u. a. durch eine restriktivere Fassung der möglichen Versuchzwecke, die Einführung des Begriffs der ethischen Vertretbarkeit und die Bestellung von Tierschutzbeauftragten sowie

von Tierversuchskommissionen erreicht werden. Der Kreis der erlaubnispflichtigen Umgangsformen mit Tieren wurde erweitert und ein Qualzuchtverbot eingeführt. – Ob das Gesetz seiner Zielsetzung gerecht geworden ist, war in- und außerhalb des Bundestags heftig umstritten. MdB *Renate Schmidt* kündigte an, das Gesetz im Fall eines Regierungswechsels im Sinne eines weitergehenden SPD-Entwurfes zu ändern (BT, Sten. Ber. 10/16128).

7 Im Zuge **weiterer Gesetzesänderungen** brachte das Gesetz zur Änderung veterinärrechtlicher, lebensmittelrechtlicher und tierzuchtrechtlicher Vorschriften vom 18. 12. 1992 (BGBl. I S. 2022, 2028) u.a. die Einfügung der §§ 16f, 16g und 16i. – Mit dem Gesetz zur Änderung des Tierschutzgesetzes vom 25. 5. 1998 (BGBl. I S. 1105, 1818) sollte erneut dem wachsenden Tierschutzbewusstsein in der Bevölkerung Rechnung getragen werden. Eingeführt wurden u.a.: eine wesentliche Ausdehnung des Personenkreises, der seine Sachkunde nachweisen muss; eine restriktivere Fassung der Vorschriften über Eingriffe und Behandlungen an Tieren; eine Erweiterung der erlaubnispflichtigen Tätigkeiten; ein grundsätzliches Verbot von Tierversuchen zur Entwicklung sämtlicher, nicht nur dekorativer Kosmetika; schärfere Einfuhrbestimmungen. In der amtl. Begr. wird betont, dass an dem „bei früheren Novellierungen des Tierschutzgesetzes stets beachteten Grundsatz, nicht hinter geltendes Recht zurückzugehen“, festgehalten werden solle (BT-Drucks. 13/7015 S. 2). – Art. 2 des Gesetzes zur Bekämpfung gefährlicher Hunde vom 12. 4. 2001 (BGBl. I S. 530, 531) brachte u.a. Änderungen der §§ 2a, 11b, 12, 13a und 21b. – Einige weitere Änderungen im Zusammenhang mit der Euro-Einführung sowie mit Zuständigkeitsänderungen und Umbenennungen von Bundesministerien und Bundesoberbehörden sind durch Art. 19 des Gesetzes vom 25. 6. 2001 (BGBl. I S. 1215), durch Art. 191 der Verordnung vom 29. 10. 2001 (BGBl. I S. 2785), durch Art. 11 § 1 des Gesetzes vom 6. 8. 2002 (BGBl. I S. 3082) und durch Art. 153 der Verordnung vom 25. 11. 2003 (BGBl. I S. 2304) erfolgt. – Mit Art. 7b des Gesetzes vom 21. 6. 2005 (BGBl. I S. 1666) wurde die bis dahin bestehende Erlaubnispflicht für das gewerbsmäßige Halten von Gehegewild in eine Anzeigepflicht umgewandelt. – Mit Art. 2 des Gesetzes vom 19. 4. 2006 (BGBl. I S. 900) wurde u.a. § 5 Abs. 3 Nr. 1a eingefügt und damit das betäubungslose Kastrieren von männlichen Ferkeln auf die ersten sieben Lebenstage beschränkt. Außerdem wurde ein neuer § 18 Abs. 3 und § 18a geschaffen, um (insbesondere mit Blick auf die ab dem 5. 1. 2007 geltende EU-TiertransportVO) den Erlass einer Rechtsverordnung zu ermöglichen, die die in der EU-TiertransportVO und in anderen EU-Verordnungen enthaltenen tierschutzrechtlichen Ge- und Verbote mit Bußgeld bewehren soll (vgl. BT-Drucks. 16/669 S. 9). Durch Änderungen in § 11b Abs. 2 lit. a und Abs. 5 Nr. 1 sowie durch die ersatzlose Aufhebung von § 11 TierschHundeV wurde dem Urteil des BVerfG vom 16. 3. 2004 (NuR 2004, 442) Rechnung getragen. – Durch Gesetz vom 18. 5. 2006 (BGBl. I S. 1206) wurde der Wortlaut des Gesetzes in der seit 25. 4. 2006 geltenden Fassung neu bekannt gemacht.

II. Christliche Tierethik

8 **Biblische Aussagen** zum Mensch-Tier-Verhältnis und zum rechten Umgang mit dem Tier findet man im Alten und Neuen Testament. – Nach Gen. 1, 25, 26 werden die Landtiere und der Mensch am selben, nämlich am 6. Schöpfungstag erschaffen (vgl. Kirchenleitung der NEK 2005 S. 16: „So nah, gleichsam auf einer Entwicklungsstufe, werden hier Mensch und Tier gesehen“). – Der viel missbrauchte Herrschaftsauftrag in Genesis 1, 28 lautet nach der gemeinsamen Übersetzung der katholischen und evangelischen Bibelwerke Deutschlands, Österreichs und der Schweiz von 1997: „Ich setze euch über die Fische im Meer, die Vögel in der Luft und alle Tiere, die auf der Erde leben, und vertraue sie eurer Fürsorge an.“ Das Herrschen muss nach Gottes Ebenbild „in liebender Sorge und hegendem Bewahren geschehen“ (EKD-Texte 41 S. 5). Bedingung für die gottgewollte

Art der Herrschaft ist außerdem die unmittelbar danach in Vers 29 ausgesprochene vegetarische Ernährung des Menschen (Gen. 1, 29; vgl. Arbeitsgemeinschaft für Umweltfragen der Gliedkirchen in der EKD – agu, S. 4). – Bei der Namensgebung der Tiere durch den Menschen in Gen. 2, 19, 20 geht es weniger um Macht als vielmehr um Beziehungen, Gemeinschaft, Vorsorge und Behütung (vgl. agu S. 4). – In Genesis 9, 2–7 werden die Gewaltaspekte im Verhältnis zwischen Mensch und Tier realistisch benannt (vgl. Kirchenleitung der NEK aaO S. 21: „Zugeständnis an die Realität menschlichen Handelns"). Diese Perspektive wird aber aufgebrochen durch die Vision eines künftigen Schöpfungsfriedens zwischen Mensch und Tier, den der Mensch schon durch sein gegenwärtiges Handeln zeichenhaft vorwegnehmen soll (vgl. *Grosse* ALTEX 2003, 259, 263 unter Hinweis auf Jes. 11, 6–9 und 65, 17–25; Hos. 2, 20, Ez. 34, 25–28; Röm. 8, 18–25). – Der in Gen. 9, 9–16 beschriebene Bund Gottes mit Noah besteht gleichberechtigt auch mit den Tieren (vgl. Kirchenleitung der NEK aaO S. 21; agu S. 5: „Von dem Kriegszustand, der in Gen. 9, 1–7 zwischen Menschen und Tieren herrschte, ist nichts mehr zu spüren. Gott ist nicht mehr ausschließlich auf der Seite der Menschen. Seine Bundespartner sind die Menschen und die Tiere gleichermaßen"). – Durch die Einbeziehung in die Sabbatruhe in Ex. 20, 10, 11 stellt die Bibel Tiere und Menschen vor Gott auf eine Stufe. Insbesondere soll auch dem Tier Ruhe gegönnt werden, d. h.: Nicht ein Maximum an Ertrag in einem Minimum an Zeit ist das Ziel, sondern der Einklang zwischen sicheren guten Erträgen und der Berücksichtigung der Eigenart der Mitgeschöpfe (Kirchenleitung der NEK aaO S. 22, 25). – Sprüche 12, 10 („Der Gerechte erbarmt sich seines Viehs; aber das Herz des Gottlosen ist unbarmherzig") wird auch so übersetzt: „Der Gerechte sorgt für seines Viehs Bedürfnisse; das Herz des Bösen hingegen ist grausam." – Die in Sprüche 31, 8 enthaltene Forderung, „den Mund aufzutun für die Stummen und für die Sache aller, die verlassen sind" schließt auch die Tiere ein (vgl. EKD-Texte 41 S. 26). – In Jona 4, 11 verschont Gott die Stadt Ninive auch der Tiere wegen. – Das Solidaritätsgebot in Matthäus 25, 40 („Was ihr getan habt einem von diesen meinen geringsten Brüdern, das habt ihr mir getan") gilt auch gegenüber den Tieren (vgl. *Schmiedehausen* in: Amtsblatt der Evang.-Luth. Landeskirche Sachsens 1995 Nr. 2 S. 6 ff.). – In Markus 1, 13 („... er lebte bei den wilden Tieren, und die Engel dienten ihm") erscheint Jesus als der zweite Adam, der den verlorenen Paradiesfrieden wieder herstellt. Dem ersten Adam werden die Tiere zum Feind und die Engel vertreiben ihn, dem zweiten sind die Tiere Freund und die Engel dienen ihm (vgl. agu S. 9). – Das in Römer 8, 18–21 beschriebene ängstliche Harren der Kreatur auf das Offenbarwerden der Kinder Gottes bedeutet auch, dass Menschen in dem Moment als Kinder Gottes sichtbar werden, in dem sie zum Zeichen der Hoffnung für die anderen Kreaturen werden und in dem ihre Herrschaft zu einem Segen für sie wird (Kirchenleitung der NEK aaO S. 23). – Als **gemeinsame Grundtendenzen** werden aus der Gesamtheit dieser Aussagen sichtbar: Tiere werden in der Bibel nicht als Sachen betrachtet, sondern haben eine Würde als Mitgeschöpf. Die Beauftragung des Menschen zur Herrschaft über sie ist nicht zu trennen vom biblischen Verständnis seiner Gottebenbildlichkeit, d. h. er muss diese Herrschaft iS von Gerechtigkeit und Schutz der Schwachen ausüben. Im Umgang mit den Tieren steht immer auch die Humanität des Menschen und damit seine Menschenwürde auf dem Spiel. Die Gewaltaspekte im Mensch-Tier-Verhältnis werden zwar realistisch benannt, doch muss sich der künftige Schöpfungsfrieden mit dem Tier schon im gegenwärtigen Handeln des Menschen widerspiegeln (vgl. *Grosse* ALTEX 2002, 195, 200).

Einige wichtige Vertreter der christlichen Tierethik und ihre Gedanken. Mit *Franz* 9
von Assisi verbindet man die Ethik der Brüderlichkeit. – *Albert Schweitzer* als eine der großen Gestalten der Leben-Jesu-Forschung und Begründer der Ethik der Ehrfurcht vor dem Leben sagt u. a.: „Also ist unser Nächster nicht nur der Mensch. Unsere Nächsten sind alle Wesen. Deshalb glaube ich, dass der Begriff der Ehrfurcht vor dem Leben unseren Gedanken der Humanität mehr Tiefe, mehr Größe und mehr Wirksamkeit verleiht" (Gesammelte Werke Bd. V S. 165). Das Wort Jesu von der Geringstenliebe (Matth. 25, 40)

„gilt nun für uns alle, was wir auch der geringsten Kreatur tun". Nur Fälle „grausiger Notwendigkeit" könnten den Menschen zwingen, fremdes Leben zu verletzen (Gesammelte Werke II S. 28f.). – *Hans Lassen Martensen*, dänischer Bischof, forderte schon 1854, dass der Mensch als Gottes Ebenbild auf Erden mit seinem Handeln in und an der Natur nicht allein die Gerechtigkeit Gottes abspiegeln müsse, sondern auch dessen Güte (vgl. *Teutsch*, Die Würde der Kreatur, S. 7). Noch früher, nämlich schon 1793, anerkannte der dänische Theologe *Lauritz Smith* die Würde der Tiere: „Jedes lebendige Wesen, jedes Thier ist zunächst und unmittelbar seiner selbst wegen da, und um durch sein Daseyn Glückseligkeit zu genießen" (zitiert nach *Baranzke* S. 244ff.). – Auch der Reformtheologe *Karl Barth* sah die eigene Würde der Tiere und formulierte u.a.: „Ihre Ehre ist die Verborgenheit ihres Seins mit Gott nicht weniger, als unsere Ehre dessen Offenbarsein ist. Denn was wissen wir schließlich, welches die größere Ehre ist?" (Kirchliche Dogmatik III/2, 1959, S. 165) – *Franz Böckle* formuliert: „Es gibt nicht den Gegensatz wertvolles Leben contra wertloses Leben, sondern es gilt die Unterscheidung: menschliches Leben gegenüber ‚anderem' Leben mit je eigener Würde ... Die bloße Befriedigung von Konsumbedürfnissen kann nie dazu ermächtigen, das Gut tierischen Lebens anzutasten oder gar zu opfern" (*ders.* in: *Händel* Tierschutz S. 56) – *Erich Gräßer* sieht in der Veruntreuung der Schöpfung „heute jene Sünde wider den Heiligen Geist, die nach Markus 3, 29 die unvergebbare heißt ... Die Kirchen müssten hier selbst Partei ergreifen und der stärkste Anwalt der Ehrfurcht vor allem Lebendigen sein" (*ders.* in: *Händel* Tierschutz S. 68) – Der Theologe *Gerhard Liedke* resümiert: „Das gesamtbiblische Zeugnis legt uns für die heutige Situation extremer Gewalt gegen die Tiere und extremen Leidens der Tiere nahe, Minimierung der Gewalt gegenüber den Tieren und Linderung des Leidens der Tiere, wo immer es geht, als christliche Handlungsmaxime zu betrachten" (*ders.* in: Tier-Ethik – biblische Perspektiven, in: Zeitschrift für Evangelische Ethik 29, 1985, 160, 170). – *Jürgen Moltmann* spricht von der „umfassenden Rechtsgemeinschaft der Schöpfung". Wie die Menschenwürde die Quelle aller Menschenrechte darstelle, so sei die Schöpfungswürde die Quelle aller Rechte der Tiere, der Pflanzen und der Erde. Es müsse eine der Allgemeinen Erklärung der Menschenrechte von 1948 entsprechende Kodifizierung der Rechte der Erde und der Tiere und Pflanzen verabschiedet werden. Ein Tier sei keine Sache und kein Produkt, sondern ein Lebewesen eigenen Rechtes. Die Rechte der nichtmenschlichen Geschöpfe könnten vertreten und durchgesetzt werden, wenn für sie in menschlichen Gerichten Vormünder und Treuhänder bestellt würden (zitiert nach agu S. 20). – *Gotthard M. Teutsch* verweist auf den Gleichheitsgrundsatz, wonach alle Objekte der Gerechtigkeit im Hinblick auf das an ihnen Gleiche gleich und nur hinsichtlich des an ihnen Verschiedenen entsprechend verschieden zu behandeln sind. Nachdem die Tiere in die Humanität einbezogen seien (s. Rn. 10) und es Humanität ohne Gerechtigkeit nicht geben könne, müssten sie auch als Objekte der Gerechtigkeit in diesen Gleichheitsgrundsatz einbezogen werden. Damit aber könne eine Ungleichbehandlung von Tieren bei der Zufügung von Schmerzen und Leiden grundsätzlich nur mit entsprechenden Unterschieden in der Schmerz- und Leidensfähigkeit zwischen Mensch und Tier begründet werden, nicht dagegen mit Unterschieden in der Fähigkeit zum Denken, Sprechen, rationalen Handeln usw. (vgl. *Teutsch/v. Loeper* u.a. S. 20).

10 Den Begriff der **Mitgeschöpflichkeit** hat 1959 der Zürcher Theologe *Fritz Blanke* geprägt, um damit den traditionellen Begriff der Mitmenschlichkeit in den umfassenden Schöpfungszusammenhang zu bringen (vgl. EKD-Texte 41 S. 3). *Blanke* ging es darum, zu verdeutlichen, dass eine Reduktion der Humanität auf bloße Mitmenschlichkeit ethisch nicht vertretbar sei, weil auch die Tiere in das christliche Gebot der Nächstenliebe einbezogen seien. Mitgeschöpflichkeit bedeute „die Wiedereröffnung eines zu eng gezogenen Kreises, die Einbettung der Nächstenliebe in den größeren Zusammenhang aller Geschöpfe" (*Blanke* S. 193ff.).

11 **Allgemeine Aussagen und Stellungnahmen von Kirchenleitungen, Synoden u.Ä.** „Im biblischen Verständnis schließt das Beherrschen die Verantwortung für die Be-

herrschten mit ein. Dies gilt auch und gerade für das Verhältnis des Menschen zu seinen Mitgeschöpfen" (Deutsche Bischofskonferenz, ‚Zukunft der Schöpfung – Zukunft der Menschheit', 1980, zitiert nach EKD-Texte 41 S. 31). – „Wir Menschen sind vom Schöpfer berufen, als seine Beauftragten der Welt in Ehrfurcht vor dem Geschaffenen zu begegnen, sie zu gestalten, zu nutzen und ihrer Erhaltung zu dienen. In dieser Bestimmung zeigt sich die Würde des Menschen und zugleich seine Begrenzung ... Wie wenig aber die Tiere menschlicher Willkür freigegeben werden, sieht man auch daran, dass der erste Schöpfungsbericht Mensch und Tier nur vegetarische Nahrung zuweist ... Dem Tier eignet durch das von Gott gegebene Leben ein Eigenwert vor Gott, den der Mensch zu respektieren hat" (Gemeinsame Erklärung des Rates der EKD und der Deutschen Bischofskonferenz, ‚Verantwortung wahrnehmen für die Schöpfung', 1985, zitiert nach *Gottwald* S. 30–32). – „Alle Mitgeschöpfe haben ihren eigenen Wert, der darin begründet liegt, dass sie von Gott gewollt sind ... Tierquälerei, aus welchen Motiven auch immer, muss stärker als bisher geächtet werden. Artgerechte Tierhaltung ist zu fördern. Nicht artgerechte Massentierhaltung soll schrittweise verboten werden, weil sie nicht nur erhebliche Leiden für die Tiere mit sich bringt, sondern auch die Umwelt beeinträchtigt" (Arbeitsgemeinschaft christlicher Kirchen, ‚Erklärung von Stuttgart', EKD-Texte 27, Hannover 1989). – „Das neue Testament und insbesondere die paulinischen Briefe ... haben die gesamte Kreatur und Lebenswelt im Blick ... Aber wie es im menschlichen Leben Anfänge und Vorzeichen der kommenden Erlösung gibt, so kann die neue Schöpfung auch in der gesamten Lebenswelt durch entsprechendes Handeln und Verhalten der Menschen zeichenhaft sichtbar werden ... Eingriffe in fremdes Leben sind nicht selbstverständliches Recht des Menschen, sondern bedürfen einer ausdrücklichen Rechtfertigung ... Die Tötung außermenschlichen Lebens ist auf die Deckung des Lebensbedarfs und die Abwehr von Gefahren zu beschränken ... Bei jeder umweltpolitisch relevanten Entscheidung ist abzuwägen zwischen dem Nutzungsinteresse des Menschen und dem Eigenwert des betroffenen außermenschlichen Lebens; gerade auf die Nötigung zu dieser Abwägung kommt es an" (Gemeinsame Erklärung des Rates der EKD und der Deutschen Bischofskonferenz, ‚Gott ist ein Freund des Lebens', Gütersloh 1989). – „Das Ethos der Mitgeschöpflichkeit ist ein Ethos stetiger, beharrlicher Gewaltverminderung, das nie zur Ruhe kommen kann" (Kirchenleitung der NEK 1998, zitiert nach AKUT-Texte S. 38, 40).

Als **Prinzipien der christlichen Tierethik** gelten demnach: Die Anerkennung des Eigenwertes und damit der geschöpflichen Würde der Tiere; die Einbeziehung der Tiere in die biblischen Gebote zu Gerechtigkeit, Humanität, Barmherzigkeit und Nächstenliebe iS der „Wiedereröffnung eines zu eng gezogenen Kreises" (s. Rn. 10); die „Nötigung zur Abwägung", was die Pflicht zur vollständigen Ermittlung, Berücksichtigung und fairen Gewichtung aller abwägungsrelevanten Gesichtspunkte einschließt (s. auch § 1 Rn. 51, 52); die ethische Relevanz auch solcher Schmerzen und Leiden, die zwar nicht nachgewiesen, aber wahrscheinlich sind (vgl. EKD-Texte 41 S. 17, 20); dass der Mensch nur dann im Einklang mit seiner eigenen Würde handelt, wenn er auch die Natur mit Humanität behandelt (vgl. EKD-Texte 41 S. 28); dass Tötungen nicht selbstverständlich, sondern nur ausnahmsweise und nur zur Deckung des Lebensbedarfs und zur Abwehr von Gefahren vorgenommen werden dürfen (vgl. die gemeinsame Erklärung ‚Gott ist ein Freund des Lebens', 1989). 12

Konkretisierende Aussagen zu diesen Prinzipien finden sich in zahlreichen Verlautbarungen und Stellungnahmen von Kirchenleitungen, Synoden und Ausschüssen. Einige Auszüge, geordnet nach Sachgebieten: – **Nutztierhaltung:** „Es genügt im Blick auf die Nutzung von Tieren nicht, Tierquälerei zu unterlassen ... Schon die bloße Wahrscheinlichkeit haltungsbedingter Schmerzen oder Leiden macht schonendere Haltungsformen zur Pflicht" (EKD-Texte 41 S. 17). „Die landwirtschaftliche Tierhaltung ist durch Einführung entsprechender Abgaben, die ethisch, ökologisch und volkswirtschaftlich begründbar sind, auf Bestandsgrößen und Haltungssysteme einzuschränken, die eine artgemäße Betreuung und damit einen verantwortungsvollen Umgang mit den Nutztieren erlauben. 13

Betriebe mit Tierbeständen, die flächenunabhängig gehalten werden, sollten gegenüber anderen stärker durch Abgaben belastet werden … Die Einsicht, dass eine Veränderung nur durch ein gemeinsames Vorgehen aller EG-Länder herbeigeführt werden kann, darf in unserem Lande nicht als Alibi dienen, abzuwarten und notwendige Schritte hinauszuzögern" (Kammer der EKD für soziale Ordnung: Denkschrift ‚Landwirtschaft im Spannungsfeld zwischen Wachsen und Weichen, Ökologie und Ökonomie, Hunger und Überfluss', Gütersloh 1984). „Die Intensivhaltung von Tieren in großer Zahl auf engstem Raum stellt bei der gegenwärtig gängigen Praxis eine tiefe Verletzung der Mitgeschöpflichkeit dar, weil sie nicht tier- bzw. artgerecht vollzogen werden kann … Käfighaltung bei Geflügel sollte verboten werden, ebenso Kasten- und Dunkelhaltung bei Mastvieh und bestimmte Formen der Spaltenboden- und Anbindehaltung" (Kirchenleitung der NEK 1998, zitiert nach AKUT S. 38, 42; ähnlich auch die Landessynode der Evang.-Luth. Kirche in Bayern, ‚Erklärung zum Tierschutz' 1996; vgl. auch Kirchenleitung der NEK 2005, 27: „Entflechtung der Funktionsbereiche Fütterung, Ausruhen und Fortbewegung"). „Die Tiere leiden, wenn sie auf zu engem Raum oder in ständiger künstlicher Atmosphäre eingesperrt sind. Wirtschaftliche Überlegungen sind keine Begründung für eine solche Tierhaltung" (Kardinal *Joseph Höffner* Weltbild 8/83). „Menschen müssen Nutztieren eine artgemäße Umwelt sichern und sie vor der Gefahr bewahren, unnötige Leiden oder Gewalt zu erfahren. Dieser Anspruch verleiht den artspezifischen Bedürfnissen von Tieren den Vorrang vor kommerziellen Gesichtspunkten. Die Ethologie als Lehre vom Verhalten der Tiere liefert längst zahlreiche Erkenntnisse, die in der Praxis für eine artgemäße Tierhaltung angewandt werden müssten. Ihre Umsetzung wird vor allem durch Bedenken verhindert, die in den möglicherweise höheren Kosten oder größerem Arbeitsaufwand begründet sind … Das Töten und Schlachten ist nach Grundsätzen durchzuführen, die von der Würde der Kreatur statt von Rentabilitätsgesichtspunkten geprägt sind." (Evang. Akademie Arnoldshain, ‚Arnoldshainer Tiererklärung' 1997, zitiert nach agu S. 30). – **Rinder:** „In der intensiven Bullenmast stellen die häufig noch üblichen 2 m^2 pro Tier in der Box ein nicht am Tierverhalten orientiertes Minimum dar. Die neuen Förderrichtlinien für Stallbauten sehen für Mastrinder 3,5 m^2 (und bei einem Lebensgewicht von über 350 kg sogar 4,5 m^2) vor, was sicher tiergerechter ist" (Kirchenleitung der NEK 2005, 31). – **Schweine:** „Die Haltungsbedingungen sollten den Verhaltensweisen der Tiere Rechnung tragen. Die gängige konventionelle Haltung der Mastschweine in Buchten auf Vollspalten mit wenig Spielmöglichkeiten weist hier deutliche Defizite auf. Ausreichend Platz zur Einhaltung eines Individualabstandes ist vielfach nicht vorhanden. Eine herabhängende Kette kann dem ausgeprägten Spieltrieb nicht genügen … In neueren Stallkonstruktionen mit einer Einteilung in 1/3 Ruhezone mit Einstreu und 2/3 Vollspalten wird dem Bewegungsdrang der Tiere Rechnung getragen … Die Strukturierung des Raumes durch Einstreu ist eine deutliche Verbesserung. Sie schont die Gelenke der Tiere, trägt dem Spiel- und Erkundungstrieb Rechnung und beugt Beißereien vor … Antibiotika als generelle Krankheitsvorbeugung und als Masthilfe sollten verboten werden" (Kirchenleitung der NEK 2005 33). – **Hühner:** „Dennoch dürfen und wollen wir nicht aus den Augen verlieren, dass Hühner Mitgeschöpfe sind. Sie brauchen einen ihrer Art gemäßen offenen Auslauf, wo sie scharren und kratzen können, wie es der natürlichen Suche nach Nahrung entspricht. Sie brauchen Platz, wo sie im Sand baden können. Das Bad des Huhnes ist für sein Wohlbefinden und Hygiene wichtig. Zum Schlafen möchten sie aufbaumen. Der Schlafplatz sollte also erhöht und entsprechend einem Baum gestaltet sein. Der Nistplatz muss dem Bedürfnis nach Schutz und Nest entsprechen" (Kirchenleitung der NEK 2005, S. 35). – **Eingriffe:** „Daraus ergeben sich auch die Forderungen, die übliche Amputationspraxis weiter zu beschränken und das betäubungslose Kastrieren zu verbieten" (EKD-Texte 41 S. 17). „In Norwegen ist die betäubungslose Kastration von Schweinen mittlerweile verboten" (Kirchenleitung der NEK 2005, S. 33). – **Tierversuche:** „Die Zahl der Tierversuche muss so weit wie möglich gesenkt werden. Darum sind der Einsatz von Ersatzmethoden und die Forschung daran voranzutreiben. Vor allem müssen in der Genehmigungspraxis entschieden höhere Anforderungen an den Versuchszweck gestellt werden als bisher ... Schmerzen und Leiden müssen auf das unvermeidliche Maß eingeschränkt werden. Es werden immer noch zu viele und zu sensible Tiere eingesetzt ... Eine bereits als wahrscheinlich anzunehmende Schmerz- und Leidensfähigkeit ist ethisch relevant" (EKD-Texte 41 S. 19, 20). „Jeder Tierversuch bringt für Tiere Gefangenschaft und oft Ängste, Schmerzen und häufig extremes Leid mit sich. Wir schließen uns der Auffassung an, dass bereits eine als wahrscheinlich anzunehmende Schmerz- und Leidensfähigkeit von Tieren für entsprechende Experimente ethisch relevant ist ... Noch immer werden unter dem Vorwand der ‚Grundlagenforschung' viele der Öffentlichkeit nicht mehr vermittelbare grausame Tierexperimente vollzogen ... Eine besondere ethische Herausforderung stellen die Versuche an Affen dar. Die Primaten sind uns Menschen in vielfacher Hinsicht nahe verwandt. In jedem Falle sind sie hochsensible, schmerz- und leidensfähige Mitgeschöpfe ... Wir halten es für geboten, zu einer Ächtung von Versuchen an Primaten zu gelangen, die mit körperlichen Qualen und seelischen Leiden für diese Tiere einhergehen" (Kirchenleitung der NEK 1998, zitiert nach AKUT S. 38, 44). „An narkosefähigen und narkosebedürftigen Tieren sollten Versuche und Eingriffe ausnahmslos unter Betäubung vorgenommen werden; anderenfalls wird das Prinzip der Mitkreatürlichkeit der Tiere preisgegeben" (EKD, Stellungnahme vom 22. 10. 1985 zum ÄndG 1986, BT, Ausschuss für Ernährung, Landwirtschaft und Forsten, Ausschuss-Drucks. 10/165). „Durch gesetzliche Regelungen sollten Doppelversuche vermieden werden, die auf fehlendem Austausch von Informationen über Forschungsvorhaben und Forschungsergebnisse beruhen (Kommissariat der Deutschen Bischöfe, Stellungnahme vom 22. 10. 1985 zum ÄndG 1986, BT, Ausschuss für Ernährung, Landwirtschaft und Forsten aaO). – **Schlachtung:** „Es spricht vieles dafür, von der Gesundheit des einzelnen bis zur Welternährungslage, den Fleischkonsum pro Kopf in den Industrieländern zu senken ... Die Lebensbedingungen in der Massentierhaltung erfordern häufig den Einsatz von Medikamenten, zB Antibiotika, Hormone, Psychopharmaka, die wir, zumindest in Form ihrer Rückstände, im Fleisch oder in den übrigen tierischen Erzeugnissen der Massentierhaltung zu uns nehmen. Zusätzlich hat der menschliche Fleischkonsum noch eine weltweite Dimension. Denn aus 10 kg Getreide, das viele Hungernde satt machen könnte, kann nur 1 kg Rindfleisch erzeugt werden. Der Kalorienumsatz beträgt beim Schwein 3:1, bei Eiern 4:1, bei Hühnerfleisch sogar 12:1. Direkt verwendet bieten Getreide- und andere Feldfrüchte also die vielfache Menge an Nahrung. Erst die massiven Futtermittelimporte aus Ländern der Dritten Welt (ca. 23 Mio. Tonnen pro Jahr, darunter ein erheblicher Anteil an Fischmehl) ermöglichen die immense Fleischproduktion der EU. Gleichzeitig sterben laut UNICEF jährlich etwa 40 000 Kinder, weil ihnen Pflanzen und Fische fehlen, die als Futtermittel exportiert wurden" (Kirchenleitung der NEK 1998, zitiert nach AKUT aaO; vgl. auch Kirchenleitung der NEK 2005 S. 54: „Der Aufwand für die Produktion einer tierischen Kalorie ist im Durchschnitt sieben mal so hoch wie der einer pflanzlichen Kalorie"). „Der Druck kostengünstiger Leistung diktiert das Tempo des Durchlaufs in den Schlachthäusern, und zwar auch bei der Betäubung. Sie müsste eigentlich besonders schonend und sorgfältig vorgenommen werden und verlangt ein hohes Maß an Aufmerksamkeit und Präzision. Über längere Zeitabschnitte ist dies aber nicht durchzuhalten. ‚Pannen' sind bei der Arbeit in den Schlachthäusern unvermeidbar und gehen zulasten der Tiere. Das gilt besonders häufig für die vollautomatisierte Geflügelschlachtung ... Auf der strukturellen Ebene können die Anforderungen an Haltung, Transport und Schlachtung der Tiere so verschärft werden, dass Fleisch erheblich teurer wird und der Preis in stärkerem Maß eine regulatorische Funktion erhält." (EKD-Texte 41 S. 16). „Das Töten und Schlachten ist nach Grundsätzen durchzuführen, die von der Würde der Kreatur statt von Rentabilitätsgesichtspunkten geprägt sind" (Evang. Akademie Arnoldshain, zitiert nach AKUT S. 69, 72). – **Transporte:** „Jeder Transport ist für ein Tier eine große Belastung: Die Vibration, die Beschleunigungs- und Bremsmanöver, der Geräuschpegel, die wechselnden Lichtverhältnisse, mangelnde (Luft-) Versorgung und

Bewegungslosigkeit ... Wir unterstützen eine weitere Minimierung der Transportzeiten, möglichst nur noch bis zum nächsten Schlachthof" (Kirchenleitung der NEK 1998, zitiert nach AKUT S. 38, 43). „Die derzeitige Krise (BSE) zeigt, wie schnell sich Seuchen ausbreiten können, wenn Tiere ständig unter zum Teil unzumutbaren Umständen quer durch Europa transportiert werden. Die Verzweckung von Tieren, die Mitgeschöpfe des Menschen sind, hat ein Ausmaß erreicht, das nicht mehr hingenommen werden kann" (Kardinal *Karl Lehmann*, Vollversammlung der Deutschen Bischofskonferenz, März 2001, zitiert nach *Gottwald* S. 57). – **Züchtung:** „Gesundheit und Wohlbefinden der Tiere dürfen nicht beeinträchtigt werden ... Die selbständige Lebensfähigkeit der Tiere, auch in natürlicher Umgebung, muss gewährleistet bleiben" (EKD-Texte Nr. 41 S. 18). „Generell gilt, dass robuste Nutztierarten, die nicht zu einseitig auf Hochleistung gezüchtet sind, weniger stress- und krankheitsanfällig sind; sie brauchen weniger technische Ausrüstung (künstliche Klimate), weniger Fremdfutter, weniger Medikamente" (Kirchenleitung der NEK 2005 S. 28). „Die Kehrseite eines so hohen Leistungspotenzials liegt in einer höheren Krankheitsanfälligkeit der Tiere und Bestände. Insgesamt dient die Intensivtiernutzung einem extrem hohen Pro-Kopf-Verbrauch tierischer Produkte, der auch aus gesundheitlichen Gründen zu hinterfragen ist" (Kirchenamt der EKD und Sekretariat der Deutschen Bischofskonferenz, ‚Neurorientierung für eine nachhaltige Landwirtschaft', 2003, zitiert nach *Gottwald* S. 59). „Bei den patentierbaren sog. Krankheitsmodelltieren wird bewusst, beliebig wiederholbar, krankes Leben erzeugt. Wir stellen fest, dass der Gedanke der Mitgeschöpflichkeit auf solche Verfahren nicht mehr anwendbar ist ... Die Herstellung transgener Tiere zu Transplantationszwecken dispensiert den Gedanken der Mitgeschöpflichkeit völlig" (Kirchenleitung der NEK 1998, zitiert nach AKUT S. 38, 45). – **Jagd:** „Jagd ist ethisch nur als naturnahe Hegejagd nach Abschussplan zur Regulierung des ökologischen Gleichgewichts durch Reduktion des Bestandes zu verantworten ... mit möglichst geringer Beunruhigung des Wildes. Vom Bejagen bedrohter Tierarten ist völlig Abstand zu nehmen. Unvertretbar ist die systematische Bejagung von Tierarten, die als Jagdkonkurrenten verbleiben, um so den Regulierungsauftrag des Jägers möglichst ungeschmälert zu erhalten ... Das Aufscheuchen der Tiere, zB bei der Treibjagd auf Niederwild, versetzt sowohl das zu jagende als auch das übrige Wild in Aufregung und Angst. Panisch fliehende Tiere sind jedoch ... nur schwer sicher und schmerzlos zu töten. Angeschossene Tiere werden häufig bei der ‚Nachsuche' in ihrem Versteck nicht gefunden und verenden, wie in Fallen, langsam und qualvoll. Fallenjagd zur Dezimierung von Raubwild verstößt nach Meinung vieler gegen Tierschutzbestimmungen. Außerdem geraten immer wieder Fehlfänge, darunter auch gefährdete Tierarten, in die aufgestellten Fallen ... Auch Lebendfallen, in denen das Tier nicht getötet wird, sind vom tierschützerischen Standpunkt keinesfalls unbedenklich. Denn Tiere in Lebendfallen sind extremem Stress ausgesetzt. Sie leiden Todesangst, Hunger und Durst" (Kirchenleitung der NEK 1998, zitiert nach AKUT S. 38, 46, 53). Für nicht vertretbar wird auch gehalten, leergeschossene Reviere durch importierte Wildfänge aus anderen Ländern oder durch gezüchtete und kurzfristig ausgewilderte Tiere zur Jagdsaison „aufzufüllen" (EKD-Texte 41 S. 21). – **Pelzgewinnung:** „Das Ethos der Mitgeschöpflichkeit wird missachtet durch die Massenhaltung von Pelztieren unter nicht artgerechten Bedingungen zur Gewinnung heute überflüssiger Pelzbekleidung" (Kirchenleitung der NEK 1998, zitiert nach AKUT S. 38, 47). „Die Notwendigkeit, sich hierzulande ausgerechnet mit Hilfe von Pelzbekleidung gegen Kälte zu schützen, besteht nicht mehr ... Es ist nicht einzusehen, warum Säugetiere, wenn sie wirtschaftlich genutzt werden, wesentlich schlechter untergebracht werden dürfen als bei der Gehegehaltung im Zoo. Die Verteuerung der Pelztierhaltung ist ein erwünschter Nebeneffekt" (EKD-Texte 41 S. 22). – **Tötung von Tieren als Freizeitbeschäftigung:** „Die große Mehrheit der Schützen schießt heute nicht mehr auf Lebewesen, sondern auf Papierscheiben oder Tontauben und trägt so auch ihre Wettkämpfe aus ... Daraus ergibt sich die Anfrage an die Sportangler, warum sie, anders als die Schützen, nur zu einem kleinen Teil den möglichen Weg der Sublimierung, d.h. der Umorientierung ihrer Aktivitäten gegangen sind" (EKD-Texte 41 S. 23). – **Produktkennzeichnung:** „Mit dem Kriterium der Tiergerechtigkeit wird beschrieben, in welchem Maß bestimmte Haltungsbedingungen dem Tier die Voraussetzungen zur Vermeidung von Schmerzen, Leiden oder Schäden sowie zur Sicherung von Wohlbefinden bieten. Anhaltspunkte hierzu können sein: Ruhe-, Ausscheidungs-, Ernährungs-, Fortpflanzungs-, Fortbewegungs-, Sozial-, Erkundungs- und Spielverhalten. Den Kriterien, die sich auf diese Aspekte beziehen, muss in Zukunft bei Zertifizierungs- und Genehmigungsverfahren unbedingt Rechnung getragen werden" (Kirchenamt der EKD und Sekretariat der Deutschen Bischofskonferenz aaO, zitiert nach *Gottwald* S. 61).

III. Tierethik in der Philosophie

Denker, die den Tieren einen **moralischen Status abgesprochen** haben, hat es in der Vergangenheit nicht wenige gegeben. Einige seien genannt: Nach *Platon* ist der Mensch um seiner Vernunft willen mehr wert als das „zum Boden gebeugte Vieh" (zitiert nach *Bregenzer* S. 186). – *Aristoteles* war zwar der Überzeugung, dass auch die Tiere eine empfindende Seele hätten („anima vivificans"), räumte ihnen aber ebenso wenig wie Sklaven und Kindern ein Recht ein, denn „es gibt ja doch keine Ungerechtigkeit in Bezug auf das, was schlechthin unser eigen ist" (zitiert nach *Sambraus* S. 3). – Der Epikuräer *Hermarchos* argumentierte, dass von einem Recht der Tiere gegen den Menschen nur dann die Rede sein könnte, wenn die Tiere auch fähig wären, mit uns Verträge zu schließen (vgl. *Bregenzer* S. 188). – Die Stoiker anerkannten zwar das Prinzip der Humanität, das sie aber nicht auf die Tiere ausdehnten; auf der Grundlage der Apathie als stoischem Ideal wurde von ihnen das Mitleid als unwürdiger Affekt verworfen (vgl. *Bregenzer* aaO). – Der Kirchenlehrer *Origines* war der Meinung, dass Tiere weder Verstand noch Willen hätten und bei ihnen alles auf einem Mechanismus beruhe, mit welchem die Natur sie begabt habe; hieraus folge, dass sie bloße Sachen und der Willkür des Menschen unterworfen seien (vgl. *Erbel* DVBl. 1986, 1235, 1241). – Von *Augustinus* wurde das biblische Tötungsverbot modifiziert: Es finde keine Anwendung auf Bäume, weil diese keine Empfindung hätten, noch auf Tiere, „weil wir mit ihnen keine Gemeinschaft haben" (zitiert nach *J. C. Wolf* S. 9, 10). – *Descartes* setzte im Gegensatz zu *Aristoteles* die Seele mit Vernunft bzw. Denken gleich und sprach sie den Tieren vollständig ab; Beweis sei, dass sie sich nicht sprachlich äußern und kommunizieren könnten. Tiere seien nur gefühl- und seelenlose Reflexautomaten, die weder über eine Geistestätigkeit noch über ein subjektives Empfinden und eine Schmerzfähigkeit, wie sie dem Menschen eigen sei, verfügten (vgl. *Caspar* Tierschutz S. 59). – *Spinoza* leitete aus der tatsächlichen Überlegenheit des Menschen dessen Recht ab, Tiere so zu behandeln, wie es ihm am besten passe (vgl. *Bregenzer* S. 193). – Von *J. M. Darmanson* wurde die Argumentation gegen die Existenz einer Tierseele besonders zugespitzt: Wären die Tiere keine Automaten, dann wäre Gott weder gütig, noch weise, noch gerecht, da er zuließe, dass sie den Grausamkeiten der Menschen ausgeliefert seien und ihre Seelen mit dem Tod vernichtet würden (vgl. *Ritter/Gründer/Gabriel* S. 1208). – *Hobbes* sprach den Tieren die Rechtsfähigkeit mit der Begründung ab, dass sie vernunft- und sprachlos seien und deshalb keine Verträge schließen könnten; im Naturrecht dürfe man andere Menschen unterjochen; auch Kinder seien Eigentumsobjekte; umso mehr also dürfe man Tiere töten und von ihnen Gebrauch machen (vgl. *Bregenzer* S. 197). Ebenso sah *Fichte* das Tier nur als verfügbares Eigentum des Menschen an und erklärte es im Übrigen für völlig belanglos (vgl. *Teutsch*, Lexikon, Stichwort ‚Kantische Position'). – Zusammenfassend und vereinfachend kann man die ethischen Konzeptionen, die eine Einbeziehung der Tiere in die Moral ablehnen, auf zwei Denkrichtungen zurückführen: Zum einen auf einen ethischen Naturalismus, der von einem Sein (nämlich von den überlegenen Fähigkeiten des Menschen und seiner Möglichkeit, die Tiere zu beherrschen) auf ein Sollen (nämlich auf die moralische Berechtigung, von dieser Überlegenheit 14

Gebrauch zu machen und das unter den übrigen Lebewesen praktizierte „Recht des Stärkeren" anzuwenden) schließt; zum anderen auf einen rein anthropozentrisch ausgerichteten Humanismus, der dem Menschen als Vernunft- und Kulturwesen einen den anderen Lebewesen qualitativ übergeordneten Wert beimisst und daraus die Rechtfertigung ableitet, Pflichten gegenüber dem Tier abzulehnen und es vollständig den menschlichen Zwecken und dem menschlichen Nutzen unterzuordnen (vgl. *Leondarakis* S. 40, 41).

15 Einen **indirekten, anthropozentrischen Tierschutz** vertrat ***Kant*:** Weil den Tieren die Vernunft fehle, seien sie nicht Träger eigener, moralischer Rechte; gleichwohl sei Grausamkeit gegenüber Tieren abzulehnen, weil diese das Mitgefühl im Menschen abstumpfe und ihn so auch gegenüber menschlichem Leid unempfindlich mache (vgl. *U. Wolf* S. 33 ff.).

16 **Positive Vordenker** eines **direkten, ethischen Tierschutzes** gibt es ebenfalls schon seit der Antike (speziell zu den Vertretern der christlichen Tierethik s. Rn. 9). So forderte *Pythagoras* wegen der Verwandtschaft alles Lebendigen auch das Mitleid mit den Tieren ein, ebenso wie die humane Behandlung der Sklaven und die Gleichstellung der Frau (vgl. *Teutsch* in: *Händel* Tierschutz S. 44). – Die durch *Heraklit* begründete realistische oder sensualistische Richtung der griechischen Philosophie bejahte auf Grund der Wesensgleichheit oder –ähnlichkeit ein sittliches Verhältnis zwischen Mensch und Tier (vgl. *Bregenzer* S. 185) – *Xenokrates* überlieferte die alten Gesetze von Eleusis: „Ehre deine Eltern; opfere den Göttern Früchte der Erde; schädige kein Tier" (*Teutsch* aaO). – Empedokles riet dem Menschen, sich aller Verletzung des Lebens seiner Mitgeschöpfe zu enthalten (vgl. *Erbel* DVBl. 1986, 1235, 1241) – *Demokritos* schränkte das allgemeine Tötungsverbot ein: Menschen und Tiere seien zwar wesensgleich; aber so, wie man einen Räuber und im Krieg die Feinde töten dürfe, sei es auch erlaubt, schädliche Tiere zur eigenen Sicherheit zu töten (vgl. *Bregenzer* S. 186). – *Plutarch* forderte dazu auf, barmherzig gegen andere lebende Wesen zu sein, „und sei es auch nur, um Barmherzigkeit gegen die Menschheit zu lernen" (*Teutsch* aaO). – Vom römischen Juristen *Ulpian* ist eine weite, auch die Tiere einschließende Definition des Naturrechts überliefert, die in Iustinians Corpus iuris civilis Eingang gefunden hat: „Naturrecht ist dasjenige Recht, das die Natur allen Lebewesen zugesprochen hat" (vgl. *Ritter/Gründer/Gabriel* S. 1218). – *Montaigne* vertrat die Ansicht, nicht Wissen, sondern bloßer Eigendünkel veranlasse den Menschen, sich von der übrigen Schöpfung abzusondern und den Tieren willkürlich nichts mehr an Fähigkeiten zuzuschreiben, als ihm selber gut dünke. Er forderte, die Gleichheit zwischen Mensch und Tier anzuerkennen (vgl. *Ritter/Gründer/Gabriel* S. 1206, 1207). – *Tryon* betrachtete die Tiere als Mitgeschöpfe und sprach, vermutlich als erster, von ihren natürlichen „rights and privileges" auf Leben und gute Behandlung (vgl. *Ritter/Gründer/Gabriel* S. 1217). – *Jean-Jacques Rousseau* formulierte: „Wenn ich verpflichtet bin, meinen Mitmenschen kein Leid zuzufügen, so geschieht dies weniger, weil sie vernünftige Wesen, sondern vielmehr, weil sie empfindende Wesen sind. Da nun Menschen und Tiere das gleiche Empfindungsvermögen haben, kommt ihnen auch das Recht zu, sich nicht vom anderen unnütz misshandeln und quälen zu lassen." Die Tiere müssten an dem „natürlichen Recht" Anteil haben, und der Mensch müsse ihnen gegenüber gewisse Pflichten beachten. Nur dann, wenn seine Erhaltung auf dem Spiel stehe, habe er das Recht, sich selbst den Vorrang zu geben" (zitiert nach *Sambraus* S. 4). – *Leibniz* billigte auch Tieren eine Seele zu und konnte sich Rechte von Tieren im Wege der Analogie vorstellen (vgl. *Bregenzer* S. 196). – Für *Herder* war das eigentliche Moralprinzip die Humanität iS der universalen christlichen Bruderliebe, welche nicht nur alle Menschen einschließlich der Naturvölker, sondern namentlich auch die Tiere „als des Menschen ältere Brüder" einschließe. Aus den Vorzügen des Menschen (Vernunft, Willensfreiheit, Religion und Sittlichkeit) leitete er im Gegensatz zu *Spinoza* kein Recht zur Ausbeutung, sondern eine Pflicht zur Vormundschaft ab (vgl. *Bregenzer* S. 201, 202). – *Goethe* hob ebenfalls die animalische Wesensverwandtschaft mit den Tieren hervor und dichtete: „Wer Tiere quält, ist unbeseelt, und Gottes guter Geist ihm fehlt; mag noch so vornehm drein er schauen, man sollte niemals ihm

vertrauen" (zitiert nach *Erbel* DVBl. 1986, 1235, 1241). – *Jeremy Bentham* argumentierte gemäß der Grundposition des Utilitarismus, der auf das Wohlergehen aller (oder jedenfalls möglichst vieler) empfindungsfähiger Wesen und somit auch der Tiere bedacht ist: „Warum sollte das Gesetz irgend einem empfindungsfähigen Wesen seinen Schutz versagen? Es wird so weit kommen, dass der Mantel der Menschlichkeit alles umfängt, was atmet" (zitiert nach *Teutsch* Würde S. 6). Auch Tiere hätten Interessen, und der Tag werde kommen, an dem in ähnlicher Weise wie den Sklaven auch den Tieren jene Rechte zugestanden würden, die ihnen bisher mit tyrannischer Hand verwehrt worden seien. Der Grund, ihnen diese Rechte noch länger zu verweigern, könne nicht der sein, dass ihnen die Vernunft fehle. Denn: „Die Frage ist nicht: Können sie denken? Können sie sprechen? Sondern: Können sie leiden?" (zitiert nach *U. Wolf* S. 44). – *Artur Schopenhauers* Kritik an der cartesischen und kantischen Auffassung vom Tier als bloßer Sache wird allgemein als Grundlage des modernen Tierschutzgedankens angesehen (vgl. *Ritter/Gründer/Gabriel* S. 1219). Es wird angenommen, dass „die Bundesrepublik Deutschland mit dem Tierschutzgesetz von 1972 den Ansichten *Schopenhauers* gefolgt ist" (*Sellert* in: *Meyer/Röhrs* S. 66, 84). Der Philosoph geht von einer grundsätzlichen Wesensgleichheit von Mensch und Tier aus, denn beide hätten den Willen zum Leben und Überleben. Der Mensch unterscheide sich vom Tier nur sekundär, nämlich durch einen graduellen Unterschied in der Intelligenz und einen anderen Grad der Erkenntniskraft. Aus dieser Verschiedenheit ergebe sich jedoch kein höherer Wert des Menschen. Vielmehr genieße das Tier auf Grund seiner primären Wesensgleichheit mit dem Menschen den Schutz der Moral. Als Fundament der Moral sieht *Schopenhauer* das Mitleid, welches als allgemeine Maxime ausgibt, niemandem ein Leid zuzufügen. In der vermeintlichen Rechtlosigkeit der Tiere erblickte er eine „empörende Rohheit und Barbarei (vgl. *Leondarakis* S. 26). – Der Jurist *Karl Christian Friedrich Krause* hat schon im 19. Jahrhundert ein System der Tierrechte aufgestellt, weil alles, was Seele habe, auch ein Recht haben müsse (Recht auf Wohlbefinden, auf Schmerzlosigkeit, auf die erforderlichen Nahrungsmittel). Das Menschenrecht stufte er als höher ein und grenzte es im Wege der Abwägung zu den Tierrechten ab (*Krause*, System der Rechtsphilosophie 1874, S. 244 ff.). – *Henry Salt* verwies auf die von Darwins Evolutionstheorie reich dokumentierte Verwandtschaft aller Lebewesen und erblickte in den empfindungsfähigen Tieren zumindest Ansätze von Individualität. Deswegen seien sie auch Selbstzwecke und nicht bloß Mittel und Werkzeuge für den menschlichen Gebrauch. Wesen mit Selbstzweck dürften nie nur als Mittel, sondern müssten immer auch als Zwecke beachtet werden (vgl. *J. C. Wolf* S. 15). – *Leonard Nelson* lehnte insbesondere die auf *Kant* zurückgehende „Symmetrie-Argumentation" (dass nur Rechte haben könne, wer auch befähigt sei, Pflichten bewusst wahrzunehmen und zu erfüllen) scharf ab. Zwar müsse jedes Pflichtsubjekt notwendig auch ein Rechtssubjekt sein, nicht aber umgekehrt ein Rechtssubjekt notwendig auch ein Subjekt von Pflichten. „Ein Subjekt möglicher Rechte ist jedes Wesen, sofern es Interessen hat. Es braucht weder das Vermögen zu haben, seinen Interessen gemäß zu handeln, noch auch des Bewusstseins praktischer Gesetze fähig zu sein" (zitiert nach *Caspar* Tierschutz S. 142). – Der französische Jurist *Edouard Engelhardt* verglich die Rechtsposition der Tiere mit der des unmündigen Menschen; im Anschluss an ihn sprach *Pierre Giberne* dem Tier ein Recht auf Freisein von Leiden zu (*Giberne*, La protection juridique des animaux, Montpellier 1931).

In der **Philosophie seit Mitte des 20. Jahrhunderts** gibt es zwar immer noch Stimmen, 17
die die moralischen Pflichten des Menschen gegenüber dem Tier in Frage stellen oder gering schätzen; insgesamt gewinnt man aber den Eindruck, dass sich die Anerkennung von (zumindest moralischen) Tierrechten mehr und mehr durchsetzt. – Für den Sentientismus oder Pathozentrismus (le sens = das Gefühl; pathos = Leiden) ist nicht die Vernunft, sondern die Empfindungsfähigkeit eines Wesens das entscheidende Kriterium dafür, dass es moralisch zählt und direkte Beachtung beanspruchen kann. Alle Wesen, die Empfindungen haben können, besitzen demnach einen moralischen Status, der seinerseits Voraussetzung ist, um Träger zumindest einiger moralischer Rechte zu sein (vgl. *Joel*

Feinberg in: *Birnbacher* S. 140–179; s. auch Rn. 16, *Jeremy Bentham*). – Für *Tom Regan* sind Individuen immer dann Objekte der Moral und damit auch der Gerechtigkeit, wenn sie einen inhärenten Wert besitzen. In Anlehnung an *Kant* knüpft auch er diesen Wert an den Begriff der Autonomie. Im Unterschied zu Kant können aber auch solche Individuen, die nicht über die Vernunftfähigkeit von Personen verfügen, diese Autonomie besitzen, dann nämlich, wenn sie die Fähigkeit haben, Handlungen in Gang zu setzen im Hinblick darauf, dass sie damit ihre Wünsche befriedigen. Diese „Präferenz-Autonomie" kommt allen Wesen zu, die Meinungen, Wünsche, Absichten und einen gewissen Zukunftsbezug haben und damit „Subjekt-eines-Lebens" sind. Dazu gehören zumindest die Säugetiere und die Vögel. Von ihnen postuliert *Regan* deshalb, dass sie denselben inhärenten Wert und damit einen berechtigten Anspruch auf Rücksicht haben (vgl. *U. Wolf* S. 39, 40). – Für *Robert Spaemann* sind Freude und Schmerz, Leiden und Wohlbefinden „Erscheinungsformen von Subjektivität" und gehören damit nicht der Welt der Mittel an, sondern der Welt der Zwecke. Sittlichkeit heiße zuerst und vor allem: freie Anerkennung der Subjektivität, auch dort, wo es nicht die eigene sei. Wo tierische, d.h. apersonale Subjektivität in die Verantwortung des Menschen gegeben sei, da sei es konstitutiv für die Menschenwürde, die freie Anerkennung solcher Subjektivität zu vollziehen. Deshalb sei der Satz „Tierschutz ist Menschenschutz" insofern richtig, als es die Selbstachtung sei, die uns gebiete, das Leben dieser Tiere, wie kurz oder lang es sein mag, artgemäß und ohne Zufügung schweren Leidens geschehen zu lassen. Für *Spaemann* folgt daraus: „Schmerzzufügung bzw. artwidrige Tierhaltung kann nicht gegenüber irgend einem anderen Nutzen des Menschen als dem der Vermeidung vergleichbarer Schmerzen oder der Lebensrettung aufgerechnet werden. Wirtschaftliche Vorteile dürfen hier gar nicht in Anschlag gebracht werden, und wissenschaftliche Forschungsinteressen nur insoweit, als sie unmittelbar auf Lebensrettung oder auf Vermeidung vergleichbarer Schmerzen gerichtet sind." Als weitere Konsequenzen zählt er auf: Unterlassung von Tierversuchen, die nur der größeren Unschädlichkeit von Genussmitteln dienen; Zulassung medizinisch notwendiger Tierversuche nur noch als geduldetes Provisorium, bis ausreichend Ersatzwege zur Verfügung stehen; Abgabe der Entscheidung von Konfliktfällen an neutrale Instanzen überall dort, wo eigene Interessen auf dem Spiel stehen und damit die Gefahr der Befangenheit droht (*ders.* in: *Händel* S. 71, 78ff.). – *Richard Ryder* macht darauf aufmerksam, dass mit der Überlegenheit des Menschen (im Gegensatz zur Auffassung *Spinozas*) eher mehr als weniger Verantwortung verbunden sei, und dass Unterschiede in der Intelligenz, im Kommunikationsvermögen und im geistig-seelischen Entwicklungsstand für die Frage, welche Schmerzen und Leiden man anderen Lebewesen zufügen dürfe, nicht ethisch relevant sein könnten (vgl. *Ryder*, Victims of Science, 1976, S. 14). – *Erich Kadlec* führt aus: „Im Rahmen der natürlichen Ordnung deckt der Mensch seinen Nahrungsbedarf durch Verzehren von Tieren und Pflanzen und nimmt Leistungen von Tieren für sich in Anspruch. Wo jedoch über den Existenzbedarf hinaus Schädigungen erfolgen, fallen sie unter das Verbot" (zitiert nach *Teutsch* Tierversuche Fn. 50). – Für *Günther Patzig* scheint nicht rational begründbar, warum beim Anspruch auf Schmerzvermeidung ein radikaler Unterschied zwischen Menschen und anderen Lebewesen gemacht werden darf, denn Tiere verhalten sich eindeutig so, dass angenommen werden muss, dass auch sie Schmerz und Lust, Behagen und Not, Lebensfreude, Angst und Langeweile empfinden können. Zugleich geht *Patzig* aber davon aus, dass derartige Empfindungen mit der Höherentwicklung der Lebewesen zunehmen. Entscheidend ist für ihn das Potential für Schmerzen und Leiden der einzelnen Arten: „Es ist der qualitative Unterschied menschlicher Leidens- und Schmerzfähigkeit gegenüber dem entsprechenden Potential bei Tieren, der als das wichtigste, ja wohl das einzige rationale Argument für die Ungleichbehandlung von Menschen und Tieren in Frage kommt" (zitiert nach *Korff/Beck/Mikat* S. 542). – *Otfried Höffe* schließt aus der Schmerz- und Angstfähigkeit der Tiere und aus dem „in jeder ethischen Rechtsbetrachtung unbestrittenen" Gleichheitsgrundsatz, dass den Tieren Schmerzen, Leiden und Angst nur „aus ethisch und rechtlich unbedenklichen Entschuldigungs- und

Ausnahmegründen wie zB in Notwehr oder zur veterinärmedizinischen Diagnose und Therapie" zugefügt werden dürften (*ders.* in: *Händel* Tierschutz S. 86). – Für *Jean-Claude Wolf* ist nicht allein das Motiv des Mitleids, sondern in erster Linie die aus dieser Quelle fließende Tugend der Gerechtigkeit maßgebend; letztere aber verbiete dem Menschen nicht nur, seine Vormachtstellung gegenüber dem Tier zu missbrauchen, sondern zwinge darüber hinaus auch zur Anerkennung elementarer Tierrechte (*J. C. Wolf* S. 121, 164).

Die **Tierschutzgesetzgebung** enthält einige **grundsätzliche Wertentscheidungen,** die zT an die in Rn. 11–13 sowie 16, 17 beschriebenen Gedanken anknüpfen. Dazu gehören: **1.** Die Entscheidung für einen direkten, ethischen Tierschutz in § 1 (s. Rn. 21, 22); **2.** der Lebensschutz nach den §§ 1, 17 Nr. 1 (dieser entspricht dem Grundsatz eines ethischen Tierschutzes, vgl. BT-Drucks. 6/2559, zitiert nach *Gerold* S. 46; denn wenn das Tier um seiner selbst willen geschützt werden soll, weil es Träger eines vom menschlichen Nutzungsinteresse unabhängigen, inhärenten Eigenwertes ist, dann muss dieser Wert auch seinem Leben zuerkannt werden); **3.** der Schutz des Wohlbefindens iS des Freiseins von Schmerzen und Leiden und der Schutz der Unversehrtheit iS des Freiseins von Schäden (diese beiden Prinzipien durchziehen fast alle Vorschriften des Gesetzes, besonders aber die §§ 1, 2 Nr. 2 und 17 Nr. 2a und b); **4.** die Anerkennung einer human-analogen Schmerz- und Leidensfähigkeit (vgl. für Wirbeltiere u. a. die §§ 1 S. 2, 2 Nr. 2, 5 Abs. 2 Nr. 1 Alt. 1, 17 Nr. 2a und b, 18 Abs. 1 Nr. 1 und Abs. 2; für Cephalopoden und Dekapoden § 8a Abs. 1; für Krusten- und Schalentiere § 13 Abs. 8 TierSchlV; generell auch für Wirbellose § 18 Abs. 2; vgl. auch BT-Drucks. 6/2559, zitiert in § 1 Rn. 15b); **5.** die Mitgeschöpflichkeit nach § 1 S. 1 (d. h. die Einbeziehung der Tiere in die Gebote von Humanität, Nächstenliebe und Gerechtigkeit sowie die Anerkennung ihrer geschöpflichen Würde, s. Rn. 10, 11); **6.** das Gebot zur Gewaltminimierung, das überall dort zum Ausdruck kommt, wo das Gesetz die Zulässigkeit tierbelastender Handlungen an Begriffe wie „erforderlich", „unerlässlich" o. Ä. knüpft (es besagt, dass kein noch so bedeutsamer Zweck Eingriffe in die Integrität von Tieren rechtfertigen kann, wenn sich das angestrebte Ziel auch auf eine andere, die Tiere nicht oder weniger stark belastende Weise erreichen lässt); **7.** das Gebot der Verhältnismäßigkeit iS der Zweck-Mittel-Relation (es besagt, dass ein Eingriff nur zulässig ist, wenn der angestrebte und erwartbare Nutzen den voraussehbaren Schaden überwiegt); **8.** das besonders in § 2 zum Ausdruck kommende Gebot zur gesteigerten Rücksichtnahme auf Tiere, die sich in der Hand des Menschen befinden (vgl. auch BVerfGE 101, 1, 32: „Pflege des Wohlbefindens der Tiere in einem weit verstandenen Sinn"); **9.** die Wertentscheidungen, die sich aus der Staatszielbestimmung Tierschutz, Art. 20a GG, ergeben (u. a.: Schutz der Tiere vor nicht artgemäßer Haltung, vermeidbaren Leiden und Zerstörung ihrer Lebensräume; Achtungspflicht; gewichtsverschaffende Funktion des Staatsziels; Pflicht zur Herstellung praktischer Konkordanz zwischen menschlichen Nutzungs- und tierlichen Integritäts- und Wohlbefindensinteressen; s. Art. 20a GG Rn. 6–10 und BT-Drucks. 14/8860 S. 3). 18

Bei **Auslegungs- und Abwägungsfragen,** auf die der Gesetzeswortlaut keine ausdrücklichen Antworten bereithält, liegt es nahe, (auch) auf ethische Konzeptionen zurückzugreifen; denn es gibt kaum ein Gesetz, in dessen Text und Begründung so sehr auf die Begriffe „ethisch" und „Ethik" abgestellt wird wie im Tierschutzgesetz. Dabei können aber von vornherein nur solche Konzeptionen Berücksichtigung finden, die mit den grundsätzlichen Wertentscheidungen des Gesetzes (s. Rn. 18) in Einklang stehen. Die in Rn. 14 erwähnten Gedanken scheiden damit ohne weiteres aus. Aber auch über die in Rn. 15 beschriebene Position eines nur indirekten, anthropozentrischen Tierschutzes ist die Gesetzgebung bereits 1933 und 1972 mit der Einführung eines direkten, ethischen Tierschutzes und nochmals 1986 mit der Bezugnahme auf das Prinzip der Mitgeschöpflichkeit weit hinausgegangen. Demgegenüber ist es jedoch möglich, den in Rn. 16 und 17 beschriebenen Gedanken – bei allem Dissens in Einzelfragen – einige Grundpositionen zu entnehmen, über die ein mehrheitlicher (Minimal-)Konsens besteht und die somit als gemeinsame Schnittmenge derjenigen Denkkonzepte, die auf dem Boden des 19

Tierschutzgesetzes stehen, gelten können. Diese Positionen können ein Hilfsmittel für Auslegungen und Abwägungen sein. Sie lassen sich, mit aller Vorsicht, etwa so beschreiben: **1.** Einbeziehung der Tiere in die Gebote der Humanität, d.h. der Menschlichkeit (vgl. auch *Neuhäusler*: Menschlichkeit wird dort definiert als „jene fühlende Bezogenheit zum Mitmenschen und Mitgeschöpf, die mitleidend und mitfreuend versucht, fremdes Leid zu verhüten und zu vermindern, fremdes Wohlergehen und Glück zu vermehren; human sein heißt Rücksicht nehmen, teilnehmen, helfen“). **2.** Unteilbarkeit der Ethik (vgl. MdB *Löffler* am 21. 6. 1972 im Bundestag, zitiert nach *Gerold* S. 252: „Ethik gegenüber dem Menschen und Rohheit gegenüber dem Tier sind zwei Verhaltensweisen, die sich nicht vereinbaren lassen“). **3.** Mit der Macht des Menschen wächst auch seine Verantwortung. Mehr Macht bedeutet auch mehr Verantwortung (vgl. *Jonas* S. 248). Je mehr also die Tiere der Macht des Menschen unterworfen sind, umso mehr sind sie auch Gegenstand seiner sittlichen Verantwortung, die ihm gebietet, ihr Leben, ihr Wohlbefinden und ihre Unversehrtheit zu achten und zu schützen. **4.** Ablehnung eines radikalen Speziesismus (species = die Art), der die Interessen des Tieres gegenüber denen des Menschen so sehr abwertet, dass selbst zugunsten einfacher, nicht-vitaler menschlicher Interessen (zB am Erwerb und Besitz von Konsumgütern; zur Einsparung von Aufwendungen an Geld, Zeit oder Arbeit) vitale Interessen von Tieren aufgeopfert werden dürfen. **5.** Demgegenüber wird zT die Position eines milden Speziesismus zugelassen. Dieser lässt Eingriffe in die vitalen Interessen von Tieren dort zu, wo es um vergleichbar vitale Interessen von Menschen geht und wo sich die beiderseitigen Interessen in einer Konfliktlage befinden, die nicht anders als durch die Aufopferung des einen oder des anderen Interesses gelöst werden kann (s. Rn. 9, „grausige Notwendigkeit“; Rn. 16, „nur dann, wenn seine Erhaltung auf dem Spiel steht ...“; Rn. 17 „... kann nicht gegenüber irgend einem anderen Nutzen des Menschen als dem der Vermeidung vergleichbarer Schmerzen oder der Lebensrettung aufgerechnet werden“). Allerdings gibt es auch Philosophen, die darin eine einseitige, nicht gerechtfertigte Bevorzugung der menschlichen Interessen sehen, die nicht dem Gleichbehandlungsgrundsatz entspreche (vgl. *J. C. Wolf* S. 38: unparteiische Interessenabwägung iS des ethischen Gleichbehandlungsgrundsatzes). **6.** Gebot zur „Minimierung der Gewalt und Linderung des Leidens der Tiere, wo immer es geht“ (*Liedke* ZEE 1985, 160, 161). Dies entspricht dem Gebot der Beschränkung auf das mildeste Mittel. Solange es also zur Erreichung eines angestrebten, legitimen Zieles andere Wege gibt, sind diese vorzuziehen, mögen sie auch mit vermehrtem Aufwand an Geld, Zeit und/oder Arbeitskraft verbunden sein (s. auch § 9 Abs. 2 S. 3 Nr. 3). **7.** Einbeziehung der Tiere in das sittengesetzliche Gebot des „neminem laede“ (d.h. „schädige niemanden“). Danach sind Eingriffe in Leben und Wohlbefinden nur als Ausnahme zulässig. Wer einen solchen Ausnahmefall für sich in Anspruch nimmt, trägt eine besondere Argumentationslast, d.h. er muss begründen, weshalb das von ihm wahrgenommene Interesse das beeinträchtigte überwiegt und weshalb ihm keine mildere Handlungsalternative zur Verfügung steht. Den Nachteil einer etwa verbleibenden Ungewissheit trägt nicht das Tier, sondern der Mensch (vgl. *Lorz* NuR 1986, 237, 239: „im Zweifel für das Tier“). **8.** Gebot zur Rücksichtnahme gegenüber dem Tier, d.h. u.a.: Keine tierbelastende Maßnahme ohne vorherige Abwägung; Abwägungsverfahren, die eine möglichst vollständige Ermittlung, Berücksichtigung und faire Gewichtung aller abwägungsrelevanten Sachverhalte und Gesichtspunkte einschl. möglicher milderer Handlungsalternativen gewährleisten. **9.** Gebot zur Einnahme eines möglichst neutralen, unparteilichen Standpunktes. Ihm entspricht es, die Entscheidung über Konflikte zwischen menschlichen Nutzerinteressen und tierlichen Integritäts- und Wohlbefindensinteressen überall dort, wo es möglich ist, nicht dem Nutzer zu überlassen, sondern auf unabhängige und unparteiliche Personen, Gruppen oder Institutionen zu übertragen (vgl. *Korff/Beck/Mikat* S. 566; s. auch Rn. 17, *Spaemann*).

20 Diese Positionen bilden etwa **die gemeinsame Schnittmenge derjenigen Denkkonzepte, die auf dem Boden des Tierschutzgesetzes stehen**, so dass es nahe liegt, sich bei Auslegungs- und Abwägungsfragen daran auszurichten. Dafür spricht auch ihre Nähe zu

den Wertentscheidungen des Gesetzes (s. Rn. 18) und zu dem, was Kirchenleitungen, Synoden und Ausschüsse aus dem Prinzip der Mitgeschöpflichkeit abgeleitet haben (s. Rn. 11–13). – Nicht übersehen werden kann allerdings, dass über bedeutsame Fragen im ethischen Diskurs nach wie vor Uneinigkeit besteht und dass die Tierethik einen im Fortschreiten begriffenen Prozess und nicht etwa ein geschlossenes Gedankengebäude darstellt. Vieles spricht auch für die Annahme, dass das ethische Bewusstsein einer jeden Epoche durch „blinde Flecken" eingeschränkt ist, die die Menschen daran hindern, die Ungeheuerlichkeit bestimmter Verhaltensweisen wertend zu erkennen, sei es, weil man wie fasziniert immer nur in Richtung auf einen bestimmten, in der jeweiligen Epoche als übergeordnet geltenden Wert blickt, sei es, weil man das Furchtbare zwar ahnt, aber zur eigenen seelischen Entlastung verdrängt (*C. W. Hume*, Man and beast, 1962, S. 18–28). So mag früheren Generationen der heute selbstverständliche Verzicht auf Sklavenhaltung, Körper- und Todesstrafen ebenso undenkbar erschienen sein wie heute die vollständige Umsetzung einer radikalen Ethik der Brüderlichkeit und damit des ethischen Gleichbehandlungsgrundsatzes im Verhältnis zur schmerz- und leidensfähigen Mitwelt (vgl. auch *Würbel* in: Landestierärztekammer Hessen S. 152: „Die Einsicht, dass kein biologisches Kriterium die moralische Unterordnung der Tiere unter den Menschen zu rechtfertigen vermag – manche Tiere sind leidensfähiger und kognitiv leistungsfähiger als manche Menschen – stellt unsere Haltung Tieren gegenüber [Speziesismus] auf die gleiche Stufe mit Rassismus und Sexismus … Früher konnten Menschen noch wie Haustiere gehalten werden [Sklaven], und vor noch nicht allzu langer Zeit wurden Menschen noch in Zoos ausgestellt. Heute wird bereits über das Verbot der Zoohaltung von Elefanten und Eisbären diskutiert. Wenn wir diese Entwicklung weiter extrapolieren, dann ist nicht undenkbar, dass Menschen eines Tages mit Abscheu auf ihre Vorfahren zurückblicken, die mit Tieren Experimente anstellten, sie ausstellten oder aufaßen").

IV. Ethischer Tierschutz; geschütztes Rechtsgut; formelles und materielles Tierschutzrecht

Ethischer Tierschutz bedeutet, dass das Tier des Tieres wegen geschützt wird. Der ethische Tierschutz sieht das Tier als lebendes und fühlendes Wesen, dessen Achtung und Wertschätzung für den durch seinen Geist überlegenen Menschen ein moralisches Postulat darstellt. – Anthropozentrischer Tierschutz bedeutet demgegenüber menschenbezogener Tierschutz. Ihm geht es um das menschliche Interesse an und mit dem Tier. Mögliche Erscheinungsformen sind: ökonomischer Tierschutz (d.h. es geht um die Erhaltung des Tieres als Ware, Produktionsmittel o.Ä.); ästhetischer Tierschutz (d.h. es geht um die Vermeidung jener Störung des sittlichen Empfindens, die durch das Miterlebenmüssen von Akten der Tierquälerei ausgelöst wird; ggf. auch um die Erhaltung des Mitgefühls als einer „der Moralität, im Verhältnis zu anderen Menschen, sehr diensamen natürlichen Anlage", so *Kant,* Metaphysik der Sitten, Bd. VIII, S. 579; s. auch Rn. 15); kultureller Tierschutz (d.h. es geht um Belehrung oder andere erzieherische Erwägungen). – Tierschutz iS der Normen des formellen und materiellen Tierschutzrechts (s. Rn. 23) ist ethischer Tierschutz (vgl. *L/M* Einf. Rn. 60). Dies galt bereits für das Reichstierschutzgesetz (Deutscher Reichsanzeiger 1933 Nr. 281). Die ethische Ausrichtung ist durch das ÄndG 1986, insbesondere durch die Betonung des Mitgeschöpfcharakters des Tieres in § 1 S. 1, verstärkt worden. – Der ethische Tierschutz liegt auch im wohlverstandenen Interesse des Menschen, denn er geschieht auch um der Würde des Menschen willen (so schon *Ennulat/Zoebe* I Rn. 8). Das Prinzip der menschlichen Würde ist untrennbar mit der Achtung der Umwelt und der darin lebenden Tiere verbunden (vgl. EKD-Texte 41 S. 28). 21

Geschütztes Rechtsgut der §§ 1ff. ist u.a. die sittliche Ordnung in den Beziehungen zwischen Mensch und Tier (vgl. *L/M* Einf. Rn. 62); die darin liegende Bezugnahme auf den „moral common sense" verweist auf die Notwendigkeit, die Entscheidung zweifel- 22 hafter Auslegungs- und Abwägungsfragen an den überwiegend konsensfähigen Gerechtigkeitsvorstellungen auszurichten (vgl. *Zippelius* Methodenlehre § 3 II b–d; näher § 1 Rn. 63–66). – Auch Leben, Wohlbefinden und Unversehrtheit des Tieres sind geschützte Rechtsgüter (vgl. *Ennulat/Zoebe* II § 1 Rn. 4). Dies liegt in der Logik des ethischen Tierschutzes: Wenn man dem Tier einen inhärenten Eigenwert zuerkennt, so muss man diesen Wert auch seinem Leben, seinem Wohlbefinden usw. zusprechen. Wird aber ein Wert um seiner selbst willen rechtlich (und sogar strafrechtlich, vgl. §§ 17, 18) geschützt, so wird er dadurch zum rechtlich geschützten Gut, d.h. zum Rechtsgut (s. auch § 1 Rn. 3). Dass Tiere keine Rechtsfähigkeit besitzen (vgl. VG Hamburg NVwZ 1988, 1058) steht nicht entgegen: Die Anerkennung eines rechtlich geschützten Wertes als Rechtsgut verlangt weder denknotwendig ein damit korrespondierendes, subjektives Recht noch einen klagebefugten Rechtsgutträger.

23 **Formelles Tierschutzrecht** sind diejenigen Normen, die (zB durch Wortlaut, Abschnitts- oder Gesetzesüberschrift) ausdrücklich Tiere schützen wollen. Dazu gehören insbesondere das Tierschutzgesetz und die aufgrund dieses Gesetzes erlassenen Rechtsverordnungen. Daneben gibt es Normen, deren Wortlaut usw. eine andere Schutzrichtung nahelegt, die aber gleichwohl die Unversehrtheit, das Leben und/oder das Wohlbefinden von Tieren (mit-)schützen wollen; sie bilden **materielles Tierschutzrecht.** Beispiele dafür sind die sachlichen Jagd- und Fischereiverbote, vgl. insbesondere § 19 BJagdG; vgl. weiter § 22 Abs. 4 S. 1 und § 22a BJagdG.

V. Tierschutzrecht auf der Ebene des Europarats

1. Fünf Übereinkommen

24 Der **Europarat** ist ein loser Staatenbund mit Sitz in Straßburg, der über keine Hoheitsgewalt gegenüber seinen Mitgliedstaaten verfügt. Er versteht sich als beratende Organisation, die u.a. auf das Zustandekommen völkerrechtlicher Verträge (Konventionen, Übereinkommen) hinarbeitet. Organe sind das Ministerkommittee, die Parlamentarische Versammlung und der Generalsekretär.

25 Unter dem „Dach" des Europarats sind nach vorbereitenden Arbeiten durch das Ministerkommittee bislang **fünf Übereinkommen zum Schutz von Tieren** zustande gekommen, denen die Bundesrepublik jeweils durch Zustimmungsgesetz nach Art. 59 Abs. 2 S. 1 GG beigetreten ist. Diese sind: Das Europäische Übereinkommen vom 13. 12. 1968 über den Schutz von Tieren beim internationalen Transport (Zustimmungsgesetz vom 12. 7. 1973, BGBl. II S. 721; dem Zusatzprotokoll vom 10. 5. 1979 wurde mit Gesetz vom 28. 8. 1980, BGBl. II S. 1153, zugestimmt). Eine revidierte Fassung ist seit 6. 11. 2003 zur Unterzeichnung ausgelegt. Sie beschränkt sich auf die Festlegung von Eckwerten und sieht vor, dass Details künftig von einem Ausschuss mit Zweidrittelmehrheit beschlossen werden können. In Kraft treten kann diese Änderung aber erst, wenn sie von mindestens vier Staaten ratifiziert ist. Bisher haben erst Norwegen und Schweden ratifiziert. Das deutsche Ratifikationsgesetz steht noch aus. – Das Europäische Übereinkommen vom 10. 3. 1976 zum Schutz von Tieren in landwirtschaftlichen Tierhaltungen (Europäisches Tierhaltungsübereinkommen, Zustimmungsgesetz vom 25. 1. 1978, BGBl. II S. 113; näher s. Rn. 27ff.). – Das Europäische Übereinkommen vom 10. 5. 1979 über den Schutz von Schlachttieren (Zustimmungsgesetz vom 9. 12. 1983, BGBl. II S. 770). – Das Europäische Übereinkommen vom 18. 3. 1986 zum Schutz der für Versuche und andere wissenschaftliche Zwecke verwendeten Wirbeltiere (Europäisches Versuchstierübereinkommen, Zustimmungsgesetz vom 11. 12. 1990, BGBl. II S. 1486; näher s. Rn. 32ff.). – Das Europäische Übereinkommen vom 13. 11. 1987 zum Schutz von Heimtieren (Zustimmungsgesetz vom 1. 2. 1991, BGBl. II S. 402).

26 Die Unterzeichnerstaaten sind völkerrechtlich **verpflichtet, die einzelnen Übereinkommen umzusetzen.** Nationales Recht und nationale Verwaltungspraxis dürfen nicht hinter den Mindestanforderungen, die die Übereinkommen für den jeweiligen Bereich vorgeben, zurückbleiben; Widersprüche sind zu beseitigen. Auf welche Art und Weise dies in den einzelnen Staaten geschieht, stellt das Völkerrecht frei. – Die Konventionen enthalten neben solchen Normen, die sich an die Rechtssetzungsorgane der Unterzeichnerstaaten wenden (die also zuerst durch ein nationales Gesetz, eine Verordnung o. Ä. in innerstaatliches Recht transformiert werden müssen, bevor sie gegenüber dem Bürger Verbindlichkeit erlangen) auch Normen, die direkt anwendbar sind, d. h. für die Bürger unmittelbar Rechte und Pflichten begründen. Dabei muss im Einzelfall durch Auslegung festgestellt werden, welcher Gruppe die jeweilige Norm angehört: Je unbedingter und bestimmter die Norm abgefasst ist, desto eher ist sie direkt anwendbares Recht.

2. Europäisches Tierhaltungsübereinkommen (ETÜ)

Wesentlicher Inhalt. In Kapitel I Art. 3–7 finden sich „Grundsätze des Tierschutzes", 27
die jede Vertragspartei anwenden muss (Art. 2). Art. 3 bestimmt: „Jedes Tier muss unter Berücksichtigung seiner Art und seiner Entwicklungs-, Anpassungs- und Domestikationsstufe entsprechend seinen physiologischen und ethologischen Bedürfnissen nach feststehenden Erfahrungen und wissenschaftlichen Erkenntnissen untergebracht, ernährt und gepflegt werden." Nach Art. 4 Abs. 1 darf „das artgemäße und durch feststehende Erfahrungen und wissenschaftliche Erkenntnisse belegte Bewegungsbedürfnis eines Tieres nicht so eingeschränkt werden, dass dem Tier vermeidbare Leiden oder Schäden zugefügt werden". In Art. 4 Abs. 2 heißt es: „Ist ein Tier dauernd oder regelmäßig angebunden, angekettet oder eingesperrt, so ist ihm der seinen physiologischen und ethologischen Bedürfnissen gemäße und den feststehenden Erfahrungen und wissenschaftlichen Erkenntnissen entsprechende Raum zu gewähren." In Art. 6 wird gefordert: „Ein Tier darf nicht so ernährt werden, dass ihm vermeidbare Leiden oder Schäden zugefügt werden, und die Nahrung darf keine Stoffe enthalten, die vermeidbare Leiden oder Schäden verursachen." – Die unmittelbare Bedeutung dieser Grundsätze ist indes vom EuGH relativiert worden: Wegen des „erheblichen Spielraums", den die Vertragsparteien hätten, handle es sich bei Art. 3 und 4 nicht um „Normen, deren Nichtbeachtung eine EU-Richtlinie ihrer Wirksamkeit berauben könnte"; sie hätten „nur Hinweischarakter" und sähen „nur die Ausarbeitung von Empfehlungen an die Vertragsparteien über die Anwendung der in ihnen enthaltenen Grundsätze vor" (EuGH vom 19. 3. 1998, Rs. C-1/96, Compassion in World Farming, Slg. 1998, I-1251; krit. *Randl* S. 93). Allerdings ist einige Monate nach diesem Urteil die EU-Nutztierhaltungsrichtlinie erlassen worden und in Kraft getreten (s. Rn. 44, 45). Da sie die Grundsätze der Art. 3 und 4 ETÜ in Gemeinschaftsrecht umsetzt, kann davon ausgegangen werden, dass zumindest durch sie die Grundsätze eine gemeinschaftsweite Verbindlichkeit erlangt haben.

Auf der Grundlage des Art. 8 ETÜ hat der Europarat einen St. Ausschuss eingerichtet. 28
Diesem obliegt nach **Art. 9 ETÜ** die **Ausarbeitung und Annahme von Empfehlungen,** mit denen die o. e. allgemeinen Grundsätze durch Bestimmungen, die ins Einzelne gehen, konkretisiert werden sollen. Mitglieder des Ausschusses sind Beauftragte der jeweiligen Vertragsparteien (Regierungsvertreter, Experten). Sie sind weisungsgebunden. Zur Annahme einer Empfehlung ist Einstimmigkeit erforderlich (vgl. Art. 8 Abs. 5 a ETÜ). – Angenommen wurden bisher Empfehlungen für die Haltung von Schweinen (1986, revidiert 2004), von Legehennen und Masthühnern (1986; revidiert 1995), von Rindern und Kälbern (1988 bzw. 1993), von Pelztieren (1990, revidiert 1999), von Ziegen (1992), von Schafen (1992), von Straußenvögeln (1997), von Pekingenten (1999), von Moschusenten (1999) und von Hausgänsen (1999) und von Puten (2002). Bis auf die revidierte Fassung der Empfehlung zur Schweinehaltung finden sich die Empfehlungen im Bundesanzeiger Nr. 89 a vom 11. 5. 2000 bzw. Nr. 51 vom 14. 3. 2002. In Vorbereitung sind Empfehlungen für die Haltung von Perlhühnern, Fasanen, Wachteln, Kaninchen und Nutzfischen. – Jede Empfehlung besteht aus einer Präambel, aus allgemeinen Bestimmungen (insbes. zur Hal-

tung und Betreuung der Tiere, ggf. auch zu körperlichen Eingriffen) und aus einem oder mehreren Anhängen mit Vorschriften für die jeweiligen Arten.

29 Bei der Beurteilung von Tierhaltungen auf Übereinstimmung mit den Anforderungen des § 2 TierSchG **hat die zuständige Behörde** auch die für die jeweilige Tierart erlassene **Empfehlung zu beachten** (vgl. AVV Nr. 1.1). Entgegen dem allgemeinen Sprachverständnis sind also die Empfehlungen des Ständigen Ausschusses völkerrechtlich verbindliche Vorschriften; die Vertragsparteien, darunter auch die Bundesrepublik Deutschland, müssen sie „anwenden", vgl. Art. 9 Abs. 3 S. 2 ETÜ (vgl. auch BVerfGE 101, 1, 40 = NJW 1999, 3253, 3255: „verbindliche Vorgaben aus dem europäischen Tierschutzrecht"). AVV Nr. 1.1 dient der Umsetzung dieser Verpflichtung: Verstößt ein Tierhalter gegen eine Empfehlung, so liegt darin zugleich auch ein Verstoß gegen § 2, und die nach § 15 zuständige Behörde trifft aufgrund von § 16a S. 2 Nr. 1 diejenigen Anordnungen, die zur (künftigen) Einhaltung der Empfehlung erforderlich sind. Rechtsverordnungen oder Verwaltungsvorschriften, die eine Empfehlung nicht beachten oder ihr widersprechen, sind wegen Verstoßes gegen Art 9 Abs. 3 ETÜ nichtig (vgl. BVerfG aaO). – Die frühere Praxis des BMELV, die Empfehlungen lediglich in Informationsbroschüren abzudrucken und diese dann an die Berufsverbände und Standesvertretungen der betroffenen Tierhalter weiterzugeben, war kein ausreichendes „Anwenden" iS von Art. 9 Abs. 3 S. 2 ETÜ. – Jede Empfehlung ist als Ganzes anzuwenden; dies gilt nicht nur für die speziellen Vorschriften im jeweiligen Anhang, sondern auch für ihre allgemeinen Bestimmungen (vgl. BVerfGE 101, 1, 45: „gemäß der Empfehlung ... einschließlich ihres für die Käfigbatteriehaltung geltenden Anhangs"). – Der Präambel, die jeder Empfehlung vorgeschaltet ist, kommt besondere Bedeutung für die Auslegung der nachfolgenden Bestimmungen zu (vgl. *Ihnen* S. 37: Präambeln als Teil der Begründung). Das BVerfG hat den Anhang A Nr. 2 S. 2 der Haushühner-Empfehlung vom 21. 11. 1986 („Alle Tiere müssen genügend Raum haben, um sich ... hinsetzen zu können, ohne von anderen Tieren gestört zu werden") im Licht der Präambel (die u. a. das Sich-Hinsetzen und das ungestörte Ruhen als „essentielle Bedürfnisse" hervorhebt) dahin ausgelegt, dass damit das ungestörte Einnehmenkönnen der Ruhelage als Mindestvoraussetzung postuliert worden sei (BVerfGE 101, 1, 39, 40). – In den Präambeln und den Allgemeinen Bestimmungen finden sich häufig auch Ausführungen informativer Art, etwa über das natürliche Verhalten und die Bedürfnisse der Tiere. Insoweit konkretisiert die Empfehlung dann den Stand der „feststehenden Erfahrungen und wissenschaftlichen Erkenntnisse" iS von Art. 3 ETÜ und von Art. 4 der EU-Nutztierhaltungsrichtlinie und bildet damit ein vom Verordnungsgeber und den Behörden anzuwendendes Fachgutachten (vgl. *Caspar* Tierschutz S. 375; s. auch § 2 Rn. 34).

30 **Nur Untergrenze, nicht auch Obergrenze.** Schon wegen des Erfordernisses der Einstimmigkeit (vgl. Art. 8 Abs. 5a ETÜ) können die Empfehlungen des Ständigen Ausschusses jeweils nur den kleinsten gemeinschaftlichen Nenner bilden. Sie legen damit, ebenso wie die EU-Richtlinien zur Tierhaltung, nur Mindestanforderungen fest. Vorschriften und Gutachten des nationalen Rechts, die im Sinne des Tierschutzes darüber hinausgehen, bleiben von ihnen unberührt (s. § 2 Rn. 34).

31 Vielfach sind in den Empfehlungen **Soll-Vorschriften und/oder Vorschriften mit unbestimmten Rechtsbegriffen** enthalten. Diese dürfen dann nicht etwa als unverbindlich oder weniger bedeutsam angesehen werden. Soll-Vorschriften begründen Verpflichtungen für den Regelfall, von denen nur in Ausnahmefällen abgewichen werden darf, wobei die Nachweispflicht denjenigen trifft, der sich auf eine Ausnahme beruft; „Sollen" bedeutet also „Müssen mit Ausnahmen in atypischen Fällen" (vgl. VG Stuttgart NuR 1999, 719; VG Minden AUR 2004, 84; *Maurer* § 7 Rn. 11; *L/M* § 11 Rn. 38). Unbestimmte Rechtsbegriffe in den Empfehlungen können ebenfalls nicht außer Acht gelassen werden, sondern müssen mit Hilfe der Regeln, die von Rechtsprechung und Lehre dazu entwickelt worden sind, ausgelegt und konkretisiert werden. Auch Soll-Vorschriften und Vorschriften mit unbestimmten Rechtsbegriffen enthalten also „verbindliche Vorgaben" (BVerfG aaO).

3. Europäisches Versuchstierübereinkommen

Zu den **Vorschriften, die hier von besonderer praktischer Bedeutung sind,** gehört Art. 5 Abs. 1: „Jedes Tier, das in einem Verfahren verwendet wird oder zur Verwendung in einem Verfahren bestimmt ist, muss in einer seiner Gesundheit und seinem Wohlbefinden entsprechenden Weise unter geeigneten Umweltbedingungen und unter Wahrung von zumindest einer gewissen Bewegungsfreiheit untergebracht werden. Die Möglichkeiten eines Tieres, seine physiologischen und ethologischen Bedürfnisse zu befriedigen, dürfen nicht mehr als unbedingt nötig eingeschränkt werden. Bei der Durchführung dieser Bestimmung sollen die Leitlinien über Unterbringung und Pflege in Anhang A dieses Übereinkommens beachtet werden“ (näher Anh. zu § 2 Rn. 80). In Art. 9 Abs. 2 wird mit Bezug auf Tierversuchsverfahren, „bei denen mit möglicherweise länger anhaltenden erheblichen Schmerzen zu rechnen ist“, ein gerichtliches oder behördliches Einschreiten verlangt, sofern die Behörde „nicht überzeugt ist, dass das Verfahren für grundlegende Bedürfnisse von Mensch oder Tier einschließlich der Lösung wissenschaftlicher Probleme, von ausreichender Bedeutung ist“. In Art. 25 Abs. 3 wird mit Bezug auf Verfahren, die der Bildung sowie der Aus- oder Weiterbildung dienen, bestimmt: „Die Verfahren sind auf das für den Zweck der Bildung oder Ausbildung unbedingt Notwendige zu beschränken; sie sind nur zulässig, wenn ihr Ziel nicht durch audiovisuelle Methoden mit vergleichbarer Wirksamkeit oder sonstige geeignete Mittel erreicht werden kann.“ – Zur Bedeutung, die diese Vorschriften für die völkerrechtskonforme Auslegung der §§ 8 und 10 TierSchG haben, s. § 8 Rn. 8 und § 10 Rn. 18. 32

Zur **Konkretisierung der Anforderungen an die Versuchstierhaltung nach Art. 5 Abs. 1** dient der revidierte Anhang A mit Leitlinien für die Unterbringung und Pflege von Versuchstieren. Er ist in seiner jetzigen Fassung anlässlich der 4. Multilateralen Konsultation am 15. 6. 2006 in Straßburg von den Vertragsparteien einstimmig angenommen worden. Nach Art. 5 Abs. 1 S. 3 des Übereinkommens ergibt sich daraus für die Bundesrepublik die völkerrechtliche Pflicht, die neuen Leitlinien zu beachten und für ihre Umsetzung in allen Versuchstierhaltungen zu sorgen. Diese Pflicht besteht ab sofort (und nicht etwa erst ab dem Zeitpunkt, in dem Anhang A auch Bestandteil der EU-Tierversuchsrichtlinie 86/609/EWG geworden ist). Da in dem neuen Anhang A der aktuelle Stand der wissenschaftlichen Erkenntnisse zur Versuchstierhaltung wiedergegeben ist, können seine Leitlinien im Wesentlichen als zutreffende Konkretisierung der §§ 2, 7 Abs. 2 und 3 angesehen und somit gegenüber den Haltern in Genehmigungsverfahren nach § 11 Abs. 1 Nr. 1 sowie durch (nachträgliche) Auflagen nach § 11 Abs. 2a und durch Anordnungen nach § 16a S. 2 Nr. 1 durchgesetzt werden (s. auch Anh. zu § 2 Rn. 80). 33

VI. Tierschutzrecht in der EU

1. Protokoll über den Tierschutz und das Wohlergehen der Tiere (EU-Tierschutzprotokoll)

Aufnahme in das **primäre Gemeinschaftsrecht,** nämlich in den EG-Vertrag, hat der Tierschutz 1997 mit dem Protokoll Nr. 10 zum Vertrag von Amsterdam „über den Tierschutz und das Wohlergehen der Tiere“ gefunden. Der Text lautet: „Bei der Festlegung und Durchführung der Politik der Gemeinschaft in den Bereichen Landwirtschaft, Verkehr, Binnenmarkt und Forschung tragen die Gemeinschaft und die Mitgliedstaaten den Erfordernissen des Wohlergehens der Tiere in vollem Umfang Rechnung; sie berücksichtigen hierbei die Rechts- und Verwaltungsvorschriften und die Gepflogenheiten der Mitgliedstaaten insbesondere in Bezug auf religiöse Riten, kulturelle Traditionen und das regionale Erbe“. Eine entsprechende Bestimmung, allerdings ausgedehnt auf die Bereiche Fischerei, technologische Entwicklung und Raumfahrt, soll nach dem Entwurf des Euro- 34 päischen Verfassungskonvents mit Art. III-121 Bestandteil der EU-Verfassung werden (vgl. *Burbach/List* AUR 2006, 1, 4: „enorme politische und nicht nur formale Aufwertung ... Tierschutz gleichrangig auf derselben Stufe mit bedeutenden Grundsätzen wie zB der Gleichheit von Frauen und Männern, der Nichtdiskriminierung und dem Umweltschutz"; vgl. weiter BK/*Kloepfer* Art. 20a Rn. 19). – Nach der ständigen Rechtsprechung des EuGH ist bei der Auslegung einer Vertragsbestimmung nicht nur ihr Wortlaut zu berücksichtigen, sondern auch ihr Zusammenhang mit anderen Normen sowie die Ziele, die mit ihr verfolgt werden (vgl. zB EuGH Slg. 1995, I-3389 = NJW 1996, 113). Das Ziel des Tierschutzprotokolls ergibt sich aus seiner Begründung: Dort wird auf den Wunsch der hohen Vertragsparteien hingewiesen, „sicherzustellen, dass der Tierschutz verbessert und das Wohlergehen der Tiere als fühlende Wesen berücksichtigt wird".

35 **Tierschutz im Sinne dieses Protokolls ist der ethische Tierschutz,** wie er auch dem deutschen Verständnis entspricht (vgl. *L/M* Einf. Rn. 80). Er umfasst den Schutz vor vermeidbaren Schmerzen, Leiden und Schäden sowie den Schutz vor nicht verhaltensgerechter Unterbringung und nicht artgemäßer Ernährung und Pflege. Eine Beschränkung auf einen bloßen Gesundheits- und Lebensschutz iS von Art. 30 S. 1 EG-Vertrag entspräche demgegenüber weder dem Wortlaut noch dem systematischen Zusammenhang noch dem historischen Hintergrund des Protokolls. „Wohlergehen" („welfare") bedeutet nicht nur Abwesenheit von Krankheiten und Verletzungen, sondern auch Schutz vor seelischen Leiden, wie sie insbesondere mit der Unterdrückung physiologischer und ethologischer Bedürfnisse einhergehen. Dass diese Art von Wohlergehen geschützt werden soll, ergibt sich auch aus der Begründung des Protokolls („Wohlergehen als fühlende Wesen") und aus dem systematischen Zusammenhang mit Art 3 und 4 ETÜ (s. Rn. 27); die Gemeinschaft ist dem ETÜ im Jahr 1978 beigetreten und hat es damit übernommen, „den Grundsätzen dieses Übereinkommens Wirkung (zu) verleihen" (vgl. auch Erwägung Nr. 2 der EU-Nutztierhaltungsrichtlinie, ABl. EG Nr. L 221 S. 23). Nicht zuletzt entspricht der Schutz vor seelischen Leiden und vor nicht verhaltensgerechter Unterbringung auch den verschiedenen Entschließungen, die das Europäische Parlament zum Tierschutz gefasst hat und die der Einfügung des Protokolls in den EG-Vertrag vorausgegangen sind: In seiner „Entschließung zum Tierschutz" vom 15. 12. 1993 spricht das Parlament an mehreren Stellen vom Wohlergehen der Tiere und von der Notwendigkeit, die bestehenden Richtlinien zur Tierhaltung entsprechend zu überprüfen sowie Tiere nicht länger als Agrarprodukte zu bezeichnen (ABl. EG Nr. C 20 S. 68, 69). In der „Entschließung zu dem Wohlergehen und dem Status von Tieren in der Gemeinschaft" vom 21. 1. 1994 wird auf „die Rechte der Tiere" hingewiesen und die Gemeinschaft dazu aufgerufen, „eine neue Änderung der Verträge vorzusehen, um Tiere als sensible Wesen einzustufen" (ABl. EG Nr. C 44 S. 206). Die Begründung, die zur Aufnahme des Protokolls in den EG-Vertrag gegeben wurde, lässt erkennen, dass dieser Entschließung zumindest teilweise entsprochen werden sollte.

36 **Protokolle sind integrale Bestandteile des EG-Vertrages.** Gemäß Art 311 EG-Vertrag nehmen sie unter Ausschaltung jeglicher formaler Stufenverhältnisse den gleichen rechtlichen Rang ein wie der Vertrag selbst (vgl. VG Frankfurt/M NJW 2001, 1295, 1296; *Groeben/Thiesing/Ehlermann/Hilf* EGV/EUV Art. 239 Rn. 8; *Schwarze/Becker*, EU-Kommentar, Art. 311 Rn. 2; *Burbach/List* AUR 2006, 1, 4; *Burbach/Mindermann* AgrarR 1998, 293, 296). Das Protokoll steht somit einem Vertragsartikel gleich und genießt den Rang von Primärrecht. Es schreibt die Beachtung des ethischen Tierschutzes in den vier aufgeführten Bereichen rechtlich bindend fest (*Burbach/Mindermann* aaO). – Der EuGH hat allerdings in einer Entscheidung zum Impfverbot bei Maul- und Klauenseuche (MKS) darauf hingewiesen, dass der Tierschutz trotz des Protokolls weder zu den in Art. 2 EG-Vertrag definierten, allgemeinen (d. h. alle Politikbereiche erfassenden) Vertragszielen gehöre noch als Erfordernis in Art. 33 EG-Vertrag (der Vorschrift über die Ziele der gemeinsamen Agrarpolitik) genannt sei; wegen seiner Beschränkung auf die vier erwähnten Politikbereiche bilde es keinen allgemeinen Grundsatz des Gemeinschaftsrechts (EuGH

NVwZ 2001, 1145f.m. Anm. *Schröter* NuR 2002, 18ff.). – Mit der Beschränkung auf die vier Politikbereiche und der Berücksichtigungsklausel hinsichtlich religiöser Riten u.Ä. sollte deutlich gemacht werden, dass es nach wie vor keine allgemeine Gemeinschaftszuständigkeit für den Tierschutz gibt. Damit unterliegt zB der Stierkampf in Spanien keiner europarechtlichen Kontrolle hinsichtlich des Tierschutzes (vgl. *Burbach/List* AUR 2006, 1, 4, jedoch mit dem Hinweis, dass dies nicht die erhöhte Beachtung mindere, die der Tierschutz durch seine Aufnahme in den Vertragstext künftig erfahren müsse). Die Gemeinschaft beansprucht für kulturelle und religiöse Bereiche nach wie vor keine eigene Zuständigkeit. Vielmehr richten sich ihre Regelungskompetenzen für Fragen des Tierschutzes weiterhin vor allem nach Art. 37 EG-Vertrag (gemeinsame Agrarpolitik) und Art. 94 EG-Vertrag (Binnenmarkt). Dies führt dazu, dass sich die EU-Tierschutzregelungen trotz des Protokolls auf einige für die Agrarpolitik und den Binnenmarkt wesentliche Gebiete wie Haltung, Transport, Schlachtung und Tierversuche beschränken, wohingegen andere wichtige Bereiche wie etwa das Heimtierwesen oder die Haltung von Zoo- und Zirkustieren ausgeklammert bleiben. – Deswegen, aber auch aus Gründen der Rechtssicherheit erscheint es geboten, den Tierschutz durch eine weitere Vertragsänderung in den Tätigkeitskatalog des Art. 3 EG-Vertrag aufzunehmen (wie von der Bundesregierung schon 1996 vorgeschlagen und am Widerstand südeuropäischer Mitgliedstaaten, insbes. Spaniens gescheitert). Auf diesem Weg erhielte die Gemeinschaft die Kompetenz, auch außerhalb von Agrarpolitik und Binnenmarkt Regelungen zum Schutz von Leben und Wohlbefinden von Tieren zu erlassen. Dadurch könnte der Tierschutz, der bislang nur eine auf einzelne Bereiche „beschränkte Querschnittsklausel" darstellt (*Wagner* RdU 2000, 50; *Randl* S. 51), analog zum Umweltschutz zu einer alle Politikbereiche durchziehenden Querschnittsaufgabe werden. Zudem könnte das Missverständnis, Tierschutz sei, weil „nur" in einem Protokoll enthalten, eine Aufgabe minderen Ranges, in Zukunft nicht mehr auftreten.

Wichtigste Konsequenz aus dem Protokoll ist ein **Gebot zur Rücksichtnahme auf die** 37
Belange des Tierschutzes bei allen Maßnahmen, die die Gemeinschaft auf den vier erwähnten Politikbereichen vornimmt: Bei jeder Maßnahme (insbes. jeder Verordnung, Richtlinie und Entscheidung) muss also künftig geprüft werden, welche Auswirkungen sie auf das Leben und das Wohlergehen von Tieren voraussichtlich haben wird. Die dafür maßgeblichen Tatsachen müssen vollständig und zutreffend ermittelt werden. Bei der Frage, mit welchen Auswirkungen für die geschützten Belange nach Art, Ausmaß und Wahrscheinlichkeitsgrad zu rechnen ist, muss auch der aktuelle Stand des ethologischen Wissens einbezogen werden. Kommt es auf der Basis dieser Ermittlungen zu einer Abwägung von Tierschutzbelangen mit gegenläufigen (Nutzer-)Interessen, so dürfen die Belange des Tierschutzes nicht von vornherein als nachrangig behandelt werden. Durch das ausdrückliche Gebot des primären Gemeinschaftsrechts, ihnen „in vollem Umfang" Rechnung zu tragen, kommt ihnen ein grundsätzlich gleicher Rang gegenüber den kollidierenden (Nutzer-)Interessen zu, so dass die Frage, welchem Interesse der Vorrang zukommen soll, statt nach abstrakten Erwägungen nach dem Ausmaß der konkreten Betroffenheit zu entscheiden ist. – Als Beispielsfälle für eine Verletzung dieses Rücksichtnahmegebots i.V. m. dem Grundsatz der Verhältnismäßigkeit (Art. 5 EG-Vertrag) lassen sich denken: **1.** Bei einer Maßnahme bleiben ihre nachteiligen Auswirkungen auf Leben, Wohlergehen und/oder Haltungsbedingungen von Tieren außer Acht. **2.** Die Auswirkungen werden zwar berücksichtigt, jedoch sind die Tatsachen, die für ihre Art, ihr Ausmaß und/oder ihre Wahrscheinlichkeit relevant sind, unzutreffend oder unvollständig ermittelt. **3.** Das Gewicht der Tierschutzbelange, die von der Maßnahme nachteilig berührt werden, wird zu gering bewertet, d.h. die Aufwertung und Höhergewichtung, die diesen Belangen durch das Protokoll zuteil werden sollte, wird nicht ausreichend berücksichtigt. **4.** Die Belange des Tierschutzes werden über das erforderliche Maß hinaus beeinträchtigt, d.h. anstelle der jeweiligen Maßnahme gäbe es ein anderes Handlungsmittel, das die Belange des Tierschutzes nicht oder weniger stark beeinträchtigen würde und mit dem sich

das angestrebte Handlungsziel dennoch im Wesentlichen erreichen ließe. **5.** Tierschutzbelange werden unverhältnismäßig benachteiligt, weil die konkreten Vorteile, die von der Maßnahme zu erwarten sind, ihre tierschutzrelevanten und sonstigen Nachteile nicht überwiegen, sondern dahinter zurückbleiben. Dabei sind alle Vor- und Nachteile der jeweiligen Maßnahme nach Art, Ausmaß und Wahrscheinlichkeit zu bewerten und außerdem der gewollten Aufwertung des Tierschutzes als Abwägungsfaktor Rechnung zu tragen. – Die gerichtliche Durchsetzung dieses Rücksichtnahmegebots und damit des Tierschutzprotokolls kann indes an dem großen Ermessensspielraum scheitern, den der EuGH dem Gemeinschaftsgesetzgeber idR einräumt, wenn er Verordnungen oder Richtlinien der gemeinsamen Agrarpolitik auf ihre Vereinbarkeit mit dem Grundsatz der Verhältnismäßigkeit überprüft. Häufig beschränkt sich die gerichtliche Kontrolle in diesen Fällen auf eine bloße Evidenzprüfung, d.h. darauf, ob die betreffende Maßnahme mit einem offensichtlichen Irrtum oder einem Ermessensmissbrauch behaftet war, ob der Gemeinschaftsgesetzgeber die Grenzen seines Ermessens offensichtlich überschritten hat und ob die ergriffene Maßnahme offensichtlich ungeeignet war (vgl. EuGH NVwZ 2001, 1145, 1146). Dem allgemeinen Effektivitätsprinzip (effet utile) entspricht eine solche richterliche Zurückhaltung nicht, denn sie bewirkt, dass bei einmal erlassenen Gemeinschaftsakten Fehler der o.e. Art häufig unerkannt, jedenfalls aber ohne Konsequenzen bleiben. – Das deutsche Bundesverfassungsgericht unterscheidet demgegenüber bei der Kontrolle von legislativen Handlungen zwischen einer bloßen Evidenzkontrolle, einer Vertretbarkeitskontrolle und einer intensivierten inhaltlichen Kontrolle und wendet letztere zumindest dort an, wo es um Rechtsgüter von erheblicher Bedeutung geht und ausreichende Kontrollmaßstäbe zur Verfügung stehen (vgl. *Schlaich/Korioth* Rn. 532). Dem Tierschutz dürfte nach seiner Aufwertung durch das Protokoll die Stellung eines solchen Rechtsguts mit erheblicher Bedeutung auch für das Gemeinschaftsrecht zukommen; zudem bilden die aktuellen Erkenntnisse über die physiologischen und ethologischen Bedürfnisse der Tiere, wie sie u.a. in den Empfehlungen des Ständigen Ausschusses beschrieben werden, zusammen mit dem allgemeinen Grundsatz der Verhältnismäßigkeit (Art. 5 EG-Vertrag) und dem tierschutzrechtlichen Rücksichtnahmegebot einen ausreichenden Kontrollmaßstab. Deshalb sollten im Interesse eines effektiven Tierschutzes, wie ihn das Protokoll anstrebt, gemeinschaftliche Rechtsakte auf diesem Gebiet künftig einer intensivierten inhaltlichen Kontrolle und nicht einer bloßen Evidenzprüfung unterzogen werden.

38 **Weitere Konsequenzen aus dem EU-Tierschutzprotokoll.** Bestehende Normen des Gemeinschaftsrechts müssen künftig auch tierschutzkonform ausgelegt werden, d.h. die geschützten Belange „Leben“, „Wohlbefinden“ und „artgemäße Haltung“ und das in der Protokollbegründung geäußerte Ziel, den Tierschutz über den status quo hinaus zu „verbessern“ (s. Rn. 34), müssen künftig wesentliche Anknüpfungspunkte für die teleologische (d.h. am Normzweck orientierte) Auslegung aller Bestimmungen des primären und sekundären Gemeinschaftsrechts auf den genannten vier Politikfeldern bilden. – Für Ermessensentscheidungen der Gemeinschaftsorgane bildet das genannte Ziel eine wichtige Leitlinie (vgl. VG Frankfurt/M NJW 2001, 1295, 1296: „Zielbestimmung für die Durchführung und Festlegung der Politik der Gemeinschaft“). – Inwieweit die Erteilung von Patenten auf genmanipulierte Tiere mit dem Protokoll vereinbar ist, ist bislang gerichtlich nicht entschieden worden. Dagegen spricht jedoch, dass Tiere keine Erfindung des Menschen, sondern Mitgeschöpfe sind und deshalb nicht patentiert werden können. – Auch auf das nationale Recht kann die Zielvorgabe des Protokolls Auswirkungen haben, soweit nicht die Berücksichtigungsklausel des Satzes 2 eingreift.

2. Tierseuchen-Politik der EU im Licht des EU-Tierschutzprotokolls und des Verhältnismäßigkeitsgrundsatzes

39 Hinsichtlich der **Maul- und Klauenseuche (MKS)** ist es in früheren Jahrzehnten gelungen, durch prophylaktische Impfungen die Seuche in den meisten Regionen Europas

praktisch zu tilgen und damit weite Gebiete als MKS-frei zu erklären. Seit den späten 80er Jahren verfolgt die EU jedoch eine Politik des „Tötens statt Impfens“ mit dem Ziel, auf diese Weise die weltweite Anerkennung des gesamten EU-Raums als seuchenfrei zu erlangen und dadurch internationale Handelsbeschränkungen, wie sie insbesondere von Seiten der USA und Japans drohen, zu vermeiden (vgl. *Kramer* in: DVG 2004, S. 74, 75). Demgemäss sind die Mitgliedstaaten durch Art. 4 und Art. 13 der Richtlinie 90/423/EWG verpflichtet worden, den Gebrauch von MKS-Impfstoffen zu verbieten. – Der EuGH hat es in einem 2001 erlassenen Urteil abgelehnt, darin einen Verstoß gegen das EU-Tierschutzprotokoll oder den Grundsatz der Verhältnismäßigkeit (Art. 5 S. 3 EGV) zu sehen. Er hat sich dabei auf eine Studie aus dem Jahr 1989 gestützt, der zufolge eine vorbeugende Impfung die Seuche nicht beseitige, weil auch geimpfte Tiere Virusträger sein und somit gesunde Tiere anstecken könnten; bei flächendeckenden Impfungen sei außerdem eine wirksame Kontrolle des Seuchengeschehens nicht mehr möglich, da sich geimpfte nicht von kranken Tieren unterscheiden ließen; selbst in Beständen ohne Krankheitsausbrüche könne man deshalb nicht gewährleisten, dass das Virus nicht dennoch vorkomme und sich ausbreite; deswegen entspreche es einer „gefestigten wissenschaftlichen Meinung“, dass auch ein geimpfter Viehbestand getötet werden müsse; außerdem sei eine Politik des vorbeugenden Impfens wegen der Zahl der zu impfenden Tiere, der Vielfalt der Virustypen und der Häufigkeit der durchzuführenden Impfungen mit Kosten und anderen finanziellen Nachteilen verbunden, die sehr viel größer wären als die Kosten und Nachteile einer Politik der Nicht-Impfung (EuGH NVwZ 2001, 1145, 1146 m. Anm. *Schröter* NuR 2002, 18ff.; ähnlich VG Schleswig zu § 2 MKS-Verordnung, NVwZ-RR 2001, 666ff.). – Inzwischen haben sich aber die wissenschaftlichen Erkenntnisse wesentlich erweitert. Deswegen und auch wegen der praktischen Erfahrungen mit den Seuchenzügen der letzten Jahre können die Argumente aus der vom EuGH herangezogenen Studie von 1989 heute ganz überwiegend nicht mehr vertreten werden: Das Risiko, dass geimpfte Tiere das Virus weiterverbreiten könnten, wird allgemein als vernachlässigbar eingestuft, wenn die Impfung und ihre Begleitmaßnahmen nach den internationalen Standards der Weltorganisation für Tiergesundheit (OIE) durchgeführt wurden (vgl. *Kramer* aaO S. 75; *Gerweck* TU 2003, 40, 42); die Annahme, dass geimpfte und kranke Tiere nicht voneinander unterschieden werden könnten, ist überholt, da mittlerweile Marker-Impfstoffe, mit denen sich die Antikörper geimpfter von denen infizierter Tiere unterscheiden lassen, zur Verfügung stehen; auch die Befürchtung, dass geimpfte Bestände zu Unrecht als seuchenfrei eingestuft werden könnten, ist nicht mehr begründet, nachdem mit der Polymerase-Kettenreaktion in Echtzeit (real-time RT-PCR) ein Nachweisverfahren zur Verfügung steht, das auch in großen Viehbeständen eine rasche und absolut zuverlässige Prüfung ermöglicht (vgl. dazu *Depner/Hoffmann* et al. DTBl. 2005, 398ff. zur analogen Situation bei der Schweinepest: die Empfindlichkeit des neuen Verfahrens ist höher als die bisher übliche Virusisolierung; verwandte Viren werden nicht detektiert; der Test ist an einem Tag durchführbar; zahlreiche Proben können gleichzeitig als Pool untersucht werden; die erforderlichen Geräte sind kommerziell erhältlich). Die Kosten und sonstigen Folgeschäden, die durch die Tötungsaktionen der vergangenen Jahre entstanden sind, überwiegen die Kosten und Nachteile einer flächendeckenden vorbeugenden Impfung einschließlich möglicher Exporteinbußen bei Weitem. Angesichts aller dieser Veränderungen kann von einer „gefestigten wissenschaftlichen Meinung“, dass auch geimpfte Tiere getötet werden müssten, keine Rede mehr sein. – Die aktuelle MKS-Richtlinie 2003/85/EG vom 29. 9. 2003 (ABl. EG Nr. L 306 S. 1) trägt diesen Veränderungen wenigstens teilweise Rechnung, indem sie in Art. 50 bis 52 auf Antrag die Notimpfung als Schutzimpfung (d.h. als Impfung, nach der die Tiere am Leben gehalten werden) vorsieht. Voraussetzungen dafür sind: Bestätigte MKS-Ausbrüche, entweder in dem antragstellenden Mitgliedstaat selbst oder in der Nähe seiner Grenzen; die Vorlage eines Notimpfplans durch den jeweiligen Mitgliedstaat; die Genehmigung durch die EU-Kommission nach Beratung durch den Ständigen Ausschuss für Lebensmittelkette und Tiergesundheit. In

Eilfällen kann der antragstellende Mitgliedstaat bereits nach Vorlage des Impfplans mit den Notimpfungen beginnen, ohne die Genehmigung abwarten zu müssen. Ein bedeutender Nachteil dieses Verfahrens liegt indes darin, dass eine Impfung, mit der erst nach einem oder mehreren bestätigten MKS-Ausbrüchen und nach Ausarbeitung und Vorlage eines Notimpfplanes begonnen werden darf, uU zu spät kommen kann, wenn man zusätzlich bedenkt, dass es vom Beginn der Impfung bis zum Erreichen einer belastbaren Immunität noch einmal ca. zehn Tage dauert. – Eine Rückkehr zu den früher üblichen prophylaktischen Gebietsimmunisierungen erlaubt auch die neue Richtlinie nicht (vgl. Art. 49); maßgebend dafür sind wirtschaftliche Erwägungen, nämlich die ablehnende Haltung einzelner Staaten (USA, Japan) gegenüber Fleischimporten aus Gebieten, in denen geimpft wurde (vgl. VGH München NVwZ 2001, 828, 829: „offensichtlich im Interesse des Fleischexports"). Zu Recht sehen darin die Amtstierärzte des Landkreises Celle, unterstützt von der LTK Niedersachsen und der TVT, eine grobe Verletzung der Grundsätze der Verhältnismäßigkeit und der Subsidiarität gem. Art. 5 EGV (vgl. DTBl 2003, 850). Die Massentötungen, die nach einem MKS-Ausbruch angeordnet werden, beschränken sich nicht etwa nur auf infizierte Bestände oder Bestände in einem Radius von 800–1000 m (d.h. der Entfernung, die von Schadnagern als potentiellen Überträgern überwunden wird); sie erfassen stattdessen regelmäßig auch Bestände in einem sehr viel weiteren Umkreis und darüber hinaus auch eine große Anzahl ungefährdeter Tiere, die (wegen der Verbringungsrestriktionen) als unverwertbar gelten oder zu Zwecken der Marktbereinigung getötet werden. Beispielsweise sind nach dem MKS-Ausbruch 2001 in Großbritannien ca. 6,5 Millionen Rinder, Schafe und Schweine getötet worden, davon aber nur etwa 1,3 Millionen in infizierten Betrieben (vgl. *Leeb* in: DVG 2003 S. 18, 20). Neben dem Leiden und Sterben der Tiere führt dies auch zu erheblichen Nachteilen für schutzwürdige menschliche Interessen: An Entschädigungszahlungen und anderen Kosten waren ca. 3 Mrd. brit. Pfund aus Steuermitteln aufzuwenden (vgl. *Moser* TU 2004, 646, 649); hochwertiges Zuchtpotential wurde zerstört und zahlreiche landwirtschaftliche Existenzen vernichtet; der Markt für Rindfleisch brach zeitweilig zusammen und die Verbraucher wurden nachhaltig verunsichert; Tierärzte wurden entgegen ihrem Berufsethos zu bloßen Erfüllungsgehilfen von Massenvernichtungsaktionen herabgestuft. Es ist nicht ersichtlich, dass die angestrebten Exportvorteile und die marginalen Restrisiken, die von geimpften Tieren ausgehen, imstande sein könnten, diese gewichtigen Nachteile aufzuwiegen oder gar zu überwiegen und damit iS des Verhältnismäßigkeitsgrundsatzes (Art. 5 S. 3 EGV) zu rechtfertigen. – Hinzu kommt, dass die der Nicht-Impfpolitik zugrundeliegende Vorstellung, man könne ein Gebiet absolut erregerfrei halten, auf dem überholten mechanistischen Weltverständnis des beginnenden 20. Jahrhunderts beruht und modernen Erkenntnissen in Biologie und Physik zuwider läuft. Besonders die regional hohen Wirtstierkonzentrationen, die als Folge der Intensivlandwirtschaft entstanden sind, lassen eine Erregerfreiheit als nicht realisierbar erscheinen. Stattdessen sollte man sich an die früheren Erfolge der vorbeugenden Immunisierung erinnern und dem Organismus der Tiere durch vorbeugendes prophylaktisches Impfen die Möglichkeit zum rechtzeitigen Aufbau eines Schutzes geben. Erinnern sollte man sich auch daran, dass MKS für den Menschen ungefährlich ist und auch für die Tiere keineswegs eine tödliche Krankheit darstellt: In den Zeiten der vorbeugenden Impfung und Behandlung sind weniger als 1% der erkrankten Rinder verendet bzw. wurden getötet, während die restlichen 99% nach etwa drei Wochen wieder gesund und leistungsfähig waren (vgl. *Gerweck* TU 2003, 40, 42). – Die o.e. Entscheidung des EuGH lässt allerdings auch erkennen, dass sich das Gericht in diesen Fragen bislang auf eine Evidenzkontrolle beschränkt hat. Damit besteht die Gefahr, dass Verordnungen und Richtlinien, die erst bei näherem Hinsehen nicht mehr dem aktuellen wissenschaftlichen Erkenntnisstand entsprechen und deswegen gegen Art. 5 S. 3 EGV und das EU-Tierschutzprotokoll verstoßen, gleichwohl bestätigt werden und damit den falschen Anschein der Rechtmäßigkeit erhalten. Die Verpflichtung zur Verwirklichung eines effektiven Tierschutzes, wie sie sich aus dem EU-Tierschutzprotokoll ergibt, würde es erfordern, Rechtsakte mit so schwerwiegenden Folgen und einer so problematischen Nutzen-Schaden-Relation künftig einer intensivierten gerichtlichen Kontrolle zu unterziehen (S. Rn. 37).

Bei der **Klassischen Schweinepest (KSP)** ist die Situation analog. Auch hier geht es um 40
eine behandelbare, für die Tiere keineswegs tödliche und für den Menschen völlig ungefährliche Krankheit. Auch hier ist es bis in die 80er Jahre hinein gelungen, durch flächendeckende vorbeugende Impfungen bei den Tieren ein abwehrfähiges Immunsystem aufzubauen und die Krankheit weitgehend zu besiegen. Auch hier gibt es aber seit Beginn der 90er Jahre ein von der EU verhängtes Impfverbot, an dem aus primär exportwirtschaftlichen Gründen festgehalten wird, obwohl mittlerweile Marker-Impfstoffe zur Verfügung stehen, die eine Unterscheidung der Impfantikörper von den Feldvirusantikörpern zulassen (vgl. *Piontkowski/Leyk* AtD 1998, 179, 180), und obwohl moderne Untersuchungsmethoden verfügbar sind, die es in kurzer Zeit und mit wenig Aufwand ermöglichen, festzustellen, ob ein Bestand seuchenfrei ist oder nicht (vgl. *Depner/Hoffmann* et al. DTBl. 2005, 398ff.; vgl. auch DTBl. 2004, 177: neuer Bluttest zur Unterscheidung geimpfter von KSP-infizierten Schweinen zugelassen). Das Risiko, das von geimpften Tieren ausgeht, ist bei Einhaltung der OIE-Standards hier ebenso marginal wie bei der MKS (vgl. *Kramer* aaO S. 75). – Die Richtlinie 2001/89/EG vom 23. 10. 2001 (ABl. EG Nr. L 316/5) lässt zwar in Art. 19 die Notimpfung (Schutzimpfung) zu, jedoch erst wenn es zu bestätigten KSP-Ausbrüchen gekommen ist und der antragstellende Mitgliedstaat der Kommission einen Notimpfplan zur Genehmigung vorgelegt hat. Eine Rückkehr zu flächendeckenden prophylaktischen Impfungen gibt es gem. Art. 18 nach wie vor nicht. – Das massenhafte Töten vorwiegend gesunder Tiere wird von der Bevölkerung aus ethischen Gründen immer weniger akzeptiert. Die Erfolge, die zB mit den systematischen Gebietsimpfungen während des Seuchenzuges 1982-1986 in Niedersachsen und Nordrhein-Westfalen erzielt worden sind (vgl. dazu *Küttler* TU 1999, 119ff.), belegen, dass nicht etwa veterinärmedizinische, sondern ausschließlich wirtschaftliche Gründe für die Fortsetzung des „Tötens statt Impfen“ ursächlich sind. Aber selbst bei wirtschaftlicher Betrachtungsweise überwiegen mittlerweile die Nachteile: Anlässlich des Seuchenzugs 1997 in den Niederlanden sind ca. 680.000 Schweine aus infizierten und Kontaktbeständen und weitere 8 Millionen aus Gründen der Unverwertbarkeit und Marktbereinigung getötet worden. In Deutschland waren es zwischen 1993 und 2002 1,1 bzw. weitere 1,3 Millionen (vgl. *Kramer* aaO S. 76). Angesichts der extremen Kosten, die hierdurch entstanden sind, fordert mittlerweile auch der Europäische Rechnungshof ein Umdenken und den Einsatz von Marker-Impfstoffen (DtW 2000, 386; *Grünwoldt* TU 2000, 10). Der Verstoß der bisherigen Politik gegen den Verhältnismäßigkeitsgrundsatz und das Rücksichtnahmegebot aus dem Tierschutzprotokoll ist offensichtlich, ebenso die Notwendigkeit einer intensivierten gerichtlichen Kontrolle.

Bei der **Geflügelpest (Avian Influenza, AI)** ist die Situation insoweit anders, als die 40a
Richtlinie 2005/94/EG vom 20. 12. 2005 (ABl. EG Nr. L 10/16) nicht nur Not-, sondern auch präventive Impfungen als Langzeitmaßnahme vorsieht. Voraussetzungen dafür sind gem. Art. 56: Risikobewertung durch den jeweiligen Mitgliedstaat, dass in bestimmten Gebieten oder bei bestimmten Vogelarten die Gefahr einer Infektion besteht; Vorlage eines Impfplans, der der DIVA-Strategie (d.h. der Strategie zur Unterscheidung von infizierten und geimpften Tieren) entspricht; Genehmigung durch die Kommission. Daneben gibt es nach Art. 53 bis 55 auch die Notimpfung unter ähnlichen Voraussetzungen wie bei MKS und KSP. – Bei einer Gesamtbetrachtung fällt auf: Je jünger die jeweiligen Richtlinien sind, desto eher enthalten sie entsprechend den aktuellen wissenschaftlichen Erkenntnissen eine schrittweise Abkehr von der Politik des „Tötens statt Impfen“. Das Tierschutzprotokoll würde aber dazu verpflichten, auch die älteren Richtlinien rasch dem Stand der wissenschaftlichen Erkenntnisse und dem gestiegenen Tierschutzbewusstsein in der Bevölkerung anzupassen.

41 Zur Bekämpfung der **Bovinen Spongiformen Enzephalopathie (BSE)** sehen die Verordnung EG Nr. 999/2001 des Parlaments und des Rates vom 22. 5. 2001 und die Verordnung EG Nr. 1326/2001 der Kommission vom 29. 6. 2001 (ABl. EG Nr. L 147 S. 1) die sog. Kohortentötung vor: Im Fall eines bestätigten BSE-Fundes ist „mindestens" die Tötung und vollständige Beseitigung aller Tiere einer Kohorte, in der sich die Krankheit bestätigt hat, zu veranlassen. Als Kohorte definiert die Verordnung die Gruppe aller Rinder, die in den zwölf Monaten vor oder nach der Geburt des erkrankten Rindes in demjenigen Bestand geboren wurden, in dem auch das kranke Tier geboren ist (sog. Geburtskohorte) oder die in ihren ersten zwölf Lebensmonaten zu irgendeinem Zeitpunkt gemeinsam mit dem kranken Rind aufgezogen wurden und möglicherweise das gleiche Futter zu sich genommen haben, das auch das kranke Tier in seinen ersten zwölf Monaten zu sich genommen hat (sog. Fütterungskohorte; vgl. OVG Weimar NVwZ 2002, 231, 232: Tötung der Geburtskohorte wird verlangt; Ausnahmen bei der Fütterungskohorte sind evtl. möglich). – Nach den aktuellen wissenschaftlichen Erkenntnissen kann auch darin ein Verstoß gegen den Verhältnismäßigkeitsgrundsatz (Art. 5 EG-Vertrag) und das Rücksichtnahmegebot des Tierschutzprotokolls gesehen werden. Der Bundesrat hat in seiner Sitzung vom 29. 11. 2002 die Bundesregierung gebeten, auf eine Aufhebung des Gebots zur Tötung der Kohortentiere hinzuwirken. Nachdem in Deutschland ca. 5 Mio. Rinder mittels BSE-Schnelltest untersucht worden und dabei rund 200 BSE-Fälle nachgewiesen worden seien, sei nur zweimal bei der Untersuchung der als gefährdet ermittelten Rinder ein weiterer BSE-Fall festgestellt worden; das bekräftige die Vermutung, dass es sich bei BSE um eine Einzeltiererkrankung handle, die weitergehende Maßnahmen wie die Tötung der Kohortentiere nicht rechtfertige (vgl. TU 2003, 104 und TU 2005, 699; im Gegensatz dazu allerdings EuGH DVBl. 2006, 501 ff.: Kohortentötung nicht „offensichtlich unverhältnismäßig"; zur Problematik der Beschränkung auf eine solche Evidenzkontrolle s. Rn. 39, 37).

42 **Tötung von Rindern allein wegen fehlender Kennzeichnung (Ohrmarken)?** In Art. 1 Abs. 2 der Verordnung Nr. 494/98/EG vom 27. 2. 1998 (ABl. EG Nr. L 60 S. 78) ist bestimmt: „Kann der Halter eines Tieres dessen Identität nicht innerhalb von zwei Arbeitstagen nachweisen, so ist es unter der Aufsicht der Veterinärbehörden und ohne Gewährung einer Entschädigung durch die zuständige Behörde unverzüglich unschädlich zu beseitigen." Das VG Oldenburg sieht in dieser Vorschrift, die der zuständigen Behörde kein Ermessen und auch keine Möglichkeit zur Fristverlängerung einräumt, zu Recht einen Verstoß gegen den Grundsatz der Verhältnismäßigkeit als allgemeinen Grundsatz des Gemeinschaftsrechts (vgl. Art. 5 EG-Vertrag). Ziel der im Zusammenhang mit der BSE-Krise ergangenen Verordnung 494/98 könne es nur sein, sicherzustellen, dass ein Tier, dessen Identität nicht bekannt sei, nicht in den Handel gerate und nicht vermarktet werde. Dafür aber reiche als weniger einschneidende Maßnahme ein Verbringungs-, ein Schlacht- und ein Verwertungsverbot aus, wozu auch der Ausschluss der Verwertung des betreffenden Tieres zur Herstellung von Tierfutter gehöre; auch an ein Verbot der Annahme von Tieren, deren Herkunft nicht bekannt sei, seitens Fleisch verarbeitender Betriebe könne gedacht werden. Wolle man darüber hinaus auch der Gefahr einer vertikalen Ansteckung mit BSE vorbeugen, so sei auch eine Anordnung zur Herbeiführung der Zeugungsunfähigkeit denkbar. Weitergehende Maßnahmen seien aber nicht erforderlich, auch nicht aus Gründen der Volksgesundheit, zumal BSE aller Voraussicht nach nicht horizontal von Tier zu Tier übertragen werde (VG Oldenburg AgrarR 2001, 361, 363).

3. EU-Nutztierhaltungsrichtlinie

43 **EU-Richtlinien** sind ein Teil des sekundären Gemeinschaftsrechts. Zum primären Gemeinschaftsrecht gehören die gesamten Bestimmungen des EG-Vertrags, also auch das EU-Tierschutzprotokoll. Dagegen besteht das sekundäre Gemeinschaftsrecht hauptsächlich aus Verordnungen, Richtlinien und Entscheidungen der Organe der Gemeinschaft (Rat, Kommission, Parlament). Unter Verordnungen versteht man Regelungen, die in den

Mitgliedstaaten unmittelbar gelten, die also direkt Rechte und Pflichten für Behörden und Bürger begründen (Art. 249 Abs. 2 EG-Vertrag). Demgegenüber sind Richtlinien zunächst nur hinsichtlich der darin festgesetzten Ziele verbindlich; sie verpflichten zwar die zuständigen Organe der Mitgliedstaaten zur Verwirklichung dieser Ziele, müssen aber, um unmittelbare Rechtswirkungen im Verhältnis zum Bürger entfalten zu können, zuvor in das nationale Recht umgesetzt werden (Art. 249 Abs. 3 EG-Vertrag; in Deutschland erfolgt die Umsetzung meist durch Gesetze oder Rechtsverordnungen, vgl. § 21a TierSchG). – Als EU-Richtlinien zum Schutz von Tieren sind in Kraft: **1.** Die Richtlinie 98/58/EWG des Rates vom 20. 7. 1998 über den Schutz landwirtschaftlicher Nutztiere (ABl. EG Nr. L 221 S. 53). **2.** Die Richtlinie 99/74/EG des Rates vom 19. 7. 1999 zur Festlegung von Mindestanforderungen zum Schutz von Legehennen (ABl. EG Nr. L 203 S. 53; s. auch Rn. 47–49). **3.** Die Richtlinie 91/629/EWG des Rates vom 19. 11. 1991 über Mindestanforderungen für den Schutz von Kälbern (ABl. EG Nr. L 340 S. 28), geändert durch Richtlinie 97/2/EG des Rates vom 20. 1. 1997 (ABl. EG Nr. L 25 S. 24) und durch Richtlinie 97/182/EG der Kommission vom 24. 2. 1997 (ABl. EG Nr. L 76 S. 30). **4.** Die Richtlinie 91/630/EWG des Rates vom 19. 11. 1991 über Mindestanforderungen für den Schutz von Schweinen (ABl. EG Nr. L 340 S. 33), geändert durch Richtlinie 2001/88/EG des Rates vom 23. 10. 2001 (ABl. EG Nr. L 316 S. 1) sowie durch Richtlinie 2001/93/EG der Kommission vom 9. 11. 2001 (ABl. EG Nr. L 316 S. 36; s. auch Rn. 50–52). **5.** Die Richtlinie 93/119/EG des Rates vom 22. 12. 1993 über den Schutz von Tieren zum Zeitpunkt der Schlachtung oder Tötung (ABl. EG Nr. L 340 S. 21). **6.** Die Richtlinie 86/609/EWG des Rates vom 24. 11. 1986 zur Annäherung der Rechts- und Verwaltungsvorschriften der Mitgliedstaaten zum Schutz der für Versuche und andere wissenschaftliche Zwecke verwendeten Tiere (ABl. EG Nr. L 358 S. 1). **7.** Die Richtlinie 91/628/EWG des Rates vom 19. 11. 1991 über den Schutz von Tieren beim Transport. Sie wird ab dem 5. 1. 2007 durch die gleichnamige Verordnung (EG) Nr. 1/2005 des Rates vom 22. 12. 2004 ersetzt (ABl. EG Nr. L 3 S. 1; s. dazu die Kommentierung der Tierschutztransportverordnung (TierSchTrV). – EU-Richtlinien müssen zwischen sämtlichen (mittlerweile 25) EU-Mitgliedstaaten ausgehandelt werden. Sie können deshalb stets nur einen Kompromiss auf der Basis des kleinsten gemeinschaftlichen Nenners darstellen. Oft sind sie nicht mehr als ein „tierschutzrechtliches Minimalprogramm" (vgl. BVerfGE 101, 1, 33). Sie sind idR auch kein vollständiger Ausdruck des aktuellen Standes der wissenschaftlichen Erkenntnisse zu den tierlichen Bedürfnissen und den daraus resultierenden Haltungsanforderungen, sondern können nur denjenigen Teil an wissenschaftlichen Erkenntnissen repräsentieren, der sich in den Verhandlungen der Agrarminister als politisch durchsetzbar erwiesen hat (aA offenbar VG Minden NuR 2004, 200, 202). Politik auf europäischer Ebene ist nicht die Durchsetzung des wissenschaftlich Zutreffenden, sondern die Verwirklichung des im Spiel der Kräfte Möglichen. – U.a. deshalb stellen die Richtlinien zur Tierhaltung, Tierschlachtung und zu den Tierversuchen **nur Minimalstandards iS einer Mindestharmonisierung** auf. Die Mitgliedstaaten bleiben berechtigt, weitergehende (d.h. tierfreundlichere) Regelungen beizubehalten oder neu zu erlassen (vgl. Art. 1, Art. 10 Abs. 2 EU-Nutztierhaltungsrichtlinie; Art. 1, Art. 13 Abs. 2 EU-Legehennenrichtlinie; Art. 1, Art. 11 Abs. 2 EU-Kälberrichtlinie; Art. 1, Art. 11 Abs. 2 EU-Schweinerichtlinie; Art. 18 Abs. 2 EU-Schlachtrichtlinie; Art. 24 EU-Tierversuchsrichtlinie; vgl. auch EuGH NJW 1999, 113).

Wesentlicher Inhalt der EU-Nutztierhaltungsrichtlinie. Von besonderer Bedeutung 44
sind Art. 3, Art. 4 sowie Nr. 7 des Anhangs. – In Art. 3 ist bestimmt: „Die Mitgliedstaaten treffen Vorkehrungen dahin gehend, dass der Eigentümer oder Halter alle geeigneten Maßnahmen trifft, um das Wohlergehen seiner Tiere zu gewährleisten und um sicherzustellen, dass den Tieren keine unnötigen Schmerzen, Leiden oder Schäden zugefügt werden." Art. 4 lautet: „Die Mitgliedstaaten tragen dafür Sorge, dass die Bedingungen, unter denen die Tiere (mit Ausnahme von Fischen, Reptilien und Amphibien) gezüchtet oder gehalten werden, den Bestimmungen des Anhangs genügen, wobei die Tierart, der Grad

ihrer Entwicklung, die Anpassung und Domestikation sowie ihre physiologischen und ethologischen Bedürfnisse entsprechend praktischen Erfahrungen und wissenschaftlichen Erkenntnissen zu berücksichtigen sind." Der Anhang, auf den Art. 4 Bezug nimmt, schreibt in Nr. 7 S. 1 vor: „Die der praktischen Erfahrung und wissenschaftlichen Erkenntnissen nach artgerechte Bewegungsfreiheit eines Tieres darf nicht so eingeschränkt sein, dass dem Tier unnötige Leiden oder Schäden zugefügt werden." In Nr. 7 S. 2 des Anhangs heißt es: „Ist ein Tier ständig oder regelmäßig angebunden oder angekettet, oder befindet es sich ständig oder regelmäßig in Haltungssystemen, so muss es über einen Platz verfügen, der der praktischen Erfahrung und wissenschaftlichen Erkenntnissen nach seinen physiologischen und ethologischen Bedürfnissen angemessen ist." – Auffällig sind die Parallelen zu § 2 TierSchG. Nr. 7 S. 1 des Anhangs entspricht § 2 Nr. 2 TierSchG, d.h.: Die Freiheit des Tieres zur (Fort-)Bewegung darf zwar eingeschränkt werden, jedoch grds. nur so, dass dem Tier dadurch keine Leiden oder Schäden entstehen; Einschränkungen, die darüber hinausgehen, können allenfalls ausnahmsweise und nur dann gerechtfertigt sein, wenn sie sich als „nötig" erweisen; insoweit gilt dasselbe wie für das Merkmal „unvermeidbar" iS von § 2 Nr. 2 (s. dort Rn. 40); bei Bewegungseinschränkungen, die Leiden oder Schäden verursachen, müssen also die vier Elemente des Verhältnismäßigkeitsgrundsatzes geprüft werden, und es erscheint hier ebenso wenig wie bei § 2 Nr. 2 TierSchG denkbar, dass wirtschaftliche Erwägungen wie Arbeits-, Zeit- oder Kostenersparnis für sich allein bereits ausreichen könnten, eine Notwendigkeit und damit eine Rechtfertigung von Leiden oder Schäden zu begründen. – Nr. 7 S. 2 des Anhangs entspricht § 2 Nr. 1 TierSchG, d.h.: Bei Tieren, die regelmäßig in Haltungssystemen (= Boxen, Ständen, Käfigen, Ställen) gehalten werden, müssen die ethologischen Bedürfnisse (= die Verhaltensbedürfnisse der Funktionskreise ‚Nahrungserwerbsverhalten', ‚Ruheverhalten', ‚Eigenkörperpflege', ‚Mutter-Kind-Verhalten', ‚Sozialverhalten' und ‚Erkundung') grds. befriedigt und der dazu notwendige Raum zur Verfügung gestellt werden. Ein Zurückdrängen eines oder mehrerer dieser Verhaltensbedürfnisse begründet eine Rechtswidrigkeit, ohne dass noch ein Nachweis für die Zufügung von Leiden oder Schäden geführt zu werden braucht; „angemessen" ist auch hier nicht als Einbruchstelle zur Verrechnung dieser Bedürfnisse mit Erwägungen der Wirtschaftlichkeit oder des internationalen Wettbewerbs zu verstehen, sondern meint, dass die Haltungsform sowohl den Bedürfnissen der jeweiligen Tierart als auch den individuellen Besonderheiten des einzelnen Tieres entsprechen muss (s. § 2 Rn. 29, 30, 35; vgl. auch den insoweit eindeutigeren englischen Text: „... it must be given the space appropriate to its physiological and ethological needs in accordance with established experience and scientific knowledge").

45 Zur **Konkretisierung der wissenschaftlichen Erkenntnisse über die physiologischen und ethologischen Bedürfnisse** stehen verschiedene Quellen zur Verfügung: U.a. die Empfehlungen des St. Ausschusses, die Berichte des SCAHAW sowie die Gutachten von Sachverständigen und Sachverständigengruppen. – Die Empfehlungen des St. Ausschusses können allerdings wegen des dort herrschenden Einstimmigkeitsgrundsatzes und der Weisungsgebundenheit der Mitglieder immer nur denjenigen Teil an Erkenntnissen repräsentieren, der für alle ETÜ-Vertragsparteien im Zeitpunkt ihrer Ausarbeitung konsensfähig ist. Gerade deshalb ist es wichtig, auch solche Erkenntnisse, die aus Gründen des notwendigen Kompromisses statt in zwingende Ge- und Verbote „nur" in Soll-Vorschriften, allgemeine Bestimmungen oder Leitsätze der Präambel aufgenommen worden sind, zu berücksichtigen (s. Rn. 29 und § 2 Rn. 34). – Die Berichte des SCAHAW müssen ebenfalls als Ganzes gelesen werden, denn die (in Form von Schlussfolgerungen und Empfehlungen) veröffentlichten Zusammenfassungen stellen ebenfalls nicht selten Kompromisse zwischen dem, was wissenschaftlich ermittelt worden ist und dem, was gegenwärtig politisch durchsetzbar erscheint, dar; aus demselben Grund darf man auch hier Erkenntnisse, die lediglich in Soll-Vorschriften oder zurückhaltenden Formulierungen Ausdruck gefunden haben, nicht zu gering bewerten oder gar ganz außer Acht lassen. – Gutachten, die von Experten oder Expertengruppen verfasst werden, müssen neben ihren Ergebnissen

immer auch die angewendeten Methoden und die zugrunde liegenden Prämissen offen legen, damit deren Übereinstimmung mit den Wertentscheidungen des Europäischen Tierschutzrechts geprüft und festgestellt werden kann. Solche Wertentscheidungen findet man u.a. in einzelnen Vorschriften und in den Erwägungsgründen der EU-Richtlinien, im ETÜ, im Tierschutzprotokoll und in den Beschlüssen des Europäischen Parlaments. Von Bedeutung erscheint hier insbesondere, dass nach Art. 3 der EU-Nutztierhaltungsrichtlinie das Wohlbefinden der Tiere nicht lediglich zu schützen, sondern weitergehend „zu gewährleisten" und „sicherzustellen" ist; mit diesem Prinzip sind Gutachten nicht vereinbar, wenn sie zB Zweifelsfragen zu Lasten der Tiere entscheiden statt die widerstreitenden Gesichtspunkte gegeneinander abzuwägen und zumindest dort, wo eine überwiegende Wahrscheinlichkeit zugunsten der Wohlbefindensinteressen der Tiere streitet, auch entsprechend zu entscheiden. Dem verstärkten Schutz, den die Grundbedürfnisse nach Nr. 7 S. 2 des Anhangs genießen, müssen Gutachter besonders bei der Wahl ihrer Methoden Rechnung tragen; Gutachten, die das Zurückdrängen von Grundbedürfnissen erst bei nachweislich entstandenen Leiden oder Schäden für relevant erachten und damit Nr. 7 S. 2 mit Nr. 7 S. 1 verwechseln, dürften hier ebenso unverwertbar sein wie bei § 2 TierSchG (s. dort Rn. 33). Gutachterliche Methoden und Prämissen sollten auch darauf überprüft werden, ob sie dem Gebot zur Rücksichtnahme auf die Belange des Tierschutzes und den anderen Konsequenzen aus dem EU-Tierschutzprotokoll Rechnung tragen (s. Rn. 37, 38). In der Entschließung des Europäischen Parlaments zum Wohlergehen und Status von Tieren wird u.a. missbilligt, „dass mitunter darauf gesetzt wurde, die wirtschaftlichen Interessen des Menschen zu Lasten des Wohlergehens der Tiere zu befriedigen", und es wird von „Rechten der Tiere" und Tieren „als sensible Wesen" gesprochen (ABl. EG Nr. C 44 S. 206, 207, 208). Das legt nahe, dass auch im Europäischen Recht die Zufügung von Leiden und Schäden und das Zurückdrängen von Grundbedürfnissen nicht allein mit Kosten-, Arbeits- oder Zeitgründen oder anderen wirtschaftlichen Erwägungen begründet und gerechtfertigt werden darf. – Neben der Prüfung, ob die Methodik eines Gutachtens einer an diesen Prinzipien ausgerichteten, wertebasierten Herangehensweise entspricht, muss auch auf die Distanz der gutachtenden Stellen und Personen gegenüber den beteiligten ökonomischen Interessen geachtet werden.

Das **Verhältnis der EU-Nutztierhaltungsrichtlinie zu anderen EU-Richtlinien** ist 46
ein solches der Gleichordnung. Wenn also zB eine Bestimmung der EU-Legehennen- oder der EU-Schweinehaltungsrichtlinie nicht mit Art. 4 i.V.m. Nr. 7 S. 2 des Anhangs der EU-Nutztierhaltungsrichtlinie vereinbar erscheint, reicht dieser Gesichtspunkt für sich allein noch nicht aus, um die betreffende Bestimmung als ungültig anzusehen. Dies dürfte einer der Gründe sein, weshalb die EU-Nutztierhaltungsrichtlinie trotz ihrer tierfreundlichen Formulierungen bis jetzt wenig Eingang in die praktische Tierschutzpolitik der Gemeinschaft gefunden hat. Einen anderen Grund kann man in der o.e. Beschränkung des EuGH auf bloße Evidenz-Kontrollen sehen (s. Rn. 37). – Indes könnte der EU-Nutztierhaltungsrichtlinie insoweit gegenüber anderen Richtlinien eine herausgehobene Bedeutung zukommen, als mit ihr die Grundsätze des ETÜ, also eines internationalen Übereinkommens, dem auch die Gemeinschaft beigetreten ist, in das Gemeinschaftsrecht umgesetzt worden sind (vgl. u.a. die ersten drei Erwägungsgründe in der EU-Nutztierhaltungsrichtlinie, aber auch den dritten Erwägungsgrund in der EU-Legehennenrichtlinie). Als Vertragspartei des ETÜ ist die Gemeinschaft völkerrechtlich verpflichtet, diesen Grundsätzen Wirkung zu verleihen, Damit aber bilden Haltungssysteme, die gegen Art. 4 i.V.m. Nr. 7 des Anhangs der EU-Nutztierhaltungsrichtlinie verstoßen, zugleich auch einen Verstoß gegen die völkerrechtlichen Verpflichtungen, die die Gemeinschaft mit ihrem Beitritt zum ETÜ eingegangen ist und die sie durch diese Richtlinie in einer Weise konkretisiert hat, die nunmehr auch für sie selbst völkerrechtliche Verbindlichkeit besitzt. Damit aber können Bestimmungen in später ergangenen EU-Richtlinien, die der EU-Nutztierhaltungsrichtlinie widersprechen oder sie nicht genügend beachten, zugleich einen Verstoß gegen das vertragliche Völkerrecht bedeuten. – Das spricht jedenfalls dafür,

die Bestimmungen der nachfolgend erlassenen EU-Richtlinien im Zweifel so auszulegen, dass sie mit der EU-Nutztierhaltungsrichtlinie in Einklang stehen.

4. EU-Legehennenrichtlinie

47 **Wesentlicher Inhalt.** Nach Art. 6 müssen Käfige, die ab dem 1. 1. 2003 in Betrieb genommen werden, eine Bodenfläche von 750 cm² je Tier umfassen; 600 cm² davon müssen für die Tiere uneingeschränkt nutzbar sein und eine lichte Höhe von mindestens 45 cm aufweisen. Die Käfige sind mit einem Nest, einer Einstreu, die das Picken und Scharren ermöglicht sowie mit Sitzstangen mit einem Platzangebot von mindestens 15 cm je Henne auszugestalten. Die Länge des Futtertrogs muss je Henne 12 cm betragen. Was Einstreu ist, wird in Art. 2 Abs. 2c folgendermaßen definiert: „Material mit lockerer Struktur, das es den Legehennen ermöglicht, ihre ethologischen Bedürfnisse zu befriedigen." – Käfige, die vorher in Betrieb genommen worden sind und diesen Anforderungen nicht genügen, dürfen noch bis zum 31. 12. 2011 weiterbetrieben werden.

48 Zumindest ein Teil der **Modelle ausgestalteter Käfige,** die seither getestet und in Betrieb genommen worden sind, entsprechen diesen Anforderungen nicht. – Das gilt insbesondere für den Einstreubereich: Zu den ethologischen Bedürfnissen, deren Befriedigung hier ermöglicht werden soll, gehört neben dem Picken und Scharren besonders das Staubbaden. Dazu muss das Tier synchron mit mindestens einem Teil der Käfiggefährten eine Mulde scharren können, Einstreu in ausreichender Menge durch Bewegungen der Flügel und Beine ins Gefieder befördern und dort eine Zeitlang einwirken lassen sowie später wieder herausschütteln können. In den bisher untersuchten Käfigmodellen sind wegen der geringen Fläche des Einstreubereiches und der dünnen Schicht an Substrat allenfalls vorbereitende und einleitende Handlungen möglich, nicht jedoch auch die das Bedürfnis befriedigenden Endhandlungen. Außerdem ist das Problem der Monopolisierung des Einstreubereiches weitgehend ungelöst. Indizien für das Ausbleiben der Befriedigung des Bedürfnisses sind u.a.: Staubbadebewegungen auf dem Drahtgitterboden im Leerlauf; ständiges Zurückkehren in die Vorbereitungs- und Einleitungsphase; wiederkehrende Staubbadeversuche von jeweils kurzer Dauer; Ausfall wichtiger Drehbewegungen (vgl. *Briese/Sewerin* et al. S. 25 ff.; s. auch Vor §§ 12–15 TierSchNutztV). – Das für die Sitzstangen vorgeschriebene Platzangebot von 15 cm je Henne wird u. a. unterschritten, wenn die Stangen im rechten Winkel zueinander oder in T-Form angeordnet sind, weil dann im Verbindungs- und Kreuzungsbereich nicht alle Teile voll genutzt werden können; dasselbe gilt, wenn Stangen parallel im Abstand von nur 20 cm zueinander angebracht sind, weil die Hennen einander dann nicht gegenüber sitzen können, sondern versetzt zueinander Platz nehmen müssen; ähnlich ist die Situation, wenn die Stangen zur hinteren oder seitlichen Käfigwand so wenig Platz einhalten, dass die Hühner in diesem Bereich eine schräge Sitzhaltung einnehmen müssen. – Im neuen Anhang A zum Europäischen Versuchstierübereinkommen sind für Legehennen im (üblichen) Gewichtsbereich von 1.200–1.800 g, soweit sie zu Versuchszwecken in Käfigen gehalten werden müssen, weit größere Flächen- und Höhen vorgeschrieben: minimale Bodenfläche je Henne 1.100 cm²; minimale Futtertroglänge je Henne 15 cm; Mindesthöhe 75 cm. Anhaltspunkte dafür, dass die Verhaltensbedürfnisse von Legehennen als Nutztiere hinter denen von Versuchstieren zurückbleiben könnten, gibt es nicht.

49 Zum Verstoß ausgestalteter Käfige gegen Art. 4 i.V.m. Anhang Nr. 7 S. 1 und 2 der EU-Nutztierhaltungsrichtlinie s. auch Vor §§ 12–15 TierSchNutztV Rn. 9–18.

5. EU-Schweinehaltungsrichtlinie

50 **Wesentlicher Inhalt.** Für Sauen und Jungsauen gilt gemäß Art. 3 der Richtlinie 91/630 idF der Änderungsrichtlinie 2001/88 in Betrieben, die ab dem 1. 1. 2003 neu gebaut, umgebaut oder erstmals bewirtschaftet werden, ein Verbot der Kastenstandhaltung während etwa der Hälfte der Haltungszeit (nämlich ab der vierten Woche nach dem Decken bis ca. zwei Wochen vor dem voraussichtlichen Abferkeltermin); in dieser Zeit ist Gruppenhal-

tung mit 2,25 m^2 je Sau und 1,64 m^2 je Jungsau vorgesehen. Ab 1. 1. 2013 müssen diese Bestimmungen auch in den älteren Betrieben eingehalten werden. – Für Mastschweine und Ferkel sind in Art. 3 der Richtlinie äußerst geringe Bodenflächen vorgesehen, so zB für ein Schwein mit einem Durchschnittsgewicht von 85–110 kg nur 0,65 m^2 und bei über 110 kg 1 m^2. – Zum Beschäftigungsmaterial heißt es in Kapitel I Nr. 4 des Anhangs der Änderungsrichtlinie, dass „Schweine ständigen Zugang zu ausreichenden Mengen an Materialien haben [müssen], die sie untersuchen und bewegen können, wie zB Stroh, Heu, Holz, Sägemehl, Pilzkompost, Torf oder eine Mischung dieser Materialien, durch die die Gesundheit der Tiere nicht gefährdet werden kann“. Sauen und Jungsauen muss nach Kapitel II B Nr. 3 des Anhangs „in der Woche vor dem Abferkeln in ausreichenden Mengen geeignete Nesteinstreu zur Verfügung gestellt werden, sofern dies im Rahmen des Gülle-Systems des Betriebs nicht technisch unmöglich ist“.

Die weitere Zulassung der **Einzelhaltung von Sauen im Kastenstand** (in neuen Be- 51
trieben während etwa 11 von 24 Wochen je Zyklus, in älteren bis zum 31. 12. 2012 sogar durchgehend) stellt einen Verstoß gegen Art. 4 i.V.m. Nr. 7 des Anhangs der EU-Nutztierhaltungsrichtlinie dar. Vom Wissenschaftlichen Veterinärausschusses der EU werden die sichtbaren Folgen dieser Haltungsform u.a. wie folgt beschrieben: Ausgeprägte Stereotypien (insbesondere Stangenbeißen und Leerkauen), Aggression, gefolgt von Inaktivität und Reaktionslosigkeit, schwache Knochen und Muskeln, Herz-Kreislauf-Schwäche, Harnwegs-, Gesäuge- und Gebärmutterinfektionen (vgl. EU-SVC-Report Schweine S. 146). All das sind Anzeichen für Leiden und Schäden iS von Nr. 7 S. 1, die unnötig sind, weil man die Kastenstandhaltung nach dem Vorbild Schwedens auf jeweils maximal eine Woche während der Zeit des Deckens und des Wurfes beschränken könnte und ein damit evtl. verbundener Mehraufwand an Arbeit und Zeit die schwerwiegenden Beeinträchtigungen einer länger dauernden Fixierung nicht rechtfertigen kann.

Dass der vorgesehene **Platz für Mastschweine** zur Befriedigung wesentlicher ethologi- 52
scher Bedürfnisse nicht ausreicht und damit gegen Nr. 7 S. 2 des Anhangs der EU-Nutztierhaltungsrichtlinie verstößt, geben die Halter indirekt selbst zu, indem sie darauf verweisen, regelmäßig etwa 30 % der Mastschweine eines Stalles bzw. einer Bucht vorher auszustallen, damit die verbleibenden Tiere ausreichend Platz bekommen (vgl. *Hoy* TU 2004, 576, 579 mit folgendem Rechenbeispiel: Bei einer Bucht für zwölf Tiere à 0,7 m^2 würden vier Tiere vorzeitig ausgestallt, so dass für die restlichen acht Tiere bis zum Ende der Mast eine Bodenfläche von 1,05 m^2 je Tier zur Verfügung stehe). Bei den von Art. 3 der Schweinehaltungsrichtlinie vorgegebenen Bodenflächen können die Tiere weder den Kot- vom Liegebereich trennen, noch Wühl- und Erkundungsverhalten zeigen, noch einander zeitweilig ausweichen und sich bei Angriffen voneinander zurückziehen, noch die für ein artgemäßes Verhalten notwendige Aufteilung in Ruhe- und Aktivitätsbereich durchführen. Eine derart weitgehende Zurückdrängung ethologischer Bedürfnisse ist mit Nr. 7 S. 2 des Anhangs der EU-Nutztierhaltungsrichtlinie ebenso wenig vereinbar wie mit § 2 Nr. 1 TierSchG (s. auch Vor §§ 16–25 TierSchNutztV Rn. 3, 4 und 8). – Die o.e. Regelungen über die Bereitstellung von Beschäftigungs- und Nestbaumaterial müssen im Licht von Nr. 7 S. 2 des Anhangs der EU-Nutztierhaltungsrichtlinie dahingehend ausgelegt werden, dass den Tieren ständig so viel Material zur Verfügung stehen muss, dass sie ihre Bedürfnisse zum Kauen und Beißen, zum Wühlen und Erkunden sowie zum Nestbau befriedigen können (vgl. auch *Grauvogl* u.a. S. 91: 0,5–1 kg Stroh pro Tag und GV werden von jedem Flüssigmistsystem verkraftet).

VII. Rechtschutz für Tiere

1. Strafanzeigen; Anträge an die Tierschutzbehörde

Jedermann hat das **Recht, Sachverhalte,** die er für strafbar oder ordnungswidrig hält, 53
zur Anzeige zu bringen. Alle Polizeidienststellen müssen solche Anzeigen annehmen,

ohne Rücksicht auf die örtliche Zuständigkeit. Wichtig ist allerdings, dass der angezeigte Sachverhalt so genau wie möglich geschildert wird („wer, was, wann, wo, wie?") und etwaige Beweismittel (zB Zeugen, Fotografien) benannt bzw. vorgelegt werden. Stellt sich die Tat nur als **Ordnungswidrigkeit** dar, so leitet die Polizei die Anzeige an die zuständige Verwaltungsbehörde (meist an das Ordnungsamt des Landkreises bzw. der Stadtverwaltung) weiter; anderenfalls erfolgt (nach Durchführung eigener, polizeilicher Ermittlungen) die Vorlage an die Staatsanwaltschaft. – **Strafverfahren** wegen Verstößen gegen das Tierschutzrecht enden nicht selten mit Einstellungen und Freisprüchen, selbst dann, wenn der Beschuldigte objektiv gegen das Gesetz verstoßen hat. Dies liegt daran, dass in der Strafjustiz zT die Auffassung verbreitet ist, das Strafrecht könne „den Tierschutz allenfalls in extremen Fällen, nicht aber in einem Normalfall objektiv rechtswidriger Tierhaltung sicherstellen" (so das LG Darmstadt NStZ 1984, 173, 175). Die Anforderungen, die an den Nachweis einer Straftat nach § 17 Nr. 2b (‚anhaltende oder sich wiederholende erhebliche Leiden') gestellt werden, sind sehr hoch, und nicht selten gelingt es den Beschuldigten, mit Hilfe von Sachverständigen Zweifel auf Seiten des Gerichts zu wecken, die sich dann zu ihrem Vorteil (und notwendigerweise zum Nachteil der Tiere) auswirken. Aber selbst wenn die Erfüllung aller objektiven Merkmale des Straftatbestandes nachgewiesen ist, scheitern Verurteilungen häufig noch aus subjektiven Gründen (d.h. mangels Erweislichkeit von Vorsatz und/oder wegen eines Verbotsirrtums). Außerdem können Strafverfahren auch bei feststehender Rechtswidrigkeit und Schuld eingestellt werden (vgl. §§ 153ff. StPO). – Freisprüche und Einstellungen werden von den Beschuldigten und ihren Verbänden dann oft als Freibrief für die Fortsetzung ihrer bisherigen Praxis angesehen (vgl. den Kommentar des Zentralverbandes der Deutschen Geflügelwirtschaft zu dem Freispruch zweier Käfighalter durch die große Strafkammer des LG Darmstadt am 29. 4. 1985: „LG Darmstadt – Käfighaltung erlaubt"; DGS-intern 19/1985). Dabei wird verkannt, dass Formen des Umgangs mit Tieren auch dann gesetzwidrig sein können, wenn sie noch nicht die Schwelle zur Strafbarkeit erreichen (zB wegen Verstoßes gegen § 2 TierSchG, mit dem verhindert werden soll, dass die Tierhalter die Möglichkeiten, die ihnen die Nutztierhaltung eröffnet, bis an die Grenzen der nach § 17 strafbaren Tierquälerei ausschöpfen, so VGH Mannheim NuR 1991, 135, 136). – Zum Ganzen s. auch § 17 Rn. 95–97. Zum Recht des Anzeigeerstatters, vom Ausgang des Verfahrens unter Angabe der Gründe beschieden zu werden s. § 18 Rn. 4.

54 Jedermann hat auch das **Recht,** einen Sachverhalt, den er für tierschutzwidrig hält, der zuständigen **Behörde** (meist dem Veterinäramt des Land- bzw. Stadtkreises) mitzuteilen und **um ein Einschreiten zu ersuchen.** Bei Gefahr im Verzug ist auch die örtliche Polizeidienststelle zuständig. – Bei Nichtbeachtung des Ersuchens kommen Beschwerden an den Dienstvorgesetzten (Dienstaufsichtsbeschwerde) oder die nächsthöhere Behörde (Fachaufsichtsbeschwerde) in Betracht. Auch hier gilt, dass Eingaben umso aussichtsreicher sind, je genauer der Sachverhalt geschildert wird und je eher Beweismittel benannt werden. In vielen Bundesländern gibt es außerdem Landesbeauftragte für den Tierschutz und/oder Tierschutzbeiräte (meist beim zuständigen Ministerium), an die man sich mit Mitteilungen über tierschutzrelevante Vorkommnisse wenden kann.

2. Einführung einer tierschutzrechtlichen Verbandsklage?

55 Nach derzeitiger Gesetzeslage gibt es **keine Klagemöglichkeit für Tierschutzverbände** gegen tierschutzwidrige Verwaltungsakte oder gegen ein tierschutzwidriges Untätigbleiben von Behörden. – Im Sommer 1988 hatten mehrere Natur- und Umweltschutzverbände gegen behördliche Genehmigungen, die an einzelne Unternehmen zum Einbringen („Verklappen") von Abfallstoffen in die Nordsee erteilt worden waren, Widerspruch eingelegt, weil diese Praxis für ein massenhaftes Robbensterben verantwortlich gemacht wurde. Der Widerspruch wurde ohne sachliche Prüfung zurückgewiesen: Soweit die Verbände den Rechtsbehelf im Namen der „Seehunde der Nordsee" erhoben hätten, fehle

diesen die Rechtsfähigkeit (d.h. die Befähigung, Träger von Rechten zu sein) und damit die Beteiligungsfähigkeit nach § 61 VwGO; aber auch ein Rechtsbehelf, der im Namen der Verbände geltend gemacht werde, komme nicht in Betracht, da diese durch das genehmigte „Verklappen" nicht in ihren eigenen Rechten betroffen seien, § 42 Abs. 2 VwGO (vgl. VG Hamburg NVwZ 1988, 1058; vgl. auch OVG Münster vom 18. 7. 2002, 20 B 1317/02: kein klagefähiges Recht, die Interessen von Tieren wahrzunehmen). – Zum Legehennen-Urteil des BVerfG von 1999 ist es nicht etwa aufgrund einer Klage von Tierschutzverbänden gekommen, sondern infolge eines Antrags auf abstrakte Normenkontrolle. Solche Anträge können nur von einer Landesregierung, der Bundesregierung oder einem Drittel der Mitglieder des Bundestags gestellt werden (vgl. Art. 93 Abs. 1 Nr. 2 GG); sie sind entsprechend selten und ändern nichts daran, dass Tierschutzverbände keine Klagebefugnis haben. Es ist anzunehmen, dass bei Bestehen einer entsprechenden Möglichkeit die Käfigbatteriehaltung von Legehennen durch die Verwaltungsgerichte zu einem sehr viel früheren Zeitpunkt für gesetzwidrig erklärt worden wäre, da der vom BVerfG angewendete § 2 Nr. 1 seit 1972 in Kraft ist (s. § 2 Rn. 12–15).

Damit besteht in dem dreipoligen Verhältnis zwischen Tiernutzern, Behörden und Tieren ein **rechtliches Ungleichgewicht** und eine **Situation fehlender Waffengleichheit** zwischen den Belangen der zu schützenden Tiere einerseits und jenen der Menschen, die die Tiere für ihre Zwecke nutzen wollen andererseits. Erlässt die Behörde eine Entscheidung zu Lasten eines Tiernutzers, so kann dieser mit Rechtsmitteln dagegen vorgehen, uU durch drei Instanzen hindurch; außerdem kann er evtl. Klage auf Entschädigung erheben, möglicherweise ebenfalls über mehrere Instanzen. Ergeht stattdessen eine Entscheidung zu Lasten der Tiere, so besteht nach derzeitiger Rechtslage für niemanden die Möglichkeit, diese gerichtlich überprüfen zu lassen (s. Rn. 55). Dass ein solches Ungleichgewicht den konsequenten Vollzug des Tierschutzgesetzes in weiten Bereichen verhindert und die chronisch unterbesetzten und überlasteten Behörden nicht selten den Weg des geringsten Widerstandes gehen lässt, sollte niemanden verwundern (*Caspar* Tierschutz S. 499). – Im Rechtsverkehr der Bürger untereinander ist die Situation grundlegend anders: Jeder Beteiligte weiß, dass er bei gesetzwidrigem Handeln mit Gerichtsurteilen und Vollstreckungsmaßnahmen rechnen muss; schon die bloße Existenz dieser Institutionen bewirkt, dass in diesem Bereich die Rechtsbefolgung der Normalfall und die Abweichung von der Norm die Ausnahme ist. Im Mensch-Tier-Verhältnis fehlt es dagegen an dieser „Drohmacht des Rechts" (*Caspar* Tierschutz S. 498). Dies ist die Hauptursache dafür, dass gesetzwidrige – insbes. gegen § 2 Nr. 1 verstoßende – Umgangsformen in vielen Bereichen zur alltäglichen Selbstverständlichkeit geworden sind (vgl. BK/*Kloepfer* Art. 20a Rn. 103: „... Schwäche im Vollzug des Tierschutzrechts, was insbesondere daraus resultiert, dass die von den einschlägigen Gesetzen reflexiv Begünstigten, d.h. die Tiere, die Einhaltung der Gesetze wegen fehlender Rechtsfähigkeit selbst nicht erzwingen können ... Zur Wahrung tierschützenden Rechts bedarf es eines Patrons, Stellvertreters oder Treuhänders, soweit man nicht die Rechtserzwingung Verwaltungsbehörden mit ihren nahezu klassischen Vollzugsdefiziten überlassen will"). 56

Abhilfe könnte die **gesetzliche Einführung einer tierschutzrechtlichen Verbandsklage** schaffen (d.h. eines durch Bundes- oder Landesgesetz eingeräumten Klagerechts für anerkannte Tierschutzvereine gegen bestimmte Verwaltungsakte, die von den Behörden auf dem Gebiet des Tierschutzes erlassen werden). – Eine völlige Neuheit wäre diese Form des Rechtsschutzes nicht: Verbandsklagen gibt es u.a. im Naturschutzrecht (§§ 58ff. BNatSchG und Landesnaturschutzgesetze), im Wettbewerbsrecht (§ 8 UWG) und im Recht des Verbraucherschutzes (§ 3 UKlaG). Sie entsprechen der allgemeinen Tendenz, privates Engagement zur Durchsetzung von Gemeinwohlinteressen zu nutzen. Für den Bereich des Umweltschutzes sieht die Aarhus-Konvention vom 25. 6. 1998 neben Mindestvorschriften über den Zugang der Öffentlichkeit zu Informationen auch die vermehrte Beteiligung der Öffentlichkeit bei umweltbezogenen Entscheidungen und den Zugang zu den Gerichten in Umweltangelegenheiten vor („drei Säulen", vgl. *Näckel/* 57

Wasielewski DtW 2005, 113; *Schmidt/Zschiesche* NuR 2003, 16, 22). – Im Tierschutzrecht wäre ein Klagerecht für bestimmte, anerkannte Vereine besonders wichtig, da die Tiere ihre Lebens- und Wohlbefindensinteressen nicht selbst artikulieren können und deshalb in besonderem Maße auf menschliche Fürsprecher und Treuhänder angewiesen sind, die in die Lage versetzt werden sollten, diese Interessen und die (untechnisch gesprochen) Rechte der Tiere nicht nur beratend, sondern notfalls auch klageweise geltend zu machen. Bisher ist nur ein „Zu viel" an Tierschutz gerichtlich überprüfbar (nämlich durch Klagen der Nutzer, s. Rn. 56), nicht dagegen auch ein „Zu wenig" (durch Klagen der Tierschutzvereine). Die Verbandsklage könnte diesem Missstand abhelfen. Sie entspräche damit der Verpflichtung zu einem effektiven Schutz der Tiere gemäß Art. 20a GG, denn danach reicht es nicht aus, gesetzliche Gebote, Verbote und Eingriffsermächtigungen zum Schutz von Leben, Wohlbefinden und Unversehrtheit zu erlassen, sondern es bedarf auch verfahrensrechtlicher Normen, die eine möglichst weitgehende Verwirklichung dieser Schutzvorschriften sicherstellen. Zwar steht dem Gesetzgeber bei der Ausgestaltung des Staatsziels „Tierschutz" eine weitreichende Gestaltungsfreiheit zu; diese entbindet ihn jedoch nicht von der Pflicht, das jeweils effektivste Mittel zur Erfüllung des Schutzauftrages zu wählen, und die Etablierung von Mitwirkungs- und Klagerechten für anerkannte Tierschutzvereine wäre ein solches (vgl. *Näckel/Wasiliewski* aaO; s. auch Art. 20a GG Rn. 18).

58 In letzter Zeit sind **verschiedene Gesetzentwürfe zur Einführung eines Verbandsklagerechts** in die Parlamente von Bund und Ländern eingebracht worden, u. a.: in den Bundestag der Gesetzentwurf BT-Drucks. 13/9323 der Fraktion Bündnis 90/DIE GRÜNEN vom 27. 11. 1997; in den Bundesrat der Gesetzentwurf des Landes Schleswig-Holstein BR-Drucks. 157/04 vom 19. 2. 2004; in den Landtag von Baden-Württemberg der Gesetzentwurf der Fraktion GRÜNE LT-Drucks. 13/4418 vom 21. 6. 2005. Weitere Gesetzentwürfe gab bzw. gibt es in Niedersachsen, im Saarland, in Bremen, in Berlin, in Schleswig-Holstein und in Nordrhein-Westfalen. – Der baden-württembergische Entwurf sah vor, Tierschutzvereinen auf Antrag die Anerkennung zu erteilen, wenn sie bestimmte Voraussetzungen erfüllten (u. a. Gemeinnützigkeit, ideelle Tätigkeit im gesamten Landesgebiet seit mindestens drei Jahren, Gewähr für eine sachgerechte Aufgabenerfüllung, insbesondere nach Mitgliederzahl, Leistungsfähigkeit und Umfang des bisherigen Tätigseins). Diesen Vereinen sollte dann das Recht eingeräumt werden, gegen bestimmte tierschutzrelevante Verwaltungsentscheidungen (u. a. Ausnahmegenehmigungen zum Schächten nach § 4a, Erlaubnisse zum Kürzen der Schnabelspitze bei Nutzgeflügel nach § 6 Abs. 3 und Genehmigungen für Versuche an Wirbeltieren nach § 8) Rechtsbehelfe nach Maßgabe der VwGO einzulegen, wenn dabei gegen Vorschriften des Tierschutzgesetzes oder seiner Rechtsverordnungen verstoßen wurde. Zur sachgerechten Wahrnehmung dieser Befugnis sollten die Vereine schon im Verwaltungsverfahren Einsicht in die einschlägigen Sachverständigengutachten und Gelegenheit zur Stellungnahme erhalten; Argumente, die sie dabei trotz entsprechender Möglichkeit nicht vorgebracht hatten, sollten auch im späteren gerichtlichen Verfahren ausgeschlossen sein. – Bislang ist keiner dieser Entwürfe Gesetz geworden. Gegenargumente, die insbesondere von Vertretern der CDU/CSU geäußert werden, sind u. a.: fehlende Gesetzgebungskompetenz der Länder; Gefahr einer Prozessflut; Verzögerungen in Genehmigungsverfahren, besonders bei Tierversuchen; Unvereinbarkeit solcher Klagebefugnisse mit dem Prinzip der Gewaltenteilung; ausreichende Möglichkeiten der Tierschutzvereine zur Mitwirkung, u. a. in Tierschutzbeiräten und beratenden Kommissionen; ausreichender Rechtsschutz für Tiere über die Strafgerichtsbarkeit.

59 Die **Gesetzgebungskompetenz** der Länder (neben dem Bund) ergibt sich aus Art. 70, 72, 74 Nr. 1 GG i. V. m. § 42 Abs. 2 VwGO. Danach kann die Klagebefugnis von Beteiligten, die nicht geltend machen können, in eigenen Rechten verletzt zu sein, grds. auch durch Landesgesetz eingeführt werden, und zwar auch gegen Verwaltungsakte, die aufgrund eines bundesgesetzlich geregelten Verfahrens durch Landesbehörden ergehen (vgl. BVerwG NVwZ 1988, 527, 528; *Schoch/Schmidt-Aßmann/Pietzner* § 42 VwGO

Rn. 37ff.). Dagegen lässt sich nicht einwenden, dass der Bundesgesetzgeber das Tierschutzrecht und das dazu gehörende Verwaltungsverfahren abschließend geregelt habe, denn Verbandsklagen gehören allein zur Materie „Verwaltungsprozessrecht", und der für dieses Sachgebiet konkurrierend zuständige Bund hat die Länder mit § 42 Abs. 2 VwGO zu ihrer Einführung ermächtigt (vgl. BVerwG aaO; vgl. auch Gutachten des Senators für Justiz und Verfassung der Hansestadt Bremen vom 30. 11. 2005: „Im Ergebnis dürften die überwiegenden Argumente dafür sprechen, dass der Bundesgesetzgeber die Klagebefugnis in tierschutzrelevanten Verfahren nicht abschließend im Tierschutzgesetz geregelt, sondern es auch insoweit bei der Möglichkeit einer landesrechtlichen Regelung auf der Grundlage des § 42 Abs. 2 Halbsatz 1 VwGO belassen hat"). – Die Befürchtung, Verbandsklagerechte könnten eine **Prozessflut** auslösen, ist auch in der Diskussion über die naturschutzrechtliche Verbandsklage vorgebracht worden. Indes sprechen die Erfahrungen in denjenigen Bundesländern, in denen es die naturschutzrechtliche Klagemöglichkeit seit Beginn der 90er Jahre gibt, eher für einen sparsamen und vorsichtigen Gebrauch durch die Vereine: Nach einer wissenschaftlichen Untersuchung hatten die Verwaltungsgerichte in den Jahren 1997 bis 1999 aufgrund von naturschutzrechtlichen Verbandsklagen in 67 Fällen insgesamt 92 Entscheidungen zu treffen, pro Jahr also 30; dabei ist von den klagenden Vereinen eine Erfolgs- oder Teilerfolgsquote von 28,4% erzielt worden (gegenüber 20% bei der Gesamtheit aller verwaltungsgerichtlichen Klagen nach Abzug der Asylverfahren; vgl. *Schmidt/Zschiesche* NuR 2003, 16, 19). Wegen des Arbeits- und Zeitaufwandes von Verbandsklageverfahren und mit Blick auf das Risiko, im Falle eines Prozessverlustes mit hohen Gerichts- und Anwaltskosten belastet zu werden, die dann gegenüber der Mitgliedschaft und der Öffentlichkeit gerechtfertigt werden müssen, werden die Tierschutz- ebenso wie die Naturschutzvereine ihre Klagen von vornherein auf wenige beispielgebende Fälle, die eine Entscheidung mit Fernwirkung erwarten lassen, beschränken. – Etwaigen **Verzögerungen von Genehmigungsverfahren** lässt sich durch die Anordnung bzw. Bestätigung der sofortigen Vollziehbarkeit begegnen (§ 80 Abs. 2 Nr. 4, Abs. 5 VwGO): Ist eine angefochtene Genehmigung voraussichtlich rechtmäßig, so können die Behörde und das Gericht mit diesem Instrument jegliche Verzögerung des Verfahrens verhindern; bestehen dagegen ernstliche Zweifel, so entspricht es sowohl der Rechtsstaatlichkeit als auch dem Gebot der Fairness gegenüber dem Schwächeren, dass diese Zweifel aufgeklärt werden, bevor von der Genehmigung Gebrauch gemacht wird und zu Lasten der Tiere vollendete Tatsachen geschaffen werden. – Den **Schutz berechtigter Geheimhaltungsinteressen** gewährleistet u.a. § 29 Abs. 2 VwVfG. – Die **Gewaltenteilung** bleibt (ebenso wie bei den in Rn. 57 erwähnten Verbandsklagen) unberührt, wenn anerkannte Vereine die Möglichkeit erhalten, einzelne behördliche Entscheidungen einer Rechtmäßigkeitskontrolle durch die dafür zuständigen Verwaltungsgerichte zuzuführen. Hoheitliche Befugnisse erlangen die Vereine dadurch nicht. Zudem geht es bei der Verbandsklage nicht um die Geltendmachung gruppenegoistischer Interessen, sondern um die Verfolgung verfassungsrechtlich legitimierter Gemeinwohlbelange. – **Pluralistisch zusammengesetzte Gremien mit lediglich beratender Funktion,** wie sie u.a. in § 15 Abs. 1 S. 2 und in § 16b vorgesehen sind, können immer nur Diskussionsplattformen sein, auf denen Tierschutzbelange und gegenläufige Nutzerinteressen dargestellt und kontrovers diskutiert werden; die Aufgabe eines Treuhänders, der die verletzten Belange von Tieren stellvertretend geltend macht und notfalls einer gerichtlichen Überprüfung zuführt, vermögen solche Gremien nicht zu erfüllen. – Auch **Selbstkontrollen der Nutzer und behördeninterne Prüfungen** bilden keinen Ersatz für eine Kontrolle durch unabhängige Gerichte. – Zu **Strafverfahren** s. Rn. 53. – Nicht zuletzt könnte eine tierschutzrechtliche Verbandsklage **die Gerichte entlasten.** Denn wenn anerkannte Vereine ihren Sachverstand frühzeitig in das Verwaltungsverfahren einbringen und so „gleichsam als Verwaltungshelfer" (BVerwGE 102, 358, 361 = NVwZ 1997, 905) an der vollständigen Berücksichtigung der entscheidungserheblichen Gemeinwohlbelange mitwirken, würden die behördlichen Entscheidungen auf dem Gebiet des Tierschutzrechts an Qualität gewinnen und sich die Anlässe für spätere Klagen entsprechend verringern. Den Beamten der Veterinär- und Genehmigungsbehörden würde zugleich die Möglichkeit gegeben, sich unter Berufung auf die allseitige Kontrolle durch die Rechtsprechung einem allzu einseitig an forschungspolitischen oder ökonomischen Interessen ausgerichteten Druck zu widersetzen (näher zu diesem Druck *Förster* DtW 2003, 199, 201; dort auch zur Schwierigkeit des beamteten Tierarztes, tierschutzrechtliche Maßnahmen innerhalb der eigenen Behörde zu verteidigen, wenn sie zeit- und kostenaufwändig sind; zum Ganzen auch *Goetschel* in: *Sambraus/Steiger* S. 923).

3. Andere Formen des Rechtsschutzes

60 **Wege in der Schweiz.** Eine interessante Form des Rechtsschutzes findet sich im Tierschutzgesetz des Kantons Zürich: Dort haben drei gemeinsam handelnde Mitglieder der kantonalen Tierversuchskommission das Recht, eine Tierversuchsgenehmigung gerichtlich anzufechten, wenn diese entgegen ihrem (beratenden) Votum von der Behörde dennoch erteilt wurde; da in diesen Kommissionen drei auf Vorschlag von Tierschutzorganisationen gewählte Mitglieder sind, kann man von einem indirekten Verbandsklagerecht des Tierschutzes sprechen. – Ebenfalls im Kanton Zürich gibt es den „Rechtsanwalt für Tierschutz in Strafsachen“. Dieser wird vom Regierungsrat auf Vorschlag der Tierschutzorganisationen ernannt und hat in den einschlägigen Straf- und Übertretungsverfahren bestimmte Rechte, u.a. auf Akteneinsicht, auf Anwesenheit, auf Stellung von Anträgen und auf Einlegung von Rechtsmitteln (vgl. *Goetschel* in: *Sambraus/Steiger* S. 923). Die Institution hat zu einem Motivationsschub bei den zuständigen Strafverfolgungsbehörden und Gerichten sowie Verwaltungsbehörden geführt (vgl. *Caspar* Tierschutz S. 506).

61 **Einklagbare Rechte für Tiere?** Von *Louis* kommt der Vorschlag, den Begriff des Mitgeschöpfes nach seiner Verankerung in § 1 S. 1 und seiner Aufwertung durch Art. 20a GG jetzt auch verfahrensrechtlich zu verankern. Wenn das Tier als Mitgeschöpf dem Menschen anvertraut sei, dann müssten auch seine gesetzlich geschützten Interessen vom Menschen vor Gericht wahrgenommen werden können. Deshalb solle Tieren, die vom Menschen gehalten werden, bei Verletzung ihrer Rechte ein Klagerecht eingeräumt werden, das durch Tierschutzvereine als Treuhänder wahrgenommen werde. Eine Klage solle indes nur vor den Verwaltungsgerichten gegen die zuständigen Behörden möglich sein, und zwar nicht nur auf Abwehr von tierbelastenden Verwaltungshandlungen, sondern auch auf ermessensfehlerfreies Entscheiden über ein Einschreiten gegen Privatpersonen, die die Vorschriften über den Tierschutz nicht einhalten (*Louis* DtW 2004, 91, 94; zu Rechten für Tiere vgl. auch *v. Loeper/Reyer* ZRP 1984, 205). – *Caspar* regt auf der „Basis einer abgestuften Rechtsgleichheit“ eine „Subjektivierung der bislang ausschließlich im objektiven Recht festgeschriebenen Tierschutznormen“ an. Dies würde erfordern, denjenigen Vorschriften, die den Schutz von Leben, Wohlbefinden und/oder Unversehrtheit des Tieres intendieren, den rechtlichen Rang von Schutzgesetzen zuzuerkennen. Zugleich müsste durch Gesetzesänderung bestimmten, anerkannten Verbänden (s. Rn. 58) das Recht eingeräumt werden, die Einhaltung dieser Schutzgesetze gerichtlich geltend zu machen (entweder als Treuhänder iS einer gesetzlichen Prozessstandschaft oder als gesetzlicher Vertreter im Namen der betroffenen Tiere). Eine Erhöhung des bisherigen, gesetzlich festgeschriebenen Tierschutzniveaus wäre damit nicht notwendig verbunden, wohl aber dessen gerichtliche Durchsetzbarkeit (*Caspar* Tierschutz S. 512ff.). – Von *Kloepfer* wird zu Recht darauf hingewiesen, dass das Grundgesetz einer Zuerkennung einfachgesetzlicher Rechte für Tiere nicht entgegenstehe. Ein entsprechendes Gesetz würde der von Art. 1 Abs. 1 GG geforderten herausgehobenen Stellung des Menschen keinen Abbruch tun, solange der Schutz von Menschen nicht schlechter ausfalle als der von Tieren. Nicht das Grundgesetz sei es, das die Forderung nach Tierrechten fremdartig erscheinen lasse, sondern das tradierte, im Wesentlichen religiös geprägte Bild vom Menschen, der sich als Krone der Schöpfung die Natur und die Tiere zum Untertan mache; solche Vorstellungen

seien aber wandelbar, ebenso wie es in früheren Zeiten undenkbar gewesen sei, Frauen, Sklaven oder „Ureinwohnern" eigene Rechte zu verleihen (vgl. BK/*Kloepfer* Art. 20a Rn. 101, 102; dazu, dass das von *Kloepfer* zu Recht kritisch beschriebene tradierte Mensch-Tier-Verhältnis einem unrichtigen Bibel-Verständnis entspringt, s. Einf. Rn. 8, 9).

VIII. Das Gesetz zur Verbesserung der Rechtsstellung des Tieres im bürgerlichen Recht

Mit dem Gesetz zur Verbesserung der Rechtsstellung des Tieres im bürgerlichen Recht 62 vom 20. 8. 1990 (BGBl. I S. 1762) sollte nach dem Willen des Gesetzgebers „der zentrale Gedanke eines ethisch fundierten Tierschutzes, dass der Mensch für das Tier als einem Mitgeschöpf und schmerzempfindenden Wesen Verantwortung trägt, auch im bürgerlichen Recht deutlicher hervorgehoben und in konkrete Verbesserungen der Rechtsstellung des Tieres umgesetzt werden" (amtl. Begr., BT-Drucks. 11/7369 S. 1). Grundlage war die Erkenntnis, „dass das Tier als Mitgeschöpf besonderer Fürsorge und besonderen Schutzes bedarf". Angestrebt wurde „eine Stärkung des Schutzes der Tiere" (BT-Drucks. 11/7369 S. 6, 7). – Mit § 90a BGB wurde klargestellt, dass die „Nötigung zur Abwägung" (s. Rn. 11) alle Bereiche des Rechts erfasst. Auch im bürgerlichen Recht und bei der Zwangsvollstreckung müssen die möglichen nachteiligen Auswirkungen, die von einer Maßnahme für Leben, Unversehrtheit und Wohlbefinden von Tieren ausgehen können, bedacht werden; alle für die Vorteils-Nachteils-Abwägung wichtigen Tatsachen und Gesichtspunkte sind zu berücksichtigen, einschließlich solcher Auswirkungen, die nur wahrscheinlich sind oder Fernwirkungen darstellen; bei der Bewertung der widerstreitenden Belange muss den Rechtsgütern des Tierschutzes entsprechend der gesetzlichen Zielsetzung („besondere Fürsorge, besonderer Schutz, Stärkung des Schutzes der Tiere") hohes Gewicht beigelegt werden. – Das Gesetz ist damit ein weiterer Baustein in der (schon im 19. Jh. begonnenen, s. Rn. 2) Entwicklung im Tierrecht, die von einer stetigen Weiterentwicklung des Tierschutzgedankens im Sinne einer Höherbewertung seiner Belange gekennzeichnet ist und in der Einführung des verfassungsrechtlichen Staatsziels Tierschutz einen vorläufigen Höhepunkt gefunden hat. Solche Entwicklungen in der Gesetzgebung bilden zugleich einen Indikator für Stand und Inhalt der kollektiven Wert- und Gerechtigkeitsvorstellungen (s. auch § 1 Rn. 65).

§ 90a BGB. Mit S. 1 wird die im römischen Recht begründete und über Jahrhunderte 63 hinweg tradierte Gleichstellung von Tier und Sache aufgehoben. Tiere sind seither weder Sachen noch Personen sondern Mitgeschöpfe. – § 90a S. 2 BGB soll auf ihre besondere Schutzbedürftigkeit hinweisen („Signalwirkung", vgl. BT-Drucks. 11/7369 S. 6). – Nach § 90a S. 3 BGB bleiben die sich auf Sachen beziehenden Vorschriften anwendbar, soweit dies dem Tierschutz nicht widerspricht. „Dabei ist im Einzelfall jeweils auf Sinn und Zweck der Norm abzustellen, d.h. es ist jeweils zu prüfen, ob sich ihr Schutzbereich auch auf Tiere erstreckt" (BR-Drucks. 380/89 S. 9). Alle Vorschriften, in denen dem Begriff der Sache auch eine tierschützende Funktion zukommt (zB die §§ 242, 246 und 303 StGB) bleiben weiterhin anwendbar (BT-Drucks. 11/7369 S. 6; s. auch Rn. 87 und § 17 Rn. 94).

Die **Behandlungskosten für ein verletztes Tier** sind nach § 251 Abs. 2 S. 2 BGB auch 64 dann ersatzfähig, wenn sie dessen materiellen Wert erheblich übersteigen. Dieser Grundsatz wird durch das Verfassungsprinzip des Art. 20a GG noch gestärkt (vgl. LG Essen NJW 2004, 527, 528: „Insbesondere die Abwägung der Angemessenheit von Heilbehandlungskosten ist durch die Drittwirkung des Grundgesetzes beeinflusst"). Die Obergrenze für den erstattungsfähigen Schaden bildet der Verhältnismäßigkeitsgrundsatz. Gesichtspunkte, auf die es dabei ankommen kann, sind: Die Erfolgsaussichten der Behandlung, Alter und Gesundheitszustand des Tieres, Stärke der gefühlsmäßigen Bindung an das Tier, individuelles Verhältnis zum Tier und (in sehr eingeschränktem Maß) der Wert des Tieres. – Für eine Beschränkung der Vorschrift auf Haustiere (so MünchKommBGB/*Oetker*

Bd. 2a § 251 Rn. 56) geben weder der Wortlaut noch die Entstehungsgeschichte Anlass; sie widerspräche auch der mittelbaren Drittwirkung von Art. 20a GG. Dem Fehlen einer gefühlsmäßigen Bindung kann im Rahmen der Verhältnismäßigkeitsprüfung ausreichend Rechnung getragen werden. – Beispiele aus der Rechtsprechung: LG Baden-Baden NJW-RR 1999, 609 (für einen ca. 100 DM werten Hund waren Behandlungskosten von 5.507 DM entstanden, die voll zugesprochen wurden); AG Idar-Oberstein NJW-RR 1999, 1629 (die für einen relativ wertlosen Mischlingshund entstandenen Behandlungskosten von gut 4.600 DM wurden als voll ersatzfähig anerkannt); LG Bielefeld NJW 1997, 3320 (bei einer Katze ohne Marktwert ist die Verhältnismäßigkeitsgrenze auch durch Aufwendungen von 3.000 DM noch nicht überschritten). Zur Rechtsprechung aus der Zeit vor Inkrafttreten des Gesetzes vgl. u.a.: LG Lüneburg NJW 1984, 1243; LG Traunstein NJW 1984, 1244; LG München I NJW 1978, 1862. – Bis zur Höhe des Wertes des Tieres kann der Eigentümer die Behandlungskosten unabhängig davon ersetzt verlangen, ob er die Behandlung vornimmt. Die darüber hinausgehenden Kosten erhält er dagegen nur, wenn er die Behandlung tatsächlich durchführen lässt, kann sie dann allerdings schon vorher einfordern (MünchKommBGB/*Oetker* Bd. 2a § 251 Rn. 67). – Bei Tötung des Tieres kann wie bisher nur Wertersatz verlangt werden (AG Frankfurt/M NJW-RR 2001, 17, 18: kein Schmerzensgeld und keine Unkostenpauschale, wohl aber Anschaffungskosten, Kosten für die versuchte Heilbehandlung, auch bei 4.000 DM und Fahrtkosten; vgl. aber auch AG Kamen 12 C 151/03: Schmerzensgeld für eine Hundebesitzerin, deren Yorkshire-Terrier vor ihren Augen getötet worden war, mit der Folge, dass sie längere Zeit an Albträumen, Schlafstörungen sowie Angst- und Panikattacken litt).

65 Durch **§ 903 S. 2 BGB** wird klargestellt, dass der Eigentümer mit seinem Tier nicht nach Belieben sondern nur nach Maßgabe des Tierschutzgesetzes und anderer tierschützender Vorschriften verfahren darf (vgl. BR-Drucks. 380/89 S. 11). Einwirkungen, die nach diesen Vorschriften zulässig sind, muss er dulden.

66 Findet wegen Getrenntlebens oder Scheidung von Ehegatten eine **Verteilung des ehelichen Hausrats** statt, so sind die Vorschriften der Hausratsverordnung auch auf Haustiere anzuwenden, (§ 90a S. 3 BGB). Der Richter entscheidet nach billigem Ermessen (§ 2 HausratsVO und § 1361a Abs. 2 BGB). Dabei ist gemäß § 90a BGB als ermessensleitender Gesichtspunkt zu berücksichtigen, welcher der Ehegatten am ehesten bereit und imstande ist, das Wohlbefinden des Tieres zu fördern und die Halterpflichten nach § 2 TierSchG zu erfüllen (vgl. AG Bad Mergentheim NJW 1997, 3033; insoweit zustimmend OLG Schleswig NJW 1998, 3127). – Ein Umgangsrecht desjenigen Ehegatten, dem das Tier nicht zugewiesen wurde, ist vom AG Bad Mergentheim aaO analog § 1634 BGB aF zugesprochen worden (aA hierzu OLG Schleswig aaO; allerdings trifft der für das OLG wesentliche Gesichtspunkt, dass die HausratsVO die endgültige, verbindliche Regelung der Eigentumsverhältnisse anstrebe, zumindest für die Zeit des Getrenntlebens nicht zu). – Sind mehrere Personen Miteigentümer eines Haustieres, so kann zB bei Auflösung der bisherigen Lebenspartnerschaft jeder Teil die Auflösung der Gemeinschaft beantragen. Da eine Teilung durch Verkauf das immaterielle Interesse an dem Tier unberücksichtigt lassen würde, scheidet dieser Weg nach § 90a S. 3 BGB aus. Der Richter hat deshalb auf Antrag nach § 753 i.V.m. § 242 BGB nach billigem Ermessen zu entscheiden, welchem Partner er das Alleineigentum zuweist, evtl. gegen Zahlung einer auch am immateriellen Interesse orientierten Entschädigung. Auch hier ist ausschlaggebend, wer die engere Beziehung zu dem Tier hat und wer am ehesten die Gewähr für die Erfüllung der Halterpflichten nach § 2 TierSchG bietet (vgl. AG Walsrode NJW-RR 2004, 365f.: Zuweisung eines Rottweilers an denjenigen der vormaligen Lebenspartner, der schon bisher hauptsächlich für das Tier gesorgt hatte, Zug-um-Zug gegen Zahlung einer Entschädigung von 400 Euro an den anderen).

67 § 765a Abs. 1 S. 2 ZPO stellt „allgemein den Tierschutzgedanken und die Notwendigkeit seiner Berücksichtigung im **Zwangsvollstreckungsrecht** heraus" (BT-Drucks. 11/7369 S. 7). Bisher konnten bei Vollstreckungsmaßnahmen, die Tiere betrafen, nur die

emotionalen Beziehungen des Schuldners zu seinem Haustier berücksichtigt werden. Jetzt müssen darüber hinaus auch Leben, Unversehrtheit, Wohlbefinden, verhaltensgerechte Unterbringung etc. als eigenständige Rechtsgüter in die Abwägung mit den Gläubigerinteressen einfließen (BR-Drucks. 380/89 S. 12). – Das Pfändungsverbot nach § 811 c Abs. 1 ZPO gilt für Haustiere (d.h. Tiere, die in räumlicher Nähe zum Schuldner gehalten werden), die nicht Erwerbszwecken dienen. Für Letztgenannte kommt Pfändungsschutz nach § 811 Nr. 5 ZPO in Betracht. Eine Ausnahme nach § 811 Abs. 2 ZPO soll beispielsweise angeordnet werden, wenn ein Schuldner Vermögenswerte dem Zugriff seiner Gläubiger dadurch entzieht, dass er wertvolle Reitpferde, Rassehunde oder seltene Tierarten erwirbt, zu denen er keine emotionalen Beziehungen hat (BR-Drucks. 380/98 S. 13). – Bei der Zwangsräumung von Grundstücken können Tiere nicht als „bewegliche Sachen" nach § 885 Abs. 2–4 ZPO behandelt werden, weil sie nicht in das genau abgestimmte System dieser Vorschriften hineinpassen (vgl. OLG Karlsruhe NJW 1997, 1789; näher § 17 Rn. 55).

Auf den **Kauf von Tieren** findet die Regel des § 476 BGB, wonach bei Mängeln, die sich innerhalb von sechs Monaten nach der Übergabe zeigen, vermutet wird, dass sie auch schon bei Übergabe vorlagen, grds. Anwendung (vgl. LG Essen NJW 2004, 527). Bei einer Krankheit des Tieres, die eine Heilbehandlung dringlich macht, sind Vorschriften oder Vertragsklauseln, die den Käufer auf ein Nachbesserungs- oder Nachlieferungsrecht verweisen, vor dem Hintergrund des Art. 20 a GG so auszulegen, dass er sich sofort um eine tierärztliche Versorgung bemühen und die dazu notwendigen Kosten dem Verkäufer in Rechnung stellen darf (vgl. LG Essen aaO: mittelbare Drittwirkung von Art. 20 a GG). 68

IX. Tierhaltung in der Mietwohnung

Gehört Tierhaltung zum vertragsgemäßen Mietgebrauch? Diese Frage ist weder im Tierschutzgesetz noch im BGB ausdrücklich geregelt. In Rechtsprechung und Literatur ist vieles streitig. Folgende Situationen sollte man unterscheiden: **1.** Die Haltung von Kleintieren, die weder Störungen noch Belästigungen verursachen, ist nach hM vom vertragsgemäßen Gebrauch in jedem Fall gedeckt. Dazu gehören insbesondere Ziervögel, Fische im Aquarium, Hamster, Meerschweinchen, Kaninchen u.Ä. Darauf, ob das Tier allgemein üblich oder aber exotisch ist (Echsen, Leguane, Bartagamen, vgl. AG Essen NJW-RR 1996, 138), kommt es nicht an. Eine Grenze ist erst erreicht, wenn durch die Anzahl der Tiere die schutzwürdigen Interessen des Vermieters und der übrigen Hausbewohner tangiert werden (vgl. *Schmidt-Futterer/Eisenschmid* § 535 BGB Rn. 460 mN; *Schmidt-Futterer/Blank* § 541 BGB Rn. 54 mN). **2.** Zur Hunde- und Katzenhaltung gibt es verschiedene Meinungen. Die früher überwiegende Meinung ging davon aus, dass die Haltung größerer Tiere nicht mehr zum vertragsgemäßen Gebrauch gehöre. Als Konsequenz folgte daraus, dass der Mieter keinen Anspruch auf Erteilung einer Erlaubnis hatte. Dem Vermieter wurde insoweit freies Ermessen zugebilligt, solange er nicht rechtsmissbräuchlich handelte (vgl. OLG Hamm NJW 1981, 1626; LG Köln ZMR 1994, 478; LG Göttingen WuM 1991, 536; *Kraemer* in: *Bub/Treier* Rn. III, 1038; vgl. aber auch AG Hamburg-Bergedorf NJW-RR 2003, 1520: Berufung auf Verbotsklausel rechtsmissbräuchlich, wenn ihr kein schutzwürdiges Eigeninteresse zugrunde liegt). Dagegen muss nach der immer mehr im Vordringen begriffenen Meinung jedenfalls die Hunde- und Katzenhaltung auch in städtischen Ballungsgebieten zum Wohngebrauch gerechnet werden, zumal Tiere zunehmend kommunikative Bedürfnisse erfüllen (vgl. KG Berlin, 8 U 125/04 zur Haltung von zwei Katzen trotz Verbots im Mietvertrag; OLG Stuttgart MDR 1982, 583 zur Hundehaltung in einer Eigentumswohnung und BVerfG NJW 1993, 2035 zur eigentumsähnlichen Stellung des Besitzrechts des Mieters; LG Hildesheim WM 1989, 9; AG Köln NJW-RR 1995, 1416; AG Friedberg WM 1993, 398; AG Köln MDR 1997, 344; *Schmidt-Futterer/Eisenschmid* § 535 BGB Rn. 462; *Soergel/Heintzmann* §§ 535, 536 69

BGB Rn. 159, 160, auch für die Anschaffung eines Zweittieres). Eine vermittelnde Ansicht nimmt an, dass zwar das Halten größerer Tiere nicht ohne weiteres als vertragsgemäß angesehen werden kann, jedoch die Frage der Zulässigkeit der Tierhaltung auf Grund einer einzelfallbezogenen Interessenabwägung zu entscheiden sei. Als abwägungsrelevante Gesichtspunkte werden genannt: Art und Zahl der Tiere, Größe der Wohnung, Art und Größe des Hauses, Anzahl und Art der im Haus gehaltenen Tiere, Altersstruktur der Bewohner, besondere Bedürfnislagen beim Mieter, Verhalten des Vermieters in vergleichbaren Fällen. Danach hat der Mieter jedenfalls dann einen Rechtsanspruch auf Erteilung der Erlaubnis, wenn sein Interesse an der Tierhaltung gewichtiger ist als das entgegenstehende Interesse des Vermieters und/oder von Mitmietern (vgl. LG Freiburg WM 1997, 175; LG Berlin GE 1993, 1273; LG Mannheim ZMR 1992, 545; *Schmidt-Futterer/Blank* § 541 BGB Rn. 57 mN). **3.** Die Haltung gefährlicher Tiere gehört nicht zum vertragsgemäßen Gebrauch (vgl. *Schmidt-Futterer/Blank* § 541 BGB Rn. 60). Gemeint sind damit zum einen Haustiere, die sich im konkreten Fall als gefährlich erwiesen haben, zum anderen aber auch Tiere solcher wildlebenden Arten, die generell als gefährlich gelten. Dasselbe wird für solche exotischen Arten angenommen, auf die Mitbewohner allgemein mit Abscheu, Ekel oder Angst reagieren (vgl. LG Essen NJW-RR 1991, 908: Halten einer Ratte erlaubnispflichtig, wenn dadurch eine Störung des Hausfriedens zu besorgen ist; AG Köln NJW-RR 1991, 10: Haltung ungefährlicher Schlangen in geschlossenen Terrarien erlaubt; AG Bückeburg vom 12. 10. 1999, 73 C 353/99: Gehen von einer Schlangenhaltung weder objektive Gefahren noch messbare Geruchs- oder Geräuschbelästigungen aus und ist auch eine übermäßige Abnutzung der Wohnung nicht zu befürchten, kann der Vermieter die Genehmigung nicht mit Hinweis auf eine Störung des Hausfriedens versagen). **4.** Bei sog. „Kampfhunden" nimmt die überwiegende Meinung an, dass der Vermieter grds. berechtigt ist, die Erlaubnis zu versagen (vgl. *Blank* S. 768). Indes sollte man iS der Rechtsprechung des Bundesverwaltungsgerichts, wonach die Zugehörigkeit zu einer als gefährlich vermuteten Rasse lediglich einen Gefahrenverdacht begründet (BVerwG NVwZ 2003, 95), dem Mieter die Möglichkeit geben, diesen Verdacht zu widerlegen (zB durch einen bestandenen Wesenstest). **5.** Die vorübergehende Aufnahme von Tieren gehört grds. zum vertragsgemäßen Gebrauch, ebenso Besuche mit Tieren, selbst dann, wenn der Mietvertrag ein wirksames Tierhaltungsverbot enthält. Eine Ausnahme besteht nur bei konkreten Störungen oder wenn die Tiere wegen ihrer Größe oder Eigenart von den übrigen Hausbewohnern als gefährlich angesehen werden (vgl. OLG Köln NJW-RR 1988, 12: Mitbringen von Doggen, die im Treppenhaus frei herumlaufen; *Schmidt-Futterer/Blank* § 541 BGB Rn. 62, 66). Dasselbe gilt für das Füttern freilebender Tiere: Verbot nur, wenn damit eine Gefährdung des Gebäudes oder eine Belästigung anderer Bewohner verbunden ist (vgl. *Schmidt-Futterer/Blank* § 541 BGB Rn. 63; vgl. auch *Schmidt-Futterer/Eisenschmid* § 535 BGB Rn. 461: Vogelhäuschen oder Futterglocke für Singvögel allgemein üblich).

70 **Rechtslage, wenn der Mietvertrag die Tierhaltung nicht regelt?** Unproblematisch ist die Haltung von Kleintieren; sie kann dem Mieter nicht verboten werden (s. Rn. 69). Auch bei größeren Tieren, insbes. Hunden und Katzen, muss der Mieter nicht um eine vorherige Zustimmung bitten, wenn man der o. a. Meinung folgt, wonach die Haltung dieser Tiere zum vertragsgemäßen Mietgebrauch gehört. Nach der vermittelnden Ansicht muss der Mieter dagegen eine Erlaubnis einholen, jedoch besitzt er einen Rechtsanspruch darauf, wenn die an den Umständen des Falles ausgerichtete Interessenabwägung ein Übergewicht seines Interesses an der Tierhaltung ergibt. – Für die Meinung, die jedenfalls die Haltung von Hunden und Katzen zum normalen Wohnen und damit zum vertragsgemäßen Mietgebrauch rechnet, spricht u. a. die vom BVerfG vorgenommene Gleichstellung von Mieterbesitz und Wohnungseigentum: Bei letzterem ist anerkannt, dass auch in städtischen Ballungsgebieten die Hundehaltung in einer Eigentumswohnung zum Wohngebrauch gehört (vgl. BVerfG NJW 1993, 2035; OLG Stuttgart MDR 1982, 583; *Sternel* Rn. 164: Keine Unterscheidung zwischen Wohnen erster Klasse, „zu Eigentum", und

zweiter Klasse, „zur Miete"). In die gleiche Richtung weist, dass die betroffenen Grundrechte des tierhaltenden Mieters (Art. 2 Abs. 1 GG, evtl. Art. 14 Abs. 1 GG) durch das Staatsziel Tierschutz in Art. 20a GG „angereichert und ausgedehnt" worden sind (*Kloepfer/Rossi* JZ 1998, 369, 373; s. auch Art. 20a GG Rn. 27; zur mittelbaren Drittwirkung von Art. 20a GG vgl. auch LG Essen NJW 2004, 527). Schließlich darf auch die kommunikative und teilweise auch pädagogische und medizinische Bedeutung dieser Tiere nicht übersehen werden (vgl. *Sternel* Rn. 163). – Der Unterschied zu der o.e. vermittelnden Ansicht liegt darin, dass der Vermieter eine Nutzung, die zum normalen Wohnen gehört, nur verbieten kann, wenn sich auf Grund konkreter Gefahren, Störungen und/oder Belästigungen ein deutliches Übergewicht derjenigen Interessen, die gegen die Tierhaltung sprechen, nachweisen lässt; hingegen müssen nach der vermittelnden Ansicht die für die Tierhaltung sprechenden Gründe des Mieters die gegenläufigen Interessen des Vermieters überwiegen, um einen Rechtsanspruch auf die Tierhaltung annehmen zu können. – Bei nachweisbaren und hinreichend schwerwiegenden Gefahren, Störungen oder Belästigungen hat der Vermieter einen Anspruch auf Unterlassung; ebenso bei gefährlichen Tieren und (jedenfalls nach überwiegender Ansicht) auch bei „Kampfhunden" ohne bestandenen Wesenstest.

Rechtslage, wenn der Mietvertrag die Tierhaltung verbietet? Befindet sich das Ver- 71
bot in einem Formularvertrag (d.h. in einem vorgedruckten Vertrag mit vorformuliertem, typisierten Vertragsinhalt, so dass die einzelnen Vertragsbestimmungen nicht ausgehandelt werden), so ist es gemäß § 307 BGB unwirksam, wenn es das Recht zur Haltung von Kleintieren nicht ausdrücklich ausnimmt (vgl. BGH WM 1993, 109; vgl. auch LG Kiel vom 5. 9. 1991, 1 S 12/90: generelle Verbotsklausel unzulässig). Dasselbe gilt für eine Klausel, wonach die Tierhaltung nur bei Erteilung einer schriftlichen Erlaubnis zulässig sein soll, weil sie den falschen Eindruck erweckt, dass eine mündlich erteilte Erlaubnis unwirksam sei (vgl. LG Mannheim ZMR 1992, 545; LG Berlin GE 1993, 1273; *Blank* S. 770). Unwirksam ist ein formularmäßiges Tierhaltungsverbot auch, wenn es keine Abwägung der unterschiedlichen Interessen und insbesondere keine Ausnahme für solche Sachverhalte vorsieht, in denen das Interesse des Mieters an der Tierhaltung die gegenläufigen Interessen des Vermieters eindeutig überragt (vgl. *Schmidt-Futterer/Eisenschmid* § 535 BGB Rn. 472; *Schmidt-Futterer/Blank* § 541 BGB Rn. 65). In allen diesen Fällen ist die Klausel insgesamt nichtig, so dass der Mietvertrag die Tierhaltung nicht regelt (s. Rn. 70). – Eine Individualabrede, die das Halten von Haustieren mit Ausnahme der Kleintierhaltung ausschließt, ist demgegenüber wirksam (hM, vgl. *Schmidt-Futterer/Blank* § 541 BGB Rn. 64; aA *Dillenburger/Pauly* ZMR 1994, 249: Verstoß gegen § 138 BGB). Dennoch besteht ein Anspruch auf Erlaubnis, wenn der Mieter besonders gewichtige, zB medizinische oder pädagogische Gründe für die Tierhaltung anführen kann, diese Gründe erst nach Vertragsschluss entstanden sind und keine sachlichen Gesichtspunkte dagegen sprechen (vgl. LG Hamburg WuM 1996, 532). Außerdem wird angenommen, dass der Vermieter treuwidrig handelt, wenn er trotz eines Tierhaltungsverbots die Haustierhaltung nicht einheitlich handhabt (vgl. LG Berlin WuM 1987, 213; LG Hamburg WuM 1982, 254; LG Mannheim WuM 1966, 153; AG Langenfeld WuM 1982, 142; AG Köln WuM 1978, 167; vgl. auch AG Aachen NJW-RR 1992, 906: Im Licht von § 90a BGB kann ein Vermieter nicht die Entfernung von zwei Katzen verlangen, die vom Mieter schon seit fünf Jahren in der Wohnung gehalten werden).

**Rechtslage, wenn der Mietvertrag die Tierhaltung von der Zustimmung des Ver- 72
mieters abhängig macht?** Geräuscharme Heimtiere zu halten ist auch ohne Erlaubnis des Vermieters statthaft (vgl. AG Aachen vom 24. 2. 1989, 6 C 500/88). – Rechnet man die Haltung von größeren Tieren zum Wohngebrauch, so unterliegt die Entscheidung über die Zustimmung einem gebundenen Ermessen, d.h. der Vermieter muss gewichtige und nachweisbare Gründe für eine Ablehnung anführen können (zB nachgewiesene Allergie eines Mitbewohners, nachgewiesene Gefährdungen, Belästigungen, die über das übliche Maß hinausgehen usw.; vgl. LG Hamburg WuM 1998, 378; LG Kassel WuM 1997, 260;

LG Stuttgart WuM 1988, 121; LG München WuM 1985, 263; LG Mannheim WuM 1984, 78; AG Bonn WuM 1990, 197; *Soergel/Heintzmann* §§ 535, 536 BGB Rn. 162). Liegen solche Gründe nicht vor, so hat der Mieter einen Anspruch auf die Zustimmung. Eine Ablehnung ist also nur möglich, wenn die Gründe, die gegen eine Tierhaltung sprechen, das Interesse an einer solchen überwiegen. – Auch nach der vermittelnden Ansicht (s. Rn. 69) ist der Vermieter, wenn er ablehnt, begründungspflichtig; der Mieter hat einen Rechtsanspruch auf Zustimmung, wenn sich sein Interesse an der Tierhaltung als gewichtiger erweist als das gegenläufige Interesse des Vermieters und der Mitbewohner (vgl. *Schmidt-Futterer/Eisenschmid* § 535 BGB Rn. 467 bzw. *Schmidt-Futterer/Blank* § 541 BGB Rn. 57; vgl. auch AG Bückeburg NJW-RR 2000, 376: Schlangenhaltung, von der weder objektive Gefahren noch messbare Geruchs- oder Geräuschbelästigungen ausgehen, muss erlaubt werden, auch bei theoretischer Störung des Hausfriedens durch Ekelgefühle von Mitmietern). – Kenntnis von der Tierhaltung (auch durch Hausmeister, Prokuristen etc.) und Duldung derselben für geraume Zeit kann bewirken, dass der Vermieter sich so behandeln lassen muss, als habe er die Zustimmung erteilt (vgl. *Sternel* Rn. 170).

73 **Rechtslage, wenn die Zustimmung erteilt ist?** Der Mieter darf das Tier, zB nach dessen Tod, durch ein anderes ersetzen, soweit damit keine größeren Gefahren, Störungen und Belästigungen als bisher verbunden sind (vgl. *Blank* S. 772; *Sternel* Rn. 171). Etwas anderes gilt nur, wenn die Erlaubnis erkennbar auf ein ganz bestimmtes Tier beschränkt war. Im Zweifel ist eine Ersetzung zulässig, soweit damit keine größeren Auswirkungen auf die Mietsache oder die Mitbewohner verbunden sind (vgl. *Schmidt-Futterer/Eisenschmid* § 535 BGB Rn. 481; *Schmidt-Futterer/Blank* § 541 BGB Rn. 71). – Die der Tierhaltung eigentümlichen Begleiterscheinungen hat der Vermieter hinzunehmen (zB gelegentliches Bellen durch Hunde; Vogeljagd durch Katzen). Bei erheblichen Belästigungen kann der Vermieter verlangen, dass der Mieter die zur Beseitigung erforderlichen Maßnahmen trifft (stundenlanges Bellen; Anspringen; wiederholte Verunreinigung des Treppenhauses; evtl. auch schon freies Herumlaufen von großen, gefährlich wirkenden Hunden). – Die einmal erteilte Erlaubnis kann der Vermieter nur aus triftigen Gründen widerrufen, auch dann, wenn ein Widerrufsvorbehalt vereinbart wurde. Er muss berücksichtigen, dass der Mieter das Tier inzwischen liebgewonnen hat (vgl. LG Essen WM 1986, 117). Die von dem Tier ausgehenden, nachweisbaren Störungen, Gefährdungen oder Belästigungen, die der Mieter trotz entsprechender Aufforderung nicht beseitigt, müssen so gewichtig sein, dass sie gegenüber dem Affektionsinteresse und den durch Art. 20a GG „angereicherten“ Grundrechten den Vorrang besitzen. Bei Beschwerden von Mitmietern kommt es darauf an, ob sie berechtigt sind und ein hinreichendes Gewicht haben (vgl. *Schmidt-Futterer/Blank* § 541 BGB Rn. 74; aA AG Hamburg-Bergedorf NJW-RR 1991, 461)

74 **Weitere Probleme.** Bei vertragswidriger Tierhaltung kann der Vermieter auf Unterlassung klagen. Kein Unterlassungsanspruch besteht jedoch, wenn der Mieter einen Anspruch auf die Zustimmung hat (vgl. *Schmidt-Futterer/Blank* § 541 BGB Rn. 75; *Sternel* Rn. 172). Ebenso kein Unterlassungsanspruch bei vorangegangener längerer Duldung, bei Nichteinschreiten gegenüber gleichliegenden Vertragsverletzungen anderer Mieter und/oder bei eigener Hundehaltung im Haus (vgl. *Sternel* Rn. 172) – Allein die fehlende Erlaubnis zur Tierhaltung berechtigt noch nicht zur Kündigung, selbst wenn der Mieter die Abschaffung des Tieres verweigert (vgl. KG 8 U 125/04; *Schmidt-Futterer/Blank* § 543 BGB Rn. 198; *Sternel* Rn. 172). Insoweit ist wieder die „Anreicherung“ der Grundrechte des tierhaltenden Mieters durch Art. 20a GG zu beachten (s. dort Rn. 27). Ein Kündigungsrecht besteht aber, wenn nachweisbare Störungen, Gefährdungen oder Belästigungen ein überwiegendes Interesse des Vermieters oder von Mitbewohnern an der Abschaffung des Tieres ergeben.

X. Tierhaltung in der Eigentumswohnung

Vereinbarung/Mehrheitsbeschluss. Die Haltung von Haustieren rechnet zum Inhalt des aus dem Wohnungseigentum resultierenden Wohngebrauchs (vgl. OLG Stuttgart MDR 1982, 583). Deshalb sind Mehrheitsbeschlüsse nach § 15 Abs. 2 WEG, die die Haustierhaltung, insbesondere die Hundehaltung generell verbieten oder an die Zustimmung aller Wohnungseigentümer binden, unzulässig und werden bei rechtzeitiger Anfechtung (vgl. § 23 Abs. 4 S. 2 WEG) vom Amtsgericht für ungültig erklärt (vgl. LG München 1 T 1633/04: Verbot der Hunde- und Katzenhaltung grds. nur durch einstimmigen Beschluss). Durch Mehrheitsbeschluss können nur solche Nutzungen untersagt werden, die das Maß des ordnungsgemäßen Gebrauchs nach § 14 Nr. 1 WEG überschreiten. – Beispiele aus der Rechtsprechung: KG NJW-RR 2004, 89: Ein Mehrheitsbeschluss, der die Haltung sog. Kampfhunde und Kampfhundemischlinge für die Zukunft verbietet, ist zulässig (vgl. aber auch OLG Frankfurt NJW-RR 1993, 981: Das Verlangen auf Abschaffung bereits vorhandener und bisher geduldeter Hunde kann rechtsmissbräuchlich sein, wenn deren Ungefährlichkeit nachgewiesen wird). OLG Karlsruhe NJW-RR 2004, 951: Die Haltung giftiger Schlangen und Frösche ist kein ordnungsgemäßer Gebrauch des Sondereigentums; dagegen stellt die Haltung und Züchtung nichtgiftiger Reptilien keinen nichtordnungsgemäßen Gebrauch des Sondereigentums dar, wenn eine Geruchsbelästigung ausgeschlossen ist und auch keine sonstigen vermeidbaren Nachteile für die anderen Wohnungseigentümer entstehen. BayObLG NJW-RR 2004, 1380: Ein Mehrheitsbeschluss, der das freie Herumlaufen von Hunden und Katzen in der Wohnanlage verbietet, ist zulässig (aA zu Recht *Köhler* S. 85: Wenn die Katzenhaltung als solche zum ordnungsgemäßen Gebrauch gehört, muss sie auch artgerecht, d.h. mit freiem Auslauf erfolgen dürfen). KG MDR 1992, 50: Das Halten von mehr als vier Katzen in einer 42 qm großen Einzimmerwohnung überschreitet wegen der Besorgnis vermehrt störender Geruchsbelästigungen den ordnungsgemäßen Gebrauch. BayObLG MDR 1972 516: zahlenmäßige Beschränkung auf zwei Katzen je Wohnung möglich. – Eine schwierige Rechtslage entsteht, wenn ein Mehrheitsbeschluss, der die Tierhaltung beschränkt oder gar ausschließt, zwar unzulässig ist, der betroffene Wohnungseigentümer aber die rechtzeitige Anfechtung versäumt (Beschluss in diesem Fall wirksam und bindend, so BGH NJW 1995, 2036; Beschluss sittenwidrig und unwirksam, so KG NJW 1992, 2577; OLG Hamm NJW 1981, 465). Die Durchsetzung eines solchen Beschlusses ist jedenfalls dann unzulässig, wenn er für den Betroffenen wegen eines besonders gelagerten Einzelfalles eine unzumutbare Härte darstellt (vgl. BayObLG NZM 2001, 105) – Im Gegensatz zu Mehrheitsbeschlüssen können Vereinbarungen, die die Wohnungseigentümer einstimmig treffen, auch den ordnungsgemäßen Gebrauch beschränken und somit auch die Haustierhaltung insgesamt ausschließen (mit Ausnahme des Haltens nicht störender Kleintiere). Gleichwohl kann ein später in die Anlage einziehender Wohnungseigentümer im Ausnahmefall ein Recht auf Hundehaltung haben, wenn dies zB aus therapeutischen Gründen angezeigt ist (BayObLG NJW-RR 2002, 226). Es gilt im Ergebnis dasselbe wie bei einer mietvertraglichen Individualabrede, die die Tierhaltung ausschließt (s. Rn. 71). – Zur Wirkung von Vereinbarungen und Beschlüssen gegen Sondernachfolger vgl. § 10 Abs. 2 bzw. Abs. 3 WEG. 75

XI. Tierhaltung im nachbarlichen Gemeinschaftsverhältnis

Katzen auf Nachbars Grundstück. Der Eigentümer eines Grundstücks kann seinem katzenhaltenden Nachbarn nicht verbieten, dass zwei Katzen das Grundstück zeitweise betreten. Dies gilt jedenfalls in Wohngegenden, in denen es üblich ist, dass Hauskatzen in Form eines freien Auslaufs gehalten werden (vgl. LG Darmstadt NJW-RR 1994, 147f.). 76

Hält der Nachbar dagegen mehr als zwei Katzen, so muss er (zB dadurch, dass er einen Teil seiner Tiere zeitweise im Haus behält) dafür sorgen, dass sich jedenfalls nicht mehr als zwei gleichzeitig auf dem fremden Grundstück aufhalten (LG Darmstadt aaO; vgl. auch LG Kassel vom 27. 8. 1996, 6 O 204/86: Bei täglichem Eindringen von acht Katzen erreichen die Belästigungen ein unzumutbares Maß). – Die Duldungspflicht hinsichtlich zweier Katzen pro Nachbar setzt sich in der Rechtsprechung erst nach und nach durch und wird überwiegend auf § 242 BGB gestützt (für Duldungspflichten mit Bezug auf mehrere Nachbarkatzen neben LG Darmstadt aaO zB auch OLG Schleswig NJW-RR 1988, 1360 und LG Nürnberg-Fürth 11 S 7844/84; für eine Beschränkung auf nur eine Katze zB OLG Celle NJW-RR 1986, 821 und AG Neu-Ulm NJW-RR 1999, 892; die Entscheidung des AG Passau NJW 1983, 2885, wonach keinerlei Duldungspflichten gegenüber dem Betreten durch Katzen bestehen sollen, ist vereinzelt geblieben). Zu dulden sind neben dem Betreten auch die damit zusammenhängenden Einwirkungen wie Jagen, Kot absetzen, Beschädigung von Aussaat (vgl. LG Darmstadt aaO; vom LG Augsburg NJW 1985, 499 ist das nur vereinzelte Eindringen ins Nachbarhaus grds. nicht als Eigentumsstörung angesehen worden). – Aus Art. 20a GG, der u. a. die artgemäße Haltung von Tieren zum Staatsziel erklärt hat (s. Art. 20a GG Rn. 6), können sich evtl. noch weitergehende Duldungspflichten ergeben, als von der Rechtsprechung bis dahin angenommen; denn „die Haltung in Form eines freien Auslaufs entspricht dem Bedürfnis der Tiere nach einer eigenständigen und autonomen Lebensführung, die insbesondere bei Katzen stark ausgeprägt ist" (LG Darmstadt aaO). Eine Pflicht zur Duldung ist jedenfalls zu bejahen, wenn sich sowohl die Zahl der in der Nachbarschaft befindlichen Katzen als auch die von ihnen ausgehenden Belästigungen noch in einem ortsüblichen Rahmen halten (so AG Bonn NJW 1986, 1114; vgl. auch AG Diez NJW 1985, 2339: Die von wenigen Katzen ausgehende Beeinträchtigung ist von den Nachbarn hinzunehmen). Je nach Gebietscharakter kann damit auch die Haltung von mehr als zwei Katzen ortsüblich und dann entweder nach § 242 BGB oder analog § 906 BGB von den Nachbarn zu dulden sein (vgl. LG Kiel NJW 1984, 2297: zehn bis zwölf Katzen auf kleinem, landwirtschaftlichen Betrieb; zum Ganzen *Franz* AgrarR 1999, 269 ff.)

77 Das **Füttern verwilderter Katzen** durch Grundstückseigentümer hat schon zu Unterlassungsklagen von Nachbarn geführt, die sich dadurch gestört sahen, dass die Tiere vor oder nach der Fütterung ihre Grundstücke überquerten. Von einer wesentlichen Störung kann auch hier nur bei einem (fütterungsbedingten) Aufenthalt zahlreicher Katzen während längerer Zeiträume ausgegangen werden. Der klagende Nachbar muss den vollen Beweis erbringen, dass sich Katzen in entsprechender Zahl gerade als Folge der Fütterung auf seinem Grundstück aufhalten; daran fehlt es, wenn sie dort schon vorher vorhanden waren. Da nach Art. 20a GG, § 1 TierSchG und § 90a BGB Maßnahmen zur Erhaltung von Leben und Gesundheit von Tieren grundsätzlich erwünscht sind, wird auch hier ggf. anders abzuwägen sein als früher. Ein Anspruch auf Unterlassen des Fütterns scheitert auch dann, wenn das Betreten der Nachbargrundstücke durch die Katzen auf andere Weise (zB Zaun) verhindert werden kann (vgl. LG Itzehoe NJW 1987, 2019; *Franz* aaO S. 271 mN).

78 **Immissionen durch kontrollierte Taubenschläge.** Zur tierschutzverträglichen Regulierung der Taubenpopulation werden in Städten zunehmend Taubenhäuser oder -türme eingerichtet. Die Tauben werden dort durch Anflugbretter, Futter und Nistunterlagen angelockt und ihre bebrüteten Eier durch Gips-, Ton- oder mit Sand gefüllte Plastikeier ersetzt. Soweit von Eigentümern benachbarter Grundstücke wegen der Geräusche und des Taubenkots, der außerhalb des Schlags anfällt, Beseitigungs- und Unterlassungsansprüche nach § 1004 BGB geltend gemacht werden, kommt es darauf an, ob die Einwirkungen auf das jeweilige Grundstück nach dem Empfinden eines verständigen Durchschnittsmenschen „wesentlich" iS von § 906 Abs. 1 BGB sind. Die dazu nötige wertende Abgrenzung darf das veränderte Umwelt- und Tierschutzbewusstsein und den in § 1 TierSchG und Art. 20a GG verankerten Lebensschutz der Tiere nicht unberücksichtigt

lassen (vgl. BGH NJW 1993, 925 zum quakenden Frosch im nachbarlichen Gartenteich). Als Alternativen zu Taubenschlägen mit regelmäßiger Kontrolle der Gelege stünden praktisch nur Vergrämungs-, Fang- und Tötungsmaßnahmen zur Verfügung. Diese Situation kann dazu führen, dass – jedenfalls sofern die Schläge in der Nähe ohnehin vorhandener größerer Taubenpopulationen eingerichtet werden und die Einwirkungen durch zumutbare Maßnahmen so niedrig wie möglich gehalten werden – eine Duldungspflicht nach § 906 Abs. 1, evtl. auch nach § 906 Abs. 2 BGB angenommen werden muss, selbst dann, wenn die Zahl der an- und abfliegenden Tauben um ein Vielfaches höher ist als in den von der Rechtsprechung entschiedenen Fällen mit privaten Brieftaubenzuchten (vgl. LG Itzehoe NJW-RR 1995, 979: 100 Tauben in einer mehr ländlichen Umgebung; LG München II NJW-RR 1992, 462: 105 Tauben im reinen Wohngebiet; OLG Frankfurt NJW-RR 2006, 517: kein Unterlassungsanspruch gegen Wohnungseigentümer bei Haltung von 20 Edeltauben mit Freiflug). Da kontrollierte Taubenschläge meist in Gebieten eingerichtet werden, in denen Tauben schon vorher in großer Zahl vorhanden waren („der Schlag kommt zum Schwarm"), handelt es sich um vorbelastete Regionen, die immissionsschutzrechtlich nicht mit unbelasteten Wohngebieten verglichen werden können und die zudem von den Möglichkeiten zur konzentrierten Kotsammlung und -beseitigung und zur präventiven veterinärmedizinischen Behandlung der Vogelschwärme profitieren (s. auch § 17 Rn. 42).

Immissionen durch Hundegebell, Vogelgeschrei u. Ä. Hundegebell kann eine wesent- 79
liche Störung iS von § 906 Abs. 1 BGB darstellen, insbesondere wenn es besonders laut, lang anhaltend oder zur Nachtzeit erfolgt. Der Halter muss dafür sorgen, dass der Hund nicht auf jedes geringfügige Geräusch reagiert und dass während der Ruhezeiten (nämlich zwischen 22 und 6 Uhr sowie zwischen 13 und 15 Uhr) kein übermäßiges Bellen stattfindet. Was „übermäßig" ist, bestimmt sich nach einer Güterabwägung. Einem Halter kann nicht aufgegeben werden, dafür zu sorgen, dass das Bellen während bestimmter Tageszeiten gar nicht und insgesamt nicht länger als eine bestimmte Zeitspanne zu hören ist, denn dies würde einem völligen Verbot der Hundehaltung gleich kommen (vgl. LG Schweinfurt NJW-RR 1997, 1104). – Das Krähen von Hähnen im nachbarlichen Wohnbereich kann ebenfalls eine wesentliche Störung darstellen (vgl. LG Ingolstadt NJW-RR 1991, 654, 655: Hähne während der Nachtzeit und an Sonn- und Feiertagen auch während der Zeit der Mittagsruhe „schalldicht aufbewahren"; OVG Münster NVwZ-RR 2004, 331: Hobby-Hühnerzüchter dürfen im reinen Wohngebiet höchstens einen Hahn halten, um die Wohnruhe nicht über Gebühr zu stören). – Für schreiende Papageien und Kakadus in einer Volière im Garten ist entschieden worden, dass der Nachbar eine zeitliche Beschränkung des Aufenthalts der Vögel im Freien verlangen kann (LG Zwickau vom 1. 6. 2001, 6 S 388/00). Für zwei lärmende Papageien ist ein „Schreiverbot" während der Mittagsruhe zwischen 12 und 15 Uhr angeordnet worden (AG Langen 56 V 287/00). Die Haltung von 30 Rassetauben und 20 Kanarienvögeln als reine Volièrenhaltung kann im reinen Wohngebiet zulässig sein (OVG Lüneburg NVwZ-RR 2005, 524).

XII. Hilfe für Tiere

Bremsen für Tiere im Straßenverkehr. Nach § 4 Abs. 1 S. 2 StVO darf der Vorausfah- 80
rende nicht ohne zwingenden Grund stark bremsen. Zwingender Grund kann auch sein, ein auf der Fahrbahn befindliches Tier nicht zu überfahren. Es bedarf einer (in Sekundenbruchteilen ablaufenden) Güterabwägung, wobei der Grund für das Abbremsen dem dadurch drohenden Sach- und Personenschaden gleichwertig sein muss. Dabei ist dem Wandel in der Grundeinstellung des Menschen zum Tier Rechnung zu tragen (vgl. OLG Frankfurt NuR 1984, 320: Abbremsen für einen Hund oder eine Katze jedenfalls dann, wenn nur ein leichter Auffahrunfall mit unerheblichem Sachschaden droht. Weitergehend noch das Schweizerische Bundesgericht in einem Entscheid vom 2. 8. 1989: „Von einem

Lenker zu verlangen, dass er beim Auftauchen von Wirbeltieren einfach zufährt, lässt sich nicht mit der dem Menschen eigenen Achtung vor tierischem Leben vereinbaren, welche darauf gerichtet ist, auch das tierische Leben zu erhalten und nicht, dieses zu vernichten." zitiert nach *Goetschel* in: *Sambraus/Steiger* S. 915). Im Grundsatz muss daher unter Berücksichtigung des Wertewandels in der Gesellschaft, wie er in Art. 20a GG, aber auch in den §§ 90a und 251 Abs. 2 S. 2 BGB zum Ausdruck kommt, gelten: Leben und Gesundheit von Wirbeltieren sind bei der vorzunehmenden Güterabwägung im Verhältnis zu lediglich drohendem Sachschaden schutzwürdiger; der Vorausfahrende darf deshalb zum Schutz eines auf die Fahrbahn geratenen Tieres stark bremsen, wenn hierdurch lediglich Sachschäden drohen (vgl. *Andelewski* NZV 2001, 61, 62; vom OLG Frankfurt aaO wurde dies jedenfalls bei einer Geschwindigkeit von 40 bis 45 km/h bejaht; aA *Hentschel* S. 422, der eine solche situationsbezogene Abwägung für unmöglich hält; vgl. demgegenüber LG Koblenz 12 S 130/00: zwingender Grund für starkes Abbremsen, wenn beim plötzlichen Auftauchen einer Katze keine Möglichkeit verbleibt, zwischen dem Überfahren des Tieres und einer möglichen Gefährdung des nachfolgenden Verkehrs abzuwägen). – Für die Frage, ob der Versicherungsnehmer, der für ein kleines Tier bremst, die dadurch entstehenden Aufwendungen (einschließlich der Schäden an dem versicherten Fahrzeug) als sog. Rettungskosten gegenüber seinem Versicherer den Umständen nach für geboten halten darf (mit der Konsequenz eines Aufwendungs- bzw. Schadensersatzanspruches nach § 63 Abs. 1 S. 1 VVG), soll dagegen die überkommene Differenzierung weiterhin gelten: Bei verhältnismäßig großen Tieren ja, bei kleinen nein. Zur Begründung wird ausgeführt: Bei der Kollision mit einem großen Tier kann erheblicher Schaden eintreten, den der Versicherungsnehmer von seiner Versicherung abwendet, indem er bremst und dabei ein Risiko eingeht; bei kleinen Tieren droht ein solcher Schaden nicht, weshalb er das Risiko des Bremsens nicht für (im Interesse der Versicherung) erforderlich halten darf (*Andelewski* aaO; OLG Frankfurt NJW-RR 1993, 355: keine Rettungskosten bei Ausweichen wegen zweier Hasen; ebenso OLG Karlsruhe 12 U 264/98 bei Ausweichen wegen Fuchs; abweichend OLG Nürnberg NJW-RR 1993, 995: Versicherung dennoch erstattungspflichtig, da das Ausweichen vor plötzlich auftauchenden Tieren nur ein Augenblicksverschulden sei und der Erstattungsanspruch nur bei grober Fahrlässigkeit entfalle). Die gegen das Bremsen gerichtete Argumentation übersieht indes, dass bei Haustieren, die angefahren und verletzt werden, erhebliche Heilungskosten anfallen können, die nach § 251 Abs. 2 S. 2 BGB ersatzfähig sind und der Versicherung des Kraftfahrers jedenfalls über § 7 StVG, § 3 PflVG in Rechnung gestellt werden können; zumindest bei Haustieren wie Hunden und Katzen kann deshalb das Bremsen auch iS von § 63 Abs. 1 S. 1 VVG als geboten angesehen werden.

81 **Fund von Tieren.** Fundtiere iS der §§ 965ff. BGB sind verlorene oder entlaufene Tiere, die nicht offensichtlich herrenlos sind und von einer Person an sich genommen werden, die nicht zuvor Eigentum oder Besitz an dem Tier hatte (vgl. *Ofensberger* DtW 2005, 107). Verloren ist ein Tier, wenn es besitzlos geworden ist, weil es sich außerhalb des Einwirkungsbereichs seines Halters aufhält und nicht wieder dorthin zurückkehrt. Herrenlos ist es, wenn der Eigentümer den Besitz daran in der Absicht aufgegeben hat, auf sein Eigentum zu verzichten (§ 959 BGB, sog. Dereliktion). Eine Dereliktion darf aber nur angenommen werden, wenn sie offensichtlich ist, wenn also die Umstände der Auffinde-Situation eindeutig auf einen Willen zur Eigentumsaufgabe schließen lassen (Beispiele: Tier wurde mit einem entsprechenden Zettel in der Nähe des Tierheims angebunden; Tier wurde in der Mülltonne abgelagert. Nicht ausreichend: Hund wurde nachts an einem Brückengeländer angebunden, vgl. LG Zwickau 51 T 233/97). Im Zweifelsfall darf man ein aufgefundenes Tier nicht als herrenlos betrachten, sondern muss es als Fundtier behandeln (vgl. *Ofensberger* DtW 2005, 107, 110 unter Hinweis auf entsprechende Erlasse in Bayern, Brandenburg und Schleswig-Holstein, die den ethischen Tierschutz und Art. 20a GG zutreffend konkretisieren). – Der Finder, der den Empfangsberechtigten (d.h. den letzten Besitzer und den Eigentümer) nicht kennt, muss den Fund gemäß § 965

Abs. 2 BGB der zuständigen Behörde (meist Gemeindeverwaltung) anzeigen. Nach § 967 BGB ist er berechtigt und auf Anordnung verpflichtet, das Tier an sie abzuliefern. Die zuständige Gemeindeverwaltung ist dann ihrerseits verpflichtet, die Verwahrung des Tieres nach § 966 Abs. 1 BGB in einer Weise, die den Anforderungen des § 2 genügt, entweder selbst vorzunehmen, oder eine andere Institution (meist ein Tierheim) damit zu beauftragen. Der Träger des **Tierheims** hat in diesem Fall einen **Aufwendungsersatzanspruch** wegen der anfallenden Ernährungs-, Pflege- und Unterbringungskosten einschließlich der Kosten für notwendige tierärztliche Versorgungs- und Vorbeugemaßnahmen. Anspruchsgrundlage ist entweder ein mit der Gemeinde geschlossener öffentlich-rechtlicher Vertrag, oder, bei Fehlen eines solchen, das Institut der Geschäftsführung ohne Auftrag (§§ 677, 683, 670 BGB). Dabei wird die Zeit des Aufwendungsersatzes häufig auf 28 Tage begrenzt mit der Begründung, wenn der Eigentümer sich so lange nicht gemeldet habe, könne von einem Eigentumsaufgabewillen ausgegangen werden. Dies erscheint aber angesichts der klaren Regelung in § 973 Abs. 1 BGB (Eigentumsübergang erst mit Ablauf von sechs Monaten) nicht richtig. – Für die Tötung von Fundtieren gibt es keine Rechtsgrundlage, auch nicht bei Überbelegung des Tierheims (s. § 16a Rn. 20; vgl. auch *Kluge/v. Loeper* Einf. Rn. 142; dort auch zur Unanwendbarkeit von § 966 Abs. 2 BGB auf Tiere). – Bei gefundenen Katzen lehnen viele Kommunen neuerdings die Kostenerstattung ab, weil diese Tiere derelinquiert und somit herrenlos seien. Dabei wird aber übersehen, dass dies nur dort angenommen werden kann, wo die Auffindesituation auf einen offensichtlichen, eindeutigen Willen zur Eigentumsaufgabe schließen lässt (s. o.). Hinzu kommt, dass die meisten Dereliktionen erfolgen, indem das Tier ausgesetzt wird. In diesem Fall verstößt aber der Eigentümer gegen ein mit Bußgeld bewehrtes Verbotsgesetz, nämlich gegen § 3 Nr. 3; die Eigentumsaufgabe muss dann nach § 134 BGB als unwirksam angesehen werden, denn es entspricht dem Sinn und Zweck des gesetzlichen Aussetzungsverbots, den Eigentümer an den mit seiner Rechtsposition verbundenen Pflichten (zB aus §§ 970, 971 BGB) festzuhalten (vgl. *Kluge/v. Loeper* Einf. Rn. 138; vgl. auch MünchKommBGB/*Quack* § 959 Rn. 4 zur vergleichbaren Situation bei Dereliktionen, die unter Verstoß gegen die Vorschriften des Abfallbeseitigungsrechts stattfinden). Für das Merkmal „verloren" ist es nicht erforderlich, dass der Verlust des unmittelbaren Besitzes unfreiwillig eingetreten ist (vgl. *Erman/Hefermehl* § 965 BGB Rn. 1). – Katzenwelpen, die nach dem Besitzverlust bzw. der Aussetzung geboren werden, sind ebenfalls nicht herrenlos. An ihnen setzt sich das Eigentum am Muttertier gemäß § 953 i. V. m. § 99 BGB fort. Sie sind daher ebenfalls Fundtiere (aA aber VG Gießen NVwZ-RR 2002, 96f., jedoch ohne Eingehen auf die genannten Vorschriften).

Herrenlose, streunende Tiere bilden zumindest dann eine Störung der öffentlichen Si- 82
cherheit und Ordnung, wenn sie ausgesetzt worden sind. Der vormalige Tierhalter hat in diesem Fall durch seinen Verstoß gegen § 3 Nr. 3 einen gesetzwidrigen Dauerzustand geschaffen, der sich noch vertieft, wenn das Tier krank oder verletzt ist. Damit ist er auch im öffentlichen Interesse verpflichtet, einen Tierarzt zu beauftragen und für die nötige Pflege des Tieres zu sorgen (vgl. RegPräs. Darmstadt DTBl. 1988, 840). Lässt sich jedoch der primär Verantwortliche nicht rechtzeitig feststellen, so ist die örtliche Ordnungsbehörde für die Beseitigung der entstandenen Störungslage zuständig, indem sie für eine verhaltensgerechte Unterbringung, Ernährung und Pflege des Tieres einschl. der evtl. notwendigen tierärztlichen Behandlung sorgen muss und den früheren Halter dafür in Regress nehmen kann. Wenn also die Polizei, die Feuerwehr oder auch ein privater Finder ein solches Tier in ein Tierheim oder zu einem Tierarzt bringt, wird man das zuständige Ordnungsamt nach den Grundsätzen der öffentlich-rechtlichen Geschäftsführung ohne Auftrag als verpflichtet ansehen müssen, die nötigen Kosten zu erstatten (vgl. *Ofensberger* DtW 2005, 107, 108; notwendig ist allerdings die frühzeitige Information der Behörde, damit sie einen eventuellen Ermessensspielraum wahrnehmen kann). Nimmt man nach § 134 BGB die Unwirksamkeit solcher Dereliktionen an, so gelangt man über die §§ 965 Abs. 2, 967 BGB zu einer Kostenerstattungspflicht der Kommune (s. Rn. 81).

83 **Schmerzen und Leiden von Tieren als Ordnungsstörung?** Das OVG Münster hat einem Tierarzt, der kranke und verletzte herrenlose Tiere behandelt bzw. eingeschläfert hatte, einen Erstattungsanspruch aus öffentlich-rechtlicher Geschäftsführung ohne Auftrag verweigert, weil das „mit Leiden verbundene Ableben eines Tieres ein natürlicher Vorgang sei“ und regelmäßig keine Bedrohung oder Störung der öffentlichen Sicherheit oder Ordnung darstelle (OVG Münster NuR 1996, 631, 632). Im Gegensatz dazu hat das VG Gießen im Dahinsiechen einer erkrankten und unter Schmerzen leidenden Katze einen Verstoß gegen die öffentliche Ordnung gesehen, weil es mit den herrschenden ethischen Wertvorstellungen, die für ein gedeihliches Zusammenleben als unabdingbar angesehen würden, nicht vereinbar sei, ein solches Tier unversorgt in seinem qualvollen Zustand weiter leiden zu lassen; ein Tierarzt könne für die Behandlung des Tieres, das herrenlos oder dessen Halter nicht zu ermitteln sei, jedenfalls dann von der Gemeinde Aufwendungsersatz nach den Vorschriften über die öffentlichrechtliche Geschäftsführung ohne Auftrag verlangen, wenn ein Notfall, der sofortiges Handeln gebot, vorgelegen habe und wenn aus tierärztlicher Sicht nur eine vertretbare Art der Behandlung in Frage gekommen sei (VG Gießen NVwZ-RR 1995, 144, 145). – Da das VG Gießen die mehrheitlichen Wertvorstellungen zutreffend wiedergegeben hat, wird man, auch im Licht von Art. 20a GG, seiner Auffassung den Vorzug geben müssen, denn es ist nach § 1 „eine Aufgabe der Rechtsordnung, den Schutz des Lebens und des Wohlbefindens des Tieres zu gewährleisten“ (vgl. Gesetz zur Verbesserung der Rechtsstellung des Tieres im bürgerlichen Recht, amtl. Begr., BT-Drucks. 11/5463 S. 5). – Bei Tieren, die keine Haustiere sind, könnte man (im Anschluss an *Thüsing* NVwZ 1997, 563, 564) folgendermaßen differenzieren: Dort, wo durch den Tod eines Tieres nur die Natur ihren Lauf nimmt, besteht keine Pflicht des Menschen zum Eingreifen und damit auch keine ordnungsrechtliche Gefahr. Leidet oder stirbt ein Tier hingegen, nachdem ein Mensch durch sein vorheriges Tun den Leidenszustand bzw. die dafür ursächliche Gefahrenlage herbeigeführt hat (zB durch Aussetzen, Anfahren o.Ä.), dann verstößt das Liegenlassen dieses Tieres gegen die öffentliche Ordnung. Gleiches gilt, wenn andere Gesichtspunkte (zB die Betriebsgefahr eines Fahrzeugs, mit dem das Tier angefahren wurde) die Garantenpflicht eines Menschen zur Hilfeleistung begründet haben. – In allen diesen Fällen hat die Ordnungsbehörde, wenn der primär Verantwortliche nicht hilft, nach pflichtgemäßem Ermessen darüber zu entscheiden, ob und ggf. mit welchen Mitteln sie die Störungslage beseitigt und von dem Verantwortlichen, sofern er ermittelt werden kann, später die Kosten einfordert. Nimmt ein Bürger, der die Störung nicht selbst verursacht hat, diese Aufgabe für die Behörde wahr, so kann er einen Aufwendungsersatzanspruch unter dem Gesichtspunkt der öffentlich-rechtlichen Geschäftsführung ohne Auftrag haben (allerdings nur vorbehaltlich der weiteren Voraussetzungen, die die Rechtsprechung dafür entwickelt hat, s. VG Gießen NVwZ-RR 2002, 96f.: das öffentliche Interesse muss nicht nur an der Erfüllung der Aufgabe an sich, sondern auch daran bestehen, dass sie in der gegebenen Situation von dem privaten „Geschäftsführer“ wahrgenommen wird; dies muss man annehmen, wenn Gefahr im Verzug ist, so dass keine Zeit besteht, die vorherige Entscheidung der Behörde einzuholen und abzuwarten, oder wenn von vornherein nur eine einzige Art der Hilfeleistung in Betracht kommt, so dass das behördliche Ermessen darauf reduziert wäre, diese ebenfalls durchzuführen bzw. zu veranlassen).

XIII. Tierschutz und Meinungs- bzw. Pressefreiheit. Werbung

84 **Meinungsäußerungen über tierschutzrechtliche Missstände** stehen in weitem Umfang unter dem Schutz des Art. 5 Abs. 1 GG. In der Rechtsprechung ist sowohl der unter Namensnennung erhobene Vorwurf der tierquälerischen gesetzwidrigen Mästerei als auch die Behauptung der nicht artgerechten Tierhaltung als Meinungsäußerung eingestuft und für zulässig befunden worden (vgl. OLG Nürnberg 8. Senat NJW-RR 2003, 40ff.; OLG

Nürnberg 1. Senat NJW-RR 2002, 1471 ff.). Dasselbe gilt für die Bezeichnung der Käfighaltung von Legehennen als Tierquälerei und den im Zusammenhang damit erhobenen Vorwurf des gewissenlosen Handelns gegenüber Erzeugern und Vertreibern solcher Eier (vgl. LG Duisburg vom 26. 3. 2003, 3 O 52/03). Während für eine Tatsachenbehauptung kennzeichnend sei, dass die Aussage mit den Mitteln des Beweises auf ihre Richtigkeit überprüft werden könne, seien Meinungsäußerungen durch Elemente der Stellungnahme oder des Dafürhaltens gekennzeichnet und orientierten sich an dem jeweiligen von dem sich Äußernden angelegten Wertmaßstab. Da der Begriff ‚Meinung' im Interesse eines wirksamen Grundrechtsschutzes weit verstanden werden müsse, seien Äußerungen, in denen sich Tatsachen und Meinungen vermengten und die in entscheidender Weise und schwerpunktmäßig durch die Elemente der Stellungnahme und des Dafürhaltens geprägt seien, als Werturteile und Meinungsäußerungen unter den Schutz des entsprechenden Grundrechts zu stellen (OLG Nürnberg 1. Senat aaO). – Wenn dennoch Unterlassungsklagen gegenüber solchen Äußerungen erhoben werden, sind in der Rechtsprechung für die im Rahmen der §§ 823 Abs. 1, 1004 BGB notwendige Güter- und Interessenabwägung u.a. folgende Grundsätze entwickelt worden: Im geistigen Meinungskampf spreche bei einer die Öffentlichkeit wesentlich berührenden Frage wie der der landwirtschaftlichen Intensivtierhaltung die Vermutung für die Zulässigkeit der freien Rede. Das gelte auch für Äußerungen, die in scharfer und abwertender Kritik bestünden und selbst für solche, die mit übersteigerter Polemik vorgetragen würden. Um eine unzulässige Schmähkritik handle es sich erst dann, wenn in der Äußerung nicht mehr die Auseinandersetzung in der Sache, sondern die Herabsetzung der Person im Vordergrund stehe. Auch die Personalisierung eines Sachanliegens durch Namensnennung eines Betroffenen sei nicht schlechthin unzulässig, denn wesentliche Fragen wie die intensive Tierhaltung könnten wirksam nicht allein in theoretischer und akademischer Form, sondern nur an konkreten, repräsentativen Beispielen erörtert werden. Dies mache ggf. auch die namentliche Benennung betroffener Einzelpersonen, die stellvertretend für andere gleichartige Betriebe stünden, erforderlich. Tierhalter, die sich auf einem in tierethischer und rechtlicher Hinsicht besonders umstrittenen Gebiet wie dem der Intensivtierhaltung gewerblich betätigten, müssten sich auch der besonderen öffentlichen Kritik stellen (OLG Nürnberg 8. Senat aaO mN). Für die Vertreiber entsprechender Produkte gilt im Wesentlichen dasselbe (vgl. LG Duisburg aaO: alle Glieder der Kette „Erzeuger – Vertreiber – Verbraucher" treffe ein zurechenbarer Verursachungsanteil, der zum Anknüpfungspunkt für öffentlich geäußerte Kritik gemacht werden dürfe). – Der Plakatentwurf einer den Tierschutz fördernden Stiftung, in dem der niedersächsische Ministerpräsident wegen seines Eintretens für neue, sog. ausgestaltete Legehennenkäfige unter Namensnennung und mit Bild scharf angegriffen wurde („millionenfache Tierquälerei darf nicht aufhören – meine Agrarindustrie will sie"), wurde ebenfalls für zulässig befunden (vgl. OLG München NJW-RR 2006, 38, 39: „Soweit die Klägerin in dem Plakatentwurf schreibt, dass der Einsatz modifizierter Käfigbatterien für Legehennen Tierquälerei sei, weil die Tiere krank würden und lebenslang litten, ... existieren mehrere gutachterliche Stellungnahmen, aus denen sich ergibt, dass zumindest gewichtige Teile der einschlägigen Wissenschaft die Meinung der Klägerin teilen").

Filmmaterial, mit dem tierschutzwidrige Zustände dokumentiert werden sollen, ist 85
nicht schon deswegen unzulässig oder unverwertbar, weil es auf rechtswidrige Weise (zB durch Hausfriedensbruch oder Verletzung vertraglicher Treuepflichten) erlangt worden ist. Auch hier muss eine Güter- und Interessenabwägung stattfinden, und auch hier kann das Grundrecht der Meinungs- und Pressefreiheit und das Interesse der Allgemeinheit, über wesentliche Fragen umfassend informiert zu werden, gegenüber den Rechten des betroffenen Unternehmens vorrangig sein (vgl. OLG Nürnberg 1. Senat aaO für den Fall, dass ein gemeinnütziger Verein ihm zugespieltes Bild- und Filmmaterial über eine Großmästerei verwertet). – In einem vom OLG Hamm entschiedenen Fall hatte sich ein Journalist als Arbeitnehmer in einer Tierversuchs-Anlage einstellen lassen und heimliche

Filmaufnahmen über die Haltungsbedingungen von Primaten angefertigt, die später im Beitrag eines Fernsehmagazins gezeigt wurden. Der Antrag auf Unterlassung, den das Unternehmen daraufhin im Verfahren der einstweiligen Verfügung stellte, wurde weitgehend und der Antrag auf Herausgabe des Filmmaterials vollständig abgewiesen. Zwar werde das Mindestmaß des gebotenen Vertrauensschutzes beeinträchtigt, wenn ein Journalist als vermeintlich loyaler Mitarbeiter ein Unternehmen, in dem er sich habe anstellen lassen, ausspioniere und die erlangten Informationen anschließend publiziere. Indes schütze das Grundrecht der Pressefreiheit auch die Verbreitung unzulässig beschaffter Informationen, weil es zur Kontrollaufgabe der Presse gehöre, auf Missstände von öffentlicher Bedeutung hinzuweisen. Dies gelte nicht nur dort, wo über eindeutig rechtswidrige und verbotene Zustände berichtet werde, sondern auch für die Berichterstattung über solche Fehlentwicklungen und Missstände, die noch die Formen des geltenden Rechts für sich in Anspruch nehmen könnten. Insoweit müsse die verfassungsrechtliche Wertentscheidung, die in der Staatszielbestimmung Tierschutz (Art. 20a GG) zum Ausdruck komme, bei der Auslegung des einfachen Rechts beachtet werden: Subjektive Rechte ergäben sich daraus zwar nicht, doch reichere die Vorschrift die Grundrechte an und verstärke die grundrechtlichen Gewährleistungen einschl. der Meinungs- und der Pressefreiheit. Die in dem Film gezeigten Haltungsbedingungen der Tiere entsprächen zwar noch der einschlägigen Europäischen Richtlinie, seien aber gleichwohl problematisch und kritikwürdig und offenbarten damit die Reformbedürftigkeit des geltenden Rechts. Damit aber bestehe mit Blick auf die verfassungsrechtliche Wertentscheidung in Art. 20a GG ein anerkennenswertes öffentliches Interesse an diesen Informationen (OLG Hamm OLGR 2004, 345; der o.e. Filmbeitrag wurde erlaubt, ebenso auch die weitere Verwendung des Bild- und Filmmaterials; lediglich zwei kurze Filmsequenzen, die von einem Privatsender und einem Verein zusammengeschnitten worden waren, wurden verboten, weil hier die Anordnung der Bilder und die Kommentierung effekthascherisch auf Sensationen aus sei und einen verfälschenden Gesamteindruck erzeuge; eine Verfassungsbeschwerde des Unternehmens ist nicht zur Entscheidung angenommen worden, vgl. BVerfG NJW 2005, 883, 884).

86 **Werbung** muss wahrheitsgemäß sein und darf keinen falschen Eindruck von der Haltung der Tiere erwecken. Deshalb verstößt es gegen das UWG, wenn auf einer Eierverpackung ein malerischer Bauernhof abgebildet ist, obwohl die Eier nicht einmal aus einer Bodenhaltung stammen. Eine solche Werbung täuscht den Verbraucher und ist einzustellen (vgl. OLG Frankfurt GRUR-RR 2003, 192; nach diesen Grundsätzen dürfte es auch wettbewerbswidrig sein, Hühnerhaltungen als „Kleinvolièren“, d.h. als kleine Flugeinrichtungen zu bezeichnen, wenn die Tiere in Wahrheit in 50 bis 60 cm hohen Käfigen untergebracht sind, in denen sie nicht einmal ansatzweise fliegen können). – Die Werbung eines Händlers mit synthetischem Pelzmaterial, der seine Kunden als Tierliebhaber angesprochen und in Prospekten die Leiden von Tieren bei der Naturpelzproduktion beschrieben hatte, ist als zulässig angesehen worden (vgl. BVerfG NJW 2002, 1187, 1189: „Es ist nicht nachvollziehbar dargelegt, warum es im Leistungswettbewerb als unbedenklich gilt, etwa den Glanz gesellschaftlicher Prominenz oder das Versprechen sportlicher Anerkennung als Kaufanreiz für bestimmte Produkte zu nutzen, dass andererseits aber der vom Beschwerdeführer ausgesprochene Appell an das Mitgefühl mit Tieren die Grenze des Zulässigen überschreitet. Insbesondere ist nicht ausgeführt worden, wodurch der Leistungswettbewerb beeinträchtigt wird, wenn ohne irreführende Angaben für ein Pelzersatzprodukt mit der Aussage geworben wird, der Kauf ermögliche es, auf natürliche Pelze zu verzichten und auf diese Weise die Tötung von Tieren für die Pelzherstellung zu vermeiden, selbst wenn mit der Werbung versucht wird, den Käufern ein Gefühl moralischer Überlegenheit zu vermitteln und bei den Käufern natürlicher Pelze Schuldgefühle entstehen zu lassen“).

XIV. Einzelne Tierschutzprobleme im Strafrecht

Straftatbestände zum Schutz von Tieren sind vor allem die §§ 17, 20 Abs. 3 und 20a 87
Abs. 3. – Aber auch Straftatbestände außerhalb des formellen Tierschutzrechts können dem Schutz von Tieren dienen, insbes. die §§ 242ff. und 303ff. StGB. Trotz § 90a S. 1 BGB sind Tiere weiterhin Sachen iS dieser Vorschriften (vgl. BayObLG NJW 1993, 2760, 2761; NJW 1992, 2306, 2307; *Lackner/Kühl* § 242 StGB Rn. 2; *Tröndle/Fischer* § 242 StGB Rn. 2; *L/M* Einf. Rn. 133; *Leube* NZV 2002, 545, 546). Das strafrechtliche Analogieverbot steht nicht entgegen, weil § 90a BGB nach seinem Sinn und Zweck den strafrechtlichen Güterschutz unberührt lässt (so BayObLG aaO). Die Befürchtung, bei der Anwendung der strafrechtlichen Schutzvorschriften auf Tiere könne es sich um eine verbotene Analogie handeln, ist unzutreffend, weil in § 90a S. 3 BGB die entsprechende Anwendung der für Sachen geltenden Vorschriften ausdrücklich angeordnet ist und es damit an einer Regelungslücke fehlt (vgl. BT-Drucks. 11/7369 S. 7).

Strafbar ist die **unterlassene Hilfeleistung** bei Unglücksfällen (§ 323c StGB). Ein Un- 88
glücksfall ist ein plötzliches, äußeres Ereignis, das eine erhebliche Gefahr für Personen oder Sachen bringt oder zu bringen droht; der Eintritt bloßer Sachgefahr kann danach genügen (hM, vgl. BGHSt. 6, 147, 152; *Lackner/Kühl* § 323c StGB Rn. 2; *Tröndle/Fischer* § 323c StGB Rn. 3). Unterlassene Hilfeleistung kann demnach auch begehen, wer nicht hilft, obwohl ein Tier in Lebensgefahr schwebt bzw. ihm der Eintritt oder die Fortdauer vermeidbarer Schmerzen oder Leiden drohen. Auf den Wert des Tieres und darauf, ob es in jemandes Eigentum steht oder herrenlos ist, kommt es nicht an (vgl. *Iburg* NuR 2004, 155f.; einschränkend – es müsse eine Gefahr für erhebliche Sachwerte bestehen – LK/*Spendel* § 323c StGB Rn. 43; gegen eine solche Einschränkung spricht jedoch die Aufwertung von Leben und Wohlbefinden der Tiere durch Art. 20a GG, die es verbietet, Schmerzen, Leiden und den Tod als Bagatellschäden einzustufen und die deshalb auch im Strafrecht zu höheren Anforderungen an die menschliche Hilfeleistungspflicht führt; vgl. *Leube* NZV 2002, 545, 551, sowie *Iburg* aaO, der zur Vermeidung von Wertungswidersprüchen mit § 17 vorschlägt, nur Wirbeltiere in den Schutzbereich des § 323c StGB einzubeziehen). Auch unmittelbar drohende Gewalttaten wie Tierquälerei durch Dritte können genügen. Erforderlich ist eine Hilfeleistung immer dann, wenn nach dem ex-ante-Urteil eines verständigen Beobachters der Täter zur Zeit seines möglichen Handelns eine Chance hatte, den drohenden Schaden abzuwenden, und sei es auch nur dadurch, dass er die Polizei, einen Tierarzt oder die zuständige Verwaltungsbehörde verständigt (vgl. *Lackner/Kühl* § 323c StGB Rn. 5ff.). Über das weitere Tatbestandsmerkmal der Zumutbarkeit ist es möglich geringfügige Rechtsgutverletzungen auszuscheiden und die Hilfeleistungspflicht auf Fälle zu beschränken, in denen das Nichteinschreiten die sittliche Ordnung in den Beziehungen zwischen Mensch und Tier (*Iburg* aaO: „das sittliche Empfinden der Allgemeinheit“) beeinträchtigen würde. Abwägungskriterien können hier neben der Wirbeltiereigenschaft auch der Grad des Tierleidens und evtl. auch die Herkunft der Gefahr (menschliches Verhalten anstelle natürlicher Abläufe) sein (vgl. *Iburg* aaO: Hilfeleistungspflicht jedenfalls gegenüber einem angefahrenen und qualvoll jaulenden Hund; Hilfeleistungspflicht gegenüber einer unmittelbar bevorstehenden oder gerade stattfindenden Tierquälerei). Zur Frage „gesetzlicher Unfallversicherungsschutz“ nach § 2 Abs. 1 Nr. 13a SGB VII bei Rettung von Tieren im Straßenverkehr vgl. *Leube* aaO.

Wer ein Tier, das im Eigentum eines Menschen steht, anfährt oder überfährt und an- 89
schließend verletzt oder tot liegen lässt, kann damit ein **unerlaubtes Entfernen vom Unfallort (§ 142 StGB)** begehen. Ein Unfall im Straßenverkehr ist jedes plötzliche Ereignis im öffentlichen Verkehr, das mit dessen Gefahren in ursächlichem Zusammenhang steht und zu einem nicht völlig belanglosen Personen- oder Sachschaden führt (BGHSt. 8, 263; 12, 253; 24, 382). Ein Sachschaden von mehr als 20 oder 25 Euro reicht aus (zu den erstattungsfähigen Heilbehandlungskosten s. Rn. 64). Darauf, ob der Unfall schuldhaft oder schuldlos herbeigeführt worden ist, kommt es nicht an.

90 Bei sog. **Tierbefreiungsaktionen** nehmen die Täter Tiere ihren Haltern weg, weil sie dadurch artgerechtere Haltungsbedingungen herbeiführen und bei Nutztieren auch ein natürliches Ableben anstelle der Schlachtung ermöglichen wollen. Vor dem Inkrafttreten des 6. StrRG von 1998 hat die Rechtsprechung in diesen Fällen überwiegend zwar Hausfriedensbruch, strafbar nach § 123 StGB, ggf. auch Sachbeschädigung nach § 303 StGB angenommen, nicht aber auch Diebstahl (§ 242 StGB). Begründet wurde dies damit, dass die Täter die Tiere unentgeltlich an Dritte weitergeben wollten. In diesem Fall könne von einer Zueignungsabsicht nur gesprochen werden, wenn die Täter mit der Weitergabe einen Vorteil wirtschaftlicher Art anstrebten und dieser Vorteil unmittelbar oder mittelbar mit der Nutzung der Sache zusammenhänge. Ein wirtschaftlicher, irgendwie messbarer Vorteil liege in solchen Aktionen jedoch nicht (vgl. BGH WiStra 1988, 186; NJW 1985, 812; LG Baden-Baden 3 Ns 232/97 Hw). – Nachdem jetzt für den Tatbestand des Diebstahls auch die Absicht genügt, die weggenommene Sache einem Dritten zuzueignen, wird in solchen Fällen zT auch nach § 242 StGB verurteilt (vgl. OLG Karlsruhe vom 18. 2. 2005, 2 Ss 177/04: Die Täter hatten 23 Gänse, 13 Enten und 14 Puten aus einem Mastbetrieb entwendet, um sie bei Dritten unterzubringen, die sie bis zu ihrem natürlichen Ende ernähren und pflegen sollten; das OLG nahm einen strafbaren Diebstahl an). Unabhängig davon, dass Tiere weiterhin als Sachen im strafrechtlichen Sinne gelten (s. Rn. 87) erscheint indes die Annahme einer Zueignungsabsicht in diesen Fällen nicht zwingend. Nach der früheren Rechtsprechung setzte ein Sich-Zueignen stets den Willen voraus, „die Sache oder ihren Sachwert dem eigenen Vermögen zuzuführen, also ihren wirtschaftlichen Wert irgendwie auszunutzen“ (BGHSt. 4, 236; BGH NJW 1970, 1753). Bei folgerichtiger Weiterentwicklung dieser Formel kann eine Absicht zur Dritt-Zueignung nur in Fällen angenommen werden, in denen es dem Täter darauf ankommt, dem Dritten die Ausnutzung eines mit der Sache unmittelbar oder mittelbar verbundenen wirtschaftlichen Wertes zu ermöglichen. Daran fehlt es jedoch, wenn von vornherein klar ist, dass der Dritte das Nutztier ohne Schlachtung und auch ohne Ausnutzung seiner Arbeitsleistung und seiner natürlichen Früchte lediglich unterbringen, ernähren und bis zu seinem natürlichen Tod pflegen soll. Der bloße Besitz, der unter diesen Umständen nur Kosten verursacht, kann bei einem Nutztier nicht als Bestandteil des Vermögens oder als ein wirtschaftlich nutzbarer Wert iS von § 242 StGB angesehen werden.

91 **Sexuelle Handlungen mit Tieren (Zoophilie)** waren früher durch § 175b StGB als „Unzucht von Menschen mit Tieren“ mit Freiheitsstrafe bedroht. Seit dem 1. 9. 1969 ist diese Strafvorschrift aber ersatzlos aufgehoben worden, was u.a. damit begründet wurde, dass es an einem kriminalpolitischen Bedürfnis dafür fehle. Wegen des hohen Verletzungsrisikos, das solchen Handlungen generell inne wohnt, kann dieser Begründung heute so nicht mehr gefolgt werden, zumal es mittlerweile Internet-Seiten gibt, auf denen entsprechende Praktiken angepriesen, Anleitungen gegeben und Kontakte vermittelt werden (vgl. *Rheinz* in: *Schröder* S. 42, 44; *Maisack* ebenda S. 165, 172; *Frey* ebenda S. 213ff.). – Wenn sich bei einem betroffenen Tier erhebliche Schmerzen oder Leiden nachweisen lassen und der Täter insoweit vorsätzlich gehandelt hat, ist der Straftatbestand des § 17 Nr. 2a erfüllt, denn das (weitere) Tatbestandsmerkmal der Rohheit wird bei sexuellen Handlungen an Tieren, die zu Verletzungen führen, idR angenommen (vgl. *Kluge/Ort/Reckewell* § 17 Rn. 35 mN). Auf erhebliche Schmerzen weisen u.a. Schnittverletzungen, blutende Wunden, deutliche Schwellungen, Blutergüsse und Genitalinfektionen hin, wobei bedacht werden muss, dass der Perinealbereich zu den besonders schmerzempfindlichen Zonen zählt. Erhebliche Leiden werden u.a. durch Verhaltensstörungen und durch Anzeichen von Angst indiziert. Bei Hunden werden als Anzeichen von Angst u.a. genannt: Unruhe, defensive Ausdrucksmerkmale wie niedrige Körperhaltung, angelegte Ohren und Blickvermeidung, Fluchttendenz, plötzliches Angriffsverhalten bei Unterschreitung einer kritischen Distanz sowie erkennbare und anhaltende diffuse Erwartung eines Unheils (vgl. *Feddersen-Petersen* in: *Schröder* S. 122, 123). Als Verhaltensstörungen kommen hier zB Apathie, Erstarren, Selbstverstümmelung oder unvorhersagbare Aggres-

sivität in Betracht (*Feddersen-Petersen* aaO). Obwohl bereits eines dieser Indizien ausreichen kann, um erhebliche Leiden anzunehmen, sind Verurteilungen aus § 17 Nr. 2a eher selten, was insbesondere an Beweisschwierigkeiten liegt: ZB sind Schläge, die ein Tier erhalten hat, um es gefügig zu machen, hinterher kaum zu erkennen; für die Feststellung von Verhaltensstörungen und Angstanzeichen bedarf es häufig lang andauernder Beobachtungen und Untersuchungen, die die Verfolgungsbehörden idR nicht leisten können. Manchmal wird auch das Merkmal „erheblich" mit „schwer" verwechselt und angenommen, die Strafverfolgungsorgane könnten nur bei besonders dramatischen Verletzungen und Leidenszuständen einschreiten (obwohl bei zutreffender Gesetzesauslegung bereits Beeinträchtigungen mittleren Grades ausreichen, da das Merkmal nach seiner Entstehungsgeschichte den Zweck hat, Bagatellfälle und geringfügige Beeinträchtigungen aus dem Bereich der Strafbarkeit auszuschließen; s. § 17 Rn. 61). – Lassen sich auf Seiten des Tieres erhebliche und länger anhaltende bzw. sich wiederholende Schmerzen oder Leiden nachweisen, ist eine Strafbarkeit nach § 17 Nr. 2b gegeben (vgl. AG Euskirchen vom 1. 12. 2004, 330 Js 381/04, 5 Ds 231/04; AG Erfurt vom 18. 11. 1997, 730 Js 9942/94, 563 Ls jug). – Eine Ordnungswidrigkeit nach § 18 Abs. 1 Nr. 1, für die auch Fahrlässigkeit genügt, ist zB gegeben, wenn dem Tier ein erheblicher Schaden zugefügt worden ist. Solche Schäden sind u. a. Psychopathie, gesteigertes Angriffsverhalten, Schwellungen sowie teilweise Betäubung durch Zuführung von Beruhigungs- oder Betäubungsmitteln. – Da sexuelle Handlungen an Tieren generell mit einem hohen Verletzungsrisiko einhergehen und außerdem die Würde des Mitgeschöpfes ‚Tier' berühren, wäre es im Sinne eines effektiven Tierschutzes, wie er in Art. 20a GG angestrebt wird, solche Handlungen schon wegen ihrer Gefährlichkeit (und nicht erst bei nachweisbar entstandenen erheblichen Schmerzen, Leiden oder Schäden) unter Straf- oder zumindest Bußgeldandrohung zu stellen. ZB könnte an folgenden neuen § 3 Nr. 12 gedacht werden: „Es ist verboten ..., sexuelle Handlungen an einem Tier vorzunehmen oder auf ein Tier einzuwirken, um es zur Duldung solcher Handlungen zu veranlassen" (ausführlich *Maisack* in: *Schröder* S. 165, 174).

XV. Einzelne Tierschutzprobleme im Verwaltungsrecht

Die meisten Bestimmungen des Tierschutzgesetzes und seiner Rechtsverordnungen sind **Normen des öffentlichen Rechts** (d. h. Vorschriften, die die Unterordnung des einzelnen unter die hoheitliche Gewalt des Staates betreffen). IdR geht es darum, die allgemeinen Ziele der §§ 1 und 2 (also Schutz vor vermeidbaren Schmerzen, Leiden oder Schäden, vor nicht verhaltensgerechter Unterbringung usw.) durchzusetzen. Mittel dazu sind: Unmittelbar wirkende Gebote und Verbote (vgl. zB §§ 1 S. 2, 2, 3, 5, 6, 13 und 17), Ermächtigungsgrundlagen für belastende Verwaltungsakte (insbesondere § 16a i. V. m. praktisch allen Einzelnormen), Anzeigepflichten (u. a. §§ 8a, 10 Abs. 2 und 6 Abs. 1 S. 5), Aufsicht und Überwachung (u. a. § 16) und Genehmigungsvorbehalte (§§ 4a Abs. 2 Nr. 2; 6 Abs. 3; 8; 9 Abs. 2 Nr. 7; 11). – Ist ein Gebot oder Verbot durch eine Straf- oder Bußgeldandrohung bewehrt, so ist es auch dem (Neben-)Strafrecht zuzuordnen. – Einem Teil der Normen kann darüber hinaus auch privatrechtlicher Charakter zuerkannt werden (vgl. *L/M* Einf. Rn. 106 für § 1 S. 2 und § 2). 92

Nach § 6 Abs. 1 Nr. 2 BImSchG darf eine **Genehmigung** zur **Errichtung oder zum Betrieb einer Anlage** nur erteilt werden, wenn dem Vorhaben (neben den Verpflichtungen aus dem Immissionsschutzrecht) „andere öffentlich-rechtliche Vorschriften nicht entgegenstehen". Bei Anlagen, in denen Tiere gehalten, geschlachtet oder zu Experimenten verwendet werden, gehören dazu auch die Vorschriften des Tierschutzgesetzes und seiner Verordnungen. Die Genehmigung ist daher zu versagen, wenn der beabsichtigte Betrieb gegen eine solche Vorschrift verstößt (und der Versagungsgrund nicht durch Nebenbestimmungen, insbes. Auflagen ausgeräumt werden kann; s. auch § 16a Rn. 13). – Gleiches gilt für Baugenehmigungen (vgl. zB § 58 Abs. 1 S. 1 LBO BW). 93

94 Hat ein Beamter Bedenken, eine Richtlinie **(Verwaltungsvorschrift)** oder Anordnung **(Weisung)** zu befolgen, weil er der Auffassung ist, dass die angeordnete Handlung/Unterlassung gegen eine Norm des (formellen oder materiellen s. Rn. 23) Tierschutzrechts verstoßen würde, so muss er seine Bedenken dem unmittelbaren und, bei Erfolglosigkeit, auch noch dem nächsthöheren Vorgesetzten vortragen. Diese **„Remonstration"** ist sowohl ein Recht als auch eine Pflicht des Beamten (ganz hM, vgl. *Maurer* § 22 Rn. 34). Wird die Verwaltungsvorschrift oder Weisung auf diesem Weg bestätigt, so darf er sie dennoch nicht ausführen, wenn das aufgetragene Verhalten (sei es als Tun oder Unterlassen, sei es als Täter oder im Wege der Beihilfe) den Tatbestand eines Strafgesetzes oder einer Bußgeldnorm erfüllen würde und dies für ihn erkennbar ist (vgl. § 56 Abs. 2 BBG, § 38 Abs. 2 BRRG und die gleichlautenden Beamtengesetze der Länder). Insoweit kann von erheblicher Bedeutung sein, dass viele Normen des Tierschutzgesetzes und seiner Verordnungen durch § 18 Abs. 1 zu Bußgeldtatbeständen aufgestuft worden sind. Besondere Bedeutung gewinnt auch, dass der Amtstierarzt gegenüber quälerischen Tiermisshandlungen, die in seinem Zuständigkeitsbereich stattfinden, eine Garantenstellung haben kann, die ihn auch strafrechtlich zu einem Einschreiten verpflichtet; in solchem Fall würde ein Untätigbleiben gegen § 17 Nr. 2b TierSchG i.V.m. § 13 StGB verstoßen, so dass der Amtstierarzt einer Weisung zum Nichtstun keine Folge leisten darf (näher § 17 Rn. 67; vgl. auch *Iburg* NuR 2001, 77, 79). Zum Recht bzw. zur Pflicht des Amtstierarztes, die Mitwirkung an Schlachttier-Ferntransporten zu verweigern, s. Einf. TierSchTrV Rn. 16.

Art. 20a GG [Umwelt- und Tierschutz]

Der Staat schützt auch in Verantwortung für die künftigen Generationen die natürlichen Lebensgrundlagen und die Tiere im Rahmen der verfassungsmäßigen Ordnung durch die Gesetzgebung und nach Maßgabe von Gesetz und Recht durch die vollziehende Gewalt und die Rechtsprechung.

Übersicht

I. Entstehungsgeschichte

1 Durch **Gesetz zur Änderung des Grundgesetzes (Staatsziel Tierschutz) vom 26. 7. 2002** sind in Art. 20a GG nach dem Wort „Lebensgrundlagen" die Wörter „und die Tiere" eingefügt worden (BGBl. I 2002 S. 2862). Nach Verkündung im Bundesgesetzblatt am 31. 7. 2002 ist die Grundgesetzänderung am 1. 8. 2002 in Kraft getreten. – Bis dahin gab es nur fünf ausdrückliche Staatszielbestimmungen im Grundgesetz, nämlich den Umweltschutz (Art. 20a), das Sozialstaatsprinzip (Art. 20 Abs. 1), das Europaziel (Art. 23 Abs. 1), die Aufgabe der Friedenssicherung (Art. 24 Abs. 2, 26 Abs. 1) und das Ziel des gesamtwirtschaftlichen Gleichgewichts (Art. 109 Abs. 2).

2 Der Verfassungsänderung waren **zahlreiche Initiativen und Gesetzesanträge vorangegangen**, die alle ebenfalls auf die Verankerung des Tierschutzes im Grundgesetz abgezielt, jedoch die erforderliche Zwei-Drittel-Mehrheit der Stimmen des Bundestags (vgl. Art. 79 Abs. 2 GG) verfehlt hatten. – Schon in der Gemeinsamen Verfassungskommission waren entsprechende Anträge der SPD und der FDP erörtert und auch mit einfacher Stimmenmehrheit angenommen worden; in der Abstimmung im Bundestag am 30. 6. 1994 verfehlten sie indes die nötigen zwei Drittel der Stimmen. – In der 13. Wahlperiode waren vier Gesetzesanträge für ein Staatsziel Tierschutz eingebracht worden: Von der SPD (BT-Drucks. 13/8597), von Bündnis 90/DIE GRÜNEN (BT-Drucks. 13/8294), von der PDS (BT-Drucks. 13/8678) sowie vom Bundesrat (BT-Drucks. 13/9723). Zu einer Abstimmung kam es jedoch nicht, weil die damaligen Mehrheitsfraktionen im Anschluss an die Sachverständigenanhörung vom 1. 4. 1998 der Auffassung waren, mit Blick auf die zu Ende gehende Legislaturperiode fehle es an der nötigen Beratungszeit. – In der 14. Legislaturperiode verständigten sich die Regierungsfraktionen von SPD und Bündnis 90/DIE GRÜNEN mit der FDP darauf, ihre zunächst unterschiedlichen Anträge zurückzustellen und einen gemeinsamen Gesetzentwurf zur Ergänzung von Art. 20a GG durch die Worte „und die Tiere" einzubringen. Auch dieser Antrag scheiterte aber in der Abstimmung am 13. 4. 2000 daran, dass ihm die Abgeordneten von CDU/CSU ihre Zustimmung ganz überwiegend verweigerten. – Erst unter dem Eindruck des Schächt-Urteils des Bundesverfassungsgerichtes vom 15. 1. 2002 kam es dann im Frühjahr 2002 zu einem gemeinsamen Gesetzentwurf von SPD, CDU/CSU, Bündnis 90/DIE GRÜNEN und FDP, dem am 17. 5. 2002 der Bundestag mit großer Mehrheit (543 Ja- gegen 19 Nein-Stimmen) die Zustimmung gab. Der Bundesrat stimmte am 21. 6. 2002 ebenfalls zu, so dass die Grundgesetzänderung am 26. 7. 2002 vom Bundespräsidenten

ausgefertigt und am 31. 7. im Bundesgesetzblatt verkündet werden konnte. – In der Literatur ist die Einführung eines Staatsziels Tierschutz ganz überwiegend befürwortet worden. Vgl. u. a. *L/M* Einf. Rn. 98 und § 10 Rn. 8; *Hillmer* S. 129, 206ff.; *Apel* DudT 3/2002 6ff.; *Obergfell* ZRP 2001, 193, 196; *Schelling* NuR 2000, 188ff.; *Caspar* ZUR 1998, 177ff.; *Hobe* WissR 31 (1998), 310ff.; *v. Loeper* ZRP 1996, 143ff.; *Händel* ZRP 1996, 137ff.; *Kuhlmann* NuR 1995, 1ff.; *Kluge* NVwZ 1994, 869ff.; *Huster* ZRP 1993, 326ff.; *Erbel* DVBl. 1986, 1235ff.; *Dreier-Starck* in: *Händel* Tierschutz S. 103ff.; *Kriele* ebenda S. 113ff. Es gab allerdings auch ablehnende Stimmen, vgl. u. a. *Spranger* ZRP 2000, 285ff.; *Rupp* WissR 32 (1999), 177ff.; *Kloepfer/Rossi* JZ 1998, 369ff. – In den meisten Landesverfassungen wird der Tierschutz ebenfalls ausdrücklich gewährleistet (vgl. zB Art. 141 Abs. 1 S. 2 BayVerf.: „Tiere werden als Lebewesen und Mitgeschöpfe geachtet und geschützt").

3 Aus der **amtlichen Begründung** zu dem gemeinsamen Gesetzentwurf von SPD, CDU/CSU, Bündnis 90/DIE GRÜNEN und FDP (BT-Drucks. 14/8860 S. 1, 3): „Die Aufnahme eines Staatsziels Tierschutz trägt dem Gebot eines sittlich verantworteten Umgangs des Menschen mit dem Tier Rechnung. Die Leidens- und Empfindungsfähigkeit insbesondere von höher entwickelten Tieren erfordert ein ethisches Mindestmaß für das menschliche Verhalten. Daraus folgt die Verpflichtung, Tiere in ihrer Mitgeschöpflichkeit zu achten und ihnen vermeidbare Leiden zu ersparen. Diese Verpflichtung ... umfasst drei Elemente, nämlich: den Schutz der Tiere vor nicht artgemäßer Haltung, vermeidbaren Leiden sowie der Zerstörung ihrer Lebensräume ... Die Verankerung des Tierschutzes in der Verfassung soll den bereits einfachgesetzlich normierten Tierschutz stärken und die Wirksamkeit tierschützender Bestimmungen sicherstellen. Ethischem Tierschutz wird heute ein hoher Stellenwert beigemessen. Entscheidungen verschiedener Gerichte lassen die Tendenz in der Rechtsprechung erkennen, diesem Bewusstseinswandel bei der Verfassungsauslegung Rechnung zu tragen. Die Rechtsprechung kann dies aber angemessen nur vollziehen, wenn der Gesetzgeber den Tierschutz ausdrücklich in das Gefüge des Grundgesetzes einbezieht. Dies dient der Rechtssicherheit ... Durch das Einfügen der Worte „und die Tiere" in Art. 20a GG erstreckt sich der Schutzauftrag auch auf die einzelnen Tiere. Dem ethischen Tierschutz wird damit Verfassungsrang verliehen. Der Tierschutz unterliegt den gleichen Bindungen und Schranken wie der Schutz der natürlichen Lebensgrundlagen ..."

4 Aus dem **Stenographischen Bericht des Deutschen Bundestages vom 17. 5. 2002,** MdB *Bachmaier* (SPD): „Bisher blieb jedenfalls das Bekenntnis in § 1 des Tierschutzgesetzes, die Tiere als Mitgeschöpfe zu schützen, ... in seiner Wirksamkeit begrenzt, weil in der Verfassung der entsprechende ausdrückliche Bezug fehlte und somit andere verfassungsrechtlich geschützte Werte wie zB die Forschungsfreiheit oder das Eigentumsrecht ihre Dominanz entfalten konnten ... Mit der Aufnahme des Tierschutzes in das Grundgesetz erfährt nicht nur das Tierschutzgesetz die zu seiner Wirksamkeit zwingend gebotene Aufwertung. Wir handeln uns heute darüber hinaus auch einen ständigen Schutzauftrag ein, der sich in erster Linie an den Gesetzgeber, aber auch an alle anderen Träger der staatlichen Gewalt richtet ... Richtig ist, dass wir dem Tierschutz mit dem Staatsziel einen höheren, verfassungsrechtlich geschützten Stellenwert geben wollen, als dies heute der Fall ist" (BT Sten. Ber. 14/23657). – Bundesministerin *Künast* (Bündnis 90/DIE GRÜNEN): „... bei der Abwägung bekommt der festgeschriebene Tierschutz ein ganz neues Gewicht ... Viele Tierversuche sind vermeidbar. Der Stellenwert hierfür muss zusammen mit Forschung und Lehre neu definiert und Alternativen müssen entwickelt werden. Machen wir uns nichts vor: In manchen Bereichen hätte man längst Alternativen entwickeln können, statt weiterhin Tierversuche durchzuführen" (BT Sten. Ber. 14/23660) – MdB *Funke* (FDP): „Wir müssen ehrlicherweise sagen, dass kaum ein verfassungsrechtliches Thema die Bevölkerung stärker berührt als der Tierschutz. ... Wir sind als Juristen und Verfassungsrechtler aufgerufen, diesen Wertvorstellungen unserer Bürger zu entsprechen ... Ein solcher Schritt war auch im Hinblick auf die aktuelle Rechtsprechung des Bundesverfassungsgerichts unbedingt notwendig, um bei der Abwägung verschiedener Rechtsgüter mit

Verfassungsrang, wie zB Berufs-, Religions-, Forschungs- oder auch Kunstfreiheit, dem Tierschutz eine faire Abwägungschance zuzuteilen ... Es ist nicht ersichtlich, warum der Schutz der Tiere hinter dem bereits in Art. 20a Grundgesetz enthaltenen Staatsziel des Schutzes der natürlichen Lebensgrundlagen zurückbleiben soll" (BT Sten. Ber. 14/23662) – MdB *Geis* (CDU/CSU): „Sie haben gesagt – ich tue das auch –, dass der Mensch deshalb die Verpflichtung hat, das Tier zu schützen, weil er selbst sonst seine Würde verletzen würde. Es ist in der Würde des Menschen begründet, dass er die Kreatur achtet ... Es besteht überhaupt kein Zweifel daran, dass durch die Aufnahme in die Verfassung der Tierschutz ein stärkeres Gewicht erhält ... Die Forschung wird künftig stärker darauf zu achten haben, ob nun einzelne Versuche notwendig sind oder nicht. Sie muss stärker rechtfertigen, weshalb Tierversuche notwendig sind" (BT Sten. Ber. 14/23665, 23666). – MdB *Höfken* (Bündnis 90/DIE GRÜNEN): „Es kann nicht sein, dass Gerichte aufgrund eines Grundrechts oder der Forschungsfreiheit selbst gröbste Tierquälerei nicht verhindern können. Sie alle kennen die Beispiele der Affenversuche in Berlin. Dieses Parlament löst diesen rechtlichen Widerspruch heute auf" (BT Sten. Ber. 14/23667). – MdB *Schmitt* (SPD): „Wir wollen dem Tierschutz dort einen höheren Stellenwert einräumen, wo im Einzelfall zwischen Forschungsfreiheit und Tierschutz abzuwägen ist ... Mit der Aufnahme der drei Worte ‚und die Tiere' in das Grundgesetz setzen wir ein deutliches Zeichen für einen humaneren Umgang mit den Tieren. Das ist auch ein Ausweis für eine aufgeklärtere Gesellschaft" (BT Sten. Ber. 14/23668).

II. Allgemeine Auswirkungen

Staatszielbestimmungen sind Verfassungsnormen mit rechtlich bindender Wirkung, die der Staatstätigkeit die fortdauernde Beachtung oder Erfüllung bestimmter Aufgaben – sachlich umschriebener Ziele – vorschreiben. Sie umreißen ein bestimmtes Programm der Staatstätigkeit und sind dadurch eine Richtlinie oder Direktive für das staatliche Handeln, auch für die Auslegung von Gesetzen und sonstigen Rechtsvorschriften (so die Sachverständigenkommission für Staatszielbestimmungen/Gesetzgebungsaufträge 1983, zit. nach *Murswiek* in: *Sachs* Art. 20a Rn. 13). Der Bürger kann aus einem Staatsziel zwar keine subjektiven einklagbaren Rechte herleiten. Dennoch enthält Art. 20a GG keinen bloß verfassungspolitischen Programmsatz, sondern eine unmittelbar geltende, alle Ausformungen der Staatsgewalt bindende Leitlinie (*Scholz* in: *Maunz/Dürig* Art. 20a Rn. 35). Staatszielbestimmungen geben verbindliche Leit- und Richtlinien für das gegenwärtige und zukünftige Handeln des Staates und seiner Organe vor. Sie formulieren ein verbindliches Programm für alle staatlichen Gewalten (*Unruh* DtW 2003, 183, 184; vgl. auch *Caspar/Geissen* NVwZ 2002, 913, 194: „verbindlicher Gestaltungsauftrag an die Staatsgewalten, dem Tierschutz einen möglichst hohen Stellenwert im Rechtssystem zuzuweisen"; *Hillmer* S. 187ff.: „eindeutiger staatlicher Handlungsauftrag"). 5

Drei Gewährleistungselemente nennt die amtliche Begründung ausdrücklich, nämlich „den Schutz der Tiere vor nicht artgemäßer Haltung, vermeidbaren Leiden sowie der Zerstörung ihrer Lebensräume"(BT-Drucks. 14/8860 S. 3). Das erste Teilziel sieht damit vor, Haltungsformen zu gewährleisten, die den Anforderungen des § 2 TierSchG entsprechen, in denen also weder Grundbedürfnisse unangemessen zurückgedrängt werden (vgl. § 2 Nr. 1) noch die Möglichkeit des Tieres zu artgemäßer Bewegung so eingeschränkt wird, dass ihm Schmerzen, vermeidbare Leiden oder Schäden zugefügt werden (vgl. § 2 Nr. 2; vgl. auch *Murswiek* in: *Sachs* Art. 20a Rn. 51a: Heranziehung der Grundsätze des Tierschutzgesetzes zur Auslegung des Staatsziels). Das zweite Teilziel betrifft die Verhütung von Schmerzen, Leiden oder Schäden für das einzelne Tier (vgl. *Murswiek* aaO Rn. 36a); es geht dahin, den Tieren Schmerzen, Leiden und Schäden überall dort zu ersparen, wo sie vermieden werden können, sei es, dass sie nicht erforderlich sind, weil sich das jeweili- 6 ge Nutzungsziel auch mit anderen, weniger tierbelastenden Mitteln erreichen lässt, sei es, dass sie nicht verhältnismäßig sind, weil den mit der jeweiligen Nutzung wahrgenommenen menschlichen Interessen bei einer sachgerechten, am Grad der konkreten Betroffenheit ausgerichteten Güter- und Interessenabwägung kein Übergewicht gegenüber den beeinträchtigten Integritäts- und Wohlbefindensinteressen der Tiere zukommt (Integritätsgrundsatz). Das dritte Teilziel ist auf die Erhaltung der Lebensräume frei lebender Tieren gerichtet. – Daneben hebt die amtl. Begr. auch die Verpflichtung zur „Achtung der Tiere" hervor. Dieser Pflicht widerspricht es zB, wenn Tiere statt zu Nahrungszwecken aus rein ökonomischen Gründen getötet und entsorgt werden (s. § 17 Rn. 49, 50). Sie kann auch verletzt sein, wenn Tiere statt als Mitgeschöpfe wie Werkzeuge oder Sachen behandelt werden, zB wenn ein Fisch als lebender Köder verwendet oder eine zuvor flugunfähig gemachte Ente als Objekt zur Ausbildung und Prüfung eines Jagdhundes eingesetzt werden (s. § 17 Rn. 32 bzw. § 3 Rn. 45).

7 **Prinzipielle Gleichordnung des Staatsziels mit anderen Verfassungsgütern.** Das Verhältnis von Staatszielbestimmungen zu anderen Verfassungsnormen einschließlich Grundrechten ist vom Prinzip der formalen Gleichrangigkeit geprägt (vgl. *Murswiek* in: *Sachs* Art. 20a Rn. 55; BK/*Kloepfer* Art. 20a Rn. 26; *Umbach/Clemens* Art. 20a Rn. 30; *Jarass/Pieroth* Art. 20a Rn. 14; *Seifert/Hömig* Art. 20a Rn. 4; *Hain/Unruh* DÖV 2003, 147, 154; *Kloepfer/Rossi* JZ 1998, 369, 373). Damit sind in Konkurrenzlagen einseitige Prioritätsentscheidungen „definitiv ausgeschlossen" (*Scholz* in: *Maunz/Dürig* Art. 20a Rn. 42). Weder zugunsten der Grundrechte noch zu Gunsten des Tierschutzes kann von einem generellen Vorrang ausgegangen werden (vgl. *Jarass/Pieroth* aaO; *v. Knorre* AgrarR 2002, 378, 379 mN). Vielmehr müssen Konkurrenzlagen nach dem Grundsatz der praktischen Konkordanz bzw. nach Maßgabe des diese Konkordanz im einzelnen vermittelnden Grundsatzes der Verhältnismäßigkeit aufgelöst werden (*Scholz* aaO Rn. 80). Der Grundsatz der praktischen Konkordanz (oder auch Grundsatz des schonendsten Ausgleichs) besagt: Es muss nach den Umständen des Einzelfalles durch eine Abwägung ermittelt werden, welche der miteinander konkurrierenden Verfassungsbestimmungen für die konkret zu entscheidende Frage das höhere Gewicht hat. Dabei darf keines der konkurrierenden Verfassungsgüter einseitig bevorzugt und auf Kosten des anderen realisiert werden. Auch darf keines mehr zurückgedrängt werden, als es zur Realisierung des jeweils anderen logisch und systematisch zwingend erscheint. Im Wege der Abwägung ist nach einer Entscheidung zu suchen, die jedes der Verfassungsgüter, wenn auch beschränkt durch das jeweils andere, zu möglichst optimaler Wirksamkeit gelangen lässt (vgl. BVerfGE 28, 243, 261; 47, 327, 369 f.; 69, 1, 54 f.).

8 Damit eröffnet das neue Staatsziel die **Möglichkeit zur Einschränkung von Grundrechten, auch dann, wenn diese vorbehaltlos gewährleistet sind** (dazu zählen die Glaubens- und Religionsfreiheit, die Freiheit der Kunst und die Freiheit von Wissenschaft, Forschung und Lehre, vgl. Art. 4 und Art. 5 Abs. 3 GG). Die erste Hürde, die nach der Rechtsprechung des BVerfG für die Einschränkung solcher Grundrechte besteht, nämlich dass Eingriffe nur zugunsten eines mit Verfassungsrang ausgestatteten Rechtswertes erfolgen dürfen, wird durch die Staatszielbestimmung „unproblematisch genommen" (so *Kloepfer/Rossi* JZ 1998, 374; *Unruh* DtW 2003, 183, 185). Die zweite Hürde besteht in der Abwägung des staatszielgeschützten Rechtswertes mit dem jeweiligen Grundrecht unter Berücksichtigung der falltypischen Gestaltung und der besonderen Umstände des Einzelfalls (vgl. *Jarass/Pieroth* aaO). Wegen der o. e. Gleichrangigkeit hat diese Abwägung nach dem Grundsatz der praktischen Konkordanz zu erfolgen, also so, dass ein möglichst schonender Ausgleich zwischen den Belangen des Tierschutzes und dem jeweiligen Grundrecht hergestellt wird. Dabei können die Grundrechte nicht mehr, wie bisher, „ihre Dominanz entfalten" (MdB *Bachmeier*, s. Rn. 4). Vielmehr muss durch Abwägung ein verhältnismäßiger Ausgleich zwischen ihnen und dem Tierschutz hergestellt werden, wobei der Grad der jeweiligen Betroffenheit, also das konkrete Ausmaß, in dem die Grundrechte bzw. der Tierschutz durch die eine oder andere Entscheidungsvariante betroffen

sind, maßgebend ist (vgl. *Sommermann* in: *v. Münch/Kunig* Art. 20a Rn. 24: „bei konfligierenden Verfassungswerten ist der Grad ihrer Betroffenheit durch die konkrete Regelung zu berücksichtigen"; *Schulze-Fielitz* in: *Dreier* Art. 20a Rn. 61: „Gewicht ... in Ansehung der konkreten Konfliktsituation"; *Epiney* in: *v. Mangoldt/Klein/Starck* Art. 20a Rn. 47; *Sailer* NuR 2006, 271, 272: „eine der jeweiligen Fallkonstellation gerecht werdende Konfliktabwägung"). – Es liegt auf der Hand, dass eine Abwägung, die die „falltypische Gestaltung", die „besonderen Umstände" und den „Grad der Betroffenheit in Ansehung der konkreten Konfliktsituation" berücksichtigen soll, die vorherige Ermittlung und Sammlung aller dafür relevanten Tatsachen und Gesichtspunkte voraussetzt. ZB muss eine Behörde, die über ein Tierversuchsvorhaben entscheiden soll, vorher in zweierlei Richtungen ermitteln: Auf der einen Seite muss sie die Belastungen für die Versuchstiere (also deren Schmerzen, Leiden und Schäden nach Art, Ausmaß, Wahrscheinlichkeit, zeitlicher Dauer etc.) vollständig aufklären; auf der anderen Seite muss sie auch alle diejenigen Umstände ermitteln, die für die Bewertung des geplanten Erkenntnisgewinns und des damit angestrebten humanmedizinischen oder sonstigen sozialen Nutzens (nach Art, Ausmaß, Wahrscheinlichkeit, zeitlicher Erwartung etc.) wesentlich sind. Damit sind Gesetzesauslegungen, die zentrale Rechtsbegriffe des Gesetzes (wie „unerlässliches Maß" und „ethische Vertretbarkeit" in § 7) dem allgemeinen Amtsermittlungsgrundsatz entziehen und stattdessen einer autonomen Beurteilungskompetenz der Antragsteller zuweisen und die Behörden hier auf eine Art „qualifizierter Plausibilitätskontrolle" beschränken, nicht länger möglich (s. auch Rn. 27 sowie § 8 Rn. 6–9; vgl. auch *Caspar/Geissen* NVwZ 2002, 913, 915; *Obergfell* NJW 2002, 2296, 2298).

Alle Abwägungsvorgänge müssen künftig **dem „erhöhten rechtlichen Stellenwert der Belange des Tierschutzes"** (so *Kloepfer/Rossi* JZ 1998, 369, 374) bzw. dem „stärkeren Gewicht" (so *MdB Geis*, s. Rn. 4), das der Tierschutz durch seine Aufnahme in die Verfassung erfahren hat, Rechnung tragen (vgl. auch VG Gießen NuR 2004, 64, 66: „erhebliche Aufwertung"; *Unruh* DtW 2003, 183, 185: „Gewichtsverschiebungen"; *Bernsdorff* NuR 1997, 328, 334: „gewichtsverschaffende Funktion"; *Schulze-Fielitz* in: *Dreier* Art. 20a Rn. 70: „insgesamt ein höheres Gewicht"). Abwägungsprozesse können daher heute zu anderen Ergebnissen führen als vor der Grundgesetzänderung (vgl. *v. Knorre* AgrarR 2002, 378, 379; *Tillmanns* NJW-Editorial 32/2002; s. auch Rn. 32). Dies gilt sowohl dort, wo Belange des Tierschutzes mit vorbehaltlosen Grundrechten kollidieren, als auch bei Konfliktlagen mit anderen Grundrechten oder Verfassungsprinzipien (vgl. auch *Caspar/Schröter* S. 64 und *Unruh* aaO: Tierschutz als überragend wichtiges Gemeinschaftsgut iS der Drei-Stufen-Theorie des BVerfG zu Art. 12 GG). 9

Adressaten der Verpflichtungen aus dem Staatsziel sind alle Organe des Staates (Gesetzgebung, Verwaltung, Rechtsprechung) unter Einschluss der mittelbaren Staatsverwaltung, also auch der Gemeinden (zB als Betreiber von Schlachthöfen), der Universitäten (als Halter von Versuchstieren oder als Veranstalter von Tierversuchen) und aller sonstigen juristischen Personen des öffentlichen Rechts. Die Pflichten treffen auch private Rechtssubjekte, soweit diese als Amtsträger, Beliehene oÄ hoheitliche Funktionen wahrnehmen (zB den Hochschullehrer, der im Rahmen eines Praktikums Tierversuche durchführen lässt). Erfasst werden sämtliche Erscheinungsformen des Staatshandelns, somit beispielsweise auch die erwerbswirtschaftliche Betätigung des Staates, bei Beteiligung an Unternehmen allerdings nur in dem Umfang, in dem Einflussmöglichkeiten bestehen (vgl. *Sommermann* aaO Rn. 8). – Soweit Verwaltung und Rechtsprechung verpflichtet sind, die Schutzgüter des Staatsziels bei der Auslegung von gesetzlichen Generalklauseln und unbestimmten Rechtsbegriffen und insbesondere bei der Durchführung rechtlich gebotener Abwägungen zu beachten, können die Schutz- und Unterlassungspflichten, die Art. 20a GG unmittelbar nur für den Staat begründet, mittelbar auf den privaten Einzelnen erstreckt werden (vgl. *Seifert/Hömig* Art. 20a Rn. 6). Diese mittelbare Drittwirkung kann sich auch auf die Auslegung von privatrechtlichen Normen und Vertragsklauseln auswirken (s. das Beispiel in Einf. Rn. 68). – **Schutzobjekte** sind alle lebenden Tiere, in erster 10

Linie diejenigen mit Empfindungsfähigkeit, darüber hinaus aber auch alle, denen ein Schaden (einschließlich Tod) zugefügt werden kann. Abstufungen des Schutzes, insbesondere nach dem Grad der Empfindungsfähigkeit, sind möglich. Unerheblich ist, ob die Tiere wild oder in Gefangenschaft leben, ob es sich um Haus-, Nutz- oder Versuchstiere handelt, ob sie als nützlich oder schädlich eingestuft werden u. Ä. Auch Tiere außerhalb des Bundesgebietes können Schutzobjekte sein (vgl. *Schulze-Fielitz* in: *Dreier* Art. 20 a Rn. 55).

11 Die **verfassungsrechtliche Gleichrangigkeit des Staatsziels Tierschutz mit dem Staatsziel Umweltschutz** geht schon daraus hervor, dass der Verfassungsgesetzgeber beide Ziele in einem Atemzug nennt (vgl. *Hässy* BayVBl. 2002, 202, 205; s. auch Rn. 4, MdB *Funke*). Damit sind jedenfalls einige der für das Staatsziel Umweltschutz in der Vergangenheit anerkannten rechtlichen Implikationen auch auf das Tierschutzprinzip anwendbar.

III. Besondere Auswirkungen auf die Gesetz- und Verordnungsgebung

12 **Übersicht.** Die wichtigsten Auswirkungen auf die Gesetz- und Verordnungsgebung sind, schlagwortartig zusammengefasst: grundsätzliches Verschlechterungshindernis, Nachbesserungspflicht, Unterlassungspflichten, Schutzpflichten, Optimierungsgebot, Effektivitätsgebot und staatliche Gewährleistungsverantwortung (s. Rn. 13–19). Für Rechtsprechung und Verwaltung haben diese Auswirkungen insoweit Bedeutung, als sie bei der Auslegung unbestimmter Rechtsbegriffe und Generalklauseln sowie bei Ermessensentscheidungen und Abwägungen beachtet werden müssen (s. Rn. 21–23 und 27–31). Für Private gelten sie zwar nicht unmittelbar, können aber mittelbare Drittwirkung entfalten (s. Rn. 10).

13 Eine Staatszielbestimmung, mit der eine Verbesserung der vorgefundenen Ausgangslage angestrebt wird, wirkt wie ein **grundsätzliches Verschlechterungshindernis.** Diese für den Umweltschutz allgemein anerkannte Wirkung kann auch dem Tierschutz nicht versagt bleiben, denn: ausdrückliches Ziel des Verfassungsgesetzgebers von 2002 war es, den Tierschutz zu verbessern (vgl. amtl. Begr., BT-Drucks. 14/8860 S. 1: „... Schutz des Tieres als Lebewesen in der Rechtsordnung der Bundesrepublik Deutschland noch immer unzulänglich ... durch die ausdrückliche Verankerung des Tierschutzes in der Verfassung die Verwirklichung eines wirksamen Tierschutzes zu verbessern"). Diese Zielsetzung führt zwar nicht zu einer Bestandsgarantie für jede einzelne Detailregelung; sie verbietet aber Änderungen, die zu einer spürbaren Abschwächung des bei Inkrafttreten des Staatsziels bereits verwirklichten Schutzniveaus führen und steht insbesondere einer nachträglichen Einschränkung von Kernaussagen des Tierschutzes entgegen (vgl. BK/*Kloepfer* Art. 20 a Rn. 47: „Schutz des Konzentrats des einfachen Rechts zum Tierschutz"; Garantie der „tierschutzrechtlichen Kerngehalte"). Naheliegend ist zB, die einige Monate vor dem Inkrafttreten des Staatsziels erfolgte rechtliche Abschaffung kleinräumiger Batteriekäfige für Legehennen nicht nur als eine Detailregelung, sondern (wegen der Zahl der davon betroffenen Tiere, der Nähe dieser Haltungsform zur Tierquälerei, der jahrzehntelangen öffentlichen Diskussion darüber und der Symbolkraft und Ausstrahlungswirkung dieses Themas für den Umgang mit Nutztieren insgesamt) als tierschutzrechtlichen Kerngehalt zu werten und damit in der Einführung neuer kleinräumiger Käfige durch § 13 b nF TierSchNutztV eine unzulässige Verschlechterung zu erblicken. Wer nicht so weit gehen will, wird bei einer solch substantiellen Abschwächung zumindest den eindeutigen Nachweis, dass sie zur Realisierung höherrangiger und nicht allein wirtschaftlicher Belange unerlässlich war, sowie auch einen adäquaten Ausgleich fordern müssen. (vgl. *Mursiwek* in: *Sachs* Art. 20 a Rn. 44; *Umbach/Clemens* Art. 20 a Rn. 30: keine „Verschlechterung der Situation"; *Unruh* DtW 2003, 183, 185: „Die Absenkung vorhandener Standards aus ökonomischen oder sonstigen Gründen dürfte künftig ausgeschlossen sein"; s. auch

Vor §§ 12–15 TierSchNutztV Rn. 26). Damit dürfte die vom Gesetzgeber bisher freiwillig eingehaltene Prämisse, bei Novellierungen des Tierschutzgesetzes „nicht hinter geltendes Recht zurückzugehen“ (BT-Drucks. 13/7015 S. 2), jetzt zur verfassungsrechtlichen Pflicht geworden sein.

Hinzu kommt eine **staatliche Nachbesserungspflicht,** die darauf gerichtet ist, den gesetzlichen Tierschutz stets dem neuesten Stand der wissenschaftlichen Erkenntnisse, insbesondere im Hinblick auf ethologische Anforderungen, anzupassen (vgl. *Caspar/Geissen* NVwZ 2002, 913, 914; *Unruh* aaO). Das legt eine Ausgestaltung der Gesetze und Verordnungen nahe, die durch Geltungsfristen, vorläufige Entscheidungen, nachträgliche Anordnungen u. Ä. ermöglicht, flexibel auf veränderte Umstände zu reagieren (vgl. *Schulze-Fielitz* in: *Dreier* Art. 20 a Rn. 72). 14

Es bestehen **staatliche Unterlassungspflichten.** Der Staat darf grundsätzlich nichts tun, was zu Schmerzen, Leiden, Angst oder sonstigen Schäden an einzelnen Tieren führt (Integritätsprinzip; vgl. *Schulze-Fielitz* in: *Sachs* Art. 20 a Rn. 58; ebenso *Umbach/Clemens* Art. 20 a Rn. 31: „Schädigungen durch staatliches Handeln unterlassen“; *Jarass/Pieroth* Art. 20 a Rn. 13; *Braun* DÖV 2003, 488, 489). Das bedeutet nicht, dass damit Tötungen, Schlachtungen, Tierversuche, Jagd u. Ä. ausgeschlossen wären, schafft aber ein „relatives Schutzniveau“ (*Schulze-Fielitz* aaO) und hat damit erhebliche Auswirkungen auf die Art und Weise dieser Vorgänge. – Auf allen Bereichen (auch solchen, die die Situation von Tieren nur mittelbar berühren) gilt künftig ein **Gebot zur Rücksichtnahme und Alternativenprüfung,** d. h.: Bei jedem Gesetz und jeder Verordnung müssen potenzielle Auswirkungen auf die staatszielgeschützten Belange (also auf die artgemäße Haltung von Tieren bzw. die Vermeidung von Schmerzen, Leiden, Ängsten und Schäden und die Erhaltung vorhandener Lebensräume) in einer Art Tierschutzverträglichkeitsprüfung vollständig und zutreffend ermittelt werden (u. a. nach Art, Schweregrad und Wahrscheinlichkeit). Sind negative Auswirkungen für einen dieser Belange zu befürchten, so muss nach tierschonenden Alternativen gesucht werden, d. h. nach Wegen, auf denen sich das angestrebte Regelungsziel auch ohne diese Nachteile erreichen lässt (vgl. *Epiney* in: *v. Mangoldt/Klein/Starck* Art. 20 a Rn. 82). Die Suche nach solchen tierschonenderen Alternativen muss sich systematisch im Gesetzgebungsverfahren niederschlagen (vgl. *Umbach/Clemens* aaO Rn. 40). Tierschonende Alternativen, mit denen das Regelungsziel ebenfalls erreicht werden kann, müssen vorrangig angewendet werden. Gibt es solche Alternativen nicht, so muss in eine Güterabwägung zwischen der Bedeutung und dem Gewicht des Regelungsziels einerseits und den Belastungen für die Tiere andererseits eingetreten werden (BK/*Kloepfer* Art. 20 a Rn. 39); dabei ist die Aufwertung des Tierschutzes zum Verfassungsgut und seine grundsätzliche Gleichrangigkeit mit anderen Verfassungsgütern zu beachten (BK/*Kloepfer* Art. 20 a Rn. 99: „Abwägungsprogramm verändert“). Das Gebot, Eingriffe in Wohlbefinden und Unversehrtheit von Tieren so weit wie möglich zu vermeiden bzw. zu minimieren, kann auch die Verpflichtung einschließen, eine (mit Blick auf das Regelungsziel) weniger zwecktaugliche oder -sichere aber tierschonendere Alternative vorzuziehen, wenn die dabei zu erwartende Einbuße an Zweckeffektivität weniger schwer wiegt als die Belastungen, die den Tieren durch die Wahl des zweckeffektivsten Mittels zugefügt werden. – Der Staat muss Regelungen unterlassen, die den Weg zur Tierquälerei oder zu nicht artgerechten Haltungsformen erleichtern. Diese Unterlassungspflicht erstreckt sich auch auf mittelbare Maßnahmen, wenn dadurch entsprechendes Verhalten Dritter gefördert wird (vgl. *Schulze-Fielitz* in: *Dreier* Art. 20 a Rn. 50, 58). Das bedeutet zB, dass Subventionen für tierhaltende Betriebe darauf überprüft werden müssen, ob sie artwidrige Haltungsformen fördern; bejahendenfalls sind die Leistungen einzustellen oder umzuleiten. – Die Gebote zur Rücksichtnahme, Alternativenprüfung und Güterabwägung müssen auch beachtet werden, wenn es um die deutsche Mitwirkung an Rechtsakten der EU (Verordnungen, Richtlinien, Entscheidungen) geht. Wenn beispielsweise im Rahmen des sog. REACH-Programms Regelungen geplant sind, die für ca. 30 000 chemische Altstoffe nachträgliche sicherheitstoxikologische Prüfungen 15 vorsehen und damit voraussehbar zu einem starken Anstieg von Tierversuchen auf diesem Gebiet führen werden, so darf die Bundesregierung dieser Rechtsänderung im Licht von Art. 20a GG nicht vorbehaltlos zustimmen. Zunächst muss sichergestellt werden, dass alle Daten und Informationen, die über einen zu prüfenden Stoff bereits gewonnen worden sind, offen gelegt und den Behörden verfügbar gemacht werden; Unternehmen, die solche Daten besitzen, müssen zu ihrer Herausgabe verpflichtet werden, damit nicht Geheimhaltungsinteressen zu Tierversuchen führen, für die angesichts des bereits vorhandenen Wissens kein echter wissenschaftlicher Bedarf mehr besteht. Weiter muss gewährleistet werden, dass alle Alternativmethoden, die auf sicherheitstoxikologischem Gebiet entwickelt und validiert worden sind, vorrangig zur Anwendung kommen, selbst dann, wenn sie noch keine Aufnahme in das Prüfrichtlinienprogramm der OECD oder in vergleichbare Regelwerke gefunden haben (vgl. *Hartung* ALTEX 22, 2005, 163, 164: Mit dem Einsatz intelligenter Teststrategien könnten 70 % der Tiere, die im Rahmen von REACH verwendet werden sollen, eingespart werden). Als dritter Schritt muss an die verstärkte Förderung und Beschleunigung der Entwicklung, Validierung und Zulassung von weiteren Alternativen gedacht werden (vgl. *Nau* AtD 2004, 259).

16 Hinzu kommen **staatliche Schutzpflichten.** Da der Staat die Tiere „schützt", muss er Maßnahmen zu ihrem Schutz vor Beeinträchtigungen durch Private ergreifen, d. h. gegen private Nutzungs- und Umgangsformen präventiv einschreiten, wenn diese einen der staatszielgeschützten Belange mehr als erforderlich oder mehr als um höherrangiger Interessen willen gerechtfertigt beeinträchtigen oder gefährden (vgl. *Umbach/Clemens* Art. 20a Rn. 31: „bevorstehende Schädigungen durch Dritte verhindern"; ähnlich *Schulze-Fielitz* in: *Dreier* Art. 20a Rn. 59; *Jarass/Pieroth* Art. 20a Rn. 14; *Seifert/Hömig* Art. 20a Rn. 4; *Braun* DÖV 2003, 488, 489). Dieser Schutzauftrag kommt nicht erst zum Tragen, wenn eine Gefährdung des Schutzgutes sicher oder hochgradig wahrscheinlich erscheint, sondern bereits dann, wenn ein diesbezügliches Risiko besteht. Das bedeutet u. a.: Durch vorausschauendes, staatliches Handeln muss möglichen Leiden und möglichen artwidrigen Haltungsformen bereits auf der Stufe ihres Entstehens vorgebeugt werden (vgl. BK/*Kloepfer* Art. 20a Rn. 72). Umgangsformen privater Personen mit Tieren, die dem ersten Anschein nach Grundbedürfnisse erheblich unterdrücken und/oder Tieren Leiden zufügen, dürfen nicht mehr bis zum Vorliegen des letzten wissenschaftlichen Nachweises tatenlos hingenommen werden. Ein frühzeitiges Einschreiten gegen die Gefahr von Schmerzen, Leiden oder Schäden bzw. artwidrigen Unterbringungsformen entspricht iÜ auch dem Gebot zur „Pflege des Wohlbefindens in einem weit verstandenen Sinn", wie es das BVerfG dem § 2 Nr. 1 TierSchG schon 1999, also lange vor der Grundgesetzänderung entnommen hat (vgl. BVerfGE 101, 1, 32). – Diesem Schutzauftrag entspricht zB die Forderung des St. Ausschusses zum ETÜ, neue Haltungsmethoden, Ausrüstungen oder Stallungen für die landwirtschaftliche Praxis erst zuzulassen, wenn sie zuvor „unter dem Aspekt von Gesundheit und Wohlbefinden für die Tiere eingehend geprüft" worden sind (vgl. Art. 8 der Empfehlung ‚Haushühner'; ebenso die Empfehlungen ‚Schweine', Rinder', ‚Ziegen', ‚Schafe', ‚Pekingenten', ‚Moschusenten', Gänse'). Im Koalitionsvertrag von CDU/CSU und SPD von 2005 heißt es dazu: „Mit einem praxisgerechten Prüf- und Zulassungsverfahren für serienmäßig hergestellte Stalleinrichtungen zur artgerechten Haltung von landwirtschaftlichen Nutztieren werden wir die Haltungsbedingungen grundlegend und nachhaltig weiter verbessern." – Ein weiteres Beispiel kann man der Stellungnahme entnehmen, die die BTK am 30. 6. 2005 zu dem Entwurf eines neuen Tierzuchtgesetzes abgegeben hat: „Im Hinblick auf den Zuchtwert sind wir der Meinung, dass dieser nicht allein über die Leistung definiert werden kann. Hier spielen auch andere Eigenschaften wie Langlebigkeit, Tiergesundheit, genetische Stabilität und Freiheit von Erbkrankheiten und Erbfehlern eine wichtige Rolle. Tierzucht ist mit dem Tierschutz untrennbar verbunden. Dies umso mehr, als der Tierschutz mittlerweile als Staatsziel in das Grundgesetz aufgenommen wurde" (DTBl. 2005, 1000).

Optimierungsgebot. Der Normgeber hat sich nicht nur aller ungerechtfertigten nachteiligen Eingriffe in die staatszielgeschützten Belange zu enthalten, sondern er muss sie – auch vorsorgend – möglichst positiv fördern (vgl. *Seifert/Hömig* Art. 20a Rn. 4). Diesem Gebot entspricht es, bestehende Rechtsnormen so auszulegen und darüber hinaus die gesamte Rechtsordnung so auszugestalten, dass der Schutz der Tiere unter Berücksichtigung seiner nunmehr erfolgten Gleichstellung mit anderen Verfassungszielen bestmöglich verwirklicht wird (vgl. *Kloepfer/Rossi* JZ 1998, 369, 374: „Handlungsauftrag an die Gesetzgebung ..., tierschützende Gesetze zu erlassen"; *Epiney* in: *v. Mangoldt/Klein/Starck* Art. 20a Rn. 62; *Unruh* DtW 2003, 183, 185: „allgemeine Verpflichtung, ein hohes Tierschutzniveau zu etablieren"). – Einen ähnlichen Gedanken hat das BVerfG schon vor der Grundgesetzänderung ausgesprochen, als es für Rechtsverordnungen nach § 2a TierSchG gefordert hat, der Verordnungsgeber müsse einen ethisch begründeten Tierschutz „befördern", ohne die Grundrechte der Halter unverhältnismäßig einzuschränken (BVerfGE 101, 1, 35, 36 = NJW 1999, 3254, 3255). Der Tierschutz muss also nicht nur bewahrt, sondern auch befördert, d.h. vorangetrieben werden. Wenn zur Erreichung eines legitimen Regelungsziels verschiedene Handlungsalternativen zur Auswahl stehen, ist diejenige die richtige, die die Belange des Tierschutzes am wenigsten beeinträchtigt bzw. am effektivsten schützt. 17

Effektivitätsgebot. Zur Verwirklichung dieses Schutzauftrages muss ein effektives gesetzliches Instrumentarium eingerichtet und aufrechterhalten werden. Hierher gehören in erster Linie die bekannten Formen direkter Verhaltenssteuerung wie gesetzliche Ge- und Verbote, Kontrollrechte, Eingriffsbefugnisse und Verbote mit Erlaubnisvorbehalt. Bei Nutzungen, die besonders tierbelastend sein können (zB Tierversuche), darf die Abwägung der widerstreitenden Belange nicht dem möglicherweise einseitig interessengebundenen Nutzer überlassen bleiben, sondern es muss ein vorgeschaltetes Erlaubnisverfahren bei einer unabhängigen Kontrollinstanz eingeführt werden. – Daneben kommen Instrumente der indirekten Verhaltenssteuerung in Betracht. Beispielsweise ist es durch Öffentlichkeitsarbeit möglich, die Verbraucher auf die unterschiedliche Artgerechtheit verschiedener Tierhaltungsformen hinzuweisen und dazu anzuhalten, Produkte aus artgerechten Haltungen zu bevorzugen, selbst wenn dafür höhere Preise bezahlt werden müssen. – Im Bereich landwirtschaftlicher Subventionen und anderer Fördermaßnahmen müssen Tierhaltungen, in denen Grundbedürfnisse in erheblichem Ausmaß zurückgedrängt werden, von staatlichen Hilfen ausgenommen werden. Zwar werden die Direktzahlungen, die jedes Jahr in Höhe von ca. 5 Mrd. Euro an die deutschen Landwirte fließen, nicht national, sondern durch die EG-Verordnung Nr. 1782/2003 vom 29. 9. 2003 (ABl. EG Nr. L 270) geregelt. Diese Verordnung eröffnet aber in Art. 58, 59 den Mitgliedstaaten einen erheblichen Gestaltungsspielraum (vgl. dazu *Wendt/Elicker* DVBl. 2004, 665, 667: Berechtigung des deutschen Gesetzgebers, objektive Kriterien einzuführen, über die er die Verteilung der Betriebsprämien selbst determinieren kann). Dieser Spielraum muss beim Erlass von Gesetzen, Verordnungen und Verwaltungsvorschriften zur Verwirklichung der durch Art. 20a GG geschützten Belange genutzt werden, d.h.: Parlamente und Ministerien müssen sicherstellen, dass mittelfristig nur noch solche Betriebe Direktzahlungen erhalten, die ihren Tieren artgemäße Haltungsbedingungen gewähren; außerdem müssen die Zahlungen nach dem Ausmaß der Artgerechtheit der Tierhaltung gestaffelt werden, so dass zB für Auslaufhaltung mehr bezahlt wird als für reine Stallhaltung. Darüber hinaus müssen auch andere staatliche Leistungen an Tierhalter (zB Investitionsförderung, Steuervorteile, zinsgünstige Kredite), unter der Geltung von Art. 20a GG nach dem Grad der Artgerechtheit der jeweiligen Haltungsform abgestuft werden, zumal Haltungsformen mit viel Platz und Auslauf idR auch mit einem erhöhten Kosten- und Arbeitsaufwand verbunden sind, den auszugleichen dem Sinn staatlicher Subventionierung entspricht. – Staatliche oder staatlich geförderte Qualitätssiegel müssen auf Produkte beschränkt werden, die aus kontrolliert artgerechter Haltung und schonender Schlachtung stammen. – Im Bereich der staatlichen Forschungsförderung dürfte es mit dem neu- 18 en Staatsziel kaum vereinbar sein, weiterhin sehr viel mehr Haushaltsmittel in die Forschung mit Tieren als in die Forschung mit tierverbrauchsfreien Methoden fließen zu lassen. Forschung, die sich einer grundsätzlichen Umkehr hin zur Verwendung von schmerzfreier Materie verschreibt, muss besser und effektiver gefördert werden. Besonders in der Grundlagenforschung muss die Abkehr von belastenden Tierversuchen Vorrang bekommen (vgl. *Lindl* et al. ALTEX 22, 2005, 150). Außerdem bedarf es einer konsequenten Förderung tierversuchsfreier Lehr- und Ausbildungsmethoden. – Es ist klar, dass der Gesetzgeber hier einen recht weiten Gestaltungsspielraum hat, sowohl bei der Bestimmung des Schutzniveaus als auch bei der Auswahl der Handlungsmittel. Seine Pflicht, einen effektiven Tierschutz auf einem möglichst hohen Niveau zu verwirklichen, setzt dieser Gestaltungsfreiheit jedoch Grenzen, denn anderenfalls wäre das Staatsziel ein bloß unverbindlicher Programmsatz, was dem Willen des Verfassungsgesetzgebers widerspräche. – Ein effektiver Tierschutz auf hohem Niveau erfordert auch die Schaffung und Einhaltung von verfahrensrechtlichen Normen, die eine möglichst wirksame Wahrnehmung der Belange der Tiere sicherstellen. Für Gesetzgebungs-, Verordnungs- und Verwaltungsverfahren, die eine Abwägung von tierschutzrelevanten Belangen mit gegenläufigen Zielen und Interessen erforderlich machen, muss deshalb gelten: Transparenz des Entscheidungsprozesses; Information der Öffentlichkeit; Mindestmaß an Öffentlichkeitsbeteiligung; Begründungspflicht, wenn Tierschutzbelange als nachrangig bewertet oder tierschutzfördernde Alternativen abgelehnt werden; Einbeziehung anerkannter Tierschutzorganisationen in den Prozess der Materialsammlung und Entscheidungsfindung, weil nur so die vollständige Berücksichtigung der Tierschutzbelange und der für ihre Gewichtung wesentlichen Tatsachen sichergestellt wird. – Das im Tierschutzrecht herrschende rechtliche Ungleichgewicht (dass nämlich die Interessen der Nutzer durch mehrere Instanzen hindurch eingeklagt werden können, die Belange der Tiere dagegen nicht, s. Einf. Rn. 55–59) dürfte kaum länger hinzunehmen sein. Die eigentliche Schwäche des Tierschutzes liegt weniger im materiellen Recht, als vielmehr in dessen mangelhaftem Vollzug, was insbesondere daraus resultiert, dass die vom Tierschutzgesetz „Begünstigten" (nämlich die Tiere) die Einhaltung der für sie geschaffenen Gesetze wegen fehlender Rechtsfähigkeit und Klagebefugnis nicht selbst erzwingen können. „Zur Wahrung tier- und umweltschützenden Rechts bedarf es daher eines Patrons, Stellvertreters oder Treuhänders, soweit man nicht die Rechtserzwingung Verwaltungsbehörden mit ihren nahezu klassischen Vollzugsdefiziten überlassen will" (BK/*Kloepfer* Art. 20a Rn. 103). Deshalb ist es notwendig, analog zur Beteiligung anerkannter Umweltschutzverbände auch einigen anerkannten Tierschutzvereinen ein Verbandsklagerecht nach dem Vorbild der §§ 58 bis 61 BNatSchG einzuräumen. Nicht nur ein „Zu viel" an Tierschutz, sondern auch ein „Zu wenig" muss gerichtlich überprüfbar sein, wenn der Schutz- und Kontrollauftrag des Staatsziels effektiv erfüllt werden soll (vgl. auch *Caspar/Geissen* NVwZ 2002, 913, 914). Zwar wird mit Blick auf die Gestaltungsfreiheit des Gesetzgebers angenommen, dass eine Verpflichtung zur Schaffung einer tierschutzrechtlichen Verbandsklage nicht bestehe (vgl. *Seifert/Hömig* Art. 20a Rn. 6). Angesichts der Interessenkonflikte, in denen die Veterinärbehörden und die sie tragenden Körperschaften stehen und angesichts ihrer zunehmend schlechter werdenden personellen und sachlichen Ausstattung einschließlich der Überhäufung mit Aufgaben aus der Lebensmittelüberwachung erscheint aber ein effektiver Vollzug des Tierschutzgesetzes ohne eine stärkere Einbeziehung der Tierschutzorganisationen einschließlich der Eröffnung des Rechtswegs zum zuständigen Verwaltungsgericht nicht mehr möglich. – Ein weiteres Institut, das der Einbeziehung der Öffentlichkeit in die Staatszielverwirklichung dienen kann, ist der unabhängige staatliche Tierschutzbeauftragte (vgl. zum Ganzen auch *Blankenagel* Verw 26 (1993), 1 ff.).

19 Ebenso wie für den Umweltschutz hat der Staat auch für den Tierschutz eine **Gewährleistungsverantwortung,** die er selbst wahrnehmen muss. Er darf sich seiner Pflicht zur Kontrolle und zur Durchsetzung der tierschutzrechtlichen Bestimmungen nicht entziehen, etwa unter den Schlagworten „Entbürokratisierung" oder „Deregulierung". Insbe-

sondere ist es nicht zulässig, durch öffentlich-rechtliche Vereinbarungen mit Tiernutzern Haltungsformen zuzulassen, die den Anforderungen aus § 2 Nr. 1 TierSchG nicht gerecht werden (vgl. die in manchen Bundesländern getroffenen Vereinbarungen zu Putenhaltungen, die Besatzdichten von bis zu 50 kg oder sogar 58 kg Lebendgewicht pro m^2 Stallgrundfläche zulassen und damit nicht dem Gewährleistungselement „Schutz der Tiere vor nicht artgemäßer Haltung" entsprechen; s. auch Anh. zu § 2 Rn. 30, 31). Die für den Gesetzesvollzug zuständigen Veterinärbehörden müssen sowohl personell als auch sachlich so ausgestattet werden, dass sie die Ziele der Verfassungsänderung praktisch durchsetzen können. Dazu gehört neben dem Verzicht auf eine weitere personelle Schwächung und eine Überhäufung mit tierschutzfremden Aufgaben auch die vermehrte Anstellung ausgebildeter Ethologen (zB von Fachtierärzten für Ethologie oder Tierschutz). – Genehmigungsverfahren (zB nach § 8 TierSchG) müssen auch die retrospektive Untersuchung des jeweiligen Vorhabens einschließen, um der Behörde mit Blick auf künftige Genehmigungen die Überprüfung und ggf. Verbesserung ihres Entscheidungsfindungsprozesses zu ermöglichen (vgl. *Labahn*, Der Tierschutzbeauftragte 1/03, S. 30, 37).

Schließlich bildet Art. 20 a GG auch eine **„nationale Schutzverstärkungsklausel"** 20
(*Caspar/Geissen* aaO S. 915) d.h.: Die staatliche Berechtigung, den ethischen Tierschutz bis zur Grenze des Übermaßverbotes zu befördern und hierbei über die Mindestanforderungen einschlägiger EU-Richtlinien hinauszugehen, wird in manchen Bereichen zur verfassungsrechtlichen Pflicht (s. auch § 2 Rn. 12, 42).

IV. Besondere Auswirkungen auf die Verwaltung und die Rechtsprechung

Da Art. 20 a GG eine **Staatszielbestimmung, nicht etwa nur ein Gesetzgebungsauftrag** ist, beschränken sich die o. e. Auswirkungen nicht auf den Normgeber, sondern betreffen auch die Verwaltung und die Rechtsprechung. Das gilt neben dem Optimierungs- und dem Effektivitätsgebot besonders für die staatlichen Schutz- und Unterlassungspflichten, die auf diese Weise eine mittelbare Drittwirkung entfalten können (s. Rn. 15, 16 sowie *Seifert/Hömig* Art. 20 a Rn. 6). – Behörden und Gerichte müssen künftig die Gesetze und Verordnungen (auch) im Licht der Grundentscheidung der Verfassung zugunsten eines effektiven Tierschutzes auslegen. Das Staatsziel schafft damit einen Auslegungs- und Abwägungsmaßstab, vor allem für die Ausfüllung unbestimmter Rechtsbegriffe und Generalklauseln; außerdem kommt ihm eine ermessensleitende Funktion zu, die von den Behörden bei ihren Ermessensentscheidungen und von den Gerichten bei der Kontrolle dieser Entscheidungen zu berücksichtigen ist (vgl. VGH Mannheim NuR 2003, 29, 30; BK/*Kloepfer* Art. 20 a Rn. 54; *Jarass/Pieroth* Art. 20 a Rn. 20, 21; *Seifert/Hömig* Art. 20 a Rn. 5, 6; vgl. auch *Scholz* in: *Maunz/Dürig* Art. 20 a Rn. 18: „verfassungsmateriale Wertentscheidung"). – Diese Wirkungen beschränken sich nicht etwa auf Normen mit primär tierschützender Zielsetzung, sondern gelten für das gesamte Recht, also zB auch für das Polizei- und Ordnungsrecht, das Jagdrecht, das Recht der Seuchenbekämpfung u. Ä. (vgl. BK/*Kloepfer* aaO). Insofern hat Art. 20 a GG die gleiche Funktion wie im europäischen Gemeinschaftsrecht die Querschnittsklausel des Art. 6 EG-Vertrag (*Murswiek* in: *Sachs* Art. 20 a Rn. 57 a; BK/*Kloepfer* Art. 20 a Rn. 36, 96): Er beeinflusst nicht nur die Bestimmungen des Tierschutzgesetzes und seiner Verordnungen, sondern alle bestehenden Rechtssätze und Handlungsermächtigungen und „reichert sie unmittelbar tierschützend an" (*v. Knorre* AgrarR 2002, 378, 380; BK/*Kloepfer* Art. 20 a Rn. 56). Ein Widerspruch zur Bindung an Gesetz und Recht nach Art. 20 Abs. 3 GG liegt darin nicht, denn diese Bindung erfordert es, verfassungsmateriale Wertentscheidungen bei der Auslegung und Anwendung der Gesetze zu beachten, weil auch die Verfassung Teil des Rechts ist (vgl. *Epiney* in: *v. Mangoldt/Klein/Starck* Art. 20 a Rn. 53: „Insbesondere bei der Auslegung sind verfassungsrechtliche Staatszielbestimmungen unabhängig von ihrer Konkretisierung durch Gesetze zu beachten"). Der wissenschaftliche Streit um 21 die primär anthropozentrische oder ökozentrische Ausrichtung des Art. 20a GG ist dabei ohne praktische Bedeutung, da die Anerkennung eines Eigenwertes anderer Lebewesen, wie sie für den ethischen Tierschutz konstitutiv ist, durch die Garantie der Menschenwürde nicht ausgeschlossen wird (vgl. *Braun* DÖV 2003, 488, 490; s. auch Rn. 4, *Geis*: „Es ist in der Würde des Menschen begründet, dass er die Kreatur achtet").

22 Damit haben Behörden und Gerichte bei der **Auslegung unbestimmter Rechtsbegriffe und Generalklauseln** davon auszugehen, dass der Gesetzgeber Konkurrenzlagen zwischen tierlichen Integritäts- und Wohlbefindensinteressen und menschlichen Nutzungszielen und sonstigen gegenläufigen Interessen auf eine möglichst tierschonende bzw. tierschützende Weise gelöst sehen will (s. Rn. 15, 16). Von mehreren möglichen Auslegungen ist im Zweifel diejenige die richtige, die die drei Gewährleistungselemente des Staatsziels (s. Rn. 6) am besten verwirklicht. Kommt es dadurch zu einem Eingriff in Grundrechte oder andere Verfassungsgüter, so ist der notwendige Ausgleich im Wege der Abwägung herbeizuführen (s. Rn. 7, 8); diese muss sich statt an abstrakten Erwägungen am Grad der konkreten Betroffenheit der miteinander kollidierenden Verfassungsgüter ausrichten und dabei der „gewichtsverschaffenden Funktion", die das Staatsziel für die Tierschutzbelange hat, Rechnung tragen (s. Rn. 9, 10). – Aktuelle Beispiele aus der Rechtsprechung: VG Gießen NuR 2004, 64–66 und VGH Kassel vom 16. 6. 2004, 11 UZ 3040/03 (s. § 8 Rn. 6–12); VGH Kassel NuR 2005, 464ff. (s. § 4a Rn. 21); VG Gießen NuR 2003, 506ff. und VGH Kassel Rd L 2003, 277ff. (s. § 11b Rn. 7a); VG Sigmaringen vom 17. 5. 2004, 8 K 1499/03 (s. Einf. TierSchHundeV Rn. 11); OVG Schleswig NordÖR 2005, 38ff. und BVerwG NVwZ-RR 2005, 399ff. (s. § 11 Rn. 10); LG Essen NJW 2004, 527 (s. Einf. Rn. 68); OLG Hamm OLGR 2004, 345 (s. Einf. Rn. 85); VG Oldenburg vom 22. 3. 2006, 11 A 3583/05 (s. § 33 TierSchNutztV Rn. 4); VG Stuttgart vom 10. 3. 2005, 4 K 3595/04 (s. § 33 TierSchNutztV Rn. 6); VGH Mannheim NuR 2006, 40 (s. § 1 Rn. 9); VGH Mannheim NVwZ-RR 2006, 398ff. (danach ist ein Taubenfütterungsverbot durch Polizeiverordnung auch nach Einfügung von Art. 20a zulässig; das Gericht weist jedoch auch darauf hin, dass engagierte Fütterer in die Betreuung von Taubenhäusern eingebunden werden sollten). – Soweit der Gesetzgeber mit der Gesetzesfassung selbst bereits eine Abwägung vorgenommen hat, ist diese grundsätzlich für Exekutive und Judikative bindend. Verstößt sie allerdings gegen die Wertentscheidung des Art. 20a GG, so kann das Gesetz von der Judikative (wenn eine verfassungskonforme Auslegung nicht möglich ist) für nichtig erklärt werden. – Zur (künftig) umfassenden Prüfungspflicht der Behörden und Gerichte in tierschutzrechtlichen Genehmigungsverfahren s. Rn. 8; s. auch § 8 Rn. 6–12; § 8a Rn. 13; § 10 Rn. 17–21.

23 Bei **Ermessenentscheidungen** muss die Behörde der ermessensleitenden Funktion des Staatsziels Rechnung tragen. Ihre Entscheidung ist fehlerhaft, wenn die Auswirkungen, die von ihr für Belange des Tierschutzes ausgehen, außer Betracht bleiben oder falsch eingeschätzt werden. Gleiches gilt, wenn Handlungsalternativen, die tierschonender oder tierschutzeffektiver wären, versehentlich außer Acht gelassen oder auf Grund unrichtiger oder unvollständiger Tatsachenfeststellungen nicht angewendet werden (s. Rn. 15, 17, Gebot zur Rücksichtnahme bzw. Optimierungsgebot). Ebenso, wenn bei der Abwägung zwischen tierlichen Wohlbefindens- und menschlichen Nutzungsinteressen der konkrete Betroffenheitsgrad der miteinander konkurrierenden Interessen falsch eingeschätzt wird und deshalb eine Entscheidung zu Lasten der Tierschutzbelange getroffen wird, obwohl diese bei vollständiger Berücksichtigung der Umstände des Einzelfalles stärker betroffen sind und deshalb überwiegend schutzwürdig wären (vgl. *Unruh* DtW 2003, 183, 186: „Eine fehlende oder fehlerhafte Berücksichtigung des Tierschutzes kann also von der Judikative korrigiert werden"). Im Zweifel ist auch hier diejenige Entscheidung die richtige, die die Belange des Staatsziels am wenigsten beeinträchtigt bzw. am effektivsten schützt (s. Rn. 15, 16). Damit kann das Ermessen auch auf eine von mehreren denkbaren Alternativen reduziert sein (vgl. VG Gießen NuR 2004, 64, 66: Bindung des Ermessens der Genehmigungsbehörde im Rahmen der §§ 48, 49 VwVfG auf den Widerruf einer fiktiven

Tierversuchsgenehmigung nach § 8 Abs. 5a, wenn das jeweilige Versuchsvorhaben von vornherein nicht hätte genehmigt werden dürfen).

Bei **Planungsentscheidungen, im Subventions- und Beschaffungswesen sowie in der sonstigen Leistungsverwaltung** ist künftig ebenfalls das erhöhte Gewicht des Tierschutzes einzubeziehen und im Zweifel so zu planen bzw. zu entscheiden, dass die Belange des Staatsziels optimal verwirklicht werden. Dazu gehört u.a. die Aussteuerung nicht artgerechter Haltungsformen aus jeder Art von Subventionierung und die Staffelung von Landwirtschaftssubventionen nach dem Maß der Artgerechtheit der Tierhaltung (s. Rn. 18). 24

Auch in **Verfahren des vorläufigen Rechtsschutzes** wirkt sich das erhöhte Gewicht des Tierschutzes aus. Für eine Anordnung, mit der die Behörde die Zucht von Landenten mit Federhaube verboten hatte, ist angenommen worden, dass selbst bei Zweifeln an der Rechtmäßigkeit eines solchen Verbots das öffentliche Interesse an seinem sofortigen Vollzug gegenüber dem privaten Aufschubinteresse den Vorrang besäße; denn „durch die Inkorporation des Tierschutzes in Art. 20a GG und die dadurch erfolgte Normierung als Staatsziel, dem Behörden und Gerichte Folge zu leisten haben, kann bereits die Möglichkeit des Vorliegens einer Qualzüchtung tierschutzrechtlich nicht hingenommen werden" (VG Gießen NuR 2003, 506, 508; vgl. auch VGH Kassel Rd L 2003, 277, 279: „Die für die Zuchttiere und deren Nachkommen bei einer Fortsetzung der Zucht möglicherweise zu erwartenden Beeinträchtigungen sind insbesondere mit Blick auf den Schutzauftrag des Art. 20a GG höher zu gewichten"). 25

Die **Maßgabeklausel** („nach Maßgabe von Gesetz und Recht") lässt die interpretations- und ermessensleitende Funktion des Staatsziels unberührt (vgl. BK/*Kloepfer* Art. 20a Rn. 55, 56; *Schulze-Fielitz* in: *Dreier* Art. 20a Rn. 41; *Epiney* in: *v. Mangoldt/Klein/Starck* Art. 20a Rn. 55: „keine irgendwie geartete rechtliche Relevanz"). Die Bindung der Gesetzgebung an die verfassungsmäßige Ordnung und der vollziehenden Gewalt und Rechtsprechung an Gesetz und Recht ergibt sich bereits aus Art. 20 Abs. 3 GG. Allenfalls dient die Klausel der zusätzlichen Klarstellung, dass Art. 20a nicht als eigenständige Ermächtigungsgrundlage für belastende Verwaltungsakte herangezogen werden kann und dass Abwägungen, die der Gesetzgeber selbst schon vollzogen hat, von den anderen Gewalten grundsätzlich nachvollzogen werden müssen. Auch dies folgt aber bereits aus Art. 20 Abs. 3 GG. 26

Weitere mögliche Wirkungen In Bereichen, in denen gesetzliche Konkretisierungen des Staatsziels nicht oder nur unvollständig bestehen, wird angenommen, dass der Exekutive die Pflicht erwachsen könne, auch ohne gesetzliche Entscheidung tierschützend zu handeln, soweit dem nicht ein Gesetzesvorbehalt entgegensteht (vgl. *Kloepfer/Rossi* JZ 1998, 369, 375; *v. Knorre* AgrarR 2002, 378, 380). – Die Judikative ist, über die Auslegung unbestimmter Rechtsbegriffe hinausgehend, zum unmittelbaren Rückgriff auf Art. 20a GG befugt, wenn dies zur Ausfüllung von Gesetzeslücken im Wege der richterlichen Rechtsfortbildung erforderlich ist. – Dem tierschützend tätigen Bürger verleiht das Staatsziel zwar kein unmittelbares Klagerecht (zur Verbandsklage s. Rn. 18); indes unterfallen tierschützende Aktivitäten schon bisher der allgemeinen Handlungsfreiheit (Art. 2 Abs. 1 GG) und uU auch der Gewissens- bzw. Glaubensfreiheit (Art. 4 Abs. 1 und 2 GG). Diese und andere Grundrechte können durch das Staatsziel „angereichert und ausgedehnt werden" (vgl. *Kloepfer/Rossi* JZ 1998, 369, 373; *Jarass/Pieroth* Art. 20a Rn. 2; s. auch § 10 Rn. 25). – Strafverfolgungsbehörden und Gerichte, die Verstöße gegen das Tierschutzgesetz bisher als Bagatelldelikte eingestuft und behandelt haben, müssten im Licht von Art. 20a Tierquälereien und andere Verstöße künftig stringenter beurteilen, Verfahrenseinstellungen nach Opportunitätsgesichtspunkten auf Ausnahmefälle beschränken und sich im Strafmaß deutlich nach oben orientieren (vgl. *Drossé* AUR 2003, 367, 373 im Anschluss an *Caspar/Schröter* S. 128ff.). 27

V. Leitlinien für Abwägungsvorgänge

28 **Vollständige oder teilweise Abwägungsverbote** kann es unter der Geltung von Art. 20a GG nicht mehr geben. Auch dort, wo zur Rechtfertigung belastender Umgangsformen mit Tieren vorbehaltlose Grundrechte geltend gemacht werden (s. Rn. 8), muss künftig abgewogen werden, ohne dass den Grundrechten der Nutzer von vornherein eine Dominanz zukommt (vgl. BT. Sten. Ber. 14/23657 *[Bachmaier]*; *Kloepfer/Rossi* JZ 1998, 369, 374, 376; *Umbach/Clemens* Art. 20a Rn. 60ff.; *Seifert/Hömig* Art. 20a Rn. 4; *Jarass/Pieroth* Art. 20a Rn. 14). Näher zu den Konsequenzen für den Bereich der Tierversuche s. § 8 Rn. 6–12, § 8a Rn. 13 und § 10 Rn. 17–21.

29 Es besteht ein **Gebot zur möglichst vollständigen Ermittlung und Sammlung des Abwägungsmaterials.** Wenn die Abwägung zwischen den Belangen des Tierschutzes und den dazu in Konflikt tretenden menschlichen Nutzungsinteressen unter Berücksichtigung der „falltypischen Gestaltung" und der „besonderen Umstände des Einzelfalles" (s. Rn. 8) vorgenommen werden soll, um zu entscheiden, welchem der kollidierenden Verfassungsgüter wegen seiner stärkeren Betroffenheit der Vorrang zukommen und welches zurücktreten soll, so müssen vorher sämtliche Tatsachen, die für den konkreten Grad der jeweiligen Betroffenheit von Bedeutung sind, vollständig und zutreffend ermittelt werden (vgl. § 24 Abs. 1 VwVfG; s. auch Rn. 15, Gebot zur Rücksichtnahme). Bei tierbelastenden Nutzungsformen gehören dazu einerseits die Nachteile, die von der jeweiligen Nutzung für die Belange des Tierschutzes ausgehen (also die Schmerzen, Leiden und Schäden auf Seiten der Tiere, ihr konkretes Ausmaß, die Wahrscheinlichkeit ihres Eintritts, ihre Zeitdauer, die Zahl der betroffenen Tiere, mögliche Nachwirkungen, mögliche Fernwirkungen sowie Art, Ausmaß und Zeitdauer der Zurückdrängung von Grundbedürfnissen bei der Haltung der Tiere); auf der anderen Seite muss es darum gehen, die mit der Nutzung angestrebten Vorteile so konkret wie möglich zu ermitteln (ebenfalls nach Art, Ausmaß, Wahrscheinlichkeit und Bedeutung der damit wahrgenommenen menschlichen Interessen). So wird man zB bei der Beurteilung von Tierversuchen, die der Herstellung und/oder Zulassung von Produkten dienen, künftig nicht mehr umhinkommen, sowohl die Schwere der Ängste, Leiden und Schäden auf Seiten der Tiere und deren belastende Haltungsbedingungen als auch den erwartbaren Nutzen des Endproduktes für Erhaltungsinteressen des Menschen und die Bedeutung des angestrebten Erkenntnisgewinns hierfür zu ermitteln bzw. einzuschätzen und anschließend beides gegeneinander abzuwägen; dazu gehört auch die Frage nach dem konkreten Bedarf, der für das Produkt, das hergestellt und zugelassen werden soll, besteht (s. § 7 Rn. 62).

30 **Gebot zur Prüfung und Anwendung tierschonender Alternativen (Minimierungsgrundsatz).** Bei allen Nutzungsformen und sonstigen Handlungen, die Tiere belasten, ist aufzuklären, ob es zur Verwirklichung der jeweiligen Ziele und Interessen nicht andere, weniger tierbelastende Wege gibt (s. Rn. 7, 15). Diese müssen stets vorgezogen werden, wenn sie gleichermaßen zum Ziel führen (zB Alternativmethoden zur Sicherheitsprüfung von Stoffen, die eine vergleichbar zuverlässige Risikobewertung ermöglichen). Erweist sich eine tierschonende Alternative im Hinblick auf das Nutzungsziel als weniger effektiv, so kann ihr dennoch der Vorrang einzuräumen sein, sofern die Abwägung ergibt, dass die mit ihr verbundene Einbuße an Zwecktauglichkeit und -sicherheit weniger schwer wiegt als die tierschutzrelevanten Belastungen, die von der Wahl des zwecktauglichsten und -sichersten Mittels ausgehen (s. Rn. 15). Zusätzliche Kosten, die von einer tierschonenderen Handlungsalternative ausgehen, sollen zwar im Rahmen der Güterabwägung berücksichtigt werden können, jedoch nur „im Falle großer finanzieller Belastungen" (*Epiney* in: *v. Mangoldt/Klein/Starck* Art. 20a Rn. 44; s. auch § 9 Abs. 2 S. 3 Nr. 3: Danach können Mehrkosten, die mit einer tierschonenderen Alternative verbunden sind, außer in Extremfällen nichts daran ändern, dass sie dem Tierversuch vorgezogen werden muss).

Vitale und nicht vitale Interessen (Grundsatz des zureichenden Interesses). Kommt es durch eine Nutzung zu Eingriffen in vitale Lebens- und Wohlbefindensinteressen von Tieren, so kann dies nur gerechtfertigt sein, wenn es um die Wahrung oder Verwirklichung vergleichbar vitaler menschlicher Erhaltungsinteressen geht; auch der Grad der Betroffenheit der miteinander konkurrierenden Interessen muss verglichen werden. „Einfache", d.h. nicht-vitale menschliche Interessen können die Zufügung von Schmerzen, Leiden oder Schäden gegenüber Tieren dagegen nicht mehr rechtfertigen (s. auch § 1 Rn. 56). – Als Konsequenz folgt daraus u.a., dass wirtschaftliche Gründe und Erwägungen der Wettbewerbsgleichheit grds. nicht mehr ausreichen können, um Eingriffe in vitale tierliche Interessen und damit die Beeinträchtigung eines der o.e. Gewährleistungselemente (s. Rn. 6) zu rechtfertigen (vgl. OLG Frankfurt/M NStZ 1985, 130: „ökonomische Gründe allein sind zur Ausfüllung des Begriffs ‚vernünftiger Grund' nicht geeignet"). Finanzielle Interessen müssen gegenüber den durch die Staatszielbestimmung geschützten Belangen regelmäßig zurücktreten, jedenfalls solange nicht die gesamte wirtschaftliche Existenz eines Betroffenen als ernstlich und konkret gefährdet anzusehen ist (vgl. VGH Mannheim NuR 2003, 29, 30; VG Berlin AtD 1998, 48 ff.). 31

Die **erhebliche Aufwertung,** die die Belange des Tierschutzes durch Art. 20a erfahren haben, kann zu veränderten Abwägungsentscheidungen führen (vgl. VG Gießen NuR 2004, 64, 66: Bindung des Ermessens der Genehmigungsbehörde auf Widerruf einer zu Unrecht bestehenden Tierversuchsgenehmigung. Vgl. weiter VGH Kassel Rd L 2003, 277, 279 zu Haubenenten: „... sind die für die Zuchttiere und deren Nachkommen bei einer Fortsetzung der Zucht möglicherweise zu erwartenden Beeinträchtigungen insbesondere mit Blick auf den Schutzauftrag des Art. 20a GG höher zu gewichten."). Die sog. „Berliner Affenversuche" sind in der Bundestagsdebatte vom 17. 5. 2002 mehrmals als Beleg für die Notwendigkeit der Grundgesetzänderung herangezogen worden (s. Rn. 4, *Höfken*; vgl. BVerfG NVwZ 1994, 894 und VG Berlin ZUR 1995, 201). Gleiches gilt für das Schächt-Urteil des BVerfG (s. Rn. 4, *Funke*; vgl. BVerfG NJW 2002, 663 ff.). Daraus kann geschlossen werden, dass die damaligen Abwägungen nach dem Willen des Verfassungsgesetzgebers heute anders ausgehen müssten (vgl. *Scholz* in: *Maunz/Dürig* Art. 20a Rn. 84: „... ist die vom BVerfG vorgenommene Abwägungsentscheidung zugunsten des Schächtens nach hiesiger Auffassung nicht mehr aufrecht zu erhalten"; *Umbach/Clemens* Art. 20a Rn. 61: „Ein so weitgehender Vorrang der Wissenschaftsfreiheit vor dem Tierschutz wie bisher wird wohl nicht mehr gelten ... Offen ist, ob die Patentierung eines transgenen Tieres aus wirtschaftlichen Interessen noch möglich ist"; *Tillmanns* NJW-Editorial 32/2002: „... so dass Abwägungsentscheidungen, die in der Vergangenheit spitz zuliefen, in Zukunft häufiger zu Gunsten des Tierschutzes ausfallen werden"). Es kann in Zukunft auch nicht mehr zulässig sein, Beeinträchtigen von Tieren unter Hinweis darauf zu rechtfertigen, dass der Tierschutz auch anderswo Defizite habe und manches zu wünschen übrig lasse (zur Problematik einer solchen „Spirale nach unten" vgl. *Volkmann* DVBl. 2002, 332, 335). 32

Tierschutzgesetz

In der Fassung der Bekanntmachung vom 18. Mai 2006 (BGBl. I S. 1206, ber. S. 1313), geändert durch Gesetz vom 21. Dezember 2006 (BGBl. I S. 3294)

Erster Abschnitt. Grundsatz

§ 1

[1] Zweck dieses Gesetzes ist es, aus der Verantwortung des Menschen für das Tier als Mitgeschöpf dessen Leben und Wohlbefinden zu schützen. [2] Niemand darf einem Tier ohne vernünftigen Grund Schmerzen, Leiden oder Schäden zufügen.

Übersicht

I. Satz 1 als gesetzliche Zweckbestimmung

Satz 1 ist kein unverbindlicher Programmsatz, sondern (als **Auslegungsgrundsatz**) gel- 1
tendes Recht (vgl. *L/M* § 1 Rn. 2). Die Zielrichtung des gesamten Gesetzes wird hier vor-

gegeben. Zweck des Gesetzes ist danach die umfassende Bewahrung des Lebens und Wohlbefindens des Tieres. – Diese gesetzliche Zweckbestimmung steuert die teleologische (d.h. am Normzweck ausgerichtete) Auslegung aller nachfolgenden Vorschriften des Gesetzes und der Rechtsverordnungen. Konsequenzen: **1.** Es gilt ein Gebot zur tierfreundlichen Auslegung, d.h.: Bestehen bei einer Vorschrift des Gesetzes oder einer Rechtsverordnung unterschiedliche Auslegungsmöglichkeiten, so ist diejenige zu wählen, die der genannten Zielrichtung am besten gerecht wird, die also den vom Gesetz gewollten umfassenden Lebens- und Wohlbefindensschutz am besten verwirklicht. **2.** Gebot zur tierschutzgerechten Abwägung, d.h.: Bei einer Abwägung mit widerstreitenden Interessen ist im Zweifel derjenigen Lösung der Vorzug zu geben, die den Belangen des Tierschutzes die optimale Entfaltungsmöglichkeit gibt (vgl. *L/M* § 1 Rn. 3). **3.** Ermessensleitlinie, d.h.: Hat die Behörde bei Anwendung einer Rechtsnorm ein Ermessen, so soll sie sich für diejenige Handlungsalternative entscheiden, die die Werte ‚Leben' und ‚Wohlbefinden' am effektivsten schützt. – Diese Gebote ergeben sich auch aus Art. 20a GG (s. dort Rn. 22, 23, 28–32).

2 Tierschutz iS des Gesetzes ist **ethischer Tierschutz** (BT-Drucks. 6/2559, vgl. *Gerold* S. 44; BT-Drucks. 10/3158 S. 16; s. auch Einf. Rn. 21). Das Tier wird um seiner selbst willen geschützt, und zwar als Träger eigener Güter wie Leben, körperlicher Unversehrtheit, Gesundheit und Wohlbefinden sowie als Träger eigener Interessen, nämlich am Schutz dieser Güter vor unberechtigter Verletzung durch den Menschen (vgl. *Hirt,* Der vernünftige Grund, S. 2). Schon dem Reichstierschutzgesetz lag der Gedanke zugrunde, das Tier des Tieres wegen zu schützen (Deutscher Reichsanzeiger 1933 Nr. 281). Der ethische Tierschutz anerkennt den Eigenwert des Tieres, den es unabhängig vom menschlichen (Nutzungs-, Affektions- oder sonstigen) Interesse besitzt.

3 **Geschütztes Rechtsgut** ist u.a. die sittliche Ordnung in den Beziehungen zwischen Mensch und Tier (*L/M* Einf. Rn. 62); die darin liegende Bezugnahme auf den „moral common sense" verweist auf die Notwendigkeit, die Entscheidung zweifelhafter Auslegungs- und Abwägungsfragen auch an den überwiegend konsensfähigen Gerechtigkeitsvorstellungen auszurichten (*Zippelius,* Juristische Methodenlehre, § 3 II; näher Rn. 63–66). – Daneben sind die rechtlich (und sogar strafrechtlich, vgl. §§ 17 und 18) geschützten Werte „Leben" und „Wohlbefinden" ebenfalls als Rechtgüter anzuerkennen. Dies liegt in der Logik des ethischen Tierschutzes: Wenn dieser dem Tier einen vom menschlichen Interesse unabhängigen Eigenwert zuerkennt, muss dasselbe auch für das Leben und das Wohlbefinden des Tieres gelten; Werte aber, die um ihrer selbst willen (straf-)rechtlich geschützt sind, kann man als Rechtsgüter bezeichnen (so auch VGH Kassel AgrarR 1980, 314, 315: „Rechtsgut des Schutzes des Lebens und Wohlbefindens des Tieres"). Dass die Tiere keine Rechtsfähigkeit besitzen (vgl. VG Hamburg NVwZ 1988, 1058) steht nicht entgegen, denn die Anerkennung eines gesetzlich geschützten Wertes als Rechtsgut verlangt weder denknotwendig ein damit korrespondierendes subjektives Recht noch einen rechtsfähigen Rechtsgutträger. – Zusätzlich lässt sich auch noch das menschliche Mitleidsempfinden den durch das Gesetz geschützten Werten zuordnen.

4 Die **„Würde der Kreatur"** ist in der Schweiz seit 1992 verfassungsrechtlich geschützt: Art. 120 Abs. 2 der Schweizer Bundesverfassung verpflichtet den Bund zum Erlass von Vorschriften über den Umgang mit dem Keim- und Erbgut von Tieren, Pflanzen und anderen Organismen, wobei neben der Sicherheit von Mensch, Tier und Umwelt und der genetischen Vielfalt auch der kreatürlichen Würde Rechnung zu tragen ist. Dieser Grundsatz bezieht sich nicht nur auf den Bereich der Gentechnologie, sondern überspannt das gesamte Rechtsverhältnis von Mensch und Tier (vgl. *Bolliger* S. 16). – Für das deutsche Recht kann dem Satz 1 die Anerkennung einer solchen tierlichen Würde entnommen werden, denn sie liegt in der Logik des ethischen Tierschutzes: Wenn der Begriff „Würde" das Substantiv zu dem Adjektiv „wert" bildet und das Gesetz dem Tier einen vom Menschen unabhängigen (Eigen-)Wert zuspricht, dann muss dem Tier auch eine eigene, schützenswerte Würde zuerkannt werden (so auch *Karl Barth* S. 198f.; s. auch Einf. Rn. 9).

Befürchtungen, dass dies zu einer Minderung des Schutzes der Menschenwürde als unserem obersten Verfassungswert führen könne, sind unbegründet, wie schon die schweizerische Rechts- und Verwaltungspraxis seit 1992 belegt. Effektiver Tierschutz ist immer zugleich auch Menschenschutz (vgl. *Lübbe* NuR 1994, 469, 471: „Schutz des Menschen durch Schutz des Menschenähnlichen"). Umgekehrt zeigt die Geschichte, dass es kaum ein von Menschenhand den Tieren zugefügtes Leid gibt, das nicht früher oder später auch Menschen angetan worden wäre (Beispiele bei *Erbel* DVBl. 1986, 1235, 1237). Deswegen bleibt die Achtung der menschlichen Würde unvollständig, solange nicht auch Leben und Wohlbefinden des Tieres und dessen Würde bewahrt werden. Schon der Gesetzgeber von 1972 hat diesen Zusammenhang gesehen, als er die Erweiterung des gesetzlichen Schutzes auf das Leben des Tieres mit den „heutigen Vorstellungen über die Notwendigkeit eines umfassenden Lebensschutzes" begründete (BT-Drucks. 6/2559, zitiert nach *Gerold* S. 46; vgl. auch MdB *Geis*, BT Sten. Ber. 14/23665: „ ... dass der Mensch deshalb die Verpflichtung hat, das Tier zu schützen, weil er selbst sonst seine Würde verletzen würde").

Der mit dem ÄndG 1986 eingefügte Begriff **„Mitgeschöpf"** ist erstmals im späten 18. Jahrhundert aufgetaucht und wurde insbesondere im Pietismus verwendet (s. das „Biberacher Gesangbuch", Lied 851: „Wer stolz ein Mitgeschöpf verschmäht, das unter Gottes Aufsicht steht, entehrt auch seinen Schöpfer"). Der Begriff „Mitgeschöpflichkeit" wurde 1959 von dem Züricher Theologen *Fritz Blanke* geprägt, der dazu schrieb: „Wir sind, Mensch oder Nichtmensch, Glieder einer großen Familie. Diese Mitgeschöpflichkeit (als Gegenstück zur Mitmenschlichkeit) verpflichtet. Sie auferlegt uns Verantwortung für die anderen ‚Familienmitglieder' Wir sollen uns teilnehmend um sie kümmern, uns ihnen in brüderlicher Gesinnung zuwenden" (*Blanke* S. 193, 195). Mitgeschöpflichkeit bedeutet damit „artübergreifende Menschlichkeit" (*Teutsch,* Die Würde der Kreatur, S. 3, 7). 5

Zur **Neufassung von Satz 1 durch das ÄndG 1986** ist es aufgrund der Beschlussempfehlung des Ernährungsausschusses vom 25. 3. 1986 gekommen. Mit der Einfügung der Begriffe „Verantwortung" und „Mitgeschöpf" wollte der Gesetzgeber die Zielsetzung des ethischen Tierschutzes hervorheben und die Mitverantwortung des Menschen für das Tier als Mit-Lebewesen stärker betonen (BT-Drucks. 10/5259 S. 39). Dies unterstreichen einige Äußerungen, die von Abgeordneten während der dritten Beratung am 17. 4. 1986 im Bundestag dazu gemacht wurden: Es gehe darum, zu verdeutlichen, dass „wir Menschen in der Schuld der Tiere stehen" und dass das Tier „die Fähigkeit zu Schmerzempfindungen und zum Leiden – mit uns Menschen übrigens gemeinsam" – habe (BT Sten. Ber. 10/16106 [*Kiechle,* CSU]). Mit der Neuformulierung solle der gestiegenen Sensibilisierung der Bevölkerung für Tierschutzfragen und der Zunahme des Bewusstseins für die besondere Verantwortung gegenüber dem Tier Rechnung getragen werden (BT Sten. Ber. 10/16108 [*Sander,* SPD]). Mit der Gesetzesänderung würden „die Zeichen der Zeit, d.h. die größere Verantwortung des Menschen für das Tier als Lebewesen, erkannt" (BT Sten. Ber. 10/16118 [*Bredehorn,* FDP]). Das Prinzip der Mitgeschöpflichkeit messe dem Schutz des Tieres einen besonders hohen Wert zu. Mit der Betonung der Verantwortung, die der Mensch für seine Mitgeschöpfe habe, solle die ethische Einstellung, dass dem Menschen eine Treuhandschaft für das Tier übertragen worden sei, manifestiert werden. Das deutsche Tierschutzrecht verlasse mit der Neufassung von Satz 1 die bisher gültige Vorstellung, dass das Tier seine Existenzberechtigung schwerpunktmäßig auf seinem Nutzen für den Menschen begründe. Alle Nutzungen, die der Mensch an Tieren vornehme, hätten sich künftig an der Norm der Mitgeschöpflichkeit zu orientieren. Daraus ergebe sich beispielsweise, dass Tierversuche, die beim Menschen zu unerträglichen Schmerzen führen würden, auch am Tier nicht mehr durchgeführt werden dürften (BT Sten. Ber. 10/16111 [*Michels* CDU]). 6

Dies hat **Konsequenzen für die Auslegung unbestimmter Rechtsbegriffe und für Abwägungen: 1.** Das Gewicht, das den Rechtsgütern „Leben", „Wohlbefinden" und „Unversehrtheit" als Abwägungsfaktor gegenüber konkurrierenden wirtschaftlichen oder wissenschaftlichen Interessen zukommt, ist durch die Neufassung von Satz 1 gesteigert 7 worden (s. MdB *Michels* aaO: „besonders hoher Wert"). Eine weitere Gewichtszunahme ist durch die Neufassung von Art. 20a GG bewirkt worden (s. dort Rn. 9, „erhöhter rechtlicher Stellenwert der Belange des Tierschutzes"). Dies kann zur Folge haben, dass belastende Nutzungs- und Umgangsformen mit Tieren, die in früheren Jahren noch kritiklos hingenommen worden sind, heute nicht mehr als zulässig angesehen werden können (in diesem Sinne auch schon OLG Hamm NStZ 1985, 275; s. auch Art. 20a GG Rn. 32). **2.** Bei Abwägungsfragen, für die das Gesetz keine ausreichenden Vorgaben liefert, können die aktuellen Aussagen, die von den christlichen Kirchen zur Ethik der Mitgeschöpflichkeit gemacht worden sind, als Hilfsmittel herangezogen werden (s. Einf. Rn. 11–13); sie haben für die Auslegung und Anwendung des Gesetzes eine erhöhte Bedeutung gewonnen, nachdem der Gesetzgeber mit Satz 1 bewusst einen Hinweis auf die christliche Tierethik in die Grundsatzbestimmung des Gesetzes aufgenommen und die gesetzliche Zwecksetzung damit begründet hat (vgl. auch *Lorz* § 7 Rn. 18: „Unser Gesetz sieht – das zeigt die Neufassung von § 1 S. 1 – die Tierschutzethik als Ethik der Mitgeschöpflichkeit"). **3.** Ein Verstoß gegen das Prinzip von der weltanschaulichen Neutralität des Staates liegt darin nicht, da den Aussagen der Kirchen zum Stand christlicher Tierethik (in Verbindung mit anderen Quellen s. Rn. 65) eine wesentliche Indizwirkung für Stand und Inhalt der aktuellen mehrheitlichen Wert- und Gerechtigkeitsvorstellungen zukommt. Diese sind aber in jedem Fall als Maßstab für die notwendigen Güterabwägungen heranzuziehen. **4.** Zu einer Abwägung, die dem Schutz des Schwächeren gerecht werden soll, gehört selbstverständlich immer auch die vollständige Ermittlung, Sammlung und Aufbereitung des gesamten Abwägungsmaterials, d.h. aller Tatsachen und Informationen, die für die Bewertung der miteinander konkurrierenden, abwägungsrelevanten Belange von Bedeutung sein können (vgl. *Gassner* NuR 1987, 97). In der Praxis ist dies keineswegs so selbstverständlich wie es scheint: Beispielsweise müsste bei der Prüfung der ethischen Vertretbarkeit von Tierversuchen auch die Frage erlaubt sein, welchen zusätzlichen Nutzen das zu erwartende Endprodukt gegenüber schon vorhandenen, vergleichbar wirksamen Substanzen voraussichtlich haben wird. In Forschung und Industrie wehrt man sich aber gegen eine solche Bedarfsprüfung, und in den Genehmigungsverfahren nach § 8 findet sie bisher nicht statt (vgl. Evang. Akademie Bad Boll, Tierversuche S. 233; s. auch § 7 Rn. 62). **5.** Vollständige oder teilweise Abwägungsverbote zum Nachteil der Tiere sind weder mit dem Gedanken der Mitgeschöpflichkeit noch mit dem Staatsziel Tierschutz vereinbar – vgl. aber die vor Inkrafttreten des Art. 20 a GG übliche Praxis der Genehmigungsbehörden, bei der ethischen Vertretbarkeit von Tierversuchen nur in eine „qualifizierte Plausibilitätskontrolle" im Sinne einer Schlüssigkeitsprüfung einzutreten, anstatt die Nutzen-Schaden-Relation objektiv, zB mit Hilfe von Gutachten zu ermitteln (s. § 8 Rn. 6); auch wird denjenigen, die Tierversuche durchgeführt haben, noch immer zugestanden, die Versuchsergebnisse gegenüber der Behörde aus Gründen des Geheimnis- und Konkurrentenschutzes nicht mitzuteilen, obwohl diese Informationen nötig wären, um Doppel- und Wiederholungsversuche zu verhindern (s. § 7 Rn. 61a). **6.** Verbleibende Ungewissheiten dürfen nicht einseitig dem Tier bzw. dem Tierschutz aufgebürdet werden, wenn die Abwägung ihr Ziel, ein auch dem Schwächeren gerecht werdendes Ergebnis zu erreichen, nicht verfehlen soll (s. auch Rn. 67).

8 Mitgeschöpflichkeit bedeutet nicht zuletzt auch die **Anerkennung der Verwandtschaft von Mensch und Tier,** wie sie sich aus der gemeinsamen Entwicklungsgeschichte ergibt. Damit kann – zumindest bei Wirbeltieren – ein dem Menschen ähnliches Empfindungsvermögen für Schmerzen und Leiden nicht mehr in Abrede gestellt werden (s. auch Rn. 6 [*Kiechle*]). Soweit beim „weiteren Hinabsteigen auf der Evolutionsleiter" Zweifelsfragen offen bleiben, muss für die Annahme eines ähnlichen Empfindungsvermögens bereits „die augenblickliche Wahrscheinlichkeit wissenschaftlicher Erkenntnis" ausreichen (so *Schultze-Petzold,* zitiert nach *Eberle* NJW 1973, 1405). Dem Gedanken vom Schutz des Schwächeren widerspräche es, bei wirbellosen Tieren übertriebene Anforderungen an den Nachweis einer Leidensfähigkeit zu stellen. Den Regeln der Evolutionslehre ent-

spricht eher, anzunehmen, dass alle zum Ortswechsel fähigen Lebewesen schmerz- und leidensfähig sind – im Sinne eines grundlegenden Überlebensvorteils.

II. Satz 2 als das grundsätzliche Verbot der Zufügung von Schmerzen, Leiden oder Schäden

1. Rechtliche Bedeutung

Es handelt sich um ein **unmittelbar geltendes Verbot.** Satz 2 ist, ebenso wie Satz 1, kein unverbindlicher Programmsatz, sondern unmittelbar geltendes Recht, das gleichermaßen staatliche Organe wie Bürger bindet (*Lorz* NuR 1992, 401, 402). Wer einem Tier Schmerzen, Leiden oder Schäden zufügt, ohne durch einen vernünftigen Grund gerechtfertigt zu sein, handelt nicht etwa nur unsittlich, sondern rechtswidrig. Die Behörde hat nach § 16a S. 1 dagegen einzuschreiten. Auch solchen Verstößen, die zwar noch nicht begangen worden sind, aber drohend bevorstehen, ist mit geeigneten, erforderlichen und verhältnismäßigen Mitteln zu begegnen (vgl. *L/M* § 1 Rn. 15; s. auch § 16a Rn. 1, 2). – Es handelt sich um eine Unterlassungs- und nicht um eine Gebotsnorm. Deshalb wird angenommen, dass das polizeiliche Verbot des Fütterns von Enten und Schwänen an Seen und fließenden Gewässern in Grünanlagen keinen Verstoß gegen § 1 S. 2 bedeute (vgl. VGH Mannheim NuR 2006, 40ff., allerdings auch mit dem Hinweis, dass das Verbot eine mit konkreten Tatsachen zu belegende abstrakte Gefahr für die Gesundheit der Bevölkerung voraussetze und zur Abwehr dieser Gefahr auch erforderlich und verhältnismäßig sein müsse; in Zeiten und Situationen, in denen es den betroffenen Tieren nicht möglich sei, sich das tägliche Erhaltungsfutter selbst zu verschaffen, könnten nach § 1 S. 1 Ausnahmen von dem Verbot notwendig sein, zB bei Frost, Eis und Schnee). 9

Satz 2 stellt eine **Schutzerweiterung, nicht -einschränkung** dar. Als Auffangtatbestand erfasst Satz 2 auch solche tierschädigenden Handlungen, die nicht unter eine der speziellen Gebots- oder Verbotsvorschriften des Tierschutzrechts fallen, gleichwohl aber Schmerzen, Leiden oder Schäden bei Tieren verursachen. – Diesem Gedanken der Schutzerweiterung widerspräche es, wenn man die Gebote und Verbote der nachfolgenden Abschnitte generell unter den Vorbehalt des vernünftigen Grundes stellen und auf diese Weise ihren Schutzumfang mit Hilfe von Satz 2 einschränken würde (vgl. *L/M* § 1 Rn. 18; *Kluge/v. Loeper* § 1 Rn. 47; näher Rn. 32, 33). 10

2. Tier

Geschützt wird **jedes lebende Tier,** unabhängig von seinem Entwicklungsgrad (also auch Wirbellose; einzelne Vorschriften der §§ 3ff. beschränken ihren Anwendungsbereich allerdings auf Wirbeltiere). Nicht als Tiere gelten tierische Eier (Larven sind aber bereits wieder geschützt) und tote Tiere. Tierembryonen im Mutterleib sind als Teil des Muttertieres geschützt. 11

3. Schmerzen

Der Schmerz wird von der „International Association for the Study of Pain" (ISAP) folgendermaßen definiert: unangenehme sensorische und gefühlsmäßige Erfahrung, die mit akuter oder potenzieller Gewebeschädigung einhergeht oder in Form solcher Schädigungen beschrieben wird (zitiert nach *Bernatzky* in: *Sambraus/Steiger* S. 40). Schmerzen sind also unangenehme Sinnes- und Gefühlserlebnisse, die im Zusammenhang mit tatsächlicher oder potenzieller Gewebeschädigung stehen (vgl. *Wiesner/Ribbeck*, „Schmerz"). Es ist zwar typisch, dass sie durch eine unmittelbare (zB mechanische, chemische, thermische oder elektrische) Einwirkung auf das Tier ausgelöst werden; notwendig ist dies aber nicht. Auch das tatsächliche Eintreten einer Schädigung oder eine erkennbare Abwehrreaktion sind nicht begriffsnotwendig (vgl. *Hackbarth/Lückert* B XIV 12

2.3; *Kluge/v. Loeper* § 1 Rn. 21). – Trotz Verwendung des Begriffs im Plural ist schon die Zufügung eines einzelnen Schmerzes verboten (s. auch § 17 Rn. 59, 62, 63).

13 Das **Schmerzempfinden** wird vornehmlich durch die Reizung spezieller Rezeptoren (sog. Nozizeptoren, das sind freie Nervenendigungen) ausgelöst. Diese Reize werden zum Zentralen Nervensystem – ZNS – weitergeleitet, das bei allen Wirbeltieren einen grundsätzlich gleichen Aufbau besitzt und in die Bereiche ‚Rückenmark', ‚Rautenhirn' und ‚Vorderhirn' aufgegliedert werden kann. Die emotional-affektive Verarbeitung der Schmerzwahrnehmung erfolgt im limbischen System. Für die bewusste Erkennung und Lokalisierung des Schmerzes und die Auslösung zielgerichteter Handlungen zur Schmerzbeseitigung ist dagegen beim Menschen und beim höheren Wirbeltier die Großhirnrinde (Neokortex) zuständig.

14 **Zur Feststellung der Schmerzempfindung** bei Tieren hat das Committee on Pain and Distress in Laboratory Animals folgende **Kriterien** benannt: **1.** Anatomische und physiologische Ähnlichkeiten bei Schmerzaufnahme, -weiterleitung und – verarbeitung mit dem Menschen; **2.** Meidung von Reizen, die vermutlich schmerzauslösend sind; **3.** Feststellbare Wirksamkeit schmerzhemmender Substanzen (vgl. *Hoffmann/Oidtmann* in: Evang. Akademie Bad Boll, Tiere im Sport S. 208; *dies.* DtW 2003, 208 ff.). Je mehr dieser Kriterien von einer Tierart erfüllt werden, desto eher muss für sie von einer Fähigkeit zur Schmerzempfindung, d.h. von Schmerzfähigkeit ausgegangen werden. – Zu Indizien (Symptomen), die auf Schmerz schließen lassen s. § 17 Rn. 62, 63.

15 Nach den o.e. Kriterien ist bei **Säugetieren** eine **Schmerzempfindung,** wie der Mensch sie kennt, ohne weiteres anzunehmen, schon wegen der im Grundsatz gleichen morphologischen und funktionellen Struktur des Zentralnervensystems. Dasselbe gilt für **Vögel,** die wie die Säuger Warmblüter sind und für die ein hohes Maß an Empfindungsvermögen anerkannt ist (*L/M* § 1 Rn. 24). Auch für **andere Wirbeltiere wie Lurche und Kriechtiere** steht die Schmerzfähigkeit aufgrund der o.e. Kriterien außer Zweifel (vgl. *Meyer* S. 14, 15: „Die Überlegungen zur Evolution sowie zur Funktion von Befindlichkeiten legen die weitgehende resp. prinzipielle Konvergenz menschlichen und tierischen Erlebens als die keiner Zusatzannahme bedürfende Deutung nahe").

15a Hinsichtlich der **Fische** war die Schmerzfähigkeit lange Zeit umstritten, im Gegensatz zu ihrer Leidensfähigkeit, die schon lange außer Zweifel steht. Die Rechtsprechung geht heute überwiegend auch von Schmerzfähigkeit aus (OLG Celle NStZ-RR 1997, 381 und NdsRpfl. 1993, 133; OLG Düsseldorf NuR 1994, 517; OLG Zweibrücken NStZ 1986, 230; ebenso *L/M* § 1 Rn. 25). Dies entspricht dem aktuellen Stand wissenschaftlicher Erkenntnis (näher *Bernatzky* aaO S. 48), denn die o.e. Kriterien lassen sich bei Fischen weitestgehend nachweisen. Insbesondere das Meideverhalten (s. Rn. 14 Ziff. 2) ist hinreichend belegt: Nur noch 10 % der Forellen, die einmal geangelt und wieder zurückgesetzt worden sind, gehen ein zweites Mal an die Angel; ähnliche Ergebnisse sind bei Karpfen erzielt worden, wobei das Meideverhalten auch über längere Zeiträume anhält. In einer Untersuchung am Roslin-Institut in Großbritannien wurde Regenbogenforellen an einer bestimmten Futterstelle Essigsäure oder Wespengift in die Lippen gespritzt; die Fische mieden daraufhin die Futterstelle und versuchten außerdem, die Substanzen los zu werden, indem sie die Lippen über den Boden oder die Wände des Beckens rieben (vgl. *Sneddon/Braithwaite/Gentle* S. 1115–1121; *Fikuart* AtD 2003, 180; *Schlup* S. 82, 84). Auch das Kriterium der Wirksamkeit schmerzhemmender Substanzen (s. Rn. 14 Ziff. 3) lässt sich belegen: Fische zeigen nach vorausgegangener Morphiumapplikation eine abgeschwächte Abwehrbewegung auf einen Schmerzreiz; auch konnten bei ihnen körpereigene Opioide (Endorphine) gefunden werden. Schließlich sind auch die anatomischen Voraussetzungen für eine Schmerzwahrnehmung gegeben (s. Rn. 14 Ziff. 1). Insbesondere sind die o.e. drei Bereiche des ZNS einschließlich des limbischen Systems auch bei Fischen vorhanden. In der o.e. Untersuchung am Roslin-Institut konnten allein im Maul der Regenbogenforellen insgesamt 58 Schmerzrezeptoren nachgewiesen werden (vgl. *Sneddon* Brain Research 972, 2003, 44–52; *Fikuart* aaO). Auch klassische Neurotransmitter (zB Acetylcholin, Adrenalin, Dopamin und bestimmte Neuropeptide) die bei Säugetieren für die Schmerz-Signalübertragung verantwortlich sind, sind bei Fischen nachgewiesen worden (vgl. *Hoffmann/Oidtmann* aaO; *Bernatzky*, Der Tierschutzbeauftragte 1/01 S. 12: Nachweis der Substanz P, eines Schmerzreiztransmitters, in der Haut und im Nervensystem von Forellen). – Autoren, die das Schmerzempfinden von Fischen dennoch bezweifeln, verweisen zur Begründung auf den fehlenden Neokortex als Voraussetzung für eine bewusste Wahrnehmung und Verarbeitung des Schmerzes. Die Schmerzdefinition bei Tieren erfordert ein solches Bewusstsein aber nicht (s. Rn. 12; vgl. auch die Schmerzdefinition bei *Zimmermann* S. 30ff.: unangenehme Sinneswahrnehmung, verursacht durch tatsächliche oder potentielle Verletzung, die motorische und vegetative Reaktionen auslöst, in einem erlernten Vermeidungsverhalten resultiert und die potentiell spezifische Verhaltensweisen wie zB das Sozialverhalten verändern kann). In Anbetracht der vielen erfüllten Schmerzkriterien ist deshalb davon auszugehen, dass diejenigen Funktionen, die beim Menschen im Neokortex ablaufen (nämlich Schmerzlokalisierung und Auslösung von Abwehrhandlungen), beim Fisch an anderer Stelle, beispielsweise im Vorderhirn lokalisiert sind (vgl. auch *Drossé* AUR 2003, 370: Wer das Schmerzempfinden von Fischen mit deren fehlendem Neokortex begründe, verkenne, dass das Fischgehirn eine völlig andere Entwicklungsgeschichte habe und Funktionen, welche bei höheren Tieren im Großhirn wahrgenommen würden, bei den Fischen in anderen, stammesgeschichtlich älteren Hirnteilen stattfänden; vgl. weiter *Würbel* in: Landestierärztekammer Hessen S. 149, 150: Wissenschaftlerstreit um die Schmerzfähigkeit von Fischen nach den Feststellungen des Roslin-Instituts „beigelegt"; vgl. auch EFSA 2004, 12. 1., die das Argument, Fische hätten keinen Neokortex und demzufolge auch kein Schmerzempfinden, zutreffend als „rather simplistic" qualifiziert).

Vermutung des Gesetzes. Mögen auch zur Schmerzfähigkeit in den Naturwissenschaf- **15b**
ten noch Streitfragen bestehen, so ist doch für das Tierschutzrecht ausschlaggebend, dass der Gesetzgeber bei allen Wirbeltieren die Schmerzfähigkeit grundsätzlich vermutet. Dies folgt bereits aus dem Wortlaut der §§ 17, 18 Abs. 1 Nr. 1. Einen deutlichen Hinweis enthält auch § 5 Abs. 2 Nr. 1, der eine Betäubung grds. nur dann für nicht erforderlich hält, „wenn bei vergleichbaren Eingriffen am Menschen eine Betäubung in der Regel unterbleibt". In die gleiche Richtung weist auch die Entstehungsgeschichte des Gesetzes von 1972. Die damalige Bundesregierung hat auf einen Vorschlag des Bundesrates, den Begriff „Wirbeltier" in § 17 einzuschränken, folgendes erwidert: „Wirbeltiere sind nach der zoologischen Einordnung höher organisierte Tiere, die über ein Zentralnervensystem verfügen. Diese Tiere haben somit ein hoch differenziertes Schmerzleitungssystem und ein ausgeprägtes Schmerzempfindungsvermögen. Es ist daher sachlich nicht vertretbar, innerhalb der Gruppe der Wirbeltiere eine Aufteilung vorzunehmen, die willkürlich erfolgen müsste" (BT-Drucks. 6/2559, zitiert nach *Gerold* S. 66; zum Begriff Wirbeltier s. auch § 4 Rn. 1). Für Fische s. auch § 13 Abs. 5 TierSchlV. – Für eine Schmerzfähigkeit aller Wirbeltiere spricht nicht zuletzt die unerlässliche Warn- und Schutzfunktion, die der Schmerz für jeden beweglichen, einer Flucht- oder Abwehrreaktion fähigen Organismus besitzt: Schmerzen lösen physiologische Prozesse und Verhaltensreaktionen aus, die das Individuum vor Schäden bewahren und sein Überleben sichern sollen (vgl. *Bernatzky*, Der Tierschutzbeauftragte 1/01, S. 12). Deshalb gilt: Liegen keine Erkenntnisse dafür vor, dass eine Tierart ein geringeres Schmerzempfinden aufweist als der Mensch, so muss im Analogieschluss die gleiche Schmerzempfindung wie beim Menschen angenommen werden (so auch *Hackbarth/Lückert* B XIV 2.3).

Bezüglich der **Schmerzfähigkeit wirbelloser Tiere** ist dagegen noch vieles streitig. – **16**
Bei Cephalopoden (Kopffüßlern) und Dekapoden (Zehnfußkrebsen) setzt das Gesetz die Schmerz- und die Leidensfähigkeit voraus (§ 8a Abs. 1 S. 1; vgl. auch Art. 58 Abs. 1 Schweizer Tierschutzverordnung; vgl. weiter *Richter* in: *Sambraus/Steiger* S. 812, der auf die zentralnervalen Leistungen, wie sie von Cephalopoden beim Lernen und bei der Gedächtnisbildung gezeigt werden, hinweist). – Für Krusten- und Schalentiere geht der

Verordnungsgeber der Tierschutzschlachtverordnung davon aus, dass sie schmerz- und leidensfähig sind (§ 13 Abs. 8 TierSchlV). Auch bei Meeresschnecken konnten Schmerzrezeptoren nachgewiesen werden (vgl. *Buchenauer* in: KTBL-Schrift 377 S. 18). – Für andere Tierarten ist zu beachten: Bei Wirbellosen aller Klassen, die bisher darauf untersucht worden sind, finden auf (vermutet) unangenehme oder schädigende Reize Meidereaktionen statt, die den gleichen biologischen Zweck erfüllen wie die Schmerzreaktionen beim Menschen. Dies legt ein Schmerzempfinden auch bei ihnen nahe, mag es auch (wegen fehlender neuronaler Bahnen, Zentren und Verschaltungen) von anderer Art sein als beim Wirbeltier. Auch die lebens- und arterhaltende Funktion, die der Schmerz für jedes Lebewesen, soweit es einer Abwehr- oder Fluchtreaktion fähig ist, besitzt, sollte zur Vorsicht mahnen gegenüber allen Versuchen, wirbellosen Tieren die Schmerzfähigkeit abzusprechen (vgl. *Bernatzky* aaO). Eine solche Vorsicht entspricht auch dem Gedanken vom Schutz des Schwächeren, wie er dem ethischen Tierschutz zugrunde liegt. Nur bei Lebewesen, die überhaupt keinen Versuch machen, sich einer schädigenden, potenziell schmerzverursachenden Situation zu entziehen, darf auf ein fehlendes Schmerzempfinden geschlossen werden (*Teutsch*, Lexikon, „Schmerz").

4. Leiden

17 Leiden sind alle nicht bereits vom Begriff des Schmerzes umfassten **Beeinträchtigungen im Wohlbefinden,** die über ein schlichtes Unbehagen hinausgehen und eine nicht ganz unwesentliche Zeitspanne fortdauern (vgl. BGH NJW 1987, 1833, 1834; BVerwG NuR 2001, 454, 455). Diese Definition ist in Rspr. und Lit. allgemein anerkannt (vgl. *L/M* § 1 Rn. 33 mN). – Teilweise wird auch noch eine andere Definition verwendet: „Leiden werden durch der Wesensart des Tieres zuwiderlaufende, instinktwidrige und vom Tier gegenüber seinem Selbst- oder Arterhaltungstrieb als lebensfeindlich empfundene Einwirkungen und durch sonstige Beeinträchtigungen seines Wohlbefindens verursacht" (vgl. VGH Mannheim NuR 1994, 487, 488). Dies bedeutet keine Einschränkung zu der o.e. BGH-Definition, wie schon der Hinweis auf die „sonstigen Beeinträchtigungen" zeigt. – Das Tierschutzrecht verfügt damit über einen eigenständigen Leidensbegriff, der nicht der Human- oder Veterinärmedizin entstammt. Insbesondere braucht die Beeinträchtigung nicht körperlicher Natur zu sein; eine Beeinträchtigung des seelischen Wohlbefindens reicht aus (VGH Mannheim aaO; *L/M* § 1 Rn. 34). – Der hiergegen vorgebrachte Einwand, damit würden „tierische Leiden rechtlich ernster genommen als menschliche" (so *Bettermann* Teil 1 S. 13), trifft nicht zu, denn das Strafrecht schützt auch den Menschen vor der Zufügung seelischer Leiden (vgl. u.a. § 225 StGB); erst recht gilt dies für das Familienrecht, für Teilbereiche des Besonderen Verwaltungsrechts usw. (vgl. *L/M* § 1 Rn. 34).

18 Unter **Wohlbefinden** wird ein Zustand physischer und psychischer Harmonie des Tieres in sich und – entsprechend seinen angeborenen Lebensbedürfnissen – mit der Umwelt verstanden. Regelmäßige Anzeichen von Wohlbefinden sind Gesundheit und ein natürliches, in jeder Beziehung der jeweiligen Tierart entsprechendes Verhalten (vgl. *L/M* § 1 Rn. 9; *Bolliger* S. 3 mN; vgl. auch VG Düsseldorf AgrarR 2002, 368: „Das Wohlbefinden des Tieres beruht auf einem art-, bedürfnis- und verhaltensgerechten Ablauf der Lebensvorgänge"; nicht zuletzt daraus erklärt sich die besondere Bedeutung des Verhaltens als Indikator für erhebliche Beeinträchtigungen im Wohlbefinden, vgl. § 17 Rn. 69–77).

19 Von dem Grundsatz, dass jede Beeinträchtigung im Wohlbefinden Leiden bedeutet, gelten **zwei Einschränkungen** (vgl. BGH aaO). – Erste Einschränkung: Nicht ausreichend ist eine reine Augenblicksempfindung (anders aber bereits, wenn sich kurzzeitige Wohlbefindensstörungen mehrmals wiederholen) – Zweite Einschränkung: Nicht ausreichend ist ein „schlichtes Unbehagen". Darunter kann zB die Vorstufe zu Angst oder ähnlichen Empfindungen verstanden werden. Auch bloße Aufregungen, Anstrengungen, oder vorübergehende Belastungszustände lassen sich noch dem Unbehagen zuordnen.

Die Grenzen sind indes fließend, so dass auch solche Zustände bei längerer Dauer und/oder starker Intensität in Leiden münden können (vgl. *L/M* § 1 Rn. 35). – Nicht dagegen verlangt der tierschutzrechtliche Leidensbegriff, dass die Beeinträchtigung des Wohlbefindens nachhaltig sein müsse (darauf weist BGH aaO ausdrücklich hin; ebenso VGH Mannheim NuR 1994, 488 und OLG Düsseldorf NuR 1994, 517). – Auf Erheblichkeit und/oder zeitliche Dauer des Leidens kommt es nur dort an, wo das Gesetz dies ausdrücklich verlangt (zB bei § 17 Nr. 2b im Gegensatz zu § 2 Nr. 2).

Dass Tiere ähnlich wie der Mensch Schmerzen und Leiden empfinden, ist eine im 20 menschlichen Denken und Fühlen fest verwurzelte Gewissheit (s. auch Rn. 6 [*Kiechle*]). Aus erkenntnistheoretischen Gründen wird die Beweisbarkeit dieses Sachverhaltes jedoch zuweilen in Zweifel gezogen. Zur Überwindung dieser Schwierigkeit sind in der Verhaltenswissenschaft verschiedene Indikatorenkonzepte entwickelt worden, die für die Gesetzesanwendung hilfreich sein können und sich gegenseitig ergänzen: Der **Analogieschluss** (s. u.); das Bedarfsdeckungs- und Schadensvermeidungskonzept (s. § 2 Rn. 9); das Handlungsbereitschaftsmodell (vgl. *Buchholtz* in: *Buchholtz, Goetschel* et al. S. 93ff.). – Der Analogieschluss besagt nach *Sambraus* Folgendes: **1.** Jeder Mensch kann Leiden und Schmerzen empfinden. **2.** Diese subjektiven Empfindungen sind beim Menschen von objektiven Erscheinungen wie Schreien, Zittern, gestörter Motorik, Schweißausbruch, weit geöffneten Augen, abnormalem Verhalten, Apathie u. Ä. begleitet. **3.** Wirbeltiere sind dem Menschen morphologisch, physiologisch und in der Organisation des Nervensystems sehr ähnlich. Gleiches gilt für Verhaltensreaktionen. Das geht schon daraus hervor, dass man aus den Ergebnissen von Tierversuchen Hinweise auf die Verhältnisse beim Menschen ableiten will. **4.** Tiere zeigen in bestimmten Situationen die gleichen Erscheinungen wie der Mensch, also Schreien, Zittern, abnormales Verhalten, Apathie usw. **5.** Daraus darf geschlossen werden, dass analoge Empfindungen vorliegen (deswegen Analogieschluss), dass das Tier also nicht nur Schmerzen empfinden, sondern auch leiden kann, ohne dass es krank oder verletzt ist („psychische" Leiden; zitiert nach Evang. Akademie Bad Boll, Tierarzt S. 38, 39). – Laut Analogieschluss leidet also ein Tier jedenfalls dann, wenn folgende drei Voraussetzungen erfüllt sind: a) Das Tier befindet sich in einer Situation, die vergleichbar (analog) einer Situation ist, die bei Menschen Leiden verursachen würde; b) das Tier zeigt Reaktionen, insbesondere Verhaltensweisen, die vergleichbar (analog) sind mit den Reaktionen von Menschen in der entsprechenden Situation; c) das Tier verfügt über ein zentrales Nervensystem, das demjenigen von Menschen stammesgeschichtlich ähnlich (homolog) ist (vgl. *Würbel* in: Landestierärztekammer Hessen S. 149; *Meyer* S. 14, 15).

Leiden setzt also nicht voraus, dass Tiere krank oder verletzt sind. Wohlbefinden ist 21 mehr als die Abwesenheit von Krankheit (vgl. *Würbel* in: Landestierärztekammer Hessen S. 145: „Bis Leiden krank macht wird oft lange gelitten"; vgl. zB auch § 9 Abs. 2 S. 3 Nr. 5: „Gesundheitszustand und Wohlbefinden"). – Erhebliche Leiden iS der §§ 17, 18 können zwar auch durch Krankheits- und Verletzungsanzeichen sowie physisch messbare Funktionsstörungen angezeigt werden. Die hauptsächlichen Indikatoren sind aber Verhaltensstörungen, denn „Tiere sagen mit ihrem Verhalten, was sie brauchen" (Kirchenleitung der NEK 2005, 26, 27). Liegt eine Verhaltensstörung vor, so lässt sich die von ihr ausgehende Indizwirkung für ein erhebliches Leiden nicht mit dem Fehlen pathologischer oder anderer physisch messbarer Anzeichen verrechnen, denn anderenfalls würde man Leiden unzulässigerweise mit Krankheit gleichsetzen (s. auch § 17 Rn. 78, 79). – Auf den Zusammenhang zwischen Bedürfnisunterdrückung und Leiden weist die EU-Kommission hin: „Ist ein Tier nicht in der Lage, ein Bedürfnis zu befriedigen, so wird sein Befinden früher oder später darunter leiden" (Legehennenmitteilung S. 6 = BT-Drucks. 13/11371 S. 15). Das entspricht der Feststellung, dass das Wohlbefinden des Tieres auf einem art- bedürfnis- und verhaltensgerechten Ablauf der Lebensvorgänge beruht (VG Düsseldorf AgrarR 2002, 368). Zugleich wird deutlich, dass bereits aus Art, Ausmaß und zeitlicher Dauer, mit der ein Verhaltensbedürfnis unterdrückt oder zurückgedrängt wird, auf erhebliches Leiden geschlossen werden kann, auch ohne Hinzutreten weiterer Indikatoren; erst recht natürlich bei Betroffensein mehrerer Bedürfnisse (s. auch § 17 Rn. 81).

22 **Auch Angst ist Leiden** (vgl. OLG Frankfurt/M NJW 1992, 1639; *L/M* § 1 Rn. 36; *Kluge/v. Loeper* § 1 Rn. 23; *Kluge/Ort/Reckewell* § 17 Rn. 64). Ausdrucksmittel sind u.a.: Häufiges Absetzen von wässrigem Kot und Harn ohne entsprechendes Ausscheidungsritual, Schreckurinieren, Blässe der Haut, Zittern, Sträuben der Haare, stark erhöhter Herzschlag, weites Öffnen von Augen, Nasenlöchern und/oder Maul, Lautäußerungen, unnatürliches Zusammendrängen mehrerer Tiere, Regression (= Zurückfallen in kindliche Verhaltensweisen als Ausdruck der Nichtbewältigung der Situation), widernatürliches oder situationsfremdes Verhalten wie scheinbar sinnloses Sich-Putzen, kopfloses Dahinstürzen, Angstbeißen u.a.m. – Erhebliches Leiden kann durch Ausmaß, Intensität und Dauer eines dieser Indizien angezeigt werden, erst recht durch das Zusammentreffen mehrerer. Bei Panik u. Ä. wird man es stets annehmen müssen.

23 Die **Leidensfähigkeit von Wirbeltieren** kann nicht angezweifelt werden. Auch Fische können nach allgemeiner Auffassung leiden (vgl. OLG Celle NStZ-RR 1997, 381; OLG Düsseldorf NuR 1994, 517; *L/M* Rn. 41); in Straf- und Bußgeldverfahren ist deshalb zuweilen die Frage nach ihrer Schmerzfähigkeit offengelassen worden, wenn sich jedenfalls erhebliche Leiden feststellen ließen (so von OVG Koblenz AtD 1998, 346, 347). – Auch hier gilt wieder: Wortlaut und Entstehungsgeschichte von § 17 Nr. 2b zeigen, dass der Gesetzgeber bei allen Wirbeltieren von einer dem Menschen analogen Leidensfähigkeit ausgeht, ebenso davon, dass sich Leiden nachweisen lassen (s. Rn. 8). Gutachter, die Gegenteiliges vertreten, stehen nicht auf dem Boden des Gesetzes (s. § 2 Rn. 47, 48 und § 17 Rn. 97).

23a Bezüglich der **wirbellosen Tiere** muss man nach § 8a Abs. 1 jedenfalls bei den Cephalopoden und Dekapoden Leidensfähigkeit annehmen (vgl. BT-Drucks. 13/9071 S. 31), nach § 13 Abs. 8 TierSchlV auch bei den (übrigen) Krustentieren sowie den Schalentieren. – Beim weiteren Hinabsteigen auf der Evolutionsleiter ist zu bedenken, dass Leiden so lange biologisch sinnvoll sind, wie Tiere die Fähigkeit zur Bewegung und damit zur Veränderung solcher Zustände besitzen, die für Selbstaufbau, Selbsterhaltung und Fortpflanzung abträglich sind. Es entspricht außerdem dem Gedanken vom Schutz des Schwächeren, eine Leidensfähigkeit auch dort anzunehmen, wo sie lediglich wahrscheinlich erscheint (vgl. *Schultze-Petzold*, zitiert nach *Eberle* NJW 1973, 1407).

5. Schäden

24 Ein Schaden liegt vor, wenn der körperliche oder seelische Zustand, in welchem ein Tier sich befindet, vorübergehend oder dauernd zum Schlechteren hin verändert wird (*L/M* § 1 Rn. 52; *Goetschel* Art. 2 Rn. 10). Schaden ist also jede Beeinträchtigung der physischen oder psychischen Unversehrtheit. Eine Dauerwirkung ist nicht erforderlich, ebenso wenig eine Verletzung oder Minderung der körperlichen Substanz. Völlig geringfügige Beeinträchtigungen bleiben aber außer Betracht. – Der Soll-Zustand des Tieres beurteilt sich (gemäß dem Bedarfsdeckungs- und Schadensvermeidungskonzept, s. § 2 Rn. 9) an Tieren der gleichen Art/Rasse, die unter natürlichen bzw. naturnahen Bedingungen leben bzw. gehalten werden. Darauf, ob die Brauchbarkeit des Tieres zu einem ihm vom Menschen beigelegten Zweck beeinträchtigt wird, kommt es hier (im Gegensatz zu §§ 303, 304 StGB) nicht an. – Einzelne Bestimmungen des Gesetzes verbieten die Zufügung bestimmter Schäden, so zB § 3 Nr. 8a, § 6, § 11b. – Beispiele für Schäden (nach *L/M* § 1 Rn. 54; *Kluge/v. Loeper* § 1 Rn. 41): Abmagerung, Abstumpfung der Sinne, Amputationen, herabgesetzte Bewegungsfähigkeit, Betäubung, Fehlen eines Körperteils, Gefiederveränderungen, Gesundheitsbeschädigungen (funktionelle Störungen, Krankheiten, Krämpfe, Lähmungen, Missgestaltung etwa durch Züchtung (vgl. § 11b Abs. 1), Nervenschädigungen, Neurosen, Psychopathien als Folge von Schreckerlebnissen und Konfliktsituationen oder Triebhemmungen, Psychosen, Verletzungen, Wunden, Zystenbildung), abnorme

Gewichtssteigerung, Gleichgewichtsstörung, verringerte Leistungsfähigkeit, Unfruchtbarkeit, Verhaltensstörung (zB Stereotypie), charakterliche Verschlechterung.

Auch der **Tod ist ein Schaden** (vgl. BVerwG NVwZ 1998, 853, 855: „der mit dem schwersten Schaden verbundene Eingriff“; *L/M* § 1 Rn. 54; *Goetschel* Art. 2 Rn. 10; *Lorz* NuR 1992, 401, 402: „denkmäßig der größte Schaden, der einem Lebewesen zugefügt werden kann“). Bedenken, dass schmerzlose Tötungen unheilbar kranker Tiere bei diesem Schadensbegriff nicht mehr möglich seien, sind völlig unbegründet: sie sind zwar Schadenszufügung, aber durch einen vernünftigen Grund gerechtfertigt. 25

Häufig gehen dem Eintritt eines Schadens Leiden voraus. Insbesondere bei Schäden, die auf mangelnde Bewegung zurückzuführen sind, kann man davon ausgehen, dass die vorangegangenen Einschränkungen der Bewegungsmöglichkeit für das Tier mit Leiden verbunden waren, weil es ein entsprechend starkes Bedürfnis dazu hatte, das unterdrückt worden ist. – Ein Schaden kann auch von Schmerzen oder Leiden begleitet sein. Es gibt aber auch Schäden ohne vorausgegangene oder begleitende Schmerzen und Leiden. – Schäden können auch solchen Tieren zugefügt werden, deren Schmerz- und Leidensfähigkeit zweifelhaft ist (s. auch § 18 Rn. 24). 26

III. Der vernünftige Grund
(s. auch § 17 Rn. 9–12 sowie Rn. 85)

1. Allgemeines

Mit der Einführung des vernünftigen Grundes wollte der Gesetzgeber von 1972 berechtigte und vernünftige Lebensbeschränkungen „im Rahmen der **Erhaltungsinteressen des Menschen“** zulassen (BT-Drucks. 6/2559, zitiert nach *Gerold* S. 46). Der vernünftige Grund ist damit der zentrale Begriff im Tierschutzrecht, über den die vielfältigen Interessenkonflikte von Mensch und Tier abgewickelt werden (vgl. *Hirt*, Der vernünftige Grund, S. 3). Er soll die Grenze bestimmen, bis zu der die Gesellschaft aufgrund ihrer Wertvorstellungen und ihres sittlich-moralischen Empfindens bereit ist, Einschränkungen von Lebensbedürfnissen und Schutzanliegen von Tieren zu akzeptieren. Er dient dazu, im Umgang mit dem Tier „eine spezifische Verantwortungs- und Arbeitsethik zu realisieren, die sich am Grad der moralischen Sensibilisierung der Gesellschaft ausrichtet“ (*Schultze-Petzold* in: *Fölsch/Nabholz* Tierhaltung Band 13 S. 13, 15). 27

Vernunft wird von „vernehmen“ abgeleitet und bedeutet allgemein: Besonnenheit, Einsicht, Geist, Intelligenz (vgl. *Brockhaus*, Stichwort „Vernunft“). Für *Aristoteles* wurde Vernunft erkennbar in der Prüfung der Gründe und Gegengründe gemäß situations- und kontextinvarianten Regeln (vgl. *Mittelstraß*, Stichwort „Vernunft“). Heute wird ein philosophischer Wortgebrauch als dominant betrachtet, der in der Vernunft das höchste Erkenntnisvermögen sieht (vgl. *Sandkühler*, Stichworte „Vernunft/Verstand“). Als praktische Vernunft bezeichnet man das Vermögen, nach Grundsätzen zu handeln, die Anspruch auf universelle Geltung erheben können (vgl. *Schmidt/Schischkoff*, Stichwort „Vernunft“). Den Gegensatz dazu bildet die instrumentelle Vernunft, die die Welt ausschließlich als Gegenstand technischer Manipulation und die Natur allein als subjektiven Zwecken und Interessen verfügbares Objekt betrachtet (vgl. *Hügli/Lübcke*, Stichwort „Vernunft“). – Damit folgt bereits aus dem Wortsinn und der gesetzlichen Systematik, dass der vernünftige Grund eine **Ausprägung des Verhältnismäßigkeitsgrundsatzes und des Güterabwägungsprinzips** ist. Das Spannungsverhältnis zwischen dem in § 1 S. 1 angestrebten (pathozentrischen) Tierschutz auf einem möglichst hohen Niveau und dem in § 1 S. 2 gewollten Schutz der berechtigten (anthropozentrischen) Erhaltungsinteressen des Menschen lässt sich nicht anders lösen als dadurch, dass die widerstreitenden Belange und Gesichtspunkte gegeneinander abgewogen werden. Nach dem o.e. Prinzip vom „höchsten Erkenntnisvermögen“ muss sich also derjenige, der ein Tier tötet oder ihm Leiden zufügt, vorher über alle Nachteile und Risiken seines Handelns ebenso klar wer- 28 den wie über die Gesamtheit der damit verbundenen Vorteile und Chancen; er muss insbesondere auch diejenigen Handlungsalternativen ermitteln und einbeziehen, die zur Erreichung des angestrebten Zweckes ebenfalls geeignet sind, aber weniger Nachteile iS von Leiden und/oder Tod für Tiere auslösen. Nach dem Prinzip von der „Prüfung der Gründe und Gegengründe" kommt es darauf an, dass die Gründe, die für das Töten oder den sonstigen Eingriff sprechen, schwerer wiegen als die, die ihm entgegenstehen. Nach dem Grundsatz der Verallgemeinerbarkeit entspricht ein Handeln, das anderen Lebewesen Lasten auferlegt, nur dann der praktischen Vernunft, wenn der erwartbare Nutzen diese Lasten auf- und überwiegt, weil es nur dann Anspruch auf universelle Geltung erheben kann. Ein Handeln, das auf eine solche Abwägung verzichtet bzw. ihr nicht gerecht wird, entspricht nicht der praktischen sondern allenfalls einer instrumentellen Vernunft, die das Gesetz aber nicht meint.

29 Notwendig ist also eine **zweistufige Prüfung.** Das Tierschutzgesetz steht unter dem – dem Verhältnismäßigkeitsprinzip entsprechenden – Leitgedanken, Tieren „nicht ohne vernünftigen Grund" „vermeidbare", das „unerlässliche Maß" übersteigende Schmerzen, Leiden oder Schäden zuzufügen (so BVerfGE 36, 47, 57; 48, 376, 389). Die Rechtfertigung von Eingriffen in die Integrität eines Tieres erfordert somit eine Prüfung, die zwei Stufen umfasst: **1.** Zunächst muss geprüft werden, ob ein nachvollziehbarer, billigenswerter Zweck verfolgt wird, der grundsätzlich geeignet ist, die Zufügung von Schmerzen, Leiden und/oder Schäden zu begründen. Hierher gehören auch die Ermittlung des vom Handelnden verfolgten Hauptzweckes sowie dessen Prüfung anhand einer Wertung, die der allgemeinen Kulturentwicklung entspricht (s. Rn. 39–41; vgl. *Lorz* Anh. §§ 17, 18 Rn. 27). **2.** Anschließend ist zu ermitteln, ob die drei Elemente des Verhältnismäßigkeitsgrundsatzes, nämlich „Geeignetheit", „Erforderlichkeit" (d.h. Grundsatz des mildesten Mittels) und „Verhältnismäßigkeit ieS" (d.h. Übergewicht des Nutzens gegenüber dem Schaden) gewahrt sind (s. Rn. 42–53). Dabei geht es um die ausnahmsweise Rechtfertigung tatbestandsmäßigen Handelns im Wege der Güter- und Pflichtenabwägung zwischen dem Interesse des Tiernutzers und der Integrität des Tieres (vgl. *Lorz* NuR 1992, 401, 402; vgl. auch OVG Koblenz AtD 1998, 346, 349: „Bildung einer Vorrangsrelation nach den Grundsätzen der Verhältnismäßigkeit"). Das BVerfG spricht davon, dass entsprechend dem in den §§ 1 und 2 vorgezeichneten Interessenausgleich ein ethisch begründeter Tierschutz zu „befördern" sei, ohne die Rechte der Tierhalter „übermäßig einzuschränken (BVerfGE 101, 1, 36 = NJW 1999, 3254, 3255). Auch damit kommt das Gebot der Abwägung zum Ausdruck, zugleich aber auch die Pflicht, Leben und Wohlbefinden bis zu der Grenze zu fördern, jenseits derer übermäßig in die Grundrechte der Halter und Nutzer eingegriffen würde.

30 Der vernünftige Grund ist ein **Rechtfertigungsgrund** (vgl. BayObLG NuR 1994, 511, 512; NuR 1993, 176f.; Rd L 1977, 303, 304; *L/M* § 1 Rn. 60; *Lorz* NuR 1992, 401, 402; *Maisack*, Zum Begriff des vernünftigen Grundes, S. 65–73). Er beruht – ebenso wie die Rechtfertigungsgründe des Notstandes (§ 34 StGB; §§ 228, 904 BGB) – auf dem Prinzip des überwiegenden Gegeninteresses, welches besagt, dass die Beeinträchtigung eines Rechtsgutes gerechtfertigt ist, wenn im konkreten Fall das Interesse an seiner Bewahrung schwächer ist als ein anderes Interesse, welches sich nur durch die Rechtsgutbeeinträchtigung befriedigen lässt (vgl. *Baumann/Weber/Mitsch* § 16 Rn. 52). Auch das „Mehr-Nutzen-als-Schaden"-Prinzip und die Zwecktheorie werden zur Begründung herangezogen (vgl. *Lorz* Anh. §§ 17, 18 Rn. 12: Dort wird auf die Zwecktheorie verwiesen, der zufolge ein Handeln nicht rechtswidrig ist, wenn es sich als Verfolgung eines rechtlich anerkannten Zweckes mit rechtlichen Mitteln darstellt).

2. Anwendungsbereich

31 Die Worte **„ohne vernünftigen Grund"** verwendet das Gesetz an insgesamt vier Stellen, nämlich in § 1 S. 2, § 17 Nr. 1, § 18 Abs. 1 Nr. 1 und § 18 Abs. 2 (vgl. auch § 41 Abs. 1

BNatSchG). In den Rechtsverordnungen, die aufgrund des Tierschutzgesetzes erlassen worden sind, taucht der Begriff nicht auf.

Im Tierschutzgesetz kann man **zwei Gruppen von Normen** unterscheiden. Der Gesetzgeber strebt bekanntlich an, im Bereich des Tierschutzes ethische Grundsätze und wissenschaftliche sowie wirtschaftliche Erfordernisse miteinander in Einklang zu bringen (vgl. BVerfGE 48, 376, 389). Die dazu notwendige Abwägung vollzieht das Gesetz in einigen seiner Tatbestände selbst; in anderen bleibt sie dagegen dem Rechtsanwender überlassen. Demgemäß finden sich in den Abschnitten 2 bis 12 des Gesetzes zwei Arten von Rechtsnormen: Einerseits Gebots- und Verbotsvorschriften mit unbedingter Geltung, die das Resultat einer vom Gesetzgeber selbst vorgenommenen Güter- und Interessenabwägung darstellen und deren Tatbestandsfassung deshalb bereits ein Abwägungsergebnis enthält; die Verletzung einer solchen Vorschrift kann nur gerechtfertigt sein, wenn dem Handelnden eine spezialgesetzliche Rechtfertigungsnorm oder ein allgemeiner Rechtfertigungsgrund (zB Notstand nach § 34 StGB oder nach den §§ 228, 904 BGB) zur Seite steht. Andererseits Vorschriften, die zusätzlich zur Feststellung einzelner, bestimmter Tatbestandsmerkmale noch eine an den Umständen des Einzelfalls ausgerichtete Güter- und Interessenabwägung erfordern; zum Ausdruck gebracht wird dieser Vorbehalt durch die Worte „ohne vernünftigen Grund“ oder durch die damit verwandten Formulierungen „vermeidbar“, „zumutbar“, „erforderlich“ oder „berechtigter Grund“ (zu den ebenfalls verwandten, gleichwohl aber eigenständigen Begriffen „unerlässlich“ und „ethisch vertretbar“ s. § 7 Rn. 11–21 und Rn. 49–59). Bei dieser zuletzt genannten Normengruppe führt also ein Verstoß erst dann zur Rechtswidrigkeit, wenn eine am Einzelfall ausgerichtete Abwägung ergibt, dass ohne vernünftigen Grund gehandelt wurde (so auch *L/M* § 1 Rn. 18; *Caspar* Tierschutz S. 357; *ders.* NuR 1997, 577). 32

Keine generelle Einschränkung. Die Gegenansicht, die jede Norm des Tierschutzrechts unter die Einschränkung des vernünftigen Grundes gestellt sehen will (so *v. Pückler* AgrarR 1992, 7, 10), verkennt die Systematik und den Gesetzeszweck. Unterlägen alle speziellen Gebote und Verbote der Abschnitte 2 bis 12 einem derartigen Generalvorbehalt, so wären sie weitgehend wirkungslos. Überflüssig wären insbesondere die zahlreichen Einschränkungen, die der Gesetzgeber ihnen im Wege einer ausgefeilten Schrankensystematik beigelegt hat und deren es nicht bedurft hätte, wenn bereits (irgend-)ein vernünftiger Grund ausreichen würde, um Verstöße gegen sie zu rechtfertigen (so zu Recht VGH Kassel NuR 1997, 296, 298; ebenso OVG Schleswig AtD 1999, 38, 41). Zudem will § 1 S. 2 den Schutz, den die Ge- und Verbote der nachfolgenden Abschnitte dem Tier gewähren, nicht einschränken, sondern erweitern: Nach ihm sollen Handlungen, die Tieren Schmerzen, Leiden oder Schäden zufügen und denen kein vernünftiger Grund zur Seite steht, auch dann rechtswidrig sein (und die zuständige Behörde zu einem Einschreiten nach § 16a S. 1 oder nach § 11 Abs. 2a veranlassen), wenn sie noch nicht die Voraussetzungen einer der speziellen Gebots- oder Verbotsvorschriften erfüllen (schutzerweiternder Auffangtatbestand, vgl. *Lorz* NuR 1992, 401). Diesem Gedanken der Schutzerweiterung widerspräche es, Satz 2 als Instrument zu benutzen, um die nachfolgenden Gebots- und Verbotsvorschriften unter einen Generalvorbehalt zu stellen und auf diese Weise ihren Schutzumfang zu mindern (wie hier: OVG Münster NuR 1999, 115, 117; VGH Kassel aaO; OVG Schleswig aaO; *L/M* § 1 Rn. 18; *Kluge/v. Loeper* § 1 Rn. 47; *Schultze-Petzold* DtW 1978, 330; *Stober*, Verfassungsfragen der Käfighaltung, S. 34; vgl. auch *Caspar* Tierschutz S. 357, der in den §§ 2ff. spezialgesetzliche Regelungen sieht, die den Rahmen des erlaubten Umgangs mit Tieren festlegen). – Vorschriften, die nicht unter zusätzlichem Abwägungsvorbehalt stehen, sind demnach insbesondere: § 2 Nr. 1 (wohl aber § 2 Nr. 2, s. dort „vermeidbar“; vgl. auch *Hirt* in DVG 2003, 27, 28), § 3, § 5 (mit Ausnahme von Abs. 1 S. 3, s. dort „berechtigter Grund“), § 6, § 11b, § 17 Nr. 2a und b (s. dort Rn. 85), ebenso die meisten Ge- und Verbote in den Rechtsverordnungen, die auf Grund des Tierschutzgesetzes erlassen worden sind. 33

3. Verhältnis zu anderen Rechtfertigungsgründen, Spezialgesetzen und behördlichen Genehmigungen

34 Greift ein **allgemeiner Rechtfertigungsgrund** ein – insbesondere Notstand (§ 34 StGB, §§ 228, 904 BGB) oder rechtfertigende Pflichtenkollision (d.h.: zwei rechtlich gleichwertige Pflichten kollidieren so miteinander, dass der Täter nur entweder die eine oder die andere erfüllen kann) – so braucht das Vorliegen eines vernünftigen Grundes nicht mehr geprüft zu werden. Dies gilt jedoch nicht für die (tatsächliche oder mutmaßliche) Einwilligung des Eigentümers oder Verfügungsberechtigten, denn die Belange des Tierschutzgesetzes stehen nicht zur Disposition einzelner Personen.

35 **Spezialgesetze, die das Töten von Tieren zulassen,** finden sich auf verschiedenen Sachgebieten, so u.a. im Jagdrecht, im Fischereirecht, im Tierseuchenrecht, im Naturschutzrecht, im Recht der Schädlingsbekämpfung, im Polizei- und Ordnungsrecht und im EU-Recht. – Nach Art. 20a GG dürfen aber Tötungen, die durch solche Spezialgesetze angeordnet oder zugelassen sind, nur erfolgen, soweit sie um höherrangiger Belange willen geeignet, erforderlich und verhältnismäßig sind (s. Art. 20a GG Rn. 21, „Querschnittsklausel"; § 17 Rn. 5, 6). Gesetze, die vor dem 1. 8. 2002 erlassen worden sind, müssen entsprechend verfassungskonform ausgelegt werden. „Einbruchstellen" dafür sind, wie sonst auch, die unbestimmten Rechtsbegriffe, die sich in nahezu allen diesen Regelungen finden (s. die Beispiele in § 17 Rn. 5). Näher zum Jagdrecht s. § 17 Rn. 14–25, zum Jagdschutz § 17 Rn. 26, zur Fischerei § 17 Rn. 28–32; zum Tierseuchenrecht § 17 Rn. 33–36; zur Tötung besonders geschützter Tierarten § 17 Rn. 41; zur Tötung nach Polizei- und Ordnungsrecht § 17 Rn. 7 und Einf. TierSchHundeV Rn. 10; zu Tiertötungen aufgrund von EU-Recht Einf. Rn. 39–42. – Ist eine solche spezialgesetzliche Regelung genügend bestimmt, d.h. umschreibt sie den jeweiligen Eingriff nach seinen Voraussetzungen und Grenzen hinreichend genau, und lässt sie sich zudem im Licht von Art. 20a GG verfassungskonform auslegen, so wird man annehmen können, dass derjenige, der sich an alle ihre Voraussetzungen und Grenzen hält, auch im Rahmen der §§ 17 Nr. 1, 18 Abs. 1 Nr. 1, Abs. 2 nicht ohne vernünftigen Grund handelt. Eine Ausnahme gilt aber bei Regelungen, die als Rechtsverordnungen oder Landesgesetze im Range unterhalb des Tierschutzgesetzes stehen. Zum Sonderfall des § 44a BJagdG s. § 17 Rn. 18. – Fehlt es dagegen an einer der Voraussetzungen des Spezialgesetzes oder findet eine Überschreitung seiner Grenzen statt, so geschieht die Tötung auch im Rahmen der §§ 1 S. 2, 17 Nr. 1, 18 Abs. 1 Nr. 1 und Abs. 2 ohne vernünftigen Grund, denn „klar ist die Grenze des Erlaubten dort, wo sie der Gesetzgeber in irgendeinem Zusammenhang selbst zieht" (vgl. BayObLG Rd L 1977, 303, 304: ein Jagdpächter hatte einen Hund, der des Wilderns verdächtig war, in einem befriedeten Besitztum erschossen; da angesichts der Örtlichkeit ein Jagdschutz nach § 25 BJagdG nicht in Betracht kam, schied auch eine Rechtfertigung durch einen vernünftigen Grund im Rahmen von § 17 Nr. 1 aus). Die inhaltlichen Grenzen, die sich aus einer spezialgesetzlichen Regelung für das Töten von Tieren ergeben, können also nicht auf dem Weg über den vernünftigen Grund umgangen oder erweitert werden. Enthält das Spezialgesetz keine „Einbrauchstelle", die eine Erforderlichkeits- und Verhältnismäßigkeitsprüfung anhand der Umstände des Einzelfalles und des Grades der moralischen Sensibilisierung der Gesellschaft zulässt, so muss der vernünftige Grund zusätzlich geprüft werden (s. § 17 Rn. 5a).

36 Für **Spezialgesetze, die das Zufügen von Schmerzen, Leiden und/oder Schäden zulassen,** gilt dasselbe. Auch sie führen bei hinreichend bestimmter Fassung und Ranggleichheit mit dem Tierschutzgesetz dazu, dass derjenige, der ihre Voraussetzungen und Grenzen einhält, auch iS der §§ 1 S. 2, 18 Abs. 1 Nr. 1 und 18 Abs. 2 nicht ohne vernünftigen Grund handelt. Zugleich führt auch hier die Nichteinhaltung einer gesetzlichen Voraussetzung oder die Überschreitung einer Grenze dazu, dass ein vernünftiger Grund ausscheidet. Auch diese Gesetze müssen aber im Licht von Art. 20a GG verfassungskonform ausgelegt werden, so dass den Tieren nur solche Belastungen zugefügt werden dür-

fen, die zur Wahrnehmung höherangiger Interessen geeignet, erforderlich und (bei Beachtung der verfassungsrechtlichen Aufwertung der Tierschutzbelange) auch verhältnismäßig sind. „Einbruchstellen" dafür sind auch hier die unbestimmten Rechtbegriffe, die sich in nahezu allen diesen Gesetzen finden (dazu, dass beim Fehlen einer solchen Einbruchstelle der vernünftige Grund zusätzlich geprüft werden muss, s. § 17 Rn. 5 a).

Daneben gibt es **Spezialgesetze, die den Einsatz bestimmter Mittel verbieten,** ohne 37
Rücksicht auf den dabei verfolgten Zweck. Beispiele: §§ 4, 4 a (Tötung bzw. Schlachtung ohne Betäubung und ohne eine der dort vorgesehenen Ausnahmen vom Betäubungsgebot); Schlachtung unter Verstoß gegen §§ 12, 13 TierSchlV; Jagd unter Verletzung eines sachlichen Jagdverbotes (§ 19 BJagdG und Landesrecht); Fischerei unter Verletzung eines sachlichen Fischereiverbotes (vgl. zB §§ 38, 44 FischG BW). Diese Vorschriften regeln nicht das „Ob", sondern nur das „Wie" der Tötung. Gleichwohl spricht einiges dafür, dass auch ihre Verletzung dazu führt, dass es an einem vernünftigen Grund für die Tötungshandlung insgesamt fehlt. Das folgt u. a. aus der Zwecktheorie, auf die sich der vernünftige Grund zurückführen lässt (s. Rn. 30): Danach kann die Tötung eines Tieres nur gerechtfertigt sein, wenn sie sich als Anwendung des rechten Mittels zur Verfolgung eines rechtlich anerkannten Zweckes darstellt. Von einem „rechten" oder „rechtlichen" Mittel kann aber nicht gesprochen werden, wenn die Handlung schon für sich gesehen gegen ein gesetzliches oder durch Rechtsverordnung aufgestelltes Verbot verstößt. Das Prinzip des überwiegenden Gegeninteresses (s. Rn. 30) führt jedenfalls dann zum gleichen Ergebnis, wenn zugleich gesagt werden kann, dass das Tier bei Einhaltung der verletzten Vorschrift nicht an diesem Ort oder nicht auf diese Weise getötet worden wäre oder wenn ihm infolge des Verstoßes auf dem Weg zu seinem Tod vermehrte oder verlängerte Schmerzen, Leiden oder Ängste zugefügt worden sind. Denn in allen diesen Fällen kann nicht mehr davon gesprochen werden, dass der Handelnde für sein an sich legitimes Nutzungsziel das mildeste, am wenigsten tierschädigende Mittel eingesetzt hätte, so dass der Verstoß gegen die das „Wie" des Tötens regelnde Vorschrift zugleich bewirkt, dass der Grundsatz der Erforderlichkeit als Teilelement des Verhältnismäßigkeitsgrundsatzes nicht eingehalten wurde und deshalb ein Handeln ohne vernünftigen Grund angenommen werden muss. Zweifellos ist damit eine Erweiterung des Anwendungsbereichs von § 17 Nr. 1 verbunden (allerdings nur bei Vorsatz, der sowohl den Tod als auch den Verstoß gegen das Spezialgesetz umfassen muss). Dies entspricht aber einem effektiven Tierschutz, wie er durch Art. 20 a GG gewollt ist (s. dort Rn. 18; im Ergebnis ebenso *Kluge/Ort/Reckewell* § 17 Rn. 153 a; ähnlich auch MünchKommStGB/*Pfohl* Bd. 5 § 17 TierSchG Rn. 94, 97). Die entsprechenden Ordnungswidrigkeitstatbestände behalten ihre Bedeutung, u. a. bei fahrlässigem Handeln oder wenn eine Strafbarkeit aus anderen Gründen entfällt (vgl. u. a. § 39 Abs. 2 BJagdG, § 51 FischG BW, § 15 TierSchlV i. V. m. § 18 Abs. 1 Nr. 3 b TierSchG).

Bei Vorliegen einer **behördlichen Genehmigung** ist zu differenzieren: **1.** Genehmi- 38
gungen rechtfertigen Eingriffe in tierschutzrechtliche Belange dort – und nur dort – wo das Tierschutzrecht dies vorsieht. Beispiele: § 4 a Abs. 2 Nr. 2 (Schächten); § 6 Abs. 3 (bestimmte Teilamputationen); § 8 Abs. 1 (Tierversuche). In diesen Fällen bewirkt das Vorliegen einer wirksamen Genehmigung (vgl. §§ 44, 48, 49 VwVfG), dass ein vernünftiger Grund nicht mehr geprüft zu werden braucht, sofern die Genehmigung den Eingriff umfasst und der Handelnde sowohl ihre Voraussetzungen als auch ihre Grenzen einhält (zur Lehre von der eingeschränkten Verwaltungsakzessorietät bei rechtswidrigen Genehmigungen s. § 17 Rn. 87). **2.** Dagegen können Genehmigungen, die auf andere Gesetze gestützt sind, insbesondere auf Vorschriften des Bau- oder Immissionsschutzrechtes, Verletzungen des Tierschutzgesetzes grundsätzlich nicht rechtfertigen. Insbesondere gilt dies für § 17 Nr. 2 b, der einen Grundwert der Sittenordnung schützt, unabhängig vom Verhalten der Behörden (vgl. OLG Celle NStZ 1993, 291, 292 zum Unterschied zwischen behördlicher Kontrollfunktion und Dispositionsbefugnis; *Kluge/Ort/Reckewell* § 17 Rn. 148; *L/M* HennenVO Rn. 17; näher § 17 Rn. 86–88).

4. Kein vernünftiger Grund bei Fehlen eines nachvollziehbaren, billigenswerten Zwecks

39 **Hauptzweck/Nebenzweck.** Beim vernünftigen Grund geht es nicht um den für eine Abgrenzung häufig ungeeigneten, ganz persönlichen Beweggrund des Handelnden, sondern um das, was sich bei objektiver Betrachtung als Grundlage der Handlung darstellt (vgl. BayObLG Rd L 1977, 303). Mit „Grundlage" ist die Zweckrichtung gemeint, also das, was bei objektiver Betrachtung den Hauptzweck bildet (vgl. *Lorz* Rd L 1980, 225). Werden also bei einem Eingriff mehrere Zwecke verfolgt, so ist für die Rechtfertigung nur derjenige maßgebend, der als Hauptzweck das Handeln steuert (vgl. *Hirt*, Der vernünftige Grund, S. 12; *L/M* § 1 Rn. 64). Eine Berufung auf darüber hinaus verfolgte Nebenzwecke könnte angesichts der Vielzahl der möglichen persönlichen Beweggründe, die sich für tierbelastende Handlungen denken lassen, die vom Gesetz gewollte Verhältnismäßigkeitsprüfung letztlich ad absurdum führen (vgl. *Lorz* NuR 1991, 211 Fn. 22 zur Ausbildung von Jagdhunden an lebenden, flugunfähig gemachten Enten: „Gegenüber der Abrichtung des Jagdhunds erscheint ein etwa beabsichtigter Nahrungsgewinn als bloße Verwertungshandlung; wollte man sie genügen lassen, so wäre ja wohl auch ein bei uns entgegen § 3 Nr. 6 veranstalteter Stierkampf erlaubt, wenn nach spanischer Sitte das Fleisch der getöteten Stiere verzehrt werden soll"). Folgerichtig wird in der Rechtsprechung ganz überwiegend nur auf die „vorrangige Motivation des Handelnden" abgestellt (vgl. OVG Koblenz AtD 1998, 346, 350). Die Heranziehung von Nebenzwecken als Rechtfertigung wird abgelehnt (vgl. AG Offenburg, zitiert nach *Drossé* DöV 1989, 762, 763: „Dient das Angeln aber zu einem anderen Hauptzweck als dem Verzehr der Beute, was insbesondere bei bloßen Wettkämpfen der Fall ist, liegt kein vernünftiger Grund mehr zum Töten vor"; StA Baden-Baden, zitiert nach *Drossé* DöV 1989, 762, 764: „Das Töten der Fische zum Zwecke des späteren Verzehrs stellt nach überwiegender Auffassung nur dann einen vernünftigen Grund dar, wenn dieser Verzehr der eigentliche Grund und Zweck des Angelns gewesen ist"; StA Offenburg, zitiert nach *Hirt* S. 17 und NStZ 1990, 345: „Der Hinweis darauf, dass die so geschossenen Enten dem menschlichen Verzehr zugeführt werden, schlägt nicht durch, denn das ist nicht der Zweck des Abschusses, sondern der Abschuss dient ausschließlich Trainings- und Prüfungszwecken").

40 **Rechts- oder sittenwidrige Motive; negative Emotionen.** Ist das Hauptmotiv gesetz- oder sittenwidrig, so scheidet eine Rechtfertigung aus, auch wenn nebenbei noch ein rechtlich zulässiger Zweck verfolgt oder vorgeschoben wird (vgl. OVG Koblenz aaO). Gleiches gilt, wenn das hauptsächliche Motiv von solcher Art ist, dass es nach den fundierten allgemeinen Gerechtigkeitsvorstellungen der Rechtsgemeinschaft von vornherein ungeeignet ist, Verletzungen des Lebens oder des Wohlbefindens von Tieren zu rechtfertigen. Dazu gehören u.a.: Abneigung gegen ein Tier, Absicht der Schadenszufügung, Abreagieren einer seelischen Spannung oder eines Affekts, Bequemlichkeit, Verfolgungstrieb, Langeweile, Laune, Lust, Mutwille, Rache, Vergeltung, Schiessübung, Sensationshascherei, Überdruss an dem Tier, Unmut, Übermut, Verärgerung, Wut, Zerstörungssucht (*L/M* § 1 Rn. 64; *Maisack*, Zum Begriff des vernünftigen Grundes, S. 148–153).

41 Auch aus einer **Wertung, die der allgemeinen Kulturentwicklung entspricht,** kann sich ergeben, dass bestimmte Zwecke und Motive von vornherein (d.h. auch ohne eine an den Umständen des Einzelfalles ausgerichtete Güter- und Interessenabwägung) aus dem Begriff „vernünftiger Grund" auszuscheiden sind. Das ist u.a. der Fall, wenn Tiere zur Befriedigung von Luxusbedürfnissen, für sportliche und Freizeitinteressen oder für Liebhabereien getötet oder in ihrem Wohlbefinden beeinträchtigt werden. Anlässlich der Anhörung im Ausschuss für Ernährung, Landwirtschaft und Forsten zum ÄndG 1986 am 23./24. 10. 1985 erklärte die Evangelische Kirche in Deutschland (EKD) u.a., das Quälen von Tieren als Sport oder zur Gewinnung von Luxusprodukten sei „gänzlich unannehmbar"; das Kommissariat der deutschen katholischen Bischöfe nannte es „nicht zu verant-

worten, dass Tiere, die fühlende Wesen sind, ohne ernste Gründe, etwa zum Vergnügen oder zur Herstellung von Luxusprodukten, gequält und getötet werden" (BT Ausschuss-Drucks. 10/165). Zwecke wie „sportlicher Wettkampf", „Freizeitvergnügen" oder „Gewinnung von Luxusprodukten" sind mithin sowohl nach der christlichen Ethik der Mitgeschöpflichkeit als auch nach den fundierten allgemeinen Gerechtigkeitsvorstellungen von vornherein ungeeignet, Tötungen oder die Zufügung von Schmerzen oder Leiden zu rechtfertigen (vgl. auch BTK DTBl. 2005, 865: Pelzgewinnung kein vernünftiger Grund, der das Töten von Tieren rechtfertigt; s. auch § 17 Rn. 54).

5. Geeignetheit

An der **Geeignetheit einer Tiertötung oder anderen tierbelastenden Handlung** fehlt 42
es, wenn der Eingriff untauglich ist, das angestrebte Ziel zu erreichen. – Beispiel nach OLG Stuttgart (NuR 1986, 347): Ein Gartenbesitzer, dessen Kirschenbaum ständig von Amseln „heimgesucht" worden war, hatte vier der Vögel abgeschossen. Keine Rechtfertigung, denn: Das emotionale Motiv (Verärgerung, Wut) schied als vernünftiger Grund von vornherein aus (s. Rn. 40); der an sich erlaubte Zweck, die eigenen Kirschen vor Vogelfraß zu schützen, rechtfertigte ebenfalls nicht, weil die Tötung einzelner Vögel kein geeignetes Mittel zum Abschrecken von Artgenossen darstellt; allenfalls der entstehende Knall konnte vorübergehend eine derartige Wirkung erzielen, doch hätte dazu als milderes Mittel auch der ungezielte Schuss oder ein auf andere Weise erzeugter Knall ausgereicht. – Ein ähnliches Beispiel bildet das von Fischteichbesitzern geforderte Abschießen von Kormoranen: Weil ein bloßer Knall denselben Scheucheffekt hat und zeitweilige Vertreibungen der Vögel das Problem lediglich auf andere Gewässerabschnitte verlagern, ist das Abschießen ungeeignet und damit nicht „erforderlich" iS von § 43 Abs. 8 S. 1 BNatSchG (vgl. OVG Schleswig NuR 1994, 97, 98: Auch umfangreiche Abschüsse hätten nicht verhindert, dass weiterhin jährlich große Schwärme von Kormoranen auf die Teiche einfielen; ein ungezielter Schuss sei genauso wirksam oder wirkungslos; vertriebene Vögel würden sich an benachbarten Gewässern niederlassen; zudem erhöhten die Scheuchaktionen den Energiebedarf der Tiere und führten zu verstärktem Fischfraß. Vgl. auch VG Regensburg NuR 2004, 620, 621: Die Tötung von Kormoranen sei zur Schadensabwehr „kaum geeignet". Die bayerische Kormoranverordnung „mit ihren massiven Abschussmöglichkeiten" sei gescheitert, weil trotz zahlreicher Abschüsse keine Reduzierung der Bestände feststellbar sei). – Ähnlich ist die Situation beim Töten von Graureihern (vgl. OVG Münster NuR 1988, 155, 156). – Bei Tötungsaktionen gegen vermeintliche Schädlinge „ist nach wie vor offensichtlich vielen mit Verminderungs-Maßnahmen befassten Menschen unklar, dass Reduzierungen in aller Regel die natürlichen innerartlichen Regulationsmechanismen außer Funktion setzen und zu einer ständigen Ankurbelung der Vermehrung führen" (BMELV, Schädlingsgutachten Kap. 8). – Weitere Beispiele: Tötung von Stadttauben (s. § 17 Rn. 42); manche Tierversuche (s. § 7 Rn. 12).

Bloße **Zweifel an der Geeignetheit** reichen idR nicht aus, um eine Rechtfertigung zu 43
verneinen. Sie können aber auf andere Elemente der Prüfung „durchschlagen" und eventuell dazu führen, dass diese verneint werden müssen (vgl. *Maisack*, Zum Begriff des vernünftigen Grundes, S. 155–161). ZB kann sich aus Eignungszweifeln ergeben, dass der Handelnde in Wahrheit einen anderen Hauptzweck verfolgt als von ihm angegeben (vgl. StA Hanau NuR 1991, 501: Deklaration eines Wettfischens als Maßnahme zur Fischhege oder Gewässerbewirtschaftung). Die Prüfung der Erforderlichkeit kann ergeben, dass andere, weniger tierbelastende Wege zur Verfügung stehen, die gleich wirksam (oder eben gleich wirkungslos) sind. Im Rahmen der Prüfung der Verhältnismäßigkeit ieS bewirkt eine geringe Erfolgswahrscheinlichkeit, dass der von der Maßnahme ausgehende Nutzen nur als gering eingestuft werden kann; damit aber wird er vielfach nicht in der Lage sein, die den Tieren zugefügten Schmerzen oder Leiden oder deren Tod zu überwiegen.

6. Erforderlichkeit (auch: Unerlässlichkeit, Übermaßverbot, Minimierungsgrundsatz oder Grundsatz des mildesten Mittels)

44 An der **Erforderlichkeit einer Tiertötung oder anderen tierbelastenden Handlung** fehlt es, wenn eine andere Maßnahme in Betracht kommt, die gleichermaßen zweckeffektiv ist, aber weniger stark in Leben, Wohlbefinden und Unversehrtheit von Tieren eingreift. Von mehreren Handlungsalternativen mit gleicher Zweckeignung ist also nur diejenige erlaubt, die Tieren am wenigsten Schmerzen, Leiden oder Schäden zufügt. Man kann diese Prüfung in vier Fragen aufteilen: **1.** Die Frage nach dem mit der Handlung verfolgten (Haupt-)Zweck; **2.** die Frage, welche alternativen Maßnahmen oder Maßnahmenbündel dafür überhaupt in Betracht kommen; **3.** die Frage, welche dieser Maßnahmen bzw. Maßnahmenbündel zur Erreichung dieses Zweckes ebenso geeignet wären; **4.** schließlich die Frage, ob eine dieser Alternativen weniger tierbelastend ist, d.h. Tiere weniger stark beeinträchtigt als die zu prüfende Handlung. – Zu „unerlässlich" s. auch § 7 Rn. 11–21.

45 Vor jedem Eingriff muss deshalb die **vollständige Aufklärung aller ernsthaft in Betracht kommenden tierschonenderen Handlungsalternativen** stehen. Dies folgt u.a. aus dem Prinzip vom überwiegenden Gegeninteresse (s. Rn. 30), für das die Beschränkung auf das jeweils objektiv verfügbare mildeste Mittel schlechthin konstitutiv ist. Auch die nach Art. 20a GG herzustellende praktische Konkordanz zwischen den durch das Staatsziel geschützten Werten und den Grundrechten der Tiernutzer setzt voraus, dass von mehreren Handlungsalternativen nur diejenige zugelassen wird, die den zurücktretenden Wert am wenigsten beeinträchtigt, d.h. Tieren am wenigsten Schmerzen, Leiden und/oder Schäden einschließlich Tod zufügt (s. Art. 20a GG Rn. 7 und 15, Gebot zur Rücksichtnahme). – In der Praxis der Gerichte und Behörden kann die Beantwortung der Frage nach der gleichen Zweckeignung von tierschonenden Handlungsalternativen beträchtliche Schwierigkeiten bereiten. Es bedarf dazu eines hohen Maßes an Tatsachenwissen auf dem betreffenden Sachgebiet und nicht selten auch der Einholung von Auskünften oder Sachverständigengutachten. Das darf aber (jedenfalls seit Geltung von Art. 20a GG) nicht dazu führen, diese Prüfung auf eine „qualifizierte Plausibilitätskontrolle" oder auf „allgemein anerkannte" Alternativen o.Ä. zu beschränken (näher *Maisack* aaO S. 164–170).

46 **Beispiele für fehlende Erforderlichkeit:** Tötung eines verletzten oder kranken Tieres, um ihm weitere Schmerzen oder Leiden zu ersparen, obwohl die Möglichkeit bestanden hätte, es einzufangen und einer tierärztlichen Versorgung, notfalls auch einer schmerzlosen Tötung durch den Tierarzt zuzuführen (vgl. OLG Karlsruhe NJW 1991, 116, auch mit dem Hinweis, dass ein Fangschuss auf einen verletzten Hund ohne vorherige Nachschau nicht rechtmäßig ist). Tiertötung zu Ausbildungszwecken, obwohl es möglich wäre, durch eine Kombination von tierverbrauchsfreien Lehrmethoden einen insgesamt gleichwertigen Ausbildungserfolg zu erreichen (dies kann auch dann der Fall sein, wenn zwar für einen von mehreren Ausbildungszwecken Defizite verbleiben, diese jedoch durch Vorteile für einen anderen Ausbildungszweck aufgewogen werden, s. § 10 Rn. 8 und 10). Tiertötung zu wissenschaftlichen Zwecken, obwohl zur Beantwortung der wissenschaftlichen Fragestellung eine Alternativmethode oder Alternativmethodenkombination ohne Tiere oder mit weniger Tieren zur Verfügung stünde (das Problem, dass Alternativmethoden, selbst wenn sie wissenschaftlich erarbeitet und in verschiedenen Labors validiert worden sind, vielfach erst nach extrem langer Zeit und nach Überwindung vieler Hemmnisse in die europäischen und OECD-Prüfrichtlinien aufgenommen werden, betrifft bei genauer Betrachtung nicht mehr die Beantwortung der wissenschaftlichen Fragestellung, sondern die Zulassung und Vermarktung des Endprodukts; letzteres dürfte aber keine Unerlässlichkeit für Tierversuche iS des § 7 Abs. 2 und damit auch keine Erforderlichkeit für Tiertötungen iS der §§ 4 Abs. 3, 1 S. 2 begründen, s. § 7 Rn. 17 und *Spielmann* in: Ev. Akademie Bad Boll, Tierarzt S. 103, 106). Hälterung gefangener Fische in Setzke-

schern und Zufügung entsprechender Leiden, anstatt die Tiere sofort zu töten und sie anschließend in Kühltaschen aufzubewahren (vgl. OLG Düsseldorf NStZ 1991, 192). Tötung überzähliger Zootiere (auch: beschlagnahmter Tiere, Nutztiere), obwohl die Unterbringung in einem anderen Zoo, einem Tierheim oder einer Auffangstation oder die Vermittlung an geeignete Privatpersonen möglich wäre (*L/M* § 1 Rn. 77; s. auch § 17 Rn. 43). Tötungsaktionen gegen Schädlinge, obwohl Vergrämungs- und Abschreckungsmethoden oder bauliche Sicherungsmaßnahmen für eine Schadensabwehr ausreichen würden oder die Überpopulation mittels einer ökologischen Regulation abgebaut werden könnte (vgl. BMELV Schädlingsgutachten Kap. 7.1 und Kap. 8, „Schlussfolgerungen und Empfehlungen; s. auch § 17 Rn. 37–40). Verfütterung lebender Tiere, obwohl auch die Fütterung mit frisch-toten Beutetieren möglich wäre (s. § 17 Rn. 53).

Für den Bereich der Tierversuche verbietet **§ 9 Abs. 2 S. 3 Nr. 3** die Zufügung von 47
Schmerzen, Leiden oder Schäden aus Gründen der Arbeits-, Zeit- oder Kostenersparnis. Dieses Verbot ist Ausdruck eines allgemeinen, dem Grundsatz der Erforderlichkeit (Unerlässlichkeit) entspringenden Rechtsgedankens (vgl. *L/M* § 1 Rn. 77). Da es sich bei den Tierversuchen um einen Bereich handelt, in dem die menschlichen Nutzerinteressen durch das vorbehaltlose Grundrecht der Forschungsfreiheit besonders stark geschützt sind, drängt sich für die anderen Bereiche der Tiernutzung ein Erst-recht-Schluss auf. Für die Erforderlichkeit folgt daraus: Gibt es zur Erreichung des mit einer Tiernutzung angestrebten Zweckes eine für das Tier weniger belastende Handlungsalternative, die aber für den Nutzer mit mehr Aufwand an Zeit, Kosten und/oder Arbeit verbunden ist, so ist die Wahl des belastenderen, aber billigeren bzw. weniger aufwändigen Mittels rechtswidrig (s. auch § 9 Rn. 10). – Beispiele: Das Schwanzbeißen bei Schweinen lässt sich effektiv bekämpfen, indem man den Tieren ausreichend Einstreu zum Beißen, Kauen, Wühlen, Erkunden und als Beschäftigungsmaterial zur Verfügung stellt, evtl. bei gleichzeitiger Minderung der Besatzdichten (vgl. *Sambraus* in: Ev. Akademie Bad Boll, Tierarzt S. 38, 49); diese Handlungsalternative ist zwar kosten- und arbeitsaufwändiger als das in einstreulosen Haltungen übliche Schwanzkürzen, bewirkt aber gleichwohl, dass Schwanzkürzen nicht als „unerlässlich" iS des § 6 Abs. 1 S. 2 Nr. 3 angesehen werden kann. Gleiches gilt für das Kürzen der Schnabelspitze bei Nutzgeflügel: Zur Vermeidung von Federpicken und Kannibalismus ist diese Maßnahme nicht erforderlich, wenn den Tieren von Anfang an (insbesondere auch schon während ihrer Aufzucht) genügend Körnerfutter und Einstreu zum Abarbeiten ihrer Pickenergie zur Verfügung gestellt wird; der damit verbundene Arbeits-, Kosten- und Zeitaufwand vermag keine Unerlässlichkeit des Schnabelkürzens iS des § 6 Abs. 3 S. 2 begründen. Ein weiteres Beispiel aus dem Bereich der Tierversuche: Ist die wissenschaftliche Fragestellung, die durch das Versuchsvorhaben geklärt werden soll (zB nach der Toxizität eines Stoffes oder einer Stoffkombination), durch Versuche eines anderen Unternehmens bereits beantwortet, so lässt sich aus den Aufwendungen, die das antragstellende Unternehmen machen muss, um an die Daten des Erstversuchers heranzukommen, keine Unerlässlichkeit für einen Wiederholungsversuch herleiten (s. auch § 7 Rn. 21).

Die Prüfung der Erforderlichkeit kann auch ergeben, dass zwar **eine weniger belastende, zugleich aber auch weniger zwecksichere Handlungsalternative** zur Verfügung 48
steht. Gleichwohl darf der Nutzer dann nicht in jedem Fall zum sichersten, zugleich aber auch schärfsten Mittel greifen. Vielmehr muss er in einem solchen Fall eine Abwägung zwischen der Zwecksicherheit einerseits und dem (durch die Wahl des effektivsten Mittels verursachten) Leid der Tiere auf der anderen Seite vornehmen. Ergibt sich dabei, dass die Einbuße an Zweckeignung/Zwecksicherheit weniger schwer wiegt als die mit der Wahl der effektivsten Handlungsalternative verbundenen Leiden bzw. Schäden, so ist eine Beschränkung auf das mildere Mittel geboten, trotz dessen geringerer Effektivität. Dieser Gedanke findet sich bereits im Erlass des preußischen Kulturministers *Gossler* vom 2. 2. 1885, wonach Tierversuche, welche „ohne *wesentliche* Beeinträchtigung des Resultats" an niederen Tieren gemacht werden konnten, nur an diesen und nicht an höheren Tieren

vollzogen werden durften; *unwesentliche* Beeinträchtigungen des Resultats waren also hinzunehmen und rechtfertigten noch nicht das Heranziehen höherer und (vermutet) leidensfähigerer Tiere (vgl. *Baumgartner* in: *Caspar/Koch* S. 12). – Beispiele: Die Tötung von Rindern ohne Ohrmarken ist nicht erforderlich, weil zur Erreichung des Zieles, Rindfleisch mit unbekannter Herkunft vom Handel auszuschließen, tierschonendere Mittel wie ein Verbringungs-, Vermarktungs-, Schlacht- und Verwertungsverbot sowie das Verbot der Annahme von Tieren mit unbekannter Herkunft zur Verfügung stehen; das dabei verbleibende Restrisiko wiegt gegenüber dem Eingriff der Tötung weniger schwer und ist deshalb hinzunehmen (vgl. VG Oldenburg AgrarR 2001, 361, 363; s. auch Einf. Rn. 42). Soweit zur Rechtfertigung der Ausbildung von Jagdhunden an der lebenden Ente geltend gemacht wird, der angestrebte Ausbildungserfolg lasse sich nicht in gleicher Weise erreichen, wenn anstelle lebender, flugunfähig gemachter Enten nur tote Enten verwendet werden, müsste selbst bei unterstellter Richtigkeit dieser These eine solche Einbuße an Zwecksicherheit eher hingenommen werden als die erheblichen Belastungen, zu denen es bei einem Einsatz lebender, flugunfähig gemachter Enten auf Seiten der Tiere regelmäßig kommt (näher § 3 Rn. 45, 46). Zur vermeintlichen Rechtfertigung der Hälterung gefangener Fische im Setzkescher wird zT auf eine Beeinträchtigung der Lebensmittelqualität bei getöteten und gekühlt gelagerten Fischen hingewiesen; diese Beeinträchtigung ist aber unbedenklich und eher hinzunehmen als die den Fischen mit der Hälterung zugefügten Leiden (s. Rn. 46).

7. Verhältnismäßigkeit ieS (Nutzen-Schaden-Abwägung)

49 Die Nutzen-Schaden-Abwägung (oder Nutzen-Schaden-Relation), die im Anschluss an die Feststellung der Geeignetheit und der Erforderlichkeit durchgeführt werden muss, ist nicht nur für den Grundsatz der Verhältnismäßigkeit konstitutiv, sondern auch verfassungsrechtlich geboten. Denn sowohl die Grundrechte der Nutzer (zB nach Art. 4, 5, 12, 14 GG) als auch die durch Art. 20a GG geschützten Integritäts- und Wohlbefindensinteressen der Tiere sind Verfassungsprinzipien; wenn solche Prinzipien miteinander kollidieren, so muss eine praktische Konkordanz hergestellt werden, d.h. es muss im Wege der Abwägung entschieden werden, welchem Prinzip nach den konkreten Umständen des Falles der Vorrang zukommt und bis zu welcher Grenze dieser Vorrang gehen soll (vgl. Art. 20a GG Rn. 7).

50 Nach dem **Mehr-Nutzen-als-Schaden-Prinzip** kann ein vernünftiger Grund nur vorliegen, wenn der von dem Eingriff ausgehende Nutzen so gewichtig ist, dass er die Beeinträchtigung der Belange der Tiere wesentlich überwiegt. „Demjenigen, der eine ein Tier beeinträchtigende Handlung vornimmt, wird als vernünftiger Grund nur dann eine Rechtfertigung seines Handelns zuzuerkennen sein, wenn eben dieses Handeln aus Gründen des Schutzes eines höherwertigen Rechtsguts gegenüber dem geringerwertigen Rechtsgut geboten ist“ (*Ennulat/Zoebe* II § 1 Rn. 8). „Die Anliegen des Tierschutzes müssen lediglich gegenüber einem im besonderen Fall höheren Interesse zurücktreten“ (*Lorz* Rd L 1994, 225, 226; Rd L 1978, 281, 284; *Drossé* AgrarR 2002, 111, 112; *ders.* AUR 2003, 367, 371: „Wünsche und Bestrebungen des Menschen haben zurückzutreten, wenn sie nicht aus zwingenden oder wenigstens in jeder Hinsicht überzeugenden Gründen als absolut vorrangig eingestuft werden müssen“). „Vernünftig ist ein Grund, wenn er … unter den konkreten Umständen schwerer wiegt als das Interesse des Tieres an seiner Unversehrtheit und seinem Wohlbefinden“ (*L/M* § 1 Rn. 62). – Nicht ausreichend ist also, dass der Schaden (für das Tier) lediglich nicht außer Verhältnis zum Nutzen (für den Menschen) steht, denn dies kann nur dort genügen, wo es um die Bekämpfung einer von dem Tier selbst ausgehenden Gefahr geht (vgl. § 228 BGB; vgl. auch *Lorz* NuR 1992, 401). In allen anderen Fällen muss der Nutzen deutlich größer sein als der Schaden. Das folgt auch daraus, dass der vernünftige Grund ein auf dem Prinzip des überwiegenden Gegeninteresses beruhender Rechtfertigungsgrund und nicht etwa nur ein Entschuldi-

gungsgrund ist (s. Rn. 30). Für eine Entschuldigung kann ausreichen, dass der vom Täter in einer besonderen Zwangslage angerichtete Schaden nicht unverhältnismäßig größer ist als das, was er an Schaden von sich oder einem Angehörigen abwenden will (vgl. § 35 StGB); eine Rechtfertigung erfordert dagegen, dass das wahrgenommene Interesse das beeinträchtigte deutlich überwiegt.

Logisch vorrangig vor jeder Abwägung ist die **vollständige Zusammenstellung des Abwägungsmaterials.** Die zuständige Behörde muss (zB wenn sie im Rahmen von § 16a S. 1 zu entscheiden hat, ob sie gegen eine Tiertötung oder Leidenszufügung wegen Verstoßes gegen § 1 S. 2 einschreiten soll) alle für die Nutzen-Schaden-Relation maßgebenden Tatsachen von Amts wegen ermitteln (§ 24 VwVfG). Dabei können drei Fragen unterschieden werden: **1.** Wie groß ist der von der Tötung oder tierbelastenden Handlung ausgehende Nutzen (nach Art, Ausmaß, Wahrscheinlichkeit, Zahl der davon möglicherweise profitierenden Personen, Schutzwürdigkeit der damit wahrgenommenen Interessen)? **2.** Wie schwer wiegen die Schmerzen, Leiden und/oder Schäden (einschließlich Tod), die den Tieren durch die Handlung zugefügt werden (nach Art, Ausmaß, Zeitdauer und Wahrscheinlichkeit der Belastungen sowie nach Zahl und Entwicklungshöhe der betroffenen Tiere)? **3.** Kann festgestellt werden, dass der Nutzen den Schaden deutlich überwiegt)? – Die Behörde hat sich dabei aller Beweismittel zu bedienen, die sie nach pflichtgemäßem Ermessen zur vollständigen Sachaufklärung für erforderlich hält. Auch hier gilt, dass (zumindest seit Inkrafttreten von Art. 20a GG) eine Beschränkung auf eine „qualifizierte Plausibilitätskontrolle“ o. Ä. nicht mehr möglich ist (s. Rn. 45 und Art. 20a GG Rn. 28, 29; vgl. auch *Gassner* NuR 1987, 98, 101: vollständige Aufbereitung des Abwägungsmaterials). 51

Es gilt ferner ein **Gebot zu ganzheitlicher Interessenabwägung.** Auch Fernwirkungen und Folgen einer Tiernutzung, die zwar unbeabsichtigt, aber dennoch voraussehbar sind, müssen in die Abwägung einbezogen und auf der Nutzen- oder Schadensseite gewichtet werden. Wenn beispielsweise bei der Bewertung einer Nutzungsform lediglich solche Vorteile oder Nachteile berücksichtigt werden, die unmittelbar und auf den ersten Blick aufscheinen, so entspricht dies nicht den Anforderungen an eine rechtsstaatlich einwandfreie Güterabwägung. Insbesondere ist es nicht ausreichend, belastenden Formen der Tierhaltung nur die arbeits- und betriebswirtschaftlichen Vorteile, die sie für den Inhaber kurzfristig haben, gegenüberzustellen, und dabei ihre möglichen langfristigen volkswirtschaftlichen, ökologischen und/oder strukturpolitischen Nachteile außer Betracht zu lassen (näher zu dieser „Diskrepanz zwischen individuellem und sozialem Nutzen“ *Boehncke* TU 1998, 63, 66). – Beispiele: Geht es darum, ob die mit einer bewegungsarmen und einstreulosen Haltung von Rindern und Schweinen auf Vollspaltenböden einhergehenden Leiden oder Schäden um höherrangiger Belange willen unvermeidbar iS von § 2 Nr. 2 sind, so kann man diesen Beeinträchtigungen nicht allein die betriebs- und arbeitswirtschaftlichen Vorteile für den Halter und die damit einhergehenden Preisvorteile für die Allgemeinheit gegenüberstellen; einzubeziehen ist vielmehr auch, dass der in solchen Haltungen anfallende Flüssigmist bei seiner Ausbringung auf Wiesen und Felder weit stärker zur Belastung von Böden und Gewässern mit Nitrat- und Phosphateinträgen beiträgt als der in einstreuhaltigen Systemen anfallende Festmist (vgl. *Manß* Rd L 1993, 115: zwischen 1965 und 1990 sind die meisten viehhaltenden Betriebe in Deutschland auf einstreulose Flüssigmistsysteme umgestellt worden; im selben Zeitraum hat sich trotz eines gleichbleibenden Rinder- und Schweinebestandes die Nitratkonzentration in den Gewässern Deutschlands vervierfacht). Nach neueren Berechnungen verursacht die konventionelle Schweinemast durch Umweltschäden deutlich höhere gesellschaftliche Kosten als die ökologische; die Vorteile der Öko-Schweine, die dem höheren Arbeits- und Zeitaufwand für ihre Aufzucht und Mast gegenübergestellt werden müssen, sind u.a. der Verzicht auf Pflanzenschutzmittel und Mineraldünger bei der Futterproduktion, der um ein Viertel geringere Primärenergieverbrauch und die um drei Viertel niedrigeren Stickstoffeinträge in Gewässer (vgl. *Korbun, Steinfeldt, Kohlschütter* Schriftenreihe des IÖW 52

171/04 S. 111). – Zu den Belastungen, die von intensiven Tierhaltungen ausgehen, gehört auch der verstärkte Einsatz von Medikamenten (insbesondere Antibiotika) und die dadurch bedingten Rückstände in Lebensmitteln sowie Resistenzbildungen; je dichter und bewegungsärmer die Aufstallung von Tieren ist, desto schwächer ist das Immunsystem und desto größer der Anreiz für den Halter, Infektionen und anderen Erkrankungen durch präventiven Arzneimitteleinsatz vorzubeugen (vgl. *Haiger* TU 1998, 67, 68; s. auch § 2 Rn. 22). Zudem hat die flächenunabhängig wirtschaftende Intensivtierhaltung vor allem im Bereich der Legehennen und Masthühner zu einer Konzentration auf wenige miteinander verflochtene Großunternehmen geführt und damit den bäuerlichen Klein- und Mittelbetrieben eine wichtige Einnahmequelle entzogen (s. Anh. zu § 2 Rn. 25 sowie Vor §§ 12–15 TierSchNutztV Rn. 3) . – Weiteres Beispiel: Bei der Frage nach der ethischen Vertretbarkeit von Tierversuchen zur Arzneimittelforschung müssen u.a. drei Fragen gestellt und beantwortet werden: **a)** Welchen medizinischen Nutzen wird das am Ende der Versuchsreihe stehende Produkt voraussichtlich haben? **b)** Wie hoch wird sein „Differenznutzen" sein, d.h. der zusätzliche Fortschritt, den gerade dieses Produkt unter Berücksichtigung bereits vorhandener, wirkungsähnlicher Substanzen erwarten lässt? **c)** Wie wahrscheinlich ist es, dass dieser Nutzen realisiert werden kann? Erst wenn all dies in Relation zu den (vollständig ermittelten, s. Rn. 51) Leiden und Schäden gestellt wird, kann über einen Vorrang des einen oder des anderen Interesses entschieden werden.

53 **Maßstäbe und Hilfsmittel für die Abwägung** können u.a. sein: Die Staatszielbestimmung Tierschutz (Art. 20a GG; s. Rn. 54–56); einzelne Vorschriften des TierSchG, die auf verallgemeinerbaren Wertungen beruhen und deren Maximen sich deshalb auch auf andere als die konkret geregelten Sachverhalte anwenden lassen (s. Rn. 57); beispielgebende gerichtliche Entscheidungen, denen sich ebenfalls verallgemeinerbare Maximen entnehmen lassen (s. Rn. 58); Aussagen und Stellungnahmen von Kirchenleitungen, Synoden u. Ä. zur Konkretisierung der christlichen Tierethik der Mitgeschöpflichkeit (s. Rn. 59); philosophische Aussagen im Rahmen ethischer Konzeptionen, die mit den grundsätzlichen Wertentscheidungen des Tierschutzgesetzes übereinstimmen (s. Rn. 60–62); feststellbare, überwiegend konsensfähige Wert- und Gerechtigkeitsvorstellungen in der Bevölkerung zum richtigen Umgang mit dem Tier (s. Rn. 63–66).

8. Maßstäbe für die Nutzen-Schaden-Abwägung aus Art. 20a GG

54 **Wesentliche Inhalte der Staatszielbestimmung Tierschutz** (Art. 20a GG) sind: Schutzerweiterung auf das Tier als Einzelwesen (d.h.: Verfassungsrang nicht nur für den Artenschutz, sondern auch für den ethischen Tierschutz); drei Gewährleistungselemente (nämlich „Schutz der Tiere vor nicht artgemäßer Haltung, vermeidbaren Leiden und Zerstörung ihrer Lebensräume", BT-Drucks. 14/8860 S. 3); Achtungspflicht („Verpflichtung, Tiere in ihrer Mitgeschöpflichkeit zu achten", BT-Drucks. aaO); Höhergewichtung des Tierschutzes (d.h. allgemeine Verpflichtung, die Belange des Tierschutzes in künftige Abwägungsprozesse mit höherem Gewicht einzustellen als bisher); Beschränkbarkeit aller, auch vorbehaltloser Grundrechte, soweit es zum Schutz von Lebens-, Wohlbefindens- und Integritätsinteressen von Tieren erforderlich und verhältnismäßig ist; Maßgabeklausel („nach Maßgabe von Gesetz und Recht") u.a. zur Klarstellung, dass Kollisionslagen zwischen den staatszielgeschützten Werten und den Grundrechten der Nutzer nicht iS eines abstrakten Vorrang-Nachrang-Verhältnisses gelöst werden dürfen, sondern nur durch Herstellung einer praktischen Konkordanz, d.h. durch eine an den Umständen des Einzelfalles und am konkreten Ausmaß der jeweiligen (Ziel-)Betroffenheit ausgerichtete Güter- und Interessenabwägung (s. Art. 20a GG Rn. 6–9 und 26).

55 Als **Maßstäbe für die Nutzen-Schaden-Abwägung** lassen sich daraus entnehmen: Das Optimierungsgebot (d.h., dass unbestimmte Rechtsbegriffe und Generalklauseln wie der ‚vernünftige Grund' so ausgelegt werden sollen, dass der Schutz der Tiere unter Berück-

sichtigung seiner Gleichstellung mit anderen Verfassungswerten bestmöglich verwirklicht wird; s. Art. 20a GG Rn. 17, 22); der Integritätsgrundsatz (d.h., dass Tiere grundsätzlich so behandelt werden sollen, dass ihnen keine Schmerzen, Leiden oder Schäden entstehen; Tötungen und Leidenszufügungen sind also nach der Struktur des Gesetzes, ungeachtet ihrer statistischen Häufigkeit, nicht die selbstverständliche Regel, sondern die begründungs-, rechtfertigungs- und beweispflichtige Ausnahme; s. Art. 20a GG Rn. 6); der Minimierungsgrundsatz (d.h., dass jeweils nur die tierschonendste Handlungsalternative erlaubt ist; er entspricht also der o.e. Erforderlichkeit; s. Art. 20a GG Rn. 30); der Grundsatz des zureichenden Interesses (d.h., dass Eingriffe nur um solcher Interessen willen erfolgen dürfen, die sich als wesentlich überwiegend erweisen; er entspricht also der o.e. Verhältnismäßigkeit ieS; s. Art. 20a GG Rn. 31); das Gebot der Rücksichtnahme (d.h., dass bei allen Handlungen, die Auswirkungen auf die Belange von Tieren haben können, diese Auswirkungen vorher vollständig und zutreffend ermittelt werden müssen, um sie in eine Abwägung mit den gegenläufigen Zielen und Interessen einstellen zu können; s. Art. 20a GG Rn. 15); der Auftrag zum effektiven Tierschutz (d.h., dass Behörden und Gerichte „nach Maßgabe von Gesetz und Recht" gegen private Nutzungs- und Umgangsformen einschreiten müssen, wenn diese die staatszielgeschützten Belange mehr als erforderlich oder mehr als um höherrangiger Interessen willen gerechtfertigt beeinträchtigen oder gefährden; s. Art. 20a GG Rn. 16).

Praktische Konsequenzen, die sich daraus für Abwägungen ergeben, sind u.a.: 56
1. Abwägungsentscheidungen zugunsten von Nutzerinteressen, deren Ergebnis schon nach der früheren Rechtslage knapp ausgegangen war, werden in Zukunft eher zugunsten des Tierschutzes ausfallen müssen (s. Rn. 54 „Höhergewichtung" und Art. 20a GG Rn. 32; vgl. auch *Tillmanns* NJW Editorial 32/2002). **2.** Als „vernünftiger Grund" kann nur noch der „notwendige, gewichtige Grund" angesehen werden, denn: tierbelastende Handlungen, die über das notwendige Maß hinausgehen, widersprechen dem o.e. Minimierungsgrundsatz, und Nutzerinteressen, die nicht gewichtig sind, können nach dem o.e. Grundsatz des zureichenden Interesses nicht die Beeinträchtigung von Lebens- und Wohlbefindensinteressen von Tieren auf- und überwiegen (s. Rn. 55). Sogar die Einschätzung als „zwingender Grund" ist vertretbar, nachdem das BVerfG zu Konflikten zwischen verschiedenen Verfassungswerten ausgeführt hat, die schwächere Norm dürfe nur so weit zurückgedrängt werden, „wie das logisch und systematisch zwingend erscheint" (BVerfGE 28, 243, 261; vgl. auch *Hässy* BayVBl. 2002, 202, 205). Falls sich also die durch das Staatsziel „Tierschutz" geschützten Werte im Abwägungsprozess mit Nutzerinteressen als die schwächere Norm erweisen, dürfen sie gleichwohl nur in dem Ausmaß zurückgedrängt werden, wie dies zum Schutz der stärkeren Normen „zwingend erscheint". **3.** Eingriffe in vitale tierliche Lebens- und Wohlbefindensinteressen dürfen nur dort stattfinden, wo es um die Wahrung oder Verwirklichung vergleichbar vitaler Erhaltungsinteressen des Menschen geht (s. Rn. 27 und 57, 58 sowie Art. 20a GG Rn. 31), nicht dagegen auch dort, wo nur einfache, nicht-vitale menschliche Interessen auf dem Spiel stehen. **4.** Wirtschaftliche Gründe können zur Ausfüllung eines vernünftigen Grundes nicht ausreichen (s. Rn. 47, 57 und 58). **5.** Um solche wirtschaftlichen Gründe handelt es sich auch dann, wenn zwar mit Bezug auf tierschonendere Haltungs- und Umgangsformen (zB extensive Tierhaltungsformen) angebliche hygienische, tiergesundheitliche oder gar ökologische Nachteile eingewendet werden, es dabei aber in Wahrheit nur um die Vermeidung der Mehraufwendungen geht, deren es an Zeit, Arbeit, Kosten und/oder Ausbildung des Personals bedarf, um diese Nachteile zu vermeiden (s. auch Vor §§ 12–15 TierSchNutztV Rn. 19–24a). **6.** Die Achtungspflicht (s. Rn. 54) wird u.a. verletzt, wenn Tiere ohne Nutzung getötet und entsorgt werden oder wenn sie ausschließlich als Werkzeug oder Sache dienen sollen (zB als Lock- oder Ausbildungsmittel unter vorheriger Entfernung eines Teils ihrer natürlichen Kräfte; s. § 3 Rn. 45 und Art. 20a GG Rn. 6).

9. Maßstäbe aus einzelnen Vorschriften des Tierschutzgesetzes

57 Einzelne Vorschriften des Tierschutzgesetzes enthalten Wertungen des Gesetzgebers, die sich als verallgemeinerbare Vorgaben (Maximen) ausformulieren und in dieser Form dann auch auf andere als die unmittelbar geregelten Sachverhalte anwenden lassen. Allerdings kommen dafür nur solche Normen in Betracht, die mit ihrer Tatbestandsfassung bereits ein Abwägungsergebnis enthalten (s. Rn. 32). – Aus § 3 Nr. 6 kann man entnehmen, dass Nutzungen, die lediglich der Wahrnehmung nicht-vitaler, „einfacher" menschlicher Interessen dienen (wie Filmaufnahmen, Schaustellungen, Werbung u. Ä.), nicht zu Schmerzen, Leiden oder Schäden bei den dafür in Anspruch genommenen Tieren führen dürfen (vgl. auch LG Köln NuR 1991, 42, 43: Tiertötung in einer Theatervorstellung unzulässig). Verallgemeinerbare Maxime also: Eingriffe in vitale tierliche Lebens- und Wohlbefindensinteressen dürfen nur vorgenommen werden, wo dies zur Wahrung oder Verwirklichung vergleichbar vitaler menschlicher Erhaltungsinteressen notwendig ist, nicht jedoch auch dort, wo es um nicht-vitale Interessen geht (s. auch Rn. 56 und 58). – Eine ähnliche Wertung findet sich in § 7 Abs. 5, der Tierversuche verbietet, wenn sie nur der Entwicklung, Herstellung und Zulassung von Produkten für Konsuminteressen dienen. Maxime: Für Produkte, die lediglich nicht-vitale Interessen des Menschen befriedigen sollen, darf man Tieren keine Schmerzen, Leiden oder Schäden zufügen (s. § 7 Rn. 78). – Aus § 9 Abs. 2 S. 3 Nr. 3 folgt: Wenn bei einem Tierversuch die Möglichkeit besteht, die auf Seiten der Tiere entstehenden Schmerzen, Leiden oder Schäden durch Maßnahmen, die mit einem erhöhten Kosten-, Arbeits- und/oder Zeitaufwand verbunden sind, zu verhindern oder zu vermindern, dann besitzt insoweit das Integritäts- und Wohlbefindensinteresse der Tiere Vorrang vor dem Interesse des Veranstalters an der Einsparung dieser Kosten oder dieses Aufwandes. Im Wege eines Erst-recht-Schlusses lässt sich dieser Gedanke auch auf andere Nutzungsformen übertragen, die nicht dem Schutzbereich des vorbehaltlosen (und damit besonders „starken") Grundrechts der Wissenschaftsfreiheit angehören (s. Rn. 47). Maxime also: Das wirtschaftliche Interesse, den mit einer Tiernutzung einhergehenden Kosten-, Arbeits- und Zeitaufwand so gering wie möglich zu halten, kann die Zufügung von Schmerzen, Leiden und/oder Schäden gegenüber den genutzten Tieren grds. nicht rechtfertigen. – § 5 Abs. 2 Nr. 1 erste Alt. lässt sich entnehmen, dass der Gesetzgeber zumindest bei Wirbeltieren von einem human-analogen Schmerzempfinden ausgeht (s. auch Rn. 15). Entsprechend hoch ist das Gewicht, das dem Nachteil „Schmerz" bei Abwägungen mit gegenläufigen Nutzerinteressen beigelegt werden muss.

10. Maßstäbe aus beispielgebenden gerichtlichen Entscheidungen

58 Gerichtliche Entscheidungen, die zwischen menschlichen Nutzungs- und tierlichen Integritäts- und Wohlbefindensinteressen abwägen, enthalten zuweilen ebenfalls Wertungen, die verallgemeinerbar sind und sich dann als Maximen auch auf andere, ähnlich gelagerte Fälle anwenden lassen (bei älteren Entscheidungen ist allerdings zu prüfen, ob die jeweilige Wertung mit den wesentlichen Inhalten der Staatszielbestimmung Tierschutz übereinstimmt, s. Rn. 54). Einige dieser Maximen aus beispielgebenden gerichtlichen Entscheidungen werden nachfolgend dargestellt. – In vitale tierliche Interessen darf nur zum Schutz von (vergleichbar) vitalen menschlichen Erhaltungsinteressen eingegriffen werden; „einfache", d. h. nicht-vitale menschliche Interessen rechtfertigen weder eine Tötung noch die Zufügung von Schmerzen, Leiden oder Schäden (vgl. VG Gießen NuR 2004, 64, 65: Keine Tötung einer Vielzahl von Wirbeltieren für ein Versuchsvorhaben, das lediglich der Feststellung dient, aus welchen Gründen ein Medikament beim Menschen zu einer Gewichtszunahme führt. Vgl. auch BVerwG AgrarR 2001, 59 f.: Angeln „allenfalls", wenn es um „das erstmalige Habhaftwerden des Fisches für Nahrungszwecke des Menschen" geht; nicht dagegen auch zum Betreiben eines Angelzirkus und zur Erzielung der damit verbundenen betrieblichen Gewinne. Vgl. weiter BayObLG NuR 1994, 511, 512 und AG

Neunkirchen NuR 1994, 520f.: Keine Zufügung erheblicher Schmerzen gegenüber einem Haustier, um dieses einem Modetrend entsprechend zu verschönern; s. auch Rn. 56, 57). – Wirtschaftliche Gründe können zur Ausfüllung eines vernünftigen Grundes nicht ausreichen (vgl. OLG Frankfurt/M NStZ 1985, 130, mit Bezug auf eine Legehennenkäfighaltung und die damit verbundenen Bewegungseinschränkungen der Tiere: „Ökonomische Gründe allein sind zur Ausfüllung des Begriffs ‚vernünftiger Grund' nicht geeignet ... Denn bei Anlegung eines allein ökonomischen Maßstabs ließe sich die Grundkonzeption des Tierschutzgesetzes als eines ethisch ausgerichteten Tierschutzes im Sinne einer Mitverantwortung des Menschen für das seiner Obhut anheim gegebene Lebewesen aus den Angeln heben." Ebenso LG Düsseldorf RdL 1980, 189ff.; AG Leverkusen AgrarR 1979, 229f.; StA Stuttgart 40 Js 2312/77; s. auch Rn. 56). – Auflagen, mit denen die verhaltensgerechte Unterbringung und die artgemäße Bewegungsfreiheit von Tieren sichergestellt werden, müssen vom Tierhalter hingenommen werden, jedenfalls solange sie nicht seinen Geschäftsbetrieb als Ganzes gefährden (vgl. VG Berlin AtD 1998, 48, 50: Der Einwand eines Zoofachhändlers, die Auflagen, die ihm für die Haltung von Hundewelpen und Jungkatzen gemacht worden waren, könnten „aus raumtechnischen, zeitlichen und kommerziellen Gründen" nicht erfüllt werden und würden dazu führen, dass er auf diesen Teil seines Betriebes verzichten müsse, blieb außer Betracht. Vgl. weiter OVG Münster NuR 1996, 362: Einhaltung des gesetzlichen Amputationsverbotes in § 6 Abs. 1 S. 1, „selbst dann, wenn allein mittels einer Amputation die Voraussetzungen für eine bei wirtschaftlicher Betrachtung sinnvolle Tierhaltung geschaffen werden können"). – Keine Zufügung von Schmerzen, Leiden oder Schäden aus Gründen der Arbeits-, Zeit- oder Kostenersparnis (vgl. OLG Düsseldorf NuR 1994, 517ff.: keine Hälterung frisch gefangener Fische in Setzkeschern, denn der Zweck, sie als Lebensmittel frisch zu halten, kann auch dadurch erreicht werden, dass sie sofort nach der Anlandung getötet, geschlachtet und anschließend in Kühltaschen aufbewahrt werden; der damit verbundene Arbeits- und Zeitaufwand für den Angler wiegt weniger schwer als die Leiden, denen die Fische im Setzkescher ausgesetzt sind; s. auch Rn. 57 zu § 9 Abs. 2 S. 3 Nr. 3). – Bei ernstlichen Anhaltspunkten, dass eine üblich gewordene, aber schwer tierbelastende Praxis durch eine tierschonendere Alternativmethode ersetzt werden kann, soll der schonenderen Methode bereits dann der Vorzug gegeben werden, wenn die Einschätzung, dass mit ihr der angestrebte Zweck ebenfalls erreicht werden kann, nicht unvertretbar ist (vgl. OVG Koblenz NuR 2001, 596f.: Der Einsatz von lebenden, flugunfähig gemachten Enten zur Prüfung von Jagdhunden ist unzulässig, wenn es dazu eine tierschonendere Ersatzmethode, nämlich das Aussetzen einer bereits toten Ente im deckungsreichen Gewässer gibt, und wenn die Einschätzung, dass mit dieser Ersatzmethode der Ausbildungs- und Prüfungszweck ebenfalls erreicht werden kann, nicht naturwissenschaftlich unvertretbar ist). – Ist das eingesetzte Mittel für sich gesehen rechtswidrig (oder auch: nicht weidgerecht), so kann es nicht dadurch zu einem rechtmäßigen (bzw. weidgerechten) werden, dass es für einen legitimen, nachvollziehbaren Zweck eingesetzt wird (vgl. VGH Kassel NuR 1997, 296ff. zur Einsetzung einer flugunfähig gemachten Ente als Mittel zur Ausbildung und Prüfung von Jagdhunden; ebenso OVG Schleswig AtD 1999, 30ff.; aA allerdings OVG Münster NuR 1999, 115, 117; s. auch Rn. 37). – Anders als im Straf- und Ordnungswidrigkeitenrecht gilt im Verwaltungsrecht der Grundsatz: „im Zweifel für das Tier" (vgl. VG Frankfurt/M NVwZ 2001, 1320ff.: Keine Tötung eines gefährlichen Hundes, wenn nicht die Unabweisbarkeit der Tötung zur Abwehr schwerer Gefahren oder auch zur Vermeidung eines Weiterlebens mit nicht behebbaren erheblichen Schmerzen, Leiden oder Schäden sicher nachgewiesen ist. Vgl. auch BayObLG NuR 1994, 512f.: Keine Tötung eines tollwutverdächtigen Hundes, wenn eine vorherige Aufklärung des Gefahrenverdachtes durch die dafür zuständige Behörde ohne schwere, irreversible Schäden möglich ist). – Gebot zur Beschränkung auf ein tierschonenderes, weniger zweckeffektives Mittel, wenn die Einbuße an Zwecksicherheit oder Zweckwahrscheinlichkeit nicht schwerer wiegt als die Schmerzen, Leiden und/oder Schäden, die für das Tier mit der Wahl des zweckeffektivsten Mittels verbunden sind (vgl. OLG Karlsruhe NJW 1991, 116f.: Kein Erschießen eines schwer verletzten Hundes zur Vermeidung weiterer Leiden, wenn ein Einfangen und eine tierärztliche Versorgung des Tieres möglich sind; der Tötende muss sich vorher von der Unmöglichkeit dieser tierschonenden Alternative mittels Nachschau überzeugen. Vgl. weiter LG Mainz MDR 1988, 1080: Kein Einsatz lebender Köderfische; stattdessen Verwendung toter Köderfische oder von Kunstködern auch dort, wo dies weniger zweckeffektiv ist; s. auch Rn. 48).

11. Konkretisierende Aussagen zur Tierethik der Mitgeschöpflichkeit als Hilfsmittel für die Abwägung

59 Mit der **Einfügung des Begriffs „Mitgeschöpf" in den Gesetzestext** nimmt der Gesetzgeber Bezug auf die christliche Tierethik der Mitgeschöpflichkeit, die eine Reduktion der Humanität auf bloße Mitmenschlichkeit ablehnt und von der Einbeziehung der Tiere in die Gebote von Humanität, Gerechtigkeit und Nächstenliebe ausgeht (s. Einf. Rn. 8–13; vgl. auch *Lorz* § 7 Rn. 18: Ethik der Mitgeschöpflichkeit als die Ethik des Tierschutzgesetzes). Aussagen, die von Kirchenleitungen, Synoden u. Ä. zur Konkretisierung dieser Ethik gemacht worden sind, besitzen zwar keine unmittelbare Rechtsverbindlichkeit. Sie können und sollen aber daraufhin untersucht werden, ob sie den Ergebnissen der Auslegung von Art. 20a GG oder einzelner Normen des Tierschutzgesetzes entsprechen oder mit den Wertungen, die sich aus einzelnen Gesetzen und gerichtlichen Entscheidungen ergeben, übereinstimmen. Soweit eine solche Entsprechung feststellbar ist, kann dies das aufgefundene Auslegungsergebnis bzw. die festgestellte Wertung bestätigen und das Verständnis dafür vertiefen. – Der ethischen Forderung nach einer „Nötigung zur Abwägung" (s. Einf. Rn. 11) entspricht es, dass man bei jeder Tötung und jedem sonstigen Eingriff alle für die Nutzen-Schaden-Relation bedeutsamen Tatsachen und alle ernsthaft in Betracht kommenden tierschonenderen Handlungsalternativen vollständig ermitteln muss und diese Prüfung nicht auf „qualifizierte Plausibilitätskontrollen" o. Ä. beschränken darf (s. Rn. 45, 51). – Die wiederholte Betonung des Zusammenhangs von Menschenwürde und Humanität gegenüber dem Tier (s. Einf. Rn. 12) schließt es aus, Forderungen nach Einschränkungen bei der Abwägung oder der Ermittlung des Abwägungsmaterials mit dem Hinweis auf den Schutz der Menschenwürde nach Art. 1 GG begründen zu wollen. – Den wiederholten und zutreffenden Hinweisen auf die Nachteile, die von intensiven, reiz- und bewegungsarmen Tierhaltungen nicht nur für die Tiere selbst, sondern auch für die Belange der Ökologie, der menschlichen Gesundheit und der landwirtschaftlichen Struktur ausgehen (s. Einf. Rn. 11, 13), entspricht das dem Verhältnismäßigkeitsgrundsatz entnommene Gebot zu ganzheitlicher Interessenabwägung (s. Rn. 52). – Der Gedanke, dass in die vitalen Lebens- und Wohlbefindensinteressen von Tieren nur um (vergleichbar) vitaler Interessen des Menschen eingegriffen werden darf (s. Rn. 56–58) spiegelt sich in zahlreichen Aussagen kirchlicher Entscheidungsträger zur Mitgeschöpflichkeit wider; Gleiches gilt für den Grundsatz, dass wirtschaftliche Gründe und Erwägungen der Wettbewerbsgleichheit grds. nicht geeignet sind, die Zufügung von Leiden, Schmerzen und/oder Schäden zu rechtfertigen (s. Einf. Rn. 13). – Der kirchlichen Forderung, Schmerzen und Leiden schon dann zu berücksichtigen, wenn sie zwar nicht sicher, aber wahrscheinlich sind (s. Einf. Rn. 13), entspricht u. a. der Grundsatz „im Zweifel für das Tier" (Rn. 58).

12. Ethische Konzeptionen zum Mensch-Tier-Verhältnis als Hilfsmittel für die Abwägung

60 Die in der **Philosophie entwickelten Gedanken zum richtigen Umgang des Menschen mit dem Tier** können bei der Auslegung der unbestimmten Rechtsbegriffe des Gesetzes ebenfalls nicht unberücksichtigt bleiben. Allerdings müssen dabei zunächst die grundsätzlichen Wertentscheidungen der Tierschutzgesetzgebung bedacht werden

(s. Einf. Rn. 18: direkter, ethischer Tierschutz; Lebensschutz; Wohlbefindensschutz; Anerkennung einer human-analogen Schmerz- und Leidensfähigkeit; Mitgeschöpflichkeit; Gewaltminimierung; Verhältnismäßigkeit; gesteigerte Rücksichtnahme auf Tiere in der Hand des Menschen; Wertentscheidungen aus der Staatszielbestimmung Tierschutz). Ethik-Konzeptionen, die zu einer oder mehrerer dieser Wertentscheidungen in Widerspruch stehen oder durch sie überholt sind, können für die Gesetzesauslegung keine Hilfe sein. Damit scheiden sowohl ein ethischer Naturalismus (der aus den überlegenen Fähigkeiten des Menschen auf seine Berechtigung schließt, das Tier zu beherrschen und zu jedem ihm sinnvoll erscheinenden Zweck zu verwenden) als auch ein rein anthropozentrischer Humanismus (der alle nicht-menschlichen Interessen von vornherein abwertet und Pflichten gegenüber dem Tier ablehnt) aus der juristischen Betrachtung aus (s. Einf. Rn. 14). Auch über die Position eines nur indirekten, anthropozentrischen Tierschutzes (s. Einf. Rn. 15: Pflichten nicht gegenüber dem Tier, sondern nur „in Ansehung" des Tieres) ist das Gesetz mit seiner Anerkennung des direkten Tierschutzes weit hinausgegangen (s. Einf. Rn. 21). Demgegenüber enthalten diejenigen Ethik-Konzeptionen, die mit den Wertentscheidungen des Gesetzes vereinbar sind (vor allem weil sie die Existenz direkter Pflichten gegenüber dem Tier bejahen), einige bedeutsame Erkenntnisse, die in unterschiedlicher Terminologie immer wieder geäußert werden (s. Einf. Rn. 16, 17). Soweit diese Erkenntnisse sich auch in einzelnen gesetzlichen Vorschriften, in beispielgebenden gerichtlichen Entscheidungen und/oder in den Grundsätzen und Geboten aus Art. 20a GG wiederfinden, können sie die Ergebnisse der Auslegung dieser Gesetze und Gerichtsentscheidungen bestätigen und das Verständnis dafür vertiefen.

Philosophische Erkenntnisse, die sich in einzelnen Gesetzen und beispielgebenden 61
Gerichtsentscheidungen wieder finden, sind u.a.: In die vitalen Interessen von Tieren darf nur um vergleichbar vitaler (Erhaltungs-)Interessen des Menschen willen eingegriffen werden, nicht dagegen auch zur Befriedigung nicht-vitaler menschlicher Bedürfnisse. Philosophie u.a.: *Rousseau, Herder, Schopenhauer, Schweitzer, Nelson, Barth, Regan, Spaemann, Kadlec, J.C. Wolf* (s. Einf. Rn. 16, 17). Gesetze u.a.: § 3 Nr. 6 und § 7 Abs. 5 (s. Rn. 57). Gerichtsentscheidungen u.a.: VG Gießen NuR 2004, 64ff.; BVerwG AgrarR 2001, 59f.; BayObLG NuR 1994, 511, 512; AG Neunkirchen NuR 1994, 520f. (s. Rn. 58). – Wirtschaftliche Gründe reichen als solche nicht aus, um die Zurückdrängung von Grundbedürfnissen oder die Zufügung von Schmerzen, Leiden oder Schäden zu rechtfertigen. Philosophie u.a.: *Demokritos, Plutarch, Rousseau, Herder, Bentham, Schopenhauer, Schweitzer, Nelson, Barth, Regan, Spaemann, Kadlec, Höffe*. Gesetz u.a.: § 9 Abs. 2 S. 3 Nr. 3 (s. Rn. 57). Gerichtsentscheidungen u.a.: VG Berlin AtD 1998, 48ff.; OVG Münster NuR 1992, 362ff.; OLG Frankfurt/M NStZ 1985, 130; LG Düsseldorf Rd L 1980, 189ff.; AG Leverkusen AgrarR 1979, 229f.; StA Stuttgart 40 Js 2312/77 (s. Rn. 58). – Die Abwägungsentscheidung und die ihr notwendigerweise vorausgehende Sammlung des Abwägungsmaterials sollten so weit wie möglich von neutralen Personen oder Institutionen vorgenommen werden. Philosophie: besonders *Spaemann*, „Abgabe der Entscheidung von Konfliktfällen an neutrale Instanzen überall dort, wo eigene Interessen auf dem Spiel stehen und damit die Gefahr der Befangenheit droht" (s. Einf. Rn. 17). Gesetz: Genehmigungserfordernisse bei einzelnen besonders tierbelastenden Nutzungen, u.a. § 4a Abs. 2 Nr. 2, § 6 Abs. 3, § 8 Abs. 1 (vgl. auch § 16: die dort vorgesehenen Kontrollbefugnisse der Veterinärbehörden sind entsprechend weit auszulegen). – Pflicht zur Rücksichtnahme auf Mitgeschöpfe, nicht wegen und nach Maßgabe ihrer geistigen Fähigkeiten sondern wegen und nach Maßgabe ihres Empfindungsvermögens. Philosophie u.a.: *Rousseau, Herder, Bentham, Schopenhauer, von Hartmann, Salt, Feinberg, Spaemann, Patzig, Höffe* (s. Einf. Rn. 16, 17). Gesetz: besonders die §§ 1 S. 2, 2 Nr. 2, 5 Abs. 2 Nr. 1 erste Alt., 17 Nr. 2a und b, 18 Abs. 1 Nr. 1 und Abs. 2, die alle auf der Anerkennung einer dem Menschen analogen Schmerz- und Leidensfähigkeit der Tiere beruhen. – Pflicht des Menschen, nicht als Herrscher über die Tiere, sondern als deren Vormund und Treuhänder zu handeln. Philosophie: insbesondere *Herder, Schopenhauer, Nelson, Regan* (s. Einf. Rn. 16, 17). Ge-

setz: insbesondere die Bezugnahme auf die Mitgeschöpflichkeit in § 1 S. 1; allerdings sieht das Gesetz keine Einräumung einer Klagemöglichkeit gegen ein „zu wenig" an Tierschutz vor, obwohl die Treuhänderstellung ohne eine solche Klagebefugnis notwendigerweise unvollständig bleibt; s. Einf. Rn. 55–59). – Pflicht, „Tiere in ihrer Mitgeschöpflichkeit zu achten" (BT-Drucks. 14/8860 S. 3), sie also insbesondere nicht wie bloße Werkzeuge oder Sachen zu behandeln. Philosophie: alle Denker, die direkte Pflichten gegenüber dem Tier bejahen (s. Einf. Rn. 16, 17). Gesetz: insbesondere Art. 20a GG und die daraus ableitbare Achtungspflicht, s. Rn. 54).

62 Zu den **Grundpositionen, über die ein mehrheitlicher (Minimal-)Konsens besteht** und die somit als gemeinsame Schnittmenge derjenigen Ethik-Konzeptionen, die auf dem Boden des Tierschutzgesetzes stehen, gelten können, s. Einf. Rn. 19. Auch sie können herangezogen werden, um die Auslegungsergebnisse aus Art. 20a GG, aus einzelnen Vorschriften des Tierschutzgesetzes und aus beispielgebenden gerichtlichen Entscheidungen zu bestätigen und das Verständnis dafür zu vertiefen.

13. Die fundierten allgemeinen Gerechtigkeitsvorstellungen als Hilfsmittel für die Abwägung

63 Normative, d.h. **wertausfüllungsbedürftige Begriffe** und **Generalklauseln** müssen anhand der Wert- und Gerechtigkeitsvorstellungen ausgelegt und fortgebildet werden, die in der Rechtsgemeinschaft allgemein oder jedenfalls mehrheitlich Anerkennung gefunden haben. Das BVerfG spricht insoweit von den „fundierten allgemeinen Gerechtigkeitsvorstellungen der Gemeinschaft" (BVerfGE 34, 269, 287). Reichen also zur Entscheidung einer Auslegungs- oder Abwägungsfrage die o.e. Maßstäbe und Hilfsmittel – insbesondere die Grundsätze und Gebote aus Art. 20a GG und die Maßstäbe aus einzelnen Vorschriften des Tierschutzgesetzes und aus beispielgebenden gerichtlichen Entscheidungen – nicht aus, so kann sich das Abwägungsergebnis nicht an der subjektiv-persönlichen Wertung des jeweiligen Rechtsanwenders (Richters, Verwaltungsbeamten usw.) ausrichten. Abzustellen ist dann vielmehr auf die Anschauungen der Allgemeinheit, d.h. auf die in der Gemeinschaft vorherrschenden sozialethischen Überzeugungen (vgl. *Engisch* S. 136ff., 163). Diese sind im Zweifel zu ermitteln (vgl. den methodischen Ansatz in BVerwG NJW 1982, 665). Von mehreren zur Wahl stehenden Gesetzesbedeutungen bzw. Abwägungsentscheidungen gilt es, diejenige herauszufinden, die diesen herrschenden Gerechtigkeitsvorstellungen am nächsten kommt (vgl. *Zippelius* Methodenlehre § 4 II; vgl. auch *Lorz* Anh. §§ 17, 18 Rn. 27: „Man hat auf den Standpunkt des gebildeten, für den Gedanken des Tierschutzes aufgeschlossenen und einem ethischen Fortschritt zugänglichen Deutschen abzustellen").

64 Als Generalklausel ist der vernünftige Grund in besonderem Maß ein „Einfallstor für eine Ausdifferenzierung der Rechtsordnung gemäß den sich fortentwickelnden Gerechtigkeits- und Richtigkeitsvorstellungen" (vgl. *Würtenberger* S. 184, 195). Er erfordert es daher, sich bei Abwägungen zwischen inkommensurablen Größen am ethisch Konsensfähigen, d.h. an den **mehrheitlich konsensfähigen Gerechtigkeitsvorstellungen** zu orientieren (vgl. *Gassner* NuR 1987, 98, 101; *Lorz* Einf. Rn. 175; s. auch *Schultze-Petzold*, zitiert in Rn. 27: „Grad der moralischen Sensibilisierung der Gesellschaft"). Das allgemeine Bewusstsein für die Notwendigkeit eines umfassenden, auch die Tiere einbeziehenden Lebensschutzes hat in den letzten Jahrzehnten eine kontinuierliche Steigerung erfahren. Demgemäß versteht ein beachtlicher Teil der Rechtsprechung den Auftrag zur Wertausfüllung des Begriffs „vernünftiger Grund" im Bewusstsein der zugunsten der Höherwertigkeit des Tierschutzgedankens gewandelten Anschauungen (vgl. *Hirt*, Der vernünftige Grund, S. 18).

65 Als **Quellen** für die zuweilen schwierige Ermittlung von Inhalt und Stand dieser Gerechtigkeitsvorstellungen können u.a. herangezogen werden: **1.** Die Verlautbarungen der großen christlichen Kirchen (s. Rn. 59 sowie Einf. Rn. 11–13, vgl. auch BVerfGE 6, 434f.).

Immerhin hat der Gesetzgeber durch die Einfügung des Begriffs der Mitgeschöpflichkeit an zentraler Stelle des Gesetzes deutlich gemacht, dass er den Aussagen der gleichnamigen christlichen Tierethik für die Bestimmung des ethischen Standards, der durch das Gesetz verrechtlicht worden ist, besonderes Gewicht beilegt. Es ist deswegen auch gerechtfertigt, diesen Aussagen Hinweise auf den Inhalt der in der Rechtsgemeinschaft konsensfähig gewordenen Wertvorstellungen zum Mensch-Tier-Verhältnis zu entnehmen und sie zur Entscheidung von Abwägungsfragen auf diese Weise unmittelbar heranzuziehen. **2.** Die sittlichen Wertungen, die sich aus der Entwicklung der Gesetzgebung ablesen lassen (vgl. BVerfG aaO). Für die Entwicklung der Tierschutzgesetzgebung ist kennzeichnend, dass sie seit den 70er Jahren von einer kontinuierlichen Höherbewertung des Tierschutzgedankens geprägt ist. Bereits der Gesetzgeber von 1972 konstatierte die „stete Fortentwicklung", die „die Grundeinstellung des Menschen zum Tier im Sinne einer Mitverantwortung für das seiner Obhut anheim gegebene Lebewesen im Laufe der Zeit erfahren" habe (BT-Drucks. 6/2559, zitiert nach *Gerold* S. 44). Anlass für das ÄndG 1986 war u.a. die „gestiegene Sensibilisierung der Bevölkerung in Tierschutzfragen" (BT Sten. Ber. 10/16106 [*Kiechle*]) sowie die „Einsicht, dass der Schutz des Lebens, auch im Sinne des ... Tierschutzes, letztlich untrennbar mit der Existenz des Menschen verbunden ist" (BT-Drucks.10/3158 S. 16). Das 1990 in Kraft getretene Gesetz zur Verbesserung der Rechtsstellung des Tieres im bürgerlichen Recht verstand sich ebenfalls als „Ausdruck des gewandelten Verständnisses der Beziehung des Menschen zu seiner Umwelt und zu seinen Mitgeschöpfen" (vgl. LG Bielefeld NJW 1997, 3320). Mit dem ÄndG 1998 sollte nach der Vorstellung des Gesetzgebers erneut „dem wachsenden Tierschutzbewusstsein der Bevölkerung Rechnung getragen" werden (BT-Drucks. 13/7015 S. 1). Den vorläufigen Höhepunkt in dieser Entwicklung bildet die Aufstufung des Tierschutzes zum Verfassungsgut; in der amtlichen Begründung zu Art. 20a GG betont der Verfassungsgesetzgeber erneut den „hohen Stellenwert" des ethischen Tierschutzes und weist zugleich auf einen „Bewusstseinswandel" hin, der auch in der Rechtsprechung insoweit stattgefunden habe (BT-Drucks. 14/8860 S. 3). Aus dieser Entwicklung ergibt sich, dass die gesetzlich geschützten Werte „Leben", „Wohlbefinden" und „Unversehrtheit" in die heute stattfindenden Abwägungsprozesse mit einem deutlich höheren Gewicht eingestellt werden müssen, als es in der Vergangenheit zT der Fall war. Das wird zu strengeren, tierfreundlicheren Maßstäben führen müssen, sowohl bei der Frage, ob der von einer Tiertötung oder einem sonstigen Eingriff ausgehende Nutzen den Schaden für die Tiere überwiegt (= Verhältnismäßigkeit ieS, s. Rn. 50) als auch dabei, ob nicht ein weniger belastendes Mittel den Umständen nach ausreicht (= Erforderlichkeit, s. Rn. 44, 48). **3.** Schließlich sind auch die Methoden der empirischen Meinungsforschung ein wichtiges Mittel zur Ermittlung der vorherrschenden Wert- und Gerechtigkeitsvorstellungen. Zwar liefert ein Befragungsergebnis zunächst einmal nur eine Momentaufnahme und reicht für sich allein noch nicht aus, um einen gesellschaftlichen Wertekonsens zuverlässig festzustellen. Gleichwohl stellt es ein Indiz dar, und dieser Indizcharakter verstärkt sich, wenn wiederholte Befragungen zu gleichlautenden Ergebnissen gelangen und wenn hinter den gegebenen Antworten erkennbar weder eigene wirtschaftliche Interessen noch kurzzeitig erzeugte Emotionen, sondern verfassungskonforme, sittliche Wertüberzeugungen stehen. Insbesondere erhöht sich das Gewicht von Umfragen, wenn verschiedene Institute über einen Zeitraum von längerer Dauer zu vergleichbaren Resultaten gelangen und dadurch Konstanz und Stabilität der ermittelten Meinungen nachzuweisen vermögen (vgl. *Zippelius* Rechtsphilosophie S. 154; *Benda* DÖV 1982, 877, 882). Wenn also bestimmte Nutzungs- und Umgangsformen in wiederholt durchgeführten Umfragen konstant und aus sittlicher Motivation (zB Mitleidsempfinden) überwiegend abgelehnt werden, entsprechen diese Nutzungen nicht den mehrheitlich konsensfähigen Gerechtigkeitsvorstellungen, sodass die mit ihnen verbundenen Leiden und Schäden als unverhältnismäßig und damit nicht einem vernünftigen Grund iS von § 1 S. 2 entsprechend bzw. nicht als unvermeidbar iS von § 2 Nr. 2 anzusehen sind (s. § 2 Rn. 40).

66 Die **Quelle „Methoden der empirischen Meinungsforschung"** macht u.a. deutlich, dass einige der üblich gewordenen und zT staatlich geförderten Formen der Tiernutzung nicht mehr mit den mehrheitlich konsensfähigen Gerechtigkeitsvorstellungen in Einklang stehen. – Einige Umfrageergebnisse (insbesondere mit Bedeutung für § 2 Nr. 2, s. dort Rn. 40): Auf die Frage, ob bestimmte Formen der Massentierhaltung wie zB Hühner-Legebatterien verboten werden sollten, befürworteten 85 % der Befragten ein solches Verbot, wobei der Gedanke an die Qual der Tiere als Hauptgrund angeführt wurde (Allensbacher Institut für Demoskopie, IfD-Umfrage 5031, veröffentlicht in „natur", Februar 1990). In einer Erhebung von Infas gaben im März/April 1998 87 % an, dass das eigene Gerechtigkeitsgefühl durch die artwidrige Haltung der Hennen in Käfigen gestört und ein Kostenvorteil von 20 % nicht als Rechtfertigung empfunden werde. Nach einer Erhebung von Emnid erklärten 88 %, dass sie es begrüßen würden, wenn der Handel schon vor Ende 2007 (dem Auslaufen der ursprünglich vorgesehenen Übergangsfrist für die Käfighaltung von Legehennen) keine Käfigeier mehr anbieten würde, sondern nur noch Eier aus Boden- oder Freilandhaltung (Emnid vom 18. 3. 2003; angesichts der Verlängerung der herkömmlichen Käfige um weitere zwei Jahre und der unbefristeten Zulassung neuer, geringfügig größerer Käfige durch die 2. ÄndVO zur Tierschutznutztierhaltungsverordnung sind diese Ergebnisse von besonderer Aktualität; s. Vor §§ 12–15 TierSchNutztV Rn. 10, 11 sowie § 33 TierSchNutztV Rn. 3, 4). – Mehr als drei Viertel der vom Sample-Institut Befragten forderten eine an die Bedürfnisse der Tiere angepasste Haltung, insbesondere bei Rindern, Schweinen und Geflügel, weil auch die Tiere Lebewesen seien, die Gefühle hätten (zitiert nach *Gertzen* Allgemeine Fleischer-Zeitung afz, Frankfurt/M Juli 1994). – 96 % der Verbraucher nennen laut Angaben des Deutschen Bauernverbandes die artgerechte Tierhaltung und die umweltschonende Tierproduktion als „sehr wichtige und wichtige" Anforderungen an die Landwirtschaft, aber nur 44 % glauben, dass die Bäuerinnen und Bauern ihre Tiere auch tatsächlich artgerecht halten (vgl. DTBl. 2000, 49). – Der Änderung von Art. 20a GG waren Umfragen vorausgegangen, in denen sich 80 % und mehr für die verfassungsrechtliche Verankerung des Tierschutzes ausgesprochen hatten (vgl. Forsa in: Die Woche vom 21. 9. 1993: 84 %; vgl. auch BT Sten. Ber. 12/18111, 18113 [*Hirsch*]: mehr als 170000 Zuschriften, „und zwar nicht nur standardisierte", waren für dieses Anliegen bei der Gemeinsamen Verfassungskommission eingegangen, „die wohl größte Zahl hochengagierter Eingaben von Bürgerinnen und Bürgern aus der gesamten Bundesrepublik"). – Nach einer Umfrage von Emnid im Juli 2002 sind 92 % der Überzeugung, dass die Tiere in Deutschland nicht ausreichend geschützt sind; 75 % wollen, dass Schweine im Stall mehr Platz bekommen sollen; 50 % erklären, sie wollten höchstens noch zwei Mal in der Woche Fleisch essen; bei Tierversuchen vertreten immerhin 50 % die Ansicht, dass selbst neue Medikamentenwirkstoffe nicht mehr an Tieren getestet werden dürfen (dies lässt den Schluss zu, dass bei Stoffen, die anderen Zwecken dienen, eine überwiegende Mehrheit Tierversuche ablehnt; Emnid vom 29.–31. 5. 2002, zitiert nach Südkurier vom 13. 7. 2002; vgl. auch *Hartung* in: Stellungnahme der Stiftung Tierärztliche Hochschule Hannover: „Der weitaus überwiegende Teil der EU-Bevölkerung möchte nicht, dass Tieren Schmerzen, Leiden oder Schäden zugefügt werden, sei es für die Lebensmittelgewinnung, sei es für die Entwicklung neuer Medikamente zur Heilung von Krankheiten des Menschen oder sei es im Privathaushalt, bei Hobby, Sport, Züchtung oder Zurschaustellung").

14. Beweislast (Feststellungslast)

67 Trotz der **Geltung des Untersuchungsgrundsatzes** im Straf- und Verwaltungsrecht (vgl. § 244 Abs. 2 StPO, § 24 Abs. 1 S. 1 VwVfG, § 86 Abs. 1 VwGO) kann es vorkommen, dass Tatsachen, von denen das Vorliegen eines vernünftigen Grundes abhängt, unaufklärbar bleiben. Die **Beweislast (Feststellungslast)** regelt in solchem Fall, wer den Nachteil dieser Unaufklärbarkeit zu tragen hat (vgl. *Maisack*, Zum Begriff des vernünfti-

gen Grundes, S. 344–363). – Im Straf- und Bußgeldverfahren gilt „im Zweifel für den Angeklagten" („in dubio pro reo"). In Zweifelsfällen wird dort also vom Vorliegen eines vernünftigen Grundes ausgegangen. Für die Tiere hat dies den Nachteil, dass nicht nur der unmittelbar betroffene Nutzer, sondern auch andere und möglicherweise ganze Berufsverbände das freisprechende Urteil bzw. die Einstellungsverfügung als Freibrief für die jeweilige Nutzungs- oder Umgangsform ansehen, selbst wenn die Entscheidung nur aus Mangel an Beweisen ergangen ist. Damit besteht in diesen Verfahren die Gefahr, dass sich der Zweifelssatz, der eigentlich dem Schutz des Schwächeren dienen soll, entgegen diesem Zweck zu Lasten des Schwächeren, nämlich des Tieres auswirkt. Dem kann man nur dadurch entgegenwirken, dass man besondere Sorgfalt auf die Beweiserhebung und insbesondere auf die Auswahl von Sachverständigen und die Auswertung ihrer Gutachten verwendet (s. § 2 Rn. 47, 48 und § 17 Rn. 96, 97). – Im Verwaltungs- und Verwaltungsprozessrecht richtet sich die Beweislast für eine unaufklärbar gebliebene Tatsache nach der „Normgünstigkeitsregel", wonach derjenige die Beweislast für die Voraussetzungen einer Norm trägt, der Rechte aus ihr herleitet bzw. für den sie günstig ist (vgl. BVerwG NVwZ 1990, 65; DVBl. 1970, 62, 64; *Kluge* ZRP 2004, 10, 12). Nach dem Regel-Ausnahme-Prinzip, das in diesem Zusammenhang auch angewandt wird, verteilt sich die Beweislast in der Weise, dass derjenige, der eine Ausnahmevorschrift für sich in Anspruch nimmt, die Feststellungslast für ihre Voraussetzungen trägt (vgl. *Nierhaus* S. 441). Daneben findet auch die Sphärentheorie Anwendung, nach der es für die Beweislast darauf ankommen soll, zu wessen Einfluss- und Organisationssphäre der unaufklärbar gebliebene Umstand zählt (vgl. *Nierhaus* S. 430, 446, 466, 471, 484). Vereinzelt wird auch nach Zumutbarkeitsgesichtspunkten entschieden (vgl. BVerwG DVBl. 1970, 62, 65). – Alle diese Gesichtspunkte legen es nahe, die Beweislast für unaufklärbar gebliebene Tatsachen, von denen das Vorliegen eines vernünftigen Grundes abhängt, vollständig beim Nutzer zu sehen: Die Worte „ohne vernünftigen Grund" in den §§ 1 S. 2, 17 Nr. 1, 18 Abs. 1 Nr. 1 und Abs. 2 sind gleichbedeutend mit „außer aus vernünftigem Grund" oder mit „sofern nicht ein vernünftiger Grund vorliegt"; sie kennzeichnen also nach der gesetzlichen Systematik eine Ausnahme, für die derjenige die Beweislast trägt, der Rechte (nämlich das Recht zum Töten bzw. zum Zufügen von Schmerzen, Leiden oder Schäden) daraus herleitet (zu dieser Satzbaulehre vgl. *Nierhaus* S. 399 ff.). Angesichts der gesetzlichen Entscheidung für die „Notwendigkeit eines umfassenden Lebensschutzes" (BT-Drucks. 6/2559, zitiert nach *Gerold* S. 46) ist das Töten von Tieren, ungeachtet seiner statistischen Häufigkeit, nicht als selbstverständliche Regel, sondern als begründungs- und rechtfertigungspflichtige Ausnahme anzusehen, für deren Vorliegen besondere Umstände notwendig sind, die derjenige beweisen muss, der sie für sich in Anspruch nimmt. Dasselbe gilt für das Zufügen von Schmerzen, Leiden oder Schäden: Auch sie sind nach der gesetzlichen Wertung nicht die selbstverständliche Regel, sondern die begründungs- und rechtfertigungspflichtige Ausnahme. Hinzu kommt, dass der vernünftige Grund in dem mehrdimensionalen (dreipoligen) Verhältnis zwischen Behörde, Nutzer und Tier ein Gegenrecht gegenüber der behördlichen Eingriffsermächtigung nach § 16a S. 1 darstellt, das dem Nutzer günstig ist und dessen Voraussetzungen er deshalb im Zweifel beweisen muss (zur Struktur als Rechtfertigungsgrund s. Rn. 30). In die gleiche Richtung weist die Sphärentheorie, da die Umstände, die im Einzelfall die Erforderlichkeit und Verhältnismäßigkeit einer Tiertötung oder Leidenszufügung begründen können, häufig zur Einfluss- und Organisationssphäre des Nutzers gehören. Bei einer Beurteilung nach Zumutbarkeitsgesichtspunkten muss gesehen werden, dass die Zulassung von Nutzungsformen, die möglicherweise rechtswidrig sind, wegen ihrer Fernwirkung für ähnliche und zukünftige Nutzungen.oft eine sehr große Zahl von Tieren betrifft. – Gegen dieses Ergebnis lässt sich nicht einwenden, dass im Zweifel für die menschliche Handlungs- und Eingriffsfreiheit („in dubio pro libertate") entschieden werden müsse: Zum einen ist ein solches Prinzip keineswegs allgemein anerkannt (dagegen u. a. *Dreier* DVBl. 1980, 471, 473; *Nierhaus* S. 421, 483; *Hesse* § 2 III 2b cc); zum anderen könnte es allenfalls auf rein zweidimensionale Verhältnisse, bei denen sich nur Behörde und Bürger gegenüberstehen, Anwendung finden, nicht aber auf das hier in Rede stehende mehrdimensionale Verhältnis zwischen Behörde, Nutzer und Tier.

Zweiter Abschnitt. Tierhaltung

§ 2 [Allgemeine Vorschriften]

Wer ein Tier hält, betreut oder zu betreuen hat,

1. **muss das Tier seiner Art und seinen Bedürfnissen entsprechend angemessen ernähren, pflegen und verhaltensgerecht unterbringen,**
2. **darf die Möglichkeit des Tieres zu artgemäßer Bewegung nicht so einschränken, dass ihm Schmerzen oder vermeidbare Leiden oder Schäden zugefügt werden,**
3. **muss über die für eine angemessene Ernährung, Pflege und verhaltensgerechte Unterbringung des Tieres erforderlichen Kenntnisse und Fähigkeiten verfügen.**

Übersicht

I. Allgemeines

1 **Entstehungsgeschichte.** Als „Grundvorschrift über die Tierhaltung" (*Lorz* NuR 1986, 237) war § 2 bereits im TierSchG 1972 enthalten (vgl. *Ennulat/Zoebe* II § 2 Rn. 1: „Tierhaltergeneralklausel", „Kernstück des Gesetzes"). – Das ÄndG 1986 brachte einige Veränderungen, insbesondere für die Nr. 2: War dort nach dem bis dahin geltenden Wortlaut jede dauernde Einschränkung des artgemäßen Bewegungsbedürfnisses untersagt, so sind seither Einschränkungen des artgemäßen Bewegungsbedürfnisses nur verboten, wenn sie zu Schmerzen, vermeidbaren Leiden oder Schäden führen (vgl. aber die amtl. Begr., BT-Drucks. 10/3158 S. 18: „Keine sachliche Änderung, nur Richtigstellung hinsichtlich des vom Gesetzgeber Gewollten"). In die Nr. 1 wurde der ausdrückliche Hinweis auf die „Bedürfnisse" aufgenommen, um auf die Notwendigkeit zur Berücksichtigung der „neuesten Erkenntnisse der Verhaltensforschung" hinzuweisen (BT-Drucks. aaO). – Mit dem ÄndG 1998 wurde Nr. 3 eingefügt.

2 **Anwendungsbereich.** Die Vorschrift gilt für alle Tiere, die sich in der Obhut des Menschen befinden, gleichgültig ob Nutztiere, Haustiere, Heimtiere, Liebhabertiere, Zootiere, Zirkustiere, Fundtiere, Versuchstiere, Schlachttiere usw. Sie findet insbesondere auch auf Tiertransporte Anwendung.

3 **Verhältnis zu Rechtsverordnungen, amtlichen Leitlinien, Gutachten usw.** Die Gebote und Verbote aus Nr. 1 und 2 gelten unmittelbar und nicht etwa nur, wenn eine

Rechtsverordnung iS des § 2a oder eine Verwaltungsvorschrift zu ihrer näheren Konkretisierung erlassen worden ist. Wird gegen § 2 verstoßen, so schreitet die Behörde nach § 16a S. 2 Nr. 1 ein; dasselbe gilt, wenn ein Verstoß zwar noch nicht eingetreten ist, aber drohend bevorsteht (vgl. § 16a Rn. 2, 10 und 11). – Rechtsverordnungen entsprechen der gesetzlichen Ermächtigungsgrundlage in § 2a nur, wenn sie „entsprechend dem vom Gesetzgeber vorgezeichneten Interessenausgleich einen ethisch begründeten Tierschutz befördern, ohne die Rechte der Tierhalter übermäßig einzuschränken" (BVerfGE 101, 1, 36 = NJW 1999, 3253, 3255). Sie müssen sich also darauf beschränken, den vom Gesetz vorgezeichneten Interessenausgleich nachzuzeichnen, ohne ihn zu verändern. Gültig und verbindlich sind sie deshalb nur, soweit sie die Gesamtheit der Ge- und Verbote, die sich aus § 2 ergeben, zutreffend und vollständig konkretisieren. Ist dies nicht oder nicht ausreichend geschehen, so bleibt die nach § 15 zuständige Behörde berechtigt und verpflichtet, nach § 16a S. 2 Nr. 1 alle Maßnahmen anzuordnen, die zur Erfüllung von § 2 Nr. 1 und 2 erforderlich sind, selbst wenn dabei im Einzelfall über die in der Rechtsverordnung festgesetzten Mindestanforderungen hinausgegangen werden muss (vgl. u.a. die amtl. Begr. zur Kälberhaltungsverordnung, BR-Drucks. 612/92 S. 10: „Die Befugnis der zuständigen Behörde, Maßnahmen nach § 16a S. 2 Nr. 1 TierSchG oder nach anderen Vorschriften anzuordnen, bleibt durch diese Verordnung unberührt"; gleichlautend die amtl. Begr. zur Tierschutz-Hundeverordnung, BR-Drucks. 580/00 S. 1, 8, vgl. *Metzger* in: *Erbs/Kohlhaas* T 95a Vorbem. Rn. 1; ausführlich zum Ganzen Vor §§ 5–11 TierSchNutztV Rn. 7 und Vor §§ 16–25 TierSchNutztV Rn. 7). – Amtliche Leitlinien und Gutachten stellen „antizipierte Sachverständigengutachten" dar und sind als solche anzuwenden, soweit die darin enthaltenen Tatsachenfeststellungen und wissenschaftlichen Erkenntnisse zutreffen und die vorgegebenen Gesetzesauslegungen in dem o.g. Sinne richtig sind; fehlt es an einem dieser Erfordernisse, so können sie keine Grundlage bilden, weder für Verwaltungs- noch für Gerichtsentscheidungen (s. Rn. 44; zu Gutachten auch Rn. 46–49). Anordnungen auf Grund von § 16a S. 2 Nr. 1, die unmittelbar auf § 2 gestützt werden, ergehen also nicht nur in Bereichen, für die es an Rechtsverordnungen, Verwaltungsvorschriften, Vereinbarungen etc. fehlt, sondern auch dort, wo untergesetzliche Vorschriften zwar vorhanden sind, jedoch die gesetzlichen Gebote und Verbote nicht ausreichend konkretisieren (vgl. *Hirt*, Ethologie und Tierschutz, S. 27, 28).

II. Der angesprochene Personenkreis

Halter eines Tieres ist, wer die tatsächliche Bestimmungsmacht über das Tier in eigenem Interesse und nicht nur ganz vorübergehend ausübt. Der Begriff umfasst drei Komponenten: **a)** Es muss eine tatsächliche Beziehung zum Tier bestehen, die dem Halter die Möglichkeit gibt, über dessen Betreuung, Pflege, Verwendung, Beaufsichtigung usw. zu entscheiden; **b)** diese Herrschaftsbeziehung darf nicht ausschließlich in fremdem Interesse und nur nach den Weisungen eines anderen ausgeübt werden; **c)** die Herrschaft darf nicht nur ganz vorübergehender Natur sein. – Unerheblich ist, ob der Halter auch Eigentümer des Tieres ist, denn es kommt nicht auf seine rechtliche, sondern allein auf seine tatsächliche Beziehung zu dem Tier an; auch ein Dieb oder Hehler können Halter sein. Unerheblich ist auch, ob die Haltung erlaubt oder verboten ist. Mehrere Personen können gleichzeitig Halter sein (handelt dabei allerdings die eine ausschließlich nach den Weisungen der anderen, so ist sie „nur" Betreuer, was aber für die Anwendung von § 2 keinen Unterschied macht; vgl. VG Hannover AtD 1996, 229). Auch juristische Personen, zB ein Verein, eine Gemeinde usw. können Halter sein, ebenso Minderjährige. 4

Betreuer ist, wer es in einem rein tatsächlichen Sinn übernommen hat, für das Tier (generell oder nur in einer einzelnen Beziehung, zB Fütterung) zu sorgen oder es zu beaufsichtigen. Im Gegensatz zum Halter kann die Beziehung des Betreuers auch nur ganz kurzfristiger Natur sein (vgl. BayObLG Rd L 1996, 23), und sie kann auch ausschließlich 5 im fremden Interesse und/oder nach den Weisungen eines anderen ausgeübt werden. – Beispiele: Finder; Verwahrer (falls ein gültiger Verwahrungsvertrag vorliegt, ist er auch Betreuungspflichtiger, s.u.); Angestellter des Halters, zB Stallbursche, Reitlehrer o. Ä.; Familienangehöriger des Halters, der bei der Pflege behilflich ist (vgl. VG Hannover aaO); wer ein wildlebendes Tier zum Überwintern o. Ä. bei sich aufnimmt; wer ein Tier für einen anderen in Pflege nimmt oder in dessen Interesse nutzt (*L/M* § 2 Rn. 14); wer es übernimmt, ein Tier in den Schlachthof zu befördern und dort auszuladen (vgl. *Kluge/ v. Loeper* § 2 Rn. 12); wer als Viehhändler Tiere vom Halter übernimmt und auf dem Viehmarkt feil bietet.

6 **Betreuungspflichtiger** ist, wer die Rechtspflicht hat, für ein Tier (generell oder nur in einer einzelnen Beziehung, zB durch Fütterung, Heilbehandlung o. Ä.) zu sorgen oder die Aufsicht darüber zu führen. Quellen einer solchen Pflicht können sein: Gesetz, Rechtsverordnung, Satzung, Verwaltungsvorschrift, Vertrag, Gefälligkeitsverhältnis im rechtsgeschäftlichen Bereich. – Beispiele: Hundetrainer; Viehkommissionär; Transportunternehmer; Transportbegleiter; Betreiber des Schlachthofs, in dem das Tier untergebracht ist; Mieter; wer zusagt, für das Tier eines Nachbarn, Verwandten etc. zu sorgen (*L/M* § 2 Rn. 15).

7 Der **Begriff des Betreuers bildet einen Auffangtatbestand** für alle diejenigen Fälle, in denen eine Person zwar nicht Halter ist (zB wegen der nur vorübergehenden Natur ihrer Herrschaftsbeziehung oder wegen Fremdnützigkeit und/oder Weisungsgebundenheit), in denen auch keine wirksame Betreuungspflicht vorliegt (zB wegen Nichtigkeit des zugrundeliegenden Vertrages), die Person aber dennoch eine solche tatsächliche Einwirkungsmöglichkeit auf das Tier hat, dass ihr die Aufgaben des § 2 zwangsläufig zuwachsen (vgl. BayObLG Rd L 1996, 23). – Eine genaue Abgrenzung ist nicht erforderlich, da das Gesetz den Betreuer und den Betreuungspflichtigen dem Halter gleichstellt („weiter Halterbegriff" des § 2).

III. Das Bedarfsdeckungs- und Schadensvermeidungskonzept als Auslegungsmaßstab

8 Mit der **Neufassung von § 2 Nr. 1 durch das ÄndG 1986** sollte nach dem Willen des Gesetzgebers „den neuesten Erkenntnissen der Verhaltensforschung" Rechnung getragen werden. „Diese Erkenntnisse besagen, dass Selbstaufbau, Selbsterhaltung, Bedarf und die Fähigkeit zur Bedarfsdeckung durch Nutzung der Umgebung mittels Verhalten Grundgegebenheiten von Lebewesen sind. Haltungssysteme gelten dann als tiergerecht, wenn das Tier erhält, was es zum Gelingen von Selbstaufbau und Selbsterhaltung benötigt, und ihm die Bedarfsdeckung und die Vermeidung von Schaden durch die Möglichkeit adäquaten Verhaltens gelingt" (BT-Drucks. 10/3158 S. 18). Mit diesen Formulierungen in der amtl. Begr. nimmt der Gesetzgeber Bezug auf das Bedarfsdeckungs- und Schadensvermeidungskonzept nach *Tschanz* (vgl. KTBL-Schrift 281 S. 114–128; vgl. auch VG Düsseldorf AgrarR 2002, 368 unter Hinweis auf OVG Münster vom 25. 9. 1997, 20 A 688/96). Damit wird zugleich klargestellt, dass die Kompetenz zur Beurteilung, ob ein Haltungssystem tiergerecht ist, in erster Linie bei der modernen Verhaltensforschung (Ethologie) und nicht bei der Agrarwissenschaft liegt (vgl. *Hirt*, Ethologie und Tierschutz, S. 27, 29; s. auch Rn. 47).

9 Nach dem **Bedarfsdeckungs- und Schadensvermeidungskonzept** ist ein Haltungssystem tiergerecht, wenn es dem Tier ermöglicht, in Morphologie, Physiologie und Ethologie (d.h. im Verhalten) alle diejenigen Merkmale auszubilden und zu erhalten, die von Tieren der gleichen Art und Rasse unter natürlichen Bedingungen (bei Wildtieren) bzw. unter naturnahen Bedingungen (bei Haustieren) gezeigt werden (vgl. *Bammert* et al. TU 1993, 269, 270). Man muss also die Frage, welchen Bedarf an Stoffen, Reizen, Umgebungsqualität und Bewegungsraum ein Haustier hat, anhand eines Vergleiches mit einer Referenzgruppe (Typus) beantworten. Diese wird gebildet durch art-, rasse- und alters-

gleiche Tiere, die in einer naturnahen Umgebung leben. Naturnah ist eine Umgebung dann, wenn sie es dem Tier ermöglicht, sich frei zu bewegen, alle seine Organe vollständig zu gebrauchen und aus einer Vielzahl von Stoffen und Reizen selbst dasjenige auszuwählen, was es zur Bedarfsdeckung und Schadensvermeidung braucht (*Stauffacher* in: *Sambraus/Steiger* S. 224). – Von Ethologen werden auch Wahlversuche (Präferenztests) eingesetzt, um Informationen über Art und Stärke von Verhaltensbedürfnissen von Tieren zu bekommen; dabei muss allerdings stets berücksichtigt werden, dass die bisherigen Erfahrungen des Tieres und insbesondere seine Angst vor Unbekanntem das Ergebnis verfälschen können (vgl. *Brade* TU 2002, 325, 326 mit folgendem Beispiel: Hennen aus einer Legebatterie, die nichts anderes kannten, zogen zunächst den ihnen vertrauten Käfig dem freien Auslauf in den Garten vor; erst nach einigen wiederholten Tests zeigten sie Präferenzen für den Auslauf; s. auch § 17 Rn. 82). – Sechs Beispiele sollen die Überprüfung von Tierhaltungen anhand dieses Konzeptes illustrieren: **1.** Um zu prüfen, ob Mastrindern auf Vollspaltenböden ein artgemäßes Ausruhverhalten möglich ist, wurde auf die Referenzgruppe ‚Mastrinder in geräumigen Tiefstreubuchten' abgestellt. Von diesen weiß man, dass sie im Ausruhverhalten denselben Verhaltenstypus ausbilden und auch bei den quantitativen Merkmalen des Liegens einen ähnlichen Ausprägungsgrad zeigen wie Camargue-Rinder auf der Weide. Ergebnis: Die Rinder auf dem Spaltenboden zeigten vermehrt Hinterhandabliegen und pferdeartiges Aufstehen und wichen hinsichtlich der täglichen Liegedauer, der Liegehäufigkeit und der mittleren Liegeperioden vom Normalbereich der Merkmalsausprägung, wie sie von der Referenzgruppe gezeigt wurde, ab; dies war jeweils bedingt durch die Härte, die Perforierung und die mangelnde Rutschfestigkeit des Spaltenbodens. Schlussfolgerung demgemäß: Kein artgemäßes Ausruhverhalten auf Vollspaltenboden (vgl. *Graf* KTBL-Schrift 319 S. 39–55; vgl. auch VG Düsseldorf AgrarR 2002, 368: Bestätigung einer behördlichen Anordnung, jedem gehaltenen Rind und jeder Kuh eine trockene, weiche Liegefläche zur Verfügung zu stellen). **2.** Das Abliegeverhalten von Milchkühen in Anbindeställen wurde am Maßstab „rassegleiche Kühe auf der Weide" überprüft. Ergebnis: Im Stall dreimal häufigeres Auftreten von Abliegeintentionen und 47–mal häufigeres Auftreten von Abliegeversuchen; hierdurch kommt es u. a. zu Schwielen, Schürfungen, Verletzungen an den Karpal- und Tarsalgelenken, im Fessel-Kronbereich und an den Zitzen. Schlussfolgerung demgemäß: Kein artgemäßes Abliegeverhalten in den geprüften Anbindeställen (vgl. *Kohli* KTBL-Schrift 319 S. 18–38). **3.** Die Tiergerechtheit der Käfighaltung von Mastkaninchen wurde anhand eines Vergleichs mit Kaninchen in Freigehegen (Wiesengehege mit 600 m^2 für 27 Tiere mit Baum- und Strauchbestand) ermittelt. Ergebnis: Während im Freiland die Häufigkeit des Hoppelns pro Stunde annähernd normal verteilt war, hoppelten die Kaninchen in den Käfigen ab dem 50. Lebenstag kaum mehr; soweit sie es dennoch taten, war der Bewegungsablauf atypisch; nach zwei Monaten Käfigaufenthalt konnten sich die Kaninchen aus den Käfigen auf Wiesenland nicht mehr normal fortbewegen (vgl. *Lehmann/Wieser* KTBL-Schrift 307 S. 96–107). **4.** Bei Pferden wird als Maßstab für das artspezifische Normalverhalten auf die Vergleichsgruppe „extensiv gehaltene Pferdeherden in ganzjähriger Weidehaltung" zurückgegriffen (vgl. *Zeitler-Feicht* AtD 2004, 12, 13). **5.** Auch bei Schweinen muss man zur Ermittlung der Verhaltensbedürfnisse auf eine Umgebung abstellen, die die freie Bewegung und den vollständigen Gebrauch aller Organe zulässt und dem Tier die Auswahl aus einer Vielzahl natürlicher Reize und Stoffe ermöglicht (unrichtig daher die Untersuchung von *Spoolder* et al., die Schweine unter den restriktiven Bedingungen der EU-Richtlinie 91/630 mit Schweinen unter ähnlich beengten Lebensverhältnissen verglichen haben und auf diese Weise zu „wenig Differenzen in den Verhaltensparametern" gelangt sind; zitiert nach *Hoy* TU 2004, 576, 579). **6.** Wenn man anhand des Bedarfsdeckungs- und Schadensvermeidungskonzepts das Laufbedürfnis von Legehennen ermitteln will, muss man auf die naturnahen Bedingungen einer Freilandhaltung abstellen statt auf das Leben in Käfigen (unrichtig deshalb das vom LG Darmstadt zugrundegelegte Gutachten eines Agrarwissenschaftlers, der das nach seiner Ansicht fehlende Laufbedürfnis von Käfighennen mit dem Verhalten von Hennen begründete, die zuvor in größere Käfige eingesetzt worden waren und dort nur relativ wenig Laufverhalten gezeigt hatten; vgl. AgrarR 1985, 356).

10 Zeigen die Tiere eines zu prüfenden Haltungssystems in einem Verhaltensablauf („Verhaltensmuster") **deutliche und nicht nur vorübergehende Abweichungen von ihrem Typus** (d.h. von Tieren der gleichen Art, Rasse und Altersgruppe, die unter den o.e. naturnahen Bedingungen gehalten werden), so ist damit belegt, dass ihnen das betreffende System nicht die Selbsterhaltung im Sinne der Ausbildung aller art- und rassetypischen ethologischen Merkmale ermöglicht. Das Haltungssystem ist damit nicht tiergerecht. Gleiches gilt, wenn sich entsprechende Abweichungen im morphologischen oder im physiologischen Bereich feststellen lassen. – Darauf, ob das so betroffene Verhaltensmuster für das Überleben oder zur Erhaltung der Leistungsfähigkeit des Tieres notwendig ist, kommt es nicht an, denn das Gesetz fordert die verhaltensgerechte und nicht nur die überlebens- oder leistungsgerechte Unterbringung.

11 Neben der **Bedarfsdeckung** muss eine Haltung, um tiergerecht zu sein, auch die **Schadensvermeidung** gewährleisten. Sie muss dem Tier ermöglichen, Schäden von sich und seinen Artgenossen abzuwenden. Dies ist nicht der Fall, wenn das Tier in der Haltung sich selbst oder seinen Genossen Schäden zufügt oder wenn sich zeigt, dass es außerstande ist, schädigenden Einwirkungen zu entgehen bzw. sie abzuwehren. – Schäden in Tierhaltungen sind damit auch dann tierschutzrelevant, wenn sie sich erst nach einiger Zeit zeigen und, wegen der idR frühzeitig erfolgenden Schlachtung, nicht aufscheinen oder jedenfalls nicht wirtschaftlich bedeutsam werden. Auch sie indizieren, dass es dem Tier zu Lebzeiten nicht möglich war, denjenigen Einwirkungen, die schadenskausal waren bzw. auf lange Sicht geworden wären, durch eigenes Verhalten erfolgreich zu begegnen. Eine Haltung, in der es dem Tier nicht gelingt, Schäden, auch wenn sie sich erst mittel- oder langfristig zeigen, von sich oder seinen Artgenossen abzuwenden, entspricht nicht § 2 Nr. 1 (vgl. *Hirt*, Ethologie und Tierschutz, S. 27, 30). – Festzuhalten bleibt allerdings: Haltungen müssen, um tiergerecht zu sein, nicht allein die Schadensvermeidung, sondern auch die Bedarfsdeckung ermöglichen. Tierschutzrelevant sind deshalb nicht nur diejenigen Abweichungen, die mittel- oder langfristig Schäden verursachen, sondern auch solche, die ohne nachweisbare Schadenskausalität „nur" einzelne Verhaltensmuster betreffen (vgl. *Bammert* et al. aaO).

IV. Das Legehennen-Urteil des BVerfG und seine allgemeine Bedeutung

12 **Höchstrichterliche Grundsätze zur Auslegung von § 2 Nr. 1 und Nr. 2.** Das BVerfG hat mit Urteil vom 6. 7. 1999 die Hennenhaltungsverordnung von 1987 (HhVO 1987) für nichtig erklärt, u.a. wegen mehrerer Verstöße gegen § 2 Nr. 1. Das Urteil ist von allgemeiner Bedeutung für die Auslegung des Tierschutzgesetzes und betrifft deshalb nicht nur die Haltung von Legehennen, sondern jede Tierhaltung. – Der Senat sieht in § 2 zwei Maximen „für die tierhaltungsrechtliche Normierung etwa gleichgewichtig berücksichtigt": Einerseits eine primär auf Schadensverhinderung ausgerichtete „polizeiliche Tendenz", wie sie § 2 Nr. 2 zugrunde liege; andererseits den Gedanken der „Pflege des Wohlbefindens der Tiere in einem weit verstandenen Sinn", wie er in § 2 Nr. 1 sinnfälligen Ausdruck finde und auch in den Straf- und Bußgeldtatbeständen der §§ 17, 18 enthalten sei. Bei dem Erlass von Rechtsverordnungen nach § 2a dürfe sich der Verordnungsgeber deshalb nicht auf ein „tierschutzrechtliches Minimalprogramm" beschränken, zumal es die Intention des Gesetzgebers gewesen sei, eine Intensivierung des Tierschutzes, gerade auch bei den Systemen der Massentierhaltung zu erreichen. Eine konkrete Obergrenze für die Verwirklichung tierschützender Grundsätze bestimme das Tierschutzgesetz nicht, vielmehr ergebe sich diese allein aus den Grundrechten der Tierhalter in Verbindung mit dem Grundsatz der Verhältnismäßigkeit. Mithin müsse der Verordnungs-

geber einen ethisch begründeten Tierschutz bis zu dieser durch das Übermaßverbot gezogenen Grenze „befördern". Dabei seien die den Oberbegriffen „Ernährung", „Pflege" und „verhaltensgerechte Unterbringung" des § 2 Nr. 1 zuzuordnenden Bedürfnisse als Grundbedürfnisse geschützt, während der Gesetzgeber in § 2 Nr. 2 die Möglichkeit des Tieres zu artgemäßer Bewegung „als einziges seiner Bedürfnisse" weitergehenden Einschränkungsmöglichkeiten unterworfen habe (BVerfGE 101, 1, 32–37 = NJW 1999, 3253, 3255).

Einen Verstoß gegen den so ausgelegten § 2 Nr. 1 sieht das BVerfG u.a. darin, dass durch die HhVO 1987 (dort § 2 Abs. 1 Nr. 2) den Hennen nicht einmal das **ungestörte Ruhen** ermöglicht werde. Die durchschnittlichen Maße einer leichten Legehenne in der Ruhelage beliefen sich auf 47,6 cm Länge und 14,5 cm Breite (BVerfGE 101, 1, 2). Aus dem Produkt dieser Größen ergebe sich der Flächenbedarf für jede Henne in der Ruhelage. Damit zeige bereits der numerische Vergleich dieser Körpermaße mit der von der HhVO 1987 vorgesehenen Käfigbodenfläche von 450 cm^2, dass den Hennen ein ungestörtes gleichzeitiges Ruhen und damit eine Befriedigung ihres artgemäßen Ruhebedürfnisses nicht möglich sei. Damit aber werde ein Grundbedürfnis, das sich den Oberbegriffen „pflegen" und „verhaltensgerecht unterbringen" zuordnen lasse, unangemessen zurückgedrängt (BVerfGE 101, 1, 36–38 = NJW 1999, 3253, 3255). – Einen weiteren Verstoß gegen § 2 Nr. 1 bildet nach Überzeugung des Senats die von der HhVO 1987 (dort § 2 Abs. 1 Nr. 7) vorgesehene anteilige Futtertroglänge von nur 10 cm je Henne. Auch hier zeige allein schon ein Vergleich mit der Körperbreite von 14,5 cm, „dass die Hennen nicht, wie es … ihrem artgemäßen Bedürfnis entspricht, **gleichzeitig ihre Nahrung aufnehmen** können" (BVerfGE 101, 1, 38). Auch hierdurch werde ein Grundbedürfnis missachtet. 13

Als **weitere,** den Oberbegriffen „ernähren", „pflegen" und „verhaltensgerecht unterbringen" zuzuordnende **Grundbedürfnisse** nennt das BVerfG anschließend beispielhaft „insbesondere das Scharren und Picken, die ungestörte und geschützte Eiablage, die Eigenkörperpflege, zu der auch das Sandbaden gehört, oder das erhöhte Sitzen auf Stangen" (BVerfGE 101, 1, 38 = NJW 1999, 3253, 3255). Zwar heißt es im Urteil wörtlich, ob durch die HhVO 1987 auch diese „weiteren artgemäßen Bedürfnisse" unangemessen zurückgedrängt würden, könne „offen bleiben". Indes ergibt der Zusammenhang mit dem unmittelbar vorangegangenen Text („allein diese Kontrolle anhand numerischer Größen ergibt bereits …"), dass dies lediglich für die richterliche Entscheidungsfindung offen zu lassen war, weil schon die festgestellten Rechtsverstöße im Bereich des Ruhens und der gleichzeitigen Nahrungsaufnahme ausgereicht hatten, die HhVO 1987 in wesentlichen Teilen für nichtig zu erklären. Dem Verordnungsgeber dagegen wollte das Gericht aufgeben, auch diese weiteren artgemäßen Bedürfnisse zu beachten und sie künftig vor unangemessener Zurückdrängung zu bewahren. Weil aber der Europarat und die EU normative Texte und amtliche Dokumente veröffentlicht hätten, mit denen die Anforderungen bezüglich der Grundbedürfnisse bestimmt und verdeutlicht worden seien, könne seitens des Gerichts auf detailliertere Vorgaben hierzu verzichtet werden. Als amtliches Dokument hob der Senat in diesem Zusammenhang die Mitteilung der EU-Kommission über den Schutz von Legehennen in verschiedenen Haltungssystemen (BT-Drucks. 13/11 371 S. 5 ff.) hervor, in der die „aktuellen wissenschaftlichen Erkenntnisse über die Grundbedürfnisse von Hennen in der Käfighaltung, die der Verordnungsgeber nach Maßgabe des § 2a i.V. m. § 2 Nr. 1 TierSchG beachten muss", wiedergegeben seien (BVerfGE 101, 1, 40 = NJW 1999, 3253, 3256; vgl. auch BR-Drucks. 429/01 S. 15: artgemäß fressen, trinken, ruhen, staubbaden sowie zur Eiablage einen gesonderten Bereich aufsuchen sind „Grundbedürfnisse, die Legehennen in der Haltungseinrichtung ausführen können müssen"). 14

Aus dem Urteil ergeben sich weitreichende **Konsequenzen für die Anwendung von § 2 Nr. 1, die jede Form der Tierhaltung betreffen: 1.** Lässt sich ein unter naturnahen Bedingungen vom Tier gezeigter Verhaltensablauf den Oberbegriffen „ernähren", „pflegen" oder „verhaltensgerecht unterbringen" zuordnen, so darf das entsprechende artge- 15 mäße Bedürfnis nicht unangemessen zurückgedrängt werden. Geschieht dies dennoch, so verstößt die Haltungsform gegen § 2 Nr. 1. Darauf, ob die Unterdrückung des jeweiligen Verhaltensbedürfnisses zu Schmerzen, Leiden oder Schäden für das Tier führt, kommt es bei diesen Grundbedürfnissen nicht an (Abgrenzung von Nr. 1 zu Nr. 2; vgl. auch VGH München NuR 2006, 455, 456 sowie *Kramer* JuS 2001, 962, 964). **2.** Zu diesen Grundbedürfnissen gehören zumindest alle diejenigen Verhaltensabläufe, die sich den Funktionskreisen „Nahrungserwerbsverhalten" (= ernähren), „Ruheverhalten" und „Eigenkörperpflegeverhalten" (= pflegen) zuordnen lassen. Aus der o. e. Aufzählung durch das BVerfG und der verwendeten inhaltsgleichen Terminologie („artgemäßes Ruhebedürfnis", „artgemäßes Bedürfnis, gleichzeitig Nahrung aufnehmen zu können", „auch weitere artgemäße Bedürfnisse wie insbesondere ...") geht hervor, dass das Gericht auch das Fortpflanzungsverhalten („die ungestörte und geschützte Eiablage") sowie das Sozialverhalten („das erhöhte Sitzen auf Stangen", das bei Hühnern sowohl Bestandteil des Ruhens wie auch des Sozialverhaltens ist) zum Schutzbereich des § 2 Nr. 1 rechnet; sie zählen ebenfalls zum Bereich des Pflegens. **3.** Dagegen hat der Gesetzgeber in § 2 Nr. 2, der gegenüber Nr. 1 die speziellere Vorschrift darstellt, das Bewegungsverhalten des Tieres (d. h. bei Hühnern die Fortbewegungsarten Gehen, Laufen, Rennen, Hüpfen, Fliegen) „als einziges seiner Bedürfnisse" (BVerfGE 101, 1, 37 = NJW 1999, 3253, 3255) weitergehenden Einschränkungsmöglichkeiten unterworfen – insofern nämlich, als Einschränkungen in diesem Bereich erst tierschutzrelevant werden, wenn sie erweislich zu Schmerzen, vermeidbaren Leiden oder Schäden führen (vgl. *Kramer* aaO). **4.** Für die Feststellung, ob die Zurückdrängung eines Verhaltensbedürfnisses aus § 2 Nr. 1 „unangemessen" ist, ist wesentlich, dass das BVerfG es unterlassen hat, diese Grundbedürfnisse mit wirtschaftlichen, wettbewerblichen oder ähnlichen Erwägungen zu verrechnen. Die materielle Nichtigkeit von § 2 Abs. 1 Nr. 2 und Nr. 7 HhVO 1987 ist vom Gericht allein mit der Bedeutung der beiden (aus Gründen der numerischen Anschaulichkeit) herausgegriffenen Bedürfnisse „Ruhen" und „gleichzeitig Fressen" und der Art und dem Ausmaß, wie diese Bedürfnisse durch die bisherige Legehennenkäfighaltung zurückgedrängt worden waren, begründet worden, ohne dass sich das Gericht auf eine Auseinandersetzung mit den wirtschaftlichen Argumenten, die seitens der Bundesregierung und des Zentralverbands der Deutschen Geflügelwirtschaft (ZDG) hierzu vorgebracht worden waren, eingelassen hätte (im Ergebnis ebenso *L/M* § 2 Rn. 37, der zwar in dem Merkmal „angemessen" den Ausgleich zwischen den Tierschutzinteressen und dem Nutzungszweck einschließlich der dahinter stehenden Rechtspositionen sieht, zugleich aber festhält, die Kosten dürften dabei entsprechend dem Rechtsgedanken aus § 251 Abs. 2 S. 2 BGB grundsätzlich keine Rolle spielen. Zum Ganzen vgl. auch *L/M* HhVO Rn. 5–17; *Caspar/Cirsovius* NuR 2002, 22 ff.; *Hirt*, Ethologie und Tierschutz, S. 27, 28; *v. Loeper* DÖV 2001, 370 f.; *ders.* in: Tierrechte 3/99, 7; *Maisack* ZRP 2001, 198 ff.; *Schindler* NStZ 2001, 124 ff.).

V. Ernährung nach § 2 Nr. 1

16 Zu einer angemessenen Ernährung gehören **drei Voraussetzungen: 1.** Die Deckung des physiologischen Bedarfs an Nahrungsstoffen (wie Wasser, Kohlehydrate, Proteine, essentielle Fettsäuren, Vitamine, Mineralstoffe, Spurenelemente, Ballaststoffe); **2.** eine Darreichungsform, die das mit der Nahrungssuche und -aufnahme verbundene Beschäftigungsbedürfnis befriedigt, indem sie die zu dem betreffenden Funktionskreis gehörenden Verhaltensabläufe ermöglicht; **3.** die Gewährleistung der gleichzeitigen Nahrungsaufnahme bei sozial lebenden Tierarten, zB bei Hühnern, Puten, Enten, Gänsen, Rindern und Schweinen. – Alle diese Anforderungen müssen erfüllt sein (zB hat es das BVerfG nicht zugelassen, die Verletzung des Gebots zur gleichzeitigen Nahrungsaufnahme, die in der Käfighennenhaltung stattgefunden hat, mit der Quantität oder der Qualität der dargebotenen Nahrung oder mit anderen Gesichtspunkten zu verrechnen; s. Rn. 13, 15).

Deckung des physiologischen Bedarfs. Verstöße können sich u.a. ergeben: aus der Menge der Nahrung einschließlich des Wassers (zu viel/zu wenig); aus dem Fehlen einzelner, wichtiger Substanzen (zB strukturierter Rohfaser); aus einem nicht artgerechten Verhältnis der einzelnen Substanzen zueinander (zB zu wenig Rohfaser, zu viel Kraftfutter); aus verdorbenen Nahrungsbestandteilen; aus Schadstoffen. – Beispiele (nach *Kamphues* DtW 1998, 117ff.): Die auf hohe Milchleistung gezüchtete Kuh benötigt sowohl ausreichende Mengen an strukturierter Rohfaser (ansonsten besteht die Gefahr von Vormagen-Indigestionen, Pansenacidose, Labmagenverlagerung und Klauenerkrankungen) als auch ausreichend Kraftfutter (ansonsten kann es zu Stoffwechselstörungen, Leistungseinbußen und Fertilitätsstörungen kommen). Die Fütterung von Kälbern und Lämmern mit zu wenig strukturierter Rohfaser (Faustregel: 0,4 kg Rohfaser je 100 kg Körpermasse und Tag) führt u.a. zu nicht ausreichender Myoglobinbildung und erhöhter Infektionsanfälligkeit. In der Pferdefütterung wird von der Regel „0,5 kg kaufähiges Raufutter je 100 kg Körpermasse" ausgegangen. Das in der Schweine-, Broiler- und Putenmast idR verwendete wachstumsfördernde Alleinfutter bewirkt extreme Tageszunahmen und führt damit zu einer Körpermasseentwicklung, mit der die Belastbarkeit des Skelettsystems und des Bewegungsapparats nicht mehr Schritt halten kann. Kaninchen, Meerschweinchen und ähnliche Spezies mit kontinuierlichem Zahnwachstum können bei mangelhafter Zufuhr von nagefähigem Raufutter „Elefantenzähne" bekommen, mangels Abrieb. 17

Darreichungsform, die die zum Funktionskreis „Nahrungserwerbsverhalten" gehörenden Verhaltensabläufe ermöglicht (vgl. *L/M* § 2 Rn. 30; *v. Loeper* in: *v. Loeper, Martin, Müller* et al. Tierhaltung Band 15 S. 147, 153). Der artgemäße Fressvorgang lässt sich bei den meisten Tierarten in die Bestandteile ‚Futtersuche', ‚Futteraufbereitung' und ‚Futteraufnahme/Abschlucken' unterteilen. Die erhebliche Zurückdrängung von Verhaltensbedürfnissen aus einem oder mehreren dieser Bereiche verstößt grundsätzlich gegen § 2 Nr. 1, wobei offen bleiben kann, ob in solchem Fall neben der Ernährung auch noch das Gebot zu verhaltensgerechter Unterbringung betroffen ist. Beispiele: Die von § 9 Abs. 4 Nr. 2 der früheren Kälberhaltungsverordnung vorgesehenen geringen Rohfasermengen reichten zur Beschäftigung der Kälber und zur Verminderung des gegenseitigen Besaugens nicht aus; u.a. auch deshalb setzte der Bundesrat in § 11 Nr. 6 der neuen Tierschutz-Nutztierhaltungsverordnung durch, dass Kälbern ab dem 8. Lebenstag Raufutter zur freien Aufnahme angeboten werden muss (vgl. Beschluss, BR-Drucks. 317/01 S. 4; vgl. auch *Kamphues* aaO). – Die Fütterung von Zuchtsauen mit einem energiereichen aber rohfaserarmen Alleinfutter ist bei Haltung auf einstreulosem Boden nicht artgerecht, weil es durch die andauernde Unterforderung des Beschäftigungsbedürfnisses (kein Kauen, kein Beißen, kein Wühlen, kein Erkunden) zu Stereotypien wie Stangenbeißen und/oder Leerkauen kommt (vgl. *Sambraus* in: *Sambraus/Steiger* S. 65). Einstreulos gehaltene Mastschweine reagieren auf die ausschließliche Ernährung mit energiereichem Leistungsfutter mit allgemeiner Unruhe, Beißen an der Tränke, Wühlintentionen und Ansätzen zum Schwanzbeißen; auch dies sind Folgen der fehlenden Beschäftigungsmöglichkeit mit dem Futter. – Junghennen, die ohne oder auf zu wenig Einstreu gehalten werden (zudem bei hohen Besatzdichten und ohne Rückzugsmöglichkeiten), reagieren auf die Unmöglichkeit zu artgemäßer Futtersuche und Futteraufbereitung mit Federpicken und Kannibalismus, die sie später selbst unter verbesserten Haltungsbedingungen beibehalten können (vgl. EU- Legehennenmitteilung, BT-Drucks. 13/11371 S. 17: „Die Bereitstellung von Streu in der Aufzuchtperiode trägt wesentlich dazu bei, das Risiko von Federpicken bei ausgewachsenen Tieren zu verringern"; zum artgemäßen Nahrungserwerbsverhalten von Legehennen s. auch § 13 TierSchNutztV Rn. 5). – Mastkaninchen zeigen bei ausschließlicher Fütterung mit energiereichen Pellets u.a. Fellfressen, Gitternagen und/oder Belecken von Einrichtungen, denn sie sind auf den Verzehr von viel grobstrukturierter Nahrung mit geringem Nährwert eingerichtet (*Kamphues* aaO S. 120; *Stauffacher* in: *Sambraus/Steiger* S. 232). 18

19 **Gleichzeitige Futteraufnahme bei sozial lebenden Tieren** (vgl. BVerfGE 101, 1, 37, 38: Nichtigkeit von § 2 Abs. 1 Nr. 7 HhVO 1987, weil durch die zu geringe Trogbreite das artgemäße Bedürfnis zu gleichzeitiger Nahrungsaufnahme unangemessen zurückgedrängt wurde). Dagegen wird zB verstoßen, wenn Schweine ausschließlich am Abrufautomaten gefüttert werden und infolgedessen dort Schlange stehen, was zu Aggressionen mit zT schweren Bissverletzungen führt (*Kamphues* aaO S. 122; zur praxisüblichen Fütterung von Schweinen s. § 23 TierSchNutztV Rn. 3, 4) § 2 Nr. 1 erfordert grds. eine Tier-Fressplatz-Relation von 1 : 1.

20 **Gefährdungstatbestand.** Durch die drei Gebote des § 2 Nr. 1 sollen Schmerzen, Leiden oder Schäden schon im Vorfeld vermieden werden. Es geht also darum, einer diesbezüglichen Gefahr vorbeugend entgegenwirken. Darauf, ob den Tieren tatsächlich Schmerzen, Leiden oder Schäden entstanden sind, kommt es nicht an. Damit setzt der Schutz von § 2 Nr. 1 früher ein als derjenige nach § 2 Nr. 2 und deutlich früher als derjenige nach den §§ 17 Nr. 2b, 18 Abs. 1 Nr. 1 (vgl. auch VGH Mannheim NuR 1991, 135: Durch die §§ 2, 2a soll verhindert werden, dass die Tierhalter die Möglichkeiten, die ihnen die Nutztierhaltung einräumt, bis an die Grenze der nach § 17 strafbaren Tierquälerei ausschöpfen). – Dies legt nahe, über die o. e. Fälle hinausgehend einen Verstoß gegen das Gebot zu angemessen artgemäßer Ernährung immer dann anzunehmen, wenn dem Tier Nahrungsbestandteile zugeführt werden, die es unter naturnahen Bedingungen entweder nicht vorfinden oder nicht aufnehmen würde und die seine Gesundheit oder sein Wohlbefinden mittel- oder langfristig gefährden können. – Bei Anwendung dieses Grundsatzes sind weder die Verfütterung von Tiermehl noch die Zugabe von antibiotischen Leistungsförderern ins Tierfutter mit § 2 Nr. 1 vereinbar. Rechtsverordnungen wie die Futtermittelverordnung, die im Range unter dem Gesetz stehen, können daran nichts ändern.

21 **Tiermehl.** Bis zur Jahreswende 2000/2001 sind in Deutschland noch zahlreiche Nutztierarten (insbesondere Geflügel, Schweine und Fische) regelmäßig mit Tierkörpermehlen gefüttert worden. Dabei handelte es sich um entfettete, getrocknete und gemahlene Produkte, die aus Schlachtabfällen und aus den Körpern getöteter oder verunglückter Nutz-, Heim-, Versuchs- und Zootiere etc. mittels eines besonderen Verfahrens (Erhitzung auf 133° C bei 3 bar Überdruck für die Dauer von 30 Minuten) gewonnen wurden. Unter naturnahen Bedingungen stünden derartige Nahrungsbestandteile dem Tier nicht zur Verfügung. Hinzu kommen die erheblichen Gefahren, die mit dieser Art der Fütterung für Mensch und Tier verbunden sind: Die Ernährung mit Tiermehl schafft das (inzwischen als gesichert geltende) Risiko, dass Krankheitserreger, die sich in den Körpern der verarbeiteten Tiere befinden, auf das gefütterte Tier überspringen und sich dabei unter Überwindung der biologischen Artengrenzen in bösartigere Varianten verwandeln können (vgl. die Verursachung von BSE bei Rindern durch die Verfütterung von Kadavern von Schafen, die mit Scrapie infiziert waren). Angesichts der gegenüber Rindern sehr viel kürzeren Lebensdauer von Masthühnern (5 Wochen), Puten (12–22 Wochen) und Mastschweinen (6 Monaten) kann niemand mit Sicherheit ausschließen, dass für diese Bereiche nicht ähnliche, noch unentdeckte Risiken bestehen. Hinzu kommt die Gefahr eines „Recyclings von Schadstoffen“: Der Erhitzungsprozess vermag zwar pathogene Keime abzutöten; toxische Substanzen indes (Medikamentenreste, Antibiotika, Dioxinablagerungen u. a. m.) werden durch ihn allenfalls teilweise zerstört. Besonders problematisch sind die Rückstände des chemisch stabilen Tötungsmittels T 61, mit dem Tiere schmerzlos getötet werden und für das es weder geeignete Nachweismethoden noch verbindliche Grenzwerte gibt (vgl. *Schmidt* DudT 5/1999, 38). So schafft die Tiermehlverfütterung die Gefahr, dass sich Arzneimittelrückstände und andere Schadstoffe zunächst im Tier und später auch im Menschen als dem letzten Glied der Nahrungskette anreichern.

22 **Antibiotika.** In der intensiven Rinder-, Schweine- und Geflügelmast war es jahrzehntelang üblich, dem Futter antibiotische Leistungsförderer zuzusetzen, um auf diese Weise einen schnelleren Fleischansatz bei gleichzeitiger Verminderung des Fütterungsaufwands zu erreichen. Mit Wirkung vom 1. 1. 2006 wurde diese Praxis jedoch EU-weit verboten;

die bis dahin noch zugelassenen vier antibiotischen Futtermittelzusatzstoffe sind aus dem Gemeinschaftsregister ohne Aufbrauchfristen gestrichen worden (vgl. DTBl. 2006, 139). Das Problem des Einsatzes antibiotischer Stoffe in der Mast ist damit aber noch nicht erledigt, weil Antibiotika, auch in Kombination mit entzündungshemmenden Arzneimitteln, auch zum Zweck der Vorbeugung gegen haltungsbedingte Krankheiten verabreicht werden (vgl. BfR TU 2003, 274: starke Zunahme Chinolon-resistenter Isolate bei Salmonella- und E.-coli-Keimen wegen der weit verbreiteten vorbeugenden Behandlung ganzer Geflügelbestände mit Fluorchinolonen; Kirchenleitung der NEK S. 27: Antibiotika als Prophylaxe, die die Probleme der Haltungsbedingungen überdecken soll). Dem Gebot zu artangemessener Ernährung kann die Beigabe von Antibiotika und anderen Arzneimitteln über das Futter und/oder Trinkwasser nur entsprechen, wenn sie zur Behandlung tatsächlich kranker Tiere medizinisch indiziert ist (vgl. die entsprechende Forderung des BfR aaO). Dafür sprechen auch die erheblichen Gefahren, die der Antibiotika-Einsatz in der Tiermast für die Gesundheit des Menschen mit sich bringt. Vor allem durch niedrige, subtherapeutische Dosen, die über längere Zeiträume an größere Tierzahlen verabreicht werden, können Bakterienstämme Resistenzen entwickeln, diese auf verwandte Erregerstämme übertragen und auch Kreuzresistenzen (d. h. Widerstandskräfte gegen andere, ähnlich wirkende und in der Humanmedizin eingesetzte Antibiotika) herausbilden. Angesichts einer „dramatischen Zunahme von Antibiotikaresistenzen" forderten die BTK, die Arbeitsgemeinschaft der Leitenden Veterinärbeamtinnen und -beamten der Länder (ArgeVet) und das BfR nicht nur seit Jahren den vollständigen Verzicht von Antibiotika zur Leistungsförderung, sondern auch die grundsätzliche Vermeidung ihres prophylaktischen Einsatzes. Antibiotika sollen nur noch in Fällen eingesetzt werden dürfen, in denen „belegt oder mit großer Sicherheit anzunehmen ist, dass bei den zu behandelnden Tieren oder im Bestand ein gegenüber dem eingesetzten Antibiotikum empfindlicher Erreger vorhanden ist" (vgl. TU 2003, 274; DTBl. 2001, 242; DTBl. 1999, 1248). Notwendig wären außerdem weiter greifende Regelungen zur Erfassung der Abgabemengen und der genauen Weiterverwendung von Antibiotika (vgl. TU 2005, 107; zur bisherigen Praxis vgl. *Fikuart* in: „Kennzeichen D" am 28. 2. 2001: „Der gesamte Einsatz von Tiermedikamenten über die Trinkwasserverabreichung beim Geflügel ist so gut wie gar nicht kontrollierbar"). Selbst in Bodenproben güllegedüngter Flächen sind bereits Antibiotikarückstände festgestellt worden (vgl. *Hamscher, Sczesny* et al. DtW 2000, 332 ff.; vgl. auch DTBl. 2003, 744: bedenklich hohe Werte von Tetrazyklin im Boden der Weser-Ems-Region).

In **Schweden** hat man antibiotische Leistungsförderer schon 1985 verboten und gleich- 23
zeitig für die Tiere Stroheinstreu sowie vermehrte Bewegungsmöglichkeiten vorgeschrieben; das Land hat heute im Vergleich zum übrigen EU-Raum eine sehr geringe Zahl von Salmonellenerkrankungen und eine um ein Vielfaches geringere Antibiotikaresistenz (vgl. *Goldhorn* TU 1998, 72, 74; vgl. auch BfR in DTBl. 2004, 46: verbesserte Haltungsbedingungen und verstärkter Einsatz von Impfstoffen als erfolgversprechende Alternativen zum Antibiotikaeinsatz). In **Dänemark** sind die Resistenzen seit dem Verbot antibiotikahaltiger Futtermittel 1998/99 signifikant zurückgegangen (vgl. TU 2002, 272; vgl. auch die Forderung der WHO nach einer „Reduzierung des Antibiotikabedarfs durch Optimierung der Haltungsbedingungen für lebensmittelliefernde Tiere" (Symposium am 13.–17. 10. 1997 in Berlin, zitiert nach *Burdick* et al. S. 98).

VI. Pflege nach § 2 Nr. 1

Auch das **Pflegegebot** war **Gegenstand des Urteils des BVerfG vom 6. 7. 1999.** Mit 24
den in § 2 Nr. 1 aufgestellten Haltungsgrundsätzen will der Gesetzgeber „der Pflege des Wohlbefindens der Tiere in einem weit verstandenen Sinn Vorrang einräumen" (BVerfGE 101, 1, 32 = NJW 1999, 3253). Entsprechend weit ist das Gebot zur Gewährleistung der artgemäßen, angemessenen Pflege auszulegen. Zur Pflege rechnet damit u. a. **1.** die Ermöglichung der Eigenkörperpflege (BVerfGE 101, 1, 38) einschließlich der sozialen

Hautpflege, **2.** die regelmäßige Überwachung sowie **3.** alles das, was der allgemeine Sprachgebrauch unter einer guten Behandlung versteht.

25 Die **Ermöglichung der Eigenkörperpflege** heißt: Dem Tier muss ermöglicht werden, die Verhaltensweisen des entsprechenden Funktionskreises in artgemäßer Form (d.h. so, wie sie unter naturnahen Bedingungen stattfinden) auszuführen. – Bei Hühnern gehören dazu: Staubbaden einschließlich der triebbefriedigenden Endhandlungen (s. Vor §§ 12–15 TierSchNutztV Rn. 13 sowie § 13 TierSchNutztV Rn. 7), Flügelschlagen, Streck- und Dehnbewegungen wie Flügel-Bein-Strecken und Kopfstrecken, Schüttelbewegungen wie Körper- und Schwanzschütteln, Körperkratzen mit den Zehenkrallen und Gefiederputzen. – Puten betreiben Eigenkörperpflege u.a. durch Staubbaden, Gefiederpflege mit dem Schnabel, Aufstellen und Schütteln des Gefieders; die Einnahme von Ruhepositionen auf erhöhtem Platz kann man entweder zum Ruhen oder ebenfalls zur Pflege rechnen. – Enten benötigen Zugang zu Badewasser, „damit sie als Wasservögel ihre biologischen Erfordernisse erfüllen können“ (St. Ausschuss, Empfehlung für Moschusenten Art. 10 Nr. 2 bzw. für Pekingenten Art. 11 Nr. 2; für Gänse gilt dasselbe, s. Anh. zu § 2 Rn. 20). – Bei Schweinen rechnen das Sichscheuern, das Sichabkühlen, das Suhlen sowie die strikte Trennung von Liege- und Kotbereich zur Eigenkörperpflege (s. Vor §§ 16–25 TierSchNutztV Rn. 3. – Bei Rindern gehören dazu: Sichkratzen und Scheuern an Gegenständen, Belecken und Kratzen von Körperstellen mit der Hinterklaue auf rutschsicherer Standfläche.

26 Die zur Pflege gehörende **Überwachung** erfordert u.a. eine regelmäßige Beobachtung, im Minimum einmal täglich (vgl. § 4 Abs. 1 Nr. 2 TierSchNutztV). Für manche Tierarten ist die zweimal tägliche Überprüfung ausdrücklich vorgeschrieben (so für Kälber in § 11 Nr. 1 TierSchNutztV). Die BTK weist zu Recht auf die generelle Notwendigkeit einer mindestens zweimal täglichen Kontrolle hin (s. § 4 TierSchNutztV Rn. 2) – Das „Wie“ der Kontrolle wird in den Empfehlungen des St. Ausschusses eingehend beschrieben (vgl. zB Art. 7 der Empfehlung für das Halten von Haushühnern, s. § 4 TierSchNutztV Rn. 2).

27 Darüber hinaus schließt Pflege‘ all das ein, was man landläufig als eine **gute Behandlung** bezeichnet (vgl. *L/M* § 2 Rn. 32). U.a. gehören dazu: Reinigung und Reinhaltung; Gesundheitsfürsorge; Vorstellung beim Tierarzt bei Krankheitsverdacht (vgl. VG Oldenburg vom 19. 5. 2003, 7 A 2832/01); Prophylaxe wie Impfungen, Entwurmungen; Heilbehandlung durch den Tierarzt; Geburtshilfe; Unterstände in Freilandhaltung zum Schutz vor Sonneneinstrahlung, Zugluft und Feuchtigkeit; Hufpflege, Hufbeschlag und Klauenpflege; Fellpflege (einschließlich Scheren von Schafen); Licht- und Luftverhältnisse sowie Temperaturen, die „Wohlbefinden in einem weit verstandenen Sinn“ (BVerfG aaO) gewährleisten. – Die nach § 15 zuständige Behörde muss auch prüfen, ob Pflegekräfte mit ausreichender Ausbildung und in genügender Zahl zur Verfügung stehen sowie ob Pflegeställe oder Abteile zur Unterbringung behandlungsbedürftiger Tiere vorhanden sind (vgl. § 4 Abs. 1 Nr. 3 TierSchNutztV; s. dort Rn. 1). – Dem Halter steht nicht etwa frei, ob er ein krankes oder verletztes Tier behandeln oder töten lässt, denn nach dem Pflegegebot i.V.m. § 1 S. 2 ist die Tötung eines Tieres nur als ultima ratio zulässig und darf folglich nicht erfolgen, solange nach tierärztlichem Urteil noch Heilungsaussichten bestehen (s. § 4 Rn. 3 TierSchNutztV). – Die andauernde Überforderung eines Nutztieres verstößt ebenfalls gegen das Pflegegebot, selbst wenn die Schwelle des bußgeldbewehrten § 3 Nr. 1 noch nicht erreicht ist. Beispiel: Eine Zuchtnutzung, bei der in Käfigen gehaltene Häsinnen schon am Tag nach der Geburt wieder besamt werden, ist mit der Gefahr einer Auszehrung des Muttertieres verbunden, weil parallel für die Milchbildung und für die sich entwickelnde Fruchtmasse Energie und Nährstoffe benötigt werden (vgl. *Kamphues* DtW 1998, 117, 121); auch hier verhindert zwar idR die frühzeitige Schlachtung das Offenbarwerden entsprechender Schäden, was jedoch an dem Verstoß gegen das Pflegegebot nichts ändert (s. Rn. 20).

28 Die **Zusammenfassung besonders großer Tierbestände auf engem Raum** kann ebenfalls einen Verstoß gegen das Pflegegebot bedeuten. Wird nämlich die Masse der Tiere für

den Halter oder Betreuer zu groß und zu unübersichtlich, so führt dies zwangsläufig zu einem Verlust des Verantwortungsbewusstseins und zur Entstehung des Gefühls, dass es sich nicht lohne, sich bei dieser Masse noch um das einzelne Individuum zu kümmern (vgl. *Martin* in: *v. Loeper, Martin, Müller* S. 59ff., 62). Das Gesetz fordert aber Pflege, Überwachung und Betreuung des Einzeltieres, insbesondere auch des schwächsten (vgl. VGH Mannheim NuR 1994, 487, 488). Deshalb wäre es denkbar, mit Hilfe des Pflegegebots Obergrenzen für Tiergruppen in Stallabteilen durchzusetzen. Aus demselben Grund müssten auch maximal zulässige Relationen von Tierbetreuern und Zahl der betreuten Tiere formuliert werden (vgl. *Kamphues* aaO; zur Legehennenkäfighaltung s. auch § 4 TierSchNutztV Rn. 1).

VII. Verhaltensgerechte Unterbringung nach § 2 Nr. 1

In **sechs Funktionskreise** teilt man die Verhaltensmuster, die von Tieren unter naturnahen Bedingungen gezeigt werden, üblicherweise ein: Nahrungserwerbsverhalten; Ruheverhalten; Eigenkörperpflege (manchmal auch Komfortverhalten genannt, vgl. *Sundrum* S. 15); Fortpflanzungsverhalten und Mutter-Kind-Verhalten; Sozialverhalten; Bewegung (auch Lokomotion genannt, vgl. *Bogner/Grauvogl* S. 41). Teilweise werden auch für Ausscheidungs- und für Feindvermeidungsverhalten eigenständige Funktionskreise gebildet (vgl. *Bogner/Grauvogl* S. 41); dies scheint aber nicht erforderlich, da beides der (weit auszulegenden, s. Rn. 24) Pflege zugeordnet werden kann. ZT wird auch das Erkundungsverhalten als eigenständiger Funktionskreis geführt; es dient aber meistens (wenngleich nicht immer) dem Nahrungserwerb. – Zu einer verhaltensgerechten Unterbringung gehört, dass die Verhaltensabläufe eines jeden Funktionskreises möglichst ungehindert ablaufen können und nicht, jedenfalls aber nicht in erheblichem Ausmaß zurückgedrängt werden. Dabei ist wichtig, dass Bedürfnisse immer nur im eigenen Funktionskreis erfüllt werden können; es ist also zB nicht möglich, durch eine optimale Fütterung Defizite im Funktionskreis ‚Bewegung' zu kompensieren o. Ä. (vgl. *Zeitler-Feicht* AtD 2004, 12). – Den unterschiedlichen (ethologischen) Funktionskreisen sind bei einer verhaltensgerechten Unterbringung auch unterschiedliche (räumliche) Funktionsbereiche zugeordnet; insbesondere bedarf es einer klaren räumlichen Trennung von Ruhe- und Aktivitätsbereich, damit nicht ruhende und aktive Tiere einander stören (s. Einf. Rn. 13, NEK 2005, 17: Entflechtung der Funktionsbereiche Fütterung, Ausruhen und Fortbewegung). 29

Nach der **vom BVerfG beschriebenen Abgrenzung** enthält § 2 Nr. 2 eine gegenüber § 2 Nr. 1 speziellere Regelung, indem in Nr. 2 die Möglichkeit des Tieres zu artgemäßer Bewegung „als einziges seiner Bedürfnisse" weitergehenden Einschränkungsmöglichkeiten unterworfen wird (BVerfGE 101, 1, 37 = NJW 1999, 3253, 3255; *Hirt* in: DVG, Ethologie und Tierschutz, S. 27, 28; *Kramer* JuS 2001, 962ff. Fn. 24; *Sambraus* in: DVG 2003 S. 83). Diesen Schranken unterliegen also die in Nr. 1 angesprochenen Bedürfnisse nicht (vgl. auch OVG Weimar 3 KO 700/99, 12). Konsequenz: Ist ein Bedürfnis, das dem Schutz von Nr. 1 untersteht, zurückgedrängt, so bleibt allein zu prüfen, ob dies „unangemessen" ist (s. Rn. 35); lässt sich dies bejahen, so muss die jeweilige Haltungsform als gesetzwidrig eingestuft werden, ohne dass noch der in Nr. 2 vorgesehene Nachweis für Schmerzen, vermeidbare Leiden oder Schäden geführt zu werden braucht (s. auch Rn. 15: Das BVerfG hat lediglich festgestellt, dass das ungestörte Ruhen bzw. die gleichzeitige Nahrungsaufnahme unangemessen zurückgedrängt waren; eine Prüfung, ob den Hennen hierdurch Leiden oder Schäden zugefügt wurden, erfolgte nicht, ebenso wenig ein Eingehen auf die von der Bundesregierung vorgebrachten Argumente der Wirtschaftlichkeit und Wettbewerbsfähigkeit und auf den ebenfalls erhobenen Einwand, § 2 Nr. 1 stehe unter dem Vorbehalt des vernünftigen Grundes. Hieraus ist der Schluss zu ziehen, dass diese Gesichtspunkte nicht zur Einschränkung des durch diese Vorschrift gewährten Schutzes herangezogen werden können). 30

31 § 2 Nr. 1 ist damit im Vergleich zu Nr. 2 eine **starke Schutzvorschrift.** Der **Umfang ihres Schutzbereichs** wird durch die Oberbegriffe „ernähren", „pflegen" und „verhaltensgerecht unterbringen" bestimmt. Die Verhaltensbedürfnisse des Funktionskreises „Nahrungserwerbsverhalten" gehören zweifelsfrei zum „Ernähren" (s. Rn. 18), ebenso auch das Erkundungsverhalten (s. Rn. 29). Die Verhaltensabläufe der Funktionskreise „Eigenkörperpflege" und „Ruheverhalten" sind ebenso unzweifelhaft dem „Pflegen" zuzuordnen (s. Rn. 13 und 25). Wegen der vom BVerfG vorgezeichneten weiten Auslegung des Pflegegebotes wird man auch das Sozialverhalten hierher zu rechnen haben, zumal es dabei nicht primär um Bewegung geht, sondern um die Ausbildung und Erhaltung bestimmter hierarchischer Strukturen, um Kommunikation sowie um Ausweichen, Deckung Suchen und die Möglichkeit zum zeitweiligen Rückzug vom Artgenossen, letztlich also auch um die Vermeidung von Auseinandersetzungen und Verletzungen und damit um Schutz. Den Funktionskreis „Fortpflanzungsverhalten" und „Mutter-Kind-Verhalten" wird man zur verhaltensgerechten Unterbringung und damit ebenfalls zu § 2 Nr. 1 zu zählen haben (so sieht es auch das BVerfG, wenn es die „ungestörte und geschützte Eiablage" zu den weiteren artgemäßen Bedürfnissen rechnet, die nicht „unangemessen zurückgedrängt" werden dürften – eine Sprachregelung, die nur im Rahmen von § 2 Nr. 1 Sinn macht; vgl. BVerfGE 101, 1, 38).

32 Zur **Ermittlung der Verhaltensbedürfnisse der verschiedenen Funktionskreise** soll gemäß Art. 3 ETÜ auf „feststehende Erfahrungen und wissenschaftliche Erkenntnisse" zurückgegriffen werden. Dabei bezieht sich „feststehend" aber nur auf „Erfahrungen", wie u. a. der Blick auf den englischen und französischen Text des Übereinkommens belegt („… conformément à l'experience acquise et aux connaissances scientifiques"); dasselbe zeigt auch ein Vergleich mit Nr. 7 S. 2 des Anhangs der EU-Nutztierhaltungsrichtlinie, die Art. 3 ETÜ nachgebildet ist (s. Einf. Rn. 44). Wissenschaftliche Erkenntnisse können also nicht danach beurteilt werden, ob sie iS von Einstimmigkeit oder überwiegender Mehrheit „feststehen", sondern nur nach der Kraft ihrer Argumente, der Logik ihrer Beweisführung und der Übereinstimmung der angewandten Methoden und Prämissen mit den Wertentscheidungen des Tierschutzgesetzes. – In einer vereinzelt gebliebenen gerichtlichen Entscheidung ist indes die Auffassung vertreten worden, dass man bei der Auslegung der Rechtsbegriffe des § 2 nur auf Erkenntnisse zurückgreifen könne, die „im Wesentlichen nicht umstritten" seien bzw. „zumindest überwiegend wissenschaftliche Anerkennung gefunden" hätten und dass Haltungsanforderungen, über die noch „kontrovers diskutiert" werde und die noch nicht Aufnahme in eine EU-Richtlinie oder eine Europarats-Empfehlung gefunden hätten, nicht im Wege der Auslegung dem Gesetz entnommen werden dürften (so VG Minden NuR 2004, 200, 202 mit Bezug auf einen NRW-Erlass vom 4. 10. 2002 zur Haltung von Schweinen und Ferkeln; in der Berufungsinstanz wurde jedoch dieses Urteil für wirkungslos erklärt, nachdem der klagende Halter die Einhaltung des Erlasses zT zugesagt hatte und die Beteiligten daraufhin das Verfahren übereinstimmend für erledigt erklärt hatten; vgl. OVG Münster vom 8. 7. 2004, 21 A 1349/03). – Im Gegensatz zur Ansicht des VG Minden hat sich aber das BVerfG bei der Auslegung von § 2 Nr. 1 keineswegs nur auf solche Erkenntnisse beschränkt, die bereits wissenschaftlich unumstritten waren: Seine Feststellung, dass die Hennen in den praxisüblichen Käfigen bei einer anteiligen Futtertroglänge von nur 10 cm nicht gleichzeitig ihre Nahrung aufnehmen könnten, war bis dahin höchst kontrovers diskutiert worden (vgl. zB den Agrarwissenschaftler *Bessei* in seinem Gutachten für eine geplante Käfigbatterieanlage im mecklenburgischen Neubukow vom 31. 1. 1997: „Die Futtertroglänge von 10 cm entspricht den Richtlinien; bei dieser Größenordnung können alle fünf Tiere gleichzeitig fressen"; *ders.* auch im Verfahren VGH München AUR 2006, 18, 19: die Auffassung des BVerfG, wonach die gleichzeitige Futteraufnahme ein Grundbedürfnis sei, „basiere auf einer grundlegend falschen Vorstellung von der Biologie des Huhns"). Auch die weitere Feststellung des BVerfG, dass sich die zum gleichzeitigen ungestörten Ruhen erforderliche Fläche an dem Produkt aus Körperlänge (47,6 cm) und -breite (14,5 cm) der Hennen auszurichten habe,

war bis dahin keinesfalls Gemeingut „der" Wissenschaft und schon gar nicht Bestandteil der einschlägigen EU-Richtlinie (vgl. *Bogner* et al. BerlMünchTierärztl. WSchr. 1979, 340, 341 ff.: 424 cm² reichten „als der mittels Planimetrie ermittelte Körperschatten der Legehennen" aus). Dass die Beurteilung wissenschaftlicher Erkenntnisse nicht nach „unstreitig/streitig", sondern nur nach „überzeugend/nicht überzeugend" vorgenommen werden darf, ergibt sich u. a. auch aus einer Stellungnahme der damaligen niedersächsischen Landesregierung vom 6. 2. 1991 gegenüber dem BVerfG, wo es heißt: „In Wahrheit gibt es nicht ‚die Wissenschaft'. Es wäre ein von vorneherein vergebliches, lebensfremdes Unterfangen, mit der Verwirklichung des Tierschutzes so lange warten zu wollen, bis jeder Wissenschaftler, auch wenn er einseitigen Tiernutzungsinteressen folgt, den Erkenntnissen der Verhaltensforschung zustimmt. Effektiver Tierschutz wird auf diesem Wege unerfüllbar. Der Auftrag des Gesetzes wird dadurch verfehlt" (Nds. Staatskanzlei, Stellungnahme an das BVerfG im Verfahren 2 BvF 3/90 zur Überprüfung der HhVO). – Der vom VG Minden ebenfalls vertretenen Meinung, dass für die Auslegung von § 2 unterschiedliche Grundsätze gelten müssten, je nach dem, ob er von einer Regierungsstelle für eine Rechtsverordnung oder aber von einer Behörde bzw. einem Gericht für Verwaltungsvorschriften und Verwaltungsakte angewendet werde (NuR 2004, 200, 201), ist ebenfalls nicht zu folgen, denn der „Rahmen", den der Gesetzgeber in § 2 Nr. 1 und 2 vorgezeichnet hat, ist für alle zur Gesetzesanwendung berufenen Organe derselbe (vgl. BVerfGE 101, 1, 36).

Wenn demnach wissenschaftliche Erkenntnisse nicht nach „unstreitig/streitig" beurteilt werden können, wonach dann? Wichtig ist zunächst, dass Gutachter und Sachverständige nicht nur ihre endgültigen Erkenntnisse, sondern auch ihre Methoden und die dabei zugrunde gelegten Prämissen darlegen und begründen müssen. Methoden und Prämissen sind dann auf ihre Übereinstimmung mit dem aktuellen Erkenntnisstand des jeweiligen Wissensgebietes und mit den Wertentscheidungen des Tierschutzgesetzes zu überprüfen. Dabei gilt insbesondere das Bedarfskonzept (s. Rn. 8, 9), d. h.: Maßstab für die Verhaltensbedürfnisse eines Tieres ist nicht das Verhalten der jeweiligen Tierart in Käfigen oder auf Spaltenböden, sondern in einer Umgebung, die es dem Tier ermöglicht, sich frei zu bewegen sowie seine Organe vollständig zu gebrauchen und aus einer Vielzahl natürlicher Stoffe und Reize selbst dasjenige auszuwählen, was es zur Bedarfsdeckung und Schadensvermeidung braucht (vgl. *Stauffacher* in: *Sambraus/Steiger* S. 224). Weitere gesetzliche Wertungen, denen gutachterliche Methoden und Prämissen entsprechen müssen, sind zB: dass es in § 2 Nr. 1 darum geht, „der Pflege des Wohlbefindens der Tiere in einem weit verstandenen Sinn Vorrang einzuräumen" (BVerfGE 101, 1, 32); dass es geboten sein kann, in Zweifelsfragen nicht zu Lasten, sondern zu Gunsten des Tieres als des Schwächeren zu entscheiden (s. § 1 Rn. 58, 59, 67); dass der Verordnungsgeber (aber nicht nur er, s. Rn. 32) „entsprechend dem in §§ 1, 2 TierSchG vom Gesetzgeber vorgezeichneten Interessenausgleich einen ethisch begründeten Tierschutz befördern muss, ohne die Rechte der Tierhalter übermäßig einzuschränken" (BVerfGE 101, 1, 36). – An einer solchen wertebasierten wissenschaftlichen Herangehensweise fehlt es u. a. in folgenden Fällen: wenn in einem Gutachten die Verhaltensbedürfnisse von Tieren danach bestimmt werden, was das Tier unter restriktiven Bedingungen noch an Verhalten zeigt; wenn die Unterschiede zwischen § 2 Nr. 1 und Nr. 2 verkannt werden, indem die Zurückdrängung von Grundbedürfnissen iS von Nr. 1 erst dann für relevant erachtet wird, wenn sie nachgewiesenermaßen zu Leiden oder Schäden führt (s. Rn. 30); oder wenn Gutachter in Zweifelsfragen einseitig zu Lasten des Tieres entscheiden, statt die in unterschiedliche Richtungen weisenden Gesichtspunkte zu gewichten und sachlich gegeneinander abzuwägen. – Ein weiterer wesentlicher Punkt ist die Neutralität der forschenden Institute und Personen, insbesondere ihre Distanz zu den beteiligten wirtschaftlichen Interessen; Anhaltspunkten für eine besondere Nähe zu Nutzern oder ihren Verbänden muss nachgegangen werden (s. Rn. 47). – Erweisen sich konträre wissenschaftliche Positionen nach diesen Kriterien als gleichwertig, so muss man die einzelnen pro- und contra-Argumente untersuchen und gewichten und sich für diejenige Position entscheiden, die die bessere 33 und überzeugendere Beweisführung auf ihrer Seite hat (ein solches Prüfen und Abwägen dürfte iÜ kaum aufwändiger sein als die nach Ansicht des VG Minden notwendige Untersuchung, ob eine Position „im Wesentlichen nicht umstritten" ist und „zumindest überwiegend wissenschaftliche Anerkennung gefunden" hat).

34 Die **Empfehlungen des Ständigen Ausschusses** bilden auch in diesem Zusammenhang nur eine Untergrenze (s. Einf. Rn. 30). Nach Art. 9 Abs. 1 ETÜ enthalten sie zwar Bestimmungen, die sich auf wissenschaftliche Erkenntnisse über die einzelnen Tierarten stützen. Gleichwohl können sie nur einen Kompromiss auf der Basis des kleinsten gemeinschaftlichen Nenners dessen darstellen, was unter den derzeit 29 Vertragsparteien des ETÜ im Erlasszeitpunkt konsensfähig ist. Das folgt sowohl aus der personellen Besetzung des Ausschusses mit weisungsgebundenen Regierungsvertretern der Vertragsstaaten als auch aus dem Einstimmigkeitsprinzip, das für diese Empfehlungen gilt (vgl. Art. 8 Abs. 2, Abs. 5 a ETÜ). Die Meinung, man könne zur Ermittlung der Verhaltensbedürfnisse neben unstreitig gewordenen wissenschaftlichen Positionen nur noch Erkenntnisse aus diesen Empfehlungen heranziehen (so ebenfalls VG Minden NuR 2004, 200, 202), würde das höchst unterschiedliche Tierschutzbewusstsein in den verschiedenen europäischen Staaten negieren und letztlich die Auslegung eines wesentlichen Teils des deutschen Tierschutzgesetzes in die Hände der am wenigsten tierfreundlichen Vertragspartei des ETÜ legen. – Von Bedeutung ist allerdings, dass bei der Abfassung dieser Empfehlungen nicht selten versucht wird, diejenigen wissenschaftlichen Erkenntnisse, deren uneingeschränkte Durchsetzung wegen entgegenstehender politischer und wirtschaftlicher Interessen (noch) nicht möglich erscheint, statt in zwingende Ge- und Verbote in schwächere Soll-Vorschriften, allgemeine Bestimmungen oder in Leitsätze der Präambel zu fassen (um auf diese Weise wenigstens die Grundlage für einen längerfristigen Fortschritt zu schaffen). Wer also den Empfehlungen Hinweise auf den aktuellen Stand der wissenschaftlichen Erkenntnisse entnehmen will, der muss immer auch auf die Präambel, die allgemeinen Bestimmungen und die in Form von Soll-Vorschriften „verpackten" Erkenntnisse achten (wie es auch das BVerfG im Legehennenurteil getan hat, s. Einf. Rn. 29). Wissenschaftliche Erkenntnisse verlieren nicht schon dadurch an Qualität, dass sie wegen des Zwangs zur Einstimmigkeit mit wenig tierschutzorientierten Mitgliedstaaten und wegen entgegenstehender politischer oder wirtschaftlicher Interessen in vorsichtiger und zurückhaltender Weise formuliert werden (s. im Einzelnen Anh. zu § 2).

35 Was **„angemessen"** bedeutet, ist ebenfalls dem Legehennenurteil des BVerfG zu entnehmen. „Unangemessen" war für das Gericht die Zurückdrängung des Ruhens durch die herkömmliche Käfighaltung allein schon aufgrund des Missverhältnisses, das zwischen dem dazu notwendigen Flächenbedarf (47,6 cm x 14,5 cm) und der tatsächlich gewährten Bodenfläche (450 cm²) bestand. Ebenso genügte für die Unangemessenheit, mit der das Bedürfnis zu gleichzeitiger Nahrungsaufnahme zurückgedrängt war, allein schon der numerische Vergleich zwischen der durchschnittlichen Körperbreite der Tiere (14,5 cm) und der zur Verfügung stehenden Futtertroglänge (10 cm pro Henne). Zu der von Bundesregierung und Geflügelwirtschaft geforderten Abwägung und Verrechnung dieser beiden Grundbedürfnisse mit wirtschaftlichen und wettbewerblichen Belangen ist es in beiden Fällen nicht gekommen, weil dem Gericht die festgestellten Missverhältnisse zwischen Bedarf und Angebot für sein Rechtswidrigkeitsurteil ausreichten. Daraus folgt: Schon aus der Art und der Stärke, mit der ein bedeutendes Grundbedürfnis zurückgedrängt und der zugehörige Verhaltensablauf beeinträchtigt wird, kann sich ergeben, dass dies unangemessen ist. Wird also ein zum Schutzbereich des § 2 Nr. 1 gehörendes artgemäßes Bedürfnis unterdrückt oder stark zurückgedrängt, so lässt sich dies (von Extremfällen einmal abgesehen) nicht mit anderen Gesichtspunkten, insbesondere nicht mit Erwägungen der Wirtschaftlichkeit oder Wettbewerbsgleichheit verrechnen (s. Rn. 15). – Auch der Unterschied zu § 2 Nr. 2 bestätigt, dass „angemessen" kein Abwägungsvorbehalt wie „vermeidbar/unvermeidbar" oder „ohne vernünftigen Grund" sein kann. Denn die Grundbedürfnisse in Nr. 1 sollen nach dem Willen des Gesetzgebers einen stärkeren Schutz genießen

als das Bedürfnis des Tieres zu artgemäßer (Fort-)Bewegung, das „als einziges seiner Bedürfnisse" den weitergehenden Einschränkungsmöglichkeiten der Nr. 2 unterworfen wird (s. Rn. 30). Folglich ist es nicht möglich, den für das (schwächer geschützte) Bewegungsbedürfnis in Nr. 2 angeordneten Abwägungsvorbehalt („vermeidbar") ohne ausdrückliche gesetzliche Anordnung auch auf die stärker geschützten Grundbedürfnisse in Nr. 1 zu erstrecken (zur Identität zwischen „vermeidbar" und „ohne vernünftigen Grund" s. Rn. 37; dazu, dass der Vorbehalt des vernünftigen Grundes nicht auf § 2 Nr. 1 erstreckt werden kann s. auch Rn. 30 und § 1 Rn. 32, 33; *Hirt* in: DVG 2003 S. 27, 28) . – In diesem Zusammenhang kann auch die Definition, die die (an das deutsche Tierschutzgesetz angelehnte) Schweizer Tierschutzverordnung in ihrem Art. 1 Abs. 2 für den Begriff ‚angemessen' gibt, hilfreich sein: „Fütterung, Pflege und Unterkunft sind angemessen, wenn sie nach dem Stand der Erfahrung und den Erkenntnissen der Physiologie, Verhaltenskunde und Hygiene den Bedürfnissen der Tiere entsprechen". Ähnlich Art. 13 Abs. 2 des österreichischen TierSchG: „... unter Berücksichtigung der Art, des Alters und des Grades der Entwicklung, Anpassung und Domestikation der Tiere ihren physiologischen und ethologischen Bedürfnissen angemessen sind". (vgl. auch *Kluge/v. Loeper* § 2 Rn. 29: ‚angemessen' bedeutet „angepasst an Altersstufe, Domestikationsstatus, Trächtigkeit, gesundheitliche und andere tierspezifische Besonderheiten"; während also das Bedarfskonzept die Bedürfnisse des Tieres nur allgemein, nämlich nach Art, Rasse, Zuchtlinie etc. beurteilt, soll „angemessen" gewährleisten, dass auch die individuellen Besonderheiten des jeweiligen Tieres beachtet und berücksichtigt werden). – Dass mit ‚angemessen' keine Einbruchstelle für eine Relativierung und Verrechnung unterdrückter oder stark zurückgedrängter Grundbedürfnisse geschaffen werden sollte, belegt schließlich auch die Entstehungsgeschichte zum ÄndG 1986: Danach wurde zwar durch Änderung des Wortlauts von § 2 Nr. 1 dieser Begriff erstmals auch auf „verhaltensgerecht unterbringen" bezogen, zugleich aber ausdrücklich klargestellt, dass dadurch keine Minderung des Schutzes der Tiere gegenüber der bisherigen Rechtslage eintreten sollte (vgl. BT-Drucks. 10/3158 S. 17).

Der **Schutzumfang von § 2 Nr. 1** lässt sich auch nicht dadurch mindern, dass einzelne 36
Verhaltensbedürfnisse – obwohl zum „Ernähren", „Pflegen" oder „verhaltensgerecht Unterbringen" gehörend – herausgenommen werden dürften, etwa mit der Begründung, das Tier benötige das jeweilige Verhaltensmuster nicht, um zu überleben, gesund zu bleiben und die erwünschten Leistungen zu erbringen (vgl. die von *Ellendorff* geäußerten Zweifel an der „Relevanz und biologischen Notwendigkeit einzelner Verhaltenskomponenten", in: DVG, Tierschutz und Tierzucht, S. 147). Nach dem Bedarfsdeckungs- und Schadensvermeidungskonzept ist alleiniger Maßstab das Normalverhalten, das von Tieren der betreffenden Art, Rasse und Altersgruppe unter naturnahen Haltungsbedingungen bei freier Beweglichkeit und vollständigem Organgebrauch gezeigt wird (so auch für § 17 Nr. 2b OLG Frankfurt/M NJW 1980, 409). Das Gesetz fordert die verhaltensgerechte – nicht etwa nur die gesunde, das Überleben sichernde oder die leistungsgerechte Unterbringung. Auch widerspräche es der Rechtsnatur des § 2 Nr. 1 als Gefährdungstatbestand und der damit (im Gegensatz zu § 2 Nr. 2) angestrebten Vorverlagerung des Tierschutzes (s. Rn. 20), einzelne, vom Tier unter naturnahen Bedingungen gezeigte Verhaltensmuster dem Schutzbereich der Norm zu entziehen mit der Begründung, hinsichtlich ihrer biologischen Notwendigkeit bestehe noch Forschungsbedarf.

VIII. Einschränkung der Möglichkeit zu artgemäßer Bewegung nach § 2 Nr. 2

Zur **Abgrenzung gegenüber § 2 Nr. 1** s. Rn. 30, 31. Während also die Funktionskreise 37
„Nahrungserwerbsverhalten", „Ruheverhalten", „Eigenkörperpflege", „Sozialverhalten" sowie „Fortpflanzungs- und Mutter-Kind-Verhalten" dem weitreichenden Schutz der Nr. 1 unterstehen, darf nach Nr. 2 die Möglichkeit des Tieres zu artgemäßer Bewegung (Lokomotion) „als einziges seiner Bedürfnisse" Einschränkungen bis zur Schmerz-/Lei-

densgrenze unterworfen werden. Der vom Gesetzgeber in den §§ 1 und 2 „vorgezeichnete Interessenausgleich" (BVerfGE 101, 1, 36) verlangt mithin, die artgemäßen Bedürfnisse nach Nr. 1 im wesentlichen zu befriedigen, so dass Haltungsformen, die eines dieser Bedürfnisse unangemessen zurückdrängen, gegen Nr. 1 verstoßen, ohne dass noch der Nachweis hierdurch verursachter Leiden geführt werden müsste. Hingegen wird es für eine wirtschaftliche Tierhaltung nicht selten unabdingbar sein, die Freiheit zur Fortbewegung (d.h. das Gehen, Laufen, Rennen, Hoppeln, Hüpfen, Klettern, Traben, Galoppieren, Fliegen etc.) einzuschränken; dies darf dann in dem durch Nr. 2 vorgezeichneten Rahmen geschehen. – In Grenzfällen, in denen fraglich ist, ob ein Verhalten eher zur Fortbewegung oder eher zu „ernähren", „pflegen" bzw. „verhaltensgerecht unterbringen" zu rechnen ist (vgl. das Beispiel bei *L/M* § 2 Rn. 39: Recken und Strecken) sollte man an das Gebot zur tierfreundlichen Auslegung denken (s. § 1 Rn. 1) und den Verhaltensablauf im Zweifel der stärkeren Schutzvorschrift des § 2 Nr. 1 zuordnen. Dies entspricht auch der vom BVerfG betonten „Pflege des Wohlbefindens in einem weit verstandenen Sinn" (s. Rn. 12). Auch ist zu bedenken, dass das Gericht diejenigen Bedürfnisse, die es ausdrücklich dem Bereich des § 2 Nr. 1 zuordnet, jeweils nur beispielhaft und nicht abschließend aufgeführt hat („wie insbesondere Schlafen sowie Nahrungs- und Flüssigkeitsaufnahme" ... „wie insbesondere das Scharren und Picken, die ungestörte und geschützte Eiablage, die Eigenkörperpflege, zu der auch das Sandbaden gehört ...", BVerfGE 101, 1, 36, 38; s. Rn. 14). Schließlich ist klar, dass auch Grundbedürfnisse wie das Ruhen, die Futteraufnahme und die Körperpflege bestimmte Bewegungen einschließen, ohne deswegen aus dem Schutzbereich des § 2 Nr. 1, der anderenfalls leer laufen würde, auszuscheiden (vgl. *Hirt* in: DVG, Ethologie und Tierschutz, S. 27, 29; *Sambraus* in: DVG 2003 S. 83: Lokomotion ist gleichzusetzen mit dem Begriff „artgemäße Bewegung"). – In Anh. Nr. 7 der EU-Nutztierhaltungsrichtlinie findet sich eine parallele Unterscheidung: Die physiologischen und ethologischen Bedürfnisse werden in Nr. 2 vor Zurückdrängung geschützt, ohne dass es eines Leidensnachweises bedarf; die Fortbewegung („freedom to move") darf dagegen nach Nr. 1 eingeschränkt werden, solange es nicht so geschieht, dass dem Tier unnötige Leiden oder Schäden zugefügt werden.

38 Es gilt ein **uneingeschränktes Verbot der Zufügung von Schmerzen.** „Einfache" Schmerzen reichen aus (s. Rn. 39) Die Verursachung von Schmerzen markiert für Bewegungseinschränkungen eine absolute Grenze: Mit dem ÄndG 1986 wurde der Schutz des Tieres insoweit verstärkt, als das Adjektiv „vermeidbare" von dem Substantiv „Schmerzen" gelöst und so jegliche schmerzkausale Bewegungseinschränkung absolut und unbedingt verboten wurde, ohne Rücksicht auf Vermeidbarkeit (vgl. BT-Drucks. 10/3158 S. 18). – Ein Kausalzusammenhang ist gegeben, wenn ein Umstand nicht hinweggedacht werden kann, ohne dass der konkret eingetretene Erfolg entfiele; ohne Bedeutung ist, ob der kausale Umstand nur eine von mehreren Bedingungen darstellt (kumulative Kausalität). Demgemäß reicht es für einen Verstoß gegen Nr. 2 aus, wenn die Bewegungseinschränkung erst im Zusammenspiel mit weiteren Ursachen (zB der Bodenbeschaffenheit und/oder der Züchtung) zum Auslöser schmerzhafter Erkrankungen oder Verletzungen wird. Erforderlich, aber auch ausreichend für einen Verstoß ist, dass die Bewegungsbeschränkung nicht hinweggedacht werden kann, ohne dass die Schmerzen entfielen. – Beispiele: Die Fixierung von Sauen in Kastenständen löst verlängerte Geburtsvorgänge aus (vgl. EU-SVC-Report Schweine S. 100); sie kann außerdem zu schmerzhaften Harnwegsentzündungen, Gebärmutter- und Gesäugeentzündungen sowie zu Beinschäden führen (vgl. *Burdick* et al. S. 81). In der Legehennenkäfighaltung werden als zT schmerzhafte Folgen der weitgehend bewegungslosen Haltung auf Drahtgitterböden beschrieben: Käfigmüdigkeit und -lähme, erhöhte Knochenbrüchigkeit (vgl. EU-Legehennenmitteilung, BR-Drucks. 13/11371 S. 12, 18: „... ihre Knochen sind infolge des Bewegungsmangels schwach"), Arthritis, Fettlebern und ein hoher Anteil von Leberrupturen (vgl. *Ellendorff* in: DVG, Tierschutz und Tierzucht, S. 146), Herzversagen, Anämie, knochenschwächebedingte Frakturen (vgl. *Buchholtz, Fölsch, Martin* S. 9).

Es gilt ferner ein **eingeschränktes Verbot der Zufügung von Leiden oder Schäden.** 39
Verursacht die Einschränkung der Bewegung zwar keine Schmerzen, aber Leiden oder Schäden, so begründet dies eine Rechtswidrigkeit, soweit diese Folgen vermeidbar sind. Nicht verlangt wird, dass das Leiden bzw. der Schaden erheblich sein müsste; „einfaches" Leiden reicht aus. Auch auf die Dauer des Leidens kommt es nicht an (näher zu Leiden s. § 1 Rn. 17–23a; zu Schäden § 1 Rn. 24–26; zur Abgrenzung einfach/erheblich § 17 Rn. 61). Der Tierhalter hat auch die Pflicht, Leiden zu verhindern, die sich Tiere ggf. untereinander zufügen, soweit ihm dies zumutbar ist (vgl. VG Oldenburg vom 25. 3. 2004, 2 A 1624/00).

„Unvermeidbar" sind die Leiden bzw. Schäden, wenn ihre Verursachung einem ver- 40
nünftigen Grund entspricht. Vermeidbarkeit ist also eine Ausprägung der Verhältnismäßigkeit (*L/M* § 2 Rn. 40). Wie immer beim vernünftigen Grund müssen auch hier alle vier Elemente des Verhältnismäßigkeitsgrundsatzes (erlaubter Zweck; Geeignetheit; Erforderlichkeit; Verhältnismäßigkeit ieS) geprüft werden (s. § 1 Rn. 42–53). – An der Erforderlichkeit bewegungseinschränkungsbedingter Leiden fehlt es u. a. dann, wenn sich der verfolgte Nutzungszweck auch durch andere, mehr Bewegung zulassende (oder die belastenden Folgen auf andere Weise abmildernde) Haltungsformen erreichen lässt. Dabei ist zu beachten, dass ökonomische Gründe allein den Begriff des vernünftigen Grundes (und damit auch der Unvermeidbarkeit) nicht ausfüllen können und dass Tieren aus Gründen der Arbeits-, Zeit- oder Kostenersparnis keine Leiden oder Schäden zugefügt werden dürfen (§ 9 Abs. 2 Nr. 3, allgemeiner Rechtsgedanke, s. § 1 Rn. 47 und 57, 58 sowie § 17 Rn. 12). Daraus folgt zB: Wird als Begründung für eine bewegungseinschränkende Haltungsform (zB Käfig- oder Anbindehaltung) geltend gemacht, Haltungssysteme mit freier Bewegungsmöglichkeit besäßen Nachteile in hygienischer, gesundheitlicher oder gar ökologischer Hinsicht, so begründet dieser Einwand keine Unvermeidbarkeit, solange sich diese Nachteile mit Arbeits-, Zeit- oder Kostenaufwand vermeiden bzw. auf dasjenige Niveau, das sie in der bewegungsarmen Haltungsform auch haben, reduzieren lassen (außerdem ist selbstverständlich zu prüfen, ob die behaupteten Nachteile wirklich zutreffen und, wenn ja, ob sie nicht durch andere, der bewegungsarmen Haltung anhaftende Nachteile und Risiken auf- und überwogen werden, s. § 1 Rn. 52). – Bei der Verhältnismäßigkeit ieS (d. h. der Nutzen-Schaden-Abwägung) sollte bedacht werden: Tiere, die mit möglichst wenig Medikamenten auskommen und das dazu nötige intakte Immunsystem aufbauen und erhalten sollen, brauchen Licht, Luft, Sonne, Klimareize und Bewegung (vgl. *Haiger* TU 1998, 67, 68: Mit hohen Bestandsdichten kommt es zu steigenden Ausfällen, erhöhter Krankheitsanfälligkeit und in der Folge zu vermehrtem Medikamenteneinsatz). Deshalb werden bei näherem Hinschauen die kurzfristigen betriebswirtschaftlichen Vorteile dichter, bewegungsarmer Haltungsformen häufig überwogen durch ihre langfristigen gesamtwirtschaftlichen Nachteile. Diese sind u. a.: Medikamenten- und Antibiotika-Einsatz mit daraus resultierender Rückstands- und Resistenzproblematik; vermehrter Einsatz von Heizenergie (Tiere, die sich bewegen können und Einstreu haben, brauchen idR weniger Heizung); Boden- und Grundwasserbelastungen als Folge des in Vollspaltenbodenhaltungen anfallenden Flüssigmists.

IX. Kenntnisse und Fähigkeiten nach § 2 Nr. 3

Das **Sachkundeerfordernis** ist erst durch das ÄndG 1998 eingefügt worden. Näher 41
dazu AVV Nr. 1.1–1.3. – Besitzt der Halter die erforderlichen Kenntnisse und Fähigkeiten nicht selbst, so muss er die Betreuung auf eine ausreichend sachkundige Person übertragen und diese ermächtigen, die für Ernährung, Pflege und Unterbringung maßgeblichen Entscheidungen eigenständig, also nicht etwa nach seinen Weisungen, zu treffen. – Die (theoretischen) Kenntnisse und die (praktischen) Fähigkeiten müssen sich u. a. auf Folgendes beziehen: Anatomie, Physiologie und Biologie der betreffenden Tierart; tier-

schutzrechtliche Bestimmungen; Verhalten unter naturnahen Bedingungen; Erkennen und Interpretieren von Verhaltensstörungen; auf alles, was für eine art- und bedürfnisangemessene Ernährung, Pflege und verhaltensgerechte Unterbringung wesentlich ist; auf die richtige Aufzucht u.a.m. – Die Einhaltung eines bestimmten Ausbildungsganges nebst Prüfung schreibt Nr. 3 nicht vor; sinnvoll ist es aber, bei gewerblicher Tierhaltung Pflege und Überwachung auf geprüfte Tierpfleger/innen zu übertragen (vgl. *Wiesner/Ribbeck*, „Pflege"; vgl. auch AVV Nr. 12.2.2.2).

X. Verhältnis zu Richtlinien, Rechtsverordnungen, Verwaltungsvorschriften, Empfehlungen und Gutachten

42 Auf EU-Ebene gibt es vier **Richtlinien zur Tierhaltung:** Zum Schutz von landwirtschaftlichen Nutztieren die RL 98/58 EG vom 20. 7. 1998, ABl. EG Nr. L 221 S. 23; zur Haltung von Legehennen die RL 99/74/EG vom 19. 7. 1999, ABl. EG Nr. L 203 S. 53; zur Haltung von Schweinen die RL 91/630/EWG vom 19. 11. 1991, ABl. EG Nr. L 340 S. 33, geändert durch RL 2001/88/EG des Rates vom 23. 10. 2001, ABl. EG Nr. L 316 S. 1 und durch RL 2001/93/EG der Kommission vom 9. 11. 2001, ABl. EG Nr. L 316 S. 36; zur Haltung von Kälbern die RL 91/629/EWG vom 19. 11. 1991, ABl. EG Nr. L 340 S. 28, geändert durch RL 97/2/EG vom 20. 1. 1997, ABl. EG Nr. L 25 S. 24 und durch RL 97/182/EG der Kommission vom 24. 2. 1997, ABl. EG Nr. L 76 S. 30. – Alle diese Richtlinien enthalten lediglich Mindestanforderungen, setzen also nur eine Untergrenze. Strengere, d.h. tierfreundlichere Vorschriften aus dem nationalen Recht bleiben von ihnen unberührt (vgl. Art. 10 Abs. 2 der RL zum Schutz von landwirtschaftlichen Nutztieren, Art. 13 Abs. 2 der RL zur Haltung von Legehennen, Art. 11 Abs. 2 der RL zur Haltung von Schweinen und Art. 11 Abs. 2 der RL zur Haltung von Kälbern; vgl. auch EuGH NJW 1996, 113). Dasselbe gilt auch für die EU-Tierversuchsrichtlinie 86/609/EWG, s. dort Art. 24. – Das Schutzniveau von § 2 geht über die Minimalprogramme der Richtlinien deutlich hinaus. Für die Beurteilung der Rechtmäßigkeit bzw. Rechtswidrigkeit deutscher Tierhaltungen bildet deshalb § 2 den vorrangigen Maßstab (vgl. auch BVerfGE 101, 1, 31ff., 45 = NJW 1999, 3253, 3257).

43 **Rechtsverordnungen** stehen im Rang unter dem Gesetz. Soweit sie die Grenzen ihrer gesetzlichen Ermächtigung überschreiten oder sonst gegen Gesetze verstoßen, sind sie nichtig (BVerfGE 101, 1, 31 ff.). Rechtsverordnungen, die aufgrund von § 2a ergehen, sind folglich nur gültig, soweit sie „zum Schutz der Tiere erforderlich" sind und sich darauf beschränken, „die Anforderungen an die Haltung von Tieren nach § 2 näher zu bestimmen", d.h. soweit sie die gesetzlichen Gebote des § 2 Nr. 1 und 2 zutreffend konkretisieren und den vom Gesetzgeber vorgezeichneten Interessenausgleich nachvollziehen ohne ihn zu verändern (s. § 2a Rn. 8, 9). – In den Bereichen, die durch Rechtsverordnung geregelt sind (Haltung von Hunden, Kälbern, Schweinen und Legehennen; Tiertransporte; Tierschlachtungen) darf sich die nach § 15 zuständige Behörde folglich nicht darauf beschränken, einfach nur die jeweilige Rechtsverordnung anzuwenden. Sie muss vielmehr zusätzlich prüfen, ob die in Rede stehende Verordnung die Gebote und Verbote aus § 2 zutreffend und vollständig konkretisiert hat. Ist dies nicht der Fall, muss sie § 2 über § 16a S. 2 Nr. 1 unmittelbar anwenden, denn die Pflichten aus § 2 als der „Grundvorschrift für die Tierhaltung" (s. Rn. 1) können durch ausführende Bestimmungen des Verordnungsgebers nicht unanwendbar gemacht werden (vgl. *L/M* Einf. Rn. 67). – Die genannten Rechtsverordnungen lassen die Befugnis der Behörde unberührt, Maßnahmen nach § 16a S. 2 Nr. 1 anzuordnen, wenn dies im Einzelfall zur Erfüllung der Anforderungen des § 2 erforderlich ist (vgl. *Hirt*, Ethologie und Tierschutz, S. 27. 28). Wenn also in einer Tierhaltung trotz Einhaltung aller Bestimmungen der einschlägigen Rechtsverordnung artgemäße Bedürfnisse iS des § 2 Nr. 1 unangemessen zurückgedrängt sind oder wenn den Tieren als Folge von Bewegungseinschränkungen Schmerzen, vermeidbare Lei-

den oder Schäden iS des § 2 Nr. 2 entstehen, kann und muss die Behörde über § 16a S. 2 Nr. 1 auch Anordnungen treffen, die im Einzelfall über die in der Rechtsverordnung festgesetzten Mindestanforderungen hinausgehen (vgl. die amtlichen Begründungen zu den einzelnen Verordnungen: BR-Drucks. 612/92 S. 10 – Kälber; BR-Drucks. 159/88 S. 14 und 784/93 S. 8 – Schweine; BR-Drucks. 836/96 S. 45 – Tiertransporte; BR-Drucks. 835/96 S. 26 – Schlachtung; BR-Drucks. 580/00 S. 8 – Hunde; s. auch Vor §§ 5–11 TierSchNutztV Rn. 7 und Vor §§ 16–25 TierSchNutztV Rn. 7).

Bei **Verwaltungsvorschriften** (gleichbedeutend: Richtlinien, Leitlinien, Erlasse, Vollzugshinweise u. Ä.) die zur Konkretisierung der unbestimmten Rechtsbegriffe des § 2 erlassen worden sind, gibt es nur zwei Möglichkeiten: Entweder legt die VV den § 2 richtig aus, indem sie die Anforderungen aus Nr. 1 und Nr. 2 zutreffend und vollständig konkretisiert: dann ist sie anzuwenden. Oder sie legt § 2 falsch aus, insbesondere indem sie seine Anforderungen einschränkt und den vom Gesetzgeber vorgezeichneten Interessenausgleich zu Lasten der Tiere verändert anstatt ihn nur nachzuzeichnen: dann ist sie ungültig und nicht ausreichend (vgl. auch BVerfGE 101, 1, 32–37: Danach müssen untergesetzliche Regelungen einen ethisch begründeten Tierschutz „befördern“, ohne die Rechte der Tierhalter „übermäßig einzuschränken“; dabei will der Gesetzgeber in § 2 Nr. 1 „der Pflege des Wohlbefindens der Tiere in einem weit verstandenen Sinn Vorrang einräumen“). Gleiches gilt, wenn eine VV auf falschen oder unvollständigen Tatsachen beruht oder nicht (mehr) dem aktuellen Stand der wissenschaftlichen Erkenntnisse, besonders im Bereich der Ethologie, entspricht. Zum Remonstrationsrecht und der entsprechenden Pflicht des Beamten in solchen Fällen vgl. § 38 Abs. 2 BRRG und die gleichlautenden Landesbeamtengesetze (s. auch § 16d Rn. 2 und Einf. Rn. 94). 44

Die **Empfehlungen des Ständigen Ausschusses zum Europäischen Tierhaltungsübereinkommen (ETÜ)** richten sich an die Vertragsparteien und konkretisieren die allgemeinen Grundsätze in Art. 1–7 des Übereinkommens. Die Vertragsparteien müssen sie gemäß Art. 9 Abs. 3 S. 2 ETÜ „anwenden“. Sie sind „verbindliche Vorgaben aus dem europäischen Tierschutzrecht“ (BVerfGE 101, 1, 40 = NJW 1999, 3253, 3255) Solche Empfehlungen sind bislang für die Haltung von Haushühnern (Legehennen und Masthühner), Schweinen, Rindern, Kälbern, Pelztieren, Schafen und Ziegen, Straußenvögeln, Enten, Gänsen, Puten und Nutzfischen verabschiedet worden (vgl. BAnz. Nr. 89a vom 11. 5. 2000). Empfehlungen für die Haltung von Kaninchen stehen bevor. – Bei der Beurteilung von Tierhaltungen auf Übereinstimmung mit den Anforderungen des § 2 hat die zuständige Behörde auch diese Empfehlungen zu beachten (vgl. AVV Nr. 1.1). Das gilt nicht nur für die speziellen Vorschriften, die sich in den Anhängen der einzelnen Empfehlungen befinden, sondern auch für ihre allgemeinen Bestimmungen und die Präambeln (s. Einf. Rn. 29; zu Soll-Vorschriften und Vorschriften mit unbestimmten Rechtsbegriffen s. auch Einf. Rn. 31). Verstößt ein Tierhalter dagegen, so trifft die Behörde die zu ihrer Einhaltung notwendigen Anordnungen (§ 16a S. 1 und S. 2 Nr. 1). Rechtsverordnungen, Verwaltungsvorschriften, allgemeine Gutachten und Vereinbarungen, die eine Empfehlung nicht genügend beachten oder ihr widersprechen, sind wegen Verstoßes gegen Art. 9 Abs. 3 ETÜ ungültig bzw. unbeachtlich (vgl. BVerfG aaO). – Jede Empfehlung legt nur Mindestanforderungen fest (schon weil sie nur einstimmig zustande kommen kann, vgl. Art. 8 Abs. 5a ETÜ); soweit also die Gebote und Verbote aus § 2 darüber hinausgehen, geht das Tierschutzgesetz vor (s. Einf. Rn. 30). 45

In Verwaltungs- und Gerichtsverfahren werden häufig **allgemeine und/oder spezielle Gutachten** herangezogen und zur Entscheidungsgrundlage gemacht. – Allgemeine Gutachten und Empfehlungen sind insbesondere von der Tierärztlichen Vereinigung für Tierschutz (TVT) herausgegeben worden. U.a.: Checklisten für die Beurteilung von Amphibienhaltungen, Kleinsäugerhaltungen, Reptilienhaltungen, Vogelspinnenhaltungen, Vogelhaltungen und Zierfischhaltungen im Zoofachhandel; Richtlinien für Börsen mit Vögeln, Fischen und Reptilien; Checkliste zur Überprüfung von Schlachtbetrieben nach der TierSchlV und zur Überprüfung von Tiertransporten nach der TierSchTrV; Empfeh- 46 lungen zur tierschutzgerechten Haltung von Versuchstieren (Hund, Katze, Kaninchen, Legehenne, Meerschweinchen, Ratte, Maus, Hamster, Rhesusaffe, Schaf, Ziege und Schwein); Empfehlungen zur Haltung von Fröschen, Greifvögeln, Heimtieren in Schulen und Kindergärten, Hunden und Katzen im Zoofachhandel, Hauskatzen, Kaninchen, Zirkustieren; Empfehlungen zur Hälterung von Fischen im Einzelhandel. – Auch vom BMELV sind allgemeine Gutachten herausgegeben bzw. überarbeitet worden. U. a.: Gutachten über Mindestanforderungen an die Haltung von Greifvögeln und Eulen; über Mindestanforderungen an die Haltung von Zierfischen (Süßwasser); über Mindestanforderungen an die Haltung von Papageien; über Mindestanforderungen an die Haltung von Kleinvögeln (Körnerfresser); über Mindestanforderungen an die Haltung von Säugetieren; über Mindestanforderungen an die Haltung von Straußenvögeln außer Kiwis; über Mindestanforderungen an die Haltung von Reptilien. Daneben gibt es Leitlinien für eine tierschutzgerechte Haltung von Wild in Gehegen, zur Ausrichtung von Tierbörsen unter Tierschutzgesichtspunkten, zur Beurteilung von Pferdehaltungen unter Tierschutzgesichtspunkten, zum Tierschutz im Pferdesport, zur Haltung, Ausbildung und Nutzung von Tieren in Zirkusbetrieben u. a. m. – In allen diesen Texten kann man antizipierte Sachverständigengutachten sehen und sie im Wege des Urkundsbeweises ins Verwaltungs- oder gerichtliche Verfahren einführen (vgl. OVG Weimar NuR 2001, 107, 109; zur Bedeutung der BMELV-Leitlinien zur Beurteilung von Pferdehaltungen als sachverständige Äußerung vgl. auch VGH München vom 15. 7. 2002, 25 CS 02.1371; VG Aachen vom 11. 9. 2003, 6 L 734/03). – Darüber hinaus werden sowohl in Verwaltungs- als auch Gerichtsverfahren einzelne Sachverständige mit Gutachten zu einzelnen speziellen Fragen beauftragt (zB zum Vorhandensein und Ausmaß einzelner Verhaltensbedürfnisse; zu Art und Ausmaß der Unterdrückung solcher Bedürfnisse in bestimmten Haltungsformen; zu Verhaltensstörungen; zu erheblichen Leiden).

47 Sachverständigengutachten haben vielfach entscheidenden Einfluss auf den Ausgang eines Rechtsstreits. Deshalb sollten bei der **Auswahl von Sachverständigen** u. a. folgende Grundsätze beachtet werden: **1.** Wenn es um die Beurteilung ethologischer Sachverhalte geht (zB veränderte Verhaltensabläufe, Verhaltensstörungen, verhaltensgerechte Unterbringung), so sollten Ethologen als Gutachter berufen werden (vgl. OLG Frankfurt/M NStZ 1985, 130 und LG Darmstadt NStZ 1984, 173: Feststellung erheblicher Leiden in Tierhaltungen nach den Beurteilungsgrundätzen der Ethologie als der Wissenschaft, die sich mit dem Verhalten der Tiere befasst). Dabei sollten diejenigen Disziplinen, die (wie die Veterinärmedizin, die Biologie, die Zoologie) in ihrem Ansatz vom Tier und seinen Bedürfnissen ausgehen, bevorzugt berücksichtigt werden; bei anderen Disziplinen (zB Agrarwissenschaften) sollte zumindest gefragt werden, welcher Schwerpunkt innerhalb der jeweiligen Fakultät auf Fragen der artgerechten Tierhaltung gelegt wird. Durch seine ausdrückliche Bezugnahme auf das Bedarfsdeckungs- und Schadensvermeidungskonzept (s. Rn. 9) hat der Gesetzgeber klargestellt, dass die Kompetenz zur Beurteilung eines Haltungssystems als tiergerecht in erster Linie bei der modernen Verhaltensforschung und nicht bei der Agrarwissenschaft liegt (vgl. *Hirt* in: DVG 2003 S. 27, 29). **2.** Von der Sollvorschrift des § 15 Abs. 2 sollte abgewichen werden, wenn der Amtstierarzt einen ethologischen Sachverhalt beurteilen soll, aber selbst nicht Fachtierarzt für Ethologie, Zoologie oder Tierschutz ist oder sonst besondere Kenntnisse auf diesem Gebiet hat (vgl. BT-Drucks. 10/3158 S. 18: „wissenschaftlich gesicherte Erkenntnisse der Verhaltensforschung"; zu einem weiteren Ausnahmefall s. § 15 Rn. 10. **3.** Gutachter aus Instituten, die einen nicht unbedeutenden Teil ihrer Aufträge aus Industrien oder Nutzerverbänden beziehen, die an einem bestimmten Ausgang des Verfahrens interessiert sein könnten, sollten nicht herangezogen werden. Dabei geht es nicht darum, ob bereits die Schwelle zur Befangenheit erreicht ist, sondern darum, dass ein effektiver Tierschutz iS von Art. 20 a GG voraussetzt, dass Gutachter eine möglichst große Distanz zu den am Verfahrensgegenstand beteiligten wirtschaftlichen Interessen einhalten.

Bei der **Würdigung von Sachverständigengutachten** sollten u.a. folgende Fragen gestellt werden: **1.** Sind die Anknüpfungstatsachen von denen das Gutachten ausgeht, dargelegt? Ist dieser Tatsachenbefund zutreffend ermittelt und vollständig berücksichtigt worden? Die tatsächlichen Feststellungen, auf denen die gezogenen Schlussfolgerungen beruhen, müssen vollständig und richtig sein. **2.** Kann der Gutachter die Schlussfolgerungen, die er aus diesen Tatsachen zieht, frei von Lücken und inneren Widersprüchen und ohne Verstöße gegen Denkgesetze und Erfahrungssätze nachvollziehbar begründen? Nicht- oder Falschberücksichtigung anerkannter Regeln oder aktueller wissenschaftlicher Erkenntnisse machen ein Gutachten fehlerhaft. **3.** Sind die Methoden, die er dabei oder auch bei der Ermittlung von Befundtatsachen angewendet hat, offen gelegt (vgl. *Mayr* S. 38, 40: „Quellen offen legen")? Entsprechen sie dem aktuellen Erkenntnisstand, ggf. auch der überwiegenden Ansicht auf dem jeweiligen Fachgebiet? Entsprechen sie auch einer an den Grundentscheidungen des Tierschutzgesetzes ausgerichteten wertebasierten Herangehensweise (zB, wenn es um die Ermittlung von Verhaltensbedürfnissen geht, dem ethologischen Bedarfsdeckungs- und Schadensvermeidungskonzept; s. Rn. 9 und Rn. 33)? Wenn es zu einer angewendeten Methode oder zu einer gezogenen Schlussfolgerung nennenswerte Gegenauffassungen gibt, sollte auch dargelegt werden, wie diese begründet werden und warum der Gutachter ihnen nicht gefolgt ist. **4.** Sind auch die Prämissen, von denen der Gutachter ausgeht, offen gelegt? Stimmen auch sie mit den Wertentscheidungen des Gesetzes überein (zB kann nicht Gutachter für Leiden sein, wer die Nachweisbarkeit von Empfindungen entgegen § 17 Nr. 2b anzweifelt, s. § 1 Rn. 23 und § 17 Rn. 97; ob eine Unterbringung von Tieren verhaltensgerecht ist, kann nicht beurteilen, wer einzelne Verhaltensabläufe, die vom Tier unter naturnahen Bedingungen gezeigt werden, aus dem Schutzumfang des Gesetzes herausnimmt, zB mit der Begründung, das Tier „brauche" das jeweilige Verhalten nicht, um gesund zu bleiben und die gewünschte Leistung zu erbringen, s. Rn. 36). **5.** Ist der richtige Gutachter für das richtige Sachgebiet ausgewählt worden (zB sind für die Befindlichkeiten von Tieren primär solche Disziplinen zuständig, die in ihrem wissenschaftlichen Ansatz vom Tier und seinen Bedürfnissen ausgehen, also die Biologie, die Zoologie und die Veterinärmedizin, während die optimale Nutzung des Tieres durch den Menschen durch die Agrar- und Tierzuchtwissenschaften beurteilt wird)? **6.** Gibt es Anhaltspunkte, dass dem Gutachter oder seinem Institut die nötige Distanz zu einem Teil der am Verfahren beteiligten wirtschaftlichen Interessen fehlen könnte (s. Rn. 47)? **7.** Beschränkt sich das Gutachten pflichtgemäß auf die Mitteilung von Befundtatsachen, Erkenntnis- und Erfahrungssätzen sowie wissenschaftlichen Schlussfolgerungen, ohne zugleich die Rechtsfragen zu beantworten, die in die Kompetenz des Richters fallen? **8.** Wird bei der Beurteilung, ob Tiere erheblich leiden, dem Verhalten des Tieres als zentralem Indikator die nötige Aufmerksamkeit geschenkt, oder beschränkt sich der Gutachter auf die Feststellung physiologischer und pathologischer Parameter (die zwar auch wichtig sein können, aber eben nur in Zusammenschau mit dem Verhalten, s. § 17 Rn. 78, 79 und 113). **9.** Bietet der Gutachter die Gewähr, dass sein Gutachten dem aktuellen Stand der wissenschaftlichen Erkenntnis des betreffenden Sachgebietes entspricht (zB sollte ein Ethologe an den aktuellen wissenschaftlichen Diskussion seines Fachgebietes, u.a. durch Veröffentlichungen in entsprechenden Fachzeitschriften, aktiv teilnehmen). **10.** Bei Tierärzten als Gutachter muss auch darauf geachtet werden, dass es sich nicht um Vorgänge handeln sollte, die in den Verantwortungsbereich der eigenen Klientel fallen (vgl. *Schüle* DtW 2000, 107, 108). Der Amtstierarzt sollte nicht über Vorgänge gutachten, die möglicherweise strafbar oder ordnungswidrig sind und ihn bejahendenfalls dem Vorwurf der Mittäterschaft oder Beihilfe durch Unterlassen aussetzen können (s. § 15 Rn. 10 und § 17 Rn. 67). 48

Die **Gutachten, Merkblätter und Checklisten der TVT** bieten nach den o.e. Kriterien in besonderem Maß die Gewähr dafür, dass die aktuellen Erkenntnisse über die artspezifischen Bedürfnisse der einzelnen Tierarten zutreffend, vollständig und mit größtmöglicher Objektivität und Interessendistanz wiedergegeben werden. Ihnen sollte deshalb bei der 49

Auslegung von § 2 bevorzugte Beachtung zukommen. – Demgegenüber werden die BMELV-Papiere nicht in regelmäßigen Zeitabständen überarbeitet und repräsentieren, besonders wenn sie älteren Datums sind, nicht mehr den aktuellen Erkenntnisstand (vgl. zB die BMELV-Leitlinien zur Pferdehaltung von 1995 und das dazu herausgegebene aktuelle Positionspapier der TVT von *Bohnet, Düe, Esser, Franzky, Pollmann, Zeitler-Feicht*, 2004). Hinzu kommen teilweise politisch bedingte Widersprüche (zB zwischen dem Säugetiergutachten und den Leitlinien für Wild in Gehegen).

Anhang zu § 2

Zu Kälbern, Legehennen, Schweinen und Pelztieren s. die Kommentierung zur TierSchNutztV

Übersicht

I. Milchkühe einschließlich Färsen; Mastrinder

1. Konventionelle Haltungsform

1 Milchkühe stehen in vielen Regionen immer noch überwiegend in Anbindehaltung. Der Kurzstand mit Gitterrost (manchmal auch noch mit Kotkante) ist etwa 150–170 cm lang und 100–110 cm breit. Als Anbindevorrichtung werden Ketten oder Halsrahmen verwendet. Häufig wird nicht eingestreut. Ein erheblicher Teil der Milchkühe bekommt ganzjährig keinen Auslauf (*Burdick* et al. S. 39; vgl. im Gegensatz dazu Art. 18 der Schweizer Tierschutzverordnung, zitiert in Rn. 3). – Von den Mastrindern in Deutschland werden ca. 90 % ganzjährig im Stall in Buchten mit Vollspaltenboden und ohne Einstreu gehalten. Die Grundfläche pro Tier beträgt oft nur 1,5–2 m^2. Auch Anbindeställe kommen vor, überwiegend in kleinen Betrieben (vgl. *Burdick* et al. S. 42; *Rist/Schragel* S. 33). – Milchviehhaltungen, die eine Zukunftsperspektive haben wollen, verwenden Laufställe; deswegen befindet sich ein zunehmend größerer Teil der Milchkühe in Laufstallhaltung (Liegeboxenlaufstall, Tretmiststall und Tiefstreustall; näher *Sambraus* in: *Sambraus/Steiger* S. 112 ff.).

2. Unangemessenes Zurückdrängen von Grundbedürfnissen iS des § 2 Nr. 1

2 **Nahrungserwerbsverhalten (Fress- und Trinkverhalten).** Rinder grasen in langsamem Vorwärtsschreiten. Die tägliche Fressdauer beträgt in naturnaher Haltung, d. h. auf der Weide 5–13 Stunden (vgl. *Bogner/Grauvogl* S. 169). Als Herdentiere wollen alle zu gleicher Zeit fressen. – Bei zu geringer Strukturierung des im Stall verabreichten Futters (d. h. bei zu viel Kraftfutter und zu wenig Grundfutter wie Weidegras, Heu, Stroh) entstehen Verhaltensstörungen wie gegenseitiges Besaugen, Zungenrollen und -schlagen (u. a. weil das Rind seine typischen Futteraufnahmebewegungen, nämlich das Umschlingen von Grasbüscheln mit der Zunge, das Ziehen ins Maul und das Abtrennen nicht mehr ausführen kann). Zahlreiche Untersuchungen belegen, dass schon bei Raufuttergaben von 0,5–1 kg Stroh pro Tier und Tag die Verhaltensstörungen abnehmen und außerdem die Acetonämie (Stoffwechselerkrankung) seltener vorkommt (*Grauvogl* u. a. S. 43; s. auch § 2 Rn. 17). Neben ausreichenden Raufuttergaben erfordert § 2 Nr. 1, die gleichzeitige Nahrungsaufnahme zu ermöglichen; dazu muss die Zahl der Fressplätze stets der Zahl der Tiere entsprechen, auch dann, wenn Futter ad libitum angeboten wird (vgl. *Sambraus* aaO S. 114).

2a **Ruheverhalten.** Rinder sind Weichbodenlieger. Sie benötigen als Liegefläche Schüttungen wie Sand, Stroh, Sägemehl, die sich den Konturen der Körperunterseite anpassen und dadurch eine gleichmäßige Druckverteilung schaffen; die Verformungseigenschaften des Materials sind für das Ergebnis der Liegeplatzwahl sogar wichtiger als dessen Wärmedämmung (vgl. *Bogner/Grauvogl* S. 187; *Grauvogl* u. a. S. 47). Geruht wird gleichzeitig. Es werden auch Liegepositionen mit ausgestreckten Extremitäten und mit seitlich aufgelegtem Kopf eingenommen (vgl. *Rist/Schragel* S. 62). Beim artgemäßen Aufstehen muss das Rind, um mit der Hinterhand hochzukommen, den Kopf schwungvoll nach vorne und nach oben bewegen und beim anschließenden Strecken der Vorderextremitäten einen Schritt nach vorn machen können. – In Anbindehaltungen ist dieses Ruheverhalten in mehrfacher Hinsicht gestört. Ist die Stand- und Liegefläche nicht eingestreut, so fehlt es an dem nötigen verformbaren Untergrund; das Fehlen von Einstreu bzw. von weichen Matten verursacht u. a. Druckschäden, Verletzungen durch Rutschbewegungen und Ausgrätschen sowie chronische Schleimbeutelentzündungen und Abszesse am Carpus und Tarsus (vgl. *Sambraus* aaO S. 108, 113; *Hartung* TU 2000, 445, 449: Harte Liegeflächen provozieren Liegebeulen und Gelenkschäden, besonders beim Aufstehen und Abliegen; vgl. weiter VG Düsseldorf AgrarR 2002, 368: „… Zugang zu einer trockenen, weichen Liegefläche je Tier erforderlich"). Außerdem würde ein ungestörtes, gleichzeitiges Ruhen eine Standplatzbreite von zumindest 120 cm erfordern; bei den üblichen geringeren Breiten kommt es vor, dass der Platz zwischen zwei liegenden Kühen so schmal ist, dass die dazwischen stehende Kuh stundenlang nicht abliegen kann; schmale Stände begründen zudem die Gefahr, dass sich die Kühe beim Aufstehen gegenseitig auf die Zitzen treten (vgl. VG Darmstadt vom 15. 1. 2004, 3 G 2177/03 im Anschluss an *Sambraus* aaO S. 108). Eine Standlänge von nur 150 cm bewirkt, dass die Kühe mit den Hinterextremitäten ständig auf dem Gitterrost stehen, was Klauenverletzungen zur Folge hat; beim Liegen befinden sich Gliedmassen und Euter auf dem Gitterrost (bzw. auf der Kotkante), was zu schmerzhaften Quetschungen und Abrissen (beim Aufstehen) und zur Zerquetschung von Euterzitzen (durch Trittverletzungen der Nachbarkuh) führt. Dafür hat sich der Begriff „Gitterrostkrankheit" eingebürgert. Je nach Rasse wäre zur Vermeidung dieser Schäden eine Standlänge von zumindest 170–185 cm nötig (vgl. *Sambraus* aaO S. 110; *Rademacher* et al. TU 2004, 195, 200: Dekubitus durch zu kurze Stand- und Liegeplätze). Straffe Ketten oder starre Halsrahmen erschweren das artgemäße Aufstehen (Hinterhandaufstehen, Kopfschwung, Vorwärtsschritt) und lösen die Verhaltensstörung „pferdeartiges Aufstehen" aus. Untersuchungen in Laufstallhaltungen haben hingegen gezeigt, dass bei Laufställen mit eingestreuten Liegeboxen Zitzenverletzungen kaum noch vorkommen und auch die Gliedmaßenverletzungen gegenüber der Anbindehaltung deutlich zurückgehen (*Grauvogl* u.a. S. 48). Vgl. auch Art. 17 Abs. 1 Schweizer Tierschutzverordnung: „Für Kälber bis vier Monate, für Kühe und hochträchtige Rinder sowie für Zuchtstiere muss der Liegebereich mit ausreichender und geeigneter Einstreu versehen werden." – Auch bei Mastrindern, die in Buchten mit Vollspaltenböden gehalten werden, kann ein artgemäßes Ruheverhalten nicht stattfinden. Das ständige Liegen auf dem unbedeckten, nicht eingestreuten Boden führt zu Gelenkschäden, Liegeschwielen und Abszessen. Weil die Tiere auf dem oftmals glitschigen Vollspaltenboden Schwierigkeiten mit dem Aufstehen und Abliegen haben, nimmt die Zahl normaler Abliegevorgänge mit zunehmendem Alter im Vergleich zu Bullen auf Einstreu stark ab. Die mit dem Abliegen verbundene Stress-Belastung konnte anhand erhöhter Cortisolkonzentrationen im Blutplasma nachgewiesen werden (vgl. *Rist/Schragel* S. 34). Die unphysiologischen Verhaltensweisen „Hinterhandabliegen" und „pferdeartiges Aufstehen" treten vermehrt auf (vgl. *Sambraus* aaO S. 124; *Mayer/Schrader* et al. in: DVG 2002 S. 129, 132: atypische Bewegungsabläufe in bis zu 60 % der Aufsteh- und Abliegevorgänge; s. auch § 2 Rn. 9). Das Liegen auf nicht eingestreutem Spaltenboden führt außerdem dazu, dass einzelne Körperteile (vor allem der Schwanz) zwischen die Spalten rutschen und, wenn ein Stallgenosse darauf tritt, gleichsam zwischen Hammer (Klaue) und Amboss (Balkenkante) geraten, gequetscht und verletzt werden (Reaktion der Rindermäster: Schwanzkürzen, s. § 6 Rn. 25; vgl. auch Art. 17 Abs. 2 Schweizer Tierschutzverordnung: eingestreuter Liegebereich für alle Rinder wenigstens bei Neu- und Umbauten; vgl. weiter den neuen Anhang A zum Europäischen Versuchstierübereinkommen, G.b.4.2: eingestreuter Liegebereich, der allen Rindern das gleichzeitige Ruhen ermöglicht). Eine Übergangslösung könnten Gummimatten sein, die auf die Betonspalten gelegt werden und die dieselben Schlitze wie die darunter liegenden Betonelemente aufweisen (vgl. *Mayer/Schrader* et al. aaO S. 134). – In Laufställen ist demgegenüber artgerechtes Ruhen möglich, sofern weiche, eingestreute und ausreichend große Liegeboxen in ausreichender Zahl vorhanden sind (vgl. *Wandel/Jungbluth* S. 37, 43: „Liegen und Laufen auf hartem Boden verursacht Technopathien die ständig zunehmen ... von 21,5 Mio. Kühen in der EU gehen als Folge harter Böden 5 Mio. lahm, 95 % davon permanent").

Eigenkörperpflege (Komfortverhalten). Zur Eigenkörperpflege gehören Leck-, 2b
Kratz- und Scheuerbewegungen. – In Anbindehaltung ist das Sich-Lecken allenfalls bei lockerer Anbindung teilweise möglich: Das Rind muss sich dazu mit gespreizten Extremitäten bockartig hinstellen können, um mit schleudernden Bewegungen von Kopf und Zunge auch entfernte Körperstellen zu erreichen, was durch die Anbindung und die Enge des Standes weitgehend verhindert wird. Bei Einsatz von Kuhtrainern (s. § 3 Rn. 67) wird außerdem das Lecken des Rückens aus Angst vor Stromstößen stark reduziert. Ein Sich-Scheuern ist ebenfalls weitgehend unmöglich, weshalb besonders großer Nachholbedarf

festgestellt werden kann, wenn das Rind nach längerem Aufenthalt im Anbindestall Auslauf erhält (vgl. *Rist/Schragel* S. 60). – In der Spaltenbodenbucht machen der rutschige Boden und die räumliche Enge das Lecken und Kratzen idR unmöglich. Um das Sich-Scheuern zu ermöglichen, müssten Matten oder Bürsten mit einem senkrechten und einem waagrechten Teil eingebaut werden (vgl. *Sambraus* aaO S. 124).

2c **Fortpflanzungsverhalten/Mutter-Kind-Verhalten.** Muss die Kuh ihr Kalb in Anbindung statt in einer Abkalbebox zur Welt bringen, so erleidet sie starken Stress, weil ihr natürlicher Drang, sich zum Gebären von der Herde abzusondern, unterdrückt wird (vgl. *Rist/Schragel* S. 56). – In der Milchviehhaltung werden Kuh und Kalb sofort nach der Geburt getrennt.

2d **Sozialverhalten.** Zum Sozialverhalten gehören das gegenseitige Sich-Lecken, die Bildung individueller Freundschaften sowie der Aufbau einer sozialen Hierarchie, die anschließend nur noch durch Drohen aufrechterhalten wird (vgl. *Bogner/Grauvogl* S. 183, 197). – In Anbindehaltung ist Sozialverhalten kaum möglich. – In der Spaltenbodenbucht kann wegen fehlender Individualabstände und Ausweichmöglichkeiten eine stabile Hierarchie nicht ausgebildet werden. Als Folge davon entstehen soziale Auseinandersetzungen, die bei reduzierter Besatzdichte und strukturierten Ställen vermieden werden könnten. – Zur Vorbeugung von Verletzungen durch Hörner werden idR die Hornanlagen der Tiere zerstört.

2e **Schmerzen, Leiden oder Schäden** brauchen nicht nachgewiesen zu werden, um einen Verstoß gegen § 2 Nr. 1 zu begründen (s. § 2 Rn. 15, 30, 37). Sind sie aber eingetreten und lassen sie sich auf das Haltungssystem, zB auf die Bodenbeschaffenheit oder auf das Fehlen von Ausweich- und Rückzugsmöglichkeiten zurückführen, dann liegt eine Verletzung des Gebots zur art- und bedürfnisangemessenen Pflege besonders nahe. – Bei Milchkühen in Anbindehaltung löst das ständige Stehen auf dem Gitterrost u.a. Klauen- und Gliedmaßenverletzungen an den Hinterextremitäten aus (vgl. *Sambraus* aaO S. 110; *Grauvogl* u.a. S. 48). Bei Mastbullen in Spaltenbodenbuchten kommt es infolge des mangelnden Bewegungsraums und wegen der Bodenbeschaffenheit u.a. zu folgenden Schmerzen, Leiden und Schäden: Trittverletzungen (insbesondere am Schwanz, s.o.); Verletzungen durch Verkanten der Gliedmaßen und Gelenke; Gelenkentzündungen und -vereiterungen; Klauenverletzungen; Druckstellen bis hin zu offenen Wunden (vgl. *Rist/Schragel* S. 35; *Burdick* et al. S. 76). Zu den Verletzungen und Schäden infolge der mangelnden Verformbarkeit des Liegebereichs s.o.). Bei einer Untersuchung von mehr als 1500 Rohhäuten von Rindern unmittelbar nach der Schlachtung haben 86 % Schäden aufgewiesen: Aufliegeschwielen, Scheuerstellen, Schwielen im Nacken durch Anbindung (bis hin zu eingewachsenen Ketten), Hautschäden durch dauernde Einwirkung von Dung infolge der Unmöglichkeit zum Verlassen des Kotplatzes (vgl. *Burdick* et al. S. 76).

3. Bewegungseinschränkungen und hierdurch verursachte vermeidbare Leiden iS des § 2 Nr. 2 (zu Verhaltensstörungen s. auch § 17 Rn. 101, 102)

3 **Leiden.** Leiden infolge mangelnder Bewegung müssen zumindest bei angebundenen Mastrindern angenommen werden, denn diese sind selbst bei ihrer Schlachtung mit 12–18 Monaten noch Jungtiere mit einem entsprechend großen Bewegungsdrang (vgl. *Sambraus* aaO S. 123; vgl. auch Art. 18 der Schweizer Tierschutzverordnung: „Rindvieh, das angebunden gehalten wird, muss sich regelmäßig, mindestens jedoch an 90 Tagen pro Jahr außerhalb des Stalls bewegen können"). – In Gruppenhaltungen in Buchten, wo der Lebensraum kaum größer ist als die zum Liegen notwendige Fläche, muss man ebenfalls von Leiden ausgehen.

3a **Vermeidbarkeit.** Vermeidbar sind diese Leiden (und die in Rn. 2 beschriebenen Folgen) insbesondere bei Laufstallhaltung mit eingestreuten Liegeboxen und Laufhöfen. Durch Gummibeläge auf den betonierten Laufgängen lässt sich das Bewegungsverhalten weiter verbessern (die Rinder gehen dann sicherer). Weitere Vorteile dieser Haltungsform: Bessere Gesundheit durch mehr Bewegung, Klima- und Temperaturreize, dadurch verringerter Einsatz von Medikamenten und somit geringere Gefahr von Medikamenten- und Antibiotikarückständen. Bei der Vermeidung von Gesundheitsschäden an Bewegungsapparat und Euter ist die Laufstallhaltung der Anbindehaltung überlegen (vgl. *Hartung* TU 2000, 445, 450). – Welche Bodenflächen bei Kälbern und Mastrindern erforderlich wären, um Leiden und Schäden iS von § 2 Nr. 2 zu vermeiden und Grundbedürfnisse iS von § 2 Nr. 1 zu befriedigen, kann man auch dem neuen Anhang A zum Europäischen Versuchstierübereinkommen entnehmen (s. Tab. G.1): Für Rinder in der Versuchstierhaltung beträgt der vorgegebene Mindestplatzbedarf bei einem Körpergewicht von bis zu 100 kg 2,3 m^2 je Tier; zwischen 100 und 200 kg sind es 3,4 m^2, zwischen 200 und 400 kg 4,8 m^2, zwischen 400 und 600 kg 7,5 m^2 und zwischen 600 und 800 kg 8,75 m^2. Anhaltspunkte, dass der Platzbedarf von landwirtschaftlichen Nutztieren geringer sein könnte als der von Versuchstieren, sind nicht ersichtlich.

4. Empfehlung des St. Ausschusses zum ETÜ

Die üblichen Haltungsformen verstoßen zT auch gegen die Empfehlung des St. Ausschusses für das Halten von Rindern vom 21. 10. 1988 (allgemein zu „Soll"-Vorschriften s. § 2 Rn. 34, 45 sowie Einf. Rn. 31). Einzelne Vorschriften: Anhang A (Mastbullen), Nr. 5: „Bullen sollten in einer mit genügend Umweltreizen ausgestatteten Umgebung gehalten werden, die ihnen soziale Kontakte ermöglicht. Dies lässt sich in der Regel am einfachsten durch Laufstallhaltung erreichen." – Anhang A Nr. 7: „Bei Gruppenhaltung sollte der Richtwert für die zulässige Mindestfläche für Bullen mit einem Gewicht von etwa 600 kg nicht weniger als 3,0 m^2/Tier betragen. Es sollte ein bequemer Liegebereich zur Verfügung gestellt werden" (s. aber auch Anh. A zum Europäischen Versuchstierübereinkommen, Tab. G 1: 7,5 m^2, davon 70 % eingestreut, damit alle Tiere gleichzeitig liegen können). Einstreulose Liegebereiche, zudem noch auf Spaltenboden, sind damit ebenso unvereinbar wie die üblichen geringen Bodenflächen (s. Rn. 1). – Anhang A Nr. 8: „Treten Schwanzspitzenentzündungen oder Anzeichen anomalen Verhaltens auf, sollte das Haltungssystem verbessert werden, zB durch die Reduzierung der Besatzdichte, die Vermeidung einer reizarmen Umgebung, die Anreicherung der Nahrung mit Raufutter, die Verbesserung der Bodenqualität und der klimatischen und hygienischen Verhältnisse." Damit ist klargestellt, dass eine Genehmigung für das Kürzen von Schwänzen nach § 6 Abs. 3 Nr. 2 nicht erteilt werden kann, solange nicht alle diese haltungsverbessernden Maßnahmen nachweislich stattgefunden haben (s. § 6 Rn. 25). – Anhang B (Kühe und Färsen), Nr. 2: „Ein Stand muss so lang sein, dass das Tier auf festem Boden stehen und liegen kann. Liegeboxen und Stände sollten beim Aufstehen und beim Abliegen artgemäßes Verhalten ermöglichen." Damit müssten Kurzstände, bei denen die Kuh teilweise auf dem Gitterrost bzw. der Kotkante liegt, ebenso der Vergangenheit angehören wie straffe Anbindungen und starre Halsrahmen, die das artgemäße Aufstehen behindern. – Anhang B Nr. 3: „Die Tiere sollten nicht auf Vollspaltenböden gehalten werden. Es sollte ihnen ein Liegebereich mit festem Boden zur Verfügung stehen, der mit Stroh oder anderer geeigneter Einstreu bedeckt ist, damit ihr Wohlbefinden sichergestellt ist und die Verletzungsgefahr auf das geringstmögliche Maß beschränkt wird." Anbindestände ohne Einstreu sind damit unvereinbar. – Anhang B Nr. 5: „Die Tiere sollten im Sommer Gelegenheit haben, sich so oft wie möglich – vorzugsweise täglich – im Freien aufzuhalten." „Sollen" bedeutet „Müssen", wenn nicht ein Sonderfall vorliegt (vgl. *L/M* § 11 Rn. 38). Ein Verzicht auf Weidegang ist damit nur in atypischen Ausnahmefällen zu rechtfertigen. In der Praxis wird diese Ausnahme jedoch vielfach zur Regel gemacht. – Allgemeine Bestimmungen, (Art. 6 Abs. 3): „Unabhängig davon, ob die Tiere angebunden oder in Boxen gehalten werden, sollten ... Unterkünfte für Rinder so geplant sein, dass sie den Tieren jederzeit genügend Bewegungsfreiheit lassen, so dass sie sich mühelos scheuern und lecken können und genügend Raum haben, um abzuliegen, zu ruhen, Schlafhaltungen ein- 4 zunehmen oder sich zu strecken und aufzustehen." – Allgemeine Bestimmungen (Art. 6 Abs. 4 S. 2): „Spaltenböden oder andere perforierte Böden müssen für Größe und Gewicht der aufgestallten Tiere geeignet sein und eine standfeste, ebene und stabile Fläche bilden." (*Sambraus* aaO S. 124 empfiehlt als maximale Spaltenweite 20 mm bei Tieren < 200 kg Körpergewicht, 25 mm bei Tieren mit 200–350 kg, 30 mm bei Tieren mit 350–500 kg und 35 mm bei Tieren > 500 kg). – Allgemeine Bestimmungen (Art. 8 S. 2): „Raummangel oder Überbesatz, der zu gegenseitigem Treten, Verhaltensstörungen oder anderen Störungen führt, muss vermieden werden." – Die Präambel rechnet u. a. die Bewegungsfreiheit, das Komfortbedürfnis und das Ausführen-Können normaler Verhaltensweisen beim Aufstehen und Abliegen, bei der Einnahme von Ruhe- und Schlafhaltungen sowie bei der Pflege artgerechter sozialer Kontakte zu den „lebenswichtigen Bedürfnissen".

II. Kaninchen

(s. auch zu Versuchstierhaltungen Rn. 88–90)

1. Haltungszwecke, Raumbedarf und übliche Haltungsformen

5 Kaninchen werden zu höchst unterschiedlichen Zwecken gehalten, nämlich als Versuchstiere, als Schlachtkaninchen, zur Rassezucht und als Heimtiere. Da sie aber alle denselben Ursprung und Domestikationsverlauf haben, sind ihre physiologischen und ethologischen Bedürfnisse ebenfalls gleich. Artgemäße Bedürfnisse, die unabhängig vom Haltungszweck in jeder Haltungsform erfüllt werden müssen, sind insbesondere: Ruhen, sowohl in ausgestreckter Seiten- und Bauchlage als auch in Bauchlage mit untergezogenen Läufen; Aufrichten auf den Hinterläufen; Hoppelschritte, u. a. zur Vermeidung von Knochen- und Muskelschwäche. Daraus ergeben sich in Abhängigkeit vom Körpergewicht folgende Mindestanforderungen: Für große Rassen (> 5,5 kg) 8800 cm² Fläche und 70 cm Höhe; für mittelgroße Rassen (> 3,25 kg) 6800 cm² Fläche und 60 cm Höhe; für kleine Rassen (> 2,0 kg) und Zwergrassen (< 2,0 kg) 4500 cm² Fläche und 50 cm Höhe. Dabei können 25–30 % der erforderlichen Fläche auf einer erhöhten Ebene eingerichtet werden, wenn diese das Liegen in entspannter Ruhelage ermöglicht und so hoch ist, dass die darunter liegende Fläche ungehindert genutzt werden kann. Bei Gruppenhaltung gilt für das erste Tier die volle und für jedes hinzukommende Tier die halbe Mindestfläche. Bei Häsinnen mit Wurf muss die Fläche je nach der Dauer der Säugezeit um 30–50 % vergrößert werden (TVT-Merkblatt Nr. 78, Kaninchenhaltung S. 6, 7). – In der Versuchstierhaltung sind bisher in vielen Betrieben nur die minimalen Vorgaben des alten Anhangs A zum Europäischen Versuchstierübereinkommen eingehalten worden, nämlich für schwere Tiere mit 5 kg nur 3600 cm² und 40 cm Höhe, für leichtere entsprechend weniger. Demgegenüber sieht die revidierte, am 15. 6. 2006 angenommene Fassung von Anhang A jetzt deutlich mehr Fläche und Höhe vor: Für ein oder zwei miteinander harmonierende Tiere > 5 kg 5400 cm² Fläche und 60 cm Höhe, für ein oder zwei Tiere von 3–5 kg 4200 cm² Fläche und 45 cm Höhe und für ein oder zwei Tiere < 3 kg 3500 cm² Fläche und ebenfalls 45 cm Höhe. Die o. e. TVT-Empfehlungen zeigen indes, dass auch diese Werte noch hinter den Mindestanforderungen an eine verhaltensgerechte Unterbringung zurückbleiben. – In der Fleischproduktion werden selbst die geringen Maße der Versuchstierhaltung unterschritten: Für Zuchthäsinnen in Einzelhaltung wird eine Käfigfläche von 2000–4000 cm² und eine Höhe von 45 cm als üblich beschrieben (vgl. *Busch* in: DVG ‚Tierschutz und Tierzucht' S. 171, 175; *Loeffler* et al. TU 1991, 471; vgl. demgegenüber Tab. B.2 im neuen Anhang A zum Europäischen Versuchstierübereinkommen: je nach Gewicht der Zuchthäsin zwischen 3500 und 5400 cm² zuzügl. einer Nestbox von 1000–1400 cm² und einer Höhe von 45–60 cm). Mastkaninchen in Gruppen werden in der Aufzucht mit nur 400 cm² und in der Endmast mit 800 cm² Käfigfläche je Tier gehalten. Weil die Häsin unmittelbar nach der Geburt wieder besamt wird, kommt es zur Überlagerung von Gravidität und Lakta-

tion. – In der Rassezucht existieren unterschiedliche Haltungsformen. Käfige sind aber auch dort verbreitet. Üblich sind je nach Gewicht 5000 bis >8000 cm^2 Fläche je Tier und 50–70 cm Höhe (vgl. *Busch* aaO S. 174).

2. Unangemessenes Zurückdrängen von Grundbedürfnissen iS des § 2 Nr. 1

Nahrungserwerbsverhalten (Fress- und Trinkverhalten). Kaninchen verbringen täglich viele Stunden mit Nahrungsaufnahme. Sie fressen Gras (Heu), Kräuter und Blätter von Gemüse und Salat und benagen Äste und Wurzeln. Die anatomischen Besonderheiten ihres Verdauungstrakts (kleiner Magen mit wenig Muskulatur; große, als Gärkammern dienende Blinddärme) machen den Verzehr von viel rohfaserreicher, grob strukturierter Nahrung mit teilweise geringem Nährwert erforderlich; deswegen werden bis zu 90 Mal in 24 Stunden geringe Futterportionen aufgenommen (vgl. *Stauffacher* in: *Sambraus/Steiger* S. 231; *Busch* aaO; TVT-Merkblatt S. 9). – Wenn bei Käfighaltung energiereiche Futterpellets verfüttert werden, ohne dass Heu, Stroh o. Ä. zur freien Aufnahme zur Verfügung steht, kommt es infolge Beschäftigungsmangels zu Verhaltensstörungen wie Gitternagen, Scharren in Käfigecken, übersteigertes Putzverhalten mit Haarverlust, Belecken von Einrichtungsgegenständen und Unruhe (vgl. *Stauffacher* aaO S. 232). – Die Futterkombination muss vielseitig und so sein, dass die Tiere die Möglichkeit zur Auswahl von Futterkomponenten und zur Zerkleinerung vor Aufnahme in die Maulhöhle haben. Zusätzlich ist ihnen in regelmäßigen Abständen Nagematerial in Form von Zweigen, Ästen und Stängeln anzubieten (TVT-Merkblatt aaO; vgl. auch Art. 24 a Abs. 1 Schweizer Tierschutzverordnung: tägliche Versorgung mit grob strukturiertem Futter; ständig Objekte zum Benagen). – Frisches Trinkwasser muss jederzeit zur Verfügung stehen. – Erkundungsverhalten erfolgt u. a. durch Bodenscharren, Graben und Männchenmachen sowie durch Bearbeiten und Verändern von Objekten. Bei Käfighaltung ist Scharren und Graben von vornherein unmöglich; Männchenmachen setzt Käfighöhen von 50–70 cm voraus (s. Rn. 5, TVT). 6

Ruheverhalten. Kaninchen ruhen in Gruppen, häufig mit gegenseitigem Körperkontakt, entweder in ausgestreckter Seiten- und Bauchlage oder in Bauchlage mit untergezogenen Läufen. Dazu sind ein abgedunkelter Rückzugsbereich oder eine erhöhte Liegefläche sowie ein planbefestigter, möglichst mit Einstreu versehener Boden notwendig; beides fehlt in deutschen Käfigen zumeist (anders im „Schweizer-System-Käfig", der nach Art. 24 b Abs. 1 Tierschutzverordnung einen abgedunkelten Bereich und ein erhöhtes Liegebrett aufweist); Folge ist u. a., dass bei Käfighaltung deutlich weniger entspannte Liegehaltungen eingenommen werden (vgl. *Loeffler* et al. TU 1991, 471, 477). 6 a

Eigenkörperpflege (Komfortverhalten). Die Eigenkörperpflege erfolgt zT im Wege gegenseitiger Fellpflege; dies ist bei Einzelhaltung unmöglich. 6 b

Fortpflanzungsverhalten/Mutter-Kind-Verhalten. Das Mutter-Kind-Verhalten findet unter naturnahen Bedingungen folgendermaßen statt: Kurze Zeit vor dem Werfen baut die Häsin ein Nest, das sie mit trockenem Gras und mit Haaren, die sich aufgrund hormoneller Veränderungen an Brust und Flanken lockern, auspolstert. Nach dem Wurf wird der Eingang zur Neströhre von außen zugescharrt (Schutz vor Raubfeinden) und die Häsin kehrt zur Gruppe zurück. Einmal täglich öffnet sie die Neströhre und säugt ihre Jungen. Diese verlassen mit 18–20 Tagen allmählich das Nest und sind mit 27–30 Tagen entwöhnt (*Stauffacher* aaO S. 231). – Um dieses Verhalten zu ermöglichen, bedarf es einer Nestkammer sowie der Bereitstellung von Stroh oder anderem geeignetem Nestmaterial zum Auspolstern. Die Häsin muss die Möglichkeit haben, sich außerhalb der Säugezeiten von ihren Jungen in ein anderes Abteil oder auf eine erhöhte Fläche zurückzuziehen, um nicht ständigen Saugversuchen ausgesetzt zu sein (in der Schweiz vorgeschrieben nach Art. 24 b Abs. 3 Tierschutzverordnung; in deutschen Käfigen jedoch nicht üblich; zu den daraus resultierenden Störungen s. § 17 Rn. 105). 6 c

6d **Sozialverhalten.** Das artgemäße Sozialverhalten kann auch hier nur stattfinden, wenn gleichermaßen die Möglichkeit zu Nähe und Distanz, also zum Aufsuchen des Artgenossen wie auch zum temporären Rückzug von ihm besteht. Es erfordert deshalb grds. sowohl die Haltung in der Gruppe als auch das Anlegen von Ausweich- und Rückzugsmöglichkeiten (in der Schweiz werden Rückzugsmöglichkeiten durch Art. 24b Abs. 1c und die Gruppenhaltung während der ersten acht Wochen durch Art. 24a Abs. 2 Tierschutzverordnung vorgeschrieben). Andererseits sind adulte männliche Kaninchen, in seltenen Fällen auch einzelne Häsinnen, untereinander nicht verträglich, es sei denn, die Fläche würde wesentlich erweitert und mit entsprechenden Strukturelementen ausgestattet. Dagegen funktionieren gemischte Zuchtgruppen aus einem Bock, 4–5 Häsinnen und deren Jungen auf einer Fläche von etwa 8 m^2 idR gut. Jungtiere sind zumindest bis zur zehnten Lebenswoche, die weiblichen auch länger, gemeinsam zu halten (TVT-Merkblatt S. 7; vgl. auch *Stauffacher* aaO S. 224: Über Monate hinweg konstante Dominanzbeziehungen unter adulten Häsinnen ermöglichen bei Gruppenhaltung die schadensfreie Entscheidung von Konkurrenzen).

6e **Schmerzen, Leiden oder Schäden** brauchen nicht nachgewiesen zu werden, um einen Verstoß gegen § 2 Nr. 1 zu begründen (s. § 2 Rn. 15, 30, 37). Sind sie aber eingetreten und lassen sie sich auf das Haltungssystem, zB auf die Bodenbeschaffenheit o.Ä. zurückführen, dann liegt eine Verletzung des Gebots zur art- und bedürfnisangemessenen Pflege besonders nahe. Bei Kaninchen in Käfighaltung verursacht das ständige Sitzen auf Gitterrostboden vielfach wunde Läufe (Pododermatitis; vgl. auch Landestierärztekammer Hessen DTBl. 2002, 56). Allein daran wird deutlich, dass die Haltung in Metallkäfigen auf perforierten Böden ohne Einstreu nicht tiergerecht ist (TVT-Merkblatt S. 8).

3. Bewegungseinschränkungen; Schmerzen, vermeidbare Leiden oder Schäden iS des § 2 Nr. 2 (zu Verhaltens- und Funktionsstörungen s. auch § 17 Rn. 105)

7 **Schmerzen.** Die arttypischen Formen der Fortbewegung wie Hoppeln, Springen, Hakenschlagen, Flüchten etc. sind im Käfig unmöglich; Männchenmachen würde eine Höhe von zumindest 50–70 cm erfordern (vgl. Schweizer Tierschutzverordnung Anh. I Tab. 14). Als Folge der erzwungenen Immobilisation haben die Tiere schwache Knochen und erleiden deshalb oft schmerzhafte Frakturen (vgl. *Drescher* TU 1993, 72 ff.).

7a **Leiden.** Der Drang zur Fortbewegung ist insbesondere bei Jungtieren sehr stark (vgl. Schweizer Tierschutzverordnung Anh. I Tab 14, die demgemäß für Jungtiere trotz ihres geringeren Gewichts deutlich größere Bodenflächen vorsieht). Auch erwachsene Tiere legen, wenn man sie einige Zeit ins Freie setzt, längere Strecken zurück und zeigen damit ihr Bewegungsbedürfnis an, außer wenn sie bereits haltungsbedingte Störungen in der Bewegungskoordination aufweisen (zu dem Zusammenhang zwischen Bedürfnisunterdrückung und Leiden s. § 1 Rn. 21). Abgebrochene Bewegungsformen und afunktionale Aktivitätsschübe sind weitere Anzeichen für Leiden bei Käfighaltung.

7b **Schäden.** Als Schäden treten durch die erzwungene Bewegungslosigkeit in Käfighaltung auf: Knochengewebshypoplasie; Wirbelsäulenverkrümmungen; infolgedessen gehäufte Frakturen (s.o.); Störungen in der Bewegungskoordination; schließlich Verlust der Hoppelfähigkeit; Pododermatitis (vgl. *Drescher* in: DVG, Ethologie und Tierschutz, S. 103, 105; *dies.* TU 1993, 72, 78; vgl. auch Landestierärztekammer Hessen DTBl. 2002, 56).

7c **Vermeidbarkeit.** Vermeidbar wären diese Leiden und Schäden, wenn die Flächen- und Höhenmaße aus dem TVT-Merkblatt Nr. 78 S. 6 eingehalten würden (s. Rn. 5). Die ständig verfügbare Bodenfläche/Tier muss zumindest so bemessen sein, dass jedes Kaninchen jederzeit mindestens drei Hoppelschritte machen kann (*Drescher* aaO S. 106). Darüber hinaus wird die Aktivität gefördert, wenn täglich für die Dauer von 30–60 Minuten ein Auslauf gewährt wird. Findet dies immer zur gleichen Zeit statt, so sind die Tiere während der übrigen Zeit ruhiger; es treten deutlich weniger Schübe von gestörtem Verhalten auf, die Hoppelfähigkeit bleibt erhalten und der Bewegungsapparat kann sich im Wachstum normal aufbauen (*Stauffacher* aaO S. 226).

4. Das Haltungssystem „Käfig"

Das Haltungssystem „Käfig" entspricht damit nicht den Anforderungen aus § 2 Nr. 1 und Nr. 2 (vgl. *Drescher* TU 1993, 72, 78; *Loeffler* et al. TU 1991, 471, 477; s. auch Rn. 90: zusammenfassende Beschreibung der Nachteile der Käfighaltung durch den Berliner Workshop 1993; zu erheblichen Leiden iS des § 17 s. dort Rn. 105). Die Empfehlungen der „World Rabbit Science Association" sollten von den nach § 15 zuständigen Behörden nicht mehr verwendet werden, da sie völlig unzureichend sind (so zutreffend die Landestierärztekammer Hessen DTBl. 2002, 56) und das Gesetz nicht einmal annähernd konkretisieren (s. auch § 2 Rn. 47–49: Gutachten müssen, um verwertbar zu sein, sowohl nach der personellen Zusammensetzung der Gutachtergruppen als auch nach der Art und Weise ihres Zustandekommens eine ausreichende Distanz zu den beteiligten wirtschaftlichen Interessen gewährleisten). – Bodenhaltung kann hingegen artgerecht sein. Soweit als Risiken mögliche Infektionen, Kämpfe, Schadgase bei unzureichender Entmistung, Schwanzbeißen etc. eingewandt werden, ist dies allein eine Frage des tiergerechten Managements und nicht des Systems als solchem (*Stauffacher* aaO S. 229). Notwendig sind insbesondere: Gliederung des Raumes in Funktionsbereiche (Futter-, Aufenthalts- und Nestbereich), erhöhte Liegeflächen, attraktive Ruhebereiche, Strukturen, die das Sich-Verstecken, das Ausweichen und den zeitweiligen Rückzug ermöglichen, Beschäftigungsmöglichkeiten, stabile Gruppen, regelmäßiger Wechsel der Einstreu und nicht zu hohe Besatzdichten. 8

III. Moschus- und Pekingenten

1. Konventionelle Haltungsform; Haltungsvereinbarungen

Moschusenten (auch Flug- oder Barbarieenten genannt) werden überwiegend auf Rostböden ohne Einstreu gehalten. Verwendet werden Draht-, Stanzblech-, Holz- oder Plastikroste. Die Mastdauer beträgt zwischen zehn und zwölf Wochen. Als übliche Besatzdichten werden 7–12 Tiere/m² in der Endmast genannt (*Dayen/Fiedler* DtW 1990, 149–151). – In einer Vereinbarung des Niedersächsischen Ministeriums für Ernährung, Landwirtschaft und Forsten mit dem Niedersächsischen Geflügelwirtschaftsverband ist u.a. festgelegt: Die Besatzdichte sei so zu planen, dass am Ausstallungstag 35 kg Lebendgewicht pro m² nutzbarer Stallfläche (das entspricht 7 Erpeln im Alter von zwölf Wochen oder 13 Enten im Alter von zehn Wochen) nicht überschritten werden; empfohlen werde jedoch, die Besatzdichte unter 25 kg/m² zu halten. Der Tierhalter habe sicherzustellen, dass den Tieren täglich Beschäftigungsmaterial angeboten wird, das innerhalb einer Mastperiode mehrfach zu wechseln sei und aus veränder- und bepickbaren Materialien bestehen müsse. In Neuanlagen müsse er den Tieren zusätzlich zur Tränke Wasser für die Gefiederpflege zur Verfügung stellen; die Tiere müssten dabei mindestens den Kopf direkt mit Wasser benetzen und das übrige Federkleid bespritzen können. Bestehende Haltungen seien „sobald verfügbar" entsprechend umzurüsten. Eine zusammenhängende, mindestens acht Stunden betragende Dunkelphase sei zu gewährleisten; in der übrigen Zeit müssten in Augenhöhe der Enten mindestens 20 Lux erreicht werden. In der Vereinbarung, die zunächst bis zum 31. 12. 2005 befristet war, ist außerdem bestimmt: „Sollte es in den fünf Jahren nicht gelingen, konkrete Ansätze für eine grundlegende Umgestaltung der Intensivhaltung von Moschusenten zu entwickeln, ist eine Überprüfung der Vereinbarkeit dieser Haltungsform mit dem Tierschutzgesetz geboten." 9

Für **Pekingenten** ist in einer Vereinbarung zwischen der Landesregierung von Brandenburg und dem dortigen Geflügelwirtschaftsverband u.a. festgelegt: Aufzucht und 10

Mast hätten ausschließlich auf Einstreu stattzufinden, deren Höhe zur Zeit der Einstallung 8–10 cm betragen sollte. Es sei täglich ausreichend nachzustreuen. Der Tierhalter habe die Besatzdichte so zu planen, dass in jeder Phase der Aufzucht und Mast 20 kg Lebendgewicht pro m^2 nutzbarer Stallfläche nicht überschritten würden. Bei Stallneu- und -umbauten sei der Einfall von Tageslicht zu ermöglichen. In allen Stallungen müsse eine Lichtstärke von tagsüber 20 Lux erreicht und eine zusammenhängende Dunkelphase von 8 Stunden gewährleistet werden. Bademöglichkeiten sind nicht vorgesehen. Als Tränkeeinrichtungen sind auch Nippel zugelassen. – Die Vereinbarung, die zwischen der bayerischen Landesregierung und dem dortigen Geflügelwirtschaftsverband geschlossen wurde, sieht Ähnliches vor, lässt aber einen Einstreuanteil von mindestens 75 % genügen und fordert, die Versorgungseinrichtungen einschließlich der Einrichtungen, die Beschäftigungsmaterial anbieten, so anzubringen, „dass eine Strukturierung des Stalles in Ruhe- und Aktivitätsbereiche erreicht wird".

2. Verhältnis von § 2 zu Haltungsvereinbarungen

11 Das Verhältnis von § 2 zu den o.e. Vereinbarungen ist ein solches der Über- und Unterordnung. Das bedeutet: Soweit die Vereinbarungen die Gebote und Verbote aus § 2 Nr. 1 und Nr. 2 zutreffend und vollständig konkretisieren, sind sie von den Behörden anzuwenden und den Kontrollen nach § 16 zugrunde zu legen; soweit sie dagegen die gesetzlichen Anforderungen nicht ausreichend umsetzen, behält das Gesetz den Vorrang. Behörden und Ministerien sind, ebenso wie der Verordnungsgeber, darauf beschränkt, den „vom Gesetzgeber vorgezeichneten Interessenausgleich" (vgl. BVerfGE 101, 1, 36) umzusetzen, dürfen ihn also nicht nach eigenem Ermessen verändern. Deshalb kann und muss die Behörde diejenigen Teile des § 2, die durch die Vereinbarung nur unzureichend oder gar unzutreffend umgesetzt sind, über § 16 a S. 2 Nr. 1 unmittelbar durchsetzen, selbst wenn die dazu notwendigen Anordnungen dann über das Vereinbarte hinausgehen. § 2 ist nicht verwaltungsakzessorisch, d.h. er steht nicht zur Disposition der Verwaltung (zum Verhältnis von Gesetz und Verwaltungshandeln s. auch § 17 Rn. 86). – Dasselbe gilt für das Verhältnis der Vereinbarungen zu den Empfehlungen des St. Ausschusses, denn diese Empfehlungen stehen im Rang einem Bundesgesetz gleich und stehen nicht zur Disposition der Behörden (vgl. Art. 9 Abs. 3 ETÜ; s. auch Rn. 14). Soweit also zB das Wasserangebot, das die Vereinbarungen vorsehen, hinter den Empfehlungen des St. Ausschusses zurückbleibt, sind letztere im Wege von Anordnungen nach § 16 a S. 2 Nr. 1 durchzusetzen (s. Rn. 14 sowie § 2 Rn. 45).

3. Unangemessenes Zurückdrängen von Grundbedürfnissen iS des § 2 Nr. 1

12 **Nahrungserwerbsverhalten (Fress- und Trinkverhalten).** Das Nahrungserwerbsverhalten von Enten ist besonders vielfältig. Es nimmt bis zu 60 % des Lichttages ein und findet überwiegend im Wasser statt. Gezeigt werden: Nahrungsaufnahme im Tauchen und Schwimmen, Gründeln (d.h. Nahrungsaufnahme vom Gewässergrund bei Eintauchen von Kopf und Hals), Seihen (d.h. Wasseransaugen und Abtrennen der darin befindlichen Futterteilchen mittels der Hornlamellen im Schnabel), Picken, Weiden, Jagen, Aufsammeln von Körnern, Zerbeißen (größerer Futterteile) und Abbeißen (zB an Äpfeln und Grünpflanzen). Beim Trinken wird der Schnabel eingetaucht; dann saugt die Ente das Wasser an und schluckt es mit einer Kopfaufwärtsbewegung ab (vgl. *Horst* S. 29). – In intensiver Haltung wird ausschließlich strukturarmes Futter in Form von trockenen Pellets verabreicht. Bis auf das Picken sind damit alle anderen nahrungsbezogenen Beschäftigungsarten unmöglich. Der Beschäftigungsmangel löst Federpicken aus, das sich bis zum Kannibalismus steigern kann (s. § 17 Rn. 106). Die Gabe von strukturreichem Feuchtfutter kann das Auftreten von Federrupfen mindern (vgl. *Rauch*, Effects of Feed on Cannibalism of Non Beak Trimmed Muscovy Ducks, 10th European Symposium on Waterfowl, 1995, S. 126–129). – Wenn keine genügend große offene Wasserfläche zur Verfügung

steht, wird das Gründeln in der Einstreu durchgeführt. Dies ist eine Ersatzhandlung am untauglichen Objekt, durch die der Schnabel verschmutzt und die Nasenlöcher verstopft werden. Sind offene Tränken vorhanden, so versuchen die Enten, das Seihen dadurch zu ermöglichen, dass sie trockene Nahrungsbestandteile dorthin tragen, im Wasser einweichen und sich lange Zeit damit beschäftigen. In der Pekingentenhaltung, wo lediglich Nippeltränken zur Verfügung stehen, ist jedoch nicht einmal dies möglich; zudem wird durch Nippeltränken das artgemäße Trinkverhalten beeinträchtigt, weil Schnabeleintauchen dort nicht stattfinden kann (vgl. *Heyn, Damme, Manz* et al. DtW 2006, 90, 92: „Die physiologische Wasseraufnahme der Enten stellt eine Kombination aus Saugtrinken und Schnabelheben-Trinken dar; die Wasseraufnahme aus Nippeltränken entspricht somit nicht dem natürlichen Wasseraufnahmeverhalten“).

Ruheverhalten. Im naturnahen Habitat ruhen Enten entweder auf einem Bein, meist 12a im Wasser stehend, oder aber liegend auf weichem Untergrund. Daher ist zum Ruhen geeignete Einstreu bereitzustellen und einstreulose Haltung insoweit unzulässig (die brandenburgische und bayerische Vereinbarung ‚Pekingenten‘ trägt dem zwar Rechnung, die niedersächsische Vereinbarung ‚Moschusenten‘ aber nicht; dass dies den Verfassern bewusst war, zeigt der von ihnen zeitgleich erteilte Auftrag an eine Sachverständigengruppe, „Vorschläge für die Bodengestaltung im Ruhebereich der Tiere“ zu erproben und vorzustellen; s. auch Rn. 14). Zumindest bei Besatzdichten von mehr als 25 kg/m² kommt es außerdem zu ständigen gegenseitigen Ruhestörungen (vgl. auch den neuen Anhang A zum Europäischen Versuchstierübereinkommen, Tabelle H5: Danach dürfen Enten in der Versuchstierhaltung nur noch mit Besatzdichten von 3 kg bis max. 14 kg pro m² gehalten werden).

Eigenkörperpflege (Komfortverhalten). Zur Eigenkörperpflege benötigen Enten Ge- 12b legenheiten zum Baden. Der arttypische Ablauf geschieht so, dass die Ente eine Wasserfläche aufsucht, dort nach einem schnellen Schütteln des Schwanzes den Kopf bis über die Augen eintaucht, sich anschließend wieder aufrichtet und das Wasser über den Körper laufen lässt, wobei sie ihre Flügel leicht abhebt und sodann Körper und Flügel schüttelt. Diese Bewegungsabfolge findet mehrmals hintereinander statt (vgl. *Knierim, Bulheller, Kuhnt, Briese, Hartung* DtW 2004, 115f.). In der Schweiz sind deshalb Badegelegenheiten für alle Enten vorgeschrieben, vgl. Art. 25 Abs. 1c Tierschutzverordnung. Fehlt es daran, so führen die Tiere die entsprechenden Bewegungsmuster häufig und lang anhaltend vor dem Tränkgefäß im Leerlauf aus (vgl. *Koopmann/Knierim* AtD 1998, 176). Außerdem kann es zu weiteren Verhaltensstörungen wie starkem Kopfschütteln oder hastigem Gefiederputzen kommen. Wenn die Ente keine Möglichkeit zum Baden und Schwimmen hat, kann außerdem ihre Bürzeldrüse das Sekret, mit dem das Gefieder eingefettet und gepflegt wird, nicht ausreichend produzieren; infolgedessen vermag das Tier sein Gefieder nicht mehr genügend einzufetten, das Federkleid wird trocken und struppig und Kot und Schmutz bleiben daran hängen; die Ente bemüht sich verstärkt, ihr Gefieder sauber zu halten und putzt sich fast ohne Unterlass (vgl. *Fölsch, Simantke, Hörning* S. 28; *Simantke/Fölsch* S. 10; vgl. auch *Knierim, Bulheller* et al. aaO: augenfällig saubereres Gefieder bei Enten mit Badewasserzugang). Wird Entenküken bereits ab der ersten Lebenswoche freier Zugang zu einem Auslauf mit Bademöglichkeit gewährt, so vermindert sich späteres Federrupfverhalten dadurch erheblich (vgl. *Klemm, Reiter, Pingel* S. 99–102). – In Haltungen von Pekingenten bestehen gemäß der brandenburgischen und bayerischen Vereinbarung keinerlei Badegelegenheiten; eine artgemäße Eigenkörperpflege kann demgemäß dort nicht stattfinden. Für Moschusenten sieht die niedersächsische Vereinbarung zwar vor, dass die Enten den Kopf direkt mit Wasser benetzen und das übrige Federkleid bespritzen können müssen. Auch dies ist aber keine Badegelegenheit, denn dazu ist erforderlich, dass die Tiere schwimmen und untertauchen können (vgl. *Schmidt* S. 277). Beide Vereinbarungen widersprechen damit dem gesetzlichen Pflegegebot und den Empfehlungen des St. Ausschusses (s. auch Rn. 14 und 11). – Einen Minimalkompromiss bilden offene Tränken in Gestalt von Rundtränken mit großem Durchmesser und ausreichender

Trogseitenlänge: Damit wird immerhin ermöglicht, dass der Kopf eingetaucht werden und Wasser mit dem Schnabel aufgenommen und über den Körper gespritzt werden kann. In Wahlversuchen wurden solche offenen Tränksysteme gegenüber Nippeltränken und halb offenen Tränken signifikant bevorzugt; außerdem zeigten die so gehaltenen Enten einen signifikant besseren Gefiederzustand und weniger verstopfte Nasenlöcher (vgl. *Heyn, Damme, Manz* et al. DtW 2006, 90, 91).

12c **Fortpflanzungsverhalten/Mutter-Kind-Verhalten.** Ein Mutter-Kind-Verhalten wird unter intensiven Haltungsbedingungen nicht ermöglicht.

12d **Sozialverhalten.** Artgemäßes Sozialverhalten setzt überschaubare Gruppen sowie die Möglichkeit zum temporären Rückzug von den Artgenossen voraus, was bei den o.e. Besatzdichten unmöglich ist. Scheu und Empfindlichkeit der Tiere gegenüber Störungen und Veränderungen sind ein Zeichen für zu große Gruppen mit nicht ausreichenden Flucht- und Ausweichmöglichkeiten (vgl. *Horst* S. 60). Wesentliche soziale Begegnungsformen finden außerdem auf dem Wasser statt und erfordern Gelegenheit zum Schwimmen (vgl. *Fölsch/Simantke/Hörning* S. 10, 11; vgl. auch *Horst* S. 20: Antrinken mit anschließendem Aufeinanderzuschwimmen als Ausdruck sozialer Anschlussbereitschaft).

12e **Ohne ein ausreichendes Wasserangebot** bleiben damit zahlreiche Grundbedürfnisse in erheblichem Ausmaß zurückgedrängt . Auch ohne Vorerfahrung nutzen alle Enten das Wasser zur Nahrungssuche und -aufnahme einschließlich Gründeln und Seihen, zum Trinken, allgemein zum Erkunden, zur Gefiederpflege, zum Sozialverhalten und zur Fortbewegung einschließlich Tauchen. Haltungsformen ohne Zugang zu offenen Wasserflächen beschränken sie damit erheblich in ihren Möglichkeiten, ihr natürliches Verhalten auszuüben. Deutlich sichtbare Folgen sind u.a. ein weniger sauberes und gepflegtes Gefieder (vgl. *Knierim, Bulheller* et al. aaO). Notwendig sind deshalb offene Badewasserflächen, zumindest in Form einer Baderinne mit Wasseraufbereitungsanlage (vgl. *Knierim, Bulheller* et al. aaO); der Arbeits- und Zeitaufwand, der zur Vermeidung hygienischer Probleme in solchen Einrichtungen notwendig ist, kann die Zurückdrängung zahlreicher Grundbedürfnisse nicht rechtfertigen.

12f **Hinweise, wie Enten artgerecht gehalten werden müssen,** lassen sich auch dem revidierten Anhang A zum Europäischen Versuchstierübereinkommen entnehmen: Nach der dortigen Tabelle H.5 darf die Besatzdichte für Enten als Versuchstiere je nach Gewicht nur 3–14 kg pro m² Bodenfläche betragen. Die Tiere sind mit einem flachen Teich zu versorgen, der mindestens 0,5m² groß und 30 cm tief sein muss und auf die o. e. Fläche angerechnet werden kann. Die Notwendigkeit von Wasser, sowohl für das artgerechte Verhalten als auch für die Gefiederpflege, wird hervorgehoben. Als „absolutes Minimum" wird bezeichnet, dass Enten in die Lage versetzt werden müssten, ihre Köpfe einzutauchen und sich Wasser über den Körper zu schütten (vgl. Anh. A, H. e).

4. Bewegungseinschränkungen; Schmerzen, vermeidbare Leiden oder Schäden iS des § 2 Nr. 2 (zu Verhaltensstörungen s. auch § 17 Rn. 106)

13 **Bewegungseinschränkungen.** Zur artgemäßen Bewegung von Enten gehören: Gehen, Laufen, Rennen, Hüpfen, Flattern sowie Schwimmen und Tauchen. Bei den in Intensivhaltung üblichen Besatzdichten und Fehlen eines Gewässers sind die meisten dieser Fortbewegungsarten nicht möglich.

13a **Schmerzen.** Schmerzen entstehen auf Rostböden, auf denen es – mitbedingt durch die Bodenbeschaffenheit, aber auch infolge des Mangels an Bewegung und der Unmöglichkeit zu flächenhaftem Fußen – bei nahezu allen Enten zu Verletzungen und entzündlichen Veränderungen der Füße kommt; Welldrahtgitterroste und durchhängende Drahtgitter sind besonders schädlich (vgl. *Dayen/Fiedler* aaO). Stanzblechroste führen zu schmerzhaften Druckstellen bis hin zu Nekrosen an Zehen und Ballen (vgl. *Fölsch/Simantke/Hörning* S. 30). Kunststoffroste sind offenbar nicht oder kaum besser (vgl. Zeitschrift

„Unser Land“ 12/1993, 11: Bei einem Versuch zur Anwendung von Kunststoffrosten zeigten am 24. Tag 50 % der auf den Rosten gehaltenen Tiere Verletzungen an den Füßen). Sind die Bodengitter außerdem schadhaft, kann es zu Risswunden an Beinen und Füßen der Tiere kommen. Unabhängig von der Bodenbeschaffenheit kommt es zu Schmerzen bei den sog. Spreizern, die in der Schnellmast oft angetroffen werden; dabei handelt es sich um Erpel, die wegen des schnellen Wachstums und der ständigen Bewegungseinschränkung schmerzhafte Veränderungen an den Füßen aufweisen und sich deswegen nur noch in Bauchlage flatternd und rudernd fortbewegen können (vgl. *Dayen/Fiedler* aaO).

Leiden, Schäden. Zu Leiden und Schäden kommt es u.a. durch die Osteochondrose-Erkrankung (Störung der Skelettreifung), von der bis zu 70 % der Tiere befallen werden, und für die neben der Zucht auf rasches, hohes Fleischwachstum auch der Mangel an Bewegung mitursächlich ist (vgl. *Horst* S. 59: Die durch das schnelle Wachstum verminderte Beweglichkeit wird durch das mangelnde Platzangebot noch verstärkt). Bewegungsmangel und Stress infolge hoher Besatzdichten und Gruppengrößen schwächen auch die Abwehrkraft gegenüber verschiedenen anderen Krankheiten, u.a. Virushepatitis, Coli-Infektionen, Geflügelcholera und exsudative Septikämie (vgl. *Fölsch/Simantke/Hörning* S. 35f.). Zu stressbedingten Verhaltensstörungen, die erhebliches Leiden anzeigen s. § 17 Rn. 106. Auch ständige Ruhestörungen bedeuten erhebliches Leiden. 13b

Vermeidbarkeit. Vermeidbar wären diese Folgen durch Haltungsbedingungen, die mehr Bewegung ermöglichen bzw. dazu anreizen: Geringere Besatzdichten und Gruppengrößen (vgl. Anhang A zum Europäischen Versuchstierübereinkommen, Tabelle H.5), Einstreu, Auslauf, Bademöglichkeiten und manipulierbares, strukturiertes Futter. Dass Einstreu bei Feuchtigkeit und Verschmutzung hygienische Risiken verursachen kann, ist – wie sonst auch – allein eine Frage des richtigen Managements und nicht des Systems als solchen (vgl. die nachstehenden Empfehlungen des St. Ausschusses). 13c

5. Empfehlungen des St. Ausschusses zum ETÜ

In den Empfehlungen des St. Ausschuss vom 22. 6. 1999 für Peking- und Moschusenten finden sich eine Reihe konkreter Vorgaben, die über die niedersächsischen, brandenburgischen und bayerischen Haltungsvereinbarungen deutlich hinausgehen und durch die ein wesentlicher Teil der bisher üblichen Praktiken untersagt wird, so zB Entenhaltungen ohne Einstreu, Haltungen (nur) auf Draht- oder Lochblechböden sowie Haltungen ohne Wasservorrichtungen in ausreichender Zahl und Größe (allgemein zu „Soll“-Vorschriften s. § 2 Rn. 34, 45 sowie Einf. Rn. 31). – In der Präambel beider Empfehlungen heißt es zunächst, dass das Baden zu den „wesentlichen Bedürfnissen“ der Enten gehöre. – In Art. 3 der Empfehlung für Pekingenten werden deren biologische Merkmale u.a. wie folgt beschrieben: „Enten verbringen viel Zeit mit der Ausübung komplexen Gefiederpflegeverhaltens ... Futteraufnahme, Baden, Gefiederpflege und Schlafen folgen mehrmals hintereinander während des Tages. Wichtige Bestandteile des Badens sind das Ein- und Auftauchen mit Kopf und Flügeln, um Wasser auf den Körper zu verteilen.“ Ähnliche Formulierungen werden in Art. 2 der Empfehlung für Moschusenten verwendet. – Zur Gewährung von Auslauf und Badewasser schreiben Art. 11 Abs. 2 der Empfehlung für Pekingenten und Art. 10 Abs. 2 der Empfehlung für Moschusenten gleichlautend vor: „Der Zugang zu einem Auslauf und zu Badewasser ist notwendig, damit die Enten als Wasservögel ihre biologischen Erfordernisse erfüllen können. Wo ein solcher Zugang nicht möglich ist, müssen die Enten mit Wasservorrichtungen in ausreichender Zahl versorgt werden, die so ausgelegt sein müssen, dass das Wasser den Kopf bedeckt und mit dem Schnabel aufgenommen werden kann, so dass sich die Enten problemlos Wasser über den Körper schütten können. Die Enten sollten die Möglichkeit haben, mit ihrem Kopf unter Wasser zu tauchen.“ Der völlige Ausschluss von Badegelegenheiten, wie er bei Pekingenten üblich und sogar in einer ministeriellen Vereinbarung vorgesehen ist (s. Rn. 10) 14 ist damit unvereinbar. Aber auch die Vereinbarung ‚Moschusenten'(s. Rn. 9) wird der Empfehlung nicht gerecht, weil das dort vereinbarte „den Kopf direkt mit Wasser benetzen können" sehr viel weniger ist als eine Einrichtung, in der „das Wasser den Kopf bedeckt", und weil außerdem auch dies der Empfehlung nur dort genügt, wo ein Zugang zu Badewasser „nicht möglich" ist. Die für das Hygienemanagement eines Gewässers erforderlichen Aufwendungen (u.a. Auswechselung des Wassers alle zwei Tage und Klärung der Abwässer) begründen keine Unmöglichkeit in diesem Sinne. Das Vorhandensein einer zum Baden, d.h. zum Schwimmen, Tauchen und Durchspülen des Gefieders ausreichend dimensionierten Wasserfläche ist für Peking- und Moschusenten gleichermaßen von größter Wichtigkeit, weil bei ihrem Fehlen nicht nur die artgemäße Bewegung, sondern auch die Eigenkörperpflege sowie wichtige Teilbereiche des Sozial- und des Nahrungserwerbsverhaltens erheblich zurückgedrängt sind (s. Rn. 12; vgl. *Horst* S. 63: „Es wäre erstaunlich, wenn der Entzug eines ‚Substrats', das mit mehr Funktionskreisen als dem Komfortverhalten in Verbindung steht, keine Auswirkungen auf das Wohlbefinden der betreffenden Tierart zeigte"; vgl. auch *Heyn, Damme, Manz* DtW 2006, 90ff.: offene Tränken mit großem Durchmesser und ausreichender Trogseitenlänge als Minimalkompromiss iS von Art. 11 und 10). – Ähnliches gilt für den Auslauf: Auch auf ihn darf nach Art. 11 Abs. 2 (Pekingenten) und Art. 10 Abs. 2 (Moschusenten) nicht schon aus Kostengründen oder zur Arbeitsersparnis verzichtet werden, sondern nur dort, „wo ein solcher Zugang nicht möglich ist". Die ausschließliche Stallhaltung als Regelform, wie sie von den niedersächsischen, brandenburgischen und bayerischen Vereinbarungen vorgesehen wird, verstößt hiergegen. – Zur Notwendigkeit von Einstreu heißt es in Art. 12 Abs. 3 und 4 (Pekingenten) und in Art. 11 Abs. 3 und 4 (Moschusenten): „Geeignete Einstreu ist bereitzustellen und so weit wie möglich trocken und locker zu halten, um den Tieren zu helfen, sich selbst sauber zu halten und um die Umgebung anzureichern". Einstreulose Haltungen auf Rost- und Gitterböden, wie sie in der niedersächsischen Vereinbarung ‚Moschusenten' vorgesehen sind, sind damit unvereinbar; allenfalls kommen kombinierte Haltungsverfahren in Betracht (eingestreuter Bereich und daneben Rostboden, auf dem die Futter-, Tränk- und Badeeinrichtungen angeordnet sind). – In Art. 11 Abs. 6 (Pekingenten) und Art. 10 Abs. 6 (Moschusenten) wird bestimmt: „In Entenställen muss der Boden so konstruiert und beschaffen sein, dass bei den Tieren kein Unwohlsein, keine Leiden und keine Verletzungen verursacht werden. Der Untergrund muss eine Fläche umfassen, die allen Tieren das gleichzeitige Ruhen erlaubt und muss mit einem dazu geeigneten Material bedeckt sein". Rostböden, die zu Verletzungen an Füßen und Beinen führen, (s. Rn. 13), müssen damit der Vergangenheit angehören. Unzulässig ist aber insbesondere auch, die Enten auf perforiertem Boden statt auf eingestreutem Untergrund ruhen zu lassen (s. Rn. 9, Vereinbarung ‚Moschusenten'). Besatzdichten über 25 kg/m² dürften wegen der damit verbundenen Ruhestörungen gleichfalls nicht mehr möglich sein. – Art. 12 Abs. 3 (Pekingenten) und Art. 11 Abs. 3 (Moschusenten) sehen vor: „Den Tieren muss eine ausreichende Fläche entsprechend … ihrem Bedarf, sich frei zu bewegen und normale Verhaltensweisen zu zeigen, einschließlich artspezifischen sozialen Verhaltens, zur Verfügung stehen. Die Gruppe darf nur so groß sein, dass es nicht zu Verhaltens- oder anderen Störungen oder Verletzungen kommt." Besatzdichten, die Pulkbildungen, Federrupfen oder andere Störungen fördern, sind damit verboten, ebenso zu große Gruppen. Damit aber stehen Vorschläge, in denen Besatzdichten von nicht mehr als 4 Enten/m² und Gruppengrößen von max. 20–60 Tieren angeregt werden, den Empfehlungen St. Ausschusses bedeutend näher als die o.e. Vereinbarungen (vgl. *Bierschenk* in: Beratung artgerechte Tierhaltung e.V. und Gesamthochschule Kassel S. 129ff.; *Fölsch/Simantke/Hörning* S. 19; vgl. auch *Horst* S. 43, 44, 48: 15 bis 20 Tiere/m² während der ersten 14 Lebenstage, 8 bis 10 Tiere/m² vom 15. bis zum 35. Tag, 4 bis 5 Tiere/m² bis zum 52. Tag und danach 3 Tiere/m²). Das erwähnte „artspezifische soziale Verhalten" erfordert neben Rückzugsräumen auch eine ausreichend dimensionierte Fläche zum Schwimmen (näher *Fölsch/Simantke/Hörning* S. 10, 11). – Für Zuchtenten muss gemäß Art. 11 Abs. 8 (Pekingenten) und Art. 10 Abs. 8 (Moschusenten) „eine ausreichende Zahl an Nestern von geeigneter Größe und Ausführung zur Verfügung stehen". – Zur Beleuchtung und zur Einhaltung einer achtstündigen Dunkelphase s. Art. 16 (Pekingenten) und Art. 15 (Moschusenten). – Zur Stopfleberproduktion s. Art. 17 Abs. 2 (Pekingenten) und Art. 16 Abs. 2, 24 Abs. 2 (Moschusenten; näher auch Rn. 23, 24). – Die Tötung erkrankter oder verletzter Tiere ist für den St. Ausschuss nur als ultima ratio zulässig: „Sind Enten so krank oder verletzt, dass eine Behandlung nicht länger möglich ist und ein Transport zusätzliches Leiden für die Tiere bedeuten würde, müssen die Tiere vor Ort getötet werden" (Art. 24 Abs. 1, Pekingenten, bzw. Art. 23 Abs. 1, Moschusenten). Kranke und verletzte Tiere müssen also zunächst tierärztlich behandelt und ggf. vom übrigen Bestand in dafür verfügbaren geeigneten Einrichtungen getrennt werden (vgl. Art. 8 Abs. 3 bzw. Art. 7 Abs. 3). Erst wenn eine weitere Behandlung medizinisch nicht mehr möglich ist (also nicht schon dann, wenn sie wirtschaftlich nicht mehr sinnvoll erscheint), kommt eine Tötung in Betracht. Demgegenüber scheinen die o.e. Vereinbarungen von einer Gleichwertigkeit zwischen Behandlung und Tötung auszugehen (vgl. die brandenburgische Vereinbarung: „Abgemagerte, kranke und verletzte Einzeltiere sind täglich aus der Herde zu entfernen und tierschutzgerecht zu töten") – Die in Rn. 9 und 10 beschriebenen Haltungsvereinbarungen bleiben damit in mehrfacher Hinsicht hinter den Empfehlungen des St. Ausschusses zurück und sind unzureichend.

IV. Gänse

1. Haltungsformen

Große Unterschiede in Europa. In Deutschland werden Gänse meistens wesentlich tierschutzgerechter gehalten als etwa Hühner, Enten und Puten. Soweit keine Aufstallungsgebote entgegenstehen, leben Gänse hier nach ihrer Aufzucht überwiegend in Herden auf der Weide, wenn auch fast immer ohne Badegelegenheit. Demgegenüber sind besonders in Ungarn, Polen und Frankreich intensive Stallhaltungen mit hohen Besatzdichten sowie auch Einzel- und Gruppenkäfige verbreitet; durch Kraftfutter und Lichtprogramme wird die Schlachtreife hier künstlich beschleunigt (vgl. *Drossé* DudT 6/2003, 12). Es besteht die Gefahr, dass ein Teil dieser Praktiken auch in Deutschland Anwendung findet, wenn die Verfahren der Früh- und der Junggänsemast zunehmen (s. Rn. 16). 15

Haltungsformen in Deutschland. Die etwa drei bis fünf Wochen währende Aufzucht der Gössel findet idR auf Einstreu statt. Vereinzelt werden zwar auch Böden aus Drahtgeflecht sowie Draht- oder Lochblechböden verwendet, doch widerspricht dies den Empfehlungen des St. Ausschusses (s. Rn. 17) und führt zu Befiederungsstörungen, Verletzungen und Beinschäden (vgl. *Horst* S. 33, 64). Ein frühzeitiger Weideauslauf dient der Ausbildung des Immunsystems und verhindert Beinschäden. – Zuchtgänse werden auf der Weide in zT großen Herden für eine Nutzungsdauer von 6 bis 10 Jahren gehalten. Die Besatzdichte in den zugehörigen, meist eingestreuten und mit Legenestern ausgestatteten Ställen wird mit ein bis zwei Gänsen je m^2 angegeben (vgl. *Horst* S. 36; *Schmidt* S. 260). Auf der Weide werden zwischen 40 und 100 Gänse/ha gehalten. Einige Zuchtbetriebe gewähren auch eine Badegelegenheit mit 0,5 bis 1 m^2 Wasserfläche je Tier (vgl. *Horst* S. 37, 61). – In der Mast ist die Spätmast von sog. Weihnachtsgänsen am häufigsten. Nach der Aufzucht findet eine Weideperiode statt, die (je nach Geburts- und Schlachttermin) zwischen 15 und 25 Wochen währt. Daran schließt sich eine vier bis fünf Wochen dauernde Endmast an, entweder im eingestreuten Auslauf, häufig aber auch ausschließlich im Stall. Badegelegenheiten werden idR nicht gewährt. – ZT gibt es auch die Junggänsemast, in der die Tiere bereits nach 15 oder 16 Wochen geschlachtet und bis dahin entweder nur im Stall oder in begrenztem Auslauf gehalten werden. – Ein Schnellmastverfahren ist die sog. Frühmast: Hier werden die Tiere bereits mit acht oder zehn Wochen geschlachtet; 16

üblich sind hier ausschließliche Stallhaltung, hohe Besatzdichten sowie nächtliche Beleuchtung zur künstlichen Steigerung der Futteraufnahme.

2. Empfehlungen des St. Ausschusses zum ETÜ

17 Die **Empfehlung in Bezug auf Hausgänse** des St. Ausschusses vom 22. 6. 1999 enthält eine Reihe konkreter Vorgaben, durch die ein Teil der bisher üblichen Haltungsformen untersagt wird, so zB Gänsehaltungen ohne Einstreu, Haltungen auf Draht- oder Lochblechböden sowie Haltungen ohne Auslauf und ohne Wasservorrichtungen in ausreichender Zahl und Größe (allgemein zu „Soll"-Vorschriften s. § 2 Rn. 34, 45 sowie Einf. Rn. 31). – In der Präambel wird festgestellt, dass auch das Baden zu den „wesentlichen Bedürfnissen" der Gänse gehöre. – In Art. 3 werden die biologischen Merkmale der Hausgans u.a. wie folgt beschrieben: „Ausgewachsene Gänse sind Pflanzenfresser ... Sie ziehen es vor, ihre Nahrung auf offener Fläche zu finden, wo sie nach kurzgewachsenen Gräsern oder zarten Pflanzen suchen. Obwohl sie mehr Zeit mit dem Weiden als mit dem Schwimmen verbringen, ist Wasser ein wichtiger Faktor in ihrem Putzverhalten. Wichtige Bestandteile des Badens sind das Ein- und Auftauchen mit dem Kopf und Schütteln mit dem Kopf, um Wasser auf den Körper zu verteilen ... Gänse verbringen viel Zeit mit der Ausübung komplexen Gefiederpflegeverhaltens. Nach dem Baden führen Gänse eine Reihe von schüttelnden, putzenden und schnappenden Bewegungen aus, um Wasser und Fremdkörper zu entfernen und das Gefieder zu ordnen. Danach wird eine komplexe Bewegungsfolge ausgeführt, um von der Bürzeldrüse über dem Schwanz Öl auf das Gefieder zu verteilen ... Hausgänse haben von ihren wilden Vorfahren eine Reihe von Verhaltensmustern behalten, unter denen die sozialen Aktivitäten und die Möglichkeit, Wasser für ihr Pflegeritual zu verwenden, besonders wichtig zu sein scheinen." – Die Aufzucht ist in Art. 5 Abs. 2 geregelt: „Junggänse sollten in geeigneter Weise bereits Erfahrungen mit späteren Haltungstechniken (zB besondere Fütterungs- und Tränksysteme) und Umweltbedingungen (zB Tageslicht, genügend Wasser zur Erfüllung der biologischen Erfordernisse, Einstreu) machen können, um sich an die Haltungssysteme anpassen zu können." – Zur Gewährung von Badegelegenheiten schreibt Art. 11 Abs. 2 vor: „Der Zugang zu einem Auslauf und zu Badewasser ist notwendig, damit die Hausgänse als Wasservögel ihre biologischen Erfordernisse erfüllen können. Wo ein solcher Zugang nicht möglich ist, müssen die Hausgänse mit Wasservorrichtungen in ausreichender Zahl versorgt werden, die so ausgelegt sein müssen, dass das Wasser den Kopf bedeckt und mit dem Schnabel aufgenommen werden kann, so dass sich die Hausgänse problemlos Wasser über den Körper schütten können. Die Hausgänse sollten die Möglichkeit haben, mit ihrem Kopf unter Wasser zu tauchen." – Zur Beschaffenheit des Bodens heißt es in Art. 11 Abs. 6: „In Gänseställen muss der Boden so konstruiert und beschaffen sein, dass bei den Tieren kein Unwohlsein, keine Leiden und keine Verletzungen verursacht werden. Der Untergrund muss eine Fläche umfassen, die allen Tieren das gleichzeitige Ruhen erlaubt und muss mit geeignetem Einstreumaterial bedeckt sein." – Art. 12 Abs. 3 und 4 regelt ebenfalls u.a. die Bodenfläche und die Einstreu: „Den Tieren muss eine ausreichende Fläche entsprechend ihren Ansprüchen an die gesamte Umgebung, ihrem Alter, Geschlecht, Lebendgewicht, ihrer Gesundheit und ihrem Bedarf, sich frei zu bewegen und normale artspezifische soziale Verhaltensweisen zu zeigen, zur Verfügung stehen. Die Gruppe darf nur so groß sein, dass es nicht zu Verhaltens- oder anderen Störungen oder Verletzungen kommt. Geeignete Einstreu ist bereitzustellen und soweit wie möglich trocken und locker zu halten, um den Tieren zu helfen, sich selbst sauber zu halten, und um die Umgebung anzureichern." – Das Lebendraufen wird durch Art. 23 Abs. 3 verboten: „Federn, einschließlich Flaumfedern, dürfen lebenden Tieren nicht ausgerissen werden." – Zur Herstellung von Gänsestopfleber s. Rn. 23.

3. Haltungsanforderungen nach § 2 Nr. 1 und Nr. 2 sowie nach der Empfehlung des St. Ausschusses

Einstreu wird vom St. Ausschuss für alle Gänsehaltungen vorgeschrieben (s. Rn. 17: Art. 11 Abs. 6 und Art. 12 Abs. 4 für erwachsene und Art. 5 Abs. 2 für Junggänse). Roste, Lochblechböden und andere Formen der einstreulosen Gänsehaltung müssen damit endgültig der Vergangenheit angehören, auch in der Junggänse- und Frühmast; sie führen u. a. zu Verletzungen an den Füßen und fördern Verhaltensstörungen wie Federfressen und Kannibalismus (vgl. *Horst* S. 33, 36, 39, 41, 54). Da Gänse viel flüssigen Kot abgeben, muss die Unterlage aus einer dicken Lage Torfmull bestehen; darauf wird eine Schicht aus Stroh oder Sägespänen aufgeschüttet, die regelmäßig zu erneuern ist (vgl. *Schmidt* S. 260). 18

Auslauf und Weidegang. Gänse sind von Natur aus Weidetiere und Pflanzenfresser. 19 Futtersuche und -aufnahme erfolgen über ausgiebiges Äsen auf Grünländereien während bis zu 17 Stunden am Tag (vgl. *Schneider/Golze/Klemm* DGS-Magazin 5/2002, 20). Zu den Techniken der Nahrungsaufnahme gehören: Picken, Rupfen (zur Aufnahme fester Pflanzen), Abstreifen und Abschneiden (zur Gewinnung von Samen aus Ähren und zum Abtrennen breiter Blätter), Schaufeln (zur Aufnahme von Körnern) sowie Seihen und Gründeln (zur Aufnahme von Nahrungsteilchen aus dem Wasser). Bereits aus dieser Vielfalt des artgemäßen Nahrungserwerbsverhaltens ergibt sich die Notwendigkeit von Dauergrünland (vgl. *Schneider* Unser Land 12/1993, 8). – Für das Beweiden von Grünland spricht darüber hinaus, dass nur so das artgemäße Sozialverhalten der geselligen Tiere ermöglicht und zugleich der starke Bedarf an (Fort-)Bewegung befriedigt werden kann (vgl. *Schneider* aaO S. 8: „große Lauftüchtigkeit und hohe Beinbewegungsaktivität"; vgl. auch *Schneider/Golze/Klemm* aaO S. 21; *Horst* S. 25, 26). Frühzeitiger Weideauslauf dient außerdem der gesundheitlichen Robustheit, der Vermeidung von Federfressen und Kannibalismus und der Verhinderung von Beinschäden (vgl. *Horst* S. 34). – Nach Art. 11 Abs. 2 der Empfehlung des St. Ausschusses darf auf einen Auslauf nur dort verzichtet werden, „wo ein solcher Zugang nicht möglich ist". Wirtschaftliche Gründe (Kostenersparnis, Vermeidung von Arbeitsaufwand u. Ä.) bilden also keine Rechtfertigung, Gänse nur im Stall und ohne Auslauf zu halten (s. auch § 2 Rn. 35, 40). Das gilt unabhängig vom Nutzungszweck, also auch für die Früh- und die Junggänsemast und ebenso auch für die Endphase der Spätmast. Gänse, die in den letzten 4 oder 5 Wochen ohne Auslauf gehalten werden und ausschließlich Mastfutter oder Getreide bekommen, beknabbern aus Langeweile ungeeignete Gegenstände wie Futterzylinder, Seilzüge u. Ä. (vgl. *Horst* S. 57).

Badegelegenheit. Für Gänse als Wassergeflügel hat das Baden vor allem für die Eigen- 20 körperpflege Bedeutung; darüber hinaus spielt es aber auch für das Nahrungserwerbsverhalten (Seihen, Gründeln) und für das Sozialverhalten eine Rolle und betrifft somit mehrere Funktionskreise (vgl. *Horst* S. 64). – Eingeleitet wird das Bad durch Kopfeintauchen, wobei durch anschließendes ruckartiges Sich-Aufrichten und Zurückbiegen des Halses Wasser über den Rücken geschüttet wird. Fortgesetzt wird es mit „Flügelprügeln" (d. h. Schlagen der Flügel auf die Wasseroberfläche). Durch Schwimmen und Tauchen wird das Gefieder durchspült (vgl. *Schmidt* S. 277). Anschließend finden Putzbewegungen statt, wobei das wiederholte Eintauchen des Schnabels sowohl dem Schnabelreinigen als auch dem Wassereintrag ins Gefieder dient (vgl. *Horst* S. 13, 14). Ebenso wie Enten fetten sich auch Gänse ein, indem sie mit dem Schnabel oder Kopf der Bürzeldrüse Öl entnehmen und es reibend über den ganzen Körper verteilen. – Das Fehlen einer Badegelegenheit führt zu Verhaltensstörungen in Form von Handlungen am nicht-adäquaten Objekt (s. auch § 17 Rn. 73). Trocken gehaltene Gänse betreiben zT „dry-washing", d. h. sie versuchen Erde, Sand und Steinchen durch das Gefieder rinnen zu lassen, indem sie Kopf und Hals schlängelnd am Boden bewegen und anschließend den Kopf auf den Rücken schleudern und im Gefieder mit den schlängelnden Bewegungen fortfahren; dadurch kann es zu Kahlstellen am Hals und zu Gefiederverschmutzung kommen. Besonders intensiv werden diese Ersatzhandlungen, wenn die Tiere mit Wasser besprenkelt werden. Eine

Ersatzhandlung stellt auch das „bucket-washing" dar, bei dem die Gänse den Kopf ins Tränkgefäß eintauchen und anschließend Badebewegungen vor dem Gefäß durchführen (vgl. *Horst* S. 25, 62). Bei Trockenhaltung sondert außerdem die Bürzeldrüse nicht mehr genügend Öl ab, so dass sich die pflegende Wirkung des Einfettens vermindert und das Gefieder leichter verschmutzt und spröde wird (vgl. *Horst* S. 61, 62). – Nach Art. 11 Abs. 2 der Empfehlung des St. Ausschusses darf auf Zugang zu Badewasser nicht schon aus wirtschaftlichen Gründen verzichtet werden, sondern nur, wenn „ein solcher Zugang nicht möglich ist." Selbst dort, wo es dem Halter gelingt, einen solchen Ausnahmefall nachzuweisen, muss er „Wasservorrichtungen in ausreichender Zahl" bereitstellen und diese so anlegen, „dass das Wasser den Kopf bedeckt und mit dem Schnabel aufgenommen werden kann, so dass sich die Hausgänse problemlos Wasser über den Körper schütten können". – Die gängige Praxis, Mastgänsen keine Badegelegenheit zu bieten, verstößt damit sowohl gegen § 2 Nr. 1 TierSchG als auch gegen Art. 11 Abs. 2 der Empfehlung (vgl. auch *Horst* S. 63: „Es wäre erstaunlich, wenn der Entzug eines ‚Substrats', das mit mehr Funktionskreisen als dem Komfortverhalten in Verbindung steht, keine Auswirkungen auf das Wohlbefinden der betreffenden Tierart zeigte"). Das notwendige Hygienemanagement (ein- bis zweitägiger Wasserwechsel; Klärung der Abwässer) begründet keine Unmöglichkeit in dem o.g. Sinne. – Im neuen Anhang A zum Europäischen Versuchstierübereinkommen wird für Gänse als Versuchstiere ein Teich von mindest 0,5m² Fläche und 30cm Tiefe vorgeschrieben. Als „absolutes Minimum" müsse den Tieren ermöglicht werden, den Kopf ins Wasser einzutauchen und sich Wasser über das Gefieder zu schütten (vgl. Anh. A, H.e).

21 **Gruppengrößen und Besatzdichten.** Der ausgeprägte Familiensinn von Gänsen spricht für eine Haltung in kleinen Gruppen (vgl. *Horst* S. 36: 40 bis 100 Tiere). Dennoch sind in der Praxis Gruppengrößen von 1000 und mehr Tieren keine Seltenheit. Der unbegrenzten Ausweichmöglichkeit kommt dann eine besonders große Bedeutung zu. Scheu und Empfindlichkeit der Gänse gegen Störungen und Veränderungen sind ein Zeichen für zu große Gruppen in Kombination mit nicht ausreichenden Flucht- und Ausweichmöglichkeiten (vgl. *Horst* S. 60). – Als artgemäße Besatzdichten im Stall werden zT eine, zT auch zwei erwachsene Gänse je m² genannt (vgl. *Horst* S. 36, 37; *Schmidt* S. 260). Für Gössel werden in den ersten zwei Wochen 10, in den beiden folgenden Wochen 4,5 und ab der fünften Woche 2,5 Tiere je m² empfohlen (vgl. *Horst* S. 34). Auf der Weide sollen in Abhängigkeit von Qualität und Witterung maximal 40 bis 80 Gänse je ha gehalten werden können (vgl. *Horst* S. 41). Für das Badewasser wird von einer Wasserfläche von 0,5 bis 1 m² je Tier ausgegangen (vgl. *Horst* S. 37).

4. Besondere Probleme: Lebendraufen und Stopfleberproduktion

22 Ein **Verbot des Lebendraufens** (d.h. des Rupfens von Federn bei lebenden Gänsen) enthält Art. 23 Abs. 3 der Empfehlung des St. Ausschusses (s. Rn. 17). Ausnahmen sind nicht vorgesehen. Gleichlautende Regelungen enthalten die Empfehlung für Pekingenten in Art. 23 Abs. 3 und die Empfehlung für Moschusenten in Art. 22 Abs. 4). Soweit demgegenüber auf dem 4. niedersächsischen Tierschutzsymposium in Oldenburg 2002 ein Gutachten über „die tierschutzkonforme Durchführung des Lebendraufens bei der Gewinnung von Gänsefedern" vorgestellt wurde, besteht ein Widerspruch zum Wortlaut von Art. 23 Abs. 3 und zur AVV Nr. 1.1 (s. § 2 Rn. 45).

23 **Einfuhr von Stopfleberprodukten als strafbare Beihilfe zur quälerischen Tiermisshandlung?** Bei der Produktion von Enten- und Gänsestopflebern wird den Tieren mehrmals täglich ein ca. 50cm langes Metallrohr in den Hals eingeführt, das bis in den Magen reicht und nicht selten schwere Verletzungen der Speiseröhre verursacht (vgl. Pressedienst des saarländischen Ministeriums für Umwelt vom 11. 12. 2002: „… wobei die Hälse mancher Tiere so stark verletzt sind, dass sich regelrechte Löcher bilden, durch die das Wasser, das die Tiere trinken, nach dem Schlucken nach außen tropft"). Durch

dieses Rohr werden ca. 1,2 kg Futterbrei pro Tag in den Magen des einzelnen Tieres gepumpt (die normale Futteraufnahme liegt bei ca. 250 g Futter pro Tag). Durch diese Masse an Futter und Fett kommt es nach und nach zur Einlagerung großer Fettmengen in den Leberzellen, so dass sich das Organ auf das Sechs- bis Zehnfache vergrößert. Die Lebervergrößerung führt zu Atemnot, Herz- und Kreislaufbeschwerden, massiven Stoffwechselstörungen und schließlich zu einer Zerstörung der Leberfunktionen, so dass das Tier daran sterben würde, wenn man es nicht vorher schlachtete (vgl. *Drossé* DudT 6/2003, 13; *Sailer* NuR 2005, 507). Der Wiss. Veterinärausschuss der EU hat zum Verhalten und zum Gesundheitszustand der betroffenen Vögel u.a. festgestellt: aversive Reaktionen gegenüber dem Fütterungspersonal; Fluchtversuche nach der Fütterung; pathologische Veränderungen der Beinstellung; dadurch Schwierigkeiten beim Stehen; schwere Beeinträchtigung der Gehfähigkeit; bei Käfighaltung zudem Unfähigkeit zum Sich-Bewegen, Gefiederputzen, Erkunden und zur sozialen Interaktion; schmerzhafte Verletzungen der Speiseröhre und des Schnabels; krankhafter Zustand der Leber; stark erhöhte Mortalitätsraten (EU-SCAHAW-Report zur Fettleberproduktion S. 33–49) – In Deutschland gilt für solche Zwangsmaßnahmen das Verbot des § 3 Nr. 9 (s. dort Rn. 54–57). Außerdem gilt das Verbot der quälerischen Tiermisshandlung nach § 17 Nr. 2b, denn das Stopfen fügt den Tieren anhaltende, erhebliche Leiden zu. – Händler, die mit ausländischen Stopfleberproduzenten in Geschäftsverbindung stehen und deren Produkte nach Deutschland importieren und dort vertreiben, leisten Beihilfe zu dieser Tiermisshandlung nach § 27 StGB, weil sie den Absatz fördern und damit den Willen der Produzenten zur Fortsetzung der Produktion bestärken (vgl. *Sailer* NuR 2005, 507, 508; MünchKommStGB/*Pfohl* Bd. 5 § 17 TierSchG Rn. 130). Nach § 9 Abs. 2 S. 2 StGB ist eine solche im Inland begangene Beihilfehandlung an einer Auslandstat auch dann strafbar, wenn die Haupttat nach dem Recht des Tatorts nicht mit Strafe bedroht ist. Für die Strafbarkeit einer im Inland begangenen Beihilfe ist ausreichend, dass die Handlung des Haupttäters, wäre sie ebenfalls im Inland verübt, ein tatbestandsmäßiges, rechtswidriges und vorsätzliches Vergehen nach § 17 Nr. 2b darstellen würde. – Das öffentliche Interesse an der Verfolgung solcher Beihilfehandlungen (vgl. § 153c Abs. 1 Nr. 1 StPO) ergibt sich u.a. aus dem Staatsziel ‚Tierschutz' (Art. 20a GG), das die Verpflichtung zur Gewährleistung eines effektiven Tierschutzes einschließt (vgl. *Sailer* aaO 509).

Einfuhrsperre gegenüber Stopfleberprodukten? Nach Art. 28 EG-Vertrag ist es den 24
Mitgliedstaaten grds. verboten, Produkte, die in einem anderen Mitgliedstaat rechtmäßig hergestellt und in Verkehr gebracht worden sind, einer Einfuhrbeschränkung oder einer Maßnahme gleicher Wirkung zu unterwerfen (Prinzip des freien Warenverkehrs). Aus Art. 4 i.V.m. Nr. 14 S. 2 des Anhangs der EU-Nutztierhaltungsrichtlinie könnte sich allerdings ergeben, dass die Produktion von Enten- und Gänsestopflebern nicht nur gegen deutsches, sondern auch gegen geltendes EU-Recht verstößt und deshalb im gesamten Gemeinschaftsgebiet rechtswidrig ist (vgl. *Bolliger* S. 122). Nr. 14 S. 2 lautet: „Die Art des Fütterns und Tränkens darf den Tieren keine unnötigen Leiden oder Schäden verursachen." Dass eine verletzte Speiseröhre, ein abnorm erweiterter Magen und eine auf das Sechs- bis Zehnfache vergrößerte Leber einen Schaden darstellen und Leiden verursachen, kann nicht angezweifelt werden. Der Begriff „unnötig" erlaubt zwar eine Abwägung zwischen den tierlichen Wohlbefindens- und den menschlichen Nutzungsinteressen; jedoch sind Eingriffe in vitale tierliche Integritäts- und Wohlbefindensinteressen allenfalls dann zulässig (und damit „nötig"), wenn sie erforderlich sind, um vergleichbar bedeutsame und vergleichbar stark betroffene Erhaltungsinteressen auf Seiten des Menschen zu schützen. Wirtschaftliche Gründe und das Ziel, ein weder lebens- noch gesundheitswichtiges Nahrungsmittel zu produzieren, fallen darunter nicht. Sie begründen deshalb keine Notwendigkeit zur Zufügung von Leiden oder Schäden iS von Nr. 14 S. 2. – Folgt man dieser Auffassung nicht, so können gleichwohl nach Art. 30 EG-Vertrag Einfuhrbeschränkungen verhängt werden, wenn sich dies u.a. aus Gründen der öffentlichen Sittlichkeit, Ordnung und Sicherheit oder zum Schutz der Gesundheit und des Lebens von Menschen

oder Tieren als erforderlich erweist. Zwar schließen Bestimmungen des sekundären Gemeinschaftsrechts, sofern sie die jeweilige Produktionsweise abschließend regeln, einen Rückgriff auf Art. 30 EG-Vertrag aus; solche Bestimmungen gibt es aber für die Stopfleberproduktion, abgesehen von der o.e. Nr. 14 des Anhangs der EU-Nutztierhaltungsrichtlinie, nicht. Folglich könnte der Schutz der Gesundheit von Tieren, der auch ihr Wohlbefinden und ihre Unversehrtheit einschließt (vgl. *Schwarze/Becker*, EU-Kommentar, Art. 30 EG-Vertrag Rn. 18), als Begründung für eine Einfuhrsperre herangezogen werden. Ob allerdings mit „Tieren" iS von Art. 30 EG-Vertrag auch Tiere außerhalb des Hoheitsgebiets des jeweiligen Mitgliedstaates gemeint sind, weil es sich beim Tierschutz (ebenso wie beim Artenschutz) um ein gesamteuropäisch relevantes Schutzgut handelt, ist derzeit noch umstritten (verneinend *Caspar*, Zur Stellung des Tieres im Gemeinschaftsrecht, S. 49; bejahend *Sailer* aaO S. 509 unter Hinweis auf das EU-Tierschutzprotokoll; vgl. auch *Schwarze/Becker* aaO Art. 30 Rn. 61: In einer sich bildenden Staatenunion dürfe den einzelnen Mitgliedsländern nicht von vornherein die Mitverantwortung für einen globalen oder wenigstens unionsweiten Umwelt-, Arten- und Tierschutz abgesprochen werden, so wenig wie es heute noch in Betracht kommen könne, den einzelnen Staaten die unbeschränkte Verfügungsgewalt über die Umweltgüter ihres Hoheitsgebiets einzuräumen). Unabhängig von dieser Frage gehört aber jedenfalls die Beachtung von Strafvorschriften nach § 17 Nr. 2b und § 27 StGB zu jenem Bereich von öffentlicher Sicherheit und Ordnung, an dessen Schutz ein grundlegendes staatliches Interesse besteht und der deswegen Einfuhrbeschränkungen nach Art. 30 EG-Vertrag, soweit sie verhältnismäßig sind, rechtfertigen kann. Außerdem gehört der Schutz der Strafrechtsordnung auch dort, wo er „nur" Tiere betrifft, zu den „zwingenden Erfordernissen", die iS der Cassis-de-Dijon-Rechtsprechung des EuGH auch über Art. 30 EG-Vertrag hinaus Einfuhrbeschränkungen rechtfertigen können (vgl. EuGH Rs. 120/78, Slg. 1979, 649). Bedenken in Ansehung des Verhältnismäßigkeitsgrundsatzes dürften nicht bestehen, denn zur wirksamen Beendigung von Beihilfehandlungen an ausländischer Tierquälerei ist ein vollständiges Einfuhrverbot von Stopflebern und Stopfleberprodukten sowohl geeignet als auch erforderlich und verhältnismäßig. – Daraus folgt zugleich, dass Staatsanwaltschaften die Verfolgung dieser Beihilfehandlungen nicht länger unter Hinweis auf europarechtliche Bedenken ablehnen sollten.

V. Masthühner

1. Konventionelle Haltungsform

25 Masthühner werden meist in fensterlosen, klimatisierten Hallen in Gruppen von 10000 und mehr Tieren gehalten. Üblich ist eine sog. Kurzmast, bei der die Tiere ihr Schlachtgewicht von 1,4–1,6 kg bereits im Alter von 30–35 Tagen (bei täglichen Gewichtszunahmen von 40–47g und mehr) erreichen; daneben gibt es auch die Langmast, bei der das Schlachtgewicht nach 40–45 Tagen bei 2,0–2,2 kg liegt. Die üblichen Besatzdichten betragen mindestens 35 kg Lebendgewicht pro m² nutzbarer Stallfläche (das entspricht am Ende der Kurzmast 23 und am Ende der Langmast 17 Hähnchen pro m²). Der Stallboden ist mit Hobelspänen, Sägemehl oder Strohhäcksel eingestreut. Außer den Futter- und Tränkeinrichtungen gibt es idR keine weiteren Strukturelemente (wie Sitzstangen, Strohballen o. Ä.). – Die jährlichen Schlachtzahlen sind immens: In der EU werden pro Jahr ca. 5,3 Milliarden Masthühner geschlachtet (vgl. EU-Kommission, Vorschlag für eine Masthühner-Richtlinie S. 2; s. auch § 17 Rn. 46). – Die vom BMELV veröffentlichten bundeseinheitlichen Eckwerte für freiwillige Vereinbarungen zur Haltung von Jungmasthühnern lassen Besatzdichten von 35 kg Lebendgewicht pro m² zu. In der zwischen der bayerischen Staatsregierung und dem dortigen Geflügelwirtschaftsverband geschlossenen Vereinbarung vom 10. 6. 2002 ist u.a. vorgesehen: Planung der Besatzdichte so, dass in der Endphase der Mast 35 kg Lebendgewicht pro m² nutzbarer Stallfläche nicht überschritten werden; Einstreu so, dass die Tiere picken, scharren und in Teilbereichen staubbaden

können; besondere Unterbringungsmöglichkeiten für kranke und verletzte Tiere; eine Beleuchtung von mindestens 20 Lux im Tierbereich; eine Dunkelperiode von zusammenhängend 8 Stunden, mindestens jedoch zwei ununterbrochene Dunkelphasen von jeweils 4 Stunden (zum Verhältnis solcher Vereinbarungen zu § 2 s. Rn. 11). – In der Schweiz dürfen je nach Größe der Haltungseinheit zwischen 15 und maximal 30 kg pro m² gehalten werden (Schweizer Tierschutzverordnung, Anhang 1 zu Art. 5 Abs. 5, Nr. 13.2). In Schweden liegt die zulässige Besatzdichte bei 25 kg/m² (vgl. *Hörning* S. 32). – In Deutschland nimmt die Konzentration auf Großbetriebe ständig zu: 0,35 % der Halter mästen 66,6 % aller Masthühner in Beständen mit jeweils mehr als 50 000 Tieren (vgl. Jahrbuch für die Geflügelwirtschaft 1999 S. 68). Die meisten Betriebe wirtschaften gewerblich, d. h. ohne eigene Futtergrundlage. Unter den verbliebenen bäuerlichen Haltern herrscht Lohnmast vor, d. h.: Die Küken müssen von derselben Firma bezogen werden, an die auch die schlachtreifen Tiere zu vertraglich vorher festgelegten Zeiten, Preisen und Bedingungen auszuliefern sind.

2. Unangemessenes Zurückdrängen von Grundbedürfnissen iS des § 2 Nr. 1

Nahrungserwerbsverhalten (Fress- und Trinkverhalten). Das artgemäße Nahrungserwerbsverhalten von Hühnern umfasst Erkunden, Suchen, Scharren sowie vielfältige Pickaktivitäten wie Ziehen, Reißen, Hacken und Bearbeiten veränderbarer Nahrungsbestandteile mit dem Schnabel. In der Intensivmast erhalten die Tiere jedoch fast ausschließlich industriell aufbereitetes Kraftfutter mit hohem Energie- und Proteingehalt. Dadurch wird die Zeit für die Nahrungsaufnahme stark verkürzt, und das arteigene Bedürfnis, nach Nahrungsteilen zu suchen und sie zu bearbeiten, bleibt unbefriedigt. Folge ist u. a. verstärktes Federpicken. Abhilfe wäre möglich durch Abgabe ganzer Körner (evtl. verteilt in der Einstreu, falls diese genügend sauber gehalten wird) sowie Angebot von Grundfutter (zB Möhren, Maiskolben, Grünfutter) zur nahrungsbezogenen Beschäftigung (s. § 2 Rn. 18). – An den Rundtrögen steht üblicherweise etwa 1 cm Trograng je Tier zur Verfügung, an Längströgen sind es 2–3 cm (vgl. die o. e. bayerische Vereinbarung; ebenso Jahrbuch für die Geflügelwirtschaft 1999 S. 95). Ungestörtes, gleichzeitiges Fressen ist so nicht möglich. Die Tiere klettern am Trog übereinander und verletzen sich gegenseitig (vgl. *Hörning* S. 27; zur Notwendigkeit der Gewährleistung gleichzeitiger Futteraufnahme s. § 2 Rn. 13 und 19). – Die bei Elterntieren übliche streng restriktive Fütterung führt zu „inakzeptablen Wohlbefindensproblemen" (EU-SCAHAW-Report Masthühner, Recommendations S. 115). Die Leiden dieser Tiere äußern sich u. a. in Stereotypien, Aggressionen und vermehrtem Feder-, Objekt- und Leerlaufpicken (vgl. *Hörning* S. 13; *Gerken* S. 124; s. auch § 17 Rn. 107). Durch große Mengen an Grundfutter sowie Bewegungsmöglichkeiten und Erkundungsanreize könnte wenigstens zT Abhilfe geschaffen werden (zu notwendigen Änderungen bei der Zucht s. § 11 b Rn. 22). 26

Ruheverhalten. Untersuchungen haben ergeben, dass schon bei einer Besatzdichte von etwa 28 kg/m² große Unruhe herrscht und nur 4 % der Ruheperioden länger als drei Minuten währen, 60 % dagegen weniger als eine Minute (vgl. EU-SCAHAW-Report Nr. 7.5.6 „Bei etwa 28 kg/m² war die Besatzdichte zu hoch, um normales Ruheverhalten auftreten zu lassen"). Bereits bei einer Steigerung der Besatzdichte über 24 kg/m² konnte eine Zunahme von Ruhestörungen festgestellt werden (EU-SCAHAW-Report aaO). 26 a

Eigenkörperpflege (Komfortverhalten). Untersuchungen haben gezeigt, dass bei Besatzdichten oberhalb von 24 kg/m² Körperpflegehandlungen wie Gefiederputzen abnehmen, Ruhestörungen dagegen zunehmen (EU-SCAHAW-Report aaO). Schon ab 22,7 kg Lebendgewicht pro m² führt jede weitere Steigerung zu einer Zunahme derjenigen Tiere, die (bedingt durch das hohe Gewicht und die räumliche Enge) wegen des Liegens auf durchfeuchteter Einstreu unter Brustblasen und Ammoniakverätzungen leiden (vgl. *Cravener* et al. S. 427–433: 0,6 % bei 22,7 kg, 2,5 % bei 28 kg, 30,4 % bei 38 kg). 26 b

26c **Sozialverhalten.** Schon Besatzdichten von mehr als zehn Tieren pro m² lassen in Verbindung mit der Konkurrenz um die Futterstellen und dem Fehlen von Sitzstangen und anderen Ausweich- und Rückzugsmöglichkeiten die Anzahl aggressiver Auseinandersetzungen ansteigen (vgl. *Hörning* S. 23). Weil die unterlegenen Tiere in der herrschenden räumlichen Enge ihre Demutshaltungen nur unvollständig zeigen und keine Deckung suchen können, werden Angriffe häufig über das normale Maß hinaus fortgesetzt (vgl. auch den neuen Anhang A zum Europäischen Versuchstierübereinkommen: Dort sind für Hühner als Versuchstiere mit einem Gewicht von 1,2–1,8 kg 0,11 m² Bodenfläche je Tier vorgesehen; im Gewichtsbereich von 1,8–2,4 kg sind es 0,13 m² je Tier).

3. Bewegungseinschränkungen; Schmerzen, vermeidbare Leiden oder Schäden iS des § 2 Nr. 2 (zu Verhaltensstörungen s. auch § 17 Rn. 107)

27 **Schmerzen.** Obwohl es sich um sehr junge, kaum sechs Wochen alte Tiere handelt, leiden Masthühner an zahlreichen, zT schmerzhaften Krankheiten. Die übliche Mortalitätsrate von 6–7 % (vgl. *Hörning* S. 10) würde sich ohne den relativ frühen Schlachttermin stark erhöhen. U.a.: Perosis (Abgleiten der Achillessehne vom Sprunggelenk), Spondylolisthesis (Wirbelverkrümmung durch Verengung des Rückenmarks in Höhe des 6./7. Brustwirbels), tibiale Dyschondroplasie (abnormales Knorpelwachstum), Knochenmarksentzündungen, Epiphysiolyse (Ablösung des Femurkopfes), Brustblasen, Muskelkrankheiten, Herz-Kreislauf-Versagen, Aszites-Syndrom (Leibeshöhlenwassersucht), Fettleber-Nieren-Syndrom (vgl. *Hörning* S. 13ff.; s. auch § 11b Rn. 22). Ursachen sind einerseits die Zucht auf rasches Jugendkörperwachstum und Ausbildung großer Muskelpartien an Brust und Schenkeln, andererseits auch die mangelnde Bewegung, hervorgerufen durch die hohen Besatzdichten und fehlende Erkundungs- und Beschäftigungsanreize.

27a **Leiden, Schäden.** Soweit die o.e. Krankheiten keine Schmerzen verursachen, stellen sie zumindest Leiden und Schäden dar.

27b **Vermeidbarkeit.** Vermeidbar wären diese Folgen, wenn einerseits langsamer wachsende Zuchtlinien gewählt würden (vgl. zB die in der Schweiz üblichen Kreuzungen von ISA JA 57–Hühnern und Nackthals-Rassegeflügelhühnern, näher dazu *Hörning* S. 51 sowie § 11b Rn. 22) und andererseits Möglichkeiten und Anreize zu mehr Bewegung geschaffen würden: durch Besatzdichten von jedenfalls nicht mehr als 20 kg Lebendgewicht pro m², Beschäftigungsmöglichkeiten mit Grundfutter und Körnern und durch Erkundungsanreize wie Strohballen, Sitzstangen sowie ggf. Auslauf. Dadurch würde sich zugleich die Fleischqualität verbessern, denn langsamer wachsende Tiere mit mehr Bewegung zeigen sehr viel weniger Abdominalfett, einen deutlich niedrigeren Fettanteil im Brustfleisch sowie ein besseres Verhältnis von ungesättigten zu gesättigten Fettsäuren (vgl. *Hörning* S. 54; *Gerken* in: DVG, Tierschutz und Tierzucht, S. 121). – Das EU-SCAHAW stellt dazu fest: „Aus Forschungen über das Verhalten und über Beinschäden geht klar hervor, dass die Besatzdichte auf 25 kg Lebendgewicht pro m² oder weniger beschränkt werden muss, wenn man größere Probleme für das Wohlergehen weitgehend vermeiden will, und dass oberhalb von 30 kg ein starker Anstieg in der Häufigkeit ernster Probleme stattfindet, selbst bei sonst guten Umgebungsbedingungen" (Report Masthühner Nr. 7.5.6). Damit steht zugleich fest, dass die BMELV-Eckwerte und die entsprechenden Vereinbarungen, soweit sie mehr als 25 kg/m² zulassen, nicht den Anforderungen aus § 2 Nr. 1 und Nr. 2 entsprechen (s. Rn. 25 und 11).

4. Empfehlung des St. Ausschusses zum ETÜ

28 Aus der Empfehlung des Ständigen Ausschusses zur Haltung von Haushühnern vom 28. 11. 1995, Anhang II lit. B Nr. 1: „Die Besatzdichte ist so zu wählen, dass während der gesamten Haltung … die Tiere sich bewegen und normale Verhaltensmuster ausüben können, zB staubbaden und mit den Flügeln schlagen, und jedes Tier, das sich von einer eng belegten zu einer freien Fläche bewegen möchte, die Möglichkeit dazu hat". Bei den üb-

lichen Besatzdichten von 35 kg Lebendgewicht/m² gibt es idR keine freien Flächen, zu denen sich die Hühner bewegen könnten; keinesfalls wird so jedem Tier ermöglicht, jederzeit eine freie Fläche aufzusuchen, etwa um Angriffen auszuweichen oder Lokomotionsverhalten auszuüben. Bereits bei mehr als 20 kg kommt es beim Flattern und Flügelschlagen durch gegenseitiges Stoßen zu einem Abrieb der Federn, was die Tiere veranlasst, diese Verhaltensmuster nicht mehr oder nur noch eingeschränkt auszuüben, obwohl es sich um Grundbedürfnisse der Eigenkörperpflege handelt. – Anhang II lit. B Nr. 4: „Die Tiere sollen zur Aktivität angeregt werden, zB durch Lichtregulierung, Anbieten von Tageslicht, Sitzstangen, geringere Besatzdichte" (allgemein zur Bedeutung von Soll-Vorschriften s. Einf. Rn. 31 und § 2 Rn. 34, 45).

5. EU-Richtlinie in Vorbereitung

Einen Vorschlag für eine Richtlinie des Rates mit Mindestvorschriften zum Schutz von Masthühnern hat die EU-Kommission am 30. 5. 2005 vorgelegt (KOM 2005, 221 endg.; dazu, dass solche Richtlinien nur eine Untergrenze setzen s. § 2 Rn. 42). Danach soll zwar die Besatzdichte grds. 30 kg Lebendgewicht/m² nicht überschreiten; bei Einhaltung bestimmter Anforderungen (u.a. zum Raumklima, zum Schadstoffgehalt der Luft, zur innerbetrieblichen Überwachung und zur Schlachtkörper-Qualität) soll sie aber bis auf 38 kg/m² ansteigen dürfen. – Besatzdichten in solcher Höhe würden nicht nur gegen § 2 Nr. 1, sondern auch gegen Art. 4 i.V.m. Anhang Nr. 7 S. 2 der EU-Nutztierhaltungsrichtlinie verstoßen (zitiert in Einf. Rn. 44). Nach Nr. 7.5.6 des EU-SCAHAW-Reports ist das gleichzeitige Ruhen bereits bei einer Besatzdichte von 28 kg/m² gestört (s. auch § 2 Rn. 13, 15); oberhalb von 30 kg/m² sei „sogar mit sehr guten Stallklimakontrollsystemen ein steiler Anstieg in der Häufigkeit ernsthafter Probleme zu verzeichnen". Als „Empfehlung" heißt es: „Wenn die Besatzdichte über etwa 30 kg/m² hinausgeht, sind Probleme mit dem Wohlbefinden ungeachtet der Raumklimakontrollkapazität wahrscheinlich" (EU-SCAHAW-Report, Recommendations S. 113). Der signifikante Zusammenhang zwischen der Höhe der Besatzdichte und der Häufigkeit verschiedener Beeinträchtigungen des Bewegungsapparats wird auch durch neuere Untersuchungen belegt (vgl. *Sanotra* et al. Journal of Applied Animal Welfare Science, Vol. 4, 2001). – Auch die Empfehlung des St. Ausschusses (s. Rn. 28) steht dem Richtlinien-Vorschlag entgegen: Um staubbaden zu können, müssen die Vögel die Möglichkeit haben, eine Mulde zu scharren, Substrat in ausreichender Menge ins Gefieder zu befördern und nach einiger Zeit wieder herauszuschütteln; die artgemäße und wenigstens zT synchrone Ausführung dieser Verhaltensabläufe ist bei Besatzdichten von 30 oder gar 38 kg/m² nicht möglich. Dasselbe gilt für die Vorschrift, dass jedes Tier die Möglichkeit haben müsse, sich von einer eng belegten zu einer freien Fläche zu bewegen, etwa um Angriffen auszuweichen, Deckung zu suchen, Lokomotionsverhalten auszuüben u. Ä. – Mit Beschluss vom 6. 12. 2005 hat der Rat der EU den Vorschlag der Kommission noch in einigen Punkten zum Nachteil des Tierschutzes abgeändert: Danach sollen Überschreitungen der Besatzdichten bis auf 32 bzw. 40 kg/m² unschädlich sein, ebenso hohe Mortalitätsraten (zB soll selbst eine Sterblichkeit von 5,7 % in 35 Tagen noch kein Grund für eine Beanstandung sein; die von der EU-Kommission insoweit zunächst vorgeschlagene Mortalitätsobergrenze von 3,1 % könne von den meisten deutschen Geflügelhaltern nicht eingehalten werden, so ein Vertreter des ZDG bei einer Anhörung im BMELV am 29. 6. 2005). 29

VI. Puten

1. Konventionelle Haltungsform

Der überwiegende Teil der etwa 9 Mio. Puten in Deutschland wird in Hallen mit jeweils mehreren Tausend Tieren, getrennt nach Geschlechtern, gemästet. Ganz überwie- 30 gend werden BUT Big 6-Puten verwendet. Außer der Einstreu, die aus Holzspänen oder Stroh besteht, sowie den Futter- und Tränkeinrichtungen gibt es keine weiteren Stallstrukturen, insbesondere keine Sitzstangen. Während der Aufzucht werden 250–300 Küken in sog. Aufzuchtringen mit einem Durchmesser von 2,5–3 m gehalten. In der Mast (d. h. von der siebten Lebenswoche bis zur Schlachtung mit max. 22 Wochen bei Hähnen und 16 Wochen bei Hennen) sind Besatzdichten von bis zu 58 kg Lebendgewicht pro m² Stallfläche (das entspricht etwa drei Hähnen in der Endmast) üblich. Die extreme Belegungsdichte bedingt einen hohen Infektionsdruck. Entsprechend hoch ist der Einsatz von Medikamenten (insbesondere Antibiotika), wobei die verwendeten Mittel zT auch in der Humanmedizin eingesetzt werden (Resistenzproblematik, s. § 2 Rn. 22, 23). – Die vom BMELV veröffentlichten bundeseinheitlichen Eckwerte für freiwillige Vereinbarungen zur Haltung von Mastputen lassen bei Putenhähnen Besatzdichten von 50 kg (in Ausnahmefällen bis zu 58 kg) und bei Putenhennen 45 kg (in Ausnahmefällen bis zu 52 kg) Lebendgewicht pro m² nutzbarer Stallfläche zu (vgl. im Gegensatz dazu die Tabelle H.3 im neuen Anhang A zum Europäischen Versuchstierübereinkommen: Dort sind für Puten, die für Tierversuche verwendet werden sollen, bei einem Gewicht von 8–12 kg 0,5 m² Bodenfläche je Tier vorgeschrieben; für 12–16 kg schwere Puten sind es 0,55 m² und für 16–20 kg schwere Tiere 0,60m²). – In der zwischen der bayerischen Staatsregierung und dem dortigen Geflügelwirtschaftsverband geschlossenen Vereinbarung vom 10. 6. 2002 ist u. a. vorgesehen: Planung der Besatzdichte so, dass in der Endphase der Haltungsperiode bei Hähnen 50 kg und bei Hennen 45 kg pro m² nicht überschritten werden; bei Einhaltung bestimmter Zusatzanforderungen können bis zu 58 bzw. 52 kg toleriert werden; Einstreu so, dass die Tiere picken, scharren und in Teilbereichen staubbaden können; besondere Unterbringungsmöglichkeiten für kranke und verletzte Tiere; tägliches Angebot von Beschäftigungsmaterial wie neuer Einstreu, Stroh in Raufen o. Ä.; eine Beleuchtung von mindestens 20 Lux im Tierbereich; eine Dunkelperiode von „möglichst mindestens acht Stunden". – Die Anforderungen aus § 2 Nr. 1 und Nr. 2 bleiben von diesen Eckwerten bzw. Vereinbarungen unberührt (s. Rn. 11; s. auch § 2 Rn. 3). – In der Schweiz sind Besatzdichten von 32 kg pro m² für die ersten sechs Wochen und 36,5 kg pro m² für die Endmast zulässig (vgl. *Oester, Fröhlich, Hirt* in: *Sambraus/Steiger* S. 208; zum Ganzen vgl. auch *Müllers* DudT 3/1996, 29 ff.).

2. Unangemessenes Zurückdrängen von Grundbedürfnissen iS des § 2 Nr. 1

31 **Nahrungserwerbsverhalten (Fress- und Trinkverhalten).** Das artgemäße Nahrungserwerbsverhalten von Puten umfasst das Untersuchen der Umgebung, das Prüfen von Objekten sowie das Aufpicken und Aufnehmen. Es nimmt unter naturnahen Bedingungen bis zu 50 % der aktiven Zeit ein (vgl. St. Ausschuss zum ETÜ, Empfehlung zur Haltung von Puten, Einl. lit. f). Die in der intensiven Mast übliche Verabreichung von Pellets mit hohem Proteingehalt lässt dieses arteigene nahrungsbezogene Beschäftigungsbedürfnis unbefriedigt (vgl. *Krautwald-Junghanns* DTBl. 2003, 4, 7: Beschäftigungsdauer bei reiner Pellet-Fütterung 16 Minuten, bei Mehlfutter dagegen immerhin 136 Minuten). Als Folge davon treten Kot- und Federpicken bereits ab dem Kükenalter auf. Abhilfe wäre möglich durch strukturiertes, ballaststoffhaltiges Futter sowie sauberes Langstroh zur Beschäftigung und durch Verringerung der Besatzdichten. In naturnaher (d. h. ausreichend mit Umweltreizen und Bewegungsraum ausgestatteter) Haltungsumgebung tritt Federpicken nur sehr selten auf (vgl. *Bircher/Schlup* Teil 2 S. 13, 47). – An den Rundtrögen steht nach der bayerischen Vereinbarung eine Trogseitenlänge von 0,18 cm je kg Lebendgewicht zur Verfügung. Ungestörtes, gleichzeitiges Fressen ist so nicht möglich (zur Notwendigkeit der Gewährleistung gleichzeitiger Futteraufnahme s. § 2 Rn. 13 und 19). – Explorationsverhalten kann in unstrukturierten Ställen nicht stattfinden. Notwendig wären dazu zumindest Strohballen, Sitzstangen u. a. m. Auch damit ließe sich das Federpicken reduzieren (vgl. St. Ausschuss Art. 11 Abs. 3).

Ruheverhalten. Wilde Puten schlafen nachts auf Bäumen. Das Bedürfnis hierzu ist von hohem arterhaltenden Wert und auch bei den schweren Mastrassen noch stark ausgeprägt (vgl. *Hirt* TU 1998, 137, 138; *Bessei* Archiv Geflügelkunde 1999, 45, 49). Für das artgemäße Ruhen müssten deshalb Sitzstangen bereitgestellt werden, die wegen des Gewichts der Hähne ca. 11 cm breit und ggf. mit Zugangserleichterungen (Rampen) versehen sein müssten (vgl. *Krautwald-Junghanns* DTBl. 2003, 4, 6: Ermöglichung arttypischen Ruheverhaltens durch erhöhte Sitzmöglichkeiten; *Hirt* aaO). – Wegen der hohen Besatzdichte in den Aufzuchtringen zeigen bereits die Küken verkürzte Ruhezeiten, die oft von Störungen durch Artgenossen unterbrochen werden (vgl. *Burdick* et al. S. 87). Für die Endmast haben Untersuchungen ergeben, dass bei einer Besatzdichte, die höher ist als zwei Hähne pro m^2 (ab der 10. Lebenswoche), häufige Störungen ruhender Tiere stattfinden; bei einem Anstieg der Besatzdichte über den genannten Wert hinaus ist also das Schlaf- und Ruheverhalten beeinträchtigt (vgl. *Ellerbrock/Petermann/Knierim* S. 56, 59; s. auch § 2 Rn. 13, 15). 31a

Eigenkörperpflege (Komfortverhalten). Wegen des hypertrophen Brustmuskels und Problemen mit dem Gleichgewicht putzen sich Puten ab der 12. Lebenswoche nur noch liegend. Bei höheren Besatzdichten als zwei Hähnen pro m^2 (ab der 10. Lebenswoche) nehmen Verschmutzungen des Gefieders infolge mangelnder Gefiederpflege signifikant zu, ebenso Gefiederverluste durch Abrieb, Veränderungen der Brusthaut und schmerzhafte Umfangsvermehrungen der Fersengelenke (vgl. *Ellerbrock/Petermann/Knierim* aaO). Auch das Sandbaden kann nur artgemäß ausgeführt werden, wenn genügend Platz und geeignetes Substrat zur Verfügung stehen (vgl. St. Ausschuss Art. 13 Abs. 4; *Krautwald-Junghanns* DTBl. 2003, 4, 6); bei Besatzdichten über den o.a. Wert hinaus nimmt es ebenso wie die übrige Gefiederpflege stark ab. 31b

Sozialverhalten. Artgemäßes Sozialverhalten setzt ebenfalls voraus, dass eine Besatzdichte von zwei Hähnen pro m^2 ab der 10. Lebenswoche (bzw. die in der Schweiz zulässige Besatzdichte, s. Rn. 30) nicht überschritten wird: Bei höherer Dichte nehmen sowohl Drohen/Drücken als auch aggressives Picken signifikant zu (vgl. *Ellerbrock/Petermann/Knierim* aaO). Außerdem müssten Ausweich- und Fluchtmöglichkeiten für angegriffene Tiere eingerichtet werden (vgl. St. Ausschuss Art. 11 Abs. 3). 31c

3. Bewegungseinschränkungen; Schmerzen, vermeidbare Leiden oder Schäden iS des § 2 Nr. 2 (zu Verhaltensstörungen s. § 17 Rn. 109; zur Züchtung s. § 11 b Rn. 21)

Schmerzen. Puten erleiden in konventioneller Haltung vielfältige Schmerzen, u.a. durch Brustblasen (= Entzündungen im Bereich des Brustbeins infolge des ständigen Liegens auf feuchter Einstreu), Umfangsvermehrungen der Fersengelenke, Kannibalismus, Fußballengeschwüre und gestörte Knochenentwicklung der Beine. Ursächlich dafür sind einerseits die Zucht auf rasches Schlachtkörperwachstum und Hypertrophie des Brustmuskels, andererseits aber auch die geringe Bewegungsfreiheit bei hoher Besatzdichte und die fehlenden Anreize zu Bewegung und Exploration (vgl. *Ellerbrock/Petermann/Knierim* aaO: Signifikanter Anstieg von aggressivem Picken, von Drohen/Drücken, von Brustblasen und von Umfangsvermehrung der Fersengelenke, wenn die Besatzdichte über den Wert „2,0 Hähne pro m^2 ab Lebenswoche 10“ hinaus gesteigert wird). „Die intensiven Haltungsbedingungen und das derzeitig vorhandene Zuchtmaterial führen oft zu Atemwegserkrankungen, Kannibalismus, Erkrankungen des Skelettsystems und des Herz-Kreislauf-Systems sowie zu Brustblasen“ (Landestierärztekammer Hessen DTBl. 2002, 56). 32

Schäden. Zu den Schäden gehört, dass 85–97 % aller Tiere bei Mastende keine normale Beinstellung und Fortbewegung mehr haben (*Oester/Fröhlich/Hirt* in: *Sambraus/Steiger* S. 209). 32a

Vermeidbarkeit. Vermeidbar wären diese Folgen, wenn (zusätzlich zu wesentlichen Änderungen in der Zucht, s. § 11b Rn. 21) mehr Raum zur Bewegung sowie Möglichkei- 32b ten zum erhöhten Sitzen und Anreize zu vermehrter Bewegung gewährt würden (vgl. Ländestierärztekammer Hessen aaO: „Außenbereich mit Sandbad … dringend notwendig“).

4. Empfehlung des St. Ausschusses zum ETÜ

33 Aus der Empfehlung des St. Ausschusses zur Haltung von Puten. – Art. 11 Abs. 2: „Eine ausreichende Zahl von Krankenabteilen soll verfügbar sein.“ – Nach Art. 11 Abs. 3 sollen insbesondere Strohballen und Sitzstangen zur Verfügung gestellt werden, die die Bewegung und Exploration anregen, verletzendes Picken vermindern und angegriffenen Tieren die Möglichkeit zu Flucht und Deckung geben. – Art. 12 Abs. 1 schreibt vor, dass der Boden so beschaffen sein muss, dass alle Vögel gleichzeitig ruhen können. Das schließt die Vermeidung von Besatzdichten, die zu Ruhestörungen führen, ein (s. Rn. 31). – In Art. 13 Abs. 2 werden als Faktoren, mit denen man das Federpicken verhindern, zumindest aber minimieren könnte, u.a. genannt: geeignete Zuchtlinien, richtige Beleuchtung, Deckungsmöglichkeiten wie kompakte Strohballen und andere Anreicherungen der Umgebung. – Nach Art. 13 Abs. 3 soll das Platzangebot so sein, dass es den Tieren möglich ist, sich frei zu bewegen und normales Verhalten einschließlich Sozialverhalten zu zeigen; die Gruppengröße soll nicht zu Verhaltensstörungen oder Verletzungen führen (allgemein zu Sollvorschriften s. Einf. Rn. 31 und § 2 Rn. 34, 45).

VII. Wachteln

1. Konventionelle Haltungsform

34 Die meisten Wachteln werden in Batteriekäfigen gehalten. Die Käfige haben idR eine Grundfläche von 50x100 cm und sind (um das Hochfliegen der schreckhaften Vögel zu verhindern) nur 16–20 cm hoch. In jeden Käfig werden etwa 60–80 Mast- oder Legetiere eingestallt. Die praxisüblichen Besatzdichten betragen bei Mastwachteln 65–85 cm^2 je Tier. Zuchtwachteln erhalten etwas mehr, nämlich 125–150 cm^2 je Tier (zum Vergleich: eine Postkarte umfasst 155 cm^2). Diese Besatzdichten sind ausschließlich an wirtschaftlichen Gesichtspunkten ausgerichtet; bei einer weiteren Steigerung müsste mit Wachstumsdepressionen und einem Anstieg der Tierverluste gerechnet werden (vgl. *Köhler* DGS-Magazin 27/1997, 40, 42). Außer den Futter- und Tränkeinrichtungen enthalten die Käfige keine Strukturen und Beschäftigungsmöglichkeiten. – In nur wenigen Einrichtungen werden Mastwachteln in Bodenhaltung gehalten. – Zum Charakter von Wachteln als Wildtiere s. § 11 Rn. 10.

2. Unangemessenes Zurückdrängen von Grundbedürfnissen iS des § 2 Nr. 1

35 In naturnaher Umgebung (d.h. in Außenvolièren mit natürlicher Gras- und Krautvegetation, Bewegungsraum und kleinen Tiergruppen) zeigen Wachteln u.a. folgende **Grundbedürfnisse:** Aufenthalt in Deckung; Picken und Scharren bei gleichzeitiger Fortbewegung (während eines großen Teils der aktiven Zeit, auch dann, wenn Futter zur freien Verfügung angeboten wird); Gefiederpflege; Sandbaden; Sonnenbaden; Eiablage in Legenestern, die Deckung bieten (vgl. Schweiz. Bundesamt für Veterinärwesen, Richtlinie zur Wachtelhaltung, abrufbar unter www.bvet.admin.ch). – Viele dieser Bedürfnisse sind in Käfighaltung unterdrückt bzw. erheblich zurückgedrängt: Deckungsmöglichkeiten fehlen völlig (so dass die schreckhaften Tiere häufig als Fluchtreaktion steil auffliegen würden, wenn nicht die niedrige Käfigdecke dies verhinderte); Picken und Scharren entfallen mangels einer eingestreuten Fläche; gleichzeitige Futteraufnahme ist unmöglich, denn dies würde am Längsfuttertrog eine Fressplatzlänge von 5–10 cm je Tier voraussetzen (Schweiz. Bundesamt aaO); Sandbaden kann mangels Einstreu nicht stattfinden; Sonnenbaden entfällt, da die Tiere bei Kunstlicht gehalten werden; Legenester sind nicht vorhan-

den. – Ein artgemäßes **Sozialverhalten** kann ebenfalls nicht stattfinden. Wegen der hohen Besatzdichten und Gruppengrößen sowie der fehlenden Ausweich- und Deckungsmöglichkeiten kommt es zu häufigen aggressiven Auseinandersetzungen mit Pickschlägen gegen den Kopf und Erscheinungsformen von Kannibalismus. Die Verletzungen sind teilweise erheblich, u.a. auch wegen des übermäßigen Längenwachstums von Schnäbeln und Krallen. Das natürliche Balzzeremoniell kann infolge der räumlichen Enge nicht stattfinden, so dass die Hähne zum dauernden Bespringen der Hennen animiert werden, was die gegenseitige Aggressivität weiter steigert.

3. Bewegungseinschränkungen; Schmerzen, vermeidbare Leiden oder Schäden iS des § 2 Nr. 2 (zu Verhaltensstörungen s. auch § 17 Rn. 111)

Die in naturnaher Umgebung häufigen Fortbewegungsarten ‚Rennen' und ‚Fliegen' 36
sind unmöglich. Das Gehen ist stark eingeschränkt. Dadurch werden Leiden verursacht, zumal der Domestikationsprozess dieser Tierart erst wenige Jahrzehnte währt (Zucht von Legewachteln in Japan seit etwa 1910, Zucht von Mastwachteln in Europa seit den 50er Jahren; vgl. auch Art. 12, Art. 35 der Schweizer Tierschutzverordnung: Wildtiere; näher dazu § 11 Rn. 10). – Schmerzen entstehen u.a. durch Ballenabszesse, Schwellungen und Sprunggelenkentzündungen; ursächlich hierfür sind einerseits die Zucht auf rasches Fleischwachstum, andererseits der erzwungene Mangel an artgemäßer Fortbewegung. – Zur Vermeidbarkeit s. Rn. 40.

4. Artgerechte Wachtelhaltung

Eine artgerechte Wachtelhaltung kann in strukturierten Gehegen stattfinden, wenn die- 37
se neben dem nötigen Raum zur Fortbewegung Folgendes vorsehen: Einen Scharrraum zum Picken und Scharren, ein Sandbad (zB aus entstaubter Spreu oder Hobelspänen); Legenester, die eine verformbare Einstreu sowie Deckung bieten (am besten ein geschlitztes Dach; vgl. die Ergebnisse von *Schmid* in: *Weber* S. 122ff.). Die Schreckreaktion des Hochfliegens ist in strukturierten Gehegen nur sehr selten zu beobachten (Schweiz. Bundesamt aaO). Aggressive Auseinandersetzungen könnten vermieden oder beschränkt werden durch: überschaubare Gruppen, mäßige Besatzdichten, Rückzugs- und Deckungsmöglichkeiten, Gelegenheit zu gleichzeitiger Futteraufnahme und Beschäftigungsmöglichkeiten mit dem Futter. Durch attraktive Nestgestaltung lässt sich der Anteil verlegter Eier senken. Der Einsatz entsprechender Systeme in der Praxis müsste vermehrt gefördert werden. – Hinweise, wie Wachteln artgerecht zu halten sind, lassen sich auch dem neuen Anhang A zum Europäischen Versuchstierübereinkommen entnehmen (H. d. sowie Tab. H. 4): Dort wird für Wachteln, die für Tierversuche verwendet werden sollen, die Haltung in Volièren und Ställen statt in Käfigen „stark empfohlen". Für Tiere mit einem Gewicht bis 150 g ist eine Bodenfläche von 0,5 m^2 je Paar und 0,1 m^2 für jeden hinzukommenden Vogel sowie eine Mindesthöhe von 20 cm vorgeschrieben; für schwerere Wachteln sind es 0,6 m^2 je Paar, 0,15 m^2 für jeden hinzukommenden Vogel und 30 cm Höhe. Die Decke der Haltungseinrichtung sollte aus biegsamem Material sein, um Kopfverletzungen zu vermindern. Die Versorgung der Tiere mit Substrat zum Scharren, Picken und Staubbaden und die Einrichtung von Nestboxen wird als „essentiell" bezeichnet.

VIII. Strauße

Strauße sind, auch wenn sie gezüchtet wurden, **Wildtiere mit entsprechenden Verhal-** 38
tensbedürfnissen (vgl. St. Ausschuss zum ETÜ, Empfehlung zur Haltung von Straußenvögeln, Präambel S. 4; BMELV-Gutachten Straußenvögel S. 11; Schweizer Richtlinie S. 4; vgl. auch VGH Mannheim NuR 1999, 387f.; VGH Kassel vom 29. 11. 1995, 3 TG 3273/95; VG Stade vom 22. 11. 2001, 1 A 650/99). Da es sich nicht um landwirtschaftliche

Nutztiere handelt, bedürfen Straußenhaltungen einer Erlaubnis nach § 11 Abs. 1 Nr. 3 a (s. § 11 Rn. 10); idR ist auch eine Gehegeerlaubnis nach dem Landesnaturschutzgesetz erforderlich (zB § 32 Abs. 1 NatSchGBW). – Unter natürlichen Bedingungen bewegen sich Strauße täglich in einem Umkreis von ca. 20 km auf der Suche nach Nahrung fort (St. Ausschuss Art. 3 Abs. 2). Sie erreichen Spitzengeschwindigkeiten von 70 km/h und können eine Geschwindigkeit von 50 km/h bis zu 30 Minuten durchhalten (vgl. *Wiesner/Rau* S. 16). Ungefähr zwei Drittel des Tages beschäftigen sie sich mit Futtersuche und nehmen dabei hauptsächlich Vegetation in kleinen Portionen auf (*Sambraus* in: *Sambraus/Steiger* S. 217, 218). Sie leben in Gruppen in Ein- oder Vielehe. Ihre Hauptaktivitäten sind Fressen, Gehen, Laufen, Wache Stehen, Gefiederputzen und Sandbaden (St. Ausschuss Art. 3 Abs. 7). Küken, die ohne erwachsene Vögel aufwachsen, sammeln sich, bleiben träge und können Probleme mit ihren Beinen und dem Fressverhalten entwickeln (St. Ausschuss Art. 5 Abs. 2). Verhaltensstörungen, die als Folge nicht artgerechter Haltungsbedingungen auftreten können, sind u.a. Federpicken (besonders wenn bei vegetationsarmer Haltung zu energiereiches Futter verabreicht wird und deswegen das Pickbedürfnis unbefriedigt bleibt), stereotypes Auf- und Abgehen, Drahtziehen, Luftschnappen (St. Ausschuss Art. 8; *Sambraus* in: DVG 2003 S. 83, 88). – Zum Verhältnis zwischen der Empfehlung des St. Ausschusses und dem BMELV-Gutachten gilt: Die Empfehlung geht, soweit sie weitergehende Mindestanforderungen vorsieht, dem Gutachten vor, denn sie enthält „verbindliche Vorgaben aus dem europäischen Tierschutzrecht", die nicht unterschritten werden dürfen (s. § 2 Rn. 45; allgemein zu Soll-Vorschriften s. Einf. Rn. 31 und § 2 Rn. 34); das Gutachten bleibt aber anwendbar, einerseits zur Präzisierung und Konkretisierung der Empfehlung, wo diese zu unbestimmt bleibt, andererseits aber auch dort, wo es seinerseits über die Mindestanforderungen der Empfehlung hinausgeht oder Fragen beantwortet, die die Empfehlung ungeregelt lässt. Dasselbe gilt für das Verhältnis der Empfehlung zu anderen Dokumenten (wie zB den Richtlinien des Bundesverbands der Straußenzüchter).

39 **Strauße sind in Gehegen und in Gruppen zu halten** (BMELV-Gutachten S. 2; Schweizer Richtlinie S. 7: „grundsätzlich zu allen Jahreszeiten ein permanenter und unbeschränkter täglicher Zugang zu Weideflächen"). Dabei muss eine Seite des Geheges mindestens 50 m, bei Straußen mit über einem Jahr 100 m lang sein (St. Ausschuss Anh. 3); die kürzeste Seite darf 12 m und, wenn mehr als ein ausgewachsener männlicher Strauß in der Gruppe gehalten wird, 40 m nicht unterschreiten (BMELV S. 2). Die Weidefläche muss so groß sein, dass sie nicht kahlgefressen werden kann, der Pickinstinkt befriedigt wird und bei Flucht ein schneller Lauf möglich ist (Bayerisches Landesamt S. 4). – Als Mindestflächen sind vorgeschrieben: 2000 m² für eine Dreier-Gruppe aus einem ausgewachsenen Hahn und zwei ebenfalls ausgewachsenen Hennen (+ 200 m² für jede hinzu kommende Henne + 800 m² für jeden zusätzlichen Hahn, vgl. St. Ausschuss Anh. 3; die geringeren Flächenmaße des BMELV-Gutachtens werden durch die vorrangige Empfehlung verdrängt, s. Rn. 38 sowie § 2 Rn. 45). Für Tiere zwischen drei Wochen und sechs Monaten sind in der Empfehlung 10–40 m² je Vogel, für Tiere zwischen sechs und zwölf Monaten 800 m² pro Dreiergruppe und für Tiere ab zwölf Monaten bis zum Erreichen des Zuchtalters 1000 m² pro Dreiergruppe vorgeschrieben (St. Ausschuss aaO). – Der Bundesverband der Straußenzüchter sieht in seinen Richtlinien 2500 m² pro Dreiergruppe + 250 m² je weitere Henne und 1000 m² je weiteren Hahn vor; von *Fuhrer* wird eine Gehegegröße von 3000–5000m² pro Dreiergruppe für optimal gehalten (zitiert nach Bayerisches Landesamt S. 4). ZT wird auch auf Erfahrungen aus den USA verwiesen, wonach bei Besatzdichten von mehr als sieben Straußen/ha erhöhte Erkrankungsraten aufgetreten seien (vgl. *Wiesner/Rau* S. 6, die für einen Mindestplatzbedarf von 1500 m² pro ausgewachsenem Strauß und während der Brutsaison sogar für 1 ha pro Dreiergruppe eintreten).

40 Der **Stall** darf für Strauße ab sechs Monaten eine Gesamtfläche von 30 m² und je Vogel eine Fläche von 10 m² nicht unterschreiten (St. Ausschuss Anh. 3; die kleineren Flächenmaße des BMELV-Gutachtens und der Richtlinien des Bundesverbandes der Straußen-

züchter treten hinter der Empfehlung zurück, s. Rn. 38 sowie § 2 Rn. 45). Für Jungtiere zwischen drei Wochen und sechs Monaten sieht der St. Ausschuss eine Gesamtfläche von nicht unter 15 m² und eine Fläche je Tier von 2–10 m² vor. – Nach dem BMELV-Gutachten muss für nasskaltes oder extrem kaltes Wetter vor dem Stall ein Laufhof oder Vorgehege in dreifacher Stallgröße zur Verfügung stehen (S. 7). – Eine Stallheizung, wie sie das BMELV-Gutachten vorsieht, wird vom St. Ausschuss nur „gegebenenfalls" vorgeschrieben (Art. 12 Abs. 3); in Offenstallhaltungen für erwachsene Vögel wird sie als nicht notwendig und sogar schädlich angesehen (Bayerisches Landesamt S. 6).

Als für die Straußenhaltung **ungeeignete Regionen** stuft das BMELV-Gutachten sol- 41
che Gebiete ein, in denen damit gerechnet werden muss, dass die Vögel wegen Glatteis, nasskalten Wetters und/oder extrem niedrigen Temperaturen längere Zeit (nämlich länger als drei Tage hintereinander oder während mehr als zehn Tagen innerhalb eines Monats) im Stall, also ohne Auslaufmöglichkeit im Gehege gehalten werden müssen (S. 7). Für afrikanische Strauße wird angenommen, dass Frosttage mit Tagesmitteln der Lufttemperatur unter minus 5 Grad Celsius sowie Tage mit Dauerregen unter plus 5 Grad Celsius unzuträglich sind (vgl. *Schmitz* DtW 2000, 276, 277). Folglich dürften in Regionen, in denen derartige Witterungsbedingungen im Winterhalbjahr während eines Monats an mehr als zehn Tagen auftreten können bzw. an mehr als drei Tagen hintereinander wahrscheinlich sind, Straußenhaltungen nicht genehmigt werden (vgl. auch St. Ausschuss Art. 14 Abs. 4 S. 2: Stallhaltung nie länger als zehn Tage pro Monat). Das BMELV-Gutachten sieht allerdings dennoch eine Genehmigung vor, wenn ein für die Strauße jederzeit verfügbares und ständig nutzbares (zum Außengehege hinzu kommendes) Trockengehege nachgewiesen wird (Mindestgröße 500 m² für drei Vögel, für jeden weiteren Vogel weitere 100 m², vgl. BMELV S. 7 und S. 3). Einige Bundesländer haben solche Trockengehege in Form von überdachten (zum Außengehege hinzu kommenden) Gehegen generell vorgeschrieben. Entsprechende Bescheide wurden gerichtlich bestätigt, vgl. VG Oldenburg vom 24. 8. 2001, 1 A 4179/99 und VGH Kassel vom 21. 3. 2006, 5 E 997/04; nach der zuletzt genannten Entscheidung ist die Forderung nach einem überdachten Außengehege rechtmäßig, da sich andere Maßnahmen zur Lösung des in der Region vorhandenen Witterungsproblems als nicht erfolgreich erwiesen hätten. – Demgegenüber wird aber auch angenommen, dass Strauße zu jeder Jahreszeit in Offenstallhaltung mit permanentem und uneingeschränktem Zugang zur Weidefläche gehalten werden können, wenn folgende Mindestanforderungen an die Bodenbeschaffenheit erfüllt werden: der Boden muss ganzjährig bei sonnigem Wetter täglich mehrere Stunden besonnt werden; er muss nach Neigung und sonstiger Beschaffenheit rasch abtrocknen; eine geschlossene Schneedecke über einen längeren Zeitraum sollte eine Ausnahme sein und eine Vereisung nur selten vorkommen. Ein Trockengehege wird unter solchen Bedingungen nicht für notwendig gehalten (Bayerisches Landesamt S. 5). – Der Bundesrat hat mit Beschlüssen vom 24. 11. 1995 und 27. 9. 2002 gefordert, die Haltung von Straußenvögeln durch Rechtsverordnung nach § 13 Abs. 3 grundsätzlich zu verbieten und Ausnahmen nur dort zuzulassen, wo diese dem erforderlichen Schutz der Tiere nicht zuwiderliefen (Beschluss, BR-Drucks. 573/95 und 602/02). In dem Beschluss von 2002 wird erklärt, dass das geforderte Verbot nach wie vor berechtigt sei, um deutlich zu machen, dass die tierschutzgerechte Haltung von Straußen unter den hier vorherrschenden Witterungsbedingungen nicht über generelle Haltungsanforderungen zu regeln sei, sondern Einzelfallprüfungen erfordere.

Weitere Anforderungen sind u.a.: Ein trockenes, überdachtes Sandbad, in dem alle 42
Tiere gleichzeitig sandbaden können (Bayerisches Landesamt S. 5; vgl. auch *Sambraus* DtW 1994, 307, 308: mindestens 6 m² für eine Dreiergruppe + 1 m² für jedes weitere Tier; BMELV S. 5); ein Witterungsschutz, den alle Tiere gleichzeitig aufsuchen können; ein überdachter Nistplatz; Futterplätze und Tränken so, dass alle Tiere gleichzeitig fressen können (BMELV aaO); Strukturen, die es rangniederen Tieren erlauben, sich aus dem

Gesichtsfeld dominanter Artgenossen zu entfernen (*Wiesner/Rau* S. 6; BMELV S. 2). Das Gehege muss verletzungssicher sein (u.a.: Zäune von 1,8–2,0 m Höhe; evtl. Doppelzäune, bestehend aus Außen- und Innenzaun und einem dazwischen liegenden, 1,50–1,80 m breiten Korridor; keine spitzen und keine ungebrochenen rechten Winkel; kein Stacheldraht; kein Elektrozaun; kein Maschendraht mit der Gefahr, dass Tiere den Kopf hindurch stecken und beim Zurückziehen hängen bleiben und sich verletzen (St. Ausschuss Anh. 3; BMELV S. 4, 5).

43 Dass die **landwirtschaftliche Haltung von Straußen in Mitteleuropa überhaupt nicht verhaltensgerecht** sei, wird von fachkompetenten, wirtschaftsunabhängigen Organisationen und Autoren vertreten (vgl. TVT und Deutsche Tierärzteschaft sowie Deutscher Naturschutzring und Deutscher Tierschutzbund in Erklärungen zum BMELV-Gutachten 1996). Von der BTK ist der Strauß im Jahr 1995 zum „zu schützenden Tier des Jahres" ernannt worden, um darauf aufmerksam zu machen, dass eine wirtschaftliche und zugleich tierschutzgerechte Haltung als Nutztier in Deutschland nicht möglich sei (vgl. DTBl. 2001, 2). Zur Begründung wird besonders auf die Witterungsverhältnisse in den meisten Regionen Deutschlands (s. Rn. 41), auf die Verhaltensstörungen und die hohen, 10–30 % betragenden Jungtierverluste sowie auf zahlreiche Krankheiten und Beinschäden als Folge von Bewegungsmangel, unzuträglichen Witterungsbedingungen und hohen Besatzdichten hingewiesen (vgl. *Wiesner/Rau* aaO: erhöhte Erkrankungsrate bei Besatzdichten von mehr als 7 Tieren/ha; *Pfeiffer* RFL 2002, 52, 54: „verhaltensgerechte Unterbringung sowie bedarfsgemäße Ernährung und Pflege … nur in wissenschaftlich geführten zoologischen Gärten und ähnlichen Einrichtungen möglich"). Im TVT-Merkblatt Nr. 96 (2003) wird allerdings ausgeführt, dass auch in Deutschland eine artgemäße Haltung möglich sei, wenn die Haltung und Betreuung entsprechend dem Bedarf und den Bedürfnissen der Tiere erfolge; eine Intensivierung der Flächennutzung durch Erhöhung der Besatzstärke sei aber strikt abzulehnen.

IX. Tauben

1. Haltungsanforderungen nach § 2 Nr. 1 und Nr. 2

44 Zum **Sozialverhalten** der meisten Taubenarten gehört einerseits die streng paarweise Brut und andererseits das schwarmweise Ziehen/Kreisen, Feldern oder Ruhen mit Individualabstand. Charakteristisch ist einerseits das Leben in Monogamie mit fürsorglicher Hingabe zum Partnervogel, andererseits aber auch hochgradig aggressives Verhalten gegenüber Artgenossen beiderlei Geschlechts; bei einer innerartlichen Auseinandersetzung hilft dem Unterlegenen nur die schnelle und weite Flucht. Daraus folgt, dass das Raumangebot in Volièren und Schlägen so bemessen und der Lebensraum so vielfältig strukturiert sein muss, dass jederzeit Ausweichmöglichkeiten bestehen und sichere Verstecke aufgesucht werden können. Schwere Kopf- und Augenverletzungen sind ein sicherer Hinweis auf eine nicht artgerechte, meist zu hohe Besatzdichte (vgl. *Kummerfeld* AtD 2003, 266, 268). – Zum **Ruhen** und zum **Brüten** sind Nistzellen mit festen Zwischenwänden und klappbaren Fronttüren zur Verpaarung sowie Trennung von Brutpaaren in den Maßen 70 x 50 x 50 cm notwendig; hinzu kommen Einzelruheplätze als Reiter oder Nischen. Die Nester sollten eine zumindest symbolische Polsterung, zB mit Federn, Ästchen oder Strohhalmen ermöglichen (*Kummerfeld* aaO). – Zur **Körperpflege** gehören das gemeinsame Sonnenbad und das Bad im flachen Wasser. – Die Möglichkeit zum **Fliegen** ist für Tauben als Schnellflieger essentiell. Felstauben/Haustauben legen täglich mühelos Flugstrecken bis zu 30 oder 40 km zurück. – Für den **Platzbedarf** werden folgende Werte angegeben: Im Schlag, der zum Fliegen verlassen werden kann, 2 Paare je m²; in der Volière 1 Taube je m², wobei eine Mindestfläche von 4 m² und eine Mindesthöhe von 2 m sowie gegenüberliegende Sitzstangen als Landepunkte vorhanden sein müssen (*Kummerfeld* AtD 2003, 266, 267).

2. Besondere Probleme im Zusammenhang mit Taubenhaltungen

45 **Extreme Zuchtziele** durch Überbetonung einzelner Körpermerkmale können einen Verstoß gegen § 11b darstellen (s. dort Rn. 17, 18). – Bei **Reisetauben** kommt es beim Transport zum Startplatz nicht selten zu Verstößen gegen die Tierschutztransportverordnung. Beispiele: Zu wenig Platz in den Transportbehältnissen (vgl. § 18 Anl. 3 TierSchTrV); keine jederzeit mögliche Deckung des Flüssigkeits- und Nährstoffbedarfs während des Transports, wobei zur Transportdauer die gesamte Zeit des Aufenthalts in den Transportbehältnissen zu rechnen ist (vgl. § 30 Abs. 1, § 6 Abs. 3, § 2 Nr. 3, 4 und 5 TierSchTrV); unzureichend belüftete Transportbehältnisse oder -fahrzeuge (vgl. § 7 Abs. 1 Nr. 6 TierSchTrV). Ein weiteres Problem ist die häufige Überforderung der Tiere: Nicht nur für Langstrecken über 500 km, sondern auch für Kurzstrecken bis 300 km und Mittelstrecken bis 500 km sollten nur Tauben zugelassen werden, die Flug- und Orientierungserfahrung aufgrund bestätigter Vorflüge über 30 bis 50 km nachweisen können. Hohe Verlustraten zwischen startenden und wieder einfliegenden Tieren indizieren eine unzulässige Überforderung nach § 3 Nr. 1. Flüge über das offene Meer verstoßen ebenfalls gegen § 3 Nr. 1 und (da das Ertrinken eines Teils der Tiere in Kauf genommen wird) gegen § 17 Nr. 1 (vgl. *Kummerfeld* AtD 2003, 266, 271; s. auch § 3 Rn. 7). – Zur Tötung von „Stadttauben" s. § 17 Rn. 42.

X. Pferde

1. Häufige Haltungsformen

46 Einzelhaltung in Boxen (entweder als Innenboxen, als Außenboxen oder als Außenboxen mit Paddock); Gruppenhaltung im (Offen-)Laufstall (entweder als Mehrraumlaufstall, d. h. mit getrennten Funktionsbereichen, oder als Einraumlaufstall, jeweils entweder mit oder ohne Paddock); Weidehaltung mit Witterungsschutz; vereinzelt auch noch Anbindehaltung in Ständern.

2. Der Bedarf an Bewegung (§ 2 Nr. 2)

47 Pferde haben einen täglich vielstündigen Bewegungsbedarf in mäßigem Tempo. Unter naturnahen Haltungsbedingungen bewegen sich Pferde im Sozialverband bis zu 16 Stunden täglich. Unter Haltungsbedingungen ist zum Ausgleich für den Aktivitätsverlust täglich eine mehrstündige Bewegungsmöglichkeit anzubieten, durch Arbeit, Training, Weidegang, Auslauf o. Ä. (BMELV-Leitlinien Pferdehaltung S. 3; *Zeitler-Feicht* AtD 2004, 12; *Bohnet, Düe, Esser, Franzky, Pollmann, Zeitler-Feicht,* Positionspapier der TVT, S. 12, 13). Der Blutkreislauf ist unmittelbar mit der Aktivität des Bewegungsapparates gekoppelt (*Strasser* in: DVG, Tierschutz und Tierzucht, S. 183). Bei Bewegungsmangel wird die Durchblutung der Organe reduziert. Dies bedingt Schäden, insbesondere am Bewegungsapparat. Darüber hinaus behindert Bewegungsmangel auch die Selbstreinigungsmechanismen in den Atemwegen und beeinträchtigt u. a. den Hufmechanismus und den gesamten Stoffwechsel und führt so zu Leiden und Schäden (BMELV-Leitlinien aaO; zur Bedeutung dieser Leitlinien als antizipiertes Sachverständigengutachten s. § 2 Rn. 46; vgl. auch VGH München vom 15. 7. 2002, 25 CS 02.1371: „Charakter einer sachverständigen Äußerung"; zu ihrer Verwertbarkeit im gerichtlichen Verfahren mittels Urkundenbeweises vgl. OVG Weimar NuR 1999, 107, 109).

3. Unangemessenes Zurückdrängen von Grundbedürfnissen iS des § 2 Nr. 1

48 **Sozialverhalten.** Als Herdentier verfügt das Pferd über ein differenziertes Sozialverhalten. Die Herde gibt dem Individuum Schutz und Sicherheit (vgl. *Pollmann* 2001 S. 4). Fehlen dem Pferd soziale Kontakte, können im Umgang mit ihm Probleme entstehen und

Verhaltensstörungen auftreten. Das Halten eines einzelnen Pferdes ohne Artgenossen ist tierschutzwidrig (*Bohnet, Düe, Esser, Franzky, Pollmann, Zeitler-Feicht,* Positionspapier der TVT, S. 9). Vor allem Fohlen und Jungpferde müssen aus Gründen ihrer sozialen Entwicklung in gemischten Herden, zumindest aber in Gruppen mit Gleichaltrigen aufwachsen (*Pollmann 2001* S. 5). – Das Bedürfnis nach **Erkundung** der Umgebung ist bei Pferden besonders groß, denn Pferde konnten während der Entwicklungsgeschichte als Fluchttiere nur durch stetige Wachsamkeit überleben und verfügen über entsprechend leistungsfähige Organe des sensorischen Nervensystems (BMELV-Leitlinien aaO S. 2). Sie sind deshalb auf eine erhebliche Reizanflutung programmiert und zeigen bei reizarmer Umgebung leicht Verhaltensstörungen (*Grauvogl* u. a. S. 124).

48a **Ruheverhalten.** Um artgemäßes Ruhen zu gewährleisten, müssen Pferde ungehindert abliegen und aufstehen sowie in Bauch- und Seitenlage liegen und sich wälzen können (vgl. *Zeitler-Feicht* AtD 2004, 12, 18: Tiefschlaf vermutlich nur im Liegen und dabei vor allem in der Seitenlage). In der Gruppenhaltung kann durch Strukturierung (Untergliederung) des Ruhebereichs vermehrtes Liegen in Seitenlage erreicht werden (*Pollmann* 2002 S. 195–199). Liegeflächen sind einzustreuen (BMELV-Leitlinien S. 7; VG Freiburg vom 8. 7. 1999, 5 K 1037/98; VG Neustadt a.d. Weinstraße vom 23. 9. 2005, 7 K 112/05.NW); das gilt unabhängig davon, ob der Boden aus Beton, Kunststoff o. Ä. besteht (*Grauvogl* u.a. S. 134; zu Mindestrichtwerten für die Liegefläche s. BMELV-Leitlinien S. 11, 12; vgl. auch VG München vom 17. 5. 2002, M 3 S 02.2004: bei Spaltenböden kein ungehindertes Abliegen und Aufstehen).

48b **Ernährung.** Zur artgemäßen Ernährung ist ein ausreichender Teil an strukturiertem Futter unerlässlich. Der Verdauungsapparat des Pferdes ist auf kontinuierliche Futteraufnahme eingestellt. Pferde haben auch in Stallhaltung das Bedürfnis, täglich mindestens 10 Stunden lang Futter aufzunehmen (*Zeitler-Feicht* AtD 2004, 12). Falls kein Dauerangebot an rohfaserreichem Futter möglich ist, muss es mindestens dreimal täglich verabreicht werden. Wasser muss ständig zur Verfügung stehen, mindestens aber dreimal täglich bis zur Sättigung verabreicht werden (BMELV-Leitlinien aaO S. 5; vgl. auch VG Aachen vom 9. 12. 2003, 6 L 890/03: „...jedem Pferd täglich mindestens 50 l frisches Trinkwasser sowie mindestens 1 kg Heu pro 100 kg Körpergewicht zur Verfügung zu stellen").

48c **Pflege.** Die Pflege muss haltungsbedingt unvermeidbare Einschränkungen des arteigenen Pflegeverhaltens ausgleichen. Bei allen Pflegemaßnahmen darf die physiologische Funktion von Haarkleid und Sinnesorganen nicht beeinträchtigt werden (Eindecken, Scheren). Tierschutzwidrig sind Manipulationen wie das Entfernen der Tasthaare am Maul oder der Schutzhaare in den Ohren. Hufe sind regelmäßig auf ihren Zustand zu prüfen und in Abhängigkeit vom Haltungssystem so zu pflegen, dass die Gesunderhaltung des Hufes gewährleistet ist (*Bohnet, Düe, Esser, Franzky, Pollmann, Zeitler-Feicht,* Positionspapier der TVT, S. 10, 11). Zur artgemäßen Pflege gehört u.a. auch der Verzicht auf eine gleichmäßige Stalltemperatur, da sonst der Organismus nicht zum Training der thermoregulatorischen Mechanismen angeregt wird. Der Ammoniakgehalt der Luft muss unter 10 ppm liegen (BMELV-Leitlinien aaO S. 5, 6). – Die vereinzelt vertretene These, das Pferd habe seine in der Entwicklungsgeschichte während 50 Mio. Jahren erworbenen Verhaltensbedürfnisse in den 5000 Jahren seiner Zucht und Domestikation verloren oder wesentlich verändert, ist unrichtig und lässt sich durch Beobachtung extensiv gehaltener Pferdeherden leicht widerlegen (vgl. *Zeeb* in: *Sambraus/Steiger* S. 160; BMELV-Leitlinien aaO S. 1; *Pollmann* 2001 S. 3).

4. Artgerechte Pferdehaltung

49 Durch **Anbindehaltung in Ständern** werden wichtige Verhaltensweisen aus den Funktionskreisen Sozial-, Ruhe-, Körperpflege- und Erkundungsverhalten sowie die Lokomotion stark bzw. völlig eingeschränkt (vgl. *Zeitler-Feicht* AtD 2004, 12, 17). Diese Haltung

verstößt damit gegen § 2 Nr. 1 und 2. Ganz besonders gilt dies für Fohlen und Jungpferde (BMELV-Leitlinien aaO S. 8), für hoch im Blut stehende Pferde wie Vollblüter, Traber und Araber (BbT AtD 1998, 168) und für Stuten beim Abfohlen (BbT aaO). Aber auch für andere Pferde kann Anbindehaltung nur in Ausnahmefällen und auch dann nur kurzfristig (zB bei Ausstellungen, Turnierveranstaltungen) in Betracht kommen, nie als Daueraufstallung (BMELV-Leitlinien aaO; *Bohnet, Düe, Esser, Frantzky, Pollmann, Zeitler-Feicht*, Positionspapier der TVT: „nicht verhaltensgerecht und somit tierschutzwidrig"; *Grauvogl* u.a. S. 132; *Pollmann* 2001 S. 14; *Zeeb* aaO S. 163; s. auch § 17 Rn. 103). Eine Untersuchung an 37 Pferden in dauerhafter Anbindehaltung und an 9 Pferden in naturnaher Haltung hat u.a. ergeben, dass der Anteil an verhaltensgestörten Pferden in der Anbindehaltung mit 51 % außerordentlich hoch war und dass etwa die Hälfte dieser Pferde mehr als eine Verhaltensstörung zeigten; hingegen war bei keinem der 9 naturnah gehaltenen Pferde ein gestörtes Verhalten zu erkennen (vgl. *Zeitler-Feicht/Buschmann* Tierärztliche Praxis 2004, 169, 171). Viele Bundesländer haben die dauerhafte Anbindehaltung durch Erlass verboten, u.a. Baden-Württemberg, Hessen (vgl. TU 1998, 637), Mecklenburg-Vorpommern, Niedersachsen, Rheinland-Pfalz, Sachsen-Anhalt, Schleswig-Holstein und Thüringen.

Die **Haltung in Einzelboxen** ist weit verbreitet und betrifft etwa 80 % der Großpferde (66 % davon in Innenboxen, 27 % in Außenboxen und 7 % in Boxen mit Paddock, vgl. *Zeitler-Feicht* aaO S. 14). Sie ist aber wegen der Unterdrückung der Bewegung und der Zurückdrängung des Sozial- und Erkundungsverhaltens fragwürdig. Während eines Weidetages legen Pferde durchschnittlich 6 km (7500 Schritte) zurück, im Einraumlaufstall sind es noch knapp 1,9 km (2250 Schritte), dagegen in der Einzelbox bei 23,5 Stunden Aufenthalt nur 173 m mit 587 kleinen Schritten (vgl. *Zeeb* aaO S. 168). Als Ausgleich für diese massive Zurückdrängung ist deshalb nicht (wie vielfach noch üblich) eine nur halbstündige oder einstündige Arbeit, sondern vielmehr ein mehrstündiger Freilauf pro Tag anzubieten (BMELV Leitlinien aaO S. 3; *Bohnet, Düe, Esser, Frantzky, Pollmann, Zeitler-Feicht*, Positionspapier der TVT S. 12, 13). Diese erforderliche Bewegung wird neben Arbeit oder Training durch Auslauf und Weidegang in der Herde erreicht. – Die Haltung von abgesetzten Fohlen und Jungpferden ist nur artgerecht, wenn sie täglich als 24-Stunden-Aufenthalt in einer Herdengemeinschaft stattfindet (vgl. BMELV-Leitlinien S. 9: keine Einzelboxen, nur Gruppenhaltung mit Weide). Die meisten Hufkrankheiten könnten vermieden werden, wenn die Fohlen von Anfang an mit viel Bewegung im Freien und auf hartem Boden gehalten würden; hingegen wirken Stallhaltung, Bewegungsmangel und weicher Untergrund krankheitsfördernd. – Für Zuchtstuten mit und ohne Fohlen sehen die BMELV-Leitlinien als Bedingung für die Einzelboxenhaltung vor, dass täglich Auslauf und Weidegang gewährt werden müssen (S. 9). – Für alle Pferde gilt, dass die Defizite der Boxenhaltung durch tägliche mehrstündige gemeinsame Auslaufhaltung ausgeglichen werden müssen (vgl. *Zeitler-Feicht* aaO S. 14, dort auch zu Ausnahmen bei erwachsenen Hengsten mit Problemverhalten; vgl. auch *Pick* AtD 2005, 86, 90: 23stündige Boxenhaltung „für die Gesundheit der Pferde in jeder Hinsicht abträglich"). 50

Die **Gruppenhaltung im Offenlaufstall** ermöglicht (abgesehen von der Weidehaltung) am besten Sozialverhalten, Erkundung und ausreichende Bewegung, stellt aber auch hohe Anforderungen an die Qualifikation von Haltern und Betreuern. Allerdings deckt nur der Mehrraumlaufstall mit seinen getrennten Funktionsbereichen (Liegebereich, Fressbereich mit Fressständen, Auslauf) annähernd den täglichen Bewegungsbedarf und ermöglicht bei ausreichend groß bemessenen Liegeflächen das ungestörte gleichzeitige Ruhen in der Bauch- und Seitenlage. Bei zu kleinen Liegeflächen, fehlenden Sichtschutzelementen oder fehlender Trennung von Liege- und Aktivitätsbereich kommt es insbesondere bei rangniedrigen Tieren zu signifikant kürzeren Liegezeiten (vgl. *Zeitler-Feicht* AtD 2004, 12, 18; *Pollmann* 2002). Der Einraumlaufstall ist nach den BMELV-Leitlinien nur für Zuchtstuten mit und ohne Fohlen und für Jährlinge/Jungpferde geeignet, wobei jeweils täglicher Auslauf und Weidegang zur Bedingung gemacht werden (S. 9). In allen Offenlaufställen 51 ist besonders auf ausreichend große Flächen (vgl. BMELV-Leitlinien S. 11ff.), auf die Vermeidung von Sackgassen und Engpässen sowie auf die Verträglichkeit der Pferde und die Stabilität der Gruppe zu achten. Die kritische Phase jeder Gruppenhaltung ist die Eingliederung fremder Pferde in eine bestehende Gruppe. Wird die Eingliederung mit Geduld und Sachverstand durchgeführt, erfolgt sie trotzdem stress- und schadensfrei (*Kurtz, Pollmann, Schnitzer, Zeeb* 2000). Probleme können bei häufigem Pferdewechsel entstehen, zB in Pensionsställen oder im Pferdehandel; hier kann als Kompromiss uU an Einzelboxen mit angeschlossenem Paddock und zusätzlicher Bewegung über Nutzung und Freilauf gedacht werden. Für rangniedere Tiere sind Ausweichmöglichkeiten sicherzustellen. Für unverträgliche, kranke oder verletzte Tiere muss Einzelaufstallung mit Sicht-, Hör- und Geruchskontakt zu anderen Pferden möglich sein. IdR sollen Pferde in Gruppenhaltung an den Hinterhufen unbeschlagen sein (BMELV-Leitlinien S. 7, 8). Maßnahmen, mit denen gewährleistet werden kann, dass auch rangtiefe Tiere ausreichend im Liegen ruhen, sind u.a.: Einstreu im Liegebereich aus nicht fressbarem Material, Strukturelemente, Sichtblenden, mehrere überdachte Liegemöglichkeiten und mindestens zwei Ausgänge, damit der Ruhebereich nicht zur Sackgasse wird (vgl. *Fader/Sambraus* TU 2004, 320ff.).

52 Die **Weide** entspricht dem natürlichen Lebensraum des Pferdes am ehesten (BMELV-Leitlinien S. 4). Die Einfriedung muss so gestaltet sein, dass sich die Pferde nicht verletzen können (insbesondere kein Stacheldraht-, Glattdraht oder Knotengitterzaun, mit dem die Pferde in Kontakt kommen können; vgl. OVG Weimar NuR 2001 107, 108; ähnlich OVG Lüneburg vom 16. 1. 2006, 11 LA 11/05). Auf Ganztagsweiden muss eine Tränke zur Verfügung stehen (BMELV-Leitlinien S. 4; Niedersächsisches Ministerium für Ernährung, Landwirtschaft und Forsten, Empfehlungen S. 22: ganzjährig Trinkwasser zur freien Aufnahme). Es bedarf außerdem eines Witterungsschutzes zum Schutz gegen Sonneneinstrahlung, Niederschlag und Wind, der so konzipiert sein muss, dass allen Tieren das gleichzeitige Unterstehen möglich ist (BMELV-Leitlinien aaO; Niedersächsisches Ministerium S. 35; vgl. auch *Zeitler-Feicht* DtW 2004, 120, 122: Überdachter Unterstand, der allen Tieren gleichzeitig Schutz bietet, je Pferd eine Fläche von mindestens 2,5 x Widerristhöhe^2 umfasst, eine Deckenhöhe von mindestens 1,5 x Widerristhöhe aufweist und außerdem einen sauberen trockenen Boden sowie ggf. zwei Eingänge hat; vgl. auch VG Aachen vom 9. 12. 2003, 6 L 890/03: Astüberhang von Nadelbäumen nicht ausreichend). Witterungsschutz ist für alle Pferde, auch sog. Robustpferderassen notwendig (vgl. VG Gießen vom 24. 7. 2000, 10 G 1919/99; VG Stuttgart NuR 1999, 717; zu Haflingern VG Göttingen vom 11. 6. 2001, 1 A 1320/99; zu Islandpferden OVG Münster vom 25. 9. 1997, 20 A 6887/96: dreiseitig geschlossener Offenstall). Langdauernde Weidehaltung ohne Witterungsschutz verursacht anhaltende, erhebliche Leiden iS von § 17 Nr. 2b (vgl. *Zeeb* aaO S. 170; s. auch § 17 Rn. 115). Eine Absonderung einzelner bzw. Aufstallung kranker Pferde muss möglich sein. Zur Körperpflege sollten geeignete Scheuerpfähle und Wälzplätze angeboten werden (Niedersächsisches Ministerium S. 26). Im Morast dürfen Pferde allenfalls kurzzeitig stehen; deswegen muss der Boden im Bereich des Unterstands trocken und sauber sowie an den Tränken und Futterplätzen und auf den Hauptverkehrswegen dorthin morastfrei sein (vgl. *Zeitler-Feicht* DtW 2004, 120, 122; *Bohnet, Düe, Esser, Frantzky, Pollmann, Zeitler-Feicht*, Positionspapier der TVT, S. 18; Niedersächsisches Ministerium S. 22, 33, 34; vgl. auch VGH München NuR 2006, 382: Überdachung von Futterplätzen).

XI. Schafe

1. Konventionelle Haltungsformen

53 Haltungsformen für Schafe sind die Koppelschafhaltung, die Hütehaltung, die Wanderschafhaltung und die Stallhaltung. Die Ställe sind überwiegend Laufställe mit eingestreu-

ten Liege- und Laufflächen; vereinzelt finden sich aber auch einstreulose Haltungen mit vollperforierten Böden. Ganzjährige Stallhaltung ist selten, wird aber in einigen Betrieben mit intensiver Lämmermast praktiziert. Ansonsten beschränkt sich die Stallhaltung auf eine relativ kurze Zeit im Winter (vgl. *Buchenauer* in: *Sambraus/Steiger* S. 132, 133; *Bogner/Grauvogl* S. 321, 322). Ein besonderes Problem scheint darin zu bestehen, dass die EU-Mutterschafprämien und die verschiedenen Pflegegelder (zB für die Deichpflege oder die Pflege von Naturschutzgebieten) zur Haltung immer größerer Herden anreizen, auf Kosten der Versorgung und Pflege des Einzeltieres; hier könnten häufige behördliche Kontrollen und das Abhängigmachen der Subventionierung vom Pflegezustand der Tiere Abhilfe schaffen.

2. Unangemessenes Zurückdrängen von Grundbedürfnissen iS des § 2 Nr. 1

Nahrungserwerbsverhalten (Fress- und Trinkverhalten). Schafe im Freiland grasen bis zu 11 Stunden am Tag. In Stallhaltung können sie die zur Nahrungssuche und Nahrungsbearbeitung gehörenden Verhaltensweisen nur dann genügend lange ausüben, wenn ganztägig Raufutter zur freien Verfügung steht. Plötzliche Futterwechsel sind zu vermeiden. Vor allem muss vor jeder Kraftfuttergabe frisch Raufutter gefüttert werden, um das Auftreten von klinischen und subklinischen Pansenazidosen und deren Folgeerkrankungen zu vermeiden (vgl. *Ganter* DtW 2004, 123, 126). Auch Lämmer müssen schon ab der ersten Lebenswoche Zugang zu Heu als Grundfutter haben. Einstreulose Haltungen auf vollperforierten Böden und hoher Kraftfutteranteil verkürzen die Futteraufnahmezeit und verlängern die Zeiten des aktionslosen Stehens und Liegens; hierdurch kann es zu Verhaltensstörungen wie Knabbern an Einrichtungsgegenständen oder Wollerupfen an Artgenossen kommen (vgl. AGKT S. 69) – Bei Stallhaltung muss gewährleistet sein, dass alle Schafe gleichzeitig fressen können. Reduzierungen des Tier-/Fressplatz-Verhältnisses auf 2:1 führen zu großer Unruhe und hoher Aggressivität (vgl. *Buchenauer* S. 137). – Trinkwasser muss ständig frei zugänglich sein, auch in Zeiten, in denen der Wassergehalt im Futter weitgehend ausreicht (vgl. *Ganter* aaO S. 124). Nippel- und Zapfentränken sind ungeeignet, denn Schafe senken zum Trinken das fast geschlossene Maul ins Wasser und saugen durch den Lippenspalt; das ist ihnen nur in Becken mit offenem Wasserspiegel möglich (vgl. *Drawer* S. 103; *Bogner/Grauvogl* S. 306). 54

Ruheverhalten. Alle Tiere müssen gleichzeitig entspannte Ruhelagen einnehmen und Individualabstände einhalten können. Als Liegeflächenbedarf bei Stallhaltung werden folgende Werte angegeben: Mutterschaf ohne Lamm 0,8 bis 1 m^2; Mutterschaf mit Lämmern 1,2 bis 1,6 m^2; Mastlamm 0,5 bis 0,7 m^2; Jährling 0,6 bis 0,8 m^2; Bock 1,5 bis 3 m^2 (vgl. *Buchenauer* S. 136; zur Stallfläche insgesamt s. u.). Im Pferch sollte eine Fläche von 1 bis 1,4 m^2 je Tier zur Verfügung stehen (*Buchenauer* aaO). Auch die Einnahme der gestreckten Seitenlage muss ermöglicht werden (vgl. *Bogner/Grauvogl* S. 312). Bei Weidehaltung werden Plätze mit dichtem Grasbewuchs bevorzugt (vgl. *Bogner/Grauvogl* S. 310). Bei Stallhaltung muss der Liegebereich eingestreut sein (vgl. Art. 11 Abs. 4 Empfehlung des St. Ausschusses). 54 a

Eigenkörperpflege (Komfortverhalten) und Pflege durch den Menschen. Zum Zweck des Sich-Scheuerns oder Sich-Reibens sind Vorrichtungen wie Pfähle, Balken, Baumstämme o. Ä. nötig (vgl. *Bogner/Grauvogl* aaO). Bei Weide-, Koppel- und Hütehaltung muss ein Schutz gegen starke Sonneneinstrahlung, langdauernden Regen und Wind in Form von Hütten, Bäumen o. Ä. vorhanden sein (vgl. AGKT S. 64). Notwendige Pflegehandlungen durch den Menschen sind die Schur (mindestens einmal jährlich), die regelmäßige Klauenpflege einschließlich Klauenbad und die sorgfältige, zumindest tägliche Überwachung (vgl. *Buchenauer* S. 137–139; vgl. auch *Ganter* aaO S. 124, 125: Klauenpflege bei Koppelschafen mehrmals jährlich; Kontrolle in der Hauptlammzeit alle drei bis vier Stunden, auch nachts; bei Moderhinke Aufstallung der gesamten Herde, Klauenpflege, 54 b

Klauenbäder, Vakzination und wiederholte Kontrollen und Behandlungen der noch erkrankten Tiere).

54c **Fortpflanzungsverhalten/Mutter-Kind-Verhalten.** Bei Stallhaltung bedarf es einer separaten Ablammbucht, in die das Muttertier kurz vor oder mit dem Lamm kurz nach erfolgter Geburt gebracht wird und in der sie verbleiben, bis das Lamm mehrmals gesaugt hat. Anschließend kommen sie in ein „Mutter-Kind-Stallabteil", das bis zu 20 Mutterschafe mit Nachzucht beherbergt (vgl. *Buchenauer* S. 135). Die natürliche Entwöhnung der Lämmer findet etwa im Alter von 100 bis 150 Tagen statt. Bei Milchschaflämmern ist ein Absetzen mit 6 bis 8 Wochen üblich. Frühentwöhnung kann aber zu einem gestörten Sozialverhalten führen, und es kann verstärktes Saugen an Gegenständen und Artgenossen auftreten, zT bis ins Erwachsenenalter (vgl. AGKT S. 72, 73).

54d **Sozialverhalten.** Als hoch soziale Tiere dürfen Schafe grds. nicht einzeln sondern nur in Gruppen gehalten werden. Bei Gruppen bis zu 30 Tieren herrscht idR eine stabile soziale Rangordnung (vgl. *Bogner/Grauvogl* S. 313); dagegen kommt es bei größeren Gruppen im Stall zu häufigen Rangordnungskämpfen und Unruhe (vgl. *Hafez*, zitiert nach AGKT S. 71). Auf der Weide teilen sich große Herden in Untergruppen. – Über den Mutter-Kind-Kontakt hinaus kann es bei Schafen engere Gruppenbeziehungen und Freundschaften geben, die bei Auslese und Neugruppierungen beachtet werden sollten, um auch der psychischen Gesundheit der Tiere gerecht zu werden (vgl. *Bogner/Grauvogl* S. 319).

3. Bewegungseinschränkungen; Schmerzen, vermeidbare Leiden oder Schäden iS des § 2 Nr. 2 (zu Verhaltensstörungen s. auch § 17 Rn. 104)

55 Wegen des starken Bewegungsbedürfnisses („Weidetiere", s. Rn. 56) darf eine ganzjährige Stallhaltung grds. nicht stattfinden; bei zeitlich begrenzter Stallhaltung muss freier Zugang zu Ausläufen oder Einfriedungen gewährt werden. Auch das Fixieren oder Anbinden darf nur für kurze Zeit erfolgen (St. Ausschuss, Empfehlung Art. 20 Abs. 1 und Art. 14 Abs. 4; s. Rn. 56). Damit sich die Schafe im Stall artgemäß bewegen können muss die Stallfläche größer sein als die o.e. Liegefläche. Folgende Mindestwerte, die nicht unterschritten werden dürfen, werden angegeben (Stallfläche je Tier, ohne Trog und Bedienungsgänge): Mutterschaf 1,2 bis 1,6 m², je Lamm zusätzlich 0,3 m², Absetzlamm ab 25 kg 0,5 bis 0,6 m², Jährling 0,8 bis 0,9 m², Zuchtbock in Gruppenbucht 2 m², Zuchtbock in Einzelbucht 4 m² (vgl. AGKT S. 64, 70: „Sicher ist, dass bei Unterschreiten dieser Werte eine artgerechte Schafhaltung nicht möglich ist").

55a **Schmerzen oder (durch Einstreuhaltung vermeidbare) Leiden** entstehen u.a., wenn es wegen der Spalten- oder Lochböden zu Verletzungen, Schürfungen, Entzündungen oder Druckstellen kommt. Wegen der Spielaktivitäten von Lämmern (Bocksprünge, Lauf- und Kampfspiele, kurze Fluchten) ist das Verletzungsrisiko auf solchen Böden hier besonders hoch (vgl. *Buchenauer* S. 134: „strikt abzulehnen"). – **Vermeidbare Leiden** entstehen darüber hinaus, wenn wegen der Bodenperforierung, der räumlichen Enge und fehlender Ausläufe Bewegungs- und insbesondere Spielaktivitäten trotz des entsprechenden Bedürfnisses unterbleiben müssen.

4. Empfehlungen des St. Ausschusses zum ETÜ

56 In der Empfehlung des St. Ausschuss vom 6. 11. 1992 für das Halten von Schafen finden sich sowohl Feststellungen zu den physiologischen und ethologischen Bedürfnissen als auch konkrete Vorgaben, mit denen zB ganzjährige Stallhaltungen, länger andauernde Fixierungen und Anbindungen sowie Ställe ohne Ausläufe unvereinbar sind (zur Konkretisierung dieser Empfehlungen vgl. auch die von der Bezirksregierung Weser/Ems 1996 herausgegebenen „Empfehlungen für die ganzjährige Weidehaltung von Schafen"). Zur Bedeutung von Soll-Vorschriften s. Einf. Rn. 31 und § 2 Rn. 34. – In Art. 2 und 3 wird u.a. darauf hingewiesen, dass es sich bei Schafen um „Weidetiere" handelt, die „durch soziale Isolation ganz besonders beeinträchtigt" werden und die deshalb „möglichst nicht

einzeln gehalten werden" sollten. – In Art. 7 Abs. 3 wird vorgeschrieben, dass für kranke und verletzte Tiere separate Einrichtungen zur Verfügung stehen müssen, die angemessen ausgestattet sind und in denen die Tiere beaufsichtigt werden und, wenn möglich, Sichtkontakt mit anderen Schafen haben können. – In Art. 11 Abs. 4 heißt es: „Feste Böden sollten mit guten Abflussmöglichkeiten versehen sein, und es müssen geeignete und angemessen eingestreute Bereiche zur Verfügung stehen, die so groß sind, dass alle Schafe gleichzeitig abliegen können. Spalten- oder perforierte Böden dürfen nicht so beschaffen sein, dass sich die Schafe mit den Klauen darin verfangen oder daran verletzen können. Für Lämmer sollten Spaltenböden nicht verwendet werden." – In Art. 14 Abs. 4 wird die dauernde Anbindehaltung untersagt: „Schafe dürfen nicht dauernd fixiert werden. Werden sie zeitweise angebunden, so sollte dies nur für eine kurze Zeit gestattet sein ..." – Ganzjährige Stallhaltungen sowie Ställe ohne Ausläufe sind mit Art. 20 Abs. 1 prinzipiell unvereinbar: „Schafe sollten nicht das ganze Jahr über im Stall gehalten werden. Sind sie während eines erheblichen Teils des Jahres aufgestallt, so sollten sie freien Zugang zu Ausläufen oder Einfriedungen haben." – In allen Haltungsformen müssen nach Art. 20 Abs. 3 „zweckmäßige Vorkehrungen getroffen werden, um sicherzustellen, dass das Wohlbefinden der Schafe nicht durch ungünstige Witterungsbedingungen beeinträchtigt wird". Das bedeutet u.a., dass bei Weidehaltung ein Unterstand zur Verfügung stehen muss, der allen Tieren das gleichzeitige Unterstehen ermöglicht, besonders bei nasskaltem Wetter. – Nach Art. 21 Abs. 2 muss, „wenn die Schafe Futter mit hohem Getreideanteil erhalten, auch genügend Raufutter bereitgestellt werden". – Für das Ablammen sieht Art. 28 Abs. 3 und 4 vor: „Findet das Ablammen in einem Gebäude statt, so sollte jedes Mutterschaf mindestens 24 Stunden lang zusammen mit seinen Nachkommen abgetrennt untergebracht werden ... In den Fällen, in denen das Ablammen im Freien stattfindet, müssen geeignete Pferche und irgendeine Form von Windschutz oder sonstige Schutzvorrichtungen zur Verfügung stehen." – Für Kastrationen schreibt Art. 30 Abs. 3 vor, dass sie grundsätzlich „vermieden werden sollten". Soweit sie dennoch stattfinden, „sollte dies nur mit chirurgischen Methoden unter Betäubung oder mit einer Burdizzo-Zange geschehen". Auch das Kupieren des Schwanzes „sollte vermieden werden". Nach Art. 30 Abs. 2 muss in jedem Fall der Schwanz so lang bleiben, dass bei Böcken der Anus und bei Schafen Anus und Vulva bedeckt sind (s. auch § 5 Rn. 8, 10, 14).

XII. Ziegen

1. Konventionelle Haltungsformen

Bei Stallhaltung unterscheidet man den Laufstall, den Einzelboxenlaufstall und den Anbindestall. Der Laufstall ist normalerweise in einen Liege-, einen Fress- und einen Melkbereich unterteilt, wobei die Liegeflächen idR eingestreut sind und ein Laufhof die Bewegung im Freien ermöglicht; planbefestigte Laufgänge dienen dem Klauenabrieb. Im Einzelboxenlaufstall werden die Ziegen nach dem Absetzen der Lämmer in eingestreuten Einzelboxen untergebracht. Im Anbindestall ist die Ziege am Fressplatz angebunden. ZT werden auch einstreulose Ställe mit Spaltenböden verwendet (aber: höherer Aufwand für Heizung, Isolation und ggf. Ventilation). In der Vegetationsperiode erhalten die meisten Ziegen Weidegang. 57

2. Unangemessenes Zurückdrängen von Grundbedürfnissen iS des § 2 Nr. 1

Nahrungserwerbsverhalten (Fress- und Trinkverhalten). Ziegen sind Pflanzenfresser und Wiederkäuer, die viel Zeit mit Nahrungssuche und Nahrungsaufnahme verbringen. Für die richtige Pansenfunktion ist ein ausreichender Rohfasergehalt außerordentlich wichtig. Deshalb (und zur Beschäftigung) muss Raufutter zur freien Aufnahme zur Verfügung stehen (vgl. AGKT S. 76). Hinzu kommen müssen Saftfutter, Laub, Zweige und 58 ggf. Kraftfutter. Hohe Kraftfuttergaben können Störungen in der Pansentätigkeit verursachen (vgl. *Buchenauer* in: *Sambraus/Steiger* S. 145). Zicklein benötigen neben der Muttermilch schon ab dem Ende der ersten Lebenswoche Zugang zu Gras, einwandfreiem Heu o. Ä. (TVT-Merkblatt Nr. 93 S. 13). – Trinkwasser muss ständig zur Verfügung stehen. Schalentränken oder Tränkebecken entsprechen dem artgemäßen Trinkverhalten besser als Nippeltränken (vgl. *Buchenauer* S. 154; vgl. auch TVT-Merkblatt Nr. 93 S. 11: bei Stallhaltung pro 20 Tiere eine Tränke und ein Tier-Fressplatz-Verhältnis von 1:1). – Das sehr ausgeprägte Erkundungsverhalten erfordert die Möglichkeit, sich in strukturreicher Umgebung bewegen zu können (vgl. TVT-Merkblatt Nr. 93 aaO: Konsolen als erhöhte Liegeplätze mit gutem Überblick). Anbindung, Einzelboxen, aber auch einstreulose, unstrukturierte Laufställe werden diesem Bedürfnis nicht gerecht.

58a **Ruheverhalten.** Ziegen verbringen einen erheblichen Teil des 24–Stunden-Tages mit gemeinsamem Liegen. Auf stroheingestreuten Böden scharren sie vor dem Abliegen, auf perforierten Böden dagegen nicht; dies ist ein Hinweis darauf, dass Perforationen keine adäquate Bodenstruktur zum Liegen bilden (vgl. *Buchenauer* S. 152; TVT-Merkblatt Nr. 93 S. 10: Vollspaltenböden keinesfalls geeignet). Zum Liegen bevorzugen Ziegen einen verformbaren Untergrund, der zB durch Stroheinstreu gewährleistet wird und durch Nachstreuen trocken gehalten werden kann (*Buchenauer* aaO; Empfehlung des St. Ausschusses Art. 11 Abs. 4; TVT-Merkblatt Nr. 93 S. 10: ca. 0,5 kg Stroh pro Ziege und Tag). Für die Liegefläche werden folgende Mindestmaße je Tier als „absolute Untergrenze" angesehen: Ziege 1,5 m², Jungziege 1,2 m², Lamm 0,7 m², Bock 3,0 m² (AGKT S. 74, 78). – Anbindehaltung ermöglicht nicht, dass die Ziege ihren Liegeplatz selbst aussuchen, ihre Liegepartnerin auswählen und problemlos von der einen Ruhelage in die andere wechseln kann; damit wird hier ein wesentlicher Teil des artgemäßen Ruheverhaltens verhindert (vgl. *Buchenauer* S. 152; TVT-Merkblatt Nr. 93 S. 11: „ständige Anbindehaltung ist nicht artgemäß").

58b **Eigenkörperpflege (Komfortverhalten) und Pflege durch den Menschen.** Die eigene Fellpflege geschieht durch Belecken, Beknabbern, Kratzen, Sich-Schütteln sowie Sich-Reiben an Bäumen und Felsen. Durch Anbindehaltung werden diese Aktivitäten stark eingeschränkt. In Ställen sollten Scheuerpfähle o. Ä. vorhanden sein (vgl. *Buchenauer* S. 154). Zum Komfortverhalten gehören auch Klettermöglichkeiten, um von erhöhten Plätzen aus den ausgeprägten Erkundungsdrang zu befriedigen (vgl. *Drawer* S. 104). – Zur Pflege durch den Menschen gehören regelmäßige Kontrollen, separate, eingestreute Abteile für kranke, verletzte oder gebärende Tiere, regelmäßige Klauenpflege (bei Ziegen in Stall- oder Koppelhaltung spätestens alle sechs Wochen, vgl. *Ganter* DtW 2004, 123, 125) u. a. m. – Bei Weidehaltung ist ein Witterungsschutz gegen Regen, Schnee und starke Sonneneinstrahlung unbedingt erforderlich. Er muss so groß sein, dass alle Ziegen gleichzeitig darin Platz finden und die individuellen Ausweichabstände zu Gruppengenossen einnehmen können (vgl. TVT-Merkblatt Nr. 93 S. 12). – Zäune müssen verletzungssicher sein. In nicht straff gespanntem Maschendraht und in Elektroknotengitterzäunen können sich behornte Ziegen verheddern und verletzen; Verletzungsgefahr besteht auch bei Stacheldraht (vgl. *Knierim*, Tierschutz bei der Schaf- und Ziegenhaltung, AID-Informationen für die Agrarberatung Nr. 5406, 1994). – Spaltenböden verursachen wegen der hohen und temporeichen Aktivitäten von Ziegen häufig Klauenverletzungen und entsprechen deshalb nicht dem Pflegegebot (TVT-Merkblatt Nr. 93 S. 10). Besonders hoch ist hier das Verletzungsrisiko für Lämmer aufgrund ihrer rasanten Spielaktivitäten, sowie auch für Milchziegen (Euterverletzungen).

58c **Fortpflanzungsverhalten/Mutter-Kind-Verhalten.** Im Stall muss eine Ablammbucht mit Stroheinstreu zur Verfügung stehen. Ablammen am Standplatz ist nicht verhaltensgerecht (vgl. *Buchenauer* S. 151). Den Zicklein sollten schon am ersten Tag nach der Geburt Versteckmöglichkeiten zur Verfügung stehen, so dass das Muttertier die Ablammbucht verlassen kann, ohne dass das Lamm folgt (vgl. *Buchenauer* aaO). Frühzeitiges Absetzen fördert Verhaltensstörungen und sollte deshalb nur bei Milchziegen und auch dort frühestens nach 5 Tagen, besser erst nach ein bis zwei Wochen erfolgen (vgl. AGKT S. 79).

Sozialverhalten. Das Bedürfnis, in sozialen Gruppen zu leben, ist sehr groß. Durch Haltung in Einzelboxen und durch Anbindehaltung wird es stark zurückgedrängt (Einzelhaltung sollte deshalb nur zum Ablammen, bei medizinischer Indikation sowie ggf. bei geschlechtsreifen Böcken während der Paarungszeit stattfinden). Dagegen können die Tiere bei Laufstallhaltung ebenso wie auf der Weide Untergruppen bilden und ihre Sozialpartner frei wählen. Ein Auslauf oder Laufhof vor dem Stall ermöglicht Aktivitätsverhalten und hilft, soziale Spannungen abzubauen (vgl. *Buchenauer* S. 149). – Bei Gruppenneubildungen sollten Verwandtschaften und Freundschaften berücksichtigt werden (s. auch Rn. 60). 58d

3. Bewegungseinschränkungen; Schmerzen, vermeidbare Leiden oder Schäden iS des § 2 Nr. 2

Vermeidbare Leiden durch Unterdrückung des Bewegungsbedürfnisses. In Anbindehaltung ist die Bewegungsmöglichkeit der Tiere so stark eingeschränkt, dass in Anbetracht ihres sehr stark ausgeprägten Bewegungsbedürfnisses von Leiden ausgegangen werden muss, die durch einen Laufstall vermieden werden könnten (vgl. *Buchenauer* S. 150; AGKT S. 77; TVT-Merkblatt Nr. 93 S. 11). – Wegen des hohen Bewegungsbedarfs soll auch dort, wo ein Laufstall zur Verfügung steht, eine ganzjährige Stallhaltung, die über die Wintermonate hinausgeht, nicht stattfinden (s. Rn. 60). Schon nach einem nächtlichen Stallaufenthalt zeigen Ziegen in den ersten ein bis zwei Stunden erhöhte Bewegungsaktivitäten (vgl. AGKT aaO; TVT-Merkblatt Nr. 93 S. 10: tägliche Möglichkeit, sich im Freien aufzuhalten, zB Laufhof). – Um die artgemäße Bewegung im Stall zu ermöglichen, werden als Lauffläche folgende Mindestmaße zusätzlich zur o.e. Liegefläche angegeben: Ziege 1,5 m^2, Jungziege 1,2 m^2, Lamm 0,7 m^2, Bock 6,0 m^2 (vgl. AGKT S. 74, 78; vgl. auch TVT-Merkblatt Nr. 93 S. 10, 15: Platzbedarf für hornlose Ziegen 2 m^2 pro Tier, für gehörnte 2,5 m^2 und für den geschlechtsreifen Bock bei Haltung in separater Bucht 8 m^2). Im Laufhof sollen mindestens 2,0 m^2 je Ziege gewährt werden (AGKT aaO). – Weidehaltung während der Vegetationsperiode entspricht dem Bewegungsbedürfnis am besten. – Zur artgemäßen Bewegung im Stall, im Laufhof und auf der Weide gehört auch das Klettern. – Zur Verletzungsgefahr von Spaltenböden, besonders für Milchziegen und Zicklein, s. Rn. 58b. 59

4. Empfehlungen des St. Ausschusses zum ETÜ

In der Empfehlung des St. Ausschusses vom 6. 11. 1992 für das Halten von Ziegen finden sich Vorgaben, mit denen zB ganzjährige Stallhaltungen, länger andauernde Fixierungen und Anbindungen sowie (bei länger dauernder Stallhaltung) auch Ställe ohne Ausläufe unvereinbar sind. Zur Bedeutung von Soll-Vorschriften s. Einf. Rn. 31 und § 2 Rn. 34. – In Art. 11 Abs. 4 heißt es: „Feste Böden sollten mit guten Abflussmöglichkeiten versehen sein und es müssen geeignete und angemessen eingestreute Bereiche für die Ziegen zur Verfügung stehen, die so groß sind, dass alle Ziegen gleichzeitig abliegen können. Spalten- oder perforierte Böden dürfen nicht so beschaffen sein, dass sich die Ziegen mit den Klauen darin verfangen oder daran verletzen können. Um Verletzungen am Euter zu vermeiden, sollten Spaltenböden nicht als Liegefläche für Milchziegen verwendet werden. Für Zicklein sollten Spaltenböden nicht verwendet werden." – Durch Art. 14 Abs. 3 werden dauernde Anbindehaltungen untersagt: „Ziegen sollten möglichst unangebunden in Gruppen gehalten werden. Ziegen dürfen nicht dauernd fixiert werden. Werden sie zeitweise angebunden, so soll dies nur für eine kurze Zeit gestattet sein … Müssen Zicklein fixiert werden, so sollen sie eingepfercht, aber nicht angebunden werden." – Ganzjährige Stallhaltung und langdauernde Stallhaltung ohne Zugang ins Freie werden durch Art. 18 Abs. 1 untersagt: „Ziegen sollten möglichst nicht das ganze Jahr über im Stall gehalten 60 werden. Sind sie während eines erheblichen Teils des Jahres aufgestallt, so sollten sie in Sicht- und Hörweite von anderen Ziegen oder Tieren sein und genügend Bewegungsraum haben. Sie sollten regelmäßig ins Freie gelassen werden." – Für die Weidehaltung verlangt Art. 18 Abs. 2 „die Bereitstellung einer zweckmäßigen Schutzvorrichtung". Folglich bedarf es eines Witterungsschutzes, der allen Tieren das gleichzeitige Unterstehen ermöglicht (s. auch Rn. 58b). – Zur artgemäßen Ernährung heißt es in Art. 19 Abs. 3 und 4: „Werden Ziegen in Gruppen gefüttert, so muss am Futtertrog so viel Platz vorhanden sein, dass, außer in den Fällen, in denen ständig Futter bereitsteht, alle Ziegen gleichzeitig fressen können und unnötige Konkurrenz um das Futter vermieden wird ... Wenn die Ziegen Futter mit hohem Getreideanteil erhalten, muss auch genügend Raufutter bereitgestellt werden. Ziegen sollten eine geeignete Menge Ballastfutter, möglichst mit etwas Dürrfutter und Blattwerk erhalten. Sie sollten auf Weiden mit einer Vielzahl von Pflanzen grasen, damit sichergestellt ist, dass sie eine angemessene Menge Raufutter und Mineralien aufnehmen." – Für Kastrationen sieht Art. 28 Abs. 3 vor: „Falls die geltenden nationalen Bestimmungen nicht etwas anderes vorsehen, dürfen [sie] nur unter Verabreichung eines Betäubungsmittels von einem Tierarzt vorgenommen werden ... Kastrationen bei Ziegen sollten vermieden werden." (vgl. aber im Gegensatz dazu § 5 Abs. 3 Nr. 1; s. dort Rn. 8). Das Enthornen und das Zerstören der Hornknospen werden von nationalen Bestimmungen abhängig gemacht (s. § 6 Rn. 4: in Deutschland verboten; vgl. auch AGKT S. 79: bei enthornten/hornlosen Ziegen mehr Rangkämpfe, also keine medizinische Indikation iS von § 6 Abs. 1 Nr. 1 a).

XIII. Pelztiere

RdNr. 61–68: S. TierSchNutztV, Abschnitt 5, §§ 26–31.

XIV. Zirkustiere

69 **Verhältnis zwischen den Zirkusleitlinien und dem Säugetiergutachten.** Nach den BMELV-Leitlinien für die Haltung, Ausbildung und Nutzung von Tieren in Zirkusbetrieben (Zirkusleitlinien) können Tiere, die im Zirkus oder in ähnlichen Einrichtungen gehalten werden, in deutlich kleineren Käfigen, Ställen und Gehegen untergebracht werden als nach dem ebenfalls vom BMELV herausgegebenen Gutachten über Mindestanforderungen an die Haltung von Säugetieren (Säugetiergutachten). Diese Abweichungen sind aber nur zulässig, wenn es sich um Tierarten iS von Abschnitt V der Zirkusleitlinien handelt (also Groß- und Kleinkatzen, Großbären, Robben, Elefanten, Pferdeartige, Breitmaul- oder weiße Nashörner, Giraffen, Kamele und Rinder) und wenn die betroffenen Tiere täglich verhaltensgerecht beschäftigt werden. Eine solche Beschäftigung kann u.a. durch **Ausbildung, Training** oder Vorführen in der Manege erfolgen, muss aber abwechslungsreich sein und die Tiere fordern sowie durch eine positive Mensch-Tier-Beziehung und ein ständig wechselndes Reizspektrum geprägt sein. Es ist „sicherzustellen, dass die tägliche Beschäftigung für alle Tiere jederzeit gewährleistet ist" (Zirkusleitlinien S. 9). Für die These, dass durch eine derartige Beschäftigung haltungsbedingte Defizite ausgeglichen werden können, gibt es aber keinen wissenschaftlichen Beleg. Zweifel an ihrer Richtigkeit sind insbesondere dann angebracht, wenn durch die Haltungseinschränkungen essentielle Bedürfnisse der Tiere unerfüllt bleiben und die Art der Beschäftigung keinen Bezug zu den betroffenen Funktionskreisen des Verhaltens aufweist oder dem artgemäßen Verhalten sogar zuwider läuft. Auch sind täglich nur ein bis zwei Auftritte von jeweils 5–10 Minuten dafür nicht ausreichend (vgl. *Kluge/Ort/Reckewell* Vor § 17 Rn. 33). – In jedem Fall gilt, dass für alle Tiere, mit denen nicht jeden Tag in ausreichender Weise gearbeitet

wird, die weitergehenden Anforderungen des Säugetier-Gutachtens gelten, insbesondere in Bezug auf Mindestflächen von Käfigen, Ställen und Gehegen und deren Ausstattung. – Damit findet auf die Unterbringung in der spielfreien Zeit und im Winterquartier grds. das Säugetiergutachten Anwendung. Eine Ausnahme gilt nur für Tiere, die auch in dieser Zeit täglich beschäftigt werden. In diesen Fällen müssen aber geeignete Flächen für Ausbildung, Training und Beschäftigung vorhanden sein und die Außengehege müssen so beschaffen sein, dass sie auch bei widrigen Witterungsverhältnissen benutzbar sind (Zirkusleitlinien S. 13). Die zuständige Behörde sollte sich mit Bezug auf Tiere, die nicht nach dem Säugetier-Gutachten untergebracht sind, nachweisen lassen, dass die tägliche **Beschäftigung** in dem o.g. Sinne tatsächlich stattfindet und die personellen und sachlichen Voraussetzungen dafür vorliegen. – Die übrigen BMELV-Gutachten und Leitlinien (zB zur Beurteilung von Pferdehaltungen) gelten grds. auch für die Beurteilung von Tierhaltungen im Zirkus (vgl. Zirkusleitlinien S. 9 sowie für Pferde S. 31–33).

Anforderungen nach den Zirkusleitlinien und anderen Gutachten. „Neben Zirkus- 70
wagen und Manege müssen für alle Tiere zusätzliche technische Einrichtungen vorhanden sein, die weitere Fläche sowie zusätzliche Reize wie Witterungseinwirkungen, unterschiedliche Bodenstruktur usw. anbieten, zB Veranden, Außengehege oder kombinierte Innen-Außen-Gehege. Sie müssen von den Tieren benutzt werden können, sobald der Zirkus seinen Standplatz bezogen hat" (Zirkusleitlinien S. 10, 11). ZB müssen Großkatzen neben den Innenkäfigen (meist im Zirkuswagen) ein Außengehege mit mindestens 50 m^2 für bis zu fünf Tiere und 5 m^2 mehr für jedes weitere Tier zur Verfügung haben; zur Einrichtung gehören u.a. Kratzbäume, Spielgegenstände, Heu, Zweige, Gras und erhöhte Liegemöglichkeiten, bei **Tigern** und **Jaguaren** auch eine Bademöglichkeit (Zirkusleitlinien S. 18, 19). Für Großbären muss das zusätzliche Außengehege 75 m^2 für 1 bis 2 Tiere und 10 m^2 mehr für jedes weitere Tier umfassen, einschließlich einem Badebecken. Jeder Großbär muss sich mindestens sechs Stunden täglich im Außengehege aufhalten und das Badebecken benutzen können (Zirkusleitlinien S. 22). **Elefanten** dürfen grds. nicht alleine gehalten werden (Ausnahme nur für erwachsene Bullen, evtl. auch für alte Tiere). Sie müssen während des Gastspiels ein Stallzelt und einen Auslauf (Paddock) zur Verfügung haben. Die Haltung an Ketten ist auf die Nacht, die Vorbereitungsphasen vor den Vorstellungen und Proben sowie auf die Durchführung von Pflegemaßnahmen zu beschränken (Zirkusleitlinien S. 27). Weitere spezielle Anforderungen gelten für **Robben,** Pferdeartige, Breitmaul- und weiße **Nashörner, Giraffen, Kamele** und **Rinder.** – Uneingeschränkt (d.h. unabhängig davon, ob mit den Tieren täglich gearbeitet wird oder nicht) gelten die BMELV-Gutachten/Leitlinien für Affen, Pferde, Reptilien, für Papageien und für Straußenvögel sowie die Tierschutz-Hundeverordnung und die Leitlinien der DVG und des VDH zur tiergerechten und tierschutzgemäßen Zucht, Aufzucht, Haltung und Ausbildung von Hunden (vgl. *Pfeiffer* AtD 2002, 267). – Zur Geltung des BMELV-Säugetiergutachtens s. Rn. 69 (zu wenig beachtet wird insbesondere, dass Affen nicht in Abschnitt V der Zirkusleitlinien erwähnt sind, so dass sie stets nach den weitergehenden Anforderungen des Säugetiergutachtens gehalten werden müssen und nicht etwa die überholten Vorgaben der früheren Fassung der Zirkusleitlinien von 1990 anzuwenden sind). – Neben den amtlichen Gutachten sollte auch auf die TVT-Loseblattsammlung ‚Zirkustiere' zurückgegriffen werden: einmal bei Fragen, die von den BMELV-Gutachten nicht geregelt worden sind, aber auch bei Problemen, die die amtlichen Gutachten anders regeln; denn die TVT bietet aufgrund der fachlichen Kompetenz und der Unabhängigkeit ihrer Experten in besonderem Maße die Gewähr für eine zutreffende Konkretisierung dessen, was der Gesetzgeber in § 2 vorgezeichnet hat (s. § 2 Rn. 49). – Zur Frage „Zirkuszentralregister" s. § 16 Rn. 12.

Verbot bestimmter Tierarten im Zirkus. Für einzelne Tierarten ist eine art- und ver- 71
haltensgerechte Unterbringung unter den besonderen Bedingungen eines reisenden Zirkusunternehmens praktisch unmöglich. Denn die Anforderungen, die nach § 2 an eine artgerechte Haltung zu stellen sind, „müssen sich entsprechend der Zielsetzung des Tier-

schutzgesetzes daran orientieren, wie ein Tier sich unter seinen natürlichen Lebensbedingungen verhält, nicht daran, ob das Tier sich auch an andere Lebensbedingungen (unter Aufgabe vieler der ihm in Freiheit eigenen Gewohnheiten und Verhaltensmuster) anpassen kann. Verhaltensgerecht ist eine Unterbringung daher auch dann nicht, wenn das Tier zwar unter den ihm angebotenen Bedingungen überleben kann und auch keine Leiden, Schmerzen und andere Schäden davonträgt, das Tier aber seine angeborenen Verhaltensmuster soweit ändern und an seine Haltungsbedingungen anpassen muss, dass es praktisch mit seinen wildlebenden Artgenossen nicht mehr viel gemeinsam hat" (OVG Schleswig NuR 1995, 480, 481; vgl. auch den Leitsatz des Urteils: „Verhaltensgerecht ist eine Unterbringung nur dann, wenn sie sich unter Berücksichtigung der Tatsache, dass eine Haltung – rechtlich – überhaupt noch möglich sein muss, soweit wie möglich an die natürlichen Lebensverhältnisse und Lebensräume der jeweiligen Tierart annähert"). Nach den Zirkusleitlinien (S. 9, 10) sind deswegen folgende Tierarten von der Haltung in Zirkussen oder anderen mobilen Tierhaltungen ausgeschlossen: Menschenaffen, Tümmler, Delfine, Greifvögel, Flamingos, Pinguine, Nashörner und Wölfe. – Vieles spricht dafür, dass auch weitere Tierarten in wandernden Unternehmen nicht gemäß § 2 Nr. 1 und Nr. 2 untergebracht werden können, insbesondere Elefantenbullen und Giraffen (vgl. Differenzprotokoll der TVT und der BTK zu den Zirkusleitlinien, S. 55), aber auch Großkatzen, Großbären, Robben, Flusspferde und Elefantenkühe (vgl. Differenzprotokoll Bündnis Tierschutz, Zirkusleitlinien S. 54; zum Vorrang von § 2 gegenüber amtlichen Leitlinien s. § 2 Rn. 3, 43, 44). – Nach einer Bundesratsinitiative des Landes Hessen soll durch Rechtsverordnung nach § 13 Abs. 3 ein förmliches Verbot der Haltung von Affen, Elefanten und Bären im Zirkus ausgesprochen werden (vgl. die Presseinformation des Hessischen Ministeriums für Umwelt, Ländlichen Raum und Verbraucherschutz in AtD 2003, 275: Diese Tiere seien sehr komplexe, intelligente Lebewesen, die unter der nicht artgemäßen Lebensweise litten; in den engen Transportwagen seien ihre Bewegung und ihr artgemäßes Verhalten extrem eingeschränkt; aber auch am Gastspielort sei der Aufbau tierschutzgerechter und ausbruchssicherer Gehege idR nicht realisierbar; Folgen seien Verhaltensstörungen, Erkrankungen und auch Todesfälle. Zum Ganzen vgl. auch *Schmitz* AtD 2002, 110ff.).

XV. Hunde, Katzen und Kleinsäuger im Zoofachhandel

1. Hunde

72 Für das Halten von Hunden im Zoofachhandel gilt die **Tierschutz-Hundeverordnung;** insbesondere fällt das Handeltreiben mit Hunden nicht unter die in § 1 Abs. 2 dieser Verordnung abschließend geregelten Ausnahmen. – Daneben hat die TVT Empfehlungen zur Haltung von Hunden und Katzen im Zoofachhandel herausgegeben, die die Anforderungen aus § 2 Nr. 1 und Nr. 2 konkretisieren und als antizipiertes Sachverständigengutachten herangezogen werden können (TVT Merkblatt Nr. 54; näher zu solchen Gutachten s. § 2 Rn. 46–49). Dort werden auch Fragen behandelt, die die Tierschutz-Hundeverordnung ungeregelt lässt, bzw. Anforderungen gestellt, die darüber hinausgehen (vgl. auch BR-Drucks. 580/00 S. 8: Die Befugnis der zuständigen Behörde, Maßnahmen nach § 16a S. 2 Nr. 1 anzuordnen und dabei im Einzelfall über die Verordnung hinauszugehen, bleibt von der Verordnung „unberührt"; näher § 2 Rn. 3). – Einige der TVT-Empfehlungen seien zitiert: „Frühestens mit 10 Wochen dürfen die Welpen vom Züchter an den Zoofachhändler abgegeben werden." „Sowohl eine staubbildende Einstreu (zB Sägespäne oder Torf) als auch glatter, rutschiger Boden sind abzulehnen. Eine staubfreie und saugfähige Einstreu (zB gehäckseltes Stroh, Kunstrasen o. Ä.) wird empfohlen." „Geeignete und ausreichende Rückzugs- und Beschäftigungsmöglichkeiten müssen ständig vorhanden sein." „Zusätzlich muss eine gesonderte und frei verfügbare Auslauffläche von mindestens 30 m^2 vorhanden sein. Diese muss strukturiert sein, um

dem Erkundungs- und Bewegungsdrang sowie dem Spielbedürfnis der Welpen gerecht zu werden." „Eine mehrmalige tägliche Beschäftigung (Körperkontakt, Spielen) der Bezugsperson(en) mit den Welpen ist sicherzustellen (mindestens zweimal täglich je 30 Minuten)." „Die Welpen dürfen nicht einzeln gehalten werden. Innerhalb der Gruppe ist auf Verträglichkeit zu achten." Für die Bodenfläche, die je Tier zur Verfügung stehen muss, gilt § 6 Abs. 2 i.V.m. § 5 Abs. 2 TierSchHundeVO.

Vom **Verwaltungsgericht Berlin** (AtD 1998, 48ff.) ist eine Verfügung der Veterinärbehörde Reinickendorf, die für Hundewelpen teilweise noch etwas weitergehende Anforderungen vorgesehen hat, für rechtmäßig befunden worden. Gestützt auf § 16a S. 2 Nr. 1 i.V.m. § 2 können demnach u.a. gefordert werden: Grundfläche des Schauraumes für das erste Tier 3 m², für jedes weitere Tier 2 m² mehr; Rückzugsraum für die Hunde, in dem sie spielerische Kontakte zu Bezugspersonen aufnehmen können; Freizwinger mit Tageslichteinstrahlung und mit gewachsenem Boden oder mit Sand aufgeschüttet. Dass sich die Behörde bei ihrer Verfügung auf eine dauerhafte Unterbringung bezogen hatte, obwohl die durchschnittliche Aufenthaltsdauer der Tiere in der Tierhandlung nur zwischen 3 bis 14 Tagen lag, ist vom Gericht nicht beanstandet worden: Zumindest bei einzelnen Tieren ließen sich längere Aufenthaltszeiten in der Tierhandlung nicht ausschließen, und deshalb träfen den Tierhändler die Verpflichtungen aus § 2 unabhängig von der Aufenthaltsdauer im Einzelfall. Auch der Einwand, dass die Erfüllung der Anforderungen aus raumtechnischen, zeitlichen und kommerziellen Gründen nicht möglich sei, stelle die Rechtmäßigkeit der Verfügung nicht in Frage, zumal nicht ersichtlich sei, dass dadurch der Geschäftsbetrieb als Ganzes gefährdet würde. – Ähnlich sieht es das **Verwaltungsgericht Karlsruhe:** Danach kann die nach § 11 Abs. 1 Nr. 3b erforderliche Genehmigung zum Handel mit Hundewelpen davon abhängig gemacht werden, dass den Tieren neben dem Schauraum ein Raum in Zimmergröße, in welchem sie reichlich spielerischen Kontakt mit einer oder mehreren Bezugspersonen bekommen können, zur Verfügung gestellt wird; zusätzlich kann ein Freizwinger mit gewachsenem Boden oder auf Betonfundament aufgeschüttetem Sand zum Ausleben angeborener Verhaltensweisen wie Graben gefordert werden; den Hinweis des Zoohändlers auf die damit möglicherweise verbundenen hygienischen Probleme hat das Gericht zurückgewiesen, da es insoweit nur um Mehraufwendungen an Arbeit, Zeit und Kosten gehe, die keinen Grund bilden könnten, von dem gesetzlichen Gebot zu verhaltensgerechter Unterbringung abzuweichen; auch reiche es zur Begründung für die genannten Anforderungen aus, wenn zumindest bei einzelnen der Hundewelpen mit einem längeren Aufenthalt in der Verkaufsanlage gerechnet werden müsse (VG Karlsruhe vom 10. 2. 1989, 8 K 191/88; bestätigt durch VGH Mannheim vom 21. 12. 1989, 10 S 1049/89 und BVerwG vom 26. 4. 1990, 3 B 23.90). 73

2. Katzen

Die für das Halten von Katzen im Zoofachhandel geltenden **Anforderungen aus § 2 Nr. 1 und Nr. 2** sind ebenfalls von der TVT im Merkblatt Nr. 54 konkretisiert worden. Auszug: „Frühestens mit zehn Wochen dürfen die Welpen vom Züchter an den Zoofachhändler abgegeben werden." „Die Grundfläche des Haltungsraumes hat für die ersten beiden Welpen 3 m² zu betragen. Für jedes weitere Tier 1,5 m² mehr. Die Höhe muss mindestens 2m betragen." „Der Haltungsraum muss dreidimensional strukturiert sein (Etagenbretter in verschiedenen Höhen, Klettermöglichkeiten, bewegliches Spielzeug, Kratzbaum). Durch eine Sichtblende ist der Raum zu unterteilen, um Dominanzprobleme zu vermeiden, die bei Tieren verschiedenen Alters auftreten können." „Staubbildende Einstreu ist abzulehnen." „Es sind in unterschiedlicher Höhe Schlafkisten oder Körbe aufzustellen. Dabei muss deren Zahl die Zahl der Tiere übersteigen." „Es ist eine ausreichende Anzahl (Anzahl der Katzen + 1) von Katzenklos aufzustellen, die täglich mehrmals zu reinigen sind." „Eine mehrmalige tägliche Beschäftigung (Körperkontakt, Spielen) der Bezugsperson(en) mit den Welpen ist sicherzustellen (mindestens zweimal täglich 74 je 30 Minuten). Die Welpen dürfen nicht einzeln gehalten werden. Innerhalb der Gruppe ist auf Verträglichkeit zu achten." „Steht den Katzen kein Außengehege zur Verfügung, muss der Haltungsraum Tageslichteinstrahlung aufweisen."

75 Die vom **Verwaltungsgericht Berlin** (AtD 1998, 48ff.) bestätigte Verfügung der Veterinärbehörde Reinickendorf sah für Jungkatzen teilweise noch etwas weitergehende Anforderungen vor. Danach können gemäß § 16a S. 2 Nr. 1 i.V.m. § 2 u.a. gefordert werden: Grundfläche des Schauraumes für das erste Tier 3 m², für jedes weitere Tier 2 m² mehr; 20cm breite Sitzbretter mit Brücken; Kratzbaum; Schlafkisten; Außengehege mit Tageslichteinstrahlung. Der Verkauf von Hunde- und Katzenwelpen im Schaufenster wurde als tierschutzwidrig eingestuft (zu den Grund- und Bewegungsbedürfnissen von Katzen vgl. auch *Mertens* in: *Sambraus/Steiger* S. 297ff.; vgl. weiter *Leyhausen*, Räumliche und lichttechnische Anforderungen an die Unterbringung von Katzen in Tierhandlungen mit und ohne Zucht, 1980: Für Katzen in Einzelhaltung mind. 4 m² Grundfläche und für jede weitere im selben Raum untergebrachte Katze weitere 2 m²).

3. Kleinsäuger

76 Zur Konkretisierung der Haltungsanforderungen für Kleinsäuger kann die Checkliste der TVT zur Überprüfung der Kleinsäugerhaltung im Zoofachhandel herangezogen werden (TVT Merkblatt Nr. 46). – Als allgemeine Anforderungen an eine angemessene Pflege und verhaltensgerechte Unterbringung sind dort u.a. genannt: Dreidimensionale Strukturierung der Haltungseinrichtungen wegen des hohen Erkundungs- und Bewegungsbedarfs; ausreichende Rückzugsmöglichkeiten, zB in Form von Häuschen, Röhren oder Wurzeln; ständige Verfügbarkeit von Nagematerial, beispielsweise in Form von Holz, Zweigen oder Gasbetonsteinen; ständige Verfügbarkeit von Trinkwasser; saugfähige Einstreu; Schutz vor Beunruhigung durch Kunden, zB durch geeignete Abschrankungen oder Rückzugsräume (vgl. in diesem Zusammenhang auch VGH Mannheim NuR 1994, 487ff.); Einhaltung eines Tag-Nacht-Rhythmus von 10–12 Stunden mit Dämmerphase; Futter mit hohem Rohfasergehalt bei Kaninchen, Chinchillas und Meerschweinchen; generell Zufütterung von Grünfutter ab der zehnten Lebenswoche. – Für Zwergkaninchen, Meerschweinchen, Hamster, Mäuse, Ratten, Gerbils (= mongolische Wüstenrennmäuse), Chinchillas, Streifenhörnchen und Frettchen werden darüber hinaus spezielle Vorgaben zu den Bereichen „Käfigmindestgröße", „maximale Besatzdichten", „Ausstattung" und „Sozialverhalten" gemacht. – Mit Blick auf die hohe Sachkunde der TVT und wegen der Einhaltung der notwendigen Distanz zu den beteiligten Wirtschaftsinteressen bestehen keine Bedenken, diese Liste als antizipiertes Sachverständigengutachten zur Grundlage von Verfügungen nach § 16a S. 2 Nr. 1 i.V.m. § 2 zu machen (s. § 2 Rn. 46–49; vgl. auch *Moritz* AtD 2000, 28ff.). – Als weitere TVT-Checklisten für den Zoofachhandel seien genannt: Zierfischhaltungen (Merkblatt Nr. 37), Vogelhaltungen (Merkblatt Nr. 44), Reptilien (Merkblatt Nr. 47), Amphibien (Merkblatt Nr. 53), Vogelspinnen (Merkblatt Nr. 66) und Frettchenhaltung (Merkblatt Nr. 92).

4. Töten von Tieren im Zoofachhandel

76a Beim Töten von Tieren sind stets **drei Fragen** zu unterscheiden: „Ob" das Tier getötet werden darf (s. Rn. 76b); „wie" es getötet werden darf (s. Rn. 76c); „wer" es töten darf (s. Rn. 76d).

76b **„Ob"** ein Tier getötet werden darf, bestimmt sich nach dem Vorliegen eines vernünftigen Grundes (zB Lebensmittelgewinnung, s. § 17 Rn. 47; weidgerechte Jagdausübung im Rahmen ihrer ökologischen Ausgleichsfunktion, s. § 17 Rn. 14–24; weidgerechte Fischereiausübung, s. § 17 Rn. 28–32; Seuchenbekämpfung, s. § 17 Rn. 33–36). Bei einem unter erheblichen Schmerzen leidenden Tier besteht ein vernünftiger Grund für eine Tötung, wenn es nicht mehr geheilt werden kann, so dass sein Weiterleben nur unter erheblichen, nicht behebbaren Schmerzen oder Leiden möglich wäre. Ein vernünftiger Grund kommt auch dann in Betracht, wenn Behandlung zwar möglich aber so langwierig und schmerzhaft wäre, dass die mit ihr verbundenen Belastungen schwerer wiegen als der Tod. Das Verfüttern an ein anderes Tier kann ebenfalls ein vernünftiger Grund sein (s. Rn. 76d und § 17 Rn. 53). Dagegen kann das Töten überzähliger, nicht verkäuflicher oder chronisch kranker Tiere zum Zweck der Entsorgung oder der Einsparung von Behandlungskosten nicht als vernünftiger Grund gelten (s. § 1 Rn. 47, 56–58). – Bei Krankheits- und Seuchenausbrüchen hat die veterinärmedizinische Behandlung, sofern sie effektiv möglich ist, Vorrang vor der Tötung. Dem wird allerdings in § 7 der Verordnung zum Schutz gegen die Psittakose und Ornithose vom 20. 12. 2005 (BGBl. I S. 3531) nicht genügend Rechnung getragen. Dort heißt es, bei einem amtlich festgestellten Psittakoseausbruch seien alle Papageien und Sittiche des Bestandes tierärztlich zu behandeln „oder unter behördlicher Aufsicht zu töten oder töten zu lassen"; da aber inzwischen wirksame Mittel zur Psittakose-Behandlung zur Verfügung stehen, entspricht die Gleichsetzung von Behandlung und Tötung nicht mehr einem vernünftigen Grund, so dass die Regelung insoweit wegen Verstoßes gegen § 1 S. 2 und § 17 Nr. 1 als nichtig angesehen werden muss.

Das **„Wie"** der Tötung richtet sich nach § 4. Die Tötung darf also, abgesehen von spe- **76c**
zialgesetzlich geregelten Ausnahmen oder besonderen Extremsituationen (s. § 4 Rn. 6–9) nicht ohne Betäubung erfolgen. Von mehreren Methoden ist diejenige zu wählen, die am wenigsten mit Schmerzen, Leiden und Ängsten für das Tier verbunden ist. – Tiere im Zoofachhandel sind idR Heimtiere (vgl. Art. 1 Abs. 1 Europäisches Heimtierübereinkommen, EHÜ). Deshalb muss gemäß Art. 11 Abs. 1 S. 3 EHÜ die gewählte Methode außer im Notfall entweder zu sofortiger Bewusstlosigkeit und zum Tod führen oder mit einer tiefen allgemeinen Betäubung beginnen, gefolgt von einer weiteren Maßnahme, die sicher zum Tod führt. – Als schonendste Methode kommt hier in den meisten Fällen die Applikation eines nicht reizenden Euthanasiemittels in Betracht (da im Gegensatz zu Schlacht- und Futtertieren keine Rückstandsfreiheit gewährleistet werden muss).

„Wer" ein Tier töten darf, bestimmt sich nach § 4 Abs. 1 S. 3 und Abs. 1a. Bei Heimtie- **76d**
ren ist zusätzlich Art. 11 Abs. 1 EHÜ zu beachten, d.h.: Tötung nur durch den Tierarzt oder eine vergleichbar sachkundige Person. Ein Notfall, der eine Ausnahme rechtfertigt, kann nur angenommen werden, wenn das Tier schwer leidet und die Hilfe eines Tierarztes nicht innerhalb einer angemessenen Zeit erlangt werden kann, so dass der damit verbundene zeitliche Aufschub schwerer wiegt als die Tötung durch eine weniger sachkundige Person. Das Einsparen der Kosten für den Tierarzt ist hingegen kein Notfall. Auch bei einer therapierbaren Erkrankung oder einer schon länger andauernden Krankheit kann ein Notfall nicht angenommen werden. Ohnehin ist medikamentelle Euthanasie, die idR das schonendste und deswegen nach § 4 Abs. 1 gebotene Verfahren darstellt, dem Tierarzt vorbehalten (vgl. *Moritz/Knoll-Sauer* S. 6ff., dort auch zu Tötungsmethoden für einzelne Tierarten).

5. Futtertiere

Futtertiere werden insbesondere für karnivore Terrarientiere gezüchtet und gehalten. **76e**
Oft werden dazu Insekten, Würmer, Schnecken, Fische, kleine Echsen, aber auch Vögel und Säugetiere (Mäuse, Ratten, Gerbils, Hamster, Meerschweinchen, ggf. sogar Kaninchen und Ferkel) verwendet. – Bei Kontrollen, die nach § 16 in Zoogeschäften oder auch in größeren privaten Terrarienhaltungen stattfinden, sollte immer auch nach der Futtertierzucht gefragt und diese ggf. kontrolliert werden (vgl. *Kölle/Moritz* AtD 2006, 103; s. auch § 4 Rn. 13). Futtertiere sind keine Tiere 2. Klasse. Für ihre Haltung gilt § 2, für Transporte die Tierschutz-Transportverordnung und für das „Wie" ihrer Tötung § 4 und § 17 Nr. 2b. – Bei der nach § 11 Abs. 1 Nr. 3a erlaubnispflichtigen gewerblichen Haltung von Futtertieren dürfen jedenfalls die tierartbezogenen Minimalanforderungen, die sich aus dem überarbeiteten Anhang A des Europäischen Versuchstierübereinkommens

für entsprechende Versuchstiere ergeben, nicht unterschritten werden (s. Anh. zu § 2 Rn. 82ff.). Weil aber selbst bei Einhaltung aller dieser Vorgaben zahlreiche Grundbedürfnisse iS von § 2 Nr. 1 stark zurückgedrängt und die Bewegungsmöglichkeiten iS von § 2 Nr. 2 erheblich eingeschränkt werden und weil das im Versuchstierbereich dafür ins Feld geführte Argument der wissenschaftlich notwendigen Standardisierung der Zucht- und Haltungsbedingungen hier nicht eingreifen kann, müssen den Tieren sowohl mehr Platz und mehr Höhe als auch mehr „environmental enrichment" (d.h. Rückzugs- und Beschäftigungsmöglichkeiten sowie Beschäftigungsfutter und Nagematerial) zur Verfügung gestellt werden (vgl. *Kölle/Moritz* AtD 2006, 103, 104: wenn Makrolonkäfige unvermeidbar sind, müssen sie zumindest größer und höher und artgerechter strukturiert sein). – Private Haltungen müssen, um mit § 2 vereinbar zu sein, über die Minimalanforderungen für Versuchstiere hinausgehen und sowohl mehr Platz als auch mehr Strukturierung (Rückzugs- und Beschäftigungsmöglichkeiten, Beschäftigungsfutter u. Ä.) enthalten. Für vorübergehend gehaltene Tiere können hier die Anforderungen in der Checkliste der TVT zur Überprüfung der Kleinsäugerhaltung im Zoofachhandel (TVT-Merkblatt Nr. 46) eingefordert werden; für dauerhaft gehaltene Tiere sollten darüber hinaus die TVT-Merkblätter zur Haltung der verschiedenen Arten von Heimtieren herangezogen werden (*Kölle/Moritz* aaO). – Zum Transport von Jungtieren, die vom Muttertier noch nicht abgesetzt sind, s. TierSchTrV § 3 Rn. 2. Zur Tötung s. § 4 Rn. 9b. Zum Sachkundenachweis für das Töten bei Zoofachhändlern, die eine Futtertierzucht betreiben, s. § 4 Rn. 13. Zur Lebendverfütterung s. § 17 Rn. 53.

XVI. Versuchstierhaltungen

1. Allgemeine Anforderungen

77 Die **Anforderungen des § 2** gelten auch für Versuchstierhaltungen. Versuchtiere sind keine Tiere minderen Rechts (vgl. *L/M* § 8 Rn. 26). Auch sie müssen also die Möglichkeit haben, ihre Verhaltensbedürfnisse nach § 2 Nr. 1 (insbesondere Nahrungserwerbsverhalten, Ruheverhalten, Eigenkörperpflege, Sozialverhalten und Erkundung) im Wesentlichen zu befriedigen, und auch bei ihnen sind Einschränkungen der Bewegung (Lokomotion) verboten, wenn sie zu Schmerzen, vermeidbaren Leiden oder Schäden führen. – Fast noch deutlicher wird dies in Art. 5 S. 1b der EU-Tierversuchsrichtlinie 86/609/EWG ausgesprochen: „Die Mitgliedstaaten sorgen hinsichtlich der allgemeinen Pflege und Unterbringung der Tiere dafür, dass die Möglichkeiten der Versuchstiere, ihre physiologischen und ethologischen Bedürfnisse zu befriedigen, nur so weit eingeschränkt werden, wie dies unbedingt erforderlich ist" („any restriction ... shall be limited to the absolute minimum").

78 Dennoch gibt es in Versuchstierhaltungen zahlreiche **Einschränkungen der Grundbedürfnisse iS von § 2 Nr. 1 und der Bewegung iS von § 2 Nr. 2.** Als Gründe werden genannt: Der Versuchszweck erfordere sie; der angestrebte Hygienestatus sei sonst gefährdet; die Standardisierung werde sonst beeinträchtigt; mehr Platz und Anreicherung der Umgebung führten zu höheren Kosten und zusätzlichem Personalaufwand. – Der **Versuchszweck** kann aber nur solche Einschränkungen rechtfertigen, die unerlässlich (= unbedingt erforderlich, unumgänglich notwendig, s. § 7 Rn. 11) sind. Jede einzelne Einschränkung muss sich also aus dem verfolgten wissenschaftlichen Zweck ergeben. Mehrkosten, Personaleinsparung oder andere wirtschaftliche Gesichtspunkte haben auszuscheiden und begründen keine Unerlässlichkeit (vgl. *Metzger* in: *Erbs/Kohlhaas* T 95a Rn. 10; *Kloepfer/Rossi* NuR 2002, 133, 137). Jede Einschränkung darf nur so weit reichen, „als der wissenschaftliche Zweck es erzwingt" (*Metzger* aaO). – Stellt die nach Landesrecht zuständige Behörde fest, dass in einer Versuchstierhaltung ein Grundbedürfnis zurückgedrängt ist, so muss sie sich im Rahmen der Prüfung nach § 2 und § 7 Abs. 2, Abs. 3 folgende Fragen stellen: **1.** Steht der Versuchszweck, zu dem das Tier eingesetzt werden soll, bereits fest? **2.** Kann der für die Tierhaltung Verantwortliche den Nachweis erbringen (vgl.

§ 8 Abs. 2 Nr. 2, Abs. 3 Nr. 4), dass die Bedürfnis-Einschränkung nach Art, Ausmaß und Zeitdauer unbedingt notwendig ist, weil anderenfalls dieser Zweck vereitelt würde? **3.** Sind die Einschränkungen ethisch vertretbar, d.h. überwiegt der Nutzen des Versuchsvorhabens die Schmerzen, Leiden und Schäden des Versuchs einschließlich der haltungsbedingten Belastungen (s. § 7 Rn. 49–59)? **4.** Sofern Verhaltensstörungen auftreten, die erhebliche Leiden iS von § 17 Nr. 2b anzeigen: Genügt das Versuchsvorhaben auch den Anforderungen an die qualifizierte Abwägung nach § 7 Abs. 3 S. 2 (s. § 7 Rn. 66–69)? **5.** Beschränken sich die von § 2 abweichenden Haltungsformen auf die Zeit während des Versuchs und die diesem unmittelbar vorausgehende Adaptationsphase? (Abweichungen von § 2, die schon während der Vorratshaltung stattfinden, können nur schwer gerechtfertigt werden; zumindest sind an den Nachweis ihrer Unerlässlichkeit besonders strenge Anforderungen zu stellen). – Der notwendige **Hygienestatus** kann zB rechtfertigen, dass Hunden, die zur Erreichung des Versuchsziels unter gnotobiotischen Bedingungen gehalten werden müssen oder die in Infektionsversuchen verwendet werden, zeitweise kein Auslauf im Freien gewährt wird. Dass aber in den Ställen oder Käfigen zu wenig Platz herrscht oder keine ausreichenden Anreize für Beschäftigung, Erkundung und Bewegung zur Verfügung gestellt werden, ist idR keine Frage der unerlässlichen Hygiene, sondern Folge des Wunsches, den Personal-, Kosten- und Reinigungsaufwand einzusparen, den solches ‚environmental enrichment' erfordert. – Auch das Argument der **Standardisierung** kann idR nicht begründen, dass Tiere zu wenig Platz und Umweltreize bekommen. Untersuchungen an Ratten und Mäusen haben gezeigt, dass eine reizarme Aufzucht und Haltung die Gehirnentwicklung negativ beeinflusst, hirnorganische Veränderungen hervorruft und sich auf das Verhalten auswirkt, insbesondere die Tiere ängstlicher werden lässt. Vermeidung von Angst ist aber nicht nur eine Forderung iS des Tierschutzes, sondern auch iS des Tierversuches, da Belastungsreaktionen die Ergebnisse beeinflussen können (vgl. *Döring-Schätzl* 2003 S. 88, 90). Demgegenüber werden Tiere besser mit den Belastungen eines Experiments fertig, wenn sie frühzeitig die Möglichkeit erhalten, ein umfangreiches Verhaltensrepertoire einzuüben, wenn also zB Ratten, Mäuse und Hamster in ihren Käfigen nicht nur fressen, schlafen und im Kreis laufen, sondern auch zum Erkunden motiviert werden, sich verstecken können und Möglichkeiten zum Spielen und Nestbauen vorfinden (vgl. *Scharmann* S. 381, 382; *ders.* DTBl. 2005, 870: „Zahlreiche Untersuchungen haben nachgewiesen, dass die befürchtete Streuung der Versuchsergebnisse idR nicht eintritt; vielmehr wird neuerdings sogar die Frage gestellt, ob die bisherige reizarme, eingeschränkte Standardhaltung, in der die Tiere ihr Verhaltensrepertoire nur unzureichend entfalten können, überhaupt zu verwertbaren Versuchsergebnissen führt"). – Argumente wie **Personalaufwand und Kosten** sind nicht geeignet, eine Unerlässlichkeit zu begründen (s. § 7 Rn. 19 und § 9 Rn. 10).

Einschränkungen nicht als Regel, sondern als begründungs- und rechtfertigungs- 79
pflichtige Ausnahme. Weil Einschränkungen nur so weit gehen dürfen wie „unbedingt erforderlich" (bzw. auf das „absolute Minimum" beschränkt bleiben sollen, s. Rn. 77), müssen sie Ausnahmecharakter haben. In der Praxis sehen dies viele Versuchsleiter jedoch anders: Auf die Frage „Welche Gründe gibt es, an der bisherigen Haltungsform festzuhalten?" antwortete ein Versuchsleiter: „Sicherheit, Verfügbarkeit, Praktikabilität, Kostenersparnis, fehlende gesetzliche Anforderungen", und ein anderer erklärte: „Umweltanreicherung ist nur zu rechtfertigen, wenn tatsächlich ein Effekt auf Wohlbefinden nachgewiesen werden kann" (zitiert nach *Gruber* in: Evang. Akademie Bad Boll, Tierversuche S. 145). Beide Antworten entsprechen nicht dem Gesetz: Es wird verkannt, dass die artgemäßen Bedürfnisse iS des § 2 Nr. 1 unabhängig davon, ob sich im Einzelfall Leiden nachweisen lassen, befriedigt werden müssen (s. § 2 Rn. 15, 30); es wird übersehen, dass diese Bedürfnisse grds. nicht mit wirtschaftlichen Erwägungen verrechnet werden dürfen (s. § 2 Rn. 35); und es wird außer Acht gelassen, dass es der Versuchleiter ist, der die Unerlässlichkeit der jeweiligen Einschränkung anhand des Versuchszwecks begründen und belegen muss, anstatt dem Tier eine Begründungslast für seine Bedürfnisse aufzuerlegen.

80 **Der revidierte Anhang A zum Europäischen Versuchstierübereinkommen mit neuen Leitlinien für die Unterbringung und Pflege von Versuchstieren** ist anlässlich der 4. Multilateralen Konsultation am 15. 6. 2006 in Straßburg von den Vertragsparteien einstimmig angenommen worden. Nach Art. 5 Abs. 1 S. 3 dieses Übereinkommens ergibt sich daraus für die Bundesrepublik Deutschland die völkerrechtliche Pflicht, die neuen Leitlinien zu beachten (wobei die darin vorgegebenen räumlichen Standards nur Mindesterfordernisse darstellen, so dass es nach § 2 geboten sein kann, darüber hinauszugehen, zB bei einer langen Verweildauer der Tiere im jeweiligen Käfig oder Stall; vgl. Anh. A, Einl. Nr. 6). Für die Genehmigung neuer Anlagen nach § 11 Abs. 1 Nr. 1 gelten die neuen Leitlinien sofort. Bei bestehenden Anlagen sollen die notwendigen Änderungen oder Ersetzungen „innerhalb eines vernünftigen Zeitraumes erfolgen“, wobei aber auf die Einhaltung der neuen Flächen- und Höhenmaße und Besatzdichten sofort hingewirkt werden soll (vgl. Anh. A, Einl. Nr. 7). Da in dem neuen Anhang der aktuelle Stand der wissenschaftlichen Erkenntnisse zur Versuchstierhaltung wiedergegeben ist, können die Leitlinien im Wesentlichen als zutreffende Konkretisierung der §§ 2, 7 Abs. 2 und 3 angesehen und somit gegenüber den Haltern durch Anordnungen nach 16a S. 2 Nr. 1 i.V.m. § 2 und § 7 durchgesetzt werden. – Dagegen gibt Anhang I zur EU-Tierversuchsrichtlinie noch den früheren, durch die Neufassung überholten Stand des alten Anhangs A wieder, der lediglich ein vorwiegend an Kostengesichtspunkten und arbeitswirtschaftlichen Erwägungen ausgerichtetes tierschutzrechtliches Minimalprogramm enthielt und nicht mehr dem aktuellen wissenschaftlichen Kenntnisstand entspricht (zu den hauptsächlichen Mängeln vgl. *Scharmann* S. 381, 382: viel zu knappe Käfigbemessungen; absolute Reizlosigkeit und Monotonie der Haltungsbedingungen; biologisch nicht zu begründende lineare Relation zwischen Tiergewichten und Käfigfläche). – Auch die von der Gesellschaft für Versuchstierkunde (GV-SOLAS) herausgegebenen Empfehlungen reichen zur Konkretisierung der §§ 2, 7 Abs. 2 und 3 jedenfalls heute nicht mehr aus. Ihr Ziel war eine möglichst praktische und kostengünstige Tierhaltung unter reproduzierbaren und hygienischen Bedingungen, bei der ethologische Gesichtspunkte kaum Berücksichtigung fanden (*Scharmann* aaO; allgemein zur Verwertbarkeit von Gutachten s. § 2 Rn. 47, 48). – Dagegen können die Empfehlungen der TVT bei Kollisionslagen zwischen Versuchszweck und Verhaltensbedürfnissen zur Ermittlung des vom Gesetz gewollten Kompromisses nach wie vor hilfreich sein, weil hier sowohl von der notwendigen Distanz zu den beteiligten wirtschaftlichen Interessen als auch von ausreichender (insbesondere ethologischer) Sachkunde ausgegangen werden kann (s. § 2 Rn. 49). Dasselbe gilt für die Empfehlungen, die ein vom damaligen BMELF im Mai 1993 nach Berlin einberufener internationaler Workshop unter Beteiligung von mehr als 50 Experten ausgearbeitet hat, da hier ein pluralistisch zusammengesetztes Gremium tätig geworden ist, das sich ersichtlich um die nötige Distanz zu den beteiligten wirtschaftlichen Interessen und um die Einarbeitung aktueller ethologischer Erkenntnisse in seine Schlussfolgerungen bemüht hat (vgl. *O'Donoghue* S. V ff.; der neue Anhang A setzt diese Erkenntnisse in weiten Teilen um).

81 **Konsequenzen,** wenn die nach Landesrecht zuständige Behörde feststellt, dass in einer Versuchstierzucht oder -haltung die Mindestanforderungen des neuen (revidierten) Anhangs A nicht eingehalten oder sonst artgemäße Bedürfnisse stärker zurückgedrängt sind, als dies nach dem Versuchszweck unerlässlich und ethisch vertretbar ist: **1.** Die Versuchstierhaltung kann nicht genehmigt werden, vgl. § 11 Abs. 1, Abs. 2 Nr. 3. Bei bestehenden Haltungen ist eine Rücknahme oder ein Widerruf der Genehmigung zu prüfen, vgl. §§ 48, 49 VwVfG. **2.** Es besteht Anlass für ein Einschreiten nach § 16a S. 2 Nr. 1, besonders dann, wenn das Angebot an Fläche und/oder Höhe für die Tiere geringer ist als vom neuen Anhang A vorgeschrieben. (s. dort Einleitung Nr. 7; zu Anordnungen gegenüber genehmigten Anlagen s. auch § 16a Rn. 13). Anhang A konkretisiert insoweit den aktuellen Stand der wissenschaftlichen Erkenntnisse über eine den Anforderungen des § 2 entsprechende und die Erfordernisse des Versuchszwecks einbeziehende Unterbringung von Versuchstieren. **3.** Die Genehmigung eines jeden Versuchsvorhabens setzt u.a. vor-

aus, dass nach § 8 Abs. 3 Nr. 4 eine „den Anforderungen des § 2 entsprechende Unterbringung und Pflege sichergestellt" ist, d.h. von dem Antragsteller nachgewiesen wird. Dafür wird die Einhaltung des neuen Anhangs A idR ausreichen; nicht ausreichend ist es dagegen, wenn lediglich die Einhaltung des alten Anhangs I der EU-Tierversuchsrichtlinie oder der GV-SOLAS-Empfehlungen belegt werden kann (s. Rn. 80).

2. Nager (Mäuse, Ratten, Gerbils, Hamster, Meerschweinchen)

Die **Standardkäfige,** in denen Labornager regelmäßig untergebracht sind, können in vier Typen unterteilt werden: In Typ 1 beträgt die Grundfläche 200 cm^2 und die Höhe 13 cm; Typ 2 hat 350 cm^2 Grundfläche und 14 cm Höhe; in Typ 3 beträgt die Grundfläche 800 cm^2 und die Höhe 15 cm; Typ 4 hat 1800 cm^2 Grundfläche und 19 cm Höhe (zur Definition des Begriffs „Käfig" s. § 13 TierSchNutztV Rn. 3). 82

Allgemeine Anforderungen. Soziallebende Tiere sollten in stabilen und harmonischen Gruppen gehalten werden (vgl. Anh. A. 4.1; vgl. auch *O'Donoghue* S. 5: 4–12 Tiere, bei Meerschweinchen jedoch große Kolonien). Einstreu, Nestmaterial und Räume zum Sich-Verstecken und Ausweichen werden als sehr wichtig bezeichnet (Anh. A, A. 4.2). Mäuse, Ratten, Hamster und Gerbils benötigen manipulierbares Nestmaterial, um sich einen artangemessenen Ruhebereich zu schaffen; für Meerschweinchen, Hamster und Ratten sind darüber hinaus Nestboxen oder andere Rückzugsräume wichtig. Viele Arten von Nagern versuchen, ihre Umgebung in Bereiche zur Futteraufnahme, zum Ruhen, zum Futter-Vergraben und zum Urinieren aufzuteilen. Material zur Anreicherung der Umgebung wie Röhren, Kästen und Klettergestelle sind mit Erfolg eingesetzt worden und werden stark empfohlen (Anh. A aaO). Befestigter Boden mit Einstreu ist besser als Gitter- oder Drahtboden; wo dennoch Gitter oder Draht verwendet wird, sollte zumindest ein befestigter oder eingestreuter Bereich zum gleichzeitigen Ruhen zur Verfügung stehen. Muttertiere sollten gegen Ende der Trächtigkeit und während der Geburt und der Laktation nur auf befestigtem Boden mit Einstreu gehalten werden (Anh. A, A. 4.3.2). – Käfigräume sollten strukturiert werden, insbesondere durch Abteilungen, Plattformen, Röhren, Flaschen oder Kisten. Die Tiere sollten auch mit Objekten, die sie herumtragen, untersuchen und verändern können, versorgt werden; am wichtigsten ist aber, mit Hilfe von Einstreu und Nestbaumaterial ihre lokomotorische Aktivität anzuregen und zu steigern (vgl. *O'Donoghue* S. 4–9). Befürchtungen, dass solches ‚environmental enrichment' auf Kosten der Standardisierung gehen könne, übersehen, dass ausgeglichenere Tiere idR auch bessere Versuchsergebnisse liefern. Hintergrund solcher Einwände ist meistens, dass Verbesserungen der praxisüblichen Haltungsbedingungen wegen der großen Zahl der Tiere nicht unerhebliche Kosten verursachen würden und dass durch Nager das menschliche Mitleidsempfinden weniger stark berührt wird als zB durch Hunde, Katzen, Kaninchen und Primaten; beides begründet aber keine Rechtfertigung für die bisher üblichen Einschränkungen (vgl. *O'Donoghue* S. 1) 83

Mäuse besitzen trotz ihrer Domestikation und Laborisierung noch weitgehend das Verhaltensrepertoire ihrer frei lebenden Vorfahren. Sie sind hauptsächlich nachtaktiv, graben, klettern und bauen Nester zum Wohnen und zum Aufziehen ihrer Jungen. Dabei meiden sie offenes Gelände und halten sich vorzugsweise in der Nähe von Wänden u. Ä. auf (Anh. A, A. 1). Unter naturnahen Bedingungen verbringen sie einen großen Teil ihrer aktiven Zeit mit Erkundung und Futtersuche. Dabei sind sie sehr bewegungsaktiv und geschickt im Klettern und Springen. Diese Bedürfnisse bestehen auch im Käfig fort: Bietet man ihnen dort ein entsprechendes Umfeld, so beginnen sie sogleich mit Verhaltensweisen wie Nestbauen, Erkunden, Futtersuche u.Ä. (vgl. *Scharmann* aaO S. 384, 385). – Nach dem neuen Anhang A muss das Behältnis, in dem Mäuse gehalten werden, eine Bodenfläche von mindestens 330 cm^2 haben und mindestens 12 cm hoch sein (also dürfen Standardkäfige des Typs 1 nicht mehr verwendet werden); je nach Gewicht muss pro Tier eine Bodenfläche von 60–100 cm^2 gewährt werden. In der Zucht sind für ein Paar mit säugenden Jungen 330 cm^2 und für jedes hinzukommende Muttertier mit Jungen weitere 84

180 cm² vorgeschrieben (Anh. A Tab. A. 1). Einstreu, veränderbares Nestbaumaterial sowie Schutz- und Rückzugsräume werden als sehr wichtig bezeichnet (Anh. A, A. 4.2). – Von *Scharmann* wird ein Plastikkäfig des Typs 3 für maximal 8 Tiere empfohlen, angereichert durch einen Einsatz, der eine zweite Ebene schafft und durch Gegenstände Anreize zum Erkunden, Klettern, Verstecken, Unterteilen in Kot- und Ruheplatz sowie zum Nestbauen bietet; zusätzlich bedürfe es eines Gestells zum Klettern und Nagen sowie eines Angebots von Nestbaumaterial, zB in Form von sterilisiertem Zellstoff oder Holzwolle (vgl. *Scharmann* aaO S. 385, 386; TVT-Merkblatt Nr. 18). – Eine Unterschreitung dieser Mindestanforderungen lässt sich idR durch keinen Versuchszweck rechtfertigen; im Gegenteil ist anzunehmen, dass Mäuse aus angereicherten Käfigen besser mit den wechselnden Versuchsbedingungen fertig werden (s. Rn. 78; vgl. auch ALTEX 19, 2002, 89: „Ein rotes Haus für die Maus"; *van de Weerd* et al. Journal of Applied Animal Welfare Science 5/2, 2002, 87–109. Das „mouse-house" besteht aus rotem, durchsichtigen Kunststoff (Makrolon) und hat mehrere Öffnungen zum Hineinkriechen; für Mäuse ist es im Haus dunkel, da sie rot als schwarz sehen; der Mensch aber kann hindurchsehen und so die Tiere beobachten). – Zeigen sich unter restriktiven Haltungsbedingungen Verhaltensstörungen, zB ständiges Im-Kreis-Laufen, Loopingschlagen, Gitternagen und Wandscharren, so sind dies, wie sonst auch, Indizien für erhebliche, anhaltende Leiden iS des § 17 Nr. 2b (s. dort Rn. 69–77 sowie § 7 Rn. 66–69; vgl. auch *Würbel/Stauffacher* KTBL-Schrift 370 S. 85–96).

85 **Ratten** zeigen ein ähnlich reichhaltiges Verhaltensrepertoire und benötigen ebenfalls Einstreu, Nestbaumaterial sowie Schutz- und Rückzugsräume. Wie viele Arten von Nagetieren versuchen sie, ihren Lebensraum in Bereiche zum Ruhen, zur Nahrungsaufnahme, zum Futtervergraben und zum Urinieren zu unterteilen (vgl. Anh. A, A. 4.2). Eine besondere Eigenschaft der hoch sozialen Tiere ist das Spielen, bestehend aus Rennen, Springen, Sich-Verfolgen und Sich-Balgen (vgl. *Scharmann* S. 386). Daher benötigen Ratten wesentlich mehr freie Flächen im Käfig als Mäuse. Beim Orientieren und Erkunden richten sie sich auf und stellen sich auf die Hinterbeine. – Nach dem neuen Anhang A muss das Behältnis, in dem Ratten gehalten werden, mindestens 800 cm² Bodenfläche haben und mindestens 18 cm hoch sein; je nach Gewicht muss pro Tier eine Fläche von 200–600 cm² gewährt werden. In der Zucht sind für ein Muttertier mit Jungen 800 cm² und für jedes weitere erwachsene Tier weitere 400 cm² vorgeschrieben (Anh. A Tab. A. 2). Schutz- und Rückzugsbereiche, Einstreu sowie manipulierbares Nestmaterial zur Gestaltung eines artangemessenen Ruhebereichs werden als sehr wichtig bezeichnet (Anh. A, A. 4.2). – Von den Standardkäfigen kommt damit nur noch Typ 4 in Frage, zumal nicht ersichtlich ist, dass Ratten dadurch, dass ihnen das Aufrichten auf die Hinterbeine ermöglicht wird, die Einheitlichkeit der Versuchsergebnisse gefährden könnten. Auch die Unterteilung des Raumes in Bereiche zum Ruhen, Spielen, Urinieren und zur Nahrungsaufnahme ist allenfalls in einem Käfig von der Größe des Typs 4 möglich, ebenso das Rennen oder Springen. Hinzu kommen müssen Gelegenheiten zum Unterschlupf sowie Nistmaterial, Material zum Nagen und Herumtragen, evtl. auch, soweit es der Versuchszweck zulässt, Körner, verteilt in der Einstreu (vgl. *Scharmann* S. 387, 388; TVT-Merkblatt Nr. 18).

85a Für **Gerbils** wird im neuen Anhang A eine Bodenfläche von nicht unter 1200 cm² und eine Mindesthöhe von 18 cm vorgeschrieben (Standardkäfige der Typen 1, 2 und 3 sind also untersagt); je nach Gewicht müssen pro Tier 150–250 cm² zur Verfügung stehen. In der Zucht sind für ein Paar mit Nachwuchs mindestens 1200 cm² erforderlich (Anh. A Tab. A. 3). Die Tiere benötigen eine dicke Schicht Einstreu zum Graben und Nestbauen oder einen Erdhöhlen-Ersatz von mindestens 20 cm Länge (Anh. A, A. 4.2). Obwohl sie Wüstentiere sind, muss ihnen immer Trinkwasser zur Verfügung stehen (Anh. A Allg. Teil 4.7.1). – In konventionellen Käfigen ist eine artgerechte Haltung von Gerbils nicht möglich, wie die regelmäßig auftretenden Stereotypien (stereotypes Graben) zeigen.

86 **Hamster** weisen in strukturierter Umgebung ein enormes Laufpensum und einen starken Erkundungsdrang auf und zeigen Nagen, Klettern, Graben, Sich-Verbergen, Futter-

Verstecken und Nestbauverhalten. – Im neuen Anhang A wird für Einrichtungen mit Hamstern eine Mindestfläche von 800 cm² und eine Mindesthöhe von 14 cm vorgeschrieben (also dürfen Standardkäfige der Typen 1 und 2 nicht mehr verwendet werden) Je nach Gewicht muss pro Tier eine Bodenfläche von 150–250 cm² gewährt werden. In der Zucht sind für ein Paar mit Jungen mindestens 800 cm² vorgeschrieben (Anh. A Tab. A. 4). Auch hier werden Schutz- und Rückzugsbereiche, Einstreu sowie manipulierbares Nestmaterial, mit dem ein artangemessener Ruhebereich hergestellt werden kann, als sehr wichtig bezeichnet (Anh. A, A. 4.2).

Meerschweinchen zeigen unter naturnahen Bedingungen u. a.: Spielverhalten wie Hop- 87
sen und Rennen, Sich-Verbergen, Zusammenleben in Gruppen oder Kolonien nach erlernten Verhaltensregeln. Verhaltensgerechter als die Käfighaltung ist die Koloniehaltung auf dem Boden, zumal Käfige mit Bodenrosten aus Metall zu Schäden an den Füßen führen können (vgl. *Scharmann* aaO S. 388). Unabhängig von der Haltungsform sollten sie immer mit veränderbarem Material wie Heu versorgt werden, sowohl zum Kauen als auch zum Sich-Verbergen. Außerdem sind Nestmaterial und Nestboxen wichtig. – Im neuen Anhang A wird für Einrichtungen mit Meerschweinchen eine Mindesthöhe von 23 cm vorgeschrieben. Die Mindestbodenfläche muss für Tiere bis 450 g 1800 cm² und für schwerere Tiere 2500 cm² betragen (also keine Meerschweinchen-Haltung mehr in Standardkäfigen). Die Bodenfläche je Einzeltier muss je nach Gewicht zwischen 200 und 900 cm² umfassen. In der Zucht müssen für ein Paar mit Jungen 2500 cm² zur Verfügung stehen.

3. Kaninchen

Die **Grund- und Bewegungsbedürfnisse** von Kaninchen sind in Rn. 6 und 7 beschrie- 88
ben. Auch Laborkaninchen zeigen, wenn sie die Möglichkeit dazu haben, vielfältige Bewegungsformen wie Hoppeln, Rennen, Springen, Hakenschlagen, Männchen machen, Scharren und Graben. Zum Aufenthalt und Ruhen suchen sie bevorzugt erhöhte Liegeplätze auf. Zuchthäsinnen versuchen, das Nest ihrer Jungen mit geeignetem Material auszupolstern und gegen die Außenwelt abzuschotten (vgl. *Scharmann* S. 389).

Verhaltensgerecht ist damit grundsätzlich nur die **Bodenhaltung** mit frühzeitig zu- 89
sammengesetzten, stabilen Gruppen (geschlechtsreife Böcke können allerdings idR nicht zusammen gehalten werden; eine Ausnahme gilt evtl. für Wurfgeschwister, die stets zusammen geblieben sind). Vom Berliner Workshop werden eine Mindestfläche von 2 m² für 2–4 Kaninchen (je nach Zuchtlinie und Alter) und zusätzliche 0,25–0,5 m² für jedes hinzukommende Tier empfohlen (vgl. *O'Donoghue* S. 22). Weitere Anforderungen: Unterteilung und Strukturierung des Raumes in Futter-, Aufenthalts- und Nestbereich; Rückzugs- und Unterschlupfmöglichkeiten; erhöhte Liegeplätze; Einstreu und Material zum Nagen; Nestboxen mit Nestmaterial für jede Zuchthäsin. Dass diese Haltungsform an das Management höhere Anforderungen stellt als die Käfighaltung begründet keine Unerlässlichkeit iS von Rn. 78. Der Versuchszweck ist in vielen Fällen kein Hinderungsgrund (vgl. *Scharmann* S. 391).

Die noch weit verbreitete **Käfighaltung** hat für Kaninchen zahlreiche Nachteile, die 90
vom Berliner Workshop u. a. folgendermaßen beschrieben werden: äußerst geringe Bewegungsfreiheit, dadurch Veränderung des Lokomotionsverhaltens, schließlich Unfähigkeit zum Hoppeln und anatomische Schäden; Monotonie und Mangel an Beschäftigung, dadurch Stereotypien wie Drahtnagen, exzessives Wandkratzen und Wandlecken; Ruhelosigkeit, u. a. in Form von afunktionalen Aktivitätsschüben mit zusammenhangloser Aneinanderreihung von Verhaltenselementen aus den verschiedensten Funktionskreisen; keine Möglichkeit zur Raumunterteilung, dadurch Unruhe; Mangel an Nestbaumaterial und offene Nestboxen, dadurch gestörtes Nestbauverhalten und zu frühes Verlassen des Nestes durch die Jungen; reizlose Umgebung ohne Rückzugsmöglichkeiten, dadurch gestörtes Pflegeverhalten gegenüber den Jungen, Fälle von Kannibalismus (vgl. *O'Donog-*

hue S. 16). Deshalb sind an den Nachweis, dass der Versuchszweck eine Käfighaltung wissenschaftlich unerlässlich macht, strenge Anforderungen zu stellen (vgl. Anh. A, B.4.3: Kaninchen sollten wo immer möglich in Ställen gehalten werden). – Nach Anhang A müssen alle Einrichtungen, in denen Kaninchen gehalten werden (egal ob Käfig oder Stall), je nach Gewicht für ein oder zwei miteinander harmonierende Tiere eine Bodenfläche von 3500–5400 cm^2 und eine Höhe von 45–60 cm haben. Dabei wird davon ausgegangen, dass sich in ca. 25–30 cm Höhe eine erhöhte Ebene befindet, auf der die Tiere gleichzeitig sitzen und liegen können; fehlt es daran, so ist die Bodenfläche für ein Tier um 33 % und für zwei Tiere um 60 % zu vergrößern. In der Zucht müssen für das Muttertier je nach Gewicht 3500–5400 cm^2 Fläche und 45–60 cm Höhe zur Verfügung stehen. Hinzu kommen muss eine mit Stroh oder anderem Nestbaumaterial ausgestattete Nestbox von 1000–1400 cm^2, wobei dem Muttertier die Möglichkeit gegeben werden sollte, sich von den Jungen in ein anderes Abteil oder auf eine erhöhte Ebene zurückzuziehen, sobald diese das Nest verlassen können (Anh. A, B.4.3 und Tab. B.1–B.4). – Befestigte und eingestreute Böden sind gegenüber Gitter- oder Drahtböden vorzuziehen. Wo gleichwohl noch Drahtböden verwendet werden, sollte dies nicht ohne einen befestigten Ruhebereich, der alle Tiere gleichzeitig aufnehmen kann, geschehen (Anh. A, B.4.3.2). Zur Anreicherung der Umgebung werden Raufutter, Heu oder Holzstäbchen zum Nagen sowie ein Bereich zum Ausweichen und Deckung-Suchen empfohlen (Anh. A, B.4.2). Dass es Versuchszwecke geben könnte, die diesen Mindestanforderungen entgegenstehen, ist kaum vorstellbar, wie u. a. der weltweite Erfolg der Forschung in der Schweiz, in der diese Vorgaben seit längerer Zeit gelten, belegt.

4. Hunde

91 Grds. gelten für die Haltung und Pflege von Versuchshunden alle **Vorschriften der Tierschutz-Hundeverordnung,** u. a.: Gruppenhaltung (s. dort § 2 Rn. 4; vgl. auch *Scharmann* S. 395: am besten gleichgeschlechtliche Gruppen von 2–4 Tieren); täglicher Auslauf im Freien während mindestens einer Stunde (s. dort § 2 Rn. 2); für den einzeln gehaltenen Hund täglich mehrmaliger Umgang mit Betreuungspersonen in einem zeitlichen Rahmen von mindestens zwei Stunden (s. dort § 2 Rn. 3); keine Haltung in fensterlosen Räumen (s. dort § 5 Rn. 1); bei Haltung in Ställen, Boxen, Käfigen oder Zwingern Einhaltung bestimmter Mindestbodenflächen, zB bei einer Widerristhöhe bis 50 cm 6 m^2 für den ersten und 3 m^2 für jeden hinzukommenden Hund (s. dort § 5 Rn. 2 und § 6 Rn. 3); freie Sicht nach außen auf wenigstens einer Seite des Zwingers oder Gebäudes (s. dort § 6 Rn. 4, § 5 Rn. 3).

92 **Abweichungen von einzelnen Vorschriften der Tierschutz-Hundeverordnung** dürfen nach § 1 Abs. 2 Nr. 3 TierSchHundeV nur zugelassen werden, soweit sie für den Versuchszweck unerlässlich sind. Hundehaltungen zu wissenschaftlichen Zwecken sind also nicht etwa generell von den tierfreundlichen Anforderungen der TierSchHundeV dispensiert und stattdessen von vornherein nur den weniger strengen Vorgaben des neuen Anhangs A zum Europäischen Versuchstierübereinkommen unterstellt. Vielmehr muss jede einzelne Abweichung von der TierSchHundeV darauf geprüft werden, ob sie nach Art, Ausmaß und Zeitdauer wirklich unumgänglich notwendig ist und ob der Verantwortliche diese Notwendigkeit nachzuweisen vermag. – Das ist zunächst im Genehmigungsverfahren nach § 11 Abs. 1 Nr. 1 zu beachten: Wer eine Hundezucht oder -haltung zu wissenschaftlichen Zwecken betreiben will, muss der Behörde nach § 11 Abs. 2 Nr. 3 nachweisen, dass die Räume und Einrichtungen allen Anforderungen des § 2 TierSchG und der Tierschutz-Hundeverordnung entsprechen. Will er dabei von einer oder mehreren Bestimmungen der Verordnung abweichen, so erfordert dies neben der wissenschaftlich begründeten Darlegung des (späteren) Versuchszweckes den Nachweis, dass jede der geplanten Abweichungen nach Art, Ausmaß und Zeitdauer unumgänglich notwendig ist, um den Versuchszweck nicht zu gefährden (vgl. *Metzger* in: *Erbs/Kohlhaas* T 95 a Rn. 10:

„Ausnahme nur so weit, als der wissenschaftliche Zweck es erzwingt"). – Dasselbe gilt nach § 8 Abs. 3 Nr. 4, wenn ein Tierversuch mit Hunden genehmigt werden soll (s. § 8 Rn. 13). – Der Regierungsentwurf zu § 1 TierSchHundeV hatte dagegen noch vorgesehen, die Entscheidung über die Unerlässlichkeit von abweichenden Anforderungen „dem Urteil des für die Haltung Verantwortlichen" zu überlassen. Dagegen aber mit Recht der Bundesrat: „Das kann keine objektive Beurteilung sein" (Beschluss, BR-Drucks. 580/00 Anl. S. 1). Die Behörde muss also die Unerlässlichkeit der einzelnen Abweichungen gemäß § 24 Abs. 1 VwVfG in eigener Verantwortung prüfen, notfalls mit Hilfe von Sachverständigengutachten gemäß § 26 Abs. 1 Nr. 2 VwVfG (dazu, dass für das Merkmal der Unerlässlichkeit nicht mehr die früher übliche „qualifizierte Plausibilitätskontrolle" genügt s. § 8 Rn. 9, 13). – Besonders strenge Anforderungen sind an den Nachweis der Unerlässlichkeit zu stellen, wenn Abweichungen von der TierSchHundeV schon während der Vorratshaltung (statt erst während des eigentlichen Versuchs und der unmittelbar vorausgehenden Adaptationsphase) stattfinden sollen (ohnehin dürfen nach dem Wortlaut von § 1 Abs. 2 Nr. 3 TierSchHundeV Hunde, die nicht zu Tierversuchen, sondern zu anderen wissenschaftlichen Zwecken bestimmt sind, erst „bei" den jeweiligen Eingriffen oder Behandlungen abweichend gehalten werden, also nicht schon während der Vorratshaltung; kritisch dazu *Kloepfer/Rossi* NuR 2002, 133 ff.). – Mehrkosten, erhöhter Personalaufwand und andere wirtschaftliche Gesichtspunkte, aber auch Aspekte des Umweltschutzes begründen keine Unerlässlichkeit für eine Abweichung von den Vorschriften der TierSchHundeV (vgl. *Metzger* aaO; *Kloepfer/Rossi* NuR 2002, 133, 137).

Soweit zB zur **Standardisierung und Aufrechterhaltung eines besonderen Hygienestatus** Abweichungen von der TierSchHundeV unerlässlich sind, hat der Verantwortliche die Einhaltung der Mindestanforderungen des neuen Anhangs A zum Europäischen Versuchstierübereinkommen zu gewährleisten. Danach müssen Einrichtungen für Versuchshunde mindestens 4 m^2 groß und 2 m hoch sein. Je nach Gewicht müssen für einen einzelnen Hund oder ein harmonierendes Paar mindestens 4–8 m^2 und für jeden dazu kommenden Hund weitere 2–4 m^2 zur Verfügung stehen (Anh. A, Tab. D.1). Für Mutterhündinnen mit Wurf muss die Einrichtung 4–8 m^2 groß und 2 m hoch sein; die erforderliche Fläche für eine Hündin mit Wurf beträgt nach Maßgabe des Gesamtgewichts zwischen 0,5 und 4 m^2. Diese Vorgaben sind an Beagle-Hunden ausgerichtet und müssen für besonders großrahmige Hunderassen entsprechend erweitert werden. Besonders betont wird die Bedeutung der Gruppenhaltung: Einzelhaltung eines Hundes, selbst für kurze Zeit, ist ein signifikanter Stressfaktor, sodass sie für mehr als vier Stunden nur in besonderen Ausnahmefällen zulässig sein kann; in solchen Fällen bedarf es dann zusätzlicher Sozialkontakte mit Menschen sowie täglicher visueller, akustischer und wenn möglich Berührungskontakte mit anderen Hunden sowie möglichst eines täglichen Auslaufs. Wenn ein Hund aus wissenschaftlichen Gründen einzeln und auf weniger als der vorgeschriebenen Fläche gehalten werden soll, sollte dies auf keinen Fall länger als vier Stunden dauern. Besonders für toxikologische Studien wird die paarweise Haltung befürwortet. Besondere Beschränkungen (wie Stoffwechsel-Käfige oder eine Fixierung) können das Wohlbefinden schwer beeinträchtigen; die Raumzuteilungen in solchen Einrichtungen sollten der Tabelle D.1 so weit wie möglich entsprechen, und dem Hund muss in jedem Fall das Sich-Ausstrecken, das Liegen und das Sich-Umdrehen ermöglicht werden. Für alle Haltungseinrichtungen werden zur Anreicherung der Umgebung Rückzugsräume, Spielzeug, Kaumaterial sowie erhöhte Plattformen und die Unterteilung des Stall- oder Käfigraums in verschiedene Bereiche empfohlen. Die Bedeutung von täglicher Bewegung, möglichst zusammen mit anderen Hunden und mit menschlichem Sozialkontakt, wird besonders betont. Ausläufe sollten wo immer möglich zur Verfügung gestellt werden. Der Boden der Haltungseinrichtung sollte nicht aus Gitter oder Draht bestehen, sondern fest und glatt sein. In jedem Fall bedarf es eines befestigten bequemen Liegebereichs, auf dem alle Tiere gleichzeitig ruhen können (Anh. A, 4.1–4.3). – Bei Hundehaltungen, die nicht dem neuen Anhang A entsprechen, sondern sich stattdessen nur an den Minimalanforderungen 93 der Tabellen 7 und 8 des alten Anhangs A orientieren, kann es aufgrund von Deprivationen zu Stereotypien und unnötigen Belastungsreaktionen kommen, die sich negativ auf die Versuchsergebnisse auswirken können (vgl. *Döring-Schätzl* S. 85, 92). – Eine Käfighaltung von Hunden lässt sich nur in extremen Ausnahmefällen und nur für kurze Zeit wissenschaftlich begründen. Da Käfige ebenso wie Boxen Räume sind, die nicht dem Aufenthalt von Menschen dienen, müssen grds. nach § 5 Abs. 2 auch hier die Bodenflächen des § 6 Abs. 2 TierSchHundeV eingehalten werden. Soweit es aus wissenschaftlichen Gründen unerlässlich ist, den Auslauf vollständig zu unterbinden, muss dieser zumindest nach 14 Tagen gewährt werden (und von da an täglich für mindestens 30 Minuten, vgl. die Empfehlungen des Berliner Workshops, *O'Donoghue* S. 40). Den Kontakt zu Betreuungspersonen regelt auch für käfiggehaltene Hunde § 2 Abs. 3 TierSchHundeV (s. dort Rn. 3). – Manche der Beeinträchtigungen, die durch Gruppenhaltung, Bewegungsraum und Umgebungsanreicherung für den Versuchszweck befürchtet werden, können bereits durch eine tiergerechte Strukturierung des Raumes vermieden werden (vgl. *Döring-Schätzl* S. 85, 92: Vermeidung von Engpässen, Sackgassen, Konkurrenzsituationen; „eine tiergerechte Haltung dient auch einer guten Qualität der Versuche").

5. Katzen

94 Nach dem neuen Anhang A müssen Einrichtungen für Versuchskatzen mindestens 2 m hoch sein; für die erste erwachsene Katze sind 1,5 m² Bodenfläche und auf einer erhöhten Ebene weitere 0,5 m² zur Verfügung zu stellen; für jede dazu kommende Katze ist die Bodenfläche um 0,75 m² und die Fläche auf der erhöhten Ebene um 0,25 m² zu erweitern. Bei Mutterkatzen mit Jungen muss die Fläche mit zunehmendem Alter der Jungen nach und nach so erweitert werden, dass nach vier Monaten jedem Tier der für eine erwachsene Katze vorgeschriebene Raum zur Verfügung stünde, wobei das normale Absetzalter bei sieben bis neun Wochen liegt (Anh. A Tab. C.1). Wenn aus besonderen Gründen eine Unterbringung in einem engeren Raum (zB Stoffwechsel-Käfig) unerlässlich ist, kann dies das Wohlbefinden der Tiere schwer beeinträchtigen und sollte deshalb auf das zeitliche Minimum beschränkt werden; außerdem soll der verfügbare Raum den Vorgaben der Tabelle C.1 auch in diesem Fall so weit wie möglich angenähert werden, und in jedem Fall muss sich die Katze sowohl horizontal als auch vertikal voll ausstrecken, liegen und sich umdrehen können. Grds. ist Gruppenhaltung vorgeschrieben. Für an Gruppenhaltung gewöhnte Katzen bildet Einzelhaltung einen signifikanten Stressfaktor und muss deshalb grds. auf 24 Stunden beschränkt bleiben. Im Tierversuch verwendete Katzen sollten sowohl gegenüber Menschen als auch Artgenossen sozialisiert sein, so dass stets eine Haltung als Paar möglich sein muss. Täglich sollte es eine Zeit für spielerische Kontakte mit Menschen geben. Zur Anreicherung der Umgebung werden erhöhte Strukturen (zB ein auf einem erhöhten Brett befindliches, von drei Seiten umschlossenes Lager), Ausweich- und Rückzugsräume, vertikale Holzflächen zum Krallenschärfen, regelmäßig ausgewechseltes Spielzeug und Ausläufe empfohlen. Der Boden sollte befestigt sein und nicht aus Gitter oder Draht bestehen. Der Liegebereich, der allen Katzen das gleichzeitige Ruhen ermöglichen muss, sollte in jedem Fall befestigt und bequem sein. Die praktische Erfahrung zeigt, dass eine Unterbringung in Stoffwechsel-Käfigen oftmals nicht unerlässlich ist, da man Kot und Urin direkt in Schalen mit Streu sammeln kann (Anh. A, C.4.1–4.3). – Auch die TVT-Empfehlungen sehen Haltung in Käfigen nur in extremen Ausnahmefällen und auch dann nur vorübergehend und mit täglichem Auslauf vor. Weitere Vorgaben sind: Bei Boxenhaltung 2 m² je Tier und Ausstattung mit Katzentoilette, Klettermöglichkeit, Kratzbaum, Hartholzbrettern in verschiedenen Höhen, Spielzeug, Höhlen als Rückzugsräume, möglichst Auslauf; grds. anstelle von Boxenhaltung Zwingerhaltung mit höherem Platzangebot und iÜ gleicher Strukturierung. Gruppenhaltung unter Beachtung von Sozialbindungen und Unverträglichkeiten (vgl. TVT-Merkblatt zur tierschutzgerechten Haltung von Versuchstieren, Hund und Katze; vgl. auch *O'Donoghue* S. 31–35).

6. Hühner, Rinder, Schweine

Für **Hühner** werden im neuen Anhang A als wichtigste Verhaltensweisen das Nestbauverhalten, das Aufbaumen, die Nahrungssuche einschließlich Picken und Scharren sowie das Staubbaden beschrieben. Legehennen sollten Zugang zu einem Nest haben, wobei bei Gruppenhaltung für jeweils zwei Hennen ein Nest zur Verfügung stehen sollte. Die Möglichkeit zum Substratpicken, Aufbaumen und Staubbaden sollte vom ersten Lebenstag an gewährt werden. Alle Vögel sollten 15 cm Platz auf den Sitzstangen jeder Ebene haben. Da sie zur Ausführung von Komfortverhalten wie Flügelschlagen, Aufplustern und Beinstrecken hoch motiviert sind, sollten sie in Einrichtungen gehalten werden, die diese Verhaltensweisen ermöglichen, zumal diese auch der Vermeidung von Knochenschwäche dienen. Im Idealfall sollte ein Auslauf zur Verfügung stehen, der aber mit Büschen o. Ä. versehen sein muss, um zu seiner Benutzung anzuregen. Wo aus wissenschaftlichen Gründen Gitterboden verwendet werden muss, sollte es eine befestigte Fläche mit Einstreu geben (Anh. A, H. b). Die Bodenfläche, Höhe und Futtertroglänge, die pro Tier zur Verfügung stehen muss, wird in Abhängigkeit vom Gewicht bestimmt: ZB muss für eine 1800 g schwere Legehenne eine Fläche von 0,11 m^2, eine Höhe von 75 cm und eine Futtertroglänge von 15 cm zum gleichzeitigen Fressen gewährt werden (Anh. A Tab. H. 2; diese Maße sind ein deutlicher Hinweis, dass durch § 13 b TierSchNutztV, wo für landwirtschaftlich genutzte Hennen in Käfigen je Tier nur 0,08 m^2 Bodenfläche, 50–60 cm Höhe, 12 cm Troglänge und 90 cm^2 Nestfläche vorgeschrieben sind, die o. e. Grundbedürfnisse unangemessen zurückgedrängt und überdies Knochenschäden in Kauf genommen werden). 95

Für **Rinder** wird in Anhang A eine gewichtsabhängige Mindestbodenfläche vorgeschrieben: So müssen im Gewichtsbereich zwischen 100 und 200 kg 3,4 m^2, im Bereich bis 400 kg 4,8 m^2 und im Bereich bis 600 kg 7,5 m^2 je Tier zur Verfügung stehen. Gibt es keine abgeteilten Liegeboxen, so müssen 70 % dieser Fläche eingestreut werden, um das gleichzeitige Liegen zu ermöglichen. Bei offenen Liegeabteilen kann diese Fläche etwas reduziert werden, doch müssen die Abteile die Zahl der gehaltenen Tiere um 5 % übersteigen, um Konkurrenz zu vermindern und das gleichzeitige Liegen aller Tiere sicherzustellen. Der Liegebereich muss so als weiche Fläche gestaltet sein, dass Verletzungen vermieden werden (Anh. A, G.b und Tab. G.1; vergleicht man diese Vorgaben mit § 5 Abs. 1 Nr. 1 und § 10 TierSchNutztV, so wird deutlich, dass dort den Kälbern kein art- und bedürfnisangemessenes Ruhen ermöglicht wird und auch andere von der Bodenfläche abhängige Grundbedürfnisse unangemessen zurückgedrängt werden; in noch stärkerem Maß gilt das für die praxisüblichen Bedingungen der Haltung von Mastrindern, s. Rn. 1). 96

Für **Schweine** werden in Anhang A ebenfalls gewichtsabhängige Mindestbodenflächen bestimmt: ZB muss für ein Schwein im Gewichtsbereich von 70–100 kg eine Bodenfläche von 1 m^2 (davon 0,53 m^2 Liegebereich) zur Verfügung stehen (Anh. A, Tab. G.4). Das Bedürfnis der Tiere zum Futtersuchen, Erkunden und Wühlen wird besonders betont: Alle Schweine sollten zu gleicher Zeit Zugang zu angemessenen Mengen von Material zum Untersuchen und Manipulieren einschließlich Wühlen haben, auch um der Gefahr von Verhaltensstörungen zu begegnen. Die Haltungseinrichtungen sollten die Bildung unterschiedlicher Funktionsbereiche für das Fressen, Ruhen und Ausscheiden ermöglichen. Kein Schwein sollte (außer für kurze Perioden) in einen Kastenstand eingesperrt werden. Obwohl Ferkelschutzkörbe das Überleben der Ferkel sichern können, sollte das Einsperren der Muttersau während der Geburt und der Säugeperiode zeitlich so weit wie möglich eingeschränkt werden. Um Wühl- und Nestbaumaterial bereitstellen zu können, sollte der Liegebereich befestigt und nicht perforiert sein (Anh. A, G. d.4.1–4.3; auch hier zeigt ein Vergleich mit § 17 Abs. 3 Nr. 8 und den §§ 23 bis 25 TierSchNutztV, dass den Schweinen dort kein art- und bedürfnisangemessenes Ruhen ermöglicht wird und auch andere von der Bodenfläche abhängige Grundbedürfnisse, insbesondere das Wühlen und Erkunden unangemessen zurückgedrängt werden). 97

7. Primaten

98 **Allgemeine Anforderungen.** Nicht-menschliche Primaten sollten in zusammenpassenden Gruppen, mindestens aber paarweise gehalten werden (Anh. A, F.a.4.1, F.b.4.1, F.c.4.1, F.d.4.1 und F.e.4.1: „Einzelhaltung nur unter außergewöhnlichen Umständen"). Ist eine vorübergehende Separation aus wissenschaftlichen Gründen unerlässlich, darf sie nicht länger dauern als unbedingt notwendig, und es sollten zusätzliche Maßnahmen ergriffen werden, um das Wohlbefinden des einzeln gehaltenen Tieres sicherzustellen (Anh. A, F.a.4.1). Auch bedarf es in solchem Fall einer Abwägung zwischen der wahrscheinlichen Beeinträchtigung des Wohlbefindens des Tieres und der Bedeutung des wissenschaftlichen Zwecks sowie einer Überprüfung durch den Tierschutzbeauftragten (Anh. A, F.a.4.3.3). – Für Primaten als Baumbewohner ist die Möglichkeit zur Flucht nach oben besonders wichtig. Um sich sicher zu fühlen, sollten sie die Möglichkeit haben, auf Stangen, Ästen oder Brettern zu sitzen, die sich oberhalb der menschlichen Augenhöhe befinden (Anh. A, F.a.1, F.b.4.3, F.d.4.2 und F.e.4.2). Das Volumen des Raumes und die Anreicherung der Umgebung sollten so sein, dass Verängstigung niederrangiger Tiere verhindert und allen Tieren ermöglicht wird, zu gehen, zu laufen, zu klettern, zu springen und alle zusammen auf erhöhten Ebenen zu sitzen (Anh. A, F.a.4.1, 4.3.3). – Zur Anreicherung der Umgebung werden u.a. empfohlen: Leitern und Klettergerüste; Nestboxen, jedenfalls für Marmosetten, Tamarine und Totenkopfäffchen; erhöhte Stangen, Plattformen und Sitzbretter; Schaukeln und Seile; Sichtbarrieren und vielfältige Fluchtwege; befestigter Boden mit Substrat, in dem Futterobjekte versteckt werden, um das Futtersuchverhalten anzuregen (bei Marmosetten und Tamarinen sollten die Futterobjekte im oberen Teil der Einrichtung aufgehängt oder ausgelegt werden, da diese Tiere ungern auf den Boden hinabsteigen); kaubares und manipulierbares Spielzeug, das regelmäßig ausgewechselt wird (Anh. A, F.a.1, F.a.4.1, F.b.4.2 und F.c.4.2).

99 Für die **Raummaße,** denen die Haltungseinrichtungen entsprechen müssen, gelten als Grundsätze: ausreichende Höhe, so dass die Tiere vertikal fliehen und auf Stangen oder Brettern sitzen können ohne mit dem Schwanz den Boden zu berühren; ausreichendes Raumvolumen, so dass normales Bewegungsverhalten und auch im Übrigen das normale Verhaltensrepertoire gezeigt werden kann; ausreichender Raum, um die Umgebung anzureichern; Einzelhaltung nur unter außergewöhnlichen Umständen; keine Haltungseinrichtungen in zwei oder mehr Etagen übereinander; wenn möglich auch Zugang zu einer im Freien gelegenen Einrichtung (Anh. A, F.a.4.3.1 und 4.3.2). – Einrichtungen für Marmosetten und Tamarine müssen mindestens 1,5 m Innenhöhe und 1,8 m Höhe über dem Boden haben; die Mindestbodenfläche für ein oder zwei Tiere nebst Jungen im Alter von unter fünf Monaten beträgt für Marmosetten 0,5 m² und für Tamarine 1,5 m²; für jedes weitere Tier mit mehr als fünf Monaten muss das Raumvolumen um 0,2 m³ erweitert werden (Anh. A, Tab. F.1). Für Totenkopfäffchen ist eine Mindesthöhe von 1,8 m und eine Mindestbodenfläche für ein oder zwei Tiere von 2 m² sowie für jedes dazu kommende Tier von über sechs Monaten eine Erweiterung des Raumvolumens um 0,5 m³ vorgeschrieben (Anh. A, Tab. F.2). Für Makaken und Grüne Meerkatzen muss die Einrichtung mindestens 1,8 m Innenhöhe haben (für Zuchttiere 2 m); das Mindestvolumen des Raumes muss hier für jedes Tier unter drei Jahren 1 m³, für ältere Tiere 1,8 m³ und für ein Muttertier mit Jungen 3,5 m³ betragen (Anh. A, Tab. F.3). In Einrichtungen für Paviane muss die Innenhöhe 1,8 m betragen (für Zuchttiere 2 m); das Mindestvolumen des Raumes beträgt hier für ein Tier unter vier Jahren 3 m³, für ein älteres Tier 6 m³ und für ein Muttertier mit Jungen 12 m³ (Anh. A, Tab. F.4).

XVII. Fische als Nutztiere

100 **Formen der Nutzfischproduktion. 1.** Die Karpfenteichwirtschaft findet in sommerwarmen, 0,6–1,5 m tiefen, stehenden oder langsam fließenden Gewässern statt; Karpfen

erreichen die übliche Speisegröße von 1,5 kg mit drei Jahren; in der kalten Jahreszeit kommen sie deshalb in tiefere Winterungsteiche und verbringen dort eine Ruhephase ohne Nahrungsaufnahme. – **2.** In der Salmoniden-Teichwirtschaft werden vorwiegend Regenbogenforellen in sommerkühlen Fließgewässern mit hoher Sauerstoffkonzentration gehalten; die Fische erreichen ihr Vermarktungsgewicht von ca. 330g im Alter von 12–18 Monaten. – **3.** In Kreislaufanlagen werden vorwiegend Aale, Welse und Störe, die eine vergleichsweise hohe Wassertemperatur benötigen, gehalten; das Wasser wird durch Filteranlagen gereinigt und wiederverwendet. – **4.** Netzgehege sind mit Fischen besetzte große Netztaschen, die an Schwimmern befestigt und im wasserdurchströmten Bereich eines Gewässers oder im Meer verankert sind (wegen der Gefahr des Einbringens fremder Stoffe ins Wasser und der Förderung der Eutrophierung wird diese Nutzungsform in den meisten Bundesländern nicht gestattet). – In allen Haltungsformen sind es vor allem folgende Faktoren, die das Wohlbefinden der Fische beeinflussen: Besatzdichte, Sauerstoffgehalt des Haltungswassers (bei Forellen > 6mg/l, vgl. *Nilz* S. 88, 90), artgerechte Ernährung, Wassertemperatur (zB bei Forellen max. 16° C, bei Karpfen dagegen über 20°C, vgl. *Nilz* aaO), Wasserqualität und -klärung, Vermeidung von Aggression, Handling (vgl. *Kleingeld* S. 95, 99: „Bei jedem Handling muss der Fisch möglichst ständig im Kontakt mit dem feuchten Milieu bleiben“).

Besatzdichte. Verbindliche Vorschriften mit zahlenmäßig definierten Obergrenzen gibt 101
es nicht. Die EU-Kommission hält bei Regenbogenforellen eine Besatzdichte von 30–40 kg/m³ für zu hoch. Wenn zT angenommen wird, die Besatzdichte könne so weit gesteigert werden, bis es infolge von Dichtestress zu verzögerten Gewichtszunahmen oder (in Vermehrungsteichen) geringeren Reproduktionsraten komme (vgl. *Nilz* aaO S. 93), so wird verkannt, dass nach § 2 Nr. 1 nicht nur eine leistungsgerechte, sondern darüber hinaus eine verhaltensgerechte Unterbringung vorgeschrieben ist. Anzeichen, die bei Fischen für haltungsbedingte Leiden sprechen, sind u.a.: Apathie; gestörtes Fressverhalten; gestörtes Schwarmverhalten; Stehen der Fische am Wassereinlauf (als Hinweis auf Sauerstoffmangel); Schnappen nach Luft (als Hinweis auf akuten Sauerstoffmangel); Kiemenschädigungen (wie Verschleimung, Kiemennekrose, Verfärbungen); nervöses Verhalten; Flossenschäden; Schuppenverluste; andere Schäden; vermehrter Befall mit Schwächeparasiten; gesteigerte Empfindlichkeit gegenüber bakteriellen oder viralen Erkrankungen (vgl. *Kleingeld* aaO S. 99, 100). Auch hier ist allerdings zu bedenken, dass der Schutz von § 2 Nr. 1 nicht erst einsetzt, wenn Leiden oder Schäden manifest werden, sondern bereits deutlich früher (s. § 2 Rn. 12, 20; vgl. auch BVerfGE 101, 1, 32: „Pflege des Wohlbefindens der Tiere in einem weit verstandenen Sinn“). Insbesondere darf es nicht dazu kommen, dass artgemäße Verhaltensweisen durch hohe Besatzdichten unterdrückt werden. – Forellen leben in der Natur einzeln und eignen sich deshalb eigentlich gar nicht für eine Massenhaltung. Dem muss zumindest durch Schattenplätze und Strukturen, die verschiedene Strömungsgeschwindigkeiten und Rückzugsstellen schaffen, Rechnung getragen werden (vgl. *Schlup* S. 82, 85).

Weitere Probleme bei der Haltung von Nutzfischen. Beim Ablassen von Karpfen- 102
teichen im Herbst sammeln sich die Fische am Teichablauf und kommen dabei häufig im Schlamm zum Liegen; dadurch kommt es zu einer Verschlammung der Kiemen und damit zu einer Sauerstoffmangelversorgung, die eine vermeidbare erhebliche Stressbelastung und damit erhebliches Leiden bedeutet (vgl. *Oidtmann/Hoffmann* S. 152, 158). – Die sog. Laparatomie (= Entnahme der Geschlechtsprodukte vom lebenden Stör durch chirurgische Eröffnung der Leibeshöhle zur Vermehrung oder zur Gewinnung von Kaviar) ist in jedem Fall ein Verstoß gegen § 6 und häufig auch tatbestandsmäßig iS von § 17 Nr. 2b (vgl. *Oidtmann/Hoffmann* S. 159). – Zum Therapienotstand bei Ekto- und Endoparasiten vgl. *Oidtmann/Hoffmann* S. 152, 155. – Zum Angeln s. § 17 Rn. 30–32. – Zu Anzeichen für erhebliche Leiden s. § 17 Rn. 112, 113.

§ 2a [Ermächtigungen]

(1) Das Bundesministerium für Ernährung, Landwirtschaft und Verbraucherschutz (Bundesministerium) wird ermächtigt, durch Rechtsverordnung mit Zustimmung des Bundesrates, soweit es zum Schutz der Tiere erforderlich ist, die Anforderungen an die Haltung von Tieren nach § 2 näher zu bestimmen und dabei insbesondere Vorschriften zu erlassen über Anforderungen

1. hinsichtlich der Bewegungsmöglichkeit oder der Gemeinschaftsbedürfnisse der Tiere,
2. an Räume, Käfige, andere Behältnisse und sonstige Einrichtungen zur Unterbringung von Tieren sowie an die Beschaffenheit von Anbinde-, Fütterungs- und Tränkvorrichtungen,
3. hinsichtlich der Lichtverhältnisse und des Raumklimas bei der Unterbringung der Tiere,
4. an die Pflege einschließlich der Überwachung der Tiere; hierbei kann das Bundesministerium auch vorschreiben, dass Aufzeichnungen über die Ergebnisse der Überwachung zu machen, aufzubewahren und der zuständigen Behörde auf Verlangen vorzulegen sind,
5. an Kenntnisse und Fähigkeiten von Personen, die Tiere halten, betreuen oder zu betreuen haben und an den Nachweis dieser Kenntnisse und Fähigkeiten.

(1 a) Das Bundesministerium wird ermächtigt, durch Rechtsverordnung mit Zustimmung des Bundesrates, soweit es zum Schutz der Tiere erforderlich ist, Anforderungen an Ziele, Mittel und Methoden bei der Ausbildung, bei der Erziehung oder beim Training von Tieren festzulegen.

(1 b) Das Bundesministerium wird ermächtigt, durch Rechtsverordnung mit Zustimmung des Bundesrates, soweit es zum Schutz der Tiere erforderlich ist und sich eine Pflicht zur Kennzeichnung nicht aus § 11 a Abs. 2 ergibt, Vorschriften zur Kennzeichnung von Tieren, insbesondere von Hunden und Katzen, sowie zur Art und Durchführung der Kennzeichnung zu erlassen.

(2) [1] Das Bundesministerium wird ermächtigt, im Einvernehmen mit dem Bundesministerium für Verkehr, Bau und Stadtentwicklung durch Rechtsverordnung mit Zustimmung des Bundesrates, soweit es zum Schutz der Tiere erforderlich ist, ihre Beförderung zu regeln. [2] Es kann hierbei insbesondere

1. Anforderungen
   a) hinsichtlich der Transportfähigkeit von Tieren,
   b) an Transportmittel für Tiere
   festlegen,

1 a. bestimmte Transportmittel und Versendungsarten für die Beförderung bestimmter Tiere, insbesondere die Versendung als Nachnahme, verbieten oder beschränken,

2. bestimmte Transportmittel und Versendungsarten für die Beförderung bestimmter Tiere vorschreiben,
3. vorschreiben, dass bestimmte Tiere bei der Beförderung von einem Betreuer begleitet werden müssen,

3 a. vorschreiben, dass Personen, die Tiertransporte durchführen oder hierbei mitwirken, bestimmte Kenntnisse und Fähigkeiten haben und diese nachweisen müssen,

4. Vorschriften über das Verladen, Entladen, Unterbringen, Ernähren und Pflegen der Tiere erlassen,
5. als Voraussetzung für die Durchführung von Tiertransporten bestimmte Bescheinigungen, Erklärungen oder Meldungen vorschreiben sowie deren Ausstellung und Aufbewahrung regeln,

6. vorschreiben, dass, wer gewerbsmäßig Tiertransporte durchführt, einer Erlaubnis der zuständigen Behörde bedarf oder bei der zuständigen Behörde registriert sein muss, sowie die Voraussetzungen und das Verfahren bei der Erteilung der Erlaubnis und bei der Registrierung regeln,

7. vorschreiben, dass, wer Tiere während des Transports in einer Einrichtung oder einem Betrieb ernähren, pflegen oder unterbringen will, einer Erlaubnis der zuständigen Behörde bedarf, und die Voraussetzungen und das Verfahren der Erteilung der Erlaubnis regeln, soweit dies zur Durchführung von Rechtsakten der Europäischen Gemeinschaft erforderlich ist.

Übersicht

I. Entstehungsgeschichte

1 Die in § 13 Abs. 1 und 3 TierSchG 1972 enthaltene Verordnungsermächtigung wurde durch das ÄndG 1986 in einen neuen § 2a umgewandelt. Dabei ging es darum, den engen Sachzusammenhang mit § 2 sowohl gesetzessystematisch als auch durch sprachliche Anpassung deutlich zu machen (amtl. Begr., BR-Drucks. 10/3158 S. 19) Durch das ÄndG 1998 wurden Abs. 1 Nr. 5, Abs. 1a sowie Abs. 2 S. 2 Nr. 6 und 7 hinzugefügt. Abs. 1b ist mit Art. 2 des Gesetzes zur Bekämpfung gefährlicher Hunde vom 12. 4. 2001 in das Gesetz eingefügt worden.

II. Regelungsgegenstände

2 Durch **Abs. 1** wird der Verordnungsgeber ermächtigt, die Anforderungen an die Haltung von Tieren nach § 2 näher zu bestimmen. Welche Einzelmaterien dabei geregelt werden können, ist in den Nummern 1–4 beispielhaft („insbesondere“) aufgezählt. Der Begriff der Haltung umfasst hier, ebenso wie in § 2, auch die Betreuung und die Betreuungspflicht. Neben der landwirtschaftlichen Nutztierhaltung und der Intensiv- und Massentierhaltung kann auch die private Haltung im Haus, die Haltung durch Züchter, Händler, Schausteller sowie die Haltung in Sportbetrieben, Schlachthöfen, Gehegen, Tiergärten usw. geregelt werden (vgl. *L/M* § 2a Rn. 7, 8). – Zu den Gemeinschaftsbedürfnissen nach Nr. 1 gehört bei sozial lebenden Tieren sowohl die Gruppenhaltung als auch das Bedürfnis, sich zeitweise aus der Gruppe zurückzuziehen und bei Angriffen auszuweichen und Schutz und Deckung zu nehmen (dieses Schutzverhalten kann man gleichermaßen den Funktionskreisen „Sozialverhalten“ und „Eigenkörperpflege“ zurechnen, s. § 2 Rn. 31). – Die in Nr. 2 erwähnten Unterbringungsformen sind zulässig, jedoch nur, soweit sie allen Anforderungen aus § 2 entsprechen, insbesondere also keines der artgemäßen Bedürfnisse iS des § 2 Nr. 1 erheblich zurückdrängen. Dies muss besonders bei der Regelung von Anbindehaltungen bedacht werden, ebenso aber auch bei der Regelung von Käfigen. Dauernde, enge Anbindungen beeinträchtigen nicht nur die Bewegung nach § 2 Nr. 2, sondern können auch die Grundbedürfnisse der Funktionskreise „Sozialverhalten“ und „Eigenkörperpflege“, eventuell sogar das Ruhen einschränken (s. zB Anh. zu § 2 Rn. 2a). Für Käfige gilt dasselbe (s. zB Anh. zu § 2 Rn. 6 und 8; Vor §§ 12–15 TierSchNutztV Rn. 11–17). – Eine dauernde Haltung im Dämmerlicht nach Nr. 3 wird nur bei

Nachttieren in Frage kommen (vgl. *L/M* § 2a Rn. 13). Unter das Raumklima fallen Merkmale wie Temperatur, Feuchtigkeit, Luftbewegung, Frischluftzufuhr und Schadstoffkonzentration (*Hackbarth/Lückert* B III 2.2). – Zur Pflege iS von Nr. 4 s. § 2 Rn. 24–28. – Die nach Nr. 5 mögliche Verpflichtung, die nötige Sachkunde in einem besonderen Verfahren nachzuweisen, kann seit dem ÄndG vom 12. 4. 2001 auch solchen Haltern, Betreuern oder Betreuungspflichtigen auferlegt werden, die nicht gewerbsmäßig handeln.

3 Die **Ermächtigungsgrundlage nach Abs. 1a** ist eingefügt worden, um tierschutzwidrigen Vorkommnissen bei der Ausbildung, bei der Erziehung oder beim Training von Tieren entgegenzuwirken, besonders im Hunde- und Pferdesport (vgl. BR-Drucks. 13/7015 S. 15). Neben den Anforderungen aus § 2 sind dabei die Verbote aus § 3 Nr. 1, 1b, 5 und 11 einzuhalten. Auch hier darf sich der Verordnungsgeber nicht damit begnügen, nur ein „tierschutzrechtliches Minimalprogramm" aufzustellen (BVerfGE 101, 1, 33; s. Rn. 8). – Ob eine aufgrund von Abs. 1a erlassene Verordnung als „bundesrechtliche Vorschrift" iS von § 3 Nr. 11 das dortige generelle Verbot des Einsatzes von Elektroreizgeräten bei Hunden partiell lockern und Ausnahmen zulassen könnte, ist streitig (dafür BVerwG NJW 2006, 2134; aA *Kluge/v. Loeper* § 2a Rn. 34, 35; für die letztgenannte Ansicht könnte sprechen, dass Rechtsverordnungen nach § 2a das vom Gesetz vorgegebene Schutzniveau nur konkretisieren, nicht aber absenken dürfen, s. Rn. 9; s. auch § 3 Rn. 63, 64).

4 Die **Verordnung** zur Kennzeichnung von Tieren nach **Abs. 1b,** insbesondere von Hunden und Katzen, dient der Erleichterung der Zuordnung bei abhanden gekommenen Tieren und der Verhinderung von Diebstählen. Was das „Wie" der Kennzeichnung angeht, darf nur die jeweils schonendste Methode angeordnet bzw. zugelassen werden.

5 **Abs. 2** ist die **Ermächtigungsgrundlage** für die meisten Vorschriften der Tierschutztransportverordnung (TierSchTrV). Dabei umfasst die Beförderung jedes Verbringen eines Tieres von einem Ort zum anderen, also auch das Führen und Treiben. Geregelt werden können u.a.: die Transportfähigkeit und ihre Feststellung (s. §§ 3, 26 bis 29 TierSchTrV); Verbote und Beschränkungen bestimmter Transportmittel und Versendungsarten (s. dort u.a. §§ 17ff.); Sachkundenachweis (s. dort § 13); Verladen, Entladen, Ernährung, Pflege und Unterbringung (s. dort §§ 5 bis 7); Transportpläne und -bescheinigungen (s. dort § 34); Erlaubnispflicht für gewerbliche Beförderer (s. dort § 11); Erlaubnispflicht für das Betreiben von Versorgungsstationen. – Die Gebote und Verbote aus § 2 gelten auch für den Transport einschließlich des Be- und Entladens und der zeitweiligen Unterbringung in Versorgungsstationen. Der Spediteur und der Fahrer sind entweder Betreuer oder Betreuungspflichtige iS des § 2 und haben damit eine strafrechtliche Garantenstellung (s. § 17 Rn. 3 und 66).

III. Zuständigkeit, Verfahren und Zitiergebot

6 Der Erlass von Verordnungen erfolgt durch das Bundesministerium für Ernährung, Landwirtschaft und Verbraucherschutz (BMELV). Die Tierschutzkommission ist rechtzeitig anzuhören – nach Sinn und Zweck von § 16b Abs. 1 S. 2 zu einem Zeitpunkt, in dem sie noch Einfluss auf den Inhalt der Verordnung nehmen kann, insbesondere also vor deren Verabschiedung durch den Minister bzw. das Kabinett und Zuleitung an den Bundesrat (s. § 16b Rn. 1). Kommt es nach der Anhörung zu Änderungen, so ist sie auch dazu zu hören. Alle Verordnungen bedürfen der Zustimmung des Bundesrats, Verordnungen nach Abs. 2 darüber hinaus auch des Einvernehmens mit dem Bundesministerium für Verkehr. Das Zitiergebot nach Art. 80 Abs. 1 S. 3 GG ist zu beachten; beruht die Verordnung auf mehreren Ermächtigungsgrundlagen, so müssen alle genannt werden (vgl. die Nichterwähnung von Art. 2 des Gesetzes zum Europäischen Tierhaltungsübereinkommen i. V. m. der Empfehlung des Ständigen Ausschusses für das Halten von Legehennen der Art Gallus Gallus durch den Verordnungsgeber der Hennenhaltungsverordnung

von 1987, BVerfGE 101, 1, 43, 44; aus demselben Grund – Nichterwähnung der Empfehlung für das Halten von Schweinen – war auch die Schweinehaltungsverordnung von 1994/1995 nichtig, s. Vor §§ 16–25 TierSchNutztV Rn. 1).

IV. Verfassungsmäßigkeit von § 2 a; Gültigkeit von Rechtsverordnungen

§ 2a stimmt mit Art. 80 Abs. 1 S. 2 GG überein (BVerfGE 101, 1 31ff.). Zweck und Ausmaß der Ermächtigung werden durch § 2 Nr. 1 und Nr. 2 sowie durch die Formel „soweit es zum Schutz der Tiere erforderlich ist" bestimmt (vgl. *Kramer* JuS 2001, 962, 965). Gültig ist eine Rechtsverordnung nur, wenn und soweit sie sich in diesem Rahmen hält (s. Rn. 8–10). Sie darf außerdem nicht gegen sonstiges höherrangiges Recht (d. h. einfache Bundesgesetze, Grundgesetz, Verordnungen und Richtlinien der EU, Empfehlungen des St. Ausschusses) verstoßen. Nach dem Rechtsstaatsprinzip und dem Demokratiegebot müssen außerdem Angelegenheiten von besonderer Wichtigkeit, zumal im Bereich der Grundrechtsausübung, durch Parlamentsgesetz geregelt werden (Wesentlichkeitstheorie). – Im Verfahren der abstrakten Normenkontrolle nach Art. 93 Abs. 1 Nr. 2 GG prüft das BVerfG die Vereinbarkeit von Rechtsverordnungen mit ihrer Ermächtigungsgrundlage und dem sonstigen Bundesrecht vorab (BVerfGE 101, 1, 31). 7

V. Voraussetzungen

„Zum Schutz der Tiere erforderlich" muss die Rechtsverordnung sein. Das bedeutet: 8 **1.** Alleiniges Ziel jeder auf § 2a gestützten Regelung muss sein, den Schutz der Tiere auf dem Sachgebiet, das geregelt werden soll, zu verbessern. Das geschieht dadurch, dass das gesetzlich vorgegebene Schutzniveau durch genauere Regelungen ausgefüllt und konkretisiert, ggf. auch erhöht wird. Andere Beweggründe, insbesondere Praktikabilitätsgesichtspunkte oder ökonomische Erwägungen, sind nicht akzeptabel (vgl. *Hackbarth/Lückert* B III 2.1). Allenfalls als Reflexwirkung können zugleich andere Rechtsgüter mittelbar geschützt werden. Will dagegen die Regelung den Menschen vor dem Tier schützen oder dient sie (im Sinne eines gleichgeordneten, nicht nur nachrangigen Zweitziels) auch wirtschaftlichen oder wissenschaftlichen Interessen oder der Verkehrssicherheit o. Ä., so bedarf sie einer anderen Ermächtigung (vgl. *L/M* § 2a Rn. 9). – **2.** Die einzelne Regelung muss zur Erreichung dieses Ziels, d. h. für eine Verbesserung des Tierschutzniveaus auf dem jeweiligen Sachgebiet, geeignet und erforderlich sein. – **3.** Die Regelungen müssen über einen bloßen Minimalstandard deutlich hinausgehen, denn der Begriff der Mindestanforderungen des Tierschutzes, von dem die amtliche Begründung zu § 13 TierSchG 1972 spricht, „würde unzulässig verengt, wenn er im Sinne eines tierschutzrechtlichen Minimalprogramms verstanden würde. Dem steht die Intention des Gesetzgebers entgegen, eine Intensivierung des Tierschutzes gerade auch bei den Systemen der Massentierhaltung zu erreichen" (BVerfGE 101, 1, 33). – **4.** Bei dem Erlass von Regelungen zur Konkretisierung des § 2 muss der Verordnungsgeber „entsprechend dem in den §§ 1, 2 TierSchG vom Gesetzgeber vorgezeichneten Interessenausgleich einen ethisch begründeten Tierschutz befördern, ohne die Rechte der Tierhalter übermäßig zu beschränken" (BVerfGE 101, 1, 36 = NJW 1999, 3253, 3255). Das bedeutet zweierlei: Zum einen dürfen die Regelungen nicht stärker in die Grundrechte der Halter eingreifen, als es zum Schutz der Grundbedürfnisse nach § 2 Nr. 1 bzw. zum Schutz vor Schmerzen, vermeidbaren Leiden oder Schäden nach § 2 Nr. 2 erforderlich ist; zum anderen müssen sie den ethischen Tierschutz bis an diese Grenze „befördern", insbesondere also die Grundbedürfnisse nach § 2 Nr. 1 so weit schützen und so weit für ihre Befriedigung sorgen, wie dies ohne eine Überschreitung des verfassungsrechtlichen Übermaßverbotes geschehen kann.

9 Die **Anforderungen nach § 2** dürfen nur **konkretisiert, nicht** aber **eingeschränkt** werden. Zweck der Verordnungskompetenz ist eine am Maßstab der Gebots- und Verbotstatbestände des § 2 ausgerichtete tierschutzgerechte Haltung. Dem Verordnungsgeber ist aufgegeben, einen Ausgleich zwischen den Belangen des Tierschutzes und den rechtlich geschützten Interessen der Tierhalter durch untergesetzliche Bestimmungen zu erreichen. Dabei darf er aber nicht *irgendeinen* Kompromiss anstreben, der ihm zweckmäßig erscheinen mag; vielmehr muss er denjenigen Interessenausgleich nachzeichnen, der ihm vom Gesetzgeber in den §§ 1, 2 TierSchG *vorgezeichnet* worden ist (BVerfGE 101, 1, 31, 32, 36). Entsprechend dieser Vorzeichnung darf er zwar die Anforderungen an die Haltung von Tieren nach § 2 näher bestimmen, nicht aber einschränken oder gar das gesetzliche Schutzniveau absenken (vgl. *Kramer* JuS 2001, 962, 964: „lediglich den im Gesetz angelegten Rahmen konkretisieren … und die noch nicht in allen Einzelheiten feststehende Entscheidung des Gesetzgebers gleichsam zu Ende denken"). Im Einzelnen folgt daraus: **1.** Die auf § 2a gestützte Verordnung muss gewährleisten, dass die artgemäßen, den Oberbegriffen „ernähren", „pflegen" und „verhaltensgerecht unterbringen" in § 2 Nr. 1 zuzuordnenden Bedürfnisse im Wesentlichen befriedigt werden. Dazu rechnen die Verhaltensabläufe der Funktionskreise „Nahrungserwerbsverhalten", „Ruheverhalten", „Eigenkörperpflege (Komfortverhalten)", „Mutter-Kind-Verhalten" und „Sozialverhalten" sowie Erkundungsverhalten. Eine Regelung, die die Verhaltensmuster eines dieser Funktionskreise erheblich einschränkt oder die zulässt, dass ein hierher gehörendes Verhaltensmuster dauerhaft unterdrückt oder stark zurückgedrängt wird, ist infolge Überschreitung des gesetzlichen Ermächtigungsrahmens rechtswidrig und nichtig. Einer Verrechnung mit wirtschaftlichen Erwägungen oder Gesichtspunkten des Wettbewerbs sind die Verhaltensbedürfnisse des § 2 Nr. 1 grds. nicht zugänglich (vgl. BVerfGE 101, 1, 38: Nichtigkeit der HennenhaltungsVO 1987 wegen Zurückdrängung des artgemäßen Ruhebedürfnisses und des Bedürfnisses zur gleichzeitigen Nahrungsaufnahme, ohne dass das Gericht noch auf die entsprechenden Rechtfertigungsversuche der damaligen Bundesregierung eingegangen wäre; daraus folgt, dass bei Unterdrückung oder vergleichbar starker Zurückdrängung solcher und anderer wichtiger Bedürfnisse die Belange des ethischen Tierschutzes über die Grenze eines angemessenen Ausgleichs zurückgedrängt sind; s. auch § 2 Rn. 15 und 35). – **2.** Dagegen darf das Bedürfnis des Tieres zur Fortbewegung „als einziges seiner Bedürfnisse" weitergehenden Einschränkungsmöglichkeiten unterworfen werden (vgl. BVerfGE 101, 1, 37) – allerdings niemals solchen, die dem Tier Schmerzen zufügen. – **3.** Bewegungseinschränkungen, die (einfache) Leiden oder Schäden verursachen, können zugelassen werden, soweit sie einem vernünftigen Grund und damit dem Grundsatz der Verhältnismäßigkeit entsprechen (zu der hier stattfindenden Abwägung s. Rn. 10). – **4.** Der umfassende Schutz, der den Verhaltensbedürfnissen nach § 2 Nr. 1 zu gewähren ist, ergibt sich auch daraus, dass der Gesetzgeber in Nr. 1 „der Pflege des Wohlbefindens der Tiere in einem weit verstandenen Sinn Vorrang einräumen" und „mehr als reine Ordnungsfunktionen" erfüllen wollte (BVerfGE 101, 1, 32). – **5.** Weil das Gesetz eine konkrete Obergrenze für die Verwirklichung tierschützender Grundsätze nicht bestimmt, ist jede tierschutzrechtliche Normierung zulässig, welche die Grundrechte der Tierhalter nicht unverhältnismäßig einschränkt. – **6.** Wenn sich der Verordnungsgeber entschließt, ein Sachgebiet zu regeln, muss er dort den ethischen Tierschutz so weit „befördern", wie dies möglich ist, ohne die Rechte der Tierhalter übermäßig einzuschränken – d.h. er muss zum Schutz der Grundbedürfnisse des § 2 Nr. 1 bis an die Grenze gehen, die ihm das verfassungsrechtliche Übermaßverbot setzt (BVerfGE 101, 1, 36). Bei der Bestimmung dieser Grenze ist die Aufwertung zu beachten, die der Tierschutz durch seine Aufnahme ins Grundgesetz erfahren hat und die dazu führt, dass Abwägungen, die in der Vergangenheit noch knapp zu Gunsten von Nutzerinteressen ausgegangen sind, heute möglicherweise zu einem anderen Ergebnis führen müssen (s. Art. 20a GG Rn. 32). – **7.** Im Übrigen hat der Verordnungsgeber die Auswirkungen aus Art. 20a GG zu beachten, insbesondere also das Rückschritts- oder Verschlechterungsverbot, die

Nachbesserungspflicht, die Unterlassungs- und Schutzpflichten, das Optimierungs- und das Effektivitätsgebot und die staatliche Gewährleistungsverantwortung (s. Art. 20a GG Rn. 13–19). – **8.** Hinzu kommt die Beachtung des sonstigen höherrangigen Rechtes, insbes. der Mindestanforderungen, die sich aus den Empfehlungen des St. Ausschusses ergeben (s. § 2 Rn. 45).

Abwägungen, die insbesondere im Rahmen der Vermeidbarkeitsprüfung nach § 2 Nr. 2 stattfinden, müssen nach denjenigen Grundsätzen durchgeführt werden, die für jede Abwägung im Bereich des Tier- und Umweltschutzes gelten. Dazu gehören: **1.** Die vollständige Zusammenstellung allen Abwägungsmaterials durch umfassende Tatsachenermittlung (Beispiele: Soweit Bewegungsbedürfnisse eingeschränkt werden sollen, müssen die Stärke des jeweiligen Bedürfnisses und das Ausmaß seiner Einschränkung gemäß dem aktuellen Stand der Ethologie zutreffend ermittelt werden; ebenso müssen die betriebswirtschaftlichen und sonstigen Vorteile, die von der zugelassenen Haltungsform ausgehen und sie rechtfertigen sollen, richtig und vollständig aufgeklärt werden; verursacht eine Haltungsform – über ihre tierschutzrelevanten Nachteile hinaus – Schäden und Risiken für andere, zB ökologische, strukturpolitische oder volkswirtschaftliche Belange, so sind auch diese zutreffend zu ermitteln. – **2.** Zutreffende Gewichtung aller abwägungsrelevanten Gesichtspunkte (Beispiele.: Durch die Zusammenballung großer Tiermassen auf engem Raum, wie sie für bewegungsarme Tierhaltungen typisch ist, können ökologische oder gesundheitliche Risiken für den Menschen entstehen. Diese müssen dann, zusammen mit den tierschutzrelevanten Nachteilen, den Vorteilen der betreffenden Haltungsform gegenübergestellt und angemessen gewichtet werden. Dazu gehört zB auch, dass in großen, dicht gehaltenen Tierbeständen die Wahrscheinlichkeit steigt, dass Antibiotika zur Krankheitsprophylaxe eingesetzt werden. Dazu gehört auch der Zusammenhang zwischen Spaltenbodenhaltung und Flüssigmistdüngung einerseits und der zunehmenden Belastung von Boden- und Grundwässern mit Nitraten auf der anderen Seite (zu den allgemeinen Risiken der „flächenunabhängigen Veredelung" s. auch die Entschließungen des Bundesrats in BR-Drucks. 1089/94 und in AgrarR 1987, 186; s. auch § 1 Rn. 52). – **3.** Keine Rechtfertigung von Leiden oder Schäden aus Gründen der Arbeits-, Zeit- oder Kostenersparnis (§ 9 Abs. 2 Nr. 3, allg. Rechtsgedanke; s. auch § 1 Rn. 47 und § 9 Rn. 10). – **4.** Soweit zur Rechtfertigung bewegungsbeschränkender Tierhaltungen auf hygienische und ähnliche Risiken, die von Haltungsformen mit mehr freier Beweglichkeit ausgehen sollen, verwiesen wird, ist dies gemäß oben Ziff. 3 unbeachtlich, solange sich derartige Gefahren mit den Mitteln einer guten Betriebsführung und den dazu notwendigen Aufwendungen an Arbeit, Zeit und Geld auf ein angemessenes Niveau reduzieren lassen (s. auch § 17 Rn. 12; vgl. weiter VG Karlsruhe, zitiert in Anh. zu § 2 Rn. 73). – **5.** Soweit zur Rechtfertigung intensiver Tierhaltungsformen auf den internationalen Wettbewerb verwiesen wird, muss beachtet werden, dass das Tierschutzgesetz nicht die Absenkung des von § 2 vorgeschriebenen Schutzniveaus auf ein international kompatibles Minimalprogramm vorsieht. Außerdem muss in diesem Zusammenhang auch die Chance berücksichtigt werden, trotz offener Märkte durch heimatnahe und artgerechte Erzeugungsformen bei entsprechendem Marketing höhere, kostendeckende Preise erzielen zu können („Label" Produktion u. Ä.; allgemein zu Abwägungen s. auch § 1 Rn. 50–66 und Art. 20a GG Rn. 28–32). In der Schweiz ist es auf diese Weise gelungen, dass 75% der Verbraucher trotz offener Grenzen die artgerecht erzeugten einheimischen Eier den sehr viel billigeren ausländischen Importeiern vorziehen. In Deutschland sind es immerhin 57% (Südkurier, 5. 1. 2007) – **6.** Der Aufwertung, die der Tierschutz als verfassungsrechtliches Staatsziel nach Art. 20a GG erfahren hat, ist Rechnung zu tragen, insbesondere bei der Abwägung mit den Grundrechten der Halter und Nutzer (s. Art. 20a GG Rn. 8, 9, 13–20). 10

Sinn und Zweck der Verordnungsermächtigung ist es, die für Tierhaltung, -ausbildung und -transport maßgeblichen Regelungen rascher und einfacher dem **neuesten Stand der Erkenntnisse im ethologischen Bereich** anpassen zu können, als dies im Wege der Ge- 11 setzgebung möglich wäre (BVerfGE 101, 1, 35; *Kramer* JuS 2001, 962, 965). Dem widerspricht es, wenn ein Sachbereich in erster Linie deswegen im Wege der Rechtsverordnung geregelt wird, weil man sich die öffentlichen Diskussionen, die mit seiner Regelung im parlamentarischen Gesetzgebungsverfahren verbunden wären, ersparen oder diese abzukürzen will. – Die Ethologie (Verhaltensforschung) ist ein Teilgebiet der Biologie. Das BVerfG unterscheidet zu Recht zwischen „Verhaltenswissenschaftlern, Veterinärmedizinern und Agrarfachleuten" (BVerfGE 101, 1, 39). Dem entspricht es, ethologische Fragestellungen vorrangig von Zoologen oder Fachtierärzten für Ethologie oder für Tierschutz, die die aktive Teilnahme an den aktuellen wissenschaftlichen Diskussionen ihres Fachbereiches nachweisen können, beantworten zu lassen (zur Auswahl von Sachverständigen s. auch § 2 Rn. 47).

§ 3 [Besondere Vorschriften]

Es ist verboten,

1. einem Tier außer in Notfällen Leistungen abzuverlangen, denen es wegen seines Zustandes offensichtlich nicht gewachsen ist oder die offensichtlich seine Kräfte übersteigen,

1a. einem Tier, an dem Eingriffe und Behandlungen vorgenommen worden sind, die einen leistungsmindernden körperlichen Zustand verdecken, Leistungen abzuverlangen, denen es wegen seines körperlichen Zustandes nicht gewachsen ist,

1b. an einem Tier im Training oder bei sportlichen Wettkämpfen oder ähnlichen Veranstaltungen Maßnahmen, die mit erheblichen Schmerzen, Leiden oder Schäden verbunden sind und die die Leistungsfähigkeit von Tieren beeinflussen können, sowie an einem Tier bei sportlichen Wettkämpfen oder ähnlichen Veranstaltungen Dopingmittel anzuwenden,

2. ein gebrechliches, krankes, abgetriebenes oder altes, im Haus, Betrieb oder sonst in Obhut des Menschen gehaltenes Tier, für das ein Weiterleben mit nicht behebbaren Schmerzen oder Leiden verbunden ist, zu einem anderen Zweck als zur unverzüglichen schmerzlosen Tötung zu veräußern oder zu erwerben; dies gilt nicht für die unmittelbare Abgabe eines kranken Tieres an eine Person oder Einrichtung, der eine Genehmigung nach § 8 und, wenn es sich um ein Wirbeltier handelt, erforderlichenfalls eine Ausnahmegenehmigung nach § 9 Abs. 2 Nr. 7 Satz 2 für Versuche an solchen Tieren erteilt worden ist,

3. ein im Haus, Betrieb oder sonst in Obhut des Menschen gehaltenes Tier auszusetzen oder es zurückzulassen, um sich seiner zu entledigen oder sich der Halter- oder Betreuerpflicht zu entziehen,

4. ein gezüchtetes oder aufgezogenes Tier einer wildlebenden Art in der freien Natur auszusetzen oder anzusiedeln, das nicht auf die zum Überleben in dem vorgesehenen Lebensraum erforderliche artgemäße Nahrungsaufnahme vorbereitet und an das Klima angepasst ist; die Vorschriften des Jagdrechts und des Naturschutzrechts bleiben unberührt,

5. ein Tier auszubilden oder zu trainieren, sofern damit erhebliche Schmerzen, Leiden oder Schäden für das Tier verbunden sind,

6. ein Tier zu einer Filmaufnahme, Schaustellung, Werbung oder ähnlichen Veranstaltung heranzuziehen, sofern damit Schmerzen, Leiden oder Schäden für das Tier verbunden sind,

7. ein Tier an einem anderen lebenden Tier auf Schärfe abzurichten oder zu prüfen,

8. ein Tier auf ein anderes Tier zu hetzen, soweit dies nicht die Grundsätze weidgerechter Jagdausübung erfordern,

8a. ein Tier zu einem derartig aggressiven Verhalten auszubilden oder abzurichten, dass dieses Verhalten

a) bei ihm selbst zu Schmerzen, Leiden oder Schäden führt oder
b) im Rahmen jeglichen artgemäßen Kontaktes mit Artgenossen bei ihm selbst oder einem Artgenossen zu Schmerzen oder vermeidbaren Leiden oder Schäden führt oder
c) seine Haltung nur unter Bedingungen zulässt, die bei ihm zu Schmerzen oder vermeidbaren Leiden oder Schäden führen,

9. einem Tier durch Anwendung von Zwang Futter einzuverleiben, sofern dies nicht aus gesundheitlichen Gründen erforderlich ist,

10. einem Tier Futter darzureichen, das dem Tier erhebliche Schmerzen, Leiden oder Schäden bereitet,

11. ein Gerät zu verwenden, das durch direkte Stromeinwirkung das artgemäße Verhalten eines Tieres, insbesondere seine Bewegung, erheblich einschränkt oder es zur Bewegung zwingt und dem Tier dadurch nicht unerhebliche Schmerzen, Leiden oder Schäden zufügt, soweit dies nicht nach bundes- oder landesrechtlichen Vorschriften zulässig ist.

Übersicht

I. Allgemeines

Die Vorschrift enthält eine **Beschreibung einiger besonders grober Verletzungen der allgemeinen Pflichten aus den §§ 1 und 2** und stellt sie unter Bußgeldandrohung (§ 18 Abs. 1 Nr. 4). Alle Tiere sind geschützt, nicht nur Wirbeltiere. Täter kann jedermann sein; der mögliche Täterkreis ist also nicht auf den Personenkreis des § 2 (Halter, Betreuer, Betreuungspflichtiger) beschränkt. Einige der Verbote schützen neben Tieren, die sich in der Obhut des Menschen befinden, auch wilde und verwilderte Tiere (vgl. insbesondere Nr. 1, 2, 6, 7, 8). 1

Die **Verbote** sind **zwingend,** wie schon aus dem Wortlaut hervorgeht. Sie stehen nicht zur Disposition eines vernünftigen Grundes. Ein Verstoß kann zwar in Extremsituationen (wie bei jeder anderen Straf- oder Bußgeldvorschrift auch) gerechtfertigt sein, wenn 2 die eng auszulegenden Voraussetzungen eines rechtfertigenden Notstandes vorliegen (vgl. § 34 StGB und §§ 228, 904 BGB); dagegen ist eine Rechtfertigung aus vernünftigem Grund nicht möglich (ganz hM: OVG Münster NuR 1999, 115, 117; VGH Kassel NuR 1997, 296, 298; OLG Hamm NStZ 1985, 275; VG Berlin NuR 1993, 173; *L/M* § 3 Rn. 2; *Hackbarth/Lückert* B IV 1; *Ennulat/Zoebe* II § 3 Rn. 4; s. auch § 1 Rn. 32, 33).

3 Jeder Verstoß gegen ein Verbot ist eine **Ordnungswidrigkeit nach § 18 Abs. 1 Nr. 4.** Fahrlässige Begehung genügt. – Keinesfalls darf aus § 3 geschlussfolgert werden, dass eine gegen ein Tier gerichtete Handlung, die (noch) nicht alle Merkmale eines Verbotstatbestandes erfüllt, erlaubt sein müsse (so zutreffend *Hackbarth/Lückert* aaO). Weitergehende Verbote ergeben sich insbesondere aus den §§ 1 und 2. Erfüllt also eine Handlung die Tatbestandsmerkmale eines Verbots nach § 3 nur teilweise, so besteht Anlass, einen Verstoß gegen diese anderen Vorschriften zu prüfen (und bejahendenfalls hiergegen nach § 16a S. 1 einzuschreiten, s. dort Rn. 1, 2).

4 Einige der Gebots- und Verbotstatbestände sind **Gefährdungstatbestände,** d.h. sie erfordern nicht, dass es tatsächlich zu Schmerzen, Leiden oder Schäden kommt, sondern lassen die Herbeiführung einer diesbezüglichen abstrakten Gefahr ausreichen (vgl. Nr. 1, 1a, 1b Alt. 2, Nr. 2, 3, 4, 7 und 8). Hierdurch wird der Schutz der §§ 17 und 18 Abs. 1 Nr. 1 im Interesse des Tieres nach vorn verlagert (vgl. *Kluge/Ort/Reckewell* § 3 Rn. 5).

II. Verbot der Überforderung, Nr. 1

5 Geschützt sind sowohl domestizierte als auch wilde oder verwilderte Tiere (vgl. *L/M* § 3 Rn. 5). – **Leistung** ist jede Inanspruchnahme tierischer Kräfte und Fähigkeiten für Zwecke des Menschen. U.a.: Arbeiten; sportliche Leistungen einschließlich Ausbildung, Training und Dressur; Teilnahme an künstlerischen Darbietungen; physiologische Leistungen wie Milch-, Lege-, Fortpflanzungs- und Zuchtleistungen (vgl. *Wiesner/Ribbeck*, „Leistung"); Lernvermögen. Beim Einsatz eines Tieres im Sport oder auf der Jagd kann man bei fast allen Anforderungen, die an das Tier gestellt werden, von Leistungen sprechen. Auch die Inanspruchnahme psychischer Kräfte für einen bestimmten Zweck, zB für einen lang andauernden Transport, ist Abverlangen einer Leistung (vgl. *Hackbarth/Lückert* B IV 2). – **Überforderung** liegt vor, wenn ein Missverhältnis zwischen dem Zustand oder den Kräften des Tieres einerseits und der geforderten Leistung andererseits besteht. Nicht notwendig ist, dass es dadurch zu Schmerzen, Leiden oder Schäden gekommen ist (s. Rn. 4). Sind solche Folgen aber nachweislich eingetreten (zB Sturz und Verletzung eines Pferdes beim Vielseitigkeitsreiten; hohe Verlustraten bei Brieftauben), so kann ihnen eine Indizwirkung für eine vorangegangene Überforderung zukommen. – Die Gefahr für das Wohlbefinden des Tieres muss auch nicht unmittelbar durch die abgeforderte Leistung hervorgerufen werden. ZB kann sich die Überforderung eines Pferdes auch aus Beschirrungs- und Beschlagfehlern oder aus Druck- oder Wundstellen o.Ä. ergeben (vgl. *L/M* § 3 Rn. 7).

6 **Offensichtlich** ist das Missverhältnis, wenn es für jeden Sachkundigen ohne längere Überprüfung erkennbar ist. Da fahrlässige Begehungsweise genügt, reicht aus, wenn der Täter (bei unterstellter Sachkunde, die er nach § 2 Nr. 3 als Halter, Betreuer oder Betreuungspflichtiger haben muss) die Umstände, die das Missverhältnis begründen, erkennen und den Schluss auf die Überforderung ohne weiteres ziehen konnte. Dass er diese Umstände tatsächlich nicht erkannt hat bzw. den Schluss auf die Überforderung nicht gezogen hat, steht der Bußgeldverhängung nach § 18 Abs. 1 Nr. 4 TierSchG, § 17 Abs. 2 OWiG nicht entgegen.

7 **Beispiele. Pferdesport allgemein:** Weiterreiten trotz deutlicher Erschöpfungszeichen; Einsatz zu junger oder mangelhaft ausgebildeter Pferde; Einsatz, obwohl Pferd erkennbar

krank oder verletzt; Zutreiben auf besonders schwierige oder sehr hohe Hindernisse; Verwendung hoher, sichtundurchlässiger Hürden, so dass das Pferd vor dem Sprung das dahinter liegende Gelände nicht erkennen kann. Schwere Unfälle können eine vorangegangene Überforderung indizieren. Offensichtlichkeit kann u.a. vorliegen, wenn tierärztliche Empfehlungen missachtet wurden oder wenn unterlassen wurde, bei einer Veranstaltung die notwendige Anzahl von Tierärzten hinzuzuziehen (vgl. zB die vom Verbraucherschutzamt Hamburg herausgegebenen Regelungen für den Polosport, die u.a. die ständige Anwesenheit eines Tierarztes bei Wettbewerben vorschreiben; zitiert nach *Horst* AtD 2006, 102). – Im **Galopprennsport** ist der Einsatz zu junger Pferde bereits zur Regel geworden: Obwohl Vollblüter, wie alle anderen Pferde, ihre Ausreifung (d.h. Beendigung des Wachstums und Stabilisierung des Bewegungsapparates) erst im Alter von vier bis sechs Jahren erreichen, sind nach einer Statistik des Direktoriums für Vollblutzucht und Rennen im Jahr 2002 58 % der Pferde bereits im Alter von zwei bis fünf Jahren gestartet worden, während nur 41 % fünfjährig und älter waren (vgl. *Pick* AtD 2005, 86, 88). Ethische Grundsätze, mit denen dieser offensichtlichen Überforderung im Wege einer Selbstkontrolle der Reiter entgegenwirkt werden könnte, lehnt das Direktorium offenbar ab. Die überdurchschnittlich hohe Zahl an Verletzungen und Krankheiten bei Rennpferden beweist aber, dass diese Tiere sehr oft überfordert werden und dass angesichts der mangelnden Bereitschaft zur Selbstkontrolle verschärfte behördliche Kontrollen notwendig wären. – **Milchkühe:** Offensichtliche Überforderung u.a., wenn die Milchleistung so extrem ist, dass es zu Stoffwechsel- und Fertilitätsstörungen, Labmagenverlagerungen, Eutererkrankungen o.Ä. kommt (zu dem Zusammenhang zwischen hoher Milchleistung und vorzeitigen Abgängen wegen Gesundheitsstörungen vgl. *Lotthammer* TU 1999, 544ff.). Anzeichen zuchtbedingter Überforderung können für den Halter jedenfalls dann einen Verstoß begründen, wenn er nicht als notwendigen Ausgleich für die ständige Höchstleistung den Tieren eingestreute oder jedenfalls verformbare sowie ausreichend dimensionierte Liegeflächen sowie ausreichende Bewegungsmöglichkeiten verschafft (s. Anh. zu § 2 Rn. 2). – **Brieftauben:** Eine offensichtliche Überforderung sind insbesondere „Reisen auf Witwerschaft“ und Wettflüge mit Jungtauben. Allgemein wird ein Verstoß gegen Nr. 1 durch hohe Verlustraten bei den Tauben, die den Heimatschlag wieder erreichen, indiziert (deshalb sollten die Reisevereinigungen zur statistischen Offenlegung der gestarteten und wieder einfliegenden Tauben verpflichtet werden). Überfordernd sind Flüge von 300 km und mehr mit Tauben ohne ausreichende Erfahrung aus bestätigten Vorflügen; Flüge über das offene Meer; Ausschließung verirrter oder verspätet eintreffender Tauben (vgl. *Kummerfeld* AtD 2003, 266, 268; *Fikuart* DTBl. 2002, 492, 494; s. auch Anh. zu § 2 Rn. 45). – **Hunde:** Hundegespanne verstoßen gegen Nr. 1, wenn das Gewicht und/oder die Geschwindigkeit einen Hund überfordern und dies klar erkennbar ist. Ein Verstoß ist auch das angeleinte Mitführen eines Hundes von einem Kraftfahrzeug aus (vgl. auch § 28 Abs. 1 S. 3 StVO). – Auch der Einsatz von in der Flugfähigkeit beeinträchtigten **Enten** zur Jagdhundeausbildung kann unter Nr. 1 fallen (s. Rn. 49; vgl. *Hackbarth/Lückert* aaO; *Kluge/Ort/Reckewell* § 3 Rn. 13). – **Tiertransporte,** die trotz deutlicher Erschöpfungsanzeichen fortgesetzt werden, können ebenfalls unter Nr. 1 fallen. Die Tierschutz-Transportverordnung dispensiert nicht von der Einhaltung gesetzlicher Verbote.

Als **Notfälle** lassen sich denken: Grosse Brände, Erntenotstände, Katastrophen, Kriege **8**
(historisches Beispiel: Pferdeeinsatz in der Kavallerie). Der Begriff ist sehr eng auszulegen (vgl. *Hackbarth/Lückert* B IV 2). Eine Rechtfertigung scheidet aus, wenn ein weniger tierschädliches Mittel zur Verfügung steht oder wenn der angestrebte Nutzen gegenüber dem angerichteten Schaden nicht überwiegt. Sportlicher Ehrgeiz oder wirtschaftliche Notlagen eines Einzelnen wirken weder tatbestandsausschließend noch rechtfertigend (vgl. *L/M* § 3 Rn. 9).

III. Verbot des Abforderns von Leistungen nach bestimmten Behandlungen, Nr. 1 a

9 Das Verbot meint u. a. die **Neurektomie** (d. h.: Teilresektion eines Nervenastes; wird u. a. zur Unterbrechung der Schmerzbahn bei chronischen unheilbaren Erkrankungen an der Zehe des Pferdes und zur Behebung der spastischen Parese bei Jungrindern eingesetzt). Eingriffe und Behandlungen iS der Vorschrift sind aber auch andere Maßnahmen zur Schmerzausschaltung, Fiebersenkung u. Ä., insbesondere auch die Verabreichung entsprechender Medikamente. Erfasst werden alle Fälle, in denen eine Erkrankung, Verletzung oder sonstige Schwäche nicht ausheilend, sondern nur die Auswirkungen mildernd behandelt wurde (vgl. *Kluge/Ort/Reckewell* § 3 Rn. 19).

10 **Verbotene Leistungen** sind solche, die das Tier ohne den Eingriff oder die Behandlung aufgrund seiner Einschränkung nicht in vollem Umfang erbringen könnte (vgl. *Hackbarth/Lückert* B IV 2); sie dürfen nicht abverlangt werden. Unzulässig ist zB, neurektomierte Pferde zu Leistungsprüfungen, Distanz- oder Jagdritten einzusetzen (vgl. BT-Drucks. 13/7015 S. 16). Wenn in Art. 66 der Schweizer Tierschutzverordnung generell der Einsatz neurektomierter Pferde bei sportlichen Anlässen verboten ist, und wenn das Reglement der FEI (Fédération Equestre Internationale) sie von allen Turnieren ausschließt, so muss davon ausgegangen werden, dass diesen Regelungen allgemein gültige wissenschaftliche Erkenntnisse zugrunde liegen. Demgemäß ist nach Nr. 1 a neurektomierten Pferden der Einsatz im Sport verwehrt (vgl. *Schatzmann/Meier* in: *Sambraus/Steiger* S. 649; TVT Merkblatt Nr. 19).

11 Für die **Verhängung eines Bußgeldes** ist u. a. Voraussetzung, dass der Täter die stattgefundene Behandlung wenigstens hätte erkennen können. Dieser Nachweis ist bei Neurektomie uU schwer zu führen (*Schatzmann/Meier* aaO). Deswegen ist die in § 6 Abs. 4 vorgesehene Rechtsverordnung, die die dauerhafte Kennzeichnung von Tieren, an denen nicht offensichtlich erkennbare Eingriffe vorgenommen worden sind, vorsieht, „zum Schutz der Tiere erforderlich“.

IV. Verbot bestimmter Behandlungen im Sport, Nr. 1b

12 **Training** ist das wiederholte Üben gleichartiger Tätigkeiten mit dem Ziel der körperlichen und geistigen Leistungserhaltung bzw. -steigerung. Von **Sport** spricht man bei einer körperlichen Tätigkeit, die um ihrer selbst willen ausgeübt wird, aus Freude an der Überwindung von Schwierigkeiten und meist unter Anerkennung bestimmter Regeln (vgl. *Brockhaus*, Sport); kennzeichnend für Sportveranstaltungen ist ihr Wettbewerbscharakter mit anschließendem Vergleich der Ergebnisse. Hinzukommen muss allerdings, dass die Tätigkeit auch nach den im jeweiligen Land herrschenden kulturellen Wertvorstellungen als Sport eingestuft werden kann (vgl. *L/M* § 3 Rn. 15). **Wettkämpfe** sind Veranstaltungen, bei denen es um die Ermittlung von (menschlichen oder tierlichen) Gewinnern geht. **Ähnliche Veranstaltungen** iS der Nr. 1b dienen zwar ebenfalls dem Gewinnen, haben aber nach der Verkehrsauffassung keinen echten sportlichen Charakter (zB Schweinerennen, Ochsenziehen, Schildkrötenrennen).

13 **Nach Nr. 1b erste Alternative** ist jede Maßnahme verboten, die bei dem trainierten bzw. im Wettkampf oder in der Veranstaltung eingesetzten Tier zu erheblichen Schmerzen, Leiden oder Schäden führt (zu Schmerzen s. § 1 Rn. 12–16, zu Leiden s. § 1 Rn. 17–23, zu Schäden s. § 1 Rn. 24–26; zur Erheblichkeit s. § 17 Rn. 61; zur Auswahl von Sachverständigen zu diesen Fragen s. § 2 Rn. 47 und § 17 Rn. 97). Gleichgültig ist, ob die ursächliche Einwirkung auf das Tier der Veranstaltung zeitlich vorausgeht, ihr nachfolgt oder sie begleitet; die Veranstaltung muss nur eine nicht hinwegdenkbare Bedingung für die Schmerzen usw. sein. – Die für die Schmerzen usw. ursächliche Maßnahme muss die Leistungsfähigkeit des Tieres positiv oder negativ beeinflussen können (vgl. *Hack-*

barth/Lückert B IV 2: „alle erdenklichen Handlungen, die eine Leistungssteigerung bezwecken"). Die Möglichkeit dazu genügt, ein entsprechender Erfolg wird nicht vorausgesetzt. Beispielsweise können Pferden erhebliche Schmerzen oder Leiden zugefügt werden durch: Schläge mit der Peitsche, scharfe Gebisse, Einrichtungen, die das Hochziehen der Zunge verhindern sollen, scharfe Gegenstände unter Bandagen, elektrische Reize, Gewichte an den Extremitäten, Barren u. a. m. Andere Beispiele: Medikamentöse Einschränkung der Schmerzempfindlichkeit (Schäden); Zusammenbinden von Gliedmaßen (Leiden).

Nach **Nr. 1 b zweite Alternative** ist der Einsatz von Dopingmitteln verboten. S. die 14
Definition in Nr. 2.1.1 AVV; darauf, ob das Mittel tierschutzrelevante Nachteile auslösen kann, kommt es nicht an. Für den Pferdesport ist als Definition gebräuchlich: „Doping ist jeder pharmakologische Versuch der Leistungsbeeinflussung des Pferdes" (*Cronau* in: *Sambraus/Steiger* S. 640). Die Aufnahme einer Substanz in die Doping-Listen der nationalen und internationalen Sportverbände genügt in jedem Fall, ist aber nicht erforderlich (vgl. *Kluge/Ort/Reckewell* § 3 Rn. 22). – Das Dopingverbot ist eine selbständige Alternative („sowie"). Tatbestandsmäßig ist bereits die Anwendung eines entsprechenden Mittels an einem Tier; darauf, ob die Wirkungen zu Schmerzen, Leiden oder Schäden für das Tier führen können, kommt es nicht an (vgl. *Dietz* NuR 2001, 73). – Auch negatives (d. h. leistungsminderndes) Doping (zB an einem Tier des Konkurrenten) erfüllt den Tatbestand. – Bei negativem Doping oder dopingbedingten Unfällen kommen neben der Ahndung als Ordnungswidrigkeit nach § 18 Abs. 1 Nr. 4 auch Schadensersatzansprüche nach § 823 Abs. 1 BGB und § 823 Abs. 2 BGB i. V. m. § 303 StGB in Betracht (vgl. *L/M* § 3 Rn. 20). Weil das Dopingverbot sowohl dem Schutz der Tiere (vor Überforderung und Unfällen) als auch der Menschen (vor Unfällen und vor unfairen Wettbewerbsmethoden) dient, erscheint sogar denkbar, dem infolge positiven Dopings geschädigten Konkurrenten einen Anspruch aus § 823 Abs. 2 BGB i. V. m. § 3 Nr. 1 b zuzubilligen.

Auch für die beiden Alternativen der Nr. 1 b genügt **Fahrlässigkeit.** Tateinheit kommt 15
in Betracht mit Nr. 1 a (zB bei medikamentöser Beeinflussung der Schmerzfähigkeit), mit Nr. 1, mit Nr. 5, mit Nr. 6 (bei Veranstaltungen mit Publikum) und mit § 18 Abs. 1 Nr. 1 (vgl. aber die gegenüber dieser Vorschrift deutliche Erweiterung der Verfolgbarkeit durch Nr. 1 b: hier kann jedermann Täter sein; auch ist eine Rechtfertigung durch einen vernünftigen Grund nicht möglich).

V. Verbot, besonders schutzbedürftige Tiere zu veräußern oder zu erwerben, Nr. 2

Es muss sich um **ein in der Obhut (irgend)eines Menschen gehaltenes Tier** handeln. 16
Dies ist der Fall, wenn entweder der Täter oder ein Tatbeteiligter oder aber auch ein Dritter, der nicht an der Tat beteiligt ist, das Tier hält, betreut oder zu betreuen hat (s. § 2 Rn. 4–7). Geschützt sind auch Tiere wildlebender Arten.

Das Tier muss **gebrechlich, krank, abgetrieben oder alt** sein. Gebrechlichkeit ist eine 17
durch Alter stark herabgesetzte körperliche Betätigungsfähigkeit. Abgetriebenheit ist ein vom Alter unabhängiger Konditionsmangel als Folge chronischer Überforderung (*Hackbarth/Lückert* B IV 3). – Ein Weiterleben muss für das Tier mit nicht behebbaren Schmerzen oder Leiden verbunden sein. Dies ist der Fall, wenn sich der Ist-Zustand mit Hilfe der veterinärmedizinischen Kunst nicht so verbessern lässt, dass das Tier keine Schmerzen und Leiden mehr erfährt (*Hackbarth/Lückert* aaO).

Der **Umfang des Verbots** erstreckt sich auf das Veräußern und das Erwerben. Veräu- 18
ßern ist die Übertragung des Eigentums (auch der Eigentumsanwartschaft) durch Rechtsgeschäft. Auf Entgeltlichkeit kommt es nicht an; es kann also auch eine Schenkung zugrunde liegen. Dagegen reicht die bloße Besitzübertragung (zB im Rahmen von Leihe oder Vermietung) nicht aus. – Verboten ist auch das Erwerben des Eigentums (oder der Eigentumsanwartschaft). – Verbotsgrund: Das Tier soll davor bewahrt werden, zu Ar-

beitsleistungen oder anderen Verwendungen, die es überfordern könnten, herangezogen zu werden (Gefährdungstatbestand, s. Rn. 4).

19 Von den Verboten macht das Gesetz **zwei Ausnahmen: 1.** Der Erwerber beabsichtigt, das Tier unverzüglich (d.h. ohne schuldhaftes Zögern, § 121 BGB) schmerzlos zu töten. Dieser Zweck muss bereits Teil des schuldrechtlichen Verpflichtungsgeschäftes (zB des Kaufvertrages) sein. Das „Wie" der vereinbarten Tötung muss § 4 entsprechen (s. dort Rn. 4 und 5). – **2.** Die Veräußerung des kranken (also nicht des alten, gebrechlichen usw.) Tieres geschieht für einen Tierversuch. In diesem Fall muss aber die nach § 8 erforderliche Genehmigung für das Versuchsvorhaben an einem solchen Tier im Zeitpunkt der Veräußerung bereits erteilt worden sein. Sie muss an den Erwerber gerichtet sein („unmittelbare Abgabe"); die Veräußerung an einen Mittelsmann, zB einen Händler mit Versuchstieren, ist nicht zulässig. Handelt es sich bei dem Tier um ein Wirbeltier, das nicht unter die in § 9 Abs. 2 Nr. 7 aufgelisteten Ausnahmen fällt (also zB um Hund, Katze, Affe, Maus, Ratte, Hamster, Meerschweinchen, Kaninchen etc.), so muss der Erwerber außerdem im Zeitpunkt der Veräußerung bereits die nach Satz 2 dieser Vorschrift erforderliche Ausnahmegenehmigung haben.

20 **Konsequenzen bei Verstoß.** Ist gegen Nr. 2 verstoßen worden, so sind sowohl die Übereignung als auch das zugrundeliegende Geschäft (Kaufvertrag, Schenkung usw.) gemäß § 134 BGB nichtig (vgl. BT-Drucks. 380/89 S. 6; *L/M* § 3 Rn. 27). – Die Tierschutzbehörde kann die Rückgabe des Tieres anordnen (§ 16a S. 1). – Der vorsätzliche, aber auch der fahrlässige Verstoß gegen Nr. 2 ist eine Ordnungswidrigkeit nach § 18 Abs. 1 Nr. 4 (Beispiel: Spiegelt der Erwerber die Absicht zur unverzüglichen schmerzlosen Tötung nur vor, so kann auch gegen den Veräußerer eine Geldbuße verhängt werden, wenn dieser die wahren Absichten des Erwerbers zwar nicht erkannt hat, sie aber hätte erkennen können). Verstoßen die Teilnehmer einer Tierbörse, eines Viehmarktes oder einer ähnlichen Veranstaltung gegen Nr. 2, so kann auch gegen den Veranstalter wegen Beihilfe eine Geldbuße verhängt werden, wenn dieser mit derartigen Verstößen rechnete (*L/M* § 3 Rn. 27; falls ihm nur Fahrlässigkeit nachgewiesen werden kann, kommt fahrlässige Nebentäterschaft in Betracht, s. § 18 Rn. 9). Tateinheit ist u.a. möglich mit § 18 Abs. 1 Nr. 1, Abs. 2, ggf. schon durch die Beförderung des Tieres zum Ort der Veräußerung bzw. der neuen Haltung. – Eine Verpflichtung, alte, kranke usw. Tiere zu töten, begründet Nr. 2 nicht (nicht einmal für den Erwerber, der ein solches Tier unter Verstoß gegen Nr. 2 erworben hat, denn er ist nicht Eigentümer geworden und darf deswegen auf das Tier nicht einwirken, vgl. §§ 929, 134, 903 BGB).

VI. Aussetzungsverbot, Nr. 3

21 Das Tier muss sich in der **Obhut (irgend)eines Menschen** befinden (wie Rn. 16). Auch Fundtiere, die jemand zu betreuen begonnen hat, oder wildlebende Tiere, die jemand zur Behandlung, Pflege, Überwinterung etc. aufgenommen hat, können ausgesetzt werden. Für ein Aussetzen durch aktives Tun (Nr. 3 erste Alt.) ist nicht erforderlich, dass der Täter selbst Halter, Betreuer oder Betreuungspflichtiger ist. ZB kann auch ein Dieb das gestohlene Tier aussetzen.

22 **Aussetzen** heißt: das Tier wird aus der bisherigen Obhut entlassen, ohne dass an deren Stelle eine neue menschliche Obhut tritt, so dass es auf seine eigenen Kräfte und Fähigkeiten verwiesen ist. – Normalerweise geschieht das Aussetzen durch ein aktives Tun. Beispiele: Verjagen; Anbinden im Park; aus dem Auto werfen; Einsperren in einen abseits gelegenen Verschlag; Fliegenlassen; Schaffen einer Gelegenheit, die dem Tier das Entlaufen ermöglicht; nicht mehr an den gewohnten Aufenthaltsort lassen. – Ein Aussetzen durch Unterlassen liegt vor, wenn der Halter, Betreuungspflichtige oder Betreuer erkennt, dass das Tier ohne sein vorheriges Zutun entläuft, und er dies nicht verhindert, obwohl es ihm möglich wäre (§ 8 OWiG). – Nr. 3 erste Alt. ist ein abstraktes Gefährdungsdelikt. Es

ist deshalb nicht erforderlich, dass es zu einer konkreten Gefährdung des Tieres an Leben, Unversehrtheit oder Wohlbefinden kommt. Das Verbot soll jede Aussetzung verhindern, weil sie regelmäßig, wenn auch nicht zwangsläufig, mit einer Gefahrenlage für das Tier verbunden ist und damit eine abstrakte Gefährdungshandlung darstellt (vgl. *L/M* § 3 Rn. 29).

Täter der Alternative **„Zurücklassen"** kann im Gegensatz zum Aussetzen nur der Schutzpflichtige, d.h. der Halter, der Betreuer oder der zur Betreuung Verpflichtete sein (s. § 2 Rn. 4–7). – Tatbestandsmäßig iS der Alternative „zurücklassen, um sich seiner zu entledigen" handelt, wer sich als Halter usw. vom Tier in der Absicht entfernt, nicht mehr zu ihm zurückzukehren, ohne es vorher der Obhut eines Dritten anzuvertrauen. – Tatbestandsmäßig iS der 1998 eingefügten Alternative „zurücklassen, um sich der Halter- oder Betreuerpflicht zu entziehen" handelt derjenige Halter usw., der das Tier für einen längeren Zeitraum, wie zB während des Urlaubs, unbeaufsichtigt sich selbst überlässt (vgl. BT-Drucks. 13/7015 S. 16). Im Gegensatz zur ersten Alternative des Zurücklassens wird man hier auf eine konkrete Gefährdung abstellen müssen, d.h.: Unter Berücksichtigung der Zeitdauer, während der der Halter usw. nicht zu dem Tier zurückkehren will, muss mit Wahrscheinlichkeit zu erwarten sein, dass das Tier infolge seines Zurückgelassenseins eine Beeinträchtigung im Wohlbefinden, einen Schmerz oder einen Schaden erfahren wird; ausreichend ist auch, wenn in dieser Zeit konkrete Betreuungshandlungen notwendig werden, die der Halter usw. auf einen Dritten hätte übertragen müssen (Beispiel bei *Hackbarth/Lückert* B IV 4: Der Hund wird während der zweiwöchigen Urlaubsreise allein in der Wohnung zurückgelassen, zwar versehen mit ausreichend Futter und Wasser, aber ohne dass sichergestellt ist, dass sich eine andere Personen in regelmäßigen Abständen von seinem Wohlbefinden überzeugt). Ein verbotenes Zurücklassen in diesem Sinne kann auch vorliegen, wenn der Halter usw. zwar zunächst vorhatte, rechtzeitig (d.h. noch vor Entstehen einer Gefahrenlage bzw. dem Erforderlichwerden der Betreuungshandlung) zu dem Tier zurückzukehren, dies dann aber unterlässt (vgl. *L/M* § 3 Rn. 33). 23

Fahrlässigkeit reicht auch hier aus (vgl. *L/M* § 3 Rn. 34). Beispiel: der Täter hätte erkennen können, dass infolge der Zeitdauer des Zurücklassens eine Gefahr für das Wohlbefinden des Tieres entsteht bzw. Betreuungshandlungen notwendig werden. 24

VII. Zusätzliches Aussetzungs- und Ansiedelungsverbot, Nr. 4

Nr. 4 hat **kaum eigenständige Bedeutung,** denn Tiere wildlebender Arten, die sich in Obhut des Menschen befinden, sind bereits durch Nr. 3 vor Aussetzung und Zurücklassung geschützt. Deshalb werden Handlungen, die gegen Nr. 4 verstoßen, oftmals auch von Nr. 3 erfasst. Nr. 4 ist kein Spezialtatbestand, der Nr. 3 verdrängen würde (vgl. *L/M* § 3 Rn. 35; *Hackbarth/Lückert* B IV 5). 25

Zu einer **wildlebenden Art** gehört ein Tier, wenn es in der Natur Individuen der betreffenden Tierart gibt, die nicht unter der Herrschaft des Menschen stehen. Freie Natur ist das Gebiet außerhalb geschlossener Siedlungen. 26

Tathandlung ist auch hier das Entlassen aus der bisherigen Obhut, ohne dass eine neue menschliche Obhut an deren Stelle tritt. Hinzukommen muss, dass das Tier nicht ausreichend vorbereitet ist, um sich artgemäß ernähren und vor schlechter Witterung schützen zu können. Beispiele: selbständige Futteraufnahme ist nicht gewährleistet; Haar- oder Federkleid sind nicht so weit entwickelt, dass auch die nächtliche Abkühlung ohne Leiden und Schaden überstanden wird; notwendige Fähigkeiten zum Nestbau sind noch nicht entwickelt. Ein Ansiedeln in der freien Natur ist erst zulässig, wenn alle notwendigen Überlebensstrategien vom Tier eigenständig beherrscht werden (*Hackbarth/Lückert* aaO). Begleitendes Beobachten ändert an der Tatbestandsverwirklichung nichts. – Kann sich das Tier zwar ernähren und gegen Witterung schützen, fehlen ihm aber andere we- 27 sentliche Überlebensstrategien (zB der notwendige Fluchtinstinkt), so wird ein Aussetzen iS von Nr. 3 vorliegen (s. Rn. 22). – Tateinheit ist insbesondere möglich mit Aussetzungsverboten nach dem Jagdrecht (§ 28 Abs. 2, Abs. 3 BJagdG) und dem Naturschutzrecht (§ 41 BNatSchG i. V. m. Landesrecht).

VIII. Verbot bestimmter Maßnahmen bei Ausbildung und Training, Nr. 5

28 **Ausbilden** bedeutet Einwirken auf ein Tier, um es unter Ausnutzung seiner Lernfähigkeit und seines Vermögens, Umweltvorgänge artbezogen zu verstehen, zum Erlernen einer bestimmten Verhaltensweise oder eines Gefüges von Verhaltensweisen zu veranlassen (*L/M* § 3 Rn. 40). Beim Abrichten steht die Zwangseinwirkung auf das Tier im Vordergrund; es rechnet ebenfalls zum Ausbilden und wird häufig tatbestandsmäßig sein. Zum **Trainieren** s. Rn. 12. Wegen der Schwierigkeit der Abgrenzung von Ausbildung und Training stellt das Gesetz beides gleich (vgl. BT-Drucks. 13/7015 S. 16). Beispiele: Erziehung von Hunden als Jagd-, Gebrauchs-, Dienst-, Schutz- oder Blindenhunde o. Ä.; Ausbildung von Pferden im Spring- und Dressurbereich o. Ä.; Dressur von Tieren für den Zirkus; Ausbildung von Beizvögeln oder Frettchen als Jagdhelfer.

29 Verboten sind **Maßnahmen, die bei dem Tier zu erheblichen Schmerzen, Leiden oder Schäden führen.** Zu Schmerzen s. § 1 Rn. 12–16, zu Leiden s. § 1 Rn. 17–23 a, zu Schäden s. § 1 Rn. 24–26; zur Erheblichkeit s. § 17 Rn. 61; zur Auswahl von Sachverständigen zu diesen Fragen s. § 2 Rn. 47 und § 17 Rn. 97. Die Erheblichkeit kann sich u. a. ergeben: aus der Wiederholung oder der Dauer der Einwirkung (im Gegensatz zu § 17 Nr. 2 b ist das Zeitmoment hier nicht durch ein besonderes Tatbestandsmerkmal erfasst und fließt deswegen in die Beurteilung der Erheblichkeit ein; s. auch § 18 Rn. 12); aus der Intensität der Einwirkung; aus der Empfindlichkeit des betroffenen Organs, insbes. bei Augen, Nase Ohren und Geschlechtsteilen; aus Verhaltensanomalien; aus Funktionsstörungen; aus Anzahl, Intensität und Dauer von auftretenden Schmerz-, Leidens- oder Angstsymptomen (s. § 1 Rn. 21, 22 und § 17 Rn. 63, 64). Zeigt ein Tier während einer Veranstaltung (Sport, Zirkus, Rodeo u. a.) Verhaltensweisen, die für die jeweilige Tierart nicht zum normalen Verhaltensrepertoire gehören, so kann dies den Schluss nahe legen, dass die Ausbildung zu dieser „Leistung“ mit erheblichen Leiden verbunden gewesen sein muss (Beispiele: Bären, die tanzen, Schlittschuh- oder Rollschuh laufen; Elefanten, die einen Kopfstand machen; unverträgliche Tiere, die gemeinsam auftreten müssen, zB ein Tiger, der auf einem Pferd reitet; Pferde, die – obwohl Fluchttiere – gegen große andere Tiere anrennen und andrängen müssen. – Die für die Schmerzen usw. kausale Maßnahme kann auch der Vorbereitung einer Ausbildung dienen oder ihr zeitlich nachfolgen. Die Schmerzen und Leiden müssen nicht zeitgleich mit der Ausbildung eintreten, sondern können auch erst später auftreten. Es genügt dass die Ausbildung eine nicht hinwegdenkbare Ursache für sie darstellt. Dasselbe gilt für Schäden, die oft erst nach einiger Zeit sichtbar hervortreten. – Weitere Beispiele: Hundehalsbänder mit Stacheln an der Innenseite (vgl. OLG Hamm NStZ 1985, 275); länger andauernder Nahrungs- oder Wasserentzug als Strafmaßnahme; Würgehalsbänder; Elektroreizgeräte, auch wenn sie außer Betrieb sind, aber das vorher damit behandelte Tier Verhaltensstörungen oder Symptome eines länger andauernden Zustandes ängstlicher Erwartung weiterer Stromstöße zeigt (vgl. AG Jever AtD 1998, 353); Abschleifen von Zähnen. Nach den BMELV-Leitlinien „Tierschutz im Pferdesport“ darf die Peitsche nur noch im Sinne eines Touchierens eingesetzt werden.

29a **Fahrlässigkeit** reicht auch hier aus (zB bezüglich der Verursachung von Leiden oder bezüglich ihrer Erheblichkeit). – Eine Rechtfertigung gibt es nicht (Ausnahme: rechtfertigender Notstand, s. Rn. 2). Auch berechtigte und wichtige Ausbildungs- oder Trainingsziele können keine Rechtfertigung bilden, denn der berechtigte Zweck legitimiert nicht das rechtswidrige Mittel (vgl. *Hackbarth/Lückert* B IV 6). – Werden die Schmerzen oder

Leiden dem Tier wiederholt zugefügt (was gerade bei Ausbildungen nicht selten der Fall sein wird), so ist auch der Straftatbestand des § 17 Nr. 2b erfüllt.

IX. Verbote bei Filmaufnahmen, Werbung, Schaustellungen oder ähnlichen Veranstaltungen, Nr. 6

Zu einer **Filmaufnahme** wird ein Tier herangezogen, wenn es im Hinblick auf die 30
Aufnahme eine Leistung (s. Rn. 5) erbringt oder eine Einwirkung erduldet und dabei gefilmt wird. – Nr. 6 greift nicht ein, wenn der gefilmte Vorgang von den §§ 7ff. als Spezialregelung erfasst wird, weil es sich um einen Tierversuch nach § 7 Abs. 1 oder einen Lehrversuch nach § 10 handelt. Werden also Eingriffe und Behandlungen zur Aus-, Fort- oder Weiterbildung gefilmt, so richtet sich die Zulässigkeit danach, ob die in § 10 geregelten materiellrechtlichen und verfahrensrechtlichen Voraussetzungen eingehalten sind (insbesondere auch § 10 Abs. 2 i.V.m. §§ 8a und 8b: Anzeigepflicht; Tierschutzbeauftragter). – Darauf, ob der Film später nur einem geschlossenen Teilnehmerkreis oder aber einer unbestimmten Vielzahl von Menschen zugänglich gemacht werden soll, kommt es nach Wortlaut und Zweck der Vorschrift nicht an (vgl. *Kluge/Ort/Reckewell* § 3 Rn. 58; aA *Hackbarth/Lückert* B IV 7). – Auch Standphotographien sind Filmaufnahmen.

Der Begriff der **Schaustellung** umfasst jedes Zurschaustellen oder Vorführen von Tie- 31
ren. Beispiele: Zoologischer Garten, Freizeitzoo, Vogelpark, Tierschau, Tiergarten, Bühne, Ausstellungsraum, Umzug mit Tieren, Vorführung mit Tieren in Theater, Varieté und auf Jahrmärkten oder Rummelplätzen, Zurschaustellung von Tieren in Gaststätten (Wasserbecken mit Forellen), Schaufenstern etc (vgl. VG Göttingen NVwZ-RR 2004, 487: keine Fischhaltung in Diskothek). Um eine Schaustellung handelt es sich auch dann noch, wenn sie zugleich mit einer anderen Darbietung (zB Zaubern) verbunden wird oder der Belehrung dienen soll. Ausstellen von Tieren in einem Ladengeschäft ist entweder Schaustellung oder Werbung (s. Rn. 32). Zuchtprüfungen können auch Schaustellungen sein, wenn Publikum erwünscht ist (zB Eintrittsgebühren) oder eine Veröffentlichung über die Medien angestrebt wird.

Werbung liegt vor, wenn das Tier eingesetzt wird, um den Absatz einer Ware (auch des 32
Tieres selbst) oder einer Dienstleistung zu fördern. Beispiele: Ausstellen, um zum Kauf des Tieres anzuregen oder um damit das Schaufenster auszuschmücken; Verwendung als Werbegeschenk; Aquarien, Terrarien etc. in Verkaufsstätten oder Restaurants; Werbefilme mit Tieren.

Für **ähnliche Veranstaltungen** ist wesentlich, dass die Beteiligung dritter unbeteiligter 33
Personen als Zuschauer erwünscht ist, wobei aber ein geschlossener Teilnehmerkreis ausreicht (vgl. *Kluge/Ort/Reckewell* § 3 Rn. 58). Meist handelt es sich um Nutzungen, bei denen zur Schaustellung des Tieres noch ein weiterer Umstand hinzutritt, etwa das Vorführen menschlicher Leistungen an oder mit dem Tier (zB Zirkus; Wettfischen; Schießen auf Tauben; Rodeo; Hunderennen; Taubenwettflüge). Auch Sportveranstaltungen, bei denen Tiere Verwendung finden, zählen hierher (vgl. *Kluge/Ort/Reckewell* § 3 Rn. 58; *Ennulat/Zoebe* II § 3 Rn. 25), zumindest dann, wenn nach dem Willen der Veranstalter das Vorführen vor Publikum zu kommerziellen Zwecken als Zweitziel neben den Wettkampfzweck (d.h. die Ermittlung von Siegern und Besiegten) tritt. Erst recht gilt Nr. 6, wenn das Vorhandensein von Publikum für den Veranstalter eine notwendige Zwischenstufe für einen weitergehenden Endzweck darstellt (zB für das Erzielen von Eintrittsgeldern, die Entgegennahme von Wetteinsätzen, Einnahmen durch Werbung o.Ä.). Dem kann man nicht entgegenhalten, dass nach Nr. 1b Tiere im Sport nicht vor „einfachen" sondern nur vor erheblichen Schmerzen, Leiden oder Schäden geschützt seien: Der Schutz von Tieren vor einfachen Schmerzen, Leiden oder Schäden durch Schaustellungen ist schon durch das ÄndG 1986 eingeführt worden; das ÄndG 1998, mit dem Nr. 1b ins Gesetz eingefügt wurde, wollte das bis dahin bestehende Tierschutzniveau erhöhen und

nicht etwa den (für Sportveranstaltungen vor Publikum) weitergehenden Schutz aus Nr. 6 nachträglich wieder zurücknehmen oder einschränken (vgl. BT-Drucks. 13/7015 S. 2: „An dem bei früheren Novellierungen des Tierschutzgesetzes stets beachteten Grundsatz, nicht hinter geltendes Recht zurückzugehen, soll festgehalten werden"). Nr. 1 b kann deshalb nicht dazu verwendet werden, einen Gegensatz zwischen „Sport" und „Schaustellung" zu konstruieren und damit den Anwendungsbereich von Nr. 6 für Schauveranstaltungen mit Tieren auszuhöhlen (s. auch AVV Nr. 12.2.1.5.4: auch danach gibt es keinen grundsätzlichen Gegensatz zwischen Schaustellung und Sport).

34 Der Tatbestand ist erfüllt, wenn dem Tier durch die Heranziehung **„einfache" Schmerzen, Leiden oder Schäden** entstehen (zu Schmerzen s. § 1 Rn. 12–16, zu Leiden s. § 1 Rn. 17–23 a, zu Schäden s. § 1 Rn. 24–26). Erheblich brauchen die Belastungen nicht zu sein. Der Schutz aus Nr. 6 ist damit sehr weitgehend. Hinzu kommt: Täter kann jedermann sein (also nicht nur der Halter, Betreuer oder Betreuungspflichtige); eine Rechtfertigung aus vernünftigem Grund ist nicht möglich (s. Rn. 2); Fahrlässigkeit hinsichtlich der Schmerzen, Leiden oder Schäden reicht aus. – Ebenso wie bei Nr. 1 b und Nr. 5 genügt auch hier, wenn die für die Schmerzen, Leiden oder Schäden ursächliche Maßnahme der Veranstaltung vorausgeht oder ihr nachfolgt. Es kommt nur darauf an, dass die Veranstaltung eine nicht hinwegdenkbare Bedingung für den unerwünschten Erfolg darstellt. Beispiel: Wird die Geburt eines Jungtieres nur herbeigeführt, um es eine Saison lang zu zeigen und anschließend zu töten (= Schaden, s. § 1 Rn. 26), so ist Nr. 6 verletzt (*L/M* § 3 Rn. 44).

35 Die **Anwendbarkeit des Verbotes auf Veranstaltungen mit künstlerischem Charakter** war vor der Aufnahme des Staatsziels Tierschutz in das Grundgesetz umstritten (vgl. einerseits AG Kassel NStZ 1991, 444 m. Anm. *Selb* und andererseits LG Köln NuR 1991, 42). Nach der Änderung von Art. 20 a GG ist der Tierschutz als verfassungsrechtliches Staatsziel allen anderen Verfassungsprinzipien prinzipiell gleichgeordnet; dies gilt auch für das Grundrecht der Kunstfreiheit nach Art. 5 Abs. 3 GG. Im Wege der Abwägung muss deshalb ein Ausgleich hergestellt werden, für den der jeweilige Grad der Zielbetroffenheit maßgeblich ist (s. Art. 20 a GG Rn. 7, 8). Bei dieser Abwägung wird das Verbot der Leidens- und Schadenszufügung idR schwerer wiegen: Zum einen gibt es für den Künstler Möglichkeiten, das geistig-seelische Erlebnis, das mit der künstlerischen Tätigkeit zum Ausdruck gebracht werden soll, auch ohne Tiertötungen und ohne Verursachung von Tierleid in schöpferisch-gestalterischer Form umzusetzen; zum anderen wiegen die Nachteile, die mit dem Ausweichen auf eine solche tierschonende Alternative verbunden sein können, regelmäßig weniger schwer als die Belastungen des Tieres (vgl. BK/*Kloepfer* Art. 20 a Rn. 92; *Caspar/Geissen* NVwZ 2002, 913, 916).

36 **Pferdesportveranstaltungen (u. a. Trab und Galopprennen, Dressur-, Spring-, Western- und Vielseitigkeitsreiten)** sind ähnliche Veranstaltungen iS von Nr. 6, wenn es dabei neben dem sportlichen Wettkampf (iS eines Zweitziels) auch um die Zurschaustellung der Leistungen von Pferd und Reiter vor Publikum geht, etwa damit Eintrittsgelder oder Wetteinsätze erzielt werden (der Gesamtumsatz aller Deutschen Rennbahnen 1997 betrug 280 Mio. DM). – Kommt es aus Anlass einer solchen Veranstaltung zu fahrlässig herbeigeführten Unfällen, die den Pferden Schmerzen, Leiden oder Schäden verursachen, so kann dies als Ordnungswidrigkeit nach § 18 Abs. 1 Nr. 4 i. V. m. § 3 Nr. 6 geahndet werden. Fahrlässige Unfallursachen sind zB: Verstöße gegen die Leitlinien des BMELV zum Tierschutz im Pferdesport (die Rennordnung muss diesen Leitlinien entsprechen bzw. angepasst werden); Einsatz zu junger oder nicht hinreichend ausgebildeter Pferde; Verwendung von Scheuklappen und anderen Sichtbehinderungen, die Irritationen des Pferdes auslösen; Peitscheneinsatz über das bloße Touchieren hinaus (s. auch Rn. 29; vgl. auch *Rusche* in: Evang. Akademie Bad Boll, Tiere im Sport, S. 100, 103); Einsatz überforderter Pferde (Indiz: Widersetzlichkeiten des Tieres beim Satteln oder an der Startmaschine, die mit Zwangsmitteln überwunden werden); Nicht-Einsatz neutraler, unabhängiger Tierärzte vor Rennbeginn und während des Rennens; Nichtbefolgung von Weisungen und

Empfehlungen der Tierärzte (vgl. *Pick* DtW 1999, 179). – Besonders beim Vielseitigkeitsreiten können sich schwere Unfälle mit Folgen iS der Nr. 6 ereignen. Voraussehbare und vermeidbare Unfallursachen sind dabei neben den o. e. Verstößen insbesondere: zu hohes Tempo (Grundtempi von 34 km/h im Gelände und 41 km/h auf der Rennbahn überfordern das durchschnittliche Vielseitigkeitspferd und begünstigen schwere Stürze); Vorwärtstreiben erschöpfter Pferde (Indiz: Einsatz der Peitsche); Nicht-Teilnahme an vorgesehenen Verfassungsprüfungen; Nichtbefolgung von Weisungen oder Empfehlungen der Hindernisrichter; Verstöße gegen die Leistungsprüfungsordnung der FN (vgl. *Pick* in: Ev. Akademie Bad Boll, Tiere im Sport, S. 147). Gefordert werden müssen: Verfassungsprüfungen durch Tierärzte vor Veranstaltungsbeginn; Anwesenheit von Tierärzten auch bei kleineren Turnieren (vgl. die Leistungsprüfungsordnung 2000 der FN: Ständige Anwesenheit eines Turniertierarztes auf allen Turnieren der Kategorie A und B); Verzicht auf überfordernde Hindernisse und Hinderniskombinationen; Anbieten von Alternativen vor schweren Hindernissen; Absenkung der Tempi; Vermeidung von wechselndem Untergrund (vgl. *Franzky* AtD 2001, 21 ff.). – Das vorsätzliche Zufügen von Schmerzen, Leiden usw. verstößt erst recht gegen Nr. 6. Beispiele: Verwendung von Gebissen, die zu Verletzungen führen (Indiz: aus dem Maul blutende Pferde nach dem Rennen); Zungenbänder oder andere Methoden, die dem Pferd das Hochziehen der Zunge unmöglich machen sollen; nicht passende Sättel (Folge: Rückenprobleme); zu schmale, stark einschnürende Sattelgurte; Peitscheneinsatz zum Antreiben (s. Rn. 29); Zwangsmaßnahmen wie Nasenbremse oder Dunkelbox vor dem Satteln; Zwangsmittel an der Startmaschine, u. a. Blende, Nasenbremse, Fußtritte, Hetzpeitsche oder Aufbiegen des Schweifes (näher *Pick* aaO).

Rodeos sind ebenfalls Veranstaltungen iS von Nr. 6. Deswegen ist hier die Zufügung 37
jeglicher Schmerzen und Leiden verboten, ohne dass es eines Beweises der Erheblichkeit bedarf (sind die Belastungen erheblich, so kommt zur Ordnungswidrigkeit nach § 18 Abs. 1 Nr. 4 noch eine solche nach § 18 Abs. 1 Nr. 1 und uU auch eine Straftat nach § 17 Nr. 2 b hinzu). Eine Privilegierung nach Nr. 1 b scheitert schon daran, dass Rodeo kein Sport ist: Zum einen finden diese Veranstaltungen nicht primär „um ihrer selbst willen" statt (s. Rn. 12 und *Brockhaus*), sondern hauptsächlich aus kommerziellen Gründen, nämlich zur Erzielung von Eintrittsgeldern, Werbeeinnahmen o. Ä.; zum anderen können sie auch nach den in Deutschland vorherrschenden kulturellen Wertvorstellungen nicht als Sport eingestuft werden, ebenso wenig wie Stierkämpfe, Hahnenkämpfe u. Ä. (dem entspricht, dass kein Rodeo-Verband Mitglied im Deutschen Sportbund ist; Auskunft des DSB vom 17. 10. 2005). Auf die Frage, ob Sport und Schaustellung überhaupt Gegensätze bilden (s. Rn. 33) kommt es deshalb hier nicht an: Rodeo-Veranstaltungen fallen eindeutig in den Anwendungsbereich von Nr. 6 sowie von § 11 Abs. 1 Nr. 3 d. – Bei den Disziplinen „Bare Back Riding" und „Saddle Bronc Riding" wird den Pferden in der Vorbereitungsbox ein Gurt im Flankenbereich angelegt. Beim Auslassen des Pferdes aus der Box wird das Gurtende so lange wie möglich festgehalten, wodurch sich der Gurt nach dem Flaschenzug-Prinzip zuzieht. Dadurch kommt es zu dem erwünschten Buckeln und Auskeilen des Pferdes, das erst mit der Abnahme oder Lockerung des Gurtes wieder endet. Der zugezogene Gurt verursacht den Pferden Schmerzen, zumindest aber Leiden in Form von Angst und Stress (vgl. *Franzky, Bohnet* et al. DtW 2005, 92, 93: Buckeln mit Auskeilen als aktive Bewältigungsstrategie bei negativem Emotionszustand). Beim „Bullriding" wird zwar primär der Reiter als Auslöser des Abwehrverhaltens angesehen, so dass der Flankengurt idR nicht fest arretiert wird; gleichwohl zeigt auch hier das Buckeln einen Angst- und Stresszustand und damit ein Leiden des Tieres an (*Franzky, Bohnet* et al. aaO). Beim „Wild-Horse-Race" muss ebenfalls von Leiden ausgegangen werden (vgl. VG Potsdam vom 24. 8. 2006, 3 L 519/06: künstliche Abwehrbewegungen des Pferdes werden provoziert; hierdurch kommt es zu Fluchtversuchen mit Stürzen). Erlaubnisse nach § 11 Abs. 1 Nr. 3 d sollten deswegen nur noch mit den Auflagen „Verbot von Flankengurten" und „kein Bullriding sowie kein Wild-Horse-Race" sowie (wegen der Verletzungsgefahr

für die Tiere) „Verbot von Sporen" erteilt werden (vgl. TVT, Gutachten über Rodeoveranstaltungen in Deutschland, DTBl. 2005, 1085, 1086). Einen entsprechenden Beschluss hat die Länderarbeitsgemeinschaft gesundheitlicher Verbraucherschutz (LAGV) getroffen (Mitteilung des Bay. Staatsministeriums f. Umwelt, Gesundheit und Verbraucherschutz vom 10. 7. 2006, 45 a-G8734.8–2006/13–1; vgl. auch VG Regensburg vom 22. 9. 2005, RN 11 S 05.1317: keine Bedenken gegen die nachträgliche Auflage, die Verwendung von Sporen zu unterlassen; zu nachträglichen Auflagen s. auch § 11 Rn. 23).

37a Für **Springderbies, Rennen mit und ohne Hindernisse, Polowettkämpfe, Wettkämpfe unter Tieren** (zB Hunde-, Hahnenkämpfe) **oder gegen Tiere** (Stierkämpfe, Wettfischen) gilt ebenfalls Nr. 6, wenn sie vor Publikum stattfinden oder für Publikum gefilmt oder auf Tonträger aufgenommen werden. Die tierärztliche Inaugenscheinnahme der eingesetzten Tiere (u. a. der Beine nach Abnahme der Bandagen sowie des Maul- und Nasenbereichs) kann ergeben, dass ihnen Schmerzen oder Leiden zugefügt worden sind, zB durch scharfe oder spitze Gegenstände unter der Bandagierung, durch Einsatz scharfer Gebisse u. Ä. Auch hier begründen bereits fahrlässige Handlungen, insbes. fahrlässig verursachte Unfälle, einen Verstoß (zB Überforderung der Pferde, Weiterreiten trotz sichtbarer Erschöpfungsanzeichen, Peitscheneinsatz, Missachtung tierärztlicher Empfehlungen uÄ). Für den Polosport hat das Verbraucherschutzamt Hamburg-Altona Regelungen erarbeitet, die das Auftreten von Schmerzen oder Leiden ausschließen sollen (zitiert bei *Horst* AtD 2006, 102). – Schlittenhunderennen vor Publikum fallen auch unter Nr. 6. In diesem Bereich kommen als vorsätzlich oder fahrlässig herbeigeführte Ursachen für Leiden, Schmerzen oder Schäden u. a. in Betracht: Durchführung des Rennens trotz zu hoher Außentemperaturen (allgemein besteht Konsens, Rennen oberhalb einer Temperatur von 15° C abzusagen bzw. abzubrechen; Probleme können bereits ab 10° C auftreten); Nicht-Anwesenheit eines Tierarztes im Start-Ziel-Gebiet trotz Umgebungstemperaturen von über 10° C; Einsatz tierschutzwidriger Ausrüstungsgegenstände wie Maulkörbe, Würgehalsbänder, Teletaktgeräte, Signalgeber, Peitschen u. Ä.; Verstöße gegen Entscheidungen und Empfehlungen des Renntierarztes (vgl. *Möbius/Schimke* in: Evang. Akademie Bad Boll, Tiere im Sport, S. 158 ff.).

X. Verbot des Abrichtens oder Prüfens auf Schärfe, Nr. 7

38 **Abrichten** ist Ausbilden mit Zwang (s. Rn. 28). – **Prüfen** ist jedes förmliche oder formlose Verfahren, das der Feststellung dient, ob das ausgebildete/abgerichtete Tier die erwünschten Fähigkeiten besitzt. – **An einem anderen Tier** erfolgen Abrichtung bzw. Prüfung jedenfalls dann, wenn eine körperliche Berührung stattfindet, mag auch das andere Tier zuvor mit einem Schutz vor körperlichen Verletzungen versehen worden sein. Aber auch eine „Nahezuberührung" kann das Verbot auslösen, wenn beispielsweise dem anderen Tier Fluchtmöglichkeiten oder Fluchtwinkel genommen und bei ihm Angst, Schrecken oder Panik ausgelöst werden (*Schiwy* § 3 Nr. 7).

39 **Auf Schärfe** erfolgt die Abrichtung, wenn sie bei dem auszubildenden Tier die Bereitschaft hervorrufen oder fördern soll, ein lebendes Tier oder einen Menschen zu verfolgen und ggf. zu greifen oder zu fassen (*Lorz* NuR 1991, 207, 208; *L/M* § 3 Rn. 52). Die Prüfung dient der Feststellung dieser Bereitschaft. – Die Gegenmeinung verlangt weitergehend, dass es darum gehen müsse, die Verletzungs- und Tötungsbereitschaft des auszubildenden Tieres zu fördern bzw. zu prüfen (OLG Celle NuR 1994, 516; *v. Pückler* AgrarR 1992, 7, 9; *Meyer-Ravenstein* MDR 1990, 864; *Lauven* AgrarR 1989, 264, 266). Gegen diese einschränkende Auslegung spricht jedoch bereits der Gesetzeswortlaut, denn „Schärfe" im jagdlichen Sinn besitzt ein Hund schon dann, wenn er bereit und fähig ist, (starkes) Wild oder wehrhaftes Raubzeug scharf zu stellen (*Krewer/Seilmeier* BLV-Jagdlexikon, Schärfe). Auch wäre es mit dem Gedanken der tierfreundlichen Auslegung des Tierschutzgesetzes (s. § 1 Rn. 1) unvereinbar, für Nr. 7 einen engeren Schärfebegriff

zu verwenden als im Jagdrecht. Soweit sich die Gegenmeinung darauf beruft, der historische Gesetzgeber von 1933 habe mit der Vorgängernorm des § 2 Nr. 6 RTierSchG nur das Katzenwürgen abschaffen wollen (so *Lauven* aaO), verkennt sie, dass es bei allen seither erfolgten Änderungen des Gesetzes stets darum gegangen ist, dem weiterentwickelten Tierschutzverständnis der Allgemeinheit Rechnung zu tragen; ein Verharren auf einem mehr als 70 Jahre zurückliegenden Auslegungsniveau würde dieser Zielsetzung nicht gerecht (*L/M* aaO).

Die **Ausbildung von Greifvögeln, Frettchen u.a. an lebenden Beutetieren** ist nach beiden Definitionen ein Abrichten auf Schärfe, das jedenfalls dann für Zwecke des Menschen vorgenommen wird, wenn der Vogel oder das Frettchen anschließend für die Jagd, für Schaustellungen oder andere menschliche Zwecke eingesetzt werden sollen. Dagegen soll das Nahrungsaufnahmetraining von Greifvögeln, die anschließend im Einklang mit Nr. 4 ausgewildert werden, nicht unter das Verbot fallen (vgl. *Kluge/Ort/Reckewell* § 3 Rn. 69). – Wenn Hunde zur Drückjagd auf Wildschweine vorbereitet werden, indem die Jagdsituation in einem Gatter mit dort gehaltenen Sauen simuliert wird, ist der Sau ein Entfliehen nur sehr begrenzt möglich. Das kann zu Stress bis hin zu Panikreaktionen der Sauen führen. Außerdem können direkte Körperkontakte zwischen Sau und Hund mit schweren Verletzungen auf beiden Seiten nicht ausgeschlossen werden. Damit dürfte eine solche Ausbildung unter das Verbot fallen, zumal Nr. 7 weder unter dem Vorbehalt des vernünftigen Grundes noch der Weidgerechtigkeit steht. – Zur Jagdhundeausbildung an lebenden Enten, Füchsen und Dachsen s. Rn. 45–51. 40

XI. Verbot des Hetzens auf ein anderes Tier, Nr. 8

Hetzen ist die an ein Tier gerichtete Aufforderung, aktiv auf ein anderes Tier zuzugehen und es zu verfolgen (vgl. VGH Kassel NuR 1997, 296, 297; *Lorz* NuR 1991, 207, 209; *L/M* § 3 Rn. 63). Auf die Überlegenheit des hetzenden Tieres kommt es ebenso wenig an wie darauf, ob es dem gehetzten Tier gefährlich werden kann (vgl. OVG Münster NuR 1999, 115, 116). Unerheblich ist auch, ob die Aufforderung den gewünschten Erfolg hat. Selbst eine von vornherein völlig erfolglose Aufforderung, bspw. an einen angeketteten Hund, kann ausreichen (*L/M* § 3 Rn. 64). – U.a. erfasst Nr. 8 das Veranstalten von Tierkämpfen, aber auch bestimmte Formen der Jagd (s. Rn. 42, 43) und der Jagdhundeausbildung (s. Rn. 45–51). 41

Streitig ist, ob **weidgerechte Jagdausübung** hier ebenso zu verstehen ist wie nach § 1 Abs. 4 BJagdG (und demgemäß nur „das Aufsuchen, Nachstellen, Erlegen und Fangen von Wild“ umfasst), oder ob auch Jagdvorbereitungshandlungen wie die Ausbildung und Prüfung von Jagdhunden darunter fallen können (im erstgenannten, engeren Sinn VGH Kassel aaO; *Lorz* NuR 1991, 207, 209; *Ennulat/Zoebe* II § 3 Rn. 33; im letztgenannten, erweiterten Sinn OVG Münster aaO; OLG Celle NuR 1994, 516; *L/M* aaO Rn. 65; der Gedanke der tierfreundlichen Auslegung nach § 1 S. 1 könnte aber einer vom Jagdrecht abweichenden, erweiternden Auslegung zu Lasten des Tieres entgegenstehen). – Was weidgerecht ist, richtet sich heute nicht mehr allein nach Herkommen und Tradition. Vielmehr muss der Weidgerechtigkeit „ein sittlicher Gehalt zukommen“ (*Lorz/Metzger/Stöckel* Jagdrecht-Fischereirecht § 1 BJagdG Rn. 12; ebenso VG Düsseldorf NuR 1996, 634); sie muss dem „Geist der Gegenwart“ (*Lorz* NuR 1991, 207, 211) und damit dem „neuzeitlichen Zug des Jagdwesens zur Vorherrschaft von Natur- und Tierschutz, die allein die Daseinsberechtigung des Weidwerks in der Jetztzeit zu rechtfertigen vermag“ entsprechen (*Eckert*, Vorwort zum Landesjagdgesetz BW, zitiert nach *Lorz* aaO); sie muss sich also dem weiterentwickelten Tierschutzverständnis anpassen (vgl. *Krug* AtD 1996, 134, 140). Traditionelle Praktiken, die mit den gegenwärtigen mehrheitlichen Wert- und Gerechtigkeitsvorstellungen nicht mehr in Einklang stehen, sind demgemäß auch nicht weidgerecht. – Zu den Grundsätzen der Weidgerechtigkeit gehören u.a.: der jagdliche 42

Grundsatz, dem Wild bei der Jagd die bestmöglichen Chancen gegenüber dem Jäger einzuräumen (vgl. OLG Koblenz Rd L 1984, 94; vgl. auch *Mitzschke/Schäfer* § 1 BJagdG Rn. 45: „Maximum an Chancen"); das Verbot des Ansitzens an Kirrungen und Salzlecken (das konsequenterweise zur Unterlassung aller Jagdhandlungen führen sollte, bei denen die Tiere unter Ausnutzung von Hunger oder Geschlechtstrieb an den Ort ihrer Tötung geholt werden).

43 Das **Gebot zu größtmöglicher Schmerzvermeidung** lässt sich ebenfalls als Bestandteil der **Weidgerechtigkeit** ansehen. Es ergibt sich außerdem unmittelbar aus dem Gesetz, nämlich aus § 4 Abs. 1 S. 2 (s. dort Rn. 10). – Diesem Gebot entspricht die Beschränkung auf Jagdmethoden, die eine sorgfältige Schussabgabe ermöglichen. Der Tötungsschuss muss für das Tier unerwartet kommen und unverzüglich zum Tod führen. Er darf nur erfolgen, wenn der Jäger unter realistischer Einschätzung der Tötungswahrscheinlichkeit das Wild sicher erlegen kann (vgl. *Krug* AtD 1996, 134, 140). – Nach diesen Grundsätzen sind Treibjagden, bei denen Niederwild und Schwarzwild mit Treibern und Hunden aufgescheucht und den Schützen zugetrieben wird, weder weidgerecht iS der Nr. 8 noch vereinbar mit § 4 Abs. 1 S. 2: Das Wild wird vor dem Erlegen einem erheblichen Stress ausgesetzt; der Schuss auf hochflüchtige Tiere wird vielfach zur Glücksache; selbst zwei und mehr Schüsse pro erlegtem Stück werden noch als gutes Ergebnis bezeichnet (vgl. *Krug* aaO, der auch auf die minderwertige Qualität von Wildbret aus Treib- und Drückjagden aufmerksam macht); krankgeschossenes Wild muss liegen bleiben, bis die Jagd beendet ist; säugende Muttertiere werden getötet, so dass die Jungen verhungern. Aus denselben Gründen sind auch Drückjagden mit den genannten Vorschriften nicht vereinbar. ZT wird eine Ausnahme für möglich gehalten, wenn bei Ansitzdrückjagden Treibergruppen ohne Hunde und Lärm eingesetzt werden (vgl. *Wohn* AtD 1996, 231, 232). – Stöberhundjagden haben ähnliche Nachteile: Das Wild wird lange und scharf getrieben; Rudel, Sprünge und Rotten werden gesprengt, Jungtiere können anschließend verhungern; Fehlschüsse und Schüsse, die nicht unmittelbar tödlich wirken, sind häufig; es kommt zu Sichverfangen von Wild in Zäunen und zu Abwürgen von Wild durch die Hunde. Auch diese Jagdform ist deshalb weder weidgerecht iS der Nr. 8 noch mit § 4 Abs. 1 S. 2 vereinbar (vgl. *Wohn* aaO). – Grundsätzlich kann heute nur noch der Einsatz des Hundes nach dem Schuss oder bei der Suche nach durch sonstige Einwirkung verletztem Wild als tierschutz- und weidgerecht anerkannt werden (vgl. *Krug* aaO). – Im Gegensatz dazu lässt jedoch § 19 Abs. 1 Nr. 16 BJagdG die Brackenjagd als Unterfall der nach Nr. 13 verbotenen Hetzjagd zu, wenn sie auf einer Fläche von mehr als 1000 ha stattfindet. Das Gebot des § 4 Abs. 1 S. 2 wird davon aber nicht berührt (s. § 44 a BJagdG).

44 **Fahrlässigkeit** reicht auch hier für eine Ordnungswidrigkeit nach § 18 Abs. 1 Nr. 4 aus. Tateinheit kommt zB in Betracht mit §§ 39 Abs. 1 Nr. 5, 19 Abs. 1 Nr. 13, 16 BJagdG (bei Hetzjagd und verbotener Brackenjagd), mit §§ 39 Abs. 2 Nr. 3 a, 22 Abs. 1 S. 2 BJagdG (bei Hetzen trotz Schonzeit). Liegt gleichzeitig eine Straftat vor (zB nach §§ 17 Nr. 1, 17 Nr. 2 b TierSchG, § 303 StGB beim Hetzen von Jagdhunden auf Haustiere), tritt die Ordnungswidrigkeit zurück (§ 21 OWiG).

XII. Einschub: Zur Ausbildung von Jagdhunden an lebenden Tieren

45 Bei der Jagdhundeausbildung oder -prüfung an der lebenden Ente wird eine Stockente künstlich durch das Verkleben oder Ausreißen von Schwungfedern oder das Anbringen einer Papiermanschette flugunfähig gemacht und im deckungsreichen Gewässer an einer Stelle ausgesetzt, die der Hund nicht kennt. Dieser wird dann aufgefordert, die Ente aufzuspüren und aus der Deckung aufs offene Gewässer zu treiben, damit der Jäger sie dort erlegen und der Hund sie anschließend apportieren kann (vgl. *Hölzel* DudT 3/1999, 32 f.).

Diese (noch in einigen Bundesländern geübte) Praxis stellt jedenfalls einen **Verstoß gegen § 3 Nr. 8** dar (so zutreffend: OVG Koblenz NuR 2001, 596f.; OVG Schleswig AtD 1999, 38ff.; VGH Kassel NuR 1997, 296ff.; VG Düsseldorf NuR 1996, 634; VG Braunschweig, 1. 7. 1993, 1 A 1007/93; MünchKommStGB/*Pfohl* Bd. 5 § 17 TierSchG Rn. 71; *Sojka* AgrarR 1994, 376f.; *Lorz* NuR 1991, 207ff. Einen Verstoß verneinen dagegen: OVG Münster NuR 1999, 115ff.; OLG Celle AgrarR 1994, 374ff.; *v. Pückler* AgrarR 1992, 7ff.; *Lauven* AgrarR 1989, 264ff. Vgl. auch VG Aachen NuR 1993, 169, 170: jedenfalls Verstoß gegen § 1). – Ein Hetzen liegt unzweifelhaft vor, denn der Hund wird aufgefordert, die Ente aus der schützenden Deckung zu treiben und zu verfolgen (s.Rn. 41). – Die Grundsätze weidgerechter Jagdausübung erfordern diese Art der Ausbildung und Prüfung nicht (vgl. OVG Koblenz aaO). Es handelt sich nicht um Jagdausübung iS von § 1 Abs. 4 BJagdG, sondern um Jagdvorbereitung (s. Rn. 42). Aber selbst wenn man zur Jagdausübung iS der Nr. 8 auch die Jagdvorbereitung rechnet, gehört es nicht zur Weidgerechtigkeit, Jagd oder Jagdvorbereitung gegenüber Tieren zu betreiben, die zuvor durch einen menschlichen Eingriff eines Teils ihrer natürlichen Fähigkeiten beraubt worden sind (s. Rn. 42, „bestmögliche Chancen gegenüber dem Jäger"; vgl. auch VGH Kassel und OVG Schleswig aaO: „Weidgerecht ist es unzweifelhaft nicht, Tiere künstlich so zu präparieren, dass sie in ihrer natürlichen Funktionsfähigkeit entscheidend eingeschränkt sind, so dass sie nicht mehr auf natürliche Weise fliehen können"). Da der Satz „der Zweck heiligt die Mittel" nicht zu den sittlich fundierten allgemeinen Gerechtigkeitsvorstellungen gehört, kann er auch nicht Bestandteil der Weidgerechtigkeit sein. Deshalb kann der an sich legitime Zweck, einen brauchbaren Jagdhund zum Auffinden krankgeschossener Tiere zu gewinnen, das weidwidrige Mittel des Bejagens einer zuvor flugunfähig gemachten Ente nicht legitimieren. – Im übrigen lässt sich der genannte Zweck auch ohne den Einsatz lebender Enten erreichen: Die Brauchbarkeit eines Hundes zur Jagd auf Wasserwild ist bereits dann zu bejahen, wenn dieser ausreichende Leistungen im Fach ‚Bringen von Nutzwild aus Wasser, dessen Tiefe den Hund zum Schwimmen zwingt' gezeigt hat (vgl. §§ 46 Abs. 1 Nr. 5, 47 Abs. 1, 48 der rheinland-pfälzischen Verordnung zur Durchführung des LJagdG vom 17. 3. 2000, GVBl. S 164). Dazu genügt es, eine bereits getötete Ente so im deckungsreichen Gewässer zu platzieren, dass der Hund über eine freie Wasserfläche, deren Tiefe ihn zum Schwimmen zwingt, geschickt werden muss (so zutreffend OVG Koblenz NuR 2001, 596, 597; die Bestimmungen des rheinland-pfälzischen Landesrechts sind Ausdruck allgemeiner wissenschaftlicher Erkenntnisse, die sich nicht auf dieses Bundesland beschränken). Den Bedenken, die gegen diese tierschonende Alternative vorgebracht werden, ist entgegenzuhalten, dass nach § 1 S. 1 nicht jeder mögliche Zweifel an der Geeignetheit tierschonender Alternativmethoden zu Lasten des Tieres ausschlagen darf (s. § 1 Rn. 67). Schon der Wortlaut der Nr. 8 („soweit nicht ... erfordern") spricht dafür, den Nachteil einer verbleibenden Ungewissheit nicht dem Tier aufzuerlegen, sondern demjenigen, der sich auf die gesetzliche Ausnahme beruft (vgl. auch OVG Koblenz aaO: Schon die Ungewissheit über die Notwendigkeit, zur Gewinnung brauchbarer Jagdhunde lebende Enten einzusetzen, lasse diese Methode als rechtswidrig erscheinen). Hinzu kommt, dass der Einsatz weidwidriger Mittel, wenn man ihn um besonders wichtiger Zwecke willen ausnahmsweise zulassen will, auf Fälle beschränkt bleiben muss, wo unzweifelhaft keine geeigneten Alternativmethoden zur Verfügung stehen (so zutreffend VG Düsseldorf NuR 1996, 634). Davon aber, dass der Einsatz toter Tiere keine geeignete Ausbildungs- und Prüfmethode sei, kann nicht ernsthaft die Rede sein; immerhin beschränkt man sich in den Niederlanden, in der Schweiz und in anderen europäischen Staaten sowie auch in einigen deutschen Bundesländern (Berlin, Bremen, Hamburg, Hessen, Mecklenburg-Vorpommern, Rheinland-Pfalz, Schleswig-Holstein) seit längerer Zeit darauf. – Zuchtstatistische Auswertungen haben überdies ergeben, dass von denjenigen Hunden, die ohne lebende Enten ausgebildet worden sind, 80 % und mehr als überdurchschnittlich gut beurteilt werden (vgl. *Herzog* AtD 1997, 42). Der Genetiker *Herzog* weist darauf hin, dass das Merkmal ‚Wasserarbeit' allenfalls zu 7 % genetisch bedingt sei und 46 dass es bei etwas gutem Willen keinerlei Problem wäre, tierschutzkonforme Ausbildungen und Prüfungen zu gewährleisten. Herzog wörtlich: „Das Problem liegt weniger in der mangelnden Verfügbarkeit effektiver tierschutzkonformer Methoden, sondern in der Unbeweglichkeit des verantwortlichen Verbandes und darin, dass Jagdhundeprüfungen mit lebenden Enten einen gesellschaftlichen Höhepunkt der Hundeführer und Verbandsfunktionäre darstellen." Demgegenüber ist die Rechnung, die *v. Pückler* aaO aufmacht – den nur 15 000 bis 25 000 für die Jagdhundeausbildung jährlich verbrauchten Enten entsprächen 90 000 bis 120 000 krankgeschossene Enten, die jedes Jahr von gut ausgebildeten Jagdhunden aufgesucht und zur Strecke gebracht werden müssten – nicht nachvollziehbar; diese Zahlen sprechen weniger für die verteidigte Ausbildungsart als vielmehr für die Einführung anderer, dem Geist der Gegenwart entsprechender Jagdmethoden, insbesondere für einen Verzicht auf Schrotschüsse in fliegende Vogelgruppen (s. auch § 17 Rn. 22; vgl. auch *Frank* in: DVG 2001 S. 23, 28: Zusammenarbeit eines erfahrenen Wasserhundes mit dem Junghund als effektive alternative Ausbildungsmethode).

47 Ein **Verstoß gegen § 3 Nr. 7** ist ebenfalls anzunehmen (bejahend u.a.: *L/M* § 3 Rn. 54; *Kluge/Ort/Reckewell* § 3 Rn. 79; *Pfohl* aaO; *Sojka* aaO; *Lorz* aaO; verneinend demgegenüber: OVG Münster aaO; OLG Celle aaO; *v. Pückler* aaO; *Lauven* aaO). – Wildschärfe eines Jagdhundes ist seine Bereitschaft, lebendes Wild zu verfolgen und gegebenenfalls zu greifen (*Lorz* aaO). Scharf iS des Jagdrechts ist ein Hund bereits dann, wenn er bereit ist, Wild zu verfolgen und zu stellen (*Krewer/Seilmeier* BLV-Lagdlexikon aaO) Deswegen muss zur Verwirklichung dieses Tatbestandes genügen, dass der Hund die Bereitschaft, ein lebendes Tier zu verfolgen und gegebenenfalls zu fassen, erlernen bzw. beweisen soll. Dies aber ist bei der Ausbildung bzw. Prüfung an der lebenden Ente der Fall: der Hund soll die lebende, flugunfähig gemachte Ente im Schilf und im Wasser verfolgen und sie – falls der Jäger sie nur anschießt – in lebendem, anderenfalls in totem Zustand fassen und apportieren. Das Prüfungsreglement bewertet auch den erstgenannten Fall als „bestanden" und nicht etwa als „durchgefallen". Der Hund soll also die Ente nicht nur verfolgen und tot apportieren, sondern sie „gegebenenfalls" (nämlich für den Fall, dass der Jäger sie nur krank schießt oder nicht trifft) auch lebend greifen, was in einem nicht unerheblichen Prozentsatz der Fälle auch geschieht. – Demgegenüber ist es nicht möglich, Nr. 7 im gleichen Sinne zu interpretieren wie den vor über 70 Jahren erlassenen § 2 Nr. 6 RTierSchG (s. Rn. 39). – Das Verbot nach Nr. 7 gilt uneingeschränkt und steht im Gegensatz zu Nr. 8 nicht unter dem Vorbehalt der Weidgerechtigkeit. Eine Rechtfertigung durch vernünftigen Grund ist ebenfalls nicht möglich (s. Rn. 2).

48 Für einen **Verstoß gegen § 17 Nr. 2b** kommt es darauf an, ob die Angst, die der Ente zugefügt wird (Angst = Leiden, s. § 1 Rn. 22), länger andauert und erheblich ist. (bejahend *Lorz* aaO; *Sojka* aaO; verneinend OLG Celle aaO, *v. Pückler* aaO, *Lauven* aaO). Panikzustände, wie sie bei den Vögeln durch den plötzlichen Verlust der Flugfähigkeit eintreten, sind bei Tieren schlimmer als körperliche Schmerzen. Wird eine flugunfähig gemachte Ente von einem Jagdhund gehetzt, dann ist sie ohne Zweifel animalischer Todesangst, dem schlimmsten Stress für ein Tier überhaupt, ausgesetzt (so *Herzog* AtD 1997, 41). Das Gegenargument, Enten seien auch während der Mauser flugunfähig (so *v. Pückler* aaO), übersieht, dass es sich bei der Mauser um einen auf natürliche Weise allmählich eintretenden Zustand handelt, auf den sich das Tier einstellt, und der mit dem plötzlich und überraschend erfolgenden menschlichen Eingriff des Federnverklebens oder -ausreißens bzw. des Anbringens einer Papiermanschette nicht verglichen werden kann; außerdem handelt es sich bei den betroffenen Enten zumeist um aufgezogene Tiere, die keine Möglichkeit hatten, zuvor unter natürlichen Bedingungen Feindvermeidungsverhalten einzuüben, die in eine ihnen fremde Umgebung verbracht werden und sich dort aufgrund eines künstlich herbeigeführten Schwächezustandes einem überlegenen Gegner gegenübersehen. – Falls das Leiden nicht als länger anhaltend oder sich wiederholend eingestuft wird, liegt jedenfalls ein Verstoß gegen § 18 Abs. 1 Nr. 1 vor. – Außerdem erscheint ein Verstoß gegen § 17 Nr. 1 naheliegend: Der Jäger, der die Ente tötet (sei es

durch Schuss, sei es durch Kopfschlag oder Messerstich, nachdem sie lebend apportiert wurde), handelt in erster Linie zum Zweck der Ausbildung bzw. Prüfung des Jagdhundes. Ist diese wegen Verstoßes gegen § 3 Nr. 7 oder Nr. 8 rechtswidrig, so fehlt es auch für die Tötung an einem vernünftigen Grund. Die Gewinnung von Fleisch als Nahrungsmittel wird allenfalls als Nebenzweck verfolgt und kann deswegen den vernünftigen Grund nicht ausfüllen (s. § 1 Rn. 39). – Das früher übliche Ausreißen der Schwungfedern stellte außerdem eine verbotene Amputation dar, § 18 Abs. 1 Nr. 8 i.V.m. § 6 Abs. 1 (s. § 6 Rn. 4).

Für einen **Verstoß gegen § 3 Nr. 1** spricht, dass von der Ente nicht lediglich ein Dulden, sondern ein aktives Tun, d.h. eine Leistung erwartet wird (sie soll versuchen, sich dem Hund schwimmend, flatternd und tauchend zu entziehen) und dass sich dieses Fluchtverhalten als notwendiges Zwischenziel für den vom Veranstalter erstrebten Ausbildungs- und Prüfungserfolg darstellt, mithin also beabsichtigt ist. Dabei werden ihre (durch das Flugunfähigmachen eingeschränkten) Kräfte überschritten, was für den Sachkundigen ohne Überprüfung erkennbar ist (einen Verstoß demgemäß bejahend StA Offenburg NStZ 1990, 345 m. abl. Anm. *Lauven*; eingeschränkt bejahend auch *Hackbarth/Lückert* B IV 2). 49

Vereinbarungen, wie sie in einigen Bundesländern zwischen dem zuständigen Ministerium und den Jagdhundeverbänden über das „Wie“ der Jagdhundeausbildung und -prüfung abgeschlossen worden sind, lassen das objektive Gesetzesrecht unberührt, denn § 3 steht ebenso wenig zur Disposition von Ministerien und Behörden wie § 17. Solche Vereinbarungen können die bestehenden Gesetze lediglich konkretisieren, nicht aber einschränken oder abändern (s. auch Anh. zu § 2 Rn. 11 und § 17 Rn. 86). Sie ändern deshalb nichts an der Rechtswidrigkeit des Vorganges. Allerdings können sie zugunsten der Hundeführer und Verbandsfunktionäre den Strafausschließungsgrund des unvermeidbaren Verbotsirrtums nach § 17 S. 2 StGB zur Folge haben (vgl. *Hölzel* aaO; vgl. aber auch *Kluge/Ort/Reckewell* § 3 Rn. 82: Wer bei öffentlich kontrovers geführten Diskussionen die zweifelhafte Maßnahme ergreift, nimmt den Normverstoß in Kauf). In diesem Fall stellt sich auch die Frage nach der Strafbarkeit der verantwortlichen Amtsträger. 50

Bei der **Jagdhundeausbildung und -prüfung am lebenden Fuchs oder Dachs** werden der Fuchs oder Dachs in ein unterirdisches Röhrensystem (einen künstlichen Fuchsbau, sog. Schliefanlage) mit Ein- und Ausgang verbracht; Aufgabe des Hundes ist es, den Fuchs/Dachs aufzuspüren, ihn zu stellen und ihn aus dem Bau herauszutreiben. – Die Bewertung dieser Praxis durch Rspr. und Lit. ist uneinheitlich. Keinen Verstoß gegen § 3 Nr. 7 und Nr. 8 nehmen an: VG Gießen vom 5. 6. 2001, 10 E 644/97; VG Köln NuR 1997, 303 f.; VG Koblenz NVwZ-RR 1996, 573 ff. Dagegen bejahen einen Verstoß gegen § 3 Nr. 7: VG Berlin NuR 1993, 173 f. (ausdrücklich auch für den Fall, dass durch technische Vorkehrungen ein unmittelbarer körperlicher Kontakt zwischen Hund und Fuchs ausgeschlossen ist); *Kluge/Ort/Reckewell* § 3 Rn. 75; *Schiwy* § 3 Nr. 7; *Sojka* MDR 1990, 382; *Lorz* § 3 Rn. 51, der allerdings eine Ausnahme für ältere Füchse oder Dachse macht. – Fordert man für ein Abrichten an einem anderen Tier, dass ein körperlicher Kontakt zwischen den Tieren zwar nicht erstrebt, immerhin aber möglich sein muss (so *L/M* § 3 Rn. 52; aA *Schiwy* § 3 Rn. 7; *Kluge/Ort/Reckewell* § 3 Rn. 75), und ist dies durch technische Vorkehrungen zuverlässig ausgeschlossen, so entfällt § 3 Nr. 7 (so *L/M* § 3 Rn. 67). Hier liegt der wesentliche Unterschied zur Jagdhundeausbildung an der lebenden Ente: Gelingt es dem Jäger dort nicht, die aufs Wasser gedrückte Ente sofort zu töten, so wird vom Reglement in Kauf genommen, dass der Hund die lebende Ente fasst und apportiert und der Jäger sie anschließend zB mittels Messerstich tötet (s. Rn. 47). – Naheliegend ist aber eine Verletzung von § 3 Nr. 8, denn der Hund wird auf den Fuchs/Dachs gehetzt (s. Rn. 41), und ob eine solche Ausbildungsmethode weidgerecht ist, richtet sich nach dem weiterentwickelten Tierschutzverständnis der Allgemeinheit. Diesem „Geist der Gegenwart“ (s. Rn. 42) entspricht es, sich in der Jagdhundeausbildung auf die Methode des „Tradierens“ zu beschränken, die in der Literatur folgendermaßen beschrieben wird: 51

„Dem im Feldrevier erfahrenen und dort vorstehenden Hund sekundiert ein ihn begleitender Junghund. Durch Nachahmung vorteilhafter Reaktionsnormen wird hier ohne menschlichen Dressureingriff und ohne jagdliche künstliche Hilfsmittel eine genetisch angelegte Verhaltensweise auf das lebenspraktische Maß gefestigt" (*Weidt*, Der Jagdgebrauchshund 21, 49–55; *Frank* in: DVG 2001 S. 23, 28; zu tierschutzgerechten Ausbildungsarten vgl. auch *Herzog* AtD 1997, 40, 42). – Im Rahmen der §§ 2, 16a S. 2 Nr. 1 sollte zudem bedacht werden, dass die Füchse/Dachse für diese Ausbildung nicht immer tiergerecht gehalten werden, vielmehr oft isoliert in zu kleinen Zwingern vegetieren und die Ausbildung apathisch über sich ergehen lassen, was dann fälschlicherweise als „ruhig und gelassen" interpretiert wird (vgl. *Feddersen-Petersen* in: *Sambraus/Steiger* S. 671).

XIII. Verbot der Aggressionsausbildung, Nr. 8a

52 Ausbilden und Abrichten s. Rn. 28 bzw. 38. Verbotenes Ausbildungsziel ist eine gegenüber dem Normalmaß (d.h. dem Durchschnitt gleicher Tiere) **deutlich gesteigerte Aggressivität,** wie sie etwa bei Hunden vorliegt, bei denen die Reizschwelle und damit die Angriffs- und Beißhemmung besonders niedrig ist, die also ohne biologisch nachvollziehbaren Grund und ohne Vorwarnung in Angriffsverhalten übergehen (vgl. *Klindt* NuR 1996, 571, 574). Für andere Tiere gilt entsprechendes. – Merkmale, die auf eine solch erhöhte Gefährlichkeit eines Hundes hinweisen, können sein: Ausgeprägt aggressiv gefärbtes Paarungsverhalten; gestörte Kommunikation zwischen Mutterhündin und Welpen, etwa in Form eines unangemessen rauen Spiels der Mutter, das in aggressives Verhalten übergeht oder an Beutefangverhalten des Hundes erinnert; Verhaltensweisen der Mutter, durch die den Welpen Schmerzen, Leiden oder Schäden zugefügt werden; Welpenspiele, die fast regelmäßig in schädigende Beißereien übergehen (vgl. *Feddersen-Petersen* in: *Sambraus/Steiger* S. 245, 287, 289); wiederholtes, schadensdrohendes Anspringen von Menschen; wiederholtes, unkontrolliertes Hetzen oder Reißen von Wild, Vieh, Katzen oder anderen Hunden (vgl. *Hackbarth/Lückert* B IV 10). – Ausbildungsmaßnahmen, die zu solcher Aggressivität führen und deswegen verboten sind, sind zB: „Aufhängen" von Hunden an Fellstücken oder Säcken; Training auf Laufbändern; Vorhalten lebender Beutetiere; Hetzen auf oder Ausbildung an lebenden Tieren; Veranstalten von Hundekämpfen (vgl. *Feddersen-Petersen* aaO; *Herzog* AtD 1997, 40); unangemessene Härte. Schon die ausschließliche Zwingeraufzucht bringt sozial deprivierte Hunde hervor, die aus sozialer und Umweltunsicherheit heraus häufiger zum Beißen neigen als gut menschensozialisierte Hunde (*Feddersen-Petersen* aaO; vgl. auch das Beispiel bei *Kluge/Ort/Reckewell* § 3 Rn. 92: geplante Verhinderung der Sozialisation eines Welpen durch frühe Trennung von Mutter und Geschwistern). – Zur Ausbildung von Schutzhunden s. AVV Nr. 2.2.

53 Nr. 8a lit. a ist bereits dann verwirklicht, wenn als Folge der gesteigerten Aggressivität **„einfache" (also nicht notwendig erhebliche) Schmerzen, Leiden oder Schäden** auftreten. Leiden iS von Nr. 8a können schon dann bejaht werden, wenn es notwendig ist, den Hund wegen seiner Aggression generell an der Leine zu führen, da dadurch artgemäßes Reagieren auf eine Vielzahl von Umweltreizen unterbunden wird; erst recht bei generellem Maulkorbzwang (vgl. *Feddersen-Petersen* aaO). Die Ausbildung zum Kampfhund stellt außerdem bereits als solche für das Tier einen Schaden iS einer charakterlichen Verschlechterung dar (vgl. *Kluge/Ort/Reckewell* § 16a Rn. 5) – An Nr. 8a lit. b lässt sich denken, wenn fast jeder artgemäße Kontakt in Beißereien ausartet. – Nr. 8a lit. c ist u.a. erfüllt, wenn ein Hund wegen seiner übersteigerten Aggressivität in kontinuierlicher Zwinger- oder Anbindehaltung leben muss (vgl. *Hackbarth/Lückert* aaO). – Für eine Ordnungswidrigkeit nach § 18 Abs. 1 Nr. 4 genügt auch hier Fahrlässigkeit, insbesondere im Hinblick auf diese Folgen. – Im Gegensatz zu den vom BVerfG für nichtig erklärten

Teilen des Gesetzes zur Bekämpfung gefährlicher Hunde vom 12. 4. 2001 (BGBl. I S. 530; vgl. BVerfG NuR 2004, 442, 446ff.) geht es in Nr. 8a hauptsächlich um den Schutz von Tieren (nämlich des ausgebildeten Hundes selbst sowie anderer mit ihm in Kontakt kommender Tiere); an der Gesetzgebungskompetenz des Bundes nach Art. 74 Abs. 1 Nr. 20 GG besteht daher hier kein Zweifel.

XIV. Verbot der Zwangsfütterung, Nr. 9

Geschützt wird das natürliche Futteraufnahmeverhalten eines jeden Tieres. **Futter** sind Stoffe pflanzlicher oder tierischer Herkunft, theoretisch auch Produkte der chem. Industrie, die von Tieren entweder zur Aufrechterhaltung der Lebensfunktionen oder zum Hervorbringen von Leistungen benötigt werden (Erhaltungs- bzw. Leistungsfutter, vgl. *Wiesner/Ribbeck*, „Futter"). Zur Leistung zählen auch Milch- und Fleischleistung (vgl. *Wiesner/Ribbeck*, „Leistung"; s. auch Rn. 5). Demgemäß sind auch Flüssigkeiten Futter, wenn sie Stoffe enthalten, die entweder der Aufrechterhaltung der Lebensfunktionen oder dem Hervorbringen von Leistungen dienen (so *Hackbarth/Lückert* B IV 11; *Ennulat Zoebe* § 3 Rn. 35 unter Hinweis auf die Möglichkeit künstlicher Ernährung zur Bildung erstrebter Anomalien). 54

Zwang ist die Anwendung von Mitteln, die geeignet sind, das Tier unter Überwindung eines mindestens denkbaren Widerstandes zur Aufnahme von Futterstoffen einer bestimmten Art oder Menge zu bewegen, die es ohne die Einwirkung nicht zu sich nehmen würde; der Entfaltung physischer Kraft auf Seiten des Täters bedarf es dazu nicht (so *Ennulat/Zoebe* § 3 Rn. 36; aA *L/M* § 3 Rn. 73). Beispielsweise fällt darunter auch die Verabreichung von Medikamenten, die eine über das normale Maß hinausgehende Fresslust hervorrufen, oder das Mischen dursterzeugender Stoffe in den Milchaustauscher von Kälbern, um diese so zur vermehrten Aufnahme des Flüssigfutters zu veranlassen (vgl. *Ennulat/Zoebe* aaO; aA *Kluge* § 3 Rn. 96, der die Schaffung eines erhöhten Anreizes zur Nahrungsaufnahme der Nr. 10 zuordnet; man wird aber jedenfalls dann von Zwang sprechen können, wenn die dem Futter beigemischten Stoffe negative Befindlichkeiten wie zB Durst erzeugen können und das Tier auf diese Weise zwingen, Nahrungsbestandteile einschließlich Flüssigkeiten aufzunehmen, die es sonst nicht in dieser Art und/oder Menge zu sich nehmen würde). Unstreitig fällt die Stopfmast von Geflügel unter Nr. 9 (zur Frage möglicher Einfuhrbeschränkungen gegen solche Produkte s. Anh. § 2 Rn. 24). 55

Eine **Rechtfertigung durch medizinische Indikation** ist möglich. Sie greift ein, wenn das einverleibte Futter sowohl nach seiner Art als auch nach seiner Menge und der Darreichungsform zur Erhaltung oder Wiederherstellung der Gesundheit des Tieres erforderlich ist (Beispiel: Zwangsfütterung nicht fressender Schlangen). Der Täter, der auf eigene Faust (d.h. ohne vorherige Zuziehung eines Tierarztes) handelt, ist nur gerechtfertigt, soweit sein Handeln diesen Anforderungen entspricht. 56

Auch hier reicht **Fahrlässigkeit** für eine Ordnungswidrigkeit nach § 18 Abs. 1 Nr. 4 aus (Beispiel: Der Täter hält sein Tun fälschlicherweise für medizinisch indiziert, hätte jedoch bei rechtzeitiger Zuziehung eines Tierarztes diesen Irrtum vermeiden können). Werden dem Tier erhebliche Schmerzen, Leiden oder Schäden zugefügt, so besteht Tateinheit mit § 18 Abs. 1 Nr. 1. Bei länger anhaltenden oder sich wiederholenden erheblichen Schmerzen oder Leiden greift § 17 Nr. 2b ein. 57

XV. Verbot der Darreichung belastenden Futters, Nr. 10

Schutzbereich. Geschützt ist auch hier jedes Tier, auch das wildlebende. Futter s. Rn. 54. Dem Begriff „Darreichen" wohnt kein besonderer Handlungsunwert inne; des- 58 halb genügt jede Handlung, die sich als eine nicht hinwegdenkbare Ursache dafür darstellt, dass das Tier das Futter aufnimmt, also auch das bloße Zugänglichmachen oder Auslegen des Futters.

59 Der Tatbestand ist erfüllt, wenn es als Folge der Futteraufnahme zu **erheblichen Schmerzen, Leiden oder Schäden** des Tieres kommt (zu Schmerzen s. § 1 Rn. 12–16, zu Leiden s. § 1 Rn. 17–23; zu Schäden s. § 1 Rn. 24–26; zur Erheblichkeit s. § 17 Rn. 61–64; zur Auswahl von Sachverständigen zu diesen Fragen s. § 2 Rn. 47 und § 17 Rn. 97). Ursache muss die Beschaffenheit des Futters sein. Beispiele: Beigefügte Wirkstoffe, auch zur Masthilfe; Medikamente; Chemikalienrückstände; Fremdkörper im Futter; verdorbenes Futter; vergiftetes Futter; chemisch behandeltes Futter; zugefügtes Beifutter wie Salz, Kalk u. Ä.; falsch geformtes Futter. Auch nicht artgerechtes Futter kann ausreichen, z. B. die einseitige Ernährung von Kälbern mit Milchaustauscher, die zu Kreislaufstörungen, Muskelzittern oder Eisenmangel-Anämie führt (vgl. *L/M* § 3 Rn. 77; s. auch § 11 TierSchNutztV Rn. 6). Auch die Verabreichung von Wasser, dem Stoffe zugesetzt sind oder das ungeeignet ist (zB Salzwasser) kann den Tatbestand erfüllen (*Ennulat/Zoebe* § 3 Rn. 38). – Lassen sich erhebliche Belastungen nicht nachweisen, so kann jedenfalls ein Verstoß gegen § 2 Nr. 1 und (bei „einfachen" Schmerzen, Leiden oder Schäden) gegen § 1 S. 2 vorliegen. – Nimmt das Tier das Futter, das ihm der Täter zugänglich gemacht hat, wider Erwarten nicht auf, so ist nach *Kluge* § 3 Rn. 101 der Tatbestand gleichwohl erfüllt, sofern feststeht, dass es im Falle eines Verzehrs wegen des Zustandes des Futters zu erheblichen Schmerzen, Leiden oder Schäden gekommen wäre. Für diese Auslegung als Gefährdungstatbestand, der bereits mit dem Darreichen vollendet ist, spricht, dass der Nr. 10 sonst kaum eine eigenständige Bedeutung gegenüber § 18 Abs. 1 Nr. 1 und Abs. 2 zukommt.

60 Auch hier reicht **Fahrlässigkeit** für eine Ordnungswidrigkeit nach § 18 Abs. 1 Nr. 4 aus. Häufig wird Tateinheit mit § 18 Abs. 1 Nr. 1 vorliegen. Bei Vorsatz kann § 17 Nr. 2b erfüllt sein. Eine Rechtfertigung aus vernünftigem Grund ist auch hier nicht möglich (s. Rn. 2). In Ausnahmefällen können die §§ 34 StGB, 16 OWiG eingreifen.

XVI. Verbot belastender Elektroreizgeräte, Nr. 11

61 Als **Geräte mit direkter Stromeinwirkung** werden u. a. eingesetzt: Elektrische Treibhilfen, Dressurhilfen bei Hunden, Führmaschinen bei Pferden, stromführende Sporen und Peitschen, Kuhtrainer und elektrische Zäune. Zum artgemäßen Verhalten s. § 2, dort insbesondere Rn. 29 und 37. Zu Schmerzen s. § 1 Rn. 12–16, zu Leiden s. § 1 Rn. 17–23, zu Schäden s. § 1 Rn. 24–26; zur Erheblichkeit s. § 17 Rn. 61–64; zur Auswahl von Sachverständigen zu diesen Fragen s. § 2 Rn. 47 und § 17 Rn. 97. Da im Gegensatz zu § 17 Nr. 2b die Zeitdauer hier nicht durch ein besonderes Tatbestandsmerkmal erfasst wird, kann sich die Erheblichkeit der Schmerzen, Leiden oder Schäden hier auch aus der Dauer bzw. der Wiederholung der Einwirkung ergeben (s. auch § 18 Rn. 12). – Der Bundesrat, auf dessen Initiative Nr. 11 in das ÄndG 1998 aufgenommen worden ist, hat zur Begründung für ein generelles Verbot u. a. auf die besondere Sensibilität von Pferden und Hunden gegenüber solchen Geräten aufmerksam gemacht. Die Praxis zeige, dass beim Einsatz elektrischer Dressurhilfen, Bewegungsmaschinen oder auch sog. Kuh-Trainer die vielen erforderlichen tierschützerischen Aspekte bei der Handhabung sehr oft nicht berücksichtigt würden. „Die gewünschten Effekte (Gehorsam, Bewegung) können in der Regel auch durch andere, schonendere Mittel, die ein Leiden des Tieres ausschließen, erreicht werden" (BT-Drucks. 13/7015 S. 28).

62 Als **Elektroreizgeräte bei Hunden** werden Teletaktgeräte, Bell-Stop-Geräte und Arealbegrenzer eingesetzt. Sie sind überall leicht erhältlich. Das Teletaktgerät besteht aus einem mit Empfänger und Elektroden versehenen Hundehalsband und einem tragbaren

Funkwellensender, über den Stromstöße von unterschiedlicher Stärke und Dauer ausgelöst werden; es gibt auch Beckengurte, die über die Genitalien gestreift werden. Beim Bell-Stop-Gerät befinden sich am Halsband eine stromproduzierende Einheit und ein Vibrationssensor, der dem Hund, sobald er zum Bellen ansetzt, einen Stromstoß am Hals versetzt. Der Arealbegrenzer besteht u.a. aus einem unter oder über der Erde verlegten Elektrodraht; wenn sich der Hund der Grundstücksgrenze nähert, werden über einen Empfänger am Halsband zuerst ein Piepton und bei weiterer Annäherung ein Stromstoß ausgelöst.

Nach Nr. 11 sind Elektroreizgeräte insbesondere in der Hundeausbildung verboten. 63
Dass diese Geräte zu einer direkten Stromeinwirkung auf das Tier führen und dessen artgemäßes Verhalten und insbesondere seine Bewegung erheblich einschränken, ist unzweifelhaft, denn Ziel ihrer Verwendung ist es, unerwünschte Bewegungen wie Weglaufen oder Jagen zu unterbinden und erwünschte Bewegungen wie etwa Herkommen zu erreichen. Für das weitere Merkmal der Zufügung nicht unerheblicher Schmerzen, Leiden oder Schäden kommt es nicht auf die konkrete Handhabung des Gerätes im Einzelfall an, sondern allein darauf, dass die Geräte nach ihrer Bauart und Funktionsweise geeignet sind, die untersagten Folgen herbeizuführen. Das ist bei Teletaktgeräten der Fall (vgl. BVerwG NVwZ 2006, 438; OVG Münster vom 15. 9. 2004, 20 A 3176/03; VG Gelsenkirchen vom 14. 5. 2003, 7 K 625/01); dasselbe gilt für Bell-Stop-Geräte und Arealbegrenzer (vgl. *Metzger* NuR 2006, 693, 695: Die BVerwG-Entscheidung verbietet jeden Einsatz eines Elektroreizgeräts bei der Hundeausbildung und -erziehung, wenn keine Ausnahme nach Bundes- oder Landesrecht vorhanden ist). Nur mit dieser tierfreundlichen, allein auf die bauartbedingte Eignung der Geräte abstellenden Auslegung wird man der Zielsetzung des ÄndG 1998 gerecht: Ziel des Gesetzgebers war es, zum Schutz der Tiere über den bis dahin bestehenden Rechtszustand hinauszugehen; eine Ausbildung aber, die im konkreten Einzelfall zu nachweislich erheblichen Schmerzen, Leiden oder Schäden führte, war schon durch § 3 Nr. 5 idF des ÄndG 1986 verboten; mithin würde also eine Interpretation, die nur auf die beweisbaren Wirkungen der Geräte-Anwendung im Einzelfall abstellt, das gesetzgeberische Anliegen eines erhöhten präventiven Schutzes verfehlen. In die gleiche Richtung weist auch der Hinweis in der amtl. Begründung, dass in der Praxis beim Einsatz elektrischer Dressurhilfen die vielen erforderlichen tierschützerischen Aspekte „sehr oft nicht berücksichtigt" würden (s. Rn. 62 und BT-Drucks. 13/9538 S. 1, 3); nur durch ein allgemeines Verbot, von dem lediglich aufgrund besonderer bundes- oder landesrechtlicher Vorschriften Ausnahmen zugelassen werden können, wird diesem Gedanken Rechnung getragen. Auch die vom Gesetzgeber gewählte gerätebezogene Formulierung und der ausdrückliche Hinweis auf die Möglichkeit von Ausnahmevorschriften sprechen für ein generelles Verbot (BVerwG aaO; OVG Münster aaO). – Das Verbot ist verhältnismäßig, denn es dient dem Tierschutz als einem durch Art. 20a GG verfassungsrechtlich verbürgten Gemeinwohlbelang; eine Regelung, die lediglich darauf abstellte, ob dem Tier im konkreten Einzelfall erhebliche Schmerzen, Leiden oder Schäden zugefügt werden, wäre zur Sicherstellung des Tierschutzes ungeeignet, da sich ihre Einhaltung nicht kontrollieren ließe (BVerwG aaO). – Bundes- oder landesrechtliche Vorschriften, die Ausnahmen zulassen, gibt es bis jetzt nicht. Erlasse sind dafür nicht ausreichend (BVerwG aaO; *Metzger* aaO). – Die BTK hat sich auf ihrer Delegiertenversammlung am 8./9. 4. 2005 zum wiederholten Mal ausdrücklich gegen jeglichen Einsatz von Elektroreizgeräten ausgesprochen. Auch die TVT ist gegen den Einsatz solcher Geräte, zumal die erfolgreiche Ausbildung eines Hundes auch ohne sie möglich sei, wie u.a. das Verbot des Geräte-Einsatzes in der Diensthundeschule der Bundeswehr belege (DTBl. 2006, 106). Soweit dennoch daran gedacht werden sollte, Ausnahmevorschriften durch Gesetz oder Rechtsverordnung nach § 2a Abs. 1a zu erlassen, müssten sie zur Verhütung von Missbrauch u.a. einen Genehmigungsvorbehalt, eine zentrale Zulassung der Geräte mit konkreten Vorgaben zu ihren technischen Eigenschaften, einen Sachkundenachweis als Voraussetzung für Erwerb, Besitz und Einsatz und eine Beschränkung des

Einsatzes auf die Bereiche „Ausbildungsprobleme bei Dienst- oder Gebrauchshunden" und „Korrektur von Hunden mit nachweislich schwerwiegenden Verhaltensproblemen" sowie ein vollständiges Verbot des Einsatzes bei der Ausbildung und dem Einsatz von Sporthunden vorsehen (so die Forderungen des Fachausschusses für Tierschutz im Landestierärzteverband NRW AtD 2005, 95, 97; vgl. auch *Metzger* aaO: „ultima-ratio-Prinzip").

64 Ungeachtet dieser eindeutigen Gesetzeslage scheint aber in der **Praxis** insbesondere der Einsatz von Teletaktgeräten bei der Ausbildung und dem Einsatz von Sporthunden alltäglich geworden zu sein. Offenbar wird Nr. 11 von den Behörden nur zögerlich umgesetzt. Dabei kann an der bauart- und funktionsbedingten Eignung dieser Geräte, Hunden unabhängig von deren Größe und Gewicht erhebliche Schmerzen, Leiden oder Schäden zuzufügen, kein Zweifel bestehen. Anlässlich eines Versuchs, der an zwölf Hunden mit einem handelsüblichen Teletaktgerät durchgeführt wurde, zeigten alle getesteten Tiere noch 30 Minuten nach der Elektrostimulation einen Ausfall des Spielverhaltens und eine deutliche bis ausgeprägte Beeinträchtigung im Explorationsverhalten; elf der behandelten Tiere wiesen darüber hinaus starke Beeinträchtigungen bei der Eigenkörperpflege auf; ein Tier reagierte mit Apathie. Erhebliche Leiden konnten auf diese Weise nachgewiesen werden (vgl. *Feddersen-Petersen* in: VDH S. 58–62; vgl. auch LG München vom 27. 2. 1995, 9 Ns 12 Js 17287/93: Teletaktgerät verursacht Hunden idR erhebliche Schmerzen). Auch die Angst des Hundes vor (weiteren) Stromstössen kann erhebliches Leiden bedeuten, jedenfalls wenn sie am Verhalten des Tieres erkennbar wird (vgl. OLG Oldenburg AtD 1998, 353: in dem entschiedenen Fall trug der Hund nach vorangegangener Anwendung eines Teletaktgerätes ein Halsband als Attrappe; als Angstsymptome zeigte er u. a. Verharren in gebückter Haltung, Einnässen und Verstörtheit; das OLG erkannte auf erhebliche Leiden). Als erhebliche Schäden können u. a. Hautverbrennungen, Hautnekrosen sowie Wunden auftreten.

65 Abgesehen von Nr. 11 kann auch ein **Verstoß gegen § 1 Satz 2 und § 18 Abs. 1 Nr. 1** gegeben sein. „Einfache" Leiden als Folge von Stromreizen werden sich bei nahezu jeder konkreten Geräte-Anwendung bejahen lassen, zumindest bei besonders sensiblen Tierarten wie Hunden oder Pferden (vgl. BT-Drucks. 13/7015 S. 28). Erhebliche Leiden werden u. a. durch eine oder mehrere Verhaltensstörungen angezeigt (s. Rn. 64) – An einem vernünftigen Grund iS der §§ 1 S. 2, 18 Abs. 1 Nr. 1 fehlt es bei Bell-Stop-Geräten und Arealbegrenzern praktisch immer, da für das erstrebte Ziel weniger belastende Handlungsalternativen zur Verfügung stehen (zB die Unterbringung in anderen Räumen des Hauses, vgl. OVG Saarbrücken, Beschluss vom 22. 3. 1996, 9 W 11/96 1 F 8/96; sichtbarer Zaun; Zwinger- oder Anbindehaltung nach der Hundehaltungsverordnung). Dass mit diesen Alternativen möglicherweise ein Mehraufwand an Geld, Arbeit oder Zeit verbunden ist, vermag einen vernünftigen Grund ebenso wenig auszufüllen wie geringfügige, gegenüber dem Leiden der Tiere aber weniger schwer wiegende Effektivitätseinbußen (s. § 1 Rn. 47, 48; vgl. auch BayObLG NStZ 2004, 47: Anti-Bell-Halsband nur gerechtfertigt, wenn der Halter verpflichtet ist, übermäßiges Bellen seines Hundes in der Öffentlichkeit abzustellen, und andere hierfür geeignete und ihm zuzumutende Maßnahmen den Hund stärker belasten würden). – Für Teletakt-Dressur-Geräte fehlt es ebenfalls an einem vernünftigen Grund, weil sich die gewünschten Effekte (Gehorsam, Bewegung) auch durch andere, schonendere Mittel erreichen lassen (vgl. BT-Drucks. 13/7015 aaO). Allenfalls können sie nach Maßgabe besonderer Vorschriften ausnahmsweise bei schweren Verhaltensproblemen wie dem Jagen und Reißen von anderen Tieren in Betracht kommen, und auch dann nur als letzte Alternative, d. h. nachdem andere Mittel erfolglos eingesetzt worden sind (vgl. LG München vom 27. 2. 1995, 9 Ns 12 Js 17287/93: idR erhebliche Schmerzen sowie Fehlen eines vernünftigen Grundes iS von § 18 Abs. 1 Nr. 1; *Pape* AtD 2000, 106ff., 112). Ist ein solcher Ausnahmefall gegeben, so erfordert der Grundsatz der Verhältnismäßigkeit darüber hinaus, die Anwendung solcher Geräte ausschließlich erfahrenen Hundesausbildern mit Kenntnissen (auch) zur Verhaltensbiologie, zum

Ausdrucksverhalten, zur hundlichen Kommunikation und zum Lernverhalten zu überlassen.

Neben einer Ordnungswidrigkeit nach § 18 Abs. 1 Nr. 3 und Nr. 1 kommen beim Einsatz von Elektroreizgeräten auch **Ordnungswidrigkeiten nach der Telekommunikationsverordnung** und dem Gesetz über die elektromagnetische Verträglichkeit von Geräten (EMVG) in Betracht. Solche Geräte dürfen idR nicht ohne Zulassung in Verkehr gebracht werden. Selbst wenn sie zugelassen sind, bildet ihre Inbetriebnahme eine Ordnungswidrigkeit, wenn sie ohne vorherige Einholung einer Standortbescheinigung erfolgt. Verstöße verfolgt die Außenstelle der Regulierungsbehörde. – Hundehalter, die im Vertrauen auf Werbeaussagen ihren Hund in eine entsprechende Ausbildung gegeben haben und ein verstörtes oder gar verhaltensgestörtes Tier zurückerhalten, können **Schadensersatzansprüche** aus § 280 BGB und gemäß § 823 Abs. 1 BGB (Eigentumsverletzung) haben. 66

Bei Rindern in Anbindeställen werden häufig sog. **Kuhtrainer** eingesetzt. Dabei handelt es sich um einen über dem Rücken der Tiere angebrachten stromführenden Metallbügel; sobald die Kuh vor dem Harnen oder Koten den Rücken wölbt, gerät sie mit dem Bügel in Kontakt und wird dafür mit einem elektrischen Schlag „bestraft"; idR tritt sie dann vor der Elimination einen Schritt nach hinten, so dass Kot und Harn auf den Kotrost fallen. – Da der Kuhtrainer das Tier mittels Stromstoß zu einer Bewegung zwingt, kommt es für Nr. 11 darauf an, ob er nach Bauart und Funktionsweise geeignet ist, den Kühen nicht unerhebliche Leiden zuzufügen. Einige Verhaltens- und Funktionsstörungen, die bei Kühen in Ställen mit Kuhtrainern beobachtet werden konnten, legen dies nahe: Bis zu 80% aller Kontakte der Tiere mit dem Kuhtrainer erfolgen außerhalb des Eliminationsverhaltens (vgl. *Kohli*, Der prakt. Tierarzt 68, 34–44); die Kühe lecken sich den Rücken deutlich weniger häufig, d.h. ihre Eigenkörperpflege fällt teilweise aus; die Dauer des das Abliegen einleitenden Verhaltens ist bei eingeschaltetem Kuhtrainer erheblich länger (*Sambraus* in: *Sambraus/Steiger* S. 111); durch die Stresswirkung wird sowohl der Brunstablauf gestört als auch die Hormonausschüttung beeinflusst und es kommt zu vermehrter Stillbrünstigkeit und Verschlechterung der Fruchtbarkeit (vgl. *Eyrich*, Untersuchung über den Einfluss des Kuhtrainers auf die Brunst von Milchkühen, S. 148; vgl. auch Bay. Tierschutzbeirat: selteneres Auftreten der Brunst und abgeschwächte Brunsterscheinungen; vgl. auch *Pollman/Tschanz* ATD 2006, 234, 238: erhebliches Leiden). – In der Schweiz hat das dortige Bundesamt für Veterinärwesen folgende Auflagen und Empfehlungen herausgegeben: Nur bewilligte Netzgeräte dürfen verwendet werden; der Kuhtrainer darf nur bei Standplatzlängen von mind. 175 cm eingesetzt werden; der Abstand zwischen Widerrist und Bügel darf 5 cm nicht unterschreiten (vgl. auch Bay. Tierschutzbeirat: 10–11 cm); der Kuhtrainer darf nur bei Kühen und Rindern ab 18 Monaten verwendet werden; er darf nur an einem oder zwei Tagen pro Woche eingeschaltet sein; wegen der zusätzlichen Einschränkung der Bewegungsfreiheit und der Körperpflege sollten alle Möglichkeiten für regelmäßigen, ausgiebigen Weidegang oder Auslauf genutzt werden; die Tiere müssen als Ausgleich für die beeinträchtigte Eigenkörperpflege regelmäßig und gründlich geputzt werden (zitiert nach *Sambraus* in: *Sambraus/Steiger* S. 111). Der bayerische Tierschutzbeirat empfiehlt darüber hinaus, das Gerät nach einer Eingewöhnungsphase von ca. 14 Tagen ganz abzuschalten sowie in Zeiten der Brunst und vor sowie nach der Geburt ganz darauf zu verzichten. Diese Maßnahmen müssten über Anordnungen nach § 16a S. 1 i.V. m. § 1 S. 2 durchgesetzt werden. Wenn sie aber nicht ausreichen, um erhebliche Leiden mit Sicherheit auszuschließen, muss nach Maßgabe der o.e. Rechtsprechung (s. Rn. 63) von einem Verbot des Kuhtrainers ausgegangen werden, denn Ausnahmevorschriften für seine Zulassung gibt es nicht. – In Schweden ist der Kuhtrainer verboten. 67

Weitere Anwendungsfälle des Verbots. Elektrische Weidezäune fallen nur dann unter Nr. 11, wenn sie die Bewegung erheblich einschränken, was der Fall ist, wenn die Weidefläche für die Zahl der gehaltenen Tiere zu klein ist. Indizien können sein: Keine ausrei- 68 chende Futtergrundlage; Störungen im Sozialverhalten; Auftreten anderer Verhaltensanomalien (vgl. *L/M* § 3 Rn. 83; *Schiwy* Anm. zu § 3 Nr. 11). – Die seitliche Abtrennung von Bullen voneinander durch Strom führende Ketten verstößt gegen Nr. 11 (VG Stuttgart vom 1. 9. 2004, 4 K 2790/04).

69 **Bundesrechtliche Vorschriften** iS von Nr. 11 sind § 5 Abs. 2 TierSchlV und § 5 Abs. 3 TierSchTrV, landesrechtliche solche über die Elektrofischerei (vgl. Nr. 2.3 AVV). Verwaltungsvorschriften können mangels Außenwirkung keine Ausnahme von dem Verbot begründen (vgl. BVerwG aaO; *Metzger* NuR 2006, 693, 695).

70 **Fahrlässigkeit** reicht auch zur Verwirklichung von Nr. 11 aus. Gegenüber § 18 Abs. 1 Nr. 1 ist der Schutz insoweit erhöht, als jedermann Täter sein kann und die Berufung auf einen vernünftigen Grund nicht möglich ist (s. Rn. 2).

Dritter Abschnitt. Töten von Tieren

§ 4 [Grundvorschrift]

(1) [1]Ein Wirbeltier darf nur unter Betäubung oder sonst, soweit nach den gegebenen Umständen zumutbar, nur unter Vermeidung von Schmerzen getötet werden. [2]Ist die Tötung eines Wirbeltieres ohne Betäubung im Rahmen weidgerechter Ausübung der Jagd oder auf Grund anderer Rechtsvorschriften zulässig oder erfolgt sie im Rahmen zulässiger Schädlingsbekämpfungsmaßnahmen, so darf die Tötung nur vorgenommen werden, wenn hierbei nicht mehr als unvermeidbare Schmerzen entstehen. [3]Ein Wirbeltier töten darf nur, wer die dazu notwendigen Kenntnisse und Fähigkeiten hat.

(1a) [1]Personen, die berufs- oder gewerbsmäßig regelmäßig Wirbeltiere betäuben oder töten, haben gegenüber der zuständigen Behörde einen Sachkundenachweis zu erbringen. [2]Wird im Rahmen einer Tätigkeit nach Satz 1 Geflügel in Anwesenheit einer Aufsichtsperson betäubt oder getötet, so hat außer der Person, die die Tiere betäubt oder tötet, auch die Aufsichtsperson den Sachkundenachweis zu erbringen. [3]Werden im Rahmen einer Tätigkeit nach Satz 1 Fische in Anwesenheit einer Aufsichtsperson betäubt oder getötet, so genügt es, wenn diese den Sachkundenachweis erbringt.

(2) Für das Schlachten eines warmblütigen Tieres gilt § 4a.

(3) Für das Töten von Wirbeltieren zu wissenschaftlichen Zwecken gelten die §§ 8b, 9 Abs. 2 Satz 2, im Falle von Hunden, Katzen, Affen und Halbaffen außerdem § 9 Abs. 2 Nr. 7 entsprechend.

Übersicht

I. Anwendungsbereich

Wirbeltiere (Vertebrata). Der Begriff umfasst alle Tiere, die einen in Kopf, Rumpf und (soweit noch vorhanden) Schwanz gegliederten Körper besitzen, in dem die Chorda dorsalis durch segmentweise angeordnete Verknöcherungen (Wirbelkörper, Vertebrae) ersetzt wurde. Diese bilden die Wirbelsäule. An deren vorderem Ende befindet sich der Schädel mit dem Gehirn und den wichtigsten Sinnesorganen. – Die Einteilung erfolgt in folgende Klassen: Säugetiere (Mammalia), Vögel (Aves), Kriechtiere (Reptilia), Lurche (Amphibia), Knochenfische (Osteichthyes), Knorpelfische (Chondrichthyes) und Rundmäuler (Cyclostomata). – Als Grund für die besondere Hervorhebung dieser Tiere in § 4 und in anderen Vorschriften heißt es in der amtlichen Begründung von 1972: „Wirbeltiere reagieren infolge ihrer differenzierten Innervierung im Hinblick auf Schmerzerregung, Schmerzleitung und Schmerzempfindung im Vergleich zu anderen Tieren wesentlich stärker. Es muss daher sichergestellt werden, dass eine Tötung dieser Tiere möglichst schmerzfrei erfolgt“ (BT-Drucks. 6/2559, zitiert nach *Gerold* S. 48). 1

Nicht das „Ob“, sondern nur das „Wie“ der Tiertötung wird hier geregelt. Ob die Tötung eines Wirbeltieres erlaubt ist, richtet sich nach Spezialvorschriften (vgl. zB BJagdG, LJagdG; s. auch § 1 Rn. 35 und § 17 Rn. 5, 6) und – sofern diese für das betreffende Sachgebiet fehlen – nach § 17 Nr. 1, also danach, ob ein vernünftiger Grund vorliegt (s. § 17 Rn. 9–12). Dagegen geht es im Dritten Abschnitt des Gesetzes nur um das „Wie“ einer als solcher erlaubten Tötung (vgl. *L/M* § 4 Rn. 2; *Kluge* § 4 Rn. 1; *Lorz* NuR 1992, 401). 2

§ 4 ist **von § 4a abzugrenzen.** Für das Schlachten warmblütiger Tiere gilt nach Abs. 2 § 4a als Spezialvorschrift. Schlachten bedeutet: Töten unter Blutentzug (vgl. Art. 2 Nr. 7 der RL 93/119/EG). Warmblüter sind Säugetiere und Vögel. Damit bleibt es bei der Geltung von § 4 in folgenden Fällen: Wenn ein wechselwarmes Tier geschlachtet wird (zB ein Fisch, ein Reptil, ein Lurch); wenn ein warmblütiges oder wechselwarmes Tier in anderer Weise als durch Blutentzug getötet wird (zB durch Erschießen). 3

II. Grundsatz des Betäubungszwanges nach Abs. 1 S. 1 erster Halbsatz

Die Tötung eines Wirbeltieres darf **grundsätzlich nur unter Betäubung** vorgenommen werden (vgl. *Hackbarth/Lückert* B V 1.3); zu den Ausnahmen nach Abs. 1 S. 2 und nach Abs. 1 S. 1 zweiter Halbsatz s. Rn. 6–10. – Mit Betäubung ist hier die Totalbetäubung, d. h. die vollständige Ausschaltung des Empfindungs- und Wahrnehmungsvermögens gemeint (s. § 13 Abs. 1 TierSchlV: „Zustand der Empfindungs- und Wahrnehmungslosigkeit“; vgl. auch *L/M* § 4 Rn. 11; *Hackbarth/Lückert* aaO; *Kluge* § 4 Rn. 2). Gegen Abs. 1 S. 1 verstößt also nicht nur derjenige, der ein Wirbeltier ganz ohne Betäubung tötet, sondern auch, wer es nur unzureichend betäubt (d. h. so, dass es nicht vollständig empfindungs- und wahrnehmungslos wird, oder so, dass es vor dem Eintritt seines Todes wieder erwacht). 4

Das „Wie“ der Betäubung muss unter **möglichst geringer Belastung des Tieres** vorgenommen werden (vgl. *L/M* § 4 Rn. 11). Dies ergibt sich sowohl aus Abs. 1 S. 1 als auch aus § 1 S. 2. Deshalb muss das angewendete Verfahren zwei Voraussetzungen erfüllen: **1.** Bei Vorbereitung und Durchführung der Betäubung müssen Schmerzen, Leiden und Aufregungen so weit wie möglich ausgeschlossen sein. **2.** Es muss sicher gewährleistet sein, dass der Zustand der Empfindungs- und Wahrnehmungslosigkeit unmittelbar nach der Einwirkung eintritt und bis zum Eintritt des Todes andauert. – In Anlage 3 zu § 13 Abs. 6 TierSchlV sind mit Bezug auf einzelne Tierarten, die geschlachtet und als Lebensmittel verwendet werden sollen, diejenigen Betäubungs- und Tötungsverfahren aufgelistet, von denen der Verordnungsgeber annimmt, dass sie diesen Anforderungen im 5

Regelfall entsprechen. Damit ist auch ein Landwirt, der kranke Nutztiere oder sog. Kümmerer tötet, grundsätzlich auf diese Verfahren beschränkt. Kommen mehrere davon in Betracht, so ist nur dasjenige erlaubt, das den o.g. Anforderungen am besten entspricht. Sind einzelne Verfahren nur unter besonderen Voraussetzungen bzw. in bestimmten Grenzen zugelassen (zB der Kopfschlag bei Schweinen), so müssen diese auch bei Tötungen im landwirtschaftlichen Betrieb u.Ä. eingehalten werden. – Anlage 3 bezieht sich auf das Schlachten. Bei Tieren, die nicht der Nahrungsmittelgewinnung dienen (zB Versuchstiere; Tiere iS des § 4 Abs. 3), stehen idR schonendere medikamentelle Betäubungs- und Tötungsmethoden zur Verfügung. Sie sind dann vorzuziehen. – Speziell zum „Wie“ des Betäubens und Tötens von Heimtieren vgl. Art. 11 des Europäischen Heimtierübereinkommens.

III. Ausnahmen vom Betäubungszwang nach Abs. 1 S. 2 und Abs. 1 S. 1 zweiter Halbsatz

6 Die **betäubungslose Tötung** im Rahmen der **Jagdausübung** ist zulässig, setzt aber voraus, dass die (unter Berücksichtigung von Art. 20a GG auszulegenden) Voraussetzungen des BJagdG und des LJagdG vollständig erfüllt sind und darüber hinaus die ungeschriebenen Grundsätze der Weidgerechtigkeit und das Gebot zu größtmöglicher Schmerzvermeidung eingehalten werden (näher s. § 17 Rn. 14–24).

7 Die **betäubungslose Tötung im Rahmen der Schädlingsbekämpfung** ist zulässig, setzt aber voraus, dass die Bekämpfungsmaßnahme als solche durch Gesetz oder Rechtsverordnung zugelassen und dort auch nach ihren Voraussetzungen und Grenzen geregelt ist (vgl. BT-Drucks. 10/3158 S. 20; BR-Drucks. 835/96 S. 28; s. auch § 1 TierSchlV Rn. 3). Zudem ist die Maßnahme wie jede Tiertötung an den Grundsatz der Verhältnismäßigkeit gebunden, was sich meistens schon aus dem Wortlaut der jeweiligen Bestimmung ergibt (vgl. zB § 17 Abs. 2 IfSG: „erforderliche Maßnahmen“), zumindest aber aus ihrer verfassungskonformen Auslegung im Licht von Art. 20a GG folgt (s. § 17 Rn. 5–7, 37–42; vgl. auch *Kluge* § 4 Rn. 4). Unverhältnismäßige Schädlingsbekämpfungen stellen für den, der sie anordnet, eine Straftat nach § 17 Nr. 1 dar, ebenso für den Ausführenden.

8 **Andere Rechtsvorschriften, die eine betäubungslose Tötung erlauben,** sind zB: § 4a Abs. 2; § 9 Abs. 2 Nr. 4; § 13 Abs. 5 S. 2 TierSchlV; § 13 Abs. 8 TierSchlV; Bestimmungen aus dem Tierseuchengesetz (aber: für behördlich veranlasste Tiertötungen gilt gemäß § 1 Abs. 1 Nr. 5 die TierSchlV, insbesondere also auch deren § 3 und § 13); die Fischereigesetze der Länder (aber: Tötung gefangener Fische grundsätzlich nur nach vorheriger Betäubung, s. § 13 Abs. 5 S. 1 TierSchlV).

9 **Eine weitere Ausnahme vom Betäubungszwang** wird in Abs. 1 S. 1 zweiter Halbsatz („oder sonst, soweit … zumutbar“) gesehen. Nach *Lorz* (§ 4 Rn. 8) war dabei speziell an die Bedürfnisse der Hochseefischerei gedacht (s. auch § 17 Rn. 28 und § 1 TierSchlV Rn. 3). Nach *Lorz/Metzger* (§ 4 Rn. 13) soll die Ausnahme in Betracht kommen, wenn eine Betäubung nicht möglich oder nicht sinnvoll ist, ferner in Fällen, in denen die sofortige Tötung regelmäßig schmerzloser ist als die Betäubung. Nach *Kluge* (§ 4 Rn. 3) kann vom Betäubungszwang außer in spezialgesetzlich geregelten Fällen nur in Notstands- oder notstandsähnlichen Situationen abgewichen werden. – Die Entstehungsgeschichte zeigt, dass die Sätze 1 und 2 ihre gegenwärtige Fassung auf Initiative des Bundesrates erlangt haben; dieser wollte damit sicherstellen, dass auch dort, wo Tötungen durch spezielle Rechtsvorschriften zugelassen und geregelt sind, die Gebote der Schmerz- und Leidensvermeidung beachtet werden müssen, selbst wenn die jeweilige Rechtsvorschrift dazu keine Aussage enthält (vgl. BT-Drucks. 6/2559, zitiert nach *Gerold* S. 58, 59). Aus dieser tierschützenden Intention geht hervor, dass die Ausnahme des „oder sonst“ auf Extremsituationen beschränkt bleiben muss, in denen höherrangige Interessen den Verzicht auf die vorherige Betäubung zwingend erforderlich machen. Dafür spricht auch die Bedeutung,

die dem Grundsatz des Betäubungszwanges als integralem Bestandteil des ethischen Tierschutzes zukommt; zudem verlören die eng gefassten Ausnahmebestimmungen in Satz 2 und in § 4a Abs. 2 anderenfalls ihren Sinn. Im Anschluss an *Kluge* aaO wird man deshalb davon ausgehen müssen, dass ohne eine spezielle Rechtsvorschrift iS von Satz 2 betäubungslose Tötungen nur in Notstandslagen nach § 34 StGB, §§ 228, 904 BGB vorgenommen werden dürfen. Wirtschaftliche Gründe, insbesondere das Einsparen von Geld, Zeit und Arbeitskraft können dagegen keine Ausnahme vom Betäubungszwang begründen. Von früheren, weitergehenden Auslegungen muss Abstand genommen werden, sowohl im Hinblick auf den heutigen Stand der fundierten allgemeinen Gerechtigkeitsvorstellungen als auch aufgrund der Aufwertung, die der Tierschutz durch Art. 20a GG erfahren hat (s. auch § 1 Rn. 56, 63–66).

Beim **Töten kleiner Nagetiere,** insbesondere im Anschluss an beendete Tierversuche **9a**
oder als überzählige Versuchstiere (s. § 17 Rn. 45), werden Methoden angewandt, die nicht immer mit § 4 vereinbar sind (üblich sind u.a. Genickbruch, Enthauptung, CO2, flüssiger Stickstoff). Tierschutzgerecht sind nur Verfahren, die mit einer schnell einsetzenden und ausreichend tiefen Betäubung (d.h. vollständigen Wahrnehmungs- und Empfindungslosigkeit) beginnen und mit absoluter Sicherheit zum Tod führen (vgl. *Moritz/Knoll-Sauer* S. 3). – Am wenigsten belastend ist idR die Applikation von nicht reizenden Euthanasiemitteln (was im Gegensatz zu Schlachttieren hier möglich ist, weil die Tiere nicht zur Lebensmittelgewinnung dienen und deswegen keine Rückstandsfreiheit gewährleistet werden muss). – CO2 wird bei Mäusen, Ratten, Hamstern, Meerschweinchen für vertretbar gehalten. Wegen der Reizerscheinungen, Atembeschwerden und Fluchtversuche, die beim Einsetzen in eine bereits mit CO2 befüllte Kammer beobachtet worden sind, wird es aber für schonender gehalten, das Gas langsam in die bereits besetzte Kammer einzuleiten bzw. die Tiere in ihrem ursprünglichen Haltungskäfig in die Tötungskammer zu verbringen und dann das Gas einzuleiten. Bei Neonaten (Babymäusen, -ratten, -hamstern) vor dem 21. Lebenstag besteht eine physiologische Hypoxieresistenz, die CO2 als Tötungsmethode ungeeignet macht. Bei Kaninchen sind unter CO2 häufig starke Reaktionen und Exzitationen feststellbar. Bei Vögeln ist nach der Schweizer Richtlinie über das fachgerechte und tierschutzkonforme Töten von Versuchstieren nur ein Gemisch aus 31 % CO2, 2 % O2 und 67 % Argon zulässig. Für Amphibien und Reptilien ist CO2 wegen der Fähigkeit, über längere Zeit die Luft anzuhalten, nicht geeignet (vgl. *Moritz/Knoll-Sauer* S. 7 bis 21). – Die zervikale Dislokation (Genickbruch) mit anschließendem Entbluten wird für Mäuse als akzeptabel angesehen; bei Ratten über 100g Gewicht ist sie aber unzulässig, da nicht sicher ist, dass bei Tieren dieser Größe die zum Gehirn führenden Blutgefäße vollständig zertrennt werden (vgl. *Grahwit* DtW 2005, 95, 96; *Moritz/Knoll-Sauer* aaO: nur bei kleinen Tieren bis 100g; ungeeignet insbesondere bei größeren Hamstern, Meerschweinchen und Kaninchen; bei Vögeln nach den Schweizer Richtlinien nur bis zur Wachtelgröße). Generell ist aber zu bedenken, dass diese Methode nicht unbedingt mit einem unmittelbaren Bewusstseinsverlust verbunden ist (vgl. *Schatzmann* in: *Sambraus/Steiger* S. 694; s. auch unten) – Die Dekapitation (Enthauptung) sollte nicht ohne vorherige Betäubung stattfinden, weil die Tiere durch die vorhergehende Fixierung erheblichem Stress ausgesetzt sind und außerdem nicht feststeht, ob es zu einer sofortigen Ausschaltung der Hirnfunktion kommt. – Der gezielte Betäubungsschlag mit anschließender sofortiger Entblutung wird bei Ratten, Kaninchen, Vögeln, Fischen sowie größeren Amphibien/Reptilien für vertretbar gehalten, nicht jedoch bei Mäusen, Hamstern, Meerschweinchen (vgl. *Moritz/Knoll-Sauer* aaO). – Elektrischer Strom ist nur zur Betäubung von Kaninchen, Geflügel und größeren Fischen vertretbar und darf nur so eingesetzt werden, dass innerhalb der ersten Sekunden ein epileptiformer Anfall erzeugt und anschließend sofort entblutet wird. – Das Verbringen in flüssigen Stickstoff ist auch bei Neonaten und Foeten nicht ohne vorherige Betäubung zulässig (vgl. die „Guidelines for Euthanasia of Mouse and Rat Fetuses and Neonates and Adults" des American College of Laboratory Animals). – Generell unzulässig sind der Einsatz

von Ketamin, Chloralhydrat, Chloroform, Hitzeeinwirkung, Dekompression sowie alle Methoden, die auf dem Prinzip des Erstickens beruhen (vgl. *Grahwit* aaO). Unzulässig sind auch Schlagen oder Werfen, ebenso Äther, Lachgas, Mikrowellen, Strom (außer zur fachgerechten elektrischen Betäubung von Schlachttieren mit anschließender Herzdurchströmung/Entblutung), Strangulation, Auspuffgase, Blausäure, intravenöse oder -cardiale Applikation von Luft (vgl. *Moritz/Knoll-Sauer* aaO). Allein tierschutzgerecht ist bei Tieren, die nicht der Lebensmittelgewinnung dienen, wie bei Heimtieren auch, die schmerzlose Euthanasie durch Überdosierung von Narkotika (Pentobarbital) oder durch Injektion von Tötungsmitteln unter Betäubung (Eutha 77, T 61). Die mit dem Einsatz von CO2 verbundenen Belastungen sind nicht gerechtfertigt, soweit sie sich durch den Einsatz von Argon, einer Stickstoff-Argon-Mischung und Argon/Kohlendioxid (2-stufig) vermeiden lassen (s. auch § 13 TierSchlV Rn. 6, 10).

9b Auch für **Futtertiere** gilt mit Ausnahme von Notsituationen das Gebot der vorherigen Betäubung. Die beste Tötungsmethode, die für Ratten über 100g und größere Hamster und Meerschweinchen auch die einzig tiergerechte ist, stellt nach derzeitigem Kenntnisstand wohl die Begasung mit CO2 in einer geeigneten Tötebox dar (vgl. *Kölle/Moritz* AtD 2006, 103, 106). Bei Babymäusen und anderen Neonaten, die mit CO2 betäubt werden sollen, muss aber wegen der Hypoxieresistenz nach der Betäubung ein weiterer Tötungsakt hinzukommen (zB Einbringen in flüssigen Stickstoff oder Dekapitation). Für Mäuse und Ratten bis 100g wird die zervikale Dislokation (Genickbruch) als akzeptabel angesehen, aber nur wenn die hohen Anforderungen, die diese Methode an die Sachkunde stellt, erfüllt werden (vgl. *Moritz/Knoll-Sauer* aaO; s aber auch Rn. 9a und *Schatzmann* aaO S. 694). Zur Lebendverfütterung s. § 17 Rn. 53.

IV. Gebot zu größtmöglicher Schmerzvermeidung nach Abs. 1 S. 2 letzter Halbsatz

10 **Nicht mehr als unvermeidbare Schmerzen** dürfen dem betäubungslos getöteten Tier entstehen. Dies gilt auch dann, wenn das betäubungslose Töten ausnahmsweise erlaubt ist (s. Rn. 6–9). – Die Behörde kann die Einhaltung dieses Gebots mit Hilfe folgender Fragen prüfen: **1.** Sind dem Tier vor seinem Tod Schmerzen entstanden? **2.** In welchem Ausmaß? **3.** Wäre ein anderes Verfahren möglich gewesen, das ohne oder mit weniger Schmerzen verbunden gewesen wäre? Wenn ja, bedeutet die Nichtanwendung des schonenderen Verfahrens einen Verstoß gegen Abs. 1 S. 2 letzter Halbsatz, auch dann, wenn mit seiner Wahl ein Mehraufwand an Geld, Arbeit und/oder Zeit verbunden gewesen wäre (s. auch § 1 Rn. 47; zur Frage, wann Jagdmethoden dagegen verstoßen, s. auch § 17 Rn. 21–24). – Beispiele für verbotene Schädlingsbekämpfungsmaßnahmen: Klebefallen, zB für Mäuse und Ratten (vgl. *Sellenschlo* AtD 2005, 180); Reusenfallen für Bisamratten (s. § 17 Rn. 39).

V. Sachkunde nach Abs. 1 S. 3; Sachkundenachweis nach Abs. 1 a

11 Sachkunde bedeutet **Kenntnisse und Fähigkeiten.** Die Kenntnisse müssen sich beziehen auf: Die Risiken, die mit den einzelnen Betäubungs- und Tötungsverfahren verbunden sind; das im Einzelfall schonendste Verfahren; die zur Schmerz- und Leidensvermeidung geeigneten Schutzmaßnahmen; die Anatomie und die Physiologie der jeweiligen Tierart; die Verhaltensweisen, die bei dem Tier Schmerzen, Leiden oder Aufregung anzeigen; Anzeichen für eine Fehlbetäubung (vgl. auch die Bereiche, auf die sich das in AVV Nr. 3.2.4 vorgesehene Fachgespräch erstrecken kann). – Die Fähigkeiten müssen u.a. die korrekte Anwendung des jeweiligen Verfahrens und die Wartung und Bedienung der Geräte umfassen (vgl. auch AVV Nr. 3.2.4). Dazu gehört auch die praktische Erfahrung und das Geübt-Sein in der jeweiligen Methode. – Über diese Sachkunde muss nach Abs. 1 S. 3 jeder verfügen, der an der Tötung eines Wirbeltieres mitwirkt. Beschränkt sich seine Mit-

wirkung auf einen abgeschlossenen Teilbereich (zB Betreuen, Treiben, Ruhigstellen, Betäuben), so muss sie jedenfalls diesen Bereich umfassen.

Im Ordnungswidrigkeitsverfahren nach §§ 4 Abs. 1, 18 Abs. 1 Nr. 5 kann Abs. 1 S. 3 besondere praktische Bedeutung erlangen. Wer ein Wirbeltier getötet hat, ohne dabei die schonendste Betäubungsmethode anzuwenden (s. Rn. 5), oder wer im Rahmen einer betäubungslos zulässigen Tötung nicht das am wenigsten schmerzhafte Verfahren gewählt hat (s. Rn. 10), hat in jedem Fall schuldhaft gegen § 4 Abs. 1 verstoßen; er kann sich zu seiner Entschuldigung nicht darauf berufen, dass ihm die nötigen Kenntnisse und Erfahrungen gefehlt hätten, denn ohne diese hätte er sich nach Abs. 1 S. 3 von vornherein nicht an der Betäubung bzw. Tötung beteiligen dürfen. 12

Einen Sachkundenachweis nach Abs. 1 a muss erbringen, wer im Rahmen seines Berufes (zB als Landwirt, aber auch als Angestellter oder Arbeiter; nebenberufliche Ausübung genügt, vgl. AVV Nr. 3.1.1) oder gewerbsmäßig (d.h. selbständig, planmäßig, fortgesetzt und mit der Absicht der Gewinnerzielung) Wirbeltiere betäubt oder tötet. Regelmäßig erfolgt das Betäuben oder Töten, wenn es sich in überschaubaren zeitlichen Intervallen (zB während eines Wirtschaftsjahres) voraussehbar wiederholt. – Ein Sachkundenachweis ist demgemäß zB für die Erwerbsfischerei, für das Betäuben und Töten von Pelztieren und für die Schädlingsbekämpfung erforderlich. Weitere Beispiele: Zoofachhändler, der eine Futtertierzucht betreibt; Klärwärter, der nebenbei Ratten bekämpft. – Nach AVV Nr. 3.1.3 soll es an der Regelmäßigkeit grundsätzlich fehlen, wenn lebensschwache, nicht lebensfähige oder schwer verletzte Wirbeltiere im eigenen Tierbestand „im Einzelfall“ getötet werden. Aus der Beschränkung auf den „Einzelfall“ folgt jedoch: Ab einer bestimmten Betriebsgröße und einer daraus ableitbaren Verlustrate erfolgt das Nottöten nicht mehr im Einzelfall, sondern mit einer gewissen Regelmäßigkeit. ZB hat ein Schweinemäster mit 500 Mastplätzen bei einer durchschnittlichen Verlustrate von 3% und zwei Durchgängen pro Jahr 30 Abgänge, von denen er zumindest einen Teil tötet; im Geflügelbereich liegen die Verlustraten in der Hähnchenmast bei 2–4 % und bei der Mast von Putenhähnen bei 8–10 % (vgl. *v. Holleben et al.* DtW 1999, 163, 164; vgl. auch *Hörning* S. 10: Mortalitätsrate bei Masthühnern 6–7 %; s. auch Anh. zu § 2 Rn. 29). Folglich müsste gemäß Abs. 1 a in Schweinehaltungen ab etwa 500 Mastplätzen und in Haltungen für Legehennen, Masthähnchen und Puten mit entsprechender Größenordnung von dem Halter der Sachkundenachweis nach Abs. 1 a gefordert werden (vgl. auch TVT-Merkblatt Nr. 75 zur Tötung von Nutztieren durch Halter oder Betreuer). 13

Zum **Erbringen des Nachweises.** Bestimmte abgeschlossene Berufsausbildungen oder Weiterbildungsabschlüsse gelten nach AVV Nr. 3.2.2 als Sachkundenachweis, doch muss feststehen, dass die Ausbildung das Betäuben und Töten der jeweiligen Tierkategorie auch wirklich umfasst hat (dazu, dass dies nicht einmal mehr bei Metzgern selbstverständlich ist, s. § 4 TierSchlV Rn. 4a). – Ansonsten wird der Sachkundenachweis in einem Prüfungsgespräch vor der zuständigen Behörde erbracht. Welche Kenntnisse und Fähigkeiten dabei nachzuweisen sind, regelt AVV Nr. 3.2.4 (s. auch Rn. 11). – In Geflügelschlachtereien muss sowohl derjenige, der selbst betäubt oder tötet (sei es von Hand, sei es durch Bedienen der entsprechenden Automatik), als auch die Aufsichtsperson den Sachkundenachweis erbringen. Beim Betäuben und Töten von Fischen gilt dies nur für die Aufsichtsperson, die dann aber ständig anwesend sein muss. – Für das Schlachten bestimmter Tierarten wird der Sachkundenachweis durch die Spezialvorschrift des § 4 Abs. 2 TierSchlV geregelt (dies gilt auch für das behördlich veranlasste Töten von Tieren dieser Art, vgl. § 1 Abs. 1 Nr. 5 TierSchlV). 14

VI. Töten von Wirbeltieren zu wissenschaftlichen Zwecken nach Abs. 3

Ein Töten für **wissenschaftliche Zwecke** liegt vor, wenn anschließend der tote Tierkörper oder auch einzelne Teile davon, insbesondere Organe, einem Verfahren unterzogen 15 werden sollen, das auf Forschung (d.h. auf Gewinnung einer neuen Erkenntnis im Hinblick auf eine noch nicht hinreichend geklärte wissenschaftliche Fragestellung) gerichtet ist.

16 § 4 ist **von § 7 abzugrenzen.** Kein Fall von Abs. 3, sondern ein einheitlich nach den §§ 7ff. zu beurteilender Tierversuch liegt vor, wenn zu Lebzeiten des Tieres mit Blick auf den angestrebten Erkenntnisgewinn mehr geschieht als nur dessen Betäubung und Tötung auf die schonendstmögliche Weise (s. Rn. 5). Das ist einmal dann der Fall, wenn noch vor der Tötung Vorbereitungen an dem Tier für das spätere Forschen stattfinden. Ein einheitlich nach den §§ 7ff. zu beurteilender Vorgang liegt aber auch dann vor, wenn sich das „Wie" der Tötung auch an dem späteren Forschungszweck ausrichtet statt ausschließlich danach, welches Betäubungs- und Tötungsverfahren am schonendsten wäre (s. Rn. 5). Beispiel hierfür: Tötung durch Enthaupten zwecks eines späteren Versuches am isolierten Tierkopf (näher zur Abgrenzung s. § 7 Rn. 4).

17 In **Abgrenzung zu § 10** gilt Folgendes: Wird ein Tier getötet, weil anschließend an seinem Körper oder Teilen davon Experimente oder Präparationen zur Aus-, Fort- oder Weiterbildung durchgeführt werden sollen, so richtet sich das „Ob" der Tiertötung (d.h. ihre Zulässigkeit) nach § 10 Abs. 1 und Abs. 2 (vgl. BVerwG NVwZ 1998, 853, 855). Denn die Tötung ist der mit dem schwersten Schaden verbundene Eingriff, und § 10 Abs. 1 verlangt nicht, dass Eingriff und Wissensvermittlung zeitlich und räumlich zusammenfallen, sondern lässt es genügen, wenn die Tötung das spätere Experimentieren oder Präparieren ermöglichen soll (BVerwG aaO; s. § 1 Rn. 25; § 10 Rn. 4). – Die Einfügung von Abs. 3 durch das ÄndG 1998 hat an dieser vom BVerwG festgestellten Rechtslage nichts ändern können, denn sie betrifft nur das „Wie" und nicht auch das „Ob" von Tiertötungen (s. Rn. 2; vgl. auch *Kluge* § 10 Rn. 4; aA *Caspar* Tierschutz S. 439).

18 Abgesehen von dem Fall in Rn. 17 ist das **„Ob" der Tötung** nach § 17 Nr. 1 zu beurteilen. – Die Tötung entspricht einem vernünftigen Grund, wenn der Nutzen der angestrebten Erkenntnis den Schaden, der dem Tier zugefügt wird, überwiegt. Es ist daher zu fragen: **1.** Welche wissenschaftliche Erkenntnis wird angestrebt? **2.** Welche Fortschritte sind davon für Belange iS des § 7 Abs. 2 zu erwarten, insbesondere für Prävention, Diagnose oder Therapie einer bestimmten Krankheit? Mit welcher Wahrscheinlichkeit? **3.** Ist das Töten dafür erforderlich, oder könnte nach dem Stand der wissenschaftlichen Erkenntnisse ein gleichwertiges Ergebnis auch ohne Tiertötung (bzw. mit weniger getöteten Tieren, durch Verwendung von sowieso-toten Tieren usw.) erreicht werden? **4.** Überwiegt der erwartbare Nutzen unter Berücksichtigung von Art, Ausmaß und Wahrscheinlichkeit den Schaden (zu „Tod als Schaden" s. § 1 Rn. 25)? Kann dies auch mit Blick auf die eventuell schon vorhandenen, vergleichbar oder ähnlich wirksamen Substanzen bejaht werden (näher zu dieser Bedarfsprüfung s. § 7 Rn. 62)? Da es hier um die Elemente „Erforderlichkeit" und „Verhältnismäßigkeit ieS" im Rahmen des vernünftigen Grundes geht (s. § 1 Rn. 29), gilt für diese Nutzen-Schaden-Abwägung im Prinzip dasselbe wie für die ethische Vertretbarkeit bei § 7 (s. dort Rn. 49–65).

19 Das **„Wie" der Tötung** richtet sich auch hier zunächst nach Abs. 1 S. 1, d.h. Betäubungszwang; Wahl des mit den geringsten Schmerzen, Leiden und Aufregungen verbundenen Betäubungsverfahrens; Anwendung derjenigen Betäubungsmethode, die die rasche Totalbetäubung sicher gewährleistet und das vorzeitige Wiedererwachen ebenso sicher ausschließt (s. Rn. 5). – Zusätzlich gelten die weiteren durch Abs. 3 in Bezug genommenen Vorschriften: Die Einrichtung muss gemäß § 8b einen oder mehrere Tierschutzbeauftragte bestellen, wenn die Durchführung mehrerer Tiertötungen, auch im Rahmen desselben Projektes (zB Dissertation), geplant ist und die Vorrichtungen dazu vorhanden sind (s. § 8b Rn. 1); der Stand der wissenschaftlichen Erkenntnisse ist gemäß § 9 Abs. 2 S. 2 zu berücksichtigen, insbesondere bei der Entscheidung darüber, welches Betäubungs- und Tötungsverfahren am schonendsten ist und ob der angestrebte Zweck auch ohne oder mit weniger Tiertötungen erreicht werden kann; sollen Tiere, die nicht zu den in § 9 Abs. 2 Nr. 7 genannten landwirtschaftlichen Nutztieren gehören, nämlich Hunde, Katzen, Affen

oder Halbaffen, getötet werden, so müssen sie eigens für wissenschaftliche Zwecke gezüchtet worden sein (Zucht für Tierversuche reicht aus, vgl. *L/M* § 4 Rn. 9).

VII. Ordnungswidrigkeiten und Straftaten

Ordnungswidrig nach § 18 Abs. 1 Nr. 5 i.V.m. § 4 Abs. 1 S. 1 handelt, wer vorsätzlich 20
oder fahrlässig ein Wirbeltier ohne Betäubung tötet, ohne dass eine der Ausnahmen nach Abs. 1 S. 2 oder Abs. 1 S. 1 zweiter Halbsatz eingreift. Gleichgestellt sind folgende Fälle: Betäubung, die aber nicht zu einer vollständigen Ausschaltung des Empfindungs- und Wahrnehmungsvermögens führt; Tötung, obwohl das Tier vorher wieder erwacht ist, d.h. sein Empfindungsvermögen teilweise wiedererlangt hat. – Ordnungswidrig nach § 18 Abs. 1 Nr. 5 i.V.m. § 4 Abs. 1 S. 2 handelt, wer zwar ausnahmsweise ohne Betäubung töten darf, dabei aber nicht das schonendste Verfahren anwendet bzw. notwendige Schutzmaßnahmen unterlässt und dadurch dem Tier vorsätzlich oder fahrlässig vermeidbare Schmerzen bereitet. – Ordnungswidrig nach § 18 Abs. 1 Nr. 5 i.V.m. § 4 Abs. 1 S. 3 handelt, wer ein Wirbeltier tötet oder an der Tötung eines solchen mitwirkt, ohne die notwendigen Kenntnisse und Fähigkeiten zu besitzen; auch hier reicht Fahrlässigkeit aus. – Zugleich kann, wenn dem Tier erhebliche Schmerzen oder Leiden entstehen, § 18 Abs. 1 Nr. 1 oder § 18 Abs. 2 verwirklicht sein. Bei länger anhaltenden oder sich wiederholenden erheblichen Schmerzen oder Leiden ist § 17 Nr. 2b verwirklicht. Zur Frage, ob bei Verstößen gegen § 4 oder gegen die Tierschutzschlachtverordnung der vernünftige Grund für das „Ob“ der Tiertötung entfällt, so dass bei vorsätzlichem Handeln eine Straftat nach § 17 Nr. 1 gegeben ist, s. dort Rn. 11. – Wer das Tier zwar vor der Tötung total und ohne Wiedererwachen betäubt, dabei aber nicht das mit den geringsten Schmerzen, Leiden und Aufregungen verbundene Verfahren anwendet, verstößt jedenfalls gegen § 1 S. 2; ein Verstoß gegen § 4 Abs. 1 S. 3 i.V.m. § 18 Abs. 1 Nr. 5 liegt nahe; findet die TierSchlV Anwendung (s. dort § 1 Rn. 1), so kommt auch eine Ordnungswidrigkeit nach § 15 Abs. 2 Nr. 10a oder b TierSchlV i.V.m. § 18 Abs. 1 Nr. 3b in Betracht. Bei Erheblichkeit der hierbei zugefügten Leiden kann § 18 Abs. 1 Nr. 1 oder Abs. 2 verwirklicht sein, bei längerem Anhalten auch § 17 Nr. 2b.

§ 4a [Schlachten]

(1) **Ein warmblütiges Tier darf nur geschlachtet werden, wenn es vor Beginn des Blutentzugs betäubt worden ist.**

(2) **Abweichend von Absatz 1 bedarf es keiner Betäubung, wenn**

1. **sie bei Notschlachtungen nach den gegebenen Umständen nicht möglich ist,**
2. **die zuständige Behörde eine Ausnahmegenehmigung für ein Schlachten ohne Betäubung (Schächten) erteilt hat; sie darf die Ausnahmegenehmigung nur insoweit erteilen, als es erforderlich ist, den Bedürfnissen von Angehörigen bestimmter Religionsgemeinschaften im Geltungsbereich dieses Gesetzes zu entsprechen, denen zwingende Vorschriften ihrer Religionsgemeinschaft das Schächten vorschreiben oder den Genuss von Fleisch nicht geschächteter Tiere untersagen oder**
3. **dies als Ausnahme durch Rechtsverordnung nach § 4b Nr. 3 bestimmt ist.**

Übersicht

I. Grundsatz des Betäubungszwangs beim Schlachten, Abs. 1

1 § 4a regelt als Spezialvorschrift gegenüber § 4 das **Schlachten warmblütiger Tiere.** Schlachten bedeutet das Herbeiführen des Todes eines Tieres durch Entbluten (vgl. Art. 2 Nr. 7 der RL 93/119/EG und § 4 Abs. 1 Nr. 3 FlHG aF; s. auch § 4 Rn. 3). Warmblütige Tiere sind Säugetiere und Vögel. Die Anforderungen der Vorschrift gelten unabhängig vom Ort der Schlachtung, also auch für Hausschlachtungen.

2 **Betäubung** bedeutet Totalbetäubung (s. § 4 Rn. 4). Die einzelnen Anforderungen sind in § 13 Abs. 1 TierSchlV bestimmt: **1.** Das Tier muss in einen Zustand vollständiger Empfindungs- und Wahrnehmungslosigkeit versetzt werden. **2.** Die gewählte Methode muss diesen Zustand „schnell" (d.h. unmittelbar mit der Einwirkung) herbeiführen. **3.** Die Methode muss gewährleisten, dass der Zustand bis zum Tod anhält und ein vorzeitiges Wiedererwachen ausgeschlossen ist. **4.** Bei der Vorbereitung und der Durchführung der Betäubung sind Schmerzen oder Leiden zu vermeiden. **5.** Aufregungen müssen so weit als möglich vermieden werden (vgl. § 3 Abs. 1 TierSchlV). – In Anlage 3 Teil I zu § 13 Abs. 6 TierSchlV werden für einzelne Tierarten, die zur Lebensmittelgewinnung bestimmt sind, einzelne Betäubungs- und Tötungsverfahren benannt, von denen der Verordnungsgeber annimmt, dass sie diesen Anforderungen entsprechen. Kommen demnach verschiedene Verfahren in Betracht, so darf die Auswahl nicht nach Belieben und auch nicht nach Kostengesichtspunkten und arbeitswirtschaftlichen Erwägungen vorgenommen werden, sondern allein danach, welches Verfahren im konkreten Fall am sichersten die Einhaltung der o.e. fünf Anforderungen gewährleistet. Darf ein Verfahren nach Anlage 3 nur unter bestimmten Voraussetzungen und/oder innerhalb bestimmter Grenzen angewandt werden (zB Kopfschlag bei verschiedenen Tierarten), so sind diese einzuhalten.

3 **Vor Beginn des Blutentzugs** muss das Tier betäubt werden. Eine Betäubung erst während des Schlachtschnittes oder gar erst mittels Blutentzuges ist damit grundsätzlich ausgeschlossen.

II. Ausnahme Notschlachtung, Abs. 2 Nr. 1

4 **Notschlachtung** ist das Schlachten eines Tieres, das infolge eines Unglücksfalles sofort getötet werden muss (§ 4 Abs. 1 Nr. 3a FlHG). Unglücksfall ist ein plötzliches, unvorhergesehenes Ereignis, das das Tier erheblich schädigt oder sein Wohlbefinden erheblich beeinträchtigt. – Auch in diesem Fall darf auf eine Betäubung nur verzichtet werden, wenn sie nicht möglich ist, also zB wenn das Tier mit dem Betäubungsgerät nur äußerst schwer oder nur unter Gefahr für Leib und Leben des Handelnden erreicht werden kann. Nicht ausreichend ist dagegen, wenn die Betäubung lediglich mit einem erhöhten Kosten- oder Arbeitsaufwand verbunden wäre. Auch ein erhöhter Zeitaufwand für die Betäubung ist grundsätzlich hinzunehmen; etwas anderes kann gelten, wenn die mit der Verzögerung verbundenen Schmerzen und Leiden des Tieres schwerer wiegen als diejenigen, die mit seiner betäubungslosen Tötung verbunden sind.

III. Ausnahme betäubungsloses rituelles Schlachten (Schächten), Abs. 2 Nr. 2

1. Allgemeine Informationen zum Schächten

Schächten ist betäubungsloses Schlachten nach den rituellen Regeln einer Glaubensgemeinschaft (vgl. *L/M* § 4 a Rn. 6). Es handelt sich um eine altorientalische Schlachtform, bei der die Tiere ohne vorherige Betäubung mittels eines Halsschnitts und der daran anschließenden Entblutung getötet werden. – Für Muslime (sowohl der sunnitischen als auch der schiitischen Richtungen) werden die rituellen Regeln folgendermaßen beschrieben: der Schlachter muss Muslim oder Angehöriger einer anderen Offenbarungsreligion sein; er muss mit einem scharfen Messer und nur einem einzigen Schnitt die Halsschlagadern und Venen sowie die Luft- und die Speiseröhre durchschneiden; dabei muss der Kopf des Tieres in Richtung Mekka gelegt sein; der Name Allahs muss über dem Tier dreimal angerufen werden; das Tier muss sich nach Beendigung des Schlachtschnitts noch schwach bewegen (vgl. OVG Hamburg NVwZ 1994, 592, 596; weitere Informationen, auch zu den strengeren Vorschriften im Judentum vgl. *Horanyi* S. 110 ff., 138 ff.). – Das Schächten ist somit ein Gesamtritual, das aus einer Vielzahl von Handlungen und Regelungen besteht, von denen die Betäubungslosigkeit nur ein einzelnes Teilelement bildet. Die diesbezügliche Kontroverse betrifft also nicht das Schächten insgesamt, sondern nur die Unbetäubtheit der Tiere als ein einzelnes wesentliches Element davon. 5

Betäubungsloses Schächten soll nur als Ausnahme zugelassen werden. Der Gesetzgeber geht davon aus, dass es Tieren weniger Schmerzen und Leiden bereitet, wenn sie vor dem Blutentzug betäubt werden. Diese Einschätzung teilen auch der Rat der EU (vgl. Art. 5 Abs. 1 lit. c der Richtlinie 93/119/EG) und die Vertragsparteien des Europ. Übereinkommens über den Schutz von Schlachttieren (vgl. dort Art. 12). Demgemäß ist das Schächten grundsätzlich verboten. – Ausnahmegenehmigungen sind für zwei Fälle vorgesehen: Nach Abs. 2 Nr. 2 erste Alt., wenn zwingende Vorschriften den Angehörigen einer Religionsgemeinschaft das Schächten (zB aus Anlass eines bestimmten Ereignisses) vorschreiben; nach Abs. 2 Nr. 2 zweite Alt., wenn zwingende Vorschriften den Gemeinschaftsangehörigen den Genuss von Fleisch nicht geschächteter Tiere untersagen. In beiden Fällen muss aber hinzukommen, dass die Ausnahmegenehmigung „erforderlich“ ist, um den Bedürfnissen der Gemeinschaft zu entsprechen. Das bedeutet: Es muss (zusätzlich zum Vorhandensein der o.e. zwingenden Vorschriften) geprüft werden, ob es zur Befriedigung dieser Bedürfnisse ein anderes Mittel gibt als die Zulassung des betäubungslosen Schächtens (zum Verfahren der Elektrokurzzeitbetäubung s. Rn. 7); soweit dies nicht der Fall ist, muss eine Abwägung stattfinden, bei der die Bedürfnisse der Religionsangehörigen den Belangen des ethischen Tierschutzes gegenüberzustellen sind und die so durchgeführt werden muss, dass sowohl der zur Staatszielbestimmung erhobene Tierschutz als auch die betroffenen Grundrechte Wirkung entfalten können (vgl. BVerwG vom 23. 11. 2006, 3 C 30. 05, Leitsatz). 6

Elektro-Kurzzeitbetäubung (EKZB) als möglicher Kompromiss. Bei dieser von der Berliner Senatsverwaltung schon 1989 eingeführten und von den Verantwortlichen der islamischen Gemeinde akzeptierten Methode wird durch das Ansetzen einer Zange am Kopf elektrischer Strom mit einer Spannung von etwa 240 Volt für die Dauer von zwei Sekunden durch das Gehirn des Schlachttieres geleitet. Dieses verliert dadurch das Schmerzempfinden und das Bewusstsein, allerdings nur für kurze Zeit, was jedoch ausreicht, um mit einem Messer die Weichteilorgane seines Halses zu durchtrennen und die Entblutung herbeizuführen. Da das Herz während dieser Zeit unbeeinflusst weiterschlägt, bluten die so betäubten Tiere ebenso gut aus wie betäubungslos geschlachtete Tiere. Auch bewirkt die elektrische Durchströmung keinerlei Schädigung des Tieres: Verzichtet man auf die anschließende Schlachtung und überlässt das Tier sich selbst, so steht es nach einiger Zeit selbständig wieder auf und bewegt sich wie gewohnt weiter. (vgl. das 7

Merkblatt der Senatsverwaltung Berlin für das Schlachten von Tieren nach muslimischem Ritus, abgedruckt in: *Martin/Meilinger* S. 60, 61; s. auch § 14 Abs. 2 Nr. 3 TierSchlV; vgl. weiter Stuttgarter Nachrichten vom 1. 2. 2002: „Die Muslime hatten die Betäubung der Tiere mit der Elektrozange vor dem Schlachten akzeptiert"). Die EKZB nach § 14 Abs. 2 Nr. 3 TierSchlV stellt also einen Kompromiss dar, indem einerseits auf wesentliche tierschutzrechtliche Anforderungen (nämlich den nach Anlage 3 Teil II Nr. 3.2 TierSchlV aus Sicherheitsgründen vorgesehenen Durchströmungszeitraum von vier Sekunden und die nach Nr. 3.3 zusätzlich vorgesehene Herzdurchströmung verzichtet wird, andererseits die Tiere die Schächtung nicht gänzlich unbetäubt über sich ergehen lassen müssen.

2. Zusätzliche Leiden durch (betäubungsloses) Schächten

8 Die Frage nach dem **Ausmaß der Leiden, die Tieren durch das betäubungslose Schächten entstehen,** ist für die Abwägung zwischen Religionsfreiheit und Tierschutz von wesentlicher Bedeutung. Dazu ist es notwendig, die drei Phasen des Schächtvorgangs – nämlich das Vorbereiten (Fixieren), den Schächtschnitt und den Zeitraum bis zum Erlöschen des Bewusstseins – zusammenschauend zu betrachten.

9 **Vorbereitung (Fixieren).** Da das Schächten am gesunden unbetäubten Tier durchgeführt wird, ist eine vorherige Fixierung nötig, bei der das Tier mit gestrecktem Kopf und gespannter Halsunterseite, meist auf dem Rücken liegend stabilisiert wird. Das früher übliche Zusammenbinden der Beine ist untersagt (Richtlinie 93/119/EG Anh. B Nr. 2). – Vor allem Rinder können oft nur mit erheblicher Gewaltanwendung in die erforderliche Lage verbracht werden. Das geschieht häufig mit Hilfe des sog. Weinberg'schen Apparates: Hierbei wird das Tier in eine Art Metalltrommel getrieben, dort durch an den Körper angepresste Metallplatten fixiert und anschließend um 180 Grad auf den Rücken gedreht; kurz vor dem Schnitt wird der Kopf mittels einer Gabel gestreckt. Insbesondere der für ein Rind unnatürliche Vorgang des Auf-den-Rücken-gedreht-Werdens verursacht große Angst (vgl. *Levinger* Schechita S. 33: „Sogar im Weinberg'schen Apparat … war der Stress für das Tier groß"; zu Angst als Leiden s. § 1 Rn. 22; zur Erheblichkeit von Leiden § 17 Rn. 61–64). Als weitere Nachteile werden geschildert: Schon der Eintrieb in die Metalltrommel gestaltet sich schwierig und ist oft nur gewaltsam und mit Hilfe von Elektro-Treibern möglich; die Zeit bis zum Abschluss der Fixierung kann lange dauern; als besondere Leidensanzeichen sind länger dauernde Abwehrbewegungen, vermehrtes Brüllen und Stöhnen bei offenem Maul (besonders während des Umdrehens), forcierte Atmung nach dem Erreichen der Rückenlage, vermehrtes Schäumen aus dem Maul und Vorwärtsdrängen beobachtet worden; außerdem konnten signifikant höhere Cortisol-Werte gemessen werden. Nach dem Schächtschnitt kommt es bei Tieren, die auf dem Rücken liegen, häufig zur Bildung von Blutseen an der Schnittstelle sowie zur Aspiration von Blut oder Mageninhalt mit entsprechender Erstickungsangst (vgl. *v. Wenzlawowicz* in: DVG, Tötung von Tieren und Kenzeichnung von Tieren, S. 70–76; *ders.* in: Stellungnahme, Schwarzenbek 1999; vgl. auch *Bierwirth-Wiest* AtD 2003, 342, 346: „Der leidende Gesichtsausdruck der Tiere mit Gesichtsmuskelspiel, die panikartig und weit aufgerissenen Augen mit verdrehten Augäpfeln, das klagend-heisere Stöhnen und Brüllen auch nach der Durchtrennung der Luftröhre sowie insbesondere auch die Fähigkeit zu koordinierten Bewegungen waren vor Ort als Anzeichen einer intakten Wahrnehmungs- und Empfindungsfähigkeit zu werten"). Die Föderation Europäischer Tierärzte (FVE) erklärt deshalb: „Der Weinberg-Apparat muss verboten werden" (AtD 2004, 130). – In den USA wird zT mit dem „Cincinnati-pen" eine Fixier-Einrichtung verwendet, die das Schächten im Stehen ermöglicht: Das Tier gelangt hier durch einen Treibgang in einen Stand, aus dem Kopf und Hals herausragen; nach dem Anheben des Tierkörpers um etwa 20 cm wird der Kopf durch einen unter dem Kinn angesetzten Bügel weiter angehoben und gleichzeitig durch einen von oben auf die Stirn angesetzten Stempel niedergedrückt, so dass er sich wie in einem Schraubstock befindet; der Schächtschnitt erfolgt dann von unten nach oben

in einem Winkel von 45 Grad. Nach einem Bericht, den eine Arbeitsgruppe des Schweizerischen Eidgenössischen Volkswirtschaftsdepartements anlässlich einer 1974 unternommenen Studienreise in die USA verfasst hat, bewirkt aber auch diese Einrichtung keine wesentlichen Erleichterungen: Sie enge die Tiere ein und führe zu Angstzuständen, die mit den Verhältnissen im Weinberg'schen Apparat vergleichbar seien; zudem sei die Wahrscheinlichkeit von Fehlern größer, weil sich bei der Schnittführung von unten nach oben die richtige Druckanwendung und die Führungsrichtung des Instruments schwieriger gestalte (zitiert nach *Horanyi* S. 205; vgl. auch *Stegen* DtW 2003, 193, 195: Fixationseinrichtung muss vom amtlichen Tierarzt geprüft und abgenommen sein). – Das ebenfalls zT vorkommende Zusammenbinden der Beine der Tiere vor dem Töten ist ausnahmslos verboten (vgl. Art. 5 Abs. 1 lit. c, Abs. 2 i. V. m. Anhang B Nr. 2 der Richtlinie 93/119 EG). – Bei Schafen wird die manuelle Ruhigstellung in Seiten- oder Rückenlage auf einem Schlachtschragen als relativ schonend angesehen (vgl. *Bierwirth-Wiest* aaO). Durch das Niederwer-fen, Andrücken und Festhalten des Tiere sowie das anschließende Strecken des Halses nach hinten entsteht aber in jedem Fall große Angst, besonders wegen der plötzlichen und unnatürlichen Körperdehnung. Tierschutzwidrige Fixierungsmaßnahmen wie zB der Griff ins Vlies oder das Niederpressen mit dem Knie sind hier besonders häufig, so dass die ständige Anwesenheit und Aufsicht durch den amtlichen Tierarzt von größter Bedeutung ist (vgl. *Stegen* DtW 2003, 193, 195). Im Ausland, zB in Neuseeland verwendet man deswegen zT auch für Schafe mechanische Fixiereinrichtungen, die das vermutet stressärmere Schächten im Stehen ermöglichen. – Bei der normalen Bolzenschuss- oder Elektrobetäubung werden die Tiere stehend und weitgehend ohne vorherige beängstigende Fixation betäubt (vgl. *Schatzmann* in: Neue Zürcher Zeitung NZZ vom 10. 10. 2001 S. 15).

Der **Schächtschnitt**, d. h. die großflächige Durchtrennung der stark innervierten Hals- 10
region bis zur Wirbelsäule, wird von den Tieren „erheblich als Schmerz verspürt" (*Schatzmann* in: NZZ vom 10. 10. 2001; der Zitierte ist Professor für Veterinäranaesthesiologie an der Universität Bern). Dass dabei zunächst häufig keine Reaktion gezeigt wird, darf nicht mit Bewusstlosigkeit oder Empfindungslosigkeit gleichgesetzt werden (vgl. *Schatzmann* aaO; *v. Wenzlawowicz* in: Der Spiegel 4/02 S. 184). Luft- und Speiseröhre sind besonders schmerzempfindliche Organe, deren Verletzung selbst in tiefer Narkose noch erhebliche Schmerzreaktionen hervorruft (feststellbar u. a. durch Atemstörungen, EKG-Veränderungen, Pulsfrequenz- und Blutdruckerhöhungen). In der Chirurgie ist die besondere Sensibilität der Halsregion durch den bekannten Carotis-Sinus-Effekt belegt. Abwehrbewegungen, zu denen es nach einer mehr oder minder langen Phase der Reaktionslosigkeit kommt, bestätigen das Schmerzempfinden; sie können es verstärken, indem aufgrund der Kopf- und Strampelbewegungen die Wundränder des Schnitts aneinander gerieben oder aufeinander gepresst werden (vgl. den Bericht der o. e. Schweizer Arbeitsgruppe, zitiert nach *Horanyi* S. 212: „Es waren deutliche, unzweideutige Reaktionen erkennbar"). Die zuweilen geäußerte Vorstellung, die Tiere seien infolge des durch die Fixierung ausgelösten Stresszustandes in einer Art Schock, der das Schmerzempfinden verringere, ist unrichtig: „Angst oder Stress bewirken, dass ein Tier bei einem schmerzhaften Eingriff viel eher und stärkeren Schmerz empfindet als ein Tier, das keine Angst hat" (Schweizerisches Bundesamt für Veterinärwesen, Information über Eingriffe am Tier, S. 4). Auch die gelegentlich zu hörende Vermutung, Rinder und Schafe seien im Vergleich zum Menschen weniger schmerzempfindlich, ist angesichts der vergleichbaren funktionellen Struktur des Zentralen Nervensystems nicht haltbar (vgl. *Horanyi* S. 213; zur Schmerzfähigkeit s. § 1 Rn. 14, 15).

Der **Zeitraum vom Schächtschnitt bis zum Eintritt der Empfindungslosigkeit** be- 11
trägt bei optimaler Ruhigstellung und Schnittführung für Schafe durchschnittlich 15 und für Rinder durchschnittlich 20–45 Sekunden (vgl. *Wooldridge*, zitiert nach *Seiferle* S. 17; vgl. auch *v. Wenzlawowicz* in: Der Spiegel aaO: insgesamt 14 bzw. 39 Sekunden). Die von Befürwortern des betäubungslosen Schächtens vertretene These, die Tiere würden nach

dem Schnitt sofort bewusstlos, entspricht nicht dem aktuellen Stand der physiologischen Erkenntnisse (vgl. BTK DTBl. 2003, 250: „Sie sind nicht sofort bewusstlos"). Das liegt u.a. daran, dass bei Wiederkäuern die arterielle Blutversorgung des Gehirns nicht nur durch die rechts und links neben der Luftröhre liegenden Halsschlagadern (die durch den Schächtschnitt durchtrennt werden) erfolgt, sondern auch durch die innerhalb der Wirbelkörper verlaufenden Vertebral- und die in die Nackenmuskulatur eingebetteten Nackenarterien (die beide unversehrt bleiben). Die Blutströmung durch diese Arterien hört auch nach dem Schnitt nicht augenblicklich auf, sondern ist bei Kälbern noch 16–41 Sekunden und bei Schafen noch 20–21 Sekunden lang messbar. Dadurch aber wird dem Gehirn weiterhin Blut, wenn auch in geringerer Menge, zugeführt, so dass das Bewusstsein noch für eine gewisse Zeit aufrechterhalten bleibt. Bestätigt wird dies durch die Abwehr- und Fluchtbewegungen, die nach der mehr oder minder langen Phase der Reaktionslosigkeit einsetzen und zT auch Aufsteh- und Gehversuche einschließen. Diese zielgerichteten Bewegungen können keinesfalls als bloße Reflexe eingestuft werden. (vgl. den o.e. Bericht der Schweizer Arbeitsgruppe, zitiert nach *Horanyi* S. 223: „In der Phase nach dem Schächtschnitt bis zum Eintreten der Bewusstlosigkeit waren deutliche Strampelbewegungen sichtbar. Die Augen nahmen einen anderen, von Angst erfüllten Ausdruck an, bevor sie, oft deutlich erkennbar, brachen. Die Ohren waren in ständiger Bewegung und die Atmung war vertieft, in der Frequenz wenig verändert." Vgl. weiter den Bericht des Schweizer Bundesamts für Veterinärwesen über einen Besuch im Schlachthof von Besancon/F, zitiert nach Tagesanzeiger vom 4. 1. 2002 S. 8: „Zahlreiche Tiere, an denen der Schächtschnitt korrekt ausgeführt wurde, zeigten nach dem Schnitt heftige Abwehrreaktionen."). Als besonders bedeutsamer Indikator für die Fortdauer der Gehirnfunktion gilt der Kornealreflex, also der Lidschluss bei Berührung der Hornhaut oder Lidbindehaut des Auges; er erlischt durchschnittlich erst 39 Sekunden nach dem Schächtschnitt, bei Schafen und Ziegen etwas früher (vgl. *Schatzmann* aaO). Bei allen diesen Zeitangaben muss auch bedacht werden, dass es sich idR um Laborergebnisse unter optimalen kontrollierten Versuchsbedingungen handelt, so dass im Schlachtalltag eher mit längeren Phasen zu rechnen ist (vgl. auch die FVE in: AtD 2004, 129: „Schlachten ohne Betäubung steigert die Zeitspanne bis zur Bewusstlosigkeit bis zu mehreren Minuten"). – Im Vergleich dazu werden korrekt bolzenschuss- oder elektrobetäubte Wiederkäuer Sekundenbruchteile nach dem Schuss empfindungslos (vgl. *Schatzmann* aaO).

12 In der **Zusammenschau** führt somit das betäubungslose Schächten zu zusätzlichen, verstärkten Leiden auf Seiten der betroffenen Tiere. Das gilt besonders für erwachsene Rinder, weil es hier an geeigneten mechanischen Fixiereinrichtungen fehlt, so dass Ausnahmegenehmigungen schon aus diesem Grund verweigert werden müssen (vgl. *Bierwirth-Wiest* aaO). Aber auch bei Schafen und Kälbern sind besonders mit Blick auf die Ausführungen in Rn. 10 und 11 zusätzliche Leiden in beträchtlichem Ausmaß zu bejahen. „Dass es sich beim Schächten um eine qualvolle Art des Tötens handelt, kann nach heutigen Kenntnissen nicht von der Hand gewiesen werden" (*Schatzmann* aaO). „Die Behauptungen, wonach das Schächten nicht tierquälerisch sei, können nicht bestätigt werden" (Schweizerisches Bundesamt für Veterinärwesen, zitiert nach Tagesanzeiger aaO). Auch die Landestierärztekammer Bad.-Württ. hat „erhebliche Schmerzen und Leiden der Schlachttiere" und das „Durchleiden einer langen Todesangstphase bei vollem Bewusstsein" festgestellt (zitiert nach Reutlinger General-Anzeiger vom 30. 7. 2002 S. 14). Die FVE hält die Methode deswegen für „unakzeptabel unter allen Umständen" (AtD aaO). – Ob die Leiden erheblich und länger anhaltend iS des § 17 Nr. 2b sind, betrifft die strafrechtliche, nicht die verwaltungsrechtliche Beurteilung (s. Rn. 33, 34). Für die im Verwaltungsverfahren nach Abs. 2 Nr. 2 herzustellende praktische Konkordanz zwischen Religionsfreiheit und Tierschutz kommt es allein darauf an, dass es als Folge der Betäubungslosigkeit zu beträchtlichen zusätzlichen Leiden kommt; diese entstehen auch bei korrekter Fixierung und Schnittführung und betreffen nicht nur erwachsene Rinder, sondern auch Kälber, Schafe und Ziegen.

Fehler, die beim Schächtvorgang häufig vorkommen, können darüber hinaus zu zusätzlichen schweren Leiden führen. Beispiele: sägende oder hackende Schnitte; Bildung von Thromben an der Schnittwunde, die das Entbluten und damit den Bewusstseinsverlust verzögern und uU ein höchst schmerzhaftes „Nachschneiden" notwendig machen; Zurückrutschen der Enden der durchschnittenen Halsschlagadern in die Muskulatur, was das Ausfließen des Blutes behindert, Thromben begünstigt und ebenfalls zu Nachschneiden führt; Schächten von Tieren, die stark erregt sind und bei denen infolgedessen der Bewusstseinsverlust noch später als sonst eintritt; Aspirieren von Blut und/oder Panseninhalt durch Bildung von Blutseen beim Schächten in Rückenlage; gegenseitiges Berühren der Wundränder während oder nach dem Schächtschnitt; Aufhängen geschächteter Tiere vor Abschluss des Entblutens (vgl. § 13 Abs. 4 S. 2 TierSchlV). – Wenn von Befürwortern des betäubungslosen Schächtens auf Fehler hingewiesen wird, die auch beim normalen Schlachten, insbesondere in industrialisierten Schlachthöfen vorkommen können, so ist dies keine Rechtfertigung. Vergleichen kann man nur das fehlerfreie Schächten mit dem fehlerfreien Schlachten sowie das fehlerhafte Schächten mit dem fehlerhaften Schlachten. In beiden Fällen entstehen den Tieren, wenn sie unbetäubt sind, bedeutsame zusätzliche Schmerzen und Leiden. Weil es aber sehr viel schwieriger ist, ein unbetäubtes Tier zu schlachten, ist das betäubungslose Schächten für Fehler weitaus anfälliger als das Schlachten mit Betäubung. Auch dadurch erscheint das betäubungslose Schächten als höchst fragwürdig. In jedem Fall muss die Genehmigungsbehörde für die ständige Anwesenheit des amtlichen Tierarztes während des gesamten Schächtvorganges sorgen; die Kosten dafür sind dem Antragsteller in Rechnung zu stellen (vgl. *Stegen* DtW 2003, 189, 196). 13

3. Betäubungsgebot und Religionsfreiheit

Betäubungsgebot als Einschränkung der Religionsfreiheit. Die durch Art. 4 Abs. 1 und 2 GG grundrechtlich geschützte freie Religionsausübung umfasst neben der Freiheit, zu glauben oder nicht zu glauben, auch die Freiheit zur Teilnahme an religiösen Gebräuchen, kultischen Handlungen und zu anderen Äußerungen des religiösen Lebens. Nach überwiegender Ansicht handelt es sich deshalb auch um Religionsausübung, wenn gläubige Juden oder Muslime Wirbeltiere betäubungslos schächten (vgl. BVerwG NJW 2001, 1225, 1226; *Sachs/Kokott* Art. 4 GG Rn. 38). Das Gebot, Schlachttiere auch dann zu betäuben, wenn sie anschließend rituell geschächtet werden sollen, stellt mithin eine Einschränkung der Religionsfreiheit dar. Inwieweit dies zulässig ist, muss anhand einer Abwägung mit dem ebenfalls verfassungsrechtlich geschützten Staatsziel Tierschutz (Art. 20 a GG) beurteilt werden (s. auch Rn. 27). 14

Religiöse Vorschriften zum Schächten im Judentum. Grundlagen des Glaubens und religiösen Lebens sind hier: die Thora, d. h. das Fünfrollenbuch (Pentateuch), bestehend aus den Abteilungen Genesis, Exodus, Levitikus, Numeri und Deuteronomium; der im 5. Jh. n. Chr. abgefasste Talmud als die Zusammenfassung der Lehren, Vorschriften und Überlieferungen des nachbiblischen Judentums; die Halacha, als das gesamte Gefüge der Anpassung religiöser Glaubenssätze an veränderte äußere Umstände; zur Halacha gehören auch die im 12. Jahrhundert entstandenen Schriften des Maimonides und die im 16. Jahrhundert verfassten Werke des Rabbi Joseph ben Ephraim Karo, die als Grundlage des Schächtens gelten. – Aus verschiedenen Stellen der Thora lässt sich das göttliche Gebot zu Barmherzigkeit und Rücksichtnahme gegenüber dem Tier ableiten, u. a. aus der Einbeziehung der Tiere in das Sabbatgebot (Ex. 20:10, Deut. 5:14), der Teilhabe der Tiere am Schmitta-Gebot als einem Grundsatz umfassender Solidarität (Ex. 23:11, Lev. 25:6 f.), dem Gebot, dass man einem unter seiner Last erliegenden Esel helfen soll (Ex. 23:4, 5), dem Verbot, einen Ochsen zusammen mit einem Esel pflügen zu lassen (Deut. 22:10); dem Verbot, das Böcklein in seiner Mutter Milch zu kochen (Ex. 23:19, Deut. 14:21). – Da das Blut als Träger der Seele und Sitz des Lebens angesehen wird, ist für Schlachtungen das Verbot des Blutkonsums von großer Bedeutung (u. a. Gen. 9:4); in engem Zusammen- 15 hang damit steht das Aasverbot, also das Verbot, Fleisch von verendeten oder verletzten Tieren zu essen (Ex. 22:30, Lev. 17:15, 16, Deut. 14:21). – In der Zusammenschau fordert damit die Thora eine Schlachtmethode, die Barmherzigkeit und Rücksichtnahme gegenüber dem Tier übt und dies zugleich mit dessen Unverletztheit und einer möglichst weitgehenden Ausblutung verbindet. – Die nicht in der Thora, sondern in den Schriften des Maimonides und Karo niedergelegten spezifischen Gesetze zum Schächten werden von der Orthodoxie damit begründet, dass es sich hier um Vorschriften handle, die von Gott direkt an Moses übermittelt und von diesem mündlich überliefert worden seien und somit eine hinter der schriftlich niedergelegten Thora liegende Schicht der mündlichen Lehre bildeten. Vertreter des Reformjudentums wie der deutsche Rabbiner *Josef Stern* treten dem allerdings entgegen und wenden ein, dass der jüdische Schlachtritus fälschlich als mosaische Tradition ausgegeben werde und nur eine Observanz darstelle, die die Rabbinen „auf eigene Hand angeordnet" hätten. Die Mehrheit der jüdischen Sachverständigen lehnt indes eine Betäubung vor dem Schächtschnitt ab. Hintergrund ist einerseits die Befürchtung, dass das betäubte Tier nicht mehr genügend ausbluten könnte, und andererseits das Verlangen, dass das Tier beim Schächtschnitt noch lebendig und unverletzt sein müsse, was bei einer vorgängigen Betäubung nicht gewährleistet sei (vgl. zum Ganzen *Horanyi* S. 100 ff.).

16 **Religiöse Vorschriften zum Schächten im Islam.** Grundlagen des Glaubens und religiösen Lebens sind hier: der Koran als die letzte und endgültige Offenbarung Gottes an Mohammed durch den Engel Gabriel; die Sunna mit Berichten und Texten über die beispielhafte Lebensführung und Handlungsweise des Propheten; die Ahadith, d. h. die in zahlreichen Sammlungen niedergelegten Aussprüche (Hadith) Mohammeds; die Fikh-Werke, die zwischen dem 7. und 10. Jahrhundert entstanden sind und das von Menschenhand geschaffene muslimische Recht darstellen; die Fatwas, d. h. die von einem Mufti oder Rechtsgelehrten auf Anfrage erteilten Auskünfte zu rechtlichen oder religiösen Themen als Handlungsempfehlungen zur Anpassung an neue Lebensverhältnisse. – Ebenso wie im Judentum gilt auch hier der Grundsatz des Respekts und der Achtung vor dem Tier. In zahlreichen Überlieferungen wird Mohammeds Tierliebe beschrieben: Als er einmal zum Gebet aufstehen wollte, soll er bemerkt haben, dass eine Katze auf dem Ärmel seines Mantels eingeschlafen war; um die Ruhe des Tieres nicht zu stören, habe er sich den Ärmel abgeschnitten (vgl. *Schimmel* S. 42). Zum Schlachten wird als Hadith überliefert: „Wenn ihr tötet, dann tötet auf die beste Weise … und erspart dem Schlachttier unnötige Leiden" (vgl. *Andelshauser* S. 35). – Auch hier gilt das Verbot des Blutkonsums (Sure 6 Vers 145). Das Aasverbot kommt in Sure 5 Vers 3 zum Ausdruck: „Verboten ist euch (der Genuss von) Fleisch von verendeten Tieren, Blut … und was erstickt, (zu Tod) geschlagen, (zu Tod) gestürzt oder (von einem anderen Tier zu Tod) gestoßen ist und was ein wildes Tier (an)gefressen (oder: geschlagen) hat – es sei denn, ihr schlachtet es" (zitiert nach *Horanyi* S. 131). – Ähnlich wie im Judentum wird auch im Islam als einzig richtige Methode der Kehlschnitt anerkannt. Die Frage, ob das Tier dazu betäubt werden darf, ist aber höchst umstritten. Einige Muftis lehnen die Betäubung in ihren Fatwas ab, weil sie dem Schlachttier einen zusätzlichen Schmerz zufüge oder weil sie die Ausblutung infolge verminderten Herzschlages verzögere. In anderen Fatwas wird die Betäubung unter gewissen Voraussetzungen erlaubt, da es sich um eine in frühislamischer Zeit noch unbekannte Errungenschaft handle, die sich auch ohne prophetisches Beispiel mit den religionsgesetzlichen Bestimmungen in Einklang bringen lasse. Manche Gelehrte tolerieren die Betäubung nicht nur, sondern schreiben sie vor, weil sie schneller und schonender zu einem Erlöschen des Bewusstseins führe und keine negative Auswirkung auf Entblutúng und Fleischqualität habe (vgl. *Horanyi* mN S. 133). – Anfang des Jahres 2002 hat eine Konferenz an der Kairoer Al Azhar Universität bestätigt, dass eine religiöse Schlachtung auch mit vorheriger Elektrobetäubung im Sinne des Islam sei (vgl. *Schatz* S. 20; *Alboga* DtW 2003, 189: „Elektrobetäubung zulässig nach Ansicht vieler Gelehrten").

17 **Betäubungsgebot als schwere Einschränkung der Religionsfreiheit?** Es gibt Gesichtspunkte, die jedenfalls eine voll reversible elektrische Betäubung wie die EKZB

(s. Rn. 7) als mit der Religionsfreiheit vereinbar oder zumindest als weniger schwerwiegende Einschränkung dieser Freiheit erscheinen lassen: **1.** Das Gesamtritual des Schächtens kann sowohl am betäubten wie auch am unbetäubten Tier entsprechend den Überlieferungen vollzogen werden; eine Betäubungspflicht ist also nicht gleichbedeutend mit einem Verbot des religiösen Schächtens, sondern betrifft nur ein Teilelement davon (mit anderen Worten: Es geht nicht um ein Verbot des Schächtens insgesamt, sondern nur des unbetäubten Schächtens). **2.** Ein ausdrückliches Gebot, das Ritual nur an unbetäubten Tieren durchzuführen, gibt es in keiner der ursprünglichen religionsstiftenden Schriften. **3.** Diejenigen Schriften, aus denen das Gebot hergeleitet wird, sind zu einer Zeit entstanden, in der (schonende) Betäubungsmethoden noch unbekannt waren; jede Religion kennt und akzeptiert aber Wege und Methoden, mit denen sich ältere Gesetze an neue Lebenswirklichkeiten und neue Errungenschaften von Wissenschaft und Technik anpassen lassen. **4.** Zur Frage, ob den Schriften im Wege der Auslegung ein Betäubungsverbot entnommen werden kann, gibt es unterschiedliche Lehrmeinungen; im Islam sind diejenigen Gelehrten, die eine voll reversible elektrische Betäubung wie die EKZB zulassen, besonders zahlreich und bilden dort möglicherweise bereits eine Mehrheit. **5.** Das Verbot des Blutkonsums wird auch beim Schächten mit vorheriger Betäubung voll gewahrt, denn es ist erwiesen, dass zwischen betäubten und unbetäubten Tieren kein Unterschied im Ausbluten der Muskulatur besteht (vgl. *Dietz* NuR 2003, 477, 479; *v. Wenzlawowicz* RFL 2002, 78). Vergleichende experimentelle Untersuchungen über den Ausblutungsgrad von Tieren, die nach verschiedenen Methoden geschlachtet wurden, haben gezeigt, dass sich die These einer angeblich besseren Entblutung unbetäubt geschächteter Tiere nicht aufrechterhalten lässt (vgl. *Kallweit/Ellendorf/Daly/Smidt* S. 90). Besonders bei der EKZB, bei der die Elektroden lediglich am Kopf und nicht auch am Herzen angesetzt werden, ist die Gewähr gegeben, dass das Blut nach dem Entblutungsschnitt ebenfalls pulsierend aus dem Schlachtkörper austritt (vgl. *Nowak/Rath* in: *Martin/Meilinger* S. 60). Nach aktuellen Untersuchungen spanischer Wissenschaftler an Lämmern soll eine sachgerecht durchgeführte Elektrobetäubung den Ausblutungsgrad im Vergleich mit unbetäubten Tieren sogar erhöhen (vgl. *Bierwirth-Wiest* AtD 2003, 342; DtW 2004, 102). **6.** Das Verbot, Fleisch von toten oder verletzten Tieren zu essen, wird bei Anwendung der EKZB ebenfalls voll eingehalten, denn die so betäubten Tiere bleiben unverletzt und sind, wenn sie nicht geschlachtet werden, nach 5 bis15 Minuten wieder voll hergestellt (s. Rn. 7). Auch die Fleischqualität bleibt unberührt, denn anders als bei Schweinen treten bei Rindern und Schafen aufgrund ihrer spezifischen Physiologie bei einer sachgemäß durchgeführten Elektrobetäubung keine Muskelblutungen auf (*Schatzmann*, zitiert nach *Horanyi* S. 273; *Kunkel* S. 98f., 105). **7.** Davon, dass das Tier auch nach dem Schächtschnitt noch lebt, kann sich ein im Schlachtraum anwesender Geistlicher anhand von Herzschlag, leichten Bewegungen und pulsierendem Blutaustritt überzeugen. **8.** Das allen Religionen gemeinsame Gebot zu Barmherzigkeit, Rücksichtnahme und Achtung gegenüber dem Tier verpflichtet bereits innerreligiös zur Wahl einer Schlachtmethode, die die Grundsätze von Leidensminimierung, möglichst weitgehender Ausblutung und Unverletztheit des Schlachttieres so miteinander in Konkordanz bringt, dass jeder dieser Grundsätze optimal zur Geltung gelangt und keiner mehr zurückgedrängt wird als es um des jeweils anderen willen zwingend erforderlich ist. Die EKZB ist eine solche Methode. **9.** Denjenigen Gläubigen, die sich diesen Erkenntnissen gleichwohl nicht anschließen können, bleibt die Möglichkeit, auf importiertes Fleisch auszuweichen, so dass auch sie die Möglichkeit haben, Fleisch zu essen und dabei ihrer glaubensmäßigen Überzeugung zu folgen (vgl. *Volkmann* DVBl. 2002, 332, 334).

Besonderheit im Islam: Ausnahmeregelungen. Unter Berufung auf den Nachsatz in 18
Sure 5 Vers 3, „... es sei denn, ihr schlachtet es" (s. Rn. 16), erklärt die Mehrheit der Muftis Tiere, die vor der Schlachtung betäubt worden sind, für genusstauglich, sofern das Tier im Zeitpunkt der Entblutung noch am Leben ist (vgl. *Horanyi* S. 133). Auch kennt der Islam Regeln, die auf die Gewissensnot des sich im nicht-islamischen Ausland befindli-

chen Gläubigen Rücksicht nehmen und ihm im Hinblick auf den Aufenthaltsort und die dort herrschenden Speisegewohnheiten Abweichungen von den islamischen Speisegesetzen erlauben.

4. Rechtsprechung

19 Das **OVG Hamburg** hat es in einem 1992 ergangenen Urteil abgelehnt, einer Klägerin, die Muslime der sunnitischen Glaubensrichtung mit Fleisch- und Wurstwaren belieferte, eine Ausnahmegenehmigung nach Abs. 2 Nr. 2 zweite Alt. zuzusprechen. Zur Begründung führte das Gericht u. a. aus, der einschlägigen Sure 5 Vers 3 des Korans lasse sich nicht entnehmen, dass Tiere betäubungslos zu schlachten seien. Aus einer Stellungnahme der Al-Azhar Universität in Kairo vom 25. 2. 1982 gehe hervor, dass Muslimen erlaubt sei, Fleisch von betäubten Tieren zu essen, ohne dass sich diese Erlaubnis auf Glaubensangehörige im nichtislamischen Ausland beschränke. In die gleiche Richtung weise das Protokoll über die Konferenz in Jeddah vom 5.–7. 12. 1985, in dem die vorherige Betäubung von Schlachttieren als mit dem islamischen Glauben vereinbar akzeptiert werde, wenn sie dem Tier keine zusätzlichen Schmerzen zufüge. Auch der Erklärung des Muslimrates von Jakarta vom 9. 6. 1978 sei zu entnehmen, dass die Betäubung des Tieres vor der Schlachtung keinen Verstoß gegen islamische Vorschriften darstelle, sondern als „legal und rein" anzusehen sei. Schließlich ergebe sich auch aus den „Bedingungen für eine rituelle Schlachtung nach islamischen Vorschriften", wie sie von dem Leiter der Islamischen Gemeinschaft in Hamburg in einem Gutachten vom 14. 10. 1985 dargelegt worden seien, kein Verbot der vorherigen Betäubung des Tieres (OVG Hamburg NVwZ 1994, 592, 595; vgl. auch *Brandhuber* NVwZ 1994, 561 ff.). – Vom **Bundesverwaltungsgericht** ist dieses Urteil 1995 bestätigt worden. Abs. 2 Nr. 2 verlange die objektive Feststellung, dass zwingende Vorschriften einer Religionsgemeinschaft das Betäuben von Schlachttieren verböten. Davon könne nur ausgegangen werden, wenn entweder die Gemeinschaft als solche derartige Verhaltensregeln mit dem Anspruch unbedingter Verbindlichkeit erlassen habe oder aber von einer ihr übergeordneten transzendentalen Instanz als getroffen ansehe. Die Entstehungsgeschichte des Gesetzes, in das der Begriff der „zwingenden Vorschriften" auf Veranlassung des Bundesrates im Verfahren vor dem Vermittlungsausschuss eingefügt worden sei, lasse zweifelsfrei erkennen, dass damit auf eine Objektivierung dieser Ausnahmevoraussetzungen einschließlich der sich daraus ergebenden Überprüfungsmöglichkeiten abgezielt worden sei. Die deswegen von dem OVG zu Recht durchgeführte Prüfung habe zutreffend ergeben, dass es für Sunniten ebenso wie für Muslime insgesamt keine zwingenden Glaubensvorschriften gebe, die ihnen den Genuss des Fleisches von Tieren verböten, die vor dem Schlachten betäubt worden seien (BVerwG NVwZ 1996, 61 f. m. Anm. *Gielen* JR 1996, 101; *Schäfer* NuR 1996, 576; *Mayer* NVwZ 1997, 561 ff.; vgl. auch BVerwG NJW 2001, 1225; VGH Kassel NVwZ 2001, 951).

20 Demgegenüber hat das **BVerfG** am 15. 1. 2002 der Verfassungsbeschwerde eines türkischen muslimischen Metzgers, der eine Erlaubnis zum betäubungslosen Schächten anstrebte, stattgegeben und die vorangegangenen Urteile, die dies abgelehnt hatten, aufgehoben (BVerfGE 104, 337 = NJW 2002, 663). Der Metzger hatte geltend gemacht, dass er das betäubungslose Schächten für sich als eine unbedingte religiöse Pflicht ansehe und sich ein Schächtverbot für ihn deshalb faktisch als Berufsverbot auswirke; er werde sich einen neuen Beruf suchen müssen, wenn ihm die Ausnahmegenehmigung nicht erteilt werde (BVerfGE 104, 337 ff. Rn. 19, 23). Das BVerfG hat daraufhin festgestellt, dass in diesem Fall der Schutz der Berufsfreiheit aus Art. 2 Abs. 1 GG durch den speziellen Freiheitsgehalt des Grundrechts der Religionsfreiheit aus Art. 4 Abs. 1 und 2 GG verstärkt werde. Für den Beschwerdeführer als gläubigen Muslim sei das Schächten nicht nur Mittel zur Gewinnung und Zubereitung von Fleisch für seine Kunden und sich selbst, sondern auch Ausdruck einer religiösen Grundhaltung, die für ihn die Verpflichtung einschließe, die Schächtung nach den von ihm als bindend empfundenen Regeln seiner

Religion vorzunehmen. Ohne Ausnahmevorbehalt wäre es ihm nicht mehr möglich, in der Bundesrepublik Deutschland den Beruf des Schlachters auszuüben (BVerfGE aaO Rn. 32, 43). Deshalb müssten die in § 4a Abs. 2 Nr. 2 enthaltenen Tatbestandsmerkmale der „Religionsgemeinschaft" und der „zwingenden Vorschriften" in einer Weise ausgelegt werden, die dem Grundrecht aus Art. 2 Abs. 1 i.V.m. Art. 4 Abs. 1 und 2 Rechnung trage (BVerfGE aaO Rn. 55). Für den Begriff „Religionsgemeinschaft" reiche es aus, dass der Antragsteller einer Gruppe von Menschen angehöre, die eine gemeinsame Glaubensüberzeugung verbinde; dafür kämen auch Gruppierungen innerhalb des Islam in Betracht, deren Glaubensrichtung sich von denjenigen anderer islamischer Gemeinschaften unterscheide. Was das Merkmal „zwingende Vorschriften" angehe, so könne dies nicht mit Blick auf den Islam insgesamt oder die sunnitischen oder schiitischen Glaubensrichtungen beantwortet werden. Die Frage nach der Existenz solcher Vorschriften sei vielmehr für die konkrete, ggf. innerhalb einer solchen Glaubensrichtung bestehende Religionsgemeinschaft zu beurteilen. Dabei reiche es aus, dass derjenige, der eine Ausnahmegenehmigung zur Versorgung der Mitglieder einer Gemeinschaft benötige, substantiiert und nachvollziehbar darlege, dass nach deren gemeinsamer Glaubensüberzeugung der Verzehr des Fleisches von Tieren zwingend eine betäubungslose Schlachtung voraussetze. Sei eine solche Darlegung erfolgt, dann habe sich der Staat einer Bewertung dieser Glaubenserkenntnis zu enthalten. Ohne eine Ausnahme von der Verpflichtung, warmblütige Tiere vor dem Ausbluten zu betäuben, würden die Grundrechte derjenigen, die betäubungslose Schlachtungen berufsmäßig vornehmen wollten, unzumutbar beschränkt, und den Belangen des Tierschutzes wäre ohne zureichende verfassungsrechtliche Rechtfertigung einseitig der Vorrang eingeräumt (BVerfGE aaO Rn. 43, 45, 49, 56–58). Neben den genannten Voraussetzungen hätten die Behörden außerdem die Sachkunde und die persönliche Eignung der antragstellenden Personen zu prüfen und durch Nebenbestimmungen zur Ausnahmegenehmigung zu gewährleisten, dass den zu schlachtenden Tieren beim Transport, beim Ruhigstellen und beim Schächtvorgang selbst alle vermeidbaren Schmerzen oder Leiden erspart würden. Dies könne beispielsweise durch Anordnungen über geeignete Räume, Einrichtungen und sonstige Hilfsmittel erreicht werden (BVerfGE aaO Rn. 40 = NJW 2002, 663 m. Anm. *Oebbecke* NVwZ 2002, 302 f., *Caspar* NuR 2002, 402 ff. und *Volkmann* DVBl. 2002, 332 ff. Vgl. auch *Kästner* JZ 2002, 491 ff., der mit dem Urteil die Grenzen der verfassungskonformen Auslegung überschritten sieht, weil § 4a Abs. 2 Nr. 2 vom repressiven Verbot mit Befreiungsvorbehalt zum präventiven Verbot mit Erlaubnisvorbehalt umgewandelt worden sei. Vgl. weiter BVerfG NJW 2002, 1485: Aufhebung des o. e. Urteils des BVerwG von 1995).

Das zuständige Verwaltungsgericht, an das das BVerfG die Sache zurückverwiesen hat- **21**
te, hat den zuständigen Landkreis daraufhin verpflichtet, über den Antrag des Metzgers neu zu entscheiden. Der **VGH Kassel** hat die hiergegen vom Landkreis eingelegte Berufung am 24. 11. 2004 zurückgewiesen (vgl. NuR 2005, 464). In den Gründen seiner Entscheidung befasst sich der Gerichtshof zunächst eingehend mit der neuen Rechtslage, wie sie durch die nach dem BVerfG-Urteil ins Grundgesetz eingefügte Staatszielbestimmung „Tierschutz", Art. 20a GG, entstanden war. Der VGH weist darauf hin, dass das Urteil des BVerfG als „wesentlicher Anlass" für diese Grundgesetzänderung gesehen werden müsse: Weil die Auswirkungen dieses Urteils von der ganz überwiegenden Mehrheit der Abgeordneten als unerträglich empfunden worden seien, sei es dem Verfassungsgesetzgeber darum gegangen, „den Tierschutz gerade im Hinblick auf die Abwägung im Rahmen des § 4a Abs. 2 Nr. 2 auf Verfassungsrang zu heben, um damit eine Lösung im Wege der praktischen Konkordanz zwischen grundrechtlich geschützten Verfassungsgütern und dem Tierschutz als Staatsziel zu schaffen" (VGH Kassel NuR 2005, 465, 466); die Abgeordneten hätten erreichen wollen, „dass insbesondere Behörden und Gerichte dem Tierschutz bei der Auslegung und Anwendung von Gesetzen den gleichen verfassungsrechtlichen Rang wie anderen grundgesetzlich verbürgten Rechtsgütern zumessen" sollten (aaO S. 467). Außerdem sei mit der Verfassungsänderung auch bezweckt worden, das rechtliche

Gewicht des Rechtsguts ‚Tierschutz' zu stärken und seine Verwirklichung zu verbessern (aaO S. 469). Im Anschluss an diese Überlegungen beschäftigt sich der VGH mit der Bindungswirkung, die den Entscheidungen des BVerfG nach § 31 Abs. 1 BVerfGG grundsätzlich zukomme, die jedoch bei später eintretenden, rechtserheblichen Veränderungen wieder entfalle. Die Einfügung des Tierschutzes in Art. 20a GG stelle eine solche Veränderung dar. Deshalb entfalte das BVerfG-Urteil, soweit es tragende Gründe zum rechtlichen Gewicht des Tierschutzes im Verhältnis zu anderen grundgesetzlich geschützten Rechtsgütern, insbesondere in Grundrechten, enthalte, keine Bindungswirkung mehr (aaO 466; vgl. auch *Scholz* in: *Maunz/Dürig* Art. 20a GG Rn. 84 aE: „Abwägungsentscheidung zugunsten des Schächtens nicht mehr aufrechtzuerhalten"; zur Ursächlichkeit des BVerfG-Urteils für den Stimmungsumschwung im Deutschen Bundestag zugunsten einer Verankerung des Tierschutzes im Grundgesetz vgl. auch *Schulze-Fielitz* in: *Dreier* Art. 20a GG Rn. 9; *Fromme* FAZ vom 8. 4. 2002: „Die Unruhe des Gewissens betäuben. Nach einem schmalen Urteil mit großer Wirkung wird der Tierschutz Staatsziel"). Als weitere Konsequenz der durch Art. 20a GG veränderten Rechtslage stellt der VGH fest, dass das Vorliegen von „zwingenden Vorschriften" iS des § 4a Abs. 2 Nr. 2 nunmehr „nachgewiesen" und nicht mehr nur „substantiiert und nachvollziehbar dargelegt" werden müsse; wegen des Verfassungsrangs des Tierschutzes sprächen „überwiegende Gesichtspunkte dafür, dass auch die Anforderungen an die Erfüllung der Voraussetzung ‚zwingende Vorschriften' in § 4a Abs. 2 Nr. 2 erhöht werden" müssten (aaO S. 469, 470). Demgegenüber sei aber der Begriff der Religionsgemeinschaft nach wie vor so auszulegen, wie es das BVerfG getan habe. Zu berücksichtigen sei auch, dass die Verwirklichung des Staatsziels Tierschutz in erster Linie dem Gesetzgeber obliege: Zwar sei eine Änderung des Tierschutzgesetzes, mit der die Ausnahmeregelung des § 4a Abs. 2 Nr. 2 abgeändert oder aufgehoben würde, infolge der Verfassungsänderung jetzt möglich; indes könne eine solch weitgehende Rechtsänderung nicht schon durch eine verfassungskonforme Gesetzesauslegung seitens der Behörden oder Gerichte herbeigeführt werden, sondern es bedürfe hierzu eines Tätigwerdens des (einfachen) Gesetzgebers, der jedoch bisher keine Veranlassung gesehen habe, die gesetzlich vorgesehene Möglichkeit einer Ausnahmegenehmigung vom Verbot des betäubungslosen Schlachtens zu ändern oder aufzuheben (aaO S. 467, 469; kritisch *Kluge* NVwZ 2006, 650, 653 mit dem Hinweis, dass der Verfassungsgesetzgeber durch die Änderung des Art. 20a GG der Rechtsprechung die Möglichkeit habe einräumen wollen, dem Bewusstseinswandel in der Öffentlichkeit zu Gunsten des Tierschutzes durch eine entsprechende Gesetzesauslegung Rechnung zu tragen).

22 Das **BVerwG** hat die gegen das Urteil des VGH eingelegte Revision zurückgewiesen (Urteil vom 23. 11. 2006, 3 C 30.05). Die Aufnahme des Tierschutzes ins Grundgesetz schließe es nicht aus, einem muslimischen Metzger eine Ausnahmegenehmigung zum betäubungslosen Schlachten von Rindern und Schafen zu erteilen, um seine Kunden entsprechend ihrer Glaubensüberzeugung mit Fleisch zu versorgen. Auf der Grundlage von § 4a Abs. 2 Nr. 2 sei der erforderliche Ausgleich zwischen dem zur Staatszielbestimmung erhobenen Tierschutz und den betroffenen Grundrechten weiterhin so vorzunehmen, dass beide Wirkung entfalten könnten. Zwar habe sich durch die nach der Entscheidung des BVerfG erfolgte Änderung des Grundgesetzes die Frage der Verfassungsmäßigkeit des § 4a Abs. 2 Nr. 2 verschoben: Während nämlich vorher der Schwerpunkt der Prüfung darin gelegen habe, ob das Verbot mit Erlaubnisvorbehalt eine unangemessene Einschränkung der Grundrechte bewirke, sei nunmehr auch und „gleichsam gegenläufig" zu prüfen, ob die ausnahmsweise Erlaubnis zum betäubungslosen Schlachten mit Art. 20a GG vereinbar sei. Auch wenn die Einfügung des Tierschutzes als Staatsziel eine verfassungsrechtliche Aufwertung gebracht habe, genieße dieser Belang keineswegs Vorrang gegenüber anderen Verfassungsgewährleistungen. Vielmehr sei es vorrangig Aufgabe des Gesetzgebers, das Anliegen des Tierschutzes zu einem gerechten Ausgleich mit etwa widerstreitenden Grundrechten zu bringen. Dementsprechend müsse nach wie vor die Vor-

schrift das § 4a Abs. 2 Nr. 2 als Richtschnur des Gesetzgebers betrachtet werden, den notwendigen Ausgleich zwischen Tierschutz und Religionsfreiheit so herzustellen, dass beide Wirkung entfalten könnten. Ziel des § 4a Abs. 2 Nr. 2 sei es, den Grundrechtsschutz gläubiger Juden und Muslime zu wahren, ohne damit die Grundsätze und Verpflichtungen eines ethisch begründeten Tierschutzes aufzugeben. Hieran habe sich durch die Verankerung des auch schon zuvor als „hoher Gemeinwohlbelang" angesehenen Tierschutzes im Grundgesetz nichts geändert. Eine andere Betrachtung würde einen weder von der Verfassung vorgegebenen noch vom Gesetzgeber beabsichtigten Vorrang des Tierschutzes bedeuten und dazu führen, „dass der Grundrechtsschutz gläubiger Juden und Muslime insoweit leer liefe". Durch die Entscheidung des BVerfG sei weiterhin uneingeschränkt vorgegeben, dass für einen Schlachter, dessen berufliche Tätigkeit durch die Zielsetzung gekennzeichnet sei, seine durch eine entsprechende Glaubensüberzeugung gebundenen Kunden mit dem Fleisch betäubungslos geschächteter Tiere zu versorgen, das Grundrecht des Art. 2 Abs. 1 i.V.m. Art. 4 GG streite, was bei der Auslegung des § 4a Abs. 2 Nr. 2 zu beachten sei. – Soweit das BVerwG mit dem zuletzt zitierten Satz eine fortdauernde Bindungswirkung des Urteils des BVerfG geltend macht, ist möglicherweise nicht ausreichend beachtet worden, dass das BVerfG eine Verstärkung der Berufsfreiheit durch das Grundrecht der Religionsfreiheit nicht für jeden Schlachter, der religiös gebundene Gläubige mit Schächt-Fleisch versorgen will, sondern nur für einen gläubigen muslimischen Metzger, der das betäubungslose Schächten für sich selbst als eine unbedingte religiöse Pflicht ansieht und infolgedessen ohne Ausnahmegenehmigung seinen Beruf aufgeben müsste, angenommen hat (vgl. BVerfGE 104, 337ff. Rn. 43: „Ohne Ausnahmevorbehalt wäre es ... dem Beschwerdeführer nicht mehr möglich, in der Bundesrepublik Deutschland den Beruf des Schlachters auszuüben"). Dies wäre für das Revisionsurteil insoweit von ausschlaggebender Bedeutung gewesen, als von dem beklagten Landkreis in der mündlichen Verhandlung vorgetragen und unter Beweis gestellt worden war, dass der klagende Metzger entgegen seinem Vortrag vor dem BVerfG in Deutschland Tiere auch unter Betäubung geschlachtet habe, mithin also sein Vortrag, ohne eine Schächt-Erlaubnis seinen Beruf als Schlachter aufgeben zu müssen, falsch gewesen sei. Da in diesem Fall die Gewissensnot des Metzgers nur vorgespiegelt worden wäre und das Urteil des BVerfG somit auf einer unrichtigen Tatsachengrundlage beruht hätte, wäre es unerlässlich gewesen, diesen Sachverhalt auch noch in der Revisionsinstanz aufzuklären und dem Urteil ggf. zugrunde zu legen. U.a. deshalb hat der beklagte Landkreis eine Anhörungsrüge nach § 152a Abs. 1 S. 1 VwGO erhoben und beantragt, das Verfahren fortzuführen. – Soweit das BVerwG vom Tierschutz nur als „hohem Gemeinwohlbelang" spricht, lehnt es sich erkennbar an die Terminologie an, die das BVerfG noch vor der Einfügung des Tierschutzes in Art. 20a GG verwendet hat (vgl. BVerfGE 104, 337ff. Rn. 45: „hoher Gemeinwohlbelang"; Rn. 49: ohne Ausnahmegenehmigung wäre „den Belangen des Tierschutzes ohne zureichende verfassungsrechtliche Rechtfertigung einseitig der Vorrang eingeräumt"). Die Benutzung dieses vor der Grundgesetzänderung gebräuchlichen Begriffes deutet an, dass das BVerwG der zwischenzeitlich stattgefundenen Aufstufung des Tierschutzes vom bloßen Gemeinwohlbelang zum verfassungskräftig gewährleisteten Rechtsgut und der seither bestehenden „zureichenden verfassungsrechtlichen Rechtfertigung" für eine Einschränkung (auch) vorbehaltloser Grundrechte jedenfalls nicht ausreichend Rechnung getragen hat. – In die gleiche Richtung weist, dass das BVerwG die von ihm selbst betonte Abwägung zwischen den Belangen des Tierschutzes und den entgegenstehenden Grundrechten, die nach Art. 20a GG nicht nur von der Gesetzgebung, sondern nach Maßgabe von Gesetz und Recht auch durch die vollziehende Gewalt und die Rechtsprechung vorzunehmen ist, an keiner Stelle seiner Urteilsbegründung mit Bezug auf die Umstände des konkreten Einzelfalles vorgenommen hat. Immerhin lässt sich das religiös vorgegebene Schächtritual auch mit Tieren, die zuvor einer Elektrokurzzeitbetäubung (EKZB) unterzogen worden sind, ohne wesentliche Beeinträchtigung und insbesondere ohne negative Beeinflussung des Grades der Ausblutung der Tiere vollziehen; auch kann nicht ernsthaft bezweifelt werden, dass die auf diese Weise betäubten Tiere ebenso gesund und unversehrt sind wie unbetäubte (s. Rn. 17); damit aber ist nicht erkennbar, dass bei Vorschaltung einer EKZB „der Grundrechtsschutz gläubiger Juden und Muslime leer liefe". Eine Auseinandersetzung mit dieser Frage lässt sich den Urteilsgründen jedoch nicht entnehmen.

5. Was hat die zuständige Behörde vor Erteilung einer Ausnahmegenehmigung zu prüfen?

23 **Übersicht über die Prüfungspunkte.** Zunächst ist zu fragen, ob der Antragsteller einer Religionsgemeinschaft iS von Abs. 2 Nr. 2 angehört (s. Rn. 24). Sodann muss geprüft werden, ob er substantiiert und nachvollziehbar dargelegt hat, dass den Mitgliedern dieser Gemeinschaft durch zwingende religiöse Vorschriften der Verzehr von Fleisch betäubt geschlachteter Tiere untersagt ist (s. Rn. 25). An diese Darlegungen sind hohe Anforderungen zu stellen (s. Rn. 26). Anschließend geht es darum, ob die erstrebte Ausnahmegenehmigung erforderlich ist, um den Bedürfnissen der Religionsgemeinschaft zu entsprechen, ob also die Zulassung des betäubungslosen Schächtens nach den Umständen des konkreten Einzelfalles notwendig ist, um den verfassungsrechtlich gebotenen Ausgleich zwischen den Verfassungsgütern „Religionsfreiheit" und „Tierschutz" herzustellen (s. Rn. 27). – Sind alle diese Voraussetzungen erfüllt, so hängt die Genehmigung weiter davon ab, ob für den Schächtenden der nach § 4 TierSchlV erforderliche Nachweis über die Sachkunde erbracht worden ist (s. Rn. 29). Die Behörde muss zudem prüfen, ob sichergestellt ist, dass das betäubungslose Schächten lediglich in dem Umfang praktiziert wird, wie es zur Versorgung der Mitglieder der Religionsgemeinschaft notwendig ist (s. Rn. 29a). Sodann ist zu fragen, ob der Antragsteller geeignet, insbesondere also auch zuverlässig ist (s. Rn. 30), und ob mit Bezug auf die verwendeten Räume, Einrichtungen, sonstigen Hilfsmittel und das Überwachungspersonal alle Schutzvorkehrungen getroffen worden sind, um den Tieren vermeidbare Schmerzen und Leiden zu ersparen (s. Rn. 31).

24 Für eine **Religionsgemeinschaft** ist nach der Rechtsprechung ausreichend, dass der Antragsteller einer durch gemeinsame Glaubensüberzeugungen verbundenen Gruppe von Menschen angehört, die das betäubungslose rituelle Schächten als für sich zwingend ansieht (BVerwGE 12, 227 = NJW 2001, 1225 LS 1; ebenso BVerwG vom 23. 11. 2006, 3 C 30.05). Nicht erforderlich ist, dass die Gemeinschaft eine bestimmte rechtliche Verfassung besitzt, dass sie die Voraussetzungen für die Anerkennung als öffentlich-rechtliche Körperschaft iS von Art. 137 Abs. 5 WRV erfüllt oder dass sie gemäß Art. 7 Abs. 3 GG berechtigt ist, an der Erteilung von Religionsunterricht mitzuwirken. Notwendig ist aber, dass sie über ein „spezifisches religiöses Profil" verfügt, das sie instand setzt, ihre Mitglieder zwingenden Vorschriften (wie der über die Notwendigkeit des Schächtens) zu unterwerfen (BVerwG NJW 2001, 1227). Grenzfälle müssen mit Blick auf Sinn und Zweck dieses Tatbestandsmerkmals entschieden werden: Dem Gesetzgeber ging es darum, der Gefahr eines Missbrauchs entgegenzuwirken, die bei einem alleinigen Abstellen auf individuelle Glaubensüberzeugungen Einzelner kaum einzuschränken gewesen wäre; das Merkmal soll also eine höhere Wahrscheinlichkeit dafür bieten, dass dem Antrag auf Erteilung einer Ausnahmegenehmigung eine ernsthafte und verantwortete Glaubensentscheidung zugrunde liegt (BVerwG aaO S. 1227). – Problematisch an der Definition des BVerwG ist u. a., dass sie offen lässt, auf welche Bereiche des religiösen Lebens sich die gemeinsamen Glaubensüberzeugungen der Mitglieder der Gemeinschaft erstrecken müssen. Einerseits wird man kaum verlangen können, dass sie sich in allen Fragen, die für die jeweilige Religion Bedeutung haben, einig sind. Andererseits kann aber auch nicht ausreichen, dass sie nur in einigen wenigen Bereichen gemeinsame Überzeugungen teilen oder sich gar hauptsächlich zu dem Zweck zusammengefunden haben, das betäubungslose Schächten durchzusetzen und die dafür notwendigen Anträge zu stellen (so auch BVerwG vom 23. 11. 2006: „ ... richtig, dass die gemeinsame Glaubensüberzeugung sich

nicht allein auf das Schächten beschränken darf"). Nach der gesetzlichen Zielsetzung der Missbrauchsverhütung wird man verlangen müssen, dass sich die gemeinsamen Glaubensüberzeugungen nicht nur auf einzelne oder einige wenige, sondern auf zentrale Glaubensinhalte und damit zahlreiche der für die Religion wesentlichen Fragen beziehen und dass diese Einigkeit nicht nur verbal bekundet, sondern auch nach außen hin gelebt und gemeinsam praktiziert wird (vgl. BVerwG NJW 2001, 1225, wo in dem zitierten Leitsatz von Glaubensüberzeugungen im Plural die Rede ist). – Als hinreichende (wenngleich nach der Rechtsprechung nicht notwendige) Bedingung schlägt *Dietz* die Verfügbarkeit eines eigenen Gebetsraums oder einer eigenen Moschee vor (NuR 2003, 477, 478; NuR 2004, 359, 360). Von *Tillmanns* wird zu Recht auf den Unterschied zwischen ‚Gemeinschaft' und ‚Gruppe' aufmerksam gemacht. Um eine Gemeinschaft handelt es sich nach allgemeinem Sprachgebrauch nur dann, wenn der Zusammenschluss über eine gewisse Festigkeit und über ein Minimum an organisatorischer Struktur verfügt (NuR 2002, 578, 585). Mit einem völligen Verzicht auf eine bestimmte Verfasstheit und eine sichtbare Organisation, wie ihn das BVerwG im Urteil vom 23. 11. 2006 vertritt, lässt sich die Zielsetzung des Gesetzgebers, Missbrauch zu verhüten, kaum mehr erreichen. – Gemeinschaften, die verschiedene Richtungen zusammenfassen und sich als Sammelbecken divergierender religiöser Rechtsschulen und Gruppierungen verstehen, fallen nach allen Ansichten nicht unter das Merkmal (BVerwG aaO S. 1227). – Mit dem weiteren Merkmal **„im Geltungsbereich dieses Gesetzes"** sollen Schächtungen für den Export ausgeschlossen werden.

Dass **zwingende Vorschriften** den Angehörigen der Gemeinschaft den Genuss von Fleisch betäubt geschlachteter Tiere verbieten, muss von dem Antragsteller zumindest substantiiert und nachvollziehbar dargelegt werden (BVerwG vom 23. 11. 2006; weitergehend iS einer Nachweispflicht: VGH Kassel aaO S. 465, 469; *Dietz* NuR 2004, 359, 360 und NuR 2003, 477, 478; *Unruh* DtW 2003, 183, 186; *Caspar/Geissen* NVwZ 2002, 913, 917; *Kluge* § 4a Rn. 19). – In seiner Entscheidung vom 23. 11. 2000, auf die im Urteil vom 23. 11. 2006 Bezug genommen wird, führt das BVerwG aus: „Durch dieses Merkmal wird gewährleistet, dass die Erlaubnis nur in Anspruch genommen werden kann, um dem Betroffenen eine ansonsten bei Beachtung des Schächtungsverbots unausweichliche seelische Bedrängnis zu ersparen. Den Tieren sollen die durch das betäubungslose Schlachten entstehenden Schmerzen und Leiden nur zugefügt werden dürfen, wenn der Begünstigte anderenfalls eine anders nicht zu umgehende seelische Beeinträchtigung erleiden würde. Als in diesem Sinne ‚zwingend' sind daher solche Glaubensvorschriften anzusehen, deren Nichtbeachtung von den betroffenen Gläubigen als für ihre religiösen Erwartungen abträglich empfunden werden müsste ... Entscheidend ist insoweit das *belegbare* ernsthafte Bewusstsein einer für alle Mitglieder aus ihrem Glaubensverständnis heraus unausweichlichen Bindung" (BVerwG NJW 2001, 1227). – Bei einer zwingenden Vorschrift muss es sich somit um eine von der betreffenden Glaubensgemeinschaft als unbedingt verbindlich angesehene Verhaltensregel handeln, eine Regel also, die von den Mitgliedern für so wichtig gehalten wird, dass ihre Einhaltung oder Nichteinhaltung über die Zugehörigkeit zu der Gemeinschaft entscheidet und dass man nicht gegen sie handeln kann, ohne in ernsthafte Gewissensnot zu geraten. Historisch entstandene Praktiken oder Traditionen reichen dafür nicht aus, ebenso wenig, dass das betäubungslose Schächten als verdienstvoll angesehen wird und als richtige Schlachtungsart gilt (vgl. BVerwG aaO: „unausweichliche seelische Bedrängnis" ebenso *Tillmanns* NuR 2002, 578, 584: „zwingend" = „unausweichlich seelisch bedrängend") – Aus Sure 5 Vers 3 des Korans lässt sich eine solche Regel nicht ableiten, da die Elektrokurzzeitbetäubung (EKZB) keines der dort beschriebenen Verzehrverbote verletzt: Das Ausbluten des Tieres wird durch sie weder beeinträchtigt noch verzögert; die Betäubung lässt das Tier unverletzt und ist vollständig reversibel; dass das betäubte Tier den Stromstoß überstanden hat und im Zeitpunkt des Schächtschnitts und danach noch lebt, kann ggf. durch einen im Schlachtraum anwesenden Geistlichen anhand des pulsierend austretenden Blutes und/oder anhand von Bewegungen überprüft 25 werden (vgl. *Dietz* NuR 2003, 477, 479; *Bierwirth-Wiest* AtD 2003, 343, 345; s. auch Rn. 7, 17). – Aus der Opfergeschichte Abrahams ist ebenfalls kein Betäubungsverbot herzuleiten, denn wer aus der fehlenden Erwähnung einer technischen Errungenschaft, die es damals noch nicht gab, auf ihr heutiges Verbot schließt, muss sich fragen lassen, ob er auch sonstige Errungenschaften wie Pkw und Telefon mangels Erwähnung in den ursprünglichen Schriften als verboten ansieht (vgl. *Dietz* NuR 2004, 359, 360; s. auch Rn. 17). – Eine wesentliche Rolle spielt auch das bisherige Verhalten der Gläubigen: Wer vor dem Schächt-Urteil des BVerfG die EKZB angewendet bzw. auf diese Weise erzeugtes Fleisch konsumiert hat, wird sich auch jetzt nicht auf ein zwingendes Verbot dieser Art von Betäubung berufen können (vgl. VG Stuttgart NuR 2003, 511, 512: keine Ausnahmegenehmigung für Muslime, die bisher mit EKZB geschächtet haben; vgl. auch VG Augsburg vom 21. 1. 2004, Au 5 E 03.2198: keine Ausnahmegenehmigung für deutschen Metzger). – Das BVerwG ist in seinem Urteil vom 23. 11. 2000 außerdem noch davon ausgegangen, dass von einer unausweichlichen seelischen Bedrängnis des Gläubigen nicht gesprochen werden könne, wenn die Religion für seine Situation Ausnahmeregelungen vorsehe und ihm, wie zB der Islam, Abweichungen von den Speisegesetzen gestatte, solange er sich im nicht-islamischen Ausland mit anderen Speisegewohnheiten aufhält (BVerwG NJW 2001, 1225, 1227). Zwar hat das BVerfG dies im Januar 2002 anders gesehen, jedoch ausdrücklich „im Lichte des Art. 4 GG“, d.h. mit Blick auf die damalige Rechtslage, die vor der Änderung des Art. 20a GG noch von einem einseitigen Übergewicht des Verfassungsguts „Religionsfreiheit“ gegenüber dem (noch) nicht verfassungskräftigen bloßen Gemeinwohlbelang „Tierschutz“ gekennzeichnet war. Nach der daraufhin erfolgten Aufstufung des Tierschutzes zum grds. gleichrangigen Verfassungsgut und dem seither geltenden Gebot zur Herstellung praktischer Konkordanz entsprechend dem Ausmaß der jeweiligen Zielbetroffenheit wird man zumindest sagen müssen, dass für einen Muslim im Diasporagebiet, dem seine Religion Abweichungen von den Speisevorschriften gestattet und der außerdem auf importiertes Fleisch geschächteter Tiere ausweichen kann, das Verbot des Schächtens kein solch schwerwiegender Grundrechtseingriff ist, dass demgegenüber die in Rn. 9–12 beschriebenen Belange der Tiere als weniger gewichtig angesehen werden könnten (vgl. *Caspar/Geissen* NVwZ 2002, 913, 916; in seinem Urteil vom 23. 11. 2006 ist das BVerwG auf diesen Gesichtspunkt allerdings nicht eingegangen). – Eine „unausweichliche seelische Bedrängnis“ lässt sich auch dort kaum annehmen, wo Gläubige (die nicht auf die o.e. Diaspora-Ausnahme zurückgreifen wollen) die Möglichkeit haben, auf importiertes Fleisch aus islamisch regierten Ländern zurückzugreifen; im Lebensmittelbereich kann man eine Ware wegen der heute geltenden zahlreichen Kennzeichnungs- und Nachweispflichten bis zu ihrem Ursprung, also auch bis zum Schlachthof eines islamischen Landes zurückverfolgen und auf diese Weise ein hohes Maß an Sicherheit über die gewünschte Art der Schlachtung erzielen (vgl. *Dietz* NuR 2003, 477, 479; auch dieser Gesichtspunkt findet jedoch im Urteil des BVerwG vom 23. 11. 2006 keine Erwähnung).

26 An die **Darlegungen des Antragstellers zu den zwingenden Vorschriften** sind hohe Anforderungen zu stellen. Die o.e. Urteile haben daran nichts geändert. Der Antragsteller muss im persönlichen Gespräch mit der Behörde, an der auch ein Vertreter der betreffenden Religionsgemeinschaft teilnehmen soll, den religiösen Standpunkt der Gemeinschaft darlegen und begründen, weshalb das Unterlassen jeglicher Betäubung als zwingend geboten angesehen wird; dabei ist die Quelle des Verbots (zB Koran-Sure) anzugeben und darüber hinaus schlüssig zu begründen, weshalb sich daraus ein zwingendes Betäubungsverbot und im Falle seiner Nicht-Befolgung eine unausweichliche seelische Bedrängnis ergeben soll. Die Anführung von Stellen im Koran ohne konkreten Bezug zur Glaubensgemeinschaft und dem dort tatsächlich gelebten und praktizierten Glauben ist dafür ebenso wenig ausreichend wie die bloße Versicherung, man halte den Genuss von Fleisch von betäubt geschlachteten Tieren für verboten. Es bedarf vielmehr einer konkreten Beschreibung des religiösen Lebens der Mitglieder der Gemeinschaft und der Ausübung der Reli-

gionspraxis sowie der Darlegung, welche Konsequenzen sich aus dem Verzehr von Fleisch betäubt geschlachteter Tiere für die Gemeinschaft oder das einzelne Mitglied ergeben würden. Notwendig sind auch Ausführungen zur Abgrenzung von solchen Gemeinschaften, die keinen zwingenden Grund für das Schächten sehen bzw. die für Muslime in ausländischen Diaspora-Gebieten eine Ausnahme vom Verbot des Genusses von Nicht-Schächtfleisch zulassen. Nicht ausreichend ist die Verwendung vorgefertigter Formulare oder Fragebögen oder die Abgabe formelmäßiger Erklärungen. Die Behörde muss stattdessen den tatsächlich praktizierten Glauben konkret hinterfragen (vgl. *Dietz* NuR 2004, 359, 360 unter Hinweis auf VG Stuttgart NuR 2003, 511, 512). Wer zB vor 2002 (d.h. vor dem Urteil des BVerfG) bereits Tiere mit normaler oder Elektro-Kurzzeitbetäubung (EKZB) geschlachtet hat, kann sich für die Zeit danach nicht auf ein zwingendes Betäubungsverbot berufen, ebenso wenig wer bisher solcherart erzeugtes Fleisch zu sich genommen hat (vgl. VG Stuttgart aaO). Der Antragsteller muss deshalb auch plausibel machen, woher die Gemeinschaft vor 2002 ihr Fleisch bezogen hat und auf welche Weise dabei sichergestellt worden ist, dass die Schlachtung ihren Vorstellungen entsprach. Argumente, die sich auf die Tradition oder auf die Handhabung im Herkunftsstaat und die dortige Überlieferung oder auf einen angeblich weltweiten Konsens aller Muslime beziehen, sind ebenfalls nicht ausreichend (vgl. *Dietz* aaO unter Hinweis auf OVG Münster 20 A 1108/03). – In dem Gespräch ist der Antragsteller über die Möglichkeiten und Vorteile der EKZB (insbes. darüber, dass das Tier dabei unverletzt bleibt, dass es ebenso ausblutet wie ein unbetäubtes und dass man sein Weiterleben zuverlässig feststellen kann) zu informieren; er muss begründen können, weshalb eine Schächtung mit EKZB gleichwohl ein Verstoß gegen zwingende Vorschriften wäre. – Bei Metzgern, die geltend machen, dass das Verbot des betäubungslosen Schächtens ihre Berufswahlfreiheit beschränke, ist zunächst zu beachten, dass das BVerfG eine Verstärkung der Berufsfreiheit durch das Grundrecht der Religionsfreiheit nur in solchen Fällen angenommen hat, in denen der Metzger selbst Glaubensangehöriger ist und das Schächten für sich als eine unbedingte religiöse Pflicht ansieht und daher ohne Ausnahmegenehmigung seinen Beruf nicht mehr ausüben könnte (BVerfGE 107, 337ff. Rn. 43, 49). Hinzu kommt, dass nach neuer Rechtslage fraglich geworden ist, ob man das Schlachten noch als essentiellen Bestandteil des Berufs des Metzgers (und damit auch das Schächten als Essentiale des Berufs „muslimischer Metzger") ansehen kann: Nach § 4 und § 6 Abs. 2 Nr. 1 der Verordnung über die Berufsausbildung zum Fleischer/zur Fleischerin vom 30. 3. 2005 (BGBl. I S. 898) stellt das Schlachten nur noch eine von sechs Wahlfachqualifikationen dieser Ausbildung da, ist also nicht mehr untrennbar mit ihr (und dem zugehörigen Berufsbild) verbunden.

Mit dem Merkmal **„erforderlich"** spricht das Gesetz die praktische Konkordanz an, die 27
die Behörden und Gerichte zwischen den Verfassungsgütern „Religionsfreiheit" und „Tierschutz" herstellen müssen. An dieser Stelle ist folglich zu prüfen, welche der auf dem Spiel stehenden Beeinträchtigungen auf Grund der Umstände des Einzelfalles schwerer wiegt: die Beeinträchtigung der Religionsfreiheit im Falle einer Verweigerung der Ausnahmegenehmigung oder die zusätzlichen Schmerzen und Leiden der Tiere im Falle einer betäubungslosen Schächtung. Sowohl die Religionsfreiheit als auch der Tierschutz sind jetzt Verfassungsgüter, die einander prinzipiell gleichgeordnet sind (vgl. *Hain/Unruh* DöV 2003, 147, 154: „Verhältnis formaler Gleichrangigkeit"; *Dietz* NuR 2003, 477, 482: „Paradigmenwechsel"). Sie müssen in Konfliktlagen so gegeneinander abgewogen werden, dass keines der kollidierenden Güter mehr als nach den Umständen unvermeidlich beeinträchtigt wird und jedes von ihnen zu möglichst optimaler Entfaltung gelangt. Eines der wesentlichen Motive, die den Verfassungsgesetzgeber im Jahr 2002 zu der Grundgesetzänderung bewogen haben, war es, der Rechtsprechung die Herstellung dieser praktischen Konkordanz zu ermöglichen (vgl. BT-Drucks. 14/8860 S. 1, 3: „Die Rechtsprechung kann dies aber angemessen nur vollziehen, wenn der Gesetzgeber den Tierschutz ausdrücklich in das Gefüge des Grundgesetzes einbezieht"; *von Knorre* AgrarR 2002, 378). – Dafür, dass die Einschränkung der Religionsfreiheit weniger schwer wiegt, wenn

das Schächtritual von einer Elektrokurzzeitbetäubung (EKZB) abhängig gemacht wird, sprechen die in Rn. 17 eingehend beschriebenen Gesichtspunkte, u. a.: Betäubungslosigkeit nur als Teilelement des Gesamtrituals; Fehlen eines ausdrücklichen Betäubungsverbots in den ursprünglichen religionsstiftenden Schriften; Nicht-Existenz schonender Betäubungsverfahren im Zeitpunkt der Entstehung dieser und anderer Schriften; gleicher Ausblutungsgrad von betäubt und unbetäubt geschächteten Tieren; Unverletzt-Bleiben der Tiere bei Anwendung der EKZB; volle Reversibilität dieser Betäubung (vgl. BTK in DTBl. 2004, 261: Kriterien „Unverletzt-Sein" und „Ausblutung" durch EKZB voll gewahrt); Möglichkeit, das Weiterleben des Tieres nach dem Stromstoß und dem Schächtschnitt durch einen im Schlachtraum anwesenden Geistlichen zu überprüfen; religiöses Barmherzigkeitsgebot, das in allen Religionen gilt und das zur Anwendung neuer Methoden verpflichtet, wenn diese mehr Tierschonung bei gleichzeitiger Einhaltung des Blutkonsumverbots und des Unverletztheitsgebots möglich machen; Möglichkeit zum Ausweichen auf Importfleisch für diejenigen, denen all das nicht genügt. – Vor diesem Hintergrund lässt sich nur schwer nachvollziehen, dass bei einer Einschaltung der EKZB in das Schächtritual, die Grundrechte gläubiger Juden und Muslime leer liefen (so aber BVerwG vom 23. 11. 2006, allerdings ohne Eingehen auf diese Gesichtspunkte). – Dafür, dass bei Rindern, Kälbern, Schafen und Ziegen durch eine betäubungslose Schlachtung bedeutsame zusätzliche Leiden entstehen, sprechen die in Rn. 9, 10 und 11 beschriebenen Gesichtspunkte, u. a.: Angst und Stress durch die mit erheblicher Gewalt verbundene und mehr Zeit in Anspruch nehmende Fixierung; Schmerzen durch den großflächigen, tiefen Schächtschnitt in die besonders stark innervierte Halsregion; kein „blitzartiges" Erlöschen des Bewusstseins nach dem Schnitt, stattdessen Todeskampf mit zielgerichteten Abwehrbewegungen und Aufstehversuchen während mindestens 15 Sekunden beim Schaf und 20 bis 45 Sekunden beim Rind, selbst unter kontrollierten Versuchsbedingungen. – Bei dennoch verbleibenden Zweifeln kann die Beweislast für Art und Umfang des Leidens nicht allein den Tieren bzw. dem Tierschutz auferlegt werden. Das würde der Bedeutung und dem Gewicht der o. e. leidensindizierenden Gesichtspunkte (Rn. 9–12) ebenso widersprechen wie der Zielsetzung von Art. 20 a GG, das Gewicht des Tierschutzes zu verstärken und seine Verwirklichung zu verbessern (vgl. VGH Kassel aaO). Die physiologisch begründbare Erkenntnis, dass Betäubungslosigkeit im Regelfall zu mehr Leiden führt, liegt im Übrigen auch Art. 12 des Europäischen Übereinkommens zum Schutz von Schlachttieren und Art. 5 Abs. 1 lit. c der Richtlinie 93/119/EG zugrunde (vgl. auch BVerwG NJW 2001, 1227: „... die durch das betäubungslose Schlachten entstehenden Schmerzen und Leiden").

28 **Ergebnis in vielen Fällen** wird daher sein, dass die Ausnahmegenehmigung zu versagen ist, weil nach den konkreten Umständen des jeweiligen Einzelfalles die zu erwartenden Schmerzen und Leiden der Tiere im Falle einer unbetäubt durchgeführten Schächtung schwerer wiegen als die Beeinträchtigung der Religionsfreiheit, die durch das Einschalten einer Elektrokurzzeitbetäubung (EKZB) in das Ritual entsteht. Ergibt die Abwägung stattdessen ein Übergewicht auf Seiten der Religionsfreiheit, so muss in die Prüfung der nachstehend genannten Gesichtspunkte „Sachkundenachweis", „Sicherstellung, dass das Schächt-Fleisch nur an Angehörige der Religionsgemeinschaft gelangt", „Eignung" und „Schutzvorkehrungen" eingetreten werden. – Die Annahme, den Behörden und Gerichten könnte die durch das Merkmal „erforderlich" vorgeschriebene einzelfallbezogene Abwägung zwischen Religionsfreiheit und Tierschutz mit Blick auf die vorrangige Zuständigkeit des Gesetzgebers verwehrt sein, widerspräche bereits dem Wortlaut von Art. 20 a GG, in dem ausdrücklich auch auf die Kompetenzen der vollziehenden Gewalt und der Rechtsprechung zur Umsetzung des Staatsziels „Tierschutz" hingewiesen wird. Sie kann auch nicht auf die o. e. Urteile des VGH Kassel und des BVerwG gestützt werden, zumal die verfassungskonforme Auslegung unbestimmter Rechtsbegriffe seit jeher zum Kernbestand der richterlichen und verwaltenden Tätigkeit gehört und der Verfassungsgesetzgeber ausdrücklich erklärt hat, die Rechtsprechung dabei stärken zu wollen

(BT-Drucks. 14/8860 S. 1, 3). Die Gerichte und Behörden können allerdings ihre Entscheidung zugunsten eines Vorrangs des Tierschutzes oder der Religionsfreiheit nicht generell und pauschal, sondern immer nur konkret, d.h. mit Bezug auf den jeweiligen Einzelfall und mit Blick auf die Verhältnisse bei den betroffenen Personen und den Tieren treffen und begründen. Demgegenüber bleibt eine generelle Entscheidung, dass in Deutschland nicht mehr betäubungslos geschächtet werden soll, dem Gesetzgeber vorbehalten (wobei der VGH Kassel klargestellt hat, dass mit der Änderung von Art. 20a GG die verfassungsrechtliche Möglichkeit dazu geschaffen worden ist und das BVerwG diese Ausführungen nicht beanstandet hat; allein schon die gegenwärtig bestehende Rechtsunsicherheit legt es nahe, davon rasch Gebrauch zu machen).

Sachkundenachweis. Wer im Rahmen seiner beruflichen Tätigkeit schächten will, 29
braucht dafür eine Sachkundebescheinigung (§ 4 Abs. 2 TierSchlV). Eine „normale“ Bescheinigung iS von § 4 Abs. 2 TierSchlV reicht dafür nicht aus, denn die Sachkunde eines Schächters muss Kenntnisse und Fertigkeiten umfassen, die über diejenigen eines normalen Schlachters weit hinausgehen. Deshalb können auch Ausbildungen nach § 4 Abs. 7 TierSchlV die notwendige Prüfung nicht ersetzen. Ausländische Nachweise können nicht anerkannt werden, denn „zuständige Behörde“ iS von § 4 Abs. 2 TierSchlV meint eine deutsche Stelle; hinzu kommt, dass ein einwandfreies Schächten nach zB türkischem Recht etwas grundlegend anderes ist als nach deutschem Recht. – Da das Schächten eines unbetäubten Tieres viel schwieriger ist als das Schlachten eines betäubten, ist die Wahrscheinlichkeit, dass es hier zu Fehlern des Schächters und als Folge davon zu zusätzlichen Leiden auf Seiten der Tiere kommt, ungleich größer als beim normalen Schlachten (s. die Aufzählung in Rn. 13). Daraus folgt die Berechtigung und Verpflichtung der zuständigen Behörde, an den Sachkundenachweis desjenigen, der schächten will, strenge und strengste Anforderungen zu stellen, auch dort, wo sich dies für einen Antragsteller als unüberwindliches Hindernis auswirken kann. Die Urteile des BVerfG, des VGH Kassel und des BVerwG haben daran nichts geändert (vgl. BVerfGE 104, 337ff. Rn. 40, 58: „Prüfung der Sachkunde“). Aus der vorgelegten Sachkundebescheinigung muss sich ergeben, dass sowohl die theoretischen Kenntnisse als auch die praktischen Fertigkeiten von einer nach deutschem Recht zuständigen Stelle geprüft und die Prüfungen bestanden worden sind (§ 4 Abs. 4, Abs. 5 TierSchlV). – Zu den theoretischen Kenntnissen gehört u.a. Folgendes: Der Antragsteller muss zutreffend darlegen können, was mit dem Tier passiert, wenn der Hals durchschnitten wird (zB Zeitdauer bis zum Eintritt des Bewusstseinsverlustes und des Todes; mögliche Komplikationen auf dem Weg dorthin; denkbare Fehler und ihre Konsequenzen für das Tier; Maßnahmen zur Vermeidung solcher Komplikationen und Fehler); er muss sowohl die rituellen Vorschriften als auch die wesentlichen Vorschriften des Tierschutzgesetzes und der Tierschutz-Schlachtverordnung kennen; seine Kenntnisse müssen auch die nötige Vorbehandlung des Tieres, die dabei denkbaren Fehler und Komplikationen sowie die schonendste Fixierung und alle geeigneten Maßnahmen zur Verminderung von Ängsten und Leiden umfassen; er muss auch die möglichen Betäubungsverfahren (insbes. die Elektrokurzzeitbetäubung, aber auch den Bolzenschuss) zutreffend beschreiben können, einschließlich der richtigen Handhabung, der Auswirkungen und der Vor- und Nachteile dieser Methoden. – Die praktischen Fertigkeiten müssen der zuständigen Stelle im Wege des Augenscheins nachgewiesen werden, d.h.: Der Antragsteller oder derjenige, der für ihn schächten soll, müssen eine Schächtung fehlerfrei demonstrieren, zunächst am toten oder betäubten und später auch am unbetäubten Tier; diese Fertigkeiten müssen an der anzuwendenden Fixiereinrichtung demonstriert werden. – Aus der im Genehmigungsverfahren vorgelegten Sachkundebescheinigung muss sich somit ergeben, dass von einer nach deutschem Recht zuständigen Stelle (zB Schlachthof Karlsruhe/Tübingen) sowohl die theoretischen Kenntnisse als auch die praktischen Fertigkeiten in der oben beschriebenen Weise geprüft und die Prüfungen bestanden worden sind (vgl. § 4 Abs. 4, Abs. 5 TierSchlV; im Einzelnen zu dieser Prüfung *Stegen* DtW 2003, 193, 194). – Wer nicht im Rahmen seiner beruflichen Tätigkeit schächtet, braucht zwar nicht

die Sachkundebescheinigung nach § 4 Abs. 2 TierSchlV, wohl aber die Sachkunde als solche (§ 4 Abs. 1 TierSchlV). Diese hat er der Behörde zunächst darzulegen. Bei verbleibenden Zweifeln muss sich die Behörde im Gespräch zunächst von den o.e. theoretischen Kenntnissen und anschließend im Wege des Augenscheins auch von den praktischen Fertigkeiten an der anzuwendenden Fixiereinrichtung überzeugen. Erfahrungen, die im Ausland gewonnen worden sind, ersetzen diese Prüfung nicht; ebenso wenig Erfahrungen mit Schlachtungen, die unter EKZB durchgeführt worden sind. Verwaltungsvorschriften, die Gegenteiliges bestimmen, verstoßen gegen § 4 Abs. 1 TierSchlV und § 4 Abs. 1 S. 3 TierSchG sowie letztlich auch gegen Art. 20a GG (denn der Nachweis der erforderlichen Sachkunde ist ein unverzichtbares Mittel, um vermeidbare Leiden auch tatsächlich zu vermeiden, insbesondere bei einer solch fehleranfälligen Methode wie dem Schächten). – Die FVE fordert neben der behördlichen Prüfung der Schächter auch deren ständige Weiterbildung (vgl. AtD 2004, 130).

29a An der **Sicherstellung, dass das Fleisch geschächteter Tiere nur an Angehörige der Religionsgemeinschaft gelangt,** besteht ein hohes öffentliches Interesse (vgl. BVerwG vom 23. 11. 2006: „... durch Auflagen sicherzustellen, dass der Kläger das betäubungslose Schlachten lediglich in dem Umfang praktiziert, wie es zur Versorgung von Kunden notwendig ist, die aus religiösen Gründen nur Fleisch von geschächteten Tieren verzehren dürfen"). Auch dabei handelt es sich um eine Voraussetzung für die Ausnahmegenehmigung. Der Antragsteller muss daher im Genehmigungsverfahren darlegen, durch welche Maßnahmen er sicherstellen kann und will, dass das Schächt-Fleisch nur an Mitglieder der benannten Gemeinschaft abgegeben wird. Dazu gehören auch Darlegungen zur Relation zwischen Umfang der Schächtung einerseits und Mitgliederzahl andererseits (man hat einen durchschnittlichen Fleischverzehr zu unterstellen; einen Anspruch auf bestimmte Fleischstücke gibt es nicht). Er muss darüber hinaus auch Darlegungen zum Verbleib des durch frühere Schächtungen erzeugten Fleisches machen. Bei einer Abgabe an weiterverarbeitende Betriebe bedarf es der Vorlage von Verträgen, die die Empfänger zu entsprechenden Abgabe-Beschränkungen verpflichten.

30 An der **persönlichen Eignung der antragstellenden Person** fehlt es insbesondere bei mangelnder Zuverlässigkeit. Bedenken können sich aus einem einmaligen, schweren Verstoß oder aus mehreren, für sich genommen zwar leichten, in der Summe aber schwer wiegenden Verstößen gegen Tierschutzvorschriften ergeben. – Beispiel: Nach § 13 Abs. 4 S. 2 TierSchlV dürfen geschächtete Tiere erst nach Abschluss des Entblutens (und nicht etwa schon nach Eintritt der Bewusstlosigkeit oder wenn keine Bewegungen mehr wahrzunehmen sind) aufgehängt werden. In Art. 14 S. 1 zweiter Halbsatz des Europäischen Schlachttierübereinkommens heißt es: „Beim rituellen Schlachten dürfen die Tiere vor Abschluss des Ausblutens nicht aufgehängt werden" (zu dem Zeitraum, der dazu mindestens eingehalten werden muss, s. § 13 TierSchlV Rn. 13). Ein Verstoß wiegt schwer, u.a. weil bei einem vorzeitigen Aufhängen an den Hinterläufen das Gehirn mit zusätzlichem Blut versorgt und so das Tier länger bei Bewusstsein gehalten werden kann (vgl. demgegenüber den Bericht in den Stuttgarter Nachrichten vom 23. 2. 2002 über die Schächtung von 250 Schafen: „Sofort nach dem tödlichen Schnitt wird das Tier an einem Huf emporgezogen und kopfüber hängend über Schienen in die Metzgerei befördert"). – Ein Mangel an Zuverlässigkeit wird auch zu bejahen sein, wenn der Antragsteller im Genehmigungsverfahren vorgegeben hat, das Fleisch nur an Glaubensangehörige, die sich den zwingenden Vorschriften verpflichtet fühlten, weiterzugeben, es später aber auch an andere Personen gelangen lässt.

31 Zu den **Schutzvorkehrungen, mit denen den Tieren vermeidbare Schmerzen oder Leiden erspart werden können,** gehören u.a. folgende Anforderungen: Schächtungen dürfen nur in Betrieben, die nach dem Fleischhygienerecht dafür zugelassen sind, stattfinden; es müssen Fixiereinrichtungen vorhanden sein, die eine Ruhigstellung ohne unnötige Beunruhigung ermöglichen und eine sichere Schnittführung und schnelle Entblutung gewährleisten; für Rinder sind mechanische Fixiereinrichtungen vorgeschrieben (Art. 13

Europäisches Schlachttierübereinkommen); diese müssen eine Fixierung im Stehen ermöglichen und dürfen nicht, wie der Weinberg-Apparat, eine Rückenlage erzwingen (s. Rn. 9); auch für Schafe und Ziegen sollte die Stehend-Fixierung in einem entsprechenden Gerät zur Bedingung gemacht werden, da sonst die Gefahr vermeidbaren Stresses durch Niedergeworfen-Werden und die Gefahr rechtswidriger Fixierungsmaßnahmen wie Fesselungen, Griff ins Wollvlies, Niederpressen mit dem Knie zu groß ist (s. Rn. 9; zur Verfügbarkeit solcher Einrichtungen vgl. *v. Wenzlawowicz* in: DVG, Tötung von Tieren und Kennzeichnung von Tieren, S. 74); der Schlachtbereich muss vom übrigen Bereich abgetrennt sein und das Tier darf erst dann zur Fixiereinrichtung geführt werden, wenn alle Vorkehrungen getroffen sind und die sachkundige Person zum Schächten bereit ist; die Anzahl Sachkundiger mit Sachkundebescheinigung bzw. -prüfung muss so groß sein, dass gewährleistet ist, dass sowohl das Fixieren als auch das Schächten ausschließlich durch Sachkundige erfolgt; um unnötige Beunruhigung zu vermeiden, müssen der Boden und die Schlachteinrichtung nach dem Schächten eines Tieres vom Blut vollständig gereinigt werden, bevor das nächste Tier hereingeführt wird; ein geeignetes und funktionsfähiges Betäubungsgerät muss einsatzbereit vorgehalten werden (weswegen sich die Sachkundeprüfung auch auf die Betäubung mit diesem Gerät beziehen muss, s. Rn. 29); nach dem Schnitt muss jede weitere Manipulation (insbes. das Aufhängen) bis zum Abschluss des Ausblutens unterbleiben. Aus dem Gebot, durch Nebenbestimmungen die Vermeidung von Schmerzen und Leiden zu gewährleisten (vgl. BVerfGE 104, 337ff. Rn. 40, 58), ergibt sich außerdem die Verpflichtung zur ständigen Anwesenheit eines Amtstierarztes (vgl. dazu FVE AtD 2004, 130: „permanente Anwesenheit eines Tierarztes mit der Befugnis und Verpflichtung zum Einschreiten, wenn immer es nötig ist"; *Rath* in: Badische Zeitung vom 13. 2. 2003: „Beim Schächten muss stets ein Tierarzt dabei sein"; ebenso *Stegen* DtW 2003, 193, 196; vgl. auch die diesbezügliche ausdrückliche Anordnung in § 32 Abs. 5 des österreichischen Tierschutzgesetzes). Die Kosten dafür trägt der Antragsteller und hat sie ggf. vorzuschießen.

IV. Zur Ausnahme nach Abs. 2 Nr. 3

S. die Erläuterungen zu § 4b. 32

V. Ordnungswidrigkeiten und Straftaten

Betäubungsloses Schächten strafbar nach § 17 Nr. 2b? An der Erheblichkeit der Lei- 33
den betäubungslos geschächteter Tiere kann nach den Feststellungen in Rn. 9–12 kein vernünftiger Zweifel bestehen, selbst wenn sich keine Fehler iS von Rn. 13 beweisen lassen. Das gilt auch für Schafe und Ziegen: Für sie mag zwar die Fixierung etwas weniger belastend sein als für Rinder; der Schächtschnitt verursacht ihnen jedoch dieselben Schmerzen, und das Bewusstsein erlischt auch hier erst einige Zeit danach. – Ob die Leiden auch länger anhaltend iS von § 17 Nr. 2b sind, richtet sich nach den Umständen des Einzelfalls (vgl. OLG Celle NStZ 1993, 291 für den eine halbe bis eine Minute währenden „Drill" beim Angeln; *L/M* § 17 Rn. 41: je schlimmer die zugefügten Schmerzen oder Leiden sind, eine desto kürzere Zeitspanne genügt; BTK in: DTBl. 2003, 250: „Schächten als quälende Methode zum Töten von Tieren"; s. auch § 17 Rn. 65). – Ist demnach der Tatbestand des § 17 Nr. 2b erfüllt (oder auch derjenige des § 18 Abs. 1 Nr. 1, wenn das Merkmal „länger anhaltend" verneint wird), so greift eine Rechtfertigung ein, sofern sich der Täter im Besitz einer wirksamen, nicht widerrufenen und auch nicht abgelaufenen Genehmigung nach Abs. 2 Nr. 2 befindet und er deren Voraussetzungen und Grenzen einschließlich etwaiger Bedingungen und Auflagen einhält; dagegen liegt Rechtswidrigkeit vor, wenn die Genehmigung nicht mehr in Kraft ist, wenn ihre Grenzen überschritten sind oder ihre Bedingungen nicht eingehalten werden oder wenn gegen eine mit ihr ver-

bundene modifizierende Auflage verstoßen wird (s. § 17 Rn. 86); erst recht natürlich, wenn sie von Anfang an fehlt oder durch Täuschung, Drohung o. Ä. erwirkt worden ist. – Ist die Tat nach § 17 Nr. 2b strafbar, so treten die mit derselben Handlung erfüllten Ordnungswidrigkeiten zurück, vgl. § 21 OWiG.

34 **Ordnungswidrig** nach § 18 Abs. 1 Nr. 6 i.V.m. § 4a Abs. 1 handelt, wer vorsätzlich oder fahrlässig ohne Betäubung schlachtet, sei es, dass er überhaupt keine Betäubung durchführt, sei es, dass die angewendete Methode nicht zur totalen Empfindungs- und Wahrnehmungslosigkeit führt, dass mit dem Blutentzug noch vor dem Eintritt der vollständigen Empfindungs- und Wahrnehmungslosigkeit begonnen wird oder dass es infolge fehlerhafter Betäubung zu einem vorzeitigen Wiedererwachen des Tieres kommt. Zusätzlich wird in allen diesen Fällen häufig auch § 18 Abs. 1 Nr. 1 verwirklicht sein, da die Schmerzen oder Leiden unbetäubt geschlachteter Tiere idR erheblich sind (s. Rn. 9–12). – Für die Rechtswidrigkeit gilt auch hier: Bei Vorliegen einer wirksamen, nicht widerrufenen und auch noch nicht abgelaufenen Schächtgenehmigung ist der Täter gerechtfertigt, jedoch nur, solange er sich an deren Bedingungen und Grenzen (einschließlich etwaiger Auflagen) hält (s. Rn. 33 und § 17 Rn. 86). – Weitere Ordnungswidrigkeiten können nach § 18 Abs. 1 Nr. 3 TierSchG i.V.m. § 15 TierSchlV verwirklicht sein. Beispiele: Aufhängen eines geschächteten Tieres vor dem vollständigen Ausbluten, § 15 Abs. 2 Nr. 8 i.V. m. § 13 Abs. 4 S. 2 TierSchlV (s. Rn. 30); Schächten ohne Sachkundebescheinigung, § 15 Abs. 2 Nr. 1 i.V.m. § 4 Abs. 2 S. 1 TierSchlV (zu deren notwendigem Inhalt s. Rn. 29).

35 **Andere Maßnahmen, mit denen unerlaubtes Schächten verhindert werden kann.** Hat die Behörde eine beantragte Ausnahmegenehmigung abgelehnt, so sollte sie durch eine anschließende Überwachung des Betriebes nach § 16 sicherstellen, dass dort auch tatsächlich nur mit Betäubung geschlachtet wird. Ist eine Ausnahmegenehmigung erteilt worden und werden deren Grenzen überschritten oder mit ihr verbundene Nebenbestimmungen, insbes. Auflagen nicht eingehalten, so kommt ein Widerruf der Genehmigung nach § 49 Abs. 2 VwVfG in Betracht; das besondere öffentliche Interesse an der sofortigen Vollziehbarkeit des Widerrufs kann damit begründet werden, dass in solchem Fall der in Art. 20a GG verankerte Tierschutz höherwertig ist als das (durch den Verstoß in seiner Schutzwürdigkeit geminderte) Interesse des Genehmigungsinhabers. Wenn jemand für einen bestimmten Anlass (zB zum Opferfest) illegal schächtet, so können ihm, gestützt auf § 16a, auch normale Schlachtungen zeitlich befristet untersagt werden, soweit dies erforderlich ist, um weiteren Verstößen aus diesem Anlass vorzubeugen. Auch hier wird idR die Anordnung der sofortigen Vollziehbarkeit möglich und sinnvoll sein. Schwere oder wiederholte Verstöße begründen eine Unzuverlässigkeit nach § 35 GewO, können also in der Konsequenz zu einer vollständigen Betriebsschließung führen (zum Ganzen vgl. *Dietz* NuR 2003, 477, 482).

§ 4b [Ermächtigungen]

[1]Das Bundesministerium wird ermächtigt, durch Rechtsverordnung mit Zustimmung des Bundesrates

1. a) das Schlachten von Fischen und anderen kaltblütigen Tieren zu regeln,
b) bestimmte Tötungsarten und Betäubungsverfahren näher zu regeln, vorzuschreiben, zuzulassen oder zu verbieten,
c) die Voraussetzungen näher zu regeln, unter denen Schlachtungen im Sinne des § 4a Abs. 2 Nr. 2 vorgenommen werden dürfen,
d) nähere Vorschriften über Art und Umfang der zum Betäuben oder Töten von Wirbeltieren erforderlichen Kenntnisse und Fähigkeiten sowie über das Verfahren zu deren Nachweis zu erlassen,

e) nicht gewerbliche Tätigkeiten zu bestimmen, die den Erwerb des Sachkundenachweises zum Töten von Wirbeltieren erfordern,

um sicherzustellen, dass den Tieren nicht mehr als unvermeidbare Schmerzen zugefügt werden,

2. das Schlachten von Tieren im Rahmen der Bestimmungen des Europäischen Übereinkommens vom 10. Mai 1979 über den Schutz von Schlachttieren (BGBl. 1983 II S. 770) näher zu regeln,

3. für das Schlachten von Geflügel Ausnahmen von der Betäubungspflicht zu bestimmen.

[2]Rechtsverordnungen nach Satz 1 Nr. 1 Buchstabe b und d bedürfen, soweit sie das Betäuben oder Töten mittels gefährlicher Stoffe oder Zubereitungen im Sinne des Chemikaliengesetzes oder darauf bezogene Voraussetzungen für den Erwerb eines Sachkundenachweises betreffen, des Einvernehmens der Bundesministerien für Wirtschaft und Technologie sowie für Umwelt, Naturschutz und Reaktorsicherheit.

Auf dieser **Ermächtigungsgrundlage** beruhen die meisten Bestimmungen der Tierschutz-Schlachtverordnung (TierSchlV). – Von der Ermächtigung gedeckt sind nur solche Regelungen, die „sicherstellen, dass den Tieren nicht mehr als unvermeidbare Schmerzen zugefügt werden". Konsequenz: Wenn mit Bezug auf eine Tierart verschiedene Methoden zur Betäubung und Tötung in Betracht kommen, darf nur dasjenige Verfahren vorgeschrieben und zugelassen werden, das am wenigsten Schmerzen bereitet (d.h. das am sichersten gewährleistet, dass die Betäubung sofort nach der Einwirkung eintritt, dass sie zu einem vollständigen Verlust des Empfindungs- und Wahrnehmungsvermögens führt und dass dieser Zustand mit Sicherheit bis zum Tod anhält). Auch bei der Vorbereitung der Betäubung müssen Schmerzen vermieden werden. – Zu Leiden bei der Tötung s. Rn. 3. 1

Abs. 1 Nr. 1a ist zT umgesetzt durch § 13 Abs. 5 TierSchlV. Auf Abs. 1 Nr. 1b beruhen die §§ 12 bis 14 TierSchlV und die dazu gehörenden Anlagen. Eine Verordnung nach Abs. 1 Nr. 1c, die das Schächten regelt, ist noch nicht ergangen; sie müsste u.a. die ausschließliche Verwendung von Einrichtungen zum Stehend-Fixieren vorschreiben (s. § 4a Rn. 9, 20, 31; vgl. auch VGH Kassel NuR 2005, 464ff., 469: Änderung des Tierschutzgesetzes, mit der die Ausnahmeregelung des § 4a Abs. 2 Nr. 2 aufgehoben wird, aufgrund von Art. 20a GG jetzt möglich). Auch eine allgemeine Sachkundeverordnung, die auf Grund von Abs. 1 Nr. 1d und e möglich wäre, gibt es bislang nicht; allerdings sieht § 4 TierSchlV die Notwendigkeit einer Sachkundebescheinigung für das Schlachten bestimmter Tierarten im Rahmen der beruflichen Tätigkeit vor. Von der Ermächtigung des Abs. 1 Nr. 3 ist durch § 13 Abs. 6 S. 2 und 3 TierSchlV Gebrauch gemacht worden. 2

Leiden und Ängste müssen bei der Vorbereitung der Betäubung so weit wie möglich vermieden werden. Dies folgt aus § 1 S. 2 und aus den §§ 3, 13 TierSchlV. In die gleiche Richtung weist der Beschluss 88/306/EWG, mit dem die Gemeinschaft dem Europäischen Übereinkommen über den Schutz von Schlachttieren beigetreten ist und in dem zwei Aspekte besonders betont werden: Den Tieren sollen nach Möglichkeit Schmerzen und Leiden erspart werden, und die Fleischqualität soll nicht durch Schmerzen, Leiden und Angst vor und während der Schlachtung nachteilig beeinflusst werden. 3

Vierter Abschnitt. Eingriffe an Tieren

§ 5 [Betäubung]

(1) [1]An einem Wirbeltier darf ohne Betäubung ein mit Schmerzen verbundener Eingriff nicht vorgenommen werden. [2]Die Betäubung warmblütiger Wirbeltiere sowie von Amphibien und Reptilien ist von einem Tierarzt vorzunehmen. [3]Für die Betäubung mit Betäubungspatronen kann die zuständige Behörde Ausnahmen von Satz 2 zulassen, sofern ein berechtigter Grund nachgewiesen wird. [4]Ist nach den Absätzen 2, 3 und 4 Nr. 1 eine Betäubung nicht erforderlich, sind alle Möglichkeiten auszuschöpfen, um die Schmerzen oder Leiden der Tiere zu vermindern.

(2) Eine Betäubung ist nicht erforderlich,

1. wenn bei vergleichbaren Eingriffen am Menschen eine Betäubung in der Regel unterbleibt oder der mit dem Eingriff verbundene Schmerz geringfügiger ist als die mit einer Betäubung verbundene Beeinträchtigung des Befindens des Tieres,
2. wenn die Betäubung im Einzelfall nach tierärztlichem Urteil nicht durchführbar erscheint.

(3) Eine Betäubung ist ferner nicht erforderlich

1. für das Kastrieren von unter vier Wochen alten männlichen Rindern, Schafen und Ziegen, sofern kein von der normalen anatomischen Beschaffenheit abweichender Befund vorliegt,

1a. für das Kastrieren von unter acht Tage alten männlichen Schweinen, sofern kein von der normalen anatomischen Beschaffenheit abweichender Befund vorliegt,

2. für das Enthornen oder das Verhindern des Hornwachstums bei unter sechs Wochen alten Rindern,
3. für das Kürzen des Schwanzes von unter vier Tage alten Ferkeln sowie von unter acht Tage alten Lämmern,
4. für das Kürzen des Schwanzes von unter acht Tage alten Lämmern mittels elastischer Ringe,
5. für das Abschleifen der Eckzähne von unter acht Tage alten Ferkeln, sofern dies zum Schutz des Muttertieres oder der Wurfgeschwister unerlässlich ist,
6. für das Absetzen des krallentragenden letzten Zehengliedes bei Masthahnenküken, die als Zuchthähne Verwendung finden sollen, während des ersten Lebenstages,
7. für die Kennzeichnung von Schweinen, Schafen, Ziegen und Kaninchen durch Ohrtätowierung, für die Kennzeichnung anderer Säugetiere innerhalb der ersten zwei Lebenswochen durch Ohr- und Schenkeltätowierung sowie die Kennzeichnung landwirtschaftlicher Nutztiere einschließlich der Pferde durch Ohrmarke, Flügelmarke, injektierten Mikrochip, ausgenommen bei Geflügel, durch Schlagstempel beim Schwein und durch Schenkelbrand beim Pferd.

(4) Das Bundesministerium wird ermächtigt, durch Rechtsverordnung mit Zustimmung des Bundesrates

1. über Absatz 3 hinaus weitere Maßnahmen von der Betäubungspflicht auszunehmen, soweit dies mit § 1 vereinbar ist,
2. Verfahren und Methoden zur Durchführung von Maßnahmen nach Absatz 3 sowie auf Grund einer Rechtsverordnung nach Nummer 1 bestimmter Maßnahmen vorzuschreiben, zuzulassen oder zu verbieten, soweit dies zum Schutz der Tiere erforderlich ist.

Übersicht

I. Grundsätzliches Betäubungsgebot nach Abs. 1 S. 1

Eingriffe an Tieren sind Maßnahmen, die entweder zu einer mehr oder weniger weitgehenden Störung der körperlichen Unversehrtheit führen oder physiologische Abläufe auf Zeit oder auf Dauer verändern. Operativ braucht der Eingriff nicht zu sein, vielmehr reichen auch nichtoperative Maßnahmen wie Injektionen, Punktionen oder einfache instrumentelle Kennzeichnungsmethoden aus (vgl. *Wiesner/Ribbeck*, „Eingriffe"). Der Begriff wird weit gefasst: Er umfasst auch Bagatellen wie Nadelstiche und harmlos erscheinende Kennzeichnungen (vgl. *L/M* § 5 Rn. 4; s. auch Abs. 3 Nr. 7). Wenn Haare, Federn oder Krallen abgeschnitten werden, fehlt es an einem Eingriff nur, sofern die betroffenen Teile rasch wieder nachwachsen und in der Zwischenzeit weder ein Funktionsverlust noch eine Funktionsminderung eintreten (zum Schutz vor Funktionsminderung vgl. *Kluge/Hartung* § 5 Rn. 5). – **Wirbeltiere** s. § 4 Rn. 1. – Ob der Eingriff **mit Schmerzen verbunden** ist, richtet sich nach den Empfindungen des unbetäubten Tieres. Die Schmerzen brauchen weder erheblich noch länger anhaltend zu sein; es wird allein auf die Schmerzzufügung als solche abgestellt (vgl. *Ennulat/Zoebe* II § 5 Rn. 4). Zu Schmerzen s. § 1 Rn. 12–15; zu Schmerzsymptomen s. § 17 Rn. 63. 1

Als **Betäubung** kommt hier (im Gegensatz zu § 4, s. dort Rn. 4) neben der Totalbetäubung auch die nur örtliche Ausschaltung der Schmerzempfindung (Lokalanästhesie, Leitungsanästhesie) in Betracht. Es muss eine Methode gewählt werden, die das Schmerzempfinden für die gesamte Dauer des Eingriffs ausschaltet. Von mehreren Methoden, die dies ex ante mit gleicher Sicherheit gewährleisten, ist diejenige auszuwählen, die das Tier voraussichtlich am wenigsten belastet (näher dazu *Schatzmann* in: *Sambraus/Steiger* S. 705ff.). Mit dem Eingriff darf erst begonnen werden, wenn die Betäubung wirkt; bei Nachlassen während des Eingriffs muss sie wiederholt werden. 2

Abgrenzungen: Zielt die Maßnahme von vornherein auf die Tötung des Tieres, so ist sie nicht nach den §§ 5ff. zu beurteilen; vielmehr richtet sich das „Ob" ihrer Zulässigkeit nach §§ 17 Nr. 1, 1 S. 2, und das „Wie" nach §§ 4, 4a, 4b sowie ggf. nach der Tierschutz-Schlachtverordnung. – Wird hauptsächlich einer der Zwecke nach § 7, § 10 oder § 10 a verfolgt, so sind das „Ob" und das „Wie" nach diesen Vorschriften zu beurteilen, vgl. § 6a. – Abgesehen davon gelten aber die §§ 5ff. für alle Eingriffe (§ 5) bzw. Gewebestörungen (§ 6), unabhängig davon, zu welchem Zweck sie vorgenommen werden, insbesondere für Maßnahmen zur Anpassung an bestimmte Nutzungsformen, aber auch für Heilbehandlungen. 3

§ 5 regelt nur das **„Wie"** des Eingriffs. **„Ob"** er als solcher zulässig ist, richtet sich nach § 6. In aller Regel stellt ein Eingriff nach § 5 zugleich eine Gewebestörung iS von § 6 dar. Ist dies der Fall, so richtet sich die Frage, ob er zulässig ist, ausschließlich nach dieser Vorschrift: Entweder ist der Eingriff als solcher in § 6 Abs. 1 S. 2, Abs. 3 oder in einer Rechtsverordnung nach § 6 Abs. 4 vorgesehen und die dort geregelten Voraussetzungen für seine Zulässigkeit sind erfüllt – dann ist er dem Grunde nach erlaubt, und das „Wie" 4 wird anschließend nach § 5 geprüft; oder er ist dort nicht vorgesehen bzw. nur unter Voraussetzungen zugelassen, die nicht vollständig erfüllt sind – dann ist er rechtswidrig, denn die Zulässigkeit von Gewebestörungen wird durch § 6 abschließend geregelt (s. dort Rn. 4).

II. Tierarztvorbehalt nach Abs. 1 S. 2 und 3

5 **Warmblütige Wirbeltiere (d.h. Säugetiere und Vögel)** sowie **Amphibien (Lurche)** und **Reptilien (Kriechtiere)** dürfen nur von einem Tierarzt betäubt werden. Tierarzt ist, wer als solcher approbiert oder aufgrund einer Erlaubnis zur vorübergehenden Ausübung dieses Berufes berechtigt ist (§ 3 Bundestierärzteordnung). – Ausnahmsweise kann die nach § 15 zuständige Behörde einem Nicht-Tierarzt den Einsatz von Distanzinjektionswaffen mit Betäubungspatronen gestatten. Dafür muss aber ein berechtigender Grund vorliegen, d.h. eine Situation, die den Einsatz einer weniger riskanten Form der Betäubung ausschließt und in der ein Nutzen angestrebt wird, der schwerer wiegt als der zu erwartende Schaden. Ein Beispiel ist das Einfangen frei lebender oder außer Kontrolle bzw. in Panik geratener domestizierter Tiere, sofern die Bedeutung des verfolgten Endzwecks das Risiko des Waffeneinsatzes überwiegt. Die Immobilisation von Zootieren sollte Tierärzten vorbehalten bleiben, wobei den Veterinärämtern Listen von Tierärzten mit der Berechtigung zum Führen von Distanzinjektionswaffen vorliegen sollten (*Busch* AtD 2002, 121, 125). In jedem Fall muss die Behörde die Sachkunde des Genehmigungsadressaten prüfen: Diese muss sich u.a. auf die besondere Ballistik der Injektionsgeschosse, das besondere Artverhalten der Tiere bei der Immobilisation, die Injektionszonen am Tierkörper, die Wirkungsweise und Gefahren der anzuwendenden Medikamente, die Maßnahmen zur Versorgung des immobilisierten Tieres und auch auf eventuelle Zwischenfälle erstrecken (vgl. *Hoeßlin* AtD 2000, 32ff. Zu den ebenfalls zu prüfenden Anforderungen aus dem Arznei- und Betäubungsmittelrecht sowie dem Waffenrecht vgl. VGH Mannheim DVBl. 1989, 1018).

III. Ausnahmen vom Betäubungsgebot nach Abs. 2

6 Nach **Abs. 2 Nr. 1 erste Alternative** bedarf es der Betäubung nicht, wenn vergleichbare Eingriffe beim Menschen ebenfalls betäubungslos stattfinden, zB weil der mit ihnen verbundene Schmerz nur gering ist oder weil ein bereits andauernder Schmerz nur unwesentlich erhöht wird oder weil der Schmerz nur sehr kurze Zeit währt. Bei der Frage nach der Vergleichbarkeit müssen allerdings sowohl die physiologischen Eigenschaften des Tieres wie auch seine Angst und seine Unfähigkeit, den Sinn des Schmerzes einzusehen und dessen zeitliche Dimension abzuschätzen, bedacht werden (vgl. *Schiwy* § 5 Rn. 2; zum Tätowieren von Hunden und Katzen s. Rn. 14). – **Nach Abs. 2 Nr. 1 zweite Alternative** kann die Betäubung auch unterbleiben, wenn der mit dem Eingriff verbundene Schmerz geringer ist als die mit der Betäubung einhergehende Beeinträchtigung des Befindens. – **Nach tierärztlichem Urteil nicht durchführbar (Abs. 2 Nr. 2)** kann die Betäubung zB sein, wenn bei dem Tier Narkotika wegen Aufgeregtheit nicht wirken, wenn die Betäubungsinjektion wegen einer unveränderbaren Lage des Tieres nicht durchgeführt werden kann oder wenn aufgrund besonderer Umstände die mit einer Betäubung verbundenen Risiken schwerer wiegen als die Schmerzen, die durch die betäubungslose Vornahme des Eingriffs entstehen. In einem solchen Fall muss aber auch abgewogen werden, ob der Zweck des Eingriffs so bedeutend ist, dass er diese Schmerzen überwiegt, und es muss nach der schonendsten Methode verfahren werden (vgl. *Kluge/Hartung* § 5 Rn. 10). Die entsprechenden Feststellungen kann nur der Tierarzt treffen, der folglich vor dem Eingriff hinzugezogen werden muss (vgl. *Ennulat/Zoebe* II § 5 Rn. 8). Hat der Eingriff ohne vorangegangenes tierärztliches Urteil stattgefunden, so kann der Täter nicht nach

Nr. 2, möglicherweise aber unter den engen Voraussetzungen des Notstandes nach § 34 StGB gerechtfertigt sein.

IV. Ausnahmen vom Betäubungsgebot nach Abs. 3
(zum „Ob" der einzelnen Maßnahmen s. § 6 Rn. 7–14)

Zu den **Ausnahmen vom Betäubungsgebot nach Abs. 3** hat der Gesetzgeber von 1972 erläutert, dass es sich hierbei um erfahrungsgemäß schadlos vertragene geringfügige Eingriffe handle, die entweder sehr schnell durchgeführt würden oder die Schmerzfähigkeit junger Tiere noch nicht oder nur unbedeutend berührten; es müsse gewährleistet sein, dass diese Eingriffe nur nach Verfahren und Methoden erfolgten, die Schmerzen oder Leiden nach Möglichkeit ausschlössen (BT-Drucks. 6/2559, zitiert nach *Gerold* S. 49). Die damalige Ansicht, dass das Schmerzempfinden bei Neugeborenen und Jungtieren noch nicht voll entwickelt sei, ist jedoch heute nicht mehr haltbar (vgl. *Buchenauer* in: KTBL-Schrift 377 S. 19; *Busch* AtD 2002, 121, 127; *Sambraus* in: *Sambraus/Steiger* S. 122; *Teutsch* Lexikon, „Schmerz"). Durch das ÄndG 1986 und das ÄndG 1998 sind folgerichtig die Ausnahmen mehr und mehr eingeschränkt worden. Dem verfassungsrechtlichen Gebot zur Rücksichtnahme auf die Belange der Tiere nach Art. 20a GG entspricht es, auf diesem Weg fortzufahren und das Gesetz rasch an den aktuellen Stand der wissenschaftlichen Erkenntnisse in der Schmerzforschung anzupassen, insbesondere in den Bereichen „Kastration" sowie „Horn- und Schwanzkürzen" (s. Art. 20a GG Rn. 14, 15). 7

Das **Kastrieren nach Nr. 1** ist die Entfernung der Keimdrüsen, bei männlichen Tieren also der Hoden. – Bei **Kälbern** verursacht die betäubungslose Kastration aller Wahrscheinlichkeit nach starke Schmerzen. Anders lässt sich nicht erklären, dass der Wiss. Veterinärausschuss die Betäubung und die Anwendung von schmerzstillenden Mitteln empfiehlt (vgl. EU-SVC-Report Kälber S. 79) und der Ständige Ausschuss zum ETÜ die Kastration denjenigen Eingriffen zuordnet, „bei denen ein Tier tatsächlich oder wahrscheinlich erhebliche Schmerzen leiden wird" und die deshalb „unter lokaler oder allgemeiner Betäubung ... vorgenommen werden müssen" (St. Ausschuss, Empfehlung für das Halten von Rindern, Art. 17 Abs. 3). Folgerichtig sehen sowohl die Tierschutzverordnung der Schweiz als auch die Erste Tierhaltungsverordnung Österreichs eine Betäubungspflicht vor (Art. 65 Abs. 2 TSchV Schweiz idF vom 27. 6. 2001 bzw. Anlage 2 Nr. 2.8.3 Erste Tierhaltungsverordnung Österreichs; vgl. *Binder* S. 175). – Auch bei **Schafen und Ziegen** sind betäubungslose Kastrationen Eingriffe, die erhebliche Schmerzen und übermäßigen Stress verursachen und deshalb vermieden werden sollten (vgl. St. Ausschuss, Empfehlung für das Halten von Schafen, Art. 30 Abs. 1 und 3; Empfehlung für das Halten von Ziegen, Art. 28 Abs. 1 und 3). Bei Ziegen empfiehlt der St. Ausschuss, die Kastration nur unter Verabreichung eines Betäubungsmittels von einem Tierarzt vornehmen zu lassen; damit wird die Schmerzhaftigkeit des Eingriffs bestätigt, ungeachtet des eingeräumten Vorbehalts für abweichende, nationale Bestimmungen (vgl. auch TVT-Merkblatt Nr. 93, Ziegenhaltung: „Aufgrund neuer Erkenntnisse muss auch bei Jungtieren unter vier Wochen eine hohe Schmerzempfindung vorausgesetzt werden"). Bei Schafen heißt es, Kastrationen sollten nur mit chirurgischen Methoden unter Betäubung oder mit einer Burdizzo-Zange geschehen. Sowohl Art. 65 Abs. 2 TSchV Schweiz als auch Anlage 3 Nr. 2.11.2 und Anlage 4 Nr. 2.11 der Ersten Tierhaltungsverordnung Österreichs lassen Kastrationen von Schafen und Ziegen nur noch unter Betäubung zu (vgl. *Binder* S. 187, 188, 192). – Bei Tieren außer Kälbern, Ferkeln, Schafen und Ziegen ist die Betäubung auch nach deutschem Recht vorgeschrieben (insbes. gilt dies für Kaninchen, vgl. BT-Drucks. 13/7015 S. 17). Außerdem bedarf es immer einer Betäubung, wenn es um weibliche Tiere geht. Ebenso gilt durchgängiger Betäubungszwang bei abweichender anatomischer Beschaffenheit (zB bei Kryptorchismus) sowie – selbstverständlich – bei männlichen Rindern, Schafen und Ziegen, die das Alter von vier Wochen bereits erreicht haben. 8

8a Das **betäubungslose Kastrieren von Ferkeln** ist durch Art. 2 Nr. 3 des Gesetzes über die Reform hufbeschlagrechtlicher Regelungen und zur Änderung tierschutzrechtlicher Vorschriften vom 19. 4. 2006 (BGBl. I S. 900) auf die ersten sieben Lebenstage beschränkt worden (vgl. Richtlinie 2001/93/EG der Kommission vom 9. 11. 2001, ABl. EG Nr. L 316 S. 36, Anh. Kap. I Nr. 8). An der Schmerzhaftigkeit des Vorgangs ändert diese zeitliche Einschränkung jedoch nichts, denn die Annahme des historischen Gesetzgebers, die Kastration könne bei sehr jungen, erst wenige Tage alten Ferkeln weitgehend schmerzfrei und deshalb auch ohne Anästhesie durchgeführt werden, entspricht nicht mehr dem aktuellen Stand der wissenschaftlichen Erkenntnisse, sondern muss als widerlegt gelten (vgl. BTK DTBl. 2005, 747: morphologisch und physiologisch gleiches Schmerzempfinden). – „Kastration bei Ferkeln führt häufig zu anhaltenden Schmerzen, die sich durch Einreißen des Gewebes noch verschlimmern" (so die vierte Begründungserwägung der o.e. Richtlinie). „Gegenwärtig verursacht die Kastration den Schweinen starken Schmerz und Leiden" (EU-SVC-Report Schweine 4.5.1). Nachweisen lässt sich dies u.a. anhand der Schreie, die von den Ferkeln während des Eingriffs ausgestoßen werden: Nach dem ersten Schnitt steigert sich die Frequenz von vorher 3500 Hz auf 4500 Hz; der zweite Schnitt führt zu einem weiteren Anstieg auf 4857 Hz; auch die Zeitdauer und die Lautstärke (Dezibel) nehmen während der Schnitte zu (EU-SVC-Report aaO). Außerdem lassen sich die schmerzhaften Folgen der Kastration noch ca. eine Woche lang anhand von Verhaltensänderungen feststellen: Beobachtet wurden u.a. verminderte Aktivität, vermehrtes Zittern der Beine, Erbrechen, Vermeidung von Liegen sowie Sich-Hinlegen auf besonders vorsichtige, die hintere Körperpartie schonende Weise (EU-SVC-Report aaO; *van Putten* in: KTBL-Schrift 319 S. 120–134; unrichtig daher insbesondere die Annahme im BMELV-Tierschutzbericht 2003 S. IX, der Eingriff sei „nur mit kurzzeitigen Belastungen verbunden"; vgl. auch *Busch* AtD 2002, 126, 128: Aufforderung an alle Tierärzte, „sich bei Tierhaltern und in der Öffentlichkeit konsequent für die Abschaffung betäubungsloser Operationen an Jungtieren einzusetzen"). Bis zu einer Gesetzesänderung muss wenigstens dafür gesorgt werden, dass jegliches Reißen am Gewebe unterbleibt; außerdem sind schmerzstillende Mittel zu verabreichen (vgl. EU-SVC-Report, Schlussfolgerung Nr. 37; zur Kastration in Neuroleptanalgesie vgl. *Bako/Bilkei* TU 2004, 340ff.; vgl. auch DTBl. 2005, 3: Forderung nach einem EU-weiten Verbot betäubungsloser Kastrationen durch den niederländischen Vorsitzenden des EU-Agrarministerrats im Herbst 2004). In der Schweiz sind betäubungslose Kastrationen ab 2009 verboten (vgl. DTBl. 2005, 911); eine ähnliche Regelung gibt es in Schweden. – Bei weiblichen Tieren, bei männlichen Schweinen mit acht oder mehr Tagen und bei Tieren mit abweichender anatomischer Beschaffenheit (zB Kryptorchismus) gilt durchgängiger Betäubungszwang.

9 Das **Enthornen oder das Verhindern des Hornwachstums von Kälbern nach Nr. 2** ist „zweifellos schmerzhaft" (*Grauvogl* AtD 1998, 51, 52). Untersuchungen haben ergeben, dass die Kälber sowohl während als auch nach der thermischen Zerstörung ihrer Hornanlage erhebliche Schmerzäußerungen und einen deutlichen Anstieg der Cortisolkonzentration im Speichel zeigen (vgl. *Taschke/Fölsch* in: KTBL-Schrift 370 S. 52–62). Deshalb sollten nach Einschätzung des Wiss. Veterinärausschusses sowohl eine Betäubung stattfinden als auch schmerzstillende Mittel verabreicht werden (vgl. EU-SVC-Report Kälber S. 79; vgl. auch Art. 65 Abs. 2 TSchV Schweiz: betäubungsloses Enthornen verboten; vgl. weiter TVT-Merkblatt Nr. 13: Enthornung auch im frühen Kälberalter „stets nur unter Betäubung des Nervus cornualis". In Österreich wird der Eingriff bei betäubungsloser Vornahme auf die ersten zwei Lebenswochen beschränkt und zudem ein „Brennstab, der über eine exakte Zeitsteuerung sowie eine automatische Abschaltung des Brennvorgangs verfügt" vorgeschrieben, vgl. Anlage 2 Nr. 2.8.1 der Ersten Tierhaltungsverordnung; vgl. *Binder* S. 174).

10 Durch das **Kürzen des Schwanzes bei jungen Ferkeln nach Nr. 3** soll das gegenseitige Schwanzbeißen verhindert werden. Die Prozedur ist schmerzhaft: „Durch das Kupieren der Schwänze werden Schweinen akute und in manchen Fällen andauernde Schmerzen zu-

gefügt“ (Begründungserwägung Nr. 4 zur Richtlinie 2001/93/EG der Kommission vom 9. 11. 2001, ABl. EG Nr. L 316 S. 36). Nach der Prämisse des Gesetzgebers von 1972, nur unbedeutende, wenig schmerzhafte Eingriffe vom Betäubungszwang freizustellen (s. Rn. 7), müsste folgerichtig hier eine Betäubung vorgeschrieben werden, wie es in Art. 65 Abs. 2 TSchV Schweiz der Fall ist. – Das **Kürzen des Schwanzes von jungen Lämmern** sollte nach der Empfehlung „Schafe“ des St. Ausschusses vermieden werden. In jedem Fall muss aber so viel vom Schwanz erhalten bleiben, „dass bei Schafböcken der Anus und bei weiblichen Schafen Anus und Vulva bedeckt sind“ (Art. 30 Abs. 3 und Abs. 2 lit. b i); das entspricht einer Schwanzlänge von mindestens 5 cm (vgl. *Buchenauer* in: *Sambraus/Steiger* S. 140).

Zum **Kürzen des Schwanzes von Lämmern mittels elastischer Ringe nach Nr. 4** vgl. auch Art. 30 Abs. 2 lit. b i, lit. c und Abs. 3 der Empfehlung des St. Ausschusses für das Halten von Schafen. 11

Das **Abschleifen der Eckzähne von Ferkeln nach Nr. 5** geschieht, um das Euter der Muttersau vor Verletzungen zu schützen. Das früher übliche Abkneifen ist nicht mehr erlaubt (BT-Drucks. 13/7015 S. 17, 18). Aber auch durch das Schleifen werden „Schweinen akute und in manchen Fällen andauernde Schmerzen zugefügt“ (Begründungserwägung Nr. 4 zur Richtlinie 2001/93/EG aaO). Das liegt daran, das jede Beschädigung, durch die Dentin freigelegt wird, Schmerzen verursacht, die über Stunden oder Tage hinweg anhalten (EU-SVC-Report Schweine S. 60). Die Beschränkung des Eingriffs auf die ersten sieben Lebenstage durch Art. 2 Nr. 3 des Gesetzes vom 19. 4. 2006 (BGBl. I S. 900) ändert daran nichts, denn auch hier entspricht die Vermutung, dass junge Tiere weniger schmerzempfindlich seien und dass es sich nur um einen geringfügigen, die Schmerzfähigkeit allenfalls unbedeutend berührenden Eingriff handle, nicht mehr dem aktuellen Stand wissenschaftlicher Erkenntnisse (s. Rn. 7). Eine Betäubung müsste daher vorgeschrieben werden. Solange dies nicht geschieht, müssen zumindest schmerzstillende Mittel verabreicht werden (Abs. 1 S. 4). 12

Das **Absetzen des krallentragenden letzten Zehengliedes bei Masthahnenküken nach Nr. 6** darf nur erfolgen, wenn der Hahn als Zuchthahn Verwendung finden soll. Zweck ist, zu verhindern, dass die auf extremes Körpergewicht gezüchteten Hähne die Hennen beim Tretakt verletzen. Der Eingriff darf nur während des ersten Lebenstages ohne Betäubung erfolgen. Nach Art. 21 Abs. 2 der Empfehlung des St. Ausschusses in Bezug auf Haushühner müsste er (ebenso wie das Schnabelkürzen) unter einen behördlichen Genehmigungsvorbehalt gestellt werden. Nach Art. 21 Abs. 4 der Empfehlung sollten, weil die Maßnahme schmerzhaft ist, Methoden zur Betäubung und zur Schmerzminderung entwickelt werden. 13

An **Kennzeichnungen nach Nr. 7,** die betäubungslos erfolgen dürfen, sind zulässig: **1.** Für Schweine, Schafe, Ziegen und Kaninchen die Ohrtätowierung. **2.** Für andere Säugetiere die Ohr- oder Schenkeltätowierung, jedoch nur innerhalb der ersten zwei Lebenswochen. Bei Hunden und Katzen dürfte das in diesem Alter schwierig sein; dennoch müssen spätere Tätowierungen immer unter Betäubung vorgenommen werden, denn um geringfügige Eingriffe nach Abs. 2 Nr. 1 handelt es sich dabei nicht (vgl. *Hackbarth/Lückert* B VI 1.2; ebenso die Tierärztekammer Niedersachsen DTBl. 2000, 437 mit Gegenäußerung des damaligen BML). Für einen Verzicht auf die Tätowierung von Hunden zugunsten einer Chip-Markierung treten die TVT und der Bundesverband der Praktischen Tierärzte (BPT) ein (DTBl. 1999, 107). Dafür spricht u. a. dass die Implantation des Chips mittels Injektionsnadel nahezu schmerzlos erfolgt, dass die 15-stellige Chip-Nummer lebenslang identifizierbar bleibt (im Gegensatz zur Tätowierung, die im Lauf der Jahre immer schlechter lesbar ist) und dass ab 2011 jeder Hund, der über eine EU-Grenze gebracht wird, mit Mikrochip gekennzeichnet sein muss. Die heutigen Chips entsprechen ISO-Standards und können mit nahezu allen gängigen Lesegeräten identifiziert werden (vgl. auch Art. 65 Abs. 2 TSchV Schweiz: betäubungsloses Tätowieren von Hunden und Katzen verboten). **3.** Für landwirtschaftliche Nutztiere einschließlich Pferde Ohrmarken, 14

Flügelmarken und Mikrochips, letztere allerdings nicht für Geflügel. **4.** Für Schweine zusätzlich der Schlagstempel. **5.** Für Pferde zusätzlich der Schenkelbrand (s. aber § 6 Rn. 8). – Implantate sind für Geflügel nicht erlaubt. – Andere Arten als die hier zugelassenen Kennzeichnungen sind, wenn sie eine Gewebestörung darstellen (wie zB Kerbungen oder Lochen der Ohren), nicht zulässig (arg. ex § 6, s. dort Rn. 4). – Die Kennzeichnung von Freilandrindern, -schafen und -ziegen mit den üblichen Ohrmarken schafft erhebliche Tierschutzprobleme, wenn sich die Tiere dadurch, dass sie sich scheuern oder an Sträuchern hängen bleiben, die Marken ganz oder teilweise ausreißen und dann eine schmerzhafte „Nachmarkierung" notwendig wird. Ein von der EU-Kommission veranlasster und in sechs Mitgliedstaaten durchgeführter Versuch zur Kennzeichnung mit injizierbaren Transpondern hat gezeigt, dass die elektronische Kennzeichnung technisch problemlos möglich und außerdem fälschungssicherer ist. Dennoch ist es unter Hinweis auf § 24d Abs. 1 Nr. 1 ViehVerkV und Art. 4 der Verordnung Nr. 1760/2000/EG vom 17. 7. 2000 abgelehnt worden, die Freilandhaltung von Hinterwälder-Rindern als „kulturelle Veranstaltung" einzustufen und damit vom Kennzeichnungszwang mittels Ohrmarken zugunsten einer Kennzeichnung mit Transpondern zu befreien (vgl. VGH Mannheim AUR 2006, 52f.; vgl. aber auch TVT-Merkblatt Nr. 93 S. 3: Bei Schafen und Ziegen kann von der Kennzeichnung mit Ohrmarke abgesehen werden, wenn durch eine Ohrtätowierung der zuständigen Behörde oder einer anerkannten Züchtervereinigung der Ursprungsbetrieb zu ermitteln ist).

V. Ausnahmen vom Betäubungsgebot durch Rechtsverordnung nach Abs. 4

15 **Weitere Ausnahmen von der Betäubungspflicht** können durch Rechtsverordnung nach Abs. 4 Nr. 1 zugelassen werden, sei es, dass dadurch Eingriffe iS von Abs. 3 auf andere, bisher nicht erfasste Tierarten ausgedehnt werden, sei es, dass Eingriffe, die Abs. 3 bis jetzt nicht vorsieht, von der Betäubungspflicht ausgenommen werden. Grenze der Ermächtigung ist § 1 S. 2, also der vernünftige Grund und damit der Verhältnismäßigkeitsgrundsatz (s. § 1 Rn. 42–53); mit diesem wäre es beispielsweise nicht vereinbar, Eingriffe, die nach dem aktuellen Stand wissenschaftlicher Erkenntnis wahrscheinlich mit mehr als nur geringfügigen Schmerzen verbunden sind, allein aus Gründen der Kosten-, Arbeits- oder Zeitersparnis von der Betäubungspflicht aus § 5 Abs. 1 freizustellen. Außerdem darf die Rechtsverordnung nicht gegen sonstiges höherrangiges Recht verstoßen, zB gegen das Pflegegebot nach § 2 Nr. 1. (Zu Bedenken gegen die Bestimmtheit dieser Ermächtigung vgl. *Kluge/Hartung* § 5 Rn. 20). – Soweit im Hinblick auf betäubungslos zulässige Eingriffe Verfahren und Methoden vorgeschrieben, zugelassen oder verboten werden sollen, darf der Verordnungsgeber nach Nr. 2 nur regeln, was „zum Schutz der Tiere erforderlich" ist (näher zu diesem Merkmal s. § 2a Rn. 8).

VI. Belastungsmindernde Maßnahmen vor, während und nach dem Eingriff

16 Nach dem **Gebot des Abs. 1 S. 4** müssen bei betäubungslos zulässigen Eingriffen alle Möglichkeiten ausgeschöpft werden, um die Schmerzen oder Leiden der Tiere zu vermindern. Diese Pflicht trifft sowohl denjenigen, der für den Eingriff verantwortlich ist, als auch den Personenkreis des § 2, also den Halter, Betreuer und Betreuungspflichtigen. Geboten sind alle Maßnahmen, die geeignet und erforderlich sind, um die zu erwartenden Schmerzen und Leiden (einschließlich der Angst) auszuschließen oder zu mindern. Zu fragen ist also: Welche Schmerzen und Leiden sind nach Art, Ausmaß und Grad der Wahrscheinlichkeit zu erwarten? Durch welche Schutzvorkehrungen oder sonstigen Maßnahmen lassen sie sich vermeiden oder wenigstens vermindern? Grds. müssen all diese Schutzvorkehrungen und Maßnahmen getroffen werden, auch dann, wenn sie mit

Kosten, Arbeit oder Zeitaufwand verbunden sind (s. auch § 1 Rn. 47). Insbes. gilt dies für die Abgabe von Schmerzmitteln bei Kastrationen (vgl. EU-SVC-Report Schweine 4.5.1 sowie Empfehlung Nr. 38; im Widerspruch dazu sieht § 6 Abs. 1 S. 4 bei kastrierten Schweinen die Abgabe schmerzstillender Arzneimittel nur für Tiere im Alter von über sieben Tagen vor).

Das **Gebot, Schmerzen und Leiden im Zusammenhang mit Eingriffen so weit als möglich zu vermeiden,** gilt gemäß § 1 S. 2 und aufgrund des Pflegegebotes in § 2 Nr. 1 für alle Eingriffe, also auch für solche, die unter Betäubung vorgenommen werden. Es betrifft außerdem nicht nur die Nachbehandlung, sondern auch die Vorbereitung und die Art und Weise der Durchführung des Eingriffs. Verpflichtete sind neben dem Halter, Betreuer und Betreuungspflichtigen auch die für den Eingriff Verantwortlichen (Garantenstellung aus tatsächlicher Gewährübernahme bzw. aus vorangegangenem Tun). Beispiele: Schonende Fixierung; Verabreichung von Schmerzmitteln; Wundbehandlung; kein Einsatz von Ohrmarken, die Entzündungen auslösen oder dazu führen, dass sich die Tiere durch Hängenbleiben verletzen (außer wenn die Ohrmarken durch höherrangiges EU-Recht zwingend vorgeschrieben sind, s. Rn. 14); Kennzeichnung mit Hilfe der jeweils schonendsten Methode u. a. m. 17

VII. Ordnungswidrigkeiten und Straftaten

Ordnungswidrig nach § 18 Abs. 1 Nr. 7 i.V.m. § 5 Abs. 1 S. 1 handelt, wer einen betäubungspflichtigen Eingriff ohne Betäubung vornimmt oder sich daran beteiligt (s. auch § 14 OWiG); Fahrlässigkeit, zB falsche Beurteilung der Rechtslage, reicht aus. Auch eine nicht ausreichend tiefe oder nicht genügend lang wirkende Betäubung kann tatbestandsmäßig sein (s. Rn. 2). Entstehen dem Tier erhebliche Schmerzen, Leiden oder Schäden, so ist außerdem § 18 Abs. 1 Nr. 1 erfüllt. Bei Vorsatz kann außerdem § 17 Nr. 2a verwirklicht sein, wobei eine Rohheit umso eher zu bejahen sein wird, je mehr sich dem Täter die Schmerzhaftigkeit des Eingriffs aufdrängen musste. Je nach der Zeitdauer der Schmerzen oder Leiden kann auch § 17 Nr. 2b erfüllt sein. – Ordnungswidrig nach § 18 Abs. 1 Nr. 7 i.V.m. § 5 Abs. 1 S. 2 handelt, wer als Nicht-Tierarzt ein warmblütiges Tier oder ein Amphibium oder Reptil betäubt oder daran mitwirkt (s. auch § 14 OWiG). – Entstehen dem Tier im Zusammenhang mit der Vorbereitung oder Durchführung des Eingriffs oder durch eine unterlassene oder unzureichende Nachbehandlung erhebliche Schmerzen oder Leiden, so kann ebenfalls § 18 Abs. 1 Nr. 1 verwirklicht sein; auch hier reicht Fahrlässigkeit aus. Bei Vorsatz kommen darüber hinaus § 17 Nr. 2a und 2b in Betracht. 18

§ 6 [Amputation]

(1) [1] Verboten ist das vollständige oder teilweise Amputieren von Körperteilen oder das vollständige oder teilweise Entnehmen oder Zerstören von Organen oder Geweben eines Wirbeltieres. [2] Das Verbot gilt nicht, wenn

1. der Eingriff im Einzelfall
   a) nach tierärztlicher Indikation geboten ist oder
   b) bei jagdlich zu führenden Hunden für die vorgesehene Nutzung des Tieres unerlässlich ist und tierärztliche Bedenken nicht entgegenstehen,
2. ein Fall des § 5 Abs. 3 Nr. 1, 1a oder 7 vorliegt,
3. ein Fall des § 5 Abs. 3 Nr. 2 bis 6 vorliegt und der Eingriff im Einzelfall für die vorgesehene Nutzung des Tieres zu dessen Schutz oder zum Schutz anderer Tiere unerlässlich ist,
4. das vollständige oder teilweise Entnehmen von Organen oder Geweben zum Zwecke der Transplantation oder des Anlegens von Kulturen oder der Untersuchung isolierter Organe, Gewebe oder Zellen erforderlich ist,

5. zur Verhinderung der unkontrollierten Fortpflanzung oder – soweit tierärztliche Bedenken nicht entgegenstehen – zur weiteren Nutzung oder Haltung des Tieres eine Unfruchtbarmachung vorgenommen wird.

[3]Eingriffe nach Satz 2 Nr. 1 und 5 sind durch einen Tierarzt vorzunehmen; Eingriffe nach Satz 2 Nr. 2 und 3 sowie Absatz 3 dürfen auch durch eine andere Person vorgenommen werden, die die dazu notwendigen Kenntnisse und Fähigkeiten hat. [4]Im Anschluss an die Kastration eines über sieben Tage alten Schweines sind schmerzstillende Arzneimittel einschließlich Betäubungsmittel bei dem Tier anzuwenden. [5]Für die Eingriffe nach Satz 2 Nr. 4 gelten die §§ 8b, 9 Abs. 1 Satz 1, 3 und 4, Abs. 2 mit Ausnahme des Satzes 3 Nr. 6, Abs. 3 Satz 1 sowie § 9a entsprechend. [6]Die Eingriffe sind spätestens zwei Wochen vor Beginn der zuständigen Behörde anzuzeigen. [7]Die Frist braucht nicht eingehalten zu werden, wenn in Notfällen eine sofortige Durchführung des Eingriffes erforderlich ist; die Anzeige ist unverzüglich nachzuholen. [8]Die in Satz 6 genannte Frist kann von der zuständigen Behörde bei Bedarf auf bis zu vier Wochen verlängert werden. [9]In der Anzeige sind anzugeben:

1. der Zweck des Eingriffs,
2. die Art und die Zahl der für den Eingriff vorgesehenen Tiere,
3. die Art und die Durchführung des Eingriffs einschließlich der Betäubung,
4. Ort, Beginn und voraussichtliche Dauer des Vorhabens,
5. Name, Anschrift und Fachkenntnisse des verantwortlichen Leiters des Vorhabens und seines Stellvertreters sowie der durchführenden Person und die für die Nachbehandlung in Frage kommenden Personen,
6. die Begründung für den Eingriff.

(2) Verboten ist, beim Amputieren oder Kastrieren elastische Ringe zu verwenden; dies gilt nicht im Falle des Absatzes 3 Nr. 3 oder des § 5 Abs. 3 Nr. 4.

(3) [1]Abweichend von Absatz 1 Satz 1 kann die zuständige Behörde

1. das Kürzen der Schnabelspitzen von Legehennen bei unter zehn Tage alten Küken,
2. das Kürzen der Schnabelspitzen bei Nutzgeflügel, das nicht unter Nummer 1 fällt,
3. das Kürzen des bindegewebigen Endstückes des Schwanzes von unter drei Monate alten männlichen Kälbern mittels elastischer Ringe

erlauben. [2]Die Erlaubnis darf nur erteilt werden, wenn glaubhaft dargelegt wird, dass der Eingriff im Hinblick auf die vorgesehene Nutzung zum Schutz der Tiere unerlässlich ist. [3]Die Erlaubnis ist zu befristen und hat im Falle der Nummer 1 Bestimmungen über Art, Umfang und Zeitpunkt des Eingriffs und die durchführende Person zu enthalten.

(4) Das Bundesministerium wird ermächtigt, durch Rechtsverordnung mit Zustimmung des Bundesrates die dauerhafte Kennzeichnung von Tieren, an denen nicht offensichtlich erkennbare Eingriffe vorgenommen worden sind, vorzuschreiben, wenn dies zum Schutz der Tiere erforderlich ist.

(5) Der zuständigen Behörde ist im Falle des Absatzes 1 Satz 2 Nr. 3 auf Verlangen glaubhaft darzulegen, dass der Eingriff für die vorgesehene Nutzung unerlässlich ist.

Übersicht

I. Grundsätzliches Verbot von Amputationen und Gewebestörungen nach Abs. 1 S. 1

Amputieren ist das Absetzen oder Abtrennen eines endständigen Körperteils oder Organabschnitts; dabei ist nicht erforderlich, dass sich der Körperteil außerhalb von Gelenken befindet (vgl. *Wiesner/Ribbeck*, „Amputation"; *L/M* § 6 Rn. 5). Teilweises Amputieren ist die Entfernung eines Teils davon (vgl. *Lorz* § 6 Rn. 4). – Ein **Organ** ist ein aus Zellen und Geweben zusammengesetzter, eine funktionelle Einheit bildender Teil des Organismus (*Roche*, „Organum"). Vollständig zerstört ist es, wenn infolge der Einwirkung seine Funktion aufgehoben wurde; eine teilweise Zerstörung liegt vor, wenn seine Funktion beeinträchtigt oder gemindert ist. – Unter **Gewebe** versteht man einen durch spezifische Leistungen gekennzeichneten Verband gleichartig entwickelter Zellen (*Roche*, „Gewebe"). Da das Verbot auch die nur teilweise Entnahme oder Zerstörung von Geweben erfasst, wird es am besten als „Verbot der Gewebestörung" beschrieben (*L/M* § 6 Rn. 6). Verboten ist bereits das Entnehmen oder Zerstören einzelner Zellen, sofern dadurch die Funktion des ganzen Zellverbandes (= Gewebes) beeinträchtigt wird. Welches die Funktion (= spezifische Leistung) des von dem Eingriff betroffenen Zellverbands ist, richtet sich ausschließlich nach der Biologie des Tieres und nach seinem Verhalten unter natürlichen oder naturnahen Bedingungen, und nicht etwa danach, welcher Nutzzweck ihm vom Menschen zugedacht worden ist. – Beispiele hierfür: Da die Hörner des Rindes als Mittel zur Festlegung und Aufrechterhaltung der sozialen Rangordnung und als Angriffs- oder Verteidigungsmittel dienen, liegt eine Gewebestörung vor, wenn sie so weit entfernt werden, dass sie eine dieser Funktionen nicht mehr vollständig ausfüllen können; ein geringfügiges Abschleifen ist demnach keine Gewebestörung. Das Kürzen von Krallen, Klauen, Federn oder Haaren ist demnach nur dann keine Gewebestörung, wenn die betreffenden Teile rasch wieder nachwachsen und in der Zwischenzeit biologische und ethologische Funktionen nicht oder nur unwesentlich beeinträchtigt sind. 1

Zweck der Vorschrift ist der Schutz der Unversehrtheit. Der Begriff „Gewebestörung" ist daher weit auszulegen, wie insbesondere auch aus dem durch Abs. 1 S. 2 Nr. 2 in Bezug genommenen § 5 Abs. 3 Nr. 7 hervorgeht, der teilweise harmlose Kennzeichnungsformen beschreibt. Gewebestörungen sind u. a. alle in Abs. 1, Abs. 2 und Abs. 3 beschriebenen Eingriffe. Weitere Beispiele: Das Entfernen von Krallen (weil Funktionsverlust); das Kupieren von Ohren oder Schwänzen bei Hunden (denn bei teilweisen Amputationen kommt es auf das Merkmal des Funktionsverlusts nicht an, s. Rn. 1); das Kürzen von Kämmen oder Schnäbeln; die Lochung oder Kerbung von Ohren; das Einziehen von Rüsselringen und -klammern beim Schwein (weil dadurch der Wühlvorgang schmerzhaft und mithin eine Funktion des Rüssels beeinträchtigt wird, vgl. *Petermann* AtD 1999, 34 ff.); das teilweise Amputieren der Flügel bei Stelzvögeln im Zoo, um die Flugfähigkeit zu beeinträchtigen (vgl. *Fikuart* AtD 1998, 37, 38); das Herbeiführen von Flugunfähigkeit bei Papageien; das Entfernen der „Stinkdrüsen" bei Frettchen oder Stinktieren, um sie für die Heimtierhaltung geeignet zu machen; der „Kaiserschnitt" beim Stör (s. auch Anh. zu § 2 Rn. 103). 2

3 Der **Anwendungsbereich** ist wie folgt zu definieren: Das Verbot in § 6 betrifft nur Wirbeltiere (s. § 4 Rn. 1). Wirbellose sind aber durch § 1 S. 2 und durch § 18 Abs. 2 geschützt, denn Amputationen und Gewebestörungen fügen dem Tier häufig einen Schaden zu (s. § 1 Rn. 24) und bedürfen dann zur Rechtfertigung eines vernünftigen Grundes. – Bezweckt die Maßnahme die unmittelbare Herbeiführung des Todes des Tieres, so richtet sich ihre Zulässigkeit nicht nach § 6, sondern nach den §§ 1 S. 2, 17 Nr. 1 und §§ 4ff. – Werden mit dem Eingriff hauptsächlich Zwecke iS des § 6a verfolgt, also Erkenntnisgewinn, Lehre oder biotechnische Produktion, so richten sich sowohl das „Ob" als auch das „Wie" nach den §§ 7ff.

4 Die Zulässigkeit, d.h. das „Ob" von Amputationen und anderen Gewebestörungen bei Wirbeltieren ist in § 6 **abschließend geregelt** (vgl. *L/M* § 6 Rn. 9). Das bedeutet: Ist eine (Teil-)amputation oder sonstige Gewebestörung beabsichtigt, so darf sie nur durchgeführt werden, wenn sie in Abs. 1 S. 2 oder in Abs. 3 vorgesehen ist und die dort genannten Zulässigkeitsvoraussetzungen vollständig erfüllt sind. Andere, hier nicht vorgesehene Gewebestörungen sind unzulässig, ebenso Störungen, für die es an einer der gesetzlichen Voraussetzungen fehlt (vgl. *Kluge/Hartung* § 6 Rn. 2). Sie können weder durch die Berufung auf einen angeblich vernünftigen Grund gerechtfertigt werden noch damit, sie seien nicht schmerzhafter als die zugelassenen (vgl. BVerwG vom 21. 7. 1995, Buchholtz 41 8.9 Nr. 7). Dass sie der Haltungserleichterung dienen sollen, ist ebenfalls keine Rechtfertigung, und erst recht nicht das Argument, das Tier „brauche" das betreffende Körperteil oder Organ nicht (vgl. OVG Münster Rd L 1995, 46; vgl. auch DTBl. 2002, 803: Teilamputieren des Flügels oder Kupieren der Schwungfedern bei Vögeln, um das Wegfliegen zu verhindern, ist gesetzwidrig; VG Oldenburg vom 26. 3. 1992, 2 A 256/89: Ohrkerbung zum Zweck der Kennzeichnung von Lämmern ist gesetzwidrig; *Fincke* AtD 2004, 181ff.: Schwanzamputation von Milchkühen verstößt sowohl gegen § 6 als auch gegen § 17 Nr. 2b). Zur Vereinbarkeit des Verbots mit Art. 12 GG vgl. BVerfG NJW 1999, 3702.

II. Ausnahmen nach Abs. 1 S. 2 Nr. 1 lit. a und b

5 **Tierärztliche Indikation im Einzelfall** (Nr. 1 lit. a). Indikation ist ein Rechtfertigungsgrund für die Durchführung gezielter diagnostischer, therapeutischer und prophylaktischer Maßnahmen und Verfahren bei einer Erkrankung (*Wiesner/Ribbeck,* „Indikation"). Die Ausnahme nach Nr. 1 lit. a setzt also grundsätzlich das Bestehen einer Erkrankung des Tieres voraus (vgl. auch *Roche,* Indikation: Es muss bereits ein „Patient" vorhanden sein). Denkbarer Anlass ist darüber hinaus auch ein Zustand, der sich zwar noch nicht zu einem konkreten Krankheitsbild verdichtet hat, der aber, wenn nichts geschieht, den unmittelbar bevorstehenden Eintritt einer Erkrankung sicher oder doch höchstwahrscheinlich erscheinen lässt und deshalb sofortiges prophylaktisches Handeln erfordert. – Keine Indikation im Einzelfall liegt vor, wenn es nur um die Bekämpfung denkbarer, künftiger Erkrankungen oder Verletzungen geht (solche Maßnahmen sind zT in Abs. 1 S. 2 Nr. 3 und in Abs. 3 geregelt). Erst recht keine Indikation ist gegeben, wenn hauptsächlich Erleichterungen für die Haltung oder Nutzung angestrebt werden (vgl. insbesondere Abs. 1 S. 2 Nr. 2, 3 und 5 sowie Abs. 3). – Einzelfälle: Kupieren der Ohren eines Hundes, um eine denkbare Otitis auszuschließen: keine Indikation, u.a. mangels ausreichender Gefahrennähe. Entfernen von Flugfedern, Krallen, Teilen des Schnabels oder des Stimmorgans bei Papageien, um eine Wohnungshaltung zu ermöglichen: keine Indikation (vgl. *Kummerfeld* in: *Sambraus/Steiger* S. 376). Kürzen der Schweifrübe beim Pferd: Indikation nur bei bereits eingetretener Erkrankung, nicht dagegen zur Behebung einer bloßen „Untugend" (vgl. auch das Verbot in Art. 66 lit. d Schweizer Tierschutzverordnung). Neurektomie bei Pferden: Indikation allenfalls denkbar, wenn sichergestellt ist, dass das Pferd anschließend nur noch solchen Belastungen ausgesetzt wird, die seinem

Grundleiden angepasst sind, zB für gelegentliches Spazierenreiten; keine Indikation, wenn es weiter im Sport eingesetzt werden soll; in diesem Fall steht die Neurektomie sogar dem Doping gleich, weil sie eine unnatürliche, regelwidrige Beeinflussung der Leistungsfähigkeit anstrebt und der Halter außerdem den beschleunigten Verschleiß seines Tieres in Kauf nimmt (vgl. *Pick,* Neurektomie und Tierschutz in: TVT-Merkblatt Nr. 19). Für das Enthornen oder das Verhindern des Hornwachstums bei Ziegen gibt es keine medizinische Indikation (s. Anh. zu § 2 Rn. 60). Zum Absetzen der Wolfskralle bei Hunden vgl. *Kluge/Hartung* § 6 Rn. 3. Kastration zur Steigerung der Leistungsfähigkeit oder zur Beeinflussung der Fleischqualität: Keine Indikation (Ausnahmen aber nach Abs. 1 S. 2 Nr. 2 i. V.m. § 5 Abs. 3 Nr. 1 und 1a). Kürzen von Flügeln bei Stubenvögeln oder Vögeln in Freianlagen: Keine Indikation, da hauptsächlich eine Haltungserleichterung angestrebt wird und außerdem bei künstlich herbeigeführter Flugunfähigkeit Verhaltensstörungen sowie Störungen beim Balancieren und Klettern zu befürchten sind (vgl. *Korbel/Kösters* Tierärztl. Praxis 1989, 380ff.). Amputation von Kämmen u. Ä. bei Rassegeflügel wegen Verletzungsgefahr bei Kämpfen: Keine Indikation. – Selbstverständlich prüft der Tierarzt bei Vorliegen einer Indikation auch, ob der Nutzen des gewünschten Eingriffs den Schaden überwiegt und ob, falls mehrere Mittel zur Verfügung stehen, das schonendste gewählt ist (Grundsatz der Verhältnismäßigkeit).

Die Ausnahme für **jagdlich zu führende Hunde** (Nr. 1 lit. b) betrifft vornehmlich das Kürzen der Rute. Voraussetzung für eine Zulässigkeit ist zunächst der Nachweis, dass der zu kupierende Hund später jagdlich geführt werden soll; dazu sollten die Vorlage von Bescheinigungen über Brauchbarkeitsprüfungen beider Elternteile sowie des Jagdscheins des Besitzers gefordert werden (vgl. *Hackbarth/Lückert* B VI 2.2). Die im Einzelfall festzustellende Unerlässlichkeit (= unbedingte Notwendigkeit) wird damit begründet, dass sonst die Wahrscheinlichkeit bestehe, dass es bei der Tätigkeit im Dickicht oder Schilf zu erheblichen Verletzungen und/oder Entzündungen des Schwanzes kommen werde. Der Tierarzt, dem nach Abs. 1 S. 3 die Entscheidung über den Eingriff obliegt, muss aber prüfen, ob nicht eine schonendere Alternative zur Abwendung dieser Gefahr zur Verfügung steht und – vor allem – ob die Gefahr so groß ist, dass sie den mit der Teilamputation verbundenen Schaden überwiegt (instrumentelle bzw. finale Unerlässlichkeit). An diesem notwendigen Nutzen-Schaden-Übergewicht bestehen erhebliche Zweifel. Dagegen spricht, dass der Hund den Schwanz als Steuerungsinstrument und Balancierstange beim Laufen und Springen sowie als Mittel zur artgemäßen Kommunikation mit den Artgenossen und dem Menschen benötigt; wer also einen Hund schwanzkupiert, macht ihn damit teilweise „sprachlos“ und schädigt ihn schwer (vgl. TVT-Merkblatt Nr. 63). Unter schwanzkupierten Hunden finden folglich deutlich mehr agonistische Auseinandersetzungen statt. Fragwürdig erscheint ein Übergewicht des Nutzens auch, wenn man bedenkt, dass manche Jagdhunderassen regelmäßig kupiert werden, andere dagegen nie, obwohl sie ebenso für das Aufbringen von Wild im Unterholz eingesetzt werden (vgl. *Feddersen-Petersen* in: *Sambraus/Steiger* S. 267). Nach einer schwedischen Untersuchung kommt es bei unkupierten Hunden nur sehr selten zu erheblichen Schwanzverletzungen (vgl. *Kluge/Hartung* § 6 Rn. 5). Auffällig ist auch, dass vorwiegend kurzhaarige Jagdhunderassen (zB Deutsch Drahthaar oder Deutsch Kurzhaar) kupiert werden, nicht dagegen langhaarige (wie Deutsch Langhaar), bei denen ein amputierter Schwanz zu einem optisch gewöhnungsbedürftigen Erscheinungsbild führen würde; das legt nahe, dass der Grund für das Schwanzkupieren insgesamt eher kosmetischer Natur ist und die Maßnahme somit gegen das Gesetz verstößt (vgl. *Schimanski* AtD 2005, 99). Die Niedersächsische Tierärztekammer hält angesichts der Erfahrungen, die mit nicht-kupierten Jagdhunden gemacht worden sind, die Unerlässlichkeit für „praktisch nicht gegeben“ (DTBl. 1999, 307, 308). In die gleiche Richtung weist die Tierschutzverordnung der Schweiz, die in Art. 66 lit. h das Kupieren der Rute bei Hunden ausnahmslos verbietet. 6

III. Ausnahmen für das Kastrieren und das Kennzeichnen nach Abs. 1 S. 2 Nr. 2

7 Das **routinemäßige Kastrieren** von unter acht Tage alten männlichen Ferkeln steht nicht in Einklang mit dem Grundsatz der Verhältnismäßigkeit. Unverhältnismäßig ist der Eingriff bei Schweinen, deren Schlachtung bereits mit 100 kg Körpergewicht oder weniger beabsichtigt ist, weil dann mangels Geschlechtsreife kein Ebergeruch im Fleisch zu befürchten ist. Überdies müsste geprüft werden, ob für die Vermeidung von Ebergeruch im Schlachtfleisch nicht tierschonendere Alternativen zur Verfügung stehen (vgl. *Buchholtz, Lambooij, Maisack* et al. Der Tierschutzbeauftragte 2/01 S. 1, 4). Es wird an Tests gearbeitet, mit denen sich Ebergeruchsstoffe nachweisen lassen. – Soweit die Anwendung von schmerzstillenden Arzneimitteln in S. 4 auf Tiere über sieben Tage beschränkt wird, steht dies in Widerspruch zu den Erkenntnissen und Empfehlungen des EU-SVC-Reports Schweine (vgl. Schlussfolgerung Nr. 37 und Empfehlung Nr. 38, wo die Verabreichung schmerzstillender Mittel und genügend lang wirkender Analgetika unabhängig vom Alter der kastrierten Tiere gefordert wird; s. auch § 5 Rn. 16). – Bei Schafen und Ziegen sehen die Empfehlungen des St. Ausschusses vor, Kastrationen grundsätzlich zu vermeiden (Art. 30 Abs. 3 S. 1 der Empfehlung „Schafe" und Art. 28 Abs. 3 S. 4 der Empfehlung „Ziegen"). Auch damit steht routinemäßiges Kastrieren nicht in Einklang. – Elastische Ringe dürfen bei Kastrationen niemals eingesetzt werden (s. Abs. 2).

8 Zu den **Kennzeichnungsmethoden, die nach Abs. 1 S. 2 Nr. 2 i. V. m. § 5 Abs. 3 Nr. 7 zulässig sind,** s. § 5 Rn. 14. – Kennzeichnungen, die mit einer Gewebestörung verbunden sind, müssen darüber hinaus auf ihre Vereinbarkeit mit dem Verhältnismäßigkeitsgrundsatz geprüft werden. Daran fehlt es stets, wenn aufgrund der angewandten Methode erhebliche oder zwar nur „einfache", jedoch länger anhaltende Schmerzen, Leiden oder Schäden zu erwarten sind, weil dann der Nutzen der Maßnahme nicht mehr ihren Schaden überwiegt (Verhältnismäßigkeit ieS); aber auch „einfache", vorübergehende Schmerzen oder Leiden sind rechtswidrig, wenn andere zielführende Methoden zur Verfügung stehen, die mit weniger Belastung für das Tier verbunden sind, mögen sie auch zu mehr Kosten oder einem höheren administrativen oder materiellen Aufwand führen (Erforderlichkeit; zum Ganzen vgl. *Hartmann/Kummerfeld/Richter* AtD 1997, 259 ff.). Diese Grundsätze gelten nicht nur für Kennzeichnungen nach § 5 Abs. 3 Nr. 7, sondern (entsprechend dem Gebot zu verfassungskonformer Auslegung im Licht von Art. 20 a GG) auch dort, wo andere Spezialvorschriften Rechte oder Pflichten zur Kennzeichnung von Tieren begründen: Vgl. zB die Kennzeichnung bestimmter Versuchstiere nach § 11 a Abs. 2; Kennzeichnungen aus Gründen des Natur- und Artenschutzes nach den §§ 12, 13 BArtSchV und nach Art. 36, 37 der EG-DurchführungsVO vom 26. 5. 1997 zur EG-ArtenschutzVO (ABl. EG Nr. L 140 S. 9; näher *Adams* NuR 1998, 14, 16); Kennzeichnungen aus tierseuchenrechtlichen Gründen nach der Viehverkehrsverordnung. – Ob der durch das ÄndG 1998 in § 5 Abs. 2 Nr. 7 ausdrücklich zugelassene Schenkelbrand bei Pferden diesen Anforderungen genügt, ist fraglich (zweifelnd *L/M* § 6 Rn. 15). Bei diesem Verfahren wird ein rotglühendes, etwa 800°C heißes Eisen ein bis zwei Sekunden lang auf die vorgesehene Körperstelle gedrückt. Dem Fohlen entstehen dadurch Schmerzen, was u. a. anhand der Dauer der Ausweichreaktion, seiner erhöhten Herzfrequenzwerte und des an der Brandstelle noch nach einer Woche feststellbaren Wundbereichs sowie der noch nach zwei Wochen feststellbaren lokalen Temperaturerhöhung feststellbar ist (vgl. *Pollmann* TU 1998, 183–186). An der Erforderlichkeit dieser schmerzverursachenden Maßnahme fehlt es, da die Kennzeichnung durch Transponder heute sicherer, effektiver und mit deutlich weniger Schmerzen verbunden ist: Bei durch Brand gekennzeichneten Pferden ist die das Individuum kennzeichnende Nummer in vielen Fällen nicht vollständig und zweifelsfrei abzulesen, während sich bei Transponderkennzeichnung wesentlich weniger Zweifel bei der Identifizierung ergeben; kompatible Lesegeräte sind mittlerweile weit verbreitet; Transponderkennzeichnung ist wesentlich weniger belastend, wie u. a. aus

der kürzeren Dauer der Ausweichreaktion, der signifikant niedrigeren Herzfrequenzwerte und dem Fehlen grobsinnlich erkennbarer pathologischer Veränderungen hervorgeht (vgl. *Pollmann* aaO mit der zutreffenden Schlussfolgerung: „Es besteht der Eindruck, dass derzeit die Vorteile der Brandkennzeichnung in gleichem Maße überbewertet werden wie die Nachteile der Transponderkennzeichnung. Die Verantwortlichen sollten darauf achten, dass im Eifer der Erhaltung einer alten Tradition der wahre Zweck der Kennzeichnung nicht in Vergessenheit gerät"; im Ergebnis ebenso *Steinigeweg* AtD 1998, 174; vgl. auch *Hartmann/Kummerfeld/Richter* AtD 1997, 259, 265: Danach erfüllt der Heißbrand die für eine Kennzeichnung maßgebenden Kriterien der Unverfälschbarkeit und der Unverwechselbarkeit allenfalls mäßig, der Transponder dagegen sicher). Sowohl die BTK als auch die TVT haben deshalb die Deutsche Reiterliche Vereinigung aufgefordert, auf die neuzeitliche Methode der Transponder-Kennzeichnung umzustellen und auf den Heißbrand zu verzichten (*Steinigeweg* aaO mN; aA noch LG Freiburg NuR 1996, 370, doch dürften die dort gegen die Transponder-Methode geäußerten Bedenken seit Inkrafttreten neuer ISO-Normen überholt sein). – Der Kaltbrand führt zu Schädigungen, die denen des Heißbrandes vergleichbar sind. – Bei kleineren Tieren, insbesondere Reptilien und Vögeln, können Implantate zu erheblichen Schäden führen (Papageien sollen durch implantierte Transponder so irritiert worden sein, dass sie sich den Brustmuskel mit dem Schnabel aufgerissen haben, um den Fremdkörper wieder zu entfernen; vgl. *Hartmann/Kummerfeld/Richter* AtD 1997, 259, 266). Nach einer Expertengruppe des BMELV sollten, sofern die Kennzeichnung durch Mikrochip als solche erlaubt ist, folgende Bedingungen eingehalten werden: Einsetzung nur durch einen fachkundigen Tierarzt oder Biologen; betäubungsloses Einsetzen bei Vögeln und Reptilien nie, sonst allenfalls bei Tieren mit Gewicht > 1000 g; genereller Verzicht bei einem Körpergwicht < 200 g, bei Schildkröten < 500 g; keine Implantate bei Vögeln (näher *Adams* NuR 1998, 14, 17; vgl. auch BMELV-Tierschutzbericht 2003 S. 68). – Zur Kennzeichnung von Freilandrindern, -schafen und -ziegen mit den üblichen Ohrmarken s. § 5 Rn. 14. – Gewebestörende Kennzeichnungen, die nicht in § 5 Abs. 3 Nr. 7 geregelt sind, sind wegen der abschließenden Regelung des § 6 (s. Rn. 4) grundsätzlich verboten, es sei denn, sie wären in anderen Spezialgesetzen vorgesehen.

IV. Ausnahmen nach Abs. 1 S. 2 Nr. 3 i. V. m. § 5 Abs. 3 Nr. 2–6

Es gilt der **Grundsatz der Unerlässlichkeit.** Für alle Eingriffe iS von § 5 Abs. 3 Nr. 2–6 9
gilt, dass sie im Einzelfall für die vorgesehene Nutzung des Tieres zu dessen Schutz oder zum Schutz anderer Tiere unerlässlich sein müssen. „Unerlässlich" bedeutet „unbedingt notwendig". Mit der Einfügung dieses Begriffes durch das ÄndG 1986 wollte der Gesetzgeber klarstellen, „dass Tiere nicht durch Vornahme einer Amputation einem vielleicht aus betriebswirtschaftlichen Gründen zweckmäßigen Haltungssystem angepasst werden dürfen, sondern dass mit Vorrang die Haltungsbedingungen verbessert werden müssen" (BT-Drucks. 10/3158 S. 21). Entsprechend dazu ist in den neueren Empfehlungen des St. Ausschusses zum ETÜ stets die Rede von dem nötigen „Bewusstsein, dass Umgebung und Betreuung den biologischen Erfordernissen der Tiere entsprechen müssen, anstatt zu versuchen, die Tiere der Umgebung zB durch Eingriffe ‚anzupassen'„ (so u. a. die Präambel der Empfehlungen für Haushühner, Pekingenten, Moschusenten, Hausgänse, Straußenvögel, Pelztiere). – Es bedarf deshalb einer Einzelfallprüfung durch die nach § 15 zuständige Behörde, ob die beabsichtigte Teilamputation unbedingt notwendig ist, um im Rahmen der vorgesehenen Nutzung das Tier selbst oder andere Tiere vor Krankheiten oder Verletzungen zu schützen. Die Behörde sollte sich dabei folgende Fragen stellen: **1.** Welche Verletzungen oder Krankheiten drohen, wenn auf den Eingriff verzichtet wird? **2.** Welches sind die für diese Gefahr ursächlichen Faktoren, insbesondere in den Bereichen ‚Ernährung', ‚Pflege' und ‚Unterbringung'? **3.** Hat der Halter glaubhaft gemacht,

diese Faktoren so weit wie möglich (und nicht nur so weit wie betriebswirtschaftlich zweckmäßig) verbessert zu haben? (vgl. auch Abs. 5: Die Behörde kann die Vorlage von Augenscheinsobjekten wie Fotos und Filmen, von Urkunden, von eidesstattlichen Versicherungen und von Sachverständigengutachten verlangen; die Auskünfte und Belege kann sie sowohl formlos als auch mittels förmlichen Verwaltungsakts einfordern; vgl. *Kluge/Hartung* § 6 Rn. 11) **4.** Hat der Halter darüber hinaus glaubhaft gemacht, dass die Gefahr dennoch fortbesteht sowie dass **5.** die drohenden Krankheiten oder Verletzungen schwerer wiegen als die beabsichtigte Teilamputation?

10 Beim **Enthornen oder Verhindern des Hornwachstums bei Kälbern** (vgl. § 5 Abs. 3 Nr. 2) geht es darum, die Unfallgefahr für das Betreuungspersonal zu mindern und Dauerstress und Verletzungen, die bei Rindern durch nicht ausreichende Ausweichmöglichkeiten in der Laufstallhaltung entstehen können, zu vermeiden (s. Rn. 9 Ziff. 1). Es spricht einiges dafür, dass man diesen Gefahren auch durch ein genügendes Platzangebot (insbesondere Laufgangbreiten von mindestens 4 m, Vermeidung von Sackgassen, mäßige Besatzdichten) begegnen könnte, in Verbindung mit einer ausreichenden Anzahl von Liegeboxen, Futter- und Tränkstellen (s. Rn. 9 Ziff. 2 und 3). Gleichwohl wird das Enthornen für vertretbar gehalten, wenn die Kälber später in Laufställen der heute üblichen Art gehalten werden sollen und der Eingriff unter Betäubung mittels Brennen oder fachgerechter Anwendung des Enthorners nach Roberts (und nicht mit Ätzpasten oder Heißluftgeräten) vorgenommen wird (vgl. TVT-Merkblatt Nr. 13; vgl. auch *Sambraus* in: *Sambraus/Steiger* S. 122; *Menke/Waiblinger/Fölsch* in: KTBL-Schrift 370 S. 107–116; *Taschke/Fölsch* in: KTBL-Schrift 370 S. 52–62. Vgl. auch Anlage 2 Nr. 2.8.1 der 1. Tierhaltungsverordnung Österreichs: betäubungsloses Enthornen nur bei bis zu zwei Wochen alten Tieren und mit einem Brennstab, der über eine exakte Zeitsteuerung sowie eine automatische Abschaltung des Brennvorgangs verfügt; vgl. *Binder* S. 174). Dagegen ist das Enthornen von Rindern in anderen Haltungsformen, insbesondere bei Anbindehaltung, unzulässig, da der Eingriff hier nur der Intensivierung der Haltung dient und nicht als unerlässlich für den Schutz der Tiere angesehen werden kann. – Zur Betäubung s. § 5 Rn. 9.

11 Mit dem **Schwanzkürzen bei Ferkeln** (vgl. § 5 Abs. 3 Nr. 3) soll dem Schwanzbeißen entgegengewirkt werden (s. Rn. 9 Ziff. 1). Zu den ursächlichen Faktoren sagt die EU-Kommission: „Wenn Schweine ausreichend und angemessen gefüttert und getränkt, mit Stroh oder anderer Einstreu oder Erde zum Wühlen versorgt und nicht zu dicht gehalten werden, ist ein Kupieren der Schwänze nicht erforderlich" (Mitteilung der Kommission über bestimmte Aspekte des Schutzes von Schweinen in Intensivhaltung 2001, 2.3; vgl. auch EU-SVC-Report Schweine 4.5.2). Schweine besitzen einen angeborenen Antrieb zum Erkunden, zum Rütteln und Wühlen und zum Beißen und Kauen. In einstreulosen Buchten aus Stahl und Beton gibt es aber nichts, was diese Tätigkeiten ermöglichen würde, und wegen des breiförmigen Futters wird nicht einmal der Trieb zum Beißen und Kauen ausreichend abgebaut. Als Folge davon benutzen die Tiere den Schwanz der Stallgefährten als Objekt zum Erkunden, Rütteln und Beißen und die Bauchdecke als Objekt zum Wühlen (s. Rn. 9 Ziff. 2). Um die ursächlichen Faktoren hinreichend sicher auszuschalten, wären erforderlich: Stroheinstreu im Liegebereich, die regelmäßig erneuert wird; zusätzliches Material zur Beschäftigung und zum Kauen, insbesondere Raufutter (Stroh, Heu, Silage); Schaffung ausreichender Möglichkeiten zu gleichzeitiger Futteraufnahme (s. auch § 2 Rn. 13 und 16); niedrige Schadgaskonzentrationen (s. Rn. 9 Ziff. 3). Das Schwanzbeißen bildet einen Indikator dafür, dass die Umgebung des Tieres nicht stimmt und dass sowohl das gebissene als auch das beißende Tier leiden (vgl. EU-SVC-Report aaO; vgl. auch *Grauvogl* AtD 1998, 52: „Notschreie der Kreatur"). Umgekehrt ist „der heile Schwanz bei Rind und Schwein das beste Anzeichen einer heilen Umwelt" (*Grauvogl* aaO). Unerlässlich kann damit nicht die Amputation dieses Indikators sein, sondern allein die Beseitigung der Ursachen der Störung. Hinzu kommt, dass das Schwanzkürzen wegen der bis zur Schwanzspitze reichenden Innervierung schmerzhaft ist und bei einem

Teil der Tiere zur Bildung von Neuromen und dadurch zu zusätzlichen anhaltenden Schmerzen führt (EU-SVC-Report Schweine, Schlussfolgerung Nr. 39). Um die vom Gesetz gewollte Einzelfallprüfung zu ermöglichen, müsste der Eingriff außerdem unter einen behördlichen Genehmigungsvorbehalt gestellt werden. – In der jetzigen Wortfassung verstößt Nr. 3 gegen die Richtlinie 2001/93/EG, Anhang, Kap. I Nr. 8. Dort ist bestimmt: „Ein Kupieren der Schwänze oder eine Verkleinerung der Eckzähne dürfen nicht routinemäßig und nur dann durchgeführt werden, wenn nachgewiesen werden kann, dass Verletzungen am Gesäuge der Sauen oder an den Ohren anderer Schweine entstanden sind. Bevor solche Eingriffe vorgenommen werden, sind andere Maßnahmen zu treffen, um Schwanzbeißen und andere Verhaltensstörungen zu vermeiden, wobei die Unterbringung und Bestandsdichte zu berücksichtigen sind. Aus diesem Grund müssen ungeeignete Unterbringungsbedingungen oder Haltungsformen geändert werden.“ Damit bestehen nach dem EU-Recht für das Schwanzkürzen (und ebenso für das Abschleifen der Eckzähne, s. Rn. 13) zwei zwingende Voraussetzungen, nämlich **1.** vorherige Maßnahmen zur Verbesserung der Haltungsbedingungen und **2.** das Vorliegen konkreter Verletzungen bei anderen Tieren. Der Gesetzeswortlaut müsste diesen Anforderungen der Richtlinie angepasst werden. Bis dahin ist eine richtlinienkonforme Auslegung geboten, d. h.: Kürzen der Schwänze und Abschleifen der Eckzähne dürfen nicht routinemäßig und nicht ohne den Nachweis vorheriger Verbesserung der Haltungsbedingungen (zB durch Senkung der Besatzdichte und Schaffung von Rückzugs- und Beschäftigungsmöglichkeiten) und dennoch aufgetretener Verletzungen bei anderen Tieren zugelassen werden (vgl. Schreiben des Ministeriums für Umwelt, Naturschutz und Landwirtschaft Schleswig-Holstein an das BMELV vom 31. 3. 2005, V 741–7220.110.3)

Das **Schwanzkürzen bei Lämmern** (vgl. § 5 Abs. 3 Nr. 3 und 4) „sollte vermieden 12
werden“, so der St. Ausschuss in seiner Empfehlung für das Halten von Schafen Art. 30 Abs. 3. Dies gilt unabhängig davon, ob es mit elastischen Ringen oder anders erfolgt. In jedem Fall muss der gekürzte Schwanz noch so lang sein, dass er beim Bock den After und beim weiblichen Tier zusätzlich die Vulva bedeckt (Empfehlung Art. 30 Abs. 2 lit. b; vgl. auch *Buchenauer* in: *Sambraus/Steiger* S. 140).

Durch das **Abschleifen der Eckzähne von Ferkeln** (§ 5 Abs. 3 Nr. 5) sollen Verletzun- 13
gen des Muttertieres und der Wurfgeschwister durch Bissverletzungen verhindert werden (s. Rn. 9 Ziff. 1). Ursächlich für diese Gefahr kann u. a. sein, dass die in der Abferkelbucht fixierte Muttersau ihren Liegebereich nicht verlassen und ihr Gesäuge den Ferkeln nicht zeitweise entziehen kann (s. Rn. 9 Ziff. 2 und 3). Offenbar besteht dagegen kaum eine Verletzungsgefahr, wenn den Tieren genügend Raum zum Ausweichen zur Verfügung gestellt wird (EU-SVC-Report Schweine 4.5.3). Bei der notwendigen Nutzen-Schaden-Abwägung muss auch bedacht werden, dass durch das Abschleifen innerviertes Dentin freigelegt wird und den Tieren hierdurch Schmerzen entstehen, die Stunden, aber auch Tage andauern können. Die Vorteile des Eingriffs sind demgegenüber relativ gering (EU-SVC-Report aaO; zum Verstoß gegen die Richtlinie 2001/93/EG, Anhang, Kap. I Nr. 8 s. Rn. 11).

Zum **Absetzen des krallentragenden letzten Zehengliedes bei Masthahnenküken** s. 14
§ 5 Rn. 13.

V. Organ- oder Gewebeentnahmen zum Zwecke der Transplantation o. Ä. nach Abs. 1 S. 2 Nr. 4, S. 4–8

Die Regelung hat folgenden **Anwendungsbereich:** Dient die Organ- oder Gewebeent- 15
nahme einem der in § 6a genannten Zwecke – also entweder dem Erkenntnisgewinn zu einem noch nicht hinreichend gelösten wissenschaftlichen Problem (vgl. BMELV Tierschutzbericht 2001, XIV 1.3) oder der Lehre oder der biotechnischen Produktion – so richten sich Genehmigungspflicht, Zulässigkeit und einzuhaltendes Verfahren nicht nach § 6,

sondern nach § 7 bzw. § 10 bzw. § 10a. Dies gilt auch dann, wenn die Gewebeentnahme die wissenschaftliche Erkenntnissuche nur vorbereiten soll, denn für einen Tierversuch ist nicht erforderlich, dass Eingriff und Erkenntnissuche in einer Handlung zusammenfallen, sondern nur, dass beide Teilakte von einer einheitlichen wissenschaftlichen Zielsetzung umklammert und dadurch zu einer intentionalen Einheit verbunden sind (vgl. *Caspar* Tierschutz S. 436, 443). § 6 Abs. 1 S. 2 Nr. 4 regelt deshalb grundsätzlich nur solche Organ- und Gewebeentnahmen, die zu medizinischen Zwecken, also zur Heilung eines Menschen oder eines (anderen) Tieres erfolgen (vgl. *L/M* § 6 Rn. 24, 25; *Kluge/Hartung* § 6 Rn. 6; vgl. auch BT-Drucks. 13/7015 S. 42, wo davon ausgegangen wird, „dass die in § 6 legitimierten Eingriffe an Wirbeltieren grundsätzlich nicht im Zusammenhang mit wissenschaftlicher Betätigung stehen"). Allerdings: Wenn mit dem entnommenen Gewebe die Herstellung einer Zell-, Gewebe- oder Organkultur bezweckt wird, um damit später Versuche am Ganztier zu ersetzen, und wenn zum Zeitpunkt der Entnahme noch nicht klar ist, welche wissenschaftliche Fragestellung damit beantwortet werden soll, so stellt diese Entnahme noch keinen Tierversuch iS von § 7 Abs. 1 dar; sie fällt deswegen ebenfalls unter § 6 (vgl. BT-Drucks. 10/3158 S. 21; *Kluge/Hartung* § 6 Rn. 6).

16 Die Maßnahme muss **erforderlich** sein. Der Eingriff kann nur zulässig sein, wenn die beabsichtigte Transplantation (d.h. die medizinisch begründete Verpflanzung eines Organs oder Gewebes auf ein anderes Tier oder auf einen Menschen) oder das beabsichtigte Anlegen der Kultur usw. der Heilung eines erkrankten oder verletzten Menschen oder Tieres dienen und wenn dafür ein anderes, milderes (d.h. tierschonenderes) Mittel nicht zur Verfügung steht. Zur Erforderlichkeit in diesem Sinne gehört auch die Verhältnismäßigkeit ieS, d.h. das Bestehen eines Nutzen-Schaden-Übergewichts, das deshalb ebenfalls festgestellt werden muss (vgl. *L/M* § 6 Rn. 26).

17 Hinzukommen muss gemäß S. 5 i.V.m. § 9 Abs. 2, dass der Eingriff **unerlässlich** ist, d.h. „es muss gewiss sein, dass in anderer Weise nicht vorgegangen werden kann" (BT-Drucks. 10/3158 S. 25). Daran fehlt es, wenn nach dem Stand wissenschaftlicher Erkenntnisse die ernsthafte Möglichkeit besteht, den angestrebten Diagnose- oder Therapieerfolg bzw. die Herstellung der Zellkultur auch durch ein anderes, tierschonenderes Verfahren zu erreichen (s. § 9 Rn. 6 und 7). In S. 5 i.V.m. § 9 Abs. 2 S. 3 Nr. 1–5, 7 und 8 wird die Unerlässlichkeit spezialgesetzlich konkretisiert: Nach Nr. 1 und 2 entfällt sie, wenn es ausreichen würde, den Eingriff an sinnesphysiologisch niedriger entwickelten bzw. an weniger Tieren vorzunehmen (s. § 9 Rn. 8); nach Nr. 3 vermag der Umstand, dass die tierschonendere Ersatzmethode ein Mehr an Arbeit, Zeit oder Kosten verursacht, keine Unerlässlichkeit des schärferen Eingriffs zu begründen, da das Gesetz eine Abwägung zwischen den Leiden der betroffenen Tiere und dem zur Leidensverminderung erforderlichen Aufwand nicht vorsieht (s. § 9 Rn. 10; vgl. auch *Caspar* Tierschutz S. 454); Nr. 4 sieht die Betäubungspflicht vor, Nr. 5 und Nr. 8 die Nachbehandlung.

18 **Weitere Anforderungen nach S. 5–9 sind:** Bestellung eines Tierschutzbeauftragten, § 8b (auch dann, wenn mehrere Eingriffe im Rahmen eines einheitlichen Projektes, zB einer Dissertation, geplant sind, vgl. *L/M* § 6 Rn. 29); Anzeige an die nach § 15 zuständige Behörde (Sätze 6–9); bestimmte Kenntnisse und Fertigkeiten der ausführenden Person (§ 9 Abs. 1 S. 1, 3 und 4; s. dort Rn. 1–5); grds. Beschränkung auf Tiere, die für einen solchen Zweck gezüchtet sind (§ 9 Abs. 2 S. 3 Nr. 7; s. dort Rn. 22, 23); Pflicht zu Aufzeichnungen (§ 9a).

19 Bei **Zweifeln an der Erforderlichkeit, der Unerlässlichkeit und/oder einer der Anforderungen nach S. 5–9** wird die nach § 15 zuständige Behörde zunächst nach § 16 Abs. 2 weitere Auskünfte einholen, sei es formlos, sei es mittels Verwaltungsakts. Bleiben die Zweifel bestehen, so ist nach § 16a S. 1 zu verfahren (s. dort Rn. 1–8). Insbesondere muss eingeschritten werden, wenn trotz eingeholter Auskünfte begründete Zweifel an der Unerlässlichkeit des Eingriffs verbleiben, denn diese muss „gewiss" sein (s. Rn. 17).

VI. Unfruchtbarmachung nach Abs. 1 S. 2 Nr. 5

„Aus Gründen des Tierschutzes, aber auch des Naturschutzes, des Jagdschutzes und der öffentlichen Sicherheit und Ordnung kann es erforderlich sein, die unkontrollierte Fortpflanzung von Tieren einzuschränken" (BT-Drucks. 13/7015 S. 18). Der genannte Zweck kann die Kastration von Katzen, besonders frei laufenden, rechtfertigen, nicht hingegen bei Hunden, denn dort lässt er sich auch durch Aufsicht, zeitweiliges Einsperren u. Ä., also mit tierschonenderen Maßnahmen erreichen. „Erforderlich" schließt auch hier ein, dass der Eingriff verhältnismäßig sein muss und nur erfolgen darf, wenn daran ein überwiegendes öffentliches Interesse auf einem der o.e. Sachgebiete besteht. Außerdem muss diejenige Methode angewendet werden, die nach dem Stand der wissenschaftlichen Erkenntnis die tierschonendste ist, auch bei Mehrkosten (s. § 1 Rn. 47). – Die Unfruchtbarmachung zur weiteren Nutzung und Haltung kann bezwecken, die Arbeitswilligkeit oder die Verträglichkeit gegenüber Tier und Mensch zu steigern (Beispiel: Kastration von Hengsten, die sonst einzeln gehalten werden müssten). Tierärztliche Bedenken stehen hier vor allem dann entgegen, wenn das notwendige Übergewicht des Nutzens gegenüber dem Schaden nicht sicher festgestellt werden kann, zB weil der Eingriff für das Tier schwer oder gar riskant ist oder weil andere negative Folgen befürchtet werden müssen, die den Nutzen aufwiegen. – Es besteht Betäubungspflicht, § 5 Abs. 1 S. 1. Sowohl die Betäubung als auch der Eingriff selbst sind nach § 6 Abs. 1 S. 3 dem Tierarzt vorbehalten. Elastische Ringe sind nach Abs. 2 verboten. Zur Pflicht zur Nachbehandlung s. § 5 Rn. 17. 20

VII. Grundsätzliches Verbot der Verwendung elastischer Ringe nach Abs. 2

Elastische Ringe dürfen beim Kastrieren nie eingesetzt werden. Auch bei anderen Voll- und Teilamputationen sind sie grundsätzlich verboten. Es gibt nur zwei Ausnahmen: Schwanzkürzen bei Lämmern bis zum vollendeten siebten Lebenstag nach Maßgabe von Abs. 3 Nr. 3; Schwanzkürzen bei Kälbern, die noch keine drei Monate alt sind, nach Maßgabe von § 5 Abs. 3 Nr. 4 und mit Erlaubnis der zuständigen Behörde. 20a

VIII. Erlaubnisvorbehalt nach Abs. 3

Allgemeine Fragen zur Zulassung von **Schnabel- bzw. Schwanzkürzen:** Beides darf nur erlaubt werden, wenn glaubhaft dargelegt ist, dass der Eingriff im Hinblick auf die vorgesehene Nutzung zum Schutz der Tiere unerlässlich ist (vgl. AVV Nr. 4.1.2 und 4.1.3). – Die nach § 15 zuständige Behörde hat sich im Einzelnen folgende Fragen zu stellen: **1.** Welche Verletzungen oder Krankheiten drohen den Tieren im Hinblick auf die vorgesehene Nutzung (und werden als Grund für die beantragte Teilamputation angeführt)? **2.** Welche Faktoren sind für diese Gefahr (mit)ursächlich, insbesondere in den Bereichen ‚Ernährung', ‚Pflege' und ‚Unterbringung'? **3.** Sind diese Faktoren von dem Antragsteller oder Halter so weit wie möglich (und nicht nur soweit wie üblich oder betriebswirtschaftlich zweckmäßig) ausgeschlossen? **4.** Besteht die Gefahr zu Ziff. 1 dennoch fort? **5.** Sind die hierdurch drohenden Erkrankungen und Verletzungen nach Schweregrad und Wahrscheinlichkeit gewichtiger als die Schmerzen, Leiden und Schäden durch die beabsichtigte Teilamputation? **6.** Ist sichergestellt, dass der Eingriff nach der tierschonendsten Methode durchgeführt wird? – Alle diese Voraussetzungen sind von dem Antragsteller im Genehmigungsverfahren darzulegen und glaubhaft zu machen. Glaubhaft gemacht ist ein Sachverhalt, wenn die Behörde ihn aufgrund der vorgelegten Unterlagen für überwiegend wahrscheinlich hält. Vorgelegt werden können u.a. Augenscheinsobjekte (insbesondere Fotos, Filme), Urkunden und eidesstattliche Versicherungen (vgl. § 294 ZPO). 21

22 Zur Erlaubnis betreffend das **Kürzen der Schnabelspitze bei unter zehn Tage alten Legehennen-Küken:** Zur Gefahr iS von Rn. 21 Ziff. 1: Es geht um die Bekämpfung von Federpicken und Kannibalismus. – Zu den ursächlichen Faktoren iS von Rn. 21 Ziff. 2: (Mit)ursächlich (neben einer genetischen Komponente, die an die Zucht auf hohe Leistung gekoppelt sein kann) sind die unstrukturierte, reizarme Umwelt in Intensivhaltungssystemen und der damit zusammenhängende Beschäftigungsmangel sowie die chronischen Belastungszustände infolge hoher Besatzdichten und die Unmöglichkeit, stabile Rangordnungen zu bilden. Federpicken ist hauptsächlich Ausdruck gestörten Nahrungsaufnahmeverhaltens: Das Huhn hat ein starkes Bedürfnis nach nahrungsbezogener ‚Arbeit', die es durch Boden- und Futterpicken sowie Reißen, Zerren, Hacken und Scharren ausübt und die, wenn geeignete Nahrungsobjekte fehlen, auf die Körper und insbesondere die Federn der Artgenossen gerichtet werden (vgl. *Petermann/Fiedler* TU 1999, 8, 17; Bad.-Württ. Ministerium f. Ernährung u. Ländlichen Raum, S. 14). – Zum Ausschluss dieser Faktoren iS von Rn. 21 Ziff. 3: Den Tieren muss die Möglichkeit zur artgemäßen Nahrungssuche und -aufnahme gegeben werden. Die Struktur des Futters muss eine ausreichende Zahl von Pickschlägen und die anderen arttypischen Bewegungsweisen der Nahrungsaufnahme ermöglichen und auslösen (vgl. *Petermann/Fiedler* aaO). Konkret bedeutet das: Einstreu, die regelmäßig erneuert wird; strukturiertes Futter wie Heu oder Grünfutter zur Beschäftigung; tägliche Körnergaben, evtl. auch Grit und Muschelschalen (Bad.-Württ. Ministerium aaO). Wichtig sind außerdem mäßige Besatzdichten und Rückzugsmöglichkeiten in Form von Sitzstangen. Alle diese Faktoren müssen schon in der Aufzucht beachtet werden, denn Verhaltensstörungen, die einmal vom Jungtier erworben worden sind, können auch im Adultstadium fortbestehen, selbst bei verbesserter Haltungsumwelt (vgl. *Sambraus* in: *Sambraus/Steiger* S. 65; vgl. auch EU-Legehennenmitteilung, BT-Drucks. 13/11371 S. 17: „Die Bereitstellung von Streu in der Aufzucht trägt wesentlich dazu bei, das Risiko von Federpicken bei ausgewachsenen Tieren zu verringern"). Die Einhaltung „fachlich anerkannter Anforderungen" und „Empfehlungen" (so AVV Nr. 4.1.2) ist nicht ausreichend, solange diese am betriebwirtschaftlich Zweckmäßigen statt am ethologisch Notwendigen ausgerichtet sind. Brütereien kann deswegen eine Erlaubnis zum Kürzen der Schnabelspitze nur noch erteilt werden, wenn vorher den Jungtieren frische Einstreu, Körnerfutter, erreichbare Sitzstangen und eine differenzierte, reizvolle Haltungsumwelt zur Verfügung gestellt worden sind und das Federpicken danach trotzdem weitergeht. Dasselbe gilt für Haltungen adulter Tiere (vgl. *Oester/Fröhlich/Hirt* in: *Sambraus/Steiger* S. 190; vgl. auch aid in: TU 1999, 172: „Das Federpicken tritt nachweisbar seltener auf, wenn den Tieren jederzeit Beschäftigungsmaterial zur Verfügung steht, das die Tätigkeiten Picken, Zupfen, Hacken oder Zerren ermöglicht". Nach Ansicht des Bundesrates kann bei Hühnern, die für die Haltung in ausgestalteten Käfigen vorgesehen sind, auf Schnabelkürzen verzichtet werden vgl. Beschluss, BR-Drucks. 119/06 S. 13). – Zum Fortbestehen der Gefahr iS von Rn. 21 Ziff. 4: Dass das Federpicken in dem jeweiligen Bestand trotz Ausschließung aller mitursächlichen Faktoren andauert, muss grds. durch einen Tierarzt bestätigt werden (AVV Nr. 4.1.3). – Zum Nutzen-Schaden-Übergewicht und der schonendsten Methode iS von Rn. 21 Ziff. 5 und 6: Die in Deutschland übliche Verwendung schneidbrennender Instrumente, bei der nicht nur Horn, sondern auch Teile des Kieferknochens zerstört werden (vgl. AVV Nr. 4.1.5), ist nicht die tierschonendste Methode, (zu den Folgen im Einzelnen vgl. *Petermann/Fiedler* TU 1999, 8, 14; vgl. auch die Ablehnung durch die Hessische Tierärzteschaft in: Frankfurter Neue Presse vom 10. 7. 1999). Schonender ist das in der Schweiz ausschließlich erlaubte „Touchieren", bei dem die Schnabelspitze nur leicht und kurz mit einer heißen Platte berührt wird, so dass die natürlichen Schnabelproportionen erhalten bleiben; dies reicht aus, sofern die sonstigen Haltungsbedingungen den Bedürfnissen der Tiere entsprechen (vgl. Art. 65 Abs. 2 lit. d TSchV Schweiz; s. auch § 16d Rn. 2 und Einf. Rn. 94).

23 Zur Erlaubnis betreffend das **Kürzen der Schnabelspitze von Puten:** Zur Gefahr iS von Rn. 21 Ziff. 1: Es geht auch hier um Federpicken und Kannibalismus. – Zu den dafür

ursächlichen Faktoren iS von Rn. 21 Ziff. 2: (Mit)ursächlich sind: Das Fehlen ausreichender Möglichkeiten zu nahrungsbezogener Beschäftigung; verkotete und dadurch hart gewordene Einstreu, die als Erkundungsobjekt uninteressant geworden ist; verschmutztes und dadurch schwarz-weiß-kontrastierendes Gefieder des nahen Artgenossen als interessanteres Pickobjekt; hohe Besatzdichten; fehlende Rückzugs- und Ausweichmöglichkeiten. – Zum Ausschluss dieser Faktoren iS von Rn. 21 Ziff. 3: Notwendig sind insbesondere strukturiertes, ballaststoffhaltiges Futter, sauberes Langstroh zur Beschäftigung und eine trockene, körnige Einstreu (vgl. St. Ausschuss, Empfehlung „Puten“ Art. 13 Abs. 4). Nötig sind außerdem reduzierte Besatzdichten und Gruppengrößen (Empfehlung, Art. 13 Abs. 3) sowie Deckungs- und Ausweichmöglichkeiten in Form von Strohballen und Sitzstangen (Empfehlung, Art. 11 Abs. 3, 13 Abs. 2). Brütereien und Haltungen, die dies nicht schon in der Aufzucht beachten, kann demgemäß keine Erlaubnis zum Schnabelkürzen erteilt werden. – Zum Nutzen-Schaden-Übergewicht und zur tierschonendsten Methode iS von Rn. 21 Ziff. 5 und 6: Beim üblichen Schnabelkürzen mittels Lasertechnik (vgl. AVV Nr. 4.1.5) brennt ein Lichtbogen ca. 2–3 mm vor den Nasenlöchern beidseitig ein rundes Loch in den Oberschnabel; das Gewebe stirbt dadurch ab und später fällt die ganze Oberschnabelspitze weg und übrig bleibt nur ein Stumpf mit unregelmäßiger Oberfläche. Diese Methode verstößt gegen den Wortlaut des Gesetzes, da das „Kürzen der Schnabelspitze“ begrifflich voraussetzt, dass von dieser Spitze auch nach dem Eingriff zumindest noch ein Teil vorhanden sein muss (vgl. OVG Münster NuR 1996, 362, 363; zur mangelnden Verbindlichkeit von norminterpretierenden Verwaltungsvorschriften, wenn diese das Gesetz unzutreffend auslegen, s. § 2 Rn. 44 sowie § 16d Rn. 2 und Einf. Rn. 94). Nach dem Eingriff ist der Schnabelschluss häufig nicht mehr gewährleistet, so dass die Tiere nicht mehr normal fressen können (dazu und zu weiteren Schäden und Schmerzen vgl. *Fiedler* DtW 2006, 110ff.: erhebliche und lang anhaltende Schmerzen und schwerwiegende Schäden, sowohl bei Anwendung des Lichtbogens als auch des Infrarotstrahles; Alternativen wären die Auswahl von Rassen und Linien mit verminderter Anfälligkeit für Federpicken und Kannibalismus und/oder das Angebot von biologisch sinnvollen Reizen, unmittelbar nach dem Schlupf; vgl. *Petermann/Fiedler* TU 1999, 8ff., 15; vgl. auch die Landestierärztekammer Hessen, die in einer Resolution von 1999 das Schnabelkürzen mit einer Amputation der Kieferknochen bei Menschen vergleicht und von wochen- bis monatelangen Schmerzzuständen und millionenfacher Tierquälerei spricht; zitiert nach *Drossé* DudT 5/1999, 36).

Zur Erlaubnis betreffend das **Kürzen der Schnabelspitze bei Moschusenten:** Zur Ge- 24
fahr iS von Rn. 21 Ziff. 1: Es geht darum, das gegenseitige Beknabbern und Federrupfen zu verhindern. – Zu den ursächlichen Faktoren iS von Rn. 21 Ziff. 2: (Mit)ursächlich sind fehlende Beschäftigungsmöglichkeiten mit Futter, Reizlosigkeit der Umgebung, mangelnde Bademöglichkeiten sowie überhöhte Besatzdichten und Gruppengrößen. – Zum Ausschluss dieser Faktoren iS von Rn. 21 Ziff. 3: Abhilfe wäre möglich durch vielfältiges, strukturiertes Futter, das mehrmals täglich in Teilmengen gegeben wird, um die Beschäftigungszeiten zu erhöhen; durch Bademöglichkeiten (vgl. St. Ausschuss, Empfehlung „Moschusenten“ Art. 10 Abs. 2 und „Pekingenten“ Art. 11 Abs. 2); durch lockere, trockene Einstreu (vgl. Empfehlung Art. 11 Abs. 4 bzw. 12 Abs. 4); durch starke Reduktion von Besatzdichte und Gruppengröße (vgl. Empfehlung Art. 11 Abs. 3 bzw. 12 Abs. 3). Dagegen mindern Spielzeuge wegen ihres rasch abnehmenden Neuigkeitswertes das Federrupfen nur unwesentlich (zum Ganzen vgl. *Koopmann/Knierim* AtD 1998, 175ff., 178). – Zum Nutzen-Schaden-Übergewicht und zur schonendsten Methode iS von Rn. 21 Ziff. 5 und 6: Das bei Moschusenten übliche Abschneiden der Spitze des Oberschnabels mit einer zweiseitigen Schere (vgl. AVV 4.1.5) war schon nach § 5 Abs. 3 Nr. 6 TierSchG 1986 verboten (vgl. OVG Münster NuR 1996, 362ff.). Dieses Verfahren aufgrund des ÄndG 1998 wieder als erlaubt anzusehen, verstieße gegen die gesetzliche Zielsetzung einer „restriktiveren Fassung der Vorschriften über Eingriffe und Behandlungen an Tieren“ und den „stets beachteten Grundsatz, nicht hinter geltendes Recht zurückzugehen“ (BT-

Drucks. 13/7015 S. 2). Nach Art. 22 Abs. 3 der Empfehlung des St. Ausschusses darf (wenn nach Durchführung aller o. e. Haltungsverbesserungen die Verhaltensstörungen dennoch fortdauern) allenfalls die Entfernung des Hakenteils des Oberschnabels, der über den intakten Unterschnabel hervorsteht, erlaubt werden.

25 Zur Erlaubnis betreffend das **Schwanzkürzen bei Kälbern:** Zur Gefahr iS von Rn. 21 Ziff. 1: Es geht um die Bekämpfung von Schwanzspitzenveränderungen und -verletzungen. – Zu den ursächlichen Faktoren iS von Rn. 21 Ziff. 2: (Mit)ursächlich sind an erster Stelle die zu hohen Besatzdichten (selbst die vom St. Ausschuss in der Empfehlung „Rinder“ für Mastbullen vorgegebenen 3 m^2/Tier werden in der Praxis oft nicht eingehalten); die zu geringe Strukturierung des Futters (was zu gegenseitigem Lutschen, Rütteln und Beißen am Schweif führt); das Fehlen von Anreizen zum Erkunden, insbesondere Einstreu; ein ungeeigneter Spaltenboden ohne bequemen, d. h. eingestreuten Liegebereich (vgl. Empfehlung Anhang A Ziff. 7; *Busch* AtD 2005, 244, 245); Mängel bei Klima und Fütterung (vgl. *Grauvogl* et al. S. 43). Außerdem haben Tritte von Artgenossen schwerwiegendere Folgen, wenn der Schwanz auf einer harten, rauen und kantigen Unterlage liegt statt auf verformbarem Untergrund (vgl. *Mayer/Schrader* et al. in: DVG 2002 S. 129, 132: Auf Vollspaltenböden können 25–90 % der Masttiere Veränderungen bzw. Verletzungen aufweisen). – Zum Ausschluss dieser Faktoren iS von Rn. 21 Ziff. 3: Gemäß der Empfehlung des St. Ausschusses Anhang A Ziff. 8 wären erforderlich: Reduzierung der Besatzdichten; Vermeidung einer reizarmen Umgebung; Anreicherung der Nahrung mit Raufutter; Verbesserung der Bodenqualität, insbesondere durch einen bequemen verformbaren Liegebereich; Verbesserung der klimatischen und hygienischen Verhältnisse. Zahlreiche Untersuchungen haben ergeben, dass bei Rauhfuttergaben von 0,5–1 kg Stroh pro Tier und Tag die Verhaltensstörungen „Lutschen, Rütteln, Beißen am Schweif“ weniger werden und außerdem die Acetonämie seltener vorkommt (*Grauvogl* aaO). Ohne Glaubhaftmachung, dass diese Haltungsverbesserungen durchgeführt worden sind, kann folglich eine Erlaubnis zum Schwanzkürzen nicht erteilt werden (zur Unverbindlichkeit der insoweit unzureichenden AVV Nr. 4.2.2 s. § 2 Rn. 44 sowie § 16d Rn. 2 und Einf. Rn. 94). – Bei der Nutzen-Schaden-Relation iS von Rn. 21 Ziff. 5 sollte bedacht werden, dass durch die Teilamputation die natürlichen Funktionen des Schwanzes zur Insektenabwehr, Thermoregulation und als Kommunikationsmittel reduziert bis gänzlich aufgehoben werden (vgl. *Mayer/Schrader* et al. aaO S. 134). Hinzu kommen der Wundheilungsschmerz und zusätzliche Schmerzen durch die Bildung von Neuromen (vgl. *Fincke* AtD 2004, 181, 182). – Zur tierschonendsten Methode iS von Rn. 21 Ziff. 6: Nur das bindegewebige Endstück darf gekürzt werden. Einzusetzen sind elastische Ringe bis zur Vollendung des dritten Lebensmonats.

26 Die Erlaubnis ist zu **befristen** (Abs. 3 S. 3). – Die durchführende Person muss die **Kenntnisse und Fähigkeiten** besitzen, deren es bedarf, um den Eingriff so tierschonend wie möglich vorzunehmen (Abs. 1 S. 3). – Problematisch ist, dass das Schnabelkürzen in der Praxis ohne **Betäubung** durchgeführt wird, obwohl es sich (weil die Schnäbel als Tastorgane bis zur Spitze innerviert und durchblutet sind) um einen mit Schmerzen verbundenen Eingriff iS von § 5 Abs. 1 S. 1 handelt. Bei solchen Eingriffen darf von einer Betäubung nur abgesehen werden, wenn dies in § 5 Abs. 2, Abs. 3 oder in einer Rechtsverordnung nach § 5 Abs. 4 ausdrücklich vorgesehen ist. Durch das ÄndG 1998 ist aber die früher bestehende Ausnahmebestimmung (vgl. § 5 Abs. 3 Nr. 6 aF) gestrichen worden, ohne dass dafür an anderer Stelle etwas Entsprechendes bestimmt worden wäre (die Behörde ist nach dem unmissverständlichen Gesetzeswortlaut gemäß § 6 Abs. 3 nur ermächtigt, von dem grds. Amputationsverbot des § 6 Abs. 1 S. 1 abzuweichen und nicht zugleich auch vom Grundsatz des Betäubungszwanges in § 5 Abs. 1 S. 1). Geltendem Recht widerspricht es daher, wenn Behörden Erlaubnisse zum betäubungslosen Schnabelkürzen erteilen; dies stellt zumindest eine Ordnungswidrigkeit dar (§ 18 Abs. 1 Nr. 7, § 14 OWiG; vgl. dazu auch *Fiedler* DtW 2006, 110 ff.).

IX. Zur Verordnungsermächtigung nach Abs. 4

In **Abs. 4** ist vorgesehen, durch Rechtsverordnung die Kennzeichnung solcher Tiere vorzuschreiben, an denen Eingriffe stattgefunden haben, die (zB für potenzielle Käufer des Tieres) nicht offensichtlich erkennbar sind. Beispielhaft wird auf neurektomierte Pferde verwiesen (BT-Drucks. 13/7015 S. 18; s. auch § 3 Rn. 9–11). Der VO-Geber darf nur Regelungen erlassen, die zum Schutz der Tiere erforderlich sind (näher zu diesem Merkmal s. § 2a Rn. 8). 27

X. Zu Abs. 5

Zu den Voraussetzungen s. Rn. 9. 28

XI. Ordnungswidrigkeiten und Straftaten

Ordnungswidrig nach § 18 Abs. 1 Nr. 8 handelt, wer vorsätzlich oder fahrlässig einen gewebestörenden Eingriff iS von § 6 Abs. 1 S. 1 herbeiführt, obwohl entweder der Eingriff in § 6 Abs. 1 S. 2 und in Abs. 3 als solcher nicht vorgesehen ist (abschließende Regelung, s. Rn. 4) oder zwar unter bestimmten Voraussetzungen zugelassen ist, die aber nicht oder nicht vollständig erfüllt sind. – Ordnungswidrig nach § 18 Abs. 1 Nr. 8 handelt auch, wer einen Eingriff nach § 6 Abs. 1 S. 2 Nr. 1 oder Nr. 5 vornimmt, ohne Tierarzt zu sein, oder wer einen Eingriff nach § 6 Abs. 1 S. 2 Nr. 2, Nr. 3 oder Abs. 3 vornimmt, ohne die dazu notwendigen Kenntnisse und Fähigkeiten (d.h. das Wissen und die praktischen Fertigkeiten, die notwendig sind, um den Eingriff so tierschonend wie möglich durchzuführen) zu besitzen. Auch hier reicht Fahrlässigkeit aus (zB die fahrlässige Fehleinschätzung der eigenen Sachkunde). – Ordnungswidrig nach § 18 Abs. 1 Nr. 9 handelt, wer bei einer Organ- oder Gewebeentnahme zum Zweck der Transplantation oder des Anlegens von Kulturen usw. (vgl. § 6 Abs. 1 S. 2 Nr. 4) als Leiter des Vorhabens oder als dessen Stellvertreter nicht für die Einhaltung bestimmter Vorschriften aus § 9 sorgt, nämlich: für die erforderliche Qualifikation desjenigen, der den Eingriff durchführt (§ 9 Abs. 1 Sätze 1 und 3); für die erforderliche Betäubung des Tieres (§ 9 Abs. 2 Nr. 4); für die erforderliche Nachbehandlung, ggf. auch Tötung des Tieres (§ 9 Abs. 2 Nr. 8). Auch hier genügt Fahrlässigkeit. – Ordnungswidrig nach § 18 Abs. 1 Nr. 9a handelt, wer vorsätzlich oder fahrlässig eine Organ- oder Gewebeentnahme nicht, nicht richtig, nicht vollständig oder nicht rechtzeitig anzeigt. – Ordnungswidrig nach § 18 Abs. 1 Nr. 10 handelt, wer vorsätzlich oder fahrlässig entgegen § 6 Abs. 2 elastische Ringe verwendet. – Kommt es infolge eines solchen Verstoßes (oder auch durch ein Handeln, das zwar nicht unter § 18 Abs. 1 Nr. 8–10 fällt, gleichwohl aber gegen eine der Bestimmungen des § 6 verstößt) auf Seiten des betroffenen Tieres zu erheblichen Schmerzen, Leiden oder Schäden, so ist der Tatbestand des § 18 Abs. 1 Nr. 1 erfüllt, für den ebenfalls Fahrlässigkeit ausreicht. Tritt Vorsatz hinzu, so kann eine Straftat nach § 17 Nr. 2b oder auch Nr. 2a gegeben sein. – Wer zu einer Ordnungswidrigkeit Anstiftung oder Beihilfe leistet, wird wie ein Täter behandelt (§ 14 OWiG). – Zum Höchstmaß der Geldbuße s. § 18 Abs. 4 sowie § 17 Abs. 2 OWiG. 29

§ 6a [Geltungsbereich]

Die Vorschriften dieses Abschnittes gelten nicht für Tierversuche, für Eingriffe zur Aus-, Fort- oder Weiterbildung und für Eingriffe zur Herstellung, Gewinnung, Aufbewahrung oder Vermehrung von Stoffen, Produkten oder Organismen.

Dient ein Eingriff iS des § 5 (s. dort Rn. 1) oder eine Gewebestörung iS des § 6 (s. dort Rn. 1) ausschließlich oder hauptsächlich einem der hier genannten Zwecke – also dem Erkenntnisgewinn zu einem noch nicht hinreichend gelösten wissenschaftlichen Problem, der Lehre oder der biotechnischen Produktion – so richtet sich die Zulässigkeit nicht nach den §§ 5 und 6, sondern nach den §§ 7 ff. Dies gilt sowohl für das „Ob" der Maßnahme als auch für das dabei einzuhaltende Verfahren (s. auch § 6 Rn. 3 und Rn. 15).

Fünfter Abschnitt. Tierversuche

§ 7 [Voraussetzungen]

(1) Tierversuche im Sinne dieses Gesetzes sind Eingriffe oder Behandlungen zu Versuchszwecken

1. an Tieren, wenn sie mit Schmerzen, Leiden oder Schäden für diese Tiere oder
2. am Erbgut von Tieren, wenn sie mit Schmerzen, Leiden oder Schäden für die erbgutveränderten Tiere oder deren Trägertiere verbunden sein können.

(2) [1] Tierversuche dürfen nur durchgeführt werden, soweit sie zu einem der folgenden Zwecke unerlässlich sind:

1. Vorbeugen, Erkennen oder Behandeln von Krankheiten, Leiden, Körperschäden oder körperlichen Beschwerden oder Erkennen oder Beeinflussen physiologischer Zustände oder Funktionen bei Mensch oder Tier,
2. Erkennen von Umweltgefährdungen,
3. Prüfung von Stoffen oder Produkten auf ihre Unbedenklichkeit für die Gesundheit von Mensch oder Tier oder auf ihre Wirksamkeit gegen tierische Schädlinge,
4. Grundlagenforschung.

[2] Bei der Entscheidung, ob Tierversuche unerlässlich sind, ist insbesondere der jeweilige Stand der wissenschaftlichen Erkenntnisse zugrunde zu legen und zu prüfen, ob der verfolgte Zweck nicht durch andere Methoden oder Verfahren erreicht werden kann.

(3) [1] Versuche an Wirbeltieren dürfen nur durchgeführt werden, wenn die zu erwartenden Schmerzen, Leiden oder Schäden der Versuchstiere im Hinblick auf den Versuchszweck ethisch vertretbar sind. [2] Versuche an Wirbeltieren, die zu länger anhaltenden oder sich wiederholenden erheblichen Schmerzen oder Leiden führen, dürfen nur durchgeführt werden, wenn die angestrebten Ergebnisse vermuten lassen, dass sie für wesentliche Bedürfnisse von Mensch oder Tier einschließlich der Lösung wissenschaftlicher Probleme von hervorragender Bedeutung sein werden.

(4) Tierversuche zur Entwicklung oder Erprobung von Waffen, Munition und dazugehörigem Gerät sind verboten.

(5) [1] Tierversuche zur Entwicklung von Tabakerzeugnissen, Waschmitteln und Kosmetika sind grundsätzlich verboten. [2] Das Bundesministerium wird ermächtigt, durch Rechtsverordnung mit Zustimmung des Bundesrates Ausnahmen zu bestimmen, soweit es erforderlich ist, um

1. konkrete Gesundheitsgefährdungen abzuwehren, und die notwendigen neuen Erkenntnisse nicht auf andere Weise erlangt werden können, oder
2. Rechtsakte der Europäischen Gemeinschaft durchzuführen.

Übersicht

I. Begriff des Tierversuchs; Abgrenzungen

1. Begriff

Tierversuche nach Abs. 1 Nr. 1 sind Eingriffe oder Behandlungen zu Versuchszwecken an Tieren, die mit Schmerzen, Leiden oder Schäden für diese Tiere verbunden sein können. – **Eingriffe** s. § 5 Rn. 1. – **Behandlungen** sind Beeinträchtigungen der körperlichen Integrität, die noch nicht die Schwelle zum Eingriff erreichen. Sie können sowohl direkt als auch indirekt, d.h. ohne dass der Körper des Tieres mit Händen oder Instrumenten berührt wird, vorgenommen werden. Beispiele für indirekte Behandlungen: Training, Konditionierung, Kälte- und Wärmeversuche, Versuche mit elektrischer Energie, Fütterungs- und Haltungsversuche. – **Zu Versuchszwecken** geschieht eine Handlung, wenn mit ihr eine wissenschaftliche Fragestellung, die noch nicht hinreichend geklärt ist, beantwortet werden soll. Es kommt also darauf an, dass ein über den gegenwärtigen Forschungsstand hinausreichender Erkenntnisgewinn angestrebt wird. Im Hintergrund des Vorhabens muss ein Fragezeichen stehen und es muss darum gehen, etwas Neues zu erarbeiten (*Rath* in: BMELV, Durchführung von Tierversuchen, S. 59). Entscheidend ist die Willensrichtung des für das Vorhaben Verantwortlichen. Verfolgt dieser mehrere Zwecke gleichzeitig, so muss nach dem überwiegenden Zweck gefragt werden (*Rath* aaO). Keine Tierversuche liegen demnach vor: bei der Produktion von Stoffen nach bereits bekannten, ausreichend erprobten Verfahren (s. § 10 a); bei Heilbehandlungen mit neuartigen Methoden, sofern die Therapie im Vordergrund steht (*L/M* § 7 Rn. 5). – Der Eingriff oder die Behandlung müssen potenziell geeignet sein, **Schmerzen, Leiden oder Schäden** auszulösen. Es braucht also nicht sicher festzustehen, dass es für das Tier zu derartigen Belastungen kommt; die diesbezügliche Möglichkeit reicht aus. Nicht unter die §§ 7 ff. fallen demnach nur solche zu Versuchszwecken unternommene Vorhaben, bei denen von vornherein zweifelsfrei feststeht, dass sie zu keiner über ein schlichtes Unbehagen hinausreichenden Belastung für das Tier führen werden. – Zu Schmerzen, Leiden und Schäden s. § 1 Rn. 12–26. Erheblich brauchen die Folgen nicht zu sein, vielmehr reichen „einfache“ Schmerzen, 1

Leiden usw. aus Auch auf die Zeitdauer der Belastung kommt es hier noch nicht an (anders erst bei der Frage nach der ethischen Vertretbarkeit, s. Rn. 53, 54). Es genügt also, dass das Vorhaben geeignet ist, eine nicht gravierende und nur kurzzeitige Beeinträchtigung des tierlichen Wohlbefindens auszulösen (Auch das Ausstatten von Wildtieren mit einem Sender zur Erforschung ihrer Lebensgewohnheiten stellt demgemäß einen Tierversuch dar). Angst bedeutet ebenfalls Leiden (s. § 1 Rn. 22; vgl. auch Art 2 lit. d der EU-Tierversuchsrichtlinie 86/609/EWG). Bei Leiden ist auch an eine Einschränkung der Bewegungsfreiheit (zB bei Haltung im Stoffwechselkäfig), an Stress und an psychische Beeinträchtigungen infolge langer Isolation von Artgenossen zu denken. Einen Schaden bildet auch der Tod (BVerwGE 105, 73, 82; *L/M* § 7 Rn. 13). – Maßstab ist die Vornahme der Behandlung am nicht betäubten Tier. Eingriffe an vorher narkotisierten Tieren, die noch in der Narkose getötet werden (Finalversuche), sind Tierversuche iS der §§ 7ff., auch dann, wenn das Tier keine Schmerzen und Leiden erfährt; die Betäubung selbst ist bereits eine Schädigung und soll weitere Schäden vorbereiten (vgl. *L/M* § 7 Rn. 14; vgl. auch BT, Sten. Ber. 10/210 S. 16120).

2 Ein **Tierversuch nach Abs. 1 Nr. 2** liegt vor, wenn die Manipulation statt am lebenden Tier an Eizellen oder Embryonen vorgenommen wird und die Möglichkeit besteht, dass dadurch für das später entstehende Tier oder das Trägertier eine Ursache für Schmerzen, Leiden oder Schäden gesetzt wird. Als Anzeichen für Schäden, ggf. auch Leiden bei transgenen Tieren kommen u.a. in Betracht: kleiner Körperwuchs, struppiges Fell, inaktives Verhalten, zusammengekauerte Körperstellung, Fehlen des Fells (zB bei Nacktmäusen), angeborene Erkrankungen, Bluthochdruck, Immundefekte (vgl. BMELV, Tierschutzbericht 1997, S. 109; zu weiteren Indizien für Schmerzen s. § 17 Rn. 63, für Angst s. § 1 Rn. 22 und für Schäden s. § 1 Rn. 24). Die Erzeugung einer transgenen Linie ist damit, weil solche Folgen nicht ausgeschlossen werden können, stets ein Tierversuch. Dagegen soll sich die Weiterzucht der transgenen Tiere ab der dritten Generation nur noch nach den Zuchtvorschriften der §§ 11ff. richten (BMELV, Tierschutzbericht 1997, S. 110; dies erscheint jedoch nur akzeptabel, wenn diese Tiere ohne Schmerzen und Leiden lebensfähig sind, weil ansonsten auch hier noch eine Güterabwägung stattfinden und insbesondere die Kompensierbarkeit der Belastungen geprüft werden muss). Voraussichtlich erscheint demnächst eine Überarbeitung des BMELV-Arbeitspapieres „Erzeugung und Zucht transgener Tiere unter tierschutzrechtlichen Gesichtspunkten" mit folgender Abgrenzung: Alle Tiere, die zur Erzeugung der Foundertiere (F0-Generation) benötigt werden und die Foundertiere selbst sollen als Bestandteil des Tierversuches gewertet werden; dagegen soll die Weiterzucht der transgenen Tiere nur noch den Zuchtvorschriften der §§ 11ff. unterliegen. Insoweit gelten dann aber dieselben Bedenken wie oben. – Soweit zur Gewinnung transgener Tiere vorbereitende Eingriffe an lebenden Tieren erfolgen, die potentiell belastend sind (zB Erzeugung der Superovulation beim weiblichen Spendertier, Entnahme der befruchteten Eizellen beim Muttertier, Vasektomie bei männlichen Tieren zur Erzeugung von scheinträchtigen Weibchen, Einsetzung der manipulierten Eizellen beim Trägertier), unterfallen diese Maßnahmen bereits dem Versuchsbegriff nach Nr. 1. – Beim Klonen werden durch künstlich herbeigeführte ungeschlechtliche Vermehrung genetisch identische Individuen erzeugt. Nach Nr. 5.1 der AVV befinden sich die auf der Übertragung von Zellkernen differenzierter Zellen basierenden Klonierungstechniken (adultes Klonen) noch im Experimentalstadium, so dass ein genehmigungspflichtiger Tierversuch vorliegt. Dies soll umgekehrt bedeuten, dass es sich bei der Übertragung von Zellkernen undifferenzierter Zellen (embryonale und fetale Zellen, embryonale Stammzellen) nicht mehr um Tierversuche handelt, weil solche Eingriffe mittlerweile in solchem Umfang routinemäßig vorgenommen werden, dass das Kriterium „zu Versuchszwecken" hier entfallen ist (vgl. Ministerialschreiben des bayerischen StMAS vom 28. 2. 2000, VII 7/8730–1/6/99; dann aber Anwendung von § 10a; s. dort Rn. 2). Ebenso liegt beim Klonen durch Embryonenteilung kein Tierversuch vor, außer wenn das Verfahren mit Abweichungen von der bereits erprobten Technik, die zu erhöhten Schmerzen, Leiden oder

Schäden führen können, oder im Rahmen eines übergeordneten tierexperimentellen Ansatzes durchgeführt wird (vgl. BMELV, Tierschutzbericht 2001 XIV 2; dort auch zu Kerntransfertechniken, die stets als Tierversuch gewertet werden).

Um genehmigungsfähig zu sein, muss der Tierversuch den Anforderungen, die an eine **wissenschaftliche Forschung** gestellt werden, entsprechen. Forschung ist die schöpferische und geistige Tätigkeit mit dem Ziel, in methodischer, systematischer und nachprüfbarer Weise neue Erkenntnisse zu gewinnen (BVerfGE 35, 79, 113). Die Wissenschaftlichkeit kann in der Zielsetzung oder in der Anwendung entsprechender Methoden liegen (Beispiele für nicht wissenschaftliche Versuche werden von *Caspar* Tierschutz S. 484 beschrieben). 3

2. Abgrenzungen

Der Tierversuch ist von der **Tiertötung** abzugrenzen. Wird ein Tier getötet, um im Anschluss daran seinen Körper oder seine Organe experimentell zu nutzen, so richtet sich das Vorhaben nicht nach den §§ 7ff., sondern nach den §§ 1 S. 2, 17 Nr. 1 und § 4 Abs. 3 (Töten zu wissenschaftlichen Zwecken; vgl. auch die dort ausdrücklich in Bezug genommenen §§ 8b, 9 Abs. 2 S. 2 und 9 Abs. 2 Nr. 7). Dies gilt indes nur mit Einschränkungen: Erfährt das Tier vor seinem Tod mit Blick auf die spätere wissenschaftliche Nutzung irgendeine Vorbehandlung, so ist das Vorhaben insgesamt nach den §§ 7ff. zu beurteilen (vgl. OVG Münster MedR 1993, 190: Hühner wurden vor ihrer Tötung durch Behandlungsmaßnahmen in einen Zustand versetzt, der den später beabsichtigten wissenschaftlichen Umgang mit den Körpern bzw. Organen erst ermöglichen sollte; das Gericht wertete das Vorgehen zutreffend als Tierversuch nach § 7; vgl. auch *Rath* in: BMELV, Durchführung von Tierversuchen, S. 61). Gleiches gilt, wenn sich das „Wie“ der Tötung an dem späteren Experimentierzweck ausrichtet (statt ausschließlich an § 4 Abs. 1, s. dort Rn. 4 und 5). – Eingriffe und Behandlungen an abgetrennten Körperteilen von Wirbeltieren fallen auch dann, wenn das Tier bereits tot scheint, unter den Begriff des Tierversuchs, wenn infolge verbliebener Funktionsfähigkeit des Zentralnervensystems in diesem Körperteil noch Schmerzimpulse wahrgenommen werden können (vgl. amtl. Begr. zum ÄndG 1986, BT-Drucks. 10/3158 S. 21; in dem dort erwähnten Beispielsfall – Versuche an isolierten Tierköpfen – dürfte sich auch schon das „Wie“ der Tiertötung an dem später verwirklichten Experimentierzweck statt ausschließlich an § 4 Abs. 1 ausgerichtet haben). – Für den Begriff des Tierversuches reicht es aus, wenn das Tier im Zeitpunkt seiner erstmaligen Behandlung noch lebt. Es spielt dann keine Rolle, dass sich das wissenschaftliche Interesse nicht auf diese lebzeitige Behandlung, sondern erst auf die spätere Arbeit an dem toten Körper bzw. Organ bezieht, denn § 7 erfordert nicht, dass wissenschaftliche Erkenntnissuche und Behandlung in einem Akt zusammenfallen, sondern nur, dass sie in einem engen intentionalen Zusammenhang stehen (vgl. *Caspar* Tierschutz S. 436). 4

Tierversuche sind **weiter abzugrenzen** von **Eingriffen und Behandlungen zur Aus-, Fort- oder Weiterbildung.** Letztere sind keine Tierversuche, da es hier nicht um eine Bearbeitung offener wissenschaftlicher Fragen geht, sondern um die Weitervermittlung bereits bestehender wissenschaftlicher Erkenntnisse und die Demonstration bereits bekannter Effekte, zT auch um das Erlernen bestimmter Techniken; diese Maßnahmen fallen unter § 10. – Zur biotechnischen Produktion s. Rn. 1 sowie § 10a. – Zur **Abgrenzung zu § 6 Abs. 1 S. 2 Nr. 4** s. § 6 Rn. 15). 5

II. Erlaubte Versuchszwecke nach Abs. 2 S. 1

Abs. 2 enthält eine **abschließende Aufzählung der Zwecke,** für die nach dem ÄndG 1986 Tierversuche noch zulässig sein sollen. Schlagwortartige Zusammenfassung: Medizin, Umweltschutz, Stoffe- und Produkteprüfung, Grundlagenforschung. Dem Gesetzgeber von 1986 ging es darum, „durch die eng umgrenzte Auflistung der genannten 6

Zwecke" gegenüber dem bis dahin geltenden § 8 Abs. 4 TierSchG 1972 eine „erhebliche Eingrenzung und Präzisierung" herbeizuführen (BT-Drucks. 10/3158 S. 22). Diese Zielsetzung erfordert es, den Katalog der zulässigen Zwecke eng auszulegen. – Welcher Versuchszweck dem Genehmigungs- oder Anzeigeverfahren zugrundegelegt werden soll, richtet sich nach den Angaben des Antragstellers (vgl. AVV, Anl. 1 zu Nr. 6.1.1 und Anl. 2 zu Nr. 7.1.3). Bei mehreren Zwecken entscheidet der Hauptzweck.

7 **Ziff. 1 erster Halbsatz** greift ein, wenn die angestrebte Erkenntnis einen konkreten Vorteil für Prävention, Diagnose oder Therapie von Krankheiten, Leiden, Körperschäden oder körperlichen Beschwerden bringt. Krankheit ist ein regelwidriger Körper- oder Geisteszustand, durch den die Ausübung normaler psychophysischer Funktionen beeinträchtigt wird (BSGE 59, 119, 121). Leiden sind Beeinträchtigungen im Wohlbefinden, die über ein schlichtes Unbehagen hinausgehen (BGH NJW 1987, 1833, 1834). Demgemäß können Tierversuche zur Entwicklung, Herstellung oder Prüfung von Arzneimitteln hierher gerechnet werden. Ziff. 1 ist dagegen nicht erfüllt, wenn es nur um die Behandlung von Schönheitsfehlern (zB Haarausfall) oder psychischen Beschwerden ohne konkreten Krankheitscharakter geht. An einem zulässigen Zweck fehlt es außerdem, wenn die Erkenntnis für die Entwicklung usw. des Arzneimittels nicht notwendig ist, wenn hinsichtlich der Fragestellung bereits ein hinreichender Kenntnisstand vorhanden ist (zur Zweitanmelderregelung s. Rn. 21) oder wenn bereits ein vergleichbar wirksames und ausreichend geprüftes Präparat vorhanden ist, so dass der Tierversuch nicht einem medizinischen, sondern einem wirtschaftlichen oder patentrechtlichen Bedürfnis entspricht. – **Ziff. 1 zweiter Halbsatz** ist nur einschlägig, wenn für die physiologischen Zustände oder Funktionen, die erkannt oder beeinflusst werden sollen, eine medizinische Hilfestellung in Betracht kommt (vgl. *Lorz* § 7 Rn. 10). Diese einschränkende Auslegung entspricht dem o.a. Zweck des ÄndG 1986 (vgl. *Cirsovius* Teil C IV 3.3.1).

8 Nach **Ziff. 2** sind Tierversuche zulässig, die dem Erkennen von Umweltgefährdungen dienen – nicht dagegen Versuche, mit denen eine bereits erkannte Gefährdung abgewendet oder ein bereits eingetretener Schaden beseitigt werden soll (*L/M* § 7 Rn. 27; *Lorz* § 7 Rn. 11). Ein Beispiel ist das Monitoring zur Erfassung und Beurteilung der Wirkung von Hormonen in Oberflächengewässern und Kläranlagenabläufen unter Verwendung von Fischen. Der früher zur Überprüfung des Verschmutzungsgrades von Abwässern übliche Fischtest ist seit dem 1. 1. 2005 verboten und durch den Fischeitest ersetzt (s. Rn. 39). – Um eine Umweltgefährdung handelt es sich, wenn konkrete Anhaltspunkte das Eintreten einer Beeinträchtigung, die über das generell bestehende Maß hinausgeht, als wahrscheinlich erscheinen lassen. Das Erforschen allgemeiner Umweltphänomene oder solcher Verunreinigungen, die bereits üblich geworden sind, fällt damit nicht unter Ziff. 2.

9 Die nach **Ziff. 3 erster Halbsatz** zulässige Stoffe- und Produkteprüfung umfasst sowohl vorgeschriebene als auch freiwillige betriebsinterne Untersuchungen für die Entwicklung, die Herstellung oder das Inverkehrbringen von Stoffen und Produkten. Im Tierversuch dürfen nur solche Eigenschaften geprüft werden, die die menschliche oder tierliche Gesundheit gefährden können, die also Krankheit (s. Rn. 7), Leiden (s. Rn. 7), Körperschäden oder körperliche Beschwerden hervorrufen können. Soweit es sich um Stoffe oder Produkte handelt, die verzichtbar wären – sei es, weil sie nur Konsuminteressen befriedigen sollen, sei es, weil Produkte mit vergleichbarer Wirkung bereits geprüft und zugelassen worden sind – ist dies bei der ethischen Vertretbarkeit zu berücksichtigen (s. Rn. 56, 57, 62). – **Ziff. 3 zweiter Halbsatz** erlaubt Wirksamkeitsprüfungen für Schädlingsbekämpfungsmittel. Substanzen, die nur gegen sog. Lästlinge wie Mücken, Fliegen, Spinnen o. Ä. eingesetzt werden sollen, fallen nicht darunter.

10 Der **Grundlagenforschung nach Ziff. 4** geht es um die Erlangung von Erkenntnissen, ohne dass es notwendig auf deren konkrete praktische Verwertbarkeit ankäme (*Caspar* Tierschutz S. 482).

III. Unerlässlichkeit des Tierversuchs nach Abs. 2 S. 2

Unerlässlich bedeutet: **unumgänglich notwendig.** Unerlässlichkeit setzt daher voraus, dass der angestrebte Versuchszweck mit anderen Methoden oder Verfahren nicht erreicht werden kann („instrumentale Unerlässlichkeit"; demgegenüber wird die zur „finalen Unerlässlichkeit" gehörende Frage nach dem Nutzen-Schaden-Übergewicht bei Tierversuchen mit Wirbeltieren im Rahmen der ethischen Vertretbarkeit geprüft). Das Gesetz räumt damit den alternativen, tierverbrauchsfreien Methoden Vorrang ein. Ebenso Art. 7 Abs. 2 der EU-Tierversuchsrichtlinie 86/609/EWG: „Ein Versuch darf nicht vorgenommen werden, wenn zur Erreichung des angestrebten Ergebnisses eine wissenschaftlich zufriedenstellende, vertretbare und praktikable Alternative zur Verfügung steht, bei der kein Tier verwendet werden muss." – Von den drei Elementen des Verhältnismäßigkeitsgrundsatzes (Geeignetheit, Erforderlichkeit und Nutzen-Schaden-Abwägung als Verhältnismäßigkeit ieS) umfasst die Unerlässlichkeit die Geeignetheit und die Erforderlichkeit; Letztere wird im Sinne von „unbedingt nötig", „zwingend geboten" oder „unumgänglich" verstärkt (vgl. auch Art. 7 Abs. 3 S. 1 der EU-Tierversuchsrichtlinie: „Ist ein Versuch unumgänglich ..."; vgl. weiter *Zenger* S. 20: „ultima ratio"). Demgegenüber hat die Nutzen-Schaden-Abwägung, soweit es um Tierversuche mit Wirbeltieren geht, ihren Platz in § 7 Abs. 3 bei der ethischen Vertretbarkeit (bei den Wirbellosen wird man jedoch das erforderliche Übergewicht des Nutzens gegenüber den Belastungen ebenfalls dem Abs. 2 S. 2 zuordnen müssen – als „finale Unerlässlichkeit"). 11

An der **Geeignetheit des Tierversuchs** fehlt es u. a., wenn die Versuchsanordnung von Anfang an untauglich erscheint, die angestrebte Erkenntnis zu erbringen, oder wenn der Erkenntnisgewinn nicht zu dem (medizinischen oder sonstigen sozialen) Nutzen führen kann, mit dem der Antragsteller bzw. Anzeigeerstatter das Vorhaben begründet. Weitere denkbare Beispielsfälle: die wissenschaftliche Fragestellung (zB nach der Gefährlichkeit eines Stoffes oder einer Stoffkombination) ist bereits hinreichend beantwortet worden (zur Zweitanmelderproblematik s. Rn. 21); die Erkenntnis ist unnötig, um das Arzneimittel oder sonstige Produkt, mit dem das Versuchsvorhaben begründet wird, zu entwickeln und zuzulassen; mit dem Produkt, das mit Hilfe des Versuchs entwickelt und zugelassen werden soll, lässt sich der vom Antragsteller bzw. Anzeigeerstatter vorgegebene medizinische oder sonstige Nutzen nicht erreichen (also zB kein Beitrag zur Bekämpfung der Krankheit, um die es angeblich geht). – Geht es um Probleme, die dem Übertragen von Ergebnissen aus Tierversuchen auf den Menschen immanent sind, sollte folgendermaßen differenziert werden: Sind die Extrapolationsunsicherheiten vom Tier auf den Menschen so groß, dass sich die Ergebnisse voraussichtlich nicht mit Gewinn auf die menschliche Erkrankung, um die es geht, übertragen lassen, so ist der Versuch ungeeignet; bleiben insoweit nur mehr oder minder große Zweifel, so betrifft dies die Wahrscheinlichkeit des erwartbaren Nutzens, die im Rahmen der ethischen Vertretbarkeit zu berücksichtigen ist (s. Rn. 60). 12

Das **Prinzip der 3 R,** das dem Unerlässlichkeitsgebot zugrunde liegt, umfasst drei Forderungen: „replace", „reduce" und „refine". Als erstes ist zu fragen, ob sich der Tierversuch durch eine Methode, die auf Tierverbrauch vollständig verzichtet oder sich auf den Einsatz sog. niedriger Organismen beschränkt, ersetzen lässt (replace); wo dies nicht möglich ist, geht es darum, wenigstens die Zahl der eingesetzten Versuchstiere durch eine statistische Fallzahlplanung im Vorfeld des Versuchs so weit wie möglich zu verringern (reduce); schließlich müssen auch die Belastungen, denen das einzelne Tier während des Versuches und der versuchsvorbereitenden Haltung sowie bei der Nachbehandlung ausgesetzt ist, auf ein Minimum beschränkt werden (refine, d. h. insbesondere optimierte Methoden, Schmerzbehandlung, enrichment bei der Tierhaltung). Refinement ist aber niemals genug; nur der Ersatz (replace) ist die befriedigende Antwort (vgl. *Russell/Burch* S. 66). – Methoden, die diesem Prinzip entsprechen, sind u. a.: der Einsatz von Mikroor- 13 ganismen, von Zellkulturen (aus tierischen oder menschlichen Zellen), von Gewebe- und Organkulturen, von isolierten Organen, von subzellulären Partikeln sowie biochemische, molekularbiologische, mikrobiologische und immunologische Verfahren; auch der Einsatz von Computermodellen und modernen Analyseverfahren zählt dazu (s. Rn. 23, 24; Beispiele nach Sachgebieten s. Rn. 25 bis 48). – Als viertes „R" ist die Forderung nach einer Rehabilitation der verwendeten Labortiere hinzugekommen: Danach müssen Versuchstiere, die in nicht-tödlichen Versuchen verwendet worden sind, anschließend so weit wie möglich medizinisch versorgt sowie gepflegt und entweder verhaltensgerecht untergebracht oder an geeignete neue Halter vermittelt werden (vgl. *Pereira/Tettamanti* ALTEX 22/2005, 3–6; *Döring/Erhard* ebenda S. 7–13; s. auch § 17 Rn. 45).

14 Zentraler Bestandteil der **Prüfung der Unerlässlichkeit** ist die Frage, ob es zur Erreichung des angestrebten Ergebnisses eine andere, wissenschaftlich zufriedenstellende Methode, d.h. eine genügend aussagekräftige Alternative ohne Tierverbrauch, mit weniger Tierverbrauch oder mit weniger Tierbelastung gibt (vgl. Art. 6 Abs. 1 EÜV sowie Art 7 Abs. 2 EU-Tierversuchsrichtlinie). Die Pflicht zur Suche nach solchen Ersatz- und Ergänzungsmethoden trifft sowohl den Antragsteller/Anzeigeerstatter (vgl. AVV Anl. 1 Ziff. 1.2.3) als auch die Genehmigungs- bzw. Überwachungsbehörde und die ihr angeschlossene § 15-Kommission. – Oftmals reicht eine einzelne Methode nicht aus, und es bedarf mehrerer Alternativmethoden, die erst zusammen (sozusagen als „Batterie") einen einzelnen Tierversuch ersetzen können; auch in diesem Fall ist aber der Tierversuch ersetzbar und damit nicht unerlässlich. – Die Prüfung darf sich nicht darauf beschränken, ob die Alternativmethoden genau denselben Erkenntnisgewinn wie der Tierversuch liefern können. Maßgebend ist, dass sie mit Blick auf den Zweck iS von Abs. 2 (also zB mit Blick auf ein bestimmtes Heilmittel, das zugelassen werden soll, oder mit Blick auf ein Produkt, dessen Sicherheit getestet werden soll), wissenschaftlich zufriedenstellend sind (s. Rn. 17).

15 **Entwicklung und Validierung von Alternativmethoden.** Nachdem eine 3R-Methode erarbeitet und standardisiert worden ist, wird sie idR zunächst in einem kompetenten Labor auf ihre Reproduzierbarkeit und ihre Korrelation mit dem bisher durchgeführten Tierversuch getestet. Reproduzierbarkeit bedeutet, dass sie unter gleichen Voraussetzungen zu gleichen Ergebnissen führt. Korrelation meint, dass sie im Hinblick auf den Versuchszweck iS von Abs. 2 vergleichbar relevant ist, also zB bei einer Sicherheitsüberprüfung ein dem Tierversuch gleichwertiges Schutzniveau gewährleistet. Im Anschluss daran folgt dann die Validierung, d.h. die Methode wird von verschiedenen, jeweils voneinander unabhängigen Labors (erneut) auf ihre Reproduzierbarkeit und ihre Korrelation überprüft. Die Auswertung dieser Tests und die Feststellung, ob sich eine valide Korrelation mit dem bisherigen Tierversuch ergeben hat, erfolgt meist durch ECVAM (European Centre for the Validation of Alternative Methods) oder ZEBET (Zentralstelle für die Erfassung und Bewertung von Ersatz- und Ergänzungsmethoden zum Tierversuch im Bundesamt für Risikobewertung, BfR). Nach der Validierung geht es darum, dass die Methode in die entsprechenden nationalen und internationalen Prüfvorschriften aufgenommen wird. – Eine Validierung kann, besonders wenn sie international durchgeführt wird, zehn und mehr Jahre dauern (zu den einzelnen Schritten vgl. *Gericke* Tierrechte 2/02 S. 14f.). Ein besonderes Problem ist dabei, dass der Tierversuch selbst idR nie validiert worden ist, mithin also an die tierversuchsfreien Methoden Anforderungen gestellt werden, denen die Tierversuche, die damit ersetzt werden sollen, zu keiner Zeit ausgesetzt waren und an denen viele von ihnen scheitern müssten. Hinzu kommt, dass es herkömmliche Tierversuche gibt, deren Ergebnisse so hohe Schwankungsbreiten aufweisen, dass sie von vornherein keinen tauglichen Vergleichsmaßstab abgeben; dies kann das paradoxe Ergebnis zur Folge haben, dass die Validierung einer Alternativmethode an den Mängeln eben desjenigen Tierversuches scheitert, den sie eigentlich ersetzen soll, obwohl sie möglicherweise genauer und verlässlicher wäre und ihre Durchsetzung damit nicht nur für den Tier-, sondern auch für den Verbraucherschutz einen Fortschritt bedeuten würde (s. das Beispiel in

Rn. 31). – Die Zeitspanne, die zwischen einer erfolgreich abgeschlossenen Validierung einer Alternativmethode und ihrer Aufnahme in nationale und internationale Prüfvorschriften liegt, kann ebenfalls Jahre betragen. Gründe hierfür sind u.a. der langsame multinationale Einigungsprozess zur Revidierung von Monographien und Richtlinien sowie die manchmal zeitraubende und kostenintensive Herstellung der Referenzmaterialien (wie Antigene, Seren usw.), die für die Überführung der neuen Methode in den industriellen Routine-Gebrauch benötigt werden (Das EU-Tierschutzprotokoll verpflichtet die Gemeinschaftsorgane sowohl zu einer Förderung der Validierung als auch zu einer Beschleunigung der Anerkennung alternativer Methoden; vgl. Einf. Rn. 34–38).

ZEBET-Gutachten. Der enorme Aufschwung auf dem Gebiet der Ersatz- und Ergän- 16
zungsmethoden hat dazu geführt, dass nicht wenige Tierversuche, die noch vor wenigen Jahren als unverzichtbar galten, heute bereits Geschichte sind. Dieser Prozess beschleunigt sich zunehmend. Die Behörde kann aber nicht auf allen Forschungsgebieten so kompetent sein, um in jedem Fall von sich aus zu beurteilen, ob die angestrebten Erkenntnisse auch ohne Tierversuch gewonnen werden können bzw. ob der Versuch überhaupt notwendig ist. Hinzu kommt, dass viele Antragsteller bzw. Anzeigeerstatter nicht mit allen für ihr Sachgebiet verfügbaren Alternativen vertraut sind, sei es aus Unkenntnis, sei es in dem Bestreben, auf dem eingefahrenen Pfad des Tierversuches fortfahren zu können. – Ein vollständiges, zutreffendes Bild über den aktuellen Stand wissenschaftlicher Erkenntnisse kann hier deshalb nur von Einrichtungen geliefert werden, die sich professionell (und zugleich mit der nötigen Distanz zu den beteiligten Interessen) mit dieser komplizierten Materie befassen. Die 1989 gegründete ZEBET im BfR hat die Aufgabe, alternative Methoden zu erfassen, zu bewerten und ihre Anwendung zu erreichen. Zugleich ist sie Auskunftsstelle hierzu. Wenn also Anhaltspunkte dafür vorliegen, dass es für den in Rede stehenden Tierversuch eine vertretbare Alternativmethode (oder eine Kombination solcher Methoden) geben könnte, wird man nach § 24 Abs. 1 VwVfG die für das Genehmigungs- bzw. Anzeigeverfahren zuständige Behörde als verpflichtet ansehen müssen, bei ZEBET oder bei einer vergleichbaren Einrichtung darüber eine Auskunft einzuholen. Die Behörde muss dann entweder selbst nach § 26 Abs. 1 S. 2 Nr. 2 VwVfG eine schriftliche sachverständige Äußerung anfordern oder aber dem Antragsteller unter Hinweis auf AVV Anl. 1 Ziff. 1.2.3 die Vorlage eines entsprechenden Gutachtens aufgeben (s. § 8 Rn. 9 und § 8a Rn. 11, 12).

Nicht notwendig ist, dass die Alternativmethode den Tierversuch 1:1 ersetzt. Es 17
kommt nur darauf an, dass sie mit Blick auf den Versuchszweck iS von Abs. 2, also auf den medizinischen oder sonstigen sozialen Nutzen, mit dem das Versuchsvorhaben begründet wird, vergleichbar relevant ist. Das ist auch dann der Fall, wenn der angestrebte Nutzen eine Änderung der wissenschaftlichen Fragestellung iS einer Beantwortung mit tierversuchsfreien Methoden ermöglicht. – Beispielsweise ist es bei Toxizitäts- oder Qualitätsuntersuchungen nicht maßgebend, ob die Alternativmethode „gleiche" Ergebnisse wie der Tierversuch erbringt; entscheidend ist nur, dass sie einen vergleichbaren Sicherheitslevel schafft (vgl. *Steiger* und *Gruber* in: *Sambraus/Steiger* S. 726). Deswegen kann eine Alternativmethode oder eine Kombination mehrerer solcher Methoden auch dann wissenschaftlich zufriedenstellend sein, wenn ihr Ergebnis zwar von dem des Tierversuchs abweicht, sie aber dennoch eine gleichwertige oder sogar bessere Risikobewertung ermöglicht und somit ein gleichwertiges oder sogar höheres Schutzniveau schafft, zB weil mit menschlichen Zell-, Gewebe- und Organkulturen gearbeitet wird und sich dadurch die Ergebnisse problemloser auf menschliche Krankheiten übertragen lassen als die Resultate am Tier. – In der Grundlagenforschung gibt es keinerlei Vorschriften, die Tierversuche fordern und entsprechend beschreiben. Deshalb liegt hier die Ausformulierung der Fragestellung ganz beim Antragsteller, und häufig werden die Fragen von vornherein so gestellt bzw. die Hypothesen so formuliert, dass sie sich nur mit Tieren beantworten bzw. überprüfen lassen. Das kann aber nicht bedeuten, dass damit die Prüfung der Unerlässlichkeit zu Ende wäre. Vielmehr muss auch in solchen Fällen nach dem (human-)medi-

zinischen oder sonstigen sozialen Nutzen gefragt werden, mit dem die ethische Vertretbarkeit des Versuchsvorhabens begründet wird; anschließend geht es darum, zu prüfen, ob es ohne wesentliche Beeinträchtigung dieses Nutzens möglich ist, die Fragestellung bzw. Hypothese so umzuformulieren, dass sie ohne Tiere (oder mit weniger Tieren und/oder mit weniger Tierbelastung) beantwortet bzw. geprüft werden kann. Besonders in diesem Bereich fehlt es häufig noch am Willen der Verantwortlichen, die Fragen bzw. Hypothesen so zu formulieren, dass ein Verzicht auf die Verwendung von Tieren möglich wird (vgl. *Gruber* ALTEX 21, Supplement 1/2004, 3, 4; vgl. auch Brockhaus Naturwissenschaft und Technik, Stichwort ‚universitäre Grundlagenforschung': „Zu sehr wird insbesondere in den biologischen Fachdisziplinen Wert auf Tradition, auch hinsichtlich der Methodik, gelegt. Die Bereitschaft zur Reflexion über das, was sich seit langem scheinbar bewährt hat, und zur Hinwendung zu neuen Perspektiven scheint im akademischen Umfeld gering zu sein. Folge: In Deutschland stagnieren ausschließlich im Bereich der Grundlagenforschung die Tierversuchszahlen seit Jahren und steigen im Verhältnis zur Gesamtzahl sogar an").

18 Unerlässlich meint, dass für den Tierversuch eine **wissenschaftliche Notwendigkeit** bestehen muss. Entscheidend dafür ist zweierlei: Zum einen muss die Fragestellung, um die es geht (und die vom Antragsteller bzw. Anzeigeerstatter auszuformulieren ist) noch ungelöst sein; sie darf also nicht bereits eine Antwort gefunden haben, zB durch die Forschungen Anderer (s. Rn. 21). Zum anderen darf es nach dem aktuellen Stand der wissenschaftlichen Erkenntnis weder eine Alternativmethode noch eine Kombination solcher Methoden geben, die wissenschaftlich zufriedenstellend, d.h. reproduzierbar und vergleichbar aussagekräftig ist. – Unerlässlich meint dagegen nicht: „für die Vermarktung notwendig" (vgl. auch BMELV, Tierschutzbericht 2003, S. 2: „das gemäß dem *wissenschaftlichen Erkenntnisstand* unerlässliche Maß"). – Dass der Tierversuch als Zulassungsvoraussetzung für ein Produkt oder Verfahren durch eine Rechtsverordnung oder Verwaltungsvorschrift vorgeschrieben ist, kann für sich gesehen noch nicht seine Unerlässlichkeit begründen. Vielfach tragen die genannten Zulassungsregelungen diesem Gesichtspunkt Rechnung, indem sie für den Fall vorhandener Alternativen ausdrücklich das Abgehen von der Methode des Tierversuchs vorsehen oder wenigstens gestatten (vgl. zB die allgemeinen Vorschriften des Europäischen und des Deutschen Arzneibuchs, die es ermöglichen, vorgeschriebene Tierversuche durch alternative Methoden zu ersetzen, wenn diese eine ebenso eindeutige Entscheidung hinsichtlich der Erfüllung der Anforderungen ermöglichen; vgl. BMELV, Tierschutzbericht 2003, XV 4.2; ähnlich auch die Normen über die Bewertung und Prüfung von Medizinprodukten und die Prüfnachweisverordnung zum Chemikaliengesetz). Aber auch dort, wo der Vorrang gleichwertiger Alternativmethoden nicht ausdrücklich konstatiert ist, gilt, dass Rechtsverordnungen und Verwaltungsvorschriften im Rang unterhalb des Gesetzes und unterhalb von EU-Richtlinien stehen und dass sowohl § 7 Abs. 2 TierSchG als auch Art. 7 Abs. 2 der EU-Tierversuchsrichtlinie Tierversuche nicht mehr zulassen, sobald für das angestrebte Ergebnis (also für den angestrebten medizinischen oder sonstigen Nutzen iS von Abs. 2) nach dem aktuellen Stand der wissenschaftlichen Erkenntnis eine wissenschaftlich zufriedenstellende Alternative zur Verfügung steht. – Daraus folgt zugleich, dass erfolgreich validierte Alternativmethoden dem bisherigen Tierversuch auch dann vorgezogen werden müssen, wenn sie noch nicht Eingang in die entsprechenden nationalen und internationalen Prüfvorschriften gefunden haben (vgl. *Steiger* und *Gruber* aaO S. 726). Ergibt sich also aus einem Gutachten von ZEBET, ECVAM oder einer vergleichbar kompetenten Einrichtung, dass sich die in Betracht kommende Alternative als wissenschaftlich zufriedenstellend erwiesen hat und dass sie (auch in Anbetracht der bekannten Mängel des zu ersetzenden Tierversuchs) ein vergleichbares Niveau an Sicherheit für den Menschen erbringt, so darf der bisher übliche Tierversuch nicht mehr durchgeführt werden. Dies ist die Folge davon, dass sowohl das Tierschutzgesetz als auch die EU-Tierversuchsrichtlinie die Frage nach dem Vorhandensein vertretbarer Alternativen allein von dem objektiven

Stand der wissenschaftlichen Erkenntnisse abhängig machen und nicht davon, welches Ausmaß an internationaler Anerkennung die jeweilige Methode erlangt und in welchem Umfang sie bereits in die nationalen und internationalen Prüf- und Zulassungsvorschriften Eingang gefunden hat. – Die Praxis verfährt hier vielfach gegenteilig und führt Tierversuche trotz verfügbarer und validierter Alternativmethoden so lange durch, bis die Prüfrichtlinien entsprechend geändert sind. Dies geschieht dann aber nicht mehr wegen des *wissenschaftlichen Erkenntnisstandes* (vgl. BMELV aaO), sondern aus Gründen der Vermarktung des jeweiligen Produktes.

Unbeachtlichkeit eines höheren Arbeits-, Kosten- und/oder Zeitaufwands. Dass eine vorhandene, genügend aussagekräftige alternative Methode oder Methodenkombination möglicherweise kostspieliger oder zeit- und arbeitsaufwändiger ist als der bisherige Tierversuch, vermag dessen Unerlässlichkeit nicht zu begründen. § 9 Abs. 2 Nr. 3, der ausschließt, einem Tier aus derartigen Gründen Schmerzen, Leiden oder Schäden zuzufügen, bezieht sich nicht nur auf das „Wie" (iS von reduce und refine), sondern auch auf das „Ob" (iS von replace) der Tierversuche (s. 9 Rn. 10; vgl. auch *Caspar* Tierschutz S. 455). Dafür spricht auch ein praktisches Argument: Fast jede Methode, mit der vom eingefahrenen Pfad des Tierversuchs abgegangen wird, erfordert im Anfangsstadium einen erhöhten Arbeits- und zT auch Kostenaufwand; wäre dies bereits ausreichend, um die Weiterführung der bisherigen Tierversuche zu rechtfertigen, so könnten sich neue Alternativen nur noch schwer durchsetzen. – Darüber hinaus enthält § 9 Abs. 2 Nr. 3 einen allgemeinen Grundsatz, der auf jeden belastenden Umgang mit dem Tier anzuwenden ist (vgl. *L/M* § 9 Rn. 24; s. auch § 1 Rn. 47). 19

Gemäß dem im Verwaltungsrecht herrschenden **Untersuchungsgrundsatz** muss die Behörde das Vorhandensein von Alternativmethoden und ggf. deren Gleichwertigkeit von Amts wegen ermitteln (§ 24 VwVfG). In der Vergangenheit wurde zwar die Auffassung vertreten, die Verwaltung habe sich insoweit auf eine „qualifizierte Plausibilitätskontrolle" zu beschränken (s. § 8 Rn. 9); seit der Einbeziehung des Tierschutzes in die Staatszielbestimmung des Art 20a GG kann dies aber als überholt gelten: Die Belange des Tierschutzes haben seither Verfassungsrang und sind damit imstande, auch dem Grundrecht der Forschungsfreiheit verfassungskonforme Schranken zu setzen (s. Art. 20a GG Rn. 7, 8 und § 8 Rn. 6, 9). – Dass die Behörden die Unerlässlichkeit in Zukunft objektiv prüfen müssen, entspricht i. Ü. sowohl dem Willen des historischen Gesetzgebers (s. § 8 Rn. 7) als auch dem Gebot zur richtlinien- und völkerrechtskonformen Auslegung des Gesetzes: Art. 7 Abs. 2 und Abs. 3 der EU-Tierversuchsrichtlinie knüpfen die Zulässigkeit von Tierversuchen allein daran, dass es objektiv (und nicht etwa nur nach dem Vortrag des Experimentators) an einer wissenschaftlich zufriedenstellenden Alternativmethode fehlt; dasselbe steht in Art 6 Abs. 1 EÜV (s. § 8 Rn. 8). – Über das DIMDI (Deutsches Institut für Medizinische Dokumentation und Information, http://www.dimdi.de) besteht ein kostenloser Zugriff auf die Fachdatenbank „AnimAlt-ZEBET" mit Dokumenten zu (überwiegend) Alternativmethoden zu behördlich vorgeschriebenen Tierversuchen einschließlich des Standes der wissenschaftlichen und behördlichen Anerkennung der jeweiligen Methode. Weitere Post- und Internet-Adressen zu Alternativmethoden s. Adressenverzeichnis am Ende dieses Buches. 20

Doppel- und Wiederholungsversuche. Der Begriff der Unerlässlichkeit bezieht sich nicht auf sämtliche Zwecke, die vom Antragsteller/Anzeigeerstatter verfolgt werden, sondern nur auf die wissenschaftliche Fragestellung und das hierzu angestrebte Ergebnis (s. Rn. 18 und BMELV, Tierschutzbericht 2003, S. 2). Deswegen fehlt es an der Unerlässlichkeit für einen (weiteren) Tierversuch, wenn die wissenschaftliche Fragestellung bereits von einer anderen Person oder Einrichtung beantwortet worden ist, mag diese auch der Verwertung ihrer Ergebnisse durch den Antragsteller/Anzeigeerstatter widersprechen oder sonst Hindernisse entgegensetzen. Ein wiederholender Versuch dient hier nicht mehr dem Erkenntnisgewinn im Hinblick auf ein noch nicht hinreichend geklärtes wissenschaftliches Problem, sondern nur der Entwicklung und Vermarktung eines neuen 21

Produkts; dies vermag aber für sich allein keine Unerlässlichkeit iS des Gesetzes zu begründen (s. Rn. 17). – Im Zulassungsverfahren für Chemikalien, Pflanzenschutzmittel, gentechnische Produkte und Arzneimittel kann sich die Frage stellen, ob der Anmelder eines Produktes, welches mit einem bereits zugelassenen Produkt ganz oder teilweise baugleich ist (Zweit- oder Nachanmelder), zum Nachweis der Unbedenklichkeit bzw. Wirksamkeit des neuen Produktes die erforderlichen Unterlagen aufgrund eigener Versuchsreihen selbst herstellen muss, oder ob er stattdessen auf die bei der Zulassungsstelle oder einer Zentralstelle verbliebenen Prüfunterlagen des Erstanmelders verweisen kann. – Im Bereich des Chemikaliengesetzes gilt hierzu gemäß § 20a Abs. 2 bis 4 ChemG Folgendes: Setzen die für eine Produktzulassung notwendigen Prüfnachweise Tierversuche voraus, so bedarf es der Vorlage solcher Nachweise nicht, soweit der Anmeldestelle bereits ausreichende Erkenntnisse aus einem anderen Zulassungsverfahren vorliegen. Liegt die Vorlage der Prüfnachweise durch den Erstanmelder bereits länger als zehn Jahre zurück, so ist ihre Verwertung zugunsten des Nachanmelders ohne weiteres möglich. Anderenfalls bedarf es zwar grds. der Zustimmung des Erstanmelders, doch führt dessen Widerspruch nur dazu, dass die Bearbeitung des Zulassungsverfahrens um denjenigen Zeitraum verzögert wird, den der Nachanmelder für die Beibringung eigener Prüfnachweise benötigen würde, und dass dem Erstanmelder ein selbständiger Kompensationsanspruch gegen den Nachanmelder in Höhe von 50 % der von diesem durch die Verwertung ersparten Aufwendungen zuerkannt wird. Dieselbe Regelung gilt nach dem Biozid-Gesetz (BGBl. 2002 I S. 2076) auch für Biozid-Produkte. – Ähnliche Regelungen enthalten §§ 13, 14, 14a, 14b PflSchG und § 17 GenTG sowie § 16 Futtermittelverordnung. – Angesichts dieser Möglichkeit zur zwangsweisen Verwertung der Prüfnachweise des Erstanmelders können Wiederholungsversuche durch den Nachanmelder nicht als zulässig angesehen werden; dem entspricht die gesetzliche Voranfragepflicht für diejenigen, die Tierversuche zur Vorbereitung einer Anmeldung durchführen wollen. – Im Zulassungsverfahren nach dem Arzneimittelrecht ist zwar die Situation insoweit anders, als hier der Nachanmelder vor Ablauf der Zehn-Jahres-Frist auf die Unterlagen des Erstanmelders nur mit dessen schriftlicher Zustimmung Bezug nehmen kann (§ 24a AMG). Gleichwohl wird aber auch hier durch die Verweigerung der notwendigen Zustimmung ein wiederholender Tierversuch nicht zulässig, denn dieser Versuch würde nur der Zulassung und Vermarktung des neuen Produkts, nicht aber der Gewinnung einer neuen Erkenntnis im Hinblick auf ein noch ungelöstes Wissenschaftsproblem dienen (vgl. *Ramsauer* in: *Caspar/Koch* S. 177ff., 194).

IV. Beispiele für moderne Alternativen zum Tierversuch (nicht erschöpfend)

1. Allgemeines

22 Unter **in-vitro-Methoden** (lateinisch: im Reagenzglas) versteht man Testsysteme mit schmerzfreier Materie in Form von Zellen, Geweben, Organpräparaten, Mikroorganismen usw. Teilweise werden dem Begriff auch andere Systeme, zB Computermodelle, zugeordnet (die sprachlich korrekte Bezeichnung hierfür lautet aber: in silico). Den Gegensatz dazu bilden in-vivo-Versuche (lateinisch: am Lebenden), die am lebenden Organismus stattfinden (allerdings werden unter diesen Begriff auch einige nichttierbelastende Verfahren subsumiert wie zB die Untersuchungen am bebrüteten Hühnerei).

23 Bei den **Zellkulturen** unterscheidet man primäre Zellen und permanente Zelllinien: Erstere werden direkt aus dem Organismus entnommen, behalten ihre natürlichen Funktionen auch außerhalb bei, sterben aber nach einer gewissen Zeit ab; Letztere wachsen krebsartig, sind damit praktisch unbegrenzt lebensfähig, verlieren aber nach und nach ihre ursprünglichen Funktionen. In Zellkulturbanken (zB der Deutschen Sammlung von Mikroorganismen und Zellkulturen) werden Zigtausende verschiedener permanenter Linien

aufbewahrt und können dort bestellt werden. – Da Zellen nicht isoliert, sondern im Austausch leben, wurden **Co-Kulturen oder organtypische Kulturmodelle** entwickelt, mit denen sich selbst komplexe Strukturen des menschlichen Körpers nachbauen lassen. Fließzellkulturen werden verwendet, bei denen Nährstoffe und Sauerstoff ständig zugeführt und Stoffwechselprodukte entfernt werden. Eine große Rolle spielen auch gentechnisch veränderte Zellen, mit denen zB die Hormonkonzentration in Arzneimitteln bestimmt werden kann. Auch ist es möglich, die menschliche Haut mit ihren diversen Schichten verschiedener Zellen darzustellen. Sogar dreidimensionale Herz-, Leber- und Knorpelgewebe oder Blutgefäßwände können heute im Labor nachgebildet werden (vgl. *Siegel-Axel* et al. ALTEX 16, 1999, 117–122). Mehrere Hohlfasersysteme können mit unterschiedlichen Zelllinien beschickt und mit Silikonschläuchen sogar zu einem dem Körper ähnlichen Kreislauf verbunden werden (vgl. *Marx* in: *Gruber/Spielmann* S. 90ff.; *Ärzte* S. 6). – **Isolierte Organe getöteter Tiere** können mit bestimmten Lösungen durchströmt und so in ihrer Funktion noch für eine gewisse Zeit aufrechterhalten werden (vgl. *Ast* et al. ALTEX 19, 2002, 3–8; *Grosse-Siestrup* et al. ALTEX 19, 2002, 9–13; *Bäumer* et al. ALTEX 19, 2002, 57–63; *Finking* et al. ALTEX 17, 2000, 11–14; *Nogueira* et al. ALTEX 16, 1999, 90–94). – Mittels tierischer Organe, aber auch menschlicher Gewebe (zB aus Operationen) kann man **Gewebeschnitte** anfertigen und daran u.a. Stoffwechselleistungen und elektrische Phänomene studieren (vgl. *Olpe/Haas* ALTEX Nr. 2, 1985, 5–14). – Den Umstand, dass die **DNA niederer Organismen** wie Bakterien und Pilzen der von höheren Lebewesen grundsätzlich ähnlich ist, macht man sich beispielsweise bei Toxizitätsprüfungen, bei der Untersuchung auf erbgutschädigende Wirkungen (Ames-Test) und in der genetischen Grundlagenforschung zunutze (*Ärzte* S. 7). – **Computermodelle** ermöglichen es, Körperfunktionen als Ganzes mit all ihren Regulationsmechanismen zu erfassen. Mit computergestützten Methoden zur Wirkstoffentwicklung (Computer-Assisted-Drug-Development, CADD) werden neue pharmakologische Substanzen identifiziert und unwirksame oder toxische Stoffe ausgesondert. Neue in-silico-Tests sind zur Voraussage rezeptorvermittelter Toxizität von Arzneistoffen und Chemikalien entwickelt und validiert worden (vgl. *Vedani* et al. ALTEX 22, 2005, 123–134). – In der Toxikologie erscheint der Einsatz von **DNA-microarrays** (sog. gen-chips) aussichtsreich, insbesondere, wenn diese als Komponenten von Präscreening-Batterien eingesetzt und mit Zellkulturen gekoppelt werden (vgl. *Huggins* ALTEX 20, Supplement 1/2003, 1–61). – Eine besonders große Rolle spielen **moderne Analyseverfahren**, die präziser sind als der früher übliche Tierversuch. Zu nennen ist zB die Hochdruckflüssigkeitschromatographie (HPLC). Das Prinzip der Radioimmunoassays (RIA), Enzymimmunoassays (ELISA, d.h. Enzyme linked Immuno Sorbent Assay) und Immunfluoreszenztests (IFT) beruht auf der Reaktion eines Antigens (d.h. eines körperfremden Stoffes) mit einem Antikörper, den der Organismus zur Abwehr von Fremdstoffen, zB bestimmter Viren bildet. Mit der Technik der Polymerasekettenreaktion (PCR) lassen sich DNA-Stücke als Träger der genetischen Information beliebig vermehren und so Zellen wie zB krankmachende Bakterien und Viren in winzigsten Mengen nachweisen (zum Ganzen vgl. *Ärzte* S. 8). – Angesichts dieser Vielfalt ist die Auffassung, dass man mit alternativen Methoden nur zelluläre und biochemische Details, nicht aber auch organismische, physiologische Zusammenhänge aufklären könne, in dieser Allgemeinheit nicht mehr haltbar (so aber noch *Haverich* in: Evang. Akademie Bad Boll, Tierversuche S. 16).

Die **rasante Entwicklung der in-vitro-Technologie** hat praktisch erst in den letzten 24
zwei Jahrzehnten stattgefunden (vgl. *Wendel* ALTEX 19, 2002, 64). Viele Tierversuche, die insbesondere von älteren Wissenschaftlern auch heute noch für unerlässlich gehalten werden, spiegeln zwar den Stand der 70er Jahre wider, entsprechen aber nicht mehr dem aktuellen wissenschaftlichen Stand mit seinen alternativen Möglichkeiten. Heute stellen Tierversuche vielfach nur noch eine Forschung im Mittelmaß und eine Routine dar, die mehr einem eingefahrenen Pfad als dem wissenschaftlichen Fortschritt gehorcht (vgl. *Lindl* ALTEX 19, 2002, 227–229). Weil aber viele Versuche über Jahrzehnte hinweg als

„goldener Standard“, besonders in der Unschädlichkeits- und/oder Wirksamkeitsprüfung gegolten haben, darf die Schwierigkeit, solche als das „Maß der Dinge“ betrachteten Verfahren in Frage zu stellen, nicht unterschätzt werden (vgl. *Schwanig* ALTEX 15, Supplement 98, 6–8). Es wird lange dauern, bis tierexperimentell tätige Wissenschaftler begriffen haben, dass für den Forschungsstandort Deutschland künftig nicht mehr die Anzahl der aus Tierversuchen resultierenden Publikationen, sondern die Qualität der Ergebnisse in der molekularen Medizin, der High-Tech-Forschung, der Weiterentwicklung des Tissue-Engineerings und der Proteom- und Genomforschung ausschlaggebend sein wird. Möglicherweise wird es dazu einer neuen Generation von Wissenschaftlerinnen und Wissenschaftlern bedürfen, die Humanität und Modernität in die medizinische Forschung und Lehre einbringen (vgl. *Lindl* aaO). – Die Genehmigungs- und Überwachungsbehörden dürfen diese Zusammenhänge nicht übersehen. Sie müssen einkalkulieren, dass Wissenschaftler, die ihre Karrieren mit Tierversuchen etabliert haben, nicht unbedingt mit allen neuen tierversuchsfreien Methoden, die für ihr Sachgebiet entwickelt wurden, vertraut sind. Sie müssen deshalb idR veranlassen, dass das beantragte bzw. angezeigte Versuchsvorhaben, ggf. nach Anonymisierung persönlicher Daten, der ZEBET übermittelt und von dort ein Sachverständigengutachten eingeholt wird, ob die von dem Antragsteller/Anzeigeerstatter behauptete Unerlässlichkeit noch dem aktuellen Stand der wissenschaftlichen Erkenntnisse entspricht (s. Rn. 20).

2. Entwicklung und Wirksamkeitsprüfung von Arzneimitteln

25 In der **Pharmakologie** wird mit computergestützten Methoden zur Wirkstoffentwicklung (CADD, s. Rn. 23) festgestellt, welche Substanzen pharmakologisch aktiv werden können. Auf der Basis der „Schlüssel-Schloss-Hypothese“, die besagt, dass ein Wirkstoff in einen biologischen Rezeptor passen muss wie ein Schlüssel ins Schloss, versucht CADD, Zusammensetzung und Strukturen pharmakologischer Wirkstoffe zu ermitteln, die optimal an einen Rezeptor passen. Auch zur Optimierung einer auf diese Weise gefundenen, pharmakologisch aktiven Leitsubstanz werden heute fast ausschließlich Computer eingesetzt. Ein entscheidender Vorteil dieses Ansatzes gegenüber dem Tierversuch ist, dass am Computer auch hypothetische Wirkstoffe analysiert werden können (vgl. *Steiger* und *Gruber* aaO S. 727). Die tierversuchsfreien molekularbiologischen Screeningverfahren haben bei der Suche nach neuen Arzneimitteln den Tierversuch bereits weitgehend ersetzt (aber: keine Abnahme bei der Gesamtzahl der sicherheitstoxikologischen Tierversuche und starke Zunahme des Tierverbrauchs in der Grundlagenforschung wegen der Verwendung transgener Tiere). – Der Ersatz von Tierexperimenten im Screening neuer Therapeutika für die Behandlung von COPD (chronisch obstruktive Lungenerkrankungen) scheint mit einem Epithelzellkulturmodell möglich, das die Beurteilung neuer antientzündlicher Substanzen für die Behandlung von COPD direkt an der relevanten Zielzelle in vitro erlaubt (vgl. *Puljic* ALTEX 21, 2004, 3). – Ein „Versuchskaninchen aus Silizium“ stellt der neu entwickelte Silizium-Chip dar, der aus winzigen Kammern aus Glasröhrchen, die mit lebenden Zellen ausgekleidet sind, besteht. Auf diese Weise werden einzelne Organe nachgebildet, die mit Nährflüssigkeit durchströmt werden. Hinzugefügte Wirkstoffe zirkulieren durch den Chip. Dabei können die Verstoffwechselung der Wirkstoffe sowie die mögliche Entstehung von giftigen Abbauprodukten getestet werden. Auf diese Weise können Pharmaunternehmen Medikamente auf Nebenwirkungen testen, ohne Labortiere verwenden zu müssen (vgl. ALTEX 21, 2004, 253). – Mit einem Zellkulturmodell, in dem in-vitro induzierte, oxidative DNA-Schädigungen sowie ihre Beeinflussung und ihre Reparaturkinetik direkt an den menschlichen Zielzellen untersucht werden, lassen sich u.a. antioxidativ wirksame Substanzen untersuchen; somit kann auf die entsprechenden Tierversuche an Schweinen, Ratten und Kaninchen zumindest teilweise verzichtet werden (vgl. *Kreja* et al. ALTEX 20, 2003, 71–75; *dies.* ALTEX 19, 2002, 123–129). – Die endothelzellspezifische Toxizität von Testsubstanzen kann ebenfalls in-

vitro ermittelt werden. Für ein erstes Ranking von möglichen Arzneimittelkandidaten bietet sich ein schnell durchzuführender Zytotoxizitätstest an 3T3–Zellen an. Für die genauere Charakterisierung stehen aufwändigere Verfahren zur Verfügung, zB Untersuchungen an humanen Endothelzellen aus der Umbilikalvene (HUVEC-Zellen) und an immortalisierten humanen Endothelzellen (IVEC-Zellen; vgl. *Schleger* et al. ALTEX 20, 2003, 197). – Um negative Arzneimitteleffekte wie Arrhythmien (Herzrhythmusstörungen) nachzuweisen, kann auf die bisher üblichen Tierversuche am Hund verzichtet werden. Isoliert hämoperfundierte Herzen von Schlachtschweinen haben sich als geeignet erwiesen, solche Arzneimitteleffekte im EKG nachzuweisen. Das isoliert hämoperfundierte Schweineherz ist ein komplexes und zuverlässiges Modell für Untersuchungen von Arzneimittelwirkungen auf die Elektrophysiologie des Herzens (vgl. *Ast* et al. ALTEX 19, Supplement 1/2002, 87). – Die isoliert perfundierte Schweineextremität dient zur Gewinnung reproduzierbarer Daten für die Wirkstoffentwicklung in der kosmetischen und pharmazeutischen Industrie sowie für die Entwicklung medizintechnischer Geräte (vgl. *Wagner* et al. ALTEX 18, 2001, 210). – Der HET-CAM Test am bebrüteten Hühnerei vermag zahlreiche überkommene Tierversuche zu ersetzen, u.a. auch Tierversuche zur Untersuchung der antiinflammatorischen Wirkung von steroiden und nicht-steroiden Verbindungen (vgl. *Brantner* et al. ALTEX 19, 2002, 51).

3. Qualitätskontrolle von Arzneimitteln (s. auch Chargenprüfung und Toxizität)

Hier finden **ersetzbare Tierversuche vor allem in vier Bereichen** statt: Zur Pyrogentestung, zur Potency- und Safety-Testung von Hormonen, zur Prüfung auf Verunreinigung mit Histamin und zur Prüfung auf anomale Toxizität. – Die Prüfung auf Pyrogenität (d.h. auf fiebererzeugende Verunreinigungen) braucht heute nicht mehr wie früher am Kaninchen durchgeführt zu werden. Zunächst wurde dafür der Limulus-Amöbozyten-Lysat-Test (LAL) entwickelt und validiert, der Verunreinigungen detektiert, die aus Endotoxinen stammen. Als vollständigen (weil auch Verunreinigungen mit Nicht-Endotoxin-Pyrogenen aufdeckenden) Ersatz gibt es mittlerweile den in-vitro-Pyrogentest (IPT) mit humanem Vollblut. Sein Grundprinzip lautet: Zellen des Immunsystems, insbesondere Blutmonozyten und Makrophagen, schütten bei Kontakt mit pyrogenen Verunreinigungen Botenstoffe aus, die im Organismus die Fieberreaktion vermitteln; deshalb werden die zu prüfenden Substanzen mit einer kleinen Blutmenge von einem gesunden Spender zusammen inkubiert; anwesende Pyrogene machen sich dabei durch die Bildung von Interleukin-1 (IL-1) bemerkbar, das mit ELISA bestimmt werden kann. Vorteile dieses humanen Vollbluttests sind: Er ist im Vergleich zum Kaninchen-Test sensitiver (d.h. er identifiziert auch menschliche Pyrogene, die im Kaninchen-Test unentdeckt bleiben), und er misst die Reaktion an der relevanten Spezies (nämlich am Menschen statt am Tier). Wenn kryokonserviertes Blut verwendet wird, können die Blutspenden der Spender vorgetestet werden, um so einheitliches Prüfmaterial zu erhalten. Nachdem die Validierung des humanen Vollbluttests seit 2003 abgeschlossen ist, können Pyrogentests am Kaninchen heute nicht mehr als unerlässlich eingestuft werden (zu Arzneibuch-Monographien, die sie gleichwohl noch vorsehen, s. § 8 Rn. 25; zum Ganzen vgl. *Sponer* ALTEX 21, 2004, 73; *Schindler* et al. ALTEX 20, 2003, 59–63; *Hartung* et al. ALTEX 15, Supplement 1998, 9–13; vgl. auch ALTEX 19, 2002, 150: „Charles River bringt IPT auf den Markt"; ALTEX 20, 2003, 208: „Auf einer Pressekonferenz am 12. 5. 2003 in Brüssel stellte EU-Kommissar Philipe Busquin sechs in vitro Methoden zur Pyrogentestung vor, die von der EU anerkannt wurden. Die Methoden können allein in Europa bis zu 200 000 Kaninchen pro Jahr einsparen"). – Zur Bestimmung des Hormongehalts sind die früher üblichen Tierversuche an Hühnern, Ratten und Mäusen nicht mehr nötig; einen kompletten, auch von OECD und Europäischem Arzneibuch akzeptierten Ersatz stellt die Hochdruckflüssigkeits-Chromatographie (HPLC) mit Zelllinien mit spezifischen Rezeptoren dar (vgl. *Hartung* ALTEX 18, Supplement 2001, 3–11). – Untersuchungen auf Histamingehalt und 26 auf blutdrucksenkende Substanzen werden noch immer am isolierten Darm von getöteten Meerschweinchen durchgeführt, wobei bei unklarem Versuchsergebnis eine Untersuchung auf blutdrucksenkende Wirkung an der narkotisierten Katze nachgeschaltet wird. Dagegen wird in der Lebensmittelchemie Histamin mittels Kapillarzonen-Elektrophorese (CZE) oder HPLC in Kombination mit Fluoreszenz- oder UV-Detektion bereits in äußerst niedrigen Konzentrationen nachgewiesen. Darüber hinaus konnte in Untersuchungen gezeigt werden, dass mittels CZE Histamin und Trypsin voneinander abgetrennt und in Konzentrationen detektiert werden können, die den Anforderungen der Arzneibuch-Monographien entsprechen. Ein Ersatz der Tierversuche auf Histamin und blutdrucksenkende Substanzen erscheint damit wissenschaftlich und technisch möglich (vgl. *Miethe/Sponer* ALTEX 19, 2002, 115–119; zu Arzneibuch-Monographien, die die Tierversuche gleichwohl noch vorsehen, s. § 8 Rn. 25). – Der Test auf anomale Toxizität wird immer noch an Meerschweinchen oder Mäusen durchgeführt, wobei lediglich überprüft wird, ob durch die Applikation des Präparates Auffälligkeiten oder gar Todesfälle auftreten. Der Test ist also äußerst unspezifisch und deshalb auch nicht gegen andere definierte Methoden validierbar. Er hat seinen Ursprung in den 50er Jahren, als die Prozesse zur Gewinnung von Wirkstoffen aus biologischem Material noch nicht so gut beherrscht werden konnten wie heute. Heutzutage kann das Vorkommen von Verunreinigungen durch den eingetretenen technologischen Fortschritt, durch verbesserte Verfahren zur Aufreinigung der gewonnenen Materialien und durch die Einhaltung der GMP-Standards (Good Manufactoring Practice) weitgehend ausgeschlossen werden. Unter den in Europa verlangten Qualitätsnormen leistet deshalb der Tierversuch auf anomale Toxizität keinen Beitrag mehr zur Arzneimittelsicherheit (vgl. BMELV, Tierschutzbericht 2003, XV 5.2). Im Arzneibuch sind deshalb die entsprechenden Tests in den letzten Jahren aus vielen Monographien gestrichen worden. Für andere Substanzen ist der Test in den Abschnitt „Produktion" verlegt worden, was bedeutet, dass bei Nachweis eines entsprechend sicheren Herstellungsverfahrens, den der Produzent gegenüber der Behörde zu erbringen hat, auf den Test verzichtet werden kann. Die Fragwürdigkeit der Prüfung auf anomale Toxizität wird auch durch eine Studie des Paul-Ehrlich-Instituts bestätigt, die vor ca. 10 Jahren unter Einbezug einer großen Anzahl von Seren und Impfstoffen durchgeführt worden ist und weder eine Reproduzierbarkeit der am Tier gewonnenen Testergebnisse noch einen Zusammenhang zwischen diesen Testergebnissen und Nebenwirkungen bei der Anwendung der Testchargen bei Patienten ergeben hat; seit dieser Zeit finden im Paul-Ehrlich-Institut keine Prüfungen auf anomale Toxizität mehr statt (vgl. *Sponer* ALTEX 21, 2004, 73–80; *Miethe /Sponer* ALTEX 19, 2002, 115–121).

27 **Einige weitere Alternativen.** Die Bestimmung des Insulingehalts kann mittels HPLC erfolgen anstatt durch Tierversuche an Kaninchen und Mäusen. – Die augenreizende Wirkung von Stoffen lässt sich mit dem HET-CAM Test an der Chorionallantoismembran des bebrüteten Hühnereis statt am Kaninchen-Auge ermitteln. Für mäßig reizende Substanzen steht ein künstliches Hornhautmodell, das in Struktur und Physiologie der menschlichen Hornhaut entspricht, zur Verfügung (vgl. *Sauer* DudT 2/2005, 39). – Zur Feststellung hautreizender Wirkungen gibt es Kulturen mit menschlichen Hautzellen. – Die Phototoxizität wird mit Hilfe von Fibroblasten untersucht. – Zur Ermittlung der Neurotoxizität bei Organophosphaten gibt es die NTE-Esterase-Bestimmung mit Neuroblasten-Zellen (vgl. *Hartung* ALTEX 18, Supplement 2001, 3–11). – Für die Prüfung schleimhautreizender Eigenschaften ist auch der isoliert perfundierte Rinderuterus geeignet (vgl. *Bäumer* et al. ALTEX 19, 2002, 57–62). – Soweit bei der Entwicklung und Prüfung von zahnmedizinischen Produkten noch Tierversuche mit Primaten, nämlich Pulpa- und Dentinversuche sowie Prüfungen für direkte Pulpaüberkappungs- und Pulpotomiewerkstoffe stattfinden, stehen auch hierfür Alternativen zur Verfügung, die die gleiche Sicherheit für den Patienten gewährleisten: Zunächst wird die Eignung der neuen Werkstoffe in mechanischen und chemischen Tests kontrolliert; anschließen finden erste Versuche am Menschen, nämlich an den künstlichen Zähnen herausnehmbarer Pro-

thesen statt; anstelle von anschließenden Tierversuchen mit Primaten stehen in vitro Biokompatibilitätstests mit Pulpa-Zellen, Mundschleimhautzellen, Knochenzellen, Makrophagen oder Fibroblasten zur Verfügung, die es ermöglichen, die Wechselwirkung zwischen den Werkstoffen und relevanten Zellen zu untersuchen (vgl. *Ruhdel/Sauer* S. 23, 24).

4. Chargenprüfungen auf Reinheit und Wirksamkeit bei Biologika

Qualitätskontrolle bei biologisch gewonnenen Arzneimitteln. Für Biologika, insbe- 28
sondere Impfstoffe, Immunglobuline und Immunseren sind zahlreiche Tierversuche, u. a. an Mäusen, Ratten, Kaninchen, Meerschweinchen, Hühnern, Schafen und sogar Primaten vorgesehen; entsprechende Vorgaben finden sich vor allem in einzelnen Monographien des Europäischen Arzneibuchs. Nicht nur für die erstmalige Zulassung des Stoffes als solchem, sondern auch für das Inverkehrbringen jeder einzelnen Charge (d. h. Produktionseinheit) werden Prüfungen auf Toxizität und Wirksamkeit verlangt. Man schätzt, dass pro Jahr 10 Mio. Tiere für die Produktion und Qualitätskontrolle von Biologika verbraucht werden, davon 80 % für die Überprüfung der Unbedenklichkeit und Wirksamkeit des Endprodukts, also die Chargenprüfung (vgl. *Halder* ALTEX 18, Supplement 2001, 13–41). Das macht deutlich, welche Bedeutung der Entwicklung und Validierung von Alternativmethoden auf diesem Gebiet zukommt. – Soweit Tierversuche auf die Monographien des Europäischen Arzneibuches gestützt werden, ist Folgendes zu beachten: Die Allgemeinen Vorschriften des Arzneibuches sehen vor, dass bei der Prüfung von Arzneimitteln auch andere Methoden als die vorgeschriebenen verwendet werden können, vorausgesetzt, dass die verwendeten Methoden eine ebenso eindeutige Entscheidung hinsichtlich der Erfüllung der Anforderungen ermöglichen wie die vorgeschriebenen. Damit ist es jederzeit möglich, unnötige Tierversuche durch alternative Methoden zu ersetzen, wenn die wissenschaftlichen und technischen Voraussetzungen gegeben sind (vgl. BMELV, Tierschutzbericht 2003, XV 4.2). Validierte Ersatzmethoden, die die gleiche Sicherheit für den Patienten gewährleisten, können (und müssen) also auch dann eingesetzt werden, wenn eine entsprechende Revidierung der jeweiligen Monographie wegen des langsamen multinationalen Einigungsprozesses noch aussteht. Hinzu kommt, dass in letzter Zeit einige Tierversuche mit fraglicher Relevanz aus den Monographien vollständig gestrichen oder aber in den Abschnitt „Produktion“ überführt worden sind (letzteres hat zur Folge, dass bei Nachweis eines zuverlässigen Herstellungsverfahrens, das entsprechende Verunreinigungen mit genügender Sicherheit ausschließt, auf den Test verzichtet werden kann, vgl. *Miethe/Sponer* ALTEX 19, 2002, 115–121).

Einzelne Alternativen: Für den Wirksamkeitsnachweis von Tetanusimpfstoffen für 29
Mensch und Tier gibt es validierte in-vitro-Testmethoden, nämlich den Toxin-Binding-Inhibition-Test (ToBi-Test) und einen ELISA (vgl. BMELV, Tierschutzbericht 2003, XV 4.2, dort auch zur Toxizitätsprüfung; *Halder* ALTEX 18, Supplement 2001, 13–41; ALTEX 18, 2001, 212; *Rosskopf* ALTEX 21, 2004, 171, 172; ALTEX 22, 2005, 169–174). – Als Ersatz für den Belastungsversuch bei der Chargenwirksamkeitsprüfung von Rotlaufimpfstoffen steht ebenfalls ein validierter ELISA zur Verfügung (vgl. ALTEX 19, 2002, 211). – Für die Prüfung auf Toxizität von Keuchhustenimpfstoffen sind von der WHO folgende Alternativmethoden zu dem üblichen „mouse-weight-gain-test“ zugelassen: der Histamine-Sensitation-Test (HS-Test), der Leukocytosis-Promotion-Test (LP-Test) und der Chinese Hamster Ovary-Clustering-Test (CHO-Test; vgl. *Halder* aaO). – Alternative Methoden für die Wirksamkeitsprüfung von Tollwutimpfstoffen sind: zur Antikörper-Bestimmung ein ELISA sowie der rapid-fluorescent-focus-inhibition-test; zur Antigen-Qualifizierung die single-radial-diffusion, der antibody-binding-test sowie ein ELISA (G Antigen) und ein ELISA (G und N Protein; vgl. *Halder* aaO). – Dazu, dass der mittlerweile erfolgreich validierte in-vitro-Pyrogentest (IPT) mit humanem Vollblut den Pyrogen-Test am Kaninchen vollständig ersetzt, s. Rn. 26. – Für die Wirksamkeitsprüfung von

Clostridienvakzinen (außer Tetanus) stehen serologische Zellkulturmodelle, u.a. mit Nierenzellen, sowie verschiedene ELISA-Verfahren zur Verfügung. – ELISA-Verfahren existieren auch für die Wirksamkeitsprüfung von Leptospiren-Impfstoffen (vgl. *Halder* aaO). – Bei Geflügelimpfstoffen erfolgt die Prüfung auf Fremdstoffe an bebrüteten Hühner- und Enteneiern, an Zellkulturen sowie mit PCR- und IFT-Verfahren (Definitionen s. Rn. 23). – Die Vermehrung des Infektiösen-Bronchitis-Virus (M41) Stammes ist in einer permanenten Hühnerembryo Zelllinie (CER) ohne die Verwendung von tierischen Seren und Tierprotein möglich (vgl. *Cardoso* et al. ALTEX 22, 2005, 152–156). – Zur Wirksamkeitsprüfung von E-coli-Muttertierimpfstoffen für Zuchtsauen stehen als Alternativen zu den noch immer stattfindenden, sehr belastenden Infektionsversuchen an Ferkeln mittlerweile vier verschiedene ELISA-Verfahren zur Untersuchung auf Antikörper gegen die Haftantigene F4ab, F4ac, F6 und F41 in Serum- und Kolostrumproben zur Verfügung (vgl. *Krug* et al. ALTEX 21, 2004, 164). – Generell kann für Veterinärimpfstoffe in der heutigen Zeit erwartet werden, dass die Sicherheits- und Belastungsprüfungen nicht wie früher im Tierversuch, sondern mit den wesentlich effektiveren in-vitro Methoden durchgeführt werden (so das US-Committee on Biologics and Biotechnology, zitiert nach ALTEX 19, 2002, 224). – Für verschiedene Peptide kann die Quantifizierung des Wirkstoffgehalts der produzierten Chargen mit physiko-chemischen Methoden vorgenommen werden: So stehen für Tetracosactid, Lypressin und Glucagon anstelle der noch immer üblichen Tierversuche an Ratten und Kaninchen HPLC-Verfahren zur Verfügung, die zudem den Vorteil haben, nicht nur die Identität, sondern auch die Reinheit zu überprüfen. Bei Glykoproteinen gestaltet sich der Ersatz der Tierversuche zwar schwieriger; jedoch kann als Alternative an die Kapillarzonen-Elektrophorese (CZE) gedacht werden (vgl. *Miethe/Sponer* ALTEX 19, 2002, 115–121; s. auch Rn. 26). – Zur Chargenprüfung auf anomale Toxizität, Histamin und blutdrucksenkende Substanzen s. ebenfalls Rn. 26. Zu beachten ist hier insbesondere, dass diese Tests weitgehend in den Abschnitt „Produktion" der Arzneibuch-Monographien verlagert worden sind und damit bei Nachweis eines zuverlässigen Herstellungsverfahrens entfallen können. – Zur Wirksamkeitsprüfung von Antilymphozyten-Seren sind keine Tierversuche mehr erforderlich, insbesondere nicht der früher übliche Affenhaut-Transplantationstest (vgl. BMELV, Tierschutzbericht 2003, XV 4.2). – Soweit neu produzierte Chargen des Poliovirus-Lebendimpfstoffes noch immer an Affen im Neurovirulenztest (NVT) überprüft werden, existieren zumindest teilweise Ersatzmethoden: Eine quantitative PCR-Methode kann den Wildtypanteil der Position 472 des Polioserotyp 3 Genoms bestimmen (für die Überprüfung neu produzierter Impfstoffchargen des Polioserotyps 3 werden üblicherweise ca. 36 Affen getestet; vgl. *Kaul* et al. ALTEX 15, Supplement 1998, 18–20). Generell ist der MAPREC-Test der aussichtsreichste Ansatz auf PCR-Basis, zumal mit ihm auch Proben erfasst werden, die im NVT falsch negative Ergebnisse erbracht haben. Deshalb sollte er zumindest dem NVT vorgeschaltet und bei positivem Ergebnis auf den NVT ganz verzichtet werden (vgl. *Ruhdel/Sauer* S. 20, 21; *Cussler/Hendriksen* S. 174). Für den Serotyp 3 können evtl. auch transgene Mäuse anstelle von Primaten eingesetzt werden (vgl. *Schmeel/Fibi* ALTEX 15, Supplement 1998, 22).

5. Toxizität von Arzneimitteln und Chemikalien

30 Zur **Bestimmung der akuten Toxizität** war früher der LD50-Test der „goldene Standard". Dabei wurde die Testsubstanz in immer höherer Dosierung an Gruppen von Versuchstieren gegeben, bis diejenige Dosis erreicht war, an der die Hälfte der Versuchstiere starb, die also die letale Dosis für 50 % der Empfängertiere war. Mittlerweile sind von der OECD drei Alternativmethoden als vollwertiger Ersatz für die LD50-Methode anerkannt: Die Fixed-Dose-Method (FDP), die Acute-Toxic-Class-Method (ATC) und die Up-and-Down-Procedure (UDP). Dabei handelt es sich zwar um Prüfmethoden, bei denen ebenfalls Tiere verwendet werden (also kein replace); jedoch findet eine Verringerung

der Tierzahl statt (reduce), und teilweise vermindert sich auch die Belastung des Einzeltieres (refine). Wo dennoch weiterhin die veraltete LD50-Methode angewendet wird, geschieht dies, um die Vermarktung auch in solchen Weltregionen sicherzustellen, in denen diese Alternativmethoden noch keine Anerkennung gefunden haben; dieser wirtschaftliche Gesichtspunkt vermag aber keine wissenschaftliche Unerlässlichkeit zu begründen und ist deshalb gesetzwidrig (s. Rn. 18). – Wenn der ATC- und der UDP-Methode ein in-vitro Standard-Zytotoxizitätstest (Neuralrot-Aufnahme-Test) zur ex ante Abschätzung der LD50 vorgeschaltet wird, um so die optimale Startdosis für die beiden Verfahren zu ermitteln, lässt sich die Versuchstierzahl noch weiter verringern (vgl. *Halle/Liebsch* ALTEX 18, 2001, 183, 184). – Daneben gibt es auch hier Prüfverfahren, die ganz ohne Tierverbrauch auskommen: ZB kann anhand von menschlichen oder anderen Säuger-Zellkulturen diejenige Substanzmenge ermittelt werden, bei der die Hälfte aller Zellen stirbt (sog. mittlere inhibitorische Konzentration, IC50); dasselbe geht mit Zellen aus Bier- oder Bäckerhefe (vgl. *Ärzte* S. 10; vgl. auch *Schlottmann* in: Evang. Akademie Bad Boll, Tierversuche S. 238: „Die akute Toxizität eines Stoffes lässt sich mittels einfachem Test auf Zellüberleben brauchbar vorhersagen"). Diese Methoden haben aber noch keinen Eingang in die Prüfvorschriften gefunden. Begründet wird dies damit, dass die Stoffwechselleistungen und Sensibilitäten dieser Zellen im Vergleich zum Gesamtorganismus des Menschen zu unterschiedlich seien, um von den Behörden als Sicherheit in der Toxikologie anerkannt werden zu können. Mit der gleichen Strenge hätte man dann aber auch die üblichen Tierversuche auf diesem Gebiet nicht anerkennen dürfen, denn die Probleme bei der Übertragbarkeit ihrer Ergebnisse sind ebenso gravierend (vgl. *Steiger* und *Gruber* aaO S. 725; s. auch Rn. 60, 72).

Die **Prüfung der Schleimhautverträglichkeit** findet zum Teil noch immer im Draize- 31
Test statt. Dabei wird die Testsubstanz in das Auge eines Kaninchens geträufelt, und nach Ablauf der vorgegebenen Einwirkungszeit werden die eingetretenen Schäden mittels Beobachtung festgestellt. Dieser Test ist für seine Unzuverlässigkeit bekannt, u. a. weil die Beurteilung und Klassifizierung der Gewebsverletzungen am Auge von der Subjektivität der Beobachter abhängt, was zu völlig unterschiedlichen Einschätzungen der Augenreizung führen kann: Anlässlich einer Untersuchung mit drei Stoffen in 24 US-Labors ist jeder der untersuchten Stoffe von den verschiedenen Beobachtern sowohl als „nicht reizend" als auch als „mittelgradig reizend" und sogar als „stark reizend" klassifiziert worden. – Als tierverbrauchsfreie Alternative gibt es den HET-CAM-Test, bei dem die Testsubstanz an der Chorionallantoismembran des wenige Tage lang bebrüteten Hühnereis geprüft wird. Weitere Alternativen sind u. a.: ein Leuchtbakterientest, ein Rote-Blutkörperchen-Test, der Neuralrot-Aufnahme-Test (NRU), der Pollen-Wachstumstest (PGT) sowie die Untersuchung an isolierten Kaninchen-, Hühner- und Rinderaugen aus Schlachtabfällen. Ein Teil dieser Methoden konnte validiert werden, insbesondere der HET-CAM-Test, der aber bislang nur für die Einstufung als „stark reizend" anerkannt ist; Stoffe, die in diesem Test keine oder nur eine schwache Reaktion zeigen, werden nach wie vor am Kaninchenauge getestet. Die schlechte Reproduzierbarkeit des Tierversuchs erwies sich hier als Hindernis für die Validierung der Ersatzmethoden (vgl. *Spielmann* in: *Gruber/Spielmann* S. 118f.; s. auch Rn. 15). – Eine neu entwickelte humane Keratozyten-Zelllinie (HCK) hat sich in Untersuchungen als Modellzelllinie zur Vorhersage der Keratozyten-spezifischen Toxizität im kornealen Stroma gezeigt. Es ist gelungen, Hornhautzellen des menschlichen Auges unbegrenzt zu vermehren und unter Laborbedingungen zu erhalten. Damit konnte ein dreidimensionales Hornhautmodell entwickelt werden, das der menschlichen Hornhaut entspricht und sich zur Prüfung der Augentoxizität, auch für schwach und mäßig reizende Substanzen, eignet (vgl. *Zorn-Kruppa* et al. ALTEX 21, 2004, 129–134; *Sauer* DudT 2/2005, 39; *Spielmann* ALTEX 22, 2005, 163: integrierte tierversuchsfreie Bewertungsstrategie für lokale Toxizität an Haut und Auge, die sich Informationen aus Untersuchungen an Menschen, QSAR, pH-Wert und validierten in-vitro-Methoden zu Nutze macht).

32 Zur **Prüfung auf Hautverträglichkeit,** die in der Vergangenheit ebenfalls an Kaninchen sowie auch an Meerschweinchen vorgenommen wurde, sind in der EU zwei Alternativmethoden durch die Richtlinie 2000/33/EG in den Anhang V zur Richtlinie 67/548/EWG aufgenommen worden: TER (mit isolierter Rattenhaut) und EPISKIN (mit rekonstruierter menschlicher Haut; vgl. BMELV, Tierschutzbericht 2003, XV, 4); eine weitere Alternativmethode ist in den USA anerkannt (CORROSITEX R). Zwei Methoden zur Prüfung auf Ätzwirkung an der Haut, nämlich TER und Human-Skin-Model, haben auch Eingang in das toxikologische Prüfrichtlinienprogramm der OECD gefunden. Der Epidermal-Skin-Test 1000 (EST-1000) der aus einer neuen, humanen, organotypischen Epidermis besteht, ist ebenfalls validiert; er entspricht allen Kriterien der OECD-Test-Richtlinie 431 (Hautmodell; vgl. *Hoffmann* et al. ALTEX 21, 2004, 160). Der Advanced-Skin-Test 2000 (AST-2000) ist ein humanes Vollhautmodell, bestehend aus einem dermalen Teil mit in eine Kollagenmatrix eingebetteten Fibroblasten und einer diesen Dermalteil bedeckenden Epidermis aus proliferierenden und differenzierten Keratinozyten; seine Ergebnisse korrelieren mit den entsprechenden Hautverträglichkeitsprüfungen am Kaninchen und ersetzen diese somit ebenfalls (vgl. *Hoffmann* et al. ALTEX 20, 2003, 176).

33 Die **Phototoxizität** von Stoffen (d.h. die Schädigung, die ein auf die Haut aufgetragener Stoff nach UV-Bestrahlung auslöst) ist in der Vergangenheit regelmäßig in Tierversuchen geprüft werden, deren Ergebnisse aber nur zu etwa 40 % mit den vom Menschen her bekannten Daten übereinstimmten (*Spielmann* in: *Gruber/Spielmann* S. 120). Als Alternativmethode ist der 3T3-NRU-PT-Test sowohl in den Anhang V der Richtlinie 67/548/EWG als auch in das Prüfrichtlinienprogramm der OECD aufgenommen worden (BMELV Tierschutzbericht 2003, XV, 5.1; *Ärzte* S. 12).

34 Zur **Prüfung auf Hautresorption** sind von der OECD zwei Methoden ins Prüfrichtlinienprogramm aufgenommen worden: „Skin absorption: in-vitro-method" und „On skin absorption testing" (vgl. ALTEX 19, 2002, 91). Es wird jeweils mit menschlichen Hautproben, Hautproben von Schlachttieren und Zellkulturen gearbeitet. Zur Prüfung der Hautpenetration erscheint menschliche Haut aus Operationsmaterial am erfolgversprechendsten (vgl. *Spielmann* aaO S. 117; *Gysler* et al. ALTEX 16, 1999, 67–72; *Sauer* DudT 5/2002, 37, 38; zum weitgehenden Wegfall der Übertragbarkeitsproblematik beim Arbeiten mit menschlichem Zellmaterial s. auch Rn. 17).

35 Für den Bereich **Kontaktempfindlichkeit** ist aus den Anstrengungen zur Validierung des „local lymph node assay" (LLNA) jetzt ein „stand alone" Test hervorgegangen, welcher im Vergleich zu den bisher üblichen Tierversuchen am Meerschweinchen zu einem Refinement und zur Reduktion der Tierzahl beiträgt (vgl. *Huggins* ALTEX 20, Supplement 1, 2003, 3–61). Der LLNA ist ein eigenständiger, von der OECD ins Prüfrichtlinienprogramm aufgenommener Test auf sensibilisierende Eigenschaften, der nicht noch durch den tierbelastenderen Bühler- oder Magnusson/Kligman Test bestätigt werden muss (vgl. BMELV, Tierschutzbericht 2003, XV, 5.1).

36 Zur Prüfung der **Gewebeverträglichkeit** hat sich der HET-CAM Test als geeignetes replacement-Verfahren erwiesen (vgl. *Kalteis* et al. ALTEX 20, 2003, 177 zur Gewebetoxizität antiseptischer Spüllösungen und zur Gewebeverträglichkeit von PMMA-Knochenzementen; zur Prüfung zahnmedizinischer Produkte s. Rn. 27).

37 Zur **Reproduktionstoxizität/Embryotoxizität** (d.h. zur Ermittlung schädigender Wirkungen auf die Frucht und die Nachkommen) werden weiterhin Tierversuche durchgeführt, trotz der bekannten schlechten Übertragbarkeit auf die Situation beim Menschen: Nur ein kleiner Prozentsatz derjenigen Substanzen, die bei Versuchstieren embryoschädigende Wirkung zeigen, rufen auch beim Menschen eine Schädigung hervor (vgl. *Ärzte* S. 12 unter Hinweis auf ZEBET Datenbank Nr. 273); umgekehrt hatte sich das beim Menschen extrem embryotoxisch wirkende Schlafmittel Thalidomid (Contergan) in den vorausgegangenen Tierversuchen völlig unauffällig gezeigt (vgl. *Spielmann* aaO S. 121; *ders.* in: Evang. Akademie Bad Boll, Tierversuche: „Die Übertragbarkeit für Tier-

versuche auf den Menschen bei Schwangerschaft ist erschreckend schlecht"). – Es gibt mehrere Alternativmethoden. Der Embryonale Stammzelltest (EST) mit embryonalen Stammzellen der Maus ist ein in-vitro Verfahren, das zur Abschätzung teratogener und embryotoxischer Eigenschaften chemischer Substanzen entwickelt und im Rahmen einer internationalen ECVAM-Studie validiert worden ist; es ermöglicht die Klassifikation der geprüften Stoffe in „nicht", „schwach" und „stark embryotoxisch (vgl. *Buesen* et al. ALTEX 20, 2003, 164; *Seiler* et al. ALTEX 19, Supplement 1/2002, 54–63; vgl. auch ECVAM-Corner in: ALTEX 19, 2002, 145, 146). Der Micromass (MM) Test ist validiert, um stark embryotoxische Chemikalien zu identifizieren (vgl. ECVAM-Corner aaO). Der Whole-Embryo Culture (WEC) Test ist ebenfalls validiert und für die Einteilung in „nicht", „schwach" und „stark embryotoxisch" einsetzbar (vgl. ECVAM-Corner aaO). Weitere Alternativen, die in der Literatur benannt werden, sind: der Limb-Bud-Micromass-Test, der Hühnerembryotoxizitätstest, der Froschei-Teratogenitätstest (FETAX) und der Hydra-Test (vgl. zu FETAX *Huggins* ALTEX 20, Supplement 2003, 3, 38; zum Ganzen *Ärzte* S. 12). Das Arbeiten mit humanen embryonalen Stammzellen (hES) bietet die Möglichkeit, das embryo- und neurotoxische Gefährdungspotenzial einer Substanz humanspezifisch, also ohne Extrapolationsunsicherheiten vom Tier auf den Menschen, zu erkennen und humane Toxizitätsmarker direkt zu identifizieren (vgl. *Klemm/Schrattenholz* ALTEX 20, 2003, 179, 180).

Gentoxizität/Mutagenität/Kanzerogenität. Bei der Bewertung der in diesem Bereich immer noch massenhaft stattfindenden Tierversuche mit Mäusen und Ratten muss gesehen werden, dass ihre Aussagekraft für die Risikoabschätzung beim Menschen sehr gering ist, so dass auch unter dem Aspekt der menschlichen Sicherheit die Validierung und Anwendung alternativer Methoden hier besondere Bedeutung besitzt. Zur Identifizierung chemischer Stoffe mit genotoxischen Eigenschaften gibt es mittlerweile eine große Zahl von in-vitro- und Kurzzeittests, die beim systematischen Vergleich mit in-vivo-Daten eine gute Korrelation zeigen (vgl. *Spielmann* aaO S. 121, 122; s. auch Rn. 37). Gentoxische Substanzen wirken zugleich krebsauslösend und führen zu Erbkrankheiten sowie reduzierter Fertilität; daher können in-vitro Verfahren zur Ermittlung von DNA-schädigenden Eigenschaften auch die Kanzerogenität ermitteln (vgl. *Ärzte* S. 14). Falsch-negative Resultate lassen sich durch den Einsatz der humanen Leberzelllinie (HepG2) vermeiden; Gentoxizitätstests mit HepG2 Zellen stellen derzeit das vielversprechendste Alternativmodell zu Mutagenitätstests mit Tieren dar (vgl. *Ehrlich* et al. ALTEX 21, 2004, 150). Ein relativ neu entwickelter Test an kultivierten menschlichen Zellen, der auf der Quantifizierung von Fluoreszenzsignalen basiert, indem er einfach leuchtende unter nichtleuchtenden Zellen in der Probe zählt, kann multiple gentoxische Effekte direkt mit Bezug auf den Menschen erfassen (vgl. *Akyüz/Wiesmüller* ALTEX 20, 2003, 77–84). Ein Modell zur Untersuchung der durch chemische Substanzen induzierten Leberkanzerogenese stellt der Rat Liver Foci Bioassay (RLFB) dar (vgl. *Kröger* et al. ALTEX 20, 2003, 184). Auch der Transformationstest mit Primärkulturen aus Hamsterembryonen oder permanenten Mäusezelllinien kann zur Ermittlung kanzerogener Wirkungen eingesetzt werden; sein Prinzip beruht darauf, dass unbehandelte Zellkulturen geordnet wachsen und in der Schale eine flache Schicht bilden, wohingegen sich bei Hinzufügung krebsbildender Substanzen das geordnete Wachstum verändert und die Zellen einander kreuz und quer überwuchern. 38

6. Speziell: Ökotoxizität

Wasser: Der für Abwasseruntersuchungen früher übliche Goldorfen-Fischtest ist mit Inkrafttreten des 5. Gesetzes zur Änderung des Abwasserabgabengesetzes seit dem 1. 1. 2005 vollständig abgeschafft und durch den Fischei-Fest ersetzt worden (Test mit Eiern des Zebrabärblings, vgl. DIN 38415 Teil 6). Inzwischen wird also die Giftigkeit des Abwassers nicht mehr mit Fischen sondern mit Fischeiern bestimmt, wofür neben tier- 39 schutzrechtlichen Überlegungen (Einsparung von 40000–50000 Fischen pro Jahr) auch noch eine bessere Reproduzierbarkeit und verbesserte statistische Sicherheit sprechen (vgl. *Braunbeck* ALTEX 21, 2004, 144, 145; *van Ravenzwaay* ALTEX 22, 2005, 164: sehr gute Korrelation zwischen Fischtest und Fischeitest). – Auch zur Abschätzung der ökotoxikologischen Gefährdung, die von Schadstoffeinträgen in Schwebstoffe und Sedimente in Gewässern ausgeht, stehen tierverbrauchsfreie Biotests zur Verfügung: ein Zytotoxizitätstest auf zelltoxische Wirkung, ein Comet-Assay mit RTL-W1-Zellen zur Ermittlung der Gentoxizität, ein Bakterienkontakttest für die Bakterientoxizität, der Yeast-Estrogen-Screen für die endokrine Wirksamkeit, der Fischeitest für die Embryotoxizität und die Teratogenität und der Ames-Test für die Mutagenität (vgl. *Keiter* et al. ALTEX 21, 2004, 161). – **Gase:** Die biologischen Wirkungen von Gasen und Gas-Partikel-Gemischen können statt am Tier an Kulturen aus Zellen und Gewebe des Menschen untersucht werden, insbesondere auf zyto- und gentoxische Wirkungen. Gegenüber Tierversuchen hat dies den Vorteil, dass man auch sehr niedrige, langfristig einwirkende Wirkstoffkonzentrationen auf ihre biologischen Folgen untersuchen kann (wie es der Realität entspricht) und dass die Übertragbarkeitsproblematik entfällt (vgl. ALTEX 20, 2003, 284, 285). – **Pflanzenschutzmittel:** Zur Prüfung der Neurotoxizität von Organophosphaten mittels NTE-Esterase s. Rn. 27. Zum Verzicht auf den zweiten Langzeitversuch am Hund in der Routinetoxikologie vgl. ALTEX 19, 2002, 153: keine signifikanten Verbesserungen in der Risikoabschätzung von Agrochemikalien durch 12–Monate-Langzeitstudien gegenüber den 90-Tage-Studien; vgl. auch *Box* ALTEX 23, 2006, 24–27: internationale Einigung auf nur eine Studie am Hund angestrebt; Vorschlag, anstelle der jahrzehntelangen Praxis von parallelen Studien an Ratte und Hund nur noch eine Versuchstierspezies, nämlich die Ratte einzusetzen und die dabei gewonnenen Sicherheits-Grenzwerte für Pflanzenschutzmittel mit einem zusätzlichen Sicherheitsfaktor zu versehen für den Fall, dass der Hund empfindlicher sein sollte. – Sonstiges: Zur Analyse von Neurotoxinen in Umweltproben durch alternative Methoden (insbesondere ELISA) anstelle des üblichen Maus-Tests vgl. *Zechmeister* et al. ALTEX 22, 2005, 185–195 ; *dies.* ALTEX 19, Supplement 1/2002, 49–54. Zu PCR und anderen Methoden zur Entdeckung und Identifizierung des Bakteriums Clostridium botulinum vgl. die bei DIMDI (s. Rn. 20) unter Suchschritt „Botulismus" gespeicherten Dokumente. Zur Ermittlung toxischer Effekte, die von Schwermetallen ausgehen, gibt es mit der isoliert perfundierten Nabelschnurvene des Menschen in Kombination mit der Messung von PL und Isoprostanen ein mögliches Modell zur Toxizitäts-Überprüfung (vgl. *Eder* et al. ALTEX 20, 2003, 166, 167).

7. Diagnostik

40 In der **mikrobiologischen Diagnostik** geht es darum, herauszufinden, ob ein Mensch oder ein Tier sich mit einer bestimmten bakteriellen, viralen oder parasitären Erkrankung infiziert haben. Die auf diesem Gebiet früher üblichen und oft sehr belastenden Tierversuche können heute sehr weitgehend durch in-vitro-Methoden zum Nachweis von Erregern bzw. Antikörpern ersetzt werden (vgl. *Dimigen* in: *Caspar/Koch* S. 173: „Die Zeiten der mikrobiologischen Diagnostik an Tieren sind längst vorbei"). Besonders die früher üblichen Tierversuche im Rahmen der Psittakose-, Tollwut-, Listerien- und Newcastle-Krankheitsdiagnostik sowie der Nachweise von Q-Fieber sind vollständig durch andere Verfahren ersetzt (vgl. *Cussler/Grune-Wolff* in: *Gruber/Spielmann* S. 200; BMELV, Tierschutzbericht 2001, XIV 4.10). Auch in der Tuberkulosediagnostik haben neue Verfahren (insbesondere die Kombination von Flüssigmedien mit festen Medien und neue Vorbehandlungsverfahren) die früheren Tierversuche ersetzt; eine Prüfung auf das Mycobacterium tuberculosis braucht heute nicht mehr am Meerschweinchen durchgeführt zu werden (vgl. *Cussler/Grune-Wolff* aaO S. 198; BMELV, Tierschutzbericht 2001, XIV 4.2). Zur Diagnostik verschiedener anderer, insbesondere menschlicher Erkrankungen existieren ebenfalls moderne Methoden wie HPLC, RIA, ELISA und IFT (Definitionen s. Rn. 23).

Die Bestimmung von Schwangerschaftshormonen darf keinesfalls mehr mit Tieren (Krallenfröschen, Mäusen) vorgenommen werden, sondern mit ELISA und anderen Antigen-Antikörper-Tests (*Ärzte* S. 15). – Einige weitere aktuelle Beispiele: Zur Quantifizierung der Angiogenese steht anstelle des früher üblichen Tiermodells eine validierte in-vitro-Methode zur Verfügung (vgl. *Bahramsoltani/Plendl* ALTEX 21, 2004, 227–244). Zur Testung biologischer Materialien wie Tumoren, Zelllinien, Seren, Implantate usw. auf das Vorhandensein von Mikroorganismen braucht nicht mehr der Maus- oder Ratte-Antikörper-Produktionstest (MAP/RAP) eingesetzt zu werden; mit den molekularbiologischen Methoden der PCR und des quantitativen Realtime PCR gibt es heute Technologien, die imstande sind, Mikroorganismen aus den oben genannten Geweben ohne den Einsatz von Tieren nachzuweisen (vgl. *Bootz/Sieber* ALTEX 19, Supplement 2002, 76–86). Zur Diagnose von Campylobacter fetus sind früher Hyperimmunseren von Kaninchen verwendet worden; auch dies lässt sich ersetzen, indem man aus dem Eidotter von Eiern hyperimmunisierter Hühner IgY-Antikörper präpariert (vgl. *Cipolla* et al. ALTEX 18, 2001, 165–170). – Zum Nachweis von Botulinum-Toxin vgl. DIMDI-Literaturdatenbanken (Rn. 20), Suchschritt Botulismus; *Bossi, Tegnell, Baka* et al. Eurosurveillance 2004, Vol 9, Issue 12 S. 1ff.; *Gessler, Behrens, Loch, Böhnel* ALTEX Supplement 1998/1 Artikel 22.

8. Grundlagenforschung

41 In der Grundlagenforschung gibt es zum Tierversuch eine solche **Fülle von Alternativen**, dass es nicht möglich ist, sie auch nur annähernd aufzuzählen und zu systematisieren. Wenn hier gleichwohl Fragestellungen bzw. Hypothesen nicht selten so formuliert werden, dass sie sich nur mit Hilfe von Tierversuchen beantworten bzw. untersuchen lassen, kann das nicht bedeuten, dass die Prüfung von 3R-Alternativen entfallen müsste. Vielmehr muss dann auf den behaupteten (human-)medizinischen Nutzen abgestellt werden, mit dem die ethische Vertretbarkeit dieser Vorhaben idR begründet wird (zB Gewinnung eines besseren Verständnisses über Ursache und Verlauf einer bestimmten menschlichen Erkrankung); anschließend muss geprüft werden, inwieweit es möglich ist, die Fragestellung bzw. Hypothese ohne wesentliche Beeinträchtigung dieses Nutzens so umzuformulieren, dass sie im Sinne der 3R-Prinzipien beantwortet bzw. untersucht werden kann (s. auch Rn. 17). – Als nicht belastende in-vivo Methode ist zB an das Arbeiten mit kurzzeitig bebrüteten Hühnereiern zu denken. Auch die Computer-tomographischen Verfahren zur nicht-invasiven Untersuchung der Gehirntätigkeit rechnen hierher (s. Rn. 42). – Methoden mit Gewebe von Tieren sind zB die verschiedenen Gehirnschnitt-Techniken (bis zu 30 Präparationen aus dem Gehirn einer einzelnen Ratte), das Arbeiten mit Zellkulturen aus der Kaninchen-Aorta (bis zu 10 Präparationen aus der Aorta eines einzelnen Kaninchens) und das Experimentieren mit isolierten Tier-Organen aus dem Schlachthof (zB hämoperfundierte Schweineherzen oder Extremitäten). – Menschliches Gewebe kann u.a. für pharmakokinetische Studien benutzt werden. Menschliche Gefäßzellen werden für eine Vielzahl von Fragestellungen eingesetzt, zB in der Arteriosklerose-Forschung. Nabelschnur-Schnitte ermöglichen die Detektion von Antikörpern. Primäre humane Hepatozyten aus Operationspräparaten können über längere Zeit kultiviert und so für verschiedene Untersuchungen der Leberfunktion aber auch des Medikamentenstoffwechsels und natürlich für Toxikologiestudien genutzt werden (vgl. *Yuan* et al. ALTEX 21, Supplement 3/2004, 3–11) – Generell spielen Zellkulturen auch hier eine große Rolle. ZB kann man mit Nervenzellkulturen die Ausschüttung von Überträgerstoffen der Nervenzelle sowie deren pharmakologische Beeinflussung untersuchen; an Hirnschnitten von Ratten können unter Zusatz bestimmter Substanzen epileptische Erscheinungen und deren Beeinflussung mit den klassischen Antiepileptika studiert werden; an Kulturen von Krebszellen kann man die Ausbreitung und das Wachstum von Tumoren ermitteln und neue krebshemmende Medikamente testen. In der Krebsforschung wird insbesondere mit

embryonalen Stammzellen, genetisch veränderten Zellen und künstlichen Membranen gearbeitet. – Als Alternativen zur Verwendung gentechnisch veränderter Tiere existieren tierversuchsfreie gentechnische Verfahren. Hierzu gehören in-vitro-Zellkulturverfahren mit gentechnisch veränderten Zellen, zB der sog. Transfected Cell Array, sowie in-vitro-Untersuchungen, bei denen mittels RNA-Interferenz oder durch Einsatz von sog. Antisense-Oligonucleotiden Gene gezielt an- und ausgeschaltet werden können. Diese Verfahren lassen sich auch in Zellkulturen mit menschlichen Zellen einsetzen, so dass sich damit unmittelbar Erkenntnisse über die Funktion des menschlichen Körpers gewinnen lassen (vgl. *Sauer* et al. ALTEX 23, 2006, 3–16). – Die Produktion monoklonaler Antikörper darf heute nur noch in-vitro erfolgen; selbst in den USA, in denen Mäuse nicht unter das Tierschutzgesetz fallen, ist die früher übliche Antikörper-Produktion in der Ascites-Maus nicht mehr „state of the art". Ohne bzw. mit wenig Tierverbrauch erfolgt auch die Gewinnung rekombinanter Antikörper, die Extraktion von Antikörpern aus dem Eidotter von Eiern immunisierter Hühner und die Gewinnung alternativer Adjuvantien (s. auch Rn. 44) . – Zahlreiche in-vitro Techniken gibt es auch in der Parasitologie. – Zu den in-silico Alternativen rechnet man u. a. die Technik des CADD (s. auch Rn. 25; zum Ganzen vgl. *Gruber/Hartung* ALTEX 21, Supplement 1/2004, 3–31).

42 In der **Gehirnforschung** braucht heute nicht mehr mit Affen, Katzen oder Amphibien experimentiert zu werden. Als bildgebende nicht-invasive Verfahren stehen zur Erforschung der Hirnaktivität u. a. zur Verfügung: die Positronen-Emissions-Tomographie (PET), die zur Darstellung von Stoffwechselveränderungen in einzelnen Gehirnbereichen infolge von Hirnaktivitäten eingesetzt werden kann; die Single-Positronen-Emissions-Computer-Tomographie (SPECT), die eine quantitative Bestimmung der Aktivitätsverteilung im Gehirn ermöglicht; die Kernspin-Resonanz-Tomographie (NMR), die in Kombination mit PET Aktivitätsmuster während kognitiver Versuche mit sehr hoher dreidimensionaler Auflösung liefert; die Magnet-Resonanz-Tomographie (MRT), die eine detaillierte Darstellung der Anatomie des Gehirns, insbesondere der Bereiche mit hoher Stoffwechselaktivität, möglich macht; die Magnetenzephalographie (MEG) und die Elektroenzephalographie (EEG), die die zeitlichen Abläufe von Denkprozessen bei einer Auflösung im Bereich von Tausendsteln von Sekunden erfassen können. Diese bildgebenden Verfahren erlauben es, Gehirne bildlich darzustellen und einzelne Hirnbezirke nachzuweisen, die bei einfachen und komplexen Gehirnleistungen aktiv werden. Aus den gewonnenen Einzelbildern können mit Hilfe von Computern dreidimensionale Landkarten des Gehirns dargestellt werden (vgl. *Rusche/Apel* S. 45; *Ruhdel/Sauer* S. 11). – Soweit zur Rechtfertigung der überkommenen Tierversuche mit Affen und Katzen teilweise vorgebracht wird, dass mit den genannten bildgebenden Verfahren keine Untersuchungen auf der Ebene einzelner Zellen möglich seien, ist dies durch neuere wissenschaftliche Arbeiten widerlegt (vgl. *Logothetis* et al., Neurophysiological investigation of the basis of the fMRI signal in: Nature 412, 2001, 150–157). – Zitationsanalysen wissenschaftlicher Publikationen lassen erkennen, dass die konkreten Fortschritte, die es im Verständnis von Entstehung, Ursache und Verlauf von Erkrankungen des Gehirns in jüngerer Zeit gegeben hat, ganz überwiegend auf diese und andere nicht-invasive Verfahren am Menschen zurückgeführt werden; tierexperimentell gewonnene Erkenntnisse werden meist nur noch vergleichend und zur Bestätigung der in der Humanphysiologie erzielten Erkenntnisse erwähnt (vgl. *Rusche/Apel* S. 27).

43 **Grundlagenforschung mit Bezug auf andere Krankheiten.** In der AIDS-Forschung erscheint die Infizierung von Schimpansen mit dem HI-Virus und von Makaken mit dem verwandten SI-Virus für das Verständnis der Krankheit beim Menschen wenig sinnvoll: Beim Schimpansen lassen sich die Krankheitssymptome, die für das AIDS des Menschen charakteristisch sind, nicht auslösen, und beim SIV-infizierten Makaken ist der Krankheitsverlauf ein völlig anderer; zudem unterliegt das SI-Virus nicht den ständigen Veränderungen, wie sie für das HI-Virus kennzeichnend sind. Erfolgversprechendere Alternativen sind demgegenüber epidemiologische und klinische Untersuchungen am Menschen,

vor allem an Langzeitüberlebenden. Beispielsweise konnte der Mechanismus der HIV-Penetration in die Immunzellen nicht durch Tierversuche, sondern durch in-vitro-Untersuchungen am Blut von menschlichen Langzeitüberlebenden entdeckt werden. Auch die Wirksamkeit möglicher Impfstoffe wird an Menschen getestet, weil aus Primaten-Testergebnissen nicht hervorgeht, wie Menschen auf HIV-Immunogene reagieren (vgl. *Hansen*, AIDS Vaccines: Where are we now?, in: AIDS Patient Care 1991, 78; *Ruhdel/Sauer* S. 12, 13). – In der Parkinson-Forschung haben ca. 90 % der wissenschaftlichen Veröffentlichungen nicht die Resultate der Tierexperimente mit Affen, sondern die Ergebnisse von Untersuchungen am Menschen zum Gegenstand. Als Alternativen zum Tierversuch stehen neben den o.e. bildgebenden nicht-invasiven Verfahren wie PET auch Nervenzellkulturen zur Verfügung, an denen ohne Tierversuch geprüft werden kann, ob bestimmte pharmakologische Substanzen im Gehirn wirksam werden, wenn sie die Blut-Hirn-Schranke umgehen können (vgl. *Ruhdel/Sauer* S. 14, 15). – In der Alzheimer-Forschung sprechen auch Tierversuchsbefürworter mit Blick auf die überkommenen Affen-Versuche mittlerweile vom „vollständigen Fehlen eines Alzheimer-Modells" (*Bons* et al. in: Neurobiology of Aging 13/1, 1992, 99–105) und davon, dass „praktisch alle Fortschritte zum Verständnis der Neuropharmakologie, der Biochemie und der Molekularbiologie der Alzheimer-Krankheit in den vergangenen Jahren aus Studien menschlichen Hirngewebes, das bei der Autopsie entnommen wurde, gewonnen wurden" (*Podlinsky* et al. in: American J Path 138/6, 1991, 1423–1435). – Wenn in der BSE-Forschung versucht wird, Affen durch Hirninjektionen direkt mit BSE zu infizieren, so wählt man damit einen Übertragungsweg, der mit der tatsächlichen Ausbreitung der Krankheit nichts zu tun hat. Die Verfütterung großer Mengen infizierten Materials erscheint ebenfalls wenig sinnvoll, da dieser Übertragungsweg bereits feststeht. Erfolgversprechender erscheint beispielsweise, die zellulären Prion-Proteine im Reagenzglas isoliert zu betrachten und dabei die Einflussfaktoren zu bestimmen, die für ein Umklappen in die pathologische Prionenform verantwortlich sein können (vgl. *Ruhdel/Sauer* S. 16, 17). – An diesen Beispielsfällen zeigt sich auch, dass das Festhalten am überkommenen Standard des Tierversuchs dazu führen kann, dass finanzielle Mittel und menschliche Energie gebunden werden, die sinnvoller und erfolgversprechender für moderne in-vitro und in-silico-Methoden und für epidemiologische Studien eingesetzt würden.

9. Aus-, Fort- und Weiterbildung s. § 10 Rn. 10–16. 43a

10. Andere Bereiche

Antikörper-Produktion. Zur Herstellung monoklonaler Antikörper ist es nicht mehr notwendig, Hybridomzellen in der Bauchhöhle von lebenden Aszites (= Bauchhöhlenwassersucht) – Mäusen zu züchten. Als Ersatz für diesen mit erheblichen Schmerzen und Leiden verbundenen Tierversuch, der den Straftatbestand des § 17 Nr. 2b erfüllt (BMELV Tierschutzbericht 2001, XIV 1.3), gibt es spezielle Zellzuchtapparaturen wie die „künstliche" Maus, die Glasmaus, die Tecnomouse (vgl. *Brockhaus* Naturwissenschaft und Technik, „monoklonale Antikörper"; vgl. auch *Spielmann* in: *Caspar/Koch* S. 155; *Ärzte* S. 16; *Marx* et al. ATLA 25, 1997, 121–137). Folgerichtig ist in der Schweiz und in den Niederlanden das Verfahren mit der Aszites-Maus vollständig verboten. In Deutschland werden dagegen noch drei Ausnahmen gemacht (vgl. BMELV aaO): zur Diagnostik oder Therapie beim Menschen in Notfällen (d.h. unter den Voraussetzungen des rechtfertigenden Notstandes, § 34 StGB); zur Rettung von Hybridomen, wenn diese in der Zellkultur nicht mehr wachsen oder infiziert sind (dann müssten aber anstelle des Aszites-Verfahrens iS eines ‚refinement' neue Hybridomzellen in der Glasmaus o. Ä. gebildet werden; vgl. auch *Gruber* in: Evang. Akademie Bad Boll, Tierversuche S. 141: „Eigentlich kann jeder Bedarf mit der in-vitro-Produktion abgedeckt werden"); zur Erarbeitung neuer Fragestellungen (dies ist aber nach hier vertretener Auffassung unzulässig, s. Rn. 64, 67). – 44

Rekombinante Antikörper gewinnt man aus Immunoglobulin-Ketten mit Hilfe des Bakteriophagen-Vektors (vgl. *Gruber/Hartung* ALTEX 21, Supplement 1/2004, 13). – Polyklonale Antikörper brauchen nicht mehr aus dem Blut von immunisierten Kaninchen mittels schmerzhafter Blutentnahmen gewonnen zu werden; als tierschonende Alternative gibt es hierzu die Antikörper-Präparationen aus dem Eigelb immunisierter Hühner (vgl. *Gutiérrez Calzado* et al. ALTEX 20, 2003, 21–25: „Gewinnung von monospezifischem Coombs-Reagens durch Immunisierung von Hühnern mit humanem IgG und anschließender Extraktion der IgY-Fraktion aus dem Dotter"; vgl. auch *Kobilke* et al. ALTEX 20, 2003, 182: „Die IgY-Antikörper der Eidotter stellen eine erfreuliche Alternative zu den bisher jährlich mehreren Millionen getöteter Labor- und Kleinsäuger dar, die zur Gewinnung polyklonaler und monoklonaler Antikörper verwendet werden"; zum Ganzen vgl. auch *Spielmann* in: *Caspar/Koch* S. 156; *Ärzte* S. 16; zur Haltung von Legehennen unter Laborbedingungen vgl. *Scharmann* ALTEX 13, 1996, 136–139 und Anh. zu § 2 Rn. 95, 96).

45 Das für Zellkulturen benötigte **fötale Kälberserum (FKS)** wird auf herkömmliche Weise aus dem Blut von Rinderföten gewonnen: Nach der Schlachtung der trächtigen Kuh wird der Fötus mittels Herzpunktion entblutet. Diese Methode ist mit schweren Tierschutzproblemen behaftet, da der Rinderfötus spätestens mit dem 200. Trächtigkeitstag als voll schmerz- und leidensfähig angesehen werden muss. Zum Zweck des „refinement" muss zwischen dem Blutentzug des Muttertieres und der Herzpunktion des Fötus ein Mindestzeitraum von fünf Minuten eingehalten werden, um sicherzustellen, dass der Fötus infolge des Zusammenbruchs des Sauerstofftransportes durch die Plazenta wirklich bewusstlos geworden ist; die Fortdauer dieser Bewusstlosigkeit muss außerdem gewährleistet werden, sei es durch Belassen des fötalen Kopfes im Uterus, sei es durch eine (erneute) Betäubung mittels Bolzenschuss (vgl. *Gruber* et al. ALTEX 20, 2003, 172, 173). Der wissenschaftliche Fortschritt der letzten Jahre ermöglicht jetzt ein „replacement": Es sind eine Reihe von chemisch definierten, serum-freien Medien entwickelt worden, die dazu führen, dass die serum-freie Zellkultur heute eine moderne, wissenschaftlich voll akzeptierte und abgesicherte Alternative zur Verwendung von FKS in der Zellkultur darstellt (vgl. *Gstraunthaler* ALTEX 20, 2003, 275–281).

46 **Polio-Impfstoffe** müssen heute nicht mehr mit in primären Affennierenzellen gezüchteten Viren produziert werden – eine Methode, für die immer wieder neu Primaten getötet werden. Als Alternative können Impfstoffviren in der permanenten menschlichen MRCr-Zelllinie oder in einer permanenten Zelllinie des Affen, der sog. VERO-Zelllinie hergestellt werden. Beide Produktionsverfahren sind von der WHO und der Europäischen Arzneibuchkommission anerkannt. Sie haben für die menschliche Sicherheit den zusätzlichen Vorteil, dass die permanenten Zellen nicht wie die primären mit unbekannten Viren infiziert sein können (vgl. *Ruhdel/Sauer* S. 28, 29).

47 Zur **Ermittlung von Algengiften in lebenden Muscheln** bedarf es nicht mehr des Tierversuchs mit Mäusen, da sich die Toxine mit chemischen Analyseverfahren sicher nachweisen lassen. Soweit die EU-Richtlinie 91/492 trotzdem noch den überkommenen Mouse-Bioassay vorsieht, liegt darin ein Verstoß gegen Art. 7 Abs. 2 der EU-Tierversuchsrichtlinie: Danach müssen belastende Tierversuche unterbleiben, sobald eine vergleichbar sichere und praktikable Alternative zur Verfügung steht (vgl. *Sauer* ALTEX 22, 2005, 19–24).

48 Bei **Botulinum-Toxin** (einem von Bakterien erzeugten Nervengift, das als Schönheitsmittel zur Glättung von Gesichtsfalten benutzt wird) wird jede Charge zur Sicherheit einem LD50-Test unterzogen: Das Gift wird in die Bauchhöhle von Mäusen appliziert, und es wird die Menge an Substanz ermittelt, bei der 50 % der Tiere sterben. Schätzungen zufolge werden dafür in Deutschland pro Jahr etwa 30 000 Mäuse verbraucht. Unverständlich ist, weshalb nicht wenigstens auf die „reducement"-Methoden ATC, UDP und/oder FDP ausgewichen wird (s. Rn. 30). Außerdem gibt es Alternativen iS eines „replacement": Ein Test, mit dem die Interaktion zwischen Toxin und Zielprotein, einem

Synapsen-assoziierten Protein, das selektiv von Botulinum-Toxin A gespalten wird, gemessen wird, wird von der englischen Kontrollbehörde NIBSC bereits eingesetzt. Ein anderes Testsystem, das mit isolierten Muskeln von Mäusen arbeitet, ist entwickelt und wird validiert. Offenbar verlangt aber die Europäische Arzneibuchkommission, dass die Alternativmethoden mit dem unzulänglichen LD50 vollständig korrelieren müssten: Das bedeutet erneut, dass zuverlässige Alternativmethoden an unzuverlässigen Tierversuchen gemessen werden und an diesem Maßstab evtl. scheitern, obwohl sie für den Menschen richtigere Ergebnisse und damit mehr Sicherheit liefern würden (vgl. *Ruhdel* ALTEX 21, 2004, 23–25).

V. Ethische Vertretbarkeit des Tierversuchs nach Abs. 3

1. Allgemeines

Abs. 3 verlangt eine **Nutzen-Schaden-Abwägung.** In der amtl. Begr. zum ÄndG 1986 49
heißt es dazu: „Satz 1 schreibt vor, dass vor der Durchführung von Versuchen an Wirbeltieren abzuwägen ist zwischen den zu erwartenden Schmerzen, Leiden oder Schäden der Versuchstiere einerseits sowie dem Versuchszweck und seiner Bedeutung für die Allgemeinheit andererseits“ (BT-Drucks. 10/3158 S. 22). Ethische Vertretbarkeit ist also das Verhältnis der Belastung der Tiere zu dem formulierten Erkenntnisgewinn und dem daraus resultierenden Nutzen für den Menschen (= Nutzen-Schaden-Relation) Am Besten stellt man sich dazu eine Waage vor: In die eine Waagschale werden die durch den Versuch verursachten Schmerzen, Leiden und Schäden eingegeben, und in die andere der mögliche oder wahrscheinliche Erkenntnisgewinn und der davon erwartete medizinische oder sonstige Nutzen. Ethisch vertretbar ist das Versuchsvorhaben, wenn sich seine Durchführung gegenüber seiner Unterlassung als das kleinere Übel darstellt, wenn also der Nutzen den Schaden überwiegt (vgl. TVT Merkblatt Nr. 50 S. 2). Abstrakter formuliert das BVerfG, wenn es dem Gesetz die Forderung entnimmt, „im Bereich des Tierschutzes ethische Grundsätze und wissenschaftliche Erfordernisse miteinander in Einklang zu bringen“ (BVerfGE 48, 389).

Erst durch die **Aufnahme des Tierschutzes als Staatsziel ins Grundgesetz** ist für 50
diese Abwägung die notwendige verfassungsrechtliche Grundlage geschaffen worden (s. Art. 20a GG Rn. 6–8). Der Schutz der Tiere vor nicht artgemäßer Haltung und vor vermeidbaren Leiden sind jetzt ebenso Verfassungsrechtsgüter wie die Grundrechte, die mit dem Versuchsvorhaben wahrgenommen werden sollen. Konflikte zwischen diesen unterschiedlichen Verfassungswerten lassen sich nicht im Sinne eines abstrakten Vor- oder Nachrangs für den einen oder anderen Wert lösen, insbesondere also nicht dadurch, dass eine generelle Vorrangstellung der mit dem Versuch verfolgten Forschungs-, Berufs-, Eigentums- oder auch Gesundheitsinteressen gegenüber den tierlichen Lebens-, Wohlbefindens- und Unversehrtheitsinteressen angenommen wird. Stattdessen gelten die vom BVerfG entwickelten Grundsätze zur Herstellung praktischer Konkordanz, d.h.: Es muss anhand der Umstände des Einzelfalls im Wege der Abwägung ermittelt werden, welchem Verfassungswert für die konkret zu entscheidende Frage das höhere Gewicht zukommen soll; dabei darf keiner der konkurrierenden Verfassungswerte einseitig bevorzugt und auf Kosten des anderen realisiert werden; auch darf keiner mehr zurückgedrängt werden, als es zur Realisierung des jeweils anderen logisch und systematisch zwingend erscheint; im Wege der Abwägung ist nach einer Entscheidung zu suchen, die jeden der beiden Verfassungswerte, wenn auch beschränkt durch den jeweils anderen, zu möglichst optimaler Wirksamkeit gelangen lässt (allg. BVerfGE 28, 243, 260f.; 47, 327, 369f.; 69, 1, 54f.). – Eine Schwierigkeit dieser Abwägung liegt in der grundsätzlichen Unvergleichbarkeit der miteinander kollidierenden Werte: Zu wägen sind nicht nur Belastungen von Tieren gegen Belastungen von Menschen, was schon schwer genug ist, sondern tatsächliche, d.h. sichere Belastungen von Versuchstieren gegen einen nur möglichen Erkenntnisgewinn und

einen möglicherweise daraus resultierenden Nutzen für den Menschen (vgl. *Scharmann/Teutsch* ALTEX 11, 1994, 191, 193; s. auch Rn. 60). Allerdings sind diese Schwierigkeiten nicht auf das Tierschutzrecht beschränkt. In der täglichen Praxis der Gerichte und Behörden müssen sehr häufig Abwägungssituationen bewältigt werden, in denen inkommensurable Größen und unterschiedliche Sicherheiten bzw. Wahrscheinlichkeiten miteinander konkurrieren. In den meisten Fällen stellt sich trotz der Verschiedenartigkeit der kollidierenden Positionen relativ rasch eine übereinstimmende Bewertung ein, sobald die wahrscheinlichen Folgen aller in Betracht kommenden Entscheidungsalternativen vollständig und richtig ermittelt und in dem dafür vorgesehenen Verfahren mit genügender Distanz zu den beteiligten Interessen einander gegenübergestellt worden sind (vgl. *Dechsling* S. 18).

51 Damit sind zugleich **die beiden wesentlichen Voraussetzungen einer jeden Abwägung** angesprochen: **1.** Logisch vorrangig vor der Abwägung ist die vollständige Ermittlung und Zusammenstellung des Abwägungsmaterials, d.h. aller Tatsachen, die für die Einschätzung und Gewichtung der Belastungen auf Seiten der Versuchstiere und für die Bewertung des Nutzens auf Seiten des Menschen wesentlich sein können (s. auch § 8 Rn. 6). **2.** Der Abwägungsvorgang und die ihm vorausgehenden Ermittlungen müssen so weit wie möglich in die Hände von Personen bzw. Stellen gelegt werden, die zu den beteiligten Wirtschafts- und sonstigen Interessen eine größtmögliche Distanz einhalten (vgl. *Spaemann* S. 79: Pflicht zu „unparteilicher Gerechtigkeit" als Ausprägung der Menschenwürde; s. auch Rn. 65).

2. Durchführung der Nutzen-Schaden-Abwägung

52 Folgende **Aufgaben der Genehmigungs- oder Überwachungsbehörde** kann man hier unterscheiden: Die Ermittlung der Belastungen der Versuchstiere nach Art, Ausmaß, Zahl und Entwicklungshöhe der betroffenen Tiere sowie Zeitdauer (s. Rn. 53). Die Einordnung dieser Belastungen in die drei Grade „gering", „mittelgradig" und „schwer" (s. Rn. 54; statt „schwer" heißt es manchmal auch „erheblich", s. AVV, Anh. zu Anlage 1). Die Ermittlung des Nutzens für den Menschen nach Art, Ausmaß, Wahrscheinlichkeit und zeitlicher Erwartung (s. Rn. 55, 56). Die Einordnung dieses Nutzens in die drei Grade „gering", „mittelmäßig" und „groß" (s. Rn. 57). Die eigentliche Abwägung (s. Rn. 58, 59).

53 Zur **Ermittlung der Belastungen der Versuchstiere** bietet sich an, die Schmerzen, die Leiden, die Schäden, die Nachwirkungen, den Tod und die versuchsvorbereitenden Haltungsbedingungen jeweils gesondert zu untersuchen und anschließend als Summe dem Nutzen gegenüberzustellen (vgl. TVT-Merkblatt Nr. 50 S. 4). Folgende Fragen können dazu gestellt werden: **1.** Entstehen den Tieren durch den Versuch Schmerzen? In welchem Ausmaß? Für welche Zeitdauer? Wie viele Tiere sind davon betroffen? **2.** Kommt es zu Leiden, zB durch Angst vor Ungewohntem, Einschränkung der Bewegungsfreiheit, Beschränkung oder Unterbindung physiologischer Bedürfnisse, Beschränkung oder Unterbindung artgemäßer Verhaltensweisen, Einzelhaltung sozial lebender Tiere? In welchem Ausmaß? Für welche Zeitdauer? Zahl der betroffenen Tiere? **3.** Kommt es zu Schäden? In welchem Ausmaß? Sind die Schäden reversibel oder nicht? Zahl der davon betroffenen Tiere? **4.** Gibt es bei den betroffenen Tieren belastende Nachwirkungen, zB Wundschmerzen, fortdauernde Schäden? **5.** Werden die Tiere im Laufe des Versuchs oder nach dessen Beendigung getötet (Tod als schwerster Schaden, vgl. BVerwGE 105, 73, 82)? **6.** Werden bei der versuchsvorbereitenden Haltung Grundbedürfnisse zurückgedrängt oder die Bewegung erheblich eingeschränkt? In welchem Ausmaß und für welche Zeitdauer? Insbesondere: Kommt es zu länger andauernder Einzelhaltung sozial lebender Tiere?

54 Für die **Einordnung der Belastungen** sieht die AVV im Anhang zu Anlage 1 (Nr. 1.6.7) insgesamt vier Grade vor, nämlich „keine", „geringe", „mäßige" und „erhebliche". Diese Einteilung ähnelt dem Belastungskatalog des Schweizer Bundesamtes für Ve-

terinärwesen (BVet) und seinen vier Schweregraden 0 (= keine Belastung), I (= leichte Belastung), II (= mittlere Belastung) und III (= schwere Belastung). Die Anwendung dieses Belastungskataloges erscheint nicht nur wegen seiner Nähe zur AVV empfehlenswert, sondern auch, weil er am besten mit der üblichen Einteilung des Nutzens in die Grade „gering", „mittelmäßig" und „groß" harmoniert und es sich zudem um den im deutschsprachigen Raum am meisten benutzten Belastungskatalog handelt (vgl. *Gruber/Hartung* ALTEX 21, Supplement 1/2004, 3, 7). Zu bemängeln ist allerdings, dass das Schweizer BVet bei der Einstufung der Belastungen in die Schweregrade das Hauptaugenmerk auf den Schmerz und zu wenig auf das Leiden legt; zudem bleibt nach Schweizer Recht der Tod als Schaden unberücksichtigt, weil es einen dem deutschen Recht entsprechenden Lebensschutz für Tiere in der Schweiz noch nicht gibt (s. Rn. 63). Der Schweregrad, mit dem ein Versuch in die Tabelle einzugruppieren ist, wird nach derjenigen Tiergruppe bestimmt, die die größte Belastung erfährt (vgl. BVet, Information Tierschutz 1.04, Einteilung von Tierversuchen nach Schweregraden, A 4.1). – Mit Schweregrad I (= leichte Belastung) werden im CH-Belastungskatalog Eingriffe und Behandlungen bezeichnet, die nur eine leichte und kurzfristige Belastung auslösen, zB das Injizieren eines Arzneimittels unter Anwendung von Zwang, Kastrationen von männlichen Tieren in Narkose, Verhaltensversuche mit geringer Beeinträchtigung des Tieres, Eingriffe am allgemeinanästhesierten Tier mit anschließender Tötung in Narkose (hier wäre allerdings wegen des in Deutschland durch §§ 1 S. 2 und 17 Nr. 1 gewährleisteten Lebensschutzes ggf. an die Einstufung in einen höheren Schweregrad zu denken), Entnahme von Körperflüssigkeiten in geringen Mengen. Schweregrad II (= mittlere Belastung) umfasst sowohl Eingriffe und Behandlungen mit zwar mittelgradigen, dafür aber nur kurzfristigen Belastungen, als auch Belastungen, die zwar nur leicht, dafür aber mittel- bis langfristig sind. Beispiele: Operatives Behandeln eines Knochenbruchs an einem Bein, Kastration von weiblichen Tieren in Narkose, Verhaltensuntersuchungen am nicht betäubten Tier mit zB Wasser- oder Futterentzug während kurzer Zeit, schädigende Reize, denen das Tier ausweichen kann, chirurgische Eingriffe unter Allgemeinanästhesie, bei denen mit geringem postoperativen Schmerz zu rechnen ist. Mit Schweregrad III (= schwere/erhebliche Belastung) werden im CH-Belastungskatalog Eingriffe und Behandlungen erfasst, die entweder eine schwere bis sehr schwere, dafür aber nur kurzfristige, oder aber eine mittelgradige, dafür aber mittel- bis langfristige Belastung zur Folge haben. Beispiele hierfür sind Untersuchungen über physiologische oder psychische Stresseinflüsse, größere chirurgische Eingriffe unter Allgemeinanästhesie mit stärkeren postoperativen Beeinträchtigungen bzw. Schmerzen, schädigende Reize, denen das Tier nicht ausweichen kann. – Zieht man anstelle des CH-Belastungskatalogs den von der DFG herausgegebenen Belastungskatalog heran (zitiert nach *Rusche/Apel* S. 141), so entsprechen die dort unter „kurze, nicht erhebliche Schmerzen und Leiden" genannten Unterstufen I und II dem CH-Schweregrad I, also leichter Belastung (Beispiele: Injektionen, Punktionen, Immobilisation, Terminalversuche, chirurgische und traumatische Eingriffe in tiefer Narkose ohne Wiedererwachen; die beiden letztgenannten Sachverhalte müssten aber wegen des Lebensschutzes in Schweregrad II eingestuft werden, s.o.). Die DFG-Unterstufe III entspricht CH-Schweregrad II, also mittlerer Belastung (Beispiele: chirurgische Eingriffe am anästhesierten Tier mit Wiedererwachen und geringen Folgeschäden, zB Dauerkatheder, Einpflanzen von Elektroden; kurze erträgliche Schmerzen mit Vermeidungsreaktionen; Toxizitätsstudien an schwach belasteten Gruppen). Die unter „erhebliche, andauernde Schmerzen und Leiden" genannten Unterstufen IV und V entsprechen dem CH-Schweregrad III, also schwerer/erheblicher Belastung (zu den Beispielen für Unterstufe IV und V s. Rn. 66). – Die TVT empfiehlt zu Recht, den körperlichen Schmerz, die psychische Belastung (wie zB Angst vor Ungewohntem, Einschränkung der Bewegungsfreiheit, Beschränkung oder Unterbindung physiologischer Bedürfnisse oder Reaktionen) sowie die Störung des Sozialverhaltens (wie zB Einzelhaltung sozial lebender Tiere) jeweils in der Summe mit „gering", „mittelschwer" bzw. „schwer/erheblich" zu bewerten und dabei zusätzlich auch auf die Zeitdauer der jeweiligen Belastung und die Zahl der betroffenen Tiere abzustellen (Merkblatt Nr. 50 S. 4; vgl. auch *Scharmann/Teutsch* ALTEX 11, 1994, 191, 195). – Im Genehmigungsverfahren ist der Antragsteller verpflichtet, die beabsichtigten Eingriffe und Handlungen an den Tieren so detailliert zu schildern, dass die Genehmigungsbehörde und die Kommission nach § 15 die in Rn. 53 beschriebenen Fragen vollständig beantworten und die Einordnung in den Belastungskatalog selbst vornehmen können. Darüber hinaus muss der Antragsteller aber auch eine eigene Einschätzung zum Grad der erwarteten Belastungen abgeben (vgl. Anhang zu Anlage 1 der AVV). Viele Antragsteller neigen dabei dazu, die Belastungen der Versuchstiere zu niedrig und den medizinischen Nutzen der erwarteten Ergebnisse zu optimistisch einzuschätzen (vgl. *Lindl* et al. ALTEX 18, 2001, 171–178: Aus einer nachträglichen Untersuchung von 51 Forschungsvorhaben, die zwischen 1991 und 1993 genehmigt worden waren, ergab sich, dass die Antragsteller die Belastungen der Versuchstiere in zwei Dritteln der Anträge als zu niedrig eingestuft hatten und selbst Ärzte zT nicht in der Lage waren, die Belastungen, die sie den Versuchstieren zufügten, richtig zu klassifizieren. Das unterstreicht die Bedeutung, die der vollständigen Sammlung des Abwägungsmaterials durch die Behörde als neutraler Genehmigungsinstanz zukommt (s. Rn. 51).

55 **Zur Ermittlung des Nutzens bei medizinisch begründeten Experimenten** bieten sich folgende Fragen an: **1.** Geht es um die Entwicklung, Herstellung und/oder Zulassung eines Produkts oder Verfahrens zur Diagnose oder Therapie einer bestimmten Krankheit? **2.** Ist diese Krankheit leicht, mittelschwer oder schwer? **3.** Handelt es sich um eine Krankheit, die bereits ausreichend beeinflussbar ist, oder ist sie kaum oder noch gar nicht beeinflussbar? **4.** Welche Bedeutung hat die Krankheit nach der Zahl der zu erwartenden Krankheitsfälle? **5.** Mit welchem Grad an Wahrscheinlichkeit werden die angestrebte Erkenntnis bzw. das Produkt/Verfahren zu ihrer Diagnose oder Therapie beitragen können (hierher gehört auch die Frage, ob und mit welcher Wahrscheinlichkeit erwartet werden kann, dass sich die Versuchsergebnisse ohne wesentliche Extrapolationsunsicherheiten vom Tier auf die Krankheitssituation beim Menschen übertragen lassen)? **6.** Sind bereits Produkte/Verfahren mit vergleichbaren Wirkungsmöglichkeiten vorhanden? Falls ja: Welcher darüber hinausgehende, zusätzliche medizinische Nutzen kann nach Art, Ausmaß und Grad der Wahrscheinlichkeit von dem neuen Produkt/Verfahren erwartet werden (Differenz-Nutzen; näher Rn. 62)? **7.** Für wie bald kann mit einer Nutzbarmachung gerechnet werden: Sind der Erfolg und die benötigte Zeit nicht abzusehen oder besteht die Chance zur Nutzbarmachung innerhalb eines Jahrzehntes oder innerhalb von fünf Jahren (vgl. TVT Merkblatt Nr. 50 S. 4; *Scharmann/Teutsch* aaO S. 195)?

56 **Zur Ermittlung des Nutzens bei der Unbedenklichkeitsprüfung von anderen Stoffen und Produkten** kann gefragt werden: **1.** Art und Ausmaß der von dem Stoff/Produkt ausgehenden Gesundheitsgefahren? Wahrscheinlichkeit, mit Hilfe des Tierversuchs diese Gefahren zu erkennen und auszuschalten (d. h. auch: Wahrscheinlichkeit, mit der sich die am Versuchstier gewonnenen Ergebnisse ohne wesentliche Extrapolationsunsicherheiten auf die Situation beim Menschen übertragen lassen)? **2.** Dient das Produkt einem vitalen, d. h. einem Erhaltungsinteresse des Menschen? Oder geht es lediglich um ökonomische oder kulturell entstandene Bedürfnisse, deren Befriedigung strenggenommen auch ausbleiben könnte, ohne dass es dadurch zu einer Gefährdung oder Minderung lebenswichtiger Errungenschaften käme (vgl. *Caspar* in: *Caspar/Koch* S. 70)? **3.** Sind, soweit es um vitale Interessen geht, Produkte mit vergleichbarer Wirkung bereits vorhanden und ausreichend geprüft (s. Rn. 62)? **4.** Geht es bei dem Tierversuch um die Abwehr von Gefahren und Nachteilen, die dem Menschen schicksalhaft drohen, oder um Gefahren, für die der Mensch selbst vermeidbare Ursachen gesetzt hat und setzt (zB bei Tierversuchen zum Erkennen von menschenverursachten Umweltgefährdungen oder zum Erkennen von Gesundheitsgefahren, die von Produkten ausgehen, auf die verzichtet werden könnte)?

57 **Zur Einordnung des Nutzens** werden die Grade „gering", „mittelmäßig" und „groß" vorgeschlagen (vgl. *de Cock Buning* und *Theune*, zitiert nach *Scharmann/Teutsch* aaO

S. 194; ähnlich TVT-Merkblatt Nr. 50 S. 4). – Bei medizinischen Versuchen kommt es neben der Schwere der Krankheit (leicht/mittelschwer/schwer) und der bereits bestehenden Therapierbarkeit (ausreichend/kaum/nicht) maßgeblich auch auf den Wahrscheinlichkeitsgrad des erwarteten Heilerfolges und auf die Zeitschiene (Nutzbarmachung nicht abzusehen/Chance innerhalb eines Jahrzehnts/gute Chancen innerhalb von fünf Jahren) an. Von einem großen Nutzen wird man demnach sprechen können, wenn die Erkenntnis (bzw. das Produkt oder Verfahren, das mit ihr hergestellt oder zugelassen werden soll) mit beachtlicher Wahrscheinlichkeit in naher Zukunft zu einem bedeutenden Fortschritt bei der Diagnose oder Therapie einer schweren Erkrankung, die bisher nicht oder kaum beeinflussbar ist, führen wird. Ein mittelmäßiger Nutzen wird bejaht werden können, wenn es sich bei sonst gleicher Konstellation um eine mittelschwere Krankheit handelt oder der Nutzen lediglich innerhalb eines Jahrzehnts zu erwarten ist. Als gering wird man einen Nutzen insbesondere dann zu beurteilen haben, wenn für ihn keine hohe Wahrscheinlichkeit besteht oder wenn die für seinen Eintritt benötigte Zeit nicht abzusehen ist. – Werden Tiere statt zur Bekämpfung schicksalhafter Gefahren (wie Krankheit und Tod) zur Abwendung von Risiken eingesetzt, die der Mensch in zurechenbarer Weise selbst herbeiführt, ohne damit lebenswichtige Interessen wahrzunehmen, so lassen sich jedenfalls mittelgradige oder gar schwere/erhebliche Belastungen damit nicht legitimieren (Gedanke der Ingerenz, vgl. *L/M* § 7 Rn. 58). Beispiele hierfür können Unbedenklichkeitsprüfungen für Produkte sein, die zwar ökonomischen und kulturellen, nicht aber Erhaltungsinteressen dienen. Bei Unbedenklichkeitsprüfungen für nicht-medizinische Produkte ist deshalb nicht nur wesentlich, wie groß die Gefahren sind, die von dem Produkt in ungeprüftem Zustand ausgehen können, sondern auch, ob es sich um ein notwendiges oder aber um ein verzichtbares Produkt handelt (sei es, dass es von vornherein keinen menschlichen Erhaltungsinteressen dient, sei es, dass es bereits vergleichbar wirksame, ausreichend geprüfte Produkte dieser Art gibt). – Auch lebens- und gesundheitswichtige (zB medizinische) Produkte rechtfertigen keine mittelgradigen oder gar schweren/erheblichen Belastungen, wenn bereits Produkte mit entsprechenden Wirkungsmöglichkeiten entwickelt worden sind. Es macht einen ganz erheblichen Unterschied, ob pharmazeutische Produkte gegen Krankheitsbilder entwickelt werden, für die es bislang keine wirksame medikamentöse Behandlung gibt, oder ob ein neues Produkt auf den Markt gebracht werden soll, das lediglich der bereits vorhandenen Palette wirkungsgleicher Arzneimittel ein neues hinzufügt (*Caspar* aaO S. 72; s. auch Rn. 62). – Je größer die Zweifel an der Übertragbarkeit der Erkenntnisse aus dem Tierversuch auf den Menschen sind, desto geringer ist die Wahrscheinlichkeit seines medizinischen oder sonstigen sozialen Nutzens und desto weniger lassen sich mittelgradige oder gar schwere/erhebliche Belastungen rechtfertigen. Wegen der Artenspezifität und der Ungenauigkeit tiertoxikologischer Daten ist die Übertragbarkeit der Ergebnisse von Giftigkeitsprüfungen besonders fragwürdig (s. auch Rn. 72).

Abwägung. Relativ einfach ist die Entscheidung, wenn die beiden Waagschalen (Summe der Belastungen ./. Nutzen) eine unterschiedliche Gewichtung aufweisen. Schwer belastende Experimente (d.h. Experimente mit CH-Schweregrad III bzw. DFG-Unterstufe IV oder gar V), denen nur ein mittelmäßiger Nutzen zugesprochen werden kann, müssen eindeutig unterbleiben. Umgekehrt kann man die ethische Vertretbarkeit eines Versuchsvorhabens bejahen, wenn sein Nutzen groß ist und die Belastungen nur gering bis mittelgradig sind (CH-Schweregrad I und II bzw. DFG-Unterstufen I, II und III; vgl. *Scharmann/Teutsch* aaO S. 195). – Relativ eindeutig ist die Entscheidung auch für Versuche mit geringem Nutzen: Sie sollten stets unterbleiben, wenn sie für die Tiere mit Belastungen verbunden sind, selbst wenn diese ebenfalls nur gering sind (CH-Schweregrad I bzw. DFG-Unterstufe I und II). Sie dürfen also den CH-Schweregrad 0 (= keine Belastung) nicht überschreiten – Wie aber ist zu entscheiden, wenn sich die Waagschalen im Gleichstand befinden, wenn also einem mittelmäßigen Nutzen eine mittelgradige Belastung oder einem großen Nutzen eine schwere (bzw. iS der AVV erhebliche) Belastung 58 gegenübersteht? Hier gehen die Ansichten auseinander, auch zwischen den Autoren *Scharmann* und *Teutsch*: Während *Teutsch* eine Rechtfertigung nur annimmt, wenn sich ein Übergewicht des Nutzens gegenüber dem Schaden feststellen lässt, gibt *Scharmann* auch in Fällen, in denen Nutzen und Schaden einander die Waage halten, „dem Menschen den Vorzug", allerdings „durchaus in der Erkenntnis, dass es für diesen Schritt keine tragfähige philosophisch-ethische Begründung gibt". Er argumentiert stattdessen mit dem Gedanken der Nähe: „Nicht, weil ich den Menschen als ‚höherwertig' ansehe, entscheide ich zu seinen Gunsten, sondern weil mir der leidende Mensch näher steht als das leidende Tier, so, wie mir meine Familie und meine Freunde näher stehen als fremde Personen" (*Scharmann/Teutsch* aaO S. 196). *Teutsch* sieht darin nicht zu Unrecht eine Überdehnung des Prinzips der Nähe, denn „es ist ein ethisch relevanter Unterschied, ob ich mich, wenn Menschen und Tiere in gleicher Weise gefährdet sind, zuerst um die Menschen kümmere und dann um die Tiere, oder ob ich mir fernerstehende Tiere allen möglichen Belastungen aussetze und ihnen schließlich das Leben nehme, nur weil ich hoffe, damit irgendwann einmal den mir näherstehenden Menschen helfen zu können" (*Scharmann/Teutsch* aaO S. 197; s. aber auch Rn. 60: Je entfernter die Wahrscheinlichkeit des Nutzens ist, desto weniger kann er als mittelmäßig oder gar groß eingestuft werden, so dass der Dissens jedenfalls in diesen Fällen an Schärfe verliert).

59 **Rechtfertigung nur, wenn der Nutzen die Belastungen überwiegt.** Die ethische Vertretbarkeit nach Abs. 3 bildet zusammen mit der Unerlässlichkeit nach Abs. 2 einen spezialgesetzlichen Rechtfertigungsgrund, der (wie die meisten Rechtfertigungsgründe) auf dem Prinzip des überwiegenden Gegeninteresses beruht. Dieses Prinzip besagt, dass eine Rechtsgutbeeinträchtigung nur gerechtfertigt sein kann, wenn im konkreten Fall das Interesse an der Erhaltung des beeinträchtigten Rechtsgutes weniger schwer wiegt als ein anderes Interesse, das sich nur durch die Rechtsgutbeeinträchtigung befriedigen lässt. Mit anderen Worten: Ein Eingriff ist nur gerechtfertigt, wenn das damit wahrgenommene Interesse erheblich schwerer wiegt als das beeinträchtigte (vgl. *Baumann/Weber/Mitsch* § 16 Rn. 52). Zur Rechtfertigung eines belastenden Tierversuches ist es also notwendig, dass das (menschliche) Interesse an dem angestrebten Erkenntnisgewinn und dem daraus resultierenden medizinischen oder sonstigen sozialen Nutzen deutlich schwerer wiegt als das (tierliche) Interesse an der Vermeidung der mit dem Versuch verbundenen Schmerzen, Leiden und/oder Schäden. Das kann nicht schon dann angenommen werden, wenn Nutzen und Belastungen einander die Waage halten, sondern erst, wenn der Nutzen die Belastungen überwiegt. – Dasselbe zeigt sich auch, wenn man die Rechtfertigungsgründe in § 34 StGB und § 904 BGB einerseits und in § 228 BGB andererseits miteinander vergleicht: Nur dort, wo der Träger des durch eine Notstandshandlung beeinträchtigten Rechtsgutes die Gefahr, die mit der Notstandshandlung abgewendet werden soll, selbst (mit-)verursacht hat, genügt es, dass der ihm zugefügte Schaden nicht außer Verhältnis zu der abgewendeten Gefahr steht. Diese Situation kann möglicherweise bei der Schädlingsbekämpfung angenommen werden, nicht aber im Recht der Tierversuche: Die Versuchstiere sind für die Gefahren, die mit Hilfe des angestrebten Erkenntnisgewinns abgewendet werden sollen, nicht (mit-)verantwortlich, so dass eine Rechtfertigung nur angenommen werden kann, wenn die mit Hilfe des Erkenntnisgewinns abgewendeten Gefahren eindeutig schwerer wiegen als die mit dem Versuch den Tieren zugefügten Belastungen. – In die gleiche Richtung weist auch die übliche Formulierung vom kleineren bzw. größeren Übel (vgl. TVT-Merkblatt Nr. 50 S. 2: „... wobei dann zu begründen ist, warum die Durchführung des Vorhabens gegenüber der Unterlassung das ‚kleinere Übel' ist"). – Der in vielen Ethik-Konzepten geforderte gedankliche Rollentausch bestätigt ebenfalls, dass ein bloßes Gleichgewicht des Nutzens gegenüber dem Schaden für eine Rechtfertigung nicht ausreichend sein kann. Nach diesem Prinzip soll sich der für den Tierversuch Verantwortliche fragen, ob er in Anbetracht des erwarteten Nutzens bereit wäre, die den Versuchstieren zugefügten Belastungen auch sich selbst (oder einem Nahestehenden, zB einem geliebten Haustier) zuzufügen. Dies kann man nur in Situationen

annehmen, in denen der Nutzen (nach Art, Ausmaß, Wahrscheinlichkeit und „Zeitschiene") die Belastungen deutlich überwiegt, nicht aber schon bei einem Nutzen-Schaden-Gleichstand. – Damit können geringe Belastungen nur bei mittelmäßigem Nutzen und mittelgradige Belastungen nur bei großem Nutzen als ethisch vertretbar angesehen werden. Zu schweren/erheblichen Belastungen darf es grundsätzlich nicht kommen, auch nicht bei großem Nutzen (so auch *Kluge/Goetschel* § 7 Rn. 56; zur gesetzlichen Ausnahme nach Abs. 3 S. 2 s. Rn. 66–69).

3. Einzelne besondere Probleme bei der Einordnung des Nutzens bzw. Schadens

Unsicherheitsfaktor beim Nutzen. Erschwert wird die Abwägung durch den Umstand, dass der tatsächlichen (sicheren) Belastung auf Seiten der Tiere ein nur möglicher Erkenntnisgewinn und ein nur möglicherweise daraus resultierender medizinischer oder sozialer Nutzen für den Menschen gegenübersteht. Dies muss man bei der Einordnung des Nutzens in die Grade „gering", „mittelmäßig" und „groß" mitbedenken: Nicht nur Art und Ausmaß des Nutzens, der für menschliche Gesundheits- oder andere Interessen erwartet wird, sind hier wesentlich, sondern auch der Grad an Wahrscheinlichkeit, dass dieser Nutzen tatsächlich eintreten wird, und die Zeitspanne, innerhalb der damit gerechnet werden kann (vgl. auch den Vorschlag von *Teutsch* in: *Scharmann/Teutsch* aaO S. 197, den angenommenen Nutzen deswegen generell um einen Unsicherheitsfaktor zu vermindern, also zB einen großen, aber nicht sehr wahrscheinlichen Nutzen nur als „mittel" einzustufen usw. Zu den Problemen bei der Übertragbarkeit von tierexperimentellen Erkenntnissen auf den Menschen vgl. *Lindl* ALTEX 19, 2002, 227–229). 60

In der **Grundlagenforschung** ist eine Vorabschätzung des praktischen Nutzens nur in Ausnahmefällen möglich. Wenn die ethische Vertretbarkeit hier dennoch damit begründet wird, dass es darum gehe, die Heilungschancen für schwere, bisher kaum therapierbare Krankheiten des Menschen zu verbessern, bieten sich für die Einordnung des Nutzens folgende Fragen an: **1.** Wie konkret lässt sich der Nutzen nach Art und Ausmaß bestimmen, der sich aus dem angestrebten Erkenntnisgewinn für die Therapierung der jeweiligen Krankheit ergeben soll? **2.** Wie groß ist die Wahrscheinlichkeit, dass es überhaupt dazu kommt? **3.** Wie lange wird es bis zu dieser Nutzbarmachung dauern (fünf Jahre; zehn Jahre; nicht absehbar)? – Im Normalfall kann die Grundlagenforschung nur in der Tendenz dazu beitragen, das Wissen über biologische und physiologische Vorgänge einschließlich Krankheiten zu vermehren und damit letztlich menschliches Leid zu verringern. Ein solch vager Nutzen, dessen Eintreffen weder sicher noch wahrscheinlich vorhergesagt werden und der evtl. auch ganz ausbleiben kann, kann allenfalls Tierversuche mit keinem oder geringem Belastungsgrad rechtfertigen (also CH-Schweregrad 0 und I), nicht dagegen auch Versuche, die mittelgradig oder gar schwer/erheblich belastend sind (so auch *Scharmann* in: *Scharmann/Teutsch* aaO S. 196; *Flury* ALTEX 16, 1999, 267–270). Besonders problematisch ist es, wenn (wie beispielsweise in der Hirnforschung mit Primaten) mittelgradig oder gar schwer/erheblich belastende Tierversuche über Jahre hinweg stattfinden, ohne dass sich ein konkreter Therapie-Erfolg als Resultat der gewonnenen Erkenntnisse belegen lässt (s. auch Rn. 74). 61

Eine **nachträgliche Erfolgskontrolle von Tierversuchen,** wie sie durch das Effektivitätsgebot des Art. 20a GG gefordert wird, ist durch Aufnahme einer entsprechenden Auflage in den Genehmigungsbescheid (Berichtspflicht, Vorlage von Veröffentlichungen) möglich. Vor dem Hintergrund von Art. 20a GG kann ein Bericht gefordert werden, in dem sowohl retrospektiv die tatsächlichen Belastungen der Versuchstiere als auch Art und Ausmaß der gewonnenen Erkenntnisse und deren Umsetzung, zB in Therapien für den Menschen, mitgeteilt werden (vgl. *Labahn* Der Tierschutzbeauftragte 1/2003 S. 30, 37: „... unumgänglich, einen Abschlussbericht für jedes Tierversuchsvorhaben zu fordern und somit der beratenden Kommission ein Werkzeug für die Überprüfung und Verbesserung ihres Entscheidungsprozesses in die Hand zu geben"). 61a

62 **Bedarfsprüfungen** (d.h. die Frage, ob für ein neues Produkt, das im Tierversuch geprüft werden soll, angesichts bereits existierender, ausreichend geprüfter Substanzen überhaupt ein Bedarf besteht) waren bisher ebenfalls nicht Bestandteil der behördlichen Genehmigungsverfahren (vgl. *Loge* in: Evang. Akademie Bad Boll, Tierversuche S. 207). Durch die Aufnahme des Staatsziels Tierschutz in Art. 20a GG hat sich die Rechtslage jedoch verändert. Leben, Wohlbefinden und Unversehrtheit von Versuchstieren sind jetzt Verfassungsgüter, die gegenüber anderen Verfassungsgütern wie der Forschungs-, Berufs- und Eigentumsfreiheit prinzipiell gleichgeordnet sind und abgewogen werden müssen (vgl. *Seifert/Hömig* Art. 20a GG Rn. 4: „prinzipielle Gleichordnung ... mit anderen in Betracht kommenden Verfassungsgütern"; s. auch Art. 20a GG Rn. 7, 8). Eingriffe, die zu Schmerzen, Leiden und/oder Schäden auf Seiten von Tieren führen, lassen sich deswegen nicht mehr abstrakt, sondern nur noch konkret rechtfertigen; ihr konkreter Nutzen muss größer sein als die von ihnen ausgehenden Belastungen. Zur Ermittlung dieses konkreten Nutzens gehört aber unabweisbar auch die Frage, ob es vergleichbare Produkte bzw. Verfahren bereits gibt und – bejahendenfalls – wie groß der zusätzliche Nutzen sein wird, der von dem neuen Produkt gegenüber dem, was schon vorhanden ist, erwartet werden kann. Erst wenn auch dieser „Differenz-Nutzen" nach Ausmaß und Wahrscheinlichkeit wenigstens als mittelmäßig eingestuft werden kann, lassen sich mit ihm leichte (und, soweit man *Scharmann*, s. Rn. 58, folgen will, auch mittelgradige) Belastungen rechtfertigen. Solche „Bedarfsprüfungen" mögen marktwirtschaftlich gesehen problematisch sein; es liegt aber in der Natur des Begriffes „ethisch vertretbar", dass er, wenn man ihn ernst nimmt, in Konflikt mit wirtschaftlichen Gesichtspunkten treten kann.

63 Als **Abwägungsmaßstab** für die Einordnung und Bewertung der Belastungen bzw. des Nutzens wird man auch auf Wertungen abzustellen haben, die sich aus einzelnen tierschutzrelevanten Gesetzesbestimmungen ablesen lassen (s. auch § 1 Rn. 57). ZB muss nach der gesetzlichen Entscheidung zugunsten eines umfassenden Lebensschutzes in den §§ 1 S. 2, 17 Nr. 1 die zumeist stattfindende Tötung der Versuchstiere bei der Bewertung der Summe der Belastungen erschwerend berücksichtigt werden, auch wenn dies im CH-Belastungskatalog wegen der insoweit anderen Rechtslage in der Schweiz nicht geschieht (s. Rn. 54). Dasselbe gilt nach der Wertung in § 2 Nr. 1 und Nr. 2 für solche Belastungen, denen die Tiere bei der versuchsvorbereitenden Haltung ausgesetzt sind und die in der Zurückdrängung von Grundbedürfnissen und/oder in einer Einschränkung des Bewegungsbedürfnisses liegen. Zudem ergibt sich aus zahlreichen Vorschriften des Tierschutzgesetzes, dass der Gesetzgeber zumindest bei den Wirbeltieren von einer human-analogen Schmerz- und Leidensfähigkeit ausgeht (s. § 1 Rn. 15b, 57); folglich darf die bei Tierexperimentatoren verbreitete Neigung, die Schmerz- und Leidensfähigkeit bestimmter Wirbeltiere in Frage zu stellen oder nur eingeschränkt anzuerkennen, die behördliche oder gerichtliche Abwägungsentscheidung nicht zu Ungunsten der Tiere beeinflussen. – Wo das Gesetz schweigt, kann auch auf Aussagen zur christlichen Tierethik der Mitgeschöpflichkeit als der Ethik, die dem Gesetz zugrunde liegt, zurückgegriffen werden (vgl. *Lorz* § 7 Rn. 18; näher Einf. Rn. 13; vgl. zB EKD-Texte 41 S. 19, 20: „Eine bereits als wahrscheinlich anzunehmende Schmerz- und Leidensfähigkeit ist relevant"). – Bei Abwägungsfragen, die weder gesetzlich entschieden noch durch gesetzliche Wertungen vorgezeichnet sind, ist schließlich auch auf die ethischen Überzeugungen der Bürger abzustellen (s. § 1 Rn. 63–66). Ein Mittel zur Feststellung solcher „überwiegend konsensfähiger Wert- und Gerechtigkeitsvorstellungen" (*Zippelius* S. 148) können auch Meinungsumfragen sein, sofern sie von seriösen Instituten durchgeführt werden und konstante, nicht etwa nur (gruppen-)egoistisch begründete, sondern sittlich motivierte Positionen wiedergeben (vgl. *Hartung* in: Stellungnahme der Tierärztlichen Hochschule Hannover: „Der weitaus überwiegende Teil der EU-Bevölkerung möchte nicht, dass Tieren Schmerzen, Leiden oder Schäden zugefügt werden, sei es für die Lebensmittelgewinnung, sei es für die Entwicklung neuer Medikamente zur Heilung von Krankheiten des Menschen ..."; *Lienemann* in: Evang. Akademie Bad Boll, Tierversuche S. 41: „überwältigender

Konsens, dass Tierversuche für nicht lebensnotwendige Zwecke nicht mehr statthaft sind". Dies sollte insbesondere zu einem Umdenken bei der Zulassung von Tierversuchen für nicht-medizinische Produkte führen).

Absolute Leidensbegrenzung? Die Zufügung schwerer Schmerzen oder Leiden ist in aller Regel mit den überwiegend konsensfähigen Wert- und Gerechtigkeitsvorstellungen auch dort unvereinbar, wo der Versuch einen großen Nutzen für Mensch oder Tier erwarten lässt. Die Ethischen Grundsätze und Richtlinien für wiss. Tierversuche der Schweizerischen Akademie der Medizinischen Wissenschaften und der Naturwissenschaften sagen dazu in Ziff. 4.6: „Versuche, die dem Tier schwere Leiden verursachen, müssen vermieden werden, indem durch Änderung der zu prüfenden Aussage andere Versuchsanordnungen gewählt werden oder indem auf den erhofften Erkenntnisgewinn verzichtet wird. Als schwere Leiden gelten Zustände, welche ohne lindernde Maßnahmen als unerträglich zu bezeichnen sind." (zitiert nach ALTEX 13, 1996, 3, 5). Diese Forderung spiegelt den aktuellen Stand der mehrheitlichen Wertvorstellungen zum Mensch-Tier-Verhältnis in der Schweiz wider. In Deutschland sind diese Vorstellungen nicht anders, so dass auch hier solche Versuche stets als ethisch unvertretbar bewertet werden müssen (so auch *Kluge/Goetschel* § 7 Rn. 56). Kirchliche Aussagen zur Ethik der Mitgeschöpflichkeit bestätigen diese Einschätzung (vgl. u.a. die Stellungnahme der EKD vom 22. 10. 1985 zum ÄndG 1986 in: Ausschuss für Ernährung, Landwirtschaft und Forsten, BT-Drucks. 10/165, zitiert in Einf. Rn. 13). Das „ganz neue Gewicht", das der Tierschutz durch seine Aufstufung zum Verfassungsgut erfahren hat (s. Art. 20a GG Rn. 4, 9), weist in dieselbe Richtung. Zudem muss auch hier bedacht werden, dass die schweren Belastungen für die Tiere meist sicher sind, der erhoffte große Nutzen für den Menschen dagegen nur mehr oder weniger wahrscheinlich (s. Rn. 60). – Die Arbeitsgruppe für Tierschutzfragen an den Zürcher Hochschulen veröffentlicht eine jährlich aktualisierte Liste der Tierversuche, die unter diese absolute Leidensgrenze fallen und demnach stets als ethisch unvertretbar eingestuft werden müssen (vgl. ALTEX 14, 1997, 61, 62; Update ALTEX 15, 1998, 77, 78). 64

Aus dem **Gebot der Fairness des Stärkeren gegenüber dem Schwächeren,** das einen wesentlichen Bestandteil der Ethik der Mitgeschöpflichkeit bildet, lassen sich einige weitere Forderungen ableiten, die bei der Gewichtung der Belastungen bzw. des Nutzens und bei der Abwägung zu berücksichtigen sind: **1.** Tierexperimentatoren müssen sich im Sinne des Bemühens um unparteiliche Gerechtigkeit auch fragen lassen, inwieweit das jeweilige Versuchsvorhaben dem eigenen beruflichen Fortkommen, dem wissenschaftlichen Prestige oder der Erzielung wirtschaftlichen Gewinns dient; weil solche Motive nicht auszuschließen sind, muss die Abwägungsentscheidung so weit wie möglich auf Personen oder Stellen verlagert werden, die zu diesen Interessen die nötige Distanz besitzen (vgl. zB *Scharmann* TU 1981, 819–824: „Wie vielen Tieren mögen Doktor- oder Habilitationsarbeiten das Leben gekostet haben, Nutzen nur denen bringend, die damit ihre Qualifikation unter Beweis stellen wollten? Es ist anzunehmen, dass unter dem mit der wissenschaftlichen Karriere verbundenen Erfolgszwang ethische Bedenken oft genug verdrängt werden"). **2.** Bei Tierversuchen zum Schutz der menschlichen Gesundheit kann es einen wesentlichen Unterschied ausmachen, ob es dabei um die Verminderung schicksalhaft drohender Gefahren geht, oder stattdessen um Risiken, die vorwiegend durch unvernünftige Lebensführung oder durch die intensive landwirtschaftliche Nutztierhaltung verursacht werden (vgl. *Gräßer* in: Praktische Theologie 72, 1983, 476: „Es ist unsittlich, gesunde Tiere stellvertretend für unsere hemmungslose Lebensgier büßen zu lassen"). **3.** Auch wenn über Art und Grad der Schmerzempfindung von Tieren gelegentlich noch gestritten wird, muss bis zum Beweis des Gegenteils davon ausgegangen werden, dass belastende Eingriffe vom Tier in gleicher Weise wahrgenommen werden wie vom Menschen. Der hauptsächliche Rechtfertigungsgrund für die Durchführung von Tierversuchen ist die Annahme der Übertragbarkeit sämtlicher Vorgänge im Organismus vom Menschen auf das Tier; deshalb ist davon auszugehen, dass das Empfinden von Schmerzen und Leiden ebenfalls übertragbar ist. So wird auch Forschung im Zusammenhang mit 65 der Wirksamkeit von Schmerzmitteln für den Menschen an Tieren durchgeführt. Manche beim Menschen als geringfügig eingestuften Eingriffe wie zB Injektionen oder Blutentnahmen können vom Tier sogar als erhebliche Belastung empfunden werden, da es die hiermit verbundene Angst nicht zu reflektieren vermag (vgl. TVT-Merkblatt Nr. 50 S. 3, vgl. weiter TVT-Merkblatt Nr. 32 S. 3: „Überbewertung der Unsicherheit des Wissens über Schmerz beim Tier mit dem Ziel, die Schmerzwahrnehmung in Frage zu stellen, ist logisch wie empirisch unbegründet").

4. Qualifizierte Abwägung nach Abs. 3 S. 2

66 Das Merkmal **„erheblich"** dient der Ausgrenzung von Bagatellfällen (vgl. BGH NJW 1987, 1833, 1834). Erhebliche Schmerzen oder Leiden sind solche, die mehr als nur geringfügig sind (vgl. BT-Drucks. 4/85, Initiativentwurf eines Tierschutzgesetzes vom 14. 12. 1961; s. auch § 17 Rn. 61–64). Zu **„länger anhaltend oder sich wiederholend"** s. § 17 Rn. 65. Im DFG-Belastungskatalog werden als Unterstufe IV und V als Beispiele für Versuche mit erheblichen, andauernden Schmerzen und Leiden beschrieben: größere chirurgische Eingriffe mit erheblichen Dauerdefekten (Magen- und Darmfisteln, Defektheilung, Prothetik), Infektionsversuche mit präfinaler Tötung, schmerzhafte, langandauernde Prozesse, die Analgesie zulassen (chronische Arthritiden, umschriebene Verbrennungen), Toxizitätsstudien (mittelgradig belastete Gruppen); Herbeiführung schwerer pathologischer Zustände, die meist zum Tode führen und keine Analgesie zulassen. Bei der Heranziehung des CH-Belastungskatalogs muss man berücksichtigen, dass es in der Schweiz die in Abs. 3 S. 2 und in § 17 Nr. 2b vorgenommene Unterscheidung zwischen Ausmaß („erheblich") und Zeitmoment („länger anhaltend …") von Leiden nicht gibt; deshalb sind auch Belastungen, die erst aufgrund ihrer mittel- bis langfristigen Dauer in Schweregrad III (= schwere Belastung) eingeordnet werden, insgesamt nach Abs. 3 S. 2 zu bewerten, selbst wenn sie für sich gesehen (also bei nur kurzer Dauer) lediglich den Schweregrad II (= mittlere Belastung) erreichen würden.

67 **Wesentlichen Bedürfnissen von Mensch oder Tier** dient ein Versuch, wenn die angestrebte Erkenntnis der Bekämpfung einer schweren, bislang nicht oder nur kaum beeinflussbaren Krankheit oder einem vergleichbar gewichtigen vitalen Interesse von Mensch oder Tier dient. Von **hervorragender Bedeutung** ist er, wenn er einen entscheidenden Fortschritt bei der Diagnose oder der Therapie der Krankheit oder bei der Verwirklichung des vergleichbar gewichtigen Interesses erwarten lässt. Damit können „normale" Arzneimittel Tierversuche, die zu erheblichen, anhaltenden oder sich wiederholenden Schmerzen oder Leiden führen, nicht rechtfertigen, Chemikalien oder Umweltfragen ebenso wenig (vgl. *L/M* § 7 Rn. 62). – Unter Berücksichtigung der üblichen Einstufung des Nutzens in die Grade „gering", „mittelmäßig" und „groß" muss somit für einen Nutzen, der für wesentliche Bedürfnisse von hervorragender Bedeutung sein soll, ein vierter Grad iS von „sehr groß" eingeführt werden. Nur ein solcher sehr großer Nutzen kann auch gegenüber schweren Belastungen überwiegen (s. Rn. 59; vgl. auch *L/M* § 7 Rn. 62: „Der Versuchszweck muss stattdessen erheblich aus dem üblichen Rahmen fallen"). Damit ist zugleich klar, dass ein solch außergewöhnlicher Nutzen nur bei Tierversuchen zur Diagnostizierung und/oder Therapierung schwerer, bislang nicht oder kaum beeinflussbarer Krankheiten, und auch dort nur in seltenen Ausnahmefällen (hohe Wahrscheinlichkeit eines bedeutenden Fortschritts; keine oder nur geringe Extrapolationsunsicherheiten) angenommen werden kann. – Versuche, deren Belastungssumme die absolute Leidensgrenze übersteigt, können auch nach Abs. 3 S. 2 nicht gerechtfertigt werden (s. Rn. 64 und die dort erwähnte Liste der Arbeitsgruppe für Tierschutzfragen an den Zürcher Hochschulen).

68 In der **biomedizinischen Grundlagenforschung** besteht an der Beantwortung einer Fragestellung ein wesentliches Bedürfnis, wenn diese sich als Vorfrage zur „Beantwortung lebenswichtiger Fragen" (so BT-Drucks. 10/3158 S. 23) darstellt. Auch hier muss es also um einen Weg zur Diagnose oder Therapie einer bislang nicht oder nur kaum beeinflussbaren, schweren Krankheit gehen. Von einer hervorragenden Bedeutung kann auch hier nur gesprochen werden, wenn sich von der erhofften Antwort mit hoher Wahrscheinlichkeit und in naher Zukunft ein bedeutender Fortschritt auf diesem Gebiet erwarten lässt. – IdR lassen sich bei der Grundlagenforschung solche Wahrscheinlichkeiten nicht feststellen (s. Rn. 61, vager Nutzen). Tierversuche, die mit erheblichen, anhaltenden Belastungen verbunden sind, sind deshalb auf diesem Gebiet grds. weder mit Abs. 3 S. 2 noch mit den mehrheitlichen Wert- und Gerechtigkeitsvorstellungen und mit Art. 20a GG vereinbar. Ein Nachteil für den wissenschaftlichen Fortschritt ist davon kaum zu befürchten, denn physiologische Zusammenhänge können ohnehin nur am möglichst unbelasteten Tier erfolgreich untersucht werden. Grundlagenforschung, die stattdessen mit schweren Belastungen einhergeht, ist deshalb von vornherein von zweifelhaftem Nutzen und erbringt jedenfalls keinen „großen Gewinn" (s. Rn. 58, 59; vgl. auch *Heldmaier* in: Evang. Akademie Bad Boll, Tierversuche S. 218: „Es besteht ein Konsens, dass für den reinen Erkenntnisgewinn nur Tierversuche durchgeführt werden, bei denen Tiere nicht leiden oder nach Möglichkeit nur kurzfristig belastet werden"). – Für die nicht-medizinische, biologische Grundlagenforschung gilt damit erst recht, dass sie weder schwere noch mittelgradige Belastungen zu rechtfertigen vermag; allenfalls geringe, kurzfristige Belastungen können hier ethisch vertretbar sein.

5. Beispiele zur Nutzen-Schaden-Abwägung

Zur **Gewinnung transgener Tiere** müssen befruchtete Eizellen und embryonale Stammzellen gentechnisch manipuliert werden, was meist durch Mikro-Injektion von Fremd-DNA geschieht. Ein besonderes Problem dabei ist, dass sich nicht vorhersagen lässt, an welchen Stellen die injizierte DNA in das Wirtsgenom eingebaut wird. Deshalb sind ein hoher Aufwand und eine Vielzahl von Eingriffen notwendig, bis man zu einer transgenen Tierlinie gelangt, die die gewünschten Eigenschaften aufweist (vgl. *Brockhaus* Naturwissenschaft und Technik, „transgene Organismen"). – Auf der Schadensseite dieser Tierversuche (s. Rn. 2, 53, 54) stehen zunächst die Eingriffe und Manipulationen an den betroffenen Tieren und die damit einhergehenden Belastungen: u.a. Injektionen bei den Spendertieren, Vasektomie bei den männlichen Tieren, die beim Empfängertier die Scheinträchtigkeit auslösen sollen, operative Implantation der behandelten Zygoten in die Eileiter der Empfängertiere. Hinzu kommt, dass diejenigen Tiere, die aufgrund dieser Manipulationen transgen geboren werden und lebensfähig sind, häufig lebenslange Schäden aufweisen, die auch mit Leiden verbunden sind: u.a. Abnormitäten bei der Reproduktion, Gewichtsverluste, reduzierte Lebenserwartung, Missbildungen bis hin zu Gaumenspalten und Atrophien, sonstige morphologische Abweichungen, Abweichungen bei der Nahrungsaufnahme und im Verhaltensrepertoire (vgl. *Gruber* in: Evang. Akademie Bad Boll, Tierversuche S. 128; *Idel* in: *Caspar/Koch* S. 93ff.; BMELV, Tierschutzbericht 1997, S. 109, 110). Die Summe der Belastungen erhöht sich darüber hinaus durch die hohe Zahl von tot geborenen, nicht lebensfähig geborenen und von ungenutzt getöteten Tieren: Bei Tieren, die frisch in die Transgenität überführt worden sind, rechnet man, wenn die DNA-Insertionsmethode verwendet wird, mit 95 % „Ausfall", und auch in der ersten und zweiten Folgegeneration kommen noch einmal hohe Prozentsätze an „Abfalltieren" hinzu, die das fremde Gen nicht exprimieren und deswegen ungenutzt getötet werden (zu den noch höheren Verbrauchszahlen beim Klonen vgl. *Spielmann* in: Evang. Akademie Bad Boll, Tierversuche S. 118). Die Zahl der in der Grundlagenforschung verbrauchten, statistisch registrierten Wirbeltiere ist vor allem wegen der Gentechnologie allein zwischen 2000 und 2001 von 679026 auf 926294, also um 36 % angestiegen (vgl. BMELV, Tierschutzbericht 2003, Anhang 5 Tabelle 3). – Der medizinische Nutzen dieser Forschung ist demgegenüber vage und ungewiss. Trotz der extremen Tierverbrauchszahlen haben die entwickelten Krankheitsmodelle bisher noch zu keinen brauchbaren Therapien 69 beim Menschen geführt (vgl. *Lienemann* in: Evang. Akademie Bad Boll, Tierversuche S. 35). Auch der unmittelbar angestrebte Erkenntnisgewinn, mit dem das Versuchsvorhaben im Antrag gerechtfertigt wurde, bleibt oft aus (vgl. *Idel* aaO S. 104: „Ist es vertretbar, wenn so häufig am Versuchsende konstatiert wird, ‚es war zwar ganz anders als erwartet, aber wir haben viel gelernt'?"). Ob Ergebnisse aus Versuchen mit transgenen Tieren irgendwann mit Gewinn auf menschliche Krankheiten übertragen werden können, ist ungewiss, denn die menschliche Erkrankung ist ein multifakatorielles Phänomen, das u.a. durch Alter, Geschlecht, Entwicklung, Ernährung, genetische Ausstattung und Umweltfaktoren beeinflusst wird und das mit dem künstlich hervorgerufenen Defekt am veränderten Versuchstier kaum verglichen werden kann. Durch die Verwendung von homozygoten Inzuchtstämmen lässt sich zwar die Wiederholbarkeit der Versuchsergebnisse im Labor gewährleisten, gleichzeitig aber auch voraussehen, dass die so gewonnenen Ergebnisse bei verschiedenen Menschen zu unterschiedlichen Resultaten führen werden (vgl. *Idel* aaO S. 103). – Insgesamt steht damit den Belastungen auf Seiten der Tiere, die sicher sind und die jedenfalls in der Summe als schwer eingestuft werden müssen, ein Nutzen gegenüber, der nach Art, Ausmaß und Wahrscheinlichkeit und insbesondere auch in zeitlicher Hinsicht ungewiss ist (s. auch Rn. 60, 61; zu Alternativen Rn. 41).

70 Für die Beurteilung der **Xenotransplantation von Organen** muss gelten: „Je geringer die Erfolgsaussichten aufgrund der damit verbundenen Risiken sind, desto schwerer fallen die tierethischen Aspekte ins Gewicht" (Eidgenössische Ethikkommission für Gentechnik im außerhumanen Bereich vom Februar 2000, zitiert nach *Grosse* ALTEX 20, 2003, 259, 265). Risiken, die den medizinischen Nutzen von Xenotransplantationen fraglich erscheinen lassen, sind u.a.: die immunologisch bedingte Abstoßung des transplantierten Organs; das mikrobiologische Infektionsrisiko für den Patienten, dessen Kontaktpersonen und die Gesamtgesellschaft; das Problem der physiologisch-anatomischen Kompatibilität der Organe mit dem menschlichen Organismus. Wegen dieser Risiken wird die Durchführung von klinischer Xenotransplantationsforschung am Menschen überwiegend abgelehnt. Ob es eines Tages gelingen kann, „180 Millionen Jahre Evolution, die zwischen Schwein und Mensch liegen, zu überlisten" (*Hammer* S. 131, 140), ist zweifelhaft. – Demgegenüber sind die Belastungen für die Tiere sicher und, jedenfalls in der Summe, schwer: Es bedarf zunächst der Erzeugung transgener Tiere, was mit einem „ungeheuren Tierverschleiß" einher geht (*Stapenhorst* S. 50; zu „Abfalltieren" s. Rn. 69). Hinzu kommen die Tötungen bzw. Eingriffe bei der eigentlichen Transplantation: zB werden Herzen von transgenen Schweinen in die Bauchhöhle von immunsupprimierten Pavianen transplantiert (heterotope Transplantation) und dadurch entsprechende Leiden sowie der Tod dieser Tiere in Kauf genommen. – Diesen Belastungen der Tiere, die sicher sind, steht auch hier ein allenfalls vager Nutzen für den Menschen gegenüber (s. Rn. 60, 61). Weitere Bedenken kommen hinzu, zB gegen die Nutzung von Tieren als „Organlager" und gegen die mit dieser Technologie verbundene Förderung eines mechanistischen Körperverständnisses (vgl. zum Ganzen auch *Grosse* ALTEX 20, 2003, 259, 264, 265, 268; *Gruber* in: Evang. Akademie Bad Boll, Tierversuche S. 139 mit dem Hinweis, dass in der Schweiz aus den genannten Gründen Transplantationen von Schweineherzen auf Primaten nicht genehmigungsfähig seien, wohingegen sie in Deutschland weiterhin genehmigt würden).

71 **Versuche mit Wachstumshormon-Genen,** die darauf abzielen, die Produktivität von landwirtschaftlichen Nutztieren weiter zu steigern, erscheinen in besonderem Maß ethisch unvertretbar, denn die gewünschte Wirkung dieser Gene setzt das Umgehen der körpereigenen Selbstregulationsmechanismen beim Tier voraus, verursacht also Krankheiten und in der Folge erhöhten Medikamenteneinsatz. Vgl. dazu *Vernon Pursel*, der bis 1989 weltweit die meisten Gentransfers bei Schweinen durchgeführt hatte: „Die Manipulationen mit menschlichen Wachstumshormon-Genen waren zerstörerisch für die Gesundheit der Schweine. Kaum ein inneres Organ ist von Schäden verschont geblieben" (zitiert nach *Idel* aaO S. 110). Auch der Einsatz von Resistenz-Genen, um die Tiere an eine nicht tiergerechte Umgebung bzw. an krankmachende Haltungsbedingungen anzu-

passen, erscheint mit den mehrheitlichen Wertvorstellungen und dem Konzept der Mitgeschöpflichkeit nicht vereinbar.

Bei **Toxizitätsprüfungen,** denen neue chemische Stoffe regelmäßig unterzogen werden und für die pro Jahr allein in Deutschland ca. eine halbe Million Versuchstiere sterben, ist der soziale Nutzen besonders fraglich. Daten und Erfahrungen aus menschlichen Vergiftungsfällen zeigen, dass sich die Ergebnisse aus tiertoxikologischen Prüfungen, bei denen an den Tieren meist völlig unrealistische Stoffmengen getestet worden sind, nicht unmittelbar auf den Menschen übertragen lassen (vgl. *Hahn* in: *Gruber/Spielmann* S. 132). Dies liegt u.a. daran, dass die LD50-Werte stark artenspezifisch sind und meist über Zehnerpotenzen streuen, dass an den Tieren ausschließlich finale, unspezifische Symptome dokumentiert werden, dass die Tiere nicht behandelt werden und dass mögliche Spätschäden unerfasst bleiben. Ein Beispiel aus *Hahn* aaO: Bei dem Stoff Phenol erwies sich für einen erwachsenen Menschen eine Dosis von 140 mg pro kg Körpergewicht als tödlich und für ein Kind 10 mg; dagegen betrug die L(etale) D(osis) 50(%) für Mäuse 270, für Ratten 317, für Katzen 80, für Kaninchen 420 und für Hunde 500 mg pro kg Körpergewicht. Giftigkeitsprüfungen am Tier können damit sowohl zu einer Unter- als auch zu einer Überschätzung des Risikos für den Menschen führen. Diese Extrapolationsunsicherheiten lassen den Nutzen dieser Prüfungen fragwürdig erscheinen. Demgegenüber sind die Belastungen in diesem Bereich häufig schwer (vgl. den DFG-Belastungskatalog, zitiert in Rn. 54, 66, der in Toxizitätsstudien für mittelgradig belastete Gruppen zutreffend erhebliche, andauernde Schmerzen und Leiden konstatiert; damit fallen diese Versuche unter Abs. 3 S. 2 und können nicht für „normale", sondern nur für Arzneimittel mit besonders hervorragender Bedeutung unternommen werden; bei Chemikalien ohne medizinische Bedeutung muss völlig darauf verzichtet werden; s. Rn. 66, 67). 72

Die Fragestellungen in den verschiedenen Bereichen der **Neurobionik** lassen sich durch die tierexperimentelle Methodik nur unvollständig oder gar nicht beantworten. Dies liegt zT daran, dass es hier um den ureigensten, ganz speziellen Bereich des Lebewesens Mensch geht, nämlich um sein besonders entwickeltes, zentrales Nervensystem und dessen Art, Informationen zu verarbeiten. Deshalb sind hier Rückschlüsse vom Gesamtorganismus selbst von hochentwickelten Säugetieren auf den Menschen nur selten möglich (vgl. *Bothe* in: *Caspar/Koch* S. 140). Der Nutzen von Tierversuchen ist hier also eher gering. Methoden der Wahl sind u.a. die Computersimulation oder auch die Zell- und Organkultur. 73

In der **Hirnforschung an Primaten** ist folgende Versuchsanordnung häufig: Affen (meistens Makaken) werden unter Wasserdeprivation und unter Fixierung in sog. Primatenstühlen zunächst darauf trainiert, einen Lichtpunkt auf einem Monitor zu fixieren und bei Erscheinen des Punktes eine Taste zu drücken sowie bei Verschwinden wieder loszulassen; dabei wird jeder erfolgreiche Versuch mit einem Tropfen Saft belohnt. Nach dieser Trainingsphase wird den Tieren unter Anästhesie ein Loch in die Schädeldecke geschnitten und auf dem Kopf eine Vorrichtung implantiert, durch die Elektroden in das Gehirn eingeführt werden können. In der nun folgenden eigentlichen Versuchsphase sind die Tiere wieder im Primatenstuhl untergebracht und der Kopf wird mit Schrauben fixiert. Wieder werden durch Wasserentzug und Belohnung mit Safttropfen bestimmte Reaktionen erzeugt und gleichzeitig mit den ins Gehirn eingeführten Elektroden die dabei stattfindenden Aktivitäten von Nervenzellen aufgezeichnet. Nach Beendigung der Versuchsreihe wird das Tier entweder zur histologischen Aufbereitung des Gehirns getötet oder in einer neuen Versuchsreihe eingesetzt. – Die Belastungen der Tiere müssen jedenfalls in der Summe als schwer, zumindest aber als mittelgradig eingestuft werden. Das soziallebende Tier wird aus seiner Gruppe gerissen oder von Anfang an einzeln gehalten; bereits der in Narkose durchgeführte chirurgische Eingriff stellt für sich gesehen eine mittlere Belastung dar (s. Rn. 54); hinzu kommen mögliche Wundschmerzen, die lang andauernde Fixierung im sog. Primatenstuhl und der ebenfalls lang andauernde Wasserentzug zur Erzeugung der erwünschten Kooperation sowie schließlich die Tötung der Tiere. Für die 74

Bewertung dieser Belastungen ist auch von Bedeutung, dass Primaten genetisch und sinnesphysiologisch betrachtet die nächsten Verwandten des Menschen im Tierreich sind und dass insbesondere ihr zentrales Nervensystem annähernd gleich organisiert ist; große Ähnlichkeiten bestehen außerdem im Sozialverhalten, in den emotionalen Bedürfnissen und in manchen geistigen Fähigkeiten. Neben anderen Wirbeltieren muss deshalb insbesondere bei Primaten von einer Leidensfähigkeit ausgegangen werden, die der des Menschen gleichkommt. Zu Recht sagt deshalb die EU-Kommission: „Die Verwendung von Primaten für Test- und Versuchszwecke bedeutet enormes Leid für diese Tiere und muss daher aus ethischen Gründen mit allen möglichen Mitteln vermieden werden"(EU-Kommission, Vorschlag für eine Entscheidung des Rates über den Abschluss des Europäischen Übereinkommens zum Schutz der für Versuchszwecke verwendeten Wirbeltiere, KOM 96, 293 endg., CNS 198). – Für die Bewertung des Nutzens ist wesentlich, dass trotz der teilweise jahrelangen Durchführung dieser und ähnlicher Versuche die Lücke zwischen den am Tier gewonnenen Erkenntnissen und dem behaupteten medizinischen Nutzen für den Menschen bis heute nicht geschlossen werden konnte. Weder mit Hilfe von Publikationen der teilnehmenden Wissenschaftler noch mit Zitationsanalysen lässt sich belegen, welche konkreten Fortschritte die Ergebnisse aus den Primatenversuchen für die Therapie schwerer menschlicher Erkrankungen oder Verletzungen des Gehirns in den letzten Jahren erbracht hätten (vgl. *Rusche/Apel* S. 23 ff.). Der Nutzen, den die Versuchsergebnisse für den Menschen haben können, ist damit vage, ungewiss und allenfalls tendenziell erwartbar. Ein solcher Nutzen vermag mittelgradige oder gar schwere Belastungen nicht zu rechtfertigen, schon gar nicht bei Tieren, die dem Menschen so nahe stehen wie Primaten (s. auch Rn. 60, 61; zu tierverbrauchsfreien Alternativen s. Rn. 42). – Der Wissenschaftliche Lenkungsausschuss der EU-Kommission hält zwar bestimmte Untersuchungen an Primaten noch für unvermeidlich, beschränkt sich dabei aber auf die angewandte medizinische Forschung und erwähnt die Grundlagenforschung ausdrücklich nicht (vgl. Erklärung des SSC vom 4./5. 4. 2002, zitiert nach ALTEX 19, 2002, 89).

75 **Grundlagenforschung an Primaten in anderen Bereichen.** In der AIDS-Forschung stellt die künstliche Erzeugung AIDS-ähnlicher Symptome bei Makaken eine schwere Belastung dar. Demgegenüber ist der Nutzen solcher Versuche vage und unbestimmt und wird umso zweifelhafter, je länger die Versuchsreihen ohne einen belegbaren humanmedizinischen Erfolg, der sich in Therapien, Impfstoffen o. Ä. niederschlägt, fortgeführt werden (zu erfolgversprechenderen Alternativen s. Rn. 43). – In der Parkinson-Forschung werden mit Hilfe von Chemikalien bestimmte Zellen im Gehirn von Primaten zerstört, um auf diese Weise künstlich die entsprechenden Symptome hervorzurufen. In anderen Versuchen wird erforscht, ob die Implantation fötaler Zellen in das Gehirn die Krankheit beeinflussen kann. Auch hierdurch entstehen jeweils schwere Belastungen wie Erbrechen, Schütteln, Zu- und Abnahme der normalen Aktivität und unkoordinierte Bewegungen. Der Nutzen ist dagegen auch hier nur vage und unbestimmt, wie sich u.a. daran zeigt, dass ca. 90 % der Veröffentlichungen zur Parkinson-Krankheit die Ergebnisse von Untersuchungen am Menschen und nicht am Affen zum Gegenstand haben (s. Rn. 43). – Für die Alzheimer-Forschung ist ebenfalls zu bezweifeln, das Versuche an Primaten hier einen wesentlichen Beitrag leisten können (s. Rn. 43: „vollständiges Fehlen eines Alzheimer-Modells"). – Soweit in der BSE-Forschung versucht wird, Affen mit der Krankheit zu infizieren, müssen die Folgen für die Tiere ebenfalls als außerordentlich belastend eingestuft werden. Der Nutzen ist auch hier gering, zumal mit Hirn-Injektionen ein Übertragungsweg gewählt wird, der mit der tatsächlichen Ausbreitung der Krankheit nichts zu tun hat, und der eigentliche Übertragungsweg (nämlich die Aufnahme infizierten Materials als Nahrung) bereits feststeht.

VI. Spezielle Versuchsverbote nach Abs. 4 und Abs. 5

1. Versuche für Waffen

Gemeint sind in erster Linie Waffen iS des § 1 WaffG und Kriegswaffen iS des § 1 KriegsWaffG (vgl. die Kriegswaffenliste idF der 9. ÄndVO vom 26. 2. 1998, BGBl. I S. 385). Darüber hinaus sind Waffen alle Gegenstände, die nach ihrer Konstruktion dazu bestimmt sind, als Angriffs- oder Verteidigungsmittel zu dienen und die dabei erhebliche Verletzungen zufügen können (vgl. *Schönke/Schröder/Eser* § 244 Rn. 3), also zB auch Gaspistolen, Tränengassprühdosen, Betäubungsmittel, Gifte und Säuren. Eine Unterscheidung von Angriffs- und Verteidigungswaffen ist nicht vorgesehen und in der Praxis wohl auch nicht möglich. Munition s. § 2 WaffG. Zugehöriges Gerät s. § 3 WaffG sowie ebenfalls die Kriegswaffenliste. – Verboten ist jeder Versuch, der der Entwicklung (Herstellung, Verbesserung) oder Erprobung (Testung) eines solchen Gegenstandes dient. Wird angegeben, der Versuch diene der Entwicklung von Schutz- und Heilmöglichkeiten gegen Waffeneinwirkungen oder zur Diagnostik von Erkrankungen, so greift das Verbot nur dann nicht ein, wenn dies der ausschließliche Versuchszweck ist (vgl. BT-Drucks. 10/5259 S. 40; *L/M* § 7 Rn. 64). Sobald es bei Schießübungen auf Tiere auch um die Erprobung der Wirkung der Waffen bzw. der Munition geht, fallen sie unter das Verbot. – Ein vorsätzlicher oder fahrlässiger Verstoß ist eine Ordnungswidrigkeit nach § 18 Abs. 1 Nr. 11. Auch eine Ordnungswidrigkeit nach § 18 Abs. 1 Nr. 1 kann vorliegen, ebenso eine Straftat nach § 17. 76

2. Versuche für Tabakerzeugnisse, Waschmittel und Kosmetika

Was Tabakerzeugnisse und gleichgestellte Produkte sind, regelt § 3 VTabakG. Die Gleichstellung in § 3 Abs. 2 VTabakG erstreckt sich auch auf das Tierschutzrecht (vgl. *Kluge/Goetschel* § 7 Rn. 64). – Unter Waschmittel fallen auch die gemäß § 2 WRMG gleichgestellten allgemeinen Reinigungsmittel. Neben Seifen, Textilwaschmitteln, Geschirrspülern, Haushaltsreinigern etc. werden auch Erzeugnisse erfasst, die zwar für einen anderen als den Reinigungszweck entwickelt worden sind, jedoch vom Verbraucher unmittelbar zur Reinigung verwendet werden können und erfahrungsgemäß auch werden. Hierzu zählen zB Lackverdünner auf Lösungsmittelbasis, Emulgatoren auf der Basis von grenzflächenaktiven Stoffen sowie Erzeugnisse, die im Zusammenhang mit Reinigungsvorgängen eingesetzt werden wie Weichspülmittel, Imprägnierungsmittel, Netzmittel, optische Aufheller u.a. – Kosmetika s. § 2 Abs. 5 LFGB. Das Tierversuchsverbot für Kosmetika erfasst seit dem ÄndG 1998 sämtliche kosmetischen Mittel, also nicht nur die dekorativen, sondern auch die pflegenden wie zB Seife, Shampoo, Zahnpasta. – Verboten sind nicht nur Tierversuche, die das Endprodukt betreffen, sondern auch Versuche mit Rohstoffen, Bestandteilen und Bestandteilskombinationen, die ausschließlich oder hauptsächlich in solchen Produkten Verwendung finden sollen. – Vom Wortlaut her scheinen von Abs. 5 zwar nur Entwicklungs-, nicht auch Erprobungsversuche umfasst zu sein. Der Gesetzeszweck steht aber einer solchen Einschränkung entgegen. Dem Gesetzgeber ging es in erster Linie um die Verhinderung der Giftigkeitsprüfungen, die über Jahrzehnte hinweg zur Haut- und Schleimhautverträglichkeit sowie zur Phototoxizität von Kosmetika u. Ä. unternommen worden waren und die in der Öffentlichkeit besondere Empörung hervorgerufen hatten. Auch in der 6. Richtlinie zur Änderung der EU-Kosmetikrichtlinie vom 14. 6. 1993 (ABl. EG Nr. L 151 S. 33), die (trotz ihrer späteren Änderung durch die 7. Richtlinie) das ÄndG 1998 beeinflusst hat, ist es um solche Erprobungsversuche gegangen. Sofern man dennoch ablehnt, auch die Giftigkeitsprüfungen dem Abs. 5 zu unterstellen, so fehlt es für diese Prüfungen jedenfalls an der ethischen Vertretbarkeit iS von Abs. 3 S. 1 (vgl. *L/M* § 7 Rn. 65; s. auch Rn. 57). – Abs. 5 gilt im Gegensatz zu Abs. 3 auch für Nicht-Wirbeltiere (vgl. *L/M* § 7 Rn. 66). – Grundgedanke der Vorschrift: Bei den 77 genannten Gegenständen handelt es sich um verzichtbare Produkte, sei es, dass sie von vornherein keinen Lebensnotwendigkeiten, sondern nur ökonomischen oder kulturellen Bedürfnissen dienen, sei es, dass vergleichbare Produkte in ausreichender Zahl bereits entwickelt und erprobt worden sind. In einem solchen Fall lässt sich der soziale Nutzen weiterer Tierversuche allenfalls als gering einstufen und rechtfertigt damit nicht einmal mehr die Zufügung geringer Belastungen (s. auch Rn. 59). – Verstöße sind ordnungswidrig nach § 18 Abs. 1 Nr. 11, ggf. auch nach Nr. 1. Auch eine Strafbarkeit nach § 17 kommt in Betracht. – Das EU-Recht hat sich auf dem Gebiet der Kosmetika den deutschen Regelungen zwar angenähert, bleibt aber immer noch dahinter zurück: Nach der 7. Richtlinie zur Änderung der EU-Kosmetikrichtlinie vom 27. 2. 2003 (2003/15/EG, ABl. EG Nr. L 66 S. 26) sind Tierversuche für die Prüfung von fertigen kosmetischen Produkten jetzt auch europaweit verboten. Ein vollständiges Tierversuchsverbot für Rohstoffe, Bestandteile und Bestandteilskombinationen tritt jedoch erst ab dem 11. 3. 2009 in Kraft (mit Ausnahmen für bestimmte Prüfungen der Toxizität bis zum 11. 3. 2013). Ab 2009 soll auch ein grundsätzliches Vermarktungsverbot für Kosmetika, die in Tierversuchen getestete Inhaltsstoffe enthalten, gelten. In der Begründung wird u.a. ausgeführt, dass die Sicherheit von Kosmetika und ihrer Bestandteile zunehmend mit Alternativmethoden, die von ECVAM validiert oder als wissenschaftlich validiert anerkannt seien, gewährleistet werden könne.

3. Rechtsverordnung nach Abs. 5 S. 2

78 Eine Rechtsverordnung nach Abs. 5 S. 2 ist bislang nicht erlassen worden. Sie wird auch kaum ergehen können, denn sie müsste – über die in S. 2 ausdrücklich benannten Voraussetzungen hinaus – auch dem gesetzlichen Gebot der ethischen Vertretbarkeit nach Abs. 3 genügen, dürfte also Tierversuche nur zur Entwicklung und Erprobung solcher Produkte zulassen, die lebensnotwendig sind oder zumindest menschlichen Erhaltungsinteressen dienen und die nicht schon in vergleichbarer Version auf dem Markt vorhanden sind (s. Rn. 56, 57, 62; man kann diesen Gesichtspunkt auch als „finale Unerlässlichkeit" bezeichnen). Darüber hinaus müssten die zugelassenen Prüfungen der Abwehr konkreter Gesundheitsgefahren dienen; vgl. S. 2 Nr. 1; auch davon kann bei Produkten, die zwar potentiell gefährlich, zugleich aber verzichtbar sind, nicht gesprochen werden. Zudem müsste feststehen, dass es um neue (also nicht schon irgendwo erzielte) Erkenntnisse geht und dass dafür keine genügend aussagekräftigen Alternativmethoden zur Verfügung stehen („instrumentale Unerlässlichkeit").

§ 8 [Genehmigung]

(1) Wer Versuche an Wirbeltieren durchführen will, bedarf der Genehmigung des Versuchsvorhabens durch die zuständige Behörde.

(2) [1]Der Antrag auf Genehmigung eines Versuchsvorhabens ist schriftlich bei der zuständigen Behörde einzureichen. [2]In dem Antrag ist

1. wissenschaftlich begründet darzulegen, dass die Voraussetzungen des Absatzes 3 Nr. 1 vorliegen,
2. nachzuweisen, dass die Voraussetzungen des Absatzes 3 Nr. 2 bis 4 vorliegen,
3. darzulegen, dass die Voraussetzungen des Absatzes 3 Nr. 5 vorliegen.

[3]Der Antrag muss ferner die Angaben nach § 8 a Abs. 2 Nr. 1 bis 5 enthalten.

(3) Die Genehmigung darf nur erteilt werden, wenn

1. wissenschaftlich begründet dargelegt ist, dass
   a) die Voraussetzungen des § 7 Abs. 2 und 3 vorliegen,
   b) das angestrebte Versuchsergebnis trotz Ausschöpfung der zugänglichen Informationsmöglichkeiten nicht hinreichend bekannt ist oder die Überprüfung eines

hinreichend bekannten Ergebnisses durch einen Doppel- oder Wiederholungsversuch unerlässlich ist;
2. der verantwortliche Leiter des Versuchsvorhabens und sein Stellvertreter die erforderliche fachliche Eignung insbesondere hinsichtlich der Überwachung der Tierversuche haben und keine Tatsachen vorliegen, aus denen sich Bedenken gegen ihre Zuverlässigkeit ergeben;
3. die erforderlichen Anlagen, Geräte und anderen sachlichen Mittel vorhanden sowie die personellen und organisatorischen Voraussetzungen für die Durchführung der Tierversuche einschließlich der Tätigkeit des Tierschutzbeauftragten gegeben sind;
4. eine den Anforderungen des § 2 entsprechende Unterbringung und Pflege einschließlich der Betreuung der Tiere sowie ihre medizinische Versorgung sichergestellt ist und
5. die Einhaltung der Vorschriften des § 9 Abs. 1 und 2 und des § 9a erwartet werden kann.

(4) [1] In dem Genehmigungsbescheid sind der Leiter des Versuchsvorhabens und sein Stellvertreter anzugeben. [2] Wechselt der Leiter eines Versuchsvorhabens oder sein Stellvertreter, so hat der Genehmigungsinhaber diese Änderung der zuständigen Behörde unverzüglich anzuzeigen; die Genehmigung gilt weiter, wenn sie nicht innerhalb eines Monats widerrufen wird.

(5) [1] Die Genehmigung ist zu befristen. [2] Im Falle des Absatzes 5a Satz 1 gilt die im Antrag genannte voraussichtliche Dauer des Versuchsvorhabens.

(5a) [1] Hat die Behörde über den Antrag nicht innerhalb einer Frist von drei Monaten, im Falle von Versuchen an betäubten Tieren, die noch unter dieser Betäubung getötet werden, nicht innerhalb einer Frist von zwei Monaten, schriftlich entschieden, so gilt die Genehmigung als erteilt. [2] Die Frist von zwei Monaten kann von der zuständigen Behörde bei Bedarf nach Anhörung des Antragstellers auf bis zu drei Monate verlängert werden. [3] Bei der Berechnung der Frist bleiben die Zeiten unberücksichtigt, während derer der Antragsteller trotz schriftlicher Aufforderung der Behörde den Anforderungen nach Absatz 2 nicht nachgekommen ist. [4] Die Genehmigung nach Satz 1 kann nachträglich mit Auflagen versehen werden, soweit dies zur Erfüllung der Voraussetzungen des Absatzes 3 erforderlich ist.

(6) Wird die Genehmigung einer Hochschule oder anderen Einrichtung erteilt, so müssen die Personen, welche die Tierversuche durchführen, bei der Einrichtung beschäftigt oder mit Zustimmung des verantwortlichen Leiters zur Benutzung der Einrichtung befugt sein.

(7) [1] Der Genehmigung bedürfen nicht Versuchsvorhaben,

1. deren Durchführung ausdrücklich
   a) durch Gesetz, Rechtsverordnung oder durch das Arzneibuch oder durch unmittelbar anwendbaren Rechtsakt eines Organs der Europäischen Gemeinschaften vorgeschrieben,
   b) in einer von der Bundesregierung oder einem Bundesministerium mit Zustimmung des Bundesrates im Einklang mit § 7 Abs. 2 und 3 erlassenen allgemeinen Verwaltungsvorschrift vorgesehen oder
   c) auf Grund eines Gesetzes oder einer Rechtsverordnung oder eines unmittelbar anwendbaren Rechtsaktes eines Organs der Europäischen Gemeinschaften von einem Richter oder einer Behörde angeordnet oder im Einzelfall als Voraussetzung für den Erlass eines Verwaltungsaktes gefordert

ist;
2. die als Impfungen, Blutentnahmen oder sonstige diagnostische Maßnahmen nach bereits erprobten Verfahren an Tieren vorgenommen werden und

a) der Erkennung insbesondere von Krankheiten, Leiden, Körperschäden oder körperlichen Beschwerden bei Mensch oder Tier oder

b) der Prüfung von Seren, Blutzubereitungen, Impfstoffen, Antigenen oder Testallergenen im Rahmen von Zulassungsverfahren oder Chargenprüfungen

dienen.

[2]Der Genehmigung bedürfen ferner nicht Änderungen genehmigter Versuchsvorhaben, sofern

1. der Zweck des Versuchsvorhabens beibehalten wird,
2. bei den Versuchstieren keine stärkeren Schmerzen, Leiden oder Schäden entstehen,
3. die Zahl der Versuchstiere nicht wesentlich erhöht wird und
4. diese Änderungen vorher der zuständigen Behörde angezeigt worden sind; § 8a Abs. 2 und 5 gilt entsprechend.

Übersicht

I. Notwendigkeit einer Genehmigung nach Abs. 1

1 Genehmigungspflichtig sind grds. alle Versuche, die an Wirbeltieren durchgeführt werden; Ausnahmen gelten nur nach Abs. 7 S. 1 (s. Rn. 19–32). – Zum Begriff Tierversuch s. § 7 Rn. 1–5; dort auch zur Abgrenzung gegenüber anderen, nicht genehmigungspflichtigen Maßnahmen nach § 4 Abs. 3, § 6 Abs. 1 S. 2 Nr. 4, § 10 und § 10a. Zum Begriff Wirbeltier s. § 4 Rn. 1. Zu Versuchen mit wirbellosen Tieren s. § 8a. – Das Genehmigungserfordernis hängt nicht davon ab, ob und in welchem Ausmaß dem Tier tatsächlich Schmerzen, Leiden oder Schäden zugefügt werden. Es erstreckt sich insbesondere auch auf sog. finale Versuche (d. h. auf Versuche, bei denen das Tier vor Beginn der eigentlichen Experimentierhandlungen betäubt und später ohne vorheriges Wiedererwachen getötet wird). – Änderungen eines genehmigten Versuchsvorhabens bedürfen grds. einer neuen Genehmigung; eine Ausnahme gilt nach Abs. 7 S. 2 (s. Rn. 33).

2 Zuständige Behörde ist nach § 15 i. V. m. dem Landesrecht meist die Mittelbehörde (Bezirksregierung, Regierungspräsidium, vgl. zB § 1 Nr. 2 Tierschutzzuständigkeitsverordnung BW). Zu Tierversuchen im Bereich der Bundeswehr s. § 15 Abs. 3 i. V. m. den Be-

stimmungen über die Durchführung des Tierschutzgesetzes im Geschäftsbereich des Bundesministers der Verteidigung, VMBl. 2000 S. 46ff.

II. Form und Inhalt des Antrags auf Genehmigung nach Abs. 2

Der Antrag bedarf der **Schriftform. Notwendiger Inhalt** s. AVV Anlage 1. Vollständig 3 ist ein Antrag nur, wenn er zu allen Punkten und Unterpunkten, die dort genannt sind, detaillierte, widerspruchsfreie und substantiierte (d.h. die einzelnen Tatsachen genau schildernde) Angaben enthält. Diese müssen schlüssig sein (d.h. die Genehmigungsvoraussetzungen nach Abs. 3 ausfüllen). – Zur Angabe des Zwecks des Versuchsvorhabens (Anl. 1 Nr. 1.2.1) gehört neben der Beschreibung der Fragestellung und Methode auch, welchen konkreten medizinischen oder sonstigen sozialen Nutzen der angestrebte Erkenntnisgewinn erbringen soll und auf welchem Weg dies erreicht werden soll. Zur wissenschaftlich begründeten Darlegung der Unerlässlichkeit (Anl. 1 Nr. 1.2.2 und 1.2.3) gehört die detaillierte Auseinandersetzung mit den auf dem jeweiligen Sachgebiet verfügbaren Alternativmethoden und die Beschreibung der dazu durchgeführten Recherchen. Pauschale Angaben reichen nicht aus. Die Ausschöpfung der zugänglichen Informationsmöglichkeiten (Anl. 1 Nr. 1.3) schließt eingehende Datenbank-Recherchen und die Darstellung ihrer Ergebnisse im Antrag ein. An die wissenschaftliche Begründung für die Wahl der Tierart (Anl. 1 Nr. 1.4.1) und die Zahl der einzusetzenden Tiere (Anl. 1 Nr. 1.4.2) sind strenge Anforderungen zu stellen. Die Beschreibung der Belastungen (Anl. 1 Nr. 1.6.5) muss die zu erwartenden Schmerzen und Leiden (nicht nur die physischen, sondern auch die psychischen Belastungen) sowie die Schäden (einschließlich Nachwirkungen und Tod) für jedes einzelne Versuchstier nach Art, Ausmaß und Zeitdauer transparent machen (Anl. 1 Nr. 1.6.1–1.6.6). Diese Beschreibung muss so detailliert sein, dass die Behörde ohne weitere Nachfragen selbst überprüfen kann, ob die von dem Antragsteller vorgenommene Klassifizierung der Gesamtbelastung in die Grade „keine", „geringe", „mäßige" oder „erhebliche" zutreffend ist oder nicht (s. auch § 7 Rn. 54). Zur Darlegung der ethischen Vertretbarkeit (Anl. 1 Nr. 1.7.1) gehört bei medizinischen Versuchen der angestrebte therapeutische Nutzen nebst substantiierten Angaben, die seine Klassifizierung im Hinblick auf Art, Ausmaß, Wahrscheinlichkeit und Zeithorizont ermöglichen. Bei Verlängerungs- und Fortsetzungsanträgen muss dies auch die Beschreibung der bisher gewonnenen Erkenntnisse und des bisher damit erreichten Nutzens einschließen (s. § 7 Rn. 61a).

Der Antrag muss zu einem **Zeitpunkt** gestellt und die Genehmigung dem Antragsteller 4 zugegangen sein, bevor mit dem ersten Tierversuch begonnen wird, da man sonst nicht mehr von der „Genehmigung eines Versuchsvorhabens" sprechen kann. Vorzeitiger Versuchsbeginn ist eine Ordnungswidrigkeit nach § 18 Abs. 1 Nr. 12 (s. Rn. 35; s. auch § 18 Rn. 20).

Für jedes Versuchsvorhaben ist ein **gesonderter Antrag notwendig.** Mehrere einzelne 5 Versuche können aber ein einheitliches Vorhaben bilden, wenn sie u.a. durch dieselbe Fragestellung, denselben Erkenntnisgewinn und durch eine einheitliche Planung miteinander verbunden sind (vgl. AVV Nr. 6.1.3; *L/M* § 8 Rn. 7).

III. Genehmigungsvoraussetzungen nach Abs. 3; Prüfungsbefugnis und Prüfungspflicht der Behörden und Gerichte

Zur **Genehmigungsvoraussetzung „ethische Vertretbarkeit" (§ 7 Abs. 3)** hat die 6 Rechtsprechung vor dem Inkrafttreten von Art. 20a GG überwiegend angenommen, dass sich die Behörde auf eine formelle Prüfung im Sinne einer „qualifizierten Plausibilitätskontrolle" zu beschränken habe. Sie dürfe zwar prüfen, ob der Antragsteller einen widerspruchsfreien, schlüssigen und ausreichend substantiierten Tatsachenvortrag geleistet habe

– mehr aber nicht. Insbesondere sei sie nicht befugt, die Wahrscheinlichkeit des angestrebten Versuchserfolges (d.h. des Erkenntnisgewinns und des daraus resultierenden medizinischen oder sonstigen Nutzens) selbst zu beurteilen, hierzu eigene Ermittlungen anzustellen und bei der Nutzen-Schaden-Abwägung ihre so gewonnene Einschätzung an die Stelle der Einschätzung des Antragstellers zu setzen und dabei auch auf außerwissenschaftliche Beurteilungsmaßstäbe zurückzugreifen (vgl. VG Berlin ZUR 1995, 201ff. unter Berufung auf BVerfG NVwZ 1994, 894; das BVerfG hatte allerdings eine solche Gesetzesauslegung nur als naheliegend, nicht etwa als notwendig oder gar zwingend dargestellt, vgl. *Kluge/Goetschel* § 8 Rn. 9). Begründet wurde diese Rechtsprechung mit dem fehlenden Verfassungsrang des Tierschutzes gegenüber der vorbehaltlos gewährleisteten (und deshalb nur zugunsten von Verfassungsgütern beschränkbaren) Freiheit von Forschung und Lehre, Art. 5 Abs. 3 GG. – Mit der Aufnahme des Tierschutzes als Staatsziel ins Grundgesetz durch Art. 20a GG ist der Grund für diese Rechtsprechung entfallen. Eine **verfassungskonforme Auslegung** führt jetzt dazu, dass die Genehmigungsbehörde ein eigenständiges materielles Prüfungsrecht besitzt und insbesondere befugt ist, die nach Abs. 3 Nr. 1 erforderliche wissenschaftliche Begründung sachlich zu überprüfen (VGH Kassel vom 16. 6. 2004, 11 ZU 3040/03; VG Gießen NuR 2004, 64, 65; *v. Knorre* AgrarR 2002, 378, 379; *Unruh* DtW 2003, 183, 186: „umfassendes materielles Prüfungsrecht"). Dies folgt daraus, dass Staatsziele und die durch sie geschützten Rechtswerte den anderen Verfassungsgütern prinzipiell gleichgeordnet sind (auch den vorbehaltlos gewährleisteten Grundrechten; vgl. BT-Drucks. 12/6000 S. 65, 67; BVerwG NJW 1995, 2648, 2649; s. auch Art. 20a GG Rn. 8). Bei der Abwägung zwischen Tierschutz und Forschungsfreiheit kann deshalb nicht mehr abstrakt einem der beiden Güter von vornherein eine Dominanz zugesprochen werden, wie dies früher zugunsten der Forschungsfreiheit geschehen ist. Stattdessen muss die Abwägung konkret, d.h. nach dem jeweiligen Grad der (Ziel-)Betroffenheit der konkurrierenden Güter erfolgen. Dies setzt jedoch voraus, dass die Behörde diese (Ziel-)Betroffenheit im Einzelnen kennt, d.h. dass ihr ermöglicht wird, die Umstände des Einzelfalles, die für Art, Ausmaß und Wahrscheinlichkeit der Belastungen (auf Seiten der Tiere) und für Art, Ausmaß und Wahrscheinlichkeit des humanmedizinischen oder sonstigen sozialen Nutzens (auf Seiten des Menschen) wesentlich sind, vollständig aufzuklären Ohne die vollständige Sammlung des Abwägungsmaterials kann es keine konkrete, am Grad der jeweiligen Betroffenheit ausgerichtete Abwägungsentscheidung geben. Die praktische Konkordanz, die jetzt zwischen Staatsziel und Grundrechten herzustellen ist, weist der Behörde umfassende Kontrollrechte und -pflichten zu und verbietet es, die Rechtsbegriffe der „Unerlässlichkeit" und der „ethischen Vertretbarkeit" entgegen § 24 VwVfG dem Amtsermittlungsgrundsatz ganz oder teilweise zu entziehen (ebenso *Kloepfer/Rossi* JZ 1998, 369, 377: „umfassende Prüfungsbefugnis"; *Obergfell* NJW 2002, 2296, 2298).

7 Auch bei einer **historischen und systematischen Auslegung des Gesetzes** spricht alles für eine vollständige sachlich-inhaltliche Prüfungsbefugnis und -pflicht der Genehmigungsbehörde. – Im Verfahren zu dem ÄndG 1986 hatte der Bundestag zunächst vorgesehen, dass der Antragsteller die Voraussetzungen „Unerlässlichkeit" und „ethische Vertretbarkeit" lediglich glaubhaft zu machen habe. Dem Bundesrat war dieser Vorschlag nicht weitgehend genug, so dass u.a. deswegen der Vermittlungsausschuss angerufen wurde. Wenn dessen Formulierungsvorschlag („wissenschaftlich begründet dargelegt") schließlich von beiden Gesetzgebungsorganen akzeptiert wurde, so lässt dies den Schluss zu, dass damit nicht etwa ein ‚Weniger' sondern eher ein ‚Mehr' gegenüber dem ursprünglich vorgeschlagenen „Glaubhaftmachen" gewollt war. Bestätigt wird diese Einschätzung durch den Vortrag des damaligen Mehrheitsvertreters im Bundesrat, des Berliner Bundessenators *Scholz* (CDU/CSU): Dieser erklärte in der entscheidenden Bundesratssitzung, die vom Bundestag vorgeschlagene schlichte Glaubhaftmachung sei zu wenig und deshalb tierschutzschädlich, und deswegen stelle die jetzige Fassung des Gesetzes eine Verschärfung gegenüber der Glaubhaftmachung dar (Bundesrat, Sten. Ber. 566. Sitzung vom 27. 6.

1986 S. 195, 197; *Kluge/Goetschel* § 8 Rn. 10). Folgerichtig führte der Bundesrat in einer Entschließung anlässlich der Verabschiedung des Gesetzes aus: „Die Verwaltungsbehörde darf sich selbst nicht auf die bloße formelle Prüfung ... beschränken. Sie hat sich vielmehr mit aller Gewissenhaftigkeit und unter Heranziehung der ihr zugänglichen Erkenntnisquellen zu überzeugen, dass die materiellen Voraussetzungen für den Tierversuch vorliegen“ (Beschluss, BR-Drucks. 286/86). Der Berichterstatter des Vermittlungsausschusses *Emmerlich* (SPD) erklärte zur Endfassung des Gesetzes denn auch, die Verwaltungsbehörde müsse „ihrerseits feststellen, ob die Darlegungen des Antragstellers zutreffen und die im Tierschutzgesetz im einzelnen festgelegten materiellen Voraussetzungen für die Genehmigung des Tierversuchs vorliegen“. Ähnlich äußerte sich der Ausschussvorsitzende *Langner* (CDU/CSU): „Die Behörde überprüft alle vorgetragenen Tatsachen. Sie überprüft auch, ob das Versuchsziel und der Versuchszweck mit diesen Tatsachen erreicht werden können. Das ist Ausfluss des Prinzips der Gesetzmäßigkeit der Verwaltung. Sie kann bei Zweifeln auch auf Nachbesserung der Antragsvoraussetzungen bestehen, oder sie kann Gutachten einholen ... Zweifeln an der Richtigkeit vorgetragener Tatsachen ist nachzugehen. Wenn sie nicht ausgeräumt werden, ist die Genehmigung nicht zu erteilen“ (BT Sten. Ber. 10/222 S. 17205, 17206; vgl. zum Ganzen auch *Kluge* NVwZ 1994, 869, 871; *Händel* ZRP 1996, 137, 139; *Caspar* Tierschutz S. 459). – In die gleiche Richtung weist auch die systematische Auslegung, die auf die logische Vereinbarkeit mit anderen Normen abstellt: Die in § 15 Abs. 1 und 3 vorgesehenen Kommissionen, die die Behörden bei der Abwägung der widerstreitenden Belange unterstützen und dabei ethische Grundsätze in das Genehmigungsverfahren einführen sollen, müssten leer laufen, wenn der Rückgriff auf außerwissenschaftliche Beurteilungsmaßstäbe verboten wäre und die Einschätzung des antragstellenden Wissenschaftlers nicht auch durch eine andere ersetzt werden dürfte (vgl. VG Gießen NuR 2004, 64, 65: Für eine bloße Plausibilitätskontrolle „bedarf es der Kommission nach § 15 nämlich gerade nicht, da eine Plausibilitätskontrolle auch durch die im Behördenapparat beschäftigten beamteten Tierärzte vorgenommen werden könnte ... Gerade aufgrund der Zusammensetzung der Kommission ist sichergestellt, dass die vom antragstellenden Wissenschaftler gegebene wissenschaftliche Begründung fundiert und sachgerecht einer Überprüfung unterzogen werden kann, was möglicherweise im rein behördeninternen Aufbau nicht gewährleistet erscheint“).

Auch die **richtlinien- und völkerrechtskonforme Auslegung des Gesetzes** erfordert, 8
dass die Behörde sich von der ethischen Vertretbarkeit des Vorhabens selbst überzeugt und darüber ggf. Beweis erhebt (vgl. *Harrer* in: *Caspar/Koch* S. 33 ff.). Nach Art. 12 Abs. 2 der EU-Tierversuchsrichtlinie 86/609/EWG hat die Behörde bei Versuchen, die mit erheblichen und möglicherweise länger anhaltenden Schmerzen verbunden sein können, „geeignete gerichtliche oder administrative Schritte zu veranlassen, wenn sie nicht davon überzeugt ist, dass der Versuch für grundlegende Bedürfnisse von Mensch und Tier von hinreichender Bedeutung ist“. Die Behörde muss also überzeugt sein, und zwar sowohl von dem Fehlen vertretbarer Alternativmethoden (vgl. Art. 7 Abs. 2 der Richtlinie, der in keiner Weise etwa nur auf die Darlegungen des Antragstellers abstellt) als auch von dem Übergewicht des Nutzens gegenüber dem Schaden. Das bedeutet, dass sie bei Zweifeln Beweismittel verlangen oder selbst Beweis erheben muss, und es bedeutet weiter, dass sie bei dennoch fortbestehenden Zweifeln die Genehmigung zu versagen hat. Da das nationale Gesetz den EU-Richtlinien gegenüber nachrangig ist, muss es, wenn es gültig sein soll, entsprechend ausgelegt werden. – Dem möglichen Einwand, die Richtlinie beziehe sich nicht auf die Grundlagenforschung und auch nicht auf die Lehre, ist mit dem Hinweis auf die inhaltsgleichen Art. 6 und Art. 9 Abs. 2 des Europäischen Versuchstierübereinkommens (EVÜ) zu begegnen, die für jedes wissenschaftliche Verfahren mit Tieren gelten. Das Tierschutzgesetz muss völkerrechtskonform ausgelegt werden, d. h. so, dass es mit diesem für die Bundesrepublik verbindlichen Übereinkommen harmoniert.

Zur **Genehmigungsvoraussetzung der Unerlässlichkeit (§ 7 Abs. 2)** ist früher eben- 9
falls angenommen worden, dass der Behörde nur eine beschränkte formelle Prüfungs-

kompetenz zukomme (vgl. VG Düsseldorf AtD 1998, 235, 236; die o.e. Ausführungen des BVerfG bezogen sich jedoch nur auf die ethische Vertretbarkeit). Auch für diese Beschränkung gibt es seit der Änderung von Art. 20a GG keine Grundlage mehr. Im Gegenteil: Weil die Abwägung zwischen Staatsziel und Grundrechten nicht abstrakt, sondern nur konkret, d.h. nach dem Ausmaß der konkreten (Ziel-)betroffenheit stattfinden kann, ist die vollständige Ermittlung und Zusammenstellung allen Abwägungsmaterials, also auch der in Betracht kommenden Alternativmethoden einschließlich ihrer Vor- und Nachteile, unverzichtbar (s. Art. 20a GG Rn. 8 und Rn. 29, 30). Die sich daraus ergebende sachlich-inhaltliche Prüfungspflicht der Behörde entspricht auch hier der verfassungskonformen, historischen und systematischen Gesetzesauslegung (s. Rn. 6–8; vgl. insbesondere auch Art. 6 Abs. 1 EVÜ und Art. 7 Abs. 2 der EU-Richtlinie, die eine objektive Prüfung des Vorhandenseins etwaiger tierschonender Alternativen verlangen). – Im Rahmen ihrer Prüfungsbefugnis und Prüfungspflicht muss die Behörde deshalb vom Antragsteller fordern, dass dieser sich mit allen für das jeweilige Sachgebiet entwickelten Alternativmethoden eingehend auseinandersetzt und darlegt, welche Auskünfte er dazu eingeholt hat (Datenbankrecherchen, ZEBET-Gutachten, Gutachten ähnlicher Einrichtungen). Sie kann ihm auch die nachträgliche Vorlage eines Gutachtens aufgeben oder im Rahmen eigener Ermittlungen selbst ein solches einholen (§ 26 Abs. 1 Nr. 2 VwVfG und AVV Nr. 6.2.4; s. auch MdB *Langner*, zitiert in Rn. 7: „Sie kann bei Zweifeln auch auf Nachbesserung der Antragsvoraussetzungen bestehen, oder sie kann Gutachten einholen"). – Bleibt das Bestehen von wissenschaftlich zufriedenstellenden Alternativen trotz aller Ermittlungen zweifelhaft, so ist die Genehmigung zu versagen; denn damit ein Tierversuch erlaubt werden kann „muss gewiss sein, dass in anderer Weise nicht vorgegangen werden kann" (BT-Drucks. 10/3158 S. 25; vgl. auch den Gesetzeswortlaut, „... darf nur erteilt werden, wenn ..."). Es gilt hier dasselbe wie für die ethische Vertretbarkeit (vgl. das „Überzeugt Sein" der Behörde, das nach Art. 12 Abs. 2 der EU-Richtlinie bzw. Art. 9 Abs. 2 EVÜ Genehmigungsvoraussetzung ist).

10 **Zur Genehmigungsvoraussetzung des Abs. 3 Nr. 1b** muss der Antragsteller darlegen, dass die wissenschaftliche Fragestellung noch ungeklärt und das angestrebte Versuchsergebnis noch unbekannt ist. Alle zugänglichen Informationsmöglichkeiten müssen genutzt worden sein und die dabei erhaltenen Informationen dargelegt werden (vgl. AVV Nr. 6.2.1.2.1). In Betracht kommen Datenbankrecherchen, Gutachten, Auskünfte der Anmeldestelle u. Ä. Insbesondere muss, wer zur Vorbereitung einer Produktanmeldung oder -zulassung einen Tierversuch durchführen will, im Wege der Voranfrage bei der für die Anmeldung zuständigen Stelle klären, ob bereits ausreichende Erkenntnisse vorliegen (vgl. § 20a ChemG, §§ 13ff. PflanzenschutzG, § 17 GenTG, § 24a AMG, § 16b Futtermittelverordnung; vgl. auch BMELV, Tierschutzbericht 2001, XIV 4.4, 4.6, 4.7, 4.9). – Sind ausreichende Erkenntnisse irgendwo von irgendwem bereits erzielt worden, so ist der (erneute) Tierversuch als Wiederholungsversuch grds. unzulässig. Dasselbe gilt, wenn ein Vorhaben mit gleicher Zielsetzung bereits genehmigt worden ist, weil dann ein Doppelversuch vorliegt (vgl. BT-Drucks. 10/3158 S. 23). Die Behörde kann aber eine Ausnahme zulassen, wenn es unerlässlich ist, das bereits bekannte Ergebnis mittels eines weiteren Versuches zu überprüfen. Unerlässlichkeit bedeutet, dass der erneute Tierversuch aus wissenschaftlichen Gründen unbedingt notwendig ist. Eine nur wirtschaftlich begründete Notwendigkeit (zB weil der Erstanmelder dem Antragsteller die Zustimmung zur Verwendung seiner Prüfnachweise verweigert bzw. dafür hohe Gegenleistungen verlangt) begründet keine Unerlässlichkeit iS des Gesetzes (s. auch § 7 Rn. 18). – In der amtl. Begr. zum ÄndG 1986 heißt es demgegenüber, die Behörde habe zu entscheiden, „ob die Bedingungen für den Zugang zu bereits bekannten Informationen dem Antragsteller zugemutet werden können" (BT-Drucks. 10/3158 S. 23). Mit dem Gesetzeswortlaut erscheint dies nicht vereinbar, da dort verlangt wird, dass das angestrebte Versuchsergebnis objektiv noch nicht hinreichend bekannt ist und die für einen Doppel- oder Wiederholungsversuch geforderte Unerlässlichkeit etwas anderes bedeutet als die wirtschaftliche

Zumutbarkeit. Wird gleichwohl eine Zumutbarkeitsprüfung vorgenommen, so hat sie sich jedenfalls an der Aufwertung des Tierschutzes durch Art. 20a GG zu orientieren (vgl. Art. 20a GG Rn. 9) – Zum Vorgehen, wenn die für eine Produktzulassung notwendigen Prüfnachweise bereits vorliegen, der Erstanmelder ihrer Verwertung aber nicht zustimmt, s. § 7 Rn. 21.

Die erforderliche fachliche Eignung des Leiters und seines Stellvertreters nach 11 **Abs. 3 Nr. 2** bestimmt sich zunächst nach den Anforderungen, die für die versuchsdurchführende Person gelten (§ 9 Abs. 1 und AVV Nr. 9.1.1–9.1.4). Hinzu kommen zusätzliche Anforderungen mit Blick auf die wahrzunehmende Überwachungsfunktion (AVV Nr. 6.2.2.1). – Von der **Zuverlässigkeit** ist, wie sonst auch, auszugehen, solange keine Tatsachen bekannt sind, die zu Bedenken Anlass geben (AVV Nr. 6.2.2.2). Solche Tatsachen sind u.a.: Verstöße gegen das Gesetz, Nichteinhaltung behördlicher Auflagen, Verstöße gegen innerbetriebliche Weisungen. Ein einzelner Verstoß reicht aus, wenn er genügend schwer wiegt. Mehrere, für sich genommen jeweils leichte Verstöße können in der Summe eine ausreichende Schwere begründen. Beispiele: Mehrfaches Unterlassen vorgeschriebener Meldungen, wiederholt unzureichende Darlegungen zu den Genehmigungsvoraussetzungen nach Abs. 3 Nr. 1 (s. Rn. 3), Verstöße gegen § 9a, unsorgfältiger Umgang mit Forschungsgeldern, Abwesenheitszeiten in Widerspruch zur Überwachungsaufgabe, Beginn mit Tierversuchen vor Eintreffen der Genehmigung (s. Rn. 4), Änderungen ohne neue Genehmigung bzw. ohne vorherige Anzeige nach Abs. 7 S. 2.

Die sachlichen Mittel und die personellen und organisatorischen Voraussetzungen 12 **nach Abs. 3 Nr. 3** müssen so sein, dass jederzeit alle Maßnahmen gewährleistet sind, die nach dem aktuellen Stand der wissenschaftlichen Erkenntnisse zur Reduktion der eingesetzten Tierzahlen („reduce") und zur Verminderung der den Tieren zugefügten Belastungen („refine") möglich sind. Für den dazu nötigen Nachweis (vgl. Abs. 2. Nr. 2) dürfte eine Erklärung des Tierschutzbeauftragten nur in Ausnahmefällen genügen (vgl. aber AVV Nr. 6.2.2.3); die Behörde kann jedenfalls den Amtstierarzt oder einen amtlich anerkannten Sachverständigen mit einer Begutachtung der Personal- und Sachausstattung beauftragen und sollte dies im Zweifel auch tun (vgl. § 24 Abs. 1 S. 1 VwVfG). – Die Bestellung eines oder mehrerer Tierschutzbeauftragter muss nachgewiesen und das hierzu getroffene betriebliche Reglement vorgelegt werden.

Abs. 3 Nr. 4 stellt klar, dass für Unterbringung und Pflege von Versuchstieren die Ge- 13 bote aus § 2 ohne Einschränkung gelten. Das Versuchstier ist kein Tier minderen Rechts (*L/M* § 8 Rn. 26). Verstöße gegen § 2 in der Versuchstierhaltung begründen also nicht nur ein Einschreiten nach § 16a S. 2 Nr. 1 und ggf. die Rücknahme bzw. den Widerruf der Genehmigung für die Tierhaltung nach § 11 Abs. 1 Nr. 1, Abs. 2 Nr. 3 (vgl. §§ 48, 49 VwVfG); sie führen darüber hinaus auch zwingend zur Versagung von Genehmigungen nach § 8 Abs. 3 Nr. 4. – Nachdem die Vertragsparteien des EVÜ anlässlich ihrer 4. Multilateralen Konsultation am 15. 6. 2006 in Straßburg den revidierten Anhang A mit neuen Leitlinien für die Unterbringung und Pflege von Versuchstieren einstimmig angenommen haben, ist die Bundesrepublik Deutschland als Vertragspartei gemäß Art. 5 Abs. 1 S. 3 EVÜ völkerrechtlich verpflichtet, diese neuen Leitlinien zu beachten und für ihre Umsetzung zu sorgen. Da in dem neuen Anhang A der aktuelle Stand der wissenschaftlichen Erkenntnisse zur Versuchstierhaltung wiedergegeben ist, sind diese Leitlinien als eine im Wesentlichen zutreffende Konkretisierung des § 2 Nr. 1 und 2 und des § 7 Abs. 2 und 3 anzusehen und gegenüber den Haltern und Nutzern von Versuchstieren über die §§ 11 Abs. 1 Nr. 1, Abs. 2 Nr. 3, 16a S. 2 Nr. 1 und 8 Abs. 3 Nr. 4 durchzusetzen. In neuen Anlagen muss dies sofort geschehen. Bei bestehenden Anlagen sollen die notwendigen Änderungen oder Ersetzungen „innerhalb eines vernünftigen Zeitraumes erfolgen", wobei aber auf die Einhaltung der neuen Flächen und Höhenmaße und Besatzdichten sofort hingewirkt werden soll (vgl. Anh. A zum EVÜ, Einl. Nr. 7; allgemein zur Bedeutung von Soll-Vorschriften s. Einf. Rn. 31). – Im Gegensatz dazu hat der alte Anhang A zum EVÜ, der noch als Anhang I der EU-Tierversuchsrichtlinie angeschlossen ist, allenfalls den früheren, durch die Neufassung aber überholten Stand der wissenschaftlichen Erkenntnisse wiedergegeben (zu seiner einseitigen Ausrichtung an wirtschaftlichen Interessen s. Anh. zu § 2 Rn. 80 sowie *Scharmann* S. 381, 382). Dass die entsprechende Überarbeitung der EU-Tierversuchsrichtlinie noch nicht abgeschlossen ist, ändert weder etwas an der völkerrechtlichen Verpflichtung zur Umsetzung des neuen Anhangs A gemäß Art. 5 Abs. 1 S. 3 EVÜ noch am aktuellen wissenschaftlichen Erkenntnisstand, wie er in dem neuen Anhang Ausdruck gefunden hat. Bei der Anwendung von Abs. 3 Nr. 4 ist auf diesen aktuellen Erkenntnisstand und damit auf den neuen Anhang A abzustellen. – Soweit einzelne Fragen dort nicht oder nur unzureichend geregelt sind, kann weiterhin auf die Empfehlungen der TVT zur Haltung von Versuchstieren zurückgegriffen werden, denn hier kann sowohl von der notwendigen Distanz zu den beteiligten wirtschaftlichen Interessen als auch von ausreichender (insbesondere ethologischer) Sachkunde ausgegangen werden (s. § 2 Rn. 49). Dasselbe gilt für die Empfehlungen des vom damaligen BMELF 1993 nach Berlin einberufenen internationalen Workshops, der als pluralistisch zusammengesetztes Gremium mit mehr als 50 Experten tätig geworden ist und sich dabei ersichtlich sowohl um die nötige Distanz zu den beteiligten wirtschaftlichen Interessen als auch um die Einarbeitung aktueller ethologischer Erkenntnisse in seine Schlussfolgerungen bemüht hat (vgl. *O'Donoghue* S. V ff.; der neue Anhang A setzt diese Erkenntnisse in weiten Teilen um; zum Ganzen s. auch Anh. zu § 2 Rn. 77–99). – In der Praxis gibt es anscheinend große Unterschiede zwischen den einzelnen Betrieben und Einrichtungen (vgl. *Albus* in: Evang. Akademie Bad Boll, Tierversuche S. 228). Angesichts der häufigen Gesetzesverstöße in diesem Bereich wird die Behörde ihrer Aufklärungspflicht nach § 24 Abs. 1 VwVfG nicht gerecht, wenn sie sich mit einer schriftlichen Erklärung des Tierschutzbeauftragten begnügt (so jedoch AVV Nr. 6.2.2.3). Zum „Nachweis“ (vgl. Abs. 2 Nr. 2) ist zumindest eine Augenscheinseinnahme durch den Amtstierarzt erforderlich, in Zweifelsfällen auch ein ethologisches Gutachten.

14 **Zu Abs. 3 Nr. 5.** Die Einhaltung des § 9 Abs. 1 kann nur erwartet werden, wenn der Antragsteller in der Lage ist, Unterlagen vorzulegen, aus denen sich die erforderliche Qualifikation der versuchsdurchführenden Personen ergibt (vgl. AVV Nr. 9.1; vgl. auch BT-Drucks. 10/3158 S. 23: „Hierzu hat der Antragsteller der Behörde ausreichende Unterlagen vorzulegen“). – Die Einhaltung des § 9 Abs. 2 kann insbesondere nicht erwartet werden, wenn Anhaltspunkte dafür vorliegen (zB aufgrund eines nach § 26 Abs. 1 Nr. 2 VwVfG eingeholten ZEBET-Gutachtens), dass es eine Alternativmethode oder Kombination solcher Methoden geben könnte, die ohne Tiere bzw. mit weniger Tieren bzw. mit geringerer Belastung für die Tiere auskommt und die dennoch zu einem analogen Erkenntnisgewinn (bzw. bei Produktprüfungen zu einem vergleichbar hohen Sicherheitsniveau) führt. – Die Einhaltung von § 9a kann erwartet werden, wenn die Aufzeichnungen der letzten drei Jahre vorgelegt werden können (vgl. § 9a S. 5) und diese sich bei stichprobenartigen Überprüfungen als richtig und vollständig erweisen.

IV. Absätze 4, 5, 5a und 6

15 Die **Anzeigepflicht nach Abs. 4 S. 2** dient der Durchsetzung von Abs. 3 Nr. 2. Folglich muss der Genehmigungsinhaber mit Bezug auf den neuen Leiter oder Stellvertreter die dort vorgesehenen Nachweise erbringen (s. Rn. 11). Gelingt dies nicht oder bestehen hinsichtlich der Zuverlässigkeit des Neuen Bedenken, so wird die Genehmigung widerrufen (vgl. *L/M* § 8 Rn. 31: Abs. 4 S. 2 als besonderer, zu den Tatbeständen des § 49 VwVfG hinzutretender Widerrufsgrund). – Unterbleibt die Anzeige oder erfolgt sie verspätet, so liegt eine Ordnungswidrigkeit nach § 18 Abs. 1 Nr. 13 vor, auch bei Fahrlässigkeit. Außerdem kann dies die Unzuverlässigkeit des Genehmigungsinhabers selbst begründen und zu einer Rücknahme oder einem Widerruf nach §§ 48, 49 VwVfG führen; denn die Zuverlässigkeit des Genehmigungsinhabers ist eine ungeschriebene Voraussetzung, die während der gesamten Dauer einer Genehmigung vorliegen muss.

Das **Erfordernis der Befristung nach Abs. 5 S. 1** wurde eingeführt, um sicherzustellen, dass die Behörde bei länger dauernden Versuchsvorhaben die Voraussetzungen für die Genehmigung im Lichte neuer wissenschaftlicher Erkenntnisse oder sonstiger Entwicklungen periodisch überprüft (BT-Drucks. 10/3158 S. 23). Für die Dauer der Frist gilt ebenfalls das Unerlässlichkeitsgebot. Das bedeutet hier: Je rasanter die Entwicklung von Alternativmethoden auf dem jeweiligen Sachgebiet ist und je eher deswegen mit Innovationen gerechnet werden kann, desto kürzer hat die Behörde die Frist zu fassen, um in einem neuen Genehmigungsverfahren prüfen zu können, ob es mittlerweile eine genügend aussagekräftige Alternativmethode bzw. Kombination solcher Methoden gibt. Die in AVV Nr. 6.4.3 genannte Drei-Jahres-Frist bildet deswegen eine Obergrenze, die nach Maßgabe dieser Erwägung unterschritten werden kann und muss. In Verlängerungsverfahren (vgl. AVV Nr. 6.4.3 S. 2) ist demgemäß besonderer Wert auf die Prüfung der Unerlässlichkeit zu legen (auch darauf, ob die wissenschaftliche Fragestellung und das angestrebte Ergebnis noch immer unbekannt sind, s. Rn. 10); darüber hinaus sollte auch ein Bericht über die bisher mit Blick auf den Endzweck erzielten Erfolge gefordert werden (s. § 7 Rn. 61 a). 16

Durch das ÄndG 1998 wurde die **fiktive Genehmigung nach Abs. 5a** eingeführt. Damit sollte sichergestellt werden, dass über einen vollständigen Antrag in angemessener Zeit, d. h. spätestens nach drei Monaten, entschieden wird. Voraussetzung für den Eintritt der Genehmigungsfiktion ist deshalb ein Antrag, der hinsichtlich Eindeutigkeit und Vollständigkeit den Bestimmtheitsanforderungen genügt, die aus verwaltungsrechtlicher Sicht an eine Genehmigung zu stellen sind (vgl. BT-Drucks. 13/7015 S. 19). Das bedeutet: Vollständig in dem Sinn, dass er die Drei-Monats-Frist in Lauf setzen kann, ist ein Antrag nur, wenn er zu allen Punkten und Unterpunkten, die in AVV Anlage 1 aufgelistet sind, Angaben enthält, die detailliert, substantiiert, widerspruchsfrei und schlüssig sind (s. Rn. 3). Nur in diesem Fall kann der Antragsteller darauf vertrauen, dass die Behörde zügig entscheiden wird, und nur mit dieser Beschränkung wird man dem Ziel des Gesetzgebers („frühzeitige Rechtssicherheit, ohne das Tierschutzniveau zu senken", vgl. BT-Drucks. aaO) gerecht. – Ist ein vollständiger Antrag eingereicht worden, so gilt die Genehmigung nach drei Monaten als erteilt, wenn nicht vorher eine schriftliche Entscheidung oder eine schriftliche Aufforderung nach Satz 3 ergangen ist. Bei finalen Versuchen beträgt die Frist nur zwei Monate, kann aber von der Behörde nach Anhörung (die auch formlos, insbesondere telefonisch erfolgen kann) bis auf drei Monate verlängert werden, ohne dass es dafür einer Begründung bedarf. – Die Frist wird ab demjenigen Zeitpunkt gehemmt (d. h. sie läuft nicht mehr weiter), in dem dem Antragsteller die schriftliche Aufforderung der Behörde zugeht, weitere Angaben zu machen oder Unterlagen vorzulegen. Die Behörde kann all das fordern, was der Antragsteller nach Abs. 2 wissenschaftlich begründet darzulegen bzw. nachzuweisen hat, also zB: Angaben dazu, welche Alternativmethoden er auf ihre Eignung überprüft hat; Einholung von Auskünften hierzu, etwa bei Datenbanken; Einholung und Vorlage eines Gutachtens der ZEBET oder einer ähnlichen Einrichtung bei Anhaltspunkten, dass es vertretbare Alternativmethoden geben könnte; Angaben und Unterlagen zum mutmaßlichen medizinischen oder sozialen Nutzen des Versuchs; Belege darüber, welche Informationsquellen iS von Abs. 3 Nr. 1 b ausgeschöpft worden sind (vgl. AVV 6.2.1.2.1: „zB Literatur, Datenbanken"); Angaben über etwaige Bemühungen, die Zustimmung des Erstanmelders zur Verwertung seiner Prüfunterlagen zu erhalten (vgl. § 7 Rn. 21); Zeugnisse und Urkunden über die Qualifikation des Leiters, des Stellvertreters und der versuchsdurchführenden Personen; Angaben und Nachweise, inwieweit bei der Tierhaltung der neue Anhang A zum EVÜ eingehalten wird). Nach Erlass einer solchen Aufforderung läuft die Frist erst weiter, wenn die geforderten Angaben und Unterlagen vollständig bei der Behörde eingegangen sind. – Stellt sich nach Fristablauf heraus, dass eine fiktive Genehmigung erwirkt worden ist, obwohl es an einer der Voraussetzungen nach Abs. 3 gefehlt hat, so ist die Genehmigung dennoch wirksam. Die Behörde ist jedoch berechtigt, nachträglich diejenigen Auflagen zu verhängen, die zur Erfüllung der 17 fehlenden Voraussetzung erforderlich sind. Wegen des vom Gesetzgeber gewollten Ausnahmecharakters der Genehmigungsfiktion (vgl. BT-Drucks. aaO) wird man für den Regelfall eine entsprechende Ermessensreduzierung annehmen müssen (vgl. VG Gießen NuR 2004, 64, 65). – Die Behörde kann eine rechtswidrige fingierte Genehmigung auch nach § 48 Abs. 1 VwVfG zurücknehmen (BT-Drucks. aaO). Auch insoweit ist das Ermessen wegen des o.e. Ausnahmecharakters reduziert, wenn es an einer der Genehmigungsvoraussetzungen nach Abs. 3 fehlt und diesem Mangel entweder nicht mit Auflagen abgeholfen werden kann oder aber der Antragsteller die entsprechenden Auflagen nicht erfüllt (vgl. dazu und zum Widerruf der fiktiven Genehmigung nach § 49 Abs. 2 Nr. 3 oder Nr. 5 VwVfG VG Gießen aaO: „Durch die Aufnahme des Staatsziels Tierschutz in das Grundgesetz ist die Behörde gleichsam im Wege eines intendierten Ermessens gehalten, auch in Fällen fiktiver Genehmigungen, die im Zeitpunkt der Aufhebungsentscheidung förmlich nicht hätten erteilt werden dürfen, tierschutzrechtlich einzuschreiten und die entsprechenden Genehmigungen in Form des Widerrufs aufzuheben. Ohne die Aufhebung wäre in derartigen Fällen auch das öffentliche Interesse iS des § 49 Abs. 2 Nr. 3 VwVfG deutlich gefährdet, denn auch eine nur fiktiv erteilte Tierversuchsgenehmigung gefährdet das öffentliche Interesse, wenn sich der Tierversuch als nicht genehmigungsfähig darstellt.“ Nachträglich eingetretene Tatsachen iS von § 49 Abs. 2 Nr. 3 sieht das Gericht u.a. in der nach Fristablauf erfolgten Beurteilung des Vorhabens durch die § 15-Kommission und in Aufforderungen zur Nachbesserung des Antrages. Die Durchführung eines im Licht von Art. 20a GG nicht genehmigungsfähigen Tierversuchsvorhabens wird zutreffend als schwerer Nachteil für das Gemeinwohl iS von § 49 Abs. 2 Nr. 5 VwVfG eingestuft). – Generell erscheint fraglich, ob Abs. 5a mit Art 20a GG vereinbar ist: Die nunmehr bestehende umfassende Prüfungspflicht hinsichtlich der Unerlässlichkeit und der ethischen Vertretbarkeit (s. Rn. 6–9) zwingt die Behörde dazu, sich mit diesen Genehmigungsvoraussetzungen intensiver und deshalb zwangläufig auch länger zu befassen. Drei Monate erscheinen dafür nicht in jedem Fall ausreichend und setzen sowohl die Behörde als auch die Kommission nach § 15 unter einen nicht zu bewältigenden Zeitdruck (vgl. *Kolar* ALTEX 4, 2000, 227, 229: Bis zu 10, im Einzelfall sogar bis zu 16 Anträge müssen innerhalb einer Sitzung der Kommission beraten werden). Zumindest müsste die Möglichkeit einer Fristverlängerung eingeführt werden (*Stelkens* NuR 2003, 401, 404 sieht in Abs. 5a sogar einen Beleg dafür, dass der Gesetzgeber die in § 7 Abs. 3 angeordnete Ethikprüfung „wohl nicht zu ernst genommen wissen will“; das legt nahe, dass Abs. 5a in seiner derzeitigen Fassung mit dem nachträglich ins Grundgesetz gelangten Art. 20a GG und dem damit verbundenen Auftrag zum effektiven Tierschutz unvereinbar ist; s. Art. 20a GG Rn. 18).

18 **Nach Abs. 6** dürfen bei Genehmigungserteilung an eine Hochschule oder andere Einrichtung nur solche Personen Tierversuche durchführen, die zum Träger der Einrichtung in einem wirksamen Dienst- oder Arbeitsverhältnis stehen oder über eine schriftlich erteilte Befugnis des verantwortlichen Leiters des Versuchsvorhabens verfügen; diese Personen müssen schon im Antrag mit Namen und Berechtigungsgrund angegeben sein (vgl. AVV Anlage 1 Nr. 7). Sinn der Regelung u.a.: Kommt es durch die betreffende Person zu Verstößen, so kann sich die Einrichtung nicht damit entlasten, von ihrem Tätigwerden bzw. ihrer mangelnden Qualifikation nichts gewusst zu haben, denn in diesem Fall wäre gegen Abs. 6 verstoßen worden.

V. Kein Genehmigungserfordernis bei Tierversuchen, die durch Gesetz o. Ä. ausdrücklich vorgeschrieben sind, Abs. 7 S. 1 Nr. 1

1. Grundsätzliche Problematik

19 Etwa **ein Drittel aller Tierversuche** in Deutschland werden für die Anmeldung oder Zulassung von Stoffen und Produkten durchgeführt. Diese Versuche gelten in der Praxis

als ausdrücklich vorgeschrieben und finden ohne vorgeschaltetes Genehmigungsverfahren statt. In der Schweiz sind demgegenüber alle Versuche mit Wirbeltieren, die den Schweregrad 0 (= keine Belastung) überschreiten, bewilligungspflichtig (vgl. Art. 13, 13a Eidg. TSchG). – Mit dem Auftrag zum effektiven Tierschutz in Art. 20a GG ist eine solch weitgehende Ausnahme vom gesetzlichen Genehmigungserfordernis nicht vereinbar. Ein effektiver, präventiver Schutz vor vermeidbaren Leiden erfordert es, dass Abwägungsentscheidungen zwischen menschlichen Nutzungs- und tierlichen Integritäts- und Wohlbefindensinteressen so weit wie möglich in die Hände von Personen oder Stellen gelegt werden, die den beteiligten Interessen neutral, unabhängig und mit der für eine unparteiliche Entscheidung notwendigen Distanz gegenüberstehen und dass deren Abwägungsentscheidung dem Versuchsvorhaben vorausgeht. Dies muss zumindest dort gelten, wo die Konkurrenzlage zwischen menschlichen und tierlichen Interessen so tiefgreifend ist wie bei belastenden Experimenten mit Wirbeltieren (vgl. auch *Spaemann* in: *Händel* S. 80: „Der Tierexperimentator ... müsste deshalb als sittliches Wesen selbst fordern, dass die Frage der Zulässigkeit seiner Versuche durch Menschen entschieden wird, die nicht durch das primäre Interesse am Versuch und seinen Ergebnissen bestimmt und deshalb insofern befangen sind"). Der theoretisch denkbare Einwand, es gebe bei Versuchen, die ausdrücklich vorgeschrieben seien, für die Behörde und die § 15-Kommission nichts zu überprüfen, wäre unzutreffend: Die Vorschriften iS von Abs. 7 Nr. 1 können weder den wissenschaftlichen Fortschritt bei der Alternativmethoden-Entwicklung noch den Wandel der Anschauungen hinsichtlich der ethischen Vertretbarkeit vorwegnehmen. Zudem stehen sie, soweit es sich um Rechtsverordnungen und Verwaltungsvorschriften handelt, im Range unter dem Gesetz und können schon aus diesem Grund nur solche Versuche vorsehen, die nach den Umständen des Einzelfalles und nach dem aktuellen Erkenntnisstand sowohl unerlässlich iS von § 7 Abs. 2 als auch ethisch vertretbar iS von § 7 Abs. 3 sind (vgl. auch BVerwG NuR 1988, 64, 66: eine untergesetzliche Rechtsnorm ist ungültig, wenn in ihr nicht „sichergestellt" ist, „dass die vorgesehenen Tierversuche nur durchgeführt werden dürfen, wenn sie nach dem Stand der wissenschaftlichen Erkenntnisse unerlässlich sind und wenn sie ethisch vertretbar sind"). Deshalb besteht auch bei Versuchen, die vorgeschrieben sind, Anlass zur vorherigen behördlichen Prüfung, ob es wissenschaftlich zufriedenstellende, validierte Alternativmethoden gibt bzw. (wenn nein) ob der zu erwartende medizinische oder sonstige soziale Nutzen für den Menschen die Summe der Belastungen für die Tiere überwiegt (s. auch noch Rn. 21, 23, 24, 25 und 28–30).

2. Gesetz

Als einziges **Gesetz iS von Abs. 7 S. 1. Nr. 1a** hat das Abwasserabgabengesetz in § 3 i.V.m. der Abwasserverordnung einen Tierversuch vorgesehen, nämlich den sog. Fischtest zur Ermittlung des Verschmutzungsgrades von Abwässern. Dieser Fischtest ist aber durch das 5. Gesetz zur Änderung des Abwasserabgabengesetzes mit Wirkung vom 1. 1. 2005 abgeschafft und durch den Fischei-Test ersetzt worden (s. § 7 Rn. 39). Seither gibt es kein Gesetz mehr, das Tierversuche ausdrücklich vorschreibt (zu Rechtsverordnungen, Arzneibuchmonographien, Rechtsakten der EU sowie Verwaltungsvorschriften s. nachf.). **19a**

3. Rechtsverordnungen

Zum Erfordernis „ausdrücklich vorgeschrieben" heißt es in der amtl. Begr. zum ÄndG 1986:. „Eine ausdrückliche Vorschrift iS von Abs. 7 Nr. 1 ist dann nicht gegeben, wenn die Rechtsvorschrift lediglich bestimmte Anforderungen an einen Stoff stellt – zB hinsichtlich der Unbedenklichkeit von Rückständen – und das Vorliegen dieser Anforderungen nur durch Tierversuch nachgewiesen werden kann" (BT-Drucks. 10/3158 S. 23). Es ist also nicht ausreichend, wenn lediglich die Prüfung von Stoffen oder Stoffkombinationen auf bestimmte Eigenschaften vorgeschrieben ist, mag es auch nach dem (tatsächli- **20**

chen oder vermeintlichen) Stand der wissenschaftlichen Erkenntnisse so sein, dass dies nur mit Hilfe von Tierversuchen festgestellt werden kann. Notwendig ist vielmehr, dass in der Vorschrift der Tierversuch mit Wirbeltieren als Methode angeordnet und angegeben wird, für welche Fragestellungen er eingesetzt werden soll (vgl. auch BVerwG NuR 1988, 64, 65). „Ausdrücklich" erfordert zudem, dass der Vorschrift eindeutig und mit vertretbarem Aufwand entnommen werden kann, wann und zu welchen Zwecken welche Tierversuche stattfinden sollen. Dies gilt für Gesetze, Rechtsverordnungen, Verwaltungsvorschriften und das Arzneibuch gleichermaßen.

21 Rechtsverordnungen und Verwaltungsvorschriften **müssen auf ihre Vereinbarkeit mit den Geboten der Unerlässlichkeit und der ethischen Vertretbarkeit geprüft werden,** denn sie stehen in der Normenhierarchie unter dem Gesetz und sind deshalb nur gültig, soweit sie mit diesem in Einklang stehen. Im Hinblick auf § 7 Abs. 2 und 3 muss die Rechtsverordnung bzw. Verwaltungsvorschrift daher sicherstellen, dass die vorgesehenen Tierversuche nur stattfinden, wenn sie sowohl unerlässlich als auch ethisch vertretbar sind (vgl. BVerwG NuR 1988, 64, 66). Sieht eine solche Vorschrift dagegen Tierversuche ohne Rücksicht darauf vor, ob genügend aussagekräftige Alternativmethoden vorhanden sind bzw. ob der zu erwartende Nutzen die Belastungen für die Tiere überwiegt, so ist sie wegen Verstoßes gegen § 7 als höherrangiges Recht nichtig (BVerwG aaO). Zur Nichtigkeit von Verwaltungsvorschriften s. Einf. Rn. 94 sowie § 16d Rn. 2. Die Nichtigkeit von Rechtsverordnungen wird von den Gerichten im dafür vorgesehenen Verfahren (u. a. Inzidentkontrolle) festgestellt.

22 **Genügt eine Verweisung auf EU-Richtlinien?** Manche Rechtsverordnungen beschränken sich darauf, hinsichtlich der Tierversuche, die durchgeführt werden sollen, auf eine EU-Richtlinie zu verweisen. Vgl. zB § 2 Nr. 1 Medizinprodukte-Verordnung vom 20. 12. 2001 (BGBl. I S. 3854): „Zur Bewertung der biologischen Verträglichkeit von Medizinprodukten sind biologische Sicherheitsprüfungen mit Tierversuchen durchzuführen, soweit sie … nach der Richtlinie 75/318/EWG des Rates vom 20. 5. 1975 …, zuletzt geändert durch Richtlinie 99/83 der Kommission vom 8. 9. 1999 … in der jeweils geltenden Fassung … erforderlich sind." Ob dieses Vorgehen noch dem gesetzlichen Gebot des ausdrücklichen Vorschreibens genügt, ist fraglich: Um zu erkennen, ob und welche Versuche gefordert sind, muss der Normadressat hier nicht nur die in Bezug genommene Richtlinie komplett lesen (weil Artikel oder Nummern in der Verweisungsvorschrift nicht genannt werden); er muss darüber hinaus auch alle Änderungsrichtlinien heranziehen und diese wegen der im EU-Recht gebräuchlichen Quer- und Rückverweisungen zusammenschauend studieren. Das erfordert einen erheblichen Aufwand und entspricht nicht den Geboten der Bestimmtheit und Rechtsklarheit, denen der Gesetzgeber mit der Formulierung „ausdrücklich vorgeschrieben" Beachtung verschaffen wollte. Bedenklich ist auch, dass durch diese Verweisungstechnik EU-Richtlinien den unmittelbar anwendbaren Rechtsakten nach Abs. 7 Nr. 1a gleichgestellt werden, obwohl sie dies nicht sind (s. Rn. 26).

23 Die **Prüfnachweisverordnung** vom 1. 8. 1994 (BGBl. I S. 1877) schreibt für Chemikalien zahlreiche Tierversuche vor, so in § 4 Nr. 2, 7 und 9, § 5 Nr. 2c und 4c, § 7 Nr. 2, 3, 8 und 9, § 8 Nr. 3, 4, 5, 6, 11 und 12 sowie in § 10 Nr. 5, 10 und 12. Kein „ausdrückliches Vorschreiben" enthalten dagegen diejenigen Vorschriften, die nur die Prüfung auf bestimmte Eigenschaften anordnen, ohne dafür den Tierversuch als Methode vorzugeben (vgl. zB § 4 Nr. 5 und Nr. 6). Soweit in § 2 Abs. 4 S. 1 auf die EU-Richtlinie 67/548/EWG vom 27. Juni 1967 „in ihrer jeweils jüngsten im Amtsblatt der EG veröffentlichten Fassung" verwiesen wird, s. die Bedenken in Rn. 22. – Nicht im Einklang mit § 7 Abs. 2 TierSchG steht § 2 Abs. 4 S. 3 der Prüfnachweisverordnung, soweit dort die Anwendung alternativer Methoden nur zugelassen wird, wenn diese „international anerkannt" sind. Unerlässlich (iS von wissenschaftlich notwendig, s. § 7 Rn. 18) ist der Tierversuch bereits dann nicht mehr, wenn eine alternative Methode oder Methodenkombination entwickelt und (zB in verschiedenen deutschen Labors) so überprüft worden ist, dass ihr bei objektiver wissenschaftlicher Beurteilung ein Sicherheitsniveau zugesprochen werden kann, das

dem bisher üblichen Tierversuch vergleichbar ist. Ein weiteres Abwarten bis zur internationalen Anerkennung solcher Methoden betrifft dann nur noch Vermarktungsinteressen, die zwar schutzwürdig sein können, aber nicht unter den Begriff der wissenschaftlichen Unerlässlichkeit fallen. – Einen Verstoß gegen § 7 Abs. 3 TierSchG enthält die Verordnung insoweit, als jeglicher Hinweis auf das gesetzliche Gebot der Nutzen-Schaden-Abwägung fehlt.

Bei Tierversuchen nach der **Pflanzenschutzmittelverordnung** vom 9. 3. 2005 (BGBl. I 24
S. 734) ist gemäß § 1 a Abs. 1 zu prüfen, ob für den Tierversuch nach dem Stand der wissenschaftlichen Erkenntnisse oder der Technik eine genügend aussagekräftige, ausreichend geprüfte alternative Methode oder Methodenkombination zur Verfügung steht. Auch hier ist es nicht unerlässlich iS von § 7 Abs. 2 TierSchG, mit dem Einsatz solcher (zB auf nationaler Ebene validierter) Methoden zuzuwarten, bis ihre Validierung auch international vollendet und ihre Anerkennung durchgesetzt ist. Soweit auch in dieser Verordnung die vorgeschriebenen Tierversuche nur mittels Verweisung auf Anhang II und III der Richtlinie 91/414/EWG gekennzeichnet werden, s. die Bedenken in Rn. 22. Auch fehlt wieder jeglicher Hinweis auf das Gebot zur einzelfallbezogenen Nutzen-Schaden-Abwägung nach § 7 Abs. 3 TierSchG.

4. Arzneibuch

Das **Deutsche und das Europäische Arzneibuch** sind Sammlungen anerkannter 25
pharmazeutischer Regeln über Qualität, Prüfung, Lagerung, Abgabe und Bezeichnung von Arzneimitteln und den bei ihrer Herstellung verwendeten Stoffen (vgl. § 55 AMG). Prüfungen, die den Einsatz von Tieren erfordern, werden fast ausschließlich in den Monographien des Europäischen Arzneibuches vorgeschrieben. Auch hier gilt, dass das Genehmigungserfordernis nach Abs. 7 S. 1 Nr. 1 a nur entfällt, wenn der Tierversuch als Methode für eine bestimmte Fragestellung ausdrücklich angeordnet ist (s. Rn. 20). – In den Allgemeinen Vorschriften beider Arzneibücher ist festgehalten, dass auch andere Methoden als die vorgeschriebenen verwendet werden können, wenn sie vergleichbar aussagekräftig sind. „Können" bedeutet in diesem Fall „Müssen"; dies geht sowohl aus § 7 Abs. 2 TierSchG wie auch aus Art 7 Abs. 2 der EU-Tierversuchsrichtlinie hervor. Gemäß § 7 Abs. 3 TierSchG dürfen außerdem die vorgeschriebenen Tierversuche nur erfolgen, wenn der zu erwartende Nutzen die Belastungen für die Tiere überwiegt. – Zu den Fortschritten bei der Entwicklung und Validierung alternativer Methoden für die Prüfung von Diphterie-, Tetanus- und Keuchhustenimpfstoffen sowie Antilymphozyten-Seren vgl. BMELV Tierschutzbericht 2003, XV 4.2. – In jüngster Zeit sind einige Tierversuche mit fraglicher Relevanz aus den Monographien des Arzneibuchs vollständig gestrichen worden; einige andere sind in den Abschnitt „Produktion" überführt worden, was zur Folge hat, dass bei Nachweis eines zuverlässigen Herstellungsverfahrens, das entsprechende Verunreinigungen mit genügender Sicherheit ausschließt, auf den Test verzichtet werden kann (s. § 7 Rn. 28).

5. Unmittelbar anwendbarer Rechtsakt eines Organs der EU

Unmittelbar anwendbare Rechtsakte der EU sind in erster Linie Verordnungen, die 26
vom Rat, vom Parlament gemeinsam mit dem Rat oder von der Kommission erlassen werden können, vgl. Art. 249 EG-Vertrag. Verordnungen, die Tierversuche vorschreiben, gibt es zur Zeit nicht. – Die EU-Richtlinien sind demgegenüber Rechtsakte, die nur mittelbar anwendbar sind, denn sie werden gegenüber dem Bürger erst verbindlich, wenn sie durch Gesetz, Rechtsverordnung u. Ä. in das jeweilige nationale Recht umgesetzt worden sind. Deshalb ist es nicht möglich, aus EU-Richtlinien eine Genehmigungsfreiheit von Tierversuchen abzuleiten. Zur Problematik, wenn in Rechtsverordnungen oder Verwaltungsvorschriften pauschal auf EU-Richtlinien verwiesen wird (und diese Verweisung dann auch noch „dynamisch", d. h. mit Bezug auf Änderungsrichtlinien erfolgt), s. Rn. 22;

es spricht einiges dafür, dass darin eine unzulässige Umgehung der differenzierten Regelung des Abs. 7 Nr. 1a gesehen werden muss.

6. Allgemeine Verwaltungsvorschriften, Abs. 7 S. 1 Nr. 1 b

27 Das **BVerwG** hat gravierende Bedenken gegen die Verfassungsmäßigkeit von Abs. 7 S. 1 Nr. 1b geäußert. Zweifelhaft könne insbesondere sein, ob diese Bestimmung mit den Grundsätzen der Gesetzmäßigkeit der Verwaltung und der Gewaltenteilung in Einklang stehe. „Diese Grundsätze dürften es erfordern, dass der Gesetzgeber, wenn er die Ausübung grundrechtlicher Befugnisse von einer behördlichen Genehmigung abhängig macht, selbst bestimmt, unter welchen sachlichen Voraussetzungen die Genehmigungspflicht ausnahmsweise entfallen soll, und dass er eine solche Regelung nicht dem Ermessen der Verwaltung überlässt" (BVerwG NuR 1988, 64, 65). Darüber hinaus bestünden auch Bedenken hinsichtlich des Grundsatzes des Gesetzesvorbehalts (Art. 103 Abs. 2 GG). Der Gesetzgeber hat darauf bislang nicht reagiert, obwohl ein Eingehen auf diese Hinweise mit Blick auf das Effektivitätsgebot des Art. 20a GG, das einen möglichst weitreichenden Genehmigungsvorbehalt erfordert, besonders dringlich wäre.

28 **Solange die Verfassungsmäßigkeit von Abs. 7 S. 1 Nr. 1b nicht vollständig geklärt ist** (das BVerwG hat die Frage offen gelassen, weil die verfahrensgegenständliche Arzneimittelprüfrichtlinie von 1971 bereits aus anderen Gründen nichtig war, s. Rn. 29), muss den genannten Bedenken zumindest durch eine restriktive Anwendung der Vorschrift Rechnung getragen werden. An das Erfordernis „ausdrücklich vorgesehen" sind strenge Anforderungen zu stellen: Die Verwaltungsvorschrift (VV) muss die Methode des Tierversuchs mit Wirbeltieren zur Klärung bestimmt bezeichneter Fragestellungen bestimmt und eindeutig anordnen. Sie muss dies so tun, dass für den Normadressaten leicht erkennbar ist, wann und zu welchem Zweck welche Tierversuche von ihm gefordert werden. Auch die Allgemeinheit muss in der Lage sein, aus ihr ohne großen Aufwand einen Überblick über die angeordneten Tierversuche zu gewinnen. Verweisungen auf EU-Richtlinien genügen diesen Anforderungen nicht (s. Rn. 22 und 26).

29 **„Im Einklang mit § 7 Abs. 2 und Abs. 3"** steht die VV nur, wenn sie „sicherstellt" (so BVerwG aaO), dass vergleichbar aussagekräftige alternative Methoden vorgezogen werden und dass Tierversuche, deren Nutzen den Schaden nicht überwiegt, unterbleiben. Schreibt eine VV Tierversuche ohne Rücksicht auf diese gesetzlichen Schranken vor, so ist sie nichtig (BVerwG aaO).

30 Die nach dem o.e. BVerwG-Urteil neu erlassene **AVV zur Anwendung der Arzneimittelprüfrichtlinien** idF der Bekanntmachung vom 5. 5. 1995 (BAnz Nr. 96a) sah in ihrem 4. Abschnitt zahlreiche Tierversuche für Arzneimittel vor. Durch Art. 2 Nr. 2 der Zweiten Allgemeinen Verwaltungsvorschrift zur Änderung der AVV vom 11. 10. 2004 (BAnz. Nr. 197) ist insoweit eine wesentliche Änderung eingetreten, als dieser 4. Abschnitt mit Wirkung vom 17. 10. 2004 durch Teil 3 des Anhangs I zur EU-Richtlinie 2001/83/EG vom 6. 11. 2001 zur Schaffung eines Gemeinschaftskodexes für Humanarzneimittel (ABl. EG Nr. L 311 S. 67) ersetzt worden ist. Dort sind u.a. Tierversuche zur akuten und subakuten oder chronischen Toxizität, zur embryonal/fötalen und perinatalen Toxizität und zur Mutagenität vorgesehen. Soweit daraus (wie bisher) eine Genehmigungsfreiheit abgeleitet wird, ist daran problematisch, dass diese Versuche jetzt ausdrücklich nur noch durch eine EU-Richtlinie und somit weder durch ein deutsches Gesetz noch durch eine Rechtsverordnung noch durch eine Verwaltungsvorschrift noch durch einen unmittelbar anwendbaren Rechtsakt eines EU-Organs (denn darunter fallen nur Verordnungen, nicht auch Richtlinien) vorgeschrieben sind; dem Wortlaut von Abs. 7 S. 1 Nr. 1 entspricht es deshalb nicht, diese Versuche weiterhin ohne Genehmigung stattfinden zu lassen. – Unabhängig davon dürfen auch die von der EU-Richtlinie 2001/83 vorgesehenen Versuche nach Art. 2 (8) der AVV vom 11. 10. 2004 nur stattfinden, wenn sie den Vorschriften des Tierschutzgesetzes entsprechen. Sie müssen also sowohl unerlässlich als

auch ethisch vertretbar sein. Zur Unerlässlichkeit schreibt die AVV vor, „zu prüfen, ob der verfolgte Zweck nicht durch andere Methoden oder Verfahren erreicht werden kann". Das Fehlen eines entsprechenden Hinweises auf die zur ethischen Vertretbarkeit gehörende Nutzen-Schaden-Abwägung ändert nichts daran, dass auch diese stattfinden muss, denn das Gesetz steht im Rang über der AVV (s. Rn. 21). – Zu Ersatzmethoden in den Bereichen akute Toxizität, Reproduktionstoxizität/Embryotoxizität, Teratogenität, Mutagenität und Kanzerogenität vgl. *Ärzte* S. 10–14; s. auch § 7 Rn. 30, 37, 38). – In der EU-Richtlinie 2001/83 sind auch Untersuchungen zur Pharmakodynamik (d.h. zum Wirkungsmechanismus einer Prüfsubstanz sowie zu deren pharmakologischen Auswirkungen im Hinblick auf das vorgesehene Indikationsgebiet und den Gesamtorganismus) vorgesehen (vgl. auch BMELV Tierschutzbericht 1997 S. 112, 113). Tierversuche sind dort aber nur vorgeschrieben, soweit die Prüfung „das Ergebnis klinischer Hinweise" und nicht lediglich pharmakologischer Überlegungen ist (vgl. Anh. I Teil 3 II lit. F der Richtlinie). Pharmakodynamische Prüfungen am Tier, die nicht das Ergebnis klinischer Hinweise sind, bedürfen also in jedem Fall der vorherigen Genehmigung.

7. Einzelanordnung, Abs. 7 S. 1 Nr. 1 c

Eine **richterliche Anordnung** kommt aufgrund der Beweisaufnahme-Regeln der ZPO, 31
StPO oder VwGO in Betracht. – Eine **behördliche Anordnung** kann nur ergehen, wenn es dafür eine hinreichend bestimmte Ermächtigungsgrundlage in Form eines Gesetzes oder einer Verordnung gibt. Damit die Anforderungen aus Abs. 7 S. 1 Nr. 1 a und 1 b nicht umgangen werden, ist eine einschränkende Auslegung von Nr. 1 c geboten (vgl. *Lorz* § 8 Rn. 20). Man wird deshalb fordern müssen, dass bereits das Gesetz bzw. die Verordnung (und nicht erst die darauf gestützte Anordnung der Behörde) den Tierversuch am Wirbeltier als Methode zur Klärung der betreffenden Fragestellung ausdrücklich, d.h. eindeutig und bestimmt, vorsieht (vgl. aber auch BT-Drucks. 10/3158 S. 24: Dort wird besonders an behördliche Überwachungsaufgaben im Bereich des Lebensmittel- und Wasserhaushaltsrechts gedacht, zugleich aber festgehalten, dass Richtlinien oder Hinweise auf allgemein oder internationale übliche Prüfungsmethoden, die Tierversuche vorsehen, nicht ausreichen). – Richter und Behörde sind bei ihren Anordnungen in jedem Fall an § 7 Abs. 2 und Abs. 3 gebunden, dürfen also keine Versuche anordnen, für die es genügend aussagekräftige Alternativen gibt oder bei denen der Nutzen den Schaden nicht überwiegt (zB wegen Zweifeln an der Übertragbarkeit auf den Menschen). Außerdem müssen die §§ 8 a, 9 und 9 a beachtet werden.

VI. Kein Genehmigungserfordernis bei Impfungen u. Ä. nach Abs. 7 S. 1 Nr. 2

Von der **Privilegierung des Abs. 7 S. 1 Nr. 2** werden nur Eingriffe und Behandlungen 32
erfasst, die zum einen vergleichsweise unbedenklich und alltäglich sind und zum anderen sich in vorgezeichneten Bahnen bewegen und nach erprobten Verfahren ablaufen (*L/M* § 8 Rn. 46). Hinzukommen muss, dass sich die Maßnahme auf eine Impfung, eine Blutentnahme oder eine Diagnose (d. h. Krankheitserkennung als Voraussetzung für eine Therapie) beschränkt. – Versuche zur Gewinnung neuer Impfstoffe oder zur Schaffung neuer Prüfmethoden für Seren bleiben damit eindeutig genehmigungspflichtig, ebenso Chargenprüfungen (vgl. *L/M* aaO; s. auch § 7 Rn. 28, 29).

VII. Unbedeutende Änderungen genehmigter Versuchsvorhaben nach Abs. 7 S. 2

Will der Inhaber einer Tierversuchsgenehmigung **von dem, was genehmigt wurde,** 33
abweichen, so muss er dazu grundsätzlich eine neue Genehmigung einholen; diese muss ihm zugegangen sein, bevor er mit der Abweichung beginnt (s. Rn. 4). – Eine Ausnahme hiervon gilt nach Abs. 7 S. 2, wenn es sich um eine nur unbedeutende Änderung handelt.

Um dies annehmen zu können, müssen kumulativ die in Nr. 1–4 genannten Voraussetzungen erfüllt sein. – **1.** Die Fragestellung und der angestrebte Erkenntnisgewinn müssen gleich bleiben; kommt es hier zu einer Veränderung, so bedarf es stets einer neuen Genehmigung. – **2.** Bei keinem der verwendeten Versuchstiere darf es als Folge der Änderung zu stärkeren Schmerzen, Leiden oder Schäden kommen; wird auch nur eines der Tiere stärker belastet, so ist die Änderung wesentlich und damit genehmigungspflichtig (vgl. *L/M* § 8 Rn. 49). – **3.** Die Zahl der Tiere darf sich gegenüber dem, was genehmigt wurde, nur unwesentlich erhöhen; bei 10 % liegt mit Sicherheit eine wesentliche Erhöhung vor (vgl. *L/M* aaO; zu weitgehend demgegenüber AVV Nr. 7.3.1; vgl. auch BT-Drucks. 13/7015 S. 19: „nur geringfügige Erhöhung"). – **4.** Mit der Änderung darf erst begonnen werden, nachdem die Anzeige, die alle Angaben nach § 8 a Abs. 2 enthalten muss, bei der Behörde eingegangen ist. – Zu den Befugnissen der Behörde, wenn ihr die Änderung als wesentlich erscheint oder wenn die Einhaltung des § 7 Abs. 2, Abs. 3 oder des § 9 Abs. 1, Abs. 2 nicht sichergestellt ist s. § 8 a Abs. 5.

VIII. Verfahrensrechtliches; Ordnungswidrigkeiten

34 Liegen alle gesetzlichen Voraussetzungen nach Abs. 2 und Abs. 3 vor, so muss die Genehmigung erteilt werden. Der Antragsteller hat darauf einen Anspruch. – Gemäß § 36 Abs. 1 VwVfG kann die Behörde diejenigen Nebenbestimmungen (zB Bedingungen und Auflagen) verhängen, die sie für erforderlich hält, um das Vorliegen aller Genehmigungsvoraussetzungen auch während der gesamten Geltungsdauer der Genehmigung sicherzustellen. Beispiele: Auflage, in bestimmten Zeitabständen neue Recherchen zu möglichen Alternativmethoden durchzuführen und der Behörde darüber zu berichten; Auflage, sich nach Ablauf einer bestimmten Frist erneut bei bestimmten Quellen zu vergewissern, ob das Versuchsergebnis noch immer unbekannt ist. – Rücknahme und Widerruf der Genehmigung richten sich nach den §§ 48, 49 VwVfG (s. auch Rn. 15, 17).

35 Eine **Ordnungswidrigkeit** nach § 18 Abs. 1 Nr. 12 begeht: Wer einen Tierversuch durchführt, ohne vorher die erforderliche Genehmigung einzuholen bzw. obwohl ihm diese versagt wurde; wer mit dem ersten Teilakt des Versuchsvorhabens beginnt, bevor ihm die Genehmigung zugegangen ist; wer das Versuchsvorhaben fortsetzt, obwohl die in der Genehmigung genannte Frist abgelaufen oder die Genehmigung wirksam zurückgenommen oder widerrufen worden ist; wer eine bedeutende Änderung vornimmt, ohne vorher die dazu nötige neue Genehmigung eingeholt zu haben; wer eine unbedeutende Änderung vornimmt, ohne zuvor die Anzeige nach § 8 Abs. 7 S. 2 Nr. 4 erstattet zu haben. Täter ist in all diesen Fällen der Leiter bzw. sein Stellvertreter und derjenige, der das Vorhaben als Ganzes durchführt; Täter kann aber auch sein, wer nur einen einzelnen Teilakt leitet oder durchführt (vgl. *L/M* § 8 Rn. 50; s. auch § 18 Rn. 20 und Rn. 9). – Eine Ordnungswidrigkeit nach § 18 Abs. 1 Nr. 13 begeht, wer den Wechsel des Leiters oder Stellvertreters der Behörde nicht oder nicht unverzüglich anzeigt. – Zur möglichen Strafbarkeit s. § 17 Rn. 87.

§ 8a [Anzeige]

(1) [1]Wer Tierversuche an Wirbeltieren, die nicht der Genehmigung bedürfen, oder an Cephalopoden oder Dekapoden durchführen will, hat das Versuchsvorhaben spätestens zwei Wochen vor Beginn der zuständigen Behörde anzuzeigen. [2]Die Frist braucht nicht eingehalten zu werden, wenn in Notfällen eine sofortige Durchführung des Tierversuchs erforderlich ist; die Anzeige ist unverzüglich nachzuholen. [3]Die in Satz 1 genannte Frist kann von der zuständigen Behörde bei Bedarf auf bis zu vier Wochen verlängert werden.

(2) In der Anzeige sind anzugeben:

1. der Zweck des Versuchsvorhabens,

2. die Art und bei Wirbeltieren zusätzlich die Zahl der für das Versuchsvorhaben vorgesehenen Tiere,
3. die Art und die Durchführung der beabsichtigten Tierversuche einschließlich der Betäubung,
4. Ort, Beginn und voraussichtliche Dauer des Versuchsvorhabens,
5. Name, Anschrift und Fachkenntnisse des verantwortlichen Leiters des Versuchsvorhabens und seines Stellvertreters sowie der durchführenden Person und die für die Nachbehandlung in Frage kommenden Personen,
6. bei Versuchsvorhaben nach § 8 Abs. 7 Nr. 1 der Rechtsgrund der Genehmigungsfreiheit.

(3) [1] Ist die Durchführung mehrerer gleichartiger Versuchsvorhaben beabsichtigt, so genügt die Anzeige des ersten Versuchsvorhabens, wenn in der Anzeige zusätzlich die voraussichtliche Zahl der Versuchsvorhaben angegeben wird. [2] Am Ende eines jeden Jahres ist der zuständigen Behörde die Zahl der durchgeführten Versuchsvorhaben sowie bei Wirbeltieren Art und Zahl der insgesamt verwendeten Tiere anzugeben.

(4) Ändern sich nach Absatz 2 angegebene Sachverhalte während des Versuchsvorhabens, so sind diese Änderungen unverzüglich der zuständigen Behörde anzuzeigen, es sei denn, dass die Änderung für die Überwachung des Versuchsvorhabens ohne Bedeutung ist.

(5) Die zuständige Behörde hat Tierversuche zu untersagen, wenn Tatsachen die Annahme rechtfertigen, dass die Einhaltung der Vorschriften des § 7 Abs. 2 oder 3, des § 8 b Abs. 1, 2, 4, 5 oder 6 oder des § 9 Abs. 1 oder 2 nicht sichergestellt ist, und diesem Mangel nicht innerhalb einer von der zuständigen Behörde gesetzten Frist abgeholfen worden ist.

(6) Das Bundesministerium wird ermächtigt, durch Rechtsverordnung mit Zustimmung des Bundesrates die Anzeigepflicht nach Absatz 1 auf Versuche an sonstigen wirbellosen Tieren auszudehnen, soweit dies zum Schutz von Tieren, die auf einer den Wirbeltieren entsprechenden sinnesphysiologischen Entwicklungsstufe stehen, erforderlich ist.

Übersicht

I. Anzeigepflicht nach Abs. 1

Eine **Anzeigepflicht nach Abs. 1** besteht für Tierversuche an Wirbeltieren, soweit die Versuche nach § 8 Abs. 7 S. 1 von der grundsätzlich bestehenden Genehmigungspflicht ausgenommen sind (s. § 8 Rn. 19–32). – Zum Begriff Tierversuch s. § 7 Rn. 1–5. Zum Begriff Wirbeltier s. § 4 Rn. 1. – Darüber hinaus sind auch Tierversuche mit Wirbellosen anzeigepflichtig, wenn sie Cephalopoden (= Kopffüßler, insbesondere Kraken, Kalmare, Perlboote, Sepia) oder Dekapoden (= Zehnfußkrebse) betreffen. 1

Tierversuche mit anderen Wirbellosen als Cephalopoden oder Dekapoden unterliegen seit dem ÄndG 1998 keiner Anzeigepflicht mehr (bis dahin war das der Fall, vgl. § 8 a Abs. 1 idF des ÄndG 1986; die Herausnahme der meisten Wirbellosen aus diesem Schutz steht nicht in Einklang mit der Zielsetzung des ÄndG 1998, die einmal erreichten Tier- 2 schutzstandards beizubehalten, vgl. BT-Drucks. 13/7015 S. 2; Bedenken ergeben sich auch aus dem Effektivitätsgebot des Art. 20a GG, s. dort Rn. 18). – Gleichwohl sind auch die Wirbellosen nicht ohne gesetzlichen Schutz: Nach § 7 Abs. 2 sind auch hier Tierversuche verboten, wenn sie nicht unerlässlich sind; § 9 Abs. 2 S. 1 und 2 gilt auch für Wirbellose; ebenso finden die dortigen Nummern 1, 2, 3 und 6 auf sie Anwendung; nach § 1 S. 2 erfolgen alle Tierversuche, deren Nutzen nicht schwerer wiegt als die zugefügten Belastungen, ohne vernünftigen Grund, was u.a. ein behördliches Einschreiten nach § 16a S. 2 Nr. 4 erforderlich macht; nach § 18 Abs. 2 handelt ordnungswidrig, wer Wirbellosen durch einen rechtswidrigen Tierversuch vorsätzlich erhebliche Schmerzen, Leiden oder Schäden zufügt (zur Schmerzfähigkeit von Wirbellosen s. § 1 Rn. 16; zu Leiden s. § 1 Rn. 23a; zu Tod als Schaden s. § 1 Rn. 25 sowie BVerwG NVwZ 1998, 853, 855). Eine effektive Überwachung dieser Ge- und Verbote kann ohne eine Anzeigepflicht jedoch kaum erfolgen. – Von der Verordnungsermächtigung nach Abs. 6 muss zum Ausgleich für den o.e. Rückschritt Gebrauch gemacht werden, sobald nach dem Stand der wissenschaftlichen Erkenntnisse ausreichende Anhaltspunkte dafür vorliegen, dass eine bestimmte Gattung von Wirbellosen auf einer den Wirbeltieren entsprechenden sinnesphysiologischen Entwicklungsstufe steht (dazu, dass dafür „die augenblickliche Wahrscheinlichkeit wissenschaftlicher Erkenntnis" ausreichen muss und nicht gewartet werden darf, bis letzte Sicherheit oder gar Einstimmigkeit in der Wissenschaft herbeigeführt worden ist, s. § 1 Rn. 8).

3 Eine **entsprechende Anwendung von § 8a** wird angeordnet: Durch § 10 Abs. 2 bei Eingriffen oder Behandlungen zur Aus-, Fort- oder Weiterbildung (s. dort Rn. 27); durch § 10a Sätze 2–4 bei biotechnischen und ähnlichen Maßnahmen (s. dort Rn. 7); durch § 8 Abs. 7 S. 2 bei unbedeutenden Änderungen genehmigter Versuchsvorhaben (s. dort Rn. 33). Zur Anzeigepflicht nach § 6 Abs. 1 S. 6–9 s. dort Rn. 18.

4 **Anzeigepflichtige Person** ist derjenige, der den Versuch im eigenen Namen durchführen will. Bei Handeln in fremdem Namen trifft die Verpflichtung denjenigen, in dessen Namen das Vorhaben stattfinden soll, idR also die (natürliche oder juristische) Person, die Träger der Einrichtung, Inhaber der Firma usw. ist.

II. Form, Frist und notwendiger Inhalt der Anzeige nach Abs. 1 und 2

5 Eine bestimmte **Form** schreibt das Gesetz zwar nicht vor; nach AVV Anlage 2 wird aber als selbstverständlich vorausgesetzt, dass die Anzeige schriftlich erfolgt („Unterschrift des Anzeigenden").

6 Die **gesetzliche Zwei-Wochen-Frist** beginnt erst zu laufen, wenn die vollständig abgefasste Anzeige bei der nach § 15 zuständigen Behörde (s. § 8 Rn. 2) eingegangen ist. Versuchsbeginn vor Fristablauf ist eine Ordnungswidrigkeit nach § 18 Abs. 1 Nr. 14 (s. Rn. 15). – Eine Ausnahme gilt für Notfälle nach Abs. 1 S. 2. Ein Notfall liegt vor, wenn konkrete Tatsachen es als überwiegend wahrscheinlich erscheinen lassen, dass durch das Abwarten der Frist ein erheblicher, nicht wiedergutzumachender Schaden eintritt (Beispiel: Tierversuch in einem Ermittlungsverfahren, bei dem jedes weitere Abwarten zu einem unwiederbringlichen Erkenntnisverlust führen würde). Die Anzeige ist in diesem Fall aber unverzüglich, d.h. ohne schuldhaftes Zögern nachzuholen. – Die Behörde kann nach Abs. 1 S. 3 die Frist auf bis zu vier Wochen verlängern. Formlose Erklärung genügt. An den dafür nötigen Bedarf werden keine strengen Anforderungen gestellt (vgl. BT-Drucks. 13/7015 S. 31 und S. 43); zB kann eine vorübergehende besondere Geschäftsbelastung ausreichen, ebenso weitere Ermittlungen wie zB die Einholung einer Stellungnahme des Amtstierarztes oder eines Gutachtens (vgl. *Kluge/Goetschel* § 8a Rn. 3).

7 Der **notwendige Inhalt der Anzeige** bestimmt sich nach Abs. 2 und nach dem, was die Behörde benötigt, um ihre Überwachungsaufgabe ordnungsgemäß erfüllen zu können (vgl. BT-Drucks. 10/3158 S. 24). – Bezüglich Abs. 2 Nr. 1 genügt nicht die pauschale Be-

nennung eines der Zwecke aus § 7 Abs. 2. Vielmehr müssen die Fragestellung, der erhoffte Erkenntnisgewinn und die Gründe, weshalb damit einer dieser Zwecke erreicht werden soll, angegeben werden, also zB das Produkt, das mit Hilfe der Erkenntnis entwickelt, hergestellt oder zugelassen werden soll und dessen medizinischer oder sonstiger Nutzen. – Die Angaben nach Abs. 2 Nr. 2 und Nr. 3 i.V.m. AVV Anlage 2 Nr. 3 und 4 müssen Art und Zahl der vorgesehenen Tiere sowie Art und Durchführung der einzelnen Eingriffe und Behandlungen sowie die Betäubung und die dabei angewendeten Verfahren umfassen. Die Angaben müssen es der Behörde ermöglichen, das Ausmaß der Belastungen für die Tiere zutreffend einzuschätzen, sowohl mit Blick auf die notwendige Nutzen-Schaden-Abwägung nach § 7 Abs. 3 als auch zur Prüfung, ob eine Alternative iS eines „replace", „reduce" oder „refine" nach den §§ 7 Abs. 2, 9 Abs. 2 in Betracht kommt. – Gemäß Abs. 2 Nr. 5 i.V.m. AVV Anlage 2 Nr. 6 müssen für alle an dem Vorhaben beteiligten Personen (Leiter, Stellvertreter, Versuchsdurchführender, Nachbehandler) Namen, Anschrift und Fachkenntnisse angegeben werden. – Zu Abs. 2 Nr. 6 vgl. AVV Nr. 7.1.3: Die Vorschrift, die das Vorhaben nach § 8 Abs. 7 S. 1 ausdrücklich anordnet, muss genau (d.h. nach Artikel, Paragraf, Fundstelle im Arzneibuch usw.) bezeichnet werden. Verweist sie auf eine EU-Richtlinie (s. § 8 Rn. 22), so muss auch derjenige Artikel in der Richtlinie, demzufolge das Vorhaben „ausdrücklich vorgeschrieben" sein soll, angegeben werden.

III. Erleichterungen nach Abs. 3 und 4

Eine **Erleichterung** gibt es nach **Abs. 3** für gleichartige Versuchsvorhaben. „Als 8
gleichartig sind Versuchsvorhaben mit derselben Frage und Methode anzusehen, bei denen an derselben Art und der etwa gleichen Anzahl der Versuchstiere Routineuntersuchungen mit dem gleichen Material insbesondere zu diagnostischen Zwecken durchgeführt werden" (AVV 1988 Nr. 2.1.2; weshalb in AVV 2000 Nr. 7.1.2 bei sonst genau gleichgebliebenem Text das Wort „Routine-" weggelassen worden ist, ist unerklärlich, denn § 8a Abs. 3 ist seit 1986 unverändert geblieben). Liegt ein solcher Fall vor, so genügt es, wenn in der Anzeige des ersten Vorhabens (die allen o.e. Anforderungen entsprechen muss) zusätzlich die voraussichtliche Zahl der weiteren gleichartigen Vorhaben angegeben wird. Am Ende des Jahres müssen dann die Zahl der tatsächlich stattgefundenen Vorhaben sowie die Art und die Zahl der insgesamt verwendeten Tiere mitgeteilt werden.

Eine weitere **Erleichterung** spricht **Abs. 4** aus. Grds. müssen Änderungen, die bei an- 9
gezeigten Vorhaben stattfinden sollen, stets und unverzüglich angezeigt werden (Abs. 4 erster Halbsatz). Eine Ausnahme gilt nach Abs. 4 zweiter Halbsatz, wenn die Änderung für die Überwachung ohne Bedeutung ist, wenn sie also keinen der nach Abs. 5 zu prüfenden Punkte berührt. Stärkere Belastungen der Versuchstiere oder die Verwendung einer anderen Tierart müssen also, weil sie das Nutzen-Schaden-Verhältnis verändern können (vgl. § 7 Abs. 3) stets angezeigt werden. Gleiches gilt für jede Erhöhung der Zahl der Tiere: Auch sie berührt diese Relation und damit die ethische Vertretbarkeit (anders allerdings insoweit AVV Nr. 7.2: Anzeige nur bei einer wesentlichen, 10 % übersteigenden Erhöhung der Tierzahl; wie hier *Kluge/Goetschel* § 8a Rn. 6. Zur möglichen Unverbindlichkeit norminterpretierender Verwaltungsvorschriften, wenn die von ihnen vorgegebene Gesetzesauslegung unrichtig ist, s. § 2 Rn. 44, § 16 d Rn. 2).

IV. Pflichten der Behörde nach Abs. 5

Abs. 5 begründet für die Behörde die **Pflicht,** die dort genannten **gesetzlichen Voraus-** 10
setzungen zu prüfen und **einzuschreiten,** wenn eine davon „nicht sichergestellt ist". U.a. ist die Behörde damit „ermächtigt und verpflichtet, aus Gründen des Tierschutzes

einzugreifen, wenn gegen ... die Beschränkung auf das unerlässliche Maß verstoßen wird" (BT-Drucks. 10/3158 S. 24). Alles, was bei den genehmigungspflichtigen Vorhaben nach dem Gesetz eine materielle Genehmigungsvoraussetzung darstellt, ist für die anzeigepflichtigen Vorhaben ein gesetzlicher Eingriffs- und Untersagungsgrund (vgl. *Papier* NuR 1991, 162, 165).

11 **Vorschriften, auf die sich die behördliche Prüfung im Anzeigeverfahren erstrecken muss,** sind: **1.** § 7 Abs. 2 (s. dort Rn. 11–21 sowie 22–48). Zu fragen ist beispielsweise: Gibt es Alternativmethoden, die zu einem (mit Blick auf den angestrebten Endzweck) vergleichbar relevanten Erkenntnisgewinn bzw. (bei der Produkteprüfung) zu einem vergleichbar hohen Sicherheitsniveau führen? Ist das angestrebte Ergebnis bereits von einem Anderen erzielt worden, so dass ein Doppel- oder Wiederholungsversuch vorliegt? **2.** § 7 Abs. 3 (s. dort Rn. 49–68, 72). Beispielhafte Fragen: Ist die Wahrscheinlichkeit, dass mit dem angestrebten Ergebnis ein Fortschritt bei der Bekämpfung einer Krankheit erzielt wird, so hoch, dass der Nutzen die Belastungen überwiegt? Ist das Ergebnis mit Wahrscheinlichkeit auf die Situation beim Menschen übertragbar? Wie bedeutend ist der medizinische oder soziale Nutzen des Produkts, das mit Hilfe des Versuchsvorhabens hergestellt oder zugelassen werden soll? Gibt es bereits vergleichbare Produkte und, wenn ja, wie hoch ist ihnen gegenüber der zusätzliche Nutzen des mit dem Vorhaben angestrebten Produkts (s. § 7 Rn. 62)? **3.** Die Einhaltung der gesetzlichen Rahmenbedingungen für den Tierschutzbeauftragten nach § 8b. **4.** Die Qualifikation der versuchsdurchführenden Person(en) nach § 9 Abs. 1 (s. dort Rn. 1–5). **5.** Die Einhaltung der Vorschriften in § 9 Abs. 2, die (in teilweiser Überlappung mit § 7 Abs. 2) das unerlässliche Maß im Hinblick auf die Versuchsdurchführung konkretisieren (s. dort Rn. 6–26).

12 Bei dieser Prüfung erscheint ein **Vorgehen in drei Schritten** empfehlenswert: Zuerst prüft die Behörde, ob Tatsachen vorliegen, aus denen sich die ernsthafte Möglichkeit ergibt, dass es an einer der o.e. gesetzlichen Voraussetzungen fehlen könnte; ein entsprechender Verdacht reicht aus, doch muss er auf konkrete Anhaltspunkte gestützt werden. Sodann gibt sie dem Anzeigenden auf, binnen einer bestimmten, angemessenen Frist diejenigen Angaben zu machen und Belege vorzulegen, deren es bedarf, um die zweifelhafte Voraussetzung sicherzustellen (d.h. die Behörde von ihrem Vorliegen zu überzeugen). Läuft die gesetzte Frist ab, ohne dass von dem Anzeigenden alle geforderten Angaben gemacht und Belege vorgelegt sind, so muss die Behörde das Vorhaben untersagen. Ermessen steht ihr dabei nicht zu. Die Untersagung ist ein Akt der gebundenen Verwaltung (vgl. *L/M* § 8a Rn. 12; *Kluge/Goetschel* § 8a Rn. 7).

13 **Widerspruch zwischen Abs. 5 und § 8 Abs. 3 Nr. 1a?** Ein denkbarer Widerspruch zwischen der umfassenden Prüfungspflicht der Behörde im Anzeigeverfahren nach § 8a Abs. 5 und der (von der früheren Rechtsprechung überwiegend angenommenen) eingeschränkten behördlichen Prüfungsbefugnis im Genehmigungsverfahren nach § 8 Abs. 3 Nr. 1a ist jedenfalls mit der Einführung des neuen Art. 20a GG entfallen (s. Art. 20a GG Rn. 8). Er war iÜ schon vorher ein Indiz, dass mit der genannten Rechtsprechung dem Gebot zur systematischen Gesetzesauslegung nicht ausreichend Rechnung getragen worden ist (vgl. *Caspar* aaO S. 463; s. auch § 8 Rn. 6–9).

14 Eine **gesetzliche Vermutung,** Tierversuche, die durch Rechtsverordnung, Verwaltungsvorschrift o. Ä. vorgeschrieben sind, seien damit auch unerlässlich und ethisch vertretbar, **gibt es nicht.** Die ausdrückliche Verweisung auf § 7 Abs. 2 und 3 stellt klar, dass auch solche Tierversuche jeweils auf ihre Unerlässlichkeit und ethische Vertretbarkeit geprüft werden müssen und dabei die Umstände des Einzelfalles ebenso einzubeziehen sind wie der aktuelle Stand der wissenschaftlichen Erkenntnisse und der allgemeinen Anschauungen (vgl. BVerwG NuR 1988, 64, 66; s. auch § 8 Rn. 19, 21). Dasselbe gilt für die Vorschriften über den Tierschutzbeauftragten (§ 8b), für das Sachkundeerfordernis (§ 9 Abs. 1) sowie insbesondere für § 9 Abs. 2, der wesentliche Konkretisierungen des Gebots der Unerlässlichkeit enthält.

V. Ordnungswidrigkeiten

15 Eine **Ordnungswidrigkeit nach § 18 Abs. 1 Nr. 14** liegt vor, wenn das Vorhaben nicht, nicht richtig (d.h. mit einer oder mehreren unrichtigen Angaben) oder nicht vollständig (d.h. ohne die gesamten Angaben, die nach Abs. 2 vorgeschrieben sind, vgl. auch AVV Anlage 2) angezeigt wird. Gleichgestellt ist der Fall der nicht rechtzeitigen Anzeige, der vorliegt, wenn bereits vor Ablauf der Zwei- bzw. Vier-Wochen-Frist mit dem ersten Versuch begonnen wird und dies schon zum Zeitpunkt der Erstattung der Anzeige voraussehbar war (Fahrlässigkeit genügt; zur Rechtfertigung durch einen Notfall s. Rn. 6). Neben dem Anzeigenden bzw. dem Inhaber der Einrichtung können der Leiter, sein Stellvertreter und derjenige, der einen Versuch unmittelbar durchführt, Tatbeteiligte iS des § 14 OWiG sein, so dass gegen sie ebenfalls eine Geldbuße verhängt werden kann. – Gleiches gilt für die nach Abs. 4 notwendige Änderungsanzeige, sofern es sich nicht um eine unbedeutende Änderung iS von Abs. 4 zweiter Halbsatz handelt (s. Rn. 9).

16 **Ordnungswidrig nach § 18 Abs. 1 Nr. 15** handelt, wer in einem Fall nach Abs. 3 die Zahl der durchgeführten Versuchsvorhaben oder die Art oder die Zahl der insgesamt verwendeten Wirbeltiere nicht, nicht richtig oder nicht rechtzeitig (d.h. spätestens am Ende des betreffenden Jahres) angibt.

17 Wird gegen eine vollziehbare Anordnung nach Abs. 5 verstoßen, so liegt eine **Ordnungswidrigkeit** nach § 18 Abs. 1 Nr. 2 vor. – Verursacht ein formal (zB wegen Verletzung von Abs. 1, 2 oder 4) oder materiell (wegen Verletzung einer der in Abs. 5 genannten Vorschriften) unzulässiger Tierversuch einem Tier erhebliche Schmerzen, Leiden oder Schäden, so liegt eine Ordnungswidrigkeit nach § 18 Abs. 1 Nr. 1 (bzw. § 18 Abs. 2, wenn es sich um ein wirbelloses Tier handelt) vor, da unzulässige Tierversuche nie einen vernünftigen Grund bilden. – Bei länger anhaltenden oder sich wiederholenden Schmerzen oder Leiden ist der Straftatbestand des § 17 Nr. 2b erfüllt (s. auch § 17 Rn. 87; vgl. auch MünchKommStGB/*Pfohl* Bd. 5 § 17 TierSchG Rn. 97).

§ 8b [Tierschutzbeauftragte]

(1) [1]Träger von Einrichtungen, in denen Tierversuche an Wirbeltieren durchgeführt werden, haben einen oder mehrere Tierschutzbeauftragte zu bestellen und die Bestellung der zuständigen Behörde anzuzeigen. [2]In der Anzeige sind auch die Stellung und die Befugnisse des Tierschutzbeauftragten nach Absatz 6 Satz 3 anzugeben.

(2) [1]Zum Tierschutzbeauftragten können nur Personen mit abgeschlossenem Hochschulstudium der Veterinärmedizin, Medizin oder Biologie – Fachrichtung Zoologie – bestellt werden. [2]Sie müssen die für die Durchführung ihrer Aufgaben erforderlichen Fachkenntnisse und die hierfür erforderliche Zuverlässigkeit haben. [3]Die zuständige Behörde kann im Einzelfall Ausnahmen von Satz 1 zulassen.

(3) Der Tierschutzbeauftragte ist verpflichtet,

1. auf die Einhaltung von Vorschriften, Bedingungen und Auflagen im Interesse des Tierschutzes zu achten,
2. die Einrichtung und die mit den Tierversuchen und mit der Haltung der Versuchstiere befassten Personen zu beraten,
3. zu jedem Antrag auf Genehmigung eines Tierversuchs Stellung zu nehmen,
4. innerbetrieblich auf die Entwicklung und Einführung von Verfahren und Mitteln zur Vermeidung oder Beschränkung von Tierversuchen hinzuwirken.

(4) Führt der Tierschutzbeauftragte selbst ein Versuchsvorhaben durch, so muss für dieses Versuchsvorhaben ein anderer Tierschutzbeauftragter tätig sein.

(5) Die Einrichtung hat den Tierschutzbeauftragten bei der Erfüllung seiner Aufgaben so zu unterstützen und von allen Versuchsvorhaben zu unterrichten, dass er seine Aufgaben uneingeschränkt wahrnehmen kann.

(6) [1]Der Tierschutzbeauftragte ist bei der Erfüllung seiner Aufgaben weisungsfrei. [2]Er darf wegen der Erfüllung seiner Aufgaben nicht benachteiligt werden. [3]Seine Stellung und seine Befugnisse sind durch Satzung, innerbetriebliche Anweisung oder in ähnlicher Form zu regeln. [4]Dabei ist sicherzustellen, dass der Tierschutzbeauftragte seine Vorschläge oder Bedenken unmittelbar der in der Einrichtung entscheidenden Stelle vortragen kann. [5]Werden mehrere Tierschutzbeauftragte bestellt, so sind ihre Aufgabenbereiche festzulegen.

Übersicht

I. Bestellungspflicht und Anzeige der Bestellung nach Abs. 1

1 Die **Pflicht zur Bestellung eines Tierschutzbeauftragten** entsteht, wenn die Durchführung mehrerer Tierversuche iS des § 7 an Wirbeltieren geplant ist und die Vorrichtungen dazu vorhanden sind (vgl. *L/M* § 8b Rn. 3). Zum Begriff Tierversuch s. § 7 Rn. 1–5. Zum Begriff Wirbeltier s. § 4 Rn. 1. Mehrere Versuche sind auch dann geplant, wenn innerhalb ein- und desselben Projektes (zB einer Dissertation) mehrere einzelne Versuchshandlungen stattfinden sollen (vgl. *L/M* § 4 Rn. 9). Ob die Einrichtung öffentlich-rechtlich oder privatrechtlich ist, ist gleichgültig. – Die Bestellungspflicht trifft diejenige natürliche oder juristische Person, die Träger der Einrichtung ist. Für eine juristische Person handelt das nach der Satzung für derartige Aufgaben zuständige Organ. – Unterbleibt die Bestellung, so begehen der Träger bzw. das zuständige Organ eine Ordnungswidrigkeit nach § 18 Abs. 1 Nr. 16 (Fahrlässigkeit genügt). Außerdem können Tierversuche, die in der Einrichtung stattfinden sollen, gemäß § 8 Abs. 3 Nr. 3 nicht genehmigt werden, und gegen genehmigungsfreie Versuche muss nach § 8a Abs. 5 eingeschritten werden.

2 Die **Durchführung der Bestellung** erfolgt mittels Willenserklärung oder durch Verwaltungsakt. Sie tritt neben das eventuell bestehende privatrechtliche Arbeits- oder öffentlich-rechtliche Dienstverhältnis und ist von dessen Bestehen, Wirksamkeit und Fortbestand unabhängig. Insbesondere kann auch jemand zum Tierschutzbeauftragten bestellt werden, der nicht Arbeitnehmer oder Beamter in der Einrichtung ist; mit Blick auf die Unabhängigkeit kann das sogar ein Vorteil sein. Auch kann die Bestellung zurückgenommen werden, ohne dass ein daneben bestehendes Arbeits- oder Dienstverhältnis ebenfalls beendet werden müsste.

3 **Mehrere Tierschutzbeauftragte** sind zB notwendig, wenn die Einrichtung über verschiedene Fachbereiche verfügt, in denen zu jeweils unterschiedlichen Fragestellungen Tierversuche durchgeführt werden, so dass die von Abs. 3 gewollte Beratung und Kontrolle mehrere Experten mit jeweils unterschiedlichen Spezialgebieten erforderlich macht. Auch aus quantitativen Gründen kann es notwendig sein, mehrere Beauftragte zu bestellen, wenn einer allein nicht die Gewähr zur Erfüllung der gesamten Verpflichtungen aus Abs. 3 bietet (zB wegen der Größe der Versuchstierhaltung, wegen mehrerer Versuchstierhaltungen, wegen der Anzahl oder des Umfangs der Versuchsvorhaben oder wegen der Belastung eines Beauftragten mit anderen innerbetrieblichen Aufgaben). Sind zu wenig Tierschutzbeauftragte bestellt, so begründet auch dieser Mangel das Genehmi-

gungshindernis nach § 8 Abs. 3 Nr. 3 bzw. die Untersagungspflicht nach § 8a Abs. 5, denn auch in diesem Fall sind die personellen und organisatorischen Voraussetzungen für die Tätigkeit des Tierschutzbeauftragten nicht gegeben bzw. ist die Einhaltung des § 8b nicht sichergestellt.

Die Bestellung **ist der Behörde anzuzeigen.** Die Satzung oder Betriebsordnung nach Abs. 6 S. 3 muss beigefügt werden. 4

Die **entsprechende Anwendung** von § 8b **ist angeordnet:** für das Töten von Wirbeltieren zu wissenschaftlichen Zwecken (§ 4 Abs. 3); für Eingriffe oder Behandlungen zur Aus-, Fort- oder Weiterbildung (§ 10 Abs. 2 S. 1); für biotechnische und ähnliche Maßnahmen (§ 10a S. 4); für vollständige oder teilweise Organ- oder Gewebeentnahmen (§ 6 Abs. 1 S. 5). – Die Rechtsstellung des Tierschutzbeauftragten ist der des betrieblichen Umweltschutzbeauftragten nachgebildet, so dass bei ungeregelten Fragen Analogien zu den §§ 53ff. BImSchG, 21a ff. WHG oder 54f. KrW-/AbfG in Erwägung gezogen werden können. 5

II. Qualifikation und Zuverlässigkeit nach Abs. 2

Die **notwendigen biomedizinischen Fachkenntnisse** müssen grds. durch einen der in Abs. 2 S. 1 vorgeschriebenen Studienabschlüsse nachgewiesen werden. 6

Neben diese abgeschlossene Hochschulausbildung müssen nach Abs. 2 S. 2 **spezielle versuchstierkundliche Fachkenntnisse** und – mit Blick auf Abs. 3 Nr. 2 – auch ethologische Kenntnisse treten, sowohl theoretischer als auch praktischer Art (vgl. AVV Nr. 8.2, 6.2.2.1, 6.2.2.2, 9.1.1 und 9.1.2). Diese Kenntnisse und Fähigkeiten müssen über diejenigen, die für den Leiter des Versuchsvorhabens und für die versuchsdurchführenden Personen vorgeschrieben sind, hinausgehen, denn der Tierschutzbeauftragte soll diesen Personenkreis informieren, beraten und kontrollieren. Die speziellen Kenntnisse müssen sich insbesondere auch auf die Haltung der Versuchstiere erstrecken. 7

An die **Zuverlässigkeit** ist mit Blick auf die Funktionen, die der Tierschutzbeauftragte ausfüllen soll, ein strenger Maßstab anzulegen. Diese Funktionen werden beschrieben mit „eigenverantwortliche Selbstkontrolle", „innerbetriebliche Aufsichts- und Beratungsfunktion", „Gesprächs- und Ansprechpartner der Behörde" (vgl. BT-Drucks. 10/3158 S. 24), „Mittlerfunktion zwischen Anliegen des Tierschutzes und der Wissenschaft" (vgl. BMELV, Tierschutzbericht 1997, S. 67). Die Zuverlässigkeit wird wie sonst auch vermutet, solange keine Tatsachen bekannt sind, die zu Zweifeln Anlass geben. Zweifelsbegründend wirken wegen der herausgehobenen Stellung des Beauftragten bereits solche Handlungen, Funktionen und Eigenschaften, die bei einem objektiven, unbefangenen Beobachter Unsicherheit hervorrufen können, ob diese Person willens und in der Lage ist, die ihr übertragenen Funktionen unabhängig und unparteilich auszuüben. – Zu Zweifeln Anlass geben zB: ein mittelschwerer oder mehrere leichte Verstöße gegen Bestimmungen, die dem Tierschutz dienen (Gesetze, Verordnungen, behördliche Auflagen u. Ä.); ein mittelschwerer oder mehrere leichte Verstöße gegen die Aufgaben aus Abs. 3; ein mittelschwerer oder mehrere leichte Verstöße bei Tierversuchen, die vom Tierschutzbeauftragten selbst durchgeführt worden sind (zu eigenen Tierversuchen s. Rn. 15); eine besonders enge Beziehung zu dem Leiter eines Versuchsvorhabens, das vom Tierschutzbeauftragten beaufsichtigt werden soll (zB Verwandtschaft, Vorgesetzter-Untergebenen-Verhältnis u. Ä.); Hilfen bei der Antragstellung, die über die Beratungs- und Kontrollaufgaben hinausgehen. – Bedenken gegen die Zuverlässigkeit können sich auch ergeben, wenn verschiedene Funktionen so miteinander verquickt werden, dass Beratender und zu Beratende bzw. Kontrollierender und zu Kontrollierende annähernd identisch werden (Beispiel nach *Caspar* Tierschutz S. 502: Der Tierschutzbeauftragte, der nach Abs. 3 die Versuchstierhaltung beaufsichtigen und die Behörde nach AVV Nr. 6.2.2.3 über deren Gesetzmäßigkeit informieren soll, besitzt dort zugleich eine leitende Funktion). – Liegen solche zweifelsbegründenden Tatsa- 8 chen vor, so muss der Träger der Einrichtung den Nachweis führen, dass eine Zuverlässigkeit dennoch besteht; auch hierfür gilt der o. e. strenge Maßstab.

9 Eine **Ausnahmegenehmigung nach Abs. 2 S. 3** ist nur unter zwei Voraussetzungen möglich: **1.** Es muss ein Ausnahmefall vorliegen, der das Abgehen von der Regel des Satzes 1 rechtfertigt; wirtschaftliche oder finanzielle Gründe genügen dafür grds. nicht, denn das Gesetz nimmt Kostenerhöhungen als Folge der Bestellung von Tierschutzbeauftragten in Kauf (vgl. BT-Drucks. 10/3158 S. 17). – **2.** Der Tierschutzbeauftragte muss trotz des fehlenden Hochschulabschlusses alle Fachkenntnisse besitzen, die mit Blick auf die Versuchsvorhaben, die er beaufsichtigen soll, zur Erfüllung der Aufgaben nach Abs. 3 erforderlich sind.

III. Aufgaben des Tierschutzbeauftragten nach Abs. 3

10 Nach **Abs. 3 Nr. 1** hat der Tierschutzbeauftragte auf die Einhaltung aller tierschutzrechtlichen Vorschriften einschließlich der der Genehmigung beigefügten Bedingungen und Auflagen zu achten. – Wegen des Gebotes der Unerlässlichkeit (§ 7 Abs. 2 und § 9 Abs. 2) muss er bereits an der Planung, der Vorbereitung und der Koordination der Versuchsvorhaben mitwirken und erreichen, dass Alternativmethoden iS des „replace", „reduce" und „refine" eingesetzt werden, soweit dies nach dem Stand der wissenschaftlichen Erkenntnisse möglich ist. Durch Anfragen bei der ZEBET und bei vergleichbaren Einrichtungen lässt sich feststellen, ob eine tierverbrauchsfreie Methode entwickelt und ausreichend geprüft worden ist, die zu einem (mit Blick auf den Endzweck) vergleichbar aussagekräftigen Ergebnis bzw. einem vergleichbar hohen Sicherheitsniveau führt (§ 7 Abs. 2; s. dort Rn. 19, 20). Durch Anfragen bei Behörden und Datenbanken lässt sich ermitteln, ob auf die wissenschaftliche Fragestellung bereits eine Antwort gefunden worden ist (§ 8 Abs. 3 Nr. 1 b). Durch geeignete biometrische Verfahren und Standardisierung der Versuchsbedingungen lässt sich die Tierzahl reduzieren (§ 9 Abs. 2; vgl. auch AVV Nr. 8.3 und *Dimigen* in: *Caspar/Koch* S. 174). Maßnahmen iS eines „refine" sind zB: Bessere Anästhesieverfahren; postoperative Applikation von Schmerzmitteln; schonendere Immunisierungsverfahren; Entwicklungen von Kriterien, wann der Versuch abzubrechen ist, weil die steigende Belastung für das Versuchstier den möglichen weiteren Erkenntnisgewinn nicht mehr rechtfertigt. – Während der Durchführung der Versuche muss er anwesend, zumindest aber gut erreichbar sein (vgl. *Dimigen* aaO). – Auch bei der Vorbereitung oder der Nachbehandlung muss er eingreifen, wenn Tieren vermeidbare Leiden zugefügt werden (zB wenn die Fristen für präoperatives Fasten statt nach der tatsächlichen Notwendigkeit nach dem Dienstplan des Personals definiert werden, vgl. *Dimigen* aaO S. 175). – Zu den Vorschriften, auf deren Einhaltung zu achten ist, kann auch Landesrecht gehören (vgl. zB § 3 Abs. 9 Hochschulgesetz NRW: Verpflichtung der Hochschulen, Lehrmethoden zur Vermeidung der Verwendung von Tieren zu entwickeln).

11 Nach **Abs. 3 Nr. 2** muss der Tierschutzbeauftragte die Einrichtung und alle mit den Tierversuchen befassten Personen (Leiter, Stellvertreter, Versuchsdurchführender, Nachbehandler, Pfleger) so beraten, dass alles, was an Schmerz-, Leidens- und Schadensvermeidung möglich ist, auch tatsächlich geschieht, auch dort, wo es zu höheren Kosten oder vermehrtem Arbeits- und Zeitaufwand führt (vgl. § 9 Abs. 2 S. 3 Nr. 3). – Im Bereich der Haltung der Versuchstiere muss er durchsetzen, dass die Leitlinien des neuen Anhangs A zum Europäischen Versuchstierübereinkommen (EVÜ) beachtet und umgesetzt werden (vgl. Anh. A, Einl. Nr. 7: auch in bestehenden Anlagen soll auf die Einhaltung der neuen Flächen- und Höhenmaße sowie auf die Vorgaben zur Besatzdichte sofort hingewirkt werden; s. auch § 8 Rn. 13 und Anh. zu § 2 Rn. 80). Es gibt viele Maßnahmen, die das Leben der Versuchstiere verbessern können, ohne dass der für den Versuchszweck nötige Hygienestatus und die Standardisierung ernsthaft gefährdet werden. U.a.: Gemeinschaftshaltung in stabilen Gruppen mit Deckungs- und Rückzugsmöglichkeiten für das artgemäße Sozialverhalten; veränderbares Substrat für Nestbau und Erkundung; Struktu-

rierung des Behältnisses für die Bewegung (vgl. *Dimigen* aaO; *Gruber* in: Evang. Akademie Bad Boll, Tierversuche S. 144, 145; *Albus* ebenda S. 228; zu einzelnen Tierarten s. Anh. zu § 2 Rn. 82–98).

Zu der nach **Abs. 3 Nr. 3** vorgeschriebenen Stellungnahme vgl. AVV Nr. 8.5. U.a. ist dort vorgesehen, dass die Stellungnahme „der für die Genehmigung zuständigen Behörde auf Verlangen vorzulegen ist". Die Behörde soll also die Meinung des Tierschutzbeauftragten und insbesondere etwaige Bedenken, die er gegen ein Versuchsvorhaben hat, kennen lernen und im Genehmigungsverfahren verwerten. Daraus geht hervor, dass der Tierschutzbeauftragte etwaige Bedenken, die er hat, gegenüber der Behörde äußern darf und muss, ohne dass darin eine Verletzung seiner Pflichten gegenüber dem Inhaber der Einrichtung gesehen werden kann. – Standardisierte Formulierungen im Antragstext können den Verdacht begründen, dass der Tierschutzbeauftragte weniger informiert und beraten als vielmehr bei der Überwindung gesetzlicher Hürden nachgeholfen hat; dies begründet dann Zweifel an seiner Zuverlässigkeit (s. Rn. 8 und Rn. 19). 12

Abs. 3 Nr. 4 entspricht der Erwartung des Gesetzgebers an die Tierschutzbeauftragten, „dass ihre Bestellung zu einer weiteren Einschränkung der Tierversuche führen wird" (vgl. BT-Drucks. 10/3158 S. 24). Der Beauftragte muss den Stand der Entwicklung und Prüfung von Alternativmethoden stets genau kennen und auf ihre Einführung innerhalb der Einrichtung hinwirken (zu dem Problem, dass Wissenschaftler der Versuchstierkunde häufig mit den auf den Gebieten der Molekularbiologie und -genetik entwickelten Methoden nicht ausreichend vertraut sind vgl. *Spielmann* in: Evang. Akademie Bad Boll, Tierversuche S. 127; s. auch § 7 Rn. 24). Bei der Planung der Vorhaben hat er dazu ggf. konkrete Vorschläge zu unterbreiten. Bei Tiertötungen oder Eingriffen zur Aus-, Fort- oder Weiterbildung muss er sagen können, welche Alternativmethoden dazu entwickelt worden sind, an welchen Einrichtungen (zB Hochschulen) sie Anwendung finden und welche Ergebnisse und Erfahrungen dabei erzielt worden sind. Es versteht sich von selbst, dass er dazu einen steten Kontakt mit ZEBET und mit Unternehmen, Universitäten und Instituten, die alternative Methoden praktisch anwenden, unterhalten muss. 13

IV. Eigene Tierversuche nach Abs. 4

Will der bisherige Tierschutzbeauftragte selbst einen Tierversuch durchführen, so muss der Träger der Einrichtung dafür einen anderen Beauftragten bestellen. Tierschutzbeauftragter für ein bestimmtes Versuchsvorhaben kann nicht sein, wer an dem Vorhaben irgendwie (sei es als Leiter, Stellvertreter, Versuchsdurchführender, sei es in der Vorbereitungsphase als Gutachter, Assistent o. Ä.) mitgewirkt hat. Verstöße hiergegen begründen ein Genehmigungshindernis nach § 8 Abs. 3 Nr. 3 bzw. eine Pflicht zum Einschreiten nach § 8a Abs. 5; außerdem können sie Zuverlässigkeitszweifel hervorrufen (s. Rn. 8). 14

Eigene Tierversuche sind zwar nicht unerlaubt, können aber uU bei einem objektiven Beobachter Zweifel begründen, ob der Beauftragte seine Mittlerfunktion zwischen Wissenschaft und Tierschutz noch unabhängig und unparteilich auszufüllen vermag (s. Rn. 8). Beispiele: Verstöße gegen Vorschriften oder Auflagen (zB wiederholter Versuchsbeginn vor Eintreffen der Genehmigung bzw. Ablauf der Anzeigefrist); besonders zahlreiche, umfangreiche oder besonders belastende Tierversuche; Tierversuche, die sich im Grenzbereich des ethisch Vertretbaren bewegen; Tierversuche, bei denen es ersichtlich auch um eigene Vorteile, zB eine verbesserte berufliche Stellung geht (zum Ganzen vgl. auch *Cirsovius* S. 162). 15

V. Pflichten der Einrichtung gegenüber dem Tierschutzbeauftragten nach Abs. 5 und 6

Zur **Unterstützungspflicht nach Abs. 5** gehört, dass der Tierschutzbeauftragte über alle (also auch die genehmigungsfreien) Versuchsvorhaben rechtzeitig und detailliert un- 16 terrichtet wird. Er muss an ihrer Planung, Vorbereitung und Koordinierung teilnehmen können. Seine Vorschläge zur Einführung von Alternativmethoden müssen in die Planung Eingang finden. Da er bei allen Versuchen ein Anwesenheitsrecht hat (und zumindest erreichbar sein muss, s. Rn. 10), hat er auch das Recht, alle Beteiligten anzuhören und die zugehörigen Urkunden und Akten einzusehen. – Wegen seiner Aufgaben im Bereich der Tierhaltung (s. Rn. 11) muss er dort jederzeit Beobachtungen und Untersuchungen durchführen und Proben entnehmen können. – Weil er nicht nur an der Einführung, sondern auch an der Entwicklung von alternativen Methoden mitwirken soll (Abs. 3 Nr. 4), müssen ihm dafür Räume sowie sachliche und personelle Mittel zur Verfügung gestellt werden. – Seine anderen Dienstpflichten sind so zu beschränken, dass ihm für seine Aufgaben genügend Zeit und Kraft bleibt.

17 Abs. 6 regelt die **Unabhängigkeit** des Tierschutzbeauftragten. Weisungen dürfen ihm nicht erteilt werden. Gegen das **Benachteiligungsverbot** kann mit einer Kündigung oder Abberufung verstoßen werden, aber auch mit einer Versetzung, einem Beförderungsstopp, der Zuweisung ungewollter Tätigkeiten oder ungünstiger Arbeitszeiten, Räume u. a. m. Das für die Umweltschutzbeauftragten geltende Verbot der ordentlichen Kündigung (vgl. § 58 Abs. 2 BImSchG, § 21 f Abs. 2 WHG und § 55 Abs. 3 KrW-/AbfG) dürfte analog gelten (vgl. *Cirsovius* S. 169). – Der Tierschutzbeauftragte muss jederzeit Zugang zur jeweils entscheidenden Stelle (zum Leiter des Versuchsvorhabens, aber auch zu dem Organ, das generell entscheidet, ob und in welchen Bereichen Tierversuche stattfinden) haben; dies schließt ein, dass er dort angehört wird und die von ihm vorgetragenen Tatsachen und Anregungen in die Entscheidung einfließen. – Eine Satzung oder Betriebsordnung muss diese Fragen im o. g. Sinne regeln, und zwar im Detail und nicht durch bloße Wiederholung des Gesetzeswortlauts. Bei mehreren Tierschutzbeauftragten muss sie deren Aufgabengebiete so abgrenzen, dass Zuständigkeitsüberlagerungen und gegenseitige Blockaden vermieden werden. – Seine gesamte Stellung muss so ausgestaltet sein, dass die erforderliche Unabhängigkeit gewährleistet ist; dagegen bestehen insbesondere Bedenken, wenn er nur ein befristetes Arbeitsverhältnis hat oder noch keine lange Betriebszugehörigkeit besteht. Hauptamtlichkeit fördert die Bewahrung der Unabhängigkeit (vgl. Arbeitsgruppe I in: Evang. Akademie Bad Boll, Tierversuche S. 204). Andererseits darf er nicht der Leitung der Einrichtung angehören, weil die dann bestehende Identität zwischen Kontrolliertem und Kontrollierendem der vom Gesetzgeber gewollten Aufsichtsfunktion (s. Rn. 8) widerspricht.

VI. Haftung, Konsequenzen, wenn gegen Abs. 1–6 verstoßen wird

18 Eine generelle **strafrechtliche Haftung des Tierschutzbeauftragten** wird in der Literatur abgelehnt. Sie kommt aber im Einzelfall in Betracht, wenn ein (durch eine andere Person begangener) Verstoß mitursächlich darauf zurückzuführen ist, dass der Tierschutzbeauftragte seine Pflichten aus Abs. 3 nicht erfüllt hat (vgl. *L/M* § 8b Rn. 14; *Kluge/Goetschel* § 8b Rn. 5). Das bedeutet: Begeht ein anderer – zB der Leiter, der Versuchsdurchführende, ein Pfleger – einen Verstoß, der eine vorsätzliche Ordnungswidrigkeit nach § 18 oder eine Straftat nach § 17 darstellt, so kann auf Seiten des Tierschutzbeauftragten wegen dessen Garantenstellung aus Abs. 3 Nr. 1 eine Beihilfe durch Unterlassen vorliegen. Bei einer fahrlässigen Ordnungswidrigkeit durch eine der genannten Personen kann gegen den Tierschutzbeauftragten wegen fahrlässiger Nebentäterschaft eine Geldbuße verhängt werden, wenn er bei ordnungsgemäßer Erfüllung seiner Aufgaben den Verstoß rechtzeitig hätte erkennen und verhindern können. Beispiele: Die Person hätte ihm schon vorher durch mangelnde Qualifikation oder Fehlleistungen auffallen müssen; der Verstoß beruht auf Mängeln in der Organisation, der sachlichen Ausstattung oder der Tierhaltung; der Verstoß wäre verhindert worden, wenn der Tierschutzbeauftragte bei der Planung und Vorbereitung mitgewirkt hätte bzw. während des Versuches anwesend oder erreichbar gewesen wäre.

Verstöße gegen Abs. 1–6 (zB: keine Bestellung eines Beauftragten; Bestellung nur eines Beauftragten, obwohl mehrere notwendig wären; mangelnde Qualifikation des Beauftragten; mangelnde Zuverlässigkeit; Nichterfüllung von Aufgaben nach Abs. 3; Nichterfüllung von Pflichten aus Abs. 5 und 6) haben zur Konsequenz, dass Tierversuche, die in der Einrichtung stattfinden sollen, nicht genehmigt werden können (vgl. § 8 Abs. 3 Nr. 3) bzw. untersagt werden müssen (vgl. § 8 a Abs. 5). Die Behörde weist den Träger der Einrichtung darauf hin (AVV Nr. 8.4). Denkbar ist auch, dass die Behörde gemäß § 16 a S. 1 i. V. m. § 8 b Abs. 2 die Abberufung eines nicht genügend qualifizierten oder unzuverlässigen Tierschutzbeauftragten verlangt. – Zur Ordnungswidrigkeit nach § 18 Abs. 1 Nr. 16 s. Rn. 1, 5. 19

§ 9 [Durchführung]

(1) [1]Tierversuche dürfen nur von Personen durchgeführt werden, die die dafür erforderlichen Fachkenntnisse haben. [2]Tierversuche an Wirbeltieren, ausgenommen Versuche nach § 8 Abs. 7 Nr. 2, dürfen darüber hinaus nur von Personen mit abgeschlossenem Hochschulstudium der Veterinärmedizin oder der Medizin oder von Personen mit abgeschlossenem naturwissenschaftlichem Hochschulstudium oder von Personen, die auf Grund einer abgeschlossenen Berufsausbildung nachweislich die erforderlichen Fachkenntnisse haben, durchgeführt werden. [3]Tierversuche mit operativen Eingriffen an Wirbeltieren dürfen nur von Personen mit abgeschlossenem Hochschulstudium

1. der Veterinärmedizin oder Medizin oder
2. der Biologie – Fachrichtung Zoologie –, wenn diese Personen an Hochschulen oder anderen wissenschaftlichen Einrichtungen tätig sind,

durchgeführt werden. [4]Die zuständige Behörde lässt Ausnahmen von den Sätzen 2 und 3 zu, wenn der Nachweis der erforderlichen Fachkenntnisse auf andere Weise erbracht ist.

(2) [1]Tierversuche sind auf das unerlässliche Maß zu beschränken. [2]Bei der Durchführung ist der Stand der wissenschaftlichen Erkenntnisse zu berücksichtigen. [3]Im Einzelnen gilt für die Durchführung Folgendes:

1. Versuche an sinnesphysiologisch höher entwickelten Tieren, insbesondere warmblütigen Tieren, dürfen nur durchgeführt werden, soweit Versuche an sinnesphysiologisch niedriger entwickelten Tieren für den verfolgten Zweck nicht ausreichen. Versuche an Tieren, die aus der Natur entnommen worden sind, dürfen nur durchgeführt werden, soweit Versuche an anderen Tieren für den verfolgten Zweck nicht ausreichen.
2. Für den Tierversuch dürfen nicht mehr Tiere verwendet werden, als für den verfolgten Zweck erforderlich ist.
3. Schmerzen, Leiden oder Schäden dürfen den Tieren nur in dem Maße zugefügt werden, als es für den verfolgten Zweck unerläßlich ist; insbesondere dürfen sie nicht aus Gründen der Arbeits-, Zeit- oder Kostenersparnis zugefügt werden.
4. Versuche an Wirbeltieren dürfen vorbehaltlich des Satzes 4 nur unter Betäubung vorgenommen werden. Die Betäubung darf nur von einer Person, die die Voraussetzungen des Absatzes 1 Satz 1 und 2 erfüllt, oder unter ihrer Aufsicht vorgenommen werden. Ist bei einem betäubten Wirbeltier damit zu rechnen, dass mit Abklingen der Betäubung erhebliche Schmerzen auftreten, so muss das Tier rechtzeitig mit schmerzlindernden Mitteln behandelt werden, es sei denn, dass dies mit dem Zweck des Tierversuchs nicht vereinbar ist. An einem nicht betäubten Wirbeltier darf
   a) kein Eingriff vorgenommen werden, der zu schweren Verletzungen führt,

b) ein Eingriff nur vorgenommen werden, wenn der mit dem Eingriff verbundene Schmerz geringfügiger ist als die mit einer Betäubung verbundene Beeinträchtigung des Befindens des Versuchstieres oder der Zweck des Tierversuchs eine Betäubung ausschließt.

[4] An einem nicht betäubten Wirbeltier darf nur einmal ein erheblich schmerzhafter Eingriff oder eine erheblich schmerzhafte Behandlung durchgeführt werden, es sei denn, dass der Zweck des Tierversuchs anders nicht erreicht werden kann. [5] Bei einem nicht betäubten Wirbeltier dürfen keine Mittel angewandt werden, durch die die Äußerung von Schmerzen verhindert oder eingeschränkt wird.

5. Wird bei einem Wirbeltier ein schwerer operativer Eingriff vorgenommen oder ist das Tier in einem mit erheblichen oder länger anhaltenden Schmerzen oder Leiden oder mit erheblichen Schäden verbundenen Tierversuch verwendet worden, so darf es nicht für ein weiteres Versuchsvorhaben verwendet werden, es sei denn, sein allgemeiner Gesundheitszustand und sein Wohlbefinden sind vollständig wiederhergestellt und der weitere Tierversuch
   a) ist nicht mit Leiden oder Schäden und nur mit unerheblichen Schmerzen verbunden oder
   b) wird unter Betäubung vorgenommen und das Tier wird unter dieser Betäubung getötet.
6. Bei Tierversuchen zur Ermittlung der tödlichen Dosis oder tödlichen Konzentration eines Stoffes ist das Tier schmerzlos zu töten, sobald erkennbar ist, dass es infolge der Wirkung des Stoffes stirbt.
7. Wirbeltiere, mit Ausnahme der Pferde, Rinder, Schweine, Schafe, Ziegen, Hühner, Tauben, Puten, Enten, Gänse und Fische, dürfen für Tierversuche nur verwendet werden, wenn sie für einen solchen Zweck gezüchtet worden sind. Die zuständige Behörde kann, soweit es mit dem Schutz der Tiere vereinbar ist, Ausnahmen hiervon zulassen, wenn für Versuchszwecke gezüchtete Tiere der betreffenden Art nicht zur Verfügung stehen oder der Zweck des Tierversuchs die Verwendung von Tieren anderer Herkunft erforderlich macht.
8. Nach Abschluss eines Tierversuchs ist jeder verwendete und überlebende Affe, Halbaffe, Einhufer, Paarhufer, Hund, Hamster sowie jede verwendete und überlebende Katze und jedes verwendete und überlebende Kaninchen und Meerschweinchen unverzüglich einem Tierarzt zur Untersuchung vorzustellen. Kann das Tier nach dem Urteil des Tierarztes nur unter Schmerzen oder Leiden weiterleben, so muss es unverzüglich schmerzlos getötet werden. Andere als in Satz 1 bezeichnete Tiere sind gleichfalls unverzüglich schmerzlos zu töten, wenn dies nach dem Urteil der Person, die den Tierversuch durchgeführt hat, erforderlich ist. Soll ein Tier am Ende eines Tierversuchs am Leben erhalten werden, so muss es seinem Gesundheitszustand entsprechend gepflegt und dabei von einem Tierarzt oder einer anderen befähigten Person beobachtet und erforderlichenfalls medizinisch versorgt werden.

(3) [1] Für die Einhaltung der Vorschriften der Absätze 1 und 2 ist der Leiter des Versuchsvorhabens oder sein Stellvertreter verantwortlich. [2] Das Gleiche gilt für die Erfüllung von Auflagen, die mit einer Genehmigung nach § 8 verbunden sind.

Übersicht

I. Qualifikation der versuchsdurchführenden Person(en) nach Abs. 1

Durchführende Person ist, wer die Eingriffe oder Behandlungen am Tier selbst vor- 1
nimmt. Der Durchführende kann mit dem Leiter oder dessen Stellvertreter identisch sein, muss es aber nicht. Abs. 1 gilt auch für Personen, die sich auf einzelne Teilakte eines Tierversuches beschränken. Wirken bei einzelnen Teilakten oder dem ganzen Versuch mehrere Personen zusammen, so gilt Abs. 1 für jeden von ihnen. – Vom Durchführenden zu unterscheiden ist der Assistent oder Gehilfe. Für ihn gilt Abs. 1 nicht, doch darf er Handlungen am Tier nur in Anwesenheit und unter unmittelbarer Anleitung des Durchführenden vornehmen.

Die **allgemeine Sachkunde nach Abs. 1 S. 1,** die die durchführende Person in jedem 2
Fall besitzen muss, kann mit Hilfe folgender Fragen geprüft werden: **1.** Was für ein Eingriff soll stattfinden? An welcher Tierart? Führt die betreffende Person den ganzen Eingriff oder nur einzelne Teilakte davon durch? – **2.** Welche theoretischen Kenntnisse sind notwendig, um bei diesem Eingriff bzw. Teilakt das Auftreten von Schmerzen, Leiden und Schäden so weit wie möglich auszuschließen bzw. zu minimieren („replace", „reduce", „refine")? – **3.** Welche praktischen Fertigkeiten werden dazu benötigt? – **4.** Besitzt die durchführende Person nach ihrer Ausbildung oder beruflichen Erfahrung die Gewähr für diese Kenntnisse und Fertigkeiten? – **5.** Hat sie derartige Eingriffe (zB als Gehilfe) selbst schon erfolgreich vorgenommen, so dass auch von der sicheren Beherrschung der erforderlichen Techniken ausgegangen werden kann (vgl. AVV Nr. 9.1.1.1)? – In Betracht kommen insbesondere versuchstierkundliche Kurse, wenn sie Versuche von der jetzt in Rede stehenden Art umfasst haben, oder ein Berufsabschluss, bei dem die entsprechende tierexperimentelle Technik vermittelt wurde und für den entsprechende Kenntnisse und Erfahrungen nachgewiesen werden mussten (AVV Nr. 9.1.1.2). – Bei geringfügigen, alltäglichen Eingriffen nach § 8 Abs. 7 S. 1 Nr. 2 und bei Tierversuchen mit Wirbellosen reicht die Sachkunde nach S. 1 aus. Bei Tierversuchen mit Wirbeltieren treten die weiteren Voraussetzungen nach S. 2–4 hinzu, s. Rn. 3–5.

Als **zusätzliche Sachkunde für nicht operative Tierversuche an Wirbeltieren** muss 3
nach Abs. 1 S. 2 ein abgeschlossenes Hochschulstudium der Veterinärmedizin, der Medizin oder einer anderen naturwissenschaftlichen Fachrichtung hinzutreten (Ausnahme nur bei Behandlungen nach § 8 Abs. 7 S. 1 Nr. 2). Eine andere abgeschlossene Berufsausbildung, zB als Biologielaborant, genügt nur, wenn sich aus der Ausbildungs- und Prüfungsordnung ergibt, dass die für derartige Eingriffe notwendigen Kenntnisse und Fertigkeiten sowohl theoretisch als auch praktisch vermittelt und geprüft worden sind (vgl. AVV Nr. 9.1.1.2 und zum Nachweis Nr. 9.1.2). Die zusätzliche Sachkunde nach S. 2 tritt neben die allgemeine Sachkunde nach S. 1, d.h.: Auch der Hochschulabsolvent darf den Eingriff bzw. den Teilakt nur vornehmen, wenn er die nach S. 1 erforderlichen Kenntnisse und Fertigkeiten tatsächlich erworben hat und die anzuwendende Technik aufgrund vorangegangener Praxis beherrscht (s. Rn. 2).

Zusätzliche Sachkunde ist **für operative Eingriffe an Wirbeltieren** erforderlich. Ope- 4
rative Eingriffe sind alle instrumentellen Einwirkungen, bei denen die Haut oder darunter liegendes Gewebe eines lebenden Tieres mehr als punktförmig durchtrennt werden (AVV Nr. 9.1.3). Solche Eingriffe setzen einen der in Abs. 1 S. 3 genannten Hochschulabschlüsse

voraus. Biologen sind dazu nur berechtigt, wenn sie der Fachrichtung Zoologie angehören und an einer Hochschule oder einer anderen (auch nichtstaatlichen, vgl. BVerfGE 48, 376) wissenschaftlichen Einrichtung tätig sind. – Auch hier müssen zu dem Bildungsabschluss die spezifischen Tierversuchskenntnisse, Fertigkeiten und Erfahrungen nach S. 1 hinzutreten (s. Rn. 2; vgl. auch *L/M* § 9 Rn. 16).

5 Eine **Ausnahmegenehmigung nach Abs. 1 S. 4** setzt einen eigenen, darauf gerichteten Antrag des Trägers der Einrichtung voraus (vgl. AVV Anlage 3). Neben Angaben zur Art der Eingriffe und den betroffenen Tieren bedarf es des Nachweises, dass der Durchführende in gleicher Weise in der Lage ist, die Eingriffe vorzunehmen, wie sein in S. 2 bzw. S. 3 beschriebener Kollege (vgl. *Kluge/Goetschel* § 9 Rn. 2). Verbleiben hier Zweifel, so darf die Genehmigung nicht erteilt werden. „Crash-Kurse" zur Vermittlung der nötigen Kenntnisse und Fähigkeiten sind auf keinen Fall ausreichend, um die sach- und tierschutzgerechte Durchführung zu gewährleisten (so zu Recht die Landestierärztekammer Hessen DTBl. 2001, 676). Außerdem bedarf es eines Grundes für die Ausnahme, der nicht allein wirtschaftlichen oder finanzieller Natur sein kann. – Zu dem Nachweis nach S. 4 muss die Prüfung nach S. 1 hinzutreten (s. Rn. 2), denn die Ausnahmegenehmigung kann nur die Ausbildungsabschlüsse nach S. 2 und 3 ersetzen, nicht dagegen die allgemeine Sachkunde nach S. 1.

II. Das unerlässliche Maß nach Abs. 2 S. 1 und 2

6 Das **„Ob" des unerlässlichen Maßes** betrifft die Frage, ob es anstelle des Tierversuchs ein alternatives Verfahren gibt, das ohne Tiere, mit sinnesphysiologisch niedriger entwickelten Tieren oder mit weniger Tieren auskommt und das dennoch zu einem (mit Blick auf den medizinischen oder sozialen Nutzen, mit dem das Vorhaben begründet wird) vergleichbar aussagekräftigen Ergebnis führt bzw. ein für den Menschen vergleichbares Sicherheitsniveau schafft (instrumentale Unerlässlichkeit, vgl. *Steiger/Gruber* in: *Sambraus/Steiger* S. 726; s. auch § 7 Rn. 17). Das **„Wie" des unerlässlichen Maßes** ist betroffen, wenn es eine Möglichkeit gibt, die wissenschaftliche Fragestellung mittels eines Verfahrens, das für das einzelne Tier mit weniger Schmerzen, Leiden oder Schäden verbunden ist, ausreichend sicher zu beantworten bzw. den angestrebten medizinischen oder sozialen Endzweck mit einem solchen Verfahren vergleichbar zu fördern, mag dies auch eine Änderung der wissenschaftlichen Fragestellung einschließen. – Während das „Ob" hauptsächlich in § 7 Abs. 2 S. 2 geregelt ist, findet sich das „Wie" schwerpunktmäßig in § 9 Abs. 2 (insbesondere in den Nummern 4–8). Von dieser Trennung wird aber auch abgewichen: § 9 Abs. 2 betrifft auch das „Ob", insbesondere in den Nummern 1–3 (vgl. *Kluge/Goetschel* § 9 Rn. 4). – Dass das „Ob" und das „Wie" in zwei Vorschriften geregelt ist, die einander teilweise überlappen, ist unschädlich, denn die Konsequenzen eines Verstoßes sind jeweils dieselben: Ergibt sich bereits im Genehmigungs- bzw. Anzeigeverfahren, dass eine Methode des „replace", „reduce" oder „refine" nicht oder nicht ausreichend berücksichtigt worden ist, so darf das Vorhaben nicht genehmigt werden bzw. ist zu untersagen (vgl. § 8 Abs. 3 Nr. 1 a und Nr. 5; § 8 a Abs. 5). Stellt sich eine solche Alternative erst später heraus, so wird sie auf dem Weg über § 16 a S. 2 Nr. 4 i. V. m. § 7 Abs. 2 oder § 9 Abs. 2 nachträglich durchgesetzt (s. auch § 16 a Rn. 29). – Die Konkretisierungen, die die Nummern 1–7 zum unerlässlichen Maß enthalten, sind nicht abschließend (vgl. *L/M* § 9 Rn. 19). Zu beachten ist auch, dass Abs. 2 Sätze 1 und 2 und die Nummern 1, 2, 3 und 6 auch die Wirbellosen schützen (ebenso wie § 7 Abs. 2, s. § 8 a Rn. 2).

7 Mit dem Hinweis auf den **Stand der wissenschaftlichen Erkenntnisse** in Abs. 2 S. 2 verpflichtet das Gesetz die Behörde auch dazu, das genehmigte bzw. angezeigte Verfahren unter Beobachtung zu halten („Beobachtungspflicht", so *Kluge/Goetschel* § 9 Rn. 3). Stellt sich also später heraus, dass der Tierversuch nicht mehr unerlässlich ist (etwa weil das angestrebte Ergebnis bereits von einem anderen erzielt worden ist oder weil es inzwischen eine genügend aussagekräftige Alternative iS der „3R" gibt), so muss über § 16 a

Satz 2 Nr. 4 darauf hingewirkt werden, dass der Antragsteller/Anzeigeerstatter sein Vorhaben diesem neuen Erkenntnisstand anpasst bzw. einstellt (s. dort Rn. 29).

III. Konkretisierungen des unerlässlichen Maßes nach Abs. 2 S. 3 Nr. 1, 2 und 3

Nach **Abs. 2 S. 3 Nr. 1** muss anstelle der im Genehmigungsantrag bzw. in der Anzeige genannten Tierart auf Tiere ausgewichen werden, die in der zoologischen Systematik eine geringere Entwicklungshöhe aufweisen, wenn dies ohne wesentliche Beeinträchtigung des angestrebten Ergebnisses bzw. Sicherheitsniveaus möglich ist (vgl. *Spielmann* in: Evang. Akademie Bad Boll, Tierversuche S. 129: Verzicht auf Studien an Hunden in der regulatorischen Toxikologie, besonders bei Pflanzenschutzmitteln; s. auch § 7 Rn. 39). Hauptgrund ist die vom Gesetzgeber vermutete größere Schmerzsensibilität und Leidensfähigkeit höher entwickelter Tiere (vgl. BT-Drucks. 10/3158 S. 25). Wird von Anfang an dagegen verstoßen, so gelten § 8 Abs. 3 Nr. 5 bzw. § 8a Abs. 5; stellt sich der Verstoß erst später heraus, so wird nach § 16a S. 2 Nr. 4 dagegen vorgegangen. – Tiere aus der freien Wildbahn können sich nur begrenzt an die vorgegebenen Haltungs- und Versuchsbedingungen anpassen (vgl. BT-Drucks. 10/3158 S. 25); der Tierversuch ist für sie also besonders belastend. Deshalb ist ihre Heranziehung nur unerlässlich, wenn die wissenschaftliche Fragestellung mit anderen Tieren nicht beantwortet werden kann; Kostengründe bilden keine Rechtfertigung (vgl. *L/M* § 9 Rn. 21). Werden solche Tiere herangezogen, so wirkt sich die erhöhte Belastung auf die Nutzen-Schaden-Abwägung aus; sie muss in solchen Fällen häufig als schwer eingestuft werden, woraus sich dann die fehlende ethische Vertretbarkeit des Versuchsvorhabens ergeben kann (s. § 7 Rn. 54, 58, 59; zu Tierversuchen mit Primaten aus der freien Wildbahn vgl. *Gruber* in: Evang. Akademie Bad Boll, Tierversuche S. 133: „ganz extreme Belastungen"). 8

Zu **Abs. 2 S. 3 Nr. 2** s. Rn. 6 und 7. 9

Abs. 2 Nr. 3 betrifft zunächst das „Wie" des Tierversuchs: Gibt es eine Methode, die für das einzelne Tier mit weniger Belastungen verbunden ist, so muss sie angewendet werden, selbst dann, wenn sie gegenüber dem beantragten bzw. angezeigten Verfahren mehr Kosten, mehr Arbeit und/oder mehr Zeitaufwand verursacht. Auch bei der Vorbereitung und der Nachbehandlung muss alles getan werden, was die Leiden, Schmerzen oder Schäden vermindert, ohne Rücksicht auf den damit verbundenen Aufwand. – Dass eine Arbeits-, Zeit- oder Kostenersparnis außer Betracht bleiben muss, gilt aber genauso auch für das „Ob". Denn das Gebot zur Einhaltung des unerlässlichen Maßes bezieht sich auf die Summe der durch einen Tierversuch verursachten Schmerzen, Leiden oder Schäden, und will diese so gering wie möglich halten; dies aber hängt gleichermaßen davon ab, ob der wissenschaftliche Zweck ohne Tiere, mit niedriger entwickelten Tieren, mit weniger Tieren oder mit weniger Belastung für das einzelne Tier erreicht werden kann. Deswegen macht auch die amtl. Begr. zu § 9 insoweit keinen Unterschied, vgl. BT-Drucks. 10/3158 S. 25: „Dies hat zur Folge, dass sowohl die Zahl der Tierversuche und die Zahl der in einem Versuch verwendeten Tiere als auch das Ausmaß der dem Tier zugefügten Schmerzen, Leiden oder Schäden so gering wie möglich zu halten sind ... Es muss gewiss sein, dass in anderer Weise nicht vorgegangen werden kann". – Abs. 2 Nr. 3 enthält darüber hinaus einen allgemeinen Grundsatz, der auf jeden belastenden Umgang mit dem Tier Anwendung findet, also auch auf Haltung, Schlachtung, Ausbildung, Training, allgemeine Eingriffe und auf jede sonstige Nutzung (*L/M* § 9 Rn. 24). Dies zeigt u.a. der Erst-recht-Schluss: Wenn schon in einem Bereich, in dem die menschliche Handlungsfreiheit durch das vorbehaltlose Grundrecht der Forschungs- und Lehrfreiheit (Art. 5 Abs. 3 GG) besonders stark geschützt ist, Kosten-, Arbeits- und Zeitgründe keine Rechtfertigung für zugefügte Schmerzen, Leiden oder Schäden bilden können, dann gilt dasselbe erst recht für Tiernutzungen, bei denen dem Nutzer „nur" Grundrechte mit Gesetzesvorbehalt (zB Art. 12, 14 u. Ä.) zur Seite stehen. 10

IV. Betäubungsgebot nach Abs. 2 S. 3 Nr. 4

11 **Ausdrücklich und uneingeschränkt verboten** sind nach Abs. 2 Nr. 4: 1. Eingriffe am nicht betäubten Wirbeltier, die zu schweren Verletzungen führen (zB Herbeiführen von Knochenfrakturen, intensive großflächige Hautverbrennungen oder schwere operative Eingriffe, vgl. BT-Drucks. 10/3158 S. 25). – 2. Die Anwendung von Mitteln, die die Äußerung von Schmerzen verhindern oder einschränken (zB Muskelrelaxantien oder Paralytika wie Curare; das Durchtrennen von Stimmbändern, das außerdem unter das Verbot des § 6 Abs. 1 fällt).

12 Im Übrigen gilt der **Grundsatz des Betäubungszwangs.** IdR ist eine Totalbetäubung notwendig, weil die örtliche Schmerzausschaltung meist nicht ausreicht (vgl. *L/M* § 9 Rn. 27). – Die Person, die die Betäubung durchführt, muss sowohl über eine abgeschlossene Ausbildung nach Abs. 1 S. 2 verfügen (Biologielaborant reicht hier nicht aus, vgl. AVV Nr. 9.2.2.1) als auch sachkundig nach Abs. 1 S. 1 sein (s. Rn. 2: bei den dortigen Fragen denkt man sich anstelle von „Eingriff" die angewandte Betäubungsmethode). Es besteht allerdings eine nicht erklärbare Diskrepanz zu § 5 Abs. 1 S. 2, wo die Betäubung warmblütiger Wirbeltiere sowie von Amphibien und Reptilien ausschließlich dem Tierarzt zugewiesen ist. – Von mehreren möglichen Betäubungsmethoden ist nur diejenige gesetzmäßig, die das Tier am wenigsten belastet („refinement", s. auch Rn. 10). Daraus folgt zB die Unzulässigkeit der Avertin-Narkose: Da es sich bei Avertin um kein standardisiertes Verfahren handelt und die meisten Autoren auf belastende Nebenwirkungen hinweisen, kommt es zumindest in einzelnen Fällen zu Leiden, die bei Anwendung eines anderen Narkose-Mittels vermeidbar wären. Weil Avertin als Arzneimittel nicht zugelassen ist, kommt ein Verstoß gegen § 5 AMG (Verbot des Inverkehrbringens bedenklicher Arzneimittel) sowie gegen § 21 Abs. 1 AMG (Verbot des Inverkehrbringens nicht zugelassener Arzneimittel) dazu (vgl. *Kuhlmann* AtD 2004, 25, 26).

13 Zwei **Ausnahmen vom Betäubungszwang** werden nach Nr. 4 lit. b zugelassen: 1. Wenn der Eingriff so geringfügig ist, dass der Schmerz, den seine betäubungslose Vornahme verursacht, weniger schwer wiegt als die Belastungen, die mit einer Betäubung verbunden wären. – 2. Wenn der angestrebte Zweck durch eine Betäubung des Tieres vereitelt würde („… ausschließt"); bloße Beeinträchtigungen für den erhofften Erkenntnisgewinn rechtfertigen also die Durchbrechung des Betäubungsgebots noch nicht.

14 Von der gesetzlichen **Schranke der ethischen Vertretbarkeit** stellt Nr. 4 lit. b jedoch nicht frei. Sie muss bei betäubungslosen Versuchen besonders sorgfältig geprüft werden (vgl. *L/M* § 9 Rn. 34, 36). Ihre Überschreitung ist jedenfalls anzunehmen, „wo entsprechende Eingriffe beim Menschen diesem unerträgliche Schmerzen verursachten" (BT-Drucks. 10/5259 S. 38); solche Versuche stehen stets in Widerspruch zu den mehrheitlichen Gerechtigkeitsvorstellungen (s. § 7 Rn. 63). Aber auch Versuche, die dem Tier schwere Leiden verursachen, müssen vermieden werden. Der dahingehende Grundsatz der beiden Schweizer Akademien (s. § 7 Rn. 64) gibt nicht nur für die Schweiz, sondern auch für Deutschland den Stand der überwiegend konsensfähigen Gerechtigkeitsvorstellungen wieder und markiert somit eine Grenze, die nicht nur ethisch, sondern über § 7 Abs. 3 auch rechtlich verbindlich ist (vgl. *Zippelius* Methodenlehre § 3 II). – Erreichen die Schmerzen oder Leiden nicht diesen Schweregrad, sind sie aber gleichwohl erheblich (s. § 17 Rn. 61–64) und zudem länger anhaltend bzw. sich wiederholend, so gilt außerdem das Gebot der qualifizierten Abwägung nach § 7 Abs. 3 S. 2, so dass zB „normale" Arzneimittel solche Versuche nicht rechtfertigen können, und Chemikalien und Umweltfragen noch weniger (s. dort Rn. 66–68).

15 **Schmerzlindernde Mittel** müssen vor dem Abklingen der Betäubung verabreicht werden, wenn anderenfalls mit dem Auftreten erheblicher Schmerzen zu rechnen ist. Auch hier lässt das Unerlässlichkeitsgebot eine Abweichung nur zu, wenn der angestrebte Zweck sonst vereitelt würde („ …nicht vereinbar ist"), nicht also schon bei bloßer Beein-

trächtigung. Droht eine solche Zweckvereitelung, so muss zusätzlich die ethische Vertretbarkeit geprüft werden; es gilt insoweit dasselbe wie oben Rn. 14.

Ein **Wiederholungsverbot** besteht, wenn am nicht betäubten Wirbeltier ein erheblich schmerzhafter Eingriff oder eine erheblich schmerzhafte Behandlung durchgeführt worden ist. Ein erneuter derartiger Eingriff/Behandlung darf innerhalb des Versuchsvorhabens grds. nicht mehr stattfinden (die Wiederverwendung in einem neuen Versuchsvorhaben regelt Abs. 2 Nr. 5). Grund: Für das Tier entstehen wegen der Erinnerung an das frühere Erlebnis zusätzliche Leiden. Ausnahme: Der Zweck würde nicht nur beeinträchtigt, sondern vereitelt („…anders nicht erreicht werden kann"). Zusätzlich stellt sich dann aber auch hier die Frage nach der ethischen Vertretbarkeit (s. Rn. 14). **16**

V. Wiederverwendungsverbot nach Abs. 2 S. 3 Nr. 5

Abs. 2 S. 3 Nr. 5 enthält ein **grundsätzliches Verbot der Wiederverwendung** in einem erneuten Versuchsvorhaben (zur Mehrfachverwendung innerhalb desselben Tierversuchs s. Abs. 2 S. 3 Nr. 4 und Rn. 16). Voraussetzung für das Verbot ist, dass an dem Tier in dem ersten Versuch eine der folgenden Behandlungen stattgefunden hat: Ein schwerer operativer Eingriff (vgl. AVV Nr. 9.1.3); eine Zufügung erheblicher Schmerzen oder Leiden, auch wenn sie nicht länger anhaltend waren (Schmerzen s. § 1 Rn. 12–15; Leiden s. § 1 Rn. 17–23; erheblich s. § 17 Rn. 61–64); eine Zufügung länger anhaltender Schmerzen oder Leiden, auch wenn sie nicht erheblich waren (länger anhaltend s. § 17 Rn. 65); eine Zufügung erheblicher Schäden (zu Schäden s. § 1 Rn. 24–26). **17**

Als **Ausnahme von dem Verbot** ist die Wiederverwendung erlaubt, wenn folgende drei Voraussetzungen sämtlich erfüllt sind: **1.** Vollständige Wiederherstellung der physischen Gesundheit des Tieres. **2.** Vollständige Wiederherstellung des psychischen Wohlbefindens, so dass keine abträglichen Folgen der ersten Verwendung (wie Verhaltensstörungen, Angstsymptome usw.) mehr zu erkennen sind. **3.** Der erneute Versuch darf weder Leiden (auch keine unerheblichen; auch Angst oder negativer Stress sind Leiden) noch Schäden (auch keine unerheblichen) verursachen. Verursacht er Schmerzen, so ist er nur zulässig, wenn diese weder erheblich noch länger anhaltend sind (vgl. *L/M* § 9 Rn. 42). – Hinzukommen müssen auch hier die anderen gesetzlichen Voraussetzungen, insbesondere nach § 7 Abs. 2 und § 7 Abs. 3. **18**

Das ÄndG 1998 hat **Nr. 5 lit. b** eingefügt. Danach ist eine Wiederverwendung auch dann erlaubt, wenn es an der in Rn. 18 erwähnten 3. Voraussetzung zwar fehlt, das Tier jedoch noch vor der Entstehung von Schmerzen und Leiden vollständig betäubt und anschließend unter dieser Betäubung getötet wird. Die Voraussetzungen 1. und 2. müssen aber gleichwohl erfüllt sein, außerdem auch die anderen gesetzlichen Voraussetzungen. **19**

VI. Letalversuche nach Abs. 2 S. 3 Nr. 6

Abs. 2 S. 3 Nr. 6 meint **Toxizitätsprüfungen zur Ermittlung der tödlichen Dosis oder Konzentration eines Stoffes,** wie sie u.a. bei Arzneimitteln und Chemikalien stattfinden. Der früher übliche LD-50-Test ist nicht mehr unerlässlich, da andere Methoden mit weniger Tieren validiert und auch von der OECD anerkannt sind (ATC-, UDP- und FDP-Methode, s. § 7 Rn. 30). – Ethisch vertretbar können solche schwer belastenden Versuche allenfalls bei großem Nutzen sein (s. § 7 Rn. 58, 59). Hinzu kommt, dass Toxizitätsstudien schon bei mittelgradig belasteten Tiergruppen erhebliche, andauernde Schmerzen und Leiden verursachen (vgl. den Belastungskatalog der DFG, zitiert nach *Rusche/Apel* S. 141); sie unterliegen damit der qualifizierten Abwägung nach § 7 Abs. 3 S. 2. Eine ethische Vertretbarkeit kommt damit schon bei „normalen" Arzneimitteln nicht mehr in Betracht (s. § 7 Rn. 66, 67); erst recht entfällt sie bei Produkten, die verzichtbar sind, sei es, weil sie von vornherein keinen Lebensnotwendigkeiten dienen, sei es, weil vergleichbar **20** wirksame Substanzen bereits geprüft und zugelassen sind (zu den mehrheitlichen Wertvorstellungen bei Tierversuchen für verzichtbare Produkte s. § 7 Rn. 63; zur Bedarfsprüfung s. § 7 Rn. 62; zur Fragwürdigkeit des Nutzens von Giftigkeitsprüfungen wegen der Probleme bei der Übertragbarkeit s. § 7 Rn. 72 sowie *Hahn* in: *Gruber/Spielmann* S. 132).

21 Das **Tier muss schmerzlos getötet werden,** sobald erkennbar wird, dass es stirbt; weitere Schmerzen und Leiden sollen ihm erspart werden (vgl. BT-Drucks. 10/3158 S. 34). Wichtig ist deshalb, dass schon bei der Planung des Versuchsvorhabens konkrete Abbruchkriterien formuliert werden. Zum „Wie" der Tötung s. § 4 Rn. 4 und 5. – Es soll vorkommen, dass die verantwortlichen Versuchsleiter genau zu dieser Zeit unerreichbar sind, die Tiere deswegen nicht getötet werden und sich unter erheblichen Schmerzen und Leiden „selbst erlösen" müssen (vgl. *Gruber* in: Evang. Akademie Bad Boll, Tierversuche S. 143, 144). Der Leiter bzw. sein Stellvertreter sind in solchem Fall Täter einer Straftat nach § 17 Nr. 2b, zumindest aber einer Ordnungswidrigkeit nach § 18 Abs. 1 Nr. 17 (für Letztere genügt Fahrlässigkeit).

VII. Beschränkung auf die Verwendung gezüchteter Versuchstiere nach Abs. 2 S. 3 Nr. 7

22 Wirbeltiere dürfen grds. für Tierversuche nur verwendet werden, wenn sie **für einen solchen Zweck gezüchtet** worden sind. Wann dies der Fall ist, regelt AVV Nr. 9.2.1.3. Gründe für diese Regelung: Eigens für wissenschaftliche Zwecke gezüchtete Tiere sind in hohem Maß standardisiert (d.h. in vielen Eigenschaften einheitlich), was sowohl die Erfolgswahrscheinlichkeit erhöht als auch geringere Tierzahlen ermöglicht; außerdem soll die Verwendung streunender oder gestohlener Hunde und Katzen zu Versuchszwecken verhindert werden (vgl. BT-Drucks. 10/3158 S. 26). – Das ÄndG 1998 hat landwirtschaftliche Nutztiere (nämlich Pferde, Rinder, Schweine, Schafe, Ziegen, Hühner, Puten, Enten und Gänse) sowie Tauben und Fische aus diesem Schutz ausgenommen; bei diesen Tieren führe die Vorschrift zu unnötigem bürokratischen Aufwand, ohne dem Tierschutz zu dienen (BT-Drucks. 13/7015 S. 20).

23 **Ausnahmen** kann die Behörde nur in zwei Fällen zulassen: **1.** Wenn für den Versuchszweck Tiere einer bestimmten Art benötigt werden, die weder aus einer inländischen Einrichtung iS des § 11 Abs. 1 S. 1 Nr. 1 noch aus einer Zucht- oder Liefereinrichtung iS des Art. 15 der EU-Tierversuchsrichtlinie 86/609/EWG noch aus einer Versuchstierzucht außerhalb der EU bezogen werden können (vgl. AVV Nr. 9.2.1.3). Dass der Bezug gezüchteter Tiere der benötigten Art höhere Kosten, mehr Zeit und/oder einen erhöhten Arbeitsaufwand erforderlich macht, rechtfertigt die Ausnahme nicht (vgl. *L/M* § 9 Rn. 47). – **2.** Wenn die wissenschaftliche Fragestellung nur mit Tieren beantwortet werden kann, die nicht für solche Zwecke gezüchtet und entsprechend standardisiert sind. – In beiden Fällen muss das Versuchsvorhaben (wie sonst auch) auf seine Unerlässlichkeit und ethische Vertretbarkeit überprüft werden („… soweit es mit dem Schutz der Tiere vereinbar ist"). Insbesondere bei Wildfängen oder bei kranken Tieren wird die Belastung leicht den Schweregrad III erreichen und dadurch ethisch unvertretbar werden (s. § 7 Rn. 58, 59). Zu kranken Tieren vgl. auch § 3 Abs. 1 Nr. 2 und AVV Nr. 9.2.1.3.2. – Die Ausnahme muss ausdrücklich beantragt und begründet werden, vgl. AVV Nr. 9.2.1.3.1.

VIII. Behandlung nach Abschluss des Tierversuchs nach Abs. 2 S. 3 Nr. 8

24 Abs. 2 S. 3 Nr. 8 regelt die **Pflichten nach Abschluss des Versuchs.** Ein Tierversuch gilt als abgeschlossen, wenn an dem betreffenden Tier im Zusammenhang mit dem Versuchsvorhaben keine Beobachtungen mehr gemacht werden (vgl. AVV Nr. 9.2.2.3).

25 **Privilegierte Versuchstiere** sind Affen, Halbaffen, Einhufer (Pferde, Esel, Halbesel und Zebras), Paarhufer (wie Rinder, Schafe, Ziegen, Schweine, Kamele, Hirsche), Hunde, Katzen, Hamster, Kaninchen und Meerschweinchen. Sie sind nach Abschluss unverzüglich (d.h. ohne schuldhaftes Zögern, vgl. § 121 BGB) einem Tierarzt vorzustellen, der das Tier untersuchen muss (eine schuldhafte Verzögerung kann einen Verstoß gegen § 17 Nr. 2b oder § 18 Abs. 1 Nr. 1 und Nr. 17 darstellen, vgl. *L/M* § 9 Rn. 50). Anschließend ist zu unterscheiden: Kann das Tier mit den Mitteln der Veterinärmedizin so weit wiederhergestellt werden, dass ein Weiterleben ohne Leiden und Schmerzen möglich ist, so darf es nicht getötet werden, denn wirtschaftliche Erwägungen allein sind kein vernünftiger Grund iS des § 17 Nr. 1 (s. dort Rn. 12 und 45); es ist stattdessen zu pflegen und zu beobachten, erforderlichenfalls medizinisch zu versorgen und verhaltensgerecht unterzubringen bzw. an neue Halter, die dies gewährleisten, zu vermitteln, vgl. S. 4 und § 2. Ist dagegen eine Genesung nicht möglich, so ist das Tier unverzüglich schmerzlos zu töten; zum „Wie" der Tötung s. § 4 Rn. 4, 5 und 9a.

26 Für **nicht privilegierte Versuchstiere** gilt dasselbe, jedoch mit dem Unterschied, dass hier dem Leiter des Vorhabens die Beurteilung obliegt, ob eine Genesung möglich ist oder der Tod die einzige Möglichkeit zur Vermeidung weiterer Schmerzen oder Leiden darstellt. Töten darf nur, wer die nötige Sachkunde nach § 4 Abs. 1 S. 3, Abs. 1a besitzt (vgl. AVV Nr. 9.2.2.4). – Als Grund für die Differenzierung „privilegiert/nicht privilegiert" kann man vermuten, dass unser Mitgefühl mit Tieren umso stärker ausgeprägt ist, je ähnlicher die Tiere uns selbst sind (vgl. *Würbel* in: Landestierärztekammer Hessen S. 147: stärkere „Du-Evidenz" gegenüber morphologisch ähnlichen Tierarten, ebenso aber auch gegenüber Arten, die als Heimtiere vertraut sind).

IX. Verantwortlichkeit des Leiters oder Stellvertreters nach Abs. 3 und nach § 18 Abs. 1 Nr. 17

27 Der im Genehmigungsantrag bzw. in der Anzeige angegebene **Leiter des Versuchsvorhabens** ist verantwortlich: **1.** Für die Einhaltung von § 9 Abs. 1, also dafür, dass der Durchführende sowohl den nach Abs. 1 S. 2 oder 3 notwendigen Ausbildungsabschluss als auch die nach Abs. 1 S. 1 nötige Sachkunde hat. – **2.** Für die Einhaltung von § 9 Abs. 2 S. 1 und 2, also zB dafür, dass der Versuch eingestellt bzw. angepasst wird, wenn sich herausstellt, dass die Erkenntnis woanders bereits gewonnen worden ist oder dass man mit einer Methode des „replace", „reduce" oder „refine" zu einem für den Endzweck vergleichbar aussagekräftigen Ergebnis bzw. einem vergleichbar hohen Sicherheitsniveau gelangen könnte. – **3.** Für die Einhaltung aller Konkretisierungen des Unerlässlichkeitsgebotes nach § 9 Abs. 2 Nr. 1–8. – **4.** Für die Erfüllung der behördlichen Auflagen. – Kommt es zu einem Verstoß, so liegt auf Seiten des Leiters eine Ordnungswidrigkeit nach § 18 Abs. 1 Nr. 17 vor. Dies gilt sowohl bei eigenem Handeln, als auch dann, wenn ein anderer (zB der Durchführende oder ein Assistent) den Fehler gemacht hat, der Leiter ihn aber hätte voraussehen und verhindern können. Fahrlässigkeit genügt. – Jeder Verstoß kann außerdem Zweifel an der Zuverlässigkeit des Leiters bzw. an der künftigen Sicherstellung des § 9 Abs. 1 und 2 begründen (vgl. § 8 Abs. 3 Nr. 2 und Nr. 5). Mögliche Folgen: Verweigerung einer weiteren Genehmigung; Rücknahme oder Widerruf der laufenden Genehmigung; Verfügung nach § 16a S. 2 Nr. 4. – Hat der Verstoß erhebliche Schmerzen oder Leiden zur Folge, so kann auch eine Ordnungswidrigkeit nach § 18 Abs. 1 Nr. 1 oder eine Straftat nach § 17 Nr. 2b vorliegen.

28 An die Stelle des Leiters tritt sein **Stellvertreter,** soweit der Leiter diesem die entsprechende Funktion übertragen hat oder verhindert war. Sorgt allerdings der Leiter nicht rechtzeitig dafür, dass bei seiner Verhinderung der Stellvertreter die Leitungspflichten übernehmen kann, so bleibt es bei seiner Verantwortung.

§ 9a [Aufzeichnungen]

[1]Über die Tierversuche sind Aufzeichnungen zu machen. [2]Die Aufzeichnungen müssen für jedes Versuchsvorhaben den mit ihm verfolgten Zweck, insbesondere die Gründe für nach § 9 Abs. 2 Nr. 1 erlaubte Versuche an sinnesphysiologisch höher entwickelten Tieren, sowie die Zahl und Bezeichnung der verwendeten Tiere und die Art und Ausführung der Versuche angeben. [3]Werden Wirbeltiere verwendet, so ist auch ihre Herkunft einschließlich des Namens und der Anschrift des Vorbesitzers anzugeben; bei Hunden und Katzen sind zusätzlich Geschlecht und Rasse sowie Art und Zeichnung des Fells und eine an dem Tier vorgenommene Kennzeichnung anzugeben. [4]Die Aufzeichnungen sind von den Personen, die die Versuche durchgeführt haben, und von dem Leiter des Versuchsvorhabens zu unterzeichnen; der Unterschrift bedarf es nicht, wenn die Aufzeichnungen mit Hilfe automatischer Einrichtungen erstellt werden. [5]Die Aufzeichnungen sind drei Jahre lang nach Abschluss des Versuchsvorhabens aufzubewahren und der zuständigen Behörde auf Verlangen zur Einsichtnahme vorzulegen.

I. Zweck der Aufzeichnungspflicht. Anwendungsbereich

1 Die vorgeschriebenen Aufzeichnungen dienen dem **Zweck,** die behördliche Überwachung der Tierversuche und die Feststellung möglicher Gesetzes- und Auflagenverstöße zu erleichtern. Daneben dienen sie auch der Selbstkontrolle: Der Leiter und der Durchführende sollen sich Rechenschaft ablegen, zB darüber, weshalb nicht andere Methoden angewendet worden sind, ob der Zweck die zugefügten Schmerzen und Leiden rechtfertigt, ob die Herkunft der Tiere dem Gesetz entspricht usw. Außerdem lassen sich die Versuchsergebnisse ohne Dokumentation kaum verwerten.

2 **Anwendungsbereich.** Die Aufzeichnungspflicht gilt für jeden Tierversuch iS des § 7, auch wenn er nicht genehmigungs- und nicht anzeigepflichtig ist, also auch für Versuche an Wirbellosen (vgl. *L/M* § 9a Rn. 2: für alle Tiere, denen Schmerz- und Leidensfähigkeit zuzusprechen ist oder bei denen Schäden vorkommen können). Für Eingriffe und Behandlungen zur Aus-, Fort- oder Weiterbildung ist die entsprechende Geltung von § 9a angeordnet (§ 10 Abs. 2 S. 1); ebenso für biotechnische und ähnliche Maßnahmen (§ 10a S. 4) und für Organ- oder Gewebeentnahmen (§ 6 Abs. 1 S. 4).

3 **Erzwingbar** sind die Aufzeichnungs-, Aufbewahrungs- und Vorlagepflichten unmittelbar durch Verfügungen nach § 16a S. 1 und durch die Verhängung von Bußgeld nach § 18 Abs. 1 Nr. 18 (s. Rn. 8). Außerdem begründet eine Verletzung der Pflichten aus § 9a Zuverlässigkeitszweifel iS von § 8 Abs. 3 Nr. 2 sowie Bedenken, ob die Einhaltung des § 9a künftig erwartet werden kann iS von § 8 Abs. 3 Nr. 5; sie kann somit dazu führen, dass eine weitere Genehmigung nach § 8 zu verweigern ist und die laufende Genehmigung nach § 49 Abs. 2 Nr. 3 VwVfG widerrufen wird.

II. Inhalt und Umfang der Aufzeichnungen. Aufbewahrung

4 **Pflichten nach S. 2, die für alle Tierversuche gelten.** Für jedes Versuchsvorhaben (s. § 8 Rn. 5 und AVV Nr. 6.1.3) bedarf es einer gesonderten Aufzeichnung. – Zur Angabe des verfolgten Zwecks gehören die Bezeichnung der wissenschaftlichen Fragestellung, der erhoffte Erkenntnisgewinn sowie ggf. auch das Produkt oder Verfahren, das mit Hilfe des Tierversuchs entwickelt oder geprüft werden soll und sein erwarteter Nutzen iS des § 7 Abs. 2 S. 1. – Mit Blick auf das Gebot der Unerlässlichkeit nach § 7 Abs. 2 S. 2 soll angegeben werden, weshalb nicht auf niedriger entwickelte Tiere, zB Bakterien und Mikroorganismen ausgewichen werden konnte. Zur Unerlässlichkeit gehören noch weitere Angaben, da der Gesetzgeber mit „insbesondere“ nur ein Regelbeispiel beschrieben hat.

Notwendig sind Angaben, weshalb der angestrebte Zweck nicht mit einem tierverbrauchsfreien Verfahren oder mit weniger Tieren und geringeren Belastungen für das Einzeltier erreicht werden konnte. – Zahl und Bezeichnung der verwendeten Tiere sind gleichfalls anzugeben. – Die vorgeschriebenen Angaben zur Art und Ausführung der Versuche umfassen u. a. die Beschreibung der Eingriffe und Behandlungen sowie der dadurch ausgelösten Schmerzen, Leiden und Schäden (jeweils nach Ausmaß und zeitlicher Dauer), ebenso die Mitwirkung eines Tierarztes, bei Wirbeltieren auch die Lösung des Betäubungsproblems und die Gründe für eine etwaige Mehrfachverwendung. – Das Versuchsergebnis ist verständlich zu dokumentieren (vgl. *L/M* § 9a Rn. 4; *Kluge/Goetschel* § 9a Rn. 2).

Bei Versuchen mit Wirbeltieren treten als weitere Pflichten nach S. 3 hinzu: Angaben über Herkunft und Vorbesitzer mit Namen und Anschrift; bei Hunden und Katzen zusätzlich Angaben zu Geschlecht und Rasse, zu Art und Zeichnung des Fells und zu einer am Tier vorgenommenen Kennzeichnung (um die Verwendung gestohlener oder streunender Tiere zu unterbinden, vgl. BT-Drucks. 10/3158 S. 26). 5

Aufzeichnungspflichtig nach S. 4 ist der Leiter bzw. sein Stellvertreter, soweit der Leiter ihm die Pflicht überträgt oder verhindert ist (s. § 9 Rn. 28). Daneben wird man auch den bzw. die Versuchsdurchführenden als aufzeichnungspflichtig ansehen müssen (vgl. das Unterschriftserfordernis; aA insoweit *L/M* § 9a Rn. 7). 6

Die **Pflicht zur Aufbewahrung** trifft den Inhaber der Genehmigung bzw. bei genehmigungsfreien Tierversuchen den Träger der Einrichtung. Die Drei-Jahres-Frist nach S. 5 beginnt erst zu laufen, wenn die letzte Aufzeichnung, die durch § 9a vorgeschrieben ist, vorgenommen wurde (vgl. *L/M* § 9a Rn. 6). 7

III. Ordnungswidrigkeiten nach § 18 Abs. 1 Nr. 18

Ordnungswidrig handeln der Leiter bzw. sein Stellvertreter und der Durchführende, wenn zu dem Vorhaben keine Aufzeichnungen gemacht werden („nicht"), wenn die Aufzeichnungen teilweise unrichtig sind („nicht richtig") oder wenn sie zu einem der vorgeschriebenen Punkte fehlen oder lückenhaft oder zu pauschal sind („nicht vollständig"). Zum richtigen Aufzeichnen gehört auch, die Unterlagen während des laufenden Vorhabens aufzubewahren und bei dessen Abschluss korrekt zusammenzufügen (vgl. *L/M* § 9a Rn. 7). – Eine Ordnungswidrigkeit liegt auch vor, wenn der Leiter oder der Durchführende nicht unterschrieben haben (Ausnahme: S. 4 zweiter Halbsatz). – Der Genehmigungsinhaber bzw. Träger der Einrichtung handelt ordnungswidrig, wenn er die Aufzeichnungen nicht oder nicht lange genug aufbewahrt oder sie trotz Verlangens der Behörde nicht vorlegt. (Die Nicht-Vorlage ist also stets eine Ordnungswidrigkeit, denn entweder wurden die Aufzeichnungen pflichtwidrig nicht gemacht, oder sie wurden nicht lange genug aufbewahrt, oder sie werden trotz entsprechender Möglichkeit nicht vorgelegt). 8

Sechster Abschnitt. Eingriffe und Behandlungen zur Aus-, Fort- oder Weiterbildung

§ 10 [Eingriffe und Behandlungen zur Ausbildung]

(1) [1]**Zur Aus-, Fort- oder Weiterbildung dürfen Eingriffe oder Behandlungen an Tieren, die mit Schmerzen, Leiden oder Schäden verbunden sind, nur durchgeführt werden**

1. an einer Hochschule, einer anderen wissenschaftlichen Einrichtung oder einem Krankenhaus oder

2. im Rahmen einer Aus-, Fort- oder Weiterbildung für Heilhilfsberufe oder naturwissenschaftliche Hilfsberufe.

[2] Sie dürfen nur vorgenommen werden, soweit ihr Zweck nicht auf andere Weise, insbesondere durch filmische Darstellungen, erreicht werden kann. [3] Der zuständigen Behörde ist auf Verlangen zu begründen, warum der Zweck der Eingriffe oder Behandlungen nicht auf andere Weise erreicht werden kann.

(2) [1] Auf Eingriffe oder Behandlungen zur Aus-, Fort- oder Weiterbildung sind die §§ 8a, 8b, 9 Abs. 1 und 2 und § 9a entsprechend anzuwenden. [2] § 8a Abs. 1 Satz 1 ist mit der Maßgabe entsprechend anzuwenden, dass die Eingriffe oder Behandlungen vor Aufnahme in das Lehrprogramm oder vor Änderung des Lehrprogramms anzuzeigen sind. [3] § 9 Abs. 1 ist mit der Maßgabe entsprechend anzuwenden, dass die Eingriffe und Behandlungen nur durch die dort genannten Personen, in deren Anwesenheit und unter deren Aufsicht oder in Anwesenheit und unter Aufsicht einer anderen von der Leitung der jeweiligen Veranstaltung hierzu beauftragten sachkundigen Person durchgeführt werden dürfen.

(3) Für die Einhaltung der Vorschriften der Absätze 1 und 2 ist der Leiter der Aus-, Fort- oder Weiterbildung oder sein Stellvertreter verantwortlich.

Übersicht

I. Entstehungsgeschichte. Anwendungsbereich

1. Entstehungsgeschichte

1 Schon die nach dem damaligen preußischen Kultusminister *Gossler* benannte Verordnung vom 2. 2. 1885 enthielt für das Recht der Tierversuche einige Regelungen, die man als erste Konkretisierungen des Grundsatzes der Verhältnismäßigkeit bezeichnen kann. U.a. war dort bestimmt: „Versuche am lebenden Tier dürfen nur zu ernsten Forschungs- und wichtigen Unterrichtszwecken vorgenommen werden … Versuche, welche ohne wesentliche Beeinträchtigung des Resultats an niederen Tieren gemacht werden können, dürfen nur an diesen und nicht an höheren Tieren vollzogen werden“ (vgl. *Baumgartner* in: *Caspar/Koch* S. 12). – Nach § 7 Nr. 7 Reichstierschutzgesetz sollten Tierversuche zu Lehrzwecken nur zugelassen werden, „wenn andere Lehrmittel, zB Bild, Modell, Präparat, Film, nicht ausreichend sind“. – Das Tierschutzgesetz von 1972 unterstellte in § 10 die

Eingriffe zu Ausbildungszwecken den Schranken des § 9. – Mit dem ÄndG 1986 wurde dann der heutige § 10 Abs. 1 S. 2 eingefügt, der dem Grundsatz der Unerlässlichkeit nach § 7 Abs. 2 und § 9 Abs. 2 entspricht (vgl. BT-Drucks. 10/3158 S. 26: „Beschränkung auf das geringst mögliche Maß"). – In das ÄndG 1998 wurde auf Veranlassung des Bundesrats noch die besondere Begründungspflicht des Abs. 1 S. 3 aufgenommen; zur Begründung verwies der Bundesrat auf die unterschiedliche Praxis in den Hochschulen sowie darauf, „dass in manchen Universitäten auf Tierversuche in bestimmten Studiengängen und Studienabschnitten verzichtet wird" (vgl. BT-Drucks. 13/7015 S. 32; näher Rn. 24). – Auch das 1990 ratifizierte Europäische Versuchstierübereinkommen (EVÜ, BGBl. 1991 II S. 740) enthält eine Regelung zu Ausbildungsversuchen: Diese sind nach Art. 25 Abs. 3 „auf das für den Zweck der Bildung oder Ausbildung unbedingt Notwendige zu beschränken" und „nur zulässig, wenn ihr Ziel nicht durch audiovisuelle Methoden mit vergleichbarer Wirksamkeit oder sonstige geeignete Mittel erreicht werden kann".

2. Anwendungsbereich

Eingriffe oder Behandlungen s. § 7 Rn. 1 und § 5 Rn. 1. – Ausbildung ist die Vermitt- 2
lung von Lehrinhalten mit dem Ziel eines Berufsabschlusses; Fortbildung ist die Vermittlung von Lehrinhalten nach einem erfolgten Berufsabschluss, ohne dass dabei ein weiterer Bildungsabschluss angestrebt wird; Weiterbildung dient dem Erreichen eines weiterqualifizierenden Abschlusses, zB vom Arzt zum Facharzt (vgl. AVV Nr. 10.1.1.1–10.1.1.3; vgl. auch BT-Drucks. 10/3158 S. 34). – Nicht unter § 10 fallen Maßnahmen zur Forschung (s. Rn. 3), Handlungen im Rahmen der beruflichen Praxis und hobbymäßige Tätigkeiten, selbst wenn sie das Wissen erweitern (vgl. *L/M* § 10 Rn. 2). – Als Folge der Maßnahme muss der Eintritt von Schmerzen, Leiden oder Schäden mit an Sicherheit grenzender Wahrscheinlichkeit zu erwarten sein (AVV Nr. 10.1.5). Hier liegt ein Unterschied zu § 7, der schon eine entsprechende Möglichkeit ausreichen lässt. Erheblich brauchen die Schmerzen, Leiden oder Schäden nicht zu sein, und auch auf ihre Zeitdauer kommt es nicht an. Insoweit gilt dasselbe wie zu § 7 (s. dort Rn. 1).

3. Abgrenzung zum Tierversuch nach § 7

Bei § 7 geht es um einen Erkenntnisgewinn zu einem noch nicht hinreichend gelösten 3
wissenschaftlichen Problem, bei § 10 dagegen um die Demonstration eines bereits bekannten Effekts und/oder das Erlernen bestimmter Techniken (vgl. BMELV, Tierschutzbericht 2001, XIV 1.3 und XV). Werden der Versuchs- und der Bildungszweck gleichzeitig verfolgt und bestehen Zweifel, welcher der beiden Zwecke objektiv vorrangig ist, so muss der Vorgang vollständig nach § 7 beurteilt werden (AVV Nr. 10.1.4); wegen des weitergehenden Schutzumfangs (Genehmigungspflicht) entspricht dies dem Gebot zu tierfreundlicher Auslegung (s. § 1 Rn. 1).

4. Abgrenzung zur Tiertötung nach § 1 S. 2, § 4 Abs. 3

Die Tötung eines Tieres bedeutet einen schweren Schaden (vgl. BVerwG NVwZ 1998, 4
853, 855: „der mit dem schwersten Schaden verbundene Eingriff"; damit soll nicht etwa gesagt werden, dass Schmerzen und Leiden nicht schwerer wögen, sondern nur, das innerhalb der Rubrik „Schaden" der Tod den schwersten Nachteil darstellt). Die Tötung fällt unter § 10, wenn ein Tier getötet wird, um später an seinem Körper oder seinen Organen Experimente oder Präparationen zu Ausbildungszwecken durchzuführen (BVerwG aaO). – Bis zum Erlass dieses Urteils war man in der Praxis überwiegend davon ausgegangen, dass sich § 10 nur auf Tiere beziehe, die im Zeitpunkt des Experimentierens oder Präparierens noch lebten und dass Tötungen zum Zweck der späteren Durchführung solcher Handlungen nur nach § 1 und § 4 TierSchG zu beurteilen seien (vgl. BMELV, Tierschutzbericht 2001, XV; *Caspar* Tierschutz S. 438; *L/M* § 10 Rn. 4). – Für die Ansicht

des Bundesverwaltungsgerichts spricht aber bereits der Wortlaut des Gesetzes: Eine Tötung ist zweifellos ein Eingriff, und in Abs. 1 wird nicht verlangt, dass Eingriff und Wissensvermittlung zeitlich und räumlich zusammenfallen müssen; vorausgesetzt wird lediglich ein „intentionaler Zusammenhang" (*Caspar* aaO S. 436); dieser liegt auch dann vor, wenn die Tötung das spätere Experimentieren oder Präparieren nur ermöglichen und vorbereiten soll. Hinzu kommt, dass § 10 Abs. 2 durch die dort in Bezug genommenen Vorschriften den betroffenen Tieren einen sehr viel weitergehenden Schutz zuteil werden lässt als § 1 S. 2 i.V.m. § 4 Abs. 3; dann aber entspricht es dem Gebot zu tierfreundlicher Auslegung des Gesetzes, diejenige Vorschrift anzuwenden, die den effektiveren Schutz gewährt (s. auch Art. 20a GG Rn. 22; zu dem genannten Auslegungsgrundsatz s. Rn. 3 und *L/M* § 1 Rn. 3). Der systematische Zusammenhang mit dem 1998 eingefügten § 4 Abs. 3 ist kein Gegenargument, denn diese Vorschrift regelt (wie § 4 insgesamt) nur das „Wie" und nicht zugleich auch das „Ob" der Tiertötung (vgl. *L/M* § 4 Rn. 2; *Kluge/Goetschel* § 10 Rn. 4). Wenn also das „Ob" solcher Tötungen nach zutreffender höchstrichterlicher Auffassung durch das ÄndG 1986 dem Schutzbereich des § 10 unterstellt worden war, hat das ÄndG 1998 mit seiner nur auf das „Wie" bezogenen Regelung daran nichts ändern können (zumal eine Verminderung des bis dahin bestehenden Tierschutzniveaus nicht in der Absicht des Gesetzgebers gelegen hat, vgl. BT-Drucks. 13/7015 S. 2).

5. Berechtigte Einrichtungen

5 Ausbildungsversuche und Tötungen dürfen stattfinden: nach Abs. 1 S. 1 Nr. 1 an Hochschulen (Universitäten und Fachhochschulen); an wissenschaftlichen Einrichtungen, wenn sie auf Forschung und wissenschaftliche Lehre ausgerichtet sind; an Krankenhäusern. Einrichtungen, die demgegenüber nur auf Vermittlung bereits feststehender Wissensinhalte ausgerichtet sind (wie Schulen, höhere Fachschulen, Berufsaufbauschulen, Abendschulen, Kollegs u.Ä.) sind nicht dazu berechtigt. – Unabhängig vom Ort der Durchführung können nach Abs. 1 S. 1 Nr. 2 Ausbildungsversuche und Tötungen zur Aus-, Fort- oder Weiterbildung für Heilhilfsberufe oder naturwissenschaftliche Hilfsberufe vorgenommen werden. Beispiele: Ausbildung zum medizinisch-, veterinärmedizinisch-, biologisch- oder pharmazeutisch-technischen Assistenten bzw. zur Assistentin. – Nach der Entschließung 86/C 331/01 des Rates vom 24. 11. 1986 (ABl. EG Nr. C 331 S. 1) sollen Eingriffe und Behandlungen grds. nur an Hochschulen und „anderen Einrichtungen gleicher Stufe" zulässig sein. Die Vereinbarkeit von Abs. 1 S. 1 Nr. 2 mit dieser Vorgabe ist fraglich.

II. Grundsatz der Unerlässlichkeit nach Abs. 1 S. 2 und nach Art. 25 Abs. 3 Europäisches Versuchstierübereinkommen (EVÜ)

6 An der **Unerlässlichkeit** nach Abs. 1 S. 2 (bzw. der unbedingten Notwendigkeit nach Art. 25 Abs. 3 EVÜ) fehlt es, wenn es möglich ist, ein für die Aus-, Fort- oder Weiterbildung gleichwertiges Ergebnis mit Hilfe einer schonenderen Alternativmethode oder einer Kombination mehrerer solcher Methoden zu erreichen (vgl. *L/M* § 10 Rn. 9). Dass mit dem Umstieg von der eingefahrenen Praxis des Ausbildungsversuchs bzw. der zu Ausbildungszwecken vorgenommenen Tötung auf tierverbrauchsfreie oder tierschonende Alternativen ein Mehraufwand an Arbeit, Zeit und/oder Kosten verbunden sein kann, rechtfertigt die Beibehaltung der bisherigen Eingriffe nicht (vgl. Abs. 2 S. 1 i.V.m. § 9 Abs. 2 S. 3 Nr. 3; s. auch § 9 Rn. 10).

7 Welche **Zwecke (Ausbildungsziele)** mit einem Ausbildungsversuch oder einer Tötung erreicht werden sollen, ist in erster Linie der jeweiligen Ausbildungs- und Prüfungsordnung zu entnehmen. Innerhalb des von ihr vorgegebenen Rahmens kann auch der Ausbildungsleiter die Zwecke bestimmen. Häufig werden genannt: anschauliche Wissensver-

mittlung; Erwerb von präparativ-anatomischen Fertigkeiten und von manueller Geschicklichkeit; Erlernen von praktischem wissenschaftlichem Arbeiten; Erlernen des Tierversuchs als Methode. Der letztgenannte Zweck kann allerdings wegen des grundsätzlichen Vorrangs, den das Gesetz nach § 7 Abs. 2 und § 9 Abs. 2 für Alternativmethoden vorsieht, keine Rechtfertigung bilden; vielmehr entspricht es dem Sinngehalt dieser Vorschriften, tierverbrauchsfreie Erkenntnismethoden überall dort praktisch zu lehren, wo sie in Gegenwart oder absehbarer Zukunft zu vergleichbar relevanten Ergebnissen und insbesondere zu einem vergleichbaren Sicherheitsniveau für den Menschen führen können.

Als **tierverbrauchsfreie bzw. tierschonende Alternativen** kommen in Betracht: Filme 8
und Videos, insbesondere über Versuche und Präparationen; multimediale Computersimulationen; Kunststoffmodelle, sowohl zur Veranschaulichung als auch zum praktischen Erlernen klinischer Techniken und für chirurgische Übungen; Plastination natürlich gestorbener Tiere; harmlose Selbstversuche; Verwendung natürlich gestorbener oder sowieso getöteter Tiere; Schlachthoforgane; in-vitro Untersuchungen an Zellkulturen; klinische Praxis (Beispiele s. Rn. 10–16). – Häufig bedarf es einer Kombination verschiedener Alternativen, insbesondere dann, wenn mehrere Ausbildungsziele zugleich erreicht werden sollen. – Die Beurteilung ob eine Methode/Methodenkombination gegenüber dem Ausbildungsversuch bzw. der Tötung gleichwertig ist, muss aufgrund einer Gesamtschau erfolgen. Diese kann auch ergeben, dass zwar Nachteile für einen der angestrebten Ausbildungszwecke verbleiben, diese Defizite aber dadurch aufgewogen werden, dass ein anderer Ausbildungszweck mit Hilfe der alternativen Methodenkombination effektiver und nachhaltiger erreicht werden kann als im überkommenen Tierversuch (Beispiele s. Rn. 10 und 14).

Als **Informationsquellen über tierverbrauchsfreie Lehrmethoden** kommen neben 9
DIMDI und ZEBET (s. § 7 Rn. 16, 20) besonders in Betracht: Die Datenbank NORINA der Tierärztlichen Hochschule Oslo (http://oslovet.veths.no/NORINA/search.html); die Datenbank des European Resource Centre for Alternatives in higher Education der Universitäten von Edinburgh und Utrecht (http://www.eurca.org); die Publikation „Gelbe Liste Teil 4 – Tierverbrauchsfreie Verfahren in der Ausbildung von Biologen, Medizinern und Veterinärmedizinern", zu beziehen bei der Akademie für Tierschutz, Spechtstr. 1, 85579 Neubiberg (vgl. *Betz* DudT 1/1998, 7 ff.); die gemeinsame Datenbank des Bundesverbands der Tierversuchsgegner und der Vereinigung ‚Ärzte gegen Tierversuche', www.datenbank-tierversuche.de (vgl. *Gericke/Rambeck* Tierrechte 2/01, 21). – Ein Überblick über Alternativmethoden, unterteilt in die Bereiche „Anatomie/Sektion", „Anästhesie", „Tierverhalten", „Umgang mit Labortieren", „Pharmakologie/Toxikologie", „Physiologie/Biochemie/molekulare Studien" und „Chirurgie/klinisches Training" findet sich bei *Gruber/Dewhurst* in: ALTEX 21, Supplement 1/2004, 43–47. – Weitere Post- und Internet-Adressen zu Alternativmethoden s. Adressenverzeichnis am Ende dieses Buches.

III. Beispiele für tierverbrauchsfreie Verfahren in der Ausbildung von Medizinern, Veterinärmedizinern und Biologen

Filme und Videoaufzeichnungen gibt es mittlerweile über die meisten gebräuchlichen 10
Versuche und Präparationen. Der Zweck der anschaulichen Wissensvermittlung kann damit häufig besser erreicht werden als im Ausbildungsversuch, weil mit Großaufnahmen, Zeitlupe, Zeitraffer, Wiederholung einzelner Sequenzen, hinzugefügten Graphiken und/oder Trickaufnahmen gearbeitet und so ein besseres Einprägen erzielt werden kann. Manuelle Fertigkeiten vermittelt der Film allerdings nicht. Jedoch ist einerseits daran zu denken, diesem Mangel durch eine Kombination mit anderen Methoden abzuhelfen (s. Rn. 11–15); andererseits können die Vorteile, die der Film für die Zwecke „Veranschaulichen" und „Einprägen" hat, geeignet sein, etwa verbleibende Nachteile in anderen

Bereichen auszugleichen (zu dieser nötigen Gesamtschau bei der Beurteilung der Gleichwertigkeit s. Rn. 8. Vgl. auch die Beschreibung der üblichen Ausbildungsversuche durch *Rethorn* in: Evang. Akademie Bad Boll, Tierarzt S. 77: „Es waren immer nur wenige Tiere vorhanden, so dass nur einige Studenten die Versuche durchgeführt und die anderen zugeschaut haben … Von Videofilmen haben wahrscheinlich alle mehr, als wenn zehn Leute einen Versuch machen und die anderen nur dabeistehen").

11 **Computersimulationen** decken mittlerweile alle Themen im physiologischen Bereich ab. Sie sind häufig interaktiv, so dass die Studierenden einzelne Versuchsparameter selbst beeinflussen und auf diese Weise das Experiment am Bildschirm durchführen können. Bei einigen Programmen werden die Ergebnisse durch einen Zufallsmechanismus beeinflusst, so dass sie auch in ihrer Variabilität den Laborbedingungen entsprechen (vgl. *Satis,* Tiermissbrauch im Studium, S. 24). – Durch eine Kombination dreier verschiedener Programme können alle Teile des früher üblichen Froschversuches (nämlich die Präparation des Ischias-Nerven, des Ischias-Nerven zusammen mit dem Wadenmuskel und die Präparation des Froschherzens) ersetzt werden. In Untersuchungen mit Studierenden an der Universität Sheffield/UK konnte gezeigt werden, dass die mit diesen Programmen erzielten Lernerfolge sich nicht von denen unterschieden, die mittels des Tierversuchs erreicht worden waren (vgl. *Rusche/Sauer* in: *Gruber/Spielmann* S. 266).

12 **Kunststoffmodelle,** Puppen und Simulatoren können sowohl anatomische Gegebenheiten veranschaulichen als auch zur Übung bestimmter klinischer Techniken und chirurgischer Fingerfertigkeiten eingesetzt werden (vgl. *Ärzte* S. 19; *Gruber/Dewhurst* ALTEX 21, Supplement 1/2004, 36). Ein Beispiel: Für die Ausbildung zum Herzchirurgen ist ein vollsynthetisches Trainingsmodell entwickelt worden, das auf unterschiedlich gehärtetem Polyurethan basiert und dessen Außenhülle eine 1:1 Replika des menschlichen Brustkorbs ist; trainiert wird über verschiedene Zugangswege; künstliche Koronarien, die mit Kochsalzlösung perfundiert werden können, sind integriert; mittels einer neukonzipierten Pumpe können Schlagvolumen, Herzfrequenz und Rhythmus variiert werden; das synthetische Gewebe dieses Modells entspricht in seinen Eigenschaften dem des biologischen; der Schwierigkeitsgrad der simulierten Operation ist abhängig von Schlagvolumen, Herzfrequenz, Arrhythmieinduktion, Gefäßgröße und Wandbeschaffenheit (vgl. *Reuthebuch* et al. ALTEX 20, 2003, 17–20; zum Training von Mikrogefäßanastomosen an Polyurethangefäßen vgl. auch *Meier* et al. ALTEX 21, 2004, 135–138).

13 Mit dem Verfahren der **Plastination** können tote Tiere und deren Organe in einen gummiartigen, haltbaren Zustand überführt und so über Jahre hinweg verwendet werden; an diesen Modellen lässt sich die Komplexität des Organismus ebenso veranschaulichen (vgl. *Satis* aaO).

14 Ein Beispiel für **harmlose Selbstversuche** bildet der (1997 mit dem Felix-Wankel-Preis ausgezeichnete) Myograph, mit dem im Bereich der Nerv-Muskel-Physiologie fast 50 Lernziele erreicht werden können. Weitere – in die Gesamtschau (s. Rn. 8, 10) einzubeziehende – Vorteile sind die höhere Einprägsamkeit des auf diese Weise Gelernten und das frühzeitige Kennenlernen von Apparaturen und Untersuchungstechniken, die für den späteren Beruf wichtig sein können (vgl. *Satis* S. 25).

15 **Natürlich gestorbene, verunglückte oder aus tierärztlicher Indikation eingeschläferte Tiere** können für anatomische Studien verwendet werden. ZB war es an der Universität Freiburg möglich, durch gute Kooperation mit örtlichen Tierarztpraxen und nach entsprechender Aufklärung der Halter einen ganzen Morphologiekurs mit ohnehin eingeschläferten Kleinsäugern zu versorgen. Ein Verstoß gegen das Tierkörperbeseitigungsrecht liegt darin nicht (vgl. *Satis* S. 26 unter Berufung auf Erklärungen des Hessischen Wissenschaftsministeriums und des BMELV). **Organe und Extremitäten getöteter Schlachttiere** können u. a. in der mikrochirurgischen Ausbildung verwendet werden, zB pulsatil perfundierte Schweineherzkoronarien als Modell für mikrochirurgische Anastomosetechniken oder der Hühnerschenkel für die Nervenkoaptation des Nervus ischiadicus (vgl. *Hager* et al. ALTEX 20, 2003, 174, 175).

Aus **vergleichenden wissenschaftlichen Untersuchungen** geht hervor, dass diese und andere Alternativmethoden bei richtiger Kombination sowohl für die Wissensvermittlung als auch für das handwerkliche Geschick gleichwertig sein können: *Greenfield* et al. berichteten von einem Vergleich der chirurgischen Fähigkeiten bei 36 Tiermedizinstudenten, von denen eine Gruppe an Hunden und Katzen, eine andere an Weichteilgewebemodellen gearbeitet hatte, und deren Leistungen jeweils gleich waren (zitiert nach *Satis* S. 27). An einer anderen Studie nahmen 184 Studenten der Biologie teil, von denen die eine Gruppe mit präparierten Tieren und die andere mit Computerprogrammen arbeitete; am Ende erwiesen sich die Kenntnisse der Computergruppe als signifikant höher (*Morre, Ralph* Journal of Educational Technology Systems 1992, 79ff.). Nach *Samsel, Schmidt, Hall* et al. haben 110 Medizinstudenten, die zum Erlernen der Herz-Kreislauf-Physiologie sowohl mit einem Computerprogramm gearbeitet als auch an einem Tierversuch mit Hunden teilgenommen hatten, die erstgenannte Lehrmethode als besser geeignet bewertet (Advances in Physiology Education 1994, 36ff.). 16

IV. Prüfungsbefugnis und Prüfungspflicht der Behörden und Gerichte

Vor der Aufnahme des Tierschutzes als Staatsziel ins Grundgesetz ist in der **früheren Rechtsprechung** überwiegend angenommen worden, dass allein der für eine Lehrveranstaltung zuständige Hochschullehrer über die Geeignetheit der in Betracht kommenden Lehrmethoden zu befinden habe. Zur Begründung wurde ausgeführt: „Die Postulate eines ethischen Tierschutzes haben keinen Verfassungsrang und bilden daher keine immanente Schranke für die Lehrfreiheit iS des Art. 5 Abs. 3 GG. § 10 Abs. 1 S. 2 ist verfassungskonform dahin auszulegen, dass für die Entscheidung darüber, ob eine alternative Lehrmethode den Zweck einer Lehrveranstaltung erfüllen kann, ausschließlich die Einschätzung des Hochschullehrers, der die Veranstaltung durchführt, zugrunde zu legen ist" (VGH Kassel NJW 1994, 1608, 1609; vgl. auch VGH Mannheim VBlBW 1996, 356ff. und VGH München NVwZ-RR 1993, 190; zur differenzierteren Rechtsprechung des BVerwG s. Rn. 23). – Durch die Änderung von Art 20a GG haben die Postulate des ethischen Tierschutzes den vom VGH Kassel noch vermissten Verfassungsrang mittlerweile erlangt (vgl. BT-Drucks. 14/8860 S. 3: „Dem ethischen Tierschutz wird damit Verfassungsrang verliehen"; s. auch Art. 20a GG Rn. 3). Damit können Konflikte zwischen Lehrfreiheit und Tierschutz nicht mehr in der Weise gelöst werden, dass einem der beiden Verfassungsgüter die Dominanz zuerkannt wird (vgl. MdB *Bachmeier* BT Sten. Ber. 14/23657; s. auch Art. 20a GG Rn. 4). Notwendig ist vielmehr eine einzelfallbezogene Abwägung, die so vollzogen werden muss, dass ein verfassungsmäßiger, d.h. verhältnismäßiger Ausgleich zwischen den Verfassungswerten „Lehrfreiheit" und „Tierschutz" hergestellt wird. 17

Bei einer historischen, systematischen, völkervertrags- und verfassungskonformen **Auslegung** des Gesetzes spricht alles dafür, dass die nach § 15 zuständige **Behörde** sowohl das Recht als auch die Pflicht hat, **objektiv zu prüfen,** ob die angestrebten Ausbildungsziele durch eine alternative Methode oder eine Kombination solcher Methoden gleichwertig erreicht werden können oder nicht. – Historische Auslegung: Die mit dem ÄndG 1998 eingefügte Befugnis der Behörde, nach Abs. 1 S. 3 eine Begründung dafür zu verlangen, weshalb der angestrebte Zweck nicht durch tierverbrauchsfreie Methoden erreicht werden kann, ginge ins Leere, wenn ihr nicht auch ein entsprechendes Prüfungsrecht zustünde. – Systematische Auslegung: Könnte der Dozent selbst entscheiden, wann alternative Methoden dem Tierversuch bzw. dem Präparieren am extra dafür getöteten Tier gleichwertig sind und wann nicht, so führte dies im Rahmen von § 18 Abs. 1 Nr. 19 zu dem merkwürdigen Ergebnis, dass der Adressat einer Bußgeldnorm selbst darüber zu befinden hätte, ob er dagegen verstoßen hat oder nicht. – Völkervertragskonforme Auslegung: Die in Art. 25 Abs. 3 Europäisches Versuchstierübereinkommen (EVÜ) ausgesprochene Verpflichtung, Tierversuche in der Ausbildung „auf das unbedingt Notwendige zu 18 beschränken“, ist objektiv abgefasst, setzt also voraus, dass es tatsächlich (und nicht nur nach der Einschätzung des Dozenten) an gleichwertigen Alternativen fehlt. Eine in einem internationalen Übereinkommen vorausgesetzte objektive Notwendigkeit kann nicht durch das nationale Recht einer der Vertragsparteien einseitig versubjektiviert werden. – Verfassungskonforme Auslegung: Nachdem der Tierschutz ein verfassungsrechtlich geschütztes Staatsziel geworden ist, sind Abwägungen mit anderen Verfassungsgütern nicht abstrakt, sondern konkret nach dem Ausmaß der jeweiligen (Ziel-)Betroffenheit vorzunehmen; das aber setzt voraus, dass vorher alle abwägungsrelevanten Tatsachen und Gesichtspunkte vollständig ermittelt und gesammelt werden; folglich müssen die Behörden und Gerichte auf die Frage nach möglichen Alternativmethoden nunmehr eine eigenständige und rechtlich verbindliche Antwort geben (*Unruh* DtW 2003, 183, 186; s. auch Art. 20a GG Rn. 28–32).

19 Im Rahmen ihrer **Pflicht zur Amtsermittlung** (§ 24 VwVfG; s. auch § 8 Rn. 6) lassen sich für die Behörde zwei Situationen unterscheiden: **1.** Falls es sich um einen Tierversuch oder eine Tiertötung handelt, der/die für den jeweiligen Ausbildungsgang an anderen Hochschulen/Einrichtungen bereits durch alternative Methoden ersetzt oder auch als verzichtbar eingestuft wird, ist zu fragen: Welche Hochschulen/Einrichtungen sind dazu übergegangen, diesen Eingriff zu ersetzen bzw. zu vermeiden? Welche Erfahrungen sind dabei gemacht worden? Werden die so zustande gekommenen Prüfungen auch in anderen Bundesländern anerkannt? Gibt es Erkenntnisse, dass die so geprüften Absolventen schlechtere Ärzte, Tierärzte oder Biologen geworden sind? – **2.** Falls es um einen Eingriff geht, der für die betreffende Ausbildung noch überall für notwendig gehalten wird, lauten die Fragen, die sich die Behörde stellen sollte: Welche alternative Methode oder Methodenkombination könnte hier in Betracht kommen? Sind davon im Hinblick auf alle Ausbildungsziele gleichwertige Ergebnisse zu erwarten? Falls nein: Wird ein Defizit, das für eines dieser Ziele zu erwarten ist, dadurch aufgewogen, dass ein anderes Ziel besser und nachhaltiger erreicht wird als mit dem Tierversuch bzw. mit der Tötung? Oder könnte dieses Defizit durch die Einbeziehung eines zusätzlichen Verfahrens in die Methodenkombination vermieden werden? – Die Behörde muss berücksichtigen, dass dem Beharren auf überkommenen Ausbildungsversuchen und Tiertötungen auch ein Kenntnismangel der Dozenten über den aktuellen Stand der Alternativmethodenforschung zugrunde liegen kann (vgl. *Spielmann* in Evang. Akademie Bad Boll, Tierarzt S. 107: Viele Physiologen beharrten auf ihrer Meinung von der Unverzichtbarkeit des Tierversuchs, weil ein Ersatz von Tierversuchen häufig Kenntnisse in modernen Methoden voraussetze, wie sie bei Tierärzten und Ärzten üblicherweise nicht vorhanden seien).

20 Auch die **ethische Vertretbarkeit** ist zu prüfen (vgl. die Verweisung in § 10 Abs. 2 S. 1 auf § 8a Abs. 5 und die dortige Bezugnahme auf § 7 Abs. 3; näher dazu *Caspar* NVwZ 1998, 814, 815; *Cirsovius* S. 188). Konsequenz: Für den Fall, dass auch bei Anwendung einer optimalen Alternativmethode oder -methodenkombination Defizite für einen der Ausbildungszwecke verbleiben, die nicht durch Vorteile für einen anderen aufgewogen werden, ist der Tierversuch bzw. die Tiertötung nur dann ethisch vertretbar, wenn der verbleibende Nachteil für die Ausbildung schwerer wiegt als die den Tieren mit dem Versuch bzw. der Tötung zugefügten Schmerzen, Leiden und/oder Schäden (zu dieser Nutzen-Schaden-Abwägung s. § 7 Rn. 49, 58, 59; vgl. auch *Gruber/Dewhurst* ALTEX 21, Supplement 1/2004, 33: „In Ländern, in denen Tierversuche zu Ausbildungszwecken nahezu auf Null reduziert sind, werden nicht weniger gute Wissenschaftler an den Hochschulen herangebildet“).

21 Bleibt auch nach Ausschöpfung aller Ermittlungsmöglichkeiten **ungeklärt,** ob die in Betracht kommende Alternativmethode oder -methodenkombination unausgeglichene Defizite für einen der Ausbildungszwecke erwarten lässt und ob diese Nachteile schwerer wiegen als die Belastungen der Versuchstiere, so ist der Tierversuch bzw. die Tiertötung **nicht zulässig.** Dafür spricht bereits der Wortlaut des Gesetzes („...dürfen nur vorgenommen werden, soweit ihr Zweck nicht...“) und des EVÜ (vgl. Art. 25 Abs. 3: „sie sind

nur zulässig, wenn ihr Ziel nicht …“). In die gleiche Richtung weisen die Gesetzesmaterialien (vgl. die amtl. Begr. zu dem in § 10 Abs. 2 in Bezug genommenen § 9, BT-Drucks. 10/3158 S. 25: „Es muss gewiss sein, dass in anderer Weise nicht vorgegangen werden kann“). Die systematische Auslegung muss zusätzlich den (ebenfalls durch § 10 Abs. 2 in Bezug genommenen) § 8a Abs. 5 berücksichtigen, der verlangt, dass sowohl die Unerlässlichkeit als auch die ethische Vertretbarkeit „sichergestellt“ sein müssen. Vgl. iÜ die entsprechende Beweislastregelung bei § 1 S. 2 (s. § 1 Rn. 67).

V. Gewissens- und Berufswahlfreiheit von Studierenden contra Lehrfreiheit von Hochschullehrern

Studierende der Biologie, der Human- und der Veterinärmedizin haben in der Vergangenheit immer wieder die **Teilnahme an Praktika** mit Tierversuchen oder mit Organpräparaten von zuvor getöteten Tieren **abgelehnt und sich dabei auf ihr Gewissen berufen.** Häufige Folge war, dass sie notwendige Scheine nicht erlangen konnten und, sofern kein Wechsel an eine Hochschule ohne erzwungenen Tierverbrauch möglich war, das Studium aufgeben mussten. In diesem Fall war neben der Gewissensfreiheit nach Art. 4 Abs. 1 GG auch das Grundrecht auf Berufswahlfreiheit nach Art. 12 Abs. 1 GG betroffen. – In der Rechtsprechung wurde für den Bereich der Humanmedizin ein Anspruch auf Ermöglichung eines „tierverbrauchsfreien Physiologiepraktikums“ bejaht, u. a. mit der Begründung, dass einige deutsche Universitäten bereits dazu übergegangen seien, ihren Studierenden dies anzubieten, und dass die so erworbenen Praktikumsscheine auch von den zuständigen Landesprüfungsämtern anerkannt würden. Zudem sei das Grundrecht der Lehrfreiheit des Hochschullehrers weniger schwer betroffen als die Gewissens- und Berufsfreiheit der Studierenden, da es nicht um die Lehrinhalte, sondern nur um die Methode ihrer Vermittlung gehe und sich Freiheitsgrenzen aus der institutionellen Ausbildungsaufgabe der Universität ergäben (vgl. VG Frankfurt/M NJW 1991, 768 ff.; im Ergebnis bestätigt durch VGH Kassel NJW 1992, 2373). – Überwiegend wurde indes der Lehrfreiheit des Hochschullehrers der Vorrang zuerkannt: Die Grundrechte der Studierenden seien nur dann stärker betroffen, wenn es alternative Lehrmethoden gebe, die die geforderten Versuche bzw. Tötungen vollständig ersetzen könnten; die Frage aber, ob solche Alternativen den tierverbrauchenden Übungen gleichwertig seien, liege allein im wissenschaftlich-pädagogischen Beurteilungsspielraum der Dozenten und könne gerichtlich nur eingeschränkt überprüft werden (so für die Zeit vor Inkrafttreten des Art. 20a GG insbesondere VGH Mannheim VBlBW 1996, 356, 357; vgl. auch VGH Kassel NJW 1994, 1608, 1609 und VGH München NVwZ-RR 1993, 190, 191. Zum Ganzen auch *v. Loeper* ZRP 1996, 143 f.; *Brandhuber* NWwZ 1993, 642; *Cirsovius* NuR 1992, 65 ff.). 22

Das **BVerwG** hat 1997 folgende **Grundsätze aufgestellt: 1.** Das Grundrecht der Gewissensfreiheit des Studierenden sei betroffen, wenn dieser eine ernsthafte Gewissensentscheidung gegen Tierversuche und gegen das Töten von Tieren zu Ausbildungszwecken getroffen habe. – **2.** Zur Lehrfreiheit des Hochschullehrers gehöre auch, im Rahmen der staatlichen Ausbildungsvorschriften selbst über Inhalt, Ablauf und methodische Ausgestaltung der Lehrveranstaltungen zu bestimmen. – **3.** Diese Lehrfreiheit werde durch den Tierschutz nicht eingeschränkt, weil dieser keinen Verfassungsrang habe und deshalb auch nicht in die Lösung des verfassungsrechtlichen Spannungsverhältnisses einzubeziehen sei (zur jetzt geänderten Verfassungslage s. Rn. 25). – **4.** Der Konflikt zwischen den kollidierenden Grundrechten müsse nach dem Grundsatz des schonendsten Ausgleichs und, wenn ein solcher nicht möglich sei, im Wege der Abwägung gelöst werden. – **5.** Dabei treffe den Studierenden eine Darlegungslast: Er müsse für jeden einzelnen Versuch bzw. für die Tiertötung frühzeitig darlegen, welche schonenden Alternativen es dazu gebe, an welchen Hochschulen o. Ä. diese angewendet würden und welche Erfahrungen damit gewonnen worden seien. Berufe er sich auf die Verfügbarkeit von sowieso-toten Tieren, 23 so müsse er auch darlegen, auf welche Weise diese beigebracht werden könnten. – **6.** Würden diese Alternativen rechtzeitig und konkret benannt, so müsse die Hochschule sie prüfen und ggf. übernehmen, wenn dadurch die Durchführung der Übungen und das damit verfolgte Ausbildungsziel nicht gefährdet würde. Dies könne das Gericht durch Einholung von Sachverständigengutachten aufklären (BVerwG NVwZ 1998, 853ff. im Gegensatz zu VGH Mannheim aaO; vgl. *Caspar* NVwZ 1998, 814ff.).

24 Die **tatsächliche Situation an den Hochschulen** ist höchst unterschiedlich. In der Humanmedizin verzichten mittlerweile 42 % aller deutschen Fakultäten für das Physiologiepraktikum und 30 % für das Biologiepraktikum auf jeglichen Tierverbrauch. Weitere 14 % (Physiologie) bzw. 33 % (Biologie) geben ihren Studierenden die Möglichkeit, Tätigkeiten mit Tierverbrauch zu umgehen. – Auch in der Veterinärmedizin gibt es einen Trend „weg vom Tierverbrauch". Insbesondere die Froschversuche im Physiologiepraktikum sind an den meisten Fakultäten abgeschafft. (s. Rn. 11). – In der Biologie (Sekundarstufe II und Diplom) werden dagegen allein für das zoologische Anfängerpraktikum etwa 40000 Tiere jährlich getötet. Einige wenige Universitäten verzichten jedoch inzwischen darauf oder geben ihren Studierenden die Möglichkeit zu Alternativen (Bremen, Freiburg, Göttingen, evtl. auch Essen und Jena). Im tierphysiologischen Praktikum sind es mittlerweile zwölf Fakultäten, die auf einen Teilnahmezwang an Tierversuchen verzichten (dazu und zum Ganzen *Satis* S. 12–14). – In den Niederlanden, Schweden und Italien wird allen Studierenden die Möglichkeit gegeben, die Mitwirkung an tierverbrauchenden Übungen aus Gewissensgründen zu verweigern.

25 Die **durch die Neufassung von Art. 20a GG veränderte Rechtslage** ist auch in diesem Zusammenhang von Bedeutung, hat doch das Bundesverwaltungsgericht seine Entscheidung ausdrücklich mit dem damals noch fehlenden Verfassungsrang des Tierschutzes begründet (s. Rn. 23). Die Abwägungssituation ist eine andere geworden, nachdem der Lehrfreiheit jetzt nicht mehr allein die Grundrechte der Gewissens- und der Berufsfreiheit, sondern auch noch das Verfassungsgut Tierschutz gegenüberstehen (zur Gleichrangigkeit des Tierschutzes mit den anderen Verfassungsprinzipien und zur dadurch bewirkten „Anreicherung und Ausdehnung" der Grundrechte der Studierenden vgl. *Kloepfer/Rossi* JZ 1998, 369, 373). Folge: Die Lehrfreiheit muss zurückstehen, wenn es objektiv (und nicht erst nach Einschätzung des Dozenten) eine Alternativmethode oder -methodenkombination gibt, die einen in der Gesamtschau gleichwertigen Ausbildungserfolg herbeiführt. Ob dies der Fall ist, muss (gemäß dem im Verwaltungsrecht allgemein herrschenden Amtsermittlungsgrundsatz, vgl. §§ 24, 26 VwVfG, § 86 VwGO) von Behörden und Gerichten selbstständig geprüft und notfalls mit Hilfe neutraler Gutachter aufgeklärt werden (vgl. *Hillmer* S. 195; *v. Knorre* AgrarR 2002, 378, 379). Dabei ist auch zu bedenken, ob etwa verbleibende Defizite für einen Ausbildungszweck durch Vorteile für einen anderen oder durch die Einbeziehung einer weiteren zusätzlichen Alternative ausgeglichen werden können (s. Rn. 8). Bei dennoch verbleibenden Defiziten müssen diese sowohl mit den Belastungen für die Tiere als auch mit den Rechten der Studierenden abgewogen werden. Gründe, von einer vollständigen Ermittlung und Sammlung aller für diese Abwägung relevanten Tatsachen und Gesichtspunkte Abstand zu nehmen, sind jedenfalls seit der Grundgesetzänderung entfallen (s. auch Art. 20a GG Rn. 28–32). – Verbleibt auch nach einer Beweisaufnahme ein non-liquet, so spricht alles dafür, der durch das Staatsziel angereicherten und ausgedehnten Gewissensfreiheit der Studierenden den Vorrang zu geben. Zu den für § 10 Abs. 1 allgemein geltenden Gesichtspunkten (s. Rn. 21) tritt hinzu, dass niemand gezwungen werden darf, an einer auch nur möglicherweise rechtswidrigen Veranstaltung teilzunehmen. Zu bedenken ist auch, dass der Dozent dem Studierenden quasi hoheitlich, nämlich im Rahmen der institutionellen Ausbildungsaufgabe der Universität gegenübertritt und dass in einem solchen Über-Unterordnungsverhältnis die Grundrechte nicht „von oben nach unten" geltend gemacht werden sollten (vgl. *Cirsovius* NVwZ 2002, 39ff.; *ders.* NuR 1992, 65ff. Vgl. auch die Schlussfolgerung des ECVAM-workshops 1998 auf Kreta, zitiert nach *Gruber/Dewhurst* ALTEX 21, Supplement

1/2004, 34: „Giving students the choice in the early states of their study between using animals or animal-free learning methods to gain knowledge also helps them to develop an appropriate attitude towards the use of animals").

VI. Begründungsverlangen nach Abs. 1 S. 3

Ob die Behörde ein Begründungsverlangen ausspricht, steht in ihrem Ermessen. Bei Anhaltspunkten, dass es zu dem Ausbildungsversuch bzw. der Tiertötung eine gleichwertige Alternative oder Alternativenkombination geben könnte, wird das Ermessen gemäß § 24 Abs. 1 VwVfG auf Null reduziert sein, besonders dann, wenn an anderen Hochschulen bereits mit diesen Alternativen gearbeitet wird. Das Verlangen richtet sich an den Leiter der Ausbildung oder seinen Stellvertreter (§ 10 Abs. 3; vgl. *Kluge/Goetschel* § 10 Rn. 17). Die Behörde kann es entweder formlos oder mittels Verwaltungsakts nach § 16 a S. 1 aussprechen. Eine Frist kann eingeräumt werden; sie muss nicht lang sein, weil sich der Verantwortliche schon vorher Gedanken über die Unerlässlichkeit seines Vorhabens machen muss (vgl. *L/M* § 10 Rn. 13). **26**

VII. Entsprechend anwendbare Bestimmungen nach Abs. 2. Verantwortlichkeit nach Abs. 3

Nach **Abs. 2 S. 1** gilt die Pflicht zur Anzeige und Änderungsanzeige (§ 8 a Abs. 1–4) entsprechend, jedoch mit einer Modifikation nach S. 2. Einbezogen ist auch § 8 a Abs. 5, also auch die Pflicht zur Prüfung der ethischen Vertretbarkeit nach § 7 Abs. 3 (vgl. *Caspar* NVwZ 1998, 814, 815; s. auch Rn. 20). Hat die Behörde aufgrund konkreter Tatsachen (insbesondere weil andere, ebenfalls angesehene Hochschulen auf den Ausbildungsversuch bzw. die Tötung verzichten) Bedenken hinsichtlich der Unerlässlichkeit und/oder der ethischen Vertretbarkeit und kann der Ausbildungsleiter diese Bedenken nicht innerhalb einer ihm gesetzten Frist ausräumen, so müssen der Versuch bzw. die Tötung nach Abs. 2 S. 1 i.V.m. § 8 a Abs. 5 untersagt werden. – § 8 b gilt ebenso. – § 9 Abs. 1 gilt gleichfalls, allerdings mit der Modifikation, dass es genügt, wenn die erforderliche Qualifikation auf Seiten des Leiters bzw. Stellvertreters vorhanden ist und dieser während der Versuchsdurchführung bzw. Tötung ständig anwesend ist und die Aufsicht führt. Nach S. 3 genügt auch die ständige Anwesenheit und Aufsicht einer anderen von der Leitung beauftragten Person, wenn sie die Sachkunde nach § 9 Abs. 1 S. 1 und die Qualifikationen nach § 9 Abs. 1 S. 2 und 3 bzw. die behördliche Ausnahmegenehmigung nach S. 4 besitzt. Zu den Prüfungsfragen, die sich die Behörde im Rahmen von § 9 Abs. 1 S. 1 stellen sollte, s. § 9 Rn. 2. – Über § 9 Abs. 2 muss das Gebot des unerlässlichen Maßes auch bezüglich der Zahl der betroffenen Tiere, ihrer Entwicklungshöhe und hinsichtlich des „Wie" des Versuchs beachtet werden. Die besonderen Konkretisierungen des Unerlässlichkeitsgrundsatzes nach Abs. 2 S. 3 Nr. 1–8 gelten ebenfalls. Zur Bedeutung von Nr. 3, wenn gleichwertige Alternativen zwar denkbar sind, aber mehr Kosten, Arbeit und/oder Zeit erfordern, s. Rn. 6 und § 9 Rn. 10). – Die Aufzeichnungen nach § 9 a müssen ebenfalls gemacht, aufbewahrt und auf Verlangen vorgelegt werden. **27**

Verantwortlich nach Abs. 3 ist derjenige, der das einzelne Aus-, Fort- oder Weiterbildungsvorhaben leitet, also der Kursleiter, Übungsleiter o. Ä. (vgl. *L/M* § 10 Rn. 16). Im Verhinderungsfall ist es der Stellvertreter. Sorgt aber der Leiter nicht rechtzeitig für eine qualifizierte Stellvertretung, so bleibt es bei seiner Verantwortung (s. § 9 Rn. 28). **28**

VIII. Ordnungswidrigkeiten

Der **Leiter oder sein Stellvertreter** begehen eine Ordnungswidrigkeit nach § 18 Abs. 1 **29**
Nr. 19, wenn sie durch eigenes Tun vorsätzlich oder fahrlässig gegen eine der Vorschriften

des Abs. 1 oder Abs. 2 verstoßen, aber auch dann, wenn Dritte (zB Personen, die den Ausbildungsversuch bzw. die Tötung unmittelbar durchführen) einen Verstoß begehen und der Leiter oder Stellvertreter dies durch rechtzeitiges Einschreiten hätten verhindern können („nicht für die Einhaltung … sorgt"). – Beispiele: Ein Ausbildungsversuch oder eine Tiertötung werden durchgeführt, obwohl durch eine Alternativmethodenkombination die Ausbildungszwecke insgesamt (s. Rn. 8) gleichwertig erreicht werden könnten bzw. die insoweit verbleibenden Nachteile weniger schwer wiegen als die den Tieren zugefügten Leiden, Schmerzen und Schäden (s. Rn. 20); Ausbildungsversuch oder Tötung an einer Einrichtung, die nicht unter die in Abs. 1 S. 1 Nr. 1 genannten Ausbildungsinstitute fällt; auf ein behördliches Begründungsverlangen nach Abs. 1 S. 3 wird die Begründung nicht, nicht vollständig oder unrichtig gegeben; eine nach Abs. 2 Sätze 1 und 2 i. V. m. § 8a notwendige Anzeige unterbleibt oder wird nicht richtig, nicht vollständig oder nicht rechtzeitig vorgenommen; der nach Abs. 2 S. 1 i. V. m. § 8b notwendige Tierschutzbeauftragte wird nicht bestellt; die Person, die die Eingriffe oder Behandlungen beaufsichtigt, besitzt nicht die nach Abs. 2 S. 3 i. V. m. § 9 Abs. 1 vorgeschriebene Sachkunde und Qualifikation oder ist nicht ständig anwesend; bei der Durchführung des Versuchs wird gegen das „Wie des unerlässlichen Maßes nach Abs. 2 S. 1 i. V. m. § 9 Abs. 2 verstoßen; es wird gegen eine der Konkretisierungen des unerlässlichen Maßes nach § 9 Abs. 2 S. 3 Nr. 1–8 verstoßen; Aufzeichnungen nach Abs. 2 S. 1 i. V. m. § 9a werden nicht, nicht richtig oder nicht vollständig gemacht, nicht unterzeichnet, nicht lange genug aufbewahrt oder auf Verlangen nicht vorgelegt. – Bei Fahrlässigkeit ermäßigt sich das Höchstmaß der Geldbuße auf die Hälfte der angedrohten 5000 Euro, also auf 2500 Euro (§ 18 Abs. 4 i. V. m. § 17 Abs. 2 OWiG). – Die Ordnungswidrigkeit nach § 18 Abs. 1 Nr. 19 kann, wenn dem Tier erhebliche Schmerzen, Leiden oder Schäden zugefügt werden, mit einer Ordnungswidrigkeit nach § 18 Abs. 1 Nr. 1 oder Abs. 2 rechtlich zusammentreffen (Bußgeldrahmen dann bis 25 000 Euro bzw. bei Fahrlässigkeit 12 500 Euro, vgl. § 18 Abs. 4). Auch eine Straftat nach § 17 kann vorliegen; insbesondere fehlt es für eine Tiertötung an einem vernünftigen Grund nach § 17 Nr. 1, wenn die Ausbildungszwecke auch mit anderen Methoden gleichwertig erreicht werden können oder wenn die insoweit verbleibenden Nachteile weniger schwer wiegen als die den Tieren zugefügten Belastungen. – Wenn eine Behörde, der ein nach Abs. 1 S. 2, Abs. 2 rechtswidriges Vorhaben angezeigt wurde, untätig geblieben ist, schafft dies für die unmittelbar Tatbeteiligten weder einen Rechtfertigungs- noch einen Entschuldigungsgrund. Vielmehr stellt sich auf Seiten des zuständigen Amtsträgers dann die Frage einer strafbaren Beihilfe durch Unterlassen (s. § 17 Rn. 67 und § 18 Rn. 9).

Siebenter Abschnitt. Eingriffe und Behandlungen zur Herstellung, Gewinnung, Aufbewahrung oder Vermehrung von Stoffen, Produkten oder Organismen

§ 10a

[1] Zur Herstellung, Gewinnung, Aufbewahrung oder Vermehrung von Stoffen, Produkten oder Organismen dürfen Eingriffe oder Behandlungen an Wirbeltieren, die mit Schmerzen, Leiden oder Schäden verbunden sein können, nur vorgenommen werden, wenn die Voraussetzungen des § 7 Abs. 2 und 3 vorliegen. [2] Wer Eingriffe oder Behandlungen vornehmen will, hat diese spätestens zwei Wochen vor Beginn der zuständigen Behörde anzuzeigen. [3] Die Behörde kann die Frist auf Antrag verkürzen. [4] § 8a Abs. 2 bis 5, §§ 8b, 9 Abs. 1 Satz 1, Abs. 2, 3 Satz 1 und § 9a gelten entsprechend.

Übersicht

I. Anwendungsbereich, Abgrenzungen

1 **Geregelt** werden Verfahren, die auf die Herstellung, Gewinnung, Aufbewahrung oder Vermehrung von Stoffen, Produkten oder Organismen gerichtet sind. Organismus ist hier jede biologische Einheit, die fähig ist, sich zu vermehren oder genetisches Material zu übertragen (§ 3 Nr. 1 GenTG). Gedacht wird insbesondere an die Gewinnung monoklonaler oder polyklonaler Antikörper, an die Aufbewahrung und Vermehrung von Organismen wie Viren, Bakterien, Protozoen, Pilzen, Helminthen, Arthropoden und an die Erhaltung und Vermehrung von Tumorzellen (AVV Nr. 11). Auch die Herstellung von Immunseren und anderen antikörperhaltigen Produkten durch labortechnische Verfahren werden erfasst, sofern sie routinemäßig durchgeführt werden (s. Rn. 2). – Im Rahmen des Verfahrens muss es zu Eingriffen oder Behandlungen an Wirbeltieren kommen. Eingriffe s. § 5 Rn. 1. Behandlungen s. § 7 Rn. 1. Wirbeltiere s. § 4 Rn. 1. – Die Eingriffe oder Behandlungen müssen potenziell geeignet sein, Schmerzen, Leiden oder Schäden auszulösen. Es gilt insoweit dasselbe wie bei § 7, also: Eine diesbezügliche Möglichkeit genügt; erheblich brauchen die Belastungen nicht zu sein; auch auf ihre Zeitdauer kommt es nicht an; einfache, kurzzeitige Belastungen der Tiere reichen aus.

2 § 10 a **greift nur ein,** wenn die Eingriffe oder Behandlungen nach bereits bekannten und ausreichend erprobten Verfahren ablaufen. Geht es dagegen auch um Erkenntnissuche, d. h. auch um eine Antwort für ein noch nicht vollständig gelöstes Problem, so liegt ein Tierversuch vor, der nach den §§ 7 und 8 der Genehmigung bedarf. Dies ist auch dann der Fall, wenn mit einem Verfahren gearbeitet wird, mit dem noch nicht so viele praktische Erfahrungen gewonnen worden sind, dass man es bereits als routinemäßig ansehen kann (vgl. *Baumgartner* in: *Caspar/Koch* S. 16). – Die Entwicklung einer transgenen Tierlinie ist nach diesen Maßstäben stets ein Tierversuch (s. § 7 Rn. 2 und BMELV, Tierschutzbericht 1997, S. 110). Das Klonen ist ebenfalls ein Tierversuch, wenn mit Kerntransfertechniken gearbeitet wird; anders dagegen, wenn etablierte Verfahren des Embryonensplittings angewendet werden und keine belastungserhöhenden Abweichungen von der erprobten Technik stattfinden und auch kein übergeordneter experimenteller Ansatz vorliegt (s. § 7 Rn. 2 und BMELV Tierschutzbericht 2001, XIV 2). Erste pharmakodynamische und pharmakokinetische Untersuchungen zum Wirkungsnachweis von Arzneimitteln sind Tierversuche, die grds. der Genehmigungspflicht nach § 8 Abs. 1 unterstehen; die Frage einer möglichen Genehmigungsfreiheit für weiterführende Versuche dieser Art richtet sich nicht nach § 10 a, sondern nach § 8 Abs. 7 S. 1 Nr. 1 b (s. § 8 Rn. 30; vgl. auch BMELV, Tierschutzbericht 1997, S. 113, 114). – In Zweifelsfällen wird man die Eingriffe oder Behandlungen nach dem Gebot zu tierfreundlicher Auslegung der weitergehenden Schutzvorschrift des § 7 unterstellen müssen (vgl. AVV Nr. 10.1.4 zur ähnlichen Problematik bei § 10). – Geht es um die Vermittlung, Erweiterung oder Vertiefung der für einen Beruf notwendigen Kenntnisse und Fähigkeiten, so gilt § 10.

II. Unerlässlichkeit nach S. 1 i. V. m. § 7 Abs. 2

3 Das Produkt, das entwickelt und hergestellt werden soll, muss einem **Zweck nach § 7 Abs. 2 Nr. 1–4** dienen (s. § 7 Rn. 6–10).

4 An der **Unerlässlichkeit** fehlt es, wenn es eine Alternativmethode oder eine Kombination solcher Methoden gibt, die ohne oder mit weniger Tierverbrauch auskommt und die die Herstellung desselben oder eines (mit Blick auf den Zweck nach § 7 Abs. 2) gleichwertigen Produktes ermöglicht. Mehrkosten und/oder ein erhöhter Arbeits- und Zeitaufwand, die mit dem Einsatz dieser tierschonenden Methoden verbunden sind, müssen in Kauf genommen werden (s. § 7 Rn. 19). – Beispiel nach *Kluge/Goetschel* § 10a Rn. 7: Zwei Unternehmen entwickeln ein diagnostisches Produkt, mit dessen Hilfe die Pankreatitis (Bauchspeicheldrüsenentzündung) anhand von Stuhlproben erkannt werden kann. Unternehmen 1 verwendet dazu monoklonale Antikörper, die mittels Hybridomtechnologie, also im Wesentlichen ohne Tierverbrauch hergestellt werden. Unternehmen 2 arbeitet dagegen mit polyklonalen Antikörpern, die aus dem Blut lebender Tiere gewonnen werden und deshalb zu ständigen Eingriffen an immer neuen Tieren führen. Unternehmen 2 verstößt damit gegen § 10a S. 1 i.V.m. § 7 Abs. 2, auch dann, wenn das von Unternehmen 1 tierverbrauchsfrei erzeugte Produkt nicht genau dasselbe ist, denn es ist im Hinblick auf den Diagnosezweck gleichwertig. Dass das Verfahren von Unternehmen 2 preisgünstiger ist, bildet keine Rechtfertigung (vgl. § 9 Abs. 2 S. 3 Nr. 3). Fraglich ist allerdings, ob Unternehmen 1 deswegen gegen Unternehmen 2 einen Unterlassungsanspruch nach § 1 UWG hat (verneinend OLG Hamburg NVwZ-RR 2003, 347, 349 unter Hinweis auf die vorrangige Zuständigkeit der Behörde nach §§ 10a S. 4, 8a Abs. 5. Vgl. auch BGHZ 140, 134, 138; BGH NJW 1996, 122ff.; *Schindler* NJW 1996, 1802ff.; *Kluge/Goetschel* aaO).

5 **Monoklonale Antikörper zur Abgabe an Dritte** dürfen nur noch in vitro hergestellt werden. Ihre Herstellung in vivo (d.h. in der Bauchhöhle einer Aszites-Maus) entspricht nicht mehr dem Stand der wissenschaftlichen Erkenntnisse und verstößt gegen § 17 Nr. 2b (vgl. BMELV, Tierschutzbericht 2001, XIV 1.3). Eine Ausnahme von dem Verbot kann nur unter den Voraussetzungen des rechtfertigenden Notstandes anerkannt werden, d.h. wenn zur Heilung eines Menschen Antikörper dringend benötigt werden, die rechtzeitig weder mit einer in vitro Methode hergestellt noch von dritter Seite bezogen werden können (s. § 7 Rn. 44; dort auch zur Unzulässigkeit weiterer Ausnahmen).

III. Ethische Vertretbarkeit nach S. 1 i.V.m. § 7 Abs. 3

6 Zur ethischen Vertretbarkeit allgemein s. § 7 Rn. 49–68. Die Antikörper-Herstellung im Aszites-Verfahren (s. Rn. 5) dürfte – außer in Fällen des rechtfertigenden Notstandes – stets ethisch unvertretbar sein, s. insbesondere § 7 Rn. 58 und 64.

IV. Entsprechend anwendbare Vorschriften nach S. 2–4

7 Es besteht eine **Anzeigepflicht.** Die einzuhaltende Frist regelt Satz 2, den notwendigen Inhalt § 8a Abs. 2 (s. auch § 8a Rn. 6, 7). Über S. 4 gilt auch § 8a Abs. 5, d.h.: hat die Behörde aufgrund konkreter Anhaltspunkte Zweifel daran, dass das Vorhaben unerlässlich und ethisch vertretbar ist (zB weil von einem anderen Unternehmen gleichwertige Produkte ohne oder mit geringerem Tierverbrauch erzeugt werden; oder weil in Anbetracht schon vorhandener, ähnlicher Produkte der zusätzliche Nutzen des neuen Produkts nicht groß genug erscheint, um die Schmerzen, Leiden und Schäden der Tiere zu überwiegen, s. § 7 Rn. 62), so setzt sie dem Anzeigenden eine Frist; können die Zweifel bis Fristablauf nicht ausgeräumt werden, so hat sie das Vorhaben zu untersagen (gebundene Verwaltung, s. § 8a Rn. 12).

8 **Andere entsprechend anzuwendende Vorschriften** sind: § 8b (Tierschutzbeauftragter); § 9 Abs. 1 S. 1 (Sachkundeerfordernis, s. § 9 Rn. 1 und 2); § 9 Abs. 2 (unerlässliches Maß; Konkretisierungen, s. § 9 Rn. 6–26); § 9 Abs. 3 S. 1 (Verantwortlichkeit, s. § 9 Rn. 27 und 28); § 9a. – Hat die Behörde aufgrund konkreter Tatsachen Zweifel an der

Einhaltung des § 8b, des § 9 Abs. 1 S. 1 oder des § 9 Abs. 2, so verfährt sie ebenfalls nach § 8a Abs. 5 (s. dort Rn. 12).

V. Straftaten und Ordnungswidrigkeiten

Eine besondere Ordnungswidrigkeiten-Vorschrift gibt es nicht. Wenn aber durch die Produktion oder durch vorbereitende Maßnahmen Tieren erhebliche Schmerzen, Leiden oder Schäden zugefügt werden, so fehlt es an einem vernünftigen Grund nach § 18 Abs. 1 Nr. 1, wenn gegen S. 1 i.V.m. § 7 Abs. 2 oder Abs. 3 oder gegen eine der nach S. 2–4 entsprechend anwendbaren Vorschriften verstoßen wird (vgl. auch MünchKommStGB/*Pfohl* Bd. 5 § 17 TierSchG Rn. 97). Es liegt dann eine Ordnungswidrigkeit nach § 18 Abs. 1 Nr. 1 vor. Sofern den Tieren anhaltende oder sich wiederholende erhebliche Schmerzen oder Leiden zugefügt werden, handelt es sich um eine Straftat nach § 17 Nr. 2b. Bei Tiertötungen kommt § 17 Nr. 1 in Betracht. – Dass die Behörde von den Verstößen Kenntnis hat und nicht einschreitet, begründet für den Täter weder eine Rechtfertigung noch eine Entschuldigung; auf Seiten des zuständigen Amtsträgers kann eine Beihilfe durch Unterlassen vorliegen (s. § 17 Rn. 67 und § 18 Rn. 9). 9

Achter Abschnitt.
Zucht, Halten von Tieren, Handel mit Tieren

§ 11 [Erlaubnis]

(1) [1]Wer

1. Wirbeltiere
   a) nach § 9 Abs. 2 Nr. 7 zu Versuchszwecken oder zu den in § 6 Abs. 1 Satz 2 Nr. 4, § 10 Abs. 1 oder § 10a genannten Zwecken oder
   b) nach § 4 Abs. 3 zu dem dort genannten Zweck
   züchten oder halten,

2. Tiere für andere in einem Tierheim oder in einer ähnlichen Einrichtung halten,

2a. Tiere in einem Zoologischen Garten oder einer anderen Einrichtung, in der Tiere gehalten und zur Schau gestellt werden, halten,

2b. für Dritte Hunde zu Schutzzwecken ausbilden oder hierfür Einrichtungen unterhalten,

2c. Tierbörsen zum Zwecke des Tausches oder Verkaufes von Tieren durch Dritte durchführen oder

3. gewerbsmäßig
   a) Wirbeltiere, außer landwirtschaftliche Nutztiere und Gehegewild, züchten oder halten,
   b) mit Wirbeltieren handeln,
   c) einen Reit- oder Fahrbetrieb unterhalten,
   d) Tiere zur Schau stellen oder für solche Zwecke zur Verfügung stellen oder
   e) Wirbeltiere als Schädlinge bekämpfen

will, bedarf der Erlaubnis der zuständigen Behörde. [2]In dem Antrag auf Erteilung der Erlaubnis sind anzugeben:

1. die Art der betroffenen Tiere,

2. die für die Tätigkeit verantwortliche Person,

3. in den Fällen des Satzes 1 Nr. 1 bis 3 Buchstabe a bis d die Räume und Einrichtungen und im Falle des Satzes 1 Nr. 3 Buchstabe e die Vorrichtungen sowie die Stoffe und Zubereitungen, die für die Tätigkeit bestimmt sind.

[3]Dem Antrag sind Nachweise über die Sachkunde im Sinne des Absatzes 2 Nr. 1 beizufügen.

(2) Die Erlaubnis darf nur erteilt werden, wenn

1. mit Ausnahme der Fälle des Absatzes 1 Satz 1 Nr. 2c, die für die Tätigkeit verantwortliche Person auf Grund ihrer Ausbildung oder ihres bisherigen beruflichen oder sonstigen Umgangs mit Tieren die für die Tätigkeit erforderlichen fachlichen Kenntnisse und Fähigkeiten hat; der Nachweis hierüber ist auf Verlangen in einem Fachgespräch bei der zuständigen Behörde zu führen,
2. die für die Tätigkeit verantwortliche Person die erforderliche Zuverlässigkeit hat,
3. die der Tätigkeit dienenden Räume und Einrichtungen eine den Anforderungen des § 2 entsprechende Ernährung, Pflege und Unterbringung der Tiere ermöglichen und
4. in den Fällen des Absatzes 1 Satz 1 Nr. 3 Buchstabe e die zur Verwendung vorgesehenen Vorrichtungen und Stoffe oder Zubereitungen für eine tierschutzgerechte Bekämpfung der betroffenen Wirbeltierarten geeignet sind; dies gilt nicht für Vorrichtungen, Stoffe oder Zubereitungen, die nach anderen Vorschriften zu diesem Zweck zugelassen oder vorgeschrieben sind.

(2 a) [1]Die Erlaubnis kann, soweit es zum Schutz der Tiere erforderlich ist, unter Befristungen, Bedingungen und Auflagen erteilt werden. [2]Insbesondere kann angeordnet werden

1. die Verpflichtung zur Kennzeichnung der Tiere sowie zur Führung eines Tierbestandsbuches,
2. eine Beschränkung der Tiere nach Art, Gattung oder Zahl,
3. die regelmäßige Fort- und Weiterbildung,
4. das Verbot, Tiere zum Betteln zu verwenden,
5. bei Einrichtungen mit wechselnden Standorten die unverzügliche Meldung bei der für den Tätigkeitsort zuständigen Behörde,
6. die Fortpflanzung der Tiere zu verhindern.

(3) [1]Mit der Ausübung der Tätigkeit nach Absatz 1 Satz 1 darf erst nach Erteilung der Erlaubnis begonnen werden. [2]Die zuständige Behörde soll demjenigen die Ausübung der Tätigkeit untersagen, der die Erlaubnis nicht hat.

(4) Die Ausübung der nach Absatz 3 Satz 2 untersagten Tätigkeit kann von der zuständigen Behörde auch durch Schließung der Betriebs- oder Geschäftsräume verhindert werden.

(5) Wer gewerbsmäßig mit Wirbeltieren handelt, hat sicherzustellen, dass die für ihn im Verkauf tätigen Personen, mit Ausnahme der Auszubildenden, ihm gegenüber vor Aufnahme dieser Tätigkeit den Nachweis ihrer Sachkunde auf Grund ihrer Ausbildung, ihres bisherigen beruflichen oder sonstigen Umgangs mit Tieren oder ihrer entsprechenden Unterrichtung erbracht haben.

(6) [1]Wer gewerbsmäßig Gehegewild halten will, hat dies vier Wochen vor Aufnahme der Tätigkeit der zuständigen Behörde anzuzeigen. [2]In der Anzeige sind anzugeben:

1. Art, Zahl und Geschlecht der zu haltenden Tiere,
2. die für die Tätigkeit verantwortliche Person,
3. Angaben über Größe und Ausgestaltung des zu errichtenden Geheges,
4. Angaben über die Sachkunde der verantwortlichen Person.

[3]Die zuständige Behörde hat die Tätigkeit zu untersagen, wenn Tatsachen die Annahme rechtfertigen, dass die Einhaltung der Vorschriften des § 2 nicht sichergestellt ist, und diesem Mangel nicht innerhalb einer von der zuständigen Behörde gesetzten Frist abgeholfen worden ist. [4]Die Ausübung der nach Satz 3 untersagten Tätigkeit kann von der zuständigen Behörde auch durch Schließung der Betriebs- oder Geschäftsräume verhindert werden.

Übersicht

I. Allgemeines

Zur Entstehungsgeschichte des § 11: Das Tierschutzgesetz 1972 hat in § 11 einige Formen des Umgangs mit Tieren unter eine Anzeigepflicht gestellt. Durch das ÄndG 1986 wurde für diese und weitere Tätigkeiten ein Erlaubnisvorbehalt eingeführt. Mit dem ÄndG 1998 erweiterte der Gesetzgeber u. a. den Kreis der erlaubnispflichtigen Tätigkeiten und schuf außerdem die Möglichkeit, der Erlaubnis Nebenbestimmungen beizufügen. Für diejenigen Tätigkeiten, die 1998 erstmals unter Erlaubnisvorbehalt gestellt wurden, gilt eine Übergangsregelung (s. § 21). – Mit Art. 7b des Gesetzes zur Umsetzung von Vorschlägen zu Bürokratieabbau und Deregulierung aus den Regionen vom 21. 6. 2005 (BGBl. I S. 1666, 1668) wurde das gewerbsmäßige Züchten und Halten von Gehegewild aus der Erlaubnispflicht wieder herausgenommen und unter Anzeigepflicht gestellt (s. Abs. 6). 1

Nr. 12 der Allgemeinen Verwaltungsvorschrift (AVV) enthält sowohl norminterpretierende Vorschriften (d. h. Regelungen darüber, wie die Rechtsbegriffe des Gesetzes ausgelegt werden sollen) als auch Ermessensrichtlinien. Die Behörden sind daran grundsätzlich gebunden (vgl. § 37 S. 2 BRRG, § 55 S. 2 BBG und die entsprechenden Bestimmungen der Landesbeamtengesetze). Von einer norminterpretierenden Richtlinie muss aber abgewichen werden, wenn die dort vorgegebene Auslegung unzutreffend ist. Im übrigen sind von Verwaltungsvorschriften Abweichungen möglich, soweit dies im Einzelfall durch besondere Gründe gerechtfertigt ist (vgl. u. a. BVerwGE 15, 155; 19, 48; 34, 278; 58, 45, 49; 61, 15. Zu diesem Problem s. auch § 2 Rn. 3, 44 und Einf. Rn. 94). 2

§ 11 enthält zT **subjektive Berufszugangsbeschränkungen.** Diese sind mit Art. 12 Abs. 1 GG vereinbar (vgl. *L/M* § 11 Rn. 3; *Schiwy* § 11 „Allgemeines"; *Kluge/Goetschel* § 11 Rn. 1). 3

II. Kreis der erlaubnispflichtigen Tätigkeiten nach Abs. 1 S. 1

Züchten und Halten von Wirbeltieren zu wissenschaftlichen Zwecken, Nr. 1. „Züchten" wird üblicherweise definiert als die geplante Verpaarung von Tieren (vgl. BMELV Qualzuchtgutachten S. 5; zu der weitergehenden Definition nach Art. 1 § 1 des Gesetzes zur Bekämpfung gefährlicher Hunde s. § 11 b Rn. 2). IdR werden mit der Züchtung bestimmte Eigenschaften, Merkmale oder Merkmalskombinationen bei den Nachkommen angestrebt. Die Veränderung bereits existierender Tiere durch bio- oder gentechnische Maßnahmen ist keine Züchtung, ebenso wenig die Herstellung eines Tieres mit den Mitteln der Bio- oder Gentechnik (arg. ex § 11 b Abs. 1); werden aber transgene Tiere verpaart, so stellt dies wieder ein Züchten dar. – „Halten" s. § 2 Rn. 4. Str. ist, ob hier der weite Begriff des Haltens gilt (so dass auch der Betreuer und der Betreuungspflichtige 4 unter Nr. 1 fallen, s. § 2 Rn. 5–7; bejahend *Hackbarth/Lückert* B X 1.2, verneinend *L/M* § 11 Rn. 5) – „Wirbeltiere" s. § 4 Rn. 1. – Züchten und Halten sind erlaubnispflichtig, wenn die Tiere (später) zu Tierversuchen iS der §§ 7ff., zu Organ- oder Gewebeentnahmen iS des § 6 Abs. 1 S. 2 Nr. 4, zu Lehrversuchen iS des § 10 oder zu biotechnischen oder ähnlichen Maßnahmen iS des § 10a eingesetzt werden sollen. Ausreichend ist auch, wenn sie getötet und ihre Körper oder Organe anschließend zu einem dieser Zwecke verwendet werden sollen. – Gewerbsmäßig braucht das Züchten oder Halten nicht zu sein. Auch Zuchten und Haltungen, die an Hochschulen oder an nicht gewerblich tätige Forschungseinrichtungen angeschlossen sind, sind erlaubnispflichtig, ebenso Liebhaberzuchten, Gelegenheitszuchten u. a. m. Ausreichend ist auch, dass lediglich ein Teil der Tiere zu einem der genannten Zwecke verwendet werden soll; generell fällt jedes Einzeltier, insbesondere auch das schwächste oder schutzbedürftigste einer Gruppe, unter den ungeteilten Schutz des Gesetzes (vgl. VGH Mannheim NuR 1994, 487ff., 489).

5 **Tierheime und ähnliche Einrichtungen, Nr. 2.** Ein Tierheim ist eine Einrichtung, deren wesentliche Aufgabe die Aufnahme, pflegliche Unterbringung und ggf. Weitervermittlung von Fund- und Abgabetieren ist (vgl. BMELV, Tierschutzbericht 1997, S. 46; vgl. auch AVV Nr. 12.2.1.1: Einrichtungen, die auf Dauer angelegt sind und überwiegend der Aufnahme und Pflege von Fund- oder Abgabetieren dienen). „Für andere" werden Tiere gehalten, wenn sie sich noch im Eigentum des abgebenden Tierhalters oder eines Dritten oder in der Obhut einer Behörde befinden. Dass die aufgenommenen Tiere einige Zeit nach ihrer Aufnahme ins Eigentum des Tierheimbetreibers übergehen, ändert an der Erlaubnispflicht nichts, denn es reicht aus, dass grds. und zeitweise auch die Haltung für andere vorgesehen ist. – Für eine tierheimähnliche Einrichtung soll ausreichen, dass eine der Funktionen erfüllt wird, die bei Tierheimen geläufig sind, wie beispielsweise die Tätigkeit als Auffangstation, die vorläufige Unterbringung von Tieren aus Gründen der öffentlichen Ordnung und zum Schutz der betroffenen Tiere oder auch eine Tierpension. Wer also alten Tieren eine Heimat gibt, darüber hinaus aber auch Tiere von Dritten, etwa während Urlaubsabwesenheit, vorübergehend aufnimmt, betreibt damit insgesamt eine tierheimähnliche Einrichtung (vgl. VG Stuttgart NuR 2003, 710, 711). – Tierpensionen, Tierhotels u. Ä., wo Tiere von ihren Eigentümern, Haltern oder Betreuern für eine gewisse Zeit untergebracht und später wieder abgeholt werden, fallen als tierheimähnliche Einrichtung unter Nr. 2 (vgl. *L/M* § 11 Rn. 8). – Dient eine Einrichtung ausschließlich oder ganz überwiegend der Unterbringung herrenloser, derelinquierter (§ 959 BGB) oder wilder Tiere (zB als Igelauffangstation, Auffangstation für Seehunde, Greifvögel o. Ä.), ist fraglich, ob man hier noch von einer Haltung „für andere" sprechen kann, da es dann an einem anderen Eigentümer, Halter, Betreuer etc. fehlt (vgl. aber *Lorz* § 11 Rn. 12: Danach soll auch die Gemeindepolizei „anderer" sein; dies erscheint aber zu weitgehend). – Bei Gnadenhöfen, die ausschließlich dazu dienen, alten oder kranken Tieren eine Heimat zu geben und deren Tiere dem Gnadenhofbetreiber vor oder bei ihrer Aufnahme übereignet werden, handelt es sich nicht mehr um eine tierheimähnliche Einrichtung (vgl. VG Stuttgart aaO). – Halten umfasst hier auch das Betreuen und die Übernahme einer Betreuungspflicht (weiter Halterbegriff, vgl. *L/M* § 11 Rn. 8).

6 **Zur-Schau-Stellung von Tieren, Nr. 2a.** „Art und Umfang der Tierhaltungen in zoologischen Gärten oder ähnlichen Einrichtungen erfordern es, solche Einrichtungen auch dann der Erlaubnispflicht zu unterstellen, wenn die Schaustellung der Tiere nicht gewerbsmäßig betrieben wird" (BT-Drucks. 13/7015 S. 21). Unter Nr. 2a fallen also insbesondere die nicht gewerblich betriebenen Tierschauen, Freizeitzoos u. Ä. (zu den gewerblichen s. Nr. 3d). – Ob ein nicht gewerblich betriebener Zirkus unter Nr. 2a fällt, ist streitig (verneinend AVV Nr. 12.2.1.2; bejahend *L/M* § 11 Rn. 9, 10).

7 **Hundeausbildung zu Schutzzwecken, Nr. 2b.** Eine Ausbildung zu Schutzzwecken findet statt, wenn der Hund anschließend Menschen oder Sachen, insbesondere Gebäude, schützen soll (AVV Nr. 12.2.1.3.1). Die Ausbildung von Blindenhunden, Führhunden und Suchhunden fällt nicht unter den Erlaubnisvorbehalt, ebenso wenig die Ausbildung für

die Hobbyhaltung (BT-Drucks. 13/7015 S. 21). Für Dritte erfolgt die Ausbildung, wenn der Hund anschließend an andere Personen abgegeben oder die Ausbildung im Auftrag des Tierhalters vorgenommen wird. Nicht ausreichend: Hundeausbildung in Hundesportvereinen unter Mitwirkung des Halters (AVV Nr. 12.2.1.3.2). – Zur Unterhaltung entsprechender Einrichtungen s. AVV Nr. 12.2.1.3.3.

Tierbörsen, Nr. 2 c, sind Veranstaltungen, bei denen Tiere durch Privatpersonen (oder 8
Händler) feilgeboten oder untereinander getauscht werden. An dem Merkmal „durch Dritte" fehlt es, wenn von vornherein feststeht, dass nur ein zahlenmäßig kleiner, begrenzter und durch persönliche Beziehungen untereinander verbundener Personenkreis an der Veranstaltung teilnehmen wird (Bsp.: vereinsinterner Tauschabend). Die Erlaubnispflicht besteht hingegen, wenn der Teilnehmerkreis groß oder zahlenmäßig nicht begrenzt ist, ebenso dann, wenn die teilnehmenden Personen nicht persönlich miteinander verbunden sind (Bsp.: Verein vergibt Tagesmitgliedschaften). – Gewerbsmäßig braucht die Veranstaltung nicht zu sein. – Da Nr. 2 c auch Nicht-Wirbeltiere schützt, sind zB auch Börsen mit Spinnen erlaubnispflichtig. – Grundsätzlich bedarf es für jede einzelne Börse einer gesonderten Erlaubnis. Für wiederkehrende Veranstaltungen gleicher Art kann aber eine Erlaubnis für die Dauer von bis zu einem Jahr erteilt werden (AVV Nr. 12.1.4 und 12.1.3).

Gewerbsmäßiges Handeln iS der Nr. 3. Dies liegt vor, wenn eine Tätigkeit selbstän- 9
dig, planmäßig, fortgesetzt und mit der Absicht der Gewinnerzielung ausgeübt wird; ein Gewerbebetrieb iS der GewO braucht nicht vorzuliegen (vgl. AVV Nr. 12.2.1.5; VG Stuttgart vom 22. 12. 1998, 4 K 5551/98). – Für einzelne Fälle stellt die AVV in Nr. 12.2.1.5.1 Regelvermutungen auf: Danach ist eine Hundezucht gewerbsmäßig, wenn entweder mindestens drei fortpflanzungsfähige Hündinnen gehalten oder mindestens drei Würfe pro Jahr herbeigeführt werden (beachte den Unterschied zur alten AVV, in der noch „mehr als drei Zuchthündinnen" verlangt worden waren); eine Katzenzucht ist gewerbsmäßig, wenn entweder mindestens fünf fortpflanzungsfähige Katzen gehalten oder mindestens fünf Würfe pro Jahr erzeugt werden; weitere Regelvermutungen gelten für Kaninchen, Chinchillas, Meerschweinchen, Mäuse, Ratten, Hamster, Gerbils, Reptilien und bestimmte Vogelarten. Bei sonstigen Heimtieren ist eine Gewerbsmäßigkeit idR zu vermuten, wenn ein Verkaufserlös von mehr als 4000 DM (= 2045 Euro) jährlich zu erwarten ist. Wird eine Haltung in unterschiedliche Einrichtungen aufgeteilt, so sind für die Beurteilung der Gewerbsmäßigkeit alle Tiere des Halters zusammenzuzählen. Nutzen mehrere Halter Räumlichkeiten, Ausläufe u. Ä. gemeinsam, so sieht Nr. 12.2.1.5.1 AVV vor, dass sich die Erlaubnispflicht für jeden von ihnen nach der Gesamtzahl der Tiere richtet. – Da es sich bei den in der AVV genannten Fällen um Regelvermutungen handelt, kann eine Gewerbsmäßigkeit auch gegeben sein, wenn zwar die erforderliche Tier- bzw. Wurfzahl noch nicht erreicht wird, gleichwohl aber alle Merkmale der o. a. Definition feststellbar sind. Dabei genügt für das Merkmal „planmäßig" auch, wenn sich der Handelnde auf eine bestimmte Gelegenheit oder einen befristeten Zeitraum beschränken will. „Fortgesetzt" handelt, wer mehrere Teilakte oder einen längeren Tätigkeitszeitraum einplant. „Mit der Absicht der Gewinnerzielung" wird auch derjenige tätig, der wider Erwarten Verluste erwirtschaftet oder dessen Gewinn den erhofften Umfang nicht erreicht.

**Das gewerbsmäßige Züchten oder Halten von Wirbeltieren außer landwirtschaftli- 10
chen Nutztieren** ist nach **Nr. 3 lit. a** erlaubnispflichtig. Züchten s. Rn. 4. Halten s. § 2 Rn. 4. Mit der Ausnahme „landwirtschaftliche Nutztiere" sind nur Arten gemeint, die im deutschen Kulturkreis traditionell und herkömmlich in der Landwirtschaft gezüchtet oder gehalten werden (vgl. OVG Schleswig NordÖR 2005, 38, 39: „seit Jahrhunderten"). Für sie gibt es im Inland hinreichend gefestigte Vorstellungen über richtiges Züchten und Halten, so dass jedermann die Möglichkeit hat, sich die erforderliche Sachkenntnis jederzeit und überall anzueignen (vgl. BVerwG NVwZ-RR 2005, 399, 400: Nerze sind keine landwirtschaftlichen Nutztiere; ihre Zucht oder Haltung ist also erlaubnispflichtig; dies gilt auch für bei Inkrafttreten der Vorschrift bereits bestehende Betriebe. Vgl. auch *L/M*

§ 11 Rn. 15). Auch andere Pelztiere (insbesondere Füchse, Nutrias und Chinchillas) werden nicht von der Ausnahme erfasst, ebenso wenig Straußenvögel (vgl. AVV Nr. 12.2.1.5.1 aE). Nicht unter die Ausnahme fallen auch andere neuartige Nutztiere wie Kängurus oder Kamele, denn auch für ihre Haltung gibt es im deutschen Kulturkreis keine hinreichend gefestigten Vorstellungen im o.g. Sinne, mögen sie auch in anderen Regionen seit langem als Nutztiere gebraucht werden (vgl. BVerwG aaO; OVG Schleswig aaO, auch mit dem Hinweis, dass der Tierschutz jetzt durch Art. 20a GG verfassungsrechtlich verbürgt sei). Dasselbe gilt für Koikarpfen in Teichwirtschaft. Wachteln gelten wegen ihrer relativ kurzen Domestikationsdauer, ihrer Schreckhaftigkeit und der Aggressivität der Hähne als Wildtiere (vgl. die entsprechende Einstufung in Art. 12 und Art. 35 der Schweizer Tierschutzverordnung); folgerichtig können sie ebenso wenig wie Strauße zu den landwirtschaftlichen Nutztieren gerechnet werden, so dass ihre gewerbsmäßige Zucht oder Haltung erlaubnispflichtig ist (s. auch ihre Nicht-Erwähnung in § 9 Abs. 2 Nr. 7; zur Bedeutung dieser Vorschrift im vorliegenden Zusammenhang vgl. BVerwG aaO). – Die Ausnahme von der Erlaubnispflicht entfällt auch dann, wenn es sich zwar um herkömmliche landwirtschaftliche Nutztiere handelt, diese aber zu anderen als landwirtschaftlichen Zwecken (zB für Wissenschaft oder Sport) verwendet werden sollen (vgl. VGH München NuR 2006, 382, 383: gewerbsmäßige Pensionspferdehaltung erlaubnispflichtig). – Da „Landwirtschaft" nur stattfindet, wenn der Betrieb das für die Tiere benötigte Futter überwiegend selbst (d.h. auf eigenem Gelände oder Pachtland) erwirtschaftet, sollten industriell wirtschaftende Betriebe, bei denen der selbst bewirtschaftete Boden nicht die wesentliche Ernährungsgrundlage für den Tierbestand darstellt, nicht von der Erlaubnispflicht nach Nr. 3 lit. a ausgenommen werden (so auch *L/M* § 11 Rn. 16). – Durch Gesetz vom 21. 6. 2005 ist die Erlaubnispflicht für die Züchtung und Haltung von Gehegewild in eine Anzeigepflicht umgewandelt worden (s. Rn. 1 und Rn. 19a).

11 **Gewerbsmäßiger Handel mit Wirbeltieren, Nr. 3 lit. b.** Handel bedeutet Ein- und Verkauf mit der Absicht, einen Gewinn zu erzielen. Wegen der Erfahrungen mit Tiertransporten wurde durch das ÄndG 1998 auch der Handel mit landwirtschaftlichen Nutztieren, insbesondere also auch mit Schlachttieren unter Erlaubnisvorbehalt gestellt (BT-Drucks. 13/7015 S. 21). Die Voraussetzungen für einen gewerbsmäßigen Handel mit Tieren sind auch bei Agenturen erfüllt, die die Tiere nicht in ihre unmittelbare Obhut nehmen, denn Handel setzt nicht voraus, dass der Handeltreibende selbst Besitz an den Tieren begründet (vgl. AVV Nr. 12.2.1.5.2); Unter die Erlaubnispflicht fallen deshalb zB auch sog. „Trans-Shipper", d.h. Agenturen, die im Auftrag verschiedener Zoohändler Fische in großen Stückzahlen aus dem Ausland, vor allem Südostasien, importieren, und die Tiere dann direkt vom Flughafen an die Besteller ausliefern bzw. von diesen abholen lassen (Nachteile: lange Transportzeiten, keine fachkundige Annahme und Eingewöhnung der Tiere, hohes Risiko von Tierverlusten). Ebenso erstreckt sich die Erlaubnispflicht auf Personen, die ausländische Hunde vermitteln und sie direkt an die inländischen Endabnehmer gelangen lassen, sofern sie gewerbsmäßig, d.h. auch in Gewinnerzielungsabsicht handeln. – Ist der Betrieb „Landwirtschaft" (s. Rn. 10; also auch Wirtschaften auf überwiegend eigener Futtergrundlage erforderlich), so fallen Verkäufe von Tieren aus eigener Produktion nicht unter Nr. 3 lit. b, ebenso wenig Einkäufe zur Zucht oder Mast. Dagegen begründen Zukäufe zur unmittelbaren weiteren Veräußerung dann eine Erlaubnispflicht, wenn sie 20 % der eigenen Produktion übersteigen (AVV Nr. 12.2.1.5.2). – Der gewerbsmäßige Handel mit Wirbellosen sollte insbesondere im Hinblick auf gefährliche Tiere wie manche Spinnen und Skorpione ebenfalls unter die Erlaubnispflicht gestellt werden, was aber eine Gesetzesänderung erforderlich macht (vgl. *Moritz* DtW 2003, 224, 226).

12 **Gewerbsmäßiger Reit- oder Fahrbetrieb, Nr. 3 lit. c.** Einen Reitbetrieb unterhält, wer Reittiere (Pferde, Esel, Kamele, Lama usw.) anderen zum Reiten zur Verfügung stellt. Einen Fahrbetrieb unterhält, wer Reit- oder Zugtiere anderen zum Ziehen von Fahrzeugen oder Schiffen überlässt (gleichgültig, ob mit oder ohne Kutscher, mit oder ohne Fahrzeug, zum Personen- oder Sachtransport). Pensionspferdehaltung fällt, außer bei Land-

wirtschaft unter Nr. 3 lit. a (vgl. VGH München NuR 2006, 382, 383). Welchem Endzweck das Reiten dient (Sport, Naturerlebnis, Therapie o. Ä.) ist unerheblich. – Die Gewerbsmäßigkeit wird vermutet, wenn mehr als ein Tier regelmäßig gegen Entgelt für Reit- oder Fahrzwecke bereitgehalten wird. Dies trifft auch auf Reitvereine zu, die nicht nur für ihre Mitglieder, sondern darüber hinaus regelmäßig für Dritte Pferde gegen Entgelt bereithalten (AVV Nr. 12.2.1.5.3; auch hier ist keine Umgehung des Gesetzes durch Vergabe von Tagesmitgliedschaften möglich). Unerheblich ist, wenn das Vermieten etc. nur einen geringen Anteil am betrieblichen Gesamtumsatz ausmacht (vgl. OLG Braunschweig AgrarR 75, 320). – Auch bei Nicht-Eingreifen der Regelvermutung aus AVV Nr. 12.2.1.5.3 liegt eine Gewerbsmäßigkeit vor, falls sich die vier Merkmale der o. a. Definition (Rn. 9) auf andere Weise feststellen lassen.

Gewerbsmäßiges Zur Schau Stellen, Nr. 3 lit. d. Unter das Zur Schau Stellen fallen neben Zoos und Tierschauen auch Zirkusunternehmen und Rodeo-Veranstaltungen (zu letzteren s. § 3 Rn. 37). Zu Spendensammlungen, Tierzuchtschauen und Tiersportveranstaltungen s. AVV Nr. 12.2.1.5.4. Durch das ÄndG 1998 wurde die Erlaubnispflicht auf Unternehmen, die Tiere für solche Zwecke zur Verfügung stellen, ausgedehnt. 13

Gewerbsmäßige Schädlingsbekämpfung, Nr. 3 lit. e. Die mit dem ÄndG 1998 eingeführte Erlaubnispflicht für gewerbliche Schädlingsbekämpfer soll sicherstellen, dass nur solche Personen, die die nach § 4 Abs. 1 S. 3 erforderliche Sachkunde haben, zugelassen werden, sowie dass nur solche Vorrichtungen und Stoffe zum Einsatz kommen, die dem Gebot größtmöglicher Schmerzvermeidung entsprechen (vgl. § 4 Abs. 1 S. 2) und zugleich für Mensch, Tier und Umwelt am wenigsten gefährlich sind (vgl. BT-Drucks. 13/7015 S. 21). 14

III. Antrag auf Erteilung der Erlaubnis nach Abs. 1 S. 2 und 3

Zum **notwendigen Inhalt des Antrags** s. Anl. 4, 5 und 6 zur AVV. Für Zirkusunternehmen s. das Musterformular der ArgeVet. – Der Antrag muss alle Angaben enthalten, die die Behörde benötigt, um die Erlaubnisvoraussetzungen nach Abs. 2 Nr. 1–4 sicher feststellen und die etwaige Notwendigkeit von Bedingungen, Auflagen usw. nach Abs. 2 a beurteilen zu können. Insbes. sind die für die Tierhaltung vorgesehenen Räume und Einrichtungen so genau und detailliert nach Größe, Einrichtung u. Ä. zu beschreiben, dass die Behörde erkennen kann, ob dort eine den Anforderungen des § 2 Nr. 1 entsprechende Ernährung, Pflege und verhaltensgerechte Unterbringung sowie eine nach § 2 Nr. 2 ausreichende Bewegung möglich sind (vgl. VG Stuttgart NuR 2003, 710, 711). – Nach S. 3 müssen dem Antrag Nachweise über die Sachkunde der verantwortlichen Person beigefügt werden, zB über einen Ausbildungsabschluss und/oder einen beruflichen Umgang mit den relevanten Tierarten. Bei einem nicht-beruflichen, sonstigen Umgang bedarf es neben einer differenzierten, nachvollziehbaren Darstellung des Tätigkeitsprofils weiterer Nachweise (zB Urkunden über Ausstellungs- und Zuchterfolge, Kontrollbelege durch Behördenvertreter, Zuchtwarte u. Ä.). Ein Antragsteller, der keine oder nur unzureichende Nachweise vorlegt, kann nicht verlangen, dass stattdessen ein Fachgespräch durchgeführt wird, denn „der Nachweis der Sachkunde allein durch ein Sachkundegespräch ist im Gesetz nicht vorgesehen. Die zuständige Behörde kann vielmehr in Ergänzung zum gesetzlich vorgesehenen Nachweis ein Sachkundegespräch führen" (VG Düsseldorf vom 5. 3. 1998, 23 L 107/98 sowie vom 28. 3. 2000, 23 L 356/00; vgl. auch VG Stuttgart aaO: Der Antragsteller muss zunächst, soweit möglich, Nachweise vorlegen; auf der Grundlage dieser Nachweise kann dann die Behörde die geltend gemachte Sachkunde überprüfen und „die Dinge ansprechen, die sie für klärungsbedürftig hält". Zum Ganzen *Heister* AtD 2004, 93, 95). 15

Die **verantwortliche Person** (vgl. Abs. 2 Nr. 1 und 2) muss im Antrag benannt und ihre Qualifikation beschrieben und belegt werden (s. Anl. 4, 5 und 6 zur AVV, dort je- 16 weils Nr. 4, 5 und 6). Ist Träger des Unternehmens eine natürliche Person, so ist diese zugleich auch die verantwortliche Person (s. AVV Nr. 12.1.6), es sei denn, im Antrag wird ein Anderer benannt. Bei jur. Personen ergibt sich die Verantwortlichkeit aus der Satzung, in erster Linie aber ebenfalls aus der Benennung im Antrag (AVV aaO). Die verantwortliche Person muss sowohl rechtlich als auch tatsächlich in der Lage sein, all das, was sie im Umgang mit den Tieren und zu deren Schutz für erforderlich hält, betriebsintern durchzusetzen (anderenfalls Erlaubnisversagung bzw. Rücknahme oder Widerruf der Erlaubnis, vgl. *Dietz* NuR 1999, 681, 683). Insbesondere bedarf es einer „regelmäßigen Anwesenheit von angemessener Dauer in den Betriebsteilen" (AVV aaO). Ggf. (zB großer Betrieb; verschiedene Betriebsstätten) sind mehrere Verantwortliche zu benennen.

IV. Voraussetzungen für die Erlaubniserteilung nach Abs. 2

17 Die **fachlichen Kenntnisse und Fähigkeiten** (= Sachkunde) der verantwortlichen Person **nach Nr. 1** müssen sich auf alle Tierarten, mit denen umgegangen werden soll, erstrecken. – Kenntnisse sind insbesondere nachzuweisen über: die Biologie der Tierart(en); die richtige Aufzucht, Fütterung, Haltung und Hygiene; die wichtigsten Krankheiten; die einschlägigen tierschutzrechtlichen Bestimmungen (AVV Nr. 12.2.2.3); die Grundbedürfnisse und Bewegungsbedürfnisse (vgl. *L/M* § 2 Rn. 41); Vergesellschaftungsmöglichkeiten und Unverträglichkeiten; artgerechte Pflege; Beeinflussung von Haltungsbedingungen durch Umweltfaktoren; Behandlungsmöglichkeiten der häufigsten Krankheiten. Die verantwortliche Person muss in der Lage sein, vorgefundene Unterbringungsmöglichkeiten zutreffend zu beurteilen, sowie Verhaltensstörungen zu erkennen und richtig zu interpretieren (vgl. *Renner* AtD 1998, 225, 226). – Die Fähigkeiten müssen sich auf den richtigen Umgang mit der jeweiligen Tierart erstrecken, insbesondere auch auf Fangen, Fixieren, Füttern und Pflegen, beim Handel aber auch auf die richtige Kundenberatung (vgl. *Renner* aaO). – Bleiben Zweifel, so muss die Erlaubnis abgelehnt werden, denn die Sachkunde ist vom Antragsteller nachzuweisen. Verweist er dazu auf eine abgeschlossene Ausbildung oder auf einen bisherigen beruflichen Umgang, so muss geprüft werden, ob sich diese auf genau diejenigen Tierarten beziehen, um die es geht; denn Sachkunde für eine Tierart bedeutet noch nicht, dass sie sich auch auf andere Arten erstreckt (vgl. *Dietz* NuR 1999, 681, 683). – Nach Nr. 1 letzter Halbsatz können sowohl die Behörde als auch der Antragsteller das Fachgespräch zur Erbringung des Nachweises verlangen (letzterer allerdings nur, wenn er zunächst schriftliche Nachweise iS von Abs. 1 S. 3 beigebracht hat, denn erst diese Nachweise versetzen die Behörde in den Stand, im Fachgespräch die Dinge anzusprechen, die sie für klärungsbedürftig hält; vgl. VG Stuttgart NuR 2003, 710, 711 und Rn. 15). Zwar ist nach AVV Nr. 12.2.2.2 bei bestimmten, erfolgreich abgeschlossenen Ausbildungen die Sachkunde auch ohne Fachgespräch anzunehmen, jedoch nur „in der Regel", d.h.: Verbleiben zB bei erfolgreichem Berufsabschluss als Zoofachhändler Zweifel, zB weil sich der beabsichtigte Handel auch auf exotische Tiere oder Tiere aus den Bereichen Aquaristik oder Terraristik erstrecken soll, so kann und muss die Behörde das Fachgespräch verlangen (diese mit dem ÄndG 1998 geschaffene Möglichkeit entspricht einer langjährigen Forderung des ZZF, vgl. *Renner* aaO); ohnehin ist nach der neuen Verordnung über die Berufsausbildung im Einzelhandel vom 16. 7. 2004 (BGBl. I S. 1806) das Berufsbild „Kaufmann/Kauffrau, Fachbereich Zoohandel" nicht mehr vorgesehen, so dass eine Berufsausbildung nach dieser Verordnung auch nicht mehr ohne Weiteres rechtfertigen kann, auf das Fachgespräch zu verzichten. Beim Nachweis über einen nichtberuflichen, sonstigen Umgang sollte stets zusätzlich ein Fachgespräch geführt werden (vgl. *Heister* AtD 2004, 93, 94) – Für das Fachgespräch kann sich die Behörde eines spezialisierten Amtstierarztes bedienen und ggf. weitere Sachverständige hinzuziehen sowie eine Prüfungskommission bilden (vgl. *Heister* AtD 2004, 93, 95: Nach dem „Hessen-Modell", dessen bundesweite Anwendung er vorschlägt, muss jeder Antragsteller im Be-

reich des Zoofachhandels seine theoretischen Kenntnisse und praktischen Fähigkeiten vor einer überregionalen und fachlich qualifiziert besetzten Prüfungskommission unter Beweis stellen). Die Prüfung kann auch in einem zoologischen Garten oder an einem anderen zum Nachweis der Fähigkeiten geeigneten Ort und unter Beteiligung kompetenter Verbände (zB BNA) durchgeführt werden.

Die **Zuverlässigkeit (Nr. 2)** der verantwortlichen Person wird vermutet, wenn diese 18
der Behörde bekannt ist und keine Tatsachen vorliegen, die zu Zweifeln Anlass geben (AVV Nr. 12.2.3.1). Anderenfalls können die Vorlage eines Führungszeugnisses und ggf. einer Auskunft aus dem Gewerbezentralregister verlangt werden. – An der erforderlichen Zuverlässigkeit fehlt es u.a. bei: Verurteilung wegen eines Verbrechens in den letzten 5 Jahren; Verurteilung wegen eines Vergehens in den letzten 5 Jahren, das einen Mangel an Zuverlässigkeit bezüglich Züchtung, Haltung oder Handel mit Tieren hat erkennen lassen; Verhängung von Bußgeldern wegen Verstößen gegen tierschutzrechtliche oder verwandte Vorschriften (AVV Nr. 12.2.3.2). – Es ist an den gewerberechtlichen Begriff der Zuverlässigkeit anzuknüpfen (vgl. VGH Kassel vom 20. 7. 1993, 11 UE 740/89: unbestimmter Rechtsbegriff, der der vollen gerichtlichen Nachprüfung unterliegt und bei dessen Ausfüllung auch der ethische Tierschutz Berücksichtigung findet). Deshalb kann auch bereits ein einzelner Verstoß Zweifel an der Zuverlässigkeit begründen, wenn er genügend schwer wiegt. Wiederholte Verstöße gegen das Tierschutzgesetz reichen in jedem Fall zur Annahme einer mangelnden Zuverlässigkeit aus (vgl. VG Regensburg vom 14. 5. 2002, RN 11 K 01.628). Auch andere Tatsachen können einen Zuverlässigkeitsmangel begründen, zB Geistesschwäche, Trunksucht, Drogenmissbrauch, Vermögensverfall, ein grober oder mehrere wiederholte Verstöße gegen nicht straf- oder bußgeldbewehrte Vorschriften oder Auflagen, die Nichteinhaltung gegebener Zusagen, auch im Zusammenhang mit früheren Erlaubnissen, u.Ä. – Auch der (von der verantwortlichen Person möglicherweise personenverschiedene) Erlaubnisinhaber muss zuverlässig sein (vgl. § 35 GewO). Beispiel: Lässt er der verantwortlichen Person nicht den notwendigen Spielraum, so dass diese nicht durchsetzen kann, was sie zum Schutz der Tiere für erforderlich hält, so fehlt es an seiner Zuverlässigkeit, und es kommen deswegen die Rücknahme oder der Widerruf der Erlaubnis in Betracht (vgl. *Dietz* NuR 1999, 683; s. auch Rn. 26). – Für juristische Personen gilt: Erweist sich ein Organ oder Organteil als unzuverlässig, so schlägt dies grds. auf die Zuverlässigkeitsbeurteilung der juristischen Person selbst durch, es sei denn, sie zeigte sich in der Lage, sich von den unzuverlässigen Organ(teil)en zu trennen und diese durch zuverlässige zu ersetzen (vgl. VGH München NuR 2006, 383, 384).

Die **Räume und Einrichtungen** (auch: Anlagen, Geräte, gesamte Organisation, vgl. 19
L/M § 11 Rn. 32) müssen eine den **Anforderungen des § 2** entsprechende Ernährung, Pflege und verhaltensgerechte Unterbringung aller Tiere ermöglichen **(Nr. 3).** Der Antragsteller muss nachweisen, dass die einzelnen Grundbedürfnisse aus § 2 Nr. 1 weitgehend befriedigt werden können (s. § 2 Rn. 16–36) und dass Einschränkungen der Fortbewegung nicht so weit gehen, dass es dadurch bei den Tieren zu Schmerzen, vermeidbaren Leiden oder Schäden kommt (s. § 2 Rn. 37–40). – In AVV Nr. 12.2.4.1 wird besonders auf die einschlägigen Gutachten des BMELV, der Länderministerien und die Checklisten der TVT hingewiesen. TVT-Checklisten für den Zoofachhandel gibt es für Zierfische (Nr. 37), Vögel (Nr. 44), Kleinsäuger (Nr. 46), Reptilien (Nr. 47), Amphibien (Nr. 53), Hunde/Katzen (Nr. 54) und Vogelspinnen (Nr. 66). Für Börsen gibt es neue BMELV-Leitlinien (s. Rn. 24) sowie TVT-Richtlinien betreffend Vögel (Nr. 67), Fische (Nr. 68) Reptilien (Nr. 69) und Kleintiermärkte (Nr. 87). Für die tierschutzgerechte Haltung von Versuchstieren gibt es in erster Linie den am 15. 6. 2006 revidierten Anhang A zum Europäischen Versuchstierübereinkommen (zu dessen Verbindlichkeit s. Anh. zu § 2 Rn. 80 sowie § 8 Rn. 13); außerdem kann hier auf die Merkblätter der TVT für Schweine (Nr. 30), Legehennen (Nr. 31), Meerschweinchen (Nr. 38), Schafe/Ziegen (Nr. 42), Kaninchen (Nr. 55), Rhesusaffen (Nr. 60), Ratten/Mäuse/Hamster (Nr. 18) sowie für Hunde/Katzen zurückgegriffen werden. Für den gewerblichen Handel mit Wirbeltieren gibt

es u. a. die TVT-Empfehlung zur Hälterung von Speisefischen im Einzelhandel (Merkblatt Nr. 29). – All dies sind „antizipierte Sachverständigengutachten", die in gerichtlichen Verfahren im Wege des Urkundenbeweises verwertet werden können (vgl. OVG Weimar NuR 2001 107, 109). Der neue Anhang A zum Europäischen Versuchstierübereinkommen (EVÜ) geht allerdings darüber hinaus: Seine Leitlinien sind geltendes Recht, weil die Bundesrepublik gemäß Art. 5 Abs. 1 S. 3 des Übereinkommens zu ihrer Beachtung verpflichtet ist (s. Anh. zu § 2 Rn. 80). – Soweit verschiedene Gutachten für einzelne Bereiche abweichende Anforderungen aufstellen, ist auf die Konkretisierungen zu achten, die § 2 durch das Legehennenurteil des BVerfG erfahren hat (s. § 2 Rn. 12–15): Pflege des Wohlbefindens in einem weit verstandenen Sinn; keine Beschränkung auf ein tierschutzrechtliches Minimalprogramm; Förderung eines ethisch begründeten Tierschutzes bis zur Grenze des Übermaßverbots; kein Unterdrücken und kein erhebliches Zurückdrängen von Verhaltensbedürfnissen der Bereiche ‚Ernährung', ‚Pflege' und ‚Unterbringung', da es sich insoweit um Grundbedürfnisse iS des § 2 Nr. 1 handelt; keine Einschränkung der Fortbewegung, die zu Schmerzen, vermeidbaren Leiden oder Schäden führt (vgl. BVerfGE 101, 1, 32–38). Insbesondere in Gutachten, die vor diesem Urteil entstanden sind, findet sich zT noch das vom Gericht verworfene „tierschutzrechtliche Minimalprogramm"; sie sind dann nicht mehr verbindlich. Im Zweifel sollte deshalb denjenigen Gutachten der Vorzug gegeben werden, die aktuell sind, die über den erforderlichen speziellen (insbesondere ethologischen) Sachverstand verfügen und die sowohl inhaltlich als auch personell die notwendige Distanz zu den beteiligten wirtschaftlichen Interessen aufweisen, was insbesondere bei den Checklisten und sonstigen Merkblättern der TVT gewährleistet erscheint (s. auch § 2 Rn. 49). – Ob die örtlichen Verhältnisse diesen Anforderungen entsprechen, prüft der Amtstierarzt durch Inaugenscheinnahme (AVV aaO).

19a Für **Gehege mit Wild** bedarf es seit dem 1. 7. 2005 nur noch der Anzeige nach Abs. 6 (s. auch Rn. 1 und 10). Die artenschutzrechtliche Genehmigung nach dem Landesnaturschutzgesetz wird aber weiterhin benötigt. – Die Anforderungen, die die Behörde prüfen muss, ergeben sich gemäß Abs. 6 S. 3 aus § 2. Wichtig ist zunächst die Einhaltung der Mindestgrößen, wie sie in antizipierten Sachverständigengutachten festgelegt sind (s. u.); hinzukommen müssen eine funktionelle Ausgestaltung der Gehege entsprechend den Bedürfnissen der jeweiligen Tierarten und ausreichende Beschäftigungsprogramme (vgl. die Vorschläge der Universities Federation for Animal Welfare über „Kostengünstige Möglichkeiten zur Verbesserung von Gehegen für Säugetiere", erhältlich bei der Landestierschutzbeauftragten in Hessen; ebenso die Beiträge des Fachgesprächs 1997 im Jagdschloss Nienover/Bodenfelde über „Aspekte der Weiterentwicklung der Tierhaltung in Tierparks", erhältlich beim zuständigen Ministerium in Niedersachsen). – Als antizipierte Sachverständigengutachten für Gehege stehen zur Verfügung: Das BMELV-Säugetiergutachten von 1996, die sehr viel restriktiveren BMELV-Leitlinien für eine tierschutzgerechte Haltung von Wild in Gehegen von 1998 und das Gutachten der Länderarbeitsgemeinschaft für Naturschutz, Landschaftspflege und Erholung von 1997 (LANA-Gutachten). Zum Verhältnis BMELV-Leitlinien/LANA-Gutachten wird Folgendes vorgeschlagen: Bei Neubauten oder genehmigungspflichtigen Änderungen von Gehegen sollen die Abmessungen des LANA-Gutachtens gelten, soweit diese über die BMELV-Werte hinausgehen; in bereits genehmigten Gehegen, in denen die Größen das LANA-Gutachtens um 10 % oder mehr unterschritten werden, soll das Gutachten unter Beurteilung des Einzelfalles und mit angemessenen Fristen durchgesetzt werden (vgl. *Pfeiffer* AtD 2005, 170, 171; dort auch zu antizipierten Sachverständigengutachten für Gehege mit Vögeln; zu Straußengehegen s. Anh. zu § 2 Rn. 38–43). Für landwirtschaftliche Wildhaltungen können die Richtlinien verschiedener Länder herangezogen werden (vgl. Bay. Richtlinien für die Haltung von Dam-, Rot-, Sika- sowie Muffelwild). – Der Anzeigende muss die Einhaltung der Anforderungen des § 2 „sicherstellen", d. h. die Behörde davon überzeugen. Zweifel gehen zu seinen Lasten und müssen, wenn sie nicht innerhalb der dafür gesetzten Frist ausgeräumt werden können, zur Untersagung führen.

Die **Vorrichtungen, Stoffe und Zubereitungen für die Schädlingsbekämpfung, Nr. 4,** sind nur dann tierschutzgerecht, wenn sie nach dem aktuellen Stand wissenschaftlicher Erkenntnis die am wenigsten schmerzhafte Tötungsmethode darstellen (Gebot zu größtmöglicher Schmerzvermeidung, s. § 4 Rn. 10) und zugleich andere als die zu bekämpfenden Tiere nicht gefährden. Vorschriften, die im Rang unter dem Gesetz stehen (Rechtsverordnungen, Gemeindesatzungen, Verwaltungsvorschriften) und die noch Bekämpfungsmethoden vorsehen, bei denen mehr als unvermeidbare Schmerzen entstehen, verstoßen gegen § 4 Abs. 1 S. 2 und sind nichtig. Sie sind dann keine „anderen Vorschriften" iS von Nr. 4 zweiter Halbsatz, d.h. sie entbinden die Behörde nicht von der Pflicht, den Einsatz der nach dem aktuellen Erkenntnisstand schonendsten Methode sicherzustellen (zur tierschutzgerechten Schädlingsbekämpfung s. auch § 17 Rn. 37–40 und § 13 Rn. 9). 20

V. Erlaubniserteilung/Nebenbestimmungen nach Abs. 2a/Rücknahme/Widerruf

Die **Erlaubnis** ist als begünstigender Verwaltungsakt zu erteilen, wenn alle Voraussetzungen nach Abs. 2 Nr. 1–4 bedenkenfrei feststehen (AVV Nr. 12.2.5.1). Das Risiko der Unaufklärbarkeit liegt also bei dem Antragsteller: Verbleiben hinsichtlich einer der Voraussetzungen Zweifel, die nicht behoben werden können, so ist die Erlaubnis zu versagen bzw. mit denjenigen Nebenbestimmungen zu erteilen, die zur Sicherstellung der betreffenden Voraussetzung erforderlich sind. – In den Bescheid werden u.a. aufgenommen: die verantwortliche Person; Art, Zeit und Ort der erlaubten Veranstaltung/Tätigkeit; Tierart(en), auf die sich der erlaubte Umgang bezieht, ggf. auch Höchstzahlen; Räume und Einrichtungen, in denen die Tätigkeit erlaubt wird; Nebenbestimmungen. – Zu artengeschützten Tieren vgl. AVV Nr. 12.1.1 und 12.2.5.1. 21

Mögliche Nebenbestimmungen, mit denen eine Erlaubnis versehen werden kann, sind: Befristungen (d.h. Bestimmungen, nach denen die Erlaubnis zu einem bestimmten Zeitpunkt beginnt, endet oder nur für einen bestimmten Zeitraum gilt), Bedingungen (d.h. Bestimmungen, nach denen der Eintritt oder Wegfall der Erlaubnis von dem ungewissen Eintritt eines zukünftigen Ereignisses abhängt), Auflagen (d.h. Bestimmungen, die ein Tun, Dulden oder Unterlassen vorschreiben). – Nach § 36 Abs. 1 VwVfG sind Nebenbestimmungen stets zulässig, wenn sie sicherstellen sollen, dass die Erlaubnisvoraussetzungen aus § 11 Abs. 2 erfüllt werden und bleiben (sie müssen zwingend während der gesamten Geltungsdauer erfüllt werden, vgl. *Dietz* NuR 1999, 681, 684). – Darüber hinaus ermöglicht der mit dem ÄndG 1998 neu eingefügte Abs. 2a weitere Nebenbestimmungen, „soweit es zum Schutz der Tiere erforderlich ist" (s. auch § 2a Rn. 8). Satz 2 Nr. 1–6 enthält dafür nur einige wenige Beispiele, ist also nicht abschließend (vgl. BT-Drucks. 13/7015 S. 21; *Körner* AtD 2001, 302ff.; weitere, ebenfalls nicht abschließende Beispiele s. AVV Nr. 12.2.5.2). In Betracht kommen insbesondere: Auflagen oder Bedingungen, die die weitgehende Befriedigung der Grundbedürfnisse nach § 2 Nr. 1, d.h. die ungestörte Vornahme der zu den Oberbegriffen ‚Ernährung', ‚Pflege' und ‚verhaltensgerechte Unterbringung' gehörenden Verhaltensabläufe sicherstellen (s. § 2 Rn. 16–36); Auflagen oder Bedingungen, die nach § 2 Nr. 2 unzulässige Bewegungseinschränkungen verhindern (s. § 2 Rn. 37–40); Nebenbestimmungen, die vor (anderen) Schmerzen, Leiden oder Schäden bewahren (§ 1 S. 2); Nebenbestimmungen, die die Einhaltung spezieller tierschutzrechtlicher Ge- oder Verbote (zB aus § 3 oder aus der Tierschutztransportverordnung) sicherstellen; Beispiel: Rodeo-Erlaubnisse mit Auflagen wie „Verbot von Flankengurten", „Verbot von Sporen", „kein Wild-Horse-Race" und „kein Bullenreiten" (s. § 3 Rn. 37). – Auflagen nach Abs. 2a S. 2 Nr. 1 kommen besonders gegenüber wandernden Betrieben in Betracht (vgl. auch AVV aaO). Weitere Beispiele: Gewerblichen Hundezüchtern kann aufgegeben werden, die Welpen ab 500g mit Mikrochip zu kennzeichnen; nach Nr. 5 kann einem wandernden Betrieb zur Auflage gemacht werden, den Eingang der Meldung bei 22 der Behörde des Zielortes zu bewirken, noch bevor das erste Fahrzeug vom bisherigen Standort aus in Bewegung gesetzt wird; Auflagen nach Nr. 6 ergehen insbesondere gegenüber Betrieben, die Probleme mit überzähligen Jungtieren haben oder denen es (wie vielen Zirkussen) an Möglichkeiten zur artgerechten Aufzucht von Jungtieren fehlt (s. auch § 17 Rn. 43, 44). – Gegenüber Schädlingsbekämpfern kommt die Auflage zu Aufzeichnungen und zu deren regelmäßiger Vorlage in Betracht, damit geprüft werden kann, ob die jeweils getöteten Tiere Schädlinge waren, ob ihre Tötung als ultima ratio notwendig war, ob vorher tierschonendere Alternativen vergeblich angewendet worden sind und ob das nach dem aktuellen Erkenntnisstand schonendste Tötungsmittel zur Anwendung gelangt ist. Da eine solche Auflage zum Schutz der Tiere erforderlich ist, kommt es nicht darauf an, dass sie im Beispielskatalog des Satzes 2 keine Erwähnung gefunden hat. – Grenzen: Jede einzelne Nebenbestimmung muss „zum Schutz der Tiere erforderlich sein", d.h. den Zielen des Tierschutzes dienen (vgl. BT-Drucks. 13/7015 S. 21); soweit sie zugleich andere Rechtsgüter mittelbar schützt, ist dies als Reflexwirkung zulässig, solange ihre hauptsächliche Zielrichtung der Schutz der Tiere bleibt (vgl. *Dietz* NuR 1999, 681, 684). Sie muss erforderlich sein; daran fehlt es, wenn es für das angestrebte Ziel ein gleich wirksames, den Antragsteller aber weniger belastendes Mittel gibt. Und sie muss verhältnismäßig sein; daran fehlt es, wenn der dem Antragsteller zugefügte Schaden schwerer wiegt als der angestrebte Nutzen für die Tiere. – Innerhalb dieser Grenzen kann insbesondere alles angeordnet werden, was zur Einhaltung von § 2 in der Konkretisierung durch das Legehennenurteil des BVerfG (s. § 2 Rn. 12–15) erforderlich erscheint. Abs. 2a ermöglicht u.a. die Umsetzung der Empfehlungen der TVT (s. Rn. 19) und anderer (gleichermaßen sachkundiger und gegenüber den beteiligten Interessen distanzierter) Stellen. – Weitere Beispiele aus der Rechtsprechung: Auflagen gegenüber Tiergehege zum Führen eines Tierbestandsbuches, Behandlungsbuches usw. (VG Oldenburg vom 22. 5. 1996, 2 A 176/95). Auflagen gegenüber Reit- und Fahrbetrieb zur Sachkunde des Fahrers und zu Gewichtsbeschränkungen für die Pferde (VG Oldenburg vom 16. 4. 1996, 2 A 4191/94).

23 Bezüglich der **Zulässigkeit nachträglicher Auflagen** ist zu differenzieren: Auflagen, mit denen künftige Gesetzesverstöße, insbesondere gegen § 1 S. 2, § 2 Nr. 1 oder Nr. 2 oder § 3 verhindert werden sollen oder die sonst zum Schutz der Tiere erforderlich sind, sind zulässig, soweit die verbotene Handlungsweise nicht untrennbar mit der erlaubten Nutzung verbunden ist, so dass sie sich als deren notwendiger Bestandteil darstellt, weil die erlaubte Nutzung ohne sie nicht mehr ausgeübt werden kann; auch solche nachträglichen Auflagen sind aber zulässig, wenn sie Gesetzesverstöße, die bei Erlaubniserteilung nicht voraussehbar waren, verhindern sollen (vgl. VG Münster vom 16. 1. 2004, 1 L 1944/03). Wo demgemäß gegen einen drohenden Gesetzesverstoß nicht mit einer nachträglichen Auflage vorgegangen werden kann, muss eine (teilweise) Rücknahme oder ein (teilweiser) Widerruf der Erlaubnis nach den §§ 48, 49 VwVfG geprüft werden. – Ein **Vorbehalt zur nachträglichen Aufnahme von Auflagen** ist in den Beispielen nach Abs. 2a S. 2 zwar nicht vorgesehen, muss aber, soweit die o.e. Differenzierung eingehalten wird, als zulässig angesehen werden. Ein solcher Vorbehalt kommt nach § 36 Abs. 1 letzter Halbsatz VwVfG insbesondere dann in Betracht, wenn mit Tatsachenänderungen im Bereich der Erlaubnisvoraussetzungen nach Abs. 2 zu rechnen ist (vgl. *Dietz* NuR 1999, 681, 684. Beispiel: Auflagenvorbehalt für den Fall der Aufnahme weiterer Tierarten). – Ein Widerrufsvorbehalt (§ 36 Abs. 2 Nr. 3 VwVfG) ist in Abs. 2a S. 2 zwar ebenfalls nicht erwähnt; allerdings könnte man darin ein „Minus" gegenüber der ausdrücklich zugelassenen auflösenden Bedingung erblicken und so auch diese Art von Nebenbestimmung als zulässig ansehen (zum Stand der Diskussion vgl. *Dietz* aaO).

24 Bei **Tierbörsen** (s. Rn. 8) kann mit Auflagen und Bedingungen den Gefahren und Verstößen, die sich aus Besucherandrang, nicht artgerechten Transport- und Unterbringungsbedingungen, großer Anzahl untereinander fremder Tiere auf engem Raum, Verkauf an Nicht-Sachkundige u.Ä. ergeben können, vorgebeugt werden: zu kleine, überbesetzte oder unstabile Behältnisse; Behältnisse, die allseitig einsehbar sind; Behältnisse mit nicht

tiergerechter Form wie zB Aquarien in Form von Kugeln oder Halbkugeln; fehlende Rückzugsmöglichkeiten für scheue Tiere durch Strukturierung und dreiseitig geschlossene Käfige; unzureichende hygienische oder raumklimatische Verhältnisse; Veranstaltungen im Freien mit Tierarten, die hierfür nicht geeignet sind (Reptilien, tropische Säugetiere, tropische Fische, bestimmte Vogelarten); Angebot frisch importierter, nur mangelhaft an Gefangenschaftsbedingungen gewöhnter (oft kranker oder abgemagerter) Wildtiere; Angebot sog. Ranch- und Farmzuchten als verdeckte Wildfänge bzw. Naturentnahmen; Teilnahme gewerblicher Händler, ohne dass deren Erlaubnis das Anbieten von Tieren auf Börsen bzw. wechselnden Standorten einschlösse; Abgabe von Tieren an Kinder und Jugendliche entgegen § 11c, oder an Personen ohne ausreichende Sachkunde entgegen § 2 Nr. 3; fehlende Abschrankungen, so dass es bei den Tieren zu Stress durch zu geringen Abstand und fehlende Rückzugsmöglichkeiten kommt. – Besonders häufig sind Verstöße gegen Vorschriften der Tierschutztransportverordnung: Transport kranker oder verletzter Tiere, § 3 Abs. 1 TierSchTrV; Transport von Säugetieren, die vor weniger als 48 Stunden geboren haben, § 3 Abs. 2 S. 1 TierSchTrV; Transport von nicht abgesetzten Säugetieren ohne Muttertier, zB Babymäusen und -ratten als Futtertiere, § 3 Abs. 2 S. 3 TierSchTrV; Transport, ohne dass dem Tier genügend Raum zur Verfügung steht, § 4, oder in ungeeigneten Behältnissen, §§ 17 bis 22 TierSchTrV; Transport von Hauskaninchen, Geflügel und Vögeln unter Verletzung der §§ 30 bis 32 TierSchTrV; Transport von Fischen unter Verstoß gegen § 33 TierSchTrV. – Auflagen, die speziell für Vogelbörsen gefordert werden, sind u.a.: nicht mehr als zwei verträgliche Tiere und nur Tiere derselben Art in einem gemeinsamen Käfig; Ausschluss kranker, verletzter oder sehr scheuer Vögel von der Veranstaltung; nur Käfige mit geschlossener Rückwand, Vogelbörsen nur in geschlossenen, klimatisierbaren Räumen; kein Verkauf aus Transportbehältnissen heraus (vgl. *Rietze* AtD 2004, 19ff., auch mit weiteren tierartspezifischen Auflagen sowie Kritik an den Richtlinien des Bundes deutscher Rassegeflügelzüchter). – Sinnvolle Auflagen zum Schutz von Reptilien und Amphibien sind u.a.: nur ein Tier je Behältnis; geeignetes Bodensubstrat; nur Behältnisse mit Strukturierung und Rückzugsmöglichkeit; undurchsichtige Rück- und Seitenwände; ausreichende Luftfeuchtigkeit und Temperatur; Lüftung; ständige Beaufsichtigung durch eine verantwortliche Person (vgl. *Kintzel/Herrmann* AtD 2004, 173, 177ff.). – Sinnvoll und möglich ist es, die Erlaubnis von der Vorlage einer Börsenordnung abhängig zu machen und diese in den Erlaubnisbescheid aufzunehmen (vgl. die Börsenordnung in den Hinweisen des Ministeriums für Ländlichen Raum BW zur Durchführung von Tierbörsen und -märkten, die unter Mitarbeit des Deutschen Tierschutzbundes, des Bundesverbandes für fachgerechten Natur- und Artenschutz und des Verbandes Deutscher Vereine für Aquarien- und Terrarienkunde erarbeitet worden ist). Dabei kann dem Veranstalter aufgegeben werden, nur solche Anbieter zuzulassen, die sich vorher mit ihrer Unterschrift zur Einhaltung der Börsenordnung verpflichtet haben, sowie Anbieter und Besucher bei Verstößen dagegen von der weiteren Teilnahme an der Börse auszuschließen. – Weitere Beispiele für Auflagen: ständige Anwesenheit der verantwortlichen Person oder ihres Stellvertreters; Schaffung von Möglichkeiten zur sicheren, temperaturgeschützten Aufbewahrung kranker, verletzter oder bereits gekaufter Tiere; Ausgangskontrollen, um den tierschutzgerechten Transport erworbener Tiere sicherzustellen; zeitliche Beschränkung des Publikumsverkehrs; Auflagen- und Widerrufsvorbehalt für den Fall, dass Räume oder Einrichtungen nicht mehr den Anforderungen des § 2 entsprechen. – Gutachten und Richtlinien, die auf diese Weise umgesetzt werden können, sind u.a.: die TVT-Merkblätter Nr. 67, 68, 69, 87 (s. Rn. 19); die Börsenrichtlinie des Bundesverbands für fachgerechten Natur- und Artenschutz e.V., BNA; die Gutachten des BMELV über Mindestanforderungen an die Haltung von Papageien, Kleinvögeln, Reptilien und wildlebenden Tierarten (zum Ganzen: *Moritz*, TVT, Tierschutz bei Tierbörsen S. 3ff.; *Weins* ebenda S. 31ff. mit Muster-Erlaubnis). – Ein besonderes Problem ist die Teilnahme gewerblicher Händler an Tierbörsen (vgl. *Rietze* DTBl. 2003, 896: möglicher Verstoß gegen § 18 Abs. 1 Nr. 1 oder 17 Nr. 2b bei Angebot von Wildfängen oder wenn Händler mit behördlicher Erlaubnis Wochenende für Wochenende Tiere auf Börsen quer durch die Republik anbieten und die Tiere durch die ständigen Transporte und Präsentationen dauernden erheblichen Belastungen aussetzen, die über einen ortsgebundenen Handel weit hinausgehen). – Zur Konkretisierung der Anforderungen insbesondere aus den §§ 1 S. 2, 2 Nr. 1 und 2, 3 und 17 und den Bestimmungen der TierSchTrV sind vom BMELV am 1. 6. 2006 neue „Leitlinien zur Ausrichtung von Tierbörsen unter Tierschutzgesichtspunkten" mit einem Muster für eine Börsenordnung herausgegeben worden. Sie sind zwar keine Rechtsverordnung oder Verwaltungsvorschrift, gleichwohl aber eine „Orientierungs- und Auslegungshilfe bei der Anwendung der einschlägigen Rechtsvorschriften" (BMELV Tierbörsen S. 3), d.h.: die dort beschriebenen Pflichten von Anbietern, Besuchern und Börsenverantwortlichen sind idR das Ergebnis einer zutreffenden Auslegung der einschlägigen tierschutzrechtlichen Bestimmungen und können folglich mittels Verwaltungsakt (zB durch Auflagen nach § 11 Abs. 2a oder durch Anordnungen nach § 16a S. 1, S. 2 Nr. 1) durchgesetzt werden. Darüber hinaus bleibt es möglich, auch weitergehende Anforderungen, wie sie sich zB aus den am Ende der Leitlinien aufgeführten Differenzprotokollen des Bündnis Tierschutz, des ZZF oder des Sachverständigen *Dr. Rietze* ergeben, auf dem beschriebenen Wege durchzusetzen, wenn sich begründen lässt, dass sie einer zutreffenden, auch auf Art. 20a GG gestützten Auslegung des Gesetzes bzw. der TierSchTrV entsprechen.

25 Bei **wandernden Zirkussen und Tierschauen** kann mit Auflagen und Bedingungen u.a. folgenden Gefahren bzw. Verstößen vorgebeugt werden: zu kleine oder überbelegte Käfige oder Wagen; fehlende Ausstattung und Strukturierung der Tierunterkünfte; fehlende Heizung für nicht winterfeste Arten; Einzelhaltung sozial lebender Arten; Anbindehaltung; fehlende Auslaufmöglichkeiten; schädliche oder unbiologische Dressurziele; Gewaltanwendung bei Ausbildung und Dressur; Futtermangel; Erkrankungen; schlechter Pflegezustand. – Zu den Tierarten, die nach den BMELV-Zirkusleitlinien in Zirkussen nicht zugelassen werden sollen, s. Anh. zu § 2 Rn. 71. Darüber hinaus sollten für eine Tätigkeit an wechselnden Orten grundsätzlich nur Tierarten erlaubt werden, die auch unter solchen Bedingungen noch verhaltensgerecht untergebracht werden können, die sich ohne erhöhtes Risiko für Leiden und Schäden transportieren lassen und mit denen außerdem regelmäßig gearbeitet wird. Nach diesen Kriterien dürften – zusätzlich zu den in den BMELV-Leitlinien genannten Arten – für wandernde Betriebe folgende Tierarten nicht mehr genehmigt werden: Robben, Flusspferde, Eisbären und Krokodile (da artgerechte Haltung, insbesondere in genügend großen Wasserbecken, nicht möglich); Giraffen, Strauße (da erforderliche Lauffläche nicht möglich und Tiere für häufige Transporte ungeeignet); Elefanten, Großbären und Großkatzen (vgl. die Differenzprotokolle der TVT, der BTK und des DTB zu den BMELV-Leitlinien; vgl. weiter *Martin* AtD 1998, 338, 342; *Schmitz* AtD 1999, 206ff.; s. Anh. zu § 2 Rn. 71). – Als Richtlinie für das, was gemäss Abs. 2 Nr. 3 und Abs. 2a durchgesetzt werden sollte, kann neben den BMELV-Zirkusleitlinien und dem BMELV-Säugetiergutachten insbesondere auch die Loseblatt-Sammlung in Merkblatt Nr. 39 der TVT für die tierschutzrechtliche Überprüfung von Zirkustieren dienen (vgl. *Körner* AtD 2001, 302ff.; zur Gewichtung dieser antizipierten Gutachten s. Rn. 19 und § 2 Rn. 47, 48). – Um § 2 einzuhalten, müssen an denjenigen Standorten, an denen sich der Zirkus bzw. die Tierschau länger aufhält, die Käfigwagen und Stallzelte durch Außengehege erweitert werden (vgl. BMELV-Zirkusleitlinien S. 10). Zu beachten ist auch, dass auf Tiere, die nicht täglich verhaltensgerecht beschäftigt werden, nicht die Zirkus-Leitlinien sondern die erhöhten Anforderungen des Säugetiergutachtens Anwendung finden (vgl. BMELV-Zirkusleitlinien S. 9; s. auch Anh. zu § 2 Rn. 69, 70). – Verhaltensstörungen sind bei Zoo- und Zirkustieren besonders häufig und indizieren dann (wie sonst auch, s. § 17 Rn. 69–77) erhebliche Leiden iS des § 17 Nr. 2b oder § 18 Abs. 1 Nr. 1. – Verboten ist außerdem die Zufügung erheblicher Schmerzen, Leiden oder Schäden bei der Ausbildung (§ 3 Nr. 5) und die Verursachung „einfacher" Schmerzen, Leiden oder Schäden bei der Schaustellung (§ 3 Nr. 6). – Zum Zirkuszentralregister s. § 16 Rn. 12.

26 **Rücknahme bzw. Widerruf der Erlaubnis** richten sich nach § 48 bzw. § 49 VwVfG. Soll eine Erlaubnis nachträglich eingeschränkt werden (zB durch Herausnahme einzelner Tierarten, die zunächst erlaubt waren, oder durch nachträgliche Verbote von solchen Tätigkeiten, die mit der erlaubten Nutzung untrennbar verbunden sind, s. Rn. 23), so kann dies eine teilweise Rücknahme bzw. einen teilweisen Widerruf darstellen. – Bei wandernden Unternehmen (insbesondere Zirkussen, Tierschauen) ist für Rücknahme bzw. Widerruf diejenige Behörde zuständig, in deren Bezirk sich der Betrieb z.Zt. der Entscheidung aufhält (AVV Nr. 12.1.5). – Eine Rücknahme nach § 48 Abs. 1 VwVfG kann ergehen, wenn die Erlaubnis von Anfang an rechtswidrig war: wenn zB von Anfang an die Sachkunde und/oder die Zuverlässigkeit gefehlt haben oder wenn die Räume und Einrichtungen schon zu Beginn nicht Abs. 2 Nr. 3 entsprochen haben (dies kann sich auch aus einer späteren Besichtigung ergeben, denn erfahrungsgemäß werden tierschutzgerechte Haltungsbedingungen nicht später durch mangelhafte ersetzt; vgl. *Körner* AtD 2001, 302ff.). Bei der Ausübung des Ermessens ist zu beachten, dass bei derartigen Erlaubnissen das öffentliche Interesse daran, dass rechtswidrige Bescheide nicht aufrechterhalten bleiben, grundsätzlich Vorrang vor Erwägungen des Vertrauensschutzes hat (vgl. *Körner* aaO). Ein Entschädigungsanspruch nach § 48 Abs. 3 VwVfG entfällt nicht nur bei Vorliegen eines der Tatbestände nach § 48 Abs. 2 S. 3, sondern auch dann, wenn das Vertrauen des Erlaubnisinhabers aus anderen Gründen nicht schutzwürdig war, zB weil er die tierschutzwidrigen Zustände seines Betriebes kannte oder kennen musste. – Ein Widerruf kommt in Betracht, wenn eine Auflage nicht erfüllt wird (§ 49 Abs. 2 Nr. 2 VwVfG), oder wenn eine der Erlaubnisvoraussetzungen nachträglich wegfällt (§ 49 Abs. 2 Nr. 3 VwVfG). Beispiele aus der Rspr.: Widerruf der Erlaubnis für einen Zirkusbetrieb, wenn wiederholt Mängel in der Tierhaltung festgestellt wurden und der Zirkusinhaber der Aufforderung zur Mängelbeseitigung nur teilweise nachkam (VG Stuttgart vom 27. 8. 1997, 4 K 4878/97); Rücknahme bzw. Widerruf der Erlaubnis für einen Zirkusbetrieb, wenn die Zuverlässigkeit der verantwortlichen Person fehlt bzw. nachträglich wegfällt (VG Stuttgart vom 10. 3. 2000, 4 K 2297/98). Weitere Beispiele: Widerruf bei Auswechselung der verantwortlichen Person gegen einen nicht ausreichend Sachkundigen; Widerruf bei nachträglichem Eintritt unzuverlässigkeitsbegründender Tatsachen; Widerruf, wenn die Räume oder Einrichtungen in einen Zustand geraten, der nicht mehr § 2 entspricht. Für die nötige Gefährdung des öffentlichen Interesses nach § 49 Abs. 2 Nr. 3 und 4 VwVfG reicht aus, dass tierschutzwidrige Zustände drohen, denn der Tierschutz ist Staatziel (Art. 20a GG). Auch hier entfällt ein Anspruch auf Ersatz des Vertrauensschadens nach § 49 Abs. 6 VwVfG, wenn das Vertrauen des Erlaubnisinhabers nicht schützenswert ist, zB weil er die tierschutzwidrigen Verhältnisse selbst in zurechenbarer Weise herbeigeführt hat (vgl. *Körner* aaO). – Aus Gründen der Verhältnismäßigkeit kann es geboten sein, sich auf eine Teil-Rücknahme bzw. einen Teilwiderruf zu beschränken, zB auf das Herausnehmen einzelner Tierarten aus der Erlaubnis. – Für die Frist nach § 49 Abs. 2 S. 2 und § 48 Abs. 4 VwVfG gilt, dass diese erst ab Kenntnis der Behörden von allen Tatsachen einschließlich aller für die Ermessensausübung relevanten Gesichtspunkte zu laufen beginnt (vgl. BVerwGE 70, 364). – Rücknahme- und Widerrufsbescheide können nach Maßgabe von § 80 Abs. 2 S. 1 Nr. 4 VwGO für sofort vollziehbar erklärt werden. Das besondere öffentliche Interesse kann mit der Fortdauer eines tierschutzwidrigen Zustandes oder mit drohenden Schmerzen, Leiden oder Schäden oder drohenden anderen Verstößen begründet werden (vgl. *Dietz* NuR 1999, 681, 685; *Körner* aaO). Die Anordnung muss aber, wie sonst auch, ausdrücklich ergehen und schriftlich begründet werden (vgl. § 80 Abs. 3 S. 1; Sonderfall s. S. 2).

VI. Behördliches Einschreiten nach Abs. 3 und 4

27 Wird eine erlaubnispflichtige Tätigkeit ohne Erlaubnis begonnen, oder wird sie trotz (unanfechtbarer oder für sofort vollziehbar erklärter) Rücknahme bzw. Widerrufs der

Erlaubnis fortgesetzt, so ist sie „formell illegal". Die Behörde soll sie nach **Abs. 3 S. 2 untersagen;** dies kann bereits mit der Rücknahme usw. verbunden werden. „Soll" bedeutet wie immer „muss, außer in atypischen Ausnahmefällen" (vgl. BT-Drucks. 13/7015 S. 22; BVerwG NVwZ-RR 2005, 399, 401: Sollensvorschriften bedeuten eine „strikte Bindung für den Regelfall, nur in atypischen Fällen sind Abweichungen gestattet"; VG Stuttgart NuR 2003, 710, 711; NuR 1999, 718, 719; *L/M* § 11 Rn. 38). Ein solcher Ausnahmefall wird angenommen, wenn alle Erlaubnisvoraussetzungen offensichtlich erfüllt sind und der entsprechende Antrag auch bereits mit allen notwendigen Angaben und Unterlagen eingereicht ist. – Das Halten von Gehegewild ist nach Abs. 6 S. 3 zu untersagen, wenn auf Tatsachen gestützte Zweifel an der Einhaltung von Anforderungen aus § 2 bestehen und diese Zweifel trotz Fristsetzung nicht behoben werden.

28 Die Behörde hat, wenn die Untersagungsverfügung nach Abs. 3 entweder für sofort vollziehbar erklärt worden ist (vgl. *Dietz* NuR 1999, 681, 685: das besondere Vollzugsinteresse kann bei formeller Illegalität idR angenommen werden) oder wenn Bestandskraft eingetreten ist, zwei Möglichkeiten: **1.** Sie kann diese Verfügung nach Maßgabe des jeweiligen Landesverwaltungsvollstreckungsgesetzes vollstrecken (also idR: Zwangsgeldfestsetzung; bei Erfolglosigkeit oder wenn von vornherein untunlich unmittelbarer Zwang). **2.** Sie kann auch von der **Möglichkeit des Abs. 4 Gebrauch machen,** d.h. die Schließung der Betriebs- oder Geschäftsräume anordnen. Hierbei soll es sich nicht um eine Vollstreckungsmaßnahme handeln (so *Kluge/Goetschel* § 11 Rn. 23). Deshalb ist grundsätzlich anzuraten, die Betriebsschließung mittels Verwaltungsaktes ausdrücklich auszusprechen, diesen Verwaltungsakt gemäß § 80 Abs. 2 S. 1 Nr. 4 VwGO für sofort vollziehbar zu erklären und anschließend (zB mit unmittelbarem Zwang, s.o.) zu vollstrecken (vgl. auch VG Potsdam vom 5. 8. 2004, 3 L 555/04: Die Anwendung von § 35 Abs. 1 GewO wird durch § 11 Abs. 3 S. 2 und Abs. 4 nicht ausgeschlossen).

VII. Sachkundenachweis für das Verkaufspersonal nach Abs. 5

29 Nach Abs. 5 muss, wer gewerbsmäßig mit Wirbeltieren handelt, sich selbst über die Kenntnisse und Fähigkeiten seines Verkaufspersonals einschließlich des Hilfspersonals vergewissern. Deren Sachkunde muss sich auf die richtige Haltung, Pflege und Unterbringung einer jeden Tierart, mit der sie zu tun haben, erstrecken, insbesondere auch auf die unterschiedlichen Ansprüche und Lebensbedingungen, die Risiken einer Krankheitsübertragung und die auf den Tierhalter zukommenden Pflichten (vgl. BT-Drucks. 13/7015 S. 22). Der Nachweis der Sachkunde kann durch Unterlagen über eine erfolgreich abgeschlossene Ausbildung, über beruflichen oder sonstigen Umgang mit Tieren der betreffenden Art sowie durch ein Fachgespräch mit dem Geschäftsinhaber erbracht werden. Er muss geführt sein, bevor die Person erstmals im Verkauf eingesetzt wird (vgl. *L/M* § 11 Rn. 41). – Abs. 5 gilt nicht für Auszubildende; diese dürfen aber nur beschränkt eingesetzt werden (vgl. AVV Nr. 12.2.7).

VIII. Anzeige nach Abs. 6

30 Zur Anzeige nach Abs. 6 s. Rn. 19a.

IX. Ordnungswidrigkeiten

31 **Ordnungswidrig nach § 18 Abs. 1 Nr. 20** handelt, wer vorsätzlich oder fahrlässig eine erlaubnispflichtige Tätigkeit ohne Erlaubnis ausübt, sei es, dass er eine Erlaubnis überhaupt nicht beantragt hat, sei es, dass er mit der Tätigkeit vor Zugang der beantragten Erlaubnis beginnt oder dass er die inhaltlichen Grenzen einer erteilten Erlaubnis über-

schreitet. Gleichgestellt ist der Fall, dass er eine solche Tätigkeit trotz (unanfechtbarer bzw. für sofort vollziehbar erklärter) Rücknahme oder Widerrufs der Erlaubnis fortsetzt. Außerdem handelt ordnungswidrig, wer einer (entweder bestandskräftigen oder für sofort vollziehbar erklärten) Auflage nach Abs. 2a zuwiderhandelt. Bußgeldrahmen 25000 Euro (bei Fahrlässigkeit 12500 Euro). – Ordnungswidrig nach § 18 Abs. 1 Nr. 20a handelt, wer sich nicht nach § 11 Abs. 5 die Sachkunde der für ihn im Verkauf tätigen Person vor deren erstmaligem Einsatz nachweisen lässt. – Eine Ordnungswidrigkeit nach § 18 Abs. 1 Nr. 20b liegt bei fehlender, unrichtiger, unvollständiger oder nicht rechtzeitiger Anzeige des Haltens von Gehegewild vor. Bußgeldrahmen in beiden Fällen 5000 Euro (bei Fahrlässigkeit 2500 Euro). – Bezieht sich die erlaubnis- oder anzeigepflichtige Tätigkeit auf artengeschützte Tiere, so kommt Tateinheit mit einer Ordnungswidrigkeit nach § 65 BNatSchG in Betracht. Bei einer Straftat nach § 66 BNatSchG ist § 21 OWiG zu beachten.

§ 11 a [Aufzeichnungen; Kennzeichnung]

(1) [1] Wer Wirbeltiere

1. nach § 9 Abs. 2 Nr. 7 zu Versuchszwecken oder zu den in § 6 Abs. 1 Satz 2 Nr. 4, § 10 Abs. 1 oder § 10a genannten Zwecken oder

2. nach § 4 Abs. 3 zu dem dort genannten Zweck

züchtet oder hält oder mit solchen Wirbeltieren handelt, hat über die Herkunft und den Verbleib der Tiere Aufzeichnungen zu machen und die Aufzeichnungen drei Jahre lang aufzubewahren. [2] Dies gilt nicht, soweit für Wirbeltiere wildlebender Arten eine entsprechende Aufzeichnungspflicht auf Grund jagdrechtlicher oder naturschutzrechtlicher Vorschriften besteht.

(2) [1] Wer Hunde oder Katzen zur Abgabe oder Verwendung zu einem der in Absatz 1 Satz 1 genannten Zwecke züchtet, hat sie, bevor sie vom Muttertier abgesetzt werden, dauerhaft so zu kennzeichnen, daß ihre Identität festgestellt werden kann; Affen oder Halbaffen müssen nach dem Absetzen oder dem Entfernen aus dem Sozialverband entsprechend dauerhaft gekennzeichnet werden. [2] Wer nicht gekennzeichnete Hunde, Katzen, Affen oder Halbaffen zur Abgabe oder Verwendung zu einem der in Absatz 1 Satz 1 genannten Zwecke erwirbt, hat den Nachweis zu erbringen, dass es sich um für solche Zwecke gezüchtete Tiere handelt und deren Kennzeichnung nach Satz 1 unverzüglich vorzunehmen.

(3) [1] Das Bundesministerium wird ermächtigt, durch Rechtsverordnung mit Zustimmung des Bundesrates Vorschriften über Art und Umfang der Aufzeichnungen und der Kennzeichnung zu erlassen. [2] Es kann dabei vorsehen, dass Aufzeichnungen auf Grund anderer Rechtsvorschriften als Aufzeichnungen nach Satz 1 gelten.

(4) [1] Wer Wirbeltiere zur Verwendung als Versuchstiere oder zu den in § 6 Abs. 1 Satz 2 Nr. 4, § 10 Abs. 1 oder § 10a genannten Zwecken oder Wirbeltiere nach § 4 Abs. 3 zu dem dort genannten Zweck aus Drittländern einführen will, bedarf der Genehmigung durch die zuständige Behörde. [2] Die Genehmigung ist zu erteilen, wenn nachgewiesen wird, dass die Voraussetzungen des § 9 Abs. 2 Nr. 7 erfüllt sind.

I. Die Aufzeichnungs-, Aufbewahrungs- und Vorlagepflicht nach Abs. 1

1 Die **Aufzeichnungspflicht** bezieht sich auf Wirbeltiere (s. § 4 Rn. 1), wenn diese zu einem der folgenden Zwecke verwendet werden sollen: Zu einem Tierversuch nach § 7, gleichgültig, ob dieser genehmigungspflichtig ist oder nicht; zu einer Organ- oder Gewebeentnahme nach § 6 Abs. 1 S. 2 Nr. 4; zur Aus-, Fort- oder Weiterbildung nach § 10

Abs. 1; zu Maßnahmen der biotechnischen Produktion nach § 10a. Ausreichend ist auch, dass das Tier getötet werden und anschließend an seinem Körper, seinen Organen oder Teilen davon einer der genannten Zwecke verwirklicht werden soll.

2 **Pflichtiger** ist, wer die Tiere entweder züchtet oder hält oder mit ihnen handelt. Züchten s. § 11 Rn. 4 und § 11b Rn. 2. Halten s. § 2 Rn. 4. Handel s. § 11 Rn. 11. – Die Pflicht trifft denjenigen, der die Tiere als Züchter, Halter oder Händler in unmittelbarem oder mittelbarem Besitz hat und damit die tatsächliche Herrschaft über sie ausübt. – Sie bezieht sich auf alle Wirbeltiere, die einem der genannten Zwecke dienen sollen, also auch auf solche, die nicht eigens für wissenschaftliche Zwecke gezüchtet sein müssen, weil sie landwirtschaftliche Nutztiere sind (vgl. § 9 Abs. 2 Nr. 7).

3 Die **Aufzeichnungen** müssen nach Form und Inhalt so erfolgen, dass sowohl die Herkunft als auch der Verbleib eines jeden einzelnen Tieres für die Behörde ohne weiteres nachvollziehbar ist (vgl. *Hackbarth/Lückert* X B 2.2; vgl. auch BT-Drucks. 10/3158 S. 27). Näheres regelt § 1 der Verordnung über Aufzeichnungen über Versuchstiere und deren Kennzeichnung vom 20. 5. 1988 (BGBl. I S. 639), geändert durch Art. 21 des Gesetzes vom 13. 4. 2006 (BGBl. I S. 855): In den Betriebs- oder Geschäftsräumen ist ein Kontrollbuch zu führen; dort ist jede Bestandsveränderung unverzüglich und dauerhaft einzutragen; dabei ist nach dem in § 1 der VO beschriebenen Muster vorzugehen; die Eintragungen müssen den §§ 239, 261 HGB entsprechen, also u.a. vollständig, richtig, zeitgerecht und geordnet vorgenommen werden.

4 Die **Pflicht zur Aufbewahrung** währt drei Jahre. Der Lauf dieser Frist beginnt mit dem Tag, an dem die letzte Eintragung vorgenommen wurde bzw. hätte vorgenommen werden müssen (etwa weil das Tier dann an einen anderen abgegeben worden oder der Tierversuch usw. beendet worden ist). – Die Pflicht, die Aufzeichnungen der Behörde auf deren Verlangen vorzulegen, ergibt sich aus § 16 Abs. 3 S. 2. – Legt der Pflichtige trotz entsprechenden Verlangens der Behörde keine Aufzeichnungen vor, so ist in jedem Fall der Tatbestand einer Ordnungswidrigkeit erfüllt: Entweder § 18 Abs. 1 Nr. 21 (weil die Aufzeichnungen nicht, nicht richtig, oder nicht vollständig gemacht oder nicht aufbewahrt wurden) oder Nr. 26 (weil sie trotz Erstellung und Aufbewahrung nicht vorgelegt werden, was einen Verstoß gegen § 16 Abs. 3 S. 2 darstellt). – Abs. 1 gilt nicht, wenn das Jagd- oder Naturschutzrecht vergleichbare Pflichten vorsieht, vgl. insbesondere § 5 Bundesartenschutzverordnung.

II. Die Kennzeichnungspflicht nach Abs. 2

5 **Gekennzeichnet werden müssen Hunde und Katzen,** weil in diesem Bereich noch immer gegen § 9 Abs. 2 Nr. 7 verstoßen wird (vgl. BT-Drucks. 10/3158 S. 27: „... da die Zahl der zu Versuchszwecken verwendeten Tiere oftmals die Zahl der in spezialisierten Einrichtungen gezüchteten Tiere übersteigt"). Gemäß dem Europäischen Versuchstierübereinkommen (EVÜ) wurden durch das ÄndG 1998 auch **Affen und Halbaffen** einbezogen. – Die Kennzeichnungspflicht trifft den Züchter unabhängig davon, ob er die Tiere selbst zu einem der in Abs. 1 S. 1 genannten Zwecke verwenden oder aber an Dritte hierfür abgeben will. Abgabe bedeutet Übertragung des unmittelbaren Besitzes; auf Inhalt und Wirksamkeit des zugrundeliegenden Rechtsgeschäfts kommt es nicht an. Unerheblich ist auch, wie viele Besitzer zwischen den Züchter und denjenigen, der später die Tiere iS von Abs. 1 S. 1 verwendet, treten. – Züchter ist der Inhaber oder (bei einer juristischen Person) der gesetzliche Vertreter des Züchtungsunternehmens. – Das „Wie" der Kennzeichnung regelt § 2 der Verordnung über Aufzeichnungen über Versuchstiere und deren Kennzeichnung: grds. Tätowierung an beiden Ohren, hilfsweise am linken Innenschenkel. Zur betäubungslosen Vornahme s. § 5 Abs. 2 Nr. 7 (s. auch § 5 Rn. 14).

6 Wer **nicht gekennzeichnete Hunde, Katzen, Affen oder Halbaffen erwirbt** und sie entweder selbst zu einem der in Abs. 1 S. 1 genannten Zwecke verwenden oder hierfür an

Dritte abgeben will, den treffen zwei Pflichten: a) Er muss den Nachweis führen, dass es sich um Tiere handelt, die für solche Zwecke gezüchtet worden sind; b) er muss die Kennzeichnung unverzüglich (d.h. ohne schuldhaftes Zögern) nachholen (wobei er die Tiere, wenn sie bereits älter als zwei Wochen sind, vorher betäuben muss, vgl. § 5 Abs. 2 Nr. 7).

III. Abs. 3 und Abs. 4

Zu der in Abs. 3 vorgesehenen Rechtsverordnung s. Rn. 3 und Rn. 5. – Nach Abs. 4 braucht jeder, der Wirbeltiere, die (sei es von ihm selbst, sei es von Dritten) zu einem der in Abs. 1 S. 1 genannten Zwecke verwendet werden sollen, aus einem Nicht-EU-Staat nach Deutschland einführen will, eine Genehmigung durch die zuständige Behörde (vgl. auch AVV Nr. 13). Diese wird grds. nur erteilt, wenn der Importeur nachweisen (nicht etwa nur glaubhaft machen) kann, dass die Tiere im Ausland für die Verwendung im Rahmen von Tierversuchen gezüchtet worden sind. Beruft er sich stattdessen auf einen der Ausnahmetatbestände nach § 9 Abs. 2 Nr. 7 S. 2, so sind an deren Nachweis hohe Anforderungen zu stellen (vgl. *Kluge/Goetschel* § 11 a Rn. 6; s. auch § 9 Rn. 23). 7

IV. Ordnungswidrigkeiten

Ordnungswidrigkeiten enthalten § 18 Abs. 1 Nr. 21 und 21 a. – Nach Nr. 21 handeln der Züchter, Halter oder Händler ordnungswidrig, wenn sie entgegen Abs. 1 keine Aufzeichnungen machen („nicht"), wenn die Aufzeichnungen teilweise unrichtig sind („nicht richtig") oder wenn sie zu einem der vorgeschriebenen Punkte fehlen, lückenhaft oder zu pauschal sind („nicht vollständig"). Ebenso, wenn die Unterlagen nicht drei Jahre lang aufbewahrt werden (s. Rn. 4). – Eine Ordnungswidrigkeit liegt auch dann vor, wenn ein Tier, das nach Abs. 2 zu kennzeichnen ist, nicht, nicht in der vorgeschriebenen Weise oder nicht rechtzeitig gekennzeichnet wird (s. Rn. 5 und 6). – Eine Ordnungswidrigkeit nach s. Nr. 21 a begeht, wer ein Wirbeltier ohne Genehmigung nach Abs. 4 S. 1 einführt (s. Rn. 7). 8

§ 11 b [Qualzüchtung]

(1) Es ist verboten, Wirbeltiere zu züchten oder durch bio- oder gentechnische Maßnahmen zu verändern, wenn damit gerechnet werden muss, dass bei der Nachzucht, den bio- oder gentechnisch veränderten Tieren selbst oder deren Nachkommen erblich bedingt Körperteile oder Organe für den artgemäßen Gebrauch fehlen oder untauglich oder umgestaltet sind und hierdurch Schmerzen, Leiden oder Schäden auftreten.

(2) Es ist verboten, Wirbeltiere zu züchten oder durch bio- oder gentechnische Maßnahmen zu verändern, wenn damit gerechnet werden muss, dass bei den Nachkommen

a) mit Leiden verbundene erblich bedingte Verhaltensstörungen auftreten oder
b) jeder artgemäße Kontakt mit Artgenossen bei ihnen selbst oder einem Artgenossen zu Schmerzen oder vermeidbaren Leiden oder Schäden führt oder
c) deren Haltung nur unter Bedingungen möglich ist, die bei ihnen zu Schmerzen oder vermeidbaren Leiden oder Schäden führen.

(3) Die zuständige Behörde kann das Unfruchtbarmachen von Wirbeltieren anordnen, wenn damit gerechnet werden muss, dass deren Nachkommen Störungen oder Veränderungen im Sinne des Absatzes 1 oder 2 zeigen.

(4) Die Absätze 1, 2 und 3 gelten nicht für durch Züchtung oder bio- oder gentechnische Maßnahmen veränderte Wirbeltiere, die für wissenschaftliche Zwecke notwendig sind.

(5) Das Bundesministerium wird ermächtigt, durch Rechtsverordnung mit Zustimmung des Bundesrates

1. die erblich bedingten Veränderungen und Verhaltensstörungen nach den Absätzen 1 und 2 näher zu bestimmen,

2. das Züchten mit Wirbeltieren bestimmter Arten, Rassen und Linien zu verbieten oder zu beschränken, wenn dieses Züchten zu Verstößen gegen die Absätze 1 und 2 führen kann.

Übersicht

I. Entstehungsgeschichte

1 **Erstmals eingefügt** wurde die Vorschrift mit dem ÄndG 1986. Durch das ÄndG 1998 erfolgte u.a. eine Erweiterung um den Schutz vor biotechnischen Maßnahmen. Das Gesetz zur Bekämpfung gefährlicher Hunde vom 12. 4. 2001 (BGBl. I S. 530) brachte eine Erweiterung von Abs. 2a (nämlich um „erblich bedingte Aggressionssteigerungen"; die Änderung wurde aber vom BVerfG für nichtig erklärt, s. Rn. 11) und von Abs. 5. Mit dem ÄndG vom 19. 4. 2006 erfolgte die Anpassung an die Vorgaben des BVerfG. – Das von einer Sachverständigengruppe im Auftrag des BMELV am 2. 6. 1999 vorgelegte „Gutachten zur Auslegung von § 11b TierSchG" (im Folgenden: Qualzuchtgutachten) bildet eine wichtige Entscheidungshilfe und Leitlinie für die Auslegung (vgl. Qualzuchtgutachten, Vorwort). Der in Hessen dazu herausgegebene Erlass enthält eine Auswahl von 24 im Gutachten verbotenen Zuchtmerkmalen, die vorrangig als vollzugsrelevant angesehen werden, weil sie in besonderem Maße zur Auslösung tatbestandsmäßiger Defekte geeignet sind und sich zudem schon durch einfache Inaugenscheinnahme des Zuchttiers, d.h. ohne apparativen diagnostischen Aufwand feststellen lassen (vgl. *Schmitz* DtW 2004, 118, 119). Zumindest gegen diese Merkmale sollte angesichts der bundesweiten Geltung von § 11b auch in anderen Bundesländern vorgegangen werden. – Mit dem rechtsstaatlichen Bestimmtheitsgebot ist § 11 b vereinbar. Dass die Feststellung seiner tatbestandlichen Voraussetzungen ggf. erst nach umfangreichen Untersuchungen und mit Hilfe von Sachverständigengutachten erfolgen kann, steht nicht entgegen. Für ein behördliches Verbot von Zuchtrichtungen bedarf es auch nicht notwendig einer Rechtsverordnung; eine unmittelbar auf § 11b gestützte Anordnung nach § 16a S. 1 reicht aus (vgl. VGH Kassel Rd L 2003, 277, 278).

II. Tatbestandsmerkmale der Qualzüchtung nach Abs. 1

Züchten von Wirbeltieren. Wirbeltiere s. § 4 Rn. 1; gleichgültig ist, ob es sich um Heimtiere, landwirtschaftliche Nutztiere, wildlebende Tiere o. Ä. handelt. – Unter Züchten versteht das Qualzuchtgutachten „die geplante Verpaarung von Tieren" (S. 5). Allerdings wird in Art. 1 § 1 des Gesetzes zur Bekämpfung gefährlicher Hunde ein weitergehender Zuchtbegriff verwendet: „... jede Vermehrung von Hunden". Da dieses Gesetz direkt an § 11 b anknüpft (vgl. insbesondere Art. 2 Nr. 1) liegt es nahe, auch hier diesen weiten Zuchtbegriff zugrunde zu legen und jede vom Menschen bewusst und gewollt herbeigeführte Vermehrung von Tieren als Züchten iS von § 11 b anzusehen (s. auch Rn. 21). – IdR werden mit der Züchtung bestimmte Eigenschaften, Merkmale oder Merkmalskombinationen bei den Nachkommen angestrebt. Inzuchten, d.h. Verpaarungen verwandter Tiere, sind ebenfalls Züchtungen (vgl. *Kluge/Goetschel* § 11 b Rn. 10). – Für die Tatbeteiligung gelten die allgemeinen Regeln, d.h. neben dem, der selbst züchtet, können auch Halter, Eigentümer und Vereine, die Zuchtziele festlegen oder Zuchttiere bewerten, Beteiligte iS des § 14 OWiG sein (s. auch § 18 Rn. 9). 2

Nachzucht. Kommt es infolge der Tathandlung zur Schädigung eines Fetus, der noch vor der Geburt (bzw. bei Vögeln vor dem Schlupf) abstirbt, so stellt sich die Frage, ab welchem Zeitpunkt hier von „Nachzucht" oder „Nachkommen" gesprochen werden kann. Die Biologie teilt die Entwicklung eines Organismus in drei Phasen ein: In die Primitiventwicklung, in die feinere Ausarbeitung von Form und Struktur und schließlich in die funktionelle Reifung und Integration der Organe. Jedenfalls mit dem Beginn der dritten Phase (diese setzt bei Säugetieren spätestens nach dem ersten Drittel der Gravidität und bei Vögeln je nach Art schon ab dem 6. bis 9. Bebrütungstag ein) entwickeln die Nachkommen Empfindungsfähigkeit. Ab diesem Zeitpunkt sind sie deshalb durch § 11 b geschützt. Während also embryonaler Frühtod (d.h. Absterben in der ersten oder zweiten Phase) nicht erfasst wird, rechnen zur Nachzucht neben geschädigten Lebendgeburten auch solche Totgeburten und Feten, die erst nach dem o.e. Zeitpunkt absterben (Qualzuchtgutachten S. 4; vgl. auch *Herzog* in: DVG, Tierschutz und Tierzucht, S. 239, 242: Beginn der dritten Phase bei Säugetieren je nach Art etwa 6–7 Wochen nach der Konzeption, spätestens jedoch nach dem ersten Drittel der Gravidität). 3

Erblich bedingtes Fehlen, Untauglichkeit oder Umgestaltung von Körperteilen oder Organen. Körperteile und Organe sind aus Zellen und Geweben zusammengesetzte Teile des Körpers, die genetisch festgelegte, für die Lebens- und Fortpflanzungsfähigkeit notwendige Funktionen zu erfüllen haben. Für den artgemäßen Gebrauch untauglich oder umgestaltet sind sie immer dann, wenn eine dieser Funktionen infolge der züchterischen Einflussnahme nicht mehr ausreichend erfüllt oder ausgeführt werden kann (vgl. Qualzuchtgutachten S. 7). – Auch negative, vom Züchter ungewollte Veränderungen an Organen oder Körperteilen, die mit Zuchtmerkmalen im Zusammenhang stehen, fallen, soweit sie mit Schmerzen, Leiden oder Schäden einhergehen, unter § 11 b; gleiches gilt für negative Verhaltensänderungen von Tieren, sofern diese durch Zucht bedingt sind (Qualzuchtgutachten S. 7; *Herzog* aaO S. 245). – Abs. 1 und Abs. 2 lit. a sind trotz der zahlreichen unbestimmten Rechtsbegriffe ausreichend bestimmt (vgl. VGH Kassel RdL 2003, 277, 278). 4

Schmerzen, Leiden oder Schäden als Folge. Zu Schmerzen s. § 1 Rn. 12–15; zu Leiden s. § 1 Rn. 17–23; zu Schäden s. § 1 Rn. 24–26. Ein einzelner Schmerz, ein einzelnes Leiden oder ein einzelner Schaden reicht aus. Erheblichkeit braucht nicht gegeben zu sein; es genügen also Schmerzen, Leiden usw. als solche (vgl. Qualzuchtgutachten S. 6). Die Schmerzen, Leiden usw. brauchen auch nicht länger anhaltend zu sein. – Schmerz setzt keine unmittelbare Einwirkung auf das Tier voraus und muss auch nicht zu erkennbaren Abwehrreaktionen führen. – Unter Leiden fallen auch dauerhafte Entbehrungen bei der Befriedigung ererbter arttypischer Verhaltensbedürfnisse (vgl. Qualzuchtgutachten S. 6). 5

– Ein Schaden liegt bereits dann vor, wenn der Zustand eines Tieres dauerhaft auch nur geringfügig zum Negativen verändert wird. Dies kann auf körperlicher oder psychischer Grundlage geschehen. Gleichzeitiges Leiden oder Schmerzempfinden muss nicht gegeben sein. Ausreichend sind zB zuchtbedingte geringfügige Gleichgewichts- oder Stoffwechselstörungen, erst recht natürlich Störungen beim Sehen oder Hören, bei der Fortbewegung, beim artgemäßen Nahrungserwerbs- oder Sozialverhalten, bei der Fortpflanzung u. Ä. Der maximale Schaden, den ein Lebewesen nehmen kann, ist sein Tod (vgl. Qualzuchtgutachten S. 6, 7; vgl. auch BVerwG NVwZ 1998, 853, 854). – Zuchtformen, bei denen nur durch besondere Maßnahmen und Eingriffe das Auftreten von Schmerzen, Leiden oder Schäden zuverlässig und nachhaltig verhindert werden kann, fallen ebenfalls unter § 11b. Auch die vorbeugende Tötung eines Tieres, bevor dieses relevante Merkmale ausprägt, kann seine Einstufung als Qualzüchtung nicht verhindern (vgl. Qualzuchtgutachten S. 6, 7).

6 **Vorhersehbarkeit.** Für einen Verstoß gegen Abs. 1 reicht aus, wenn im Zeitpunkt der Verpaarung mit derartigen negativen Folgen für die Nachkommen gerechnet werden muss. Der Tatbestand ist dann bereits mit der Züchtung vollendet, selbst wenn die Folgen später ausbleiben. – Gerechnet werden muss mit den negativen Folgen, wenn sie unter Berücksichtigung der im Zeitpunkt der Tathandlung vorliegenden objektiven Verhältnisse als eine nicht fern liegende, sondern realistische Möglichkeit erscheinen (vgl. VG Gießen NuR 2003, 506, 507: „... obliegt es der zuständigen Behörde bereits dann, eine Zuchtform als ‚Qualzucht' zu untersagen, wenn für das Vorliegen der tatbestandlichen Voraussetzungen eine hinreichende Wahrscheinlichkeit besteht"). Maßgebend dafür sind die objektiven Verhältnisse, die notfalls mittels Sachverständigengutachten zu klären sind. Das Verbot gilt unabhängig von der subjektiven Tatseite, also unabhängig davon, ob der Züchter selbst die Möglichkeit der schädigenden Folgen erkannt hat oder hätte erkennen müssen (*L/M* § 11b Rn. 4). Wegen dieses objektiven Sorgfaltsmaßstabes kann er sich nicht auf fehlende subjektive Kenntnisse oder Erfahrungen berufen. – Vorhersehbar sind erbbedingte Folgen bei den Nachkommen auch dann, wenn ungewiss ist, ob sie erst nach einem Generationensprung in späteren Generationen auftreten (vgl. *Kluge/Goetschel* § 11b Rn. 14).

7 **Keine Rechtfertigungsmöglichkeit.** Für Verstöße gegen Abs. 1 oder Abs. 2 gibt es keine Rechtfertigung durch einen **vernünftigen Grund.** Soweit einer dieser Tatbestände erfüllt ist, kann auch ein hohes menschliches oder wirtschaftliches Interesse die Züchtung bzw. die bio- oder gentechnische Maßnahme nicht rechtfertigen (vgl. *L/M* § 11b Rn. 5; zu den unterschiedlichen Normgruppen im TierSchG s. auch § 1 Rn. 32, 33). Einzige Ausnahmen sind Abs. 4 sowie die Fälle des rechtfertigenden Notstands (§ 34 StGB, §§ 228, 904 BGB). Es ist insbesondere nicht möglich, an die Züchtung von Tieren, die der landwirtschaftlichen Produktion dienen, einen weniger strengen Maßstab anzulegen als in der Heimtierzucht (*Herzog* aaO S. 245).

7a **Ein Beispiel aus der Rechtsprechung:** Das durch Verwaltungsakt ausgesprochene Verbot der Züchtung von Enten mit Federhaube ist im Verfahren des vorläufigen Rechtsschutzes als rechtmäßig angesehen worden (vgl. VG Gießen NuR 2003, 506; VGH Kassel Rd L 2003, 277). – Die Gerichte führten zur Begründung aus: Aus dem von der Behörde vorgelegten Sachverständigengutachten ergebe sich, dass Hausenten mit Federhaube unverhältnismäßig häufig craniocerebrale Missbildungen aufwiesen; außerdem habe man bei diversen Tieren Ataxien feststellen können, die ebenfalls Folgen zentralnervöser Beeinträchtigungen seien. Die Schadwirkung des dafür ursächlichen Cr-Gens lasse sich nicht durch züchterische Maßnahmen wie zB eine Verpaarung von Merkmalsträgern mit Nichtmerkmalsträgern eliminieren. Auch die Sachverständigengruppe des BMELV-Qualzuchtgutachtens sei zu dem Ergebnis gekommen, dass Enten mit Großhauben ausgedehnte Schädeldefekte in Form persistierender Fontanellen aufwiesen. Durch die Erhebung des Tierschutzes zum Staatsziel in Art. 20a GG werde eindrucksvoll auch die Reichweite von § 11b belegt. Wenn sich aus sachverständigen Ausführungen eine hinreichende Wahrscheinlichkeit für das Vorliegen einer Qualzucht ergebe, obliege es dem Züchter, den Nachweis dafür zu führen, dass die von ihm konkret betriebene Zucht nicht unter § 11b falle; dass bei den von ihm gezüchteten Tieren bislang noch keine Ausfallerscheinungen oder andere Beeinträchtigungen wahrgenommen worden seien, genüge hierfür nicht. Unerheblich sei auch, ob es Landenten mit Haube bereits seit Jahrhunderten gebe und ob entsprechende Mutationen auch in natürlichen Lebensräumen vorkämen. Insoweit sei das Verbot Ausdruck eines gewandelten Verständnisses über die Bedeutung des Tierschutzes, wonach die Tieren in Rassezuchten zugemuteten körperlichen Belastungen nicht mehr hingenommen werden sollten. Diese Sichtweise werde durch Art. 20a GG nachhaltig untermauert (VG Gießen aaO; VGH Kassel aaO; zum Ganzen auch *Kimpfel-Neumaier* AtD 2003, 155f. und DTBl. 2004, 362f.).

III. Bio- oder gentechnische Maßnahmen nach Abs. 1

Unter **biotechnischen Maßnahmen** versteht man in der Tierzucht die Analyse sowie die Beeinflussung von Körperstrukturen und -funktionen mit Hilfe zell- und molekularbiologischer Verfahren. Diese Verfahren lassen sich in drei Hauptgruppen einteilen: 1. Zell- und fortpflanzungsbiologische Verfahren (insbesondere künstliche Besamung, Beeinflussung der Geschlechtsreife, Embryotransfer, in-vitro-Produktion von Embryonen, Klonierung, Erzeugung von Chimären, Kombination von Chromosomensätzen oder Genomteilen), 2. molekulare Gendiagnostik sowie 3. In-vitro-Mutagenese und Gentransfer einschließlich Gene-farming (vgl. *Geldermann* in: DVG, Tierschutz und Tierzucht, S. 25ff.). – Beim Klonen ist zwischen Embryonensplitting und der Anwendung von Kerntransfertechniken zu unterscheiden; im letztgenannten Fall liegt stets ein genehmigungspflichtiger Tierversuch vor (s. § 7 Rn. 2). 8

Gentechnische Maßnahmen berühren den Zellkern und das in ihm gelegene Erbgut und sind auf dessen künstliche Veränderung ausgerichtet. Im Gegensatz zur Züchtung, wo das gesamte Erbgut zweier Individuen gekreuzt wird, werden hier einzelne Gene aus ihrem ursprünglichen Zusammenhang entfernt und in einen anderen eingefügt (vgl. *Idel* TU 1998, 83). 9

Im Unterschied zur Züchtung wird bei solchen Maßnahmen **auch das veränderte Tier selbst** vor einem Fehlen, einer Untauglichkeit oder Umgestaltung seiner Körperteile und Organe und hierdurch verursachten (einfachen) Schmerzen, Leiden oder Schäden geschützt (erst recht natürlich seine Nachkommen). – Werden gentechnisch veränderte Tiere verpaart, liegt wieder eine Züchtung vor (s. Rn. 2). 10

IV. Spezielle Verbote nach Abs. 2

Auch wenn es nicht zu einer Untauglichkeit bzw. Umgestaltung von Körperteilen oder Organen kommt, wird § 11b **Abs. 2 lit. a** verletzt, wenn als Folge der Züchtung (oder der bio- oder gentechnischen Veränderung) damit gerechnet werden muss, dass es bei den Nachkommen zu erblich bedingten Verhaltensstörungen, die mit Leiden verbunden sind, kommt (die frühere zweite Alt., „oder erblich bedingte Aggressionssteigerungen auftreten", ist vom BVerfG wegen fehlender Gesetzgebungszuständigkeit des Bundes für nichtig erklärt und mit dem ÄndG vom 19. 4. 2006 gestrichen worden). – Zu Verhaltensstörungen s. § 17 Rn. 69–77. Sie sind idR mit Leiden verbunden und werden von der Rechtsprechung auch als Indikatoren für erhebliche Leiden angesehen (s. § 17 Rn. 64). 11

Das **Verbot nach Abs. 2 lit. b** ist erfüllt, wenn infolge der Züchtung damit gerechnet werden muss, dass jeder Sozialkontakt mit Artgenossen zu Beschädigungsbeißen oder zur Verursachung anderer Schmerzen, Leiden oder Schäden führen wird. 12

Haltungsbedingungen iS von Abs. 2 lit. c, die bei Hunden zu vermeidbaren Leiden führen, sind besonders die kontinuierliche Zwinger- oder Anbindehaltung (vgl. *Hack-* 12a *barth/Lückert* B IV 10), möglicherweise aber auch schon der andauernde Leinen- und Maulkorbzwang (s. § 3 Rn. 53). Die Züchtung von Hunden auf gesteigerte Aggressivität fällt damit sowohl unter lit. b als auch unter lit. c.

V. Zuchtverbote und Empfehlungen aus dem speziellen Teil des BMELV-Qualzuchtgutachtens

13 Im Qualzuchtgutachten heißt es: „**Zuchtverbote** werden empfohlen für Tiere, die Träger von Genen bzw. eindeutig erblich bedingten Merkmalen sind, welche für den Züchter direkt erkennbar oder diagnostisch zugänglich sind und bei der Nachzucht zu mit Schmerzen, Leiden oder Schäden verbundenen Merkmalen führen können. Dabei ist unerheblich, ob mit solchen Genen oder Merkmalen direkt oder indirekt gezüchtet wird" (S. 14). Über diese Verbote hinaus werden von den Gutachtern **weitere Empfehlungen** gegeben, insbesondere zur Festlegung von Grenzen der Merkmalsausprägung sowie zu Überwachung und Kennzeichnung.

14 Als **Verbote mit Bezug auf Hunde** werden ausgesprochen: Zuchtverbot für Tiere verschiedener Rassen mit blaugrauer Farbaufhellung (Begr.: u.a. Disposition zu Haarausfall und Hautentzündungen). Zuchtverbot für Tiere, die neben Schwanzveränderungen (Knick- und Korkenzieherschwanz, Schwanzverkürzung, Schwanzlosigkeit) auch Wirbeldefekte an weiteren Abschnitten der Wirbelsäule aufweisen. Zuchtverbot für Tiere, die mit Dermoidzysten behaftet sind. Zuchtverbot für verschiedene Collie-Zuchtlinien bei silbergrauer Farbaufhellung bzw. wenn der Hund bekannter Träger des Defektgens ist (Begr.: u.a. Disposition zu mangelhafter Blutgerinnung und zu Infektionen). Zuchtverbot für Nackthunde und Träger des Defektgens (Begr.: u.a. regelmäßig auftretende schwere Gebissanomalien). Zuchtverbot für Merle-Weisstiger (MM) und den Paarungstyp Tiger x Tiger (Mm x Mm), u.a. wegen hierdurch bedingter Einschränkungen der Seh- und Hörfähigkeit. Zuchtverbot für Tiere mit extremer Rundköpfigkeit, insbesondere disproportionierter Verkürzung der Gesichtsknochen (Begr.: u.a. Atem- und Schluckbeschwerden und Störungen der Thermoregulation). Zuchtverbot für Tiere mit auswärts gerolltem unterem Augenlidrand (Begr.: unvollständiger Lidschluss, dadurch u.a. Tränenfluss). Zuchtverbot für Tiere mit einwärts gerolltem Augenlidrand (Begr.: u.a. hierdurch verursachte Horn- und Bindehautirritationen). Zuchtverbot für Tiere mit Hüftgelenksdysplasie. Zuchtverbot für Tiere, die einen der folgenden monogen vererbten Einzeldefekte zeigen, sowie für bekannte heterozygote Defektgenträger: Albinismus, Albinismus oculi, Augenlidkolobom, Verkürzung des Unterkiefers, Gesichtsspalten, Hämophilie A/Hämophilie B, Hörschäden, Keratitis nigricans, Linsenluxation, Lipodystrophie, idiopathische Myoklonie, Pankreas-Atrophie, progressive Retina-Atrophie, Retinadysplasie, Zahnfehler. Zuchtverbot für Tiere, bei denen einer der folgenden oligo- oder polygen vererbten Defekte nachgewiesen ist: Collie-Augenanomalie, Kiefergelenkdysplasie, Perthes-Krankheit. – Ein auf bestimmte Hunderassen oder Zuchtlinien gerichtetes Zuchtverbot wegen Aggressionssteigerungen wird dagegen nicht ausgesprochen. Gefordert wird stattdessen ein Wesenstest für alle potenziellen Zuchttiere sowie ein Zuchtverbot für solche Tiere, die den Wesenstest nicht bestehen (zum Problem „gefährlicher Hund" s. Einf. Tierschutz-Hundeverordnung Rn. 3–12). – **Weitere Empfehlungen** lauten u.a.: Verzicht auf Korkenzieherrute im Rassestandard; Zucht gegen die Merkmalsausprägung „langer und gerader Rücken und ausgeprägte Kurzbeinigkeit"; genereller Verzicht auf Zucht mit dem Merle-Gen; Festlegung von Grenzwerten für Rundköpfigkeit und Verkürzung von Gesichtsknochen; Zuchtverbot gegen eine Übertypisierung zu schlaffer und faltiger Haut; Selektion gegen Schnellwüchsigkeit; grundsätzlicher Verzicht auf die Verpaarung von Verwandten, zumindest aber von engen Verwandten (vgl. Qualzuchtgutachten S. 15–35).

15 **Verbote mit Bezug auf Katzen:** Zuchtverbot für kurzschwänzige oder schwanzlose Manx- und Cymric-Katzen (Begr.: u.a. ist der Schwanz zum Ausbalancieren und als

Kommunikationsmittel nötig). Zuchtverbot für weiße Tiere, deren Fellfarbe durch das Gen W determiniert ist (Begründung: Gefahr von Schwerhörigkeit bzw. Taubheit; vgl. OLG Frankfurt/M vom 19. 4. 1994, 2 Ws 209/94 OWiG; AG Kassel vom 5. 11. 1993, 626 Js 11179.8/9399). Zuchtverbot für weiße Tiere mit Hör- oder Sehschäden. Zuchtverbot für Tiere mit Fd-Gen-determinierten Kippohren (Begr.: Ohren dienen als Signalgeber bei sozialen Kontakten). Zuchtverbot für Tiere, bei denen die Tasthaare fehlen (denn diese sind ein wesentliches Sinnesorgan der Katze). Zuchtverbot für Rex- und Sphinxkatzen, bei denen die Tasthaare stark verkürzt oder gekräuselt sind. Zuchtverbot bei Polydaktylie (d.h. bei überzähligen Zehen an den Pfoten). Zuchtverbot für extrem kurznasige Tiere. Zuchtverbot für brachyzephale, d.h. kurzköpfige Tiere mit Anomalien im Bereich des Gesichtsschädels, insbesondere verkürztem Oberkiefer, verengten Tränennasenkanälen oder verengten oberen Atemwegen. Zuchtverbot für Tiere mit einwärts gedrehtem Augenlidrand (Begr.: Irritationen der Horn- und Bindehaut). Zuchtverbote für Träger einer der folgenden Anomalien und bekannte Träger eines Defektgens: Beidseitige Linsentrübung mit Sehstörungen, Chediak-Higashi-Syndrom, progressive neurale Funktionsstörungen, Hämophilie, Hernia cerebri, Zwerchfellhernie, Knickschwanz, Kängurubeine, lysosomale Speicherkrankheit, Muskeldystrophie, polyzystische Nierenerkrankung, progressive Retina-Atrophie, Zahnfehler. Zuchtverbot für Tiere mit einem der folgenden oligogen oder polygen vererbten Einzeldefekte: Gesichtsspalten, Hüftgelenksdysplasie, Key-Gaskell-Syndrom, Knochenbrüchigkeit sowie Bänderschwäche, Patellaluxation. – **Weitere Empfehlungen** lauten u.a.: kurzschwänzige Japanese Bobtail-Katzen sind vor der Zulassung zur Zucht auf eine gesteigerte Schmerzempfindlichkeit im Schwanzbereich sowie auf mögliche Wirbelverwachsungen zu untersuchen. Genanalyse bei weißen Katzen, sofern nicht ausgeschlossen werden kann, dass die Fellfarbe durch das Gen W determiniert ist (zu Gehörschäden bei weißen Katzen vgl. auch AG Kassel aaO); audiometrische und ophtalmologische Untersuchung weißer bzw. vorwiegend weißer Katzen vor der Zulassung zur Zucht; Änderung des Rassestandards bei Rex- und Sphinx-Katzen zur Vermeidung von Tieren, bei denen die Tasthaare stark verkürzt oder gekräuselt sind; Verzicht auf Zucht mit Trägern des Merkmals „Kurzläufigkeit“ (vgl. Qualzuchtgutachten S. 36–53; zum Ganzen vgl. auch *Betz* DudT 2/1999, 8).

Verbote mit Bezug auf Kaninchen: Verbot der Verpaarung Schecke x Schecke (Begr.: 16
erhöhte Jungtiersterblichkeit und Konstitutionsschwäche). Zuchtverbot für Zwerg x Zwerg unter 1,0 kg Lebendgewicht für ausgewachsene Tiere (Begr.: homozygote Zwergkaninchen sind nicht lebensfähig, heterozygote Tiere weisen viele Krankheitsdispositionen auf). Verbot der Erzeugung von Typenschecken als Zwerge. Zuchtverbot für Kaninchen mit Zahnanomalien bzw. Störungen des Tränenabflusses. Zuchtverbot für Träger einer der folgenden Anomalien und bekannte Träger des Defektgens: Schüttellähmung, spastische Spinalparalyse, Spaltbildung im Rückenmark. Zuchtverbot für Widderkaninchen, deren Ohrspitzen in Kauerstellung den Boden berühren (Begr.: Bewegungseinschränkung und hohe Verletzungsgefahr). Zuchtverbot für Tiere mit extremer Rundköpfigkeit oder Verkürzung eines Kiefers (Begr.: u.a. findet infolge der Kieferverkürzung kein ausreichender Abrieb der Schneidezähne statt). – **Weitere Empfehlungen** lauten u.a.: Vermeidung der Verpaarung von Verwandten, zumindest aber von engen Verwandten; Festlegung einer maximalen Ohrlänge, die so zu wählen ist, dass Bewegungseinschränkung und Verletzungsgefahr nicht gegeben sind (vgl. Qualzuchtgutachten S. 54–60).

Verbote mit Bezug auf Vögel: Zuchtverbot für seidenfiedrige **Tauben** (Begr.: einge- 17
schränktes Flugvermögen bzw. Flugunfähigkeit). Verbot der Verpaarung von Tauben, die beide Träger des „Almond“-Gens oder des „Dominant-Opal“-Gens sind (Begr.: prä- und postnatale Jungtierverluste; häufiges starkes Kopfzittern). Zuchtverbot für Tauben mit sicht- und/oder atmungsbehindernden Schnabelwarzen und Augenringen. Zuchtverbot für Tauben mit erweiterten Kropfsäcken oder Hängekröpfen (Begr.: Kropfwandentzündungen infolge Fehlgärung und Fäulnisbildung von Kropfinhalt). Zuchtverbot für Tauben mit Anzeichen degenerativer Gelenkerkrankungen. Zuchtverbot für Tauben mit extremer

Schnabelverkürzung oder Schnabelmissbildung. Zuchtverbot für Bodenpurzler (Begr.: eingeschränktes Flugvermögen bzw. Flugunfähigkeit). Zuchtverbot für durch Federhauben oder Federwirbel sichtbehinderte Haustauben. – Zuchtverbot für **Enten** mit Anzeichen degenerativer Gelenkerkrankungen und/oder Gleichgewichtsstörungen; ggf. Zuchtverbot für Enten mit großen Federhauben wegen dadurch hervorgerufener Schädeldefekte in Form persistierender Fontanellen (s. auch Rn. 7a). – Zuchtverbot für **Hühner** mit Ohrbommeln (Begr.: hohe Embryonalsterblichkeit und signifikant gesteigerte Jungtiermortalität). Verbot der Verpaarung von Hühnern, die in beiden Geschlechtern den Krüper-Faktor, der eine Verkürzung der Läufe bewirkt, besitzen (Begr.: hohe Embryonalsterblichkeit). Zuchtverbot für durch Federhauben sichtbehinderte Haushühner. – Verbot der Verpaarung von **Zebrafinken,** die beide das Gen für die Ausbildung einer Federhaube oder das „Dominant-Pastell"-Gen oder das „Wangen"-Gen besitzen (Begr.: die beiden erstgenannten Gene stellen bei Homozygotie einen Letalfaktor dar und das „Wangen"-Gen führt zu gehäuften Anomalien des optischen Apparats). – Verbot der Verpaarung von **Japanischen Mövchen,** die beide das Gen für die Ausbildung einer Federhaube oder einer Federrosette besitzen (Begr.: beide Gene stellen bei Homozygotie einen Letalfaktor dar). Zuchtverbot für Japanische Mövchen mit der Kombination Federhaube und Federrosette (Begr.: eingeschränktes Flugvermögen). – Verbot der Verpaarung von **Kanarienvögeln,** die beide das Gen für die Ausbildung einer Federhaube, das Gen für „intensive Gefiederfärbung" oder das Gen für „dominant weiße Gefiederfärbung" tragen (Begr.: diese Gene führen bei Homozygotie zu häufigem Embryonaltod). Zuchtverbot für rezessiv-weiße Kanarienvögel (Begr.: genetisch determinierte Störung des Vitamin-A-Stoffwechsels). Zuchtverbot für durch Federhauben bzw. übermäßige periokuläre Befiederung sichtbehinderte Kanarienvögel. Verbot der Verpaarung mangelhaft befiederter Kanarienvögel untereinander. – **Weitere Empfehlungen** lauten u.a.: Begrenzung der Fußbefiederung bei **Tauben** auf ein Ausmaß, welches Verhaltens- und Lokomotionsbeeinträchtigungen vermeidet. Bezüglich der bei diversen Taubenrassen züchterisch geförderten unphysiologischen Stellung der Hintergliedmaßen mit gestreckten Intertarsalgelenken wird „dringend empfohlen", nicht auf Merkmale zu züchten, die zu einer erhöhten Belastungsanfälligkeit führen. Bei Flugrollertauben Selektion auf vermindertes Flugrollverhalten, da Rollertauben grundsätzlich auch zu normalem Schlagflug befähigt sein müssen. Begrenzung von Federhauben und Federwirbelbildungen bei Tauben auf ein Ausmaß, welches keine Verhaltensbeeinträchtigungen in sich bergen darf. Schau-**Wellensittiche** dürfen nicht sichtbehindert sein. Sind bei einem Wellensittich-Zuchtpaar in der Nachzucht „feather duster" (= abnormales Federwachstum) aufgetreten, müssen die Elterntiere und auch die nicht geschädigten Nachkommen aus der Zucht genommen werden. Die Wammenausbildung bei Toulouser **Gänsen** darf nur einen Ausprägungsgrad erreichen, durch den Fortbewegung, Fortpflanzung und andere Funktionskreise des Normalverhaltens nicht beeinträchtigt werden. Eine bei **Enten** als Zuchtziel angestrebte extrem aufrechte Körperhaltung darf keine Disposition zu Schmerzen, Leiden oder Schäden in sich bergen, und es ist vorrangig auf den Erhalt der vollen Funktionalität von Körperteilen und Organen sowie harmonischen Körperbau zu achten. Bei **Hühnern,** insbesondere Krüpern und Chabos, müssen Übertypisierungen hinsichtlich einer extremen Laufverkürzung mit daraus resultierenden Beeinträchtigungen arttypischer Verhaltensabläufe vermieden werden. Federhaubengrößen müssen auf ein Ausmaß beschränkt werden, welches das Verhalten nicht beeinträchtigt. Federbildungen unterhalb des Schnabelansatzes und an der Kehle müssen so beschaffen sein, dass eine Einschränkung des Sehfeldes ausgeschlossen werden kann. Die Fußbefiederung ist auf ein Ausmaß zu begrenzen, das Verhalten und Lokomotion nicht beeinträchtigt. Das Erzielen von Überlängen des Schwanzgefieders durch tierschutzwidrige Haltungsbedingungen (zB bei der Haltung von Onagadori-Hähnen in „Schrankkäfigen" auf Sitzstangen, weil bei Auslaufhaltung das Federwachstum stagnieren und die Federn in normalem Zyklus gemausert würden) ist unzulässig. Bei **Zebrafinken** und **Japanischen Mövchen** sind übertypisierte Haubenbildungen, die zu Sichtbehinderungen führen, zu vermeiden. Auch bei der Zucht von **Kanarienvögeln** mit Federhaube oder mit Langfiedrigkeit ist zu beachten, dass eine Einschränkung des Gesichtsfeldes ausgeschlossen sein muss. Bezüglich „gebogener" Positurkanarienvögel (u.a. Gibber Italicus und Bossu Belge) wird „dringend empfohlen", nicht auf Merkmale zu züchten, die Symptome einer erhöhten Belastungsanfälligkeit darstellen (zB ständiges Stehen mit durchgedrückten Intertarsalgelenken und senkrechter Körperhaltung mit nach vorn gebogenem Hals). Wachstumsanomalien der Zehenkrallen (Korkenzieherkrallen) durch tierschutzwidrige Haltungsbedingungen, insbesondere durch Sitzgelegenheiten mit zu geringem Durchmesser zu begünstigen, ist unzulässig (vgl. Qualzuchtgutachten S. 61–108; zum Ganzen vgl. auch *Möbius* DudT 5/1998, 22f.).

VI. Weitere Fälle, in denen eine Verletzung von § 11b Abs. 1 nahe liegt

Zahlreiche **Fälle von Qualzuchten** werden u.a. von *Bartels/Wegner* in: „Fehlentwicklungen in der Haustierzucht" beschrieben. Folgende Beispiele, die sich zT mit den Verboten und Empfehlungen in Rn. 14–17 überschneiden, seien erwähnt: Zwergkaninchen (S. 3); extrem verzwergte Hunde mit Tendenzen zu Wasserköpfen und persistierenden Fontanellen (S. 5, 80); vollfleischige Schweine mit rasanten täglichen Zunahmen und hierdurch bedingter Krankheitsanfälligkeit und Beinschwäche (S. 9, 10; s. auch Rn. 19); Puten mit überbetonter Brustmuskulatur und dadurch hervorgerufener Unfähigkeit zu normaler Fortpflanzung (S. 9, 12; s. auch Rn. 21); großwüchsige, schwergewichtige und dadurch flugunfähige Gänse-, Enten- und Hühnerrassen (S. 9); große, breit- oder rundköpfige Schauwellensittiche mit Lethargie und Erkrankungsdispositionen (S. 10); auf „Doppellendigkeit" selektierte Fleischrinder mit regelmäßigen Schwergeburten und Kaiserschnittentbindungen (S. 11; vgl. auch *Wegner* in: *Sambraus/Steiger* S. 557); Hunde und Katzen mit übertriebener Brachyzephalie (Kurzköpfigkeit) und/oder starker Gesichtsfaltenbildung (S. 13, 15); Haubenhühner und -tauben mit blasig aufgetriebenen Stirnbeinen (S. 15, 16); Goldfische mit Schädelveränderungen, abnorm verkleinerter Mundöffnung, gestauchter Wirbelsäule und/oder Blasenaugen, Teleskopaugen oder senkrecht nach oben stehenden Augen (S. 18, 24; vgl. auch *Kölle/Hoffmann* in: DVG, Tierschutz und Tierzucht, S. 178); schwanzlose Kaulhühner mit erhöhter Kükenmortalität (S. 23); Broiler mit enormen täglichen Zunahmen und dadurch bewirkten Beinverdrehungen und Dyschondroplasie (S. 26; s. auch Rn. 22); Goldfische (insbesondere Schleierschwänze und Triangel-Guppys) und Zuchtkarpfen mit überproportional vergrößerten Flossen (S. 28, 29; vgl. auch *Kölle/Hoffmann* aaO); Goldfische mit Epidermiswucherungen auf dem Kopf, sog. Kappenfische, Löwenköpfe oder Bullenköpfe (S. 36; vgl. auch *Kölle/Hoffmann* aaO); Angorakaninchen, Goldhamster und Meerschweinchen mit exzessiver Haarfülle (S. 37); Wellensittiche mit abnormem Federwachstum (S. 38); Hausenten mit Federhauben und hierdurch verursachten Abweichungen in der Schädel- und Hirnanatomie (S. 40; vgl. auch VGH Kassel RdL 2003, 277, 278 und VG Gießen NuR 2003, 506ff., s. Rn. 7a; vgl. weiter *Bartels* et al. in: DVG, Tierschutz und Tierzucht, S. 154ff.); struppfiedrige, weitgehend flugunfähige Hühner (S. 48); Lockengänse mit eingeschränkter Vitalität und Fruchtbarkeit (S. 48); Nackthunde und Nacktkatzen (S. 49); Albino-Mutationen bei Reptilien, Amphibien und Fischen (S. 57); farbverblasste Pelztiermutanten (S. 58); weiße, dadurch taube Hedlund-Nerze (S. 66); Appaloosa-Pferde mit Disposition zur Nachtblindheit (S. 66); Laufenten, die infolge unphysiologischer Stellung der Intertarsalgelenke „Weinflaschen auf Beinen" genannt werden (S. 71); gestreckte und gebogene Positurkanarienvögel mit hoher Erregbarkeit und schlechter Fruchtbarkeit (S. 71); zitterhalsige Haustauben (S. 72); hyperaggressive Hunde (S. 75ff.). – Vom BNA werden darüber hinaus bestimmte Zuchtformen von Aquarienfischen als Qualzuchten eingestuft: der Papageienbuntbarsch (u.a. wegen der zuchtbedingten starken Verkürzung der Wirbelsäule, die ihn in der normalen Fortbewegung erheblich behindert, wegen der Missbildungen im 18

Bereich von Kiefer, Maul und Kiemendeckel und weil er wegen seines extrem verengten, schnabelförmigen Mauls zu keiner normalen, artgemäßen Nahrungsaufnahme mehr fähig ist); die Ballonrassen wie Ballonmolly und die Ballonformen vom Gurami und vom Lachsroten Regenbogenfisch (u.a. weil sie wegen der genetisch bedingten Deformation des Skeletts und der S-förmigen Krümmung der Wirbelsäule keine normale Schwimmweise und Fortpflanzung mehr haben); Diskusfische mit fehlender Schwanz- und Goldfische mit fehlender Rückenflosse (weil der genetisch bedingte Verlust von Flossen das Schwimmverhalten stark behindert und einschränkt); Fische, die durch Wucherung oder sonstige Veränderung des Gewebes im Kopfbereich entweder bei der Nahrungsaufnahme oder im Sehvermögen behindert werden (u.a. Pompom-, Löwenkopf-, Himmelsgucker- und Blasenauge-Goldfisch; vgl. zum Ganzen *Schmidbauer* u.a. BNA-aktuell 1+2/2006 S. 73ff.).

19 **Qualzucht beim Schwein.** Die einseitige Züchtung auf beschleunigtes Wachstum, hohe Fleischfülle und hohen Magerfleischanteil bewirkt beim Mastschwein das gehäufte Auftreten von Belastungsmyopathien und Osteochondrosen. – Belastungsmyopathien äußern sich in Form von Todesfällen infolge von Herzinsuffizienz und kardiogenem Schock sowie in Muskeldegenerationen und -nekrosen und Fleischqualitätsmängeln. 15–30 % der deutschen Schlachtschweine liefern minderwertiges PSE-Fleisch. Allein auf dem Transport sterben in Deutschland 0,5 % der Tiere (zum Vergleich: In Dänemark züchtet man seit etwa zehn Jahren auf Stressresistenz unter Inkaufnahme kleinerer Koteletts mit der Folge, dass die Schlachttiertransportsterblichkeit dort mit 0,03 % weniger als ein Zehntel beträgt; auch in England, Italien, den Niederlanden und Portugal ist sie deutlich niedriger; vgl. *Bickhardt* in: DVG, Tierschutz und Tierzucht, S. 97, 106). – Osteochondrosen entstehen, weil der beschleunigte Fleischansatz im 4. und 5. Lebensmonat mit täglichen Zunahmen von bis zu einem Kilogramm das jugendliche Skelett, das erst mit drei bis vier Jahren ausgereift wäre, überfordert. Folgen sind Schmerzvermeidungshaltungen, Bewegungsstörungen, Lahmheit („leg weakness") und später irreparable Arthrosen. – Eine wesentliche Ursache für diese Situation ist die Praxis vieler deutscher Handelsketten, Mastschweine nur dann in Markenfleischprogramme aufzunehmen, wenn sie im Alter von 175 Tagen 100 kg Lebendmasse mit einem Magerfleischanteil von über 52 % und einem Kotelett-Durchmesser von über 57mm aufweisen. Dieses Ziel ist nur noch durch Hybridzucht zu erreichen, bei der fruchtbare und relativ robuste Mutterlinien mit vollfleischigen, stressempfindlichen Vaterlinien kombiniert werden. – Die genannten negativen Folgen sind Schäden und verursachen großenteils auch Schmerzen. Erforderlich sind deshalb zumindest folgende Maßnahmen: **1.** Vollständiger Verzicht auf Zuchttiere, die homozygote oder heterozygote Träger des an der Belastungsmyopathie beteiligten MHS-Gens sind; keine Zucht mehr mit Schweinen, die homo- oder heterozygot den mutierten Ryanodin-Rezeptor RYR 1 aufweisen. – **2.** Einführung einer Leistungsprüfung und Zuchtwertschätzung hinsichtlich der Gliedmaßengesundheit; – **3.** Begrenzung der Fleischfülle und des Magerfleischanteils auf ein vernünftiges Maß und Herabsetzung der täglichen Gewichtszunahmen (vgl. zum Ganzen: *Wendt* DTBl. 2004, 357ff. und AtD 2001, 131ff.; *Bickhardt* TU 1998, 129ff.; *ders.* in: DVG, Tierschutz und Tierzucht, S. 98, 99; *Martens* in: Evang. Akademie Bad Boll, Tierversuche S. 97, 99; v. *Wenzlawowicz* TU 1998, 122ff.; *Idel* TU 1998, 84; *L/M* § 11b Rn. 22; *Wegner* in: *Sambraus/Steiger* S. 558). – In die gleiche Richtung gehen die Forderungen der BTK nach einem Qualzuchtgutachten für Nutztiere und nach einem neuen Tierzuchtgesetz, in dem der Zuchtwert nicht mehr allein über die Leistung, sondern auch über andere Eigenschaften wie Langlebigkeit, Tiergesundheit, genetische Stabilität, Freiheit von Erbkrankheiten und Erbfehlern definiert wird (BTK DTBl. 2005, 1000).

20 **Qualzucht bei der Milchkuh.** Die einseitige Leistungszucht auf hohe jährliche Milchmengenleistungen (durchschnittliche Jahresmilchleistung je Kuh 1996 noch 6000 l, 2001 dagegen bereits ca. 7000 l; vgl. BTK in: DTBl. 2001, 1222) hat bei Milchkühen zu einem starken Anstieg der vorzeitigen Abgänge infolge von Stoffwechsel- und Fruchtbarkeits-

störungen, Labmagenverlagerungen sowie Klauen-, Gliedmaßen- und Eutererkrankungen geführt (zu den Hauptabgangsursachen vgl. *Frerking* TU 2003, 352: u.a. 24 % Unfruchtbarkeit, 19 % Euterprobleme und 9 % Klauen- und Gliedmaßenerkrankungen). Mitursächlich sind Fütterungsfehler (hohe Kraftfutter- und niedrige Raufutteranteile) und Haltungsmängel (nicht oder nicht ausreichend eingestreute Liegebereiche trotz hoher Verletzungsanfälligkeit der Euter; Immunsuppression durch hohe Besatzdichten, fehlende Bewegung und mangelnde Klima- und Temperaturreize). – Allein zwischen 1960 und 1995 ist die jährliche Milchmengenleistung pro Kuh um 55 % erhöht worden. In der gleichen Zeit haben sich die vorzeitigen Abgänge infolge von Fruchtbarkeitsstörungen um 51 %, von Klauen- und Gliedmaßenschäden um 367 % und von Eutererkrankungen um 600 % erhöht (vgl. *Sommer* in: DVG, Tierschutz und Tierzucht, S. 83; *ders.* DudT 1/1994, 26, 28). In Hochleistungsherden leidet mittlerweile jede dritte bis vierte Kuh an akuten oder chronischen Euterentzündungen, denn die enorme Milchleistung wird aus gewaltig vergrößerten Drüsen erbracht, die anfällig für Traumatisierungen, Verschmutzungen und Erregereintritt sind. Diese Entzündungen sind zweifellos schmerzhaft (*Wegner* in: *Sambraus/Steiger* S. 556, 557). Labmagenverlagerungen betreffen in manchen Beständen bereits 25 % der Tiere. – Dieser Trend in der Zucht ist zugleich extrem unwirtschaftlich: Die durchschnittliche Nutzungsdauer von Kühen in Hochleistungsherden beträgt heute etwa 3,6 Jahre, weil viele Tiere wegen Krankheit oder Sterilität vorzeitig geschlachtet werden. Demgegenüber liegt die mittlere Nutzungsdauer einer Kuh bei altersbedingtem Abgang bei etwa 8,6 Jahren. Bei vorzeitigem Abgang entgehen also dem Landwirt fünf Jahre Nutzungsdauer, d.h. bis zu 40000 kg Milch; hinzu kommen die Kosten für tierärztliche Behandlungen und Bestandsergänzung. – § 11b erfordert ein Abgehen von den bisherigen Zuchtzielen zugunsten einer Selektion auf Langlebigkeit, hohe Lebensleistung, Krankheitsresistenz und flache Laktationskurven (vgl. *Lotthammer* TU 1999, 544ff.; *Winckler/Breves* TU 1998, 119ff.; *Wegner* aaO).

Qualzucht bei der Pute. Puten werden auf schnelles Wachstum, hohes Endgewicht 21
und Überbetonung der Brustmuskulatur gezüchtet. Während ein wilder Truthahn mit ca. 26 Wochen ein Endgewicht von 7 kg erreicht, wiegt ein B.U.T Big 6-Truthahn bei Mastende nach 22 Wochen ca. 21 kg und hat einen Brustmuskelanteil (ohne Haut und Knochen) von 23–28 % seines Lebendgewichts. – Folgen: Analog zum Schwein entstehen Myopathien. Zudem führt der hohe Brustmuskelanteil zu einer Verlagerung des Körperschwerpunkts nach vorn-unten. Dies bewirkt u.a. die Unfähigkeit zu normaler Fortpflanzung. Gleichzeitig werden die Oberschenkel durch das hohe Gewicht nach außen gedrückt und die Kniegelenke unphysiologisch belastet, so dass Gelenk-, Knochen- und Knorpelschäden epidemische Ausmaße annehmen und die Mehrzahl der Tiere chronisch leidet (vgl. *Wegner* in: *Sambraus/Steiger* S. 560). – Nach Untersuchungen, die in der Schweiz durchgeführt worden sind, haben 85–97 % der B.U.T. 9-Hähne und der B.U.T. Big 6-Hähne bei Mastende keine normale Beinstellung und Fortbewegung mehr und leiden an tibialer Dyschondroplasie (= unvollständige Verknöcherung der Unterschenkelknochen). Zusätzlich zu der behinderten Lokomotion treten weitere Verhaltensstörungen auf: Erhöhte Sitzstangen können nicht mehr auf natürliche Weise erreicht werden; wegen der Brustbreite lassen sich nicht mehr alle Körperteile mit dem Schnabel erreichen und arttypisch putzen; das häufige gewichtsbedingte Liegen auf der feuchten Einstreu bedingt die Bildung von Brustblasen (bei 20–35% der Tiere, vgl *Burdick* et al S. 88; vgl. auch das BTK-Positionspapier 2002, zitiert nach DTBl. 2003, 4: Häufung von Skeletterkrankungen und unphysiologisch lange Liegephasen). – Die zuchtbedingte Umgestaltung von Organen führt somit zu vielfältigen Schäden, die zum Teil mit Schmerzen verbunden sind. – Ob Vermehrungsbetriebe, die sich auf den Import von Eiern bestimmter Zuchtlinien beschränken und diese dann in Deutschland ausbrüten lassen, damit bereits Züchtung iS von Abs. 1 betreiben, hängt von der Definition des Begriffs „Züchten" ab: Verneinen wird man es, wenn man als Züchten nur die geplante Verpaarung von Tieren gelten lässt, denn diese wird in ausländischen Betrieben vorgenommen; bejahen wird

man es, wenn man darunter jede vom Menschen bewusst und gewollt herbeigeführte Vermehrung von Tieren versteht (s. Rn. 2). Unabhängig davon kommt jedenfalls eine Beihilfe zu dem von der ausländischen Zuchtfirma verwirklichten Tatbestand der quälerischen Tiermisshandlung in Betracht, denn die Leiden der Tiere finden im Inland statt und sind zumindest in der Summe erheblich und lebenslang – Erforderlich ist eine Beschränkung auf langsam wüchsige Robustrassen und Zuchtlinien mit weniger hohem Endgewicht und geringerem Brustmuskelanteil (vgl. die Beispiele bei *Hirt* TU 1998, 137 und 139; *Bohn* S. 144, 145; BTK-Positionspapier aaO: „Umkehr der extremen Leistungszucht"). Die tatsächliche Entwicklung verläuft indes gegenteilig: Bei der B.U.T. Big 6 plus-Hybride hat der Brustfleischanteil um weitere 5 % zugenommen (vgl. *Hirt* aaO; vgl. auch *Oester/Fröhlich* in: *Sambraus/Steiger* S. 209, 210; *Burdick* et al S. 88; *Wegner* aaO).

22 **Qualzucht beim Masthuhn.** Auch bei Masthühnern („Broilern") wird vorrangig auf hohes Jugendkörpergewicht, extrem schnelles Muskelwachstum und Ausbildung großer Muskelpartien an Brust und Schenkel gezüchtet. Unter intensiver Kurzmast erreichen Broiler in 30–35 Tagen durchschnittliche Lebendgewichte von 1,4 bis 1,6 kg, das entspricht täglichen Zunahmen von 40 bis 47 g. – Folgen sind u. a.: Stoffwechselstörungen, die zu Beinschwäche, Bauchwasser, plötzlichem Tod und anderen Gesundheitsproblemen führen (vgl. EU-Kommission, Vorschlag für eine Masthühner-Richtlinie S. 5); hohe Mortalität, nämlich mehr als 1 % Sterblichkeit pro Woche (s. Anh. zu § 2 Rn. 25, 29); Skelettanomalien (die schnell wachsenden Tiere zeigen häufig eine Abknickung in Höhe des sechsten Brustwirbels, wobei dieser Wirbel verlagert und verdreht ist; dies bedingt dann eine schmerzhafte Einengung des Wirbelkanals); Beinschäden, weil das Knochenwachstum mit dem rasanten Muskelwachstum nicht Schritt halten kann; zunehmende Verfettung (die Durchschnittswerte für Broiler nach 6 Wochen liegen bei 1,5–3,5 % Abdominalfett, bei männlichen Legehybriden dagegen bei nur 0,2 %). – „Innerhalb von fünf Wochen erreichen die Tiere das 40fache ihres Ausgangsgewichts. Herz und Knochen können bei dieser rasanten Fleischzunahme nicht mithalten, verkrüppelte Beine und Kreislaufstörungen sind die Folge" (aus: „Für ein Ethos der Mitgeschöpflichkeit", Wort der Kirchenleitung der Nordelbischen Evang.-Luth. Kirche zum 4. 10. 1998, zitiert nach AKUT S. 48). Im EU-SCAHAW-Report Masthühner heißt es in Zif. 13, „Empfehlungen", dass die schnelle Wachstumsgeschwindigkeit der heutigen Mastgeflügelrassen nicht mit „einem zufrieden stellenden Niveau des Wohlbefindens" einher gehe und die Züchter deswegen „den Gesundheitsvariablen im Zuchtindex eine wesentlich höhere Priorität einräumen sollten, notfalls auch zu Lasten der Selektion auf Wachstum und Futterverwertung". Ein deutlicher Hinweis auf den Qualzucht-Charakter findet sich auch im revidierten Anhang A zum Europäischen Versuchstierübereinkommen, H.4.b: „Geflügel, das auf schnelles Wachstum gezüchtet ist (Broiler) sind hoch empfänglich für Lahmheit und sollten als Versuchstiere vermieden werden, wo immer es möglich ist". – Durch die Umgestaltung der Organe kommt es neben den beschriebenen Schäden und Schmerzen auch zu Störungen im Verhalten, die erhebliches Leiden anzeigen: Schon im Alter von fünf Wochen verbringen Broiler mehr als 80 % ihrer Zeit nur noch mit Sitzen und Liegen (Legehybriden dagegen nur 20 %); das Körperpflegeverhalten fällt mehr und mehr aus; der hohe Anteil an Sitzen und Liegen führt zu Kontaktdermatitis in Form von Brustblasen und zu Brustbeindeformationen (s. 17 Rn. 76, 107; dort auch zum Leiden der lebenslang hungernden Elterntiere). – § 11 b erfordert die Verwendung von weniger schnellwüchsigen Rassen. ZB haben Tiere aus den Herkünften ISA JA 57 und Sasso 551 geringere Tageszunahmen und dementsprechend weniger Schmerzen und Schäden. Weitere Abhilfe brächte die Erhöhung der Bewegungsaktivität durch Anreize zum Erkunden, durch Sitzstangen und geringere Besatzdichten (vgl. *Löhnert* et al. DtW 1996, 92 ff.; *Burdick* et al. S. 60/61; *Gerken* in: DVG, Tierschutz und Tierzucht, S. 116 ff.; *Reiter* et al. in: DVG, Tierschutz und Tierzucht, S. 162 ff.; *Wegner* aaO S. 560).

23 **Qualzucht bei der Legehenne.** Vorrangige Zuchtziele sind hohe Eizahl und hohes Eigewicht (Legeleistung des asiatischen Bankivahuhnes: 6–12 Eier/Jahr; Legeleistung

einer Hofhenne 1935: 108 Eier/Jahr; Legeleistung einer heutigen Hybridhenne 270–300 Eier/Jahr). – Folgen (die auch durch einseitige Ernährung, reizarme Umgebung und mangelnde Bewegung mitverursacht werden) sind u. a.: Fettlebersyndrom (Tiere aus Käfighaltung zeigen einen hohen Anteil an Leberrupturen); Knochenschwäche und Knochenverformungen; Bindegewebs- und Muskelschwäche; erhöhte Aggressivität bei Selektion auf Frühreife (vgl. *Brade* TU 2002, 325, 326); zahlreiche Verhaltensstörungen (zu den häufigsten Todesursachen bei Käfighaltung s. auch Vor §§ 12–15 TierSchNutztV Rn. 22). Möglicherweise besteht auch eine positive Korrelation zwischen hoher Legeleistung einerseits und Neigung zu Federpicken und Kannibalismus andererseits, insbesondere bei gleichzeitiger Selektion auf leichtes Körpergewicht. – Abhilfe: Haltungsbedingungen iS des § 2 Nr. 1 können viele dieser Folgen vermeiden oder abmildern (zu den Grundbedürfnissen s. § 13 TierSchNutztV Rn. 4–8). Einen großen Einfluss auf das Verhindern von Federpicken während der Aufzucht haben ein zum Staubbaden und Futtersuchen geeignetes Substrat, Beleuchtungsprogramme, die der Zuchtlinie angepasst sind sowie das Vorhandensein von erhöhten Sitzstangen (vgl. *Oester/Fröhlich* in: *Sambraus/Steiger* S. 205).

Ein **Qualzuchtgutachten für die Nutztierzucht** hat der 23. Deutsche Tierärztetag 2003 gefordert. Es solle von sachverständigen Tierärzten unter Beteiligung von Tierzüchtern, Tierschützern und Ethikern erstellt sowie von einer „Tierschutzplattform Nutztiere“ unterstützt werden und Grundlage für eine Rechtsverordnung nach Abs. 5 sein (vgl. DTBl. 2004, 356, allerdings auch mit dem Hinweis, dass weder vom BMELV noch von der Deutschen Gesellschaft für Züchtungskunde etwas dazu unternommen worden sei). **23a**

VII. Unfruchtbarmachen nach Abs. 3

Nach **Abs. 3** kann die zuständige Behörde (s. § 15) das Unfruchtbarmachen anordnen. **24**
Gemäß § 1 S. 2 muss dazu das im konkreten Fall schonendste Mittel gewählt werden; dies muss sowohl die Entscheidung über Kastration oder Sterilisation als auch die Auswahl der Methode steuern (zu den Nachteilen von Kastrationen bei Hunden vgl. *Etscheidt* Tierärztl. Praxis 2001, 152, 161).

VIII. Ausnahme nach Abs. 4

Der Begriff **Züchtung** ist vom **Tierversuch abzugrenzen.** Die Erzeugung einer trans- **25**
genen Linie ist stets ein Tierversuch, der nach § 8 Abs. 1 der vorherigen Genehmigung bedarf; erst die Weiterzucht der transgenen Tiere ab der dritten Generation richtet sich nach den Zuchtvorschriften der §§ 11 ff. und damit auch nach § 11 b (vgl. BMELV, Tierschutzbericht 1997, S. 110; s. auch § 7 Rn. 2). – Das Klonen fällt nur dann nicht unter die §§ 7 ff., wenn es durch Embryonensplitting geschieht; bei der Anwendung von Kerntransfertechniken liegt dagegen stets ein genehmigungspflichtiger Tierversuch vor. Auch das Embryonensplitting kann einen genehmigungspflichtigen Versuch darstellen; dies ist der Fall, wenn das Verfahren mit Abweichungen von der bereits erprobten Technik, die bei den Tieren zu erhöhten Schmerzen, Leiden oder Schäden führen können, oder im Rahmen eines übergeordneten tierexperimentellen Ansatzes durchgeführt wird (vgl. AVV Nr. 5.1; s. auch § 7 Rn. 2).

„Für wissenschaftliche Zwecke notwendig“ muss die Züchtung oder die bio- oder **26**
gentechnische Maßnahme sein, wenn sie trotz Verstoßes gegen Abs. 1 oder Abs. 2 erlaubt sein soll. Im einzelnen ist dazu erforderlich: **1.** Es muss ein wissenschaftlicher Zweck verfolgt, d. h. ein über den gegenwärtigen Forschungsstand hinausreichender Erkenntnisgewinn im Hinblick auf eine noch nicht geklärte wissenschaftliche Fragestellung angestrebt werden (s. § 7 Rn. 1). **2.** Die Züchtung bzw. die bio- oder gentechnische Maßnahme muss notwendig, d. h. unerlässlich sein; daran fehlt es, wenn sich das angestrebte Endziel auch mit einer Alternativmethode oder einem Bündel solcher Methoden erreichen lässt, mögen

diese auch mit einem erhöhten Kosten-, Arbeits- und/oder Zeitaufwand verbunden sein oder eine Änderung der wissenschaftlichen Fragestellung erfordern (s. § 7 Rn. 11–21). **3.** Die Züchtung bzw. bio- oder gentechnische Maßnahme muss auch ethisch vertretbar sein, d.h. ihr Nutzen muss die verursachten Schmerzen, Leiden und/oder Schäden überwiegen (s. § 7 Rn. 49–65); denn nachdem der Tierschutz durch Art. 20a GG Verfassungsrang erlangt hat, müssen Begriffe wie „notwendig" oder „unerlässlich" sowohl instrumental (d.h. iS einer Prüfung alternativer Methoden) als auch final (d.h. iS einer Güter- und Interessenabwägung und eines Nutzen-Schaden-Übergewichts) ausgelegt werden. **4.** Kommt es als Folge der Züchtung bzw. der bio- oder gentechnischen Maßnahme auf Seiten der Tiere zu länger anhaltenden oder sich wiederholenden erheblichen Schmerzen oder Leiden, so ist dies nur rechtmäßig, wenn auch die Voraussetzungen für eine „qualifizierte ethische Vertretbarkeit" nach § 7 Abs. 3 S. 2 bejaht werden können (s. § 7 Rn. 66–68). **5.** Die Zufügung schwerer Schmerzen oder Leiden ist auch hier in aller Regel ethisch nicht vertretbar (s. § 7 Rn. 64; vgl. auch *Kluge/Goetschel* § 11b Rn. 27).

IX. Verordnungsermächtigung nach Abs. 5

27 Durch **Rechtsverordnung nach Abs. 5** können die Qualzuchten nach Abs. 1 und Abs. 2 näher bestimmt sowie das Züchten mit bestimmten Arten, Rassen und Linien verboten oder beschränkt werden. Der Verordnungsgeber könnte damit im Heimtierbereich das Qualzuchtgutachten umsetzen und für den Nutztierbereich vergleichbare Anforderungen festlegen. Er muss sich (wie bei § 2a) darauf beschränken, den vom Gesetz vorgezeichneten Interessenausgleich nachzuzeichnen und zu konkretisieren, ohne ihn durch eigene, davon abweichende Abwägungen zu ersetzen. Insbesondere ist zu beachten, dass für Nutztiere dieselben strengen Maßstäbe gelten wie für Heimtiere und dass es für Qualzuchten keine Rechtfertigung durch einen vernünftigen Grund geben kann (s. Rn. 7). – Das Verbot ganzer Zuchtrichtungen kann sowohl durch Verwaltungsakt, gestützt auf Abs. 1 i.V.m. § 16a S. 1, als auch durch Rechtsverordnung nach Abs. 5 ausgesprochen werden (vgl. VGH Kassel Rd L 2003, 277).

X. Ordnungswidrigkeiten; behördliches Einschreiten

28 **Ordnungswidrigkeit.** Der vorsätzliche Verstoß gegen Abs. 1 oder Abs. 2 wird mit Geldbuße bis zu 25000 Euro geahndet (§ 18 Abs. 1 Nr. 22, Abs. 4; bei Fahrlässigkeit s. § 17 Abs. 2 OWiG). Für vorsätzliches Handeln ist ausreichend, dass der Täter mit der Möglichkeit des Eintritts der verbotenen Folge (zB mit der ernsthaften Möglichkeit, dass es zu einer Organumgestaltung und einem hierdurch verursachten Schmerz, Leid oder Schaden kommen könnte) gerechnet hat, mag er gleichwohl auf ihr Ausbleiben gehofft und vertraut haben. Fahrlässiges Handeln liegt vor, wenn er diese Möglichkeit zwar nicht erkannt hat, sie aber hätte erkennen können. – Sind erhebliche Schmerzen, Leiden oder Schäden eingetreten, so kann auch eine Ordnungswidrigkeit nach § 18 Abs. 1 Nr. 1 sowie (bei anhaltender Dauer) eine Straftat nach § 17 Nr. 2b vorliegen. Zu beachten ist, dass § 18 Abs. 1 Nr. 22 die Sanktion weit nach vorne verlegt: Der Bußgeldtatbestand ist bereits mit der Züchtung bzw. der bio- oder gentechnischen Maßnahme vollendet, selbst wenn die zu erwartenden negativen Folgen noch nicht eingetreten sind bzw. ganz ausbleiben. Zur Einziehung s. § 19.

29 Bei **begangenen oder drohenden bevorstehenden Verstößen** findet außerdem § 16a S. 1 Anwendung (s. dort Rn. 1–8). – Ist jemand Inhaber einer Erlaubnis nach § 11, so kann ein von ihm vorsätzlich oder fahrlässig zu verantwortender Verstoß gegen § 11b Anlass sein, die Erlaubnis nach § 49 Abs. 2 Nr. 3 VwVfG zu widerrufen. – Steht ein Verstoß im Zusammenhang mit einem erlaubnisfrei ausgeübten Gewerbe, so kommt auch eine Gewerbeuntersagung nach § 35 GewO durch die hierfür zuständige Behörde in Betracht.

XI. Europäisches Recht

Nach **Nr. 20 des Anhangs zur Richtlinie 98/58/EG des Rates vom 20. 7. 1998 über den Schutz landwirtschaftlicher Nutztiere** (ABl. EG Nr. L 221 S. 23) gilt: „Natürliche oder künstliche Zuchtmethoden, die den Tieren Leiden oder Schäden zufügen oder zufügen können, dürfen nicht angewendet werden. Diese Bestimmung schließt nicht die Anwendung bestimmter Verfahren aus, die vermutlich nur geringe oder vorübergehende Leiden oder Verletzungen verursachen, oder die Maßnahmen erforderlich machen, die vermutlich keinen dauerhaften Schaden verursachen, sofern dies gemäß den einzelstaatlichen Vorschriften zulässig ist." Damit verstoßen Nutztierzuchten, die voraussehbar zu Schmerzen, zu anhaltenden Leiden oder zu dauerhaften Schäden bei den Tieren führen, auch gegen die Mindestvorgaben des europäischen Rechts (s. Rn. 19–23; zum Verhältnis zwischen solchen Richtlinien und dem nationalen Tierschutzrecht s. auch § 2 Rn. 42). 30

§ 11c [Abgabeverbot an Kinder]

Ohne Einwilligung der Erziehungsberechtigten dürfen Wirbeltiere an Kinder oder Jugendliche bis zum vollendeten 16. Lebensjahr nicht abgegeben werden.

Zweck der Vorschrift. Wenn Kinder oder Jugendliche gegen den Willen ihrer Erziehungsberechtigten ein Tier erwerben, so ist dessen verhaltensgerechte Unterbringung und artgemäße Ernährung und Pflege (§ 2) wegen des Widerstandes der Sorgerechtsinhaber gegen den Erwerb nicht gewährleistet (vgl. *L/M* § 11c Rn. 1; vgl. auch Art. 6 des Europäischen Heimtierübereinkommens). 1

Begriffe. Wirbeltiere s. § 4 Rn. 1; die frühere Unterscheidung warmblütig/kaltblütig ist seit dem ÄndG 1998 entfallen. Besonders häufig sind Verstöße bei Kleintieren wie Mäusen, Hamstern etc. Bedauerlich ist, dass infolge der Beschränkung auf Wirbeltiere jedes Kind problemlos mit seinem Taschengeld (giftige) Spinnen, Skorpione oder andere Wirbellose erwerben kann (vgl. *Moritz* DtW 2003, 224, 226). – Einwilligung meint die vorherige Zustimmung, vgl. § 183 BGB. Sie kann noch nicht darin gesehen werden, dass das Kind oder der Jugendliche über das nötige Taschengeld zum Einkauf des Tieres verfügt. – Zustimmen muss der Inhaber des Personensorgerechtes. – Abgabe ist das Übertragen des unmittelbaren Besitzes. Auf Inhalt und Wirksamkeit des zugrundeliegenden Rechtsgeschäfts kommt es nicht an. Neben einem Verkauf werden also auch Schenkung, Vermietung, Leihe usw. erfasst. – Die Vorschrift ist verletzt, wenn der Jugendliche im Zeitpunkt der Besitzerlangung noch nicht das 16. Lebensjahr vollendet hat. 2

Rechtsfolgen eines Verstoßes. Der Abgebende begeht eine Ordnungswidrigkeit nach § 18 Abs. 1 Nr. 23 (Fahrlässigkeit genügt, zB fahrlässige Fehleinschätzung des Alters des Empfängers). Der schuldrechtliche Vertrag ist, wenn er eine Verpflichtung zur Abgabe an das Kind bzw. den Jugendlichen begründet, nichtig, § 134 BGB. Gleiches gilt für die Übereignung. 3

Neunter Abschnitt. Verbringungs-, Verkehrs- und Haltungsverbot

§ 12 [Verbringungs-, Verkehrs- und Haltungsverbot]

(1) **Wirbeltiere, an denen Schäden feststellbar sind, von denen anzunehmen ist, dass sie durch tierschutzwidrige Handlungen verursacht worden sind, dürfen nicht gehalten oder ausgestellt werden, soweit dies durch Rechtsverordnungen nach Absatz 2 Nr. 4 oder 5 bestimmt ist.**

(2) [1]Das Bundesministerium wird ermächtigt, durch Rechtsverordnung mit Zustimmung des Bundesrates, soweit es zum Schutz der Tiere erforderlich ist,

1. das Verbringen von Tieren oder Erzeugnissen tierischer Herkunft aus einem Staat, der nicht der Europäischen Gemeinschaft angehört, in das Inland (Einfuhr) von der Einhaltung von Mindestanforderungen hinsichtlich der Tierhaltung oder des Tötens von Tieren und von einer entsprechenden Bescheinigung abhängig zu machen sowie deren Inhalt, Form, Ausstellung und Aufbewahrung zu regeln,

2. die Einfuhr bestimmter Tiere von einer Genehmigung abhängig zu machen,

3. das Verbringen bestimmter Tiere aus dem Inland in einen anderen Staat zu verbieten,

4. das Verbringen von Wirbeltieren in das Inland oder das Halten, insbesondere das Ausstellen von Wirbeltieren im Inland zu verbieten, wenn an den Tieren zum Erreichen bestimmter Rassemerkmale tierschutzwidrige Handlungen vorgenommen worden sind oder die Tiere erblich bedingte körperliche Defekte, Verhaltensstörungen oder Aggressionssteigerungen im Sinne des § 11b Abs. 1 oder 2 Buchstabe a aufweisen oder soweit ein Tatbestand nach § 11b Abs. 2 Buchstabe b oder c erfüllt ist,

5. das Halten von Wirbeltieren, an denen Schäden feststellbar sind, von denen anzunehmen ist, dass sie den Tieren durch tierschutzwidrige Handlungen zugefügt worden sind, zu verbieten, wenn das Weiterleben der Tiere nur unter Leiden möglich ist,

6. vorzuschreiben, dass Tiere oder Erzeugnisse tierischer Herkunft nur über bestimmte Zollstellen mit zugeordneten Überwachungsstellen eingeführt oder ausgeführt werden dürfen, die das Bundesamt für Verbraucherschutz und Lebensmittelsicherheit im Einvernehmen mit dem Bundesministerium der Finanzen im Bundesanzeiger bekannt gemacht hat; das Bundesministerium der Finanzen kann die Erteilung des Einvernehmens auf Mittelbehörden seines Geschäftsbereichs übertragen.

[2]Eine Rechtsverordnung nach Satz 1 Nr. 1 bis 5 kann nicht erlassen werden, soweit Gemeinschaftsrecht oder völkerrechtliche Verpflichtungen entgegenstehen.

Übersicht

I. Haltungs- und Ausstellungsverbot nach Abs. 1

1. Entstehungsgeschichte

1 In der Fassung des Tierschutzgesetzes von 1972 enthielt § 12 das unmittelbar wirkende gesetzliche Verbot, Wirbeltiere, die durch tierschutzwidrige Handlungen geschädigt waren, in den Geltungsbereich dieses Gesetzes zu verbringen oder dort gewerbsmäßig in den Verkehr zu bringen oder gewerbsmäßig zu halten, wenn ihr Weiterleben infolge der Schäden nur unter Leiden möglich war. Auch im ÄndG 1998 war für solche Tiere ein Haltungs- und Ausstellungsverbot bestimmt. Mit der Änderung durch Art. 2 Nr. 2 des Gesetzes zur Bekämpfung gefährlicher Hunde vom 12. 4. 2001 wurde jedoch klargestellt, „dass die Entscheidung über ein Haltungsverbot dem Verordnungsgeber überlassen bleibt" (BT-Drucks. 14/4451 S. 10). Der Bundesrat hatte zwar versucht, ein unmittelbar kraft Gesetzes geltendes Haltungs- und Ausstellungsverbot durchzusetzen, verbunden

mit der Möglichkeit, durch Rechtsverordnung Ausnahmen hiervon zu bestimmen; er konnte sich aber nicht durchsetzen (vgl. BT-Drucks. 14/4451 S. 14, 18). – Abs. 1 enthält damit kein unmittelbar wirkendes gesetzliches Verbot mehr, sondern nur noch eine Ermächtigungsgrundlage zum Erlass einer Rechtsverordnung.

2. Tatbestandsmerkmale

Wirbeltier s. § 4 Rn. 1. – An dem Tier müssen sich Schäden feststellen lassen (s. § 1 Rn. 24). Ein einzelner physischer oder psychischer Schaden genügt. Beispiele: kupiertes Ohr, kupierter Schwanz, unnatürliche Aggression, voroperiertes Versuchstier. Auch Verhaltensstörungen oder andere Anomalien sind Schäden. – Die dafür vermutlich ursächliche Handlung muss tierschutzwidrig sein. Dies kann sich daraus ergeben, dass gegen eine Spezialvorschrift des Tierschutzgesetzes, insbesondere gegen die §§ 2, 3, 6 oder 11 b verstoßen wurde, aber auch daraus, dass die Schadenszufügung ohne vernünftigen Grund erfolgt ist (vgl. § 1 S. 2). Auch ein Verstoß gegen eine Rechtsverordnung reicht aus. Auf Verschulden kommt es nicht an, ebenso wenig darauf, wer den Verstoß begangen hat. Ist die schadensverursachende Handlung im Ausland vorgenommen worden, so ist ausreichend, dass mit ihr objektiv gegen eine dieser Vorschriften verstoßen worden ist, mag diese Vorschrift auch wegen des ausländischen Tatorts nicht unmittelbar anwendbar sein. – Anzunehmen ist eine solche Verursachung, wenn sie aufgrund konkreter Anhaltspunkte nahe liegt. Entscheidend hierfür kann insbesondere die Art des Schadens sein. Weder bedarf es einer an Sicherheit grenzenden noch einer überwiegenden Wahrscheinlichkeit. Ausreichend ist bereits, dass kein Anhaltspunkt für eine andere Entstehung des Schadens verbleibt (vgl. *Lorz* § 12 Rn. 9). 2

3. Rechtsfolgen

Durch Rechtsverordnung nach Abs. 2 Nr. 4 oder Nr. 5 kann das Halten und das Ausstellen solcher Tiere verboten werden. Zweck einer solchen Regelung ist, keinen Anreiz für weitere derartige Vorschädigungen entstehen zu lassen und der Gefahr einer negativen Vorbildwirkung entgegenzuwirken. Diese Gefahr besteht sicherlich beim Ausstellen (= Zur-Schau-Stellen, s. § 3 Rn. 31). Dagegen müsste sich ein Verbot des Haltens möglicherweise aus Gründen der Verhältnismäßigkeit auf das gewerbsmäßige Halten, insbesondere das Aufkaufen und Weiterveräußern solcher Tiere beschränken, da hauptsächlich davon die o. e. Gefahren ausgehen (vgl. *Kluge/v. Loeper* § 12 Rn. 14–16). 3

II. Rechtsverordnungen nach Abs. 2

Rechtsverordnungen nach Abs. 2 sind nur möglich, soweit es **„zum Schutz der Tiere erforderlich“** ist (s. § 2a Rn. 8). Daraus ergeben sich u. a. folgende Anforderungen: **1.** Alleinige Zielrichtung der Verordnung muss der Tierschutz sein, d. h. der Schutz von Tieren vor vermeidbaren Schmerzen, Leiden oder Schäden sowie der Schutz vor nicht verhaltensgerechter Unterbringung, nicht artgemäßer Ernährung oder Pflege. Andere Rechtsgüter oder Interessen dürfen allenfalls als Reflexwirkung mittelbar geschützt werden; sobald aber ihr Schutz iS eines nicht nur nachrangigen Zweitziels angestrebt wird, bedarf es hierfür einer anderen Ermächtigung (vgl. *Dietz* NuR 1999, 681, 683; *L/M* § 12 Rn. 7; s. auch § 2a Rn. 8). – **2.** Eine Obergrenze für die Verwirklichung tierschützender Grundsätze wird nicht durch das Tierschutzgesetz bestimmt, sondern erst durch die Grundrechte der Halter und Nutzer. Diese dürfen nicht übermäßig eingeschränkt werden. Die einzelnen Regelungen müssen den ethisch begründeten Tierschutz bis zu dieser durch das Übermaßverbot gezogenen Grenze befördern (vgl. zu dem insoweit gleichlautenden § 2a BVerfGE 101, 1, 36 = NJW 1999, 3253, 3255). Der Verordnungsgeber darf sich damit zwar auf Mindestanforderungen, nicht aber auf ein tierschutzrechtliches Minimalpro- 4 gramm beschränken (BVerfGE 101, 1, 33). – **3.** Alle Regelungen der Verordnung müssen auf zutreffenden, vollständig ermittelten Tatsachen beruhen, dem aktuellen ethologischen Kenntnisstand Rechnung tragen und einer ordnungsgemäßen Güter- und Pflichtenabwägung entsprechen, die der Aufwertung des Tierschutzes durch Art. 20a GG Rechnung trägt. – **4.** Abwägungen, die bereits vom Gesetzgeber vorgenommen worden sind, dürfen vom Verordnungsgeber zwar nachgezeichnet und konkretisiert, nicht aber zu Lasten der Tiere verändert oder neu durchgeführt werden. Die Verordnung muss zweifelsfrei dem besseren Schutz der Tiere dienen (vgl. *Kluge/v. Loeper* § 12 Rn. 17; s. auch § 2a Rn. 9).

5 Die **Ermächtigung nach Nr. 1** enthält eine Legaldefinition des Begriffes „Einfuhr". – Erzeugnisse tierischer Herkunft sind zB: Körper toter Tiere; Körperteile einschließlich Trophäen; Fleisch; Felle, Häute oder Pelze; Tierkonserven; Verarbeitungsprodukte wie Lederwaren, Schildpatt u. Ä. – Beispiele für Verordnungen nach Nr. 1 sind § 37 Abs. 1 Nr. 5 und § 37 Abs. 2 TierSchTrV (vgl. auch Art. 8 der EU-Richtlinie zur Kälberhaltung, RL 91/629/EWG vom 19. 11. 1991; Art. 8 der EU-Richtlinie zur Schweinehaltung, RL 91/630/EWG vom 19. 11. 1991; Art. 15 Abs. 2 der EU-Schlachtrichtlinie RL 93/119/EG vom 22. 12. 1993). – Eine abschließende Regelung tierschutzrechtlich motivierter Einfuhrbeschränkungen enthält Abs. 2 nicht. Zu Einfuhrbeschränkungen aus Gründen des Artenschutzes vgl. insbesondere die EU-Artenschutzverordnung Nr. 338/97 vom 9. 12. 1996 über den Schutz von Exemplaren wildlebender Tier- und Pflanzenarten (ABl. EG 1997 Nr. L 61 S. 1 ff.) sowie das Bundesnaturschutzgesetz.

6 Die **Ermächtigung nach Nr. 2** erfasst ebenso wie Nr. 1 auch die Durchfuhr, denn diese ist Einfuhr mit nachfolgender Ausfuhr. **Nr. 3** betrifft das Verbringen in jeden anderen Staat, also auch in einen EU-Mitgliedstaat.

7 Nach **Nr. 4** ist es möglich, bei Wirbeltieren das Halten, das Ausstellen und das Verbringen ins Inland (sei es aus einem EU-Mitgliedstaat oder einem Drittstaat) zu verbieten, wenn einer der folgenden Tatbestände erfüllt ist: An dem Tier sind aus modischen Gründen tierschutzwidrige Handlungen vorgenommen worden (zu „tierschutzwidrig" s. Rn. 2; s. auch das auf Nr. 4 gestützte Ausstellungsverbot in § 10 TierSchHundeV); das Tier stellt eine Qualzucht nach § 11b Abs. 1 dar (s. dort Rn. 2–10); das Tier weist erblich bedingte Verhaltensstörungen nach § 11b Abs. 2 lit. a auf (s. dort Rn. 11; s. auch § 3 Rn. 52); an dem Tier ist einer der Tatbestände nach § 11b Abs. 2 lit. b oder c erfüllt (s. dort Rn. 12, 12a).

7a Nr. 4 enthält **keinen Verstoß gegen Gemeinschafts- oder Völkerrecht** (vgl. Abs. 2 S. 2). Zwar stellt das Verbringungsverbot eine Einfuhrbeschränkung iS des Art. 28 EG-Vertrag dar, und es lässt sich auch vertreten, in dem Haltungs- und Ausstellungsverbot eine Maßnahme gleicher Wirkung zu sehen (vgl. *Ziekow* NuR 1999, 674, 677). Die vorgesehenen Verbote sind jedoch nach Art. 30 EG-Vertrag gerechtfertigt, denn sie dienen dem Schutz von Tieren auf dem deutschen Staatsgebiet und sind dazu sowohl geeignet als auch erforderlich und verhältnismäßig. – Im einzelnen: **1.** Der Schutzbereich des Art. 30 EG-Vertrag umfasst nicht nur die Existenz von Tieren, sondern auch deren Wohlbefinden und Unversehrtheit. Deshalb kann ein EU-Mitgliedstaat Tätigkeiten unterbinden, die für Tiere mit Leiden verbunden sind oder deren natürliches Verhalten beeinflussen können (vgl. *Schwarze/Becker* EU-Kommentar Art. 30 Rn. 18). Der notwendige Bezug des Verbotes zum eigenen Staatsgebiet ergibt sich hier daraus, dass sich als Folge der Verbringung Tiere im Inland befinden, die zum Zweck der Erreichung eines vermeintlichen Rassestandards oder durch Züchtung beschädigt worden sind, und dass dieser im Ausland herbeigeführte Zustand im Inland perpetuiert wird. Zugleich erwächst aus der Verbringung, der Haltung und/oder Ausstellung solcher Tiere die Gefahr einer negativen Vorbildwirkung, die zu Schädigungen anderer Tiere im Inland führen kann. Eine „mehr oder weniger" aktuelle Gefahr für den bezweckten Tierschutz reicht für Maßnahmen nach Art. 30 EG-Vertrag aus (vgl. EuGH Rs. C 67/97, Slg. 1998, I-8053, 8066). – **2.** Die Verbote sind auch geeignet und erforderlich, da weniger belastende Alternativen, die der Perpetuierung dieses rechtswidrigen Zustandes und der Gefahr der negativen Vorbildwirkung mit gleicher Effektivität begegnen könnten, nicht ersichtlich sind. Dies gilt nicht nur für das Haltungs- und Ausstellungsverbot (so aber *Ziekow* NuR 1999, 674, 680), sondern auch für das Verbot der Verbringung ins Inland, denn wenn die Tiere erst einmal im Land sind, können Haltungsverbote nicht immer durchgesetzt werden (wo sollen die Tiere hin?). Außerdem besteht bei erlaubter Einfuhr solcher Tiere das erhebliche Restrisiko eines „Kupiertourismus" mit Hunden und eines sich bildenden Schwarzmarkts. Art. 30 EG-Vertrag lässt grundsätzlich alle Maßnahmen zu, mit denen einer Gefahr wirksam und vollständig begegnet werden kann. – **3.** Das Verbringungs- und das Ausstellungsverbot ist auch verhältnismäßig ieS, zumal das Verbot der Tierschädigung aus modischen Gründen nicht nur dem nationalen, sondern auch dem europäischen Tierschutzstandard entspricht (vgl. Art. 5 und Art. 10 des Europäischen Heimtier-Übereinkommens). Der freie Warenverkehr mit Tieren, die entgegen einem transnational vereinbarten Tierschutzstandard geschädigt worden sind, kann keinen Vorrang gegenüber dem Tierschutz genießen. Allerdings kann ein Haltungsverbot, das sich nicht auf gewerbsmäßige Haltungsformen (insbesondere den gewerblichen Ein- und Verkauf) beschränkt, einen unverhältnismäßigen Eingriff in Art. 14 GG und überdies einen Verstoß gegen Art. 20a GG darstellen (vgl. *Kluge/v. Loeper* § 12 Rn. 14–16).

8 Auch der **Ermächtigung nach Nr. 5** steht Art. 28 EG-Vertrag nicht entgegen. Das Interesse, dass durch tierschutzwidriges Vorverhalten geschädigte Tiere, die sich im Inland befinden, nicht leiden sollen, gehört zu den Schutzgütern des Art. 30 EG-Vertrag, und ein gleich effektives, den freien Warenverkehr weniger beeinträchtigendes Mittel ist nicht ersichtlich. – Im Licht von Art. 20a GG und des § 1 S. 2 wird man allerdings das Merkmal „Leiden" dahin auszulegen haben, dass nur nicht behebbare Leiden ein Haltungsverbot rechtfertigen können (vgl. *Kluge/v. Loeper* § 12 Rn. 19; s. auch o. Rn. 2, 3).

9 Auf der **Ermächtigung nach Nr. 6** beruhen die §§ 33a und 36a TierSchTrV (vgl. BR-Drucks. 1005/98 S. 14, 15). Zur besseren Kontrollierbarkeit ist es erforderlich, die Ein- und Ausfuhr auf bestimmte, personell und sachlich entsprechend ausgestattete Grenzübergänge zu beschränken (vgl. BT-Drucks. 13/7015 S. 23).

10 Mit **Abs. 2 S. 2** wird etwas Selbstverständliches klargestellt: Keine Regelung darf gegen Gemeinschaftsrecht (insbesondere den EG-Vertrag sowie Verordnungen und Richtlinien der EU) und gegen das Völkerrecht verstoßen. Bei EU-Verordnungen und EU-Richtlinien ist aber stets zu prüfen, ob diese nur einen Mindeststandard aufstellen, der vom nationalen Gesetz- und Verordnungsgeber im Interesse der Tiere überschritten werden darf. – Ein- und Ausfuhrbeschränkungen, die durch Art. 30 EG-Vertrag oder durch sog. zwingende Erfordernisse iS der Cassis-de-Dijon-Formel des EuGH (Rs. 120/78, Slg. 1979, 649) gerechtfertigt sind, stellen idR auch keinen Verstoß gegen das GATT dar, weil dort vom Grundsatz des freien Warenverkehrs dieselben Ausnahmen vorgesehen sind (vgl. *Nentwich* in: *Harrer/Graf* S. 108f.).

Zehnter Abschnitt. Sonstige Bestimmungen zum Schutz der Tiere

§ 13 [Sonstige Bestimmungen zum Schutz der Tiere]

(1) [1]**Es ist verboten, zum Fangen, Fernhalten oder Verscheuchen von Wirbeltieren Vorrichtungen oder Stoffe anzuwenden, wenn damit die Gefahr vermeidbarer Schmerzen, Leiden oder Schäden für Wirbeltiere verbunden ist; dies gilt nicht für die Anwendung von Vorrichtungen oder Stoffen, die auf Grund anderer Rechtsvorschriften zugelassen sind.** [2]**Vorschriften des Jagdrechts, des Naturschutzrechts, des Pflanzenschutzrechts und des Seuchenrechts bleiben unberührt.**

(2) **Das Bundesministerium wird ermächtigt, durch Rechtsverordnung mit Zustimmung des Bundesrates zum Schutz des Wildes Maßnahmen anzuordnen, die das**

Wild vor vermeidbaren Schmerzen oder Schäden durch land- oder forstwirtschaftliche Arbeiten schützen.

(3) [1]Das Bundesministerium wird ermächtigt, im Einvernehmen mit dem Bundesministerium für Wirtschaft und Technologie und dem Bundesministerium für Umwelt, Naturschutz und Reaktorsicherheit durch Rechtsverordnung mit Zustimmung des Bundesrates, soweit es zum Schutz der Tiere erforderlich ist, das Halten von Tieren wildlebender Arten, den Handel mit solchen Tieren sowie ihre Einfuhr oder ihre Ausfuhr aus dem Inland in einen Staat, der der Europäischen Gemeinschaft nicht angehört (Ausfuhr), zu verbieten, zu beschränken oder von einer Genehmigung abhängig zu machen. [2]Als Genehmigungsvoraussetzung kann insbesondere gefordert werden, dass der Antragsteller die für die jeweilige Tätigkeit erforderliche Zuverlässigkeit und die erforderlichen fachlichen Kenntnisse und Fähigkeiten besitzt und nachweist sowie dass eine den Anforderungen des § 2 entsprechende Ernährung, Pflege und Unterbringung der Tiere sichergestellt ist. [3]In der Rechtsverordnung können ferner Anforderungen an den Nachweis der erforderlichen Zuverlässigkeit und der erforderlichen fachlichen Kenntnisse und Fähigkeiten nach Satz 2 festgelegt sowie das Verfahren des Nachweises geregelt werden.

Übersicht

I. Verbot nach Abs. 1

1 **Zweck der 1986 eingefügten Vorschrift** ist die Schaffung einer Rechtsgrundlage, um gegen die Verwendung von Vorrichtungen und Stoffen vorgehen zu können, die dem Fangen, Fernhalten oder Verscheuchen von Wirbeltieren dienen sollen, jedoch nicht den Anforderungen des Tierschutzes genügen (BT-Drucks. 10/3158 S. 28).

2 **Nur das „Wie", nicht auch das „Ob" des Fangens, Fernhaltens oder Verscheuchens von Wirbeltieren** wird hier geregelt. Ob die Maßnahme rechtmäßig ist, bestimmt sich nach anderen Vorschriften, zB – wenn das Tier getötet werden soll – nach § 17 Nr. 1. Beispiel: Ob man einen Fisch töten darf, richtet sich danach, ob hierfür ein vernünftiger Grund besteht (grds. ja, wenn die Verwendung als notwendiges Nahrungsmittel den einzigen Zweck bildet; nein, wenn es daneben auch um Sport, Wettkampf, Lust am Herausangeln o. Ä. geht, s. § 17 Rn. 30–32); wie die Tötung erfolgen darf, bestimmt sich nach § 4 Abs. 1 TierSchG i. V. m. §§ 1 Abs. 2 Nr. 4, 13 Abs. 5 TierSchlV und, wenn der Fisch vorher gefangen wird, nach § 13 Abs. 1.

3 **„Fangen"** bedeutet, dass ein Tier lebend in die Gewalt des Menschen gebracht wird. Mit **„Fernhalten"** wird bezweckt, dass Tiere einen bestimmten Ort nicht aufsuchen bzw. sich bestimmten Objekten nicht annähern können. **„Verscheuchen"** bedeutet Vertreiben von einem bestimmten Ort. – Wirbeltiere s. § 4 Rn. 1. – **„Vorrichtungen"** sind Geräte und andere Einrichtungen. Beispiele: Elektrozäune, Stacheldraht, Fallen, Schlingen, Gruben, Netze, Reusen, Angelhaken, Ultraschallgeräte, Magnetfelder u. a. m. **„Stoffe"** können auch flüssig oder gasförmig sein. Beispiele: Duftstoffe, Vergrämungsmittel, Klebfallen (vgl. *Hackbarth/Lückert* B XII 1.2; *L/M* § 13 Rn. 11). – Ein **„Anwenden"** liegt vor, so-

bald der Täter die Vorrichtung bzw. den Stoff so aufgestellt oder angebracht hat, dass es keines weiteren menschlichen Zutuns mehr bedarf, um den Erfolg des Fangens, Fernhaltens oder Vertreibens eintreten zu lassen. In diesem Zeitpunkt ist der Tatbestand bereits vollendet (vgl. § 18 Abs. 1 Nr. 25); unerheblich ist, ob und wann der gewünschte Erfolg eintritt, also ein Tier in die Falle geht usw. Dagegen sind bloße Vorbereitungshandlungen wie das Herstellen, Feilbieten oder Erwerben noch nicht tatbestandsmäßig.

„Gefahr" bedeutet einen Zustand, der die ernsthafte, nahe liegende Möglichkeit einer Verletzung begründet (vgl. *Schönke/Schröder/Heine* Vor §§ 306ff. StGB Rn. 5, „konkrete Gefahr": Zustand, bei dem die nicht fern liegende Möglichkeit einer Verletzung besteht, so dass der Eintritt des schädlichen Erfolges nach allgemeinem Erfahrungswissen und unter Berücksichtigung aller Umstände des Einzelfalles nahe liegt; vgl. auch BGH NStZ 1996 83f.: Das Ausbleiben oder der Eintritt des Schadens hängt nur vom Zufall ab). – Zu Schmerzen bzw. Leiden bzw. Schäden s. § 1 Rn. 12–16 bzw. 17–23 bzw. 24–26. – Geschützt sind alle Wirbeltiere, also auch diejenigen, die unbeabsichtigt durch die Vorrichtungen und Stoffe Schäden erleiden können. Der Verwender muss somit bedenken, welche Tiere in die Falle, Grube oder Reuse, welche Fische möglicherweise an die Angel geraten (*L/M* § 13 Rn. 13). 4

„Vermeidbar" sind die Schmerzen, Leiden oder Schäden immer dann, wenn sie nicht dem Verhältnismäßigkeitsgrundsatz und damit nicht einem vernünftigen Grund entsprechen (s. § 1 Rn. 32). Der Verhältnismäßigkeitsgrundsatz kann hier (wie sonst auch) in drei Aspekte untergliedert werden. – Erster Aspekt „Erforderlichkeit": Daran fehlt es, wenn es zum Fangen usw. ein gleichwirksames aber ungefährliches oder jedenfalls weniger gefährliches Mittel gibt. In diesem Fall darf der Handelnde das gefährlichere Mittel (Vorrichtung, Stoff) nicht anwenden, auch dann nicht, wenn es zeit- und arbeitssparender und/oder billiger sein sollte (vgl. § 9 Abs. 2 S. 3 Nr. 3, allgemeiner Rechtsgedanke; s. § 1 Rn. 47). – Zweiter Aspekt „Verhältnismäßigkeit ieS", d.h. „Nutzen-Schaden-Abwägung": Gegenüberzustellen sind der Nutzen des angestrebten Fangs (also zB die Schwere und Wahrscheinlichkeit des zu erwartenden Schadens, wenn das Tier nicht gefangen wird; die Bedeutung der davon betroffenen Rechtsgüter) und der Schaden, der von dem angewendeten Mittel ausgeht (d.h. die Schwere der zugefügten Schmerzen, Leiden oder Schäden einschließlich Tod; die Zahl der betroffenen Tiere; die Wahrscheinlichkeit, dass es dazu kommen wird; die Dauer des Leidens usw.). Der Nutzen muss den Schaden überwiegen. Daran fehlt es zB, wenn Tieren Schmerzen, Leiden oder Schäden zugefügt werden, nur um geringe Sachschäden zu vermeiden. – Dritter Aspekt: „Verhältnismäßigkeit ieS durch Abwägung verschiedener Handlungsalternativen". Hier ist von Bedeutung, ob es ein ungefährliches oder weniger gefährliches Mittel gibt, das den angestrebten Zweck zwar ebenfalls erreichen kann, jedoch weniger schnell, weniger sicher und/oder weniger wirksam. In diesem Fall bedarf es einer weiteren Gegenüberstellung, nämlich einer Gewichtung der Einbuße an Zwecksicherheit einerseits und den (durch die Wahl des effektivsten Mittels verursachten) Belastungen andererseits. Wiegen letztere schwerer als erstere, so muss sich der Handelnde auf das weniger tierschädliche Mittel beschränken, auch dann, wenn es effektivere gibt (s. § 1 Rn. 48). 5

II. Verhältnis von Abs. 1 zu anderen Rechtsvorschriften, insbesondere aus dem Jagd-, Naturschutz-, Pflanzenschutz- und Seuchenrecht

Nach dem **Gesetzeswortlaut** könnte man meinen, Vorschriften anderer Rechtsgebiete, die das Fangen, Fernhalten oder Verscheuchen regeln, seien vom Tierschutz freigestellt. Dies wäre aber unzutreffend, denn auch diese Vorschriften sind **materielles Tierschutzrecht** (s. Einf. Rn. 23). Sie müssen „den materiellen Gehalt des Abs. 1 aufweisen" und den betreffenden Tieren einen „vergleichbaren Schutzstatus" gewähren (so *L/M* § 13 Rn. 2, schon vor Einführung des Staatsziels Tierschutz). Gesetz- und Verordnungsgeber sind daher gehalten, derartige Spezialvorschriften „an Abs. 1 anzulehnen" (*L/M* § 13 Rn. 2). 6

7 Daraus ergeben sich **Konsequenzen für die Auslegung jagdrechtlicher, seuchenrechtlicher usw. Vorschriften:** Innerhalb der Grenzen der möglichen Wortbedeutung müssen sie tierschutzfreundlich iS des Abs. 1 ausgelegt werden. Seit der Einführung von Art. 20a GG lässt sich dies auch mit dem Gebot zu verfassungskonformer Auslegung begründen (s. § 17 Rn. 5, 5a, 6). Auch diese Vorschriften gestatten also von mehreren gleich wirksamen Fang-, Fernhaltungs- und Vertreibungsmethoden nur diejenige, die für die Tiere am ungefährlichsten ist; sie erlauben das Fangen usw. nur, wenn der Nutzen den Schaden überwiegt; sie verpflichten jeden, sich auf eine weniger effektive Methode zu beschränken, wenn die damit verbundene Einbuße an Zwecksicherheit weniger schwer wiegt als die Belastungen, die für die Tiere mit der Wahl effektiverer Mittel verbunden sind (s. Rn. 5, drei Aspekte des Verhältnismäßigkeitsgrundsatzes; ableitbar auch aus Art. 20a GG, s. dort Rn. 22 sowie 29–32).

III. Einzelne Sachgebiete

8 Bestimmte **Fangmethoden bei der Jagd** sind nach § 19 BJagdG absolut verboten (so zB Vogelleim, Fallen, Angelhaken, Netze, Reusen u. Ä. beim Fang oder Erlegen von Federwild; Schlingen, Selbstschussgeräte, Tellereisen bei jeder Art von Wild). Im Übrigen dürfen Fanggeräte nur verwendet werden, wenn sicher ist, dass sie entweder unversehrt fangen oder sofort töten, § 19 Abs. 1 Nr. 9 BJagdG (vgl. auch VG Magdeburg NuR 2004, 615, 616: Aufstellen von Fallen, von denen auch Wild betroffen sein kann, nur durch Jagdausübungsberechtigte). – Die üblichen Lebendfallen können die Unversehrtheit der gefangenen Tiere nicht in jedem Fall sicher gewährleisten und entsprechen damit nicht dem Gesetz. In einer Lebendfalle gerät das Tier wegen der plötzlichen Ausweglosigkeit und Enge des Kastens oder der Röhre häufig in eine extreme Stresssituation, die in anhaltendes, erhebliches Leiden ausmünden kann, zumal dann, wenn noch Hunger, Durst, Hitze oder Kälte hinzukommen. Insbes. bei Wieseln muss der Lebendfang abgelehnt werden, weil die Tiere in solchen Stress geraten, dass sie häufig den Erschöpfungstod sterben. Fallen, die ganz oder teilweise Sicht nach draußen ermöglichen, können zu Verletzungen bei Befreiungsversuchen führen; aber auch bei sichtundurchlässigen Kästen können gefangene Tiere in Panik geraten und zB einen Kreislaufkollaps erleiden. Beim Herantreten des Fängers und der Entnahme aus der Falle entsteht zusätzlicher erheblicher Stress. Schließlich können sich auch bei der Tötung von lebend gefangenem Raubwild tierschutzrelevante Probleme ergeben (vgl. *Krug/König* in: TVT-Merkblatt Nr. 34 S. 7). – Auch Totschlagfallen widersprechen § 19 Abs. 1 Nr. 9 BJagdG, sofern sie nicht die sofortige Tötung des Tieres gewährleisten (vgl. *Herling* DtW 1993, 156–159). Daran fehlt es insbesondere bei Fallentypen, die auf Tritt oder Druck reagieren (vgl. *Herling, Herzog, Krug* in: *Sambraus/Steiger* S. 744; BMELV, Schädlingsgutachten 1991, S. 128). Bei vielen Fallen, die in Gebrauch sind, ist vorhersehbar, dass zu große oder zu kleine Tiere, Tiere in „falscher Körperhaltung“ oder überhaupt „falsche Tiere“ den Mechanismus auslösen und anschließend durch Brüche, Quetschungen, Befreiungsversuche etc. schwer leiden werden (vgl. *Herling, Herzog, Krug* aaO). Oft fehlt es auch an Fangbunkern mit genau definierten Einlassöffnungen, wie sie notwendig wären, um das Fangen von „falschen“ Tieren, insbesondere Haustieren auszuschließen. Die Nicht-Selektivität und die Wahrscheinlichkeit, dass ein Tier so in die Falle tappt, dass es nicht sofort tot ist, bewirkt bei den meisten Fallen eine Unvereinbarkeit mit 19 Abs. 1 Nr. 9 BJagdG. – Hinzu kommt, dass die normale Jägerprüfung keine ausreichende Sachkunde für die Fallenjagd vermittelt, so dass eine spezielle Fallenfängerprüfung notwendig wäre, die vor Prüfungskommissionen bei den Regierungspräsidien stattfinden sollte (so das BMELV, Schädlingsgutachten 1991, S. 129; vgl. als einen ersten Schritt in diese Richtung die §§ 12 a ff. der AusführungsVO zu § 29 a BayJagdG: Fallenjagd nur bei Nachweis eines gesonderten, erfolgreich absolvierten Fallenlehrgangs; Verbot von Totschlagfallen ohne behördliche Registrierung). – Wegen

der Schwierigkeit, die strengen Anforderungen des § 19 Abs. 1 Nr. 9 BJagdG zu gewährleisten, sollte der Vertrieb auf zuvor geprüfte und als unbedenklich beurteilte Fallen beschränkt werden („Fallen-TÜV“, vgl. *Krug/König* aaO; vgl. auch den entsprechenden Erlass des Hess. Ministeriums für Landwirtschaft, Forsten und Naturschutz vom 21. 10. 1996).

Bei der **Norwegischen Krähenmassenfalle,** handelt es sich um einen Drahtkäfig mit 8a
den Mindestmaßen von 3 m x 2 m x 2 m, der so konstruiert ist, dass die durch Futter oder Lockvögel angelockten Tiere zwar hingelangen, aber nicht mehr herauskommen. Diese in Teilen Norddeutschlands verwendete Falle verstößt gegen § 13 Abs. 1 sowie gegen zwei Vorschriften, die zur Umsetzung der EG-Vogelschutzrichtlinie ergangen sind, nämlich gegen § 19 Abs. 1 Nr. 5 b, Abs. 2 BJagdG und § 4 Abs. 1, Abs. 3 BArtSchV. – Der Verstoß gegen § 13 Abs. 1 ergibt sich u. a. daraus, dass mit dieser Falle unselektiv sämtliche Arten von Rabenvögeln und darüber hinaus auch noch andere Vogelarten gefangen werden und sich die Tiere in Panik, bei Fluchtversuchen oder bei gegenseitigen Attacken Verletzungen an Wachshaut, Kopf, Schwingen und Schwanz zufügen. Zudem sind sie extremem Stress ausgesetzt, da sie ihren natürlichen Rivalen nicht ihrem Instinkt folgend ausweichen oder vor ihnen fliehen können. Sie verletzen sich an dem Draht der Falle und sind der Witterung schutzlos ausgesetzt. Nachdem Art. 20 a GG als verfassungsrechtliche Wertentscheidung bei der Auslegung und Anwendung der Bestimmungen des einfachen Rechts zu beachten ist (vgl. VGH Mannheim NuR 2003, 29), müssen die zuständigen Behörden gegen diese Fangmethode einschreiten, sei es nach § 16 a S. 1, sei es nach den ebenfalls nicht eingehaltenen Vorschriften des Jagd- und des Naturschutzrechts (vgl. *Ditscherlein* NuR 2003, 530, 534). – Weitere Verstöße ergeben sich aus § 19 Abs. 1 Nr. 5 b BJagdG und aus § 4 Abs. 1 BArtSchV: Danach ist der Einsatz von Fallen gegen Vögel grds. verboten. Eine Ausnahme kommt nach § 19 Abs. 2 BJagdG bzw. § 4 Abs. 3 BArtSchV nur in Betracht, soweit es zur Abwendung gemeinwirtschaftlicher Schäden oder zum Schutz gefährdeter heimischer Tierarten erforderlich ist. Indes ist nicht nachgewiesen, dass Rabenvögel gemeinwirtschaftliche Schäden verursachen (d. h. Schäden, die nicht nur einzelne Betriebsinhaber betreffen, sondern den gesamten Wirtschaftszweig einer Region beeinträchtigen, s. § 17 Rn. 41); auch sind die von den Fallenstellern behaupteten Gefahren für das Niederwild wissenschaftlich nicht belegt. Das vermeintliche Rabenproblem ist in erster Linie ein Wahrnehmungsproblem, weil die Vögel zunehmend Ortschaften besiedeln, wohingegen ihr Bestand in der freien Landschaft eher zurückgeht. Der Artenschwund beruht in erster Linie auf der Monotonisierung der Landschaft und der Mechanisierung der Landwirtschaft und wird durch jagdliche Interessen zT noch verstärkt. Vor allem aber fehlt es an der Erforderlichkeit des Einsatzes von Fallen (‚erforderlich‘ bedeutet hier ultima ratio, vgl. EuGH vom 8. 7. 1987, Slg. 1987, 3057 Rn. 7): Soweit es um den Schutz von gefährdeten Arten des Niederwildes geht, muss zunächst deren Bejagung vollständig und dauerhaft eingestellt werden, bevor es Ausnahmen von den in nationales Recht umgesetzten Verboten der EG-Vogelschutzrichtlinie geben kann. Hinzu kommt, dass allein in Nordrhein-Westfalen jährlich 39 % des Bestandes an Rabenkrähen und Elstern durch Abschuss getötet werden, und keinesfalls der Nachweis erbracht ist, dass von den verbleibenden Tieren gemeinwirtschaftliche Schäden ausgehen, die nicht anders als mit Massenfallen abgewendet werden könnten (vgl. *Ditscherlein* NuR 2003, 530, 533; dort auch zur Strafbarkeit des Einsatzes unselektiv fangender Fallen nach § 38 BJagdG und § 66 BNatSchG).

Ähnliche Bedenken bestehen gegen **Fallen für Nebelkrähen,** die in Brandenburg zum 8b
vermeintlichen Schutz einheimischer Niederwildarten wie Rebhuhn und Feldhase eingesetzt werden. Zumindest fehlt es an der Erforderlichkeit iS von § 4 Abs. 3 Nr. 2 BArtSchV bzw. Art. 9 der EG-Vogelschutzrichtlinie, solange die Bejagung der gefährdeten Tierarten nicht ganzjährig verboten wird (vgl. *Ditscherlein* NuR 2003, 530, 534). Hinzu kommt auch hier der Verstoß gegen § 13 Abs. 1 i. V. m. Art. 20 a GG.

Da es bei der **Schädlingsbekämpfung** idR um die Tötung von Tieren geht, richtet sich 9
das „Ob“ solcher Maßnahmen nach § 17 Nr. 1 (s. dort Rn. 37, 38; s. insbesondere das Ge-

bot, vorrangig die Ursachen für die Vermehrung von Schadorganismen auszuschalten). Ergibt sich, dass die Bekämpfung als solche einem vernünftigen Grund entspricht, so ist das „Wie" der einzelnen Tötungen nach § 4 Abs. 1 und, wenn die Tiere gefangen werden, auch nach § 13 Abs. 1 zu beurteilen. Diese Anforderungen gelten auch dann, wenn Spezialvorschriften eingreifen (s. Rn. 6, 7). – Die übliche Mausefalle soll „das größte Tierschutzproblem beim Fang von Säugern" darstellen (so *Krug/König* in: TVT-Merkblatt Nr. 34 S. 4). Dies deswegen, weil der schnell tötende Genickschlag nicht garantiert werden kann, wie sich an der häufig festzustellenden Fortbewegung der gefangenen Tiere mit den Fallen zeigt. Werden Lebendfallen verwendet, so sterben die gefangenen Mäuse und Wühlmäuse häufig an Stress – wenn nicht, ergeben sich weitere Probleme bei ihrer Tötung (vgl. u.a. § 4 Abs. 1 S. 3). Besonders tierschutzwidrig sind Fallen, die durch Ertränken töten. Als Lösung wird vorgeschlagen: Vertrieb von Fanggeräten nur nach vorheriger Überprüfung, Standardisierung und Zulassung (so *Krug/König* aaO; vgl. auch KG vom 30. 7. 1999, 2 Ss 198/99: Klebefallen für Ratten und Mäuse unzulässig). – Bei Fallen gegen Schadnager außerhalb des menschlichen Wohnbereichs ist überdies der Artenschutz nicht gewährleistet: Der Fang von Spitzmäusen und selbst Schläfern in Mausefallen sowie von Maulwürfen in Wühlmausfallen ist nicht auszuschließen. – Beim Fang des Bisams verstoßen Tötungen durch Ertränken sowohl gegen Abs. 1 als auch gegen § 17 Nr. 2b (s. § 17 Rn. 39). Fehlfänge können und müssen durch die Anlage von Fangbunkern ausgeschlossen werden. – Zu Fallen gegen Waschbär, Mauswiesel, Hermelin und Iltis s. § 17 Rn. 39; zum Wiesel s. auch Rn. 8. – Reusen sind lebensgefährlich für Otter, Biber, Vögel wie Haubentaucher und luftabhängige Fische. Netze zum Abfischen zu hoher Bestände können wegen des Beifangs unverhältnismäßig sein.

10 Eigentümern und Nutzungsberechtigten ist der **Fang von Wildtieren in befriedeten Bezirken** meist durch das Landesrecht erlaubt (vgl. zB § 3 Abs. 4 LJagdG BW). Dieser Tierfang durch Jedermann verursacht große tierschutzrechtliche Probleme, u.a. wegen Fehlens eines vernünftigen Grundes, wegen fehlender Sachkunde der Fänger und Töter, wegen Verwendung schmerzverursachender Fallentypen sowie wegen unbeabsichtigter Fänge von Haustieren. – Da das Bundesrecht und damit auch das Tierschutzgesetz Vorrang gegenüber dem Landesrecht hat (Art. 31 GG), sind solche Tötungen rechtswidrig, soweit sie nicht einem vernünftigen Grund nach § 17 Nr. 1 entsprechen (daran fehlt es u.a., wenn es nur um die Abwendung von geringfügigen Sachschäden oder von solchen Schäden geht, die auch durch andere, zB bauliche Maßnahmen vermieden werden könnten). Das Sachkundeerfordernis nach § 4 Abs. 1 S. 3 ist immer einzuhalten. Fallen dürfen nur verwendet werden, wenn sie neben § 19 Abs. 1 Nr. 9 BJagdG auch den drei Aspekten des Verhältnismäßigkeitsgrundsatzes nach § 13 Abs. 1 (s. Rn. 5) entsprechen. – Da sich der Tierfang im menschlichen Siedlungsbereich der Überprüfung durch die Behörden weitgehend entzieht, werden folgende Verbesserungen empfohlen: Vertrieb von Fallen nur nach sachkundiger Begutachtung (Fallen-TÜV); Verbot aller anderen Fallen, insbesondere aber von Eigenkonstruktionen; gleiche Schonzeiten wie nach dem Jagdrecht, damit abhängige Jungtiere nicht wegen Tötung des Muttertieres verhungern müssen; Sachkundenachweis für Käufer; Abgabe zugelassener Fallentypen nur mit Hinweisen auf Fangsicherheit, Artenschutz und Tierschutzbestimmungen (vgl. *Krug/König* aaO S. 6, 7).

11 Beim **Fang von Tieren aufgrund behördlicher Anordnung** muss neben § 17 Nr. 1 und § 4 Abs. 1 auch § 13 Abs. 1 beachtet werden, entweder unmittelbar oder im Rahmen der angewendeten Spezialvorschrift (s. Rn. 6, 7). So erlaubt zB § 17 Abs. 2 IfSG nur Maßnahmen, die „erforderlich" sind, d.h. die dem Grundsatz der Verhältnismäßigkeit in all seinen Aspekten entsprechen (s. Rn. 5 und § 17 Rn. 5, 6). Gleiches gilt für Verfügungen und Verordnungen, die aufgrund des Polizeirechts ergehen (vgl. zB § 3 PolG BW). Zum vernünftigen Grund bei Tötungsaktionen gegen Stadttauben s. § 17 Rn. 42. – Nach § 24 PflSchG dürfen Pflanzenschutzgeräte keine schädlichen Auswirkungen auf die Gesundheit von Mensch oder Tier haben. Handelt es sich dabei um Geräte, die dem Fangen, Fernhalten oder Verscheuchen dienen, so können diese nur dann als unschädlich

eingestuft werden, wenn sie den Anforderungen des § 13 Abs. 1 entsprechen (s. Rn. 5). Dies hat die Biologische Bundesanstalt bei der Aufnahme in die Pflanzenschutzgeräteliste zu beachten (§§ 26 bis 28 PflSchG). – Nach dem BNatSchG dürfen wildlebende Tiere grds. nicht gefangen werden (Tiere der besonders geschützten Arten nur mit behördlicher Ausnahmegenehmigung, vgl. §§ 42, 43 BNatSchG; bei anderen Tieren bedarf es eines vernünftigen Grundes, § 41 BNatSchG). Dies betrifft das „Ob" des Fangens. Das „Wie" muss auch hier dem materiellen Gehalt des § 13 Abs. 1 entsprechen (s. Rn. 6, 7).

Beim **Fang von Tieren zu wissenschaftlichen Zwecken** müssen sich insbesondere auch 12
diejenigen Belastungen, die den Tieren anschließend zugefügt werden, im Rahmen des Erforderlichen und Verhältnismäßigen halten. Daran fehlt es zB, wenn Ringe oder Halsmarkierungen so angelegt werden, dass sie einwachsen, dass sich zwischen Körper und Material Verunreinigungen ansammeln oder dass die Tiere durch den Ring festhängen. Gleiches gilt für das Auftragen von Farbmarkierungen, die zu Aggressionen von Artgenossen und zum Ausschluss aus dem Sozialverband führen können. Diese Gesichtspunkte müssen bei der Entscheidung über das „Ob" der Maßnahme einbezogen werden. Bezüglich des „Wie" des Fangens gilt § 13 Abs. 1. In diesem Rahmen müssen grundsätzlich auch die Beschränkungen aus § 19 BJagdG als allgemeine Ausprägungen des Verhältnismäßigkeitsgrundsatzes beachtet werden (also keine Lebendfallen, bei denen das Tier nicht mit Sicherheit unversehrt bleibt, vgl. § 19 Abs. 1 Nr. 9; zum Ganzen vgl. *Krug/König* TVT-Merkblatt Nr. 34 S. 5).

Für den **Fang von Fischen aus Binnengewässern** gilt § 13 Abs. 1 ebenfalls, entweder 13
unmittelbar oder im Rahmen der Landesgesetze, die anhand des höherrangigen Bundesrechts auszulegen sind. Die Belastungen, die dem Fisch beim Angeln zugefügt werden, sind idR nicht erforderlich, weil schonendere Methoden zur Verfügung stehen (s. Rn. 5). Zur Frage, ob Angeln den Tatbestand des § 17 Nr. 2b erfüllt, s. dort Rn. 30. – Die **Hochseefischerei** richtet sich u.a. nach der Seefischerei-BußgeldVO vom 16. 6. 1998 (BGBl. I S. 1355). In diesem Bereich bestehen besonders viele tierschutzrelevante Probleme: U.a. fehlt es mit Bezug auf das gefangene Einzeltier oft am vernünftigen Grund nach § 17 Nr. 1 (Beifang; untermaßige Tiere); die Tötung geschieht nicht im Einklang mit dem Gebot zu größtmöglicher Schmerzvermeidung, sondern regelmäßig durch Ersticken, Zerquetschen u. Ä.; das Sachkundeerfordernis des § 4 Abs. 1 S. 3 läuft leer, wenn das Personal infolge des ausgeübten Zeitdrucks außerstande ist, seine Sachkunde zugunsten einer möglichst schmerzlosen Tötung einzusetzen; der Artenschutz ist nicht gewährleistet (zB Beifang von Meeressäugern, Übernutzung der Bestände; vgl. zum Ganzen *Krug/König* aaO S. 10).

IV. Ermächtigungsgrundlage nach Abs. 2

Begriffe. Wild sind wildlebende Tiere, die dem Jagdrecht unterliegen (§ 1 Abs. 1 14
BJagdG). Sie sind in § 2 BJagdG aufgezählt, wobei das Landesrecht noch weitere Tierarten bestimmen kann. – Zu Schmerzen s. § 1 Rn. 12–16, zu Schäden § 1 Rn. 24–26. – Vermeidbar sind Schmerzen und Schäden durch land- und forstwirtschaftliche Arbeiten immer dann, wenn sie sich durch Schutzvorkehrungen irgendwelcher Art verhindern lassen. Kommt es dadurch zu einer Beeinträchtigung des jeweiligen Arbeitsvorgangs, so gilt als Grundsatz, dass Kostenbelastungen durch Tierschutz hingenommen werden müssen (vgl. *L/M* § 13 Rn. 15); dasselbe gilt grds. auch für Mehrarbeit und erhöhten Zeitaufwand (vgl. § 9 Abs. 2 S. 3 Nr. 3, allgemeiner Rechtsgedanke; s. auch § 1 Rn. 47). Führen die Schutzmaßnahmen zu anderen Beeinträchtigungen, so muss abgewogen werden zwischen dem Ausmaß der Belastung für den Menschen einerseits und dem Grad sowie der Wahrscheinlichkeit der Schmerzen oder Schäden, die dadurch verhindert werden sollen, auf der anderen Seite.

15 **Beispiel:** Der Gesetzgeber hatte in erster Linie die Gefährdung von Rehkitzen durch technische Einrichtungen wie Mähmaschinen im Auge. Hiergegen sollte durch Regelungen eingegriffen werden, die Wildschutzvorrichtungen zB akustischer, mechanischer oder optischer Art an Maschinen oder auf Arealen, von denen solche Gefahren für Tiere ausgehen, vorschreiben (amtl. Begr. zu § 13 TierSchG 1972, zitiert nach *Gerold* S. 52). Bewährt und einfach ist es, rechtzeitig Wildscheuchen aufzustellen (vgl. *L/M* § 13 Rn. 15). Auch kann daran gedacht werden, dass bei waldnahen Grundstücken immer eine Person vor der Mähmaschine hergeht und liegende Tiere dadurch rechtzeitig entdeckt. – Obwohl die Ermächtigungsgrundlage schon seit 1972 besteht, ist eine Rechtsverordnung bislang nicht erlassen worden.

V. Ermächtigungsgrundlage nach Abs. 3

16 **Begriffe.** Wildlebende Tiere sind solche, die in Europa oder anderswo in Freiheit vorkommen, sei es auch auf begrenztem Raum (vgl. *L/M* § 13 Rn. 24). Es kommt nur darauf an, dass das jeweilige Tier einer solchen Art angehört. Nicht erforderlich ist, dass es selbst der Wildnis entnommen wurde. Es kann also auch vom Menschen gezüchtet oder aufgezogen worden sein. – Haltung ist hier im weiteren Sinne zu verstehen, umfasst also auch das Betreuen und die Übernahme einer entsprechenden Pflicht (s. § 2 Rn. 4–7). Handel meint den Ein- und Verkauf mit der Absicht der Gewinnerzielung. Einfuhr bedeutet das Verbringen von Tieren aus einem Staat, der nicht der EU angehört, in das Inland (vgl. § 12 Abs. 2 Nr. 1). Ausfuhr meint das Umgekehrte.

17 **Anlass für die Vorschrift** war die Einsicht des Gesetzgebers, dass insbesondere groß werdende exotische Tiere unter den hiesigen Klimaverhältnissen nicht oder nur unter erheblichen Schwierigkeiten gehalten werden können (BT-Drucks. 10/3158 S. 28). Deshalb können mit Blick auf bestimmte Tierarten Haltung, Handel, Ein- und Ausfuhr total verboten oder eingeschränkt werden. Es ist aber auch möglich, die genannten Tätigkeiten unter Genehmigungsvorbehalt zu stellen. Als Genehmigungsvoraussetzungen können dann gefordert werden: Zuverlässigkeit, Sachkunde sowie das Vorhandensein von Räumen und Einrichtungen, die eine den Anforderungen des § 2 entsprechende Ernährung, Pflege und Unterbringung der Tiere sicherstellen (vgl. die Parallele zu § 11 Abs. 2 Nr. 1–3). Es können auch Anforderungen für den Nachweis der Zuverlässigkeit und der Sachkunde bestimmt und das Verfahren hierfür geregelt werden. Dabei sind auch Regelungen möglich, die die Mitwirkung von Fachverbänden und Sachverständigen beim Sachkundenachweis vorsehen (BT-Drucks. 13/7015 S. 23).

18 Die Ermächtigungsgrundlage erlaubt **nur Regelungen, die zum Schutz der Tiere erforderlich** sind. Die Regelungen müssen also bezwecken, den Schutz dieser Tiere bei Haltung, Handel, Ein- und Ausfuhr zu verbessern und dabei ein Tierschutzniveau zu verwirklichen, das deutlich über ein bloßes Minimalprogramm hinausgeht (s. § 2a Rn. 8). Sie müssen insbesondere die Unterdrückung oder erhebliche Zurückdrängung von Verhaltensbedürfnissen, die unter § 2 Nr. 1 fallen, verhindern und im Rahmen von § 2 Nr. 2 dem zumeist starken Bewegungsbedürfnis dieser Tiere Rechnung tragen. Die Verordnung darf das vom Gesetz vorgegebene Schutzniveau konkretisieren und auch erhöhen, nicht aber einschränken (s. § 2a Rn. 9; zu den Anforderungen an eine verhaltensgerechte Unterbringung wildlebender Tiere vgl. auch OVG Schleswig NuR 1995, 480, 481, zitiert in Anh. zu § 2 Rn. 71). – Eine Verordnung ist noch nicht ergangen.

VI. Ordnungswidrigkeiten und Straftaten

19 Eine **Ordnungswidrigkeit nach § 18 Abs. 1 Nr. 25** begeht, wer vorsätzlich oder fahrlässig gegen § 13 Abs. 1 S. 1 verstößt. Ist allerdings die Anwendung der Vorrichtungen oder Stoffe durch ein spezielles Gesetz zugelassen (das gemäß Art. 20a GG verfassungskonform

in Anlehnung an § 13 Abs. 1 ausgelegt werden muss, s. Rn. 6, 7), so kommt es darauf an, ob der Verstoß gegen dieses Spezialgesetz als Ordnungswidrigkeit ausgestaltet ist. – Sind einem Wirbeltier Schmerzen, Leiden oder Schäden zugefügt worden, so muss (wie immer) geprüft werden, ob auch eine Ordnungswidrigkeit nach § 18 Abs. 1 Nr. 1 oder Abs. 2 vorliegt oder ob sogar eine Straftat nach § 17 Nr. 1 oder Nr. 2 verwirklicht wurde. – Für die noch zu erlassenden Rechtsverordnungen gilt § 18 Abs. 1 Nr. 3 b.

§ 13 a [Ermächtigung]

(1) [1]Das Bundesministerium wird ermächtigt, zur Verbesserung des Tierschutzes durch Rechtsverordnung mit Zustimmung des Bundesrates Anforderungen an freiwillige Prüfverfahren zu bestimmen, mit denen nachgewiesen wird, dass serienmäßig hergestellte Aufstallungssysteme und Stalleinrichtungen zum Halten landwirtschaftlicher Nutztiere und beim Schlachten verwendete Betäubungsgeräte und -anlagen über die Anforderungen dieses Gesetzes und die Mindestanforderungen der auf Grund dieses Gesetzes erlassenen Rechtsverordnungen hinausgehen. [2]Es hat hierbei insbesondere Kriterien, Verfahren und Umfang der freiwilligen Prüfverfahren sowie Anforderungen an die Sachkunde der im Rahmen derartiger Prüfverfahren tätigen Gutachter festzulegen.

(2) [1]Das Bundesministerium wird ermächtigt, durch Rechtsverordnung mit Zustimmung des Bundesrates, so weit es zum Schutz der Tiere erforderlich ist, die Verwendung serienmäßig hergestellter Stalleinrichtungen zum Halten landwirtschaftlicher Nutztiere sowie von beim Schlachten verwendeter Betäubungsgeräte oder -anlagen von einer Zulassung oder Bauartzulassung abhängig zu machen sowie die näheren Voraussetzungen hierfür und das Zulassungsverfahren zu regeln. [2]Dabei können insbesondere Art, Inhalt und Umfang der vorzulegenden Unterlagen oder durchzuführenden Prüfungen näher bestimmt werden.

Übersicht

I. Prüf- und Zulassungsverfahren im europäischen Ausland

Vorbemerkung. Abs. 1 ist durch das ÄndG 1998, Abs. 2 erst durch Art. 2 des Gesetzes zur Bekämpfung gefährlicher Hunde vom 12. 4. 2001 eingefügt worden. Der Bundesrat hatte schon im Gesetzgebungsverfahren 1998 ein obligatorisches Prüf- und Zulassungsverfahren verlangt und zur Begründung darauf hingewiesen, dass „in der Schweiz ein derartiges Verfahren bereits seit 1982 erfolgreich durchgeführt" werde (BT-Drucks. 13/7015 S. 35). Deshalb ist es sinnvoll, das Schweizer Verfahren hier näher zu betrachten. 1

Das Prüfverfahren in der Schweiz. Art. 5 des Schweizer Tierschutzgesetzes sieht vor, dass serienmäßig hergestellte Aufstallungssysteme und Stalleinrichtungen nur angepriesen und verkauft werden dürfen, wenn sie zuvor ein Prüfverfahren durchlaufen haben und vom Bundesamt für Veterinärwesen (BVet) bewilligt worden sind (vgl. auch Art. 27 bis 30 der Schweizer Tierschutzverordnung). Geprüft wird, ob die Systeme und Einrichtungen „den Anforderungen einer tiergerechten Haltung entsprechen". Was das ist, wird in Art. 1 Abs. 1 und 2 der Schweizer Tierschutzverordnung definiert: „Tiere sind so zu halten, dass 2 ihre Körperfunktionen und ihr Verhalten nicht gestört werden und ihre Anpassungsfähigkeit nicht überfordert wird. Fütterung, Pflege und Unterkunft sind angemessen, wenn sie nach dem Stand der Erfahrung und den Erkenntnissen der Physiologie, Verhaltenskunde und Hygiene den Bedürfnissen der Tiere entsprechen." Die Prüfung findet entweder vor der Prüfstelle für Großvieh (Sitz: Tänikon/Thurgau) oder der Prüfstelle für Hauskaninchen und Hausgeflügel (Sitz: Zollikofen/Bern) statt. In einer ersten Prüfungsstufe wird die Einhaltung der in der Schweizer Tierschutzverordnung genannten Mindestanforderungen (zB Flächen, Anzahl der Tränken, Sitzstangenlänge) geprüft. Weil man aber weiß, dass die Einhaltung dieser Mindestanforderungen noch nicht die Tiergerechtheit garantiert, schließt sich als zweite Stufe eine „praktische Prüfung auf Tiergerechtheit" (d.h. auf die Einhaltung der Anforderungen von Art. 1 Abs. 1 und 2 der Tierschutzverordnung) an. Dabei werden u.a. Verhaltensabläufe daraufhin untersucht, ob sie nach Form, Sequenz, Dauer, Häufigkeit und/oder Ausprägungsgrad von dem, was das Tier in einem geeigneten, tiergerechten Referenzsystem zeigt, abweichen. Tiergerechte Referenzsysteme sind Haltungsformen, die es dem Tier ermöglichen, sich frei zu bewegen, alle seine Organe vollständig zu gebrauchen und aus einer Vielzahl von Stoffen und Reizen selbst diejenigen auszuwählen, die es zur Bedarfsdeckung und Schadensvermeidung braucht (Bedarfsdeckungs- und Schadensvermeidungskonzept, s. § 2 Rn. 9). Je nach Prüfungsergebnis sind drei abschließende Entscheidungen möglich: Bewilligung (bei Einhaltung der Mindestanforderungen und des Art. 1 Tierschutzverordnung); Bewilligung mit Auflagen (bei behebbaren Mängeln); Ablehnung (bei Mängeln, die nicht behebbar sind oder trotz entsprechender Hinweise nicht behoben werden; vgl. zum Ganzen *Oester/Troxler* in: KTBL-Schrift 377 S. 71–79).

3 **Zwei Beispiele. 1.** Ein einstreuloser Großgruppenkäfig für Legehennen wurde auf das Staubbadeverhalten der Tiere überprüft. Als Referenzsystem (= System, in dem sich die Tiere normal verhalten können und ihre Körperfunktionen nicht gestört werden) diente eine Volièrenhaltung. Nach insgesamt 28 Stunden Beobachtung mittels Videokamera ergab sich, dass das Staubbaden im Großgruppenkäfig nicht nur in seiner Form und Dauer, sondern auch in der Häufigkeit und der tageszeitlichen Verteilung gestört war. Die Bewilligung wurde abgelehnt. – **2.** Das Verrutschen von Kälbern auf verschiedenen perforierten Böden (Holz-, Beton- und Kunststoffrost sowie Aluminiumlochblech) wurde untersucht und mit der Standfestigkeit von Kälbern auf Tiefstreu (= diejenige Bodenart, die die beste Standsicherheit gewährleistet) verglichen. Holzrost und Lochblech erwiesen sich dabei als besonders rutschgefährlich; bei Betonspaltenböden wurden am häufigsten Blutungen an den Beinen gefunden; aber auch auf Kunststoffspaltenboden zeigten noch 51,4 % der untersuchten Klauen einen entsprechenden Befund (gegenüber 8,3 % auf Tiefstreu). Folge: Keine Bewilligung für Holzspaltenböden und Lochblechböden; Bewilligung für Kunststoff- und Betonspaltenböden, jedoch mit der Auflage, sie nur im Bereich der Tränke zu verwenden (vgl. *Oester/Troxler* aaO S. 78, 79).

4 **Das Prüfverfahren in Schweden.** Auch dort müssen neue Techniken und Methoden, bevor sie in der landwirtschaftlichen Tierhaltung eingesetzt werden, eine obligatorische Prüfung nach Tiergesundheits- und Tierschutzgesichtspunkten durchlaufen. Das jeweilige Verfahren beginnt mit einem Antrag des Herstellers, Importeurs oder Landwirts. Im dafür zuständigen nationalen Institut für Tierumwelt und Tiergesundheit wird dann zunächst geprüft, ob es auf nationaler oder internationaler Ebene Kenntnisse und Erfahrungen gibt, die ausreichen, um den Prüfgegenstand auf seine Tiergerechtheit beurteilen zu können. Ist dies nicht der Fall, so wird in eine praktische Prüfung eingetreten, die entweder im Betrieb des Antragstellers oder in einem dafür geeigneten Versuchsbetrieb, ggf. auch an einer Universität stattfindet. Nach dem Ende der Prüfung werden die erzielten Ergebnisse in einem Gutachten niedergelegt, auf dessen Grundlage dann das Landwirtschaftsamt über die Genehmigung entscheidet (vgl. *Ekesbo/van der Weghe* in: KTBL-Schrift 377 S. 55–70). – Beispiele für Systeme und Einrichtungen, die auf diesem Weg abgelehnt wurden: Käfighaltungssysteme für abgesetzte Ferkel; Ultraschalleinrichtungen

zur Bekämpfung von Mäusen und Ratten in Tierställen; mechanische Kükenzähler; Käfige für Masthähnchen; Anwendung von Flüssigmist beim Neu- oder Umbau von Anbindeställen für Rinder; elektrische Kuhtrainer. – Die Autoren *Ekesbo* und *van der Weghe* betonen, dass es durch dieses Verfahren möglich gewesen sei, Haltungsmethoden, die in anderen europäischen Ländern zu Krankheiten, Tierschutzproblemen und erhöhtem Medikamenteneinsatz geführt hätten, in Schweden bereits im Vorfeld zu verhindern. Dies sei u. a. eine wesentliche Voraussetzung dafür gewesen, dass man schon 1986 imstande gewesen sei, Antibiotika als Wachstumsförderer zu verbieten und zugleich restriktive Regeln für ihre Rezeptverschreibung einzuführen. So habe das obligatorische Prüfverfahren auch einen Beitrag zur Gesundheit der Bevölkerung und gegen die Ausbreitung von Antibiotikaresistenzen geleistet.

In **Österreich** bestimmt Art. 18 Abs. 6 S. 1 TSchG: „Zur Erhöhung der Rechtssicherheit von Tierhaltern und zur Erleichterung des Vollzugs ist für neuartige serienmäßig hergestellte Aufstallungssysteme und neuartige technische Ausrüstungen für Tierhaltungen ein verpflichtendes behördliches Zulassungsverfahren vorzusehen." Einzelheiten sollen durch Verordnung geregelt werden. Vorbild dieser Regelung ist das schwedische Prüfverfahren (vgl. *Binder* Art. 18, zu Abs. 6). 4a

Die neueren **Empfehlungen des Ständigen Ausschusses** sprechen sich ebenfalls für präventive und obligatorische Prüf- und Zulassungsverfahren aus. In Art. 7 der Empfehlung für das Halten von Schweinen vom 21. 11. 1986 heißt es dazu: „Die Vertragsparteien sollten die Möglichkeit prüfen, Vorkehrungen zu treffen, a) für verbesserte oder neue Haltungsformen oder Stalleinrichtungen für Schweine, die vor ihrer Einführung in die landwirtschaftliche Praxis unter den Gesichtspunkten der Tiergesundheit und des Tierschutzes zu prüfen und möglichst einem Zulassungsverfahren zu unterwerfen sind ..." In Art. 9 Abs. 2 der Empfehlung für Pekingenten vom 22. 6. 1999 fordert der Ausschuss, dass neue Haltungsmethoden und -konzepte „unter dem Aspekt von Gesundheit und Wohlbefinden für die Tiere eingehend überprüft werden" sollten; wenn solche Prüfungen stattfänden, dürften neue Verfahren erst Eingang in die landwirtschaftliche Praxis finden, wenn sie „gemäß einem von der zuständigen Behörde festgelegten Verfahren für zufriedenstellend befunden worden" seien. Ähnliche Regelungen finden sich zB in den Empfehlungen für Rinder, Haushühner, Moschusenten, Gänse und Puten. 4b

II. Ermächtigungsgrundlage nach Abs. 2 (obligatorisches Prüf- und Zulassungsverfahren)

Abs. 2 enthält die an das BMELV gerichtete Ermächtigung zur Einführung eines obligatorischen Prüf- und Zulassungsverfahrens für serienmäßig hergestellte Stalleinrichtungen und Betäubungsgerätschaften. Geregelt werden kann: dass solche Anlagen nur nach vorheriger Prüfung und Zulassung in Verkehr gebracht und an Tieren verwendet werden dürfen; welche Kriterien geprüft werden sollen und welche Voraussetzungen für eine Zulassung nachzuweisen sind; das Verfahren, in dem diese Kriterien und Voraussetzungen geprüft werden; Art, Inhalt und Umfang der dafür von dem Antragsteller vorzulegenden Unterlagen; Art, Inhalt und Umfang der Prüfungen, die durchgeführt werden; Einrichtung und Kompetenzen der Prüf- und der Zulassungsstelle, ggf. auch der beigeordneten Kommissionen. In Zweifelsfragen kann sich der Verordnungsgeber an dem Schweizer Verfahren, das als Modell für Abs. 2 anzusehen ist, orientieren (vgl. die entsprechenden Vorstellungen des Bundesrats in BT-Drucks. 13/7015 S. 35, die in der 14. Legislaturperiode – ebenfalls auf Veranlassung des Bundesrats, vgl. BT-Drucks. 14/4451 S. 15, 18 – Gesetz geworden sind). 5

Begriffe: Stalleinrichtungen sind diejenigen Teile des Stalles, mit denen Tiere häufig in Berührung kommen, zB Fütterungs- und Tränkeeinrichtungen, Bodenbeläge, Kotroste, Abschrankungen, Anbindevorrichtungen, Legenester, Sitzstangen u. Ä. (vgl. BT- 6

Drucks. 13/7015 S. 35 in Anlehnung an Art. 27 der Schweizer Tierschutzverordnung). Der Begriff schließt Aufstallungssysteme als Kombinationen aus Stalleinrichtungen (zB Käfige, Boxen, Buchten, Stände, Ställe, Anbindesysteme) ein. Daraus, dass der Begriff „Aufstallungssysteme“ in Abs. 2 (im Gegensatz zu Abs. 1) nicht mehr ausdrücklich Erwähnung findet, kann also nicht geschlossen werden, dass die Prüfung auf einzelne, nicht kombinierte Stalleinrichtungen zu beschränken sei. Der Bundesrat, auf dessen Initiative die Gesetzesänderung beruht, hatte die Aufstallungssysteme noch ausdrücklich erwähnt, und die Bundesregierung hat in ihrer Gegenäußerung ebenfalls deutlich gemacht, dass der Prüfgegenstand in Abs. 2 derselbe sein solle wie im bereits bestehenden Abs. 1 (vgl. BT-Drucks. 14/4451 S. 15, 18). Selbst wenn ein neues Aufstallungssystem aus lauter einzeln geprüften Stalleinrichtungen bestünde, müsste es dennoch als Ganzes geprüft werden, weil das Ganze immer mehr ist als die Summe seiner Teile und die einzelnen Einrichtungselemente in Wechselwirkung zueinander treten und deswegen aufeinander abgestimmt sein müssen. Folgerichtig schließen auch alle im Ausland (Schweiz, Schweden) angewendeten Verfahren die Aufstallungssysteme ein, ebenso die Empfehlungen des Ständigen Ausschusses und das geplante Verfahren nach Art. 18 Abs. 6 des österreichischen TSchG. – Serienmäßig hergestellt ist ein Gegenstand, wenn er wiederholt und in den wesentlichen Punkten gleich verfertigt wird, namentlich hinsichtlich Abmessungen, Konstruktion, Form, Materialien und Oberflächenbeschaffenheit (vgl. die Richtlinien des Schweizer BVet für das Bewilligungsverfahren vom 15. 10. 1981; vgl. auch *Binder* Art. 18, zu Abs. 6: „Serienmäßige Herstellung liegt auch dann vor, wenn ein Aufstallungssystem zwar in jedem Einzelfall individuell geplant wird, sich jedoch überwiegend oder ausschließlich aus modular kombinierbaren Serienteilen zusammensetzt“). – Landwirtschaftliche Nutztiere s. Art. 1 S. 2 ETÜ.

7 Die Verordnung muss **„zum Schutz der Tiere erforderlich“** sein. Das bedeutet, dass (analog zu dem Schweizer Bewilligungsverfahren, s. Rn. 2) eine zweistufige Prüfung vorgesehen werden muss: Auf einer ersten Stufe ist die Einhaltung der Mindestanforderungen, die durch Rechtsverordnungen (insbesondere die Tierschutz-Nutztierhaltungsverordnung) vorgeschrieben sind, festzustellen. Auf einer zweiten Stufe muss darüber hinausgehend die Vereinbarkeit der Haltungseinrichtung mit § 2 bzw. der Betäubungsanlage mit den §§ 4, 4a untersucht werden, denn es ist möglich, dass Rechtsverordnungen das Gesetz unzureichend konkretisieren und hinter seinen Anforderungen zurückbleiben (vgl. BVerfGE 101, 1 ff.; vgl. auch *L/M* § 13a Rn. 1: „Diskrepanz der durch Haltungsverordnungen festgelegten Mindestbedingungen und den Anforderungen an eine tiergerechte Haltung in § 2“). – Für Haltungseinrichtungen bedeutet das u. a., dass sie nur bewilligt werden dürfen, „wenn zu erwarten steht, dass Verhaltensstörungen, Körperschäden und Erkrankungen haltungsbedingt mit großer Wahrscheinlichkeit nicht auftreten werden“ (BT-Drucks. 13/7015 S. 35). Ähnlich wie in der Schweiz müssen die Verhaltensabläufe der Tiere untersucht und mit dem Verhalten von art-, rasse- und altersgleichen Tieren in einem geeigneten Referenzsystem, in dem die Tiere ihr natürliches Verhalten ausüben können, verglichen werden (s. § 2 Rn. 9, „Bedarfsdeckungs- und Schadensvermeidungskonzept“). Nach § 2 Nr. 1 müssen zumindest diejenigen Verhaltensbedürfnisse, die sich den Funktionskreisen „Nahrungserwerbsverhalten“, „Erkundungsverhalten“, „Ruheverhalten“, „Eigenkörperpflege (Komfortverhalten)“, „Sozialverhalten“ und „Mutter-Kind-Verhalten“ zuordnen lassen, im Wesentlichen befriedigt werden. Ergibt die Prüfung, dass einzelne hierzu gehörende Verhaltensabläufe in der Haltungseinrichtung unterdrückt oder erheblich zurückgedrängt werden oder dass sie sich nach Ausprägungsgrad, Form, Sequenz, Dauer, Häufigkeit und/oder tageszeitlicher Verteilung von dem Referenzsystem deutlich unterscheiden, so ist die Unterbringung nicht verhaltensgerecht (vgl. *Oester/Troxler* aaO S. 75). Gleiches gilt, soweit es ernstliche Anhaltspunkte für Schmerzen, vermeidbare Leiden oder Schäden als Folge der eingeschränkten Möglichkeit zur Fortbewegung gibt (§ 2 Nr. 2), oder soweit (im Vergleich zum Referenzsystem) vermehrt Verletzungen oder Schäden, insbesondere am Integument (d. h. an der Haut mit ihren An-

hangsorganen) festzustellen sind. – Betäubungsanlagen müssen insbesondere auch den §§ 3, 13 TierSchlVO entsprechen, d.h. weder bei der Zuführung zur Betäubungsanlage, noch bei der Vorbereitung der Betäubung und bei der Betäubung selbst darf es zu Schmerzen oder vermeidbaren Leiden kommen. Hinsichtlich der Ängste und Aufregungen, die in der Praxis auftreten, müssen Verfahren eingeführt werden, die diese so weit wie möglich ausschließen. Gemäß § 13 Abs. 1 TierSchlVO muss die Betäubung sofort und sicher zu einer Totalausschaltung des Empfindungs- und Wahrnehmungsvermögens führen. Dieser Zustand muss – ebenfalls mit Sicherheit – bis zum Eintritt des Todes fortdauern, so dass ein vorheriges Wiedererwachen ausgeschlossen werden kann.

Das Bundesministerium sollte auch **aufgrund von Art. 20a GG** von der Ermächtigung 8
bald Gebrauch machen. Das ausdrückliche Ziel des Verfassungsgesetzgebers, „die Verwirklichung eines wirksamen Tierschutzes zu verbessern" (BT-Drucks. 14/8860 S. 1), könnte durch ein obligatorisches Prüfverfahren, das alle Nutztierarten einschließt, wesentlich gefördert werden (vgl. den Koalitionsvertrag von CDU, CSU und SPD vom 11. 11. 2005 S. 73: „Mit einem praxisgerechten Prüf- und Zulassungsverfahren für serienmäßig hergestellte Stalleinrichtungen zur artgerechten Haltung von landwirtschaftlichen Nutztieren werden wir die Haltungsbedingungen grundlegend und nachhaltig weiter verbessern"; gleich lautende Äußerungen gibt es auch vom CDU-Parteivorstand 2004 und von der Kommission für Verbraucherschutz, Ernährung und Landwirtschaft beim SPD-Parteivorstand 2004, zitiert bei *Hoppe* S. 4). Das Ausmaß des praktischen Tierschutzes in der landwirtschaftlichen Nutztierhaltung hängt in hohem Ausmaß von der Tiergerechtheit der Stallbautechnik ab. Für die Landwirte entstünde mehr Rechts- und Planungssicherheit, denn es wäre ein effektiver Investitionsschutz, wenn man sich bei der Anschaffung eines (meist teuren) Aufstallungssystems künftig darauf verlassen könnte, dass es unter Einbeziehung aller aktuellen wissenschaftlichen Erkenntnisse auf seine Tiergerechtheit geprüft worden ist und deshalb entsprechend lange genutzt werden kann. Für die Stallbaufirmen ergäbe sich als Vorteil, dass frühzeitig auf oftmals nicht intendierte Schwächen eines Haltungssystems aufmerksam gemacht würde und diese noch während des Prüfverfahrens einvernehmlich und rechtzeitig behoben werden könnten. Darüber hinaus entspräche ein obligatorisches Prüfverfahren auch dem überwiegenden Wunsch der Verbraucher, Lebensmittel aus einer Landwirtschaft zu beziehen, die das Tier als Mitgeschöpf respektiert und dies auch in der Haltung der Tiere zum Ausdruck bringt (vgl. Allianz für Tiere in der Landwirtschaft S. 4). Das insoweit bestehende, berechtigte Misstrauen (s. die Umfrageergebnisse in § 1 Rn. 66) könnte abgebaut und der auf diesem Gebiet häufigen Irreführung und Täuschung wirksam begegnet werden. Das Prüfverfahren könnte damit besonders auch in Zeiten wiederkehrender Lebensmittelskandale die Bereitschaft stärken, heimatnah und erkennbar tiergerecht erzeugte Lebensmittel gegenüber anderen, nicht vergleichbar geprüften Produkten aus dem Ausland zu bevorzugen.

Einem **Vorschlag der Allianz für Tiere in der Landwirtschaft,** der sich (ebenso wie 8a
der Bundesrat, s. Rn. 1) am Schweizer Modell orientiert, könnte dabei gefolgt werden. Er sieht u.a. vor: **1.** Das Prüf- und Zulassungsverfahren sollte auch ausländische Anbieter auf dem deutschen Markt einbeziehen; EU-rechtliche Bedenken sind unbegründet, zumal die neueren Empfehlungen des St. Ausschusses solche Verfahren für alle Mitgliedsländer vorsehen und dabei sowohl importierte Systeme einbeziehen als auch Raum für unterschiedliche nationale Ausgestaltungen lassen (s. Rn. 4b). – **2.** Die Prüf- und die Zulassungsstelle sollten bundesweit eingerichtet werden, zB die Zulassungsstelle bei der BLE oder dem BfR und die Prüfstelle zwar institutionell eigenständig, aber in enger Zusammenarbeit mit dem Institut für Tierschutz und Tierhaltung der FAL. – **3.** Zunächst sollten nur die neu auf den Markt gebrachten Systeme und später in einem zweiten Schritt auch die bereits bestehenden serienmäßigen Systeme und Einrichtungen geprüft werden. Dadurch könnte sich die Prüfstelle entsprechend dem Schweizer Vorbild sukzessive zu einem Kompetenzzentrum für tiergerechte Haltung weiterentwickeln. – **4.** Der Prüfstelle sollte eine Kommission aus (in erster Linie) Ethologen und Veterinärmedizinern beigeordnet werden,

deren Mitglieder mindestens zur Hälfte aus Vorschlagslisten der Tier-, Umwelt- und Verbraucherschutzorganisationen berufen werden sollten, u.a. um so das nötige Vertrauen in der Öffentlichkeit herzustellen. Aufgabe dieser Kommission sollte u.a. die Mitwirkung bei der Festlegung der Prüfkriterien, der Prüfungsmethoden und des Prüfverfahrens sowie der personellen Besetzung der Leitung der Prüfstelle sein. Deren Leiter/Leiterin müsste sich nicht nur durch wissenschaftliches Renommée auszeichnen, sondern auch hinsichtlich seiner/ihrer tierschützerischen Kompetenz ein hohes gesellschaftliches Vertrauen genießen. – **5.** Das Prüfverfahren und seine Ergebnisse sollten transparent sein; u.a. sollten auch Informationen über abgelehnte Bewilligungen bzw. die einer Bewilligung beigefügten Auflagen über eine aktualisierte Internetseite veröffentlicht werden, um so Vertrauen auf Seiten der Verbraucher zu schaffen und eine effektive Kontrolle zu gewährleisten. – **6.** Entsprechend den Erfahrungen in der Legehennenhaltung dürfte sich das Prüfverfahren nicht nur auf die erste Stufe, d.h. die Einhaltung der Mindestanforderungen der Tierschutz-Nutztierhaltungsverordnung, beschränken; vielmehr müsste auf einer zweiten Stufe, ggf. unter Hinzuziehung von Praxistests, geprüft werden, ob der Prüfgegenstand dem Tierhalter auch ermöglicht, seiner in § 2 Nr. 1 und Nr. 2 niedergelegten Verpflichtung zu einer tiergerechten Haltung nachzukommen. Dabei müssten, ebenso wie in der Schweiz, die zu den verschiedenen Funktionskreisen gehörenden Verhaltensabläufe anhand solcher Referenzsysteme überprüft werden, die das entsprechende Verhalten ohne Behinderung oder Veränderung zulassen (vgl. Allianz für Tiere in der Landwirtschaft S. 7–12).

8b Die **Bedenken,** die zT gegen ein solches obligatorisches Prüf- und Zulassungsverfahren erhoben werden, sind unbegründet und insbesondere durch die Praxis in der Schweiz und in Schweden weitgehend widerlegt: Gerichtliche Auseinandersetzungen zwischen Zulassungsstelle und abgelehnten Herstellern lassen sich vermeiden, wenn bereits während des Prüfverfahrens auf notwendige Veränderungen und Nachbesserungen hingewirkt und so die Systeme im Zusammenwirken Prüfstelle/Hersteller optimiert werden (vgl. *Wechsler*, zitiert nach *Hoppe* S. 18: Von 2445 Gesuchen, die zwischen 1981 und 2004 in der Schweiz gestellt wurden, mussten ganze 16 abgewiesen werden, wobei die geringe Zahl der Abweisungen vor allem durch die Zusammenarbeit zwischen Herstellern und Prüfeinrichtungen erreicht werden konnte). Das für die Einrichtung einer bundesweit tätigen Prüfstelle nach Art. 87 Abs. 3 S. 1 GG nötige Bundesgesetz kann in § 13a Abs. 2 gesehen werden, denn es liegt in der Natur der Sache, dass die dort vorgesehene Prüfung und Zulassung nur bundeseinheitlich durchgeführt werden kann (vgl. Allianz für Tiere in der Landwirtschaft S. 5); ggf. könnte auch eine klarstellende Änderung des Tierschutzgesetzes erfolgen. Den Kosten für die Einrichtung und Unterhaltung der Prüfstelle stehen Entlastungen der Genehmigungsbehörden der Länder gegenüber, denn deren bau- und immissionsschutzrechtliche Genehmigungsverfahren werden sich erheblich vereinfachen, wenn der Antragsteller nachweisen kann, dass das geplante Haltungssystem bereits auf seine Tiergerechtheit geprüft und zugelassen worden ist (vgl. *Hoppe* S. 50, der auch zu Recht auf die marginale Bedeutung dieser Kosten im Vergleich zu den Gesamtaufwendungen für den Agrarbereich aufmerksam macht). Der Hinweis, dass eine artgemäße Haltung auch vom Management und vom Wissen und Können des Tierhalters abhängt, ist zwar grds. richtig, ändert aber nichts daran, dass bei Mängeln in der Stallbautechnik selbst das beste Management nicht mehr hilft (vgl. *Hoppe* S. 42).

III. Ermächtigungsgrundlage nach Abs. 1 (freiwilliges Prüfverfahren)

9 Abs. 1 enthält die an das BMELV gerichtete Ermächtigung zur Einführung eines freiwilligen Prüfverfahrens für serienmäßig hergestellte Stalleinrichtungen (einschließlich Aufstallungssysteme) und Betäubungsgerätschaften. Im Unterschied zu Abs. 2 darf sich diese Verordnung aber nicht auf das beschränken, was „zum Schutz der Tiere erforderlich

ist", sondern muss „zur Verbesserung des Tierschutzes" Systeme vorsehen, die „über die Anforderungen dieses Gesetzes und die Mindestanforderungen der auf Grund dieses Gesetzes erlassenen Rechtsverordnungen hinausgehen". – Unter dieses anspruchsvolle Programm fällt eine Haltungseinrichtung erst dann, wenn sie dreierlei erfüllt: **1.** Sie muss den Mindestanforderungen der einschlägigen Rechtsverordnung (zB der Tierschutz-NutztierhaltungsVO) entsprechen (s. Rn. 7, erste Prüfungsstufe); **2.** sie muss den möglicherweise darüber hinausgehenden Anforderungen „dieses Gesetzes", also insbesondere des § 2 entsprechen (s. Rn. 7, zweite Prüfungsstufe); **3.** sie muss zumindest in einigen tierschutzrelevanten Teilbereichen noch eine darüber hinausgehende Qualität erreichen. – In Kurzfassung lautet das Programm von Abs. 1 also: „Rechtsverordnung + § 2 + verbesserte Tierschutzqualität" (*Kluge/v. Loeper* § 13 a Rn. 9).

Begriffe s. Rn. 6. – Geregelt werden kann: welche Voraussetzungen ein Haltungssystem erfüllen muss, um der Formel „Rechtsverordnung + § 2 + verbesserte Tierschutzqualität" zu entsprechen; das Prüfverfahren zur Feststellung dieser Voraussetzungen; die Sachkunde der dabei tätigen Gutachter u. a. m. – Die Überschreitung der durch Verordnung und Gesetz festgelegten Anforderungen muss zumindest einige tierschutzrelevante Teilbereiche betreffen; diese dürfen nicht unwesentlich sein, denn das Prädikat „besserer Tierschutz", mit dem die erfolgreich geprüften Einrichtungen ausgestattet werden, schafft einen Vertrauenstatbestand, der nicht enttäuscht werden darf (vgl. *Kluge/v. Loeper* § 13 a Rn. 12). – Zu den Gutachtern müssen, ebenso wie bei Abs. 2 insbesondere Ethologen (zB Zoologen der entsprechenden Fachrichtung; Fachtierärzte für Ethologie oder für Tierschutz) gehören, wobei deren Votum nicht durch Angehörige anderer Wissensgebiete überstimmt werden darf. 10

IV. Freiwillige Gebrauchswertprüfung bei der Deutschen Landwirtschaftsgesellschaft (DLG)

Das bisherige Verfahren. Eine freiwillige Gebrauchswertprüfung für Stalleinrichtungen gibt es bei der Deutschen Landwirtschaftsgesellschaft (DLG) bereits seit 1953. 1998 hat man sich entschlossen, hierbei Tierschutzaspekte stärker zu berücksichtigen. Dazu wurde ein Fachausschuss „Tiergerechtheit" gebildet, der zur Hälfte aus Mitgliedern der FAL besteht und der die DLG-Prüfungskommissionen bei der Planung, ggf. auch der Durchführung der Prüfungen und der Beurteilung der Ergebnisse beraten und unterstützen soll (vgl. *Hesse, Knierim* et al. DtW 106, 138–141). 11

Zu den Anforderungen des Fachausschusses „Tiergerechtheit". Der Ausschuss hat auf Ersuchen des BMELV allgemeine Anforderungen an freiwillige Prüfungen auf Tiergerechtheit erarbeitet (vgl. DLG-Merkblatt Nr. 321 „Tiergerechtheit auf dem Prüfstand"). Entgegen ihrem Anspruch reichen diese Kriterien jedoch weder zur Vorbereitung einer Rechtsverordnung nach Abs. 2 noch einer solchen nach Abs. 1 aus. Dies liegt in erster Linie daran, dass sie sich ersichtlich auf die erste Prüfungsstufe, nämlich auf die Vereinbarkeit der Einrichtungen mit der einschlägigen Rechtsverordnung, beschränken; die zweite Prüfungsstufe (nämlich die Vereinbarkeit mit den möglicherweise darüber hinausgehenden Anforderungen aus § 2) scheint außer Betracht zu bleiben, und eine dritte Prüfungsstufe, wie sie für Abs. 1 erforderlich wäre (nämlich das Überschreiten der Anforderungen aus Verordnung und Gesetz in einzelnen tierschutzrelevanten Teilbereichen) fehlt völlig. Hinzu kommt, dass man es im Gegensatz zur Praxis in der Schweiz bei der DLG offenbar unterlässt, bei der Prüfung einzelner Verhaltensabläufe auf Referenzsysteme, in denen das jeweilige Verhalten normal und ungestört abläuft, zurückzugreifen. Das Bedarfskonzept würde es erfordern, das Verhalten der untersuchten Tiere mit einer Referenzgruppe, die unter naturnahen Bedingungen lebt, zu vergleichen und anhand dieses Vergleichs mögliche Abweichungen festzustellen (s. Rn. 2 und § 2 Rn. 9). Bei der DLG lehnt man stattdessen „Systemvergleiche" ab und beschränkt sich auf die Heranziehung von „praxisüblichen Referenzsystemen", ohne Rücksicht darauf, ob der jeweilige Verhal- 12 tensablauf dort ebenfalls bereits gestört oder zurückgedrängt ist (vgl. *Bertram/Herrmann* in: KTBL-Schrift 377 S. 87, 88; ebenso *Hesse/Knierim* aaO S. 141). Auf diese Weise lässt sich nicht klären, ob für das jeweilige System „zu erwarten steht, dass Verhaltensstörungen … mit großer Wahrscheinlichkeit nicht auftreten werden", wie es der Bundesrat für eine Zulassung zu Recht fordert (vgl. BT-Drucks. 13/7015 S. 35). Ohne Referenzsysteme, in denen die Tiere sich frei bewegen, ihre Organe vollständig gebrauchen und ihr natürliches Verhalten ausüben können, kann keine Tiergerechtheit festgestellt werden und geben Wahlversuche allenfalls darüber Auskunft, was für das Tier das kleinere Übel darstellt. Ein weiteres Defizit des DLG-Prüfverfahrens besteht darin, dass nicht offen gelegt wird, ab welchem Prozentsatz von Verhaltensabweichungen, Verletzungen etc. ein Ausschluss des betreffenden Fabrikates erfolgt. So wurden zB bei der Prüfung von Abferkelkastenständen eine Vielzahl von Fabrikaten als positiv getestet, obwohl wichtige Verhaltensweisen wie Nestbau, Bewegung in der Bucht oder Beschäftigung eine negative Bewertung erhielten und in der Schweiz derartige Abferkelkastenstände folgerichtig nicht zugelassen werden (vgl. *Menke, Hörning, Waiblinger* TU 2002, 210, 214). Möglicherweise werden in dem DLG-Prüfverfahren Nachteile, die im Verhaltensbereich festgestellt worden sind, mit tatsächlichen oder vermeintlichen Vorteilen in anderen Bereichen (Leistung, Wirtschaftlichkeit) verrechnet, was ebenfalls mit § 2 nicht vereinbar wäre (s. dort Rn. 15, 35).

Elfter Abschnitt. Durchführung des Gesetzes

§ 14 [Zollstellen]

(1) [1]**Das Bundesministerium der Finanzen und die von ihm bestimmten Zollstellen wirken bei der Überwachung der Einfuhr und Ausfuhr von Tieren mit.** [2]**Die genannten Behörden können**

1. **Tiere sowie deren Beförderungsmittel, Behälter, Lade- und Verpackungsmittel bei der Einfuhr zur Überwachung anhalten,**
2. **den Verdacht von Verstößen gegen Verbote und Beschränkungen dieses Gesetzes oder der nach diesem Gesetz erlassenen Rechtsverordnungen, der sich bei der Abfertigung ergibt, den zuständigen Behörden mitteilen,**
3. **in den Fällen der Nummer 2 anordnen, dass die Tiere auf Kosten und Gefahr des Verfügungsberechtigten der zuständigen Behörde vorgeführt werden.**

(2) [1]**Das Bundesministerium der Finanzen regelt im Einvernehmen mit dem Bundesministerium durch Rechtsverordnung ohne Zustimmung des Bundesrates die Einzelheiten des Verfahrens nach Absatz 1.** [2]**Es kann dabei insbesondere Pflichten zu Anzeigen, Anmeldungen, Auskünften und zur Leistung von Hilfsdiensten sowie zur Duldung der Einsichtnahme in Geschäftspapiere und sonstige Unterlagen und zur Duldung von Besichtigungen vorsehen.**

1 **Einfuhr** ist das Verbringen aus einem Staat, der nicht der EU angehört, in das Inland (vgl. § 12 Abs. 2 Nr. 1). **Ausfuhr** meint das Umgekehrte. § 14 erfasst damit vorwiegend das Tätigwerden der Zollstellen an oder in der Nähe von Drittlandgrenzen.

2 **Zweck der Vorschrift** ist nicht allein die Durchsetzung von Einfuhrverboten oder -beschränkungen, wie sie sich aus Rechtsverordnungen nach § 12 Abs. 2 oder § 13 Abs. 3 ergeben können. Zweck ist auch, zu vermeiden, dass Personen, die für Tiere verantwortlich sind, sich durch Standortverlegungen den Maßstäben der tierschützenden Regelungen entziehen (vgl. *Hackbarth/Lückert* B XIII 1.1; im Sinne einer allgemeinen Überwachungsaufgabe auch *L/M* § 14 Rn. 2; vgl. auch Abs. 1 Nr. 2 der sich auf alle Verbote und Beschränkungen dieses Gesetzes und seiner Rechtsverordnungen bezieht). Zu den besonders wichtigen Aufgaben der Zollverwaltung gehört die Überwachung von Tiertransporten (vgl. BMELV, Tierschutzbericht 2001, IX 2).

Überwachung iS von Abs. 1 S. 1 meint aufgrund dieser Zwecksetzung: Alle Maßnahmen, die geeignet, erforderlich und verhältnismäßig (ieS) sind, um Verstöße gegen tierschutzrechtliche Vorschriften aller Art im Zusammenhang mit der Ein- oder Ausfuhr von Tieren aufzudecken und festzustellen. Welche Maßnahmen hier in Betracht kommen, ergibt sich u.a. aus Abs. 2 S. 2: Kontrollen jeglicher Art; Aufforderung zu Anzeigen, Anmeldungen und Auskünften; Aufforderung zu Hilfsdiensten (zB Vorlage von Papieren, Öffnung von Transportfahrzeugen und Behältnissen); Einsichtnahme in Papiere und Unterlagen; Besichtigung von Fahrzeugen, Behältnissen und Tieren; Zusammenwirken mit dem Amtstierarzt bei der Untersuchung von Tieren. Ergänzend gilt das ZollVG, vgl. dort insbesondere § 1 Abs. 3 und § 10. – Die einschlägige Dienstanweisung (Vorschriftensammlung der Finanzverwaltung Teil SV 08 62 Nr. 2) sieht vor, Sendungen lebender Tiere, die nicht vom Amtstierarzt untersucht werden müssen, darauf zu überprüfen, ob ohne weiteres erkennbare Schäden vorliegen, die möglicherweise auf tierschutzwidrige Handlungen zurückzuführen sind oder sonst die Einschaltung des Amtstierarztes gebieten können (vgl. *L/M* § 15 Rn. 2). 3

Spezielle Befugnisse der Zollstellen nennt Abs. 1 S. 2. Zur Ergänzung kann auch auf die §§ 1 Abs. 3, 10 ZollVG zurückgegriffen werden (vgl. *Kluge* § 14 Rn. 1). – Das Anhalten nach Nr. 1 bezieht sich zwar nur auf die Einfuhr, doch ergibt sich aus der allgemeinen Überwachungspflicht nach Abs. 1 S. 1 (s. Rn. 3) eine entsprechende Befugnis auch gegenüber Ausführenden. – Ein Verdacht nach Nr. 2 besteht, wenn Anhaltspunkte es als möglich erscheinen lassen, dass gegen (irgend)eine tierschutzrechtliche Norm verstoßen worden ist. Das dann bestehende Recht der Zollstelle, den Amtstierarzt oder die nach § 15 zuständige Behörde zu informieren, kann nach der o.e. Dienstanweisung zur Pflicht werden (vgl. *L/M* § 14 Rn. 5). – Die gemäß Nr. 3 bei Bestehen eines Verdachts nach Nr. 2 mögliche Anordnung, die Tiere auf Kosten und Gefahr des Verfügungsberechtigten der zuständigen Behörde nach § 15 vorzuführen, kann durch Verwaltungsakt ergehen und dann nach §§ 6ff. VwVG vollstreckt werden. – Weitere Befugnisse ergeben sich aus der allgemeinen Überwachungsaufgabe nach Abs. 1 S. 1 (s. Rn. 3). 4

Ergeben sich im Zusammenhang mit der allgemeinen Überwachung oder den speziellen Befugnissen **Beweismittel,** die dem Nachweis einer Straftat oder Ordnungswidrigkeit dienen können, so sind diese sicherzustellen und – soweit sie nicht freiwillig herausgegeben werden – zu beschlagnahmen, § 94 StPO, § 46 OWiG (vgl. auch dazu die Dienstanweisung: Bei Verdacht einer tierschutzwidrigen Handlung sind angehaltene Tiere nur im Einvernehmen mit dem Amtstierarzt oder der nach § 15 zuständigen Behörde freizugeben oder bis zur etwaigen weiteren Veranlassung durch die Behörde dem Beteiligten oder einem Dritten unter Verfügungsverbot zu überlassen; vgl. *L/M* § 14 Rn. 4). 5

Eine **Rechtsverordnung nach Abs. 2** ist noch nicht ergangen. Die behördlichen Befugnisse nach S. 2 bestehen auch ohne eine solche; dasselbe gilt für die Befugnisse, die sich aus der Überwachungsaufgabe nach Abs. 1 S. 1 ergeben. Die Rechtsverordnung könnte allerdings diese Pflichten näher konkretisieren und durch Verweisung auf § 18 Abs. 1 Nr. 3b als Bußgeldtatbestände ausstatten. 6

§ 15 [Zuständige Behörden; Kommissionen]

(1) [1]**Die Durchführung dieses Gesetzes und der auf Grund dieses Gesetzes erlassenen Rechtsverordnungen obliegt den nach Landesrecht zuständigen Behörden.** [2]**Die nach Landesrecht zuständigen Behörden berufen jeweils eine oder mehrere Kommissionen zur Unterstützung der zuständigen Behörden bei der Entscheidung über die Genehmigung von Tierversuchen.** [3]**Die Mehrheit der Kommissionsmitglieder muss die für die Beurteilung von Tierversuchen erforderlichen Fachkenntnisse der Veterinärmedizin, der Medizin oder einer naturwissenschaftlichen Fachrichtung haben.** [4]**In die Kommissionen sind auch Mitglieder zu berufen, die aus Vorschlagslisten der Tier-**

schutzorganisationen ausgewählt worden sind und auf Grund ihrer Erfahrungen zur Beurteilung von Tierschutzfragen geeignet sind; die Zahl dieser Mitglieder muss ein Drittel der Kommissionsmitglieder betragen. [5]Die zuständige Behörde unterrichtet unverzüglich die Kommission über Anträge auf Genehmigung von Versuchsvorhaben und gibt ihr Gelegenheit, in angemessener Frist Stellung zu nehmen.

(2) Die zuständigen Behörden sollen im Rahmen der Durchführung dieses Gesetzes oder der auf Grund dieses Gesetzes erlassenen Rechtsverordnungen den beamteten Tierarzt als Sachverständigen beteiligen.

(3) [1]Im Bereich der Bundeswehr obliegt die Durchführung dieses Gesetzes und der auf Grund dieses Gesetzes erlassenen Rechtsvorschriften den zuständigen Dienststellen der Bundeswehr. [2]Das Bundesministerium der Verteidigung beruft eine Kommission zur Unterstützung der zuständigen Dienststellen bei der Entscheidung über die Genehmigung von Versuchsvorhaben. [3]Die Mehrheit der Kommissionsmitglieder muss die für die Beurteilung von Tierversuchen erforderlichen Fachkenntnisse der Veterinärmedizin, der Medizin oder einer naturwissenschaftlichen Fachrichtung haben. [4]In die Kommission sollen auch Mitglieder berufen werden, die aus Vorschlagslisten der Tierschutzorganisationen ausgewählt worden sind und auf Grund ihrer Erfahrungen zur Beurteilung von Tierschutzfragen geeignet sind. [5]Die zuständige Dienststelle unterrichtet unverzüglich die Kommission über Anträge auf Genehmigung von Versuchsvorhaben und gibt ihr Gelegenheit, in angemessener Frist Stellung zu nehmen. [6]Die Sicherheitsbelange der Bundeswehr sind zu berücksichtigen. [7]Sollen Tierversuche im Auftrag der Bundeswehr durchgeführt werden, so ist die Kommission hiervon ebenfalls zu unterrichten und ihr vor Auftragserteilung Gelegenheit zur Stellungnahme zu geben; Absatz 1 bleibt unberührt. [8]Die für die Genehmigung des Versuchsvorhabens zuständige Landesbehörde ist davon in Kenntnis zu setzen. [9]Die zuständige Dienststelle der Bundeswehr sendet auf Anforderung die Stellungnahme zu.

Übersicht

I. Tierschutzbehörden, Abs. 1 S. 1

1 Weil das Tierschutzgesetz und seine Rechtsverordnungen von den Ländern als eigene Angelegenheit ausgeführt werden, ist es grds. **Sache der Länder,** die Einrichtung der Behörden und das Verwaltungsverfahren zu regeln (vgl. Art. 83, 84 Abs. 1 GG). Dem trägt Abs. 1 S. 1 Rechnung. – Die Länder haben idR durch Rechtsverordnung festgelegt, welche Behörden zur Ausführung welcher tierschutzrechtlicher Vorschriften zuständig sein sollen (Beispiel Bad.-Württ.: Verordnung des Ministeriums für Ernährung und Ländlichen Raum über Zuständigkeiten nach dem Tierschutzrecht vom 29. 4. 2002, GBl. S. 199). Zuständig ist danach regelmäßig die untere Verwaltungsbehörde (Kreisverwaltungsbehörde, Landratsamt; die „Veterinärbehörde" oder das „Veterinäramt" bildet meist einen Teil dieser Behörden). Verwaltungsaufgaben im Zusammenhang mit Tierversuchen sind häufig den Mittelbehörden (Regierungspräsidium, Regierungspräsident, Bezirksregierung) übertragen. Einige wenige Zuständigkeiten sind auch bei dem für Tierschutz zuständigen Ministerium angesiedelt. – Die demnach zuständige Behörde (zB das Veterinäramt im Landratsamt) nennt man „Tierschutzbehörde". Sie untersteht den Weisungen

der höheren (Regierungspräsidium) und der obersten (Landesministerium) Tierschutzbehörde.

Das **Verwaltungsverfahren** richtet sich (soweit sich nicht aus dem Tierschutzgesetz, seinen Rechtsverordnungen und der nach § 16d erlassenen AVV spezielle Regelungen ergeben) nach dem Verwaltungsverfahrensgesetz (VwVfG), dem Verwaltungszustellungsgesetz (VwZG) und dem Verwaltungsvollstreckungsgesetz (VwVG) des Landes. – Die zuständigen Behörden haben die Möglichkeit, ehrenamtliche Ausschüsse oder Beiräte zu ihrer Beratung einzurichten (vgl. §§ 81 bis 93 VwVfG). Zur Durchführung einzelner Aufgaben können sie auch andere Stellen einschalten (zB für die Sachkundeprüfungen nach § 2a Abs. 2 Nr. 3a, nach § 4 Abs 1a, nach § 11 Abs. 2 Nr. 1 TierSchG; nach § 13 TierSchTrV; nach § 4 TierSchlV). Sog. Tierschutzinspektoren sind ehrenamtliche Mitarbeiter von Tierschutzvereinen, die mit der Tierschutzbehörde zusammenarbeiten, indem sie ihr ihre Beobachtungen schildern und eventuelle Beweismittel vorlegen und sie dadurch in ihren Aufgaben unterstützen. 2

Auch **andere Behörden** müssen zuweilen tierschutzrechtliche Vorschriften prüfen und anwenden. Beispiel: Für die Genehmigung der Errichtung und des Betriebs einer Anlage nach § 4 BImSchG (vgl. Anhang Nr. 7 der 4. BImSchV) ist die Immissionsschutzbehörde zuständig. Diese darf die Genehmigung nicht aussprechen, wenn der Betrieb der Anlage gegen „andere öffentlich-rechtliche Vorschriften" verstößt, vgl. § 6 Abs. 1 Nr. 2 BImSchG. Zu diesen Vorschriften gehören auch das Tierschutzgesetz, insbesondere § 2, und die aufgrund von § 2a ergangenen Rechtsverordnungen. Wird diese Prüfung unterlassen oder die Genehmigung erteilt, obwohl die Anlage gegen eine dieser Vorschriften verstößt, so ist die Genehmigung verfahrensfehlerhaft bzw. rechtswidrig. Ähnlich ist die Situation bei der Erteilung von Baugenehmigungen (vgl. auch § 16a Rn. 13). – Dazu, dass aufgrund der Querschnittsaufgabe des Art. 20a GG auch bei der Auslegung anderer Rechtsvorschriften (vgl. zB § 17 Abs. 2 IfSG, „erforderliche Maßnahmen") tierschutzrechtliche Belange beachtet werden müssen, s. Art. 20a Rn. 22 und Rn. 28–32 sowie § 17 Rn. 5, 5a, 6. 3

II. Tierversuchskommissionen („Ethikkommissionen"), Abs. 1 S. 2–5

Grundgedanke der Tierversuchskommissionen, die nach Abs. 1 S. 2 den für die Entscheidung über die Genehmigung von Tierversuchen zuständigen Behörden beigeordnet werden müssen, ist folgender: Durch das ÄndG 1986 sind die Genehmigungsvoraussetzungen für Versuchsvorhaben erheblich verschärft worden; daraus ergeben sich erhöhte Anforderungen an das Spezialwissen der Behörden; zu deren sachverständiger Unterstützung sollen daher diese Kommissionen eingerichtet werden (vgl. BT-Drucks. 10/3158 S. 28). Gebräuchlich ist der Ausdruck „Ethikkommission". 4

Die Kommissionen haben idR **sechs Mitglieder** zuzügl. Stellvertreter (AVV Nr. 14.1.1). – Die Mehrheit dieser Mitglieder muss über Fachkenntnisse auf den Gebieten der Veterinärmedizin, der Medizin oder einer naturwissenschaftlichen Fachrichtung – gedacht ist hierbei zB an Biochemie, Toxikologie oder Zoologie – verfügen (vgl. BT-Drucks. 10/3158 S. 28; in AVV Nr. 14.1.4.2 wird zum Nachweis ein abgeschlossenes Hochschulstudium gefordert). Diese Mitglieder müssen darüber hinaus aufgrund ihrer beruflichen Erfahrung in der Lage sein, Tierversuche zu beurteilen (AVV aaO). Dies bedeutet aber nicht, dass sie notwendigerweise selbst Tierversuche durchführen müssen; ausreichend und erforderlich ist nur, dass sie im Zusammenhang mit einer auch nur zeitweise ausgeübten beruflichen Tätigkeit so viel Erfahrung gewonnen haben, dass sie die Unerlässlichkeit und die ethische Vertretbarkeit von Versuchsvorhaben zu beurteilen vermögen. – Ein Drittel muss aus Vorschlagslisten der Tierschutzorganisationen ausgewählt werden. Dies ist nur eine Mindestvoraussetzung, d. h. es könnten auch drei oder vier der o. e. sechs Mitglieder aus solchen Listen stammen. Allerdings müssten diese Listen dann auch Fachwissenschaftler iS der AVV Nr. 14.1.4.2, also zB Veterinär- oder Humanmediziner oder Biologen enthalten, 5 so dass das entsprechende Mehrheitserfordernis eingehalten werden kann (vgl. *L/M* § 15 Rn. 12). In der Praxis wird das Fachwissenschaftler-Erfordernis stattdessen häufig dahin ausgelegt, dass die Mehrheit der Mitglieder aus Vorschlagslisten von Wissenschaftsorganisationen o.Ä. zu stammen hätten, was jedoch vom Gesetz nicht gefordert wird. – Sind genügend Fachwissenschaftler (aus welchen Vorschlagslisten auch immer) und Vertreter von Tierschutzorganisationen bestellt, so können auch weitere geeignete Personen ausgewählt werden, zB Philosophen, Theologen, Juristen (vgl. *L/M* § 15 Rn. 14).

6 **Einzelne Punkte, zu denen die Kommission insbesondere Stellung nehmen soll,** sind in AVV Nr. 14.1.3.1 aufgezählt: Ob das Versuchsvorhaben zu einem der in § 7 Abs. 2 genannten Zwecke unerlässlich ist (d.h. zB: Bedarf es der angestrebten Erkenntnis, um ein bestimmtes Produkt oder Verfahren zu entwickeln? Dient Letzteres einem der Zwecke des § 7 Abs. 2?). – Ob der verfolgte Zweck nicht durch andere Methoden oder Verfahren erreicht werden kann (d.h. zB: Gibt es eine Alternativmethode oder eine Kombination solcher Methoden, mit der sich die angestrebte Erkenntnis ebenfalls gewinnen lässt? Ist es von dem angestrebten Endzweck her möglich, die wissenschaftliche Fragestellung so umzuformulieren, dass sie sich mit Alternativmethoden beantworten lässt? Ist es im Bereich einer Toxizitätsuntersuchung möglich, mit solchen Methoden zu einer Risikobewertung zu gelangen, die ein vergleichbar hohes Sicherheitsniveau schafft?). – Ob die zu erwartenden Schmerzen, Leiden oder Schäden ethisch vertretbar sind (d.h. zB: Ist der Nutzen des Produktes oder Verfahrens, das entwickelt werden soll, so groß, dass er die zutreffend und vollständig ermittelten Belastungen für die Versuchstiere überwiegt? Hierher gehört nach der hier vertretenen Ansicht auch eine Bedarfsprüfung dahingehend, welchen „Differenznutzen" das Produkt usw. mit Blick auf schon vorhandene, ähnlich wirksame und ausreichend geprüfte Substanzen erwarten lässt. Ebenso bedarf es einer sorgfältigen Ermittlung, welche Schmerzen, Leiden oder Schäden nach Art, Ausmaß und Zahl der davon betroffenen Tiere zu erwarten sind). – Ob bei einem quälerischen Versuch nach § 7 Abs. 3 der zu erwartende Nutzen nach Art, Ausmaß und Wahrscheinlichkeit so hoch einzustufen ist, dass auch die erforderliche qualifizierte ethische Vertretbarkeit bejaht werden kann. – Ob das Vorhaben nicht auch mit sinnesphysiologisch niedriger entwickelten Tierarten und/oder mit weniger Tieren ohne wesentliche Einbuße des Erkenntnisgewinns durchgeführt werden könnte. – Ob auch bei der Art und Weise der einzelnen Versuchsschritte das unerlässliche Maß jeweils gewahrt ist.

7 Das **Verfahren vor der Kommission** richtet sich nach ihrer Geschäftsordnung sowie nach AVV Nr. 14.2 und nach den §§ 88 bis 93 VwVfG. Die Tierschutzbehörde leitet den Kommissionsmitgliedern unverzüglich alle vollständigen Anträge nebst Anlagen anonymisiert zu (AVV Nr. 14.2.1). Zwischen dem Zeitpunkt des Zugangs und der Abgabe der Stellungnahme der Kommission soll eine Frist von vier Wochen liegen. Die Kommission fasst ihre Beschlüsse mit Stimmenmehrheit; bei Stimmengleichheit entscheidet die Stimme des Vorsitzenden (§ 91 VwVfG). Ablehnende Stellungnahmen bedürfen der Begründung (AVV Nr. 14.2.3). Ein Minderheitsvotum sollte ebenfalls zur Kenntnis der Behörde gebracht werden (vgl. *L/M* § 15 Rn. 17). – Die Behörde ist nicht an das Votum der Kommission gebunden, muss aber, wenn sie abweichend entscheidet, uU dem BMELV berichten (§ 15 a).

8 Eine **erweiterte Prüfungspflicht** besteht nach der Einführung des Staatsziels Tierschutz. Die Tierversuchskommissionen können sich nicht mehr, wie in der Vergangenheit teilweise üblich, darauf beschränken, nur zu einzelnen der in Rn. 6 beschriebenen Fragen Stellung zu nehmen – etwa dazu, ob der beantragte Versuch mit weniger Tieren, mit sinnesphysiologisch niedriger entwickelten Tieren oder mit einer geringeren Belastung der Tiere möglich wäre. Seit der verfassungsrechtlichen Verankerung des Tierschutzes besteht für eine solche Praxis kein Raum mehr (s. Art. 20 a GG Rn. 8 und Rn. 28–32; § 8 Rn. 6–9).

9 Einzelne **Mängel des Verfahrens der Kommissionen** sind anlässlich der Tagung „Tierversuche und Tierschutz" in Bad Boll, 23.–25. 3. 2001, kritisiert worden: Die Stellungnahmen seien für die Behörde unverbindlich; teilweise wirkten Kommissionsmitglieder mit, obwohl sie an dem Versuchsvorhaben selbst beteiligt seien; es fehle an einer paritäti-

schen Besetzung; die Sprache in den Anträgen sei oft nicht einmal für Naturwissenschaftler verständlich; die Fristen zwischen dem Zugang der Unterlagen bei den einzelnen Mitgliedern und den anschließenden Sitzungen seien zu kurz (vgl. Arbeitsgruppe I in: Evang. Akademie Bad Boll, Tierversuche S. 203, 204). – Einem Teil dieser Mängel könnte schon nach geltendem Recht, also auch ohne Gesetzesänderung, abgeholfen werden: Die Regeln über ausgeschlossene und befangene Personen (§§ 20, 21 VwVfG) finden auch auf Ausschüsse nach §§ 88ff. VwVfG Anwendung, so dass ein Mitglied nicht mitwirken kann, wenn es an dem betreffenden Vorhaben selbst beteiligt oder sonst besonders interessiert ist; eine paritätische Besetzung wäre möglich, wenn auch die Tierschutzorganisationen Fachwissenschaftler in ihre Vorschlagslisten aufnehmen und die Genehmigungsbehörden das Drittel-Erfordernis nicht als Ober- sondern zutreffend als Untergrenze auffassen würden; Anträge mit unverständlicher Sprache oder unzureichender (insbesondere formelhafter und pauschaler) Darlegung der Unerlässlichkeit und der ethischen Vertretbarkeit genügen von vornherein nicht den Anforderungen des Gesetzes und der AVV, Anlage 1, müssen also, wenn sie nicht nachgebessert werden, abgelehnt werden; eine Frist von vier Wochen zwischen Zugang der Unterlagen und Beginn der Sitzung, in der die Stellungnahme erfolgt, ist in AVV Nr. 14.2.1 als Minimum vorgesehen und muss auch mit Blick auf den Amtsermittlungsgrundsatz (§ 24 VwVfG) eingehalten werden, weil die einzelnen Kommissionsmitglieder sonst mangels ausreichender Vorbereitungszeit ihre gesetzliche Aufgabe, die Behörde sachverständig zu unterstützen (s. Rn. 4), nicht wahrnehmen können. Unzulässig ist insbesondere, Sitzungen in so kurzen Abständen einzuberufen und so viele Anträge auf die Tagesordnung zu setzen, dass den ehrenamtlich tätigen Mitgliedern nicht genügend Zeit bleibt, sich vorzubereiten und insbesondere Informationen über mögliche Alternativmethoden einzuholen. – Nicht mit Art. 20a GG vereinbar erscheint es, dass Vorhaben, die lediglich anzeigepflichtig sind, nicht vor die Kommission gelangen, obwohl sie von der Behörde genauso wie die genehmigungspflichtigen auf ihre Unerlässlichkeit und ethische Vertretbarkeit überprüft werden müssen (s. § 8a Rn. 10–14).

III. Amtstierarzt als Sachverständiger, Abs. 2

Sachverständigengutachten werden u.a. benötigt: Zur Feststellung, ob eine Tierhaltung verhaltensgerecht ist, § 2 Nr. 1; zur Feststellung von Verhaltensstörungen und anderen Indikatoren als Anzeichen für erhebliche Leiden, §§ 17 Nr. 2b, 18 Abs. 1 Nr. 1; zur Feststellung, ob ein Tier mangels Erfüllung der Anforderungen des § 2 erheblich vernachlässigt ist oder schwerwiegende Verhaltensstörungen aufzeigt, § 16a S. 2 Nr. 2; zur Feststellung, ob ein Tier nur unter nicht behebbaren erheblichen Schmerzen, Leiden oder Schäden weiterleben kann, § 16a S. 2 Nr. 2 letzter Halbsatz; zur Beurteilung, ob ein Eingriff tierärztlich indiziert ist, § 6 Abs. 1 Nr. 1a; zur Beurteilung, ob ein Tierversuch unerlässlich und ethisch vertretbar ist, § 7 Abs. 2, Abs. 3, usw. – Nach Abs. 2 sollen beamtete Tierärzte herangezogen werden. Sollen heißt müssen, wenn kein begründeter Ausnahmefall vorliegt. In begründeten Ausnahmefällen kann also davon abgewichen und ein anderer Gutachter zugezogen werden (vgl. *Förster* DtW 2003, 199, 200). ZB kann das Prinzip „Der richtige Gutachter für das richtige Sachgebiet" einen Ausnahmefall begründen, wenn der Amtstierarzt kein Ethologe ist und es um die Feststellung hauptsächlich ethologischer Sachverhalte (zB von Verhaltensstörungen oder einer nicht verhaltensgerechten Unterbringung) geht. In diesem Fall sollte der Gutachter Fachtierarzt für Ethologie oder für Tierschutz oder Zoologe mit der entsprechenden Fachrichtung sein (vgl. die Hervorhebung der „wissenschaftlich gesicherten Erkenntnisse der Verhaltensforschung" bei der Anwendung von § 2 durch BT-Drucks. 10/3158 S. 18). Außerdem muss sich die Behörde bzw. das Gericht davon überzeugen, dass der herangezogene Gutachter mit seinen Kenntnissen und Methoden den aktuellen Stand des betreffenden Fachgebietes repräsentiert, zB durch seine aktive Teilnahme an den fachwissenschaftlichen Diskussionen o.Ä. 10

(vgl. die Prinzipien zur richtigen Gutachterauswahl, § 2 Rn. 47). – Ein weiteres Problem stellt sich, wenn der Amtstierarzt im Auftrag der Staatsanwaltschaft oder des Gerichts einen möglicherweise tierschutzwidrigen Sachverhalt begutachten soll, der ihm, falls einer der Tatbestände des § 17 oder § 18 verwirklicht worden ist, den Vorwurf des unzureichenden oder verspäteten Einschreitens eintragen könnte (zur Garantenstellung von Amtsträgern s. § 17 Rn. 67). Ist aus diesem Grund eine Befangenheit nicht ausschließbar, so sollte ein anderer Gutachter beauftragt werden.

10a Einen **Beurteilungsspielraum** hat der Amtstierarzt, wenn er unbestimmte Rechtsbegriffe (zB „Leiden“ oder „verhaltensgerecht“) anwenden muss. Zur Ausfüllung stehen ggf. BMELV-Gutachten mit Mindestanforderungen, BMELV-Leitlinien und TVT-Merkblätter zur Verfügung (zu diesen „antizipierten Sachverständigengutachten s. § 2 Rn. 46). Besonders die Merkblätter der TVT können hilfreich sein, weil sie idR aktueller sind als die BMELV-Gutachten (vgl. *Busch* AtD 2005, 244, 245; s. auch § 2 Rn. 49). Problematisch kann sein, dass Leiden häufig aus dem Verhalten von Tieren abzuleiten sind, dies jedoch eine langdauernde Beobachtung erfordert und eine zutreffende Beurteilung bei einer nur kurzzeitigen Inspektion schwierig oder gar unmöglich ist (vgl. *Busch* aaO); vor dem Hintergrund von Stellenstreichungen trotz der ohnehin dünnen Personaldecke der Veterinärämter ist dies vielfach nicht zu leisten. Damit aber können die politisch Verantwortlichen den von Art. 20a GG vorgeschriebenen effektiven Tierschutz faktisch unmöglich machen. – Ein Beurteilungsspielraum bleibt dem Amtstierarzt auch dort, wo Rechtsverordnungen die Haltung bestimmter Tierarten regeln (zB bei Kälbern, Legehennen, Schweinen, Hunden). Diese Rechtsverordnungen lassen trotz ihrer detaillierten Regelungen die Befugnis der Behörde unberührt, darüber hinausgehende Maßnahmen nach § 16a S. 2 anzuordnen, wenn trotz Einhaltung der Verordnungs-Regelungen Grundbedürfnisse der Tiere im Widerspruch zu § 2 Nr. 1 zurückgedrängt werden oder Bewegungseinschränkungen im Widerspruch zu § 2 Nr. 2 Leiden oder Schäden verursachen, die durch zusätzliche Auflagen vermieden werden könnten (s. § 2 Rn. 3; § 16a Rn. 12a; Einf. TierSchHundeV Rn. 1; Vor §§ 5–11 TierSchNutztV Rn. 7, Vor §§ 16–25 TierSchNutztV Rn. 7). Es ist also nicht so, dass der Amtstierarzt Haltungsbedingungen, die nach seiner Überzeugung nicht verhaltensgerecht sind bzw. zu vermeidbaren Leiden führen, trotz inneren Protestes akzeptieren müsste, nur weil sie einer Rechtsverordnung entsprechen.

IV. Bundeswehr, Abs. 3

11 Für Tiere im Bereich der Bundeswehr ist diese **selbst zuständig** (Abs. 3 S. 1). Damit sind nicht nur Tiere gemeint, die im Eigentum des Bundes stehen; zB fallen auch die in Kasernen eingesetzten Hunde einer privaten Wach- und Schließgesellschaft oder Tiere, die privat in Kasernen gehalten werden, darunter. Welche Dienststelle für die Anwendung des Tierschutzgesetzes und seiner Rechtsverordnungen jeweils zuständig ist, regelt der Erlass vom 2. 1. 1995 (Ministerialblatt des BMVg 1995 S. 61). – Wird an einem Tier im Bereich der Bundeswehr eine Ordnungswidrigkeit begangen, zB nach § 18, so richtet sich die Zuständigkeit nach der „Verordnung über die Zuständigkeit der Wehrbereichsverwaltungen für die Verfolgung und Ahndung von Ordnungswidrigkeiten nach dem Tierschutzgesetz vom 3. 7. 1990 (BGBl. I S. 1399).

12 Führt die Bundeswehr **selbst einen Tierversuch** durch, so muss die für die Entscheidung über die Genehmigung nach dem o. a. Erlass zuständige Dienststelle eine Stellungnahme der Tierversuchskommission der Bundeswehr einholen, Abs. 3 S. 2–6. Für diese Kommission, die vom BMVg berufen wird, gilt grds. dasselbe wie für die Kommissionen nach Abs. 1 (s. Rn. 4–9; allerdings ist kein Mindestanteil von Mitgliedern aus Vorschlagslisten der Tierschutzorganisationen vorgesehen).

13 Gibt die Bundeswehr einem zivilen Forschungsinstitut den **Auftrag zur Durchführung eines Versuches,** so muss dieses bei der nach § 15 Abs. 1 zuständigen Behörde (idR

Regierungspräsidium, s. Rn. 1) die dafür notwendige Genehmigung nach § 8 beantragen; die Behörde entscheidet aufgrund der Stellungnahme ihrer eigenen Tierversuchskommission. Darüber hinaus muss aber nach Abs. 3 S. 7–9 auch eine Stellungnahme der bundeswehreigenen Tierversuchskommission eingeholt werden, und zwar noch vor der Auftragserteilung an das zivile Institut („wegen der besonderen Sensibilität der Öffentlichkeit gegenüber Tierversuchen der Bundeswehr", so BT-Drucks. 13/7015 S. 23). Diese Stellungnahme wird dem zuständigen Regierungspräsidium zur Kenntnis gebracht, so dass diesem bei seiner Entscheidung die Voten zweier Tierversuchskommissionen vorliegen.

§ 15a [Unterrichtung bei Fällen grundsätzlicher Bedeutung]

Die nach Landesrecht zuständigen Behörden unterrichten das Bundesministerium über Fälle grundsätzlicher Bedeutung bei der Genehmigung von Versuchsvorhaben, insbesondere über die Fälle, in denen die Genehmigung von Versuchsvorhaben mit der Begründung versagt worden ist, dass die Voraussetzungen des § 7 Abs. 3 nicht erfüllt waren, oder in denen die Kommission nach § 15 Abs. 1 oder der Tierschutzbeauftragte Bedenken hinsichtlich des Vorliegens dieser Voraussetzungen erhoben hat.

1 **Zweck der Unterrichtungspflicht** ist es, eine größere Transparenz der Genehmigungspraxis zu schaffen, sowie es dem Bundesminister zu ermöglichen, bei Bedarf auf die Erarbeitung von Leitlinien für die Genehmigung von Tierversuchen hinzuwirken (BT-Drucks. 10/3158 S. 28).

2 **Nur genehmigungspflichtige Versuchsvorhaben** können eine Unterrichtungspflicht begründen, nicht auch anzeigepflichtige. – Dafür, ob ein Fall von grundsätzlicher Bedeutung vorliegt, nennt das Gesetz drei Fallgruppen: **1.** Die Versagung der Genehmigung mit der Begründung, dass das Vorhaben nicht ethisch vertretbar iS des § 7 Abs. 3 sei. – **2.** Bedenken, die der Tierschutzbeauftragte mit dieser Begründung erhebt. – **3.** Bedenken der Tierversuchskommission hinsichtlich der ethischen Vertretbarkeit; diese müssen in ihrem Beschluss zum Ausdruck kommen, entweder im Tenor (Ablehnung) oder in der Begründung (Zustimmung trotz Bedenken). In den beiden letztgenannten Fällen besteht die Vorlagepflicht unabhängig davon, ob die Behörde das Vorhaben schließlich genehmigt oder aber die Genehmigung abgelehnt hat. – Auch in anderen Fällen kann eine grundsätzliche Bedeutung vorliegen, denn die unter „insbesondere" geschilderten Fallgruppen bilden nur Regelbeispiele. Mögliche Fälle: Vorhaben, die, wenn sie öffentlich bekannt würden, gesellschaftliche Diskussionen größeren Ausmaßes nach sich ziehen würden; Vorhaben, die so oder ähnlich häufiger vorkommen und ersichtlich uneinheitlich bewertet werden (vgl. *L/M* § 15a Rn. 4). – Ob der Bundesminister diese Fälle der Tierschutzkommission nach § 16b vorlegt, bleibt ihm überlassen, ist aber anzuraten (vgl. *L/M* § 15a Rn. 6).

§ 16 [Überwachung]

(1) Der Aufsicht durch die zuständige Behörde unterliegen

1. Nutztierhaltungen einschließlich Pferdehaltungen,
2. Einrichtungen, in denen Tiere geschlachtet werden,
3. Einrichtungen, in denen
- **a) Tierversuche durchgeführt werden,**
- **b) Eingriffe oder Behandlungen an Tieren zur Aus-, Fort- oder Weiterbildung vorgenommen werden,**
- **c) Eingriffe oder Behandlungen an Wirbeltieren zur Herstellung, Gewinnung, Aufbewahrung oder Vermehrung von Stoffen, Produkten oder Organismen vorgenommen werden,**
- **d) Wirbeltiere zu den in § 6 Abs. 1 Satz 2 Nr. 4 genannten Zwecken verwendet werden oder**

e) Wirbeltiere zu wissenschaftlichen Zwecken oder zur Aus-, Fort- oder Weiterbildung getötet werden,
4. Betriebe nach § 11 Abs. 1 Satz 1,
5. Einrichtungen und Betriebe,
   a) die gewerbsmäßig Tiere transportieren,
   b) in denen Tiere während des Transports ernährt, gepflegt oder untergebracht werden,
6. Zirkusbetriebe, die nicht gewerbsmäßig betrieben werden,
7. Tierhaltungen, die auf Grund einer nach § 13 Abs. 3 erlassenen Rechtsverordnung einer Genehmigung bedürfen.

(1 a) [1]Wer nach § 11 Abs. 1 Nr. 2 a und 3 Buchstabe d und § 16 Abs. 1 Nr. 6 Tiere an wechselnden Orten zur Schau stellt, hat jeden Ortswechsel spätestens beim Verlassen des bisherigen Aufenthaltsortes der zuständigen Behörde des beabsichtigten Aufenthaltsortes nach Maßgabe des Satzes 2 anzuzeigen. [2]Für den Inhalt der Anzeige gilt § 11 Abs. 1 Satz 2 entsprechend.

(2) Natürliche und juristische Personen und nicht rechtsfähige Personenvereinigungen haben der zuständigen Behörde auf Verlangen die Auskünfte zu erteilen, die zur Durchführung der der Behörde durch dieses Gesetz übertragenen Aufgaben erforderlich sind.

(3) [1]Personen, die von der zuständigen Behörde beauftragt sind, sowie in ihrer Begleitung befindliche Sachverständige der Kommission der Europäischen Gemeinschaft und anderer Mitgliedstaaten der Europäischen Gemeinschaft (Mitgliedstaaten) dürfen im Rahmen des Absatzes 2

1. Grundstücke, Geschäftsräume, Wirtschaftsgebäude und Transportmittel des Auskunftspflichtigen während der Geschäfts- oder Betriebszeit betreten,
2. zur Verhütung dringender Gefahren für die öffentliche Sicherheit und Ordnung
   a) die in Nummer 1 bezeichneten Grundstücke, Räume, Gebäude und Transportmittel außerhalb der dort genannten Zeiten,
   b) Wohnräume des Auskunftspflichtigen

   betreten; das Grundrecht der Unverletzlichkeit der Wohnung (Artikel 13 des Grundgesetzes) wird insoweit eingeschränkt,
3. geschäftliche Unterlagen einsehen,
4. Tiere untersuchen und Proben, insbesondere Blut-, Harn-, Kot- und Futterproben, entnehmen,
5. Verhaltensbeobachtungen an Tieren auch mittels Bild- oder Tonaufzeichnungen durchführen.

[2]Der Auskunftspflichtige hat die mit der Überwachung beauftragten Personen zu unterstützen, ihnen auf Verlangen insbesondere die Grundstücke, Räume, Einrichtungen und Transportmittel zu bezeichnen, Räume, Behältnisse und Transportmittel zu öffnen, bei der Besichtigung und Untersuchung der einzelnen Tiere Hilfestellung zu leisten, die Tiere aus den Transportmitteln zu entladen und die geschäftlichen Unterlagen vorzulegen. [3]Der Auskunftspflichtige hat auf Verlangen der zuständigen Behörde in Wohnräumen gehaltene Tiere vorzuführen, wenn der dringende Verdacht besteht, dass die Tiere nicht artgemäß oder verhaltensgerecht gehalten werden und ihnen dadurch erhebliche Schmerzen, Leiden oder Schäden zugefügt werden und eine Besichtigung der Tierhaltung in Wohnräumen nicht gestattet wird.

(4) Der zur Auskunft Verpflichtete kann die Auskunft auf solche Fragen verweigern, deren Beantwortung ihn selbst oder einen der in § 383 Abs. 1 Nr. 1 bis 3 der Zivilprozessordnung bezeichneten Angehörigen der Gefahr strafgerichtlicher Verfolgung oder eines Verfahrens nach dem Gesetz über Ordnungswidrigkeiten aussetzen würde.

(4 a) [1] Wer

1. als Betreiber einer Schlachteinrichtung oder als Gewerbetreibender im Durchschnitt wöchentlich mindestens 50 Großvieheinheiten schlachtet oder
2. Arbeitskräfte bereitstellt, die Schlachttiere zuführen, betäuben oder entbluten,

hat der zuständigen Behörde einen weisungsbefugten Verantwortlichen für die Einhaltung der Anforderungen dieses Gesetzes und der auf Grund dieses Gesetzes erlassenen Rechtsverordnungen zu benennen. [2] Wer eine Tierhaltung, eine Einrichtung oder einen Betrieb nach Absatz 1 Nr. 1, 3, 5 oder 6 betreibt oder führt, kann durch die zuständige Behörde im Einzelfall verpflichtet werden, einen weisungsbefugten sachkundigen Verantwortlichen für die Einhaltung der Anforderungen dieses Gesetzes und der darauf beruhenden Verordnungen zu benennen. [3] Dies gilt nicht für Betriebe, die der Erlaubnispflicht nach § 11 Abs. 1 unterliegen.

(5) [1] Das Bundesministerium wird ermächtigt, durch Rechtsverordnung mit Zustimmung des Bundesrates, soweit es zum Schutz der Tiere erforderlich ist, die Überwachung näher zu regeln. [2] Es kann dabei insbesondere

1. die Durchführung von Untersuchungen einschließlich der Probenahme,
2. die Maßnahmen, die zu ergreifen sind, wenn Tiertransporte diesem Gesetz oder den auf Grund dieses Gesetzes erlassenen Rechtsverordnungen nicht entsprechen,
3. Einzelheiten der Duldungs-, Unterstützungs- und Vorlagepflichten,
4. Pflichten zur Aufzeichnung und zur Aufbewahrung von Unterlagen und
5. die zentrale Erfassung von Tierschauen und Zirkusbetrieben mit Tierhaltung, sofern die Tätigkeit an wechselnden Standorten ausgeübt wird (Zirkuszentralregister),

regeln.

(6) [1] Personenbezogene Daten dürfen erhoben werden, soweit dies durch dieses Gesetz vorgesehen oder ihre Kenntnis zur Erfüllung der Aufgaben nach diesem Gesetz oder auf Grund dieses Gesetzes erlassener Rechtsverordnungen für die erhebende Stelle notwendig ist. [2] Das Bundesministerium wird ermächtigt, mit Zustimmung des Bundesrates durch Rechtsverordnung die hiernach zu erhebenden Daten näher zu bestimmen und dabei auch Regelungen zu ihrer Erhebung bei Dritten, Speicherung, Veränderung, Nutzung und Übermittlung zu treffen. [3] Im Übrigen bleiben das Bundesdatenschutzgesetz und die Datenschutzgesetze der Länder unberührt.

(7) [1] Bestehen bei der zuständigen Behörde erhebliche Zweifel, ob bei bestimmungsgemäßem Gebrauch serienmäßig hergestellte Aufstallungssysteme und Stalleinrichtungen zum Halten landwirtschaftlicher Nutztiere und beim Schlachten verwendete Betäubungsgeräte und -anlagen den Anforderungen dieses Gesetzes sowie der auf Grund dieses Gesetzes erlassenen Rechtsverordnungen entsprechen, kann dem Hersteller oder Anbieter aufgegeben werden, auf seine Kosten eine gutachterliche Stellungnahme einer einvernehmlich zu benennenden unabhängigen Sachverständigenstelle oder Person beizubringen, soweit er nicht auf den erfolgreichen Abschluss einer freiwilligen Prüfung nach Maßgabe einer nach § 13 a Abs. 1 erlassenen Rechtsverordnung verweisen kann. [2] Satz 1 gilt nicht, soweit Stalleinrichtungen oder Betäubungsgeräte oder -anlagen auf Grund einer Rechtsverordnung nach § 13 a Abs. 2 zugelassen sind.

Übersicht

I. Besondere Aufsicht nach Abs. 1

1 Abs. 1 nennt **Betriebe und Einrichtungen, die vom Gesetz unter besondere behördliche Aufsicht gestellt werden.** Besondere Aufsicht bedeutet, dass diese Einrichtungen einer routinemäßigen Kontrolle unterliegen, während andere Tierhaltungen nur bei konkreten Verdachtsmomenten (zB einer Anzeige) überprüft werden. Allerdings sind die in Abs. 2 und 3 genannten Pflichten nicht auf Einrichtungen iS von Abs. 1 beschränkt; sie treffen vielmehr jeden, der möglicherweise Adressat einer tierschutzrechtlichen Anordnung, insbesondere nach § 16a, werden kann, insbesondere also jeden Tierhalter (vgl. AG Germersheim AgrarR 1999, 219: Keine Freistellung für Hobbytierhaltungen; s. auch Rn. 3). – **Nr. 1**, Nutztierhaltungen. Nach Art. 1 S. 2 ETÜ werden Nutztiere zur Erzeugung von Nahrungsmitteln, Wolle, Häuten oder Fellen oder zu anderen landwirtschaftlichen Zwecken gezüchtet oder gehalten. Folglich unterliegen auch die Haltungen von Pelztieren, Straussen, Damwild o. Ä. der besonderen Aufsicht. Nicht darunter fallen reine Liebhaberhaltungen. Durch das ÄndG 1998 wurde indes klargestellt, dass Pferdehaltungen aller Art, also auch Pferdepensionen und Hobbyhaltungen, einbezogen sind (vgl. BT-Drucks. 13/7015 S. 23). – **Nr. 2**, Schlachteinrichtungen. Es kommt weder auf die Art der geschlachteten Tiere an, noch darauf, ob das Schlachten im Rahmen einer wirtschaftlichen Unternehmung erfolgt (im Gegensatz zu § 2 Nr. 7 TierSchlV). ZB unterliegt auch die Schlachteinrichtung, die im Rahmen des Lehrbetriebs einer (Hoch)Schule unterhalten wird, der besonderen Aufsicht. Hausschlachtungen nach § 2 Nr. 6 TierSchlV fallen dagegen nicht unter Nr. 2 (vgl. *L/M* § 16 Rn. 9). – **Nr. 3** betrifft alle wissenschaftlichen, medizinischen und pharmazeutischen Forschungs- und Lehreinrichtungen sowie Produktionsstätten, die Eingriffe an Tieren durchführen, die nicht der Therapie des Tieres selbst dienen. – **Nr. 4** erfasst alle Betriebe, die nach § 11 Abs. 1 S. 1 einer Erlaubnis bedürfen. Auf Gewerbsmäßigkeit kommt es dabei nur im Rahmen von § 11 Abs. 1 S. 1 Nr. 3 an. – **Nr. 5** erfasst gewerbliche Tiertransportbetriebe (vgl. § 2 Nr. 10 TierSchTrV); dass der Tiertransport alleiniger Unternehmensgegenstand sein müsste, wird nicht verlangt (vgl. *Kluge* § 16 Rn. 2; zu „gewerbsmäßig“ s. auch § 11 Rn. 9); einbezogen sind auch Transport- und Versorgungsstationen, unabhängig davon, ob sie gewerbsmäßig betrieben werden. – **Nr. 6** meint die nicht gewerbsmäßigen Zirkusse (gewerbsmäßige fallen bereits unter Nr. 4 i.V.m. § 11 Abs. 1 S. 1 Nr. 3d). – **Nr. 7**, Grundgedanke: „An die Haltung von Tieren wildlebender Arten sind besonders hohe Anforderungen zu stellen. Deshalb sollen die Haltung, der Handel und das Verbringen der Aufsicht durch die zuständige Behörde unterliegen“ (BT-Drucks. 13/7015 S. 23). Eine Rechtsverordnung nach § 13 Abs. 3 steht allerdings noch aus.

II. Anzeige des Ortswechsels nach Abs. 1 a

2 Nach Abs. 1a müssen (gewerbliche und nicht gewerbliche) Zirkusse, Zoos und Tierschauen jeden **Ortswechsel rechtzeitig anzeigen.** Die Anzeige an die für den nächsten Aufenthaltsort zuständige Behörde muss abgegeben sein, noch bevor sich das erste Fahrzeug vom bisherigen Standort aus in Richtung auf den Zielort in Bewegung setzt. Ihr Inhalt muss § 11 Abs. 1 S. 2 entsprechen (vgl. AVV Nr. 12.1.1 i.V.m. Anl. 6): Es müssen alle Tiere nach Art und jeweiliger Zahl angegeben werden; es muss die für den Betrieb/Betriebsteil verantwortliche Person benannt und deren berufliche Qualifikation nachgewiesen sein; die Räume und Einrichtungen (einschließlich Käfige, Wagen, Zelte) müssen so genau beschrieben sein, dass beurteilt werden kann, ob dort eine den Anforderungen des § 2 Nr. 1 entsprechende Ernährung, Pflege und Unterbringung ermöglicht wird (vgl. § 11 Abs. 1 S. 2 Nr. 3 i.V.m. Abs. 2 Nr. 3). – Eine Ordnungswidrigkeit nach § 18 Abs. 1 Nr. 25a liegt vor, wenn die Anzeige vorsätzlich oder fahrlässig nicht, nicht richtig, nicht vollständig oder nicht rechtzeitig erstattet wird.

III. Auskunftspflicht nach Abs. 2, Abs. 4

Die Auskunftspflicht nach Abs. 2 ist nicht auf die Einrichtungen nach Abs. 1 und deren Inhaber beschränkt. Sie **trifft vielmehr jede Einrichtung und jede Person,** die Adressat einer tierschutzrechtlichen Anordnung werden kann, insbesondere also jeden Tierhalter, -betreuer und Betreuungspflichtigen nach § 2, aber auch andere Personen, die mit Tieren Umgang haben, zB Mitarbeiter, Zeugen, Sachverständige. Nur diese weite Auslegung wird der Zielsetzung des § 1 gerecht (vgl. VG Stuttgart NuR 1999, 233, 234 und 718, 719; AG Germersheim AgrarR 1999, 219: „eigenständige, von Abs. 1 unabhängige Verpflichtung jeder natürlichen Person"; *L/M* § 16 Rn. 17). – Dasselbe gilt für die Duldungs- und Mitwirkungspflichten nach Abs. 3. 3

Der **Umfang der Auskunftspflicht** wird durch die behördliche Überwachungsaufgabe bestimmt, d.h. die Behörde kann alle Auskünfte, die sie zur Erfüllung ihrer Aufgaben benötigt, verlangen (vgl. *L/M* § 16 Rn. 17). Dazu gehören insbesondere Informationen, die notwendig sind, um mögliche tierschutzwidrige Zustände kennen zu lernen und rasch und wirksam abzustellen (vgl. BT-Drucks. 10/3158 S. 37). U.a.: Angaben zu Haltung, Pflege, Unterbringung oder Tötung von Tieren; Auskünfte über Zu- und Abgänge von Tieren und die Gründe hierfür; bei Tierversuchen alle aktuellen Daten iS der §§ 7 bis 9a; bei erlaubnispflichtigen Betrieben die Aktualisierung aller für das Erlaubnisverfahren wesentlichen Daten; bei Tiertransporteuren die Vorlage der Transportpläne und Nachweise über deren Vollzug; bei Zirkussen Angaben zu Aufenthaltsdauer, nächstem Gastspielort, Beginn und Dauer von Tourneen, üblichem Sitz, Winterquartier, Tierarten und -zahlen, Mitführen artengeschützter Tiere, Größe und Ausstattung einzelner Wagen und Einrichtungen einschließlich des Winterquartiers, Vorlage von CITES-Bescheinigungen. Im Rahmen des Verhältnismäßigkeitsgrundsatzes können auch die unverwechselbare Kennzeichnung von Tieren und die Führung eines Tierbestandsbuches verlangt werden (vgl. VG Stuttgart NuR 1999, 233, 234 und 718, 719). – Eine Gefahrenlage wie nach Abs. 3 S. 1 Nr. 2 oder S. 3 braucht für das Auskunftsverlangen nicht zu bestehen. – Die Behörde kann die Auskünfte formlos einholen (§ 26 Abs. 1 VwVfG). Sie kann aber auch durch Verwaltungsakt bestimmte Auskünfte fordern und diese Verpflichtung mittels Androhung und Festsetzung von Zwangsgeld vollstrecken. Die Möglichkeit, bei nicht, nicht richtiger oder nicht vollständiger Auskunftserteilung ein Bußgeld nach § 18 Abs. 1 Nr. 26 zu verhängen, besteht in beiden Fällen. 4

Ein **Auskunftsverweigerungsrecht** nach Abs. 4 kann immer nur in Bezug auf einzelne Fragen geltend gemacht werden; es berechtigt nicht dazu, Antworten insgesamt zu verweigern. Der Pflichtige kann die Auskunft auf solche Fragen verweigern, deren (wahrheitsgemäße) Beantwortung ihn selbst oder einen seiner in § 383 Abs. 1 Nr. 1–3 ZPO bezeichneten Angehörigen (Verlobten; Ehegatten; früheren Ehegatten; in gerader Linie Verwandten oder Verschwägerten; in Seitenlinie bis zum dritten Grad Verwandten oder bis zum zweiten Grad Verschwägerten) der Gefahr der Verfolgung wegen einer Straftat oder Ordnungswidrigkeit aussetzen würde. – Bei diesbezüglichen Anhaltspunkten soll die Behörde entsprechend belehren. Ist dies nicht geschehen, so ist die Aussage im Verwaltungsverfahren gleichwohl verwertbar; unverwertbar ist sie aber im Straf- oder Bußgeldverfahren, soweit dieses sich gegen den Auskunft Erteilenden bzw. seinen Angehörigen richtet. 5

IV. Duldungs- und Mitwirkungspflichten nach Abs. 3

Die **Duldungspflicht nach Abs. 3 S. 1 Nr. 1** betrifft nicht nur den Hausrechtsinhaber, sondern auch jede andere Person ist verpflichtet, das Betreten oder Befahren von Grundstücken, Geschäftsräumen, Wirtschaftsgebäuden und Transportmitteln durch die Beauftragten der Behörde und die in ihrer Begleitung befindlichen Sachverständigen wäh- 6 rend der Geschäfts- und Betriebszeiten zu dulden. Es bedarf hierzu weder einer richterlichen Anordnung iS des Art. 13 Abs. 2 GG noch einer Gefahr iS des Art. 13 Abs. 7 GG (vgl. BVerfGE 32, 54ff., 77; *Kluge* § 16 Rn. 6). Zum Kreis der verpflichteten Einrichtungen und Personen s. Rn. 3. Ausreichend und erforderlich ist, dass die Maßnahme der Erlangung derjenigen Informationen dient, die die Behörde zur Erfüllung ihrer tierschutzrechtlichen Aufgaben benötigt (s. Rn. 4), und dass dabei der Grundsatz der Verhältnismäßigkeit gewahrt wird. – Grundstück ist jeder abgegrenzte Teil der Erdoberfläche einschließlich des zugehörigen Erdkörpers und Luftraums. Gebäude ist jedes mit dem Grund und Boden dauernd oder vorübergehend verbundene ober- oder unterirdische Bauwerk, das geeignet und bestimmt ist, zum Schutz von Menschen, Tieren oder Sachen zu dienen (also auch Zelte, Hundehütten, Zwinger, Käfigwagen u.Ä.). Wirtschaftsgebäude dienen nicht zur Wohnung von Menschen (anderenfalls gilt Nr. 2b, s. Rn. 7). Geschäftsräume sind Räume, die hauptsächlich für eine geschäftsmäßige Tätigkeit genutzt werden (d.h. für eine selbständige Tätigkeit, die der Handelnde in gleicher Weise zu wiederholen und dadurch zu einem dauernden oder wiederkehrenden Bestandteil seiner Beschäftigung zu machen beabsichtigt, vgl. BGH DB 1985, 2040; einer Gewinnerzielungsabsicht bedarf es nicht). Transportmittel s. § 2 Nr. 3 TierSchTrV. – Macht der Tierhalter geltend, er verfüge nicht über bestimmte Geschäfts- oder Betriebszeiten, so ist Abs. 3 Nr. 1 dahin auszulegen, dass sich das Betretensrecht auf die üblichen Geschäfts- oder Betriebszeiten erstreckt (vgl. VG Stuttgart NuR 1999, 232, 234: Montag bis Freitag von 9 bis 17 Uhr). – Die Behörde kann den Verpflichteten durch schriftlichen Verwaltungsakt nach § 16a S. 1 förmlich zur Duldung des Betretens zu einem bestimmten, angegebenen Zeitpunkt verpflichten, unmittelbaren Zwang androhen und die Verpflichtung anschließend mit unmittelbarem Zwang vollstrecken (vgl. VG Stuttgart NuR 1999, 718, 720). Grundsätzlich muss sie dann aber (wenn sie nicht die Bestandskraft abwarten will) ihre Verfügung nach § 80 Abs. 2 Nr. 4, Abs. 3 S. 1 oder S. 2 VwGO für sofort vollziehbar erklären. – Bei Gefahr im Verzug können sowohl die Duldungsverpflichtung als auch die Anordnung des sofortigen Vollzuges mündlich („Notstandsmaßnahme“, vgl. § 80 Abs. 3 S. 2 VwGO) ausgesprochen und geleisteter Widerstand sofort anschließend durch unmittelbaren Zwang (idR mit Vollzugshilfe der Polizei) überwunden werden. Eine solche Gefahr liegt zB vor, wenn bei Einhaltung des o.e. „gestreckten“ Vollstreckungsverfahrens mit weiteren Verstößen, mit Maßnahmen zur Verschleierung bereits begangener Verstöße oder auch mit der Fortdauer eines begonnenen Verstoßes bzw. dem Eintritt eines unmittelbar drohenden Verstoßes gerechnet werden muss (vgl. OVG Schleswig vom 7. 7. 1999, 2 L 34/98: Betreten von Geschäftsräumen während der Betriebszeit ohne vorherige Anordnung der Duldung; vgl. auch VG Stuttgart aaO: „Die erforderlichen Kontrollen der Hundehaltung erfüllen ihren Zweck nur, wenn sie den Hundehalter unvorbereitet treffen“).

7 Die **Duldungspflicht nach Abs. 3 S. 1 Nr. 2** betrifft Räumlichkeiten nach Nr. 1, sofern diese außerhalb der dort genannten Zeiten betreten werden sollen (lit. a), sowie Wohnräume (lit. b). – Wohnräume sind Räumlichkeiten, die der Berechtigte (Eigentümer, dinglich Berechtigter, Mieter o.Ä.) der allgemeinen Zugänglichkeit entzogen und zur Stätte seines persönlichen (Gegensatz: geschäftsmäßigen, s. Rn. 6) Lebens und Wirkens gemacht hat, in denen sich also das Privatleben abspielt (vgl. BVerfGE 97, 222, 266). Hier darf ein Betreten gegen den Willen des Berechtigten nur zur Verhütung dringender Gefahren für die öffentliche Sicherheit und Ordnung erfolgen. Zu den Schutzgütern der öffentlichen Sicherheit gehört das gesamte geschriebene Recht, also auch alle Vorschriften des Tierschutzgesetzes und seiner Rechtsverordnungen. Die vom Gesetz geforderte dringende Gefahr liegt vor, wenn sich aus konkreten Anhaltspunkten die hinreichende Wahrscheinlichkeit (und nicht bloß entfernte Möglichkeit) ergibt, dass in der betreffenden Wohnung eine Verletzung einer tierschutzrechtlichen Norm entweder bereits stattfindet oder aber für die Zukunft unmittelbar bevorsteht. Haben sich die diesbezüglichen Anhaltspunkte noch nicht zu einer solchen Wahrscheinlichkeit verdichtet, so kann stattdessen nach

Abs. 3 S. 3 vorgegangen werden (BT-Drucks. 13/7015 S. 22). – Abs. 3 S. 1 Nr. 2 entspricht dem Gesetzesvorbehalt der zweiten Alternative des Art. 13 Abs. 7 GG. Für das Betreten einer Wohnung zur Überprüfung einer Tierhaltung bedarf es keiner richterlichen Durchsuchungsanordnung (vgl. VG Koblenz vom 9. 3. 1995, 2 N 23/95.KO). Das liegt daran, dass eine Durchsuchung iS des Art. 13 Abs. 2 GG nur vorliegt, wenn Behördenvertreter ziel- und zweckgerichtet nach bestimmten Personen oder Sachen suchen, nicht dagegen bei Maßnahmen, die lediglich dem Zweck der Informationsbeschaffung, zB zur Vorbereitung einer Anordnung nach § 16a, dienen (vgl. *Kluge* § 16 Rn. 6). Aber selbst bei Durchsuchungen bedarf es einer vorherigen Einschaltung des Richters nicht, wenn Gefahr im Verzug ist, sei es, dass ein Tier bereits anhaltend leidet, sei es, dass der Eintritt von Schmerzen, Leiden oder Schäden oder auch ein anderer Normenverstoß so nahe bevorsteht, dass die mit einer vorherigen richterlichen Entscheidung verbundene Verzögerung nicht verantwortet werden kann (vgl. Art. 13 Abs. 2 GG). – Neben dem „gestreckten Vollstreckungsverfahren" (d.h.: Duldungsverfügung; Anordnung der sofortigen Vollziehbarkeit; Androhung unmittelbaren Zwangs; Anwendung von Zwang) kann bei Gefahr im Verzug nach Maßgabe des jeweiligen Landesverwaltungsvollstreckungsgesetzes der unmittelbare Zwang auch im Wege des Sofortvollzuges angewendet werden. Ein solcher Sofortvollzug muss aber auf Verlangen nachträglich schriftlich bestätigt werden, § 37 Abs. 2 VwVfG; dabei ist dann darzulegen, dass und weshalb die Voraussetzungen dafür vorlagen. – Ist der Hausrechtsinhaber nicht erreichbar, so kann die Wohnung bei entsprechender Gefahr auch im Wege der unmittelbaren Ausführung, d.h. ohne vorangegangenen oder gleichzeitigen Verwaltungsakt betreten werden (vgl. VG München NuR 2002, 507, 509; *Kluge* aaO). – Die Behörde ist in all diesen Fällen für das Betreten selbst zuständig, wird sich aber, soweit unmittelbarer Zwang angewendet werden soll, der Vollzugshilfe der Polizei bedienen.

Die **weiteren Duldungspflichten nach Abs. 3 S. 1 Nr. 3, 4 und 5:** zum Kreis der ver- 8
pflichteten Personen s. Rn. 3. Gefordert werden kann u.a.: Einsichtnahme in geschäftliche Unterlagen, d.h. in jede Aufzeichnung, die sich auf die geschäftsmäßige Tätigkeit bezieht und nicht allein dem privaten Bereich zuzuordnen ist, zB Bücher und Belege der kaufmännischen Buchführung, Tierbestandsbücher, Transportpläne usw.; Duldung, dass die Behörde und die sie begleitenden Sachverständigen Tiere untersuchen, Proben entnehmen, Verhaltensbeobachtungen (auch Langzeitbeobachtungen) vornehmen und (zB mit Video und Fotos) aufzeichnen.

Die **Pflicht zur aktiven Mitwirkung nach Abs. 3 S. 2** trifft ebenfalls jeden Auskunfts- 9
pflichtigen (s. Rn. 3). Er muss den Beauftragten der Behörde auf Verlangen diejenige Unterstützung leisten, die erforderlich ist, damit die Behörde ihre tierschutzrechtlichen Aufgaben erfüllen (insbesondere also mögliche Verstöße gegen das Tierschutzgesetz rasch aufklären) kann. Die Pflichten, die S. 2 aufzählt, sind dafür nur Beispiele („insbesondere"). Die Pflicht zur Unterstützung schließt die Duldung der entsprechenden Maßnahme ein: Wenn also zB der Auskunftspflichtige der Behörde einen Raum oder ein Transportmittel öffnen muss, muss er auch das Betreten dieser Räumlichkeiten durch die Amtsträger dulden. – Auch diese Pflichten können sowohl formlos geltend gemacht als auch (gestützt auf § 16a S. 1) durch Verwaltungsakt ausgesprochen und in diesem Fall mittels Verwaltungszwang durchgesetzt werden.

Zusätzlich besteht die **Pflicht zur aktiven Mitwirkung nach Abs. 3 S. 3.** Bestehen 9a
Anhaltspunkte, die es als wahrscheinlich erscheinen lassen, dass in einer Wohnung Tiere unter Verletzung von § 2 gehalten und ihnen dadurch erhebliche (nicht notwendig auch anhaltende oder sich wiederholende) Schmerzen, Leiden oder Schäden zugefügt werden, und verweigert der Berechtigte die Besichtigung dieser Tierhaltung, so kann die Behörde die Vorführung des Tieres unter bestimmt bezeichneten Umständen (Ort, Zeit, Sicherungsmaßnahmen) anordnen. Auch diese Pflicht kann durch Verwaltungsakt ausgesprochen, nach Maßgabe von § 80 Abs. 2 Nr. 4, Abs. 3 VwGO für sofort vollziehbar und mittels (auch mehrfacher) Zwangsgeldfestsetzung vollstreckt werden. Der dazu notwendige

dringende Verdacht erfordert einen geringeren Grad an Wahrscheinlichkeit als die dringende Gefahr nach Abs. 3 S. 1 Nr. 2 (vgl. BT-Drucks. 13/7015 S 22; s. Rn. 7); zB kann eine Anzeige ausreichen, eventuell auch eine anonyme. Wird die Vorführung trotz entsprechender Anordnung verweigert, so kann sich durch dieses Verhalten der Verdacht zur dringenden Gefahr iS des Abs. 3 S. 1 Nr. 2 verdichten: die Wohnung kann dann zwangsweise betreten werden (s. Rn. 7). – Ein Mitwirkungsverweigerungsrecht analog Abs. 4 ist für Abs. 3 S. 2 und S. 3 nicht anzuerkennen, da Abs. 4 eine nicht erweiterungsfähige Ausnahmevorschrift darstellt.

10 Die **vorsätzliche oder fahrlässige Zuwiderhandlung** gegen eine der Duldungs- oder Mitwirkungspflichten nach Abs. 3 S. 2 ist eine Ordnungswidrigkeit nach § 18 Abs. 1 Nr. 26. (Die Duldungspflichten nach S. 1 sind Bestandteil der Unterstützungspflicht nach S. 2.) Darauf, ob die Behörde die betreffende Pflicht vorher formlos geltend gemacht oder aber mittels Verwaltungsakts ausgesprochen hat, kommt es nicht an.

V. Absätze 4 a bis 7

11 Abs. 4 a S. 1 verpflichtet bestimmte Betriebe bzw. Gewerbetreibende zur **Benennung eines weisungsbefugten Verantwortlichen.** Dieser kann dann von der Behörde (neben dem Inhaber) mit Verfügungen nach den §§ 16, 16 a (und eventuell auch mit Bußgeldbescheiden) in Anspruch genommen werden. Der Verantwortliche muss die nach § 4 Abs. 1 S. 3, Abs. 1 a TierSchG bzw. nach § 4 TierSchlV nötige Sachkunde besitzen bzw. nachweisen und hat im Betrieb bzw. in der Arbeitsgruppe für die Einhaltung aller Vorschriften des Tierschutzgesetzes und seiner Rechtsverordnungen, insbesondere der Tierschutz-Schlachtverordnung, zu sorgen. Seine Rechte und Pflichten entsprechen etwa denen eines Tierschutzbeauftragten nach § 8 b. – Nach Nr. 1 trifft die Pflicht zur Benennung die Betreiber kommunaler und privater Schlachthöfe sowie andere Gewerbetreibende (Metzger), die im Durchschnitt wöchentlich mindestens 50 Großvieheinheiten schlachten (also zB 50 Rinder > 300 kg Lebendgewicht, 250 Schweine > 100 kg Lebendgewicht usw., vgl. Anl. 1 zur TierSchlV; die durchschnittliche Zahl wird nach dem Jahresmittel des Vorjahres ermittelt, vgl. BT-Drucks. 13/7015 S. 24; besteht noch kein Vorjahreswert, muss das Wochenmittel aus dem Schlachtvorhaben geschätzt werden). In Metzgerschlachthöfen, in denen handwerkliche Metzger mit eigenem Personal schlachten, findet Nr. 1 auf jeden einzelnen Metzger Anwendung (vgl. *L/M* § 16 Rn. 28). – Nach Nr. 2 gilt die Verpflichtung auch für denjenigen, der (etwa aufgrund eines Werkvertrages) eine Arbeitskolonne (zB Kopfschlächter) bereitstellt, unabhängig von der Zahl der wöchentlich geschlachteten Tiere: Er muss der Behörde ein Mitglied dieser Kolonne als weisungsbefugten Verantwortlichen benennen. Dass dann in einem Schlachtbetrieb uU mehrere weisungsbefugte Verantwortliche gleichzeitig tätig sind, nimmt das Gesetz in Kauf. – Nach **Abs. 4 a S. 2** kann die Behörde die Inhaber anderer Einrichtungen, die nach Abs. 1 der besonderen Aufsicht unterliegen, dazu verpflichten, ebenfalls weisungsbefugte, sachkundige Verantwortliche zu benennen.

12 Durch **Rechtsverordnung nach Abs. 5** kann die Überwachung näher geregelt werden, soweit dies zum Schutz der Tiere erforderlich ist (näher zu diesem Merkmal s. § 2 a Rn. 8). Die in S. 2 genannten Regelungen sind nicht abschließend, sondern beispielhaft („insbesondere"). – Nach S. 2 Nr. 5 könnte das BMELV ein Zirkuszentralregister einführen, „weil dies für eine wirkungsvolle, länderübergreifende Überwachung dringend erforderlich ist" (so der Bundesrat, BT-Drucks. 13/7015 S. 37). Dieses Register, in das alle reisenden Zirkusbetriebe und die eigenständigen Dressurnummern, die von wechselnden Zirkusbetrieben engagiert werden, aufgenommen werden müssten und auf das alle Tierschutzbehörden Zugriff haben sollten, müsste u. a. enthalten: Die dem jeweiligen Betrieb erteilten Erlaubnisse nach § 11, insbesondere die genehmigten Tierarten; ihre jeweils zulässige Zahl; Anordnungen zur Art ihrer Unterbringung; Auflagen einschließlich solcher,

die erst nachträglich verhängt wurden; eine etwaige Rücknahme bzw. einen Widerruf der Erlaubnis; behördliche Anordnungen nach § 16a nebst Fristsetzungen und Zwangsmaßnahmen, die zu ihrer Durchsetzung eingeleitet wurden; Feststellungen einzelner Behörden vor Ort, zB zur Erfüllung/Nichterfüllung von Auflagen und Anordnungen, zur Überschreitung erlaubter Tierzahlen, zum Mitführen nicht erlaubter Tierarten, zu Tieren, mit denen nicht gearbeitet wird; behördlich veranlasste Sachverständigengutachten nach Gegenstand und Ergebnis; tierschutzrelevante Bußgeld- und Strafverfahren der letzten fünf Jahre nach Verfahrensstand und Ergebnis (näher *Schmitz* AtD 2003, 348ff.; *Martin* AtD 1998, 338 ff.). Die notwendige gesetzliche Grundlage zur Speicherung dieser Daten findet sich in Abs. 6 i.V.m. §§ 3, 4 BDSG. Ohne ein solches Zirkuszentralregister bleibt das verfassungsrechtliche Gebot zum effektiven Tierschutz (s. Art. 20a GG) für diesen Bereich unerfüllt. – Bis zum Erlass dieser Rechtsverordnung könnten die Länder mittels Verwaltungsvorschrift Länderregister nach dem Vorbild der hessischen Zirkus-Datei schaffen (*Schmitz* aaO; *Martin* aaO); etwaigen datenschutzrechtlichen Bedenken kann ggf. Rechnung getragen werden, indem man nur den Zirkusnamen und die dem Betrieb zugeteilte Registernummer, nicht aber auch die verantwortliche(n) Person(en) aufnimmt.

Abs. 6 ist eine im Hinblick auf die §§ 3 und 4 Bundesdatenschutzgesetz notwendige 13
Norm (vgl. BT-Drucks. 13/7015 S. 38). – **Abs. 7 S. 1** soll u.a. für die Hersteller und Anbieter von serienmäßigen Aufstallungssystemen usw. einen Anreiz schaffen, ihr Produkt der freiwilligen Prüfung nach § 13a Abs. 1 zu unterziehen (s. dort Rn. 9 und 10). Bei Systemen, die nicht bereits nach § 13a Abs. 1 oder Abs. 2 geprüft worden sind, hat die Behörde bei einsprechenden Zweifeln die Möglichkeit, den Hersteller oder Anbieter mittels Verwaltungsakts zu verpflichten, eine gutachterliche Stellungnahme einer einvernehmlich zu benennenden, unabhängigen Sachverständigenstelle über die Vereinbarkeit des Systems mit dem Tierschutzgesetz und seinen Rechtsverordnungen beizubringen und die Kosten hierfür zu tragen.

§ 16a [Behördliche Anordnungen]

[1]Die zuständige Behörde trifft die zur Beseitigung festgestellter Verstöße und die zur Verhütung künftiger Verstöße notwendigen Anordnungen. [2]Sie kann insbesondere

1. **im Einzelfall die zur Erfüllung der Anforderungen des § 2 erforderlichen Maßnahmen anordnen,**
2. **ein Tier, das nach dem Gutachten des beamteten Tierarztes mangels Erfüllung der Anforderungen des § 2 erheblich vernachlässigt ist oder schwerwiegende Verhaltensstörungen aufzeigt, dem Halter fortnehmen und so lange auf dessen Kosten anderweitig pfleglich unterbringen, bis eine den Anforderungen des § 2 entsprechende Haltung des Tieres durch den Halter sichergestellt ist; ist eine anderweitige Unterbringung des Tieres nicht möglich oder ist nach Fristsetzung durch die zuständige Behörde eine den Anforderungen des § 2 entsprechende Haltung durch den Halter nicht sicherzustellen, kann die Behörde das Tier veräußern; die Behörde kann das Tier auf Kosten des Halters unter Vermeidung von Schmerzen töten lassen, wenn die Veräußerung des Tieres aus rechtlichen oder tatsächlichen Gründen nicht möglich ist oder das Tier nach dem Urteil des beamteten Tierarztes nur unter nicht behebbaren erheblichen Schmerzen, Leiden oder Schäden weiterleben kann,**
3. **demjenigen, der den Vorschriften des § 2, einer Anordnung nach Nummer 1 oder einer Rechtsverordnung nach § 2a wiederholt oder grob zuwidergehandelt und dadurch den von ihm gehaltenen oder betreuten Tieren erhebliche oder länger anhaltende Schmerzen oder Leiden oder erhebliche Schäden zugefügt hat, das Halten oder Betreuen von Tieren einer bestimmten oder jeder Art untersagen oder es von der Erlangung eines entsprechenden Sachkundenachweises abhängig machen,**

wenn Tatsachen die Annahme rechtfertigen, dass er weiterhin derartige Zuwiderhandlungen begehen wird; auf Antrag ist ihm das Halten oder Betreuen von Tieren wieder zu gestatten, wenn der Grund für die Annahme weiterer Zuwiderhandlungen entfallen ist,

4. die Einstellung von Tierversuchen anordnen, die ohne die erforderliche Genehmigung oder entgegen einem tierschutzrechtlichen Verbot durchgeführt werden.

Übersicht

I. Anordnungen nach S. 1

1 Erfährt die Behörde von einem Vorgang, Zustand oder Geschehensablauf (auch: einer Handlung, Tätigkeit), der/die gegen eine Norm des Tierschutzrechts verstoßen, so trifft sie mittels Verwaltungsakts die **zur Beseitigung dieses Verstoßes notwendige(n) Anordnung(en).** Zu den Normen des Tierschutzrechts gehören: sämtliche Bestimmungen des Tierschutzgesetzes, also neben § 2 und den speziellen Ge- und Verboten der §§ 3ff., insbesondere auch § 1 S. 2 (vgl. OVG Schleswig AtD 1999, 38, 40); ebenso alle aufgrund des Tierschutzgesetzes erlassenen Rechtsverordnungen. – Die Einfügung von § 16a durch das ÄndG 1986 diente u.a. der „Anpassung der Vorschriften über die Durchführung des Gesetzes an neuere Bundesgesetze mit sicherheits- bzw. ordnungsrechtlichem Charakter, zB AMG, LMBG, BSeuchG" (so BT-Drucks. 10/3158 S. 37) bzw. IfSG. Konsequenz: Bei Fragen, die in § 16a nicht ausdrücklich geregelt sind, kann auf die allgemeinen Grundsätze des Ordnungsrechts zurückgegriffen werden (s. Rn. 2–7).

2 Der Behörde obliegt daneben die **Verhütung künftiger Verstöße.** Aus dem Wortlaut und dem ordnungsrechtlichen Charakter von § 16a folgt u.a., dass die Behörde nicht abzuwarten braucht, bis ein Verstoß gegen das Tierschutzrecht stattgefunden hat. Bei entsprechender Gefahr wird sie auch präventiv tätig, d.h.: Ist ein tierschutzwidriger Vorgang in absehbarer Zeit mit Wahrscheinlichkeit zu erwarten, so trifft sie diejenigen Anordnungen, die zur Abwendung dieser Gefahr nötig sind. Dabei gilt der elastische Gefahrbegriff des Polizei- und Ordnungsrechts, d.h.: an die Wahrscheinlichkeit des Schadenseintritts sind umso geringere Anforderungen zu stellen, je größer und schwerer der möglicherweise eintretende Schaden wiegt (vgl. BVerwG NJW 1974, 815); Schaden in diesem Sinne ist die Verletzung tierschutzrechtlicher Normen. – Haben sich im Verantwortungsbereich einer Person bereits gleichartige oder ähnliche Verstöße ereignet, so kann mangels gegenteiliger Anhaltspunkte von einer Wiederholungsgefahr ausgegangen werden.

3 Der **richtige Adressat der Anordnung** kann mit Hilfe der Regeln zur Feststellung von Störern im Ordnungsrecht ermittelt werden. Die Behörde erlässt daher normalerweise ihren Verwaltungsakt gegenüber demjenigen, der durch sein Handeln (auch: pflichtwidriges Unterlassen) für den Vorgang ursächlich geworden ist bzw. zu werden droht (Verhaltensstörer). Bei Verstößen gegen § 2 wendet sie sich an den Halter, Betreuer und/oder Betreuungspflichtigen. In Betracht kommt auch die Inanspruchnahme einer Person als Zustandsstörer, zB als Besitzer oder Eigentümer der Räumlichkeiten, in denen der Vorgang stattfindet, oder der Sache, deren Zustand die Gefahr begründet. Es ist sogar mög-

lich, unbeteiligte Personen als sog. Notstandspflichtige ausnahmsweise in Anspruch zu nehmen; dies geschieht dann, wenn bei einer unmittelbar bevorstehenden oder schon eingetretenen, fortdauernden Störung die rechtzeitige Inanspruchnahme des Verhaltens- oder Zustandsstörers nicht möglich ist und die eigenen Mittel der Behörde nicht ausreichen (vgl. zB § 9 PolG BW). – Unter mehreren Verhaltens- und Zustandsstörern besteht Auswahlermessen. Die Behörde soll denjenigen in Anspruch nehmen, der die Gefahr bzw. Störung am schnellsten, wirksamsten und mit dem geringsten Aufwand, also am effektivsten beseitigen kann. Lässt sich nach diesen Kriterien keine Auswahl treffen, hält man sich an den Verhaltensstörer. – Auch gegen tierschutzwidrige Vorgänge, die im Ausland stattzufinden drohen, kann eingeschritten werden, sofern ein Tun oder garantiepflichtwidriges Unterlassen im Inland für diese Gefahr ursächlich wird (wichtig zB für Tiertransporte: Einschreiten gegen den Versender, Spediteur usw., wenn diese durch ihr Verhalten im Inland eine nicht hinwegdenkbare Ursache dafür setzen, dass es nach Überschreitung der Grenze zu tierschutzwidrigen Vorgängen kommt; vgl. *Kluge* § 16a Rn. 14).

Notwendige Anordnungen sind diejenigen, die dem Grundsatz der Verhältnismäßig- 4
keit entsprechen, d.h.: sie müssen geeignet, erforderlich und verhältnismäßig ieS sein (vgl. zB § 5 PolG BW). „Erforderlich" bedeutet, dass von mehreren Maßnahmen, die die Beendigung bzw. Verhütung des Verstoßes mit gleicher Sicherheit erwarten lassen, diejenige zu wählen ist, die den Einzelnen und die Allgemeinheit voraussichtlich am wenigsten belastet. „Verhältnismäßig ieS" meint die Relation zwischen Nutzen und Schaden: Unverhältnismäßigkeit liegt vor, wenn der Nachteil, den die Anordnung dem Betroffenen auferlegt, schwerer wiegt als der Verstoß, der damit beendet bzw. verhindert werden soll.

Ob die Behörde, wenn sie von einem bereits eingetretenen oder einem mit hinreichen- 5
der Wahrscheinlichkeit drohenden Verstoß Kenntnis erhält, ein **Entschließungsermessen** hat (d.h. ein Ermessen, ob sie überhaupt dagegen einschreiten soll), ist streitig. Gegen ein solches Ermessen und damit für eine grundsätzliche Pflicht zum Tätigwerden spricht der Wortlaut des Gesetzes („trifft die … notwendigen Anordnungen" statt „kann … treffen" oder „ist befugt ... anzuordnen", wie noch in § 2 Abs. 2 TierSchG 1972). Für eine grds. Pflicht zum Tätigwerden spricht insbesondere auch die vom Bundesrat (s. Rn. 1) gezogene Parallele zum Arzneimittelgesetz (gegen ein Entschließungsermessen zu Recht *Kluge* § 16a Rn. 11 und DtW 2001, 90, 91 unter Hinweis auf die wortgleiche Regelung in § 69 AMG; *Basikow/Struwe* AtD 2002, 31, 33; *Caspar/Cirsovius* NuR 2002, 22, 26; *Förster* DtW 2003, 199, 200; *Sadler* § 9 VwVG Rn. 10; dafür OVG Bremen NuR 1999, 227, 229 und *L/M* § 16a Rn. 8; vgl. aber auch VG Regensburg vom 2. 12. 2003, RN 11 S 03.2415, im Anschluss an *Kluge* aaO: „§ 16a verpflichtet die Behörde dazu, die zur Beseitigung festgestellter und zur Verhütung künftiger Verstöße notwendigen Anordnungen zu treffen. Ein Ermessen besteht dabei nicht. Der Wortlaut des Gesetzes ist eindeutig"). – Wer dennoch ein Entschließungsermessen bejaht, muss jedenfalls eine Ermessensreduzierung auf Null, die zu einem Einschreiten verpflichtet, annehmen, wenn der tierschutzwidrige Vorgang den Straftatbestand des § 17 Nr. 2b objektiv (d.h. unabhängig davon, ob auch vorsätzlich und mit Unrechtsbewusstsein gehandelt wird) erfüllt; denn mit den Grundsätzen der allgemeinen Werteordnung wäre es unvereinbar, einen Vorgang zwar einerseits als Verstoß gegen einen Straftatbestand zu bewerten, andererseits aber der zuständigen Behörde dennoch einen Ermessensspielraum hinsichtlich des „Ob" ihres Einschreitens einzuräumen (vgl. OVG Koblenz AtD 1998, 346ff., 350). Auch bei großer, anders nicht abzuwendender Gefahr für das Tier oder bei gravierenden Verstößen wird zu Recht eine Ermessensreduzierung auf Null angenommen (vgl. *L/M* aaO). – Darüber hinaus spricht aber vieles dafür, jedenfalls im Regelfall eine Verpflichtung zum Einschreiten anzunehmen; d.h., es müssen besondere Gründe vorliegen, um ausnahmsweise ein Untätigbleiben zu rechtfertigen; in diese Richtung weist auch Art. 20a GG als „Abwägungshilfe für die vollziehende Gewalt im Sinne einer Schutzgutförderung" (*Kluge* § 16a Rn. 12 unter Hinweis auf BVerwG NVwZ 1998, 1080, 1081).

6 Das **Auswahlermessen,** das das „Wie" des Einschreitens, also die Wahl des Handlungsmittels betrifft, wird durch den Grundsatz der Verhältnismäßigkeit geleitet und beschränkt. – In der Begründung ihres Verwaltungsakts (VA) nach § 39 VwVfG muss die Behörde u.a. zum Ausdruck bringen, dass sie ihren Ermessensspielraum erkannt und genutzt hat. Deshalb empfiehlt sich, darzulegen, welches die Gründe für die ergriffene Maßnahme waren. Es darf nicht erkennbar werden, dass sie dabei von falschen oder unvollständig ermittelten Tatsachen ausgegangen ist oder Erwägungen, die dem Gesetzeszweck widersprechen, angestellt hat. Auch sollte deutlich gemacht werden, dass sie sich mit möglichen anderen, weniger belastenden Handlungsalternativen auseinandergesetzt und diese mit zutreffender Begründung, zB wegen nicht ausreichender Effektivität, abgelehnt hat. Sie muss auch das Ausmaß der wirtschaftlichen und sonstigen Belastung, die von ihrer Anordnung für den Adressaten ausgeht, zutreffend eingeschätzt haben, ebenso die Schwere des Verstoßes und die möglichen Nachteile, um deren Abwendung es geht und die bei einem Untätigbleiben oder bei einer Beschränkung auf weniger effektive Handlungsalternativen gedroht hätten. – Eine grundsätzlich richtige Ermessensausübung liegt vor, wenn die Behörde dem Tierschutz gegenüber den finanziellen Interessen des Halters Vorrang einräumt (vgl. VG Stuttgart RdL 1998, 110; s. auch § 1 Rn. 47 zum allgemeinen Rechtsgedanken des § 9 Abs. 2 S. 3 Nr. 3).

7 **Sachlich zuständig** ist nach § 15 Abs. 1 i.V.m. dem Landesrecht meist das Veterinäramt. In vielen Bundesländern ist es den unteren Verwaltungsbehörden (Landratsamt, Stadtkreis) eingegliedert. Erscheint bei Gefahr im Verzug sein rechtzeitiges Tätigwerden nicht erreichbar, so trifft der Polizeivollzugsdienst die notwendigen vorläufigen Maßnahmen (vgl. zB § 46 Abs. 2 Nr. 2 PolG BW). – Die Anordnung muss **inhaltlich hinreichend bestimmt** sein (§ 37 Abs. 1 VwVfG). Der Adressat muss möglichst aus dem Tenor, jedenfalls aber aus der Begründung des Bescheids ersehen können, was er tun soll oder nicht tun darf (vgl. VGH München Rd L 1978, 82, 83; VG Stuttgart NuR 1999, 232, 233: Konkretisierung in der Begründung ausreichend). Grundsätzlich reicht aus, wenn der VA den zu erreichenden bzw. zu vermeidenden Erfolg hinreichend bestimmt bezeichnet und das Mittel dafür dem Adressaten überlässt; dies genügt jedenfalls bei Verboten (vgl. BGHZ 129, 40; BVerwGE 84, 338, 339). Wird aber ein Erfolg verlangt, zu dessen Herbeiführung es sehr unterschiedliche Wege gibt, so kann es erforderlich sein, auch hinreichend bestimmt aufzuzeigen, welche der in Betracht kommenden Maßnahmen erwartet wird (vgl. VGH München aaO). Andererseits muss dem Adressaten aber eine Auswahlmöglichkeit belassen werden, wenn es verschiedene gleichwertige Wege zur Herstellung eines tierschutzkonformen Zustandes gibt. Zu unbestimmt ist zB eine Anordnung, die dem Halter lediglich aufgibt, seine Rinder beim Auftreten von Fellveränderungen tierärztlich untersuchen zu lassen, ohne diejenigen Fellveränderungen, die eine Zuziehung des Tierarztes erforderlich machen, näher zu beschreiben (vgl. VG Darmstadt vom 15. 1. 2004, 3 G 2177/03). – Gesetzeswiederholende Verfügungen, die eine schon durch das Gesetz normierte Pflicht wiederholen, sind zwar zulässig (s. § 16 Rn. 3–9), müssen aber das Verlangte hinreichend bestimmt bezeichnen. Vorteile dieses Vorgehens: Die mittels VA ausgesprochene Pflicht kann anschließend mit Verwaltungszwang durchgesetzt werden, und nach Eintritt der Bestandskraft ist dem Adressaten der Einwand, er sei dazu nicht verpflichtet, abgeschnitten. – Zur **Anhörung** s. § 28 Abs. 1–3 VwVfG. Grundsätzlich ist der Adressat vorher (und sei es auch nur mündlich oder telefonisch) anzuhören, und dabei müssen ihm die entscheidungserheblichen Tatsachen, soweit er sie nicht schon kennt, mitgeteilt werden. Bei Gefahr im Verzug oder wenn ein zwingendes öffentliches Interesse entgegensteht (zB weil er den Zweck der Maßnahme bei vorheriger Anhörung vermutlich vereiteln würde; weitere Ausnahmen s. § 28 Abs. 2 VwVfG) kann man aber davon absehen und die Anhörung im Widerspruchsverfahren nachholen.

8 Die **Anordnung der sofortigen Vollziehbarkeit** kann nach § 80 Abs. 2 Nr. 4, Abs. 3 VwGO ergehen. Die Gefahr, dass ohne ein sofortiges Handeln anhaltende (nicht notwendig: erhebliche) Schmerzen, Leiden oder Schäden fortdauern, begründet idR das notwen-

dige besondere öffentliche Vollzugsinteresse, ebenso die Gefahr, dass ein bereits eingetretener Missstand, zB ein Verstoß gegen § 2, sonst bis zum Eintritt der Bestandskraft weiter fortdauert (vgl. VG Stuttgart NuR 1999, 232, 233; 235, 236). Erst recht gilt dies, wenn mit Verstößen noch vor Eintritt der Bestandskraft gerechnet werden muss (vgl. VG Stuttgart NuR 1999, 718, 720; vgl. auch VG Gießen NuR 2003, 506, 507: danach untermauert „die Inkorporation des Tierschutzes in Art. 20a GG und die dadurch erfolgte Normierung als Staatsziel" das öffentliche Interesse, Missstände nicht fortdauern bzw. Verstöße nicht eintreten zu lassen). Verfügungen, die die gesetzlichen Duldungs- und Mitwirkungspflichten nach § 16 Abs. 3 konkretisieren, können idR für sofort vollziehbar erklärt werden, weil Kontrollen ihren Zweck häufig nur erfüllen, wenn sie den Tierhalter unvorbereitet treffen (vgl. VG Stuttgart aaO); sie ergehen folgerichtig entweder ohne vorherige Anhörung oder jedenfalls sehr kurzfristig nach einer solchen. – Die Anordnung der sofortigen Vollziehbarkeit muss idR schriftlich ausgesprochen und begründet werden. Dabei reicht eine Bezugnahme auf die Begründung des VA nicht aus; vielmehr müssen die o. e. Gefahren, die den Sofortvollzug begründen sollen, angegeben werden. Bei Gefahr im Verzug ist aber nach § 80 Abs. 3 S. 2 VwGO die Anordnung auch mündlich unter der Bezeichnung als Notstandsmaßnahme o. Ä. möglich (Achtung! § 80 Abs. 3 S. 2 entbindet nur von der Notwendigkeit der schriftlichen Begründung; eine mündliche Anordnung der sofortigen Vollziehung nebst mündlicher Begründung als Notstandsmaßnahme bleiben erforderlich, vgl. OVG Münster Rd L 1980, 49, 50). – Nach § 37 Abs. 2 S. 2 VwVfG ist ein mündlich ergangener VA schriftlich zu bestätigen, wenn hieran ein berechtigtes Interesse besteht und der Betroffene dies unverzüglich verlangt; auch ohne diese Voraussetzungen kann die Behörde eine solche Bestätigung vornehmen. Es ist dann darauf zu achten, die mündlich ausgesprochene Anordnung der sofortigen Vollziehbarkeit nebst Begründung in diese Bestätigung aufzunehmen.

Die **Begründung,** die einem schriftlichen oder schriftlich bestätigten Verwaltungsakt 8a
grds. beizufügen ist (Ausnahmen s. § 39 Abs. 2 VwVfG), enthält die Tatsachen und die rechtlichen und fachlichen Erwägungen sowie die Ermessenserwägungen, die für das Einschreiten maßgebend sind. Zur Darstellung der Verhältnismäßigkeit ist es sinnvoll, sich auch mit weniger einschneidenden Maßnahmen auseinander zu setzen und zu begründen, weshalb diese nicht ausgereicht hätten. Bei besonders einschneidenden Anordnungen wie Fortnahmen, Haltungsuntersagungen u. Ä. kann hilfreich sein, wenn man auf früher erlassene, weniger einschneidende Maßnahmen hinweisen und deren Erfolglosigkeit darstellen sowie den Zustand der vorgefundenen Tiere mit Fotos und zeitnahen Protokollen belegen kann. Zur gesonderten Begründung der Anordnung der sofortigen Vollziehung s. Rn. 8.

Es gibt **kein einklagbares Recht auf ein Einschreiten der Behörde,** denn die Vor- 9
schriften des Tierschutzrechts sind nicht drittschützend (vgl. VGH Mannheim NJW 1997, 1798: kein Anspruch des Räumungsgläubigers, dass die Tierschutzbehörde die vom Schuldner auf dem Grundstück untergebrachten Tiere entgegennimmt und unterbringt).

II. Anordnungen nach S. 2 Nr. 1

Die Gebote und Verbote des § 2 sind unmittelbar aus sich selbst heraus verbindliches 10
Recht, das auch ohne (auf Grund von § 2a erlassene) Rechtsverordnungen von Haltern, Betreuern und Betreuungspflichtigen zu beachten und von den Behörden anzuwenden ist. Eine **Anordnung zur Erfüllung der Anforderungen des § 2 Nr. 1** ergeht, wenn in einer Tierhaltung eines derjenigen Verhaltensbedürfnisse, die sich den Oberbegriffen „Ernährung", „Pflege" oder „verhaltensgerechte Unterbringung" zuordnen lassen, unangemessen zurückgedrängt wird (vgl. BVerfGE 101, 1, 38). Dazu rechnen die Bedürfnisse der Funktionskreise „Nahrungserwerbsverhalten", „Ruheverhalten", „Eigenkörperpflege (Komfortverhalten)", „Mutter-Kind-Verhalten" sowie „Sozialverhalten". Dagegen rechnet der Funktionskreis der Fortbewegung oder Lokomotion zu § 2 Nr. 2 (s. dort Rn. 37).

Unangemessen zurückgedrängt ist ein Verhaltensbedürfnis jedenfalls dann, wenn der jeweilige Verhaltensablauf verunmöglicht oder in schwerwiegender Weise eingeschränkt wird (vgl. BVerfG aaO: Die Störung des gleichzeitigen Ruhens in der herkömmlichen Legehennenkäfighaltung begründete die Nichtigkeit von § 2 Abs. 1 Nr. 2 HhVO 1987, und die Störung des gleichzeitigen Fressens die Nichtigkeit von § 2 Abs. 1 Nr. 7; auf die von den Haltern zur vermeintlichen Rechtfertigung vorgetragenen wirtschaftlichen und wettbewerblichen Interessen ist das Gericht nicht eingegangen). Die Voraussetzungen für ein Eingreifen sind damit gegeben, sobald eines der durch § 2 Nr. 1 geschützten Verhaltensbedürfnisse erheblich zurückgedrängt wird bzw. dies mit hinreichender Wahrscheinlichkeit zu erwarten ist. Auf Schmerzen oder Leiden kommt es hier nicht an (s. § 2 Rn. 15; vgl. auch VG Düsseldorf AgrarR 2002, 368: „vorbeugender Schutz"). Sind ein oder mehrere Verhaltensabläufe innerhalb eines Funktionskreises unterdrückt oder erheblich zurückgedrängt, so kann dies nicht über andere Funktionskreise ausgeglichen werden (s. § 2 Rn. 29) – Zu den weiteren Anforderungen des § 2 Nr. 1 und zur Konkretisierung des Gesetzes durch Verordnungen, Richtlinien, amtliche Gutachten und Empfehlungen von Verbänden s. § 2 Rn. 16–36 und 43–46. – Richtige Adressaten der behördlichen Anordnung sind Halter, Betreuer und/oder Betreuungspflichtiger. Zum Auswahlermessen s. Rn. 3. – Die Anordnung muss hinreichend bestimmt sein. Nicht ausreichend wäre die bloße Wiederholung des Gesetzeswortlauts. Die Angabe eines herbeizuführenden Erfolges („...sämtliche Ponys vor Wind, Kälte und Nässe zu schützen...") reicht dann nicht aus, wenn es dazu aus Sicht des Adressaten völlig verschiedene Wege gibt (vgl. VGH München Rd L 1978, 82, 83; s. auch Rn. 7). In Betracht kommen insbesondere Anordnungen zur Besatzdichte, zur Fläche von Ställen, Buchten, Boxen und Ständen, zur Ausgestaltung des Bodens und der Liegeflächen, zu Beschäftigungsmaterial, zu Rückzugs- und Deckungsmöglichkeiten usw. – Weitere Beispiele aus der Rspr.: Anordnung, jedem gehaltenen Rind und jeder Kuh den ständigen Zugang zu einer trockenen, weichen Liegefläche zu ermöglichen (VG Düsseldorf AgrarR 2002, 368); Anordnung, Rindern in Freilandhaltung im Winter Witterungsschutz und frostsichere Tränken zur Verfügung zu stellen (VG Saarland vom 24. 1. 2001, 1 F 4/01); Anordnung eingestreuter Liegeflächen und einer Stallhöhe von mind. 2,5m für Pferdehaltung (VG Freiburg vom 8. 7. 1999, 5 K 1037/98); Anordnung, ein Tier bei konkretem Krankheitsverdacht einem Tierarzt vorzuführen (VG Oldenburg vom 19. 5. 2003, 7 A 2832/01); Untersagung der Verwendung von Säulen- und Wandbildaquarien mit Anordnung der sofortigen Vollziehbarkeit (VG Berlin vom 26. 1. 1999, 1 A 22/99); Untersagung von Sichtkontakt von Kampffischmännchen bei der Hälterung in Zierfischhandlungen wegen Stresswirkung infolge des andauernden Zwangs zu Imponiergehabe (RegPräs. Düsseldorf vom 29. 5. 1990, 26.4210); Verbot der Fischhaltung in einer Diskothek (VG Göttingen NVwZ-RR 2004, 487); Anordnung zur Vergesellschaftung eines allein gehaltenen Tieres (VG Stuttgart Rd L 1999, 53); Verbot der Hundehaltung im Auto (VGH Mannheim vom 3. 12. 1996, 10 S 2492/96); Abschrankungen der Verkaufsanlage, in der Tiere gehalten werden, so dass Kunden keinen unmittelbaren Zugang zu den Käfigen und Terrarien haben und diese insbesondere nicht berühren können (VGH Mannheim NuR 1994, 487ff.); s. auch die Beispiele in Anh. zu § 2 Rn. 73, 75.

11 Eine **Anordnung zur Erfüllung der Anforderungen des § 2 Nr. 2** ergeht, wenn die (Fort-)Bewegung des Tieres so eingeschränkt ist, dass ihm Schmerzen, vermeidbare Leiden oder Schäden entstehen. Es ist nicht erforderlich, dass es bereits zu Schmerzen, Leiden oder Schäden gekommen ist; ausreichend ist vielmehr eine entsprechende Gefahrenprognose der Behörde, bei der der hypothetische Geschehensablauf bei unterstelltem Nichteinschreiten zu berücksichtigen ist (VG Oldenburg vom 25. 3. 2004, 2 A 1624/00 im Anschluss an VGH Mannheim Rd L 2002, 220ff.). Eine Vermeidbarkeitsprüfung findet nur bei Leiden bzw. Schäden, nicht dagegen bei Schmerzen statt (s. § 2 Rn. 38). Ist die Bewegungseinschränkung nur eine von mehreren Ursachen dafür (zB weil auch die Züchtung und/oder die Bodenbeschaffenheit mitspielen), so begründet dies gleichwohl einen Verstoß gegen § 2 Nr. 2, denn es genügt, dass die Einschränkung der Fortbewegung nicht

hinweggedacht werden kann, ohne dass die Leiden usw. entfielen oder sich verminderten (s. § 2 Rn. 38). – Beispiel aus der Rspr.: Verbot, Schafe mit einem Strick angebunden auf der Weide grasen zu lassen (VG Oldenburg aaO).

Anordnung zur Erfüllung der Anforderungen des § 2 Nr. 3. Bei Fehlen der nach § 2 Nr. 3 notwendigen Kenntnisse oder Fähigkeiten kann u.a. die Bestellung eines sachkundigen Betreuers angeordnet werden. 12

Rechtsverordnungen, die aufgrund von § 2a ergangen sind, ändern an der unmittelbaren Geltung von § 2 nichts, d.h.: Entspricht ein Betrieb, in dem alle Bestimmungen einer hierzu ergangenen Rechtsverordnung eingehalten werden, trotzdem nicht in allen Punkten den Anforderungen des § 2 Nr. 1 oder Nr. 2, so kann die Behörde im Einzelfall auch Maßnahmen anordnen, die über die Mindestanforderungen der Rechtsverordnung hinausgehen. Wenn also zB in einer Schweinehaltung trotz Einhaltung der §§ 16 bis 25 TierSchNutztV Grundbedürfnisse unangemessen zurückgedrängt werden, so muss die Behörde die zur Einhaltung von § 2 Nr. 1 notwendigen Anordnungen treffen, auch wenn dabei über die Bestimmungen der Rechtsverordnung hinausgegangen wird; ebenso bei Bewegungseinschränkungen, die gegen § 2 Nr. 2 verstoßen. Das liegt daran, dass das Gesetz (also § 2) in der Normenhierarchie über der Rechtsverordnung steht und durch diese nur konkretisiert, nicht aber eingeschränkt werden kann (s. auch § 2 Rn. 3, 43 sowie Einf. TierSchHundeV Rn. 1; TierSchNutztV Vor §§ 5–11 Rn. 7 und Vor §§ 16–25 Rn. 7). 12a

Bau- oder immissionsschutzrechtliche Genehmigungen schließen ein Einschreiten nach S. 2 Nr. 1 weder aus noch schränken sie es ein. Die Vorschriften des Tierschutzgesetzes und seiner Rechtsverordnungen müssen zwar im Genehmigungsverfahren mitgeprüft werden (vgl. § 6 Nr. 2 BImSchG bzw. die Bauordnungen der Länder); die Genehmigung entfaltet aber gleichwohl insoweit keine Bindungswirkung hinsichtlich des Tierschutzrechts (so VG Halle vom 27. 4. 2005, 2 A 12/05; *Landmann/Rohmer*, Umweltrecht, § 6 BImSchG Rn. 47; *Jarass* BImSchG § 6 Rn. 11). Da für das Halten landwirtschaftlicher Nutztiere keine § 11-Erlaubnis erforderlich ist, gibt es auch keine tierschutzrechtliche Erlaubnis, die von der Konzentrationswirkung nach § 13 BImSchG und einem davon ausgehenden Bestandsschutz erfasst würde. Außerdem wäre es mit den §§ 1 und 2 TierSchG nicht vereinbar, „einen statischen Tierschutz dadurch zu bewirken, dass der Tierschutz auf einem einmal ‚genehmigten' Niveau durch Bestandsschutzwirkungen festgeschrieben wird, die sich nur indirekt ohne eine eigentliche auf sie bezogene Genehmigung allein durch einen Zusammenhang mit anderen bau- und sonstigen in der immissionsschutzrechtlichen Genehmigung konzentrierten Genehmigungen ergeben soll" (so VG Halle aaO gegen einen Legehennenkäfighalter, der erfolglos versucht hatte, sich gegen eine § 16a-Anordnung zur Durchsetzung der Tierschutz-Nutztierhaltungsverordnung unter Hinweis auf die ihm erteilte immissionsschutzrechtliche Genehmigung zur Wehr zu setzen. Ähnlich auch VGH München vom 15. 7. 2002, 25 CS 02.1371: „Eine baurechtliche Genehmigung sagt im Übrigen nichts darüber aus, welche tierschutzrechtlichen Anforderungen an eine Pferdehaltung zu stellen sind"). Wer entgegen dieser Auffassung die Legalisierungswirkung von bau- oder immissionsschutzrechtlichen Genehmigungen auch auf das Tierschutzrecht ausdehnen will, muss Anordnungen nach S. 2 Nr. 1 jedenfalls hinsichtlich solcher Fragen zulassen, die der Genehmigungsbescheid nicht ausdrücklich regelt; außerdem auch nachträgliche Anordnungen, die auf einem geänderten Sachverhalt, einer geänderten Rechtslage oder neuen Erkenntnissen hins. der durch § 2 geschützten Bedürfnisse beruhen. 13

Exkurs: Möglichkeiten zur Durchsetzung des Tierschutzgesetzes auf Tierbörsen. 14
1. Es kann eine Allgemeinverfügung an alle Personen ergehen, die auf einer bestimmten Börse als Aussteller auftreten wollen (§ 35 VwVfG; zur Bekanntgabe §§ 41, 43 VwVfG). Darin werden alle Anordnungen aufgenommen, die zur Verhütung von Rechtsverstößen, die mit hinreichender Wahrscheinlichkeit erwartet werden müssen, geeignet, erforderlich und verhältnismäßig erscheinen, § 16a S. 1 (Die Annahme von *Zellner/Körner* AtD 1999, 284ff., dies sei nicht möglich, weil aufgrund von § 16a erst nach dem Eintritt von Rechts-

verletzungen eingeschritten werden könne, steht mit dem ordnungsrechtlichen Gehalt der Vorschrift nicht in Einklang, s. Rn. 2). – **2.** Der Erlaubnis nach § 11 wird die Auflage beigefügt, dass der Veranstalter eine bestimmte Börsenordnung erlassen und durchsetzen muss (s. § 11 Rn. 24 sowie *Weins* in: TVT, Tierschutz auf Tierbörsen, S. 30, 34). Stellt der überwachende Amtstierarzt fest, dass einzelne Aussteller hiergegen verstoßen, so erinnert er den Veranstalter an die Pflicht, die Börsenordnung mittels Weisung und notfalls mittels Hausrechts durchzusetzen (*Zellner/Körner* aaO 285; *Haut* in: TVT aaO S. 9, 13). – **3.** Gegen einzelne Aussteller wird mittels Anordnung nach § 16a S. 1, S. 2 Nr. 1 vorgegangen, zB bei zu kleinen, überfüllten oder verdreckten Käfigen/Transportboxen, bei fehlenden Rückzugsmöglichkeiten der Tiere, bei Vergesellschaftung unverträglicher Exemplare, bei fehlender Ausstattung und Strukturierung der Käfige, bei Verstößen gegen die TierSchTrV usw. Beispiele für Anordnungen: Blickdichtes Verschließen des Käfigs auf drei Seiten bei scheuen, exotischen Vögeln oder Reptilien; Wegstellen beunruhigter Tiere in einen ruhigen Bereich; Mindestanforderungen an Käfiggröße und Ausstattung; Reduzierung der Besatzdichte; Transportverbot (vgl. *Moritz* in: TVT aaO S. 3ff.). Die Anordnung sofortiger Vollziehbarkeit, die stets notwendig ist, wenn vor Bestandskraft vollstreckt werden soll (Ausnahme: Sofortvollzug bei Gefahr im Verzug nach Maßgabe des Landesrechts, vgl. zB § 21 LVwVG BW), kann mit der ansonsten zu befürchtenden Fortdauer von Schmerzen, Leiden oder anderen tierschutzrechtlichen Missständen, zB Verstößen gegen § 2, begründet werden. Bei Gefahr im Verzug kann sie auch mündlich unter der Bezeichnung als Notstandsmaßnahme ergehen (vgl. § 80 Abs. 3 S. 2 VwGO). Zwangsmittel sind, da Zwangsgeld häufig untunlich sein wird, idR die Ersatzvornahme und der unmittelbare Zwang (vgl. *Zellner/Körner* aaO). – **4.** Anzeigen gegen einzelne Aussteller bei Staatsanwaltschaft oder Bußgeldstelle des Veranstaltungsortes, zweckmäßigerweise unter Beifügung einer gutachterlichen Stellungnahme des überwachenden Amtstierarztes.

III. Fortnahme, Unterbringung, Veräußerung und ggf. Tötung von Tieren nach S. 2 Nr. 2

15 **Voraussetzungen für Fortnahme und Unterbringung sind: 1.** Die Anordnung, eine Fortnahme, eine pflegliche Unterbringung und ggf. auch eine Veräußerung oder Tötung von Tieren zu dulden und die Kosten hierfür zu tragen, kann gegenüber jeder Person ergehen, die das Tier hält, betreut oder zu betreuen hat (Halter iwS, vgl. VG Hannover AtD 1996, 229; VG Sigmaringen vom 22. 6. 1999, 4 K 296/97: Eigentumsverhältnisse unerheblich, ausschlaggebend ist das Obhutsverhältnis; *L/M* § 16a Rn. 16; s. auch bei § 2 Rn. 4–6). Mehrere dieser Personen können auch gleichzeitig in Anspruch genommen werden. – **2.** Das Tier muss mangels Erfüllung (einer oder mehrerer) Anforderungen des § 2 entweder erheblich vernachlässigt sein oder schwerwiegende Verhaltensstörungen aufzeigen. Erheblich bzw. schwerwiegend bedeutet hier: Nach Art oder Dauer gewichtig (denn im Gegensatz zu § 17 Nr. 2b wird das Zeitmoment hier nicht durch ein gesondertes Tatbestandsmerkmal erfasst, so dass die Dauer ohne weiteres in die Erheblichkeit einfließt; es genügt also zB, wenn einzelne Gebote aus § 2 für einen längeren Zeitraum und/oder in besonders intensiver Form verletzt worden sind; vgl. *Kluge* § 16a Rn. 21). Dies muss durch ein Gutachten, d.h. eine schriftlich niedergelegte sachverständige Beurteilung des Amtstierarztes bestätigt sein (uU können Aktenvermerke ausreichen; offen gelassen von OVG Münster Rd L 1980, 49, 50; vgl. auch VG Aachen vom 11. 9. 2003, 6 L 734/03: ausreichend, wenn der beamtete Tierarzt eine Aussage zu einer sein Fachgebiet betreffenden Frage macht, wobei nicht verlangt wird, dass zu jedem der fortgenommenen Tiere ein Gutachten vorliegt). Zu Verhaltensstörungen s. § 17 Rn. 69–77). Eine erhebliche Vernachlässigung kann auch in einer erheblichen Gefährdung der Tiere, zB durch baufällige Stallgebäude liegen, auch wenn es noch nicht zu einer Verletzung, Krankheit u.Ä.

gekommen ist (vgl. VG Ansbach vom 20. 4. 2005, AN 16 S 05.01204). – **3.** Die Wegnahme und Unterbringung müssen geeignet, erforderlich und verhältnismäßig ieS sein. Aus Verhältnismäßigkeitsgründen kann es sinnvoll sein, dem Halter vor der Fortnahme eine Frist zur Mängelbeseitigung einzuräumen und die Fortnahme erst nach erfolglosem Fristablauf anzuordnen (vgl. *Kluge* § 16a Rn. 33; Landesbeauftragte für Angelegenheiten des Tierschutzes, Hess. Zirkus-Handbuch S. 61) – Darauf, ob die Vernachlässigung durch Tun (zB falsche Ernährung, Unterbringung) oder Unterlassen (zB gebotener Pflegemaßnahmen) herbeigeführt worden ist, kommt es nicht an, ebenso wenig darauf, ob der Halter schuldhaft gehandelt hat. Auch zu Schmerzen, Leiden oder Schäden auf Seiten des Tieres braucht es (noch) nicht gekommen zu sein; vielmehr genügt die diesbezügliche Gefahr. Lassen sich solche negativen Folgen indes feststellen, so ist dies ein besonders starkes Indiz für eine vorangegangene erhebliche Vernachlässigung. – Auch wenn nur einige Tiere vernachlässigt sind, ist es im Interesse eines wirksamen Tierschutzes möglich, dem Halter alle Tiere wegzunehmen (vgl. VG Stuttgart NuR 1998, 218 und TU 1999, 349; ebenso VG Regensburg vom 2. 12. 2003, RN 11 S 03.2415 für das Tierhaltungsverbot nach Nr. 3).

Abs. 2 Nr. 2 enthält die **Ermächtigung zu einer Mehrzahl von Verwaltungsakten:** 16
Fortnahme- und Unterbringungsanordnung mit anschließenden, uU auch gleichzeitigen Vollstreckungsakten (s. Rn. 17); Anordnung der Veräußerung (s. Rn. 18); Kostenerstattungsbescheid (s. Rn. 19); eventuell Tötungsanordnung (s. Rn. 20).

Fortnahme- und Unterbringungsanordnung: 1. Die Behörde ordnet gegenüber dem 17
Halter iwS an, die Fortnahme und Unterbringung bestimmt bezeichneter Tiere auf seine Kosten zu dulden (evtl. i.V.m. der Anordnung, auch die Betretung des Grundstücks und Stallgebäudes zu diesem Zweck durch Bedienstete der Behörde zu dulden); zugleich gibt sie ihm auf, innerhalb einer gesetzten Frist bestimmte, den Anforderungen des § 2 entsprechende Haltungsbedingungen sicherzustellen; sinnvoll ist der zusätzliche Hinweis, dass die Tiere anderenfalls veräußert werden. – **2.** Diese Anordnung kann nach Maßgabe des jeweiligen Landesverwaltungsvollstreckungsgesetzes mit unmittelbarem Zwang vollstreckt werden (vgl. zB §§ 26, 28 LVwVG BW; vgl. auch VG Regensburg vom 2. 12. 2003, RN 11 S 03.2415). Dazu muss sie aber, wenn nicht ihre Bestandskraft abgewartet werden soll, für sofort vollziehbar erklärt werden (§ 80 Abs. 2 Nr. 4, Abs. 3 VwGO), zB mit der Begründung, dass angesichts des Ausmaßes der Vernachlässigung der Tiere mit der Fortnahme nicht bis zum Eintritt der Bestandskraft gewartet werden kann. – **3.** Ist die zeitliche Verzögerung, die mit einem gestreckten Vollstreckungsverfahren verbunden ist (schriftliche Fortnahme-Anordnung; Erklärung sofortiger Vollziehbarkeit (mit Begründung); Androhung des Zwangsmittels nebst Fristsetzung; Fristablauf; Anwendung unmittelbaren Zwangs), wegen des Zustandes der Tiere oder der Gefahr weiterer Verstöße nicht zu verantworten, so kann die zwangsweise Wegnahme im Wege des Sofortvollzugs auch ohne vorausgehenden VA erfolgen (allerdings muss in einigen Ländern die Pflicht zur Duldung von Fortnahme und Unterbringung vor oder gleichzeitig mit der Zwangsanwendung wenigstens mündlich ausgesprochen werden; auf Schriftform, Androhung und Fristsetzung kann aber bei Gefahr im Verzug verzichtet werden, vgl. § 21 LVwVG BW). Auf Verlangen muss dann aber später eine schriftliche Bestätigung erfolgen (§ 37 Abs. 2 VwVfG), in der darzulegen ist, dass die Voraussetzungen für die Fortnahme und den Sofortvollzug vorlagen. – **4.** Ist der Halter iwS abwesend oder nicht zu ermitteln oder seine Inanspruchnahme unmöglich oder unzweckmäßig, so wird die Wegnahme bei entsprechender Dringlichkeit durch unmittelbare Ausführung vollzogen (vgl. OVG Frankfurt/O NuR 1999, 231, 232). Der Verantwortliche (und zur Kostentragung Verpflichtete) wird in diesem Fall erst durch eine spätere Mitteilung oder durch den auf Kostenerstattung gerichteten Leistungsbescheid konkretisiert. In diesem Bereich ist manches streitig. Nach wohl hM reicht es bei drohender dringender Gefahr und Abwesenheit des Wohnungsinhabers aus, die Wohnung zu betreten und Tiere im Wege der unmittelbaren Ausführung wegzunehmen, pfleglich unterzubringen und die Kosten anschließend mittels Leistungsbescheid einzufordern (vgl. VG München NuR 2002, 507, 509 und *Kluge* § 16a Rn. 24,

50); dem Pflichtigen muss aber die für ihn vorgenommene Maßnahme mitgeteilt werden, wobei die Rechtsprechung für diese „nachträgliche Störerbestimmung" eine Frist von vier Tagen für ausreichend gehalten hat, vgl. OVG Münster DVBl. 1973, 925). – **5.** Müssen zum Zweck der Fortnahme Räume durchsucht werden, so ist dazu grundsätzlich beim Amtsgericht des jeweiligen Ortes eine entsprechende Anordnung einzuholen (zur Abgrenzung Betreten/Durchsuchen s. § 16 Rn. 7: wenn die Behörde also weiß, wo die Tiere sind, so dass sie ohne zielgerichtetes Suchen darauf zugreifen kann, bedarf es keiner Durchsuchungsanordnung). Auch dann, wenn nach den Tieren zielgerichtet gesucht werden muss, entfällt die Notwendigkeit der vorherigen richterlichen Anordnung gemäß Art. 13 Abs. 2 GG, wenn Gefahr im Verzug ist, insbesondere wenn der damit verbundene zeitliche Aufschub den Erfolg der Maßnahme ernsthaft gefährden würde (vgl. *Beck* AtD 1997, 283ff.; vgl. auch *Basikow/Struwe* AtD 2002, 31ff., die der zuweilen geäußerten Meinung, dass bei Einspruch des Wohnungsinhabers die Wohnung ohne richterliche Anordnung nicht betreten werden dürfe, zu Recht entgegentreten). Davon zu unterscheiden ist die Frage, ob der Amtstierarzt die Vollzugshilfe der Polizei in Anspruch nehmen sollte; dies ist zumindest dann zu empfehlen, wenn mit Widerstand gerechnet werden muss, insbesondere also in den Fällen des Sofortvollzuges s. Ziff. 3.

18 Die **Veräußerung** wird ebenfalls durch VA angeordnet. Zulässig ist sie, wenn der Halter iwS innerhalb der gesetzten Frist nicht nachgewiesen hat, eine den Anforderungen des § 2 entsprechende Haltung sicherzustellen. Zulässig ist sie auch, wenn die anderweitige Unterbringung nicht möglich ist (vgl. Hess. Zirkus-Handbuch S. 61); grds. muss sich aber die Behörde ernsthaft bemüht haben, eine geeignete Einrichtung zu finden (vgl. aber auch VG Kassel vom 6. 12. 1996, 5 G 4065/96: Verwertung durch sofortige Versteigerung, wenn die Verwahrung/Pflege mit unverhältnismäßig hohen Kosten oder Schwierigkeiten verbunden ist; vgl. weiter VGH Mannheim NuR 2006, 441, 443: Veräußerung ohne Fristsetzung, wenn gegen den Tierhalter zugleich ein Tierhaltungsverbot nach Nr. 3 ergeht). – Weitere Voraussetzung ist, dass die auf Duldung der Fortnahme gerichtete Verfügung entweder bereits bestandskräftig oder für sofort vollziehbar erklärt worden ist; ist die Wegnahme im Wege des Sofortvollzuges oder der unmittelbaren Ausführung erfolgt, so kommt es darauf an, dass die dafür notwendigen Voraussetzungen vorgelegen haben. – Angeordnet wird, dass der Betroffene die Veräußerung zu dulden hat (vgl. VGH Mannheim aaO: rechtsgestaltender Verwaltungsakt, der die rechtliche Befugnis zur Eigentumsübertragung auf die Behörde übergehen lässt). Auch diese Anordnung kann nach § 80 Abs. 2 Nr. 4, Abs. 3 VwGO für sofort vollziehbar erklärt werden, etwa mit der Begründung, dass bei einer Fortdauer der Unterbringung bis zur Bestandskraft die Kosten den Erlös bei weitem übersteigen würden. Die Veräußerung erfolgt durch öffentliche Versteigerung oder (wenn deren Kosten den zu erwartenden Erlös übersteigen oder sie aussichtslos erscheint) durch freihändigen Verkauf oder, wenn auch dieser aussichtslos erscheint, ausnahmsweise durch unentgeltliche Überlassung an eine gemeinnützige Einrichtung (vgl. VG Aachen vom 11. 9. 2003, 6 L 734/03; vgl. auch OLG Rostock vom 11. 7. 2002, 1 W 12/01: Verkauf einer Schafherde als Ganzes, wenn bei Einzelversteigerung nur ein geringer Teil der Herde hätte verkauft werden können). Die landesrechtlichen Regeln über die Verwertung sichergestellter Sachen gelten entsprechend, doch kann nach den Umständen des Falles eine „tierschutzspezifische Modifikation" geboten sein (VG Aachen aaO; *Thum* NuR 2001, 558, 565). Der Erlös wird an den Halter iwS herausgegeben, jedoch erst nach Abzug aller Kosten.

19 Von dem Halter iwS können mittels **Kostenerstattungsbescheid** die Kosten für Hin- und Rücktransport, für Ernährung, Pflege und Unterbringung sowie für medizinisch indizierte tierärztliche Behandlungen verlangt werden (vgl. VG Sigmaringen vom 22. 6. 1999, 4 K 297/97: Eigentumsverhältnisse auch hier unerheblich); ein Betrag von 12,50 Euro für Hunde und 6 Euro für Katzen pro Tag dürfte derzeit angemessen sein. – Voraussetzung ist auch hier, dass die auf Duldung der Fortnahme und Unterbringung gerichtete Anordnung entweder bestandskräftig oder für sofort vollziehbar erklärt worden ist.

Gleichgestellt ist der Fall, dass die Fortnahme im Wege des Sofortvollzugs oder der unmittelbaren Ausführung stattgefunden hat und die Voraussetzungen dafür vorgelegen haben. – Wird ein zuerst nur mündlich ausgesprochener, auf Fortnahme und Unterbringung gerichteter VA später schriftlich bestätigt, so sollte schon aus Gründen der Beweissicherung unbedingt darauf geachtet werden, darin die Anordnung der sofortigen Vollziehbarkeit nebst ihrer Begründung aufzunehmen (vgl. OVG Münster Rd L 1980, 49, 50. Zum Ganzen eingehend *Beck* AtD 1997, 283 ff. und 1999, 297 ff., dort auch Musterverfügungen). Der Kostenerstattungsbescheid ist gemäß § 80 Abs. 2 S. 1 Nr. 1 VwGO kraft Gesetzes sofort vollziehbar (VGH München NVwZ-RR 2006, 305).

Bei Vorliegen der Voraussetzungen für eine Veräußerung kann die **Tötung des Tieres** 20 **als ultima ratio** angeordnet werden, wenn die Veräußerung aus rechtlichen oder tatsächlichen Gründen nicht möglich ist (zur Tötung gefährlicher Hunde s. Einf. TierSchHundeV Rn. 10). Rechtliche Hindernisse können sich aus dem IfSG oder dem TierSG ergeben; nach AVV Nr. 15.1 soll bereits genügen, wenn bei schlachtbaren Tieren die Verwertung zur Lebensmittelgewinnung (zB wegen Anwendung verbotener Substanzen) untersagt ist, jedoch erscheint zweifelhaft, ob damit den Anforderungen aus Art. 20a GG ausreichend Rechnung getragen wird. Eine Unmöglichkeit aus tatsächlichen Gründen kommt in Betracht, wenn das Tier trotz nachweisbarer, geeigneter Vermittlungsversuche weder verkauft noch verschenkt noch abgegeben werden kann; in diese Vermittlung müssen sowohl die Medien als auch andere Fachbehörden und die Tierschutzorganisationen einbezogen werden (vgl. AVV Nr. 15.1 und 15.2). – Weil die Tötung nur „als letzte in Betracht kommende Maßnahme“ (AVV aaO) veranlasst werden darf, scheidet sie aus, wenn eine verhaltensgerechte Unterbringung durch die Behörde oder durch Dritte möglich wäre und lediglich an dem dafür notwendigen Aufwand an Arbeit, Zeit und/oder Kosten scheitert (s. auch § 1 Rn. 47; vgl. weiter AG Landau, 1 C 466/86: Die Kosten, die durch die Unterbringung eines Tieres entstehen, sind kein vernünftiger Grund, es zu töten); desgl., solange noch eine Chance besteht, durch Einschaltung von Medien, Behörden und Tierschutzorganisationen eine Unterbringung zu finden (vgl. auch VG Frankfurt/M NVwZ 2001, 1320: Tötung eines gefährlichen Hundes nur, wenn er nachgewiesenermaßen so gefährlich ist, „dass sein Weiterleben nur unter so weit reichenden Sicherheitsvorkehrungen möglich gewesen wäre, dass es nur um den Preis eines nicht behebbaren, dauernden und erheblichen Leidens einzurichten gewesen wäre“; vgl. auch VG Sigmaringen NVwZ-RR 2004, 183 f.: dass ein Hund wegen seiner Gefährlichkeit dauerhaft in einem Zwinger untergebracht werden müsste, ist angesichts von § 6 TierSchHundeV, der von einer grds. Zulässigkeit dieser Haltungsform ausgeht, kein ausreichender Grund für eine Tötung). Nach der Aufnahme des Tierschutzes als Staatsziel ins Grundgesetz durch Art. 20a GG müssen die Voraussetzungen, unter denen eine Tötung „als äußerste Möglichkeit der tierschützerischen Intention des Gesetzes“ (VG Frankfurt/M aaO) zugelassen werden kann, deutlich strenger ausgelegt werden, als dies in der Vergangenheit zT der Fall war; Tötungen aus Kostengründen sind unzulässig (vgl. *Kluge* § 16a Rn. 36). – Eine Tötung wegen erheblicher Schmerzen, Leiden oder Schäden scheidet aus, solange sich diese mit den Möglichkeiten der Veterinärmedizin beheben oder abmildern lassen; die dazu notwendigen Aufwendungen begründen keine Unbehebbarkeit. – Die Tötung muss gegenüber dem Halter iwS durch VA angeordnet werden. Die Voraussetzungen für eine Anordnung der sofortigen Vollziehbarkeit nach § 80 Abs. 2 Nr. 4, Abs. 3 VwGO dürften hier regelmäßig nicht vorliegen, sodass die Bestandskraft des Bescheides abgewartet werden muss, bevor das Tier getötet wird.

Notwendige Fortnahmen scheitern oft an der zeit- und arbeitsaufwändigen **Suche** 21 **nach geeigneten Unterbringungsmöglichkeiten.** Der Bundesrat hat deshalb im Verfahren zum ÄndG 1998 (erfolglos) vorgeschlagen, durch einen neuen § 16 Abs. 5 Nr. 6 die Voraussetzungen für eine bundesweit zentrale Erfassung von geeigneten Unterbringungseinrichtungen zu schaffen, weil dies eine unverzügliche Vermittlung und artgerechte Unterbringung der Tiere sichere (BT-Drucks. 13/7015 S. 37, 38). Solange es an einer derartigen förmlichen Rechtsgrundlage fehlt, wäre wenigstens auf Landesebene die Einrichtung computergestützter Dateien denkbar, in die solche Einrichtungen mit Einverständnis des jeweiligen Trägers aufgenommen würden und auf die jede Tierschutzbehörde Zugriff hätte. – Eine Arbeitsgruppe der Länder unter dem Vorsitz Niedersachsens hat geeignete Anlaufstellen geprüft und entsprechende Informationen in einem Tagungsband veröffentlicht. – Zoos und Tierparke verweigern häufig die Errichtung solcher Unterbringungsstationen unter Hinweis auf die damit verbundenen Aufwendungen; sie sollten aber daran erinnert werden, dass sie durch die Abgabe überzähliger Jungtiere an gewerbliche Händler eine Mitverantwortung tragen, wenn später diese Tiere zB in schlecht geführten Zirkussen beschlagnahmt werden müssen (vgl. *Martin* AtD 1998, 338, 344).

22 Zur **Fortnahme im Ordnungswidrigkeiten-Verfahren** s. § 19 Rn. 9–14. Sofern die rechtlichen Voraussetzungen dafür vorliegen, hat die Beschlagnahme nach den §§ 19 TierSchG, 46 OWiG, 111b StPO den Vorteil, dass durch die Möglichkeit zur Notveräußerung nach § 111l StPO ein relativ schneller Verkauf der Tiere erreicht werden kann, was hohe Unterbringungskosten vermeiden hilft. Im Wege der Anordnung nach § 16a S. 2 Nr. 2 wird man dagegen vorgehen, wenn eine Ordnungswidrigkeit iS des § 19 nicht sicher nachweisbar ist oder die Voraussetzungen für eine Einziehung aus anderen Gründen (zB wegen des Verhältnismäßigkeitsgrundsatzes) nicht genügend wahrscheinlich erscheinen.

23 **Fehler im Verwaltungsverfahren,** die in der Vergangenheit nicht selten zur Aufhebung der Anordnungen durch die Verwaltungsgerichte geführt haben, sind u. a.: Fehlende lückenlose Ermittlung und Beweissicherung (durch Fotos, Zeugenaussagen, zeitnahe Protokollvermerke über Ermittlungsergebnisse, tierärztliche Gutachten, aus denen sich die rechtlichen Voraussetzungen für die Fortnahme hinreichend eindeutig ergeben; besonders wichtig können Fotodokumentationen und zeitnah erstattete Sachverständigengutachten sein, vgl. VG München NuR 2002, 507, 508); fehlende ausdrückliche Anordnung der sofortigen Vollziehbarkeit nebst gesonderter Begründung; Nicht-Aufnahme dieser Anordnung nebst Begründung in spätere schriftliche Bestätigungen von zunächst mündlich ergangenen Verwaltungsakten (mit der Folge, dass sie sich kaum mehr beweisen lässt). Diese Fehler lassen sich vermeiden.

IV. Untersagung von Haltung oder Betreuung nach S. 2 Nr. 3

24 **Voraussetzungen für die Untersagung sind: 1.** Potenzielle Adressaten sind auch hier alle Personen, die Halter im weiteren Sinne sind (also Halter, Betreuer, Betreuungspflichtiger; darunter fällt auch der Tiertransporteur, s. § 2 Rn. 6). – **2.** Eine Zuwiderhandlung gegen § 2 liegt u. a. vor, wenn bei den gehaltenen Tieren ein Verhaltensbedürfnis iS von § 2 Nr. 1 unterdrückt oder erheblich eingeschränkt wurde oder wenn einem Tier durch Einschränkung der Möglichkeit zur Bewegung Schmerzen, vermeidbare Leiden oder Schäden zugefügt wurden (s. auch § 2 Rn. 29: Erfüllung von Bedürfnissen immer nur innerhalb des zugehörigen Funktionskreises möglich). Das Unterlassen gebotener Maßnahmen in den Bereichen ‚Ernährung' oder ‚Pflege' begründet gleichfalls einen Verstoß (zum Verhältnis von § 2 zu Richtlinien, Rechtsverordnungen, Empfehlungen, amtlichen Gutachten s. § 2 Rn. 42–46). Wird die Untersagung auf die Zuwiderhandlung gegen einen VA nach S. 2 Nr. 1 gestützt, so muss dieser, wenn Widerspruch oder Klage dagegen eingereicht worden ist, für sofort vollziehbar erklärt worden sein (allerdings wird in einem solchen Fall idR auch ein Verstoß gegen das Gesetz, nämlich gegen § 2 vorliegen). Ausreichend ist auch ein Verstoß gegen eine Rechtsverordnung nach § 2a. Auf ein etwaiges Verschulden kommt es nicht an (vgl. VG Arnsberg vom 25. 8. 2000, 3 K 645/99). **3.** Eine wiederholte Zuwiderhandlung liegt bereits ab zwei Verstößen vor. Ist nur eine einmalige Zuwiderhandlung nachweisbar, so kommt es darauf an, ob sie grob war. Bei einem vorsätzlichen Verstoß gegen eine Strafvorschrift ist dies stets zu bejahen (vgl. für das Merkmal „gröblich" im

Waffenrecht BVerwGE 101, 24, 32f.). Bei nicht strafbaren Verstößen kommt es u.a. auf die Intensität und Dauer des Verstoßes, auf die Größe der herbeigeführten Gefahren, auf das Ausmaß und die Dauer der verursachten Schmerzen, Leiden und Schäden, auf den Grad des Verschuldens usw. an. **4.** Erheblich bedeutet auch hier: nach Art und Intensität gewichtig (s. § 17 Rn. 61). Wegen der Schwierigkeit, dies im Einzelfall nachzuweisen, reichen auch „einfache“ Schmerzen oder Leiden aus, wenn sie länger anhalten (vgl. BT-Drucks. 13/7015 S. 24; VGH Mannheim NuR 2002, 607, 608: Unterschied zum Wortlaut des § 17 Nr. 2b „mit guten Gründen“). Sind dagegen nur Schäden feststellbar, so müssen diese erheblich sein. Es genügt, wenn sich die Beeinträchtigungen nur bei einem Teil der Tiere des betroffenen Bestandes feststellen lassen (vgl. VG Arnsberg aaO; VG Stuttgart NuR 1998, 218 und TU 1999, 349; *L/M* § 16a Rn. 21). Ist es trotz einer Kette von Verstößen gegen § 2 nur deswegen nicht zu erheblichen oder länger anhaltenden Schmerzen, Leiden oder erheblichen Schäden gekommen, weil die Tierschutzbehörde dies in der Vergangenheit jeweils durch rechtzeitige Kontrollen, Ermahnungen und Auflagen verhindern konnte, so braucht sie mit einer Untersagung dennoch nicht zuzuwarten, bis bei den Tieren solche Folgen feststellbar sind; da § 16a der Gefahrenabwehr dient, reicht es aus, dass ohne eine Untersagung die Gefahr erheblicher oder anhaltender Schmerzen, Leiden oder erheblicher Schäden besteht, weil die bisherigen Maßnahmen zu keiner nachhaltigen und dauerhaften Besserung der Tierhaltung geführt haben (vgl. VGH Mannheim NuR 2002, 607, 608; vgl. auch VG Ansbach vom 20. 4. 2005, AN 16 S 05.01204: konkrete Gefahr von erheblichen Schäden kann ausreichen; Hess. Zirkus-Handbuch S. 62) **5.** Tatsachen, die die Gefahr weiterer Zuwiderhandlungen begründen, können zB in der Zahl und/oder der Schwere der bisherigen Verstöße liegen. Zur Begründung der Untersagung kann es dann sinnvoll sein, die Verstöße aufzulisten. Eine Kette von Verfehlungen gegen § 2 rechtfertigt die Annahme weiterer Verstöße auch dann, wenn es in der Zwischenzeit einzelne, kurzfristige Verbesserungen in der Tierhaltung gegeben hat (VG Stuttgart NuR 1999, 236, 237; vgl. auch VGH Mannheim: Der Hinweis auf ein Wohlverhalten unter dem Druck des laufenden Verfahrens ist nicht geeignet, die Gefahrenprognose zu erschüttern). Die Tatsachen müssen die Annahme rechtfertigen, dass es ohne die Untersagung zu weiteren Zuwiderhandlungen kommen wird (vgl. *Kluge* § 16a Rn. 43).

Der **Verhältnismäßigkeitsgrundsatz** ist auch hier zu beachten: Die Behörde untersagt **25** dem Halter iwS das Halten oder Betreuen von Tieren einer bestimmten oder jeder Art, soweit dies zur Verhütung weiterer Verstöße geeignet, erforderlich und verhältnismäßig ieS ist. Der Begriff des Betreuens umfasst auch das Transportieren (vgl. BT-Drucks. 13/7015 S. 24). – Mildere Handlungsalternativen, mit denen sich die Behörde ausweislich der Begründung ihres Bescheids erkennbar auseinandergesetzt haben sollte, sind u.a.: Abhängigmachen der weiteren Haltung oder Betreuung vom Nachweis bestimmter Kenntnisse und Fähigkeiten; Wegnahme und zeitweilige Unterbringung nach S. 2 Nr. 2 bei begründeter Hoffnung, dass der Halter iwS eine tierschutzgerechte Haltung in absehbarer Zeit gewährleisten wird; Beschränkung der Untersagung auf landwirtschaftliche Nutztiere, auf bestimmte Höchstzahlen u.a.m. – Eine totale Untersagung ist verhältnismäßig, wenn weitere Verstöße drohen und die milderen Handlungsalternativen zur Abwendung dieser Gefahr nicht genügend effektiv erscheinen (vgl. VG Stuttgart vom 29. 10. 1999, 4 K 4569/99: Der Umstand, dass der Betroffene sozialhilfebedürftig zu werden droht, führt nicht zur Unverhältnismäßigkeit der Untersagung). Die Schwere des Eingriffs wird durch die Möglichkeit nach S. 2 Nr. 3 letzter Halbsatz abgemildert (Wiedergestattung, wenn der Halter iwS nachweist, dass der Grund für die Annahme weiterer Zuwiderhandlungen weggefallen ist; verbleiben insoweit aber Zweifel, so ist die Wiedergestattung nicht möglich).

Handlungsmittel (vgl. *Beck* AtD 1999, 297 ff.). Die Anordnung lautet etwa: „Ihnen **26** wird das Halten (und Betreuen) folgender Tiere (nähere Bezeichnung) bzw. von Tieren jeder Art untersagt.“ Sinnvoll ist, damit die Anordnung zur Auflösung des Tierbestandes und zur Vorlage von Nachweisen über den Verbleib der Tiere zu verbinden (vgl. VG

Stuttgart NuR 1999, 234: Frist von zehn Tagen ab Zustellung ausreichend). Um Scheinübergaben an Verwandte u.Ä. zu verhindern, kann die Abgabe an eine bestimmte geeignete Person oder an ein Tierheim angeordnet werden (vgl. VG Arnsberg aaO: Verpflichtung, die Tiere dem Tierschutzverein zu überstellen). Denkbar ist auch die Anordnung: „Die Abgabe der o.g. Tiere darf nur an Personen erfolgen, die mindestens drei Tage vor der Abgabe der Behörde zu benennen sind und die den Nachweis erbracht haben, eine Ernährung, Pflege und Unterbringung entsprechend den Anforderungen des § 2 sicherstellen zu können." Für den Fall des fruchtlosen Ablaufes der gesetzten Frist kann angedroht werden, die Tiere zwangsweise wegzunehmen (vgl. VGH Mannheim NuR 2006, 441, 442: Vollstreckung der Anordnung zur Auflösung des Tierbestandes durch Zwangsgeld oder im Wege unmittelbaren Zwanges durch Wegnahme; ebenso VG Aachen vom 9. 12. 2003, 6 L 890/03). Auch die Einziehung der Tiere kann angeordnet werden (vgl. VGH Mannheim AgrarR 2003, 32, 33; VG Freiburg vom 14. 2. 2005, 2 K 91/05; VG Sigmaringen vom 13. 7. 2004, 6 K 1204/04). – Die Wegnahme richtet sich hier nicht nach S. 2 Nr. 2, sondern stellt einen Vollstreckungsakt dar (vgl. VG Stuttgart NuR 1998, 218). Sie setzt daher voraus, dass die Untersagung und die Anordnung zur Auflösung des Tierbestandes entweder bestandskräftig oder nach § 80 Abs. 2 Nr. 4, Abs. 3 VwGO für sofort vollziehbar erklärt sind. Die Anordnung der sofortigen Vollziehbarkeit lässt sich u.a. mit der sonst zu befürchtenden Fortdauer der Schmerzen, Leiden oder Schäden oder anderer tierschutzrechtlicher Missstände begründen (vgl. VG Freiburg aaO: Vorrang des öffentlichen Interesses an sofortiger Vollziehung, wenn anderenfalls ernsthaft weitere tierschutzrechtliche Verstöße zu befürchten sind). – Zur Rechtsgrundlage für die Veräußerung der weggenommenen Tiere gibt es unterschiedliche Ansichten: Nach wohl überwiegender Ansicht hat eine Anordnung zu ergehen, durch die dem Halter iwS die Veräußerung angekündigt und damit eine entsprechende Duldungspflicht begründet wird (so VG Aachen aaO); nach anderer Ansicht bedarf es dagegen der Einziehung der Tiere, die aber bei Vorliegen der o.e. Voraussetzungen ausgesprochen werden kann (so VG Sigmaringen aaO; VG Freiburg aaO). Duldungsanordnung bzw. Einziehung sind keine Maßnahmen der Verwaltungsvollstreckung, d.h.: sie müssen entweder bestandskräftig oder für sofort vollziehbar erklärt sein, bevor die Veräußerung tatsächlich stattfindet (vgl. zum Ganzen auch VGH Mannheim NuR 2006, 441, 443: keine Einziehung erforderlich, wenn zusätzlich zu den Voraussetzungen der Nr. 3 auch diejenigen der Nr. 2 vorliegen; in diesem Fall ist es möglich, gleichzeitig mit dem auf Nr. 3 gestützten Tierhaltungsverbot aufgrund von Nr. 2 die Fortnahme der Tiere und die Verpflichtung zur Duldung der Veräußerung auszusprechen und nach Bestandskraft bzw. sofortiger Vollziehbarkeit die Veräußerung durchzuführen; die nach Nr. 2 grds. erforderliche Fristsetzung ist hier wegen des gleichzeitigen Vorliegens der Voraussetzungen der Nr. 3 und des darauf gestützten Tierhaltungsverbots entbehrlich). – Soweit zur Beschlagnahme Räume nicht nur betreten, sondern auch durchsucht werden müssen, bedarf es dazu grundsätzlich einer richterlichen Durchsuchungsanordnung, außer bei Gefahr im Verzug (s. Rn. 17; zur Abgrenzung Betreten/Durchsuchen s. auch § 16 Rn. 7: also keine Durchsuchung, wenn die Behörde den Aufenthaltsort der wegzunehmenden Tiere bereits kennt, so dass sie ohne Suchen darauf zugreifen kann). – Der Erlös einer Veräußerung wird an den Halter iwS herausgegeben, allerdings erst nach Abzug der Kosten für Veräußerung sowie für Unterbringung, Pflege, Ernährung und medizinisch indizierte tierärztliche Behandlung.

27 Zur Möglichkeit eines Verbots des Haltens und des berufsmäßigen Umgangs mit Tieren im Rahmen eines Strafverfahrens s. §§ 20, 20a.

V. Anordnung der Einstellung von Tierversuchen nach S. 2 Nr. 4

28 **Ohne die erforderliche Genehmigung** werden Tierversuche u.a. in folgenden Fällen durchgeführt: Beginn mit einem genehmigungspflichtigen Versuchsvorhaben ohne Ge-

nehmigung oder vor Zugang des Genehmigungsbescheides; Fortsetzung eines befristet genehmigten Versuchsvorhabens trotz Fristablauf; Fortsetzung eines genehmigten Versuchsvorhabens trotz wirksamer Rücknahme bzw. wirksamen Widerrufs der Genehmigung; Überschreitung der inhaltlichen Grenzen einer Genehmigung (auch: Verstoß gegen eine Auflage). Die Genehmigungsfiktion nach § 8 Abs. 5a tritt nicht ein, wenn die Darlegungen im Antrag unvollständig oder unsubstantiiert sind, so dass nicht ohne Nachlieferung über eine Genehmigung entschieden werden kann (s. § 8 Rn. 17).

Bei der Frage, ob ein Tierversuch **entgegen einem tierschutzrechtlichen Verbot** 29 durchgeführt wird, muss zwischen genehmigten und genehmigungsfreien Versuchen unterschieden werden. – Ist ein Versuchsvorhaben genehmigungspflichtig und ist eine wirksame Genehmigung erteilt worden, so entfaltet diese grds. eine Legalisierungswirkung, d.h. der Adressat handelt nur rechtswidrig, wenn er die Grenzen der Genehmigung überschreitet, wenn er gegen Auflagen oder Bedingungen verstößt oder wenn er solche Vorschriften verletzt, die trotz Genehmigung ständig auf ihre Einhaltung überprüft werden müssen, insbesondere § 9 Abs. 1 und Abs. 2. Ansonsten muss bei tierschutzrechtlichen Verstößen geprüft werden, ob die Genehmigung zurückgenommen oder widerrufen werden kann (vgl. §§ 48, 49 VwVfG). – Demnach ist auch gegenüber Tierversuchen, die genehmigt worden sind und sich innerhalb der Grenzen der Genehmigung halten, eine nachträgliche Verfügung möglich, wenn sich später herausstellt, dass die Voraussetzungen nach § 9 Abs. 1 oder die Unerlässlichkeit nach § 9 Abs. 2 S. 1 und 2 nicht oder nicht mehr gegeben sind. Dasselbe gilt, wenn gegen eine der Konkretisierungen des Unerlässlichkeitsgebotes nach § 9 Abs. 2 S. 3 Nr. 1–8 verstoßen wird. Die Legalisierungswirkung der Genehmigung immunisiert nicht gegen nachträgliche Eingriffe bei Fehlen oder Wegfall einer dieser Voraussetzungen, da es sich insoweit um Vorschriften handelt, die die Behörde ständig unter Beobachtung halten muss (vgl. *Kluge/Goetschel* § 9 Rn. 3 und § 16a Rn. 47; s. auch § 9 Rn. 7) – Ist das Versuchsvorhaben genehmigungsfrei, so greift S. 2 Nr. 4 ein, sobald gegen irgendeine formelle (zB Anzeigepflicht nach § 8a) oder materielle Vorschrift (zB § 7 Abs. 2, Abs. 3 oder § 9 Abs. 1, Abs. 2) verstoßen wird. – Bei anzeigepflichtigen Vorhaben gibt es damit ein Nebeneinander von § 16a S. 2 Nr. 4 und von § 8a Abs. 5, denn: Bestehen konkrete Anhaltspunkte, dass eine der dort aufgelisteten Vorschriften verletzt ist, und kann der Verantwortliche trotz behördlicher Aufforderung und Fristsetzung nicht den Nachweis führen, dass die Einhaltung der betreffenden Vorschrift sichergestellt ist, so muss die Behörde das Vorhaben nach § 8a Abs. 5, der gegenüber § 16a S. 2 Nr. 4 Vorrang hat, untersagen (gebundene Verwaltung, s. dort Rn. 11).

VI. Ordnungswidrigkeiten

Ordnungswidrig nach § 18 Abs. 1 Nr. 2 handelt, wer vorsätzlich oder fahrlässig einer 30 (entweder bestandskräftigen oder für sofort vollziehbar erklärten) Anordnung nach § 16a S. 2 Nr. 1, 3 oder 4 zuwiderhandelt (s. § 18 Rn. 18). Tateinheit kommt insbesondere mit § 18 Abs. 1 Nr. 1 in Betracht. Bei Tateinheit mit § 17 s. § 21 OWiG.

§ 16b [Tierschutzkommission]

(1) [1]Das Bundesministerium beruft eine Tierschutzkommission zu seiner Unterstützung in Fragen des Tierschutzes. [2]Vor dem Erlass von Rechtsverordnungen und allgemeinen Verwaltungsvorschriften nach diesem Gesetz hat das Bundesministerium die Tierschutzkommission anzuhören.

(2) Das Bundesministerium wird ermächtigt, durch Rechtsverordnung ohne Zustimmung des Bundesrates das Nähere über Zusammensetzung, Berufung der Mitglieder, Aufgaben und Geschäftsführung der Tierschutzkommission zu regeln.

1 Bereits vor dem TierSchG 1972 gab es beim Bundesministerium einen „Beirat für Tierschutz", der sich aus Vertretern von Tierschutzorganisationen, Wissenschaft und Tiermedizin zusammensetzte. Mit dem ÄndG 1986 wurde eine förmliche Rechtsgrundlage für eine solche **beratende Kommission** geschaffen. – Zu ihren Aufgaben vgl. BT-Drucks. 10/3158 S. 29: „Die Kommission soll den Bundesminister in Fragen des Tierschutzes, insbesondere vor dem Erlass einschlägiger Rechtsverordnungen, beraten. Sie soll ... auch von sich aus Fragen des Tierschutzes aufgreifen können." – Rechtsverordnungen und Verwaltungsvorschriften müssen nach Abs. 1 S. 2 vor ihrem Erlass der Kommission vorgelegt werden. Der Minister ist zwar nicht an die Zustimmung der Kommission gebunden. Er muss aber ihr Votum vor seiner Entscheidung zur Kenntnis nehmen, sich mit ihren Argumenten auseinandersetzen und begründen, weshalb er diesem oder jenem Argument nicht folgt. Nur dann kann von einer „Beratung" in dem o.g. Sinne, d.h. von einem Dialog zwischen Kommission und Ministerium die Rede sein. – Bei Erlass der Hennenhaltungsverordnung (HhVO) von 1987 ist dagegen verstoßen worden, weil der Verordnungsentwurf erst nach seiner Verabschiedung durch den Minister und nach der Zuleitung an den Bundesrat der Kommission vorgelegt wurde; deren ablehnendes Votum hatte mithin keine Chance mehr, die ministerielle Entscheidung iS einer Beratung zu beeinflussen (vgl. *Erbel* DÖV 1989, 338, 340: „schwerwiegender Verfahrensmangel").

2 Aufgrund von Abs. 2 ist die **Tierschutzkommissionsverordnung** vom 23. 6. 1987 (BGBl. I S. 1557), zuletzt geändert durch Verordnung vom 25. 11. 2003 (BGBl. I S. 2304) erlassen worden. Sie regelt u.a. die Zusammensetzung des zwölfköpfigen Gremiums (vier Sachverständige überregionaler Tierschutzverbände, ein Sachverständiger eines überregionalen Tierhalterverbandes, ein Sachverständiger der Deutschen Forschungsgemeinschaft, je ein Wissenschaftler aus dem Bereich der Geisteswissenschaften, der Verhaltenskunde, der Tierhaltung, der biomedizinischen Grundlagenforschung, der Medizin und der Veterinärmedizin). Die Berufung erfolgt für vier Jahre. Die Mitglieder wählen aus ihrer Mitte mit einfacher Mehrheit den Vorsitzenden. Über § 8 Abs. 2 der Verordnung gelten die §§ 83 bis 86 und 89 bis 93 VwVfG, d.h. u.a. Verschwiegenheitspflicht (vgl. *Kopp/Ramsauer* § 84 VwVfG Rn. 3–8); Beschlussfassung mit Stimmenmehrheit; bei Stimmengleichheit entscheidet die Stimme des Vorsitzenden.

§ 16c [Verordnungsermächtigung zur Meldepflicht von Tierversuchen]

Das Bundesministerium wird ermächtigt, durch Rechtsverordnung mit Zustimmung des Bundesrates Personen und Einrichtungen, die Tierversuche an Wirbeltieren durchführen oder die Wirbeltiere nach § 4 Abs. 3, § 6 Abs. 1 Satz 2 Nr. 4, § 10 oder § 10a verwenden, zu verpflichten, in bestimmten, regelmäßigen Zeitabständen der zuständigen Behörde Angaben über Art, Herkunft und Zahl der verwendeten Tiere und über den Zweck und die Art der Versuche oder sonstigen Verwendungen zu melden und das Melde- und Übermittlungsverfahren zu regeln.

1 Die **Verordnungsermächtigung** ist mit dem ÄndG 1986 (damals als § 9a Abs. 2) ins Gesetz eingefügt worden, um das „Anliegen der Öffentlichkeit, Zugang zu statistischen Informationen über Tierversuche zu erhalten", zu berücksichtigen (BT-Drucks. 10/3158 S. 26). Das ÄndG 1998 hat die Meldepflichten ab 1. 1. 2000 auf alle wissenschaftlichen Vorhaben mit Wirbeltieren erstreckt. Gleichzeitig wurde der Inhalt der Meldung um Angaben zur Herkunft der Tiere erweitert und der Standort der Regelung verändert. – Meldepflichtig sind: Tierversuche an Wirbeltieren nach § 7 (auch wenn sie nicht der Genehmigung nach § 8 bedürfen); Tötungen von Wirbeltieren zu wissenschaftlichen Zwecken nach § 4 Abs. 3; Organ- und Gewebeentnahmen nach § 6 Abs. 1 S. 2 Nr. 4; Eingriffe und Behandlungen zur Aus-, Fort- oder Weiterbildung nach § 10; biotechnische und ähnliche Maßnahmen nach § 10a. – Anzugeben sind: Art und Zahl der von der Einrichtung verwendeten Tiere; ihre Herkunft; Zweck und Art der durchgeführten Versuche bzw. der

sonstigen Verwendungen. Die Angaben müssen gegenüber der durch das Landesrecht bestimmten Behörde gemacht werden. – Die Zielsetzung des ÄndG 1998, „den gesamten Verbrauch an Wirbeltieren im Rahmen wissenschaftlicher Untersuchungen, im Rahmen der Aus-, Fort- oder Weiterbildung oder der Produktion von Stoffen oder Organismen transparent zu machen" (BT-Drucks. 13/7015 S. 24) würde eigentlich erfordern, auch die als „überzählig" getöteten und die bei der Haltung oder auf dem Transport gestorbenen Wirbeltiere der Meldepflicht zu unterstellen (vgl. *Fikuart* DTBl. 2002, 492, 493: Bis zu 90% der für Versuche gezüchteten Tiere können im Versuch nicht verwendet werden und werden als Ausschuss getötet, ohne in der Statistik zu erscheinen).

Die **Versuchstiermeldeverordnung** vom 4. 11. 1999 (BGBl. I S. 2156), zuletzt geändert am 31. 10. 2006 (BGBl. I S. 2407) setzt die Ermächtigung in der seit 1998 geltenden Fassung um. Sie regelt u.a. den Zeitpunkt der Meldung (bis zum 31. 3. für das vorangegangene Kalenderjahr) und das zu verwendende Formblatt. – Die gemeldete Zahl der Versuchstiere in Deutschland betrug 1996 1,51 Mio., 1997 1,49 Mio., 1998 1,53 Mio., 1999 1,59 Mio., 2000 1,83 Mio., 2001 2,13 Mio., 2002 2,21 Mio. und 2003 2,11 Mio. und 2004 2,27 Mio. (der stetige Anstieg seit 1997 wird vor allem mit der zunehmenden Verwendung transgener Tiere erklärt, vgl. DTBl. 2002, 42; die Zunahme von 1999 auf 2000 hängt auch mit der seit 1. 1. 2000 erweiterten Meldepflicht zusammen, s. Rn. 1). – Die Zahlen sind unvollständig. Insbesondere sollten von den transgenen Tieren auch diejenigen erfasst werden, die sterben oder getötet werden, ohne in wissenschaftlichen Verfahren zum Einsatz zu gelangen (vgl. *Sauer* et al. ALTEX 23, 2006, 4; *Fikuart* aaO). 2

§ 16d [Verwaltungsvorschriften]

Das Bundesministerium erlässt mit Zustimmung des Bundesrates die allgemeinen Verwaltungsvorschriften, die zur Durchführung dieses Gesetzes und der auf Grund dieses Gesetzes erlassenen Rechtsverordnungen erforderlich sind.

Die **Ermächtigung** ist im Licht des Art. 84 Abs. 2 GG dahin zu verstehen, dass die Allgemeinen Verwaltungsvorschriften (AVV) von der Bundesregierung als Kollegium zu erlassen sind (vgl. BMELV, Tierschutzbericht 2001, II 1.6 unter Hinweis auf BVerfGE 100, 249ff.; vgl. auch *Kluge* § 16d Rn. 1). Die AVV vom 9. 2. 2000 (BAnz. Nr. 36a vom 22. 2. 2000) sind also nur dann gültig zustande gekommen, wenn sämtliche Mitglieder der Bundesregierung von der anstehenden Entscheidung in Kenntnis gesetzt worden sind und Gelegenheit zur Mitwirkung hatten; auch muss eine Mehrheit dem Beschluss zugestimmt haben (vgl. *Kluge* aaO). 1

Einzelne Bestimmungen der AVV sind norminterpretierende Verwaltungsvorschriften, d.h. sie enthalten Vorgaben zur Auslegung der Rechtsbegriffe des Tierschutzgesetzes. Eine solche Vorschrift ist nur rechtmäßig, soweit die von ihr vorgegebene Interpretation zutreffend ist, was notfalls von den Gerichten überprüft wird (vgl. *Schmalz,* Allgemeines Verwaltungsrecht, Rn. 725). Damit entbinden die AVV weder die Behörde noch den handelnden Amtsträger von der Pflicht, zu prüfen, ob die dort gemachten Vorgaben zur Auslegung und Anwendung des Gesetzes richtig sind; soweit dies nicht der Fall ist, entsteht ein Widerspruch zwischen der Gesetzesbindung und der internen Bindung an die Dienstanweisung, der notfalls nach den Regeln der Remonstrationspflicht gelöst werden muss (vgl. § 38 Abs. 2 BRRG und die entsprechenden Normen im jeweiligen LBG; s. auch Einf. Rn. 94 und Art. 20a GG Rn. 22). – Soweit die AVV Regelungen zur Ermessensausübung enthalten, beziehen sich diese idR nur auf die typischen Fälle, so dass unter Berücksichtigung der Besonderheiten des Einzelfalles davon abgewichen werden kann (vgl. *Schmalz* aaO Rn. 726; s. auch Art. 20a GG Rn. 23). 2

§ 16e [Bericht der Bundesregierung]

Die Bundesregierung erstattet dem Deutschen Bundestag alle zwei Jahre einen Bericht über den Stand der Entwicklung des Tierschutzes.

Die Pflicht zur Vorlage eines Tierschutzberichts im Zwei-Jahres-Turnus ist auf Veranlassung des Landwirtschafts-Ausschusses in das ÄndG 1986 aufgenommen worden (vgl. BT-Drucks. 10/5259 S. 41). Sie soll die hohe Bedeutung des Tierschutzes verdeutlichen und sicherstellen, dass sich der Bundestag zumindest alle zwei Jahre mit den Entwicklungen auf diesem Rechtsgebiet auseinandersetzt; die Bundesregierung muss zu diesem Zweck den Zustand des Tierschutzes auf allen wesentlichen Bereichen ermitteln und umfassend dokumentieren (vgl. *Kluge* § 16e). – Der Bericht muss objektiv sein und auf Schönfärberei verzichten (vgl. *L/M* § 16e Rn. 3). Er muss umfassend unterrichten, darf also insbesondere solche Bereiche, in denen der Vollzug des Gesetzes noch defizitär ist, weder aussparen noch unvollständig darstellen. Zu Recht bemängelt *Kluge* aaO, dass in den bisher erschienenen Berichten zu wenig auf die Probleme der Tierschutzbehörden bei der Anwendung von § 16a eingegangen wird, obwohl hier eine der wesentlichen Ursachen für die vorhandenen Vollzugsdefizite liegt.

§ 16f [Amtshilfe innerhalb der EG]

(1) Die zuständigen Behörden

1. erteilen der zuständigen Behörde eines anderen Mitgliedstaates auf begründetes Ersuchen Auskünfte und übermitteln die erforderlichen Schriftstücke, um ihr die Überwachung der Einhaltung tierschutzrechtlicher Vorschriften zu ermöglichen,

2. überprüfen die von der ersuchenden Behörde mitgeteilten Sachverhalte und teilen ihr das Ergebnis der Prüfung mit.

(2) Die zuständigen Behörden erteilen der zuständigen Behörde eines anderen Mitgliedstaates unter Beifügung der erforderlichen Schriftstücke Auskünfte, die für die Überwachung in diesem Mitgliedstaat erforderlich sind, insbesondere bei Verstößen oder Verdacht auf Verstöße gegen tierschutzrechtliche Vorschriften.

(3) Die zuständigen Behörden können, soweit dies zum Schutz der Tiere erforderlich oder durch Rechtsakte der Europäischen Gemeinschaft vorgeschrieben ist, Daten, die sie im Rahmen der Überwachung gewonnen haben, den zuständigen Behörden anderer Länder und anderer Mitgliedstaaten, dem Bundesministerium, dem Bundesamt für Verbraucherschutz und Lebensmittelsicherheit und der Kommission der Europäischen Gemeinschaft mitteilen.

§ 16g [Übertragung von Zuständigkeiten auf oberste Landesbehörden]

[1] Der Verkehr mit den zuständigen Behörden anderer Mitgliedstaaten und der Kommission der Europäischen Gemeinschaft obliegt dem Bundesministerium. [2] Es kann diese Befugnis durch Rechtsverordnung ohne Zustimmung des Bundesrates auf das Bundesamt für Verbraucherschutz und Lebensmittelsicherheit und durch Rechtsverordnung mit Zustimmung des Bundesrates auf die zuständigen obersten Landesbehörden übertragen. [3] Ferner kann es im Einzelfall im Benehmen mit der zuständigen obersten Landesbehörde dieser die Befugnis übertragen. [4] Die obersten Landesbehörden können die Befugnis nach den Sätzen 2 und 3 auf andere Behörden übertragen.

§ 16h [Geltung für EWR-Staaten]

Die §§ 16f und 16g gelten entsprechend für Staaten, die – ohne Mitgliedstaaten zu sein – Vertragsstaaten des Abkommens über den Europäischen Wirtschaftsraum sind.

§ 16i [Schlichtung von Rechtsstreitigkeiten durch Schiedsspruch; Rechtsmittel]

(1) [1]Ist eine von der zuständigen Behörde getroffene Maßnahme, die sich auf die Durchführung von Tiertransporten aus anderen Mitgliedstaaten bezieht, zwischen ihr und dem Verfügungsberechtigten streitig, so können beide Parteien einvernehmlich den Streit durch den Schiedsspruch eines Sachverständigen schlichten lassen. [2]Die Streitigkeit ist binnen eines Monats nach Bekanntgabe der Maßnahme einem Sachverständigen zu unterbreiten, der in einem von der Kommission der Europäischen Gemeinschaft aufgestellten Verzeichnis aufgeführt ist. [3]Der Sachverständige hat das Gutachten binnen 72 Stunden zu erstatten.

(2) [1]Auf den Schiedsvertrag und das schiedsgerichtliche Verfahren finden die Vorschriften der §§ 1025 bis 1065 der Zivilprozessordnung entsprechende Anwendung. [2]Gericht im Sinne des § 1062 der Zivilprozessordnung ist das zuständige Verwaltungsgericht, Gericht im Sinne des § 1065 der Zivilprozessordnung das zuständige Oberverwaltungsgericht. [3]Abweichend von § 1059 Abs. 3 Satz 1 der Zivilprozessordnung muss der Aufhebungsantrag innerhalb eines Monats bei Gericht eingereicht werden.

Gemeinsame Kommentierung der §§ 16f bis 16i. Die §§ 16f, 16g und 16i wurden durch Art. 2 Nr. 7 des Gesetzes zur Änderung veterinärrechtlicher, lebensmittelrechtlicher und tierzuchtrechtlicher Vorschriften vom 18. 12. 1992 (BGBl. I S. 2022, 2028) eingefügt. Sie dienen der Verwirklichung eines europäischen Wirtschaftsraums ohne Binnengrenzen, in dem die Kontrollen nicht mehr an den Grenzen der Mitgliedstaaten untereinander, sondern im wesentlichen am Abgangs- und Bestimmungsort der Waren sowie an den Außengrenzen der Gemeinschaft stattfinden sollen (vgl. BT-Drucks. 12/3201 S. 26). Durch Gesetz vom 19. 4. 2006 (BGBl. I S. 900) wurden die Voraussetzungen dafür geschaffen, dass das Bundesamt für Verbraucherschutz und Lebensmittelsicherheit (BVL) als Kontaktstelle iS von Art. 24 der Verordnung (EG) Nr. 1/2005 (EU-TiertransportVO) tätig werden kann: Die Behörden können personen- und betriebsbezogene Daten, die sie im Rahmen der Überwachung der tierschutzrechtlichen Vorschriften gewonnen haben, gemäß § 16f Abs. 3 jetzt auch an dieses Amt übermitteln, und die Verordnungsermächtigung nach § 16g schließt auch dieses Amt ein (vgl. BT-Drucks. 16/29 S. 13). 1

Nach **§ 16f Abs. 1, Abs. 2** muss die nach § 15 zuständige Behörde der Behörde eines anderen EU-Mitgliedstaates auf deren Ersuchen Amtshilfe leisten. Wenn die Behörde des anderen EU-Mitgliedstaates zur Überwachung der Einhaltung tierschutzrechtlicher Vorschriften Auskünfte und/oder Schriftstücke aus dem Bereich der nach § 15 zuständigen Behörde benötigt, muss diese nach Abs. 1 Nr. 1 alle Auskünfte geben und alle Schriftstücke übermitteln, die erforderlich sind, damit die ersuchende Behörde ihre Überwachungsaufgabe erfüllen kann. Dabei ist der Begriff der Überwachung nicht eng auszulegen: Anlass hierfür besteht immer dann, wenn tatsächliche Anhaltspunkte einen vergangenen, gegenwärtigen oder drohend bevorstehenden Verstoß gegen tierschutzrechtliche Vorschriften des nationalen oder europäischen Rechts als möglich erscheinen lassen (vgl. *L/M* § 16f Rn. 4). – Benötigt die ersuchende Behörde für ihre Überwachungsaufgabe Informationen über einen Sachverhalt im Zuständigkeitsbereich der Behörde iS des § 15, so muss diese auf Ersuchen diesen Sachverhalt überprüfen und das Ergebnis der Prüfung mitteilen, § 16f Abs. 1 Nr. 2. – § 16f Abs. 3 ermächtigt zur Weitergabe von Daten (auch personenbezogener Daten iS von § 3 Abs. 1 und § 4 Abs. 1 BDSG) an die Behörden anderer Bundesländer und EU-Mitgliedstaaten, an das Bundesministerium, an das BVL und an die EU-Kommission, soweit dies zum Schutz der Tiere erforderlich ist (d. h. soweit es zur Verhinderung, Beendigung oder Aufklärung von Vorgängen, mit denen gegen nationale oder europäische Tierschutzvorschriften verstoßen wurde oder wird, notwendig ist; auch hier genügen bereits Anhaltspunkte, die einen solchen Verstoß als möglich erscheinen lassen). 2

3 **§ 16g** trägt Art. 32 GG Rechnung. Danach ist den deutschen Verwaltungsbehörden grundsätzlich ein unmittelbarer Verkehr mit Behörden anderer EU-Mitgliedstaaten und mit der EU-Kommission nicht gestattet (zu der Ausnahme nach § 16f s. Rn. 2; vgl. auch *Kluge* § 16f Rn. 1). Zuständig dafür ist das BMELV, das diese Befugnis entweder generell durch Rechtsverordnung nach S. 2 auf das BVL und/oder auf die obersten Landesbehörden der Bundesländer übertragen oder sie im Einzelfall durch Organisationsakt nach S. 3 auf die zuständige oberste Landesbehörde übertragen kann. Diese können die Befugnis weiter nach unten delegieren.

4 **§ 16h** stellt im Rahmen der §§ 16f und g den EU-Mitgliedstaaten die Vertragsstaaten des Europäischen Wirtschaftsraums (zur Zeit Island, Liechtenstein und Norwegen) gleich.

5 Die Ausgangslage für **§ 16i Abs. 1** ist folgende: Hinsichtlich eines Tiertransportes, der – bevor er Deutschland erreicht hat – in einem anderen EU-Mitgliedstaat durchgeführt worden ist (er muss nicht notwendig dort begonnen haben), trifft die nach § 15 zuständige Behörde nach § 41 TierSchTrV (bzw. ab dem 5. 1. 2007 nach der EU-TiertransportVO) oder nach § 16a S. 1 eine oder mehrere Anordnungen, die sie zur Abwendung eines drohend bevorstehenden oder zur Beendigung eines bereits eingetretenen Verstoßes für erforderlich hält. Der Verfügungsberechtigte (zB Absender, Beförderer) kann hiergegen mit den üblichen Rechtsbehelfen (Widerspruch, Anfechtungsklage, Antrag auf vorläufigen Rechtsschutz nach § 80 Abs. 5 VwGO oder § 123 VwGO) vorgehen. Stattdessen können sich die Behörde und der Verfügungsberechtigte aber auch darauf einigen, den Streit durch den Schiedsspruch eines Sachverständigen aus dem von der EU-Kommission hierzu aufgestellten Verzeichnis beilegen zu lassen. In diesem Fall muss der Streit spätestens binnen einen Monates nach Bekanntgabe der Anordnung dem Sachverständigen unterbreitet werden. Dieser ist gehalten, sein Gutachten innerhalb einer Frist von höchstens 72 Stunden abzugeben. Die Parteien müssen sich nach diesem Gutachten richten (vgl. Art. 9 Abs. 3 der EU-Tiertransportrichtlinie 91/628/EWG). – Abweichend von der EU-Richtlinie sieht **Abs. 2** mit Blick auf Art. 19 Abs. 4 GG die Durchführung eines schiedsrichterlichen Verfahrens in entsprechender Anwendung der §§ 1025 bis 1065 ZPO vor (näher *L/M* § 16i Rn. 3ff. und *Kluge* § 16 i).

Zwölfter Abschnitt. Straf- und Bußgeldvorschriften

§ 17 [Straftaten]

Mit Freiheitsstrafe bis zu drei Jahren oder mit Geldstrafe wird bestraft, wer

1. ein Wirbeltier ohne vernünftigen Grund tötet oder

2. einem Wirbeltier

a) aus Rohheit erhebliche Schmerzen oder Leiden oder

b) länger anhaltende oder sich wiederholende erhebliche Schmerzen oder Leiden

zufügt.

Übersicht

A. Strafbare Tiertötung nach § 17 Nr. 1

I. Tatbestand

1 Verboten ist das **Töten eines Wirbeltieres.** Mit Tod ist der Hirntod gemeint. Auch die schmerzlose Tötung erfüllt den Tatbestand. Zum Begriff Wirbeltier s. § 4 Rn. 1. Der Versuch der Tiertötung ist nicht nach § 17 Nr. 1 strafbar, kann aber, wenn dem Tier dabei erhebliche Schmerzen, Leiden oder Schäden zugefügt werden, einen der Tatbestände der §§ 17 Nr. 2b, 18 Abs. 1 Nr. 1 und/oder 18 Abs. 2 erfüllen.

2 **Tötung durch aktives** Tun liegt vor, wenn das Handeln des Täters nicht hinweggedacht werden kann, ohne dass der Erfolg in seiner konkreten Gestalt entfiele (Formel von der „conditio sine qua non", vgl. *Schönke/Schröder/Lenckner* Vor §§ 13ff. StGB Rn. 73). Eine solche Kausalität ist auch dann gegeben, wenn das Tier zwar ohne Zutun des Täters ebenfalls gestorben wäre, aber zu einem späteren Zeitpunkt oder auf andere Weise (Beispiele: Tötung eines todkranken Tieres; Tötung eines Schlachttieres). Ausreichend ist auch die sog. kumulative Kausalität, die vorliegt, wenn das Handeln nur eine von mehreren Ursachen für den Tod gesetzt hat (Beispiel: Das vom Täter angegriffene Tier wird nur verletzt, stirbt aber später infolge eines Behandlungsfehlers des Tierarztes). Hingegen fehlt der Kausalzusammenhang, wenn die Handlung nicht bis zum Erfolgseintritt fortwirkt, weil ein späteres, unabhängig von ihr eingetretenes Ereignis eine neue Ursachenreihe eröffnet, die im Wege der „überholenden Kausalität" allein den Erfolg herbeiführt (Beispiel nach *Kluge/Ort/Reckewell* § 17 Rn. 24: Das vergiftete Tier wird von einem Dritten, der mit dem Täter nichts zu tun hat, erschossen, noch bevor das Gift zu wirken beginnt).

3 Eine **Tötung durch Unterlassen** setzt voraus, dass der Täter aufgrund einer Garantenstellung „rechtlich dafür einzustehen hat, dass der Erfolg nicht eintritt" (§ 13 Abs. 1 StGB; s. auch Rn. 66–68). Diese Garantenstellung kann sich u.a. ergeben: Aus Gesetz (zB für den Halter, Betreuer und Betreuungspflichtigen nach § 2 Nr. 1); aus tatsächlicher Gewährübernahme (zB aus einer vertraglichen oder sonstigen Zusage, für das Tier zu sorgen; ein Gefälligkeitsverhältnis genügt, vgl. *L/M* § 17 Rn. 6); aus „Ingerenz" (d.h. daraus, dass der Täter durch vorangegangenes Tun das Tier in Lebensgefahr gebracht hat, zB durch Anfahren); aus Sachherrschaft (d.h. aus der Verantwortlichkeit für eine Sache, deren Zustand das Tier in Gefahr bringt). Hat der Täter eine Garantenstellung, so begeht er eine Tötung durch Unterlassen, wenn er eine ihm mögliche Handlung unterlässt, die den Erfolg abgewendet hätte (d.h. die nicht hinzugedacht werden kann, ohne dass der Erfolg in seiner konkreten Gestalt entfiele). Häufige Fälle: Tötung durch unzureichende Versorgung mit Futter und/oder Wasser; Tötung durch Unterlassung gebotener Pflegemaßnahmen; Nicht-Einschalten eines Tierarztes trotz objektiver Notwendigkeit; Tötung durch Verweigerung angemessener Unterkünfte oder durch Verwahrlosenlassen der Unterkunft (näher dazu *Kluge/Ort/Reckewell* § 17 Rn. 101–108).

4 Der Täter muss vorsätzlich handeln. **Vorsatz** ist Wissen und Wollen der zum gesetzlichen Tatbestand gehörenden Merkmale, d.h. der Täter muss den Erfolg „Tod des Tieres" als sichere oder mögliche Folge seines Handelns voraussehen und zumindest billigend in Kauf nehmen. – Zum Wissen gehört auch, dass er die Kausalität seines Handelns für den konkreten Erfolg in den wesentlichen Zügen vorhergesehen hat; allerdings sind Abweichungen des tatsächlichen vom vorgestellten Kausalverlauf bedeutungslos, wenn sich der tatsächliche Verlauf noch innerhalb des nach allgemeiner Lebenserfahrung Voraussehbaren hält und keine andere Bewertung rechtfertigt (Beispiel nach *Kluge/Ort/Reckewell* § 17 Rn. 118: Täter transportiert Pfeilgiftfrösche in derart engen und unzureichenden Behältnissen, dass er mit dem Tod einiger Tiere durch Erdrücken oder Verdursten rechnet; tatsächlich sterben die Tiere, weil sie sich im Stress gegenseitig vergiften). – Bei einer Tötung durch Unterlassen muss der Täter auch die Umstände, die seine Garantenstellung und seine Möglichkeit zur Erfolgsabwendung begründen, kennen. – Für das Wollen reicht ein „Billigen im Rechtssinne", ein „sich Abfinden" aus, das auch dann vorliegen kann, wenn dem Täter der Tod des Tieres zwar unerwünscht ist, er aber eher zu seiner Hinnahme bereit ist als zum Verzicht auf die Vornahme der Handlung (Beispiel: der Täter weiß, dass seine Art der Tierhaltung zum Tod einzelner Tiere führen kann; dies ist ihm zwar unerwünscht, erscheint ihm aber als das kleinere Übel gegenüber der notwendigen Änderung der Haltungsbedingungen). Vorsatz ist gegeben, „wenn der Täter sich auch durch die nahe liegende Möglichkeit des Erfolgseintritts nicht von der Tatausführung hat abhalten lassen und sein Verhalten den Schluss rechtfertigt, dass er sich um des von ihm erstrebten Zieles willen mit dem Risiko der ernst genommenen Tatbestandsverwirklichung abgefunden hatte, also eher zur Hinnahme dieser Folge bereit war als zum Verzicht auf die Vornahme der Handlung" (vgl. *Schönke/Schröder/Cramer/Sternberg-Lieben* § 15 StGB Rn. 82–84). Je nahe liegender also die Möglichkeit des Erfolgseintritts nach den (dem Täter bekannten) Umständen ist, desto eher ist davon auszugehen, dass er sich mit ihm abgefunden hat. – Krankheit oder Überforderung des Täters stehen der Annahme von Vorsatz nicht entgegen (Beispiel: Alkoholkranker oder sonst überforderter Landwirt vernachlässigt seine Tiere so sehr, dass einzelne von ihnen zu Tode kommen; vorsätzliches Handeln, jedoch ggf. Strafmilderung nach § 21 oder im Extremfall Schuldunfähigkeit nach § 20 StGB).

II. Rechtswidrigkeit/Rechtfertigung durch spezielle Gesetze

5 Spezielle Gesetze, die das Töten von Tieren zulassen, finden sich u.a. im Jagdrecht, Fischereirecht, Recht der Seuchenbekämpfung, Naturschutzrecht, Recht der Schädlingsbe-

kämpfung sowie Polizei- und Ordnungsrecht. Alle diese Gesetze werden aber durch das höherrangige Grundgesetz und damit seit 1. 8. 2002 auch durch die Staatszielbestimmung Tierschutz überlagert (näher zu dieser Funktion des Art. 20a GG als „Querschnittsklausel", die auch die Auslegung von Normen außerhalb des Tierschutzgesetzes beeinflusst, vgl. *Murswiek* in: *Sachs* Art. 20a GG Rn. 57a). Zwar enthält das Staatsziel keinen generellen Vorrang für den Tierschutz; es erfordert aber, dass Konflikte, die zwischen den tierlichen Lebens- und Wohlbefindensinteressen und den menschlichen Nutzungs- und Sicherheitsinteressen auftreten können, nach dem Grundsatz der praktischen Konkordanz bzw. nach Maßgabe des diese Konkordanz im einzelnen vermittelnden Grundsatzes der Verhältnismäßigkeit aufgelöst werden. Deshalb bedarf es auch dort, wo das Spezialgesetz es nicht ausdrücklich vorsieht, einer Abwägung und eines gerechten Ausgleichs zwischen den Belangen des Tierschutzes und den gegenläufigen menschlichen Interessen. Tötungen bleiben damit zwar weiterhin zulässig, jedoch nur dort, wo sie um höherrangiger Interessen willen geeignet, erforderlich und verhältnismäßig sind; bei keiner Tiertötung darf das Verfassungsgut des Tierschutzes mehr zurückgedrängt werden, als es zur Realisierung vorrangiger Güter zwingend erscheint (s. Art. 20a GG Rn. 7; allgemein dazu BVerfGE 28, 243, 261; 47, 327, 369f.; 69, 1, 54f.). Für das Verhältnis „Spezialgesetz/vernünftiger Grund" gilt daher: Das Spezialgesetz kann die Prüfung des vernünftigen Grundes im Rahmen von § 17 Nr. 1 nur dann ersetzen, wenn es zwei Voraussetzungen gleichzeitig erfüllt: Es muss die Bedingungen für eine Tiertötung und deren Grenzen mit hinreichender Bestimmtheit beschreiben; und es muss Raum für eine Erforderlichkeits- und Verhältnismäßigkeitsprüfung lassen, die sich an den Umständen des Einzelfalles und am Grad der moralischen Sensibilisierung der Gesellschaft ausrichtet. Wo dies nicht der Fall ist, muss der vernünftige Grund zusätzlich geprüft werden, da seit Inkrafttreten des Staatsziels Tierschutz (Art. 20a GG) Tiertötungen, die unverhältnismäßig sind bzw. dem öffentlichen Sensibilisierungsgrad zuwider laufen, nicht mehr durchgeführt werden dürfen.

„Einbruchstellen" für die **verfassungskonforme Auslegung** sind, wie sonst auch, **unbestimmte Rechtsbegriffe** und **Generalklauseln,** die sich in den meisten Gesetzen und Rechtsverordnungen, die das Töten von Tieren zulassen, finden. Beispiele: Wenn in § 21 BJagdG u.a. von „berechtigten Ansprüchen der Land-, Forst- und Fischereiwirtschaft" sowie von einem „gesunden Wildbestand in angemessener Zahl" und vom „Schutz von Tierarten, deren Bestand bedroht erscheint" die Rede ist, dann ermöglichen und erfordern es diese Begriffe, bei der Festsetzung von Abschussregelungen die für eine Bejagung und Tötung sprechenden Belange mit den durch Art. 20a GG geschützten Unversehrtheits- und Wohlbefindensinteressen der Tiere so abzuwägen, dass der verfassungsrechtlich gewollte optimale Interessenausgleich erzielt und damit der Tierschutz nicht weiter zurückgedrängt wird, als es um vorgeordneter Belange willen zwingend erforderlich ist. Wenn in § 23 BJagdG und den entsprechenden Landesgesetzen der „Jagdschutz" geregelt wird, so erfordert dieser Begriff schon nach seinem Wortlaut die vorherige Feststellung konkreter Gefahren, die es abzuwenden gilt, aber auch die Suche nach möglichst tierschonenden Handlungsalternativen und, falls es dennoch zu einer Tötung kommt, die vorherige Abwägung der widerstreitenden Belange. Wenn in den Fischereigesetzen der Länder auf „anerkannte fischereiliche Grundsätze" und darauf, dass die Tier- und Pflanzenwelt „nicht mehr als notwendig beeinträchtigt werden" solle, hingewiesen wird, dann bedeutet das im Licht von Art. 20a GG, dass sowohl die Zufügung von Leiden als auch das Töten von Fischen und anderen Wasserbewohnern am Grundsatz der Verhältnismäßigkeit auszurichten sind. Wenn nach § 17 Abs. 2 IfSG bei einer Seuchengefahr die „erforderlichen Maßnahmen" anzuordnen sind, dann sind damit Maßnahmen gemeint, die zur Verhinderung und Bekämpfung übertragbarer Krankheiten beim Menschen notwendig und verhältnismäßig sind; es kommt also auf Art, Ausmaß und Wahrscheinlichkeit der drohenden Gesundheitsgefahren an, aber auch auf die verfügbaren tierschonenden Handlungsalternativen und die Vor- und Nachteile, die von den einzelnen Handlungsmitteln ausgehen. Wenn die in den §§ 18ff. TierSG genannten „Schutzmaßnahmen gegen die be- 5a sondere Gefahr einer Tierseuche" in den §§ 19 bis 24 mit steigender Eingriffsintensität (nämlich von der bloßen Absonderung in § 19 bis zur Tötung in § 24) aufgelistet sind, so geht auch daraus hervor, dass die Tötung als schärfster Eingriff immer nur als ultima ratio zulässig sein kann und dass nur dann getötet werden darf, wenn es entweder keinerlei tierschonendere Handlungsalternativen gibt oder alle verfügbaren Alternativen mit so hohen Restrisiken verbunden sind, dass die für das Töten sprechenden Gründe das Übergewicht besitzen. Wenn nach § 43 Abs. 8 BNatSchG Ausnahmen vom Verbot des Tötens besonders geschützter Tiere zugelassen werden können, soweit dies „zur Abwendung gemeinwirtschaftlicher Schäden erforderlich ist", dann setzt dies eine besonders strenge Verhältnismäßigkeitsprüfung voraus: Es muss um ernsthaft drohende Schäden für Rechtsgüter der Allgemeinheit gehen; diese müssen nach Art, Ausmaß und Wahrscheinlichkeit zutreffend eingeschätzt werden; tierschonende Handlungsalternativen müssen vorgezogen werden, sofern nicht die dabei verbleibenden Restrisiken so gravierend sind, dass ihnen ein Übergewicht gegenüber den Artenschutz- und den Lebensinteressen zukommt. EU-Verordnungen werden zwar nicht durch das nationale Verfassungsrecht, wohl aber durch den EG-Vertrag und damit auch durch den Grundsatz der Verhältnismäßigkeit in Art. 5 EG-Vertrag und die Grundsätze des EU-Tierschutzprotokolls im Anhang zum EG-Vertrag überlagert. Auch EU-Verordnungen enthalten idR wertausfüllungsbedürftige Begriffe, die eine Auslegung unter Beachtung dieser Grundsätze zulassen und im Ergebnis dazu führen, dass auch nach dem EU-Recht Tiertötungen nur dort stattfinden dürfen, wo sie zum Schutz höherrangiger Interessen mangels tierschonender Handlungsalternativen erforderlich und (iS eines Nutzen-Schaden-Übergewichtes) verhältnismäßig sind (s. auch Einf. Rn. 37).

6 Die **Abwägung, die zur verfassungskonformen Ausfüllung dieser unbestimmten Rechtsbegriffe** notwendig ist, kann in fünf Schritte unterteilt werden. **1.** Zunächst kommt es darauf an, die Nachteile, die von den zu tötenden Tieren befürchtet werden und zu deren Abwehr oder Vermeidung ihre Tötung erfolgen soll, so genau wie möglich festzustellen. Vermutungen reichen dazu nicht aus. Wird zB bei einer Tierart eine ökologisch nachteilige Überpopulation angenommen, so müssen diese, aber auch die daraus zu erwartenden Nachteile nach Art, Ausmaß und Wahrscheinlichkeit konkret ermittelt werden, bevor man mit dem Töten beginnt. **2.** In einem zweiten Schritt ist dann zu überlegen, ob die Nachteile, um die es geht, generell geeignet sind, das Töten von Tieren zu rechtfertigen. Hier sind u.a. Wertungen, die sich aus den spezialgesetzlichen Regelungen ergeben, zu beachten (vgl. zB § 21 Abs. 1 BJagdG: Tötung von Wild zur Abwehr von Wildschäden, zur Erhaltung eines gesunden Wildbestandes und zur Erhaltung von bestandsgefährdeten Arten). **3.** Als dritter Schritt muss dann die Suche nach geeigneten, nicht-letalen Maßnahmen zur Vermeidung dieser Nachteile folgen, d.h.: Es muss ermittelt werden, durch welche Maßnahmen oder Maßnahmenbündel sich zB die Überpopulation und die daraus resultierenden Nachteile auch ohne Tiertötungen vermeiden lassen. **4.** Als vierter Schritt muss sich dann die Prüfung anschließen, ob bei einer Beschränkung auf diese schonenderen Maßnahmen oder Maßnahmenbündel Nachteile oder Restrisiken verbleiben und wie schwer diese wiegen. **5.** Schließlich müssen diese Nachteile und Restrisiken gegen die Beeinträchtigungen des Unversehrtheits- und Wohlbefindensinteresses der Tiere (und gegen etwaige weitere mit den Tötungsmaßnahmen verbundene Beeinträchtigungen) abgewogen werden, um wertend zu entscheiden, ob die Gründe, die für die Tötung sprechen, die Gegengründe überwiegen oder nicht. Dabei ist dem stärkeren Gewicht, das der Tierschutz durch seine Aufnahme ins Grundgesetz erfahren hat, Rechnung zu tragen (s. Art. 20a GG Rn. 9).

7 **Tötung von Tieren nach dem Polizei- und Ordnungsrecht.** Bei der Tötung gefährlicher Tiere müssen folgende Fälle unterschieden werden: **1.** Eine Tötung ist möglich, wenn eine von dem Tier (zB einem ausgebrochenen Raubtier) ausgehende gegenwärtige, konkrete Gefahr nicht anders abgewendet werden kann. Eine Rechtfertigung ergibt sich hier u.a. aus § 228 BGB. Häufig wird es aber möglich sein, ein solches Tier einzufangen und

(ggf. nach Betäubung) in Verwahrung zu nehmen; in diesem Fall wäre die Tötung unverhältnismäßig und rechtswidrig (vgl. *Wendland* DTBl. 2003, 799). Falls die Gefahr auch vom Halter des Tieres ausgeht, kommt in Betracht, das Tier zu beschlagnahmen und (wenn bei seiner Herausgabe an den bisherigen Halter die Voraussetzungen für die Beschlagnahme erneut entstehen würden) einzuziehen, vgl. zB §§ 33, 34 PolG BW. **2.** Eine Tötung kommt auch in Betracht, wenn ein sichergestelltes oder beschlagnahmtes Tier individuell so gefährlich ist, dass es keine Möglichkeit zu einer gefahrfreien Unterbringung gibt (an den Nachweis sind aber im Licht von Art. 20a GG strenge Anforderungen zu stellen; insbesondere müssen sowohl die gesteigerte Gefährlichkeit als auch ihre Unbehebbarkeit wissenschaftlich einwandfrei nachgewiesen sein, und die Vermittlung an einen anderen, mit der nötigen Sachkunde ausgestatteten Halter, zB an ein Tierheim, muss sich nach Ausschöpfung aller entsprechenden Möglichkeiten als unmöglich erwiesen haben, vgl. OVG Münster NuR 2001, 651, 652; *Kluge/Ort/Reckewell* § 17 Rn. 144; s. auch AVV Nr. 15.1, 15.2 und § 16a Rn. 20; zur Tötung gefährlicher Hunde s. Einf. TierSchHundeV Rn. 10). **3.** Dagegen wäre es ermessensfehlerhaft, die Anordnung der Tötung eines gefährlichen Hundes damit zu begründen, dass dieser sonst lebenslang im Zwinger gehalten werden müsse und dies nicht artgerecht sei (vgl. VG Sigmaringen NVwZ-RR 2004, 183, 184; weitere Grundsätze aus diesem Urteil: keine Tötungsanordnung, wenn die Verbringung eines Kampfhundes in ein Tierheim möglich ist; kein Automatismus zwischen nicht bestandenem Wesenstest und Tötung; Ermöglichung der Wiederholung des Wesenstests bei Anhaltspunkten für ein anderes Ergebnis). **4.** Tötungen aus Kostengründen (etwa weil ein Tier nicht weitervermittelt werden kann) sind nicht zulässig. Die für eingezogene, nicht verwertbare Sachen bestehende Möglichkeit zur Vernichtung (zB § 34 Abs. 3 PolG BW) ist gemäß Art. 20a GG auf Tiere nicht anwendbar. Zwar können landesrechtliche Vorschriften Tötungsbefugnisse vorsehen, doch müssen auch diese dem Maßstab der bundesrechtlichen Regelung in § 17 Nr. 1 und § 16a S. 2 Nr. 2 dritter Halbsatz entsprechen und dürfen nicht darüber hinausgehen.

III. Rechtswidrigkeit/Rechtfertigung durch allgemeingültige Rechtfertigungsgründe

Neben etwaigen speziellen Gesetzen können auch die allgemeingültigen Rechtfertigungsgründe eine Tötung rechtfertigen. – Notwehr nach § 32 StGB, kommt nach hM nur in Betracht, wenn das Tier von einem Menschen als Werkzeug für einen Angriff benutzt wird; die Verteidigung gegen Tiere, die von sich aus angreifen, richtet sich dagegen nach § 228 BGB (vgl. *Schönke/Schröder/Lenckner/Perron* § 32 StGB Rn. 3; aA LK/*Spendel* § 32 StGB Rn. 38ff. und *Kluge/Ort/Reckewell* § 17 Rn. 139). – Notstand nach § 34 StGB und § 228 BGB sowie § 904 BGB können als Rechtfertigungsgründe eingreifen, soweit nicht Sondervorschriften weitere Bedingungen für die Tiertötung festlegen (vgl. *L/M* § 17 Rn. 12). Grundgedanke aller Notstandsregelungen ist, dass das Recht in Konfliktfällen die Inanspruchnahme fremder Rechtsgüter zulassen muss, wenn dies im Vergleich zu dem sonst eintretenden Schaden als das geringere Übel erscheint, wobei ein Notstand jedoch nur vorliegt, wenn es um die Erhaltung bereits bestehender und bedrohter Güter, nicht dagegen um die Schaffung neuer Werte geht (vgl. *Schönke/Schröder/Lenckner/Perron* § 34 StGB Rn. 1). – Die Einwilligung des Eigentümers oder Verfügungsberechtigten hat dagegen keine rechtfertigende Wirkung, weil das Rechtsgut „Leben“ bzw. „Wohlbefinden des Tieres“ nicht zu ihrer Disposition steht. – Nach den allgemein anerkannten Regeln der Strafrechtsdogmatik bilden weder die Sozialadäquanz noch das erlaubte Risiko einen Rechtfertigungsgrund (vgl. *Schönke/Schröder/Lenckner* Vor §§ 32ff. StGB Rn. 107a, 107b). Anlass, im Tierschutzrecht hiervon abzugehen, besteht nicht, zumal in Teilbereichen eine Rechtfertigung aus vernünftigem Grund erfolgen kann. 8

IV. Rechtswidrigkeit/Rechtfertigung aus vernünftigem Grund
(s. auch § 1 Rn. 27–53)

9 **Anwendungsbereich und Inhalt.** Der vernünftige Grund bezieht sich innerhalb von § 17 nur auf die Tötung nach Nr. 1, nicht dagegen auch auf die Misshandlung nach Nr. 2a und Nr. 2b (näher dazu Rn. 85). – Er bildet einen Rechtfertigungsgrund (vgl. BayObLG NuR 1994, 512; BayObLG RdL 1977, 303, 304; *L/M* § 1 Rn. 60; *Hackbarth/Lückert* B XIV 2.2; *Caspar* NuR 1997, 578; *Maisack,* Zum Begriff des vernünftigen Grundes, S. 65–73). Er beruht auf dem Prinzip des überwiegenden Interesses (auch: Mehr-Nutzen-als-Schaden-Prinzip); dieses lässt sich mit der Zwecktheorie erklären, nach der eine Tat nicht rechtswidrig ist, wenn sie sich als Anwendung des rechten Mittels zur Verfolgung eines rechtlich anerkannten Zwecks darstellt (vgl. *Schönke/Schröder/Lenckner* Vor §§ 32ff. StGB Rn. 7). – Dem Gedanken der Güterabwägung entsprechend stellt sich der vernünftige Grund als eine Ausprägung des Verhältnismäßigkeitsgrundsatzes dar (vgl. BVerfGE 36, 47, 57; BVerfGE 48, 376, 378; *L/M* § 1 Rn. 77; *Caspar* Tierschutz S. 364; *Maisack* aaO S. 53–64). Die Prüfung umfasst damit – neben der Frage, ob mit der Handlung überhaupt ein nachvollziehbarer, billigenswerter Zweck mit einem zulässigen Mittel verfolgt worden ist (zB kein rechts- oder sittenwidriger Zweck, keine Luxusproduktion u.Ä.; vgl. BayObLG NJW 1993, 2760; s. auch § 1 Rn. 40, 41) – die einzelnen Elemente des Verhältnismäßigkeitsgrundsatzes, nämlich die Geeignetheit, die Erforderlichkeit (auch: Übermaßverbot, Ausweichprinzip, s. § 1 Rn. 44–48) und die Verhältnismäßigkeit ieS (auch: Nutzen-Schaden-Abwägung oder Nutzen-Schaden-Relation; s. § 1 Rn. 49–53). Bei der Abwägung der widerstreitenden Güter und Belange sind u.a. die Wertungen aus Art. 20a GG (s. § 1 Rn. 54–56) und aus einfachgesetzlichen Bestimmungen (s. § 1 Rn. 57) zu beachten. Soweit sich daraus noch kein eindeutiges Ergebnis ableiten lässt, sind auch die mehrheitlichen Wert- und Gerechtigkeitsvorstellungen als Maßstab heranzuziehen (s. § 1 Rn. 63–66). Dies kommt mit der gebräuchlichen Formel vom Abstellen auf den „Standpunkt des gebildeten, für den Gedanken des Tierschutzes aufgeschlossenen und einem ethischen Fortschritt zugänglichen Deutschen" zum Ausdruck (*Lorz* §§ 17, 18 Anh. Rn. 27; *Drossé* MdR 1986, 711, 713 ; *Maisack* aaO S. 197). Es kann dazu führen, dass tradierte, früher kritiklos hingenommene Nutzungsarten und Umgangsformen heute als nicht mehr vernünftig/rechtfertigend gelten, wenn sie aufgrund geänderter ethischer Einstellungen mit den gegenwärtigen Wertvorstellungen zur Mensch-Tier-Beziehung nicht mehr in Einklang stehen (vgl. OLG Hamm NStZ 1985, 275; vgl. auch *Schultze-Petzold* in: *Fölsch/Nabholz* Tierhaltung Band 13 S. 13, 15: „Grad der moralischen Sensibilisierung der Gesellschaft" als Maßstab für das, was noch einem vernünftigen Grund entsprechen kann und was nicht).

10 **Vorrang für Sondervorschriften.** Soweit Sondervorschriften für das betreffende Sachgebiet regeln, unter welchen (bestimmt bezeichneten) Voraussetzungen und innerhalb welcher (bestimmt bezeichneten) Grenzen Tieren Schmerzen, Leiden oder Schäden einschließlich Tod zugefügt werden dürfen, kann der vernünftige Grund hierzu keinen erweiternden Auffangtatbestand bilden. Der Täter muss, um rechtmäßig zu handeln, die Voraussetzungen und Grenzen der jeweiligen Vorschrift einhalten (zu deren verfassungskonformer Auslegung s. Rn. 5, 5a und 6). Tut er das nicht, so handelt er rechtswidrig, ohne dass dieses Ergebnis durch eine Berufung auf einen angeblich vernünftigen Grund korrigiert werden könnte (Beispiele nach *L/M* § 17 Rn. 12: Die Tötung von Kormoranen bestimmt sich abschließend nach § 43 Abs. 8 BNatSchG. Die Vorschriften über den Jagdschutz nach §§ 23ff. BJagdG lassen sich weder über § 34 StGB noch über den vernünftigen Grund erweitern). – Zum Verhältnis Sondervorschriften/vernünftiger Grund s. auch Rn. 5.

11 Die **Unterscheidung zwischen „Ob" und „Wie" der Tiertötung** findet sich an mehreren Stellen des Gesetzes. Einzelne Vorschriften betreffen nur das „Wie", zB die §§ 4 und 4a TierSchG sowie die meisten Bestimmungen der Tierschutzschlachtverordnung. Da

aber ein vernünftiger Grund, der das „Ob" einer Tiertötung rechtfertigen soll, nur vorliegen kann, wenn für einen nachvollziehbaren, billigenswerten Zweck auch das rechte Mittel eingesetzt wurde (Zwecktheorie, s. Rn. 9), spricht einiges dafür, ihn zu verneinen, wenn das angewendete Mittel bereits für sich gesehen gegen das Gesetz oder gegen eine Rechtsverordnung verstößt (vgl. *Maisack* aaO S. 131–137; ähnlich MünchKomm-StGB/*Pfohl* Bd. 5 § 17 TierSchG Rn. 94, 97). Die Konsequenz dieser Betrachtungsweise ist eine deutliche Ausdehnung des Anwendungsbereichs des § 17 Nr. 1. Beispiel: Wird bei einer Schlachtung, die Ernährungszwecken dient und damit an sich gerechtfertigt ist, vorsätzlich gegen § 4a oder gegen eine Vorschrift aus der Tierschutzschlachtverordnung verstoßen, so liegt damit nicht nur eine Ordnungswidrigkeit nach § 18 Abs. 1 Nr. 6 bzw. § 18 Abs. 1 Nr. 3b i.V.m. § 15 TierSchlV, sondern auch eine Straftat nach § 17 Nr. 1 vor, weil für den rechten Zweck das falsche Mittel angewendet wurde und deswegen ein vernünftiger Grund entfällt (s. auch § 1 Rn. 37 und *Kluge/Ort/Reckewell* § 17 Rn. 153a).

Ökonomische Gründe werden zwar häufig auch als vernünftig iS des allgemeinen 12
Sprachgebrauches angesehen. Sie sind jedoch zur Ausfüllung des Rechtsbegriffs ‚vernünftiger Grund' nicht ausreichend, weil bei Anlegung eines allein ökonomischen Maßstabs die Grundkonzeption des Tierschutzgesetzes als eines ethisch ausgerichteten Tierschutzes aus den Angeln gehoben würde (OLG Frankfurt/M NStZ 1985, 130). Ausdrückliche Ausgestaltung findet dieser Gedanke in § 9 Abs. 2 S. 3 Nr. 3 (s. § 9 Rn. 10 und § 1 Rn. 47 und 58). Nach der Aufwertung des Tierschutzes durch Art. 20a GG gilt er erst recht. – Dies muss auch beachtet werden, wenn ökonomische Gründe in Form anderer, zB hygienischer oder gar ökologischer Erwägungen vorgebracht werden. So wird im Streit um die Rechtmäßigkeit der Käfigbatteriehaltung von Legehennen immer wieder vorgebracht, Haltungsformen mit freier Beweglichkeit der Tiere seien unhygienisch und bei Ausläufen ins Freie sogar ökologisch bedenklich. Bei unvoreingenommenen praktischen Untersuchungen stellt sich jedoch idR heraus, dass diese Bedenken entweder auf die mangelnde Sachkunde der (mit den artgerechten Haltungsformen wenig vertrauten) Halter, auf die intensive Aufzucht der Jungtiere in Käfigen oder auf die unveränderte Übernahme der kosten- und arbeitssparenden Betriebsabläufe aus der intensiven in die extensive Haltung zurückzuführen sind. Folgerichtig konstatierte die EU-Kommission schon 1998, dass alternative Formen der Legehennenhaltung zwar Nachteile haben könnten – aber nur „wenn eine gute Betriebsführung nicht dauerhaft gewährleistet ist" (näher dazu und zu den entsprechenden Ausführungen der EFSA s. Vor §§ 12–15 TierSchNutztV Rn. 19). Die für eine gute Betriebsführung und ein tiergerechtes Management nötigen Aufwendungen an Arbeit, Zeit und Geld einsparen zu wollen, ist ein ökonomisches Motiv.

V. Schuld/Weitere Voraussetzungen der Strafbarkeit

Zu Schuld und weiteren Voraussetzungen s. Rn. 90–94. 13

B. Anh. zu § 17 Nr. 1. Rechtmäßigkeit und Rechtswidrigkeit von Tiertötungen, geordnet nach Sachgebieten

I. Jagdausübung

Eine **Rechtfertigung der Tötung** setzt u.a. voraus, dass das Tier, das getötet werden 14
soll, „Wild" ist, d.h. nach § 2 Abs. 1 oder 2 BJagdG dem Jagdrecht unterliegt. Nicht darunter fallen zB: Bisam, Biber, Nerze, Zwergwiesel, viele Seehundarten, Eulen, Amseln, Seeschwalben, Stare, Sturmvögel, Störche, Schneehühner, Rallen außer Blässhuhn, Kormorane, Drosseln, Haustauben; weil von diesen Tieren auch keine Gefahren für das Wild iS von § 23 BJagdG ausgehen, ist ihr Abschuss verboten und stellt darüber hinaus einen Verstoß gegen § 45 Abs. 1 WaffG dar (vgl. VG Düsseldorf NVwZ-RR 2006, 183, 184:

kein Bedürfnis für eine Erlaubnis zum Schießen von Tauben; *Belgard* Rd L 1983, 146; vgl. auch *Czybulka* NuR 2006, 7, 8: Wegen des das Jagdrecht überlagernden internationalen Rechts der Biodiversität müssten einige Tiere aus der Liste jagdbarer Arten gestrichen werden, u.a. Rebhuhn, Wachtel, Auerwild, Birkwild, Rackelwild, Haselwild, Alpenschneehuhn, Waldschnepfe, Großtrappe, Graureiher, Greife und Falken). – Als weitere Voraussetzung dürfen Tötungen nur durch den zur Jagdausübung Berechtigten erfolgen. – Darüber hinaus muss sich jede Jagdausübung im Rahmen dessen halten, was zur Erreichung der Ziele, die in den §§ 1 Abs. 2, 21 Abs. 1 BJagdG genannt sind (Schutz vor unzumutbaren Wildschäden, Gewährleistung eines artenreichen und gesunden Wildbestandes, Wahrung der Belange von Naturschutz und Landschaftspflege), geeignet, erforderlich und verhältnismäßig ist. Dabei lässt das Staatsziel „Tierschutz" (Art. 20a GG) zwar die Berechtigung unberührt, Maßnahmen zur Förderung einer diesen Zielen entsprechenden, gemeinwohlverträglichen Jagd und Hege anzuordnen bzw. auszuüben; aus ihm können sich aber Folgerungen für die Art und Weise der Jagdausübung ergeben (vgl. BVerwG NVwZ 2006, 92, 93). Wegen des durch Art. 20a GG erhöhten rechtlichen Stellenwertes des Tierschutzes und der praktischen Konkordanz, die jetzt zwischen den Zielen der Jagd und den Belangen der Tiere hergestellt werden muss, hat sich die „Rechtfertigungsschwelle für die Tötung von Wildtieren erhöht" (*Sailer* NVwZ 2006, 174, 175). Zu berücksichtigen und abzuwägen sind jetzt einerseits die berechtigten Ansprüche der Grundeigentümer auf Schutz vor Wildschäden und die Belange des Natur- und Umweltschutzes sowie das Ziel, einen gesunden Wildbestand aller heimischen Arten in angemessener Zahl zu erhalten; auf der anderen Seite aber auch das Unversehrtheits- und Wohlbefindensinteresse der Tiere, denn der Tod ist der größte Schaden und geht außerdem idR mit zumindest kurzzeitigen Leiden einher (vgl. BVerwG NVwZ 1998, 853, 855; s. auch § 1 Rn. 25) – Vor dieser Abwägung muss wie immer die Ermittlung der für die konkurrierenden Belange relevanten Tatsachen in einer konkreten, auf das jeweilige Revier bezogenen Betrachtungsweise stehen. Zu ermitteln sind also u.a. der vorhandene Wildbestand, die Verbissbelastung, landwirtschaftliche Nutzungseingriffe sowie andere Umwelteinflüsse (vgl. *Lorz/Metzger* in: *Erbs/Kohlhaas* J 12 § 21 Rn. 5). Dabei ist es auch notwendig, etwaige Überpopulationen nach ihrem Ausmaß, ihren Ursachen und Folgen nicht nur zu vermuten, sondern so genau wie möglich aufzuklären (vgl. VG Osnabrück vom 11. 6. 2004, 2 A 16/98: Abschussplan nach § 21 Abs. 2 BJagdG rechtswidrig, wenn die diesbezügliche Tatsachenermittlung nicht in ausreichendem Maß stattgefunden hat; Verpflichtung der Behörde, hierzu eigene, von den Angaben des Revierinhabers unabhängige Ermittlungen anzustellen). In diese Ermittlungen muss auch die Suche nach tötungsfreien Alternativen einbezogen werden, also nach Managementmaßnahmen zur Populationsregulierung und Schadensvermeidung unterhalb der Schwelle des Tötens. – Vor dem Inkrafttreten des Staatsziels „Tierschutz" ist noch allgemein angenommen worden, dass die Ansprüche der Forstwirte auf Schutz gegen Wildschäden „klaren Vorrang" vor der Hege besäßen (vgl. VGH München Rd L 1997, 500). Schon damals war allerdings auch darauf hingewiesen worden, dass Grundstücke im Wald oder in Waldesnähe wegen ihrer besonderen Situationsgebundenheit Wildschäden in einem gewissen Umfang hinzunehmen hätten (vgl. BGH NuR 1989, 55, 56). Nach der durch Art. 20a GG geänderten Verfassungslage sind jetzt bei der Frage, welche Ansprüche als „berechtigt" iS von § 21 Abs. 1 BJagdG angesehen werden können, auch Umwelt- und Tierschutzinteressen einzubeziehen. Ebenso ist zu berücksichtigen, dass Landwirte nicht verlangen können, von jeder Beeinträchtigung durch Wild verschont zu bleiben, sondern gewisse Belastungen zugunsten der Umwelt- und Tierschutzziele der Allgemeinheit hinnehmen müssen (vgl. *Asche* NuR 2003, 407, 411). Die Frage, was ein „gesunder Wildbestand in angemessener Zahl" ist, kann also nicht mehr wie früher einseitig an den Nutzerinteressen der Land-, Forst- und Fischereiwirtschaft ausgerichtet werden. Notwendig ist stattdessen ein „vernünftiger Ausgleich" (*Lorz/Metzger* aaO Rn. 4), der zwischen den jagdlichen, den Hege-, den Eigentums-, den Umweltschutz- und den Tierschutzinteressen herzustellen ist und der den vom Grundgesetz gewollten Unversehrtheits- und Wohlbefindensschutz für Tiere ebenso einbeziehen muss wie den Stand des mehrheitlichen Umwelt- und Tierschutzbewusstseins in der Bevölkerung. Ein allgemeiner Grundsatz „Wald vor Wild“ verkennt die Gleichrangigkeit der Staatsziele Umwelt- und Tierschutz und das daraus resultierende Abwägungsgebot und verstößt deswegen gegen Art. 20a GG. – Diese Grundsätze gelten besonders für die behördliche Bestätigung oder Festsetzung von Abschussplänen nach § 21 Abs. 2 BJagdG und die Regelung des Abschusses in Staatsforsten nach § 21 Abs. 4 BJagdG. Sie betreffen darüber hinaus aber auch jede andere behördliche oder private Entscheidung über den Abschuss von Tieren nach § 21 Abs. 1 BJagdG (zur mittelbaren Drittwirkung von Art. 20a GG s. dort Rn. 10; zum Töten von Wasservögeln s. Rn. 17; zum Vorgehen gegen tatsächliche oder vermeintliche Überpopulationen s. Rn. 37–40). – Eine Jagdausübung, die die Grenzen der auf diese Weise verfassungskonform ausgelegten §§ 1 Abs. 2, 21 Abs. 1 und 2 BJagdG überschreitet und die Belange des Staatsziels „Tierschutz“ in unverhältnismäßiger Weise zurückdrängt, wird man u.a. in folgenden Fällen annehmen müssen: Bei der Tötung von Tieren, die entweder ohnehin bestandsrückläufig sind oder von denen jedenfalls nicht die Gefahr einer ökologisch nachteiligen Überpopulation ausgeht und von denen auch keine schwerwiegenden Verbissschäden drohen (zB Feldhase; Federwild, insbesondere Rebhühner, Schnepfen, Wildgänse, Fasane, Wachteln, Eichelhäher); bei Tötungen zur Populationsregulierung, obwohl es ausreichende Selbstregulationsmechanismen gibt; bei Tötungen, obwohl eine Überpopulation lediglich vermutet wird bzw. von ihr keine erheblichen Nachteile für ökologische oder vergleichbar gewichtige Interessen ausgehen; bei der Tötung von Jagdkonkurrenten („Raubzeug“; s. auch Einf. Rn. 13 Stichwort „Jagd“); bei der Jagd auf eigens zu diesem Zweck aufgezogene und ausgesetzte Tiere (vgl. *Sailer* NuR 2006, 271, 275; s. auch Rn. 20); bei Bejagung zur Vermeidung von Verbissschäden, obwohl diese nur gering und ökologisch unbedenklich sind; bei Jagd aus sportlichem oder Freizeitinteresse statt zur Aufrechterhaltung des ökologischen Gleichgewichts.

Zur Rechtfertigung gehört weiter, dass auch die **übrigen Vorschriften der Jagdgesetze zum „Wann“, „Wo“ und „Wie“ des Tötens** eingehalten werden und das Gebot zu größtmöglicher Schmerzvermeidung nach § 4 Abs. 1 S. 2 TierSchG beachtet wird (vgl. § 44a BJagdG). Wo dies nicht geschieht, können Tötungen nicht durch die Berufung auf einen angeblich vernünftigen Grund gerechtfertigt werden. – Tötungen außerhalb der festgesetzten Jagdzeiten sind rechtswidrig. Wild, für das eine Jagdzeit nicht festgesetzt ist, darf nicht bejagt werden. Dasselbe gilt nach § 22 Abs. 4 BJagdG für alle brutfähigen Tiere während der dafür in Betracht kommenden Zeit: Sie sind so lange als Elterntiere und als zur Aufzucht notwendig anzusehen, als nicht einwandfrei feststeht, dass sie entgegen der natürlichen Regel keine unselbständigen Jungtiere zu versorgen haben (vgl. *Lorz/Metzger* in: *Erbs/Kohlhaas* J 12 § 22 Rn. 4). – Die Grenzen des Jagdreviers dürfen nicht überschritten werden, auch nicht zu Zwecken des Jagdschutzes (vgl. BayObLG NuR 1994, 512, 513). In befriedeten Bezirken (vor allem in Hofräumen und Gärten, die an eine Behausung anschließen und durch irgendeine Umfriedung begrenzt sind) ruht die Jagd, d.h.: Jagdausübung ist hier nur in dem Umfang möglich, wie es durch Landesgesetze, Rechtsverordnungen oder Verwaltungsakt gestattet ist. – Bei Ausnahmegenehmigungen (zB Ausnahmen von der Schonzeit oder landesrechtlichen Regelungen über die Tötungsbefugnis des Grundeigentümers im befriedeten Besitztum) müssen ebenfalls die durch Art. 20a GG geschützten Unversehrtheits- und Wohlbefindensinteressen in die Abwägung einbezogen werden (s. Rn. 5, 5a und 6). 15

Ein **Totalabschuss von Rotwild in sog. Rotwildfreigebieten,** wie er noch in einigen Länderverordnungen vorgesehen ist (vgl. OVG Koblenz NuR 2003, 435ff. zur rheinland-pfälzischen Bewirtschaftungsbezirkeverordnung), mag zwar der früher angenommenen Vorrangstellung der Eigentümerinteressen gegenüber der Hege entsprochen haben, wird aber der heute geforderten Abwägung mit den Belangen des Art. 20a GG nicht mehr gerecht. Durch das Staatsziel Tierschutz sollte das gesamte einfachgesetzliche Tierschutzrecht gestärkt werden, also auch die Vorschriften der §§ 1 und 17 Nr. 1, die einen grund- 16 sätzlichen Lebensschutz vorsehen. Zwar wird dadurch das Töten von Tieren auf der Jagd nicht verboten, jedoch in erhöhtem Maße begründungs- und rechtfertigungspflichtig. Bei der Anordnung von Totalabschüssen wird übersehen, dass es auch in besonders schadenssensiblen Gebieten idR nicht-letale Maßnahmen zur Vermeidung übermäßiger Wildschäden gibt, zB ein Verbot von bestandshebenden Fütterungen, ein verbessertes natürliches Äsungsangebot, Waldbaumaßnahmen und mechanische Abwehrmittel. Unberücksichtigt bleibt auch, dass es einen Anspruch auf vollständige Freiheit von Wildschäden weder für Land- noch für Forstwirte geben kann (s. Rn. 14). Zudem tangieren solche Radikallösungen neben dem Staatsziel Tierschutz auch das Staatsziel Umweltschutz, da eine regionale Ausrottung etwas grundlegend anderes ist als die von § 2 Abs. 1 Nr. 9 BNatSchG gewollte „natürliche und historisch gewachsene Artenvielfalt" und der nach § 21 Abs. 1 BJagdG anzustrebende „gesunde Wildbestand aller heimischen Tierarten". Hinzu kommt noch, dass durch solche Freigebiete die ohnehin durch den Straßenbau und die intensive Landwirtschaft bewirkte Verinselung der Rotwildbestände weiter verstärkt wird (vgl. *Asche* NuR 2003, 407 ff.; vgl. auch VG Osnabrück vom 11. 4. 2004, 2 A 16/98: „extremes Mittel des Totalabschusses nur, wenn sichergestellt ist, dass andere zumutbare Maßnahmen wie etwa weitere Reduktionsabschüsse die Wildschäden nicht ausreichend eindämmen"; dabei Pflicht, „in gewissem Umfang Wildschäden hinzunehmen"; außerdem Pflicht der Behörde zu eigenen, von den Angaben der Beteiligten unabhängigen Ermittlungen und zur Aufklärung, „ob der Umfang des Wildschadens einen Totalabschuss zur Verhinderung von nicht von der Sozialpflichtigkeit des Eigentums gedeckten Nachteilen rechtfertigt").

17 Bei der **Jagd auf Wasservögel** wird besonders häufig gegen die Abwägungsgrundsätze in Rn. 6 verstoßen. – Zunächst wird zu wenig bedacht, dass die Bejagung in der bisher üblichen Form zahlreiche, auch ökologische Nachteile auslöst: Die in den meisten Regionen noch immer übliche Verwendung von Bleischrot lässt große Mengen an Blei in die Umwelt und in die Nahrungskette gelangen, zumal bei der Jagd mit Schrot viele Tiere lediglich angeschossen und später zur Beute von Prädatoren oder Aasfressern werden, die so das Gift aufnehmen (die in einem Regionalabkommen zur Bonner Konvention eingegangene Verpflichtung, die Verwendung bleihaltiger Jagdmunition in Feuchtgebieten ab dem Jahr 2000 zu verbieten, ist bisher lediglich in Schleswig-Holstein umgesetzt worden). In tierschutzrechtlicher Hinsicht wiegt der sog. „cripple loss" besonders schwer, also der Verlust von Tieren, die bei der Jagd mit Schrot lediglich angeschossen werden und zwar zunächst entkommen, später jedoch unter erheblichen Schmerzen und Leiden sterben; es wird geschätzt, dass für jede erlegte Gans zwei weitere angeschossen werden und idR in größerer Entfernung umkommen (vgl. *Homma/Geiter* S. 264). Jagd mit Schrot führt außerdem zu Fehlabschüssen, d. h. zur Tötung von Arten ohne Jagdzeit oder von besonders geschützten Arten; der Grundsatz, dass Jagden unterbleiben müssen, sobald solche Fehlabschüsse wahrscheinlich sind, findet in der jagdlichen Praxis keine ausreichende Beachtung (vgl. *Homma/Geiter* S. 265). – Demgegenüber sind die Nachteile, die einer angeblichen Überpopulation von Wasservögeln zugeschrieben werden, idR unbewiesen: Zwar rechnet man allgemein ab ca. 1.300 bis 3.000 Gänsetagen pro ha mit entschädigungsfähigen Ernteschäden, doch gibt es dokumentierte Fälle, in denen selbst 5.000 und mehr Gänsetage pro ha zu keinen Ertragseinbußen geführt haben (vgl. *Homma/Geiter* S. 246). Der Rückgang des aquatischen Schilfs an Seen ist weit weniger auf den Verbiss durch Wasservögel als auf andere Ursachen, insbesondere die gestiegene Wasserqualität durch Kläranlagen zurückzuführen (vgl. *Homma/Geiter* S. 247: Rückgang des Schilfs am Ammersee hauptsächlich in den 60er Jahren, Auftreten größerer Gänsepopulationen dort jedoch erst ab ca. 1980). Ökologische Probleme durch zuwandernde fremde Arten können zwar entstehen, jedoch nur durch die Zuwanderung kleiner und kleinster Arten wie Parasiten, Vorrats- und Holzschädlinge und anderer Gliedertierarten und nicht durch große, jagdbare Wirbeltiere (vgl. *Homma/Geiter* S. 251: „In der konkurrenzerprobten Fauna Mitteleuropas ist es noch keinem Vogel gelungen, eine andere Art zu verdrängen, sofern diese gesunde Bestände hat"). Das Ausmaß des Nährstoffeintrags durch Wasservögel wird

meistens deutlich überschätzt; Hauptursache für überhöhte Stickstoff- und Phosphatgehalte in Oberflächengewässern sind nicht Schwäne, Gänse und Enten, sondern Abwässer, Überläufe und der Gülleeintrag von wassernahen landwirtschaftlichen Flächen. Der Beitrag, der durch Wasservögel zur fäkalkoliformen Bakterienbelastung von Gewässern geleistet wird, wird idR nicht konkret ermittelt, sondern stattdessen mit Hilfe theoretischer Berechnungen, die sich an den Maximalwerten von Vögeln aus Nutztierhaltungen orientieren, geschätzt; das erscheint aber nicht zulässig, da die bakterielle und virologische Belastung von Nutztieren idR deutlich höher ist als die von Wildtieren. Ein Krankheitsrisiko, das von Gänsekot ausgehen könnte, hat bisher nicht nachgewiesen werden können (vgl. *Homma/Geiter* S. 262: Verschiedene, insbesondere in den USA durchgeführte Studien sind zu dem Schluss gekommen, dass das Krankheitsrisiko, welches von Kanadagänsen und ihrem Kot ausgeht, minimal bis nicht vorhanden ist). – Um Gänse, Enten und Schwäne von sensiblen Flächen wie Liegewiesen, Spielplätzen und Wegen fernzuhalten, gibt es zahlreiche nicht-letale Managementmaßnahmen, die eine Bejagung überflüssig machen (Beispiele bei *Homma/Geiter* S. 283 ff.). Soll eine Fläche für die Tiere unattraktiv werden, so kommen dazu u. a. in Betracht: den Uferstreifen ca. 2 m breit mit Bodendeckern bepflanzen, da Gänse nicht gerne über diese Pflanzen gehen; niedrige Büsche am Ufersaum einpflanzen, so dass die Gänse von den Fresswiesen aus das Wasser nicht mehr sehen können; durch Büsche, Steine und andere Sichtbarrieren das Gelände unübersichtlich machen, so dass bei den Gänsen das Gefühl der Sicherheit vor Prädatoren entfällt; das Gras höher wachsen lassen (Pflanzenbestände über 14 cm Höhe werden anscheinend von Gänsen nicht oder nur ungern betreten); wenig schmackhafte Gräser wie Kentucky-blue grass oder Seggengräser säen; Ausstiegsmöglichkeiten aus dem Wasser erschweren; bewegliche Objekte mit Scheuchwirkung einsetzen, zB Flatterbänder, Windräder. Sinnvoll sind diese Maßnahmen in erster Linie dann, wenn zugleich weniger sensible Flächen als Ausweichgebiete angeboten und entsprechend attraktiv gemacht werden (zB durch kurzes, schmackhaftes Gras, Übersichtlichkeit, erlaubte Fütterung etc.). Die Ansiedelung auf Liegewiesen kann auch dadurch verhindert werden, dass man vor der Brutzeit einen trainierten Hund frei laufen lässt, Warnrufe von Gänsen vom Band abspielt oder durch bewegliche Objekte Verunsicherung erzeugt. Zur Reduzierung der Brutplätze vor der Brutzeit kommt u. a. die Begehbarmachung von Inseln, der Rückbau von Brutstätten, die Duldung verdrängender Arten und die Zulassung natürlicher Prädatoren in Frage. – Abgesehen von ihren o. e. ökologischen und tierschutzrechtlichen Nachteilen ist die Jagd auf Wasservögel auch als Managementmethode ungeeignet: Durch die hohe Nichtbrüterreserve (bei Gänsen bis zu 60%) werden frei gewordene Brutplätze durch Tiere, die bisher nicht gebrütet haben, besetzt. Der kurzfristigen Bestandsreduzierung durch die Jagd am Beginn des Winters steht eine geringere Sterblichkeit während der anschließenden Wintermonate gegenüber. Schrotschüsse reduzieren eher die größeren, langsameren Arten als die kleineren und wendigeren; letztere besetzen dann die frei gewordenen Brutreviere, jedoch (da sie weniger Platz brauchen) in größerer Zahl, was den Wasservogelbestand insgesamt ansteigen lässt (vgl. *Homma/Geiter* S. 291 ff.). – Ein besonders extremes Beispiel für einen Verstoß gegen das Abwägungsgebot aus § 21 Abs. 1 BJagdG i. V. mit Art. 20 a GG ist die Zulassung von Entenjagden mit der Begründung, es bestehe ein Überschuss an Erpeln gegenüber Enten, der reduziert werden müsse: Zum einen ist nicht erkennbar, wie bei Jagden mit Schrot gezielt männliche Stockenten (die zu Beginn der Jagdzeit im Schlichtkleid sind) reduziert werden könnten; zum anderen bleibt außer Betracht, dass sich die weiblichen Stockenten zu jeder Jahreszeit eher verbergen als die männlichen und deshalb die Annahme eines Ungleichgewichts zugunsten der männlichen Tiere idR auf einem Irrtum beruht (vgl. *Homma/Geiter* S. 266, 267).

Verhältnis der §§ 38 ff. BJagdG zu § 17 TierSchG. Nach § 44 a BJagdG bleiben die 18
Vorschriften des Tierschutzgesetzes durch das Jagdrecht „unberührt", sind also neben und zusätzlich zu denen des BJagdG anzuwenden (vgl. *Lorz/Metzger* in: *Erbs/Kohlhaas* J 12 § 44 a Rn. 2). Damit ist von einem Nebeneinander der Straf- und Bußgeldvorschriften

des BJagdG und derjenigen des TierSchG auszugehen. Deshalb kann das Jagdrecht das Tötungsverbot des § 17 Nr. 1 und den dortigen Begriff vom vernünftigen Grund nicht einschränken oder aushöhlen, sondern nur ergänzen und konkretisieren (*Lorz/Metzger* aaO). Konsequenz: Wenn der Jagende gegen eine verfassungskonform ausgelegte Vorschrift des Jagdrechts zum „Ob", „Wann", „Wo" oder „Wie" des Tötens verstößt, fehlt es auch an einem vernünftigen Grund iS des Tierschutzgesetzes, so dass bei entsprechendem (den jagdrechtlichen Verstoß einbeziehenden) Vorsatz eine Straftat nach § 17 Nr. 1 vorliegt (vgl. BayObLG NuR 1993, 176: Verstoß gegen § 17 Nr. 1 bei Töten eines vormals wildernden Hundes im befriedeten Besitztum; s. auch Rn. 11 sowie *Kluge/Ort/Reckewell* § 17 Rn. 153 a).

II. Jagdmethoden

19 Die **allgemein anerkannten Grundsätze deutscher Weidgerechtigkeit,** die nach § 1 Abs. 3 BJagdG zu beachten sind, richten sich weniger nach Herkommen und tatsächlicher Verbreitung als vielmehr nach dem sittlichen Gehalt des Jagdrechts und nach der Naturschutz- und Tierschutzfunktion, die die Jagd heute hat (vgl. *Lorz/Metzger* in: *Erbs/Kohlhaas* J 12 § 1 Rn. 12). Sie müssen den Fortschritten des Rechts zum Schutze von Natur und Kreatur und damit der „Gedankenwelt des ethischen Tierschutzes" entsprechen (*Rühling/Selle* § 1 Anm. 4 und Einf. S. 10: Der Jäger sei heute nicht mehr „der Beutemacher von ehedem", sondern „der Natur- und Tierschützer, der es übernommen hat, der heimatlichen Landschaft die wildlebenden Geschöpfe zu erhalten"). – Daraus ergeben sich insbesondere Konsequenzen für das „Wie" der Jagdausübung. Neben dem Grundsatz, dem Wild bei der Jagd ein Maximum an Chancen einzuräumen, gehören zu den Grundsätzen der Weidgerechtigkeit u. a.: das Verbot, Fütterungsanlagen in der Nähe von Hochsitzen einzurichten; das Verbot, auf den Hasen in der Sasse, den laufenden Fasan, die schwimmende Ente oder den schwimmenden Seehund zu schießen. Ein Verstoß liegt auch bei Jagdmethoden vor, die beim Wild länger andauernde erhebliche Schmerzen verursachen (vgl. *Lorz/Metzger* aaO § 1 Rn. 12), sowie dann, wenn gegen das Gebot zu größtmöglicher Schmerzvermeidung nach § 4 Abs. 1 S. 2 verstoßen wird (s. auch § 3 Rn. 42, 43).

20 Mit dem o. e. „Maximum an Chancen" ist zB die **Jagd auf ausgesetzte, zuvor von Menschenhand aufgezogene Tiere** wie Fasane, Rebhühner, Enten etc. unvereinbar, da diesen Tieren, zumindest wenn ihre Auswilderung noch nicht lange zurückliegt, die notwendigen natürlichen Fluchtinstinkte teilweise fehlen: Sie erblicken im Menschen eher den Vertrauten als den Feind und sind deshalb für den Jagenden eine mehr oder weniger wehrlose Beute (vgl. *Sojka* Rd L 1984, 283 ff.). Fraglich ist auch, ob es sich bei diesen Tieren noch um „Wild" iS von § 1 Abs. 1 BJagdG handelt. Zudem dient ihre Bejagung keiner ökologischen Ausgleichsfunktion iS von § 21 Abs. 1 BJagdG, sondern ist „Schießsport auf lebende Ziele" (*Herling, Herzog, Krug* aaO S. 738; gegen das „Auffüllen" der Reviere mit gezüchteten und kurzfristig ausgewilderten Tieren s. auch Einf. Rn. 13, EKD-Texte 41 S. 21 und Kirchenleitung der NEK 2005, 47). Auch bei der Trophäenjagd, bei der im Gatter aufgezogene starke Hirsche in ein sog. Jagdgatter verbracht und dort zum Abschuss durch zahlende Gäste freigegeben werden, fehlt es an einem vernünftigen Grund, der das Töten rechtfertigen könnte. Die Parallele zu dem (vom Bundesverwaltungsgericht verbotenen) Betrieb eines Angelteichs zum alsbaldigen Herausangeln liegt nahe (s. Rn. 32). – Hierzu (und auch zu den nachfolgenden Fragen) wären klarstellende Regelungen in einem novellierten Jagdgesetz sinnvoll.

21 Bei **Jagdmethoden, bei denen auf in der Bewegung befindliches Wild geschossen** wird, liegt ein Verstoß gegen das Gebot zu größtmöglicher Schmerzvermeidung nach § 4 Abs. 1 S. 2 besonders nahe: Viele Schüsse wirken nicht unmittelbar tödlich und verursachen schwere Verletzungen; ein Nachschießen ist oft aus Sicherheitsgründen nicht möglich; es kommt zum irrtümlichen Abschuss führender Muttertiere; die Nachsuche ist oft

erschwert. Dass Treib-, Drück- und Bewegungsjagden durch das BJagdG bis auf einige in § 19 geregelte Fälle zugelassen sind, ändert gemäß § 44a BJagdG an der unmittelbaren Geltung von § 4 Abs. 1 S. 2 TierSchG nichts, denn dieses konkrete tierschutzgesetzliche Gebot kann durch das Jagdrecht nicht eingeschränkt oder ausgehöhlt werden. Die tierschonendste Jagdmethode ist immer nur der gezielte Tötungsschuss auf das stehende Ziel, weil er für das Tier plötzlich und überraschend kommt und es unter Vermeidung von Schmerzen schnell und sicher tötet. Daraus ergibt sich die generelle Fragwürdigkeit aller Bewegungsjagden: Während ein sicherer Schütze ein unbewegtes Ziel in über 95% der Fälle sicher treffen kann, sinkt bei Zielen, die sich bewegen, die Trefferquote rapide ab, nicht selten auf unter ein Drittel der abgegebenen Schüsse; entsprechend höher liegt dann der Anteil angeschossener Tiere, die erst im Rahmen einer schmerz- und leidvollen Nachsuche getötet werden oder von selbst langsam sterben (vgl. *Herling, Herzog, Krug* in: *Sambraus/Steiger* S. 744; vgl. auch BMELV Schädlingsgutachten S. 118: „Bei der Jagd muss jeweils dasjenige Mittel zur Tötung angewandt werden, das dem Tier am wenigsten Schmerzen oder Leiden zufügt"). Während bei der Ansitz- und Pirschjagd davon ausgegangen wird, dass es in mehr als 75% der Fälle zu Kammerschüssen kommt; sinkt bei Drückjagden dieser Anteil auf etwa 25% (vgl. *Heinrich* AtD 2003, 12). – Unter demselben rechtlichen Gesichtspunkt erscheint auch der Einsatz von Jagdhunden nur gerechtfertigt, wenn er nach dem Schuss (oder bei der Nachsuche gemäß § 22a BJagdG) erfolgt. Hundeeinsatz vor dem Schuss verursacht dagegen häufig unnötige Schmerzen und auch Leiden, insbesondere bei Bracken-, Drück- und anderen Bewegungsjagden: Es kommt zu hoher Stressbelastung des aufgestöberten Wildes (auch mit bedenklichen Folgen für die Fleischhygiene, vgl. *Krug* AtD 1996, 134ff.); der Schuss auf flüchtige Tiere ist unsicher (s. o.); es kommt zu Beunruhigung anderer, nicht zu bejagender Tiere; das Töten einzelner Tiere durch die Hunde kann nicht ausgeschlossen werden, ebenso wenig Selbstverletzungen des Wildes infolge von Panikreaktionen (vgl. *Krug* aaO 139, 140; s. auch § 3 Rn. 43). – Eine klarstellende Anpassung der Jagdgesetzgebung an die durch § 4 Abs. 1 S. 2 und Art. 20a GG vorgegebene Rechtslage wäre auch hier wünschenswert.

Der **Schrotschuss auf bewegliche Ziele,** insbesondere fliegende Vögel, erscheint ebenfalls mit dem Gebot zu größtmöglicher Schmerzvermeidung nach § 4 Abs. 1 S. 2 unvereinbar: Die abgefeuerte Menge der Schrotkugeln erweitert sich trichterförmig mit der Zunahme der Entfernung und bewirkt bei fliegenden Vogelgruppen, dass ein erheblicher Teil der Tiere nicht tödlich getroffen wird, sondern Verwundungen oder Verstümmelungen erleidet und erst nach längerem Todeskampf stirbt bzw. als Krüppel weiterlebt (vgl. *Sojka* AgrarR 1994, 376; vgl. auch BMELV-Schädlingsgutachten S. 128: „Der Schrotschuss auf Einzeltiere in Vogelschwärme ist zu verbieten, da hier ein Missverhältnis von getöteten zu verletzt entkommenden Tieren nicht auszuschließen ist"). Schätzungen gehen für die Wasservogeljagd mit Schrot von 25 bis 200% „cripple loss" aus, d.h. dass auf ein erfolgreich abgeschossenes Tier bis zu zwei Tiere kommen können, die angeschossen werden und später verenden (vgl. *Homma/Geiter* S. 264; zu Umweltschäden infolge der Verwendung von Bleischrot vgl. auch *Oberth* DudT 3/1996, 32ff.). Solange sich eine an Art. 20a GG ausgerichtete Auslegung von § 4 Abs. 1 S. 2 noch nicht allgemein durchgesetzt hat, wäre es zumindest möglich, die Vogeljagd mit Schrot auf denjenigen Land- und Wasserflächen zu untersagen, die im Eigentum des Staates oder anderer öffentlichrechtlicher Körperschaften stehen und damit der Allgemeinheit gehören (vgl. *Maisack* Nationalpark 1/2004, 28, 20; vgl. auch *Czybulka* NuR 2006, 7, 10: in Mecklenburg-Vorpommern Verbot der Verwendung von Bleischrot in Gewässern sowie Verbot der Gänsejagd im Bereich vom 500m um viele Schlafgewässer). 22

Auch beim **Jagen mit abgerichteten Greifvögeln** werden den zu bejagenden Tieren häufig Schmerzen zugefügt, die mit schonenderen Methoden vermieden werden könnten und deshalb gegen § 4 Abs. 1 S. 2 verstoßen. Die Ausnutzung der natürlichen Grausamkeit des Tötungsgeschehens ist kein Mittel, das dem Verhältnismäßigkeitsgrundsatz entspricht. Der Mensch ist kein Raubtier, sondern verfügt aufgrund seines Verstandes über 23 schonendere Mittel (vgl. *Herling, Herzog, Krug* aaO). Ob man den §§ 15, 22 Abs. 4 BJagdG oder dem § 3 BWildSchV eine gesetzliche Zulassung dieser Art der Bejagung entnehmen kann, erscheint zweifelhaft; selbst wenn man aber von einer Akzeptanz durch das Jagdrecht ausgeht, bleibt der Widerspruch zu § 4 Abs. 1 S. 2 dennoch bestehen.

24 Ein problematisches Mittel ist auch die **Fallenjagd,** weil nach § 19 Abs. 1 Nr. 9 BJagdG nur Fanggeräte verwendet werden dürfen, von denen mit Sicherheit gewährleistet ist, dass sie entweder unversehrt fangen oder sofort töten. Beides kann aber häufig nicht gewährleistet werden (s. § 13 Rn. 8; vgl. auch *Czybulka* aaO S. 10 sowie *Ditscherlein* NuR 2003, 530ff.: Aufstellung sog. Norwegischer Krähenmassenfallen als Beispiel für einen Verstoß gegen das internationale Verbot der Verwendung nicht selektiver Fallen).

25 Zum **Fang von Wildtieren in befriedeten Bezirken** s. § 13 Rn. 10.

III. Jagdschutz gegenüber Haustieren

26 Nach § 23 BJagdG wird u.a. vorausgesetzt, dass es sich um „wildernde Hunde und Katzen" handelt. Der Jagdausübungsberechtigte missbraucht daher seine Befugnis zur Tötung, wenn er einen Hund oder eine Katze tötet, die offensichtlich keine gegenwärtige Gefahr für das Wild bedeuten (*Lorz/Metzger/Stöckel* § 23 BJagdG Rn. 16). Außerdem muss auch hier der Verhältnismäßigkeitsgrundsatz gewahrt werden; Landesgesetze, die darauf nicht ausreichend Rücksicht nehmen, verstoßen gegen Art. 20a GG und iÜ auch gegen § 17 Nr. 1 TierSchG und sind gemäß Art. 31 GG ungültig (vgl. *Herling, Herzog, Krug* in: *Sambraus/Steiger* S. 747). Im Schadensersatzprozess mit dem Halter trägt der tötende Jäger die Beweislast, dass der Hund konkret dem Wild nachgestellt hat (vgl. AG Gelnhausen vom 9. 1. 2002, 51 C 160/01; *Kluge/Ort/Reckewell* § 17 Rn. 151). – Nach § 29 Abs. 1 Nr. 2 LJagdG BW dürfen Hunde nur getötet werden, wenn sie erkennbar dem Wild nachstellen und dieses gefährden können; hinzukommen muss, dass sie weder eingefangen werden können noch auf sonstige Weise erreicht werden kann, dass die dazu gehörenden Begleitpersonen nach nur kurzfristiger Unterbrechung wieder auf sie einwirken können. Voraussetzungen sind also: **1.** Der Hund muss sich im Jagdbezirk aufhalten (nicht etwa im befriedeten Besitztum, vgl. BayObLG NuR 1993, 176). **2.** Es dürfen weder Sicht-, noch Ruf- noch sonstige Kontaktmöglichkeiten zu einer Begleitperson bestehen. **3.** Der Hund muss „in flagranti" beim tatsächlichen Wildern angetroffen werden (früheres Wildern reicht nicht aus, vgl. OLG Karlsruhe NuR 1990, 141). Dass er ohne Aufsicht umherstreift, reicht noch nicht aus; ausreichen kann aber, dass er erkennbar eine Spur aufgenommen hat und dieser folgt (vgl. *Frank* in: DVG 2001 S. 23, 32) **4.** Der Hund muss das Wild gefährden können (zB nach Größe, Rasse, Örtlichkeit, erkennbaren Reaktionen und sonstigen Begleitumständen; vgl. *Mehrkens* RdL 1984, 281). An einer solchen Gefahr fehlt es u.a., wenn sich der Hund in einer von Menschen frequentierten Erholungszone bewegt, die das Wild erfahrungsgemäß meidet. **5.** Ein Einfangen muss ausgeschlossen sein (der Jagdschutzberechtigte muss den Hund ansprechen, bloßes Nachlaufen genügt nicht). **6.** Der Jagdschutzberechtigte hat sich von all diesen Voraussetzungen zu vergewissern, bevor er schießt. **7.** Kennt er den Eigentümer oder Halter, so ist ein Abschuss ohne vorherige Abmahnung unverhältnismäßig. **8.** Die Verhältnismäßigkeit muss gewahrt sein (vgl. zB OLG Frankfurt/M vom 10. 3. 1994, 12 U 116/93: Das Erschießen eines außerhalb seines Jagdbezirks angetroffenen Jagdhundes bei der Verfolgung von Wildenten in einem Teich verstößt gegen den Grundsatz der Verhältnismäßigkeit). – Für das Töten von Katzen fordert § 29 Abs. 1 Nr. 3 LJagdG BW, dass die Katze im Jagdbezirk streunt und dabei in einer Entfernung von mehr als 500m zum nächsten bewohnten Gebäude angetroffen wird. Von „Streunen" kann erst gesprochen werden, wenn sich die Katze nach ihrem äußeren (Pflege-)Zustand keinem bestimmten Tierhalter mehr zuordnen lässt (vgl. LG Itzehoe NJW 1987, 2019). Nur Katzen, die erkennbar verwildert sind, sind streunende Katzen, nicht etwa auch freilaufende Hauskatzen (vgl. *Hecking-Veltman/Tenter/Daugschies*

Der praktische Tierarzt 82: 8, 563). Hinzukommen muss nach § 23 BJagdG auch hier, dass die Katze wildert, d.h. erkennbar solchen Tierarten nachstellt, die Wild iS des § 2 BJagdG sind. Weiter muss hinzukommen, dass mildere Mittel (zB Einfangen) ausscheiden. Landesrechtliche Bestimmungen, die das Töten unter erleichterten Voraussetzungen (zB bei geringerer Entfernung zum nächsten bewohnten Gebäude oder ohne die gesonderte Voraussetzung des Streunens) erlauben, sind unverhältnismäßig und verstoßen damit gegen Art. 20a GG und § 17 Nr. 1. – In Fallen gefangene Hunde und Katzen dürfen nicht getötet werden, sondern sind als Fundsachen zu behandeln (vgl. § 29 Abs. 2 LJagdG BW).

Zur **Ausbildung von Tieren als Jagdhelfer** s. § 3 Rn. 40 und 45–51. 27

IV. Fischerei

Die **Seefischerei** wird durch das Seefischereigesetz vom 12. 7. 1984 und die Seefische- 28
rei-Bußgeldverordnung vom 16. 6. 1998 geregelt. Danach hat der berufsmäßig Fische Fangende die Berechtigung zu ihrer Tötung. Ein Gebot zur vorherigen Betäubung wird für den Massenfang von Fischen nicht angenommen (vgl. § 4 Abs. 1 S. 1 („sonst") und § 1 Abs. 2 Nr. 4 TierSchlV; vgl. auch *Lorz* § 4 Rn. 8). Es gilt aber auch hier das Gebot zur größtmöglichen Schmerzvermeidung. Hiergegen wird in der Praxis mannigfach verstoßen (s. § 13 Rn. 13; vgl. auch Kirchenleitung der NEK 2005, 49: „Beim Fang mit Netzen oder Angeln verenden Fische meist mehr oder weniger langsam durch Ersticken oder mechanischen Druck"). Auch gegenüber dem sog. Beifang wird das Gebot, Schmerzen, Leiden und Schäden so weit als möglich zu vermeiden, häufig nicht beachtet (näher dazu *Krug/König* in: TVT-Merkblatt Nr. 34 S. 10; Kirchenleitung aaO: „ ... riesige Mengen an unerwünschten ‚Beifängen' bewirken starke Schäden bei Individuen und Populationen einzelner Arten").

In **Binnengewässern** besitzt grds. der Eigentümer des Gewässergrundstücks nach § 958 29
Abs. 2 BGB das Recht, Fische zu fangen und sich anzueignen. Die landesrechtlichen Fischereigesetze gestalten dieses Recht näher aus, regeln Schonzeiten und Mindestmaße, verbieten bestimmte gefährliche oder leidensverursachende Praktiken und regeln auch die Übertragbarkeit des Fischereirechtes. Die Tötung eines Fisches kann damit als gerechtfertigt gelten, wenn **1.** der Aneignungsberechtigte handelt, **2.** wenn es um das erstmalige Habhaftwerden des Fisches für menschliche Nahrungszwecke geht (s. Rn. 30), **3.** wenn dabei die zeitlichen und sachlichen Fischereiverbote aus dem Landesrecht eingehalten werden und wenn **4.** die Gebote der vorherigen Betäubung (Ausnahme: Massenfischfang) und der größtmöglichen Schmerzvermeidung gewahrt werden. Ähnlich wie im Jagdrecht (s. Rn. 18) bewirkt auch hier ein Verstoß gegen eines dieser Ge- und Verbote, dass es an einem vernünftigen Grund fehlt und deswegen bei entsprechendem Vorsatz neben der einschlägigen Ordnungswidrigkeit auch eine Straftat nach § 17 Nr. 1 angenommen werden muss.

Angeln fügt den Fischen erhebliche, anhaltende Leiden zu und verwirklicht damit ne- 30
ben § 17 Nr. 1 auch § 17 Nr. 2b (vgl. OLG Celle NStZ 1993, 291; OVG Bremen NuR 1999, 227, 228; AG Hamm NStZ 1988, 466; StA Bückeburg 3 Js 3376/90, zitiert nach OVG Bremen; vgl. auch *Drossé* AUR 2003, 367, 373 mit entsprechenden unveröffentlichten gerichtlichen und staatsanwaltschaftlichen Entscheidungen; s. auch Rn. 65). Bei den Fischen kommt es zu einem „Overstress", der u.a. durch beschleunigten Herzschlag, erkennbare Panikreaktionen und Erhöhung des Cortisolspiegels im Blut festgestellt werden konnte. Neben diesen messbaren Stressparametern ist es insbesondere auch das Verhalten des Fisches an der Angel, das sein erhebliches Leiden anzeigt. Nach wissenschaftlichen Untersuchungen sterben etwa 30% der Fische, die geangelt und wieder zurückgesetzt wurden, später an den Folgen des erlittenen Stresses (vgl. Evang. Akademie Bad Boll, Tiere im Sport, S. 194, 219, 220; zur Rechtswidrigkeit des Angelns aus Freude am Drill vgl. auch *Drossé* AgrarR 2002, 111; s. auch Rn. 113). – Eine Rechtfertigung aufgrund des An-

eignungsrechts wird für möglich gehalten, solange es ausschließlich darum geht, ein Nahrungsmittel für den menschlichen Verzehr zu gewinnen und der Fisch erstmalig in den menschlichen Gewahrsam gebracht werden soll (vgl. BVerwG NuR 2001, 454, 455: „Es kann dahinstehen, ob Angeln als Fischereimethode bei weidgerechter Ausführung zur Gewinnung von Nahrung herkömmlicherweise als durch einen vernünftigen Grund gerechtfertigt angesehen werden kann. Soweit ein solcher Rechtfertigungsgrund für die Leidenszufügung anzuerkennen sein sollte, bezieht er sich ... allenfalls auf das erstmalige Habhaftwerden eines Fisches für Nahrungszwecke des Menschen und ist in dieser allgemeinen Bedeutung auch darauf beschränkt").

31 **Wettfischen.** Der Erwerb des Fisches für Nahrungszwecke des Menschen muss den alleinigen Grund für das Angeln bilden. Wird daneben auch ein sportlicher Zweck verfolgt, insbesondere der Zweck, in einem Wettbewerb Sieger und Platzierte zu ermitteln, so fehlt es an einem vernünftigen Grund, denn solche Zwecke können weder die Tötung noch die Zufügung von Schmerzen und Leiden rechtfertigen (vgl. AG Hamm NStZ 1988, 466; AG Offenburg 2 Ds 257/87 und StA Bremen 604 Js 30992/88, zitiert nach *Drossé* AgrarR 1989, 257, 259; Evang. Akademie Bad Boll, Tiere im Sport, S. 194; *Drossé* ebenda S. 197, 198). – Wird als Ziel einer anglerischen Gemeinschaftsveranstaltung angegeben, einen angeblich vorhandenen Überbestand bestimmter Fischarten in dem Gewässer reduzieren zu wollen („Hegefischen"), so genügt für das Fehlen eines vernünftigen Grundes bereits, dass die Veranstaltung *auch* dem sportlichen Wettkampf dient (AG Offenburg aaO). Hinzu kommt, dass es sich beim Hegefischen regelmäßig um einen konstruierten Grund handelt, da Fischhege und Wettfischen unvereinbare Gegensätze bilden. Wettfischen ist schon seiner Natur nach nicht geeignet, Hegeziele zu erreichen: Der behauptete Überbestand und dessen angebliche biologische oder limnologische Schädlichkeit bleiben regelmäßig unbewiesen; Hege würde ein planvolles, systematisches, regelmäßiges und vor allem dauerhaftes Vorgehen mit den Mitteln der Berufsfischerei erfordern; demgegenüber finden Wettfischveranstaltungen punktuell statt und richten sich nach Ort, Zeitpunkt und Ablauf primär nach sportlichen und organisatorischen Gesichtspunkten statt nach dem Ziel, die Verhältnisse eines Gewässers dauerhaft zu verändern (vgl. StA Hanau NuR 1991, 501; *Drossé* AgrarR 1989, 257, 261). – Ähnlich ist die Situation, wenn vorgegeben wird, die gefangenen Fische zur Gewässerbewirtschaftung in ein anderes Gewässer umsetzen zu wollen: Die Behauptung, in dem zu befischenden Gewässer herrsche ein Überbestand und das zu besetzende Gewässer leide an einem Mangel der betr. Fischart, kann regelmäßig nicht bewiesen werden. Zudem ist das Umsetzen fischereibiologisch bedenklich, weil dadurch eine Faunenverfälschung und ein Einschleppen von Krankheitserregern verursacht werden können (vgl. *Drossé* aaO). – Die Verarbeitung der Fische zu Fischmehl oder Tierfutter ist ebenfalls kein ausreichender vernünftiger Grund (vgl. BVerwG NuR 2001, 455); zudem kann dies kaum glaubhaft als ausschließlicher Zweck einer Gemeinschaftsveranstaltung ausgegeben werden. – Amtsträger, die Fischereiveranstaltungen genehmigen, obwohl damit erkennbar auch sportliche Zwecken verfolgt werden, können sich der Beihilfe durch positives Tun (bzw. durch Unterlassen bei Nicht-Einschreiten) schuldig machen (vgl. StA Bremen aaO). – Auf einen unvermeidbaren Verbotsirrtum können sich Veranstalter und Teilnehmer heute nicht mehr berufen, auch nicht, wenn eine behördliche Genehmigung ausgesprochen worden ist (vgl. *Drossé* aaO).

32 **Einzelne rechtswidrige Angelmethoden.** Am Erfordernis des erstmaligen Habhaftwerden eines Fisches (BVerwG aaO) fehlt es insbesondere, wenn Fische, die sich bereits in der Hand des Menschen befinden, in einen Angelteich eingesetzt werden, um dem Angler das Vergnügen des alsbaldigen Herausangelns zu bieten („Angelzirkus"). Dies erfüllt den Tatbestand des § 17 Nr. 2b und ist rechtswidrig (vgl. OVG Koblenz AtD 1998, 346, 348; bestätigt durch BVerwG aaO). Eine Rechtfertigung durch behördliche Genehmigung oder behördliches Dulden scheidet aus, denn § 17 Nr. 2b steht mangels ausdrücklicher gesetzlicher Anordnung nicht zur Disposition der Behörden (vgl. OLG Celle NStZ 1993, 291, 292; s. auch Rn. 86). Bedenklich ist es auch, wenn in einem solchen Fall das

Herausangeln nach einer Schonfrist von zwei bis drei Monaten erfolgt, auch wenn dabei zur vermeintlichen Rechtfertigung auf einen Gewichtszuwachs der Fische verwiesen wird; denn auch in diesem Fall kann nicht davon gesprochen werden, dass das Angeln dem erstmaligen Habhaftwerden des Fisches diene, und zudem stellt Angeln nicht die schonendste Fangmethode dar. – Die Lebendhälterung von gefangenen Fischen im Setzkescher oder anderen Gefäßen verursacht erhebliche Leiden, die auch bei einem Zeitraum von weniger als zwei Stunden als „länger anhaltend" einzustufen sind (vgl. OLG Düsseldorf NStZ 1994, 43; LG Düsseldorf MDR 1991, 278; AG Düsseldorf NStZ 1991, 192; aA AG Rinteln AgrarR 2000, 354 m. abl. Anm. *Drossé*; StA Hannover NuR 2003, 578, 579 unter Hinweis auf ein Sachverständigengutachten, das jedoch „erhebliche Stressreaktionen" bei den Fischen festgestellt hatte, so dass zumindest eine Ordnungswidrigkeit nach § 18 Abs. 1 Nr. 1 nahe gelegen hätte). Sachverständigengutachten, in denen das erhebliche Leiden geangelter oder gehälterter Fische angezweifelt wird, beschränken sich häufig auf physiologische Parameter und lassen das Verhalten als den wichtigsten Leidensindikator außer Betracht (s. Rn. 78 und 113); teilweise lassen sie auch eine mit Art. 20a GG nicht vereinbare Spirale nach unten erkennen, zB wenn sie die Erheblichkeit des Leidens mit der Begründung verneinen, dass die messbare Stressbelastung der Fische beim Fangen, Entnehmen und Abhaken auch nicht geringer sei als bei der anschließenden Lebendhälterung. Manchmal bleibt auch außer Acht, dass die gehälterten Fische erst nach und nach in den Kescher verbracht werden, wodurch jedes Mal neuer Stress entsteht (vgl. *Drossé* aaO). Seit der Veröffentlichung der Entscheidung des OLG Düsseldorf dürfte die Berufung auf einen unvermeidbaren Verbotsirrtum nicht mehr möglich sein (vgl. *L/M* § 17 Rn. 43). – Das Angeln mit dem lebenden Köderfisch verwirklicht gleichfalls § 17 Nr. 2b: Dem Köderfisch wird ein Haken in das Muskelgewebe oder durch die Lippen geführt; durch seine Versuche, zu entkommen, vergrößert er noch die ihm zugefügte Wunde (*Drossé* in: Evang. Akademie Bad Boll aaO S. 198). Zudem wird er in seinem Bestreben, sich fortzubewegen und geschützte Stellen im Uferbereich aufzusuchen, gehindert und gerät dadurch in eine Stresssituation, die jedenfalls bei 15–30 Min. Dauer anhaltendes, erhebliches Leiden darstellt (vgl. LG Mainz MDR 1988, 622 und 1080). Sieben Bundesländer haben demgemäß die Verwendung lebender Köderfische bereits ausdrücklich verboten; gegenteilige Regelungen in anderen Ländern (vgl. zB § 3 Abs. 3 S. 2 LFischVO BW) können § 17 Nr. 2b nicht einschränken (vgl. Art. 31 GG). – Rechtswidrig ist das Angeln auch dann, wenn nicht das schonendste, d.h. das am wenigsten tierschädliche Mittel eingesetzt wird. Verstöße hiergegen liegen beispielsweise vor: bei einer Verwendung von Widerhaken ohne zwingende Notwendigkeit; bei Verwendung von korrosionsbeständigen Haken; beim Anlanden ohne Unterfangkescher; bei Verwendung des „Gaffs" trotz anderer Landungsmöglichkeit; bei einer Zulassung von Anglern ohne vorherige Schulung und Prüfung („Urlaubsberechtigungsschein"), zumal in solchem Fall gegen § 4 Abs. 1 S. 3 verstoßen wird; bei der Zulassung von Kindern unter 16 Jahren zur Angelfischerei ohne verantwortliche Begleitung eines sachkundigen Fischereischeininhabers (vgl. Evang. Akademie Bad Boll aaO S. 194, 221).

V. Seuchenbekämpfung

Die **Zweite BSE-Schutzverordnung** vom 21. 3. 1998 (BGBl. I S. 565), mit der die pau- 33
schale Tötung sämtlicher Rinder, die aus Großbritannien und der Schweiz nach Deutschland importiert worden waren, angeordnet wurde, war durch die Ermächtigungsgrundlagen in § 79 Abs. 1 Nr. 2 i.V.m. §§ 18, 24 Abs. 1 und 24 Abs. 2 Tierseuchengesetz (TierSG) nicht gedeckt und damit nichtig (vgl. BVerwG NJW 2001, 1592; VGH Mannheim AgrarR 2000, 161). Dabei kann offen bleiben, ob es sich bei BSE (= Bovine Spongiforme Enzephalopathie) überhaupt um eine Tierseuche iS des Tierseuchengesetzes handelt (vgl. *Büge* AgrarR 2000, 159 mit Hinweisen auf die unterschiedliche Rechtsprechung zu dieser

Frage). Jedenfalls waren die betroffenen Rinder als Gruppe weder ansteckungsverdächtig iS des § 24 Abs. 1 TierSG noch war ihre Tötung iS des § 24 Abs. 2 TierSG zur Beseitigung von Infektionsherden erforderlich. – Ein Ansteckungsverdacht, wie er für eine Rechtfertigung nach § 24 Abs. 1 TierSG erforderlich gewesen wäre, hätte gemäß § 1 Abs. 2 Nr. 7 TierSG eine mit konkreten Anhaltspunkten begründbare Wahrscheinlichkeit vorausgesetzt, dass die Importrinder den Ansteckungsstoff (d.h. das infizierte Tiermehl) typischerweise, jedenfalls aber zu einem erheblichen Teil bereits aufgenommen hatten. Dagegen sprach aber, dass sich die ca. 5.200 betroffenen Tiere wegen des seit März 1990 bestehenden Importverbots bereits seit mindestens sieben Jahren im Bundesgebiet befanden und nur bei fünf von ihnen ein BSE-Verdacht aufgetreten war. Die Inkubationszeit von BSE wird allgemein mit drei bis fünf oder vier bis sechs Jahren angegeben (vgl. VGH Mannheim aaO mN). Zudem gehörten die betroffenen Tiere überwiegend Robust- bzw. Extensivrassen an, die im Freien aufgewachsen und daher weitestgehend ohne Tiermehlzusatz ernährt worden waren (vgl. BVerwG aaO). – Für eine Tötungsanordnung nach § 24 Abs. 2 TierSG wäre sowohl der Nachweis eines tatsächlichen, nicht nur potenziellen Infektionsherdes als auch das erkennbare Risiko unmittelbarer horizontaler Übertragung innerhalb der Tierbestände notwendig gewesen (vgl. BVerwG aaO; VGH Mannheim aaO; vgl. auch OVG Frankfurt/O NVwZ 1997, 811: Anwendbarkeit von § 24 Abs. 2 TierSG nur bei Seuchen mit leichter Übertragbarkeit). – Schließlich war die angeordnete Tötung der ganzen Gruppe auch unverhältnismäßig, da weniger einschneidende Alternativen (insbesondere Beobachtung durch die Veterinärbehörden sowie Schlacht- und Verbringungsverbote, vgl. OVG Koblenz Rd L 1997, 335) ausreichend gewesen wären. – Aufgrund dieser ganz überwiegenden Rechtsprechung sind zwar diejenigen Tiere, deren Halter der Tötungsanordnung widersprochen und ihren Widerspruch aufrechterhalten haben, nicht getötet worden, wohl aber zwischen 4.000 und 5.000 Rinder, deren Halter keinen Widerstand geleistet und Entschädigungszahlungen aus der Tierseuchenkasse entgegengenommen hatten. – Auf den Gesichtspunkt, dass durch diese Zwangstötungen möglicherweise wertvolles Untersuchungsmaterial zur Erforschung der BSE-Krankheit vernichtet worden ist, machen *Büge/Tünnesen-Harmes* aufmerksam (NVwZ 1997, 564). Von diesen Autoren wird auch die Vermutung geäußert, es sei dem damaligen Verordnungsgeber wohl weniger um Verbraucherschutz und Schutz von Tierbeständen gegangen als vielmehr „um die Bedienung der Interessen der Fleischwirtschaft ohne Rücksicht auf die Folgen für die als Sündenbock dienenden Robustrinderhalter und ihre Extensivtierhaltung“ (AgrarR 1998, 1 ff.). – Zur Kohortentötung im Fall eines bestätigten BSE-Fundes s. Einf. Rn. 41.

34 Nach der Bestätigung eines Ausbruchs der **Maul- und Klauenseuche (MKS)** verpflichtet Art. 10 Abs. 1 lit. a der Richtlinie 2003/85/EG vom 29. 9. 2003 (ABl. EG Nr. L 306/1) lediglich zur Tötung solcher Tiere empfänglicher Arten, die sich in dem betreffenden Betrieb befinden. Weitergehende Tötungen werden von der EU-Richtlinie zwar zugelassen, nicht aber verpflichtend vorgeschrieben. Soweit also auf Anordnung der jeweiligen Landesregierung Tiere in Umgebungs- und Kontaktbeständen getötet werden sollen, lässt sich dies nicht mit dem Anwendungsvorrang des EU-Rechts begründen, sondern es bedarf dazu eines vernünftigen Grundes nach § 17 Nr. 1. Dasselbe gilt für die Tötung von Tieren wegen angeblicher Unverwertbarkeit oder Überbelegung der Ställe. – Zuweilen versuchen Landesregierungen, diese Situation dadurch zu umgehen, dass sie ihre Tötungsanordnungen mit Entscheidungen der EU-Kommission, die sie vorher dort einholen, begründen. Es kommt dann aber darauf an, ob die jeweilige Entscheidung die geplante Tötung nach Art und Umfang rechtsverbindlich vorschreibt oder ob sie (wie meist) lediglich dazu ermächtigt und den nationalen Behörden einen eigenen Entscheidungs- und Abwägungsspielraum belässt; in diesem Fall kann die EU-Entscheidung nicht die Prüfung ersetzen, ob die Tötung einem vernünftigen Grund entspricht. – Die MKS-Verordnung, die als Rechtsverordnung im Rang unter dem Gesetz steht, kann diese Prüfung ebenfalls nicht ersetzen (s. § 1 Rn. 35). Dasselbe gilt für Verwaltungsvorschriften und

Weisungen. – Für die Tötung von Tierbeständen, in denen noch kein MKS-Ausbruch bestätigt worden ist, kann es allenfalls dann einen vernünftigen Grund geben, wenn sich der jeweilige Betrieb noch in einem Radius von 800–1000 m um den Seuchenbetrieb herum befindet (da dies die Entfernung ist, die Schadnager als potentielle Virus-Überträger überwinden). Weitergehende Tötungen sind idR unverhältnismäßig und missachten den Grad der moralischen Sensibilisierung in der Gesellschaft (s. § 1 Rn. 27). Nicht zuletzt unter dem Eindruck der riesigen Tötungszahlen während der Seuchenzüge der letzten Jahre hat diese Sensibilisierung inzwischen so zugenommen, dass das üblich gewordene massenhafte Töten gesunder Tiere in Umgebungs-, Kontakt- und sonstigen Verdachtsbetrieben den vorherrschenden Wert- und Gerechtigkeitsvorstellungen, die im Mitleidsempfinden wurzeln und damit sittlich fundiert sind, widerspricht (s. § 1 Rn. 63). Hinzu kommt, dass es auch an der Erforderlichkeit für solche Verdachtstötungen fehlt, nachdem man mit neuesten Untersuchungsmethoden (u. a. real-time RT-PCR) die Seuchenfreiheit eines Tierbestandes anhand von Erregerfreiheit rasch und zuverlässig feststellen und zertifizieren kann. Hinzu kommen noch die seit 2003 bestehenden Möglichkeiten zur Notimpfung mit Marker-Impfstoffen. – Soweit für die Tötungsanordnungen § 24 TierSG herangezogen wird, gilt nichts anderes, denn das Tierseuchenrecht wird ebenso vom Verhältnismäßigkeitsgrundsatz beherrscht wie das Tierschutzrecht (vgl. dazu u. a. die wiederholte Verwendung der Begriffe „geeignet" und „erforderlich" und die Anordnung der möglichen Bekämpfungsmaßnahmen in den §§ 18 bis 24 nach steigender Eingriffs-Schärfe; allgemein zur Auslegung solcher Gesetze im Licht von Art. 20a GG s. o. Rn. 5, 5a). – Für die Tötung gesunder Tiere mit der Begründung, dass sie wegen Verbringungsrestriktionen übergewichtig geworden seien und deswegen nicht mehr auf den üblichen Wegen vermarktet werden könnten, fehlt es erst recht an einem vernünftigen Grund. Dasselbe gilt, wenn versucht wird, diese Tötungen mit einer Überbelegung der Ställe zu begründen. Solche Situationen können durch vorausschauendes Handeln, zB durch die rechtzeitige Entwicklung von Vermarktungskonzepten für Produkte gesunder Tiere aus Restriktionszonen und durch rechtzeitige Anordnungen nach § 16a S. 2 Nr. 1, die Besatzdichten in den seuchengefährdeten Gebieten präventiv zu reduzieren, vermieden werden. Landesregierungen, die dies nicht tun und stattdessen gesunde Tiere in großen Zahlen töten und entsorgen lassen, verstoßen gegen das Verbot widersprüchlichen Verhaltens und können für diese Politik weder einen vernünftigen Grund noch eine Analogie zu § 16a S. 2 Nr. 2 (Tötung von Tieren, die angeblich nicht veräußert werden können) in Anspruch nehmen. Tierärzte, die ihre Mitwirkung an solchen Tötungsaktionen nach erfolgloser Remonstration verweigern, handeln rechtmäßig, da kein Amtsträger gezwungen werden kann, an Tötungen mitzuwirken, die gegen § 17 Nr. 1 verstoßen (vgl. § 56 Abs. 2 BBG und die entsprechenden Bestimmungen in den Beamtengesetzen der Länder; s. auch Einf. Rn. 39 und 94).

Für Tötungen nach Ausbruch der **klassischen Schweinepest (KSP)** gilt dasselbe. Der **35** Anwendungsvorrang des EU-Rechts kann die Prüfung des vernünftigen Grundes nur für solche Betriebe ersetzen, in denen ein Ausbruch der Seuche amtlich bestätigt wurde (Art. 5 Abs. 1 lit. a der Richtlinie 2001/89/EG, ABl. Nr. L 316/5). Entscheidungen der EU-Kommission, die den Landesbehörden eigenen Entscheidungsspielraum belassen, haben dagegen keinen Vorrang vor § 17 Nr. 1. Dasselbe gilt für nationale Rechtsverordnungen, Verwaltungsvorschriften und Weisungen. Die modernen Untersuchungsmethoden, die die Seuchenfreiheit anhand von Erregerfreiheit feststellen können, und die Möglichkeit zu Notimpfungen mit Marker-Impfstoffen machen Verdachtstötungen heute nicht mehr erforderlich (jedenfalls nicht jenseits eines Radius von 800–1.000 m um den Seuchenbetrieb herum). Tötungen wegen angeblicher Überbelegung der Ställe oder wirtschaftlicher Unverwertbarkeit verstoßen gegen das Verbot widersprüchlichen Verhaltens, wenn versäumt worden ist, rechtzeitig auf die Reduzierung der Besatzdichten in den gefährdeten Betrieben hinzuwirken und für ein Vermarktungskonzept für Tierprodukte aus Restriktionszonen zu sorgen. Tierärzte, die ihre Mitwirkung an solchen rechtswidrigen

Tötungen verweigern, handeln rechtmäßig und leisten einen wichtigen Beitrag zur Anpassung der nationalen Seuchenbekämpfungsstrategien an den Grad der moralischen Sensibilisierung der Gesellschaft (s. Einf. Rn. 40 und 94).

36 Bei der Bekämpfung der **Geflügelpest (Aviäre Influenza, AI)** kommt hinzu, dass die Richtlinie 2005/94/EG vom 20. 12. 2005 (ABl. EG Nr. L 10/16) neben der Notimpfung (Art. 53 bis 55) auch die präventive Impfung als Langzeitmaßnahme vorsieht (Art. 56, 57). Behördliche Tötungsanordnungen für Bestände, in denen noch kein Seuchenausbruch amtlich bestätigt worden ist und die auch nicht in dem 800–1000 m Radius um einen Seuchenbetrieb herum liegen, verstoßen hier erst recht gegen den Grundsatz der Verhältnismäßigkeit und das Verbot widersprüchlichen Verhaltens, wenn vorher versäumt wurde, durch Risikobewertung und Vorlage eines Impfplanes die präventive Impfung rechtzeitig vorzubereiten und durchzuführen. Die Handelsrestriktionen, die für Produkte geimpfter Tiere bestehen, sind ebenso wenig ein vernünftiger Grund für das massenhafte Töten gesunder Tiere wie der mit dem Impfen verbundene Aufwand (vgl. *Kaleta/Redmann/Zech* DTBl. 2005, 1350ff.: nur geringes Restrisiko, dass immunisierte Vögel das Feldvirus aufnehmen und verbreiten können; Verfügbarkeit von Impfstoffen, die arbeitssparend als Spray oder über das Tränkwasser verabreicht werden können; s. auch Einf. Rn. 40a und Rn. 94).

VI. Schädlingsbekämpfung

37 Regelungen zur Schädlingsbekämpfung finden sich u.a. im Infektionsschutzgesetz (IfSG) sowie in Vorschriften des Natur- und Pflanzenschutzrechts und im Polizei- und Ordnungsrecht. Soweit diese Gesetze Maßnahmen gegen Tiere einschließlich von Tötungen zulassen, stellen sie dafür regelmäßig drei Mindestvoraussetzungen auf: **1.** Von den Tieren muss eine Gefahr ausgehen, d.h. ein Zustand, der mit hinreichender Wahrscheinlichkeit zu einem bedeutenden Schaden führen kann; diese Gefahr muss mit konkreten Tatsachen belegt werden. – **2.** Ob und in welchem Ausmaß Bekämpfungsmaßnahmen erfolgen dürfen, ist auch hier nach dem Verhältnismäßigkeitsgrundsatz zu beurteilen (vgl. zB § 17 Abs. 2 IfSG: „erforderliche Maßnahmen"; zur verfassungskonformen Auslegung solcher Gesetze s. Rn. 5a, 6). In die notwendige Güterabwägung sind das Leben, die Unversehrtheit und das Wohlbefinden der betroffenen Tiere künftig mit demjenigen Gewicht einzustellen, das ihnen nach der Anerkennung des Tierschutzes als Staatsziel durch Art. 20a GG zukommt. – **3.** Auch das „Wie" der Schädlingsbekämpfung muss verhältnismäßig sein, d.h. so schonend erfolgen, wie dies nach dem aktuellen Stand der wissenschaftlichen Erkenntnisse möglich ist; dazu müssen auch bereits zugelassene Methoden und Verfahren überprüft und ggf. geändert werden („Daueraufgabe", so BMELV, Tierschutzbericht 1999, S. 57). Weitere Rechtmäßigkeitsvoraussetzungen kommen je nach Einzelgesetz hinzu. – Untergesetzliche Normen wie zB Polizeiverordnungen müssen, um mit der jeweiligen gesetzlichen Ermächtigungsgrundlage vereinbar zu sein, ebenfalls diesen Anforderungen genügen.

38 Zur **Konkretisierung des Verhältnismäßigkeitsgrundsatzes** finden sich im **BMELV-Schädlingsgutachten** wichtige Prinzipien, die für jede Art von Schädlingsbekämpfung Geltung beanspruchen können: **1.** Vor einer Tötungsmaßnahme muss eine (zumindest lokale) Überpopulation der betreffenden Tierart nachgewiesen sein; bloße Vermutungen genügen nicht. – **2.** Maßnahmen zur Verminderung können erst dann verhältnismäßig sein, wenn nachgewiesen ist (und nicht nur vermutet wird), dass infolge der Überpopulation gravierender Schaden an bedeutenden Rechtsgütern regelhaft auftritt oder ernsthaft droht (und nicht nur möglich erscheint; vgl. Gutachten S. 127). – **3.** Von Verminderungen sollte völlig Abstand genommen werden, wenn die betreffenden Tierarten ohnehin bestandsrückläufig sind (vgl. Gutachten S. 127). – **4.** Es gilt der „Vorrang der ökologischen Regulation", d.h. bevor Tötungsmaßnahmen eingeleitet werden, muss in jedem Fall geprüft werden, welche Umweltbedingungen für den hohen Bestand verantwortlich sind,

und es müssen die Ursachen abgestellt werden, die die Übervermehrung oder lokale Ansammlung der betreffenden Tiere begünstigen (vgl. S. 116, 127). – **5.** Solange andere Maßnahmen zur Schadensabwehr ausreichen (insbesondere Vergrämungs- und Abschreckungsmethoden, aber auch bauliche Maßnahmen, zB zur Sicherung von Bauwerken, Vorräten o. Ä.), fehlt es an der Erforderlichkeit von Tötungen (vgl. S. 117, 131). – **6.** Tötungsaktionen sind unverhältnismäßig, solange der von ihnen ausgehende Nutzen den angerichteten Schaden nicht überwiegt. Vielfach ist der von solchen Aktionen ausgehende Nutzen gering, denn „es ist nach wie vor offensichtlich vielen mit Verminderungsmaßnahmen befassten Menschen unklar, dass Reduzierungen in aller Regel die natürlichen innerartlichen Regulationsmechanismen außer Funktion setzen und zu einer ständigen Ankurbelung der Vermehrung führen" (S. 130). – **7.** Im Rahmen der Nutzen-Schaden-Relation fallen auf der Schadensseite nicht nur der Tod der bekämpften Tiere, sondern auch ihre Leiden und die mit der Maßnahme verbundenen Risiken für andere Tiere und Umweltgüter ins Gewicht (zB bewirken die zur Rattenbekämpfung üblicherweise eingesetzten Blutgerinnungshemmer, sog. Antikoagulantien, ein innerliches Verbluten, das mehrere Tage dauert und möglicherweise mit anhaltenden Leiden verbunden ist; das schließt eine Bekämpfung zwar nicht aus, bindet sie aber an den vorherigen Nachweis einer schweren, anders nicht abwendbaren Gefahr, die gegen diese Leiden aufgewogen werden muss). – Ist die Tötung nach allen diesen Kriterien zulässig, so gilt nach § 4 Abs. 1 S. 2 auch hier das Gebot zu größtmöglicher Schmerzvermeidung, d. h. es darf nur dasjenige Mittel zur Tötung eingesetzt werden, das nach dem aktuellen Stand der wissenschaftlichen Erkenntnisse am wenigsten Schmerzen oder Leiden hervorruft (vgl. S. 117; s. auch § 4 Rn. 10). – Tötungen durch Privatpersonen dürfen nicht zugelassen werden, solange nicht sichergestellt ist, dass jede dieser Personen die nach § 4 Abs. 1 S. 3 erforderliche Sachkunde besitzt (s. § 4 Rn. 11). – Führt eine Verminderungsmaßnahme voraussehbar zu anhaltenden, erheblichen Schmerzen oder Leiden bei den betroffenen Tieren, so erfüllt dies den Tatbestand des § 17 Nr. 2 b und ist damit allenfalls unter den strengen Voraussetzungen des Notstandes (§ 228 BGB und § 34 StGB) zulässig (Beispiele: Phosphorverbindungen zur Nagetierbekämpfung lassen die Tiere unter starken, offenbar mit Schmerzen verbundenen Krämpfen sterben (vgl. S. 35); Schrotschüsse auf Vogelschwärme führen voraussehbar dazu, dass ein erheblicher Teil der Tiere nur verletzt oder verkrüppelt wird und anschließend einen qualvollen Tod erleidet; Totschlagfallen verursachen nicht selten schwere Verletzungen, vgl. S. 128).

Zu einzelnen, im BMELV-Schädlingsgutachten behandelten Säugetierarten. – Tier- 39
arten, die keine oder nur geringe Schäden auslösen, sind eher „Lästlinge" als „Schädlinge; ihre Tötung dürfte „im Licht des geschärften Tierschutzbewusstseins unserer Tage" (vgl. Gutachten S. 3) stets unverhältnismäßig sein. U. a. gilt dies für Maulwurf, Waschbär, Mauswiesel, Hermelin, Iltis, Steinmarder, Feldhamster, Waldmaus und Nutria (vgl. S. 112). – Beim Rotfuchs ist die Tollwutbekämpfung mit Erfolg auf eine Durchimpfung der Bestände mittels in Ködern ausgebrachter Vaccine-Kapseln umgestellt worden (vgl. S. 39); für die früher übliche Baubegasung gibt es damit keine Rechtfertigung mehr. – Beim Waschbär führt der Fang mit beköderten Totschlagfallen zu erheblichen Schmerzen, weil das Tier jede Beute und damit auch den Köder zuerst mit der Pfote betastet und deshalb beim dadurch ausgelösten Zuschlagen der Falle meist nicht tödlich erfasst wird; demgegenüber sind schwere Schäden, die durch das Tier verursacht würden, nicht nachgewiesen (vgl. S. 41, 42, 112; s. auch Rn. 24 sowie § 13 Rn. 8). – Beim Mauswiesel, Hermelin und Iltis (übliche Methode: Lebendfang in Falle; anschließendes Totschlagen) fehlt es ebenfalls an einem Nachweis, schwerer, nur durch Tötungen abwendbarer Schäden (vgl. S. 42–46; vgl. auch *Ditscherlein* NuR 2006, 285, 287: Fang von Hermelinen idR mittels Fallen, was oft mit erheblichen Qualen für das Tier verbunden ist). – Bei der Bejagung des Wildschweins wird wegen der Fraß- und Wühlschäden in der Praxis von den Prinzipien der Weidgerechtigkeit abgegangen (Abschuss auch bei Nacht; Abschuss an der Lockfütterung; Durchführung von Drück- und Bewegungsjagden). Das Einzäunen waldnaher Kul-

turen mit sog. Feldschutzzäunen wäre demgegenüber ein weniger tierschädliches Mittel und könnte die Schäden für die Landwirtschaft zuverlässig verhindern (vgl. S. 49, 50; zur nötigen Abwägung im Rahmen von § 21 Abs. 1 BJagdG s. Rn. 14). – Beim Rothirsch und beim Reh wird die Bestandsverminderung unter Hinweis auf Verbiss-Schäden gefordert. Tierschutzgerecht ist indes nur eine Bejagung, bei der der erste Schuss tödlich ist (vgl. S. 54). Auf Jagdmethoden, die dies nicht sicherstellen, muss verzichtet werden (s. Rn. 21 und zu Abschussplänen iS von § 21 Abs. 2 BJagdG Rn. 14). – Der Feldhamster gehört zu den bestandsrückläufigen Tierarten und darf schon aus diesem Grund nicht bekämpft werden (s. Rn. 38); abgesehen davon sind die üblichen Methoden (Rattenschlagfallen; Baubegasung mit Phosphorverbindungen; Ausgießen der Baue mit Wasser) angesichts der nur geringen Schäden, die das in seinen Lebensmöglichkeiten ohnehin zunehmend eingeschränkte Tier verursacht, nicht zu rechtfertigen (vgl. S. 55). – Bei der Rötel- und der Schermaus werden überwiegend Phosphorwasserstoff erzeugende Mittel eingesetzt, die erhebliche Schmerzen/Leiden verursachen. Junge Obstbäume lassen sich demgegenüber vor Schermausfraß schützen, indem ihre Wurzelballen vor der Pflanzung mit Maschendraht umhüllt werden, der die Wurzeln durchwachsen lässt und mit den Jahren zerfällt (vgl. S. 59). – Beim Bisam ist die weithin verwendete Reusenfalle, sei es mit, sei es ohne Aufstiegsmöglichkeit, durch § 4 Abs. 2 S. 1 BArtSchV verboten. Die in § 4 Abs. 3 BArtSchV normierte Befugnis der zuständigen Landesbehörde, Ausnahmen von den Verboten des § 4 Abs. 1 BArtSchV, damit auch vom Verbot des Einsatzes von Fallen im Abs. 1 Nr. 1 (also auch von Reusenfallen) unter bestimmten Voraussetzungen zuzulassen, rechtfertigt deren Verwendung ebenfalls nicht. Als untergesetzliche Norm darf die Bundesartenschutzverordnung nicht gegen höherrangiges Recht, also auch nicht gegen §§ 4 Abs. 1 S. 2, 13 Abs. 1 und 17 Nr. 2b TierSchG verstoßen. Dies wäre aber der Fall, da die gefangenen Tiere bei Reusenfallen mit Aufstiegsmöglichkeit, die den Fang mehrer Tiere nacheinander ermöglichen, unter Angst und Stress stehen und sich gegenseitig verletzen können. Fallen ohne Aufstiegsmöglichkeit liegen vollständig unter der Wasseroberfläche, so dass die gefangenen Tiere ertrinken oder ersticken. Art. 4 Abs. 1 Nr. 1 BArtSchV ist daher nur unter der einschränkenden Auslegung, dass der Begriff „Fallen" nicht auch Reusenfallen erfasst, nicht unwirksam, so dass auch über § 4 Abs. 3 BArtSchV die Bekämpfung des Bisams mit Reusenfallen nicht zulässig ist. Amtsträger, die gleichwohl derartige Ausnahmegenehmigungen erteilen oder durch Erlasse dies erlauben, verstoßen sowohl gegen § 4 Abs. 2 S. 1 BArtSchV, wie auch gegen §§ 4 Abs. 1 S. 2, 13 Abs. 1 und § 17 Nr. 2b (s. auch § 4 Rn. 10 und § 13 Rn. 9). Erwägungen der Kosten-, Arbeits- und Zeitersparnis können derartige Gesetzesverstöße keinesfalls rechtfertigen (s. § 9 Rn. 10; *L/M* § 9 Rn. 24). Im Übrigen darf eine Bekämpfung mit anderen schonenderen Methoden (zB Fallen, durch die die Tiere sofort getötet werden) nur dort erfolgen, wo es zur Abwehr gemeinwirtschaftlicher Schäden (also nicht solcher Schäden, die nur einzelne Grundstücke oder Betriebe betreffen) erforderlich und verhältnismäßig ist. Die Gefahren, die von der Wühltätigkeit des Bisams ausgehen können, lassen sich auf tierfreundlichere Weise, nämlich durch die bisamsichere Uferverbauung besonders gefährdeter Gewässerabschnitte, abwenden, sodass die Bekämpfung mittels Fallen auf baulich nicht zu sichernde Bereiche, in denen Bisamschäden aus gewichtigen, die Allgemeinheit betreffenden Gründen nicht hingenommen werden können, zu beschränken ist. Die großflächige künstliche Bestandsverminderung gemäß der früher vorherrschenden Bekämpfungsideologie hat zu verstärkter Vermehrung und Zuwanderung geführt (vgl. S. 61, 62). Im Übrigen gilt auch hier, dass nur Fallen, die entweder unversehrt fangen oder sofort töten, verwendet werden dürfen (s. § 13 Rn. 8, 9) und dass das Gebot zu größtmöglicher Schmerzvermeidung eingehalten werden muss (s. § 4 Rn. 10). Das ist idR nur bei Fallen gewährleistet, die behördlich geprüft und genehmigt sind. – Vor der Feldmaus können Deiche durch Schafhaltung (Kurzrasigkeit) und Felder durch modernen Zwischenfruchtbau geschützt werden (vgl. S. 64). – Gegenüber der Ratte ist die wirksamste Vorbeugemaßnahme das rattensichere Bauen (Betonfundamente, ausbetonierte Keller und Stallräume), das Verschlossenhalten von Vorräten und Abfällen sowie das tägliche Verdichten und Abdecken von Müll (vgl. S. 69). Zu den üblicherweise verwendeten Antikoagulantien und der Notwendigkeit, Gefahren und Leiden sorgfältig gegeneinander abzuwägen s. Rn. 38 sowie Gutachten S. 35. Klebefallen sind in jedem Fall gesetzwidrig (vgl. KG vom 30. 7. 1999, 2 Ss 198/99, 5 Ws B 450/99). – Der Nutria verursacht nur geringen Schaden (S. 73). – Beim Wildkaninchen können durch die Art des Bejagens (statt Einzelabschuss: Treibjagd, Beizjagd mit Habicht, Baujagd mit Frettchen, Fallen; unweidmännisches Jagen im Scheinwerferlicht; Abschuss von Muttertieren in der Setzzeit; Baubegasung) anhaltende, erhebliche Schmerzen oder Leiden iS des § 17 Nr. 2b auftreten. Die in einigen Bundesländern zugelassene Tötung durch den nicht jagdberechtigten Grundstücksbesitzer kann gegen § 4 Abs. 1 S. 3 verstoßen (vgl. S 76).

Zu einzelnen im BMELV-Schädlingsgutachten behandelten Vogelarten. Der arten- 40
geschützte Kormoran wird zwar von der Berufsfischerei als Schädling angesehen, erbeutet jedoch hauptsächlich die fischereiwirtschaftlich wenig bedeutsamen Weißfischarten (vgl. Gutachten S. 77; näher s. Rn. 41). – Gegen den Fischfraß von Graureihern können Ufersicherungen, Ablenkungsfütterung, bei kleineren Anlagen auch sachgemäß ausgeführte Totalüberspannungen helfen (vgl. S. 78, 79; s. auch § 1 Rn. 42). – Höckerschwan, Türkentaube, Elster, Gimpel und andere Finkenarten lösen keine oder allenfalls geringe nachweisbare Schäden aus (vgl. S. 113); Verminderungsmaßnahmen sind deshalb hier nicht gerechtfertigt. – Bei Stockenten sollten in erster Linie Aussetzungsaktionen (Hochbrut-Flugenten) vermieden werden, an Badegewässern ggf. auch das Füttern. Eine zusätzliche Bestandsreduzierung erscheint nicht notwendig. Besondere Probleme verursacht hier der Schrotschuss: Nach vorliegenden deutschen Untersuchungen ist der Anteil von tot aufgefundenen Enten, in deren Gewebe Schrotbleie gefunden wurden, erheblich (vgl. S. 82; s. auch Rn. 22). – Bei Fasanen wäre es sinnvoll, anstelle des Tötens auf Auswilderungsaktionen zu verzichten (s. auch Rn. 20). – Bei der Silbermöwe ist die Befürchtung einer Verschleppung von Krankheitserregern unbewiesen geblieben. Fraßschäden können durch die Abdeckung des Fangguts vermieden werden. Der Besuch von Kläranlagen und Mülldeponien lässt sich durch die sachgerechte Überspannung der Becken mit weitmaschigen Netzen oder Nylonschnüren bzw. durch die umgehende Überlagerung der Frischaufschüttungen mit Erdreich verhindern bzw. verringern (vgl. S. 85, 86). – Für die Lachmöwe gilt dasselbe. Schäden und Infektionsgefahren in Fischzuchten können durch sachgerechte Überdeckung der Zuchtteiche weitgehend verhindert werden. Eine Bestandslenkung ist idR nicht nötig (vgl. S. 88, 89). – Zur verwilderten Haustaube s. Rn. 42. – Bei der Ringeltaube erfolgt die Bejagung praktisch nur mit der Schrotflinte, was beim Beschuss von Einzeltieren in Schwärmen ein Missverhältnis von getöteten zu verletzt entkommenden Tieren nicht ausschließt (vgl. S. 94) und dann gegen § 17 Nr. 2b verstößt (s. auch Rn. 22). – Bei der Wacholderdrossel sind keine Schäden nachgewiesen, die Verminderungsmaßnahmen rechtfertigen würden (vgl. S. 97). – Der Haussperling und die Saatkrähe gehören zu den Arten mit rückläufiger Bestandsentwicklung (vgl. S. 100, 107). – Der Beschuss von Starenschwärmen mit Schrot-Garben ist strikt abzulehnen (vgl. S. 102). – Für den Abschuss oder Fallenfang von Rabenkrähen gibt es ebenfalls keine Rechtfertigung, auch nicht aus Gründen der Flugsicherheit, da insoweit biotopverändernde Maßnahmen möglich sind (vgl. S. 105). – Die Tötung von Eichelhähern ist kein geeignetes Mittel zum Schutz des Auerwilds; sinnvoll ist stattdessen ein überregionales Schutzprogramm für diese Wildform (vgl. VGH Mannheim NuR 2000, 149, 153).

Die **Tötung von Kormoranen** wird in verschiedenen Bundesländern durch Rechtsver- 41
ordnung erlaubt (vgl. zB Kormoranverordnung BW: Tötungen zwischen dem 16. 9. und dem 15. 3. auf allen Gewässern und Gewässerstrecken, die von den unteren Verwaltungsbehörden dafür festgesetzt sind. Vgl. auch Thüringer Kormoranverordnung: Tötungen zwischen dem 15. 8. und dem 15. 3.). – Jedoch darf nach § 43 Abs. 8 BNatSchG das Töten von artengeschützten Tieren (dazu zählen die Kormorane gemäß § 10 Abs. 2 Nr. 10b bb BNatSchG) nur zugelassen werden, wenn vier Voraussetzungen zugleich erfüllt sind: **1.** Das Vorliegen oder Drohen erheblicher fischerei- und gemeinwirtschaftlicher Schäden;

2. die Geeignetheit der Tötungen zur Abwehr dieser Schäden; **3.** die Erforderlichkeit der Tötungen, d.h. das Fehlen milderer, gleich wirksamer Mittel; **4.** keine nachteilige Beeinflussung des bundesweiten und regionalen Bestandes und der Verbreitung der jeweiligen Art. – In nahezu allen Fällen, in denen aufgrund der o.e. Rechtsverordnungen Abschussgebiete festgesetzt und Abschüsse durchgeführt werden, fehlt es an einer oder mehrerer dieser Voraussetzungen: **1.** Aus dem Begriff der Fischereiwirtschaft scheidet die Sport- und Freizeitfischerei von vornherein aus (vgl. VGH München NuR 2005, 597, 598; VG Regensburg NuR 2005, 620, 621; VG Schleswig NuR 2002, 633, 634). Aber auch Schäden für einzelne gewerbliche Fischer genügen nicht, denn gemeinwirtschaftlich ist ein Schaden nur, wenn er die Existenz des ganzen Wirtschaftszweiges beeinträchtigt (vgl. VG Regensburg aaO; VG Schleswig aaO: „Schäden müssen sich auf einen gesamten Zweig der Volkswirtschaft beziehen"). An Nachweisen hierfür fehlt es meist. – **2.** Unabhängig davon sind die Tötungen nahezu wirkungslos. Der Anblick toter Artgenossen führt bei Kormoranen nicht zu einem Vergrämungseffekt (vgl. VG Frankfurt/O vom 16.4. 2002, 7 K 1752/98). Ein möglicher Scheucheffekt bewirkt lediglich ein Ausweichen auf andere Gewässer und damit eine bloße Verlagerung des Problems (VG Regensburg aaO S. 622). Außerdem werden die getöteten Tiere durch nachrückende in kurzer Zeit wieder ersetzt, und selbst das Töten Hunderter von Kormoranen führt nicht zu einem Rückgang des Bestandes (vgl. Fischereiforschungsstelle BW, Abschlussbericht über die Begleituntersuchungen im Winter 2001/2002 und 2002/2003 zur Kormoranverordnung: Trotz des Abschusses von 713 bzw. 858 Kormoranen war ein Anstieg der Population festzustellen. Vgl. auch die Stellungnahme der Bundesregierung in BR-Drucks. 111/04: Keine oder nur geringe Abnahme der Populationen an optimalen Futterplätzen, selbst bei starker Reduzierung der Kormoranbestände). – **3.** Als mildere Mittel anstelle der Tötung kommen das Überspannen bzw. Einhausen von Fischteichen oder die Ablenkfütterung mit wirtschaftlich nicht nutzbaren Fischarten an gesonderten Teichen in Betracht. Solche Maßnahmen werden teilweise finanziell gefördert (vgl. *Thum* NuR 2004, 580, 581 mN). Zu einer Konfliktverminderung kann auch die Verbesserung der Lebensräume der Fische beitragen, wie sie in extensiv bewirtschafteten Gewässern stattfindet (Versteck- und Rückzugsmöglichkeiten). – **4.** Das Verbot der nachteiligen Beeinflussung auch nur des regionalen Bestandes nach § 43 Abs. 8 S. 3 BNatSchG schließt weiträumige Tötungen aus. – Auch mit artenschutzrechtlichen Erwägungen lassen sich Kormorantötungen nicht rechtfertigen, denn das Überleben gefährdeter Fischbestände hängt von einem Faktorenbündel ab und nicht von der An- oder Abwesenheit eines einzelnen Fressfeindes (vgl. VGH München aaO: Gefahr durch sukzessive Habitatveränderungen, nicht durch Kormorane). – Trotz dieser in der Rechtsprechung immer wieder geäußerten Bedenken, die eine Nichtigkeit der o.e. Kormoranverordnungen nahe legen, werden weiterhin Gewässer zum Abschießen von Kormoranen freigegeben. Klagen hiergegen sind nicht möglich (zur fehlenden Klagebefugnis von Tierschutzverbänden s. Einf. Rn. 55–59; zur fehlenden Klagemöglichkeit von Naturschutzverbänden vgl. VGH Mannheim NuR 2000, 275ff.).

42 Für Tötungsaktionen zur **Bestandsregulierung von verwilderten Haustauben („Stadttauben")** gibt es keinen vernünftigen Grund, denn sie sind weder geeignet, noch erforderlich, noch verhältnismäßig ieS – An der Geeignetheit fehlt es, weil Tötungen die Populationen nur vorübergehend verringern. Die Reduzierung wird durch eine Erniedrigung der Ei- und Nestlingsmortalität und durch eine erhöhte Lebenserwartung der Überlebenden sofort wieder wettgemacht (vgl. *Haag-Wackernagel* in: *Sambraus/Steiger* S. 776, 778). Schon nach wenigen Monaten haben die Taubenschwärme wieder ihre ursprüngliche Größe erreicht (vgl. Nordrhein-Westfälisches Ministerium für Umwelt und Naturschutz, Landwirtschaft und Verbraucherschutz: Tauben in unseren Städten; vgl. auch VG Düsseldorf NVwZ-RR 2006, 183, 184: „ ... dass langfristig erfolgreiche Maßnahmen gegen die Taubenplage nur in der nachhaltigen Einwirkung auf die für Tauben sehr günstigen Umweltverhältnisse wie Futter- und Nistplatzangebot, Niederlassungsmöglichkeiten etc. bestehen können. Eine gezielte Tötung einzelner Tiere wird demgegenüber durch erhöhte

Reproduktionsraten und Zuzügler aus anderen Gebieten umgehend ausgeglichen"). – An der Erforderlichkeit fehlt es, weil als milderes und sogar effektiveres Mittel die Errichtung von Taubenschlägen, vorzugsweise in Dachstühlen von Altbauten, in Betracht kommt. In diesen Schlägen erhalten die Tauben Futter und ein Nistplatzangebot, und die Gelege werden durch einen ehrenamtlichen „Taubenwart" regelmäßig ausgetauscht und durch Gipseier o. Ä. ersetzt. Zusätzliche positive Effekte sind: Der Taubenkot wird zu einem großen Teil im Schlag abgesetzt und kann dort umweltschonend beseitigt werden; durch tierärztliche Gesundheitskontrollen lässt sich die Gesundheit des Taubenbestandes sicherstellen. Hinzu kommt eine kontrollierte Fütterung, die sich (unter Einbindung des Potentials engagierter Fütterer) auf ausgewiesene Futterplätze in der Gemeinde beschränkt. Dieses in NRW entwickelte und mittlerweile bundesweit in zahlreichen Städten erfolgreich praktizierte integrative Gesamtkonzept ist effektiv und außerdem wirtschaftlicher als die hohen Ausgaben für Tötungsaktionen, die von einzelnen Kommunen über Jahre hinweg immer wieder aufgewendet wurden und werden (vgl. NRW-Ministerium aaO; vgl. auch *Hess* Tierrechte 1/01, 28; Arbeitsgruppe „Stadttauben" Esslingen, E-Mail: Dagmar.Jansen@esslingen.de). – An der Verhältnismäßigkeit ieS fehlt es bei Tötungen u.a. auch deswegen, weil Stadttauben meist ganzjährig brüten, sodass die Nestlinge getöteter Elterntiere voraussehbar erfrieren oder verhungern und dadurch anhaltenden, erheblichen Leiden iS des § 17 Nr. 2b ausgesetzt sind. – Auch in den Empfehlungen, die der Landesbeirat für Tierschutz im Ministerium für ländlichen Raum (MLR) in Baden-Württemberg herausgegeben hat, heißt es, die Mitglieder des Beirats und die beteiligten Experten seien sich einig, dass die Tötung von Tauben zur langfristigen Reduzierung der Taubenbestände nicht geeignet sei; eine erfolgreiche Regulierung gelinge nur, wenn das Futterangebot und die Fortpflanzung mittels eines langfristigen Konzepts eingeschränkt werde; daher sei vor allem die Betreuung der Tiere in Taubenschlägen oder ähnlichen Einrichtungen mit Austausch der Eier gegen Ei-Attrappen und kontrollierter Fütterung von entscheidender Bedeutung (DTBl. 2005, 1044, 1045). – Sinnvoll wäre auch das Einwirken auf Brieftaubenzüchterverbände, deren Mitglieder zT durch Überanstrengung der Tiere (zu junge Tauben, zu weite Strecken, „Reisen auf Witwerschaft") und durch das Aussperren zu spät heimkehrender Tiere zur Vergrößerung der Bestände verwilderter Haustauben beitragen (s. § 3 Rn. 7). – Als Schädlinge iS des § 13 IfSG (vormals Bundesseuchengesetz) dürfen Tauben nicht eingestuft werden: Die von ihnen ausgehende gesundheitliche Gefährdung ist nicht größer als die durch Zier- und Wildvögel sowie durch Nutz- und Liebhabertiere (vgl. Bundesgesundheitsamt, Merkblatt zum Problem der verwilderten Haustauben, Berlin 1994; die Nicht-Einstufung als Schadtiere ist durch Schreiben des BgVV vom 26. 2. 1998 und 20. 7. 2001 an die Bundesarbeitsgruppe Stadttauben bestätigt worden, vgl. *Kluge/Ort/Reckewell* § 17 Rn. 157). – Für die Geflügelpest, auch für den hochpathogenen H5N1-Virus, sind Tauben weit weniger empfänglich als zB Hühner. Im Tierversuch infizierte Tauben haben nur wenige Erreger ausgeschieden, so dass sich selbst Hühner, die mit ihnen im selben Käfig untergebracht waren, nicht ansteckten. Die Bedeutung von Tauben für die Verbreitung von Geflügelpest wird daher als gering und das Infektionsrisiko für den Menschen als vernachlässigbar eingeschätzt (so die Bundesforschungsanstalt für Tiergesundheit auf der Insel Riems laut Süddeutsche Zeitung vom 19. 10. 2005).

VII. Tötung überzähliger Tiere

Für die **Tötung überzähliger Zootiere** fehlt es von vornherein an einem vernünftigen Grund, wenn gegen das Verbot des widersprüchlichen Verhaltens verstoßen wird: Eine Einrichtung kann sich nicht auf einen angeblichen Überschuss an Tieren und die damit einhergehende Unmöglichkeit einer verhaltensgerechten Unterbringung berufen, wenn sie diese Notlage rechtzeitig hätte vorhersehen können, sie aber dennoch nicht vermieden hat (vgl. *Wendland* DTBl. 2003, 799, 800: „eklatante Herabwürdigung der Mitgeschöpfe"). Deshalb sollte „eine Vermehrung von Zootieren grundsätzlich nur ermöglicht wer- **43** den, wenn auch für die Nachkommen eine artgemäße Unterkunft gesichert ist" (BMELV, Tierschutzbericht 1999, S. 38). Der Tierschutzbericht empfiehlt, dieser Forderung durch die verschiedenen Verfahren der Geburtenkontrolle (kontrollierte Zucht, Sterilisierung, zeitweiliges Aussetzen der Zucht, Festlegung eines bestimmten Zuchtturnus für die einzelnen Zoos) Rechnung zu tragen. Es müsse in Kauf genommen werden, dass nur einige Arten – und diese zum Teil auch nicht jedes Jahr – vermehrt würden. – Das entgegenstehende Papier des Verbandes der Zoodirektoren (vgl. der Spiegel 9/2000, 222) enthält demgegenüber keine zutreffende Konkretisierung des vernünftigen Grundes. Insbesondere wird übersehen, dass nicht vernünftig iS des § 17 Nr. 1 sein kann, was den mehrheitlichen Wert- und Gerechtigkeitsvorstellungen widerspricht (s. § 1 Rn. 63–66). Auch stellen die vom BMELV zur Überschussverhinderung empfohlenen Maßnahmen im Rahmen der notwendigen Güterabwägung das kleinere Übel dar (vgl. *Kluge/Ort/Reckewell* § 17 Rn. 170). – Ist trotz kontrollierter Zucht eine nicht vorhersehbare Überschusssituation entstanden, so kann im Einzelfall ein vernünftiger Grund gegeben sein, der aber „sehr sorgfältig geprüft werden muss" (BMELV aaO). Mindestvoraussetzungen sind: **1.** Es müssen alle zumutbaren Bemühungen für eine verhaltensgerechte Unterbringung, auch durch eine Erweiterung der eigenen Haltungssysteme, unternommen worden sein (vgl. § 9 Abs. 2 S. 3 Nr. 3, allg. Rechtsgedanke: Das Ziel, notwendige Aufwendungen an Geld, Zeit und/oder Arbeitskraft einzusparen, rechtfertigt Tötungen grds. nicht). **2.** Es müssen alle Anstrengungen für eine anderweitige Unterbringung unternommen worden sein: Geboten ist u.a. der wiederholte Versuch der Abgabe an alle anderen in Betracht kommenden Einrichtungen (vgl. *L/M* § 1 Anhang Rn. 93). **3.** In die Vermittlungsversuche müssen auch die Medien, Fachbehörden sowie die Tierschutzorganisationen einbezogen werden (arg. ex AVV Nr. 15.2). **4.** Der Betrieb muss alles getan haben, um das Entstehen einer solchen Konfliktsituation wenigstens für die Zukunft zu vermeiden. – Keinesfalls dürfen ältere Tiere getötet werden, um jüngeren Platz zu machen, die in erster Linie dazu benutzt werden sollen, Besucher anzulocken (vgl. *L/M* aaO: Darin läge auch ein Verstoß gegen § 3 Nr. 6). Auch die Tötung von Jungtieren, weil sie einem bestimmten, nicht benötigten Geschlecht angehören, ist stets rechtswidrig.

44 Für die **Tötung von Zirkustieren** gilt nichts anderes. – Eine **Tötung von Tieren im Tierheim** kann nicht mit der Unmöglichkeit der Weitervermittlung und der dadurch bewirkten Reduzierung der Aufnahmekapazität begründet werden (vgl. *Kluge/Ort/Reckewell* § 17 Rn. 173).

45 Bei der **Tötung von Versuchstieren, die nicht mehr gebraucht werden,** ist zu unterscheiden: **1.** Ist die Tötung für den Versuchszweck unerlässlich (zB wegen einer notwendigen Sektion) und ethisch vertretbar (zum Tod als Schaden vgl. BVerwG NVwZ 1998, 853, 855), dann ist sie gerechtfertigt; bei genehmigungspflichtigen Versuchen muss sie allerdings von der Genehmigung mitumfasst sein, und bei anzeigepflichtigen von der Anzeige. **2.** Gerechtfertigt ist sie auch überall dort, wo sie vom Gesetz angeordnet wird, vgl. zB § 9 Abs. 2 S. 3 Nr. 6 oder Nr. 8. Nach der letztgenannten Vorschrift ist aber eine Tötung nicht schon dann gestattet, wenn die Heilung mit hohem Kosten-, Arbeits- und/oder Zeitaufwand verbunden wäre, sondern nur, wenn sie nach den Regeln der ärztlichen Kunst nicht möglich ist (s. § 9 Rn. 25, 26). **3.** Eindeutig rechtswidrig sind Tötungen noch in der Narkose, um damit die Vorstellungspflicht nach § 9 Abs. 2 S. 3 Nr. 8 zu umgehen. **4.** Wirtschaftliche Gründe (insbesondere die Kosten für Unterbringung, Ernährung und Pflege) rechtfertigen eine Tötung grds. nicht, da sie zur Ausfüllung des Begriffs „vernünftiger Grund" nicht ausreichen (vgl. OLG Frankfurt/M NStZ 1985, 130; s. auch Rn. 12). **5.** Auch die Erschöpfung der Haltungskapazitäten des Unternehmens bildet grds. keinen vernünftigen Grund (s. Rn. 43). Soll ein Tier getötet werden, weil die Abgabe an eine sachkundige Person, die eine verhaltensgerechte Unterbringung gewährleisten kann, nicht für möglich gehalten wird, so müssen zuvor alle in Betracht kommenden Vermittlungsmöglichkeiten erfolglos ausgeschöpft sein, insbesondere: Medienhinweise, Einschaltung von Fachbehörden, Tierschutzorganisationen (vgl. AVV Nr. 15.1 und 15.2 entspre-

chend). Besonders bei der Vermittlung von Versuchshunden in Privathand gibt es gute Erfolge in der Zusammenarbeit von Versuchseinrichtungen und Tierschutzvereinen (vgl. *Döring-Schätzl* S. 85, 91: Kontaktadressen bei der TVT; *Albus* in: Evang. Akademie Bad Boll, Tierversuche S. 228: Adoptionsprogramm der Firma Aventis für Beagle-Hunde; Interessenten werden über verschiedene Medien angesprochen). Außerdem muss alles unternommen werden, um das Entstehen überzähliger, nicht weitervermittelbarer Versuchstiere wenigstens für die Zukunft auszuschließen (Tötungen ohne solche Vorkehrungen sind widersprüchliches Verhalten, s. Rn. 43). – Das in der Praxis weitgehend übliche Töten überzähliger Versuchstiere aus Kostengründen, obwohl ihnen ein Weiterleben ohne Schmerzen und Leiden medizinisch ermöglicht werden könnte, entspricht damit keinem vernünftigen Grund (s. auch § 16c Rn. 1; zum „Wie" des Tötens s. auch § 4 Rn. 9a).

VIII. Schlachten u. Ä.

Schlachtzahlen. In der Bundesrepublik werden **jährlich etwa geschlachtet:** 4,3 Mio. Rinder, 44,3 Mio. Schweine, 2,1 Mio. Schafe und Ziegen sowie 12600 Pferde. Auf dem Geflügelfleischsektor kommen hinzu: 367,6 Mio. Jungmasthühner, 31,3 Mio. Suppenhühner, 30,8 Mio. Puten, 13,8 Mio. Enten, 0,4 Mio. Gänse und rund 1600 Perlhühner (Zahlen für 2002 aus: BMELV, Tierschutzbericht 2003, XI.2). 46

Das **Töten von Tieren zur Fleischgewinnung** wird ganz überwiegend für zulässig gehalten (vgl. *L/M* § 17 Rn. 19 und § 1 Rn. 21). Mittelbar kann man dies auch dem früheren Fleischhygienegesetz entnehmen, in dessen § 1 ganz selbstverständlich von Fleisch, das „zum Genuss für Menschen bestimmt ist", gesprochen wurde. Indes können Lebensbeschränkungen des Tieres durch einen vernünftigen Grund nur gerechtfertigt werden, wenn sie „im Rahmen der Erhaltungsinteressen des Menschen" stattfinden (so die amtl. Begr. zu § 1 TierSchG, zitiert nach *Gerold* S. 46). Tiertötungen entsprechen mithin nur dann einem vernünftigen Grund, wenn sie um vitaler Interessen des Menschen willen erforderlich sind, nicht dagegen, wenn sie erfolgen, um weniger gewichtige Belange zu befriedigen. – Daraus ergeben sich Fragen: Inwieweit kann bei der derzeitigen Luxusversorgung mit Fleisch das Schlachten noch uneingeschränkt als vernünftiger Grund für das Töten von Tieren gelten (vgl. *Schwabenbauer* DtW 1992, 8, 9)? Inwieweit führen neuere wissenschaftliche Erkenntnisse über die gesundheitlichen Vorteile einer vegetarischen oder zumindest fleischarmen Ernährung dazu, einen vernünftigen Grund jedenfalls für die üblich gewordenen Schlachtmengen zu verneinen? Ist das Töten sehr junger Tiere, deren Schlachtreife noch künstlich beschleunigt wurde (durch bewegungsarme Haltungsformen, durch Züchtung auf abnormen Fleischansatz, zT auch durch Einsatz von Antibiotika u. Ä.), zur Wahrung vitaler menschlicher Erhaltungsinteressen tatsächlich notwendig? (Masthühner werden mit 5–6 Wochen geschlachtet, Puten mit 16–22 Wochen, Mastschweine mit 5–6 Monaten, Kälber mit 4 Monaten und Mastrinder mit 18 Monaten.) Wie vernünftig sind subventionierte Fleischexporte in unterversorgte Länder, wenn dort eher pflanzliche, auf regionalen Märkten erworbene Nahrungsmittel benötigt würden und von außen kommende Eingriffe die Bemühungen um den Aufbau eigener, ortsangepasster landwirtschaftlicher Strukturen eher gefährden (vgl. *Burdick* et al. S. 119)? – Auch hier gilt: Einem vernünftigen Grund kann nur entsprechen, was noch mit den mehrheitlichen Wert- und Gerechtigkeitsvorstellungen in der Gesellschaft vereinbar ist (s. § 1 Rn. 63–66). Danach lassen sich zwar Schlachtungen als eine in der Öffentlichkeit weit verbreitete und anerkannte Tiernutzung und als Ausdruck einer historisch-kulturellen Gewohnheit ansehen (vgl. *Caspar* NuR 1997, 577, 582). Fragen drängen sich aber auch hier auf: Ist der Fleischkonsum bei der Mehrheit der Verbraucher nicht eher auf ein Verdrängen als auf ein bewusstes Akzeptieren der Vorgänge in den Schlachtbetrieben zurückzuführen? Ist das resignierende Tolerieren eines vermeintlich unabänderlichen Zustandes durch die Allgemeinheit wirklich Ausdruck mehrheitlicher Gerechtigkeitsvorstel- 47 lungen? Entsprechen die gebräuchlichen Massenschlachtungen noch diesen Vorstellungen, wenn in Umfragen 50% der Befragten erklären, sie möchten ihren Fleischkonsum auf zwei Mal in der Woche beschränken (Emnid-Institut im Auftrag von chrismon – das evangelische Online-Magazin, http://www.chrismon.de/ctexte/2002/7/7-umfrage.html)?

48 Die Grenze sind, jedenfalls soweit das Gesetz schweigt, die **mehrheitlichen Wert- und Gerechtigkeitsvorstellungen.** Vorgänge, die dazu in Widerspruch stehen, können keinem vernünftigen Grund entsprechen (s. § 1 Rn. 63–66). Deshalb würde sich zB das Töten von Hunden, Katzen, Affen oder Halbaffen zu Ernährungszwecken oder des Fells wegen in unserem Kulturkreis auch ohne das ausdrückliche Verbot in § 1 Abs. 1 S. 4 FlHG aF nicht rechtfertigen lassen. Die Tötung eines Igels, um ihn zu verspeisen, ist ebenfalls zu Recht als strafbar angesehen worden (vgl. AG Nürtingen vom 20. 11. 1998, 170 Js 97228/98). Strafrechtlich fragwürdig ist auch die Tötung sog. neuartiger Nutztiere wie Strauße, Kängurus und anderer Exoten, weil sie nicht zu unserer gewachsenen einheimischen Fleischproduktion gehören und ihre Tötung damit nicht der Tradition entspricht, die ihren gesetzlichen Niederschlag im Fleischhygienegesetz gefunden hat (vgl. *Wendland* DTBl. 2003, 799, 800; *Kluge/Ort/Reckewell* § 17 Rn. 165; vgl. auch BVerfG NJW 2002, 663, 664, wo hinsichtlich der Tierschlachtungsrechtfertigung auf die „Essgewohnheiten" abgestellt wird). – Werden neben dem Ernährungszweck noch andere Zwecke mitverfolgt, die Tiertötungen nicht rechtfertigen können (zB sportlicher Wettkampf, Unterhaltung, gesellschaftlicher Anlass), so fehlt es für den Vorgang insgesamt an einem vernünftigen Grund (Beispiele sind Tiertötungen bei Wettfischen, Stierkämpfen u. Ä.; s. § 1 Rn. 39 und o. Rn. 31). – Zum „Wie" der Tötung s. § 4 und § 4a. Zur Frage, inwieweit Verstöße in diesem Bereich auf das „Ob" und damit auf den vernünftigen Grund durchschlagen können s. Rn. 11.

49 **Eintagsküken.** Die in Zuchtbetrieben übliche Praxis, von den etwa 80 Mio. jährlich geborenen Legehybridhühnern die männlichen Küken unmittelbar nach der Geburt auszusondern und mit Kohlendioxid (CO2) oder im Homogenisator (= Muser) zu töten, ist gesetzwidrig; das gilt unabhängig vom Stand der Forschungsvorhaben, die auf eine Früherkennung und Aussortierung männlich determinierter Eier gerichtet sind. Diese Tötungen geschehen ausschließlich aus ökonomischen Gründen, die aber zur Ausfüllung des Begriffs ‚vernünftiger Grund' nicht ausreichen (vgl. OLG Frankfurt/M NStZ 1985, 130; s. Rn. 12 und § 1 Rn. 56, 58): Die männlichen Küken der Legerassen werden getötet, weil sie langsamer Fleisch ansetzen als die auf besonders rasches Fleischwachstum gezüchteten Mastrassen (zum Erreichen eines Schlachtgewichts von 1,7–2,2 kg benötigen männliche Legehybriden etwa 17 Wochen, Masthahnenküken dagegen nur 5); dabei würde eine Verlangsamung des Fleischwachstums jedoch der Nahrungsmittelqualität und damit letztendlich der menschlichen Gesundheit zugute kommen, wie sich u. a. an den deutlich geringeren Werten beim Abdominalfett zeigt (Mastbroiler 2,1%, männliche Legehybriden 0,2%; vgl. *Gerken* in: DVG, Tierschutz und Tierzucht, S. 121; zu den Folgen der Zucht auf kurzzeitige Höchstleistungen s. auch § 11b Rn. 22, 23; vgl. auch BMELV, Tierschutzbericht 2001, X.1: „Die männlichen Tiere der Legelinien werden bisher aus ökonomischen Gründen trotz bestehender ethischer Bedenken als Eintagsküken getötet"). Eine Produktionsweise, die von vornherein darauf angelegt ist, 50% der gezüchteten Tiere ungenutzt als Abfall zu entsorgen, widerspricht in extremer Weise der Achtungspflicht gegenüber dem Tier, wie sie sich aus dem Gedanken der Mitgeschöpflichkeit und seit 2002 auch aus Art. 20a GG ergibt (vgl. amtl. Begr., BT-Drucks. 14/8860 S. 3: „Verpflichtung, Tiere in ihrer Mitgeschöpflichkeit zu achten"; vgl. auch *Wendland* DTBl. 2003, 799, 800, der ein unternehmerisches Konzept, das von 50% Tierabfall ausgeht, zu Recht als „eklatante Herabwürdigung der Mitgeschöpfe" ansieht; *Caspar* NuR 1997, 577, 582, der darin eine Verletzung des durch § 1 S. 1 anerkannten Eigenwerts des Tieres sieht). Zugleich stellt das Vorgehen (ähnlich wie die Tötung der „Herodes"-Kälber, s. Rn. 50) einen Verstoß gegen die mehrheitlichen Wert- und Gerechtigkeitsvorstellungen und einen Widerspruch zum Grad der moralischen Sensibilisierung, der in der bundesdeutschen Gesellschaft zur

Mensch-Tier-Beziehung erreicht worden ist, dar (dazu, dass dieser Grad für die Bestimmung dessen, was noch ein vernünftiger Grund sein kann, maßgebend ist, vgl. *Schultze-Petzold* in: *Fölsch/Nabholz* Tierhaltung Band 13 S. 13, 15; s. auch § 1 Rn. 27 und Rn. 63–66). Folgerichtig gelangen alle Gesetzeskommentare, die sich bislang mit dem Problem auseinandergesetzt haben, zu dem Ergebnis, dass es an einem vernünftigen Grund fehle (vgl. *L/M* § 1 Rn. 17; *Kluge/v. Loeper* § 1 Rn. 57; MünchKommStGB/*Pfohl* Bd. 5 § 17 TierSchG Rn. 41). Zu strafgerichtlichen Verurteilungen ist es aber bis jetzt nicht gekommen, da angesichts der üblichen Duldung durch die Behörden ein Verbotsirrtum nach § 17 StGB nahe liegt. Eine Überprüfung durch die Verwaltungsgerichtsbarkeit kann, solange es eine tierschutzrechtliche Verbandsklage nicht gibt, erst erfolgen, wenn sich eine Behörde zu einer Verbotsanordnung nach § 16a S. 1 entschließt (s. Einf. Rn. 55–59; zum „Wie" der Kükentötungen s. Kommentierung zu TierSchlV Anlage 3 Teil I Rn. 3).

„Herodes"-Kälber waren Kälber, die im Alter von unter 21 Tagen prämienbegünstigt getötet wurden, um das Fleisch anschließend zu entsorgen oder zu Tierfutter zu verarbeiten („Herodes"-Prämie). Auch hier wurde nur aus ökonomischen Gründen, nämlich zur Entlastung des Rindfleischmarktes getötet, was für einen vernünftigen Grund nicht ausreichen kann (vgl. *Caspar* aaO S. 582). Wer von Deutschland aus Kälber nach Frankreich u. Ä. transportierte oder transportieren ließ, damit sie dort zwecks Erlangung der Herodes-Prämie getötet wurden, beging Beihilfe zu einer Tiertötung ohne vernünftigen Grund (vgl. allerdings OVG Münster vom 19. 11. 1997, 13 B 2070/97: keine Verweigerung der Gesundheitsbescheinigung aus diesem Grund möglich). Landwirte und Transporteure, die neugeborene Kälber im Alter von weniger als 14 Tagen nach Frankreich u. Ä. transportierten, konnten zumindest wegen Verstoßes gegen §§ 3 Abs. 2, 42 Abs. 1 Nr. 1 TierSchTrV i. V. m. § 18 Abs. 1 Nr. 3a TierSchG belangt werden. 50

Eine **Tötung von Nutztieren im landwirtschaftlichen Betrieb** kann einem vernünftigen Grund entsprechen, wenn das Tier an anhaltenden, erheblichen Schmerzen oder an einer schweren Krankheit leidet und nach tierärztlichem Urteil keine Aussicht auf Heilung besteht. – Rechtfertigung auch, wenn von einem erkrankten Tier eine anders nicht behebbare Ansteckungsgefahr für den übrigen Bestand ausgeht (bei anzeigepflichtiger Seuche Zuziehung des Veterinäramts). – Hält man das Schlachten in dem üblich gewordenen Umfang für gerechtfertigt (s. Rn. 47), so kann es auch gerechtfertigt sein, ein hierzu bestimmtes, krankes Tier zu töten, wenn seine Verwendung zur Nahrungsmittelgewinnung ausgeschlossen ist. – Nicht zulässig ist dagegen die Tötung eines gesunden oder zwar kranken aber heilbaren Tieres allein deswegen, weil es bestimmte Rasse-, Zucht- oder Qualitätsstandards nicht erfüllt (vgl. auch TVT-Merkblatt Nr. 75 „Töten von Nutztieren durch Halter oder Betreuer"; zum „Wie" der Tötung s. § 4 Rn. 5 sowie § 1 TierSchlV Rn. 1, § 13 TierSchlV einschließlich Anlage 3). 51

Rinder-Massentötung zur Marktbereinigung. In der Verordnung Nr. 2777/2000 der EU-Kommission vom 18. 12. 2000 über „außerordentliche Stützungsmaßnahmen für den Rindfleischmarkt" war vorgesehen, dass die Mitgliedstaaten den Landwirten den Ankauf aller über 30 Monate alten Rinder zum früheren, vor Ausbruch der BSE-Krise üblichen Marktpreis anbieten; die gekauften Tiere sollten „mit anschließender unschädlicher Beseitigung aus der Fleischerzeugung herausgenommen werden". Auch diese Tötungen erfolgten also aus rein ökonomischen Gründen (Marktentlastung, Preisstützung) und entsprachen somit weder einem vernünftigen Grund nach § 17 Nr. 1 noch dem Eigenwert des Tieres nach § 1; nachgeschobene Nebenzwecke wie der erst später beschlossene Export des Fleisches in das notleidende Nordkorea änderten daran nichts, da der Hauptzweck für die Rechtfertigung ausschlaggebend ist (s. § 1 Rn. 39). – Ob die EU-Verordnung den Mitgliedstaaten den Ankauf und die anschließende Vernichtung zur gemeinschaftsrechtlichen Pflicht gemacht hat (und damit dem entgegenstehenden nationalen Recht vorging), wird bezweifelt. Die Äußerung des damaligen EU-Agrarkommissars *Fischler* vor dem Europäischen Parlament am 23. 1. 2001 („keine Zwangsmaßnahme, sondern ein Angebot an die Mitgliedstaaten und ihre Bauern") spricht dagegen; ebenso die Aussage, die Bun- 52 desregierung habe sich erst „nach Abwägung aller Faktoren für eine Beteiligung an dieser Maßnahme entschieden" (so BMELV, Tierschutzbericht 2001, X 1).

IX. Einige weitere Sachgebiete

53 Die **Verfütterung lebender Wirbeltiere an andere Tiere** dürfte häufig den Tatbestand des § 17 Nr. 2b erfüllen, denn die Beutetiere sind in den Behältnissen, in die sie eingesetzt werden, dem Zugriff hilflos ausgesetzt und erleben den Fütterungsakt bei vollem Bewusstsein und in völliger Ausweglosigkeit, während sie in der freien Natur die Chance haben, sich dem Fang durch Flucht oder Verbergen zu entziehen (vgl. *Sojka* Rd L 1992, 31, 32). Auch kommt ein Verstoß gegen §§ 4 Abs. 1 S. 1, 18 Abs. 1 Nr. 5 in Betracht, weil Wirbeltiere grundsätzlich nur unter Betäubung getötet werden dürfen. Eine Rechtfertigung kann nur angenommen werden, wenn eine Fütterung mit frisch-toten Beutetieren biologisch unmöglich ist. Bequemlichkeit und/oder Schaulust rechtfertigen keinesfalls (vgl. *Kluge/Ort/Reckewell* § 17 Rn. 179). – Bei Greifvögeln und Eulen ist eine Lebendverfütterung grundsätzlich nicht erforderlich (vgl. BMELV-Gutachten über Mindestanforderungen an die Haltung von Greifvögeln und Eulen S. 3). – Auch die meisten Schlangen und Großechsen lassen sich bei richtigem Vorgehen an eine Fütterung mit toten Säugetieren gewöhnen. Allenfalls gibt es einzelne Individuen, die sich nicht umstellen lassen, wobei die Akzeptanz toter Tiere erhöht wird, wenn man das tote Futtertier zB mit einer Futterpinzette bewegt (vgl. *Kölle/Moritz* AtD 2006, 103, 105, 106; *Kirmair* AtD 1998, 42, 45). Der Einsatz lebender Wirbeltiere ist hier besonders belastend, da der Tod nicht immer sofort eintritt und zudem die meisten Schlangengifte gewebezerstörend wirken und damit schmerzhaft sind. Bei manchen Riesenschlangen kann das Erdrücken längere Zeit dauern (*Kirmair* aaO; vgl. auch BMELV-Gutachten über Mindestanforderungen an die Haltung von Reptilien S. 24: Lebendverfütterung nur, wenn es nicht gelingt, die Schlange an tote Futtertiere zu gewöhnen). Manche karnivore Schildkröten zerbeißen lebende Babymäuse, ohne sie sofort zu töten, was besonders tierschutzrelevant ist (vgl. *Kölle/Moritz* aaO). – Gerechtfertigt können Lebendverfütterungen sein, wenn sie zur Vorbereitung für das Auswildern geschützter Tiere unabdingbar sind oder wenn einzelne Tiere nur lebende Futtertiere akzeptieren und vorangegangene Bemühungen, sie mit frisch-toten Beutetieren zu füttern, erfolglos verlaufen sind. Im letztgenannten Fall ist allerdings auch zu fragen, ob nicht im Hinblick auf die o.e. Bedenken und auf § 2 Nr. 1 zumindest auf eine Privathaltung von Arten, die nur lebende Nahrung akzeptieren, verzichtet werden müsste (so das Differenzprotokoll des DTB zum o.e. BMELV-Gutachten S. 72). Zumindest müssen die Leiden der Futtertiere dadurch begrenzt werden, dass man sie nur an nachweislich hungrige Schlangen/Echsen verfüttert und ein nach Größe und Tierart passendes Futtertier wählt (vgl. *Kölle/Moritz* aaO).

54 Für das **Töten von Tieren zur Pelzgewinnung** gibt es heute keinen vernünftigen Grund mehr, denn „die Notwendigkeit, sich hierzulande ausgerechnet mit Hilfe von Pelzbekleidung gegen Kälte zu schützen, besteht nicht mehr" (EKD-Texte 41 S. 22; ebenso die BTK, vgl. DTBl. 2003, 699, „Pelz ist peinlich"). Der Ethik der Mitgeschöpflichkeit, die nach § 1 S. 1 den Maßstab für die Auslegung des Gesetzes und damit auch des vernünftigen Grundes bildet, widerspricht das Töten von Tieren zur Gewinnung von Luxusprodukten (in diesem Sinn die Stellungnahmen sowohl der EKD, „gänzlich unannehmbar", als auch des Kommissariats der Deutschen Bischöfe, „nicht zu verantworten", bei der Anhörung zum ÄndG 1986, vgl. Ausschuss für Ernährung, Landwirtschaft und Forsten, BT-Drucks. 10/165; s. auch § 1 Rn. 41).

55 Im Rahmen der **Zwangsräumung von Grundstücken** gibt es keinen vernünftigen Grund, Tiere aus dem Besitz des Räumungsschuldners zu töten. Tiere können nicht als „bewegliche Sachen" nach § 885 Abs. 2–4 ZPO behandelt werden, weil sie nicht in das genau abgestimmte System dieser Vorschriften hineinpassen (vgl. OLG Karlsruhe NJW

1997, 1789). Zwar ist denkbar, dass der Gerichtsvollzieher die Tiere von dem zu räumenden Grundstück entfernt und sie dem Schuldner oder dessen Beauftragten übergibt, falls eine dieser Personen anwesend und sowohl bereit als auch in der Lage ist, die Tiere entgegenzunehmen und für die Erfüllung der Pflichten aus § 2 einzustehen. Fehlt es daran jedoch, so kommt weder in Betracht, die Tiere nach § 885 Abs. 3 ZPO in das Pfandlokal zu schaffen oder anderweit in Verwahrung zu bringen, noch sie nach Maßgabe von § 885 Abs. 4 ZPO zu verkaufen, zu verschenken oder bei Fehlen eines Marktwertes zu töten; denn diese Vorschriften sind für die Lagerung und Verwertung von Mobiliar passend, nicht aber für die artgerechte Unterbringung und Betreuung lebender Tiere (so OLG Karlsruhe aaO; *Geißler* DGVZ 1995, 145, 146f.; aA *Braun* JZ 1997, 574ff.). Dass der Gerichtsvollzieher die Tiere einfach „ins Freie entlässt", ist auch nicht möglich, denn dies würde eine bewusst herbeigeführte Störung der öffentlichen Sicherheit und Ordnung bedeuten. Die Übergabe des im übrigen geräumten Grundstücks mit den Tieren an den Gläubiger scheidet ebenfalls aus, da dieser dafür einen Titel auf Herausgabe der Tiere an sich selbst benötigte. Der Gerichtsvollzieher muss sich deshalb darauf beschränken, die nach § 15 zuständige Veterinärbehörde von dem Räumungstermin zu unterrichten: Ist sie bereit, die Tiere entgegenzunehmen und nach § 2 unterzubringen, so kann er räumen, anderenfalls nicht. Ein Anspruch des Gläubigers gegen die Veterinärbehörde auf diese Mitwirkung ist verneint worden (vgl. VGH Mannheim NJW 1997, 1798 gegen VG Freiburg DGVZ 1997, 185).

Bei **Hunden** kann die Tötung einzelner Welpen gerechtfertigt sein, wenn das Muttertier nicht alle Jungtiere großziehen kann (vgl. *L/M* § 1 Anh. Rn. 37). Wie immer bei der Tötung überzähliger Tiere scheitert aber die Rechtfertigung am Verbot des widersprüchlichen Verhaltens, wenn rechtzeitig Vorsorgemaßnahmen (zB Suche nach Ammen bzw. die Aufzucht von Hand) möglich gewesen wären und unterlassen worden sind. Außerdem müssen vor einer Tötung alle Möglichkeiten, die Hunde an andere zu vermitteln, ergebnislos ausgeschöpft worden sein. Zuchtordnungen mit weitergehenden Tötungsvorschriften sind gesetzwidrig. – Tötungen wegen Fehlfarben oder wegen unerwünschten Geschlechts sind stets rechtswidrig (vgl. *L/M* aaO; *Wendland* DTBl. 2003, 799, 800; *Exner* DudT 1996, 12). – Dazu, dass Hunde und Katzen nicht zur Fleisch- oder Fellgewinnung getötet werden dürfen s. Rn. 48. – Zur Tötung von gefährlichen Hunden s. § 16a Rn. 20 und Einf. TierSchHundeV Rn. 10. 56

Tötungen zur **Erlösung von schweren, nicht behebbaren Schmerzen oder Leiden** sind gerechtfertigt. Es muss aber objektiv feststehen, dass das Tier anhaltend und erheblich leidet und dass eine Heilung aus veterinärmedizinischen Gründen (und nicht etwa nur aus Kostengründen) unmöglich ist. Das setzt idR ein tierärztliches Urteil voraus. Tötung, ohne sich zuvor von diesen Voraussetzungen vergewissert zu haben, ist rechtswidrig (vgl. OLG Karlsruhe NJW 1991, 116). Zum „Wie" solcher Tötungen s. § 4 Rn. 4, 5 und Art. 11 des Europäischen Heimtierübereinkommens. 57

C. Strafbare quälerische Tiermisshandlung nach § 17 Nr. 2b
(zu § 17 Nr. 2a s. Rn. 117–119)

I. Tatbestand

Die Vorschrift ist verfassungsgemäß. Insbesondere genügt sie dem **Gebot der Bestimmtheit gesetzlicher Straftatbestände** nach Art 103 Abs. 2 GG (so BGH NJW 1987, 1833; OLG Düsseldorf NJW 1980, 411; OLG Frankfurt/M NJW 1980, 409; aA *Kloepfer* AgrarR 1986, 38; *Deselaers* AgrarR 1979, 209; *Gündisch* AgrarR 1978, 91). Sie erfasst ohne Einschränkung auch den Bereich der Intensivhaltung von Nutztieren (Massentierhaltung) und stellt hierfür eine strafrechtliche Regelung dar, die einer Ergänzung im Verordnungsweg weder bedürftig noch zugänglich ist. Die vereinzelt gebrauchte Argumentation – „weil der Gesetzgeber von 1972 die damals gebräuchlichen Formen der 58

Massentierhaltung gekannt und dennoch nicht ausdrücklich verboten hat, können sie auch nicht gegen § 17 Nr. 2b verstoßen" (in diesem Sinne etwa *Kloepfer* aaO) – ist unzutreffend: Daraus, dass eine Tierhaltungsform bei Gesetzeserlass allseits bekannt war, ist nicht zu schließen, dass sie vom materiellen Geltungsanspruch einzelner Bestimmungen des Gesetzes, insbesondere von § 17 Nr. 2b, ganz oder auch nur teilweise freigestellt werden sollte (so BGH NJW 1987, 1833, 1834).

59 **Schmerzen** s. § 1 Rn. 12–15. Dort auch zur Schmerzfähigkeit. – Ein einzelner Schmerz genügt, um den Tatbestand zu verwirklichen (vgl. *L/M* § 1 Rn. 19). – In der Praxis wird manchmal übersehen, dass das Gesetz bei allen Wirbeltieren ein dem Menschen ähnliches Schmerzempfinden voraussetzt (vgl. die Bundesregierung in BT-Drucks. 6/2559, zitiert nach *Gerold* S. 66: „Wirbeltiere ... haben somit ein hochdifferenziertes Schmerzleitungssystem und ein ausgeprägtes Schmerzempfindungsvermögen"; s. auch § 5 Abs. 2 Nr. 1). Auch bei Fischen wird eine Schmerzfähigkeit angenommen (s. § 1 Rn. 15a; vgl. auch § 13 Abs. 5 TierSchlV).

60 **Leiden** s. § 1 Rn. 17–23. Angst ist ebenfalls Leiden (vgl. *L/M* § 1 Rn. 36). – Trotz der Verwendung des Begriffs im Plural genügt auch hier ein einzelnes Leiden. – Leidensmöglichkeit und Leidensfähigkeit werden auch hier vom Gesetz grundsätzlich als vorhanden vorausgesetzt, zumindest bei den Wirbeltieren und den Cephalopoden und Dekapoden (vgl. § 8 Abs. 1; vgl. auch § 18 Abs. 2, der auch die Wirbellosen einschließt). Die manchmal anzutreffende Beurteilung „Man weiß nicht, ob das Tier leidet" widerspricht damit nicht nur dem allgemeinen Empfinden und dem Stand der wissenschaftlicher Erkenntnisse, sondern auch den gesetzlichen Wertungen (vgl. *Kluge/Ort/Reckewell* § 17 Rn. 57).

61 Das Merkmal **„erheblich"** dient zur Ausgrenzung von Bagatellfällen (so BGH NJW 1987, 1833, 1834). Strafbar soll (nur) sein, was Tieren „mehr als geringfügige Schmerzen oder Leiden" zufügt (so BT-Drucks. 4/85, Initiativentwurf eines Tierschutzgesetzes der Interparlamentarischen Arbeitsgemeinschaft als Vorläufer des TierSchG 1972; vgl. auch MünchKommStGB/*Pfohl* Bd. 5 § 17 TierSchG Rn. 147: „strafrechtliches Bagatellprinzip"). Der Rechtsbegriff findet sich auch in anderen gesetzlichen Bestimmungen, zB bei § 184c Nr. 1 StGB. Erforderlich ist eine nach Art und Intensität gewichtige Beeinträchtigung des tierlichen Wohlbefindens; geringfügige Beeinträchtigungen und Bagatellfälle sind demgegenüber unerheblich. Maßgebend ist eine Bewertung der Gesamtumstände. Auch die Entwicklungshöhe kann eine Rolle spielen. Offensichtlichkeit ist nicht erforderlich (vgl. *L/M* § 17 Rn. 31; *Hackbarth/Lückert* B XIV 2.3). – Da es um die Abgrenzung von Bagatellfällen und geringfügigen Beeinträchtigungen geht, die aus dem Bereich der Strafbarkeit ausgeschlossen werden sollen, ist es unzulässig, an die Feststellung der Erheblichkeit übertrieben hohe Anforderungen zu stellen (vgl. *Kluge/Ort/Reckewell* § 17 Rn. 85).

62 Ob ein Tier **erhebliche Schmerzen** hat, kann u.a. aus der Art und dem Umfang der Einwirkung geschlossen werden, der es ausgesetzt wird. Der gesetzlichen Gleichsetzung des menschlichen mit dem tierlichen Schmerzbegriff entspricht es, davon auszugehen, dass Einwirkungen, die von einem Menschen als beträchtlich schmerzhaft empfunden werden, auch beim (Wirbel-)Tier beträchtliche Schmerzempfindungen auslösen. Dies folgt nicht nur aus dem allgemeinen Volkswissen („Quäle nie ein Tier zum Scherz, denn es fühlt wie du den Schmerz") sondern auch aus dem Stand der wissenschaftlichen Erkenntnis: Die Nozizeptoren sind bei allen Wirbeltieren in nahezu allen Organen vorhanden und sowohl die feingeweblichen Strukturen als auch die bei der Schmerzleitung auftretenden physiologischen Prozesse sind bei Mensch und Tier gleich. Nicht zuletzt daraus resultiert, dass die Tiermedizin von der früher entwickelten Humanmedizin die meisten Benennungen für homologe Organe übernehmen konnte und Heilmittel zunächst im Tierversuch geprüft werden, bevor sie beim Menschen zur Anwendung gelangen (vgl. *Sambraus* in: *Sambraus/Steiger* S. 32; s. auch § 7 Rn. 65).

63 Darüber hinaus gibt es **Indizien (Symptome),** mit deren Hilfe auf das Vorhandensein und die Intensität von Schmerzen geschlossen werden kann. Als solche kommen in Betracht: Lautäußerungen, Verhaltensänderungen, veränderte Bewegungsabläufe, Verände-

rungen in der Körperhaltung, vegetative Veränderungen. – Beispiele für **Lautäußerungen:** Jaulen, Winseln, Grunzen, Zähneknirschen sind bei Tieren meist nur bei stärkeren Schmerzzuständen wahrzunehmen (vgl. TVT-Merkblatt Nr. 32). Gleiches gilt für Schreien, Heulen, tonloses Stöhnen – Folgende **Verhaltensänderungen** können erhebliche Schmerzen anzeigen: Sichzurückziehen der Tiere (zB Lichtscheue bei Kaninchen), Sichabsondern von der Gruppe, Änderung der Rangordnung, verminderte soziale wie motorische Aktivität, aber auch geändertes Verhalten bis hin zur Aggression. Die Vernachlässigung der eigenen Körperpflege, die am schlechteren Pflegezustand erkennbar wird, ist ebenfalls ein deutliches Symptom. Auch die gesteigerte Hinwendung zu den schmerzenden Regionen, zB durch Hinschauen, Belecken, Kratzen, Reiben, Scheuern, bis zu massivem Vorgehen wie Schlagen und Beißen der Region oder Sichdaraufniederwerfen kann erhebliche Schmerzen anzeigen. Besonders zu beachten sind Veränderungen in der Art oder Geschwindigkeit des Aufstehens oder Sichniederlegens (TVT Merkblatt aaO). Weiter werden genannt: Zusammenpressen des Maules, gestörte Bewegungsabläufe wie Lahmen oder Aufbuckeln, verringerte Bewegungsaktivitäten, Immobilisation, gesteigerte Unruhe, insbesondere häufiges Aufstehen und Niederlegen, Drehen und Krümmen des Körpers, Versuche, die vermutete Ursache des Schmerzes „wegzuschleudern", „wegzulecken" oder „wegzuschlagen", Aggression, Flucht oder Fluchtversuche, Teilnahmslosigkeit, verlangsamte Reaktionen, Abschalten des optischen und/oder akustischen Apparats, verminderte oder verweigerte Futteraufnahme. – **Veränderungen in der Körperhaltung** können ebenfalls Indikatoren für erheblichen Schmerz sein: Versuche, die schmerzende Region zu entlasten; abnorme Bauch- oder Seitenlage oder Vermeidung dieser Lagen; hundesitzartige Stellungen; Anspannen der Bauchdecke; Aufkrümmung der Wirbelsäule; abnorme Haltung von Thorax, Hals oder Kopf; Entlastung schmerzender Gliedmaßenabschnitte; andere abnorme Körperhaltungen oder -stellungen (TVT Merkblatt aaO). – **Vegetative Veränderungen,** die auf erhebliche Schmerzen hindeuten, können sein: Gefäßerweiterungen der verletzten oder entzündeten Gebiete, Erweiterung der Pupillen, Öffnen der Lippenspalten, starkes Schwitzen, Erbrechen, Oligurie, Erhöhung der Herz- und Atemfrequenz sowie des Blutdrucks, veränderte Körpertemperatur, häufiges Absetzen von Kot und Harn in kleinen Mengen, Mattigkeit, Abmagerung trotz ausreichender Futteraufnahme, glanzlose Augen. – Schon **ein einziges dieser Indizien** kann je nach Ausmaß, Intensität und Dauer ausreichen, um erhebliche Schmerzen anzuzeigen; erst recht natürlich mehrere. Unzulässig ist es, an den Nachweis erheblicher Schmerzen einen unüblich scharfen Maßstab anzulegen, wie dies beispielsweise mit Punktesystemen geschieht, wenn danach erst eine Vielzahl von zusammenkommenden Symptomen als ausreichend angesehen wird. Unzulässig ist auch, festgestellte Indizien (zB aus dem Verhaltensbereich) mit dem Fehlen anderer, nicht nachgewiesener Symptome (zB aus dem vegetativen Bereich) zu verrechnen. Generell gilt: „Überbewertung der Unsicherheit des Wissens über Schmerz beim Tier mit dem Ziel, die Schmerzwahrnehmung in Frage zu stellen, ist logisch wie empirisch unbegründet" (TVT-Merkblatt aaO). – Zu bedenken ist auch, dass verschiedene Tierarten ihre Schmerzen zT sehr verschieden äußern. Typische Beutetiere zeigen häufig keine oder nur geringe Schmerzäußerungen, trotz vorhandener starker Schmerzen: Besonders Schafe sind „stille Dulder"; Kaninchen reagieren eher mit Bewegungs- und Teilnahmslosigkeit, Hockhaltung, fehlender Futter- und Wasseraufnahme sowie bei Berührung mit Lautäußerung; Vögel lassen zT selbst bei offensichtlichen Schmerzreizen keine sichtbaren Reaktionen erkennen und verharren in Bewegungslosigkeit. Manche Tiere nehmen in der Rückenlage sogar operative Eingriffe unbetäubt hin, was aber nicht zu der Schlussfolgerung verleiten darf, dass sie dabei keinen Schmerz empfänden. – Tabellen zu tierartspezifischen Schmerzsymptomen finden sich bei *Bernatzky* in: *Sambraus/Steiger* S. 49ff. – Zu der früher vertretenen, heute aber überholten Meinung, junge Tiere seien weniger schmerzempfindlich, s. § 5 Rn. 7.

Erhebliche Leiden werden, besonders wenn sie durch die Art der Haltung eines Tieres bedingt sind, durch Verhaltensstörungen angezeigt (s. Rn. 69–77). Dabei ist insbesondere 64 auch an den Ausfall von Verhalten, zB von Körperpflege-, Erkundungs- oder Spielverhalten sowie an reduziertes Bewegungsverhalten zu denken (vgl. *Baum, Bernauer-Münz, Buchholtz* et al., Der Tierschutzbeauftragte 2/1998, 3ff.). Auch durch übersteigertes Verhalten und/oder durch eines oder mehrere der in Rn. 63 beschriebenen Schmerzsymptome können erhebliche Leiden angezeigt werden, ebenso durch die Ausdrucksmittel für Angst (s. § 1 Rn. 22). Daneben kommen auch andere, insbesondere physiologische und pathologische Parameter in Betracht (s. Rn. 78–80). Nicht zuletzt kann auch aus dem Ausmaß und der Zeitdauer, mit dem/der ein Bewegungs- oder ein anderes Bedürfnis unterdrückt wird, auf erhebliche Leiden geschlossen werden (s. Rn. 81; dazu, dass erhebliche Leiden nicht unmittelbar, sondern nur mit Hilfe von Indikatoren festgestellt werden können, s. § 1 Rn. 20, 21). Auch hier gilt, dass ein einziges Indiz ausreichen kann und dass es unzulässig ist, festgestellte Indizien (zB aus dem Verhaltensbereich) mit dem Fehlen anderer, nicht nachgewiesener (zB pathologischer) Symptome zu verrechnen (vgl. *Kluge/Ort/Reckewell* § 17 Rn. 85; s. auch Rn. 78, 79).

65 **Länger anhaltende Schmerzen oder Leiden.** Nicht die Handlung des Täters, sondern der tatbestandsmäßige Erfolg, d.h. die dem Tier entstandenen Schmerzen oder Leiden, muss länger anhalten oder sich wiederholen. – Eine mäßige Zeitspanne reicht dafür aus (vgl. BayObLG vom 30. 9. 1977, RReg. 4 St 143/77). Dabei ist nicht auf das Zeitempfinden des Menschen abzustellen, sondern auf das wesentlich geringere Vermögen des Tieres, physischem oder psychischem Druck standhalten zu können (OLG Hamm NStZ 1985, 275). Deshalb können uU schon wenige Minuten ausreichend sein (vgl. *Hackbarth/Lückert* B XIV 2.4). Je schlimmer die Schmerzen oder Leiden sind, eine desto kürzere Zeitspanne genügt (vgl. *L/M* § 17 Rn. 41). – Einzelfälle aus der Rechtsprechung: Das OLG Hamm hält für möglich, dass ein nur zehn Minuten währender Erziehungsversuch an einem Hund mittels eines Stachelhalsbandes ausreicht (NStZ 1985, 275). Das OLG Celle beurteilt schon den Zeitraum von einer halben bis einer Minute, der für den „Drill" beim Angeln anzusetzen ist, als länger anhaltend (NStZ 1993, 291); Gleiches soll für einen mit erheblichem Stress verbundenen Transport von Fischen gelten, selbst wenn der eigentliche Transportvorgang nur ein bis zwei Minuten währt (OLG Celle NStZ-RR 1997, 381). Das OLG Düsseldorf hat für die Lebendhälterung von Fischen in Setzkeschern eine Zeit von zwei Stunden, ggf. auch weniger, als anhaltend und damit strafwürdig angesehen (NStZ 1994, 43, 44). Eine kurzzeitige Stressbelastung von Fischen, die sich anschließend in Symptomen äußert, die eine Woche lang währen, ist auf jeden Fall ausreichend (OVG Koblenz AtD 1998, 346, 348). – Im Prinzip müsste die Dauer eines Leidenszustandes auch für die Beurteilung seines Gewichts und damit seiner Erheblichkeit mitbestimmend sein. Dem steht jedoch entgegen, dass der Zeitfaktor hier durch ein eigenständiges Tatbestandsmerkmal erfasst wird und nicht doppelt verwertet werden darf. Demgemäß hat es der BGH abgelehnt, in die Beurteilung, ob das Leiden von Käfighennen erheblich sei, die lebenslange Dauer dieser Haltungsform einzubeziehen: Durch das Merkmal „länger anhaltend" sei das Zeitmoment abschließend erfasst (vgl. BGH NJW 1987, 1833, 1835; vgl. aber auch *Lorz* NStZ 1987, 511 und *v. Loeper* NStZ 1987, 512 mit folgendem beachtlichen Gegenargument: Wenn für das Merkmal „länger anhaltend" bereits eine mäßige Zeitspanne ausreichend ist, dann wird der Unwertgehalt, der in einem lebenslangen Leiden liegt, hierdurch allenfalls zum Teil konsumiert; der zusätzliche zeitliche Gesichtspunkt, der in der lebenslangen Dauer des Leidens liegt, müsste dann sehr wohl in die quantitative Komponente der Erheblichkeit einfließen). – Sich wiederholende Schmerzen oder Leiden liegen vor, wenn das Tier den Schmerz bzw. das Leiden (auch die Angst) mehrmals durchlebt.

66 **Tatbegehung durch Tun/Tatbegehung durch Unterlassen.** Für eine Tatbestandsverwirklichung durch Tun bedarf es auch hier einer kausalen Handlung des Täters, die für den tatbestandsmäßigen Erfolg eine nicht hinwegdenkbare Bedingung setzt, die also nicht hinweggedacht werden kann, ohne dass der Erfolg in seiner konkreten Gestalt entfiele (s. Rn. 2). – Möglich ist aber auch eine Tatbegehung durch Unterlassen, wenn der Täter für

das Wohlbefinden des Tieres rechtlich einzustehen hat (§ 13 StGB). Diese Garantenstellung kann sich u.a. ergeben: aus Gesetz (zB aus § 2 Nr. 1 für alle dort genannten Personen; aus § 22a BJagdG für den Jäger); aus Gewährübernahme (insbesondere durch die Zusage an den Halter, Betreuungspflichtigen oder Betreuer, für das Tier zu sorgen; Gefälligkeit genügt); aus vorangegangenem, gefahrschaffenden Tun; aus Sachherrschaft (zB als Inhaber des Betriebes, in dem Tiere leiden); aus einer beruflichen oder amtlichen Stellung (s. Rn. 67); aus Verantwortlichkeit für fremdes Tun (zB als Personensorgeberechtigter). Täter ist in diesem Fall, wer durch das Unterlassen einer ihm möglichen Handlung eine nicht hinwegdenkbare Bedingung dafür setzt, dass die Schmerzen oder Leiden entstehen oder fortdauern oder gesteigert werden. Häufige Fälle sind (wie bei § 17 Nr. 1 auch): Schmerz- oder Leidenszufügung durch Verwahrlosung der Tierunterkünfte, nicht ausreichende Wasserversorgung, nicht ausreichende Futterversorgung, Unterlassung gebotener Pflegemaßnahmen (zB Klauenpflege, Fellpflege, Behandlung bei Moderhinke), Nicht-Zuziehung eines Tierarztes trotz objektiver Notwendigkeit, Fehlen eines Unterstandes bei Freilandhaltung, Nichteinschreiten gegen tierquälerische Handlungen eines anderen (vgl. die zahlreichen Rechtsprechungsnachweise bei *Kluge/Ort/Reckewell* § 17 Rn. 104–108).

Garantenstellung von Amtsträgern, insbesondere Amtstierärzten. Der nach § 15 67
zuständige Amtsträger kann sich wegen Unterlassens strafbar machen, sei es als Mittäter, sei es wegen Beihilfe nach § 27 StGB. – Zwei Fallgestaltungen sind zu unterscheiden: **1.** Der Amtsträger als Überwachergarant: Unterlässt es der zuständige Amtsträger, eine von Anfang an rechtswidrige oder später rechtswidrig gewordene Genehmigung, die einen tierschutzwidrigen Vorgang oder Zustand erlaubt, zurückzunehmen oder zu widerrufen, obwohl die rechtlichen Voraussetzungen hierfür vorliegen und ihm auch bekannt sind, so kann das Untätigbleiben eine strafbare Beihilfe darstellen (vgl. *L/M* § 17 Rn. 45; *Horn/Hoyer* JZ 1991, 703, 705; *Horn* NJW 1981, 1, 6). – **2.** Der Amtsträger als Beschützergarant: Aus den §§ 16, 16a wird eine besondere Schutzpflicht des Amtstierarztes im Hinblick auf das Wohlbefinden der Tiere seines Zuständigkeitsbereichs hergeleitet (vgl. *Iburg* NuR 2001, 77, 78). Ebenso wie die Umweltrechtsgüter den Umweltbehörden anvertraut sind (vgl. *Pfohl* NJW 1994, 418, 421), ist auch der zuständige Amtsträger der Veterinärbehörde „auf den Posten gestellt“ und muss für einen unversehrten Fortbestand der seiner Zuständigkeit unterstellten Güter Sorge tragen (vgl. *Pfohl* in: *Martin/Meilinger* S. 20, 21; *Iburg* aaO; zu der nach hM bestehenden Beschützergarantenstellung von Amtsträgern im Umweltstrafrecht vgl. *Schönke/Schröder/Cramer/Heine* Vor §§ 324ff. StGB Rn. 30, 39; zur Gleichstellung des Tierschutzes mit dem Umweltschutz s. Art. 20a GG Rn. 11). Eine Garantenstellung, die zumindest bei dienstlicher Kenntniserlangung von Tiermisshandlungen eine Rechtspflicht zum Einschreiten begründet, ist umso mehr anzunehmen, als gerade die schutzlose Kreatur auf staatlichen Schutz besonders angewiesen ist. – Ein Untätigbleiben wird insbesondere dann strafrechtlich relevant, wenn das Ermessen auf ein Einschreiten reduziert ist (so *Iburg* aaO, der eine solche Ermessenreduzierung zutreffend immer dann annimmt, „wenn eine erhebliche Beeinträchtigung des Wohlbefindens eines Tieres besteht“; vgl. auch MünchKommStGB/*Pfohl* Bd. 5 § 17 TierSchG Rn. 47: Verstoß bei jedem Ermessensfehler); keine Strafbarkeit dagegen, solange sich der Amtsträger im Rahmen des eingeräumten Ermessens bewegt (vgl. *Pfohl* aaO; *ders.* NJW 1994, 421. Zum Ganzen auch *Horn/Hoyer* aaO; *Winkelbauer* JZ 1986, 1119; *Horn* aaO). Eine „Ermessensreduzierung auf Null“, d.h. auf ein Einschreiten, ist stets gegeben, wenn ein Vorgang tatbestandsmäßig und rechtswidrig gegen § 17 Nr. 2b verstößt (so OVG Koblenz AtD 1998, 346, 350; s. auch § 16a Rn. 5). – Zur Garantenstellung eines auf einem Schlacht- und Viehhof beschäftigten Tierarztes, wenn Schlachttieren beim Abtransport Schmerzen und Leiden zugefügt werden, vgl. BayObLG NuR 1996, 637: Nur dann, wenn dem Schlachthofbetreiber die Tierbetreuung obliegt und er diese Verpflichtung auf den Tierarzt übertragen hat.

Garantenstellung von Kraftfahrern. Der Kraftfahrer, der ein Tier anfährt und verletzt 68
und es anschließend unversorgt liegen lässt, kann sich nach § 17 Nr. 2b strafbar machen.

Seine Garantenstellung ergibt sich aus dem vorangegangenen Tun, auch wenn der Unfall für ihn schuldlos war. Die Zuführung des Tieres zu einem Tierarzt ist möglich und zumutbar, trotz Zeitverlust, Verschmutzungen usw. (vgl. *Kluge/Ort/Reckewell* § 17 Rn. 113). – § 142 StGB kommt in Betracht, wenn das verletzte oder getötete Tier im Fremdeigentum steht. Auch bei Kleintieren ist nach der Neufassung von § 251 Abs. 2 BGB die für das Tatbestandsmerkmal „Unfall" nötige Schadenshöhe von 25 Euro und mehr idR gegeben (s. Einf. Rn. 89).

II. Verhaltensstörungen als Indikatoren für erhebliche Leiden, insbesondere in Tierhaltungen

69 Die **Feststellung,** ob Tiere in einem Haltungssystem erheblich leiden, kann in **zwei Stufen** erfolgen: Auf einer ersten Stufe wird ermittelt, ob und inwieweit die Tiere in der Ausübung ihrer angeborenen Verhaltensweisen eingeschränkt werden; diese Einschränkungen indizieren Leiden als solche. Auf einer zweiten Stufe wird anschließend geprüft, ob es Anzeichen dafür gibt, dass diese Leiden erheblich sind. Als solche Anzeichen sind anerkannt: „Anomalien, Funktionsstörungen oder generell spezifische Indikatoren im Verhalten der Tiere, die als schlüssige Anzeichen oder Gradmesser eines Leidenszustandes taugen" (BGH NJW 1987, 1833, 1835; der BGH hat diesen zweistufigen Ansatz allerdings nur als „nicht denkfehlerhaft" bezeichnet, so dass auch andere Formen des Nachweises möglich sind; s. Rn. 81, 82).

70 Für die **richterliche Praxis** sind damit Verhaltensstörungen die wichtigsten Indikatoren zur Feststellung erheblicher Leiden in Tierhaltungen. – Eine Verhaltensstörung ist eine im Hinblick auf Modalität, Intensität oder Frequenz erhebliche und andauernde Abweichung vom Normalverhalten. Diese Abweichung kann unterschiedlich aussehen. Die einzelnen Formen lassen sich idR einer der folgenden Kategorien zuordnen: Handlungen am nicht-adäquaten Objekt; veränderte Verhaltensabläufe; in der Frequenz stark von der Norm abweichendes Verhalten; Stereotypien; Apathie (*Sambraus* in: *Sambraus/Steiger* S. 59). Damit stellen sich vor allem drei Fragen: **1.** Was ist der Maßstab für normales Verhalten, d.h. an welcher Norm (Referenzgruppe) soll das Verhalten der Tiere gemessen werden? **2.** Worin können die Abweichungen im einzelnen bestehen? **3.** In welche Fallgruppen können die erheblichen und andauernden Abweichungen eingeteilt werden?

71 **Maßstab für das Normalverhalten,** sind diejenigen Verhaltensabläufe, die von Tieren der betreffenden Art, Rasse und Altersgruppe unter natürlichen oder naturnahen Haltungsbedingungen gezeigt werden. Naturnahe Haltungsbedingungen sind solche, die sowohl die freie Beweglichkeit als auch den vollständigen Gebrauch aller Organe ermöglichen und in denen die Stoffe und Umweltreize vorhanden sind, deren das Tier zur Auslösung seiner natürlichen, angeborenen Verhaltensabläufe bedarf. Beispiele: Das Verhalten von Hennen in Käfigen ist an der Referenzgruppe „Hennen in Freilandhaltung" zu messen; für intensiv gehaltene Rinder bildet die Referenzgruppe „Rinder auf Tiefstreu" oder „Rinder auf der Weide" den Maßstab; das Verhalten von Kaninchen in Käfigen wird damit verglichen, wie sich „Kaninchen im Freiland" verhalten, usw. (vgl. *Bammert* et al. TU 1993, 269, 276ff.; *Sambraus* in: *Sambraus/Steiger* S. 123; näher zu diesem Bedarfsdeckungs- und Schadensvermeidungskonzept s. § 2 Rn. 9–11).

72 **Abweichungen von diesem Normalverhalten** können sich bei Tieren, die unter intensiven Haltungsbedingungen leben, in verschiedener Hinsicht ergeben: Aus der Modalität des einzelnen Verhaltensmusters; aus der Häufigkeit, mit der ein Verhalten ausgeführt wird; aus seiner Intensität; aus seiner Verteilung auf die verschiedenen Tageszeiten; aus dem Objekt, an dem es stattfindet; aus seiner Dauer; aus der Sequenz, in der die einzelnen Verhaltenselemente aufeinander folgen (vgl. *Knierim* in: KTBL-Schrift 377 S. 43; *Buchenauer* ebenda S. 17, 21; s. auch die Kategorien nach *Sambraus* in Rn. 70). Auch die Verselbständigung von Verhaltenselementen, d.h. ihre Entkoppelung aus demjenigen Funk-

tionskreis, dem sie in naturnahen Haltungsbedingungen zugeordnet sind, stellt eine Störung dar (*Buchholtz* TU 1994, 532ff.).

Folgende **Fallgruppen von Verhaltensstörungen,** die erhebliche Leiden anzeigen, können gebildet werden (vgl. *Buchenauer* aaO S. 21; *Baum, Bernauer-Münz, Buchholtz* et al. S. 3ff.): **1.** Fremd- oder selbstschädigendes Verhalten, zB Schwanzbeißen, Ohrenbeißen, Federpicken, Urintrinken. **2.** Stereotypien (= abnormal-repetitives Verhalten), zB Zungenrollen, Zungenspielen, Stangenbeißen, stereotypes Laufen oder Weben. **3.** Leerlaufhandlungen, zB Leerkauen, Scheinwiederkäuen, Scheinsandbaden. **4.** Apathien, insbesondere weitgehend bewegungsloses Stehen oder Sitzen in unnatürlicher Haltung (vgl. *Meyer* S. 14, 23, 24). **5.** Handlungen am nicht-adäquaten Objekt, zB Belecken, Beknabbern, Benagen, Besaugen von Stallgefährten, Einrichtungsgegenständen oder auch eigenen Körperteilen (vgl. *Sambraus* aaO). **6.** Ausfall oder starke Reduktion der Eigenkörperpflege **7.** Ausfall oder starke Reduktion des Erkundungsverhaltens. **8.** Ausfall oder starke Reduktion des Spielverhaltens bei Jungtieren. **9.** Zusammenbruch des artspezifischen tagesperiodischen Aktivitätsmusters, insbesondere Auflösung der bei vielen Tierarten zweigipfeligen tagesperiodischen Aktivitätsverteilung in der Form, dass durch kurzfristigen Wechsel von Aktivitätsschüben und Ruhephasen der Eindruck der Ruhelosigkeit entsteht. 73

Verhaltensstörungen können als **Ausdruck einer Überforderung des Anpassungsvermögens des Tieres** und damit als Beweis für erhebliche Leiden gewertet werden (vgl. *Zeitler-Feicht/Buschmann* Tierärztliche Praxis 2004, 169: Indikatoren für eine Überforderung der evoluierten Verhaltenssteuerung). Dies gilt insbesondere dann, wenn sie als Folge fehlenden Bewegungsraums oder fehlender, das Normalverhalten auslösender Reize (zB Einstreu, Erkundungs- oder Beschäftigungsmaterial) auftreten. Dafür gibt es eine naheliegende Erklärung: In der Wildform, aber auch während der späteren Domestikation haben sich die Tiere über Jahrtausende hinweg einer hohen Bewegungsnotwendigkeit, wie sie in extensiver Haltung besteht, angepasst: Für das Huhn war immer eine hohe Frequenz an Scharren und Picken nötig, um täglich satt zu werden; das Schwein musste zu diesem Zweck täglich viele Stunden intensiv wühlen; die Sau musste rechtzeitig vor dem Werfen wärmende Nester für ihren Nachwuchs bauen usw. Die modernen Haltungssysteme machen all das (vor allem mit hohem Energieeinsatz und Kraftfutter) unnötig. Dennoch besteht aber die im Laufe der Evolution hinweg erworbene hohe Handlungsbereitschaft der Tiere (also ihr „Bedürfnis") zu den genannten Verhaltensformen unvermindert fort, denn Verhalten, das sich über Jahrtausende hinweg herausgebildet hat, lässt sich nicht binnen weniger Jahrzehnte abbauen oder gar „wegzüchten". Sofern deshalb das Haltungssystem die für die normalen Verhaltensabläufe notwendigen Reize und Stoffe bzw. den nötigen Bewegungsraum nicht bietet, nimmt die Bereitschaft des Tieres zu, auch auf weniger adäquate Reize zu reagieren und letztlich sogar gänzlich ungeeignete Ersatzobjekte anzunehmen bzw. im Extremfall die Verhaltensweise im Leerlauf auszuführen. – In ähnlicher Weise lassen sich Anomalien erklären, zu denen es nicht infolge Reizmangels, sondern wegen Reizüberflutung (zB durch zu hohe Besatzdichten, zu große Gruppen, fehlende Rückzugsmöglichkeiten, andauernder Lärm etc.) kommt. – Nach einer früher teilweise verwendeten Definition war eine Verhaltensstörung mit organischer Selbst- oder Fremdschädigung verbunden. Indes treten viele derjenigen Störungen, die heute als Anzeichen erheblicher Leiden anerkannt sind, ohne sichtbare physische Beschädigungen auf (bzw. die physischen Folgeschäden zeigen sich erst langfristig und bleiben infolge der üblich gewordenen frühzeitigen Schlachtung unentdeckt), so dass diese Definition heute nicht mehr ausreicht (vgl. *Buchenauer* aaO S. 21; s. auch das Zitat von *Würbel* in Rn. 79). 74

Residual-reaktive Störungen. Verhaltensstörungen, die durch beengte, reiz- und bewegungsarme Haltungsformen erworben worden sind, können uU auch dann fortbestehen, wenn die auslösende Ursache längst abgestellt, die Haltungsform also den Bedürfnissen angepasst ist (vgl. *Sambraus* in: *Sambraus/Steiger* S. 65). Beispiel: Küken zeigen bei hoher Besatzdichte, fehlender oder geringer Einstreu und Fehlen einer (natürlichen oder 75 künstlichen) Glucke schon ab dem ersten Lebenstag Pickschläge auf die Daunenspitzen der Artgenossen und ab dem siebten Tag gegenseitiges Reißen an den Federn (*Martin* in: KTBL-Schrift 342 S. 108ff.; KTBL-Schrift 299 S. 246ff.); das so erworbene Federpicken kann bei diesen Tieren fortbestehen, selbst wenn sie später in verbesserte Haltungsbedingungen verbracht werden. Erklärung: Chronische Unter- oder Überforderungen des Gehirns in der Aufzucht (nämlich Unterforderung durch räumliche Einengung, fehlende Reize und soziale Isolation; Überforderung durch hohe Besatzdichten, Lärm und fehlende Rückzugsräume) können zu neuro-morphologischen Veränderungen im Gehirn führen, die die normalen Reifungsprozesse verhindern oder verzögern und früh erworbene Störungen persistierend (d.h. zum Dauerzustand) werden lassen (*Stauffacher* in: KTBL-Schrift 344 S. 9ff.). Auch gibt es, besonders bei Stereotypien, einen Selbststimulationseffekt, der möglicherweise mit der Freisetzung körpereigener Endorphine erklärbar ist und der ebenfalls bewirken kann, dass Verhaltensstörungen „residual-reaktiv" werden, d.h. auch nach dem Wegfall der auslösenden Ursache weiterbestehen. Es wäre deshalb unzutreffend, aus dem Fortbestehen der jeweiligen Störung trotz nachträglich verbesserter Haltungsumgebung den Schluss auf eine Nicht-Ursächlichkeit der früheren, beschränkenden Haltungsbedingungen zu ziehen (vgl. *Sambraus* aaO S. 65; *ders.* in: DVG 2003 S. 83, 90: „Allgemein gilt, dass eine einmal manifeste Verhaltensstörung später auch unter besseren Bedingungen kaum noch zu sanieren ist"; zu dem Gedanken, dass einmal erworbene Störungen fortdauern können, s. auch EU-Legehennenmitteilung, BT-Drucks. 13/11371 S. 17: „Die Bereitstellung von Streu in der Aufzuchtperiode trägt wesentlich dazu bei, das Risiko von Federpicken bei ausgewachsenen Tieren zu verringern").

76 **Bloße Änderungen im Verhalten** – zB vermehrtes Sitzen oder Liegen, verlängertes Sichputzen anstelle anderer Aktivitäten, wie sie unter naturnahen Bedingungen gezeigt würden – werden gelegentlich als gelungene Anpassung bewertet. Aber auch derartiges „Nicht-Verhalten" kann je nach Schweregrad und Dauer dem gestörten Verhalten zuzuordnen sein; insbesondere gilt dies dann, wenn es unphysiologisch ist, d.h. auf lange Sicht zu Störungen der Körperfunktion führt und damit Selbstaufbau, Selbsterhaltung und Fortpflanzung langfristig gefährdet, mögen die daraus resultierenden Schäden auch infolge des frühen Schlachttermins nicht oder nur teilweise sichtbar werden (*Stauffacher* aaO). Beispiele: Die vermehrten Liegezeiten von Masthähnchen im Vergleich zu männlichen Legehybriden begünstigen Knochenschwäche und Brustblasenbildung; die Bewegungsarmut von Hennen in Käfigen bewirkt Knochenschwäche und begünstigt Frakturen.

77 Schon **eine einzelne Verhaltensstörung** kann, je nach Schweregrad und Dauer, für die Feststellung, dass erhebliche Leiden vorliegen, ausreichen. Häufig liegen zwar mehrere der Kriterien (s. Rn. 73) zugleich vor; notwendig ist dies aber nicht (vgl. *Baum, Bernauer-Münz, Buchholtz* et al. S. 7). – Da das Ziel des Gesetzes der Erhalt des tierlichen Wohlbefindens ist, dürfen keine überhöhten Anforderungen an die Feststellung der Erheblichkeit gestellt werden. Insbesondere ist es nicht möglich, die Indizwirkung, die von dem Vorliegen einer oder mehrerer dieser Störungen ausgeht, mit der Abwesenheit anderer, nicht vorgefundener Anomalien zu verrechnen (s. auch Rn. 78, 79).

III. Andere Möglichkeiten zur Feststellung erheblicher Leiden, insbesondere in Tierhaltungen

78 Auch **Funktionsstörungen** können in Verbindung mit Verhaltensanomalien als Anzeichen und Gradmesser eines Leidenszustandes herangezogen werden (s. Rn. 69). In Betracht kommen u.a.: Veränderungen der Herzfrequenz; neuroendokrine Veränderungen, insbesondere des Cortisol- und/oder Catecholamingehalts; hormonell bedingte Stoffwechselveränderungen; organische Veränderungen als Folge lang andauernder Stresseffekte, zB Vergrößerung der Nebennieren bei Säugern. – Bei der Erfassung hormoneller Reaktionen muss allerdings zweierlei bedacht werden: Hormone werden auch bei lang-

dauernder Einwirkung von Stressoren nicht ständig, sondern episodisch ausgeschüttet und zirkulieren deshalb zu verschiedenen Zeitpunkten in unterschiedlichen Mengen im Blut; beispielsweise findet eine Erhöhung der Cortisolausschüttung nicht gleichmäßig während aller Sekretionsepisoden und auch nicht unbedingt synchron bei allen Tieren statt; bei einer Messung zum „falschen" Zeitpunkt können deshalb vorhandene Reaktionen unentdeckt bleiben. Außerdem sind Corticoide und Catecholamine für den Nachweis chronischer Belastungen nur sehr eingeschränkt geeignet, weil hier selbst unter andauernden, belastenden Haltungsbedingungen in der Regel nach anfänglicher Reaktion physiologische Adaptationsprozesse stattfinden, die aber nicht gleichbedeutend mit einer psychischen Anpassung sein müssen (vgl. *Knierim* in: KTBL-Schrift 377 S. 45, 46). – Das Hypophysen-Nebennieren-Syndrom ist zwar symptomatisch für Stress, doch kann aus seiner Abwesenheit nicht zugleich auf eine stressfreie Situation geschlossen werden. Denn Stress ist nicht durch ein einzelnes Syndrom definiert, sondern ein unspezifischer Sammelname für an jeder Stelle des lebenden Systems angreifende Belastungen, welche die zur Wiederherstellung des Systemgleichgewichts verfügbaren Kräfte übersteigen (vgl. *Leyhausen* NJW 1981, 1308, 1309). Folglich ist es zwar möglich, das Vorhandensein von Stress mit Hilfe einer Vielzahl unterschiedlicher Indikatoren zu belegen; nicht möglich ist es aber, einzelne vorhandene Symptome mit anderen, nicht nachgewiesenen zu verrechnen und so auf Stressfreiheit zu schließen. – Wegen dieser und anderer Unsicherheiten ist eine Interpretation physiologischer Befunde nur in Verbindung mit dem Verhalten sinnvoll (vgl. *Knierim* aaO), d.h.: Physiologische Parameter können die Indizwirkung, die von Verhaltensstörungen ausgeht, verstärken und erhärten, nicht aber widerlegen.

Zu den **pathologischen Parametern,** die erhebliche Leiden anzeigen können, gehören 79
Mortalität und Morbidität, insbesondere die systembedingten Erkrankungen, Verletzungen und Schäden. Dabei ist allerdings zu bedenken, dass Erkrankungen, Verletzungen und Schäden statt auf das Haltungssystem auch auf fehlerhaftes Management oder eine inadäquate Aufzucht zurückgehen können. Beispiel nach *Knierim* aaO S. 47: Legehennen, die ohne Sitzstangen aufgezogen worden sind, können bei späterer Volièrenhaltung Knochenbrüche durch missglücktes Anfliegen erhöhter Einrichtungen erleiden; dies spricht aber nicht gegen das Volièrensystem als solches, sondern für eine Aufzucht, die sich an den späteren Haltungsbedingungen ausrichtet (s. auch § 14 Abs. 1 Nr. 4 TierSchNutztVO). Zu bedenken ist weiter, dass Tiere ebenso wie Menschen schwer leiden können, ohne dass sich dies in Form sichtbarer Erkrankungen oder Schäden niederschlägt (vgl. *Würbel* in: Landestierärztekammer Hessen S. 145: „Bis Leiden krank macht wird oft lange gelitten"). Verfehlt wäre es deshalb, aus der Abwesenheit bestimmter (vermuteter) Krankheits- oder Verletzungsanzeichen auf das Nichtvorhandensein erheblicher Leiden zu schließen, zumal Wohlbefinden mehr ist als die bloße Abwesenheit von Krankheit, und das Freisein von Krankheit noch kein Wohlbefinden garantiert (*Würbel* aaO; s. auch § 1 Rn. 17, 21). Ebenso wie die physiologischen können deshalb auch die pathologischen Parameter nur herangezogen werden, um die Feststellungen des Verhaltensbereichs zu ergänzen und zu erhärten, nicht aber zu ihrer Widerlegung.

Weitere Kenngrößen für Wohlbefinden bzw. (erheblich) beeinträchtigtes Wohlbefinden sind: die mögliche Nutzungsdauer des Tieres; seine Langlebigkeit bzw. die Überlebensrate; der Zustand des Integuments, insbesondere der Haut bzw. des Federkleids (vgl. *Brade* TU 2002, 325, 326). 79a

Leistung und Leiden. Hohe Produktionsleistungen, die Tiere dank züchterischer Maßnahmen und energiereicher Fütterung erbringen, lassen sich nicht als Beleg für gleichzeitiges Wohlbefinden werten oder gar gegen Verhaltensstörungen aufrechnen. Denn so, wie der leidende Mensch mitunter an Körpergewicht zunimmt, können auch Tiere, selbst wenn sie in schlechtester Behausung gehalten werden, oft gute, regelmäßige Zunahmen zeigen (vgl. *Grauvogl* u.a. S. 19; vgl. auch Kirchenleitung der NEK 2005 S. 26: „Es kann gerade in Notlagen zu einer Steigerung von Leistung und Fortpflanzung kommen, damit das Überleben der Art gesichert wird"). Kälber zeigen selbst dann noch höchste Mastleis- 80 tungen, wenn sie in nur 50 cm breiten Kisten gehalten werden und als Ruheposition nur die Kauerlage einnehmen können (vgl. *Bogner* in: *Fölsch/Nabholz* Tierhaltung Band 13 S. 42). Milchkühe in Hochleistungsherden erbringen heute 7.000 l und mehr an jährlicher Leistung, weisen aber zugleich in großer Zahl schmerzhafte Euterentzündungen, Labmagenverlagerungen sowie Stoffwechsel- und Fruchtbarkeitsstörungen auf (vgl. *Wegner* in: *Sambraus/Steiger* S. 556); das physiologische Regulationsvermögen dieser Tiere ist derart überfordert, dass sie bereits nach drei Laktationen als verbraucht und schlachtreif gelten, obwohl sie normalerweise erst mit sieben Jahren voll ausgewachsen und dann zu den höchsten Milchleistungen aus dem Grundfutter fähig wären. Verletzte Hühner, bei denen vom Verletzungsgrad her kein Zweifel darüber bestehen kann, dass sie starke Schmerzen haben und leiden, weisen in vielen Fällen eine nicht von der Norm abweichende Legeleistung auf (*Fölsch* Tierärztliche Praxis 1977, 69ff.). Die Legeleistung sinkt selbst dann kaum ab, wenn man den Hennen nur noch wenig mehr Platz gibt, als es dem biologischen Minimum entspricht (vgl. AG Leverkusen AgrarR 1979, 230 gegen den Gutachter *Petersen*, der die gute Legeleistung als Beleg für Wohlbefinden heranziehen wollte). – Allerdings können plötzliche Leistungseinbrüche (zB stark rückläufige Wachstumskurven oder Legeleistungen) einen schlechten Befindenszustand anzeigen; das Gegenteil ist jedoch kein Indikator für gutes Befinden (in diesem Sinne auch die EU-Kommission, Mitteilung „Kälber" S. 4 und Mitteilung „Legehennen", BT-Drucks. 13/11 371 S. 13).

81 Auch ohne zusätzliche Indizien (Verhaltensstörungen u. Ä.) kann schon das bloße **Ausmaß der Verhaltensrestriktionen**, denen ein Tier unterworfen wird, ausreichen, um erhebliche Leiden anzunehmen. Denn: „Ist ein Tier nicht in der Lage, ein Bedürfnis zu befriedigen, so wird sein Befinden früher oder später darunter leiden" (EU-Legehennenmitteilung, BT-Drucks. 13/11 371 S. 15; ähnlich *Meyer* S. 14, 22: „Als Leiden lassen sich die belastenden Befindlichkeiten ansprechen, mit denen der Organismus auf die länger anhaltende Versagung von genetisch disponierten Bedürfnissen ... reagiert"). Aus dieser allgemein gültigen Erkenntnis folgt: Je stärker ein angeborener Verhaltensablauf durch eine Tierhaltungsform unterdrückt oder zurückgedrängt wird, desto eher muss man das dadurch verursachte Leiden jenseits der Bagatellgrenze ansiedeln und als erheblich einstufen. Erst recht gilt dies, wenn mehrere oder gar zahlreiche Verhaltensabläufe in dieser Weise betroffen sind. Eine solche „einstufige" (weil auf weitere Indikatoren verzichtende) Leidensfeststellung steht nicht in Widerspruch zu BGH NJW 1987, 1833, 1835, denn der BGH hat dort in seiner Funktion als Revisionsgericht den zweistufigen Prüfungsansatz des Untergerichts lediglich als „nicht denkfehlerhaft" bezeichnet, andere Methoden also keineswegs verworfen (vgl. auch VG Frankfurt NVwZ 2001, 1320, 1322: „erhebliche Leiden stellen die dauernde Entbehrung angeborener Verhaltensbedürfnisse dar").

82 Auch durch **Wahlversuche** lassen sich Informationen über die Stärke bestimmter Verhaltensbedürfnisse und die Erheblichkeit des Leidens im Falle ihrer Unterdrückung oder Zurückdrängung gewinnen. Dabei werden dem Tier Wahlmöglichkeiten angeboten und aus seiner Tendenz, sich bestimmten Reizen auszusetzen oder bestimmte Ressourcen zu nutzen bzw. zu meiden Rückschlüsse auf die Bedeutung dieser Reize und Ressourcen für seine Befindlichkeit gezogen. Je höher zB der Zeit- oder Energieaufwand ist, den ein Tier leistet, um an eine bestimmte Ressource heranzukommen, umso wichtiger ist sie für sein Wohlbefinden und umso mehr leidet es, wenn sie ihm verweigert wird. So konnte festgestellt werden, dass Muttersauen am letzten Tag vor dem Abferkeln für die Erlangung von Nestbaumaterial einen ebenso hohen Energieaufwand betreiben wie für den Zugang zu Nahrung. Nerze nehmen für den Zugang zu einem Schwimmbad annähernd gleich hohe „Kosten" in Form des Widerstandes einer Klapptüre in Kauf wie für den Zugang zu Futter (vgl. *Würbel* in: Landestierärztekammer Hessen S. 150; s. auch § 2 Rn. 9 zu der Notwendigkeit, bei Wahlversuchen die bisherigen Erfahrungen des Tieres und insbesondere seine Angst vor Unbekanntem angemessen zu berücksichtigen, weil sonst das Ergebnis verfälscht werden kann).

IV. Rechtswidrigkeit

Die **allgemeingültigen Rechtfertigungsgründe** gelten auch hier. Insbesondere kommen die Vorschriften über den Notstand (§ 34 StGB; §§ 228, 904 BGB) in Betracht (Beispiel: Zufügung anhaltender, erheblicher Schmerzen durch notwendige tierärztliche Behandlung). 83

Darüber hinaus gibt es **spezielle Gesetze,** die in bestimmten Situationen die Zufügung von Schmerzen und/oder Leiden unter bestimmten Voraussetzungen und innerhalb bestimmter Grenzen zulassen. Beispiele hierfür sind § 7 Abs. 3 S. 2 (erheblich belastende Tierversuche) oder § 5 Abs. 3 Nr. 1 und Nr. 1a (betäubungsloses Kastrieren). Solche Gesetze enthalten, soweit sie sich gegenüber § 17 Nr. 2b als die speziellere Regelung darstellen, eine abschließende Regelung der Rechtfertigungsfrage, d.h.: Hält der Täter ihre Voraussetzungen und Grenzen ein, so ist er gerechtfertigt; fehlt es dagegen an einer Voraussetzung oder überschreitet er eine Grenze, so handelt er rechtswidrig. – Dazu, dass alle Gesetze mit tierbelastenden Eingriffen im Licht von Art. 20a GG verfassungskonform auszulegen sind, s. Rn. 5a und 6. 84

Keine Rechtfertigung durch einen vernünftigen Grund. Der vernünftige Grund kann zwar Tiertötungen nach Nr. 1 rechtfertigen, nicht dagegen Tiermisshandlungen nach Nr. 2a oder 2b (wie hier: VGH Kassel NuR 1997, 296, 298; OLG Celle 3. Strafsenat NStZ-RR 1997, 381; NuR 1997, 619; OLG Celle 1. Strafsenat NStZ 1993, 291, NuR 1994, 513, 514; *L/M* § 17 Rn. 48; *Kluge/v. Loeper* § 1 Rn. 48ff.; *Kluge/Ort/Reckwell* § 17 Rn. 25; *Hackbarth/Lückert* B XIV 2.4; *Schiwy*, zu § 17 Nr. 2; MünchKommStGB/*Pfohl* Bd. 5 § 17 TierSchG Rn. 77; *Caspar* Tierschutz S. 358ff.; *ders.* NuR 1997, 577ff.; *Pfohl* in: *Martin/Meilinger* S. 25; *Maisack* ebenda S. 161ff.; *Schultze-Petzold* DtW 1978, 330f.; *ders.* in: *Fölsch/Nabholz* Tierhaltung Band 13 S. 17; *v. Loeper* AgrarR 1980, 233ff. Offengelassen in OVG Koblenz AtD 1998, 346, 349. AA: OLG Koblenz NStZ-RR 2000, 155, wobei aber der dort entschiedene Fall mit gleichem Ergebnis über § 228 BGB lösbar gewesen wäre, vgl. *Metzger* in: *Erbs/Kohlhaas* T 95 § 17 Rn. 32; OLG Frankfurt/M NStZ 1985, 130; LG Freiburg NStZ 1995, 350; *Dietlein* NStZ 1994, 21; *Meyer-Ravenstein* NuR 1993, 152ff.; *ders.* MDR 1990, 867; *v. Pückler* AgrarR 1992, 7 ff.; *Bettermann* Teil 1 S. 8, 11). – § 17 Nr. 2a und 2b sind keine offenen Tatbestände, die vom Gesetzgeber unter einen allgemeinen Abwägungsvorbehalt gestellt worden sind, sondern Verbotsnormen, deren tatbestandliche Fassung bereits ein Abwägungsergebnis enthält und deren Verletzung deshalb nur durch die allgemeingültigen Rechtfertigungsgründe und spezielle Gesetze gerechtfertigt werden kann. Dafür spricht u.a. die amtl. Begründung zum Tierschutzgesetz 1972, die „jede tierquälerische Handlung wegen der relativen Wehrlosigkeit des Tieres als besonders verwerflich und strafwürdig" einstuft, wohingegen die Tiertötung nur strafwürdig sei, „soweit sie ohne vernünftigen Grund erfolgt" (zitiert nach *Gerold* S. 55). Auch der Wortlaut des Gesetzes entspricht genau dieser vom historischen Gesetzgeber gewollten Differenzierung: Denn hätte der Gesetzgeber die Tiermisshandlung genauso unter den allgemeinen Abwägungsvorbehalt des vernünftigen Grundes stellen wollen wie die Tiertötung, so hätte er die Worte „ohne vernünftigen Grund" vor die Klammer gezogen, anstatt sie ausdrücklich auf § 17 Nr. 1 zu beschränken. Dass insoweit lediglich ein „redaktionelles Versehen" stattgefunden haben könnte (so noch *Lorz* 4. Aufl. Anh. §§ 17, 18 Rn. 32; anders *L/M* 5. Aufl. aaO), ist nicht nur nach der amtl. Begr. unwahrscheinlich; dagegen spricht auch, dass in allen seither erfolgten Novellierungen des Gesetzes keine entsprechende „Berichtigung" erfolgt ist. Besondere Bedeutung für die historische Gesetzesauslegung kommt den Ausführungen von *Schultze-Petzold* zu, der als Tierschutzreferent im damaligen BML das Gesetz von 1972 maßgebend mitgestaltet hat: Nach seiner Auffassung ist mit § 17 Nr. 2b der rechtfertigenden Wirkung des vernünftigen Grundes eine absolute Grenze gesetzt worden (vgl. DtW 1978, 330f.; *ders.* in: *Fölsch/Nabholz* Tierhaltung Band 13 S. 17: „Selbstverständlich muss ein neuzeitliches Tierschutzrecht der 85 rechtfertigenden Wirkung des vernünftigen Grundes eine Grenze setzen. Keinesfalls dürfen danach Einschränkungen des Schutzanliegens von Tieren so weitgehend sein, dass den Tieren dadurch länger anhaltende oder sich wiederholende erhebliche Schmerzen oder Leiden zugefügt werden"). – Auch der systematische Zusammenhang mit § 18 legt diese Auslegung nahe: Weil durch § 18 Abs. 1 Nr. 1 schon kurzzeitige erhebliche Schmerzen und Leiden sanktioniert werden und sogar Fahrlässigkeit ausreicht, bedarf es dort einer sehr viel weitergehenden Rechtfertigungsmöglichkeit als für den restriktiver gefassten, nur vorsätzlich begehbaren § 17 Nr. 2. Mit den mehrheitlichen Wert- und Gerechtigkeitsvorstellungen, die in der quälerischen Tiermisshandlung nach Nr. 2b eine Tat von besonderer Schwere erblicken, wäre es zudem unvereinbar, dieses Delikt einem wesentlich weitergehenden Rechtfertigungsvorbehalt zu unterstellen als beispielsweise die Sachbeschädigung nach § 303 StGB (vgl. *Grauvogl* u.a. S. 11, der eine INFAS-Umfrage aus dem Jahr 1970 zitiert, wonach die Tierquälerei von der Bevölkerung als eine der strafwürdigsten Handlungen überhaupt angesehen wird). – Fälle, die rechtfertigungsbedürftig erscheinen, lassen sich zwanglos den allgemeingültigen Rechtfertigungsgründen oder speziellen Gesetzen zuordnen (s. in Rn. 83, 84 die Beispiele „tierärztliche Behandlung" und „Unfruchtbarmachung", die von *Lorz* 4. Aufl. aaO noch als Beleg für die Notwendigkeit eines Generalvorbehalts angeführt worden waren).

86 Die Frage, ob eine **behördliche Genehmigung** Tiermisshandlungen und -tötungen rechtfertigen kann, ist differenziert zu beurteilen. **1.** Als Grundsatz gilt: Eine bestehende Genehmigung kann ein Handeln, das einen Straf- oder Bußgeldtatbestand verwirklicht, nur rechtfertigen, wenn das betreffende Gesetz „verwaltungsakzessorisch" ausgestaltet ist, d.h. wenn der Gesetzgeber in irgendeiner Form (zB durch Worte wie „unbefugt", „unter Verletzung verwaltungsrechtlicher Pflichten" o.Ä., vgl. §§ 324, 324a, 326 StGB) zum Ausdruck gebracht hat, dass das durch den jeweiligen Tatbestand geschützte Rechtsgut zur Disposition der zuständigen Verwaltungsbehörde stehen soll. Im Gegensatz zu einigen Normen des Umweltstrafrechts sind die Tatbestände des Tierschutzgesetzes idR nicht verwaltungsakzessorisch, sondern haben eine vom Verhalten der Behörden unabhängige Existenz (vgl. *Schindler* NStZ 2001, 124, 126). Dies gilt insbesondere für § 17 Nr. 2b (vgl. OLG Celle NStZ 1993, 291, 292). **2.** Demgegenüber sehen einzelne Normen des Tierschutzgesetzes für belastende Eingriffe Genehmigungen vor und binden diese an bestimmte Voraussetzungen und Grenzen. Beispiele: § 4a Abs. 2 Nr. 2 (Schächten); § 6 Abs. 3 (Teilamputationen); § 8 Abs. 1 (Tierversuche). Hat der Gesetzgeber in dieser Weise ein Rechtsgut der Verfügungsmacht der Behörde unterstellt, dann entfaltet die vorgesehene Genehmigung, sofern sie den jeweiligen Eingriff nach ihrem objektiven Erklärungssinn umfasst und solange sie wirksam ist (vgl. §§ 44, 48, 49 VwVfG) und der Täter ihre Voraussetzungen und Grenzen einhält, eine rechtfertigende Kraft; dies gilt dann auch im Rahmen des § 17. **3.** Von solchen gesetzlich geregelten Ausnahmen abgesehen bleibt es jedoch dabei, dass die Behörden nicht generell über die Rechtsgüter des Tierschutzgesetzes disponieren können. Das gilt insbesondere, wenn für Anlagen, in denen Tiere genutzt oder geschlachtet werden, bau- oder immissionsschutzrechtliche Genehmigungen benötigt werden. Zwar muss die Genehmigungsbehörde dabei auch die Vorschriften des Tierschutzgesetzes und seiner Rechtsverordnungen beachten (vgl. § 6 Abs. 1 Nr. 2 BImSchG, „andere öffentlich-rechtliche Vorschriften"). Dies darf aber nicht dahin missverstanden werden, dass auf diese Weise alle Normen des Tierschutzgesetzes (quasi durch die Hintertür) verwaltungsakzessorisch gemacht und der behördlichen Verfügungsmacht unterstellt worden wären (s. auch Rn. 88). Kontrollfunktionen von Verwaltungsbehörden bedeuten nicht, dass diesen damit auch die Dispositionsbefugnis über die betroffenen Rechtsgüter anvertraut wäre (OLG Celle aaO; *Kluge/Ort/Reckewell* § 17 Rn. 148; *L/M* HennenVO Rn. 17; vgl. auch OVG Schleswig NordÖR 2005, 38, 39: Baugenehmigung führt nicht zu einem Bestandsschutz im tierschutzrechtlichen Sinne; ebenso BVerwG vom 9. 12. 2004, 3 C 7/04).

87 Bei **Tierversuchen** ist demgemäß zu unterscheiden: Wenn den Tieren im Rahmen eines nach § 8 genehmigungspflichtigen Versuchs Schmerzen, Leiden oder Schäden (einschließ-

lich Tod) zugefügt werden, so ist der Täter gerechtfertigt, wenn **1.** eine wirksame Genehmigung erteilt wurde, **2.** der jeweilige Vorgang von der Genehmigung mitumfasst ist und **3.** die Voraussetzungen und Grenzen der Genehmigung eingehalten sind. Keine Rechtfertigung also: bei Fehlen, Nichtigkeit, Rücknahme, Widerruf oder Fristablauf der Genehmigung; bei Nichteinhaltung von Bedingungen oder modifizierenden Auflagen; bei Überschreitung der Grenzen der Genehmigung und bei Vorgängen, die nicht mehr von deren Inhalt umfasst sind. Keine Rechtfertigung auch bei Verletzung solcher Vorschriften, die trotz Genehmigung ständig auf ihre Einhaltung überprüft werden müssen, insbesondere § 9 Abs. 1 und Abs. 2 (s. § 9 Rn. 7 und § 16 a Rn. 29). Fälle, in denen die Genehmigung von Anfang an rechtswidrig ist, sind über die Lehre von der eingeschränkten Verwaltungsakzessorietät zu lösen, d. h. keine Rechtfertigung bei missbräuchlicher Erlangung der Genehmigung nach § 48 Abs. 2 S. 3 VwVfG, etwa durch Täuschung, Drohung oder Kollusion (vgl. *Kluge/Ort/Reckewell* § 17 Rn. 145, 148). Analoges gilt für das nach § 4 a Abs. 2 Nr. 2 genehmigungspflichtige **Schächten** und die nach § 6 Abs. 3 genehmigungspflichtigen **Amputationen.** – Ein nach § 8 a anzeigepflichtiger Tierversuch ist dagegen nur rechtmäßig, wenn alle formellen und materiellen Voraussetzungen der §§ 7 ff. eingehalten sind, also neben den Vorschriften über Inhalt und Form der Anzeige nach § 8 a Abs. 1–4 (vgl. MünchKommStGB/*Pfohl* Bd. 5 § 17 TierSchG Rn. 97; unterlassene Anzeige bewirkt Rechtswidrigkeit des gesamten Versuchs) auch die gesamten durch § 8 a Abs. 5 in Bezug genommenen Bestimmungen. Rechtswidrigkeit also beispielsweise: Bei Nichteinhaltung des unerlässlichen Maßes, § 7 Abs. 2, bei fehlender ethischer Vertretbarkeit, § 7 Abs. 3, bei fehlender Sachkunde oder Qualifikation, § 9 Abs. 1 oder bei Verstoß gegen eine der Konkretisierungen des Unerlässlichkeitsgebotes in § 9 Abs. 2 Nr. 1–8. Behördliches Dulden oder behördliche Untätigkeit rechtfertigen nicht (vgl. OLG Celle NStZ 1993, 291, 292). – Gleiches gilt für die anderen anzeigepflichtigen Vorhaben nach § 10 und § 10 a.

Käfigbatteriehaltungen von Legehennen können durch die bau- oder immissions- 88
schutzrechtlichen Genehmigungen, über die die Halter zumeist verfügen, nicht gerechtfertigt sein, denn die Vorschriften des Tierschutzgesetzes sind weder durch das Bundesimmissionsschutzgesetz noch durch die Bauordnungen der Länder zu verwaltungsakzessorischen Normen herabgestuft worden; nur das Tierschutzgesetz selbst könnte eine solche Relativierung seines Geltungsbereichs anordnen (zB durch Begriffe wie „unbefugt“ o. Ä., s. Rn. 86). Der Grundsatz von der „Einheit der Rechtsordnung“ ändert daran nichts, denn er besagt nur, dass Regelungen, die innerhalb der Normenhierarchie auf gleicher Ebene stehen, einander nicht widersprechen dürfen, dass also insbesondere ein durch Gesetz für rechtens erklärtes Verhalten nicht wegen Verstoßes gegen ein anderes Gesetz rechtswidrig sein kann; verstößt aber eine Käfiganlage gegen § 17 oder gegen § 2 TierSchG, so steht sie auch mit dem Bundesimmissionsschutzgesetz oder der Landesbauordnung nicht in Einklang, denn sie verletzt dann zugleich eine der dort in Bezug genommenen „anderen öffentlich-rechtlichen Vorschriften“ (vgl. § 6 Abs. 1 Nr. 2 BImSchG; § 59 Abs. 1 LBOBW; s. auch § 16 a Rn. 13). Der Vorrang des Straf- und Nebenstrafrechts gegenüber Verwaltungsakten ergibt sich iÜ auch aus § 44 Abs. 2 Nr. 5 VwVfG. – Soweit der Halter auf die Rechtmäßigkeit seines genehmigten Betriebs vertraut hat, ist allenfalls zu prüfen, ob ihm ein Verbotsirrtum zugute gehalten werden kann (s. Rn. 91; vgl. auch *L/M* HennenVO Rn. 17).

Rechtsverordnungen, Satzungen, Verwaltungsvorschriften und Landesgesetze kön- 89
nen Verstöße ebenfalls nicht rechtfertigen, denn sie stehen in der Normenhierarchie unter dem (Bundes-)Gesetz. Gleiches gilt für allgemeine Gutachten zu Tierhaltungsformen.

V. Vorsatz/Schuld/Strafbarkeit

Für den **Vorsatz** ist erforderlich, aber auch ausreichend, dass der Täter diejenigen Um- 90
stände für möglich hält und billigend in Kauf nimmt, die die Erheblichkeit der Schmerzen

bzw. Leiden und deren anhaltende Dauer begründen. Auch muss er mit der Möglichkeit rechnen, dass sein Handeln dafür ursächlich ist. Für den Unterlassungstäter muss die Kenntnis der Umstände hinzukommen, die seine Garantenstellung und die Möglichkeit zur Erfolgsabwendung begründen. – Ein Irrtum über einen dieser Tatumstände lässt nach § 16 Abs. 1 StGB den Vorsatz entfallen. Vorsatzausschließend wirkt auch der Erlaubnistatbestandsirrtum, d.h. die irrige Annahme eines Sachverhalts, der, wenn er vorläge, die Voraussetzungen eines Rechtfertigungsgrundes (s. Rn. 83, 84) vollständig erfüllen würde. Dagegen lässt der bloße Erlaubnisirrtum, d.h. die irrige Annahme, gerechtfertigt zu sein, obwohl der dem Täter bekannte Sachverhalt die dazu notwendigen Voraussetzungen nicht erfüllt, den Vorsatz unberührt. – Zum Wollenselement des Vorsatzes s. Rn. 4. – Bei fahrlässiger Tatbegehung kommt eine Strafbarkeit nicht in Betracht, doch ist zu prüfen, ob nicht eine Ordnungswidrigkeit nach § 18, insbesondere Abs. 1 Nr. 1, verwirklicht wurde.

91 **Verbotsirrtum.** Fehlt dem Täter die Einsicht, Unrecht zu tun, und ist er nicht in der Lage, diesen Irrtum zu vermeiden, so handelt er ohne Schuld (§ 17 S. 1 StGB). – Die Anforderungen, die von der Rechtsprechung an die Unvermeidbarkeit eines solchen Verbotsirrtums gestellt werden, sind streng (vgl. *Maurach/Zipf* § 38 Rn. 38). Dies gilt besonders für den Bereich des Kernstrafrechts, zu dem das bereits 1871 in das Strafgesetzbuch eingefügte Tierquälereiverbot gerechnet werden kann. Es gelten höhere Anforderungen als bei der Fahrlässigkeit (vgl. BGHSt. 21, 26). Von dem Täter wird verlangt, sein Gewissen anzuspannen, seine geistigen Erkenntniskräfte einzusetzen, Zweifel durch Nachdenken oder Erkundigungen zu beseitigen und anstelle seiner eigenen Überzeugungen die Wertvorstellungen der Allgemeinheit zugrunde zu legen (vgl. BGHSt. 4, 1, 5). Ausreichend ist, wenn der Täter in der Lage ist, wenigstens laienhaft zu erkennen, dass sein Tun nach dem Willen der Rechtsordnung mit Blick auf das verletzte Rechtsgut nicht sein darf. Dass er darüber hinaus auch das Strafbare seines Handelns erkennen kann, ist nicht notwendig (vgl. *Maurach/Zipf* § 38 Rn. 12). Für den Betreiber einer tierquälerischen Anlage reicht es deshalb aus, dass er erkennen kann, dass seine Haltungsform nicht verhaltensgerecht ist und damit gegen § 2 Nr. 1 verstößt, den Schluss auf eine Verletzung von § 17 braucht er (soweit er hinsichtlich aller Tatbestandsmerkmale vorsätzlich handelt, s. Rn. 90) nicht zu ziehen. – Dass Normverletzungen von Behörden geduldet oder von politischen Organisationen oder Verbänden empfohlen werden, macht einen Verbotsirrtum noch nicht unvermeidbar (vgl. BayObLG GA 1956, 127). Der Täter kann sich auch nicht auf eine uneinheitliche Praxis von Genehmigungsbehörden berufen, noch darf er blind auf die Meinung seines Verbandes vertrauen; stattdessen muss er über die mögliche Rechtswidrigkeit seines Handelns näher nachdenken und sein Verhalten diesen Erkenntnissen und nicht seinen geschäftlichen oder persönlichen Interessen anpassen (vgl. OLG Düsseldorf NStZ 1994, 43, 45). Folglich begründet auch eine Rechtsverordnung, die Tierhaltungsformen unter Verletzung von § 2 oder gar § 17 Nr. 2b erlaubt (s. Rn. 89; s. auch § 2 Rn. 43), nicht in jedem Fall einen unvermeidbaren Verbotsirrtum (vgl. *L/M* § 17 Rn. 47). – Eine gewerbe-, bau- oder immissionsschutzrechtliche Genehmigung, die für eine tierquälerische Tätigkeit oder Anlage erteilt worden ist, kann allenfalls dann einen Verbotsirrtum begründen, wenn sie nach ihrem Inhalt und ihrer Begründung die tierschutzrechtlichen Aspekte erkennbar berücksichtigt und würdigt; auch in diesem Fall ist ein Irrtum aber vermeidbar, wenn die Voraussetzungen für ihre Rücknahme oder ihren Widerruf vorliegen und der Täter dies erkennen konnte (vgl. *Schindler* NStZ 2001, 124, 127; *Kluge/Ort/Reckewell* § 17 Rn. 124). – Die Folgen eines vermeidbaren Verbotsirrtums regelt § 17 S. 2 StGB.

92 **Inlandstat/Auslandstat.** Das deutsche Strafrecht gilt uneingeschränkt für Inlandstaten (§ 3 StGB). Eine Tat ist im Inland begangen, wenn entweder der Ort der Handlung oder der Ort des tatbestandsmäßigen Erfolgs im Inland liegen, vgl. § 9 Abs. 1 StGB. Auch deutsche Luftfahrzeuge und Schiffe sind Inland, § 4 StGB (wichtig zB für Hochseeangeln). Begeht jemand vom Inland aus eine Anstiftung oder Beihilfe zu einer Tiertötung oder Tiermisshandlung, so gilt für ihn das deutsche Recht, mag auch die Haupttat (d.h.

die Handlung des Haupttäters und der tatbestandsmäßige Erfolg) komplett im Ausland liegen und dort nicht mit Strafe bedroht sein, § 9 Abs. 2 S. 2 StGB (vgl. *Tröndle/Fischer* § 9 StGB Rn. 5; s. auch das Beispiel Rn. 114, sowie MünchKommStGB/*Pfohl* Bd. 5 § 17 TierSchG Rn. 130: systematischer Import von Enten- und Gänsestopflebern als inländische Beihilfe zu der im Ausland begangenen Tierquälerei). – Auslandstaten werden nach deutschem Strafrecht geahndet, wenn der Täter Deutscher ist und die Tat am Tatort mit Strafe bedroht ist oder der Tatort keiner Strafgewalt unterliegt (§ 7 Abs. 2 Nr. 1 StGB). Dabei ist für eine Strafbarkeit nach § 17 Nr. 2b ausreichend, dass das Tatortrecht die Tiermisshandlung als solche unter Strafe stellt; auf die ausländische Rechtsprechung zu dem in Rede stehenden Vorgang kommt es nicht an.

Rechtsfolgen. Die Strafe ist entweder Geldstrafe von 5–360 Tagessätzen (§ 40 StGB) 93
oder Freiheitsstrafe von einem Monat bis zu drei Jahren (§ 38 Abs. 2 StGB). Mit der Anhebung der Höchststrafe von zwei auf drei Jahre wollte der Gesetzgeber die Möglichkeit eröffnen, die Tötung oder Misshandlung eines Tieres härter zu bestrafen als die Sachbeschädigung (§ 303 StGB), um so der veränderten Stellung des Tieres im Rechtsgefüge Rechnung zu tragen (amtl. Begr. zum ÄndG 1998, BT-Drucks. 13/7015 S. 24; übersehen wurde aber der Wertungswiderspruch zu § 242 StGB: Höchststrafe für einfachen Diebstahl fünf Jahre). Umso unverständlicher erscheint, dass trotz der Strafbarkeit der versuchten Sachbeschädigung (vgl. § 303 Abs. 2 StGB) der Versuch des § 17 straflos geblieben ist (entgegen dem Entwurf der SPD, BT-Drucks. 13/2523 S. 11; vgl. auch *Ofensberger* in: Evang. Akademie Bad Boll 1997 S. 7). – Weitere mögliche Rechtsfolgen sind u.a. Einziehung (s. § 19) und Tierhaltungsverbot (s. § 20).

Konkurrenzen. Wenn ein Täter mehrere Straftatbestände verwirklicht, so stellt sich 94
zunächst die Frage, ob dies durch ein- und dieselbe Handlung oder durch mehrere rechtlich selbständige Handlungen geschehen ist. Im ersten Fall liegt Tateinheit, im zweiten Tatmehrheit vor. Dabei können mehrere Einzelakte eine natürliche Handlungseinheit bilden, wenn ihnen ein einheitlich gefasster Entschluss zugrunde liegt und sie miteinander in einem engen zeitlich-räumlichen Zusammenhang stehen. Beruhen sie dagegen auf jeweils neuen Entschlüssen, so sind sie idR rechtlich selbständige Handlungen. – In Tateinheit mit § 17 kann insbesondere § 303 StGB stehen, wenn das gequälte oder getötete Tier nicht dem Täter gehört, denn § 90a BGB lässt den strafrechtlichen Güterschutz unberührt (vgl. BayObLG NJW 1993, 2760; NJW 1992, 2306; *Tröndle/Fischer* § 242 StGB Rn. 2; *Schönke/Schröder/Stree* § 303 StGB Rn. 3; LK/*Wolff* § 303 StGB Rn. 3). – Tateinheit ist außerdem möglich mit Diebstahl und Unterschlagung, §§ 242, 246, 248a StGB; mit Jagd- und Fischwilderei, §§ 292, 293 StGB, denn diese Tatbestände schützen mit dem Aneignungsrecht ein anderes Rechtsgut; mit Umweltdelikten nach §§ 324ff. StGB; mit Straftaten gegen das Artenschutzrecht (§ 66 BNatSchG); mit § 38 BJagdG, denn wenn die Tötung eines Tieres jagdrechtlich unzulässig ist, verwirklicht sie auch § 17 Nr. 1 (s. Rn. 14, 15). – Denkbar ist auch, dass der Täter die verschiedenen Alternativen des § 17 mehrmals verwirklicht. Auch dann stellt sich die Frage nach Tateinheit und Tatmehrheit. Beispiele: Quält und tötet der Täter ein Tier, so verwirklicht er damit sowohl § 17 Nr. 2b als auch § 17 Nr. 1; Tateinheit bei einheitlicher Entschlussfassung, Tatmehrheit dagegen, wenn der Tötungsentschluss erst später gefasst wurde. Wird ein- und dasselbe Tier mehrmals gequält, so gilt ebenfalls: Tatmehrheit, wenn jede Quälerei aufgrund eines neuen Entschlusses erfolgte, ansonsten Tateinheit. Werden mehrere Tiere geschädigt, so wird häufig Tatmehrheit vorliegen, es sei denn, alle Schädigungen stellen sich aufgrund einheitlicher Entschlussfassung und eines engen zeitlich-räumlichen Zusammenhanges als natürliche Handlungseinheit dar. Dasselbe gilt auch, wenn durch das Unterlassen gebotener Handlungen verschiedene Tiere oder Tierherden zu Schaden kommen: Tateinheit, wenn die verletzten Pflichten zeitgleich oder nahezu zeitgleich hätten erfüllt werden müssen, ansonsten Tatmehrheit (näher dazu und mit Beispielen *Kluge/Ort/Reckewell* § 17 Rn. 200; vgl. auch OLG Schleswig vom 2. 9. 2004, 2 Ss 92/04: natürliche Unterlassungseinheit, wenn ein Landwirt seine in einem Stall gehaltenen Rinder vernachlässigt, indem

er mehrere Pflichten nicht erfüllt, die er zeitgleich oder nahezu zeitgleich hätte erfüllen müssen; dagegen neue selbständige Tat, wenn er trotz amtlicher Überprüfung keine Abhilfe schafft und seinen Pflichten weiterhin nicht nachkommt). – Bei Tateinheit mit § 18 oder einer anderen Ordnungswidrigkeit gilt § 21 OWiG, d.h. es wird nur das Strafgesetz angewendet; eine Ahndung mit Geldbuße erfolgt nur, wenn eine Strafe nicht verhängt wird. Bei Tatmehrheit behält dagegen die Ordnungswidrigkeit ihre selbständige Bedeutung.

VI. Einige weitere Probleme in Ermittlungs- und Strafverfahren nach § 17

95 **Tierschutzrechtliche Strafanzeigen** können schriftlich oder mündlich bei Polizei, Staatsanwaltschaft oder Amtsgericht eingereicht werden. Sie können von Behörden, Amtstierärzten, aber auch von Privatpersonen und Vereinen erstattet werden und sollten eine möglichst genaue Beschreibung des „Wer, Wo, Was, Wann, Wie" enthalten. Die Angabe bzw. Beifügung von Beweismitteln (insbesondere Zeugen, Fotos) ist zwar nicht zwingend, aber erfolgsfördernd. Sinnvoll sind auch Angaben, woraus der Anzeigende auf das Vorliegen erheblicher Schmerzen oder Leiden schließt (Verhaltensstörungen, Körperhaltung, Lautäußerungen, Zurückdrängung von Bedürfnissen usw.). Eine Liste der wichtigen Angaben enthält die Broschüre „Inhalt tierschutzrelevanter Strafanzeigen", Hrsg. Niedersächsisches Ministerium für Ernährung, Landwirtschaft und Forsten, Calenberger Straße 2, 30169 Hannover (vgl. auch *Hackbarth/Lückert* Anhang II). – Auch anonyme Anzeigen können den zur Einleitung eines Ermittlungsverfahrens nötigen Anfangsverdacht begründen, insbesondere wenn sie sich nicht in pauschalen Behauptungen erschöpfen, sondern detaillierte Sachverhaltsbeschreibungen enthalten (vgl. Nr. 8 der Richtlinien für das Straf- und Bußgeldverfahren: „Auch bei namenlosen Anzeigen prüft der Staatsanwalt, ob ein Ermittlungsverfahren einzuleiten ist").

96 Tierschutzstrafverfahren enden oft unbefriedigend, wenn **Fehler im Ermittlungsverfahren** gemacht werden, die später nicht mehr korrigierbar sind. Besonders wichtig ist die eindeutige Dokumentation der strafbaren Situation (vgl. *Kluge/Ort/Reckewell* § 17 Rn. 79). Das bedeutet u.a.: Bestehen Anhaltspunkte für eine Tiermisshandlung, so ist es sinnvoll, sofort eine Beschlagnahme des Tieres/der Tiere nach §§ 94ff. StPO durchzuführen (bei Gefahr im Verzug durch die Staatsanwaltschaft bzw. deren Hilfsbeamte, sonst aufgrund eines richterlichen Durchsuchungs- und Beschlagnahmebeschlusses); anschließend sollte das Tier durch den Amtstierarzt oder einen damit beauftragten Tierarzt (bei Verhaltensstörungen möglichst durch einen Fachtierarzt für Ethologie, ggf. auch Fachtierarzt für Tierschutz) untersucht werden; wichtig ist, dass dieser seine Beobachtungen so niederlegt, dass er auch in der oft sehr viel später stattfindenden Hauptverhandlung als Zeuge oder Sachverständiger darüber berichten kann. Ohne eine sofortige (amts-)tierärztliche Untersuchung und die Niederlegung ihrer Ergebnisse wird die spätere Einlassung der Verteidigung, es sei alles nicht so schlimm gewesen, oft nur schwer zu widerlegen sein (vgl. *Iburg* DtW 2000, 88ff.) – Geht es um die Zustände in einer Tierhaltung, so sollte frühzeitig ein Ethologe (Biologe, Zoologe, Fachtierarzt für Ethologie, ggf. für Tierschutz) zugezogen werden, der in der Hauptverhandlung aussagen kann. Aus Gründen der Beweissicherung sollte die Besichtigung des Tieres bzw. des Betriebes durch den Amtstierarzt und/oder weitere Sachverständige dem Beschuldigten nach Möglichkeit vorher nicht (oder allenfalls kurzfristig) bekannt gegeben werden; Kontrollen erfüllen ihren Zweck nur, wenn sie den zu Kontrollierenden unvorbereitet treffen (vgl. VG Stuttgart NuR 1999, 718, 720). – Es sollte mit den Mitteln moderner Aufzeichnung, also auch mit Videoaufnahmen gearbeitet werden (vgl. *Kluge/Ort/Reckewell* aaO; vgl. auch *Jugl* AtD 2005, 91, 93: Fotografien über die bei der Betriebsbesichtigung vorgefundenen Zustände der Tiere; Dokumentation des Signalements der einzelnen Tiere, sodass es später keine Schwierigkeiten mit der Zuordnung gibt; zeitnahe Protokollierung aller wichtigen Beobachtungen; bei toten Tieren Sektionsbefunde).

Der richtige Gutachter für das richtige Sachgebiet. Erhebliche Leiden in Tierhaltungen werden von der Rechtsprechung primär anhand von Anomalien oder anderen Indikatoren im Verhalten der Tiere beurteilt (s. Rn. 69ff.). Dazu ist in erster Linie die Verhaltenskunde (Ethologie) aufgerufen. Dabei reicht es aus, wenn das Vorliegen solcher Leiden nach den Beurteilungsgrundsätzen der Ethologie als der Wissenschaft, die sich mit dem Verhalten der Tiere befasst, sicher ist; einer zusätzlichen Bestätigung durch die Veterinärmedizin bedarf es nicht (vgl. OLG Frankfurt/M NStZ 1985, 130; LG Darmstadt NStZ 1984, 173). – Wenn gegenüber Verhaltensstörungen, die festgestellt werden konnten, eingewandt wird, dass noch nicht genügend geklärt sei, welche der Verhaltens- und Bewegungsbedürfnisse eines Tieres als essentiell zu gelten hätten, so ist dies nicht entscheidend (vgl. OLG Frankfurt/M NJW 1980, 409); denn jeder gestörte Verhaltensablauf kann indizieren, dass das Tier erheblich leidet, und die Unterscheidung gestörten und normalen Verhaltens richtet sich nach dem Bedarfsdeckungs- und Schadensvermeidungskonzept (s. Rn. 71). – Bei der Auswahl von Gutachtern unterscheidet man zwischen Grundlagenethologen (d.h. Biologen, Zoologen, Fachtierärzten für Ethologie) und Vertretern der angewandten Ethologie (dies können auch „normale" Veterinärmediziner, zB Fachtierärzte für Tierschutz sein). Während die Disziplinen der Biologie, der Zoologie und der Veterinärmedizin in ihrem Ansatz vom Tier und seinen Bedürfnissen ausgehen, beschäftigen sich die Agrar- und die Tierzuchtwissenschaften vorrangig mit der Nutzung des Tieres durch den Menschen. Deshalb werden zur Beurteilung von Befindlichkeiten vorzugsweise die Vertreter der erstgenannten Disziplinen als Gutachter herangezogen; allerdings gibt es inzwischen auch agrarwissenschaftliche Fakultäten, die einen Schwerpunkt auf die artgerechte Tierhaltung legen (zB die GhK Kassel). – Bei der Gutachterauswahl darf die Frage nach der notwendigen Distanz zu den beteiligten wirtschaftlichen Interessen nicht vernachlässigt werden. Wissenschaftler, deren Forschungen von Unternehmen oder Verbänden finanziert werden, die an einem bestimmten Ausgang des Verfahrens interessiert sein könnten, sollten nicht als Gutachter berufen werden. – Auf mögliche Interessenkonflikte, in die Tierärzte bei der Beurteilung von Sachverhalten im Einzugsgebiet der eigenen Praxis gestürzt werden können, weist *Franzky* hin (Evang. Akademie Bad Boll, Tiere im Sport, S. 142). Zur Heranziehung des Amtstierarztes s. auch § 15 Rn. 10. – Geprüft werden sollte auch, ob der Gutachter jeweils seine Methoden offen legt und ob diese mit dem Bedarfsdeckungs- und Schadensvermeidungskonzept und dem aktuellen Erkenntnisstand in der Grundlagenethologie übereinstimmen (s. das in § 2 Rn. 9 aE beschriebene Beispiel). Auch sollte darauf geachtet werden, dass er seine Prämissen darlegt, damit festgestellt werden kann, ob diese mit den Wertentscheidungen des Gesetzes in Einklang stehen (s. § 2 Rn. 33). – Zu den Fragen, die sich der Rechtsanwender bei der Auswahl von Sachverständigen und der Würdigung ihrer Gutachten stellen sollte s. auch § 2 Rn. 47, 48. 97

D. Anh. zu § 17 Nr. 2b. Beispielsfälle

I. Verhaltensstörungen und andere Indikatoren für erhebliche Leiden in intensiven Tierhaltungen

(s. auch Rn. 77)

Mastschweine und abgesetzte Ferkel, die in intensiven Haltungen auf perforierten Böden, knappem Raum und ohne Einstreu gehalten sowie mit konzentrierten Futtermitteln gefüttert werden, zeigen u.a. folgende Verhaltensstörungen: Schwanz-/Ohrenbeißen, Reiben von Nasenbein/Schnauze, Hyperaktivität, Analmassage und Bauchmassage (vgl. *Buchenauer* in: KTBL-Schrift 377 S. 12, 22; s. auch Vor §§ 16–25 TierSchNutztV Rn. 2–4). – Als wirtschaftlich besonders einschneidende Anomalie stellt sich das Schwanzbeißen dar, das in Buchten ohne Einstreu und mit Vollspaltenboden besonders häufig beobachtet werden kann und für das es folgende Erklärung gibt: Exogene Reize 98 (hervorgerufen u.a. durch zu große Gruppen, hohe Besatzdichten, ein ungünstiges Stallklima und andauernde Langeweile) versetzen das Tier in Erregung; normalerweise reagiert das Schwein seine Erregung über „Maultätigkeiten" ab, also durch Kauen, Beißen, Wühlen, Rütteln u.Ä.; in den alten Ställen konnte dies an der vorhandenen Einstreu geschehen; die heute üblichen Vollspaltenbodenställe werden aber nicht mehr eingestreut, sondern bestehen praktisch nur aus Beton und Metall; den Schweinen bleibt damit nur die Möglichkeit, den Buchtgenossen zu bebeißen, und sie beginnen damit an dessen Schwanz; ist es dabei erst einmal zum Austritt von Blut gekommen, so sieht sich der Beißer dadurch gleichsam „belohnt"; zugleich wird die Situation auch für andere Buchtgenossen attraktiv, die nun ebenfalls das verletzte Tier bedrängen (vgl. *Sambraus* in: Bad Boll, Tierarzt S. 38, 49). Eine Erhebung in 330 Betrieben mit mehr als 90.000 Schweinen hat ergeben, dass das Vorkommen von Schwanzbeißen und daraus resultierendem Kannibalismus umso mehr ansteigt, je weniger Stroh den Tieren als Material zum Sich-Beschäftigen zur Verfügung steht (*Müller* in: *v. Loeper, Martin* et al. Tierhaltung Band 15 S. 105; s. auch § 6 Rn. 11). – Das Ohrenbeißen kann auf die gleiche Weise erklärt werden. – Die Analmassage bei Schweinen bzw. Bauchmassage bei Ferkeln sowie das Reiben von Nasenbein/Schnauze beruht ebenfalls auf dem Fehlen von Einstreu und lässt sich als umgeleitetes Wühlverhalten interpretieren (vgl. *Sambraus* aaO S. 40; zum Verhältnis von § 17 Nr. 2b und den §§ 16–25 TierSchNutztV s. Rn. 89).

99 Bei **Sauen in Kastenständen** lassen sich folgende Verhaltensstörungen feststellen: Leerkauen (d.h. stundenlange Kaubewegungen, ohne Futter oder andere Objekte im Maul zu haben), Stangenbeißen (d.h. stundenlanges Bebeißen der Stangen über dem Trog, zT immer an derselben Stelle, zT auch mit langsamen Bewegungen von einer Seite zur anderen), Nasenrückenreiben sowie (anfängliche) Hyperaktivität, gefolgt von (späterer) Apathie (s. auch § 25 TierSchNutztV Rn. 1). – Leerkauen und Stangenbeißen lassen sich ebenfalls mit dem Fehlen von Einstreu und der fehlenden Möglichkeit zum Wühlen, Erkunden, Beißen und Kauen erklären, ebenso das Nasenrückenreiben (vgl. *Sambraus* aaO S. 40, 45). – Für das erstmalige Verbringen in den Kastenstand wird folgender Ablauf beschrieben: Die Jungsau wehrt sich zunächst gegen die ungewohnte räumliche Einengung, schreit und wirft sich wiederholt gegen die Abtrennungen; dann folgt eine Phase der Apathie mit teilnahmslosem Sitzen oder Liegen; in einer dritten Phase versucht das Tier dann, alle erreichbaren Gegenstände in der Bucht zu beriechen, zu beknabbern und zu bekauen; in der vierten Phase hat sich daraus eine Verhaltensstörung (in diesem Fall das Stangenbeißen) entwickelt (vgl. *Wechsler* in: KTBL-Schrift 351 S. 9–17). – Apathie äußert sich bei Sauen insbesondere im „Trauern" (d.h. in teilnahmslosem, hundeartigem Sitzen mit herabhängendem Kopf und verlangsamten, reaktiven Körperbewegungen). – Wird die Sau in der Abferkelbucht in einem Metallkäfig fixiert, so zeigt sie ebenfalls Sich-Wehren, vor allem aber Nestbauverhalten, das, weil kein Stroh vorhanden ist, an die Buchteinrichtung umorientiert wird (*Wechsler* in: *Sambraus/Steiger* S. 177; s. auch Rn. 82). Später mündet ihr Verhalten in Apathie. Die Unmöglichkeit, den Liegeplatz auch nur zum Koten und Harnen zu verlassen, stellt sich als erzwungenes Nichtverhalten dar und führt dazu, dass die Sau ihre Ausscheidungen möglichst lange zurückhält. – Vom Wissenschaftlichen Veterinärausschuss der EU sind die Folgen der Haltung im Kastenstand bzw. Abferkelkäfig so zusammengefasst worden: ausgeprägte Stereotypien, abnormales Verhalten, Aggression, gefolgt von Inaktivität und Reaktionslosigkeit, Knochen- und Muskelschwäche, Herz-Kreislauf-Schwäche, Harnwegs-, Gesäuge- und Gebärmutterinfektionen (vgl. EU-SVC-Report Schweine S. 146; vgl. auch *Grauvogl* u.a. S. 14: „verheerende Stressfolgen"; vgl. weiter *Pollmann/Tschanz* AtD 2006, 234, 239: erhebliche Leiden; dazu, dass die §§ 19, 25 TierSchNutztV diese Auswirkungen nicht rechtfertigen können, s. Rn. 89).

100 Bei **Kälbern** werden unter restriktiven Haltungsbedingungen (d.h. bei Haltung in Einzelboxen, aber auch bei Gruppenhaltung mit hoher Besatzdichte auf Spaltenböden ohne Einstreu) u.a. folgende Verhaltensstörungen beobachtet: Gegenseitiges Besaugen, Saugen an Einrichtungsgegenständen, übertriebenes Selbstbelecken, orale Stereotypien, gestörtes

Explorations-, Bewegungs- und Spielverhalten (s. auch Vor §§ 5–11 TierSchNutztV Rn. 3–5). – Saugen am inadäquaten Ersatzobjekt findet statt, wenn weder Mutter- noch Ammenkühe zur Verfügung stehen und bei der Fütterung mit Milchaustauscher dem Saugbedürfnis nicht ausreichend Rechnung getragen wird. Die tägliche Nahrungsaufnahme verkürzt sich in diesem Fall von (6x10=) 60 Minuten Saugen an der Mutter auf (2x3=) 6 Minuten Fütterung aus dem Eimer. Der Saugreflex bleibt ungestillt und richtet sich anschließend gegen Einrichtungsgegenstände, Artgenossen, uU auch gegen den eigenen Körper (vgl. *Sambraus* in: *Sambraus/Steiger* S. 107, 120). Um diese Störung wenigstens zu reduzieren, müssen Tränkeeinrichtungen mit Nuckeln verwendet werden; die Größe der Nuckelöffnungen sollte so sein, dass die Kälber mindestens 10 bis 15 Minuten pro Zwei-Liter-Mahlzeit saugen (vgl. AGKT S. 34; s. auch § 11 Nr. 5 TierSchNutztV). – Übertriebenes, teilweise auch stereotyp stattfindendes Selbst-Belecken wird auf das Fehlen nötiger Umweltreize, auf fehlenden Raum zur Bewegung und/oder mangelnden Sozialkontakt zurückgeführt (vgl. EU-SVC-Report Kälber S. 13). – Orale Stereotypien wie Schein-Wiederkäuen, Leerkauen, Zungenrollen und Zungenspielen sind ebenfalls Anzeichen, dass das Tier mit seiner Haltungsumgebung nicht zurecht kommt; die Störungen werden sowohl auf den Mangel an Raufutter als auch auf mangelnde Umweltreize, mangelnden Sozialkontakt und/oder zu große räumliche Enge zurückgeführt (vgl. EU-SVC-Report Kälber aaO). – Nach einer Zeit des Eingesperrtseins können sowohl beeinträchtigtes Bewegungsverhalten (als Folge einer bereits eingetretenen motorischen Störung) als auch übertriebenes lokomotorisches Spielverhalten (als „rebound-effect") beobachtet werden (vgl. EU-SVC-Report Kälber S. 14). Die andauernde Unmöglichkeit zur Exploration (mangels vorhandener Umweltreize) kann sowohl Interesselosigkeit und Apathie als auch übertriebenes Explorationsverhalten (insbesondere bei nachträglicher Bereitstellung der vermissten Stimuli) zur Folge haben (vgl. EU-SVC-Report Kälber aaO; zum Verhältnis von § 17 Nr. 2b und den §§ 5 bis 11 TierSchNutztV s. Rn. 89).

Mastrinder, die intensiv gehalten werden, sind häufig angebunden oder befinden sich 101
dicht gedrängt in einstreulosen Gruppenbuchten auf Vollspaltenboden (s. auch Anh. zu § 2 Rn. 1). Folgende Verhaltensstörungen treten dabei auf: Gegenseitiges Besaugen bzw. Ansaugen (wichtigste Ursachen: Reizverarmung durch eintönige Umwelt, zu hohe Besatzdichten, Fehlen ausreichender Mengen an Raufutter, ungestillter Sauginstinkt, insbesondere nach Tränkung aus dem Eimer; vgl. *Grauvogl* u.a. S. 67). – Schwanzbesaugen, Belutschen der Stalleinrichtung, Zungenspielen (Hauptursache: zu wenig Gras, Heu und Stroh als Futter; bei ausschließlicher Fütterung mit aufbereitetem Futter und Kraftfutter ist die Zeit der Futteraufnahme bis zur Sättigung zu kurz; vgl. *Sambraus* in: *Sambraus/Steiger* S. 124). – Leerwiederkäuen (Ursache: Raufuttermangel, vgl. *Grauvogl* u.a. S. 69). – Pferdeartiges Aufstehen (Ursachen bei Anbindehaltung: straffe Anbindung, kurze Standflächen, ungünstig montierte Gegenstände, die die Ausführung des Kopfschwungs verhindern; vgl. *Rist/Schragel* S. 30, 71. Ursachen in Gruppenbuchten: harte Liegeflächen, Spaltenboden, hohe Besatzdichte; vgl. *Sambraus* aaO; *Burdick* et al. S. 74). – Verlängerte Steh- und Liegezeiten wegen der Schwierigkeiten beim Aufstehen und Abliegen; abgebrochene Abliege- und Aufstehversuche (Ursachen: wie oben). – Hornreiben an Stallwand oder -einrichtung (Ursache: frustrierter Bewegungsdrang, denn Mastrinder sind bei der Schlachtung noch recht jung und haben einen entsprechend großen Bewegungsbedarf; vgl. *Sambraus* in: Bad Boll, Tierarzt S. 48). – Auch Funktionsstörungen und pathologische Veränderungen lassen sich feststellen, u.a.: Verletzungen durch Schwanzbelecken und -saugen; Verletzungen durch Tritte auf Extremitäten, Hodensack und Schwanz, was auf unbedecktem Spaltenboden einem Hammer-Amboss-Effekt gleichkommt; Liegeschwielen, Schürfungen, Entzündungen und Abszesse als Folge des ständigen Liegens auf nicht eingestreutem Boden (zu diesen und weiteren Verletzungen vgl. *Burdick* et al. S. 76; s. auch Anh. zu § 2 Rn. 2 und 3).

Bei **Kühen in dauernder Anbindehaltung** treten viele der für Mastrinder typischen 102
Verhaltensstörungen ebenfalls auf, jedenfalls bei straffer Anbindung, starren Halsrahmen,

kurzen und schmalen Standflächen, nicht ausreichender Einstreu und fehlender Bewegung. Zu den o.e. pathologischen Veränderungen kommen Verletzungen der Zitzen hinzu, die durch das Liegen auf dem Gitterrost, durch Hängenbleiben und durch Tritte verursacht werden (vgl. *Burdick* et al. S. 75; s. auch Anh. zu § 2 Rn. 2 und 3).

103 **Pferde** in Einzelhaltung oder Pferde, die unter Bewegungs- oder Beschäftigungsmangel leiden, können u.a. folgende Verhaltensstörungen aufweisen: Koppen (d.h. Luftschlucken, entweder nach Aufsetzen der Zähne auf die Krippe oder andere Einrichtungsgegenstände oder frei), Weben (d.h. wechselseitiges Belasten der Vorderextremitäten, begleitet von Pendelbewegungen des Kopfes), Boxenlaufen, Barrenwetzen, Gitterbeißen, Schlagen an die Wände, exzessives Scharren, stereotypes Lecken, Lippen-Ansaugen, stereotypes Kettenwippen, Hypernervosität, Ecke-Stehen, Benagen und Belecken von Gegenständen, Fortbewegungsstereotypien, Sichnichtlegen, Headshaking, Apathie (vgl. *Buchenauer* S. 22; *Pollmann* 2001 S. 13; *Zeeb* in: *Sambraus/Steiger* S. 171; *Zeitler-Feicht* AtD 2004, 12, 17; *Zeitler-Feicht/Buschmann* AtD 2003, 262, 264: 51% verhaltensgestörte Pferde bei dauerhafter Anbindehaltung; s. auch Anh. zu § 2 Rn. 46–52). – Darüber hinaus leiden Pferde vielfach unter Verletzungen und Krankheiten, die auf falsche Haltungsbedingungen und/oder einen zu frühen Nutzungsbeginn zurückzuführen sind. Ihr durchschnittliches Abgangsalter liegt bei nur 8,5 Jahren; dem steht eine mögliche Lebenserwartung von etwa 28 Jahren gegenüber. Hauptsächliche Abgangsursachen sind Gliedmaßenerkrankungen, gefolgt von Krankheiten der Atemwege und Verdauungsstörungen (*Pollmann* S. 2). Die meisten dieser Erkrankungen werden durch Haltungsfehler verursacht und können bei Fahrlässigkeit jedenfalls eine Ordnungswidrigkeit nach § 18 Abs. 1 Nr. 1 begründen: Zu früher Nutzungsbeginn (bei den meisten Pferderassen ist die körperliche Entwicklung erst ab einem Alter von fünf Jahren so weit abgeschlossen, dass sie durch Leistungsanforderungen nicht mehr beeinträchtigt wird; dennoch ist Training mit zwei- und dreijährigen Jungpferden üblich; Rennpferde gehen bereits mit zwei Jahren die ersten Rennen); zu früher Hufbeschlag (bei Pferden unter zwei Jahren wachsen die Hufbeine noch rasant; Beschlag verursacht hier Blutabschnürung und „Bulbi" in den Strahlbeinen, weil sich der jugendliche Knochen bei Gefäßerweiterung durch Stau schneller abbaut als bei erwachsenen Pferden); Bockhufe, steile Hufe, Zwanghufe u.Ä. (verursacht u.a. durch Fohlenhaltung im Stall auf weichem Untergrund statt im Freien, in der Herde und auf hartem Boden); Durchblutungsstörungen wegen Stehenlassen (*Strasser* in: DVG, Tierschutz und Tierzucht, S. 186 spricht hier von vorsätzlicher Schädigung, da bekannt sei, dass bei Pferden ohne Beinbewegung keine ausreichende Durchblutung stattfinde); zu schneller Wiedereinsatz nach Verletzung; Diskrepanz zwischen dem physiologisch notwendigen Luft- und Bewegungsbedarf und den Gegebenheiten der Boxenhaltung (vgl. BMELV, Leitlinien zur Beurteilung von Pferdehaltungen, Tabelle S 9: Auslauf und Weidegang idR obligatorisch, jedenfalls für Stuten mit und ohne Fohlen sowie Jährlinge/Jungpferde; zum Ganzen vgl. *Strasser* S. 184–186). – Neben den möglichen strafrechtlichen Konsequenzen aus den §§ 17 und 18 ist auch daran zu denken, dass Käufer, die infolge solcher Haltungs- und Nutzungsfehler einen teuren Pflegefall erworben haben, Leistungsstörungsrechte nach § 437 BGB geltend machen können.

104 **Schafe** in Ställen mit vollperforierten Böden und ohne Einstreu geraten leichter in Unruhe und Panik als Schafe, die auf Tiefstreu gehalten werden (vgl. *Bogner/Grauvogl* S. 324). Eingeschränkte Bewegungsmöglichkeiten und reizarme Umgebung können u.a. Stereotypien und/oder Hypersexualität auslösen (vgl. AGKT S. 69). Stallhaltung ohne Einstreu und mit ausschließlicher oder überwiegender Kraftfutterernährung hat zur Folge, dass sich die übliche Futteraufnahmezeit (9–11 Stunden) stark verkürzt und die Zeiten des aktionslosen Stehens und Liegens entsprechend verlängert werden; dadurch kann es zu Verhaltensstörungen wie Knabbern an Einrichtungsgegenständen oder Wollerupfen an Artgenossen kommen. Erhebliche Leiden als Folge von Spaltenboden- oder Lochblechbodenhaltung können auch dadurch angezeigt werden, dass die Tiere seltener aufstehen, unnatürlich häufig mit ausgestreckten Vordergliedmaßen liegen oder dass bei Lämmern

das artgemäße Spielverhalten stark eingeschränkt ist (vgl. AGKT aaO). Da Schafe „stille Dulder" sind, werden ihre Leiden häufig unterschätzt (vgl. *Buchenauer* in: *Sambraus/Steiger* S. 132; zu möglichen Leiden bei Freilandhaltung s. Rn. 115).

Kaninchen in dauernder Käfighaltung zeigen vielfältige Verhaltensstörungen: Gitternagen am Käfigdraht, Scharren in den Käfigecken und Lecken an inadäquaten Objekten (Hauptursache: Ernährung mit energiereichen Pellets statt mit grob strukturiertem Futter; dadurch Mangel an Beschäftigung). Unvollständig ausgeführte Bewegungsformen und afunktionale Aktivitätsschübe, dabei zusammenhangloses Aneinanderreihen von Verhaltensweisen aus verschiedensten Funktionskreisen (Ursache: Unmöglichkeit zu artgemäßer Fortbewegung). Deutlich weniger entspanntes Liegen; modifizierte Liegestellungen zur Schonung der Pfotenunterseiten (Ursache: Gitterrostboden als ungeeignete Liegefläche). Veränderter Zirkadianrythmus. Abweichungen im Nestbauverhalten, insbesondere hektisches Rein- und Raushopsen aus dem Nistkasten sowie unzweckmäßiges Hin-und-her-Tragen von Nestmaterial. Übersteigertes Putzverhalten. Fellfressen. Einnahme abnormer Stellungen zur Pfotenschonung (Ursache: wunde Läufe durch ständiges Stehen auf dem Gitterrostboden). Kauern mit dem Kopf vor dem Nistkasten (Ursache: Weil sich die Zibbe vor den Saugversuchen der Jungtiere nicht zurückziehen kann, versucht sie auf diese Weise, die Jungen zeitweise am Herauskommen zu hindern). – Häufige Funktionsstörungen bzw. pathologische Veränderungen sind: Pododermatitis (wunde Läufe), Knochengewebshypoplasie, Wirbelsäulenverkrümmungen, gehäufte Frakturen durch Knochenschwäche, Störungen in der Bewegungskoordination bis hin zum Verlust der Hoppelfähigkeit (zum Ganzen vgl. *Drescher* in: DVG, Ethologie und Tierschutz, S. 104, 105; *Loeffler, Drescher, Schulze* TU 1991, 471, 477; s. auch Anh. zu § 2 Rn. 5–8). – Die Landestierärztekammer Hessen beschreibt die Folgen der einstreulosen Käfighaltung so: „Verletzungen der Pfoten und durch den Bewegungsmangel verursachte Verkrümmungen der Wirbelsäule treten häufig auf. Durch die beengte reizarme Haltung kommt es zu Kannibalismus und Selbstverstümmelung" (DTBl. 2002, 56). 105

Die häufigsten Verhaltensstörungen von **Enten unter intensiven Haltungsbedingungen** sind: Pulkbildung mit der Gefahr des gegenseitigen Totdrückens, Leerlaufhandlungen, Federrupfen und Kannibalismus (s. auch Anh. zu § 2 Rn. 12, 13). – Besonders bei jungen Entenküken reichen schon geringe Anlässe aus, um die Tiere so zu erschrecken, dass sie panikartig in eine Ecke flüchten, dort übereinander stürzen und sich gegenseitig verletzen, zT sogar ersticken. Ursachen dieser Pulkbildung sind die unüberschaubaren Gruppengrößen, das Fehlen erwachsener Tiere während der Aufzucht sowie der Mangel an adäquaten Umweltreizen; all das verhindert, dass die Tiere lernen, auf Umgebungsveränderungen jeweils adäquat zu reagieren (*Fölsch/Simantke/Hörning* S. 28). – Wegen der üblichen trockenen Pelletfütterung vollführen die Enten einen Teil ihres Nahrungserwerbsverhaltens im Leerlauf (zB durch Seihen des Wassers aus der Tränkeeinrichtung, obwohl keinerlei Nahrungspartikel darin vorkommen). Bei Wassermangel zeigen die Tiere auch Gründeln in der Einstreu, wodurch der Schnabel verschmutzt und die Nasenlöcher verstopft werden. – Bei Fehlen einer Badegelegenheit kann Leerlaufbaden beobachtet werden, d.h. die Bewegungsmuster des Badeverhaltens finden vor dem Trinkgefäß im Leerlauf statt (vgl. *Simantke/Fölsch* S. 11). Weitere Störungen wie starkes Kopfschütteln und hastiges Gefiederputzen können hinzukommen. Weil die Bürzeldrüse bei fehlender Badegelegenheit nicht genügend Sekret zum Einfetten des Gefieders produziert und das Federkleid deshalb trocken und struppig wird, bemüht sich die Ente verstärkt aber erfolglos, ihr Gefieder sauber zu halten, indem sie sich fast ohne Unterlass putzt (vgl. *Fölsch/Simantke/Hörning* aaO). – Federrupfen, das sich bis zum Kannibalismus steigern kann, tritt in Intensivhaltungen besonders häufig auf. Als Hauptursache dafür werden Störungen im Bereich der Futteraufnahme angesehen. Durch die ausschließliche Fütterung mit Pellets verkürzt sich die Zeit der Nahrungsaufnahme auf etwa 8,5% des Lichttages (gegenüber 60% unter naturnahen Bedingungen). Das arteigene Beschäftigungs- und Manipulationsbedürfnis bleibt unbefriedigt und richtet sich gegen die Stallgenossen. Zu- 106 sätzlich gefördert wird die Störung durch hohe Besatzdichten und große Tiergruppen; abmildern könnte man sie durch Stroheinstreu (vgl. *Koopmann/Knierim* S. 177; *Fölsch/Simantke/Hörning* S. 29). – Erwachsene Zuchtenten beknabbern gegenseitig ihre Geschlechtsteile und fügen sich dadurch zT erhebliche Verletzungen zu. Auch diese Störung wird auf die reizarme Umgebung und die mangelnde Möglichkeit, sich dauerhaft mit strukturiertem Futter zu beschäftigen, zu baden und zu schwimmen zurückgeführt (vgl. *Koopmann/Knierim* S. 179). – Dass diese Anomalien durch Schnabelkürzen, Kürzen der Krallen und Dunkelstallhaltung in ihren Auswirkungen begrenzt werden, mindert nicht ihre Indizwirkung dafür, dass die Tiere anhaltend erheblich leiden und ihr Anpassungsvermögen an die Haltungsumgebung überfordert ist.

107 Bei **Masthühnern unter intensiven Haltungsbedingungen** können u.a. folgende Verhaltensstörungen beobachtet werden: Federpicken, Kannibalismus, Verlust der arteigenen, zweiphasigen Tagesperiodik, unnatürlich hohe Sitz- und Liegezeiten, gesteigerte Unruhe, Stereotypien. – Zu den Ursachen für das Federpicken s. Anh. zu § 2 Rn. 26 sowie § 6 Rn. 22. Abhilfe: Grundfutter und Körner zum Picken; Erkundungsanreize; Stallstrukturen, zB Sitzstangen; mäßige Besatzdichten. – Kannibalismus kann sich aus Federpicken entwickeln, aber auch aus Störungen im Sozialverhalten, insbesondere wegen Fehlens der Möglichkeit zur gleichzeitigen Nahrungsaufnahme und der Möglichkeit, bei Auseinandersetzungen Unterlegenheitsgesten zu zeigen und dem Gegner auszuweichen. Abhilfe: Tier-Fressplatz-Verhältnis von 1:1; überschaubare Gruppen; Ausweichmöglichkeiten; iÜ wie oben. – Bei Dauerlicht und Nicht-Einhaltung einer achtstündigen, ununterbrochenen Dunkelphase verteilen sich alle Verhaltensweisen gleichförmig auf die gesamten 24 Stunden, d.h. das arteigene tagesperiodische Aktivitätsmuster bricht zusammen (vgl. *Baum, Bernauer-Münz, Buchholtz* et al. S. 3). – Die Sitz und Liegezeiten steigen gegen Ende der fünfwöchigen Mastdauer auf etwa 80% des Gesamtverhaltens an (vgl. *Gerken* in: DVG, Tierschutz und Tierzucht, S. 122); Brustblasen und Hautentzündungen nehmen infolge des ständigen Liegens auf der feuchten Einstreu stark zu; Eigenkörperpflege und andere Aktivitäten fallen mehr und mehr aus. Abhilfe: Erleichterung der Fortbewegung durch Beschäftigungs- und Erkundungsanreize, Sitzstangen mit Rampen, mäßige Besatzdichten. – Die restriktiv gefütterten Elterntiere leiden unter chronischem Hungergefühl. Ihre Frustration aufgrund unerfüllten Nahrungsaufnahmeverhaltens äußert sich u.a. in Stereotypien, ziellosem Umherlaufen, Aggressionen und vermehrtem Feder-, Objekt- und Leerlaufpicken (vgl. *Hörning* S. 13; *Gerken* S. 124; *Heyn, Damme, Ahrens* et al.: vermehrtes Bepicken nicht essbarer Gegenstände, nahezu kein Ruheverhalten, Leerpicken am Trog, nur 0,3% Gefiederpflege-Anteil am Gesamtverhalten während der Lichtphase; im EU-SCAHAW-Report Masthühner wird dazu auf S. 115 festgestellt, dass es sich um „unakzeptable Wohlbefindensprobleme" handle). Abhilfe: viel Grundfutter, energiereduziertes (nährstoffverdünntes) Futter, Bewegungsmöglichkeit und Erkundungsanreize. – Trotz der Jugend der Tiere (Schlachtung idR bereits nach 5–6 Lebenswochen) treten zahlreiche haltungs- und zuchtbedingte Krankheiten und Funktionsstörungen auf: u.a. Perosis, tibiale Dyschondroplasie, Spondylolisthesis, Knochenmarksentzündungen, Epiphysiolyse, plötzlicher Herztod, Aszites-Syndrom, Fettleber-Nieren-Syndrom, Veränderungen an den Respirationsorganen, Ödeme, geringere Knochenfestigkeit, dadurch bedingt zahlreiche Brüche (vgl. *Hörning* S. 14ff.). Abhilfe: Zucht auf langsameres Wachstum, Schaffung von Bewegungsanreizen durch Beschäftigung mit dem Futter und mäßige Besatzdichte, Schaffung von Erkundungsanreizen durch entsprechende Stallstrukturen.

108 Bei **Legehennen in Batteriekäfigen** sind an Verhaltensstörungen u.a. festgestellt worden: Sandbadebewegungen im Leerlauf, Pick- und Scharrbewegungen an ungeeigneten Ersatzobjekten, verkürzte Ruhezeiten, erhöhte Furchtsamkeit, Unterschlupf- und Fluchtversuche anlässlich der Eiablage, Nestbaubewegungen im Leerlauf, Bewegungsstereotypien. Zu den häufigsten Funktionsstörungen gehören als Folge der erzwungenen Bewegungslosigkeit: Osteoporose und Skelettanomalien („Käfiglähme"), Fettleber, Herzversagen, Anämie, Sauerstoffunterversorgung des Blutes und Gleichgewichtsstörungen.

Hinzu kommen schwere Gefiederschäden bis hin zur Zerstörung (vgl. *Buchholtz/Fölsch/Martin*, Ethologisches Gutachten im Verfahren vor dem BVerfG 2 BvF 3/90). – Der Wiss. Veterinärausschuss der EU hat als Nachteile der Käfighaltung u. a. aufgelistet: Die Verhaltensweisen Gehen, Rennen, Aufbaumen, Fliegen, Sich Verbergen, Flügelstrecken, Flügelschlagen seien verhindert; andere artgemäße Verhaltensabläufe wie das Staubbaden, das Nestbauverhalten, das Scharren und das Picken seien zum Teil ebenfalls verhindert und im übrigen verändert; die Tiere müssten bei niedriger Lichtintensität gehalten werden, um Federpicken und Kannibalismus nicht außer Kontrolle geraten zu lassen; durch Bepickt-Werden und Reibung an den Käfigwänden könnten schlimme Federverluste entstehen; unterlegene Tiere hätten nicht die Möglichkeit, sich Angriffen, Verletzungen und Tötungen durch dominante Tiere zu entziehen (EU-SVC-Report Legehennen S. 100). – Die EU-Kommission ist aufgrund dessen zu der Feststellung gelangt: „Es ist klar, dass der Batteriekäfig wegen seiner kleinen Größe und seines sterilen Umfelds das Wohlbefinden der Hennen erheblich beeinträchtigt ... Aufgrund des sterilen Lebensumfelds in Batteriekäfigen lässt sich das Befinden der darin gehaltenen Hennen nicht einfach durch Vergrößerung des Platzangebots je Tier verbessern“ (EU-Legehennenmitteilung, BT-Drucks. 13/11371 S. 18, 16). Sie begründet ihre Einschätzung u. a. mit folgenden Störungen: Nestbau, Aufbaumen, Scharren, Sandbaden und Bewegungen im allgemeinen würden verhindert bzw. modifiziert; die Tiere zeigten ein stereotypes Verhalten; sie seien zunehmend verängstigt; ihre Knochen seien infolge des Bewegungsmangels schwach; eine Henne mit extrem schwachen Flügelknochen sei krank (EU-Legehennenmitteilung aaO S. 18, 12). – Das Bundesverfassungsgericht hat die oben zitierte Feststellung der EU-Kommission als zusammenfassende Bewertung der Legehennen-Mitteilung zitiert und hervorgehoben, diese Mitteilung enthalte als amtliches Dokument die „aktuellen wissenschaftlichen Erkenntnisse über die Grundbedürfnisse von Hennen in der Käfighaltung“ (BVerfGE 101, 1, 38, 41). Dennoch wird zT angenommen, das Gericht habe in seinem Urteil keine relevanten Hinweise zu den Tatbestandsmerkmalen „Leiden“ und „erheblich“ in den §§ 17 und 18 abgeben wollen (so *Robbers*, Rechtliche Anforderungen an Übergangsfristen in der Legehennenhaltung, Studie im Auftrag des BMELV vom 10. 4. 2001). Man wird aber (selbst bei Berücksichtigung der oft unterschiedlichen Terminologie von Gemeinschaftsrecht und deutschem Strafrecht) in dem Hinweis des Gerichts zumindest eine überragende Auslegungshilfe sehen müssen, die die Zuordnung der herkömmlichen Käfighaltung zu den Tatbestandsmerkmalen des § 17 Nr. 2b als sehr naheliegend erscheinen lässt (so zutreffend *Kluge/Ort/Reckewell* § 17 Rn. 67. Im gleichen Sinne auch *Schindler* NStZ 2001, 124, 126; *Maisack* ZRP 2001, 198, 201; *v. Loeper* DÖV 2001, 370, 371). In der Rechtsprechung haben einen tatbestandsmäßigen Verstoß gegen § 17 Nr. 2b u. a. angenommen: OLG Frankfurt/M NStZ 1985, 130; NJW 1980, 409 f.; OLG Düsseldorf NJW 1980, 411 f.; LG Darmstadt NStZ 1984, 173 ff.; LG Düsseldorf Rd L 1980, 189 ff.; AG Leverkusen AgrarR 1979, 229 f.; Generalstaatsanwaltschaft Frankfurt/M vom 8. 3. 2001, Zs 31369/00; Generalstaatsanwaltschaft Dresden vom 17. 3. 2000, AR 102/00; Generalstaatsanwaltschaft Zweibrücken vom 14. 3. 2000, 4060 E-1/00; Staatsanwaltschaft Stuttgart, zitiert in *Sojka* Rd L 1979, 256, 257. Vgl. auch OLG Nürnberg NJW-RR 2003, 40, 43: überwiegende Auffassung der Obergerichte, „die entsprechende Praxis füge den Hennen erhebliche Leiden zu“ (s. auch Vor §§ 12–15 TierSchNutztV Rn. 2 sowie § 33 TierSchNutztV Rn. 4).

Mastputen in der konventionellen Intensivhaltung zeigen hochsignifikant mehr Art- 109
genossen-Picken (in Form von Federpicken, Federausrupfen und Kannibalismus) als bei extensiver Haltung (vgl. *Bircher/Schlup* Teil 2 S. 13, 69; s. auch Anh. zu § 2 Rn. 30–33). Ursachen: Durch die übliche Fütterung mit energiereichen Pellets bleibt das arteigene nahrungsbezogene Beschäftigungsbedürfnis der Tiere unbefriedigt. Die Einstreu wird als Pick- und Erkundungsobjekt infolge Verkotung und Durchfeuchtung bei hoher Besatzdichte rasch uninteressant; demgegenüber bildet das Gefieder des dicht nebenan liegenden Artgenossen, das wegen seiner Verschmutzung schwarz-weiß kontrastiert, ein attraktives

Pickobjekt. Abhilfemöglichkeiten bei Stallhaltung: Strukturierung des Stalles, insbesondere durch Strohballen, Sitzstangen u. Ä. (vgl. auch St. Ausschuss, Empfehlung Puten Art 11 Abs. 3); Gewährung von strukturiertem, ballaststoffreichen Futter; Verringerung der Gruppengrößen und Besatzdichten (vgl. *Ellerbrock* et al S. 58: Bei Besatzdichten mit nicht mehr als zwei Hähnen pro m² Stallbodenfläche ab der zehnten Lebenswoche verringert sich aggressives Picken signifikant im Vergleich zu solchen Tiergruppen, die mit höheren Besatzdichten gehalten werden); saubere, trockene Einstreu. – Als Funktionsstörungen und pathologische Merkmale, die auf anhaltende, erhebliche Leiden und zT auch Schmerzen hinweisen, können festgestellt werden: Brustblasen (bei ca. 20–35% der Tiere, vgl. *Burdick* et al. S. 88); Sohlengeschwüre (bei feuchter Einstreu als Folge hoher Besatzdichte); Umfangsvermehrungen der Fersengelenke; tibiale Dyschondroplasie und dadurch verursachte Beeinträchtigungen der Fortbewegung. Hinsichtlich der meisten dieser Störungen ließ sich bei einem Anstieg der Besatzdichte über den o. a. Wert hinaus eine signifikante Steigerung verzeichnen (vgl. *Ellerbrock* et al. S. 59). – Die Landestierärztekammer Hessen stellt fest: „Die intensiven Haltungsbedingungen und das derzeitig vorhandene Zuchtmaterial führen oft zu Atemwegserkrankungen, Kannibalismus, Erkrankungen des Skelett- und des Herz-Kreislauf-Systems sowie zu Brustblasenveränderungen“ (DTBl. 2002, 56).

110 **Pelztiere.** Bei Farmnerzen in Käfigen sind Stereotypien häufig. Sie treten u. a. in Form von ruhelosem Hin- und Herlaufen am Gitter oder in Gestalt spezieller Dreh- oder Sprungbewegungen auf (vgl. *Ludwig/Kugelschafter* S. 11). Hinzu kommen Selbstbeschädigungen in Form von Fell- und Schwanzbeißen oder Schwanzsaugen (vgl. *Wiepkema/de Jonge* in: *Sambraus/Steiger* S. 239). Tiere, die zusammen gehalten werden, beißen sich manchmal auch gegenseitig. Oft kauen Nerze am Schwanz, der dadurch wund wird und blutet. Manchmal beißen sich die Tiere ganze Stücke des Schwanzes ab; s. auch Rn. 82 zur Stärke des Bedürfnisses nach Zugang zu einem Schwimmbad). – Bei Füchsen in Käfigen treten ebenfalls Stereotypien und Kannibalismus auf. Häufig lassen sich auch extremes Angstverhalten sowie apathisches in der Ecke Liegen beobachten (vgl. *Haferbeck* S. 26). – Beim Chinchilla stellt das Fellfressen oder Fellbeißen eine gravierende Verhaltensstörung dar. – Die Landestierärztekammer Hessen stellt fest, dass ohne strukturierte Gehege eine artgemäße Haltung von Pelztieren nicht einmal annähernd möglich sei (DTBl. 2002, 56; zur Pelztierhaltung s. auch TierSchNutzV Vor §§ 26–31 Rn. 1–9; § 33 Rn. 8).

111 **Wachteln in Käfigen** zeigen u. a. Leerlaufstaubbaden auf dem Gitterboden oder über dem Futtertrog (vgl. *Schmid* in: *Weber*, Tiergerechte Haltungssysteme, S. 123; *Köhler* DGS Magazin 27/1997, 42). Wegen der fehlenden Möglichkeit, eine Deckung aufzusuchen, würden die Tiere bei schreckverursachenden Ereignissen normalerweise steil auffliegen, was aber durch die geringe Käfighöhe verhindert wird; damit entfällt die Möglichkeit, die Stresshormone durch Tarnen bzw. Flüchten auf natürliche Weise abzubauen, so dass der Stresszustand andauert. Weil die Zugvögel ihren Zugtrieb nicht ausleben können, gibt es nicht wenige Tiere, die die ganze Nacht hindurch auf ihrem imaginären Weg in den Süden flattern. Die Enge der Käfige und das Fehlen von Beschäftigungsmöglichkeiten bewirkt heftige aggressive Auseinandersetzungen mit Kopf-, Haut- und Augenverletzungen bis hin zu Kannibalismus; das unterlegene Tier kann sich diesen Angriffen mangels Deckung nicht entziehen. Bei Dauerbeleuchtung mit nur kurzen Dunkelphasen kommt es zum Zusammenbruch der tagesperiodischen Aktivitätsverteilung. – Das relativ frühe Schlachtdatum (Mastwachteln nach 6, Legewachteln nach 30 Lebenswochen; mögliche Lebensdauer demgegenüber 8 Jahre) verhindert zT, dass diese Leiden in Form von äußeren Schäden manifest werden. Zur Wachtelhaltung s. auch Anh. zu § 2 Rn. 34–37.

112 Bei **Fischen** bereitet die Feststellung erheblicher Leiden oft Schwierigkeiten, weil sie sich unter Stressbedingungen nicht mit den für Säugetiere typischen Reaktionsmustern äußern („Fische schreien nicht“). Das darf aber nicht dazu führen, die Feststellung von Leiden auf physiologisch messbare Stressreaktionen zu beschränken und andere wichtige Indikatoren, insbesondere das Verhalten, außer Acht zu lassen (so aber anscheinend

Schreckenbach/Wedekind AtD 2003, 12ff.: daraus, dass sich bei geangelten Fischen keine erhöhten Cortisol-, Glukose- und Laktatkonzentrationen nachweisen ließen, folgern die Autoren, dass der Drill beim Angeln „weder Stress noch Leiden" auslöse; dabei wurde das Verhalten des an der Angel hängenden Fisches offenbar völlig ausgeblendet. AA *Drossé* AUR 2003, 370, 373, der auch auf die Problematik von Gutachten aus fischereiwissenschaftlichen Instituten hinweist, wenn diese einen nicht unbedeutenden Teil ihrer Aufträge aus dem Bereich der Angelfischerei erhalten. Zu Gutachten s. auch § 2 Rn. 47, 48).

Ursachen für erhebliche Leiden bei Fischen können sein: Überhöhte Besatzdichte, nicht tiergerechte Teich- und Beckenform, unzureichendes Hygienemanagement, falsche Ernährung, mangelnde Wasserqualität, mangelnde Sauerstoffversorgung, andere Fehler bei der Haltung, falsches Handling, erfolglose Fluchtversuche beim Fang, bestimmte Formen der Hälterung und des Transports. – Verhaltensänderungen, die Schmerzen oder Leiden anzeigen, sind u.a. Flucht- und Abwehrbewegungen. – Als Verhaltensstörungen, die infolge schlechter Haltungsbedingungen entstehen und erhebliche Leiden indizieren, kommen u.a. in Betracht: Apathie, Futterverweigerung, fehlendes Schwarmverhalten bei Schwarmfischen, Erhöhung der Atemfrequenz, vermehrte Schwimmbewegungen, Stehen am Wassereinlauf (als Zeichen für Sauerstoffmangel), an der Wasseroberfläche nach Luft schnappen (als Zeichen für akuten Sauerstoffmangel), Nervosität, Kannibalismus. Wenn bei einem verendeten Fisch das Maul offen ist und die Kiemendeckel abstehen, ist das ein Hinweis auf Tod durch Ersticken (vgl. *Kleingeld* S. 95, 99). – Schäden, die ein vorangegangenes oder gleichzeitiges Leiden indizieren, sind u.a.: Kiemenschäden (insbesondere Kiemenschwellungen), Hautschäden, Flossenschäden, Schleimhautveränderungen, andere makroskopisch oder histologisch erkennbare Gewebeschädigungen. – Als Krankheiten, die mit Leiden einhergehen, kommen in Betracht: Befall mit Schwächeparasiten, gesteigerte Empfänglichkeit gegenüber bakteriellen oder viralen Erkrankungen, vermehrtes Auftreten von Verpilzungen (vgl. *Kleingeld* DtW 2005, 100, 103; zum Angeln s. Rn. 30–32; zur Haltung von Fischen als Nutztiere s. Anh. zu § 2 Rn. 101, 102; zur Hälterung s. § 10 TierSchlV; zum Transport s. § 33 TierSchTrV). 113

II. Einige weitere Beispielsfälle, in denen erhebliche Leiden angezeigt sein können

Auf **Tiertransporten** wird man bei einem Verstoß gegen eine Vorschrift der Tierschutztransportverordnung häufig davon ausgehen können, dass den betroffenen Tieren dadurch erhebliche Leiden zugefügt werden; denn die Bestimmungen dieser Verordnung sind Mindestanforderungen, bei deren Verletzung sich die jedem Transport innewohnende Gefahr, dass es zu solchen Leiden kommt, idR realisiert. – Aber auch bei Einhaltung aller Vorschriften kann es zu gravierenden Beeinträchtigungen im Wohlbefinden kommen, zB durch unsachgemäße Fütterung. Beispiel: Schafe können erst vier Stunden nach ihrer Fütterung getränkt werden; wird das nicht eingehalten und ihnen stattdessen das Wasser zusammen mit dem Futter angeboten, dann trinken sie nicht; die nachfolgende Verdauung ist wegen des Wassermangels dann nicht möglich, und es kommt zu erheblichen Schmerzen im Verdauungstrakt und starkem, qualvollen Durst (vgl. *Otto* in: *Martin/Meilinger* S. 188). – Dazu, dass schon die Dauer eines Transportes erhebliche Leiden bewirken kann, insbesondere bei internationalen Schlachttier-Ferntransporten s. Einf. TierSchTrV Rn. 15. – Wenn der Amtstierarzt mit dem Unterschreiben der internationalen Transportbescheinigung eine Beihilfe zur Zufügung solcher Leiden begeht, dann liegt für ihn eine Inlandstat nach §§ 27, 9 Abs. 2 StGB vor (s. Einf. TierSchTrV Rn. 16, auch zu dem daraus folgenden Recht, die Mitwirkung zu verweigern). Auch der Landwirt, der seine Tiere hier verladen lässt, und der vom Inland aus handelnde Spediteur können wegen einer Inlandstat belangt werden, wenn sie Beihilfe zu einem im Ausland mit erheblichen Leiden verbundenen Transport leisten. 114

115 **Leiden in mangelhaften Freilandhaltungen.** Rinder brauchen einen Witterungsschutz, der allen Tieren Schutz vor Regen, Schnee und Wind gibt und einen wärmedämmenden Untergrund hat; anderenfalls kommt es bei nasskalter Witterung, d.h. niedrigen Temperaturen, Regen und Wind zu Unterkühlungen, die zu erheblichen Leiden führen. Dies gilt grundsätzlich auch für Galloways. – Auch Schafe und Pferde benötigen einen Witterungsschutz (s. auch Anh. zu § 2 Rn. 52, 54). Längerer Aufenthalt im Freiland ohne Witterungsschutz kann bei nasskalter Witterung § 17 Nr. 2b verwirklichen (zum Ganzen vgl. *Kluge/Ort/Reckewell* § 17 Rn. 75, 76; *Zeeb* in: *Sambraus/Steiger* S. 170; VG Saarlouis vom 24. 1. 2001, 1 F 4/01: im Winter auch frostsichere Tränken).

116 **Weitere Fälle.** Bei Hunden, die trotz hochsommerlicher Temperaturen ungeschützt im Auto zurückgelassen werden, kann es schon nach relativ kurzer Zeit zu erheblichen Leiden kommen (vgl. *Petermann* AtD 1997, 36ff.). – Mangelnde Hufpflege bei Pferden, die zu extremer Schnabelhufbildung führt, verursacht anhaltende, erhebliche Leiden (AG Lüneburg vom 7. 3. 2000, 13 Cs 121 Js 2046/99). – Betäubungsloses Enthornen von Milchkühen (AG Wittmund vom 12. 7. 1994, 10 Ls 5 Js 1711/93). – Bei Schafen kann Hinken, verursacht durch überschießendes Wachstum des Klauenhorns oder durch Moderhinke, zu erheblichem Leiden führen, wenn sie deswegen der Herde kaum noch folgen können und der Verlust des Schutzes der Herde Panik auslöst (vgl. *Kluge/Ort/Reckewell* § 17 Rn. 71). Dazu, dass Schafe still, d.h. häufig ohne eindeutig wahrnehmbare Anzeichen leiden, s. Rn. 63. – Der Heißbrand am Hals von Pferden erfüllt § 17 Nr. 2b (AG Kehl NStZ 1994, 443; aA zum Schenkelbrand LG Freiburg NuR 1996, 370; vgl. auch AG Lahr vom 19. 6. 1997, 3 Ds 91/95: bei Heißbrand erhebliche, aber nicht länger anhaltende Schmerzen; zum Ganzen s. auch § 6 Rn. 8). – In Zoohandlungen können die Tiere starkem Stress ausgesetzt sein, wenn sie in engen, strukturlosen Käfigen oder Behältnissen gehalten werden und deswegen bei der Annäherung von Kunden ihren Drang zur Flucht oder zum Sichverbergen nicht ausleben können (vgl. VGH Mannheim NuR 1994, 487). Dies kann jedenfalls dann zu anhaltenden, erheblichen Leiden führen, wenn keine Maßnahmen getroffen werden, um allzu dichten Annäherungen von Kunden oder gar Berührungen der Behältnisse vorzubeugen. – Kupieren von Hundeohren verursacht nicht nur erhebliche, sondern auch anhaltende Schmerzen; strafbar macht sich auch, wer das Kupieren im Ausland veranlasst (vgl. AG Landshut vom 24. 11. 2004, 06 Cs 58 Js 1114/04: Geldstrafe wegen Veranlassung des Kupierens eines Dobermann-Welpen im Ausland; zur Nachbehandlung kupierter Hundeohren s. 18 Rn. 17; s. auch § 10 TierSchHundeV). – Weitere Beispiele bei *Kluge/Ort/Reckewell* § 17 Rn. 74ff. und o. Rn. 21–24, 28, 30–32, 39, 40, 42, 53.

E. Strafbare rohe Tiermisshandlung nach § 17 Nr. 2a

117 Auch diese Tatbestandsalternative setzt die Zufügung **erheblicher Schmerzen oder Leiden** voraus (s. Rn. 58–64). Im Unterschied zu Nr. 2b wird aber das Zeitmoment nicht durch ein besonderes Tatbestandsmerkmal erfasst; deshalb kann und muss hier die Dauer des Belastungszustandes in die Beurteilung der Erheblichkeit einbezogen werden (s. auch § 3 Rn. 29, 61 und § 18 Rn. 12).

118 **Aus Rohheit** handelt ein Täter, wenn er seine Tat aus einer gefühllosen, fremde Leiden missachtenden Gesinnung heraus begeht (vgl. BGHSt. 3, 109). Der Täter muss im Zeitpunkt seines Handelns das notwendig als Hemmschwelle wirkende Gefühl für den Schmerz bzw. das Leiden des misshandelten Tieres verloren haben, das sich in gleicher Lage bei jedem menschlich und verständig Denkenden eingestellt hätte (ebenso, wenn er dieses Gefühl zwar noch hat, sich aber darüber hinwegsetzt). Dabei braucht es sich nicht um eine dauernde Charaktereigenschaft zu handeln; ein nur vorübergehender Zustand genügt. Ausreichend ist auch, wenn der Täter nur unter Alkoholeinfluss entsprechend handelt (vgl. OLG Hamm NStZ 1985, 275; BayObLG Rd L 1981, 249, 250; *Tröndle/Fischer* § 225 StGB Rn. 9). – Das Verfolgen eines legalen, vernünftigen Zweckes steht

der Annahme von Rohheit nicht entgegen, wenn der Täter dabei das zur Zweckerreichung erforderliche Maß überschreitet und dem Tier hierdurch erhebliche Schmerzen oder Leiden zufügt. Deshalb kann Rohheit auch vorliegen, wenn er zwar aus Gründen einer wirtschaftlichen Tierhaltung handelt, dabei aber das Maß des Erforderlichen oder Angemessenen überschreitet (vgl. BayObLG NJW 1974, 1341). Allgemein übliches Fehlverhalten in einer Branche schützt den Täter nicht. – Ebenso schließt ein Handeln aus einem menschlich verständlichen Affekt die Rohheit nicht aus, wenn die Schmerz- oder Leidenszufügung in ihrem Ausmaß dasjenige übersteigt, was dem verständig Denkenden noch nachvollziehbar erscheint. – Nr. 2a kann auch durch pflichtwidriges Unterlassen verwirklicht werden, zB durch Liegenlassen eines schwer verletzten Tieres oder durch Unterlassung einer nach § 22a BJagdG gebotenen Nachsuche. – Maßgebend sind stets die gesamten Tatumstände einschließlich derer, die der Tat vorausgegangen sind oder ihr nachfolgen. – Beispiele aus der Rechtsprechung (vgl. *Kluge/Ort/Reckewell* § 17 Rn. 35): Sexuelle Handlungen an Tieren, die zu Verletzungen führen (s. auch Einf. Rn. 91); Tathandlungen im Zusammenhang mit Hundekämpfen; grundlose Verletzung durch äußerlich aggressives Tun; besonders schwere Missachtung von Bestimmungen der Tierschutztransportverordnung; Misshandlung zu angeblichen Ausbildungszwecken.

Vorsatz bezüglich des Merkmals „Rohheit“ hat der Täter, wenn er die Tatsachen, die 119
die Rohheit seines Handelns begründen, kennt bzw. für möglich hält und in Kauf nimmt. Die Wertung „ich handle roh“ braucht er nicht zu vollziehen. – Als Anstifter oder Gehilfe kann auch strafbar sein, wer selbst nicht roh handelt, aber die entsprechenden Begleitumstände kennt.

§ 18 [Ordnungswidrigkeiten]

(1) Ordnungswidrig handelt, wer vorsätzlich oder fahrlässig

1. einem Wirbeltier, das er hält, betreut oder zu betreuen hat, ohne vernünftigen Grund erhebliche Schmerzen, Leiden oder Schäden zufügt,
2. einer vollziehbaren Anordnung nach § 8a Abs. 5, § 11 Abs. 3 Satz 2 oder § 16a Satz 2 Nr. 1, 3 oder 4 zuwiderhandelt,
3. einer
a) nach § 2a oder
b) nach den §§ 4b, 5 Abs. 4, § 6 Abs. 4, § 11a Abs. 3 Satz 1, § 11b Abs. 5 Nr. 2, § 12 Abs. 2, § 13 Abs. 2 oder 3, §§ 13a, 14 Abs. 2, § 16 Abs. 5 Satz 1 oder § 16c
erlassenen Rechtsverordnung zuwiderhandelt, soweit sie für einen bestimmten Tatbestand auf diese Bußgeldvorschrift verweist,
4. einem Verbot nach § 3 zuwiderhandelt,
5. entgegen § 4 Abs. 1 ein Wirbeltier tötet,
6. entgegen § 4a Abs. 1 ein warmblütiges Tier schlachtet,
7. entgegen § 5 Abs. 1 Satz 1 einen Eingriff ohne Betäubung vornimmt oder, ohne Tierarzt zu sein, entgegen § 5 Abs. 1 Satz 2 eine Betäubung vornimmt,
8. einem Verbot nach § 6 Abs. 1 Satz 1 zuwiderhandelt oder entgegen § 6 Abs. 1 Satz 3 einen Eingriff vornimmt,
9. entgegen § 6 Abs. 1 Satz 5 in Verbindung mit § 9 Abs. 3 Satz 1 nicht für die Einhaltung der Vorschriften des § 9 Abs. 1 Satz 1 oder 3 oder Abs. 2 Nr. 4 oder 8 sorgt,
9a. entgegen § 6 Abs. 1 Satz 6, 7, 8 oder 9 einen Eingriff nicht, nicht richtig, nicht vollständig oder nicht rechtzeitig anzeigt,
10. entgegen § 6 Abs. 2 elastische Ringe verwendet,
11. entgegen § 7 Abs. 4 oder 5 Satz 1 Tierversuche durchführt,
12. Versuche an Wirbeltieren ohne die nach § 8 Abs. 1 erforderliche Genehmigung durchführt,

13. entgegen § 8 Abs. 4 Satz 2 eine Änderung nicht oder nicht rechtzeitig anzeigt,
14. entgegen § 8 a Abs. 1, 2 oder 4 ein Vorhaben oder eine Änderung nicht, nicht richtig, nicht vollständig oder nicht rechtzeitig anzeigt,
15. entgegen § 8 a Abs. 3 Satz 2 die Zahl der Versuchsvorhaben oder die Art oder die Zahl der verwendeten Tiere nicht, nicht richtig oder nicht rechtzeitig angibt,
16. entgegen § 8 b Abs. 1 Satz 1, auch in Verbindung mit § 4 Abs. 3, keinen Tierschutzbeauftragten bestellt,
17. entgegen § 9 Abs. 3 Satz 1 nicht für die Einhaltung der Vorschriften des § 9 Abs. 1 oder 2 oder entgegen § 9 Abs. 3 Satz 2 nicht für die Erfüllung einer vollziehbaren Auflage sorgt,
18. entgegen § 9 a Aufzeichnungen nicht, nicht richtig oder nicht vollständig macht, nicht unterzeichnet, nicht aufbewahrt oder nicht vorlegt,
19. entgegen § 10 Abs. 3 nicht für die Einhaltung der Vorschriften des § 10 Abs. 1 oder 2 sorgt,
20. eine Tätigkeit ohne die nach § 11 Abs. 1 Satz 1 erforderliche Erlaubnis ausübt oder einer mit einer solchen Erlaubnis verbundenen vollziehbaren Auflage zuwiderhandelt,

20 a. entgegen § 11 Abs. 5 nicht sicherstellt, dass eine im Verkauf tätige Person den Nachweis ihrer Sachkunde erbracht hat,

20 b. entgegen § 11 Abs. 6 die Tätigkeit nicht, nicht richtig, nicht vollständig oder nicht rechtzeitig anzeigt,

21. entgegen § 11 a Abs. 1 Satz 1 Aufzeichnungen nicht, nicht richtig oder nicht vollständig macht oder nicht aufbewahrt oder entgegen § 11 a Abs. 2 Tiere nicht, nicht in der vorgeschriebenen Weise oder nicht rechtzeitig kennzeichnet,

21 a. ein Wirbeltier ohne Genehmigung nach § 11 a Abs. 4 Satz 1 einführt,

22. Wirbeltiere entgegen § 11 b Abs. 1 oder 2 züchtet oder durch bio- oder gentechnische Maßnahmen verändert,
23. entgegen § 11 c ein Wirbeltier an Kinder oder Jugendliche bis zum vollendeten 16. Lebensjahr abgibt,
24. (weggefallen),
25. entgegen § 13 Abs. 1 Satz 1 eine Vorrichtung oder einen Stoff anwendet,

25 a. entgegen § 16 Abs. 1 a Satz 1 eine Anzeige nicht, nicht richtig, nicht vollständig oder nicht rechtzeitig erstattet,

26. entgegen § 16 Abs. 2 eine Auskunft nicht, nicht richtig oder nicht vollständig erteilt oder einer Duldungs- oder Mitwirkungspflicht nach § 16 Abs. 3 Satz 2, auch in Verbindung mit einer Rechtsverordnung nach § 16 Abs. 5 Satz 2 Nr. 3, zuwiderhandelt oder
27. (weggefallen).

(2) Ordnungswidrig handelt auch, wer, abgesehen von den Fällen des Absatzes 1 Nr. 1, einem Tier ohne vernünftigen Grund erhebliche Schmerzen, Leiden oder Schäden zufügt.

(3) Ordnungswidrig handelt auch, wer vorsätzlich oder fahrlässig

1. einer unmittelbar geltenden Vorschrift in Rechtsakten der Europäischen Gemeinschaft zuwiderhandelt, die inhaltlich einem in
   a) Absatz 1 Nr. 4 bis 9, 11, 12, 17, 22 und 25 bezeichneten Gebot oder Verbot entspricht, soweit eine Rechtsverordnung nach § 18 a Nr. 1 für einen bestimmten Tatbestand auf diese Bußgeldvorschrift verweist,
   b) Absatz 1 Nr. 9 a, 10, 13 bis 16, 18, 19, 20 a bis 21 a, 23 und 25 a bezeichneten Gebot oder Verbot entspricht, soweit eine Rechtsverordnung nach § 18 a Nr. 2 für einen bestimmten Tatbestand auf diese Bußgeldvorschrift verweist, oder

2. einer unmittelbar geltenden Vorschrift in Rechtsakten der Europäischen Gemeinschaft zuwiderhandelt, die inhaltlich einer Regelung entspricht, zu der die in Absatz 1
a) Nr. 3 Buchstabe a genannte Vorschrift ermächtigt, soweit eine Rechtsverordnung nach § 18a Nr. 1 für einen bestimmten Tatbestand auf diese Bußgeldvorschrift verweist,
b) Nr. 3 Buchstabe b genannten Vorschriften ermächtigen, soweit eine Rechtsverordnung nach § 18a Nr. 2 für einen bestimmten Tatbestand auf diese Bußgeldvorschrift verweist.

(4) **Die Ordnungswidrigkeit kann in den Fällen des Absatzes 1 Nr. 1, 2, 3 Buchstabe a, Nr. 4 bis 9, 11, 12, 17, 20, 22 und 25, des Absatzes 2 sowie des Absatzes 3 Nr. 1 Buchstabe a und Nr. 2 Buchstabe a mit einer Geldbuße bis zu fünfundzwanzigtausend Euro, in den übrigen Fällen mit einer Geldbuße bis zu fünftausend Euro geahndet werden.**

Übersicht

I. Allgemeines zum Bußgeldverfahren

Die **sachliche Zuständigkeit der Verwaltungsbehörde** bestimmt sich gemäß § 36 Abs. 1 Nr. 1 OWiG nach dem Landesrecht. ZB ist nach der baden-württembergischen Tierschutzzuständigkeitsverordnung zur Anwendung des Tierschutzgesetzes und seiner Verordnungen in erster Linie die untere Verwaltungsbehörde (Landratsamt; Bürgermeisteramt des Stadtkreises) zuständig, für Verfahren im Zusammenhang mit der Verwendung von Tieren zu wissenschaftlichen Zwecken jedoch das Regierungspräsidium (vgl. § 1 Nr. 2, Nr. 3 TierSchZuVO BW). – Die **örtliche Zuständigkeit** richtet sich gemäß § 37 Abs. 1 Nr. 1 OWiG in erster Linie danach, wo die Ordnungswidrigkeit begangen worden ist, d.h. nach dem Ort, an dem der Täter tätig wurde bzw. im Falle des Unterlassens hätte tätig werden müssen oder an dem der zum Tatbestand gehörende Erfolg eingetreten ist (§ 7 OWiG; s. auch § 17 Rn. 92). – Ordnungswidrigkeiten, die im Ausland begangen wurden, können nur verfolgt werden, wenn das Gesetz dies bestimmt (vgl. § 5 OWiG). Jedoch liegt eine Inlandstat vor, wenn entweder die zum Tatbestand gehörende Handlung im Inland begangen wurde (mag auch der Taterfolg im Ausland eingetreten sein; wichtig zB bei Tiertransporten), oder wenn der zum Tatbestand gehörende Erfolg im Inland eingetreten ist bzw. nach der Vorstellung des Täters hätte eintreten sollen (mag auch die dafür ursächliche Handlung im Ausland vorgenommen sein; vgl. *Göhler* § 7 OWiG Rn. 6; *L/M* § 18 Rn. 11). Bei Beteiligung an einer Ordnungswidrigkeit (d.h. bei einer Handlung, die im Strafrecht als Mittäterschaft, Anstiftung oder Beihilfe zu werten wäre) gilt für den Tatort § 7 Abs. 2 OWiG. 1

Verhältnis Verwaltungsbehörde/Staatsanwaltschaft. Die Verwaltungsbehörde gibt das Verfahren an die Staatsanwaltschaft ab, wenn Anhaltspunkte für eine Straftat gegeben sind, d.h. wenn konkrete Tatsachen dafür vorliegen, dass ein Straftatbestand (insbesondere § 17) rechtswidrig und schuldhaft verwirklicht worden sein könnte (vgl. *Göhler* § 41 OWiG Rn. 4). Dies gilt auch dann, wenn die Behörde selbst an einer Straftat zweifelt, denn bei Vorliegen entsprechender Anhaltspunkte ist allein die Staatsanwaltschaft zustän- 2 dig, darüber zu entscheiden, ob ein Anfangsverdacht iS des § 152 Abs. 2 StPO besteht und demgemäß ein Ermittlungsverfahren einzuleiten ist. Verneint sie ihn, so gibt sie das Verfahren an die Verwaltungsbehörde zurück (§ 41 Abs. 2 OWiG). Bejaht sie ihn, so führt sie das Ermittlungsverfahren auch unter dem rechtlichen Gesichtspunkt der Ordnungswidrigkeit durch. – Erkennt die Staatsanwaltschaft am Ende eines Ermittlungsverfahrens, dass zwar keine Straftat, wohl aber eine Ordnungswidrigkeit in Betracht kommt, so kann sie die Einstellung auf die Straftat beschränken und das Verfahren zur Verfolgung der Ordnungswidrigkeit an die Verwaltungsbehörde abgeben (§ 43 Abs. 1 OWiG).

3 Die **Voraussetzungen** dafür, dass ein **Bußgeldbescheid** erlassen werden kann, sind: **1.** Der Sachverhalt muss aufgeklärt sein. – **2.** Die Behörde muss die objektiven und subjektiven Tatbestandsmerkmale des Bußgeldtatbestandes für erwiesen halten. – **3.** Dem Betroffenen muss Gelegenheit zur Äußerung gegeben worden sein (vgl. § 55 OWiG). – **4.** Es darf kein Verfolgungshindernis (zB Verjährung) vorliegen (vgl. *Kluge/Ort/Reckewell* § 18 Rn. 4, 19).

4 Für das **Verfahren vor der Verwaltungsbehörde** gelten gemäß § 46 Abs. 1 OWiG grundsätzlich die Vorschriften der StPO, also zB für Beschlagnahmen die §§ 94 ff. und 111 b ff. und für Durchsuchungen die §§ 102 ff. StPO. Der Verhältnismäßigkeitsgrundsatz ist zu beachten (vgl. *Kluge/Ort/Reckewell* § 18 Rn. 8 unter Hinweis auf LG Hanau, 3 Js 3212/98 Qs). – Wer wegen des Verdachts einer Ordnungswidrigkeit Anzeige erstattet hat, muss von der Verwaltungsbehörde unter Angabe der Gründe beschieden werden, wenn diese das Verfahren einstellt oder dem Antrag auf Einleitung eines Verfahrens keine Folge gibt, vgl. § 46 Abs. 1 OWiG i. V. m. § 171 StPO. Gegen eine solche Entscheidung ist Dienstaufsichtsbeschwerde möglich (vgl. *Göhler* § 46 OWiG Rn. 20).

5 Den **notwendigen Inhalt des Bußgeldbescheides** regelt § 66 OWiG. Mängel führen hier nur dann zu einer Unwirksamkeit (mit der Folge, dass die Geldbuße nicht beigetrieben werden kann), wenn sie besonders schwerwiegend sind. Beispiele: Die Tat muss nach Zeit, Ort, beteiligten Personen und Begleitumständen so beschrieben sein, dass sie von anderen historischen Vorgängen abgegrenzt werden kann; ist das der Fall, so führen fehlende oder falsche Angaben zu Tatzeit und/oder Tatort nicht zur Unwirksamkeit. Der Betroffene muss zweifelsfrei identifizierbar sein; ist das geschehen, dann sind mangelhafte Angaben zu seinen Personalien unbeachtlich. Nicht zu einer Unwirksamkeit führen auch: falsche rechtliche Würdigung, fehlende oder falsche Angabe der Bußgeldvorschrift, mangelhafte Bezeichnung der Beweismittel, fehlende Rechtsmittelbelehrung, fehlende Kostenentscheidung, fehlende Zuständigkeit (näher *Kluge/Ort/Reckewell* § 18 Rn. 8–14; *Göhler* § 66 OWiG Rn. 38 ff.). – Dies ändert indes nichts daran, dass auf die Einhaltung aller Anforderungen des § 66 OWiG geachtet werden sollte.

6 Wird **Einspruch** eingelegt, so findet zunächst ein Zwischenverfahren vor der Behörde statt, in dem diese u. a. darüber entscheidet, ob sie den Bußgeldbescheid aufrechterhält oder zurücknimmt. Nimmt sie ihn nicht zurück, so übersendet sie die Akten an die Staatsanwaltschaft, die sie, wenn sie nicht ihrerseits einstellt oder weitere Ermittlungen durchführt, dem Richter beim Amtsgericht vorlegt (§ 69 OWiG). Im gerichtlichen Verfahren ist die Behörde gemäß § 76 OWiG zu beteiligen, d. h. u. a.: Sie ist anzuhören; der Termin zur Hauptverhandlung muss ihr mitgeteilt werden; ihr Vertreter erhält in der Hauptverhandlung auf Verlangen das Wort; ihre Vertreter können Zeugen oder Sachverständige sein (vgl. *Göhler* § 76 OWiG Rn. 11, 12).

7 Die **Geldbuße** beträgt bei den meisten Tatbeständen des § 18 im Höchstmaß 25 000 Euro. Bei einzelnen Ziffern des Abs. 1 (nämlich bei Nr. 3 b, 9 a, 10, 13, 14, 15, 16, 18, 19, 20 a, 20 b, 21, 21 a, 23, 25 a und 26) sowie bei Abs. 3 Nr. 1 b und Nr. 2 b liegt die Obergrenze bei 5000 Euro. Nach § 17 Abs. 4 OWiG kann das gesetzliche Höchstmaß überschritten werden, soweit dies erforderlich ist, um den wirtschaftlichen Vorteil, den der Täter aus der Ordnungswidrigkeit gezogen hat, abzuschöpfen; dies kommt insbesondere bei Verstößen in Betracht, die in intensiven Tierhaltungen oder auf Tiertransporten oder bei Tierversuchen begangen werden. Die Geldbuße soll den wirtschaftlichen Vorteil, den der

Täter aus der Tat gezogen hat, übersteigen (§ 17 Abs. 4 S. 1). Hat der Täter im Rahmen von Absatz 1 nur fahrlässig gehandelt, verringert sich das Höchstmaß jeweils auf die Hälfte, also auf 12500 Euro bzw. 2500 Euro, vgl. § 17 Abs. 2 OWiG. – Für die Zumessung der Geldbuße sind nach § 17 Abs. 3 OWiG maßgebend: die Bedeutung der Ordnungswidrigkeit (zB Schwere der zugefügten Leiden oder Schäden, ihre Dauer, Zahl der betroffenen Tiere, Fernwirkungen); der Vorwurf, der den Täter trifft (zB Vorsatz; Grad der Fahrlässigkeit; Vortaten; Nachtatverhalten); wirtschaftliche Verhältnisse (diese können bei Bußen bis 250 Euro unberücksichtigt bleiben, vgl. OLG Düsseldorf DAR 2000, 534; *Göhler* § 17 OWiG Rn. 24).

Auf eine mögliche **Verjährung** muss bei Ordnungswidrigkeiten immer besonders ge- 8
achtet werden. Die Verjährungsfrist beträgt grundsätzlich drei Jahre (vgl. § 31 Abs. 2 Nr. 1 OWiG); die nach Abs. 4 im Höchstmaß nur mit 5000 Euro bedrohten Ordnungswidrigkeiten (s. Rn. 7) verjähren allerdings schon nach zwei Jahren (§ 31 Abs. 2 Nr. 2 OWiG). Zahlreiche Unterbrechungstatbestände, nach deren Eintritt die Verjährungsfrist neu zu laufen beginnt, regelt § 33 OWiG. Zu beachten ist aber auch die absolute Verjährung, die nach sechs bzw. vier Jahren eintritt (vgl. § 33 Abs. 3 S. 2 OWiG).

Bei **Beteiligung mehrerer** gilt nach § 14 OWiG ein einheitlicher Täterbegriff. Man 9
muss aber zwischen Beteiligung und fahrlässiger Nebentäterschaft unterscheiden: **1.** Beteiligung an der Ordnungswidrigkeit eines Anderen setzt voraus, dass sowohl der Andere als auch der Beteiligte vorsätzlich handeln. Als Beteiligung iS des § 14 OWiG gelten dann alle Teilnahmeformen, die im Strafrecht als Mittäterschaft, Anstiftung oder Beihilfe zu werten wären. Wegen des geltenden einheitlichen Täterbegriffes ist es überflüssig, den Tatbeitrag des Beteiligten streng in eine dieser strafrechtlichen Kategorien einzuordnen. Gegen jeden Beteiligten kann eine Geldbuße verhängt werden, deren Höhe sich nach der Bedeutung seiner Tatbeteiligung und dem Vorwurf, der ihm zu machen ist, richtet. Enthält der Tatbestand besondere persönliche Merkmale, die die Möglichkeit der Ahndung begründen, so ist ausreichend, wenn sie bei einer der Personen, die an der Tatbestandsverwirklichung vorsätzlich mitwirken, vorliegen (vgl. *Göhler* § 14 OWiG Rn. 1–8 sowie 11). Werden in einer Tierhaltung, auf einem Tiertransport oder in einer Schlachteinrichtung Ordnungswidrigkeiten begangen, so kann auch der für die Genehmigung oder Überwachung zuständige Amtsträger wegen seiner Garantenstellung (s. § 17 Rn. 67) Beteiligter sein. Dies kann er notfalls gegenüber Verwaltungsvorschriften oder Weisungen, die ihm das Einschreiten verwehren, geltend machen (s. Einf. Rn. 94). – **2.** Bei Ordnungswidrigkeiten, die auch fahrlässig begehbar sind (vgl. § 18 Abs. 1), gibt es darüber hinaus die fahrlässige Nebentäterschaft, d. h.: Jeder, der durch sein Handeln oder sein garantiepflichtwidriges Unterlassen fahrlässig eine nicht hinwegdenkbare Bedingung für den tatbestandsmäßigen Erfolg gesetzt hat, kann als fahrlässiger Nebentäter mit einer Geldbuße belangt werden. Die Tatbestandsverwirklichung wird auch nicht dadurch in Frage gestellt, dass ein anderer an den fahrlässig in Gang gesetzten Geschehensablauf anknüpft und den Tatbestand dann seinerseits vorsätzlich verwirklicht; denn es reicht aus, dass der fahrlässig gesetzte Tatbeitrag nur eine von mehreren Ursachen für den verbotenen Erfolg bildet (vgl. *Göhler* aaO Rn. 4). Ein Beispiel nach *L/M* Vor § 17 Rn. 14: Der Sorgeberechtigte unterlässt es fahrlässig, den seiner Sorge Unterstellten daran zu hindern, ein Wirbeltier zu töten: Ordnungswidrigkeit nach § 18 Abs. 1 Nr. 1, da fahrlässige Tierschädigung durch pflichtwidriges Unterlassen; wird das Wirbeltier betäubungslos getötet, so liegt auch eine Ordnungswidrigkeit nach § 18 Abs. 1 Nr. 5 vor; zu Beteiligung und Nebentäterschaft s. auch Rn. 16. § 14 Abs. 1 S. 2 OWiG gilt allerdings für die fahrlässige Nebentäterschaft nicht, d. h.: Enthält der Tatbestand besondere persönliche Merkmale, welche die Möglichkeit der Ahndung begründen, so kann nur (Neben-)Täter sein, wer diese Merkmale erfüllt.

Bei **Ordnungswidrigkeiten, die von Bediensteten im Rahmen eines Unternehmens** 10
begangen werden (zB bei intensiver Tierhaltung, Versuchstierhaltung, Tiertransporten, Tierversuchen), kann unter bestimmten Voraussetzungen auch gegen den Unternehmer

selbst eine Geldbuße verhängt werden: **1.** Dies gilt zunächst, wenn die Voraussetzungen einer Beteiligung nach § 14 OWiG oder eine fahrlässige Nebentäterschaft nachgewiesen werden können (insbesondere auch durch Unterlassen, denn der Unternehmer besitzt eine Garantenstellung dafür, dass Tiere, die sich in seinem Betrieb befinden, nicht leiden und nicht geschädigt werden; s. § 17 Rn. 66, 67). – **2.** Außerdem kann gegen den Betriebsinhaber nach § 130 OWiG eine Geldbuße festgesetzt werden, wenn er vorsätzlich oder fahrlässig Aufsichtsmaßnahmen unterlassen hat, die im Falle ihrer Durchführung den Verstoß des Bediensteten verhindert oder wesentlich erschwert hätten (vgl. *L/M* Vor § 17 Rn. 15). Zu diesen Maßnahmen gehören: Sorgfalt bei der Einstellung und Aufgabenübertragung; richtige Anleitung; Versorgung mit ordnungsgemäß funktionierenden, den Fähigkeiten des Bediensteten angepassten Geräten; regelmäßige Überwachung; Organisation des Betriebes so, dass Verstöße so weit wie möglich im Vorfeld erkannt und verhindert werden; Bestellung, sorgfältige Auswahl und Überwachung von Aufsichtspersonen (vgl. § 130 Abs. 1 S. 2 OWiG). – **3.** Gegen eine juristische Person, eine Personenhandelsgesellschaft oder einen Verein ist eine Geldbuße möglich, wenn ein Organ, Vorstandsmitglied oder vertretungsberechtigter Gesellschafter im Zusammenhang mit den ihm übertragenen Pflichten gehandelt hat und wenn dadurch entweder Pflichten der juristischen Person usw. verletzt worden sind oder diese bereichert worden ist, § 30 OWiG.

II. Tatbestand des Abs. 1 Nr. 1

11 Der **Täter** muss Halter, Betreuer oder Betreuungspflichtiger sein (vgl. aber § 14 Abs. 1 S. 2 OWiG: Bei Tatbeteiligung mehrerer genügt es, wenn das persönliche Merkmal nur bei einem Tatbeteiligten vorliegt; s. auch Rn. 9). Zu den Begriffen s. § 2 Rn. 4–7. Es genügt, wenn der Täter im Rahmen eines Gefälligkeitsverhältnisses mit der Obhut beauftragt wurde. Auch kann er selbst das Obhutsverhältnis hergestellt haben (Beispiel nach *Kluge/Ort/Reckewell* § 18 Rn. 21: Dem Betroffenen ist eine Katze zugelaufen, die er auf seinem Grundstück füttert und tränkt). Der Tierarzt ist Betreuungspflichtiger (wichtig zB bei fahrlässigem Kunstfehler).

12 Der **verbotene tatbestandsmäßige Erfolg** besteht darin, dass dem gehaltenen bzw. betreuten Wirbeltier erhebliche Schmerzen, Leiden oder Schäden zugefügt werden. Wirbeltier s. § 4 Rn. 1. Schmerzen s. § 1 Rn. 12–16. Leiden s. § 1 Rn. 17–23a. Schäden s. § 1 Rn. 24–26 (zum Tod als Schaden vgl. auch BVerwG NVwZ 1998, 853, 855; *L/M* § 18 Rn. 12). Erheblich s. § 17 Rn. 61–64. – Im Gegensatz zu § 17 Nr. 2b wird der Zeitfaktor hier nicht durch ein eigenständiges Tatbestandsmerkmal erfasst. Damit fließt neben der Intensität auch die Dauer der Schmerzen, Leiden oder Schäden in die Beurteilung der Erheblichkeit ein. Auch Schmerzen oder Leiden, die für sich gesehen geringfügig erscheinen, können damit erheblich werden, wenn sie sich wiederholen oder eine zumindest mäßige Zeitspanne andauern (s. auch § 17 Rn. 65). – Es bedarf einer kausalen Handlung des Täters, die für den negativen Erfolg eine nicht hinwegdenkbare Bedingung setzt; sie kann auch nur eine von mehreren Ursachen darstellen (s. auch § 17 Rn. 2). Tatbegehung durch Unterlassen ist ebenfalls möglich: Für den Halter, Betreuer und Betreuungspflichtigen ergibt sich die Garantenstellung für Leben und Wohlbefinden des Tieres schon aus dem Gesetz, nämlich aus § 2 Nr. 1. Daneben kommen auch Garantenstellungen aus tatsächlicher Gewährübernahme, vorangegangenem gefahrschaffendem Tun oder amtlicher bzw. beruflicher Stellung in Betracht (s. § 17 Rn. 3, Rn. 66–68).

13 **Ohne vernünftigen Grund** s. § 1 Rn. 27–67 und § 17 Rn. 9–12. Zur Frage der rechtfertigenden Wirkung einer behördlichen Genehmigung s. § 17 Rn. 86–88 und § 1 Rn. 38.

14 **Fahrlässiges Handeln** genügt. Es liegt vor, wenn der Täter die Sorgfalt, zu der er nach den Umständen oder seinen persönlichen Fähigkeiten verpflichtet und imstande ist, außer Acht lässt, und deshalb entweder die Tatbestandsverwirklichung nicht erkennt oder voraussieht (unbewusste Fahrlässigkeit) oder diese Möglichkeit zwar erkennt, aber ernsthaft

und nicht nur vage darauf vertraut, sie werde sich nicht verwirklichen (bewusste Fahrlässigkeit; bei nur vagem Vertrauen kommt Vorsatz in Betracht, s. § 17 Rn. 4). – Den Tatbestand verwirklicht also, wer nach den bekannten und erkennbaren Umständen damit rechnen musste, dass sein Handeln zu nicht gerechtfertigten, erheblichen Schmerzen, Leiden oder Schäden bei dem Tier führen konnte. Beim Unterlassen muss hinzukommen, dass er auch die seine Garantenstellung begründenden Umstände und die Möglichkeit, den tatbestandsmäßigen Erfolg zu verhindern, erkennen konnte. – Die Fahrlässigkeit kann auch darin liegen, dass jemand mit einer Tätigkeit beginnt bzw. eine Aufgabe übernimmt, für die seine Kenntnisse und Fähigkeiten erkennbar nicht ausreichen. Wer beispielsweise ein Wirbeltier tötet oder daran mitwirkt, ohne die nach § 4 Abs. 1 S. 3 vorgeschriebenen Kenntnisse und Fähigkeiten zu besitzen, handelt schon aus diesem Grund hinsichtlich der dem Tier zugefügten Schmerzen und Leiden fahrlässig und kann sich nicht darauf berufen, die konkret eingetretenen Folgen seines Handelns nicht vorhergesehen zu haben. – Wer vorsätzlich handelt, verwirklicht den Tatbestand erst recht.

Abs. 1 Nr. 1 ist Auffangtatbestand gegenüber § 17 – einmal dann, wenn sich zwar die 15
Erheblichkeit, nicht aber auch die anhaltende Dauer der Schmerzen oder Leiden nachweisen lässt, zum anderen auch dann, wenn Vorsatz zwar unbewiesen bleibt, Fahrlässigkeit aber jedenfalls vorliegt. Insbesondere kann die fahrlässige Wirbeltiertötung nach dieser Vorschrift geahndet werden (vgl. *L/M* § 18 Rn. 12, 13; s. auch Rn. 12, Tod als Schaden).

Bei **Beteiligung Mehrerer** iS des § 14 OWiG (d.h.: der unmittelbar Handelnde handelt 16
vorsätzlich; der Beteiligte handelt ebenfalls vorsätzlich, so dass sein Handeln nach den Regeln des Strafrechts als Mittäterschaft, Anstiftung oder Beihilfe zu bewerten wäre, s. Rn. 9) genügt es, wenn einer von ihnen Halter, Betreuer oder Betreuungspflichtiger ist, vgl. § 14 Abs. 1 S. 2 OWiG. – Darüber hinaus kann Nebentäter sein, wer durch sein fahrlässiges Handeln oder pflichtwidriges Unterlassen eine von mehreren Bedingungen für den tatbestandsmäßigen Erfolg setzt; er muss dann aber seinerseits (auch) Halter, Betreuer oder Betreuungspflichtiger sein, denn den Fall der fahrlässigen Nebentäterschaft erfasst § 14 Abs. 1 S. 2 OWiG nicht (vgl. *Göhler* § 14 OWiG Rn. 4).

Einige **Beispiele** aus der **Rechtsprechung:** Transport einer erkrankten, transportunfähi- 17
gen Kuh ohne vorherige Zuziehung des Tierarztes; bedingt durch die Vorerkrankung und die Belastungen des Transports kommt es zu einer Transporttetanie (vgl. BayObLG RdL 1998, 51f.) –Nachbehandlung frisch kupierter Hundeohren (vgl. BayObLG NJW 1993, 2760; AG Neunkirchen NuR 1994, 520f.). – Zurücklassen eines Hundes im Fahrzeug bei warmer Witterung; je nach Außentemperatur und Belüftungsmöglichkeit kann bereits ab 15–30 Minuten erhebliches Leiden eintreten (vgl. *Petermann* AtD 1997, 36ff.). – Die Benutzung eines Teletaktgeräts bei der Abrichtung von Hunden fügt diesen idR erhebliche Leiden zu (vgl. LG München vom 27. 2. 1995, 9 Ns 12 Js 17287/93; s. auch § 3 Rn. 63, 64, 65).

III. Tatbestände des Abs. 1 Nr. 2–26

Abs. 1 Nr. 2 setzt voraus, dass einer der folgenden Verwaltungsakte (Anordnungen) er- 18
lassen wurde: Untersagung von Tierversuchen nach § 8a Abs. 5 (gleichgestellt: Untersagung eines Tierversuchs oder einer Tiertötung zu Ausbildungszwecken nach § 10 Abs. 2 S. 1 i.V.m. § 8a Abs. 5; Untersagung einer biotechnischen oder ähnlichen Maßnahme nach § 10a S. 4 i.V.m. § 8a Abs. 5); Untersagung der Aufnahme oder Weiterführung einer erlaubnispflichtigen Tätigkeit nach § 11 Abs. 3 S. 2; Gebots- oder Verbotsverfügung, durch die eine oder mehrere Pflichten aus § 2 Nr. 1, Nr. 2 oder Nr. 3 ausgesprochen werden (§ 16a S. 2 Nr. 1; darunter fallen auch Ge- und Verbotsverfügungen, die auf eine Rechtsverordnung nach § 2a gestützt werden, soweit die jeweilige Verordnung die Anforderungen nach § 2 näher bestimmt); Untersagung des Haltens oder Betreuens nach § 16a S. 2 Nr. 3; Einstellung von Tierversuchen nach § 16a S. 2 Nr. 4. – Die Anordnung

muss hinreichend bestimmt sein (§ 37 Abs. 1 VwVfG; s. auch § 16a Rn. 7, 10). – Der Täter muss der Anordnung vorsätzlich oder fahrlässig zuwiderhandeln; dies kann durch Tun oder durch Unterlassen geschehen. – Die Anordnung muss im Zeitpunkt der Zuwiderhandlung vollziehbar sein. Dies ist einmal dann der Fall, wenn sie bestandskräftig ist; ausreichend ist aber auch, dass sie für sofort vollziehbar erklärt worden ist (vgl. § 80 Abs. 2 Nr. 4, Abs. 3 VwGO). Erhebt also der Adressat gegen die Anordnung rechtzeitig Widerspruch oder Klage (vgl. §§ 69, 74 VwGO), so kann eine Zuwiderhandlung nur geahndet werden, wenn die Anordnung für sofort vollziehbar erklärt worden ist. Ist dies nicht der Fall, so ist aber zu prüfen, ob nicht bereits der Verstoß gegen die Ermächtigungsgrundlage, aufgrund derer die Anordnung ergangen ist, eine Ordnungswidrigkeit bildet (s. Nr. 3–26). – Nicht erforderlich ist dagegen, dass die Behörde den Betroffenen schon in der Anordnung auf die Möglichkeit des Abs. 1 Nr. 2 hinweist oder gar die Verhängung eines Bußgeldes für den Fall der Zuwiderhandlung androht (schaden kann es aber auch nicht). – Abs. 1 Nr. 2 ist verfassungsgemäß und genügt insbesondere dem Bestimmtheitsgebot nach Art. 103 Abs. 2 GG (vgl. BVerfG NJW 1989, 1663; *L/M* § 18 Rn. 15).

19 **Abs 1 Nr. 3 lit. a** meint Rechtsverordnungen, die auf Grund von § 2a ergangen sind. Dazu gehören u.a. die Tierschutz-NutztierhaltungsVO, die Tierschutz-HundeVO, die TierschutztransportVO sowie Teile der Tierschutz-SchlachtVO. Soweit einzelne Bestimmungen dieser Verordnungen auf andere Ermächtigungsgrundlagen gestützt sind, wird in der jeweiligen Ordnungswidrigkeiten-Vorschrift auf Nr. 3 lit. b Bezug genommen (vgl. § 32 Abs. 2 TierSchNutztV, § 12 Abs. 2 TierSchHundeV, § 42 Abs. 2 TierSchTrV und § 15 Abs. 2 TierSchlV). – **Abs. 1 Nr. 3 lit. b** erfasst Rechtsverordnungen aufgrund von § 4b (hierunter fallen die meisten Bestimmungen der TierSchlV), von § 5 Abs. 4, § 6 Abs. 4, § 11a Abs. 3 S. 1, § 11b Abs. 5 Nr. 2, § 12 Abs. 2, § 13 Abs. 2, Abs. 3, §§ 13a, 14 Abs. 2, § 16 Abs. 5 S. 1 oder § 16c. – Notwendig ist, dass der Täter einem Ge- oder Verbot in der Rechtsverordnung vorsätzlich oder fahrlässig zuwiderhandelt; außerdem bedarf es einer Bestimmung innerhalb der Rechtsverordnung, die den Verstoß gegen das betreffende Ge- oder Verbot als Ordnungswidrigkeit iS von Abs. 1 Nr. 3 lit. a oder 3 lit. b einstuft (vgl. zB § 32 TierSchNutztV, § 12 TierSchHundeV, § 42 TierSchTrV, § 15 TierSchlV). – Der Unterschied zwischen den Verordnungen nach § 2a und den anderen Verordnungen betrifft zum einen das Höchstmaß der Geldbuße nach Abs. 4 und zum anderen die Möglichkeit zur Einziehung von Beziehungsgegenständen nach § 19.

20 **Abs. 1 Nr. 4–26.** Auch für diese Ordnungswidrigkeiten reicht Fahrlässigkeit aus. – Zu **Nr. 4** s. § 3. – Zu **Nr. 5** s. § 4 Rn. 12 u. 20. – Zu **Nr. 6** s. § 4a Rn. 34. Ordnungswidrig handelt nicht nur, wer ohne Erlaubnis schächtet, sondern auch, wer die Grenzen der Erlaubnis überschreitet oder ihre Auflagen missachtet. Tatbeteiligter nach § 14 OWiG ist zB, wer lebende Tiere verkauft oder anliefert, obwohl er weiß, dass sie geschächtet werden sollen, oder wer Räume oder Geräte dafür zur Verfügung stellt (vgl. AG Balingen NJW 1982, 1006). – Zu **Nr. 7** s. § 5, dort insbesondere Rn. 18. Zum betäubungslosen Schnabelkürzen s. § 6 Rn. 26 – Zu **Nr. 8** s. § 6, dort insbesondere Rn. 29. Beispiele für Verstöße gegen § 6 Abs. 1 S. 1: Kupieren von Hundeohren, Kupieren der Kämme von Zuchthähnen, Flügelstutzen bei Vögeln, Voroperieren von Versuchstieren durch Züchter, Kalt- oder Heißbrand beim Rind, Rüsselkrampen oder -klammern beim Schwein, Entfernung der Stinkdrüsen beim Skunk, Eröffnung der Leibeshöhle beim weiblichen Stör zur Gewinnung von Kaviar. – Zu **Nr. 9, 9a und 10** s. § 6 Rn. 29. – Zu **Nr. 11** s. § 7 Rn. 76 und 77. – Zu **Nr. 12** s. § 8 Rn. 35. Wenn mit einem genehmigungspflichtigen Versuchsvorhaben begonnen wird, obwohl der Genehmigungsbescheid noch nicht erlassen und zugegangen ist, bildet die wissenschaftliche Reputation des dafür verantwortlichen Versuchsleiters keinen Grund, nach § 47 Abs. 1 OWiG von einer Verfolgung abzusehen; wiederholte Verstöße begründen außerdem Zuverlässigkeitszweifel iS von § 8 Abs. 3 Nr. 2. Bei der Bemessung der Geldbuße ist auch an die Abschöpfung des wirtschaftlichen Vorteils zu denken, vgl. § 17 Abs. 4 OWiG. – Zu **Nr. 13** s. § 8 Rn. 15 und 35. – Zu **Nr. 14** s. § 8a Rn. 15. – Zu **Nr. 15** s. § 8a Rn. 16. Der Nachweis, dass die Angaben unrichtig sind,

kann mit Zeugenaussagen, Tierbestandsbüchern und auch mit Hilfe der nach § 9a vorgeschriebenen Aufzeichnungen erbracht werden. Verstöße begründen Zuverlässigkeitszweifel iS des § 8 Abs. 3 Nr. 2. – Zu **Nr. 16** s. § 8b Rn. 1, 5 und § 4 Rn. 19. – Zu **Nr. 17** s. § 9 Rn. 27. – Zu **Nr. 18** s. § 9a Rn. 8. – Zu **Nr. 19** s. § 10 Rn. 29. In der Praxis wird häufig übersehen, dass das Töten von Tieren, deren Körper oder Organe anschließend für ein Ausbildungsexperiment oder eine Präparation verwendet werden sollen, ebenfalls unter § 10 fällt (vgl. BVerwG NVwZ 1998, 853, 855; s. § 10 Rn. 4). Folglich unterliegen auch diese Eingriffe der Anzeigepflicht nach § 10 Abs. 2 i.V.m. § 8a und der Aufzeichnungspflicht nach § 10 Abs. 2 i.V.m. § 9a. – Zu **Nr. 20** s. § 11 Rn. 30. – Zu **Nr. 20a und 20b** s. ebenfalls § 11 Rn. 30. – Zu **Nr. 21 und Nr. 21a** s. § 11a Rn. 8. – Zu **Nr. 22** s. § 11b Rn. 28. Nach der Veröffentlichung des BMELV-Qualzuchtgutachtens im Januar 2000 wird man bei Züchtungen, die diesen Empfehlungen widersprechen, einen zumindest fahrlässigen Verstoß gegen § 11b Abs. 1 annehmen können. Dasselbe gilt, wenn noch immer mit Schweinen gezüchtet wird, die homo- oder heterozygot den mutierten Ryanodin-Rezeptor (RYR 1) aufweisen, obwohl die so entstehenden Tiere eine höhere Stressanfälligkeit mit der möglichen Folge einer schmerzhaften Belastungsmyopathie haben (vgl. *Martens* in: Evang. Akademie Bad Boll, Tierversuche S. 97, 99; § 11b Rn. 19). – Zu **Nr. 23** s. § 11c. – Zu **Nr. 25** s. § 13 Rn. 19. – Zu **Nr. 25a** s. § 16 Rn. 2. – Zu **Nr. 26 erste Alternative** („Auskunft nicht, nicht richtig der nicht vollständig erteilt") s. § 16 Rn. 3–5. Es kommt nicht darauf an, ob die Behörde das Auskunftsverlangen, dem der Täter zuwiderhandelt, formlos oder aber förmlich, d.h. durch Verwaltungsakt, ausgesprochen hat. – Zu **Nr. 26 zweite Alternative** („oder einer Duldungs- oder Mitwirkungspflicht ... zuwiderhandelt") s. § 16 Rn. 10. Bereits ein verbales Zutrittsverbot, das gegenüber einem Betreten nach § 16 Abs. 3 S. 1 Nr. 1 oder 2 ausgesprochen wird, reicht aus; erst recht natürlich geleisteter Widerstand (vgl. *L/M* § 16 Rn. 25).

IV. Tatbestand des Abs. 2

Täter kann jeder sein, im Unterschied zu Abs. 1 Nr. 1. Bei Täterschaft durch Unterlassen bedarf es einer entsprechenden Garantenstellung (s. § 17 Rn. 3, Rn. 66–68). 21

Zu den einzelnen Begriffen: Tier ist jedes Tier, also auch das wirbellose. Schmerzen s. § 1 Rn. 12–16. Leiden s. § 1 Rn. 17–23a. Schäden s. § 1 Rn. 24–26 (zum Tod als Schaden s. Rn. 12). Erheblich s. § 17 Rn. 61–64; dazu dass sich die Erheblichkeit hier auch aus der Dauer der Schmerzen, Leiden oder Schäden ergeben kann, s. Rn. 12. Ohne vernünftigen Grund s. § 1 Rn. 27–67 und § 17 Rn. 9–12. 22

Vorsatz. Der verbotene Erfolg muss durch vorsätzliches Handeln bzw. vorsätzliches garantiepflichtwidriges Unterlassen herbeigeführt worden sein (vgl. § 10 OWiG). Zur Kausalität s. § 17 Rn. 2, zum Vorsatz s. § 17 Rn. 4 und Rn. 90. 23

Abs. 2 kann als **Auffangtatbestand** dienen, einmal gegenüber § 17 Nr. 2b (wenn zwar die Erheblichkeit der Schmerzen oder Leiden, nicht aber auch deren Dauer nachgewiesen ist), aber auch gegenüber Abs. 1 Nr. 1 (bei Handeln einer Person, die nicht Halter usw. ist). – Eine besondere Bedeutung von Abs. 2 liegt darin, dass auch wirbellose Tiere geschützt sind. Soweit deren Schmerz- und Leidensfähigkeit bezweifelt wird (s. § 1 Rn. 16 und 23a), kann ihnen doch zumindest ein Schaden zugefügt werden, denn dafür genügt jede Beeinträchtigung der Unversehrtheit, auch wenn sie nicht nachweislich von Schmerzen oder Leiden begleitet wird. Weil auch der Tod ein Schaden ist, kann zB die unnötige Tötung von Ameisen oder Spinnen den Tatbestand erfüllen; einen vernünftigen Grund wird es dafür nur selten geben (vgl. *Hirt*, Der vernünftige Grund, S. 5). – Weitere Beispiele: Grillen von lebenden Hummern (zwar auch Verstoß gegen § 13 Abs. 8 TierSchlV, jedoch ist diese Vorschrift nicht über § 15 dieser VO bußgeldbewehrt); „Fly-Killer" (Leuchtstoffröhren zum Anlocken und Töten von Insekten), jedenfalls wenn sie so aufgestellt sind, dass auch nützliche Insekten getötet werden, zB im Freien; Leuchtreklamen, an denen nützliche Insekten in großer Zahl 24 verbrennen (vgl. *Kluge/Ort/Reckewell* § 18 Rn. 34); Tötung von Kaulquappen durch rechtswidriges Zuschütten von Teichen (vgl. den Fall nach OLG Stuttgart NStZ 1994, 590; dort wurde die Wirbeltiereigenschaft von Kaulquappen verneint, § 18 Abs. 2 allerdings mit Blick auf § 21 OWiG nicht geprüft).

V. Tatbestände des Abs. 3

25 Abs. 3 und § 18a sind auf Veranlassung des Ausschusses für Ernährung, Landwirtschaft und Verbraucherschutz mit Art. 2 des Gesetzes vom 19. 4. 2006 (BGBl. I S. 900) eingefügt worden. Hintergrund ist die am 5. 1. 2007 in Kraft getretene Verordnung (EG) Nr. 1/2005 des Rates vom 22. 12. 2004 über den Schutz von Tieren beim Transport (EU-TiertransportVO, ABl. EU Nr. L 3 S. 1). In Art. 25 dieser Verordnung ist bestimmt: „Die Mitgliedstaaten legen für den Fall des Verstoßes gegen die Vorschriften dieser Verordnung Sanktionen fest und tragen durch geeignete Maßnahmen dafür Sorge, dass diese effektiv angewandt werden. Die Sanktionen müssen wirksam, verhältnismäßig und abschreckend sein.“ Durch § 18a wird deshalb das Bundesministerium ermächtigt, eine Rechtsverordnung zu erlassen, mit der die in der EU-TiertransportVO enthaltenen Ge- und Verbote unter Bußgeldandrohung gestellt werden (vgl. BR-Drucks. 16/669 S. 9). Nach dem klaren Wortlaut von Art. 25 müssen „die Vorschriften dieser Verordnung“, d.h. grundsätzlich alle dort enthaltenen Ge- und Verbote als Bußgeldtatbestände ausgestaltet werden.

26 Demgemäß ist am 21. 12. 2006 die **Verordnung zur Durchsetzung bestimmter Vorschriften der Verordnung (EG) Nr. 1/2005 des Rates vom 22. Dezember 2004 über den Schutz von Tieren beim Transport (Tierschutztransport-Bußgeldverordnung, BGBl. I S. 3390)** erlassen worden. Entgegen dem o.e. Art. 25 sind dort allerdings für wesentliche europarechtliche Ge- und Verbote keine Sanktionen vorgesehen. Insbesondere werden Verstöße gegen die Bestimmungen zur Transportfähigkeit in Anhang I Kap. I Nr. 1 und Nr. 2 der EU-TiertransportVO nicht unter Bußgeldandrohung gestellt (Beispiele: Transport verletzter Tiere; Transport von Tieren mit physiologischen Schwächen oder pathologischen Zuständen; Transport von Tieren, die sich nicht schmerzfrei oder ohne Hilfe bewegen können; Transport von zu jungen Tieren; Transport von Tieren in fortgeschrittenem Gestationsstadium). Auch Verstöße gegen die allgemeinen Bedingungen für den Transport von Tieren in Art. 3 S. 1 und S. 2 lit. a, b, e, f, g und h bleiben ohne Sanktionen. Für die Vergabe von Transportaufträgen an Transportunternehmer, die nicht über die nach Art. 10 und 11 der EU-TiertransportVO erforderliche Zulassung verfügen, sind ebenfalls keine Bußgelder vorgesehen; ebenso wenig für die Annahme von Transportaufträgen durch solche Unternehmer. Weitere wichtige Vorschriften der EU-TiertransportVO, die ohne Sanktionsdrohung bleiben, sind zB: Anhang I Kapitel II Nr. 1.1 lit. a sowie lit. c-i; Anhang I Kapitel II Nr. 1.2, 1.5, 5.2 und 5.3; Anhang I Kapitel III Nr. 1.2 lit. a, Nr. 1.3 lit. a erster Halbsatz, Nr. 1.5, 1.6, 1.7, 1.9, 1.11 Satz 4 und 1.12 lit. b. Eine Begründung, weshalb entgegen Art. 25 nur eine Auswahl der Vorschriften der EU-Tiertransportverordnung unter Bußgeldandrohung gestellt wurde, ist nicht gegeben worden.

§ 18a [Ermächtigung]

Das Bundesministerium wird ermächtigt, soweit dies zur Durchsetzung der Rechtsakte der Europäischen Gemeinschaft erforderlich ist, durch Rechtsverordnung ohne Zustimmung des Bundesrates die Tatbestände zu bezeichnen, die als Ordnungswidrigkeit nach

1. § 18 Abs. 3 Nr. 1 Buchstabe a oder Nr. 2 Buchstabe a oder
2. § 18 Abs. 3 Nr. 1 Buchstabe b oder Nr. 2 Buchstabe b

geahndet werden können.

S. die Kommentierung bei § 18 Rn. 25, 26.

§ 19 [Einziehung]

(1) Tiere, auf die sich

1. eine Straftat nach § 17 oder

2. eine Ordnungswidrigkeit nach § 18 Abs. 1 Nr. 1, 2, Nr. 3, soweit die Ordnungswidrigkeit eine Rechtsverordnung nach den §§ 2a, 5 Abs. 4, § 11b Abs. 5 Nr. 2 oder § 12 Abs. 2 Nr. 4 oder 5 betrifft, Nr. 4, 8, 9, 12, 17, 19, 21a, 22 oder 23

bezieht, können eingezogen werden.

(2) Ferner können Tiere eingezogen werden, auf die sich eine Ordnungswidrigkeit

1. nach § 18 Abs. 3 Nr. 1 bezieht, soweit die Ordnungswidrigkeit eine unmittelbar geltende Vorschrift in Rechtsakten der Europäischen Gemeinschaft betrifft, die inhaltlich einem in § 18 Abs. 1 Nr. 4, 8, 9, 12, 17, 19, 21a, 22 oder 23 bezeichneten Gebot oder Verbot entspricht,

2. nach § 18 Abs. 3 Nr. 2 bezieht, soweit die Ordnungswidrigkeit eine unmittelbar geltende Vorschrift in Rechtsakten der Europäischen Gemeinschaft betrifft, die inhaltlich einer Rechtsverordnung nach den §§ 2a, 5 Abs. 4, § 11b Abs. 5 Nr. 2 oder § 12 Abs. 2 Nr. 4 oder 5 entspricht.

Übersicht

I. Bedeutung der Vorschrift im Kontext mit den §§ 74ff. StGB und den §§ 22ff. OWiG

Die **Einziehung** ist **auf Beziehungsgegenstände erweitert.** Nach den §§ 74ff. StGB ist 1
bei einer vorsätzlich begangenen Straftat die Einziehung von Tieren (= Gegenstände iS des Strafrechts, vgl. *Tröndle/Fischer* § 242 StGB Rn. 2) möglich. Voraussetzung ist aber nach § 74 Abs. 1 StGB, dass das Tier entweder durch die Straftat hervorgebracht wurde (Tatprodukt, „productum sceleris") oder dass es zu deren Begehung oder Vorbereitung gebraucht worden oder bestimmt gewesen ist (Tatwerkzeug, „instrumentum sceleris"). Als Beispiel für letzteres lässt sich an den Hund denken, der an einer Katze, Ente oder einem anderen Kleintier „scharf" gemacht worden ist. Nicht ausreichend ist dagegen für § 74 Abs. 1 StGB, dass das Tier lediglich den Beziehungsgegenstand der Straftat bildet (vgl. die Definition bei *Schönke/Schröder/Eser* § 74 StGB Rn. 12a: Passives Objekt der Tat, dessen Verwendung sich jeweils in dem Gebrauch erschöpft, auf dessen Verhinderung der betreffende Tatbestand abzielt). Tiere, die von einer Straftat nach § 17 betroffen sind, sind regelmäßig nur solche Beziehungsgegenstände. Hier setzt deshalb die Hauptbedeutung von § 19 ein: Er erweitert die §§ 74ff. StGB, indem er bei Tieren, die entgegen dem Verbot des § 17 getötet oder misshandelt worden sind, die Einziehung auch als bloße Beziehungsgegenstände zulässt.

Bei bestimmten Ordnungswidrigkeiten ist die Einziehung zulässig. Nach den §§ 22ff. 2
OWiG können zwar bei einer vorsätzlichen oder fahrlässigen Ordnungswidrigkeit Gegenstände – auch bloße Beziehungsgegenstände – eingezogen werden, jedoch nur dort, wo das Gesetz dies ausdrücklich zulässt (§ 22 Abs. 1 OWiG). Hier liegt die weitere Be-

deutung von § 19: Er lässt bei bestimmten, enumerativ aufgezählten Ordnungswidrigkeiten nach § 18 Abs. 1 und Abs. 3 die Einziehung der Tiere, auf die sich die Tat bezieht, zu. Das Weitere regeln die §§ 22 Abs. 2, Abs. 3, 24, 26, 27 und 29 OWiG.

II. Voraussetzungen für eine Einziehung von Tieren

3 Voraussetzung für § 19 Abs. 1 Nr. 1 (**„Straftat“**) ist, dass ein Wirbeltier entgegen § 17 Nr. 1 getötet wurde oder dass ihm entgegen § 17 Nr. 2 erhebliche Schmerzen oder Leiden zugefügt wurden. Der Täter muss dabei zumindest rechtswidrig und mit sog. „natürlichen“ Vorsatz (= Wissen und Wollen aller gesetzlichen Tatbestandsmerkmale) gehandelt haben. – Dagegen greift § 19 Abs. 1 Nr. 2 oder Abs. 2 (**„Ordnungswidrigkeit“**) ein, wenn eine der aufgezählten Ordnungswidrigkeiten nach § 18 Abs. 1 oder Abs. 3 tatbestandsmäßig, rechtswidrig sowie entweder vorsätzlich oder fahrlässig verwirklicht wurde. – Zur Situation, wenn der Täter zwar vorsätzlich bzw. fahrlässig, im Übrigen aber ohne Schuld gehandelt hat, s. Rn. 6. – Der Ausspruch der Einziehung erfolgt zusammen mit dem Strafurteil bzw. Bußgeldbescheid (zu vorläufigen Maßnahmen wie Beschlagnahme und Notveräußerung s. Rn. 9–11).

4 Die Einziehung nach § 19 kann sowohl Strafe bzw. Buße wie auch Sicherungsmaßnahme sein. Ihre Voraussetzungen sind in § 74 Abs. 2 Nr. 1 und Nr. 2 StGB, der über § 74 Abs. 4 StGB entsprechend gilt, und § 22 Abs. 2 Nr. 1 und Nr. 2 OWiG geregelt. Als **Strafe bzw. Buße** ist sie nach § 74 Abs. 2 Nr. 1 StGB bzw. nach § 22 Abs. 2 Nr. 1 OWiG nur zulässig, wenn das Tier zur Zeit der Entscheidung (Urteil, Bußgeldbescheid) dem Täter oder Teilnehmer gehört oder zusteht. „Gehören“ bedeutet Alleineigentum (ausreichend auch: Sicherungs- oder Vorbehaltseigentum, vgl. BGHSt 19, 123; 24, 222; 25, 10; aA zT die Lit., vgl. *Schönke/Schröder/Eser* § 74 StGB Rn. 24). Miteigentum oder Gesamthandseigentum reicht nur aus, wenn auch der/die andere(n) Mit- oder Gesamthandseigentümer Täter oder Teilnehmer ist/sind (zB im Weg der Beihilfe durch Unterlassen). Gehört das Tier einer juristischen Person, so muss diese die Tat im Einziehungsverfahren gegen sich gelten lassen, wenn der Täter als allein- oder gesamtvertretungsberechtigtes Organ in Wahrnehmung von Angelegenheiten des Vertretenen gehandelt hat (§ 75 StGB und § 29 OWiG; vgl. dort auch die ähnlichen Regelungen für Vereine, Personenhandelsgesellschaften u.a.).

5 Die **Einziehung als Sicherungsmaßnahme zum Schutz vor Gefahren (Sicherungseinziehung)** kann nach § 74 Abs. 2 Nr. 2 StGB bzw. nach § 22 Abs. 2 Nr. 2 OWiG einmal bei genereller Gefährlichkeit des Tieres stattfinden. Hauptanwendungsfall ist aber die mit konkreten Anhaltspunkten (insbesondere dem Tat- und Nachtatverhalten des Täters) begründbare Gefahr, dass es zu irgendeiner weiteren Straftat oder Ordnungswidrigkeit durch den Täter oder durch Dritte mit Beziehung auf das Tier bzw. die Tiere kommen könnte (vgl. *Schönke/Schröder/Eser* § 74 StGB Rn. 33). Besteht eine diesbezügliche ernsthafte Möglichkeit (hochgradige Wahrscheinlichkeit ist nicht erforderlich; eine ernst zu nehmende Möglichkeit genügt), so kann die Einziehung angeordnet werden; sie ist dann nicht Strafe bzw. Buße, sondern Sicherungsmaßnahme. Daraus ergeben sich wichtige Konsequenzen: **a)** Auf die Eigentumsverhältnisse am Tier kommt es jetzt grds. nicht mehr an (zur Verfahrensbeteiligung von Dritteigentümern vgl. §§ 431ff. StPO, zu ihrer Entschädigung vgl. § 74f StGB bzw. § 28 OWiG); **b)** sofern der Täter eine ganze Gruppe oder Herde von Tieren vernachlässigt oder misshandelt hat, kann die gesamte Gruppe oder Herde beschlagnahmt und eingezogen werden, selbst dann, wenn sich die Symptome und Indikatoren für erhebliche Schmerzen oder Leiden nur bei einem Teil der Tiere zeigen (denn die Tat bezog sich auf die gesamte Tiergruppe, und die Gefahr betrifft ebenfalls alle gleich; vgl. *Kluge/Ort/Reckewell* § 19 Rn. 14); **c)** die Sicherungseinziehung ist auch dann möglich, wenn der Täter ohne Schuld gehandelt hat (s. Rn. 6).

Dass der Täter **ohne Schuld** gehandelt hat (zB wegen Schuldunfähigkeit, wegen eines unvermeidbaren Verbotsirrtums, wegen eines Entschuldigungs- oder eines Strafaufhebungsgrundes; weil er zwar bei Anlegung eines objektiven Sorgfaltsmaßstabes fahrlässig gehandelt hat, nicht aber nach seinen individuellen Kenntnissen und Fähigkeiten), steht einer Sicherungseinziehung nicht entgegen, vgl. § 74 Abs. 3 StGB bzw. § 22 Abs. 3 OWiG). Gleiches gilt, wenn die Tat bereits verjährt ist (§ 76a Abs. 2 Nr. 1 StGB, § 27 Abs. 2 Nr. 1 OWiG). Stehen diese Hindernisse schon bei Abschluss des Ermittlungsverfahrens fest, so beantragt die Staatsanwaltschaft das selbständige Einziehungsverfahren nach den §§ 440ff. StPO bzw. die Bußgeldbehörde erlässt einen selbständigen Einziehungsbescheid nach §§ 27, 87 Abs. 3 OWiG (vgl. *Beck* AtD 1997, 283, 284). 6

Der **Verhältnismäßigkeitsgrundsatz** ist zu beachten, sowohl bei einer Einziehung als Strafe/Buße wie auch bei einer Sicherungseinziehung (vgl. § 74b StGB bzw. § 24 OWiG). Konsequenzen: Der Richter bzw. Verwaltungsbeamte muss im Urteil bzw. Bußgeldbescheid deutlich machen, dass er seinen Ermessensspielraum gesehen und genutzt hat (vgl. BayObLG NJW 1998, 3287). Er muss sich mit weniger einschneidenden Handlungsalternativen auseinandersetzen, soweit diese als gleichermaßen effektiv in Betracht kommen (zB Vorbehalt der Einziehung, Anweisung zum Verkauf der Herde und zu einem Nachweis über ihren Verbleib, Einziehung bei Nichtbefolgung; vgl. § 74b Abs. 2 StGB bzw. § 24 Abs. 2 OWiG; vgl. auch BayObLG aaO). Und er muss in eine Folgenabwägung eintreten: Auf der einen Seite stehen u.a. die Erheblichkeit des begangenen Verstoßes sowie die Schwere und die Wahrscheinlichkeit der möglichen künftigen Verstöße und die damit einhergehenden Schmerzen, Leiden und Schäden für die Tiere; auf der anderen Seite geht es um die wirtschaftlichen Folgen, die die Einziehung für den Täter hat, ggf. auch um die Belastungen, die für einzelne Tiere durch eine Herausnahme aus ihrem bisherigen Sozialverband entstehen. Allerdings müssen (auch aufgrund von Art. 20a GG, s. dort Rn. 9, 31, 32) wirtschaftliche Gründe hinter dem Ziel, rechtswidrige Tötungen sowie Schmerz- und Leidenszufügungen künftig sicher zu vermeiden, grds. zurücktreten (s. auch § 16a Rn. 25: wenn nach VG Stuttgart vom 29. 10. 1999, 4 K 4569/99 bei einer Untersagung der Tierhaltung aufgrund von § 16a S. 2 Nr. 3 der Umstand, dass der Betroffene sozialhilfebedürftig zu werden droht, nicht zur Unverhältnismäßigkeit der Untersagung führt, so dürfte für die Einziehung nach § 19 nichts anderes gelten). Beispiele für verhältnismäßige Einziehungen finden sich bei *Kluge/Ort/Reckewell* § 19 Rn. 17; weitere Beispiele s. Rn. 11. 7

III. Rechtsfolgen der Einziehung

Mit Rechtskraft des die Einziehung aussprechenden Urteils bzw. Bußgeldbescheids **geht das Eigentum am Tier auf den Staat** (idR das Land) **über.** Bisherige Eigentumsrechte (einschließlich Mit- und Gesamthandseigentum) erlöschen (§ 74e Abs. 1 StGB, § 26 Abs. 1 OWiG). Sofern sich die Tiere noch beim Täter oder Teilnehmer befinden, erfolgt die Vollstreckung gemäß §§ 63ff. StrafvollstreckungsO bzw. § 90 Abs. 3 OWiG. – Eine Verwertung erfolgt idR durch Veräußerung, ggf. auch durch Verschenken. Für eine Tötung beschlagnahmter und eingezogener Tiere gilt, wie sonst auch, dass dies nur aus vernünftigem Grund geschehen darf (§ 17 Nr. 1). Ein solcher kann bei nicht schlachtbaren Tieren idR nur angenommen werden, wenn das Tier nach tierärztlichem Urteil nur noch unter erheblichen, aus medizinischen Gründen nicht behebbaren Schmerzen oder Leiden weiterleben kann. Die Ausnahmevorschrift des § 16a S. 2 Nr. 2 zweitletzte Alternative (Tötung, wenn Veräußerung nicht möglich, s. § 16a Rn. 20) ist auf die Situation nach einer Einziehung nicht analog anwendbar (so *Kluge/Ort/Reckewell* § 19 Rn. 29). 8

IV. Zum Ablauf eines Einziehungsverfahrens
(vgl. auch die Darstellungen bei *Beck* AtD 1997, 283 ff. sowie *Kluge/Ort/Reckewell* § 19 Rn. 19–31)

9 **Maßnahmen bei Bestehen eines Anfangsverdachts.** Sobald zureichende tatsächliche Anhaltspunkte für eine Straftat bzw. Ordnungswidrigkeit vorliegen (vgl. § 152 Abs. 2 StPO, § 46 Abs. 1 OWiG), kann die Staatsanwaltschaft bzw. die für das Bußgeldverfahren zuständige Behörde beim Amtsgericht einen Durchsuchungs- und Beschlagnahmebeschluss beantragen; bei Gefahr im Verzug können sie beides auch selbst anordnen (§§ 94, 98, 102, 103, 105 Abs. 1 StPO und § 46 Abs. 1 und 2 OWiG). Durchsuchung, Beschlagnahme und Untersuchung der Tiere müssen schnell und sorgfältig erfolgen, da häufig schon in diesem Stadium die Weichen für Erfolg oder Misserfolg des ganzen Verfahrens gestellt werden (zB umfassendes Fotografieren des gesamten Stall- und Aufenthaltsbereiches der Tiere, insbesondere auch der Verletzungen und anderer Schmerz- und Leidenssymptome; zeitnahe tierärztliche Untersuchung; Dokumentation der dabei erzielten Untersuchungsergebnisse, zumindest durch Aktenvermerke; Festhalten von Zeugenaussagen; vgl. zum Ganzen *Iburg* DtW 2000, 88, 89).

10 Sobald aufgrund von Ermittlungsergebnissen und/oder anderen Anhaltspunkten Gründe für die Annahme vorliegen, dass die Voraussetzungen einer Einziehung einschließlich ihrer Verhältnismäßigkeit vorliegen, kann (auch ohne das Vorliegen der Voraussetzungen der §§ 94, 98 StPO) eine **Beschlagnahme nach § 111 b Abs. 1 StPO** herbeigeführt werden (durch Gesetz vom 4. 5. 1998, BGBl. I S. 845, 847 ist das bis dahin bestehende Erfordernis, dass die Gründe „dringend" sein müssten, gestrichen worden; ausreichend ist also, ähnlich wie bei den §§ 94, 98 StPO, der einfache Verdacht; wenn sich dieser allerdings im weiteren Verlauf des Verfahrens nicht zu einem dringenden Verdacht verdichtet, muss die Beschlagnahme gemäß § 111 b Abs. 3 nach sechs und in Sonderfällen nach neun Monaten wieder aufgehoben werden; vgl. *Meyer-Goßner* § 111 b StPO Rn. 8). Zuständigkeit: Richter, bei Gefahr im Verzug aber auch Staatsanwaltschaft bzw. im Bußgeldverfahren Bußgeldbehörde (vgl. § 111 e StPO, § 46 Abs. 2 OWiG, vgl. auch Hess. Zirkus-Handbuch S. 68; s. auch § 111 e Abs. 2 StPO: nachträgliche richterliche Entscheidung in diesem Fall nur auf Antrag des Betroffenen). Form: grds. schriftlich; bei nur mündlicher Beschlussfassung muss später ein Aktenvermerk darüber angefertigt werden (vgl. *Beck* aaO; *Meyer-Goßner* § 98 StPO Rn. 8). Anhörung: grds. vorher, es sei denn, der Zweck der Beschlagnahme würde dadurch gefährdet. Vorteil dieses Beschlusses: Ab jetzt gilt ein Veräußerungsverbot (vgl. § 111 c Abs. 5 StPO); außerdem kommt eine Notveräußerung in Betracht (vgl. § 111 l StPO). Weiterer Vorteil: uU kann man die Tiere vorläufig bei dem Betroffenen belassen, die Beschlagnahme aber durch Siegel kenntlich machen (§ 111 c Abs. 1 StPO) und dort die Notveräußerung durchführen, ohne die Tiere vorher anderweitig unterbringen zu müssen. – Möglich ist es auch, die Tiere zunächst als Beweismittel zu beschlagnahmen und, wenn sich der Tatverdacht bestätigt, diese Maßnahme in eine Beschlagnahme zur Sicherung der späteren Einziehung umzuwandeln (vgl. Hess. Zirkus-Handbuch S. 71).

11 Die **Notveräußerung nach § 111 l StPO** wird vom Rechtspfleger der Staatsanwaltschaft bzw. von der Bußgeldbehörde (§ 46 Abs. 2 OWiG) angeordnet, wenn – was insbesondere bei Großtieren, exotischen Heimtieren o. Ä. nahe liegt – die Unterbringung, Fütterung und Pflege mit unverhältnismäßigen Kosten oder Schwierigkeiten (zB beim Auffinden einer geeigneten Unterkunft) verbunden ist (vgl. *Meyer-Goßner* § 111 l StPO Rn. 2; Hess. Zirkus-Handbuch S. 69). Die Verwertung erfolgt dann zwar grds. durch Gerichtsvollzieherversteigerung (vgl. § 111 l Abs. 5 StPO, §§ 814 ff. ZPO); der Rechtspfleger bzw. die Behörde können aber, wenn die Versteigerung nicht sinnvoll erscheint oder zu lange dauert, nach § 825 ZPO den freihändigen Verkauf zu einem (vorher gutachterlich ermittelten) Schätzpreis, ggf. (falls dies zur Herstellung eines Zustandes, der § 2 TierSchG entspricht, erforderlich ist) auch zu einem nur symbolischen Preis anordnen (vgl. die Bei-

spiele bei *Kluge/Ort/Reckewell* § 19 Rn. 22–25: Verkauf eines beschlagnahmten Flusspferdes für 500 DM an eine Tierschutzorganisation zwecks Rückführung in einen Naturpark in Afrika; Verkauf einer Stute zum symbolischen Preis von 100 DM an einen Tierschutzverein zur pfleglichen Unterbringung und zur Vermeidung der Schlachtung). – Nach der Notveräußerung tritt der Erlös an die Stelle des Tieres, so dass auf dessen Einziehung zu erkennen ist.

Gegen diese Anordnungen kann der Betroffene **Antrag auf richterliche Entscheidung** stellen (§ 111e Abs. 2 S. 3, 111l Abs. 6 S. 1 StPO i. V. m. § 46 Abs. 1 OWiG). Aufschiebende Wirkung hat dieser Antrag nicht, es sei denn, das Gericht ordnet sie ausdrücklich an (§ 111l Abs. 6 S. 3 StPO, § 46 Abs. 1 OWiG). – Die Kosten für die Beförderung, Unterbringung, Fütterung und Pflege der Tiere fallen dem Betroffenen zur Last (§ 465 StPO, § 107 Abs. 3 Nr. 10a OWiG). 12

Der **Ausspruch der Einziehung** erfolgt im Tenor des Urteils oder Strafbefehls bzw. des Bußgeldbescheids. Zum selbständigen Einziehungsverfahren s. §§ 440, 436, 438 StPO bzw. §§ 27, 87 Abs. 3 OWiG. Hat bereits eine Notveräußerung stattgefunden, so wird auf Einziehung des Erlöses erkannt. 13

Ein **Verzicht des Betroffenen** („Ich verzichte auf Rückgabe“) ist zwar keine Übereignung nach § 929 BGB, bewirkt aber, dass (wegen des darin liegenden Verzichts auf eine förmliche Entscheidung über die Einziehung) die Rechtsfolgen des § 74e StGB bzw. des § 26 OWiG sofort und nicht erst mit Rechtskraft des Urteils bzw. Bußgeldbescheids eintreten. Für den Betroffenen hat dies den Vorteil, dass ihm die von jetzt an entstehenden weiteren Unterbringungs-, Pflege und Fütterungskosten nicht mehr zur Last fallen, was einen Anreiz bieten kann. Für die Staatskasse kann dies uU ein Nachteil sein (vgl. *Kluge/Ort/Reckewell* aaO Rn. 27). – Zur Verfahrensbeteiligung Dritter als Allein-, Mit- oder Gesamthandseigentümer oder als dinglich Berechtigte vgl. §§ 431ff. StPO, § 46 Abs. 1 OWiG; zu ihrer Entschädigung als Nicht-Tatbeteiligte vgl. § 74f StGB und § 28 OWiG). 14

V. Beschlagnahme und Einziehung im Straf- bzw. Ordnungswidrigkeitenverfahren oder Wegnahme im Verwaltungsverfahren?

Im Rahmen des **Vorgehens angesichts einer mangelhaften Tierhaltung** kann sich für die nach § 15 zuständige Behörde die Frage stellen, ob man besser nach § 16a S. 2 Nr. 2 oder aber im Rahmen eines Straf- oder Ordnungswidrigkeitenverfahrens nach § 19 i. V. m. §§ 111b ff. StPO vorgehen soll. Die dargestellten Möglichkeiten des Straf- und Ordnungswidrigkeitenverfahrens erscheinen effektiver, insbesondere wegen der Möglichkeit, durch Beschlagnahme nach § 111b StPO und die daran anschließende Notveräußerung nach § 111l StPO hohe, möglicherweise nicht beitreibbare Kosten einzusparen (wegen dieser Möglichkeiten kann sich die für das Bußgeldverfahren zuständige Stelle nicht darauf berufen, dass im Falle ihres Eingreifens mit der Wegnahme der Tiere bis zum Erlass oder gar bis zur Rechtskraft des Bußgeldbescheids gewartet werden müsse und deswegen eine Fortnahme nach § 16a S. 2 Nr. 2 effektiver sei). Fehlt es aber an Gründen für die Annahme, dass eine Straftat oder Ordnungswidrigkeit iS des § 19 begangen wurde und dass die weiteren Einziehungsvoraussetzungen (Eigentum des Täters an den Tieren oder Gefahr weiterer Taten mit Beziehung auf das Tier iS von § 74 Abs. 2 Nr. 2 StGB/§ 22 Abs. 2 Nr. 2 OWiG; Verhältnismäßigkeit) vorliegen („dringend“ müssen diese Gründe nicht sein!), so bleibt nur der Weg der behördlichen Fortnahme nach § 16a (eingehend dazu *Beck* AtD 1997, 283, 285). 15

§ 20 [Verbot der Tierhaltung]

(1) **Wird jemand wegen einer nach § 17 rechtswidrigen Tat verurteilt oder nur deshalb nicht verurteilt, weil seine Schuldunfähigkeit erwiesen oder nicht auszuschließen ist, so kann ihm das Gericht das Halten von sowie den Handel oder den sonstigen berufsmäßigen Umgang mit Tieren jeder oder einer bestimmten Art für die Dauer von**

einem Jahr bis zu fünf Jahren oder für immer verbieten, wenn die Gefahr besteht, dass er weiterhin eine nach § 17 rechtswidrige Tat begehen wird.

(2) [1]**Das Verbot wird mit Rechtskraft des Urteils wirksam.** [2]**In die Verbotsfrist wird die Zeit, in welcher der Täter in einer Anstalt verwahrt wird, nicht eingerechnet.** [3]**Ergibt sich nach der Anordnung des Verbots Grund zu der Annahme, dass die Gefahr, der Täter werde nach § 17 rechtswidrige Taten begehen, nicht mehr besteht, so kann das Gericht das Verbot aufheben, wenn es mindestens sechs Monate gedauert hat.**

(3) **Wer einem Verbot nach Absatz 1 zuwiderhandelt, wird mit Freiheitsstrafe bis zu einem Jahr oder mit Geldstrafe bestraft.**

Übersicht

I. Allgemeines

1 **Zweck der Vorschrift** ist es, Personen, die eine Straftat an Tieren begangen haben und zu solchen Straftaten neigen, vom Umgang mit Tieren fernzuhalten, um die Tiere vor derartigen Tätern zu schützen (vgl. BT-Drucks. 10/3158 S. 29). § 20 ist somit eine Maßregel der Besserung und Sicherung und dient dem präventiven Tierschutz (vgl. *Schiwy* § 20).

2 Als **andere Maßnahmen, die in dieselbe Richtung zielen,** kommen in Betracht: Das strafrechtliche Berufsverbot nach § 70 StGB (vgl. aber *Kluge/Ort/Reckewell* § 20 Rn. 1: § 20 als Spezialgesetz, das für den Bereich des berufsmäßigen Umgangs und Handels mit Tieren § 70 StGB verdrängt); das verwaltungsrechtliche Verbot nach § 16a S. 2 Nr. 3, das sich neben dem Halten auch auf das Betreuen von Tieren erstrecken kann (s. § 16a Rn. 24–26); die Möglichkeiten, bei einem nach § 11 Abs. 1 erlaubnispflichtigen Umgang mit Tieren die Erlaubnis zu versagen, sie nach §§ 48, 49 VwVfG zurückzunehmen oder zu widerrufen sowie gegen einen ohne Erlaubnis begonnenen oder fortgesetzten Umgang mit Tieren nach § 11 Abs. 3 S. 2 einzuschreiten (s. § 11 Rn. 26, 27); die Gewerbeuntersagung nach § 35 GewO.

3 Das Verbot nach § 20 kann **nur durch Urteil** (nicht durch Strafbefehl, vgl. § 407 Abs. 2 StPO) ausgesprochen werden. Die in Rn. 2 beschriebenen Möglichkeiten der Verwaltungsbehörde lassen das Recht und ggf. die Pflicht des Richters hierzu unberührt.

II. Voraussetzungen für das Haltungs-, Handels- und/oder Umgangsverbot

4 Voraussetzung ist, dass der Betroffene **tatbestandsmäßig, rechtswidrig und vorsätzlich gegen § 17** (gleichgültig, ob gegen Nr. 1, Nr. 2a oder Nr. 2b) **verstoßen** hat und deshalb **verurteilt** wird. Eine Verurteilung liegt auch dann vor, wenn Erziehungsmaßregeln oder Zuchtmittel nach §§ 9ff. JGG ausgesprochen werden oder wenn gemäß § 60 StGB von Strafe abgesehen wird (vgl. *L/M* § 20 Rn. 5; *Schönke/Schröder/Stree* § 70 StGB Rn. 8). – Unschädlich ist, wenn eine Verurteilung lediglich wegen erwiesener oder nicht auszuschließender Schuldunfähigkeit nach § 20 StGB unterbleibt (ob eine fehlende Verantwortlichkeit nach § 3 JGG das Verbot ebenfalls ermöglicht, ist str.; bejahend *Lorz* § 20 Rn. 7, verneinend *Kluge/Ort/Reckewell* § 20 Rn. 6). In diesem Fall ergeht zwar ein Freispruch, doch wird das Haltungs-, Handels- und/oder Umgangsverbot gleichzeitig im Urteil angeordnet. Erkennt allerdings die Staatsanwaltschaft schon bei Abschluss der Ermittlungen, dass eine Schuldfähigkeit nicht nachweisbar sein wird, so kann sie keine Anklage

erheben, denn dies setzt hinreichenden Tatverdacht (d.h. hinreichende Wahrscheinlichkeit, dass es zu einem Schuldspruch kommen wird) voraus. In diesem Fall läge zwar die Einleitung eines Sicherungsverfahrens mit dem Ziel einer selbständigen Anordnung des Verbots nahe, doch ist dies mangels entsprechender gesetzlicher Vorschriften nicht möglich (vgl. OLG Karlsruhe NuR 1989, 144). Übrig bleibt dann nur, dass das Vormundschaftsgericht durch geeignete, erforderliche und verhältnismäßige Anordnungen den Betroffenen vom künftigen Umgang mit Tieren fern hält. – Die Verurteilung wegen Vollrausches nach § 323 a StGB mit § 17 als Rauschtat ermöglicht den Ausspruch des Verbots, da auch hier die Verurteilung nach § 17 nur deswegen nicht erfolgt, weil eine (rauschbedingte) Schuldunfähigkeit erwiesen oder nicht auszuschließen ist.

Es muss **wahrscheinlich erscheinen,** dass der Täter **weiterhin eine nach § 17 rechtswidrige Tat begehen wird.** Die damit verlangte „einfache" Wahrscheinlichkeit ist zwar mehr als bloße Möglichkeit, jedoch weniger als hochgradige Wahrscheinlichkeit (wie sie vorliegen muss, wenn das Gesetz „dringende Gründe" fordert, vgl. zB §§ 111 a, 112, 126 a StPO). Ob diese einfache Wahrscheinlichkeit bejaht werden kann, richtet sich nach der Gesamtheit der bekannten Umstände, also u. a. nach dem Tat- und Nachtatverhalten, nach früheren Straftaten und Ordnungswidrigkeiten, nach sonstigen Verhaltensweisen und nach persönlichen Eigenschaften. – Die strengen Anforderungen, die das Strafgesetzbuch für die besonders belastenden Maßregeln der Unterbringung (§ 63 StGB) und des Berufsverbots (§ 70 StGB) aufstellt, gelten hier nicht: Weder wird verlangt, dass sich die Gefahr aus dem Zustand des Täters ergeben müsse, noch ist notwendig, dass mehrere erhebliche rechtswidrige Taten zu befürchten sind. Deshalb kann auch bereits ein einzelner, nicht besonders schwer wiegender Verstoß gegen § 17 ausreichen, und auch der zu befürchtende weitere Verstoß braucht nicht notwendig von besonderer Schwere zu sein (vgl. *Kluge/Ort/Reckewell* § 20 Rn. 10–12). 5

Dritte Voraussetzung ist die **Erforderlichkeit und Verhältnismäßigkeit ieS** des Verbots. 6
– Hinsichtlich der Erforderlichkeit ist zu fragen: Ist das Verbot nach seiner Art (betreffend Haltung, Handel und/oder berufsmäßigen Umgang), seinem Ausmaß (betr. eine Art, mehrere Arten oder alle Arten von Tieren) und seiner Zeitdauer nötig, um die Gefahr, dass es zu einer weiteren rechtswidrigen Tat nach § 17 kommen wird, effektiv und sicher zu bekämpfen? Daran fehlt es, wenn zur Abwendung der Gefahr ein gleich sicheres, für den Betroffenen aber weniger einschneidendes Mittel zur Verfügung steht. – Hinsichtlich der Verhältnismäßigkeit ieS dürfen nach § 62 StGB, der allen strafrechtlichen Maßregeln vorangestellt ist, die Folgen für den Betroffenen zum Grad der von ihm ausgehenden Gefahren (d.h. der Schwere der Schmerzen, Leiden und Schäden einschließlich des Todes der Tiere durch die etwaige weitere Tat und dem Grad der insoweit bestehenden Wahrscheinlichkeit) nicht außer Verhältnis stehen. Hierbei ist zu berücksichtigen, dass der Gesetzgeber dem Anliegen, weitere Tiertötungen sowie Leidens- und Schmerzzufügungen durch eine Person, die bereits einmal wegen § 17 verurteilt werden musste, zu verhindern, einen hohen Rang beimisst. Ein Verbot, das zur Bekämpfung einer solchen Gefahr erforderlich ist, wird deshalb in aller Regel auch verhältnismäßig sein (vgl. *Kluge/Ort/Reckewell* § 20 Rn. 10). – Der Richter muss in den Gründen seiner Entscheidung erkennen lassen, dass er seinen Ermessensspielraum gesehen und genutzt hat und dass er sich mit möglichen milderen Handlungsalternativen auseinandergesetzt sowie auch die Folgenabwägung vorgenommen hat. – Dass der Täter den Betrieb, in dem er die Tat begangen hat, inzwischen aufgegeben hat, steht dem Verbot nicht entgegen; ebenso wenig, dass bereits seitens der Behörde ein Verbot, zB nach § 16 a S. 2 Nr. 3, ergangen ist (vgl. *L/M* § 20 Rn. 11).

III. Inhalt und Wirksamwerden des Verbots; Abhilfeverfahren

Folgende Tätigkeiten können bei Vorliegen der o.e. Voraussetzungen verboten werden: **1.** Das Halten von Tieren (d.h. die Ausübung einer tatsächlichen Bestimmungsmacht 7 im eigenen Interesse und für eigene Rechnung, s. § 2 Rn. 4; nicht hingegen das außerberufliche Betreuen, die nicht berufliche Ausübung einer nur zeitweiligen Aufsicht, der bloße Erwerb und das Behalten von Eigentum sowie die bloße Nutzung). **2.** Der Handel mit Tieren (d.h. der Ein- und Verkauf mit der Absicht, einen Gewinn zu erzielen). **3.** Der sonstige berufsmäßige Umgang (d.h. jeder Umgang mit Tieren, der in einem zeitlich/räumlichen sowie sachlichen Zusammenhang mit einer beruflichen Betätigung steht, zB als Tierpfleger, Tierhüter, Tieraufseher, Angestellter in Tierheimen oder Zoohandlungen, Stallbursche, Reitlehrer, Tierartist, Lkw-Fahrer oder -begleiter bei Tiertransporten, Pferdetrainer, Landwirt, selbst wenn nur Katzen zum Schutz von Vorräten gehalten werden, Tierversuche Durchführender oder daran Mitwirkender, Metzger u.a.m.).

8 Welche **Arten von Tieren** das Verbot umfassen soll, richtet sich danach, was für die effektive und sichere Beseitigung der von dem Täter ausgehenden Gefahr notwendig ist. Das Verbot muss sich nicht auf solche Tiergattungen beschränken, die der Täter bereits geschädigt hat. Auch ein auf alle Tiere bezogenes Verbot ist möglich. – Das Gericht sollte die Art bzw. die Arten, auf die es das Verbot beschränkt, mit Blick auf § 20 Abs. 3 so bestimmt wie möglich bezeichnen. Zoologische Begriffe können Unklarheiten vermeiden helfen. Allerdings machen allgemein gehaltene Bezeichnungen wie „Großvieh", „Pelztiere", „Versuchstiere", „landwirtschaftliche Nutztiere" das Verbot nicht unwirksam; sie können aber dazu führen, dass in einem späteren Strafverfahren nach § 20 Abs. 3 in Grenzfällen zugunsten des Täters entschieden werden muss.

9 Auch die **Zeitdauer** (ein Jahr bis fünf Jahre) richtet sich nach dem, was für eine effektive Gefahrbekämpfung erforderlich ist. Für ein lebenslanges Verbot gelten strenge Maßstäbe.

10 Das **Verbot** wird erst **mit Rechtskraft des Urteils wirksam.** Kann so lange nicht gewartet werden, so ist ein vorläufiges Verbot nach § 20a auszusprechen, ggf. auch im Urteil. Die Verbotsfrist beginnt erst ab Rechtskraft zu laufen. Soll die Zeit, in der das vorläufige Verbot wirksam war, dabei berücksichtigt werden, kann dies mangels einer gesetzlichen Anrechungsvorschrift nur in der Weise geschehen, dass das Gericht im Urteil eine entsprechend kürzere Verbotsfrist festsetzt.

11 Ein **Abhilfeverfahren** ist nach Abs. 2 S. 3 vorgesehen. Voraussetzungen: Es müssen Umstände vorliegen, die ergeben, dass jetzt keine Wahrscheinlichkeit mehr besteht, dass der Täter eine weitere rechtswidrige Tat nach § 17 begehen wird (dazu bedarf es einer intensiven Überprüfung unter Einsatz von Gerichtshelfern nach § 160 Abs. 3 StPO, vgl. *Kluge/Ort/Reckewell* § 20 Rn. 20); die dafür maßgeblichen Gründe dürfen erst nach dem Urteil eingetreten sein; die Mindestdauer von sechs Monaten darf nicht unterschritten werden.

IV. Straftatbestand des § 20 Abs. 3

12 **Strafbar macht sich,** wer einem Verbot nach § 20 Abs. 1, das an ihn selbst gerichtet ist, zuwiderhandelt. Da diese Strafvorschrift weniger klar abgefasst ist als der (im Fall eines Berufsverbots nach § 70 StGB geltende) § 145c StGB, bestehen Möglichkeiten für eine Umgehung. ZT kann hier jedoch durch Gesetzesauslegung ohne Verstoß gegen das strafrechtliche Analogieverbot entgegengewirkt werden. Zwei Beispiele: Lässt der von dem Haltungsverbot Betroffene die Tiere durch einen Dritten halten, den er aber in Wahrheit durch eigene Weisungen steuert (Strohmann), so bleibt er selbst Halter, denn er besitzt kraft seiner Weisungsmöglichkeiten nach wie vor die Bestimmungsmacht über die Tiere und übt sie auch im eigenen Interesse und für eigene Rechnung aus. Behauptet der Betroffene, die in seinem Besitz befindlichen Tiere nur für einen Dritten zu betreuen, so lässt sich uU die angebliche Haltereigenschaft des vorgeschobenen Dritten mit Hilfe von Indizien widerlegen. Solche Indizien können sein: zu große räumliche Entfernung des Dritten von den Tieren (zB 50 km, vgl. das bei *Kluge/Ort/Reckewell* § 20 Rn. 21 zitierte Beispiel);

fehlende Kenntnisse und Fähigkeiten nach § 2 Nr. 3 auf Seiten des Dritten; fehlende Weisungsabhängigkeit des Betroffenen von dem Dritten; fehlende Fähigkeit des Dritten, für die Tiere aufzukommen (vgl. das Halter-Merkmal „für eigene Rechnung“, s. § 2 Rn. 4) u.a.m. Der Strohmann bzw. der vorgeschobene Halter können in solchen Fällen wegen Beihilfe, § 27 StGB strafbar sein.

Die **Schuld** erfordert hier Vorsatz (§ 15 StGB). Die rechtsirrige Annahme, Tiere der ge- 13
haltenen Art seien von dem Verbot nicht mitumfasst, kann sich, wenn der Inhalt des Verbots insoweit Unklarheiten zulässt, zugunsten des Täters auswirken. Dagegen ist die Annahme, trotz eines Haltungsverbots die Tierhaltung über einen weisungsabhängigen Dritten fortsetzen zu dürfen, ein bloßer Verbotsirrtum nach § 17 StGB, der idR vermeidbar ist. Dasselbe gilt für die Annahme, man sei bloßer Betreuer, obwohl man in Wahrheit die Bestimmungsmacht im eigenen Interesse und für eigene Rechnung ausübt und damit Halter ist. – Die Verjährungsfrist beträgt drei Jahre und beginnt mit dem Ende des verbotswidrigen Umgangs zu laufen (§§ 78 Abs. 3 Nr. 5, 78a StGB). – Konkurrenzen: Begeht der Täter im Rahmen der verbotenen Haltung bzw. des Handels oder Umgangs eine weitere Straftat nach § 17, so besteht idR Tatmehrheit.

Wohin mit den Tieren, die entgegen § 20 gehalten werden? Eine Einziehung nach 14
§ 74 Abs. 1 StGB scheitert daran, dass die Tiere weder Produkte noch Werkzeuge der Tat, sondern bloße Beziehungsgegenstände sind. § 19 greift nicht ein, denn die §§ 20, 20a sind dort nicht genannt. – Möglich sind indes eine Beschlagnahme und Einziehung nach dem Polizei- und Ordnungsrecht des Landes, vgl. zB §§ 33, 34 PolG BW: Die verbotswidrige, gegen § 20 Abs. 3 verstoßende Haltung ist eine fortdauernde Störung der öffentlichen Sicherheit, selbst wenn keine weiteren Straftaten oder Ordnungswidrigkeiten hinzutreten; die Einziehung durch die allgemeine Polizeibehörde kommt in Betracht, weil die beschlagnahmten Tiere, solange das Verbot fortbesteht, nicht an den Täter zurückgegeben werden können, ohne dass die Störungslage erneut eintritt; eine Vernichtung (vgl. § 34 Abs. 3 PolG BW) ist allerdings nicht möglich, weil das Landesrecht Tötungsbefugnisse nur vorsehen kann, soweit diese dem Maßstab der bundesrechtlichen Regelung in § 16a S. 2 Nr. 2 dritter Halbsatz entsprechen und nicht darüber hinausgehen (s. § 17 Rn. 7 und § 16a Rn. 20). – Neben einem durch Urteil ausgesprochenen Verbot nach § 20 kommt auch ein behördliches Tierhaltungsverbot nach § 16a S. 2 Nr. 3, gefolgt von einer Wegnahme und Veräußerung der Tiere, in Betracht (s. § 16a Rn. 24–26). Denn wenn die Voraussetzungen des § 20 erfüllt sind, lassen sich idR auch ein grober Verstoß gegen § 2 (der gegenüber § 17 ein „minus“ darstellt) sowie die hierdurch verursachten Schmerzen, Leiden oder Schäden und die Gefahr weiterer Zuwiderhandlungen bejahen (zum Ganzen vgl. *Iburg* DtW 2000, 88, 91).

§ 20a [Vorläufiges Verbot der Tierhaltung]

(1) **Sind dringende Gründe für die Annahme vorhanden, dass ein Verbot nach § 20 angeordnet werden wird, so kann der Richter dem Beschuldigten durch Beschluss das Halten von sowie den Handel oder den sonstigen berufsmäßigen Umgang mit Tieren jeder oder einer bestimmten Art vorläufig verbieten.**

(2) **Das vorläufige Verbot nach Absatz 1 ist aufzuheben, wenn sein Grund weggefallen ist oder wenn das Gericht im Urteil ein Verbot nach § 20 nicht anordnet.**

(3) **Wer einem Verbot nach Absatz 1 zuwiderhandelt, wird mit Freiheitsstrafe bis zu einem Jahr oder mit Geldstrafe bestraft.**

Dringende Gründe für die Annahme eines Verbots nach § 20 erfordern: **1.** Dringen- 1
der Tatverdacht iS des § 112 StPO, d.h. es muss hochgradig wahrscheinlich sein, dass der Betroffene als Täter oder Teilnehmer wegen einer Straftat nach § 17 verurteilt werden wird (bzw. dass seine Verurteilung nur an einer möglichen Schuldunfähigkeit scheitert, s.

§ 20 Rn. 4). – **2.** Hohe Wahrscheinlichkeit für die weiteren Voraussetzungen nach § 20 Abs. 1, also dafür, dass die Gefahr einer weiteren rechtswidrigen Tat nach § 17 besteht und dass das Verbot deswegen nicht unverhältnismäßig ist. – **3.** Hohe Wahrscheinlichkeit, dass das Gericht auch im Urteil ein Verbot nach § 20 aussprechen wird. – Ebenso wie bei § 20 ist es auch hier nicht erforderlich, dass der Betroffene im Zeitpunkt der Entscheidung noch Tiere hält.

2 Sind diese Voraussetzungen erfüllt, so dürfte das **Ermessen** des Gerichtes idR auf einen Erlass des vorläufigen Verbots reduziert sein (vgl. *L/M* § 20a Rn. 4).

3 **Zuständig** ist im Ermittlungsverfahren das Amtsgericht auf Antrag der Staatsanwaltschaft (§ 162 StPO); nach Erhebung der öffentlichen Klage das mit der Sache befasste Gericht. Die Entscheidung ergeht nach Anhörung des Betroffenen (§ 33 StPO) durch Beschluss. Dieser muss dem Betroffenen bekannt gemacht werden (Verkündung bei Anwesenheit, Zustellung bzw. Zugang bei Abwesenheit, vgl. § 35 Abs. 1, Abs. 2 StPO). Anfechtbar ist er mit einfacher Beschwerde, der eine aufschiebende Wirkung nicht zukommt (§§ 304, 307 StPO).

4 Zur **Aufhebung** des vorläufigen Verbots s. Abs. 2.

5 Zur **Strafbarkeit nach Abs. 3** s. die hier entsprechend geltenden Erläuterungen zu § 20 Rn. 12–14. – Der Betroffene, der entgegen dem Verbot Tiere hält bzw. mit ihnen handelt oder berufsmäßig umgeht, macht sich ab demjenigen Zeitpunkt strafbar, in dem ihm der Beschluss entweder verkündet worden oder zugegangen ist (§ 35 Abs. 1, Abs. 2 StPO). Das vorläufige Verbot endet mit dem Erlass des aufhebenden Beschlusses bzw. der Verkündung des Urteils, sofern dieses kein endgültiges Verbot vorsieht, anderenfalls mit Rechtskraft des Urteils, das das endgültige Verbot ausgesprochen hat. – Eine Entschädigung kommt auch dann, wenn das Verbot nach Abs. 2 später wieder aufgehoben wird, nicht in Betracht, da § 20a in den Katalog des § 2 Abs. 2 StrEG nicht aufgenommen worden ist.

Dreizehnter Abschnitt. Übergangs- und Schlussvorschriften

§ 21 [Genehmigung, Erlaubnis]

[1]Die Erlaubnis nach § 11 Abs. 1 Satz 1 gilt demjenigen, der am 31. Mai 1998

1. Wirbeltiere
   a) nach § 9 Abs. 2 Nr. 7 zu den in § 6 Abs. 1 Satz 2 Nr. 4, § 10 Abs. 1 oder § 10a genannten Zwecken oder
   b) nach § 4 Abs. 3 zu dem dort genannten Zweck
   züchtet oder hält,
2. Tiere in einem Zoologischen Garten oder einer anderen Einrichtung, in der Tiere gehalten und zur Schau gestellt werden, hält,
3. für Dritte Hunde zu Schutzzwecken ausbildet oder hierfür Einrichtungen unterhält,
4. mit Wirbeltieren handelt, soweit sie landwirtschaftliche Nutztiere sind,
5. Tiere zum Zweck ihres Zurschaustellens zur Verfügung stellt oder
6. Wirbeltiere als Schädlinge bekämpft,

vorläufig als erteilt. [2]Die vorläufige Erlaubnis erlischt,

1. wenn nicht bis zum 1. Mai 1999 die Erteilung einer endgültigen Erlaubnis beantragt wird,
2. im Falle rechtzeitiger Antragstellung mit Eintritt der Unanfechtbarkeit der Entscheidung über den Antrag.

Die in Satz 1 aufgezählten Tätigkeiten sind erst durch das ÄndG 1998 unter Erlaubnispflicht gestellt worden. Deshalb bedurfte es einer Übergangsregelung zugunsten derer, die sie bereits vorher, d.h. am 31. 5. 1998 ausgeübt hatten. Ihnen gibt das Gesetz eine vorläufige Erlaubnis (vgl. auch BVerwG NVwZ-RR 2005, 339: analoge Anwendung auf § 11 Abs. 1 S. 1 Nr. 3 a). – Diese Erlaubnis ist aber erloschen, wenn der Betroffene nicht bis zum 1. 5. 1999 bei der Behörde einen Antrag auf Erlaubnis mit den erforderlichen Angaben (s. AVV Anlage 4, 5 und 6) eingereicht hat. Im Falle rechtzeitiger Antragstellung erlischt sie mit Unanfechtbarkeit der darüber ergangenen Entscheidung. – Wer seine Tätigkeit trotz Erlöschens der vorläufigen Erlaubnis und ohne dass ihm eine Erlaubnis nach § 11 erteilt worden wäre, fortsetzt, handelt ordnungswidrig nach § 18 Abs. 1 Nr. 20; außerdem soll ihm die Weiterführung verboten werden (§ 11 Abs. 3 S. 2).

§ 21 a [Rechtsverordnungen zur Durchführung von Rechtsakten der EG]

Rechtsverordnungen nach diesem Gesetz können auch zur Durchführung von Rechtsakten der Europäischen Gemeinschaft auf dem Gebiet des Tierschutzes erlassen werden.

Hier wird klargestellt: Wenn aufgrund einer an anderer Stelle ausgesprochenen gesetzlichen Ermächtigung (s. insbesondere § 2 a) eine Rechtsverordnung erlassen wird, können damit auch Rechtsakte der EU, insbesondere EU-Richtlinien umgesetzt werden. – Da § 21 a keine eigenständige Ermächtigungsgrundlage ist, stellt seine Nichterwähnung in einer Rechtsverordnung keine Verletzung des Zitiergebotes nach Art. 80 Abs. 1 S. 3 GG dar (vgl. BVerfGE 101, 1, 44).

§ 21 b [Rechtsverordnungen ohne Zustimmung des Bundesrates]

[1]Das Bundesministerium kann Rechtsverordnungen nach diesem Gesetz bei Gefahr im Verzuge oder, wenn ihr unverzügliches Inkrafttreten zur Durchführung von Rechtsakten der Europäischen Gemeinschaft erforderlich ist, ohne die Zustimmung des Bundesrates erlassen. [2]Sie treten spätestens sechs Monate nach ihrem Inkrafttreten außer Kraft. [3]Ihre Geltungsdauer kann nur mit Zustimmung des Bundesrates verlängert werden.

Rechtsverordnungen aufgrund von § 2 a oder anderer Ermächtigungsgrundlagen des Tierschutzgesetzes können grundsätzlich nur mit Zustimmung des Bundesrats ergehen. Hiervon macht § 21 b zwei Ausnahmen: Einmal bei Gefahr im Verzug, zum anderen, wenn das unverzügliche Inkrafttreten der Verordnung zur Durchführung von Rechtsakten der EU erforderlich ist. Die Rechtsverordnung tritt dann aber automatisch sechs Monate nach ihrem Inkrafttreten wieder außer Kraft, wenn nicht ihre Geltungsdauer zuvor mit Zustimmung des Bundesrates verlängert worden ist.

§ 22 [Inkrafttreten]

Das Gesetz in seiner ursprünglichen Fassung ist am 1. 10. 1972 in Kraft getreten. Das ÄndG 1986 ist am 1. 1. 1987 und das ÄndG 1998 am 1. 6. 1998 in Kraft getreten. Für einige wenige Vorschriften galten allerdings auf Grund von Art. 1 und 3 des ÄndG 1998 spätere Daten: § 4 Abs. 1 a gilt erst seit dem 1. 11. 1998 und § 11 Abs. 5 (einschließlich der zugehörigen Bußgeldvorschrift in § 18 Abs. 1 Nr. 20 a) seit dem 1. 5. 2000. Dass das gewerbsmäßige Züchten und Halten von Gehegewild vom Erlaubnisvorbehalt des § 11 Abs. 1 S. 1 Nr. 3 a ausgenommen und gemäß Abs. 6 unter Anzeigepflicht gestellt wurde, beruht auf Art. 7 b des Gesetzes vom 21. 6. 2005 (BGBl. I S. 1666), der am 1. 7. 2005 in Kraft getreten ist. Zu einigen Änderungen in den §§ 5, 6, 11 b, 16 f, 16 g und 18 kam es durch Art. 2 des Gesetzes vom 19. 4. 2006 (BGBl. I S. 900), der am 25. 4. 2006 in Kraft getreten ist. – Durch Gesetz vom 18. 5. 2006 (BGBl. I S. 1206) ist der Wortlaut des Gesetzes in der seit 25. 4. 2006 geltenden Fassung neu bekannt gemacht worden.

Tierschutz-Hundeverordnung

vom 2. Mai 2001 (BGBl. I S. 838),
geändert durch Gesetz vom 19. April 2006 (BGBl. I S. 900)

Einführung

I. Allgemeines

Nach der **amtl. Begr.** geht es darum, „bestimmte Mindestvoraussetzungen, deren Einhaltung für den Schutz der Tiere unerlässlich ist, sowie Anforderungen, die für das Wohlbefinden der Tiere wesentlich sind, in einer neuen Rechtsverordnung näher zu regeln". Weiter wird ausgeführt, die seit dem Erlass der Verordnung über das Halten von Hunden im Freien vom 6. 6. 1974 gewonnenen Erkenntnisse und Erfahrungen in der Hundehaltung erforderten den Erlass von Regelungen für alle Hunde, unabhängig davon, wo sie gehalten würden. Dem Hund müsse die Befriedigung wesentlicher Grundbedürfnisse, insbesondere des Bedürfnisses nach Bewegung und des Gemeinschaftsbedürfnisses, auch in der Zwinger- und Anbindehaltung ermöglicht werden (BR-Drucks. 580/00 S. 1, 8). – Ermächtigungsgrundlage für die meisten Bestimmungen der Verordnung (VO) ist § 2 a Abs. 1 TierSchG. Ausnahme: § 10 beruht auf § 12 Abs. 2 S. 1 Nr. 4 TierSchG. – Die VO lässt die Befugnis der zuständigen Behörde unberührt, Maßnahmen nach § 16 a S. 2 Nr. 1 i. V. m. § 2 Nr. 1 und 2 TierSchG anzuordnen (vgl. BR-Drucks. aaO). Deshalb kann die Behörde auch weitergehende, über die Vorgaben der VO hinausreichende Anordnungen nach § 16 a TierSchG treffen (vgl. *Metzger* in: *Erbs/Kohlhaas* T 95 a Vorbem. Rn. 1; s. auch § 2 TierSchG Rn. 3 und § 16 a TierSchG Rn. 12 a). Die Grundregeln des höherrangigen Tierschutzgesetzes, insbes. des § 1 S. 2 und des § 2 bleiben für die Auslegung der einzelnen Bestimmungen der VO bedeutsam (vgl. *Kluge/v. Loeper* TierSchHundeV Anm. 1). 1

Ein **allgemeiner Leinenzwang** kann, soweit es zum Schutz der Bevölkerung vor Gefahren und erheblichen Belästigungen erforderlich und verhältnismäßig ist, durch Gesetz oder Rechtsverordnung angeordnet werden. Jedoch verstößt ein Leinenzwang, der ohne Rücksicht auf Art und Größe der Hunderassen für das gesamte Gemeindegebiet generell gelten soll, gegen das Übermaßverbot (vgl. OLG Hamm NVwZ 2002, 765). Es muss in solchen Fällen zumindest öffentliche Flächen in ausreichender Zahl, Größe und räumlicher Verteilung geben, die als Hundeauslaufzonen benutzt werden können. Auch weitere Ausnahmen können geboten sein (vgl. zB § 9 Hamburgisches Hundegesetz: Befreiung von der Anleinpflicht, wenn Halter und Hund vor einer behördlich anerkannten sachverständigen Person eine Gehorsamsprüfung abgelegt haben; vgl. auch OVG Lüneburg DTBl. 2005, 200: Ein genereller Leinenzwang im gesamten Gemeindegebiet ist unverhältnismäßig, da nicht belegt ist, dass von allen Hunden generell eine abstrakte Gefahr für andere Hunde und Menschen ausgeht; ein „subjektives Unsicherheitsgefühl", das nicht durch zureichende Tatsachen belegt wird, reicht nicht aus). Bei Anordnungen von Leinen- und Maulkorbzwang gemäß Sicherheitsrecht ist aus Tierschutzgründen sorgfältig abzuwägen, ob und in welchem Umfang die Maßnahmen zur Gefahrenabwehr notwendig und verhältnismäßig sind (vgl. bay. Vollzugshinweise zu § 2 TierSchHundeV). – Ein Verstoß gegen das Verbot, Hunde im Jagdrevier unbeaufsichtigt laufen zu lassen, liegt vor, wenn der unangeleinte Hund außer Sichtweite des Hundeführers geraten ist und auch auf Zurufe nicht reagiert (vgl. BayObLG NStZ-RR 2002, 187, 188). 2

II. Regelungen zum Schutz vor gefährlichen Hunden

3 Die **meisten Bundesländer** haben dazu spezielle Gesetze oder Rechtsverordnungen erlassen. Nach dem „Verhaltensmodell“, das praktisch überall gilt, wird ein Hund als individuell gefährlich eingestuft, wenn er sich aufgrund bestimmter Verhaltensweisen als übersteigert aggressiv erwiesen hat. Solche Verhaltensweisen sind: Beißvorfälle ohne biologisch nachvollziehbaren Grund, insbes. ohne Provokation; Beißen eines anderen Hundes trotz dessen erkennbarer artüblicher Unterwerfungsgestik; wiederholtes unkontrolliertes Hetzen oder Reißen von Wild oder anderen Tieren; wiederholtes gefahrdrohendes Anspringen. Auch ein bewusstes Training des Hundes auf besondere Angriffslust/Kampfbereitschaft gehört hierher. – Darüber hinaus sind in vielen Ländern aber auch „Rasselisten“ eingeführt worden, d.h.: Bei bestimmten Rassen sowie Kreuzungen wird eine gesteigerte Aggressivität von vornherein vermutet, auch ohne Vorliegen der o.e. Merkmale. Teilweise sind diese Vermutungen mit Bezug auf einzelne Rassen sogar unwiderleglich ausgestaltet worden. Die meisten Länder lassen aber die Widerlegung der an die Rasse/ Kreuzung anknüpfenden Gefährlichkeitsvermutung zu; dies geschieht idR durch Wesenstest (s. Rn. 11). – Wenn eine (vermutete oder tatsächliche) Gefährlichkeit eines Hundes besteht, werden daran u.a. folgende belastende Rechtsfolgen geknüpft: Kennzeichnungspflicht, Pflicht zur ausbruchssicheren Unterbringung und zum Abschluss einer Haftpflichtversicherung, Warnschildgebot, Leinenzwang, Maulkorbzwang, Pflicht zur Unfruchtbarmachung, Haltungsverbot, im äußersten Fall Wegnahme des Tieres und ggf. Tötung. – Neben diesen Länderregelungen gibt es das Bundesgesetz zur Beschränkung des Verbringens oder der Einfuhr gefährlicher Hunde in das Inland vom 12. 4. 2001 (Hundeverbringungs- und -einfuhrbeschränkungsgesetz, BGBl. I S. 530, 532): Nach dessen § 2 Abs. 1, den das BVerfG für verfassungsgemäß erklärt hat, dürfen Hunde der Rassen Pitbull-Terrier, American Staffordshire-Terrier, Staffordshire-Bullterrier, Bullterrier sowie deren Kreuzungen nicht in das Inland eingeführt oder verbracht werden (s. Rn. 5).

4 **Beispiele für unterschiedliche Länderregelungen.** Nach dem **hamburgischen Hundegesetz** gilt neben dem Verhaltensmodell eine Rasseliste mit einer unwiderleglichen Gefährlichkeitsvermutung für vier Rassen und deren Kreuzungen (Pitbull Terrier, American Staffordshire Terrier, Staffordshire Bullterrier und Bullterrier). Für elf weitere Rassen wird die Gefährlichkeit widerleglich (d.h. bis zum Nachweis eines erfolgreich durchgeführten Wesenstests) vermutet. In Zweifelsfällen obliegt dem Halter der Nachweis, dass sein Hund keiner der aufgelisteten Rassen und Kreuzungen angehört. Für Hunde, die demnach als gefährlich gelten, besteht ein Erlaubniszwang. Erlaubnisvoraussetzungen sind zunächst solche, die der Gefahrenminimierung dienen (u.a. gefahrfreie Haltung, ausbruchssichere Unterbringung, Zuverlässigkeit des Halters, Haftpflichtversicherung, Kennzeichnung, Besuch einer von der Behörde anerkannten Hundeschule); hinzukommen muss ein vom Halter nachzuweisendes „berechtigtes Interesse“ (s. Rn. 9). – Nach dem **bayerischen Landesstraf- und Verordnungsgesetz** und der **Verordnung über Hunde mit gesteigerter Aggressivität und Gefährlichkeit** wird bei fünf Hunderassen die Eigenschaft als Kampfhund unwiderleglich vermutet; für weitere 14 Rassen ist sie durch Sachverständigengutachten (Wesenstest) widerlegbar. Die Haltung eines Kampfhundes bedarf der Erlaubnis. Erlaubnisvoraussetzungen sind u.a. die Zuverlässigkeit des Halters sowie der Nachweis, dass der Hund seiner potentiellen Gefährlichkeit entsprechend gehalten und beaufsichtigt wird. Hinzukommen muss ein berechtigtes Interesse, das zB in der Bewachung eines gefährdeten Besitztums liegen kann, aber auch angenommen wird, wenn Kampfhunde, die von einer Behörde gehalten worden sind, nach ihrer Ausmusterung von (früheren) Diensthundeführern gehalten werden. – Nach dem **niedersächsischen Hundegesetz** gibt es dagegen keine Rasseliste, weder iS einer unwiderleglichen noch einer widerleglichen Gefährlichkeitsvermutung. Es gilt ausschließlich das Verhaltensmodell, d.h.: Bei einem durch Tatsachen begründeten Verdacht, dass von dem

Hund eine Gefahr für die öffentliche Sicherheit ausgeht, wird durch Verwaltungsakt festgestellt, dass der Hund gefährlich ist. Daran schließt sich ein Erlaubniszwang an. Erlaubnisvoraussetzungen sind ausschließlich solche, die der Gefahrenminimierung dienen (u. a. Zuverlässigkeit und Sachkunde des Halters, erfolgreich durchgeführter Wesenstest am Hund, Haftpflichtversicherung, Kennzeichnung). – Die **baden-württembergische Polizeiverordnung über gefährliche Hunde** kennt neben dem Verhaltensmodell zwar keine unwiderleglichen, wohl aber widerlegliche rassespezifische Gefährlichkeitsvermutungen. Bei drei Rassen und Kreuzungen wird die Eigenschaft als Kampfhund widerleglich (d. h. bis zum Nachweis eines erfolgreich durchgeführten Wesenstests) vermutet. Dasselbe gilt für neun weitere Gruppen, sofern konkrete Anhaltspunkte hinzukommen, die auf eine gesteigerte Aggressivität hinweisen („Anlasskampfhunde"). Ein Erlaubniszwang besteht für alle Kampfhunde (also nicht für solche mit bestandenem Wesenstest, da diese nicht mehr als Kampfhunde gelten). Erlaubnisvoraussetzung ist u. a. ein berechtigtes Interesse an der Haltung.

Das **BVerfG** hat die Gefährlichkeitsvermutungen in § 2 Abs. 1 Hundeverbringungs- 5
und -einfuhrbeschränkungsgesetz für verfassungsgemäß erklärt (Urteil vom 16. 3. 2004, NVwZ 2004, 594). In dem Urteil heißt es u. a.: Zwar bestehe Einigkeit, dass nach dem derzeitigen wissenschaftlichen Erkenntnisstand allein aus der Zugehörigkeit eines Hundes zu einer bestimmten Rasse nicht auf dessen Gefährlichkeit geschlossen werden könne; ob und in welchem Maße ein Hund für den Menschen zu einer Gefahr werden könne, hänge vielmehr von einer Vielzahl von Faktoren ab (u. a. von seiner Erziehung, Ausbildung und Haltung, von situativen Einflüssen, „vor allem aber von der Zuverlässigkeit und Sachkunde seines Halters"). Wegen der überragenden Bedeutung von Leben und Gesundheit von Menschen könne aber ein Anlass zum Handeln auch schon dann gegeben sein, wenn das schädigende Ereignis das Zusammenwirken von unterschiedlichen Faktoren voraussetze, soweit diese mit hinreichender Wahrscheinlichkeit zusammentreffen könnten. Deswegen dürfe der Gesetzgeber Vorkehrungen treffen, wenn genügend Anhaltspunkte dafür vorlägen, dass Hunde bestimmter Rassen (und sei es auch erst im Zusammenwirken mit anderen Faktoren der genannten Art) für diese Schutzgüter in besonderer Weise gefährlich werden könnten. Solche Anhaltspunkte sieht das BVerfG einerseits im Qualzuchtgutachten des BMELV (dort S. 31) und andererseits in den Ergebnissen von Umfragen des Deutschen Städtetags und der Bundesregierung, die eine überproportional häufige Beteiligung der aufgelisteten Hunderassen an Beißvorfällen ergeben hätten. Das Gericht stellt allerdings auch fest, dass „verlässliche Beißstatistiken" bislang offenbar nicht geführt worden seien. Es gibt deswegen allen Normgebern, die an Rasselisten festhalten wollen, eine Beobachtungs- und Nachbesserungspflicht auf: Künftig müssten Statistiken geführt werden, die neben Art und Schwere der einzelnen Beißvorfälle und der daran beteiligten Rassen auch „genaue Zahlen zur Gesamtzahl der Exemplare einzelner Hunderassen" enthalten. Wenn sich aus einer solchen Statistik ergebe, dass Hunde anderer Rassen im Verhältnis zu ihrem Populationsanteil vergleichbar häufig auffällig seien wie Hunde der bislang aufgelisteten Rassen, könne die Regelung nicht aufrechterhalten werden. „Sie wäre vielmehr aufzuheben oder auf bisher nicht erfasste Rassen zu erstrecken" (vgl. NVwZ 2004, 597ff.; vgl. dazu auch die Landestierärztekammer Hessen DTBl. 2005, 924: Nach statistischen Erhebungen des hessischen Innenministeriums seien Hunde der in Hessen gelisteten Rassen nicht häufiger, sondern seltener an Beißvorfällen beteiligt als andere, sowohl nach der absoluten Zahl der Vorfälle als auch nach dem jeweiligen Anteil der Rasse an der Gesamtpopulation).

Unwiderlegliche Gefährlichkeitsvermutungen, die an die Rasse anknüpfen, verstoßen 6
mit hoher Wahrscheinlichkeit gegen den Verhältnismäßigkeitsgrundsatz. Es fehlt an der Erforderlichkeit für eine solch einschneidende Regelung, denn als milderes, ebenso effektives Mittel reicht es aus, für die Haltung der vermutet gefährlichen Hunde neben der Sachkunde und Zuverlässigkeit des Halters einen erfolgreich bestandenen Wesenstest zu fordern. Damit kann jede Restgefahr so weit wie möglich minimiert werden, denn „die

grundsätzliche Eignung eines wissenschaftlich fundierten Wesenstests zur Feststellung eines gestörten Sozialverhaltens wird in der Fachwissenschaft weithin bejaht" (so OVG Lüneburg NVwZ-RR 2001, 742, 747; ebenso VGH Mannheim NuR 2003, 97, 100 mit dem Hinweis, dass dem Gericht bisher keine Fälle bekannt geworden seien, bei denen es trotz der Durchführung einer positiven Wesensprüfung später zu einer Auffälligkeit des geprüften Hundes gekommen sei). Wird dennoch eine Restgefahr angenommen, so lässt sich dieser ggf. mit einer turnusmäßigen Wiederholung des Wesenstests vorbeugen; im Übrigen wäre die Restgefahr wegen der grundsätzlichen Verlässlichkeit von Wesenprüfungen so gering, dass das gegenläufige Interesse der Hundehalter, ihren erfolgreich wesensgetesteten Hund ohne schwerwiegende Beschränkungen weiter halten zu können, auch im Licht von Art. 20a GG als vorrangig bewertet werden müsste. Hinzu kommt, dass die Rassezugehörigkeit keine Gefahr, sondern nur einen Gefahrenverdacht begründet (vgl. BVerwG NVwZ 2003, 95); einen bloßen Verdacht unwiderleglich auszugestalten, erscheint rechtsstaatlich bedenklich, zumindest aber unverhältnismäßig. Unwiderlegliche Gefährlichkeitsvermutungen bilden deswegen einen Verstoß gegen Art. 14 Abs. 1 S. 2 GG i. V. m. Art. 20a GG, und auch gegen Art. 3 Abs. 1 GG (so VGH Kassel NVwZ-RR 2002, 650, 653: Ungleichbehandlungen, die zu schwerwiegenden Grundrechtsbeschränkungen auf Seiten der betroffenen Hundehalter führen, müssen am Prüfungsmaßstab der Verhältnismäßigkeit und nicht etwa nur an der Willkürformel gemessen werden. Gegen unwiderlegliche Gefährlichkeitsvermutungen auch: VGH Mannheim aaO; OVG Lüneburg aaO; OVG Schleswig NVwZ 2001, 1300, 1303; aA BayVerfGH NVwZ-RR 1995, 262, 266; OVG Hamburg NVwZ 2001, 1308ff.). – Das o.e. Urteil des BVerfG steht dazu nicht in Widerspruch, denn ein Verbringungs- und Einfuhrverbot ist etwas grundlegend anderes als der Eingriff in eine bereits bestehende Hundehaltung in Deutschland: Nur in den letztgenannten Fällen geht es idR um Hunde, die in einen Haushalt aufgenommen und Gegenstand einer sozialen Beziehung geworden sind und die zudem ohne größere Schwierigkeiten einem Wesenstest unterzogen werden können, der hingegen bei Einfuhren an der Grenze kaum vorstellbar ist (so angedeutet auch vom BVerfG NVwZ 2004, 597).

7 Demgegenüber werden **widerlegliche Gefährlichkeitsvermutungen,** die an die Rasse anknüpfen, in der Rechtsprechung überwiegend für zulässig gehalten. Allerdings müssen sie sich in Zukunft auf verlässliche, aufkommensbezogene Beißstatistiken stützen, die eine deutlich häufigere Verwicklung der aufgelisteten Rassen in schwere oder zumindest mittelschwere Beißvorfälle belegen (s. Rn. 5; vgl. auch VG Aachen vom 28. 11. 2005, 6 K 2292/02: bei der Erstellung solcher Statistiken müssen die Behörden Kritik an der Methode der Erhebung und der Würdigung des Datenmaterials aufnehmen und berücksichtigen). – Die Argumente, die für solche Vermutungen angeführt werden sind idR: die ursprüngliche Zuchtauswahl der bullartigen Terrier für bestimmte Einsatzfelder wie Großwildjagd, Bewachung von Herden vor wildlebenden Raubtieren oder Hundekämpfe (vgl. OVG Greifswald NVwZ-RR 2001, 752, 754); die bislang vorliegenden Beißstatistiken, die zwar nicht verlässlich seien, aus denen sich aber dennoch mit Hilfe einer Schätzung der Anteile der beteiligten Hunde an der gesamten Hundepopulation eine überproportional häufige Auffälligkeit der aufgelisteten Rassen ablesen lasse (vgl. BVerfG aaO); die Notwendigkeit zur typisierenden und pauschalierenden Beurteilung im Ordnungsrecht, insbesondere dann, wenn es um die Regelung von Massenerscheinungen wie der Hundehaltung gehe (vgl. BayVerfGH NVwZ-RR 2005, 176, 177). – Die Argumente, die gegen rassespezifische Gefährlichkeitsvermutungen ins Feld geführt werden, scheinen indes zu überwiegen: **1.** Die Mehrheit aller kynologischen, ethologischen und zoologischen Sachverständigen ist der Ansicht, dass eine allein nach rassespezifischen Merkmalen gestaffelte Prädisposition von Hunderassen mit Blick auf Aggressivität und Gefährlichkeit nicht feststellbar sei (vgl. VGH Kassel NVwZ-RR 2002, 650, 654; vgl. auch *Herzog,* Präsident der Landestierärztekammer Hessen, DTBl. 2005, 924: „Die Gefährlichkeit eines Hundes hat nichts mit der Rasse zu tun, das ist wissenschaftlich belegt"; vgl. weiter Bun-

destierärztekammer DTBl. 2004, 488: „Die Gefährlichkeit eines Hundes ist durch äußere Einflüsse wie Haltung und Erziehung bedingt und deshalb nur individuell zu beurteilen. Die pauschale Maßregelung anhand sogenannter Rasselisten gaukelt eine scheinbare Sicherheit vor, ist aber tatsächlich nicht geeignet, den Schutz des Menschen vor gefährlichen Hunden zu verbessern"). **2.** Eine etwaige erhöhte Auffälligkeit bestimmter Rassen hat ihre Ursache ganz überwiegend darin, dass es Halterkreise gibt, die einen Hund als Waffe oder Drohmittel einsetzen wollen und zu diesem Zweck bestimmte Rassen wegen ihrer Kraft, ihrer Größe und ihres Kampfhunde-Images bevorzugen (vgl. *Unshelm,* „Kampfhunde? Gefährliche Hunde", Neue Wissenschaftliche Gutachten, Verband für das deutsche Hundewesen, 5. Aufl. 2000, S. 20f.). Die Inkriminierung solcher Rassen durch Rasselisten führt dann nur dazu, dass die genannten Halterkreise in die Illegalität oder aber auf andere Rassen ausweichen und es damit lediglich zu einer Verlagerung des Problems kommt. Deshalb sind Rasselisten kein geeignetes Mittel zur Gefahrenabwehr. **3.** Wenn Hunde nicht allein als Folge ihrer Haltung und Ausbildung, sondern auch als Folge vorangegangener züchterischer Maßnahmen schwere Ausfallerscheinungen im Sozialverhalten und ein hypertrophiertes Aggressionsverhalten zeigen, betrifft dies nicht die ganze Rasse, sondern nur die einzelne Zuchtlinie (vgl. *Feddersen-Petersen* TU 1994, 527, 530). Rasselisten verwischen den wichtigen Unterschied zwischen Rasse und Zuchtlinie. **4.** Dass es nicht auf die Rasse des Hundes, sondern auf das Verhalten des Hundehalters ankommt, zeigt auch eine Auswertung der Beißvorfälle, die vom Kreisverwaltungsreferat München während eines Jahres untersucht worden sind: In 80% der Vorfälle waren die Hundehalter anwesend und spornten ihren Hund entweder an oder griffen jedenfalls nicht ein; zwei Drittel dieser Mensch-Hunde-Paare waren Wiederholungs- oder Mehrfachtäter (vgl. VGH Kassel aaO; *Unshelm* aaO: „Die Einteilung in ‚gefährliche' und ‚ungefährliche' Rassen wird sehr wesentlich davon beeinflusst, wie viele verantwortungslose und aggressive Personen sich Hunde der betreffenden Rasse anschaffen"). **5.** Auch das BVerfG scheint davon auszugehen, dass die Hauptursache für Beißvorfälle nicht in der Rassezugehörigkeit des Hundes, sondern in der Person und im Verhalten des Halters liegt (s. Rn. 5, „vor allem ... Zuverlässigkeit und Sachkunde seines Halters"). **6.** Einige der in deutschen Rasselisten üblicherweise vertretenen Hunde haben sich im Ausland als unproblematische Familienhunde bewährt (zB der Staffordshire-Terrier in Großbritannien). **7.** Nach zutreffender Einschätzung des Bundesverwaltungsgerichtes liegen zur Bestätigung des Verdachts, dass Hunde bestimmter Rassen ein genetisch übersteigertes Aggressionsverhalten aufweisen könnten, „weder aussagekräftige Statistiken oder sonstiges belastbares Erfahrungswissen noch genetische Untersuchungen vor" (BVerwG vom 18. 12. 2002, 6 CN 3/01). – Aus allen diesen Gründen kann die Gefährlichkeit von Hunden nur nach rasseneutralen Kriterien, insbesondere nach einem Verhaltens- und Merkmalskatalog beurteilt werden (so die ausdrückliche Forderung des 22. Deutschen Tierärztetags, vgl. DtW 2000, 383; zu diesem Verhaltensmodell s. auch Rn. 3 sowie das in Rn. 4 beschriebene niedersächsische Hundegesetz).

Ein **Maulkorbzwang** stellt eine schwere Belastung für Hund und Halter dar: Der 8
Maulkorb behindert die Mimik, das Schnüffeln, das Hecheln und damit auch die Thermoregulation des Hundes; er macht außerdem die artgemäße Kommunikation mit Artgenossen unmöglich, behindert das Erkundungsverhalten und führt nicht selten zu Aggressionssteigerungen im häuslichen Bereich. Deshalb ist eine solche Maßnahme grds. nur bei individueller Gefährlichkeit nach dem Verhaltensmodell verhältnismäßig (s. Rn. 3: vgl. auch TVT-Merkblatt Nr. 71, „Maulkorbgewöhnung beim Hund"). Hält man widerlegliche Gefährlichkeitsvermutungen trotz der o.e. Bedenken für zulässig, so muss der Maulkorbzwang jedenfalls für Hunde, die den Wesentest bestanden haben, aufgehoben werden (vgl. OVG Lüneburg NVwZ-RR 2001, 742, 748). – Auch ein **Zucht- und Vermehrungsverbot und ein Gebot zur Unfruchtbarmachung** ist jedenfalls bei Hunden, die den Wesenstest bestanden haben, unverhältnismäßig (vgl. OVG Lüneburg aaO 747; vgl. auch BMELV Qualzuchtgutachten S. 32: kein Zuchtausschluss für Hunde mit erfolg-

reichem Wesenstest). – Dagegen wird ein strikter **Leinenzwang** für vermutet gefährliche Hunde auch nach bestandenem Wesenstest für zulässig gehalten (vgl. VGH Kassel NVwZ-RR 2002, 650, 656). Die Behörde muss aber auf Antrag prüfen, ob die Maßnahme gelockert werden kann, wobei auch das Verhalten des Hundehalters mit zu berücksichtigen ist (vgl. OVG Lüneburg NVwZ-RR 2005, 631).

9 In Ländern, die ein **berechtigtes Interesse an der Haltung** zur Erlaubnisvoraussetzung machen (s. Rn. 4), muss dieses idR bejaht werden, wenn die Erlaubnis beantragt wird, um eine bereits vor Einführung des Erlaubniszwangs begonnene Hundehaltung fortsetzen zu können (vgl. OVG Hamburg NVwZ 2001, 1309). Darüber hinaus muss idR der Wille, einen als gefährlich eingestuften Hund zu behalten, „bei den Personen respektiert werden, die von ihren persönlichen Voraussetzungen eine hinreichende Gewähr für den von der Hundeverordnung geforderten Umgang mit ihrem Hund bieten" (OVG Hamburg aaO 1311). Das dürfte bedeuten: Wer alle zur Gefahrenminimierung aufgestellten Erlaubnisvoraussetzungen erfüllt (nämlich Sachkundenachweis, Zuverlässigkeit, Kennzeichnung, Warnschild, Haftpflichtversicherung, ausbruchssichere Unterbringung und, soweit vorgeschrieben, auch ein erfolgreich durchgeführter Wesenstest), für den ergibt sich das berechtigte Interesse bereits daraus, dass er damit eine künftig gefahrfreie Haltung des Hundes nachweisen kann (vgl. *Caspar* DVBl. 2000, 1580, 1587: verfassungskonforme Auslegung des Merkmals „berechtigtes Interesse" im Licht von Art. 14 Abs. 1 GG; die grds. schutzwürdigen Eigentümerinteressen werden durch Art. 2 Abs. 1 GG verstärkt, wenn bereits eine soziale Beziehung zu dem Hund entstanden ist; hinzu kommt die Staatszielbestimmung Tierschutz in Art. 20a GG, die das Gewicht des Interesses am Behaltendürfen des Hundes weiter erhöht). Für eine halterfreundliche Interpretation dieses Merkmals spricht auch, dass es bis zum Vorliegen der vom BVerfG angemahnten verlässlichen Beißstatistiken nicht angehen kann, bestimmte Rassen und Kreuzungen unabhängig von einer möglichen konkreten Gefahrenlage zum Verschwinden bringen zu wollen und dadurch vollendete Tatsachen zu schaffen, die die vom Gericht angemahnte Nachbesserung teilweise verhindern.

10 Für eine **Tötung gefährlicher Hunde** gilt zunächst: Der Hund muss sich nach seinem individuellen Verhalten als hochgradig gefährlich erwiesen haben (zB durch gravierende Beißvorfälle, vgl. OVG Münster vom 31. 10. 2000, 5 B 838/00); eine Tötung aufgrund einer nur vermuteten Gefährlichkeit ist ausgeschlossen, auch bei Einverständnis des Halters. Hinzukommen muss, dass die Tötung mit dem Übermaßverbot in Einklang stehen muss. Das ist zB nicht der Fall, wenn die Gefährlichkeit durch mildere Mittel behebbar oder auf ein für Leib und Leben von Menschen verträgliches Maß reduzierbar ist (zB durch Überführung in den Besitz eines Dritten, der ihn beherrschen kann, durch Unterbringung im Tierheim, Besuch einer Hundeschule, Verhaltenstherapie u.Ä.). Einen Automatismus zwischen dem Nicht-Bestehen eines Wesenstests und der Tötung des Hundes darf es nicht geben; kann der Hund in der Zwischenzeit sicher untergebracht werden, so muss dem Halter ausreichend Zeit gegeben werden, entweder selbst eine Erlaubnis zu beantragen oder den Hund an einen Dritten, der eine Erlaubnis erlangen kann, abzugeben, oder ihn in ein anderes Bundesland, in dem er gesetzmäßig gehalten werden kann, zu verbringen (vgl. VG Sigmaringen NVwZ-RR 2004, 183f.). Aus dem Übermaßverbot ergibt sich auch, dass die Wiederholung eines nicht bestandenen Wesenstests bei einem anderen Sachverständigen ermöglicht werden muss, zumindest bei Anhaltspunkten, dass es dort zu einem anderen Ergebnis kommen könnte (vgl. VG Sigmaringen vom 17. 5. 2004, 8 K 1499/03). – Generell gilt für Tötungen das ultima-ratio-Prinzip, d.h. die Tötung darf immer nur das äußerste Mittel sein (vgl. *Metzger* in: *Erbs/Kohlhaas* T 95a Vorbem. Rn. 4). Das bedeutet u.a.: keine Tötung (außer in Notstandssituationen), solange nicht die Aggressionssteigerung und ihre Nicht-Therapierbarkeit sicher nachgewiesen sind; keine Tötung, wenn der Hund in ein Tierheim verbracht oder dort belassen werden kann; keine Tötung, solange nicht alle Möglichkeiten ausgeschöpft sind, den Hund bei einem Dritten, der seine Gefährlichkeit zu beherrschen vermag, unterzubringen (vgl. auch

Nr. 15.1, 15.2 AVV analog: Suche unter Einschaltung von Fachbehörden, Medien und Tierschutzorganisationen); keine Tötung, solange die Möglichkeit besteht, dass die schädigenden Verhaltensweisen nur das Ergebnis einer fehlerhaften Haltung oder einer gestörten Halter-Hund-Beziehung gewesen sein könnten, so dass weitere Schädigungen durch einen Halterwechsel, durch Schulung oÄ vermieden werden können. Dass der Hund wegen seiner Gefährlichkeit dauerhaft in einem Zwinger untergebracht werden müsste, ist in Anbetracht von § 6 TierSchHundeV, wo von einer grundsätzlichen Zulässigkeit dieser Haltungsform ausgegangen wird, ebenfalls kein ausreichender Grund für eine Tötung (vgl. VG Sigmaringen NVwZ-RR 2004, 183 f.; anders allenfalls, wenn in Extremfällen keinerlei Sozialkontakt zu anderen Hunden und Menschen mehr möglich ist und dieser Zustand sowie seine Nicht-Behebbarkeit von Experten bestätigt und außerdem die Tötung durch eine Ethik-Kommission gebilligt worden ist; vgl. *Schröder* Vet-Impulse 2006, Heft 12 S. 3). Für die Notwendigkeit der Tötung eines Tieres trägt die Behörde die Darlegungs- und Beweislast (VG Frankfurt/M NVwZ 2001, 1320, 1321).

Von einem **Wesenstest** hängt vielfach die Einstufung als gefährlich oder ungefährlich 11
und manchmal auch die Entscheidung über Tod oder Leben des Tieres ab. Es liegt auf der Hand, dass hier mit besonderer Sorgfalt vorgegangen werden muss. Dem o. e. Urteil des VG Frankfurt/M (NVwZ 2001, 1320, 1322) lassen sich als Grundsätze entnehmen: Durchführung in der Öffentlichkeit; Dauer nicht etwa nur zehn Minuten, sondern ca. eine Stunde; Berücksichtigung der Ausnahmesituation für den Hund, insbesondere bei Abwesenheit von vertrauten Bezugspersonen; Prüfung, ob ein etwa gezeigtes aggressives Verhalten seine Ursache wirklich im Wesen des Tieres hat, oder aber in der besonderen Situation, seiner zwangsweisen Vergesellschaftung sowie der Konfrontation mit tatsächlich aggressiven Artgenossen (vgl. auch *Etscheidt* Tierärztl. Praxis 2001, 152, 160). – Eine Vorschrift, die die Wiederholung eines nicht bestandenen Wesenstests ausschließt, kann unverhältnismäßig sein, nicht nur im Hinblick auf die Grundrechte des Hundehalters, sondern auch nach Art. 20 a GG. Werden stichhaltige Anhaltspunkte dafür vorgebracht, dass die damalige Bewertung das Wesen des Hundes möglicherweise nicht zutreffend erfasst hat oder infolge zwischenzeitlicher Veränderungen nicht mehr stimmt, so kann ein Anspruch auf Wiederholung bestehen (vgl. VG Sigmaringen vom 17. 5. 2004, 8 K 1499/03; vgl. auch DTBl. 3/2004: Die Arbeitsgruppe Hundehaltung in der Bundestierärztekammer fordert, die Sicherstellung und Tötung von Hunden in Fällen, in denen nur ein einziger Wesenstest nicht bestanden wurde, sofort auszusetzen).

Einige weitere Probleme. Die Zugehörigkeit zu einer als gefährlich vermuteten Rasse 12
begründet lediglich einen Gefahrenverdacht, nicht zugleich auch eine (abstrakte oder konkrete) Gefahr im polizeirechtlichen Sinn. Die polizeiliche Generalermächtigung lässt in solchem Fall grds. nur Maßnahmen zur weiteren Erforschung des Sachverhaltes zu, d. h. Maßnahmen, die der Ermittlung und Abklärung des Verdachts dienen und sich darauf beschränken. Belastende Rechtsfolgen, die darüber hinausgehen und auf die Abwehr der vermuteten Gefahr gerichtet sind, dürfen dagegen nicht auf die polizeiliche Generalermächtigung gestützt werden, sondern bedürfen eines speziellen Gesetzes (vgl. BVerwG NVwZ 2003, 95). Wird also eine Verordnung mit einer Rasseliste auf die polizeiliche Generalermächtigung gestützt (wie zB in Baden-Württemberg, s. Rn. 4), so müssen sich ihre Rechtsfolgen auf das zur Gefahrenerforschung Notwendige, d. h. auf die Anordnung eines Wesenstests und auf die Rechtsfolgen bei dessen Nicht-Bestehen oder Nicht-Durchführung beschränken; ist der Test bestanden, so dürfen weitere Belastungen, die allein an die Rasse anknüpfen, nicht mehr angeordnet werden, denn diese wären nicht mehr Gefahrenermittlung, sondern bereits Gefahrenvorsorge und bedürften deshalb einer spezialgesetzlichen Ermächtigungsgrundlage (vgl. BVerwG vom 18. 12. 2002, 6 CN 3/01; ebenso VG Sigmaringen aaO). Als Grundlage eines Gefahrenverdachts müssen sich außerdem für jede der betroffenen Rassen objektive Anhaltspunkte feststellen lassen, die auf ein rassespezifisch übersteigertes Aggressionsverhalten hindeuten können (BVerwG aaO unter Hinweis auf Art. 3 Abs. 1 GG). – Wenn Rasselisten mit widerleglichen Gefährlich-

keitsvermutungen für zulässig erachtet werden (s. Rn. 7), so muss die Zugehörigkeit des Hundes zu der jeweiligen Rasse oder Kreuzung hinreichend sicher feststehen, um ihn der Gefährlichkeitsvermutung unterwerfen zu können. Für eine Kreuzung bedeutet das, dass sie in markanter und signifikanter Weise Merkmale aufweisen muss, die (zumindest) für eine der aufgelisteten Rassen kennzeichnend sind (vgl. OVG Lüneburg NVwZ-RR 2001, 742, 744; vgl. auch VGH München vom 24. 11. 2003, 24 B 02.705: Die drei Zuordnungskriterien Phänotyp, Wesen und Bewegungsablauf müssen gleichzeitig erfüllt sein). Bei Restzweifeln muss von derjenigen Zuordnung ausgegangen werden, bei der sich der geringste Umfang an Haltungsbeschränkungen ergibt (vgl. OVG Hamburg NVwZ 2001, 1311, 1312). Regelungen, die davon abweichen und dem Halter die Beweislast dafür aufbürden, dass sein Hund keiner der aufgelisteten Rassen oder Kreuzungen angehört, sind unverhältnismäßig, da sie für belastende Rechtsfolgen bereits den Verdacht auf einen (Gefahren-)Verdacht genügen lassen. – Wenn Rasselisten nachträglich eingeführt oder erweitert werden, so müssen Halter, die schon vorher entsprechende Hunde hatten, von den neuen Regelungen zwar nicht völlig ausgenommen werden; ihnen ist aber bis zum Inkrafttreten der gesetzlichen Erlaubnispflicht eine angemessene Übergangsfrist einzuräumen, innerhalb derer sie einen Wesenstest veranlassen können (vgl. BayVerfGH NVwZ-RR 2005, 176ff.; zum „berechtigten Interesse“ in solchen Fällen s. Rn. 9).

§ 1 Anwendungsbereich

(1) **Diese Verordnung gilt für das Halten und Züchten von Hunden (*Canis lupus* f. familiaris).**

(2) **Die Vorschriften dieser Verordnung sind nicht anzuwenden**

1. **während des Transportes,**
2. **während einer tierärztlichen Behandlung, soweit nach dem Urteil des Tierarztes im Einzelfall andere Anforderungen an die Haltung notwendig sind,**
3. **bei einer Haltung zu Versuchszwecken im Sinne des § 7 Abs. 1 des Tierschutzgesetzes oder bei Eingriffen oder Behandlungen zu den in § 6 Abs. 1 Satz 2 Nr. 4, § 10 Abs. 1 oder § 10a des Tierschutzgesetzes genannten Zwecken, soweit für den verfolgten wissenschaftlichen Zweck andere Anforderungen an die Haltung unerlässlich sind.**

1 **Zu Abs. 1.** Die VO gilt für jede Form der Hundehaltung, gleichgültig ob privat oder gewerblich. Sie erfasst u. a.: Hundeausbildungsstätten, Hundehandlungen, Hundezuchten, Tierheime (s. aber § 9), Tierversuchsanstalten und Versuchstierhaltungen (s. aber Abs. 2 Nr. 3), Zirkusunternehmen, zoologische Gärten, Haltungen von Diensthunden, Hundehaltung in Wohnungen oder auf privaten Grundstücken. – Die in Abs. 2 geregelten Ausnahmen sind abschließend (also zB keine Ausnahmen für Schlittenhunde, Hütehunde u. Ä.).

2 **Zu Abs. 2 Nr. 1 und Nr. 2.** Zur Hundehaltung während eines Transports s. TierSchTrV. – Während einer tierärztlichen Behandlung sind Abweichungen von der VO zulässig, soweit sie nach dem Urteil des Tierarztes zur Unterstützung der Genesung oder zum Schutz anderer Hunde vor Erkrankungen erforderlich sind.

3 **Zu Abs. 2 Nr. 3.** Nach § 11 Abs. 1 Nr. 1 TierSchG bedürfen Haltungen von Hunden zu wissenschaftlichen Zwecken einer Erlaubnis. Im Erlaubnisverfahren muss der Halter der Behörde nachweisen, dass die Räume und Einrichtungen den Anforderungen des § 2 TierSchG und der VO entsprechen, vgl. § 11 Abs. 2 Nr. 3 TierSchG (vgl. auch BMELV, Tierschutzbericht 2003, III 2.8: „Für Versuchshunde gelten grds. die Bestimmungen der Tierschutz-Hundeverordnung“). Will er im begründeten Einzelfall von einer oder mehreren Bestimmungen der VO abweichen, so erfordert dies neben der wissenschaftlich begründeten Darlegung des Versuchszweckes den Nachweis, dass jede der geplanten Ab-

weichungen nach Art und Ausmaß unerlässlich, d.h. unumgänglich notwendig ist, um den Versuchszweck nicht zu gefährden (vgl. *Metzger* in: *Erbs/Kohlhaas* T 95a Rn. 10: „Ausnahme nur so weit, als der wissenschaftliche Zweck es erzwingt"; vgl. weiter die bayerischen Vollzugshinweise zu § 1: „Abweichungen von den Anforderungen der Verordnung nur in begründeten Einzelfällen ... die Behörde überprüft, ob die Unerlässlichkeit zur abweichenden Haltung tatsächlich gegeben ist"). Ist demnach eine Abweichung von einer oder mehreren Vorschriften unerlässlich, so sind insoweit zumindest die Mindestanforderungen des neuen Anhangs A zum Europäischen Versuchstierübereinkommen einzuhalten (vgl. dort Besonderer Teil lit. D und Tabellen D.1 und D.2; zum Ganzen s. Anh. zu § 2 TierSchG Rn. 92, 93).

§ 2 Allgemeine Anforderungen an das Halten

(1) [1] Einem Hund ist ausreichend Auslauf im Freien außerhalb eines Zwingers oder einer Anbindehaltung sowie ausreichend Umgang mit der Person, die den Hund hält, betreut oder zu betreuen hat (Betreuungsperson), zu gewähren. [2] Auslauf und Sozialkontakte sind der Rasse, dem Alter und dem Gesundheitszustand des Hundes anzupassen.

(2) [1] Wer mehrere Hunde auf demselben Grundstück hält, hat sie grundsätzlich in der Gruppe zu halten, sofern andere Rechtsvorschriften dem nicht entgegenstehen. [2] Von der Gruppenhaltung kann abgesehen werden, wenn dies wegen der Art der Verwendung, dem Verhalten oder dem Gesundheitszustand des Hundes erforderlich ist. [3] Nicht aneinander gewöhnte Hunde dürfen nur unter Aufsicht zusammengeführt werden.

(3) Einem einzeln gehaltenen Hund ist täglich mehrmals die Möglichkeit zum länger dauernden Umgang mit Betreuungspersonen zu gewähren, um das Gemeinschaftsbedürfnis des Hundes zu befriedigen.

(4) [1] Ein Welpe darf erst im Alter von über acht Wochen vom Muttertier getrennt werden. [2] Satz 1 gilt nicht, wenn die Trennung nach tierärztlichem Urteil zum Schutz des Muttertieres oder des Welpen vor Schmerzen, Leiden oder Schäden erforderlich ist. [3] Ist nach Satz 2 eine vorzeitige Trennung mehrerer Welpen vom Muttertier erforderlich, sollen diese bis zu einem Alter von acht Wochen nicht voneinander getrennt werden.

Grundsätzliches. § 2 gilt für jede Art von Hundehaltung, also unabhängig davon, ob die Haltung im Freien, in Räumen, in Zwingern oder als Anbindehaltung stattfindet. Er tritt (ebenso wie § 3 und § 8) zu den Anforderungen aus den §§ 4, 5, 6 bzw. 7 hinzu. – Die Pflichten treffen den Halter iwS, also auch den Betreuer und den Betreuungspflichtigen (s. auch § 2 TierSchG Rn. 4–6). 1

Zu Abs. 1, Auslauf. Der Verordnungsgeber rechnet das Bedürfnis nach Bewegung und das Gemeinschaftsbedürfnis zu den wesentlichen Grundbedürfnissen, deren Befriedigung jedem Hund in jeder Haltungsform ermöglicht werden muss (vgl. amtl. Begr., BR-Drucks. 580/00 S. 8). Den gleichen Rang nimmt das Erkundungsbedürfnis ein (vgl. BR-Drucks. 580/00 S. 9, „... müssen ausreichende sensorische Reize geboten werden"). Jedes Zurückdrängen dieser Bedürfnisse gefährdet nicht nur das Wohlbefinden des Hundes, sondern auch die Sicherheit des Menschen, denn Hunde, die isoliert und reizarm in Zwingern aufwachsen, werden schwierig und oftmals auch bissig und zeigen später häufig situativ unangemessenes, übersteigertes Angriffs- wie Abwehrverhalten (vgl. *Feddersen-Petersen* DtW 2001, 94, 99). Demgemäß fordert die amtl. Begr. zu Recht, den Auslauf mindestens zweimal täglich im Freien (d.h. nicht in Räumen nach § 5) zu gewähren und dabei als Untergrenze eine Zeitdauer von einer Stunde täglich einzuhalten (BR-Drucks. aaO; vgl. auch *Döring-Schätzl* AtD 2002, 264, 266 mit dem Hinweis, dass schon die Ver- 2 ordnung von 1974 einen täglichen freien Auslauf von mindestens 60 Minuten gefordert habe und mit der jetzigen Verordnung keine Verschlechterung, sondern eine Verbesserung beabsichtigt sei; unter Berücksichtigung individueller Eigenschaften seien sogar zwei bis vier Stunden täglicher Auslauf wünschenswert). Für einen ausgewachsenen Hund werden etwa drei Stunden Bewegung am Tag empfohlen (vgl. bay. Vollzugshinweise zu § 2). – Beim Auslauf muss der Hund im Freien frei laufen können; Auslauf ist damit mehr als bloßes Spazierenführen; das Hinauslassen auf den Balkon oder einen Hinterhof genügt auf keinen Fall (vgl. *Metzger* in: *Erbs/Kohlhaas* T 95 a § 2 Rn. 2). Das Auslaufareal muss sich von einem Zwinger deutlich in seiner Größe und seinem Reizangebot unterscheiden (vgl. *Döring-Schätzl* S. 85, 87). Wird ein Hund ausschließlich an der Leine geführt, so wird er in seinem Bewegungs- und Erkundungsverhalten und in seiner Möglichkeit zu freiem Kontakt und zum Spiel mit Artgenossen stark eingeschränkt; Städte, die einen generellen Leinenzwang vorschreiben, müssen ausreichend viele und große Freilaufareale zur Verfügung stellen, da sonst eine tiergerechte Hundehaltung praktisch unmöglich ist (vgl. *Döring-Schätzl* AtD 2002, 264, 266; s. auch Einf. Rn. 2).

3 **Zu Abs. 1 und Abs. 3, Sozialkontakt.** Dem einzeln gehaltenen Hund muss der Mensch die Artgenossen ersetzen, durch Spielen, Körper- und Lautkontakt die Sicherheit des Rudels bieten und ihm gleichzeitig seinen Platz in der Rangordnung zuweisen (vgl. BR-Drucks. 580/00 Beschluss, Anl. S. 2, 3). Nach übereinstimmender Einschätzung des Verbandes für das Deutsche Hundewesen (VDH), der Bundestierärztekammer (BTK) und der Tierärztlichen Vereinigung für Tierschutz (TVT) ist für den mehrmals täglichen Umgang mit Betreuungspersonen bei einem erwachsenen Hund ein zeitlicher Rahmen von mindestens zwei Stunden vorzusehen, bei Welpen und Junghunden entsprechend mehr (VDH Stellungnahme vom 15. 8. 2000 S. 3; TVT Stellungnahme vom 16. 8. 2000 S. 2; BTK Stellungnahme vom 17. 8. 2000 S. 2; vgl. auch bay. Vollzugshinweise zu § 2: „Zeitraum von mehr als einer Stunde"). – Aber auch bei Gruppenhaltung ist täglicher Sozialkontakt zu einer Betreuungsperson notwendig, da ungenügende Kontaktmöglichkeiten zum Sozialpartner Mensch bei allen Hunden, unabhängig von ihrer Haltungsform, zu Verhaltensauffälligkeiten führen können (vgl. BR-Drucks. 580/00 S. 9; von *Döring-Schätzl* AtD 2002, 264, 265 wird auch bei der Haltung von Hunden in Gruppen zwei Stunden täglicher Kontakt mit dem Menschen empfohlen). Dies spricht dafür, Hunde nur auf Grundstücken zu halten, auf denen sich zumindest tagsüber regelmäßig Betreuungspersonen aufhalten (vgl. DTB Stellungnahme vom 14. 8. 2000 S. 3). Junge Hunde bis zu einem Alter von einem Jahr haben einen besonders großen Bedarf an Umgang mit Betreuungspersonen und bedürfen einer ausreichenden Befriedigung ihres Spieltriebs und ihres Neugierverhaltens (vgl. BR-Drucks. 580/00 S. 10).

4 **Zu Abs. 2, Gruppenhaltung.** Hunde sind Rudeltiere, d.h. Alleinsein ist ihnen wesensfremd (vgl. BR-Drucks. 580/00 Beschluss, Anl. S. 2). Mehrere Hunde auf einem Grundstück dürfen deshalb grds. nur als Gruppe gehalten werden (nicht ausr.: Einzelzwinger mit Sicht- und Hörkontakt). Nur bei „zwingenden Gründen" soll nach der amtl. Begr. (BR-Drucks. 580/00 S. 10) eine Einzelhaltung erlaubt sein. Genannt werden: geschlechtsreife Hunde, die nicht länger als zwei Monate jährlich auf demselben Grundstück gehalten werden; läufige Hündinnen zur Vermeidung einer Trächtigkeit; tragende Hündinnen im letzten Drittel ihrer Trächtigkeit; säugende Hündinnen; Hunde, die für eine bestimmte Tätigkeit ausgebildet sind oder ausgebildet werden, wenn die Tätigkeit oder Ausbildung eine Einzelhaltung unerlässlich macht (nach Einschätzung von BTK und VDH gibt es aber Tätigkeiten oder Ausbildungen, die eine Einzelhaltung erforderlich machen, nicht; vgl. Stellungnahmen aaO). Bei unverträglichen Hunden setzt Einzelhaltung voraus, dass Sozialisierungsversuche, ggf. unter sachkundiger Begleitung, unternommen wurden und fehlgeschlagen sind (vgl. BR-Drucks. aaO).

5 **Zu Abs. 4 S. 1, Trennung vom Muttertier.** Bei großrahmigen Hunden mit starken Würfen werden die Welpen von unseriösen Züchtern häufig zur Minimierung der Kosten schon mit sechs Wochen abgegeben, was für die spätere Entwicklung der Tiere in höchs-

tem Maße problematisch ist (vgl. BTK Stellungnahme aaO). Ausnahmen von S. 1 dürfen deshalb nur zugelassen werden, wenn sie wegen Krankheit der Mutterhündin oder der Welpen nach dem schriftlichen Gutachten eines Tierarztes erforderlich sind. Vorzeitig abgesetzte Welpen sollen (d.h. müssen, sofern nicht ein Ausnahmefall vorliegt) bis zu einem Alter von acht Wochen zusammen bleiben.

§ 3 Anforderungen an die Betreuung bei gewerbsmäßigem Züchten

Wer gewerbsmäßig mit Hunden züchtet, muss sicherstellen, dass für jeweils bis zu zehn Zuchthunde und ihre Welpen eine Betreuungsperson zur Verfügung steht, die die dafür notwendigen Kenntnisse und Fähigkeiten gegenüber der zuständigen Behörde nachgewiesen hat.

Züchten s. § 11 TierSchG Rn. 4 und § 11b TierSchG Rn. 2. Gewerbsmäßig s. § 11 TierSchG Rn. 9. Die AVV stellt hierzu Regelvermutungen auf: Gewerbsmäßig züchtet, wer drei oder mehr fortpflanzungsfähige Hündinnen hält. Darauf, wie viele dieser Hündinnen gleichzeitig trächtig sind bzw. Welpen führen, kommt es nicht an; entscheidend ist allein, dass sie fortpflanzungsfähig sind. Sind in einer Haltung weniger als drei fortpflanzungsfähige Hündinnen vorhanden, so liegt gleichwohl Gewerbsmäßigkeit vor, wenn pro Jahr drei oder mehr Würfe abgesetzt werden (AVV Nr. 12.2.1.5.1; dort auch zur Rechtslage, wenn ein Halter die Tiere in unterschiedlichen Einrichtungen hält bzw. wenn mehrere Halter Räumlichkeiten, Ausläufe etc. gemeinsam nutzen). – Bei bis zu zehn fortpflanzungsfähigen Hündinnen kann die Betreuungsperson mit der verantwortlichen Person iS von § 11 Abs. 2 TierSchG identisch sein, sofern diese den Sachkundenachweis zu führen vermag (dabei wird aber jede fortpflanzungsfähige Hündin mitgezählt, auch wenn sie keine Welpen hat und nicht trächtig ist; vgl. bay. Vollzugshinweise zu § 3: „Wird eine Hündin nicht mehr zur Zucht genutzt, muss dies nachvollziehbar belegt werden"). Bei elf oder mehr fortpflanzungsfähigen Hündinnen muss zusätzliches sachkundiges Personal eingestellt werden (vgl. VG Regensburg vom 20. 1. 2004, Rn. 11 K 02.1502). – Die Kenntnisse und Fähigkeiten der Betreuungsperson müssen sich sowohl auf die Tiergesundheit als auch auf das Tierverhalten beziehen; gerade wenn eine große Anzahl von Hunden betreut werden soll, sind daran besondere Anforderungen zu stellen (vgl. BR-Drucks. 580/00 S. 10). Zum Nachweis vgl. AVV Nr. 12.2.2.3. – Die ersten acht bis zwölf Lebenswochen eines Welpen haben entscheidenden Einfluss auf dessen Wesensentwicklung. In dieser Zeit werden die Weichen dafür gestellt, ob er als erwachsener Hund ausgeglichen, umweltsicher und gut an Menschen und Artgenossen sozialisiert ist oder nicht. Fehler in der Welpenbetreuung sind deshalb nicht nur tierschutzrelevant, sondern gefährden auch die öffentliche Sicherheit. Deshalb erscheint es mit dem Pflegegebot aus § 2 Nr. 1 TierSchG kaum vereinbar, dass nach der VO bei zehn Hündinnen und einer durchschnittlichen Wurfstärke von fünf Welpen theoretisch insgesamt 60 Hunde von einer einzigen Betreuungsperson versorgt werden dürfen (vgl. dazu die Forderung der BTK Stellungnahme S. 3: „Jede vollbeschäftigte Betreuungsperson darf nicht mehr als fünf Würfe mit Muttertier betreuen").

§ 4 Anforderungen an das Halten im Freien

(1) [1] **Wer einen Hund im Freien hält, hat dafür zu sorgen, dass dem Hund**

1. eine Schutzhütte, die den Anforderungen des Absatzes 2 entspricht, und

2. außerhalb der Schutzhütte ein witterungsgeschützter, schattiger Liegeplatz mit wärmegedämmtem Boden

zur Verfügung stehen. [2] **Während der Tätigkeiten, für die ein Hund ausgebildet wurde oder wird, hat die Betreuungsperson dafür zu sorgen, dass dem Hund während der**

Ruhezeiten ein witterungsgeschützter und wärmegedämmter Liegeplatz zur Verfügung steht.

(2) [1]Die Schutzhütte muss aus wärmedämmendem und gesundheitsunschädlichem Material hergestellt und so beschaffen sein, dass der Hund sich daran nicht verletzen und trocken liegen kann. [2]Sie muss so bemessen sein, dass der Hund

1. sich darin verhaltensgerecht bewegen und hinlegen und

2. den Innenraum mit seiner Körperwärme warm halten kann, sofern die Schutzhütte nicht beheizbar ist.

1 **Zu Abs. 1 S. 1 und Abs. 2.** Adressat der Verpflichtung ist der Halter ieS (s. § 2 TierSchG Rn. 4). Hundehaltung im Freien liegt vor, wenn der Hund nicht nur vorübergehend außerhalb eines geschlossenen Raumes (d.h. eines Raumes, der an allen Seiten durch Wände und oben durch ein Dach begrenzt ist und damit Schutz vor Nässe, Feuchtigkeit und Zugluft bietet) gehalten wird. Auch ein überdachter Zwinger ist Haltung im Freien, solange er nicht an allen Seiten Wände aufweist (letzterenfalls gilt § 5). Wird der Hund zeitlich wechselnd an unterschiedlichen Stellen untergebracht, entscheidet das Gesamtbild (vgl. OLG Köln Rd L 1997, 245; *Metzger* in: *Erbs/Kohlhaas* T 95 a § 4 Rn. 2). In Grenzfällen ist zu fragen, ob der Unterbringungsort ähnliche Verhältnisse wie das Freie bietet (zB ja bei Campingzelt, nein bei Zirkuszelt; vgl. *Metzger* aaO Rn. 3). – Schutzhütte und Liegeplatz müssen dem Hund die Möglichkeit geben, auf niedrige oder hohe Außentemperaturen angemessen zu reagieren und nachteiligen Witterungseinflüssen auszuweichen (vgl. BR-Drucks. 580/00 S. 10). Die Hütte nach Abs. 2 muss folglich gegen Nässe, Feuchtigkeit, Zugluft, Kälte und Hitze schützen. Daraus lassen sich als Anforderungen ableiten: wärmedämmendes Material, also nicht Blech oder Zement; Wände, die isolieren; Öffnung, die von der Wetterseite abgewandt und gegen Wind und Niederschlag abgesichert ist; Ablaufmöglichkeit für Flüssigkeiten; keinesfalls genügt ein Kfz (vgl. VG Stuttgart NuR 1998, 217). Die Hütte muss räumlich so bemessen sein, dass der Hund darin aufrecht stehen, sich umdrehen, ungehindert aufstehen und ohne Beeinträchtigung ruhen kann (vgl. BR-Drucks. 580/00 S. 11; *Metzger* aaO Rn. 7); dient sie mehreren Hunden gleichzeitig, so müssen alle gleichzeitig diese Verhaltensweisen in der Hütte ohne Behinderung ausführen können. Damit der Hund sich warm halten kann, dürfen Hütte und Öffnung nicht zu groß sein, es sei denn, die Hütte ist beheizbar. – Zusätzlich zur Hütte bedarf es einer witterungsgeschützten, schattigen Fläche mit wärmegedämmtem Boden, die nicht nur das Liegen, sondern auch die teilweise Befriedigung des Bewegungsbedürfnisses ermöglichen soll (vgl. BR-Drucks. aaO), also dementsprechend größer sein muss (vgl. auch bay. Vollzugshinweise zu § 4: „glatte, durchgehende Liegefläche; dieses Kriterium wird beispielsweise von Europaletten nur erfüllt, wenn noch eine zusätzliche feste Auflage angebracht wird"). Der Hund muss wählen können, ob er die Hütte oder den Liegeplatz nutzt.

2 **Zu Abs. 1 S. 2.** Verpflichteter ist hier die Betreuungsperson, d.h. der Halter, Betreuer oder zur Betreuung Verpflichtete (s. § 2 Abs. 1; s. auch TierSchG § 2 Rn. 4–6). Die Vorschrift bezieht sich auf Hunde, die zu Arbeiten überwiegend im Freien eingesetzt werden, wie zB Rettungshunde, Hütehunde oder Hunde, die Menschen auf Reisen begleiten (vgl. BR-Drucks. 580/00 S. 11). Ihnen muss sowohl während der Ausbildung als auch während der Arbeit ein witterungsgeschützter, wärmegedämmter Liegeplatz zur Verfügung stehen.

§ 5 Anforderungen an das Halten in Räumen

(1) [1]Ein Hund darf nur in Räumen gehalten werden, bei denen der Einfall von natürlichem Tageslicht sichergestellt ist. [2]Die Fläche der Öffnungen für das Tageslicht muss bei der Haltung in Räumen, die nach ihrer Zweckbestimmung nicht dem Aufenthalt von Menschen dienen, grundsätzlich mindestens ein Achtel der Bodenfläche

betragen. [3] Satz 2 gilt nicht, wenn dem Hund ständig ein Auslauf ins Freie zur Verfügung steht. [4] Bei geringem Tageslichteinfall sind die Räume entsprechend dem natürlichen Tag-Nacht-Rhythmus zusätzlich zu beleuchten. [5] In den Räumen muss eine ausreichende Frischluftversorgung sichergestellt sein.

(2) Ein Hund darf in Räumen, die nach ihrer Zweckbestimmung nicht dem Aufenthalt von Menschen dienen, nur dann gehalten werden, wenn die benutzbare Bodenfläche den Anforderungen des § 6 Abs. 2 entspricht.

(3) Ein Hund darf in nicht beheizbaren Räumen nur gehalten werden, wenn

1. diese mit einer Schutzhütte nach § 4 Abs. 2 oder einem trockenen Liegeplatz, der ausreichend Schutz vor Luftzug und Kälte bietet, ausgestattet sind und

2. außerhalb der Schutzhütte nach Nummer 1 ein wärmegedämmter Liegebereich zur Verfügung steht.

Zu Abs. 1. Räume sind an allen Seiten von Wänden umgeben und haben oben ein Dach; 1
anderenfalls liegt Haltung im Freien vor, s. § 4. Gem. S. 1 dürfen keine fensterlosen Räume verwendet werden, da es bei ständig im Dunkeln gehaltenen Hunden zu erheblichen Verhaltensstörungen kommen kann (vgl. BR-Drucks. 580/00 S. 11). Nach S. 2 müssen die Fensteröffnungen mindestens ein Achtel der Bodenfläche betragen. Sofern der natürliche Lichteinfall aus anderen Gründen (zB wegen Bäumen vor den Lichtöffnungen) zu gering ist, muss gemäß S. 4 für eine zusätzliche künstliche Beleuchtung entsprechend dem natürlichen Tag-Nacht-Rhythmus gesorgt werden (vgl. bay. Vollzugshinweise zu § 5: Richtwert 300–450 Lux während 10–12 Stunden je Tag).

Zu Abs. 2. Ob Räume nicht dem Aufenthalt von Menschen dienen, richtet sich nach 2
der Zweckbestimmung desjenigen, der die Sachherrschaft über sie ausübt. In solchen Räumen müssen die Flächenvorgaben des § 6 Abs. 2 eingehalten werden. Dies gilt auch für in Räumen befindliche Versuchstierkäfige und -boxen, sofern nicht der Nachweis geführt werden kann, dass der Versuchszweck geringere Flächen unerlässlich macht (s. § 1 Rn. 3); die Praxis verfährt vielfach gegenteilig und verwendet aus Gründen der Arbeitswirtschaftlichkeit und zur Kosteneinsparung die zu geringen Maße des überholten Anhangs A zum Europ. Versuchstierübereinkommen (zum neuen, revidierten Anhang A s. Anh. zu § 2 TierSchG Rn. 91–93).

Zu Abs. 3. Beheizbar ist ein Raum nur, wenn er über eine fest installierte Heizungsan- 3
lage verfügt. – In Räumen, die dieser Anforderung nicht entsprechen, benötigt der Hund eine Schutzhütte nach § 4 Abs. 2 und, außerhalb davon, einen wärmegedämmten Liegebereich. Ein Verzicht auf die Schutzhütte zugunsten eines trockenen, Schutz vor Luftzug und Kälte bietenden Liegeplatzes (Abs. 3 Nr. 1 zweite Alternative) ist möglich, wenn die Hunde nur in der warmen Jahreszeit in solchen Räumen gehalten werden und der notwendige Schutz gegen Feuchtigkeit, Zugluft, Boden- und Wandkälte auch ohne Schutzhütte sichergestellt werden kann (vgl. BR-Drucks. aaO). – Verpflichteter ist jeweils der Halter ieS (vgl. § 2 TierSchG Rn. 4). – Weil fehlende Abwechslung und mangelnde Sozialkontakte zu Verhaltensstörungen führen können, hatte der Agrarausschuss des Bundesrats empfohlen, in § 5 Abs. 1 folgenden Satz einzuführen: „Der freie Blick aus dem Gebäude muss für den Hund gewährleistet sein“ (vgl. BR-Drucks. 580/1/00 S. 4). Der Satz wurde jedoch nicht in die VO aufgenommen, was einen Widerspruch zu § 6 Abs. 3 S. 5 darstellt.

§ 6 Anforderungen an die Zwingerhaltung

(1) Ein Hund darf in einem Zwinger nur gehalten werden, der den Anforderungen nach den Absätzen 2 bis 4 entspricht.

(2) [1] In einem Zwinger muss

1. dem Hund entsprechend seiner Widerristhöhe folgende uneingeschränkt benutzbare Bodenfläche zur Verfügung stehen, wobei die Länge jeder Seite mindestens der

doppelten Körperlänge des Hundes entsprechen muss und keine Seite kürzer als zwei Meter sein darf:

Widerristhöhe cm	Bodenfläche mindestens m²
bis 50	6
über 50 bis 65	8
über 65	10,

2. für jeden weiteren in demselben Zwinger gehaltenen Hund sowie für jede Hündin mit Welpen zusätzlich die Hälfte der für einen Hund nach Nummer 1 vorgeschriebenen Bodenfläche zur Verfügung stehen,

3. die Höhe der Einfriedung so bemessen sein, dass der aufgerichtete Hund mit den Vorderpfoten die obere Begrenzung nicht erreicht.

[2] Abweichend von Satz 1 Nr. 1 muss für einen Hund, der regelmäßig an mindestens fünf Tagen in der Woche den überwiegenden Teil des Tages außerhalb des Zwingers verbringt, die uneingeschränkt benutzbare Zwingerfläche mindestens sechs Quadratmeter betragen.

(3) [1] **Die Einfriedung des Zwingers muss aus gesundheitsunschädlichem Material bestehen und so beschaffen sein, dass der Hund sie nicht überwinden und sich nicht daran verletzen kann. [2] Der Boden muss trittsicher und so beschaffen sein, dass er keine Verletzungen oder Schmerzen verursacht und leicht sauber und trocken zu halten ist. [3] Trennvorrichtungen müssen so beschaffen sein, dass sich die Hunde nicht gegenseitig beißen können. [4] Mindestens eine Seite des Zwingers muss dem Hund freie Sicht nach außen ermöglichen. [5] Befindet sich der Zwinger in einem Gebäude, muss für den Hund der freie Blick aus dem Gebäude heraus gewährleistet sein.**

(4) **In einem Zwinger dürfen bis zu einer Höhe, die der aufgerichtete Hund mit den Vorderpfoten erreichen kann, keine Strom führenden Vorrichtungen, mit denen der Hund in Berührung kommen kann, oder Vorrichtungen, die elektrische Impulse aussenden, vorhanden sein.**

(5) **Werden mehrere Hunde auf einem Grundstück einzeln in Zwingern gehalten, so sollen die Zwinger so angeordnet sein, dass die Hunde Sichtkontakt zu anderen Hunden haben.**

(6) Hunde dürfen in einem Zwinger nicht angebunden gehalten werden.

1 **Grundsätzliches.** § 6 regelt nur das „Wie" der Zwingerhaltung. „Ob" sie zulässig ist, muss nach den §§ 1 und 2 TierSchG beurteilt werden. Zwingerhaltung kann zu Schäden iS von § 1 S. 2 TierSchG führen (vgl. die Beispiele bei *Metzger* in: *Erbs/Kohlhaas* T 95 a § 6 Rn. 1: Beeinträchtigung der Lernfähigkeit durch fehlenden Kontakt zum Führer; Schädigung der Gesundheit infolge eingeschränkter Bewegungsmöglichkeit). Reine Zwingeraufzucht führt bei spärlichem Menschenkontakt vorhersehbar zu Verhaltensabweichungen oder gar Verhaltensstörungen, die Schäden darstellen und darüber hinaus Leiden indizieren (vgl. *Feddersen-Petersen* in: *Sambraus/Steiger* S. 252; vgl. auch *Döring-Schätzl* AtD 2002, 264, 265: Deprivationsschäden wie Angstverhalten und Stereotypien). § 6 bildet dafür keinen vernünftigen Grund (zum Verhältnis Rechtsverordnung/Gesetz s. § 1 TierSchG Rn. 35). Empfohlen wird deshalb, den Zwinger nur als Nachtquartier und als vorübergehenden Aufenthaltsort zu nutzen (vgl. *Metzger* aaO). Wegen der Einschränkung der Bedürfnisse nach Bewegung, Gemeinschaft und Erkundung dürfte eine andauernde Zwingerhaltung auch mit dem Pflegegebot aus § 2 Nr. 1 TierSchG unvereinbar sein. Zur Befugnis der Behörde, gemäß § 16 a S. 1 und S. 2 Nr. 1 TierSchG Anordnungen zu treffen, die über die Vorgaben der VO hinausgehen, s. Einf. Rn. 1. – Adressat der Pflichten ist der Halter ieS (s. § 2 TierSchG Rn. 4).

2 **Zu Abs. 1.** Zwinger ist ein eingefriedeter Auslauf für Hunde. Darauf, ob er überdacht oder offen ist, kommt es nicht an. Lediglich dann, wenn zusätzlich zu einer vollständigen

Überdachung an allen Seiten Wände vorhanden sind, handelt es sich um einen Raum nach § 5, für den jedoch über § 5 Abs. 2 § 6 Abs. 2 ebenfalls gilt. – Haltung im Zwinger liegt vor, wenn der Hund an wenigstens zwei Tagen in der Woche mindestens die Hälfte des Tages im Zwinger verbringt (arg. ex Abs. 2 S. 2, vgl. *Metzger* aaO § 6 Rn. 2). – Je nachdem, ob sich der Zwinger im Freien oder in einem Raum befindet, ist zusätzlich § 4 bzw. § 5 einzuhalten; in Zweifelsfällen gilt die jeweils strengere Bestimmung, insbes. also das Schutzhüttengebot des § 4 (vgl. *Metzger* aaO Rn. 2 und 12). Bei der Haltung mehrerer Hunde in einem Zwinger ist die Anzahl der Schutzhütten so zu bemessen, dass unter Berücksichtigung der Rangordnung alle Hunde gleichzeitig eine Hütte aufsuchen können (bay. Vollzugshinweise zu § 6).

Zu Abs. 2. Die kleinste Seite des Zwingers muss mindestens der doppelten Körperlänge 3 (Nasen-Steiß-Länge) des Hundes entsprechen und darf zwei Meter nicht unterschreiten. Die verfügbare Fläche muss in Abhängigkeit von der Widerristhöhe 6, 8 oder 10 m^2 betragen. Die Bodenfläche der Schutzhütte darf darauf nicht angerechnet werden (vgl. BR-Drucks. 580/00 S. 11); dasselbe gilt auch für ein über der Hütte angebrachtes Flachdach, da es vom Hund nicht im selben Maß zur Bewegung genutzt werden kann wie die Bodenfläche. Zur erforderlichen Bodenfläche bei mehreren Hunden s. Abs. 2 Nr. 2, d.h. jeder „weitere" Hund bekommt zusätzlich die Hälfte der Mindestfläche. Für eine Hündin mit Welpen muss das 1,5fache zur Verfügung stehen („jede"). – Für Diensthunde, die regelmäßig an mindestens fünf Tagen in der Woche den überwiegenden Teil des Tages außerhalb des Zwingers verbringen, wird nach S. 2 eine Fläche von 6 m^2 für ausreichend gehalten (BR-Drucks. aaO; krit. dazu VDH Stellungnahme S. 4).

Zu Abs. 3–6. Nach Abs. 3 muss das Überwinden der Einfriedung durch Überspringen, 4 Überklettern oder Untergraben ausgeschlossen sein. Um dem Hund ein Minimum an Abwechslung zu bieten, muss ihm im Zwinger freie Sicht nach außen ermöglicht werden, möglichst auf ein Gelände, das von Menschen oder Tieren frequentiert wird (vgl. BR-Drucks. 580/00 S. 12). Bei Zwingerhaltung in Gebäuden muss der freie Blick aus dem Gebäude heraus gewährleistet sein. – Ist nach § 2 Abs. 2 S. 2 eine Abweichung vom Gebot der Gruppenhaltung statthaft (bei mehreren Hunden auf demselben Grundstück nur bei „zwingenden Gründen", s. § 2 Rn. 4), so muss nach Abs. 5 durch eine entsprechende Anordnung der Zwinger ein Mindestmaß an Sozialkontakt ermöglicht werden (vgl. amtl. Begr. aaO); fehlender Sichtkontakt kann gerade in diesen Fällen zu Verhaltensstörungen, zB notorischem Bellen, führen (vgl. TVT Stellungnahme S. 3). Ggf. kann in Fällen des Abs. 2 S. 2 davon abgewichen werden, wenn die Befriedigung des Sozialbedürfnisses durch den Dienstbetrieb gewährleistet ist. – Nach Abs. 6 gilt im Zwinger ein Anbindeverbot. Eine Kombination von Zwinger- und Anbindehaltung ist damit untersagt. Der VO-Entwurf vom 21. 7. 2000 hatte darüber hinaus ein Verbot von Halsbändern vorgesehen, was zur Unfallverhütung und damit für die Gesundheit der Tiere sinnvoll gewesen wäre (vgl. TVT Stellungnahme S. 4). – Der VDH fordert, Junghunde und Welpen, die allein im Zwinger gehalten werden, langsam daran zu gewöhnen: Bis zum vollendeten dritten Lebensmonat sollten sie dort nicht länger als zwei Stunden pro Tag zubringen; danach könne der Aufenthalt im Zwinger monatlich um je eine Stunde täglich verlängert werden (Stellungnahme S. 5). Zur Unvereinbarkeit dauernder Zwingerhaltung mit § 2 Nr. 1 TierSchG s. Rn. 1.

§ 7 Anforderungen an die Anbindehaltung

(1) **Ein Hund darf in Anbindehaltung nur gehalten werden, wenn die Anforderungen der Absätze 2 bis 5 erfüllt sind.**

(2) **Die Anbindung muss**

1. **an einer Laufvorrichtung, die mindestens sechs Meter lang ist, frei gleiten können,**
2. **so bemessen sein, dass sie dem Hund einen seitlichen Bewegungsspielraum von mindestens fünf Metern bietet,**

3. so angebracht sein, dass der Hund ungehindert seine Schutzhütte aufsuchen, liegen und sich umdrehen kann.

(3) [1]**Im Laufbereich dürfen keine Gegenstände vorhanden sein, die die Bewegungen des Hundes behindern oder zu Verletzungen führen können.** [2]**Der Boden muss trittsicher und so beschaffen sein, dass er keine Verletzungen oder Schmerzen verursacht und leicht sauber und trocken zu halten ist.**

(4) **Es dürfen nur breite, nicht einschneidende Brustgeschirre oder Halsbänder verwendet werden, die so beschaffen sind, dass sie sich nicht zuziehen oder zu Verletzungen führen können.**

(5) [1]**Es darf nur eine Anbindung verwendet werden, die gegen ein Aufdrehen gesichert ist.** [2]**Das Anbindematerial muss von geringem Eigengewicht und so beschaffen sein, daß sich der Hund nicht verletzen kann.**

(6) **Bei Begleitung einer Betreuungsperson während der Tätigkeiten, für die der Hund ausgebildet wurde oder wird, kann er abweichend von Absatz 1 nach Maßgabe der Absätze 4 und 5 an einer mindestens drei Meter langen Anbindung angebunden werden.**

(7) **Die Anbindehaltung ist verboten bei**

1. einem Hund bis zu einem Alter von zwölf Monaten,
2. einer tragenden Hündin im letzten Drittel der Trächtigkeit,
3. einer säugenden Hündin,
4. einem kranken Hund, wenn ihm dadurch Schmerzen, Leiden oder Schäden zugefügt würden.

1 **Grundsätzliches.** § 7 regelt nur das „Wie" der Anbindehaltung (Ausnahme: Abs. 7). „Ob" sie zulässig ist, muss hauptsächlich nach den §§ 1 und 2 TierSchG beurteilt werden. Durch die Einschränkung der Bewegung und die Eintönigkeit können Schäden entstehen (vgl. *Metzger* in: *Erbs/Kohlhaas* T 95 a § 7 Rn. 1). Außerdem kann es zu Leiden kommen (erkennbar u.a. an Verhaltensstörungen, die sogar erhebliche Leiden anzeigen). Die zuständige Behörde hat die Befugnis und ggf. auch die Pflicht, aufgrund von § 16 a S. 2 Nr. 1 i.V.m. § 2 Nr. 1 und/oder Nr. 2 TierSchG einzuschreiten und Anordnungen zu treffen, die über die Vorgaben dieser Verordnung hinausgehen (s. Einf. Rn. 1; Beispiel nach bay. Vollzugshinweisen zu § 7: anhaltend nasse Witterung). – Adressat der Pflichten ist grds. der Halter ieS; Abs. 6 wendet sich darüber hinaus an die Betreuungsperson, d.h. auch an den Betreuer und den zur Betreuung Verpflichteten.

2 **Zu Abs. 1.** Anbindehaltung liegt vor, wenn der Hund den überwiegenden Teil des Tages (also mehr als die Hälfte) angebunden verbringt (vgl. BR-Drucks. 580/00 S. 12). Angebunden ist der Hund, wenn die Anbindevorrichtung an einem unbeweglichen Gegenstand festgemacht ist; bei Verbindung mit einem Menschen spricht man dagegen von „angeleint" (vgl. *Metzger* aaO Rn. 2). – Zusätzlich zu § 7 gelten je nach Sachlage § 4 oder § 5. In Zweifelsfällen gilt die jeweils strengere Bestimmung, insbes. das Schutzhüttengebot nach § 4. Außerdem gilt – wie stets – § 2. Die Kombination von Anbinde- und Zwingerhaltung ist ausgeschlossen, s. § 6 Abs. 6.

3 **Zu Abs. 2 und 3.** Es muss eine Laufvorrichtung (Laufseil, Laufstange, Laufdraht) von mindestens 6 m Länge verwendet werden; eine Anbindung ohne Laufvorrichtung an Hütten, Pfählen usw. ist nicht zulässig (vgl. BR-Drucks. 580/00 aaO). – Der (von der Laufvorrichtung her gesehen) seitliche Bewegungsspielraum muss mindestens 5 m betragen. Ist er also auf einer Seite eingeschränkt, so muss dies durch eine entsprechende Erweiterung auf der anderen Seite ausgeglichen werden. Die Lauffläche muss also mindestens $6 \times 5 = 30\ m^2$ haben (vgl. bay. Vollzugshinweise zu § 7). – Die Anbindung darf weder das Liegen noch das Sichumdrehen noch das Aufsuchen der Schutzhütte behindern. – Um das Ziel des Abs. 3 zu erreichen, muss die Schutzhütte an der Grenze des Laufbereichs aufge-

stellt werden, so dass der Hund sie jederzeit ohne Beeinträchtigung aufsuchen kann, in seinen Bewegungen durch sie jedoch nicht behindert wird.

Zu Abs. 4. Brustgeschirre und Halsbänder müssen vier Voraussetzungen gleichzeitig 4
erfüllen, um zulässig zu sein: Breite; kein Einschneiden (und erst recht kein Einstechen, also keine Stachelhalsbänder); keine Gefahr des Sich-Zuziehens (also insbes. keine Würgehalsbänder); keine Verletzungsgefahr (d.h. u.a.: Gewährleistung, dass auch durch ständiges Zerren keine Scheuerstellen entstehen; vgl. BR-Drucks. aaO). Verstoß also bereits dann, wenn eine dieser Negativ-Eigenschaften festgestellt werden kann. VDH, TVT und DTB empfehlen, wegen Verletzungsgefahr Halsbänder vollständig durch Brustgeschirre zu ersetzen.

Zu Abs. 5. Es muss ausgeschlossen sein, dass sich die Anbindung durch Bewegungen 5
des Hundes verkürzt. Zur Frage nach dem zulässigen Eigengewicht kann auf § 3 Abs. 2 S. 3 der früheren HundeVO (bei Ketten Drahtstärke der Glieder max. 3,2 mm) zurückgegriffen werden (vgl. *Metzger* aaO Rn. 8).

Zu Abs. 6. Die Ausnahme greift nur ein, wenn der Hund eine Betreuungsperson (vgl. 6
§ 2 Abs. 1) begleitet, diese also zusammen mit ihm unterwegs ist, sich ständig in seiner Nähe aufhält und ggf. für ihn da ist; außerdem muss der Hund mitgenommen worden sein, um ausgebildet zu werden bzw. um eine Tätigkeit auszuführen, für die er ausgebildet wurde. – In dieser Zeit gelten Abs. 2 und 3 nicht; es ist also keine Laufvorrichtung nötig, jedoch muss die Anbindung mindestens 3 m lang sein (zum Unterschied Anbinden/Anleinen s. Rn. 2). Abs. 4 und Abs. 5 gelten uneingeschränkt. – Die Anbindehaltung eines Hundes im Zirkus fällt nicht unter Abs. 6, muss also auch den Absätzen 2 und 3 voll entsprechen (vgl. BR-Drucks. 580/00 S. 13).

Zu Abs. 7. Es gelten folgende Verbote (die aber gegenüber § 2 Nr. 1 und Nr. 2 7
TierSchG nicht abschließend sind, s. Rn. 1): Keine Anbindung von Hunden bis zum Alter von 12 Monaten; keine Anbindung von tragenden Hündinnen im letzten Drittel der Trächtigkeit (d.h. etwa ab dem 40. Tag der Trächtigkeit, vgl. *Metzger* aaO Rn. 14); keine Anbindung säugender Hündinnen vor dem vollständigen Absetzen der Welpen; keine Anbindung, wenn der Hund eine Krankheit (= gestörtes Allgemeinbefinden, vgl. § 2 Nr. 2 TierSchTrV) hat und deswegen mit Schmerzen, Leiden oder Schäden als Folge einer Anbindung gerechnet werden muss.

§ 8 Fütterung und Pflege

(1) [1]Die Betreuungsperson hat dafür zu sorgen, dass dem Hund in seinem gewöhnlichen Aufenthaltsbereich jederzeit Wasser in ausreichender Menge und Qualität zur Verfügung steht. [2]Sie hat den Hund mit artgemäßem Futter in ausreichender Menge und Qualität zu versorgen.

(2) Die Betreuungsperson hat

1. **den Hund unter Berücksichtigung des der Rasse entsprechenden Bedarfs regelmäßig zu pflegen und für seine Gesundheit Sorge zu tragen;**
2. **die Unterbringung mindestens einmal täglich und die Anbindevorrichtung mindestens zweimal täglich zu überprüfen und Mängel unverzüglich abzustellen;**
3. **für ausreichende Frischluft und angemessene Lufttemperaturen zu sorgen, wenn ein Hund ohne Aufsicht in einem Fahrzeug verbleibt;**
4. **den Aufenthaltsbereich des Hundes sauber und ungezieferfrei zu halten; Kot ist täglich zu entfernen.**

Zu Abs. 1. Verpflichteter ist die Betreuungsperson (vgl. § 2 Abs. 1). Dem Hund muss in 1
der Haltungseinrichtung jederzeit Wasser zur Verfügung stehen. Gefüttert werden sollte der erwachsene Hund mindestens einmal täglich, der Welpe mehrmals täglich (vgl. BR-Drucks. 580/00 S. 13; vgl. auch TVT, Stellungnahme S. 4: Welpen viermal). In der amtl.

Begr. wird davon ausgegangen, dass eine Umstellung der Hunde auf vorwiegend vegetarisches Futter nicht artgerecht sei.

2 **Zu Abs. 2.** Adressat ist hier ebenfalls die Betreuungsperson. Nr. 1 verpflichtet auch dazu, für eine angemessene tierärztliche Versorgung und für Gesundheitsprophylaxe (zB Impfung, Entwurmung, Schutz vor Parasiten) zu sorgen. Überprüfen iS von Nr. 2 meint, sich vom Zustand der Vorrichtungen zu überzeugen. Mängel sind alle Abweichungen von dem Zustand, wie er durch die VO und durch § 2 TierSchG vorausgesetzt wird (vgl. *Metzger* in: *Erbs/Kohlhaas* T 95a § 8 Rn. 4). Zu Nr. 3 heißt es in der amtl. Begr., dass Hunde nicht längere Zeit ohne Aufsicht in einem Fahrzeug verbleiben sollten, insbesondere nicht in Personenwagen (vgl. dazu auch VG Stuttgart NuR 1998, 217). Zu Nr. 4 gehört auch die tägliche Säuberung der Futter- und Tränkebehälter und die Vermeidung von Bedingungen, die den Hund einem erhöhten Risiko parasitärer Infektionen aussetzen (vgl. BR-Drucks. aaO). Hunde sind bestrebt, den Kot außerhalb ihres Aufenthaltsbereiches abzusetzen (vgl. bay. Vollzugshinweise zu § 8).

§ 9 Ausnahmen für das vorübergehende Halten

Die zuständige Behörde kann von den Vorschriften des § 2 Abs. 2 und 3 sowie § 6 Abs. 1 in Verbindung mit Abs. 2 für das vorübergehende Halten von Hunden in Einrichtungen, die Fundhunde oder durch Behörden eingezogene Hunde aufnehmen, befristete Ausnahmen zulassen, wenn sonst die weitere Aufnahme solcher Hunde gefährdet ist.

Die Behörde kann für Einrichtungen, die Fundhunde oder behördlich eingezogene (auch nach § 16a S. 2 Nr. 2 TierSchG fortgenommene) Hunde vorübergehend aufnehmen, befristete Ausnahmen von den Geboten des § 2 Abs. 2 und Abs. 3 sowie des § 6 Abs. 1, Abs. 2 zulassen, wenn nur auf diesem Weg die notwendige Aufnahme weiterer solcher Hunde erreicht werden kann (die Behörde muss aber selbst Vorkehrungen treffen, um Sonderfälle dieser Art zu vermeiden, vgl. *Kluge/v. Loeper* TierSchHundeV Anm. Rn. 12).

§ 10 Ausstellungsverbot

[1]Es ist verboten, Hunde, bei denen Körperteile, insbesondere Ohren oder Rute, zum Erreichen bestimmter Rassemerkmale vollständig oder teilweise amputiert wurden, auszustellen oder Ausstellungen solcher Hunde zu veranstalten. [2]Das Ausstellungsverbot nach Satz 1 gilt nicht, sofern der Eingriff vor dem 1. September 2001 und in Übereinstimmung mit den Vorschriften des Tierschutzgesetzes in der zum Zeitpunkt des Eingriffs geltenden Fassung vorgenommen wurde.

Ermächtigungsgrundlage ist § 12 Abs. 2 Nr. 4 TierSchG. Adressat des Verbots ist jeder, der einen teilamputierten Hund ausstellt oder eine Ausstellung mit solchen Hunden (auch: Zuchtschau) veranstaltet. Auch das Anbieten im Internet ist Ausstellen (vgl. auch VG Gelsenkirchen vom 3. 2. 2003, 7 L 10/03: Ausstellungsverbot zulässig, auch für aus dem Ausland stammende kupierte Hunde; ebenso VG Gießen vom 3. 11. 2000, 10 G 4087/00; vgl. auch bay. Vollzugshinweise zu § 10: Verbot auch für Hunde, die im Ausland legal kupiert wurden). – Das vollständige oder teilweise Amputieren von Körperteilen zum Erreichen bestimmter Rassemerkmale ist jetzt ausnahmslos verboten (vgl. § 6 Abs. 1 i.V. m. § 5 Abs. 3 idF seit dem ÄndG 1998; vgl. auch BVerfG NJW 1999, 3702: Kupierverbot verstößt nicht gegen Art. 12 GG). Zur Umgehung des Verbotes werden aber Hunde zT. ins Ausland verbracht und dort an Schwanz, Ohren oÄ kupiert, oder es werden aus dem Ausland kupierte Hunde ins Inland verbracht. Diesen Handlungen soll mit dem Ausstellungsverbot vorgebeugt werden (BR-Drucks. 580/00 S. 14; zur Strafbarkeit des

Ohrenkupierens im Ausland s. § 17 TierSchG Rn. 92, 116). – Eine Ausnahme gilt nach S. 2, wenn der Eingriff zu einem Zeitpunkt stattgefunden hat, als er nach deutschem Tierschutzrecht noch erlaubt war (d.h. bei Kupieren von Ruten vor dem 1. 6. 1998 und bei Kupieren von Ohren vor dem 1. 1. 1987; dann ist aber ein Nachweis erforderlich, dass der Eingriff tatsächlich vor diesem Termin stattgefunden hat). Nicht unter das Verbot fallen außerdem Hunde, die im Einklang mit § 6 Abs. 1 Nr. 1a (Bescheinigung!) oder b TierSchG kupiert worden sind. – Im Regierungsentwurf war darüber hinaus ein Haltungsverbot vorgesehen. Der Bundesrat hatte dies jedoch abgelehnt, da die betroffenen Tiere in der Konsequenz getötet werden müssten; hierfür fehle es aber an einem vernünftigen Grund, weil ihr schmerz- und leidensfreies Weiterleben möglich sei. Tierschutzwidrige Amputationen seien nach dem Tierschutzgesetz ohnehin zu ahnden (BR-Drucks. 580/00, Beschluss Anl. S. 7; s. auch § 12 TierSchG Rn. 3). – Zur Nachbehandlung ohrkupierter Hunde vgl. BayObLG NJW 1993, 2760 und AG Neunkirchen NuR 1994, 520f. – Gegen Hundehalter, die kupierte Hunde ausstellen oder im Internet anbieten, sollte auch dann ein Bußgeldverfahren nach § 18 Abs. 1 Nr. 3b TierSchG i.V.m. § 10 eingeleitet werden, wenn von ihnen eine Bescheinigung eines ausländischen Tierarztes über eine angebliche Indikation vorgelegt wird. Im Rahmen des Ermittlungsverfahrens sollte dann dieser Tierarzt im Wege der Rechtshilfe ausfindig gemacht, als Zeuge vernommen und insbesondere nach dem Krankenbericht, den Röntgenbildern uÄ befragt werden. Sofern sich dabei herausstellt, dass er eine Gefälligkeitsbescheinigung ausgestellt hat oder dass es ihn gar nicht gibt, ist die Ordnungswidrigkeit bewiesen, zumal Fahrlässigkeit ausreicht. Effektiver wäre allerdings eine Gesetzesänderung, zB durch eine Erweiterung des Einfuhr- und Verbringungsverbotes in § 2 HundVerbrEinfG auf teilamputierte Hunde oder durch eine entsprechende Erweiterung von § 12 Abs. 2 Nr. 4 TierSchG.

§ 11 (Aggressionssteigerung nach § 11b Abs. 2 TierSchG) wurde vom BVerfG für verfassungswidrig erklärt und gemäß Art. 3 des ÄndG 2006 aufgehoben.

§ 12 Ordnungswidrigkeiten

(1) **Ordnungswidrig im Sinne des § 18 Abs. 1 Nr. 3 Buchstabe a des Tierschutzgesetzes handelt, wer vorsätzlich oder fahrlässig**

1. **entgegen § 2 Abs. 4 Satz 1 einen Welpen vom Muttertier trennt,**
2. **entgegen § 3 nicht sicherstellt, dass für jeweils bis zu zehn Zuchthunde und ihre Welpen eine dort genannte Betreuungsperson zur Verfügung steht,**
3. **entgegen § 4 Abs. 1 Satz 1 Nr. 1 oder Satz 2 nicht dafür sorgt, dass dem Hund eine Schutzhütte oder ein Liegeplatz zur Verfügung steht,**
4. **entgegen § 5 Abs. 1 Satz 1 oder Abs. 2 oder 3, § 6 Abs. 1 oder 6 oder § 7 Abs. 1 oder 7 einen Hund hält oder**
5. **entgegen § 8 Abs. 2 Nr. 2 einen Mangel nicht oder nicht rechtzeitig abstellt.**

(2) **Ordnungswidrig im Sinne des § 18 Abs. 1 Nr. 3 Buchstabe b des Tierschutzgesetzes handelt, wer vorsätzlich oder fahrlässig entgegen § 10 Satz 1 einen Hund ausstellt oder eine Ausstellung veranstaltet.**

Allgemeines. Für alle Ordnungswidrigkeiten reicht Fahrlässigkeit aus. – Soweit sich die 1
verletzte Vorschrift nur an den Halter ieS (s. § 2 TierSchG Rn. 4) richtet, kommt es zwar darauf an, dass dieser den Tatbestand verwirklicht. Nach § 14 Abs. 1 OWiG handelt aber auch derjenige ordnungswidrig, der sich (ohne selbst Halter zu sein) an einer Ordnungswidrigkeit des Halters beteiligt (s. auch § 18 TierSchG Rn. 9). – Zur Höhe der Sanktionen s. § 18 Abs. 4 TierSchG. – Die Einziehung des Hundes/der Hunde, auf die sich die Ordnungswidrigkeit bezieht, ist nach § 19 TierSchG möglich.

2 **Zu Abs. 1 Nr. 1.** Ein Verstoß liegt vor, wenn ein Welpe im Alter von acht Wochen oder weniger vom Muttertier getrennt wird, ohne dass dies nach tierärztlichem Urteil zum Schutz vor Schmerzen, Leiden oder Schäden erforderlich ist.

3 **Zu Abs. 1 Nr. 2.** Ordnungswidrig handelt der gewerbsmäßige Züchter, wenn keine oder (gemessen an der Zahl der fortpflanzungsfähigen Hündinnen) zu wenig Betreuungspersonen zur Verfügung stehen. Ein Verstoß liegt auch vor, wenn die Betreuungsperson die notwendigen Kenntnisse und Fähigkeiten nicht gegenüber der Behörde nachgewiesen hat, da sie dann keine „dort genannte Betreuungsperson" iS von § 3 ist.

4 **Zu Abs. 1 Nr. 3.** Ordnungswidrig handelt der Halter, wenn bei Hundehaltung im Freien dem Hund keine Schutzhütte zur Verfügung steht. Ein Verstoß liegt aber auch dann vor, wenn zwar eine Hütte vorhanden ist, diese aber nicht den Anforderungen des Abs. 2 entspricht (vgl. die ausdrückliche Bezugnahme von Abs. 2 in § 4 Abs. 1 S. 1 Nr. 1). – Ordnungswidrig iS von § 4 Abs. 1 S. 2 handelt die Betreuungsperson (d.h. der Halter, Betreuer oder zur Betreuung Verpflichtete, vgl. § 2 Abs. 1), wenn dem Hund während der Ausbildung bzw. der Tätigkeit, für die er ausgebildet wurde oder wird, kein Liegeplatz, der vor Feuchtigkeit, Zugluft, Hitze und Kälte schützt, zur Verfügung steht (vgl. auch *Metzger* in: *Erbs/Kohlhaas* T 95 a § 4 Rn. 5, 14).

5 **Zu Abs. 1 Nr. 4.** Einen Verstoß gegen § 5 Abs. 1 S. 1 begeht, wer einen Hund in einem Raum ohne oder ohne ausreichende Fensteröffnungen hält. Gegen § 5 Abs. 2 verstößt der Halter, wenn er bei einer Hundehaltung in Räumen, die nicht dem Aufenthalt von Menschen dienen, die Anforderungen des § 6 Abs. 2 zur benutzbaren Bodenfläche nicht einhält. Ein Verstoß gegen § 5 Abs. 3 liegt vor, wenn bei einer Hundehaltung in einem Raum ohne fest installierte Heizung die Schutzhütte entweder ganz fehlt oder nicht den Anforderungen des § 4 Abs. 2 entspricht (ein Liegeplatz anstelle der Schutzhütte genügt nur, wenn sich die Haltung in den Räumen auf die warme Jahreszeit beschränkt und der Liegeplatz sowohl trocken ist als auch ausreichend Schutz vor Luftzug und Kälte bietet; vgl. BR-Drucks. 580/00 S. 11). – Gegen § 6 Abs. 1 verstößt der Halter, wenn bei Zwingerhaltung eine der Anforderungen aus § 6 Abs. 2, 3 oder 4 nicht eingehalten wird. Gegen § 6 Abs. 6 verstößt, wer einen Hund im Zwinger anbindet. – Gegen § 7 Abs. 1 verstößt, wer einen Hund in Anbindehaltung hält und dabei eine der Anforderungen aus Abs. 2, 3, 4 oder 5 nicht erfüllt. Gegen § 7 Abs. 7 verstößt, wer einem der dortigen Verbote zuwiderhandelt.

6 **Zu Abs. 1 Nr. 5.** Die Betreuungsperson (vgl. § 2 Abs. 1) handelt ordnungswidrig, wenn sie einen Mangel der Unterbringung oder der Anbindevorrichtung nicht unverzüglich (d.h. ohne schuldhaftes Zögern, § 121 BGB) abstellt, obwohl sie den Mangel erkannt hat oder bei einmal täglicher Überprüfung der Unterbringung bzw. zweimal täglicher Überprüfung der Anbindevorrichtung hätte erkennen können.

7 **Andere Ordnungswidrigkeiten.** Der Verstoß gegen § 10 S. 1 ist gemäß Abs. 2 eine Ordnungswidrigkeit nach § 18 Abs. 1 Nr. 3b TierSchG. Auch hier kann der Hund nach § 19 TierSchG eingezogen werden. – Wichtige andere Gebote und Verbote sind in § 12 nicht erwähnt: § 2 Abs. 1, 2 und 3 sowie Abs. 4 S. 3; § 4 Abs. 1 S. 1 Nr. 2; § 5 Abs. 1 S. 2, 4 und 5; § 6 Abs. 5; § 7 Abs. 6; § 8 Abs. 1 und Abs. 2 Nr. 1, 3 und 4. Es bestehen aber dennoch Möglichkeiten, Verstöße gegen diese Vorschriften sowie Verstöße gegen andere, unmittelbar aus § 2 TierSchG ableitbare Pflichten zu ahnden: **1.** Die Behörde kann die entsprechende Pflicht durch Verwaltungsakt nach § 16a S. 2 Nr. 1 TierSchG aussprechen und nach Maßgabe von § 80 Abs. 2 Nr. 4, Abs. 3 VwGO für sofort vollziehbar erklären; anschließende Zuwiderhandlungen sind damit Ordnungswidrigkeiten nach § 18 Abs. 1 Nr. 2 TierSchG. – **2.** Soweit einem Hund erhebliche Schmerzen oder Leiden zugefügt werden, kann eine Ordnungswidrigkeit nach § 18 Abs. 1 Nr. 1 oder Abs. 2 TierSchG vorliegen; wurde dabei gegen eine Norm der VO verstoßen, so scheidet die Berufung auf einen vernünftigen Grund von vornherein aus. – **3.** Werden dem Hund anhaltende oder sich wiederholende erhebliche Schmerzen oder Leiden zugefügt, so findet § 17 Nr. 2b TierSchG Anwendung. – **4.** Auch andere Ordnungswidrigkeitstatbestände können bei Verletzung einer

der o. e. Pflichten in Betracht kommen, zB § 18 Abs. 1 Nr. 8 TierSchG (bei einem Verstoß gegen § 6 Abs. 1 S. 1 TierSchG) oder nach § 18 Abs. 1 Nr. 22 TierSchG (bei einem Verstoß gegen § 11 b Abs. 1 oder 2 TierSchG).

§ 13 Übergangsvorschrift

(1) Für Züchter, die eine Erlaubnis nach § 11 Abs. 1 Nr. 3 Buchstabe a des Tierschutzgesetzes am 14. Mai 2001 haben, gilt § 3 ab dem 1. September 2002.

(2) Wer einen Hund am 14. Mai 2001 in einem Raum hält, der nicht der Anforderung des § 5 Abs. 1 Satz 1 entspricht, muss das Einhalten dieser Anforderung spätestens bis zum 1. September 2004 sicherstellen.

(3) Abweichend von § 6 Abs. 1 in Verbindung mit Abs. 2 oder 3 Satz 5 sowie Abs. 5 dürfen Hunde noch bis zum 31. August 2004 in Zwingern gehalten werden, die am 31. August 2001 bereits in Benutzung genommen worden sind und die die Anforderungen des § 4 Abs. 2 der Verordnung über das Halten von Hunden im Freien vom 6. Juni 1974 (BGBl. I S. 1265), geändert durch Artikel 2 des Gesetzes vom 12. August 1986 (BGBl. I S. 1309), erfüllen.

(4) Abweichend von § 10 Satz 1 dürfen Hunde noch bis zum 1. Mai 2002 ausgestellt werden.

§ 14 Inkrafttreten, Außerkrafttreten

[1] Diese Verordnung tritt am 1. September 2001 in Kraft. [2] Gleichzeitig tritt die Verordnung über das Halten von Hunden im Freien vom 6. Juni 1974 (BGBl. I S. 1265), geändert durch Artikel 2 Nr. 1 des Gesetzes vom 12. August 1986 (BGBl. I S. 1309), außer Kraft.

Verordnung zum Schutz landwirtschaftlicher Nutztiere und anderer zur Erzeugung tierischer Produkte gehaltener Tiere bei ihrer Haltung (Tierschutz-Nutztierhaltungsverordnung – TierSchNutztV)*

in der Fassung der Bekanntmachung vom 22. August 2006 (BGBl. I S. 2043), geändert durch Verordnung vom 30. November 2006 (BGBl. I S. 2759)

Inhaltsübersicht

---

* Diese Verordnung dient der Umsetzung folgender Rechtsakte:

1. Richtlinie 98/58/EG des Rates vom 20. Juli 1998 über den Schutz landwirtschaftlicher Nutztiere (ABl. EG Nr. L 221 S. 23), geändert durch die Verordnung (EG) Nr. 806/2003 des Rates vom 14. April 2003 (ABl. EU Nr. L 122 S. 1),
2. Richtlinie 91/629/EWG des Rates vom 19. November 1991 über Mindestanforderungen für den Schutz von Kälbern (ABl. EG Nr. L 340 S. 28), zuletzt geändert durch die Verordnung (EG) Nr. 806/2003 des Rates vom 14. April 2003 (ABl. EU Nr. L 122 S. 1),
3. Richtlinie 1999/74/EG des Rates vom 19. Juli 1999 zur Festlegung von Mindestanforderungen zum Schutz von Legehennen (ABl. EG Nr. L 203 S. 53), geändert durch die Verordnung (EG) Nr. 806/2003 des Rates vom 14. April 2003 (ABl. EU Nr. L 122 S. 1),
4. Richtlinie 91/630/EWG des Rates vom 19. November 1991 über Mindestanforderungen für den Schutz von Schweinen (ABl. EG Nr. L 340 S. 33), zuletzt geändert durch die Verordnung (EG) Nr. 806/2003 des Rates vom 14. April 2003 (ABl. EU Nr. L 122 S. 1).

Die Verpflichtungen aus der Richtlinie 98/34/EG des Europäischen Parlaments und des Rates vom 22. Juni 1998 über ein Informationsverfahren auf dem Gebiet der Normen und technischen Vorschriften und der Vorschriften für die Dienste der Informationsgesellschaft (ABl. EG Nr. L 204 S. 37), geändert durch die Richtlinie 98/48/EG des Europäischen Parlaments und des Rates vom 20. Juli 1998 (ABl. EG Nr. L 217 S. 18), sind beachtet worden.

Abschnitt 1. Allgemeine Bestimmungen

§ 1 Anwendungsbereich

(1) Diese Verordnung gilt für das Halten von Nutztieren zu Erwerbszwecken.

(2) Die Vorschriften dieser Verordnung sind nicht anzuwenden

1. auf die vorübergehende Unterbringung von Tieren während Wettbewerben, Ausstellungen, Absatzveranstaltungen sowie kultureller Veranstaltungen;
2. während einer tierärztlichen Behandlung, soweit nach dem Urteil des Tierarztes im Einzelfall andere Anforderungen an das Halten zu stellen sind;
3. während eines Tierversuchs im Sinne des § 7 Abs. 1 des Tierschutzgesetzes, soweit für den verfolgten Zweck andere Anforderungen an das Halten unerlässlich sind.

1 **Zu Abs. 1.** Zum Begriff „Halten" s. § 2 TierSchG Rn. 4–7. Der Bezug zur Richtlinie 98/58/EG über den Schutz landwirtschaftlicher Nutztiere (EU-Nutztierhaltungsrichtlinie, ABl. EG Nr. L 221 S. 23) legt nahe, dass das Halten hier grds. auch das Betreuen umfasst (sog. weiter Halterbegriff, s. § 2 TierSchG Rn. 7; vgl. Art. 2 Nr. 2 der Nutztierhaltungsrichtlinie: „jede natürliche oder juristische Person, die ständig oder vorübergehend für die Tiere verantwortlich ist oder die Tiere versorgt"). Das schließt nicht aus, dass sich einzelne Tatbestände der VO nur an den Halter ieS (vgl. § 2 TierSchG Rn. 4) wenden. – Nutztiere s. § 2. – Erwerbszwecke liegen vor, wenn ein Tier zur Erzielung von Gewinn oder für eine Tätigkeit gehalten wird, für die ein Entgelt vereinbart oder üblich ist (vgl. § 12 Abs. 1 DVAuslG).

2 **Zu Abs. 2 Nr. 1.** Die Ausnahme beruht auf dem Gedanken, dass bei einer nur kurzzeitigen, anlassbezogenen Unterbringung das Tier nicht leiden wird, wenn einzelne Anforderungen der VO nicht eingehalten sind. Demgemäß ist das Merkmal „vorübergehend"

eng auszulegen: Je mehr die anlassbezogene Unterbringung hinter den Vorgaben der Verordnung zurückbleibt, desto kürzer ist der Zeitraum, für den dies toleriert werden kann. Bei starken Einschränkungen wird sich der zulässige Zeitraum mithin auf wenige Stunden beschränken; bei ganz geringfügigen Abweichungen wird man dagegen auch mehrere Tage hinnehmen können (s. auch § 1 TierSchG Rn. 1, Gebot zur tierfreundlichen Auslegung). – Die Ausnahme „Absatzveranstaltungen" ist auf Veranlassung des Bundesrates eingefügt worden (vgl. Beschluss, BR-Drucks. 317/01 S. 1); in der EU-Nutztierhaltungsrichtlinie ist sie nicht vorgesehen.

Zu Abs. 2 Nr. 2. Während einer tierärztlichen Behandlung sind Abweichungen von der VO zulässig, soweit sie nach tierärztlichem Urteil zur Unterstützung der Genesung oder zum Schutz anderer Tiere vor Erkrankungen erforderlich sind. 3

Zu Abs. 2 Nr. 3. Gemäß § 11 Abs. 1 Nr. 1 TierSchG ist das Halten von Wirbeltieren zu Versuchs- oder anderen wissenschaftlichen Zwecken erlaubnisbedürftig. Um eine Erlaubnis zu erhalten, muss der Halter nachweisen, dass die Räume und Einrichtungen den Anforderungen des § 2 und der aufgrund von § 2a ergangenen Verordnungen entsprechen (vgl. § 11 Abs. 2 Nr. 3 TierSchG). Soll dabei von einer oder mehreren Bestimmungen der TierSchNutztV zum Nachteil der Tiere abgewichen werden, so erfordert dies sowohl die wissenschaftlich begründete Darlegung des Versuchszwecks als auch den Nachweis (vgl. § 8 Abs. 2 S. 2 Nr. 2 i.V.m. Abs. 3 Nr. 4 TierSchG), dass die geplante Abweichung nach Art und Ausmaß unerlässlich, d.h. unumgänglich notwendig ist, um den Versuchszweck nicht zu gefährden; der Versuchszweck muss die Abweichung erzwingen (zur Prüfungspflicht der Behörde s. auch § 8 TierSchG Rn. 9 sowie § 1 TierSchHundeV Rn. 3). – Die Zulässigkeit solcher nachteiliger Abweichungen wird von der VO auf die Zeit „während eines Tierversuches" beschränkt. Dieser beginnt mit dem ersten Eingriff oder der ersten Behandlung zu Versuchszwecken. Die davon zu unterscheidende Vorratshaltung wird von der Ausnahme also nicht erfasst. – Im Unterschied zu § 1 Abs. 2 Nr. 3 TierSchHundeV werden hier nachteilige Abweichungen von der VO bei der Haltung von Tieren, die anstatt für Tierversuche iS des § 7 Abs. 1 für andere wissenschaftliche Zwecke verwendet werden sollen, nicht zugelassen. – Soweit im (neuen) Anh. A des Europäischen Versuchstierübereinkommens (EVÜ) für landwirtschaftliche Nutztiere als Versuchstiere bessere Haltungsbedingungen vorgesehen sind, besitzt der neue Anh. A als speziellere Regelung gegenüber der TierSchNutztV Vorrang (s. Anh. zu § 2 TierSchG Rn. 80, 81: Wiedergabe des aktuellen Standes der wissenschaftlichen Erkenntnisse zur Versuchstierhaltung und damit zutreffende Konkretisierung der §§ 2, 7 Abs. 2 und 3 TierSchG; damit kann und muss die völkerrechtliche Verpflichtung der Bundesrepublik aus Art. 5 Abs. 1 S. 3 EVÜ, die neuen Leitlinien zu beachten, gegenüber den Haltern im Erlaubnisverfahren nach § 11 Abs. 2 Nr. 3, Abs. 2a TierSchG sowie durch Anordnungen nach § 16a S. 2 Nr. 1 TierSchG durchgesetzt werden). 4

§ 2 Begriffsbestimmungen

Im Sinne dieser Verordnung sind

1. **Nutztiere: landwirtschaftliche Nutztiere sowie andere warmblütige Wirbeltiere, die zur Erzeugung von Nahrungsmitteln, Wolle, Häuten oder Fellen oder zu anderen landwirtschaftlichen Zwecken gehalten werden oder deren Nachzucht zu diesen Zwecken gehalten werden soll;**
2. **Haltungseinrichtungen: Gebäude und Räume (Ställe) oder Behältnisse sowie sonstige Einrichtungen zur dauerhaften Unterbringung von Tieren;**
3. **Kälber: Hausrinder im Alter von bis zu sechs Monaten;**
4. **Legehennen: legereife Hennen der Art Gallus gallus, die zur Erzeugung von Eiern, die nicht für Vermehrungszwecke bestimmt sind, gehalten werden;**
5. **Nest: ein gesonderter Bereich zur Eiablage;**

6. Gruppennest: ein Nest zur Eiablage für Gruppen von Legehennen;
7. nutzbare Fläche: Fläche, ausgenommen Nestflächen, deren Seitenlängen an keiner Stelle weniger als 30 Zentimeter beträgt, die über eine lichte Höhe von mindestens 45 Zentimeter verfügt und deren Boden ein Gefälle von höchstens 14 Prozent aufweist, einschließlich der Fläche unter Futter- und Tränkeeinrichtungen, Sitz- und Anflugstangen oder Vorrichtungen zum Krallenabrieb, die von den Legehennen über- oder unterquert werden können;
8. Kaltscharrraum: witterungsgeschützter, mit einer flüssigkeitsundurchlässigen Bodenplatte versehener, nicht der Klimaführung des Stalles unterliegender Teil der Stallgrundfläche, der vom Stallgebäude räumlich abgetrennt, den Legehennen unmittelbar zugänglich und mit Einstreumaterial ausgestattet ist;
9. Schweine: Tiere der Art Sus scrofa f. domestica;
10. Saugferkel: Ferkel vom Zeitpunkt der Geburt bis zum Absetzen;
11. Absatzferkel: abgesetzte Ferkel bis zum Alter von zehn Wochen;
12. Zuchtläufer: Schweine, die zur Zucht bestimmt sind, vom Alter von zehn Wochen bis zum Decken oder zur sonstigen Verwendung zur Zucht;
13. Mastschweine: Schweine, die zur Schlachtung bestimmt sind, vom Alter von zehn Wochen bis zur Schlachtung;
14. Jungsauen: weibliche Schweine nach dem Decken bis vor dem ersten Wurf;
15. Sauen: weibliche Schweine nach dem ersten Wurf;
16. Eber: geschlechtsreife männliche Schweine, die zur Zucht bestimmt sind;
17. Pelztiere: Tiere der Arten Nerz (Mustela vison), Iltis (Mustela putorius), Rotfuchs (Vulpes vulpes), Polarfuchs (Alopex lagopus), Sumpfbiber (Myocastor coypus), Chinchilla (Chinchilla chinchilla, Chinchilla brevicaudata und Chinchilla lanigera) und Marderhund (Nyctereutes procyonoides).

Nutztiere iS der VO sind nach Nr. 1 alle warmblütigen Wirbeltiere, die zur Erzeugung von Nahrungsmitteln, Wolle, Häuten oder Fellen oder zu anderen landwirtschaftlichen Zwecken gehalten werden. Unter diese Definition fallen auch die Pelztiere (obwohl sie eher den Wildtieren zuzuordnen sind, s. Vor §§ 26–31 Rn. 2; vgl. auch AVV Nr. 12.2.1.5.1). Das Pferd wird von der Verordnung nur erfasst, soweit es zu landwirtschaftlichen Zwecken gehalten wird (vgl. amtl. Begr., BR-Drucks. 317/01 S. 15). Dasselbe gilt auch für andere Tiere: Sollen sie nach der Zweckbestimmung des Verfügungsberechtigten nicht landwirtschaftlichen Zwecken, sondern zB als Hobbytiere dienen, so findet die VO auf sie keine Anwendung (wohl aber, wie stets, § 2 TierSchG; im letztgenannten Fall auch das Europäische Heimtierübereinkommen). – Wechselwarme Tiere wie Fische, Reptilien und Amphibien fallen nicht unter die VO. Ihre Haltung ist unmittelbar nach § 2 TierSchG zu beurteilen. Die EU-Nutztierhaltungsrichtlinie setzt aber auch für sie Mindestanforderungen, die nicht unterschritten werden dürfen (vgl. dort Art. 2; s. auch § 2 TierSchG Rn. 42). – Die Vorschriften des ersten Abschnitts sind allgemeine Bestimmungen, die für alle Nutztiere gelten, unabhängig davon, ob in den nachfolgenden Abschnitten weitere Spezialvorschriften für die betreffende Tierart aufgestellt sind oder nicht. – Zu Nr. 4 s. auch § 12. Die in Nr. 5 und 6 enthaltenen Definitionen für „Nest" und „Gruppennest" entsprechen Art. 2 Abs. 2b der EU-Legehennenrichtlinie (s. auch § 13a Rn. 3 und § 13b Rn. 4). Die in Nr. 7 gegebene Definition für „nutzbare Fläche" entspricht weitgehend Art. 2 Abs. 2d der EU-Legehennenrichtlinie (s. auch § 13b Rn. 2; die Hinzurechnung der Fläche unter Futter- und Tränkeinrichtungen, Sitzstangen und Krallenabriebsvorrichtungen erscheint aber im Licht der EU-Legehennenrichtlinie problematisch, sofern weder darunter noch darüber die Mindesthöhe von 45 cm vorhanden ist). Zu Nr. 8 s. § 13a Rn. 3. – Zu Nr. 9–16 vgl. Art. 2 der EU-Richtlinie zur Schweinehaltung.

§ 3 Allgemeine Anforderungen an Haltungseinrichtungen

(1) Nutztiere dürfen vorbehaltlich der Vorschriften der Abschnitte 2 bis 5 nur in Haltungseinrichtungen gehalten werden, die den Anforderungen der Absätze 2 bis 6 entsprechen.

(2) Haltungseinrichtungen müssen

1. **nach ihrer Bauweise, den verwendeten Materialien und ihrem Zustand so beschaffen sein, dass eine Verletzung oder sonstige Gefährdung der Gesundheit der Tiere so sicher ausgeschlossen wird, wie dies nach dem Stand der Technik möglich ist;**
2. **mit Fütterungs- und Tränkeinrichtungen ausgestattet sein, die so beschaffen und angeordnet sind, dass jedem Tier Zugang zu einer ausreichenden Menge Futter und Wasser gewährt wird und dass Verunreinigungen des Futters und des Wassers sowie Auseinandersetzungen zwischen den Tieren auf ein Mindestmaß begrenzt werden;**
3. **so ausgestattet sein, dass den Tieren, soweit für den Erhalt der Gesundheit erforderlich, ausreichend Schutz vor widrigen Witterungseinflüssen geboten wird und die Tiere, soweit möglich, vor Beutegreifern geschützt werden, wobei es im Fall eines Auslaufes ausreicht, wenn den Nutztieren Möglichkeiten zum Unterstellen geboten werden.**

(3) Ställe müssen

1. **mit Vorrichtungen ausgestattet sein, die jederzeit eine zur Inaugenscheinnahme der Tiere ausreichende Beleuchtung und einen Zugriff auf alle Nutztiere durch die mit der Fütterung und Pflege betrauten Personen ermöglichen;**
2. **erforderlichenfalls ausreichend wärmegedämmt und so ausgestattet sein, dass Zirkulation, Staubgehalt, Temperatur, relative Feuchte und Gaskonzentration der Luft in einem Bereich gehalten werden, der für die Tiere unschädlich ist.**

(4) Sofern Lüftungsanlagen, Fütterungseinrichtungen, Förderbänder oder sonstige technische Einrichtungen verwendet werden, muss durch deren Bauart und die Art ihres Einbaus sichergestellt sein, dass die Lärmimmission im Aufenthaltsbereich der Tiere auf ein Mindestmaß begrenzt ist.

(5) Für Haltungseinrichtungen, in denen bei Stromausfall eine ausreichende Versorgung der Tiere mit Futter und Wasser nicht sichergestellt ist, muss ein Notstromaggregat bereitstehen.

(6) In Ställen, in denen die Lüftung von einer elektrisch betriebenen Anlage abhängig ist, müssen eine Ersatzvorrichtung, die bei Ausfall der Anlage einen ausreichenden Luftaustausch gewährleistet, und eine Alarmanlage zur Meldung eines solchen Ausfalles vorhanden sein.

Allgemeines. Bei der Auslegung der §§ 3 und 4, aber auch aller nachfolgenden Vorschriften der VO ist zu bedenken, dass damit die Pflichten aus § 2 TierSchG als der „Grundvorschrift für die Tierhaltung" (*Lorz* NuR 1986, 234) konkretisiert werden. In § 2 Nr. 1 TierSchG geht es um die „Pflege des Wohlbefindens der Tiere in einem weit verstandenen Sinn" (BVerfGE 101, 1, 32 = NJW 1999, 3253). Der Verordnungsgeber darf sich nicht auf ein „tierschutzrechtliches Minimalprogramm" beschränken, sondern muss „entsprechend dem in §§ 1, 2 TierSchG vom Gesetzgeber vorgezeichneten Interessenausgleich einen ethisch begründeten Tierschutz befördern, ohne die Rechte der Tierhalter übermäßig einzuschränken" (BVerfGE 101, 1, 33, 36). Entsprechend weit (d.h. tierfreundlich) sind die Vorgaben der Verordnung auszulegen. Sie stellen Mindestanforderungen dar, die nicht – auch nicht um wichtiger Nutzungsziele willen – eingeschränkt werden dürfen (vgl. auch *Kluge/v. Loeper* TierSchNutztV Anm. 5). 1

Zu Abs. 1. „Vorbehaltlich der Vorschriften der Abschnitte 2 bis 5" bedeutet: Die §§ 3 und 4 gelten für alle Tiere iS von § 2 Nr. 1, also sowohl für Kälber, Legehennen, Schweine und Pelztiere, für die in Abschnitt 2 bzw. 3 bzw. 4 bzw. 5 noch weitere Spezialvorschrif- 2 ten hinzukommen, als auch für alle anderen Nutztiere, zB Milchkühe, Mastrinder, Kaninchen, Enten, Gänse, Puten, Wachteln, Strauße, landwirtschaftlich genutzte Pferde usw.

3 **Zu Abs. 2 Nr. 1, Gefahrvermeidungsgebot.** Schon die Gefahr (d.h. die nach allgemeinem Erfahrungswissen ernsthafte, nicht fernliegende Möglichkeit), dass es durch die Bauweise, das Material und/oder den Zustand der Haltungseinrichtung zu einer Verletzung oder sonstigen Beeinträchtigung der Gesundheit der Tiere kommen kann, muss ausgeschlossen sein, soweit der Stand der Technik dies ermöglicht. Vollspaltenböden lassen sich mit dieser strengen Anforderung kaum in Einklang bringen. Zumindest müssen die Öffnungen der Spalten bzw. Löcher so klein sein, dass ein Durchtreten oder Verkanten der Klauen der Tiere nicht möglich ist. Wird also zB bei der Überprüfung einer Schweinehaltung festgestellt, dass die Tiere Quetschungen, Schürfungen oder Wunden im Klauenbereich oder andere Klauen- oder Gliedmaßenerkrankungen aufweisen, so steht die Bauweise des Bodens dieses Stalles nicht in Einklang mit dem Gefahrvermeidungsgebot des Abs. 2 Nr. 1 und es besteht Anlass für ein Einschreiten der Behörde nach § 16a S. 2 Nr. 1 TierSchG, zumal es Übergangsfristen hier nicht gibt (s. auch Vor §§ 16–25 Rn. 3, 4, 7). Gleiches gilt, wenn in einer Rinderhaltung Verletzungen durch Verkanten der Gliedmaßen und Gelenke, Gelenkentzündungen, Gelenkvereiterungen, Klauenverletzungen, Druckstellen oder Wunden festgestellt werden (s. Anh. zu § 2 TierSchG Rn. 2, 3; vgl. auch *Wandel/Jungbluth* S. 37: Harter Fußboden verursacht beim Rind, das von Natur aus an nachgiebigen Boden angepasst ist, Technopathien, u.a. Druckgeschwüre an Sprunggelenk und Sohle); wenn es in einer Kaninchenkäfighaltung zu Pododermatitis kommt (s. Anh. zu § 2 TierSchG Rn. 6, 7); wenn auf Rostböden gehaltene Enten Verletzungen, Entzündungen, Druckstellen, Nekrosen oder anomale Beinstellungen aufweisen (s. Anh. zu § 2 TierSchG Rn. 12, 13). Zu Kälbern auf Spaltenböden s. § 6 Rn. 2. Zu Schweinen auf Spaltenböden s. § 17 Rn. 5–7. Zu Rindern in Anbindehaltung mit zu kurzen Stand- und Liegeplätzen s. Anh. zu § 2 TierSchG Rn. 2. – Zu einer gefahrfreien Bauweise gehört auch, dass die Liegeflächen der Tiere so gestaltet sein müssen, dass weder Hautabschürfungen und Druckstellen noch Schwanz- oder sonstige Verletzungen zu befürchten sind (zu Hautschäden bei Kälbern und Schweinen s. § 5 Rn. 2 bzw. § 17 Rn. 3; zu Schwanzverletzungen bei Rindern s. Anh. zu § 2 TierSchG Rn. 2). – Gefordert wird insbesondere auch ein ausreichender Brandschutz (vgl. BR-Drucks. 317/01 S. 16). Dazu gehören auch Vorrichtungen, die es den Tieren im Brandfall ermöglichen, rasch ins Freie zu gelangen. – Maßgebend dafür, ob diese und andere Gefahren hinreichend sicher ausgeschlossen sind, sind nicht die „allgemein anerkannten Regeln der Technik“ (wie es der Regierungsentwurf zunächst vorgesehen hatte), sondern der „Stand der Technik“ (wie es der Bundesrat 2001 „als grundlegenden Standard für einen ambitionierten und fortschrittlichen Tierschutz“ durchgesetzt hat). Gemeint ist damit „der Entwicklungsstand fortschrittlicher Verfahren, Einrichtungen und Betriebsweisen, der die praktische Eignung einer Maßnahme zur Begrenzung von Schäden für die Tiere gesichert erscheinen lässt“. Bei der Bestimmung dieses Technikstands sind „insbesondere vergleichbare Verfahren, Einrichtungen oder Betriebsweisen heranzuziehen, die mit Erfolg im Betrieb erprobt worden sind“ (Beschluss, BR-Drucks. 317/01 S. 2). In der Konsequenz bedeutet das: Gefahren, die durch die Bauweise von (Spalten-)Böden oder anderen Einrichtungsteilen verursacht werden, sind bereits dann vermeidbar, wenn andere, gefahrvermindernde Bauweisen entwickelt und in einigen Betrieben erfolgreich getestet worden sind; es darf dann nicht etwa gewartet werden, bis die entsprechende Technik in DIN-Vorschriften Aufnahme gefunden hat oder gar bis sie sich allgemein durchgesetzt hat, zumal dies auch von wirtschaftlichen Gesichtspunkten abhängen kann (vgl. amtl. Begr. zur KälberVO von 1992, BR-Drucks. 612/92 S. 13: „Bei der Beurteilung ob Gesundheitsschäden vermeidbar sind, sollen insbesondere die Anforderungen des Tierschutzgesetzes, nicht aber wirtschaftliche Gesichtspunkte in den Vordergrund gestellt werden.“).

4 **Zu Abs. 2 Nr. 2, Fütterungs- und Tränkeinrichtungen.** Bei sozial lebenden Tieren gehört zum Gebot der art- und bedürfnisangemessenen Ernährung nach § 2 Nr. 1

TierSchG auch, den Tieren grundsätzlich zu ermöglichen, ihr Futter gleichzeitig aufzunehmen (vgl. BVerfGE 101, 1, 38; näher dazu § 2 TierSchG Rn. 19). Auch das Gebot, Auseinandersetzungen zwischen den Tieren auf ein Mindestmaß zu begrenzen, erfordert ein Tier-Fressplatz-Verhältnis von 1:1, zumindest wenn rationiert gefüttert wird. – Dem Gebot zur Begrenzung von Auseinandersetzungen entspricht es auch, den Stall in Liegezonen sowie Fress- und Aktivitätsbereiche aufzuteilen und vor allem für eine deutliche räumliche Trennung von Ruhe- und Aktivitätsbereich zu sorgen, da viele Auseinandersetzungen dadurch entstehen, dass aktive und ruhende Tiere einander stören (s. § 2 TierSchG Rn. 29).

Zu Abs. 2 Nr. 3, Witterungsschutz, Schutz vor Beutegreifern. Der Schutz vor widri- 5
gen Witterungseinflüssen erfordert bei Freilandhaltung einen Witterungsschutz, der allen Tieren das gleichzeitige Unterstehen ermöglicht und ihnen Schutz vor Nässe, Kälte, Sonneneinstrahlung und Zugluft bietet. – Der Schutz vor Beutegreifern ist besonders bei Geflügel wichtig. Deckung bieten u.a. Bäume, Büsche, Drahtgitter, überdachte Bauwerke oder Wagen. Gutachten, die auf eine angeblich erhöhte Mortalitätsrate in Freilandhaltungen abstellen, sollten stets darauf überprüft werden, wie viele der getöteten Tiere auf Beutegreifer zurückzuführen waren und somit durch die Herstellung von Haltungsbedingungen nach Nr. 3 vermeidbar gewesen wären.

Zu Abs. 3, Beleuchtung, Luftqualität. Für einzelne Tierarten gibt es bereits spezielle 6
Vorschriften über Tageslicht sowie eine bestimmte Lichtstärke und -dauer (s. § 6 Abs. 2 Nr. 3, § 13 Abs. 3 und § 21 Abs. 2). – Ebenso sind vereinzelt Höchstgrenzen für die Schadgasbelastung festgelegt worden (s. § 6 Abs. 5, § 13 Abs. 4 und § 21 Abs. 3). Wenn die Lungen von Mastschweinen eines bestimmten Betriebs bei der Fleischuntersuchung als „untauglich" eingestuft werden müssen, ist dies ein deutlicher Hinweis darauf, dass in dem betreffenden Betrieb eine schädliche Gaskonzentration geherrscht hat (s. Vor §§ 16–25 Rn. 4).

§ 4 Allgemeine Anforderungen an Überwachung, Fütterung und Pflege

(1) [1]Wer Nutztiere hält, hat vorbehaltlich der Vorschriften der Abschnitte 2 bis 5 sicherzustellen, dass

1. **für die Fütterung und Pflege der Tiere ausreichend viele Personen mit den hierfür erforderlichen Kenntnissen und Fähigkeiten vorhanden sind;**
2. **das Befinden der Tiere mindestens einmal täglich durch direkte Inaugenscheinnahme von einer für die Fütterung und Pflege verantwortlichen Person überprüft wird und dabei vorgefundene tote Tiere entfernt werden;**
3. **soweit erforderlich, unverzüglich Maßnahmen für die Behandlung, Absonderung in geeignete Haltungseinrichtungen mit trockener und weicher Einstreu oder Unterlage oder die Tötung kranker oder verletzter Tiere ergriffen werden sowie ein Tierarzt hinzugezogen wird;**
4. **alle Tiere täglich entsprechend ihrem Bedarf mit Futter und Wasser in ausreichender Menge und Qualität versorgt sind;**
5. **vorhandene Beleuchtungs-, Lüftungs- und Versorgungseinrichtungen mindestens einmal täglich, Notstromaggregate und Alarmanlagen in technisch erforderlichen Abständen auf ihre Funktionsfähigkeit überprüft werden;**
6. **bei einer Überprüfung nach Nummer 5 oder sonstige an Haltungseinrichtungen festgestellte Mängel unverzüglich abgestellt werden oder wenn dies nicht möglich ist, bis zu ihrer Behebung andere Vorkehrungen zum Schutz der Gesundheit und des Wohlbefindens der Tiere getroffen werden und die Mängel spätestens behoben sind, bevor neue Tiere eingestallt werden;**
7. **Vorsorge für eine ausreichende Versorgung der Tiere mit Frischluft, Licht, Futter und Wasser für den Fall einer Betriebsstörung getroffen ist;**

8. der betriebsbedingte Geräuschpegel so gering wie möglich gehalten und dauernder oder plötzlicher Lärm vermieden wird;

9. die tägliche Beleuchtungsintensität und Beleuchtungsdauer bei Tieren, die in Ställen untergebracht sind, für die Deckung der ihrer Art entsprechenden Bedürfnisse ausreichen und bei hierfür unzureichendem natürlichen Lichteinfall der Stall entsprechend künstlich beleuchtet wird;

10. die Haltungseinrichtung sauber gehalten wird, insbesondere Ausscheidungen so oft wie nötig entfernt werden, und Gebäudeteile, Ausrüstungen und Geräte, mit denen die Tiere in Berührung kommen, in angemessenen Abständen gereinigt und erforderlichenfalls desinfiziert werden.

[2]Satz 1 Nr. 2 gilt nicht, soweit die Tiere in einer Weise gehalten werden, die eine tägliche Versorgung durch den Menschen unnötig macht. [3]Derart gehaltene Tiere sind in solchen Abständen zu kontrollieren, dass Leiden vermieden werden.

(2) [1]Wer Nutztiere hält, hat unverzüglich Aufzeichnungen über das Ergebnis der täglichen Überprüfung des Bestandes sowie alle medizinischen Behandlungen dieser Tiere und über die Zahl der bei jeder Kontrolle vorgefundenen verendeten Tiere, insbesondere über Anzahl und Ursache von Tierverlusten, zu führen. [2]Diese Aufzeichnungen sind entbehrlich, soweit entsprechende Aufzeichnungen auf Grund anderer Rechtsvorschriften zu machen sind. [3]Die Aufzeichnungen nach Satz 1 sind ab dem Zeitpunkt der jeweiligen Aufzeichnung mindestens drei Jahre aufzubewahren und der zuständigen Behörde auf Verlangen vorzulegen.

1 **Zu Abs. 1 Nr. 1, Pflegekräfte.** Ein Beispiel für die Nichteinhaltung dieser Vorschrift bildet die Praxis der industriellen Käfighennenhaltung. Dort werden üblicherweise bis zu 40000 Legehennen von einer einzigen Arbeitskraft betreut (vgl. EU-SVC-Report Legehennen S. 82; vgl. auch *Hinrichs/Becker* Alternativen S. 7). Überwachung und Pflege beschränken sich regelmäßig darauf, moribunde und verendete Tiere aus den Käfigen zu nehmen. Für diese Tätigkeit wird in größeren Betrieben ein Zeitbedarf zwischen 0,0022 und 0,0027 Minuten pro Tier und Tag angesetzt (vgl. *Nordhues/Behrens* in: Jahrbuch für die Geflügelwirtschaft 1997, S. 178–191). Allein für die nach Abs. 1 Nr. 2 vorgeschriebene direkte Inaugenscheinnahme wäre jedoch pro Tiergruppe (d. h. pro 4er bzw. 5er Käfig) ein Zeitaufwand von zumindest 8 Sekunden pro Tag erforderlich. Bei Anlagen mit 5er Käfigen ergibt dies eine Mindestzeit von 1,6 Sekunden pro Tier und Tag, bei Anlagen mit 4er Käfigen 2,0 Sekunden pro Tier und Tag. Damit werden für jeweils 40000 Hennen nicht eine sondern drei Arbeitskräfte gebraucht, die ausschließlich für die Überwachung der Tiere zur Verfügung stehen müssen (vgl. EU-SVC-Report aaO S. 69 und S. 100: „Die Überwachung von Hennen in Käfigen erfordert besondere Sorgfalt“; zur Rechtswidrigkeit der o. e. Praxis vgl. auch *Harrer* Kurzgutachten vom 12. 10. 1998; in den nach § 13b zugelassenen ausgestalteten Käfigen mit Gruppen von 30 oder 60 Tieren ist die Überwachung wegen verdeckter und im hinteren Käfigraum befindlicher Tiere zusätzlich erschwert, so dass sich der nötige Zeitbedarf je Tier entsprechend erhöht). – Zu den Kenntnissen und Fähigkeiten der mit Fütterung und Pflege betrauten Personen s. § 2 TierSchG Rn. 41.

2 **Zu Abs. 1 Nr. 2, tägliche Überprüfung.** Wie die tägliche Inaugenscheinnahme der Tiere zu erfolgen hat, beschreibt der St. Ausschuss in seinen Empfehlungen. Ein Beispiel bildet Art. 7 der Empfehlung für das Halten von Haushühnern: „Bei der Kontrolle muss berücksichtigt werden, dass das gesunde Tier seinem Alter, seiner Rasse und seinem Typ entsprechende Lautäußerungen und Aktivitäten, klare glänzende Augen, eine gute Körperhaltung, lebhafte Bewegungen bei entsprechender Störung, saubere gesunde Haut, ein intaktes Gefieder, intakte Beine und Füße und eine effektive Fortbewegung sowie ein aktives Fress- und Trinkverhalten aufweist. Bei Tieren, die keinen gesunden Eindruck machen oder bei Tieren, die Verhaltensänderungen aufweisen, muss der Tierbetreuer unverzüglich Schritte zur Ermittlung der Ursache ergreifen und geeignete Abhilfemaßnah-

men treffen.“ Ähnlichlautende Bestimmungen finden sich in: Empfehlung Rinder Art. 3 und 4; Empfehlung Schweine Art. 7 und 8; Empfehlung Moschusenten Art. 6 und 7; Empfehlung Pekingenten Art. 7 und 8; Empfehlung Kaninchen Art. 7, usw. (zur Verbindlichkeit dieser Empfehlungen iS von Mindestanforderungen s. § 2 TierSchG Rn. 45) – Die Bundestierärztekammer (BTK) stellt fest, dass die Inaugenscheinnahme mindestens zweimal täglich vorgenommen werden sollte, da eine einmalige Kontrolle pro Tag für viele denkbare Situationen zu knapp bemessen sei (BTK Stellungnahme zu § 4 Abs. 1 Nr. 2). Für Kälber ist dies bereits ausdrücklich vorgeschrieben (s. § 11 Nr. 1). Für Schweine war es in den Verordnungsentwürfen vom 13. 8. 2003 (BR-Drucks. 574/03) und vom 9. 6. 2004 (BR-Drucks. 482/04, jeweils in § 21 Abs. 1 Nr. 2) ebenfalls vorgesehen, wurde aber in der Endfassung der 2. ÄndVO ohne Angabe von Gründen wieder gestrichen (s. Vor §§ 16–25 Rn. 6). Für alle Tierarten einschließlich Schweine kann sich eine entsprechende Pflicht unmittelbar aus § 2 Nr. 1 TierSchG ergeben und dann durch Anordnungen nach § 16a S. 2 Nr. 1 TierSchG durchgesetzt werden (vgl. auch die im Anh. zu § 2 Rn. 9, 10, 25 und 30 wiedergegebenen Vereinbarungen, die alle zu einer mindestens zweimal täglichen Inaugenscheinnahme der Tiere verpflichten). – Die Inaugenscheinnahme muss direkt erfolgen, nicht etwa unter Verwendung eines Spiegels (vgl. BR-Drucks. 429/01 S. 15).

Zu Abs. 1 Nr. 3, Umgang mit kranken und verletzten Tieren. Zwischen Behandlung, 3
Absonderung und Tötung muss eine Rangfolge eingehalten werden, die sich sowohl aus § 1 S. 2 TierSchG als auch aus Nr. 4 des Anhangs zur EU-Nutztierhaltungsrichtlinie ergibt: Erster Schritt: Stellt der Betreuer Anzeichen für eine Krankheit oder Verletzung fest, so trifft er unverzüglich erste Versorgungsmaßnahmen. Soweit es zur Heilung oder zum Schutz anderer Tiere erforderlich ist, muss er das erkrankte oder verletzte Tier in einer geeigneten Haltungseinrichtung mit trockener und weicher Einstreu oder Unterlage unterbringen. Zweiter Schritt: Reichen diese Maßnahmen nicht aus, so muss so rasch wie möglich ein Tierarzt hinzugezogen werden; nach Nr. 4 des Anhangs zur EU-Nutztierhaltungsrichtlinie besteht diese Verpflichtung ohne Rücksicht auf den wirtschaftlichen Wert des Tieres und gilt auch für Tiere, die zur Schlachtung bestimmt sind. Dritter Schritt: Eine Tötung darf erst erfolgen, wenn nach den Regeln der veterinärmedizinischen Kunst dem Tier ein Weiterleben ohne andauernde, erhebliche Schmerzen oder Leiden nicht ermöglicht werden kann. – Aus Abs. 1 Nr. 3 folgt, dass entsprechend ausgestattete Stalleinrichtungen zur Absonderung kranker Tiere bereitgehalten werden müssen. Größe und Anzahl richten sich nach der voraussichtlichen Ausfallrate. ZB sollte bei Legehennenhaltungen eine Fläche von mindestens 5% der vorhandenen Stallfläche verfügbar sein.

Zu Abs. 1 Nr. 4, Fütterung und Tränkung. Die Futter- und Wasserversorgung muss 4
neben dem physiologischen auch dem ethologischen Bedarf entsprechen. Deshalb bedarf es einer Darreichungsform, die die zum Funktionskreis „Nahrungserwerbsverhalten“ gehörenden Verhaltensabläufe ermöglicht und so auch das mit der Nahrungssuche und -aufnahme verbundene Beschäftigungsbedürfnis befriedigt (s. auch § 2 TierSchG Rn. 17, 18).

Zu Abs. 1 Nr. 9, Beleuchtung, bedauert die BTK, dass nicht für alle Ställe ein ausrei- 5
chender natürlicher Lichteinfall vorgeschrieben wurde (BTK Stellungnahme aaO; s. auch die für einzelne Tierarten hierzu erlassenen Regelungen bei § 3 Rn. 6). – Die Beleuchtungsintensität und -dauer müssen zur Deckung der Bedürfnisse der Tierart ausreichen. Maßstab dafür ist nach dem Bedarfsdeckungs- und Schadensvermeidungskonzept (s. § 2 TierSchG Rn. 9) das Normalverhalten der jeweiligen Tierart unter naturnahen Bedingungen, d. h.: Die Beleuchtung muss so sein, dass die Tiere ihre angeborenen Verhaltensabläufe so zeigen können wie in naturnaher Haltung. Allerdings hängt dies nicht allein von der Intensität und der Dauer der Beleuchtung ab, sondern auch von der zur Verfügung stehenden Fläche, von den Umweltreizen, dem Beschäftigungsmaterial, der Anwesenheit eines Sozialpartners sowie der Strukturierung des Stalles.

Zu Abs. 1 S. 2. Hier ist in erster Linie an Tiere gedacht, die im Freien auf großen Flä- 6
chen, insbesondere auf Almen gehalten werden.

7 **Ordnungswidrig** handelt der Halter gemäß § 32 Abs. 1 Nr. 1–6 bei Verstößen gegen § 4 Abs. 1 S. 1 Nr. 2, Nr. 3, Nr. 4, Nr. 5, Nr. 6 und Nr. 7. Fahrlässigkeit genügt. Täter kann zwar nur der Halter ieS sein (vgl. § 2 TierSchG Rn. 4); andere Personen können aber nach Maßgabe von § 14 Abs. 1 OWiG Beteiligte sein und dann ebenfalls mit Geldbuße belegt werden. – Die vorsätzliche oder fahrlässige Nichterfüllung der Aufzeichnungs-, Aufbewahrungs- oder Vorlagepflicht nach Abs. 2 S. 1 und 3 ist ordnungswidrig nach § 32 Abs. 2. – Zur Möglichkeit der Behörde, andere, nicht unmittelbar bußgeldbewehrte Pflichten durch vollziehbare Anordnung nach § 16a S. 2 Nr. 1 TierSchG auszusprechen und dadurch die Anwendung von § 18 Abs. 1 Nr. 2 TierSchG zu eröffnen, s. § 32 Rn. 3.

Abschnitt 2. Anforderungen an das Halten von Kälbern

Vorbemerkung zu den §§ 5–11

1 Die §§ 5 bis 11 entsprechen der **früheren Kälberhaltungsverordnung** (Verordnung zum Schutz von Kälbern bei der Haltung idF der Bekanntmachung vom 22. 12. 1997, BGBl. I S. 3328), allerdings mit einigen bedeutsamen, vom Bundesrat im Jahr 2001 durchgesetzten materiellen Änderungen (vgl. Beschluss, BR-Drucks. 317/01). Die Regelungen dienen der Umsetzung der Richtlinie 91/629/EWG des Rates vom 19. 11. 1991 über Mindestanforderungen für den Schutz von Kälbern (ABl. EG Nr. L 340 S. 28), geändert durch Richtlinie 97/2/EG des Rates vom 20. 1. 1997 (ABl. EG Nr. L 25 S. 24), zuletzt geändert durch Entscheidung der Kommission 97/182/EG vom 24. 2. 1997 (ABl. EG Nr. L 76 S. 30). – Soweit Vorschriften aus der alten VO übernommen worden sind, kann zur Auslegung auf deren amtl. Begr. zurückgegriffen werden (vgl. Beschluss, BR-Drucks. 612/92, 612/1/92 und 612/92; Beschluss, BR-Drucks. 865/97, 865/1/97 und 865/97).

2 **Ermächtigungsgrundlagen der §§ 5 bis 11** sind § 2a Abs. 1 Nr. 1, 2, 3 und 4 i.V.m. § 2 Nr. 1 und 2 TierSchG. Einige wenige Vorschriften beruhen auf § 16 Abs. 5 S. 1 und 2 Nr. 3 und 4 TierSchG. Außerdem wird die Empfehlung, die der St. Ausschuss für das Halten von Rindern am 21. 11. 1988 verabschiedet hat, „berücksichtigt" (vgl. amtl. Begr., BR-Drucks. 317/01 S. 14).

3 Die **grundsätzliche Unterscheidung zwischen den Grundbedürfnissen und dem Bedürfnis nach Fortbewegung,** die das BVerfG in seinem Legehennen-Urteil getroffen hat, ist auch hier von Bedeutung (vgl. BVerfGE 101, 1, 36–38; s. § 2 TierSchG Rn. 12–15). Zu den Grundbedürfnissen rechnen diejenigen Verhaltensbedürfnisse, die den in § 2 Nr. 1 TierSchG genannten Oberbegriffen „Ernährung", „Pflege" und „verhaltensgerechte Unterbringung" zuzuordnen sind, insbesondere also die Verhaltensabläufe der Funktionskreise „Nahrungserwerbsverhalten", „Ruhen", „Eigenkörperpflege", „Mutter-Kind-Verhalten" und „Sozialverhalten" (vgl. auch amtl. Begr. zu § 13, BR-Drucks. 429/01 S. 15); demgegenüber wird die Bewegung (Lokomotion) des Tieres – wie das Gericht betont „als einziges seiner Bedürfnisse" (BVerfGE 101, 1, 37) – dem deutlich schwächeren Schutz des § 2 Nr. 2 TierSchG unterstellt. Folge: Wird die Fortbewegung des Tieres eingeschränkt, so ist dies nach § 2 Nr. 2 TierSchG erst rechtswidrig, wenn es dadurch zu Schmerzen, vermeidbaren Leiden oder Schäden kommt; wird hingegen ein Grundbedürfnis unangemessen zurückgedrängt (d.h. unterdrückt oder hinreichend stark beeinträchtigt, s. § 2 TierSchG Rn. 35), so ist § 2 Nr. 1 TierSchG verletzt, ohne dass noch nachgewiesen werden muss, ob und ggf. wie sehr das Tier darunter leidet.

4 Über die **Grundbedürfnisse** finden sich wesentliche Aussagen im EU-SVC-Report Kälber, in der EU-Kälbermitteilung und in der Empfehlung des St. Ausschusses für das Halten von Rindern (dort insbesondere Anh. C, „Besondere Bestimmungen für Kälber", angenommen am 8. 6. 1993). – Beim Nahrungserwerb muss dem starken Bedürfnis der Kälber, an Zitzen oder zitzenähnlichen Objekten zu saugen, Rechnung getragen werden. Vom St. Ausschuss wird deshalb „die Versorgung mit Milch über einen Sauger anstelle eines Eimers dringend empfohlen" (vgl. Empfehlung Anh. C Nr. 8). Artgemäßes Nah-

rungserwerbsverhalten setzt außerdem voraus, dass Kälbern ab der zweiten Lebenswoche strukturiertes Raufutter (Heu, Stroh) zur Verfügung steht, am besten ganztägig und zur freien Aufnahme (vgl. auch AGKT S. 36). – Zum Ruhen nehmen Kälber u.a. die Seitenlage mit ausgestreckten Beinen ein. Deshalb sollte die Liegefläche in der Breite „nicht weniger und vorzugsweise mehr als die Widerristhöhe des Tieres betragen" und ihre Länge der „Körperlänge, gemessen am aufrecht stehenden Tier vom ausgestreckten Kopf bis zum Schwanzansatz plus 40 cm" entsprechen (Empfehlung Anh. C Nr. 4; die hier empfohlenen Boxenmaße orientieren sich ersichtlich allein am Bedarf des Tieres zum ungestörten Sich-Legen und Liegen; für Eigenkörperpflege und Sozialverhalten ist eine darüber hinausgehende Fläche notwendig). „Kälberbuchten sind angemessen einzustreuen" (EU-Kälbermitteilung S. 9). Auch „für ältere Kälber sollte die Liegefläche geeignetes formbares, sauberes und trockenes Einstreumaterial in ausreichender Höhe aufweisen" (Empfehlung Anh. C Nr. 6). – Zur Eigenkörperpflege gehört u.a., dass das Kalb auch seine hinteren Körperteile belecken kann. Wird ihm dies durch Einzelboxenhaltung unmöglich gemacht, so kann als Folge davon stereotypes, exzessives Lecken der erreichbaren Körperteile mit Haarballenbildungen (Bezoare) im Vormagen auftreten (vgl. EU-SVC-Report Kälber S. 23). – Wegen ihres starken Bedürfnisses nach Sozialkontakt unternehmen einzeln gehaltene Kälber heftige Anstrengungen, um mit Artgenossen in Sicht- und Berührungskontakt zu gelangen. Durch die frühe Wegnahme der Mutter und die mutterlose Aufzucht wird das natürliche Mutter-Kind-Verhalten unmöglich gemacht. Als Ausgleich dazu ist ungehinderter sozialer Kontakt mit anderen Kälbern besonders wichtig.

Bedürfnis nach Fortbewegung. Bewegung ist insbesondere für die Entwicklung einer gesunden Knochen- und Muskelmasse unerlässlich (vgl. EU-Kälbermitteilung S. 4). Das Bedürfnis, zu gehen, zu laufen und zu Bewegungsspielen ist bei Kälbern, wie bei den meisten jungen Säugern, sehr groß. Es zeigt sich u.a. am „rebound-effect", d.h. daran, dass Kälber, wenn sie einige Zeit in Boxen eingesperrt waren, nach ihrer Freilassung deutlich vermehrte Lokomotion zeigen (vgl. EU-SVC-Report Kälber S. 23; anders nur, wenn nach einer langen Zeit der Boxenhaltung infolge von Muskel- und Knochenschwäche bereits motorische Störungen entstanden sind). 5

Zu **Verhaltensstörungen** als Folge restriktiver Haltungsbedingungen s. § 17 Rn. 100. 6

Die **Befugnis der zuständigen Behörde,** Maßnahmen nach § 16a S. 2 Nr. 1 TierSchG oder nach anderen Vorschriften anzuordnen, bleibt durch diese Verordnung unberührt (so wörtlich die amtl. Begr. zur früheren KälberhaltungsVO, BR-Drucks. 612/92 S. 10; daran hat sich nichts geändert, denn das Rangverhältnis zwischen § 2 TierSchG und den aufgrund von § 2a TierSchG erlassenen Rechtsverordnungen ist gleich geblieben; s. auch § 2 TierSchG Rn. 3). Stellt also die nach § 15 TierSchG zuständige Behörde fest, dass in einer Kälberhaltung – trotz Einhaltung der §§ 5 bis 11 – Grundbedürfnisse unangemessen zurückgedrängt werden bzw. dass es als Folge von Bewegungseinschränkungen bei den Tieren zu Schmerzen, vermeidbaren Leiden oder Schäden kommt (vgl. § 2 TierSchG Nr. 1 bzw. Nr. 2), so bleibt sie berechtigt und verpflichtet, gemäß § 16a S. 2 Nr. 1 TierSchG alle Maßnahmen anzuordnen, die zur Erfüllung der Anforderungen des § 2 TierSchG erforderlich erscheinen, selbst wenn dabei im Einzelfall über die in den §§ 5 bis 11 festgesetzten Mindestanforderungen hinausgegangen wird. Eine Verpflichtung der Behörde zu einem Einschreiten muss zumindest angenommen werden, wenn Grundbedürfnisse stark zurückgedrängt sind oder wenn sich Verhaltensstörungen feststellen lassen (s. § 16a TierSchG Rn. 5). 7

§ 5 Allgemeine Anforderungen an das Halten von Kälbern

[1]Kälber dürfen, unbeschadet der Anforderungen des § 3, nur nach Maßgabe der folgenden Vorschriften sowie der §§ 6 bis 10 gehalten werden:

1. Kälber dürfen nicht mehr als unvermeidbar mit Harn oder Kot in Berührung kommen; ihnen muss im Stall ein trockener Liegebereich zur Verfügung stehen.
2. Maulkörbe dürfen nicht verwendet werden.
3. Kälber dürfen nicht angebunden oder sonst festgelegt werden.

[2]Satz 1 Nr. 3 gilt nicht, wenn die Kälber in Gruppen gehalten werden, und zwar für jeweils längstens eine Stunde im Rahmen des Fütterns mit Milch- oder Milchaustauschertränke, und die Vorrichtungen zum Anbinden oder zum sonstigen Festlegen den Kälbern keine Schmerzen oder vermeidbare Schäden bereiten.

1 **„Unbeschadet der Anforderungen des § 3"** bedeutet: Die Regelungen der §§ 5 bis 11 treten nicht an die Stelle dieser Anforderungen, sondern sie gelten zusätzlich (s. § 3 Rn. 2).

2 **Weicher Liegebereich?** Bis zum Inkrafttreten der 2. ÄndVO war in S. 1 Nr. 1 vorgeschrieben, dass der Liegebereich nicht nur trocken, sondern auch weich sein müsse. Dieses Erfordernis war 2001 auf Veranlassung des (damals noch SPD-dominierten) Bundesrats eingefügt worden; der Bundesrat hatte darauf hingewiesen, dass es zu einer angemessenen verhaltensgerechten Unterbringung von Kälbern besonders gehöre, entsprechend den Anforderungen des Tieres eine weiche Unterlage als Liegefläche zur Verfügung zu stellen (vgl. BR-Drucks. 317/01, Beschluss S. 3; vgl. auch *Grauvogl* et al. S. 39: Rinder sind „Hartbodengänger" aber „Weichbodenlieger"; zum Ruhen brauchen sie einen Untergrund, der verformbar ist; deshalb „sollte die Liegefläche eingestreut werden"). In der Empfehlung des St. Ausschusses wird dazu in Anh. C Nr. 6 ausgeführt: „Für bis zu zwei Wochen alte Kälber muss und für ältere Kälber sollte die Liegefläche geeignetes formbares, sauberes und trockenes Einstreumaterial in ausreichender Höhe aufweisen." „Sollen" bedeutet „Müssen, sofern nicht ein Ausnahmefall vorliegt, der eine Abweichung rechtfertigt" (vgl. zB VG Stuttgart NuR 1999, 719; *L/M* § 11 Rn. 38; s. auch TierSchG Einf. Rn. 31). – Im Gegensatz dazu ist auf Veranlassung des (mittlerweile CDU/CSU-dominierten) Bundesrats das Wort „weicher" durch die 2. ÄndVO gestrichen worden. Zur Begründung erklärte der Bundesrat jetzt, dass die Vorschrift „praxisfremd" sei, weil „praxistaugliche Gummimatten", die auf die Balken des Spaltenbodens aufgebracht werden könnten, noch nicht vorhanden seien und die Vorschrift „demnach ins Leere" laufe (Beschluss, BR-Drucks. 482/04). Dem steht jedoch entgegen, dass im EU-SVC-Report „Kälber" an mehreren Stellen auf die Bedeutung von Einstreu im Liegebereich hingewiesen wird: Kälber in dicht besetzten Gruppen würden bei hartem Boden das Liegen mit ausgestreckten Beinen eher vermeiden aus Angst, andere könnten darauf treten (Kap. 3 Nr. 2; Hammer-Amboss-Effekt, s. auch Anh. zu § 2 TierSchG Rn. 2 und § 6 TierSchG Rn. 25); Wohlbefindensprobleme bei Kälbern könnten signifikant vermindert werden, wenn die Tiere in Gruppen auf Stroh gehalten würden (Kap. 5.E); Kälber auf Spaltenböden ohne weichen Liegebereich hätten mit zunehmendem Gewicht Schwierigkeiten beim Abliegen und zeigten außerdem bei Betonspaltenböden vermehrt Hautverletzungen an den Beinen und bei Holzspaltenböden Schäden an den Karpalgelenken (Kap. 5.G). Demgemäß fordert die EU-Kommission: „Kälberbuchten sind angemessen einzustreuen, zB mit Stroh" (EU-Kälbermitteilung, Unterbringung, Nr. 6). – Vor dem Hintergrund der Empfehlung des St. Ausschusses und der Erkenntnisse des EU-SVC spricht alles dafür, dass (entsprechend der Einschätzung des Bundesrats 2001) nur mit einem weichen, verformbaren Liegebereich dem Gebot zu einer art- und bedürfnisangemessenen verhaltensgerechten Unterbringung in § 2 Nr. 1 TierSchG entsprochen wird. Die Streichung des Wortes „weicher" durch die 2. ÄndVO dürfte damit gegen § 2a Abs. 1 TierSchG und auch gegen Anh. C Nr. 6 der Empfehlung des St. Ausschusses verstoßen (vgl. auch den neuen Anh. A zum Europäischen Versuchstierübereinkommen, G.b.4.2: „Für Rinder im Stall ist eine eingestreute Fläche in einer Größe, die allen Tieren das gleichzeitige Liegen erlaubt, vorzusehen"). – Da der Kot der überwiegend mit Milchaustauscher gefütterten Kälber einen Flüssigkeitsgehalt von über 90% aufweist, ist saugfähige Einstreu, die re-

gelmäßig gewechselt oder erneuert wird, sowohl für die Trockenheit als auch für die Weichheit/Verformbarkeit des Liegeplatzes unverzichtbar. Eine Rangfolge, welche Bodenbeschaffenheit dem artgemäßen Ruheverhalten von Rindern am besten bzw. am schlechtesten entspricht, findet sich bei *Pollmann*: trockener Sand oder Sägemehl > Stroh oder Fasertorf > Luft- oder Kunststoffmatratze > Kies > Stampflehm > Holzpflaster > Gummimatte > Beton (*Pollmann* Rinder S. 13). Mit der 2. ÄndVO hat sich der Verordnungsgeber somit für die denkbar schlechteste Möglichkeit entschieden (vgl. demgegenüber BVerfGE 101, 1, 32 zur Auslegung von § 2 Nr. 1 TierSchG: „Pflege des Wohlbefindens der Tiere in einem weit verstandenen Sinn").

Maulkörbe und Anbindehaltung sind nach S. 1 Nr. 2 und 3 verboten. Das nach S. 2 3
ausnahmsweise zulässige Fixieren gruppengehaltener Kälber während und nach dem Tränken dient der Vermeidung des gegenseitigen Besaugens. Es lässt sich auf etwa 20 Minuten beschränken, wenn der Saugtrieb zusätzlich durch Vorlage von Kraftfutter und Heu abgebaut wird (vgl. *Bogner/Grauvogl* S. 179; dort auch zur Notwendigkeit, die Fresszeiten zu verlängern und für rohfaserreiche Rationen zu sorgen).

Ordnungswidrig nach § 32 Abs. 1 Nr. 7 bzw. Nr. 8 handelt, wer entgegen § 5 S. 1 Nr. 2 4
einen Maulkorb verwendet oder entgegen § 5 S. 1 Nr. 3 ein Kalb anbindet oder sonst festlegt. Täter kann hier auch sein, wer nicht Halter ieS ist. Fahrlässigkeit genügt. Zur Möglichkeit der Behörde, die Pflicht aus S. 1 Nr. 1 durch vollziehbare Anordnung nach § 16 a S. 2 Nr. 1 TierSchG auszusprechen und einen anschließenden Verstoß nach § 18 Abs. 1 Nr. 2 TierSchG zu ahnden s. § 32 Rn. 3. Zur Möglichkeit, gemäß § 2 Nr. 1 TierSchG i. V. m. § 16 a S. 2 Nr. 1 die Einrichtung eines weichen Liegebereichs anzuordnen s. Vor §§ 5–11 Rn. 7 sowie § 2 TierSchG Rn. 3; vgl. auch VG Düsseldorf AgrarR 2002, 368: „Zugang zu einer trockenen, weichen Liegefläche je Tier erforderlich".

§ 6 Allgemeine Anforderungen an das Halten von Kälbern in Ställen

(1) Kälber dürfen in Ställen nur gehalten werden, wenn diese den Anforderungen der Absätze 2 bis 7 entsprechen.

(2) Ställe müssen

1. **so gestaltet sein, dass die Kälber ungehindert liegen, aufstehen, sich hinlegen, eine natürliche Körperhaltung einnehmen, sich putzen sowie ungehindert Futter und Wasser aufnehmen können;**
2. **mit einem Boden ausgestattet sein,**
   a) **der im ganzen Aufenthaltsbereich der Kälber und in den Treibgängen rutschfest und trittsicher ist,**
   b) **der, sofern er Löcher, Spalten oder sonstige Aussparungen aufweist, so beschaffen ist, dass von diesen keine Gefahr der Verletzung von Klauen oder Gelenken ausgeht und der Boden der Größe und dem Gewicht der Kälber entspricht,**
   c) **bei dem, sofern es sich um einen Spaltenboden handelt, die Spaltenweite höchstens 2,5 Zentimeter, bei elastisch ummantelten Balken oder bei Balken mit elastischen Auflagen höchstens drei Zentimeter beträgt, wobei diese Maße infolge von Fertigungsungenauigkeiten bei einzelnen Spalten um höchstens 0,3 Zentimeter überschritten werden dürfen, und die Auftrittsbreite der Balken mindestens acht Zentimeter beträgt,**
   d) **der im ganzen Liegebereich so beschaffen ist, dass er die Erfordernisse für das Liegen erfüllt, insbesondere dass eine nachteilige Beeinflussung der Gesundheit der Kälber durch Wärmeableitung vermieden wird;**
3. **mit Lichtöffnungen und mit einer Kunstlichtanlage ausgestattet sein, die sicherstellen, dass bei einer möglichst gleichmäßigen Verteilung im Aufenthaltsbereich der Kälber eine Lichtstärke von mindestens 80 Lux erreicht wird.**

(3) Außenwände, mit denen Kälber ständig in Berührung kommen können, müssen ausreichend wärmegedämmt sein.

(4) Seitenbegrenzungen bei Boxen müssen so durchbrochen sein, dass die Kälber Sicht- und Berührungskontakt zu anderen Kälbern haben können.

(5) Im Aufenthaltsbereich der Kälber sollen je Kubikmeter Luft folgende Werte nicht überschritten sein:

Gas	Kubikzentimeter
Ammoniak	20
Kohlendioxid	3000
Schwefelwasserstoff	5.

(6) [1]Im Liegebereich der Kälber soll die Lufttemperatur 25 Grad Celsius nicht überschreiten sowie während der ersten zehn Tage nach der Geburt eine Temperatur von 10 Grad Celsius, danach eine Temperatur von 5 Grad Celsius nicht unterschreiten. [2]Die relative Luftfeuchte soll zwischen 60 und 80 Prozent liegen.

(7) Die Absätze 3, 5 und 6 gelten nicht für Ställe, die als Kaltställe oder Kälberhütten vorwiegend dem Schutz der Kälber gegen Niederschläge, Sonne und Wind dienen.

1 **Zu Abs. 2 Nr. 1, Ruhen und Eigenkörperpflege.** Zum Liegen in natürlicher Körperhaltung gehört bei Kälbern auch das Einnehmen der Seitenlage mit gestreckten Beinen. Die Breite der Liegefläche muss deshalb zumindest der Widerristhöhe des Tieres entsprechen; ihre Länge muss wegen der Vor- und Rückwärtsbewegungen beim Abliegen und Aufstehen die Körperlänge des Kalbes deutlich übersteigen (vgl. St. Ausschuss, Empfehlung Anh. C Nr. 4, zitiert Vor §§ 5–11 Rn. 4). – Zum Sich Putzen gehört bei Kälbern das Belecken des ganzen Körpers einschließlich der hinteren Teile; wird dies infolge räumlicher Enge unmöglich gemacht, so kann das Tier mit exzessivem, stereotypen Belecken derjenigen Körperteile, die es erreichen kann, reagieren (vgl. EU-SVC-Report Kälber S. 23; s. auch § 17 TierSchG Rn. 100).

2 **Zu Abs. 2 Nr. 2 a, b und c, Bodengestaltung.** Der Boden muss nach Nr. 2 a und 2 b so gestaltet sein, dass schon die Gefahr (d. h. die nach allgemeinem Erfahrungswissen ernsthafte, nicht fernliegende Möglichkeit), dass es als Folge seiner Beschaffenheit zu Verletzungen an Klauen oder Gelenken kommen kann, ausgeschlossen ist (s. auch § 3 Rn. 3). – Spaltenböden aus Holz genügen dieser Anforderung nicht, denn sie werden durch den Kot der Kälber sehr glatt und sind dann nicht mehr rutschfest iS von Nr. 2 a; außerdem kann es an den Spalten durch Abnutzung zu trichterartigen Einziehungen mit entsprechender Verletzungsgefahr kommen (vgl. *Sambraus* in: *Sambraus/Steiger* S. 119). Auf Holzspaltenböden gehaltene Kälber zeigen vermehrt Verletzungen an den Karpalgelenken (vgl. EU-SVC-Report Kälber S. 62). – Spaltenböden aus Beton führen bei jungen Kälbern zu vermehrten Hautverletzungen an den Beinen. Hinzu kommt, dass Kälber, die so gehalten werden, weniger Bewegung und mehr gegenseitiges Besaugen zeigen als bei Haltung auf Einstreu; mit zunehmendem Körpergewicht kommt es außerdem zu Schwierigkeiten beim Abliegen und einer abnehmenden Häufigkeit der Abliegeversuche (vgl. EU-SVC-Report aaO). Damit ist fraglich, ob Spaltenböden überhaupt mit der Anforderung der gefahrfreien Bodenbeschaffenheit vereinbar sind. – Fehlt es an eingestreuten Liegebereichen, so tritt eine weitere Verletzungsgefahr hinzu: Der Schwanz der Tiere rutscht beim Liegen in eine Spalte; tritt infolge der hohen Besatzdichte ein anderes Tier darauf, so entsteht ein Hammer-Amboss-Effekt, und es kommt zu Verletzungen und Wundinfektionen bis hin zur Schwanzspitzennekrose. Selbst Spaltenböden mit abgerundeten oder gummiüberzogenen Rändern können dieser Gefahr nicht ausreichend begegnen (vgl. EU-SVC-Report S. 62, 63; vgl. auch § 6 Abs. 3 Nr. 3 TierSchG: „Unerlässlich“ ist in solchem Fall nicht das Kürzen des Schwanzes, sondern das Umstellen auf eingestreute Liegebereiche; s. auch § 6 TierSchG Rn. 25). – Lochböden sind jedenfalls bei Jungtieren bis 200 kg Kör-

pergewicht abzulehnen (vgl. *Sambraus* in: *Sambraus/Steiger* aaO). – Zu der nach Nr. 2c ausnahmsweise zulässigen Überschreitung der Spaltenweiten von 2,5 cm bzw. 3 cm um maximal weitere 0,3 cm darf es nur infolge von Fertigungsungenauigkeiten kommen (also nicht infolge von Abnutzung).

Zu Abs. 2 Nr. 2d, Gestaltung des Liegebereichs. Zu den Erfordernissen für das Liegen gehört nicht allein der Schutz vor Wärmeableitung (vgl. „insbesondere"). Notwendig ist außerdem, dass die zum Liegen vorgesehene Fläche „bequem" ist (vgl. EU-Kälberhaltungsrichtlinie Anh. Nr. 10 S. 3). Bequemlichkeit erfordert dreierlei: Trockenheit, Weichheit und Verformbarkeit des Untergrunds. Für Rinder ist eine verformbare, sich den Konturen der Körperunterseite anpassende und dadurch eine gleichmäßige Druckverteilung herstellende Liegefläche sogar wichtiger als die Wärmedämmung (so *Bogner/Grauvogl* S. 187; vgl. auch *Pollmann* Rinder S. 13). Allein Einstreu kann alle diese Anforderungen gleichzeitig erfüllen (vgl. St. Ausschuss, Empfehlung Anh. C Nr. 6; s. auch § 5 Rn. 2). 3

Zu Abs. 2 Nr. 3, Licht. Fensteröffnungen, die natürliches Licht in den Stall lassen, müssen in Ställen, die noch vor dem 1. 1. 1994 für die Kälberhaltung in Benutzung genommen worden sind, erst ab 1. 1. 2008 eingebaut sein (vgl. die Übergangsregelung in § 33 Abs. 1); in allen anderen Ställen sind sie bereits jetzt Pflicht. Ihre Fläche sollte zumindest 1/20 der Stallgrundfläche betragen (vgl. BR-Drucks. 612/1/92 S. 2). – Das einfallende Tageslicht muss (notfalls zusammen mit Kunstlicht) im Aufenthaltsbereich der Kälber eine Lichtstärke von mindestens 80 Lux bei möglichst gleichmäßiger Verteilung erreichen. In Ställen, die noch bis zum 1. 1. 2008 ohne Fensteröffnungen betrieben werden dürfen, muss das Kunstlicht allein diese Lichtstärke herbeiführen. Grund für die Regelung: Der natürliche Tag-Nacht-Rhythmus ist für heranwachsende Tiere von besonderer Bedeutung (vgl. BR-Drucks. 612/92 S. 17). Für das Wohlbefinden des Tieres, insbesondere aus verhaltensphysiologischer Sicht, ist natürliches Licht erforderlich (vgl. BR-Drucks. 612/1/92 S. 2). Kälber in schlecht beleuchteten Ställen weisen vermehrt Stereotypien auf, möglicherweise weil ihnen kein Explorationsverhalten ermöglicht wird; außerdem zeigen sie exzessive Furchtsamkeit (vgl. EU-SVC-Report Kälber S. 22). Zur Beleuchtungsdauer s. § 11 Nr. 9. 4

Abs. 4, durchbrochene Seitenbegrenzungen. Hier wird Art. 3 Abs. 3a S. 3 der EU-Kälberhaltungsrichtlinie umgesetzt. Für Ställe, in denen schon vor dem 1. 1. 1998 legal (d. h. im Einklang mit der damals geltenden VO) mit der Kälberhaltung begonnen worden ist, galt gemäß § 33 Abs. 2 eine Übergangsfrist bis zum 31. 12. 2003. 5

Zu Abs. 5, Schadgase. Zum Begriff „sollen" s. TierSchG Einf. Rn. 31 und o. § 5 Rn. 2. Die zugelassenen Schadgaskonzentrationen sind möglicherweise zu hoch, um noch dem Gebot der Unschädlichkeit nach § 3 Abs. 3 Nr. 2 zu entsprechen (vgl. auch BR-Drucks. 612/92 S. 17: Kälber sind gegen schädliche Gaskonzentrationen „hochgradig empfindlich"). 20 ppm Ammoniak gelten als „kaum hinzunehmen" (*L/M* KälberVO Rn. 3 und *Grauvogl* et al. S. 39). Bezüglich von Schwefelwasserstoff hält die Bayerische Landesanstalt für Tierzucht (BLT) allenfalls 2 ppm für hinnehmbar; nach *Grauvogl* „will der fachmännische Stalleinrichter hier überhaupt keine andere Zahl als die Null vor dem Komma sehen" (*ders.* aaO S. 21, 22). 6

Zu Abs. 6, Temperatur. Kälber sind auch „gegen starke Temperaturschwankungen, niedrige oder extrem hohe Temperaturen, Zugluft und extreme Luftfeuchte hochgradig empfindlich" (BR-Drucks. 612/92 S. 17). Insbesondere in zu warmen, schlecht gelüfteten Kuhställen mit hoher Luftfeuchtigkeit können durch Infektionskrankheiten hohe Verluste entstehen (vgl. *Rist/Schragel* S. 153). Im EU-SVC-Report Kälber (S. 71) werden auch Empfehlungen zum Raumvolumen abgegeben: Für Kälber unter 6 Wochen 6 cbm pro Kalb, für Kälber über 6 Wochen 15 cbm. 7

Zu Abs. 7, Kaltställe. Kälber, die in Offenställen, Kaltställen oder Kälberhütten gehalten werden, sind durch die Klimareize ausgesprochen robust und zeigen höhere Zunahmen als bei Stallhaltung (vgl. *Rist/Schragel* S. 153 mit Beispielen aus der Praxis). Bei dieser 8

Form der Haltung ist eine ausreichende, isolierende Tiefstreu erforderlich (vgl. BR-Drucks. 612/92 S. 18).

9 **Ordnungswidrig** nach § 32 Abs. 1 Nr. 9 handelt der Halter bei Verstößen gegen § 6 Abs. 2 Nr. 1 oder Nr. 2a oder Nr. 2c. Fahrlässigkeit genügt (s. auch § 32).

§ 7 Besondere Anforderungen an das Halten von Kälbern im Alter von bis zu zwei Wochen in Ställen

Kälber im Alter von bis zu zwei Wochen dürfen nur in Ställen gehalten werden, wenn

1. ihnen eine mit Stroh oder ähnlichem Material eingestreute Liegefläche und

2. bei Einzelhaltung eine Box, die innen mindestens 120 Zentimeter lang, 80 Zentimeter breit und 80 Zentimeter hoch ist,

zur Verfügung stehen.

Die amtl. Begr. zur früheren KälberVO nennt für die Notwendigkeit von Einstreu bei sehr jungen Kälbern vier Gründe: Die noch nicht beendete Klauenhärtungsphase, das noch nicht vollständig ausgebildete Wärmeregulierungsvermögen, die Notwendigkeit von Beschäftigungsmaterial und die durch Einstreu bewirkte Verringerung der Leck- und Saugaktivitäten (vgl. BR-Drucks. 612/92 S. 15). Mindestens die beiden letztgenannten Gründe gelten in gleicher Weise auch für ältere Kälber (vgl. deswegen die Empfehlung Anh. C Nr. 6 des St. Ausschusses, zitiert bei § 5 Rn. 2). – „Ähnliches Material" kann nur ein Material sein, das formbar und von lockerer Struktur ist und damit die Befriedigung der ethologischen Bedürfnisse einschließlich des Beschäftigungsbedürfnisses ermöglicht (vgl. St. Ausschuss aaO; vgl. auch die Einstreu-Definition, die die EU in anderem Zusammenhang, nämlich in Art. 2 Abs. 2 lit. c der Richtlinie 1999/74/EG zur Legehennenhaltung gibt: Material mit lockerer Struktur, das die Befriedigung der ethologischen Bedürfnisse ermöglicht). Gummimatten sind dafür nicht ausreichend, wie schon daraus hervorgeht, dass damit nicht „eingestreut" wird. – Nr. 2 legt das Mindestmaß für Boxen fest, das von innen gemessen wird und nicht unterschritten werden darf. – Ordnungswidrig nach § 32 Abs. 1 Nr. 9 handelt, wer als Halter vorsätzlich oder fahrlässig gegen Nr. 1 oder Nr. 2 verstößt. Zur Beteiligung anderer s. § 14 Abs. 1 OWiG.

§ 8 Besondere Anforderungen an das Halten von Kälbern im Alter von über zwei bis zu acht Wochen in Ställen

(1) Kälber im Alter von über zwei bis zu acht Wochen dürfen einzeln in Boxen nur gehalten werden, wenn

1. die Box
   a) bei innen angebrachtem Trog mindestens 180 Zentimeter,
   b) bei außen angebrachtem Trog mindestens 160 Zentimeter
   lang ist und

2. die frei verfügbare Boxenbreite bei Boxen mit bis zum Boden und über mehr als die Hälfte der Boxenlänge reichenden Seitenbegrenzungen mindestens 100 Zentimeter, bei anderen Boxen mindestens 90 Zentimeter beträgt.

(2) [1]Kälber im Alter von über zwei bis zu acht Wochen dürfen vorbehaltlich des § 10 in Gruppen nur gehalten werden, wenn bei rationierter Fütterung alle Kälber der Gruppe gleichzeitig Futter aufnehmen können. [2]Satz 1 gilt nicht bei Abruffütterung und technischen Einrichtungen mit vergleichbarer Funktion.

1 **Abs. 1 erlaubt die Einzelhaltung in Boxen** bis zum Alter von acht Wochen (vgl. demgegenüber Art. 16a Abs. 2 Schweizer TierschutzVO: obligatorische Gruppenhaltung be-

reits ab zwei Wochen). – Die vorgeschriebenen Boxenmaße orientieren sich ausschließlich an der zum Liegen, Sich-Legen und Aufstehen erforderlichen Fläche; ein „Mindestmaß an Fortbewegung", wie es der Verordnungsgeber erreichen will (vgl. BR-Drucks. 612/92 S. 15) wird damit nicht ermöglicht.

Verstoß gegen § 2 Nr. 1 TierSchG durch unangemessenes Zurückdrängen von Grundbedürfnissen? Durch die Einzelhaltung wird das artgemäße Sozialverhalten erheblich zurückgedrängt. Das Bedürfnis von Kälbern nach sozialem Kontakt mit Artgenossen ist sehr stark, insbesondere nachdem ihnen die Mutter weggenommen wurde. Werden sie dennoch in Einzelboxen gehalten, so zeigen sie unermüdliche Anstrengungen, um andere Kälber wenigstens zu sehen und zu berühren (vgl. EU-SVC-Report S. 24). Normales Sozialverhalten setzt voraus, frei mit den Artgenossen interagieren zu können; durchbrochene Seitenbegrenzungen der Boxen (vgl. § 6 Abs. 4) sind dafür kein Ersatz. 2

Ein **Verstoß gegen § 2 Nr. 2 TierSchG** liegt ebenfalls sehr nahe, denn die Fortbewegung der Kälber ist in den Boxen nahezu vollständig aufgehoben, und es gibt deutliche Anzeichen, dass es dadurch zu Leiden und Schäden kommt, die bei Gruppenhaltung vermeidbar wären. Wie fast alle jungen Säuger haben Kälber das starke Bedürfnis, zu laufen, zu rennen und zu spielen; ein Indiz dafür ist der zu beobachtende „rebound-effect" (s. Vor §§ 5–11 Rn. 5 und EU-SVC-Report S. 59: Kälber verbringen sehr viel Zeit mit Gehen und Rennen, wenn ihre Einzelhaltung noch zu einem Zeitpunkt beendet wird, in dem ihre Gehfähigkeit noch nicht beeinträchtigt ist). Bei Kälbern in Einzelboxen mit Spaltenböden können im Vergleich zu gruppengehaltenen Kälbern auf Stroh deutlich höhere Ausschüttungen von Stresshormonen, u.a. Cortisol festgestellt werden. Sie zeigen auch mehr orale Stereotypien (wie exzessives Selbst-Belecken, Zungenspielen, Zungenrollen) als Kälbergruppen auf Stroh. Der Wissenschaftliche Veterinärausschuss hält es durch diese und andere Ergebnisse für erwiesen, dass Einzelhaltung zu einer Beeinträchtigung im Wohlbefinden (= Leiden, s. § 1 TierSchG Rn. 17) führt, die signifikant zurückgeht, sobald Gruppenhaltung und Einstreu gewährt werden (vgl. EU-SVC-Report S. 56, 57). Vgl. auch EU-Kälbermitteilung S. 5: „Kälber in Gruppenhaltung zeigen nur geringes Konkurrenzverhalten (das zu Schädigungen führen kann), und sie gedeihen eindeutig besser bei erleichterter Sozialisierung. Kälber in Einzelhaltung versuchen unentwegt, andere Kälber zu sehen und zu berühren." Auch die amtl. Begr. von 1992 räumt ein, dass bei Kälbern ab zwei Wochen „aus verhaltenswissenschaftlichen Gründen" die Gruppenhaltung der Einzelhaltung „vorzuziehen" sei (BR-Drucks. 612/92 S. 16). 3

Der **Gefahr des gegenseitigen Besaugens in Gruppenhaltung** kann mit anderen Mitteln als durch Einzelhaltung begegnet werden: Verwendung von Tränkeeimern mit Gummisaugern (vgl. § 11 Nr. 5); mehrmals tägliches Füttern; Beschäftigungsanreize durch Raufutter, Einstreu und strukturierte Umgebung; notfalls zeitweiliges Fixieren am Fressgitter nach § 5 S. 2. – Die vereinzelt vertretene These, Gruppenhaltung führe inhärent zu höheren Krankheitsraten, wird vom Wissenschaftlichen Veterinärausschuss zurückgewiesen: Entsprechende Studien seien nicht verlässlich, wenn darin versäumt werde, auch andere Risikofaktoren wie Besatzdichte, Fütterungssystem, sachkundige Betreuung und Vorsorge korrekt zu analysieren (vgl. EU-SVC-Report S. 71). Untersuchungen aus Österreich und den Niederlanden haben ergeben, dass gut geführte Gruppenhaltungen auf dem Gebiet der Krankheitsvorsorge ebenso gute oder bessere Resultate erzielen können als Einzelhaltungen (vgl. EU-SVC-Report S. 61). Zwar erfordert Gruppenhaltung vom Halter mehr Kenntnisse und Fähigkeiten als Einzelhaltung; jedoch setzt der Gesetzgeber die für tiergerechte Haltungsformen nötige Sachkunde als selbstverständlich voraus, s. § 4 Abs. 1 Nr. 1 sowie § 2 Nr. 3 TierSchG). 4

Zu Abs. 2. Allen Kälbern muss grundsätzlich die gleichzeitige Aufnahme des Futters ermöglicht werden, jedenfalls bei rationierter Fütterung. Dies ist Bestandteil des Gebots zu angemessen artgemäßer Ernährung nach § 2 Nr. 1 TierSchG (s. § 2 TierSchG Rn. 19; vgl. BVerfGE 101, 1, 38). Abs. 2 trägt dem allerdings nur teilweise Rechnung, indem er Ausnahmen bei Abruffütterung und technischen Einrichtungen mit vergleichbarer Funk- 5 tion vorsieht. In § 2 Nr. 1 TierSchG findet sich für diese Ausnahmen kein Anhalt. Zumindest müssen sich die Kälber in der Zeit, in der sie nicht automatengefüttert werden, mit Raufutter beschäftigen können. – Welche Trogbreite je Tier erforderlich ist, um das gleichzeitige Fressen zu ermöglichen, ergibt sich aus dem neuen Anh. A zum Europäischen Versuchstierübereinkommen (s. dort Tabelle G.1 für enthornte Kälber; für behornte Tiere muss die Trogbreite entsprechend erhöht werden, s. G. b. 4.3). Eine Ausnahme von dem Gebot, allen Tieren das gleichzeitige Fressen zu ermöglichen, ist dort nicht vorgesehen.

6 **Ordnungswidrig** nach § 32 Abs. 1 Nr. 9 handelt, wer Kälber entgegen § 8 Abs. 1 hält (d. h. Boxen verwendet, die – innen gemessen – nicht mindestens 180 bzw. 160 cm lang und 100 bzw. 90 cm breit sind). Ebenfalls ordnungswidrig ist der Verstoß gegen Abs. 2 S. 1, vgl. § 32 Abs. 1 Nr. 10. Fahrlässigkeit genügt. Andere Personen als der Halter können Beteiligte nach § 14 Abs. 1 OWiG sein.

§ 9 Besondere Anforderungen an das Halten von Kälbern im Alter von über acht Wochen in Ställen

(1) [1] Kälber im Alter von über acht Wochen dürfen nur in Gruppen gehalten werden. Dies gilt nicht, wenn

1. in dem Betrieb jeweils nicht mehr als drei nach ihrem Alter oder ihrem Körpergewicht für das Halten in einer Gruppe geeignete Kälber vorhanden sind,

2. mittels tierärztlicher Bescheinigung nachgewiesen wird, dass ein Kalb aus gesundheitlichen oder verhaltensbedingten Gründen einzeln gehalten werden muss, oder

3. andere Haltungsanforderungen für die Dauer einer Quarantäne zur Vermeidung von Ansteckungsrisiken notwendig sind.

(2) [1] Kälber im Alter von über acht Wochen dürfen vorbehaltlich des § 10 in Gruppen nur gehalten werden, wenn bei rationierter Fütterung alle Kälber der Gruppe gleichzeitig Futter aufnehmen können. [2] Satz 1 gilt nicht bei Abruffütterung oder technischen Einrichtungen mit vergleichbarer Funktion.

(3) Kälber, die nach Absatz 1 nicht in Gruppen gehalten werden müssen, dürfen einzeln in Boxen nur gehalten werden, wenn

1. die Box
a) bei innen angebrachtem Trog mindestens 200 Zentimeter,
b) bei außen angebrachtem Trog mindestens 180 Zentimeter
lang ist und

2. die frei verfügbare Boxenbreite bei Boxen mit bis zum Boden und über mehr als die Hälfte der Boxenlänge reichenden Seitenbegrenzungen mindestens 120 Zentimeter, bei anderen Boxen mindestens 100 Zentimeter beträgt.

1 **Zu Abs. 1, Gruppenhaltung.** Ab dem Alter von acht Wochen ist Gruppenhaltung nach S. 1 vorgeschrieben, denn „die Gemeinschaftsbedürfnisse dieser Kälber können idR nur bei Gruppenhaltung befriedigt werden" (BR-Drucks. 612/92 S. 16; dazu, dass dies auch auf Kälber ab zwei Wochen zutrifft und zu entsprechenden Konsequenzen führen müsste s. § 8 Rn. 2 und 3). – Nach S. 2 Nr. 1 entfällt die Pflicht zur Gruppenhaltung nur, wenn es in dem Betrieb nicht mehr als drei Tiere gibt, die sich nach Alter oder Körpergewicht für eine Gruppe eignen (vgl. aber Beschluss, BR-Drucks. 317/01 S. 3: „Bereits drei Tiere können zusammen in einer Gruppe gehalten werden … es gibt keinen vernünftigen Grund, warum ein Landwirt, der nur drei Kälber einer Altersklasse besitzt, diese nicht in einer Gruppe halten soll"). Dabei ist zu beachten, dass Kälber nicht unbedingt genau gleich alt und gleich schwer sein müssen, um eine Gruppe zu bilden. Es gibt Erfahrungen, wonach auch Kälber verschiedener Altersstufen als Gruppe gehalten werden können, zumindest dann, wenn bei größeren Unterschieden ein Kälberschlupf für die jüngeren bzw. leichte-

ren Tiere eingerichtet und für ein Tier/Fressplatzverhältnis von 1:1 gesorgt wird (vgl. *Rist/Schragel* S. 161; AGKT S. 37). – Die Ausnahme nach S. 2 Nr. 2 setzt das Vorliegen einer schriftlichen tierärztlichen Bescheinigung voraus. – Eine Quarantäne nach S. 2 Nr. 3 ist eine von der Veterinärbehörde angeordnete Isolierung und Beobachtung von Tieren (vgl. *Wiesner/Ribbeck* „Quarantäne"). Voraussetzung für die Einzelhaltung nach Nr. 3 ist also, dass eine entsprechende behördliche Verfügung ergangen ist.

Zu Abs. 2, gleichzeitige Futteraufnahme. Zum artgemäßen Bedürfnis von sozial lebenden Tieren, ihr Futter gleichzeitig aufzunehmen, s. § 8 Rn. 5. 2

Durch **die nach Abs. 3 vorgesehenen Boxenmaße** (jeweils von innen gemessen) soll gewährleistet werden, dass jedes Kalb in Seitenlage mit ausgestreckten Beinen liegen und dass es die für das Abliegen und Aufstehen nötigen Bewegungen ohne Behinderung ausführen kann. Ergibt sich im Einzelfall, dass die Box dafür nicht groß genug ist, so muss die nach § 15 TierSchG zuständige Behörde größere Flächen anordnen, vgl. § 16a S. 2 Nr. 1 i.V.m. § 2 Nr. 1 TierSchG; denn das artgemäße, ungestörte Ruhen gehört zu den besonders wichtigen Grundbedürfnissen (vgl. BVerfGE 101, 1, 36–38). – Ist die Box zu schmal, um dem Kalb zu ermöglichen, auch seine hinteren Körperteile zu putzen, so ist damit das Bedürfnis zur Eigenkörperpflege unangemessen zurückgedrängt; auch dies bildet einen Verstoß gegen § 2 Nr. 1 TierSchG, dem über § 16a S. 2 Nr. 1 TierSchG abzuhelfen ist. Dazu die EU-Kommission: „Das bei in Einzelboxen gehaltenen Kälbern häufig beobachtete exzessive Putzen in Form des Sich-Beleckens könnte darauf zurückzuführen sein, dass das Kalb bei dieser Haltungsform nicht in der Lage ist, seine hinteren Körperteile zu putzen, und sich deshalb verstärkt den erreichbaren Körperteilen zuwendet" (EU-Kälbermitteilung S. 5; zu dieser und anderen Verhaltensstörungen s. auch § 17 TierSchG Rn. 100; zur Befugnis der Behörde, Anordnungen zu erlassen, die über die Verordnung hinausgehen, s. Vor §§ 5–11 Rn. 7). 3

Ordnungswidrig handelt der Halter bei einem vorsätzlichen oder fahrlässigen Verstoß gegen Abs. 1 S. 1, gegen Abs. 2 S. 1 und/oder gegen Abs. 3, vgl. § 32 Abs. 1 Nr. 9 und 10. 4

§ 10 Platzbedarf bei Gruppenhaltung

(1) [1]Kälber dürfen vorbehaltlich des Absatzes 2 in Gruppen nur gehalten werden, wenn für jedes Kalb eine uneingeschränkt benutzbare Bodenfläche zur Verfügung steht, die nach Maßgabe des Satzes 2 mindestens so bemessen ist, dass es sich ohne Behinderung umdrehen kann. [2]Entsprechend seinem Lebendgewicht muss hierbei jedem Kalb mindestens eine uneingeschränkt benutzbare Bodenfläche nach folgender Tabelle zur Verfügung stehen:

Lebendgewicht in Kilogramm	Bodenfläche je Tier in Quadratmeter
bis 150	1,5
von 150 bis 220	1,7
über 220	1,8.

(2) Kälber dürfen in einer Gruppe bis zu drei Tieren nur in einer Bucht gehalten werden, die im Falle

1. von Kälbern im Alter von zwei bis acht Wochen 4,5 Quadratmeter,

2. von Kälbern von über acht Wochen 6 Quadratmeter

Mindestbodenfläche hat.

Zu den Bodenflächen nach Abs. 1. Für die Gruppenhaltung werden hier Mindestflächen je Tier vorgeschrieben, die je nach Gewicht 1,5, 1,7 oder 1,8 m² je Kalb betragen müssen. Diese Maße sind an der zum Sich-Umdrehen, Sich-Legen und Liegen erforderlichen Fläche ausgerichtet (Produkt aus Widerristhöhe × Körperlänge × 1,1, vgl. EU- 1

Kälbermitteilung S. 9). Eine Fortbewegung ist dabei allenfalls in Form einiger kleiner Gehschritte möglich. Laufen, Rennen und Bewegungsspiele sind unmöglich, ebenso eine Trennung von Liege- und Standplatz.

2 **Verstoß gegen § 2 TierSchG?** Diese geringen Flächen nach Abs. 1 legen einen Verstoß gegen § 2 Nr. 2 TierSchG nahe. Das Bedürfnis zum Laufen, Rennen und Spielen ist bei jungen Rindern sehr groß; wird es auf Dauer unterdrückt so entstehen hierdurch Leiden, die vermeidbar wären, wenn größere Flächen zur Verfügung gestellt würden (zum Bewegungsdrang s. § 8 Rn. 3; zu dem Zusammenhang zwischen Bedürfnisunterdrückung und Leiden s. § 1 TierSchG Rn. 21). – Für einen Verstoß gegen § 2 Nr. 1 TierSchG spricht u. a., dass die vorgesehenen Flächen nicht ausreichen, um allen Kälbern das gleichzeitige ungestörte Ruhen in ausgestreckter Seitenlage zu ermöglichen, weil die Tiere angesichts der räumlichen Enge und der fehlenden Trennung von Liege- und Aktivitätsbereich ständig befürchten, getreten zu werden, was auf dem nicht eingestreuten Untergrund zu schmerzhaften Verletzungen führt; sie nehmen aus diesem Grund schon von sich aus deutlich weniger die ausgestreckte Seitenlage ein (vgl. EU-SVC-Report S. 22; zum ungestörten, gleichzeitigen Ruhen s. § 2 TierSchG Rn. 13). Wegen der fehlenden Trennung von Liege- und Standplatz und der Wässerigkeit des Kotes (Flüssigkeitsgehalt > 90%) kann das für die Körperpflege wichtige Liegen auf trockenem Untergrund (vgl. § 5 Nr. 1) bei diesen Flächenmaßen allenfalls mit trockener, saugfähiger Einstreu sichergestellt werden, nicht dagegen durch den praxisüblichen Spaltenboden und auch nicht durch perforierte Gummimatten. – Entsprechend diesen Erkenntnissen betragen die Mindestbodenflächen, die im neuen Anh. A zum Europäischen Versuchstierübereinkommen für Kälber und Rinder vorgesehen sind, zT mehr als das Doppelte (vgl. dort Tabelle G.1: Für Rinder unter 100 kg sind 2,3 m^2 je Tier vorgeschrieben; für Rinder zwischen 100 und 200 kg sind es 3,4 m^2 und für Rinder zwischen 200 und 400 kg 4,8 m^2). Außerdem sind eingestreute Liegebereiche sowie die uneingeschränkte Möglichkeit zur gleichzeitigen Futteraufnahme vorgesehen (s. § 5 Rn. 2 bzw. § 8 Rn. 5).

3 Nach **Abs. 2** darf die Gesamtfläche der Bucht bei Kleingruppen von bis zu drei Tieren die Mindestfläche von 4,5 m^2 (wenn die Tiere zwei bis acht Wochen alt sind) bzw. 6 m^2 (wenn sie über acht Wochen alt sind) nicht unterschreiten.

4 **Ordnungswidrig** nach § 32 Abs. 1 Nr. 10 handelt der Halter, der vorsätzlich oder fahrlässig gegen § 10 Abs. 1 S. 1 oder Abs. 2 verstößt.

§ 11 Überwachung, Fütterung und Pflege

Wer Kälber hält, hat, unbeschadet der Anforderungen des § 4, sicherzustellen, dass

1. **eine für die Fütterung und Pflege verantwortliche Person das Befinden der Kälber bei Stallhaltung mindestens zweimal täglich überprüft;**
2. **Kälbern spätestens vier Stunden nach der Geburt Biestmilch angeboten wird;**
3. **für Kälber bis zu einem Gewicht von 70 Kilogramm der Eisengehalt der Milchaustauschertränke mindestens 30 Milligramm je Kilogramm, bezogen auf einen Trockensubstanzgehalt von 88 Prozent, beträgt und bei Kälbern, die mehr als 70 Kilogramm wiegen, eine ausreichende Eisenversorgung erfolgt, wodurch bei den Kälbern ein auf die Gruppe bezogener durchschnittlicher Hämoglobinwert von mindestens 6 mmol/l Blut erreicht wird;**
4. **jedes über zwei Wochen alte Kalb jederzeit Zugang zu Wasser in ausreichender Menge und Qualität hat;**
5. **jedes Kalb täglich mindestens zweimal gefüttert wird, dabei ist dafür Sorge zu tragen, dass dem Saugbedürfnis der Kälber ausreichend Rechnung getragen wird;**
6. **Kälbern spätestens vom achten Lebenstag an Raufutter oder sonstiges rohfaserreiches strukturiertes Futter zur freien Aufnahme angeboten wird;**
7. **bei Stallhaltung Mist, Jauche oder Gülle in zeitlich erforderlichen Abständen aus dem Liegebereich entfernt werden oder dass regelmäßig neu eingestreut wird;**

8. Anbindevorrichtungen mindestens wöchentlich auf beschwerdefreien Sitz überprüft und erforderlichenfalls angepasst werden;
9. die Beleuchtung
  a) täglich für mindestens zehn Stunden im Aufenthaltsbereich der Kälber eine Lichtstärke von 80 Lux erreicht und
  b) dem Tagesrhythmus angeglichen ist und möglichst gleichmäßig verteilt wird.

Zu Nr. 1. Die in Nr. 1 vorgeschriebene mindestens zweimal tägliche Überprüfung muss auch an Sonn- und Feiertagen stattfinden (vgl. BR-Drucks. 612/92 S. 19). 1

Zu Nr. 2. Nr. 2 dient der Umsetzung der EU-Kälberhaltungsrichtlinie, Anh. Nr. 15: „Kälber müssen so schnell wie möglich nach der Geburt, auf jeden Fall innerhalb der ersten sechs Lebensstunden Rinderkolostralmilch erhalten." Dies sollte unter Bedingungen geschehen, die die Aufnahme von Abwehrstoffen erleichtern, „also vorzugsweise durch Säugen bei der Mutter" (EU-Kälbermitteilung S. 8). Für die Ausbildung des Immunsystems wird darüber hinaus empfohlen, das Kalb in den ersten drei Tagen, mindestens aber 24 Stunden lang frei an der Mutter saugen zu lassen, zumal die Kolostralmilch ohnehin nicht anderweitig verwertet werden kann (vgl. *Rist/Schragel* S. 151; AGKT S. 35). 2

Zu Nr. 3. Bei Kälbern bis 70 kg muss der Eisengehalt der Milchaustauschertränke mindestens 30 Milligramm je Kilogramm betragen; bei einem Trockensubstanzgehalt von 88% entspricht dies 34 mg je kg Trockensubstanz. Höhere Werte wären aber notwendig, denn erst ab einer Zufuhr von ca. 50 mg je kg Milchaustauscher ist mit einer ausreichenden Eisenversorgung zu rechnen (vgl. *Sambraus* in: *Sambraus/Steiger* S. 121). – Der vorgeschriebene Hämoglobinwert von 6 mmol/l Blut ist ebenfalls sehr niedrig. Natürlich aufwachsende Kälber haben einen Wert von mindestens 7 mmol/l Blut. Geringere Werte sind Ausdruck von Eisenmangel und bewirken Schwächung und gestörtes Wohlbefinden. 3

Zu Nr. 4. Der jederzeitige Zugang zu Wasser in ausreichender Menge und Qualität wird beispielsweise durch eine Wassertränke mit selbsttätigem Zulauf, die ständig zur Verfügung steht, erreicht (vgl. AGKT S. 35). 4

Zu Nr. 5. Die Verpflichtung, bei der Fütterung dem Saugbedürfnis der Kälber ausreichend Rechnung zu tragen, ist auf Veranlassung des Bundesrats 2001 eingefügt worden. In der Begründung heißt es: „Gerade junge Kälber neigen in der Gruppenhaltung dazu, sich gegenseitig zu besaugen … Sowohl durch die Verabreichung der Tränke als auch über Ersatzmaßnahmen kann hier Vorbeuge getroffen werden" (Beschluss, BR-Drucks. 317/01 S. 3). – Bei der früher üblichen zweimal täglichen Tränkung mit Milch oder Milchaustauscher aus einem Eimer ohne Saugstutzen blieb der arteigene Saugtrieb unbefriedigt, denn der Eimer war in zweimal 3 Min. ausgetrunken, während das bei seiner Mutter aufwachsende Kalb dort etwa sechsmal jeweils 10 Minuten saugt. Folgen des Saugdefizits waren gegenseitiges Besaugen, Besaugen von Einrichtungsgegenständen, Zungenspielen u. a. m. (vgl. *Sambraus* aaO S. 120; s. auch § 17 Rn. 100). Künftig muss das Saugen durch geeignete Maßnahmen so erschwert werden, dass die Aufnahme der vorgesehenen Milchmenge länger dauert, wobei 10 Minuten je Fütterung erreicht werden sollten (vgl. *Sambraus* aaO; *Rist/Schragel* S. 161; vgl. auch St. Ausschuss, Empfehlung Anh. C Nr. 8, zitiert Vor §§ 5–11 Rn. 4). In Betracht kommen Abruftränken, ggf. auch Tränkeeimer mit Saugstutzen und jeweils geringer Durchlassöffnung. – Andere „Ersatzmaßnahmen" sind: Häufigere Fütterungszeiten, Vorlage von Raufutter, Einstreu als Beschäftigungsmaterial. 5

Zu Nr. 6. Die Verpflichtung, Kälbern spätestens vom achten Lebenstag an Raufutter oder sonstiges rohfaserreiches strukturiertes Futter zur freien Aufnahme anzubieten, beruht ebenfalls auf einer Initiative des Bundesrates 2001. Zur Begründung wird ausgeführt: „Rinder sind Wiederkäuer. Um eine physiologische Entwicklung der Ausbildung des komplizierten Vormagensystems eines Kalbes zu gewährleisten, ist die freie Aufnahme von Raufutter oder sonstigem rohfaserreichem strukturiertem Futter unerlässlich. Des Weiteren dient ein ständiges Raufutterangebot der Beschäftigung der Tiere und wirkt ei- 6 nem gegenseitigen Besaugen der Kälber untereinander (Stereotypie) entgegen." Zugleich wird eingeräumt, dass die nach der früheren KälberVO zulässige Begrenzung des Raufutterangebotes dazu diente, bei Mastkälbern sog. helles Kalbfleisch zu erzeugen, und dass dies keinen vernünftigen Grund darstelle, den Tieren Leiden durch Raufutterentzug zuzufügen (Beschluss, BR-Drucks. 317/01 S. 4). – Am besten eignet sich Heu, weil es auch wertvolle Mineralstoffe und Eisen enthält.

7 **Zu Nr. 8.** Mit Anbindevorrichtungen sind Einrichtungen iS von § 5 S. 2 gemeint.

8 **Zu Nr. 9.** Die Nr. 9 beruht auf der Erkenntnis, dass der natürliche Tag-Nacht-Rhythmus bei heranwachsenden Tieren von besonderer Bedeutung ist (vgl. BR-Drucks. 612/92 S. 17). Kälber in schlecht beleuchteten Ställen zeigen exzessive Furchtsamkeit und weisen vermehrt Stereotypien auf, möglicherweise bedingt durch die Unmöglichkeit zu Explorationsverhalten (vgl. EU-SVC-Report S. 22). – Die vorgeschriebenen 80 Lux müssen täglich während mindestens 10 Stunden im Aufenthaltsbereich der Tiere erreicht werden. Sie müssen dem Tagesrhythmus angeglichen und möglichst gleichmäßig verteilt sein.

9 **Ordnungswidrigkeiten** sind nach § 32 Abs. 1 Nr. 1, 11, 12, 13, 14, 15, 16 folgende Verstöße: Der Verstoß gegen Nr. 1 (mindestens zweimal täglich Überprüfung); gegen Nr. 3 (wenn beim Kalb < 70 kg der vorgeschriebene Eisengehalt der Milchaustauschertränke von mindestens 30 mg/kg bzw. beim Kalb > 70 kg die ausreichende Eisenversorgung, angezeigt durch den vorgeschriebenen Hämoglobinwert, nicht sichergestellt ist); gegen Nr. 4 (für jedes Kalb über zwei Wochen Trinkwasser ad libitum); gegen Nr. 5 (zweimal tägliche Fütterung in einer Weise, die dem Saugbedürfnis Rechnung trägt); gegen Nr. 6 (spätestens ab dem achten Lebenstag Angebot von Raufutter oder sonstigem rohfaserreichen strukturierten Futter ad libitum); gegen Nr. 8 (wöchentliche Überprüfung der Anbindevorrichtungen; Anpassung); gegen Nr. 9a (Sicherstellung von 80 Lux für mindestens 10 Stunden täglich). – Es genügt jeweils Fahrlässigkeit.

Abschnitt 3. Anforderungen an das Halten von Legehennen

Vorbemerkung zu den §§ 12–15

I. Die Entwicklung der Käfigbatteriehaltung von Legehennen in Deutschland

1 **Frühe Proteste/Das Gutachten von 1974.** Die Haltung von Legehennen in Käfigbatterien hat schon früh zu Protesten bei Fachleuten und Laien geführt. Der Frankfurter Zoodirektor Prof. Dr. Grzimek sprach 1974 von „KZ-Hühnerhaltung" und „KZ-Eiern" (erlaubte Formulierung, so das OLG Düsseldorf Rd L 1977, 42 ff.). In einem vom damaligen Bundeslandwirtschaftsministerium (BML) an einen interdisziplinären Ausschuss vergebenen Gutachten beschränkten sich die Vertreter der Agrarwissenschaften und der Veterinärmedizin zwar darauf, „offene Fragen" zu konstatieren, die „durch wissenschaftliche Untersuchungen noch geklärt werden müssten". Die drei Vertreter der Verhaltenswissenschaft stellten hingegen fest, dass nahezu alle angeborenen Verhaltensweisen der Legehennen in den Käfigen beeinträchtigt und verändert seien; dadurch komme es zu extrem gesteigerten Handlungen am Ersatzobjekt, Leerlaufhandlungen, Bewegungsstereotypien, Übersprunghandlungen und gesteigerter Aggressivität. „Die derzeit üblichen Praktiken der Käfighaltung erfüllen den Tatbestand der Tierquälerei in hohem Ausmaß", so die Gutachter (BMELV, Gutachten über tierschutzgerechte Haltung von Nutzgeflügel in neuzeitlichen Haltungssystemen 1974, Teil I S. 2 und Teil II S. 9).

2 **Erste Entscheidungen der Gerichte.** In den 70er und 80er Jahren waren zahlreiche Staatsanwaltschaften und Gerichte mit der Käfighaltung befasst. Sie wurde – ganz überwiegend – als grundsätzlich strafbare Tierquälerei bewertet, weil sie den Tieren anhaltende, erhebliche Leiden zufüge (vgl. u.a.: OLG Frankfurt NJW 1980, 409f. m. Anm.

v. Loeper; OLG Düsseldorf NJW 1980, 411 f.; OLG Frankfurt NStZ 1985, 130; LG Düsseldorf Rd L 1980, 189 ff.; LG Darmstadt NStZ 1984, 173 ff.; AG Leverkusen AgrarR 1979, 229 f.; Generalstaatsanwaltschaft Frankfurt/M vom 8. 3. 2001, Zs 31 369/00; Generalstaatsanwaltschaft Dresden vom 17. 3. 2000, AR 102/00; Generalstaatsanwaltschaft Zweibrücken vom 14. 3. 2000, 4060 E-1/00; Staatsanwaltschaft Stuttgart, zitiert bei *Sojka* Rd L 1979, 256, 257; zum Ganzen auch OLG Nürnberg NJW-RR 2003, 40, 43: überwiegende Auffassung der Obergerichte, „die entsprechende Praxis füge den Hennen erhebliche Leiden zu"). Zu Verurteilungen kam es aber idR nicht, weil die Gerichte der Auffassung waren, die Angeklagten hätten die Strafbarkeit ihres Tuns angesichts der jahrelangen Üblichkeit dieser Haltungsform nicht selbst erkennen können, zumal die Inbetriebnahme entsprechender Ställe genehmigt und staatlich subventioniert worden sei (vgl. *Schindler* NJW 1996, 1802, 1803; s. auch § 17 TierSchG Rn. 108).

Wegen des hohen Rationalisierungseffekts der Käfige hat es eine starke **Konzentration in der Legehennenhaltung** gegeben: Befanden sich 1977 erst 29% aller Legehennen in Großbetrieben mit mehr als 50 000 Hennenplätzen, so waren es 1996 52%, 1999 58% und 2001 63%. Ende 1998 verfügten acht personell und finanziell eng miteinander verflochtene Unternehmen über etwa 60% des gesamten Bestandes an Lege- und Junghennen (vgl. *Gnekow-Metz* S. 6; *Hinrichs/Becker* Alternativen S. 4). Parallel dazu hat es einen dramatischen Rückgang der bäuerlichen und privaten Hennenhalter gegeben: Zwischen 1975 und 1996 hat sich ihre Zahl (trotz des Hinzukommens der neuen Länder) von 609 000 auf 220 000 verringert; allein in den fünf Jahren von 1996 bis 2001 fand eine weitere Abnahme um mehr als die Hälfte auf noch 97 200 statt (vgl. die Jahrbücher für die Geflügelwirtschaft 1982 S. 25, 2000 S. 91 und 2005 S. 63). 3

Der Bericht von Celle. Mehrjährige wissenschaftliche Untersuchungen, die im Auftrag des BMELV an einem Institut der Forschungsanstalt für Landwirtschaft (FAL) in Celle durchgeführt wurden, ließen den mit der Auswertung der Arbeiten beauftragten Schweizer Verhaltensforscher Prof. Dr. *Beat Tschanz* im Mai 1981 zu der Schlussfolgerung kommen, dass den Käfighennen unzweifelhaft erhebliche Leiden zugefügt würden: „Das Ungenügen der Umgebung eines Batteriekäfigs ist mit den Ergebnissen der in Celle durchgeführten Untersuchungen so eindeutig nachgewiesen, dass es keiner weiteren Erhebungen bedarf, um das Verbot dieses Haltungssystems zu begründen. Wenn die zuständigen Instanzen nicht bereit sind, den nun vorliegenden Befunden entsprechende Entscheide zu fällen, dann lässt sich das nicht mehr mit dem Fehlen von sachlichen Grundlagen begründen" (*Tschanz* in: Legehennenhaltung, Landbauforschung Völkenrode, Sonderheft 60, 1981, 210). In ihrem Abschlussbericht sah die FAL gleichwohl von einer entsprechenden Empfehlung an die Politik ab. 4

In einem **Strafverfahren gegen zwei Käfighalter vor dem LG Darmstadt** ereignete sich Folgendes: Ein vom Gericht als Gutachter eingesetzter Agrarwissenschaftler besichtigte die Betriebe der Angeklagten, nachdem diese aus ihren Käfigen jeweils ein Tier herausgenommen und außerdem überwiegend für die Einstallung jüngerer, noch relativ unverbrauchter Tiere gesorgt hatten. Der Gutachter gelangte so zu dem Ergebnis, die Hennen zeigten entgegen der allgemeinen Erwartung einen guten Zustand des Gefieders. Forschungen mit Hennen in unterschiedlich großen Käfigen hätten überdies ergeben, dass sich die Tiere eigentlich nur sehr wenig bewegen wollten: Gewähre man ihnen im Käfig eine Fläche von 400–500 cm^2, dann sei „die Annahme der Unterdrückung einer gewollten Bewegungsaktivität nicht aufrechtzuerhalten" und „der daraus hergeleitete Leidenszustand nicht haltbar" (zur Unvereinbarkeit dieses Vorgehens mit dem Konzept der Bedarfsdeckung und Schadensvermeidung s. § 2 TierSchG Rn. 9). Das LG stellte in seinem Urteil zwar dennoch fest, dass den Hennen durch die Käfighaltung Leiden, starke Frustrationen und äußerste Einschränkungen zugefügt würden; ob diese Leiden aber erheblich und damit strafwürdig seien, habe nicht bewiesen werden können (LG Darmstadt AgrarR 1985, 356). Der BGH sah darin „keinen Rechtsfehler" und verwarf die von der Staatsanwaltschaft eingelegte Revision (BGH NJW 1987, 1833 m. Anm. *Lorz* NStZ 1987, 511 und 5 *v. Loeper* NStZ 1987, 512). Wenige Wochen später legte der damalige Bundeslandwirtschaftsminister *Kiechle* dem Bundesrat die Hennenhaltungsverordnung (HhVO) 1987 vor, mit der für legal erklärt wurde, die Hennen weiterhin auf einer Fläche von nur 450 cm²/Tier (= 73% eines DIN A4 Blattes) zu halten. Der Bundesrat gab seine Zustimmung, obwohl der Vertreter des Landes Niedersachsen zu Protokoll gab, die Verordnung erfülle nicht die Anforderungen, „die unter dem Gesichtspunkt des Tierschutzes zu stellen sind" (BR, Protokoll der 583. Sitzung vom 27. 11. 1987 S. 440f.). Nachdem diese Verordnung am 1. 1. 1988 in Kraft getreten war, stellte die Landesregierung von Nordrhein-Westfalen im Jahr 1990 beim BVerfG den Antrag, die Gültigkeit im Wege der abstrakten Normenkontrolle zu überprüfen.

II. Das Urteil des BVerfG vom 6. 7. 1999

6 Das BVerfG hat die HhVO von 1987 für nichtig erklärt, weil jedenfalls zwei der in § 2 Nr. 1 TierSchG angesprochenen Grundbedürfnisse, nämlich **das artgemäße Ruhebedürfnis und das artgemäße Bedürfnis, gleichzeitig Nahrung aufnehmen zu können,** unangemessen zurückgedrängt worden seien. Mit § 2 Abs. 1 Nr. 2 S. 1 der HhVO sei gegen § 2 Nr. 1 TierSchG verstoßen worden, weil schon der bloße Vergleich der durchschnittlichen Körpermaße einer leichten Legehenne von 47,6 × 14,5 cm mit der vorgesehenen Käfigbodenfläche von 450 cm²/Tier ergebe, dass den Hennen nicht einmal ein ungestörtes gleichzeitiges Ruhen, d.h. eine Befriedigung ihres Schlafbedürfnisses ermöglicht werde. Darüber hinaus sei auch § 2 Abs. 1 Nr. 7 S. 1 der HhVO nichtig, weil ein Vergleich der Körperbreite von 14,5 cm mit der dort vorgesehenen Futtertroglänge von nur 10 cm pro Henne zeige, dass die Hennen nicht, wie es ihrem artgemäßen Bedürfnis entspreche, gleichzeitig ihre Nahrung aufnehmen könnten. Damit aber ergebe allein schon die Kontrolle anhand numerischer Größen, dass die genannten beiden Vorschriften der HhVO nicht der gesetzlichen Ermächtigung des § 2a Abs. 1 i.V.m. § 2 Nr. 1 TierSchG genügten. Deswegen hätten auch die übrigen in § 2 der HhVO getroffenen Bestimmungen ihren vollziehbaren Regelungsgehalt verloren; § 2 der HhVO sei also insgesamt nichtig. Die Nichtigkeit der übrigen Vorschriften der Verordnung ergebe sich aus Art. 80 Abs. 1 S. 3 GG (Zitiergebot). Auf die – von der Bundesregierung und der Geflügelwirtschaft geforderte – Verrechnung der Grundbedürfnisse mit Erwägungen der Wirtschaftlichkeit und des Wettbewerbs hat sich das Gericht in seinem Urteil nicht eingelassen (vgl. BVerfGE 101, 1, 2, 37, 38 = NJW 1999, 3253, 3255).

7 Ob neben dem artgemäßen Ruhebedürfnis und dem artgemäßen Bedürfnis zur gleichzeitigen Nahrungsaufnahme **auch weitere artgemäße Bedürfnisse** durch die HhVO unangemessen zurückgedrängt waren, konnte der Senat – angesichts der bereits anhand numerischer Größen festgestellten und damit in besonders eindeutiger Weise belegbaren Verstöße – offen lassen. Dennoch zählt er diese Bedürfnisse beispielhaft auf („wie insbesondere das Scharren und Picken, die ungestörte und geschützte Eiablage, die Eigenkörperpflege, zu der auch das Sandbaden gehört, oder das erhöhte Sitzen auf Stangen"), ordnet sie dem Schutzbereich des § 2 Nr. 1 TierSchG zu („unangemessen zurückgedrängt") und gibt dem Verordnungsgeber damit auf, sie ebenfalls vor unangemessener Zurückdrängung zu bewahren (BVerfGE aaO S. 38; vgl. *Metzger* in: *Erbs/Kohlhaas* T 95c Rn. 4). Damit genießen diese Verhaltensbedürfnisse nach Einschätzung des höchsten deutschen Gerichts ebenso den Schutz des gesetzlichen Gebotes zur art- und bedürfnisangemessenen Pflege und verhaltensgerechten Unterbringung wie die zur hauptsächlichen Entscheidungsgrundlage gemachten Bedürfnisse des Ruhens und der gleichzeitigen Nahrungsaufnahme. Eine Rechtsverordnung, durch die eines oder mehrere dieser Bedürfnisse unangemessen zurückgedrängt werden würde, wäre wegen Verstoßes gegen die §§ 2, 2a TierSchG i.V.m. Art. 80 Abs. 1 GG verfassungswidrig und nichtig. Dieser Schutz ist durch die 2002 in Kraft getretene Staatszielbestimmung Tierschutz in Art. 20a GG gegenüber der Rechtslage bei Urteilserlass noch verstärkt worden.

Mit der **Ersten Änderungsverordnung vom 28. 2. 2002** (1. ÄndVO, BGBl. I S. 1026) ist den Vorgaben des BVerfG Rechnung getragen und für jede Haltungseinrichtung von Legehennen eine Mindesthöhe von 2 m, eine Mindestfläche von $3m^2$ und Besatzdichte von nicht mehr als 9 Hennen/m^2 festgelegt worden (§ 13 Abs. 2 Nr. 1 und Abs. 6 aF). Als Folge dieser von Bundesverbraucherschutzministerin *Künast* am 5. 6. 2001 vorgelegten, vom (damals noch SPD-dominierten) Bundesrat am 19. 10. 2001 angenommenen und am 13. 3. 2002 in Kraft getretenen Verordnung waren zwar noch große und hohe Käfige, nicht jedoch die bis dahin üblichen niedrigen, kleinräumigen und in Batterien neben- und übereinander angeordneten Käfige zulässig, auch nicht als sog. ausgestaltete oder modifizierte Käfige. Für bereits in Betrieb genommene Käfigbatterien waren Übergangsfristen vorgesehen, die zu einer Beendigung der bisherigen Käfighaltung zum Ablauf des 31. 12. 2006 geführt hätten (vgl. § 17 Abs. 4 aF). – Nachdem sich aber im März 2003 durch den Wahlsieg der CDU in Niedersachsen die Mehrheitsverhältnisse im Bundesrat verschoben hatten, wurde von dort ab November 2003 sowohl die Verlängerung dieser Übergangsfrist als auch die Zulassung von neuen, ausgestalteten Käfigen gefordert. Um seinem Verlangen Nachdruck zu verleihen, machte der Bundesrat seine Zustimmung zu der EU-rechtlich notwendigen Neuregelung der Schweinehaltung in mehreren Maßgabebeschlüssen vom Zustandekommen dieser Änderungen abhängig (Beschluss vom 28. 11. 2003, BR-Drucks. 574/03; Beschluss vom 17. 12. 2004, BR-Drucks. 482/04; Beschluss vom 7. 4. 2006, BR-Drucks. 119/06). Ein im Institut für Tierschutz und Tierhaltung der FAL im Sommer 2004 entworfenes und von Ministerin *Künast* vorgeschlagenes Kompromissmodell (1111 cm^2 Bodenfläche je Henne einschließlich 250 cm^2 Einstreu- und 175 cm^2 Nestbereich sowie 1,05 m Innenhöhe) wurde abgelehnt („Geistervariante“, so der ZDG). Weiter erhöht wurde der Druck auf die Bundesregierung, als der EuGH im März 2005 in einem von der EU-Kommission eingeleiteten Vertragsverletzungsverfahren die durch die Bundesrats-Blockade verursachte Nicht-Umsetzung der EU-Schweinehaltungsrichtlinie als Verletzung des EG-Vertrags durch die Bundesrepublik Deutschland qualifizierte und damit die Festsetzung hoher Zwangsgelder drohte. Ungeachtet dessen erneuerte der Bundesrat seinen Maßgabebeschluss nochmals am 7. 4. 2006 (BR-Drucks. 119/06). Daraufhin wurden durch Bundesverbraucherschutzminister *Seehofer* mit der **Zweiten Änderungsverordnung vom 1. 8. 2006** (2. ÄndVO, BGBl. I S. 1804) die ausgestalteten Käfige entsprechend den Bundesrats-Vorgaben zugelassen und zugleich die Übergangsfrist für die in Betrieb genommenen herkömmlichen Käfige wie gewünscht auf Ende 2008/2009 verlängert (§ 13 b und § 33 Abs. 4 S. 1 und 3 nF). 8

III. Die ausgestalteten Käfige nach der EU-Legehennenrichtlinie und der 2. ÄndVO

Die **Richtlinie 1999/74/EG vom 19. 7. 1999** (ABl. EG Nr. L 203 S. 53) sieht vor, dass neue sog. ausgestaltete Käfige in Betrieb genommen werden dürfen, wenn sie einschließlich des Nestraumes eine Bodenfläche von zumindest 750 cm^2/Tier (also 121% eines DIN A4 Blattes) aufweisen und über 600 cm^2/Tier mindestens 45 cm hoch sind. Ein Teil dieser Fläche soll mit Einstreu zum Picken und Scharren ausgestattet werden. Außerdem sind Sitzstangen vorgeschrieben. Die Käfige dürfen, wie bisher auch, in Reihen neben- und übereinander, d.h. als Batterien angeordnet werden. Wer vor dem 1. 1. 2002 eine Käfigbatterie entsprechend den Vorgaben der früheren Richtlinie 88/166/EWG (ABl. EG Nr. L 74 S. 83) in Betrieb genommen hat, darf diese noch bis zum 31. 12. 2011 weiter betreiben, muss aber seit dem 1. 1. 2003 eine Bodenfläche von mindestens 550 cm^2/Tier sowie Vorrichtungen zum Kürzen der Krallen zur Verfügung stellen (dazu, dass die EU-Richtlinien zur Tierhaltung nur Mindestanforderungen festsetzen, s. § 2 TierSchG Rn. 42 und EuGH NJW 1996, 113). 9

Durch die **2. ÄndVO** werden neue Käfige zugelassen, wenn sie über dem Futtertrog mindestens 60 und im übrigen nicht weniger als 50 cm hoch sind und je Henne eine nutz- 10 bare Fläche von mindestens 800 cm^2 (also 129% eines DIN A4 Blattes) sowie zusätzlich ein Nest von 90 cm^2 aufweisen. Ein Teil der nutzbaren Fläche, nämlich 90 cm^2 je Henne, muss als Einstreubereich ausgestaltet sein. Außerdem müssen zwei Sitzstangen (eine am Boden und eine ungefähr in der Mitte des Käfigraums) installiert werden (vgl. § 13b Abs. 2–5). Die Käfige dürfen wie bisher als Batterien neben- und übereinander angeordnet werden. Herkömmliche Käfige, die vor dem 13. 3. 2002 in Benutzung genommen worden sind, dürfen mit einer Bodenfläche von 550 cm^2 je Tier und Vorrichtungen zum Kürzen der Krallen noch bis Ende 2008/2009 weiter betrieben werden (§ 33 Abs. 4).

11 Ob diese neuen ausgestalteten Käfige mit dem vom BVerfG angemahnten **Schutz der Grundbedürfnisse durch § 2 Nr. 1 TierSchG** vereinbar sind, erscheint wenig wahrscheinlich. Das BVerfG hat als Grundbedürfnisse neben dem artgemäßen Ruhen und der artgemäßen gleichzeitigen Nahrungsaufnahme „insbesondere das Scharren und Picken, die ungestörte und geschützte Eiablage, die Eigenkörperpflege, zu der auch das Sandbaden gehört, oder das erhöhte Sitzen auf Stangen" benannt und dem Verordnungsgeber aufgegeben, diese Bedürfnisse ebenso vor unangemessener Zurückdrängung zu bewahren wie das Ruhen bzw. die gleichzeitige Nahrungsaufnahme (s. Rn. 7). Wenn also eines oder gar mehrere dieser Bedürfnisse unangemessen zurückgedrängt sind, ist § 2 Nr. 1 TierSchG verletzt und damit die Grenze der gesetzlichen Ermächtigung in § 2a TierSchG überschritten; außerdem liegt eine Verletzung von Art. 20a GG vor (vgl. amtl. Begr., BT-Drucks. 14/8860 S. 3: „Schutz der Tiere vor nicht artgemäßer Haltung"). – Trotz geringer Verbesserungen gegenüber dem konventionellen Käfig bestehen im ausgestalteten Käfig nach wie vor starke systemimmanente Beschränkungen beim Nahrungssuch- und Nahrungsaufnahmeverhalten, bei der Eigenkörperpflege und insbesondere dem Sandbaden, beim nestorientierten Verhalten sowie beim Ruhe- und Sozialverhalten. Der Grund dafür liegt in den starken räumlichen Begrenzungen, den hohen Besatzdichten sowie in der Schwierigkeit, Substrat und andere verhaltensrelevante Reize in solch beengten Verhältnissen anzubieten (vgl. *Staack/Knierim* S. 17; vgl. auch die vom VG Oldenburg vom 22. 3. 2006, 11 A 3583/05 zustimmend zitierte Stellungnahme der Ministerpräsidentin von Schleswig-Holstein im Verfahren vor dem BVerfG vom 30. 3. 2004: die Nutzung der Sitzstangen und der Nester werde gestört und der Einstreubereich sei zu klein; das Picken und Scharren sowie das Sandbaden seien nicht ausreichend möglich; die Eigenkörperpflege werde beschränkt; ein normales Gehen, Laufen, Rennen, Fliegen, Flügelschlagen sei nicht möglich). Soweit zur vermeintlichen Rechtfertigung dieser Beschränkungen auf Risiken und Probleme in (echten) Volièren-, Boden- und Freilandhaltungen verwiesen wird, sind dort im Gegensatz zum Käfig noch Verbesserungen auf vielen Ebenen möglich (insbesondere bei der Auswahl geeigneter Zuchtlinien, der Aufzucht der Junghennen, dem Management im Legebetrieb und der Aus-, Fort- und Weiterbildung der Halter, s. Rn. 19–25; vgl. auch hierzu die vom VG Oldenburg aaO zitierte Stellungnahme der Ministerpräsidentin von Schleswig Holstein: „Danach lassen sich Tierschutz-, Gesundheits- und Hygieneprobleme der durch § 13 aF zugelassenen Haltungsformen durch eine tiergerechte Aufzucht und die Auswahl der besten Zuchtlinien ausgleichen. Es gebe gute Erfahrungen in anderen Ländern wie der Schweiz, Österreich, den Niederlanden und Schweden").

12 **Scharren und Picken** gehört ebenso zur artgemäßen Ernährung iS von § 2 Nr. 1 TierSchG wie das Bedürfnis, gleichzeitig Nahrung aufnehmen zu können. Es schließt Erkunden und diverse Schnabelaktivitäten wie Ziehen, Reißen, Hacken und Bearbeiten von veränderbaren Nahrungsobjekten ein (vgl. *Staack/Knierim* S. 12; *L/M* HennenVO Rn. 11; Bad.-Württ. Ministerium Empfehlungen S. 14). Allein zum Ausführen der Scharrbewegung benötigt das einzelne Huhn eine Fläche von 655–1217 cm^2 (vgl. EFSA S. 55, wo zugleich ein Mittelwert von 856 cm^2 angenommen wird). Da die Hennen als sozial lebende Tiere etwa zwei Drittel des Lichttages damit zubringen, gemeinsam pickend und scharrend nach Nahrungsobjekten zu suchen und diese zu bearbeiten, muss der Einstreubereich so dimensioniert sein, dass das Verhalten von möglichst vielen Tieren

synchron ausgeübt werden kann (*Staack/Knierim* S. 12). Ein Einstreubereich von nur 900 cm² für je 10 Hennen (das entspricht je Tier 90 cm², also ungefähr einem Bierdeckel) kann diesen Anforderungen nicht gerecht werden. Er gibt nur einem Bruchteil der im Käfigraum anwesenden Hennen die Möglichkeit, allenfalls Ansätze zu Pick- und Scharrverhalten zu zeigen. Hinzu kommt, dass auf einer so gering dimensionierten Fläche oder Matte von vornherein nur eine dünne Schicht aus Futtermehl, Hobelspänen o. Ä. ausgebracht werden kann, so dass es den Tieren an bearbeitbarem und veränderbarem Substrat zur Ausübung ihrer artgemäßen Schnabelaktivitäten fehlt (vgl. *Staack/Knierim* S. 13: „artgemäße Nahrungssuche und -aufnahme weitgehend unmöglich"). Dass diese geringe Fläche zugleich auch noch dem Sandbaden dienen soll, verursacht zusätzliche Konkurrenzsituationen und Störungen (*Hörning* in: *Martin/Sambraus/Steiger* S. 220). Die Gefahr, dass der viel zu kleine Einstreubereich durch einzelne ranghohe Tiere monopolisiert wird und schwächere Tiere dadurch von der Benutzung weitgehend ausgeschlossen werden, scheint bislang noch nicht untersucht (vgl. aber VGH Mannheim NuR 1994, 487, 488: Jedes Einzeltier, insbesondere auch das Schwächste, fällt unter den ungeteilten Schutz des Gesetzes). – Untersuchungen mit anderen Käfigsystemen haben ergeben, dass bei Einstreubereichen, die weniger als 20% der Gesamtbodenfläche ausmachen, das Risiko für Federpicken ansteigt, weil das Bedürfnis zum Picken nicht genügend abgebaut werden kann (vgl. EFSA S. 55; vgl. auch § 13 Abs. 7 Nr. 4 aF: Einstreubereich mindestens 250 cm² je Legehenne). Zu dem Modellvorhaben, das von 2002 bis 2004 mit unterschiedlichen Modellen ausgestalteter Käfige in 7 Praxisbetrieben durchgeführt worden ist, hat die FAL u. a. festgestellt, dass die Einstreubereiche der untersuchten Käfige „unzureichend gestaltet" gewesen seien und es insoweit „der Vergrößerung des Platzangebotes" bedürfe (FAL 2004 S. 5, 6); nachdem aber die Einstreuflächen in den so kritisierten Käfigen 120–150 cm² je Tier betragen haben, erscheint die jetzt durchgesetzte Verkleinerung auf 90 cm² kaum nachvollziehbar. Demgegenüber hatte das von der FAL im Sommer 2004 ausgearbeitete und vom ZDG und dem Bundesrat abgelehnte Kompromissmodell 250 cm² Einstreufläche je Henne vorgesehen (s. Rn. 8).

Sandbaden besteht, wenn es artgemäß stattfindet, aus mehreren nacheinander ablaufenden Phasen: In der „Aufbringphase" picken und scharren die Tiere im Substrat, kauern sich nieder, formen häufig eine Mulde und befördern durch Fuß- und Flügelbewegungen Sand oder anderes Substrat in das aufgeplusterte Gefieder; in der „Seiten-Reibe-Phase" reiben sie mit Kopf und Körper im Sand, um so den Kontakt zwischen Substrat und Haut zu intensivieren („Schnabelharken"); anschließend findet eine Ruhephase statt, in der das Substrat einwirken soll; danach wird es durch Aufplustern und Schüttelbewegungen wieder aus dem Gefieder entfernt. In Boden- und (echten) Volièrenhaltungen treten alle diese Verhaltenselemente nacheinander auf; insbesondere lässt sich auch das Ruhen und das Ausschütteln in 95% der Fälle beobachten. Eine einzelne Sandbadeaktion währt durchschnittlich 20–30 Minuten und enthält überwiegend 45°- und 90°-Drehungen. Meist wird Sandbadeverhalten in Gruppen von etwa 20 Tieren synchron gezeigt (vgl. *Briese/Sewerin/Hartung/Knierim* S. 34; *Staack/Knierim* S. 13; *van Rooijen* in: *Martin/Sambraus/Steiger* S. 164; *Hörning* ebenda S. 216). – Die o. e. Untersuchungen in 7 Praxisbetrieben mit ausgestalteten Käfigen und mit Einstreubereichen von 120–150 cm² je Tier haben u. a. ergeben, dass diese Einstreubereiche zu klein und die Substratmengen zu gering waren, um den vollständigen Verhaltensablauf einschließlich der befriedigenden Endhandlungen zu ermöglichen. Die Tiere waren im Wesentlichen auf Vorbereitungshandlungen und Sandbadeversuche beschränkt und kehrten immer wieder zur Vorbereitungsphase zurück. Zwei Drittel aller Sandbadebewegungen fanden als Scheinsandbaden auf dem Drahtgitterboden und nicht in der Einstreu statt (vgl. EFSA S. 67, 68; *Staack/Knierim* S. 14 mit dem Hinweis, dass solches Leerlaufsandbaden die Motivation nicht reduziert). Die wenigen Tiere, die im Einstreubereich beobachtet werden konnten, zeigten ebenfalls erhebliche Störungen: Die Ruhephase konnte nur bei 20% und die Phase des Ausschüttelns bei weniger als 1% beobachtet werden (vgl. *Hörning* in: *Martin/Sambraus/Steiger* S. 219; 13

Sewerin 3.2.1 c). Ihre Sandbadevorgänge waren deutlich kürzer und wurden dafür öfter versucht; Drehungen um 45°, 90° und 360° blieben aus; mehr als zwei gleichzeitig sandbadende Hennen konnten nicht festgestellt werden. Die relativ große Zahl von Hennen, die von außen in das Sandbad hineinpickten, wurde als Anzeichen gewertet, dass auch diese Tiere zum Sandbaden in der Einstreu motiviert waren, es aber aus Platzgründen nicht konnten (vgl. *Briese/Sewerin/Hartung/Knierim* S. 34; *Staack/Knierim* S. 13, 14; *Sewerin* 4.1 b). – Nachdem der Einstreubereich durch die 2. ÄndVO entgegen der Empfehlung der FAL von damals 120–150 auf 90 cm² je Tier verkleinert worden ist, erscheinen Verbesserungen trotz der größeren Gruppen und der damit insgesamt größeren Käfige kaum denkbar. – Zur Durchführung der Gefiederpflege (außer Sandbaden) benötigen Hennen 814–1270 cm² je Tier, zum Schütteln des Gefieders 676–1604 cm² und zum Strecken der Flügel 653–1118 cm² (vgl. SVC-Report Legehennen S. 30). Dies zeigt, dass es auch hier schwierig sein kann, die artgemäßen Verhaltensweisen synchron mit anderen Hennen im Käfig auszuführen, wie es unter naturnahen oder großzügigeren Bedingungen zu bestimmten Tageszeiten üblich ist (*Staack/Knierim* S. 13).

14 Die **ungestörte und geschützte Eiablage** kann ebenfalls in mehrere nacheinander ablaufende Phasen unterteilt werden: Nestsuche und Nestinspektion; Beziehen des Nestes; Nestbau bzw. Nestausmuldung; Eiablage; anschließendes Ruhen im Nest. Die Aufenthaltsdauer im Nest wird für Boden- und Auslaufhaltungen mit durchschnittlich 50 Minuten vor der Eiablage und einer Ruhezeit danach von 45–120 Minuten angegeben (vgl. *Staack/Knierim* S. 14; *Briese/Sewerin/Hartung/Knierim* S. 33). – In ausgestalteten Käfigen mit jeweils 150 cm² Nestfläche je Tier lag die Gesamtnutzungsdauer des Nestes bei durchschnittlich ca. 40 Minuten und damit deutlich unter den o. a. Werten (vgl. *Briese/Sewerin/Hartung/Knierim* aaO). Da idR eine größere Anzahl Hennen gleichzeitig legegestimmt ist, führen zu kleine Nestflächen zu Wartezeiten, Gedränge, Störungen sowie verkürzten Aufenthaltszeiten im Nest (vgl. FAL 2004 S. 5: „die Tiere saßen sehr oft beim Legen so eng beieinander, dass sie individuell schwierig zu unterscheiden waren"; ähnlich VG Oldenburg vom 22. 3. 2006, 11 A 3583/05: „Störungen bei der Eiablage"). Über die Anzahl der Hennen, die in einem Käfig gleichzeitig legegestimmt sind, gibt Anhang A des Europ. Versuchstierübeinkommens Auskunft: „Eine Nestbox für je zwei Vögel" (Anh. A, H 4.6). Bei einem durch Störung verursachten vorzeitigen Verlassen des Nestes wird die Gefahr für Kloakenkannibalismus erhöht, da die Kloake noch nicht vollständig eingezogen und abgetrocknet ist und dadurch für andere Hennen ein interessantes Pickobjekt bildet (vgl. *Staack/Knierim* aaO). Von der FAL ist aus diesen Gründen die Vergrößerung des Nestbereichs über die ursprünglichen 150 cm² je Tier gefordert worden (vgl. FAL 2004 S. 5, 6; das FAL-Kompromissmodell vom Sommer 2004 sah 175 cm² Nestbereich vor, s. Rn. 8); die Verkleinerung auf 90 cm² durch die 2. ÄndVO geht indes in die gegenteilige Richtung. Die unterschiedliche Käfighöhe (vorn 60, hinten 50 cm) scheint anzuzeigen, dass der Verordnungsgeber weiterhin einen schräg nach vorn geneigten Käfigboden für notwendig hält, weil er mit einer erheblichen Anzahl von Eiern rechnet, die nicht „ungestört und geschützt" ins Nest, sondern, weil dieses nicht ausreicht, auf den Käfigboden gelegt werden und von dort ins Transportband rollen sollen.

15 Das **erhöhte Sitzen auf Stangen** dient sowohl dem artgemäßen Ruhen als auch dem Sozialverhalten. Hühner übernachten, wenn sie die Möglichkeit dazu haben, zum Schutz vor Bodenfeinden auf erhöhten Plätzen; dabei handelt es sich um ein angeborenes Verhalten, das ihnen, unabhängig von einer tatsächlichen Bedrohung, Sicherheit gibt. Tagsüber bieten erhöhte Plätze Schutz vor aggressiven oder kannibalistischen Attacken durch Artgenossen (vgl. *Briese/Sewerin/Hartung/Knierim* S. 32; *Staack/Knierim* S. 14). – In Käfigen mit 50–60 cm Höhe lassen sich Sitzstangen nicht so hoch anbringen, dass sie einen solchen Rückzug zulassen. Die ethologisch unerlässliche Trennung von Ruhe- und Bewegungsraum kann nicht stattfinden; stattdessen stören die Bewegungswilligen die Ruhenden und die Ruhenden sind den Bewegungswilligen im Weg. Darüber hinaus können Stangen, die sich nur 20–30 Zentimeter über dem Käfigboden befinden, fatale Folgen ha-

ben, indem der Bauch und die Kloake der Sitzenden von unten erreichbar und Angriffen ungeschützt ausgeliefert sind (*Moinard* et al., British Poultry Science 39, 198–202, zitiert nach *Briese/Sewerin/Hartung/Knierim* S. 32; vgl. auch IGN 2006 S. 2; im FAL-Kompromissvorschlag vom Sommer 2004 war deswegen eine Innenhöhe von 105 cm vorgesehen). Untersuchungen haben außerdem ergeben, dass bis zu 32% der Tiere in den ausgestalteten Käfigen statt auf den Stangen auf dem Gitterboden übernachten (vgl. *Staack/Knierim* S. 15); demgegenüber findet man in echten Volièren nachts kein flugfähiges Tier auf dem Boden (vgl. *Sewerin* 4.1 d; vgl. auch NEK 2005, zitiert in Einf. Rn. 13: „Entflechtung der Funktionsbereiche Fütterung, Ausruhen und Fortbewegung").

Zum **Sozialverhalten** gehört einerseits die Ausübung von synchronem Verhalten, vor 16
allem beim Sandbaden, beim Picken und Scharren sowie bei der Gefiederpflege, andererseits aber auch die Möglichkeit, ranghöheren Tieren durch Flucht auf eine erhöhte Ebene auszuweichen. Beides ist aufgrund der beengten Verhältnisse und der fehlenden Strukturierung (wie erhöhte Plätze oder Sichtblenden) nicht möglich bzw. stark eingeschränkt (vgl. *Staack/Knierim* S. 15; VG Oldenburg aaO: „keine Rückzugsmöglichkeit"; vgl. auch insoweit den FAL-Kompromissvorschlag vom Sommer 2004: 105 cm Innenhöhe und damit Einrichtung einer zweiten, erhöhten Ebene).

Auch das **Flügelschlagen** gehört zu den Grundbedürfnissen (vgl. EU-Legehennenmit- 17
teilung, BT-Drucks. 13/11371 S. 16: „Grundbedürfnisse wie Flügelschlagen"; ähnlich der St. Ausschuss in seiner Empfehlung vom 21. 11. 1986: „essentielles Bedürfnis"). Es kann bei 50–60 cm Käfighöhe sowie wegen des ständigen Gedränges und der in der Mitte des Käfigraums angebrachten Sitzstangen nicht ausgeführt werden, ohne mit den Flügelenden an Käfigeinrichtungen, Sitzstangen und/oder Artgenossen anzustoßen und dadurch Verletzungen bzw. Auseinandersetzungen auszulösen (s. auch die amtl. Begr. zu § 13 Abs. 2 Nr. 1 aF, BR-Drucks. 429/01 S. 15: 200 cm Höhe, um das Flattern zu ermöglichen). Notwendig wäre dazu eine freie Fläche von 860–1980 cm^2 (vgl. EU-SVC-Report Legehennen S. 30). Die EFSA stellt dazu fest, dass man Flügelschlagen in Käfigen selten oder nie beobachten könne, selbst bei geringen Besatzdichten, dass aber Käfighennen einen deutlichen Nachholbedarf zeigten, wenn sie später in großräumige Einrichtungen verbracht würden (vgl. EFSA S. 58, 68, 70; AHAW S. 13, 14; die in BR-Drucks. 482/04 erhobene Forderung, in ausgestalteten Käfigen eine 2000 cm^2 große, von Sitzstangen freizuhaltende Fläche einzurichten, sollte offenbar wenigstens vereinzeltes Flügelschlagen ermöglichen; sie ist aber in BR-Drucks. 119/06 ohne Begründung fallen gelassen worden).

Die **Fortbewegung** ist zwar durch § 2 Nr. 2 TierSchG weniger stark geschützt (s. § 2 18
TierSchG Rn. 37). Dennoch ist fraglich, ob die extremen Einschränkungen, denen die Hennen insoweit ausgesetzt sind, zulässig sein können: Gehen ist für die Tiere nur in der Weise möglich, dass andere zur Seite geschoben, überklettert oder unterquert werden; Laufen, Rennen, Rennen mit Flügelschlagen und Fliegen sind völlig ausgeschlossen. Eine physische Folge des Bewegungsmangels ist die verminderte Knochenstabilität (Osteoporose), aus der sich Skelettanomalien („Käfiglähme") und schmerzhafte Frakturen, besonders beim Ausstallen, ergeben können. ZT ist zwar hinsichtlich der Flügelknochen (Humerus) eine geringfügig verbesserte Knochenstabilität gegenüber herkömmlichen Käfigen festgestellt worden (vgl. *Leyendecker* et al. Züchtungskunde 74, 144–155, zitiert nach *Staack/Knierim* S. 12; im Gegensatz dazu allerdings *Guesdon, Leterrier* et al., zitiert nach Nutztierhaltung 4/2004 S. 11, 12: Humerusqualität in ausgestalteten Käfigen ebenso schlecht wie in herkömmlichen); für die Tibia (Beinknochen) gibt es dagegen keinerlei Verbesserung, wohingegen bei Tieren aus Volièren beide Knochentypen signifikant stabiler sind (*Leyendecker* et al. aaO). – Zu diesen Schäden bzw. Schmerzen treten zumindest „einfache" Leiden hinzu; diese können bei der Unterdrückung einer solchen Vielzahl von Bedürfnissen nicht angezweifelt werden (zu dem Zusammenhang zwischen Bedürfnisunterdrückung und Leiden s. § 1 TierSchG Rn. 21; s. auch die Pressemitteilung der SPD-Bundestagsfraktion vom 7. 4. 2006 S. 305, in der die herkömmlichen Käfige zutreffend als „tierquälerisch" eingestuft werden: Wenn ein Käfig mit 550 cm^2 je Tier zu erheblichen

Leiden iS des objektiven Tatbestandes des § 17 Nr. 2b TierSchG führt, so muss für einen Käfig mit 800 cm^2 zumindest von „einfachen“ Leiden iS von § 2 Nr. 2 ausgegangen werden, zumal die in Körperhöhe befindlichen Sitzstangen den Bewegungsraum der Tiere zusätzlich einengen). – Diese Leiden und Schäden wären in Systemen der Boden- und Volièrenhaltung vermeidbar. In (echten) Volièren können Hennen auf insgesamt vier Ebenen gehalten werden, was es ermöglicht, dort etwa die gleiche Zahl an Tieren unterzubringen wie in einer drei Etagen umfassenden Käfigbatterie (das hängt damit zusammen, dass in einer Volière den Tieren, die sich zwischen allen Ebenen frei bewegen können, ca. 90% des gesamten Stallraums zur Verfügung stehen, in einer Käfighaltung dagegen nur etwa 15%). Dass die Betreiber von Käfighaltungen ihre Batterien nicht nur in drei, sondern in fünf, sechs oder mehr Etagen übereinander stapeln wollen, vermag keine Unvermeidbarkeit iS von § 2 Nr. 2 TierSchG zu begründen (zur Vermeidbarkeit s. Rn. 19–25).

IV. Hygienische oder tierschutzrechtliche Nachteile in Boden- und Freilandhaltungen?

19 Von den Befürwortern der Käfighaltung wird vorgebracht, Käfighennen seien gegenüber den Hennen aus Boden-, (echter) Volièren- und Freilandhaltung gesünder, lebten länger und legten bessere Eier. Die **Europäische Lebensmittelsicherheitsbehörde (EFSA)** wendet sich jedoch in ihrem Expertenbericht 2004 gegen eine solche Rangfolge unter den existierenden Haltungsformen, zumal es keine Untersuchung gebe, bei der man alle Käfig- und Nicht-Käfig-Systeme unter denselben Bedingungen verglichen habe (vgl. EFSA S. 43). Ähnlich sieht es auch die **EU-Kommission**: Anhaltspunkte, dass Hennen nicht nur in Käfigen, sondern auch in anderen Haltungssystemen schlecht geschützt seien, bestünden nur, wenn eine gute Betriebsführung nicht dauerhaft gewährleistet sei (BT-Drucks. 13/11371 S. 33; vgl. auch den englischen Text in KOM 1998, 135 endg. S. 2: „.that the welfare of hens may be poor in other systems of rearing, if a high standard of management is not maintained“). Nach dieser Einschätzung lassen sich also alle Tierschutz- und Hygieneprobleme, die in Haltungsformen mit freier Bewegungsmöglichkeit auftreten können, durch ein gutes Stallmanagement und eine tiergerechte Aufzucht lösen bzw. vermeiden. Aber selbst diejenigen Nachteile, zu denen es in käfiglosen Systemen bei Fehlern in der Betriebsführung (zB überhöhten Besatzdichten und Herdengrößen, fehlenden Rückzugsräumen, schlechtem Einstreumanagement oder nicht artgemäß aufgezogenen Junghennen) kommen kann, werden danach nicht gravierender eingeschätzt als die Belastungen, die mit Käfighaltung inhärent, d.h. selbst bei guter Betriebsführung verbunden sind. – Bei Vergleichen zwischen den Haltungssystemen dürfen auch die ungleichen Ausgangsbedingungen, zu denen es infolge der jahrzehntelangen einseitigen Ausrichtung auf die Käfighaltung gekommen ist, nicht übersehen werden: Eine verfahrenstechnische Weiterentwicklung der alternativen Haltungsformen hat in Deutschland lange Zeit nicht stattgefunden; Gelder sind hauptsächlich in die Forschung mit Käfigen geflossen; in der Ausbildung werden den Landwirten notwendige Kenntnisse kaum mehr vermittelt; vielen Haltern fehlt heute das entsprechende Erfahrungswissen; die Junghennenaufzucht findet immer noch weitgehend in Käfigen statt und muss erst noch an die anderen Haltungsformen angepasst und optimiert werden (zur Bedeutung einer an die späteren Haltungsbedingungen angepassten Aufzucht vgl. auch § 14 Abs. 1 Nr. 4).

20 Die These, dass in alternativen Haltungen eine höhere **Mortalität** herrsche (vgl. *Ellendorff* dgs-intern 48/96), widerspricht sowohl den Feststellungen der EFSA als auch zahlreichen internationalen Untersuchungen. In einer Tabelle zum „Welfare-Assessment“ bewerten die EFSA-Experten das Mortalitätsrisiko für nicht schnabelgekürzte Hennen in großen ausgestalteten Käfigen mit „niedrig bis sehr hoch“ und in Boden- und echten Volièrenhaltungen mit „mäßig bis hoch“ (EFSA S. 95). Demnach kann also in großen ausgestalteten Käfigen, wie sie durch § 13b eingeführt werden, das Mortalitätsrisiko höher sein

als in jeder anderen Form der Stallhaltung. Wissenschaftliche Studien, die in dem EFSA-Bericht zitiert werden, bestätigen diesen Trend: So kam eine französische Untersuchung mit nicht schnabelgekürzten Hennen in ausgestalteten Käfigen auf eine Mortalität von 36–43% (bei schnabelgekürzten Tieren dagegen auf unter 7%; vgl. EFSA S. 43). In niederländischen Studien mit ausgestalteten Käfigen wurden je nach Beleuchtung, Zuchtlinie und Vorbehandlung Mortalitätsraten von 25%, 40% und sogar 57% beobachtet (EFSA S. 136). Eine Untersuchung mit NL-Herden aus 19 echten Volièren und 47 herkömmlichen Käfighaltungen ergab demgegenüber in Volièren eine Mortalitätsrate von 6,7% gegenüber 9,2% in den Käfighaltungen (vgl. *Staack/Knierim* S. 8; EU-SVC-Report Legehennen S. 61). In Schweden wurden für Hennen in Volièren Mortalitätsraten von 3,4–7,8% festgestellt (EFSA S. 44). Eine Schweizer Untersuchung in 96 repräsentativ ausgewählten Praxisbetrieben ergab für Volièren mit vorgeschalteten Kaltscharrräumen eine jährliche Mortalität von nur 5,1% (vgl. *Häne* S. 113, 115; für Volièren insgesamt 5,9%, vgl. EFSA S. 143; zu weiteren Untersuchungen vgl. *van Horne/Niekerk* DGS-Magazin 6/1998, 14ff.; *Blokhuis* in: Jahrbuch für die Geflügelwirtschaft 1997 S. 37; *Oester/Fröhlich* ebenda S. 23, 26). – In allen Untersuchungen hat sich gezeigt, dass die Verlustzahlen in Haltungen mit freier Beweglichkeit gegenüber der Käfighaltung sowohl höher als auch niedriger sein können, je nach Qualität der Aufzucht und der Betriebsführung. Außerdem bestehen wesentliche Unterschiede zwischen den Zuchtlinien: So zeigen weiße Hennen in echten Volièren signifikant niedrigere Mortalitätsraten als braune (vgl. zB EFSA S. 45: 30,2% Mortalität bei Lohmann-brown-Hennen, dagegen nur 3,1% bei weißen LSL-Hennen).

Tierverluste durch **Federpicken und Kannibalismus** können in allen Haltungsformen 21 auftreten, wenn ihnen nicht durch eine tiergerechte Aufzucht und durch Managementmaßnahmen vorgebeugt wird. Dazu *Tschanz:* „Verluste durch Kannibalismus treten, wie wir aus eigenen Untersuchungen wissen, dann auf, wenn Hennen in strukturarmen Räumen bei großer Besatzdichte gehalten werden. Bestehen hingegen genügend Möglichkeiten, sich Angriffen und Schädigungen durch Flucht oder Aufsuchen einer Deckung zu entziehen, treten keine Verluste auf ... Die Aussage, Käfighaltung sei hinsichtlich Kannibalismus der Auslauf- und Bodenhaltung überlegen, gilt also nur in Abhängigkeit von dem, was Hennen in Auslauf- und Bodenhaltung an Raum und Deckung geboten wird" (*ders.* in: Landbauforschung Völkenrode S. 204, 205). – Von den EFSA-Experten wird das diesbezügliche Risiko für nicht schnabelgekürzte Hennen in kleinen ausgestalteten Käfigen als „mäßig bis sehr hoch" eingestuft; für große ausgestaltete Käfige, wie sie durch § 13b eingeführt werden, lägen hingegen noch keine Daten vor (vgl. EFSA S. 96; vgl. aber auch *Fröhlich/Oester* 2004 über die diesbezüglichen Schweizer Untersuchungen in den 1980er Jahren, wonach „bei einer Beleuchtungsintensität von 5 Lux im Tierbereich Federpicken und Kannibalismus enorme Ausmaße annahmen"). *Niekerk* et al. vermuten aufgrund erster Untersuchungsergebnisse, dass in großen ausgestalteten Käfigen ein höheres Kannibalismus-Risiko bestehe als in kleineren (zitiert nach *Staack/Knierim* S. 16). Für Haltungssysteme ohne Käfige hält der EFSA-Bericht fest, dass ein signifikantes Risiko für Federpicken und Kannibalismus bestehe, wenn die Hennen als Junghennen ohne Sitzstangen aufgezogen worden seien. Als Maßnahmen, mit denen sich diese Gefahr vermindern lasse, werden genannt: Aufzucht der Junghennen mit Sitzstangen und Einstreu; Darbietung von Futter, mit dem sich die Tiere lange und intensiv beschäftigen können; genügend Material zur Steigerung der Futtersuche; Vermeidung von hängenden Trinkgefäßen über der Einstreu und von Licht im Bereich der Nester (EFSA S. 79). – Auch von der EU-Kommission wird die Bedeutung einer tiergerechten Aufzucht betont: „Die Bereitstellung von Streu in der Aufzuchtperiode trägt wesentlich dazu bei, das Risiko von Federpicken bei ausgewachsenen Tieren zu verringern" (EU-Legehennenmitteilung, BT-Drucks. 13/11371 S. 17). Bei Junghennen, die stattdessen (wie in Deutschland immer noch üblich) ohne Einstreu, ohne Sitzstangen und in zu großen Gruppen bei teilweise extrem hohen Besatzdichten aufgezogen werden, kann das Pickverhalten von Anfang an fehlgeleitet werden und sich, anstatt auf Einstreu oder Körner, auf die Federn und Körper der Artgenossen richten; hat aber ein Jungtier auf diese Weise einmal eine solche Verhaltensstörung erworben, so behält es sie häufig auch nach seiner Verbringung in artgerechtere Haltungsformen bei (vgl. *Martin* in: KTBL-Schrift 342, 108ff., 111). Zudem kommt es auch darauf an, die für das jeweilige Haltungssystem passende Zuchtlinie zu verwenden (vgl. *Lange* in: DGS-Magazin 40/1996, 34ff.: Bei den untersuchten weißen Hühnern lagen die Todesfälle in den Volièren deutlich niedriger als in den Käfigen; bei den braunen war es dagegen umgekehrt). – Da Haltungsformen mit wenig Einstreu und viel Drahtgitter in besonderem Maße dazu „einladen", das Pickverhalten auf die Artgenossen umzuorientieren, (vgl. St. Ausschuss, Empfehlung in Bezug auf Haushühner 1995, S. 4), werden Käfighennen üblicherweise im Halbdunkel gehalten (vgl. EU-SVC-Report S. 100: „Eine niedrige Lichtintensität ist notwendig, um Federpicken und Kannibalismus unter Kontrolle zu halten"; vgl. weiter FAL 2004 S. 5 zu den in 7 Praxisbetrieben untersuchten ausgestalteten Käfigen: „Die Lichtintensität war anscheinend oftmals nicht ausreichend"; vgl. auch *Oester*, Schweiz. Bundesamt für Veterinärwesen, zu den im Schweizer Bewilligungsverfahren gewonnenen Erfahrungen mit ausgestalteten Käfigen: „Bei nur 5 Lux gab es sehr viel Kannibalismus, Federpicken, hysterische Hühner, gestörtes Staubbaden, Pick- und Laufstereotypien"; zitiert nach Referat anlässlich der FAL-Tagung „Alternative Legehennenhaltung in der Praxis" am 5./6. 10. 2006 in Celle). Stehen Hennen in kleinräumigen Käfigen und bei Halbdunkel besonders dicht beieinander, so kommt noch ein sog. „super-crowding-effect" hinzu, d.h. die Tiere zeigen scheinbar weniger Aggressivität als bei größeren Abständen, weil sie die Körperteile der Artgenossen nicht mehr richtig zu erkennen vermögen (vgl. DGS-Magazin 31/2001, 24, 28: „Fachleute halten fest, dass Kloakenkannibalismus in Batterien deshalb kaum vorkäme, weil Beobachtungsabstand und Zugriffsmöglichkeiten der Tiere untereinander zu gering seien"). Ohne diese Zwangsmaßnahmen, die mit einer „Pflege des Wohlbefindens der Tiere in einem weit verstandenen Sinn" (BVerfGE 101, 1, 32) kaum vereinbar erscheinen, wären die Verluste in der Käfighaltung bedeutend höher als in den alternativen Haltungen (vgl. auch *Staack/Knierim* S. 17: „Ein Betrieb von Käfighaltungen mit Tageslicht ist nicht möglich, weil Federpicken und Kannibalismus nicht mehr kontrollierbar wären").

22 Auch bei den **Tierkrankheiten,** die auftreten können, ist es nicht möglich, eine Rangfolge zu Lasten der alternativen Haltungsformen aufzustellen. Vielmehr hat jedes System seine spezifischen Krankheitsrisiken und -häufungen, wobei allerdings die Krankheiten in den Käfigen idR mit der räumlichen Enge und der dadurch erzeugten Bewegungsarmut korrelieren und damit dem Haltungssystem immanent sind, während man den in käfiglosen Haltungen auftretenden Krankheitsrisiken durch ein tiergerechtes Management in Aufzucht und Legebetrieb vorbeugen kann. – Zwar können in einstreuhaltigen Systemen vermehrt Parasiten auftreten. Diese verursachen jedoch erst dann Gesundheitsprobleme, wenn sie auf ein gestörtes Immunsystem der Tiere treffen (vgl. EU-SVC-Report Legehennen S. 43). Verschiedene Merkmale der guten Betriebsführung in alternativen Haltungen wirken hier abwehrstärkend, insbesondere Tageslicht, Bewegung, Auseinandersetzung mit Klimareizen und Temperaturunterschieden sowie die Aufnahme von Grünfutter. Auch ist es möglich, durch eine tiergerechte Aufzucht frühzeitig eine gewisse Immunität, zB gegen Kokzidienbefall, auszubilden (vgl. auch EU-Legehennenmitteilung, BT-Drucks. 13/11371 S. 20: bei Einsatz von Fachpersonal und guter tierärztlicher Überwachung kein schlechterer Gesundheitsstatus von Hühnerherden, die sich frei bewegen können; vgl. weiter VG Oldenburg vom 22. 3. 2006, 11 A 3583/05: „nachvollziehbar, dass Nachteile der Legehennenhaltung durch Verbesserung des Stallmanagements ausgeglichen werden können"). – Demgegenüber ist das Immunsystem von Hennen, die bewegungsarm in Käfigen gehalten werden, systembedingt schwach. Ihr schlechter Gesundheitszustand zeigt sich u.a. an Knochenschwäche, erhöhter Furchtsamkeit und dem weit verbreiteten Fettlebersyndrom (vgl. EU-SVC-Report S. 46, 109). Häufigste Todesursachen in Käfigen sind Herzversagen, Anämie, Arthritis, Peritonitis, Leberrupturen und „Käfiglähme" – fast alles Leiden und Schäden, die auf die dauernde

Einschränkung der artgemäßen Bewegung zurückgehen und somit durch die Wahl einer Haltungsform, die eine freie Bewegung ermöglicht, vermieden werden könnten (vgl. § 2 Nr. 2 TierSchG). – Für die in § 13b vorgesehenen großen ausgestalteten Käfige bewerten die Experten der EFSA die Gefahr von Osteoporose als „mäßig“ (gegenüber „mäßig bis hoch“ in kleinen ausgestalteten Käfigen und „niedrig“ in käfiglosen Haltungssystemen). Bezüglich des Risikos von Knochenbrüchen und des Fettleber-Syndroms fehle es an Daten (vgl. EFSA S. 28, 95).

Zur **Eiqualität und Lebensmittelsicherheit** stellt die EU-Kommission fest: „Es gibt keine Kontaminationsunterschiede zwischen Nesteiern und Eiern aus Batteriekäfigen“ (EU-Legehennenmitteilung, BT-Drucks. 13/11371 S. 20). In der Schweiz haben mehrjährige Untersuchungen für Eier aus alternativen Systemen weder Medikamentenrückstände noch (im Vergleich zu Käfigeiern) erhöhte Keimbelastungen ergeben. In österreichischen Freilandeiern konnten neben einem höheren Eigewicht und besserer Schalenstabilität (vgl. EU-SVC-Report S. 56) auch höhere Vitamingehalte und ein besseres Fettsäuremuster ermittelt werden, vermutlich infolge der Aufnahme von Grünfutter (*Majchrzak/Elmadfa* Ernährung 21, 1997, 492–495; *Scharf/Elmadfa* Ernährung 22, 1998, 99–102). Anlässlich einer Untersuchung der Universität Wien wurden in Freilandeiern gegenüber Eiern aus Bodenhaltungen und Käfigen sowohl die höchsten Vitamin-A-Werte als auch ein höherer Carotinoidgehalt festgestellt (vgl. *Sojka,* TU 1998, 173). – Nach dem Bericht der EFSA hat die Hypothese, dass Eier aus Nicht-Käfigsystemen stärker mit Rückstanden belastet seien, durch die in den Mitgliedstaaten regelmäßig durchgeführten Lebensmittelkontrollen keine Bestätigung erfahren: Zwar seien in Eiern aus Ländern mit wenig Käfighaltung wie Großbritannien und Österreich Rückstände von Kokzidiose-Medikamenten gefunden worden; andererseits hätten aber Eier aus Käfigländern wie Spanien und Italien vermehrt Antibiotika-Rückstände aufgewiesen (EFSA S. 46, 47). Neue Studien aus Großbritannien und Irland hätten ergeben, dass weder bei der Belastung mit Salmonellen noch bei PCB-haltigen Rückständigen signifikante Unterschiede zwischen Eiern aus den verschiedenen Haltungssystemen bestünden (EFSA S. 91, 93; vgl. aber auch BfR 18/2006, 29. 6. 2006: In knapp 30% der großen deutschen Legehennenbetriebe sind Salmonellen nachgewiesen worden, wobei größere Betriebe mit mehr als 3000 Legehennen und Käfighaltungen häufiger und stärker betroffen waren als kleinere Betriebe und Boden-, Volièren- und Freilaufhaltungen). Ausdrücklich warnen die EFSA-Experten vor ausgestalteten Käfigen mit Sitzstangen in der Mitte des Käfigraums, wie sie die 2. ÄndVO in § 13b Abs. 5 S. 3 vorsieht: Die gegenseitigen Behinderungen der Tiere und die Einschränkungen beim Zugang zum Nest oder Einstreubereich könnten zu Stress und als Folge davon u.a. zu verminderter Schalenstärke der Eier führen (EFSA S. 86, 88). 23

Die **Staubemissionen** in einer Käfigbatteriehaltung sind zwar – bezogen auf den einzelnen Tierplatz – geringer als in Systemen mit Einstreu; infolge der hohen Tierdichte ist aber dennoch die Gesamtbelastung in einer Legebatterie deutlich höher als in einem extensiven Betrieb (vgl. BR-Drucks. 429/01 S. 14: Entlastung der Umwelt durch geringere Konzentration der Hennenhaltung). Ferner gibt es für Boden- und Volièrenhaltungen Techniken zur Verminderung der Staubkonzentration, zB durch Befeuchten der Einstreu (zur früheren Vernachlässigung derartiger Weiterentwicklungen s. Rn. 19). – Die Belastung durch **Schadgase** wie Ammoniak lässt sich durch moderne Methoden zur Behandlung von Kot und Einstreu, insbesondere den Einsatz von Kotbändern, ggf. mit Bandentlüftung, reduzieren (vgl. EFSA S. 22, 41). – Überhöhten Nährstoffeinträgen bei der Freilandhaltung kann man durch Bepflanzung des Auslaufs mit heckenartigen Strukturen, Anlage von Wechselweiden, Angliederung eines teilweise befestigten Schlechtwetterauslaufs in Stallnähe u. Ä. vorbeugen. 24

Positive Erfahrungen mit Boden-, Volièren- und Freilandhaltungen im europäischen Ausland. In Österreich ist gemäß § 18 Abs. 3 österreichisches TSchG der Bau oder die erste Inbetriebnahme neuer (auch sog. ausgestalteter) Käfige seit 2003 bzw. 2005 verboten; bestehende herkömmliche Käfige dürfen noch bis 31. 12. 2008, bestehende ausge- 24a staltete Käfige bis max. 15 Jahre ab ihrer ersten Inbetriebnahme weitergeführt werden. 60% der Legehennen befinden sich bereits in Nicht-Käfigsystemen. Die großen Firmen des Lebensmittelhandels haben sich freiwillig verpflichtet, keine Käfigeier mehr zu führen. Frühere Probleme in Boden- und Freilandhaltungen sind durch tiergerechte Aufzucht, Verbesserung der Ausläufe sowie Management-Maßnahmen (zB Kotbänder mit Lufttrocknung, ausreichender Calzium-Gehalt im Futter u. Ä.) weitgehend behoben (vgl. *Niebuhr* Veterinärmedizinische Universität Wien, Referat anlässlich der FAL-Tagung „Alternative Legehennenhaltung in der Praxis" am 5./6. 10. 2006 in Celle). – In der Schweiz gibt es schon seit 1992 keine Legehennen-Käfige mehr. Seit 1981 gilt außerdem ein obligatorisches Bewilligungsverfahren, in dem neue Aufstallungssysteme überprüft werden, bevor sie in Verkehr gebracht werden dürfen. Verschiedene Modelle für ausgestaltete Käfige mit Einstreu, Nestern und Stangen sind dort getestet und ausnahmslos abgelehnt worden, insbesondere weil schon bei der geringen Lichtstärke von 5 Lux hohe Verletzungsraten infolge von Federpicken und Kannibalismus sowie gestörtes Sandbadeverhalten und Pick- und Laufstereotypien festzustellen waren. Die Mortalitätsraten in den Schweizer Boden- und Volièrenhaltungen sind deutlich niedriger als zB in deutschen Käfigen: In Ställen mit Außenklimabereich (= Kaltscharrraum) betragen sie 0,39% per 28 Tage (also ca. 5% im Jahr), in Ställen ohne einen solchen Bereich 0,59% (also 7–8% im Jahr; vgl. *Oester,* Schweizer Bundesamt für Veterinärwesen, Referat anlässlich der o. e. FAL-Tagung). – In den Niederlanden sind trotz Zulässigkeit der ausgestalteten Käfige 50–60% aller Legehennen in alternative Systeme, vor allem in Bodenhaltungen umgestallt worden. Schäden durch Federpicken und Kannibalismus werden u. a. durch tiergerechte Fluchtwege, geeignete Stimuli zum Picken und Scharren sowie durch Vermeidung von hohen Besatzdichten und reizarmen Strukturen in der Aufzucht der Jungtiere verhindert; weitere Verbesserungen erreicht man durch Zusammenlegung von Aufzucht und Eierproduktion im selben Betrieb, verbesserte Strukturierung der Ausläufe und serienmäßige Einführung von Kotbändern mit Lufttrocknung (vgl. *van Koerkamp* Referat anlässlich der o. e. FAL-Tagung).

25 Ungeachtet dieser internationalen Erfahrungen und entgegen den Feststellungen der EFSA und der EU-Kommission ist allerdings in mehreren **Studien der Stiftung Tierärztliche Hochschule Hannover** den Boden-, Volièren- und Freilandhaltungen ein generell erhöhtes Krankheits-, Verletzungs- und Mortalitätsrisiko zugewiesen worden. Die dazu im Herbst 2003 veröffentlichte EpiLeg-Fragebogenaktion hatte aber verschiedene Mängel: Die Auswahl der vorwiegend niedersächsischen Betriebe, die befragt worden sind, ist durch eine bei der Niedersächsischen Geflügelwirtschaft angesiedelte und damit schwerlich als unabhängig zu bezeichnende Treuhandstelle durchgeführt worden; die dabei angewendeten Auswahlkriterien sind bis heute nicht bekannt gegeben worden; unbekannt geblieben ist auch, inwieweit die als schlecht beurteilten Boden-, Volièren- und Freilandhaltungen Betriebe waren, die von Käfighaltern im Nebenbetrieb geführt worden sind, was nahe legt, dass dort anstelle des für artgemäße Haltungen notwendigen tierbezogenen Managements das käfigtypische technikbezogene Management Anwendung findet und zB mit ungeeignetem Personal und käfigaufgezogenen Junghennen gearbeitet wird; Fragen nach der Aufzucht und der Qualität des Managements sind von vornherein nicht gestellt worden, obwohl hiervon das Gelingen oder Misslingen käfigloser Haltungen in besonderem Maß abhängt (vgl. *Petermann* anlässlich der o. e. FAL-Tagung in Celle: „Die billige Junghenne kann den Halter teuer zu stehen kommen"); die Zahl der als schlecht und zugleich als repräsentativ bewerteten Boden-, Volièren- und Freilandhaltungen ist ebenfalls nicht bekannt gemacht worden; auffällig war auch, dass die befragten Betreiber alternativer Systeme zu 75% braune Zuchtlinien verwendeten, wohingegen der für alternative Systeme besonders geeignete Typ „Lohmann Weiß LSL" nur in 7% der befragten käfiglosen Betriebe eingesetzt wurde (s. Rn. 20; vgl. zum Ganzen *Staack/Knierim* S. 3 ff. sowie IGN, Stellungnahme zu EpiLeg Teil II, 6). – Eine weitere Veröffentlichung der Stiftung ist im Internet im unmittelbaren zeitlichen Zusammenhang mit der Beschlussfassung des Bundesrates am 7. 4. 2006 erschienen. Sie gelangte aufgrund einer vergleichenden Bewertung von Käfig- und Volièrenhaltung zu dem Ergebnis, dass die von der niedersächsischen Landesregierung favorisierten ausgestalteten Käfige den käfiglosen Haltungsverfahren „deutlich überlegen“ seien und „eine gute Alternative zur Volièren-, Boden- und Freilandhaltung“ darstellten. Dabei ist aber die Volière, die man zu Forschungszwecken auf dem Versuchsgut Ruthe eingerichtet hat, zumindest zeitweise mit deutlich überhöhter Besatzdichte (nämlich 13 statt 9 Hennen pro Quadratmeter nutzbarer Fläche) betrieben worden (Aussage des verantwortlichen Projektleiters am 26. 10. 2004). Außerdem hat man von vornherein offenbar nur einen einzigen Volièrentyp berücksichtigt und weder Varianten noch technische Weiterentwicklungen, wie sie zB in österreichischen und niederländischen Großvolièren benutzt werden, einbezogen. Auf eine telefonische Nachfrage hat der Verantwortliche zudem erklärt, die Veröffentlichung beruhe auch auf Untersuchungen in niedersächsischen Praxisbetrieben; indes wurde, wie zuvor schon bei EpiLeg, nicht angegeben, welche und wie viele Betriebe nach welchen Kriterien dafür ausgewählt worden waren, nach welchen Methoden dort Untersuchungen stattgefunden haben und wo ggf. die Unterlagen über die erzielten Untersuchungsergebnisse eingesehen werden können (vgl. zum Ganzen IGN, Zur Stellungnahme der Stiftung Tierärztliche Hochschule Hannover, 2006; *Martin/Maisack* Nutztierhaltung 2/2006, 4 ff.). – Ein zutreffenderes Bild von den Boden-, (echten) Volièren- und Freilandhaltungen gewinnt man demgegenüber, wenn man statt auf Käfigländer (wie Niedersachsen) auf diejenigen Länder Europas blickt, die die Umstellung auf artgerechte Haltungsformen ernsthaft vorangetrieben und auch das dazu nötige Umfeld geschaffen haben. Aus diesen Ländern (zB Österreich, Schweiz und Niederlande) gibt es eine Vielzahl unparteilicher Untersuchungen, die belegen, dass die Mortalitäts-, Krankheits- und Verletzungsraten in gut geführten käfiglosen Systemen nicht höher, sondern deutlich niedriger sind als in herkömmlichen und ausgestalteten Käfigen (s. Rn. 20, 21, 24 a sowie EFSA S. 43, 44, 45 und 143).

V. Vereinbarkeit der 2. ÄndVO mit Art. 20 a GG?

Der Staatszielbestimmung Tierschutz lässt sich ein grundsätzliches **Verschlechterungs- oder Rückschrittsverbot** entnehmen: Der Verfassungsgesetzgeber hatte im Juli 2002 eine rechtliche Ausgangslage vorgefunden, die u. a. durch das am 13. 3. 2002 in Kraft getretene Verbot niedriger, kleinräumiger Batteriekäfige gekennzeichnet war. Ausdrückliches Ziel der Verfassungsänderung war es, „die Verwirklichung eines wirksamen Tierschutzes zu verbessern“ (amtl. Begr., BT-Drucks. 14/8860 S. 1), was logisch einschließt, dass substantielle Verschlechterungen der rechtlichen Situation ausgeschlossen werden sollten (s. Art. 20 a GG Rn. 13). Zwar wird angenommen, dass damit nur tierschutzrechtliche Kerngehalte vor einer nachträglichen Verschlechterung geschützt seien (vgl. BK/*Kloepfer* Art. 20 a GG Rn. 52, 94). Indes gehört der Schutz von Tieren vor nicht artgemäßer Haltung zu diesen Kernaussagen (vgl. BT-Drucks. 14/8860 S. 3); die Wiederzulassung kleinräumiger Käfige durch § 13 b kann angesichts der Zahl der davon betroffenen Tiere (jährlich ca. 35 Millionen), der Nähe dieser Haltungsform zur quälerischen Tiermisshandlung und der Bedeutung des Themas für den Umgang mit Nutztieren insgesamt nicht lediglich als Aufhebung einer Einzelregelung angesehen werden. Der weite Gestaltungsspielraum des Verordnungsgebers muss, wenn das Staatsziel nicht bloßer unverbindlicher Programmsatz sein soll, zumindest dort seine Grenze finden, wo Haltungsformen mit schwerwiegender Zurückdrängung von Grundbedürfnissen trotz ihrer bereits erfolgten und von der Öffentlichkeit ganz überwiegend unterstützten Abschaffung aus primär wirtschaftlichen Motiven (s. Rn. 19–25) neu eingeführt werden. 26

Unabhängig davon verpflichtet das dem Staatsziel inne wohnende **Effektivitätsgebot** dazu, neuartige Haltungsformen, die vom Verordnungsgeber selbst als problematisch wahrgenommen werden, einer vorherigen Prüfung auf ihre Artgerechtheit zu unterziehen und ihre generelle und unbefristete Zulassung vom Ergebnis dieser Prüfung abhängig zu 27 machen. Die Bundesratsmehrheit, auf deren Druck die 2. ÄndVO zustande gekommen ist (s. Rn. 8), hat in einer gleichzeitig verabschiedeten Entschließung verlangt, „schnellstmöglich ein obligatorisches Prüf- und Zulassungsverfahren für Legehennenhaltungssysteme zu entwickeln und einzuführen" und damit ihre (im Hinblick auf die in Rn. 12–14 zitierten Feststellungen der FAL nur allzu begründeten) Bedenken gegen die neuen ausgestalteten Käfige selbst deutlich gemacht. Prüfverfahren aber, die der generellen und unbefristeten Zulassung der zu prüfenden Haltungssysteme lediglich nachgeschaltet werden, verstoßen gegen den Gedanken eines effektiven Tierschutzes. So sieht es auch der St. Ausschuss zum ETÜ: Zwar beschränkt er die Verpflichtung, Prüfverfahren für serienmäßige Haltungssysteme einzuführen, in Art. 8 Abs. 2 S. 1 der Haushühner-Empfehlung von 1995 auf eine Soll-Vorschrift, fährt dann aber in S. 2 fort: „Werden Prüfungen durchgeführt, dürfen neue Verfahren erst Eingang in die landwirtschaftliche Praxis finden, wenn sie für zufriedenstellend befunden worden sind". Damit wäre die Vorschaltung des vom Bundesrat geforderten Prüfverfahrens sowohl nach Art. 20a GG als auch nach Art. 8 Abs. 2 S. 2 der Haushühner-Empfehlung erforderlich gewesen. Zumindest hätten iS der Nachbesserungspflicht die neuen Käfige nur mit Befristung zugelassen werden dürfen, um auszuschließen, dass die zeitnahe Umsetzung der Prüfergebnisse durch die jetzt mit Sicherheit zu erwartende Berufung der Halter auf Bestands- und Investitionsschutz verhindert wird (s. Art. 20a GG Rn. 14).

28 Die **Schutzpflicht aus Art. 20a GG** erfordert u.a., Regelungen zu unterlassen, die den Weg zur Tierquälerei erleichtern (*Schulze-Fielitz* in: *Dreier* Art. 20a GG Rn. 58). Diesem Gesichtspunkt trägt die Verlängerung der Übergangsfrist für die herkömmlichen Käfige durch § 33 Abs. 4 nF um weitere zwei bis drei Jahre nicht ausreichend Rechnung. Immerhin haben sowohl die EU-Kommission als auch der überwiegende Teil der strafrechtlichen Obergerichte und ein Teil der Bundesregierung auf die tierquälerische Natur dieser Käfige hingewiesen (s. § 33 Rn. 4). Die amtl. Begründung geht auf diesen Gesichtspunkt ebenso wenig ein wie darauf, dass die Käfighalter bereits seit 1990 (= Einleitung des Normenkontrollverfahrens gegen die HhVO 1987) Veranlassung hatten, sich auf die notwendige Umstellung auf artgerechte Haltungsformen einzustellen und diese vorzubereiten.

§ 12 Anwendungsbereich

Legehennen, die zu Erwerbszwecken gehalten werden, dürfen, unbeschadet der Anforderungen der §§ 3 und 4, nur nach Maßgabe der Vorschriften dieses Abschnitts gehalten werden.

Die §§ 12 bis 15 gelten überall dort, wo Legehennen (vgl. § 2 Nr. 4) zu Erwerbszwecken gehalten werden, unabhängig von der Größe des Bestandes. Nicht erfasst wird die Haltung von Jungtieren sowie von Zucht- und Elterntieren. Für diese Tiere gelten unmittelbar die Vorgaben des Tierschutzgesetzes, insbesondere des § 2 (konkretisiert durch BVerfGE 101, 1 ff.), die Empfehlung des Ständigen Ausschusses in Bezug auf Haushühner und die §§ 3 und 4 dieser Verordnung (vgl. amtl. Begr., BR-Drucks. 429/01 S. 14). Da jedoch § 13 Abs. 2 Nr. 2 eine zutreffende Konkretisierung der Vorgaben aus § 2 Nr. 1 TierSchG enthält, müssen seine Anforderungen auch auf die Haltung von Elterntieren und von Junghennen (dort mit Ausnahme des vorgeschriebenen Nests) Anwendung finden (vgl. *Kluge/v. Loeper* TierSchNutztV Rn. 12).

§ 13 Anforderungen an Haltungseinrichtungen für Legehennen

(1) **Legehennen dürfen in Haltungseinrichtungen nur nach Maßgabe der Anforderungen der Absätze 2 bis 5 gehalten werden, soweit sich aus § 13a oder § 13b nicht etwas anderes ergibt.**

(2) Haltungseinrichtungen müssen

1. eine Fläche von mindestens 2,5 Quadratmetern aufweisen, auf der die Legehennen sich ihrer Art und ihren Bedürfnissen entsprechend angemessen bewegen können;
2. so ausgestattet sein, dass alle Legehennen artgemäß fressen, trinken, ruhen, staubbaden sowie ein Nest aufsuchen können.

(3) [1] Gebäude müssen nach Maßgabe des § 14 Abs. 1 Nr. 2 so beleuchtet sein, dass sich die Tiere untereinander erkennen und durch die mit der Fütterung und Pflege betrauten Personen in Augenschein genommen werden können. [2] Gebäude, die nach dem 13. März 2002 in Benutzung genommen werden, müssen mit Lichtöffnungen versehen sein, deren Fläche mindestens 3 Prozent der Stallgrundfläche entspricht und die so angeordnet sind, dass eine möglichst gleichmäßige Verteilung des Lichts gewährleistet wird. [3] Satz 2 gilt nicht für bestehende Gebäude, wenn eine Ausleuchtung des Einstreu-und Versorgungsbereiches in der Haltungseinrichtung durch natürliches Licht auf Grund fehlender technischer oder sonstiger Möglichkeiten nicht oder nur mit unverhältnismäßig hohem Aufwand erreicht werden kann und eine dem natürlichen Licht so weit wie möglich entsprechende künstliche Beleuchtung sichergestellt ist.

(4) Gebäude müssen mit einer Lüftungsvorrichtung, die den allgemein anerkannten Regeln der Technik entspricht, ausgestattet sein, die die Einhaltung von Mindestluftraten sicherstellt, wobei der Ammoniakgehalt der Luft im Aufenthaltsbereich der Tiere zehn Kubikzentimeter je Kubikmeter Luft nicht überschreiten soll und 20 Kubikzentimeter je Kubikmeter Luft dauerhaft nicht überschreiten darf.

(5) Haltungseinrichtungen müssen ausgestattet sein mit

1. einem Boden, der so beschaffen ist, dass die Legehennen einen festen Stand finden können;
2. Fütterungsvorrichtungen, die so verteilt und bemessen sind, dass alle Legehennen gleichermaßen Zugang haben;
3. Tränkevorrichtungen, die so verteilt sind, dass alle Legehennen gleichermaßen Zugang haben, wobei bei Verwendung von Rinnentränken eine Kantenlänge von mindestens zweieinhalb Zentimetern und bei Verwendung von Rundtränken eine Kantenlänge von mindestens einem Zentimeter je Legehenne vorhanden sein muss und bei Verwendung von Nippel- oder Bechertränken für bis zu zehn Legehennen mindestens zwei Tränkstellen und für jeweils zehn weitere Legehennen eine zusätzliche Tränkstelle vorhanden sein müssen;
4. einem Nest für jede Legehenne, das dieser mindestens während der Legephase uneingeschränkt zur Verfügung steht, jeder Legehenne eine ungestörte Eiablage ermöglicht und dessen Boden so gestaltet ist, dass die Legehenne nicht mit Drahtgitter in Berührung kommen kann;
5. einem Einstreubereich, der mit geeignetem Einstreumaterial von lockerer Struktur und in ausreichender Menge ausgestattet ist, das allen Legehennen ermöglicht, ihre artgemäßen Bedürfnisse, insbesondere Picken, Scharren und Staubbaden, zu befriedigen;
6. Sitzstangen, die nicht über dem Einstreubereich angebracht sein dürfen und einen solchen Abstand zueinander und zu den Wänden der Haltungseinrichtung aufweisen, dass auf ihnen ein ungestörtes, gleichzeitiges Ruhen aller Legehennen möglich ist;
7. einer besonderen Vorrichtung zum Krallenabrieb, soweit der Krallenabrieb nicht auf andere Weise ausreichend sichergestellt ist.

I. Anforderungen nach Abs. 2 Nr. 1

Die **Mindestfläche**, die jede Haltungseinrichtung aufweisen muss, ist gegenüber der 1. 1
ÄndVO von 3 m² auf 2,5 m² verringert worden. Als **Mindesthöhe** waren in § 13 Abs. 2

Nr. 1 aF „200 cm, vom Boden aus gemessen“, festgesetzt, um den Hennen raumgreifende Bewegungen wie zB das Flügelschlagen zu ermöglichen (amtl. Begr., BR-Drucks. 429/01 S. 15). Durch die 2. ÄndVO ist dieses Erfordernis gestrichen worden; zur Begründung wird angeführt, die Festsetzung einer Mindesthöhe sei „nicht geeignet, das artgemäße Bewegungsverhalten entsprechend den Anforderungen des Tierschutzgesetzes sicherzustellen“ (BR-Drucks. 119/06, Beschluss S. 12).

2 Eine Mindesthöhe schützt aber nicht nur das Bewegungsverhalten iS von § 2 Nr. 2 TierSchG, sondern auch die Grundbedürfnisse iS von § 2 Nr. 1. Sie dient u. a. dazu, das Flügelschlagen, das erhöhte Sitzen auf Stangen (= Aufbaumen) und die Ausbildung und Erhaltung gesunder Knochen zu ermöglichen. – Flügelschlagen ist ein Grundbedürfnis (vgl. EU-Legehennenmitteilung, BT-Drucks. 13/11 371 S. 16: „Grundbedürfnisse wie Flügelstrecken, Flügelschlagen“). Es gehört zur Eigenkörperpflege (vgl. den neuen Anh. A zum Europäischen Versuchstierübereinkommen, H. b.: „comfort behaviour such as wing flapping“; vgl. auch St. Ausschuss, Empfehlung für das Halten von Legehennen vom 21. 11. 1986 S. 1: essentielles Bedürfnis). Als notwendige Bodenfläche werden dafür 860–1980 cm^2 angegeben (vgl. SVC-Report Legehennen S. 30). Nach den Feststellungen der EFSA-Experten konnte Flügelschlagen in den bisher untersuchten ausgestalteten Käfigen selten oder nie beobachtet werden (EFSA S. 58, 68, 70; AHAW S. 13, 14). Daraus wird deutlich, dass der Verzicht auf die Festsetzung einer Mindesthöhe dem Grundbedürfnis zum Flügelschlagen nicht gerecht wird (s. auch Vor §§ 12–15 Rn. 17). – Das Aufbaumen oder erhöhte Sitzen auf Stangen dient sowohl dem artgemäßen Ruhen als auch dem Sozialverhalten iS der Möglichkeit zum Ausweichen und Sich-Zurückziehen vor Angriffen. Beide Grundbedürfnisse können nur befriedigt werden, wenn der Ruhe- und der Aktivitätsbereich räumlich deutlich voneinander getrennt sind. Sitzstangen müssen dazu in solcher Höhe angebracht werden (können), dass sie dem ruhenden Tier Sicherheit geben und die Möglichkeit einräumen, sich von der am Boden befindlichen Gruppe zurückzuziehen und ggf. vor Angriffen in die Höhe zu flüchten. Damit dient die Festsetzung einer Mindesthöhe nicht lediglich der Bewegung, sondern auch dem Ruhen und dem Sozialverhalten (wobei offen bleiben kann, ob der FAL-Kompromissvorschlag vom Sommer 2004 mit 105 cm Innenhöhe ausreichend iS von § 2 Nr. 1 TierSchG gewesen wäre). – Zum Schutz der Grundbedürfnisse gehört auch, den Tieren raumgreifende Bewegungen in einem Ausmaß zu ermöglichen, wie dies notwendig ist, „um Probleme wie Knochenschwäche zu vermeiden“ (EU-Legehennenmitteilung, BT-Drucks. 13/11 371 S. 16). Nicht nur in herkömmlichen, sondern auch in ausgestalteten Käfigen weisen Hennen eine verringerte Festigkeit der Flügel- und Beinknochen auf und leiden an Skelettanomalien (vgl. *Guesdon, Leterrier* et al., zitiert nach Nutztierhaltung 4/2004 S. 11, 12; *Staack/Knierim* S. 12; *Hörning/Fölsch* AtD 2000, 296, 297; vgl. auch EFSA S. 95: Gefahr der Osteoporose in ausgestalteten Käfigen „mäßig bis hoch“, in Nicht-Käfig-Systemen dagegen „niedrig“). Daraus geht hervor, dass die Festsetzung einer Mindesthöhe auch für die Gesundheit der Tiere wichtig ist, denn „eine Henne mit extrem schwachen Flügelknochen ist krank“ (EU-Legehennenmitteilung, BT-Drucks. 13/11 371 S. 12).

3 **Beschränkung auf hohe, große Käfige unzulässig?** Gegen die Mindesthöhe von 200 cm, die in Abs. 2 Nr. 1 aF festgesetzt worden war, ist eingewendet worden, dass der Verordnungsgeber nach § 2 a TierSchG verpflichtet sei, nicht nur hohe, große Käfige, sondern auch niedrige kleinräumige Batteriekäfige zuzulassen (so *Löwer,* Rechtsgutachten für den Zentralverband der deutschen Geflügelwirtschaft S. 25 ff.). Diese Ansicht findet aber im Gesetz keine Stütze. Zwar wird in § 2 a Abs. 1 Nr. 2 TierSchG der Begriff „Käfige“ erwähnt, doch umfasst dies nach allgemeinem Sprachgebrauch jede durch Gitterstäbe und Drahtgitter begrenzte Haltungseinrichtung, also auch Hoch- und Großkäfige sowie Volièren (vgl. VG Oldenburg vom 22. 3. 2006, 11 A 3583/05). Der Verordnungsgeber war somit berechtigt, die Zulassung von Käfigen für Hühner auf hohe, große Einrichtungen zu beschränken (vgl. auch Anh. A zum Europäischen Versuchstierübereinkommen, Definitionen: „Käfig = feststehender oder beweglicher Behälter, der

durch feste Wände und, zumindest auf einer Seite, durch Stäbe oder Maschendraht, ggf. auch durch ein Netz abgegrenzt ist und in dem ein oder mehrere Tiere gehalten oder transportiert werden; je nach Belegungsdichte und Größe des Behälters ist die Bewegungsfreiheit der Tiere mehr oder weniger eingeschränkt"). Für einen davon abweichenden „normativen Sprachgebrauch", durch den der Begriff „Käfig" auf kleinräumige, niedrige Batteriekäfige beschränkt würde und den *Löwer* aus der Entstehungsgeschichte des Tierschutzgesetzes abzuleiten versucht, findet sich in den Gesetzesmaterialien kein Anhaltspunkt: In der amtl. Begr. zur Vorläufernorm des jetzigen § 2a TierSchG, nämlich zu § 13 TierSchG 1972, wird der Begriff „Käfig" an keiner Stelle erwähnt; stattdessen wird mit Bezug auf alle Haltungsformen auf die Notwendigkeit zur „Aufrechterhaltung essentieller Funktionskreise des arteigenen angeborenen Verhaltensinventars der Tiere" hingewiesen (amtl. Begr. zu § 13 TierSchG 1972, zitiert nach *Gerold* S. 52). Dazu aber gehören sowohl das Flügelschlagen (s. Rn. 2) als auch das erhöhte Ruhen sowie das Ausweichen-Können und die zur Vermeidung von Knochenschwäche notwendigen Bewegungen. Folgerichtig entnimmt das BVerfG dem § 2a Abs. 1 Nr. 2 TierSchG zwar, dass der Gesetzgeber grundsätzlich bereit sei, eine Käfighaltung zuzulassen – jedoch nur eine solche, die den Anforderungen aus § 2 TierSchG gerecht wird, in der also die Grundbedürfnisse im Wesentlichen befriedigt werden und keines von ihnen unangemessen zurückgedrängt wird. *Löwer* meint zwar, dass es darauf nicht ankomme, weil der Gesetzgeber alle im Jahr 1972 angewandten und bekannten Tierhaltungssysteme ohne Rücksicht auf deren Verhaltensgerechtheit in seinen Willen aufgenommen habe; diese Ansicht ist aber vom BGH bereits in anderem Zusammenhang zurückgewiesen worden (vgl. BGH NJW 1987, 1833, 1834: „Wohl war bei der Einbringung des Gesetzentwurfs die Intensivhaltung von Nutztieren eine bereits vielfach geübte, allseits bekannte Praxis. Daraus ist jedoch nicht zu schließen, dass diese Form der Tierhaltung vom Geltungsanspruch der materiellen Vorschriften des Tierschutzgesetzes ... ganz oder auch nur teilweise freigestellt werden sollte". Zum Ganzen s. auch *Hirt/Schmid/Walter/Maisack* S. 1ff.). Nicht zuletzt auch aufgrund des ausdrücklichen Hinweises des BVerfG auf die (neben dem Ruhen und dem gleichzeitigen Fressen) „weiteren artgemäßen Bedürfnisse" iS des § 2 Nr. 1 TierSchG (s. Vor §§ 12–15 Rn. 7) war der Verordnungsgeber berechtigt und verpflichtet, die zum Schutz dieser Bedürfnisse notwendigen Flächen- und Höhenmaße festzulegen und dabei auch eine Höhe von 200 cm vorzuschreiben (vgl. VG Oldenburg aaO).

II. Anforderungen nach Abs. 2 Nr. 2

Hier wird vorgeschrieben, welche **Grundbedürfnisse** die Legehennen in der Haltungseinrichtung ausführen können müssen (vgl. BR-Drucks. 429/01 S. 15). 4

„Artgemäß fressen" meint neben der Deckung des physiologischen Bedarfs auch, dass die zum Funktionskreis „Nahrungsaufnahme" gehörenden Verhaltensabläufe ermöglicht werden müssen (s. § 2 TierSchG Rn. 18). Beim Huhn gehören dazu: Gehen, Erkunden, Suchen, Scharren sowie vielfältige Pickaktivitäten wie Ziehen, Reißen, Hacken und Bearbeiten veränderbarer Nahrungsbestandteile mit dem Schnabel. Fehlen dem Tier Nahrungsobjekte, die dazu geeignet sind, so richtet sich sein Picken auf die Federn der Artgenossen. Je reichhaltiger und reizreicher dagegen die Nahrungsbedingungen sind, desto größer ist die Wahrscheinlichkeit, dass Federpicken vermieden wird (vgl. Bad-Württ. Ministerium Empfehlungen S. 14; St. Ausschuss, Empfehlung in Bezug auf Haushühner 1995 Art. 2 Abs. 1c). Um den Tieren solche nahrungsbezogene Arbeit zu ermöglichen, ist Stroh oder ähnlich veränderbares Material nötig; wird stattdessen nur Sand oder feines Futtermehl zur Verfügung gestellt, so ist lediglich ein Minimum an Picken und Scharren möglich, und eine zusätzliche Nahrungsbearbeitung entfällt (vgl. *Hörning/Fölsch* AtD 2000, 296, 297). Die Verhaltensstörung des Federpickens kann man nicht mit „Supercrowding", Halbdunkel und Sand vermeiden, sondern nur mit reizreichen, reichhaltigen Nahrungsbedingungen, die sowohl in der Aufzucht als auch im Legebetrieb gewährt 5 werden müssen (zur dazu notwendigen Fläche des Einstreubereichs s. Vor §§ 12–15 Rn. 12). – Für das **artgemäße Trinken** sollten Rinnen-, Cup- oder Rundtränken anstelle von Nippeltränken zur Verfügung gestellt werden, weil sonst die Gefahr besteht, dass die Tiere nicht genügend Wasser aufnehmen (vgl. *Hiller* Referat anlässlich der FAL-Tagung „Alternative Legehennenhaltung in der Praxis am 5./6. 10. 2006 in Celle; weiterer Vorteil: Hennen, die genügend trinken, werden schwerer und dadurch ruhiger).

6 **„Artgemäß ruhen"** erfordert u.a., dass jedem Tier mindestens eine Fläche zur Verfügung steht, die den Körperabmessungen einer Henne in der Ruhelage entspricht (d.h. 47,6 cm × 14,5 cm bei leichten Legehennen, bei schweren entsprechend mehr; vgl. BVerfGE 101, 1, 2, 38 = NJW 1999, 3253, 3255). Das Ruhen muss auf erhöhten, vom Aktivitätsbereich räumlich getrennten Stangen oder Ebenen stattfinden können, die zumindest in solcher Höhe angebracht sind, dass das ruhende Tier nicht vom Boden aus bepickt werden kann (zur notwendigen Höhe s. Vor §§ 12–15 Rn. 15).

7 **Artgemäßes Staubbaden (= Sandbaden)** umfasst mehrere Phasen, wobei erst das Einwirken des Substrats auf den Körper während der Ruhephase und das spätere Entfernen durch Aufplustern und Herausschütteln dem Tier die notwendige Befriedigung verschaffen. Sind nur Vorbereitungshandlungen möglich (wie Scharren, Picken und Anhäufen eines Walls), so entsteht Frustration, wenn es dem Tier infolge räumlicher Enge oder aus Mangel an Sand o.Ä. nicht gelingt, eine ausreichende Menge an Substrat in sein Gefieder zu befördern, dort eine Zeitlang einwirken zu lassen und später wieder herauszuschütteln. – Die Motivation, im Staub zu baden, ist nach wie vor besonders groß, selbst bei Tieren, die auf Drahtgitterböden gehalten werden. Tiere, die aufgrund fehlender Voraussetzungen keine Möglichkeit zu einem Staubbad haben, versuchen dies mit ihren Federn zu tun (St. Ausschuss, Empfehlung 1995 Art. 2 Abs. 1 d). Meist baden die Tiere in Gruppen von etwa 20 (zur notwendigen Fläche des Sandbadebereichs s. Vor §§ 12–15 Rn. 13).

8 Zur **artgemäßen Eiablage im Nest** gehören auch Nestsuch- und Nestbauverhalten (u.a. Inspizieren verschiedener Nester, Manipulation am Nestmaterial, Ausmulden, Drehbewegungen) sowie eine angemessene Aufenthaltsdauer vor und nach dem Ablegen des Eies (s. Vor §§ 12–15 Rn. 14). Steht ein angemessener Nestplatz nicht zur Verfügung, so können Verhaltensanomalien wie zB langes stereotypes Herumlaufen auftreten (St. Ausschuss, Empfehlung 1995 Art. 2 Abs. 1 f). Um das Verlegen von Eiern zu verhindern, muss der Zugang zum Nest für jedes Tier ungehindert möglich sein (vgl. *Baumann* Beitrag anlässlich der FAL-Tagung „Alternative Legehennenhaltung in der Praxis" am 5./6. 10. 2006 in Celle).

III. Anforderungen nach Abs. 3–5

9 **Abs. 3.** In der amtl. Begr. wird von einer Mindestlichtstärke von 20 Lux ausgegangen. Allerdings ist zu bezweifeln ob dies ausreicht, um den Tieren ein normales Aktivitätsniveau zu ermöglichen. Warmtonlampen sind zu bevorzugen (vgl. BR-Drucks. 429/01 S. 16; St. Ausschuss, Empfehlung 1995 Art. 14 Abs. 1). Die Mindestlichtstärke muss gleichmäßig in allen Bereichen, in denen sich Hühner aufhalten, ereicht werden (vgl. Nr. 3 S. 1 des Anhangs zur Richtlinie 1999/74/EG). – Gebäude, die erst nach dem 13. 3. 2002 für eine Legehennenhaltung in Benutzung genommen werden (mögen sie auch vorher anderen Zwecken, zB der Unterbringung anderer Tiere gedient haben), müssen Tageslichteinfall gewährleisten. Die Lichtöffnungen müssen mindestens 3% der Stallgrundfläche betragen (vgl. auch § 6 Abs. 2 Nr. 3 TierSchNutztV und § 5 TierSchHundeV). Bei bestehenden, bislang anders genutzten Gebäuden ist nach S. 3 eine Ausnahme zulässig, wenn der für die Schaffung der Lichtöffnungen notwendige Aufwand auch unter Berücksichtigung der Bedeutung, die Tageslicht für das Wohlbefinden der Tiere hat, unverhältnismäßig wäre. Gedacht wird dabei an Fälle, in denen der Einbau von Lichteinfallsöffnungen nicht ohne massive Eingriffe an der Gebäudesubstanz möglich ist (vgl. BR-Drucks. 429/1/01 S. 2). Durch die 2. ÄndVO ist die bisherige Notwendigkeit einer behördlichen Genehmigung

für eine solche Ausnahme gestrichen worden. – Dass mit Abs. 3 nur eine relativ niedrige Lichtintensität vorgeschrieben wird, hat seinen Grund darin, dass bei hellem Licht ein Anstieg des Federpickens befürchtet wird (vgl. *Staack/Knierim* S. 17: In Käfighaltungen mit Tageslicht wären „Federpicken und Kannibalismus nicht mehr kontrollierbar"). Es sollte jedoch bedacht werden, dass Hennenhaltung im Halbdunkel eine bloße Symptombekämpfung darstellt, weil die Ursachen für das Federpicken neben genetischen Faktoren in unzureichenden Bedingungen für das arttypische Nahrungssuch- und Nahrungsaufnahmeverhalten liegen und deshalb durch eine möglichst artgerechte Gestaltung dieses Bereichs, auch schon während der Aufzucht, bekämpft werden müssten (s. Rn. 5).

Abs. 4 dient neben der Umsetzung von Nr. 10 des Anhangs der EU-Nutztierhaltungs- 10
richtlinie auch der Durchführung von Art. 12 Abs. 2 der Empfehlung des St. Ausschusses 1995: Danach dürfen die Tiere Gasen wie zB Ammoniak, Schwefelwasserstoff, Kohlendioxid, Kohlenmonoxid „nicht in Konzentrationen ausgesetzt sein, die ihnen Unbehagen verursachen oder schädlich für deren Gesundheit sind". Dass der Ammoniakgehalt der Luft 10 ppm nicht überschreiten „soll", bedeutet, dass er diesen Wert nur überschreiten darf, wenn ein einmaliger Ausnahmefall vorliegt, der eine Abweichung von der Regel rechtfertigt (s. auch Einf. TierSchG Rn. 31). Deshalb kann für die zuständige Behörde schon dann, wenn die Soll-Grenze von 10-ppm Ammoniak nicht eingehalten wird, Anlass für eine Anordnung nach § 16a S. 2 Nr. 1 TierSchG bestehen (nämlich wenn der Halter nicht nachzuweisen vermag, dass es sich bei der Überschreitung des Soll-Wertes um einen begründeten Ausnahmefall handelt). Umgekehrt ist, wenn ein solcher Ausnahmefall belegt werden kann, selbst ein einmaliges, kurzzeitiges Überschreiten der 20-ppm-Grenze noch hinzunehmen („dauerhaft"). Als Maßnahmen zur Reduzierung von Schadgasen im Aufenthaltsbereich der Tiere kommen in Betracht: regelmäßiger Abtransport des Kotes (durch Kotschieber, Kotbänder o. Ä.), Belüftung der Kotbänder, häufigerer Einstreuwechsel, Vermeidung nasser Stellen durch Einstreupflege, sachgemäße Einstellung, Reinigung und Wartung von Klima- und/oder Lüftungsanlagen u. a. m.

Zu **Abs. 5.** Nach Nr. 2 und 3 dürfen Fütterungs- und Tränkanlagen nicht so angeordnet 11
sein, dass bestimmten (zB rangniederen) Legehennen der Zugang zeitweilig unmöglich gemacht oder erschwert wird (vgl. BR-Drucks. 429/01 S. 16). – Nach Nr. 4 muss die Nestfläche so bemessen sein, dass jeder Legehenne eine ungestörte Eiablage ermöglicht wird (zu der dazu nötigen Aufenthaltsdauer im Nest s. Vor §§ 12–15 Rn. 14). Die Bodenoberfläche des Nests darf nicht aus Drahtgitter bestehen; hierunter fällt auch mit Plastik ummantelter Draht. Der Perforationsanteil eines Nestes soll unter 80% liegen (vgl. BR-Drucks. 429/01 S. 15). – Gemäß Nr. 5 muss das Einstreumaterial sowohl nach seiner Struktur als auch nach der vorhandenen Menge allen (also auch den rangniederen) Legehennen ermöglichen, ihre artgemäßen Bedürfnisse, insbesondere Picken, Scharren und Sandbaden, zu befriedigen (vgl. auch Art. 2 Abs. 2c der EU-Legehennenrichtlinie: „Material mit lockerer Struktur, das es den Hennen ermöglicht, ihre ethologischen Bedürfnisse zu befriedigen"). Für die ethologischen Bedürfnisse im Bereich des Funktionskreises „Nahrungsaufnahme" ist Stroh am besten geeignet (s. Rn. 5). Zum Sandbaden muss Substrat in solcher Menge zur Verfügung stehen, dass die Aufbringphase, die Seiten-Reibe-Phase und vor allem auch die Phasen des Ruhens und des Ausschüttelns von allen Tieren gezeigt werden können (s. Vor §§ 12–15 Rn. 13). – Die Sitzstangen nach Nr. 6 dürfen keine scharfen Kanten haben (vgl. Art. 4 Abs. 1 Nr. 1d der EU-Legehennenrichtlinie). – Die Vorrichtungen zum Krallenabrieb nach Nr. 7 müssen so beschaffen sein, dass die Tiere sich die Ledersohlenhaut nicht verletzen (vgl. BR-Drucks. 429/01 S. 17).

IV. Ordnungswidrigkeiten

Ordnungswidrig nach § 32 Abs. 1 Nr. 17a handelt der Halter, wenn er gegen Abs. 3 12
oder Abs. 5 Nr. 3, 6 oder 7 verstößt. Fahrlässigkeit genügt. Wer nicht Halter ist, kann Beteiligter iS des § 14 Abs. 1 OWiG sein (zur Möglichkeit, Verstöße gegen Abs. 2, Abs. 4

oder Abs. 5 Nr. 1, 2, 4 und 5 über § 16a S. 2 Nr. 1 und § 18 Abs. 1 Nr. 2 TierSchG zu sanktionieren s. § 32 Rn. 3).

§ 13a Besondere Anforderungen an die Bodenhaltung

(1) Legehennen dürfen in Bodenhaltung nur nach Maßgabe der Anforderungen der Absätze 2 bis 10 gehalten werden.

(2) [1] Für je neun Legehennen muss, unbeschadet des § 13 Abs. 2 Nr. 1, in einer Haltungseinrichtung mindestens eine nutzbare Fläche von einem Quadratmeter vorhanden sein. [2] Kombinierte Ruhe- und Versorgungseinrichtungen mit parallel verlaufenden Laufstegen, unter und über denen eine lichte Höhe von mindestens 45 Zentimetern vorhanden ist, können bei der Berechnung der Besatzdichte mit der abgedeckten Fläche berücksichtigt werden, sofern auf den Laufstegen ein sicheres Fußen gewährleistet ist und ruhende und fressende Tiere sich gegenseitig nicht stören. [3] In Haltungseinrichtungen, in denen die nutzbare Fläche sich auf mehreren Ebenen befindet, dürfen je Quadratmeter von den Tieren nutzbare Stallgrundfläche nicht mehr als 18 Legehennen gehalten werden. [4] Es dürfen nicht mehr als 6000 Legehennen ohne räumliche Trennung gehalten werden.

(3) Die Kantenlänge der Futtertröge darf je Legehenne bei Verwendung von Längströgen zehn Zentimeter und bei Verwendung von Rundtrögen vier Zentimeter nicht unterschreiten.

(4) [1] Für höchstens sieben Legehennen muss ein Nest von 35 Zentimetern mal 25 Zentimetern vorhanden sein. [2] Im Falle von Gruppennestern muss für jeweils höchstens 120 Legehennen eine Nestfläche von mindestens einem Quadratmeter vorhanden sein.

(5) [1] Der Einstreubereich muss den Legehennen täglich mindestens während zwei Drittel der Hellphase uneingeschränkt zugänglich sein und über eine Fläche von mindestens einem Drittel der von den Legehennen begehbaren Stallgrundfläche, mindestens aber von 250 Quadratzentimetern je Legehenne, verfügen. [2] Der Einstreubereich kann im Kaltscharrraum eingerichtet werden.

(6) Die Sitzstangen müssen

1. einen Abstand von mindestens 20 Zentimetern zur Wand,
2. eine Länge von mindestens 15 Zentimetern je Legehenne und
3. einen waagerechten Achsenabstand von mindestens 30 Zentimetern zur nächsten Sitzstange aufweisen, soweit sie sich auf gleicher Höhe befinden.

(7) In Haltungseinrichtungen, in denen sich die Legehennen zwischen verschiedenen Ebenen frei bewegen können, dürfen höchstens vier Ebenen übereinander angeordnet sein, wobei der Abstand zwischen den Ebenen mindestens 45 Zentimeter lichte Höhe betragen muss und die Ebenen so angeordnet oder gestaltet sein müssen, dass kein Kot durch den Boden auf die darunter gelegenen Ebenen fallen kann.

(8) [1] Haltungseinrichtungen mit Zugang zu einem Kaltscharrraum oder mit Zugang zu einem Auslauf im Freien müssen mit mehreren Zugängen, die mindestens 35 Zentimeter hoch und 40 Zentimeter breit und über die gesamte Länge einer Außenwand verteilt sind, ausgestattet sein. [2] Für je 500 Legehennen müssen Zugangsöffnungen von zusammen mindestens 100 Zentimetern Breite zur Verfügung stehen. [3] Satz 2 gilt nicht, soweit die Sicherstellung des Stallklimas auf Grund fehlender technischer Einrichtungen nur mit unverhältnismäßigem Aufwand erreicht werden kann und die Breite der Zugangsöffnungen zwischen Stall und Kaltscharrraum mindestens 100 Zentimeter je 1000 Legehennen beträgt.

(9) [1] Stationäre Haltungseinrichtungen mit einem Zugang zu einem Auslauf im Freien, die nach dem 4. August 2006 in Benutzung genommen werden, müssen mit

einem Kaltscharrraum ausgestattet sein. [2]Satz 1 gilt nicht, soweit die Einrichtung eines Kaltscharrraumes aus Gründen der Bautechnik und der Bauart oder aus rechtlichen Gründen nicht möglich ist.

(10) **Auslaufflächen müssen**

1. **mindestens so groß sein, dass sie von allen Legehennen gleichzeitig genutzt und eine geeignete Gesundheitsvorsorge getroffen werden kann,**
2. **so gestaltet sein, dass die Auslaufflächen möglichst gleichmäßig durch die Legehennen genutzt werden können und**
3. **mit Tränken ausgestattet sein, soweit dies für die Gesundheit der Legehennen erforderlich ist.**

1 In dieser **durch die 2. ÄndVO neu eingefügten Vorschrift** sind die Anforderungen an die Bodenhaltung, aber auch (entgegen der Überschrift) an die Volièren- und die Freilandhaltung geregelt (s. Abs. 2 S. 3 sowie Abs. 7–10). Der Bundesrat weist darauf hin, dass diese Anforderungen gegenüber der 1. ÄndVO unverändert geblieben seien, abgesehen von zwei Ausnahmen: Für Freilandhaltungen wird grds. die Einrichtung eines Kaltscharrraumes vorgeschrieben, und bei der nach Abs. 8 S. 3 möglichen Einschränkung der Zugangsöffnungen zwischen Stall und Kaltscharrraum entfällt die bisherige Notwendigkeit einer behördlichen Erlaubnis (vgl. BR-Drucks. 119/06, Beschluss, S. 12).

2 **Abs. 2** lässt in Umsetzung von Art. 4 Abs. 1 Nr. 4 der EU-Legehennenrichtlinie eine maximale Besatzdichte von 9 Legehennen je Quadratmeter nutzbarer Fläche zu. Pro Henne müssen also mindestens 1111 cm^2 nutzbare Fläche zur Verfügung stehen. – Als Mindestanforderungen an die nutzbare Fläche sind in § 2 Nr. 7 genannt: Sie darf an keiner Stelle weniger als 30 cm breit sein; die Nestfläche darf nicht dazu gerechnet werden; über der nutzbaren Fläche muss stets, also auch bei Anordnung mehrerer Ebenen übereinander (Volière), eine lichte Höhe von mindestens 45 cm erreicht werden; die Bodenneigung darf 14% nicht überschreiten; Flächenteile mit Futter- und Tränkeinrichtungen, Sitz- und Anflugstangen oder Vorrichtungen zum Krallenabrieb können eingerechnet werden, sofern diese Einrichtungen von den Hennen über- oder unterquert werden können. – Kombinierte Ruhe- und Versorgungseinrichtungen mit parallel verlaufenden Laufstegen können bei der Berechnung der zulässigen Besatzdichte mit der abgedeckten Fläche berücksichtigt werden, wenn sowohl unter als auch über ihnen eine lichte Höhe von mindestens 45 cm vorhanden ist, auf den Laufstegen ein sicheres Fußen gewährleistet ist und ruhende und fressende Tiere einander gegenseitig nicht stören. – Der Einstreubereich kann dann nicht zur nutzbaren Fläche gerechnet werden, wenn er während der Hellphase zeitweise verschlossen ist. Zwar lässt Abs. 5 ein zeitweiliges Unzugänglichmachen zu (nämlich während maximal eines Drittels der Hellphase). Weil aber die Besatzdichte gemäß Art. 4 Abs. 1 Nr. 4 der EU-Legehennenrichtlinie nicht mehr als 9 Legehennen je m^2 nutzbare Fläche betragen darf, würde die Anrechnung eines zeitweise verschlossenen Einstreubereichs zu einer zeitweise überhöhten und damit gegen das EU-Recht verstoßenden Besatzdichte führen. Deshalb muss bei einem in der Hellphase zeitweise verschlossenen Einstreubereich die den Hennen verbleibende Fläche so groß sein, dass auch ohne ihn die von der Richtlinie vorgeschriebenen 1111 cm^2/Tier erreicht werden. Dass § 13 Abs. 6 S. 5 aF, der dies ausdrücklich anordnete, in § 13a nicht mehr erwähnt ist, ändert daran nichts, denn der Bundesrat betont ausdrücklich, dass die bisherigen Anforderungen an die Bodenhaltung nicht geändert worden seien (abgesehen von den beiden in Rn. 1 erwähnten Ausnahmen, die aber nur den Kaltscharrraum und den Zugang ins Freie betreffen). – S. 3 bestimmt für Volièren eine Obergrenze von 18 Tieren pro Quadratmeter nutzbarer Stallgrundfläche. – S. 4 sieht für alle Haltungen eine Begrenzung der Gruppengröße auf 6000 Hennen vor. – Zeigen sich trotz Einhaltung aller dieser Vorgaben Verhaltensstörungen oder andere Anhaltspunkte, die auf eine Nichterfüllung der Anforderungen des § 2 TierSchG hindeuten, so können nach § 16a S. 2 Nr. 1 TierSchG im Einzelfall auch An-

ordnungen erlassen werden, die über die Vorgaben der Verordnung hinausgehen (zB Reduzierung der Besatzdichten und/oder Herdengrößen; die Ausführungen Vor §§ 5–11 Rn. 7 gelten entsprechend).

3 **Zu Abs. 3–10.** Die in Abs. 3 vorgeschriebene Kantenlänge der Längströge von 10 cm gewährleistet keine gleichzeitige Futteraufnahme durch alle Legehennen (s. § 2 TierSchG Rn. 13). – Nach Abs. 4 steht in einem Nest von 35 × 25 cm für je 7 Hennen ein Nestplatz von durchschnittlich 125 cm^2 pro Tier zur Verfügung; im Gruppennest von 1 m^2, das für 120 Hennen ausreichen soll, sind es nur 83 cm^2. Zu den Geboten aus § 2 Nr. 1 TierSchG gehört aber, jedem legegestimmten Tier die ungestörte Eiablage zu ermöglichen (vgl. BVerfGE 101, 1, 38). Ist dies wegen des geringen Platzangebots im Nest und weil idR zahlreiche Hennen gleichzeitig legegestimmt sind nicht der Fall (Indizien: Hennen steigen im Nest übereinander, Hennen stören sich gegenseitig bei der Eiablage, Hennen werden vor Ablauf der arttypischen Ruhephase aus dem Nest gedrängt; Nester werden von einem Teil der Tiere nicht angenommen, Eier werden ‚verlegt'), so können nach § 16a S. 2 Nr. 1 TierSchG im Einzelfall Vergrößerungen und/oder Verbesserungen der Nestflächen angeordnet werden (s. Vor §§ 5–11 Rn. 7). – Nach Abs. 5 muss der Einstreubereich ein Drittel der von den Hennen begehbaren Grundfläche, mindestens aber 250 cm^2 je Tier umfassen (vgl. Art. 4 Abs. 1 Nr. 1e der EU-Richtlinie). Ist er während eines Teils der Hellphase, der maximal ein Drittel betragen darf, unzugänglich, so kann er auf die nutzbare Fläche nicht angerechnet werden (s. Rn. 2). – Die Sitzstangen nach Abs. 6 müssen das gleichzeitige, ungestörte Ruhen aller Legehennen ermöglichen (zu Zweifeln, ob die vorgeschriebenen 15 cm dazu ausreichen vgl. *Hörning/Fölsch* Gutachten S. 27). Wo dies nicht der Fall ist, können nach § 16a S. 2 Nr. 1 TierSchG im Einzelfall die notwendigen Anordnungen getroffen werden, denn nach § 2 Nr. 1 TierSchG muss gewährleistet werden, dass alle Hennen gleichzeitig auf den Stangen ruhen können (s. Vor §§ 5–11 Rn. 7). – Abs. 7 entspricht Art. 4 Abs. 1 Nr. 3a der EU-Legehennenrichtlinie. Volièrenhaltungen dürfen also höchstens vier Ebenen übereinander haben. Eine Obergrenze für die Besatzdichte ergibt sich nicht nur aus Abs. 2 S. 1 sondern auch aus Abs. 2 S. 3 (nicht mehr als 18 Tiere je m^2 Stallgrundfläche). – Abs. 9 S. 1 schreibt für Freilandhaltungen grds. die Einrichtung eines Kaltscharraumes vor, „da dieser nach praktischen Erfahrungen dazu beiträgt, die Gesundheitsvorsorge in den Freilandhaltungen erheblich zu verbessern" (BR-Drucks. 119/06, Beschluss S. 12). In S. 2 wird für Altgebäude, die aufgrund ihrer Lage oder Bausubstanz den Anbau nicht zulassen, eine Ausnahme vorgesehen. Ein solcher Kaltscharrraum bietet mehrere Vorteile: Er fördert die Aktivitäten und damit das Wohlbefinden der Tiere; er stärkt ihr Immunsystem durch Bewegung, Temperatur- und Klimareize; er führt zu einer Entlastung des Stallbereichs von Staub und Schadgasen. – Nach Abs. 8 müssen bei Zugang zu einem Kaltscharrraum oder zu einem Auslauf ins Freie mehrere Zugangsöffnungen zur Verfügung stehen, die nach S. 1 über die gesamte Länge einer Außenwand verteilt und einzeln mindestens 35 cm hoch und 40 cm breit sein müssen. Nach S. 2 müssen sie für je 500 Legehennen zusammen mindestens 100 cm Breite haben (vgl. Art. 4 Abs. 1 Nr. 3b i der EU-Richtlinie). Nach S. 3 dürfen die Zugangsöffnungen zwischen Stall und Kaltscharrraum gegenüber S. 2 eingeschränkt werden, soweit es die Sicherstellung des Stallklimas erfordert (auf die nach § 13 Abs. 9 aF nötige behördliche Erlaubnis für diese Ausnahme wird „zugunsten des Bürokratieabbaues verzichtet", so Beschluss, BR-Drucks. 119/06 S. 12). – Mit Abs. 10 soll Art. 4 Abs. 1 Nr. 3b ii der EU-Richtlinie umgesetzt werden. Es ist dafür Sorge zu tragen, dass zB über eine Wechselweide eine wirkungsvolle Gesundheitsvorsorge getroffen werden kann (vgl. BR-Drucks. 429/1/01 S. 3). Zum Schutz vor widrigen Witterungsbedingungen und Raubtieren schreibt die EU-Richtlinie ausdrücklich „Unterschlupfmöglichkeiten" vor (s. auch § 3 Abs. 2 Nr. 3).

4 **Ordnungswidrig** nach § 32 Abs. 1 Nr. 17b handelt der Halter, wenn er gegen Abs. 4, 7 oder 8 S. 1 oder 2 verstößt. Fahrlässigkeit genügt. Wer nicht Halter ist, kann Beteiligter iS des § 14 Abs. 1 OWiG sein (zur Möglichkeit, Verstöße gegen Abs. 2, 3, 5, 6, 9 und 10 über § 16a S. 2 Nr. 1 und § 18 Abs. 1 Nr. 2 TierSchG zu sanktionieren, s. § 32 Rn. 3).

§ 13b Besondere Anforderungen an die Kleingruppenhaltung

(1) Legehennen dürfen als Kleingruppen nur nach Maßgabe der Anforderungen der Absätze 2 bis 7 gehalten werden.

(2) [1]Für jede Legehenne muss, unbeschadet des § 13 Abs. 2 Nr. 1, jederzeit eine uneingeschränkt nutzbare Fläche von mindestens 800 Quadratzentimetern zur Verfügung stehen. [2]Beträgt das Durchschnittsgewicht der Legehennen in der Haltungseinrichtung mehr als zwei Kilogramm, muss abweichend von Satz 1 eine nutzbare Fläche von mindestens 900 Quadratzentimetern zur Verfügung stehen. [3]Für die Berechnung der Fläche ist diese in der Waagerechten zu messen.

(3) Die lichte Höhe einer Haltungseinrichtung muss

1. an der Seite der Haltungseinrichtung, an der der Futtertrog angebracht ist, mindestens 60 Zentimeter betragen und

2. darf im Übrigen an keiner Stelle über der Fläche nach Absatz 2 niedriger als 50 Zentimeter sein.

(4) [1]Für jeweils bis zu zehn Legehennen muss jederzeit ein Einstreubereich von mindestens 900 Quadratzentimetern Fläche und ein Gruppennest von mindestens 900 Quadratzentimeter zugänglich sein. [2]Das Gruppennest muss weniger ausgeleuchtet sein als die übrige Fläche. [3]Übersteigt die Gruppengröße 30 Legehennen, ist für jede weitere Legehenne der Einstreubereich und das Gruppennest um jeweils 90 Quadratzentimeter zu vergrößern.

(5) [1]Jeder Legehenne muss ein uneingeschränkt nutzbarer Futtertrog mit einer Kantenlänge von mindestens zwölf Zentimetern und eine Sitzstange von mindestens 15 Zentimetern Länge zur Verfügung stehen. [2]Beträgt das Durchschnittsgewicht der Legehenne in der Haltungseinrichtung mehr als zwei Kilogramm, muss der Futtertrog abweichend von Satz 1 eine Länge von mindestens 14,5 Zentimetern je Legehenne aufweisen. [3]Je Haltungseinrichtung müssen mindestens zwei Sitzstangen vorhanden sein, die in unterschiedlicher Höhe angeordnet sind.

(6) Die Gänge zwischen den Reihen der Haltungseinrichtungen müssen mindestens 90 Zentimeter breit sein und der Abstand zwischen dem Boden des Gebäudes und der unteren Reihe der Haltungseinrichtungen muss mindestens 35 Zentimeter betragen.

(7) Die Form und die Größe der Öffnung der Haltungseinrichtung muss gewährleisten, dass eine ausgewachsene Legehenne herausgenommen werden kann, ohne dass ihr vermeidbare Schmerzen, Leiden oder Schäden zugefügt werden.

In **Abs. 1** wird, ebenso wie in der Überschrift, der Begriff „Käfighaltung“ vermieden 1
und stattdessen auf die von der Geflügelwirtschaft präferierte Bezeichnung „Kleingruppenhaltung“ ausgewichen. Das ändert aber nichts daran, dass die hier in Abänderung von § 13 Abs. 2, 6 und 7 aF zugelassenen neuen Haltungseinrichtungen Käfige sind, denn es sind Behältnisse, die zumindest an einer Seite durch Gitterstäbe und Drahtgitter begrenzt sind und die je nach Belegungsdichte und Größe die Bewegungsfreiheit der Tiere mehr oder weniger einschränken (s. die Definition in Anh. A zum Europäischen Versuchstierübereinkommen, zitiert in § 13 Rn. 3; vgl. auch die Überschrift zu Art. 6 der EU-Legehennenrichtlinie: „Haltung in ausgestalteten Käfigen“). Im Handel müssen die Eier dementsprechend als „Eier aus Käfighaltung“ bezeichnet werden (vgl. Art. 13 Abs. 1 i.V.m. Anh. III der EU-Verordnung Nr. 2295/2003, ABl. EG Nr. L 340 S. 16). – Zur Begründung für die Einführung der neuen Käfige führt der Bundesrat u.a. aus: „Insbesondere im Bereich der Gesundheitsvorsorge kann dieses Haltungssystem nach derzeitigem Wissensstand Vorteile gegenüber der Bodenhaltung aufweisen“ (BR-Drucks. 119/06, Beschluss S. 13). Mit der zurückhaltenden Wortwahl „kann“ wollte man offenbar den Erkenntnissen von EFSA und EU-Kommission Rechnung tragen, wonach Nachteile, die in alternativen Haltungsformen auftreten, idR das Ergebnis von vermeidbaren Managementfehlern

in Aufzucht und Legebetrieb sind (zB Auswahl ungeeigneter Zuchtlinien, Einstallung käfigaufgezogener Junghennen, zu wenig oder nicht genügend ausgebildetes Personal, zu wenig Beschäftigungsmaterial und Rückzugsräume für die Hennen; s. auch Vor §§ 12–15 Rn. 19: „wenn eine gute Betriebsführung nicht dauerhaft gewährleistet ist"). Da aber von Personen, die berufsmäßig Legehennen halten, die notwendigen Kenntnisse und Fähigkeiten erwartet werden (vgl. § 2 Nr. 3 TierSchG), können solche Managementfehler nicht als Nachteile angesehen werden, die mit dem System der Boden- und Volièrenhaltung untrennbar verbunden wären. Demgegenüber sind die in Käfigen stattfindenden Einschränkungen bei der Ausübung arteigener Verhaltensweisen mit den dort herrschenden geringen Flächen- und Höhenmaßen untrennbar verknüpft. Die Verrechnung von Nachteilen, die dem System Käfig immanent sind, mit Nachteilen anderer Haltungsformen, die auf einem Mangel der „für eine angemessene Ernährung, Pflege und verhaltensgerechte Unterbringung der Tiere erforderlichen Kenntnisse und Fähigkeiten" (§ 2 Nr. 3 TierSchG) beruhen, entspricht nicht dem Sinngehalt von § 2 Nr. 1 TierSchG und von Art. 20a GG. – Die neuen Käfige beruhen deshalb ganz überwiegend auf wirtschaftlichen Erwägungen (vgl. *Damme* Jahrbuch für die Geflügelwirtschaft 2005 S. 78: Produktionskosten pro Ei in Volièrenhaltung 6,5 ct, in ausgestalteten Käfigen dagegen 6,1 ct). Solche Gründe reichen aber nicht aus, um das Merkmal „angemessen" in § 2 Nr. 1 TierSchG auszufüllen (vgl. u. a. die Nicht-Verrechnung der zurückgedrängten Grundbedürfnisse „Ruhen" und „gleichzeitig Fressen" mit den von den Käfighaltern geltend gemachten wirtschaftlichen und wettbewerblichen Erwägungen in BVerfGE 101, 1, 38; vgl. weiter OLG Frankfurt NStZ 1985, 130 zu dem verwandten Begriff des vernünftigen Grundes: „ökonomische Gründe allein sind zur Ausfüllung nicht geeignet … denn bei Anlegung eines allein ökonomischen Maßstabs ließe sich die Grundkonzeption des Tierschutzgesetzes als eines ethisch ausgerichteten Tierschutzes … aus den Angeln heben"; zu „angemessen" s. auch § 2 TierSchG Rn. 35 sowie *L/M* § 2 Rn. 37: „Die Kosten dürfen dabei grundsätzlich keine Rolle spielen").

2 Nach **Abs. 2 S. 1** müssen jeder leichten, nicht mehr als 2 kg wiegenden Legehenne mindestens 800 cm^2 als nutzbare Fläche iS von § 2 Nr. 7 zur Verfügung stehen. Hinzu kommen muss nach Abs. 4 eine Nestfläche von mindestens 90 cm^2 je Tier (vgl. § 2 Nr. 7 sowie Art. 2 Abs. 2d der EU-Richtlinie: Im Gegensatz zu Einstreuflächen sind Nestflächen nicht Teil der nutzbaren Fläche und dürfen nicht auf diese angerechnet werden). – Die in S. 2 vorgesehenen 900 cm^2 für schwerere Hennen sind nicht praxisrelevant, da kommerziell genutzte Legehennen selten 2 kg schwer werden, so dass ein entsprechendes Durchschnittsgewicht in einer 30 oder 60 Tiere umfassenden Gruppe praktisch nie erreicht wird. – Zur Fläche und Höhe, die nötig wäre, um das Flügelschlagen zu ermöglichen, s. Vor §§ 12–15 Rn. 17 (vgl. auch den neuen Anh. A zum Europäischen Versuchstierübereinkommen Tab. H. 2: Danach müssen in der Versuchstierhaltung Käfige für Legehennen mit 1,2 bis 1,8 kg Gewicht eine Mindestbodenfläche von 1100 cm^2 je Tier und eine Höhe von 75 cm aufweisen, weil man weiß, dass bei geringeren Flächen- und Höhenmaßen wichtige Verhaltensbedürfnisse unterdrückt bleiben und schwere Gesundheitsprobleme wie Knochenschwäche u. Ä. entstehen; dass aber die Grund- und Bewegungsbedürfnisse von landwirtschaftlichen Nutztieren andere wären als die von Versuchstieren, kann nicht ernsthaft behauptet werden).

3 Nach **Abs. 3** müssen die Käfige an der Seite, an der der Futtertrog angebracht ist, mindestens 60 cm hoch sein; im Übrigen dürfen sie an keiner Stelle niedriger als 50 cm sein. Der Unterschied erklärt sich mit dem nach vorn geneigten Boden (der iÜ ein Indiz dafür ist, dass der Verordnungsgeber mit vielen statt ins Nest auf den Käfigboden gelegten Eiern rechnet, die dann über eine geneigte Fläche zum Transportband rollen sollen). Dazu, dass bei dieser geringen Höhe das arttypische Aufbaumen und damit das artgemäße ungestörte Ruhen nicht möglich ist, s. Vor §§ 12–15 Rn. 15.

4 Der nach **Abs. 4** S. 1 vorgesehene Einstreubereich muss, ebenso wie das Nest, mindestens 900 cm^2 je 10 Tiere (= 90 cm^2 je Tier) betragen und jederzeit zugänglich sein, d. h. er

darf nicht zeitweise verschlossen werden. Nach S. 3 müssen Einstreubereich und Nest bei 30 Hennen jeweils 2700 cm², bei 31 Hennen jeweils 3600 cm², bei 40 Hennen ebenfalls jeweils 3600 cm² groß sein, usw. – Soweit vom Bundesrat zur Begründung ausgeführt wird, mit diesen Maßen seien ethologische Bedenken gegen das System der ausgestalteten Käfige aufgegriffen worden, ist offenbar die FAL-Stellungnahme zu den Ergebnissen des Modellvorhabens, das von 2002 bis 2004 mit verschiedenen ausgestalteten Käfigen in 7 Praxisbetrieben stattgefunden hat, unberücksichtigt geblieben: Dort ist mit Blick auf Käfige, deren Nestflächen 150 cm² je Tier und Einstreubereiche 120–150 cm² je Tier groß waren, auf die Notwendigkeit „der Vergrößerung des Platzangebotes“ hingewiesen worden (FAL 2004, S. 5, 6); demgegenüber hat der Bundesrat den Platz auf jeweils 90 cm² je Tier verkleinert, was man nicht ernsthaft als ein Aufgreifen der FAL-Bedenken einstufen kann. – Dazu, dass auf solch gering dimensionierten Einstreuflächen kein artgemäßes Picken, Scharren und Sandbaden stattfinden kann, s. Vor §§ 12–15 Rn. 12, 13; zu den Bedenken gegen die Möglichkeit zur ungestörten und geschützten Eiablage s. ebenda Rn. 14.

In **Abs. 5** S. 1 wird davon ausgegangen, dass die durchschnittlich 14,5 cm breiten Hennen im Gewichtsbereich bis 2 kg bei einer anteiligen Futtertroglänge von 12 cm gleichzeitig ungestört fressen können. Dazu hätte es aber vor dem Hintergrund des Legehennen-Urteils des BVerfG (dass eine Troglänge von 10 cm für die durchschnittlich 14,5 cm breiten Hennen eine gleichzeitige Futteraufnahme nicht zulasse) zumindest einer näheren Begründung und eines Hinweises auf entsprechende wissenschaftliche Untersuchungen bedurft (gegen die Einschätzung des Verordnungsgebers spricht u. a. der neue Anh. A zum Europäischen Versuchstierübereinkommen, Tab. H.2: Danach muss der Futtertrog für Legehennen von 1,2 bis 1,8 kg Gewicht mindestens 15 cm je Tier lang sein, um die gleichzeitige Futteraufnahme zu gewährleisten; Legehennen, die zu landwirtschaftlichen Zwecken gehalten werden, zeigen kein anderes Nahrungserwerbsverhalten als solche, die für Versuche bestimmt sind). – Mit der Anordnung der Sitzstangen in unterschiedlicher Höhe nach S. 3 will der Bundesrat offenbar der Erkenntnis Rechnung tragen, dass ranghöhere Legehennen oftmals nicht dulden, dass rangniedere auf gleicher Höhe Platz nehmen. Indes kann diesem Gesichtspunkt bei nur 50–60 cm Käfighöhe und einer durchschnittlichen Körpergröße der Legehennen von 38–42 cm nicht ausreichend Rechnung getragen werden. Dazu, dass bei solch geringer Raumhöhe weder das artgemäße Aufbaumen noch das Sich-Zurückziehen vor Angriffen und kannibalistischen Attacken möglich ist, s. Vor §§ 12–15 Rn. 15. 5

Abs. 6 und Abs. 7 dienen der Umsetzung von Art. 6 Nr. 4 bzw. von Nr. 7 des Anhangs der EU-Legehennenrichtlinie. 6

Ordnungswidrig nach § 32 Abs. 1 Nr. 17c handelt der Halter, wenn er gegen Abs. 2, 3, 4 S. 1 oder S. 3 oder Abs. 5 verstößt. Fahrlässigkeit genügt. Wer nicht Halter ist, kann Beteiligter iS des § 14 Abs. 1 OWiG sein. Zur Möglichkeit, Verstöße gegen Abs. 4 S. 2, Abs. 6 und Abs. 7 über § 16a S. 2 Nr. 1 und § 18 Abs. 1 Nr. 2 TierSchG zu sanktionieren, s. § 32 Rn. 3). 7

§ 14 Überwachung, Fütterung und Pflege von Legehennen

(1) **Wer Legehennen hält, hat sicherzustellen, dass**

1. **jede Legehenne jederzeit Zugang zu geeignetem Tränkwasser hat;**
2. **bei Verwendung künstlicher Beleuchtung die künstliche Beleuchtung für mindestens acht Stunden während der Nacht zurückgeschaltet wird, wobei während der Dunkelphase die Beleuchtungsstärke weniger als 0,5 Lux betragen soll, sofern dies die natürliche Beleuchtung zulässt, und eine ausreichende Dämmerphase vorzusehen ist, die den Legehennen die Einnahme ihrer Ruhestellung ohne Verletzungsgefahr ermöglicht;**

3. die Haltungseinrichtung jeweils zwischen dem Ausstallen und dem nächsten Einstallen der Legehennen gereinigt wird, wobei sämtliche Gegenstände, mit denen die Tiere in Berührung kommen, zusätzlich desinfiziert werden;

4. nur solche Legehennen eingestallt werden, die während ihrer Aufzucht an die Art der Haltungseinrichtung gewöhnt worden sind.

(2) [1] **Wer Legehennen hält, hat über deren Legeleistung unverzüglich Aufzeichnungen zu machen.** [2] **§ 4 Abs. 2 Satz 2 und 3 gilt entsprechend.**

1 **Abs. 1 Nr. 1** verlangt, dass jedem Tier zu jeder Zeit Wasser zur freien Aufnahme zur Verfügung steht (zu Bedenken gegen Nippeltränken s. § 13 Rn. 5).

2 **Abs. 1 Nr. 2** dient u.a. der Umsetzung von Art 14 Abs. 2 der Empfehlung des St. Ausschusses 1995. Danach ist eine ununterbrochene Dunkelperiode von etwa einem Drittel des Tages notwendig, damit die Tiere ruhen können und Probleme wie Immunsuppression und Augenanomalien vermieden werden. Deshalb bedarf es einer Mindestdunkelzeit von zusammenhängend acht Stunden mit vorgeschalteter Dämmerphase.

3 Zu **Abs. 1 Nr. 4.** Da die Gewöhnung der Legehennen an die Besonderheiten der verschiedenen Haltungssysteme schon im Junghennenstadium entscheidend für das spätere Vermeiden von tierschutzrelevanten Missständen ist, dürfen nur solche Legehennen eingestallt werden, die während ihrer Aufzucht an die Art der späteren Haltungseinrichtung gewöhnt wurden (vgl. BR-Drucks. 429/01 S. 17; s. auch Vor §§ 12–15, Rn. 21). Nach Sinn und Zweck der Vorschrift bedeutet „Gewöhnen", dass die Junghennen vom Kükenstadium bis zur Legereife unter denselben verhaltensgerechten Bedingungen gehalten werden müssen, wie sie gemäß § 2 Nr. 1 TierSchG für Adulttiere notwendig sind, insbesondere also mit Einstreu und Sitzstangen (vgl. den neuen Anh. A zum Europäischen Versuchstierübereinkommen H. 4.6 „opportunity to perch, peck appropriate substrates, forage and dust-bathe from one day old"). Deshalb ist keinesfalls ausreichend, diese Bedingungen erst kurze Zeit vor Beginn der Legeperiode herzustellen; Gewöhnung erfordert Langfristigkeit. Aufzuchten ohne (oder mit zu wenig) Einstreu und ohne Sitzstangen können nicht mehr hingenommen werden. Die Anforderungen aus § 13 Abs. 2 Nr. 2 gelten für sie zwar nicht unmittelbar, wohl aber über § 2 Nr. 1 TierSchG, der dadurch konkretisiert wird (s. § 12). – Typische Mängel bei der Aufzucht von Junghennen sind: Hohe Besatzdichten und Gruppengrößen, fehlender Zugang zu lockerem Substrat, fehlender Zugang zu erhöhten Sitzstangen, Fehler bei der Fütterung, hoher Ammoniak- und Staubgehalt, zu starke Forcierung der Aufzucht, zu geringes Körpergewicht bei der Umstallung in den Legebetrieb (vgl. *Staack* Referat anlässlich der FAL-Tagung „Alternative Legehennenhaltung in der Praxis" am 5./6. 10. 2006 in Celle). Noch immer werden ca. 50% der Junghennen in Deutschland in Käfigen aufgezogen. Weitere Ursachen für Verhaltensstörungen werden geschaffen, wenn bei der Umstallung in den Legebetrieb das Lichtmanagement und/oder die Fütterung plötzlich wesentlich verändert werden oder wenn man Hennen aus verschiedenen Aufzuchten vermischt (vgl. *Baumann* Beitrag anlässlich der o.e. FAL-Tagung: „Das Hauptproblem in Deutschland und einigen anderen EU-Ländern ist, dass die Junghennen vergessen werden"). – Wenn Junghennen mit solchen Mängeln aufgezogen werden, so können frühzeitig Verhaltensstörungen, insbesondere Federpicken entstehen, die später selbst unter besseren Haltungsbedingungen beibehalten werden können; erst recht gilt dies für Junghennen in Käfigaufzucht (vgl. *Baumann* aaO: „Die Ursachen für Federpicken liegen zu 70% in der Aufzucht"). Deshalb sind, wenn Mängel in Aufzuchtbetrieben festgestellt werden, Anordnungen nach §§ 2 Nr. 1, 16a S. 2 Nr. 1 TierSchG nicht nur zum Schutz der Tiere sondern auch im Interesse der späteren Halter notwendig (zu Sachverständigengutachten, die bei der Bewertung der Haltungssysteme die Bedeutung der Aufzucht außer Acht lassen, s. Vor §§ 12–15 Rn. 25). – Wo Junghennen trotz Einstreu und Sitzstangen mit Federpicken beginnen, kann es geboten sein, die Attraktivität der Einstreu und der Rückzugsräume zu erhöhen, die Besatzdichten und

Gruppengrößen zu verringern sowie ein etwaiges Ungleichgewicht bei der Fütterung abzustellen. – Die Übergangsfrist nach § 33 Abs. 6 ist zum 31. 12. 2002 abgelaufen.

Ordnungswidrigkeiten nach § 32 Abs. 1 Nr. 18, 19 und 20 sind Verstöße gegen Abs. 1 4
Nr. 1, Abs. 1 Nr. 3 und Abs. 1 Nr. 4. Fahrlässigkeit genügt. Wer nicht Halter ist, kann nach § 14 Abs. 1 OWiG Beteiligter sein. – Ordnungswidrig iS von § 32 Abs. 2 sind vorsätzliche oder fahrlässige Verstöße gegen die Aufzeichnungspflicht nach Abs. 2 S. 1 oder gegen die Aufbewahrungs- und Vorlagepflicht nach Abs. 2 S. 2 i. V. m. § 4 Abs. 2 S. 3.

§ 15 Anlagen zur Erprobung neuer Haltungseinrichtungen

[1]Die zuständige Behörde kann im Einzelfall für längstens drei Jahre zur Erprobung von neuartigen Haltungseinrichtungen Ausnahmen von einzelnen Bestimmungen mit Ausnahme des § 13 Abs. 2 Nr. 2 zulassen, wenn sichergestellt ist, dass in der Haltungseinrichtung ein artgemäßes Verhalten möglich ist. [2]Dabei ist sicherzustellen, dass die Legehennen über ausreichende Möglichkeiten zum erhöhten Sitzen, Flattern und Aufbaumen verfügen und dass die sonstigen Vorgaben der Richtlinie 1999/74/EG des Rates vom 19. Juli 1999 zur Festlegung von Mindestanforderungen zum Schutz von Legehennen (ABl. EG Nr. L 203 S. 53) nicht unterschritten werden.

Neuartige Haltungseinrichtungen, die von einzelnen Bestimmungen der VO abweichen, können für längstens drei Jahre zur Erprobung zugelassen werden, wenn sie folgenden Bedingungen entsprechen: **1.** Die Anforderungen des § 13 Abs. 2 Nr. 2 müssen in vollem Umfang erfüllt sein (s. § 13 Rn. 5–8). – **2.** Es muss sichergestellt sein, dass in der Einrichtung ein artgemäßes Verhalten möglich ist, d. h. dass die Verhaltensbedürfnisse der Bereiche „Ernährung", „Pflege" und „verhaltensgerechte Unterbringung" (vgl. § 2 Nr. 1 TierSchG) im Wesentlichen befriedigt werden. – **3.** Die Legehennen müssen dort erhöht sitzen und aufbaumen können, d. h: Die Haltungseinrichtung muss es ermöglichen, dass Sitzstangen in solcher Höhe angebracht werden können, dass ein Ruhe- und Rückzugsraum gegenüber der am Boden befindlichen Gruppe geschaffen und verhindert wird, dass die auf den Stangen sitzenden Hennen vom Boden aus bepickt werden können. – **4.** Es muss das Flügelschlagen möglich sein (zu der dazu notwendigen Fläche und Höhe s. Vor §§ 12–15 Rn. 17). – Gegenüber diesen Anforderungen erscheint es widersprüchlich, wenn mit der 2. ÄndVO durch § 13 b Käfige für den Regelbetrieb zugelassen werden, in denen weder ein Aufbaumen noch ein Flügelschlagen möglich und andere Grundbedürfnisse in erheblichem Ausmaß zurückgedrängt sind (s. § 13 b Rn. 2–5 sowie Vor §§ 12–15 Rn. 12–17). – Von einer Erprobung kann nicht gesprochen werden, wenn neuartige Haltungsformen dauerhaft gewerbsmäßig installiert werden sollen (Indizien: Höhe der Investition, Zahl der eingestallten Tiere).

Abschnitt 4. Anforderungen an das Halten von Schweinen

Vorbemerkung zu den §§ 16–25

Bisherige Regelungen. Die erste Schweinehaltungsverordnung (SchweineVO) ist am 1
1. 7. 1988 in Kraft getreten (BGBl. I S. 673; BR-Drucks. 159/88). Nach dem Zustandekommen der EU-Richtlinie über Mindestanforderungen für den Schutz von Schweinen vom 19. 11. 1991 (91/630/EWG, ABl. EG Nr. L 340 S. 33) wurden einige Anpassungen notwendig; deshalb kam es am 18. 2. 1994 zur Ersten Änderungsverordnung, die am 1. 3. 1994 in Kraft getreten ist (BGBl. I S. 312; BR-Drucks. 784/93). Zu weiteren, relativ geringfügigen Änderungen führte die Zweite Änderungsverordnung vom 2. 8. 1995 (BGBl. I S. 1016). – Alle diese Regelungen waren zumindest wegen Verstoßes gegen das Zitiergebot in Art. 80 Abs. 1 S. 3 GG nichtig. Das BVerfG hat in seinem Urteil zur Lege-

hennenhaltung vom 6. 7. 1999 die Hennenhaltungsverordnung (HhVO) von 1987 u.a. auch deswegen für nichtig erklärt, weil Art. 2 des Gesetzes vom 25. 1. 1978 zum ETÜ i.V.m. der Empfehlung des St. Ausschusses für das Halten von Legehennen vom 21. 11. 1986 nicht als Ermächtigungsgrundlage zitiert worden war, obwohl die Verordnung auch hierauf beruhte (vgl. BVerfG NJW 1999, 3253, 3256). Derselbe Mangel haftete auch der SchweineVO an: Obwohl mit ihr die einschlägige Empfehlung des St. Ausschusses vom 21. 11. 1986 innerstaatlich durchgesetzt werden sollte, waren in ihrem Vorspruch weder diese Empfehlung noch Art. 2 des o.e. Gesetzes zitiert worden. Daher bestimmte § 18 Nr. 2 idF der Ersten Verordnung zur Änderung der Tierschutz-Nutztierhaltungsverordnung (1. ÄndVO), dass die SchweineVO außer Kraft tritt. – Mit Richtlinie 2001/88/EG des Rates vom 23. 10. 2001 (ABl. EG Nr. L 316 S. 1) und Richtlinie 2001/93/EG der Kommission vom 9. 11. 2001 (ABl. EG Nr. L 316 S. 36) ist die Richtlinie von 1991 in einigen wesentlichen Punkten geändert worden. Hauptsächliche Neuerung ist die zeitliche Beschränkung der Kastenstandhaltung von Jungsauen und Sauen auf einen Zeitraum von ca. einer Woche vor dem voraussichtlichen Abferkeltermin bis 4 Wochen nach dem Decken (Art. 3 Nr. 4a). In der übrigen Zeit müssen die Tiere in Gruppen gehalten werden, wobei pro Sau 2,25 m² und pro Jungsau 1,64 m² zur Verfügung stehen müssen. Ein Teil dieser Fläche (nämlich 1,3 bzw. 0,95 m²) muss als Liegefläche planbefestigt oder in einer Weise ausgeführt sein, dass die Perforationen maximal 15% dieser Fläche beanspruchen (Art. 3 Nr. 1b, Nr. 2a). Für Betriebe, die vor dem 1. 1. 2003 mit der Haltung von Sauen begonnen haben und danach auch nicht umgebaut worden sind, gilt eine Übergangsfrist bis 1. 1. 2013 (Art. 3 Nr. 9). Die Flächenvorgaben, die in der Richtlinie von 1991 für Mastschweine und Ferkel vorgesehen sind, sind dagegen unverändert geblieben und entsprechen weitgehend den Bestimmungen der (nichtigen) SchweineVO von 1994/95.

2 **Bisherige Praxis.** Die übliche „konventionelle" Schweinehaltung orientiert sich noch weitgehend an der nichtigen SchweineVO von 1988/94/95. Dementsprechend werden Mastschweine und Ferkel in Gruppen in einstreulosen Ställen mit Vollspaltenböden gehalten. Die Bodenflächen richten sich nach dem Gewicht der Tiere: So stehen für Ferkel bis 20 kg 0,2 m² und bis 30 kg 0,3 m² je Tier zur Verfügung; für Mastschweine gelten nach der EU-Richtlinie als Mindestmaße pro Tier 0,4 m² (bei einem Gewicht bis 50 kg), 0,55 m² (bis 85 kg) und 0,65 m² (bis 110 kg). In der Praxis werden hier zT größere Flächen gewährt (s. § 24 Rn. 2). – Tragende Sauen sind meist einzeln in Kastenständen eingesperrt, d.h. in einem durch Metallrohrgitter an allen Seiten eingegrenzten Stand, der mit 0,6–0,7 m Breite und 1,8–2,1 m Länge die Bewegung unmöglich macht und sogar ein Sich-Umdrehen des Tieres verhindert. Diese Stände sind mit Voll- oder Teilspaltenböden ausgelegt und ganz überwiegend ebenfalls ohne Einstreu. Die Anbindehaltung ist seit dem 1. 1. 2006 endgültig und überall verboten. – Abferkelnde und säugende Sauen werden ebenfalls idR mittels Metallkäfig fixiert.

3 In der konventionellen Schweinehaltung findet ein unangemessenes Zurückdrängen zahlreicher Grundbedürfnisse iS des § 2 Nr. 1 TierSchG statt:

Nahrungserwerbsverhalten (Fress- und Trinkverhalten). Die gleichzeitige Futteraufnahme ist den Tieren nicht möglich, wenn in Gruppenhaltung mit Breifutterautomaten rationiert gefüttert wird, die nur ein oder zwei Fressplätze haben. Der dadurch hervorgerufene Zwang, das Futter nacheinander aufzunehmen, führt im Wartebereich vor den Futterstationen zu Verhaltensstörungen, u.a. zu gegenseitigen Bissen in die Vulva (vgl. *Buchholtz, Lambooij, Maisack* et al. S. 3; s. auch § 23 Rn. 4, § 24 Rn. 3 und § 25 Rn. 8). – Gefüttert werden die Tiere mit energiereichem Leistungsfutter in Form von Brei, Mehl oder Pellets. Dadurch verkürzt sich die Zeit ihrer Nahrungssuche und -aufnahme, die unter naturnahen Bedingungen etwa sieben Stunden und ca. 70% der gesamten Aktivität des Tages in Anspruch nimmt, auf 10–20 Minuten pro Fütterung. Das Bedürfnis zum „Manipulieren", insbesondere durch Beißen und Kauen, bleibt somit unbefriedigt und wird schon im Ferkelalter an Einrichtungsgegenständen und Körperteilen von Artgenossen abreagiert (Schwanz- und Ohrenbeißen). – Wühlen als die „Top-Motorik aller

Schweine“ (*Grauvogl* et al. S. 85) kann ohne Einstreu nicht stattfinden, erst recht nicht auf Spalten-, Loch- oder Drahtgitterboden. – Erkundungsverhalten stellt für Schweine ein „dringendes Bedürfnis“ dar und wird selbst unter Bedingungen gezeigt, die nicht dazu anreizen (vgl. EU-SVC-Report Schweine S. 16 und S. 147). Auch dieses Verhalten kann weder im Kastenstand noch in der uneingestreuten Gruppenbucht auf Vollspaltenboden gezeigt werden. Werden Gegenstände wie Ketten, Reifen, Holzstücke o. Ä. als Ersatz für fehlende Einstreu beigegeben, so nimmt das Erkundungsinteresse daran parallel zum Neuigkeitswert ab (vgl. EU-SVC-Report Schweine S. 140; s. auch § 21 Rn. 1).

Ruheverhalten. Bei Kastenstandhaltung ist ein artgemäßes Ruhen von vornherein nicht möglich, weil Schweine grundsätzlich nicht einzeln, sondern mit einem gewissen Körperkontakt in Gruppen lagern (vgl. *Grauvogl* et al. S. 104; *L/M* SchweineVO Rn. 3). Für großrahmige Sauen sind die üblichen Kastenstände außerdem zu kurz. – Bei einstreuloser Gruppenhaltung mit den üblichen Besatzdichten ist den Tieren die arttypische Trennung von Kot- und Liegeplatz nicht möglich (unter naturnahen Bedingungen werden Kot- und Liegeplatz strikt getrennt, wenn möglich mit einem Abstand von über 5 m; vgl. *Burdick* et al. S. 80). Der Liegeplatz ist ständig verschmutzt, weil in der Perforierung Kot- und Harnreste hängen bzw. kleben bleiben. Infolge des Spaltenbodens sind die Tiere außerdem einer ständigen Belastung durch Ammoniak ausgesetzt, weil sie mit dem Rüssel direkt über dem eigenen und fremden Kot liegen (vgl. *van Putten* S. 4). U. a deswegen leiden viele Schweine unter Husten und Lungenschäden. – Ein wärmegedämmter, weicher (d. h. mit Stroh ausgestatteter) Liegebereich oder eine Gummimatte zum Liegen fehlen vollständig. Damit ist auch der Bau von Schlafnestern für Ferkel nicht möglich (vgl. EU-SVC-Report Schweine S. 15; s. auch § 17 Rn. 3).

Pflege einschließlich Eigenkörperpflege. Ferkel, die ohne Auslauf auf Betonspalten-, Lochblech- oder Drahtgitterböden gehalten werden, leiden vermehrt unter schmerzhaften Verletzungen an den Sprunggelenken und den Klauen, außerdem an Schwellungen lateral des Sprunggelenks (vgl. *Müller* aaO S. 111. Häufig sind Arthritiden nach Verletzung des weichen Ballenhorns im Saugferkelalter). Mastschweine auf Vollspaltenböden weisen häufig schmerzhafte Quetschungen, Schürfungen und Wunden im Klauenbereich auf (vgl. *Müller* aaO S. 99); Klauen- und Gelenkverletzungen betreffen teilweise bis zu 50% der Tiere (*Burdick* et al. S. 82). Insgesamt zeigen viele Schweine Hautschäden, insbesondere wegen des ständigen Liegens auf dem harten, kotverschmutzten Boden. Damit stellt das Halten auf Vollspaltenböden einen Verstoß gegen das Pflegegebot nach § 2 Nr. 1 TierSchG dar, auch unabhängig von den Schmerzen, Leiden und Schäden, die dadurch verursacht werden. – Das Bedürfnis nach Kratzen und Scheuern an Bäumen, Pfählen, Bürsten o. Ä. ist bei Schweinen noch stärker ausgeprägt als bei Rindern (*Grauvogl* et al. S. 104). Es kann im Kastenstand überhaupt nicht befriedigt werden, scheitert aber auch in der Gruppenhaltung, wenn keine Bürsten (senkrecht und schräg) eingebaut sind (vgl. *van Putten* S. 4). – Abkühlungsmöglichkeiten, die die Tiere von sich aus nutzen können, fehlen. Sie müssten in Form von Duschen oder Suhlen oder wenigstens kühlen Bodenflächen dringend angeboten werden, weil das Schwein infolge seiner Zucht auf hohe Gewichtszunahme und die damit einhergehende proportionale Verkürzung des Rüssels große Schwierigkeiten mit der Ableitung überschüssiger Wärme hat (vgl. *Buchholtz, Lambooij, Maisack* et al S. 3; s. auch § 17 Rn. 4). – Zur Trennung von Kot- und Liegeplatz s. o.

Fortpflanzungsverhalten/Mutter-Kind-Verhalten. Sauen zeigen ein aufwändiges Nestbauverhalten, das, hormonell gesteuert, etwa 24 Stunden vor dem Gebären einsetzt und dann stundenlang und mit großer Anstrengung durchgeführt wird, selbst bei Fehlen von geeignetem Material (vgl. EU-SVC-Report Schweine S. 17; *Grauvogl* et al. S. 94). Der in der Abferkelbucht mittels Metallkäfig fixierten Sau ist dieses Verhalten nicht möglich, zumal es auch an Nestmaterial wie zB Langstroh fehlt (s. § 25 Rn. 7). Als Folge davon kommt es bei ihr zu Verhaltensstörungen wie anfänglichen, heftig geführten Befreiungsversuchen, Wühlversuchen und allgemeiner Unruhe (vgl. *Müller* in: *v. Loeper, Martin, Müller* et al. S. 94; s. auch § 17 TierSchG Rn. 99). – Nachdem die Sau einen Teil der Ferkel geboren hat, steht sie in naturnaher Haltung meist auf, inspiziert die Neugeborenen, richtet das Abferkelnest und wechselt dann die Seitenlage, um denjenigen Ferkeln, die sich im anderen Horn der Gebärmutter befinden, die Geburt zu erleichtern. Bei Fixierung ist dies unmöglich. Dies führt (i.V.m. der mangelnden Bewegung vor und während des Abferkelns) zur Verlängerung des schmerzhaften Geburtsvorgangs und erhöht die Gefahr von Gebärmutterinfektionen (vgl. *Buchholtz, Lambooij, Maisack* et al. S. 4; s. § 25 Rn. 1). – Weil die Sau ihren Liegeplatz infolge der Fixierung nicht einmal zum Koten und Harnen verlassen kann, hält sie ihre Ausscheidungen möglichst lange zurück; das Verschmutzen-Müssen des Abferkelnests ist gegen ihre Natur. (Folge: MMA) – Das relativ frühe Absetzen der Ferkel (üblich: 4–5 Wochen nach der Geburt) verursacht der Sau Schmerzen im Gesäuge, da gerade zu diesem Zeitpunkt in der Milchproduktion der Peak der Milchleistung erreicht ist (s. § 22 Rn. 1).

Sozialverhalten. Im Kastenstand scheidet Sozialverhalten aus. Es findet aber auch in der Gruppenhaltung nicht auf artgemäße Weise statt, weil die zum Aufbau und zur Erhaltung einer Hierarchie notwendigen Möglichkeiten zum Ausweichen, Zurückziehen und Deckungsuchen fehlen. Hohe Besatzdichten und fehlende Raumstrukturierung fördern Auseinandersetzungen, insbesondere bei der Bildung neuer Gruppen (in diesem Zusammenhang kommt es auch zum Einsatz von Sedativa, vgl. EU-SVC-Report Schweine S. 141).

4 Die konventionelle Schweinehaltung führt außerdem zu **Bewegungseinschränkungen mit Schmerzen, vermeidbaren Leiden oder Schäden iS des § 2 Nr. 2** (zu Verhaltensstörungen s. auch § 17 TierSchG Rn. 98, 99).

Schmerzen. Im Kastenstand und in der Abferkelbucht ist die Möglichkeit zur Fortbewegung vollständig aufgehoben. Zu den Schmerzen, die der Sau als Folge davon entstehen, s. § 25 Rn. 1. Bei Ferkeln ohne Auslauf führt der Bewegungsmangel zu Arthritis an Knien und Tarsalgelenken. Bei Mastschweinen führt die eingeschränkte Lokomotion in Verbindung mit dem schnellen Wachstum zu Beinschwächen (vgl. *Buchholtz, Lambooij, Maisack* et al. S. 5). Resultat: Zum Mastende sind viele Tiere kaum noch gehfähig.

Leiden. Zu den Leiden in Kastenstand und Abferkelbucht s. § 25 Rn. 1. – Auch Ferkeln und Mastschweinen ist eine artgemäße Fortbewegung kaum möglich, da die üblichen Flächen (s. Rn. 2) den für das bloße Liegen benötigten Platz nur um etwa 20% übersteigen (vgl. BR-Drucks. 159/88 S. 18; vgl. auch die im neuen Anh. A zum Europäischen Versuchstierübereinkommen in Tab. G.4 festgelegten Mindestflächen für den Liegebereich: 0,18 m² für Ferkel bis 20 kg, 0,24 m² für Ferkel bis 30 kg, 0,33 m² für Schweine bis 50 kg, 0,41 m² für Schweine bis 70 kg und 0,53 m² für Schweine bis 100 kg). Wegen des starken Drangs zu Spielverhalten und insbesondere zu Rennspielen begründet diese Situation besonders bei Ferkeln Leiden. Aber auch Mastschweine sind, wenn sie im Alter von 6 Monaten geschlachtet werden, noch juvenile Tiere, die unter der Unmöglichkeit zu Lokomotion leiden.

Schäden. Zu den Schäden durch Kastenstandhaltung s. § 25 Rn. 1; zu den Schäden bei Gruppenhaltung als Folge des Vollspaltenbodens s. Rn. 3.

Vermeidbarkeit. Zur Vermeidbarkeit der Schmerzen, Leiden und Schäden in Kastenstand und Abferkelbucht s. § 25 Rn. 1. – Bei den Ferkeln und Mastschweinen ließen sich die Schmerzen, Leiden und Schäden vermeiden, wenn den Tieren deutlich großzügigere Bodenflächen, nicht perforierte, eingestreute Liegebereiche oder wenigstens Liegematten und eine ausreichende Strukturierung der Buchten angeboten würden. – In die Nutzen-Schaden-Abwägung, die zur Vermeidbarkeitsbetrachtung gehört (s. § 2 TierSchG Rn. 40), sollten auch die gesundheitlichen und ökologischen Nachteile, die mit den bewegungseinschränkenden konventionellen Haltungsformen verbunden sind, einbezogen werden. – Hier sind der hohe prophylaktische Antibiotika- und sonstige Medikamenteneinsatz (weil Tiere, die sich nicht bewegen, kein intaktes Immunsystem besitzen; s. § 2 TierSchG Rn. 22, 23), der Einsatz von Tranquilizern beim häufigen „pig-mixing" (s. Rn. 3, Sozialverhalten), die künstliche hormonelle Einleitung des Geburtsvorgangs, der erhöhte Einsatz von Heizenergie in den einstreulosen Haltungen und die gravierenden Belastungen von Böden und Gewässern durch den in Spaltenbodensystemen anfallenden Flüssigmist zu nennen. Die Schadgaskonzentrationen in den konventionellen Betrieben sind so hoch, dass viele Mastschweine unter Husten leiden und ihre Lungen bei der Fleischuntersuchung häufig als „untauglich" beurteilt werden müssen (s. auch § 21 Rn. 5).

Versuche, die Zustände in der konventionellen Schweinehaltung zu verbessern, hat es unter der von 2001 bis 2005 regierenden Verbraucherschutzministerin *Künast* gegeben. In einem Verordnungsentwurf vom 13. 8. 2003 (BR-Drucks. 574/03) waren als Verbesserungen u. a. vorgesehen: Abkühlvorrichtungen im Aufenthaltsbereich der Schweine (zB in Form von unterschiedlich temperierten Bodenflächen, um eine Trennung in einen eher wärmeren Liege- und einen eher kühlen Kotbereich zu ermöglichen), verringerte Spaltenweiten für Saugferkel und Mastschweine, Beschränkung des Perforationsgrads im Liegebereich auf höchstens 10%, Tageslicht in allen Stallungen (bei einer Fensterfläche von mindestens 3% der Stallgrundfläche), ständiger Zugang zu mindestens zwei verschiedenen Beschäftigungsmöglichkeiten, Vergrößerung der Mindestbodenflächen für Absatzferkel und Mastschweine, Stroh oder anderes Nestbaumaterial für die Sau oder Jungsau kurz vor dem Abferkeltermin. Die meisten dieser Verbesserungen wurden aber im Bundesrat, der ab 2003 von CDU und CSU dominiert war, abgelehnt (vgl. Beschluss vom 28. 11. 2003, BR-Drucks. 574/03; Beschluss vom 17. 12. 2004, BR-Drucks. 482/04: keine Abkühlvorrichtungen im Aufenthaltsbereich; keine verringerten Spaltenweiten für den Gussrost im Sauenbereich; kein Perforationsgrad im Liegebereich unter 15%; kein Tageslicht in Altbauten; kein Stroh oder anderes Material, das das Schwein kauen und verändern kann; keine wesentliche Vergrößerung der Mindestbodenflächen je Tier; Nestmaterial für die abferkelnde Sau nur, „soweit dies nach dem Stand der Technik mit dem Betrieb eines Güllesystems zu vereinbaren ist"). 5

Zur Neuregelung der Schweinehaltung ist am 1. 8. 2006 die **Zweite Verordnung zur Änderung der Tierschutz-Nutztierhaltungsverordnung (2. ÄndVO)** erlassen worden (BGBl. I S. 1804, BR-Drucks. 119/06). Sie entspricht weitgehend den o. e. Beschlüssen des Bundesrats. Allerdings wurden selbst einige der Verbesserungen, die der Bundesrat noch akzeptiert hatte, gestrichen: So war der Bundesrat noch mit einer Verringerung der Spaltenweiten zugunsten der Saugferkel auf 10 mm außerhalb des Gussrostes im Sauenbereich einverstanden gewesen, ebenso auch mit einer Verringerung der Spaltenweiten für Mastschweine auf 17 mm (vgl. demgegenüber jetzt § 17 Abs. 3 Nr. 4: 11 mm bzw. 18 mm); die Fensterflächen in Neubauten sollten nach den Vorstellungen des Bundesrats mindestens 3% der Stallgrundfläche entsprechen (vgl. demgegenüber jetzt § 17 Abs. 4 S. 2: 1,5%, wenn Gründe der Bautechnik und der Bauart entgegenstehen); das Beschäftigungsmaterial sollte nach dem Willen des Bundesrats geeignet sein, „das Erkundungsverhalten und Wühlbedürfnis der Tiere zu befriedigen" (vgl. demgegenüber jetzt § 21 Abs. 1 Nr. 1: Wühlbedürfnis wird nicht mehr erwähnt); auch war entsprechend einer Empfehlung der Bundestierärztekammer (BTK) von Bundesregierung und Bundesrat zunächst festgelegt worden, dass das Befinden der Schweine mindestens zweimal täglich zu überprüfen sei (vgl. demgegenüber jetzt § 21 Abs. 1: keine Erwähnung mehr, so dass nach § 4 Abs. 1 Nr. 2 weiterhin die einmal tägliche Kontrolle ausreicht). – In der amtl. Begr. wird im Wesentlichen auf die Bestimmungen der EU-Richtlinien von 1991/2001 Bezug genommen; darüber hinaus erfolgt zu einzelnen Vorschriften eine etwas eingehendere Begründung. Soweit in die 2. ÄndVO Regelungen aus der alten SchweineVO von 1988/94/95 unverändert aufgenommen worden sind und dafür keine besondere Begründung gegeben wird, erscheint es zulässig, hilfsweise auf die damaligen Materialien in BR-Drucks. 159/88 und 784/93 zurückzugreifen, soweit nicht die EU-Richtlinien oder das zwischenzeitlich in Kraft getretene Staatsziel „Tierschutz" (Art. 20 a GG) entgegenstehen. Außerdem gilt das Gebot zu richtlinienkonformer Auslegung, d. h. die Bestimmungen der Verordnung sind so auszulegen, dass sie den Zielen der jeweiligen Richtlinienbestimmung so weit wie möglich entsprechen. 6

7 **Weitergehende Anordnungen nach § 16a S. 2 Nr. 1 TierSchG.** In § 1 Abs. 3 der SchweineVO 1988 war noch ausdrücklich klargestellt worden, dass die Befugnis der zuständigen Verwaltungsbehörde, gegenüber Schweinehaltern Anordnungen nach § 16a S. 2 Nr. 1 TierSchG zu treffen, durch diese Verordnung nicht eingeschränkt oder aufgehoben werde. Der spätere Wegfall dieser Unberührtheitsklausel hat daran nichts geändert, denn sie wiederholte nur, was ohnehin gilt: Weil Rechtsverordnungen gegenüber dem Gesetz nachrangig sind, können sie die Pflichten der Halter aus § 2 TierSchG und die daran anknüpfenden Befugnisse der Behörden nach § 16a TierSchG nicht einschränken (vgl. BR-Drucks. 784/93 S. 8; BR-Drucks. 159/88 S. 14: „Klarstellung"). Damit bleibt es dabei, dass die nach § 15 TierSchG zuständige Behörde auch ohne ausdrückliche Regelung in der Verordnung berechtigt und ggf. verpflichtet ist, dort, wo Grundbedürfnisse iS von § 2 Nr. 1 TierSchG unangemessen zurückgedrängt werden oder wo den Tieren durch Bewegungseinschränkungen Schmerzen, vermeidbare Leiden oder Schäden iS von § 2 Nr. 2 TierSchG zugefügt werden, durch Anordnungen nach § 16a S. 2 Nr. 1 TierSchG die gesetzlichen Anforderungen aus § 2 TierSchG durchzusetzen und dazu im Einzelfall auch Maßnahmen anzuordnen, die über die Verordnung hinausgehen (s. hierzu auch Vor §§ 5–11 Rn. 7 sowie § 2 TierSchG Rn. 3).

8 In **Schweden, Großbritannien, den Niederlanden und in der Schweiz** gelten Regelungen, die über die 2. ÄndVO und die in Rn. 2 beschriebene Praxis zT erheblich hinausgehen. – In Schweden sind sowohl der Kastenstand als auch das Fixieren der Sau in der Abferkelbucht grds. verboten. Ausnahmen gelten nur für jeweils maximal eine Woche während der Zeit des Deckens und des Wurfes. Außerdem muss in allen Haltungen eine Trennung in einen Liege-, einen Fress- und einen Kotbereich durchgeführt werden und jedem Tier ein eingestreuter Liegeplatz zur Verfügung stehen (vgl. *Schmidinger* S. 9–11). – In Großbritannien sind grds. nur noch solche Kastenstände erlaubt, die der Sau auch das Sich-Umdrehen ermöglichen. 85% des Sauenbestandes werden dort bereits in Gruppen gehalten. – In den Niederlanden, die 60% ihrer nationalen Produktion exportieren, erhalten Ferkel und Mastschweine deutlich größere Bodenflächen: bis 30 kg 0,4 m^2/Tier, bis 50 kg 0,6 m^2, bis 85 kg 0,8 m^2 und bis 110 kg 1 m^2. Teile davon müssen als Liegeflächen frei von Perforationen sein. Die Einzelhaltung von Sauen ist nur noch für maximal 4 Tage nach der Besamung und für eine Woche vor der Geburt bis zum Absetzen der Ferkel erlaubt (vgl. *Schmidinger* S. 5–7). – Die Schweiz sieht zum Ruhen Flächen vor, die nicht perforiert sein dürfen. Die Kastenstandhaltung von Sauen ist nur während der Deckzeit für maximal 10 Tage erlaubt. In der Abferkelbucht muss ausreichend Einstreu vorhanden sein; die Sau muss sich dort frei drehen können und darf auch während der Geburtsphase nur im Ausnahmefall fixiert werden (Art. 21, 23 Tierschutzverordnung der Schweiz).

§ 16 Anwendungsbereich

[1] Schweine dürfen, unbeschadet der Anforderungen der §§ 3 und 4, nur nach Maßgabe der Vorschriften dieses Abschnitts gehalten werden. [2] Die §§ 17 bis 20 und 22 Abs. 2 gelten nicht für Haltungseinrichtungen außerhalb von Ställen.

1 Die Anforderungen der §§ 17 bis 20 sowie § 22 Abs. 2 gelten nur für **Ställe oder Haltungseinrichtungen in Ställen,** nicht dagegen für die Freilandhaltung (amtl. Begr., BR-Drucks. 119/06 S. 19).

2 Die **Freilandhaltung** kommt dem natürlichen Verhalten und damit den Anforderungen von § 2 TierSchG am nächsten. Sie hat jedoch in Deutschland kaum Bedeutung: Weniger als 1% der Schweine werden im Freiland gehalten, obwohl die Tiere dort idR gesünder und leistungsstärker sind und weniger Medikamente brauchen. – Der bessere Gesundheitszustand und die höhere Mastleistung von Schweinen in Freilandhaltung konnten u. a.

mit Hilfe einer in Berlin durchgeführten Vergleichsuntersuchung nachgewiesen werden: So war die Mortalität bei Absatzferkeln in Stallhaltung mit 10,1% signifikant höher als im Freiland mit nur 1,1%. Dasselbe galt für die Krankheitshäufigkeit: Während von den Muttersauen im Stall 31% krank wurden, waren es im Freiland nur 9,1%. Bei den Sommerwürfen der Saugferkel war das Verhältnis 17,1% zu 0,9%. Von den Absatzferkeln erkrankten im Stall 57,8% gegenüber 21,8% im Freiland, und bei den Mastschweinen waren es 32,7% im Stall und nur 0,1% im Freiland. Als Erklärung kann dienen, dass zwar im Freiland Erdrückungen von Saugferkeln durch die Muttersau und traumatische Erkrankungen der Gliedmaßen häufiger vorkommen können und außerdem in bestimmten Regionen auch ein Seuchenrisiko durch Kontakte mit Wildtieren nicht auszuschließen ist, dass aber andererseits durch das stabilere Immunsystem und die ständige Keimverdünnung im Freiland infektiöse Faktorenkrankheiten wesentlich seltener auftreten als in der reinen Stallhaltung, wo dank des hohen Erregerdrucks und der Immunsuppression infolge der Bewegungsarmut vor allem Lungen- und Lebererkrankungen häufig sind und zu einem entsprechend hohen Einsatz von Medikamenten und Antibiotika führen (vgl. *Krieter* TU 2005, 391: „Ferkelverluste von 17,4–23,1%, wie sie gegenwärtig in Deutschland zu verzeichnen sind, sind absolut zu hoch"; zum Einsatz von Antibiotika s. auch § 2 TierSchG Rn. 22, 23). Auch die täglichen Gewichtszunahmen sind im Freiland besser (vgl. *Lahrmann, Bremermann, Kaufmann, Dahms* DtW 2004, 205ff.). – Dass trotzdem kaum Schweine im Freiland gehalten werden, hat vorwiegend ökonomische Gründe: ein höherer Futterverbrauch dank des aktiveren Verhaltens, vor allem aber ein deutlich höherer Flächen- und Arbeitsbedarf.

§ 17 Allgemeine Anforderungen an Haltungseinrichtungen für Schweine

(1) Schweine dürfen nur in Haltungseinrichtungen gehalten werden, die den Anforderungen der Absätze 2 bis 4 entsprechen.

(2) [1]Haltungseinrichtungen müssen so beschaffen sein, dass

1. einzeln gehaltene Schweine Sichtkontakt zu anderen dort gehaltenen Schweinen haben können;
2. die Schweine gleichzeitig ungehindert liegen, aufstehen, sich hinlegen und eine natürliche Körperhaltung einnehmen können;
3. die Schweine nicht mehr als unvermeidbar mit Harn und Kot in Berührung kommen und ihnen ein trockener Liegebereich zur Verfügung steht;
4. eine geeignete Vorrichtung vorhanden ist, die eine Verminderung der Wärmebelastung der Schweine bei hohen Stalllufttemperaturen ermöglicht.

[2]Satz 1 Nr. 1 gilt nicht für Abferkelbuchten.

(3) Der Boden der Haltungseinrichtung muss

1. im ganzen Aufenthaltsbereich der Schweine und in den Treibgängen rutschfest und trittsicher sein;
2. der Größe und dem Gewicht der Tiere entsprechen;
3. soweit er Löcher, Spalten oder sonstige Aussparungen aufweist, so beschaffen sein, dass von ihm keine Verletzungsgefahr ausgeht;
4. soweit Spaltenboden verwendet wird, im Aufenthaltsbereich der Schweine Auftrittsbreiten, die mindestens den Spaltenweiten entsprechen und höchstens Spaltenweiten nach folgender Tabelle aufweisen:

	Spaltenweite in Millimetern
Saugferkel	11
Absatzferkel	14
Zuchtläufer und Mastschweine	18
Jungsauen, Sauen und Eber	20;

5. soweit Betonspaltenboden verwendet wird, entgratete Kanten sowie bei Saug- und Absatzferkeln eine Auftrittsbreite von mindestens fünf Zentimetern und bei anderen Schweinen eine Auftrittsbreite von mindestens acht Zentimetern aufweisen;

6. soweit es sich um einen Metallgitterboden aus geschweißtem oder gewobenem Drahtgeflecht handelt, aus ummanteltem Draht bestehen, wobei der einzelne Draht mit Mantel mindestens neun Millimeter Durchmesser haben muss;

7. im Liegebereich so beschaffen sein, dass eine nachteilige Beeinflussung der Gesundheit der Schweine durch zu hohe oder zu geringe Wärmeableitung vermieden wird;

8. im Liegebereich bei Gruppenhaltung, mit Ausnahme der Haltungseinrichtungen für Absatzferkel, so beschaffen sein, dass der Perforationsgrad höchstens 15 Prozent beträgt.

(4) [1] **Ställe, die nach dem 4. August 2006 in Benutzung genommen werden, müssen mit Flächen ausgestattet sein, durch die Tageslicht einfallen kann, die**

1. in der Gesamtgröße mindestens 3 Prozent der Stallgrundfläche entsprechen und

2. so angeordnet sind, dass im Aufenthaltsbereich der Schweine eine möglichst gleichmäßige Verteilung des Lichts erreicht wird.

[2] **Abweichend von Satz 1 kann die Gesamtgröße der Fläche, durch die Tageslicht einfallen kann, auf bis zu 1,5 Prozent der Stallgrundfläche verkleinert werden, soweit die in Satz 1 vorgesehene Fläche aus Gründen der Bautechnik und der Bauart nicht erreicht werden kann.** [3] **Satz 1, auch in Verbindung mit Satz 2, gilt nicht für Ställe, die in bestehenden Bauwerken eingerichtet werden sollen, soweit eine Ausleuchtung des Aufenthaltsbereiches der Schweine durch natürliches Licht aus Gründen der Bautechnik und der Bauart oder aus baurechtlichen Gründen nicht oder nur mit unverhältnismäßig hohem Aufwand erreicht werden kann und eine dem natürlichen Licht so weit wie möglich entsprechende künstliche Beleuchtung sichergestellt ist.**

1 **Abs. 2 Nr. 1** dient der Umsetzung der EU-Richtlinie Anh. Kap. I Nr. 3. Als soziale Tiere sollen Schweine auch dann, wenn sie einzeln gehalten werden, zumindest Sichtkontakt zu anderen Schweinen haben können (vgl. BR-Drucks. 784/93 S. 9 zu dem gleichlautenden § 2 Nr. 1 a SchweineVO aF).

2 Mit **Abs. 2 Nr. 2** wird ebenfalls die EU-Richtlinie Anh. Kap. I Nr. 3 umgesetzt. Dort wird gefordert, „dass die Tiere Zugang zu einem größen- und temperaturmäßig angemessenen Liegebereich haben, der mit einem angemessenen Ableitungssystem ausgestattet und sauber ist und so viel Platz bietet, dass alle Tiere gleichzeitig liegen können" (‚angemessen' lautet im Englischen ‚appropriate', bedeutet also ‚entsprechend den physiologischen und ethologischen Bedürfnissen'). – Das ungehinderte Liegen schließt ein, dass alle Schweine gleichzeitig auch die gestreckte Seitenlage einnehmen und darüber hinaus bei Umgebungstemperaturen über ca. 22° C in Seitenlage ohne Körperkontakt ruhen können (amtl. Begr., BR-Drucks. 119/06 S. 19).

3 **Abs. 2 Nr. 3** soll ebenfalls der Umsetzung der EU-Richtlinie Anh. Kap. I Nr. 3 dienen (allerdings wird die uneingeschränkte Forderung der Richtlinie, dass der Liegebereich „sauber" sein müsse, durch die relativierende Formulierung im Verordnungstext „nicht mehr als unvermeidbar" nur teilweise umgesetzt; die Verordnung muss indes richtlinienkonform ausgelegt werden, so dass das Sauberkeitsgebot uneingeschränkt gilt). – Um Schweinen das artgemäße Ruhen iS von § 2 Nr. 1 TierSchG zu ermöglichen, muss ihr Liegebereich nicht nur sauber und trocken, sondern auch bequem sein. Die entsprechende Forderung des Wissenschaftlichen Veterinärausschusses (s. EU-SVC-Report Schweine, Empfehlung Nr. 13 S. 141: „lying surface which is physically and thermally comfortable") konkretisiert in zutreffender Weise das gesetzliche Pflegegebot, denn ein unbequemer Liegebereich ermöglicht kein ungestörtes Ruhen und verstößt damit gegen § 2 Nr. 1 TierSchG. Um bequem ruhen zu können, brauchen Schweine einen befestigten, elastischen Liegebereich (vgl. *Gut/Laube/Fehlhaber* in: DVG 2002 S. 50, 52, 59: „Dass Schwei-

ne eingestreute Bereiche nicht eingestreuten vorziehen, belegen zahlreiche Arbeiten"; bei Schweinen auf einstreulosem Vollspaltenboden gebe es eine „hochsignifikante Präferenz" für eine Liegematte). Lange Liegezeiten auf perforiertem, hartem Boden verursachen bei den auf Magerkeit gezüchteten Tieren Schmerzen und Hautschäden, u.a. weil ein Knochenvorsprung des Schulterblattes unmittelbar unter der Haut liegt und es bei längerem Liegen in Seitenlage auf hartem Untergrund zu Schmerzen und Drucknekrosen kommt (vgl. *Sambraus* in: Tierarzt – berufener Tierschützer S. 48; *Grauvogl* et al. S. 93: „In nicht eingestreuten Abferkelbuchten gehaltene säugende Sauen können sich Decubitusstellen an den äußeren Gliedmaßen zuziehen, da sie mehr als 20 Stunden des Tages liegen"). Deshalb muss die Behörde insbesondere bei Tieren, die Decubitus oder andere Liegeschäden aufweisen, durch Anordnung nach § 16a S. 2 Nr. 1 i.V.m. § 2 Nr. 1 TierSchG für einen befestigten, elastischen Liegebereich sorgen (vgl. auch BR-Drucks. 159/88 S. 16: „Die Erfordernisse für das Liegen werden nicht erfüllt, wenn den Tieren durch die Beschaffenheit der Liegefläche Verletzungen oder Schäden zugefügt werden"; vgl. weiter *Gut/Laube/Fehlhaber* aaO: „produktivitäts- und gesundheitsfördernde Effekte durch ein temporäres Installieren einer wärmedämmenden, trittelastischen Liegematte, auch in der Mast").

Zu **Abs. 2 Nr. 4** heißt es in der amtl. Begr., die Möglichkeit, im Aufenthaltsbereich un- 4
terschiedliche Funktionsbereiche einzurichten, sei für die tiergerechte Haltung von Schweinen „essentiell" (BR-Drucks. 119/06 S. 19); durch die Verwendung von Vorrichtungen zur Abkühlung der Tiere, zB Duschen oder Klimaanlagen, könne sowohl die benötigte Fläche zum artgemäßen gemeinsamen Liegen begrenzt als auch die Wahl des Kotbereichs beeinflusst werden. Da Schweine zum Liegen trockene, warme Bereiche und zum Koten eher feuchte, kühle Flächen bevorzugen, sollte man sich dies zunutze machen und Abkühlvorrichtungen einrichten, die (wie zB Duschen) unterschiedlich temperierte Flächen im Stall schaffen und dadurch zur Trennung von Liege- und Kotbereich anregen (BR-Drucks. 119/06 aaO). – Für bestehende Einrichtungen gilt nach § 33 Abs. 8 eine Übergangsfrist bis 31. 12. 2012.

Mit **Abs. 3 Nr. 1, 2, 3 und 6** soll die EU-Richtlinie Anh. Kap. I Nr. 5 umgesetzt werden 5
(„Die Böden müssen glatt aber nicht rutschig sein, um zu vermeiden, dass sich die Schweine verletzen. Sie müssen so konzipiert, konstruiert und unterhalten werden, dass die Schweine keine Verletzungen oder Schmerzen erleiden. Sie müssen für die Größe und das Gewicht der Schweine geeignet sein und – wenn keine Einstreu zur Verfügung gestellt wird – eine starre, ebene und stabile Oberfläche aufweisen"). Abs. 3 Nr. 3 ist nur eingehalten, wenn die Öffnungen der Spalten-, Loch und Gitterrostböden „so klein sind, dass ein Durchtreten oder Verkanten der Klauen der Tiere nicht möglich ist" (BR-Drucks. 159/88 S. 15 zu § 2 Nr. 3 SchweineVO aF). Schon die Gefahr, d.h. die nach allgemeinem Erfahrungswissen ernsthafte, nicht fern liegende Möglichkeit, dass es infolge der Bodenbeschaffenheit und insbesondere wegen der Spaltenweite oder Lochbreite zu Verletzungen an Klauen, Gelenken o.Ä. kommen kann, muss also ausgeschlossen sein (s. § 3 Rn. 3). Für die Behörde folgt daraus: Ergibt sich bei einer Überprüfung nach § 16 TierSchG, dass einzelne Tiere Quetschungen am Kronsaum oder Schürfungen oder andere Klauen- oder Gliedmaßenschäden aufweisen, so muss durch Anordnung nach § 16a S. 2 Nr. 1 i.V.m. § 2 Nr. 1 TierSchG („Pflege") auf die notwendige Änderung der Bodenkonstruktion hingewirkt werden (s. auch Vor §§ 16–25 Rn. 7).

Die in **Abs. 3 Nr. 4** zugelassenen Spaltenweiten entsprechen Art. 3 Nr. 2b i der EU- 6
Richtlinie. Die Verordnungsentwürfe vom 13. 8. 2003 und vom 9. 6. 2004 (BR-Drucks. 574/03 bzw. 482/04) hatten demgegenüber für Saugferkel lediglich 9 mm und für Zuchtläufer und Mastschweine nur 17 mm vorgesehen; zur Begründung ist ausgeführt worden, die Spaltenweite habe „großen Einfluss auf das Verletzungsrisiko und sollte bei Saugferkeln nicht über 9 mm liegen" (BR-Drucks. 482/04 S. 20). Mit Beschluss vom 28. 11. 2003 hatte sich indes der Bundesrat bei den Saugferkeln für eine Vergrößerung der Spalten auf 10 mm (und 11 mm für den Gussrost im Sauenbereich) ausgesprochen (Beschluss, BR-

Drucks. 574/03 S. 7). Im Verordnungsentwurf vom 9. 11. 2005 waren diese Werte dann zunächst übernommen worden. Für die jetzt zugelassene Vergrößerung der Spalten auf generell 11 mm bei Saugferkeln und auf 18 mm bei Zuchtläufern und Mastschweinen werden keine Gründe genannt. – Für bestehende Einrichtungen, die nicht Saugferkel und Ferkel, sondern nur Schweine mit einem Gewicht über 30 kg betreffen, gilt nach § 33 Abs. 9 eine Übergangsfrist bis 31. 12. 2012. – Die IGN weist darauf hin, dass die Spaltenweite bei Saugferkeln 9 mm und bei abgesetzten Ferkeln 11 mm nicht überschreiten dürfe, weil größere Spaltenweiten vermeidbare Verletzungsgefahren verursachten und damit in Widerspruch zu § 3 Abs. 2 Nr. 1 stünden (danach müssen Verletzungen und Gesundheitsgefahren so sicher ausgeschlossen sein, wie dies nach dem Stand der Technik möglich ist; vgl. IGN Stellungnahme vom 8. 12. 2005 zu § 17 Abs. 3 Nr. 4). Dazu, dass bei feststellbaren Verletzungen, Quetschungen, Schürfungen, Überdehnungen oder anderen Schäden, die auf die Spaltenweiten zurückgeführt werden können, Anordnungen nach § 16a S. 2 Nr. 1 i. V. m. § 2 Nr. 1 TierSchG („Pflege") notwendig sind, s. Rn. 5.

7 **Abs. 3 Nr. 5** dient der Umsetzung von Art. 3 Nr. 2bii der EU-Richtlinie. Die amtl. Begr. erläutert dazu, dass bei Betonspaltenböden die Entgratung aller Kanten im Tierbereich nötig sei, um Klauen- und Kronsaumverletzungen vorzubeugen (BR-Drucks. 119/06 S. 20). Ohne Erklärung bleibt allerdings, weshalb die Mindestauftrittsbreiten nicht auch für Holz-, Kunststoff- und Metallböden vorgesehen werden. – Für am 4. 8. 2006 bereits bestehende Einrichtungen, die nicht Saugferkel und Ferkel, sondern nur Schweine mit einem Gewicht über 30 kg betreffen, gilt nach § 33 Abs. 9 eine Übergangsfrist bis 31. 12. 2012. – Die IGN ist der Auffassung, dass Auftrittsbreiten von 5–8 cm „voraussehbar zu Verletzungen" führen und deshalb nicht mit § 3 Abs. 2 Nr. 1 vereinbar seien; die Auftrittsbreiten müssten 8–10 cm betragen, damit die Tiere mit dem ganzen Fuß auftreten könnten, ohne zwangsweise mit einer Klaue im Spalt einzusinken (IGN Stellungnahme vom 8. 12. 2005 zu § 17 Abs. 3 Nr. 5).

8 In **Abs. 3 Nr. 7** geht es um die Umsetzung der EU-Richtlinie Anh. Kap. I Nr. 3 („größen- und temperaturmäßig angemessener Liegebereich"; vgl. auch BR-Drucks. 159/88 S. 16 zu § 2 Nr. 5 SchweineVO aF: „Böden müssen unabhängig von einer etwaigen Raumbeheizung eingestreut oder wärmedämmend sein. Kalte Fußböden führen zur verminderten Hautdurchblutung. Bei perforierten Böden muss eine unzuträgliche Wärmeableitung sowohl durch die Verwendung wärmedämmenden Materials als auch durch sorgfältige Steuerung des Raumklimas vermieden werden").

9 **Abs. 3 Nr. 8** beruht auf dem Gedanken, dass die Möglichkeit zur Einrichtung unterschiedlicher Funktionsbereiche und insbesondere die räumliche Trennung von Liege- und Kotbereich für Schweine „essentiell" sei (amtl. Begr., BR-Drucks. 119/06 S. 19). In den Verordnungsentwürfen vom 13. 8. 2003 und vom 9. 6. 2004 war deshalb für den Liegebereich noch ein Perforationsgrad von höchstens 10% vorgesehen; zur Begründung war ausgeführt worden, dass dieser Bereich nur so weit perforiert sein solle, dass Harn abfließen und Kot durchgetreten werden könne, was bei 10% gewährleistet sei (vgl. BR-Drucks. 482/04 S. 19; ebenso *Petermann* AtD 2002, 130 mit Bezug auf einen niedersächsischen Erlass von 2001/2002 zu Neu- und Umbauten von Schweinehaltungen). Der Bundesrat hatte dagegen jedoch eingewandt, dass bei weniger als 15% „mit einer höheren Verschmutzung der Liegeflächen zu rechnen" sei (BR-Drucks. 574/03, Beschluss S. 9). – Für bestehende Einrichtungen, die nicht Saugferkel und Ferkel, sondern nur Schweine mit einem Gewicht über 30 kg betreffen, gilt nach § 33 Abs. 9 eine Übergangsfrist bis 31. 12. 2012. – Die IGN stellt fest, dass es keine hygienischen Gründe für einen Perforationsgrad von mehr als 10% gebe. Ohnehin sollte im Liegebereich auf jegliche Perforation verzichtet werden, weil anderenfalls die Tiere gezwungen seien, mit ihrem empfindlichen Rüssel direkt über der Gülle zu liegen (Schweine besitzen mehr Riechzellen als Hunde). Anderweitige Lösungen zum Ableiten von Kot und Harn, zB eine Bodenneigung von über 2% und eine Klappe oder ein Schlitz am unteren Rand der Liegefläche seien nach dem Stand der Technik möglich und zu bevorzugen (IGN Stellungnahme vom 8. 12. 2005 zu § 17 Abs. 3 Nr. 8).

Abs. 4 soll gewährleisten, dass die Schweine gleichmäßig mit natürlichem Tageslicht versorgt werden (amtl. Begr., BR-Drucks. 119/06 S. 20). Dies ist notwendig, um das Wohlbefinden der Tiere sicherzustellen, denn: „Schweine sind tagaktive Tiere, die sich in ihrer Tages-Rhythmik nach dem Licht orientieren; um dieses Bedürfnis zu befriedigen, ist der Einfall natürlichen Lichts in jedem Bereich des Stalles sicherzustellen" (Beschluss, BR-Drucks. 574/03 S. 9; *Petermann* AtD 2002, 130, 131). Diese Erkenntnisse hätten es erfordert, den Einfall von Tageslicht auch in bestehenden Betrieben vorzusehen und dafür eine großzügige Übergangsfrist einzuräumen (so noch der Verordnungsentwurf vom 13. 8. 2003, BR-Drucks. 574/03: Übergangsfrist von zehn Jahren). – S. 1 ist die Regel und S. 2 die Ausnahme; eine Verkleinerung der Lichteinfallsflächen von 3% auf bis zu 1,5% der Stallgrundfläche ist also nur in eng begrenzten Ausnahmefällen möglich. – Für S. 3 fehlt in der amtl. Begr. jegliche Erläuterung; vom Bundesrat war eine solch weitgehende Relativierung des Tageslicht-Erfordernisses zu keiner Zeit verlangt worden. Wegen der Bedeutung, die Tageslicht für eine verhaltensgerechte Unterbringung hat, kann ein unverhältnismäßig hoher Aufwand, der ein Abgehen von diesem Erfordernis ermöglicht, nur in extremen Ausnahmefällen angenommen werden. 10

Ordnungswidrig nach § 32 Abs. 1 Nr. 21 handelt der Halter, wenn er gegen Abs. 2 S. 1 Nr. 1, 2 oder 4, Abs. 3 Nr. 1, 4, 5, 6 oder 8 oder Abs. 4 S. 1 verstößt. Fahrlässigkeit genügt. Wer nicht Halter ist, kann Beteiligter iS des § 14 Abs. 1 OWiG sein (s. § 32 Rn. 2). Nicht automatisch ordnungswidrig handelt dagegen, wer gegen Abs. 2 S. 1 Nr. 3 oder gegen Abs. 3 Nr. 2, 3 oder 7 verstößt. Die nach § 15 zuständige Behörde kann aber zur Durchsetzung dieser Pflichten eine Anordnung nach § 16a S. 2 Nr. 1 TierSchG erlassen und den vorsätzlichen oder fahrlässigen Verstoß gegen diese Anordnung als Ordnungswidrigkeit nach § 18 Abs. 1 Nr. 2 TierSchG ahnden (s. § 32 Rn. 3). 11

§ 18 Besondere Anforderungen an Haltungseinrichtungen für Saugferkel

(1) **Saugferkel dürfen nur in Haltungseinrichtungen gehalten werden, die den Anforderungen der Absätze 2 bis 4 entsprechen.**

(2) **In Abferkelbuchten müssen Schutzvorrichtungen gegen ein Erdrücken der Saugferkel vorhanden sein.**

(3) **Der Aufenthaltsbereich der Saugferkel muss so beschaffen sein, dass alle Saugferkel jeweils gleichzeitig ungehindert saugen oder sich ausruhen können.**

(4) [1]**Der Liegebereich muss entweder wärmegedämmt und beheizbar oder mit geeigneter Einstreu bedeckt sein.** [2]**Perforierter Boden im Liegebereich der Saugferkel muss abgedeckt sein.**

Abs. 2 dient der Umsetzung der EU-Richtlinie Anh. Kap. II B Nr. 5. 1

Abs. 3 und 4 dienen der Umsetzung der EU-Richtlinie Anh. Kap. II C Nr. 2 und Nr. 1. Eine weiche Unterlage für die Saugferkel wäre allerdings auch im Liegebereich der Muttersau dringend notwendig und nach § 3 Abs. 2 Nr. 1 sogar geboten, da die Ferkel beim Saugen mit den Beinen Streck- und Stemmbewegungen ausführen, die auf hartem Boden zu Scheuerwunden führen, die ihrerseits als Eintrittspforten für Infektionen und Gelenkentzündungen wirken (vgl. *Grauvogl* et al. S. 92, 93). Erhebungen in österreichischen Praxisbetrieben mit strohlos betriebenen Abferkelbuchten haben zahlreiche haltungsbedingte Schäden bei den Ferkeln und Muttersauen ergeben: U.a. hatten 70% der Sauen Zitzenverletzungen und 80% der Saugferkel in der zweiten Lebenswoche Krusten an den Karpalgelenken und Blutungen an den Fußungsflächen (vgl. *Troxler/Putz* S. 112–114). – Die in Abs. 4 für den Liegebereich genannten Alternativen „beheizbar" oder „mit geeigneter Einstreu bedeckt" sind auch im Licht des Staatsziels „Umweltschutz/Klimaschutz" (Art. 20a GG) nicht gleichwertig, denn bei Liegeflächen, die eingestreut sind, können die Stalltemperaturen um 4° C niedriger gehalten und dementsprechend Heizenergie eingespart werden (s. § 22 Abs. 2). 2

3 **Ordnungswidrig** nach § 32 Abs. 1 Nr. 21 handelt der Halter, wenn er gegen Abs. 2, 3 oder 4 (und damit auch gegen Abs. 1) verstößt. Fahrlässigkeit genügt. Wer nicht Halter ist, kann Beteiligter iS des § 14 Abs. 1 OWiG sein (s. § 32 Rn. 2).

§ 19 Besondere Anforderungen an Haltungseinrichtungen für Jungsauen und Sauen

(1) Jungsauen und Sauen dürfen nur in Haltungseinrichtungen gehalten werden, die den Anforderungen der Absätze 2 bis 6 entsprechen.

(2) Bei Gruppenhaltung muss jede Seite der Bucht mindestens 280 Zentimeter, bei Gruppen mit weniger als sechs Schweinen mindestens 240 Zentimeter lang sein.

(3) Bei Einzelhaltung darf der Liegebereich für Jungsauen und Sauen nicht über Teilflächen hinaus perforiert sein, durch die Restfutter fallen oder Kot oder Harn durchgetreten werden oder abfließen kann.

(4) Kastenstände müssen so beschaffen sein, dass

1. die Schweine sich nicht verletzen können und
2. jedes Schwein ungehindert aufstehen, sich hinlegen sowie den Kopf und in Seitenlage die Gliedmaßen ausstrecken kann.

(5) Abferkelbuchten müssen so angelegt sein, dass hinter dem Liegeplatz der Jungsau oder der Sau genügend Bewegungsfreiheit für das ungehinderte Abferkeln sowie für geburtshilfliche Maßnahmen besteht.

(6) Fress-Liegebuchten für die Gruppenhaltung von Jungsauen und Sauen müssen so angelegt und beschaffen sein, dass

1. die Tiere die Zugangsvorrichtung zu den Buchten selbst betätigen und die Buchten jederzeit aufsuchen und verlassen können,
2. der Boden ab der buchtenseitigen Kante des Futtertroges mindestens 100 Zentimeter weit als Liegebereich nach § 17 Abs. 3 Nr. 8 ausgeführt ist und
3. bei einseitiger Buchtenanordnung die Gangbreite hinter den Fress-Liegebuchten mindestens 160 Zentimeter oder bei beidseitiger Buchtenanordnung die Gangbreite zwischen den Fress-Liegebuchten mindestens 200 Zentimeter beträgt.

1 Mit **Abs. 2** soll Art. 3 Nr. 4a S. 2 der EU-Richtlinie umgesetzt werden (allerdings fordert die Richtlinie, dass die Seiten der Bucht „mehr als" 2,8 m bzw. 2,4 m lang sein müssten, also nicht nur „mindestens"). – Für am 4. 8. 2006 bereits bestehende Einrichtungen gilt nach § 33 Abs. 10 eine Übergangsfrist bis 31. 12. 2012, wenn die Sau jeweils nach dem Absetzen der Ferkel insgesamt vier Wochen lang täglich freie Bewegung erhält. Für Betriebe, die nach dem 1. 1. 2003 neu gebaut oder umgebaut oder erstmals mit Schweinen bewirtschaftet worden sind, kann diese Übergangsfrist aber nicht gelten (vgl. Art. 3 Nr. 9 der EU-Richtlinie: Danach gilt das Gruppenhaltungsgebot des Art. 3 Nr. 4a für Betriebe, die nach dem 1. 1. 2003 gebaut, umgebaut oder erstmals zur Schweinehaltung benutzt worden sind, uneingeschränkt; darüber kann sich der Verordnungsgeber nicht hinwegsetzen).

2 **Abs. 3** soll dem bequemen Ruhen dienen (vgl. EU-SVC-Report „Schweine", Empfehlung Nr. 13 S. 141: „... lying surface which is physically and thermally comfortable and which does not result in injuries"). Deshalb wird bestimmt, dass die Perforationen nicht größer sein dürfen, als es zum Durchtreten von Kot, Abfließen von Harn und Durchfallen von Futter erforderlich ist; dafür sollte ein Perforationsgrad von 10% ausreichen (vgl. BR-Drucks. 482/04 S. 19; ebenso *Petermann* AtD 2002, 130 mit Bezug auf einen niedersächsischen Erlass von 2001/2002 zu Neu- und Umbauten von Schweinehaltungen). – Angesichts der sehr langen Ruhezeiten von einzeln gehaltenen Jungsauen und Sauen ist naheliegend, dass ein perforierter und zudem unelastischer Boden dem hohen Rang des Grundbedürfnisses zum ungestörten Ruhen iS von § 2 Nr. 1 TierSchG nicht gerecht wird

(zu Drucknekrosen und Decubitusstellen s. § 17 Rn. 3; zu Möglichkeiten, Hygiene und Sauberkeit auch auf einem nicht perforierten Liegebereich zu gewährleisten, s. § 17 Rn. 9). – Für bestehende Einrichtungen gilt nach § 33 Nr. 11 eine Übergangsfrist bis 31. 12. 2012 (obwohl das entsprechende Gebot gemäß § 5 Abs. 2 SchweineVO aF bereits seit 1. 1. 1990 in Kraft ist und der Bundesrat demgemäß eine Übergangsfrist für Betriebe, die nach diesem Zeitpunkt genehmigt oder in Benutzung genommen worden waren, zu Recht nicht verlangt hatte).

Abs. 4. In den Verordnungsentwürfen vom 13. 8. 2003 und vom 9. 6. 2004 waren konkrete Maßzahlen vorgesehen worden (mindestens 200 cm Länge und 60–70 cm Breite). Auf Veranlassung des Bundesrats ist es zu der jetzigen, weniger bestimmten Fassung gekommen (vgl. Beschluss, BR-Drucks. 574/03 S. 10). – Eine Möglichkeit zum Sich-Umdrehen ist im Kastenstand nach wie vor nicht vorgesehen, obwohl dieses Verhalten (neben dem Aufstehen, dem Sich-Niederlegen, dem Betreiben von Körperpflege und dem Ausstrecken der Extremitäten) schon zu den absoluten Mindestanforderungen iS des Brambell-Reports von 1965 gehört (vgl. *Harrison* in: *Sambraus/Steiger* Geleitwort). 3

Abs. 5 dient der Umsetzung der EU-Richtlinie Anh. Kap. II B Nr. 4. 4

Nach **Abs. 6 Nr. 1** müssen Fress-Liegebuchten in Gruppenhaltung von den Tieren jederzeit selbsttätig aufgesucht und auch wieder verlassen werden können. Nach **Abs. 6 Nr. 2** darf der Boden dieser Buchten ab der buchtenseitigen Kante des Futtertrogs für die Länge von zumindest einem Meter einen Perforationsgrad von höchstens 15% aufweisen (zum Liegen auf perforiertem, unelastischem Boden s. Rn. 2 sowie § 17 Rn. 3). **Abs. 6 Nr. 3** regelt die Gangbreite. – Für bestehende Buchten gilt nach § 33 Abs. 12 eine Übergangsfrist bis 31. 12. 2012 (Nr. 1 und Nr. 2) bzw. 2018 (Nr. 3). 5

Ordnungswidrig nach § 32 Abs. 1 Nr. 21 handelt der Halter, wenn er gegen Abs. 2, 3, 4, 5 oder 6 (und damit gegen Abs. 1) verstößt. Fahrlässigkeit genügt. Wer nicht Halter ist, kann Beteiligter iS des § 14 Abs. 1 OWiG sein (s. § 32 Rn. 2). 6

§ 20 Besondere Anforderungen an Haltungseinrichtungen für Eber

[1]Eber dürfen nur in Haltungseinrichtungen gehalten werden, die so beschaffen sind, dass der Eber sich ungehindert umdrehen und andere Schweine hören, riechen und sehen kann, und für einen Eber ab einem Alter von 24 Monaten eine Fläche von mindestens sechs Quadratmetern aufweisen. [2]Eber dürfen in Haltungseinrichtungen, die zum Decken benutzt werden, nur gehalten werden, wenn diese

1. so angelegt sind, dass die Sau dem Eber ausweichen und sich ungehindert umdrehen kann, und

2. eine Fläche von mindestens zehn Quadratmetern aufweisen.

S. 1 dient der Umsetzung der EU-Richtlinie Anh. Kap. II A S. 1; danach müssen dem Eber (vgl. § 2 Nr. 16) die 6 m² als „frei verfügbare Fläche zur Verfügung stehen", d. h. ihre Benutzbarkeit darf nicht durch Hindernisse eingeschränkt sein. **S. 2** gilt, wenn die Bucht, in der der Eber gehalten wird, auch zum Decken benutzt wird: Nach der EU-Richtlinie Anh. Kap. II A S. 2 muss in diesem Fall die frei verfügbare Fläche mindestens 10 m² betragen und darf „keine Hindernisse" aufweisen. 1

Ordnungswidrig nach § 32 Abs. 1 Nr. 21 handelt der Halter, wenn er gegen S. 1 oder S. 2 verstößt. Fahrlässigkeit genügt. Wer nicht Halter ist, kann Beteiligter iS des § 14 Abs. 1 OWiG sein (s. § 32 Rn. 2). 2

§ 21 Allgemeine Anforderungen an das Halten von Schweinen

(1) **Wer Schweine hält, hat sicherzustellen, dass**

1. jedes Schwein jederzeit Zugang zu gesundheitlich unbedenklichem und in ausreichender Menge vorhandenem Beschäftigungsmaterial hat, das

a) das Schwein untersuchen und bewegen kann und
b) vom Schwein veränderbar ist
und damit dem Erkundungsverhalten dient;

2. jedes Schwein jederzeit Zugang zu Wasser in ausreichender Menge und Qualität hat; bei einer Haltung in Gruppen sind räumlich getrennt von der Futterstelle zusätzliche Tränken in ausreichender Anzahl vorzuhalten;
3. Personen, die für die Fütterung und Pflege verantwortlich sind,
   a) Kenntnisse über die Bedürfnisse von Schweinen im Hinblick auf Ernährung, Pflege, Gesundheit und Haltung,
   b) Grundkenntnisse der Biologie und des Verhaltens von Schweinen,
   c) Kenntnisse über tierschutzrechtliche Vorschriften

   haben.

(2) [1]Wer Schweine in Ställen hält, in denen zu ihrer Pflege und Versorgung wegen eines zu geringen Lichteinfalls auch bei Tageslicht künstliche Beleuchtung erforderlich ist, muss den Stall täglich mindestens acht Stunden nach Maßgabe des Satzes 2 beleuchten. [2]Die Beleuchtung muss im Aufenthaltsbereich der Schweine eine Stärke von mindestens 80 Lux haben und dem Tagesrhythmus angeglichen sein. [3]Jedes Schwein soll von ungefähr der gleichen Lichtmenge erreicht werden. [4]Außerhalb der Beleuchtungszeit soll so viel Licht vorhanden sein, wie die Schweine zur Orientierung brauchen.

(3) Im Aufenthaltsbereich der Schweine sollen folgende Werte nicht dauerhaft überschritten werden:

1. je Kubikmeter Luft:

Gas	Kubikzentimeter
Ammoniak	20
Kohlendioxid	3000
Schwefelwasserstoff	5;

2. ein Geräuschpegel von 85 db(A).

(4) [1]Schweine, die gegenüber anderen Schweinen nachhaltig Unverträglichkeiten zeigen oder gegen die sich solches Verhalten richtet, dürfen nicht in der Gruppe gehalten werden. [2]Diese Schweine sind während des Zeitraumes, für den grundsätzlich die Haltung in Gruppen vorgeschrieben ist, so zu halten, dass sie sich jederzeit ungehindert umdrehen können.

1 Mit **Abs. 1 Nr. 1** soll die EU-Richtlinie Anh. Kap. I Nr. 4 umgesetzt werden. Danach müssen „Schweine ständigen Zugang zu ausreichenden Mengen an Materialien haben, die sie untersuchen und bewegen können, wie zB Stroh, Heu, Holz, Sägemehl, Pilzkompost, Torf oder eine Mischung dieser Materialien, durch die die Gesundheit der Tiere nicht gefährdet werden kann“. Die Materialien müssen untersucht und bewegt werden können und dem Erkundungsverhalten dienen. Sie müssen in solcher Menge vorhanden und so verteilt sein, dass auch rangniedere Tiere sich jederzeit damit beschäftigen können. Künstliche Objekte reichen nicht aus, da das Erkundungsinteresse daran parallel zum Neuigkeitswert abnimmt (vgl. EU-SVC-Report Schweine S. 141 Nr. 11). – Mit Ketten können die verhaltensgemäßen Bedürfnisse von Schweinen, insbesondere nach Wühlen im krümeligen und verformbaren Material, nicht erfüllt werden (vgl. EU-Kommission, Bericht zur Tierschutzmission in Deutschland vom November 2001, zitiert nach *Petermann* AtD 2002, 130, 132). Dagegen dient die Bereitstellung von Stroh nach den Erkenntnissen des Wiss. Veterinärausschusses dem Wohlbefinden der Schweine in mehrfacher Hinsicht: Stroh ermöglicht Kauen, Wühlen und andere orale Tätigkeiten; Stroh erhöht den Liegekomfort; Stroh kann den Mangel an Ballaststoffen im handelsüblichen Futter ausgleichen; schädigende Verhaltensweisen wie Schwanzbeißen oder orale Stereotypien vermindern

sich, wenn Zugang zu Stroh gewährt wird (vgl. EU-SVC-Report Schweine S. 36; dazu, dass auch Flüssigmistsysteme eine Strohmenge von 0,5–1,0 kg pro Tag pro Großvieheinheit tolerieren, vgl. *Grauvogl* et al. S. 91). – Eine Kette mit daran befestigten Weichholzteilen ist für das Erkundungsverhalten nicht ausreichend, weil das Interesse daran parallel zum Neuigkeitswert abnimmt und weil sie nicht den Beispielen in Anh. Kap. I Nr. 4 der EU-Richtlinie entspricht: Danach muss ständiger Zugang zu einer Vielzahl von lockeren, veränderbaren Materialien bestehen, die nach ihrer stofflichen Beschaffenheit, Zusammensetzung und Menge den beispielhaft genannten Gegenständen entsprechen oder zumindest nahe kommen (Pflicht zur richtlinienkonformen Auslegung, s. Vor §§ 16–25 Rn. 6); bei einer einzelnen Kette, die mit einem einzigen oder einigen wenigen Holzteilen bestückt ist, ist dies nicht der Fall. – Nach dem Willen des Bundesrates sollte darüber hinaus vorgeschrieben werden, dass das Beschäftigungsmaterial auch geeignet sein müsse, „das Wühlbedürfnis der Tiere zu befriedigen"; dazu hätten zumindest Strohraufen mit Auffangschalen eingerichtet werden müssen (vgl. Beschluss, BR-Drucks. 574/03 S. 11; *Petermann* AtD 2002, 130, 132). In der jetzigen Fassung der Verordnung ist jedoch der Begriff „Wühlbedürfnis" ohne nähere Begründung gestrichen worden. Mit dem Schutz dieses wichtigen Grundbedürfnisses durch § 2 Nr. 1 TierSchG ist dies nicht vereinbar, so dass Veranlassung besteht, durch Anordnungen nach § 16 a S. 2 Nr. 1 TierSchG insoweit über die Verordnung hinauszugehen (s. Vor §§ 16–25 Rn. 6, 7; vgl. auch *Grauvogl* et al. S. 85: Wühlen als „Top-Motorik aller Schweine").

Abs. 1 Nr. 2 dient der Umsetzung der EU-Richtlinie Anh. Kap. I Nr. 7. Außerdem 2
wird der Forderung der Bundestierärztekammer (BTK) Rechnung getragen, wonach auch Saugferkel unter zwei Wochen jederzeit Zugang zu Wasser benötigen (vgl. BTK, Stellungnahme zu § 21 Abs. 1 Nr. 3 des Verordnungsentwurfs vom 13. 8. 2003). Der Zugang zu sauberem Trinkwasser muss für alle Schweine jederzeit gewährleistet sein; es müssen also Tränken in solcher Anzahl und räumlicher Verteilung vorhanden sein, dass auch rangniedere Schweine nicht durch ranghöhere am jederzeitigen Trinken gehindert werden. Nach Nr. 2 zweiter Halbs. müssen zu diesem Zweck zusätzliche Tränken in ausreichender Zahl und ausreichender Entfernung von der Futterstelle eingerichtet werden; damit soll verhindert werden, dass ein ranghöheres Tier den Zugang zu der neben der Futterstelle gelegenen Tränke blockieren kann (vgl. Beschluss, BR-Drucks. 574/03 S. 12). Nach § 33 Abs. 13 gilt für Nr. 2 zweiter Halbs. für bestehende Einrichtungen eine Übergangsfrist von fünf Jahren, sofern der erste Halbs. gewahrt bleibt, also jedes Schwein jederzeit Zugang zu Wasser in ausreichender Menge und Qualität hat.

Mit **Abs. 1 Nr. 3** wird Art. 5 a Nr. 1 der EU-Richtlinie umgesetzt. Darüber hinaus ver- 3
weist die amtl. Begr. zur Umsetzung von Art. 5 a Nr. 2 auf folgende weitere Verordnungen: Verordnung über die Berufsausbildung zum Landwirt/zur Landwirtin vom 31. 1. 1995 (BGBl. I S. 168); Verordnung über die Berufsausbildung zum Tierwirt vom 17. 3. 2005 (BGBl. I S. 1426); Verordnung über die Anforderungen in der Meisterprüfung für den Beruf Landwirt/Landwirtin vom 12. 3. 1991 (BGBl. I S. 659); Verordnung über die Anforderungen in der Meisterprüfung für den Beruf Tierwirt vom 4. 2. 1980 (BGBl. I S. 126).

Zur Begründung von **Abs. 2** heißt es im Beschluss des Bundesrates vom 28. 11. 2003: 4
„Schweine sind tagaktive Tiere, die sich in ihrer Tagesrhythmik nach dem Licht orientieren. Wissenschaftliche Untersuchungen (zB von *Mack, Wiseman & Unselm* 1998 zur Bestimmung des Lichtbedarfs von Schweinen in intensiven Haltungssystemen über die circadiane Rhythmik des lichtabhängigen Hormons Melatonin) haben ergeben, dass Schweine, die bei 50 Lux gehalten werden, keine circadiane Rhythmik von Melatonin zeigen. Die Autoren halten daher unter dem Aspekt der Rhythmizität als Grundeigenschaft lebender Organismen die Haltung von Schweinen bei 50 Lux für nicht tiergerecht und eine diesbezügliche Änderung der Rechtsgrundlage für erforderlich. Eine Lichtstärke von 80 Lux wird bereits in § 6 Abs. 2 Nr. 3 TierSchNutztV gefordert. Es ist nicht erkennbar, warum Schweine eine geringere Lichtstärke benötigen" (Beschluss, BR-Drucks. 574/03 S. 13; vgl. auch *Petermann* AtD 2002, 130, 131).

5 Die **Grenzwerte für Schadgase in Abs. 3 Nr. 1** sind zu hoch. Die BTK führt dazu aus: „Ab 20 ppm Ammoniak ist die Infektabwehr von Schweinen bereits gehemmt; daher halten wir einen Ammoniakgehalt von 20 ppm für zu hoch“ (BTK, Stellungnahme zu § 21 Abs. 3 Nr. 1). Der Wissenschaftliche Veterinärausschuss schlägt für Ammoniak einen Grenzwert von 10 ppm und für Schwefelwasserstoff 0,5 ppm vor (vgl. EU-SVC-Report Schweine, Empfehlung Nr. 29 S. 142). Die ohnehin zu hohen Grenzwerte werden noch in dreierlei Hinsicht relativiert: Durch die Formulierung „sollen“ statt „dürfen“ (was dazu führt, dass sie in begründeten Ausnahmefällen überschritten werden können); durch das auf Veranlassung des Bundesrats eingeführt Wort „dauerhaft“, mit dem eine effektive Kontrolle erschwert wird (vgl. Beschluss, BR-Drucks. 574/03 S. 13); sowie durch die Nichterwähnung von Abs. 3 bei den nach § 32 mit Bußgeld bewehrten Vorschriften (s. auch Rn. 8).

6 Durch den **Grenzwert für Lärm in Abs. 3 Nr. 2** soll die EU-Richtlinie Anh. Kap. I Nr. 1 umgesetzt werden. Dort heißt es aber: „In dem Teil eines Gebäudes, in dem Schweine gehalten werden, sind Geräuschpegel von 85 dBA oder mehr sowie dauerhafter oder plötzlicher Lärm zu vermeiden.“ Die Richtlinie wird damit nur unzureichend umgesetzt, da nach ihr 85 dbA vollständig „zu vermeiden sind“ (und nicht etwa nur dauerhaft nicht überschritten werden sollen); außerdem verbietet die Richtlinie auch Lärm, der unterhalb dieses Grenzwertes liegt, wenn er dauerhaft ist oder plötzlich auftritt – ein Verbot, das im Verordnungstext vollständig fehlt.

7 **Abs. 4** soll die EU-Richtlinie Anh. Kap. II B Nr. 1 und D Nr. 2 und 3 umsetzen. Dabei nennt die Richtlinie jedoch neben der Einzelhaltung auch andere, tierfreundlichere Mittel, mit denen sich Auseinandersetzungen zwischen den Tieren verhindern oder auf ein verträgliches Maß reduzieren lassen: Haltung der Schweine in Gruppen, die so weit wie möglich unverändert bleiben; Bildung neuer Gruppen bei Ferkeln und Mastschweinen nur in einem möglichst frühen Alter, vorzugsweise vor oder bis zu einer Woche nach dem Absetzen; Schaffung von Möglichkeiten für die Tiere, sich in einen sicheren Bereich zurückzuziehen; Versorgung kämpfender Tiere mit großen Mengen Strohs oder anderen Materialien, die sie untersuchen können. Da diese Mittel tierschonender sind, ist die Einzelhaltung nur als ultima ratio (d.h. wenn die anderen Mittel nicht ausreichen, um nachhaltigen Unverträglichkeiten zu begegnen) mit § 2 Nr. 1 TierSchG (Sozialverhalten) vereinbar. – Einzeln gehaltene Absatzferkel, Mastschweine und Zuchtläufer müssen sich stets jederzeit ungehindert umdrehen können, Jungsauen und Sauen jedenfalls während des in § 25 Abs. 2 S. 1 genannten Zeitraumes.

8 **Ordnungswidrig** nach § 32 Abs. 1 Nr. 22 handelt, wer vorsätzlich oder fahrlässig nicht sicherstellt, dass jedes Schwein jederzeit Zugang zu Beschäftigungsmaterial hat, das den Anforderungen von Abs. 1 Nr. 1 entspricht; Täter kann hier außer dem Halter auch der Betreuer oder Betreuungspflichtige sein (s. § 2 TierSchG Rn. 4–7). – Eine Ordnungswidrigkeit nach § 32 Abs. 1 Nr. 23 liegt vor, wenn ein Schwein (zB ein rangniederes Tier) entgegen Abs. 1 Nr. 2 vom jederzeitigen Zugang zu Trinkwasser ausgeschlossen ist. – Eine Ordnungswidrigkeit nach § 32 Abs. 1 Nr. 24 liegt vor, wenn die vorgeschriebene Beleuchtungsdauer oder -stärke im Aufenthaltsbereich oder einem Teil davon unterschritten werden (denn S. 1 schreibt eine mindestens achtstündige Beleuchtung „nach Maßgabe des Satzes 2“ vor, also so, dass die 80 Lux während der acht Stunden im gesamten Aufenthaltsbereich eingehalten werden müssen). Auch hier genügt Fahrlässigkeit und auch hier können Täter sowohl der Halter als auch der Betreuer oder Betreuungspflichtige sein. – Täter eines vorsätzlichen oder fahrlässigen Verstoßes gegen Abs. 4 S. 1 kann nach § 32 Abs. 1 Nr. 21 dagegen nur der Halter ieS sein; andere Personen, insbesondere Betreuer oder Betreuungspflichtige kommen aber als Beteiligte iS des § 14 Abs. 1 OWiG in Betracht (s. § 32 Rn. 2). – Werden Überschreitungen der Grenzwerte nach Abs. 3 festgestellt, so empfiehlt sich eine Anordnung nach § 16a S. 2 Nr. 1 TierSchG, mit der dem Halter, Betreuer oder Betreuungspflichtigen aufgegeben wird, die Werte in Zukunft einzuhalten; werden sie danach erneut überschritten (und ist die Anordnung bestandskräftig

oder für sofort vollziehbar erklärt), so liegt darin eine Ordnungswidrigkeit nach § 18 Abs. 1 Nr. 2 TierSchG. Dasselbe gilt, wenn ein Verstoß gegen Abs. 4 S. 2 festgestellt wird oder droht (s. § 32 Rn. 3).

§ 22 Besondere Anforderungen an das Halten von Saugferkeln

(1) [1]Saugferkel dürfen erst im Alter von über vier Wochen abgesetzt werden. [2]Abweichend von Satz 1 darf ein Saugferkel früher abgesetzt werden, wenn dies zum Schutz des Muttertieres oder des Saugferkels vor Schmerzen, Leiden oder Schäden erforderlich ist. [3]Abweichend von Satz 1 darf ferner ein Saugferkel im Alter von über drei Wochen abgesetzt werden, wenn sichergestellt ist, dass es unverzüglich in gereinigte und desinfizierte Ställe oder vollständig abgetrennte Stallabteile verbracht wird, in denen keine Sauen gehalten werden.

(2) Wer Saugferkel hält, muss sicherstellen, dass im Liegebereich der Saugferkel während der ersten zehn Tage nach der Geburt eine Temperatur von 30 Grad Celsius und im Liegebereich von über zehn Tage alten Saugferkeln abhängig von der Verwendung von Einstreu die Temperatur nach folgender Tabelle nicht unterschritten wird:

	Temperatur in Grad Celsius	
Durchschnittsgewicht in Kilogramm	**mit Einstreu**	**ohne Einstreu**
bis 10	**16**	**20**
über 10 bis 20	**14**	**18**
über 20	**12**	**16.**

Abs. 1 dient der Umsetzung der EU-Richtlinie Anh. Kap. II C Nr. 3. Nach S. 1 und S. 3 soll das Absetzen von Saugferkeln (vgl. § 2 Nr. 10) im Alter von über vier Wochen die Regel, das Absetzen im Alter von über drei Wochen dagegen die Ausnahme sein. Dieses Regel-Ausnahmeverhältnis entspricht der Richtlinie („jedoch") und den Empfehlungen des Wiss. Veterinärausschusses (EU-SVC-Report Schweine, Empfehlung Nr. 83 S. 146). Gleichwohl ist die Ausnahmeregelung des Satzes 3 so abgefasst, dass sie in der Praxis von fast jedem Betrieb in Anspruch genommen und so das von der Richtlinie vorgesehene Regel-Ausnahme-Verhältnis ins Gegenteil verkehrt werden kann. – Frühes, abruptes Absetzen belastet sowohl die Ferkel als auch die drei Wochen nach dem Abferkeln noch in hohem Milchfluss stehende Sau. Bei den Ferkeln kommt es u. a. zu einer Umleitung des Saugbedürfnisses auf Körperteile von Artgenossen und/oder Einrichtungsgegenstände, außerdem zu Durchfallerkrankungen wegen der plötzlichen Umstellung auf Festfutter (eine teilweise Abhilfe wäre möglich, wenn man ihnen Stroh zur Beschäftigung und als Ausgleich für das nicht mehr mögliche Saugen zur Verfügung stellen würde). Die Muttersau würde zum Abbau ihres Milchflusses in der Zeit nach dem Absetzen besonders viel Bewegung benötigen; im Gegensatz dazu ist aber nach § 25 Abs. 2 die Kastenstandhaltung zwischen Absetzen und Decken nicht grds. verboten. 1

Die Tabelle in **Abs. 2** macht deutlich, dass in Haltungen mit Einstreu bedeutend weniger Heizenergie benötigt wird. Das Staatsziel „Umweltschutz/Klimaschutz" in Art. 20a GG würde es demnach erfordern, einstreuhaltige Systeme gegenüber Haltungen ohne Einstreu zu bevorzugen (zu den weiteren Vorteilen von Stroh s. § 21 Rn. 1 und EU-SVC-Report Schweine S. 36; vgl. auch IGN Stellungnahme vom 15. 5. 2003: Bei einem Ferkelnest auf unperforiertem Boden und mit Einstreu könnte die Temperatur auch in den ersten 10 Tagen unter 30° C liegen). 2

Ordnungswidrig nach § 32 Abs. 1 Nr. 25 handelt der Halter, Betreuer oder Betreuungspflichtige, wenn er vorsätzlich oder fahrlässig ein Saugferkel im Alter von vier Wochen oder darunter absetzt (denn es muss nach Abs. 1 S. 1 „über" vier Wochen alt sein), ohne dass die Voraussetzungen einer Ausnahme nach Abs. 1 S. 2 oder 3 erfüllt sind. Eine 3

Ordnungswidrigkeit nach § 32 Abs. 1 Nr. 26 liegt vor, wenn der Halter, Betreuer oder Betreuungspflichtige vorsätzlich oder fahrlässig nicht sicherstellen, dass die Mindesttemperaturen des Abs. 2 eingehalten werden.

§ 23 Besondere Anforderungen an das Halten von Absatzferkeln

(1) [1]Absatzferkel sind in der Gruppe zu halten. [2]Umgruppierungen sind möglichst zu vermeiden.

(2) Absatzferkel dürfen nur nach Maßgabe der folgenden Vorschriften in Gruppen gehalten werden:

1. Das Durchschnittsgewicht der Absatzferkel muss mindestens fünf Kilogramm betragen. Bei neu zusammengesetzten Gruppen darf das Gewicht der einzelnen Absatzferkel um höchstens 20 Prozent vom Durchschnittsgewicht der Absatzferkel der Gruppe abweichen.

2. Entsprechend dem Durchschnittsgewicht der Absatzferkel muss für jedes Absatzferkel mindestens eine uneingeschränkt nutzbare Bodenfläche nach folgender Tabelle zur Verfügung stehen:

Durchschnittsgewicht in Kilogramm	Fläche in Quadratmetern
über 5 bis 10	0,15
über 10 bis 20	0,2
über 20	0,35.

3. Bei rationierter Fütterung muss der Fressplatz so beschaffen sein, dass alle Absatzferkel gleichzeitig fressen können. Bei tagesrationierter Fütterung muss für jeweils höchstens zwei Absatzferkel eine Fressstelle vorhanden sein. Bei Fütterung zur freien Aufnahme muss für jeweils höchstens vier Absatzferkel eine Fressstelle vorhanden sein.

4. Nummer 3 gilt nicht für die Abruffütterung und die Fütterung mit Breifutterautomaten.

5. Bei Verwendung von Selbsttränken muss für jeweils höchstens zwölf Absatzferkel eine Tränkstelle vorhanden sein.

(3) § 22 Abs. 2 gilt entsprechend.

1 Mit **Abs. 1** soll die EU-Richtlinie Anh. Kap. II D Nr. 2 umgesetzt werden. Umgruppierungen sind möglichst (Richtlinie: „so weit wie möglich“) zu vermeiden. Das bedeutet, dass sie nicht schon aus Gründen der Wirtschaftlichkeit, der Arbeits- oder der Kostenersparnis stattfinden dürfen. Auch die gewichtsabhängigen Flächenmaße des § 23 Abs. 2 sind keine ausreichende Rechtfertigung für Umgruppieren; diese lassen sich durch Vergrößerung des Flächenangebots, zB durch bewegliche Bauteile, größere Boxen oder Teilung bestehender Gruppen vermeiden. – Hinzukommen muss nach der Richtlinie auch, dass bei Gruppenneubildungen genügend Ausweich-, Rückzugs- und Deckungsmöglichkeiten für unterlegene Tiere geschaffen werden (s. Kap. II D Nr. 2 S. 3 sowie EU-SVC-Report Schweine, Empfehlung Nr. 20 S. 141: „adequate opportunities to escape and hide from other pigs“); dem wird die Verordnung nicht gerecht. – Bei jeder Gruppenneubildung kommt es zu Rangkämpfen mit Verletzungsrisiken (besonders auf Spalten- und Lochböden) und entsprechendem Stress sowie häufig zum Einsatz beruhigender Medikamente (vgl. EU-SVC-Report Schweine S. 141 Nr. 21).

2 **Abs. 2 Nr. 2** dient der Umsetzung von Art. 3 Nr. 1 a der EU-Richtlinie. Dabei wird für Absatzferkel (vgl. § 2 Nr. 11) im Gewichtsbereich zwischen 20 und 30 kg ein etwas höheres Flächenangebot vorgesehen (0,35 statt 0,30 m²). Allerdings gilt für diese Verbesserung in bestehenden Einrichtungen nach § 33 Abs. 14 eine Übergangsfrist von zehn Jahren; dies ist, da bauliche Maßnahmen nicht erforderlich sind, nicht nachvollziebar. – Im Ge-

gensatz zu dieser nur geringfügigen Flächenvergrößerung waren in den Verordnungsentwürfen vom 13. 8. 2003 und vom 9. 6. 2004 deutlich größere Flächen vorgesehen: für Ferkel bis 20 kg je nach Gruppengröße zwischen 0,28 und 0,35 m^2 und für Ferkel bis 30 kg zwischen 0,37 und 0,46 m^2. Ob die jetzt vorgeschriebenen geringeren Flächen ausreichen, um das gleichzeitige ungestörte Ruhen (auch in Seitenlage sowie bei Temperaturen über 22° C in Seitenlage ohne Körperkontakt, vgl. amtl. Begr., BR-Drucks. 119/06 S. 19) zu ermöglichen, ist fraglich. Der Wiss. Veterinärausschuss errechnet die Fläche, die für ein gleichzeitiges Liegen in gestreckter Seitenlage erforderlich ist, nach der Petherick-Formel (Fläche in m^2 = 0,047 × Lebendgewicht hoch 0,67, vgl. EU-SVC-Report Schweine S. 55 f.; anders demgegenüber die Edwards-Formel, die von 0,03 × Lebendgewicht hoch 0,67 ausgeht). Danach benötigt ein 25 kg schweres Ferkel zum Liegen in gestreckter Seitenlage 0,40 m^2 (n. Petherick) bzw. 0,26 m^2 (n. Edwards). – Unabhängig von der Frage nach der richtigen Berechnung der Liegefläche ist „zusätzlich mindestens ausreichend Platz erforderlich, damit die Tiere einen vom Liegebereich getrennten Kotbereich aufsuchen können" (amtl. Begr. S. 19). Den Ferkeln muss also ermöglicht werden, Liegebereich und Kotfläche räumlich deutlich zu trennen. Außerdem gehört zu einem tiergerechten Sozialverhalten nach § 2 Nr. 1 TierSchG auch, dass Individualabstände eingehalten werden können und rangniedere Tiere vor ranghöheren ausweichen und ggf. Deckung suchen können. Das alles spricht dafür, dass die Bodenflächen der früheren Verordnungsentwürfe die Anforderungen des § 2 Nr. 1 i. V. m. § 2 a TierSchG in zutreffender Weise konkretisiert haben (vgl. amtl. Begr. aaO: „Die Möglichkeit, im Aufenthaltsbereich unterschiedliche Funktionsbereiche einzurichten, ist für die tiergerechte Haltung von Schweinen essentiell; dafür muss für ein Schwein ausreichend Fläche als Kot- und Aktivitätsbereich zur Verfügung stehen, selbst wenn alle Buchtengenossen ruhen"). In den Niederlanden erhalten demgemäß Absatzferkel im Gewichtsbereich bis 30 kg eine Fläche von 0,4 m^2.

Zu **Abs. 2 Nr. 3.** Die EU-Richtlinie bestimmt in Anh. Kap. I Nr. 6 S. 2: "Werden Schweine in Gruppen und nicht ad libitum oder mittels eines automatischen Systems einzeln gefüttert, so müssen alle Schweine einer Gruppe gleichzeitig Zugang zum Futter haben". Dieser Vorgabe wird Abs. 2 Nr. 3 nur in den Sätzen 1 und 3, nicht dagegen auch in S. 2 gerecht, weil hier weder von einer ad libitum Fütterung noch von einer automatischen Fütterung ausgegangen und dennoch die gleichzeitige Futteraufnahme der Ferkel beschränkt wird (vgl. auch IGN-Stellungnahme vom 15. 5. 2003: „Da eine tagesrationierte Fütterung auch eine rationierte Fütterung ist, sollten bei dieser ebenfalls alle Tiere gleichzeitig fressen können, damit auch die rangtiefsten Tiere genügend Futter aufnehmen können"). 3

Zu **Abs. 2 Nr. 4.** Das Gebot aus § 2 Nr. 1 TierSchG, sozial lebenden Tieren die gleichzeitige Nahrungsaufnahme zu ermöglichen, wird hier für die Abruffütterung und die Fütterung mit Breifutterautomaten vollständig durchbrochen. Es widerspricht jedoch dem artgemäßen Nahrungserwerbsverhalten von Schweinen, ihr Futter nacheinander zu sich nehmen zu müssen. Bei Tierarten, die ihr Verhalten synchronisieren, muss grds. ermöglicht werden, dass alle Stallgenossen ohne Behinderung gleichzeitig fressen können (vgl. für Legehennen BVerfGE 101, 1, 37, 38; s. auch Vor §§ 16–25 Rn. 3 sowie § 2 TierSchG Rn. 19). 4

Bei **Abs. 2 Nr. 5** hätte es zumindest einer Begründung bedurft, inwieweit die dort vorgesehene Relation „eine Tränkstelle für 12 Absatzferkel" noch mit dem Gebot des § 21 Abs. 1 Nr. 2, jedem (auch rangniederen) Schwein jederzeit Zugang zu Frischwasser zu gewähren, vereinbar ist (s. § 21 Rn. 2). 5

Ordnungswidrig nach § 32 Abs. 1 Nr. 21 handelt der Halter, wenn er gegen Abs. 2 Nr. 1, 2, 3, oder 5 verstößt. Fahrlässigkeit genügt. Wer nicht Halter ist, kann Beteiligter iS des § 14 Abs. 1 OWiG sein (s. § 26 Rn. 2). Werden die Mindesttemperaturen nach Abs. 3 i. V. m. § 22 Abs. 2 vorsätzlich oder fahrlässig unterschritten, so liegt eine Ordnungswidrigkeit nach § 32 Abs. 1 Nr. 26 vor. Umgruppierungen, die rein wirtschaftlich motiviert sind und damit gegen Abs. 1 verstoßen, sollten durch Anordnung nach § 16 a S. 2 Nr. 2 TierSchG verboten werden, so dass der anschließende Verstoß als Ordnungswidrigkeit nach § 18 Abs. 1 Nr. 2 TierSchG geahndet werden kann. 6

§ 24 Besondere Anforderungen an das Halten von Zuchtläufern und Mastschweinen

(1) [1]**Zuchtläufer und Mastschweine sind in der Gruppe zu halten.** [2]**Umgruppierungen sind möglichst zu vermeiden.**

(2) [1]**Wer Zuchtläufer oder Mastschweine hält, muss entsprechend dem Durchschnittsgewicht der Tiere für jedes Schwein mindestens eine uneingeschränkt nutzbare Bodenfläche nach folgender Tabelle zur Verfügung stellen:**

Durchschnittsgewicht in Kilogramm	Fläche in Quadratmetern
über 30 bis 50	0,5
über 50 bis 110	0,75
über 110	1,0.

[2]**Mindestens die Hälfte der Mindestfläche nach Satz 1 muss als Liegebereich nach § 17 Abs. 3 Nr. 8 zur Verfügung stehen.**

(3) **§ 23 Abs. 2 Nr. 3 bis 5 gilt entsprechend.**

1 Zu **Abs. 1** s. § 23 Rn. 1 (vgl. auch die Definitionen in § 2 Nr. 12, 13). Auch hier wird die Verordnung der EU-Richtlinie insoweit nicht gerecht, als sie bei neu gebildeten Gruppen keine Rückzugsmöglichkeiten vorschreibt (vgl. Anh. Kap. II D Nr. 2 der Richtlinie: „Die Schweine sollten ausreichend Möglichkeiten haben, sich vor den anderen Schweinen in einen sicheren Bereich zurückzuziehen").

2 **Abs. 2** dient der Umsetzung von Art. 3 Nr. 1 a der EU-Richtlinie. Allerdings stammen die EU-Vorgaben aus dem Jahr 1991 und sind durch die Praxis überholt. ZB erhalten Schweine mit einem Gewicht über 85 kg anstelle des Richtlinien-Richtwertes von 0,65 m² in der Praxis idR eine Bodenfläche von 0,7–0,8 m² (vgl. ZDS, Thesenpapier zur tiergerechten Schweinehaltung vom 18. 12. 2001 S. 2). Soweit die Vorgaben der Verordnung über die Richtlinie hinausgehen, stellen sie deshalb im Wesentlichen nur eine Anpassung an die Praxis dar. Dennoch gilt für bestehende Einrichtungen nach § 33 Abs. 15 eine Übergangsfrist bis 31. 12. 2012, was nicht nachzuvollziehen ist (s. § 23 Rn. 2). – Demgegenüber waren in den Verordnungsentwürfen vom 13. 8. 2003 und vom 9. 6. 2004 deutlich größere Bodenflächen vorgesehen: für Schweine mit einem Gewicht zwischen 30 und 50 kg je nach Gruppengröße 0,52–0,65 m²; für Schweine zwischen 50 und 85 kg 0,75–0,92 m²; für Schweine zwischen 85 und 110 kg 0,9–1,1 m² und für Schweine über 110 kg 1,0–1,2 m². Ob die jetzt vorgeschriebenen geringeren Flächen ausreichend sind, um das gleichzeitige ungestörte Ruhen (auch in Seitenlage sowie bei Temperaturen über 22 °C in Seitenlage ohne Körperkontakt, vgl. amtl. Begr., BR-Drucks. 119/06 S. 19) zu ermöglichen, ist fraglich. Nach der Petherick-Formel braucht zB ein 75 kg schweres Schwein zum Liegen in gestreckter Seitenlage 0,85 m² und ein 100 kg schweres Schwein 1,03 m²; nach der Edwards-Formel sind es 0,54 m² bzw. 0,66 m² (s. § 23 Rn. 2). Ebenso wie bei den Absatzferkeln gilt auch hier, dass unabhängig von der Frage nach der richtigen Berechnung der Liegefläche „zusätzlich mindestens ausreichend Platz erforderlich (ist), damit die Tiere einen vom Liegebereich getrennten Kotbereich aufsuchen können" (amtl. Begr., BR-Drucks. 119/06 S. 19). Den Mastschweinen und Zuchtläufern muss also ebenso wie den Absatzferkeln ermöglicht werden, Liegebereich und Kotfläche räumlich deutlich zu trennen. Außerdem gehört auch hier zu einem tiergerechten Sozialverhalten nach § 2 Nr. 1 TierSchG, dass Individualabstände eingehalten werden können und rangniedere Tiere vor ranghöheren ausweichen und ggf. Deckung suchen können. Das alles spricht dafür, dass die Bodenflächen der früheren Verordnungsentwürfe die Anforderungen des § 2 Nr. 1 i. V. m. § 2 a TierSchG in zutreffender Weise konkretisiert haben (vgl. auch dazu die amtl. Begr. aaO: „Die Möglichkeit, im Aufenthaltsbereich unterschiedliche Funktionsbereiche einzurichten, ist für die tiergerechte Haltung von Schweinen essentiell; dafür muss für ein Schwein ausreichend Fläche als Kot- und Aktivitätsbereich zur Verfü-

gung stehen, selbst wenn alle Buchtengenossen ruhen“). In den Niederlanden gelten demgemäß folgende Werte: für Schweine bis 50 kg 0,6 m^2, bis 85 kg 0,8 m^2, bis 110 kg 1,0 m^2 und darüber 1,3 m^2. – Anlässlich einer Anhörung im Ministerium Ländl. Raum Bad.-Württ. am 27. 5. 2002 erklärte ein Sachverständiger der KTBL die geringen Flächenvorgaben der EU-Richtlinie für „unsinnig“, da bei ihrer Anwendung mit einer Leistungsdepression auf Seiten der Tiere gerechnet werden müsse; selbst eine Fläche von 0,85 m^2 je Tier im Gewichtsbereich zwischen 85 und 110 kg reiche bei einer Gruppe von 10 Tieren nicht mehr aus, um die Einrichtung unterschiedlicher Funktionsbereiche zu ermöglichen. Nicht wenige Schweinehalter tragen diesen Erkenntnissen in der Praxis dadurch Rechnung, dass sie durch das vorzeitige Ausstallen sog. „frohwüchsiger“ Schweine die Flächen der Verordnungsentwürfe vom 13. 8. 2003 und vom 9. 6. 2004 von sich aus herstellen (vgl. das Beispiel bei *Hoy* AtD 2002, 307, 308: In einer Bucht von 8,4 m^2 sind 12 Tiere mit einem Gewicht von jeweils 50 kg eingestallt, das ergibt 0,7 m^2 je Tier; bis zum Erreichen des durchschnittlichen Endgewichts von ca. 116 kg werden 30%, also vier Tiere vorzeitig ausgestallt; es verbleiben in der Bucht 8 Tiere mit je 1,05 m^2). Das bestätigt die obige Einschätzung, dass die Flächenmaße dieser Verordnungsentwürfe den Anforderungen des § 2 Nr. 1 TierSchG entsprochen haben. – Nach S. 2 darf die Hälfte der vorgeschriebenen Mindestfläche einen Perforationsgrad von höchstens 15% aufweisen (dazu, dass damit die Liegefläche zu knapp bemessen ist, vgl. den neuen Anh. A Tabelle G.4 zum Europäischen Versuchstierübereinkommen: Mindestliegefläche für Schweine bis 50 kg 0,33 m^2, bis 70 kg 0,41 m^2 und bis 100 kg 0,53 m^2 je Tier; zur Liegefläche s. auch § 17 Rn. 3 und 9).

Zu **Abs. 3** gelten die Ausführungen in § 23 Rn. 3–5 entsprechend. 3

Ordnungswidrig nach § 32 Abs. 1 Nr. 27 handelt der Halter, wenn er den Schweinen 4 nicht die nach Abs. 2 S. 1 vorgeschriebene Mindestfläche zur Verfügung stellt oder wenn ihnen diese Fläche „nicht richtig“, d.h. nicht als uneingeschränkt nutzbare Bodenfläche zur Verfügung steht. Wenn von dieser Fläche nicht mindestens die Hälfte als Liegebereich mit einem Perforationsgrad von höchstens 15% zur Verfügung gestellt wird, liegt eine Ordnungswidrigkeit nach § 32 Nr. 21 vor. Fahrlässigkeit genügt. Wer nicht Halter ist, kann Beteiligter iS des § 14 Abs. 1 OWiG sein (s. § 32 Rn. 2). Wenn entgegen Abs. 3 i.V.m. § 23 Abs. 2 Nr. 3–5 zu wenige Fress- oder Tränkstellen vorhanden sind, ist dies für den Halter eine Ordnungswidrigkeit nach § 32 Nr. 21; der Betreuer und der Betreuungspflichtige kommen als Beteiligte iS des § 14 Abs. 1 OWiG in Betracht. Zu Umgruppierungen, die entgegen Abs. 1 S. 2 erfolgen, s. § 23 Rn. 6.

§ 25 Besondere Anforderungen an das Halten von Jungsauen und Sauen

(1) **Jungsauen und Sauen dürfen nur nach Maßgabe der Absätze 2 bis 8 gehalten werden.**

(2) [1]**Jungsauen und Sauen sind im Zeitraum von über vier Wochen nach dem Decken bis eine Woche vor dem voraussichtlichen Abferkeltermin in der Gruppe zu halten.** [2]**Dabei muss abhängig von der Gruppengröße mindestens eine uneingeschränkt nutzbare Bodenfläche nach folgender Tabelle zur Verfügung stehen:**

	Fläche in Quadratmetern		
	bei einer Gruppengröße bis 5 Tiere	bei einer Gruppengröße von 6 bis 39 Tieren	bei einer Gruppengröße von 40 oder mehr Tieren
je Jungsau	1,85	1,65	1,5
je Sau	2,5	2,25	2,05.

[3]**Ein Teil der Bodenfläche, der 0,95 Quadratmeter je Jungsau und 1,3 Quadratmeter je Sau nicht unterschreiten darf, muss als Liegebereich nach § 17 Abs. 3 Nr. 8 zur Verfügung stehen.** [4]**Die Sätze 1 bis 3 gelten nicht in Betrieben mit weniger als zehn Sauen.**

(3) Kranke oder verletzte Jungsauen oder Sauen sowie Jungsauen oder Sauen, die in Betrieben mit weniger als zehn Sauen nicht in der Gruppe gehalten werden, sind während des in Absatz 2 Satz 1 genannten Zeitraumes so zu halten, dass sie sich jederzeit ungehindert umdrehen können.

(4) Jungsauen und Sauen dürfen vorbehaltlich des Absatzes 2 Satz 1 in Kastenständen nur gehalten werden, wenn nicht offensichtlich erkennbar ist, dass diese Haltungsform zu nachhaltiger Erregung führt, die insbesondere durch Gabe von Beschäftigungsmaterial nicht abgestellt werden kann.

(5) Die Anbindehaltung ist verboten.

(6) Trächtige Jungsauen und Sauen sind bis eine Woche vor dem voraussichtlichen Abferkeltermin mit Alleinfutter mit einem Rohfasergehalt in der Trockenmasse von mindestens 8 Prozent oder so zu füttern, dass die tägliche Aufnahme von mindestens 200 Gramm Rohfaser je Tier gewährleistet ist.

(7) [1]Trächtige Jungsauen und Sauen sind erforderlichenfalls gegen Parasiten zu behandeln und vor dem Einstallen in die Abferkelbucht zu reinigen. [2]In der Woche vor dem voraussichtlichen Abferkeltermin muss jeder Jungsau oder Sau ausreichend Stroh oder anderes Material zur Befriedigung ihres Nestbauverhaltens zur Verfügung gestellt werden, soweit dies nach dem Stand der Technik mit der vorhandenen Anlage zur Kot- und Harnentsorgung vereinbar ist.

(8) § 23 Abs. 2 Nr. 3 bis 5 gilt entsprechend.

1 Mit **Abs. 2 S. 1** wird zur Umsetzung von Art. 3 Nr. 4a der EU-Richtlinie für Jungsauen und Sauen (s. § 2 Nr. 14, 15) die Gruppenhaltung vorgeschrieben. Sie gilt ab der fünften Woche nach dem Belegen bis eine Woche vor dem voraussichtlichen Abferkeltermin und stellt grds. ein tiergerechtes Haltungsverfahren dar, das dem arttypischen Verhalten der Schweine entspricht (vgl. *Hoy* AtD 2002, 307, 309). Indes lassen sowohl die EU-Richtlinie als auch die Verordnung die Fixierung von Jungsauen und Sauen weiterhin während langer Zeiträume zu: Eine Woche vor dem Abferkeln kommen die Tiere in die Abferkelbucht, wo sie sich idR nicht einmal umdrehen können; dort bleiben sie bis zum Absetzen; danach können sie laut Verordnung und EU-Richtlinie bis zum Decken und anschließend noch für weitere vier Wochen im Kastenstand gehalten werden; damit bleiben sie während etwa 50% der Zeit fixiert. – Dass die Kastenstandhaltung in der Zeit zwischen Absetzen und Decken weiterhin zugelassen wird, ist in zweifacher Hinsicht unverständlich: Zum einen könnten in dieser Zeit Sauengruppen gebildet werden, die auch nach dem Decken zusammenbleiben und damit während ihrer Trächtigkeit keine Rangkämpfe mehr austragen, weil sie sich bereits vorher kennen gelernt und die Hierarchie untereinander festgelegt haben; zum anderen braucht die Sau nach dem abrupten Absetzen besonders viel Bewegung, um ihren Milchfluss abbauen zu können (ungeachtet dessen scheint sogar § 7 Abs. 2 SchweineVO aF, der während eines Zeitraums von vier Wochen nach dem Absetzen täglich freie Bewegung vorgeschrieben hat, nach Maßgabe von § 33 Abs. 10 nur noch für die dort vorgesehene Übergangszeit zu gelten; ein Versehen?). – Die lange Zeit der Fixierung in Abferkelbucht und Kastenstand verursacht den Tieren Schmerzen, vermeidbare Leiden und Schäden und begründet deswegen einen Verstoß gegen § 2 Nr. 2 TierSchG (zu § 17 Nr. 2b TierSchG s. dort Rn. 99). Die Möglichkeit zur Fortbewegung und zu den meisten arttypischen Verhaltensabläufen ist in dieser Zeit vollständig aufgehoben. Folgen sind u.a.: schmerzhafte Harnwegsentzündungen bei 15–20% der einzeln gehaltenen Sauen, Gebärmutter- und Gesäugeentzündungen bei 20–50% (schon nach dem ersten Abferkeln, vgl. *Burdick* et al. S. 81), schmerzhafte Bein- und Klauenschäden (vgl. *Müller* in: *v. Loeper, Martin, Müller* et al. S. 117) sowie auch die Verlängerung des Geburtsvorgangs und der damit verbundenen Schmerzen (vgl. EU-SVC-Report Schweine S. 100; *Buchholtz, Lambooij, Maisack* et al. S. 4; *Stabenow* in: DVG 2002 S. 40). Bei großen Säugern hat „die Immobilisation (erzwungenes Nichtverhalten) ohne Aussicht auf

eine Veränderungsmöglichkeit verheerende Stressfolgen" (*Grauvogl* et al. S. 14). Besonders groß ist der Drang zum Sich-Bewegen an den Tagen vor dem Abferkeln und unmittelbar nach dem Absetzen der Ferkel. Sichtbare Folgen der Kastenstandhaltung sind u.a.: ausgeprägte Stereotypien (insbesondere Stangenbeißen und Leerkauen), Aggression, gefolgt von Inaktivität und Reaktionslosigkeit, schwache Knochen und Muskeln, Herz-Kreislauf-Schwäche, Harnwegs-, Gesäuge- und Gebärmutterinfektionen (vgl. EU-SVC-Report Schweine S. 146). Die Schäden, die durch die lange Fixierung verursacht werden, zeigen sich u.a. an der kurzen Nutzungsdauer (Schlachtung der Sauen im Durchschnitt bereits nach dem 5. Wurf, obwohl bei artgemäßer Haltung die meisten Ferkel zwischen dem 4. und dem 10. Wurf zur Welt gebracht würden). – Vermeidbar wäre die Kastenstandhaltung insbesondere in der Zeit zwischen dem Absetzen und dem Decken, aber ebenso auch bereits ein oder zwei Wochen nach dem Decken. Etwaige Nachteile der Gruppenhaltung, insbesondere aggressive Auseinandersetzungen, lassen sich vermeiden, wenn man verschiedene Kriterien beachtet: simultane Fütterung, mehrmals täglich; Beschäftigung durch Zugang zu Stroh o.Ä. zum Wühlen und Manipulieren; Liegeflächen von ausreichender Größe; Ausweich- und Rückzugsmöglichkeiten ohne Sackgassen; stabile, nicht zu große Gruppen (vgl. EU-SVC-Report Schweine S. 146; *Buchholtz, Lambooij, Maisack* et al. S. 3, 4). Bei der Gruppierung von Sauen nach dem Absetzen der Ferkel sollten geräumige Buchten mit einem großen Fluchtraum angeboten werden und die gleichen Sauen, soweit wirtschaftlich möglich, wieder zusammengebracht werden; das Platzangebot von 2,2 m² je Tier ohne Einschränkung durch Kasten- oder Fressstände reicht jedenfalls aus, um schwere Verletzungen zu vermeiden (so *Deininger/Friedli/Troxler* in: DVG 2002, 34, 37; vgl. auch *van Putten* S. 6: Die Rangkämpfe in neu gebildeten Sauengruppen dauern nicht länger als 24 Stunden, wenn eine Gruppengröße von etwa 12 Tieren nicht überschritten wird; sofern für diese Zeit eine geräumige Bucht mit planbefestigtem Boden und Stroheinstreu zur Verfügung steht, kommt es zu keinen Verletzungen; anschließend hat sich eine Hierarchie herausgebildet, die auch später eingehalten wird). – Auch das Fixieren in der Abferkelbucht wäre vermeidbar. Der Gefahr des Ferkel-Erdrückens in Buchten mit freier Bewegung kann durch eine tiergerechte Gestaltung des Abferkelnestes und durch Einstreu effektiv begegnet werden: die Sau drückt sich dann langsam nach vorn ins Nest hinein und schiebt die im Weg liegenden Ferkel mit dem Rüssel vorsichtig zur Seite (vgl. EU-SVC-Report Schweine S. 99; *van Putten* S. 7; vgl. auch *Stabenow* in: DVG 2002 S. 40, 41, 48: keine höheren Erdrückungsverluste in Scan-Bewegungsbuchten; *Petersen* verweist in DVG 2002 S. 18, 25 auf „Überlegungen, die Haltung im Kastenstand zunächst auf eine Woche vor bis eine Woche nach der Geburt zu befristen"). – Zu den Regelungen in Schweden, Großbritannien, den Niederlanden und der Schweiz s. Vor §§ 16–25 Rn. 8.

Nach **Abs. 2 S. 2** gelten für die Gruppenhaltung je nach Gruppengröße bestimmte Mindestflächen je Tier, die uneingeschränkt nutzbar sein müssen, also keine Hindernisse aufweisen dürfen (vgl. Art. 3 Nr. 1b der EU-Richtlinie). Nach **Abs. 2 S. 3** darf der dort vorgesehene Liegebereich einen Perforationsgrad von höchstens 15% aufweisen (vgl. Art. 3 Nr. 2a der EU-Richtlinie; zur Liegefläche s. auch § 17 Rn. 3 und 9). Eine Ausnahme von dem Gebot der Gruppenhaltung gilt nach **Abs. 2 S. 4** in kleinen Betrieben mit bis zu neun Sauen; eine danach zulässige Einzelhaltung muss aber den Vorgaben des Abs. 3 entsprechen (s. Rn. 3). – Für den gesamten Abs. 2 gilt für am 4. 8. 2006 bereits bestehende Einrichtungen nach § 33 Abs. 10, 16 eine Übergangsfrist bis 31. 12. 2012, wenn die Sau jeweils nach dem Absetzen der Ferkel insgesamt vier Wochen lang täglich freie Bewegung erhält. Soweit diese Übergangsfrist auch solchen Betrieben zugute kommen soll, die nach dem 1. 1. 2003 gebaut oder umgebaut oder erstmals als Schweinehaltung bewirtschaftet worden sind, liegt darin ein Verstoß gegen Art. 3 Nr. 9 der EU-Richtlinie, denn dort ist als Stichtag der 1. 1. 2003 festgelegt; bei Beachtung des EU-Rechts kann also die Frist für Betriebe, die nach diesem Stichtag neu gebaut oder umgebaut oder erstmals bewirtschaftet worden sind, keine Anwendung finden. Unabhängig davon wird die Dauer der Frist nach 2

§ 33 Abs. 10, 16 den Schmerzen, Leiden und Schäden, die den Tieren durch die Kastenstandhaltung bzw. Fixierung in der Abferkelbucht zugefügt werden, nicht gerecht (s. Rn. 1).

3 **Abs. 3** bestimmt für die Fälle, in denen das Gebot zur Gruppenhaltung aufgehoben ist (nämlich für kranke oder verletzte Tiere sowie für Tiere in Betrieben mit weniger als zehn Sauen), dass sich die Jungsauen und Sauen in Einzelhaltungen während des in Abs. 2 S. 1 genannten Zeitraums ungehindert umdrehen können müssen. Für bestehende Einrichtungen gilt nach § 33 Abs. 16 eine Übergangsfrist bis 31. 12. 2012, wenn die Sau nach dem Absetzen der Ferkel insgesamt vier Wochen lang täglich freie Bewegung erhält (zum Sich-Umdrehen s. auch § 19 Rn. 3). Auch diese Frist wird den Belastungen, die den Tieren durch die Kastenstandhaltung bzw. Fixierung in der Abferkelbucht zugefügt werden, nicht gerecht.

4 **Zu Abs. 4.** Da Kastenstandhaltung zu Schmerzen, Leiden und Schäden führt, die vermeidbar wären (s. Rn. 1), ist es mit § 2 Nr. 2 TierSchG nicht vereinbar, dass sie erst dann aufgehoben werden soll, wenn die Erregung des Tieres „offensichtlich erkennbar" geworden ist.

5 **Abs. 5** setzt Art. 3 Nr. 3 der EU-Richtlinie um.

6 **Abs. 6** dient der Umsetzung von Art. 3 Nr. 7 der EU-Richtlinie. Nach dem EU-Recht müssen die Tiere „ihren Hunger und ihr Kaubedürfnis stillen können". Wenn also die in Abs. 6 genannten Mengen (nämlich Alleinfutter mit einem Rohfasergehalt in der Trockenmasse von mindestens 8% oder mindestens 200g Rohfaser je Tier und Tag) zur Sättigung nicht ausreichen oder wenn durch Leerkauen u.Ä. ein Unbefriedigt-Sein des Kaubedürfnisses erkennbar wird, müssen der Rohfasergehalt oder die Rohfasermengen entsprechend erhöht werden.

7 **Abs. 7 S. 1 und 2** dienen der Umsetzung der EU-Richtlinie Anh. Kap. II B Nr. 2 und Nr. 3. Die Parasitenbehandlung muss nach Anh. Kap. II B Nr. 2 S. 1 der Richtlinie nur „erforderlichenfalls" stattfinden, die Reinigung nach Nr. 2 S. 2 dagegen auf jeden Fall. In Anh. Kap. II B Nr. 3 der Richtlinie wird vorgeschrieben: „In der Woche vor dem Abferkeln muss Sauen und Jungsauen in ausreichenden Mengen geeignete Nesteinstreu zur Verfügung gestellt werden, sofern dies im Rahmen des Gülle-Systems des Betriebs nicht technisch unmöglich ist." Nach der Richtlinie gilt also: Einstreu in der Abferkelbucht ist die Regel, der Verzicht darauf ist die begründungs- und rechtfertigungspflichtige Ausnahme. Macht also ein Halter geltend, dass sein Gülle-System die Gabe von Nesteinstreu unmöglich macht, so hat er es im Zweifel zu beweisen (richtlinienkonforme Auslegung, s. Vor §§ 16–25 Rn. 6; vgl. auch *Grauvogl* et al. S. 91: 0,5–1,0 kg Stroh pro Tag und Großvieheinheit werden von jedem Flüssigmistsystem verkraftet). Eine großzügige Handhabung der Ausnahmeklausel widerspräche überdies dem Grundsatz, dass nicht die Tiere an das Haltungssystem, sondern das Haltungssystem an die Bedürfnisse der Tiere angepasst werden soll.

8 Zu **Abs. 8** gelten die Ausführungen in § 23 Rn. 3–5 entsprechend.

9 **Ordnungswidrig** nach § 32 Abs. 1 Nr. 21 handelt der Halter, wenn er gegen Abs. 2 S. 1, 2 oder 3, gegen Abs. 3 oder gegen Abs. 5, 6 oder 7 S. 2 verstößt. Fahrlässigkeit genügt. Wer nicht Halter ist, kann Beteiligter iS des § 14 Abs. 1 OWiG sein. Dasselbe gilt, wenn entgegen Abs. 8 i.V.m. § 23 Abs. 2 Nr. 3 oder Nr. 5 zu wenige Fress- oder Tränkstellen vorhanden sind. Bei drohend bevorstehenden oder bereits stattgefundenen Verstößen gegen den nicht unmittelbar als Ordnungswidrigkeit eingestuften Abs. 4 sollte die Kastenstandhaltung durch Anordnung nach § 16a S. 2 Nr. 2 TierSchG verboten werden, so dass der anschließende Verstoß als Ordnungswidrigkeit nach § 18 Abs. 1 Nr. 2 TierSchG geahndet werden kann. Dasselbe gilt für Verstöße gegen Abs. 7 S. 1.

Abschnitt 5. Anforderungen an das Halten von Pelztieren

Vorbemerkung zu den §§ 26–31

Bisher übliche Haltungsbedingungen. In Deutschland gibt es etwa 30 Nerzfarmen, 1
eine Fuchshaltung und eine unbekannte Zahl von Chinchilla-Zuchten unterschiedlicher Größe (vgl. BMELV, Tierschutzbericht 2005, S. 17). – Nerze werden idR in Käfigen gehalten, die rundherum aus Maschendraht bestehen und in langen Reihen etwa einen Meter über dem Erdboden angebracht sind, so dass Kot und Urin durch den Gitterboden hindurchfallen und unter dem Käfig mehr oder weniger lang liegen bleiben können. In den Einzelkäfigen, die etwa 90 × 30 × 40 cm groß sind, befinden sich entweder ein einzelnes Zuchttier, ggf. mit saugenden Jungen, oder zwei (manchmal auch mehr) abgesetzte Jungtiere. Angeschlossen ist eine sog. Wohnbox mit den Maßen 20 × 20 oder 20 × 30 cm, ebenfalls idR mit Drahtgitterboden. Die Fütterung erfolgt mit Schlachtabfällen. – Füchse werden idR ebenfalls in Käfigen aus Draht gehalten. Die durchschnittlichen Käfigmaße liegen hier bei 100 × 100 × 100 cm. Ein Wohnkasten steht nur für die Zeit der Aufzucht zur Verfügung. – Sumpfbiber (Nutrias) werden zT ebenfalls in Käfigen (Hochkäfige mit angrenzendem Schlupfkasten) untergebracht. – Bei den Chinchillas sitzen die zur Zucht bestimmten Weibchen in Einzelkäfigen, während der Bock in einem separaten Laufgang am oberen Teil der Käfige hin und her läuft und durch Schlupflöcher in die Käfige der Weibchen gelangen kann. Bei den Zuchttieren mit Nachwuchs sind die Käfige ca. 50 × 50 × 40 cm groß und haben am Boden eine Blechwanne mit Einstreu. Bei den zur „Pelzung“ bestimmten abgesetzten Jungtieren werden Käfige von ca. 40 × 40 × 40 cm mit Drahtgitterboden verwendet; Sandbäder werden angeboten.

Pelztiere, insbesondere Nerze, Iltisse, Füchse, Marderhunde, Sumpfbiber und Chin- 2
chillas, sind keine **Haustiere, sondern Wildtiere** (so Art. 35 und Art. 12 der Schweizer Tierschutzverordnung nach Vorarbeiten einer Expertenkommission aus Mitgliedern der CH-Aufsichtskommission zum Washingtoner Artenschutzabkommen und weiteren Fachleuten für Zootiere). Dafür spricht schon die relativ kurze Zeit ihrer Züchtung: Mit Nerzen züchtet man erst seit etwa 100 und mit Chinchillas seit 80 Jahren; dagegen währte der Domestikationsprozess der meisten Haustiere ca. 5000 Jahre, von denen die ersten 4900 durch extensive, bewegungsreiche Haltungsformen gekennzeichnet waren. Selbst das mit dem Nerz nahe verwandte Frettchen wird seit immerhin 2000 Jahren gezüchtet. Wichtige Merkmale für eine Domestikation sind u. a., dass es bei Haustieren zu Änderungen im sexuellen Verhalten kommt und ihr relatives Gehirngewicht abnimmt; das Sexualverhalten der Pelztiere, insbesondere der Farmnerze zeigt aber nach wie vor Wildtiercharakter, und ihr Gehirngewicht hat allenfalls minimal abgenommen (für die Einstufung als Wildtier u. a. *Ludwig/Kugelschafter* S. 6; *Buchholtz/Boehncke* S. 3; wohl auch *Herre/Röhrs:* „Neudomestikation“ in einer Art Übergangsform zwischen Wild- und Haustier). – Da Nerze und andere Pelztiere keine landwirtschaftlichen Nutztiere sind, ist ihre Zucht oder Haltung nach § 11 Abs. 1 S. 1 Nr. 3 a TierSchG erlaubnispflichtig (vgl. BVerwG NVwZ-RR 2005, 399, 400; s. auch § 11 TierSchG Rn. 10).

Bewegungseinschränkungen und Leiden iS von § 2 Nr. 2 TierSchG. Nerze leben un- 3
ter natürlichen Bedingungen an den Rändern von Seen oder Flüssen und bewegen sich etwa 2 km längs zum Ufer und mehrere hundert Meter vom Ufer entfernt (vgl. amtl. Begr. zur 3. ÄndVO, BR-Drucks. 437/05 S. 10). Im Käfig wird ihr Lebensraum auf 0,27 m^2 beschränkt. Dadurch werden sie in ihrer lokomotorischen Aktivität extrem eingeschränkt. Insbesondere sind Schwimmen, Tauchen, Klettern und Springen völlig unmöglich (vgl. *Ludwig/Kugelschafter* S. 11; BR-Drucks. 427/05 aaO). – Rotfüchse sollen im Tagesdurchschnitt 6 km und Polarfüchse sogar 10–20 km zurücklegen (BR-Drucks. 437/05 aaO). Im Käfig verringert sich ihr Lebensraum auf 1 m^2; außerdem können sie dort nicht graben. – Chinchillas bewegen sich im Freien springend und kletternd in Felsen fort, was

ihnen im Käfig ebenfalls unmöglich ist. – Dass diese zahlreichen und schwerwiegenden Einschränkungen der artgemäßen Fortbewegung bei den Tieren zu Leiden iS von § 2 Nr. 2 TierSchG führen, unterliegt keinem vernünftigen Zweifel. Der Wissenschaftliche Ausschuss für Tiergesundheit und Tierschutz der EU-Kommission (EU-SCAHAW) stellt in seinem Bericht zum Tierschutz bei Pelztieren vom 12./13. 12. 2001 mit Bezug auf Nerze u. a. Folgendes fest: Nerze zeigten unter experimentellen Bedingungen eine starke Vorliebe („strong preference") für Schwimmgelegenheiten; stereotype Verhaltensweisen, insbesondere Bewegungsstereotypien seien unter Farmnerzen weit verbreitet und seien bei 31–85% der Tiere zu beobachten; in vielen Studien werde von Einzeltieren berichtet, die mehr als ein Viertel des Tages mit diesen Anomalien zubrächten; andere Verhaltensstörungen wie Schwanzsaugen und Fellbeißen seien ebenfalls weit verbreitet und nähmen mit ansteigendem Alter der Tiere zu; der typische Nerzkäfig mit Nestbox und Drahtgitterboden beeinträchtige das Wohlbefinden, weil für wichtige Bedürfnisse („important needs") nicht vorgesorgt sei; besondere Probleme seien dabei die eingeschränkten Möglichkeiten zu Bewegung und Erkundung und die fehlenden Gelegenheiten zum Klettern, zum Schwimmen, zur Benutzung von Tunneln und zum zeitweiligen Rückzug von den Artgenossen (vgl. EU-SCAHAW-Report Pelziere S. 116, 117, 178). Mit Bezug auf Füchse stellt der Ausschuss u. a. Verhaltensstörungen wie übersteigerte Furchtsamkeit, Töten von Jungen, Stereotypien und Fellbeißen fest; im typischen Fuchs-Käfig könnten wichtige Bedürfnisse („important needs") nicht befriedigt werden, besonders wegen der eintönigen Umgebung und den Beschränkungen bei der Bewegung und bei anderen artspezifischen Verhaltensweisen wie dem Graben; deswegen seien die Beinknochen signifikant schwächer als bei Füchsen in größeren Käfigen mit mehr Bewegungsmöglichkeit (vgl. EU-SCAHAW-Report Pelztiere S. 151, 179). – Wenn bei Pelztieren Verhaltensstörungen wie Stereotypien, Schwanzsaugen oder Fellbeißen festgestellt werden, liegen nicht nur „einfache" Leiden iS von § 2 Nr. 2 TierSchG, sondern auch erhebliche und damit strafbare Leiden iS von § 17 Nr. 2b TierSchG vor (zur Verpflichtung der nach § 15 zuständigen Behörde, zumindest in solchen Fällen durch Anordnungen nach § 16a S. 2 Nr. 1 TierSchG für Abhilfe zu sorgen, s. § 16a TierSchG Rn. 5, 12a).

4 **Unangemessenes Zurückdrängen von Grundbedürfnissen iS von § 2 Nr. 1 TierSchG.** Zum artgemäßen **Ruhen** benötigen Pelztiere einen mit Einstreumaterial versehenen Schlafkasten, in dem alle Tiere gleichzeitig liegen können und in den sie sich auch tagsüber vor Menschen und Artgenossen zurückziehen können (vgl. BR-Drucks. 437/05 S. 13: „essentiell für alle Pelztiere"; s. auch St. Ausschuss zum ETÜ, Empfehlung in Bezug auf Pelztiere vom 22. 6. 1999, Art. 9 Abs. 9). – Artgemäßes **Nahrungserwerbsverhalten** setzt u. a. voraus, dass die Tiere ihr arteigenes, mit dem Fressen verbundenes Beschäftigungsbedürfnis befriedigen können (vgl. *Buchholtz/Troltenier* S. 8). Durch das übliche breiförmige Futter der Nerze und Füchse kann aber der natürliche Beiß- und Kautrieb der Tiere nicht abgebaut werden. Dies begünstigt in Verbindung mit dem Fehlen von Beschäftigungsmöglichkeiten und der Eintönigkeit der Umgebung Verhaltensstörungen wie insbesondere das Fell- und das Schwanzbeißen oder Schwanzsaugen. Ein weiteres Problem ist die in der Praxis übliche restriktive Fütterung der weiblichen Zuchtnerze, die zu andauerndem Hunger und damit zu Leiden führen kann (vgl. EU-SCAHAW-Report Pelztiere S. 117). – **Erkundung** kann in den kleinen, strukturlosen Käfigen kaum stattfinden, obwohl das Bedürfnis nach entsprechenden Reizen extrem hoch ist (vgl. *Ludwig/Kugelschafter* S. 11, 12; EU-SCAHAW-Report S. 117, 151). – Das Bedürfnis zum Baden und Schwimmen ist bei Nerzen und Sumpfbibern ein wesentlicher Teil der **Eigenkörperpflege** und gehört damit nicht nur zur Bewegung iS von § 2 Nr. 2, sondern auch zur Pflege iS von § 2 Nr. 1 TierSchG. Verschiedene Indizien zeigen die Stärke dieses Bedürfnisses an: Farmnerze, die noch niemals zuvor eine Möglichkeit zum Baden und Schwimmen hatten, suchen, wenn sie erstmals in ein Gehege mit Schwimmgelegenheit verbracht werden, diese sofort auf und nutzen sie entsprechend (vgl. *Ludwig/Kugelschafter* S. 11). In Wahlversuchen konnte gezeigt werden, dass Nerze für den Zugang zu einem

Schwimmbad annähernd gleich hohe „Kosten" in Form des Widerstandes einer Klapptüre in Kauf nehmen wie für den Zugang zu Futter (vgl. *Würbel* in: LTK Hessen S. 150). In der freien Natur besiedelt der Nerz Uferregionen und verbringt einen Teil der Zeit im Wasser; sein Körperbau ist an das Wasserleben angepasst (Schwimmhäute), und er ernährt sich zu 50–80% von Wassertieren (vgl. BR-Drucks. 437/05 S. 14: „Für Nerze als Uferbewohner ist eine Schwimmmöglichkeit sowohl zur Wärmeregulierung als auch zur Ausübung artgerechten Verhaltens zwingend erforderlich"; vgl. auch EU-SCAHAW-Report S. 117, 178: „important need"). Analoges gilt bei Füchsen für das Bedürfnis zum Graben (vgl. EU-SCAHAW-Report S. 151, 179). Da insbesondere für Nerze und Füchse eine deutliche räumliche Trennung von Kot- und Ruheplatz erforderlich ist, bedeuten die Anhäufungen von Kot auf der Lauffläche oder direkt unter den Käfigen in unmittelbarer Nähe des Nestkastens eine ständige Verletzung des artgemäßen Ausscheidungsverhaltens und damit ebenfalls eine erhebliche Zurückdrängung der Eigenkörperpflege. Dies allein führt „mit hoher Wahrscheinlichkeit zu erheblichen Leiden" (so *Sambraus* in: Gutachterliche Stellungnahme für die Staatsanwaltschaft Detmold im Verfahren 3 Js 115/87). – **Mutter-Kind-Verhalten:** Die Trennung der aufgezogenen Jungnerze von der Mutter erfolgt in der Praxis nicht, wie biologisch vorgegeben, erst mit 11 Wochen, sondern schon mit 7–8 Wochen, weil sonst der Käfig vergrößert werden müsste. Das hat erheblichen Einfluss auf spätere Verhaltensstörungen. Bei Einhaltung des natürlichen Absetzalters ließe sich hingegen das Auftreten von Fell- und Schwanzschädigungen signifikant verringern (vgl. *Wiepkema/de Jonge* in: *Sambraus/Steiger* S. 239; *Ludwig/Kugelschafter* S. 12; vgl. auch EU-SCAHAW-Report S. 178: Absetzen vor Ablauf von neun Wochen führt zu vielfältigen Wohlbefindensproblemen). – Bei Haltung mehrerer Tiere in einem Käfig kann ein **artgemäßes Sozialverhalten** ohne Ausweich- und Rückzugsmöglichkeiten vor dem Artgenossen nicht stattfinden; solche Möglichkeiten sind unbedingt erforderlich, insbesondere für ein solitär lebendes Tier wie den Nerz (vgl. *Ludwig/Kugelschafter* aaO).

Der **Bundesrat** hat bereits am 5. 6. 1992 die Käfighaltung von Pelztieren als art- und 5
verhaltenswidrig bezeichnet und eine deutsche Pelztierverordnung mit Regelungen gefordert, die in vollem Umfang den Vorgaben des Tierschutzgesetzes entsprechen müssten: „Pelztiere dürfen nicht in Käfigen, sondern nur in Gehegen gehalten werden, die so groß sind, dass die Tiere sich darin artgemäß bewegen können; die Böden der Gehege dürfen höchstens zu einem Drittel aus Drahtgitter bestehen; allen Pelztieren sind Schlafkästen sowie Rückzugs-, Kletter- und Beschäftigungsmöglichkeiten zu gewähren (Klettermöglichkeiten bei Sumpfbibern nicht erforderlich); Nerzen und Sumpfbibern muss Wasser zum Schwimmen zur Verfügung stehen; Füchse erhalten ein mindestens 40 m^2 großes Gehege, in dem sie laufen und in lockerem Boden graben können" (Beschluss, BR-Drucks. 22/92). Mit Beschluss vom 9. 11. 2001 wurde nochmals erklärt: „Die Haltung von Pelztieren in Käfigen ist auf Grund des geringen Domestizierungsgrades dieser Tiere als grundsätzlich problematisch anzusehen" (Beschluss, BR-Drucks. 766/01).

Durch **Erlasse in mehreren Bundesländern** ist diesen Forderungen Rechnung getragen 6
worden. – In Hessen ist für die Haltung von Pelztieren u.a. Folgendes vorgeschrieben: Gehege- statt Käfighaltung für fast alle Pelztierarten; Böden dürfen höchstens zu einem Drittel perforiert sein; bei allen Pelztierarten müssen wärmedämmende, mit Einstreu versehene Nestkästen für das Muttertier und die Nachkommen bereitgestellt werden; Mindestbodenfläche für Nerze 6 m^2 (für 1–2 Tiere, ggf. einschließlich nicht abgesetzter Jungtiere), für Füchse 40 m^2 (Polarfüchse 20 m^2) und für Sumpfbiber 5 m^2; für Nerze zusätzlich Wasserbecken, Klettermöglichkeiten, Beschäftigungsmaterial, Möglichkeiten zum Rückzug und Schlafkästen zum gleichzeitigen Liegen; für Füchse zusätzlich Möglichkeiten zum Graben, Schlafkästen und erhöhte Liegeflächen; für Sumpfbiber zusätzlich Wasserbecken, Raufutterraufen, Nagehölzer, Rückzugsmöglichkeiten und Schlafkästen; für Chinchillas Sitzbretter in unterschiedlicher Höhe, Schlafkästen, Nagematerial, Rückzugsmöglichkeiten und Sandbad (Hess. Ministerium für Frauen, Arbeit und Sozialordnung, Erlass vom 27. 11. 1996). – Bayern hat diese Regelungen übernommen (Bay.

Staatsministerium für Arbeit und Sozialordnung, Familie, Frauen u. Gesundheit, Schreiben an die Regierungen vom 26. 2. 1998, Az. VII 7/8734–5/1/98).

7 Mit der **3. Verordnung zur Änderung der Tierschutz-Nutztierhaltungsverordnung (3. ÄndVO)** sind aufgrund von § 2a Abs. 1 Nr. 1 bis 4 und § 13 Abs. 3 S. 1 TierSchG die §§ 26 bis 31 in die Tierschutz-Nutztierhaltungsverordnung eingefügt und damit wesentliche Verbesserungen gegenüber den bisher üblichen Haltungsbedingungen (s. Rn. 1) verordnet worden; sie bleiben allerdings hinter den Forderungen des Bundesrates von 1992 (s. Rn. 5) und den konkretisierenden Erlassen (s. Rn. 6) zurück; zudem müssen einige der Verbesserungen von den Haltern nur stufenweise verwirklicht werden. – Zunächst müssen (in neuen Betrieben sofort und in bestehenden Betrieben binnen 6 Monaten) folgende Verbesserungen eingeführt werden: In jeder Haltungseinrichtung muss es einen mit festen Wänden versehenen und mit Heu, Stroh o. Ä. ausgestatteten Nestkasten geben, der so groß ist, dass alle Tiere gleichzeitig darin liegen können; zusätzlich muss jedem Tier jederzeit Zugang zu verhaltensgerechtem Beschäftigungsmaterial außerhalb des Nestkastens gewährt werden; alle Tiere müssen Tunnelröhren, Sumpfbiber und Chinchillas darüber hinaus auch Kisten erhalten; die Haltungseinrichtung für Chinchillas muss außerdem mit mindestens einer Plattform je Tier sowie mit einem Sandbad von mindestens 250 cm^2 Fläche ausgestattet sein (s. § 33 Abs. 17 i. V. m. §§ 28 Abs. 2 Nr. 2, Abs. 3, Abs. 8 S. 1 Nr. 4 und S. 2 sowie § 29 Abs. 1 Nr. 4 und 5). – Die zweite Stufe gilt für alle Betriebe erst mit Ablauf des fünften Kalenderjahres nach dem Tag der Verkündung: Ab diesem Zeitpunkt müssen die Grundflächen der Haltungseinrichtungen deutlich vergrößert werden zB für Nerze und Iltisse auf 1 m^2 je Tier (bei einer Gesamtfläche von nicht unter 3 m^2), für Füchse und Marderhunde auf 3 m^2 je Tier (bei einer Gesamtfläche von nicht unter 12 m^2) und für Chinchillas auf 0,5 m^2 je ausgewachsenes bzw. 0,3 m^2 je abgesetztes Jungtier (bei einer Gesamtfläche von nicht unter 1 m^2, s. § 33 Abs. 10 i. V. m. § 28 Abs. 5). – Die dritte Stufe gilt für alle Betriebe erst nach Ablauf von zehn Jahren und bringt folgende Verbesserungen: Eine deutliche Erhöhung der Haltungseinrichtungen, nämlich für Nerze, Iltisse und Chinchillas auf 1 m, für Füchse und Marderhunde auf 1,5 m und für Sumpfbiber auf 0,45 m; eine Erhöhung des planbefestigten Bodenanteils, zB für Nerze, Iltisse und Chinchillas auf die Hälfte des Bodens und für Füchse auf mindestens 2 m^2, wobei der letztgenannte Bereich so beschaffen sein muss, dass die Tiere graben können; für alle Tiere erhöhte Plattformen zum Liegen und Sichaufrichten; für Nerze und Sumpfbiber darüber hinaus ein Schwimmbecken mit einer Oberfläche von mind. 1 m^2 und einer Wassertiefe von mind. 30 cm; für Nerze und Iltisse zudem Vorrichtungen zum Klettern (s. § 33 Abs. 20 i. V. m. § 28 Abs. 6, 7 und 8 S. 1 Nr. 1 bis 3).

8 Die **Befugnis der nach § 15 zuständigen Behörde, Maßnahmen nach § 16a S. 2 Nr. 1 TierSchG anzuordnen,** bleibt von der Verordnung unberührt (vgl. BR-Drucks. 437/05 S. 11). Damit bleibt es dabei, dass die Behörde auch ohne ausdrückliche Regelung in der Verordnung berechtigt und ggf. verpflichtet ist, dort, wo Grundbedürfnisse iS von § 2 Nr. 1 TierSchG unangemessen zurückgedrängt werden oder wo den Tieren durch Bewegungseinschränkungen Schmerzen, vermeidbare Leiden oder Schäden iS von § 2 Nr. 2 TierSchG zugefügt werden, durch Anordnungen nach § 16a S. 2 Nr. 1 TierSchG die gesetzlichen Anforderungen aus § 2 TierSchG durchzusetzen und dazu im Einzelfall auch Maßnahmen anzuordnen, die über die Verordnung und insbesondere deren Übergangsregelungen hinausgehen (s. auch Vor §§ 5–11 Rn. 7, Vor §§ 16–25 Rn. 7 sowie § 2 TierSchG Rn. 3). Dazu besteht in besonderem Maß Veranlassung, wenn Verhaltensstörungen wie zB Stereotypien, Schwanzsaugen, Schwanz- oder Fellbeißen auftreten und indizieren, dass den Tieren erhebliche Leiden iS des § 17 Nr. 2b TierSchG zugefügt werden (s. § 17 TierSchG Rn. 69–77, 110).

9 **Regelungen in anderen europäischen Staaten.** Die Erlasse von Hessen und Bayern (s. Rn. 6) orientieren sich weitgehend an den damaligen Bestimmungen der Tierschutzverordnung der Schweiz (vgl. dort insbesondere Anh. 2, Mindestanforderungen für das Halten von Wildtieren). In Großbritannien ist die Pelztierhaltung durch den „Fur Far-

ming Prohibition Act" verboten; ebenso in Österreich gemäß § 25 Abs. 5 Tierschutzgesetz. In den Niederlanden gibt es ein Verbot der Haltung von Füchsen und Chinchillas in Pelztierfarmen. Die Schweizer Tierschutzverordnung sieht für Nerze jetzt eine Gehegefläche von 10 m^2 je Paar und für paarweise gehaltene Füchse 30 (Polarfuchs) bzw. 60 m^2 (Rotfuchs) vor; zudem müssen Nerzhaltungen mit einem Bassin von 1 m^2 Fläche und 0,2 m Tiefe für jeweils 2 Tiere ausgestattet sein; für Fuchshaltungen sind Grabgelegenheiten, erhöhte Schlafboxen sowie Ausweich- und Versteckmöglichkeiten vorgeschrieben.

Ob ein **förmliches Verbot der Pelztierhaltung** möglich wäre, kann hier offen bleiben 10 (bejahend u.a. *Wollenteit* ZRP 2002, 199ff.; *ders.* in: Rechtsgutachten S. 36–40; *Kluge v. Loeper* § 2 Rn. 65). Unter Berücksichtigung des Wildtiercharakters (s. Rn. 2) müssen jedenfalls für eine artgerechte Haltung hohe Anforderungen gestellt werden, selbst wenn dies einem faktischen Verbot nahe kommen sollte. In einem früheren Erlass des Schleswig-Holsteinischen Ministeriums für Umwelt, Natur und Forsten vom 18. 7. 2001 ist dazu formuliert worden: „Kein Tier darf wegen seines Pelzes gehalten werden, wenn es einer Art angehört, die sich, selbst wenn diese hohen, im Erlass vorgegebenen Bedingungen eingehalten sind, nicht an ein Leben in Gefangenschaft anpassen lässt, ohne dass sich Probleme für ihr Wohlbefinden ergeben." Darin liegt eine zutreffende Konkretisierung der Gebote und Verbote aus § 2. Lassen sich also selbst bei optimalen Bedingungn (z.B. nach dem in Rn. 6 beschriebenen Erlass aus Hessen) Verhaltensstörungen oder andere Indikatoren feststellen, die auf fortbestehende Probleme im Wohlbefinden hindeuten, oder werden Grundbedürfnisse weiterhin erheblich zurückgedrängt, so wird die Haltung von Pelztieren vollständig zu verbieten sein. Dies wäre dann keine Enteignung, sondern eine zulässige Inhalts- und Schrankenbestimmung nach Art. 14 Abs. 2 GG (dazu und zur Vereinbarkeit eines Verbotes mit Art. 12 GG vgl. *Wollenteit* ZRP 2002, 199ff.; zum Ganzen s. auch TierSchG Einf. Rn. 13 und § 17 Rn. 54 und 110).

§ 26 Verbot der Haltung bestimmter Tiere

Tiere der in § 2 Nr. 17 genannten Arten dürfen nicht zur Erzeugung von Pelzen oder zur Zucht von Pelztieren gehalten werden, soweit sie der Natur entnommen wurden.

Das Verbot dient der Durchsetzung von Art. 1 Nr. 3 der Empfehlung des St. Ausschusses in Bezug auf Pelztiere vom 22. 6. 1999 (Pelztier-Empfehlung). Unabhängig vom Grad der Domestizierung ist bei Wildfängen zu erwarten, dass sie wegen der unterschiedlichen Vorerfahrung unter den Haltungsbedingungen, insbesondere unter der Einschränkung der Bewegungsmöglichkeiten und unter dem Fehlen der vielfältigen Umweltreize in Pelztierfarmen stärker leiden würden als Tiere aus der Pelztierzucht (amtl. Begr., BR-Drucks. 437/05 S. 13).

§ 27 Anwendungsbereich

Pelztiere dürfen, unbeschadet der Anforderungen der §§ 3 und 4, nur nach Maßgabe der Vorschriften dieses Abschnitts gehalten werden.

§ 28 Anforderungen an Haltungseinrichtungen für Pelztiere

(1) **Pelztiere dürfen nur in Haltungseinrichtungen gehalten werden, die den Anforderungen der Absätze 2 bis 9 entsprechen.**

(2) **Die Haltungseinrichtung muss**

1. **so beschaffen sein, dass alle Pelztiere artgemäß fressen, trinken und ruhen können;**

2. einen gesonderten Bereich mit festen Wänden aufweisen, in den sich die Tiere zurückziehen können und der so bemessen ist, dass alle Tiere darin gleichzeitig liegen können, und dessen Öffnung so angebracht ist, dass neugeborene Tiere zurückgehalten werden und erwachsene Tiere leichten Zugang haben (Nestkasten);
3. mit frostgeschützten Tränkvorrichtungen ausgestattet sein, die so verteilt und bemessen sind, dass alle Pelztiere jederzeit Zugang zu Tränkwasser haben;
4. mit Öffnungen versehen sein, die ein Entnehmen der Pelztiere ohne Schmerzen oder vermeidbare Leiden oder Schäden für die Tiere erlauben;
5. ausreichenden Schutz vor direkter Sonneneinstrahlung bieten.

(3) Der Nestkasten nach Absatz 2 Nr. 2 muss

1. für Rotfüchse und Polarfüchse (Füchse) erhöht angebracht sein und aus einer Hauptkammer sowie einer Vorkammer bestehen, die den Eingang zur Hauptkammer verbirgt,
2. für Sumpfbiber aus mindestens zwei Kammern bestehen und mit zwei Ausgängen ausgestattet sein.

(4) Haltungseinrichtungen dürfen nicht übereinander angeordnet sein.

(5) Haltungseinrichtungen müssen zusätzlich zu den Innenflächen eines Nestkastens und den Flächen eines Schwimmbeckens oder Sandbades folgende Grundflächen aufweisen:

1. für Nerze und Iltisse für jedes ausgewachsene Tier und für jedes Jungtier nach dem Absetzen eine Grundfläche von mindestens einem Quadratmeter, mindestens jedoch eine Grundfläche von drei Quadratmetern;
2. für Füchse und Marderhunde für jedes ausgewachsene Tier und für jedes Jungtier nach dem Absetzen eine Grundfläche von mindestens drei Quadratmetern, mindestens jedoch eine Grundfläche von zwölf Quadratmetern;
3. für Sumpfbiber für jedes ausgewachsene Tier eine Grundfläche von mindestens zwei Quadratmetern und für jedes Jungtier nach dem Absetzen eine Grundfläche von mindestens 0,5 Quadratmetern, mindestens jedoch eine Grundfläche von vier Quadratmetern;
4. für Chinchillas für jedes ausgewachsene Tier eine Grundfläche von mindestens 0,5 Quadratmetern und für jedes Jungtier nach dem Absetzen eine Grundfläche von mindestens 0,3 Quadratmetern, mindestens jedoch eine Grundfläche von einem Quadratmeter.

(6) Haltungseinrichtungen müssen mindestens folgende Innenhöhen aufweisen:

1. für Nerze und Iltisse einen Meter;
2. für Füchse und Marderhunde 1,5 Meter;
3. für Sumpfbiber 45 Zentimeter;
4. für Chinchillas einen Meter.

(7) Der Boden der Haltungseinrichtung

1. darf für Füchse und Marderhunde zur Ableitung flüssiger Ausscheidungen einen Perforationsgrad von höchstens 10 Prozent aufweisen und muss auf einer Fläche von mindestens zwei Quadratmetern so beschaffen sein, dass die Tiere graben können,
2. muss für Sumpfbiber, mit Ausnahme des Bereichs um das Schwimmbecken, planbefestigt sein,
3. muss für Nerze, Iltisse und Chinchillas mindestens zur Hälfte planbefestigt sein.

(8) [1] Die Haltungseinrichtung muss

1. für Nerze und Iltisse mit mindestens einer Plattform je Tier, auf der ein ausgewachsenes Tier liegen und sich aufrichten kann und unter der sich ein ausgewachsenes Tier aufrichten kann, sowie mit Vorrichtungen zum Klettern, die nicht aus Drahtgitter bestehen, Haltungseinrichtungen für Nerze zusätzlich mit einem mit Wasser

gefüllten Schwimmbecken mit einer Oberfläche von mindestens einem Quadratmeter und einer Wassertiefe von mindestens 30 Zentimetern,

2. für Füchse und Marderhunde mit mindestens einer Plattform je Tier, auf denen ein ausgewachsenes Tier liegen und aufrecht sitzen kann und unter denen ein ausgewachsenes Tier aufrecht sitzen kann,

3. für Sumpfbiber mit einem mit Wasser gefüllten Schwimmbecken mit einer Oberfläche von mindestens einem Quadratmeter je Tier und einer Wassertiefe von mindestens 30 Zentimetern,

4. für Chinchillas mit mindestens einer Plattform je Tier sowie einem mit quarzfreiem Sand gefüllten Sandbad von mindestens 250 Quadratzentimeter Fläche

ausgestattet sein. [2]Haltungseinrichtungen müssen ferner mit Tunnelröhren, Haltungseinrichtungen für Sumpfbiber und Chinchillas zusätzlich mit Kisten ausgestattet sein.

(9) **[1]Gebäude müssen so zu beleuchten sein, dass sich die Tiere untereinander erkennen und durch die mit der Fütterung und Pflege betrauten Personen in Augenschein genommen werden können. [2]Gebäude, die nach dem 12. Dezember 2006 in Benutzung genommen werden, müssen mit Lichtöffnungen versehen sein, deren Fläche mindestens 5 Prozent der Grundfläche entspricht und die so angeordnet sind, dass eine möglichst gleichmäßige Verteilung des Lichts gewährleistet wird.**

Zu Abs. 2 und Abs. 3, Nestkasten. Die Möglichkeit, sich im Nestkasten vor Menschen und Artgenossen zurückzuziehen, wird als essentiell für alle Pelztiere erachtet (vgl. amtl. Begr., BR-Drucks. 437/05 S. 13). Der Nestkasten, der nach Abs. 2 Nr. 2 so groß sein muss, dass alle Tiere darin gleichzeitig liegen können, dient also zwei Grundbedürfnissen iS von § 2 Nr. 1 TierSchG: dem artgemäßen Ruhen und dem Sozialverhalten, zu dem auch die Möglichkeit zum Ausweichen und zum zeitweiligen Rückzug von den Artgenossen gehört. Abs. 3 trägt dem Umstand Rechnung, dass Füchse und Sumpfbiber eine besondere Ausführung und Anbringung des Nestkastens bevorzugen (vgl. BR-Drucks. 437/05 aaO; vgl. auch EU-SCAHAW-Report Pelztiere S. 180: bessere Reproduktionsraten bei Nestboxen mit Eingangstunnel; Vorliebe für eine erhöhte Nestbox). 1

Zu Abs. 5, Grundflächen. Es wird zwischen Mindestmaßen für die Haltungseinrichtung (zB für Nerze 3 m^2) und Mindestflächen je Tier (zB für jeden ausgewachsenen Nerz, aber auch für jeden abgesetzten Jungnerz 1 m^2) unterschieden. Mit der Vergrößerung der Bodenflächen gegenüber den bisher üblichen Haltungsbedingungen (s. Vor §§ 26–31) soll einerseits mehr artgemäße Bewegung iS von § 2 Nr. 2 TierSchG, andererseits aber auch die Einhaltung eines Mindestabstands zu Artgenossen und damit das artgemäße Sozialverhalten iS von § 2 Nr. 1 TierSchG ermöglicht werden. Die Innenflächen des Nestkastens sowie die Flächen des Schwimmbeckens oder Sandbades dürfen nicht angerechnet werden. – Die vorgesehenen Mindestmaße und -flächen bleiben deutlich hinter den Vorgaben des BMELV-Gutachtens über Mindestanforderungen an die Haltung von Säugetieren vom 10. 6. 1996 (Säugetiergutachten) zurück: Dort werden für paarweise gehaltene Nerze 6 m^2 (S. 38) und für Füchse und Marderhunde 20 m^2 je Paar mit Jungtieren gefordert (S. 39). Die Abweichung wird in der amtl. Begr. damit erklärt, dass sich das Säugetiergutachten nicht allein an den essentiellen Bedürfnissen der Tiere, sondern auch an der Erwartung der Besucher von Tierschauen orientiert habe (BR-Drucks. 437/05; im Gegensatz dazu aber das Säugetiergutachten selbst auf S. 7: Geltung auch für „Personen, die Tiere – der Öffentlichkeit nicht zugänglich – zur wissenschaftlichen Forschung, zur Zucht, aus Liebhaberei oder anderen Gründen halten“. Vgl. auch EKD-Texte 41 S. 22: „Es ist nicht einzusehen, warum Säugetiere, wenn sie wirtschaftlich genutzt werden, wesentlich schlechter untergebracht werden dürfen als bei der Gehegehaltung im Zoo. Die Verteuerung der Pelztierhaltung ist ein erwünschter Nebeneffekt“). – Die Länder Hessen und Rheinland Pfalz haben deshalb zu Recht gefordert, für Nerze 6 m^2 je Paar und für paarweise gehaltene Polar- und Rotfüchse 20 bzw. 40 m^2 festzusetzen; zur Begründung 2 haben sie zutreffend darauf hingewiesen, dass das Säugetiergutachten die Anforderungen aus § 2 TierSchG auch für solche Tiere, die der Öffentlichkeit nicht zugänglich seien, konkretisiere; darüber hinaus entsprächen die geforderten Grundflächen für Füchse auch dem Bundesratsbeschluss von 1992 (vgl. BR-Drucks. 718/1/06; s. auch Vor §§ 26–31 Rn. 5).

3 **Zu Abs. 7, Beschaffenheit des Bodens.** Alle Pelztiere bevorzugen einen festen Boden. Wenn im BMELV-Gutachten zur tierschutzgerechten Haltung und Tötung von Pelztieren in Farmen vom 26. 9. 1986 die häufige nicht ausreichende Abnutzung der Krallen bei älteren Füchsen beschrieben wurde, deutete dies schon damals auf den Bewegungsmangel der Tiere und auf die Ungeeignetheit eines stark perforierten Bodens hin. Deshalb muss der Grad der Perforation des Bodens in Fuchshaltungen auf max. 10% begrenzt bleiben. Weil das Graben zu den wichtigen Bedürfnissen gehört (vgl. EU-SCAHAW-Report Pelztiere S. 179: „important needs"), muss dafür eine Fläche von 2 m^2 zur Verfügung stehen. Dabei ist wichtig, dass der Verordnungsgeber bei ausgewachsenen Füchsen von Einzelhaltung ausgeht (vgl. BR-Drucks. 437/05 S. 15: „für ausgewachsene Tiere ist die Einzelhaltung als tiergerechte Haltungsform anzusehen"; anders nur für Chinchillas und Sumpfbiber). Daraus folgt, dass in Haltungseinrichtungen mit mehr als einem ausgewachsenen Fuchs die Fläche zum Graben entsprechend erweitert werden muss. – Nerzen, Chinchillas und Sumpfbibern soll die Möglichkeit gegeben werden, sich auf festem Boden zu bewegen (vgl. BR-Drucks. 437/05 S. 14).

4 **Zu Abs. 8, Schwimmmöglichkeit u. Ä.** Für Nerze als Uferbewohner ist eine Schwimmmöglichkeit sowohl zur Wärmeregulierung als auch zur Ausübung artgerechten Verhaltens zwingend erforderlich (BR-Drucks. 437/05 S. 14; zur Stärke des entsprechenden Bedürfnisses s. Vor §§ 26–31 Rn. 4; vgl. auch EU-SCAHAW-Report Pelztiere S. 178: „important need"). Deshalb wird ein Schwimmbecken mit einer Oberfläche von mindestens 1 m^2 und 30 cm Tiefe vorgeschrieben. Dass hier (im Gegensatz zu den Sumpfbibern, vgl. Nr. 3) nicht „1 m^2 je Tier" vorgeschrieben ist, hängt damit zusammen, dass der Verordnungsgeber bei ausgewachsenen Nerzen von Einzelhaltung ausgeht (vgl. BR-Drucks. 437/05 S. 15: „Einzelhaltung als tiergerechte Haltungsform"). Daraus folgt: Werden in einer Haltungseinrichtung mehrere ausgewachsene Nerze gehalten, so muss die Oberfläche des Schwimmbeckens 1 m^2 je Tier betragen. – Die Plattformen müssen der Anzahl der gehaltenen Tiere entsprechen und das ausgestreckte Liegen sowie das Sichaufrichten (sowohl darüber als auch darunter) ermöglichen. – Die Klettervorrichtungen dürfen nicht aus Drahtgitter bestehen. – In Chinchilla-Haltungen müssen die Plattformen, die je Tier einzurichten sind, ebenfalls das ausgestreckte Liegen ermöglichen (zur Bedeutung des artgemäßen Ruhens s. § 2 TierSchG Rn. 13). Das Sandbad, das der Eigenkörperpflege dient, muss mit quarzfreiem Sand ausgestattet sein. Es muss nach seiner Größe und nach der Anzahl der in der Einrichtung gehaltenen Chinchillas mehreren Tieren das gleichzeitige Sandbaden und dabei die vollständige Ausführung der dazu gehörenden Verhaltensabläufe ermöglichen; wenn von der Behörde festgestellt wird, dass das wegen der Zahl der anwesenden Chinchillas nicht möglich ist, muss sie durch eine Anordnung nach § 16a S. 2 Nr. 1 i.V.m. § 2 Nr. 1 TierSchG entweder auf die Vergrößerung des Sandbades oder auf die Verringerung der Zahl der Tiere, die es sich teilen müssen, hinwirken. – Tunnelröhren, die Unterschlupf gewähren, müssen in allen Haltungseinrichtungen für Pelztiere vorhanden sein (vgl. EU-SCAHAW-Report Pelztiere S. 178: „important needs ... to go into tunnels"). – Die Kisten, mit denen Sumpfbiber- und Chinchilla-Haltungen zusätzlich auszustatten sind, müssen ebenfalls zum Unterschlupf geeignet sein (vgl. BR-Drucks. 437/05 S. 14: „Rohre und Kisten oder andere Einrichtungselemente, die von den Tieren zum Zurückziehen genutzt werden können, sind wichtige Elemente einer tiergerecht gestalteten Haltungseinrichtung für Sumpfbiber und Chinchillas").

5 **Zu Abs. 9, Tageslicht.** Die Versorgung mit Tageslicht ist für alle Gebäude, die nach dem Inkrafttreten der Verordnung für eine Pelztierhaltung in Benutzung genommen werden, obligatorisch (mag das Gebäude auch schon vorher bestanden haben und für andere Zwecke, zB für andere Tiere genutzt worden sein). Die Fensteröffnungen müssen min-

destens 5% der Grundfläche entsprechen und eine möglichst gleichmäßige Verteilung des Tageslichts gewährleisten.

Dass der Verordnungsgeber mit diesen Anforderungen teilweise über die **Empfehlung des St. Ausschusses in Bezug auf Pelztiere vom 22. 6. 1999** hinausgeht, ist nicht nur zulässig, sondern gemäß § 2 TierSchG geboten. Die Empfehlung beschreibt im Wesentlichen lediglich den damaligen status quo in der europäischen Pelztierhaltung. Die von ihr definierten Mindestbedingungen sind nach den Schlussfolgerungen des EU-SCAHAW-Reports Pelztiere tierschutzfachlich unzureichend, insbesondere in Bezug auf die Bewegungs- und Beschäftigungsmöglichkeiten der Tiere (vgl. BR-Drucks. 437/05 S. 10; zum Inhalt dieser Schlussfolgerungen s. Vor §§ 26–31 Rn. 3). In diesem Zusammenhang muss man an das von Art. 8 Abs. 5 ETÜ für Empfehlungen vorgeschriebene Prinzip der Einstimmigkeit denken, das die Empfehlungen (bei jetzt 29 stimmberechtigten Unterzeichnerstaaten mit zT stark unterschiedlichem Tierschutzniveau) oftmals zum bloßen tierschutzrechtlichen Minimalprogramm auf der Basis des kleinsten gemeinschaftlichen Nenners werden lässt (s. TierSchG, Einf. Rn. 30 und § 2 Rn. 34). Da die Empfehlungen aber stets nur Mindeststandards enthalten (vgl. auch Beschluss, BR-Drucks. 22/92 S. 3; BVerwG NVwZ-RR 2005, 399, 401), bleiben die strengeren Anforderungen des nationalen Tierschutzrechts davon unberührt (s. § 2 TierSchG Rn. 45). – Das im Auftrag des damaligen BML erstellte „Gutachten zur tierschutzgerechten Haltung und Tötung von Pelztieren in Farmen vom 26. 9. 1986“ hat sich ebenfalls im Wesentlichen darauf beschränkt, die damals (und heute noch übliche) Praxis der kommerziellen Pelztierhaltung zu beschreiben und ist von den Autoren selbst ausdrücklich nicht als Bedarfskatalog iS der Tierschutzanforderungen verstanden worden. Es bildet daher ebenso wenig eine ausreichende Entscheidungsgrundlage (vgl. BR-Drucks. 437/05 S. 9). Aktuellere Beurteilungen finden sich u.a. in: *Ludwig/Kugelschafter* 1994; *Buchholtz/Boehncke* 1994; *Mason* Behaviour 127 (1993), 191ff.; *Buchholtz/Troltenier* 1990; *Sambraus* (s. Vor §§ 26–31 Rn. 4); *Erlebach* 1989. 6

Die **Grundrechte der Pelztierhalter aus Art. 12 und Art. 14 GG** werden durch einige der neuen Anforderungen zwar tangiert, jedoch keinesfalls übermäßig eingeschränkt (vgl. BVerfGE 101, 1, 36: „Der Verordnungsgeber muss … einen ethisch begründeten Tierschutz befördern, ohne die Rechte der Tierhalter übermäßig einzuschränken“). Da die neuen Regelungen nur das „Wie“ der Ausübung eines Berufes betreffen, handelt es sich um Einschränkungen der Berufsausübung, die verfassungsgemäß sind, wenn sie sich auf sachgemäße Erwägungen des Gemeinwohls stützen können und dem Verhältnismäßigkeitsgrundsatz entsprechen. Dies ist bei den §§ 26 bis 31 ohne Zweifel der Fall. – Darüber hinaus sind aber auch Regelungen, die die Berufswahlfreiheit beschränken, zulässig, wenn sie um überragend wichtiger Gemeinschaftsgüter willen erfolgen und zu deren Schutz vor schwerwiegenden Gefahren erforderlich und verhältnismäßig sind. Der Tierschutz ist jedenfalls durch seine Aufnahme in die Staatszielbestimmung des Art. 20a GG zu einem solch überragend wichtigen Gemeinschaftsgut geworden. Ein wesentliches Teilziel davon ist der Schutz von Tieren vor nicht artgemäßer Haltung (vgl. BT-Drucks. 14/8860 S. 3). Da das Unterdrücken wichtiger Grundbedürfnisse (s. Vor §§ 26–31 Rn. 3, 4: „important needs“) dieses Teilziel auf schwerwiegende Weise beeinträchtigt und die neuen Regelungen jedenfalls nicht über das hinausgehen, was zum Schutz dieser Bedürfnisse erforderlich und verhältnismäßig ist (sondern eher dahinter zurückbleiben), besteht an ihrer Vereinbarkeit mit den Grundrechten auch dann kein Zweifel, wenn darin eine Beschränkung der Berufswahlfreiheit gesehen werden sollte. – Hinzu kommt der mittlerweile allgemein anerkannte Grundsatz, dass es bei der Regelung der Tierhaltung nicht darum gehen kann, die Tiere dem gewünschten Haltungssystem anzupassen, sondern dass jeder Tierhalter die Pflicht hat, sein Haltungssystem den Bedürfnissen der gehaltenen Tiere anzupassen. Regelungen, mit denen diese Pflicht konkretisiert wird, sind keine Enteignung, sondern eine Ausprägung der Sozialpflichtigkeit des Eigentums iS von Art. 14 Abs. 1 S. 2 GG. – Bei der zur Herstellung der praktischen Konkordanz zwischen Grundrechten und Staatsziel 7 notwendigen Güter- und Interessenabwägung ist auch zu berücksichtigen, dass es beim Halten und Töten von Pelztieren nicht um die Ernährung und damit um Erhaltungsinteressen und Lebensnotwendigkeiten des Menschen geht, sondern dass „die Notwendigkeit, sich hierzulande ausgerechnet mit Hilfe von Pelzbekleidung gegen Kälte zu schützen, nicht mehr besteht“ (so die Evangelische Kirche in Deutschland, EKD-Texte 41 S. 22; ebenso die Bundestierärztekammer in DTBl. 2003, 699: „Pelz ist peinlich“). Der Ethik der Mitgeschöpflichkeit, die nach § 1 S. 1 den Maßstab zur Auslegung des Tierschutzgesetzes bildet, widerspricht das Töten von Tieren zur Gewinnung von Luxusprodukten (vgl. auch die entsprechenden Stellungnahmen von EKD und Katholischer Bischofskonferenz zum ÄndG 1986 in: Ausschuss für Ernährung, Landwirtschaft und Forsten, BT-Drucks. 10/165: „gänzlich unannehmbar“ bzw. „nicht zu verantworten“). Das Gewicht der Nutzerinteressen, die evtl. gegen die für eine artgerechte Pelztierhaltung notwendigen Regelungen in die Waagschale geworfen werden können, mindert sich dadurch erheblich, dass es sich bei Pelzen nicht (wie vielleicht noch in früheren Jahrhunderten) um lebensnotwendige, sondern um verzichtbare Produkte handelt.

8 **Ordnungswidrig** ist nach § 32 Abs. 1 Nr. 28 jeder Verstoß gegen Abs. 2 bis 9. Fahrlässigkeit genügt. Täter kann nur der Halter sein. Andere Personen können Beteiligte nach § 14 Abs. 1 OWiG sein.

§ 29 Allgemeine Anforderungen an das Halten von Pelztieren

(1) Wer Pelztiere hält, hat sicherzustellen, dass

1. **nicht ausgewachsene Tiere nicht einzeln gehalten werden;**
2. **jedes Tier Artgenossen sehen kann;**
3. **jedes Tier jederzeit Zugang zu geeignetem Tränkwasser hat;**
4. **jedes Tier jederzeit Zugang zu verhaltensgerechtem Beschäftigungsmaterial außerhalb des Nestkastens hat;**
5. **der Nestkasten mit Heu, Stroh oder einem anderen geeigneten Material versehen ist, das gewährleistet, dass die Tiere den Nestkasten mit ihrer Körperwärme warm halten können;**
6. **die Exkremente mindestens täglich aus dem Gebäude oder Gebäudeteil, in dem die Tiere gehalten werden, oder bei der Haltung außerhalb geschlossener Gebäude mindestens wöchentlich entfernt werden;**
7. **die Haltungseinrichtung jeweils zwischen dem Ausstallen und dem nächsten Einstallen der Tiere gereinigt und desinfiziert wird.**

(2) Pelztiere sollen von Geburt an an den Umgang mit Menschen gewöhnt werden.

1 **Zu Abs. 1 Nr. 1 und 2, Sozialverhalten.** Um nicht ausgewachsenen Pelztieren ein tiergerechtes Sozialverhalten zu ermöglichen, müssen sie mit Artgenossen zusammen gehalten werden. Dies kann in Gruppenhaltung oder in paarweiser Haltung geschehen. Für ausgewachsene Tiere, die in der Natur überwiegend solitär leben, wird dagegen die Einzelhaltung als tiergerechte Haltungsform angesehen. Anderes gilt für Chinchillas und Sumpfbiber: Weil sie in der Natur in Gruppen leben, wird die Gruppenhaltung in § 31 vorgeschrieben (BR-Drucks. 437/05 S. 15).

2 **Zu Abs. 1 Nr. 3, Tränkung und Fütterung.** Der ständige Zugang zur beliebigen Aufnahme von Wasser wird auch von Art. 13 Nr. 1 der Empfehlung des St. Ausschusses vorgeschrieben. – Nach dem Willen der Länder Hessen und Rheinland-Pfalz sollte darüber hinaus in einer zusätzlichen Nr. 8 vorgeschrieben werden, dass „jedes Tier Zugang zu Futter hat, das in seiner Zusammensetzung und Beschaffenheit die physiologischen Bedürfnisse der gehaltenen Art erfüllt und dem arteigenen, mit der Nahrungsaufnahme verbundenen Beschäftigungsbedürfnis entspricht“. Zur Begründung wurde darauf hingewiesen, dass die heute übliche Form der Breifütterung von Pelztieren nicht den Ansprüchen

an eine artgerechte Ernährung entspreche, da der natürliche Kau- und Beißtrieb nicht befriedigt werde; dem natürlichen Beschäftigungsbedürfnis sei zumindest durch eine strukturierte Beschaffenheit des Futters Rechnung zu tragen (BR-Drucks. 718/2/06 S. 1, 2). Die Mehrheit im Bundesrat hielt diese Klarstellung indes für überflüssig, da sich die entsprechende Verpflichtung der Halter bereits aus § 2 Nr. 1 TierSchG und aus § 4 Abs. 1 Nr. 4 TierSchNutztV ergebe. Daraus folgt jedoch, dass die nach § 15 TierSchG zuständige Behörde gegenüber solchen Haltern, die weiterhin nur breiförmiges Futter verwenden, mit Anordnungen nach § 16a S. 2 Nr. 1 TierSchG i.V.m. § 4 Abs. 1 Nr. 4 TierSchNutztV vorgehen und die Verabreichung von strukturiertem Futter, das den natürlichen Kau- und Beißtrieb befriedigt, anordnen muss.

Zu Abs. 1 Nr. 4, Erkundungsverhalten. Die artgemäßen Beschäftigungsbedürfnisse 3
müssen befriedigt werden (vgl. EU-SCAHAW-Report Pelztiere S. 178, 179: „important needs"). Sie können durch Stroh oder andere Einstreu, bei Füchsen auch durch Holz zum Spielen und Benagen befriedigt werden. In Haltungseinrichtungen mit mehreren Tieren muss jedes Tier jederzeit (also auch alle gleichzeitig) Zugang zu Beschäftigungsmaterial außerhalb des Nestkastens haben, was eine ausreichende Menge an Materialien erforderlich macht. Dabei muss auch auf eine biologisch sinnvolle Anordnung der Strukturelemente innerhalb der Haltungseinrichtung geachtet werden (vgl. BR-Drucks. 437/05 S. 15).

Zu Abs. 1 Nr. 5. Der **Nestkasten** dient sowohl als Rückzugsmöglichkeit vor dem 4
Sichtkontakt mit Artgenossen als auch zum Schlafen und Ruhen. Er muss deshalb eine thermisch komfortable Liegemöglichkeit bieten (vgl. BR-Drucks. 437/05 S. 15). Wegen der Bedeutung des Bedürfnisses zum artgemäßen Ruhen (s. § 2 TierSchG Rn. 13) kommt es nicht nur auf die Wärme, sondern auch auf die Bequemlichkeit des Untergrunds und auf die Möglichkeit zum gleichzeitigen ungestörten Ruhen aller Tiere an (s. auch § 28 Rn. 1).

Zu Abs. 1 Nr. 6 und 7, Entfernung von Exkrementen u.Ä. Um zu vermeiden, dass 5
Pelztiere mit ihrem im Allgemeinen sehr gut entwickelten Geruchssinn in einer Umgebung mit hohen Konzentrationen an Geruchstoffen und schädlichen Gasen gehalten werden, ist die häufige, mindestens tägliche Entfernung der Ausscheidungen der Tiere aus ihrer Stallluft, bzw. bei der Haltung außerhalb geschlossener Gebäude die mindestens wöchentliche Entfernung der Ausscheidungen aus dem Bereich unter den Käfigen erforderlich (BR-Drucks. 437/05 S. 15).

Zu Abs. 2. Pelztiere haben als Wildtiere immer noch **ausgeprägte Fluchtreflexe ge-** 6
genüber Menschen, was ihr Wohlbefinden in kommerziellen Haltungssystemen häufig beeinträchtigt. Die Wahrscheinlichkeit hierfür kann durch Gewöhnung an den Umgang mit Menschen vom ersten Lebenstag an deutlich herabgesetzt werden (vgl. BR-Drucks. 437/05 S. 15).

Ordnungswidrig sind gemäß § 32 Abs. 1 Nr. 29 bis 33 Verstöße des Halters gegen 7
Abs. 1 Nr. 1, Nr. 3, Nr. 5, Nr. 6 und Nr. 7. Fahrlässigkeit genügt. Andere Personen können Beteiligte nach § 14 Abs. 1 OWiG sein. Zur Möglichkeit, nicht bußgeldbewehrte Pflichten zum Gegenstand einer vollziehbaren Anordnung nach § 16a S. 2 Nr. 1 TierSchG zu machen und damit eine Sanktionierung nach § 18 Abs. 1 Nr. 2 TierSchG zu ermöglichen, s. § 32 Rn. 3.

§ 30 Besondere Anforderungen an das Halten von Nerzen, Iltissen, Füchsen und Marderhunden

[1] Jungtiere dürfen erst im Alter von über neun Wochen abgesetzt werden. [2] Abweichend von Satz 1 können Jungtiere früher abgesetzt werden, soweit dies zum Schutz des Muttertieres oder der Jungtiere vor Schmerzen, Leiden oder Schäden erforderlich ist.

Das Absetzen im Alter von weniger als neun Wochen führt zu vielfältigen Wohlbefindensproblemen (EU-SCAHAW-Report Pelztiere S. 178). Pelztiere sind in ihrer normalen

Entwicklung gefährdet, wenn sie zu zeitig von der Mutter und den Wurfgeschwistern getrennt werden (BR-Drucks. 437/05 S. 15). – Wer gegen § 30 verstößt, begeht eine Ordnungswidrigkeit nach § 32 Abs. 1 Nr. 34; Täter kann auch sein, wer nicht Halter, Betreuer oder Betreuungspflichtiger ist. Fahrlässigkeit genügt.

§ 31 Besondere Anforderungen an das Halten von Sumpfbibern und Chinchillas

Wer mehrere Sumpfbiber oder Chinchillas auf demselben Grundstück hält, hat sie, soweit nicht ein Fall des § 4 Abs. 1 Satz 1 Nr. 3 vorliegt, in der Gruppe zu halten.

Da Chinchillas und Sumpfbiber auch in der Natur in Gruppen leben, ist es zur Ermöglichung eines artgemäßen Sozialverhaltens iS von § 2 Nr. 1 TierSchG erforderlich, sie auch als erwachsene Tiere in der Gruppe zu halten (vgl. BR-Drucks. 437/05 S. 15). – Ein Verstoß des Halters ist eine Ordnungswidrigkeit nach § 32 Abs. 1 Nr. 35; andere Personen können Beteiligte nach § 14 Abs. 1 OWiG sein.

Abschnitt 6. Ordnungswidrigkeiten und Schlussbestimmungen

§ 32 Ordnungswidrigkeiten

(1) Ordnungswidrig im Sinne des § 18 Abs. 1 Nr. 3 Buchstabe a des Tierschutzgesetzes handelt, wer vorsätzlich oder fahrlässig

1. **entgegen § 4 Abs. 1 Satz 1 Nr. 2 oder § 11 Nr. 1 nicht sicherstellt, dass das Befinden der Tiere überprüft wird und tote Tiere entfernt werden,**
2. **entgegen § 4 Abs. 1 Satz 1 Nr. 3 nicht sicherstellt, dass eine Maßnahme ergriffen oder ein Tierarzt hinzugezogen wird,**
3. **entgegen § 4 Abs. 1 Satz 1 Nr. 4 nicht sicherstellt, dass alle Tiere täglich mit Futter und Wasser in ausreichender Menge und Qualität versorgt sind,**
4. **entgegen § 4 Abs. 1 Satz 1 Nr. 5 nicht sicherstellt, dass eine dort genannte Einrichtung, ein Notstromaggregat oder eine Alarmanlage überprüft wird,**
5. **entgegen § 4 Abs. 1 Satz 1 Nr. 6 nicht sicherstellt, dass ein Mangel abgestellt oder eine Vorkehrung getroffen wird und der Mangel zu dem dort genannten Zeitpunkt behoben ist,**
6. **entgegen § 4 Abs. 1 Satz 1 Nr. 7 nicht sicherstellt, dass Vorsorge getroffen ist,**
7. **entgegen § 5 Satz 1 Nr. 2 einen Maulkorb verwendet,**
8. **entgegen § 5 Satz 1 Nr. 3 ein Kalb anbindet oder sonst festlegt,**
9. **entgegen § 6 Abs. 1 in Verbindung mit Abs. 2 Nr. 1 oder 2 Buchstabe a oder c, §§ 7, 8 Abs. 1 oder § 9 Abs. 1 Satz 1 oder Abs. 3 ein Kalb hält,**
10. **entgegen § 8 Abs. 2 Satz 1, § 9 Abs. 2 Satz 1 oder § 10 Abs. 1 Satz 1 oder Abs. 2 Kälber in Gruppen hält,**
11. **entgegen § 11 Nr. 3 nicht sicherstellt, dass der Eisengehalt der Milchaustauschertränke mindestens 30 Milligramm je Kilogramm beträgt oder eine ausreichende Eisenversorgung erfolgt,**
12. **entgegen § 11 Nr. 4 nicht sicherstellt, dass ein Kalb jederzeit Zugang zu Wasser hat,**
13. **entgegen § 11 Nr. 5 nicht sicherstellt, dass ein Kalb gefüttert wird,**
14. **entgegen § 11 Nr. 6 nicht sicherstellt, dass das dort genannte Futter angeboten wird,**
15. **entgegen § 11 Nr. 8 nicht sicherstellt, dass Anbindevorrichtungen überprüft und angepasst werden,**
16. **entgegen § 11 Nr. 9 Buchstabe a nicht sicherstellt, dass die dort genannte Beleuchtungsdauer und Lichtstärke gewährleistet ist,**

17. entgegen
a) § 13 Abs. 1 in Verbindung mit Abs. 3 oder Abs. 5 Nr. 3, 6 oder 7,
b) § 13a Abs. 1 in Verbindung mit Abs. 4, 7 oder 8 Satz 1 oder 2 oder
c) § 13b Abs. 1 in Verbindung mit Abs. 2, 3, 4 Satz 1 oder 3 oder Abs. 5
eine Legehenne hält,
18. entgegen § 14 Abs. 1 Nr. 1 nicht sicherstellt, dass Legehennen Zugang zu Tränkwasser haben,
19. entgegen § 14 Abs. 1 Nr. 3 nicht sicherstellt, dass eine Haltungseinrichtung gereinigt oder ein dort genannter Gegenstand desinfiziert wird,
20. entgegen § 14 Abs. 1 Nr. 4 nicht sicherstellt, dass nur dort genannte Legehennen eingestallt werden,
21. entgegen § 17 Abs. 1 in Verbindung mit Abs. 2 Satz 1 Nr. 1, 2 oder 4, Abs. 3 Nr. 1, 4, 5, 6 oder 8 oder Abs. 4 Satz 1, § 18 Abs. 1, § 19 Abs. 1, § 20, § 21 Abs. 4 Satz 1, § 23 Abs. 2 Nr. 1 oder 2, § 23 Abs. 2 Nr. 3 oder 5, jeweils auch in Verbindung mit § 24 Abs. 3 oder § 25 Abs. 8, oder § 25 Abs. 1 in Verbindung mit Abs. 2 Satz 1, 2 oder 3, Abs. 3, 5, 6 oder 7 Satz 2 ein Schwein hält,
22. entgegen § 21 Abs. 1 Nr. 1 nicht sicherstellt, dass ein Schwein jederzeit Zugang zu Beschäftigungsmaterial hat,
23. entgegen § 21 Abs. 1 Nr. 2 nicht sicherstellt, dass ein Schwein jederzeit Zugang zu Wasser hat,
24. entgegen § 21 Abs. 2 Satz 1 einen Stall nicht oder nicht richtig beleuchtet,
25. entgegen § 22 Abs. 1 Satz 1 ein Ferkel absetzt,
26. entgegen § 22 Abs. 2, auch in Verbindung mit § 23 Abs. 3, nicht sicherstellt, dass die dort genannte Temperatur nicht unterschritten wird,
27. entgegen § 24 Abs. 2 Satz 1 eine Bodenfläche nicht oder nicht richtig zur Verfügung stellt,
28. entgegen § 28 Abs. 1 ein Pelztier hält,
29. entgegen § 29 Abs. 1 Nr. 1 nicht sicherstellt, dass nicht ausgewachsene Pelztiere nicht einzeln gehalten werden,
30. entgegen § 29 Abs. 1 Nr. 3 nicht sicherstellt, dass jedes Tier Zugang zu Tränkwasser hat,
31. entgegen § 29 Abs. 1 Nr. 5 nicht sicherstellt, dass der Nestkasten mit Heu, Stroh oder einem anderen geeigneten Material versehen ist,
32. entgegen § 29 Abs. 1 Nr. 6 nicht sicherstellt, dass die Exkremente entfernt werden,
33. entgegen § 29 Abs. 1 Nr. 7 nicht sicherstellt, dass eine Haltungseinrichtung gereinigt und desinfiziert wird,
34. entgegen § 30 Satz 1 Jungtiere absetzt oder
35. entgegen § 31 mehrere Sumpfbiber oder Chinchillas nicht in der Gruppe hält.

(2) Ordnungswidrig im Sinne des § 18 Abs. 1 Nr. 3 Buchstabe b des Tierschutzgesetzes handelt, wer vorsätzlich oder fahrlässig entgegen § 4 Abs. 2 Satz 1 oder 3 auch in Verbindung mit § 14 Abs. 2 Satz 2, oder § 14 Abs. 2 Satz 1 eine Aufzeichnung nicht, nicht richtig, nicht vollständig oder nicht rechtzeitig macht, nicht oder nicht mindestens drei Jahre aufbewahrt oder nicht oder nicht rechtzeitig vorlegt.

Zu den **einzelnen Bestimmungen,** die nach Abs. 1 und Abs. 2 bußgeldbewehrt sind, s. die jeweilige Kommentierung (meist letzte Rn). Fahrlässigkeit genügt. Ordnungswidrigkeiten nach Abs. 1 können mit Geldbuße bis zu 25 000 Euro, solche nach Abs. 2 mit Buße bis zu 5000 Euro geahndet werden (vgl. § 18 Abs. 4 TierSchG). Liegt nur Fahrlässigkeit vor, so vermindert sich das jeweilige Höchstmaß auf die Hälfte (vgl. § 17 Abs. 2 OWiG). 1

Täter/Beteiligter. Einzelne Tatbestände setzen voraus, dass der Handelnde ein besonderes persönliches Merkmal hat (meist Halter, s. § 2 TierSchG Rn. 4). Wer dieses Merkmal nicht hat, kann aber dennoch als Beteiligter nach § 14 Abs. 1 OWiG ordnungswidrig han- 2 deln (was dann aber – im Unterschied zu Rn. 1 – voraussetzt, dass vorsätzlich gehandelt wurde).

3 **Einzelne wichtige Vorschriften sind in § 32 nicht genannt** und damit nicht unmittelbar bußgeldbewehrt. Die nach § 15 zuständige Behörde hat aber die Möglichkeit, zur Durchsetzung dieser Pflichten Anordnungen nach § 16a S. 2 Nr. 1 TierSchG zu erlassen (denn bei den Bestimmungen dieser VO handelt es sich idR um Konkretisierungen der allgemeinen Pflichten aus § 2 TierSchG). Ist eine solche Anordnung bestandskräftig oder nach Maßgabe von § 80 Abs. 2 Nr. 4, Abs. 3 VwGO für sofort vollziehbar erklärt, so bildet der vorsätzliche oder fahrlässige Verstoß gegen sie eine Ordnungswidrigkeit nach § 18 Abs. 1 Nr. 2 TierSchG. Dasselbe gilt für Anordnungen, die unmittelbar auf § 2 TierSchG gestützt werden (vgl. BR-Drucks. 429/01 S. 18). – Im übrigen gilt auch hier: Werden einem Tier erhebliche Schmerzen, Leiden oder Schäden zugefügt, so liegt darin eine Ordnungswidrigkeit nach § 18 Abs. 1 Nr. 1 oder Abs. 2. Der Verstoß gegen eine der Pflichten aus der VO bewirkt, dass ein Sich-Berufen auf einen angeblich vernünftigen Grund nicht mehr möglich ist. – Sind die erheblichen Schmerzen oder Leiden länger anhaltend oder wiederholen sie sich, so ist der Straftatbestand des § 17 Nr. 2b TierSchG erfüllt.

§ 33 Übergangsregelungen

(1) Abweichend von § 6 Abs. 2 Nr. 3, soweit die Ausstattung mit Lichtöffnungen betroffen ist, dürfen Kälber noch bis zum 1. Januar 2008 in Ställen gehalten werden, die vor dem 1. Januar 1994 in Benutzung genommen worden sind.

(2) Abweichend von § 6 Abs. 4 dürfen Kälber noch bis zum 31. Dezember 2003 in Ställen gehalten werden, die bis zum 31. Dezember 1997 in Benutzung genommen worden sind und den bis zu diesem Zeitpunkt geltenden Vorschriften der Kälberhaltungsverordnung entsprechen.

(3) Abweichend von den §§ 13, 13a und 13b dürfen Legehennen in Haltungseinrichtungen, die vor dem 13. März 2002 bereits genehmigt oder in Benutzung genommen worden sind, noch bis zum 31. Dezember 2020 gehalten werden, wenn diese so beschaffen sind, dass je Legehenne

1. eine uneingeschränkt nutzbare und horizontal bemessene Käfigfläche von mindestens 750 Quadratzentimetern vorhanden ist, wobei bei der Flächenberechnung je Legehenne 150 Quadratzentimeter Nestfläche berücksichtigt werden, sofern diese über die Eiablage hinaus genutzt werden kann, unmittelbar an eine nutzbare Fläche anschließt, eine lichte Höhe von mindestens 45 Zentimetern vorhanden ist, die Rückzugsmöglichkeit zur Eiablage uneingeschränkt erhalten bleibt und die Grundfläche dieser Käfige jeweils mindestens 2000 Quadratzentimeter beträgt;
2. ein uneingeschränkt nutzbarer Futtertrog mit einer Länge von mindestens zwölf Zentimetern und
3. ein Nest, ein Einstreubereich, in dem das Picken und Scharren möglich ist sowie geeignete Sitzstangen mit einem Platzangebot von mindestens 15 Zentimetern zur Verfügung stehen;
4. eine geeignete Vorrichtung zum Kürzen der Krallen vorhanden ist.

(4) [1] Abweichend von den §§ 13, 13a und 13b dürfen Legehennen in Haltungseinrichtungen, die vor dem 13. März 2002 bereits in Benutzung genommen worden sind, noch bis zum Ablauf des 31. Dezember 2008 gehalten werden, soweit

1. diese so beschaffen sind, dass
   a) je Legehenne eine uneingeschränkt nutzbare und horizontal bemessene Käfigfläche von mindestens 550 Quadratzentimetern oder, im Fall eines Durchschnittsgewichts der gehaltenen Legehennen von mehr als zwei Kilogramm, von mindestens 690 Quadratzentimetern vorhanden ist;

b) je Legehenne ein uneingeschränkt nutzbarer Futtertrog mit einer Länge von mindestens zwölf Zentimetern oder, im Fall eines Durchschnittsgewichts der gehaltenen Legehennen von mehr als zwei Kilogramm je Legehenne, ein uneingeschränkt nutzbarer Futtertrog mit einer Länge von mindestens 14,5 Zentimetern zur Verfügung steht;

c) bei Verwendung von Nippeltränken oder Tränknäpfen sich mindestens zwei Tränknäpfe oder Nippeltränken in Reichweite jeder Legehenne befinden oder jeder Käfig mit einer Rinnentränke ausgestattet ist, deren Länge der des Futtertroges nach Buchstabe b entspricht;

d) die lichte Höhe über mindestens 65 Prozent der Käfigfläche mindestens 40 Zentimeter und an keiner Stelle weniger als 35 Zentimeter beträgt;

e) der Neigungswinkel des Bodens 14 Prozent nicht überschreitet und durch die Bodenbeschaffenheit des Käfigs sichergestellt ist, dass die nach vorn gerichteten Krallen beider Ständer nicht abrutschen können, und

f) eine geeignete Vorrichtung zum Kürzen der Krallen vorhanden ist

und

2. der Inhaber des Betriebes der zuständigen Behörde bis zum 15. Dezember 2006 ein verbindliches Betriebs- und Umbaukonzept zur Umstellung der vorhandenen Haltungseinrichtungen im Sinne der Nummer 1 auf Haltungseinrichtungen nach den §§ 13, 13 a oder 13 b angezeigt hat.

[2]Wird die Anzeige nach Satz 1 Nr. 2 nicht fristgerecht abgegeben, endet die Frist, bis zu der Legehennen in Haltungseinrichtungen im Sinne des Satzes 1 Nr. 1 gehalten werden dürfen, mit Ablauf des 31. Dezember 2006. [3]Die zuständige Behörde kann abweichend von Satz 1 auf Antrag im Einzelfall eine weitere Nutzung um bis zu einem Jahr genehmigen, soweit der Antragsteller nachweist, dass

1. eine Umstellung entsprechend dem Betriebs- und Umbaukonzept im Sinne des Satzes 1 Nr. 2 durchgeführt wird und
2. aus vom Antragsteller nicht zu vertretenden Gründen die Inbetriebnahme der Haltungseinrichtungen nach den §§ 13, 13 a oder 13 b ab dem 1. Januar 2009 nicht oder nicht vollständig möglich ist.

(5) Abweichend von § 13 dürfen Legehennen noch bis zum 31. Dezember 2002 in Haltungseinrichtungen gehalten werden, die am 6. Juli 1999 bereits in Benutzung genommen worden waren, wenn diese Käfige den Anforderungen des Absatzes 4 Satz 1 Nr. 1 Buchstabe c bis e entsprechen und so beschaffen sind, dass je Legehenne eine uneingeschränkt nutzbare und horizontal bemessene Käfigfläche von mindestens 450 Quadratzentimetern oder, im Fall eines Durchschnittsgewichts der gehaltenen Legehennen von mehr als zwei Kilogramm, von mindestens 550 Quadratzentimetern vorhanden ist.

(6) Abweichend von § 14 Abs. 1 Nr. 4 dürfen noch bis zum 31. Dezember 2002 Legehennen eingestallt werden.

(7) Abweichend von § 13 dürfen Legehennen in Haltungseinrichtungen, die den Voraussetzungen für die Kennzeichnung der Eier als aus Volierenhaltung, Bodenhaltung oder Freilandhaltung nach Anhang II der Verordnung (EWG) 1274/91 der Kommission vom 15. Mai 1991 mit Durchführungsvorschriften für die Verordnung (EWG) Nr. 1907/90 des Rates über bestimmte Vermarktungsnormen für Eier (ABl. EG Nr. L 121 S. 11) entsprechen und die vor dem 13. März 2002 bereits in Benutzung genommen worden sind, noch bis zum 31. Dezember 2005 gehalten werden.

(8) Abweichend von § 17 Abs. 1 in Verbindung mit Abs. 2 Nr. 4 dürfen Schweine in Haltungseinrichtungen, die vor dem 4. August 2006 bereits genehmigt oder in Benutzung genommen worden sind, noch bis zum 31. Dezember 2012 gehalten werden.

(9) Abweichend von § 17 Abs. 1 in Verbindung mit Abs. 3 Nr. 4, 5 und 8 dürfen Schweine mit einem Gewicht über 30 Kilogramm in Haltungseinrichtungen, die vor

dem 4. August 2006 bereits genehmigt oder in Benutzung genommen worden sind, noch bis zum 31. Dezember 2012 gehalten werden.

(10) Abweichend von § 19 Abs. 1 in Verbindung mit Abs. 2 und von § 25 Abs. 1 in Verbindung mit Abs. 2 dürfen Jungsauen und Sauen einzeln in Haltungseinrichtungen, die vor dem 4. August 2006 bereits genehmigt oder in Benutzung genommen worden sind, noch bis zum 31. Dezember 2012 gehalten werden, wenn sie jeweils nach dem Absetzen der Ferkel insgesamt vier Wochen lang täglich freie Bewegung erhalten.

(11) Abweichend von § 19 Abs. 1 in Verbindung mit Abs. 3 dürfen Jungsauen und Sauen in Haltungseinrichtungen, die vor dem 4. August 2006 bereits genehmigt oder in Benutzung genommen worden sind, noch bis zum 31. Dezember 2012 gehalten werden.

(12) [1]Abweichend von § 19 Abs. 1 in Verbindung mit Abs. 6 Nr. 1 und 2 dürfen Jungsauen und Sauen in Fress- und Liegebuchten für die Gruppenhaltung, die vor dem 4. August 2006 bereits genehmigt oder in Benutzung genommen worden sind, noch bis zum 31. Dezember 2012 gehalten werden. [2]Abweichend von § 19 Abs. 1 in Verbindung mit Abs. 6 Nr. 3 dürfen Jungsauen und Sauen in Fress- und Liegebuchten für die Gruppenhaltung, die vor dem 4. August 2006 bereits genehmigt oder in Benutzung genommen worden sind, noch bis zum 31. Dezember 2018 gehalten werden, soweit sichergestellt ist, dass die Tiere sich ungehindert auf dem Gang umdrehen und aneinander vorbeigehen können.

(13) Abweichend von § 21 Abs. 1 Nr. 2 dürfen Schweine in Haltungseinrichtungen, die vor dem 4. August 2006 bereits genehmigt oder in Benutzung genommen worden sind, noch bis zum 4. August 2011 gehalten werden, wenn jedes Schwein jederzeit Zugang zu Wasser in ausreichender Menge und Qualität hat.

(14) Abweichend von § 23 Abs. 2 Nr. 2 dürfen Absatzferkel in Haltungseinrichtungen, die vor dem 4. August 2006 bereits genehmigt oder in Benutzung genommen worden sind, noch bis zum 4. August 2016 gehalten werden, wenn für jedes Absatzferkel mindestens eine uneingeschränkt nutzbare Bodenfläche nach folgender Tabelle zur Verfügung steht:

Durchschnittsgewicht in Kilogramm	Mindestfläche je Tier in Quadratmetern
bis 10	0,15
über 10 bis 20	0,2
über 20	0,3.

(15) Abweichend von § 24 Abs. 2 dürfen Zuchtläufer und Mastschweine in Haltungseinrichtungen, die vor dem 4. August 2006 bereits genehmigt oder in Benutzung genommen worden sind, noch bis zum 31. Dezember 2012 gehalten werden, wenn entsprechend dem Durchschnittsgewicht der Tiere für jedes Schwein eine uneingeschränkt nutzbare Bodenfläche nach folgender Tabelle zur Verfügung steht:

Durchschnittsgewicht in Kilogramm	Bodenfläche je Tier in Quadratmetern
über 30 bis 50	0,4
über 50 bis 85	0,55
über 85 bis 110	0,65
über 110	1,0.

(16) Abweichend von § 25 Abs. 1 in Verbindung mit Abs. 2 und 3 dürfen Jungsauen und Sauen in Haltungseinrichtungen, die vor dem 4. August 2006 bereits genehmigt oder in Benutzung genommen worden sind, noch bis zum 31. Dezember 2012 gehalten werden, wenn sie jeweils nach dem Absetzen der Ferkel insgesamt vier Wochen lang täglich freie Bewegung erhalten.

(17) **Abweichend von § 27 in Verbindung mit § 28 Abs. 1, 2 Nr. 2, Abs. 3 und 8 Satz 1 Nr. 4 und Satz 2 sowie mit § 29 Abs. 1 Nr. 4 und 5 dürfen Pelztiere in Haltungseinrichtungen, die vor dem Inkrafttreten dieser Verordnung bereits genehmigt oder in Benutzung genommen worden sind, noch bis zum 11. Juni 2007 gehalten werden.**

(18) **Abweichend von § 27 in Verbindung mit § 28 Abs. 1 und 5 dürfen Pelztiere noch bis zum 11.Dezember 2011 gehalten werden.**

(19) **Abweichend von § 27 in Verbindung mit § 28 Abs. 1, 6, 7 und 8 Satz 1 Nr. 1 bis 3 dürfen Pelztiere noch bis zum 11.Dezember 2016 gehalten werden.**

Zu **Abs. 1 und 2,** die die Kälberhaltung betreffen, s. § 6 Rn. 4 und 5. 1

Nach **Abs. 3** wird die Legehennenhaltung in ausgestalteten Käfigen, die den Anforde- 2
rungen aus Art. 6 Nr. 1–5 der EU-Legehennenrichtlinie entsprechen und vor dem 13. 3. 2002 entweder genehmigt oder legal in Benutzung genommen worden sind, noch bis zum 31. 12. 2020 erlaubt. In Abs. 3 aF war diese Übergangsfrist auf den 31. 12. 2011 begrenzt. Zur Begründung für die Verlängerung durch die 2. ÄndVO wird auf „die betriebwirtschaftlich vorgegebene Abschreibungsfrist der Projektanlagen“ verwiesen (BR-Drucks. 119/06 S. 14).

Nach **Abs. 4** dürfen sog. herkömmliche Käfige, die vor dem 13. 3. 2002 legal in Benut- 3
zung genommen worden sind, noch bis 31. 12. 2008 weiter benutzt werden, wenn sie den Anforderungen nach Nr. 1 lit. a–f entsprechen und wenn der Betriebsinhaber der nach § 15 zuständigen Behörde bis zum 15. 12. 2006 ein verbindliches Betriebs- und Umbaukonzept zur Umstellung des gesamten Betriebes auf eine der nach den §§ 13, 13a oder 13b zulässigen Haltungseinrichtungen angezeigt, d.h. vorgelegt hat. Erfolgt diese Anzeige, für die nach der Natur der Sache Schriftform gilt, nicht fristgerecht, so endet die Übergangsfrist wie nach Abs. 4 aF mit Ablauf des 31. 12. 2006. – Nr. 1 lit. a sieht vor, dass je Legehenne 550 bzw. 690 cm^2 Käfigbodenfläche gewährt werden müssen; nach lit. b muss die Futtertroglänge je Henne 12 bzw. 14,5 cm betragen (vgl. VGH München NuR 2006, 455); nach lit. f muss eine geeignete Vorrichtung zum Kürzen der Krallen vorhanden sein. – Ist das Umstellungskonzept nach Nr. 2 fristgerecht vorgelegt worden, so kann die Behörde auf Antrag im Einzelfall die Übergangsfrist um ein weiteres Jahr bis zum 31. 12. 2009 verlängern, soweit der Betriebsinhaber nachweist (und nicht etwa nur glaubhaft macht), dass die Umstellung entsprechend dem vorgelegten Konzept durchgeführt wird, dass aber aus von ihm nicht zu vertretenden Gründen die Inbetriebnahme der neuen Haltungseinrichtung ab dem 1. 1. 2009 nicht oder nicht vollständig möglich ist.

Die **frühere Begrenzung der Übergangsfrist für herkömmliche Käfige bis zum** 4
31. 12. 2006 durch Abs. 4 aF entsprach einem gerechten Ausgleich zwischen den Grundrechten der Halter und den Belangen des Tierschutzes. Bei der Neuregelung der Legehennenhaltung war dem Verordnungsgeber aufgegeben, entsprechend dem in den §§ 1 und 2 TierSchG vom Gesetzgeber vorgezeichneten Interessenausgleich einen ethisch begründeten Tierschutz zu befördern, ohne die Rechte der Tierhalter übermäßig einzuschränken (vgl. BVerfGE 101, 1, 36 = NJW 1999, 3253, 3254, 3255). Danach musste er einen Ausgleich zwischen den Belangen des Tierschutzes (insbesondere den Geboten zur verhaltensgerechten Unterbringung und zur Ermöglichung der artgemäßen Bewegung) und den Grundrechten der Tierhalter (insbesondere der Berufsfreiheit und dem Eigentumsschutz nach Art. 12 und 14 GG) vornehmen. Dies war mit der Bemessung der Übergangsfrist für die herkömmliche Käfighaltung bis zum 31. 12. 2006 in Abs. 4 aF in verfassungs- und verhältnismäßiger Weise geschehen (vgl. VG Oldenburg vom 22. 3. 2006, 11 A 3583/05). Dabei war u.a. zu berücksichtigen, dass Regelungen, die die Berufsausübung und die Eigentumsnutzung beschränken, durch hinreichende Gründe des Gemeinwohls gerechtfertigt werden können und dass der hier die Berufsausübung und das Eigentum beschränkende Tierschutz mittlerweile nach Art. 20a GG ein verfassungsrechtlich geschütztes Rechtsgut ist (VG Oldenburg aaO). Zu den Unterzielen dieser Staatszielbe-

stimmung gehört auch der Schutz der Tiere vor nicht artgemäßer Haltung (vgl. BT-Drucks. 14/8860 S. 1, 3; s. auch Art. 20a GG Rn. 3). Um dieses Ziel zu erreichen, war die Beendigung der herkömmlichen Käfighaltung zu einem möglichst frühen Zeitpunkt erforderlich und verhältnismäßig, zumal den Haltern die Umstellung auf artgerechte Haltungsformen durch flankierende Maßnahmen (u.a. Investitionshilfen sowie Absatzförderung und Kennzeichnungsregelungen für artgerecht erzeugte Eier) erleichtert worden ist. In diese Abwägung waren auch die Wert- und Gerechtigkeitsvorstellungen der Bevölkerung einzubeziehen, denen die Haltung von Legehennen in Käfigen widerspricht (s. auch § 1 TierSchG Rn. 63, 66). – Zahlreiche Gesichtspunkte sprachen dagegen, das Vertrauen der Käfighalter auf einen längeren, über den 31. 12. 2006 hinausgehenden Betrieb ihrer Käfige als überwiegend schutzwürdig zu bewerten. Die HhVO 1987, auf der die herkömmliche Käfighaltung beruht, war bereits bei ihrem Erlass ausdrücklich als „Übergangsregelung" bezeichnet worden, so dass von Anfang an mit einer baldigen Änderung der zugelassenen Haltungsbedingungen gerechnet werden musste (vgl. amtl. Begr., BR-Drucks. 219/87 S. 9). Der Bundesrat hat noch in derselben Sitzung, in der er seine Zustimmung erteilt hat, gefordert, dass die bisher praktizierte Käfighaltung „baldmöglichst" durch bessere Haltungssysteme abgelöst werden solle (BR-Drucks. 219/87 Beschluss; vgl. auch BR-Protokoll 583. Sitzung vom 27. 11. 1987: „Übergangslösung" „erfüllt nicht die Anforderungen, die unter dem Gesichtspunkt des Tierschutzes zu stellen sind"). Hinweise auf die rechtliche Fragwürdigkeit und die lediglich transitorische Natur der Verordnung waren auch in den Tierschutzberichten der Bundesregierung immer wieder zu lesen (zB BT-Drucks. 11/3846 S. 13, 14, BT-Drucks. 13/7016 S. 22ff. und BT-Drucks. 14/600 S. 23ff.). Die Empfehlung des St. Ausschusses, auf deren Anh. A Nr. 2 und Nr. 5 das BVerfG sein Urteil neben § 2 TierSchG gestützt hat, ist schon 1986 veröffentlicht und den Berufsverbänden zugänglich gemacht worden. Das Tierschutzgesetz erlaubt überdies nur dem Sachkundigen das Halten von Tieren (s. § 2 TierSchG Rn. 41); wer aber die vorgeschriebenen Kenntnisse über das artgemäße Tierverhalten hat, für den konnte zu keiner Zeit zweifelhaft sein, dass die Käfigbatteriehaltung keine Form der verhaltensgerechten Unterbringung von Hennen war. Darüber hinaus ist der Normenkontrollantrag des Landes Nordrhein-Westfalen, der zum Legehennen-Urteil des BVerfG geführt hat, bereits im Jahr 1990 anhängig gemacht worden, so dass spätestens ab diesem Zeitpunkt mit einschneidenden Änderungen gerechnet werden musste. Zwischen der Entscheidung des BVerfG am 6. 7. 1999 und dem in Abs. 4 aF vorgesehenen endgültigen Verbot der herkömmlichen Käfighaltung am 31. 12. 2006 lagen noch 7½ Jahre, die für die Umstellung hätten genutzt werden können. – Bei der Abwägung zwischen den Belangen des Tierschutzes und der Berufs- und Eigentumsfreiheit war auch das starke öffentliche Interesse zu berücksichtigen, dass „baldmöglichst" (Beschluss, BR-Drucks. 219/87) gesetzmäßige Zustände in der Legehennenhaltung einkehren sollten. Die EU-Kommission hat in ihrer Legehennenmitteilung von 1998 festgestellt, dass das Wohlbefinden der Hennen in den Batteriekäfigen erheblich beeinträchtigt sei; das BVerfG hat diese Feststellung zustimmend zitiert und sie als die „zusammenfassende Bewertung" eines amtlichen Dokumentes hervorgehoben, das „die aktuellen wissenschaftlichen Erkenntnisse über die Grundbedürfnisse von Hennen in der Käfighaltung, die der Verordnungsgeber beachten muss", wiedergebe (vgl. BVerfGE 101, 1, 40, 41). Beeinträchtigungen im Wohlbefinden sind Leiden, erhebliche Beeinträchtigungen folglich erhebliche Leiden iS des Straftatbestandes des § 17 Nr. 2b TierSchG (zum Leidensbegriff s. § 1 TierSchG Rn. 17; zu den zahlreichen Verhaltens- und Funktionsstörungen, die bei Legehennen in Batteriekäfigen festgestellt werden können, s. § 17 Rn. 108; dazu, dass mit einer bloßen Vergrößerung der Bodenfläche keine Verbesserung erreicht werden kann, s. EU-Legehennenmitteilung, BT-Drucks. 13/11371 S. 16, 18; zur Tatbestandsmäßigkeit iS von § 17 Nr. 2b TierSchG vgl. auch *L/M* HennenVO Rn. 13). Damit hat das BVerfG dem öffentlichen Interesse an einer schnellen Beseitigung der Batteriekäfighaltung ein besonders hohes Gewicht beigelegt; dies gilt völlig unabhängig von der Frage, ob den Haltern über die Tatbestandsmäßigkeit hinaus auch ein strafrechtliches Verschulden zur Last gelegt werden kann oder nicht (s. auch Vor §§ 12–15 Rn. 2). – Die besondere Nähe der herkömmlichen Käfighaltung zum Tatbestand der quälerischen Tiermisshandlung nach § 17 Nr. 2b ist auch in der Rechtsprechung der Strafgerichte immer wieder gesehen worden (vgl. OLG Nürnberg NJW-RR 2003, 40, 43: überwiegende Auffassung der Obergerichte, „die entsprechende Praxis füge den Hennen erhebliche Leiden zu"; vgl. weiter die Mitteilung der SPD-Bundestagsfraktion zum Bundesratsbeschluss vom 7. 4. 2006: „tierquälerische Käfigbatterien"). Mit der Verlängerung der Übergangsfrist durch die 2. ÄndVO um zwei (in Einzelfällen drei) Jahre werden (bei jährlich ca. 35 Mio. in Käfigen gehaltenen Hennen) bis zu 100 Mio. Tiere einer Haltungsform ausgesetzt, die von der Rechtsprechung als mit erheblichen Leiden verbunden und von einem Teil der Bundesregierung als tierquälerisch eingestuft wird. Die dazu gegebene Begründung, dass sich die Umstellung auf andere Haltungsformen „nicht mehr bis zum 31. 12. 2006 realisieren" lasse (BR-Drucks. 119/06 S. 11), greift angesichts der o.e. Gesichtspunkte und insbesondere auch wegen der Zeit, die seit der Einleitung des Normenkontrollverfahrens 1990, dem Legehennen-Urteil des BVerfG 1999 und der Zustimmung des Bundesrats zur ersten ÄndVO 2001 vergangen ist, deutlich zu kurz.

Die **Beendigung der herkömmlichen Käfighaltung nach Ablauf der Übergangsfrist** 5
kann mit Anordnungen nach § 16a S. 2 Nr. 1 TierSchG durchgesetzt werden. Einer vollständigen oder teilweisen Aufhebung bestehender bau- oder immissionsschutzrechtlicher Genehmigungen bedarf es dazu nicht (vgl. VG Oldenburg aaO im Anschluss an VG Halle vom 27. 4. 2005, 2 A 12/05: keine dauerhafte Bindungswirkung der immissionsschutzrechtlichen Genehmigung, soweit es um die mit der Anlage verbundenen tierschutzrechtlichen Anforderungen geht; *Jarass,* BImSchG, 6. Aufl. 2005, § 6 Rn. 11; aA VG Leipzig vom 7. 6. 2005, 7 K 1992/02, wo eine teilweise Aufhebung der Genehmigung für erforderlich gehalten wird; s. auch § 16a TierSchG Rn. 13). – Daneben kommt auch eine Rücknahme der bau- oder immissionsschutzrechtlichen Genehmigung nach § 48 Abs. 1 VwVfG in Betracht. Zwar verweist das BVerfG im Legehennenurteil auf den gesetzlichen Bestandsschutz, wie er durch § 79 Abs. 2 S. 1 BVerfGG gewährt wird (vgl. BVerfGE 101, 1, 45). Dieser bewirkt jedoch keine Unantastbarkeit, sondern stellt lediglich klar, dass Genehmigungen, die aufgrund einer für nichtig erklärten Rechtsvorschrift erlassen worden sind, nicht ebenfalls automatisch der Nichtigkeit anheimfallen; sie gelten fort, aber nur „mit der Kraft und Schwäche", die sie „nach allgemeinen Grundsätzen haben" (vgl. *Maunz/Schmidt-Bleibtreu/Klein/Ulsamer* § 79 BVerfGG Rn. 26; *Benda/Klein* Rn. 1167 und 1169; *Pestalozza* § 20 Rn. 77). Zu diesen allgemeinen Grundsätzen gehört auch § 48 Abs. 1 VwVfG, der durch § 79 Abs. 2 BVerfGG keine Einschränkung erfährt (eingehend *Kopp/Ramsauer* § 48 VwVfG Rn. 32). Die Voraussetzungen des § 48 Abs. 1 VwVfG sind zumindest mit dem Ablauf der Übergangsfristen erfüllt; insbesondere sind die Genehmigungen rechtswidrig, da sie von Anfang an, ebenso wie die deswegen für nichtig erklärte HhVO 1987, gegen den bereits seit 1972 bestehenden § 2 Nr. 1 TierSchG verstoßen haben (vgl. auch *Metzger* in: *Erbs/Kohlhaas* T 95c Rn. 9; zu § 48 Abs. 4 vgl. insbesondere BVerwGE 70, 356 und 92, 730). – Entschädigungsforderungen der Batteriebetreiber, die auf § 48 Abs. 3 VwVfG gestützt werden, können nicht durchdringen und wären auch bei Fortgeltung der kürzeren Übergangsfrist nach Abs. 4 aF ohne Erfolgsaussicht. Zwar hat im Falle der Rücknahme einer rechtswidrigen Genehmigung die Behörde dem Betroffenen den entstandenen Vertrauensschaden auszugleichen – jedoch nur, „soweit sein Vertrauen unter Abwägung mit dem öffentlichen Interesse schutzwürdig ist" (§ 48 Abs. 3 S. 1 VwVfG). Zu den zahlreichen Gesichtspunkten, die gegen ein solch schutzwürdiges Vertrauen sprechen, s. Rn. 4. Hinzu kommt die Nähe der Käfighaltung zu dem objektiven Straftatbestand des § 17 Nr. 2b TierSchG. Entschädigungsleistungen dafür, dass man Tieren nach Ablauf einer angemessenen Übergangsfrist keine erheblichen Beeinträchtigungen in ihrem Wohlbefinden (= erhebliche Leiden) mehr zufügen darf, können weder durch § 48 Abs. 3 VwVfG noch durch Art. 12 Abs. 1 und Art. 14 Abs. 1 GG veranlasst sein.

6 Die in **Abs. 5** für herkömmliche Käfige zusätzlich vorgesehene Übergangsfrist ist abgelaufen (ihr Ende zum 31. 12. 2002 war verhältnismäßig, vgl. VGH München AUR 2006, 18ff. und VG Stuttgart vom 10. 3. 2005, 4 K 3595/04). – Zur Übergangsfrist nach **Abs. 6** s. § 14 Rn. 3. – Die Übergangsfrist nach **Abs. 7** ist auf Veranlassung des Bundesrats mit der 1. ÄndVO eingefügt worden: Bereits vor dem 13. 3. 2002 in Benutzung genommene Volièren-, Boden- oder Freilandhaltungen, die mindestens die zur entsprechenden Kennzeichnung der Eier erforderlichen Anforderungen an die Haltung von Legehennen nach Anh. II der Verordnung 1274/91/EWG erfüllten, durften übergangsweise noch bis zum 31. 12. 2005 weiter betrieben werden; seither müssen auch sie allen Anforderungen der VO entsprechen.

7 **Abs. 8 bis Abs. 16** enthalten Übergangsfristen für einzelne Vorschriften zur Schweinehaltung. Zu Abs. 8 s. § 17 Rn. 4. – Zu Abs. 9 s. § 17 Rn. 6, 7 und 9. – Zu Abs. 10 s. § 19 Rn. 1 und § 25 Rn. 2. – Zu Abs. 11 s. § 19 Rn. 2. – Zu Abs. 12 s. § 19 Rn. 5. – Zu Abs. 13 s. § 21 Rn. 2. – Zu Abs. 14 s. § 23 Rn. 2. – Zu Abs. 15 s. § 24 Rn. 2. – Zu Abs. 16 s. § 25 Rn. 2 und 3.

8 **Nach Abs. 17 bis 19** wird ein Teil der neuen Anforderungen an die Pelztierhaltung in den §§ 28 und 29 aus Gründen des Vertrauensschutzes in drei Stufen eingeführt. – Sofort (auch für bereits bestehende Betriebe) gelten demnach: § 26, § 28 Abs. 2 Nr. 1, 3, 4 und 5, § 28 Abs. 4, § 28 Abs. 9 (Fensterflächen aber nur in Gebäuden, die erst nach Inkrafttreten für die Haltung von Pelztieren in Benutzung genommen worden sind), § 29 Abs. 1 Nr. 1, 2, 3, 6 und 7, § 29 Abs. 2, § 30 und § 31. – Gemäß Abs. 17 gilt als erste Stufe für Betriebe, die bei Inkrafttreten der Verordnung bereits genehmigt oder legal in Benutzung genommen worden sind, hinsichtlich der Anforderungen aus § 28 Abs. 2 Nr. 2, § 28 Abs. 3, § 28 Abs. 8 S. 1 Nr. 4 und S. 2 und § 29 Abs. 1 Nr. 4 und 5 eine Übergangsfrist von sechs Monaten; dagegen müssen Betriebe, die erst nach Inkrafttreten genehmigt und/oder legal in Benutzung genommen worden sind, auch diese Vorschriften sofort einhalten. – Gemäß Abs. 18 gilt als zweite Stufe für die in § 28 Abs. 5 vorgesehene Vergrößerung der Grundflächen eine Inkrafttretensfrist von fünf Jahren, d.h.: Die dort vorgeschriebenen Mindestmaße für die Haltungseinrichtungen und die Mindestflächen je Tier müssen sowohl von neuen als auch von bei Inkrafttreten bereits bestehenden Betrieben erst mit Ablauf von fünf Jahren nach der Verkündung eingehalten werden. – Gemäß Abs. 19 gilt als dritte Stufe für die Vorgaben aus § 28 Abs. 6, Abs. 7 und Abs. 8 S. 1 Nr. 1–3 sogar eine Inkrafttretensfrist von zehn Jahren, d.h.: Die Vorschriften über die Erhöhung der Haltungseinrichtungen, über die Bodenbeschaffenheit und über die Plattformen, Klettervorrichtungen und Schwimmmöglichkeiten für Nerze, Iltisse, Füchse, Marderhunde und Sumpfbiber müssen von allen Betrieben erst mit Ablauf von zehn Jahren nach der Verkündung verwirklicht sein (Achtung: für Chinchillas gilt die erste Stufe, s. Abs. 17 i.V.m. § 28 Abs. 8 S. 1 Nr. 4 und S. 2; hier müssen also die Plattformen, Sandbäder und Kisten sofort bzw. bei bestehenden Betrieben binnen sechs Monaten eingerichtet sein; dasselbe gilt für Sumpfbiber hinsichtlich der Kisten und für alle Pelztiere hinsichtlich der Tunnelröhren). – Von den Ländern Rheinland Pfalz und Hessen war anstelle der dritten Stufe folgende Übergangsregelung vorgeschlagen worden: Für bestehende Betriebe, die vor weniger als fünf Jahren genehmigt oder legal in Benutzung genommen worden waren, sollte die Übergangsfrist im Hinblick auf § 28 Abs. 6, Abs. 7 und Abs. 8 S. 1 Nr. 1–3 acht Jahre, für ältere Betriebe dagegen nur fünf Jahre dauern. Zur Begründung wurde zutreffend darauf hingewiesen, dass mit der Aufnahme des Staatsziels Tierschutz in Art. 20a GG im Jahr 2002 für alle Tierhalter und -züchter zweifelsfrei erkennbar geworden sei, dass die übliche Käfighaltung nicht mehr den Vorgaben des Tierschutzgesetzes entsprach; Übergangsfristen, die aus Gründen des Vertrauensschutzes zu gewähren seien, sollten auf bereits bestehende Betriebe beschränkt und im Hinblick auf den Zeitpunkt der Inbetriebnahme der jeweiligen Haltungseinrichtung abgestuft werden (BR-Drucks. 718/3/06 S. 1, 2). Der Bundesrat ist diesem einleuchtenden Vorschlag nicht gefolgt. – Die Übergangsfrist nach Abs. 17 und die Inkrafttretensregelungen in Abs. 18 und 19 dürfen aber nicht da-

rüber hinwegtäuschen, dass die Anforderungen des § 2 Nr. 1 und Nr. 2 TierSchG und die (wenn auch minimalen) Mindestvorgaben der Pelztier-Empfehlung des St. Ausschusses sofort und uneingeschränkt gelten. Wenn also von der nach § 15 zuständigen Behörde festgestellt wird, dass in einer Pelztierhaltung Grundbedürfnisse iS von § 2 Nr. 1 TierSchG unangemessen zurückgedrängt sind oder dass es durch Einschränkungen der Bewegungsmöglichkeit zu Schmerzen, vermeidbaren Leiden oder Schäden iS von § 2 Nr. 2 TierSchG kommt, muss sie durch Anordnungen nach § 16a S. 2 Nr. 1 TierSchG sofort (und nicht erst nach Ablauf der Fristen in Abs. 17 bis 19) für Abhilfe sorgen. In besonderem Maß gilt dies, wenn Verhaltensstörungen (zB Stereotypien, Schwanzsaugen, Schwanzbeißen, Fellbeißen o. Ä.) feststellbar sind, denn dadurch werden erhebliche Leiden und damit ein Verstoß gegen § 17 Nr. 2b TierSchG angezeigt (s. auch § 16a TierSchG Rn. 12a und Rn. 5).

§ 34 (Inkrafttreten, Außerkrafttreten)

Verordnung zum Schutz von Tieren beim Transport (Tierschutztransportverordnung – TierSchTrV)

in der Fassung der Bekanntmachung vom 11. Juni. 1999 (BGBl. I S. 1337), geändert durch Verordnung vom 29. Oktober 2001 (BGBl. I S. 2785), Gesetz vom 6. August 2002 (BGBl. I S. 3082) und Verordnung vom 31. Oktober 2006 (BGBl. I S. 2407)

Einführung

I. Das EU-Recht bis zum 4. 1. 2007

EU-Tiertransportrichtlinie von 1991 und ergänzende Verordnungen. Bis zum 4. 1. 1
2007 gilt als Rahmenregelung der Gemeinschaft noch die Richtlinie 91/628/EWG vom 19. 11. 1991 über den Schutz von Tieren beim Transport (ABl. EG Nr. L 340 S. 17) in der Fassung der Richtlinie 95/29/EG vom 29. 6. 1995 (ABl. EG Nr. L 148 S. 52, EU-Tiertransportrichtlinie). Weitere wichtige Regelwerke auf europäischer Ebene sind: Die Verordnung Nr. 1255/97/EG vom 25. 6. 1997, geändert durch die Verordnung Nr. 1040/2003/EG, mit der die Anforderungen für Aufenthaltsorte festlegt werden, in denen Nutztiere während langer Transporte entladen, untergebracht und versorgt werden müssen (ABl. EG Nr. L 174 S. 1 bzw. Nr. L 151 S. 21); die Verordnung Nr. 411/98/EG vom 16. 2. 1998, die zusätzliche Tierschutzvorschriften für Straßenfahrzeuge zur Beförderung von Tieren während mehr als acht Stunden enthält (ABl. EG Nr. L 52 S. 8); die Verordnung Nr. 615/98/EG vom 18. 3. 1998, die die Auszahlung der Exporterstattungen von der Einhaltung tierschutzrechtlicher Bestimmungen bis zum Zeitpunkt der ersten Entladung der Tiere im Bestimmungsdrittland abhängig macht und zu diesem Zweck entsprechende Kontrollen vorsieht (ABl. EG Nr. L 82 S. 19).

Im **EU-Tiertransportbericht vom 6. 12. 2000** sind von der EU-Kommission schwere 2
Mängel bei der Umsetzung der EU-Tiertransportrichtlinie 91/628/EWG festgestellt worden. Seitens des Europäischen Lebensmittel- und Veterinäramts (LVA), das hierzu umfangreiche Kontrollen durchgeführt habe, sei auf die „geringe Priorität" hingewiesen worden, die die Mitgliedstaaten dem Vollzug dieser Richtlinie einräumten (S. 4). Als Hauptergebnisse der Kontrollen weist der Bericht aus: Ungeeignete Fahrzeuge für den Tiertransport auf der Straße; unzulässige Transportpläne; Nichteinhaltung der Fahrzeitbeschränkungen; unsachgemäßer Umgang mit Tieren; Verbringung nicht transportfähiger Tiere; unzureichende Belüftung von Straßenfahrzeugen; Überladung; Schwierigkeiten bei der Kontrolle der Zulassungen der Tiertransportunternehmer (S. 4, 5). – Weiter heißt es in dem Bericht: Aus den Berichten des LVA gehe hervor, dass die zuständigen Behörden der Mitgliedstaaten regelmäßig Transportpläne genehmigten, die den Anforderungen der Richtlinie nicht entsprächen; ausdrücklich erwähnt werden Deutschland, die Niederlande, Frankreich und Spanien. Wegen unzureichender Kontrollen der Transportpläne vor der Abreise seien Tiere über extrem lange Zeiträume hin befördert und nur unzureichend getränkt und gefüttert worden; auch ihre Ruhepausen seien nicht eingehalten worden (S. 10). Überladungen kämen häufig vor, insbes. bei Schweinen. Verschiedene Länder meldeten die allzu häufige Verwendung elektrischer Viehtreiber. Von einigen Märkten würden besonders schlimme Fälle von unsachgemäßem Umgang und sogar Grausamkeit gemeldet (S. 11). – Besonderen Anlass zur Sorge gebe der Transport von Pferden, die aus Mittel- und Osteuropa zur Schlachtung in einige Mitgliedstaaten verbracht würden. Die Gesetze in den Ausfuhr- oder Transitländern reichten nicht aus, um den Schutz dieser

Pferde beim Transport zu gewährleisten. Wenn die Pferde daher die Grenzen der Union erreichten, seien sie erschöpft, schlecht getränkt und nicht gefüttert. Die Fahrzeuge seien für den Ferntransport oft nicht geeignet, es komme zu Überladungen und Mindestanforderungen würden nicht eingehalten. Um den Schutz lebender Pferde zu gewährleisten, sollten diese nur noch getrennt in Verschlägen oder Boxen befördert werden, die sie vor Stößen schützen. Zudem müsse in Bezug auf Einhufer, die die Außengrenze der Union passierten, ein obligatorisches Entladen und eine bestimmte Ruhezeit von mindestens 24 Stunden an der Grenzkontrollstelle eingeführt werden, wenn dies gerechtfertigt sei, um zu gewährleisten, dass die Tiere transportfähig seien (S. 9, 16). – Die Kommission stützt sich bei ihrer Einschätzung auf die Berichte der Mitgliedstaaten, die Kontrollberichte des LVA und die bei ihr eingegangenen Beschwerden von Nichtregierungsorganisationen (NRO).

3 **EU-SCAHAW-Report Tiertransporte.** Dieser Bericht des Wissenschaftlichen Ausschusses für Tiergesundheit und Tierschutz der EU-Kommission, der vom 11. 3. 2002 stammt, enthält u. a. folgende Empfehlungen bzw. Feststellungen: Da bereits nach einigen Stunden Transportzeit das Wohlbefinden der Tiere umso mehr abnehme, je länger die Reise dauere, sollten Tiere nur transportiert werden, wenn es unvermeidlich sei, und die Transportzeiten sollten so kurz wie möglich sein (12.1.1). Als Beginn des Transports sollte die Verladung des ersten Tieres auf das Fahrzeug gelten; als Ende des Transports sollte der Zeitpunkt gelten, in dem das letzte Tier ausgeladen ist (12.1.2). Kein Tier sei fähig zu reisen, wenn es nicht ohne fremde Hilfe stehen oder wenn es nicht alle seine zum Gehen bestimmten Extremitäten gleichmäßig belasten könne. Die Transportfähigkeit könne auch dergestalt eingeschränkt sein, dass sie zwar für eine kürzere, nicht aber für eine längere Strecke zu bejahen sei (11.4). Bei Transporten, die mehr als acht Stunden dauerten, sollten die Tiere vorher durch einen Tierarzt untersucht werden, am besten kurz vor der Abfahrt, keinesfalls aber früher als 24 Stunden davor (12.1.3). Spätestens acht Stunden nach Transportbeginn sollten die Tiere durch die verantwortliche Person darauf untersucht werden, ob sie weiterhin transportfähig seien; danach sollten entsprechende Untersuchungen im Abstand von jeweils 4,5 Stunden stattfinden (12.1.5). Ferkel unter vier Wochen, Lämmer unter einer Woche und Kälber unter zwei Wochen sollten überhaupt nicht transportiert werden. Für Ferkel unter 10 kg, Lämmer unter 20 kg, Kälber bis zu sechs Monaten und Fohlen bis zu vier Monaten sollten bessere Transportbedingungen gelten als für ältere Tiere (12. 2. 14). Schweine oder männliche Rinder im Alter von mehr als zwölf Monaten sollten, wenn sie sich nicht kennen, weder während der letzten sechs Stunden vor Transportbeginn noch während des Transports noch im Schlachthof miteinander vermischt werden (12. 2. 15). Auch bei Kälbern, Pferden und Schafböcken könne das Vermischen von Individuen, die einander fremd seien, negative Effekte haben (11.12). Die Benutzung von Elektro-Treibern sollte nicht erlaubt sein (12.2.20). Das Gefälle von Rampen sollte vorzugsweise 8–10°, jedenfalls aber nicht mehr als 20° bei Schweinen, Kälbern und Pferden betragen. Rinder und Schafe könnten auch 20–25° steile Rampen erklettern, vorausgesetzt, auf den Rampenplanken seien in Abständen von 30 cm Querleisten angebracht. Wegen der Gefahr, dass die Tiere in Panik geraten, werden generell 20° als Maximum empfohlen (12. 2. 22). Alle Pferde sollten in Einzelständen oder -boxen transportiert werden. Die Länge der Box oder des Standes sollte die Spanne zwischen Nase und Ende der Hinterviertel um 60 cm und die Breite die breiteste Stelle des Pferdekörpers um 40 cm übersteigen. Die Höhe sollte den Widerrist um 0,75 m übersteigen. Pferde könnten nicht in Multideck-Fahrzeugen befördert werden (12. 3. 24, 12. 3. 25). Wenn transportierte Schweine im Fahrzeug sowohl ruhen als auch gefüttert und getränkt werden sollten, sei zB für ein 100 kg schweres Schwein ein Raumangebot von 0,6 m^2 notwendig; schon zum Liegen würden 0,42 m^2 benötigt (12. 3. 26). Ein 40 kg schweres geschorenes Schaf benötige bei einem Transport von bis zu 4 Stunden 0,24 m^2, bei einem Transport von 4–12 Stunden 0,31 m^2 und bei einem Transport von über 12 Stunden (wo die Tiere auf dem Fahrzeug ruhen, Futter aufnehmen und trinken sollten) 0,44 m^2; bei ungeschorenen 40 kg

schweren Schafen beliefen sich die entsprechenden Werte auf 0,29, 0,37 und 0,53 m² (12. 3. 27). Ein 500 kg schweres Rind, das im Fahrzeug ruhen, Futter aufnehmen und trinken solle, brauche dazu 2,03 m²; bei behornten Rindern sollten noch 10% dazu kommen (12. 3. 29). Während des Transportes sollten Tiere nicht angebunden sein. Sei zur Verladung eine Anbindung notwendig, so müsse diese vor der Abfahrt gelöst werden (12. 3. 31). Pferde, Schweine, Kälber und Lämmer sollten nach maximal acht Stunden Fahrzeit, Rinder und Schafe nach maximal zwölf Stunden Fahrzeit eine mindestens sechs Stunden betragende Ruhezeit bekommen, während der sie Futter und Wasser aufnehmen können. Nach weiteren acht bzw. zwölf Stunden sollten sie eine 24 Stunden dauernde Ruheperiode haben, während der ihnen Futter und Wasser zur Verfügung stehe (12. 3. 34). Schienentransporte seien Straßentransporten mit Bezug auf das Wohlbefinden der Tiere generell vorzuziehen (12. 3. 35). Einzeluntersuchungen von Tieren auf dem Fahrzeug seien notwendig, könnten aber nicht stattfinden, wenn sich die Tiere in Kästen befänden oder wenn die Wagendecke nur 1,4 m hoch sei (12.1, 4, 5).

II. Das EU-Recht ab dem 5. 1. 2007

Ab dem 5. 1. 2007 gilt die **Verordnung Nr. 1/2005/EG des Rates vom 22. 12. 2004 über den Schutz von Tieren beim Transport (EU-TiertransportVO)** (ABl. EU Nr. L 3 S. 1). Sie ersetzt die Richtlinie 91/628 und die Verordnung 411/98; dagegen gelten die Verordnungen 1255/97 (betr. die Anforderungen an Aufenthaltsorte) und 615/98 (betr. die Kontrollen in Bestimmungsdrittländern) weiterhin. – Während EU-Richtlinien für die Bürger erst verbindlich werden, wenn sie in das nationale Recht umgesetzt sind, gelten EU-Verordnungen unmittelbar in jedem Mitgliedstaat. Die EU-TiertransportVO begründet also unmittelbar Rechte und Pflichten für alle Beteiligten. Nationales Recht, das ihr widerspricht, findet für die Dauer ihrer Geltung keine Anwendung. – Der Rat der EU hat seine Entscheidung, die Tiertransporte künftig durch eine Verordnung zu regeln, mit den „Erfahrungen im Rahmen der Richtlinie 91/628/EWG" und insbesondere mit „der uneinheitlichen Umsetzung der Richtlinie in einzelstaatliches Recht" (Erwägung Nr. 10) begründet. Mit anderen Worten: Weil einzelne Mitgliedstaaten die bisherige EU-Tiertransportrichtlinie nur zögerlich und unvollständig umgesetzt haben, werden jetzt Regelungen in Form einer EU-Verordnung für notwendig erachtet, die die an den Tiertransporten beteiligten Personen unmittelbar binden und die von den nationalen Gerichten und Behörden unmittelbar angewendet werden müssen. – **Die EU-TiertransportVO ist im Anschluss an die Kommentierung der TierSchTrV abgedruckt**. 4

EU-TiertransportVO und deutsche TierSchTrV. Bis zum Ablauf des 4. 1. 2007 gilt die deutsche TierSchTrV unverändert fort (es sei denn, sie würde vorher geändert oder gar aufgehoben). Ab dem 5. 1. 2007 muss man unterscheiden: Hinsichtlich solcher Fragen oder Gegenstände, die die neue EU-TiertransportVO nicht oder jedenfalls nicht anders regelt, bleibt die Rechtslage wie bisher; hingegen richten sich Fragen, die durch die EU-TiertransportVO anders geregelt werden als nach der TierSchTrV, ab dem 5. 1. 2007 nur noch nach dem EU-Recht. Die TierSchTrV kann also für Gegenstände, die in der EU-TiertransportVO anders geregelt sind, ab dem 5. 1. 2007 keine Anwendung mehr finden, soweit der jeweilige Widerspruch reicht (Prinzip vom Anwendungsvorrang des unmittelbar geltenden Gemeinschaftsrechts). Bei der Kommentierung der einzelnen nachfolgenden Vorschriften wird dieser komplizierten Rechtslage Rechnung getragen: Es wird jeweils geprüft, ob und ggf. inwieweit der geregelte Gegenstand durch die EU-TiertransportVO anders geregelt ist und welche Konsequenzen sich daraus ergeben. – Es erscheint sinnvoll, für das Verhältnis von TierSchTrV und EU-TiertransportVO nach dem 5. 1. 2007 zwischen fünf Situationen zu unterscheiden: **1.** Außerhalb des Anwendungsbereichs der EU-TiertransportVO bleibt die TierSchTrV uneingeschränkt anwendbar. Das gilt zB für wirbellose Tiere, deren Beförderung die EU-TiertransportVO von 5 vornherein nicht erfasst. Außerdem gilt die EU-TiertransportVO nur für kommerzielle Transporte (dieser Begriff wird aber weit ausgelegt, wie Erwägung Nr. 12 zeigt: Als kommerziell gilt nicht nur der unmittelbare Austausch von Geld, Gütern und Dienstleistungen, sondern jeder Transport, mit dem direkt oder indirekt ein Gewinn angestrebt wird). Für Landwirte, die eigene Tiere in eigenen Transportmitteln über weniger als 50 km transportieren, gilt die TierSchTrV jedenfalls insoweit fort, als durch ihre Regelungen die allgemeinen Grundsätze des Art. 3 der EU-TiertransportVO konkretisiert werden (vgl. Art. 1 Abs. 2 EU-TiertransportVO). **2.** An einigen Stellen enthält die EU-TiertransportVO Ermächtigungen an die Mitgliedstaaten zum Erlass und zur Beibehaltung von eigenständigen Regelungen: So ermächtigt Art. 1 Abs. 3 zu weitergehenden Schutzvorschriften für solche Tiere, die ausschließlich im Hoheitsgebiet des jeweiligen Mitgliedstaates befördert oder aber von dessen Häfen aus auf dem Seeweg ausgeführt werden. Außerdem können die Mitgliedstaaten nach Art. 30 Abs. 8 für Tierarten, die in den Anhängen der EU-TiertransportVO nicht ausdrücklich genannt sind, eigene Vorschriften erlassen oder beibehalten, auch mit Bezug auf internationale Transporte (vgl. auch Erwägung Nr. 10: Beibehaltung nationaler Vorschriften „für bestimmte Tierarten mit besonderen Bedürfnissen, die nur einen sehr kleinen Teil der Tierbestände in der Gemeinschaft ausmachen“). **3.** Ist ein Gegenstand bzw. eine Fragestellung durch die EU-TiertransportVO inhaltlich gleich geregelt wie durch die TierSchTrV, so gilt ab 5. 1. 2007 zwar formal das EU-Recht (Anwendungsvorrang); in der Sache ändert sich aber nichts. **4.** Dagegen verändert sich bezüglich solcher Gegenstände oder Fragestellungen, die von der EU-TiertransportVO anders geregelt werden, die Rechtslage mit dem 5. 1. 2007: Der Anwendungsvorrang bewirkt, dass die TierSchTrV zwar nicht ungültig wird, gleichwohl jedoch hinter die EU-TiertransportVO zurücktritt und nicht mehr angewendet werden darf, soweit der Widerspruch reicht. **5.** Wegen der Detailliertheit, die die TierSchTrV an manchen Stellen aufweist, kann es vorkommen, dass dort tierschutzrelevante Fragen geregelt sind, die in den Anhängen der EU-TiertransportVO keine oder nur eine allgemein gehaltene Regelung finden (vgl. auch Erwägung Nr. 9: ausdrückliches Eingeständnis, dass für Geflügel, Katzen und Hunde „geeignete Sonderbestimmungen“ erst in Zukunft vorgeschlagen werden können). In solchen Fällen muss auf die „Allgemeinen Bedingungen für den Transport von Tieren“, die nach Art. 3 der EU-TiertransportVO für jeden Transport gelten, zurückgegriffen werden: Es muss gefragt werden, welche Regelung sich aus diesen Allgemeinen Bedingungen zu der betreffenden Frage ableiten lässt; häufig wird sich dabei ergeben, dass die Detailregelung der TierSchTrV dem entspricht, was aus den Allgemeinen Bedingungen ableitbar ist, so dass die bisherige Regelung der TierSchTrV auch weiterhin angewendet werden kann (allerdings mit Art. 3 der EU-TiertransportVO als Rechtsgrundlage; s. auch Rn. 7).

6 **Einige Begründungserwägungen, die der EU-TiertransportVO vorangestellt worden sind; Auslegung der einzelnen Bestimmungen im Licht von Erwägung Nr. 5 und 11.** Nach st. Rspr. des EuGH ist bei der Auslegung einzelner Bestimmungen des Gemeinschaftsrechts nicht nur der Wortlaut der jeweiligen Bestimmung zu berücksichtigen, „sondern auch ihr Zusammenhang und die Ziele, die mit der Regelung, zu der sie gehört, verfolgt werden“ (EuGH Rs. C-128/94, Slg. 1995, I-3389 = NJW 1996, 113). Die Ziele, die mit einer EU-Verordnung verfolgt werden, ergeben sich in erster Linie aus den (Begründungs-)Erwägungen, die dem Verordnungstext vorangestellt sind. Folglich müssen zur Auslegung der einzelnen Bestimmungen der EU-TiertransportVO diese Erwägungen herangezogen werden. – In Erwägung Nr. 5 zur EU-TiertransportVO wird der Erkenntnis des SCAHAW, dass sich das Befinden von Tieren mit zunehmender Beförderungsdauer verschlechtere (s. Rn. 3), wenigstens teilweise Rechnung getragen, indem es heißt: „Aus Tierschutzgründen sollten lange Beförderungen von Tieren, auch von Schlachttieren, auf ein Mindestmaß begrenzt werden.“ In Erwägung Nr. 11 wird als „Grundsatz“ hervorgehoben, dass „ein Transport von Tieren nicht durchgeführt werden darf, wenn den Tieren dabei Verletzungen oder unnötige Leiden zugefügt werden könnten“. Die detaillierten

Vorschriften der Verordnung seien „gemäß dem vorstehenden Grundsatz auszulegen und anzuwenden". – Die weit reichende Formulierung in Erwägung Nr. 11 („zugefügt werden könnten") macht deutlich, dass es ein wesentliches Ziel der EU-TiertransportVO ist, Gefahren, die durch Tiertransporte für das Wohlbefinden der transportierten Tiere entstehen können, bereits im Vorfeld auszuschließen oder jedenfalls so weit wie möglich zu vermeiden. Diese Zielsetzung muss insbesondere dort beachtet werden, wo die Verordnung (sei es ausdrücklich, sei es durch die Verwendung unbestimmter Rechtsbegriffe) Spielräume für die Auslegung belässt: Diese sind so auszufüllen, dass möglichen Gefahren für das Wohlbefinden der Tiere bereits in einem frühen Stadium entgegengewirkt wird. – Dies wird man zB bei der Ausfüllung der Margen für das Raumangebot beachten müssen, die nach Anh. I Kap. VII für Rinder-, Schaf- und Ziegentransporte gelten: Je belastender der Transport für die Tiere ist (insbesondere nach seiner Zeitdauer), desto mehr Raum benötigen die Tiere und desto eher muss an die obere Grenze der jeweiligen Marge gegangen werden. Folglich kann Transportunternehmern zumindest bei Langzeittransporten im Licht von Erwägung Nr. 11 nicht gestattet werden, nur im unteren Bereich der Marge zu bleiben, sondern es muss ein Raumangebot an der Obergrenze eingefordert werden. – Ähnliches gilt, wenn in Anh. I Kap. VII mit Bezug auf Rinder-, Schaf- und Ziegentransporte zu Abweichungen von den Bodenflächen ermächtigt wird. Zwar werden solche Abweichungen nur als „möglich" dargestellt; gleichwohl widerspräche es dem Grundsatz in Erwägung Nr. 11, diese Ermächtigung im Interesse der Unternehmer (d. h. als Ermächtigung zum Abweichen nach unten) und nicht in erster Linie im Interesse der Tiere (also als Ermächtigung zum Einfordern größerer Flächen, vor allem bei Langzeittransporten) zu verstehen.

Die Auslegung der einzelnen Bestimmungen der EU-TiertransportVO muss auch mit Hilfe der allgemeinen Grundsätze in Art. 3 erfolgen. In Art. 3 der Verordnung werden die allgemeinen Bedingungen genannt, die bei jedem Transport von Tieren erfüllt sein müssen: Schon die Gefahr, dass den Tieren durch das Verladen oder Transportieren „Verletzungen oder unnötige Leiden zugefügt werden könnten", muss dazu führen, dass der Transport unterbleibt (S. 1). Vor der Beförderung müssen alle Vorkehrungen getroffen werden, die erforderlich sind, um die Beförderungsdauer so kurz wie möglich zu halten und den Bedürfnissen der Tiere während der Beförderung Rechnung zu tragen (S. 2a); die Tiere müssen transportfähig sein (S. 2b); die Transportmittel und die Ver- und Entladeeinrichtungen müssen dem Vorsorgegrundsatz entsprechen, d.h. so gebaut, unterhalten und verwendet werden, dass Verletzungen und Leiden von Tieren mit größtmöglicher Sicherheit ausgeschlossen werden können (S. 2c und d); das Personal darf weder Gewalt noch sonstige Methoden, die die Tiere unnötig verängstigen oder ihnen unnötige Verletzungen oder Leiden zufügen können, anwenden (S. 2e); während des Transports muss das Wohlbefinden der Tiere regelmäßig kontrolliert und in angemessener Weise aufrechterhalten werden; die Tiere müssen entsprechend ihrer Größe und der geplanten Beförderung über ausreichend Bodenfläche und Standhöhe verfügen (S. 2f und g); sie müssen in angemessenen Zeitabständen mit Wasser und Futter versorgt werden und ruhen können (S. 2h). – Der o.e. Rspr. des EuGH entspricht es, diese Grundsätze bei der Auslegung der einzelnen Bestimmungen der Verordnung zu beachten, soweit der Wortlaut den nötigen Spielraum dazu lässt. Sie sind insbesondere dort von Bedeutung, wo tierschutzrelevante Fragen in den Anhängen zur EU-TiertransportVO nicht oder jedenfalls nicht detailliert geregelt sind: Dann muss die Antwort auf die jeweilige Frage den allgemeinen Grundsätzen des Art. 3 entnommen werden (s. auch Rn. 5). Auch die Auslegung unbestimmter Rechtsbegriffe und die Ausfüllung sonstiger Spielräume, die die Verordnung belässt, muss sich an diesen allgemeinen Grundsätzen ausrichten. Zusammen mit Erwägung Nr. 11 zeigen sie die wesentlichen Ziele der EU-TiertransportVO auf und steuern damit deren gesamte Auslegung und Anwendung. 7

Zu einzelnen Bestimmungen der EU-TiertransportVO. Eine absolute Begrenzung der Transportzeit wird von der Verordnung nicht vorgesehen; stattdessen bleibt es dabei, 8 dass Tiertransporte bei Einhaltung bestimmter Ruhezeiten, die nach wie vor an Aufenthaltsorten (sie heißen jetzt Kontrollstellen) stattfinden müssen, praktisch ohne zeitliche Begrenzung fortgeführt werden dürfen (vgl. Anh. I Kap. V). – Transportunternehmer darf nur sein, wer eine von der zuständigen Behörde erteilte Zulassung besitzt, wobei diese Zulassung für lange Beförderungen (d. h. Beförderungen über mehr als acht Stunden) an besondere Bedingungen geknüpft wird (Art. 6, 10 und 11). Für lange Beförderungen auf der Straße bedarf auch das Transportmittel einer Zulassung (Art. 7, 18). Auch Transportschiffe benötigen eine Zulassung, wenn sie für einen Transport über mehr als zehn Seemeilen aus einem Hafen der Gemeinschaft auslaufen sollen (Art. 7, 19). – Ab dem 5. 1. 2008 ist darüber hinaus grds. für alle Fahrer und Betreuer ein Befähigungsnachweis notwendig, der durch einen Lehrgang und eine Prüfung an einer anerkannten Einrichtung erworben werden muss (Art. 6, Art. 17 und Anh. IV). Ähnliches gilt für Personen, die an Sammelstellen mit Tieren Umgang haben (Art. 9). – Vor langen Beförderungen hat die zuständige Behörde am Versandort u. a. zu prüfen: ob die erforderlichen Zulassungen für Transportunternehmer und Transportmittel sowie die Befähigungsnachweise für Fahrer und Betreuer vorliegen; ob die Tiere transportfähig sind; ob die Verladepraxis und die Transportmittel mit der Verordnung übereinstimmen; ob das Fahrtenbuch und insbesondere sein Abschnitt „Planung“ wirklichkeitsnahe Angaben enthält; ob das Fahrtenbuch und sein Abschnitt „Planung“ darauf schließen lassen, dass die Beförderung auch während ihrer gesamten Dauer den Vorschriften der Verordnung entsprechen wird (Art. 14 Abs. 1 lit. a und b i. V. m. Anh. II Abschnitt 1, 2). – Weitere umfassende Kontrollen sind an den Ausgangsorten und Grenzkontrollstellen (Art. 21), an den früheren Aufenthaltsorten und jetzigen Kontrollstellen (Art. 6 der Verordnung EG Nr. 1255/97), am Bestimmungsort (Anh. II Abschnitt 3) sowie vor und beim Be-/Entladen von Transportschiffen (Art. 20) vorgesehen. Daneben gibt es Zufalls- und gezielte Kontrollen an anderen Orten (Art. 15, Art. 27). – Die Verwendung von Elektroschockgeräten wird nicht vollständig verboten, ist aber „möglichst zu vermeiden“ (Anh. I Kap. III 1.9). – Equiden sind jedenfalls bei langen Beförderungen in Einzelständen zu transportieren (Anh. I Kap. VI 1.6). – Die Verordnung Nr. 411/98/EG wird gemäß Art. 33 aufgehoben, weil ihre Bestimmungen jetzt in Anh. I Kap. VI enthalten sind. Die Verordnung Nr. 1255/97/EG gilt dagegen gemäß Art. 36 in modifizierter Form fort. Insbesondere bleibt es dabei, dass die Tiere nach Ablauf bestimmter Beförderungszeiten an zugelassenen Aufenthaltsorten/Kontrollstellen ausgeladen und gefüttert und getränkt werden sowie eine mindestens 24-stündige Ruhezeit erhalten müssen.

9 **Nichteinhaltung wesentlicher Forderungen des EU-Parlaments.** Im Verfahren zur Verordnungsgebung hat das EU-Parlament mit legislativer Entschließung vom 30. 3. 2004 einige bedeutsame Abänderungen gefordert, denen der EU-Rat indes nicht gefolgt ist (C5-0438/2003-2003/0171 CNS). U. a. verlangte das Parlament eine absolute Transportzeitbeschränkung: Nach Abänderungsvorschlag Nr. 80 des Parlaments sollte der Straßen- und Schienentransport von zur Schlachtung bestimmten Pferden, Rindern, Schafen, Ziegen und Schweinen nur noch zulässig sein, „wenn die Beförderungszeit neun Stunden nicht überschreitet“. Eine Durchbrechung dieser absoluten Zeitgrenze sollte nur noch erlaubt sein, „wenn nicht mindestens zwei Schlachthöfe innerhalb eines Radius von 500 km vom Versandort erreichbar sind“. Die Mitgliedstaaten sollten außerdem das Recht haben, „aus ethischen Gründen … die Ausfuhr bestimmter Arten zu verbieten“. Nach Abänderungsvorschlag Nr. 1 sollte, um die Transportzeiten so kurz wie möglich halten zu können, „der Einsatz von mobilen Schlachthöfen gefördert werden“. Nach den Abänderungsvorschlägen Nr. 21, 22 sollten bereits Transporte ab einer Strecke von über 100 km oder einer Dauer von über zwei Stunden als Langstreckentransporte gelten. Die Einfuhr und die Ausfuhr von Tieren sollten bei schwerwiegenden Verstößen vollständig verweigert werden; außerdem sollten eingeführte Schlachttiere an der Grenze obligatorisch entladen und während mindestens 24 Stunden gefüttert, getränkt und gepflegt werden (Abänderungsvorschläge Nr. 48–50). Für die Verwendung von Elektroschock-Geräten sollte

ein vollständiges Verbot gelten, auch in Schlachthöfen (Abänderungsvorschlag Nr. 69). Alle Tiere sollten mit geeigneter Einstreu in einer Menge versorgt werden, „die ausreicht, damit die Tiere liegen können, ohne mit dem Boden in Berührung zu kommen" (Abänderungsvorschlag Nr. 75). Das Gefälle bei horizontalen Rampen sollte auf maximal 30% beschränkt bleiben und alle Rampen mit Querleisten versehen werden (Abänderungsvorschlag Nr. 76). – Der EU-Rat hat die meisten dieser Vorschläge nicht beachtet. Darüber hinaus sind auch wesentliche Empfehlungen des EU-SCAHAW-Reports ohne Beachtung geblieben (s. Rn. 3): So fehlt es in der EU-TiertransportVO an einem ausdrücklichen Verbot, männliche Rinder, Schweine, Kälber und Schafböcke in Gruppen zu transportieren, ohne dass die Tiere vorher aneinander gewöhnt worden sind. Die SCAHAW-Empfehlung, die Benutzung von Elektro-Treibern vollständig zu verbieten, wird ebenfalls nicht befolgt, ebenso wenig die Empfehlung, dass Tiere während des Transports nicht angebunden sein sollten. Besonders problematisch ist das geringe Raumangebot, das von der EU-TiertransportVO in Anh. I Kap. VII vorgesehen ist und das den Tieren vielfach nicht einmal das gleichzeitige ungestörte Ruhen ermöglicht; zudem schafft die Angabe der notwendigen Bodenfläche pro Tier in Margen statt in genauen Zahlen Rechtsunsicherheit und voraussehbare Konflikte (s. Rn. 6, 7). Die Beförderungszeiten, die bis zum Einlegen einer längeren Ruheperiode zurückgelegt werden dürfen, betragen bei Rindern und Schafen mehr als das Doppelte und bei Schweinen und Pferden sogar das Dreifache dessen, was das EU-SCAHAW empfohlen hat. – Vor diesem Hintergrund erscheint zweifelhaft, ob die EU-Tiertransportverordnung „den Erfordernissen des Wohlergehens der Tiere in vollem Umfang Rechnung trägt", wie es das Protokoll Nr. 10 über den Tierschutz und das Wohlergehen der Tiere im Anhang des EG-Vertrages vorschreibt (vgl. Erwägung Nr. 1).

III. Die deutsche Tierschutztransportverordnung (TierSchTrV) vom 11. 6. 1999

Entstehungsgeschichte. Durch das erstmalige Inkrafttreten der Verordnung (VO) am 1. 3. 1997 (BGBl. I S. 348) sind drei bis dahin geltende nationale Rechtsverordnungen abgelöst worden: Die Verordnung zum Schutz von Tieren beim grenzüberschreitenden Transport vom 29. 3. 1983 (BGBl. I S. 409), die Verordnung zum Schutz von Tieren bei der Beförderung in Behältnissen vom 20. 12. 1988 (BGBl. I S. 2413) und die Verordnung zum Schutz kranker oder verletzter Tiere vor Belastungen beim Transport vom 22. 6. 1993 (BGBl. I S. 1078). Zugleich ist die Rahmenregelung der Gemeinschaft, nämlich die Richtlinie 91/628/EWG, geändert durch die Richtlinie 95/29/EG, in nationales Recht umgesetzt worden, sowie auch zwei Veterinärkontrollrichtlinien (90/425/EWG und 91/496/EWG). – Die amtl. Begr. zur VO findet sich in BR-Drucks. 836/96. – Die erste Änderungsverordnung vom 23. 2. 1999 (BGBl. I S. 181) ist am 1. 3. 1999 in Kraft getreten (amtl. Begründung hierzu s. BR-Drucks. 1005/98). – Die VO dient auch der Umsetzung des Europäischen Übereinkommens vom 13. 12. 1968 über den Schutz von Tieren beim internationalen Transport (Europäisches Tiertransportübereinkommen, ratifiziert durch Bundesgesetz vom 12. 7. 1973, BGBl. II S. 721). Eine Neufassung dieses Übereinkommens, das für alle internationalen (d. h. grenzüberschreitenden) Transporte gilt, sieht vor, dass Detailregelungen künftig durch einen Ausschuss nach Art. 34 mit Zweidrittelmehrheit beschlossen werden können. Diese Neufassung tritt jedoch erst sechs Monate nach Ratifikation durch vier Staaten in Kraft. Bisher haben lediglich Norwegen und Schweden ratifiziert. Das deutsche Ratifikationsgesetz ist in Vorbereitung (vgl. BMELV, Tierschutzbericht 2005, S. 50). 10

Ermächtigungsgrundlage für die meisten Vorschriften der VO ist § 2a Abs. 2 TierSchG. Einzelne Vorschriften stützen sich auf § 12 Abs. 2 S. 1 Nr. 1 TierSchG (vgl. § 37 Abs. 1 Nr. 5 und Abs. 2) und auf § 12 Abs. 2 S. 1 Nr. 6 TierSchG (vgl. § 33a und § 36a). Auf § 16 Abs. 5 TierSchG beruht § 34 Abs. 2 S. 1, Abs. 4 und Abs. 5. 11

12 **Behördliche Anordnungen, die über die VO hinausgehen.** Die VO lässt die Befugnis der zuständigen Behörde unberührt, im Einzelfall Maßnahmen nach § 16a S. 2 Nr. 1 TierSchG anzuordnen (amtl. Begr., BR-Drucks. 836/96 S. 45). Die Behörde kann damit im Einzelfall tierschutzrechtliche Anforderungen vorschreiben, die über die VO hinausgehen, soweit dies beispielsweise notwendig ist, um die Grundbedürfnisse der Tiere (§ 2 Nr. 1 TierSchG) zu schützen oder um zu verhindern, dass es durch Einschränkungen der Bewegungsmöglichkeit bei den Tieren zu Schmerzen, vermeidbaren Leiden oder Schäden kommt (zu „vermeidbar" s. auch § 2 TierSchG Rn. 40).

13 Zur Situation ab dem 5. 1. 2007 s. Rn. 5.

IV. Leiden und erhebliche Leiden auf Tiertransporten

14 **Leiden auf Tiertransporten.** Schon ein normaler, nur kurze Zeit dauernder Transport stellt für die meisten Tiere eine große Belastung dar. Als Stressoren wirken u. a.: die Trennung von vertrauten Pflegern, Artgenossen und Stallungen, die ungewohnten Belastungen beim Be- und Entladen, die Einschränkung der Bewegungsmöglichkeit und des natürlichen Erkundungs- und Ausruhverhaltens, die permanente Unterschreitung der Individual- und Fluchtdistanz bei Rangauseinandersetzungen mit unbekannten Artgenossen sowie die nicht artentsprechenden Fütterungs- und Tränkintervalle (BMELV, Tierschutzbericht 2001, IX; *Bolliger* S. 215). Bei Pferden, Rindern und Schafen kommt hinzu, dass die Tiere während des Transports ständig versuchen, im Stehen die auf sie einwirkenden Flieh- und Schubkräfte mit hohem Kraftaufwand auszugleichen, was nach einiger Zeit zu Erschöpfung führt. Ihren natürlichen, fünf bis zehn Stunden täglich währenden Fresszeiten kann auf dem Transport nicht Rechnung getragen werden. – Dauert eine Verbringung mehr als vier oder gar acht Stunden, so muss davon ausgegangen werden, dass sich Belastung, Anstrengung und Aufregung bei den meisten Tieren zu Leiden iS von § 1 Abs. 2 TierSchG steigern (s. § 1 TierSchG Rn. 17). Dies liegt daran, dass die Tiere solche Belastungen nur teilweise und nur für eine begrenzte Zeit kompensieren können (vgl. *Fikuart* in: *Sambraus/Steiger* S. 496, 497; *ders.* in: TVT-Nachrichten 2/2001, 8). Bei Rindern kommt es zu stressbedingten Folgen wie stark erhöhten Krankheits- und Todesraten bei Kälbern, Aborten bei tragenden Kühen und Veränderung der Fleischqualität bei Schlachtbullen (vgl. *Fikuart* aaO S. 503; vgl. auch *v. Holleben/Henke/Schmidt* S. 145, 155: Bullen und Kühe mit mehr als sechs Stunden Transportzeit haben im Vergleich zu kürzer transportierten Tieren mehr Schlachtkörperschäden, höhere End-pH-Werte, einen stärker ansteigenden CK-Wert und häufig auch eine erhöhte Herzfrequenz). Schlachtschweinetransporte sind durch besonders hohe Mortalitätsraten (teilweise 10% und mehr) gekennzeichnet, und bei Schafen ist es gemäß Expertenmeinung beinahe unmöglich, Ferntransporte tierverträglich durchzuführen (vgl. *Fikuart* aaO S. 504). Ähnlich wie Menschen leiden Tiere nicht erst dann, wenn körperliche Schmerzen, Verletzungen oder gar Todesfälle auftreten, sondern lange vorher; verletzte oder transporttote Tiere sind deshalb immer nur die „Spitze eines Eisbergs" (vgl. *v. Mickwitz* in: *Geiger* S. 111, 113; zum Verhältnis Leiden/Krankheit s. auch § 1 TierSchG Rn. 21: „Bis Leiden krank macht wird oft lange gelitten").

15 **Erhebliche Leiden auf internationalen Schlachttier-Ferntransporten.** Je nach Höhe der von der EU hierfür gewährten Exporterstattungen sind aus Deutschland jedes Jahr zwischen 100000 und 200000 Schlachtrinder von Viehhändlern aufgekauft, eingesammelt und anschließend auf den Transport in andere Kontinente, vorwiegend in den Libanon und nach Ägypten geschickt worden, wo sie ganz überwiegend ohne Betäubung geschlachtet werden (vgl. EU-Kommission, Mitteilung über den Schutz von Tieren beim Transport S. 12: Danach sind im Jahr 2000 aus Deutschland Rinder im Gesamtgewicht von 92250 t in den Libanon und nach Ägypten ausgeführt worden; die Ausfuhren der anderen Hauptexportländer Frankreich und Irland betrugen demgegenüber deutlich we-

niger, nämlich 43 847 t bzw. 34 644 t). Dabei hält es der Bundesverband der beamteten Tierärzte (BbT) für erwiesen, „dass selbst die gutwilligsten Viehexport- und Transportunternehmen sowie deren Mitarbeiter trotz aller Auflagen der Behörden einen tierschutzgerechten Transport über Land und Meer zu den Schlachthöfen des Nahen Ostens oder Nordafrikas derzeit nicht gewährleisten können; die Gründe dafür sind einerseits die nicht beeinflussbaren Wartezeiten im Verkehrsstau, an den Grenzen und in den Häfen, andererseits die Bedingungen des Schiffstransports und der Entladung in den Bestimmungshäfen" (vgl. BbT Stellungnahme „Internationale Schlachttiertransporte", ATD 1996, 293). Bei den mehrere Tage dauernden Ferntransporten zu den Verladehäfen am Mittelmeer (u. a. Rasa, Koper, Triest, Sète, Marseille) kommen zu dem „normalen" Transportstress (s. Rn. 14) weitere, erhebliche Belastungen hinzu: Unvermeidliche Standzeiten, wechselnde, zT hohe Außentemperaturen, wiederholtes Ent- und Beladen, unregelmäßiges Tränken, Füttern und Pflegen. Da die Tiere diese Belastungen über solch lange Zeiträume nicht mehr kompensieren können, muss bei solchen Transporten davon ausgegangen werden, dass die Leiden die Schwelle zur Erheblichkeit überschreiten, auch ohne zusätzliche Misshandlungen (vgl. *Fikuart* aaO S. 497; s. auch § 17 TierSchG Rn. 61). Dabei müssen auch die Ursachen für die besondere Transportempfindlichkeit moderner landwirtschaftlicher Nutztiere in die Betrachtung einbezogen werden: Die einseitige Zucht auf bestimmte Leistungsmerkmale, die auf Kosten von Robustheit und Anpassungsfähigkeit gegangen ist; das mangelnde Training der Muskulatur als Folge der bewegungsarmen Haltungsbedingungen; das mangelnde Training des Verdauungsapparats infolge der Einförmigkeit und Gleichmäßigkeit der Ernährung; die Unfähigkeit, sich Umweltveränderungen stressfrei anzupassen, weil die frühere Haltungsumgebung eintönig, abwechslungslos und ohne Umweltreize gewesen ist (vgl. TVT, Tierschutzgerecht transportieren, S. 11; indirekt werden die erheblichen Leiden bei Langzeittransporten auch im EU-SCAHAW-Report Tiertransporte bestätigt, vgl. dort 12.1, 1: „Einige Stunden nach Transportbeginn wird das Wohlergehen schlechter, je länger die Reise dauert. Deshalb sollten Transporte von Tieren, die dies nicht gewohnt sind, so weit wie möglich vermieden werden oder so kurz wie möglich sein"). – Kommt dann zu all diesen Belastungen noch ein längerer, uU mehrere Tage oder gar Wochen dauernder Schiffstransport hinzu, so ist kein Zweifel mehr möglich, dass die Summe des Leidens auch bei ausgewachsenen Rindern und Schafen als erheblich (d. h. als nicht mehr geringfügig, – beträchtlich sondern, s. § 17 TierSchG Nr. 2b Rn. 61) eingestuft werden muss, selbst dann, wenn sich weitere Misshandlungen im Einzelfall nicht belegen lassen. Anzeichen dafür, dass die Leiden die Schwelle zur Erheblichkeit überschreiten, sind u. a.: Ein deutlicher Anstieg der Zahl der Blutergüsse bei Rindern mit zunehmender Transportdistanz als Hinweis darauf, dass die Tiere die Belastungen nicht mehr ausgleichen und Eigenschäden nicht mehr von sich abwenden können; Gewichtsverluste; besonders hohe Verlustraten auf Schiffstransporten; Stresssymptome wie Zittern, Erstarren, häufiges Absetzen von Kot und Harn in kleinen Mengen, ungewohnte Lautäußerungen, Erschöpfungszustände (vgl. *Bolliger* S. 216 ff.). – Die von der EU-Kommission zitierten Berichte des LVA und verschiedener Nichtregierungsorganisationen (s. Rn. 2) bestätigen darüber hinaus, dass es in den Verladehäfen des nördlichen Mittelmeeres nach wie vor regelmäßig zu zusätzlichen tierschutzwidrigen Vorgängen kommt, die viele Tiere betreffen und keineswegs nur Einzelfälle darstellen. Dazu gehören: Überladene, nicht tiergerechte Transporter; Weitertransport schwer verletzter oder kranker Tiere; schmerzverursachende Maßnahmen im Zusammenhang mit der Verladung, unzureichende Versorgung in den Häfen und auf den Schiffen; mangelhafte Belüftung trotz hoher Außentemperaturen; Nichteinhaltung vorgeschriebener Fütterungs- und Tränkintervalle sowie Ruhepausen. Selbst wenn man die subjektiven Aspekte, die in manchen dieser Berichte mitenthalten sein mögen, streicht, ergibt die verbleibende Substanz, dass einem nicht unbeträchtlichen Teil der Tiere hierdurch weitere erhebliche Leiden zugefügt werden (vgl. *Bolliger* S. 256, 267 mwN). – Die Überquerung des Mittelmeers mit Fähren ist nach zutreffender Einschätzung des LVA ebenfalls nicht mit den Grundsätzen eines modernen Tierschutzes vereinbar, da die Tiere dort tagelang in den Abteilen der Straßenfahrzeuge auf engem Raum eingepfercht bleiben und Notfallversorgungen äußerst schwierig sind (vgl. *Kimpfel-Neumaier* ATD 1999, 42, 43). – An dem „tierschutzrechtlichen Niemandsland", in das die Tiere nach dem Verlassen der EU-Häfen geraten (vgl. *Altmann* ATD 2000, 294), haben auch die nach der Verordnung Nr. 615/98/EG vorgesehenen Kontrollen bei der Entladung im Bestimmungsdrittland nichts ändern können: Zum einen finden diese Kontrollen lediglich bei der ersten Entladung statt, d. h. der Weitertransport, der zB vom Hafen in Beirut zum endgültigen Bestimmungsort in Bagdad führen kann, bleibt unkontrolliert (vgl. Art. 3 Abs. 1 der Verordnung 615/98); zum anderen findet auch die Kontrolle bei der ersten Entladung nur statt, wenn das Transportmittel zwischen der Ausgangsstelle und dem Ort der Entladung gewechselt worden ist oder wenn der amtliche Tierarzt an der Ausgangsstelle aufgrund einer Risikoabschätzung die Kontrolle angeordnet und einen entsprechenden Vermerk in seinen Kontrollbericht aufgenommen hat (Art. 3 Abs. 3 der Verordnung 615/98). Mithin erfassen diese Kontrollen von vornherein nur einen Bruchteil der exportierten Tiere, vermitteln kein repräsentatives Bild und lassen den Weitertransport im Drittland außer Betracht (zur Ausfuhrerstattung vgl. auch BFH vom 25. 10. 2005, VII R 75/04: Verlust des Erstattungsanspruchs bei Verstoß gegen die EU-Tiertransportrichtlinie, auch ohne Nachweis hierdurch verursachter Leiden; FG Hamburg vom 11. 7. 2005, IV 322/01: Nachweis der Entladekontrolle im Drittland nur durch den Kontrollbericht einer zugelassenen Kontroll- und Überwachungsgesellschaft oder einer amtlichen Stelle eines Mitgliedstaates; FG Hamburg vom 10. 6. 2004, IV 313/01 zum Wechsel des Transportmittels nach Art. 3 Abs. 3 der Verordnung und zur notwendigen zeitlichen Nähe zwischen Ankunft der Tiere im Bestimmungsdrittland und durchgeführter Kontrolle).

16 **Beihilfe durch den Amtstierarzt?** Der BbT vertritt aus diesen Gründen in der o. e. Stellungnahme die Ansicht, dass ein tierschutzgerechter Schlachttiertransport von Kontinent zu Kontinent derzeit schlechterdings nicht möglich sei und der Amtstierarzt in Gefahr gerate, sich wegen Beihilfe zur Misshandlung der Tiere strafbar zu machen, wenn er unter diesen Umständen die internationale Transportbescheinigung unterschreibe (vgl. Anlage 6 zu § 34 Abs. 6; ab dem 5. 1. 2007 tritt an die Stelle dieser Transportbescheinigung der Abschnitt 2 des Fahrtenbuchs, vgl. EU-Tiertransportverordnung Anh. II Abschnitt 2). Die Stellungnahme schließt mit dem Aufruf: „Solange internationale Schlachttiertransporte nicht in Übereinstimmung mit § 1 Tierschutzgesetz durchgeführt werden, empfehlen wir allen mit der Abfertigung dieser Transporte beauftragten beamteten/amtlichen Tierärzten, ihre Unterschrift unter die Transportbescheinigung für Tiere, die außerhalb Europas geschlachtet werden sollen, zu verweigern." (BbT Stellungnahme ATD 1996, 293; vgl. auch BbT, Internationale Schlachttiertransporte in der Diskussion, ATD 1997, 79) – Die rechtliche Würdigung des BbT erscheint zutreffend. Der mögliche Einwand, die Verweigerung der Unterschriftsleistung unter die Transportbescheinigung (bzw. ab dem 5. 1. 2007 unter Abschnitt 2 des Fahrtenbuchs) komme nur in Betracht, wenn besondere Umstände des Einzelfalls eine Unzuverlässigkeit des Transportführers oder eine Ungeeignetheit der Transportmittel oder -strecken nahe legten, verkennt, dass die Leiden der transportierten Tiere allein schon wegen der Dauer und der regelmäßigen Begleitumstände der interkontinentalen Ferntransporte die Erheblichkeitsschwelle nach § 17 Nr. 2b TierSchG überschreiten und auch längere Zeit anhalten (s. Rn. 15). Mit seiner Unterschrift leistet der Amtstierarzt dazu einen kausalen Beitrag, ohne den der Transport nicht stattfinden könnte (vgl. § 34 Abs. 6 TierSchTrV bzw. ab dem 5. 1. 2007 Art. 14 Abs. 1, 15 Abs. 2 EU-TiertransportVO). Soweit es (etwa wenn anstelle von § 17 Nr. 2b „nur" § 18 Abs. 1 Nr. 1 TierSchG für anwendbar gehalten wird) auf das Vorliegen eines vernünftigen Grundes ankommt, bilden der angestrebte wirtschaftliche Gewinn und die Exportsubvention unzweifelhaft keinen solchen (s. auch Rn. 17 und § 17 TierSchG Rn. 12). – Für den sog. doppelten Gehilfenvorsatz (§ 27 StGB) reicht aus, dass der Amts-

tierarzt die mit solchen Ferntransporten regelmäßig verbundenen Belastungen der Tiere kennt und weiß, dass sie deren Wohlbefinden nicht nur geringfügig, sondern anhaltend und erheblich beeinträchtigen; zugleich weiß er auch um die fördernde, in diesem Fall sogar kausale Wirkung seiner Unterschriftsleistung. Unerheblich ist, dass er nicht weiß oder wissen kann, wann und durch wen welchem der transportierten Tiere anlässlich des Transportes welche weiteren Leiden zugefügt werden. Der Gehilfenvorsatz braucht sich weder auf die Person eines bestimmten Haupttäters noch auf die näheren Begleitumstände der Haupttat zu erstrecken. Unerheblich ist auch eine gleichzeitig zum Ausdruck gebrachte innere Distanz zu den beschriebenen Vorgängen, denn Beihilfe begeht auch, wer die von ihm geförderten Tatfolgen nicht will. Auch dass die Haupttat zumeist im Ausland begangen wird, ändert nichts daran, dass die Beihilfehandlung (d. h. die Unterschrift unter die Ladebescheinigung bzw. unter Abschnitt 2 des Fahrtenbuchs) im Inland stattfindet; sie stellt sich deshalb, selbst wenn der die Tiere unmittelbar misshandelnde Haupttäter im Ausland handelt und deswegen straffrei bleibt, gemäß § 9 Abs. 2 StGB als Inlandstat dar, für deren Beurteilung deutsches Strafrecht gilt (vgl. § 3 StGB; näher *Otto* ATD 1996, 294ff.). – Damit ist der für die Abfertigung insbes. interkontinentaler Schlachttier-Ferntransporte zuständige Amtstierarzt berechtigt und verpflichtet, unter Berufung auf die damit regelmäßig verbundenen erheblichen Leiden der Tiere seine Unterschrift unter die Transportbescheinigung bzw. unter Abschnitt 2 des Fahrtenbuchs zu verweigern und auch die Abstempelung des Transportplans bzw. des Fahrtenbuchs abzulehnen. Ein Verstoß gegen die EU-Tiertransportverordnung kann darin nicht gesehen werden, denn der Rat betont in Erwägung Nr. 11 ausdrücklich den „Grundsatz, wonach ein Transport von Tieren nicht durchgeführt werden darf, wenn den Tieren dabei Verletzungen oder unnötige Leiden zugefügt werden könnten" und fordert, „die detaillierten Vorschriften gemäß dem vorstehenden Grundsatz auszulegen und anzuwenden". Schon die ernsthafte Möglichkeit („könnten"), dass es durch einen Tiertransport zu vermeidbaren Leiden kommen wird, begründet somit dessen Unzulässigkeit und berechtigt den Amtstierarzt zur Verweigerung der Mitwirkung. – Hat er aus den genannten Gründen Bedenken gegen eine ihm von vorgesetzter Stelle erteilte, entgegengesetzte Anordnung, so muss er diese zunächst seinem unmittelbaren und bei Erfolglosigkeit dem nächsthöheren Vorgesetzten vortragen (vgl. § 38 Abs. 2 BRRG und die entsprechenden Bestimmungen der Landesbeamtengesetze; zur strafrechtlichen Garantenstellung des Amtstierarztes vgl. auch *Iburg* NuR 2001, 77, 78 und § 17 TierSchG Rn. 67). Wird die Anordnung auf diesem Weg aufrechterhalten, darf er sie dennoch nicht befolgen, wenn, wie hier angenommen, das aufgetragene Verhalten den Tatbestand der Beihilfe zur quälerischen Tiermisshandlung erfüllt und er dies erkennt (so auch BbT aaO; *Otto* aaO, dort auch zu der Frage, wann der Amtstierarzt unter Berufung auf die Menschenwürde berechtigt sein kann, angewiesene Verhaltensweisen abzulehnen, wenn diese nicht nur seinem Gewissen, sondern auch seinem nach § 1 Bundestierärzteordnung objektiv vorgegebenen und subjektiv gelebten Berufsbild widersprechen; s. auch Einf. TierSchG Rn. 94).

Exporterstattungen für lebende Schlachtrinder zahlt die EU seit 24. 12. 2005 nicht 17
mehr (vgl. DTBl. 2006, 152). Zur Begründung wurde u.a. darauf hingewiesen, dass nicht gewährleistet werden könne, dass die Vorschriften zum Schutz der Tiere auf Ferntransporten eingehalten würden. Subventionen für den Export von Zuchtrindern gibt es allerdings weiterhin. Wenn die EU ihre gegenüber der WTO eingegangene Verpflichtung, sämtliche Ausfuhrsubventionen in der Landwirtschaft abzuschaffen, erfüllen will, wird sie auch diese Subvention streichen müssen, zumal jetzt möglicherweise die Gefahr besteht, dass Viehhändler Schlachttiere als Zuchttiere umdeklarieren. – In der Vergangenheit waren die EU-Exporterstattungen der Hauptgrund für die Schlachttier-Ferntransporte, vor allem in den Nahen Osten: Während vor Beginn der Subventionierung 1989 nur rund 3000 Rinder und Kälber pro Jahr in Drittstaaten exportiert wurden, stieg ihre Zahl 1990 auf 129000 und bis 1995 kontinuierlich auf einen Höchststand von 652000; nach einem kurzfristigen Rückgang 1998 auf 261000 wurden 1999 wieder 329000 und im Jahr 2000

300 184 Rinder aus der EU exportiert, in der Hauptsache Jungbullen aus Deutschland, Frankreich und Irland in den Libanon und nach Ägypten (vgl. *Bolliger* S. 255, 256 mN; *Randl* S. 70, 71; vgl. auch EU-Kommission, Mitteilung über den Schutz von Tieren beim Transport S. 10, 12: mehr als die Hälfte aus Ställen deutscher Rinderzüchter). Ihr politisches Ziel einer Marktentlastung haben diese Subventionen stets verfehlt, weil Viehhändler zugleich in großen Mengen Rinder und Kälber zu Niedrigstpreisen in Osteuropa aufgekauft und in die EU eingeführt haben (vgl. EU-Kommission aaO: 501 401 eingeführte Rinder im Jahr 2000 gegenüber 300 184 ausgeführten).

18 **Transportzeitbeschränkung.** Da bereits nach vier, zumindest aber nach acht Stunden Transportzeit davon ausgegangen werden muss, dass die meisten Tiere leiden (s. Rn. 14), haben sowohl der Bundesrat als auch das Europäische Parlament wiederholt gefordert, die Dauer von Tiertransporten ohne Verlängerungsmöglichkeit auf acht Stunden zu begrenzen (vgl. BR-Drucks. 816/94 und BR-Drucks. 836/1/96 S. 7; ABl. EG Nr. C 20 vom 24. 1. 1994 S. 63; ABl. EG Nr. C 56 vom 6. 3. 1995 S. 53). Die Bundesregierung hat 1994 sogar im Alleingang eine entsprechende Verordnung verabschiedet, auf deren Erlass dann aber verzichtet, nachdem die EU-Kommission im Notifizierungsverfahren mit einer Klage vor dem EuGH gedroht hatte. In seiner legislativen Entschließung vom 30. 3. 2004 hat das Europäische Parlament eine Beschränkung von Schlachttiertransporten auf maximal neun Stunden vorgeschlagen (s. Rn. 9). – Die EU-TiertransportVO erlaubt indes in Art. 1 Abs. 3 und Anh. I Kap. V Nr. 1.3 nur, dass die Mitgliedstaaten eine nicht verlängerbare Beförderungshöchstdauer für solche Transporte vorsehen, bei denen sowohl der Versand- als auch der Bestimmungsort im eigenen Hoheitsgebiet liegen. Dasselbe gilt auch nach der noch bis zum 4. 1. 2007 geltenden EU-Tiertransportrichtlinie (s. dort Kap. VII Nr. 9 des Anhangs; vgl. auch § 24 Abs. 1 TierSchTrV). – Das Verlangen nach einer absoluten Transportzeitbegrenzung stellt eine berechtigte und notwendige Konkretisierung von § 1 S. 2 TierSchG dar, denn danach dürfen Tieren Leiden, selbst wenn sie noch nicht die Erheblichkeitsschwelle erreichen, nur aus vernünftigem Grund zugefügt werden; für Schlachttiertransporte, die über den nächstgelegenen Schlachthof hinausgehen, gibt es aber nur wirtschaftliche Erwägungen, die nach der feststehenden Rechtsprechung nicht ausreichen, den Begriff des vernünftigen Grundes auszufüllen (s. § 17 TierSchG Rn. 12 und § 1 Rn. 56). Zudem erhöht sich mit jeder Transportdistanz und der Größe der transportierten Tiergruppen das ohnehin bestehende Seuchenverbreitungsrisiko; erhöhter Transportstress geht außerdem zu Lasten der Fleischqualität und damit des Verbraucherschutzes. Deswegen würde eine absolute Transportzeitbeschränkung auch den Erwägungen in Nr. 5 und Nr. 11 der EU-TiertransportVO entsprechen. – Der Europäische Gerichtshof (EuGH) hat jedoch mit Blick auf die EU-Tiertransportrichtlinie das österreichische Bundesgesetz über den Transport von Tieren auf der Strasse vom 21. 5. 1994 (BGBl. Nr. 120/1994), mit dem alle Schlachttiertransporte auf eine Gesamtdauer von sechs Stunden und auf eine Entfernung von nicht mehr als 130 km bzw. 260 km bei Autobahntransporten begrenzt worden waren, für ungültig erklärt, soweit davon auch Transporte mit ausländischem Versand- und/oder Bestimmungsort betroffen waren; lediglich für rein nationale Transporte seien die EU-Mitgliedstaaten berechtigt, eine solche absolute Transportzeitbegrenzung einzuführen (EuGH vom 11. 5. 1999, Rs. C-350/97 = NJW 2000, 648 – Monses/Verwaltungssenat für Kärnten; vgl. auch *Drossé* DudT 4/1999, 6, 7). – Damit muss von einer insgesamt unbefriedigenden, „gespaltenen" Rechtslage ausgegangen werden: Aus den §§ 1 S. 2, 16a S. 1 TierSchG und aus Art. 20a GG (Schutz vor vermeidbaren Leiden, s. dort Rn. 3) ergibt sich einerseits die Verpflichtung, Schlachttiertransporte im Rahmen des EU-rechtlich Möglichen, d.h. bei nationalem Versand- und Bestimmungsort, auf diejenigen Entfernungen zu begrenzen, die zum Schlachten unbedingt erforderlich sind, d.h. idR nur bis zum nächsten Schlachthof, jedenfalls aber auf wenige Stunden; andererseits würde eine entsprechende Begrenzung von internationalen Transporten eine Änderung der Detailregelungen der EU-TiertransportVO voraussetzen, auf die hingewirkt werden muss, insbesondere auch unter Hinweis auf die Erwägungen Nr. 5 und 11 der EU-

TiertransportVO und auf das Protokoll über den Tierschutz und das Wohlergehen der Tiere im Anhang des EG-Vertrages, auf das sich der Rat zur Begründung seiner Verordnung beruft.

Übersicht*

---

* Diese Verordnung dient der Umsetzung folgender Rechtsakte:
1. Richtlinie 90/425/EWG des Rates vom 26. Juni 1990 zur Regelung der veterinärmedizinischen und tierzüchterischen Kontrollen im innergemeinschaftlichen Handel mit lebenden Tieren und Erzeugnissen im Hinblick auf den Binnenmarkt (ABl. EG Nr. L 224 S. 29), zuletzt geändert durch Richtlinie 92/118/EWG vom 15. März 1993 (ABl. EG Nr. L 62 S. 49),
2. Richtlinie 91/496/EWG des Rates vom 15. Juli 1991 zur Festlegung von Grundregeln für die Veterinärkontrollen von aus Drittländern in die Gemeinschaft eingeführten Tieren und zur Änderung der Richtlinien 89/662/EWG, 90/425/EWG und 90/675/EWG (ABl. EG Nr. L 268 S. 56), zuletzt geändert durch die Beitrittsakte in der Fassung des Ratsbeschlusses vom 1. Januar 1995 (ABl. EG Nr. L 1 S. 1),
3. Richtlinie 91/628/EWG des Rates vom 19. November 1991 über den Schutz von Tieren beim Transport sowie zur Änderung der Richtlinien 90/425/EWG und 91/496/EWG (ABl. EG Nr. L 340 S. 17), zuletzt geändert durch Verordnung (EG) Nr. 1255/97 (ABl. EG Nr. L 174 S. 1),
4. Richtlinie 91/629/EWG des Rates vom 19. November 1991 über Mindestanforderungen für den Schutz von Kälbern (ABl. EG Nr. L 340 S. 28),
5. Richtlinie 91/630/EWG des Rates vom 19. November 1991 über Mindestanforderungen für den Schutz von Schweinen (ABl. EG Nr. L 340 S. 33),
6. Richtlinie 93/119/EG des Rates vom 22. Dezember 1993 über den Schutz von Tieren zum Zeitpunkt der Schlachtung oder Tötung (ABl. EG Nr. L 340 S. 21).

Abschnitt 1. Allgemeine Vorschriften

§ 1 Anwendungsbereich

(1) Diese Verordnung regelt den Schutz von Tieren beim Transport.

(2) Diese Verordnung gilt nicht für

1. den nicht gewerblichen Transport von Heimtieren, die von einer natürlichen Person begleitet werden,
2. den nicht gewerblichen Transport sonstiger Tiere mit Ausnahme der §§ 2 bis 7 Abs. 1, 2 Satz 2 und Abs. 3 Nr. 1 und 2, § 13 Abs. 1, §§ 14 bis 33 sowie 41 und 42,
3. den nicht gewerblichen Transport von Tieren im Rahmen jahreszeitlich bedingter Wanderhaltung oder
4. Tiere, die auf fremdflaggigen Schiffen befördert werden, die durch das deutsche Küstenmeer oder den Nord-Ostsee-Kanal fahren.

(3) Auf den Transport von Fischen sind § 4 Abs. 2 Satz 2 und 3, Abs. 3 und 4 Satz 2 und 3, §§ 5, 6 Abs. 3, § 7 Abs. 1 Nr. 6 und 7, § 17 Satz 3 sowie § 20 Abs. 3 und 4 erster Halbsatz nicht anzuwenden.

1 **Anwendungsbereich der TierSchTrV.** Sie gilt grundsätzlich für den Transport von Tieren aller Arten (vgl. BR-Drucks. 836/96 S. 47). Beispielweise erfasst sie auch den Transport eines Pferdes zum Turnier u. Ä., den Transport eines Schlachttieres durch den Metzger, den Transport von Tieren zu Märkten oder Börsen etc. – Die Ausnahme nach Abs. 2 Nr. 1 ist in Anlehnung an Art. 1 Abs. 2 a der EU-Tiertransportrichtlinie auszulegen: Danach fällt der Transport eines Heimtiers nicht unter die VO, wenn er von einer natür-

lichen Person, die das Tier während des Transportes betreut, begleitet wird; dasselbe gilt für Transporte von Heimtieren, die ihren Besitzer auf einer privaten Reise begleiten. („Heimtier" s. Art. 1 Abs. 1 Europ. Heimtierübereinkommen). – Gemäß Abs. 2 Nr. 2 werden auf den nicht gewerblichen Transport sonstiger Tiere die meisten Vorschriften der VO angewandt. Ausnahmen bilden lediglich im Bereich des ersten Abschnitts die §§ 7 Abs. 2 S. 1 und Abs. 3 Nr. 3, die §§ 8 bis 12 und § 13 Abs. 2 bis 8; nicht angewandt werden außerdem die Abschnitte 5 (§§ 33a bis 40) und 7 (§§ 43ff.). – Abs. 2 Nr. 3 meint zB die Sömmerung von Weidetieren. – In Abs. 3 werden diejenigen Bestimmungen, die auf Fische nicht anzuwenden sind, aufgezählt.

Anwendungsbereich der EU-TiertransportVO. Sie gilt nur für Transporte, die in 2
Verbindung mit einer wirtschaftlichen Tätigkeit durchgeführt werden (Art. 1 Abs. 5; vgl. aber auch Erwägung Nr. 12: kommerziell ist nicht nur der unmittelbare Austausch von Geld, Gütern oder Dienstleistungen, sondern jeder Transport, mit dem direkt oder indirekt ein Gewinn entsteht bzw. angestrebt wird; die im Handbuch des Nds. Ministeriums S. 41 vertretene Ansicht, dass „Ladenschlachter", die in ihren betriebseigenen Fahrzeugen Tiere vom Herkunftsbetrieb in ihren Schlachtbetrieb beförderten, nicht gewerblich tätig seien, ist also mit Blick auf die EU-TiertransportVO nicht mehr haltbar, denn auch hier wird ein Gewinn angestrebt und der Transport ist somit kommerziell). – Die EU-TiertransportVO findet keine Anwendung auf Transporte, die unter der Anleitung eines Tierarztes unmittelbar in eine bzw. aus einer Tierarztpraxis oder Tierklinik erfolgen (Art. 1 Abs. 5). – Für Transporte durch Landwirte im Rahmen der jahreszeitlich bedingten Wanderhaltung (Art. 1 Abs. 2a) und für Transporte durch Landwirte, mit denen eigene Tiere in eigenen Transportmitteln über eine Entfernung von weniger als 50 km ab dem Betrieb transportiert werden, gelten nur die allgemeinen Bedingungen in Art. 3 sowie die Kontrollvorschrift des Art. 27 (Art. 1 Abs. 2b). – Strengere, d.h. einen besseren Tierschutz bezweckende einzelstaatliche Maßnahmen sind gegenüber der EU-TiertransportVO zulässig, einmal für solche Tiere, die ausschließlich im Hoheitsgebiet eines Mitgliedstaats befördert werden, zum anderen auch für Tiere, die vom Hoheitsgebiet eines Mitgliedstaats aus auf dem Seeweg ausgeführt werden (Art. 1 Abs. 3). Außerdem bleiben tierfreundlichere nationale Regelungen mit Bezug auf solche Tierarten und Gegenstände möglich, die nicht in den durch Art. 1 geregelten Anwendungsbereich der EU-TiertransportVO fallen oder die die Verordnung aus anderen Gründen nicht regelt (vgl. auch Art. 30 Abs. 8).

§ 2 Begriffsbestimmungen

Im Sinne dieser Verordnung sind:

1. Nutztiere:
Einhufer und Tiere der Gattung Rind, Schaf, Ziege und Schwein, soweit sie Haustiere sind;

2. Kranke oder verletzte Tiere:
Tiere mit gestörtem Allgemeinbefinden oder einer Verletzung, die mit erheblichen Schmerzen, Leiden oder Schäden verbunden ist;

3. Transportmittel:
Teile von Straßenfahrzeugen, Schienenfahrzeugen, Schiffen oder Luftfahrzeugen, die für den Transport von Tieren benutzt werden, sowie Behältnisse zum Transport von Tieren;

4. Verladen:
das Verbringen in ein oder aus einem Transportmittel;

5. Transport:
das Befördern von Tieren in einem Transportmittel einschließlich des Verladens;

6. Aufenthaltsort:

ein Ort, an dem der Transport zum Zwecke des Ruhens, Fütterns oder Tränkens der Tiere unterbrochen wird;

7. Umladeort:
ein Ort, an dem der Transport zum Zwecke des Umladens der Tiere von einem Transportmittel in ein anderes unterbrochen wird;

8. Versandort:
a) der Ort, an dem ein Tier erstmals in ein Transportmittel verladen wird,
b) zugelassene Märkte und Sammelplätze, wenn der Ort, an dem die Tiere erstmals verladen wurden, weniger als 50 Kilometer von diesen Märkten oder Sammelplätzen entfernt ist,
c) andere als in Buchstabe b genannte Märkte und Sammelplätze, an denen die Tiere entladen und mindestens acht Stunden lang untergebracht, getränkt und gefüttert werden, ausgenommen ein Aufenthalts- oder Umladeort oder
d) alle Orte, an denen die Tiere entladen und mindestens 24 Stunden lang untergebracht, getränkt, gefüttert und soweit notwendig behandelt werden, ausgenommen ein Aufenthalts- oder Umladeort;

9. Bestimmungsort:
der Ort, an dem ein Tier endgültig von einem Transportmittel entladen wird, ausgenommen ein Aufenthalts- oder Umladeort;

10. Beförderer:
wer im Rahmen seiner wirtschaftlichen Unternehmung Tiere befördert;

11. Transportführer:
wer den Transport für sich selbst oder den Beförderer begleitet;

12. Grenzkontrollstelle:
amtliche Überwachungsstelle für die Durchführung der Dokumentenprüfung, Nämlichkeitskontrolle und physischer Untersuchung von Tieren und Waren an der Grenze zu einem Drittland oder in einem Hafen oder Flughafen.

Einhufer nach Nr. 1 TierSchTrV sind neben Pferden auch Esel, Maulesel und Maultiere. Die EU-TiertransportVO spricht stattdessen von Equiden (= Pferdeartige). – Anzeichen für ein gestörtes Allgemeinbefinden iS von Nr. 2 TierSchTrV sind u. a.: anhaltende ungewöhnliche Unruhe; allgemeine Teilnahmslosigkeit; nachhaltige Verweigerung der Futteraufnahme; erheblich von den Normalwerten abweichende Körpertemperatur; erheblich beschleunigter Puls; erheblich beschleunigte Atmung ohne körperliche Belastung; erkennbare Schwächezustände (vgl. BR-Drucks. 836/96 S. 48; einer dieser Indikatoren kann ausreichen). Zur Frage, wann Schmerzen erheblich sind, s. § 17 TierSchG Rn. 62, 63 (Knochenbrüche reichen immer aus, vgl. TVT, Tierschutzgerecht transportieren I S. 4; ebenso tiefe oder stark blutende Wunden); zu erheblichen Leiden s. § 17 TierSchG Rn. 64; zu erheblichen Schäden s. § 1 Rn. 24, 25 und § 17 TierSchG Rn. 61. – Transportmittel sind nach Nr. 3 TierSchTrV neben Fahrzeugen und ihren Teilen auch Behältnisse zum Transport von Tieren. Für letztere verwendet die EU-TiertransportVO die Begriffe „Transportbehälter" oder „Container" (Art. 2 lit. g). – Nach Nr. 4 TierSchTrV umfasst das Verladen sowohl das Ein- als auch das Ausladen der Tiere, ebenso auch das Einsetzen und das Herausnehmen in bzw. aus Transportbehältnissen (vgl. Nds. Ministerium Handbuch S. 42). Nach Nr. 5 sind beide Vorgänge Bestandteil des Transports. Konsequenz: Vorgeschriebene Versorgungsintervalle beginnen zu laufen, wenn das Einladen anfängt (und nicht erst, wenn das Transportfahrzeug abfährt); 24stündige Ruhezeiten an Aufenthaltsorten fangen erst an, wenn die Entladung abgeschlossen ist, und das Wiederbeladen darf erst nach dem vollständigen Ablauf der Ruhezeit beginnen. Auch die EU-TiertransportVO rechnet in Art. 2 lit. w das Verladen zum Transport („jede Bewegung von Tieren in einem oder mehreren Transportmitteln sowie alle damit zusammenhängenden Vorgänge, einschließlich des Verladens, Entladens, Umladens und Ruhens, bis zum Ende des Entladens der Tiere am Bestimmungsort"). Nicht völlig klar ist allerdings, ob die 8-Stunden-Dauer für eine „lange Beförderung" gemäß Art. 2 lit. m bereits mit dem Verladen des ersten Tieres beginnt; dafür spricht, dass die ursprünglich vorgesehene Formulierung, die die Beförderungsdauer erst mit der Abfahrt beginnen lassen wollte („Bewegung des ersten Tieres der Sendung in einem Transportmittel", vgl. Art. 2 lit. k des ursprünglichen Verordnungsvorschlages der EU-Kommission vom 16. 7. 2003) nicht ins geltende Recht aufgenommen worden ist und dass außerdem der Begriff „Beförderung" gemäß Art. 2 lit. j den „gesamten Transportvorgang" umfasst und damit auf die (das Verladen einschließende) Definition des Begriffes „Transport" in Art. 2 lit. w Bezug nimmt, (vgl auch EuGH vom 23. 11. 2006, Rs. C-300/05: Der Begriff „Transport" … ist dahin auszulegen, dass er das Ver- und Entladen der Tiere einschließt). – Der Aufenthaltsort nach § 2 Nr. 6 TierSchTrV heißt nach der EU-TiertransportVO, soweit es sich um einen Ort zum Ausladen, Füttern, Tränken und Ruhen iS der Verordnung Nr. 1255/97/EG handelt, künftig „Kontrollstelle" (Art. 2 lit. h). – In der EU-TiertransportVO werden die Begriffe „Versandort" und „Bestimmungsort" etwas anders definiert als in § 2 Nr. 8 und 9 TierSchTrV: Als „Versandort" gilt nach Art. 2 lit. r der EU-TiertransportVO der Ort, an dem ein Tier erstmals auf ein Transportmittel verladen wird, vorausgesetzt, es war vor seinem Versand während mindestens 48 Stunden an diesem Ort untergebracht; indes können auch Sammelstellen, die nach geltendem Veterinärrecht der Gemeinschaft zugelassen sind, als Versandort gelten, sofern die zwischen dem ersten Verladeort und der Sammelstelle zurückgelegte Entfernung weniger als 100 km beträgt oder die Tiere während mindestens sechs Stunden vor ihrem Versand von der Sammelstelle mit ausreichend Einstreu und Frischwasser unangebunden untergebracht waren (eine deutliche Verschlechterung gegenüber § 2 Nr. 8 TierSchTrV, denn aus den bisher vorgeschriebenen acht Stunden werden sechs und die Notwendigkeit zum Füttern entfällt). – „Bestimmungsort" ist nach Art. 2 lit. s der EU-TiertransportVO der Ort, an dem ein Tier von einem Transportmittel entladen und während mindestens 48 Stunden vor seiner Weiterbeförderung untergebracht wird oder aber geschlachtet wird. – Beförderer iS von § 2 Nr. 10 TierSchTrV ist, wer als Inhaber einer wirtschaftlichen Unternehmung an der Entscheidung, dass ein bestimmter Tiertransport durchgeführt wird, zumindest mitwirkt (vgl. BayObLG NuR 2002, 184: nicht schon der Verleiher des Transportfahrzeugs; dieser kann aber Beteiligter nach § 14 Abs. 1 S. 1 OWiG sein). Das Unternehmen braucht kein Transportbetrieb zu sein: Beförderer ist auch, wer als Landwirt, Metzger o. Ä. für seinen Betrieb einen Transport durchführt (vgl. BR-Drucks. 836/96 S 49; vgl. auch Nds. Ministerium Handbuch S. 43: „Demnach können auch Unternehmungen, die im Rahmen ihrer wirtschaftlichen Tätigkeit, zB dem Handel mit Tieren, den Transport von Tieren durch Dritte bewirken, Beförderer sein"). Die EU-TiertransportVO spricht in Art. 2 lit. x insoweit vom „Transportunternehmer" und meint damit jede natürliche oder juristische Person, die entweder auf eigene Rechnung oder für eine dritte Person Tiere befördert. Auch danach kann der (hauptsächliche) Gegenstand des Unternehmens auf etwas anderes gerichtet sein; wichtig ist nur, dass die Person den Transport auf eigene oder fremde Rechnung veranlasst und aufgrund ihrer Entscheidungsbefugnis dafür verantwortlich ist (vgl. Nds. Ministerium Handbuch S. 7).

§ 3 Verbote

(1) [1]**Es ist verboten, kranke oder verletzte Wirbeltiere zu befördern oder befördern zu lassen.** [2]**Dies gilt nicht für den Transport von Tieren**

1. **zur tierärztlichen Behandlung oder wenn der Transport sonst zur Vermeidung weiterer Schmerzen, Leiden oder Schäden notwendig ist,**
2. **auf tierärztliche Anweisung zu diagnostischen Zwecken oder**
3. **im Rahmen nach § 8 des Tierschutzgesetzes genehmigter oder nach § 8a des Tierschutzgesetzes angezeigter Tierversuche.**

[3]**Die §§ 26 bis 29 bleiben unberührt.**

(2) [1]Junge Säugetiere, bei denen der Nabel noch nicht vollständig abgeheilt ist, insbesondere Kälber im Alter von weniger als 14 Tagen, sowie Säugetiere, die voraussichtlich während des Transports gebären, sich in der Geburt befinden oder die vor weniger als 48 Stunden geboren haben, dürfen nicht befördert werden. [2]Satz 1 gilt nicht

1. für Fohlen,

2. wenn der Transport zur Vermeidung von Schmerzen, Leiden oder Schäden der Tiere notwendig ist oder

3. wenn Säugetiere, die sich in der Geburt befinden, zur Schlachtstätte befördert werden, sofern sie ein ungestörtes Allgemeinbefinden aufweisen und ein Tierarzt schriftlich die Transportfähigkeit bescheinigt hat. § 28 Abs. 1 bis 3 gilt entsprechend.

[3]Säugetiere, die noch nicht vom Muttertier abgesetzt sind oder die noch nicht an das selbständige Aufnehmen von Futter und Trank gewöhnt sind, dürfen nur gemeinsam mit dem Muttertier befördert werden.

1 **Das Verbot nach Abs. 1.** Zu „krank" bzw. „verletzt" s. § 2 Nr. 2. Eine Ausnahme vom Verbot der Beförderung kranker oder verletzter Tiere gilt nach S. 2 Nr. 1, wenn der Transport eine tierärztliche Behandlung ermöglichen soll oder sonst der Vermeidung weiterer Schmerzen, Leiden oder Schäden des kranken Tieres dient. Weitere Ausnahmen sind: Transporte auf tierärztliche Anweisung zu Diagnosezwecken (S. 2 Nr. 2); Transporte von kranken Versuchstiermutanten, soweit der Versuch als solcher nach den §§ 7ff. TierSchG zulässig und der Transport dazu unerlässlich ist (S. 2 Nr. 3; unklar bleibt, ob damit kranke Versuchstiere im allgemeinen befördert werden dürfen oder nur dann, wenn das Experiment eben in ihrer Beförderung besteht). – Nach Anh. I Kap. I Nr. 2 der EU-TiertransportVO muss eine Transportunfähigkeit sowohl bei einer Verletzung als auch bei einer physiologischen Schwäche oder einem pathologischen Zustand des Tieres angenommen werden. Nach Anh. I Kap. I Nr. 3a reicht für die Transportunfähigkeit bereits eine leichte Verletzung oder Krankheit aus, wenn nicht ausgeschlossen werden kann, dass durch den Transport zusätzliche (über den schon bestehenden Zustand hinausgehende) Leiden verursacht werden. Grund dieses Verbots ist, dass sich Krankheiten und Verletzungen während eines Transports idR verschlimmern (vgl. TVT-Stellungnahme S. 3: Zumindest bei langen Beförderungen ist von einer solchen Verschlimmerung und damit von zusätzlichen transportbedingten Leiden auszugehen; für eine lange Beförderung dürfen daher nur vollkommen gesunde und unverletzte Tiere als transportfähig eingestuft werden). Nach Anh. I Kap. I Nr. 1a sind Tiere insbesondere dann als transportunfähig anzusehen, wenn sie sich nicht schmerzfrei oder ohne Hilfe bewegen können. Eine Transportunfähigkeit muss also stets angenommen werden, wenn ein Tier nicht ohne Hilfe stehen und gehen und dabei alle seine vier Extremitäten gleichmäßig belasten kann (vgl. EU-SCAHAW-Report Tiertransporte 12.1, 3); dasselbe gilt, wenn unter Berücksichtigung von Art und Dauer des Transports zu befürchten ist, dass noch vor der Ankunft des Tieres am Bestimmungsort ein solcher Zustand eintreten wird (vgl. Anh. I Kap. I Nr. 1: Die Transportfähigkeit ist stets „im Hinblick auf die geplante Beförderung", also auch mit Blick auf die Zeitdauer des Transports zu beurteilen; vgl. auch Nds. Ministerium Handbuch S. 42: „Bei Langzeittransporten … strengere Maßstäbe"). – Als Ausnahmen sieht die EU-TiertransportVO in Anh. I Kap. I Nr. 3c Transporte zum Zwecke oder nach einer medizinischen Behandlung oder Diagnosestellung vor, wobei allerdings der Transport „unter tierärztlicher Überwachung" stattfinden muss (eine weitere generelle Ausnahme wie nach § 3 Abs. 1 S. 2 Nr. 1 zweite Alt. TierSchTrV gibt es ab 5. 1. 2007 nicht mehr). Transporte kranker Versuchstiermutanten sind nach Anh. I Kap. I Nr. 3b nur zulässig, wenn die Krankheit bzw. Verletzung im Zusammenhang mit dem Versuchsprogramm steht; außerdem muss es bei dem Versuch um „Zwecke der Richtlinie 86/609/EWG" gehen, also nicht

um Grundlagenforschung und nicht um Forschung zu Lehr- und Ausbildungszwecken; s. Art. 3 der EU-Tierversuchsrichtlinie). – Ist die Transportfähigkeit zweifelhaft, so ist ein Tierarzt hinzuziehen (Anh. I Kap. I Nr. 3 a EU-TiertransportVO). Bestehen auch dann noch Zweifel, so muss zugunsten des Tieres von einer Transportunfähigkeit ausgegangen werden (vgl. den Wortlaut von Anh. I Kap. I Nr. 3 a: danach muss bei einem leicht verletzten oder leicht kranken Tier feststehen, dass ihm der Transport keine zusätzlichen Leiden verursachen wird; vgl. auch Nds. Ministerium Handbuch S. 31: „Als transportfähig gelten nur solche Tiere, bei denen … keine Anhaltspunkte dafür vorhanden sind, dass sie für den vorgesehenen Transport nicht geeignet sind“). – Nach der EU-TiertransportVO finden obligatorische Untersuchungen der Transportfähigkeit durch einen amtlichen Tierarzt u.a. an folgenden Orten statt: am Versandort, wenn es um eine lange, grenzüberschreitende Beförderung geht (vgl. Art. 15 Abs. 2; nach Art. 3 Abs. 1 des Europäischen Übereinkommens muss diese Untersuchung vor jedem grenzüberschreitenden Transport durchgeführt werden, unabhängig von der zu erwartenden Transportdauer); am Bestimmungsort (Anh. II Abschnitt 3); am Aufenthaltsort/Kontrollstelle vor dem Wiedereinladen (Art. 6 der Verordnung 1255/97/EG); an den Ausgangsorten und Grenzkontrollstellen (Art. 21); an den Häfen (Art. 20; s. auch Art. 3 der Verordnung 615/98); bei den Zufalls- und den gezielten Kontrollen während einer langen Beförderung (Art. 15 Abs. 1: Kontrolle bezüglich aller Vorschriften der Verordnung); bei den Kontrollen nach Art. 27 Abs. 1.

Das Verbot nach Abs. 2. Nach S. 1 dürfen Jungtiere mit noch nicht vollständig abge- 2
heiltem Nabel nicht transportiert werden; Transportfähigkeit also erst, wenn die Nabelschnur eingetrocknet und abgefallen ist und der Nabelstumpf sich geschlossen hat (vgl. Nds. Ministerium Handbuch S. 43). Unerlaubt ist insbesondere der Transport von Kälbern im Alter unter 14 Tagen, aber auch von älteren Kälbern, wenn der Nabel beispielsweise infolge einer Krankheit noch nicht eingetrocknet ist (vgl. TVT, Tierschutzgerecht transportieren I S. 5). Ein trächtiges Tier darf nicht befördert werden, wenn es voraussichtlich, d.h. iS einer ernsthaften Möglichkeit, während des Transports gebären wird (vgl. auch Nds. Ministerium Handbuch S. 30: Mit Beginn des letzten Zehntels der Trächtigkeitsdauer ± 3 Tage soll der Transport abgeschlossen sein). Ungeachtet dessen sind vom Lebensmittel- und Veterinäramt (LVA) der EU im Hafen von Marseille wiederholt kalbende Färsen aus Deutschland festgestellt worden, deren Ferntransport trotz fortgeschrittener Trächtigkeit vom zuständigen Amtstierarzt abgefertigt worden war (vgl. *Kimpfel-Neumaier* AtD 1999, 42; s. auch Einf. Rn. 2). – Von dem Transportverbot bestehen nach S. 2 folgende Ausnahmen: Gemäß Nr. 1 für Fohlen (Erklärung: Ausnutzung der „Fohlenrosse“ der Mutterstute, die nicht ohne das Fohlen zum Hengst transportiert werden kann); gemäß Nr. 2 für Transporte, die zu therapeutischen Zwecken erfolgen oder sonst im Interesse des Tieres erforderlich sind (vgl. BR-Drucks. 836/96 S. 50); die Ausnahme nach S. 2 Nr. 3 soll ermöglichen, Kühe mit Geburtskomplikationen zur Schlachtung zu befördern, um keinen Kaiserschnitt oÄ durchführen zu müssen (diese Ausnahme war aber schon in Art. 3 der EU-Tiertransportrichtlinie nicht vorgesehen; unter der Geltung der EU-TiertransportVO gibt es sie jedenfalls ab 5. 1. 2007 nicht mehr, d.h.: Säugetiere, die sich in der Geburt befinden, dürfen nicht mehr befördert werden, auch nicht zur Schlachtstätte). – Nach S. 3 dürfen saugende Jungtiere, die noch nicht an die Aufnahme von Wasser und von festem Futter gewöhnt sind, ebenfalls nicht transportiert werden, außer das Muttertier befindet sich ebenfalls auf dem Fahrzeug und während entsprechender Pausen wird dem Jungtier Gelegenheit zum Saugen gegeben (vgl. TVT aaO I S 5). Ohne Muttertier ist ein Jungtier demnach erst transportfähig, wenn es so weit an die Aufnahme von Wasser und Festfutter gewöhnt ist, dass es ohne Muttermilch auskommen kann. Da § 3 auch für nicht gewerbliche Transporte gilt (vgl. § 1 Abs. 2 Nr. 2), ist beispielsweise auch der Transport von Baby-Mäusen oder Baby-Ratten ohne das Muttertier zu Tierbörsen oder zur Lebendverfütterung an privat gehaltene Schlangen verboten (vgl. *Kölle/Moritz* AtD 2006, 103, 104; *Moritz* in: TVT, Tierschutz bei Tierbörsen, S. 6). – Die

EU-TiertransportVO enthält in Anh. I Kap. I Nr. 2d ebenfalls ein Transportverbot für neugeborene Säugetiere mit noch nicht vollständig verheilter Nabelwunde. Ist die Nabelwunde vollständig abgeheilt, so gilt für Jungtiere zusätzlich Nr. 3e, d.h.: Ferkel unter drei Wochen, Lämmer unter einer Woche und Kälber unter zehn Tagen dürfen nur bis max. 99 km befördert werden. Die Empfehlungen des SCAHAW gehen demgegenüber weiter (vgl. EU-SCAHAW-Report Tiertransporte, 12.2, 14: grds. keine Transporte von Ferkeln unter vier und Lämmern unter einer und Kälbern unter zwei Wochen; bei Ferkeln unter zehn Wochen, Fohlen unter vier Monaten, Lämmern unter 20 kg und allen Kälbern Transporte nur unter Bedingungen, die über die gesetzlichen Mindeststandards hinausgehen; vgl. auch TVT-Stellungnahme S. 3: „Die Ausnahme für Jungtiere, die weniger als 100 km transportiert werden, ist unsinnig; 100 km können belastender sein als 300"). – In Anh. I Kap. I Nr. 2c der EU-TiertransportVO wird bestimmt, dass trächtige Tiere in fortgeschrittenem Gestationsstadium (90% oder mehr) nicht transportfähig sind. Tragende Tiere dürfen also während eines Zeitraums vor dem voraussichtlichen Geburtstermin, dessen Dauer 10% der Tragezeit entspricht, nicht mehr befördert werden (auch nicht zur Schlachtung, wie bisher nach Maßgabe von § 3 Abs. 2 Nr. 3 TierSchTrV). Für die Zeit nach der Geburt ist eine Transportunfähigkeit für die Dauer von sieben Tagen vorgesehen. – Die von Abs. 2 S. 2 Nr. 1 TierSchTrV vorgesehene generelle Ausnahme für Fohlen gilt nach der EU-TiertransportVO ab dem 5. 1. 2007 nur noch bei registrierten Equiden, bei ständiger Begleitung durch einen Betreuer und nur zu dem Zweck, hygienischere und artgerechtere Bedingungen zu schaffen (vgl. Anh. I Kap. I Nr. 7). – Das Verbot des Transportes nicht entwöhnter Jungtiere ohne Muttertier findet sich ab dem 5. 1. 2007 zT in Anh. I Kap. I Nr. 2f der EU-TiertransportVO (Transportverbot für weniger als acht Wochen alte Hunde/Katzen ohne Muttertier). Da jedoch die Nummern a–f nur als Beispiele zu verstehen sind (vgl. Anh. I Kap. I Nr. 2 S. 2, „vor allem"), liegt es nahe, bei saugenden Jungtieren allgemein von einer physiologischen Schwäche iS von Nr. 2 S. 1 auszugehen, die sie als nicht transportfähig ohne Muttertier erscheinen lässt (vgl. aber auch Anh. I Kap. VI Nr. 1.9).

3 **Ordnungswidrig** nach § 42 Abs. 1 Nr. 1 handelt, wer vorsätzlich oder fahrlässig ein Tier entgegen § 3 Abs. 1 S. 1 oder § 3 Abs. 2 S. 1 befördert (Beförderer, Transportführer) oder befördern lässt (s. § 42 Rn. 1).

§ 4 Grundsätze

(1) Ein Wirbeltier darf nur befördert werden, sofern sein körperlicher Zustand den geplanten Transport erlaubt und für den Transport sowie die Übernahme des Tieres am Bestimmungsort die erforderlichen Vorkehrungen getroffen sind.

(2) [1]Während eines Transports muß dem Wirbeltier genügend Raum zur Verfügung stehen. [2]Werden mehrere Wirbeltiere befördert, so muß jedem Tier ein uneingeschränkt benutzbarer Raum zur Verfügung stehen, der so bemessen ist, daß alle Tiere in ihrer natürlichen aufrechten Haltung stehen sowie alle Tiere mit Ausnahme erwachsener Pferde gleichzeitig liegen können, wenn nicht zur Vermeidung von Schmerzen, Leiden oder Schäden der Tiere andere Erfordernisse bestehen. [3]Bei der Bemessung des uneingeschränkt benutzbaren Raumes müssen die Art, das Gewicht, die Größe, das Alter, der jeweilige Zustand der Tiere und die Dauer des Transports berücksichtigt sein.

(3) [1]Bei einem Wirbeltier, das während eines Transports erkrankt oder verletzt wird, haben der Beförderer und der Transportführer unverzüglich eine Notbehandlung durchzuführen oder zu veranlassen, soweit dies auf Grund der Belastungen des Tieres erforderlich ist. [2]Soweit notwendig, sind die Tiere tierärztlich zu behandeln oder unter Vermeidung von Schmerzen oder Leiden zu töten. [3]Für Nutztiere, die während eines Transports erkranken oder sich verletzen, gilt § 29.

(4) [1]Der Beförderer und der Transportführer haben sicherzustellen, daß die Wirbeltiere unbeschadet der zum Ernähren und Pflegen der Tiere erforderlichen Pausen unverzüglich und unter Vermeidung von Schmerzen, Leiden oder Schäden an ihren Bestimmungsort befördert werden. [2]Bei einem Aufenthalt von mehr als zwei Stunden sind gegebenenfalls notwendige Vorkehrungen zum Ernähren und Pflegen der Wirbeltiere zu treffen; soweit notwendig, sind die Tiere zu entladen und unterzubringen. [3]Am Bestimmungsort sind die Tiere unverzüglich zu entladen.

Zu Abs. 1. Es gilt das Gebot, die Belastungen der Tiere zu minimieren (vgl. BR-Drucks. 836/96 S. 50). Der Transport darf das Wohlbefinden der Tiere nicht mehr als unvermeidbar beeinträchtigen (vgl. auch Art. 3 EU-TiertransportVO: Verletzungen oder unnötige Leiden sind zu vermeiden; die Beförderungsdauer ist so kurz wie möglich zu halten; den Bedürfnissen der Tiere während der Beförderung muss Rechnung getragen werden; die Sicherheit der Tiere muss gewährleistet sein). 1

Zu Abs. 2. Die Tiere müssen so viel Raum zur Verfügung haben, dass sie in aufrechter Haltung normal stehen und sich normal verhalten können; zudem müssen sie sich (mit Ausnahme erwachsener Pferde) alle gleichzeitig hinlegen können (zum gleichzeitigen Liegen vgl. BR-Drucks 836/96 S. 50). Die Liegefläche muss so bemessen sein, dass die Tiere bequem und ohne die Gefahr, von Artgenossen getreten zu werden, liegen können (vgl. EU-SCAHAW-Report Tiertransporte 12.3, 23). Soweit die in Anlage 4 zu § 23 Abs. 1 vorgegebenen Mindestbodenflächen dafür im Einzelfall nicht ausreichen, muss die Behörde gemäß § 16a S 2 Nr. 1 i.V.m. § 2 Nr. 1 TierSchG eine geringere Ladedichte anordnen (s. Einf. Rn. 12; vgl. auch Nds. Ministerium Handbuch S. 44). Beispiel: 40 kg schwere Schafe benötigen zum Liegen 0,31 bzw. 0,37 m^2, je nach dem, ob sie geschoren oder ungeschoren sind (vgl. EU-SCAHAW-Report Tiertransporte 12.3, 27; vgl. auch TVT-Stellungnahme S. 7: 0,4 m^2 Liegefläche für Schafe mit einem Gewicht von 36 bis 40 kg); folglich sind die in Anlage 4 Nr. 3.1.2 der TierSchTrV vorgesehenen 0,26 m^2 (+ 5% bei ungeschorenen Tieren) nicht ausreichend. Weiteres Beispiel: Schweine, deren Gewicht deutlich über 120 kg liegt, können bei den von Anlage 4 Nr. 4.1.2 vorgegebenen 0,70 m^2/Tier nicht ungestört nebeneinander liegen. – Die EU-TiertransportVO fordert in Anh. I Kap. II Nr. 1.2 eine Höhe und ein Platzangebot, die „eine angemessene Luftzirkulation über den stehenden Tieren" gewährleisten und ihre natürliche Bewegungsfreiheit „auf keinen Fall" einschränken. Sie sieht außerdem in Art. 3 S. 2g und h vor, dass die Tiere entsprechend ihrer Größe und der geplanten Beförderung über ausreichend Bodenfläche und Standhöhe verfügen müssen und dass ihnen Gelegenheit zum Ruhen zu geben ist („ ... und können ruhen"; zu Pferden s. Anh. I Kap. VI Nr. 1.6). Danach wird man für alle Tiere einen ausreichenden Sicherheitsabstand nach oben fordern müssen (für Equiden mindestens 75 cm über der höchsten Stelle des Widerrists, vgl. Anh. I Kap. III Nr. 2.3); ebenso eine Mindestbodenfläche, die das gleichzeitige ungefährdete Liegen ermöglicht. Die Mindestzahlen zum Raumangebot in Anh. I Kap. VII bleiben hinter diesen Anforderungen zurück (s. Einf. Rn. 6 und 7). 2

Zu Abs. 3. Für Tiere, die während des Transports erkranken oder sich verletzen, sieht die EU-TiertransportVO in Anh. I Kap. I Nr. 4 folgende Schritte in folgender Reihenfolge vor: Absonderung; erste Hilfe; tierärztliche Untersuchung und Behandlung, erforderlichenfalls (d. h. nur als ultima ratio, also wenn aus veterinärmedizinischen Gründen eine Heilung aussichtslos erscheint) Notschlachtung oder Tötung. – Soweit Abs. 3 S. 2 eine freie Wahl zwischen Behandlung und Tötung vorsieht, verstößt dies sowohl gegen das EU-Recht als auch gegen § 1 S. 2 und § 17 Nr. 1 TierSchG; dies gilt auch für Nutztiere, denn diese sind keine Tiere minderen Rechts (s. auch Kommentierung zu § 29). 3

Zu Abs. 4. Da die Belastungen mit zunehmender Transportdauer überproportional zunehmen (s. Einf. Rn. 14, 15), ist der Beförderer verpflichtet, die Tiere ohne schuldhaftes Zögern an den Bestimmungsort zu bringen und zu entladen (Beschleunigungsgrundsatz); deshalb müssen auch gemäß Abs. 1 die für die rasche Übernahme der Tiere am Bestim- 4 mungsort erforderlichen Vorkehrungen schon vor Transportbeginn getroffen sein. In Art. 3 S. 2a der EU-TiertransportVO findet sich eine inhaltsgleiche Regelung. – Es gibt Beförderer, die ihr Fahrzeug nach Ankunft im Schlachthof als „Stauraum" missbrauchen, die Entladung also verzögern. Zwar ist der darin liegende Verstoß gegen Abs. 4 nicht unmittelbar bußgeldbewehrt (krit. *Fikuart* AtD 1999, 165). Da aber längere Standzeiten zu vermeidbaren Leiden führen, kommt eine Sanktionierung nach § 18 Abs. 1 Nr. 1 TierSchG in Betracht, außerdem auch ein Vorgehen nach §§ 16a S. 2 Nr. 1, 2 Nr. 1, 18 Abs. 1 Nr. 2 TierSchG und ggf. ein Widerruf der Erlaubnis wegen nachträglicher Unzuverlässigkeit bzw. ab dem 5. 1. 2007 eine Entziehung der Zulassung nach Art. 26 Abs. 4 lit. c der EU-TiertransportVO. Bei Schweinen wirken sich lange Standzeiten selbst bei optimalen Temperaturbedingungen belastend aus; die Herzfrequenz steigt auf Werte, die deutlich über dem während des Transports erreichten Ruhewert liegen und zeigt damit an, dass die Tiere leiden (vgl. *v. Wenzlawowicz* et al. Berl. Münch. Tierärztl. Wschr. 1994, 237, 239).

§ 5 Verladen

(1) [1] Wirbeltiere dürfen nur unter Vermeidung von Schmerzen, Leiden oder Schäden verladen werden. [2] Insbesondere dürfen hierbei

1. Säugetiere nicht am Kopf, an den Ohren, an den Hörnern, an den Beinen, am Schwanz oder am Fell hochgehoben oder gezogen und

2. Vögel nicht am Kopf oder am Gefieder hochgehoben

werden. [3] Dies gilt nicht für die Anwendung anerkannter tierartspezifischer Fixationsmaßnahmen.

(2) [1] Der Beförderer und der Transportführer haben sicherzustellen, daß

1. für das Verladen der Tiere geeignete Vorrichtungen wie Brücken, Rampen oder Stege (Verladeeinrichtungen) verwendet werden, die mindestens den Anforderungen nach Anlage 1 entsprechen,

2. die Bodenfläche der Verladeeinrichtung so beschaffen ist, daß ein Ausrutschen der Tiere verhindert wird,

3. Verladeeinrichtungen mit einem Seitenschutz versehen sind, der so beschaffen ist, daß die Tiere ihn nicht überwinden, keine Gliedmaßen herausstrecken und sich nicht verletzen können, und

4. mechanische Vorrichtungen, in denen Säugetiere hängend verladen werden, nicht verwendet werden.

[2] Satz 1 gilt nicht beim Transport in Behältnissen. [3] Satz 1 Nr. 3 gilt nicht, wenn die Verladehöhe weniger als 50 Zentimeter beträgt und die Tiere einzeln geführt werden.

(3) [1] Treibhilfen dürfen nur zum Leiten der Tiere verwendet werden. [2] Die Anwendung elektrischer Treibhilfen ist verboten. [3] Abweichend von Satz 2 ist die Anwendung elektrischer Treibhilfen bei gesunden und nicht verletzten über einem Jahr alten Rindern und über vier Monate alten Schweinen, die die Fortbewegung verweigern, zulässig. [4] Sie dürfen nur insoweit und in solchen Abständen angewendet werden, wie dies zum Treiben der Tiere unerläßlich ist; dabei müssen die Tiere Raum zum Ausweichen haben. [5] Die Stromstöße dürfen nur auf der Hinterbeinmuskulatur und mit einem Gerät verabreicht werden, das auf Grund seiner Bauart die einzelnen Stromstöße automatisch auf höchstens zwei Sekunden begrenzt.

(4) [1] Werden warmblütige Wirbeltiere verschiedener Arten in demselben Transportmittel befördert, so sind sie nach Arten zu trennen. [2] Dies gilt nicht für Tiere, bei denen die Trennung eine Belastung darstellen könnte. [3] Tiere, die gegenüber anderen Tieren nachhaltig Unverträglichkeiten zeigen, oder gegen die sich nachhaltig aggressives Verhalten richtet, sind getrennt zu befördern. [4] Werden Tiere verschiedenen Alters in demselben Transportmittel befördert, so sind ausgewachsene Tiere und Jung-

tiere voneinander getrennt zu halten. [5]Satz 4 gilt nicht für säugende Tiere mit nicht abgesetzter Nachzucht oder Säugetiere, die noch nicht an das selbständige Aufnehmen von Futter und Trank gewöhnt sind. [6]Werden Tiere in Gruppen verladen, sollen deren Gewichtsunterschiede 20 vom Hundert – bezogen auf das schwerste Tier – nicht überschreiten.

(5) **[1]Anbindevorrichtungen dürfen nur verwendet werden, wenn den Tieren hierdurch keine vermeidbaren Schmerzen, Leiden oder Schäden entstehen können. [2]Sie müssen so beschaffen sein, daß sie den zu erwartenden Belastungen standhalten und die Tiere Futter und Wasser aufnehmen sowie, mit Ausnahme erwachsener Pferde, sich niederlegen können. [3]Tiere dürfen nicht an Hörnern oder Nasenringen angebunden werden.**

(6) **Wirbeltiere dürfen in Transportmitteln nicht zusammen mit Transportgütern verladen werden, durch die Schmerzen, Leiden oder Schäden der Tiere verursacht werden können.**

Zu Abs. 1. Für das Verladen (also das Ein- und Ausladen, vgl. § 2 Nr. 4) gilt ebenfalls das Gebot, die Belastungen der Tiere zu minimieren. Die Aufzählung einzelner Verbotstatbestände in S. 2 ist nur beispielhaft gemeint („insbesondere"; vgl. BR-Drucks. 836/96 S. 51). Verboten ist grds. jede Maßnahme, die beim Ein- oder Ausladen zu Schmerzen, Leiden oder Schäden führt, da sich der Zweck des Verladens auch ohne derartige Belastungen erreichen lässt, sofern mit sachkundigem Personal und ohne Hektik gearbeitet wird und die Treibgänge und Verladeeinrichtungen tiergerecht ausgestaltet sind. – Eine inhaltsgleiche Regelung findet sich in Anh. I Kap. III Nr. 1.8 der EU-TiertransportVO: „Unnötig" iS von Nr. 1.8b und d sind alle Schmerzen und Leiden, die sich mit sachkundigem Personal, mit Arbeiten ohne Zeitdruck und mit tiergerecht ausgestalteten Einrichtungen vermeiden lassen. – Beim Einfangen, Einpacken und Verladen von Masthähnchen wird gegen diese Grundsätze besonders häufig verstoßen: Es wird unter hohem Zeitdruck gearbeitet (Aufladeraten von bis zu 8.500 Tieren pro Stunde); beim Ergreifen der Tiere an den Extremitäten und dem Tragen von mehreren Tieren in einer Hand kommt es zu Verletzungen der Flügel und zu Frakturen an Füßen, Ober- und Unterschenkeln, die mit erheblichen Schmerzen und Leiden verbunden sind und durch Blutungen die Schlachtkörperqualität nachteilig beeinflussen. ZT werden „Hähnchenfangmaschinen" verwendet: Sie bestehen meist aus mehreren senkrecht angeordneten rotierenden Walzen, die sich gegeneinander in Richtung eines Förderbandes bewegen und die Tiere mit langen, flexiblen Gummifingern erfassen und auf das Förderband setzen. In einer gutachterlichen Stellungnahme des Instituts für Tierhygiene und Tierschutz der Tierärztlichen Hochschule Hannover vom 12. 2. 1998 heißt es dazu u. a.: Gegenüber dem praxisüblichen Handfang komme es zwar zu weniger Verletzungen im Bereich der Beine; etwa gleich geblieben seien aber die Verletzungsraten im Bereich der Flügel; bei zu hohen Laufgeschwindigkeiten der Förderbänder könne es zu einer starken psychischen und physischen Belastung der Tiere kommen; eine vorschriftsmäßige Tierdichte in den Transportcontainern könne nur bei sehr großer Erfahrung des Verladepersonals eingehalten werden. Auch diese Technik führt also auf Seiten der Tiere voraussehbar zu Verletzungen und Leiden, die sich mit einem höheren Arbeits- und Zeitaufwand beim Verladen vermeiden ließen und die deshalb „vermeidbar" iS von § 5 Abs. 1 TierSchTrV bzw. „unnötig" iS von Anh. I Kap. III Nr. 1.8d der EU-TiertransportVO sind (s. auch § 1 TierSchG Rn. 47). An dem o. e. Gutachten ist problematisch, dass es sich nur am „praxisüblichen Handfang" ausrichtet statt auch an den Anforderungen des Gesetzes und der TierSchTrV. 1

Zu Abs. 2. Für das Verladen geeignete Vorrichtungen sind solche, die das selbstständige Vorwärtsgehen der Tiere fördern. Neben den Anforderungen nach Anlage 1 (insbes. keine Neigungswinkel > 20°) gehören dazu: Alle Gänge müssen rutschfest, breit genug und möglichst ohne Stufen sein; die Treibstrecke soll nach vorn klar einsehbar und nach den 2

Seiten durch blickdichte Wände abgeschirmt sein; Engstellen, Hindernisse, Pfützen, querliegende Rohre etc. können ein Scheuen der Tiere bewirken und sind zu vermeiden; der Fahrzeuginnenraum soll beim Einladen heller sein als der Treibweg; die Ladeklappe darf nicht enger sein als die Rampe; scharfe Kanten, Ecken und Vorsprünge sind zu beseitigen; bei ebenerdigen Rampen lässt sich das Verladen am einfachsten ausführen. Beim Treiben sollte der Stock grds. nur als verlängerter Arm eingesetzt werden; ein häufiger Fehler ist das Treiben zu großer Gruppen (TVT, Tierschutzgerecht transportieren I, S. 14, 15). Falsch ist auch ein Treiben unter Zeitdruck oder in lauter, hektischer Atmosphäre oder mit Hilfe unsachgemäß eingesetzter Schlagstempel. – Der nach Nr. 3 erforderliche Seitenschutz sollte, um Verletzungen zu verhindern, bei Schweinen bis 70 cm und bei Rindern bis 110 cm über dem Boden geschlossen gefertigt sein (vgl. *von Wenzlawowicz* et al., RFL 1995, 123, 124); um ein Überspringen zu vermeiden, sollte er bei Kälbern 100 cm und bei Rindern, aber auch Schafen und Pferden 130 cm hoch sein (TVT aaO II S. 4, 17, 25). – Auch nach der EU-TiertransportVO gilt für das Ver- und Entladen und den sonstigen Umgang mit Tieren der Vorsorgegrundsatz, d. h. Konstruktion, Bau, Instandhaltung und Verwendung von Verladeeinrichtungen müssen so sein, dass „die Sicherheit der Tiere gewährleistet ist" (Anh. I Kap. III Nr. 1.3 a). Flächen müssen „in jedem Fall rutschfest" sein. Schutzgeländer müssen vorhanden sein, damit die Tiere nicht seitlich entweichen können. Nach Anh. I Kap. III Nr. 1.4 darf das Gefälle auf Rampen höchstens 20° bei Schweinen, Kälbern und Pferden und höchstens 26° 34' bei Schafen und erwachsenen Rindern betragen; bei einem Gefälle von mehr als 10° müssen Querlatten das risikofreie Auf- und Absteigen ermöglichen (vgl. aber TVT-Stellungnahme S. 4: Um Verletzungssicherheit iS des Vorsorgegrundsatzes zu gewährleisten, dürften „Rampenanlagen nicht steiler als 20° sein"). Auch die o. e. weiteren Anforderungen an ein sicheres Verladen entsprechen dem Gebot, die Sicherheit der Tiere zu gewährleisten; sie können damit nach dem 5. 1. 2007 auf Anh. I Kap. III Nr. 1.3 der EU-TiertransportVO gestützt werden.

3 **Zu Abs. 3.** Ein Elektrotreiber-Einsatz kommt allenfalls bei gesunden, unverletzten, über einem Jahr alten Rindern oder über vier Monate alten Schweinen in Betracht. – Weitere Zulässigkeitsvoraussetzung ist jedoch stets, dass er unerlässlich ist. Dies ist praktisch nie der Fall, denn: „Auf einer guten Treibstrecke benötigt man keinen Elektrotreiber" (TVT aaO I S. 14; vgl. auch EU-SCAHAW-Report Tiertransporte S. 36: „Elektrische Treiber können starken Schmerz und starke Angst hervorrufen, und ihre Benutzung geht mit schlechter Fleischqualität einher, sowohl bei Schweinen als auch bei anderen Tierarten"). Ist die Treibstrecke tiergerecht und das Personal sachkundig, so kann das Ziel, die Tiere in bzw. aus dem Lkw zu bringen, stets mit schonenderen Mitteln erreicht werden. Der damit möglicherweise verbundene Mehraufwand an Arbeit, Zeit und/oder Kosten begründet keine Unerlässlichkeit (s. § 1 TierSchG Rn. 47). – Der Elektrotreibereinsatz widerspricht auch dem Verbraucherschutz: Bei Schweinen führt er zum Anstieg der Herzfrequenz und einer extremen Stresshormonausschüttung, die unmittelbar den Anteil an PSE-Fleisch erhöht (vgl. *von Mickwitz* et al., Schweinezucht und Schweinemast 1993, 28, 29); bei Rindern bewirkt vermehrte Erregung vor dem Schlachten ebenfalls nachteilige Fleischqualitätsabweichungen (vgl. *Troeger* in: *Sambraus/Steiger* S. 513, 514). – Vgl. auch S. 3 letzter Halbsatz und S. 4: Kein Einsatz bei fehlender Ausweichmöglichkeit; nur Geräte, die durch eine automatische Abschaltung des Stroms nach spätestens zwei Sekunden eine längere Stromeinwirkung verhindern. – Entgegen der Forderung des EU-Parlaments, die Verwendung von Elektroschock-Geräten sowohl beim Transport als auch im Schlachthof vollständig zu verbieten (s. Einf. Rn. 9), konnte sich der Rat in der EU-TiertransportVO nur dazu durchringen, die Verwendung solcher Geräte sei „möglichst zu vermeiden" (Anh. I Kap. III Nr. 1.9). Diese Regelung entspricht dem o. e. Unerlässlichkeitsgebot, zumal nach Art. 3 S. 2 e der EU-TiertransportVO die mit den Tieren umgehenden Personen „weder Gewalt noch sonstige Methoden anwenden" dürfen, „die die Tiere unnötig verängstigen oder ihnen unnötige Verletzungen oder Leiden zufügen könnten". Schon die bloße Möglichkeit, dass durch den Elektrotreiber-Einsatz Ängste entste-

hen, macht diesen Einsatz also unzulässig, wenn sich das angestrebte Ziel auch auf andere Weise erreichen lässt, insbesondere durch die Ausnutzung des Herdentriebs. Weitere Voraussetzungen für einen Elektrotreiber-Einsatz sind nach der EU-TiertransportVO: die Tiere müssen ausgewachsen sein; sie müssen jede Fortbewegung verweigern; sie müssen genügend Freiraum zur Vorwärtsbewegung haben; der Stromstoß darf nicht länger als eine Sekunde dauern; Verabreichung nur an den Muskelpartien der Hinterviertel; keine Wiederholung, wenn das Tier nicht reagiert.

Zu Abs. 4. Voneinander zu trennen sind: Unterschiedliche Tierarten (vgl. auch EU- 4
TiertransportVO Anh. I Kap. III Nr. 1.12); Tiere, die nachhaltige Aggressionen zeigen oder ihnen ausgesetzt sind (vgl. EU-TiertransportVO aaO: „rivalisierende Tiere"); Jungtiere von ausgewachsenen Tieren (Ausn.: Muttertiere und gesäugte Jungtiere; ebenso EU-TiertransportVO aaO); Tiere mit mehr als 20% Gewichtsunterschied (ähnlich EU-TiertransportVO aaO: „Tiere mit beträchtlichem Größen- oder Altersunterschied"); nicht kastrierte männliche Nutztiere von weiblichen Tieren (vgl. § 23 Abs. 4 TierSchTrV; ebenso EU-TiertransportVO aaO); geschlechtsreife Eber; geschlechtsreife Hengste (vgl. § 23 Abs. 4 TierSchTrV; ebenso EU-TiertransportVO aaO). Die EU-TiertransportVO verbietet auch den gemeinsamen Transport von behornten und unbehornten sowie von angebundenen und nicht angebundenen Tieren (Anh. I Kap. III Nr. 1.12e und g). – Der Grundsatz, Verängstigungen, Verletzungen und Leiden so weit wie möglich auszuschließen (s. § 4 TierSchTrV bzw. Art. 3 der EU-TiertransportVO) kann weitere Trennungen vorschreiben. So sollten Schweinegruppen oder Gruppen von erwachsenen männlichen Rindern aneinander gewöhnt sein und nicht mit Tieren aus anderen Ställen oder Höfen vermischt werden, weder vor noch während dem Transport (Gefahr von Rangkämpfen, Verletzungen, Stress, Überhitzung; vgl. auch EU-SCAHAW-Report 12. 2. 15: keine Vermischung, weder während der letzten sechs Stunden vor Transportbeginn noch während des Transports noch im Schlachthof). Auch bei Kälbern, Pferden und Widdern kann das Mischen mit unbekannten Tieren nachteilige Effekte haben (vgl. EU-SCAHAW-Report 6.6). Bei Schlachttieren sollte eine Tiergruppe möglichst vom Maststall bis zur Tötungsbucht auf dem Schlachthof als Einheit transportiert werden (vgl. TVT aaO I S. 12). Die gegenteilige Praxis vieler Beförderungsunternehmen, die auf einer einzigen Fahrt möglichst viele Tiergruppen aus verschiedenen Höfen aufladen, ohne Rücksicht auf den Stress durch Standzeiten und Gruppenvermischungen, beeinträchtigt neben dem Tier- auch den Verbraucherschutz (u. a. Fleischqualitätsmängel infolge Erregung der Schlachttiere).

Zu Abs. 5. Das SCAHAW empfiehlt: „Während des Transportes sollten Tiere nicht an- 5
gebunden sein. Ist zur Verladung eine Anbindung notwendig, so muss diese vor der Abfahrt gelöst werden" (12. 3. 31). Dieser Empfehlung werden weder Abs. 5 noch die EU-TiertransportVO in Anh. I Kap. III Nr. 1.11 und 2.5 gerecht

Zu Abs. 6. Die bloße Möglichkeit, dass das Wohlbefinden der Tiere durch gleichzeitig 6
mitverladene Güter gefährdet werden könnte, genügt für ein Verbot der Beförderung dieser Güter im gleichen Laderaum (vgl. *Randl* S. 171). Ebenso die EU-TiertransportVO in Anh. I Kap. III 1.5.

Ordnungswidrigkeiten. Nahezu alle wichtigen Gebote und Verbote sind bußgeldbe- 7
wehrt, § 42 Abs. 1 Nr. 2.

§ 6 Ernähren und Pflegen

(1) [1]**Der Beförderer hat sicherzustellen, daß der Transport zum Ernähren und Pflegen der Wirbeltiere unter Berücksichtigung von Anzahl und Art der Tiere sowie der Dauer des Transports von ausreichend vielen Personen mit den hierfür notwendigen Kenntnissen und Fähigkeiten begleitet wird.** [2]**Dies gilt nicht, wenn**

1. **die Tiere in Behältnissen befördert werden, die über geeignete Fütterungs- und auslaufsichere Tränkvorrichtungen verfügen, und Nahrung und Flüssigkeit für einen mindestens doppelt so langen Transport wie den geplanten beigegeben sind,**

2. der Transportführer diese Verpflichtung des Beförderers übernimmt oder
3. der Absender einen Beauftragten bestimmt hat, der das Ernähren und Pflegen der Tiere an geeigneten Aufenthaltsorten sicherstellt.

(2) [1]**Der Beförderer hat sich zu vergewissern, daß**

1. der Empfänger die für die Übernahme der Tiere notwendigen Vorkehrungen und,
2. im Falle eines Transports nach Absatz 1 Satz 2 Nr. 3, der Absender die notwendigen Vorkehrungen zum Ernähren und Pflegen der Tiere während des Transports

getroffen hat. [2]**Ist es im Falle eines Transports nach Absatz 1 Satz 2 Nr. 1 nicht möglich, die Behältnisse einzusehen, so hat sich der Beförderer in den Fällen, in denen der Absender die Tiere in die Behältnisse verbringt, schriftlich bestätigen zu lassen, daß die Anforderungen nach Absatz 1 Satz 2 Nr. 1 von diesem erfüllt sind.**

(3) [1]**Im Rahmen ihrer Verpflichtung nach Absatz 1 haben der Beförderer, der Transportführer oder der Beauftragte des Absenders sicherzustellen, daß die Wirbeltiere unter Beachtung der Anforderungen der Anlage 2 ernährt und gepflegt werden.** [2]**Sofern in Anlage 2 oder in § 30 oder 31 nichts anderes bestimmt ist, ist hierbei sicherzustellen, daß Säugetiere und Vögel während des Transports spätestens nach jeweils 24 Stunden gefüttert und spätestens nach jeweils 12 Stunden getränkt werden.** [3]**Die nach den Sätzen 1 und 2 einzuhaltenden Fristen können im Einzelfall um höchstens zwei Stunden überschritten werden, wenn dies für die Tiere weniger belastend ist.** [4]**Das Füttern und Tränken kann entfallen, wenn die Tiere während des Transports jederzeit Zugang zu Nahrung und Flüssigkeit haben.**

(4) **Für das Ernähren und Pflegen der Tiere muß eine geeignete Beleuchtung vorhanden sein.**

1 **Zu Abs. 1.** Grds. ist der Beförderer (vgl. § 2 Nr. 10) verantwortlich für die Ernährung und Pflege während des Transports; er muss deshalb dafür sorgen, dass der Transport von einer ausreichenden Anzahl sachkundiger Betreuer begleitet wird. Ausnahmen: Bei Beförderung in Behältnissen, die für die doppelte Transportzeit eine Vorrats-Versorgung gewährleisten (Nr. 1); wenn der Transportführer (vgl. § 2 Nr. 11) diese Verpflichtung übernommen hat (Nr. 2); wenn der Absender einen Beauftragten zur Ernährung und Pflege an geeigneten Aufenthaltsorten bestimmt hat (Nr. 3; vgl. aber Nds. Ministerium Handbuch S. 45: Diese Möglichkeit ersetzt nicht die in § 13 Abs. 2 S. 1 geforderte Begleitung durch eine sachkundige Person). – Die EU-TiertransportVO verpflichtet den Transportunternehmer in Art. 6 Abs. 6, dafür zu sorgen, dass der Transport von (mindestens) einem Betreuer mit Befähigungsnachweis nach Art. 17 Abs. 2 begleitet wird. Eine Ausnahme gilt nur, wenn der mit Befähigungsnachweis ausgestattete Fahrer diese Aufgabe übernimmt oder wenn der Transport in gesicherten, belüfteten Behältern mit Vorrats-Versorgung für die doppelte Transportzeit erfolgt.

2 **Zu Abs. 2.** Auch bei Vorliegen einer der Ausnahmen nach Abs. 1 muss sich der Beförderer iS von Abs. 2 S. 1 Nr. 1 und Nr. 2 vergewissern. Nach S. 2 muss er sich – wenn die Beförderung in nicht einsehbaren Behältnissen erfolgt – die ausreichende Vorratsversorgung vom Absender schriftlich bestätigen lassen.

3 **Zu Abs. 3.** Für Nutztiere (vgl. § 2 Nr. 1) gelten beim Transport in Spezialfahrzeugen, die den Anforderungen von § 24 Abs. 3 genügen, die Ernährungs-, Pflege- und Ruheintervalle nach Anlage 2 bzw. ab dem 5. 1. 2007 nach Anh. I Kap. V Nr. 1 der EU-TiertransportVO. Außerhalb des Geltungsbereichs von Anlage 2 (d. h. beim Transport anderer Tiere oder wenn das Fahrzeug nicht § 24 Abs. 3 entspricht) gilt gemäss S. 2, dass Säugetiere und Vögel zumindest alle 12 Stunden zu tränken und alle 24 Stunden zu füttern sind (vgl. die gleichlautende Regelung in Anh. I Kap. III Nr. 2.7 der EU-TiertransportVO; vgl. aber auch die Schlussfolgerung 8.6 im EU-SCAHAW-Report: Danach haben Schweine bereits nach acht oder mehr Stunden Transportzeit das starke Bedürfnis, zu fressen und zu trinken; bei Schafen besteht zumindest nach 12 Stunden ein starkes Be-

dürfnis zum Fressen). Spezielle Vorschriften für bestimmte Tierarten enthalten § 30 und § 31 TierSchTrV bzw. Anh. I Kap. V Nr. 2 der EU-TiertransportVO. Die Fristen können nach S. 3 geringgradig (maximal zwei Stunden) überschritten werden, wenn dies im Interesse der Tiere liegt, zB wenn bei Überschreitung des Intervalls um diesen Zeitraum der Bestimmungsort erreicht wird (vgl. BR-Drucks. 836/96 S. 52; s. auch Anh. I Kap. V Nr. 1.8 der EU-TiertransportVO).

Ordnungswidrigkeiten. Nach § 42 Abs. 1 Nr. 2 sind bußgeldbewehrt: Abs. 3 S. 1 (Nichteinhaltung der Fütterungs- und Tränkintervalle und der Ruhepausen nach Anlage 2; Überschreitung der dort zugelassenen Transportzeiten) und S. 2 (Verletzung der 12- bzw. 24-Stunden-Frist für Tränkung bzw. Fütterung); nach § 42 Abs. 1 Nr. 3 außerdem Abs. 2 S. 1 Nr. 2 und S. 2. 4

§ 7 Anforderungen an Transportmittel

(1) [1]Wirbeltiere dürfen nur in Transportmitteln befördert werden, die so beschaffen sind, daß die Tiere sich nicht verletzen können. [2]Transportmittel müssen insbesondere

1. aus gesundheitsunschädlichem Material hergestellt sein,
2. sich in technisch und hygienisch einwandfreiem Zustand befinden,
3. allen Transportbelastungen sowie Einwirkungen durch die Tiere ohne eine für die Gesundheit der Tiere nachteilige Beschädigung standhalten,
4. den Tieren Schutz vor schädlichen Witterungseinflüssen und starken Witterungsschwankungen bieten,
5. bezüglich des Luftraums den Transportbedingungen und der jeweiligen Tierart angepaßt sein,
6. über Einrichtungen verfügen, die gewährleisten, daß für die Tiere jederzeit eine ausreichende Lüftung sichergestellt ist,
7. über einen rutschfesten Boden verfügen, der
   a) stark genug ist, das Gewicht der beförderten Tiere zu tragen,
   b) so beschaffen ist, daß die Tiere sich nicht verletzen können, auch wenn der Boden nicht dicht gefugt ist oder Löcher aufweist,
   c) mit einer ausreichenden Menge Einstreu zur Aufnahme der tierischen Abgänge bedeckt ist, sofern der gleiche Zweck nicht durch ein anderes Verfahren erreicht wird,
8. so beschaffen sein, daß die Tiere nicht entweichen und sich nicht verletzen können, auch wenn sie einzelne Körperteile herausstrecken,
9. über Türen, Deckel oder Ladeklappen verfügen, die sicher schließen und die sich nicht selbsttätig öffnen können.

(2) [1]Der Beförderer muß ferner sicherstellen, daß Transportmittel an gut sichtbarer Stelle der Außenseite mit der Angabe „lebende Tiere" oder einer gleichbedeutenden Angabe sowie mit einem Symbol für lebende Tiere versehen sind. [2]Die Transportmittel müssen leicht zu reinigen und zu desinfizieren sein.

(3) Transportfahrzeuge müssen

1. soweit notwendig über Vorrichtungen verfügen, an denen
   a) Trennwände befestigt werden können,
   b) Tiere sicher angebunden werden können,
2. ausgenommen Transporte in Behältnissen nach § 6 Abs. 1 Satz 2 Nr. 1 so konstruiert sein, daß jedes einzelne Säugetier im Bedarfsfall von einer Person erreicht werden kann,
3. mit einem festen Dach oder einer wasserdichten Plane versehen sein. Dies gilt nicht für den Transport von Geflügel auf offenen Lastwagen, wenn technische Einrichtungen verfügbar sind, mit denen die Tiere bei ungünstiger Witterung, insbesondere vor Nässe oder niedrigen Temperaturen, geschützt werden können.

1 **Zu Abs. 1.** Nach S. 1 darf weder durch die Konstruktion noch durch die Ausstattung der Transportmittel (vgl. § 2 Nr. 3) eine Verletzungsgefahr entstehen. Darüber hinaus müssen auch Gefahrenquellen, die (zwar keine Verletzungen, aber andere) Schmerzen, Leiden oder Schäden herbeiführen können, ausgeschlossen sein; dies folgt aus S. 2 Nr. 1–9 („insbesondere") sowie auch aus § 1 S. 2 TierSchG (vgl. *L/M* § 7 TierSchTrV Rn. 2, „Vorsorgegrundsatz"; vgl. auch BR-Drucks. 836/96 S. 53: „Konstruktion und Ausstattung der Transportmittel sollen jede vermeidbare Gefahr für das Wohlbefinden der Tiere ausschließen"). Beispiel: Bei Schaftransporten dürfen Spalten zwischen Rampe und Seitenwänden sowie zwischen Rampe und Fahrzeug nicht breiter als 1,5 cm sein, da die Tiere sonst mit ihren schlanken Gliedmaßen hängen bleiben können (vgl. TVT, Tierschutzgerecht transportieren II, S. 20; vgl. auch TVT-Stellungnahme S. 4: weniger als 1,5 cm bei Kälbern, Schafen, Ziegen und Schweinen; weniger als 3 cm bei erwachsenen Rindern und weniger als 6 cm bei Pferden). – Zu Einstreu vgl. Nds. Ministerium Handbuch S. 45: Ersetzung durch anderes Material nur, wenn dieses sowohl das Auffangen der tierischen Abgänge als auch die Rutschfestigkeit des Bodens in gleicher Weise sicherstellt. – Entsprechende Regelungen finden sich in Anh. I Kap. II der EU-TiertransportVO: Nach Nr. 1.1 a muss die Sicherheit der Tiere „gewährleistet" sein, d. h. auch solche Verletzungen und Leiden, die nur ernsthaft möglich erscheinen, müssen durch Konstruktion, Bau, Instandhaltung und Verwendung der Transportmittel und -behälter so weit wie möglich ausgeschlossen werden (Vorsorgegrundsatz). Dies bedingt u. a. die Nicht-Überschreitung der o. e. Spaltenbreiten, auch wenn die Verordnung dazu keine ausdrücklichen Zahlenangaben enthält.

2 **Zu Abs. 2.** Täter eines Verstoßes gegen Abs. 2 S. 1 i. V. m. § 42 Abs. 1 Nr. 4 ist nur der Beförderer (vgl. § 2 Nr. 10); wer nicht Beförderer ist kann aber Beteiligter iS von § 14 Abs. 1 OWiG sein (vgl. BayObLG NuR 2002, 184 ff.). – Nach dem 5. 1. 2007 richtet sich die Verpflichtung zur Beschilderung nach Anh. I Kap. II Nr. 2.1 und Nr. 5.1 der EU-TiertransportVO; Täter eines Verstoßes ist gemäß Art. 6 Abs. 3 und Art. 2 lit. x der Transportunternehmer, d. h. derjenige, der die Tiere entweder auf eigene Rechnung oder für eine dritte Person befördert.

3 **Zu Abs. 3 Nr. 2.** Die Konstruktion des Transportfahrzeuges und die Ladedichte müssen ermöglichen, dass jedes einzelne Säugetier auf dem Fahrzeug von einer Person, insbes. dem Tierarzt, erreicht, individuell untersucht und wenn nötig behandelt werden kann. Dagegen wird u. a. verstoßen, wenn die Innenhöhe zu gering ist, wenn einzelne Tiere durch andere verdeckt sein können oder wenn sich die Tiere in Behältnissen oder Kästen befinden (vgl. EU-SCAHAW-Report 12.1, 4, 5). Eine Ausnahme erlaubt die TierSchTrV nur für Transporte in Behältnissen mit Vorratsversorgung für die doppelte Transportzeit, (§ 6 Abs. 1 S. 2 Nr. 1). In der Praxis wird dieses Gebot häufig nicht eingehalten. – Nach Anh. I Kap. II Nr. 1.1 f und i der EU-TiertransportVO muss jedes im Transportmittel oder -behälter befindliche Wirbeltier, egal ob Säugetier oder nicht, zur Kontrolle und Pflege zugänglich sein, einschließlich der dazu notwendigen Lichtquelle. Transportmittel oder -behälter ohne Überdachung sind ausnahmslos unzulässig (vgl. Nr. 1.1 b: „sie müssen stets überdacht sein").

4 **Ordnungswidrigkeiten** bilden Verstöße gegen Abs. 1 S. 1 (s. § 42 Abs. 1 Nr. 1; es reicht aus, dass aufgrund der Beschaffenheit des Transportmittels die Gefahr einer Verletzung besteht) und gegen Abs. 2 S. 1 (vgl. § 42 Abs. 1 Nr. 4; s. auch Rn. 2).

§ 8 Bescheinigungen

[1]Behördliche Bescheinigungen nach dieser Verordnung müssen der zuständigen Behörde im Original oder im Falle des § 40 Satz 3 in beglaubigter Kopie vorgelegt werden und in deutscher Sprache ausgestellt oder mit einer amtlich beglaubigten deutschen Übersetzung versehen sein. [2]Bescheinigungen über Transporte, die für einen anderen Mitgliedstaat bestimmt sind, müssen zusätzlich in einer Amtssprache

dieses Mitgliedstaates ausgestellt sein. [3]Satz 1 gilt entsprechend für die Transporterklärung und den Transportplan.

§ 9 Planung

Der Beförderer muß den Transport so planen und solche Vorkehrungen treffen, daß die Tiere während des Transports auch dann mindestens in ihrer Art und ihrer Entwicklung angemessenen Zeitabständen gefüttert und getränkt werden können, wenn aus unvorhersehbaren Umständen der Transport nicht wie geplant durchgeführt werden kann.

§ 10 Transporterklärung

Der Beförderer und der Transportführer haben sicherzustellen, daß beim Transport von Wirbeltieren eine Erklärung mitgeführt wird, die folgende Angaben (Transporterklärung) enthält:

1. Herkunft und Eigentümer der Tiere,
2. Versandort und Bestimmungsort sowie
3. Tag und Uhrzeit des Verladebeginns.

Die Transporterklärung ist immer mitzuführen, auch dann, wenn nach § 34 Abs. 1 ein Transportplan mitgeführt werden muss oder wenn die geforderten Angaben bereits nach anderen Vorschriften vorgesehen sind (zB nach der ViehverkehrsVO). – Ab dem 5. 1. 2007 treten an die Stelle der Transporterklärung die Transportpapiere nach Art. 4 der EU-TiertransportVO.

§ 11 Erlaubnis und Registrierung

(1) Gewerbliche Beförderer von Wirbeltieren bedürfen der Erlaubnis der zuständigen Behörde.

(2) Im Inland ansässige gewerbliche Beförderer haben bei dem Antrag auf Erteilung der Erlaubnis nach Absatz 1 folgende Angaben zu machen:

1. Name und Anschrift des Beförderers,
2. Art der Wirbeltiere, deren Transport beabsichtigt ist, sowie
3. Art, Anzahl und amtliches Kennzeichen, verfügbare Ladefläche, Art der Fütterungs-, Tränk- und Belüftungseinrichtungen der Transportfahrzeuge.

(3) [1]Die Erlaubnis wird im Inland ansässigen gewerblichen Beförderern erteilt, wenn

1. die für die Tätigkeit verantwortliche Person zuverlässig im Hinblick auf den Tierschutz ist und
2. die der Tätigkeit dienenden Einrichtungen und Transportmittel den Anforderungen dieser Verordnung entsprechen.

[2]Die Erlaubnis kann mit Auflagen und unter Bedingungen erteilt werden. [3]Die zuständige Behörde erfaßt die Betriebe, denen eine Erlaubnis erteilt wurde, unter Erteilung einer Registriernummer in einem Register. [4]Die Registernummer ist zwölfstellig und wird aus der für die Gemeinde des Betriebes vorgesehenen amtlichen Schlüsselnummer des vom Statistischen Bundesamt herausgegebenen Gemeindeschlüsselverzeichnisses sowie einer vierstelligen Betriebsnummer gebildet.

(4) Die Erlaubnis, die die zuständige Behörde eines anderen Mitgliedstaates entsprechend den Bestimmungen des Artikels 5 Abschnitt A Nr. 1 Buchstabe a Doppelbuch-

stabe ii der Richtlinie 91/628/EWG des Rates vom 19. November 1991 über den Schutz von Tieren beim Transport sowie zur Änderung der Richtlinien 90/425/EWG und 91/496/EWG (ABl. EG Nr. L 340 S. 17), zuletzt geändert durch Verordnung (EG) Nr. 1255/97 des Rates vom 25. Juni 1997 (ABl. EG Nr. L 174 S. 1), einem in ihrem Zuständigkeitsbereich ansässigen oder einem gewerblichen Beförderer, der in einem Drittland ansässig ist, erteilt hat, steht der Erlaubnis nach Absatz 1 gleich.

(5) Änderungen im Hinblick auf die Angaben nach Absatz 2 sind der zuständigen Behörde unverzüglich anzuzeigen.

(6) Eine amtlich beglaubigte Kopie der Erlaubnis ist in jedem Transportfahrzeug mitzuführen.

1 **Zu Abs. 1.** Von diesem durch die Erste ÄndVO 1999 eingeführten Erlaubnisvorbehalt werden alle gewerbsmäßigen Tiertransporteure unabhängig von ihrem Geschäftssitz erfasst (vgl. amtl. Begr., BR-Drucks. 1005/98 S. 13). Auch der im Ausland ansässige Beförderer muss also, wenn er in oder durch Deutschland Tiere transportieren will und gewerbsmäßig handelt, eine Erlaubnis vorlegen können (s. auch Rn. 3). Ermächtigungsgrundlage ist § 2a Abs. 2 S. 2 Nr. 6 TierSchG. – Gewerblicher Beförderer ist, wer gewerbsmäßig befördern will (vgl. *L/M* § 11 TierSchTrV Rn. 1). Gewerbsmäßig handelt, wer die Tätigkeit selbständig, planmäßig, fortgesetzt und mit der Absicht der Gewinnerzielung ausübt (s. auch § 11 TierSchG Rn. 9 und AVV Nr. 12.2.1.5). – Nach Art. 6 Abs. 1 der EU-TiertransportVO braucht jeder Transportunternehmer (vgl. Art. 2 lit. x) entweder eine Zulassung nach Art. 10 oder, wenn er lange Beförderungen iS von Art. 2 lit. m durchführen will, eine Zulassung nach Art. 11. Hinzu kommt bei langen Beförderungen nach Art. 7 Abs. 1, 18 Abs. 1 die obligatorische Zulassung der Transportfahrzeuge. Sofern für diese Zulassung bis zum 5. 1. 2007 keine konkretisierenden Vollzugshinweise ausgearbeitet sind, dürfte diese Aufgabe die Veterinärämter überfordern. Fachlich sinnvoll wäre es, das Zulassungsverfahren auf spezielle Behörden oder Einrichtungen (zB auf das Beratungs- und Schulungsinstitut für den schonenden Umgang mit Schlachttieren, BSI) zu übertragen.

2 **Zu Abs. 2 und 3.** Erlaubnisvoraussetzungen sind: **1.** Tierschutzrechtliche Zuverlässigkeit der verantwortlichen Person. Bereits ein einzelner Verstoß gegen eine tierschutzrechtliche oder ähnliche Bestimmung kann Zweifel an der Zuverlässigkeit begründen, wenn er genügend schwer wiegt; ebenso mehrere, für sich genommen zwar jeweils leichte, in der Summe aber schwer wiegende Verstöße (s. auch § 11 TierSchG Rn. 18) **2.** Sämtliche Einrichtungen und Transportmittel müssen allen Anforderungen der TierSchTrV entsprechen; verbleibende Zweifel gehen zu Lasten des Beförderers (s. auch § 11 TierSchG Rn. 19). – Die Behörde kann der Erlaubnis Auflagen und Bedingungen beifügen, insbesondere solche, die gewährleisten sollen, dass die Voraussetzungen der Erlaubnis bei ihrer Erteilung erfüllt sind und auch während ihrer gesamten Geltungsdauer erhalten bleiben (zu Auflagen und Bedingungen s. auch § 11 TierSchG Rn. 22). – Die ab dem 5. 1. 2007 geltenden Zulassungsvoraussetzungen nach Art. 10 und 11 der EU-TiertransportVO sind ähnlich. Ein einzelner, ernster und innerhalb der letzten drei Jahre vor der Antragstellung begangener Verstoß des Antragstellers oder seines Vertreters gegen das gemeinschaftliche oder einzelstaatliche Tierschutzrecht begründet eine Unzuverlässigkeit; ebenso mehrere, in der Summe ernste Zuwiderhandlungen. „Bekannt“ iS von Art. 10 Abs. 1 lit. c ist ein Verstoß auch dann, wenn er sich aus einem der Behörde zugänglichen Register ergibt; die Behörde wird also im Zulassungsverfahren Einsicht ins Bundeszentral- und ins Gewerbezentralregister nehmen müssen. Liegt ein Verstoß vor, so muss der Antragsteller den Nachweis führen, dass er alle erforderlichen Maßnahmen ergriffen hat, um weitere Verstöße zu vermeiden; verbleibende Zweifel gehen zu seinen Lasten. Unabhängig davon muss er nachweisen, dass das Personal, die Ausrüstung und die Verfahren ausreichen, um allen Bestimmungen der EU-TiertransportVO und ggf. auch den darüber hinausgehenden

Leitlinien für bewährte Praktiken nachzukommen. Für lange Beförderungen müssen Befähigungsnachweise nach Art. 17 Abs. 2, Zulassungsnachweise nach Art. 18 Abs. 2, Nachweise für ein funktionierendes Navigationssystem nach Art. 6 Abs. 9 sowie Notfallpläne hinzukommen.

3 **Zu Abs. 4.** Auch gewerbliche Beförderer mit Sitz in einem Drittland brauchen eine Erlaubnis. Im Regierungsentwurf zur Ersten ÄndVO war vorgesehen, ihnen an der Grenze auf Antrag die Erlaubnis allein aufgrund bestimmter, schriftlich abgegebener Erklärungen zu erteilen; dies wurde aber vom Bundesrat wegen der darin liegenden Benachteiligung der inländischen Beförderer abgelehnt (vgl. BR-Drucks. 1005/98, Beschluss S. 2). – Ab dem 5. 1. 2007 gilt aufgrund von Art. 6, 10 und 11 der EU-TiertransportVO ein EU-weites, einheitliches Zulassungsverfahren.

4 **Ordnungswidrigkeiten.** Wer als gewerblicher Beförderer ohne Erlaubnis ein Wirbeltier befördert, handelt ordnungswidrig nach § 42 Abs. 1 Nr. 6 (bloßes Nicht-Mitführen einer beglaubigten Kopie der Erlaubnis entgegen Abs. 6 reicht nicht aus); der Transportführer und andere Personen können Beteiligte nach § 14 Abs. 1 OWiG sein.

§ 11a Widerruf, Rücknahme und Ruhen der Erlaubnis

(1) [1] **Die zuständige Behörde kann das Ruhen der Erlaubnis bis zur Beseitigung der Rücknahme- oder Widerrufsgründe anordnen, wenn**

1. die Voraussetzungen für einen Widerruf oder eine Rücknahme vorliegen oder
2. Auflagen nicht, nicht richtig oder nicht rechtzeitig erfüllt oder Fristen nicht eingehalten werden

und Tatsachen die Annahme rechtfertigen, daß der Mangel innerhalb einer angemessenen Frist behoben werden kann. [2] **Die Bestimmungen des Verwaltungsverfahrensrechts betreffend die Aufhebung von Verwaltungsakten bleiben unberührt.**

(2) **Die zuständige Behörde macht den Widerruf und die Rücknahme der Erlaubnis im Bundesanzeiger bekannt.**

Die Rücknahme der Erlaubnis richtet sich nach § 48, der Widerruf nach § 49 VwVfG. Da die Voraussetzungen der Erlaubnis während ihrer gesamten Geltungsdauer erfüllt sein müssen, kommt insbesondere ein Widerruf wegen nachträglich eingetretener Unzuverlässigkeit der verantwortlichen Person oder auch des Beförderers selbst in Betracht, vgl. § 49 Abs. 2 Nr. 3 VwVfG (s. auch § 11 TierSchG Rn. 26). Zusätzlich gibt § 11a Abs. 1 S. 1 Nr. 1 der Behörde die Möglichkeit, als milderes Mittel gegenüber dem Beförderer das Ruhen der Erlaubnis anzuordnen, wenn der Mangel, der den Rücknahme- oder Widerrufsgrund bildet, behebbar erscheint. Eine Minderung der Befugnisse aus dem VwVfG ist damit nicht verbunden. – Nach Abs. 1 S. 1 Nr. 2 kann das Ruhen der Erlaubnis auch bei einem Auflagenverstoß oder bei Nichteinhaltung einer Frist angeordnet werden, unabhängig davon, ob auch die Voraussetzungen für einen Widerruf nach § 49 Abs. 2 Nr. 2 VwVfG erfüllt sind. – Das Ruhen setzt die Erlaubnis außer Kraft. Wenn also ein Beförderer, dessen Erlaubnis ruht, dennoch ein Wirbeltier befördert, so handelt er ohne Erlaubnis und begeht eine Ordnungswidrigkeit nach § 42 Abs. 1 Nr. 6 OWiG. – Zulassungen nach Art. 6, 10 und 11 der EU-TiertransportVO werden bei Verstößen gegen diese Verordnung nach Art. 26 Abs. 4 lit. c entzogen oder ausgesetzt, falls mildere Mittel wie Anordnungen zur Mängelbeseitigung, Anordnungen zur Vermeidung von Wiederholungsfällen und zusätzliche Kontrollen nicht ausreichen.

§ 12 Kennzeichnung

Der Beförderer und der Transportführer haben sicherzustellen, daß die Wirbeltiere oder die Behältnisse, in denen sie befördert werden, so gekennzeichnet sind, daß während des Transports die Nämlichkeit der Tiere oder der Behältnisse festgestellt werden kann.

§ 13 Sachkunde

(1) [1]Wer Tiere befördert, muß über die hierfür notwendigen Kenntnisse und Fähigkeiten (Sachkunde) verfügen. [2]Satz 1 gilt nicht für Transporte in Behältnissen nach § 6 Abs. 1 Satz 2 Nr. 1.

(2) [1]Im Inland ansässige gewerbliche Beförderer haben sicherzustellen, daß ein Transport von Nutztieren und Hausgeflügel mindestens von einer Person durchgeführt oder begleitet wird, die im Besitz einer gültigen Bescheinigung der zuständigen Behörde oder der sonst nach Landesrecht beauftragten Stelle (zuständige Stelle) über ihre Sachkunde (Sachkundebescheinigung) ist, die diese Sachkundebescheinigung während des Transports mitführt. [2]Satz 1 gilt nicht für Transporte in Behältnissen nach § 6 Abs. 1 Satz 2 Nr. 1.

(3) [1]Die Sachkundebescheinigung wird von der zuständigen Stelle auf Antrag erteilt, wenn die Sachkunde im Rahmen einer erfolgreichen Prüfung nach Maßgabe der Absätze 4 und 5 nachgewiesen worden ist oder die Voraussetzungen des Absatzes 7 erfüllt sind. [2]Die Sachkundebescheinigung bezieht sich auf die Tierkategorie, auf die sich die Prüfung nach Absatz 4 oder die Ausbildung nach Absatz 7 erstreckt hat.

(4) [1]Auf Antrag führt die zuständige Stelle eine Prüfung der Sachkunde bezogen auf die im Antrag benannten Tierkategorien durch. [2]Die Prüfung besteht aus einem theoretischen und einem praktischen Teil. [3]Sie wird im theoretischen Teil schriftlich und mündlich abgelegt. [4]Die Prüfung erstreckt sich auf folgende Prüfungsgebiete:

1. im Bereich der Kenntnisse:
   a) Grundkenntnisse der Anatomie und Physiologie,
   b) tierschutzrechtliche Vorschriften,
   c) Ernähren und Pflegen von Tieren, insbesondere deren Bedarf und Verhalten,
   d) Eignung und Kapazität der verschiedenen Transportmittel und
   e) Maßnahmen zum Nottöten und Notschlachten von Tieren;
2. im Bereich der Fertigkeiten:
   a) Vorbereitung, Organisation und Durchführung von Tiertransporten,
   b) Beurteilen der Transportfähigkeit von Tieren,
   c) Führen und Treiben von Tieren und
   d) bei milchgebenden Kühen, Schafen und Ziegen zusätzlich Melken von Tieren.

(5) Die Prüfung ist bestanden, wenn jeweils im theoretischen und praktischen Teil mindestens ausreichende Leistungen erbracht worden sind.

(6) Eine Wiederholung der Prüfung ist frühestens nach drei Monaten zulässig.

(7) Die zuständige Stelle kann von einer Prüfung absehen, wenn

1. der erfolgreiche Abschluß eines Hochschulstudiums oder Fachhochschulstudiums im Bereich der Landwirtschaft oder Tiermedizin,
2. eine bestandene Abschlußprüfung in den Berufen Fleischer, Landwirt, Pferdewirt, Tierpfleger, Tierwirt oder anderer anerkannter Berufsabschlüsse oder Nachweise, die die erforderliche Sachkunde voraussetzen, oder
3. die regelmäßige Durchführung von gewerblichen Tiertransporten ohne Beanstandung wegen des Verstoßes gegen tierschutzrechtliche Bestimmungen seit mindestens drei Jahren vor Inkrafttreten dieser Verordnung

nachgewiesen wird und keine Bedenken hinsichtlich der erforderlichen fachlichen Kenntnisse und Fähigkeiten bestehen.

(8) Die Sachkundebescheinigung ist zu entziehen, wenn Personen wiederholt oder grob Anforderungen dieser Verordnung zuwidergehandelt haben und Tatsachen die Annahme rechtfertigen, daß dies auch weiterhin geschieht.

Zu Abs. 1. Jeder, der ein Tier befördert, muss über die notwendige Sachkunde verfügen; das gilt auch für den nicht gewerblichen Transport (vgl. § 1 Abs. 2 Nr. 2). – Die EU-TiertransportVO schreibt in Art. 6 Abs. 4 vor, dass Fahrer und Betreuer zu den einschlägigen Regelungen der Anhänge I und II geschult sein müssen; eine Ausnahme gilt gemäß Abs. 7 für Transporte von max. 65 km (krit. TVT-Stellungnahme S. 1). 1

Zu Abs. 2. Für den gewerblichen Transport von Nutztieren (vgl. § 2 Nr. 1) und Hausgeflügel (vgl. § 2 Nr. 1 TierSchlV) bedarf es darüber hinaus einer besonderen, von der nach Landesrecht zuständigen Behörde erteilten Sachkundebescheinigung. Der Beförderer muss sicherstellen, dass der Transport stets von mindestens einer Person durchgeführt oder begleitet wird, die diese Sachkundebescheinigung besitzt und mitführt (vgl. auch Nds. Ministerium Handbuch S. 80: Da der Transport das Verladen einschließt, muss zB auch während des Tätigwerdens einer „Fängerkolonne" sowie beim Entladen im Schlachtbetrieb ein weisungsbefugter Verantwortlicher mit Sachkundenachweis durchgehend anwesend sein). Bei Verstoß liegt eine Ordnungswidrigkeit nach § 42 Abs. 1 Nr. 8 vor. Täter kann zwar nur der Beförderer (vgl. § 2 Nr. 10) sein; andere Personen, insbesondere Transportführer, können aber Beteiligte nach § 14 Abs. 1 OWiG sein. – Die EU-TiertransportVO schreibt in Art. 6 Abs. 5 für Straßentransporte mit Hausequiden, Rindern, Schafen, Ziegen, Schweinen oder Geflügel vor, dass Fahrer bzw. Betreuer über einen Befähigungsnachweis nach Art. 17 Abs. 2 verfügen müssen; Ausnahmen gelten nur für Transporte in Behältnissen mit doppelter Vorratsversorgung sowie für kurze Transporte (Art. 6 Abs. 6 lit. a und Abs. 7). Der Erwerb und die Ausstellung dieses Befähigungsnachweises richten sich nach Anh. IV bzw. Anh. III Kap. III (s. dort insbes. die Befristung in Nr. 2.1). Eine Beschränkung auf bestimmte Tierarten ist möglich. Die bisher übliche Ausnahme für Ladenschlachter, deren Tätigkeit als nicht-gewerblich eingestuft wurde (vgl. Nds. Ministerium Handbuch S. 80), gibt es nach dem 5. 1. 2007 nicht mehr (vgl. EU-TiertransportVO, Art. 1 Abs. 5 sowie Erwägung Nr. 12; s. auch § 1 Rn. 2). 2

Zu Abs. 3 und 4. Die Sachkundebescheinigung wird grds. nur aufgrund einer erfolgreichen Prüfung erteilt. Welche Kenntnisse und Fertigkeiten dabei nachgewiesen werden müssen, regelt Abs. 4 S. 4 (Beispiele für sinnvolle Prüfungsfragen und Lösungen vgl. TVT, Tierschutzgerecht transportieren III S. 1 ff.). – Ab dem 5. 1. 2007 richtet sich die Prüfung nach der EU-TiertransportVO, Anh. IV. Die dort aufgeführten Lern- und Prüfungsinhalte sind nicht abschließend („mindestens", „insbesondere"), können also erweitert werden. 3

Zu Abs. 7. Nach Nr. 1 und 2 kann die Behörde die Sachkundebescheinigung ausnahmsweise auch ohne Prüfung erteilen, wenn bestimmte, erfolgreiche Berufs- oder Ausbildungsabschlüsse nachgewiesen werden und keine Bedenken hinsichtlich der erforderlichen fachlichen Kenntnisse und Fähigkeiten bestehen (krit. *Fikuart* DTBl. 1999, 470). Solche Bedenken sind aber begründet, wenn unsicher ist, ob im Rahmen der nachgewiesenen Ausbildung etc. im Hinblick auf die betroffene Tierkategorie wirklich alle Kenntnisse und Fertigkeiten vermittelt und geprüft worden sind, auf die sich die Sachkundeprüfung nach Abs. 4 S. 4 erstreckt. – Eine weitere Ausnahme enthält Nr. 3. – Als Ausnahmevorschrift ist Abs. 7 eng auszulegen; bei Zweifeln an einer der erforderlichen Kenntnisse oder Fertigkeiten darf die Sachkundebescheinigung nicht ohne Prüfung erteilt werden. – Die EU-TiertransportVO kennt diese Ausnahmen nicht; sie gelten daher ab 5. 1. 2007 nicht mehr. 4

Zu Abs. 8. Die Sachkundebescheinigung ist zu entziehen, wenn der Inhaber entweder mindestens zwei, für sich genommen jeweils leichte Verstöße oder einen groben Verstoß gegen die Anforderungen der Verordnung begangen hat und die Annahme einer Wiederholungsgefahr begründet erscheint (gebundener Verwaltungsakt, d. h. der Behörde steht kein Ermessen zu). Daraus folgt, dass sich die behördliche Prüfung von vornherein auch darauf erstrecken muss, ob bei dem Antragsteller ein derartiger Sachverhalt gegeben ist; bejahendenfalls ist die Bescheinigung zu verweigern (argumentum a maiore ad minus). – Nach Art. 26 Abs. 5 der EU-TiertransportVO kommt die Aussetzung oder Entziehung des Befähigungsnachweises schon bei einem einzigen Verstoß in Betracht, erst recht bei mehreren. 5

Vorbemerkung zu den §§ 14, 15 und 16

Hier handelt es sich um ergänzende Regelungen. Auch für Schienen- Schiffs- und Lufttransporte gelten also die gesamten allgemeinen Vorschriften des Abschnittes 1. Ebenso gelten auch die Vorschriften der Abschnitte 2 bis 7, soweit nicht für die jeweilige Transportart ausdrücklich Ausnahmen vorgesehen oder Sonderregelungen angeordnet sind.

§ 14 Schienentransport

(1) [1]Tiere dürfen nur in gedeckten Wagen befördert werden. [2]Die Wagen müssen eine hohe Fahrtgeschwindigkeit zulassen.

(2) [1]Der Beförderer und der Transportführer haben sicherzustellen, daß Einhufer angebunden befördert werden, und zwar so, daß sie bei Querverladung zu derselben Seite des Wagens schauen oder bei Längsverladung sich gegenüberstehen. [2]Satz 1 gilt nicht, sofern die Tiere im Transportmittel in Einzelboxen untergebracht werden. [3]Fohlen und halfterungewohnte Tiere müssen nicht angebunden werden.

(3) Die Wirbeltiere oder die Behältnisse, in denen sich Wirbeltiere befinden, müssen so verladen sein, daß sich ein Begleiter zwischen ihnen bewegen kann.

(4) Bei der Zugbildung und Verschubbewegung sind heftige Stöße der Wagen zu vermeiden.

§ 15 Schiffstransport

(1) Der Beförderer und der Transportführer haben sicherzustellen, daß beim Schiffstransport auf offenem Deck die Tiere

1. in Behältnissen untergebracht sind, die vor Verrutschen gesichert sind, oder

2. in Vorrichtungen untergebracht sind, die Schutz vor schädlichen Witterungseinflüssen und Schutz vor Seewasser bieten.

(2) Bei vorhergesagten extremen Witterungsverhältnissen, die zu Verletzungen und Schäden der Tiere führen können, dürfen Transporte nicht durchgeführt werden.

(3) Für die Betreuung der Tiere muß eine sachkundige, weisungsbefugte Person zur Verfügung stehen, die Notversorgung leisten kann.

(4) Der Beförderer und der Transportführer haben sicherzustellen, daß die Tiere angebunden oder in Verschlägen, Buchten oder Behältnissen untergebracht werden.

(5) Verschläge, Buchten und Behältnisse, in denen Tiere untergebracht sind, müssen jederzeit einsehbar und zugänglich sowie ausreichend beleuchtet und belüftet sein.

(6) [1]Der Beförderer hat sicherzustellen, daß alle Teile des Schiffes, in denen Tiere untergebracht sind, über ein wirksames Abflußsystem für flüssige tierische Abgänge verfügen. [2]Das Abflußsystem ist in hygienisch einwandfreiem Zustand zu halten.

(7) Ein Instrument, mit dem Tiere im Bedarfsfall unter Vermeidung von Schmerzen oder Leiden getötet werden können, ist mitzuführen.

(8) Der Beförderer hat sicherzustellen, daß das Schiff

1. für die Dauer des Seetransports mit ausreichenden Vorräten an Trinkwasser, wenn das Schiff nicht über ein Trinkwasseraufbereitungssystem verfügt, und geeignetem Futter bestückt ist und

2. über geeignete Einrichtungen mit trockener und weicher Einstreu verfügt, in denen kranke oder verletzte Tiere abgesondert und gegebenenfalls behandelt werden können.

(9) [1]**Die Absätze 1 und 2 gelten nicht für den Schiffstransport von Tieren in Schienen- oder Straßenfahrzeugen.** [2]**Bei diesem Transport müssen die Fahrzeuge, in denen die Tiere untergebracht sind, fest verzurrt und die Tiere so untergebracht sein, daß zu jedem Tier ein direkter Zugang besteht.**

Nach Art. 7 Abs. 2 und Art. 19 der EU-TiertransportVO müssen ab dem 5. 1. 2007 Tiertransportschiffe, die Hausequiden, Rinder, Schafe, Ziegen oder Schweine aus einem Hafen der Gemeinschaft befördern wollen, über eine Zulassung verfügen. Im Zulassungsverfahren wird überprüft, ob die Anforderungen gemäß Anh. I Kap. IV Abschnitt 1 eingehalten sind (u. a. Zwangsbelüftungssystem, Frischwasserversorgungssystem, Beleuchtung, Stromversorgung, Brandschutz). Die Zulassung wird auf höchstens fünf Jahre befristet. – Werden die Tiere im Container befördert und handelt es sich um eine lange Beförderung bzw. um eine solche auf dem Seeweg, so bedarf nur der Container der Zulassung (Art. 2 lit. l, Art. 7 Abs. 3). – Ro-Ro-Schiffe bedürfen ebenfalls keiner Zulassung (Art. 2 lit. l und v, Art. 7 Abs. 2); Bestimmungen zur Zwangsbelüftung, zum Schutz vor Meerwasser und zur Sicherung der Fahrzeuge finden sich in Anh. I Kap. II Nr. 3.

§ 16 Lufttransport

(1) **Luftfahrtunternehmen müssen Tiere beim Lufttransport entsprechend den Bestimmungen der IATA Richtlinien für den Transport von lebenden Tieren in der vom Bundesministerium für Umwelt, Naturschutz und Reaktorsicherheit bekanntgemachten Fassung (BAnz. Nr. 151 a vom 15. August 1998) befördern.**

(2) **Gegen zu hohe oder zu niedrige Temperaturen oder starke Luftdruckschwankungen im Tierbereich sind die notwendigen Maßnahmen zu treffen.**

(3) **§ 15 Abs. 7 gilt für Frachtflugzeuge entsprechend.**

Abschnitt 2. Transport in Behältnissen

§ 17 Allgemeine Anforderungen

[1]**Behältnisse, in denen sich Wirbeltiere befinden, dürfen beim Verladen nicht gestoßen, geworfen oder gestürzt werden.** [2]**Sie sind so zu verladen, daß sie nicht verrutschen können.** [3]**Die Behältnisse müssen sich außer während des Verladens von Geflügel stets in aufrechter Stellung befinden.**

Nach dem Anhang zur EU-Tiertransportrichtlinie gelten für den Transport in Behältnissen einige Gebote, die über den Wortlaut des § 17 hinausgehen. Die entsprechenden Gebote können aber den Allgemeinen Vorschriften der TierSchTrV, insbesondere dem Vorsorgegrundsatz (s. § 7) entnommen werden (richtlinienkonforme Auslegung). – Im Einzelnen gilt nach Anhang Kap. I Nr. 2c: Behältnisse müssen so gebaut sein, dass sie nicht nur verletzungssicher sind, sondern den Tieren auch kein unnötiges Leiden verursacht wird; Behältnisse sind mit einem Symbol für lebende Tiere zu kennzeichnen und müssen ein Zeichen tragen, das die Position der Tiere anzeigt; Behältnisse müssen die Überwachung und Betreuung der Tiere ermöglichen; Behältnisse müssen so aufgestellt sein, dass die Luftzufuhr nicht beeinträchtigt wird; Behältnisse müssen „beim Transport" (also auch beim Be- und Entladen, vgl. Art. 2 Abs. 2 lit. b der Richtlinie) stets aufrecht stehen (s. auch Nr. 30, 32 und 34 b des Anhangs der Richtlinie). – Ab dem 5. 1. 2007 ergeben sich diese Anforderungen aus der EU-TiertransportVO: Nach Anh. I Kap. II Nr. 1.1 müssen Bau, Instandhaltung und Verwendung von Transportbehältern so sein, „dass Verletzungen und Leiden der Tiere vermieden werden und ihre Sicherheit gewährleistet ist" (Vorsorgegrundsatz; s. auch § 7 Rn. 1); die Pflicht zur Beschilderung mit einem Symbol für lebende Tiere und zur Kennzeichnung der Oberkante ergibt sich aus Anh. I Kap. II Nr. 5.1; dass die Behältnisse die Überwachung und Betreuung der Tiere ermöglichen müssen, folgt aus Anh. I Kap. II Nr. 1.1 f; dass die Behältnisse so beschaffen und aufgestellt sein müssen, dass die Luftzufuhr nicht beeinträchtigt wird, ist in Anh. I Kap. II Nr. 1.1 e vorgeschrieben (zu Größe und Anordnung von Luftlöchern und zu Abstandhaltern an den Lüftungsflächen vgl. auch Anh. I Kap. III Nr. 1.7 c und Nr. 2.6 sowie Nds. Ministerium Handbuch S. 57, 58); in Anh. I Kap. II Nr. 5.2 ist bestimmt: „Während der Beförderung sind Transportbehälter stets aufrecht zu halten" (nach Art. 2 lit. j und w gilt: Beförderung = Transportvorgang, schließt also das Verladen ein; folglich dürfen Transportbehälter nicht mehr gekippt werden, auch nicht zum Entladen von Geflügel).

§ 18 Besondere Anforderungen an Behältnisse

[1]Der Absender hat sicherzustellen, daß außer beim Lufttransport und den damit im Zusammenhang stehenden Landtransporten die Tiere nur in Behältnissen befördert werden, die den Anforderungen der Anlage 3 entsprechen, und daß, soweit in der Anlage Mindest- oder Höchstzahlen je Behältnis vorgeschrieben sind, diese eingehalten werden. [2]Übernimmt der Beförderer das Verbringen der Tiere in die Behältnisse, so hat dieser dies sicherzustellen.

Die in Anlage 3 vorgegebenen Mindestbodenflächen, Mindesthöhen sowie Höchst- und Mindestzahlen je Behältnis sind einzuhalten. Ein Verstoß durch den Absender bzw. im Fall von S. 2 den Beförderer ist eine Ordnungswidrigkeit nach § 42 Abs. 1 Nr. 2 (Andere, denen dieses persönliche Merkmal fehlt, können nach § 14 Abs. 1 OWiG Beteiligte sein). – Die Behörde kann im Einzelfall gemäß § 4 Abs. 2 i. V. m. § 16 a S. 2 Nr. 1 TierSchG mehr Bodenfläche, mehr Höhe oder eine geringere Tierzahl je Behältnis anordnen, wenn dies erforderlich ist, um zu gewährleisten, dass sich alle Tiere in ihrer aufrechten Haltung normal verhalten und sich alle gleichzeitig ungestört nebeneinander hinlegen können (vgl. § 4 Abs. 2 S. 2 sowie BR-Drucks. 836/96 S. 50 und Einf. Rn. 12; vgl. auch TVT-Merkblatt Nr. 78, Kaninchenhaltung: Mindestfläche und -höhe der Anlage 3 unzureichend, um eine entspannte Sitzposition und ein ausgestrecktes Liegen zu ermöglichen und einen ausreichenden Luftaustausch zu gewährleisten). – Zur Auswahl des richtigen Transportbehältnisses gehört auch, dass einander fremde Hähne, aggressive Arten (zB einige Tauben und Fasane) sowie Enten einzeln transportiert werden (vgl. Nds. Ministerium Handbuch S. 57). – Die EU-TiertransportVO legt Mindestbodenflächen für bestimmte Tierarten in Anh. I Kap. VII fest (A: Hausequiden; B: Rinder; C: Schafe/Ziegen; D: Schweine; E: Geflügel). Soweit hierbei Margen benutzt werden, kann das notwendige Raumangebot mit Hilfe anderer Bestimmungen konkretisiert werden: Schon in der Überschrift zu Kap. VII wird klargestellt, dass es sich bei diesen Zahlen um Mindestanforderungen handelt („zumindest"); nach Art. 3 S. 2 g müssen sich Bodenfläche und Standhöhe auch an der „geplanten Beförderung" ausrichten, was nahe legt, dass jedenfalls bei langen Beförderungen die Einhaltung der Obergrenze der jeweiligen Marge zu fordern ist; nach Art. 3 S. 2 h müssen alle Tiere gleichzeitig ruhen können, was im Einzelfall größere Flächen erfordern kann; nach Art. 3 S. 2 a und f ist ihren Bedürfnissen während der Beförderung Rechnung zu tragen bzw. ihr Wohlbefinden in angemessener Weise aufrecht zu erhalten. Das alles macht es erforderlich, bei Geflügel und Eintagsküken in Transportbehältern die Obergrenze der in Anh. I Kap. VII E vorgegebenen Werte einzufordern und besonders bei langen Beförderungen oder belastenden Witterungsbedingungen von der Ermächtigung zu Abweichungen nach oben Gebrauch zu machen (s. auch Einf. Rn. 6, 7; zu Equiden, Rindern, Schafen, Ziegen und Schweinen s. die Kommentierung zu § 23). Hinsichtlich derjenigen Fragen, die in Kap. VII nicht geregelt sind (Mindesthöhe des Transportbehältnisses; Anzahl der Tiere je Behältnis; Raumangebot für Brieftauben, Hunde, Katzen, Kaninchen) kann Anlage 3 der TierSchTrV als Konkretisierung der Grundsätze des Art. 3 S. 2a, f, g und h der EU-TiertransportVO herangezogen werden und damit auf dem Weg über Art. 3 auch nach dem 5. 1. 2007 weiterhin Anwendung finden (s. Einf. Rn. 5; s. aber auch TVT aaO: mehr Fläche und Höhe für Kaninchen erforderlich).

§ 19 Nachnahmeversand

[1]Tiere dürfen mit Nachnahme nicht in das Ausland versandt werden. [2]Der Absender darf Tiere nur dann mit Nachnahme versenden, wenn sie schriftlich bestellt worden sind und der Empfänger schriftlich zugesichert hat, daß die Tiere sofort nach ihrem Eintreffen angenommen werden. [3]Haben Absender und Empfänger eine Erlaubnis nach § 11 des Tierschutzgesetzes, oder handeln sie gewerbsmäßig mit landwirtschaftlichen Nutztieren, so kann der Empfänger diese schriftliche Zusicherung für einen Zeitraum von jeweils höchstens 12 Monaten im voraus erteilen. [4]Die Bestellung bedarf dann nicht der Schriftform.

Die Bestimmung stellt sicher, dass dem Anliegen des Tierschutzes auch beim Nachnahmeversand entsprochen wird; zugleich trägt sie der Berufsfreiheit (Art. 12 GG) Rechnung (vgl. BVerfGE 36, 47). In das Ausland dürfen Tiere nicht mit Nachnahme versandt werden. Bei Inlandsversendung müssen zuvor eine schriftliche Bestellung und eine schriftliche Abnahmezusicherung des Bestellers vorliegen. Bei Verstoß liegt eine Ordnungswidrigkeit nach § 42 Abs. 1 Nr. 12 vor. Eine Einschränkung gilt nach S. 3, sofern Absender und Empfänger im Besitz einer Erlaubnis nach § 11 TierSchG sind (weil es sich dann um von der Behörde als zuverlässig beurteilte Geschäftspartner handelt, vgl. BR-Drucks. 836/96 S. 57). – Die EU-TiertransportVO enthält keine ausdrückliche Regelung dieser Frage, fordert aber in Art. 3 S. 2a „alle erforderlichen Vorkehrungen, um die Beförderungsdauer so kurz wie möglich zu halten". Dieser Forderung könnte ein grds. Verbot des Nachnahmeversands entsprechen, weil hier die Gefahr einer Nicht-Abnahme und einer dadurch hervorgerufenen Verdoppelung der Transportdauer nie völlig ausgeschlossen werden kann. Zumindest ist es geboten, die Beschränkungen aus § 19 weiterhin anzuwenden und sich dabei künftig auf Art. 3 S. 2a zu stützen (s. Einf. Rn. 5).

§ 20 Pflichten des Absenders

(1) [1]Tiere dürfen nur versandt werden, wenn sich der Absender von der Richtigkeit der Empfängeranschrift überzeugt hat. [2]Auf der Sendung müssen die zustellfähigen Anschriften des Absenders und Empfängers angegeben sein. [3]Der Absender muß den Empfänger vor der Absendung über die Absende- und voraussichtliche Ankunftszeit, den Bestimmungsort sowie über die Versandart unterrichten.

(2) Der Absender hat sicherzustellen, daß nur solche Behältnisse verwendet werden, die die Tiere vor vorhersehbaren schädlichen Witterungseinflüssen schützen, oder sicherzustellen, daß während des Transports auf andere Weise der gleiche Schutz gewährt wird.

(3) Der Absender hat sicherzustellen, daß Tiere, deren Beförderung voraussichtlich 12 Stunden oder länger dauert, vor dem Einladen oder der Annahme durch den Beförderer gefüttert und getränkt werden; die Tiere dürfen nicht überfüttert werden.

(4) Der Absender hat sicherzustellen, daß die Tiere im Behältnis in der Lage sind, beigegebenes Futter und Trinkwasser auch während eines etwa notwendigen Rück-

transports in ausreichender Menge aufzunehmen; außerdem hat er auf der Sendung Angaben über Art und Zahl der Tiere sowie über die Fütterung im Notfall zu machen.

(5) Der Absender hat sicherzustellen, daß bei Nichtabnahme einer Sendung der etwa notwendige Rücktransport spätestens mit Ablauf des Freitags oder vor Feiertagen abgeschlossen werden kann.

1 **Abs. 1** konkretisiert den Beschleunigungsgrundsatz (s. § 4 Rn. 3; vgl. auch Art. 3 S. 2a der EU-TiertransportVO, als dessen zutreffende Konkretisierung die Gebote des Abs. 1 auch nach dem 5. 1. 2007 weiterhin angewendet werden können; s. auch Einf. Rn. 5).

2 **Abs. 2 und 3.** Die EU-TiertransportVO regelt den Schutz vor schädlichen Witterungseinflüssen allgemein in Anh. I Kap. II Nr. 1.1b (vgl. auch Nds. Ministerium Handbuch S. 58: Die Außentemperatur darf 25 °C nicht über- und 0 °C nicht unterschreiten; tropische Arten dürfen Temperaturen unter 15 °C nicht ausgesetzt werden). – Eine dem Abs. 3 entsprechende Verpflichtung ist in der EU-TiertransportVO zumindest aus Art. 3 S. 2a abzuleiten, zumal in Erwägung Nr. 9 eingestanden wird, dass für Geflügel „geeignete Sonderbestimmungen" noch erarbeitet werden müssten).

3 **Zu Abs. 4.** Ob und wann Tiere während eines Transportes gefüttert und getränkt werden müssen, regelt die TierSchTrV in Anlage 2 (für Nutztiertransporte in Fahrzeugen nach § 24 Abs. 3), in § 30 (für Hauskaninchen, Hausgeflügel und Stubenvögel), in § 31 (für Haushunde und -katzen) und in § 6 Abs. 3 S. 2 für Säugetiere und Vögel im übrigen. Außerdem gilt das Gebot zu art- und bedürfnisangemessener Ernährung nach § 2 Nr. 1 TierSchG für alle, also zB auch für wechselwarme Tiere. Muss einem Behältnis nach diesen Vorschriften Futter und Trinkwasser beigegeben werden, so treffen den Absender die Pflichten nach Abs. 4 (vgl. auch Nds. Ministerium Handbuch S. 58: wasserhaltiges, haltbares Futter, das den Flüssigkeits- und Nährstoffbedarf für das Doppelte der geplanten Transportdauer sicherstellt). – Die EU-TiertransportVO regelt die Fütterungs- und Tränkintervalle für Hausequiden, Rinder, Schafe, Ziegen und Schweine in Anh. I Kap. V Nr. 1, für Geflügel und Hauskaninchen in Nr. 2.1, für Hunde und Katzen in Nr. 2.2 und subsidiär in Anh. I Kap. III Nr. 2.7 S. 2; daneben gilt der allgemeine Grundsatz des Art. 3 S. 2a („alle erforderlichen Vorkehrungen treffen, um ... den Bedürfnissen der Tiere während der Beförderung Rechnung zu tragen"; längere Zeiten ohne Wasser bzw. Futter als die, die bisher nach der TierSchTrV vorgesehen waren, wären mit diesem Grundsatz unvereinbar).

4 **Zu Abs. 5.** Der Absender muss sicherstellen, dass unzustellbare Tiere rechtzeitig vor Beginn des Wochenendes an ihn zurückgelangen. Die Absendung muss also spätestens am Mittwoch vorgenommen sein. – Unter der Geltung der EU-TiertransportVO dürfte nach dem Beschleunigungsgrundsatz in Art. 3 S. 2a dasselbe gelten.

5 **Ordnungswidrigkeiten.** Alle Pflichten nach § 20 sind bußgeldbewehrt, vgl. § 42 Abs. 1 Nr. 13. Wer nicht Absender ist, kann nach § 14 Abs. 1 OWiG Beteiligter sein.

§ 21 Pflichten des Beförderers

Der Beförderer hat sicherzustellen, daß Wirbeltiere vor schädlichen Witterungseinflüssen geschützt werden, wenn diese für den Absender nicht vorhersehbar waren.

§ 22 Maßnahmen bei Ankunft der Tiere

(1) Wird die Abnahme verweigert oder wird die Sendung nicht abgeholt, so sind die Wirbeltiere, soweit notwendig, vom Beförderer zu ernähren und zu pflegen; sie sind mit der nächsten Möglichkeit an den Absender zurückzubefördern.

(2) Sendungen von Wirbeltieren, die beim ersten Zustellversuch nicht ausgeliefert werden können, sind bei nächster Gelegenheit, spätestens nach Ablauf von sechs Stunden, erneut zuzustellen oder mit der nächsten Möglichkeit zurückzubefördern.

Für die nach Abs. 1 notwendige Ernährung und Pflege (s. Anl. 2 bzw. §§ 30, 31 bzw. § 6 Abs. 3 S. 2) kann der Beförderer vom Absender nach Maßgabe der §§ 677, 679, 683, 670 BGB Aufwendungsersatz verlangen.

Abschnitt 3. Besondere Vorschriften zum Schutz von Nutztieren

§ 23 Raumbedarf und Pflege

(1) [1]Wer Nutztiere befördert, muß die Anforderungen der Anlage 4 an die Abtrennung der Tiere sowie die Mindestbodenfläche einhalten; er darf jedoch den Tieren nicht mehr als die doppelte Mindestbodenfläche nach Spalte 2 zur Verfügung stellen. [2]Geschlechtsreife männliche Rinder dürfen in Gruppen nur befördert werden, wenn die Höhe des Transportmittels bei Straßentransporten auf höchstens 50 Zentimeter über dem Widerrist begrenzt ist. [3]Bei Straßen- und Schienentransporten ist die Mindestfläche

1. bei Schweinen und bis zu 24 Monaten alten Pferden um mindestens 20 vom Hundert,

2. bei anderen Nutztieren um mindestens 10 vom Hundert

zu vergrößern, wenn bei einer Transportdauer von über acht Stunden während des Transports Außentemperaturen von mehr als 25 °C in dem zu durchfahrenden Gebiet zu erwarten sind.

(2) Der Beförderer hat sicherzustellen, daß

1. milchgebende Kühe, Schafe und Ziegen in Abständen von längstens jeweils 15 Stunden gemolken werden,

2. Schafen während des Transports Futter zur freien Aufnahme zur Verfügung steht,

3. enthornte Rinder von horntragenden Rindern getrennt befördert werden, falls dies zur Vermeidung einer Verletzungsgefahr notwendig ist,

4. Einhufer, mit Ausnahme halfterungewohnter Fohlen und in Einzelboxen beförderter Einhufer, Halfter tragen,

5. beschlagenen Einhufern, die nicht in Einzelboxen, nicht angebunden oder nicht in abgetrennten Ständen befördert werden, die Eisen der Hinterhufe abgenommen werden.

(3) Einhufer dürfen nicht mehrstöckig verladen befördert werden.

(4) [1]Geschlechtsreife männliche Nutztiere müssen von weiblichen Tieren der gleichen Art getrennt befördert werden. [2]Geschlechtsreife Eber sind von gleichgeschlechtlichen Artgenossen getrennt zu befördern. [3]Das gleiche gilt für Hengste, sofern nicht auf andere Weise eine Verletzungsgefahr ausgeschlossen werden kann.

Anforderungen nach Abs. 1 i. V. m. Anlage 4. Beim Transport von Nutztieren (vgl. § 2 Nr. 1) sind die in Anlage 4 genannten Mindestbodenflächen einzuhalten. Dabei sieht die TierSchTrV an verschiedenen Stellen Erhöhungen vor: Um 10% bei Rindern im letzten Drittel der Trächtigkeit, vgl. Anl. 4 Nr. 2.2 sowie EU-Tiertransportrichtlinie, Anh. Kap. VI B; um 5% bei Schafen mit einer durchschnittlichen Vlieslänge von über 2 cm, vgl. Anl. 4 Nr. 3.1.2; bei Langzeittransporten für alle Tiere um 10% und für Schweine und bis zu 24 Monate alte Pferde um 20%, wenn ein Gebiet durchfahren wird, in dem (auch nur zeitweise) mehr als 25°C zu erwarten sind, vgl. Abs. 1 S. 3 Nr. 1 und 2 (bei Schafen wäre in solchem Fall ebenfalls eine Flächenvergrößerung um 20% notwendig, vgl. TVT, Tier- 1 schutzgerecht transportieren II S. 18). – Die Gruppengrößen, die in Anl. 4 genannt sind, dürfen nicht überschritten werden. Nach Nr. 2.1.1 müssen beim Straßentransport von Rindern folgende Gruppen durch eine stabile Trennvorrichtung abgetrennt werden: Bis zu 15 Kälber; bis zu 6 erwachsene Rinder bei Querverladung; bis zu 8 erwachsene Rinder bei anderer Verladung. Dass diese Höchstwerte nur für den Straßentransport gelten sollen, ist unverständlich, da beim Schienentransport dieselben Beschleunigungskräfte auf die Tiere einwirken können (vgl. *Fikuart* DTBl. 1999, 470). Bei Schafen sind nach Nr. 3.1.1 Gruppen von bis zu 50 erlaubt; der Vorsorgegrundsatz (s. § 7) würde hier allerdings eine Beschränkung auf 15 erforderlich machen (vgl. TVT aaO II S. 18). – Nach S. 1 zweiter Halbsatz ist es verboten, den Tieren mehr als das Doppelte der von Anl. 4 vorgesehenen Mindestbodenfläche zur Verfügung zu stellen, weil sie sonst durch Fahrtbewegungen hin- und hergeworfen werden könnten. – Die Höhenbegrenzung nach S. 2 dient der Vermeidung von Verletzungen, die durch gegenseitiges Bespringen bei geschlechtsreifen männlichen Rindern entstehen können. Da jedoch diese Gefahr bei Schienen- und Schiffstransporten ebenso besteht, ist die Beschränkung dieser Regelung auf Straßentransporte mit dem Vorsorgegrundsatz nach § 7 kaum vereinbar (vgl. BR-Drucks. 1005/98 S. 14; *Fikuart* DTBl. 1999 aaO).

2 **Anforderungen nach der EU-TiertransportVO, Anl. I Kap. VII.** Die für Hausequiden beim Schienen-, Straßen- und Lufttransport vorgesehenen Werte entsprechen Anlage 4 der TierSchTrV. Soweit Abweichungen bis höchstens 10% bei ausgewachsenen Pferden und Ponys und bis höchstens 20% bei jungen Pferden insbesondere in Abhängigkeit von Witterungsbedingungen, Beförderungsdauer und körperlicher Verfassung der Tiere zugelassen werden, entspricht es den allgemeinen Grundsätzen des Art. 3 S. 2a, f, g und h, zumindest bei langen Beförderungen entsprechend größere Bodenflächen einzufordern, ebenso bei hohen Temperaturen (s. Einf. Rn. 6, 7). Außerdem müssen zumindest Fohlen und junge Pferde bei langen Beförderungen Raum zum ungefährdeten Liegen haben (Kap. VII, A; vgl. auch Kap. VI Nr. 1.6: grds. Einzelstände). – Für Rinder sind beim Schienen-, Straßen- und Seetransport Margen vorgesehen (Beispiel: Ausgewachsene Rinder mit einem ungefähren Gewicht von 550 kg müssen beim Straßen- und Schienentransport 1,3 bis 1,6 m^2 Fläche je Tier erhalten; beim Seetransport müssen es 1,5525 bis 1,8 m^2 sein). Auch hier sind für Schienen- und Straßentransporte Abweichungen zugelassen, insbesondere in Abhängigkeit von Witterungsbedingungen, Beförderungsdauer und körperlicher Verfassung der Tiere. Beide Spielräume, die der Behörde hierdurch eingeräumt werden, müssen in Anwendung der allgemeinen Grundsätze des Art. 3 genutzt werden: Diesen Grundsätzen entspricht es, jedenfalls bei langen Beförderungen stets die Einhaltung der oberen Grenze der jeweiligen Marge zu fordern und bei hohen Temperaturen und/oder schlechter körperlicher Verfassung weitere Abweichungen nach oben vorzunehmen. Nachdem die Zahlen zum Raumangebot ausdrücklich als Mindestwerte bezeichnet werden (vgl. Anh. I Kap. III Nr. 2.1 sowie die Überschrift zu Kap. VII) und zudem das Wohlbefinden und die Bedürfnisse der Tiere in Art. 3 besonders hervorgehoben sind, erscheint es nicht denkbar, dass die Ermächtigung zu Abweichungen nur im Interesse der Transportunternehmer und nicht in erster Linie im Interesse der Tiere eingeführt worden sein könnte (s. Einf. Rn. 6). Bei Schiffstransporten ist für trächtige Tiere 10% mehr Raum bereitzustellen. – Für Schafe sieht die EU-TiertransportVO zu niedrige Werte vor, ähnlich wie auch die TierSchTrV: Schafe mit einem Gewicht bis 40 kg benötigen zum Liegen 0,4 m^2 (vgl. TVT-Stellungnahme S. 7); nach der EU-TiertransportVO erhalten sie aber in geschorenem Zustand nur 0,2 bis 0,3 m^2 und in ungeschorenem 0,3 bis 0,4 m^2. Aber auch hier werden für Straßen- und Schienentransporte je nach Beförderungsdauer, körperlicher Verfassung, Felllänge und Witterungsbedingungen Abweichungen zugelassen, und es entspricht auch hier den Grundsätzen des Art. 3, insbesondere bei langen Beförderungen, an die Obergrenze der jeweiligen Marge zu gehen und darüber hinaus Bodenflächen zu fordern, die zumindest ein ungefährdetes gleichzeitiges Ruhen aller Tiere ermöglichen (s. Einf. Rn. 6, 7). – Für Schweine bei Schienen- und Straßentransporten gibt

es eine bezifferte gewichtsabhängige Regelung nur insoweit, als es sich um Tiere mit einem Gewicht von ungefähr 100 kg handelt: Hier ist bestimmt, dass pro Schwein eine Bodenfläche von (100 : 235 =) 0,43 m^2 zur Verfügung stehen muss. In jedem Fall richtet sich aber die Mindestbodenfläche nach dem Erfordernis, dass alle Schweine mindestens gleichzeitig liegen und in ihrer natürlichen Haltung stehen können müssen (Kap. VII, D). Stellt die Behörde bei einer Kontrolle fest, dass dies nicht der Fall ist, so muss sie die Besatzdichte auf dem Fahrzeug durch Anordnung nach § 16a S. 2 TierSchG entsprechend reduzieren. Außerdem können je nach Rasse, Größe, körperlicher Verfassung, Witterungsbedingungen und Beförderungsdauer Abweichungen iS einer größeren Mindestbodenfläche gefordert werden, soweit es zur Erreichung des Zieles nach Art. 3 S. 2a („den Bedürfnissen der Tiere Rechnung zu tragen") erforderlich ist. – Zur Mindestbodenfläche für Geflügel und Ausfüllung der dortigen Margen iS der Grundsätze des Art. 3 s. § 18. – Eine Regelung, die § 23 Abs. 1 S. 2 TierSchTrV entspricht, findet sich in den Anhängen der EU-TiertransportVO zwar nicht; ein entsprechendes Gebot wird man aber aus Art. 3 S. 2c ableiten können (vgl. auch *Fikuart* in: *Sambraus/Steiger* S. 503: 30 bis 50 cm über der Widerristhöhe).

Durchsetzbarkeit größerer Mindestflächen unter der Geltung der TierSchTrV? Mit 3
Ausnahme von erwachsenen Pferden muss allen Tieren nach § 4 Abs. 2 S. 2 diejenige Fläche zur Verfügung stehen, die zum gleichzeitigen gefahrlosen Liegen erforderlich ist. Dazu sind für 40 kg schwere Schafe 0,4 m^2 erforderlich (vgl. TVT-Stellungnahme S. 7; weniger weitgehend indes EU-SCAHAW-Report Tiertransporte, 12.3, 27: 0,31 m^2 bei geschorenen und 0,37 m^2 bei ungeschorenen Tieren). – Pferde müssen, wenn sie vor Verletzungen bewahrt werden sollen, in separaten Boxen transportiert werden, wobei die Boxenlänge der Länge des Körpers + 0,6 m und die Boxenbreite der Körperbreite + 0,4 m entsprechen sollte (EU-SCAHAW-Report 12.3, 24; zur EU-TiertransportVO s. Rn. 4). – Bei Rindern führen die bisher üblichen Ladedichten dazu, dass einzelne Tiere niedergehen, anschließend erfolglose und erschöpfende Aufstehversuche machen und von benachbarten Tieren getreten und verletzt werden; auch hier genügen die Flächenvorgaben der Anl. 4 deshalb nicht den Anforderungen aus § 4 Abs. 2 S. 2 (vgl. TVT, Tierschutzgerecht transportieren II S. 5). Bei Schweinen haben Ladedichten von mehr als 200 kg Lebendgewicht pro m^2 auch einen besonders negativen Einfluss auf die Fleischqualität (vgl. *v. Wenzlawowicz,* Der Fortschrittliche Landwirt 12/1996 S. 5, 6). – Der Agrar- und der Rechtsausschuss des Bundesrats hatten aus diesen Gründen am 20. 1. 1997 gefordert, die Flächen jedenfalls bei einer erwartbaren Transportdauer von mehr als acht Stunden generell zu vergrößern, und zwar bei ausgewachsenen Pferden und Ponys um 10% und bei anderen Nutztieren um 20%. Begründung: Die in Anl. 4 vorgesehenen Flächen ermöglichten bei Langzeittransporten nicht, dass alle Tiere gleichzeitig liegen bzw. liegende Tiere ungehindert wieder aufstehen könnten; für die Sicherstellung eines tierschonenden Transportes sei deshalb eine Vergrößerung der Mindestfläche „zwingend erforderlich" (vgl. BR-Drucks. 836/1/96 S. 6; Zurückweisung des Vorstoßes durch den Finanzausschuss). – Zumindest die Vorgaben aus dem EU-SCAHAW-Report müssten als Ausdruck des aktuellen Standes der wissenschaftlichen Erkenntnisse durchgesetzt werden, sei es über § 34 Abs. 2 S. 2, sei es mittels Verfügung gemäß §§ 16a S. 2, 2 Nr. 1 TierSchG.

**Durchsetzbarkeit größerer Mindestflächen unter der Geltung der EU-Tiertrans- 4
portVO?** Da hier die Mindestbodenfläche teilweise in Form von Margen bestimmt wird, ist es in Anwendung der Grundsätze des Art. 3 und im Hinblick auf die Erwägung Nr. 11 geboten, zumindest bei langen Beförderungen, aber zB auch bei ungünstigen Witterungsbedingungen die Einhaltung des oberen Margenwertes zu fordern (s. Einf. Rn. 6). Darüber hinaus heißt es bei verschiedenen Tier- und Transportarten (insbes. beim Straßentransport von Pferden, Rindern, Schafen, Ziegen und Geflügel) ausdrücklich, Abweichungen seien möglich, u. a. mit Blick auf die Beförderungsdauer, die Witterungsbedingungen und die körperliche Verfassung. Einer Auslegung dahingehend, dass damit zu Abweichungen nach unten (also zugunsten der Transportunternehmer) und nicht in erster

Linie nach oben (also zugunsten der Tiere) ermächtigt wird, steht schon die Überschrift zu Kap. VII entgegen: Wenn dort die Zahlen zum Raumangebot ausdrücklich als Mindestwerte bezeichnet werden, muss man die Ermächtigung zu Abweichungen in erster Linie im Interesse des Wohlbefindens der Tiere und nicht iS der Interessen der Transportunternehmer verstehen (vgl. auch Kap. III Nr. 2.1: „zumindest"). Dafür sprechen auch die Grundsätze des Art. 3 und die dortige Betonung der „Bedürfnisse" und des „Wohlbefindens der Tiere". Zudem steht die Auslegung von Anh. I Kap. VII, ebenso wie die übrigen Teile der EU-TiertransportVO, unter dem in Erwägung Nr. 11 hervorgehobenen Grundsatz, „wonach ein Transport nicht durchgeführt werden darf, wenn den Tieren dabei Verletzungen oder unnötige Leiden zugefügt werden könnten". Sobald also angesichts der Beförderungsdauer, der Witterungsbedingungen, der körperlichen Verfassung der Tiere und/oder anderer Umstände die ernsthafte Möglichkeit besteht, dass die Tiere bei Einhaltung der Mindestwerte leiden könnten (vgl. Erwägung Nr. 11) bzw. ihre Bedürfnisse nicht erfüllt werden könnten (vgl. Art. 3 S. 2a), sind Abweichungen von den Mindestwerten zugunsten der Tiere nicht nur möglich, sondern auch geboten. – Bei Schweinen ist ausdrücklich bestimmt, dass sich das Raumangebot an der zum gleichzeitigen Liegen erforderlichen Fläche auszurichten hat. Wegen der teilweise hohen Todesfallzahlen bei Schweinetransporten ist hier die Ermächtigung (und zugleich die Verpflichtung), Abweichungen nach oben zu fordern, strenger formuliert als bei den anderen Tierarten.

5 **Zu Abs. 2.** Das in Nr. 1 vorgesehene Melkintervall von 15 Stunden steht in Widerspruch zu Art. 11 Abs. 2 des Europ. Tiertransportübereinkommens („Milchgebende Kühe sind in Abständen von nicht mehr als 12 Stunden zu melken"). Ab dem 5. 1. 2007 gilt gemäß Anh. I Kap. I Nr. 6 der EU-TiertransportVO ein Melkintervall von 12 Stunden (vgl. aber auch TVT-Stellungnahme S. 3: grds. keine Transportfähigkeit laktierender Tiere für Langzeittransporte, da ein Melken in physiologischen Zeitabständen nicht sichergestellt werden könne). – Nr. 2 ist auf Veranlassung des Bundesrats eingefügt worden (vgl. BR-Drucks. 836/1/96 S. 7: „Es hat sich gezeigt, dass Schafe nur dann Wasser aufnehmen, wenn sie vorher gefressen haben"). Das Futter muss so angeboten werden, dass es erkennbar von allen Tieren gleichzeitig erreichbar ist. In den Anhängen der EU-TiertransportVO findet sich eine entsprechende Regelung zwar nicht: Da aber für Schafe, die nur in bestimmten Intervallen gefüttert werden, die Gefahr von Leiden infolge fehlender oder zu geringer Wasseraufnahme besteht, erfordert es das Gebot zur Leidensvermeidung und zur Aufrechterhaltung des Wohlbefindens in Art. 3 S. 1 und S. 2a, die von der TierSchTrV vorgesehene Fütterungsweise auch nach dem 5. 1. 2007 fortzusetzen. Entsprechende Anordnungen müssten auf § 16a S. 2 Nr. 1 TierSchG i.V.m. Art. 3 der EU-TiertransportVO gestützt werden. – Nach Nr. 3 kann ein gemeinsamer Transport horntragender und enthornter Tiere nur toleriert werden, wenn die Tiere schon vorher gemeinsam gehalten wurden und in dieser Gruppe bis zum Transportende unverändert zusammenbleiben (vgl. Nds. Ministerium Handbuch S. 47; ebenso EU-TiertransportVO Anh. I Kap. III Nr. 1.12e, 1.13). – Bei Nr. 4 ist zu bedenken, dass Pferde gemäß dem Vorsorgegrundsatz (s. § 7 Rn. 1) generell nur in Einzelboxen transportiert werden sollten (vgl. EU-SCAHAW-Report 12.3, 24). Die EU-TiertransportVO trägt dieser Erkenntnis Rechnung: Ab dem 5. 1. 2007 gilt gemäß Anh. I Kap. VI Nr. 1.6 für lange Beförderungen: „Equiden sind in Einzelständen zu transportieren, ausgenommen Stuten, die ihre Fohlen mitführen" (vgl. aber auch Kap. III Nr. 2.2: Wenn und solange sich das Transportfahrzeug auf einem Ro-Ro-Schiff befindet, sind Abweichungen gemäß einzelstaatlichen Vorschriften möglich, soweit der betreffende Mitgliedstaat dies gegenüber dem Ständigen Ausschuss für die Lebensmittelkette und Tiergesundheit entsprechend begründet).

6 **Zu Abs. 3.** Eine entsprechende Regelung enthält Anh. I Kap. III Nr. 2.3 der EU-TiertransportVO.

7 **Zu Abs. 4.** Zur Vermeidung von Verletzungen müssen geschlechtsreife Tiere nach Geschlecht getrennt befördert werden. Eber müssen jeweils einzeln befördert werden, auch

bei Wurfgeschwistern, da sich unter Transportbedingungen das Sozialverhalten ändern kann (vgl. BR-Drucks. 836/96 S. 59). – Inhaltsgleiche Regelungen enthält Anh. I Kap. III Nr. 1.12 c und d der EU-TiertransportVO.

Ordnungswidrigkeiten. Verstöße gegen Abs. 1 S. 1 und 2, Abs. 2, Abs. 3 und Abs. 4 sind Ordnungswidrigkeiten nach § 42 Abs. 1 Nr. 1 und 2 (zu der Möglichkeit, Verstöße gegen andere Verpflichtungen über § 18 Abs. 1 Nr. 1 oder Nr. 2 TierSchG zu ahnden, s. § 42 Rn. 2). 8

§ 24 Begrenzung von Transporten

(1) [1]**Liegen der Versandort und der Bestimmungsort im Inland, dürfen Nutztiere zur Schlachtstätte nicht länger als acht Stunden befördert werden.** [2]**Dies gilt nicht, wenn die Transportdauer aus unvorhersehbaren Umständen überschritten wird.**

(2) [1]**Bei anderen als in Absatz 1 genannten Nutztiertransporten haben der Beförderer und der Transportführer nach einer Transportdauer von höchstens acht Stunden sicherzustellen, daß die Nutztiere entladen und im Rahmen einer 24-stündigen Ruhepause gefüttert und getränkt werden, und zwar an einem Aufenthaltsort, der von der zuständigen Behörde nach Maßgabe der Verordnung (EG) Nr. 1255/97 in der jeweils geltenden Fassung zugelassen worden ist.** [2]**Die zuständigen obersten Landesbehörden teilen dem Bundesministerium für Ernährung, Landwirtschaft und Verbraucherschutz die Zulassung von Aufenthaltsorten und die jeweilige Zulassungsnummer sowie die Rücknahme oder den Widerruf von Zulassungen mit.** [3]**Dieses gibt die nach Artikel 3 Abs. 3 der Verordnung (EG) Nr. 1255/97 in den Mitgliedstaaten zugelassenen Aufenthaltsorte sowie die Rücknahme oder den Widerruf der Zulassung im Bundesanzeiger bekannt.**

(3) **Die Absätze 1 und 2 gelten nicht bei Straßentransporten nach Artikel 1 der Verordnung (EG) Nr. 411/98, sofern die Nutztiere nach Maßgabe der Bestimmungen der Anlage 2 befördert werden.**

(4) **Die Absätze 1 bis 3 gelten nicht für den Lufttransport.**

(5) **Auf den Schienen- und Seetransport finden die Vorschriften der Absätze 2 und 3 in Verbindung mit Anlage 2 über das Entladen und die Ruhepausen keine Anwendung.**

Zu Abs. 1. Findet der Transport von Nutztieren zur Schlachtstätte nur im Inland statt (d. h.: Versand- und Bestimmungsort liegen in Deutschland), so gilt eine absolute Transportzeitbegrenzung von acht Stunden. Dies gilt indes nur für den Schlachttiertransport auf Normalfahrzeugen, hingegen nicht, wenn der Transport auf einem sog. Pullmann-Fahrzeug nach der Verordnung Nr. 411/98/EG stattfindet, vgl. Abs. 3. Von der nach der EU-Tiertransportrichtlinie bestehenden Möglichkeit, für inländische Schlachttiertransporte eine ausnahmslose Transportzeitbegrenzung einzuführen (vgl. EU-Richtlinie Anh. Kap. VII Nr. 9), ist also in Deutschland bislang kein Gebrauch gemacht worden. – Die EU-TiertransportVO ermächtigt die Mitgliedstaaten in Anh. I Kap. V Nr. 1.9 weiterhin dazu, für Schlachttiertransporte in Pullmann-Fahrzeugen eine nicht verlängerbare Beförderungshöchstdauer von acht Stunden vorzusehen, wenn Versand- und Bestimmungsort im eigenen Hoheitsgebiet liegen (für andere Fahrzeuge beträgt die Beförderungshöchstdauer ohnehin acht Stunden, vgl. Art. 2 lit. m i. V. m. Art. 18 Abs. 1). 1

Zu Abs. 2. Bei anderen Transporten, insbesondere solchen mit ausländischem Versand- und/oder Bestimmungsort, müssen die Nutztiere nach acht Stunden einen (nach Maßgabe der Verordnung EG Nr. 1255/97 zugelassenen) Aufenthaltsort erreicht haben und dort entladen und während einer 24-stündigen Ruhepause gefüttert und getränkt werden. Dieselbe Regelung gilt nach Anh. I Kap. V Nr. 1.2, 1.5 der EU-TiertransportVO. 2

3 **Zu Abs. 3.** Für Fahrzeuge, auf denen Tiere länger als acht Stunden befördert werden sollen (sog. Pullmann-Fahrzeuge), gelten bis zum 4. 1. 2007 die Anforderungen der Verordnung Nr. 411/98/EG vom 16. 2. 1998 (ABl. Nr. L 52 S. 8). Diese sind: 1. Einstreu; 2. Futtervorräte und Fütterungsvorrichtungen; 3. direkter Zugang zu jedem Tier (dieses Erfordernis gilt gemäß § 7 Abs. 3 Nr. 2 eigentlich für alle Transportfahrzeuge, wird aber in der Praxis häufig nicht eingehalten); 4. Belüftung mit einem System, das stets betrieben werden kann, unabhängig davon, ob sich das Fahrzeug in Bewegung befindet oder nicht; 5. Trennwände; 6. Tränkvorrichtungen und Wasservorräte (vgl. Nds. Ministerium Handbuch S. 48). – Bei Verwendung solcher Fahrzeuge bestimmen sich die zulässige Transportdauer und die notwendigen Tränk- und Fütterungsintervalle sowie Ruhepausen nach Anlage 2. Dabei muss beachtet werden, dass das Be- und Entladen Bestandteil des Transports ist (vgl. § 2 Nr. 5; vgl. auch Art. 2 Abs. 2 lit. b der EU-Tiertransportrichtlinie). Die Transportphase (und somit die Frist für das erste Versorgungsintervall) beginnt deshalb nicht erst mit der Abfahrt, sondern bereits mit dem Einladen des ersten Tieres (vgl. EU-SCAHAW-Report 12.1, 2). Von der vorgeschriebenen 24-stündigen Ruhezeit darf weder die Zeit für das Entladen am Aufenthaltsort noch die Zeit für das Wiedereinladen abgezogen werden (vgl. auch BR-Drucks. 836/96 S. 59, 60: „abgeladen und für mindestens 24 Stunden untergebracht"; vgl. auch Nds. Ministerium Handbuch S. 42: „Beim Sammeln von Tieren aus verschiedenen Herkünften beginnt der Transport mit dem Verladen des ersten Tieres in das Transportmittel, so dass diese Zeit bei der Berechnung der Transportphasen mit zu berücksichtigen ist"). – Ab dem 5. 1. 2007 wird die Verordnung Nr. 411/98/EG durch Anh. I Kap. VI der EU-TiertransportVO ersetzt (vgl. Art. 33 der EU-TiertransportVO). Nach Nr. 1.2 können die Laderäume der Pullmann-Fahrzeuge statt mit Einstreu mit „gleichwertigem Material" ausgelegt werden. Angesichts der vielfältigen Funktionen, die Einstreu bei langen Beförderungen erfüllt (Liegekomfort, Standfestigkeit während des Transports, Thermoregulation, Bindung von Exkrementen und Schadgasen) ist aber kaum erkennbar, welches Material hier „gleichwertig" sein könnte; perforierte Gummimatten sind es jedenfalls nicht (vgl. TVT-Stellungnahme S. 6; *Randl* S. 166). Zu Nr. 1.6 (Einzelstände für Equiden) s. § 23 Rn. 5. Nach Nr. 1.9 müssen Kälber für lange Beförderungen älter als 14 Tage, Pferde älter als vier Monate und Hausschweine schwerer als 10 kg sein; unabhängig von der Transportdauer und vom Alter ist aber bei allen Jungtieren gemäß Anh. I Kap. I Nr. 2d von einer Transportunfähigkeit auszugehen, solange die Nabelwunde noch nicht vollständig verheilt ist.

4 **Zu Anlage 2 der TierSchTrV.** Nach **Nr. 1** dürfen Kälber, Lämmer und Ferkel höchstens neun Stunden lang befördert werden. Anschließend sind sie mindestens eine Stunde lang zu tränken. Handelt es sich dabei um Saugkälber, so erfordert deren Versorgung mit Tränkeeimern einen hohen personellen und zeitlichen Aufwand, für den eine Stunde idR nicht ausreicht (vgl. Nds. Ministerium Handbuch S. 48: „Die vorgegebene Zeit von 1 Std. ist lediglich eine Mindestvorgabe; insbesondere bei Schaf- und Kälbertransporten dürften deutlich längere Pausen erforderlich sein; hierdurch kann sich die Gesamtdauer des Transportes verlängern"). Eigentlich müssten die Tiere, um eine ausreichende, gleichmäßige Versorgung zu gewährleisten, entladen werden (vgl. TVT, Tierschutzgerecht transportieren I, S. 20). Deshalb spricht vieles dafür, den selbständigen Transport von Kälbern gemäß § 3 Abs. 2 S. 3 erst zuzulassen, wenn sie sich ohne Muttermilch und Milchersatz mit Raufutter und Wasser selbständig ernähren können (zu den Schwierigkeiten bei der Auslegung dieser Vorschrift vgl. auch EU-Tiertransportbericht S. 17). Nach einer weiteren maximal 9 Stunden währenden Transportphase müssen die Jungtiere dann an einem Aufenthaltsort angekommen sein, der nach der Verordnung Nr. 1255/97/EG (ABl. Nr. L 174 S. 1) zugelassen ist. Dort sind sie zu entladen und während einer Ruhepause von 24 Stunden zu tränken und zu füttern (wobei diese 24 Stunden erst beginnen, wenn das letzte Tier abgeladen ist, und erst nach ihrem vollständigen Ablauf mit dem Einladen des ersten Tieres begonnen werden darf, s. Rn. 3). – Nach **Nr. 2** dürfen Schweine über 30 kg für eine Transportphase von höchstens 24 Stunden befördert werden, wenn sie jederzeit Zu-

gang zu Trinkwasser haben (zu den Zweifeln, ob dies angesichts der Enge der Fahrzeuge, der ausgeprägten sozialen Hierarchie dieser Tiere und ihrer besonderen Stressempfindlichkeit gewährleistet werden kann, vgl. *Bolliger* S. 250; dazu, dass Schweine bereits nach acht Stunden das starke Bedürfnis haben, zu fressen, vgl. EU-SCAHAW-Report Tiertransporte 8.6; zur Notwendigkeit von Vorrichtungen, die ein Einfrieren verhindern, vgl. Nds. Ministerium Handbuch S. 48). Danach sind sie an einem zugelassenen Aufenthaltsort zu entladen und während einer 24 Stunden währenden Ruhepause zu tränken und zu füttern. – Zu Pferdetransporten s. **Nr. 3** (vgl. auch EU-SCAHAW-Report 12.4, 37: Auf der gesamten Reise sollte Heu ad libitum zur Verfügung stehen). – Nach **Nr. 4** sind bei Transporten von erwachsenen Rindern und Schafen 14 Stunden Transportzeit mit einer anschließenden, mindestens eine Stunde währenden Tränk- und Fütterungspause und Einstreuergänzung erlaubt (vgl. Nds. Ministerium Handbuch S. 48: Verlängerung dieser Stunde, soweit dies notwendig ist, um allen Tieren die Möglichkeit zu geben, genügend Wasser und ggf. Futter aufzunehmen; besonders wichtig bei Schaftransporten); nach weiteren 14 Stunden muss dann ein zugelassener Aufenthaltsort erreicht sein, an dem die Tiere entladen werden und eine Ruhepause von 24 Stunden mit Tränkung und Fütterung erhalten müssen. – Das EU-SCAHAW weist darauf hin, dass diese Regelung besonders für Schafe unzureichend ist: Schafe haben zumindest nach zwölfstündiger Transportdauer das starke Bedürfnis, zu fressen. Indes kann es sein, dass sie erst zwei oder drei Stunden nach dem Fressen zu trinken beginnen, so dass bei einer nur einstündigen Pause die Gefahr einer anschließenden Dehydrierung mit entsprechenden Leiden besteht (vgl. EU-SCAHAW-Report 8.6). Deshalb muss ihnen nach § 23 Abs. 2 Nr. 2 während des Transports Futter zur freien Aufnahme zur Verfügung stehen (s. § 23 Rn. 5). – Bei Einhaltung der Bestimmungen von Abs. 3 und Anlage 2 können Tiertransporte über viele Tage hinweg fortgesetzt werden, denn eine absolute Zeitgrenze ist für internationale Tiertransporte nicht vorgesehen. Dabei ist jedoch nicht genügend bedacht worden, dass Transporte, die über acht Stunden währen, auch in Pullmann-Fahrzeugen zu Leiden iS des § 1 S. 2 TierSchG führen, weil die Tiere die Belastungen des Transports nur für eine begrenzte Zeit kompensieren können und danach leiden; mehrtägige Transporte bedeuten darüber hinaus erhebliche Leiden (s. Einf. Rn. 14, 15; vgl. auch EU-SCAHAW-Report 12.1, 1 und 12.4, 33; vgl. weiter die legislative Entschließung des Europäischen Parlaments vom 30. 3. 2004, C5-0438/2003 – 2003/0171 CNS, Abänderungsvorschlag Nr. 80: Straßen- und Schienentransport von zur Schlachtung bestimmten Pferden, Rindern, Schafen, Ziegen und Schweinen nur, „wenn die Beförderungszeit neun Stunden nicht überschreitet"; Ausnahme nur, „wenn nicht mindestens zwei Schlachthöfe innerhalb eines Radius von 500 km vom Versandort erreichbar sind"). – Bei Rinder- und Schaftransporten unter Einschaltung von Fähren (sog. Ro-Ro-Schiffen) ist es üblich geworden, die 24stündige Ruhezeit nur dann zu gewähren, wenn der Verladehafen nicht innerhalb der zweiten 14-stündigen Beförderungsphase (bzw. innerhalb von insgesamt 29 Stunden seit Verlassen des letzten Aufenthaltsortes/Kontrollstelle) erreicht wird; anderenfalls werden die Tiere ohne vorherige Ruhepause sogleich auf die Fähre verbracht. Begründet wird dieses Vorgehen damit, dass die Zeit auf dem Schiff keine Transport-, sondern eine „Neutralzeit" sei (so Nds. Ministerium Handbuch S. 17, allerdings mit dem Hinweis, dass den Tieren auf dem Lkw der für Schiffstransporte vorgesehene Platz zur Verfügung stehen müsse und die Versorgung mit Futter und Wasser innerhalb der vorgesehenen Zeitintervalle zu erfolgen habe). Gegen diese Praxis spricht zunächst der klare Wortlaut von Anlage 2 Nr. 4, der eine Ausnahme von dem Gebot, die Tiere spätestens nach 29 Stunden vom Lkw abzuladen, nicht kennt („müssen … entladen werden"). Hinzu kommt, dass die EU-Tiertransportrichtlinie den Zeitraum der Verbringung lediglich in zwei Phasen, nämlich in eine Transport- und eine Ruhezeit unterteilt und es deswegen nicht zulässig sein kann, diese Zweiteilung durch eine Aufteilung in drei Zeitphasen (Transport-, Ruhe- und Neutralzeit) zu ersetzen (vgl. *Leondarakis* S. 11). Die EU-TiertransportVO kennt ebenfalls nur eine Zweiteilung, nämlich die Unterteilung in Beförderungsdauer und Ruhezeit (vgl. Anh.

I Kap. V). Als Ruhezeit kann man die Zeit auf der Fähre schon deswegen nicht werten, weil die Tiere zum Ruhen an einem Ort untergebracht sein müssen, der „Gebiet" iS von Art. 3 Abs. 2a der Verordnung Nr. 1255/97 ist, also über festen Boden verfügt (*Leondarakis* S. 14). Außerdem zeigt auch die in Anh. I Kap. V Nr. 1.7b der EU-TiertransportVO vorgeschriebene 12stündige Ruhezeit nach dem Entladen im Bestimmungshafen, dass die Phase auf der Fähre keine Ruhezeit sein kann und demgemäß als Beförderung zu werten ist. Die Bewertung dieser Zeit als „Neutralzeit" verkennt im übrigen, dass Rinder und Schafe nach Anlage 2 Nr. 4 zur TierSchTrV (bzw. Anh. I Kap. V Nr. 1.5 der EU-TiertransportVO) keinesfalls länger als insgesamt 29 Stunden am Stück den beengten Verhältnissen im Lkw ausgesetzt sein sollen und dass Transportzeiten auf Fähren sehr belastend sind (zum Ganzen *Fikuart* TVT-Nachrichten 2/2001, 8f.; *Leondarakis* Gutachten).

5 **Zu Anh. I Kap. V der EU-TiertransportVO.** Auch nach dem 5. 1. 2007 bleibt es bei den bisherigen Beförderungszeiten, den Fütterungs- und Tränkintervallen und dem Prinzip, dass die Tiere nach spätestens 24 bzw. 29 Stunden an einem zugelassenen Aufenthaltsort (jetziger Name: Kontrollstelle) entladen, gefüttert und getränkt werden sowie eine Ruhezeit von mindestens 24 Stunden erhalten müssen (Nr. 1.5). Wie bisher betragen nach Nr. 1.4 für Jungtiere die bis zu dieser Ruhezeit zulässigen Beförderungszeiten 9 + 1 + 9 Stunden (wobei die einstündige Ruhezeit zu verlängern ist, soweit dies notwendig ist, um zu gewährleisten, dass alle Tiere genug Flüssigkeit und Futter aufnehmen), für Schweine 24 Stunden (wobei für jedes Tier die ständige Versorgung mit frischem Wasser gewährleistet sein muss), für Hausequiden 3mal 8 Stunden und für erwachsene Rinder und Schafe 14 + 1 + 14 Stunden (zu den Problemen, die sich aus dieser Regelung besonders für Saugkälber, Schweine und Schafe ergeben, s. Rn. 4). – Dem ursprünglichen Vorschlag der EU-Kommission, auf das Entladen an den Aufenthaltsorten/Kontrollstellen zu verzichten und die Ruhephasen auf dem Transportfahrzeug (bei gleichzeitiger Vergrößerung der Bodenflächen und Verkürzung der Intervalle) stattfinden zu lassen, ist der Rat nicht gefolgt. Zwar kann das Aus- und Wiedereinladen der Tiere mit Stress verbunden sein, wenn es nicht mit der nötigen Ruhe und/oder mit ungeeigneten Einrichtungen geschieht. Andererseits vermag aber nur das Abladen die ordnungsgemäße Versorgung sämtlicher Tiere sicherzustellen; hinzu kommt, dass sich nur bei entladenen Tieren zuverlässig feststellen lässt, ob sie auch weiterhin transportfähig sind (vgl. *Fikuart* in: *Sambraus/Steiger* S. 502). Unklar war auch, an welchen Orten die Fahrzeuge während der Ruhezeiten abgestellt werden sollten (weiterhin nur an zugelassenen Aufenthaltsorten/Kontrollstellen? Oder auch auf irgendwelchen Autobahnparkplätzen? Wie aber sollten dort Fütterung, Tränkung und Pflege gewährleistet werden?). – Da „Beförderung" gemäß Art. 2 lit. j den gesamten Transportvorgang umfasst und da zum „Transport" gemäß Art. 2 lit. w auch das Ver- und Entladen gehört, kann angenommen werden, dass auch nach der EU-TiertransportVO die Beförderung und damit die für die Versorgungsintervalle wesentliche Transportphase nicht erst mit der Abfahrt, sondern schon mit dem Einladen des ersten Tieres beginnt (s. auch EuGH vom 23. 11. 2006, lit. in § 2). Auch nach dem 5. 1. 2007 darf von der vorgeschriebenen 24-stündigen Ruhezeit an der Kontrollstelle weder die Zeit für das Entladen noch die Zeit für das Wiedereinladen abgezogen werden, denn beides ist „Transport" und gehört nicht zur Ruhezeit.

6 **Zu Abs. 5.** Schienen- und Seetransporte sollen, wenn sie erst einmal begonnen haben, ohne zwischenzeitliches Entladen durchgeführt werden können. Dies sieht auch die EU-TiertransportVO in Anh. I Kap. V Nr. 1.6 und 1.7 vor.

7 **Ordnungswidrigkeiten nach § 42 Abs. 1 Nr. 1 und 2 sind:** Verstöße gegen Abs. 1 S. 1 (inländischer Schlachttiertransport auf Normalfahrzeug länger als acht Stunden); Verstöße gegen Abs. 2 (grenzüberschreitender Transport auf Normalfahrzeug, ohne nach acht Stunden am zugelassenen Aufenthaltsort anzukommen, zu entladen und die 24-stündige Ruhepause nebst Tränkung und Fütterung zu gewähren); Verstöße gegen § 6 Abs. 3 i.V.m. Anlage 2 (Überschreitung der nach Anl. 2 Nr. 1–4 vorgegebenen Transportphasen; Nichteinhaltung oder Unterschreitung der vorgegebenen Tränk- und Fütterungszeiten;

Nichteinhaltung oder Unterschreitung der i. V. m. dem Ausladen vorgegebenen Ruhezeiten nebst Tränkung und Fütterung).

§ 25 Straßentransport

(1) Nutztiere dürfen in Straßenfahrzeugen, die zum gewerblichen Transport eingesetzt werden, nur befördert werden, wenn an gut sichtbarer Stelle die Fläche und die Höhe des für die Tiere uneingeschränkt verfügbaren Raumes angegeben ist.

(2) In Straßenfahrzeugen zum mehrstöckigen Verladen dürfen Nutztiere nur befördert werden, wenn die Straßenfahrzeuge über eine Vorrichtung zum schnellen Entladen der Tiere in Notfällen verfügen.

(3) Wenn anhand des Transportplans erkennbar ist, daß unter Berücksichtigung der im Straßenverkehr geltenden Sozialvorschriften bei Einsatz nur eines Fahrers der Transport nicht ohne Einhaltung einer Ruhezeit durchgeführt werden kann, hat der Beförderer einen zweiten Fahrer einzusetzen.

(4) Der Transportführer hat seine Fahrweise den Straßen- und Verkehrsverhältnissen in der Weise anzupassen, daß keine zusätzlichen Belastungen für die Nutztiere auftreten.

Zu Abs. 1. Es soll ermöglicht werden, bei Kontrollen die Einhaltung der vorgeschrie- 1
benen Mindestbodenflächen und Höhen auch ohne ein Ausladen der Tiere zu überprüfen. Folglich müssen an die Festlegung der Fläche strenge, präzise Maßstäbe angelegt werden. Insbesondere sind Flächen, die für die Tiere nicht voll nutzbar sind (zB die Fläche über vorstehenden Radkästen oder Bereiche, in denen die Mindesthöhe nicht eingehalten ist), von der Gesamtfläche abzuziehen. Das Schild muss an der Außenseite des Zugwagens bzw. Anhängers so augenfällig montiert sein, dass es auch ohne gezielte Suche sogleich wahrgenommen werden kann. Bei Verstoß liegt eine Ordnungswidrigkeit nach § 42 Abs. 1 Nr. 1 vor. Täter kann sein, wer befördert oder befördern lässt, wer also an der Entscheidung, dass der Transport durchgeführt wird, zumindest mitwirkt. Neben dem Beförderer kann damit auch der Transportführer Täter sein; andere Personen kommen (je nach ihrer Entscheidungsmacht) als Täter oder Beteiligte nach § 14 Abs. 1 OWiG in Betracht (vgl. BayObLG NuR 2002, 184 ff.). – Nach Anh. III Kap. IV der EU-TiertransportVO muss die Fläche des Ladedecks im Zulassungsnachweis nach Art. 18 Abs. 2 vermerkt sein.

Zu Abs. 2–4. Nach Abs. 2 muss dafür gesorgt werden, dass auch nach Verkehrsunfällen 2
und anderen Notfällen (zB wenn infolge einer Schräglage des Fahrzeugs die Ladeklappe klemmt) ein schnelles Entladen möglich ist. Bei Verstoß: Ordnungswidrigkeit nach. § 42 Abs. 1 Nr. 1. – Abs. 3 nimmt auf die Verordnung Nr. 3820/85/EWG (ABl. EG Nr. L 370 S. 1) Bezug: Danach müssen Fahrer idR schon nach acht, spätestens jedoch nach 10 Stunden Lenkzeit eine Ruhezeit von zumindest acht zusammenhängenden Stunden nehmen. Eine hierdurch verursachte Standzeit widerspräche aber dem Beschleunigungsgrundsatz (s. § 4 Rn. 3). Um derartige Standzeiten zu vermeiden, ist für solche Transporte ein zweiter Fahrer einzusetzen. Bei Verstoß: Ordnungswidrigkeit nach § 42 Abs. 1 Nr. 16. – Abs. 4 soll Belastungen aufgrund der Fahrweise, insbesondere durch rasches Beschleunigen, starkes Bremsen und schnelles Kurvenfahren, verhindern (vgl. BR-Drucks. 836/96 S. 60, 61). – Nach der EU-TiertransportVO ergibt sich das Erfordernis einer Einrichtung, die in Notfällen das schnelle Entladen gewährleistet, aus Anh. I Kap. II 1.1 a und 2.2. Der Beschleunigungsgrundsatz findet sich in Art. 3 S. 2 a, so dass das Gebot aus Abs. 3 TierSchTrV künftig auf diesen Grundsatz gestützt werden kann (s. Einf. Rn. 5). Das Gebot zu einer Fahrweise, die die Tiere weder unnötig verängstigt noch sonst beeinträchtigt, ergibt sich aus Art. 3 S. 2 e.

§ 26 Kranke oder verletzte Nutztiere

Kranke oder verletzte Nutztiere dürfen zur Schlachtung nur befördert werden, wenn dies zur Vermeidung weiterer Schmerzen, Leiden oder Schäden erforderlich ist, es sei denn, die Tiere sind transportunfähig.

Nach Anh. I Kap. I Nr. 3a der EU-TiertransportVO darf ein Transport kranker oder verletzter Tiere nur erfolgen, wenn die Krankheit bzw. Verletzung leicht sind und wenn zugleich feststeht, dass es durch den Transport nicht zu (über den bestehenden Leidenszustand hinaus gehenden) zusätzlichen Leiden kommen wird; Zweifelsfälle müssen durch einen Tierarzt entschieden werden; bei fortbestehenden Zweifeln ist von Transportunfähigkeit auszugehen (s. § 3 Rn. 1). Das gilt auch für den Transport kranker oder verletzter Nutztiere zur Schlachtung (zu den weiteren Ausnahmen nach der EU-TiertransportVO s. Anh. Kap. I Nr. 3b bis d: Transport im Rahmen eines Tierversuchsprogramms; Transport zum Tierarzt; Transport nach Kastration oder Enthornung, wobei die Wunden vorher vollständig verheilt sein müssen). – Transporte kranker Tiere zum Zweck der tierärztlichen Diagnose oder Behandlung oder nach einer solchen bleiben gemäß § 3 Abs. 1 S. 2 Nr. 1 und Nr. 2 zulässig (vgl. auch Art. 1 Abs. 5 der EU-TiertransportVO).

§ 27 Transportunfähige Nutztiere

(1) [1]Transportunfähig sind Nutztiere, die auf Grund ihrer Krankheit oder Verletzung nicht in der Lage sind, aus eigener Kraft ohne schmerzhafte Treibhilfen in das Transportmittel zu gelangen oder bei denen auf Grund ihres Zustandes abzusehen ist, daß sie dieses aus eigener Kraft nicht wieder verlassen können. [2]Transportunfähig sind insbesondere

1. festliegende Nutztiere und Nutztiere, die nach Ausgrätschen nicht oder nur unter starken Schmerzen gehen können,
2. Nutztiere mit Gliedmaßen- oder Beckenfrakturen oder anderen Frakturen, die die Bewegung sehr behindern oder starke Schmerzen verursachen.

[3]Die Sätze 1 und 2 gelten nicht für festliegende Nutztiere, die auf Grund ihres geringen Körpergewichts ohne Zufügung von Schmerzen, Leiden oder Schäden von einer Person auf das Transportmittel getragen werden können. [4]Außerdem gelten insbesondere Nutztiere als transportunfähig, die

1. große, tiefe Wunden haben,
2. starke Blutungen aufweisen,
3. ein stark gestörtes Allgemeinbefinden zeigen oder
4. offensichtlich längere Zeit unter anhaltenden starken Schmerzen leiden.

(2) [1]Bestehen Zweifel über die Transportfähigkeit eines kranken oder verletzten Nutztieres, so ist ein Tierarzt hinzuzuziehen. [2]Stellt dieser die Transportfähigkeit fest, so hat er dies schriftlich zu bescheinigen.

1 **Zu Abs. 1.** Ab dem 5. 1. 2007 gelten zur Transportunfähigkeit die klareren Regelungen in Anh. I Kap. I der EU-TransportVO (s. Rn. 4). – Bis dahin gilt: Transportunfähigkeit liegt vor, wenn ein Nutztier krank oder verletzt ist und deswegen entweder überhaupt nicht oder nur unter Einsatz schmerzhafter Treibhilfen imstande ist, das Transportmittel aus eigener Kraft zu betreten (ein Elektrotreiber ist eine solche Treibhilfe, da er Schmerzen iS von § 1 S. 2 TierSchG auslöst, vgl EU-SCAHAW-Report 6.6: „severe fear and pain"). Ausreichend ist auch, wenn aufgrund der Krankheit oder Verletzung voraussehbar ist, dass das Tier am Ende des Transports (unter Berücksichtigung der Dauer und der Belastungen) nur noch mit Elektrotreiber-Einsatz oder anderen schmerzhaften Maßnahmen dazu zu bringen sein wird, das Transportmittel aus eigener Kraft zu verlassen (vgl. auch

EU-SCAHAW-Report 12.1, 9: Transportunfähigkeit, wenn ein Tier nicht ohne Hilfe stehen sowie gehen und dabei alle vier Gliedmaßen belasten kann). Die Beispiele nach S. 2 und S. 4 sind nicht abschließend; es gibt auch andere Belastungen, die zur Transportunfähigkeit führen können (vgl. BR-Drucks. 836/96 S. 61). Die Unfähigkeit, alle vier Extremitäten gleichmäßig zu belasten, reicht in jedem Fall aus. Indikatoren, die ein stark gestörtes Allgemeinbefinden iS von S. 4 Nr. 3 anzeigen, können u.a. sein: erhebliche Abweichungen von den Normalwerten bei Körpertemperatur, Atem- und Pulsfrequenz (zu den Normalwerten für Rinder, Schweine, Schafe und Pferde vgl. TVT, Tierschutzgerecht transportieren II S. 2, 7, 15, 21); nachhaltige Verweigerung der Futteraufnahme; Veränderungen bei der Körperhaltung (vgl. TVT aaO II S. 15 und 22 für Schafe bzw. Pferde); Bewegungs- und Verhaltensänderungen; Kreislaufschwäche (bei Schweinen erkennbar anhand von roten Flecken auf der Haut, bläulicher Hautverfärbung, deutlich hervortretenden Ohrvenen, schnappender, sehr schneller Atmung, offenem Maul, deutlich geweiteten Nasenöffnungen); nicht oder kaum belastete Gliedmassen (weitere Beispiele vgl. TVT aaO I S. 8f.). Das Vorliegen eines dieser Indikatoren kann ausreichen. Transportunfähige Nutztiere dürfen nicht befördert werden, auch nicht zur Schlachtung oder anderweitigen Tötung. Unzulässig ist insbesondere, ein transportunfähiges Tier auf das Fahrzeug zu ziehen, mit einem Wagen zu rollen oder auf eine andere Weise dorthin zu bringen (vgl. BR-Drucks. 836/96 S. 61). Einzige Ausnahmen: Transporte sehr leichter Tiere nach S. 3 und Transporte zum Zweck der tierärztlichen Behandlung (s. § 3 Abs. 1).

Zu Abs. 2. Untersuchungen zur Transportfähigkeit müssen erfolgen: **1.** Bei diesbezüglichen Anhaltspunkten (aus Abs. 2 geht hervor, dass bei Zweifeln so lange von einer Transportunfähigkeit ausgegangen werden muss, bis der hinzugezogene Tierarzt das Tier untersucht und seine Transportfähigkeit schriftlich bescheinigt hat); – **2.** bei Tiertransporten in Drittländer (vgl. § 34 Abs. 8); – **3.** bei Einfuhr an der Grenze (§§ 38, 39); – **4.** bei Ausfuhr an der Grenze (§ 35); – **5.** in den Aufenthaltsorten, bevor die Tiere diese verlassen, vgl. Art. 6 der Verordnung EG Nr. 1255/97. – Das EU-SCAHAW weist darauf hin, dass die Untersuchung auch ergeben kann, dass das Tier zwar transportfähig ist, aber nur für eine kürzere Reise als geplant bzw. nur unter Bedingungen, die über die gesetzlichen Minimalkonditionen hinausgehen müssen (vgl. Report 11.4). Es hält tierärztliche Untersuchungen zur Transportfähigkeit vor jedem Transport, der länger als acht Stunden dauern soll, für notwendig. Nach acht Sunden Transportdauer sollte dann durch die verantwortliche Person eine Untersuchung zur Fortdauer der Transportfähigkeit stattfinden; diese Untersuchungen sollten dann alle 4 bis 5 Stunden wiederholt werden. Transporte, bei denen nicht jedes Tierindividuum auf dem Fahrzeug untersucht werden kann, sollten von vornherein auf acht Stunden beschränkt werden (vgl. Report 12.1, 3 und 5). 2

Ordnungswidrigkeiten. Da transportunfähige Nutztiere krank oder verletzt sind, liegt bei einem Verstoß gegen § 27 meist eine Ordnungswidrigkeit nach § 42 Abs. 1 Nr. 1 i.V.m. § 3 Abs. 1 S. 1 vor. Zur richtlinienkonformen Auslegung von § 3 s. dort Rn. 1. Erfährt das Tier durch den Transport erhebliche Leiden, so kommt eine Ordnungswidrigkeit nach § 18 Abs. 1 Nr. 1 TierSchG hinzu (vgl. BayObLG Rd L 1998, 51f.) 3

Die **EU-TiertransportVO** regelt in Anh. I Kap. I die Transportunfähigkeit eindeutiger und mit weniger Ausnahmen als die TierSchTrV. Grds. gilt jedes Tier, das verletzt ist oder eine physiologische Schwäche oder einen pathologischen Zustand aufweist, als transportunfähig (Nr. 2 S. 1; die Fälle in S. 2a–g sind nur beispielhaft zu verstehen, wie aus der Formulierung „vor allem“ hervorgeht). Ist der Krankheits- bzw. Verletzungszustand nur leicht, so besteht nach Nr. 3a Transportfähigkeit nur, wenn gewährleistet ist, dass er sich durch den Transport nicht verschlimmern wird und auch sonst keine zusätzlichen, über die bereits bestehenden Beeinträchtigungen hinausgehenden Leiden entstehen werden (dazu, dass solche zusätzlichen Leiden jedenfalls bei langen Beförderungen idR befürchtet werden müssen, vgl. TVT-Stellungnahme S. 3); Zweifelsfälle sind durch einen Tierarzt zu entscheiden. – Besondere Fälle der Transportunfähigkeit nennt beispielhaft Nr. 2 S. 2c–g: Tiere in fortgeschrittenem Gestationsstadium (90% und mehr); Tiere, die vor weniger als 4 sieben Tagen niedergekommen sind; neugeborene Säugetiere, deren Nabelwunde noch nicht vollständig verheilt ist; sehr junge Tiere mit zwar verheilter Nabelwunde, die aber 100 km oder mehr befördert werden sollen; unter acht Wochen alte Hunde und Katzen ohne Muttertier; Hirsche, deren Geweih noch mit Bast überzogen ist. – Ausnahmen gibt es nur nach Kap. I Nr. 3 a (s. o.) und Nr. 3 b–d: Transporte für wissenschaftliche Zwecke iS der Richtlinie 86/609/EWG (sie umfasst nur die angewandte Forschung, nicht die Grundlagenforschung und nicht Tierversuche zur Aus-, Fort- und Weiterbildung); Transporte zur medizinischen Behandlung oder Diagnose und unter tierärztlicher Überwachung; Transporte zur Enthornung oder Kastration, wobei die Wunden vollständig verheilt sein müssen. Zur Entscheidung in Zweifelsfällen und zur Frage, an welchen Orten die Transportfähigkeit jeweils untersucht werden muss, s. § 3 Rn. 1.

§ 28 Vor dem Transport erkrankte oder verletzte Nutztiere

(1) [1]Der Absender und der Transportführer haben sicherzustellen, daß kranke oder verletzte Nutztiere unter größtmöglicher Schonung befördert werden. [2]Die Nutztiere dürfen nur zu der am schnellsten erreichbaren zur Schlachtung kranker oder verletzter Nutztiere bestimmten Schlachtstätte befördert werden. [3]Der Transport soll in der Regel zwei Stunden nicht überschreiten. [4]Es ist verboten, kranke oder verletzte Nutztiere länger als drei Stunden zu befördern oder befördern zu lassen. [5]Abweichend von Satz 4 dürfen Nutztiere, die von Inseln stammen, auf denen es keine Schlachtstätte nach Satz 2 gibt, bis zu fünf Stunden befördert werden.

(2) Bei Bedarf sind geeignete Einrichtungen, insbesondere Hebebühnen oder Abgrenzungen auf Transportmitteln, zur Vermeidung von Belastungen der Nutztiere einzusetzen durch

1. den Absender beim Treiben und Befördern innerhalb des Herkunftsbetriebs,
2. den Transportführer beim Verladen und beim Transport.

(3) Der Absender oder der Beförderer, sofern dieser die Schlachtung veranlaßt, hat sicherzustellen, daß kranke oder verletzte Nutztiere nur befördert werden, wenn sichergestellt ist, daß sie nach Ankunft an der Schlachtstätte unverzüglich geschlachtet werden.

(4) [1]Kann ein krankes oder verletztes Nutztier das Transportmittel nicht aus eigener Kraft ohne schmerzhafte Treibhilfen verlassen, so hat der Transportführer sicherzustellen, daß es unverzüglich in dem Transportmittel notgeschlachtet oder dort anderweitig getötet wird. [2]Die Lage des Nutztieres darf nicht verändert werden, es sei denn,

1. um ihm Linderung zu verschaffen,
2. um die Notschlachtung oder anderweitige Tötung zu ermöglichen oder
3. auf tierärztliche Anordnung.

[3]Die Sätze 1 und 2 gelten nicht für Nutztiere, die auf Grund ihres geringen Körpergewichts von einer Person ohne Zufügung von Schmerzen, Leiden oder Schäden aus dem Transportmittel getragen werden können.

1 **Zu Abs. 1.** Die Vorschrift setzt voraus, dass das kranke bzw. verletzte Tier nach § 26 zur Schlachtung befördert werden darf (also wenn die Krankheit bzw. Verletzung nur leicht ist und das Tier ohne Hilfe stehen und gehen und alle vier Gliedmaßen gleichmäßig belasten kann, sowie nicht mit weiteren Leiden als Folge des Transports gerechnet werden muss; s. § 3 Rn. 1, § 26, § 27 Rn. 1 und EU-SCAHAW-Report 12.1, 3). § 28 betrifft nur den Transport zur Schlachtung und regelt das „Wie“ dieses Transports. Bei einem Verstoß gegen S. 4 liegt eine Ordnungswidrigkeit nach § 42 Abs. 1 Nr. 1 vor. – Die EU-TiertransportVO lässt nach Anh. I Kap. I Nr. 2 und 3 den Transport kranker und verletzter

Tiere nur unter zwei Voraussetzungen zu, nämlich wenn die Krankheit bzw. Verletzung nur leicht ist und wenn gewährleistet werden kann, dass es zu keiner transportbedingten Verschlechterung des Krankheits- bzw. Verletzungszustandes und auch zu keinen sonstigen (gegenüber den bereits bestehenden Leiden) zusätzlichen Leiden kommen wird; Zweifelsfälle schließen einen Transport aus, solange nicht ein Tierarzt das Vorliegen beider Voraussetzungen bejaht.

Zu Abs. 4. Hat sich der Zustand des Tieres während des Transportes so verschlechtert, 2
dass es das Fahrzeug aus eigener Kraft nicht oder nur unter Einsatz von Elektrotreibern oder anderen schmerzhaften Treibhilfen verlassen kann, so ist insbesondere verboten, es durch Ziehen, Rollen oder mittels eines Liegendtransports zur Schlachtstätte zu transportieren (vgl. BR-Drucks. 836/96 S. 62). Lageveränderungen sind nur unter den engen Voraussetzungen von S. 2 Nr. 1, 2 oder 3 erlaubt. Eine Ausnahme gilt nach S. 3 nur für leichte Tiere. Außerdem besteht in einem solchen Fall Anlass, zu prüfen, ob eine Ordnungswidrigkeit nach § 42 Abs. 1 Nr. 1 i.V.m. § 3 Abs. 1 S. 1 begangen wurde (ja, wenn der Eintritt dieses Zustands bei Transportbeginn voraussehbar war, § 27 Abs. 1). – Wenn die Schlachtung vorgesehen und rechtlich zulässig ist, muss das Tier ohne schuldhaftes Zögern (vgl. § 121 BGB) an Ort und Stelle notgeschlachtet oder anderweitig getötet werden. (Zum „Wie“ der Notschlachtung s. § 4 a TierSchG Rn. 4; von mehreren nach § 13 Abs. 6 Anlage 3 TierSchlV in Betracht kommenden Betäubungs- und Tötungsverfahren ist dasjenige zu wählen, das die Einhaltung der Anforderungen aus § 13 Abs. 1 TierSchlV am sichersten gewährleistet. Zum „Wie“ der anderweitigen Tötung s. § 4 TierSchG Rn. 4 und 5.) – Verstöße gegen S. 1 und 2 bilden eine Ordnungswidrigkeit nach § 42 Abs. 1 Nr. 17.

§ 29 Während des Transports erkrankte oder verletzte Nutztiere

[1]Wenn ein Nutztier während des Transports so schwer erkrankt oder sich so schwer verletzt, daß ein weiterer Transport mit erheblichen Belastungen für das Tier verbunden sein würde, hat der Transportführer sicherzustellen, daß es unverzüglich tierärztlich behandelt oder in dem Transportmittel notgeschlachtet oder anderweitig getötet wird. [2]§ 28 Abs. 4 gilt entsprechend.

Die Vorschrift greift ein, wenn ein Nutztier während des Transports so schwer verletzt wird oder erkrankt, dass der Weitertransport mit erheblichen Belastungen, zB Schmerzen oder Leiden verbunden wäre. Die Gleichstellung „unverzügliche tierärztliche Behandlung oder Notschlachtung oder anderweitige Tötung“ ist allerdings weder mit § 1 S. 2 und § 17 Nr. 1 TierSchG noch mit Art. 12 des Europäischen Tiertransportübereinkommens vereinbar: Danach hat die tierärztliche Behandlung Vorrang und die Schlachtung darf nur „soweit notwendig“ erfolgen, d.h. wenn die Schmerzen bzw. Leiden unbehebbar sind. Zum „Wie“ der Notschlachtung oder anderweitigen Tötung s. § 28 Rn. 2. – Ein Verstoß gegen § 29 ist ordnungswidrig nach § 42 Abs. 1 Nr. 17, ebenso jede nach § 28 Abs. 4 S. 2 verbotene Lageveränderung. – Die EU-TiertransportVO regelt das Vorgehen gegenüber Tieren, die erst während des Transports erkranken oder sich verletzen, in Anh. I Kap. I Nr. 3a und Nr. 4 (Kein Weitertransport, es sei denn, die Krankheit oder Verletzung ist nur leicht und zusätzliche, durch den Weitertransport verursachte Leiden können ausgeschlossen werden. Folgende Maßnahmen müssen in folgender Reihenfolge stattfinden: Absonderung; unverzügliche erste Hilfe; tierärztliche Untersuchung und Behandlung; Notschlachtung oder Tötung nur „erforderlichenfalls“, d.h. als ultima ratio, wenn eine (weitere) tierärztliche Behandlung aus veterinärmedizinischen Gründen aussichtslos erscheint.)

Abschnitt 4. Besondere Vorschriften zum Schutz anderer Tiere

§ 30 Hauskaninchen, Hausgeflügel und Stubenvögel

(1) [1]Der Absender hat sicherzustellen, daß Hauskaninchen, Hausgeflügel außer Küken, die innerhalb von 60 Stunden nach dem Schlupf den Empfänger erreichen, und Stubenvögel während eines Transports jederzeit ihren Flüssigkeits- und Nährstoffbedarf decken können. [2]Dies gilt – außer bei Stubenvögeln – nicht, wenn die Fahrtzeit weniger als 12 Stunden beträgt.

(2) Beim Transport von Eintagsküken hat der Absender sicherzustellen, daß im Tierbereich eine Temperatur von 25 bis 30 °C herrscht.

Ist beim Transport von Hauskaninchen oder Hausgeflügel (vgl. § 2 Nr. 1 TierSchlV) mit einer Fahrtzeit von 12 Stunden oder mehr zu rechnen (auch wegen eines etwa notwendigen Rücktransports, vgl. § 20 Abs. 4), so müssen die Tiere während des Transports jederzeit ihren Flüssigkeits- und Nährstoffbedarf decken können. – Für Stubenvögel (d.h. gängige Vogelarten, die als Heimtiere gehalten werden, zB Kanarienvögel, Wellensittiche, Zebrafinken, verschiedene Papageienarten etc.; vgl. *Randl* S. 72) gilt dies unabhängig von der erwartbaren Transportdauer, also auch auf kurzen Transporten. – Küken vom Hausgeflügel können in den ersten 60 Lebensstunden ihren Bedarf noch aus dem Dottersack decken, weshalb vertretbar ist, sie während dieser Zeit nicht zu füttern und zu tränken (vgl. BR-Drucks. 836/96 S. 63). Ihrem besonderen Wärmebedürfnis ist aber nach Abs. 2 Rechnung zu tragen. – Sowohl Abs. 1 S. 1 als auch Abs. 2 sind bußgeldbewehrt, vgl. § 42 Abs. 1 Nr. 2. Täter ist der Absender, der die Erfüllung der Gebote sicherstellen muss. Andere, zB der Beförderer und/oder der Transportführer können Beteiligte nach § 14 Abs. 1 OWiG sein. – Die EU-TiertransportVO erlaubt in Anh. I Kap. V Nr. 2.1 Geflügel- und Kaninchentransporte ohne Futter und Wasser, wenn die Beförderungszeit weniger als 12 Stunden beträgt (Verlade- und Entladezeit nicht mitgerechnet); ebenso Kükentransporte mit einer Beförderungszeit von weniger als 24 Stunden, wenn die Beförderung innerhalb von 72 Stunden nach dem Schlupf stattfindet. Ob diese Regelungen mit den Grundsätzen des Art. 3 S. 2a und f („den Bedürfnissen der Tiere während der Beförderung Rechnung tragen ... das Wohlbefinden in angemessener Weise aufrechterhalten") und dem Grundsatz, wonach ein Transport nicht durchgeführt werden darf, wenn den Tieren dabei unnötige Leiden zugefügt werden könnten (Erwägung Nr. 11) in Einklang stehen, erscheint zweifelhaft. Zumindest gebieten diese Grundsätze und die darin zum Ausdruck kommenden Regelungsziele eine restriktive Auslegung: Kükentransporte, die ohne Futter und Wasser durchgeführt werden, müssen innerhalb der genannten 72 Stunden nach dem Schlupf auch tatsächlich abgeschlossen sein; da beim Transport von Schlachtgeflügel idR keine Versorgung stattfindet, dürfen solche Transporte nur zugelassen werden, wenn vorher sicher feststeht, dass die Höchstdauer von zwölf Stunden nicht überschritten wird.

§ 31 Haushunde und Hauskatzen

(1) [1]Der Beförderer und der Transportführer haben sicherzustellen, daß

1. Haushunde und Hauskatzen spätestens nach jeweils acht Stunden getränkt werden,

2. läufige Hündinnen von Rüden getrennt befördert werden.

[2]Abweichend von Satz 1 Nr. 1 kann diese Frist um höchstens zwei Stunden überschritten werden, wenn dies weniger belastend für die Tiere ist. [3]Das Tränken kann entfallen, wenn die Tiere jederzeit Zugang zu Wasser haben.

(2) [1]**Haushunde und Hauskatzen unter acht Wochen dürfen nicht ohne das Muttertier befördert werden.** [2]**Dies gilt nicht, wenn der Transport zur Vermeidung von Schmerzen, Leiden oder Schäden der Tiere erforderlich ist.**

Abs. 1 S. 1 wendet sich im Unterschied zu § 30 nicht an den Absender, sondern an den Beförderer (vgl. § 2 Nr. 10) und den Transportführer (§ 2 Nr. 11). Nur diese können Täter einer Ordnungswidrigkeit nach § 42 Abs. 1 Nr. 2 i.V.m. § 31 Abs. 1 S. 1 sein. Andere können nach § 14 Abs. 1 OWiG Beteiligte sein. – Täter einer Ordnungswidrigkeit nach § 42 Abs. 1 Nr. 1 i.V.m. § 31 Abs. 2 S. 1 kann sein, wer das Tier befördert oder befördern lässt, d.h. wer an der Entscheidung, dass ein bestimmter Tiertransport durchgeführt wird, zumindest mitwirkt (vgl. BayObLG NuR 2002, 184, 185). – In der EU-TiertransportVO finden sich Regelungen, die § 31 entsprechen, in Anh. I Kap. V Nr. 2.2, Kap. III Nr. 1.12b und Kap. I Nr. 2 f.

§ 32 Sonstige Säugetiere und sonstige Vögel

(1) **Sonstige Säugetiere und sonstige Vögel dürfen nur transportiert werden, wenn sie in geeigneter Weise auf den Transport vorbereitet wurden.**

(2) **Sonstige Säugetiere und sonstige Vögel dürfen nur befördert werden, wenn schriftliche Anweisungen über Fütterung und Tränkung sowie über eine erforderliche Betreuung mitgeführt werden.**

(3) **Sonstige Säugetiere und sonstige Vögel, die unter das Übereinkommen über den internationalen Handel mit gefährdeten Arten freilebender Tiere und Pflanzen (CITES) fallen, sind entsprechend den CITES-Leitlinien für den Transport und die entsprechende Vorbereitung von freilebenden Tieren und wildwachsenden Pflanzen in der vom Bundesministerium für Umwelt, Naturschutz und Reaktorsicherheit bekanntgemachten Fassung (BAnz. Nr. 80a vom 29. April 1997) zu befördern und zu betreuen.**

(4) [1]**Sonstigen Säugetieren und sonstigen Vögeln sollen Beruhigungsmittel nicht verabreicht werden.** [2]**Falls deren Verabreichung unvermeidbar ist, muß sie unter Aufsicht eines Tierarztes durchgeführt werden.** [3]**Dem Begleitdokument müssen genaue Angaben über die Verabreichung von Beruhigungsmitteln sowie Anweisungen über das Ernähren und Pflegen entnommen werden können.**

(5) **Geweihtragende Tiere dürfen während der Bastzeit nicht befördert werden.**

(6) [1]**Meeressäugetiere müssen von einer sachkundigen Person betreut werden.** [2]**Behältnisse, in denen Meeressäugetiere befördert werden, dürfen nicht gestapelt werden.**

(7) [1]**Sonstige Vögel dürfen nur in abgedunkelten Behältnissen befördert werden.** [2]**Den Tieren muß jedoch soviel Licht zur Verfügung stehen, daß sie sich orientieren und Futter und Wasser aufnehmen können.**

Zu Abs. 1. Sonstige Säugetiere sind alle, die nicht Nutztiere (vgl. § 2 Nr. 1) und nicht Hauskaninchen, Haushunde oder Hauskatzen (vgl. §§ 30, 31) sind; sonstige Vögel sind alle, die nicht Hausgeflügel (vgl. § 2 Nr. 1 TierSchlV) oder Stubenvögel sind (vgl. auch EU-Tiertransportrichtlinie, Anh. Kap. IV Nr. 34a). Da für diese zum großen Teil nicht domestizierten Tiere der Transport eine noch größere Belastung darstellt als für domestizierte, müssen sie nach Abs. 1 in geeigneter Weise darauf vorbereitet werden, zB durch Gewöhnung an das vorgesehene Transportbehältnis, an die Nähe des Menschen usw. (vgl. BR-Drucks. 836/96 S. 63; vgl. auch TVT-Merkblatt Nr. 49, Empfehlungen zum tierschutzgerechten Transport von Heimtieren). 1

Zu Abs. 5–7. Während der Bastzeit sind Geweihe von Cerviden außerordentlich schmerzempfindlich, weshalb ein Transport in dieser Zeit nicht zugemutet werden darf. 2

Den besonderen Ansprüchen von Meeressäugern kann nur durch ständige Betreuung entsprochen werden. Vögel müssen zur Vermeidung von Stressreaktionen in abgedunkelten Behältnissen befördert werden – aber nicht in völliger Dunkelheit, da sie dann weder Futter noch Wasser aufnehmen. Die Tiere müssen mit besonderer Vorsicht verpackt und verladen werden (vgl. BR-Drucks. 836/96 S. 63, 64).

3 Die **EU-TiertransportVO** enthält entsprechende Regelungen in Anh. I Kap. V 2.3, Kap. I Nr. 5 und Nr. 2g. Aus Erwägung Nr. 10 S. 2 ergibt sich, dass hier den Mitgliedstaaten gestattet ist, zusätzliche nationale Vorschriften zu erlassen bzw. beizubehalten, auch bei internationalen Transporten.

4 **Ordnungswidrigkeiten** sind Verstöße gegen Abs. 2, Abs. 5 und Abs. 7 S. 1, § 42 Abs. 1 Nr. 1.

§ 33 Wechselwarme Wirbeltiere und wirbellose Tiere

(1) [1]**Der Absender hat sicherzustellen, daß wechselwarme Wirbeltiere und wirbellose Tiere in Behältnissen befördert werden.** [2]**§ 32 Abs. 3 gilt entsprechend.**

(2) [1]**Fische dürfen nur in Behältnissen befördert werden, deren Wasservolumen den Tieren ausreichende Bewegungsmöglichkeiten bietet.** [2]**Abweichend von Satz 1 dürfen Aale auch in ausreichend feuchter Verpackung befördert werden.** [3]**Unverträgliche Fische sowie Fische erheblich unterschiedlicher Größe müssen voneinander getrennt werden.** [4]**Der Absender hat sicherzustellen, daß den besonderen Wasserqualitäts- und Temperaturansprüchen der einzelnen Arten Rechnung getragen wird.** [5]**Insbesondere muß eine ausreichende Sauerstoffversorgung der Tiere sichergestellt sein.**

Reptilien, Amphibien, Fische u. Ä. dürfen nur in Behältnissen befördert werden; dasselbe gilt für Wirbellose. Da die Gebote von § 2 Nr. 1 und Nr. 2 TierSchG auch für den Transport gelten, muss ihren arteigenen Bedürfnissen „in jedem Fall Rechnung getragen werden" (BR-Drucks. 836/96 S. 64; ebenso auch Art. 3 S. 2a der EU-TiertransportVO). Dies gilt besonders für das Bedürfnis nach einer angemessenen Temperatur und Schutz vor plötzlichen Temperaturschwankungen. Der Einsatz von „Pufferfischen", zB beim Transport von Zandern, ist nicht gestattet (vgl. *Kleingeld* DtW 2005, 100, 102). Da die Sauerstoffversorgung stets gewährleistet sein muss, dürfen Fische auch über kurze Distanzen nicht ohne Wasser befördert werden (vgl. *Kleingeld* in: DVG 2004 S. 95, 100). – Zweifelhaft ist, ob die Beförderung von Aalen in ausreichend feuchter Verpackung ohne genaue zeitliche Begrenzung den Anforderungen von § 2 TierSchG entspricht. – Zur Konkretisierung der gesetzlichen Anforderungen s. das TVT-Merkblatt „Praktische Hinweise und Empfehlungen zum Transport lebender Süßwasserfische". Hier werden Angaben zu Besatzdichten, Wassertemperatur, Sauerstoffversorgung, Ausnüchterung u. Ä. gemacht. Die Nicht-Einhaltung kann einen Verstoß gegen § 33 und bei erheblichen, länger andauernden Stressbelastungen auch gegen § 17 Nr. 2b TierSchG begründen (s. § 2 TierSchG Rn. 46, 49; vgl. auch TVT-Merkblatt Nr. 29, „Empfehlungen zur Hälterung von Speisefischen im Einzelhandel" und Nr. 49, „Empfehlungen zum tierschutzgerechten Transport von Heimtieren"). – Sowohl Abs. 1 S. 1 als auch Abs. 2 S. 1 sind bußgeldbewehrt, vgl. § 42 Abs. 1 Nr. 1 und 2. – Die EU-TiertransportVO regelt den Transport wirbelloser Tiere nicht, vgl. Art. 1 Abs. 1. Für den kommerziellen Transport von Fischen in Behältnissen gelten dagegen die allgemeinen Grundsätze des Art. 3. Dies begründet Zweifel, ob die in Abs. 2 S. 2 TierSchTrV beschriebene Beförderung von Aalen nach dem 5. 1. 2007 noch fortgesetzt werden kann.

Abschnitt 5. Grenzüberschreitender Transport

§ 33a Ausfuhr über bestimmte Überwachungsstellen

(1) [1]Die Ausfuhr von Nutztieren ist nur über Zollstellen mit zugeordneten Grenzkontrollstellen oder sonstigen Ausgangsstellen zulässig, die das Bundesamt für Verbraucherschutz und Lebensmittelsicherheit im Einvernehmen mit dem Bundesministerium der Finanzen im Bundesanzeiger bekanntgemacht hat. [2]Das Bundesministerium der Finanzen kann die Erteilung des Einvernehmens auf Mittelbehörden seines Geschäftsbereichs übertragen.

(2) [1]Der Ausführer von Nutztieren hat der Grenzkontrollstelle oder sonstigen Ausgangsstelle die voraussichtliche Ankunft des Transports unter Angabe von Art und Anzahl der Nutztiere mindestens einen Werktag vorher anzuzeigen. [2]Die zuständige Behörde kann Ausnahmen zulassen.

§ 34 Verbringen nach einem anderen Mitgliedstaat, Ausfuhr

(1) [1]Der Beförderer hat sicherzustellen, daß beim grenzüberschreitenden Transport von Nutztieren, der voraussichtlich länger als acht Stunden dauert, ein Transportplan mitgeführt wird, der die jeweils aktuellen Angaben nach dem Muster der Anlage 5 enthält. [2]Dem Transportplan sind Unterlagen beizufügen, aus denen die Einhaltung der Anforderungen dieser Verordnung für die gesamte Dauer des Transports nachvollziehbar zu entnehmen ist.

(2) [1]Der Beförderer hat der zuständigen Behörde des Versandortes den Transportplan vor Beginn des Transports vorzulegen. [2]Diese prüft den Transportplan auf Plausibilität. [3]Bei Nichtvorlage des Transportplanes oder dem Vorliegen von Anhaltspunkten dafür, daß die geplante Route nicht geeignet ist, die Einhaltung der Anforderungen der Verordnung über die gesamte Transportdauer sicherzustellen und mit an Sicherheit grenzender Wahrscheinlichkeit anzunehmen ist, daß Verstöße gegen die Tierschutzanforderungen zu erwarten sind, ist der geplante Transport durch die zuständige Behörde zu untersagen.

(3) Der Transportführer hat in den Transportplan einzutragen, wann und wo die Nutztiere gefüttert und getränkt wurden.

(4) Der Beförderer hat nach der Rückkehr der zuständigen Behörde des Versandortes den vollständig ausgefüllten Transportplan vorzulegen.

(5) Der Beförderer hat das Original oder eine Zweitausfertigung des Transportplans, die auch die Angaben nach Absatz 3 enthält, drei Jahre lang aufzubewahren.

(6) Der Beförderer hat sicherzustellen, daß beim Transport von Nutztieren zum Zwecke der Ausfuhr eine dem Muster der Anlage 6 entsprechende Bescheinigung (Transportbescheinigung) mitgeführt wird.

(7) Die Transportbescheinigung wird ungültig, wenn die Tiere nicht innerhalb von 24 Stunden seit Unterzeichnung des Abschnitts A der Transportbescheinigung in das Transportmittel verbracht worden sind.

(8) Die Tiere dürfen für einen Transport nach Absatz 6 nur in das Transportmittel verbracht werden, wenn die zuständige Behörde des Versandortes ihre Transportfähigkeit festgestellt und in Abschnitt A der Transportbescheinigung bestätigt hat.

(9) Abweichend von Absatz 6 brauchen Transporte von Renn- und Turnierpferden sowie von Nutztieren, die an internationalen Ausstellungen teilnehmen, nicht von einer Transportbescheinigung begleitet zu sein.

1 **Zu Abs. 1.** Ein grenzüberschreitender Transport von Nutztieren (§ 2 Nr. 1) liegt vor, wenn irgendeine Grenze (sei es in einen EU-Mitgliedstaat, sei es in einen Drittstaat) überschritten werden soll. Ist voraussehbar, dass ein solcher Transport (einschließlich der Zeit für das Be- und Entladen, vgl. § 2 Nr. 5 und BR-Drucks. 836/96 S. 65) länger als acht Stunden dauern wird, muss ein Transportplan mitgeführt werden. Dieser muss dem Muster der Anlage 5 entsprechen, also alle dort vorgesehenen Angaben enthalten. Nach S. 2 müssen dem Transportplan weitere Unterlagen beigefügt werden: U. a. über die Eignung der Transportroute, die Funktionsfähigkeit der Versorgungsstationen (es ist Aufgabe des Beförderers, darüber Garantien einzuholen) sowie die technischen Einrichtungen in den Bestimmungsorten für die Entladung und Weiterbehandlung der Tiere (vgl. BR-Drucks. 836/96 Beschluss S. 6). – Ab dem 5. 1. 2007 tritt an die Stelle des Transportplans das Fahrtenbuch nach Art. 5 Abs. 4 i. V. m. Anh. II der EU-TiertransportVO (näher Rn. 8).

2 **Zu Abs. 2, Transportplan.** Der Beförderer (vgl. § 2 Nr. 10) muss den vollständig ausgefüllten Transportplan vor Transportbeginn der zuständigen Behörde des Versandorts (vgl. § 2 Nr. 8) vorlegen. Darin sind alle Schritte der Fahrt einzeln darzulegen (vgl. Anl. 5): U. a. Abreise- und Ankunftszeit, Fütterungs- und Tränkungspausen, Fahrtunterbrechungen an Aufenthaltsorten/Kontrollstellen, Wechseln des Transportmittels (vgl. EU-Tiertransportbericht S. 7). Bei Ferntransporten muss er insbes. auch den Bestimmungsort (vgl. § 2 Nr. 9), die gesamte Strecke dorthin, das vorgesehene Transportschiff, das Ausladen und Versorgen im Hafen vor Beginn des Schiffstransportes (s. auch § 24 Rn. 4), die dort vorhandenen Stallungen etc. angeben. – Bei Unvollständigkeit oder fehlender Plausibilität des Transportplans muss der amtliche Tierarzt das Abstempeln verweigern; die zuständige Behörde hat den Transport unter Angabe der festgestellten Mängel zu untersagen (gebundene Verwaltung, d. h. es besteht kein Ermessen; vgl. Nds. Ministerium Handbuch S. 13; *Kimpfel-Neumaier* AtD 1999, 42).

3 **Grundsätze zur Plausibilitätsprüfung nach Abs. 2 S. 2 und S. 3: 1.** Nicht nur Verstöße, die bereits stattgefunden haben, begründen eine Untersagung, sondern auch künftige Verstöße, wenn konkrete Anhaltspunkte eine diesbezügliche Wahrscheinlichkeit begründen (vgl. BR-Drucks. 836/96 Beschluss S. 6: „Die Behörde ist verpflichtet, den Transport zu untersagen, sofern belegbar Anhaltspunkte vorliegen, die den Verdacht einer tierschutzwidrigen Handlung während des Transportes aufkommen lassen"). – **2.** Im Rahmen der Transportplanprüfung endet die Reichweite der Verordnung nicht an den Grenzen der Bundesrepublik oder der EU (vgl. S. 3, „Einhaltung der Anforderungen der Verordnung über die gesamte Transportdauer"); vielmehr führen auch Verstöße, die erst jenseits der deutschen oder der EU-Grenzen begangen werden und die im Zeitpunkt der Abstempelung bereits voraussehbar sind, dazu, dass der geplante Transport untersagt werden muss. – **3.** Es kommt nicht darauf an, wer die zu erwartenden Verstöße begehen wird; es genügt also auch die Wahrscheinlichkeit, dass während des Transports Ausländer im Ausland, zB in den Verladehäfen des nördlichen Mittelmeers, Verstöße begehen werden. Zu den Quellen, die hierfür herangezogen werden können, s. u. – **4.** Hinsichtlich des erforderlichen Grades an Wahrscheinlichkeit reicht bereits ein begründeter Verdacht aus (vgl. BR-Drucks. 836/96 Beschluss aaO: „Anhaltspunkte", „Verdacht"). – **5.** Ein Ermessen ist weder dem amtlichen Tierarzt noch der Behörde eingeräumt: Der Tierarzt muss seinen Stempel verweigern und die Behörde muss den Transport untersagen, wenn ausreichende Anhaltspunkte den Verdacht im o. g. Sinn begründen, dass es auf dem Transport bis zur Entladung am Bestimmungsort zu einem oder gar mehreren Verstößen kommen wird (vgl. zB BayObLG vom 29. 2. 2000, 3 ObOWi 10/2000: Transportplan nicht plausibel, wenn der Transportführer, um ihn einzuhalten, mit einer Durchschnittsgeschwindigkeit fahren müsste, die annähernd der zulässigen Höchstgeschwindigkeit des Fahrzeugs entspricht). – Die EU-Kommission (Tiertransportbericht S. 10) hat in diesem Zusammenhang gerügt, „dass die zuständigen Behörden der Mitgliedstaaten regelmäßig Transportpläne genehmigen, die den Anforderungen der Richtlinie nicht entsprechen (Deutschland,

Niederlande, Frankreich und Spanien)". – Zur Frage, mit welcher Wahrscheinlichkeit auf bestimmten Transportstrecken bzw. in bestimmten Verladehäfen regelmäßig oder häufig mit Verstößen gerechnet werden muss, kommen neben den Kontrollberichten des Europäischen Lebensmittel- und Veterinäramts (LVA) auch die Berichte und Beschwerden von Nichtregierungsorganisationen (NROs) in Betracht. Die EU-Kommission stützt ihre Einschätzungen im Tiertransportbericht ausdrücklich auch auf Berichte und Beschwerden der „EUROPGROUP for Animal Welfare", der Royal Society for the Prevention of Cruelty to Animals", der Niederländischen Tierschutzgesellschaft, der Internationalen Liga für den Schutz von Pferden, der „Animal's Angels", der Organisation „Compassion in World Farming" und des Deutschen Tierschutzbundes (EU-Tiertransportbericht S. 8; s. auch Einf. Rn. 2). – Aus § 1 S. 2 TierSchG kann für alle Transporte die Verpflichtung hergeleitet werden, die jeweils tierverträglichste Transportstrecke und das tierverträglichste Transportmittel zu wählen. Danach müssten Schienentransporte wo immer möglich den Straßentransporten vorgezogen werden, denn Untersuchungen haben ergeben, dass letztere bei Rindern und Schweinen doppelt so hohe und bei Schafen gar viermal höhere Verlustraten aufweisen als entsprechende Beförderungen per Bahn (vgl. *Fikuart/v. Holleben/Kuhn* S. 35; vgl. auch EU-SCAHAW-Report 12.4, 35). Wirtschaftliche Gründe, die zur Wahl einer belastenderen Strecke bzw. eines belastenderen Transportmittels führen, bilden keinen vernünftigen Grund (s. § 1 TierSchG Rn. 47 und § 17 TierSchG Rn. 12).

Zu Abs. 3. Der Transportführer (§ 2 Nr. 11) muss neben den Fütterungs- und Tränkzeiten und -orten auch eintragen, wann und wo die vorgeschriebenen Ruhepausen eingelegt wurden (vgl. BR-Drucks. 836/96 S. 65). 4

Zu Abs. 4 und 5. Die Aufbewahrungs- und Vorlagepflichten (auch nach Abs. 2 S. 1) stützen sich auf § 16 Abs. 5 Nr. 3 und 4 TierSchG. Nach dem Rücklauf des Transportplans prüft die Behörde die Vollständigkeit und Nachvollziehbarkeit der dokumentierten Angaben und vermerkt das Ergebnis dieser Prüfung auf dem Plan (vgl. Nds. Ministerium Handbuch S. 6, 17). 5

Zu Abs. 6–8, Transportbescheinigung. Ausfuhr liegt vor, wenn Tiere (sei es direkt, sei es über das Gebiet anderer EU-Mitgliedstaaten) in einen nicht der EU angehörenden Staat verbracht werden (s. § 13 Abs. 3 S. 1 TierSchG). Auf einem solchen Nutztiertransport muss neben dem Transportplan auch eine dem Muster der Anlage 6 entsprechende, vollständig ausgefüllte Internationale Tiertransport-Bescheinigung mitgeführt werden. Diese besteht aus zwei Teilen: In Teil A bescheinigt der amtliche Tierarzt die Transportfähigkeit der Tiere, auch unter Berücksichtigung von Art und Dauer des Transports (s. § 3 Rn. 1 und § 27 Rn. 1; vgl. EU-SCAHAW-Report 11.4: Es muss auch geprüft werden, ob die Tiere nur für eine kürzere Reise transportfähig sind bzw. ob sie für den Transport bessere als die gesetzlichen Minimalkonditionen benötigen); mit der Unterzeichnung der Ladebescheinigung in Teil B bestätigt er, dass die Tiere unter von ihm gebilligten Umständen verladen worden sind. – Für die Unterzeichnung der Ladebescheinigung gelten dieselben Grundsätze wie für die Plausibilitätsprüfung des Transportplans, denn der amtliche Tierarzt kann eine Verladung nicht billigen, wenn bereits Verstöße gegen die Verordnung oder das Gesetz stattgefunden haben und fortwirken oder wenn belegbare Anhaltspunkte den Verdacht eines künftigen Verstoßes durch den Beförderer, Transportführer oder Dritte im In- oder Ausland aufkommen lassen (s. Rn. 3 und BR-Drucks. 836/96 Beschluss S. 6; vgl. auch Nds. Ministerium Handbuch S. 15: „Vor *und* während der Verladung prüft die zuständige Behörde die Einhaltung der Vorgaben der TierSchTrV"). – Zur Frage, ob der amtliche Tierarzt bei interkontinentalen oder sonst besonders belastenden Ferntransporten eine Mitwirkung unter Berufung auf § 17 Nr. 2b TierSchG i.V.m. § 27 StGB generell verweigern kann und muss, s. Einf. Rn. 16. Zum Vorgehen, wenn die Transportbescheinigung fehlt oder nicht vollständig ausgefüllt oder nicht unterzeichnet ist, s. § 41 Abs. 3. 6

Ordnungswidrigkeiten. Wer als Beförderer nicht sicherstellt, dass ein vollständig ausgefüllter Transportplan bzw. eine vollständig ausgefüllte Transportbescheinigung mitge- 7 führt wird, handelt ordnungswidrig nach § 42 Abs. 1 Nr. 5 Fall zwei bzw. Fall drei. Der Irrtum über die Notwendigkeit des jeweiligen Dokumentes ist vorsatzausschließender Tatbestandsirrtum (vgl. BayObLG NStZ-RR 1996, 341), doch reicht auch Fahrlässigkeit aus. Wer an dem Transport mitwirkt, ohne selbst Beförderer zu sein (zB als Transportführer, Absender oder Verkäufer), kann als Beteiligter nach § 14 Abs. 1 OWiG mit Bußgeld belegt werden, wenn er seinerseits vorsätzlich gehandelt hat (vgl. BayObLG aaO). – Ordnungswidrig nach § 42 Abs. 1 Nr. 18 handelt, wer als Transportführer notwendige Angaben nach Abs. 3 nicht, nicht richtig oder nicht vollständig einträgt. Ordnungswidrig nach § 42 Abs. 1 Nr. 19 handelt der Beförderer, wenn er entgegen Abs. 5 den Transportplan nicht oder nicht lange genug aufbewahrt. Zur Beteiligung Dritter s. § 14 Abs. 1 OWiG. – Auf Seiten des amtlichen Tierarztes, der einen Transportplan abstempelt und/oder eine Transportbescheinigung unterzeichnet, obwohl ein Verstoß gegen die TierSchTrV vorliegt bzw. belegbare Anhaltspunkte den Verdacht eines künftigen Verstoßes begründen, kann eine Beihilfe zur Ordnungswidrigkeit, aber auch zur Straftat nach § 17 Nr. 2b vorliegen (s. Einf. Rn. 16). Auch der Tatbestand der Falschbeurkundung im Amt (§ 348 StGB) kann erfüllt sein.

8 Die **EU-TiertransportVO** sieht in Art. 5 Abs. 4, 8 Abs. 2, 14 Abs. 1 und 21 Abs. 2 ein Fahrtenbuch vor. Es tritt ab dem 5. 1. 2007 an die Stelle von Transportplan und Transportbescheinigung und besteht nach Anh. II aus den fünf Abschnitten ‚Planung', ‚Versandort' ‚Bestimmungsort', Erklärung des Transportunternehmers'und ‚Formular zur Meldung von Unregelmäßigkeiten' Die damit zusammenhängenden Pflichten treffen den Organisator und den Transportunternehmer (Art. 5 Abs. 4), den Tierhalter (Art. 8 Abs. 2), den Fahrer (Anh. II Abschnitt 4) und teilweise auch die Behörden und den amtlichen Tierarzt (Art. 14 Abs. 1, Art. 21 Abs. 2). – Der Organisator (vgl. Art. 2 lit. q) füllt u. a. den Abschnitt „Planung" aus und sorgt dafür, dass eine unterzeichnete Kopie davon der Behörde des Versandorts spätestens zwei Werktage vor dem Versand vorgelegt wird (Anh. II Abschnitt 1). Der amtliche Tierarzt am Versandort prüft die Transportfähigkeit, die Transportmittel und die Verladepraxis und erklärt, das Verladen überwacht und genehmigt zu haben (Anh. II Abschnitt 2). Der Tierhalter und der amtliche Tierarzt des Bestimmungsorts kontrollieren u. a. die Zulassung des Unternehmers, den Befähigungsnachweis des Fahrers, die Transportmittel, das Raumangebot, die Transportfähigkeit, die Angaben zu Beförderungsdauer und Ruhezeiten und andere mögliche Verstöße (Anh. II Abschnitt 3). Liegt der Bestimmungsort außerhalb der EU, so werden diese Kontrollen gemäß Art. 21 Abs. 2 vom amtlichen Tierarzt des Ausgangsorts, d. h. der Zollstelle, an der die Tiere das Gemeinschaftsgebiet verlassen, durchgeführt (Art. 21 Abs. 2). Während der Beförderung notiert der Fahrer alle Ruhe-, Umlade- und Ausgangsorte mit Datum und Uhrzeit der Ankunft und der Abfahrt, begründet etwaige Abweichungen des tatsächlichen Transportwegs von der Planung und meldet Verletzungen und Todesfälle (Anh. II Abschnitt 4, vom Fahrer und vom Transportunternehmer zu unterschreiben). Behörden und Tierärzte, die den Transport unterwegs kontrollieren, tragen festgestellte Unregelmäßigkeiten in Abschnitt 5 ein.

9 **Kontrollen bei langen, grenzüberschreitenden Beförderungen nach der EU-TierransportVO.** Vor Beginn der Beförderung prüft die Behörde am Versandort nach Art. 14 Abs. 1 lit. a–c folgendes: ob die nötigen Zulassungen für den/die Transportunternehmer, die Zulassungsnachweise für das/die Transportmittel und die Befähigungsnachweise für den/die Fahrer und Betreuer vorliegen; ob die Angaben im Fahrtenbuch, insbesondere zu Beförderungsdauer und Ruhezeiten wirklichkeitsnah, d. h. plausibel sind; ob diese Angaben darauf schließen lassen, dass alle Vorschriften der Verordnung beachtet sind und auch während der gesamten Dauer der Beförderung eingehalten werden (vgl. Anh. II Abschnitt 1 Nr. 7: Danach erklärt der Organisator, „geeignete Vorkehrungen getroffen zu haben, um das Wohlbefinden der Tiere nach Maßgabe der Verordnung Nr. 1/2005/EG des Rates während der gesamten Beförderungsdauer zu gewährleisten"; solange diese Erklärung nicht geprüft und für zutreffend befunden worden ist, kann es keinen Stempel nach

Art. 14 Abs. 1 lit. c geben). Bei belegbaren Anhaltspunkten, die den Verdacht eines gegenwärtigen oder künftigen Verstoßes gegen die Verordnung aufkommen lassen, gibt es zwei Möglichkeiten: Entweder der Organisator trifft auf Veranlassung der Behörde alle Vorkehrungen, die geeignet und erforderlich sind, um den Verstoß zu beenden bzw. für die Zukunft so sicher zu verhindern, so dass die gegenwärtige und künftige Einhaltung aller Vorschriften der Verordnung „gewährleistet" ist; in diesem Fall versieht die Behörde das Fahrtenbuch gemäß Art. 14 Abs. 1 lit. c mit einem Stempel. Oder die gegenwärtige bzw. künftige Einhaltung aller Vorschriften kann nicht, auch nicht mit Hilfe von Anordnungen nach Art. 14 Abs. 1 lit. b gewährleistet werden; dann muss die Behörde den Stempel verweigern, und der Transport kann nicht durchgeführt werden. – Bei langen Beförderungen prüft der amtliche Tierarzt am Versandort gemäß Art. 15 Abs. 2 i.V.m. Anh. II Abschnitt 2 Nr. 10 die Transportfähigkeit (auch unter Berücksichtigung von Art und Dauer des Transports, s. § 27 Rn. 4 und § 3 Rn. 1), die Transportmittel und die Verladepraxis. Da er das Verladen nicht nur überwachen, sondern auch „genehmigen" muss, hat er auch die Pflicht, etwaigen Anhaltspunkten nachzugehen, die den Verdacht eines künftigen Verstoßes gegen die Verordnung oder eines sonstigen tierschutzwidrigen Vorgangs während des Transports begründen. Er darf die vorgesehene Genehmigung nicht aussprechen, wenn „belegbar Anhaltspunkte vorliegen, die den Verdacht einer tierschutzwidrigen Handlung während des Transports aufkommen lassen" (vgl. BR-Drucks. 836/96 Beschluss S. 6; s. Rn. 3), zumal der Organisator ja nach Anh. II Abschnitt 1 Nr. 7 die Zusage gegeben hat, „das Wohlbefinden ... während der gesamten Beförderungsdauer zu gewährleisten". Dem entspricht es, dass die Genehmigung nur erteilt werden darf, wenn diese Gewähr auch tatsächlich besteht (s. auch Einf. Rn. 16). – Der amtliche Tierarzt am Bestimmungsort im Gemeinschaftsgebiet prüft nach Anh. II Abschnitt 3 u.a. die Zulassungen, die Befähigungsnachweise, die Transportmittel, das Raumangebot, die Angaben zur Beförderungsdauer und zu den Ruhezeiten sowie die Transportfähigkeit; seine Kontrollergebnisse trägt er in Abschnitt 3 ein. Bei Tiertransporten in Nicht-EU-Staaten tritt an seine Stelle der amtliche Tierarzt des Ausgangsorts, an dem der Transport das Gemeinschaftsgebiet verlässt. – An den Kontrollstellen prüft der dafür zuständige amtliche Tierarzt vor dem Wiedereinladen die Transportfähigkeit der Tiere für die vorgesehene weitere Beförderung (Art. 6 der Verordnung EG Nr. 1255/97). – Während langer Beförderungen führen Behörden außerdem Zufalls- und gezielte Kontrollen durch. Dies gilt unabhängig davon, ob der Transport grenzüberschreitend ist oder nicht. Sie prüfen nach Art. 15 Abs. 1 bzw. Art. 27 Abs. 1 „die Vorschriften dieser Verordnung" (also alle). Die Ergebnisse, insbesondere zu Transportfähigkeit, Transportmitteln, Beförderungsdauer, Raumangebot, Zulassungen, Befähigungsnachweisen, Angaben im Fahrtenbuch und zu sonstigen Unregelmäßigkeiten gemäß der Verordnung tragen sie in Abschnitt 5 ein. – Vor dem Verladen auf Tiertransportschiffe findet die Kontrolle nach Art. 20 statt. – Zu den Kontrollen an Ausgangsorten und Grenzkontrollstellen s. die Kommentierung zu § 35 und § 39.

§ 35 Ausfuhruntersuchung

[1]Bei der Ausfuhr unterliegen Nutztiertransporte, die bis zum Erreichen der Außengrenze der Europäischen Gemeinschaft länger als acht Stunden befördert wurden, einer Ausfuhruntersuchung. [2]Die Ausfuhr ist nur zulässig, wenn die zuständige Behörde der Grenzkontrollstelle oder die zuständige Veterinärbehörde des Ausgangsortes in einer Untersuchung festgestellt hat, daß die Bestimmungen dieser Verordnung eingehalten und die Tiere transportfähig sind.

Nutztiertransporte, die eine EU-Außengrenze erreichen und bereits länger als acht Stunden gedauert haben (gerechnet seit Transportbeginn am Versandort, nicht etwa seit der letzten längeren Unterbrechung, vgl. Art. 5 A Nr. 2d ii der EU-Tiertransportrichtlinie), unterliegen dort einer Ausfuhruntersuchung. Weitertransport also nur, wenn die

Tiere auf ihre Transportfähigkeit untersucht und diese (auch im Hinblick auf die noch zu erwartende Transportdauer, s. § 27 Rn. 4) festgestellt worden ist (vgl. BR-Drucks. 836/96 S. 66). Kein Weitertransport außerdem, wenn eine Bestimmung der TierSchTrV nicht eingehalten wird oder wenn belegbar Anhaltspunkte vorliegen, die den Verdacht aufkommen lassen, dass es nach Grenzübertritt (sei es durch den Transportführer oder durch Dritte) zu einem Verstoß kommen wird (vgl. BR-Drucks. 836/96 S. 6). – Ab dem 5. 1. 2007 gilt Art. 21 der EU-TiertransportVO. Werden Tiere an einem Ausgangsort (d.h. an einer Grenzkontrollstelle oder einem sonstigen ausgewiesenen Ort, an dem sie das Zollgebiet der Gemeinschaft verlassen, Art. 2 i) gestellt, so prüfen amtliche Tierärzte unabhängig von der Beförderungsdauer, ob die Tiere „im Einklang mit den Vorschriften dieser Verordnung" transportiert werden. Kontrolliert werden also alle Vorschriften der Verordnung, insbesondere die Zulassungen, die Befähigungsnachweise, die Transportfähigkeit für den Weitertransport (s. § 27 Rn. 4), die Transportmittel, sowie ob der Nachweis erbracht ist, dass beim Weitertransport außerhalb des Gemeinschaftsgebiets alle Vorschriften des Europäischen Tiertransportübereinkommens eingehalten werden. Handelt es sich um eine lange Beförderung, so führt der amtliche Tierarzt am Ausgangsort die gesamten in Anh. II Abschnitt 3 vorgesehenen Kontrollen durch und zeichnet die Ergebnisse auf. Bei Verstößen werden nach Art. 23 diejenigen Anordnungen erlassen, die zur Beendigung des jeweiligen Verstoßes, zur Verhinderung künftiger Verstöße und zur Gewährleistung des Wohlbefindens der Tiere erforderlich sind. Nach Art. 21 Abs. 3 werden die Tiere bei fehlender Transportfähigkeit zum Ruhen entladen sowie getränkt und gefüttert.

§ 36 Anzeige der Ankunft

(1) [1]Wer im Rahmen seines Gewerbes Tiere aus einem anderen Mitgliedstaat empfängt, hat der für den Bestimmungsort zuständigen Behörde die voraussichtliche Ankunftszeit unter Angabe der Art und der Zahl der Tiere mindestens einen Werktag vorher anzuzeigen. [2]Die Anzeigepflicht nach Satz 1 gilt nicht bei Tieren, deren Ankunft nach der Binnenmarkt-Tierseuchenschutzverordnung anzuzeigen ist.

(2) [1]Der Einführer von Tieren hat der Grenzkontrollstelle die voraussichtliche Ankunft des Transports unter Angabe von Art und Anzahl der Tiere mindestens einen Werktag vorher anzuzeigen. [2]Die zuständige Behörde kann Ausnahmen zulassen. [3]Die Anzeigepflicht nach Satz 1 gilt nicht bei Tieren, deren Ankunft nach der Binnenmarkt-Tierseuchenschutzverordnung anzuzeigen ist.

§ 36a Einfuhr über bestimmte Überwachungsstellen

[1]Die gewerbliche Einfuhr von Tieren oder Fleisch von Nutztieren, Hausgeflügel oder Hauskaninchen ist nur über Zollstellen mit zugeordneten Grenzkontrollstellen zulässig, die das Bundesamt für Verbraucherschutz und Lebensmittelsicherheit im Einvernehmen mit dem Bundesministerium der Finanzen im Bundesanzeiger bekanntgemacht hat. [2]Das Bundesministerium der Finanzen kann die Erteilung des Einvernehmens auf Mittelbehörden seines Geschäftsbereichs übertragen.

§ 37 Einfuhrdokumente

(1) Bei der Einfuhr von Tieren muß der Transport begleitet sein von

1. einer Transporterklärung,
2. einer Erklärung, in der sich der Beförderer zur Einhaltung der Vorschriften dieser Verordnung verpflichtet,
3. einem Transportplan, soweit dies nach § 34 Abs. 1 vorgeschrieben ist,

4. einer Transportbescheinigung, soweit dies nach § 34 Abs. 6 vorgeschrieben ist, und
5. einer Bescheinigung der zuständigen Behörde des Herkunftslandes, in der bestätigt wird, daß die Tiere mindestens entsprechend den tierschutzrechtlichen Bestimmungen der Europäischen Gemeinschaft gehalten wurden, sofern es sich um Kälber oder Schweine handelt.

(2) Bei der gewerblichen Einfuhr von Fleisch von Nutztieren, Hausgeflügel oder Hauskaninchen muß der Transport von einer Bescheinigung der zuständigen Behörde des Ursprungslandes begleitet sein, in der bestätigt wird, daß das Fleisch von Tieren stammt, die im Schlachthof vor und bei der Schlachtung oder Tötung mindestens entsprechend den einschlägigen Bestimmungen der Richtlinie 93/119/EG des Rates vom 22. Dezember 1993 über den Schutz von Tieren zum Zeitpunkt der Schlachtung oder Tötung (ABl. EG Nr. L 340 S. 21) behandelt wurden.

§ 38 Anforderungen an die Einfuhr

Die Einfuhr von Tieren ist nur zulässig, wenn die erforderlichen Einfuhrdokumente nach § 37 mitgeführt werden und die zuständige Behörde in einer Untersuchung nach § 39 festgestellt hat, daß die Bestimmungen dieser Verordnung eingehalten und die Tiere transportfähig sind.

Kommentierung s. § 39

§ 39 Einfuhruntersuchung

(1) [1]Bei der Einfuhr und der Durchfuhr prüft die zuständige Behörde bei der Grenzkontrollstelle durch Besichtigung der Tiere und der Transportmittel sowie durch Dokumentenprüfung und Nämlichkeitskontrolle, ob die tierschutzrechtlichen Bestimmungen eingehalten sind. [2]Die Nämlichkeitskontrolle wird nach Maßgabe der Anlage 7 durchgeführt.

(2) [1]Festgestellte Mängel sowie bei der Feststellung angeordnete Maßnahmen trägt die zuständige Behörde in die Transportbescheinigung ein. [2]Wird nach Satz 1 eine Eintragung vorgenommen oder enthält die Transportbescheinigung bereits eine entsprechende Eintragung, so sendet die für den Ort des Grenzübertrittes zuständige Behörde eine Ablichtung der Transportbescheinigung an das Bundesamt für Verbraucherschutz und Lebensmittelsicherheit.

(3) Abweichend von Absatz 1 unterliegen Tiere aus Drittländern, die Vertragspartei des Abkommens über den Europäischen Wirtschaftsraum sind, bei der Einfuhr außer der Dokumentenprüfung einer nur stichprobenartigen Besichtigung und Nämlichkeitskontrolle.

Einfuhr bedeutet das Verbringen von Tieren aus einem Staat, der nicht der EU angehört, in das Inland (s. § 12 Abs. 2 S. 1 Nr. 1 TierSchG). Ausfuhr s. § 34 Rn. 6. Durchfuhr ist eine Kombination aus Ein- und Ausfuhr. – Die §§ 38 und 39 legen fest, dass bei der Einfuhr von Tieren eine Untersuchung durch die zuständige Behörde bei der Grenzkontrollstelle stattfinden muss (egal, ob die Tiere nach dem Grenzübertritt im Inland verbleiben sollen oder zur Durchfuhr bestimmt sind). Die Prüfung erstreckt sich auf drei Gegenstände: **1.** Die Transportfähigkeit aller Tiere (s. § 27 Rn. 1 und 2); – **2.** die Einhaltung aller Vorschriften dieser Verordnung; – **3.** die Identität der transportierten Tiere mit denen, die in den begleitenden Bescheinigungen angegeben sind. Die Einfuhr ist nur zulässig, sofern alle Tiere transportfähig und alle Vorschriften eingehalten sind (vgl. BR-Drucks. 836/96 S. 67). Auch ein Verstoß im Drittstaat ist also beachtlich, wenn er noch 1 festgestellt werden kann (mag dort auch die TierSchTrV nicht unmittelbar gelten). Prüfungsmittel sind: Besichtigung der Tiere, Besichtigung der Transportmittel, Dokumentenprüfung (vgl. § 37) und Nämlichkeitskontrolle (vgl. Anlage 7). Werden Mängel festgestellt, so trifft die Behörde nach § 41 Abs. 3 diejenigen Anordnungen, die zur alsbaldigen Behebung der Mängel und zur Abwendung einer Wiederholungsgefahr erforderlich sind. Außerdem teilt sie die Mängel und die getroffenen Anordnungen dem Bundesamt mit. – Ein besonderes Problem stellt der Transport von Schlachtpferden (zur Zeit etwa 150000 jährlich) aus Osteuropa nach Italien und Frankreich dar; das Problem verschärft sich zusätzlich dadurch, dass infolge der EU-Osterweiterung die Außengrenzen weit nach Osten verschoben worden und bisherige Grenzkontrollstellen, zB zwischen Polen und Deutschland, weggefallen sind. Nichtregierungsorganisationen (NRO) berichten, dass die Gesetze in den Ausfuhr- und Transitländern unzureichend sind. Viele Pferde, die die Grenzen der EU erreichen, sind erschöpft, schlecht getränkt und nicht gefüttert. Die Fahrzeuge sind oft ungeeignet, es kommt zu Überladungen; die Mindestanforderungen der EU-Tiertransportrichtlinie werden nicht eingehalten. Die EU-Kommission hat diese Erfahrungen bestätigt (vgl. EU-Tiertransportbericht S. 9). Als Abhilfemaßnahmen schlägt sie vor: Nur noch getrennte Beförderung der Pferde in separaten Boxen oder Verschlägen (vgl. auch EU-SCAHAW-Report 12.3, 24); Höchstzahlbegrenzung pro Straßenfahrzeug; Transporte nur bei Temperaturen zwischen 0 und 30° C und Feuchtigkeit < 80%; obligatorisches Ausladen und mindestens 24-stündige Ruhepause bei Erreichen des Hoheitsgebiets der Union (vgl. EU-Tiertransportbericht S. 16). Nach den §§ 27, 38, 39, 41 Abs. 3 Nr. 2 können zumindest das Ausladen und die Ruhepause angeordnet werden, wenn Zweifel an der Transportfähigkeit bestehen oder ein (auch im Ausland stattgefundener) Verstoß gegen die TierSchTrV festgestellt werden kann.

2 **EU-TiertransportVO.** Ab dem 5. 1. 2007 werden Tiertransporte an Grenzkontrollstellen (d. h. an Kontrollstellen für Tiere, die aus Drittländern an der Gemeinschaftsgrenze eintreffen, vgl. Art. 2d) gemäß Art. 21 Abs. 1 auf die Einhaltung aller Vorschriften der Verordnung überprüft (beispielhaft genannt sind: Zulassungen, Befähigungsnachweise, Transportfähigkeit, Transportmittel). Handelt es sich um eine lange Beförderung, so finden gemäß Art. 21 Abs. 2 die Kontrollen nach Anh. II Abschnitt 3 statt. Bei festgestellten Verstößen oder Anhaltspunkten für künftige Verstöße ergehen gemäß Art. 23 diejenigen Anordnungen, die zur Beendigung des begangenen bzw. zur Verhinderung des künftigen Verstoßes und zur Gewährleistung des Wohlbefindens der Tiere während der gesamten Beförderungsdauer erforderlich sind. – Den o.e. Vorschlägen der EU-Kommission trägt die EU-TiertransportVO zT Rechnung: Equiden sind bei langen Beförderungen in Einzelboxen zu transportieren, ausgenommen Stuten, die ihre Fohlen mitführen (Anh. I Kap. VI Nr. 1.6); die Temperaturen innerhalb des Transportmittels müssen für alle Tiere in einem Bereich zwischen 5 °C und 30 °C mit einer Toleranz von ± 5 °C gehalten werden können (Anh. I Kap. VI Nr. 3.1). Nach Art. 21 Abs. 3 muss bei Transportunfähigkeit auch nur eines Teils der Tiere für die geplante Weiterbeförderung (s. § 27 Rn. 4) ein Entladen mit Ruhen, Füttern und Tränken angeordnet werden (weitergehend TVT-Stellungnahme S. 3: obligatorisches Entladen mit anschließender 24stündiger Ruhezeit für alle Transporte aus Drittländern, sofern nicht überprüfbar nachgewiesen wird, dass der bisherige Transport allen Vorschriften der Verordnung entsprochen hat).

§ 40 Grenzübertrittsbescheinigung

[1]Im Falle eines Transports von Tieren, die nicht der Einfuhruntersuchung auf Grund des Tierseuchengesetzes unterliegen und bei dem die Untersuchungen nach § 39 zu dem Ergebnis führen, daß er den Bestimmungen der Verordnung entspricht, stellt die Grenzkontrollstelle dem Verfügungsberechtigten hierüber eine Bescheinigung aus, die in einer Entscheidung vorgeschrieben ist, die die Europäische Gemein-

schaft auf Grund des Artikels 7, 8 oder 28 der Richtlinie 91/496/EWG des Rates vom 15. Juli 1991 zur Festlegung von Grundregeln für die Veterinärkontrollen von aus Drittländern in die Gemeinschaft eingeführten Tieren und zur Änderung der Richtlinien 89/662/EWG, 90/425/EWG, 90/675/EWG (ABl. EG Nr. L 268 S. 56) in der jeweils geltenden Fassung erlassen und die das Bundesministerium für Ernährung, Landwirtschaft und Verbraucherschutz im Bundesanzeiger bekanntgemacht hat. [2]Hat der Beförderer oder der Transportführer bei der Dokumentenprüfung eine Bescheinigung vorgelegt, so ist ihm hiervon eine beglaubigte Kopie auszuhändigen. [3]Im Falle der Aufteilung einer Sendung an der Grenzkontrollstelle wird dem Beförderer eine der Anzahl der durch die Teilung entstandenen Transporte entsprechende Anzahl an Bescheinigungen nach den Sätzen 1 und 2 ausgestellt.

Abschnitt 6. Befugnisse der Behörde, Ordnungswidrigkeiten

§ 41 Befugnisse der Behörde

(1) Transporte können jederzeit angehalten und kontrolliert werden.

(2) Transporte dürfen nur aufgehalten werden, wenn dies zur Vermeidung von Schmerzen, Leiden oder Schäden der Tiere erforderlich ist, es sei denn, es ist eine dringende Gefahr für die öffentliche Sicherheit oder Ordnung abzuwenden.

(3) Stellt die zuständige Behörde einen Verstoß gegen die Bestimmungen dieser Verordnung fest, oder stellt sie fest, daß ein Verstoß gegen § 24 droht, so kann sie insbesondere anordnen, daß

1. **der weitere Transport oder die Rücksendung der Tiere zum Versandort auf dem kürzesten Wege erfolgt, sofern der körperliche Zustand der Tiere dies erlaubt,**
2. **die Tiere untergebracht und versorgt werden, bis eine den Anforderungen dieser Verordnung entsprechende Weiterbeförderung der Tiere sichergestellt ist, oder**
3. **die Tiere geschlachtet oder unter Vermeidung von Schmerzen oder Leiden getötet werden.**

(4) Im Falle der Rücksendung informiert die zuständige Grenzkontrollstelle die für eine Einfuhr der betreffenden Tiere in Frage kommenden Grenzkontrollstellen über die Zurückweisung der Sendung unter Angabe der festgestellten Verstöße und erklärt die Transportbescheinigung für ungültig.

(5) Der Beförderer und der Transportführer haben die Maßnahmen nach den Absätzen 1, 3 und 4 zu dulden, die mit diesen Maßnahmen beauftragten Personen zu unterstützen und die geschäftlichen Unterlagen vorzulegen.

Zu Abs. 1. Die Tierschutzbehörde (zB nach § 4 Abs. 2 Tierschutzzuständigkeitsverordnung BW die untere Verwaltungsbehörde) und die Polizei können Tiertransporte jederzeit (also nicht nur an der Grenze oder bei bestehenden Verdachtsmomenten) anhalten und kontrollieren. Die Tierschutzbehörde muss sich dazu der Amtshilfe der Polizei bedienen. – Abs. 2 steht nicht entgegen, denn „Aufhalten“ meint größere Verzögerungen (vgl. BR-Drucks. 835/96 S. 68). – Die EU-TiertransportVO sieht gemäß Art. 15 Abs. 1 für lange Beförderungen sowohl Zufalls- als auch gezielte Kontrollen vor; dabei dürfen Transporte, soweit es zur Behebung festgestellter Mängel oder Gefahren erforderlich ist, auch aufgehalten werden. Die Kontrollen nach Art. 15 treten neben die Kontrollen am Versandort (Art. 14 Abs. 1 und 15 Abs. 2), am Bestimmungsort (Anh. II Abschnitt 3), an den Aufenthaltsorten/Kontrollstellen (Art. 6 der Verordnung EG Nr. 1255/97), an den Ausgangsorten und Grenzkontrollstellen (Art. 21) und an Häfen (Art. 20). Zudem schreibt Art. 27 Abs. 1 Kontrollen „an einer angemessenen Zahl der jedes Jahr in den ein- 1 zelnen Mitgliedstaaten transportierten Tiere“ vor. Die Kontrollen beziehen sich auf die Einhaltung aller Vorschriften der Verordnung; bei Anhaltspunkten für Verstöße ist ihre Anzahl zu erhöhen (Art. 27 Abs. 1 S. 3; das bedeutet zugleich, dass es für die Durchführung einer Kontrolle als solcher noch keiner Anhaltspunkte für einen Verstoß bedarf. Tiertransporte können also auch weiterhin jederzeit angehalten und kontrolliert werden).

2 **Zu Abs. 2.** Größere Verzögerungen, wie sie zB durch eine ungenügende Vorbereitung von Kontrollen oder nicht sachkundige Kontrolleure entstehen können, sollen vermieden werden. Zur öffentlichen Sicherheit rechnen aber auch die Bestimmungen der TierSchTrV. Bei Anhaltspunkten, dass ein Verstoß vorliegt bzw. droht, sind deshalb diejenigen Verzögerungen, die zur Aufklärung bzw. Beseitigung dieser Störung erforderlich und verhältnismäßig erscheinen, hinzunehmen. – Die EU-TiertransportVO enthält in Art. 23 Abs. 1 S. 2 eine inhaltsgleiche Regelung. Grds. sollen bei festgestellten Verstößen und bei Anhaltspunkten für künftige Verstöße alle Anordnungen getroffen werden, die zur Beendigung des begangenen bzw. zur Verhinderung des künftigen Verstoßes und zur Gewährleistung des Wohlbefindens der Tiere während der gesamten Beförderungsdauer erforderlich sind. Führt eine solche Anordnung zu einer größeren Verzögerung des (Weiter-)Transportes und entsteht dadurch ein Risiko für zusätzliche Leiden, so muss der Nutzen der Anordnung zu diesem Risiko in einem angemessenen Verhältnis stehen.

3 **Zu Abs. 3.** Die Vorschrift ergänzt die Befugnisse aus § 16a TierSchG. – Stellt die Behörde fest, dass gegen (irgend)eine Bestimmung der TierSchTrV verstoßen wurde oder wird, so trifft sie gegenüber dem Beförderer und/oder Transportführer diejenige Anordnung, die zur Beendigung des Verstoßes und zur Beseitigung einer etwa bestehenden Wiederholungsgefahr geeignet, erforderlich und verhältnismäßig erscheint (vgl. auch Art. 9 der EU-Tiertransportrichtlinie). Die unter „insbesondere“ aufgezählten Maßnahmen (zB Rücksendung zum Versandort; Ausladen, Unterbringung und Versorgung der Tiere; Schlachtung) sind nicht abschließend sondern nur beispielhaft. Die Anordnung der Schlachtung oder Tötung kommt (wie sonst auch) nur als ultima ratio, d.h. wenn alle anderen Mittel erfolglos ausgeschöpft sind oder aussichtslos erscheinen, in Betracht (vgl. § 17 Nr. 1 und § 1 S. 2 TierSchG). – Besteht „nur“ die Gefahr, dass es erstmals zu einem Verstoß kommen wird, so ist zu unterscheiden: Betrifft der drohende Verstoß die Vorschrift des § 24, so schreitet die Behörde nach § 41 Abs. 3 ein. Betrifft er dagegen eine andere Vorschrift (oder auch nur die allgemeinen Pflichten aus § 2 TierSchG), so ergeht die zur Beseitigung dieser Gefahr geeignete, erforderliche und verhältnismäßige Anordnung auf Grund von § 16a S. 2 Nr. 1 TierSchG (s. § 16a TierSchG Rn. 2); denn die meisten Bestimmungen der TierSchTrV sind auf § 2a Abs. 2 TierSchG gestützt (s. Einf. Rn. 11) und konkretisieren damit die Anforderungen des § 2 TierSchG (wichtige Konsequenz: eine Zuwiderhandlung gegen eine solche Anordnung ist eine Ordnungswidrigkeit nach § 18 Abs. 1 Nr. 2 TierSchG; s. dort Rn. 18). – Die Regelungen der EU-TiertransportVO sind inhaltsgleich. Nach Art. 23 Abs. 1 S. 1 trifft die Behörde, wenn eine Vorschrift nicht eingehalten ist oder nicht eingehalten wurde, alle Anordnungen, die zur Beendigung des Verstoßes und zur Gewährleistung des Wohlbefindens erforderlich sind. Dasselbe gilt bei Anhaltspunkten für einen künftigen Verstoß oder einen künftigen tierschutzwidrigen Vorgang. Die in Abs. 2 beschriebenen Anordnungen sind nur beispielhaft: Wechsel von Fahrer/Betreuer; Reparatur des Transportmittels; Umladen der Tiere auf ein anderes Transportmittel; Rücksendung zum Versandort auf direktestem Weg; Weiterbeförderung zum Bestimmungsort auf direktestem Weg; Entladung und Unterbringung zum Ruhen, Tränken und Füttern; tierschutzgerechte Tötung, jedoch nur als ultima ratio, d.h. bei Fehlen jeder anderen Möglichkeit zur Wiederherstellung bzw. Gewährleistung des Wohlbefindens. Adressat der Anordnung ist aus dem in Betracht kommenden Personenkreis (Organisator, Transportunternehmer, Tierhalter, Fahrer, Betreuer) derjenige, der als Handlungs- oder Zustandsstörer für den Verstoß verantwortlich ist; bei mehreren Verantwortlichen derjenige, der die Störung am schnellsten und nachhaltigsten beendigen bzw. verhindern kann.

Zu Abs. 5. Die Duldungs- und Mitwirkungspflichten können sowohl formlos als auch mit Verwaltungsakt geltend gemacht werden (s. § 16 TierSchG Rn. 9). Abs. 5 räumt der Behörde auch das Recht ein, in bestimmten Fällen eine Ersatzvornahme anzuordnen, wenn die verantwortliche Person einer Anordnung nicht nachkommt (vgl. BR-Drucks. 836/96 S. 68 und Art. 9 Abs. 2 der EU-Tiertransportrichtlinie). – Die EU-Tiertransport-VO sieht für die Anordnungen nach Art. 23 Abs. 1 und 2 in Art. 23 Abs. 4 sowohl die Möglichkeit zur unmittelbaren Ausführung vor (wenn die für die Tiere verantwortliche Person nicht kontaktiert werden kann) als auch die Durchsetzung mittels Verwaltungszwang (wenn die Anweisung nicht befolgt wird). 4

§ 42 Ordnungswidrigkeiten

(1) Ordnungswidrig im Sinne des § 18 Abs. 1 Nr. 3 Buchstabe a des Tierschutzgesetzes handelt, wer vorsätzlich oder fahrlässig

1. entgegen § 3 Abs. 1 Satz 1 oder Abs. 2 Satz 1, § 7 Abs. 1 Satz 1, § 14 Abs. 1 Satz 1, § 23 Abs. 1 Satz 2 oder Abs. 3, § 24 Abs. 1 Satz 1, § 25 Abs. 1 oder 2, § 28 Abs. 1 Satz 4, § 31 Abs. 2 Satz 1, § 32 Abs. 2, 5 oder 7 Satz 1 oder § 33 Abs. 2 Satz 1 ein Tier befördert oder befördern läßt,
2. einer Vorschrift des § 5 Abs. 1 Satz 1, Abs. 2 Satz 1, Abs. 3 oder 4 Satz 1, 3 oder 4, Abs. 5 Satz 3 oder Abs. 6, § 6 Abs. 3 Satz 1 oder 2, § 14 Abs. 2 Satz 1, § 16 Abs. 1 in Verbindung mit Kapitel 8 der IATA Richtlinien für den Transport von lebenden Tieren, § 18, § 23 Abs. 1 Satz 1, Abs. 2 oder 4, § 24 Abs. 2, § 30 Abs. 1 Satz 1 oder Abs. 2, § 31 Abs. 1 Satz 1 oder § 33 Abs. 1 Satz 1 über das Verladen, Befördern, Ernähren oder Pflegen der Tiere zuwiderhandelt,
3. entgegen § 6 Abs. 2 Satz 1 Nr. 2 sich nicht vergewissert, daß der Absender die notwendigen Vorkehrungen getroffen hat oder entgegen § 6 Abs. 2 Satz 2 sich nicht schriftlich die Erfüllung der Anforderungen bestätigen läßt,
4. entgegen § 7 Abs. 2 Satz 1 nicht sicherstellt, daß ein Transportmittel mit einer dort vorgeschriebenen Angabe versehen wird,
5. entgegen § 10 oder § 34 Abs. 1 oder 6 nicht sicherstellt, daß eine Transporterklärung, ein Transportplan oder eine Transportbescheinigung mitgeführt wird,
6. ohne Erlaubnis nach § 11 Abs. 1 ein Wirbeltier befördert,
7. entgegen § 12 nicht sicherstellt, daß ein Wirbeltier oder Behältnis in der vorgeschriebenen Weise gekennzeichnet ist,
8. entgegen § 13 Abs. 2 Satz 1 nicht sicherstellt, daß ein Transport von mindestens einer Person mit Sachkundebescheinigung durchgeführt oder begleitet wird,
9. entgegen § 15 Abs. 1 nicht sicherstellt, daß ein Tier in der vorgeschriebenen Weise untergebracht ist,
10. entgegen § 15 Abs. 6 Satz 1 nicht sicherstellt, daß alle Teile eines Schiffes über ein wirksames Abflußsystem verfügen,
11. entgegen § 15 Abs. 7, auch in Verbindung mit § 16 Abs. 3, ein Instrument nicht mitführt,
12. entgegen § 19 Satz 1 oder 2 ein Tier versendet,
13. einer Vorschrift des § 20 über die Pflichten bei der Versendung von Tieren zuwiderhandelt,
14. entgegen § 21 nicht sicherstellt, daß ein Wirbeltier geschützt wird,
15. einer Vorschrift des § 22 über Maßnahmen bei der Ankunft von Tieren zuwiderhandelt,
16. entgegen § 25 Abs. 3 einen zweiten Fahrer nicht einsetzt,
17. einer Vorschrift des § 28 Abs. 4 Satz 1 oder 2, auch in Verbindung mit § 29 Satz 2, oder § 29 über den Umgang mit kranken oder verletzten Tieren beim Transport zuwiderhandelt,

18. entgegen § 34 Abs. 3 die dort genannten Angaben nicht, nicht richtig oder nicht vollständig einträgt oder

19. entgegen § 34 Abs. 5 einen Transportplan nicht oder nicht für die vorgeschriebene Dauer aufbewahrt.

(2) **Ordnungswidrig im Sinne des § 18 Abs. 1 Nr. 3 Buchstabe b des Tierschutzgesetzes handelt, wer vorsätzlich oder fahrlässig**

1. entgegen § 33 a ein Nutztier ausführt,

2. entgegen § 36 Abs. 1 Satz 1 oder Abs. 2 Satz 1 eine Anzeige nicht, nicht richtig, nicht vollständig oder nicht rechtzeitig erstattet oder

3. entgegen § 36 a ein Tier oder Fleisch einführt.

1 **Täter** ist bei einer Ordnungswidrigkeit nach Abs. 1 Nr. 1, wer ein Tier befördert oder befördern lässt und dabei vorsätzlich oder fahrlässig gegen eine der genannten Vorschriften verstößt. Personen, die in diesem Sinne „befördern", sind der Beförderer (vgl. § 2 Nr. 10) und der Transportführer (vgl. § 2 Nr. 11). „Befördern lässt" derjenige, der an der Entscheidung, dass ein bestimmter Tiertransport durchgeführt wird, zumindest mitwirkt (vgl. BayObLG NuR 2002, 184, 185). Wer nicht zu diesem Personenkreis gehört, aber dennoch an dem Verstoß mitwirkt, kann zwar nicht Täter, wohl aber Beteiligter nach § 14 Abs. 1 OWiG sein; letztere Vorschrift setzt allerdings voraus, dass vorsätzlich gehandelt wurde. – Die in Abs. 1 Nr. 2–19 und in Abs. 2 genannten Vorschriften wenden sich zT an jedermann, zT aber auch nur an Personen, die Träger bestimmter persönlicher Merkmale sind (insbes. Beförderer und/oder Transportführer). Wird gegen eine solche Vorschrift verstoßen, so ist zu unterscheiden: Täter eines vorsätzlichen oder fahrlässigen Verstoßes kann nur derjenige sein, der das vorausgesetzte Merkmal hat. Wer es nicht hat, kann aber an der Ordnungswidrigkeit des Merkmalsträgers Beteiligter nach § 14 Abs. 1 OWiG sein (s. auch § 18 TierSchG Rn. 9 und 16). – Zu den einzelnen Ordnungswidrigkeiten s. die Kommentierung der jeweiligen Vorschriften.

2 **Nicht sanktionsbewehrte Vorschriften.** Wichtige Teile der TierSchTrV sind in § 42 nicht erwähnt, so z.B. § 4. Es bestehen aber verschiedene Wege, auch bei Verstößen gegen ein solches Gebot oder Verbot Sanktionen zu verhängen: **1.** Die meisten Vorschriften der TierSchTrV beruhen auf § 2a Abs. 2 TierSchG und sind damit Konkretisierungen der Anforderungen des § 2 TierSchG. Damit kann die Behörde die jeweilige Verpflichtung durch Verwaltungsakt nach § 16a S. 2 Nr. 1 TierSchG erneut aussprechen und ggf. konkretisieren. Nach Maßgabe von § 80 Abs. 2 Nr. 4, Abs. 3 VwGO kann sie auch die sofortige Vollziehbarkeit dieses Verwaltungsakts anordnen. Ein anschließend vorsätzlich oder fahrlässig begangener Verstoß ist dann eine Ordnungswidrigkeit nach § 18 Abs. 1 Nr. 2 TierSchG (vgl. BR-Drucks. 836/96 S. 69). **2.** Wenn beim Verladen oder Transportieren einem Tier erhebliche Schmerzen, Leiden oder Schäden (einschließlich Tod) zugefügt werden, so liegt eine Ordnungswidrigkeit nach § 18 Abs. 1 Nr. 1 TierSchG vor, denn der Beförderer und der Transportführer sind Betreuungspflichtige oder Betreuer, und eine Rechtfertigung aus dem Gesichtspunkt „vernünftiger Grund" scheidet jedenfalls dann aus, wenn gegen eine Vorschrift der TierSchTrV verstoßen worden ist. **3.** Auch das Vorliegen einer Straftat nach § 17 Nr. 1 und Nr. 2a, 2b ist zu prüfen. **4.** Verstöße gegen Vorschriften der TierSchTrV (egal ob bußgeldbewehrt oder nicht) begründen, wenn sie schwerwiegend sind oder wiederholt erfolgen, eine Unzuverlässigkeit, die einen Widerruf der Erlaubnis aus § 11 Abs. 1 i.V. m. § 49 Abs. 2 Nr. 3 VwVfG bzw. eine Entziehung der Sachkundebescheinigung nach § 13 Abs. 8 rechtfertigen kann.

3 **Als Schuldform genügt Fahrlässigkeit.** – Wenn aber jemand, dem ein von der Vorschrift gefordertes persönliches Merkmal fehlt, als Beteiligter nach § 14 Abs. 1 OWiG mit Geldbuße belegt werden soll, muss sich Vorsatz feststellen lassen.

4 **Konkurrenzen.** Mehrere Ordnungswidrigkeiten nach der Verordnung, die mittels einund derselben Handlung begangen werden, stehen in Tateinheit; dasselbe gilt für das

rechtliche Zusammentreffen mit Ordnungswidrigkeitstatbeständen aus anderen Verordnungen oder mit einem der Tatbestände aus § 18 TierSchG, denn ein Verhältnis der Spezialität oder Subsidiarität gibt es hier nicht (vgl. BayObLG NStZ-RR 1997, 118: Tateinheit zwischen § 18 Abs. 1 Nr. 1 TierSchG und einer Ordnungswidrigkeit wegen Verstoßes gegen das Verbot der Beförderung kranker Tiere). – Der Bußgeldrahmen für Ordnungswidrigkeiten nach Abs. 1 reicht bis 25 000 Euro, derjenige für Abs. 2 nur bis 5000 Euro (§ 18 Abs. 1 Nr. 3 a und Nr. 3 b, Abs. 4 TierSchG). Bei Fahrlässigkeit ist § 17 Abs. 2 OWiG zu beachten.

EU-TiertransportVO. Für Verstöße „gegen die Vorschriften dieser Verordnung“ (also 5
alle) müssen die Mitgliedstaaten gemäß Art. 25 Sanktionen festlegen. Die Sanktionen müssen wirksam, verhältnismäßig und abschreckend sein und in der Praxis effektiv angewandt werden (Art. 25). Bei der Festlegung des Sanktionsrahmens und bei seiner praktischen Anwendung sollte auch an die Erwägungen Nr. 11 und Nr. 18 gedacht werden: Schon die bloße Möglichkeit, dass den Tieren bei einem Transport Verletzungen oder unnötige Leiden zugefügt werden, bewirkt, dass der Transport nicht durchgeführt werden darf (Erwägung Nr. 11, „könnten“). Insbesondere mit Bezug auf lange Beförderungen soll „eine bessere Durchsetzung der Tierschutznormen“ gewährleistet werden (Erwägung Nr. 18). – Das BMELV wird durch § 18 a TierSchG zum Erlass einer entsprechenden Rechtsverordnung ermächtigt. Dabei muss gemäß Art. 25 S. 1 grds. jede Gebots- und Verbotsvorschrift der EU-TiertransportVO unter Bußgeldandrohung gestellt und gemäß Art. 25 S. 2 der Bußgeldrahmen so hoch angesetzt werden, dass das Bußgeld einen etwaigen Gewinn aus dem Verstoß um ein Vielfaches übersteigt (zu der am 21. 12. 2006 erlassenen Tierschutztransport-Bußgeldverordnung s. § 18 TierSchG Rn. 26).

Abschnitt 7. Schlußbestimmungen

§ 43 Übergangsvorschriften

(1) **Verladeeinrichtungen, die sich am 1. März 1997 in Gebrauch befinden, dürfen abweichend von § 5 Abs. 2 Satz 1 in Verbindung mit Anlage 1 Spalte 2 bis zum 31. Dezember 1998 weitergenutzt werden.**

(2) **Elektrische Treibhilfen, die sich am 1. März 1997 in Gebrauch befinden und die Anforderungen an die Bauart gemäß § 5 Abs. 3 Satz 4 nicht erfüllen, dürfen bis zum 31. Dezember 1997 angewandt werden.**

(3) [1]**Die Erlaubnis nach § 11 Abs. 1 gilt demjenigen als vorläufig erteilt, dessen Betrieb entsprechend der bis zum 26. Februar 1999 geltenden Fassung des § 11 Abs. 1 Satz 2 erfaßt worden ist.** [2]**Die vorläufige Erlaubnis erlischt, wenn nicht bis zum 1. März 2000 der zuständigen Behörde eine Erlaubnis nach § 11 Abs. 1 vorgelegt wird.**

(4) [1]**Die Sachkundebescheinigung nach § 13 Abs. 2 gilt von demjenigen, der am 1. März 1997 eine entsprechende Tätigkeit ausübt, als vorläufig erbracht.** [2]**Der vorläufige Nachweis erlischt, wenn nicht bis zum 1. März 1998 der zuständigen Behörde eine Bescheinigung nach § 13 Abs. 3 vorgelegt wird.**

(5) **In Fahrzeugen, die sich am 1. März 1997 in Gebrauch befinden, und die den Anforderungen des § 24 Abs. 3 Nr. 2, 4 und 6 nicht genügen, dürfen abweichend von § 24 Abs. 1 und 2 Nutztiere bis zum 31. Dezember 1997 unter Beachtung der Bestimmungen der Anlage 2 befördert werden.**

§ 44 (Änderung von Vorschriften)

§ 45 (Inkrafttreten, Außerkrafttreten)

Anlage 1
(zu § 5 Abs. 2)

Anforderungen an Verladeeinrichtungen

Tierkategorie	Höchster Neigungswinkel der Verladeeinrichtung Grad	Höchster Abstand zwischen Boden und Verladeeinrichtung cm	Höchster Abstand zwischen Verladeeinrichtung und Ladefläche cm
1	2	3	4
Einhufer	20	25	6
Rinder	20	25	3
Kälber bis zu sechs Monaten	20	25	1,5
Schafe/Ziegen	20	12	1,5
Schweine	20	12	1,5

Anlage 2
(zu § 6 Abs. 3 und § 24 Abs. 3)

Tränk- und Fütterungsintervalle sowie Ruhepausen beim Transport von Nutztieren in Fahrzeugen nach § 24 Abs. 3

1. Kälbern bis zu sechs Monaten, Schaf- und Ziegenlämmern bis zu drei Monaten und Ferkeln bis zu einem Lebendgewicht von 30 Kilogramm muß nach einer Transportphase von höchstens neun Stunden eine mindestens einstündige Ruhepause gewährt werden, während der sie zu tränken sind. Danach dürfen sie in einer zweiten Transportphase für höchstens weitere neun Stunden befördert werden. Hiernach müssen die Tiere im Rahmen einer Ruhepause von 24 Stunden entladen, getränkt und gefüttert werden, und zwar an einem von der zuständigen Behörde nach Maßgabe der Verordnung (EG) Nr. 1255/97 in der jeweils geltenden Fassung zugelassenen Aufenthaltsort. Anschließend kann der Transport jeweils unter Beachtung der Sätze 1 bis 3 fortgeführt werden.
2. Schweine über 30 Kilogramm dürfen für eine Transportphase von höchstens 24 Stunden befördert werden, sofern sie jederzeit Zugang zu Trinkwasser haben. Hiernach müssen die Tiere im Rahmen einer Ruhepause von 24 Stunden entladen, getränkt und gefüttert werden, und zwar an einem von der zuständigen Behörde nach Maßgabe der Verordnung (EG) Nr. 1255/97 in der jeweils geltenden Fassung zugelassenen Aufenthaltsort. Anschließend kann der Transport jeweils unter Beachtung der Sätze 1 und 2 fortgeführt werden.
3. Pferde, ausgenommen Renn- und Turnierpferde, müssen nach jeweils einer Transportphase von höchstens acht Stunden getränkt und soweit notwendig gefüttert werden. Nach höchstens drei Transportphasen von höchstens acht Stunden müssen sie im Rahmen einer Ruhepause von 24 Stunden entladen, gefüttert und getränkt werden, und zwar an einem von der zuständigen Behörde nach Maßgabe der Verordnung (EG) Nr. 1255/97 in der jeweils geltenden Fassung zugelassenen Aufenthaltsort. Anschließend kann der Transport jeweils unter Beachtung der Sätze 1 und 2 fortgeführt werden.
4. Anderen Nutztieren, ausgenommen Renn- und Turnierpferden, muß nach einer Transportphase von höchstens 14 Stunden eine mindestens einstündige Ruhepause gewährt werden, während der sie zu tränken und, soweit notwendig, zu füttern sind. Hierbei ist jeweils die Einstreu zu ergänzen. Nach einer zweiten Transportphase von höchstens

14 Stunden müssen die Tiere im Rahmen einer Ruhepause von 24 Stunden entladen, gefüttert und getränkt werden, und zwar an einem von der zuständigen Behörde nach Maßgabe der Verordnung (EG) Nr. 1255/97 in der jeweils geltenden Fassung zugelassenen Aufenthaltsort. Anschließend kann der Transport jeweils unter Beachtung der Sätze 1 bis 3 fortgeführt werden.

Anlage 3
(zu § 18)

Die Behältnisse müssen folgende Mindestabmessungen aufweisen:

1. Hühner, Perlhühner, Fasane, Enten, Puten und Gänse

Lebendgewicht bis zu kg je Tier	Fläche je kg Lebendgewicht cm^2/kg	Mindesthöhe des Transportbehältnisses cm
1	2	3
1,0	200	23
1,3	190	23
1,6	180	23
2,0	170	23
3,0	160	23
4,0	130	25
5,0	115	25
10,0	105	30
15,0	105	35
über 15,0	90	40

2. Eintagsküken

Tierart	Fläche je Tier cm^2	Anzahl der Tiere je Behältnis oder Behältnisteil	
		mindestens	höchstens
1	2	3	4
Hühner, Perlhühner, Fasane, Enten	25	10	105
Gänse, Puten	35	8	40

3. Brieftauben beim Transport in Spezialfahrzeugen

Tierkategorie	Höhe des Transport-behältnisses cm	Fläche je Tier bei Transport bis zu 300 km cm^2	Fläche je Tier bei Transport über 300 km cm^2
1	2	3	4
Jungtauben	23	280	300
Alttauben	23	300	340

4. Hunde und Katzen

Mittlere Widerristhöhe der Tiere cm	Behältnis Länge cm	Breite cm	Höhe cm	Fläche je Tier cm²
1	2	3	4	5
20	40	30	30	1 200
30	55	40	40	2 200
40	75	50	55	3 750
55	95	60	70	5 700
70	130	75	95	9 750
85	160	85	115	13 600

5. Kaninchen

5.1 Mastkaninchen (nicht geschlechtsreife Kaninchen im Alter von höchstens 90 Tagen, die zur Weitermast oder zur Schlachtung nicht länger als 12 Stunden befördert werden)

Lebendgewicht bis zu kg je Tier	Höhe des Transportbehältnisses cm	Fläche je Tier cm²
1	2	3
1	15	250
3	20	500
über 3	25	600

5.2 Andere Kaninchen

Lebendgewicht bis zu kg je Tier	Höhe des Transport-behältnisses cm	Fläche je Tier cm²	Höchstzahl der Tiere je Behältnis
1	2	3	4
0,3	15	100	12
0,4	15	150	12
0,5	15	300	12
1	20	500	4
2	20	750	4
3	25	900	2
4	25	1000	2
5	25	1150	2
über 5	30	1400	1

Anlage 4
(zu § 23 Abs. 1)

Abtrennung und Raumbedarf

1. Einhufer, soweit sie Haustiere sind

1.1 Straßen-, Schienen- und Schiffstransport

1.1.1 Bis zu 5 erwachsene Einhufer sind jeweils durch eine stabile Trennvorrichtung abzutrennen, die entweder bis zum Fahrzeugboden reicht und ab einer Höhe von 120 Zentimetern durchbrochen sein darf, oder die mindestens 60 Zentimeter über dem Fahrzeugboden beginnt und mindestens 60 Zentimeter hoch ist.

1.1.2

Tierkategorie	Mindestbodenfläche je Tier in m^2
1	2
Erwachsene Pferde	1,75
Jungpferde (6 bis 24 Monate)	
– bei Fahrten bis zu 48 Stunden	1,2
– bei Fahrten über 48 Stunden	2,4
Ponys (Stockmaß bis 144 cm)	
Fohlen (bis 6 Monate)	1,4

1.2 Lufttransport

Lebendgewicht bis zu kg je Tier	Mindestbodenfläche je Tier in m^2
1	2
100	0,42
200	0,66
300	0,87
400	1,04
500	1,19
600	1,34
700	1,51
800	1,73

2. Rinder, soweit sie Haustiere sind

2.1 Straßen-, Schienen- und Schiffstransport

2.1.1 Bis zu 15 Kälber oder bis zu 6 erwachsene Rinder bei Querverladung oder bis zu 8 erwachsene Rinder beim Transport in der Gruppe sind beim Straßentransport jeweils durch eine stabile Trennvorrichtung abzutrennen.

2.1.2

Lebendgewicht bis zu kg je Tier	Mindestbodenfläche je Tier in m^2
1	2
50	0,33
80	0,40
100	0,48
120	0,57
140	0,65
170	0,75
210	0,85
250	0,95
300	1,10
350	1,17
400	1,23
450	1,28
500	1,35
550	1,40
600	1,47
650	1,53
700	1,60
über 700	2,00

2.2 Schiffstransport

Lebendgewicht bis zu kg je Tier	Mindestbodenfläche je Tier in m²
1	2
50	0,33
80	0,40
100	0,48
120	0,57
140	0,65
170	0,75
210	0,85
250	0,95
300	1,10
350	1,17
400	1,30
500	1,55
600	1,80
700	2,00
über 700	2,50

Bei Rindern im letzten Drittel der Trächtigkeit erhöhen sich die angegebenen Mindestflächen um mindestens 10 vom Hundert.

2.3 Lufttransport

Lebendgewicht bis zu kg je Tier	Mindestbodenfläche je Tier in m²
1	2
50	0,23
70	0,28
300	0,84
500	1,27

3. Schafe und Ziegen
3.1 Straßen-, Schienen- und Schiffstransport
3.1.1 Bis zu 50 erwachsene Tiere sind jeweils durch eine stabile Trennvorrichtung abzutrennen.

3.1.2

Lebendgewicht bis zu kg je Tier	Mindestbodenfläche je Tier in m²
1	2
16	0,14
18	0,15
20	0,16
24	0,17
28	0,19
32	0,22
36	0,24
40	0,26
44	0,28
48	0,30
52	0,31
56	0,32
60	0,33
64	0,34
68	0,36
70	0,37
über 70	0,40

Bei einer durchschnittlichen Vlieslänge der Schafe von über 2 Zentimetern erhöhen sich die angegebenen Mindestflächen um mindestens 5 vom Hundert.

3.2 Lufttransport

Lebendgewicht bis zu kg je Tier	Mindestbodenfläche je Tier in m^2
1	2
25	0,20
50	0,30
75	0,40

4. Schweine

4.1 Straßen-, Schienen- und Schiffstransport

4.1.1 Bis zu 15 Mastschweine oder bis zu 5 Sauen sind jeweils durch eine stabile Trennvorrichtung abzutrennen. Ferkel sind nach Maßgabe folgender Tabelle abzutrennen:

Lebendgewicht bis zu kg je Tier	Höchstgruppengröße Ferkel
1	2
10	120
25	50
30	35

4.1.2

Lebendgewicht bis zu kg je Tier	Mindestbodenfläche je Tier in m^2
1	2
6	0,07
10	0,11
15	0,12
20	0,14
25	0,18
30	0,21
35	0,23
40	0,26
45	0,28
50	0,30
60	0,35
70	0,37
80	0,40
90	0,43
100	0,45
110	0,50
120	0,55
über 120	0,70

4.2 Lufttransport

Lebendgewicht bis zu kg je Tier	Mindestbodenfläche je Tier in m^2
1	2
15	0,13
25	0,15
50	0,35
100	0,51

Anlage 5
(zu § 34 Abs. 1)

Transportplan

<table>
<tr><td colspan="2">(1) Beförderer:
(Name, Anschrift, Firmenbezeichnung)
(a)</td><td colspan="2">(2) Art des Transportmittels
Amtliches Kennzeichen oder Kenndaten des Transportmittels
(a)</td></tr>
<tr><td colspan="2">(3) Tierart:
Anzahl der Tiere:
Versandort:
Bestimmungsort und -land
(a)</td><td colspan="2">(4) Route:
Voraussichtliche Transportdauer:
(a)</td></tr>
<tr><td>(5) Nummer der Gesundheitsbescheinigung(en) oder der Begleitdokumente:
(a)</td><td colspan="2">(6) Stempel des Tierarztes der zuständigen Behörde des Versandortes
(b)</td><td>(7) Stempel und Unterschrift des Tierarztes des Aufenthaltsortes/der Aufenthaltsorte
(b)</td></tr>
<tr><td>(8) Datum und Uhrzeit des Versands:
(a)</td><td colspan="2">(9) Name des während des Transports Verantwortlichen:
(c)</td><td>(10) Stempel der für den Ausgangsort zuständigen Veterinärbehörde oder der Grenzkontrollstelle
(d)</td></tr>
<tr><td colspan="3">(11) Geplante Aufenthalts- oder Umladeorte
(a)</td><td>(12) Aufgesuchte Aufenthalts- oder Umladeorte
(c) und (e)</td></tr>
</table>

(13) Ort und Anschrift:	(14) Datum und Uhrzeit:	(15) Aufenthaltsdauer:	(16) Grund:	(17) Ort und Anschrift:	(18) Datum und Uhrzeit:
i)					
ii)					
iii)					
iv)					
v)					
vi)					

(19) (a) Vom Beförderer vor Fahrtantritt auszufüllen (b) Vom zuständigen Tierarzt auszufüllen (c) Vom Beförderer oder Transportführer während des Transports auszufüllen (d) Von der zuständigen Stelle des Ausgangsortes oder der Grenzkontroll- stelle auszufüllen (e) Vom Beförderer nach der Fahrt auszufüllen	(20) Unterschrift des während des Transports Verantwortlichen (e)	(21) Datum und Uhrzeit der Ankunft am Bestimmungsort: (e)
(22) Bemerkungen: (b) oder (e)		

Anlage 6
(zu § 34 Abs. 6)

Bescheinigung Nr. ......

Internationale Tiertransport-Bescheinigung[1)]

Zuständige Stelle: (Druckbuchstaben)

Transport von Nutztieren

A. Bescheinigung über die Transportfähigkeit für den Internationalen Transport

Versandland: ....[2)]

Name und Anschrift des Absenders: ....[2)]

Bestimmungsland: ....[2)]

I. Anzahl der Tiere: ....[2)]

II. Beschreibung der Tiere: ....[2)]

III. Endgültiger Bestimmungsort sowie Name und Anschrift des Empfängers:[2)]

IV. Der Unterzeichnete bestätigt, daß er die vorstehend beschriebenen Tiere untersucht und für tauglich für den vorgesehenen internationalen Transport befunden hat.

Stempel Datum .... Ortszeit ....

(Unterschrift des amtlichen Tierarztes)

Diese Bescheinigung verliert ihre Gültigkeit, wenn die betreffenden Tiere nicht innerhalb von 24 Stunden nach dem Zeitpunkt der Unterzeichnung zum internationalen Transport verladen werden.

B. Ladebescheinigung

Der Unterzeichnete bestätigt, dass die vorstehend beschriebenen Tiere unter vom amtlichen Tierarzt gebilligten Umständen am ...... (Datum) um ...... (Ortszeit)[4)] in ...... (Verladeort) auf ...... [3)] verladen wurden.

Stempel

(Unterschrift des amtlichen Tierarztes
oder des Vertreters der zuständigen Behörden)[5)]

C. Bemerkung

I. Die vorstehend beschriebenen Tiere sind nicht im Einklang mit ....[7)]
transportiert worden, und folgende Maßnahmen sind ergriffen worden:
....

(Unterschrift des Beamten der zuständigen Behörden)[6)]

II. Der Unterzeichnete erklärt, dass die vorstehend beschriebenen Tiere in/im ..... gefüttert und getränkt wurden und den genannten Betrieb am ...... (Datum) um ...... (Ortszeit) verlassen haben.

(Unterschrift des Verantwortlichen des Betriebs)[8)]

Wenn in der Rubrik C I Bemerkungen gemacht wurden, ist diese Bescheinigung binnen 3 Tagen nach Beendigung des Transports vom Besitzer oder von seinem Bevollmächtigten am Bestimmungsort der zuständigen Behörde ordnungsgemäß ausgefüllt einzureichen.

Anmerkungen:

[1)] Für jede Sendung von Tieren, die in ein und demselben Eisenbahnwaggon, Lastwagen, Container, Flugzeug oder Schiff von ein und demselben Betrieb an ein und denselben Empfänger versandt werden, ist eine gesonderte Bescheinigung auszustellen. Wird diese Sendung geteilt, so muss für jede Gruppe eine erforderlichenfalls am Tag der Teilung der Sendung ergänzte Abschrift der Bescheinigung mitgeführt werden, die im Bedarfsfall weiter zu ergänzen ist und bei der betreffenden Gruppe bis zu ihrer Ankunft am endgültigen Bestimmungsort verbleiben muss.

[2)] Nur auszufüllen, wenn die Tiere ohne Gesundheitsbescheinigung transportiert werden. Bei der Beschreibung sind Rasse und Geschlecht der Tiere anzugeben: z. B. Mutterschaf, Schafbock, Lamm usw. bzw. die entsprechenden Bezeichnungen anderer Arten.

[3)] Angabe des Transportmittels, bei Flugzeugen der Flugnummer, bei Schiffen des Schiffsnamens und bei Eisenbahnwaggons oder Fahrzeugen der Registriernummer. Bei Anhängern, die von der Zugmaschine getrennt werden können, ist die Containernummer anzugeben.

[4)] Zeitpunkt der Verladung des ersten Tieres.

[5)] Wenn vorgesehen ist, daß die Verladung von einem amtlichen Tierarzt zu überwachen ist, so muß dieser die Rubrik B ausfüllen. Obliegt die Überwachung einem anderen Beamten der zuständigen Behörde als dem amtlichen Tierarzt, der jedoch unter der Aufsicht des Tierarztes steht, so muss der Beamte die unter Rubrik B vorgesehene Bestätigung eintragen.

[6)] Rubrik C I der Bescheinigung ist nur auszufüllen, wenn ein von der zuständigen Behörde des Transit- oder des Bestimmungslandes oder – wenn diese Kontrolle dort erfolgt – des Schlachtbetriebs, in den die Tiere verbracht werden sollen, bestellter Verantwortlicher der Kontrollstelle der Auffassung ist, dass die Tiere nicht in Übereinstimmung mit den Artikeln 6 bis 37 des Europäischen Übereinkommens vom 13. Dezember 1968 über den Schutz von Tieren beim internationalen Transport (BGBl. 1973 II S. 721) transportiert worden sind.

[7)] Der Beamte hat im Einzelnen anzugeben, welche Auflagen seines Erachtens nicht eingehalten worden sind.

[8)] Sind Maßnahmen, einschließlich Füttern und Tränken der Tiere, getroffen worden, so hat der Verantwortliche des Betriebs, in dem die Maßnahmen durchgeführt wurden, Abschnitt II der Rubrik C auszufüllen.

Anlage 7
(zu § 39 Abs. 1)

Durchführung der Nämlichkeitskontrolle bei Tieren

Art, Verwendungszweck	Art und Weise der Kontrolle
1	2
1. Klauentiere und Einhufer in Sendungen von nicht mehr als 10 Tieren	Vergleich der Kennzeichnung jedes Tieres mit den Angaben der die Tiere begleitenden Bescheinigung
2. Klauentiere und Einhufer in Sendungen von mehr als 10 Tieren	1. Vergleich der Kennzeichnung von 10% der Tiere, jedoch mindestens 10 Tiere, mit den Angaben der diese begleitenden Bescheinigung

Art, Verwendungszweck	Art und Weise der Kontrolle
1	2
	2. Erhöhung der Zahl der kontrollierten Tiere bei Feststellung fehlerhafter Angaben bei der Kontrolle nach 1.
3. Vögel und Fische in Sendungen von nicht mehr als 10 Transportbehältnissen	Vergleich der Kennzeichnung jedes Transportbehältnisses mit den Angaben der diese begleitenden Bescheinigung
4. Vögel und Fische in Sendungen von mehr als 10 Transportbehältnissen	1. Vergleich der Kennzeichnung von mindestens 10% der Transportbehältnisse, jedoch mindestens 10 Transportbehältnisse, mit den Angaben der die Tiere begleitenden Bescheinigung 2. Erhöhung der Zahl der kontrollierten Transportbehältnisse bei Feststellung fehlerhafter Angaben bei der Kontrolle nach 1. 3. stichprobenartige Kontrolle, ob die in den Transportbehältnissen befindlichen Tiere den Angaben der diese begleitenden Bescheinigung zur Tierart und zum Verwendungszweck entsprechen
5. sonstige Tiere	Vergleich der Tierart und der Kennzeichnung der Tiere oder der Transportbehältnisse mit den Angaben der die Tiere begleitenden Bescheinigung

Verordnung Nr. 1/2005/EG des Rates über den Schutz von Tieren beim Transport und damit zusammenhängenden Vorgängen sowie zur Änderung der Richtlinien 64/432/EWG und 93/119/EG und der Verordnung Nr. 1255/97/EG

vom 22. Dezember 2004
(ABl. EU Nr. L 3 S. 1, berichtigt 2006 Nr. L 113 S. 26)

DER RAT DER EUROPÄISCHEN UNION –
gestützt auf den Vertrag zur Gründung der Europäischen Gemeinschaft, insbesondere auf Artikel 37,
auf Vorschlag der Kommission,
nach Stellungnahme des Europäischen Parlaments,[1]
nach Stellungnahme des Europäischen Wirtschafts- und Sozialausschusses,[2]
nach Anhörung des Ausschusses der Regionen,
in Erwägung nachstehender Gründe:

(1) Gemäß dem Protokoll über den Tierschutz und das Wohlergehen der Tiere im Anhang des Vertrags tragen die Gemeinschaft und die Mitgliedstaaten bei der Festlegung und Durchführung der Politik der Gemeinschaft in den Bereichen Landwirtschaft und Verkehr den Erfordernissen des Wohlergehens der Tiere in vollem Umfang Rechnung.

(2) Mit der Richtlinie 91/628/EWG vom 19. November 1991 über den Schutz von Tieren beim Transport[3] hat der Rat im Bereich des Transports von Tieren Vorschriften erlassen, um die technischen Hemmnisse im Handel mit lebenden Tieren zu beseitigen und das reibungslose Funktionieren der jeweiligen Marktorganisationen sowie den angemessenen Schutz der betroffenen Tiere zu gewährleisten.

(3) In ihrem gemäß der Richtlinie 91/628/EWG erstellten Bericht an das Europäische Parlament und den Rat über die Erfahrungen, die von den Mitgliedstaaten seit der Umsetzung der Richtlinie 95/29/EG des Rates vom 29. Juni 1995 zur Änderung der Richtlinie 91/628/EWG über den Schutz von Tieren beim Transport[4] gesammelt wurden, hat die Kommission empfohlen, die geltenden Gemeinschaftsvorschriften in diesem Bereich zu aktualisieren.

(4) Die meisten Mitgliedstaaten haben das Europäische Übereinkommen zum Schutz von Tieren beim internationalen Transport ratifiziert, und der Rat hat die Kommission beauftragt, im Namen der Gemeinschaft eine überarbeitete Fassung dieses Übereinkommens auszuhandeln.

(5) Aus Tierschutzgründen sollten lange Beförderungen von Tieren – auch von Schlachttieren – auf ein Mindestmaß begrenzt werden.

(6) Der Rat hat die Kommission am 19. Juni 2001[5] aufgefordert, durch geeignete Vorschläge dafür zu sorgen, dass die bestehenden Rechtsvorschriften wirksam angewandt werden und eine strenge Überwachung der Einhaltung dieser Vorschriften gewährleistet ist, dass neue Initiativen zur Verbesserung des Schutzes und der artgerechten Behandlung der Tiere wie auch zur Verhinderung des Ausbruchs und der Ausbreitung von Tierseuchen ins Auge gefasst werden und dass im Interesse einer artgerechten Tierbehandlung und zum Schutz der Gesundheit der Tiere während und nach dem Transport strengere Vorschriften eingeführt werden, um den Tieren Schmerzen und Leiden zu ersparen.

(7) Das Europäische Parlament hat die Kommission am 13. November 2001 aufgefordert, Vorschläge zur Änderung der geltenden Gemeinschaftsvorschriften zum Schutz landwirtschaftlicher Nutztiere vorzulegen, um sicherzustellen, dass

- der zuständige wissenschaftliche Ausschuss zur Dauer von Tiertransporten konsultiert wird;
- ein einheitliches Muster für einen Europäischen Zulassungsnachweis für Transportunternehmen festgelegt wird und Transportpläne für lange Beförderungen harmonisiert werden;

---

[1] Stellungnahme vom 30. März 2004 (noch nicht im Amtsblatt veröffentlicht).

[2] ABl. C 110 vom 30. 4. 2004, S. 135.

[3] ABl. L 340 vom 11. 12. 1991, S. 17. Zuletzt geändert durch die Verordnung (EG) Nr. 806/2003 (ABl. L 122 vom 16. 5. 2003, S. 1).

[4] ABl. L 148 vom 30. 6. 1995, S. 52.

[5] ABl. C 273 vom 28. 9. 2001, S. 1.

- alle Personen, die während eines Transports mit den betreffenden Tieren umgehen, einen von den zuständigen Behörden anerkannten Lehrgang absolviert haben und
- im Rahmen der Veterinärkontrollen an den Grenzkontrollstellen der Gemeinschaft auch genau kontrolliert wird, unter welchen Bedingungen die Tiere transportiert werden.

(8) Der Wissenschaftliche Ausschuss für Tiergesundheit und Tierschutz hat am 11. März 2002 eine Stellungnahme zum Schutz von Tieren beim Transport abgegeben. Auf der Grundlage dieser Stellungnahme sollten die geltenden Gemeinschaftsvorschriften geändert werden, um neuen wissenschaftlichen Erkenntnissen Rechnung zu tragen, wobei jedoch gewährleistet sein muss, dass diese Neuerungen in nächster Zukunft effektiv durchgesetzt werden können.

(9) Für Geflügel, Katzen und Hunde werden geeignete Sonderbestimmungen vorgeschlagen, sobald die diesbezüglichen Gutachten der Europäischen Behörde für Lebensmittelsicherheit (EFSA) vorliegen.

(10) In Anbetracht der Erfahrungen im Rahmen der Richtlinie 91/628/EWG mit der Harmonisierung der Gemeinschaftsvorschriften für den Transport von Tieren und der Schwierigkeiten infolge der uneinheitlichen Umsetzung der Richtlinie in einzelstaatliches Recht empfiehlt es sich, zusätzliche Gemeinschaftsvorschriften in Form einer Verordnung festzulegen. Bis zur Annahme ausführlicher Bestimmungen für bestimmte Tierarten mit besonderen Bedürfnissen, die nur einen sehr kleinen Teil der Tierbestände in der Gemeinschaft ausmachen, sollte den Mitgliedstaaten gestattet sein, für den Transport der betreffenden Tiere zusätzliche nationale Vorschriften zu erlassen bzw. beizubehalten.

(11) Zur Gewährleistung einer gemeinschaftsweit einheitlichen und wirksamen Anwendung dieser Verordnung entsprechend ihrem Grundsatz, wonach ein Transport von Tieren nicht durchgeführt werden darf, wenn den Tieren dabei Verletzungen oder unnötige Leiden zugefügt werden könnten, empfiehlt es sich, detaillierte Vorschriften im Hinblick auf die besonderen Erfordernisse festzulegen, die sich im Zusammenhang mit den verschiedenen Transportarten ergeben. Diese detaillierten Vorschriften sind gemäß dem vorstehenden Grundsatz auszulegen und anzuwenden und müssen rechtzeitig aktualisiert werden, wenn sie – insbesondere im Lichte neuer wissenschaftlicher Erkenntnisse – in Bezug auf bestimmte Tierarten oder Transportweisen die Einhaltung dieses Grundsatzes nicht mehr zu gewährleisten scheinen.

(12) Der Transport zu kommerziellen Zwecken beschränkt sich nicht auf Fälle, in denen unmittelbar ein Austausch von Geld, Gütern oder Dienstleistungen erfolgt. Er schließt insbesondere auch Fälle ein, in denen direkt oder indirekt ein Gewinn entsteht bzw. angestrebt wird.

(13) Das Entladen und anschließende Wiederverladen kann für die Tiere ebenfalls mit Stress verbunden sein, und der Kontakt an Kontrollstellen, früher als „Aufenthaltsort" bezeichnet, kann unter bestimmten Bedingungen zur Übertragung von Krankheitserregern führen. Daher sind spezifische Vorschriften zum Schutz der Gesundheit und des Wohlbefindens der Tiere während der Ruhezeiten an Kontrollstellen zu erlassen. Infolge dessen sind die Vorschriften der Verordnung (EG) Nr. 1255/97 des Rates vom 25. Juni 1997 zur Festlegung gemeinschaftlicher Kriterien für Aufenthaltsorte und zur Anpassung des im Anhang der Richtlinie 91/628/EWG vorgesehenen Transportplans[6] zu ändern.

(14) Beeinträchtigungen des Wohlbefindens der Tiere sind häufig auf mangelnde Sachkenntnis zurückzuführen. Eine sachgemäße Schulung sollte daher allen Personen, die während des Transports mit den Tieren umgehen, zur Auflage gemacht und nur von behördlich zugelassenen Einrichtungen angeboten werden.

(15) Das Wohlbefinden von Tieren beim Transport hängt in erster Linie von der alltäglichen Vorgehensweise der Transportunternehmer ab. Kontrollen durch die zuständigen Behörden werden mitunter behindert, weil Transportunternehmer in verschiedenen Mitgliedstaaten uneingeschränkt tätig sein können. Diese Unternehmen sollten daher stärker zur Rechenschaft gezogen und hinsichtlich ihrer Rechtsstellung und Tätigkeiten transparenter werden. Sie sollten insbesondere ihre Zulassung nachweisen können, Probleme systematisch melden und über ihre Tätigkeiten und deren Folgen genau Buch führen.

(16) Bei Tiertransporten sind nicht nur Transportunternehmer, sondern auch Tierhalter, Händler, Sammelstellen und Schlachthöfe involviert. Die Tierschutzverpflichtung sollte daher in bestimmten Punkten auf alle an einem Tiertransport Beteiligten ausgedehnt werden.

---

[6] ABl. L 174 vom 2. 7. 1997, S. 1. Zuletzt geändert durch die Verordnung (EG) Nr. 1040/2003 (ABl. L 151 vom 19. 6. 2003, S. 21).

(17) Sammelstellen spielen beim Transport bestimmter Tierarten eine wesentliche Rolle. Daher muss gewährleistet werden, dass die Gemeinschaftsvorschriften zum Schutz von Tieren beim Transport den Sammelstellen bekannt sind und von deren Angestellten und Besuchern eingehalten werden.

(18) Es ist davon auszugehen, dass sich lange Beförderungen auf das Befinden der beförderten Tiere nachteiliger auswirken als kurze. Es sollten daher Verfahren festgelegt werden, die eine bessere Durchsetzung der Tierschutznormen gewährleisten, insbesondere durch Verbesserung der Rückverfolgbarkeit.

(19) In der Verordnung (EWG) Nr. 3820/85 vom 20. Dezember 1985 über die Harmonisierung bestimmter Sozialvorschriften im Straßenverkehr[7] sind Höchstlenkzeiten und Mindestruhezeiten für Fahrer von Straßenfahrzeugen vorgesehen. Es empfiehlt sich, entsprechend auch Tierbeförderungen zu regeln. Gemäß der Verordnung (EWG) Nr. 3821/85 des Rates vom 20. Dezember 1985 über das Kontrollgerät im Straßenverkehr[8] müssen Aufzeichnungsgeräte installiert und verwendet werden, um sicherzustellen, dass die Sozialvorschriften im Straßenverkehr eingehalten werden. Es ist angezeigt, dass diese Aufzeichnungen zugänglich gemacht und überprüft werden, um Fahrtzeitbegrenzungen im Rahmen der Tierschutzgesetzgebung durchsetzen zu können.

(20) Ein unzulänglicher Informationsaustausch zwischen den zuständigen Behörden führt zwangsläufig zu einer mangelhaften Durchsetzung der Gemeinschaftsvorschriften zum Schutz von Tieren beim Transport. Es sollten daher flexible Verfahren zur Verbesserung der Zusammenarbeit zwischen den zuständigen Behörden der verschiedenen Mitgliedstaaten festgelegt werden.

(21) Registrierte Equiden im Sinne des Artikels 2 Buchstabe c) der Richtlinie 90/426/EWG des Rates vom 26. Juni 1990 zur Festlegung der tierseuchenrechtlichen Vorschriften für das Verbringen von Equiden und für ihre Einfuhr aus Drittländern[9] werden oft zu nichtkommerziellen Zwecken transportiert; solche Transporte müssen im Einklang mit den übergeordneten Zielen der vorliegenden Verordnung ausgeführt werden. Angesichts der Besonderheiten dieser Bewegungen erscheint es angemessen, Ausnahmen von bestimmten Vorschriften für die Fälle zuzulassen, in denen registrierte Equiden zur Teilnahme an Wettbewerben, Rennen, kulturellen Veranstaltungen oder zu Zuchtzwecken transportiert werden. Diese Ausnahmen sollten jedoch nicht auf Equiden angewandt werden, die direkt oder über einen Markt oder eine Sammelstelle in einen Schlachthof verbracht und dort geschlachtet werden, da solche Equiden nach Artikel 2 Buchstabe d) und Artikel 8 Absatz 1 zweiter Spiegelstrich der Richtlinie 90/426/EWG als Schlachttiere zu betrachten sind.

(22) Die unzulängliche Ahndung von Verstößen gegen die Tierschutzvorschriften fördert das Umgehen dieser Vorschriften und führt letztendlich zu Wettbewerbsverzerrungen. Daher sollten gemeinschaftsweit einheitliche Kontrollverfahren und Sanktionen für den Fall des Verstoßes gegen die Tierschutzvorschriften festgelegt werden. Die Mitgliedstaaten sollten auch Sanktionen für Verstöße gegen diese Verordnung vorsehen und dafür Sorge tragen, dass sie ordnungsgemäß angewendet werden. Die Sanktionen müssen wirksam, verhältnismäßig und abschreckend sein.

(23) Eine beträchtliche Anzahl Tiere wird auf Schiffen mit sehr langen Fahrtzeiten in die und innerhalb der Gemeinschaft transportiert, und Seetransporte können am Versandort kontrolliert werden. Daher sollten unbedingt besondere Vorschriften und Normen für diese Transportart festgelegt werden.

(24) Im Interesse der Kohärenz der Gemeinschaftsvorschriften sollte die Richtlinie 64/432/EWG des Rates vom 26. Juni 1964 zur Regelung viehseuchenrechtlicher Fragen beim innergemeinschaftlichen Handelsverkehr mit Rindern und Schweinen[10] geändert werden, um sie hinsichtlich der Zulassung von Sammelstellen und der Anforderungen an Transportunternehmer mit dieser Verordnung in Einklang zu bringen.

(25) Die Richtlinie 93/119/EG des Rates vom 22. Dezember 1993 über den Schutz von Tieren zum Zeitpunkt der Schlachtung oder Tötung[11] sollte ebenfalls geändert werden, um sie hinsichtlich der Verwendung elektrischer Treibhilfen mit dieser Verordnung in Einklang zu bringen.

---

[7] ABl. L 370 vom 31. 12. 1985, S. 1.

[8] ABl. L 370 vom 31. 12. 1985, S. 8. Zuletzt geändert durch die Verordnung (EG) Nr. 432/2004 der Kommission (ABl. L 71 vom 10. 3. 2004, S. 3).

[9] ABl. L 224 vom 18. 8. 1990, S. 42. Zuletzt geändert durch die Richtlinie 2004/68/EG (ABl. L 139 vom 30. 4. 2004, S. 320).

[10] ABl. P 121 vom 29. 7. 1964, S. 1977/64. Zuletzt geändert durch die Verordnung (EG) Nr. 21/2004 (ABl. L 5 vom 9. 1. 2004, S. 8).

[11] ABl. L 340 vom 31. 12. 1993, S. 21. Geändert durch die Verordnung (EG) Nr. 806/2003 (ABl. L 122 vom 16. 5. 2003, S. 1).

(26) Die Vorschriften und Informationsverfahren gemäß der Richtlinie 89/608/EWG des Rates vom 21. November 1989 betreffend die gegenseitige Unterstützung der Verwaltungsbehörden der Mitgliedstaaten und die Zusammenarbeit dieser Behörden mit der Kommission, um die ordnungsgemäße Anwendung der tierärztlichen und tierzuchtrechtlichen Vorschriften zu gewährleisten,[12] sollten auf den Schutz von Tieren beim Transport angewandt werden, um Übereinstimmung mit dieser Verordnung zu garantieren.

(27) Die Entscheidung 98/139/EG der Kommission[13] enthält Durchführungsbestimmungen zu den von Sachverständigen der Kommission in den Mitgliedstaaten vor Ort durchgeführten Kontrollen im Veterinärbereich, die auch für die Sicherstellung der einheitlichen Anwendung dieser Verordnung maßgeblich sein sollten.

(28) Diese Verordnung enthält Vorschriften für die Belüftung von Straßenfahrzeugen, in denen lebende Tiere lange befördert werden. Die Verordnung (EG) Nr. 411/98 des Rates vom 16. Februar 1998 mit zusätzlichen Tierschutzvorschriften für Straßenfahrzeuge zur Beförderung von Tieren während mehr als acht Stunden[14] sollte daher aufgehoben werden.

(29) Es sollte ein einfaches Verfahren vorgesehen werden, nach dem der Rat bestimmte wichtige technische Vorschriften dieser Verordnung insbesondere im Lichte einer Bewertung ihrer Auswirkungen auf den Transport lebender Tiere in der erweiterten Gemeinschaft aktualisiert und die Spezifikationen des Navigationssystems, die in Bezug auf alle Straßentransportmittel anzuwenden sind, im Lichte der künftigen technologischen Entwicklungen in diesem Bereich, wie etwa der Validierung des Galileo-Systems, festlegt.

(30) Es sollte die Möglichkeit von Ausnahmeregelungen vorgesehen werden, um der Abgelegenheit bestimmter Gebiete vom Kerngebiet der Gemeinschaft, insbesondere der in Artikel 299 des Vertrags genannten Gebiete in äußerster Randlage, Rechnung zu tragen.

(31) Die zur Durchführung dieser Verordnung erforderlichen Maßnahmen sollten gemäß dem Beschluss 1999/468/EG des Rates vom 28. Juni 1999 zur Festlegung der Modalitäten für die Ausübung der der Kommission übertragenen Durchführungsbefugnisse[15] erlassen werden –

HAT FOLGENDE VERORDNUNG ERLASSEN:

Kapitel I. Geltungsbereich, Definitionen und Allgemeine Bedingungen für den Transport von Tieren

Art. 1. Geltungsbereich

(1) Diese Verordnung regelt den Transport lebender Wirbeltiere innerhalb der Gemeinschaft, einschließlich der spezifischen Kontrollen, denen Tiersendungen bei der Ankunft im Zollgebiet der Gemeinschaft oder bei dessen Verlassen von Beamten unterzogen werden.

(2) Für den Transport durch Landwirte, die

a) Tiere in ihren eigenen landwirtschaftlichen Fahrzeugen oder Transportmitteln in Fällen transportieren, in denen aus geografischen Gründen ein Transport im Rahmen der jahreszeitlich bedingten Wanderhaltung bestimmter Tierarten erforderlich ist,

b) ihre eigenen Tiere in ihren eigenen Transportmitteln über eine Entfernung von weniger als 50 km ab ihrem Betrieb transportieren, gelten lediglich die Artikel 3 und 27.

(3) Diese Verordnung steht etwaigen strengeren einzelstaatlichen Maßnahmen nicht entgegen, die den besseren Schutz von Tieren bezwecken, die ausschließlich im Hoheitsgebiet oder vom Hoheitsgebiet eines Mitgliedstaats aus auf dem Seeweg befördert werden.

(4) Diese Verordnung gilt unbeschadet des Veterinärrechts der Gemeinschaft.

(5) Diese Verordnung gilt nicht für den Transport von Tieren, der nicht in Verbindung mit einer wirtschaftlichen Tätigkeit durchgeführt wird, und nicht für den Transport von Tieren, der unter Anleitung eines Tierarztes unmittelbar in eine bzw. aus einer Tierarztpraxis oder Tierklinik erfolgt.

---

[12] ABl. L 351 vom 2. 12. 1989, S. 34.
[13] ABl. L 38 vom 12. 2. 1998, S. 10.
[14] ABl. L 52 vom 21. 2. 1998, S. 8.
[15] ABl. L 184 vom 17. 7. 1999, S. 23.

Art. 2. Definitionen

Für die Zwecke dieser Verordnung gelten die folgenden Definitionen:

a) „Tiere“: lebende Wirbeltiere;

b) „Sammelstellen“: Orte wie Haltungsbetriebe, Sammelstellen und Märkte, an denen Hausequiden, Hausrinder, Hausschafe, Hausziegen oder Hausschweine aus unterschiedlichen Haltungsbetrieben zur Bildung von Tiersendungen zusammengeführt werden;

c) „Betreuer“: eine für das Wohlbefinden der Tiere unmittelbar zuständige Person, die während der Beförderung anwesend ist;

d) „Grenzkontrollstelle“: jede Kontrollstelle, die gemäß Artikel 6 der Richtlinie 91/496/EWG[16] zur Durchführung von Veterinärkontrollen bei Tieren, die aus Drittländern an der Gemeinschaftsgrenze eintreffen, bezeichnet und anerkannt wurde;

e) „Veterinärrecht der Gemeinschaft“: die in Anhang A Kapitel I der Richtlinie 90/425/EWG[17] genannten Rechtsvorschriften und alle späteren Durchführungsvorschriften;

f) „zuständige Behörde“: die für die Durchführung von Untersuchungen des Wohlbefindens der Tiere zuständige zentrale Behörde eines Mitgliedstaats oder jede andere amtliche Stelle, der sie diese Zuständigkeit übertragen hat;

g) „Transportbehälter“/„Container“: jeder Verschlag, jeder Kasten, jedes Behältnis oder jede andere feste Struktur, die zum Transport von Tieren verwendet wird, jedoch kein Transportmittel ist;

h) „Kontrollstellen“: Kontrollstellen im Sinne der Verordnung (EG) Nr. 1255/97;

i) „Ausgangsort“: eine Grenzkontrollstelle oder jeder andere von einem Mitgliedstaat ausgewiesene Ort, an dem Tiere das Zollgebiet der Gemeinschaft verlassen;

j) „Beförderung“: der gesamte Transportvorgang vom Versand- zum Bestimmungsort, einschließlich des Entladens, Unterbringens und Verladens an Zwischenstationen;

k) „Tierhalter“: jede natürliche oder juristische Person, ausgenommen Transportunternehmer, die dauerhaft oder zeitweilig für Tiere zuständig ist oder mit ihnen umgeht;

l) „Tiertransportschiffe“: Schiffe, ausgenommen Ro-Ro-Schiffe und ausgenommen Schiffe, die Tiere in beweglichen Behältern transportieren, die zum Transport von Hausequiden, Hausrindern, Hausschafen, Hausziegen oder Hausschweinen verwendet werden oder verwendet werden sollen;

m) „lange Beförderung“: eine Beförderung, die ab dem Zeitpunkt der Bewegung des ersten Tieres der Sendung 8 Stunden überschreitet;

n) „Transportmittel“: jedes Straßen- oder Schienenfahrzeug, Schiff und Luftfahrzeug, das zum Transport von Tieren verwendet wird;

o) „Navigationssysteme“: satellitengestützte Einrichtungen, die globale, kontinuierliche, genaue und garantierte Zeitbestimmungs- und Ortungsdienste leisten, oder sonstige technische Einrichtungen, die für die Zwecke dieser Verordnung als gleichwertig anzusehende Dienste leisten;

p) „amtlicher Tierarzt“: der von der zuständigen Behörde des Mitgliedstaats benannte Tierarzt;

q) „Organisator“:
   i) ein Transportunternehmer, der mindestens einen Beförderungsabschnitt einem anderen Transportunternehmer in Auftrag gegeben hat, oder
   ii) eine natürliche oder juristische Person, die eine Beförderung mehr als einem Transportunternehmer in Auftrag gegeben hat, oder
   iii) eine Person, die Abschnitt 1 des Fahrtenbuchs gemäß Anhang II unterzeichnet hat;

r) „Versandort“: der Ort, an dem ein Tier erstmals auf ein Transportmittel verladen wird, vorausgesetzt, es war vor seinem Versand während mindestens 48 Stunden an diesem Ort untergebracht. Allerdings können nach geltendem Veterinärrecht der Gemeinschaft zugelassene Sammelstellen als Versandort gelten, sofern
   i) die zwischen dem ersten Verladeort und der Sammelstelle zurückgelegte Entfernung weniger als 100 km beträgt oder
   ii) die Tiere während mindestens sechs Stunden vor ihrem Versand von der Sammelstelle mit ausreichend Einstreu und Frischwasser unangebunden untergebracht waren;

s) „Bestimmungsort“: der Ort, an dem ein Tier von einem Transportmittel entladen und
   i) während mindestens 48 Stunden vor seiner Weiterbeförderung untergebracht wird oder
   ii) geschlachtet wird;

---

[16] ABl. L 268 vom 24. 9. 1991, S. 56. Zuletzt geändert durch die Beitrittsakte von 2003.

[17] ABl. L 224 vom 18. 8. 1990, S. 29. Zuletzt geändert durch die Richtlinie 2002/33/EG des Europäischen Parlaments und des Rates (ABl. L 315 vom 19. 11. 2002, S. 14).

t) „Ruhe- oder Umladeort“: jeder Halt während der Beförderung, der kein Bestimmungsort ist, einschließlich eines Ortes, an dem Tiere, auch ohne entladen zu werden, von einem Transportmittel auf ein anderes umgeladen werden;
u) „registrierte Equiden“: registrierte Equiden im Sinne der Richtlinie 90/426/EWG;[18]
v) „Ro-Ro-Schiff“: ein Seeschiff, das so ausgerüstet ist, dass Straßen- oder Schienenfahrzeuge auf- und abrollen können;
w) „Transport“: jede Bewegung von Tieren in einem oder mehreren Transportmitteln sowie alle damit zusammenhängenden Vorgänge, einschließlich des Verladens, Entladens, Umladens und Ruhens, bis zum Ende des Entladens der Tiere am Bestimmungsort;
x) „Transportunternehmer“: jede natürliche oder juristische Person, die entweder auf eigene Rechnung oder für eine dritte Person Tiere befördert;
y) „nicht zugerittene Equiden“: Equiden, die nicht mit Hilfe eines Halfters angebunden oder geführt werden können, ohne dass dadurch vermeidbare Erregung, Schmerzen oder Leiden entstehen;
z) „Fahrzeug“: ein Transportmittel auf Rädern, das durch Eigenantrieb bewegt oder gezogen wird.

Art. 3. Allgemeine Bedingungen für den Transport von Tieren

Niemand darf eine Tierbeförderung durchführen oder veranlassen, wenn den Tieren dabei Verletzungen oder unnötige Leiden zugefügt werden könnten. Darüber hinaus müssen folgende Bedingungen erfüllt sein:

a) Vor der Beförderung wurden alle erforderlichen Vorkehrungen getroffen, um die Beförderungsdauer so kurz wie möglich zu halten und den Bedürfnissen der Tiere während der Beförderung Rechnung zu tragen.
b) Die Tiere sind transportfähig.
c) Die Transportmittel sind so konstruiert, gebaut und in Stand gehalten und werden so verwendet, dass den Tieren Verletzungen und Leiden erspart werden und ihre Sicherheit gewährleistet ist.
d) Die Ver- und Entladevorrichtungen sind so konstruiert, gebaut und in Stand gehalten und werden so verwendet, dass den Tieren Verletzungen und Leiden erspart werden und ihre Sicherheit gewährleistet ist.
e) Die mit den Tieren umgehenden Personen sind hierfür in angemessener Weise geschult oder qualifiziert und wenden bei der Ausübung ihrer Tätigkeit weder Gewalt noch sonstige Methoden an, die die Tiere unnötig verängstigen oder ihnen unnötige Verletzungen oder Leiden zufügen könnten.
f) Der Transport zum Bestimmungsort erfolgt ohne Verzögerungen, und das Wohlbefinden der Tiere wird regelmäßig kontrolliert und in angemessener Weise aufrechterhalten.
g) Die Tiere verfügen entsprechend ihrer Größe und der geplanten Beförderung über ausreichend Bodenfläche und Standhöhe.
h) Die Tiere werden in angemessenen Zeitabständen mit Wasser und Futter, das qualitativ und quantitativ ihrer Art und Größe angemessen ist, versorgt und können ruhen.

Kapitel II. Organisatoren, Transportunternehmer, Tierhalter und Sammelstellen

Art. 4. Transportpapiere

(1) Personen, die Tiere transportieren, sind verpflichtet, im Transportmittel Papiere mitzuführen, aus denen Folgendes hervorgeht:

a) Herkunft und Eigentümer der Tiere;
b) Versandort;
c) Tag und Uhrzeit des Beginns der Beförderung;
d) vorgesehener Bestimmungsort;
e) voraussichtliche Dauer der geplanten Beförderung.

(2) Der Transportunternehmer stellt die Papiere gemäß Absatz 1 der zuständigen Behörde auf Verlangen zur Verfügung.

---

[18] ABl. L 224 vom 18. 8. 1990, S. 42. Zuletzt geändert durch die Richtlinie 2004/68/EG (ABl. L 139 vom 30. 4. 2004, S. 320).

Art. 5. Obligatorische Planung von Tiertransporten

(1) Die Annahme von Tiertransportaufträgen oder die Vergabe derartiger Aufträge an Subunternehmer ist nur zulässig, wenn die betreffenden Transportunternehmer gemäß Artikel 10 Absatz 1 bzw. Artikel 11 Absatz 1 entsprechend zugelassen sind.

(2) Transportunternehmer benennen eine für den Transport verantwortliche natürliche Person und gewährleisten, dass Auskünfte über Planung, Durchführung und Abschluss des ihrer Kontrolle unterstehenden Beförderungsabschnitts jederzeit eingeholt werden können.

(3) Organisatoren tragen bei jeder Beförderung dafür Sorge, dass

a) das Wohlbefinden der Tiere nicht durch eine unzulängliche Koordinierung der verschiedenen Beförderungsabschnitte beeinträchtigt wird, dass die Witterungsbedingungen berücksichtigt werden und dass

b) eine natürliche Person dafür verantwortlich ist, der zuständigen Behörde jederzeit Auskünfte über Planung, Durchführung und Abschluss der Beförderung zu geben.

(4) Für lange Beförderungen von Hausequiden, ausgenommen registrierte Equiden sowie von Hausrindern, Hausschafen, Hausziegen und Hausschweinen zwischen Mitgliedstaaten sowie von und nach Drittländern gelten sowohl für Transportunternehmer als auch für Organisatoren die Bestimmungen des Anhangs II über das Fahrtenbuch.

Art. 6. Transportunternehmer

(1) Als Transportunternehmer kommen nur Personen in Frage, die von einer zuständigen Behörde gemäß Artikel 10 Absatz 1 oder für lange Beförderungen gemäß Artikel 11 Absatz 1 entsprechend zugelassen sind. Eine Kopie dieser Zulassung wird der zuständigen Behörde zum Zeitpunkt der Tierbeförderung vorgelegt.

(2) Transportunternehmer melden der zuständigen Behörde jede Änderung in Bezug auf die Informationen und Papiere gemäß Artikel 10 Absatz 1 oder für lange Beförderungen gemäß Artikel 11 Absatz 1 spätestens 15 Arbeitstage nach dem Tag, an dem die Änderung eingetreten ist.

(3) Die Transportunternehmer befördern Tiere nach Maßgabe der in Anhang I genannten technischen Vorschriften.

(4) Transportunternehmer vertrauen den Umgang mit den Tieren Personen an, die zu den einschlägigen Regelungen der Anhänge I und II geschult wurden.

(5) Straßenfahrzeuge, auf denen Hausequiden, Hausrinder, Hausschafe, Hausziegen, Hausschweine oder Geflügel befördert werden, dürfen nur von Personen gefahren oder als Betreuer begleitet werden, die über einen Befähigungsnachweis gemäß Artikel 17 Absatz 2 verfügen; auch Personen, die als Betreuer auf dem Fahrzeug tätig sind, müssen im Besitz dieses Nachweises sein. Der Befähigungsnachweis wird der zuständigen Behörde zum Zeitpunkt der Tierbeförderung vorgelegt.

(6) Transportunternehmer tragen dafür Sorge, dass jede Tiersendung von einem Betreuer begleitet wird, ausgenommen in Fällen, in denen

a) Tiere in Transportbehältern befördert werden, die gesichert, angemessen belüftet und erforderlichenfalls mit Futter- und Wasserspendern ausgerüstet sind, die nicht umgestoßen werden können und die genügend Futter und Wasser für die doppelte Dauer der geplanten Beförderung enthalten;

b) der Fahrer die Aufgabe des Betreuers übernimmt.

(7) Die Absätze 1, 2, 4 und 5 gelten nicht für Personen, die Tiere, gerechnet ab dem Versandort bis zum Bestimmungsort, über eine Strecke von maximal 65 km transportieren.

(8) Transportunternehmer legen der zuständigen Behörde des Landes, in das die Tiere transportiert werden, den Zulassungsnachweis gemäß Artikel 18 Absatz 2 bzw. Artikel 19 Absatz 2 auf Verlangen vor.

(9) Bei langen Straßenbeförderungen von Hausequiden, ausgenommen registrierte Equiden, sowie von Hausrindern, Hausschafen, Hausziegen und Hausschweinen setzen die Transportunternehmer ein Navigationssystem nach Anhang I Kapitel VI Nummer 4.2 ein, und zwar ab 1. Januar 2007 bei zum ersten Mal eingesetzten Straßentransportmitteln und ab 1. Januar 2009 bei sämtlichen Straßentransportmitteln. Sie bewahren die mit Hilfe dieses Navigationssystems erstellten Aufzeichnungen mindestens drei Jahre lang auf und stellen sie der zuständigen Behörde auf Verlangen zur Verfügung, insbesondere wenn die Kontrollen nach Artikel 15 Absatz 4 durchgeführt werden. Nach dem in Artikel 31 Absatz 2 genannten Verfahren können Durchführungsbestimmungen zu diesem Absatz erlassen werden.

Art. 7. Vorherige Kontrolle und Zulassung von Transportmitteln

(1) Lange Straßenbeförderungen von Tieren sind nur zulässig, wenn das Transportmittel gemäß Artikel 18 Absatz 1 kontrolliert und zugelassen wurde.

(2) Die Beförderung von Hausequiden, Hausrindern, Hausschafen, Hausziegen oder Hausschweinen auf dem Seeweg über mehr als 10 Seemeilen aus einem Hafen der Gemeinschaft ist nur zulässig, wenn das Tiertransportschiff gemäß Artikel 19 Absatz 1 kontrolliert und zugelassen wurde.

(3) Die Bestimmungen der Absätze 1 und 2 gelten für Transportbehälter für Hausequiden, Hausrinder, Hausschafe, Hausziegen oder Hausschweine bei langen Beförderungen auf dem Straßen- und/oder Wasserweg.

Art. 8. Tierhalter

(1) Tierhalter am Versand-, Umlade- oder Bestimmungsort tragen dafür Sorge, dass die technischen Vorschriften des Anhangs I Kapitel I und Kapitel III Abschnitt 1 über die Beförderung der Tiere eingehalten werden.

(2) Die Halter untersuchen sämtliche Tiere, die an einem Transit- oder Bestimmungsort ankommen, und stellen fest, ob eine lange Beförderung zwischen Mitgliedstaaten und von und nach Drittländern erfolgt oder erfolgt ist. Im Falle einer langen Beförderung von Hausequiden, mit Ausnahme von registrierten Equiden, sowie Hausrindern, Hausschafen, Hausziegen und Hausschweinen müssen Tierhalter die Bestimmungen des Anhangs II über das Fahrtenbuch einhalten.

Art. 9. Sammelstellen

(1) Betreiber von Sammelstellen tragen dafür Sorge, dass die Tiere entsprechend den technischen Vorschriften des Anhangs I Kapitel I und Kapitel III Abschnitt 1 behandelt werden.

(2) Betreiber von Sammelstellen, die nach geltendem Veterinärrecht der Gemeinschaft zugelassen sind, tragen außerdem dafür Sorge, dass

a) der Umgang mit den Tieren nur Personal anvertraut wird, das in den maßgeblichen technischen Vorschriften des Anhangs I in Lehrgängen geschult wurde;
b) Personen, die Zugang zur Sammelstelle haben, regelmäßig über ihre Rechte und Pflichten im Rahmen dieser Verordnung und die Sanktionen im Verstoßfall informiert werden;
c) für Personen, die Zugang zur Sammelstelle haben, ständig detaillierte Angaben über die zuständige Behörde, der etwaige Verstöße gegen die Vorschriften dieser Verordnung gemeldet werden müssen, verfügbar sind;
d) im Falle des Verstoßes gegen diese Verordnung durch eine in der Sammelstelle anwesende Person und unbeschadet etwaiger Maßnahmen der zuständigen Behörde alle erforderlichen Maßnahmen getroffen werden, um die festgestellte Unregelmäßigkeit zu beheben und einen erneuten Verstoß zu verhindern;
e) die zur Einhaltung der Buchstaben a) bis d) erforderlichen Betriebsvorschriften festgelegt, überprüft und durchgesetzt werden.

Kapitel III. Aufgaben und Pflichten der zuständigen Behörden

Art. 10. Anforderungen für die Zulassung von Transportunternehmern

(1) Transportunternehmer werden von der zuständigen Behörde nur zugelassen, wenn folgende Bedingungen erfüllt sind:

a) Die Antragsteller sind in dem Mitgliedstaat ansässig, in dem sie die Zulassung beantragen, oder haben einen Vertreter in diesem Mitgliedstaat, wenn es sich um Antragsteller handelt, die in einem Drittland ansässig sind.
b) Die Antragsteller haben nachgewiesen, dass sie über ausreichend und geeignetes Personal sowie über ausreichende und angemessene Ausrüstungen und Verfahren verfügen, um dieser Verordnung, gegebenenfalls auch den Leitlinien für bewährte Praktiken, nachzukommen.

c) Es ist nicht bekannt, dass die Antragsteller oder ihre Vertreter während eines Zeitraums von drei Jahren vor dem Tag der Antragstellung ernste Verstöße gegen das gemeinschaftliche und/oder einzelstaatliche Tierschutzrecht begangen haben. Diese Bestimmung findet keine Anwendung, wenn der Antragsteller nach Auffassung der zuständigen Behörde hinreichend nachweist, dass er alle erforderlichen Maßnahmen ergriffen hat, um weitere Verstöße zu vermeiden.

(2) Die zuständige Behörde erteilt die Zulassungen gemäß Absatz 1 nach dem Muster gemäß Anhang III Kapitel I. Diese Zulassungen gelten für höchstens fünf Jahre ab dem Tag ihrer Erteilung; sie gelten nicht für lange Beförderungen.

Art. 11. Anforderungen für die Zulassung von Transportunternehmern, die lange Beförderungen durchführen

(1) Die zuständige Behörde erteilt Transportunternehmern, die lange Beförderungen durchführen, auf Antrag die Zulassung, sofern

a) sie die Bestimmungen des Artikels 10 Absatz 1 erfüllen und
b) die Antragsteller folgende Papiere eingereicht haben:
   i) gültige Befähigungsnachweise für Fahrer und Betreuer gemäß Artikel 17 Absatz 2 für sämtliche Fahrer und Betreuer, die für lange Beförderungen eingesetzt werden sollen;
   ii) gültige Zulassungsnachweise gemäß Artikel 18 Absatz 2 für sämtliche Straßentransportmittel, die für lange Beförderungen eingesetzt werden sollen;
   iii) Einzelheiten zu den Verfahren, nach denen Transportunternehmer die Bewegungen der ihrer Verantwortung unterstehenden Straßenfahrzeuge verfolgen und aufzeichnen, sowie ständigen Kontakt mit den auf langen Beförderungen eingesetzten Fahrern halten können;
   iv) Notfallpläne, die in dringenden Fällen zum Tragen kommen.

(2) Im Sinne von Absatz 1 Buchstabe b) Ziffer iii) weisen die Transportunternehmer bei langen Beförderungen von Hausequiden, ausgenommen registrierte Equiden, sowie von Hausrindern, Hausschafen, Hausziegen und Hausschweinen nach, dass sie das Navigationssystem nach Artikel 6 Absatz 9 einsetzen, und zwar

a) ab 1. Januar 2007 bei zum ersten Mal eingesetzten Straßentransportmitteln,
b) ab 1. Januar 2009 bei sämtlichen Straßentransportmitteln.

(3) Die zuständige Behörde erteilt diese Zulassungen nach dem Muster in Anhang III Kapitel II. Diese Zulassungen gelten für höchstens fünf Jahre ab dem Tag ihrer Erteilung; sie gelten für alle Beförderungen, einschließlich langer Beförderungen.

Art. 12. Grenzen der Antragstellung

Transportunternehmer dürfen eine Zulassung gemäß Artikel 10 oder Artikel 11 nur bei einer einzigen zuständigen Behörde und nur in einem einzigen Mitgliedstaat beantragen.

Art. 13. Erteilung von Zulassungen durch die zuständige Behörde

(1) Die zuständige Behörde kann den Geltungsbereich einer Zulassung gemäß Artikel 10 Absatz 1 oder für lange Beförderungen gemäß Artikel 11 Absatz 1 nach Kriterien, die während des Transports überprüft werden können, begrenzen.

(2) Die zuständige Behörde erteilt jede Zulassung gemäß Artikel 10 Absatz 1 oder für lange Beförderungen gemäß Artikel 11 Absatz 1 mit einer für den betreffenden Mitgliedstaat individuellen Zulassungsnummer. Die Zulassung wird in der/den Amtssprache(n) des Mitgliedstaats, von dem die Zulassung erteilt wurde, sowie in Englisch erteilt, wenn der Transportunternehmer voraussichtlich in einem anderen Mitgliedstaat tätig sein wird.

(3) Zulassungen gemäß Artikel 10 Absatz 1 bzw. Artikel 11 Absatz 1 werden von der zuständigen Behörde so erfasst, dass diese insbesondere bei Verstoß gegen die Vorschriften dieser Verordnung in der Lage ist, die betreffenden Transportunternehmer schnell zu identifizieren.

(4) Zulassungen gemäß Artikel 11 Absatz 1 werden von der zuständigen Behörde in einer elektronischen Datenbank erfasst. Name und Zulassungsnummer des Transportunternehmers werden der Öffentlichkeit während der Geltungsdauer der Zulassung zugänglich gemacht. Vorbehaltlich der gemeinschaftlichen und/oder einzelstaatlichen Bestimmungen über den Schutz der Privatsphäre ge-

währen die Mitgliedstaaten der Öffentlichkeit Zugang zu anderen Angaben im Zusammenhang mit der Zulassung des Transportunternehmers. Die Datenbank enthält auch Beschlüsse, die gemäß Artikel 26 Absatz 4 Buchstabe c) und Artikel 26 Absatz 6 mitgeteilt wurden.

Art. 14. Kontrollen in Bezug auf Fahrtenbücher und andere Maßnahmen, die von der zuständigen Behörde vor langen Beförderungen durchzuführen sind

(1) Bei langen Beförderungen von Hausequiden, Hausrindern, Hausschafen, Hausziegen und Hausschweinen zwischen Mitgliedstaaten und von und nach Drittländern trifft die zuständige Behörde am Versandort folgende Maßnahmen:

a) Sie überprüft durch geeignete Kontrollen, ob
   i) die im Fahrtenbuch angegebenen Transportunternehmer über die entsprechenden gültigen Zulassungen, die gültigen Zulassungsnachweise für Transportmittel, die für lange Beförderungen eingesetzt werden, und gültige Befähigungsnachweise für Fahrer und Betreuer verfügen;
   ii) das vom Organisator vorgelegte Fahrtenbuch wirklichkeitsnahe Angaben enthält und darauf schließen lässt, dass die Beförderung den Vorschriften dieser Verordnung entspricht.
b) Sie verpflichtet den Organisator, wenn das Ergebnis der Kontrollen gemäß Buchstabe a) nicht zufrieden stellend ist, die Planung der vorgesehenen langen Beförderung so zu ändern, dass die Vorschriften dieser Verordnung eingehalten werden.
c) Sie versieht das Fahrtenbuch mit einem Stempel, wenn das Ergebnis der Kontrollen gemäß Buchstabe a) zufrieden stellend ist.
d) Sie übermittelt der zuständigen Behörde am Bestimmungsort, am Ausgangsort oder an der Kontrollstelle über das Informationsaustauschsystem gemäß Artikel 20 der Richtlinie 90/425/EWG so schnell wie möglich die im Fahrtenbuch eingetragenen Angaben über die geplante lange Beförderung.

(2) Abweichend von Absatz 1 Buchstabe c) muss das Fahrtenbuch bei Beförderungen, bei denen das in Artikel 6 Absatz 9 genannte System zum Einsatz kommt, nicht abgestempelt werden.

Art. 15. Kontrollen der zuständigen Behörde während langer Beförderungen

(1) Die zuständige Behörde führt während der langen Beförderung in frei gewählten Abständen Zufallskontrollen oder gezielte Kontrollen durch, um zu überprüfen, ob die angegebene Beförderungsdauer wirklichkeitsnah ist und ob bei der Beförderung die Vorschriften dieser Verordnung, insbesondere die Beförderungs- und Ruhezeiten gemäß Anhang I Kapitel V, eingehalten worden sind.

(2) Bei langen Beförderungen zwischen Mitgliedstaaten und mit Drittländern werden die Kontrollen der Transportfähigkeit nach Anhang I Kapitel I vor dem Verladen am Versandort als Teil der Tiergesundheitskontrollen gemäß den entsprechenden Veterinärvorschriften der Gemeinschaft innerhalb der dort vorgesehenen Fristen durchgeführt.

(3) Handelt es sich bei dem Bestimmungsort um einen Schlachthof, können die Kontrollen gemäß Absatz 1 als Teil der Kontrolle der Einhaltung der Tierschutzbestimmungen im Sinne der Verordnung (EG) Nr. 854/2004 des Europäischen Parlaments und des Rates vom 29. April 2004 mit besonderen Verfahrensvorschriften für die amtliche Überwachung von zum menschlichen Verzehr bestimmten Erzeugnissen tierischen Ursprungs[19] durchgeführt werden.

(4) Zur Durchführung dieser Kontrollen können gegebenenfalls die mit Hilfe von Navigationssystemen erstellten Aufzeichnungen der Bewegungen der Transportmittel verwendet werden.

Art. 16. Schulung des Personals und Ausrüstung der zuständigen Behörde

Die zuständige Behörde trägt dafür Sorge, dass ihr Personal angemessen geschult und ausgerüstet ist, um die von

- dem in Straßenfahrzeugen installierten Kontrollgerät im Sinne der Verordnung (EWG) Nr. 3821/85 erfassten Daten zu kontrollieren;
- dem Navigationssystem erfassten Daten zu kontrollieren.

[19] ABl. L 226 vom 25. 6. 2004, S. 83.

Art. 17. Schulung und Befähigungsnachweis

(1) Für die Zwecke von Artikel 6 Absatz 4 und Artikel 9 Absatz 2 Buchstabe a) müssen für die Schulung des Personals von Transportunternehmen und Sammelstellen Lehrgänge durchgeführt werden.

(2) Der Befähigungsnachweis für Fahrer und Betreuer von Straßenfahrzeugen, auf denen gemäß Artikel 6 Absatz 5 Hausequiden, Hausrinder, Hausschafe, Hausziegen, Hausschweine oder Hausgeflügel befördert werden, wird gemäß Anhang IV erworben. Er wird in der/den Amtssprache(n) des Ausstellungsmitgliedstaats sowie in Englisch ausgestellt, wenn der Fahrer oder Betreuer voraussichtlich in einem anderen Mitgliedstaat tätig sein wird. Die von dem betreffenden Mitgliedstaat zu diesem Zweck benannte zuständige Behörde oder Stelle stellt den Befähigungsnachweis nach dem Muster gemäß Anhang III Kapitel III aus. Der Geltungsbereich des Befähigungsnachweises kann auf bestimmte Arten oder Artengruppen beschränkt werden.

Art. 18. Zulassungsnachweis für Straßentransportmittel

(1) Die von dem betreffenden Mitgliedstaat zu diesem Zweck benannte zuständige Behörde oder Stelle stellt auf Antrag einen Zulassungsnachweis für Straßentransportmittel aus, die für lange Beförderungen eingesetzt werden, sofern in Bezug auf diese Transportmittel folgende Anforderungen erfüllt sind:

a) Es wurde keine Zulassung bei einer anderen zuständigen Behörde desselben oder eines anderen Mitgliedstaats beantragt oder von einer solchen Behörde erteilt.
b) Es wurden von der von dem betreffenden Mitgliedstaat benannten zuständigen Behörde oder Stelle Kontrollen durchgeführt, die ergeben haben, dass die Straßentransportmittel für lange Beförderungen den Anforderungen gemäß Anhang I Kapitel II und VI in Bezug auf Konstruktion, Bauweise und Wartung genügen.

(2) Die von dem betreffenden Mitgliedstaat zu diesem Zweck benannte zuständige Behörde oder Stelle stellt den Zulassungsnachweis mit einer in dem Mitgliedstaat einmaligen Nummer nach dem Muster gemäß Anhang III Kapitel IV aus. Der Nachweis wird in der/den Amtssprache(n) des Ausstellungsmitgliedstaats sowie in Englisch ausgestellt. Zulassungsnachweise haben gerechnet ab dem Tag ihrer Ausstellung eine Gültigkeitsdauer von höchstens fünf Jahren; sie werden bei einer Änderung oder Neuausrüstung des Transportmittels, die sich auf das Wohlbefinden der Tiere auswirkt, ungültig.

(3) Die Zulassungsnachweise für Straßentransportmittel für lange Beförderungen werden von der zuständigen Behörde in einer elektronischen Datenbank so registriert, dass sie von den zuständigen Behörden in allen Mitgliedstaaten insbesondere im Falle der Nichteinhaltung der Vorschriften dieser Verordnung schnell identifiziert werden können.

(4) Für Beförderungen bis zu zwölf Stunden können die Mitgliedstaaten für Straßentransportmittel Ausnahmen von den Bestimmungen dieses Artikels und den Bestimmungen des Anhangs V Nummer 1.4 Buchstabe b) sowie des Anhangs I Kapitel VI gewähren, damit der letzte Bestimmungsort erreicht werden kann.

Art. 19. Zulassungsnachweis für Tiertransportschiffe

(1) Die von dem betreffenden Mitgliedstaat zu diesem Zweck benannte zuständige Behörde oder Stelle stellt auf Antrag einen Zulassungsnachweis für Tiertransportschiffe aus, sofern in Bezug auf das Schiff folgende Bedingungen erfüllt sind:

a) Es wird von dem Mitgliedstaat aus betrieben, in dem der Antrag auf Zulassung gestellt wird.
b) Es wurde keine Zulassung bei einer anderen zuständigen Behörde desselben oder eines anderen Mitgliedstaats beantragt oder von einer solchen Behörde erteilt.
c) Es wurden von der von dem betreffenden Mitgliedstaat benannten zuständigen Behörde oder Stelle Kontrollen durchgeführt, die ergaben, dass die baulichen und ausrüstungstechnischen Anforderungen für Tiertransportschiffe gemäß Anhang I Kapitel IV Abschnitt 1 erfüllt sind.

(2) Die von dem betreffenden Mitgliedstaat zu diesem Zweck benannte zuständige Behörde oder Stelle stellt jeden Zulassungsnachweis mit einer in dem Mitgliedstaat einmaligen Nummer aus. Der Nachweis wird in der/den Amtssprache(n) des Ausstellungsmitgliedstaats sowie in Englisch ausge-

stellt. Zulassungsnachweise haben gerechnet ab dem Tag ihrer Ausstellung eine Gültigkeitsdauer von höchstens fünf Jahren und werden bei einer Änderung oder Neuausrüstung des Transportmittels, die sich auf das Wohlbefinden der Tiere auswirkt, ungültig.

(3) Zugelassene Tiertransportschiffe werden von der zuständigen Behörde erfasst, damit sie insbesondere im Falle des Verstoßes gegen die Vorschriften dieser Verordnung schnell identifiziert werden können.

(4) Die Zulassungsnachweise für Tiertransportschiffe werden von der zuständigen Behörde in einer elektronischen Datenbank so registriert, dass sie insbesondere im Falle der Nichteinhaltung der Vorschriften dieser Verordnung schnell identifiziert werden können.

Art. 20. Kontrolle von Tiertransportschiffen beim Ver- und Entladen

(1) Tiertransportschiffe werden von der zuständigen Behörde vor jedem Verladen von Tieren kontrolliert, um insbesondere zu überprüfen, ob

a) Bauweise und Ausrüstung des Schiffes der Zahl und Art der zu transportierenden Tiere angemessen sind;
b) die Laderäume, in denen Tiere untergebracht werden sollen, in gutem Wartungszustand sind;
c) die Ausrüstungen gemäß Anhang I Kapitel IV reibungslos funktionieren.

(2) Die zuständige Behörde kontrolliert vor dem und beim Be-/Entladen von Tiertransportschiffen, ob

a) die Tiere mit Blick auf ihre Weiterbeförderung transportfähig sind;
b) die Be-/Entladevorgänge nach den Verfahrensvorschriften des Anhangs I Kapitel III ablaufen;
c) die Vorkehrungen für die Versorgung mit Futter und Wasser den Bestimmungen des Anhangs I Kapitel IV Abschnitt 2 entsprechen.

Art. 21. Kontrollen an Ausgangsorten und Grenzkontrollstellen

(1) Unbeschadet der Kontrollen gemäß Artikel 2 der Verordnung (EG) Nr. 639/2003 kontrollieren amtliche Tierärzte der betreffenden Mitgliedstaaten, wenn Tiere an Ausgangsorten oder Grenzkontrollstellen gestellt werden, ob die Tiere im Einklang mit den Vorschriften dieser Verordnung transportiert werden und insbesondere, ob

a) die Transportunternehmer die Kopie einer gültigen Zulassung gemäß Artikel 10 Absatz 1 oder für lange Beförderungen gemäß Artikel 11 Absatz 1 eingereicht haben;
b) die Fahrer von Straßenfahrzeugen, auf denen Hausequiden, Hausrinder, Hausschafe, Hausziegen, Hausschweine oder Hausgeflügel befördert werden, sowie die Betreuer einen gültigen Befähigungsnachweis gemäß Artikel 17 Absatz 2 vorgewiesen haben;
c) die Tiere mit Blick auf ihre Weiterbeförderung transportfähig sind;
d) die Transportmittel, auf denen die Tiere weiter befördert werden sollen, die Anforderungen gemäß Anhang I Kapitel II und gegebenenfalls Kapitel VI erfüllen;
e) Transportunternehmer im Falle der Ausfuhr den Nachweis erbracht haben, dass bei der Beförderung vom Versandort zum ersten Entladeort im Endbestimmungsland die Vorschriften der internationalen Übereinkommen, die in Anhang V aufgelistet sind und in den betreffenden Drittländern gelten, eingehalten wurden;
f) Hausequiden, Hausrinder, Hausschafe, Hausziegen und Hausschweine einer langen Beförderung unterzogen worden sind oder unterzogen werden sollen.

(2) Bei langen Beförderungen von Hausequiden, Hausrindern, Hausschafen, Hausziegen und Hausschweinen führen amtliche Tierärzte an den Ausgangsorten und Grenzkontrollstellen die in Anhang II Abschnitt 3 „Bestimmungsort" des Fahrtenbuchs vorgesehenen Kontrollen durch und zeichnen die Kontrollergebnisse auf. Aufzeichnungen über diese Kontrollen sowie die Kontrolle gemäß Absatz 1 werden von der zuständigen Behörde vom Tag der Kontrollen an gerechnet mindestens drei Jahre lang aufbewahrt, einschließlich einer Kopie des entsprechenden Schaublattes oder Aufdruckes gemäß Anhang I oder Anhang I B der Verordnung (EWG) Nr. 3821/85, soweit das Fahrzeug unter die genannte Verordnung fällt.

(3) Ist die zuständige Behörde der Auffassung, dass die Tiere zur Weiterbeförderung zum Endbestimmungsort nicht transportfähig sind, so veranlasst sie, dass die Tiere entladen, getränkt und gefüttert werden und ruhen können.

Art. 22. Transportverzögerungen

(1) Die zuständige Behörde trifft alle erforderlichen Vorkehrungen, um Transportverzögerungen oder das Leiden von Tieren zu verhüten bzw. auf ein Mindestmaß zu beschränken, wenn unvorhersehbare Umstände die ordnungsgemäße Anwendung dieser Verordnung verhindern. Die zuständige Behörde trägt dafür Sorge, dass an Umladeorten sowie an Ausgangsorten und Grenzkontrollstellen besondere Vorkehrungen getroffen und Tiertransporte prioritär behandelt werden.

(2) Tiertransporte dürfen nicht aufgehalten werden, es sei denn, dies ist im Interesse des Wohlbefindens der Tiere oder aus Gründen der öffentlichen Sicherheit unerlässlich. Zwischen dem Abschluss des Verladevorgangs und der Abfahrt darf es nicht zu unnötigen Verzögerungen kommen. Müssen Tiertransporte für länger als zwei Stunden aufgehalten werden, trägt die zuständige Behörde dafür Sorge, dass alle erforderlichen Vorkehrungen für die Pflege der Tiere getroffen und die Tiere erforderlichenfalls gefüttert, getränkt, entladen und untergebracht werden.

Kapitel IV. Durchsetzung und Informationsaustausch

Art. 23. Dringlichkeitsmaßnahmen bei Verstoß von Transportunternehmern gegen die Vorschriften dieser Verordnung

(1) Stellt eine zuständige Behörde fest, dass eine Vorschrift dieser Verordnung nicht eingehalten wird bzw. nicht eingehalten worden ist, so trifft sie alle erforderlichen Maßnahmen, um das Wohlbefinden der Tiere sicherzustellen, oder veranlasst die für die Tiere verantwortliche Person, dies zu tun. Maßnahmen dieser Art dürfen den Tieren auf keinen Fall unnötige oder zusätzliche Leiden verursachen und müssen zur Höhe der damit verbundenen Risiken in einem angemessenen Verhältnis stehen. Die zuständige Behörde zieht die Kosten dieser Maßnahmen in geeigneter Weise ein.

(2) Entsprechend den jeweiligen Umständen können diese Maßnahmen Folgendes umfassen:

a) einen Wechsel des Fahrers oder Betreuers;
b) die vorläufige Reparatur des Transportmittels, um unmittelbare Verletzungen der Tiere zu vermeiden;
c) das Umladen der Sendung oder eines Teils der Sendung auf ein anderes Transportmittel;
d) die Rücksendung der Tiere auf direktestem Weg an ihren Versandort oder ihre Weiterbeförderung auf direktestem Weg an ihren Bestimmungsort, je nachdem, was dem Wohlbefinden der Tiere am besten entspricht;
e) das Entladen der Tiere und ihr Unterbringen an einem geeigneten Ort, wobei ihre Pflege gewährleistet sein muss, bis das Problem gelöst ist.

Gibt es keine andere Möglichkeit, das Wohlbefinden der Tiere zu gewährleisten, so sind sie tierschutzgerecht zu töten oder zu euthanasieren.

(3) Müssen gemäß Absatz 1 Maßnahmen wegen Verstoß gegen die Vorschriften dieser Verordnung getroffen werden und erweist es sich als notwendig, die Tiere entgegen den Vorschriften dieser Verordnung weiter zu befördern, so muss die Weiterbeförderung von der zuständigen Behörde genehmigt werden. In der Genehmigung sind die Tiere zu identifizieren und die Bedingungen festzulegen, unter denen sie befördert werden können, bis die Einhaltung der Vorschriften dieser Verordnung wieder gewährleistet ist. Die Genehmigung muss die Tiersendung begleiten.

(4) Die zuständige Behörde veranlasst, dass die betreffenden Maßnahmen sofort durchgeführt werden, wenn die für die Tiere verantwortliche Person nicht kontaktiert werden kann oder sie die Anweisungen der Behörde nicht befolgt.

(5) Beschlüsse der zuständigen Behörden und die Beweggründe für diese Beschlüsse werden dem Transportunternehmer oder seinem Vertreter sowie der zuständigen Behörde, die die Zulassung gemäß Artikel 10 Absatz 1 bzw. Artikel 11 Absatz 1 erteilt hat, so schnell wie möglich mitgeteilt. Soweit erforderlich wird der Transportunternehmer bei der Durchführung der erforderlichen Dringlichkeitsmaßnahmen von den zuständigen Behörden unterstützt.

Art. 24. Gegenseitige Unterstützung und Informationsaustausch

(1) Es gelten die Verfahrens- und Mitteilungsvorschriften der Richtlinie 89/608/EWG des Rates.[20]

(2) Die Mitgliedstaaten übermitteln der Kommission innerhalb von drei Monaten ab dem Tag des Inkrafttretens dieser Verordnung die Daten einer im Zusammenhang mit dieser Verordnung eingerichteten Kontaktstelle, einschließlich (soweit vorhanden) einer elektronischen Postanschrift sowie jede Änderung dieser Daten. Die Kommission teilt den anderen Mitgliedstaaten im Rahmen des Ständigen Ausschusses für die Lebensmittelkette und Tiergesundheit die Daten der einzelnen Kontaktstellen mit.

Art. 25. Sanktionen

Die Mitgliedstaaten legen für den Fall des Verstoßes gegen die Vorschriften dieser Verordnung Sanktionen fest und tragen durch geeignete Maßnahmen dafür Sorge, dass diese effektiv angewandt werden. Die Sanktionen müssen wirksam, verhältnismäßig und abschreckend sein. Die Mitgliedstaaten teilen der Kommission ihre Sanktionsregelungen und ihre Vorschriften zur Anwendung von Artikel 26 bis zum 5. Juli 2006 sowie unverzüglich jede spätere Änderung dieser Vorschriften mit.

Art. 26. Verstöße und Mitteilung von Verstößen

(1) Bei Verstoß gegen die Vorschriften dieser Verordnung trifft die zuständige Behörde die Maßnahmen gemäß den Absätzen 2 bis 7.

(2) Stellt eine zuständige Behörde fest, dass ein Transportunternehmer die Vorschriften dieser Verordnung nicht eingehalten hat oder dass ein Transportmittel mit den Vorschriften dieser Verordnung nicht konform ist, so teilt sie dies der zuständigen Behörde, die dem Transportunternehmer die Zulassung erteilt bzw. den Zulassungsnachweis für das Transportmittel ausgestellt hat, und – falls die Vorschriften dieser Verordnung vom Fahrer nicht eingehalten wurden – der Behörde, die seinen Befähigungsnachweis ausgestellt hat, unverzüglich mit. Die Mitteilung umfasst alle maßgeblichen Daten und Unterlagen.

(3) Stellt eine zuständige Behörde am Bestimmungsort fest, dass mit der Beförderung gegen diese Verordnung verstoßen wurde, so teilt sie dies der zuständigen Behörde am Versandort unverzüglich mit. Die Mitteilung umfasst alle maßgeblichen Daten und Unterlagen.

(4) Stellt eine zuständige Behörde fest, dass ein Transportunternehmer die Vorschriften dieser Verordnung nicht eingehalten hat oder ein Transportmittel den Vorschriften dieser Verordnung nicht entspricht, oder erhält eine zuständige Behörde eine Mitteilung gemäß Absatz 2 bzw. Absatz 3, so trifft sie gegebenenfalls folgende Maßnahmen:

a) Sie verpflichtet den betreffenden Transportunternehmer, die festgestellten Mängel zu beseitigen und Vorkehrungen zu treffen, um Wiederholungsfälle zu verhindern.
b) Der betreffende Transportunternehmer wird zusätzlichen Kontrollen unterzogen; insbesondere verlangt sie die Anwesenheit eines Tierarztes beim Verladen der Tiere.
c) Die Zulassung des Transportunternehmers bzw. die Gültigkeit des Zulassungsnachweises für das betreffende Transportmittel wird entzogen bzw. ausgesetzt.

(5) Verstößt ein Fahrer oder Betreuer, der Inhaber eines Befähigungsnachweises gemäß Artikel 17 Absatz 2 ist, gegen die Vorschriften dieser Verordnung, so kann die zuständige Behörde die Gültigkeit des Befähigungsnachweises aussetzen oder den Nachweis entziehen, insbesondere, wenn der Verstoß darauf hindeutet, dass dem Fahrer oder Betreuer die erforderlichen Kenntnisse und Informationen für den Transport von Tieren nach Maßgabe dieser Verordnung fehlen.

(6) Bei wiederholten oder ernsten Verstößen gegen die Vorschriften dieser Verordnung kann der betreffende Mitgliedstaat vorübergehend verbieten, dass Tiere in seinem Hoheitsgebiet von dem betreffenden Transportunternehmer oder in dem betreffenden Transportmittel befördert werden, selbst wenn der Transportunternehmer bzw. das Transportmittel in einem anderen Mitgliedstaat zugelassen sind, vorausgesetzt, alle Möglichkeiten im Rahmen der gegenseitigen Unterstützung und des Informationsaustauschs gemäß Artikel 24 wurden ausgeschöpft.

---

[20] ABl. L 351 vom 2. 12. 1989, S. 34.

(7) Die Mitgliedstaaten tragen dafür Sorge, dass alle Kontaktstellen gemäß Artikel 24 Absatz 2 unverzüglich über jeden Beschluss, der in Anwendung von Absatz 4 Buchstabe c) oder der Absätze 5 bis 6 des vorliegenden Artikels gefasst wird, unterrichtet werden.

Art. 27. Kontrollen und Jahresberichte der zuständigen Behörden

(1) Die zuständige Behörde überprüft durch nicht diskriminierende Kontrollen von Tieren, Transportmitteln und Begleitpapieren, ob die Vorschriften dieser Verordnung eingehalten wurden. Diese Kontrollen sind an einer angemessenen Zahl der jedes Jahr in den einzelnen Mitgliedstaaten transportierten Tiere durchzuführen; sie können zum selben Zeitpunkt stattfinden wie Kontrollen, die zu anderen Zwecken durchgeführt werden. Die Zahl der Kontrollen wird erhöht, wenn festgestellt wird, dass die Vorschriften dieser Verordnung nicht eingehalten wurden. Die Zahl der zu kontrollierenden Tiere und der Kontrollen werden nach dem Verfahren gemäß Artikel 31 Absatz 2 festgesetzt.

(2) Die Mitgliedstaaten übermitteln der Kommission bis 30. Juni jedes Jahres einen Bericht über die im Vorjahr gemäß Absatz 1 durchgeführten Kontrollen, zusammen mit einer Analyse der wichtigsten festgestellten Mängel und einem Aktionsplan für ihre Behebung.

Art. 28. Kontrollen vor Ort

Tierärztliche Experten der Kommission können in Zusammenarbeit mit den Behörden des betreffenden Mitgliedstaats nach den Verfahrensvorschriften des Artikels 45 der Verordnung (EG) Nr. 882/2004 des Europäischen Parlaments und des Rates[21] Kontrollen vor Ort durchführen, soweit dies zur einheitlichen Anwendung dieser Verordnung für erforderlich gehalten wird.

Art. 29. Leitlinien für bewährte Praktiken

Die Mitgliedstaaten fördern die Erarbeitung von Leitlinien für bewährte Praktiken, die auch Empfehlungen für die Anwendung dieser Verordnung und insbesondere der Vorschriften gemäß Artikel 10 Absatz 1 enthalten. Diese Leitlinien werden auf einzelstaatlicher Ebene unter Zusammenarbeit mehrerer Mitgliedstaaten oder aber auf Gemeinschaftsebene ausgearbeitet. Die Verbreitung und Anwendung der einzelstaatlichen und der gemeinschaftlichen Leitlinien werden gefördert.

Kapitel V. Durchführungsbefugnisse und Ausschussverfahren

Art. 30. Änderung der Anhänge und Durchführungsvorschriften

(1) Der Rat ändert die Anhänge mit qualifizierter Mehrheit auf Vorschlag der Kommission, um sie insbesondere dem wissenschaftlichen und technischen Fortschritt anzupassen; ausgenommen sind Anhang I Kapitel IV und Kapitel VI, Nummer 3.1, Anhang II Abschnitte 1 bis 5 sowie die Anhänge III, IV, V und VI, die nach dem in Artikel 31 Absatz 2 genannten Verfahren geändert werden können.

(2) Durchführungsvorschriften zu dieser Verordnung können nach dem in Artikel 31 Absatz 2 genannten Verfahren erlassen werden.

(3) Bescheinigungen und andere im gemeinschaftlichen Veterinärrecht für lebende Tiere vorgesehene Dokumente können nach dem in Artikel 31 Absatz 2 genannten Verfahren ergänzt werden, um den Anforderungen dieser Verordnung Rechnung zu tragen.

(4) Die Verpflichtung, Inhaber eines Befähigungsnachweises gemäß Artikel 6 Absatz 5 zu sein, kann nach dem in Artikel 31 Absatz 2 genannten Verfahren auf Fahrer ausgedehnt werden, die andere Haustierarten befördern, sowie auf die Betreuer dieser Tiere.

(5) Im Falle außergewöhnlicher Marktstützungsmaßnahmen, die wegen Verbringungsbeschränkungen im Rahmen der Tierseuchenbekämpfung erlassen werden, kann die Kommission eine Abweichung von Anhang I Kapitel I Nummer 2 Buchstabe e) gewähren. Der Ausschuss gemäß Artikel 31 wird über jede Maßnahme unterrichtet.

---

[21] ABl. L 191 vom 28. 5. 2004, S. 1.

(6) Nach dem in Artikel 31 Absatz 2 genannten Verfahren können Ausnahmen von den Vorschriften für lange Beförderungen festgelegt werden, um der Tatsache Rechnung zu tragen, dass bestimmte Gebiete weitab vom Kerngebiet der Gemeinschaft liegen.

(7) Abweichend von dieser Verordnung können die Mitgliedstaaten die derzeitigen nationalen Vorschriften für Tiertransporte in Gebieten in äußerster Randlage weiter auf Tiere anwenden, die aus diesen Gebieten stammen oder dort eintreffen. Sie unterrichten die Kommission hiervon.

(8) Bis zur Annahme ausführlicher Bestimmungen für in den Anhängen dieser Verordnung nicht ausdrücklich genannte Tierarten können die Mitgliedstaaten für den Transport der betreffenden Tiere zusätzliche einzelstaatliche Vorschriften festlegen oder beibehalten.

Art. 31. Ausschussverfahren

(1) Die Kommission wird von dem mit der Verordnung (EG) Nr. 178/2002 des Europäischen Parlaments und des Rates [22](1) eingesetzten Ständigen Ausschuss für die Lebensmittelkette und Tiergesundheit unterstützt.

(2) Wird auf diesen Absatz Bezug genommen, so gelten die Artikel 5 und 7 des Beschlusses 1999/468/EG. Der Zeitraum nach Artikel 5 Absatz 6 des Beschlusses 1999/468/EG wird auf drei Monate festgesetzt.

(3) Der Ausschuss gibt sich eine Geschäftsordnung.

Art. 32. Bericht

Innerhalb von vier Jahren ab dem in Artikel 37 Absatz 2 genannten Zeitpunkt unterbreitet die Kommission dem Europäischen Parlament und dem Rat einen Bericht über die Auswirkungen dieser Verordnung auf das Wohlbefinden transportierter Tiere und auf die Handelsströme mit lebenden Tieren in der erweiterten Gemeinschaft. Insbesondere sind in dem Bericht die wissenschaftlichen Erkenntnisse über die Bedürfnisse der Tiere und der Bericht über die Anwendung des Navigationssystems gemäß Anhang I Kapitel VI Nummer 4.3 sowie die sozioökonomischen Auswirkungen dieser Verordnung, einschließlich regionaler Aspekte, zu berücksichtigen. Diesem Bericht sind, falls erforderlich, geeignete legislative Vorschläge über lange Beförderungen, insbesondere die Beförderungsdauer, Ruhezeiten und das Raumangebot beizufügen.

Kapitel VI. Schlussbestimmungen

Art. 33. Aufhebungen

Die Richtlinie 91/628/EWG und die Verordnung (EG) Nr. 411/98 werden mit Wirkung vom 5. Januar 2007 aufgehoben. Verweise auf die aufgehobene Richtlinie und die aufgehobene Verordnung gelten als Verweise auf die vorliegende Verordnung.

Art. 34. Änderungen der Richtlinie 64/432/EWG (nicht abgedruckt)

Art. 35. Änderung der Richtlinie 93/119/EG (nicht abgedruckt)

Art. 36. Änderungen der Verordnung (EG) Nr. 1255/97 (nicht abgedruckt)

Art. 37. Inkrafttreten und Anwendung

Diese Verordnung tritt am zwanzigsten Tag nach ihrer Veröffentlichung im *Amtsblatt der Europäischen Union* in Kraft. Sie gilt ab dem 5. Januar 2007. Artikel 6 Absatz 5 gilt jedoch ab dem 5. Januar 2008. Diese Verordnung ist in allen ihren Teilen verbindlich und gilt unmittelbar in jedem Mitgliedstaat.

---

[22] ABl. L 31 vom 1. 2. 2002, S. 1. Zuletzt geändert durch die Verordnung (EG) Nr. 1642/2003 (ABl. L 245 vom 29. 9. 2003, S. 4).

Anhang I
Technische Vorschriften

(gemäß Artikel 6 Absatz 3, Artikel 8 Absatz 1, Artikel 9 Absatz 1 und Absatz 2 Buchstabe a)

Kapitel I.
Transportfähigkeit

1. Tiere dürfen nur transportiert werden, wenn sie im Hinblick auf die geplante Beförderung transportfähig sind und wenn gewährleistet ist, dass ihnen unnötige Verletzungen und Leiden erspart bleiben.
2. Verletzte Tiere und Tiere mit physiologischen Schwächen oder pathologischen Zuständen gelten als nicht transportfähig. Dies gilt vor allem in folgenden Fällen:
   a) Die Tiere können sich nicht schmerzfrei oder ohne Hilfe bewegen.
   b) Sie haben große offene Wunden oder schwere Organvorfälle.
   c) Es handelt sich um trächtige Tiere in fortgeschrittenem Gestationsstadium (90% oder mehr) oder um Tiere, die vor weniger als sieben Tagen niedergekommen sind.
   d) Es handelt sich um neugeborene Säugetiere, deren Nabelwunde noch nicht vollständig verheilt ist.
   e) Es handelt sich um weniger als drei Wochen alte Ferkel, weniger als eine Woche alte Lämmer und weniger als zehn Tage alte Kälber, es sei denn, die Tiere werden über eine Strecke von weniger als 100 km befördert.
   f) Es handelt sich um weniger als acht Wochen alte Hunde und Katzen, es sei denn, sie werden von den Muttertieren begleitet.
   g) Es handelt sich um Hirsche, deren Gehörn oder Geweih noch mit Bast überzogen ist (Kolbenhirsche).
3. In folgenden Fällen können kranke oder verletzte Tiere jedoch als transportfähig angesehen werden:
   a) Sie sind nur leicht verletzt oder leicht krank, und der Transport würde für sie keine zusätzlichen Leiden verursachen; in Zweifelsfällen ist ein Tierarzt hinzuziehen.
   b) Sie werden für die Zwecke der Richtlinie 86/609/EWG des Rates[1] befördert, soweit die Krankheit bzw. die Verletzung im Zusammenhang mit einem Versuchsprogramm steht.
   c) Sie werden unter tierärztlicher Überwachung zum Zwecke oder nach einer medizinischen Behandlung oder einer Diagnosestellung befördert. Transporte dieser Art sind jedoch nur zulässig, soweit den betreffenden Tieren keine unnötigen Leiden zugefügt bzw. die Tiere nicht misshandelt werden.
   d) Es handelt sich um Tiere, die einem im Rahmen der Tierhaltungspraxis üblichen tierärztlichen Eingriff unterzogen wurden, wie z.B. der Enthornung oder Kastration, wobei die Wunden vollständig verheilt sein müssen.
4. Für den Fall, dass Tiere während des Transports erkranken oder sich verletzen, werden sie von den anderen Tieren abgesondert und erhalten so schnell wie möglich erste Hilfe. Sie werden von einem Tierarzt untersucht und behandelt und unter Vermeidung unnötiger Leiden erforderlichenfalls notgeschlachtet oder getötet.
5. Tieren, die transportiert werden sollen, werden keine Beruhigungsmittel verabreicht, es sei denn, dies ist unbedingt erforderlich, um das Wohlbefinden der Tiere zu gewährleisten, und selbst dann nur unter tierärztlicher Kontrolle.
6. Laktierende Kühe, Schafe und Ziegen, deren Nachkommen nicht mittransportiert werden, werden in Abständen von maximal zwölf Stunden gemolken.

---

[1] (ABl. L 358 vom 18. 12. 1986 S. 1. Zuletzt geändert durch die Richtlinie 2003/65/EG des Europäischen Parlaments und des Rates, ABl. L 230 vom 16. 9. 2003, S. 32)

7. Die Anforderungen gemäß Absatz 2 Buchstaben c) und d) gelten nicht für registrierte Equiden, wenn der Zweck der Beförderungen darin besteht, für die Geburt bzw. für die neugeborenen Fohlen zusammen mit den registrierten Mutterstuten hygienischere und artgerechtere Bedingungen zu schaffen, wobei die Tiere in beiden Fällen ständig von einem Betreuer begleitet sein müssen, der während der Beförderung ausschließlich für sie zu sorgen hat.

Kapitel II.
Transportmittel

1. Vorschriften für Transportmittel im Allgemeinen

1.1. Transportmittel, Transportbehälter und ihre Ausrüstungen sind so konstruiert und gebaut und sind so instandzuhalten und zu verwenden, dass

a) Verletzungen und Leiden der Tiere vermieden werden und ihre Sicherheit gewährleistet ist;
b) die Tiere vor Wetterunbilden, Extremtemperaturen und Klimaschwankungen geschützt sind, d. h. sie müssen stets überdacht sein;
c) sie leicht zu reinigen und zu desinfizieren sind;
d) die Tiere nicht entweichen oder herausfallen und den Belastungen durch Bewegungen des Transportmittels standhalten können;
e) für die beförderte Tierart eine angemessene und ausreichende Frischluftzufuhr gewährleistet ist;
f) die Tiere zur Kontrolle und Pflege zugänglich sind;
g) die Bodenfläche rutschfest ist;
h) die Bodenfläche so beschaffen ist, dass das Ausfließen von Kot oder Urin auf ein Mindestmaß beschränkt wird;
i) eine zur Kontrolle und Pflege der Tiere während des Transports ausreichende Lichtquelle gewährleistet ist.

1.2. Innerhalb des Laderaums und auf jedem Zwischendeck steht genügend Platz zur Verfügung, damit eine angemessene Luftzirkulation über den stehenden Tieren gewährleistet ist, wobei ihre natürliche Bewegungsfreiheit auf keinen Fall eingeschränkt werden darf.

1.3. Wildtiere und andere Arten als Hausequiden, Hausrinder, Hausschafe, Hausziegen und Hausschweine müssen von folgenden Dokumenten begleitet werden:

a) ein Hinweis, dass es sich um wilde, scheue oder gefährliche Tiere handelt;
b) schriftliche Anweisungen für die Fütterung, das Tränken und sonstige Pflegebedürfnisse.

1.4. Die Trennwände sind fest genug, um dem Gewicht der Tiere standhalten zu können. Sie sind so konzipiert, dass sie schnell und leicht versetzt werden können.

1.5. Ferkel von weniger als 10 kg, Lämmer von weniger als 20 kg, weniger als sechs Monate alte Kälber und weniger als vier Monate alte Fohlen werden mit Einstreu oder gleichwertigem Material versorgt, um ihnen in Abhängigkeit von der Art und der Zahl der beförderten Tiere, der Beförderungsdauer und den Witterungsbedingungen Bequemlichkeit zu sichern. Exkremente müssen ausreichend absorbiert werden können.

1.6. Unbeschadet der gemeinschaftlichen oder einzelstaatlichen Bestimmungen über die Sicherheit des Fahrpersonals und der Fahrgäste haben für den Fall, dass ein See-, Luft- oder Schienentransport voraussichtlich länger als drei Stunden dauert, Betreuer oder andere Begleitpersonen, die über die erforderliche Sachkenntnis zur tierschutzgerechten und effizienten Tötung von Tieren verfügen, an Bord Zugang zu einem für die jeweilige Tierart geeigneten Tötungsinstrument.

2. Zusätzliche Vorschriften für den Straßen- oder Schienentransport

2.1. Fahrzeuge, in denen Tiere befördert werden, tragen eine deutlich lesbare und sichtbare Beschilderung dahin gehend, dass sie mit lebenden Tieren beladen sind, außer wenn die Tiere in Transportbehältern transportiert werden, die eine Beschilderung gemäß Nummer 5.1 tragen.

2.2. Straßenfahrzeuge führen angemessene Ver- und Entladevorrichtungen mit.

2.3. Beim Zusammensetzen von Zügen und bei jedem anderen Rangieren von Schienenfahrzeugen sind alle erforderlichen Vorkehrungen zu treffen, um ruckartige Bewegungen von Waggons, in denen sich Tiere befinden, zu vermeiden.

3. Zusätzliche Vorschriften für Ro-Ro-Schiffe

3.1. Vor dem Verladen auf ein Schiff vergewissert sich der Kapitän,

a) wenn die Transportmittel auf geschlossene Decks verladen werden, dass das Schiff über ein Zwangsbelüftungssystem, eine Alarmanlage und – für den Fall eines Stromausfalls – ein angemessenes Hilfsstromaggregat verfügt;

b) wenn die Transportmittel auf Wetterdecks verladen werden, dass ausreichender Schutz vor dem Einwirken von Meerwasser gewährleistet ist.

3.2. Straßen- und Schienenfahrzeuge sind mit ausreichend und angemessen konzipierten, positionierten und in Stand gehaltenen Sicherungsvorrichtungen ausgestattet, mit denen sie auf dem Schiff festgezurrt bzw. verkeilt werden können. Straßen- und Schienenfahrzeuge sind am Schiff zu befestigen, bevor das Schiff in See sticht, um jedes Verrutschen bei Schiffsbewegungen zu vermeiden.

4. Zusätzliche Vorschriften für den Lufttransport

4.1. Tiere werden nach Maßgabe der einschlägigen Vorschriften der International Air Transport Association (IATA) für Lebendtiertransporte (entsprechend der in Anhang VI genannten Ausgabe) in artgerechten Transportbehältern, Buchten oder Ständen befördert.

4.2. Tiere werden nur unter Bedingungen befördert, die gewährleisten, dass Luftqualität, Lufttemperatur und Luftdruck während der gesamten Beförderungsdauer und unter Berücksichtigung der betreffenden Tierart im Rahmen einer angemessenen Wertespanne gehalten werden können.

5. Zusätzliche Vorschriften für die Beförderung in Transportbehältern

5.1. Transportbehälter, in denen Tiere befördert werden, tragen eine deutlich lesbare und sichtbare Beschilderung dahin gehend, dass sie mit lebenden Tieren beladen sind, sowie eine deutliche Kennzeichnung der Oberkante des Behälters.

5.2. Während der Beförderung und beim Rangieren sind Transportbehälter stets aufrecht zu halten; ruckartige Stöße und Schüttelbewegungen sind soweit irgend möglich zu vermeiden. Transportbehälter sind so zu befestigen, dass sie bei Fahrzeugbewegungen nicht verrutschen.

5.3. Transportbehälter von mehr als 50 kg sind mit ausreichend und angemessen konzipierten, positionierten und in Stand gehaltenen Sicherungsvorrichtungen ausgestattet, mit denen sie auf dem Transportmittel, auf das sie verladen werden sollen, festgezurrt bzw. verkeilt werden können. Transportbehälter sind am Transportmittel zu befestigen, bevor die Beförderung beginnt, um jedes Verrutschen bei Transportmittelbewegungen zu vermeiden.

Kapitel III.
Transportpraxis

1. Verladen, Entladen und Umgang mit Tieren

1.1. Es ist zu berücksichtigen, dass sich bestimmte Kategorien von Tieren, wie beispielsweise Wildtiere, vor der geplanten Beförderung erst an das Verkehrsmittel gewöhnen müssen.

1.2. Dauern Ver- oder Entladevorgänge länger als vier Stunden, Geflügel ausgenommen, so

a) müssen geeignete Anlagen vorhanden sein, die es gestatten, die Tiere ohne Anbindung außerhalb des Transportmittels zu halten, zu füttern und zu tränken;

b) sind sie von einem entsprechend bevollmächtigten Tierarzt zu überwachen und es ist insbesondere dafür Sorge zu tragen, dass das Wohlbefinden der Tiere während dieser Vorgänge nicht beeinträchtigt wird.

Anlagen und Verfahren

1.3. Anlagen zum Ver- und Entladen von Tieren, einschließlich des Bodenbelags, sind so konstruiert und gebaut und werden so in Stand gehalten und verwendet, dass

a) Verletzungen, Leiden, Erregung und Stress während der Tierbewegungen vermieden bzw. auf ein Mindestmaß beschränkt werden und die Sicherheit der Tiere gewährleistet ist; Flächen müssen in jedem Falle rutschfest und es müssen Schutzgeländer vorhanden sein, damit die Tiere nicht seitlich entweichen können;

b) sie leicht gereinigt und desinfiziert werden können.

1.4. a) Das Gefälle der Rampenanlagen beträgt auf horizontaler Ebene höchstens 20° oder 36,4% bei Schweinen, Kälbern und Pferden und höchstens 26° 34' oder 50% bei Schafen und Rindern, ausgenommen Kälber. Beträgt das Gefälle der Rampenanlagen mehr als 10° oder 17,6%, so sind sie mit einer Vorrichtung, wie z. B. Querlatten, zu versehen, die es den Tieren ermöglicht, risikofrei und ohne Mühen hinauf- oder hinabzusteigen.

b) Hebebühnen und die oberen Ladeflächen sind mit einem Geländer gesichert, damit die Tiere während der Lade- und Entladevorgänge weder herausfallen noch entweichen können.

1.5. Werden in ein und demselben Transportmittel Tiere zusammen mit anderen Gütern befördert, so sind Letztere so zu verstauen, dass sie den Tieren weder Verletzungen noch Leiden oder Stress zufügen.

1.6. Beim Ver- und Entladen muss eine angemessene Beleuchtung gewährleistet sein.

1.7. Werden Transportbehälter mit Tieren übereinander auf ein Transportmittel verladen, so sind alle erforderlichen Vorkehrungen zu treffen, um

a) zu vermeiden, dass die Tiere auf den unteren Ebenen von den über ihnen eingestellten Tieren mit Urin und Kot verunreinigt werden, bzw. im Falle von Geflügel, Kaninchen und Pelztieren diese Verunreinigung in Grenzen zu halten;
b) die Stabilität der Transportbehälter zu gewährleisten;
c) sicherzustellen, dass die Belüftung nicht behindert wird.

Umgang mit Tieren

1.8. Es ist verboten,

a) Tiere zu schlagen oder zu treten;
b) auf besonders empfindliche Körperteile Druck auszuüben, der für die Tiere unnötige Schmerzen oder Leiden verursacht;
c) Tiere mit mechanischen Mitteln, die am Körper befestigt sind, hoch zu winden;
d) Tiere an Kopf, Ohren, Hörnern, Beinen, Schwanz oder Fell hoch zu zerren oder zu ziehen oder so zu behandeln, dass ihnen unnötige Schmerzen oder Leiden zugefügt werden;
e) Treibhilfen oder andere Geräte mit spitzen Enden zu verwenden;
f) Tiere, die durch einen Bereich getrieben oder geführt werden, in denen mit anderen Tieren umgegangen wird, vorsätzlich zu behindern.

1.9. Die Verwendung von Elektroschockgeräten ist möglichst zu vermeiden. Sie dürfen allenfalls bei ausgewachsenen Rindern und bei ausgewachsenen Schweinen eingesetzt werden, die jede Fortbewegung verweigern, und nur unter der Voraussetzung, dass die Tiere genügend Freiraum zur Vorwärtsbewegung haben. Es dürfen nur Stromstöße von maximal einer Sekunde in angemessenen Abständen und nur an den Muskelpartien der Hinterviertel verabreicht werden. Sie dürfen nicht wiederholt werden, wenn das Tier nicht reagiert.

1.10. Märkte und Sammelstellen halten Vorrichtungen bereit, um Tiere erforderlichenfalls anbinden zu können. Tiere, die nicht daran gewöhnt sind, angebunden zu werden, müssen unangebunden bleiben. Die Tiere müssen Zugang zu Wasser haben.

1.11. Tiere dürfen auf keinen Fall an Hörnern, Geweih, Nasenringen oder Beinfesseln angebunden werden. Kälbern darf kein Maulkorb angelegt werden. Mehr als acht Monate alte Hausequiden, ausgenommen nicht zugerittene Pferde, müssen während des Transports ein Halfter tragen. Müssen Tiere angebunden werden, so müssen die Seile, Anbindegurte oder anderen Anbindemittel

a) stark genug sein, damit sie unter normalen Transportbedingungen nicht reißen;
b) so beschaffen sein, damit sich die Tiere erforderlichenfalls hinlegen, fressen und trinken können;
c) so konzipiert sein, dass sich die Tiere nicht strangulieren oder auf andere Art verletzen und dass sie schnell befreit werden können.

Absondern

1.12. Mit folgenden Tieren wird getrennt umgegangen und sie werden getrennt transportiert:

a) Tiere unterschiedlicher Arten;
b) Tiere mit beträchtlichem Größen- oder Altersunterschied;
c) ausgewachsene Zuchteber oder Hengste;
d) geschlechtsreife männliche Tiere und weibliche Tiere;
e) behornte Tiere und unbehornte Tiere;

f) rivalisierende Tiere;
g) angebundene und nicht angebundene Tiere.

1.13. Die Bestimmungen gemäß Nummer 1.12 Buchstaben a), b), c) und e) gelten nicht, wenn die betreffenden Tiere in verträglichen Gruppen aufgezogen wurden und aneinander gewöhnt sind. Sie gelten ebenfalls nicht, wenn die Trennung den Tieren Stress verursachen würde, oder in Fällen, in denen weibliche Tiere nicht entwöhnte Junge mitführen.

2. Während des Transports

2.1. Das Raumangebot entspricht zumindest den in Kapitel VII für die jeweilige Tierart und das jeweilige Transportmittel festgelegten Werten.

2.2. Wird das Fahrzeug auf ein Ro-Ro-Schiff verladen, so sind Hausequiden mit Ausnahme von Stuten, die ihre Fohlen mitführen, in Einzelständen zu befördern. Abweichungen gemäß einzelstaatlichen Vorschriften sind möglich, sofern sie von den betreffenden Mitgliedstaaten gegenüber dem Ständigen Ausschuss für die Lebensmittelkette und Tiergesundheit entsprechend begründet werden.

2.3. Equiden dürfen nicht in Multideck-Fahrzeugen befördert werden, es sei denn, die Tiere werden auf das unterste Deck verladen und die oberen Decks bleiben unbelegt. Die Mindesthöhe jedes Laderaums muss mindestens 75 cm über der höchsten Stelle des Widerrists des größten Tieres liegen.

2.4. Nicht zugerittene Equiden dürfen nicht in Gruppen von mehr als vier Tieren befördert werden.

2.5. Die Bestimmungen der Nummern 1.10 bis 1.13 gelten sinngemäß auch für Transportmittel.

2.6. Es ist für ausreichende Frischluftzufuhr zu sorgen, damit gewährleistet ist, dass den Bedürfnissen der Tiere unter Berücksichtigung der zu befördernden Anzahl und Art und der voraussichtlichen Witterungsbedingungen während der Beförderung in vollem Umfang Rechnung getragen wird. Transportbehälter sind so zu verstauen, dass ihre Belüftung nicht behindert wird.

2.7. Während des Transports sind die Tiere je nach Art und Alter in angemessenen Zeitabständen und insbesondere nach Maßgabe der Bestimmungen des Kapitels V mit Futter und Wasser zu versorgen, und sie müssen ruhen können. Wenn nicht anders festgelegt, sind Säugetiere und Vögel mindestens alle 24 Stunden zu füttern und mindestens alle 12 Stunden zu tränken. Futter und Wasser müssen von guter Qualität sein und den Tieren so zugeführt werden, dass Verunreinigungen auf ein Mindestmaß beschränkt sind. Es ist gebührend zu berücksichtigen, dass sich die Tiere an die Art des Fütterns und Tränkens erst gewöhnen müssen.

Kapitel IV. Zusätzliche Bestimmungen für Tiertransportschiffe und Containerschiffe

Abschnitt 1

Auflagen für den Bau und die Ausrüstung von Tiertransportschiffen

1. Die Stärke der Buchtengitter und Decks muss den transportierten Tieren angemessen sein. Stärkeberechnungen für Buchtengitter und Decks sind beim Bau bzw. Umbau des Transportschiffs von einer von der zuständigen Behörde zugelassenen Klassifizierungsgesellschaft zu überprüfen.
2. Laderäume, in denen Tiere transportiert werden sollen, sind mit einem Zwangsbelüftungssystem ausgestattet, das einen vollständigen Luftaustausch gewährleistet, und zwar
   a) 40 Luftwechsel pro Stunde bei vollständig umschlossenen Laderäumen und einer Standhöhe bis 2,30 m;
   b) 30 Luftwechsel pro Stunde bei vollständig umschlossenen Laderäumen und einer Standhöhe von mehr als 2,30 m;
   c) 75% der genannten Luftaustauschkapazität bei teilweise umschlossenen Laderäumen.
3. Die Lagerungs- und Frischwassererzeugungskapazität muss den Wasserversorgungsvorschriften gemäß Kapitel VI entsprechen, wobei der Höchstzahl und der Art der zu transportierenden Tiere sowie der Höchstdauer der geplanten Beförderungen Rechnung zu tragen ist.
4. Das Frischwasserversorgungssystem muss gewährleisten, dass ununterbrochen frisches Wasser in jede Tierbucht gelangt und dass genügend Spender zur Verfügung stehen, damit alle Tiere unbehindert ständigen Zugang zu frischem Wasser haben. Es muss ein alternatives Pumpensystem vor-

handen sein, damit die Wasserversorgung auch im Falle eines Ausfalls der Hauptpumpe gewährleistet ist.

5. Das Ableitungssystem muss gewährleisten, dass Abwässer unter allen Umständen aus Buchten und Decks abfließen können. Die Abwässer sind durch Fallrohre und Rinnen in Brunnen oder Tanks zu leiten, um von dort aus mittels Lenzpumpen oder Auswerfern ausgestoßen zu werden. Es muss ein alternatives Pumpensystem vorhanden sein, damit die Ableitung auch im Falle eines Ausfalls der Hauptpumpe gewährleistet ist.
6. Tierfrachträume, Gänge und Rampen müssen ausreichend beleuchtet sein. Für den Fall des Ausfalls des Hauptstromaggregats muss eine Notbeleuchtung vorhanden sein. Zur angemessenen Untersuchung und Pflege der Tiere müssen den Betreuern genügend Handleuchten zur Verfügung stehen.
7. Alle Tierbuchten müssen über eine angemessene Feuerlöschanlage verfügen. Die Brandlöschgeräte in Tierbuchten entsprechen den Normen des letzten Internationalen Übereinkommens zum Schutz des menschlichen Lebens auf See (SOLAS) für Brandschutz, Feueranzeige und Feuerlöschung.
8. Folgende Anlagen in den Tierbuchten müssen an ein Überwachungs-, Kontroll- und Warnsystem im Steuerhaus angeschlossen sein:
   a) Lüftung;
   b) Frischwasserversorgung und Abwasserableitung;
   c) Beleuchtung;
   d) erforderlichenfalls Frischwassererzeugung.
9. Das Hauptstromaggregat muss gewährleisten, dass die Tierbuchten gemäß den Nummern 2, 4, 5 und 6 unter normalen Betriebsbedingungen kontinuierlich mit Strom versorgt werden. Es muss ein Hilfsaggregat vorhanden sein, das das Hauptaggregat während drei aufeinander folgenden Tagen ersetzen kann.

Abschnitt 2

Versorgung mit Futter und Wasser auf Tiertransport- und Containerschiffen

Tiertransport- und Containerschiffe, die Hausequiden, Hausrinder, Hausschafe, Hausziegen und Hausschweine länger als 24 Stunden befördern, führen bei der Abfahrt genügend Einstreu und genügend Futter und Wasser mit, um die tägliche Mindestfutter- und wasserration gemäß Tabelle 1 für die geplante Beförderung zuzüglich 25% abzudecken, oder einen Dreitagesvorrat an Einstreu, Futter und Wasser, je nachdem, welche Menge größer ist.

Tabelle 1

Tägliche Mindestfutter- und -wasserration auf Tiertransport- oder Containerschiffen

Kategorie	Futtermittel (in % Lebendgewicht)		Frischwasser(*)
	Normalfutter	Kraftfutter	
Rinder und Equiden	2	1,6	45
Schafe	2	1,8	4
Schweine	–	3	10

Kapitel V. Zeitabstände für das Füttern und Tränken sowie Beförderungsdauer und Ruhezeiten

1. Hausequiden, **Hausrinder, Hausschafe, Hausziegen und Hausschweine**

1.1. Die Anforderungen dieses Abschnitts gelten für die Verbringung von Hausequiden, außer registrierten Equiden, Hausrindern, Hausschafen, Hausziegen und Hausschweinen mit Ausnahme des Lufttransports.

1.2. Für Tiere der unter Nummer 1.1 genannten Arten darf die Beförderungsdauer nicht mehr als acht Stunden betragen.

1.3. Die unter Nummer 1.2 genannte maximale Beförderungsdauer kann verlängert werden, sofern die zusätzlichen Anforderungen des Kapitels VI erfüllt sind.

1.4. Die Zeitabstände für das Tränken und Füttern sowie Beförderungsdauer und Ruhezeiten sind bei Verwendung eines unter Nummer 1.3 genannten Fahrzeugs die Folgenden:

a) Kälber, Lämmer, Zickel und Fohlen, die noch nicht abgesetzt sind und mit Milch ernährt werden, sowie noch nicht abgesetzte Ferkel müssen nach einer Beförderungsdauer von 9 Stunden eine ausreichende, mindestens einstündige Ruhepause erhalten, insbesondere damit sie getränkt und nötigenfalls gefüttert werden können. Nach dieser Ruhepause kann die Beförderung für weitere 9 Stunden fortgesetzt werden.

b) Schweine können für eine maximale Dauer von 24 Stunden befördert werden. Während der Beförderung muss die ständige Versorgung der Tiere mit Wasser gewährleistet sein.

c) Hausequiden können für eine maximale Dauer von 24 Stunden befördert werden. Dabei müssen die Tiere alle 8 Stunden getränkt und nötigenfalls gefüttert werden.

d) Alle anderen unter Nummer 1.1 genannten Tiere müssen nach einer Beförderungsdauer von 14 Stunden eine ausreichende, mindestens einstündige Ruhepause erhalten, insbesondere damit sie getränkt und nötigenfalls gefüttert werden können. Nach dieser Ruhepause kann die Beförderung für weitere 14 Stunden fortgesetzt werden.

1.5. Nach der festgesetzten Beförderungsdauer müssen die Tiere entladen, gefüttert und getränkt werden und eine Ruhezeit von mindestens 24 Stunden erhalten.

1.6. Übersteigt die maximale Beförderungsdauer den in Nummer 1.2 vorgesehenen Wert, so dürfen Tiere nicht mit der Bahn transportiert werden. Sind allerdings, mit Ausnahme der Ruhezeitanforderungen, die Anforderungen der Nummern 1.3 und 1.4 erfüllt, so gilt jeweils die in Nummer 1.4 vorgesehene Beförderungsdauer.

1.7. a) Übersteigt die maximale Beförderungsdauer den in Nummer 1.2 vorgesehenen Wert, so dürfen Tiere nicht auf dem Seeweg transportiert werden, es sei denn, die Anforderungen der Nummern 1.3 und 1.4, ausgenommen die Beförderungsdauer- und Ruhezeitanforderungen, sind erfüllt.

b) Beim Transport auf dem Seeweg im direkten Linienverkehr zwischen zwei geografischen Punkten der Gemeinschaft mit Fahrzeugen, die ohne Entladen der Tiere auf das Schiff verladen werden, muss nach Entladen der Tiere im Bestimmungshafen oder in dessen Nähe eine Ruhezeit von zwölf Stunden eingelegt werden, es sei denn, die Dauer der Beförderung auf See entspricht den allgemeinen Regeln der Nummern 1.2 bis 1.4.

1.8. Die Beförderungsdauer gemäß den Nummern 1.3, 1.4 und 1.7 Buchstabe b) darf – insbesondere unter Berücksichtigung der Nähe des Bestimmungsortes – im Interesse der Tiere um zwei Stunden verlängert werden.

1.9. Unbeschadet der Nummern 1.3 bis 1.8 können die Mitgliedstaaten eine nicht verlängerbare Beförderungshöchstdauer von acht Stunden für den Transport von Schlachttieren vorsehen, wenn Versandort und Bestimmungsort in ihrem eigenen Hoheitsgebiet liegen.

2. Andere Tierarten

2.1. Geflügel, Hausvögel und Hauskaninchen müssen mit geeignetem Futter und Frischwasser in angemessenen Mengen versorgt werden, es sei denn, die Beförderung dauert weniger als

a) 12 Stunden, Verlade- und Entladezeit nicht mitgerechnet, oder

b) 24 Stunden im Falle von Küken aller Arten, sofern die Beförderung innerhalb von 72 Stunden nach dem Schlupf stattfindet.

2.2. Hunde und Katzen sind während des Transports in Zeitabständen von höchstens 24 Stunden zu füttern und mindestens alle acht Stunden zu tränken. Es müssen klar verständliche schriftliche Fütterungs- und Tränkanweisungen mitgeführt werden.

2.3. Andere als unter den Nummern 2.1 und 2.2 genannte Arten sind nach Maßgabe der schriftlichen Fütterungsund Tränkanweisungen und unter Berücksichtigung etwaiger besonderer Pflegebedürfnisse zu transportieren.

Kapitel VI. Zusätzliche Bedingungen für lange Beförderungen von Hausequiden, Hausrindern, Hausschafen, Hausziegen und Hausschweinen

1. Lange Beförderungen im Allgemeinen

Dach

1.1. Die Transportmittel haben ein Dach von heller Farbe und sind ausreichend isoliert.

Boden und Einstreu

1.2. Die Laderäume sind mit geeigneter Einstreu oder gleichwertigem Material auszulegen, um den Tieren in Abhängigkeit von der Art und der Zahl, der Beförderungsdauer und den Witterungsbedingungen Bequemlichkeit zu sichern. Exkremente müssen ausreichend absorbiert werden können.

Futter

1.3. Im Transportmittel sind Futtermittel in einer Menge mitzuführen, die den Fütterungsbedürfnissen der betreffenden Tiere während der Beförderung gerecht werden. Futtermittel sind vor Witterungseinflüssen sowie Einwirkungen etwa von Staub, Treibstoffen, Abgasen, Urin und Dung zu schützen.

1.4. Sind für die Fütterung von Tieren besondere Vorrichtungen erforderlich, so sind diese im Transportmittel mitzuführen.

1.5. Werden Fütterungsvorrichtungen im Sinne von Nummer 1.4 verwendet, so müssen diese so beschaffen sein, dass sie erforderlichenfalls, um nicht umgestoßen zu werden oder umzufallen, am Transportmittel befestigt werden können. Befindet sich das Transportmittel in Bewegung, so sind die Fütterungsvorrichtungen, soweit sie nicht verwendet werden, getrennt von den Tieren zu lagern.

Trennwände

1.6. Equiden sind in Einzelständen zu transportieren, ausgenommen Stuten, die ihre Fohlen mitführen.

1.7. Das Transportmittel muss mit beweglichen Trennwänden ausgestattet sein, damit separate Laderäume geschaffen werden können, wobei der ungehinderte Zugang aller Tiere zu Wasser sichergestellt sein muss.

1.8. Trennwände müssen so konzipiert sein, dass sie positioniert werden können, um die Größe des Laderaums den besonderen Bedürfnissen sowie der Art, Größe und Anzahl der Tiere anzupassen.

Mindestanforderungen für bestimmte Arten

1.9. Lange Beförderungen von Hausequiden, Hausrindern und Hausschweinen sind, wenn diese nicht von ihren Muttertieren begleitet werden, nur zulässig, wenn folgende Bedingungen erfüllt sind:
- Hausequiden, außer registrierte Equiden, müssen über vier Monate alt sein.
- Kälber müssen mehr als 14 Tage alt sein.
- Hausschweine müssen ein Gewicht von mehr als 10 kg haben.

Bei nicht zugerittenen Pferden sind lange Beförderungen nicht zulässig.

2. Wasserversorgung bei Beförderung von Transportbehältern auf dem Strassen-, Schienen- oder Seeweg

2.1. Transportmittel und Schiffscontainer müssen mit einem Wasserversorgungssystem ausgestattet sein, das es dem Betreuer ermöglicht, während der Beförderung jederzeit sofort Wasser nachzufüllen, damit jedes Tier ständig Frischwasser zur Verfügung hat.

2.2. Die Tränkevorrichtungen müssen stets voll funktionsfähig und so konstruiert und positioniert sein, dass sie für alle an Bord des Fahrzeugs zu tränkenden Kategorien von Tieren zugänglich sind.

2.3. Das Gesamtfassungsvermögen der Wasservorratsbehälter jedes Transportmittels muss mindestens 1,5% seiner Höchstnutzlast betragen. Die Vorratsbehälter müssen so konstruiert sein, dass sie nach jeder Beförderung geleert und gereinigt werden können, und mit einem Wasserstandmesser ausgerüstet sein. Sie müssen an Tränkevorrichtungen innerhalb der Laderäume angeschlossen und stets funktionstüchtig sein.

2.4. Bei Schiffscontainern, die ausschließlich auf Schiffen verwendet werden, auf denen sie aus den schiffseigenen Vorratsbehältern mit Wasser versorgt werden, darf von Nummer 2.3 abgewichen werden.

3. Belüftung von Straßentransportmitteln und Temperaturüberwachung

3.1. Belüftungssysteme in Straßentransportmitteln müssen so konzipiert und konstruiert sein und so gewartet werden, dass zu jedem Zeitpunkt während der Beförderung und unabhängig davon, ob das Transportmittel steht oder fährt, je nach Außentemperatur für alle Tiere innerhalb des Transportmittels Temperaturen in einem Bereich zwischen 5 °C und 30 °C, mit einer Toleranz von ± 5 °C, gehalten werden können.

3.2. Die Lüftungssysteme müssen innerhalb des Laderaums eine gleichmäßige Luftzirkulation mit einer Minimalluftrate von 60 m^3/h/KN Nutzlast gewährleisten können. Sie müssen unabhängig vom Fahrzeugmotor mindestens vier Stunden lang funktionieren.

3.3. Straßentransportmittel müssen mit einem Temperaturüberwachungssystem und mit einem Datenschreiber ausgestattet sein. Sensoren sind je nach Bauweise des Lastkraftwagens dort anzubringen, wo mit den extremsten Klimabedingungen zu rechnen ist. Die auf diese Weise erstellten Temperaturaufzeichnungen werden datiert und der zuständigen Behörde auf Verlangen hin zur Verfügung gestellt.

3.4. Straßentransportmittel müssen mit einem Warnsystem ausgestattet sein, das den Fahrer alarmiert, wenn die Temperatur in Laderäumen, in denen Tiere befördert werden, ihren zulässigen Höchst- bzw. Mindestwert erreicht.

3.5. Die Kommission erstellt vor dem 31. Juli 2005 auf der Grundlage einer Stellungnahme der Europäischen Behörde für Lebensmittelsicherheit einen Bericht zusammen mit einem entsprechenden Entwurf von Maßnahmen zur Festlegung von Höchst- und Mindesttemperaturen für den Tiertransport nach dem Verfahren gemäß Artikel 31 Absatz 2; dabei werden die Temperaturen berücksichtigt, die in bestimmten Regionen der Gemeinschaft mit besonderen klimatischen Bedingungen normalerweise herrschen.

4. Navigationssystem

4.1. Straßentransportmittel müssen ab 1. Januar 2007 bei zum ersten Mal eingesetzten Straßentransportmitteln und ab 1. Januar 2009 bei sämtlichen Transportmitteln mit dem entsprechenden Navigationssystem ausgestattet sein, mit dem Informationen, die den Angaben im Fahrtenbuch gemäß Anhang II Abschnitt 4 gleichwertig sind, und Informationen über das Öffnen/Schließen der Ladebordwand aufgezeichnet und übermittelt werden können.

4.2. Die Kommission legt dem Rat bis zum 1. Januar 2008 die Ergebnisse der Studie dieser Navigationssysteme und zur Anwendung dieser Technik für die Zwecke dieser Verordnung vor.

4.3. Die Kommission unterbreitet dem Rat bis spätestens zum 1. Januar 2010 einen Bericht über den Einsatz des Navigationssystems nach Nummer 4.2 zusammen mit von ihr als geeignet erachteten Vorschlägen, die insbesondere auf die Festlegung von Spezifikationen für das Navigationssystem abzielen, das für alle Transportmittel eingesetzt werden soll. Der Rat entscheidet über solche Vorschläge mit qualifizierter Mehrheit.

Kapitel VII.
Raumangebot

Das Raumangebot für Tiere muss zumindest den folgenden Werten entsprechen:

A. Hausequiden

Transport auf der Schiene

Ausgewachsene Pferde	1,75 m^2 (0,7 × 2,5 m)
Junge Pferde (6–24 Monate) (bei Beförderungen bis 48 Stunden)	1,2 m^2 (0,6 × 2 m)
Junge Pferde (6–24 Monate) (bei Beförderungen von mehr als 48 Stunden)	2,4 m^2 (1,2 × 2 m)
Ponys (weniger als 144 cm)	1 m^2 (0,6 × 1,8 m)
Fohlen (0–6 Monate)	1,4 m^2 (1 × 1,4 m)

(*) Die Standardnutzbreite der Waggons beträgt zwischen 2,6 und 2,7 m.

Anmerkung: Bei langen Beförderungen müssen Fohlen Raum zum Liegen haben.

Bei diesen Ladedichten sind je nach Gewicht und Größe der Tiere sowie entsprechend ihrer körperlichen Verfassung, den Witterungsbedingungen und der voraussichtlichen Beförderungsdauer Abweichungen bis höchstens 10% bei ausgewachsenen Pferden und bei Ponys und bis höchstens 20% bei jungen Pferden und bei Fohlen möglich.

Transport auf der Straße

Ausgewachsene Pferde	1,75 m^2 (0,7 × 2,5 m)
Junge Pferde (6–24 Monate) (bei Beförderungen bis 48 Stunden)	1,2 m^2 (0,6 × 2 m)
Junge Pferde (6–24 Monate) (bei Beförderungen von mehr als 48 Stunden)	2,4 m^2 (1,2 × 2 m)
Ponys (weniger als 144 cm)	1 m^2 (0,6 × 1,8 m)
Fohlen (0–6 Monate)	1,4 m^2 (1 × 1,4 m)

Anmerkung: Bei langen Beförderungen müssen Fohlen Raum zum Liegen haben.

Bei diesen Ladedichten sind je nach Gewicht und Größe der Tiere sowie entsprechend ihrer körperlichen Verfassung, den Witterungsbedingungen und der voraussichtlichen Beförderungsdauer Abweichungen bis höchstens 10% bei ausgewachsenen Pferden und bei Ponys und bis höchstens 20% bei jungen Pferden und bei Fohlen möglich.

Transport auf dem Luftweg

Ladedichte von Pferden im Verhältnis zur Bodenfläche

0–100 kg	0,42 m^2
100–200 kg	0,66 m^2
200–300 kg	0,87 m^2
300–400 kg	1,04 m^2
400–500 kg	1,19 m^2
500–600 kg	1,34 m^2
600–700 kg	1,51 m^2
700–800 kg	1,73 m^2

Transport auf dem Seeweg

Lebendgewicht in kg	m^2/Tier
200–300	0,90–1,175
300–400	1,175–1,45
400–500	1,45–1,725
500–600	1,725–2
600–700	2–2,25

B. Rinder

Transport auf der Schiene

Kategorie	Ungefähres Gewicht (in kg)	Fläche in m^2/Tier
Zuchtkälber	55	0,30–0,40
Mittelschwere Kälber	110	0,40–0,70
Schwere Kälber	200	0,70–0,95
Mittelgroße Rinder	325	0,95–1,30
Ausgewachsene Rinder	550	1,30–1,60
Sehr große Rinder	>700	>1,60

Bei diesen Ladedichten sind je nach Gewicht und Größe der Tiere sowie entsprechend ihrer körperlichen Verfassung, den Witterungsbedingungen und der voraussichtlichen Beförderungsdauer Abweichungen möglich.

Transport auf der Straße

Kategorie	Ungefähres Gewicht (in kg)	Fläche in m^2/Tier
Zuchtkälber	55	0,30–0,40
Mittelschwere Kälber	110	0,40–0,70
Schwere Kälber	200	0,70–0,95
Mittelgroße Rinder	325	0,95–1,30
Ausgewachsene Rinder	550	1,30–1,60
Sehr große Rinder	>700	>1,60

Bei diesen Ladedichten sind je nach Gewicht und Größe der Tiere sowie entsprechend ihrer körperlichen Verfassung, den Witterungsbedingungen und der voraussichtlichen Beförderungsdauer Abweichungen möglich.

Transport auf dem Luftweg

Kategorie	Ungefähres Gewicht (in kg)	Fläche in m^2/Tier
Kälber	50	0,23
	70	0,28
Rinder	300	0,84
	500	1,27

Transport auf dem Seeweg

Lebendgewicht in kg	m²/Tier
200–300	0,81–1,0575
300–400	1,0575–1,305
400–500	1,305–1,5525
500–600	1,5525–1,8
600–700	1,8–2,025

Für trächtige Tiere ist 10% mehr Raum bereitzustellen.

C. Schafe/Ziegen

Transport auf der Schiene

Kategorie	Gewich in kg	Fläche in m²/Tier
Geschorene Schafe	<55	0,20–0,30
Ungeschorene Schafe	>55	>0,30
Hochträchtige Mutterschafe	<55	0,30–0,40
Ziegen	<35	0,20–0,30
	35 to 55	0,30–0,40
	>55	0,40–0,75
	<55	0,40–0,50
Hochträchtige Ziegen	>55	>0,50

Bei der oben genannten Bodenfläche sind je nach Rasse, Größe, körperlicher Verfassung und Länge des Fells der Tiere sowie entsprechend den Witterungsbedingungen und der Beförderungsdauer Abweichungen möglich.

Transport auf der Straße

Kategorie	Gewicht in kg	Fläche in m²/Tier
Geschorene Schafe und Lämmer ab 26 kg	<55 >55	0,20–0,30 >0,30
Ungeschorene Schafe	<55 >55	0,30–0,40 >0,40
Hochträchtige Mutterschafte	<55 >55	0,40–0,50 >0,50
Ziegen	<35 35 bis 55 <55	0,20–0,30 0,30–0,40 0,40–0,75
Hochträchtige Ziegen	<55 >55	0,40–0,50 >0,50

Bei der oben genannten Bodenfläche sind je nach Rasse, Größe, körperlicher Verfassung und Länge des Fells der Tiere sowie entsprechend den Witterungsbedingungen und der Beförderungsdauer Abweichungen möglich. Bei kleinen Lämmern beispielsweise kann eine Fläche von weniger als 0,2 m² pro Tier vorgesehen werden.

Transport auf dem Luftweg

Ladedichte von Schafen und Ziegen im Verhältnis zur Bodenfläche

Mittleres Gewicht (in kg)	Bodenfläche pro Schaf/Ziege (in m^2)
25	0,2
50	0,3
75	0,4

Transport auf dem Seeweg

Lebendgewicht in kg	m^2/Tier
20–30	0,24–0,265
30–40	0,265–0,290
40–50	0,290–0,315
50–60	0,315–0,34
60–70	0,34–0,39

D. Schweine

Transport auf der Schiene oder auf der Straße

Alle Schweine müssen mindestens liegen und in ihrer natürlichen Haltung stehen können.

Zur Erfüllung dieser Mindestanforderungen darf die Ladedichte bei Schweinen mit einem Gewicht von ungefähr 100 kg beim Transport 235 kg/m^2 nicht überschreiten.

Rasse, Größe und körperliche Verfassung der Schweine können eine Vergrößerung der hier geforderten Mindest-bodenfläche erforderlich machen; diese Mindestbodenfläche kann ferner entsprechend den Witterungsbedingungen und der Beförderungsdauer um bis zu 20% größer sein.

Transport auf dem Luftweg

Die Ladedichte sollte hoch genug sein, um Verletzungen beim Start, im Falle von Turbulenzen oder bei der Landung zu verhindern; jedes Tier muss allerdings Raum zum Liegen haben. Klima, Gesamtbeförderungsdauer und Zeit der Ankunft sind bei der Festlegung der Ladedichte zu berücksichtigen.

Mittleres Gewicht	Bodenfläche pro Schwein (in m^2)
15 kg	0,13 m^2
25 kg	0,15 m^2
50 kg	0,35 m^2
100 kg	0,51 m^2

Transport auf dem Seeweg

Lebendgewicht in kg	m^2/Tier
10 oder weniger	0,20
20	0,28
45	0,37
70	0,60

Lebendgewicht in kg	m^2/Tier
100	0,85
140	0,95
180	1,10
270	1,50

E. Geflügel

Ladedichte beim Transport von Geflügel in Transportbehältern
Es sind folgende Mindestbodenflächen zu gewährleisten:

Kategorie	Fläche in cm^2
Eintagsküken	21–25 je Küken
Geflügel, ausgenommen Eintagsküken: Gewicht in kg	Fläche in cm^2 je kg
< 1,6	180–200
1,6 bis < 3	160
3 bis < 5	115
> 5	105

Bei diesen Ladedichten sind je nach Gewicht und Größe der Tiere sowie entsprechend ihrer körperlichen Verfassung, den Witterungsbedingungen und der voraussichtlichen Beförderungsdauer Abweichungen möglich.

Anhang II
Fahrtenbuch

(gemäß Artikel 5 Absatz 4, Artikel 8 Absatz 2, Artikel 14 Absatz 1 Buchstaben a) und c) sowie Artikel 21 Absatz 2)

1. Personen, die eine lange Tierbeförderung planen, müssen ein Fahrtenbuch im Sinne dieses Anhangs anlegen sowie jede einzelne Seite abstempeln und unterzeichnen.
2. Das Fahrtenbuch ist in folgende Abschnitte zu unterteilen:
   Abschnitt 1 – Planung;
   Abschnitt 2 – Versandort;
   Abschnitt 3 – Bestimmungsort;
   Abschnitt 4 – Erklärung des Transportunternehmers;
   Abschnitt 5 – Formular zur Meldung von Unregelmäßigkeiten.
   Alle Seiten des Fahrtenbuches sind zusammenzuheften. Vordrucke für jeden Abschnitt sind in der Anlage wiedergegeben.
3. Der Organisator hat folgende Aufgaben:
   a) Er teilt jedem Fahrtenbuch eine individuelle Kennnummer zu.
   b) Er trägt dafür Sorge, dass spätestens zwei Werktage vor dem Versand bei der zuständigen Behörde des Versandorts entsprechend den Anweisungen dieser Behörde eine unterzeichnete Kopie von Abschnitt 1 des Fahrtenbuchs mit den ordnungsgemäßen Eintragungen außer den Nummern der Veterinärbescheinigungen eingeht.
   c) Er befolgt etwaige Anweisungen der zuständigen Behörde gemäß Artikel 14 Buchstabe a).

d) Er trägt dafür Sorge, dass das Fahrtenbuch nach Maßgabe des Artikels 14 Absatz 1 abgestempelt wird.

e) Er trägt dafür Sorge, dass das Fahrtenbuch die Tiersendung während der gesamten Beförderung bis zur Ankunft am Bestimmungsort oder – bei Ausfuhr in ein Drittland – zumindest bis zum Ort des Ausgangs aus dem Gebiet der Gemeinschaft begleitet.

4. Tierhalter am Versandort und – wenn der Bestimmungsort im Gebiet der Gemeinschaft liegt – Tierhalter am Bestimmungsort sind verpflichtet, die sie betreffenden Abschnitte des Fahrtenbuches ordnungsgemäß auszufüllen und zu unterzeichnen. Sie informieren die zuständige Behörde unter Verwendung des Formulars gemäß Abschnitt 4 so schnell wie möglich über etwaige Vorbehalte hinsichtlich der Einhaltung der Vorschriften dieser Verordnung.

5. Liegt der Bestimmungsort im Gebiet der Gemeinschaft, so sind die Tierhalter am Bestimmungsort verpflichtet, das Fahrtenbuch, ausgenommen Abschnitt 5, vom Tag der Ankunft der Tiersendung am Bestimmungsort an gerechnet mindestens drei Jahre lang aufzubewahren. Das Fahrtenbuch wird der zuständigen Behörde auf Verlangen vorgelegt.

6. Endet die Beförderung im Gebiet der Gemeinschaft, so füllt der Transportunternehmer Abschnitt 4 des Fahrtenbuches aus und unterzeichnet ihn.

7. Werden Tiere in ein Drittland ausgeführt, so übergibt der betreffende Transportunternehmer das Fahrtenbuch dem amtlichen Tierarzt am Ort des Ausgangs aus dem Gebiet der Gemeinschaft.

Werden lebende Rinder mit Ausfuhrerstattung ausgeführt, so muss Abschnitt 3 des Fahrtenbuches nicht ausgefüllt werden, wenn die einschlägige Agrargesetzgebung einen Bericht vorsieht.

8. Der Transportunternehmer gemäß Abschnitt 3 des Fahrtenbuches bewahrt Folgendes auf:

a) eine Kopie des ausgefüllten Fahrtenbuches;

b) den entsprechenden Kontrollbogen oder -ausdruck gemäß Anhang I oder I B der Verordnung (EWG) Nr. 3821/85, wenn das Fahrzeug unter die genannte Verordnung fällt.

Die unter den Buchstaben a) und b) genannten Dokumente werden der zuständigen Behörde, die das Transportunternehmen zugelassen hat, und auf Verlangen auch der zuständigen Behörde des Versandorts innerhalb eines Monats nach Ausfüllen des Fahrtenbuchs zugänglich gemacht und vom Transportunternehmer ab dem Tag ihrer Überprüfung mindestens drei Jahre lang aufbewahrt.
Die in Buchstabe a) genannten Dokumente werden innerhalb eines Monats nach Abschluss der Beförderung an die zuständige Behörde des Versandorts zurückgesandt, es sei denn, die in Artikel 6 Absatz 9 genannten Systeme wurden eingesetzt. Für Fahrzeuge, die mit den in Artikel 6 Absatz 9 genannten Systemen ausgerüstet sind, werden nach dem in Artikel 31 Absatz 2 genannten Verfahren eine vereinfachte Version des Fahrtenbuchs und Leitlinien für die Gestaltung der Aufzeichnungen nach Artikel 6 Absatz 9 erstellt.

Anlage

Abschnitt 1
Planung

1.1. ORGANISATOR Name und Anschrift ([a]) ([b])	1.2. Name der für die Beförderung zuständigen Person
	1.3. Telefon/Telefax
2. VORAUSSICHTLICHE GESAMTBEFÖRDERUNGSDAUER (Stunden/Tage)	
3.1. VERSANDland und -ort	4.1. BESTIMMUNGSland und -ort

3.2. Datum	3.3. Uhrzeit	4.2. Datum	4.3. Uhrzeit

5.1. Tierart	5.2. Anzahl Tiere	5.3. Nummer(n) der Veterinärbescheinigung(en)

5.4. Gesamtgewicht der Sendung in kg (Schätzwert):	5.5. Für die Sendung voraussichtlich erforderliche Gesamtfläche (in m^2):

6. LISTE DER VORAUSSICHTLICHEN RUHE-, UMLADE- ODER AUSGANGSORTE				
6.1. Namen der Orte, an denen die Tiere ruhen oder umgeladen werden sollen (einschließlich Ausgangsorte)	6.2. Ankunft		6.3. Dauer (in Stunden)	6.4. Name und Zulassungsnummer des Transportunternehmers (soweit es sich nicht um den Organisator handelt)
	Datum	Uhrzeit		

7. Der Unterzeichnete erklärt, für die Organisation der Beförderung verantwortlich zu sein und geeignete Vorkehrungen getroffen zu haben, um das Wohlbefinden der Tiere nach Maßgabe der Verordnung (EG) Nr. 1/2005 des Rates während der gesamten Beförderungsdauer zu gewährleisten.
8. Unterschrift des Organisators

([a]) Organisator: Siehe die Definition in Artikel 2 Buchstabe q) der Verordnung (EG) Nr. 1/2005.
([b]) Ist der Organisator ein Transportunternehmer, so ist die Zulassungsnummer anzugeben.

Abschnitt 2
Versandort

1. TIERHALTER ([a]) am Versandort – Name und Anschrift (soweit es sich nicht um den Organisator gemäß Abschnitt 1 handelt)		
2. Versandmitgliedstaat und -ort ([b])		
3. Datum und Uhrzeit des Verladens des ersten Tieres ([b])	4. Zahl der verladenen Tiere ([b])	5. Angaben zur Identifizierung des Transportmittels
6. Der Unterzeichnete erklärt, dass er beim Verladen der Tiere anwesend war. Er erklärt ferner nach bestem Wissen, dass die vorgenannten Tiere zum Zeitpunkt des Verladens transportfähig waren und die Einrichtungen und Verfahren für den Umschlag der Tiere den diesbezüglichen Vorschriften der Verordnung (EG) Nr. 1/2005 über den Schutz von Tieren beim Transport und allen damit zusammenhängenden Vorgängen entsprochen haben.		
7. Unterschrift des Tierhalters am Versandort		
8. ZUSÄTZLICHE KONTROLLEN AM VERSANDORT		
9. TIERARZT am Versandort (Name und Anschrift)		
10. Der Unterzeichnete erklärt, das Verladen der vorgenannten Tiere überwacht und genehmigt zu haben. Er erklärt ferner nach bestem Wissen, dass die Tiere zum Zeitpunkt des Versands transportfähig waren und Transportmittel sowie Verladepraxis den diesbezüglichen Vorschriften der Verordnung (EG) Nr. 1/2005 entsprochen haben.		
11. Unterschrift des Tierarztes		

([a]) Tierhalter: siehe Definition gemäß Artikel 2 Buchstabe k) der Verordnung (EG) Nr. 1/2005.
([b]) Falls abweichend von Abschnitt 1.

Abschnitt 3
Besimmungsort

1. **TIERHALTER** am Bestimmungsort/**AMTLICHER TIERARZT** – Name und Anschrift ([a])			
2. Bestimmungsmitgliedstaat und -ort/Kontrollstelle ([a])		3. Datum und Uhrzeit der Kontrolle	
4. **DURCHGEFÜHRTE KONTROLLEN**		5. **KONTROLLERGEBNISSE**	
		5.1. KONFORMITÄT	5.2. VORBEHALT(E)
4.1. Transportunternehmer Zulassungsnummer ([b])		☐	☐
4.2. Fahrer Nummer des Befähigungsnachweises		☐	☐
4.3. Transportmittel Identifizierung ([c])		☐	☐
4.4. Raumangebot Durchschnittsfläche/Tier in m^2		☐	☐
4.5. Angaben im Fahrtenbuch und Einhaltung der Beförderungsdauer		☐	☐
4.6. Tiere (Anzahl Tiere jeder Kategorie angeben)			
Gesamtzahl der kontrollierten Tiere	TU-transportunfähig	V-verendet	TF-transportfähig
6. Ich, der Tierhalter am Bestimmungsort/amtlicher Tierarzt erkläre, die Tiersendung kontrolliert zu haben. Nach meiner Kenntnis wurden die oben stehenden Ergebnisse zum Zeitpunkt der Untersuchung aufgezeichnet. Es ist mir bekannt, dass die zuständigen Behörden so schnell wie möglich über etwaige Vorbehalte und in jedem Falle bei Vorfinden eines verendeten Tieres informiert werden müssen.			
7. Unterschrift des **Tierhalters** am Bestimmungsort/**amtlicher Tierarzt** (mit Amtssiegel)			

([a]) Nichtzutreffendes streichen.
([b]) Falls abweichend von Abschnitt 1.
([c]) Falls abweichend von Abschnitt 2.

Abschnitt 4
Erklärung des Transportunternehmers

VOM FAHRER WÄHREND DER BEFÖRDERUNG AUSZUFÜLLEN UND DEN ZUSTÄNDIGEN BEHÖRDEN DES VERSANDORTES INNERHALB EINES MONATS NACH DEM ZEITPUNKT DER ANKUNFT AM BESTIMMUNGSORT VORZULEGEN.

Tatsächlicher Transportweg – Ruheorte, Umladeorte, Ausgangsorte

Ort und Anschrift	Ankunft		Abfahrt		Aufenthaltsdauer	Begründung
	Datum	Uhrzeit	Datum	Uhrzeit		

Begründung für Abweichungen des tatsächlichen Transportwegs vom geplanten Transportweg/Sonstige Bemerkungen	Datum und Uhrzeit der Ankunft am Bestimmungsort
Anzahl der während der Beförderung aufgetretenen Verletzungen und/oder Todesfälle bei den Tieren und Gründe dafür	
Name und Unterschrift des **FAHRERS**/der **FAHRER**	Name und Zulassungsnummer des **TRANSPORTUNTERNEHMERS**

Hiermit bestätige ich als Transportunternehmer, dass die in dieser Erklärung gemachten Angaben zutreffen; ich bin mir dessen bewusst, dass jedes Vorkommnis während der Beförderung, bei der Tiere zu Tode kommen, den zuständigen Behörden des Versandorts zu melden ist.

Unterschrift des Transportunternehmers

Datum und Ort

Abschnitt 5
Musterformulare: Mitteilung von Unregelmässigkeiten Nr. ...

Eine Kopie der Mitteilung von Unregelmäßigkeiten wird den zuständigen Behörden zusmmen mit einer Kopie von Abschntt 1 des Fahrtenbuches übermittelt.

1.	**MITTEILENDER:** Name, Amtsbezeichnung und Anschrift				
2.	Mitgliedstaat und Ort, an dem die Unregelmäßigkeit festgestellt wurde		3.	Datum und Uhrzeit, zu der die Unregelmäßigkeit festgestellt wurde	
4.	**ART DER UNREGELMÄßIGKEIT(EN)** gemäß der Verordnung (EG) Nr. 1/2005				
4.1.	Transportfähigkeit (1)	☐	4.6.	Raumangebot (6)	☐
4.2.	Transportmittel (2)	☐	4.7.	Transportunternehmerzulassung (7)	☐
4.3.	Transportpraxis (3)	☐	4.8.	Befähigungsnachweis (Fahrer) (8)	☐
4.4.	Beförderungsdauer (4)	☐	4.9.	Angaben im Fahrtenbuch	☐
4.5.	Zusätzliche Bedingungen für lange Beförderungen (5)	☐	4.10.	Sonstiges	☐
4.11.	**Anmerkungen:**				
5.	Der Unterzeichnete erklärt, die vorgenannte Tiersendung unter den in dieser Mitteilung geäußerten Vorbehalten hinsichtlich der Einhaltung der Vorschriften der Verordnung (EG) Nr. 1/2005 über den Schutz von Tieren beim Transport und allen damit zusammenhängenden Vorgängen kontrolliert zu haben.				
6.	**Datum und Uhrzeit der Mitteilung an die zuständige Behörde**		7.	Unterschrift des **Mitteilenden**	

(1) Anhang I Kapitel I und Kapitel VI, Nummer 1.9.
(2) Anhang I Kapitel II und Kapitel IV.
(3) Anhang I Kapitel III.
(4) Anhang I Kapitel V.
(5) Anhang I Kapitel VI.
(6) Anhang I Kapitel VII.
(7) Artikel 6.
(8) Artikel 6 Absatz 5.

Anhang III

Formulare
(gemäß Artikel 10 Absatz 2, Artkel 11 Absatz 2, Artikel 17 Absatz 2 und Artikel 18 Absatz 2)

Kapitel 1

Zulassung des Transportunternehmers gemäß Artikel 10 Absatz 1

1. ZULASSUNGSNUMMER DES TRANSPORTUNTERNEHMERS

2. ANGABEN ZUR IDENTIFIZIERUNG DES TRANSPORTUNTERNEHMERS

2.1. Firmenbezeichnung

TYP 1
NICHT GÜLTIG
FÜR LANGE BEFÖRDERUNGEN

2.2. Anschrift

2.3. Stadt	2.4. Postleitzahl	2.5. Mitgliedstaat
2.6. Telefon	2.7. Fax	2.8. E-Mail

3. ZULASSUNG BEGRENZT AUF BESTIMMTE

Tierarten ☐ Verkehrsmittel ☐

Bitte erläutern:

Diese Zulassung ist gültig bis ....

4. ZULASSUNGSBEHÖRDE

4.1. Name und Anschrift der Behörde

4.2. Telefon	4.3. Fax	4.4. E-Mail
4.5. Datum	4.6. Ort	4.7. Amtssiegel

4.8. Name und Unterschrift des zuständigen Beamten

Kapitel II

Zulassung des Transportunternehmers gemäß Artikel 11 Absatz 1

1. ZULASSUNGSNUMMER DES TRANSPORTUNTERNEHMERS		
2. ANGABEN ZUR IDENTIFIZIERUNG DES TRANSPORTUNTERNEHMERS 2.1. Firmenbezeichnung	**TYP 2** **GÜLTIG FÜR ALLE BEFÖRDERUNGEN, EINSCHLIESSLICH LANGE BEFÖRDERUNGEN**	
2.2. Anschrift		
2.3. Stadt	2.4. Postleitzahl	2.5. Mitgliedstaat
2.6. Telefon	2.7. Fax	2.8. E-Mail
3. ZULASSUNG BEGRENZT AUF BESTIMMTE Tierarten ☐	Verkehrsmittel ☐	
Bitte erläutern:		
Diese Zulassung ist gültig bis		
4. ZULASSUNGSBEHÖRDE 4.1. Name und Anschrift der Behörde		
4.2. Telefon	4.3. Fax	4.4. E-Mail
4.5. Datum	4.6. Ort	4.7. Amtssiegel
4.8. Name und Unterschrift des zuständigen Beamten		

Kapitel III

Befähigungsnachweis für Fahrer und Betreuer gemäß Artikel 17 Absatz 2

1. ANGABEN ZUR IDENTIFIZIERUNG DES FAHRERS/BETREUERS ([1]) 1.1. Familienname		
1.2. Vornamen		
1.3. Geburtsdatum	1.4. Geburtsland und Geburtsort	1.5. Staatsangehörigkeit
2. NUMMER DES BEFÄHIGUNGSNACHWEISES		
2.1. Diese Urkunde ist gültig bis		
3. AUSSTELLUNGSSTELLE 3.1. Name und Anschrift der den Befähigungsnachweis ausstellenden Stelle		
3.2. Telefon	3.3. Fax	3.4. E-Mail
3.5. Datum 3.8. Name und Unterschrift	3.6. Ort	3.7. Amtssiegel

([1]) Nichtzutreffendes streichen.

Kapitel IV

Zulassungsnachweis für Straßentransportmittel für lange Beförderungen gemäß Artikel 18 Absatz 2

1. AMTLICHES KENNZEICHEN		
1.2. Navigationssystem vorhanden:	JA	NEIN
2. Für den Transport zugelassene Tierarten		
3. FLÄCHE IN M²/LADEDECK		
4. Diese Urkunde ist gültig bis		
5. AUSSTELLUNGSSTELLE		
5.1. Name und Anschrift der den Zulassungsnachweis ausstellenden Stelle		
5.2. Telefon	5.3. Fax	5.4. E-Mail
5.5. Datum	5.6. Ort	5.7. Amtssiegel
5.8. Name und Unterschrift		

Anhang IV
Schulung

1. Fahrer von Straßenfahrzeugen und Betreuer gemäß Artikel 6 Absatz 5 und Artikel 17 Absatz 1 haben den Lehrgang gemäß Nummer 2 erfolgreich abgeschlossen und haben eine von der zuständigen Behörde anerkannte Prüfung abgelegt, wobei diese Behörde dafür Sorge trägt, dass die Prüfer unabhängig sind.
2. Die Lehrgänge gemäß Nummer 1 betreffen mindestens die technischen und administrativen Aspekte der Gemeinschaftsvorschriften zum Schutz von Tieren beim Transport und insbesondere folgende Punkte:
   a) Artikel 3 und 4 sowie Anhänge I und II;
   b) die Physiologie von Tieren, insbesondere Fütterungs- und Tränkbedürfnisse, Verhaltensweisen und Stressbewältigung;
   c) praktische Aspekte des Umgangs mit Tieren;
   d) die Auswirkungen des Fahrverhaltens auf das Wohlbefinden der Tiere im Transportmittel und auf die Fleischqualität;
   e) erste Hilfe für Tiere;
   f) Sicherheit des mit Tieren umgehenden Personals.

Anhang V
Internationale Übereinkommen

(gemäß Artikel 21 Absatz 1 Buchstabe e)

Europäisches Übereinkommen zum Schutz von Tieren auf internationalen Transporten.

Anhang VI
Internationale Normen für Transportbehälter, Buchten oder Stände für Lebendtiertransporte auf dem Luftweg

(gemäß Anhang I Kapitel II Nummer 4.1)

Vorschriften der International Air Transport Association (IATA) für Lebendtiertransporte, 31. Ausgabe vom 1. Oktober 2004.

Verordnung zum Schutz von Tieren im Zusammenhang mit der Schlachtung oder Tötung (Tierschutz-Schlachtverordnung – TierSchlV)*

vom 3. März 1997 (BGBl. I S. 405),
geändert durch Verordnung** vom 25. November 1999 (BGBl. I S. 2392), Verordnung***
vom 4. Februar 2004
(BGBl. I S. 214) und Gesetz vom 13. April 2006 (BGBl. I S. 855)

Einführung

Entstehungsgeschichte. Als erstes deutsches Land normierte Bayern mit einem Gesetz vom 17. 5. 1930 den Grundsatz des Betäubungszwangs (GVBl. S. 133). Für das deutsche Reich wurde durch das Gesetz über das Schlachten von Tieren vom 21. 4. 1933 und die gleichnamige Verordnung vom selben Tag (RGBl. I S. 203 und 212) der allgemeine Betäubungszwang für Schlachttiere eingeführt; zugleich wurden bestimmte Betäubungsmethoden vorgeschrieben. Am 14. 1. 1936 erging außerdem die Verordnung über das Schlachten und Aufbewahren von lebenden Fischen und anderen kaltblütigen Tieren (RGBl. I S. 13). Nach 1945 war umstritten, ob diese vorkonstitutionellen Vorschriften als Landes- oder Bundesrecht fortgalten (vgl. Art. 123 Abs. 1, 125 Nr. 1 GG). Ein Teil der Länder erließ eigene Regelungen. Mit der Tierschutz-Schlachtverordnung vom 3. 3. 1997 (BGBl. I S. 405) wurde bis auf § 8 der o.e. Verordnung von 1933 das gesamte vorkonstitutionelle Schlachtrecht aufgehoben. Mit der Ersten Änderungsverordnung vom 25. 11. 1999 (BGBl. I S. 2392) wurde auch diese Vorschrift aufgehoben und durch § 13 Abs. 6 S. 2 und 3 der Tierschutz-Schlachtverordnung ersetzt. 1

Ermächtigungsgrundlagen. Mit der Verordnung (VO) hat das Bundesministerium von verschiedenen gesetzlichen Ermächtigungsgrundlagen Gebrauch gemacht. Die meisten Regelungen beruhen auf § 4 b TierSchG. Soweit in einzelnen Vorschriften Anforderungen an Haltung und Pflege von Schlachttieren gestellt werden, werden diese auf § 2a Abs. 1 TierSchG gestützt (vgl. die §§ 3, 4, 5, 7, 8, 9, 10 und 11 der VO). Mit § 10 wurde auch von der Ermächtigung in § 2a Abs. 2 S. 1 und 2 Nr. 1b TierSchG, bestimmte Transportmittel und Versendungsarten zu verbieten, Gebrauch gemacht. § 16, der das vorkonstitutionelle Schlachtrecht sowie landesrechtliche Regelungen über das Schlachten aufhebt, beruht auf § 21b TierSchG aF. Soweit in Anlage 3 zu § 13 Abs. 6 Pflichten zur Aufzeichnung und Aufbewahrung von Unterlagen normiert sind, findet sich die zugehörige Ermächtigungsgrundlage in § 16 Abs. 5 Nr. 4 TierSchG. 2

---

* Diese Verordnung dient der Umsetzung der Richtlinie 93/119/EG des Rates vom 22. Dezember 1993 über den Schutz von Tieren zum Zeitpunkt der Schlachtung oder Tötung (ABl. EG Nr. L 340 S. 21).

** Die Verpflichtungen aus der Richtlinie 83/189/EWG des Rates vom 28. März 1983 über ein Informationsverfahren auf dem Gebiet der Normen und technischen Vorschriften (ABl. EG Nr. L 109 S. 8), zuletzt geändert durch Richtlinie 94/10/EG des Europäischen Parlaments und des Rates vom 23. März 1994 (ABl. EG Nr. L 100 S. 30) sind beachtet worden.

*** Die Verpflichtungen aus der Richtlinie 98/34/EWG des Rates vom 22. Dezember 1998 über ein Informationsverfahren auf dem Gebiet der Normen und technischen Vorschriften (ABl. EG Nr. L 204 S. 37), geändert durch Richtlinie 98/48/EG des Europäischen Parlaments und des Rates vom 20. Juli 1998 (ABl. EG Nr. L 217 S. 18) sind beachtet worden.

3 Die VO setzt die **Richtlinie 93/119/EG des Rates vom 22. 12. 1993 über den Schutz von Tieren zum Zeitpunkt der Schlachtung oder Tötung** (ABl. EG Nr. L 340 S. 21) um. Zugleich soll durch sie dem Europäischen Übereinkommen vom 10. 5. 1979 über den Schutz von Schlachttieren (ratifiziert durch Gesetz vom 9. 12. 1983, BGBl. II S. 770) einschließlich der hierzu im Rahmen einer multilateralen Konsultation der Vertragsparteien erarbeiteten Empfehlung Rechnung getragen werden.

4 **Regelungsumfang.** Die VO regelt den Umgang mit den Tieren vom Zeitpunkt der Entladung am Schlachthof bis zum Tod. Sie umfasst damit die Bereiche ‚Entladung' (vgl. § 6; allerdings wird dieser Vorgang auch durch die TierSchTrV geregelt, vgl. dort § 2 Nr. 4, § 5), ‚Unterbringung und Versorgung im Wartestall', ‚Zutrieb zur Betäubeposition', ‚Ruhigstellung und Betäubung' sowie ‚Tötung'. Neben der Schlachtung, d.h. dem Herbeiführen des Todes eines Tieres durch Entbluten, erstreckt sich die VO auch auf behördlich veranlasste Tiertötungen, auf das Töten von Gatterwild und Pelztieren sowie auf das Aufbewahren und Töten von Fischen und Krustentieren.

5 Folgende **Einteilung der Vorschriften der VO** ist möglich: Die §§ 1 und 2 enthalten Bestimmungen über den Anwendungsbereich sowie Definitionen. Allgemeine Grundsätze finden sich in den §§ 3 und 5. Die Sachkunde und ihren Nachweis regelt § 4. Die §§ 6 bis 9 enthalten Vorschriften über Schlachtbetriebe, insbesondere über deren Ausstattung und die notwendige Betreuung. Die §§ 10 und 11 regeln das Aufbewahren von Speisefischen und Krustentieren. In den §§ 12 und 13 sowie den zugehörigen Anlagen 2 und 3 werden das Ruhigstellen, Betäuben, Schlachten und anderweitige Töten geregelt (vgl. aber auch § 3). Die behördliche Zulassung weiterer Betäubungs- und Tötungsverfahren ist in § 14 vorgesehen. § 15 enthält die Ordnungswidrigkeiten. In den §§ 16ff. finden sich Regelungen zum vorkonstitutionellen Recht, Übergangsregelungen sowie Bestimmungen über das Inkrafttreten.

6 **Anordnungen, die über die VO hinausgehen,** bleiben möglich, denn die allgemeinen Vorschriften des Tierschutzrechts, insbesondere die §§ 1 und 2, bleiben uneingeschränkt anwendbar. Werden also – trotz Einhaltung aller Regelungen der VO – einem Tier im Zusammenhang mit der Schlachtung vermeidbare Schmerzen, Leiden oder Schäden zugefügt oder wird es nicht verhaltensgerecht untergebracht, so ist die nach § 15 TierSchG zuständige Behörde gemäß § 16a TierSchG berechtigt, ggf. auch verpflichtet, die zur Beseitigung bzw. Verhinderung des Missstandes erforderlichen Anordnungen zu treffen und durchzusetzen. Sie kann dabei im Einzelfall auch Anordnungen erlassen, die über die in der VO festgesetzten Mindestanforderungen hinausgehen (vgl. amtl. Begr., BR-Drucks. 835/96 S. 26).

7 Die gesetzliche **Unterscheidung zwischen dem „Ob" und dem „Wie" der Tiertötung** (s. § 17 TierSchG Rn. 11 und § 4 Rn. 2) gilt auch hier: Die Frage, „ob" eine Schlachtung oder eine behördlich veranlasste Tiertötung erfolgen darf, muss nach § 17 Nr. 1 und § 1 S. 2 TierSchG, ggf. auch nach Spezialvorschriften beurteilt werden. Das „Wie" richtet sich nach §§ 4, 4a und den Regelungen der VO. Inwieweit eine Rechtswidrigkeit des „Wie" auch auf das „Ob" durchschlagen kann, s. § 17 TierSchG Rn. 11.

8 Der **grundsätzliche Antagonismus zwischen Tierschutz und Schlachten,** wie er bereits im Titel der VO zum Ausdruck kommt, lässt sich nicht vollständig aufheben, denn wer ein Tier tötet, fügt ihm damit denknotwendig einen schweren Schaden zu (vgl. auch BVerwG NVwZ 1998, 853, 855). Der Widerspruch lässt sich aber dadurch abmildern, dass alles getan wird, um dem Tier seinen letzten Weg so stress- und angstfrei wie möglich zu gestalten. Diesem Ziel dient die VO. – Wie weit der Weg dorthin noch ist, zeigen Untersuchungen, die im Rahmen eines BMELV-Forschungsauftrages an 35 deutschen Schlachtbetrieben mit verschiedenen CO_2-Anlagen zur Betäubung von Schweinen durchgeführt worden sind: Nur durchschnittlich 85% der Tiere wurden vorschriftsgemäß 70 Sekunden lang einer CO_2-Mindestkonzentration von 80% ausgesetzt (jetzt sind 100 Sekunden vorgeschrieben, s. Anlage 3 Teil II 4.3); nur bei 15% wurde die in Anlage 2 vorgeschriebene Höchstfrist von 20 Sekunden zwischen dem Verlassen der Betäubungs-

anlage und dem Entblutungsschnitt eingehalten; am Auswurf aus der Anlage zeigten 12% der Tiere Reaktionen auf Berührung der Hornhaut des Auges und 4,8% reagierten auf das Anlegen der Anschlinghaken, waren also unzureichend betäubt; nach dem Setzen des Stiches waren durchschnittlich 1,7% (in manchen Betrieben bis zu 15%) der Tiere wach; ca. 1% (in manchen Betrieben bis zu 14%) wurden offensichtlich lebend in die Brühanlage befördert. Neben diesen betäubungsspezifischen Befunden zeigten sich in 94% der Betriebe grobe tierschutzwidrige Tatbestände: u.a. mangelhafter Umgang mit gehunfähigen Tieren, Herbeischleifen zur Nottötung, schwere Mängel in der baulichen Gestaltung der Wartebuchten und Treibwege, Fehler beim Treiben (zu große Tiergruppen, falsche Treibhilfen, zu häufiger E-Treiber-Einsatz, Fehlplatzierung des E-Treibers auf Kopf und Weichteile; vgl. *v. Holleben/Schütte/v. Wenzlawowicz* DTBl. 2002, 372f.)

Abschnitt 1. Allgemeine Vorschriften

§ 1 Anwendungsbereich

(1) Diese Verordnung gilt für

1. das Betreuen von Tieren in einer Schlachtstätte,

2. das Aufbewahren von Speisefischen und Krustentieren,

3. das Ruhigstellen und Betäuben vor dem Schlachten oder Töten von Tieren, die zur Gewinnung von Fleisch, Häuten, Pelzen oder sonstigen Erzeugnissen bestimmt sind,

4. das Schlachten oder Töten der in Nummer 3 genannten Tiere,

5. das Ruhigstellen, Betäuben und Töten von Tieren bei einer behördlich veranlaßten Tötung.

(2) Die Vorschriften dieser Verordnung sind nicht anzuwenden bei

1. einem Tierversuch, soweit für den verfolgten Zweck andere Anforderungen unerläßlich sind,

2. weidgerechter Ausübung der Jagd,

3. zulässigen Schädlingsbekämpfungsmaßnahmen,

4. einem Massenfang von Fischen, wenn es auf Grund des Umfangs und der Art des Fangs nicht zumutbar ist, eine Betäubung durchzuführen.

Sachlicher Anwendungsbereich. Die VO gilt für das Schlachten oder Töten von Tieren, die zur Gewinnung von Fleisch, Häuten, Pelzen oder sonstigen Erzeugnissen bestimmt sind. Sie gilt auch, wenn Tiere aufgrund behördlicher Veranlassung getötet werden sollen (Ermächtigungsgrundlagen hierzu enthalten das Seuchenrecht, Naturschutzrecht, Pflanzenschutzrecht und das allgemeine Ordnungsrecht). Die VO gilt außerdem, wenn Tiere zwar ursprünglich zur Gewinnung tierischer Erzeugnisse bestimmt waren, dann aber aus anderen Gründen getötet werden. Beispiele: Tötung erkrankter oder verletzter landwirtschaftlicher Nutztiere, bei denen eine erfolgversprechende Behandlung nicht mehr möglich ist; Tötung sehr junger Tiere (wie zB Eintagsküken, nicht schlupffähige Küken); Tötung schlachtuntauglicher Tiere (vgl. § 8 Abs. 1); Tötung von Tieren, die zwar zur Gewinnung von Fleisch o.Ä. bestimmt waren, aber vorzeitig oder weil sie nicht mehr zwecktauglich erscheinen, getötet werden (vgl. amtl. Begr. BR-Drucks. 835/96 S. 28; s. aber auch § 4 TierSchG Rn. 5: bei Tieren, die nicht mehr der Nahrungsmittelgewinnung dienen, stehen idR schonendere, insbesondere medikamentelle Betäubungs- und Tötungsmethoden zur Verfügung, da hier keine Rückstandsfreiheit mehr gewährleistet werden muss). 1

2 **Zeitlicher Anwendungsbereich.** Die VO regelt den Umgang mit den Tieren von der Ankunft in der Schlachtstätte bis zum Eintritt des Todes. Den Bereich ‚Entladung vom Transportfahrzeug' spricht sie allerdings nur in Bezug auf die bauliche u. technische Ausstattung der Schlachtbetriebe an (vgl. § 6; die Pflicht zum schonenden Umgang beim Entladen regelt § 5 TierSchTrV). Die VO regelt die Bereiche ‚Unterbringung und Betreuung im Wartestall', ‚Zutrieb zur Betäubeposition', ‚Ruhigstellung', ‚Betäubung' und ‚Tötung'. Geregelt wird außerdem das Aufbewahren von Speisefischen und Krustentieren.

3 **Ausnahmen vom Anwendungsbereich nach Abs. 2. – Nr. 1,** Tierversuch. Will der Veranstalter eines Tierversuchs von einer oder mehreren Bestimmungen der VO zu Lasten des Tieres abweichen, so erfordert dies neben der wissenschaftlich begründeten Darlegung des Versuchszwecks den Nachweis, dass die einzelne Abweichung nach Art und Ausmaß unerlässlich, d.h. unumgänglich notwendig ist, um den Versuchszweck nicht zu gefährden. Die Behörde muss diese Unerlässlichkeit gemäß § 24 Abs. 1 VwVfG prüfen, notfalls mittels Sachverständigengutachten nach § 26 Abs. 1 Nr. 2 VwVfG (zur behördlichen Prüfungspflicht s. § 8 TierSchG Rn. 9). Zur instrumentalen Unerlässlichkeit muss die finale hinzutreten; an letzterer fehlt es, wenn der Nutzen des Versuchsvorhabens die den Tieren zugefügten Leiden, Schmerzen und Schäden nicht überwiegt. Bei genehmigungspflichtigen Versuchen muss die Genehmigung auch die Abweichung von der VO umfassen. – **Nr. 2,** weidgerechte Jagdausübung (s. auch § 17 TierSchG Rn. 14–25). – **Nr. 3,** zulässige Schädlingsbekämpfungsmaßnahmen. Die Zulässigkeit setzt voraus, dass die Maßnahmen nach den gesetzlichen Bestimmungen, zB dem Pflanzenschutzgesetz, getroffen werden dürfen (vgl. BR-Drucks. 835/96 S. 28; s. auch § 4 TierSchG Rn. 7 und § 17 TierSchG Rn. 37, 38). – **Nr. 4,** Massenfischfang. Dazu heißt es in der amtl. Begr. S. 28: „In Bezug auf den Massenfang von Fischen ist es auf Grund der technischen, personellen und räumlichen Gegebenheiten vielfach zur Zeit noch nicht möglich, die große Zahl von Fischen gleichzeitig entsprechend den Anforderungen dieser Verordnung zu betäuben. Die Frage der Zumutbarkeit der Durchführung einer Betäubung muss unter Berücksichtigung der Zahl der gleichzeitig gefangenen Fische, der verwendeten Fangtechnik und der gefangenen Fischarten beantwortet werden. Eine Betäubung ist beispielsweise beim Fang mit der Handangel oder von Speisefischen in der Teichwirtschaft zumutbar" (BR-Drucks. 835/96 S. 28). Bedenklich mutet an, dass der Verordnungsgeber hier nach dem Motto verfährt: „Je weitergehend der Eingriff, desto weniger Schutz für das einzelne Tier". Angesichts des üblich gewordenen massenhaften Umbringens von Seefischen und anderen Wasserbewohnern durch Ersticken oder Erdrücken ist dies mit § 1 TierSchG kaum vereinbar. Zumindest müsste der Begriff „nicht zumutbar" restriktiver ausgelegt werden als in der Praxis üblich. Sprechen neben den tierschutzrechtlichen auch noch ökologische oder artenschutzrechtliche Belange gegen eine Fangmethode, so muss ein Verzicht darauf als zumutbar angesehen werden, d.h.: Das betäubungslose Töten der so gefangenen Fische ist dann rechtswidrig (vgl. auch *Schlup* S. 82–86: „In der Mehrzahl der Fälle werden die im Netz gefangenen Fische übermäßig gestresst. Eine sofortige fachgerechte Tötung ist bei den riesigen Mengen Fisch in einem Netz nicht möglich"). Besonders stressreiche Tötungsarten sind: Erstickenlassen, Ersticken auf Eis, Ausbluten, Ausnehmen und Dekapitation, jeweils ohne Narkose, CO_2 (s. auch § 13 TierSchG Rn. 13 und § 17 TierSchG Rn. 28).

§ 2 Begriffsbestimmungen

Im Sinne dieser Verordnung sind:

1. **Hausgeflügel:**
   Hühner, Truthühner, Perlhühner, Enten, Gänse, Tauben und Wachteln, soweit sie Haustiere sind;
2. **Gatterwild:**
   in einem Gehege gehaltene Wildwiederkäuer und Wildschweine;

3. Eintagsküken:
Geflügel im Alter von bis zu 60 Stunden;
4. kranke oder verletzte Tiere:
Tiere mit gestörtem Allgemeinbefinden oder einer Verletzung, die mit erheblichen Schmerzen oder Leiden verbunden ist;
5. Betreuen:
das Unterbringen, Füttern, Tränken und die Pflege der Tiere, einschließlich des Treibens sowie des Beförderns von Tieren innerhalb einer Schlachtstätte;
6. Hausschlachtung:
das Schlachten außerhalb eines Schlachtbetriebes, wenn das Fleisch ausschließlich im eigenen Haushalt des Besitzers verwendet werden soll;
7. Schlachtbetrieb:
eine Schlachtstätte, in der warmblütige Tiere gewerbsmäßig oder im Rahmen einer wirtschaftlichen Unternehmung geschlachtet werden.

Zum Gatterwild rechnen Wildwiederkäuer und Wildschweine, die nutztierartig in Gehegen, d.h. auf gänzlich umfriedeten Flächen gehalten werden. – Eintagsküken können jeder Art von Geflügel angehören. – Zu den Begriffen „gestörtes Allgemeinbefinden" und „Verletzung, die mit erheblichen Schmerzen oder Leiden verbunden ist" s. TierSchTrV, Kommentierung § 2 und § 27 Rn. 1. – Das Betreuen betrifft den gesamten Umgang mit den Tieren in der Schlachtstätte vor dem eigentlichen Schlachtverfahren. „Unterbringen" umfasst nach Art. 2 Nr. 3 der Richtlinie 93/119/EG das Halten von Tieren in den von Schlachthöfen genutzten Ställen, Buchten, überdachten Standplätzen oder Ausläufen, um ihnen ggf. vor der Schlachtung die erforderliche Pflege (tränken, füttern, ruhen) zukommen zu lassen. – Hausschlachtungen setzen voraus, dass das Fleisch ausschließlich im eigenen Haushalt des Besitzers verwendet werden soll. Einzelne Betäubungs- und Tötungsverfahren sind auf Hausschlachtungen beschränkt (s. Anlage 3 Teil I). – Einzelne Vorschriften gelten speziell für Schlachtbetriebe iS von Nr. 7, nämlich die §§ 6 bis 9, 12 Abs. 1 S. 4, 13 Abs. 3 S. 5 sowie Anlage 3 Teil II Nr. 3.7.

§ 3 Allgemeine Grundsätze

(1) **Die Tiere sind so zu betreuen, ruhigzustellen, zu betäuben, zu schlachten oder zu töten, daß bei ihnen nicht mehr als unvermeidbare Aufregung, Schmerzen, Leiden oder Schäden verursacht werden.**

(2) **Vorrichtungen zum Ruhigstellen sowie Ausrüstungen und Anlagen für das Betäuben, Schlachten oder Töten der Tiere sind so zu planen, zu bauen, instand zu halten und zu verwenden, daß ein rasches und wirksames Betäuben und Schlachten oder Töten möglich ist.**

1 **Grundsatz.** In allen Bereichen, die die VO regelt – also beim Unterbringen im Wartestall, beim Treiben und Befördern innerhalb der Schlachtstätte (vgl. § 2 Nr. 5), beim Ruhigstellen, beim Betäuben und beim Schlachten oder Töten – müssen den Tieren Schmerzen, Leiden oder Schäden, aber auch bloße Aufregungen, die vermieden werden können, erspart werden. Dies gilt für jedes einzelne Tier, auch in Situationen, in denen große Zahlen von Tieren zur Schlachtung oder Tötung gelangen. Zu den Leiden, die den Tieren soweit wie möglich erspart werden müssen, gehört auch die Angst (vgl. BR-Drucks. 835/96 S. 29; zu den einzelnen Begriffen s. § 1 TierSchG Rn. 12–16, 17–23a und 24–26). – Der Begriff Aufregung umfasst jeden Erregungszustand. Indizien dafür können sein: Anstieg der Herzfrequenz, beschleunigte Atmung, erhöhte Körpertemperatur, Schreie, vermehrte Ausschüttung von Stresshormonen, Fluchtversuche u.a.m. Einer dieser Indikatoren kann ausreichen. Aufregungen sind Belastungen, die zwar bei längerer Dauer oder starker In-

tensität in Leiden ausmünden können, diesen aber (noch) nicht gleichzusetzen sind (vgl. *L/M* § 1 Rn. 35).

2 Bei der Frage nach der **Vermeidbarkeit von Schmerzen, Leiden oder Schäden** – zB durch die Wahl bestimmter Verfahren zur Ruhigstellung oder zur Betäubung – ist auf den Rechtsgedanken des § 9 Abs. 2 S. 3 Nr. 3 TierSchG zurückzugreifen (s. § 9 TierSchG Rn. 10 und § 1 TierSchG Rn. 47), wonach ein Mehraufwand an Arbeit, Zeit oder Kosten eine Unvermeidbarkeit grundsätzlich nicht zu begründen vermag. Führt also beispielsweise ein bestimmtes Betäubungsverfahren zu Leiden (einschließlich Ängsten) oder gar Schmerzen und gibt es an seiner Stelle ein anderes, das mit keinen oder weniger Leiden bzw. Schmerzen verbunden wäre, so ist dem weniger belastenden Verfahren auch dann der Vorzug zu geben, wenn mit ihm höhere Kosten und/oder ein höherer Arbeits- und Zeitaufwand verbunden sind. Dasselbe gilt, wenn sich die Wahrscheinlichkeit von Leiden oder Schmerzen, die innerhalb eines gewählten Verfahrens auftreten können, mit Hilfe von Schutzvorkehrungen oder -maßnahmen reduzieren lässt, dafür aber ein Mehraufwand erforderlich ist. Dass ein tierschonendes Verfahren mit hygienischen Risiken verbunden sein kann, rechtfertigt die Wahl eines weniger schonenden Verfahrens zumindest so lange nicht, wie sich diese Risiken mit Geld, Zeit- oder Arbeitsaufwand minimieren lassen. In dieser Auslegung erweist sich die Grundsatzvorschrift des § 3 als die Magna Charta des deutschen Schlachtrechts. Ihre Aufnahme in den Ordnungswidrigkeiten-Katalog des § 15 wäre dringend notwendig, um ihr in der Praxis mehr Geltung zu verschaffen.

3 Für die Frage, wann **Aufregungen vermeidbar** sind, kann zwar der Rechtsgedanke des § 9 Abs. 2 S. 3 Nr. 3 TierSchG nicht direkt herangezogen werden, da sich die Vorschrift unmittelbar nur auf Schmerzen, Leiden oder Schäden bezieht. Für eine ähnlich restriktive Auslegung spricht aber die Bedeutung, die § 3 nicht nur für den Tier-, sondern auch für den Verbraucherschutz hat: Aufregungen, die Tieren vor ihrer Schlachtung zugefügt werden, haben in aller Regel negative Auswirkungen auf die Fleischqualität. Bei Schweinen ist nachgewiesen, dass Transport- und Betäubungsmethoden, die einen Anstieg der Herzfrequenz und eine vermehrte Ausschüttung von Stresshormonen auslösen, den Anteil an PSE-Fleisch signifikant erhöhen (vgl. *v. Mickwitz* et al. Schweinezucht und Schweinemast 41, 28, 29); bei Rindern führt Erregung über einen vermehrten Verbrauch von Muskelglykogen zu Fleischqualitätsabweichungen iS von DFD-Fleisch (vgl. *Troeger* in: *Sambraus/Steiger* S. 514). Neuere Untersuchungen haben außerdem gezeigt, dass durch Stress vor der Schlachtung die antimikrobiellen Barrieren erheblich gestört werden können, was die Gefahr von Keimübertragungen auf normalerweise keimfreie Organe und Muskulatur erhöht (vgl. Akademie für Tiergesundheit TU 2003, 662, 664). Damit erweist sich das Gebot, Aufregungen bei Schlachttieren auch dann zu vermeiden, wenn die dazu nötigen Verfahren bzw. Schutzvorkehrungen einen höheren Aufwand erforderlich machen, als gleichermaßen tier- wie menschenschützend.

4 Die **Entlohnung der Schlachthofarbeitskräfte im Akkord** ist mit diesen Grundsätzen (und auch mit § 13, s. dort Rn. 3 und Rn. 8–10) unvereinbar. Dazu der Bundesrat: „Der Anreiz für das mit der Betäubung und/oder Tötung beauftragte Personal, bei der Gewährung von Stückprämien oder Akkordlohn durch beschleunigtes Arbeiten ihr Entgelt zu erhöhen, führt in der Regel dazu, dass die notwendige Sorgfalt bei der Betäubung und Tötung von Tieren außer acht gelassen wird und es dadurch zu unnötigen Schmerzen, Leiden oder Schäden für die Tiere kommt" (Stellungnahme zum Regierungsentwurf zum ÄndG 1998, BT-Drucks. 13/7015 S. 29). Auch die Bundesregierung sieht in dem „beträchtlichen Zeitdruck", unter dem die Arbeitsabläufe in Schlachtbetrieben üblicherweise stehen, „in besonderem Maße das Risiko fehlerhafter Ausführung einzelner Arbeitsschritte …, die für die betroffenen Schlachttiere mit erheblichen, vermeidbaren Schmerzen und Leiden verbunden sein können, zB Fehler beim Betäubungsvorgang" (BT-Drucks. 13/7015 S. 24). § 3 kann damit ein Verbot für solche Arten der Entlohnung entnommen werden – eine Konsequenz, die in der Praxis jedoch nicht gezogen wird (vgl. *Ofensberger* in: Evang. Akademie Bad Boll S. 10).

Als **Maßnahmen, die zur Vermeidung vermeidbarer Aufregung führen können,** kommen beispielweise in Betracht: Anwendung von Verfahren, die die Betäubung möglichst überraschend und ohne stressauslösende Vorbereitungsmaßnahmen eintreten lassen (s. die Beispiele bei § 13 Rn. 7 und Rn. 8a); nur kurze, schonende Fixation der Tiere vor ihrer Betäubung; kein Vermischen fremder Tiere, weder auf dem Transport noch im Wartestall; vollständiger Verzicht auf Elektrotreiber, denn deren Einsatz führt besonders bei Schweinen zu hochgradiger Erregung und unmittelbarer Erhöhung des Anteils an PSE-Fleisch (vgl. *v. Mickwitz* et al. aaO); keine Tötung von Tieren in Räumen, in denen sich andere Tiere aufhalten (Stressinduzierung u.a. durch Angstlaute, Ausschüttung von gewissen Geruchsstoffen u.a.m.; vgl. *Schatzmann* in: *Sambraus/Steiger* S. 688). Verfahren zur Ruhigstellung, Betäubung und Tötung müssten sich an dem Ziel ausrichten, dass das Tier den bevorstehenden Tod nicht sehen, nicht hören und auch nicht riechen soll. 5

Nach **Abs. 2** muss dem Gebot aus Abs. 1 nicht nur bei der Behandlung der Tiere, sondern schon bei der Planung, dem Bau und der Instandhaltung von Vorrichtungen und Anlagen für das Ruhigstellen, Betäuben, Schlachten und Töten sowie bei der Organisation der Betriebsabläufe Rechnung getragen werden: Es muss eine rasche und wirksame (d.h. zum schnellen Totalverlust des Empfindungs- und Wahrnehmungsvermögens führende und bis zum Tod anhaltende) Betäubung gewährleistet sein; schon die Warteställe, die Treibgänge und die Fixierungseinrichtungen müssen so angelegt sein, dass den Tieren Aufregungen, Leiden, Schmerzen oder Schäden auf ihrem letzten Weg so weit wie möglich erspart werden (vgl. BR-Drucks. 835/96 S. 29). Elektrische Treibstäbe sind in tiergerecht gebauten Treibgängen unnötig (vgl. *v. Wenzlawowicz* et al. RFL 1995, 145, 149); die dazu nötigen baulichen Maßnahmen können im Interesse des Tier- und des Verbraucherschutzes nicht unter Hinweis auf die damit verbundenen Kosten unterbleiben (s. auch § 6 Abs. 2 S. 2). 6

§ 4 Sachkunde

(1) **Wer Tiere betreut, ruhigstellt, betäubt, schlachtet oder tötet, muß über die hierfür notwendigen Kenntnisse und Fähigkeiten (Sachkunde) verfügen.**

(2) **[1]Einhufer, Wiederkäuer, Schweine, Kaninchen oder Geflügel darf im Rahmen seiner beruflichen Tätigkeit nur schlachten oder im Zusammenhang hiermit ruhigstellen oder betäuben, wer im Besitz einer gültigen Bescheinigung der zuständigen Behörde oder der sonst nach Landesrecht beauftragten Stelle (zuständige Stelle) über seine Sachkunde (Sachkundebescheinigung) ist. [2]Abweichend von Satz 1 genügt es in Schlachtbetrieben, in denen Hausgeflügel im Wasserbad betäubt wird, wenn die Personen, die diese Tiere von Hand betäuben oder schlachten sowie Personen, die die Aufsicht beim Ruhigstellen, Betäuben und Schlachten der Tiere ausüben, im Besitz einer Sachkundebescheinigung sind; letztere müssen während der Schlachtzeit ständig in dem Betrieb anwesend sein.**

(3) **[1]Die Sachkundebescheinigung wird von der zuständigen Stelle auf Antrag erteilt, wenn die Sachkunde im Rahmen einer erfolgreichen Prüfung nach Maßgabe der Absätze 4 und 5 nachgewiesen worden ist oder die Voraussetzungen des Absatzes 7 erfüllt sind. [2]Die Sachkundebescheinigung bezieht sich auf die Tierkategorien sowie Betäubungs- und Tötungsverfahren, auf die sich die Prüfung nach Absatz 4 oder die Ausbildung nach Absatz 7 Nr. 2 erstreckt hat.**

(4) **[1]Auf Antrag führt die zuständige Stelle eine Prüfung der Sachkunde bezogen auf die im Antrag benannten Tierkategorien sowie Betäubungs- und Tötungsverfahren durch. [2]Die Prüfung besteht aus einem theoretischen und einem praktischen Teil. [3]Sie wird im theoretischen Teil schriftlich und mündlich abgelegt. [4]Die Prüfung erstreckt sich auf folgende Prüfungsgebiete:**

1. im Bereich der Kenntnisse:
a) Grundkenntnisse der Anatomie und Physiologie,
b) Grundkenntnisse des Verhaltens der Tiere,
c) tierschutzrechtliche Vorschriften,
d) Grundkenntnisse der Physik oder Chemie, soweit diese für die betreffenden Betäubungsverfahren notwendig sind,
e) Eignung und Kapazität der jeweiligen Betäubungsverfahren und
f) Kriterien einer ordnungsgemäßen Betäubung und Schlachtung von Tieren;
2. im Bereich der Fertigkeiten:
a) ordnungsgemäße Durchführung des Ruhigstellens, Betäubens und Schlachtens der Tiere und
b) Wartung der für das Betäuben und Schlachten notwendigen Geräte oder Einrichtungen.

(5) Die Prüfung ist bestanden, wenn jeweils im theoretischen und praktischen Teil mindestens ausreichende Leistungen erbracht worden sind.

(6) Eine Wiederholung der Prüfung ist frühestens nach drei Monaten zulässig.

(7) Die zuständige Stelle kann von einer Prüfung absehen, wenn
1. der erfolgreiche Abschluß eines Hochschulstudiums der Tiermedizin oder der Fischereibiologie,
2. eine bestandene Abschlußprüfung in den Berufen Fleischer/Fleischerin, Tierwirt/Tierwirtin mit dem Schwerpunkt Geflügelhaltung, Tierpfleger/Tierpflegerin der Fachrichtung Haustierpflege oder Landwirt/Landwirtin oder
3. der erfolgreiche Abschluss der Ausbildung zu einem anderen Beruf, die die erforderliche Sachkunde vermittelt,
nachgewiesen wird und keine Bedenken hinsichtlich der erforderlichen fachlichen Kenntnisse und Fähigkeiten bestehen.

(8) Die Sachkundebescheinigung ist zu entziehen, wenn Personen mehrfach nicht unerheblich gegen Anforderungen dieser Verordnung verstoßen haben und Tatsachen die Annahme rechtfertigen, daß dieses auch weiterhin geschehen wird.

1 Abs. 1 legt als **Grundsatz** fest, dass jeder, der ein Tier betreut (dazu gehören auch das Unterbringen und das Treiben und Befördern innerhalb einer Schlachtstätte, vgl. § 2 Nr. 5), ruhigstellt, betäubt, schlachtet oder tötet, über die hierfür notwendigen Kenntnisse und Fähigkeiten verfügen muss. Dadurch wird § 4 Abs. 1 S. 3 TierSchG für diesen Bereich konkretisiert und zugleich Art. 7 Abs. 1 der Richtlinie 93/119/EG (EU-Schlachtrichtlinie) umgesetzt.

2 Nach **Abs. 2** muss jeder, der im Rahmen seiner beruflichen Tätigkeit (zB als Metzger, Landwirt o.Ä., aber auch als Angestellter oder Arbeiter; nebenberufliche Ausübung genügt, vgl. AVV Nr. 3.1.1) die hier aufgeführten Tierarten ruhigstellt oder betäubt oder schlachtet, eine behördliche Sachkundebescheinigung besitzen. Für Personen, die nur in Einzelfällen Notschlachtungen oder -tötungen durchführen, bedarf es eines solchen Nachweises nicht, ebenso nicht für Auszubildende, solange sie ihre Tätigkeit unter der Aufsicht eines Sachkundigen ausführen (vgl. BR-Drucks. 835/96 S. 29; dazu, dass in Tierhaltungen ab einer bestimmten Größe nicht mehr von Nottötungen im Einzelfall gesprochen werden kann s. § 4 TierSchG Rn. 13). – Die bayerische Verwaltungsvorschrift zu § 4 verlangt den Sachkundenachweis nur, wenn der überwiegende Teil des Berufseinkommens aus eigener Schlachttätigkeit erzielt wird bzw. bei Schafhaltern, die mehr als 10–12 Schafe pro Woche und bei Geflügelhaltern, die 10000 und mehr Stück Geflügel pro Jahr schlachten; damit wird aber der Anwendungsbereich von Abs. 2 unzulässig eingeschränkt: Das Merkmal „im Rahmen einer beruflichen Tätigkeit" erfordert lediglich, dass das Schlachten in einem äußeren und inneren Zusammenhang mit dem ausgeübten Beruf steht und über gelegentliche Einzelfälle hinausgeht. – In Geflügelschlachtereien mit au-

tomatischer Wasserbadbetäubung genügt es, wenn diejenigen Personen, die die Tiere von Hand betäuben oder schlachten (s. Anlage 3 Teil II 3.8) und diejenigen, die die Aufsicht beim Ruhigstellen, Betäuben und Schlachten ausüben, die Sachkundebescheinigung besitzen; die Aufsichtsperson muss aber während der Schlachtzeit ständig anwesend sein (vgl. Beschluss, BR-Drucks. 835/96 S. 1: „besonders wichtig“).

Nach Abs. 3 S. 2 müssen sich die Sachkundebescheinigung und der darauf gerichtete Antrag auf bestimmte Tierkategorien und auf bestimmte Verfahren zur Ruhigstellung, Betäubung usw. beziehen. 3

Abs. 4 beschreibt die Kenntnisse und Fertigkeiten, auf die sich der theoretische und der praktische Teil der Sachkundeprüfung erstrecken müssen. Zu den Grundkenntnissen der Anatomie gehört zB der richtige Ansatz der Betäubungsgeräte; Grundkenntnisse in Physiologie umfassen auch das Erkennen und Reduzieren von Belastungen und das Erkennen der Betäubungswirkung bzw. des noch fortbestehenden oder wieder erlangten Wahrnehmungsvermögens; zu den Grundkenntnissen des Verhaltens gehört zB das tierschutzgerechte Treiben; außerdem müssen ausreichende Kenntnisse zur Versorgung und Kontrolle der Tiere im Wartestall, zu technischen Grundlagen, Kapazität und Funktionsprinzip der Betäubungsverfahren und zur korrekten Durchführung von Betäubung und Entblutung sowie zur Kontrolle der Betäubungswirkung nachgewiesen werden. Die praktische Prüfung umfasst u. a. das Ruhigstellen, Betäuben und Entbluten vor der Prüfungskommission. – Geringer Bildungsstand, lange Arbeitszeiten, schlechte Sprachkenntnisse und hohe Fluktuation des Personals erschweren die Aufrechterhaltung eines angemessenen Niveaus bei den Prüfungen, lassen diese zugleich aber umso wichtiger erscheinen. – Ausländische Nachweise können nicht anerkannt werden, denn „zuständige Behörde“ iS von Abs. 2 meint eine deutsche Stelle. Insbesondere in osteuropäischen Ländern und in der Türkei gibt es keine dem deutschen Recht vergleichbare Ausbildung im Hinblick auf eine tierschutzgerechte Schlachtung, so dass Abschlüsse, die dort erzielt worden sind, nicht den deutschen Sachkundenachweis ersetzen. – Wer im äußeren und inneren Zusammenhang mit seinem Haupt- oder Nebenberuf betäubungslos schächten will, muss eine Bescheinigung über eine bestandene theoretische und praktische Prüfung hierüber vorlegen können. Nach gegenwärtigem Kenntnisstand ist in Karlsruhe/Tübingen die einzige Stelle in Deutschland, wo man einen solchen Sachkundenachweis erwerben kann. Ohne ihn dürfen Schächt-Erlaubnisse nicht erteilt werden (s. auch § 4 a TierSchG Rn. 29). 4

Nach **Abs. 7** kann die zuständige Behörde von einer Prüfung absehen, wenn bestimmte, abgeschlossene berufsqualifizierende Ausbildungen nachgewiesen sind und keine Bedenken hinsichtlich der erforderlichen fachlichen Kenntnisse und Fähigkeiten bestehen; solche Bedenken sind aber angebracht, wenn Zweifel bestehen, ob das in Rede stehende Betäubungs- und Tötungsverfahren im Hinblick auf die jeweilige Tierkategorie wirklich Gegenstand der betreffenden Ausbildung und Prüfung gewesen ist. Beispiel: Weil das Schlachten mittlerweile nicht mehr zwangsläufig zur Ausbildung von Fleischern gehört, können Sachkundebescheinigungen an Fleischer nur noch erteilt werden, wenn aufgrund der Ausbildungsunterlagen nachgewiesen ist, dass das Schlachten der jeweiligen Tierkategorie wirklich Gegenstand der Berufsausbildung zum Fleischer war; anderenfalls muss die Sachkundeprüfung durchgeführt werden. 4 a

„Mehrfach“ iS von Abs. 8 können schon zwei gravierende Verstöße sein (vgl. *L/M* § 4 b TierSchlV Rn. 4). Auch mehrere, für sich genommen jeweils wenig gewichtige Verstöße können in der Summe die Schwelle zur Erheblichkeit überschreiten. 4 b

Ordnungswidrig iS von § 15 Abs. 2 Nr. 1 handelt, wer ohne eine nach Abs. 2 notwendige Sachkundebescheinigung ruhigstellt, betäubt oder schlachtet. Fahrlässigkeit genügt. – Derjenige, dem es objektiv an der notwendigen Sachkunde iS von Abs. 1 mangelt, kann nach Maßgabe von § 18 Abs. 1 Nr. 5 i. V. m. § 4 Abs. 1 S. 3 TierSchG mit Geldbuße belegt werden. 5

§ 5 Treiben und Befördern von Tieren innerhalb einer Schlachtstätte

(1) [1]Tiere dürfen nur unter Vermeidung von Schmerzen, Leiden oder Schäden getrieben werden. [2]Insbesondere ist es verboten, Tiere auf besonders empfindliche Stellen zu schlagen oder dagegen zu stoßen, ihnen grobe Hiebe oder Fußtritte zu versetzen, ihren Schwanz zu quetschen, zu drehen oder zu brechen oder ihnen in die Augen zu greifen.

(2) [1]Treibhilfen dürfen nur zum Leiten der Tiere verwendet werden. [2]Die Anwendung elektrischer Treibgeräte ist verboten. [3]Abweichend von Satz 2 ist die Anwendung elektrischer Treibgeräte bei gesunden und unverletzten über einem Jahr alten Rindern und über vier Monate alten Schweinen, die die Fortbewegung im Bereich der Vereinzelung vor oder während des unmittelbaren Zutriebs zur Fixationseinrichtung verweigern, zulässig. [4]Sie dürfen nur insoweit und in solchen Abständen angewendet werden, wie dies zum Treiben der Tiere unerläßlich ist; dabei müssen die Tiere Raum zum Ausweichen haben. [5]Die Stromstöße dürfen nur auf der Hinterbeinmuskulatur und mit einem Gerät verabreicht werden, das auf Grund seiner Bauart die einzelnen Stromstöße automatisch auf höchstens zwei Sekunden begrenzt.

(3) [1]Behältnisse, in denen sich Tiere befinden, dürfen nicht gestoßen, geworfen oder gestürzt werden. [2]Behältnisse, in denen sich warmblütige Tiere befinden, müssen sich stets in aufrechter Stellung befinden, es sei denn, sie werden zum automatischen Ausladen von Hausgeflügel so geneigt, daß die Tiere nicht übereinander fallen. [3]Tiere dürfen nur unter Vermeidung von Schmerzen, Leiden oder Schäden aus den Behältnissen entladen werden.

1 **Anwendungsbereich.** Schlachtstätte ist jeder Ort, an dem ein Tier geschlachtet wird. Die Vorschrift gilt zB auch für Hausschlachtungen.

2 **Abs. 1, Gebot des schonenden Zutriebs.** Beim Treiben sind Schmerzen, Leiden oder Schäden vollständig zu vermeiden (vgl. *L/M* § 5 TierSchlV Rn. 2). Die Aufzählung verbotener Handlungen in S. 2 ist nur beispielhaft. Verboten ist zB auch das Stechen mit Stöcken in den After oder der missbräuchliche, grobe Einsatz des Schlagstempels als Treibhilfe (vgl. BR-Drucks. 835/96 S. 30). Geeignete Treibhilfen sind bei Schweinen Treibebretter oder Treibeschilde, bei Rindern ein weiches Rohr, auch das In-die-Hände-Klatschen und der ruhige Einsatz der Stimme (vgl. *L/M* aaO Rn. 3).

3 **Elektrische Treibhilfen.** Jeder Einsatz von Elektrotreibern verletzt sowohl Belange des Tier- als auch des Verbraucherschutzes: Bei Schweinen verursacht er eine extreme Herzfrequenzsteigerung und Stresshormonausschüttung, die unmittelbar den Anteil an PSE-Fleisch erhöht (*v. Mickwitz* et al. Schweinezucht und Schweinemast 41, 28, 29; *Schütte* et al. Fleischwirtschaft 74, 126, 128); bei Rindern kommt es infolge der Erregung u.a. zu vermehrter Ausbildung von DFD-Fleisch (*Troeger* in: *Sambraus/Steiger* S. 513, 514). – Dennoch lässt Abs. 2 elektrische Treibhilfen zu, wenn dies bei gesunden und unverletzten über einem Jahr alten Rindern oder gesunden und unverletzten über vier Monate alten Schweinen im Bereich der Vereinzelung unerlässlich (d.h. unumgänglich notwendig) ist und die Tiere Raum zum Ausweichen haben. – Der Elektrotreiber-Einsatz ist nicht unerlässlich, wenn folgende Anforderungen beachtet werden: Bauliche Gestaltung der Treibwege unter Berücksichtigung und Ausnutzung des normalen Tierverhaltens; sachkundiges, ruhiges und geschicktes Personal; kein Treiben von Tieren in zu großen Gruppen; Ausrichtung der Schlachtleistung pro Stunde danach, wie viele Tiere angesichts der baulichen, technischen und personellen Gegebenheiten aufregungsfrei und sicher betäubt werden können, statt an der maximal möglichen Schlachtkapazität des Schlachtbandes (vgl. *Briese/v. Mickwitz* afz-markt Mai 1994).

4 **Typische Fehler beim Treiben** sind u.a.: viele Richtungsänderungen im Zutrieb; zu lange Gänge; mangelhaft oder blendend ausgeleuchtete Treibwege; trichter- statt stufen-

förmige Verengung des Ganges vor der Betäubungsbucht, so dass die Tiere sich verkeilen; Treiben von zu großen Gruppen; Stockschläge oder Elektrotreiber-Einsatz; schubweiser, diskontinuierlicher Zutrieb; Treibgänge, die so eng sind, dass die Tiere ständig mit den Seiten- oder Höhenbegrenzungen in Berührung kommen (vgl. insbesondere die als metallene Tunnel ausgestalteten Treibgänge zu den gängigen CO_2-Anlagen, die bei den Schweinen größten Stress auslösen); Wechsel von Boden- oder Wandbelag im Bereich der Vereinzelung oder im Eingangsbereich der Betäubungsbucht; sackgassenähnliche Ausgestaltung des Eingangs zur Betäubungsbucht, so dass das Tier das Betreten verweigert (dies gilt insbesondere für die Gondeln der gebräuchlichen CO_2-Anlagen); Zutrieb auf Lärmquellen, auf sich bewegende Gegenstände oder auf Personen; Nicht-Ausnutzung des Herdentriebs und der Bereitschaft der Tiere, sich auf hellere Bereiche hin zu bewegen, sofern keine Blendwirkung vorhanden ist; fehlender Sichtschutz an der Seite des Treibganges, so dass die Tiere durch Vorgänge außerhalb des Treibganges abgelenkt, ggf. auch verängstigt werden. – Für das aufregungsfreie Treiben von Rindern kommt es insbesondere auch auf folgendes an: Keine ungeeigneten Rücklaufsperren, die dem nachfolgenden Tier mit lautem Krach vor die Stirn knallen und es erschrecken, ggf. sogar verletzen; keine engen Gänge mit Kurven; keine dunklen Stellen; keine glatten Bodenbeläge mit spiegelnden Flächen; Aufsprungschutz; seitliche Öffnungsmöglichkeiten zur Bergung festliegender Tiere (vgl. *v. Wenzlawowicz* et al. Berl. Münch. Tierärztliche Wochenschrift 1994, 237, 241; *v. Mickwitz* et al. Schweinezucht und Schweinemast aaO).

Eine **Entlohnung der Schlachthof-Mitarbeiter im Akkord** verstößt nicht nur gegen § 3 (s. dort Rn. 4) und gegen § 13 (s. dort Rn. 3, 8 und 9), sondern auch gegen das Gebot des schonenden Zutriebs: Die wenigen Arbeitskräfte im letzten Teil des Treibgangs und in der Betäubungsanlage stehen unter permanenter Leistungsanforderung, kontinuierlich Tiere für Entblutung und Schlachtband durchzuschleusen und werden von der Schlachtkolonne bei ausbleibendem Nachschub gerügt. Folgen dieses Drucks sind ein erhöhtes Risiko von Fehlbetäubungen und der regelmäßige Einsatz von Elektrotreibern am Eintrieb in die Vereinzelungsgänge, obwohl die amtl. Begr. dies als „in jedem Fall verboten" bezeichnet (BR-Drucks. 835/96 S. 31; vgl. auch *Briese/v. Mickwitz* afz-markt Juni 1995; zu den Indizien für Fehlbetäubungen s. § 13 Rn. 4, 8). 5

Abs. 3 gilt insbesondere für Geflügel. S. 1 und S. 3 finden aber auch auf das Schlachten wechselwarmer Tiere, insbesondere Fische und Krustentiere Anwendung. – Beim Entladen von Behältnissen ist alles zu tun, um Schmerzen, Leiden oder Schäden (zB Knochenbrüche und Flügelverletzungen bei Geflügel) soweit irgend möglich zu vermeiden (vgl. *L/M* § 5 TierSchlV Rn. 4). Fraglich ist, ob S. 2, der das Neigen von Behältnissen zum automatischen Ausladen generell zulässt, mit Anh. A III Nr. 1 der EU-Schlachtrichtlinie vereinbar ist („Transportcontainer ... sind, wenn möglich, in waagrechter Stellung und maschinell zu be- und entladen"). 6

Ordnungswidrigkeiten nach § 15 Abs. 1 Nr. 1 sind: Verstöße gegen Abs. 1 S. 1 (Treiben unter Schmerzen, Leiden oder Schäden), gegen Abs. 2 S. 2 (Einsatz des Elektrotreibers, ohne dass alle Voraussetzungen von S. 3 erfüllt sind), gegen Abs. 2 S. 4 (Einsatz des Elektrotreibers, obwohl nicht unerlässlich bzw. obwohl die Tiere keinen Raum zum Ausweichen haben), gegen Abs. 2 S. 5 (Einsatz des Elektrotreibers an anderen Stellen als der Hinterbeinmuskulatur oder Einsatz eines Elektrotreibers, der nicht bauartbedingt nach spätestens zwei Sekunden abschaltet), gegen Abs. 3 S. 1 (Stoßen, Werfen, Stürzen von Behältnissen) und gegen Abs. 3 S. 3 (Zufügung vermeidbarer Schmerzen, Leiden oder Schäden beim Entladen aus Behältnissen). Fahrlässigkeit genügt. Tateinheit ist insbesondere mit § 18 Abs. 1 Nr. 1 TierSchG möglich. 7

Abschnitt 2. Vorschriften über Schlachtbetriebe

§ 6 Anforderungen an die Ausstattung

(1) Schlachtbetriebe müssen über Einrichtungen zum Entladen der Tiere von Transportmitteln verfügen, die ermöglichen, daß

1. Tiere, die nicht in Behältnissen angeliefert werden, nur eine möglichst geringe, 20 Grad nicht übersteigende Neigung überwinden müssen oder

2. Tiere in Behältnissen in aufrechter Stellung entladen werden.

(2) [1]Der Betreiber eines Schlachtbetriebes hat sicherzustellen, daß der Boden im ganzen Aufenthaltsbereich der Tiere trittsicher ist. [2]Treibgänge müssen so angelegt sein, daß das selbständige Vorwärtsgehen der Tiere gefördert wird. [3]Treibgänge und Rampen müssen mit einem geeigneten Seitenschutz versehen sein, der so beschaffen ist, daß ihn die Tiere nicht überwinden, keine Gliedmaßen herausstrecken und sich nicht verletzen können. [4]Treibgänge und Rampen dürfen höchstens eine Neigung von 20 Grad aufweisen. [5]Die Neigung der Treibgänge zur Betäubungseinrichtung darf höchstens 10 Grad, für Rinder höchstens 7 Grad betragen.

1 **Abs. 1.** Schlachtbetrieb s. § 2 Nr. 7. Der Begriff „Neigung" erfasst sowohl positive als auch negative Steigungen. Vorzugsweise sollten Entladerampen so gebaut sein, dass von den herangefahrenen Fahrzeugen ebenerdig entladen werden kann (vgl. BR-Drucks. 835/96 S. 32).

2 **Typische Fehler beim Entladen der Tiere** nach Ankunft im Schlachtbetrieb, durch die vermeidbare Aufregungen iS von § 3 Abs. 1 verursacht werden, sind u. a.: längere Standzeiten vor dem Entladen am Schlachthof (wirken sich besonders im Sommer für Schweine belastend aus, denn selbst bei optimalen Bedingungen im Fahrzeug steigt die Herzfrequenz sofort nach dem Anhalten auf Werte, die deutlich über dem während des Transports erreichten Ruhewert liegen; vgl. *v. Wenzlawowicz* et al. Berl. Münch. Tierärztliche Wochenschrift 1994, 237, 239); den Tieren wird nach dem Öffnen der Ladeklappen nicht genügend Zeit zum selbständigen Verlassen des Fahrzeugs gegeben; Einsatz von Elektrotreibern, Forken, Kanten von Treibbrettern, um die Entladung zu „beschleunigen"; Einsatz abschüssiger Rampen, die insbesondere die (wegen der bewegungsarmen Spaltenbodenhaltung) häufig an schmerzhaften Klauen- oder Gelenkveränderungen leidenden Mastbullen veranlassen, das schmerzhafte Abwärtsgehen zu vermeiden und stattdessen die Laderampe zu überspringen; Kennzeichnung der Schweine mit dem Schlagstempel erst beim Verlassen des Fahrzeugs; Treiben in zu großen Gruppen; fehlender Witterungsschutz; dunkle Stellen oder Blendwirkungen; unzureichender Seitenschutz an der Rampe.

3 **Abs. 2.** Nach S. 1 muss der Boden im ganzen Aufenthaltsbereich der Tiere (also auf der Entladerampe, in den Treibgängen zum Wartestall, im Stall bzw. in den Wartegängen, im Gang zur Betäubungseinrichtung etc.) trittsicher sein, d. h. u. a.: trocken, griffig, rutschfest, ohne Spalten, Löcher und Unebenheiten sowie ohne spiegelnde Flächen. – Dazu, wie nach S. 2 die Treibgänge angelegt sein müssen, um das selbständige Vorwärtsgehen der Tiere zu fördern, s. § 5 Rn. 4; vgl. auch BR-Drucks. 835/96 S. 32). Unzulässig erscheint in diesem Zusammenhang der in Kombination mit den CO_2-Anlagen angebotene metallene Tunnel, weil er den Schweinen das Gefühl großer räumlicher Enge vermittelt und damit das selbständige Vorwärtsgehen nicht fördert, sondern verhindert und zu häufigem Einsatz von Elektrotreibern führt. – Nach S. 3 soll u. a. verhindert werden, dass die Tiere an der Seitenbegrenzung der Gänge Gliedmaßen herausstrecken und sich dadurch verletzen können. Zu diesem Zweck müssen die Gänge zumindest im unteren, bodennahen Bereich (d. h. bei Schweinen bis zu 70 cm und bei Rindern bis zu 110 cm über dem Boden) geschlossen gefertigt sein (vgl. *v. Wenzlawowicz* et al. RFL 1995, 121, 122). – Die von S. 4

und 5 vorgesehenen, möglichst geringen Neigungen der Böden sollen dazu beitragen, die Belastungen der Tiere beim Treiben zu verringern.

Ordnungswidrigkeiten. Bei fehlender Bodentrittsicherheit iS von Abs. 2 S. 1 liegt eine Ordnungswidrigkeit nach § 15 Abs. 2 Nr. 2 vor. Fahrlässigkeit genügt. Täter kann nur der Betreiber des Schlachtbetriebes sein; zur Tatbeteiligung anderer vgl. § 14 Abs. 1 OWiG. Kommt es auf Seiten eines Tieres zu einer Verletzung, so kann Tateinheit mit § 18 Abs. 1 Nr. 1 TierSchG bestehen. – Kommt es wegen einer baulichen Gestaltung der Treibgänge und Rampen, die nicht Abs. 1 Nr. 1 oder Abs. 2 S. 2–5 entspricht, beim Treiben eines Tieres zu Schmerzen, Leiden oder Schäden, so kann damit der Betriebsleitung eine (auch fahrlässig begehbare) Ordnungswidrigkeit nach § 15 Abs. 1 Nr. 1 i.V.m. § 5 Abs. 1 S. 1 zur Last fallen. Dasselbe gilt, soweit Verstöße gegen § 15 Abs. 1 Nr. 1 i.V.m. § 5 Abs. 3 S. 1 und 3 beim Entladen aus Behältnissen darauf beruhen, dass die Betriebsleitung ihre Pflichten aus Abs. 1 Nr. 2 nicht erfüllt hat. 4

§ 7 Allgemeine Vorschriften über das Betreuen von Tieren

(1) [1]Die Tiere sind vor schädlichen Witterungseinflüssen zu schützen. [2]Waren sie hohen Temperaturen ausgesetzt, so ist für ihre Abkühlung zu sorgen.

(2) [1]Tiere, die nach ihrer Ankunft nicht sofort der Schlachtung zugeführt werden, sind

1. mit jederzeit zugänglichem Wasser in ausreichender Qualität zu versorgen und
2. mit geeignetem Futter zu versorgen, wenn die Tiere nicht innerhalb von sechs Stunden nach der Anlieferung der Schlachtung zugeführt werden.

[2]Für diese Tiere ist ferner eine ausreichende Lüftung sicherzustellen. [3]Satz 1 gilt nicht für Tiere, die sich in Behältnissen befinden und die innerhalb von zwei Stunden nach der Anlieferung der Schlachtung zugeführt werden.

(3) [1]Werden Tiere in einem Stall untergebracht, der auf elektrisch betriebene Lüftung angewiesen ist, so muß eine Alarmanlage vorhanden sein, die den betreuenden Personen eine Betriebsstörung meldet. [2]Die Alarmanlage muß regelmäßig auf ihre Funktionsfähigkeit überprüft werden.

(4) Falls bei einem Stromausfall keine ausreichende Versorgung der Tiere sichergestellt ist, muß ein Notstromaggregat einsatzbereit gehalten werden.

(5) Tiere, die untereinander auf Grund ihrer Art, ihres Geschlechts, ihres Alters oder ihrer Herkunft unverträglich sind, müssen getrennt untergebracht werden.

(6) [1]Das Allgemeinbefinden und der Gesundheitszustand der Tiere sind mindestens jeden Morgen und jeden Abend zu kontrollieren. [2]Soweit notwendig, sind Tiere unverzüglich abzusondern oder zu töten.

(7) Es muß sichergestellt sein, daß Mist, Jauche und Gülle in zeitlich erforderlichen Abständen aus den Stallungen und Buchten entfernt werden oder daß regelmäßig mit trockenem, sauberen Material eingestreut wird.

(8) Zur Betreuung der Tiere muß eine geeignete Beleuchtung zur Verfügung stehen.

(9) Die Tiere dürfen erst unmittelbar vor der Schlachtung oder Tötung an den Platz der Schlachtung oder Tötung gebracht werden.

Verhältnis zu anderen Vorschriften. Die jeweiligen tierartspezifischen Haltungsanforderungen nach der Tierschutz-Nutztierhaltungsverordnung gelten auch für das Halten von Tieren vor der Tötung oder Schlachtung, sofern nicht in dieser VO abweichende Regelungen getroffen werden (vgl. BR-Drucks. 835/96 S. 32). § 2 TierSchG bleibt ohnehin unberührt (s. Einf. Rn. 6). 1

2 **Abs. 1.** In Schlachtbetrieben, in denen Schweine geschlachtet werden, sollten Duscheinrichtungen zum Besprühen der Tiere mit feinem Wassernebel nicht fehlen; bei Außentemperaturen über 15° C kann das Duschen für ca. 10 Minuten für Abkühlung sorgen, erregte Tiere beruhigen und den Anteil an schlechter Fleischqualität senken (vgl. *v. Mickwitz* et al. Schweinezucht und Schweinemast 41, 28, 30). In Geflügelschlachtbetrieben können hierfür Einrichtungen für eine aktive Durchlüftung der Behältnisse eingesetzt werden (vgl. BR-Drucks. 835/96 S. 33).

3 **Abs. 2, Lüftung, Tränkung, Fütterung.** Nach S. 2 ist für alle Tiere (auch solche in Behältnissen), die nach ihrer Ankunft nicht sofort der Schlachtung zugeführt werden, eine ausreichende Lüftung sicherzustellen, erforderlichenfalls durch Unterbringung in klimatisierten Räumen oder mit Hilfe von Ventilatoren (BR-Drucks. 835/96 S. 33). – Nach S. 1 sind Tiere, die nicht direkt nach ihrer Ankunft geschlachtet werden, sofort mit jederzeit zugänglichem Wasser in ausreichender Qualität zu versorgen (dies gilt auch für Rinder in Wartebuchten; vgl. EU-Schlachtrichtlinie Anh. A II. 9); sofern sie nicht innerhalb von sechs Stunden nach der Anlieferung geschlachtet werden, müssen sie auch geeignetes Futter erhalten. – Nach S. 3 findet auf Tiere in Behältnissen, die innerhalb von zwei Stunden nach der Anlieferung geschlachtet werden, S. 1 keine Anwendung (wohl aber S. 2, d.h. die ausreichende Lüftung ist sofort nach der Ankunft sicherzustellen). Sobald indes feststeht, dass die in S. 3 vorgegebene Zwei-Stunden-Frist nicht eingehalten werden wird, gilt S. 1 auch für diese Tiere, d.h.: Sie müssen mit jederzeit zugänglichem Wasser versorgt und nach sechs Stunden gefüttert werden. Der Sechs-Stunden-Zeitraum kann allerdings i.V.m. § 30 Abs. 1 S. 2 TierSchTrV dazu führen, dass Kaninchen oder Hausgeflügel über viele Stunden hinweg ohne Futter sind.

4 **Abs. 3–Abs. 9.** Die ausreichende Versorgung der Tiere bei einem Stromausfall nach Abs. 4 bezieht sich nicht nur auf die Belüftung, sondern beispielsweise auch auf die Wasserversorgung. – Durch Abs. 5 wird eines der Gebote des § 2 Nr. 1 TierSchG konkretisiert: Das artgemäße Sozialverhalten wird unangemessen zurückgedrängt, wenn unverträgliche Tiere vergesellschaftet werden. – Abs. 6 regelt die Überwachungspflichten. Häufigere Kontrollen sind erforderlich, wenn Umstände vorliegen, die auf eine Gefahr hindeuten. Abzusondern sind insbesondere kranke und verletzte Tiere, aber auch Tiere, die sich besonders aggressiv gegenüber anderen verhalten oder solchen Aggressionen ausgesetzt sind. – Die Beleuchtung nach Abs. 8 dient der Kontrolle und Versorgung und muss deshalb so sein, dass sie es auch während der Fütterung erlaubt, die Tiere deutlich zu sehen, also u.a. Atmung, Hautfarbe, Reaktionen und Allgemeinbefinden zu erkennen.

5 **Ordnungswidrigkeiten** nach § 15 Abs. 1 Nr. 2 sind Verstöße gegen Abs. 2 S. 1 oder 2 (keine oder unzureichende oder verspätete Lüftung, Tränkung oder Fütterung) sowie gegen Abs. 6 (unzureichende Kontrollen; keine Absonderungen trotz Notwendigkeit) und Abs. 9. Fahrlässigkeit genügt. Zu Täterschaft und Beteiligung s. § 8 Rn. 5. – Bei Verletzung einer der übrigen Pflichten aus § 7 kann eine andere Ordnungswidrigkeit vorliegen, beispielsweise nach § 18 Abs. 1 Nr. 1 TierSchG.

§ 8 Betreuen von Tieren, die sich nicht in Behältnissen befinden

(1) [1]Kranke oder verletzte sowie noch nicht abgesetzte Tiere sind nach ihrer Ankunft sofort abzusondern und unverzüglich zu schlachten oder zu töten. [2]Kranke oder verletzte Tiere, die offensichtlich unter starken Schmerzen leiden oder große, tiefe Wunden, starke Blutungen oder ein stark gestörtes Allgemeinbefinden aufweisen, sind jedoch sofort nach ihrer Ankunft zu schlachten oder zu töten. [3]Tiere, die auf Grund von Krankheit oder Verletzung nicht in der Lage sind, aus eigener Kraft ohne schmerzhafte Treibhilfen zum Schlachtplatz zu gelangen, sind dort zu betäuben oder zu töten, wo sie sich befinden.

(2) [1]Tiere, die nach der Entladung nicht sofort der Schlachtung zugeführt werden, sind so unterzubringen, daß

1. die Tiere ungehindert liegen, aufstehen und sich hinlegen können,
2. für jedes Tier eine Liegefläche vorhanden ist, die hinsichtlich der Wärmeableitung die Erfordernisse für das Liegen erfüllt, und
3. für jedes Tier eine Freßstelle vorhanden ist.

[2]Satz 1 Nr. 2 gilt nicht, sofern die Tiere innerhalb von sechs Stunden nach ihrer Ankunft der Schlachtung zugeführt werden. [3]Satz 1 Nr. 3 gilt nicht, sofern die Tiere innerhalb von zwölf Stunden nach ihrer Ankunft der Schlachtung zugeführt werden.

(3) **Milchgebenden Tieren, die nach ihrer Ankunft nicht sofort der Schlachtung zugeführt werden, ist unter Berücksichtigung des Zeitpunktes des letzten Melkens in Abständen von höchstens 15 Stunden unter Vermeidung von Schmerzen die Milch zu entziehen.**

Abs. 1. Nach S. 1 müssen kranke, verletzte oder noch nicht abgesetzte Tiere sofort (d.h. ohne jegliches Zögern) nach ihrer Ankunft abgesondert werden. Das Schlachten oder Töten muss unverzüglich geschehen (d.h. ohne schuldhaftes Zögern, also so schnell wie bei geordnetem Betriebsablauf möglich, vgl. § 121 Abs. 1 S. 1 BGB). Dabei darf die von der EU-Schlachtrichtlinie festgesetzte Höchstfrist von zwei Stunden in keinem Fall überschritten werden (vgl. dort Anh. A I Nr. 6 S. 2). – Nach S. 2 muss bei Tieren mit besonders schwerwiegenden Beeinträchtigungen nicht nur die Absonderung, sondern in jedem Fall auch die Schlachtung bzw. Tötung sofort nach der Ankunft durchgeführt werden. – Nach S. 3 dürfen gehunfähige Tiere keinesfalls zum Schlachtplatz gezogen, getrieben oder gefahren werden; sie sind vielmehr dort zu betäuben und zu töten, wo sie liegengeblieben sind bzw. sich befinden (zB auf dem Transportfahrzeug). Gehunfähig ist ein Tier auch dann, wenn es nicht ohne schmerzhafte Treibhilfen (zB Elektrotreiber; s. § 27 TierSchTrV Rn. 1) zum Gehen veranlasst werden kann. Eine Betäubung und nachfolgende Beförderung solcher Tiere zum Schlachtplatz wird wegen der maximal zulässigen Zeiten zwischen Betäuben und Entbluten wohl nur in wenigen Fällen durchführbar sein (vgl. Anlage 2); deshalb muss idR das Entbluten oder Töten durch andere Verfahren ebenfalls an Ort und Stelle vorgenommen werden (vgl. BR-Drucks. 835/96 S. 35). Zur Rechtslage, wenn sich gehunfähige Tiere noch auf dem Transportmittel befinden, s. auch § 28 TierSchTrV Rn. 2. 1

Abs. 2. Tiere, die nach der Entladung nicht sofort geschlachtet werden, müssen nach Nr. 1 auf jeden Fall ungehindert liegen, aufstehen und sich hinlegen können, auch dann, wenn sie angebunden sind (vgl. BR-Drucks. 835/96 S. 35). Nach Nr. 2 muss die Liegefläche über einen Schutz gegen Wärmeableitung verfügen (beispielweise Einstreu oder einen wärmedämmenden Belag), sofern die Tiere nicht binnen sechs Stunden nach ihrer Ankunft geschlachtet werden. Nach Nr. 3 ist ein Tier-Fressplatz-Verhältnis von 1:1 vorgeschrieben; dies gilt nicht, wenn die Tiere innerhalb von 12 Stunden nach ihrer Ankunft geschlachtet werden. – Der Wartebereich am Schlachthof sollte ermöglichen, dass sich die Tiere nach der ungewohnten Belastung des Transports ausruhen können; dies dient sowohl dem Tier- als auch dem Verbraucherschutz, weil sich sonst durch die transportbedingte Erhöhung der Herz- und der Atemfrequenz und der Körpertemperatur die Fleischqualität verschlechtert (vgl. *v. Mickwitz* et al. Schweinezucht und Schweinemast 41, 28, 29). Empfohlen wird eine Liegefläche von 0,6–0,8 m² pro 100kg Lebendgewicht beim Schwein und von 2–2,2 m² pro 500–700 kg Lebendgewicht beim Rind (vgl. *v. Holleben* et al. Tierschutz im Schlachtbetrieb S. 33, 38; *Briese* et al. Fleischwirtschaft 1997, 721). 2

Fehler bei der Gestaltung der Warteställe/Wartebuchten, die einen zusätzlichen Stressfaktor darstellen und damit vermeidbare Aufregungen iS von § 3 verursachen können, sind u.a.: zu enge Eingangstüren; unzureichend beleuchteter Wartestall; mangelhafte, nicht blickdichte Abgrenzung zur Nachbarbucht; Bildung großer Gruppen mit hoher Besatzdichte statt getrennter Aufstallung kleiner, miteinander vertrauter Gruppen mit ausreichender Liegefläche; Vermischung von Transportgruppen; zu helle und wechselhaf- 3 te Beleuchtung; fehlende Beschäftigungsmöglichkeiten; Fehlen geeigneter Tränken; Fehlen oder falsche Anwendung der Duschen; zu hoher Geräuschpegel; Duschwasserpfützen (diese verkleinern jedenfalls bei tiefen Außentemperaturen die Liegefläche); ungünstige Gestaltung des Buchtenein- und -austriebs; Umtrieb während der Wartezeit, um in den Anlieferungsbuchten wieder Platz zu schaffen (vgl. *v. Wenzlawowicz* et al. Berl.Münch. Tierärztliche Wochenschrift 1994, 237, 241).

4 Nach **Abs. 3** müssen laktierende Tiere (Kühe, Schafe, Ziegen, Pferde) gemolken werden. Auch eine Anwendung von Milchablassröhrchen wird für zulässig gehalten, doch dürfen diese nicht scharfkantig sein (keine Strohhalme), nicht grob eingeführt werden und keine vermeidbaren Schmerzen verursachen (vgl. BR-Drucks. 835/96 S. 35, 36). 15 Stunden sind zu lang (s. § 23 TierSchTrV Rn. 5).

5 **Ordnungswidrig** nach § 15 Abs. 1 Nr. 2 sind Verstöße gegen Abs. 1 S. 1, Abs. 2 S. 1 Nr. 1 oder 3 sowie gegen Abs. 3. Ordnungswidrig nach § 15 Abs. 1 Nr. 3 handelt, wer entgegen Abs. 1 S. 2 oder 3 ein Tier nicht betäubt, nicht oder nicht rechtzeitig schlachtet oder nicht oder nicht rechtzeitig tötet. Fahrlässigkeit genügt. Täter kann nur der Betreiber des Schlachtbetriebes sein. Personen, denen dieses Merkmal fehlt, können aber Beteiligte nach § 14 Abs. 1 OWiG sein.

§ 9 Betreuen von Tieren, die in Behältnissen angeliefert werden

[1]Tiere, die in Behältnissen angeliefert werden, sind unverzüglich der Schlachtung zuzuführen. [2]§ 7 Abs. 2 bleibt unberührt.

Bei Tieren, die sich in Behältnissen befinden (Geflügel, Kaninchen), wird die unverzügliche (s. § 8 Rn. 1) Schlachtung vorgeschrieben, weil die Tiere in den Behältnissen idR nicht mit Wasser oder ggf. Futter versorgt werden können, die Frischluftversorgung und Temperaturführung problematisch sind, die Tiere häufig keine aufrecht stehende oder sitzende Haltung einnehmen können (obwohl dies nach § 4 Abs. 2 S. 2 TierSchTrV stets gewährleistet werden muss) und Exkremente aus den oberen Behältnissen auf die darunter befindlichen Tiere fallen können. Vorherige Absprachen zwischen Lieferant und Schlachthof können die Unverzüglichkeit sicherstellen (vgl. BR-Drucks. 835/96 S. 36). – Kommt es dennoch zu Verzögerungen, so ist § 7 Abs. 2 zu beachten (s. dort Rn. 3). – Ein vorsätzlicher oder fahrlässiger Verstoß gegen S. 1 ist eine Ordnungswidrigkeit nach § 15 Abs. 1 Nr. 2.

Abschnitt 3. Vorschriften über das Aufbewahren von Speisefischen und Krustentieren

§ 10 Aufbewahren von Speisefischen

(1) [1]Lebende Speisefische dürfen nur in Behältern aufbewahrt werden, deren Wasservolumen den Tieren ausreichende Bewegungsmöglichkeiten bietet. [2]Unverträgliche Fische müssen voneinander getrennt gehalten werden. [3]Den Wasserqualitäts-, Temperatur- und Lichtansprüchen der einzelnen Arten ist Rechnung zu tragen. [4]Insbesondere müssen ein ausreichender Wasseraustausch und eine ausreichende Sauerstoffversorgung der Tiere sichergestellt sein.

(2) [1]§ 7 Abs. 6 gilt entsprechend. [2]Tote Fische sind unverzüglich aus dem Behälter zu entfernen.

(3) An Endverbraucher, ausgenommen Gaststätten und ähnliche Einrichtungen, dürfen Fische nicht lebend abgegeben werden.

Für das Aufbewahren lebender Speisefische in Behältern (= Hältern) beschreibt Abs. 1 nur einen Teil der Pflichten, die sich aus § 2 TierSchG ergeben. Daneben gilt § 2 TierSchG auch unmittelbar (s. Einf. Rn. 6). Welche Pflichten sich aus § 10 und aus § 2 TierSchG im einzelnen ergeben, wird durch das Merkblatt Nr. 29 der TVT („Empfehlungen zur Hälterung von Speisefischen im Einzelhandel") konkretisiert. U.a. sind dort für Forellen, Karpfen, Aale, Welse und Hechte die bei (jeweils näher beschriebenen) optimalen Bedingungen zulässigen maximalen Besatzdichten angegeben (zur Bedeutung derartiger Sachverständigengutachten s. § 2 TierSchG Rn. 46, 49; vgl. auch VG Potsdam vom 8. 3. 2001, 5 K 483/99: Hälterung ist auf die geringstmögliche Dauer zu beschränken). – Nach Abs. 2 müssen tote Fische rasch entfernt werden. Die in § 7 Abs. 6 geregelten Pflichten zur Überwachung und ggf. Absonderung oder Tötung einzelner Tiere gelten auch hier; abzusondern sind insbesondere kranke und verletzte Tiere, aber auch Tiere, die sich besonders aggressiv verhalten oder solchen Aggressionen ausgesetzt sind. – Das Verbot der Abgabe lebender Fische an Endverbraucher in Abs. 3 ist auf Veranlassung des Bundesrats zustande gekommen (vgl. Beschluss, BR-Drucks. 835/96 S. 4). – Bei einer nicht tiergerechten Hälterung von Fischen kann eine Ordnungswidrigkeit nach § 18 Abs. 1 Nr. 1 TierSchG und ggf. auch eine Straftat nach § 17 Nr. 2b TierSchG vorliegen (s. auch § 17 TierSchG Rn. 32, 65). Die zuständige Behörde hat außerdem die Möglichkeit, die Verpflichtungen aus § 10, die auf die §§ 2, 2a TierSchG gestützt sind, durch Anordnung nach § 16a S. 2 Nr. 1 TierSchG auszusprechen und ggf. zu konkretisieren; der Verstoß gegen eine solche vollziehbare Anordnung stellt dann eine Ordnungswidrigkeit nach § 18 Abs. 1 Nr. 2 TierSchG dar.

§ 11 Aufbewahren von Krustentieren

Das Aufbewahren lebender Krustentiere auf Eis ist verboten; sie dürfen nur im Wasser oder vorübergehend auf feuchter Unterlage aufbewahrt werden.

Krustentiere sind Krebse. Das Aufbewahren auf Eis ist absolut verboten, weil es hierbei zu Frostschäden kommen kann. Wegen der Gefahr des Austrocknens sind sie grds. im Wasser aufzubewahren. Aufbewahren auf feuchter Unterlage ist nur vorübergehend (d.h. nur so lange, wie es erfahrungsgemäß möglich ist, ohne dass die Gefahr eines Schadens durch Austrocknen entsteht) erlaubt. – Bei einem Verstoß liegt eine Ordnungswidrigkeit nach § 15 Abs. 1 Nr. 4 vor.

Abschnitt 4. Vorschriften über das Ruhigstellen, Betäuben, Schlachten und Töten von Tieren

§ 12 Ruhigstellen warmblütiger Tiere

(1) [1]Tiere, die durch Anwendung eines mechanischen oder elektrischen Gerätes betäubt oder getötet werden sollen, sind in eine solche Stellung zu bringen, daß das Gerät ohne Schwierigkeiten, genau und so lange wie nötig angesetzt und bedient werden kann. [2]Zu diesem Zweck sind bei Einhufern und Rindern deren Kopfbewegungen einzuschränken. [3]Beim Schächten sind Rinder mit mechanischen Mitteln ruhigzustellen. [4]In Schlachtbetrieben, in denen Schweine in einem Umfang geschlachtet werden, der nach dem Umrechnungsfaktor der Anlage 1 mehr als 20 Großvieheinheiten je Woche oder 1000 Großvieheinheiten je Jahr beträgt, müssen Schweine mit einem Gewicht von über 30 Kilogramm in Betäubungsfallen oder ähnlichen Einrichtungen einzeln ruhiggestellt werden.

(2) [1]Es ist verboten, Tiere ohne vorherige Betäubung aufzuhängen. [2]Satz 1 gilt nicht für Hausgeflügel, wenn die Betäubung spätestens drei Minuten nach dem Aufhängen erfolgt.

(3) Elektrische Betäubungsgeräte dürfen nicht dazu verwendet werden, Tiere ruhigzustellen oder zur Bewegung zu veranlassen.

(4) Tiere dürfen vor der Betäubung erst ruhiggestellt werden, wenn die ausführende Person zur sofortigen Betäubung oder Tötung der Tiere bereitsteht.

1 **Ruhigstellen beim Schlachten, Abs. 1 S. 1, 2 und 4.** Zum Anwendungsbereich s. § 13 Rn. 1. – Nach S. 1 müssen bei mechanischer und elektrischer Betäubung die Tiere vorher ruhiggestellt werden. Ruhigstellen meint Maßnahmen, die der Bewegungseinschränkung dienen. – Die in S. 2 vorgeschriebene Ruhigstellung des Kopfes von Einhufern und Rindern vor der Anbringung des Bolzenschusses soll das Risiko von Fehlschüssen vermindern helfen. Einrichtungen, die eine Kopffixierung ermöglichen, sind aber trotz des eindeutigen Wortlauts in den bisher üblichen Betäubungsboxen kaum vorhanden (vgl. *Briese/v. Mickwitz* afz-markt Nr. 6 1994; s. auch § 13 Rn. 8). Nach EFSA ist die mangelnde Kopffixierung neben einer falschen Position des Betäubers die Hauptursache für Fehlbetäubungen beim Bolzenschuss (vgl. EFSA 2004, 7.1.1.4). – Auch bei Schafen besteht ohne eine ausreichende Fixierung ein erhebliches Fehlbetäubungsrisiko, sowohl beim Bolzenschuss als auch bei Elektrobetäubung (vgl. EFSA 8.2.4 und 8.5.4). – Bei der Buchtenbetäubung von Schweinen mittels Elektrozange werden die Einzeltiere vorher nicht fixiert, was ein hohes, mit der Betäubungsgeschwindigkeit zunehmendes Risiko von Fehlbetäubungen zur Folge hat (s. § 13 Rn. 3). Deshalb ist nach S. 4 in Schlachtbetrieben ab einer bestimmten Größenordnung (zB wenn pro Woche 100 Schweine über 100 kg Lebendgewicht oder 134 Schweine bis 100 kg Lebendgewicht geschlachtet werden) die Einzeltierfixierung vorgeschrieben, die Buchtenbetäubung also verboten.

2 **Ruhigstellen beim Schächten, Abs. 1 S. 3.** Die Frage, ob eine Ausnahmegenehmigung für ein Schlachten ohne Betäubung (Schächten) zu erteilen ist, wird in § 4a Abs. 2 Nr. 2 TierSchG geregelt (s. dort Rn. 23–31). Mit dem „Wie" des Schächtens, wenn es erlaubt wird, befassen sich u.a. Abs. 1 S. 3 sowie § 13 Abs. 4 S. 2. Außerdem gilt auch hier der allgemeine Grundsatz des § 3 Abs. 1, wonach stets dasjenige Verfahren gewählt werden muss, das den Tieren am wenigsten Aufregung, Schmerzen, Leiden oder Schäden verursacht, selbst dann, wenn es teurer und arbeits- oder zeitaufwändiger ist als andere (s. § 3 Rn. 2). Die Pflicht, zum Ruhigstellen vor dem Schächten nur dasjenige Verfahren anzuwenden, das die Tiere am wenigsten belastet, ergibt sich im übrigen auch aus den Ermächtigungsgrundlagen der VO: Sowohl § 4b S. 1 als auch Art. 13 des Europäischen Schlachttierübereinkommens schreiben die Beschränkung auf Vorrichtungen vor, die den Tieren Schmerzen, Leiden und Erregungen so weit wie möglich ersparen. In die gleiche Richtung zielt die Aufforderung des BVerfG an die Genehmigungsbehörden: Diese sollen gewährleisten, dass den zu schlachtenden Tieren beim Transport, beim Ruhigstellen und beim Schächtvorgang selbst alle vermeidbaren Schmerzen oder Leiden erspart werden, zB durch Anordnungen über geeignete Räume, Einrichtungen und sonstige Hilfsmittel (vgl. BVerfG NJW 2002, 663, 666). – Mit diesen Grundsätzen ist ein Ruhigstellen von Rindern mit Hilfe des Weinberg'schen Umlegeapparates unvereinbar. Es setzt die Tiere schweren Belastungen aus (s. § 4 a TierSchG Rn. 9). Demgegenüber sind andere Einrichtungen zur Ruhigstellung auf dem Markt erhältlich, in denen die Tiere aufrecht stehen und deswegen mit deutlich geringerem Stress fixiert werden können. Ein Beispiel hierfür ist die sog. Cincinnati-Falle, die in den USA und Kanada seit langem Anwendung findet und auch in Deutschland eingesetzt werden kann (vgl. BR-Drucks. 835/96 S. 38). Vorteil u.a.: Beim korrekten Schächten im Stehen dauert es 5–15 Sekunden, bis die Tiere infolge cerebraler Hypoxie kollabieren und nicht mehr in der Lage sind, Schmerzen wahrzunehmen, während dies beim Schächten in Rückenlage bis zu mehreren Minuten dauern kann (s. aber auch § 4a TierSchG Rn. 9: erhebliche Angstzustände der Tiere auch beim Stehend-

Schächten). – Aus denselben Gründen sollte auch bei Kälbern und Schafen eine Ausnahmegenehmigung zum Schächten vom Vorhandensein einer mechanischen Einrichtung abhängig gemacht werden, die ein Fixieren im Stehen ermöglicht; solche Einrichtungen sind auf dem Markt ebenfalls erhältlich (vgl. *v. Holleben* anl. der Tagung von BTK und bsi am 28. 11. 2006 in Münster: Auch bei Schafen ist ein Schächten in Seiten- oder Rückenlage eindeutig belastender als im Stehen; *v. Wenzlawowicz* in: DVG 1996 S. 70ff.; *Ofensberger* DudT 1/2002, 6, 7; *Schatzmann* persönl. Mitteilung vom 12. 2. 2002).

Nach **Abs. 2** S. 1 ist das Aufhängen von Tieren ohne vorherige Betäubung verboten. 3
Eine Ausnahme gilt nach S. 2 für Hausgeflügel bei einer Hängezeit von maximal drei Minuten bis zur Betäubung (die Übergangszeit bei Puten nach § 17 ist abgelaufen). Es sollte bedacht werden, dass das in den Geflügelschlachtereien übliche Aufhängen an den Beinen besonders für schwere Tiere wie Puten sehr schmerzhaft ist. – Kein verbotenes Aufhängen bildet das Ruhigstellen in einem Restrainer, auch wenn die Tiere dabei den Kontakt zum Boden verlieren, oder das kurze Halten von Kaninchen an den Hinterläufen mit der freien Hand zum Zweck des Ruhigstellens für die Betäubung; dennoch sollten auch diese Verfahren nur so kurz wie möglich zur Anwendung kommen (vgl. BR-Drucks. 835/96 S. 38).

Durch **Abs. 4** soll sichergestellt werden, dass die Tiere nur so kurz wie möglich fixiert 4
werden (Konkretisierung von § 3 Abs. 1).

Ordnungswidrigkeiten nach § 15 Abs. 2 Nr. 3 bzw. Nr. 4 bilden Verstöße gegen 5
Abs. 2 S. 1 (Aufhängen ohne vorherige Betäubung; Überschreitung der maximalen Hängezeit bei Hausgeflügel, zB infolge von Fehlbetäubung) bzw. Abs. 3 (Verwendung elektrischer Betäubungsgeräte zum Ruhigstellen oder zum Veranlassen zur Bewegung). Fahrlässigkeit genügt. Tateinheit kommt insbesondere mit § 18 Abs. 1 Nr. 1 und Nr. 5 TierSchG in Betracht (vgl. *L/M* § 12 TierSchlV Rn. 5).

§ 13 Betäuben, Schlachten und Töten

(1) Tiere sind so zu betäuben, daß sie schnell und unter Vermeidung von Schmerzen oder Leiden in einen bis zum Tod anhaltenden Zustand der Empfindungs- und Wahrnehmungslosigkeit versetzt werden.

(2) [1]Betäubungsgeräte und -anlagen sind an jedem Arbeitstag mindestens einmal zu Arbeitsbeginn auf ihre Funktionsfähigkeit zu überprüfen und erforderlichenfalls mehrmals täglich zu reinigen. [2]Am Schlachtplatz sind Ersatzausrüstungen einsatzbereit zu halten. [3]Diese sind in zeitlich erforderlichen Abständen auf ihre Funktionsfähigkeit zu überprüfen. [4]Mängel müssen unverzüglich abgestellt werden. [5]Satz 2 gilt nicht für Wasserbadbetäubungsanlagen.

(3) [1]Wer ein Tier schlachtet oder anderweitig mit Blutentzug tötet, muß sofort nach dem Betäuben, und zwar für die in Anlage 2 Spalte 1 genannten Betäubungsverfahren innerhalb des jeweils in Spalte 2 festgelegten Zeitraumes, mit dem Entbluten beginnen. [2]Er muß das Tier entbluten, solange es empfindungs- und wahrnehmungsunfähig ist. [3]Bei warmblütigen Tieren muß er dafür sorgen, daß durch Eröffnen mindestens einer Halsschlagader oder des entsprechenden Hauptblutgefäßes sofort ein starker Blutverlust eintritt. [4]Die Entblutung muß kontrolliert werden können. [5]Der Betreiber eines Schlachtbetriebes, in dem Hausgeflügel durch Halsschnittautomaten entblutet wird, muß sicherstellen, daß durch den Automaten nicht entblutete Tiere von Hand entblutet werden.

(4) [1]Nach dem Entblutungsschnitt dürfen weitere Schlachtarbeiten am Tier erst durchgeführt werden, wenn keine Bewegungen des Tieres mehr wahrzunehmen sind. [2]Geschächtete Tiere dürfen nicht vor Abschluß des Entblutens aufgehängt werden. [3]Bei Tötungen ohne Blutentzug dürfen weitere Eingriffe am Tier erst nach Feststellung des Todes vorgenommen werden.

(5) [1]Wer einen Fisch schlachtet oder tötet, muß diesen unmittelbar vor dem Schlachten oder Töten betäuben. [2]Ohne vorherige Betäubung dürfen

1. Plattfische durch einen schnellen Schnitt, der die Kehle und die Wirbelsäule durchtrennt, und

2. Aale, wenn sie nicht gewerbsmäßig oder sonst höchstens bis zu einer Zahl von 30 Tieren pro Tag gefangen und verarbeitet werden, durch einen die Wirbelsäule durchtrennenden Stich dicht hinter dem Kopf und sofortiges Herausnehmen der Eingeweide einschließlich des Herzens

geschlachtet oder getötet werden.

(6) [1]Wirbeltiere dürfen nur nach Maßgabe der Anlage 3 betäubt oder getötet werden. [2]Bei Hausgeflügel ist eine Betäubung entbehrlich, wenn das Schlachten oder Töten bei Schlachtungen für den Eigenbedarf und durch schnelles, vollständiges Abtrennen des Kopfes erfolgt. [3]Bei Hausgeflügel mit Ausnahme von Puten, Enten und Gänsen kann im Rahmen der Bandschlachtung bei Einzeltieren auf eine Betäubung verzichtet werden, wenn das Schlachten oder Töten durch schnelles und vollständiges Abtrennen des Kopfes erfolgt.

(7) [1]Der Betreiber einer Brüterei hat sicherzustellen, daß nicht schlupffähige Küken nach Beendigung des Brutvorganges unverzüglich getötet werden. [2]Dies kann zusammen mit den übrigen Brutrückständen in einem Homogenisator erfolgen.

(8) [1]Krusten- und Schalentiere, außer Austern, dürfen nur in stark kochendem Wasser getötet werden; das Wasser muß sie vollständig bedecken und nach ihrer Zugabe weiterhin stark kochen. [2]Abweichend von Satz 1 dürfen

1. Taschenkrebse durch mechanische Zerstörung der beiden Hauptnervenzentren sowie

2. Schalentiere in über 100 Grad Celsius heißem Dampf

getötet werden.

I. Anwendungsbereich

1 Die Vorschriften des gesamten Abschnitts 4 gelten nicht etwa nur für Schlachtbetriebe (s. § 2 Nr. 7), sondern für jeden Ort, an dem Schlachtungen vorgenommen werden, also auch für Hausschlachtungen. – Die §§ 12 und 13 regeln das Ruhigstellen und Betäuben nicht nur für den Fall, dass das Tier anschließend geschlachtet (d. h. durch Blutentziehung getötet) wird, sondern auch für alle anderen Tötungen, die in den Anwendungsbereich der VO fallen (s. § 1 Rn. 1).

II. Betäubung nach Abs. 1

2 **Allgemeine Anforderungen an die Betäubung nach Abs. 1.** Um tierschutzgerecht zu sein, muss die Betäubung vier Anforderungen erfüllen: **1.** Sie muss das Tier in einen Zustand völliger Empfindungs- und Wahrnehmungslosigkeit versetzen (Totalbetäubung). – **2.** Dieser Zustand muss bis zum Tod des Tieres anhalten, d. h. ein vorzeitiges Wiedererwachen muss ausgeschlossen sein. – **3.** Er muss schnell herbeigeführt werden. – **4.** Es dürfen auf dem Weg dorthin, insbesondere bei der Vorbereitung der Betäubung, dem Tier weder Schmerzen noch Leiden zugefügt werden; sie müssen nach dem klaren Wortlaut vermieden werden, auch wenn dies einen erhöhten Zeit- oder Arbeitsaufwand bedingt. – Abs. 1 verlangt die Wahl eines Betäubungs- und Tötungsverfahrens, das die Einhaltung aller vier Anforderungen sicherstellt. Die Rechtmäßigkeit eines Verfahrens beurteilt sich deswegen nicht danach, was für die betreffende Tierart praxisüblich geworden ist, sondern danach, ob es eine ausreichend tiefe, ausreichend lang anhaltende, schnell wirkende sowie schmerz- und leidensfreie Betäubung mit hinreichender Sicherheit gewährleistet. – In der

amtl. Begr. wird zusätzlich ausgeführt: „Aus Tierschutzsicht ist eine Betäubung, die unabhängig von einem Entbluten in den Tod übergeht, besonders erstrebenswert. Sie stellt sicher, dass ein zwischenzeitliches Erwachen – und somit Entbluten der Tiere bei Bewusstsein – ausgeschlossen ist. Untersuchungen bei Schweinen und Geflügel haben ergeben, dass Betäubungsverfahren, die diese Kriterien erfüllen, keine Qualitätseinbußen des Fleisches zur Folge haben. Auch bestehen keine fleischhygienerechtlichen Bedenken, wenn den sonstigen Bestimmungen des Fleischhygienerechts Rechnung getragen wurde" (BR-Drucks. 835/96 S. 39). – Nachfolgend werden in Rn. 3–10 die für Schweine, Rinder und Geflügel gebräuchlichen Schlachtverfahren darauf untersucht, ob sie den Anforderungen des Abs. 1 entsprechen.

Abs. 1 und die Buchtenbetäubung von Schweinen. Bei diesem Verfahren werden die Schweine in der Gruppe in eine Betäubungsbucht getrieben, dort einzeln mit einer Betäubungszange ergriffen und durch eine Hirndurchströmung elektrisch betäubt. Die Methode enthält ein hohes Risiko von Fehlbetäubungen, das mit der Betäubungsgeschwindigkeit noch zunimmt (vgl. *Briese* et al. Fleischwirtschaft 1997, 721, 722). Besondere Risikofaktoren: Die Betäubungszange wird wegen der Flucht- und Abwehrbewegungen des Schweins nicht an den richtigen Stellen angesetzt; beim Umfallen des Tieres rutschen die Elektroden vorzeitig ab und müssen dann neu angesetzt werden, wobei fraglich ist, ob ein solcherart gestresstes Tier überhaupt noch richtig betäubt werden kann; eine kombinierte Hirn- Herz- Durchströmung, die das vorzeitige Wiedererwachen ausschließen könnte, findet nicht statt. Folgen: Die Schweine werden häufig durch den elektrischen Strom nur ruhiggestellt und sind während des Stechens und Entblutens nicht empfindungs- und wahrnehmungslos (vgl. *v. Wenzlawowicz* et al. Fleischwirtschaft 1996, 1108). Die Buchtenbetäubung entspricht damit nicht den Anforderungen des Abs. 1. Sie widerspricht auch Anh. B Nr. 3 der EU-Schlachtrichtlinie: „Tiere, die durch mechanische oder elektrische Betäubungsgeräte am Kopf betäubt oder getötet werden, sind in eine solche Lage oder Stellung zu bringen, dass das Gerät problemlos, exakt und so lange wie nötig angesetzt und bedient werden kann". Zwar schreibt § 12 Abs. 1 S. 4 zur Umsetzung der Richtlinie die Einzelfixierung vor, beschränkt dies aber auf die größeren Schlachtbetriebe (s. dort Rn. 1), während die Richtlinie die Wahl sicherer Betäubungsverfahren unabhängig von der Betriebsgröße fordert. – Besonders schwer wiegt der Verstoß gegen Abs. 1, wenn das Verfahren der Buchtenbetäubung (wie in der Praxis üblich) mit Schlachtakkord und hoher Bandgeschwindigkeit kombiniert und so das Fehlbetäubungsrisiko weiter gesteigert wird (s. bei § 5 Rn. 5). 3

Abs. 1 und die Betäubung von Schweinen in Einzeltierfallen. Werden die Schweine einzeln ruhiggestellt und anschließend durch manuellen oder automatischen Elektrodenansatz betäubt, so sind für die Vereinbarkeit des jeweiligen Verfahrens mit Abs. 1 folgende Kriterien wesentlich: Ist ein schonendes Eintreiben in die Betäubungsfalle möglich? Findet dort eine weitgehend stressfreie Fixierung statt? Werden die Betäubungselektroden korrekt positioniert? Bleiben sie während der notwendigen Zeit in der richtigen Position? Führt die Fixierung der Tiere während der Durchströmung nicht zu einer zu starken Einengung? Findet eine kombinierte Hirn-Herz-Durchströmung statt? – Auf den schonenden Zutrieb und das stressfreie Fixieren kommt es besonders an, weil die Zahl schlecht betäubter Tiere umso höher ist, je aufgeregter die Tiere sind (vgl. *v. Holleben* et al. Freiland-Journal 5/95, 10, 13; *v. Wenzlawowicz* anl. der Tagung von BTK und bsi am 28. 11. 2006: Bei gestressten Tieren ist es durchaus möglich, dass sie nicht mehr richtig betäubt werden können). – Die kombinierte Hirn-Herz-Durchströmung wäre wichtig, weil es in Schlachtbetrieben mit alleiniger Hirndurchströmung nicht selten zum Wiedereintritt des Empfindungs- und Wahrnehmungsvermögens während des Entblutens kommt, obwohl die Schweine scheinbar ordnungsgemäß betäubt worden sind. Anzeichen für solche Fehlbetäubungen sind: Wiedereinsetzen regelmäßiger Atmung; Reaktion auf Schmerzreize, zB auf einen Stich in die Rüsselscheibe; Reaktion auf Berührung der Augenhornhaut (Kornealreflex); Blinzeln; gerichtete Augenbewegungen; Lautäußerungen; gerichtete Bewe- 4 gungen; Fußreflex als Reaktion auf ein Kneifen in die hintere Klaue; Aufsteh- bzw. Aufrichteversuche; Schreien. Bei hängender Entblutung sind diese Zeichen ungleich schwerer zu erkennen, gleichwohl aber vorhanden. Deshalb entspräche es den Anforderungen des Abs. 1, außer den Kopfelektroden auch eine Herzelektrode durch den Betäuber ansetzen zu lassen, so dass der Strom nach der Hirndurchströmung (Betäubung) dorthin fließt, ein Herzkammerflimmern auslöst und so eine bis zum Tod anhaltende Totalbetäubung sicherstellt. Zu negativen Auswirkungen auf Fleischqualität oder Entblutung führt dieses Verfahren nicht (vgl. *Briese*, Beurteilung neuer elektrischer Betäubungsverfahren für Schweine in: DVG 1996 S. 53, 63; vgl. auch BR-Drucks. 835/96 S. 39).

5 **Abs. 1 und die automatische Hochvoltbetäubung.** Bei diesem Verfahren werden die Tiere nach dem Betreten der Betäubungsbucht von einem Restrainer einzeln erfasst und bis in den Einsatzbereich der Elektroden vorgeschoben. Je nach System wird dann durch das Auseinanderschieben der in den Gang hängenden Elektroden mit dem Kopf oder durch Tiererkennung mittels Lichtschranke der Stromfluss ausgelöst. Ein beträchtliches Risiko für Fehlbetäubungen besteht, weil die Elektrodenposition an ein „Normschwein" angepasst ist und es deshalb bei Tieren mit Abweichungen in Kopfform, Gewicht, Körpergröße oder bei unruhigen Tieren zu fehlerhaftem Elektrodenansatz kommen kann (vgl. EFSA 2004, 9.3.1.4: Korrekter Elektrodenansatz würde es erfordern, die Tiere individuell zu fixieren; aber wie realistisch ist dies unter den Bedingungen des Schlachtakkords? S. auch Anlage 3 Teil II Rn. 1).

6 **Abs. 1 und die CO_2-Betäubung von Schweinen.** Bei den üblichen Anlagen werden die Tiere zu zweit in eine Gondel eingetrieben; diese senkt sich dann in eine Grube mit hohen CO_2-Konzentrationen (vorgeschrieben sind 80%); nach einer Gasexpositionszeit von mindestens 100 Sekunden wird die Gondel mit den betäubten Tieren wieder hochgefahren, die Tiere werden angeschlungen, gestochen und entblutet. – Nachteile: Die anästhesierende Wirkung von CO_2 setzt nicht sofort ein, so dass die Schweine für einen mehr oder minder langen Zeitraum an Atemnot, bedingt durch den Überschuss an CO_2 im Blut, leiden; Strampelbewegungen, Kopfschütteln, Zurückweichen, Fluchtversuche, Lautäußerungen und Schnappatmung wegen des schleimhautreizenden Effekts von CO_2 zeigen das Leiden der Tiere vor dem Einsetzen der Betäubung an; außerdem entsteht sowohl beim Eintreiben in den Vereinzelungsgang als auch in die (den Tieren als Sackgasse erscheinende) Gondel starker Stress; Fehlbetäubungen, u.a. aufgrund zu niedriger CO_2-Konzentration oder zu kurzer Verweildauer sind nicht selten (vgl. DTBl. 2004, 3: bis zu 15% Fehlbetäubungen). Hinzu kommt, dass Schweine, wenn sie beim Eintritt in die Gondel gestresst sind, nur noch eingeschränkt narkosefähig sind (vgl. EFSA 2004, 9.1: Der Adrenalingehalt im Blut bei Schweinen beträgt unter normalen Haltungsbedingungen 60 ng/l; durch den Transport steigt er auf 300 ng/l an; im Stichblut von elektrobetäubten Schweinen findet man 30000 und im Stichblut von CO_2-betäubten Schweinen über 100000 ng/l). – Untersuchungen, die im Rahmen eines BMELV-Forschungsauftrags in 35 Betrieben durchgeführt wurden, ergaben u.a., dass beim Verlassen der CO_2-Anlage 12% der Tiere auf die Berührung der Hornhaut des Auges und 4,8% auf das Anlegen der Anschlinghaken reagierten, mithin also unzureichend betäubt waren. Durch folgende Maßnahmen ließe sich der Anteil fehlerhaft betäubter Schweine deutlich senken: Erhöhung der CO_2-Konzentration auf > 84%; Ausschluss von Schweinen von der CO_2-Betäubung, wenn sie äußerliche Anzeichen von Gewalteinwirkung (Schlagstriemen u.Ä.) zeigen (vgl. *v. Holleben/Schütte/v. Wenzlawowicz* DTBl. 2002, 372; vgl. auch EFSA 2004, 9.1: 38% der Schweine, die mit 80% CO_2 betäubt worden waren, zeigten bereits 25–30 Sekunden nach dem Verlassen der Anlage auf Berührung mit dem Finger einen positiven Kornealreflex; bei 90% CO_2 waren es nur noch 11%; 9% der Schweine aus der 80%-Atmosphäre reagierten auf einen Stich in den Rüssel; bei den Tieren aus der 90% Atmosphäre waren es dagegen 0%). – In Dänemark sind Systeme im Gebrauch, die den Drang der Schweine zur Vorwärtsbewegung und andere arttypische Verhaltensweisen ausnutzen und auf diese Weise den Stress vor der Betäubung mindern. Maßnahmen dabei sind: Len-

kung durch bewegliche Gatter statt durch Elektrotreiber; kein Treiben von Gruppen mit mehr als 15 Tieren; Verwendung von Gängen, bei denen die Schweine nebeneinander laufen können; CO_2-Gondeln, die Gruppen von fünf Tieren aufnehmen können; nach dem Absenken der Gondel schnelles Erreichen einer hohen CO_2-Konzentration (90% innerhalb von 15 Sekunden); Verweildauer 120–140 Sekunden (vgl. *Christensen/Barton Gade* Fleischwirtschaft 1997, 604ff.). – Eine Gasbetäubung mit Argon oder einem Stickstoff-Argon-Gemisch wäre weitaus tierschutzgerechter als mit CO_2 (vgl. EFSA 2004, 9.4.2: „überwältigende Beweise", dass die Betäubung mit Argon die tierschutzgerechteste Methode wäre). Zwar sind bei Verwendung von 95% Argon längere Gasexpositionszeiten notwendig (normalerweise > 180 Sekunden; bei einem Auswurf-Stech-Intervall von mehr als 20 Sekunden sogar > 210 Sekunden); jedoch könnte durch die Anwendung eines Zwei-Stufen-Systems (nämlich Einleitung der Betäubung in Argon und anschließende Vertiefung in CO_2) die Gesamtexpositionszeit auf 100 Sekunden verringert werden. Die Argumente gegen Argon sind, dass für ein solches zweistufiges System neue Anlagen konzipiert werden müssten und dass bei Betäubungen mit Argon die Häufigkeit des Vorkommens von Blutpunkten in der Muskulatur speziell des Schinkens ansteige (als Folge der krampfartigen Muskelkontraktionen der Hintergliedmaßen in der Exzitationsphase). Solche rein wirtschaftlichen Erwägungen sind aber kein rechtfertigender Grund für die Beibehaltung der erheblichen Belastungen, denen die Tiere in den praxisüblichen CO_2-Anlagen und auch bei der Elektrobetäubung ausgesetzt sind.

Abs. 1 und der „Piglift". Für den Bereich der Elektrobetäubung dürfte der „Piglift", 7
der vom Beratungs- und Schulungsinstitut für schonenden Umgang mit Zucht- und Schlachttieren (bsi) zusammen mit einer Schlachttechnikfirma entwickelt worden ist, den Anforderungen des Abs. 1 am ehesten entsprechen: Die Schweine werden aus einer Abholposition, die sich vom Treibgang kaum unterscheidet, mittels einer Trägerschiene, die sich zwischen ihren Beinen hebt, in Brust-Bauchlage angehoben und auf diese Weise ohne Einengung ruhiggestellt; die Trägerschiene fährt anschließend mit dem liegenden Tier nach vorn in die Betäubungsposition; dort werden die Elektroden manuell an Kopf und Brustwand angelegt; danach gelangen die betäubten Tiere durch Absenken des Trägerschlittens auf die Liegendentblutung, während der Schlitten wieder in die Ausgangsposition zurückfährt und das nächste Schwein abholt. Vorteile: Die Schweine betreten die Position, aus der sie angehoben werden, idR ohne Zwang; weder das Anheben noch das Vorfahren in die Betäubeposition noch das Anlegen der Elektroden löst bei den liegenden Tieren Abwehrbewegungen aus; richtiger Elektrodenansatz und Hirn-Herz-Durchströmung sind ohne Schwierigkeiten möglich; die 10-Sekunden-Frist zwischen Beginn der elektrischen Durchströmung und Entblutungsschnitt (vgl. Anlage 2 zu § 13 Abs. 3) kann eingehalten werden. – Das Prinzip soll mittlerweile von der Fa. Stork (NL) in das sog. MIDAS-System übernommen worden sein.

Abs. 1 und die Bolzenschussbetäubung von Rindern. Bei der Verwendung des Bol- 8
zenschussgeräts kommt es darauf an, den nur zweimarkstückgroßen Zielbereich an der Stirn durch richtiges Ansetzen des Schussapparates mit der erforderlichen Genauigkeit zu treffen. Zu Fehlbetäubungen kommt es u.a., wenn das Gerät nicht senkrecht oder nicht genau an der richtigen Stelle angesetzt wird. In den meisten Betäubungsfallen findet eine ausreichende Ruhigstellung des Kopfes, mit der dies sichergestellt werden könnte, nicht statt. Einrichtungen zur Einschränkung der Kopfbewegung vor dem Bolzenschuss sind aber notwendig, um regelmäßig eine sichere Betäubungswirkung erzielen zu können (vgl. TVT-Stellungnahme vom 20. 6. 2001 zu Missständen im Zusammenhang mit der Bolzenschussbetäubung bei Rindern; s. auch § 12 Rn. 1). Untersuchungen unter Praxisbedingungen ergaben, dass bei etwa 4% der Rinder ein zweiter Schuss nötig war; die Fehlbetäubungen waren auf eine unzureichende Kopf-Fixierung und auf eine falsche Position des Betäubers zurückzuführen (EFSA 2004, 7.1.1.4). – Früher war es üblich, im Anschluss an den Bolzenschuss mit einem Stab, der durch das Einschussloch eingeführt wurde, das Rückenmark der Tiere zu zerstören, was zu einer Ausschaltung der motorischen Zentren

geführt hat. Seit 1. 1. 2001 ist aber dieser „Rückenmarkszerstörer" bei Schlachtungen nicht mehr erlaubt. Fehlbetäubungen können damit nicht mehr überdeckt werden, sondern werden offenkundig, insbesondere durch Lautäußerungen, Kopf- oder Augenbewegungen, Abwehrbewegungen, Sich-Aufrichten, regelmäßige Atmung, Kornealreflex. Besonders hoch ist das Fehlbetäubungsrisiko, wenn die Betäuber unter Zeitdruck stehen und die Tiere durch den vorangegangenen Zutrieb (Elektrotreibereinsatz) erregt sind (vgl. auch TVT-Stellungnahme aaO: Reflektorische Beinbewegungen treten bei korrektem Ansatz des Bolzenschussapparates wesentlich seltener auf als bei von der idealen Schussposition abweichendem). – Maßnahmen, mit denen sich Fehlbetäubungen zuverlässig vermeiden ließen, wären: Verzicht auf den Schlachtakkord (vgl. BT-Drucks. 13/7015 S 29; s. auch § 3 Rn. 4); häufigere Kontrollen der Betäubungsvorgänge durch den amtlichen Tierarzt (vgl. auch Art. 6 Abs. 1 S 2 der EU-Schlachtrichtlinie: „regelmäßige Kontrollen"); Einsatz von Videotechnik zur ständigen Überwachung der Betäubungsfallen und des Zutriebs, solange wegen Personalknappheit die ununterbrochene persönliche Anwesenheit des amtlichen Tierarztes an der Betäubungsbox nicht gewährleistet werden kann. Zwar könnte durch eine solche technische Überwachung das Persönlichkeitsrecht des Betäubungspersonals tangiert werden; da aber nicht der private, sondern nur der berufliche Bereich betroffen ist, erscheint das angestrebte Ziel, Fehlbetäubungen auszuschließen, im Licht von Art. 20a GG als höherwertig, zumal das Filmmaterial nur der Überwachungsbehörde zugänglich wäre, anonymisiert werden könnte und außerdem die Überwachung durch einen ständig anwesenden amtlichen Tierarzt ohnehin hingenommen werden müsste (vgl. TVT DTBl. 2005, 870: „Überwachung des Tierschutzes am Schlachthof derzeit nicht zufriedenstellend", u.a. wegen „zu geringer Kontrollressourcen aufgrund der Überlastung vieler Veterinärämter sowie zunehmendem wirtschaftlichen Druck in den Schlachtbetrieben"). – Das ehemalige BgVV hatte eine Checkliste für die Überwachung herausgegeben (www.bfr.bund.de; Stichworte BSE-Schlachttechnik).

8a **Abs. 1 und das Schlachten von Freilandrindern.** Um Rindern, insbesondere frei lebenden Weiderindern die Ängste und Leiden zu ersparen, die mit dem Einfangen, dem Transport und dem Fixieren vor der Anbringung des Bolzenschusses verbunden sind, sind verschiedene Verfahren des mobilen Schlachtens entwickelt worden. – Eines dieser Verfahren wird von einem Landwirt in der Nähe von Balingen/BW angewendet (vgl. dazu VGH Mannheim NVwZ-RR 2001, 380): Hat sich das zur Schlachtung vorgesehene Rind in einiger Entfernung von der Herde auf der Weide niedergelegt, so fährt eine mit der Herde vertraute Betreuungsperson mit einer an einen Traktor angebauten Mobilen Schlachtbox (MSB) in die unmittelbare Nähe des Tieres. Das liegende Rind wird daraufhin aus einer Distanz von 1–5 m mit einem Präzisionsschuss in die Stirn betäubt; als Betäubungsgerät dient eine schallgedämpfte Marlin SL 9 mit optischer Zielhilfe und unter Verwendung von sog. Unterschall-Munition. Sobald das Tier betäubt ist, wird es mechanisch in die MSB gehoben und dort in bewusstlosem Zustand mittels Halsstich entblutet; das Blut läuft durch den Gitterboden in darunter liegende Wannen. Anschließend wird es in der MSB zur dezentral gelegenen Schlachtstätte transportiert und dort weiter verarbeitet. Der VGH Mannheim hat das waffenrechtliche Bedürfnis für diese Art der Schlachtung bejaht und die Behörde zur Erteilung der nach § 45 Abs. 1 WaffG notwendigen Schießerlaubnis verurteilt. Das von dem Landwirt verfolgte Konzept der sanften Tötung, um den Tieren den Fang-, Transport- und Fixierstress zu ersparen, stelle ein berücksichtigenswertes Interesse dar, zumal dadurch auch die mit diesem Stress einhergehenden schädlichen Auswirkungen auf die Fleischqualität vermieden würden. Unter den vom Kläger hergestellten Bedingungen könne von einer praktisch hundertprozentigen Trefferquote auch auf eine vergleichsweise kleine Zielfläche ausgegangen werden. Die Betäubungswirkung dieser Methode sei derjenigen des Bolzenschusses sogar überlegen. – Wenn das Treffen des relativ kleinen Zielpunktes sichergestellt werden kann, entsprechen derartige Verfahren den Anforderungen aus Abs. 1 eher als die herkömmliche Bolzenschussbetäubung, weil sie dem Tier die mit der Vorbereitung des Bolzenschusses einhergehenden erheblichen Aufregungen und Ängste ersparen. – Zur Betäubung von Wasserbüffeln mittels Kugelschuss vgl. *Meyer/Fiedler* AtD 2005, 20.

Die **Betäubung und Tötung von Rindern mittels Strom** geschieht relativ selten, wird aber bei Seuchenzügen als eine Methode der Wahl angesehen. Da es nach einem Seuchenausbruch üblich geworden ist, große Tierzahlen möglichst rasch zu töten und zu entsorgen, besteht hier in besonderem Maße die Gefahr, dass wegen des erheblichen Zeitdrucks und des Mangels an Personal und Ausrüstung dem „Wie" des Sterbens zu wenig Aufmerksamkeit geschenkt wird. – Welche Stromstärke für die Kopfdurchströmung innerhalb der ersten Sekunde erreicht und wie lange sie gehalten werden muss, regelt Anlage 3 Teil II Nr. 3.2 (allerdings werden für Kälber anstelle der vorgeschriebenen 1,0 Ampère mindestens 1,5 Ampère für notwendig gehalten; vgl. *Maurer/Forster* S. 5; vgl. auch EFSA 2004, 7.2.2.2: mindestens 1,25 Ampère). Für die an die Betäubung anschließende Brustdurchströmung, die ein Herzkammerflimmern auslösen und so den Tod herbeiführen soll, werden anstelle der in Anlage 3 Teil II Nr. 3.3 vorgeschriebenen 8 Sekunden zur Sicherstellung 30–50 Sekunden empfohlen (*Maurer/Forster* S. 5). Die Rinder müssen vor der Betäubung schonend fixiert werden, da sonst durch das unkontrollierte Niederstürzen nach dem Zangenansatz die Elektroden verrutschen können oder gar die Zange dem Betäuber aus der Hand gerissen werden kann und es damit zu einer Fehlbetäubung kommt. Fehlbetäubungen, aber auch andere Schmerzen oder Stress führen dazu, dass durch die Ausschüttung inhibitorischer Transmitter (GABA und Glycin) im Gehirn kein epileptiformer Anfall mehr ausgelöst werden kann. Die Tiere müssen dann entweder mittels Bolzenschuss oder erst nach einer längeren Ruhephase erneut mit Strom betäubt werden. Ein „3-Elektroden-Gerät", bei dem die Kopfzange mit einer Stabelektrode für die Herzdurchströmung gekoppelt ist, ermöglicht es, dass mit der Herzdurchströmung unmittelbar nach Beginn der Kopfdurchströmung begonnen wird (vgl. *Maurer/Forster* S. 6). Symptome einer mangelhaften Betäubung sind auch hier u. a.: Kornealreflex; regelmäßige Atmung; gerichteter Blick (insbesondere willkürliche Bulbusbewegung, Reaktion auf Drohgebärden oder Pupillenbewegung); Kopfschütteln; Aufstehversuche; jegliche Lautäußerungen (*Maurer/Forster* S. 7). Eine Ampèreanzeige zur Kontrolle des Stromflusses ist zur Vermeidung von Fehlbetäubungen unerlässlich. 8b

Abs. 1 und die industrielle Geflügelschlachtung. In den Geflügelschlachtbetrieben mit Wasserbadbetäubung werden die Tiere nach ihrer Entnahme aus den Behältnissen mit den Ständern in die Bügel einer Förderkette eingehängt und anschließend mit dem Kopf nach unten hängend zu einem stromdurchflossenen Wasserbad transportiert. Die Betäubung erfolgt nach Eintauchen des Kopfes mittels Ganzkörperdurchströmung. Anschließend werden die hängenden Tiere zur automatischen Entblutungsmaschine gefahren und durch Halsschnitt entblutet. Um ein vorzeitiges Wiedererwachen zu verhindern, müssen die in Anlage 3 Teil II Nr. 3.4 festgelegten Mindeststromstärken und -stromflusszeiten eingehalten werden, wobei die Gesamtstromstärke in dem Wasserbecken der Zahl der gleichzeitig eingetauchten Tiere, multipliziert mit der Mindeststromstärke je Tier entsprechen muss (vgl. *Troeger* in: *Sambraus/Steiger* S. 523). Nachteile dieses Verfahrens: Bei der Entladung der Behältnisse kommt es infolge des üblichen hohen Zeitdrucks zu Blutungen und Knochenbrüchen im Bereich der Flügel und Ständer (Verstoß gegen § 5 Abs. 3 S. 3; s. dort Rn. 6 und 7); das Einhängen ist extrem stressbehaftet und führt zu heftiger Gegenwehr mit Flügelschlagen und Lautäußerungen sowie Schmerzen (zB wurden bei 80–90% der eingehängten Puten Verletzungen mit Blutaustritt an der Kontaktstelle der Ständer zu den Schlachtbügeln festgestellt; vgl. dazu *v. Wenzlawowicz* et al. DtW 2000, 116, 117); das kopfunter Hängen verursacht bei allen Tieren, besonders aber bei Puten erhebliche Kreislaufbelastungen; heftiges Flügelschlagen führt zu weiteren Verletzungen; ein erheblicher Teil des Geflügels wird nicht richtig betäubt, weil die Tiere den Hals und Kopf nach oben biegen (Stellreflex) und dadurch nicht zuerst mit dem Kopf, sondern mit den Flügeln oder der Brust in das Wasserbecken eintauchen; bei Puten stellt sich das Problem, dass die Flügel weiter nach unten hängen als die Köpfe, so dass sie vorzeitige Stromstöße erhalten, 9 bevor sie das Bewusstsein verlieren (oder deswegen nicht mehr richtig betäubt werden); kleine Tiere gelangen mit dem Kopf nicht ins Wasser und bleiben unbetäubt; wegen der Bewegungen der nicht ausreichend betäubten Tiere kommt es anschließend zu Fehlern bei der Entblutung (vgl. *v. Wenzlawowicz* et al. aaO; *Barton-Gade/v. Holleben/v. Wenzlawowicz* Fleischwirtschaft 11/2001, 22; s. auch Kommentierung zu Anlage 3 Teil II zu Nr. 3.5). Aus Abs. 3 S. 5 und aus Anlage 3 Teil II Nr. 3.8 S. 3 geht hervor, dass der Verordnungsgeber mit einer erheblichen Zahl von Fehlbetäubungen und -entblutungen rechnet. Durch die üblichen hohen Schlachtgeschwindigkeiten von mehreren tausend Tieren je Stunde wird dieses Risiko weiter gesteigert.

9a Die **Geflügelbetäubung durch alleinige Kopfdurchströmung** erfolgt mit der Elektrozange, die manuell am Geflügelkopf angesetzt wird. Da hier der Strom im Gegensatz zur Ganzkörperdurchströmung nur durch den Kopf des Tieres fließt und die Funktion des Herzens unbeeinträchtigt bleibt, sind die Tiere nur für kurze Zeit betäubt. Deshalb ist es hier besonders wichtig, dass die Entblutung unverzüglich im Anschluss an die Betäubung durchgeführt wird: Bei Anwendung konstanter Wechselspannungen von 110 V/50 Hz wird für Hühner und Puten ein Höchstintervall von 15 Sekunden zwischen Ende der Durchströmung und Durchtrennung beider Halsschlagadern empfohlen; bei Betäubung von Hühnern mit Geräten, die konstante Ströme (100 mA/50 Hz) gewährleisten, sind es max. 20 Sekunden (vgl. *v. Wenzlawowicz/Boosen* et al. DTBl. 2006, 554: „Vorgaben, die aus tierschutzfachlicher Sicht unbedingt einzuhalten sind"). – Kriterien, denen die Betäubungsgeräte entsprechen müssen, sind: Möglichkeit zum schonenden Zuführen der Tiere und zur schonenden Ruhigstellung; sichere Platzierung der Elektroden; guter Kontakt der Elektroden; ausreichende Spannung; schneller Stromanstieg; Anzeige der Mindeststromflussdauer von 4 Sekunden; Anzeige für fehlerhafte Stromstärkeverläufe (vgl. *v. Wenzlawowicz/Boosen* et al. DTBl. 2006, 556).

10 **Abs. 1 und die Gasbetäubung von Puten.** Die Tiere werden entweder in ihren Behältnissen in die Betäubungsanlage verbracht oder das Behältnis wird vorher auf ein Förderband gekippt. In einem V-förmigen Tunnel werden sie einem Kohlendioxidgemisch ausgesetzt. Nach dem Verlassen der Anlage werden sie an den Beinen aufgehängt und mittels Halsschnitt entblutet. Vorteile gegenüber dem Verfahren nach Rn. 9: Man braucht die Tiere nicht mehr kopfüber bei vollem Bewusstsein in das Förderband zur Wasserbadbetäubung einzuhängen; Schmerzen und Fehlbetäubungen durch Stromschläge an den Flügelspitzen, durch zu geringe Stromstärken oder dadurch, dass einzelne Tiere keine Ganzkörperdurchströmung erhalten, werden vermieden; Muskelblutungen werden reduziert. Nachteile: Durch aversive Reaktionen in der Einleitungsphase der Betäubung werden Angst, Schleimhautbrennen, Erstickungsgefühl und andere Leiden angezeigt (u.a. Unruhe, Hin- und Hertreten, Kopfschütteln, weites Schnabelöffnen, Flügelschlagen, Dorsoreflexion des Halses, Fluchtversuche). Die Betäubung dauert bei Verwendung eines CO_2/O_2-Gemischs bei Puten bis zu 65 und bei Broilern ca. 41 Sekunden und erfolgt damit weder schnell noch ohne Leiden (vgl. EFSA 2004, 10.5: erhebliche Zeit bis zum Verlust des Bewusstseins; aversive Reaktionen bis dahin; die Lungen von Vögeln sind gegenüber Kohlendioxid wahrscheinlich noch empfindlicher als die von Säugetieren). – Eine Gasbetäubung mit Argon oder einem Stickstoff-Argon-Gemisch wäre tierschutzgerechter als mit CO_2 (vgl. *Barton-Gade/v. Holleben/v. Wenzlawowicz* Fleischwirtschaft 11/2001, 22, 24; vgl. auch EFSA 10.6.3: keine aversiven Reaktionen bei Verwendung von Edelgasmischungen). Durch Anwendung einer zweistufigen Gasbetäubung, d.h. Einleitung der Betäubung in Argon und Vertiefung in CO_2, könnte die Gesamtexpositionszeit auf 100 Sekunden verringert werden. Dass für ein solches zweistufiges System neue Anlagen konzipiert werden und entsprechende Mehrkosten aufgewendet werden müssen, ist kein rechtfertigender Grund für die Beibehaltung der erheblichen Belastungen, denen die Tiere bei der praxisüblichen CO_2-Betäubung ausgesetzt sind.

III. Überprüfung der Geräte, Abs. 2

Nach S. 1 müssen alle Betäubungsgeräte und -anlagen an jedem Arbeitstag vor ihrer jeweiligen Inbetriebnahme durch eine sachkundige Person, die etwaige Störungen sofort erkennen kann, überprüft werden. U. a. stellen korrodierte oder verschmutzte Elektroden oder feucht gewordene Patronen Risiken für eine ordnungsgemäße Betäubung dar. Bolzenschussapparate müssen darüber hinaus nach den waffenrechtlichen Bestimmungen jeweils nach Ablauf von zwei Jahren, bei wesentlichen Funktionsmängeln jedoch unverzüglich dem Hersteller oder dessen Beauftragten zur Prüfung vorgelegt werden. – Mindestens ein Ersatzgerät muss zu jeder Zeit einsatzbereit sein, also auch während solcher Zeiten, in denen eines der Geräte ausgefallen ist oder sich in der Inspektion befindet. Lediglich bei Wasserbadbetäubungsanlagen wird nicht verlangt, eine komplette Ersatzanlage vorrätig zu halten. Aber: Kann wegen eines Defekts oder aus anderen Gründen Geflügel nicht sofort nach seiner Ankunft geschlachtet werden, so muss es nach Maßgabe von § 7 Abs. 2 mit Wasser und Futter versorgt werden (s. dort Rn. 3); auch dürfen die Tiere gemäß § 12 Abs. 2 keinesfalls länger als drei Minuten ohne Betäubung in den Schlachtbügeln hängen; Anlage 3 Teil II Nr. 3.8 (Betäubung oder Tötung unbetäubter Tiere von Hand) ist nicht etwa auf einen Ausfall der Wasserbadbetäubungsanlage anwendbar, sondern nur auf diejenigen Fälle, in denen trotz deren ordnungsgemäßer Funktion einzelne Tiere (zB weil sie zu klein waren) unbetäubt geblieben sind. – Aufgabe der zuständigen Behörde ist es im Rahmen ihres Betretungsrechts gemäß § 16 Abs. 3 S. 1 Nr. 1 TierSchG, die Geräte, Vorrichtungen und Ausstattungen zum Ruhigstellen, Betäuben, Schlachten oder Töten auf ihren Zustand und ihre Übereinstimmung mit den Anforderungen der VO zu überprüfen; sie muss sich „durch regelmäßige Kontrollen" vom einwandfreien Zustand versichern (Art. 6 Abs. 1 S. 2 EU-Schlachtrichtlinie). 11

IV. Entblutung, Abs. 3

Um ein Wiedererwachen der betäubten Tiere vor Abschluss des Entblutens zu vermeiden, muss nach S. 1 der Entblutungsschnitt sofort nach dem Betäuben geführt werden. Die Höchstfristen nach Anlage 2 müssen eingehalten werden, wobei bei der Elektrobetäubung der Beginn der elektrischen Durchströmung maßgeblich für den Beginn der 10- bzw. 20-Sekundenfrist ist (vgl. BR-Drucks. 835/96 S. 44: „Bei der Elektrobetäubung muss als Referenzzeitpunkt für die Dauer bis zum Entbluten der Beginn der Durchströmung herangezogen werden, da idR innerhalb der ersten Sekunde mit der Ausschaltung der Wahrnehmungs- und Empfindungsfähigkeit und dem Auftreten des epileptiformen Anfalls zu rechnen ist und längere Durchströmungsdauern nicht zu längeren Betäubungswirkungen führen"). Beispielsweise können elektrisch betäubte Schweine bereits 30 Sekunden nach Beginn des Stromflusses ihr Bewusstsein wiedererlangen. Bei elektrobetäubten Kälbern muss laut EFSA der Entblutungsstich innerhalb von max. 12 Sekunden gesetzt werden (vgl. EFSA 2004, 7.2.2.3). – Werden Betäubung und Entblutung durch ein- und dieselbe Person vorgenommen, so darf bei Pferden, Rindern, Schafen, Ziegen und Schweinen das nächste Tier erst betäubt werden, nachdem die Person den Entblutungsschnitt beim vorhergehenden Tier vorgenommen hat. Auch bei Fischen gilt, dass sie sofort nach der Betäubung entblutet werden müssen. – Wer entgegen S. 2 ein Tier, das bereits wieder empfindungs- und wahrnehmungsfähig geworden ist, vorsätzlich oder fahrlässig entblutet, handelt ordnungswidrig nach § 15 Abs. 2 Nr. 6 und auch nach § 18 Abs. 1 Nr. 6 i. V. m. § 4a TierSchG; auch eine Straftat nach § 17 Nr. 2b TierSchG kann vorliegen. Zu den Anzeichen für das Wiedererwachen bei Schweinen s. Rn. 4. Als unzureichend betäubt gelten insbesondere Tiere, bei denen der Lid- und/oder Cornealreflex auslösbar ist, die auf den Entblutestich oder zB einen Stich in die Rüsselscheibe reagieren 12 oder die deutliche Muskelaktivitäten zeigen (vgl. *v. Holleben,* Richtwerte: Vor und während der Entblutung sollte geprüft werden, ob Reaktionen auf Berühren des Auges, gerichtete Augenbewegungen, regelmäßige Atemzüge oder spontane Bewegungen wie Maulöffnen, Beinbewegungen, Aufrichtversuche feststellbar sind). Bei Geflügel werden Fehlbetäubungen u.a. angezeigt durch: Cornealreflex, regelmäßige Atmung, Flügelschlagen und/oder Lautäußerung. – Um den Entblutungserfolg nach S. 4 zu kontrollieren, kann bei Hohlmesserentblutung zB ein durchsichtiger Schlauch zur Blutableitung verwandt werden (BR-Drucks. 835/96 S. 40). – Wenn die Entblutung nicht rasch zu einem hohen Blutverlust führt, kann es selbst bei einer ordnungsgemäß durchgeführten Betäubung und Einhaltung der Fristen nach Anlage 2 zu einem vorzeitigen Wiedererwachen des Tieres kommen. Deshalb ist die Kontrolle der Entblutung im Rahmen der Überwachung der Schlachtbetriebe ebenso wichtig wie die der Betäubung.

V. Weitere Schlachtarbeiten, Abs. 4

13 Diese Vorschrift erscheint als offensichtlicher Ausdruck der Unsicherheit des Verordnungsgebers über die ausreichende Tiefe der Betäubung. Bewegungen der Tiere, die nach S. 1 weitere Schlachtarbeiten ausschließen, sind sowohl willkürliche Bewegungen als auch Stammhirnreflexe (zB Kornealreflex, Rüsselscheibenreflex), nicht dagegen kleine, ungerichtete Kontraktionen einzelner Muskelbündel. Die Auslösbarkeit von Schmerzreaktionen zeigt eine wieder vorhandene Empfindungs- und Wahrnehmungsfähigkeit an (vgl. BR-Drucks. 835/96 S. 40). Die EU-Schlachtrichtlinie sieht in Anh. D Nr. 2 S. 2 vor: „Nach Durchführung der Entblutungsstiche dürfen keine weitere Zurichtung oder Stromstöße erfolgen, bis das Entbluten abgeschlossen ist". – Nach S. 2 darf ein geschächtetes Tier erst nach Abschluss des Entblutens (und nicht etwa schon nach Eintritt der Bewusstlosigkeit oder wenn keine Bewegungen mehr wahrzunehmen sind) aufgehängt werden. Auch Art. 14 S. 1 zweiter Halbsatz des Europäischen Schlachttierübereinkommens bestimmt: „Beim rituellen Schlachten dürfen die Tiere vor Abschluss des Ausblutens nicht aufgehängt werden." Ein Versiegen des Blutflusses findet bei Schafen frühestens nach zwei und bei Rindern frühestens nach drei Minuten statt (s. auch § 4a TierSchG Rn. 30).

VI. Schlachten oder Töten von Fischen, Abs. 5

14 Nach S. 1 gilt das Betäubungsgebot auch für Fische. Wichtig ist, dass auch hier die Betäubung zu einem völligen Erlöschen des Empfindungs- und Wahrnehmungsvermögens führen und dieser Zustand bis zum Tod durch Entbluten anhalten muss. Koordinierte Bewegungen oder Reaktionen auf Schmerz erzeugende Reize zeigen an, dass der Fisch mit Sicherheit noch bei Bewusstsein ist; aber auch bei Augenbewegungen oder Bewegungen der Kiemen sollte man von einem fortbestehenden Empfindungsvermögen ausgehen; lediglich beim Fehlen jeglicher Muselaktivität und bei fehlenden Augen- und Kiemenbewegungen kann man eine Bewusstlosigkeit annehmen (EFSA 2004, 12.2, allerdings auch mit dem Hinweis, dass selbst solche Fische uU lediglich paralysiert oder erschöpft, aber durchaus noch empfindungsfähig sein können). – Die zulässigen Betäubungsverfahren regelt Anlage 3 Teil I. Forellen und Karpfen betäubt man häufig durch Kopfschlag (vgl. EFSA 2004, 12.4.1.1, wo als Nachteil u.a. auf das Fehlen genauer Kriterien für die richtige Anwendung dieser Methode und auf das Leiden der Tiere bei Fehlschlägen hingewiesen wird). In einigen Betrieben findet die Elektrobetäubung Anwendung. Sie kann zwar bei richtiger Anwendung zu einem sofortigen Bewusstseinsverlust führen; es gibt aber noch verhältnismäßig wenige Informationen über die für die einzelnen, zT sehr unterschiedlichen Arten richtigen elektrischen Parameter (EFSA 2004, 12.4.1.3). Kohlendioxid besitzt aus Tierschutzsicht keine Vorteile; Nachteile sind, dass der Bewusstseinsverlust erst rela-

tiv spät eintritt, die Fische in eine für sie belastende Umgebung eingebracht werden müssen und auch lediglich immobilisiert statt bewusstlos sein können (EFSA 2004, 12.4.2.1). – Bei der Tötung von Aalen ist die Betäubung mittels elektrischer Durchströmung inzwischen etabliert, wobei aber besonders auf die Einhaltung von Anlage 3 Teil II Nr. 3.11 geachtet werden muss (vgl. *Kleingeld* DtW 2005, 100, 102; *Müller* in: DVG 2001 S. 69ff. zum Plattenelektroden-Betäubungsapparat nach *Boosen*; *Oidtmann/Hoffmann* in: DVG 2003 S. 152, 157: Schlachtung großer Aalmengen nach wie vor ein Problem). – Für die Elektrobetäubung lässt Anlage 3 Teil II Nr. 3.10 offen, ob Wechsel- oder Gleichstrom eingesetzt werden soll. Beide Stromarten haben indes unterschiedliche Nachteile: Wechselstrom führt zu klonischen und tetanischen Krämpfen bei den Tieren; bei Gleichstrom hält der Betäubungseffekt nach dem Abschalten des Stroms nur für kurze Zeit an, so dass die Methode zur Schlachtung größerer Fischmengen nicht geeignet erscheint. Messungen haben außerdem sowohl für die Betäubung mit Gleichstrom als auch für CO_2 (zulässig nur für Salmoniden) eine erhebliche Ausschüttung von Stresshormonen ergeben. Relativ stressarm erscheint demgegenüber die Betäubung durch Kopfschlag oder durch die chemische Substanz Isoeugenol (Handelsname AQUI-S; vgl. *Oidtmann/Hoffmann* S. 152, 156: gute Betäubungswirkung außer bei Aalen; kein ausgeprägter Anstieg von Stresshormonen; damit eigentlich eine tierschutzgerechte Alternative zur Elektro- und CO_2-Betäubung; jedoch noch keine Zulassung in Deutschland). – Sonderregelungen, die vom Betäubungsgebot abweichen, bestehen nach S. 2 Nr. 1 und 2 für Plattfische und für Aale. Die amtl. Begr. weist allerdings auf bestehende Zweifel hin, ob beim Aal der die Wirbelsäule durchtrennende Stich für eine Bewusstseinsausschaltung ausreicht. Sie nennt deshalb für Aale die Elektrobetäubung oder -tötung „die Methode der Wahl“ (BR-Drucks. 835/96 S. 41). Gleichwohl lässt der Verordnungsgeber den Genickstich beim nicht gewerbsmäßigen Fang und sogar bei der gewerblichen Angel- oder Reusenfischerei zu, sofern die Zahl der täglich gefangenen Aale die Obergrenze von 30 nicht übersteigt (vgl. Beschluss, BR-Drucks. 487/99 S. 1). Mit dem Schmerzvermeidungsgebot nach § 4b S. 1 TierSchG erscheinen diese Ausnahmen nicht vereinbar. – In jedem Fall verboten ist das Entschleimen von Aalen ohne vorheriges Betäuben in Salz oder Ammoniaklösung sowie das „Prellen“.

VII. Wirbeltiere einschließlich Hausgeflügel, Abs. 6

Anlage 3 zu Abs. 6 wird im Anschluss an § 18 kommentiert. 15

Nach S. 2 wird für **Hausschlachtungen von Hausgeflügel** (vgl. § 2 Nr. 1) das Schlachten ohne Betäubung zugelassen, wenn es durch schnelles Enthaupten erfolgt. – Nach S. 3 wird für Geflügelschlachtbetriebe mit Bandschlachtung das **betäubungslose Enthaupten** bei Puten, Enten und Gänsen ausnahmslos verboten. Im Übrigen wird es erlaubt, wenn in Einzelfällen einzelne Tiere ungeplant im Wasserbecken nicht betäubt worden sind. Aber: „Es ist darauf zu achten, dass alle technischen Möglichkeiten zur Verbesserung der Betäubung ausgeschöpft werden und das Töten durch … Abtrennen des Kopfes auf den unvermeidbaren Einzelfall beschränkt bleibt“ (Beschluss, BR-Drucks. 487/99 S. 2). Möglicherweise müsste nach Anh. C Abschnitt III Nr. 2 der EU-Schlachtrichtlinie ein behördlicher Genehmigungsvorbehalt eingeführt werden. – Nach neuesten Erkenntnissen kann man nicht mehr davon ausgehen, dass es beim Enthaupten zu einer sofortigen Ausschaltung der Hirnfunktion kommt (vgl. *v. Holleben* et al. DtW 1999, 163, 165); demgemäß wird in der amtl. Begr. ausgeführt, auch bei Einzelschlachtungen von Geflügel sei die Durchführung einer geeigneten Betäubung (Kopfschlag oder besser Bolzenschuss mit einem Apparat für Kleintiere, Betäubung mit einer Elektrozange für Kleintiere) „aus Tierschutzsicht vorzuziehen“ (BR-Drucks. 835/96 S. 41, 42; vgl. auch Beschluss, BR-Drucks. 487/99 S. 2, wo für Hausschlachtungen von Puten, Enten und Gänsen die Betäubung durch Kopfschlag empfohlen wird). Damit aber ist fraglich, ob S. 2 und S. 3 mit der gesetzlichen Ermächtigung in § 4b S. 1 TierSchG in Einklang stehen, weil danach von meh- 16 reren Betäubungs- und Tötungsverfahren immer nur dasjenige erlaubt werden darf, das den Tieren am wenigsten Schmerzen bereitet, mag es auch mit einem höheren Kosten-, Arbeits- oder Zeitaufwand verbunden sein. Diesen Grundsatz kann man auch Art. 20 a GG entnehmen (s. dort Rn. 3, Schutz vor vermeidbaren Leiden); er müsste deshalb auch im Rahmen des hier als Ermächtigungsnorm herangezogenen § 4 b S. 1 Nr. 3 TierSchG Beachtung finden.

VIII. Küken, Abs. 7

17 Die **Tötung nicht schlupffähiger Küken** soll verhindern, dass nicht geschlüpfte Küken in Brutrückständen ersticken oder erdrückt werden.

IX. Krusten- und Schalentiere, Abs. 8

18 Bei der Tötung durch kochendes Wasser muss das Wasser stark kochen und die Tiere sofort vollständig bedecken. Es dürfen nicht so viele Tiere gleichzeitig eingegeben werden, dass das Wasser anschließend infolge Abkühlung nicht mehr stark weiterkocht und dadurch ein möglichst schnelles Töten verzögert wird. Andere Tötungsverfahren sind mit Ausnahme von S. 2 verboten („dürfen nur …“). – Die Tötung großer Krebse wie Hummer, Taschenkrebs u. a. durch Einwerfen in kochendes Wasser wird seit Jahrzehnten nicht nur von Tierschutzorganisationen, sondern auch von Wissenschaftlern kritisiert als ein Verfahren, das den Tieren mehr als notwendig Schmerzen zufüge und damit sowohl gegen § 3 TierSchlV als auch gegen § 4 b Abs. 1 Nr. 1 TierSchG verstoße. „Ein in dieser Weise behandelter großer Krebs stirbt nicht sofort; er zeigt vielmehr bis zu 15 Sekunden lang heftigste Abwehrreaktionen und Spasmen. Bei Taschenkrebsen kommt es dabei meist zur Autonomie, d. h. einem aktiven Abwerfen aller Extremitäten. All diese Verhaltensweisen würden wir aus menschlicher Sicht als Ausdruck extremen Schmerzes deuten. Selbst ein schließlich durch die Hitze paralysiertes Tier könnte noch für einen mehr oder weniger langen Zeitraum Schmerz empfinden“ (Biologische Anstalt Helgoland, BAH, Gutachten 2002 S. 2 unter Bezugnahme auf *Baker* 1955 und *Gardner* 1997). Das Töten in heißem Wasser ohne vorherige Narkose dauert mehrere Minuten und ist mit sichtbaren Qualen verbunden (vgl. *Richter* in: *Sambraus/Steiger* S. 815). Folgerichtig hat der „Animal Welfare Advisory Council“ in der Abteilung für Landwirtschaft des Bundesstaats New South Wales (Australien) Richtlinien herausgegeben, in denen er die Tötung von Krebsen in kochendem Wasser als unakzeptabel bezeichnet. Empfohlen wird stattdessen, die Tiere vor dem Abkochen in einem Eis-Salzwasser-Gemisch oder, wo dies nicht praktikabel ist, durch mechanische Zerstörung der Nervenzentren zu töten (BAH aaO S. 3, 4). – Nach neueren experimentellen Befunden können Hummer in mit Kochsalz gesättigtem Wasser innerhalb von 2–3 Minuten betäubt werden, so dass sie anschließend in heißem Wasser nicht mehr die o. e. aversiven Reaktionen zeigen (vgl. *Richter* aaO). Neuere Untersuchungen zeigen auch, dass bei Hummern eine elektrische Betäubung erfolgreich durchgeführt werden kann; entsprechende Geräte („crustastun®“) sind in Großbritannien auf dem Markt. Die Verordnung müsste daher, um mit § 4 b S. 1 Nr. 1 TierSchG vereinbar zu sein, iS einer obligatorischen Vorschaltung dieser Betäubungsmethode, zumindest aber iS der o. e. australischen Richtlinien abgeändert und so den neuen Erkenntnissen angepasst werden (zu dieser Nachbesserungspflicht s. auch Art. 20 a GG Rn. 14). Bereits nach gegenwärtiger Rechtslage bedeutet das betäubungslose Einwerfen von Hummern und anderen großen Krebsen in kochendes Wasser einen Verstoß gegen § 3 TierSchlV und gegen § 1 S. 2 TierSchG. – Der Transport der Hummer über große Distanzen würde wesentlich schonender und verlustärmer als praxisüblich verlaufen, wenn Bewegungsmöglichkeiten gewährt und ausreichende Sauerstoffversorgung sichergestellt würden (vgl. *Richter* aaO).

Die Sonderregelung in Satz 2 für Taschenkrebse beruht auf dem o.e. BAH-Gutachten. Danach sollen die Tiere zuerst mit der zwischen den Augen liegenden Frontalpartie voran kräftig auf eine ca. 1cm dicke Metallstange eines Fangkorbes aufgestoßen werden, so dass die Stange den Panzer durchschlägt und mindestens 3cm tief median in den Krebskörper eindringt, wodurch das Oberschlundganglion als Zentrum der Schmerzempfindung zerstört wird. Im unmittelbaren zeitlichen Anschluss daran soll auch das Rumpfganglion als Zentrum der Bewegungskoordination zerstört werden, indem die Tiere ventral direkt vor der Spitze des nach vorne umgeklappten Abdomens auf einen spitzen Hammer, der fest am Fangkorb montiert ist, aufgespießt werden („piercing"). Nach den bei der BAH durchgeführten Tests kann die Zerstörung dieser beiden Zentren innerhalb von weniger als 5 Sekunden erfolgen; die so behandelten Tiere hätten sich praktisch immer sofort als reaktions- und bewegungsunfähig erwiesen und ihre Extremitätenmuskulatur sei sofort spannungsfrei gewesen (BAH Gutachten 2002 S. 4, 5, allerdings auch mit dem Hinweis, dass diese Empfehlung nur für Taschenkrebse und andere Krabben gelte und nicht auf Hummer und andere langschwänzige Krebse übertragen werden könne). – Entsprechend den Erkenntnissen des BAH schreibt Satz 2 eine Doppelbehandlung, nämlich zuerst die Zerstörung des Oberschlund- und anschließend des Rumpfganglions vor. **18a**

X. Ordnungswidrigkeiten

Abs. 1 ist zwar in § 15 nicht erwähnt. Bei einem Verstoß kann aber eine Ordnungswidrigkeit nach § 18 Abs. 1 Nr. 5 TierSchG (Tötung eines Wirbeltieres ohne Betäubung) oder nach § 18 Abs. 1 Nr. 6 TierSchG (Schlachtung eines warmblütigen Tieres ohne Betäubung) vorliegen, wenn das Tier im Zeitpunkt des Entblutungsschnitts nicht oder nicht total betäubt ist bzw. bereits wieder erwacht ist, und der Täter dies weiß oder fahrlässig nicht weiß (s. § 4 TierSchG Rn. 20 und § 4a TierSchG Rn. 34). – Ein Verstoß gegen Abs. 2 S. 2 (Bereithalten einsatzbereiter Ersatzausrüstungen) ist eine Ordnungswidrigkeit gemäß § 15 Abs. 2 Nr. 5. – Verstöße gg. Abs. 3 S. 1, 2, 3 und 5 bilden Ordnungswidrigkeiten gemäß § 15 Abs. 2 Nr. 6 und 7 (Unterlassung des sofortigen Entblutens nach dem Betäuben; Nichteinhaltung der Höchstfristen nach Anlage 2; Entbluten trotz Anzeichen für ein Wiedererwachen, s. Rn. 12; kein Eröffnen mindestens einer Halsschlagader oder des entsprechenden Hauptblutgefäßes mit sofortigem starken Blutverlust; kein Sicherstellen, dass am Halsschnittautomaten nicht entblutete Tiere von Hand entblutet werden). – Ein Verstoß gg. eine der Pflichten aus Abs. 4 S. 1, 2 oder 3 bildet eine Ordnungswidrigkeit nach § 15 Abs. 2 Nr. 8 (Schlachtarbeiten trotz wahrnehmbarer Bewegungen; Aufhängen eines geschächteten Tieres vor Abschluss des Entblutens, vgl. dazu auch § 4a TierSchG Rn. 30; bei Tötungen ohne Blutentzug Eingriffe vor Feststellung des Todes). – Ordnungswidrig nach § 15 Abs. 2 Nr. 9 ist der Verstoß gegen das Gebot des Abs. 5, einen Fisch unmittelbar vor dem Schlachten oder Töten zu betäuben. – Eine Ordnungswidrigkeit nach § 15 Abs. 2 Nr. 11 bildet der Verstoß gegen Abs. 7 S. 1. – Zu Ordnungswidrigkeiten nach § 15 Abs. 2 Nr. 10 s. die Kommentierung zu Anlage 3 Teil I Rn. 1 und Teil II Rn. 13. **19**

§ 14 Behördliche Zulassung weiterer Betäubungs- oder Tötungsverfahren

(1) **Abweichend von § 13 Abs. 3 in Verbindung mit Anlage 2 kann die zuständige Behörde in begründeten Einzelfällen Abweichungen von der Höchstzeit zwischen Betäuben und Entbluteschnitt zulassen, wenn nachgewiesen wird, dass die Anforderungen des § 13 Abs. 1 erfüllt werden.**

(2) **Abweichend von § 13 Abs. 6 in Verbindung mit Anlage 3 kann die zuständige Behörde befristet**

1. andere Betäubungs- oder Tötungsverfahren zum Zwecke ihrer Erprobung zulassen;

2. andere Betäubungs- oder Tötungsverfahren für behördlich veranlaßte Tötungen zulassen, soweit die Tiere mit ihnen unter Vermeidung von Schmerzen oder Leiden sicher betäubt und getötet werden und weitere Eingriffe am Tier erst nach Feststellung seines Todes vorgenommen werden;

3. die Elektrokurzzeitbetäubung abweichend von Anlage 3 Teil II Nr. 3.2 mit einer Mindeststromflußzeit von zwei Sekunden und abweichend von Anlage 3 Teil II Nr. 3.3 bei Rindern über sechs Monaten ohne elektrische Herzdurchströmung als Betäubungsverfahren zulassen, soweit es erforderlich ist, den Bedürfnissen von Angehörigen bestimmter Religionsgemeinschaften zu entsprechen, denen zwingende Vorschriften ihrer Religionsgemeinschaft die Anwendung anderer Betäubungsverfahren untersagen.

(3) **Abweichend von § 13 Abs. 8 kann die zuständige Behörde zum Zwecke der Erprobung befristet das Töten tropischer Riesengarnelen in Eiswasser mit einer Temperatur von höchstens 0,5 Grad Celsius zulassen.**

1 Die **Zulassung weiterer Betäubungs- oder Tötungsverfahren** ist ein Verwaltungsakt, der im Ermessen der zuständigen Behörde steht und deshalb nach § 36 Abs. 2 VwVfG auch nach Ermessen mit Nebenbestimmungen versehen werden kann (vgl. BR-Drucks. 835/96 S. 42). In Betracht kommen insbesondere Auflagen, die zur Einhaltung der Anforderungen von § 13 Abs. 1 (s. dort Rn. 2) oder zur Wahrung der Grundsätze des § 3 (d.h. zum Schutz der Tiere vor vermeidbaren Aufregungen, Schmerzen, Leiden oder Schäden) geeignet und erforderlich erscheinen. In den Fällen des Abs. 2 ist eine Befristung obligatorisch.

2 **Zu Abs. 1.** Mit den in Anlage 2 festgelegten Höchstzeiten zwischen Betäubung und Entbluteschnitt soll das Erwachen der Tiere vor Abschluss des Entblutens vermieden werden (vgl. BR-Drucks. 835/96 S. 44). Abweichungen hiervon dürfen nur zugelassen werden, „sofern durch das verwendete Betäubungsverfahren und dessen Ausführung eine Rückkehr der Empfindungs- und Wahrnehmungsfähigkeit definitiv ausgeschlossen wird" (Beschluss, BR-Drucks. 487/99 S. 3). Die Nachweisführung ist Aufgabe des Betriebes.

3 **Erprobung nach Abs. 2 Nr. 1.** Gemeint sind hier Betäubungs- oder Tötungsverfahren, die sich bereits im Rahmen von Tierversuchen als mit dem Tierschutzgesetz und der Verordnung (insbesondere mit § 3 Abs. 1 und § 13 Abs. 1) vereinbar erwiesen haben (vgl. BR-Drucks. 835/96 S. 44). Die Behörde kann sie dann zur weiteren Erprobung in der Praxis zulassen.

4 **Behördlich veranlasste Tötungen nach Abs. 2 Nr. 2.** Die Behörde darf hierfür andere als die in Anlage 3 geregelten Verfahren zulassen, jedoch nur, soweit diese den Anforderungen des § 3 Abs. 1 und des § 13 Abs. 1 in vollem Umfang entsprechen. Dies ergibt sich auch aus Anh. E S. 2 der EU-Schlachtrichtlinie, der ausdrücklich auf Art. 3 der Richtlinie verweist („Beim Verbringen, Unterbringen, Ruhigstellen, Betäuben, Schlachten und Töten müssen die Tiere von vermeidbaren Aufregungen, Schmerzen und Leiden verschont bleiben"). Unzulässig ist insbesondere, bei Massentötungen zur Seuchenbekämpfung zum Zweck der Beschleunigung oder der Personaleinsparung Verfahren anzuwenden, die mit geringerer Sicherheit gewährleisten, dass Schmerzen, Leiden und Aufregungen vermieden werden; es darf also weder bei der Vorbereitung der Betäubung zu vermehrten Leiden oder Aufregungen kommen, noch dürfen die Tiefe und die notwendige Dauer des Betäubungszustandes gemindert werden. Weitere Eingriffe an den Tieren dürfen erst stattfinden, wenn deren Tod festgestellt worden ist. – Bei der Elektrotötung von Geflügel muss unbedingt gewährleistet werden, dass der Kopf zuerst und vor jedem anderen Körperteil in das Wasserbad gelangt, weil nur so der Betäubungseffekt möglichst schnell erreicht wird; dazu bedarf es idR spezieller Führungsschienen am Eingang zum Wasserbad. Bei Tötungen mit CO_2 muss beachtet werden, dass durch das Einbringen der Tiere die vorhandene CO_2-Konzentration schnell unter den Mindestwert nach Anlage 3 Teil II Nr. 4.9 sinken kann. Um sicherzustellen, dass keine lebenden Tiere in den Beseitigungscontainer

gelangen, ist in jedem Fall die permanente Anwesenheit eines Tierarztes notwendig, der evtl. noch lebende Tiere durch Injektion eines Euthanasiemittels tötet (vgl. *Gerdes* DtW 2004, 113, 114).

Abs. 2 Nr. 3 meint das Elektrokurzzeitbetäubungsverfahren für rituelle Schlachtungen, bei dem die für die Hirndurchströmung nach Anlage 3 Teil II Nr. 3.2 vorgeschriebenen Stromflusszeiten von vier auf zwei Sekunden verkürzt werden (die vorgeschriebenen Stromstärken bleiben unverändert) und außerdem bei Rindern abweichend von Nr. 3.3 auf eine zusätzliche Herzdurchströmung verzichtet wird (s. § 4a TierSchG Rn. 7 und 27). Weil besonders der Verzicht auf die zusätzliche Herzdurchströmung die Gefahr erhöht, dass das Rind entblutet wird, obwohl es bereits wieder empfindungs- und wahrnehmungsfähig geworden ist (s. Anlage 3 Teil II Rn. 3), muss – zB mittels Auflagen, § 36 Abs. 2 Nr. 4 VwVfG – sichergestellt werden, dass die Tiere mit Sicherheit unmittelbar nach der Betäubung schnell entblutet werden und ein Wiedererwachen vor Eintritt des Todes so nicht zu befürchten ist (vgl. BR-Drucks. 835/96 S. 43; vgl. auch *v. Wenzlawowicz* anl. der Tagung von BTK und bsi am 28. 11. 2006: Da beim elektrobetäubten Rind die Betäubung nur 20–30 Sekunden anhält, wohingegen nach dem Halsschnitt zwischen 20 und 130 Sekunden bis zur vollständigen Empfindungs- und Wahrnehmungslosigkeit vergehen, bedarf es eines zusätzlichen Bruststiches, um ein Wiedererwachen des Tieres vor Abschluss der Entblutung zu verhindern). 5

Abschnitt 5. Ordnungswidrigkeiten und Schlußbestimmungen

§ 15 Ordnungswidrigkeiten

(1) Ordnungswidrig im Sinne des § 18 Abs. 1 Nr. 3 Buchstabe a des Tierschutzgesetzes handelt, wer vorsätzlich oder fahrlässig

1. **einer Vorschrift des § 5 Abs. 1 Satz 1, Abs. 2 Satz 2, 4 oder 5 oder Abs. 3 Satz 1 oder 3 über das Treiben oder Befördern der Tiere zuwiderhandelt,**
2. **als Betreiber eines Schlachtbetriebes einer Vorschrift des § 7 Abs. 2 Satz 1 oder 2, Abs. 6 oder 9, § 8 Abs. 1 Satz 1, Abs. 2 Satz 1 Nr. 1 oder 3 oder Abs. 3 oder § 9 Satz 1 über das Betreuen der Tiere zuwiderhandelt,**
3. **entgegen § 8 Abs. 1 Satz 2 oder 3 als Betreiber eines Schlachtbetriebes ein Tier nicht betäubt, nicht oder nicht rechtzeitig schlachtet oder nicht oder nicht rechtzeitig tötet oder**
4. **entgegen § 11 ein Krustentier aufbewahrt.**

(2) Ordnungswidrig im Sinne des § 18 Abs. 1 Nr. 3 Buchstabe b des Tierschutzgesetzes handelt, wer vorsätzlich oder fahrlässig

1. **entgegen § 4 Abs. 2 Satz 1 ein Tier ruhigstellt, betäubt oder schlachtet,**
2. **entgegen § 6 Abs. 2 Satz 1 nicht sicherstellt, daß der Boden trittsicher ist,**
3. **entgegen § 12 Abs. 2 Satz 1 ein warmblütiges Tier aufhängt,**
4. **entgegen § 12 Abs. 3 ein elektrisches Betäubungsgerät verwendet,**
5. **entgegen § 13 Abs. 2 Satz 2 als Betreiber eines Schlachtbetriebes eine Ersatzausrüstung nicht einsatzbereit hält,**
6. **einer Vorschrift des § 13 Abs. 3 Satz 1, 2 oder 3 über das Entbluten der Tiere zuwiderhandelt,**
7. **entgegen § 13 Abs. 3 Satz 5 nicht sicherstellt, daß ein Tier von Hand entblutet wird,**
8. **entgegen § 13 Abs. 4 Satz 1, 2 oder 3 an einem Tier weitere Schlachtarbeiten durchführt, ein geschächtetes Tier aufhängt oder bei Tötungen ohne Blutentzug weitere Eingriffe an einem Tier vornimmt,**
9. **entgegen § 13 Abs. 5 Satz 1 einen Fisch nicht oder nicht rechtzeitig betäubt,**

10. entgegen § 13 Abs. 6 Satz 1 in Verbindung mit
a) Anlage 3 Teil I oder
b) Anlage 3 Teil II
aa) Nr. 1.1 Satz 1, Nr. 1.2, 2.1, 3.1 Satz 1 oder Satz 3, erster Teilsatz, Nr. 3.3 Satz 1, Nr. 3.8 Satz 3, Nr. 4.1, 4.3, 4.8, 4.9, 5 Satz 1, Nr. 8 oder 9,
bb) Nr. 3.7 Satz 1, Nr. 3.7.2 oder Nr. 3.7.3 oder
cc) Nr. 3.10 oder 3.11 Satz 1, 2, 3 oder 4
ein Tier betäubt oder tötet oder
11. entgegen § 13 Abs. 7 Satz 1 nicht sicherstellt, daß ein nicht schlupffähiges Küken getötet wird.

1 Zu den **einzelnen Bestimmungen,** die nach Abs. 1 und Abs. 2 bußgeldbewehrt sind, s. die jeweilige Kommentierung (aE).

2 **Fahrlässigkeit** genügt. – Ordnungswidrigkeiten nach Abs. 1 können mit Geldbuße bis zu 25 000 Euro, solche nach Abs. 2 mit Buße bis zu 5000 Euro geahndet werden (vgl. § 18 Abs. 4 TierSchG). Liegt nur Fahrlässigkeit vor, so vermindert sich das jeweilige Höchstmaß auf die Hälfte (vgl. § 17 Abs. 2 OWiG).

3 **Täter/Beteiligter.** Viele Tatbestände wenden sich an jedermann, so dass auch jeder als Täter eines Verstoßes in Betracht kommt. Einzelne Tatbestände setzen dagegen voraus, dass der Handelnde ein besonderes persönliches Merkmal hat (zB „Betreiber eines Schlachtbetriebs“, vgl. Abs. 1 Nr. 2 und Nr. 3 sowie Abs. 2 Nr. 5, aber auch Nr. 2 und Nr. 7). Wer dieses Merkmal nicht hat, kann nicht Täter sein. Er kann aber Beteiligter an der Tat des Merkmalsträgers sein und deshalb nach § 14 Abs. 1 OWiG mit Geldbuße belegt werden (was dann aber – im Unterschied zu o. Rn. 2 – voraussetzt, dass vorsätzlich gehandelt wurde; s. auch § 18 TierSchG Rn. 9).

4 **Konkurrenzen.** Werden mit einer Handlung mehrere Ordnungswidrigkeitstatbestände erfüllt, so liegt Tateinheit vor, anderenfalls Tatmehrheit. In Betracht kommen hier insbesondere: § 18 Abs. 1 Nr. 1, Nr. 2, Nr. 5 und Nr. 6 TierSchG (s. auch Rn. 5).

5 **Einzelne wichtige Vorschriften sind in § 15 nicht genannt.** Dennoch gibt es Wege, auch bei Verstößen gegen solche Gebote oder Verbote – zB § 3 und § 13 Abs. 1 – unter Berücksichtigung der Umstände des Einzelfalles ein Bußgeld zu verhängen: **1.** Gebote und Verbote, die auf der Ermächtigungsgrundlage des § 2a TierSchG beruhen, weil sie Pflichten aus § 2 Nr. 1, 2 oder 3 TierSchG konkretisieren – das sind insbesondere solche Vorschriften der Tierschutz-Schlachtverordnung, die sich auf das Betreuen, also auch auf das Unterbringen, das Treiben und das Befördern in der Schlachtstätte beziehen, vgl. § 2 Nr. 5 – regeln Pflichten, die sich unmittelbar auch aus § 2 TierSchG ergeben. Die Behörde kann deshalb die einzelne Pflicht durch eine Anordnung nach § 16a S. 2 Nr. 1 TierSchG aussprechen und ggf. näher konkretisieren. Wird gegen eine solche vollziehbare Anordnung vorsätzlich oder fahrlässig verstoßen, so liegt darin eine Ordnungswidrigkeit nach § 18 Abs. 1 Nr. 2 TierSchG (s. dort Rn. 18). – **2.** In Betracht kommt weiter, dass derjenige, der gegen eine Vorschrift der Verordnung verstößt, damit zugleich eine Ordnungswidrigkeit nach § 18 Abs. 1 Nr. 5 oder Nr. 6 TierSchG verwirklicht. Beispiele: Wer vorsätzlich oder fahrlässig ein unbetäubtes (also auch ein fehlbetäubtes oder bereits wieder erwachtes) Wirbeltier schlachtet oder tötet, begeht damit eine Ordnungswidrigkeit nach §§ 4a Abs. 1, 18 Abs. 1 Nr. 6 bzw. nach §§ 4 Abs. 1 S. 1, 18 Abs. 1 Nr. 5 TierSchG, sofern ihm nicht eine der drei Ausnahmen nach § 4a Abs. 2 TierSchG zur Seite steht. Wer erlaubtermaßen ein Wirbeltier ohne Betäubung schlachtet oder tötet, ihm dabei aber Schmerzen zufügt, handelt ordnungswidrig nach §§ 4 Abs. 1 S. 2, 18 Abs. 1 Nr. 5 TierSchG, wenn ihm ein anderes Verfahren mit weniger Schmerzen zur Verfügung gestanden hätte bzw. sich die Schmerzen durch eine Schutzmaßnahme ganz oder teilweise hätten vermeiden lassen (vgl. *L/M* § 4 TierSchlV Rn. 6). Wer ein Wirbeltier ohne die nötige Sachkunde tötet, handelt ordnungswidrig nach § 4 Abs. 1 S. 3 i. V. m. § 18 Abs. 1 Nr. 5 TierSchG. Zum Ganzen s. auch § 4 TierSchG Rn. 20 und § 4a TierSchG Rn. 34. – **3.** Werden einem Tier

im Zusammenhang mit der Ruhigstellung, Betäubung oder Schlachtung erhebliche Schmerzen, Leiden oder Schäden zugefügt, so liegt darin eine Ordnungswidrigkeit nach § 18 Abs. 1 Nr. 1, ggf. auch nach § 18 Abs. 2 TierSchG. Wird dabei gegen eine Vorschrift der VO verstoßen, so steht zugleich fest, dass es an einem vernünftigen Grund fehlt. – **4.** Sind die erheblichen Schmerzen oder Leiden länger anhaltend oder wiederholen sie sich, so ist der Straftatbestand des § 17 Nr. 2b TierSchG verwirklicht. Eine tateinheitlich begangene Ordnungswidrigkeit tritt dann zurück, vgl. § 21 OWiG. Sie behält aber ihre Bedeutung, wenn eine Bestrafung zB am Nachweis des Vorsatzes scheitert.

§ 16 Außerkrafttreten von Vorschriften

§ 17 Übergangsvorschriften

Abweichend von Anlage 3 Teil II Nr. 4.3 dürfen Schweine in Betäubungsanlagen, die vor dem 18. Februar 2004 bereits genehmigt oder in Betrieb genommen worden sind, noch bis zum 18. Februar 2006 für eine Dauer von mindestens 70 Sekunden zum Zwecke der Betäubung in der in Anlage 3 Teil II Nr. 4.1 Satz 1 genannten Kohlendioxidkonzentration verbleiben.

§ 18 Inkrafttreten

Diese Verordnung tritt am 1. April 1997 in Kraft. Abweichend hiervon treten in Kraft

1. **§ 6 Abs. 1 im Hinblick auf Schlachtbetriebe, die am 1. April 1997 in Betrieb sind, am 1. April 1998;**
2. **§ 6 Abs. 2 Satz 2 und 3 am 1. April 1998;**
3. **§ 12 Abs. 1 Satz 2 und 4, § 15 Abs. 2 Nr. 10 Buchstabe b Doppelbuchstabe bb und Anlage 3 Teil II Nr. 3.7 Satz 1, Nr. 3.7.2, Nr. 3.7.3, Nr. 4.4.1 und Nr. 4.6.3 am 1. April 2001;**
4. **§ 15 Abs. 2 Nr. 10 Buchstabe b Doppelbuchstabe cc und Anlage 3 Teil II Nr. 3.10 und Nr. 3.11 Satz 1 bis 3 am 1. April 1999.**

Anlage 1
(zu § 12 Abs. 1, Anlage 3 Teil II Nr. 3.7)

Umrechnungsschlüssel für Großvieheinheiten

Tierkategorie	Großvieheinheiten je Tier
1	2
Einhufer	1
Rinder	
– bis 300 Kilogramm Lebendgewicht	0,50
– über 300 Kilogramm Lebendgewicht	1
Schweine	
– bis 100 Kilogramm Lebendgewicht	0,15
– über 100 Kilogramm Lebendgewicht	0,20
Schafe und Ziegen	
– unter 15 Kilogramm Lebendgewicht	0,05
– von 15 Kilogramm Lebendgewicht und mehr	0,10

Anlage 2
(zu § 13 Abs. 3)

Höchstdauer zwischen Betäuben und Entblutungsschnitt

Betäubungsverfahren	Sekunden
1	2
Bolzenschuß bei	
a) Rindern	60
b) Schafen und Ziegen in den Hinterkopf	15
c) anderen Tieren oder anderen Schußpositionen	20
Elektrobetäubung warmblütiger Tiere	10 (bei Liegendentblutung) 20 (bei Entblutung im Hängen)
Kohlendioxidbetäubung	20 (nach Verlassen der Betäubungsanlage) 30 (nach dem letzten Halt in der CO_2-Atmosphäre)

Anlage 3
(zu § 13 Abs. 6)

Betäubungs- und Tötungsverfahren

Vorbemerkungen

Bei den in Teil I Spalte 1 genannten Tieren dürfen nur die in den Spalten 2 bis 10 genannten Verfahren angewendet werden, wenn sie mit einem Kreuz (+) bezeichnet sind; hierbei sind die besonderen Maßgaben nach Teil II zu beachten

Teil I: Zulässige Verfahren

Verfahren / Tierkategorie	Bolzenschuß	Kugelschuß	Elektrische Durchströmung	Kohlendioxidexposition	Kopfschlag	Genickschlag	Verabreichung eines Stoffes mit Betäubungseffekt	Kohlenmonoxidexposition	Anwendung eines Homogenisators
1	2	3	4	5	6	7	8	9	10
Einhufer	+	+[1]					+		
Rinder	+	+[1]	+				+		
Schweine	+[1] [5]	+[1]	+	+	+[2]		+		
Schafe	+	+[1]	+		+[3]		+		
Ziegen	+	+[1]	+		+[2]		+		
Kaninchen	+	+[1]	+		+[4]	+[5]	+		
Hausgeflügel außer Eintags- und nicht schlupffähigen Küken	+	+[1]	+	+[6]	+[7]		+		
Eintagsküken				+	+[8]				+
nicht schlupffähige Küken					+[8]				+

Tierkategorie / Verfahren	Bolzenschuß	Kugelschuß	Elektrische Durchströmung	Kohlendioxidexposition	Kopfschlag	Genickschlag	Verabreichung eines Stoffes mit Betäubungseffekt	Kohlenmonoxidexposition	Anwendung eines Homogenisators
1	2	3	4	5	6	7	8	9	10
Gatterwild	+[9]	+							
Pelztiere							+	+	
Fische			+	+[10]	+		+[11]		
andere Wirbeltiere	+	+	+				+		

[1] Zur Nottötung sowie mit Einwilligung der zuständigen Behörde zur Betäubung oder Tötung von Rindern oder Schweinen, die ganzjährig im Freien gehalten werden.

[2] Zur Betäubung von Tieren mit einem Körpergewicht bis zu 10 Kilogramm, die nicht in einem Schlachtbetrieb geschlachtet oder getötet werden und bei denen das Betäuben und Entbluten durch dieselbe Person vorgenommen wird.

[3] Zur Betäubung von Tieren mit einem Körpergewicht bis zu 30 Kilogramm, die nicht in einem Schlachtbetrieb geschlachtet oder getötet werden und bei denen das Betäuben und Entbluten durch dieselbe Person vorgenommen wird.

[4] Bei Hausschlachtungen und Schlachtungen, bei denen je Betrieb und Tag nicht mehr als 300 Tiere betäubt werden.

[5] Bei Hausschlachtungen sowie als Ersatzverfahren während der Dauer einer Reparatur bei Elektro- oder Kohlendioxidbetäubungsanlagen.

[6] Bei Puten sowie bei behördlich veranlaßten Tötungen.

[7] Bei Hausschlachtungen und Schlachtungen in Schlachtstätten, in denen je Tag nicht mehr als 100 Tiere geschlachtet werden sowie zur Betäubung von Tieren, die im Wasserbad nicht betäubt wurden.

[8] Zur Betäubung von nicht mehr als 50 Tieren je Betrieb und Tag.

[9] Zur Notschlachtung oder Nottötung bei festliegenden Tieren sowie mit Einwilligung der zuständigen Behörde, wenn aus Sicherheitsgründen eine Schießerlaubnis nicht erteilt werden kann.

[10] Nur Salmoniden.

[11] Ausgenommen Stoffe, wie Ammoniak, die gleichzeitig dem Entschleimen dienen.

Kommentierung zu Anlage 3 Teil I

Abschließende Regelung. In der Tabelle sind für Tötungen, die in den Anwendungsbereich dieser VO fallen (s. § 1 Rn. 1 und 3) die zulässigen Betäubungs- und Tötungsverfahren für alle Wirbeltierarten abschließend aufgeführt. Wer zum Betäuben oder Töten eines Wirbeltieres ein Verfahren anwendet, das für das betreffende Tier nicht mit einem Kreuz (+) zugelassen ist, begeht eine Ordnungswidrigkeit nach § 15 Abs. 2 Nr. 10a (Ausnahme: § 13 Abs. 6 S. 2 und 3); ebenso derjenige, der zwar ein grundsätzlich zugelassenes Verfahren anwendet, dabei aber eine der in Fußnote 1–11 aufgestellten besonderen Zulässigkeitsvoraussetzungen nicht einhält (s. aber auch § 4 TierSchG Rn. 5: Bei Tieren, die nicht der Nahrungsmittelgewinnung dienen, gibt es idR schonendere medikamentelle Betäubungs- und Tötungsmethoden, die dann vorzuziehen sind). 1

Vorrang für § 13 Abs. 1 und § 3 Abs. 1. Auch die für eine Tierkategorie mit einem Kreuz (+) grundsätzlich zugelassenen Verfahren dürfen nur angewendet werden, wenn sie im Einzelfall mit Sicherheit den Anforderungen an eine tierschutzgerechte Betäubung nach § 13 Abs. 1 entsprechen. Man muss also auf ein grundsätzlich erlaubtes Betäubungs- oder Tötungsverfahren verzichten, wenn im Einzelfall nicht gewährleistet ist, dass die Betäubung schnell, tief und ausreichend dauerhaft sein wird und dass bei ihrer Vorbereitung und Durchführung dem Tier weder vermeidbare Aufregungen noch Schmerzen oder Leiden zugefügt werden (s. § 13 Rn. 2). Die zuständige Behörde muss notfalls mit Hilfe des Amtsermittlungsgrundsatzes (vgl. § 24 VwVfG) aufklären, welches das für den konkreten Fall schonendste Verfahren ist; sie kann sich dabei der in § 26 VwVfG vorgesehenen Beweismittel, insbesondere auch eines Sachverständigengutachtens bedienen. 2

Zu einigen Tierkategorien. Bei **Hausgeflügel** ist die Kohlendioxidbetäubung nur für Puten sowie bei behördlich veranlassten Tötungen zugelassen. Hauptsächlich wird bei Geflügel an die elektrische Durchströmung in Wasserbadbetäubungsanlagen gedacht (s. aber § 13 Rn. 9). – **Gatterwild:** Hier ist grundsätzlich nur der Kugelschuss, bei Damwild nach Maßgabe von Teil II 2.3 auch der Kleinkaliberschuss als Betäubungs- oder Tötungsverfahren zulässig. Grund: Es handelt sich um Wildtiere, für die eine Handhabung, wie sie zur Ausführung der anderen Betäubungsverfahren notwendig wäre, eine unverhältnismäßige Belastung bedeuten würde (vgl. BR-Drucks. 835/96 S. 45). – **Extensiv gehaltene Rinder und Schweine:** Weil im Freigehege gehaltene Haustiere, insbesondere Rinder, sich ähnlich verhalten wie Gehegewild (vgl. Beschluss, BR-Drucks. 835/96 S. 8), ist auf Veranlassung des Bundesrats der Kugelschuss zur Betäubung oder Tötung von Rindern oder Schweinen, die ganzjährig im Freien gehalten werden, zugelassen worden. Die für die Einwilligung zuständige Behörde muss die Entscheidung des Verordnungsgebers, diesen Tieren die besonderen Belastungen des Einfangens und Transportierens sowie des „normalen" Schlachtverfahrens zu ersparen, beachten. Eine Ablehnung kommt deshalb nur ganz ausnahmsweise und nur bei eindeutig überwiegenden entgegenstehenden öffentlichen Interessen, denen auch nicht auf andere Weise (zB durch Auflagen) ausreichend Rechnung getragen werden kann, in Betracht. Gleiches gilt für die zur Kugelschussbetäubung und/oder -tötung notwendige Erlaubnis nach § 45 WaffG (vgl. VGH Mannheim NVwZ-RR 2001, 380; näher zu dem dort beurteilten Fall s. § 13 Rn. 8a). – **Schweine:** Die Bolzenschussbetäubung stellt für Schweine keine sichere, § 13 Abs. 1 entsprechende Methode dar: Die korrekte Schussposition ist bei den handelsüblichen Tieren mit schräger Stirn kaum zu treffen, die große Schädeldicke erschwert ein Eindringen des Bolzens und starke Krämpfe nach dem Schuss erschweren außerdem das richtige Stechen (vgl. *v. Holleben* et al. DtW 1999, 163, 165; vgl. auch BR-Drucks. 835/96 S. 47). – **Kaninchen:** Neben anderen Verfahren werden der Kopfschlag (nur zur Betäubung bei Hausschlachtungen und in kleineren Schlachtbetrieben) und der Genickschlag (zur Tötung bei Hausschlachtungen sowie als Ersatzverfahren während einer Reparatur der anderen Anlagen) zugelassen. Die nur ausnahmsweise Zulassung legt nahe, dass es sich hierbei auch nach 3

Einschätzung des Verordnungsgebers nicht um genügend sichere, schmerz- und leidensfreie Verfahren handelt (vgl. auch BR-Drucks. 835/96 S. 52: kein „Verfahren der Wahl"). Der Umstand, dass ein Verfahren von alters her gebräuchlich ist, ändert aber nichts daran, dass es an den Anforderungen des § 13 Abs. 1 gemessen werden muss, um rechtmäßig zu sein (s. Rn. 2). Ähnliche Bedenken bestehen gegen die Zulassung der Kopfschlagmethode bei Schweinen, Schafen, Ziegen und Geflügel (vgl. auch die EU-Schlachtrichtlinie, Anh. C II, 2: Kopfschlag in Schlachtbetrieben nur zulässig bei Verwendung eines mechanischen Gerätes, das einen Schlag auf das Stirnbein versetzt; ohne ein solches Gerät ist der Kopfschlag nur zur „Betäubung einer kleinen Anzahl von Kaninchen" erlaubt. Nach Anh. C III Nr. 2 kommt der Genickschlag nur bei Geflügel und nur mit vorheriger behördlicher Genehmigung in Betracht, wobei sich die Behörde vorher vergewissern muss, dass das Gebot in Art. 3 der Richtlinie, den Tieren alle vermeidbaren Aufregungen, Schmerzen und Leiden zu ersparen, eingehalten wird; die Verordnung müsste hier der Richtlinie angepasst werden) . – Der bei **Eintags- und bei nicht schlupffähigen Küken** zugelassene Homogenisator (= Apparat mit schnell rotierenden, mechanisch angetriebenen Messern) ist mit den Anforderungen von § 13 Abs. 1 nicht vereinbar. Es handelt sich hier im Gegensatz zur CO_2-Exposition um ein Tötungsverfahren ohne vorherige Betäubung, das nur zulässig sein kann, wenn in einer besonderen Situation höherrangige Interessen den Verzicht auf die vorherige Betäubung zwingend erforderlich machen (s. § 4 TierSchG Rn. 9). Ein Wahlrecht zwischen CO_2 und Homogenisator widerspricht damit dem gesetzlichen Grundsatz des Betäubungszwangs. Die Nachteile des CO_2-Verfahrens (Schnappatmung und andere aversive Reaktionen beim Einbringen in hohe Konzentrationen) lassen sich auf andere Weise vermeiden, zB durch die Beimischung von Argon, evtl. auch durch einen kontinuierlichen CO_2-Anstieg, wie er in einer in den Niederlanden entwickelten Anlage stattfindet (vgl. *Raj and Whittington* The Veterinary Record 136, 1995, 292, 294; www.nammachinefabriek.nl). Der ebenfalls zugelassene Kopfschlag kann heute nicht mehr als ein „wissenschaftlich anerkanntes Tötungsverfahren" iS von Anh. G Abschnitt I Nr. 3 der EU-Schlachtrichtlinie angesehen werden. Enthaupten von Küken ist nicht mehr zulässig, vgl. § 13 Abs. 6 S. 2 und 3, wo das Enthaupten abschließend geregelt wird. – Andere Wirbeltiere sind zB Fasane, Rebhühner (vgl. auch BR-Drucks. 835/96 S. 46: besondere Notwendigkeit, hier für das einzelne Tiere die Vereinbarkeit der zugelassenen Verfahren mit § 3 und § 13 Abs. 1 zu prüfen).

4 **Zu Pelztieren.** Die früher üblichen Tötungsmethoden wie Genickbruch, Erschießen, elektrische Durchströmung oder Kohlendioxid sind nicht mehr erlaubt. Zu Kohlendioxid heißt es in der amtl. Begr., es hätten bei einigen Pelztierarten vor der eintretenden Betäubung Unruhe, Speicheln, Atemnot und Fluchtversuche beobachtet werden können, so dass dieses Verfahren nicht die Anforderungen an eine tierschutzgerechte Tötung erfülle (vgl. BR-Drucks. 835/96 S. 45; diesen Bedenken müsste auch bei der Kohlendioxidbetäubung von Schweinen und Puten Rechnung getragen werden, s. § 13 Rn. 6 und 10). Auch die Verwendung von Motorabgasen zur Tötung von Pelztieren ist wegen der schleimhautreizenden Verunreinigungen nicht akzeptabel (vgl. BR-Drucks. aaO S. 46). – Zugelassen sind nur entweder Stoffe mit Betäubungseffekt oder reines (geruch-, farb- und geschmackloses) Kohlenmonoxid. Die Tiere dürfen diesem Gas nur in einer einsehbaren Kammer mit einer Gaskonzentration von mindestens 1 Volumenprozent aus einer Quelle von hundertprozentigem Kohlenmonoxid ausgesetzt werden. In diese Kammer dürfen sie erst eingebracht werden, wenn sich darin keine zuvor getöteten Tiere mehr befinden und ein zur unmittelbaren Betäubung ausreichendes Gas-Luft-Gemisch herrscht (vgl. Schleswig-Holsteinisches Ministerium für Umwelt, Natur und Forsten, Erlass vom 18. 7. 2001, S. 17; die Vorgaben sind eine zutreffende Konkretisierung der §§ 3, 13 und müssen deshalb generell Beachtung finden). Bei richtiger Anwendung des Kohlenmonoxidverfahrens dürfen die Tiere allenfalls während 0–5 Sekunden Zuckungen zeigen, und die Bewusstlosigkeit muss nach 10–17 Sekunden eingetreten sein (vgl. *Wiepkema/de Jonge* in: *Sambraus/Steiger* S. 237). – Bei der Tötung durch Verabreichung eines Stoffes mit Betäu-

bungseffekt dürfen nur Mittel, Dosierungen und Anwendungsformen verwendet werden, die zunächst eine tiefe Bewusstlosigkeit und anschließend den Tod herbeiführen und die bei den Tieren keinen Ausdruck von Schmerzen oder Angst wie Schreien, Atemnot, Krämpfe oder andere Erregungszustände hervorrufen (vgl. Schleswig-Holsteinisches Ministerium aaO S. 16). Bei der Injektion solcher Stoffe (insbesondere Barbiturate) verursacht die vorher notwendige Ruhigstellung den Tieren Aufregungen und Leiden iS des § 3, wenn sie nicht so schonend wie möglich erfolgt. Bei Fehlinjektionen entstehen erhebliche Schmerzen, weshalb die für die Tötung zuständige Person auf die notwendigen Kenntnisse und Fähigkeiten vorher geprüft werden muss (vgl. § 4 Abs. 1 S. 3, Abs. 1a TierSchG). – Zu grundsätzlichen Bedenken gegen das Töten von Pelztieren s. § 17 TierSchG Rn. 54 und Einf. Rn. 13, Stichwort „Pelzgewinnung".

Zu Bedenken gegen einige der für Schweine, Rinder und Geflügel allgemein zugelassenen Verfahren s. § 13 Rn. 3–10. **5**

Anlage 3
(zu § 13 Abs. 6) Teil II

Teil II: Besondere Maßgaben

1. Bolzenschuß

1.1 Beim Bolzenschuß müssen das Gerät so angesetzt und die Größe sowie die Auftreffenergie des Bolzens so bemessen sein, daß der Bolzen mit Sicherheit in das Gehirn eindringt. Es ist untersagt, Tieren in den Hinterkopf zu schießen. Satz 2 gilt nicht für Schafe und Ziegen, soweit das Ansetzen des Schußapparates am Vorderkopf wegen der Hörner unmöglich ist; der Schuß muß in der Mitte des Kopfes direkt hinter der Hörnerbasis zum Maul hin angesetzt werden. Der Bolzenschußapparat darf nur verwendet werden, wenn der Bolzen vor dem Schuß vollständig in den Schaft eingefahren ist.

1.2 Der Bolzenschuß darf bei Tötungen ohne Blutentzug nur angewendet werden, wenn im Anschluß an den Bolzenschuß das Rückenmark zerstört oder durch elektrische Herzdurchströmung ein Herzstillstand verursacht wird.

2. Kugelschuß

2.1 Der Kugelschuß ist so auf Kopf oder Hals des Tieres abzugeben und das Projektil muß über ein solches Kaliber und eine solche Auftreffenergie verfügen, daß das Tier sofort betäubt und getötet wird.

2.2 Gatterwild darf nur mit Büchsenpatronen mit einem Kaliber von mindestens 6,5 Millimetern und einer Auftreffenergie von mindestens 2 000 Joule auf 100 Meter betäubt und getötet werden. Satz 1 gilt nicht für den Fangschuß, sofern er erforderlich ist und mit Pistolen- oder Revolvergeschossen mit einer Mündungsenergie von mindestens 200 Joule vorgenommen wird.

2.3 Abweichend von Nummer 2.2 Satz 1 darf Damwild auch mit Büchsenpatronen mit einem Kaliber von mindestens 5,6 Millimetern und einer Mündungsenergie von mindestens 300 Joule betäubt und getötet werden, sofern
- die Schußentfernung weniger als 25 Meter beträgt,
- der Schuß von einem bis zu vier Meter hohen Hochstand abgegeben wird und
- sich der Hochstand in einem geschlossenen Gehege mit unbefestigtem Boden befindet, dessen Einzäunung mindestens 1,80 Meter hoch ist.

3. Elektrische Durchströmung

3.1 Bei der Elektrobetäubung oder -tötung muß das Gehirn zuerst oder zumindest gleichzeitig mit dem Körper durchströmt werden. Für einen guten Stromfluß durch das Gehirn oder den Körper des Tieres ist zu sorgen, insbesondere, falls erforderlich, durch Befeuchten der Haut des Tieres. Bei automatischer Betäubung muß die Elektrodeneinstellung an die Größe der Tiere angepaßt werden; erforderlichenfalls sind die Tiere nach ihrer Größe vorzusortieren.

3.2 Es muß innerhalb der ersten Sekunde mindestens eine Stromstärke nach folgender Tabelle erreicht werden:

Tierkategorie	Stromstärke (Ampère)
1	2
Rind über 6 Monate	2,5
Kalb	1,0
Schaf	1,0
Ziege	1,0
Schwein	1,3
Kaninchen	0,3
Straußenvögel außer Kiwis	0,5

Außer bei der Hochvoltbetäubung muß diese Stromstärke mindestens vier Sekunden lang gehalten werden. Werden Schweine zur Betäubung nicht einzeln ruhiggestellt, so soll die Stromflußzeit verdoppelt werden. Die angegebenen Stromstärken und Stromflußzeiten beziehen sich auf rechteck- oder sinusförmige Wechselströme von 50 bis 100 Hz; entsprechendes gilt auch für pulsierende Gleichströme, gleichgerichtete Wechselströme und phasenanschnittgesteuerte Ströme, sofern sie sich von Sinus 50 Hz nicht wesentlich unterscheiden.

3.3 Bei Rindern über sechs Monaten und bei Tötungen ohne Blutentzug muß im Anschluß an die Betäubung durch eine mindestens acht Sekunden andauernde elektrische Herzdurchströmung ein Herzstillstand hervorgerufen werden. Abweichend von Satz 1 kann bei Hausgeflügel eine Ganzkörperdurchströmung durchgeführt werden.

3.4 Bei der Betäubung oder Tötung von Hausgeflügel im Wasserbad müssen innerhalb der ersten Sekunde mindestens eine Stromstärke nach Spalte 2 oder 3 folgender Tabelle erreicht werden und mindestens eine Stromflußzeit nach Spalte 4 oder 5 möglich sein:

Tierkategorie	Stromstärke (Ampère)		Stromflusszeit (Sekunden)	
	Tötung mit Blutentzug	Tötung ohne Blutentzug	Tötung mit Blutentzug	Tötung ohne Blutentzug
1	2	3	4	5
Truthuhn	0,15	0,25	4	10
Ente, Gans	0,13	0,20	6	15
Haushuhn	0,12	0,16	4	10
Wachtel	0,06	0,10	4	10

3.5 Das Einwirken von Elektroschocks auf das Tier vor der Betäubung ist zu vermeiden.

3.6 Die Anlage zur Elektrobetäubung muß über eine Vorrichtung verfügen, die den Anschluß eines Gerätes zur Anzeige der Betäubungsspannung und der Betäubungsstromstärke ermöglicht.

3.7 In Schlachtbetrieben muß die Anlage zur Elektrobetäubung, mit der nicht im Wasserbecken betäubt wird,

3.7.1 mit einer Einrichtung ausgestattet sein, die verhindert, daß die Betäubungsspannung auf die Elektroden geschaltet wird, wenn der gemessene Widerstand zwischen den Elektroden außerhalb des Bereichs liegt, in dem der erforderliche Mindeststromdurchfluß erreicht werden kann,

3.7.2 außer bei automatischer Betäubung durch ein akustisches oder optisches Signal das Ende der Mindeststromflußzeit deutlich anzeigen und

3.7.3 der ausführenden Person eine fehlerhafte Betäubung hinsichtlich des Stromstärkeverlaufs deutlich anzeigen.

In Schlachtbetrieben, in denen nach dem Umrechnungsschlüssel nach Anlage 1 mehr als 20 Großvieheinheiten je Woche sowie mehr als 1 000 Großvieheinheiten je Jahr elektrisch betäubt werden, muß der Stromstärkeverlauf bei der Betäubung oder müssen Abweichungen vom vorgeschriebenen Stromstärkeverlauf ständig aufgezeichnet werden. Die Aufzeichnungen sind mindestens ein Jahr lang aufzubewahren und der zuständigen Behörde auf Verlangen zur Einsichtnahme vorzulegen.

3.8 Wird die Betäubung von Geflügel in mit Wasser gefüllten Betäubungswannen vorgenommen, so muß die Höhe der Wasseroberfläche regulierbar sein. Auf ein angemessen tiefes Eintauchen aller Tiere einer Gruppe in das Wasserbad ist hinzuwirken. Tiere, die im Wasserbecken nicht betäubt wurden, sind unverzüglich von Hand zu betäuben oder zu töten.

3.9 Das Wasserbecken zum Betäuben von Geflügel darf beim Eintauchen der Tiere nicht zu einer Seite überlaufen, mit der die unbetäubten Tiere in Kontakt kommen. Die ins Wasser eingelassene Elektrode muß sich über die gesamte Länge des Wasserbeckens erstrecken.

3.10 Bei der Betäubung von Fischen in Wasserbadbetäubungsanlagen müssen die Elektroden so groß und so angeordnet sein, daß in allen Bereichen der Betäubungsanlage eine gleichmäßige elektrische Durchströmung der Fische sichergestellt ist. Fische und Elektroden müssen vollständig mit Wasser bedeckt sein.

3.11 Bei der Elektrobetäubung von Aalen ist Trinkwasser mit einer elektrischen Leitfähigkeit von unter 1 000 Mikrosiemens pro Zentimeter (mikroS/cm) zu verwenden. Vor Beginn der Betäubung ist die elektrische Leitfähigkeit des Wassers in der Betäubungsanlage zu messen und die zur Betäubung erforderliche Stromdichte einzustellen. Hierzu ist die angelegte Spannung so einzustellen, daß zwischen den Elektroden ein Wechselstrom in Ampère (A) pro Quadratdezimeter (qdm) stromzuführender Elektrodenfläche fließt, welcher der in der folgenden Tabelle für die gemessene elektrische Leitfähigkeit angegebenen Stromdichte entspricht:

4. Kohlendioxidexposition

Elektrische Leitfähigkeit des Wassers (Mikrosiemens pro Zentimeter – mikroS/cm –)	Stromdichte (Ampère je Quadratdezimeter – A/qdm –)
1	2
bis 250	0,10
über 250 bis 500	0,13
über 500 bis 750	0,16
über 750 bis 1000	0,19

DerBetäubungsstrom muß mindestens fünf Minuten lang fließen. Unmittelbar nach Beendigung der Durchströmung sind die Aale zu entschleimen und zu schlachten.

4. Kohlendioxidexposition

4.1 Die zum Betäuben von Schweinen eingesetzte Kohlendioxidkonzentration muß am ersten Halt und am letzten Halt vor dem Auswurf in einer Kohlendioxidbetäubungsanlage in Kopfhöhe der Tiere mindestens 80 Volumenprozent betragen. In Anlagen, die vor dem 1. April 1997 in Benutzung genommen worden sind, darf die Kohlendioxidkonzentration am ersten Halt bis zum 31. Dezember 2002 mindestens 70 Volumenprozent betragen.

4.2 Schweine müssen spätestens 30 Sekunden nach dem Einschleusen in die Betäubungsanlage den ersten Halt erreichen.

4.3 Zum Zwecke der Betäubung müssen Schweine mindestens 100 Sekunden, zur Tötung ohne Blutentzug mindestens 10 Minuten in den in Nummer 4.1 genannten Kohlendioxidkonzentrationen verbleiben.

4.4 Die Kammer, in der die Schweine dem Kohlendioxid ausgesetzt werden, muß mit Geräten zur Messung der Gaskonzentration

4.4.1 am ersten Halt und

4.4.2 am letzten Halt vor dem Auswurf

ausgestattet sein. Diese Geräte müssen ein deutliches optisches und akustisches Warnsignal abgeben, wenn die Kohlendioxidkonzentration nach Nummer 4.1 unterschritten wird. Die Meßgeräte sind in zeitlich erforderlichen Abständen auf ihre Funktionsfähigkeit zu überprüfen.

4.5 Die gemessenen Kohlendioxidkonzentrationen in der Anlage oder Abweichungen von den vorgeschriebenen Kohlendioxidkonzentrationen müssen ständig aufgezeichnet werden. Die Verweildauer der Schweine in der Kohlendioxidkonzentration ist stichprobenartig mindestens alle zwei Stunden während der Betriebszeit sowie nach jeder Änderung der Bandgeschwindigkeit zu messen und aufzuzeichnen. Die Aufzeichnungen sind ein Jahr lang aufzubewahren und der zuständigen Behörde auf Verlangen zur Einsichtnahme vorzulegen.

4.6 Die Betäubungsanlagen für Schweine müssen folgende Anforderungen erfüllen:

4.6.1 der Einstieg in die Beförderungseinrichtung muß ebenerdig sowie schwellen- und gefällefrei angelegt sein;

4.6.2 Beförderungsvorrichtung und Kammer müssen so mit indirektem Licht beleuchtet sein, daß die Schweine ihre Umgebung sehen können;

4.6.3 die Kammer muß auf Anhaltehöhe der Beförderungseinrichtung einsehbar sein.

4.7 Die Beförderungseinrichtungen sollen mit mindestens zwei Schweinen beladen werden; die Zahl der Tiere muß dem Platzangebot angemessen sein.

4.8 Die Schweine müssen ohne Einengung des Brustkorbes aufrecht und auf festem Boden stehen können, bis sie das Bewußtsein verlieren.

4.9 Hausgeflügel einschließlich Eintagsküken darf durch Kohlendioxid nur getötet werden, indem die Tiere eingebracht werden in eine Gasatmosphäre mit einer Kohlendioxidkonzentration von mindestens 80 Volumenprozent, die aus einer Quelle hundertprozentigen Kohlendioxids erzeugt wird, und darin bis zum Eintritt ihres Todes, mindestens jedoch zehn Minuten, verbleiben. Vor dem Einbringen der Tiere muß die Gaskonzentration überprüft werden. Lebende Tiere dürfen nicht übereinanderliegend eingebracht werden.

5. Kopfschlag

Der Kopfschlag darf nur bei anschließendem Entbluten eingesetzt werden. Er ist mit einem geeigneten Gegenstand und ausreichend kräftig auszuführen.

6. Genickschlag

Nummer 5 gilt entsprechend.

7. Verabreichung eines Stoffes mit Betäubungseffekt § 13 Abs. 1 gilt entsprechend.

8. Kohlenmonoxidexposition

Tiere dürfen dem Kohlenmonoxid nur in einer einsehbaren Kammer mit einer Gaskonzentration von mindestens 1 Volumenprozent aus einer Quelle von hundertprozentigem Kohlenmonoxid ausgesetzt werden. Sie müssen einzeln und frei beweglich in diese Kammer eingebracht werden und dort bis zum Eintritt ihres Todes verbleiben. Vor dem Einbringen der Tiere muß die Gaskonzentration überprüft werden.

9. Anwendung eines Homogenisators
Die Leistung des Apparates mit schnell rotierenden, mechanisch angetriebenen Messern muß so bemessen sein und Eintagsküken sowie Brutrückstände sind dem Apparat so zuzuführen, daß jedes zugeführte Tier sofort getötet wird.

Kommentierung zu Anlage 3 Teil II

Zu Nr. 3.1. Bei der Betäubung von Schweinen in automatischen Hochvoltanlagen erfolgt der Elektrodenansatz am Kopf automatisch und weitgehend standardisiert. Tierschutzrelevante Fehlbetäubungen sind vor allem dann zu erwarten, wenn die eingetriebenen Schweine nach Körpergröße, Körperlänge und/oder Kopfform von dem „Normtyp", auf den die Anlage eingestellt ist, abweichen, aber auch, wenn die Tiere unruhig sind. Deshalb ist es u. a. notwendig, beim Zutrieb der Tiere und bei der Einstellung der Anlage der Größe der einzelnen Tiere Rechnung zu tragen (vgl. BR-Drucks. 835/96 S. 47). Dies erscheint indes nur möglich, wenn auf Schlachtakkord und hohe Bandgeschwindigkeiten verzichtet wird, denn diese beiden Faktoren sind für den regelmäßigen Elektrotreiber-Einsatz und die dadurch hervorgerufene Unruhe der Tiere beim Eintrieb in die Anlage ursächlich; hinzu kommt, dass bei Schlachtgeschwindigkeiten von 200 und mehr Schweinen pro Stunde ein Vorsortieren der Tiere und eine Einstellung der Anlage an die individuelle Größe und Körperform des einzelnen Tieres wenig realistisch erscheint. – Auch für andere Tierarten wie zB Rinder gilt, dass die Platzierung der Elektroden in vollautomatischen Anlagen wegen der unterschiedlichen Körpergrößen und Kopfformen der Tiere nicht gleichmäßig erfolgt (vgl. EFSA 2004, 7.2.5). Auch hier wären also ein Vorsortieren und eine manuelle Einstellung der Anlage auf das individuelle Tier nötig (siehe auch § 13 Rn. 5). 1

Zu Nr. 3.2. Der Verordnungsgeber geht davon aus, dass eine wirksame Betäubung eintritt, wenn die erforderliche Mindeststromstärke, also zB beim Schwein 1,3 Ampère, innerhalb einer Sekunde erreicht wird. Die vorgeschriebenen weiteren drei Sekunden bilden einen Sicherheitsaufschlag, der vom Verordnungsgeber für Hochvoltbetäubungsanlagen wegen der dort viel höheren Stromstärken nicht für erforderlich gehalten wird. Werden Schweine bei der Betäubung nicht einzeln fixiert (s. § 13 Rn. 3), so wird der Sicherheitsaufschlag erhöht und eine Mindeststromflusszeit von acht Sekunden vorgeschrieben. Da aber die längere Durchströmungsdauer nicht auch zu einer längeren Betäubungswirkung führt (vgl. BR-Drucks. 835/96 S. 44), vielmehr bereits 30 Sekunden nach dem Beginn der elektrischen Durchströmung die Phase des Wiedererwachens einsetzt (vgl. *v. Holleben* DtW 1996, 55, 57), startet die 10- bzw. 20-Sekunden-Frist nach Anlage 2 bereits mit dem Beginn der elektrischen Durchströmung und nicht erst mit deren Ende (so ausdrücklich BR-Drucks. aaO, zitiert bei § 13 Rn. 12). Es ist davon auszugehen, dass diese Fristen in der Praxis häufig nicht eingehalten werden, besonders bei der Gruppenbetäubung von Schweinen, und dass damit ein Wiedererwachen eines erheblichen Teils der Tiere während der Entblutung in Kauf genommen wird (nach einer Auskunft des baden-württembergischen Ministeriums für Ernährung und Ländlichen Raum wird dort die 10- bzw. 20-Sekunden-Frist erst ab dem Ende der Durchströmung berechnet, trotz der ausdrücklichen gegenteiligen Vorgabe in der amtl. Begr., BR-Drucks. aaO). – Bei Straußen wird eine Betäubungsdauer von 6 Sekunden für notwendig gehalten (*Lamboij* zitiert nach *Pfeiffer* AtD 2002, 214, 216). – Auch bei Tierkategorien, die in 3.2 nicht erwähnt sind, muss innerhalb der ersten Sekunde eine Stromstärke erreicht werden, die die Erfüllung der Anforderungen nach § 13 Abs. 1 (schnelle, schmerz- und leidensfreie, totale und ausreichend lang dauernde Betäubung) sicher gewährleistet (bei der Betäubung von Hühnern 2 mit der Elektrozange sind das im Gegensatz zur Wasserbadbetäubung mindestens 0,4 Ampère, vgl. BR-Drucks. aaO S. 48).

3 **Zu Nr. 3.3.** Bei Rindern, die mittels elektrischer Durchströmung betäubt werden sollen, wäre eine bloße Hirndurchströmung nicht ausreichend, um ein Wiedererwachen während der Entblutung auszuschließen; deswegen ist nur eine elektrische Betäubung, die mit dem Auslösen von Herzkammerflimmern einhergeht, zulässig. Das gleiche gilt für alle Tiere, die ohne Blutentzug getötet werden sollen. Dazu, dass eine kombinierte Hirn-Herz-Durchströmung auch bei Schweinen notwendig wäre, um das Wiedererwachen mit Sicherheit auszuschließen, s. § 13 Rn. 4.

4 **Zu Nr. 3.4.** Die Betäubung von Hausgeflügel im Wasserbad erfolgt mittels Ganzkörperdurchströmung. Es wird davon ausgegangen, dass die vorgegebenen Stromstärken die Tötung durch Auslösen von Herzkammerflimmern bei 90% der Tiere unter der Voraussetzung sicherstellen, dass deren Frequenz nicht wesentlich von sinus 50 Hz abweicht (vgl. BR-Drucks. 835/96 S. 49). Weil insbesondere bei Enten und Gänsen bekannt ist, dass diese Tiere sich häufig dem Stromkontakt durch Anheben des Kopfes zunächst entziehen, wird für sie die notwendige Stromflusszeit verlängert, um so die Wahrscheinlichkeit eines ausreichenden Stromkontaktes zu erhöhen. Wichtig ist, dass die Gesamtstromstärke des Wasserbads der Zahl der gleichzeitig eintauchenden Tiere, multipliziert mit der Mindeststromstärke je Tier, entspricht (vgl. *Troeger* in: *Sambraus/Steiger* S. 523).

5 **Zu Nr. 3.5.** Bei der Wasserbadbetäubung von Geflügel erhalten Tiere immer wieder Elektroschocks vor der Betäubung, was schmerzhaft ist und der Betäubungseffektivität entgegensteht. Ursächlich hierfür sind Berührungskontakte mit feuchten Teilen des Betäubungsbeckens, Eintauchen der besonders bei Puten tieferhängenden Flügelspitzen, Körperkontakt mit dem Wasser infolge des hochgezogenen Kopfes u.Ä. (vgl. BR-Drucks. 835/96 S. 49). Das Verfahren der Wasserbadbetäubung mit anschließender automatischer Entblutung erscheint wegen der Schmerzen und Leiden vor der Betäubung und der großen Zahl von Fehlbetäubungen mit den Anforderungen in § 13 Abs. 1 kaum vereinbar (s. § 13 Rn. 9). Zumindest bei der Putenbetäubung stellt sich zudem die Frage, ob sie nicht einen permanenten Verstoß gegen Nr. 3.1 S. 1 bildet (weil zuerst andere Körperteile als der Kopf durchströmt werden) und damit ordnungswidrig nach § 15 Abs. 1 Nr. 10b aa ist. – Die EFSA nennt als Nachteile der Wasserbadbetäubung: Das Einhängen der Vögel mit den Ständern in die Bügel der Förderkette und das Hängen mit dem Kopf nach unten führe zu Schmerzen und Leiden („distressing and painful"); Elektroschocks vor der Betäubung verursachten schwere Schmerzen („severe pain"); der durch das Hängen ausgelöste Druck auf die Beine könne extrem schmerzhaft sein („extremely painful"); der unterschiedliche elektrische Widerstand der Vogelkörper, die größenbedingten Unterschiede bei der Tiefe des Eintauchens und der Umstand, dass nur ein kleiner Teil des angewendeten Stroms durch das Gehirn der Tiere fließe, führten zu weiteren Leiden; einige praxisübliche Schneide-Methoden bewirkten eine unzureichende Entblutung; die Möglichkeit, dass Vögel lebend in das Brühbad gelangen, könne nicht ausgeschlossen werden; hohe Durchlaufraten erschwerten die Nachbetäubung fehlbetäubter Vögel (EFSA 2004, 10.3.4).

6 **Zu Nr. 3.8.** Hier wird dem Umstand Rechnung getragen, dass insbesondere zu kleine Tiere oft nicht mit dem Kopf ins Wasserbad eintauchen und deshalb unbetäubt an den Halsschnittautomaten gelangen. Bei Gruppen von Tieren mit unterschiedlicher Größe sollen deshalb die Haltevorrichtungen an die Größe der Tiere angepasst oder die Tiere in Haltevorrichtungen unterschiedlicher Größe sortiert werden (vgl. BR-Drucks. aaO S. 50); diese Vorgaben dürften ein deutliches Absenken der üblich gewordenen Schlachtgeschwindigkeiten erforderlich machen. Außerdem wird eine Kontrolle der Tiere hinter dem Betäubungsbecken (und nicht erst hinter dem Halsschnittautomaten) vorgeschrieben (vgl. BR-Drucks. aaO). Das betäubungslose Enthaupten nicht betäubter Tiere ist bei Puten, Enten und Gänsen vollständig verboten (vgl. § 13 Abs. 6 S. 3; zu dem Problem, dass es auch beim Enthaupten von anderem Geflügel nicht zu einer sofortigen Ausschaltung der Hirnfunktion kommt, s. § 13 Rn. 16).

Zu Nr. 4.1–4.3. Der Verordnungsgeber hält die Kohlendioxidbetäubung bei Schweinen für tierschutzgerecht, „wenn die Tiere in narkosefähigem Zustand in die Anlage gelangen“ (BR-Drucks. 835/96 S. 51). Daran fehlt es u.a., wenn sie geschlagen worden sind und/oder Veränderungen an der Lunge haben (zur Anzahl lungenkranker Schweine aus konventionellen Haltungen s. Vor §§ 16–25 TierSchNutztV Rn. 4; vgl. auch *Schütte* BMELV-Forschungsauftrag S. 4: Mit Hinzutreten äußerer Belastungszeichen wie Schlagstriemen und/oder Veränderungen an der Lunge kommt es zu einer drastischen Erhöhung des Anteils unzureichend betäubter Tiere). Die Narkosefähigkeit ist außerdem umso schlechter, je aufgeregter die Schweine sind. Sowohl beim Eintrieb in den metallenen, tunnelartigen Doppeltreibgang als auch vor der Gondel, die den Tieren als Sackgasse erscheint, kommt es regelmäßig zum Einsatz von E-Treibern, um die hohen Schlachtgeschwindigkeiten einhalten zu können. Die Mehrzahl der Tiere ist deshalb bei Betäubungsbeginn hochgradig erregt (vgl. *v. Holleben* et al. Tierschutz im Schlachtbetrieb 1999, 33, 44; vgl. auch EFSA 2004, 9.1: Adrenalingehalt im Stichblut von CO_2-betäubten Schweinen > 100000 ng/l). Ein weiteres erhebliches Risiko für Fehlbetäubungen stellen die relativ niedrigen Kohlendioxidkonzentrationen dar. Nur wenn ein 100-Sekunden-Aufenthalt in einer CO_2-Konzentration > 84% sichergestellt würde, könnte mit einer deutlichen Senkung der Zahl der Fehlbetäubungen gerechnet werden; die vorgeschriebenen 80% sind also deutlich zu wenig (vgl. *v. Holleben/Schütte/v. Wenzlawowicz* DTBl. 2002, 372f.; vgl. weiter DTBl. 2004, 3: bis zu 15% der Tiere erwachen, ehe der Entblutungsschnitt gesetzt wird; s. auch § 13 Rn. 6: 90% CO_2-Konzentration in Dänemark). – Während die Betäubung mit CO_2 zu Schmerzen beim Atmen vor Eintritt der Bewusstlosigkeit führt, sind die Atmungsbeschwerden in einer Konzentration von 90% Argon minimal; bei Anwendung eines Gemischs aus Argon und CO_2 sind sie mäßig (vgl. EFSA 2004, 9.4.2: Regierungen und Industrie sollten Geldmittel einsetzen, um den Einsatz des Edelgases in der Praxis zu ermöglichen). – Die Pflicht, diese Erkenntnisse rasch in entsprechende Anordnungen umzusetzen, ergibt sich sowohl aus § 13 Abs. 1 als auch aus § 4b S. 1 TierSchG und aus Art. 20a GG. 7

Zu Nr. 4.4. Die CO_2-Konzentration sollte am ersten Halt in Höhe des Schweinerückens und am letzten Halt in Höhe des Gondelbodens gemessen werden (vgl. *v. Holleben,* Richtwerte für die tierschutzgerechte Durchführung der CO_2-Betäubung). – Bei der o.e. BMELV-Erhebung in 35 Schlachtbetrieben mit CO_2-Anlagen zeigte sich, dass die meisten Messwerte, die die betriebseigenen Messanlagen anzeigten, von den Messungen der Forscher abwichen. Vorgeschlagen wird, auch die Gondellaufzeiten (d.h. die Zeit vom ersten bis zum letzten Halt in der CO_2-Konzentration) zu messen und zu protokollieren (vgl. *Schütte* BMELV-Forschungsauftrag S. 1, 6). 8

Zu Nr. 4.7 und 4.8. Bei zu hoher Belegdichte der Gondeln erleiden die Schweine Angstzustände. Das Eintreiben von mehr als zwei Tieren in eine der üblichen Gondeln ist deshalb grob tierschutzwidrig. 9

Zu Nr. 5 und Nr. 6. Der Verordnungsgeber hält den Kopfschlag bei jungen Tieren sowie bei Kaninchen und Geflügel bei sachgerechter Ausführung und sofort anschließender Entblutung für vertretbar, sieht ihn jedoch nicht als „Verfahren der Wahl“. Bei der Betäubung zu vieler Tiere hintereinander durch eine Person leide zwangsläufig die korrekte Ausführung des Verfahrens (BR-Drucks. 835/96 S. 52). Die EU-Schlachtrichtlinie lässt demgegenüber in Schlachtbetrieben die Betäubung durch einen nicht mit mechanischen Geräten ausgeführten Schlag auf das Stirnbein grundsätzlich nur bei Kaninchen und nur bei „Betäubung einer kleinen Anzahl“ zu (Anh. C II Nr. 2b). – Dieselbe Problematik stellt sich bei der Zulassung des Genickschlags für Kaninchen, zumal dieses Verfahren an die Fertigkeiten der ausführenden Person besondere Ansprüche stellt (vgl. BR-Drucks. aaO S. 53). Die EU-Schlachtrichtlinie sieht in Schlachtbetrieben den Genickbruch ausschließlich für das Töten von Geflügel vor und stellt dafür außerdem einen Genehmigungsvorbehalt auf, vgl. Anh. C III Nr. 2 (s. auch die Kommentierung zu Anlage 3 Teil I Rn. 3). 10

11 **Zu Nr. 7.** Es muss ein solcher Stoff mit Betäubungseffekt gewählt werden, und er muss in einer solchen Anwendungsform und Dosierung verabreicht werden, dass eine möglichst schnelle und schmerzfreie Betäubung und sichere Tötung herbeigeführt werden. Diese Anforderungen werden nicht erfüllt, wenn tödliche Injektionen ohne vorherige Betäubung mit den Stoffen Strychnin, Nikotin, Koffein, Magnesiumsulfat, Kaliumchlorid oder curariformen Substanzen durchgeführt werden. Auch dürfen Aale nicht ohne vorherige Betäubung oder Tötung etwa in ammoniakhaltige Lösungen verbracht werden (vgl. BR-Drucks. 835/96 S. 53).

12 **Zu Nr. 9.** Zu den Bedenken gegen den Homogenisator s. die Kommentierung zu Anlage 3 Teil I Rn. 3.

13 **Ordnungswidrig** nach § 15 Abs. 2 Nr. 10a handelt, wer ein nicht nach Anlage 3 Teil I zugelassenes Betäubungs- oder Tötungsverfahren anwendet (s. die Kommentierung zu Anlage 3 Teil I Rn. 1). Ordnungswidrig nach § 15 Abs. 2 Nr. 10b aa sind Verstöße gegen Nr. 1.1 S. 1, Nr. 1.2, Nr. 2.1, Nr. 3.1 S. 1 oder S. 3 erster Teilsatz, Nr. 3.3 S. 1, Nr. 3.8 S. 3, Nr. 4.1, Nr. 4.3, Nr. 4.8, Nr. 4.9, Nr. 5 S. 1, Nr. 8 oder Nr. 9. Nach § 15 Abs. 2 Nr. 10b bb sind auch Verstöße gegen Nr. 3.7 S. 1, Nr. 3.7.2 oder Nr. 3.7.3 ordnungswidrig. Nach § 15 Abs. 2 Nr. 10b cc sind auch Verstöße gegen Nr. 3.10 oder Nr. 3.11 S. 1, 2, 3 oder 4 bußgeldbewehrt. Fahrlässigkeit genügt. Neben dem unmittelbar Handelnden kann auch der Leiter des Betriebs mit Bußgeld belegt werden, wenn er durch fahrlässiges Tun oder Unterlassen den Verstoß mitverursacht hat (s. auch § 18 TierSchG Rn. 9, 10).

Adressenverzeichnis

(Auszug)

aid Infodienst Verbraucherschutz, Ernährung, Landwirtschaft e. V., Friedrich-Ebert-Str. 3, 53 177 Bonn, Tel. 02 28/8 49 90. www.aid.de

Akademie für Tierschutz (Deutscher Tierschutzbund e.V.), Spechtstr. 1, 85 579 Neubiberg, Tel. 0 89/6 00 29 10. www.tierschutzakademie.de

Aktion Kirche und Tiere – AKUT e.V. Rahn-Str. 23, 22 179 Hamburg, Tel. 040/6 426 361. www.aktion-kirche-und-tiere.de

ALTEX (Alternativen zu Tierexperimenten), Redaktion: Hegarstr. 9, CH-8032 Zürich, Tel. 00 41/44/3 80 08 30. www.altex.ch

Animals' Angels e.V., Rehlingstr. 16 a, 79 100 Freiburg i.Br., Tel. 07 61/704 360. www.animals-angels.de

Ärzte gegen Tierversuche e. V., Landsberger Str. 103, 80 339 München, Tel. 089/3 599 349. www.aerzte-gegen-tierversuche.de

Arbeitsgemeinschaft für artgerechte Nutztierhaltung e.V., Auf der Geest 4, 21 435 Stelle, Tel. 04 174/5181. www.tierschutz-landwirtschaft.de

Beratung Artgerechte Tierhaltung e.V. (BAT), Postfach 11 31, 37 201 Witzenhausen, Tel. 0 55 42/7 25 58. www.bat-witzenhausen.de

Beratungs- und Schulungsinstitut für schonenden Umgang mit Zucht- und Schlachttieren (BS I), Postfach 14 69, 21 487 Schwarzenbek, Tel. 0 41 51/70 17. www.bsi-schwarzenbek.de

Bund für Umwelt und Naturschutz Deutschland e.V. (BUND), Am Köllnischen Park 1, 10 179 Berlin, Tel. 030/2 758 640. www.bund.net

Bund gegen Missbrauch der Tiere e.V. (BMT), Viktor Scheffel Str. 15, 80 803 München, Tel. 0 89/3 83 95 20. www.bmt-tierschutz.de

Bundesamt für Veterinärwesen (BVET), Schwarzenburgstr. 155, CH-3003 Bern, Tel. 00 41/31/3 23 85 63. www.bvet.admin.ch

Bundesforschungsanstalt für Landwirtschaft (FAL), Institut für Tierschutz und Tierhaltung, Dörnbergstr. 25/27, 29 223 Celle, Tel. 0 51 41/38 46 0. www.fal.de/cln_045/nn_792 532/DE/institute/TT/Home/tierschutzundtierhaltung_node.html_nnn=true

Bundesministerium für Ernährung, Landwirtschaft und Verbraucherschutz (BMELV), Rochusstr. 1, 53 123 Bonn, Tel. 0228/5290 oder Wilhelmstr. 54, 10 117 Berlin, Tel. 030/20 060. www.verbraucherministerium.de

Bundestierärztekammer (BTK), Oxfordstr. 10, 53 111 Bonn, Tel. 02 28/72 54 60. www.bundestieraerztekammer.de

Bundesverband der beamteten Tierärzte e.V. (BbT), Kronacher Str. 30, 96 215 Lichtenfels, Tel. 0 95 71/1 82 32. www.amtstieraerzte.de

Bundesverband Praktizierender Tierärzte e.V. (BPT), Hahnstr. 70, 60 528 Frankfurt/M., Tel. 069/6 698 180. www.tieraerzteverband.de

Bundesverband Tierschutz e.V., Essenberger Straße 125, 47 443 Moers, Tel. 0 28 41/2 52 44. www.bv-tierschutz.de

CMA, Centrale Marketing-Gesellschaft der deutschen Agrarwirtschaft mbH, Koblenzer Str. 148, 53 177 Bonn, Tel. 02 28/84 70. www.cma.de

Deutscher Tierschutzbund e.V., Baumschulallee 15, 53 115 Bonn, Tel. 02 28/60 49 60. www.tierschutzbund.de

Deutsche Landwirtschafts-Gesellschaft e.V. (DLG), Eschborner Landstr. 122, 60 489 Frankfurt/M., Tel. 0 69/24 78 8110. www.dlg.org

Deutsche Veterinärmedizinische Gesellschaft e.V. (DVG), Frankfurter Str. 89, 35 392 Gießen, Tel. 06 41/2 44 66. www.dvg.net

Erna-Graff-Stiftung für Tierschutz, Sieglindestr. 4, 12 159 Berlin, Tel. 0 30/8 52 49 53. www.erna-graff-stiftung.de

Eurogroup for Animals, 6 Rue des Patriots, B-1000 Brüssel, Tel. 00 32/2/7 400 820. www.eurogroupanimalwelfare.org

Adressenverzeichnis

Europäische Kommission, DG Health and Consumer Protection, B-1049 Brüssel, Tel. 00 800/67891011. ec.europa.eu/index_de.htm.

European Centre for the Validation of Alternative Methods, ECVAM, EC-Joint Research Centre, Ispra site, Via E. Fermi 1, I-21 020 Ispra (VA), Italy, Tel. 0039 0332 789 111. http://ecvam.jrc.it

Evangelische Akademie Bad Boll, Akademieweg 11, 73 087 Bad Boll, Tel. 0 71 64/7 90. www.ev-akademie-boll.de

Fachbereich Veterinärmedizin der Freien Universität Berlin, Oertzenweg 19 b, 14 163 Berlin, Tel. 030/83 862 424. www.vetmed.fu-berlin.de

Fachbereich Veterinärmedizin der Justus-Liebig-Universität Gießen, Frankfurter Str. 94, 35 392 Gießen, Tel. 0641/9 938 001. www.vetmed.uni-giessen.de

Fachhochschule Nürtingen (Hochschule für Wirtschaft und Umwelt Nürtingen-Geislingen), Neckarsteige 6–10, 72 622 Nürtingen, Tel. 0 70 22/2 01–3 49. www.fh-nuertingen.de

Fonds für versuchstierfreie Forschung, FFVFF, Hegarstraße 9, CH-8032 Zürich, Tel. 0041/44/422 70 70

Gesellschaft für ökologische Tierhaltung e. V. (GÖT), Nordbahnhofstr. 1 a, 37 213 Witzenhausen, Tel. 0 55 42/98 16 40. www.goet.de

Gewerkschaft für Tiere e. V., Maximiliansplatz 17/III, 80 333 München, Tel. 0 89/22 66 17. www.gewerkschaft-fuer-tiere.de

Greenpeace e. V., Große Elbstr. 39, 22 767 Hamburg, Tel. 0 40/30 61 80. www.greenpeace.de

Internationale Gesellschaft für Nutztierhaltung (IGN), Murenbergstr. 15, CH-4416 Bubendorf, Tel. 00 41/61/5 993 289. www.ign-nutztierhaltung.ch

Landestierschutzbeauftragte, Hessisches Ministerium für Umwelt, Ländlichen Raum und Verbraucherschutz (HMULV), Mainzer Str. 80, 65 189 Wiesbaden, Tel. 06 11/44 789 773. www.tierschutz.hessen.de

Menschen für Tierrechte – Bundesverband der Tierversuchsgegner e.V., Roermonder Str. 4 a, 52 072 Aachen, Tel. 0241/157 214. www.tierrechte.de

Naturschutzbund Deutschland e. V. (NABU), Herbert-Rabius-Str. 26, 53 225 Bonn, Tel. 02 28/4 03 60. www.nabu.de

Politischer Arbeitskreis für Tierrechte in Europa e. V. (PAKT), c/o Umwelt-Zentrum, Merowingerstr. 88, 40 225 Düsseldorf, Tel. 02 11/93 374 51. www.paktev.de

People for the ethical treatment of animals (PETA Deutschland e. V.), Dieselstr. 21, 70 839 Gerlingen, Tel. 07 156/178 280. www.peta.de

Schweizer Tierschutz (STS), Dornacherstr. 101, CH-4008 Basel, Tel. 0041/61/3 659 999. www.schweizer-tierschutz.ch

Stiftung Albert Schweitzer für unsere Mitwelt, Wessobrunner Str. 33, 81 377 München, Tel. 0 89/7 14 61 09. www.kaefig-ade.de

Studentische Arbeitsgruppe gegen Tiermissbrauch im Studium e. V. (SATIS), Roermonder Str. 4 a, 52 072 Aachen, Tel. 02 41/15 72 14. www.satis-tierrechte.de

Technische Universität München, Lehrstuhl für Tierzucht, Hochfeldweg 1, 85 354 Freising, Tel. 0 81 61/71 32 28. www.tierzucht.tum.de

Tierärztliche Fakultät der Ludwig-Maximilians-Universität München, Veterinärstr. 13, 80 539 München, Tel. 089/2180–2512. www.vetmed.uni-muenchen.de

Tierärztliche Hochschule Hannover, Tierschutzzentrum, Bünteweg 2, 30 559 Hannover, Tel. 05 11/9 53 81 44. www.tiho-hannover.de. www.tierschutzzentrum.de

Tierärztliche Vereinigung für Tierschutz e. V. (TVT), Bramscher Allee 5, 49 565 Bramsche, Tel. 0 54 68/92 51 56. www.tierschutz-tvt.de

Universität Kassel, FB Ökologische Agrarwiss. FG Nutztierethologie und Tierhaltung, Nordbahnhofstr. 1 a, 37 213 Witzenhausen, Tel. 0 55 42/98 16 41. www.uni-kassel.de/agrar/fnt

Verband für das Deutsche Hundewesen e. V. (VDH), Westfalendamm 174, 44 141 Dortmund, Tel. 02 31/56 50 00. www.vdh.de

Verein gegen tierquälerische Massentierhaltung e. V. (VGTM, PROVIEH), Teichtor 10, 24 226 Heikendorf, Tel. 04 31/24 82 80. www.vgtm.de

Vier Pfoten, Stiftung für Tierschutz, Dorotheenstr. 48, 22 301 Hamburg, Tel. 040/3 99 24 90. www.vier-pfoten.de

Zentralstelle zur Erfassung und Bewertung von Ersatz- und Ergänzungsmethoden zum Tierversuch (ZEBET), Bundesinstitut für Risikobewertung, Diedersdorfer Weg 1, 12 277 Berlin, Tel. 0 18 88/412 2270. www.bfr.bund.de/cd/1433

Zentrale Markt- und Preisberichtstelle für Erzeugnisse der Land-, Forst- und Ernährungswirtschaft GmbH (ZMP), Rochusstr. 2, 53 123 Bonn, Tel. 02 28/97 770. www.zmp.de

Sachverzeichnis

Die fett gedruckten Ziffern bezeichnen Gesetz und Verordnung bzw. Paragraphen, die mageren Randnummern. Bei Stichworten, die besonders umfangreich kommentiert sind, ist der Schwerpunkt mit _ kenntlich gemacht.